Manual COMPLETO de

DIREITO ADMINISTRATIVO

EDITORA
FOCO

Wander Garcia

Manual COMPLETO de

DIREITO ADMINISTRATIVO

COMPLETO PORQUE TEM:

1 TEORIA ALTAMENTE SISTEMATIZADA

2 JURISPRUDÊNCIA STF/STJ - Classificada e Destacada + de 1.000

3 QUESTÕES COMENTADAS - Objetivas e Subjetivas + de 1.000

4 MODELOS DE PEÇAS PRÁTICAS e Exercícios Práticos

5 QUADROS SINÓTICOS para Leitura Rápida

EDITORA FOCO

Coordenador: Wander Garcia
Editor: Márcio Dompieri
Gerente Editorial: Paula Tseng
Equipe Editora Foco: Erica Coutinho, Georgia Dias e Ivo Shigueru Tomita
Capa: Linotec
Projeto Gráfico e Diagramação: Linotec

Dados Internacionais de Catalogação na Publicação (CIP)
(Câmara Brasileira do Livro, SP, Brasil)

Manual completo de direito administrativo para concursos / Wander Garcia, coordenador. -- 1. ed. -- Indaiatuba, SP : Editora Foco Jurídico, 2014. -- (Coleção manual completo de...)

ISBN 978-85-8242-085-0

1. Direito administrativo 2. Direito administrativo - Brasil I. Garcia, Wander. II. Série.

13-13871 CDU-35

Índices para Catálogo Sistemático:
1. Direito administrativo 35

Atualizações e erratas: a presente obra é vendida como está, sem garantia de atualização futura. Porém, atualizações voluntárias e erratas são disponibilizadas no site www.editorafoco.com.br, na seção *Atualizações*. Esforçamo-nos ao máximo para entregar ao leitor uma obra com a melhor qualidade possível e sem erros técnicos ou de conteúdo. No entanto, nem sempre isso ocorre, seja por motivo de alteração de software, interpretação ou falhas de diagramação e revisão. Sendo assim, disponibilizamos em nosso site a seção mencionada (*Atualizações*), na qual relataremos, com a devida correção, os erros encontrados na obra. Solicitamos, outrossim, que o leitor faça a gentileza de colaborar com a perfeição da obra, comunicando eventual erro encontrado por meio de mensagem para contato@editorafoco.com.br.

Impresso no Brasil (05.2014)
Data de Fechamento (04.2014)

2014

Al. Júpiter 578 - Galpão 01 – American Park Distrito Industrial
CEP 13347-653 – Indaiatuba – SP
E-mail: contato@editorafoco.com.br
www.editorafoco.com.br

Dedicatória

Dedico essa obra à minha amada esposa Ana Paula
e aos meus amados filhos Sophia, Julia *e* Fernando.

Apresentação

Por que você está diante de um Manual **COMPLETO** de Direito Administrativo?

Porque este Manual não se limita a trazer a **DOUTRINA** administrativa. Ele vai além e traz, também, muita **JURISPRUDÊNCIA**, muita **PRÁTICA** e muitas **QUESTÕES COMENTADAS**.

Quanto à **JURISPRUDÊNCIA**, esta nunca foi tão importante como é hoje. Foi-se o tempo em que bastava que conhecêssemos a doutrina. Estamos na era do ativismo judicial, das decisões vinculantes e da disseminação da jurisprudência produzida pelos Tribunais. Nesse sentido, o livro contém milhares de apontamentos jurisprudenciais, seja no corpo do texto, seja ao final do capítulo, trazendo os principais julgados do STF e do STJ da última década, mais as principais súmulas da série histórica desses dois tribunais.

Quanto à **PRÁTICA**, o livro traz modelos das principais peças processuais administrativas, abordando recursos administrativos, pareceres e as principais petições iniciais, peças defensivas, recursos (inclusive para os tribunais superiores) e ações especiais como mandado de segurança, habeas data, ação popular, ação civil pública, ação por improbidade, desapropriação, dentre outras. São modelos de grande utilidade para o profissional, o estudante de graduação, o examinando de concursos públicos e os examinados da 2ª fase do Exame de Ordem.

Quanto às **QUESTÕES COMENTADAS**, essenciais ao desenvolvimento do raciocínio jurídico e à fixação da matéria, a obra traz mais de 800 questões objetivas e subjetivas, sendo que todas elas são devidamente comentadas, item por item, e foram escolhidas dentre os principais concursos jurídicos, de tribunais, fiscais e do Exame de Ordem, além de serem todas recentes, já que 100% das questões objetivas da obra são dos quatro últimos anos anteriores ao da edição do livro.

Não bastasse, o leitor contará, ainda, com um **QUADRO SINÓTICO** com o resumo de cada capítulo, proporcionando uma revisão rápida da matéria, seja para aqueles que precisam de uma informação condensada das temáticas para uso profissional, seja para aquele que precisa fazer uma passagem de olhos na matéria estudada pouco antes de se submeter a um exame.

A obra também é escrita numa **LINGUAGEM DIRETA**, sem exageros linguísticos e com foco constante na melhor e mais atualizada informação, de modo que se tem um texto que, de um lado, vai direto ao ponto e, de outro, traz o maior número possível de informações úteis para o leitor.

No decorrer do texto há também **GRIFOS**, **NEGRITOS** e uso de **CORES DIFERENCIADAS**, proporcionando ao leitor verificação fácil do início de cada ponto, e das palavras, expressões e informações-chave, facilitando ao máximo a leitura, a compreensão e a fixação das matérias.

Tudo isso sem contar que a obra foi escrita por um **AUTOR CONSAGRADO**, que já vendeu mais de 600.000 livros na área jurídica, e que trabalha e respira o puro Direito Administrativo há mais de 15 anos, tanto na condição de Procurador do Município de São Paulo pelo mesmo período (nas áreas consultiva e contenciosa), como na condição de palestrante, professor e coordenador de cursos de graduação, pós-graduação, extensão, escolas de governo e preparatórios presenciais e a distância para concursos públicos e exame de ordem (1ª e 2ª fases).

Em resumo, os profissionais, estudantes universitários, examinandos de concursos públicos e exame de ordem e demais interessados têm em mãos um verdadeiro **MANUAL COMPLETO DE DIREITO ADMINISTRATIVO**, que certamente será decisivo nas pesquisas e estudos com vista ao enfrentamento dos desafios profissionais, bem como das provas, concursos e exames.

Boa leitura e sucesso!

Nota à 2ª Edição

O presente *Manual* é continuidade do *Manual de Direito Administrativo* publicado pelo autor, em 1ª edição, junto à Editora Forense, passando a obra, agora em 2ª edição, aos cuidados da Editora Foco.

Outra diferença é que, agora, o título da obra é outro (**Manual Completo de Direito Administrativo**), dado o incremento substancial da parte doutrinária do texto, à inserção de jurisprudência selecionada ao final de cada capítulo, à inserção de questões objetivas e subjetivas comentadas item por item, à inserção de modelos de peças práticas e criação de quadros sinóticos ao final de cada capítulo.

SUMÁRIO

CAPÍTULO 1

Regime Jurídico-Administrativo

1.1. CONCEITO DE REGIME JURÍDICO

Regime jurídico pode ser conceituado como *o conjunto harmônico de princípios e normas que incidem sobre determinada categoria ou instituto de direito.*

No sentido mais amplo possível, há dois grandes regimes jurídicos, o de direito público e o de direito privado.

1.2. DIREITO PÚBLICO E DIREITO PRIVADO

Costuma-se dividir o direito objetivo nessas duas grandes espécies. Tal divisão é feita tendo em vista a diferença de regime jurídico.

No regime jurídico de direito público, vigem dois princípios basilares, quais sejam, o da *supremacia do interesse público sobre o privado* e o da *indisponibilidade do interesse público.*

Pelo princípio da supremacia do interesse público sobre o privado, a relação entre o Estado e o particular é *vertical*, ou seja, há uma *hierarquia.* Isso se expressa em institutos como a *desapropriação*, da qual o particular não pode se esquivar, e as *cláusulas exorbitantes*, que permitem ao Poder Público modificar unilateralmente um contrato administrativo, independentemente da concordância do contratado.

Já pelo princípio da indisponibilidade do interesse público, o Estado fica obrigado a velar pela proteção incondicional e irrestrita dos bens e interesses do povo. Em virtude desse princípio, o agente público só pode fazer o que a vontade do povo (expressa na lei) permite, obedecendo-se ao *princípio da legalidade.* Além disso, tal princípio vai exigir que em todas as compras estatais se busquem as melhores condições, daí a necessidade de se fazer *licitação.* Os *bens públicos* são, ainda, inalienáveis, impenhoráveis e imprescritíveis.

No **regime jurídico de direito privado**, por sua vez, há dois princípios basilares, quais sejam, o da *igualdade* e o da *autonomia da vontade*.

Pelo **princípio da igualdade**, as pessoas estão numa relação *horizontal*, ou seja, não há uma hierarquia entre elas. Assim, ninguém pode tomar a propriedade do outro à força (*autotutela*). Um contratante não pode mudar unilateralmente um contrato independentemente da vontade da parte contrária.

Não se deve esquecer, todavia, que a igualdade supõe tratar os iguais igualmente e os desiguais desigualmente, de modo que em algumas situações, como no caso dos incapazes, algumas pessoas poderão ter mais direitos do que outras.

Pelo **princípio da autonomia da vontade**, as pessoas podem fazer tudo o que quiserem, salvo o que a lei proíbe. Assim, diferentemente do que ocorre com os agentes públicos, se não houver proibição legal, os particulares podem agir à vontade. Podem doar bens, podem comprar onde quiserem e o que quiserem.

E **como se sabe** se uma dada situação de fato será regida pelo direito público ou pelo direito privado?

As relações fáticas em que houver o Estado em **qualquer dos polos** serão regidas pelo direito público, salvo quando o Estado estiver se valendo, com a permissão legal, de um instituto de direito privado, como quando emite um cheque ou quando é locatário de um imóvel. No mais, ou seja, quando estiver celebrando um contrato, desapropriando, aplicando sanções ou atuando em suas demais tarefas, estará sendo regido pelos princípios e regras do direito público.

São ramos do Direito Público Interno os Direitos Constitucional, Administrativo, Tributário, Ambiental, Processual do Trabalho, Processual Civil, Processual Penal, Penal, entre outros. São ramos do Direito Público Externo o Direito Internacional Público, que regula as relações entre Estados e organismos internacionais, e o Direito Internacional Privado, que regula as relações entre pessoas ligadas a diferentes Estados.

As **demais relações**, ou seja, as relações entre particulares, ou aquelas em que o Estado atua em pé de igualdade com o particular, são regidas pelo direito privado.

O Direito Administrativo, que nos interessa na presente obra, tem, assim, **natureza jurídica** (também chamada de **taxinomia**) de Direito Público.

1.3. CONCEITO DE DIREITO ADMINISTRATIVO

Vários critérios foram utilizados para tentar conceituar o Direito Administrativo.

O primeiro foi o critério do "Poder" (o direito administrativo regula a autoridade estatal), que se seguiu aos critérios do "Serviço Público" (o direito administrativo regula os **serviços públicos** em geral – **serviços públicos** em sentido amplo, portanto), do "Poder Executivo" (o direito administrativo regula a atividade do Poder Executivo), das "Relações Jurídicas" (o direito administrativo regula as relações entre a Administração e os administrados), "Teleológico" (o direito administrativo regula a atividade do Estado para cumprir os seus fins) e ao critério da "Administração Pública".

Nesse último critério, o Direito Administrativo é o conjunto de princípios que regem a Administração Pública. Trata-se do critério mais adotado entre os juristas.

1.4. ATIVIDADE ADMINISTRATIVA

A Administração Pública tem deveres extremamente importantes para com a sociedade. Tais deveres englobam tarefas de *segurança*, de *fiscalização e controle* de condutas antissociais, de regulação e de oferecimento de *serviços essenciais*, como educação, saúde, energia elétrica, água, transporte, de fomento, dentre outros. Para que tais deveres sejam devidamente cumpridos é necessário que haja um regime jurídico diferenciado, um **regime jurídico de direito público**, que tem, conforme já visto, duas grandes marcas: a) supremacia do interesse público sobre o interesse privado; b) indisponibilidade do interesse público.

Porém, não se pode esquecer que o Poder Público age em **três grandes atividades**, quais sejam: a) *atividade legislativa*, de elaborar leis; b) *atividade administrativa*, de executar direta e concretamente a lei; c) *atividade jurisdicional*, de aplicar a lei, mediante provocação, com o fito de compor conflitos de interesse caracterizados por pretensões resistidas.

A *atividade legislativa* é objeto do Direito Constitucional, destacando-se o tema do "processo legislativo".

A *atividade jurisdicional* é objeto do Direito Processual (penal, civil, do trabalho etc.).

Já a *atividade administrativa* é objeto do Direito Administrativo. Esse ramo do Direito regula o chamado **regime jurídico administrativo**, que também pode ser definido como *o conjunto harmônico de princípios e normas que regem a Administração Pública, em sua função de realizar concreta, direta e imediatamente os fins desejados pelo Estado*.

É importante destacar que o Direito Administrativo rege toda e qualquer atividade da Administração, seja ela do Executivo, do Legislativo ou do Judiciário, já que os dois últimos poderes também exercem (atipicamente) atividades administrativas. Por exemplo, quando exercer o poder disciplinar sobre servidores ou fazer licitação para adquirir bens.

Assim, um membro do Poder Judiciário (magistrado) pratica tanto atos jurisdicionais (ex.: quando exara uma sentença) como atos administrativos (ex.: quando aplica uma advertência ao servidor do fórum).

Enfim, todos os poderes têm sua Administração Pública e, assim, praticam atos administrativos, inclusive o Poder Judiciário e o Poder Legislativo, que apesar de o fazê-lo atipicamente, atua, assim, em atividade administrativa.

1.5. ORIGEM DO DIREITO ADMINISTRATIVO

Só é possível falar-se em regime jurídico administrativo com o aparecimento do Estado de Direito, em que a lei passa a valer tanto para os administrados como para o administrador.

Tal se deu com o declínio dos regimes absolutistas, marcados pela vontade incontrastável dos soberanos, e que foi perdendo espaço, até se extinguir, após a Declaração dos Direitos do Homem e do Cidadão na França (1789) e a Declaração de Independência dos Estados Unidos (1796).

Os Estados de Direito, por sua vez, valeram-se da ideia de separação dos Poderes desenvolvida por Montesquieu (*O Espírito das Leis*, 1748), segundo o qual faz-se necessária a distribuição de tarefas entre órgãos distintos para que não haja a perniciosa concentração de poder numa pessoa só. Por outro lado, para que cada órgão que receba um poder não abuse deste, faz-se também necessário que haja um sistema de controle de um poder pelo outro.

A partir do aparecimento desses dois elementos – a) subordinação do Estado à lei (Estado de Direito) e b) divisão de tarefas entre órgãos estatais com sistema de controle de um pelo outro (Separação de Poderes) – tem-se os pressupostos para existência do Direito Administrativo.

1.6. FONTES DO DIREITO ADMINISTRATIVO

Quando se pergunta "quais são as fontes do Direito", fica sempre a dúvida sobre a qual fonte a indagação se refere. Existem *fontes criadoras* do Direito (legislador, por exemplo). Há *fontes formais* do Direito (a lei, por exemplo). Há *fontes históricas* do Direito (fatos históricos marcantes que deram origem à modificação de uma lei).

As fontes formais do Direito podem ser divididas em duas espécies: principais e acessórias.

As fontes *formais principais* são: a lei, a analogia, o costume e os princípios gerais do direito. Como adotamos o sistema romano-germânico, de início, só a lei é fonte formal principal. Apenas em caso de lacuna é que se admite que o aplicador se valha da analogia, do costume e dos princípios gerais, nessa ordem, como fonte formal jurídica (art. 4º da LINDB).

Quanto ao costume, que consiste na prática reiterada de determinado ato, com a convicção de sua obrigatoriedade jurídica, não se confunde com a praxe administrativa que é a prática burocrática rotineira adotada na Administração, sendo que o primeiro é considerado forte formal secundária do Direito e o segundo não é considerado fonte do Direito Administrativo, apesar de se tratar de meio útil para resolver problemas administrativos, desde que atendido o princípio da legalidade.

Para completo entendimento do assunto, é importante destacar que, por lei, deve-se entender norma constitucional, lei ordinária, lei complementar, lei delegada, resolução legislativa, decreto legislativo e medida provisória.

Já as fontes *formais secundárias ou acessórias* são: os decretos, as resoluções administrativas, as instruções normativas, as portarias etc. São acessórias pois guardam obediência a uma fonte principal.

Doutrina e jurisprudência são consideradas, tradicionalmente, como *fontes não formais* ou *fontes indiretas* (mediatas). Isso porque trazem preceitos não vinculantes. São também consideradas *fontes meramente intelectuais* ou *informativas*.

Há de se fazer alguns temperamentos com relação à jurisprudência. Isso porque, apesar de um entendimento reiterado pelos tribunais não ter força de lei, a

Emenda Constitucional 45/2004 estabeleceu que o Supremo Tribunal Federal poderá, após reiteradas decisões sobre matéria constitucional, aprovar súmula, que terá efeito vinculante e incidirá sobre a validade, a interpretação e a eficácia de normas determinadas acerca das quais haja controvérsia (art. 103-A da CF).

Tais súmulas, ainda que declarativas em relação ao que é Direito, poderão ser consideradas verdadeiras fontes formais, já que têm eficácia *erga omnes*.

1.7. CONCEITO DE ADMINISTRAÇÃO PÚBLICA

O Estado tem três Poderes independentes e harmônicos entre si (Legislativo, Executivo e Judiciário). Porém, é por meio da **Administração Pública** que o Estado atua, tratando-se esta do aparelhamento necessário à realização de sua finalidade.

Em sentido *formal*, Administração Pública é o conjunto de órgãos instituídos para consecução dos fins do Governo (que é o comando, a iniciativa).

Em sentido *material*, é o conjunto das funções necessárias aos serviços públicos em geral.

E em sentido *operacional*, é o desempenho sistemático dos serviços estatais.

O fato é que a Administração é o instrumento de que se vale o Estado para pôr em prática as opções políticas do Governo.

Tal atuação se dará por intermédio de *entidades* (pessoas jurídicas), *órgãos* (centros de decisão) e de *agentes* (pessoas investidas em cargos, empregos e funções).

1.8. DIREITO ADMINISTRATIVO E CIÊNCIA DA ADMINISTRAÇÃO

Não se deve confundir o Direito Administrativo com a Ciência da Administração. O primeiro é o conjunto de princípios e normas jurídicas que regem a Administração. Já a segundo é a ciência que estuda as melhores práticas com vistas à melhoria da gestão administrativa. Naturalmente, um agente público, entre cumprir a lei e adotar uma ideia da ciência da administração que não esteja prevista em lei ainda, deve ficar com a primeira. Porém, é importante destacar que é a ciência da administração tem papel essencial na inovação, sendo que muitas normas vem ao mundo jurídico a partir de pesquisas da ciência em questão, que acabam por inspirar os legisladores a fazerem mudanças na lei.

E por falar em ciência da administração, outra distinção importante é a que se dá entre **administração pública gerencial** e **administração pública burocrática**.

A segunda é a visão antiga de administração pública, em que o mais importante é fazer o controle de meios, pouco importando se a administração está atingindo suas finalidades. O mais importante é cumprir as regras formais, os ritos, os procedimentos, os prazos e todo e qualquer tipo de formalidade, pouco importando o resultado das ações administrativas. O modelo de administração burocrática tem como característica principal a relação de subordinação (vertical) entre órgão e agentes, sempre sobre o primado da autoridade lastreada na lei.

Já a administração gerencial tem por objetivo principal verificar se o Estado está atendendo aos objetivos previstos em lei e satisfazendo adequadamente ao interesse público. Nessa administração a maior preocupação é controlar os fins, ou seja, verificar se os resultados estão acontecendo, vale dizer, se efetivamente a Administração está conseguindo atingir suas finalidades.

Mais recentemente, surge a noção de "Estado em Rede", que é um *plus* em relação à ideia de administração gerencial, já que prega, mais do que a simples busca por resultados, que o Estado conte com a participação popular na tomada de decisões administrativas, proporcionando uma gestão participativa e mais próxima das necessidades dos administrados.

1.9. DIREITO ADMINISTRATIVO MODERNO

O Direito Administrativo vem sofrendo transformações hodiernamente, com destaque para o seguinte:

a) constitucionalização do Direito Administrativo: basta observar o extenso art. 37 da Constituição para verificar que o poder constituinte, a fim de dar maior rigidez às normas administrativas, fez questão de enunciar princípios (*caput*) e uma grande casuística e regras administrativas; da mesma forma, há normas administrativas no art. 5º, LIV, LV e LXXVII (processo administrativo), nos arts. 5º, XXIV, 182 e 184 (desapropriação), no art. 5º, XXV (requisição administrativa), nos arts. 39 e 40 (agentes públicos), no art. 175 (permissões e concessões de serviço público), entre outros; essa tendência não se limitou ao poder constituinte originário, já que, após a CF/88, inúmeras emendas constitucionais trataram especificamente de direito administrativo, com destaque para as ECs 19, 20, 41 e 47;

b) petrificação do Direito Administrativo: considerando o fato de que diversas normas administrativas estão listadas como direitos e garantias fundamentais (vide, por exemplo, os dispositivos administrativos citados no art. 5º da CF) e considerando também que a forma federativa de estado e a separação de Poderes, temas muito caros ao Direito Administrativo, são considerados cláusulas pétreas pelo art. 60, § 4º, da CF, tem-se que, hoje, há um número importante de normas administrativas não passíveis de modificação sequer por emenda constitucional;

c) multiplicação de microssistemas administrativos: nunca tivemos tantas leis regulamentando à exaustão atividades administrativas pontuais; além das tradicionais leis de Tombamento (Dec.-lei 25/1937), de Prescrição (Decreto 20.910/1932) e de Desapropriação (Dec.-lei 3.365/1941), Administração Pública (Dec.-lei 200/1967), temos leis importantes pós-Constituição, como de Licitação e Contratos (Lei 8.666/1993), de Concessões de Serviço Público (Lei 8.987/1995) e do Regime Jurídicos dos Servidores Federais (Lei 8.112/1990), de Improbidade Administrativa (Lei 8.429/1992), de Trânsito (Lei 9.503/1997), de Processo Administrativo Federal (Lei 9.784/1999), de Ação Punitiva (Lei 9.873/1999) e do Estatuto da Cidade (Lei 10.257/2001), e, na última década, outra importante leva de leis como as de Parceria Público-Privadas (Lei 11.079/2004), Consórcios Públicos (Lei 11.107/2005), Lei de Responsabilidade Civil e Administrativa de Pessoas Jurídicas (Lei 12.846/2013), entre outras;

d) multiplicação das leis gerais nacionais de poder de polícia para a defesa de interesses difusos e coletivos: quase todas as leis que tratam de interesses difusos e coletivo trazem, além da proteção civil e muitas vezes penal dos interesses tutelados, a proteção administrativa também, que se exerce, na maior parte das vezes, por meio do poder de polícia, conforme se verifica, por exemplo, em disposições do Estatuto da Criança e do Adolescente, do Código de Defesa do Consumidor, da Lei de Crimes Ambientais, do Estatuto do Idoso, do Estatuto da Juventude, da Lei de Proteção à pessoa com deficiência;

e) maior ingerência do Judiciário nas condutas omissivas e comissivas da Administração: no passado o Judiciário só apreciava atos vinculados da Administração; em seguida, passou a também apreciar atos discricionários, mas limitadamente a parte estritamente vinculada deste; atualmente, o Judiciário aprecia a legalidade estrita dos atos vinculados e também outros aspectos não tão objetivos, como o respeito à moralidade administrativa e à razoabilidade;

f) busca do atendimento ao princípio da eficiência: por muito tempo o objetivo maior dos que não se conformavam com o regime absolutista era que fosse instaurado um Estado de Direito, em que o princípio da legalidade orientasse a atuação estatal; em seguida, percebeu-se que, sob a vestes do princípio da legalidade, muitas vezes se cometiam atos imorais, o que fez com que o princípio da moralidade fosse inserido em diversos ordenamentos jurídicos, como se deu na CF/1988 que o erigiu expressamente como princípio administrativo; mas não foi suficiente; hodiernamente, os administrados, razão de ser do Estado, querem mais do que legalidade e moralidade, querem que o Estado seja eficiente; nesse sentido, a EC 19/1998 tornou a eficiência um princípio expresso na Constituição, estabelecendo uma série de instrumentos, como o contrato de gestão e a avaliação de desempenho dos agentes públicos, para que o princípio fosse atendido; na legislação infraconstitucional destaque para a Lei de Parcerias Público-Privadas, que também estabelece uma série de meios para que os contratos respectivos atendam ao princípio da eficiência;

g) responsabilidade fiscal e responsabilização pessoal dos agentes públicos: desde a proclamação da República o Brasil nunca teve uma norma que trouxesse regras bem claras e definidas e a respectivas sanções pelo seu descumprimento referente a responsabilidade na gestão fiscal por parte dos agentes públicos; tal medida só se deu com a Lei de Responsabilidade Fiscal-LRF (Lei Complementar 101/2000), que trouxe como diretriz no setor "a ação planejada e transparente, em que se previnem riscos e corrigem desvios capazes de afetar o equilíbrio das contas públicas, mediante o cumprimento de metas de resultados entre receitas e despesas e a obediência a limites e condições no que tange a renúncia de receita, geração de despesas com pessoal, da seguridade social e outras, dívidas consolidada e mobiliária, operações de crédito, inclusive por antecipação de receita, concessão de garantia e inscrição em Restos a Pagar"; essa lei trouxe consequências fortíssimas no âmbito do Direito Administrativo e da gestão da atividade administrativa, já que os administradores, que antes gastavam sem ter grandes preocupações com o endividamento, agora precisam não só reconhecer as necessidades de gastos com vistas ao atendimento do interesse público, como também avaliar acerca da possibilidade do gasto, o que impõe escolha rigorosa de prioridades, criatividade, planejamento e atendimento de metas de receitas e despesas. Ou seja, desde a entrada em vigor da LRF, é absolutamente temerário um administrador que se arrisque a descumprir a responsabilidade fiscal, sendo certo que quem o fizer, terá de responder na esfera criminal e de improbidade administrativa (art. 73); está-se na expectativa, agora, de que o Congresso Nacional aprove a Lei de Responsabilidade Social, em que os responsáveis pelo cumprimento de metas de atendimento social estarão também sujeitos a punições pesadíssimas em caso de descumprimento.

h) desburocratização: o Direito Administrativo sempre foi muito formal, muito preocupado com a forma e pouco preocupado com o conteúdo; quem trabalhou ou lidou com a Administração Pública há uns 15 anos atrás, por exemplo, pode perceber na pele o quanto as repartições estavam mais preocupadas com a correção formal dos atos praticados (carimbos, ofícios, tramitações), do que com o efetivo atendimento do interesse público e dos interesses dos administrados em geral; um marco na diminuição dessa burocracia foi a Lei de Processo Administrativo Federal (Lei 9.784/1999), que, dentre outras medidas, estabeleceu o princípio da instrumentalidade das formas ("observância das formalidades essenciais à garantia dos direitos dos administrados" – art. 2º, parágrafo único, VIII), o princípio da informalidade ou formalidade moderada ("adoção de formas simples, suficientes para propiciar adequado grau de certeza, segurança e respeito aos direitos dos administrados" – art. 2º, parágrafo único, IX); no mesmo sentido, a Lei Complementar 123/06 determina que tanto a Administração Pública, quanto as microempresas e empresas de pequeno porte, facilitem o processo de abertura de empresas (arts. 4º a 11), bem como que promova um tipo de fiscalização menos preocupado com a forma e mais preocupada com a orientação do fiscalizado para que não cometa irregularidades ou que corrija eventual irregularidade cometida, criando-se, inclusive a figura da dupla visita para lavratura de autos de infração (art. 55, § 1º).

i) transparência absoluta: apesar de o princípio da publicidade ter sido erigido como princípio administrativo expresso na CF/1988 (art. 37, *caput*), o fato é que muitas informações públicas acabavam não ficando acessíveis aos administrados, por ausência de instrumentos que pudessem fazer valer esse direito na prática; os arts. 48 e 49 da LRF trouxeram alguns instrumentos nesse sentido, mas limitado à gestão fiscal, mas foi a Lei do Acesso à Informação (ou Lei da Transparência – Lei 12.527/2011) que maximizou o princípio e impôs, de forma muita ampla, as regras de transparência das informações públicas, sendo que o art. 5º dessa lei traz uma disposição que traduz bem o espírito da lei: "é dever do Estado garantir o direito de acesso à informação, que será franqueada, mediante procedimentos objetivos e ágeis, de forma transparente, clara e em linguagem de fácil compreensão". Por conta dessa lei, por exemplo, é possível que qualquer um de nós tenhamos acesso à efetiva remuneração de todo e qualquer agente público do País, informação essa que deve estar disponível para acesso não só na repartição pública, como também na internet, já que a lei obriga a divulgação dessas informações na internet também (art. 8º, § 2º).

j) adoção de certas práticas próprias do direito privado: o Direito Administrativo, sem descuidar de seu fim maior que é regular a atividade estatal com vistas ao atingimento do interesse público, tem, premido pela necessidade de ser mais eficiente, adotado certas práticas próprias do direito privado, como os mecanismos privados de resolução de disputas, inclusive a arbitragem (ex: art. 23-A da Lei 8.987/1995), a repartição objetiva de riscos entre o Estado e a empresa contratada para uma parceria público-privada (art. 4º, VI, da Lei 11.079/2004) e a utilização de garantias contratuais próprias do direito privado mesmo em desfavor da entidade estatal num parceria público-privado (vide os casos admitidos no art. 8º da Lei 11.079/2004), todos instrumentos que sempre foram um enorme tabu no Direito Administrativo e que agora, com vistas à adequar às normas administrativas à realidade econômica e de mercado, e ao princípio da eficiência, não só estão presentes na lei, como vem sendo utilizados pela Administração no seu dia a dia.

k) participação popular: cada vez mais se verifica a criação legal de conselhos de orientação e até de deliberação junto à Administração, dos quais fazem parte pessoas que não são agentes públicos profissionais, mas pessoas eleitas pela população ou escolhidas por outros critérios para compor, temporariamente, tais conselhos e, assim, exercer a participação popular direta na tomada de decisões administrativas; um exemplo clássico são os Conselhos Tutelar e o Municipal da Criança e do Adolescente, previstos no Estatuto da Criança e do Adolescente (Lei 8.069/1990); mas pode-se ver o mesmo na área da saúde, da previdência social, do idoso, do meio ambiente, entre outros; seria salutar se a participação popular redundasse também em mais iniciativas de orçamento participativo, que ainda são muito tímidas no País, mas que, quem sabe no futuro, serão a regra nas administrações, permitindo que cada um de nós possa participar da escolha de eleição de prioridades de gastos públicos, especialmente no âmbito municipal;

l) desestatização: a Lei 8.031/1990 foi a primeira a instituir um Programa Nacional de Desestatização, programa que foi alterado pela Lei 9.491/1997, a qual tem como objetivos reordenar a posição estratégica do Estado, transferindo à iniciativa privada atividades indevidamente exploradas pelo setor público, possibilitando redução da dívida pública, retomada dos investimentos nessas atividades pelo capital privado, modernização da infraestrutura do País e oportunidade do Estado concentrar seus esforços nas atividades que sua presença seja fundamental (art. 1º); de acordo com a lei citada, a desestatização pode ocorrer em três grandes frentes, quais sejam, alienação de empresas estatais, aumento das permissões e concessões de serviço público e alienação de bens móveis e imóveis da União; o que se percebe é que, mesmo no período em que o Partido dos Trabalhadores (que sempre trouxe certas reservas a essa tendência) esteve com seu representante à frente do governo federal, a desestatização continuou seu curso, com destaque para as medidas tomadas em relação às rodovias federais, com muitas concessões no período, e também ao aeroportos ("Programa de Investimentos em Logística: Aeroportos"), que, mesmo tendo um sistema *sui generis* de participação privada na sua gestão (já que a INFRAERO continuará como acionista dessas concessões, com 49% do capital social de cada uma e participação da governança dos aeroportos na proporção de sua participação acionária nas concessionárias, com poder de decisão em temas relevantes, nos termos estabelecidos em acordos de acionistas firmados entre as partes) são exemplos importantes de desestatização. O que não se viu muito foi a venda de empresas federais nesse período, como se deu no período em que o Partido Social Democrático (PSDB) esteve com representante seu na Presidência da República, quando se viu a venda de um grande número de empresas estatais, num fenômeno que foi chamado de privatização à época, ainda que esteja no conceito de desestatização nos termos da lei mencionada. Outra importante marcado da desestatização é a Lei dos Portos (Lei 12.815/2013), que regula concessões (cessão onerosa do porto, com vistas à administração e à exploração de sua infraestrutura), delegações, arrendamentos e autorizações no segmento, permitindo, assim, a ampliação da participação privada no setor.

m) incremento da participação do terceiro setor na colaboração com a Administração: há três tipos de entes de cooperação (também chamados de entidades do terceiro setor ou de entidades paraestatais) que colaboram com a Administração em atividades de utilidade pública. São elas: serviços sociais autônomos, organizações sociais e organizações da sociedade civil de interesse público (OSCIPs). Tais entidades são *aquelas pessoas jurídicas de direito privado dispostas paralelamente ao Estado e sem fins lucrativos, que executam atividade de interesse público*. Os serviços sociais autônomos dizem respeito às entidades do Sistema "S" (SESC, SENAI, SESI etc.) e são *vinculados a categorias profissionais e destinadas ao fomento de assistência social, educacional ou de saúde, podendo receber recursos públicos e contribuições parafiscais*. Já as organizações sociais são *entidades privadas, sem fins lucrativos, cujas atividades se dirigem a atividades que o Estado deve prestar, como ensino, pesquisa científica, desenvolvimento tecnológico, proteção e conservação do meio ambiente, cultura, saúde, qualificadas como tal por decisão do Ministro respectivo da atividade e do Ministro da Administração Federal e Reforma do Estado*, estando previstas na Lei 9.637/1998. E as organizações da sociedade civil de interesse público (OSCIPs) são regulamentadas pela Lei 9.790/1999 e atuam em atividades de utilidade pública, em relação às quais o Estado tem interesse de fomento, tais como promoção da segurança alimentar, da ética e da paz. De um lado, o Estado não dá conta de atuar sozinho em todas essas áreas e há entidades seriíssimas e com bastante especialização que têm como colaborar com o Estado nesse sentido. De outro, há um número expressivo de entidade inidôneas que se aproveitam da ausência de licitação no setor e da relação espúria com certos políticos que trocam vantagens políticas e até econômicas por uma colaboração para que certas entidades sejam contratadas pelo Poder Público. Não bastasse, há entidades que, por não terem uma gestão empresarial, acabam por serem fonte de pouco profissionalismo, desperdício de recursos públicos e ineficiência na prestação de serviço. Não é bom generalizar, mas é bom prevenir lembrando que há muitos casos em que há grandes desvios de dinheiro público na contratação de algumas dessas entidades. No mais, percebe-se que o Partido dos Trabalhadores se diferencia do anterior grupo que ocupava a presidência da república nesse quesito, pelo fato de que não há grande estímulo, pelo primeiro, de que serviços de grande relevância pública, como educação e saúde, sejam prestados com esse tipo de parceria, havendo uma preferência pela execução direta desses serviços pelo Estado;

n) dinamismo: enquanto o direito constitucional, na sua essência, traz princípios e diretrizes mais perenes (*vide*, por exemplo, a longevidade da Constituição

Americana), o direito administrativo, por dizer respeito ao aspecto prático do Estado (ou seja, à execução das leis), é muito mais dinâmico, buscando sempre novas tecnologias e estando sempre em mutação; exemplos disso são a criação de organizações sociais e OSCIPs, bem como das parcerias público-privadas.

1.10. FUNÇÕES PRÓPRIAS DA ADMINISTRAÇÃO PÚBLICA MODERNA

Diante dos elementos acima coligidos, pode-se concluir que a Administração Pública moderna tem as seguintes funções precípuas:

a) Regulação intermediária de atividades e serviços públicos: apesar de a Administração Pública não poder inovar na ordem jurídica, já que este é papel do Poder Legislativo, por meio da lei, a primeira tem o papel de regulamentar a lei (no sentido específico de expedir regulamentos de lei, mas também no sentido de adensar a lei em outros frentes, como por meio de instruções normativas de Ministros ou de resoluções de agências reguladoras), como se dá numa norma da ANVISA, a ser obedecida por certas indústrias em matéria de vigilância sanitária, bem como de, com base na lei, nos regulamentos e nas situações concretas, regular serviços públicos concedidos, estipulando o regulamento de serviço a ser observado pelas entidades concessionárias e permissionárias;

b) Prestação direta ou indireta de serviços públicos: serviços como educação e saúde são prestados diretamente pelo Estado com bastante frequência; já outros, como os serviços de telefone e energia elétrica são prestados por meio de terceiros (prestado indireta), os chamados concessionários de serviço púbico, mediante licitação pública, na forma do art. 175, *caput*, da CF;

c) Fiscalização das concessões e permissões: quando a Administração delega a prestação de serviços públicos a terceiros, além de manter para si o direito-dever de regulação deste, também passa a receber a incumbência de fiscalizar a prestação de serviço, como se dá no caso em que uma agência reguladora (por exemplo, a ANATEL) fiscaliza o cumprimento, pelas concessionárias (no caso, de telefonia), nas normas previstas na lei e nos regulamentos da agência, como de observância obrigatória pelo concessionário;

d) Poder de polícia: a Administração Pública, a par das relações de poder específicas que tem sobre certas entidades que firmarem contratos com ela (*vide* o caso da fiscalização das concessionárias de serviços públicos), tem também relação de poder sobre pessoas indeterminadas, consistente e prevenir e reprimir eventual descumprimentos de limitações administrativas previstas em lei, relação de poder esta denominada poder de polícia; por exemplo, caso alguém, ao dirigir um veículo, o faça em descumprimento normas de trânsito, a Administração, no exercício do poder de polícia, atuará para o fim de condicionar a liberdade e a propriedade dessa pessoa aos interesses da coletividade; no caso, a depender da infração de trânsito, o poder de polícia poderá gerar a aplicação de multa, suspensão da habilitação para dirigir e até mesmo a apreensão do veículo.

e) Gestão de bens e agentes públicos: outra função precípua da Administração, que não pode, assim, ser praticada por um particular é a gestão de bens públicos e de agentes públicos, o que se dá mediante o cumprimento de normas específicas acerca dessa gestão, como é o caso da Lei 8.112/1990, que trata das normas aplicáveis à gestão dos servidores públicos federais.

f) Previdência pública obrigatória: esse tipo de previdência só pode ser gerida pelo Estado e não se confunde a previdência privada, já que esta é facultativa.

g) Fomento de certas atividades: mais do que nunca o Estado tem se proposto a fomentar certas atividades, como se dá em relação às produções culturais (ex: utilização de recursos públicos para uma peça de teatro), fomento este que, uma vez determinado em lei, transforma-se em atividade precípua do Estado, ainda que um particular também possa fazer o mesmo.

1.11. SISTEMAS DE CONTROLE JURISDICIONAL DA ADMINISTRAÇÃO

Acerca do Sistemas de Controle Jurisdicional da Administração há duas espécies: a) o sistema do contencioso administrativo (sistema francês); b) o sistema judiciário (sistema inglês).

O Brasil adotou o segundo, ou seja, o sistema da jurisdição única, de maneira que compete apenas ao Poder Judiciário a jurisdição sobre o controle de atos administrativos postos em disputa.

Na Europa continental, por sua vez, há órgãos independentes e autônomos da própria Administração destinados a efetuar o controle dos atos administrativos. Trata-se da chamada *dualidade de jurisdição* (ou *contencioso administrativo*), em que um órgão exerce a jurisdição sobre os atos administrativos e o Poder Judiciário a exerce sobre os demais atos e fatos jurídicos. Na França, por exemplo, o Conselho de Estado é quem faz esse papel de exercer a jurisdição sobre atos administrativos, ficando o Judiciário responsável pelos demais conflitos de interesse. Quanto ao Conselho de Estado há os chamados tribunais administrativos, que se sujeitam a ele, que funciona como juízo de apelação, de cassação e até de juízo originário e único de determinados litígios administrativos.

Em suma, o Brasil adotou outro sistema, o anglo-americano, em que não existe essa dualidade, cabendo apenas ao Poder Judiciário exercer a jurisdição, de modo que é este que faz todo e qualquer controle jurisdicional sobre atos administrativos.

Como exceção, temos a possibilidade de um ato da Administração vir a ser apreciado por uma corte de arbitragem, mas nos casos taxativamente estabelecidos em lei, que, em verdade, se limitam a tratar de aspectos comerciais e técnicos não relacionados à determinações administrativas que busquem assegurar o interesse público. Por exemplo, o art. 23-A da Lei 8.987/1995 permite o uso de arbitragem em matéria de concessões de serviço público. Isso significa que, caso a Administração modifique o regulamento do serviço a ser prestado pela concessionária, aumentando os custos desta mas sem um aumento no mesmo patamar na remuneração da concessionária, esta poderá discutir a questão junto a uma corte arbitral, mas limitada à questão da remuneração, não podendo querer que uma corte arbitral discuta se foi de interesse público ou não a modificação no regulamento do serviço, discussão essa que, ressalvado o mérito administrativo, só poderá ser feita no âmbito do Poder Judiciário.

1.12. INTERPRETAÇÃO DO DIREITO ADMINISTRATIVO

Interpretar é *extrair o sentido e o alcance da lei, com vistas a sua posterior aplicação.*

Assim, a interpretação que nos interessa não é um fim em si mesmo. Ela objetiva extrair da lei normas jurídicas para aplicação aos casos concretos, possibilitando que o Direito cumpra seu papel de garantir uma convivência justa entre as pessoas.

A grande questão é que a lei é estática em relação à realidade fenomênica. As leis permanecem vigentes anos a fio, ao passo que os fatos e valores sociais mudam com maior rapidez. É por isso que compete ao intérprete extrair da lei normas jurídicas, atentando para a situação fático-valorativa em que se encontram os fatos a serem subsumidos para efeito de aplicação da lei.

Cabe ao intérprete, portanto, dar vida ao texto da lei. Nesse sentido, várias comparações são feitas pela doutrina. O intérprete está para a lei, assim como o ator está para o texto que irá representar, ou assim como o cantor está para o texto da música que irá cantar. Atores e cantores darão vida àqueles textos, a partir da técnica e da emoção. Intérpretes darão vida aos textos de lei, a partir de técnicas que considerem os fenômenos fáticos e valorativos que envolvem a questão.

As **técnicas interpretativas** são tão importantes que, para seu estudo, foi se formando uma verdadeira ciência, que é chamada de **hermenêutica**. Pode-se defini-la, portanto, como *a ciência da interpretação.*

A **técnica gramatical** *consiste em verificar o significado das palavras, isolada e sintaticamente, atendendo à pontuação e à colocação dos vocábulos.* Usa-se também a expressão *interpretação literal* para fazer referência a essa técnica.

A **técnica lógica** *consiste na análise dos períodos da lei, combinando-os entre si mediante um raciocínio lógico, de modo a se atingir uma perfeita compatibilidade.*

A **técnica sistemática** *consiste em relacionar os vários dispositivos legais que guardam pertinência com o tema no sistema jurídico, de modo a buscar uma resposta única e trabalhada.*

A **técnica histórica** *consiste em averiguar os antecedentes da norma, desde as circunstâncias fáticas e valorativas que a precederam* (occasio legis) *até as discussões e deliberações legislativas, de modo a verificar a razão de sua existência* (ratio legis).

A **técnica teleológica** *consiste em averiguar o sentido e o alcance da lei partindo dos fins sociais a que ela se dirige, bem como adaptando-a às exigências do bem comum* (art. 5º da LINDB).

A utilização das técnicas de interpretação pode levar a **resultados** *declarativos (ou especificadores), restritivos* e *extensivos.* Em determinadas matérias existem óbices, decorrentes de sua própria natureza, a alguns dos resultados possíveis. Por exemplo, em matéria de punição no exercício de poder de polícia, ou por infração disciplinar ou pelo cometimento de improbidade administrativa não se pode interpretar um tipo administrativo de modo a que se chegue a um resultado extensivo em relação ao texto da lei. Quando se tem uma exceção, também não se pode interpretar de modo a que se chegue a um resultado extensivo.

Outro ponto importante é que a interpretação em Direito Administrativo deve levar em conta três grandes pressupostos, típicos do regime jurídico administrativo, quais sejam:

a) a supremacia do interesse público sobre o privado, que será estudada com mais vagar adiante, mas que sobre a qual desde já se pode dizer que dela decorre a presunção de legitimidade dos atos administrativos, que será elemento decisivo em boa parte das vezes em que se interpretar dada norma geral ou individual de Direito Administrativo;

b) a indisponibilidade do interesse público, a impedir qualquer interpretação que queira dar maior valor a interesses privados do que ao um interesse público realmente incidente, lembrando que nunca será de interesse público um massacre a interesses individuais previsto na Constituição Federal;

c) a intangibilidade do mérito administrativo, quando os contornos legais, considerando o colorido do caso concreto, ainda assim estabeleça um campo de opções para o agente público e este atua dentro desse campo.

No processo crítico que se faz da interpretação até a decisão (aplicação da lei), há também a figura dos argumentos jurídicos, que têm grande valia nessa senda. A dogmática da decisão estuda esses argumentos.

O argumento "ab absurdo" ou "reductio ad absurdum" propõe que *o resultado absurdo deve ser afastado*.

O argumento "ab auctoritate" é *aquele que se funda no prestígio de uma pessoa*. No Direito tem grande importância, na medida em que são fortes os argumentos fundados na doutrina, na jurisprudência e em pareceres de juristas renomados.

O argumento "a contrario sensu" propõe que *mencionada uma hipótese, ficam excluídas as outras*. O argumento deve ser utilizado com muito cuidado. Isso porque o fato de se mencionar uma hipótese não implica necessariamente que as outras estão excluídas. Muitas vezes, fazendo-se uma interpretação sistemática, descobre-se que um outro dispositivo legal também regula a outra hipótese de modo idêntico ao primeiro dispositivo consultado. Outras vezes pode se estar diante de verdadeira lacuna ou de situação que recomenda, numa interpretação teleológica, um resultado extensivo. O argumento terá utilidade quando a lei enumera hipóteses de modo taxativo ou traz uma exceção. Nos demais casos, argumento melhor é o que lhe é oposto – "positio unius non est exclusio alterius": *a especificação de uma hipótese não redunda em exclusão das demais*.

O argumento "a maiori ad minus" propõe *que, se é permitido o mais, é permitido o menos*. Quem pode o mais, pode o menos. Esse argumento tem relação com direitos, com poderes. Exemplo: quem pode vender, pode administrar.

O argumento "a minori ad maius" propõe *que, se é vedado o menos, será também o mais*. Quem não pode o menos, não pode o mais. Esse argumento tem relação com proibições, com restrições. Exemplo: quem não pode administrar, não pode vender.

O argumento "a fortiori" propõe *a construção de hierarquias, verificando o que é mais e o que é menos, de modo a ordenar, pela força, os objetos*. Usar o argumento *a fortiori* é utilizar as seguintes expressões "com tanto mais razão, por mais forte razão".

É usar a ideia de força. Os dois argumentos logo acima referidos são utilizados no argumento *a fortiori*. Assim, o próprio "quem pode o mais, pode o menos" é exemplo desse argumento.

Os argumentos "a pari" ou "a simili" propõem que *o preceito formulado para uma hipótese também se estende a hipótese igual ou fundamentalmente semelhante*. O brocardo seguinte também traz essa ideia: "ubi eadem ratio, ibi eadem legis dispositio" (onde existe a mesma razão fundamental, prevalece a mesma regra de direito).

1.13. CLASSIFICAÇÃO DAS LEIS ADMINISTRATIVAS

Quanto ao alcance, as leis administrativas podem ser *gerais* ou *especiais*.

Gerais *são as que regulam uma dada relação jurídica, a par de outra lei que regula um determinado aspecto daquela relação*. Assim, a Lei 8.666/1993, ao tratar das licitações e contratos é uma lei geral, ao passo que a Lei de Pregão (Lei 10.520/2002) é uma lei especial, pois trata apenas de um determinado aspecto da licitação, no caso da licitação para aquisição de bens e serviços comuns.

Especiais *são as que regulam sozinhas uma relação jurídica por inteiro ou um determinado aspecto de uma relação jurídica regulada de modo genérico por outra lei*. Um exemplo é a Lei de Pregão, como visto.

A classificação é importante para efeito de se descobrir qual é a lei aplicável ao caso concreto. Entre uma lei especial e uma lei geral, ainda que a lei geral seja posterior, deve-se aplicar a lei especial. Isso porque se presume que esta tratou com mais detalhe do assunto.

É importante ressaltar que uma lei pode ser especial em relação a uma e geral em relação a outra. Por exemplo, em relação à licitação prevista na Lei 8.666/1993, as normas sobre o assunto previstas na Lei do Pregão são especiais. Mas em relação à Lei Complementar 123/2006 (que, em seu art. 44, § 2º, traz regra sobre preferência de contratação em caso de empate num pregão do qual faça parte uma microempresa ou empresa de pequeno porte), as normas da Lei de Pregão são consideradas gerais.

Outra observação importante é que uma lei pode ser especial e ao mesmo tempo principiológica. É o caso da Lei de Processo Administrativo (Lei 9.784/1999). Em relação às demais leis administrativas, trata-se de uma lei especial, pois regula especificamente o tema "processo administrativo". Em relação a outras leis especiais, pode ser considerada lei geral, quando como se coteja essa lei com outra lei que trata de um específico processo administrativo, como o de licitação. Nada obstante, como a Lei 9.784/1999 traz uma série de princípios, e como os princípios são normas que se sobrepõem a meras regras, é possível que a Lei 9.784/1999 prevaleça em relação a uma lei que, em princípio, traz normas especiais em relação às suas. Só que isso só acontecerá quando houver um conflito entre um princípio da Lei 9.784/1999 e uma mera regra da lei especial, mas não acontecerá entre normas especiais comuns da Lei 9.784/1999 e normas especiais comuns da Lei 8.666/1993, por exemplo.

1.14. JURISPRUDÊNCIA SELECIONADA

AG. REG. NO ARE N. 718.343-RS
RELATORA: MIN. ROSA WEBER
EMENTA: DIREITO ADMINISTRATIVO. CONTROLE DE LEGALIDADE DOS ATOS ADMINISTRATIVOS PELO PODER JUDICIÁRIO. PRINCÍPIO DA SEPARAÇÃO DE PODERES. SUPOSTA AFRONTA AOS ARTS. 2º E 37 DA CONSTITUIÇÃO DA REPÚBLICA.OFENSA NÃO CONFIGURADA. ACÓRDÃO RECORRIDO DISPONIBILIZADO EM 7.5.2012.

O controle de legalidade dos atos administrativos pelo Poder Judiciário não ofende o princípio da separação dos poderes. Precedentes

Agravo regimental conhecido e não provido. (Inform. STF 716)

AG. REG. NO RE N. 636.686-RS
RELATOR: MIN. GILMAR MENDES
Agravo regimental em recurso extraordinário. 2. Direito Administrativo. 3. Defensoria pública. Implantação de plantão permanente na cidade de Erechim. Mérito administrativo. Impossibilidade de ingerência do Poder Judiciário ante a ausência de ilegalidade ou abuso de poder. Princípio da separação dos poderes. Precedentes. Inexistência de argumentos capazes de infirmar a decisão agravada. 5. Agravo regimental a que se nega provimento. (Inform. STF 715)

AG. REG. NO RE N. 628.159-MA
RELATORA: MIN. ROSA WEBER
EMENTA: DIREITO ADMINISTRATIVO. SEGURANÇA PÚBLICA. IMPLEMENTAÇÃO DE POLÍTICAS PÚBLICAS. PRINCÍPIO DA SEPARAÇÃO DE PODERES. OFENSA NÃO CONFIGURADA. ACÓRDÃO RECORRIDO PUBLICADO EM 04.11.2004.

O Poder Judiciário, em situações excepcionais, pode determinar que a Administração Pública adote medidas assecuratórias de direitos constitucionalmente reconhecidos como essenciais, sem que isso configure violação do princípio da separação de poderes. Precedentes.

Agravo regimental conhecido e não provido. (Inform. STF 715)

AG. REG. NO AI N. 810.410-GO
RELATOR: MIN. DIAS TOFFOLI
EMENTA: Agravo regimental no agravo de instrumento. Constitucional. Poder Judiciário. Determinação para implementação de políticas públicas. Segurança pública. Destacamento de policiais para garantia de segurança em estabelecimento de custódia de menores infratores. Violação do princípio da separação dos Poderes. Não ocorrência. Precedentes.

1. O Poder Judiciário, em situações excepcionais, pode determinar que a Administração pública adote medidas assecuratórias de direitos constitucionalmente reconhecidos como essenciais sem que isso configure violação do princípio da separação dos poderes.

2. Agravo regimental não provido. (Inform. STF 714)

Controle de ato administrativo e separação dos Poderes
Ao assinalar que não viola o princípio da separação dos Poderes o controle de legalidade exercido pelo Judiciário, a 1ª Turma negou provimento a agravo regimental, das Centrais Elétricas da Mantiqueira S/A, interposto de decisão do Min. Dias Toffoli, que desprovera agravo de instrumento, do qual relator. No acórdão recorrido, o Tribunal de origem consignara que *"em linha de princípio, o Poder Judiciário controla somente o aspecto da legalidade estrita do ato administrativo, ou seja, o plano de validade do mesmo. 7. Todavia, em se tratando de direitos da terceira geração, envolvendo interesses difusos e coletivos, como ocorre com afetação negativa do meio ambiente, o controle deve ser da legalidade ampla"*. Inicialmente, explicitou-se que, na espécie, referir-se-ia à suspensão de estudos de viabilização de usina hidrelétrica. Asseverou-se não ser o caso de ofensa ao aludido princípio (CF, art. 2º). No mais, sublinhou-se ser vedado o reexame de fatos e provas dos autos. **AI 817564 AgR/MG, rel. Min. Dias Toffoli, 18.12.2012. (AI-817564)** (Inform. STF 693)

ADI e Criação de Órgão
Por vislumbrar afronta ao art. 61, § 1º, II, e, da CF, que reserva ao Chefe do Poder Executivo a iniciativa de projeto de lei que crie órgão da Administração Pública, o Tribunal julgou procedente pedido formulado em ação direta ajuizada pelo Governador do Estado do Amapá para declarar a inconstitucionalidade da Lei estadual 803/2004, que cria a Escola Técnica Agropecuária no Município do Amapá e determina que o Poder Executivo a regulamente, incluindo no Plano Plurianual e na previsão orçamentária os recursos necessários à implantação dessa Escola. **ADI 3179/AP, rel. Min. Cezar Peluso, 27.5.2010.** (ADI-3179) (Inform. STF 588)

1.15. QUADRO SINÓTICO

1. Atividade Administrativa

1.1. Conceito: *atividade de executar concreta, direta e imediatamente a lei*

1.2. Exemplos: fiscalização de trânsito, fiscalização de obras, fiscalização de posturas, gestão de serviços públicos (transporte, lixo etc.)

1.3. Regime jurídico: de direito público, em que vigem dois princípios basilares, quais sejam, o da *supremacia do interesse público sobre o privado* e o da *indisponibilidade do interesse público*. No regime de direito privado, ao contrário, há dois princípios basilares, quais sejam, o da *igualdade* e o da *autonomia da vontade*.

2. Conceito de Administração Pública: a) em sentido ***formal***, Administração Pública é o conjunto de órgãos instituídos para consecução dos fins do Governo (que é o comando, a iniciativa); b) em sentido ***material***, é o conjunto das funções necessárias aos serviços públicos em geral; c) em sentido ***operacional***, é o desempenho sistemático dos serviços estatais.

3. Transformações no Direito Administrativo moderno: a) constitucionalização do Direito Administrativo; b) petrificação do Direito Administrativo; c) multiplicação de microssistemas administrativos; d) multiplicação das leis gerais nacionais de poder de polícia para a defesa de interesses difusos e coletivos; e) maior ingerência do Judiciário nas condutas omissivas e comissivas da Administração; f) busca do atendimento ao princípio da eficiência; g) responsabilidade fiscal e responsabilização pessoal dos agentes públicos; h) desburocratização; i) transparência absoluta; j) adoção de certas práticas próprias do direito privado; k) participação popular; l) desestatização; m) incremento da participação do terceiro setor na colaboração com a Administração; n) dinamismo.

4. Funções próprias da Administração Pública Moderna: a) regulação intermediária de atividades e serviços públicos; b) prestação direta ou indireta de serviços públicos; c) fiscalização das concessões e permissões; d) poder de polícia; e) gestão de bens e agentes públicos; f) previdência pública obrigatória; g) fomento de certas atividades.

5. Sistemas de controle jurisdicional da Administração: a) o sistema do contencioso administrativo (sistema francês); trata-se da chamada *dualidade de jurisdição* (ou *contencioso administrativo*), em que um órgão exerce a jurisdição sobre os atos administrativos e outro órgão, o Poder Judiciário, a exerce sobre os demais atos e fatos jurídicos; na França, por exemplo, o Conselho de Estado é quem faz esse papel de exercer a jurisdição sobre atos administrativos, ficando o Judiciário responsável pelos demais conflitos de interesse; b) o sistema judiciário (sistema inglês), adotado pelo Brasil, no qual se tem jurisdição única, de maneira que compete apenas ao Poder Judiciário a jurisdição sobre o controle de atos administrativos postos em disputa.

1.16. QUESTÕES COMENTADAS

(Defensor Público/AM – 2010 – I. Cidades) No campo do Direito Administrativo, a relação jurídico-administrativa:

(A) É regida pelo princípio do *pacta sunt servanda*, não havendo casos em que a Administração Pública pode modificar, unilateralmente, um contrato previamente assinado entre as partes.

(B) Submete a Administração Pública à vontade exclusiva dos governantes, pois cabe a estes apontar os rumos que a Administração Pública deve seguir.

(C) Deve sempre estar vinculada à finalidade pública, à vontade do administrador e à vontade das pessoas públicas.

(D) Implica em uma predominância da propriedade pública sobre a propriedade privada, ainda que a propriedade privada esteja a serviço de um interesse público.

(E) Implica em atuação de ofício na consecução e proteção dos interesses públicos contidos na esfera de competências atribuídas pela lei ao administrador.

A: incorreta, pois no Direito Administrativo incide o princípio da supremacia do interesse público sobre o privado, o qual permite que a Administração modifique, unilateralmente, contratos administrativos (art. 58, I, da Lei 8.666/1993); **B:** incorreta, pois cabe à LEI apontar os rumos que a Administração deve seguir; **C:** incorreta, pois a Administração está vinculada à vontade da LEI; **D:** incorreta, pois a propriedade privada que estiver a serviço de um interesse público tem uma proteção jurídica diferenciada; **E:** correta, pois a afirmativa deixa claro que a lei é quem dita as competências, bem como que a Administração deve atuar de ofício no cumprimento da LEI.

Gabarito "E"

(Delegado/MG – 2012) Em relação à interação do direito administrativo, com os demais ramos de direito, analise as afirmativas a seguir:

I. O direito administrativo é que dá mobilidade ao direito constitucional.

II. O direito administrativo tem vínculo com o direito processual civil e penal.

III. As normas de arrecadação de tributos podem ser tidas como de direito administrativo.

IV. A teoria civilista dos atos e negócios jurídicos têm aplicação supletiva aos atos e contratos administrativos.

Marque a alternativa correta.

(A) apenas as afirmativas I, II e III estão corretas.

(B) apenas as afirmativas II e IV estão corretas.

(C) apenas as afirmativas I e II estão corretas.

(D) as afirmativas I, II, III e IV estão corretas.

I: correta, pois o direito constitucional, na sua essência, traz princípios e diretrizes mais perenes; *vide*, por exemplo, a longevidade da Constituição Americana; o direito administrativo, por dizer respeito ao aspecto prático do Estado (ou seja, à execução das leis) é muito mais dinâmico, buscando sempre novas tecnologias; exemplos disso são a criação de organizações sociais e OSCIPs, bem como das parcerias público-privadas; **II:** correta; exemplo de relação com o processo civil é o processo administrativo; exemplo de relação com o direito penal é o processo disciplinar; **III:** correta, pois tais normas têm natureza administrativa, seguindo princípios próprios do direito administrativo; **IV:** correta, pois os atos e contratos administrativos têm disciplina própria, decorrente do regime jurídico de direito administrativo, que afasta o regime de direito privado; porém, supletivamente, ou seja, quando se estiver diante de ausência de diretriz pública sobre o ato ou contrato administrativos, aplicam-se as disposições de direito privado; aliás, em matéria de contrato administrativo, há disposição específica nesse sentido (art. 54, *caput*, da Lei 8.666/1993).

Gabarito "D"

(Procurador do Estado/MG – FUMARC – 2012) Quanto às prerrogativas do Estado, decorrentes do regime jurídico-administrativo, na ordem jurídico-positiva vigente, assinale a alternativa correta:

(A) Intimação pessoal dos Procuradores Estaduais em todos os processos em que o Estado for parte, exceto nos Juizados Especiais da Fazenda Pública Estadual.

(B) Reexame necessário de todas as sentenças proferidas em desfavor do Estado, ressalvadas aquelas proferidas no âmbito do Juizado Especial da Fazenda Pública Estadual.

(C) Possibilidade de revisão dos atos administrativos ilegais pela própria Administração, no exercício da autotutela, em qualquer tempo, porque deles não nascem legítimos direitos.

(D) Dispensa do adiantamento de despesas processuais, não podendo ainda a ausência de prévio recolhimento de multa fixada em agravo tido como inadmissível ou infundado (art. 557, § 2º do CPC) obstaculizar a interposição de qualquer outro recurso.

(E) Possibilidade de constituir os particulares em obrigações mediante atos unilaterais, somente passíveis de questionamento judicial quanto ao motivo, objeto e finalidade, por força do princípio da separação dos Poderes.

A: incorreta, pois os procuradores estaduais não têm direito de intimação pessoal, diferentemente dos membros do Ministério Público, que tem tal direito (art. 236, § 2º, do CPC); **B:** incorreta, pois o reexame necessário de fato não existe no Juizado Especial da Fazenda Pública, porém também não se dará nas ações em geral cujo valor não exceda 60 salários-mínimos; **C:** incorreta, pois existe prazo decadencial para que a Administração Pública anule atos ilegais que beneficiam terceiros de boa-fé; na esfera federal esse prazo é de 5 anos (art. 54 da Lei 9.784/1999); no âmbito de cada estado-membro e de cada município há de se verificar a lei local sobre o assunto; na ausência de lei local sobre o assunto, aplica-se, por analogia, a lei federal mencionada; **D:** correta (art. 27 do CPC); **E:** incorreta, pois os requisitos *competência* e *forma* do ato administrativo sempre podem ser apreciados pelo Judiciário, por envolverem competência vinculada; porém, os requisitos motivo, objeto e finalidade podem ter uma parte vinculada e outra discricionária, sendo certo que o mérito que couber à Administração (ou seja, a margem de liberdade que ela tiver) não poderá ser revista pelo Judiciário.

Gabarito "D"

CAPÍTULO 2

PRINCÍPIOS DO DIREITO ADMINISTRATIVO

2.1. INTRODUÇÃO

Vejamos primeiro o que são princípios.

Princípios *são normas jurídicas de especial relevância e alta carga valorativa que, além de vincular, servem de vetor interpretativo a todos os destinatários do Direito.*

São, então, (1) alicerces do ordenamento jurídico, (2) normas vinculantes, (3) vetores interpretativos e integrativos, (4) normas relevantes, (5) além de deterem alta carga valorativa.

Destaca-se, assim, as seguintes funções dos princípios:

a) interpretativa: pois servem de vetor interpretativo normas jurídicas gerais (previstas nas leis administrativas) e individuais (trazidas nos contratos administrativos, por exemplo);

b) integrativa: pois servem de vetor integrativo em caso de lacunas de normas gerais ou individuais, colaborando na criação de regra a reger a situação não regulada de modo a promover os fins do sistema;

c) criativa de deveres adicionais: pois são também normas vinculantes, relevantes e com alta carga valorativa, estabelecendo deveres acessórios a normas gerais e individuais, por exemplo, o dever de a Administração com boa-fé, decorrente dos princípios da moralidade e da segurança jurídica;

d) função corretiva: pois os princípios são também normas vinculantes, de modo que, caso violados, ensejam a anulação do ato, como se dá no caso de um ato que desrespeita o princípio da moralidade administrativa;

Outra questão importante é a observação de Robert Alexy, para quem, na medida do possível, o conteúdo do princípio deva ser realizado na maior medida possível dentro das possibilidades fáticas e jurídicas e existentes. Essa teoria é chamada de mandamento de otimização.

Considerando que os princípios são os alicerces do ordenamento jurídico, poder-se-ia dizer que esse mandamento não se aplica, pois haveria uma relativização muito grande de algo tão importante. Porém, observada a questão mais a fundo, perceber-se-á que, no plano jurídico, é impossível imaginar que um princípio vai se aplicar sem exceções, daí porque, partindo do pressuposto de que alguma exceção haverá, há de se buscar, no mais, a maior realização possível do princípio. Um exemplo é a relação entre o princípio da moralidade e a necessidade de deixar em sigilo certos atos. Da mesma forma, o plano fático pode fazer com que o princípio tenha alguma dificuldade. Por exemplo, o mesmo princípio da publicidade pode ser mais otimizado em locais onde exista diário oficial e vasta rede de internet, ao passo que municípios muitos pequenos podem ter menos meios disponíveis para fazer valer a máxima publicidade possível.

No mais, é sempre bom mencionar a máxima segundo a qual violar um princípio é muito mais grave do que violar uma mera regra administrativa, pois, dada a posição em que se encontra o princípio (alicerce do ordenamento jurídico), essa conclusão é inexorável.

Pode-se dizer, ainda, que os princípios gerais do Direito Administrativo decorrem de dois outros basilares, quais sejam, o da supremacia do interesse público sobre o privado e o da indisponibilidade do interesse público.

2.2. PRINCÍPIOS BASILARES DO DIREITO ADMINISTRATIVO (SUPRAPRINCÍPIOS OU SUPERPRINCÍPIOS)

O princípio da *supremacia do interesse público sobre o interesse privado*[1] parte da ideia de que o fim do Estado é o bem comum, e não o individual. Assim, deve prevalecer o interesse público, o interesse comum, e não o interesse particular que cada um tem.

Essa supremacia pode ser verificada nas seguintes *prerrogativas* da Administração: a) presunção de legitimidade dos atos administrativos; b) prazos maiores no processo civil; c) prazo prescricional menor contra o Estado; d) imperatividade, exigibilidade, coercibilidade e autoexecutoriedade de boa parte dos atos administrativos, atributos esses que permitem a autotutela da Administração, que não precisa buscar o Poder Judiciário para a imposição de grande parte de seus atos.

A doutrina diferencia a chamada *supremacia estatal geral*, que incide sobre todas as pessoas, da *supremacia estatal especial*, que incide sobre as pessoas com quem o Estado tem relação jurídica específica. A submissão de todos nós às leis de trânsito é um exemplo da supremacia estatal geral. Já a submissão das concessionárias de serviço público às imposições do Poder Concedente é exemplo da supremacia estatal especial.

1. Celso Antônio Bandeira de Mello define interesse público como o "interesse resultante do conjunto dos interesses que os indivíduos pessoalmente têm quando considerados em sua qualidade de membros da Sociedade e pelo simples fato de o serem" (*Curso de Direito Administrativo*, p. 59). Aliás, o interesse público pode ser primário (verdadeiro interesse público) ou secundário, interesse que diz respeito apenas à pessoa jurídica estatal (que não é verdadeiro interesse público), como o interesse de arrecadar mais tributos.
Hely Lopes Meirelles, por sua vez, entende por interesse público as "aspirações ou vantagens licitamente almejadas por toda a comunidade administrada, ou por uma parte expressa de seus membros" (*Direito Administrativo Brasileiro*, p. 81).

O princípio da indisponibilidade do interesse público, por sua vez, decorre da ideia de República (coisa de todos). Ele indica que os interesses públicos não podem ser objeto de disposição, devendo o Poder Público velar por sua proteção e promoção. A ordem jurídica trará o perfil do que é interesse público, cabendo à Administração Pública buscar seu atendimento. Decorrem desse princípio os seguintes: a) princípio da legalidade; b) princípio da isonomia; c) princípio da motivação; d) princípio da publicidade, dentre outros.

Há quem diga que os princípios basilares mencionados são mitigados, hoje, em face dos interesses individuais. Porém, essa posição é falaciosa. Por exemplo, entre o interesse público em desapropriar uma área e o interesse privado do dono da área em continuar como proprietário do local, logicamente prevalece o interesse público, mesmo havendo um interesse privado nesse contexto, que é o de recebimento de uma indenização prévia, justa e em dinheiro no caso. Repare que há um único interesse privado em jogo (recebimento da tal indenização) e outros dois interesses públicos em jogo, nessa hipótese, em adquirir a área e em respeitar o interesse privado à indenização. Assim, quando se fala em interesse público é necessário lembrar que é de interesse público também o respeito aos interesses individuais, de modo que nunca se poderá dizer que um interesse individual pode mitigar um interesse público, pois, quando se defender um interesse particular, está-se, antes de tudo, defendendo-se o interesse público a que os interesses individuais sejam respeitados. Mesmo nos casos em que a jurisprudência chega a dizer que um dado direito individual se sobrepõe ao um interesse coletivo, está-se, na verdade de uma declaração falaciosa. Primeiro porque, como se viu, é de interesse público que os direitos individuais sejam respeitados. Segundo porque, muitas vezes, o benefício de uma medida de interesse público é tão pequeno perto do estrago que uma certa mitigação de interesse privado pode gerar, que será de interesse público preservar dado interesse privado. Um exemplo se dá quanto à remoção de ofício de um servidor, no interesse da Administração. O STF, com fundamento no princípio constitucional da proteção à família, entende que esse princípio pode, em certas circunstâncias fáticas específicas, prevalecer em relação a dado objetivo legal de interesse público, quando houver grande desproporção entre a intensidade da desproteção da família e o ganho ao interesse público com determinada medida tomada nesse sentido. Por exemplo, entendeu-se que o princípio da proteção à família prevalece quando, determinada a remoção de ofício, verifica-se que o servidor não terá mais como frequentar na nova lotação curso superior que fazia e também não terá sua esposa ao seu lado por conta da impossibilidade do cônjuge de acompanha-lo (Ag. Reg. no ARE 681.780-DF).

Passemos, agora, ao estudo dos demais princípios do Direito Administrativo, que, repita-se, são expressões dos dois acima referidos.

2.3. PRINCÍPIOS DO DIREITO ADMINISTRATIVO EM ESPÉCIE

2.3.1. Princípio da legalidade

Esse princípio pode ser conceituado como *aquele pelo qual a Administração Pública só pode fazer o que a lei determinar ou permitir*.

O princípio da legalidade está previsto expressamente no art. 37, *caput*, da CF.

Trata-se de princípio próprio do Estado de Direito. Aliás, o Direito Administrativo nasce justamente com o aparecimento desse tipo de Estado.

O princípio em questão afirma que a atividade administrativa é sublegal, devendo expedir comandos complementares à lei. É muito famosa a frase de Seabra Fagundes a respeito da legalidade: "administrar é aplicar a lei de ofício".

Na prática, isso significa que a Administração Pública não pode fazer coisa alguma sem que haja uma lei prévia dizendo que ela está autorizada ou tem a obrigação de fazê-la.

Recentemente, tomei conhecimento de um exemplo interessante: o Prefeito de uma determinada cidade resolveu baixar um ato administrativo determinando que todo o comércio local fechasse aos domingos, sem que houvesse lei alguma na cidade trazendo essa determinação. Tal conduta fere o princípio da legalidade, pois o Prefeito só poderia ter agido se houvesse uma lei municipal nesse sentido.

O Chefe do Poder Executivo tem o poder de regulamentar a lei, e não de fazer a própria lei. Nesse sentido, o art. 84, IV, da CF dispõe que o Presidente da República – e os demais Chefes do Executivo (Prefeito e Governador) – tem competência para expedir decretos e regulamentos para a fiel execução da *lei*. Esses decretos têm por objetivo explicar a lei e dizer como ela deverá ser cumprida.

Ou seja, no Brasil temos *regulamentos de execução de lei*, e não *regulamentos autônomos de lei*.

No exemplo dado, o Prefeito daquela cidade poderia baixar um regulamento para o fim de executar a lei que proíbe o comércio aos domingos, caso a lei existisse (regulamento de execução de lei). Mas não poderia criar a própria proibição do comércio por meio de um decreto (regulamento autônomo de lei).

O princípio da legalidade é tão forte que no Direito brasileiro há pouquíssimas exceções.

A primeira exceção diz respeito aos *regulamentos autônomos de lei*. O art. 84, VI, da CF criou duas exceções, em que o Chefe do Executivo poderá, por decreto, fazer algo que somente a lei poderia fazer: a) dispor sobre a organização e funcionamento da administração federal, quando não implicar aumento de despesa nem criação ou extinção de órgãos públicos; b) dispor sobre a extinção de funções ou cargos públicos, quando vagos.

Um exemplo da situação "a" é um Prefeito, por decreto, transformar uma secretaria municipal em outra secretaria municipal (ex.: transformar a secretaria de administração em secretaria de gestão pública). O que não é possível é extinguir ou criar um órgão público, mas transformar um órgão é plenamente possível.

Um exemplo da situação "b" é um Prefeito, por decreto, extinguir 30 cargos de telefonista da prefeitura, por estarem vagos esses cargos e não haver mais interesse em provê-los, em virtude da tecnologia dos sistemas de telefonia não mais requerer tantos cargos de telefonista numa repartição pública.

A segunda exceção ao princípio da legalidade é a *medida provisória* (art. 62, CF). Com efeito, a medida provisória, apesar de não ser *lei em sentido estrito*, tem *força de lei*.

Assim, é possível que uma medida provisória, mesmo que não haja lei sobre um dado assunto, inove na ordem jurídica e determine algo para a Administração Pública.

Um exemplo foi a medida provisória que regulamentou as obrigações que cada um de nós passamos a ter com o "Apagão Elétrico" que assolou o Brasil há alguns anos. A medida provisória em questão foi possível porque estávamos numa situação de relevância e urgência, que justificava a edição da medida em detrimento do processo normal de elaboração de diplomas legislativos.

Porém, de acordo com a Constituição, a medida provisória não pode ser expedida para qualquer matéria. A EC 32/2001 estabeleceu, no art. 62, § 1º, da CF, vedação à edição de medidas provisórias sobre as seguintes matérias: *nacionalidade, cidadania, direitos políticos, partidos políticos e direito eleitoral; direito penal, processual penal e processual civil; organização do Poder Judiciário e do Ministério Público, a carreira e a garantia de seus membros; planos plurianuais, diretrizes orçamentárias, orçamento e créditos adicionais e suplementares; matéria reservada à lei complementar; disposição que vise a detenção ou sequestro de bens, de poupança popular ou qualquer outro ativo financeiro.*

Parte da doutrina faz uma diferenciação entre a *legalidade* e a *reserva legal*. Há matérias que podem ser reguladas por lei e por medida provisória, hipótese em que se fala em obediência à legalidade. Há matérias que só podem ser reguladas por lei em sentido formal, hipótese em que se fala em obediência à reserva legal. As matérias mencionadas no parágrafo anterior obedecem ao princípio da reserva legal. Como exemplo, temos o direito penal, matéria que só pode ser regulada por lei, nunca por decreto ou medida provisória (art. 5º, XXXIX, CF).

Vale, também, diferenciar o princípio da legalidade para a Administração, com o **princípio da legalidade para o particular**. O primeiro está previsto no art. 37, *caput*, da CF, ao passo que o segundo, no art. 5º, II, da CF ("ninguém será obrigado a fazer ou deixar de fazer alguma coisa senão em virtude de lei"). O primeiro dispõe que a Administração só pode fazer o que a lei determinar ou permitir, enquanto que o segundo dispõe que o particular pode fazer o que bem entender, a não ser o que a lei proibir. Portanto, a Administração está amarrada, presa. Ela só pode fazer algo se a lei desamarrar e permitir que esse algo seja feito. Já o particular está livre, podendo fazer o que quiser. Ele só ficará impedido de fazer algo quando vier uma lei proibindo que ele o faça.

Por fim, importante darmos uma palavra sobre o **princípio da juridicidade**. Esse princípio pode ser visto como estágio evolutivo atual do princípio da legalidade, pois exige do administrador público atuação em conformidade não só com a lei, em sentido formal, mas com todo o direito; muito mais do que respeitar a *legalidade estrita*, o que se espera hoje é que o administrador atenda ao *Direito* como um todo, ou seja, busque uma decisão de acordo com a *juridicidade* ou *legitimidade*, daí a ideia de que, mais do que o respeito ao princípio da legalidade, o administrador tem que respeitar o princípio da juridicidade.

2.3.2. Princípio da impessoalidade

Esse princípio pode ser conceituado como *aquele que impõe tratamento igualitário às pessoas, respeito à finalidade e também a ideia de que os atos dos agentes públicos devem ser imputados diretamente à Administração Pública e nunca à pessoa do agente.*

O princípio da impessoalidade está previsto expressamente no art. 37, *caput*, da CF.

Repare que o princípio tem três comandos: a) *impõe igualdade de tratamento*; b) *impõe respeito ao princípio da finalidade*; c) impõe *neutralidade do agente*, que não pode fazer autopromoção.

Um exemplo de violação ao primeiro comando ("a") é o agente público, responsável para julgar a concessão de alvarás para construção, dar prioridade aos pedidos de alvará formulados por amigos seus em detrimento das demais pessoas que tiverem pedido o alvará em data anterior.

Um exemplo de violação ao segundo comando ("b") é o agente público usar um ato que tem uma finalidade legal "X" com o objetivo de atender a uma finalidade "Y", como ocorre quando se utiliza o ato "remoção" – cuja finalidade é organizar melhor as funções de agentes públicos ou transferir um agente público para outro local, a pedido deste – com a finalidade de punição.

Um exemplo de violação ao terceiro comando ("c") é um Prefeito determinar a utilização de um símbolo usado na sua campanha eleitoral em todas as obras da prefeitura. Tal situação é expressamente vedada pelo art. 37, § 1º, da CF, que dispõe que a publicidade oficial deverá ter caráter educativo, informativo ou de orientação social, dela não podendo constar nomes, *símbolos* ou imagens que caracterizem *promoção pessoal*.

O terceiro comando do princípio da impessoalidade também tem outros tipos de reflexo. Um deles é a possibilidade de reconhecer a validade de atos praticados por funcionário público irregularmente investido no cargo ou função sob o fundamento de que tais atos configuram atuação do órgão e não do agente público. Isso ocorre, pois, se todos os atos praticados pela Administração são *imputados* diretamente a esta (o agente público é neutro, ou seja, é um mero órgão da Administração), mesmo os atos praticados por alguém irregularmente investido em função pública poderão ser considerados válidos já que, em última análise, são atos da Administração e podem ser preservados se estiverem de acordo com as demais normas jurídicas.

2.3.3. Princípio da moralidade administrativa

Esse princípio pode ser conceituado como *aquele que impõe obediência à ética da Administração, consistente no conjunto de preceitos da moral administrativa, como o dever de honestidade, lealdade, boa-fé e probidade.*

O princípio está previsto expressamente no art. 37, *caput*, da CF.

O art. 11 da Lei 8.429/1992 (Lei de Improbidade Administrativa) juridiciza (torna jurídico) preceitos morais a serem seguidos, como a *honestidade* e a *lealdade* às instituições.

Todavia, a Constituição não exige que a moralidade exigida por seu art. 37, *caput*, esteja juridicizada. Aliás, se assim o fosse, bastaria a exigência de respeito ao princípio da legalidade. A Constituição também não está se referindo à moralidade comum, pois o art. 5º, LXXIII, da CF, ao tratar das hipóteses de cabimento de ação popular, é mais específico no tema e usa a expressão completa, qual seja, "moralidade administrativa", que é a moralidade no interior da administração e não no bojo da sociedade como um todo.

Assim, quando a Constituição exige, também, respeito à moralidade está impondo o dever de atendimento a moralidade administrativa (e não à moralidade comum), mas não está se referindo a uma moralidade juridicizada[2], mas a uma moralidade extraída da prática diária da boa administração. Ou seja, está-se exigindo um comportamento com respeito aos padrões éticos de boa-fé, decoro, lealdade, honestidade e probidade. Aliás, nesse sentido é o disposto no art. 2º, parágrafo único, IV da Lei 9.784/1999, no Código de Ética Profissional do Servidor Público Federal (Decreto 1.171/1994) e na Lei 8.112/1990.

São exemplos de atos que ferem o princípio da moralidade administrativa os seguintes: a) Prefeito e Câmara aumentam a remuneração dos agentes públicos em demasia a fim de se fortalecerem e de inviabilizarem economicamente a gestão posterior; b) Prefeito e Câmara geram grande diminuição de impostos para a gestão seguinte, com a mesma finalidade espúria mencionada; c) desapropriação realizada com o fim de prejudicar um inimigo político; d) uso de cartões corporativos do governo para gastos de ordem pessoal.

Não é necessária lesão ao erário para o desrespeito a esse princípio. Um prefeito que desapropria um imóvel com a finalidade de prejudicar um inimigo político, estará sujeito à invalidação dessa desapropriação pela violação ao princípio da moralidade, mesmo que o imóvel fosse necessário mesmo e que não houvesse, então, prejuízo econômico com o ato.

Dentro do tema do princípio da moralidade, vale fazer referência a outros institutos jurídicos relacionados.

O primeiro deles é a improbidade administrativa, que consiste na *imoralidade administrativa qualificada pelo prejuízo ao patrimônio público, pelo enriquecimento ilícito do agente ou pela ofensa aos princípios da Administração Pública*. A prática de tal ato importará, nos termos da Constituição, a suspensão dos direitos políticos, a perda da função pública, a indisponibilidade de bens e o ressarcimento ao erário, sem prejuízo da ação penal cabível (art. 37, § 4º, CF). A Lei 8.429/1992 repete tais sanções e acrescenta outras (art. 12 da Lei 8.429/1992), que serão estudadas em capítulo próprio.

---

2. Vale dizer, todavia, que a doutrina *não é pacífica* sobre esse entendimento, ou seja, de que a noção de moralidade administrativa não depende da moralidade juridicizada. Celso Antônio Bandeira de Mello, por exemplo, entende, com base em estudo de Márcio Cammarosano, que "não é qualquer ofensa à moral social que se considerará idônea para dizer-se ofensiva ao princípio jurídico da moralidade administrativa" (*Curso de Direito Administrativo*. 26. Ed., p. 120). Em outro extremo, Maria Sylvia Zanella Di Pietro entende, fundamentada na lição de Manoel de Oliveira Franco Sobrinho, que "mesmo os comportamentos ofensivos da moral comum implicam ofensa ao princípio da moralidade administrativa" (*Direito Administrativo*. 25. ed., p. 79), ou seja, mesmo a imoralidade comum viola o princípio em questão.

Outro importante instituto é o da ação popular. Essa ação, que visava apenas à anulação de ato lesivo ao patrimônio público, passou a ser cabível, com a CF/88, também para anular ato lesivo ao meio ambiente, ao patrimônio histórico e cultural e à *moralidade administrativa*.

Também se relaciona com o princípio da moralidade uma das hipóteses que caracterizam crime de responsabilidade do Presidente da República, consistente no ato que atenta contra a *probidade* na administração (art. 85, V, da CF).

Ainda no tema "direitos políticos", a Constituição dispõe que lei complementar deve trazer hipóteses de inelegibilidade, a fim de proteger a *probidade administrativa*, a *moralidade* para o exercício do mandato e a normalidade e legitimidade das eleições contra a influência do poder econômico ou o abuso do exercício de função, cargo ou emprego na administração direta e indireta (art. 14, § 9º, CF).

Por fim, também pode ser instaurada CPI para investigar fato determinado relacionado à violação do princípio da moralidade administrativa (art. 58, § 3º, da CF), sem prejuízo da atuação do Tribunal de Contas no caso (por ausência de legitimidade do ato, que inclui a moralidade deste - art. 70, *caput*, da CF), do ajuizamento de ações civis públicas e da impugnação individual do ato em ações comuns ou especiais (como o mandado de segurança), quando se desejar anular ato que viola o princípio.

Enfim, essa relação de situações em que a moralidade é exigida revela o quão esse princípio é importante para o nosso Direito, mormente se pensarmos no número de escândalos que nosso País revela a cada dia, o que faz com que a aplicação do princípio aos casos concretos tenha função primordial para termos um País probo e que atenda cada vez mais aos justos anseios da população.

2.3.4. Princípio da publicidade

Esse princípio pode ser conceituado como *aquele que impõe ampla divulgação dos atos oficiais, para conhecimento público e início dos efeitos externos*.

O princípio da publicidade está previsto expressamente no art. 37, *caput*, da CF.

O conceito apresentado revela que o princípio tem dois grandes sentidos: a) garantir que todos tenham conhecimento das coisas que acontecem na Administração Pública; b) garantir que os atos oficiais só tenham efeitos externos após sua publicação.

Com isso, os cidadãos em geral poderão exercer sua cidadania, questionando atos governamentais, solicitando o controle destes e até ingressando com ações contra atos que estejam em desacordo com a ordem jurídica. Da mesma forma, o Ministério Público e as demais pessoas legitimadas também terão elementos para fazer esse tipo de controle.

As pessoas individualmente prejudicadas também recebem a proteção do princípio da publicidade. Um exemplo é aquele que recebe uma multa de trânsito. Tal pessoa só terá de pagar a multa se receber uma notificação oficial no prazo previsto em lei. A notificação é, portanto, requisito de eficácia da multa aplicada. O art. 281, II, da Lei 9.503/1993, dispõe que o auto de infração será arquivado e seu registro julgado insubsistente se não houver, no prazo máximo de 30 dias, notificação da autuação.

Nesse sentido, é importante reforçar a ideia de que a *publicidade* dos atos oficiais é requisito de *eficácia* dos atos administrativos, e não requisito de *existência* ou de *validade* destes.

Por outro lado, o princípio da publicidade tem exceções. Ou seja, há casos em que o interesse público justificará que determinados atos oficiais sejam deixados em sigilo, ainda que temporariamente.

Confira os casos em que se admite o sigilo dos atos oficiais: a) para a defesa da segurança da sociedade e do Estado; b) em investigações policiais; c) para o resguardo da inviolabilidade da intimidade, da vida privada, da honra e da imagem das pessoas.

A Lei 12.527/2011 regula o acesso à informação previsto no inciso XXXIII do art. 5º, da CF ("todos têm direito a receber dos órgãos públicos informações de seu interesse particular, ou de interesse coletivo ou geral, que serão prestadas no prazo da lei, sob pena de responsabilidade, ressalvadas aquelas cujo sigilo seja imprescindível à segurança da sociedade e do Estado").

Essa lei se aplica a todos os entes federativos. Por conta dela, houve um movimento muito amplo no sentido de os entes da Administração Pública passarem a divulgar pela internet a remuneração e o subsídio dos agentes públicos, por se tratar de obrigação que decorre dos termos da lei.

Essa lei trata também dos requisitos do pedido de acesso a informações aos órgãos e entidades estatais (arts. 10 a 14) e também das restrições de acesso à informação (arts. 21 a 31).

Uma regra fundamental da lei dispõe que "não poderá ser negado acesso à informação necessária à tutela judicial ou administrativa de direitos fundamentais" (art. 21).

A lei detalha melhor os casos em que cabe sigilo por motivo de segurança da sociedade e do Estado (art. 23), sigilo esse que varia entre 5, 15 e 25 anos (informações reservada, secreta e ultrassecreta, respectivamente), bem como os casos em que cabe sigilo por motivo de respeito à intimidade, vida privada, honra e imagem das pessoas, que poderão ter seu acesso restrito pelo prazo máximo de 100 anos (art. 31).

Por fim, vale dizer que se sujeitam a essa lei todos os órgãos da Administração Direta, todas as suas entidades e também as aquelas controladas direta ou indiretamente pelos entes políticos (art. 1º), sendo que a Lei 9.784/1999 se aplica subsidiariamente (art. 20). Quanto ao respeito ao princípio da publicidade no âmbito dos **processos administrativos em geral**, a Lei 9.784/1999 estabelece, em seu art. 2º, parágrafo único, V, a obrigatoriedade da divulgação dos atos administrativos, devendo-se publicar no Diário Oficial as principais fases do processo. Os demais atos podem ser afixados na porta do ente ou conforme o disposto na lei local. O art. 28 da Lei 9.784/1999 obriga, ainda, à intimação do interessado, por correspondência, por exemplo, para tomar ciência dos atos do processo administrativo.

Por fim, vale lembrar que a propaganda oficial não pode caracterizar promoção pessoal (*vide* novamente o art. 37, § 1º, CF), devendo ser objetiva e com caráter informativo, educativo ou de orientação social.

2.3.5. Princípio da eficiência

Esse princípio pode ser conceituado como *aquele que impõe o dever de a Administração Pública atender satisfatoriamente às necessidades dos administrados, bem como de o administrador público fazer o melhor, como profissional, diante dos meios de que dispõe.*

Para José Afonso da Silva, eficiência significa fazer acontecer com racionalidade, o que implica medir os custos que a satisfação das necessidades públicas importam em relação ao grau de utilidade alcançado (*Curso de Direito Constitucional Positivo*, Ed. Malheiros). O ilustre autor completa a afirmação dizendo que o princípio da eficiência "orienta a atividade administrativa no sentido de conseguir os melhores resultados com os meios escassos de que se dispõe e a menor custo".

O princípio da eficiência está previsto no art. 37, *caput*, da CF, por força da EC 19/98, que o introduziu expressamente na Constituição.

Porém, mesmo antes da EC 19/1998, já se falava na Constituição em controle interno dos Poderes para atender a eficiência (art. 74, II, CF), de modo que o princípio estava no mínimo implícito na redação original da Constituição.

Ademais, o Decreto-Lei 200/1967, que regula a Administração Pública federal, também tem regras voltadas para a eficiência, como as seguintes: a) fortalecimento do sistema de mérito (art. 25, VII); b) dirigentes capacitados (art. 25, V); c) supervisão ministerial das entidades da administração indireta (art. 26, III); d) demissão de servidor ineficiente ou desidioso (art. 100).

Ocorre que, com a Reforma do Estado, ocorrida em 1998, percebeu-se a necessidade de trazer um princípio geral de eficiência. Tal reforma estava preocupada em diminuir o controle de meios (administração burocrática) e focar no controle de fins (administração gerencial), controle este que se volta para os resultados, ou seja, para a eficácia.

Na verdade, *a administração pública gerencial* não abandona as conquistas da *administração pública burocrática*, em especial o combate aos vícios da *administração pública patrimonialista* (corrupção, personalismo, confusão entre o patrimônio do soberano e o público, nepotismo etc.).

Porém, não se pode buscar a eficiência a qualquer custo. Esse princípio deve ser obedecido sem desconsiderar os demais, como o da legalidade, da moralidade, da publicidade e da impessoalidade.

Vale anotar que a eficiência não significa racionalização econômica, com busca incessante de redução de custos e otimização de recursos. Essa busca está ligada ao princípio da economicidade, que também tem guarida nos princípios administrativos (art. 70 da CF). Ao contrário, por vezes, o princípio da eficiência mitiga um pouco o princípio da economicidade no ponto em que exige que haja um mínimo de qualidade e de efetividade na atuação estatal, o que, muitas vezes, impõe um maior investimento público.

Para concretizar o princípio da eficiência, a EC 19/1998 também trouxe para o servidor público mais um requisito para adquirir a estabilidade, qual seja, o de que passe por uma *avaliação especial de desempenho*, sendo que, mesmo depois de adquiri-la, deverá se submeter a *avaliações periódicas de desempenho*, podendo ser exonerado, caso não seja aprovado em qualquer delas (art. 41, § 1º, III, da CF). Para a Administração, a EC em questão trouxe a possibilidade de realização de *contrato de gestão*, aumentando a autonomia dos órgãos e entidades públicos em troca da fixação de metas de desempenho a cumprir (art. 37, § 8º, CF).

2.3.6. Princípio da segurança jurídica

2.3.6.1. Considerações gerais

Esse princípio pode ser conceituado como *aquele que impõe a exigência de maior estabilidade nas relações jurídicas de forma a se atender ao interesse público.*

O princípio da segurança jurídica não está previsto expressamente na CF. Porém, está implícito no art. 5º, XXXVI, pelo qual a lei não pode prejudicar o direito adquirido, o ato jurídico perfeito e a coisa julgada.

No plano infraconstitucional, o princípio está previsto expressamente no art. 2º, *caput*, da Lei 9.784/1999.

O princípio da segurança jurídica tem as seguintes consequências:

a) decorre dele o dever de respeitar o direito adquirido, o ato jurídico perfeito e a coisa julgada (art. 5º, XXXVI, CF), salvo algumas questões inafastáveis de ordem pública;

b) permite a convalidação de atos anuláveis, ou seja, de atos que podem ser repetidos sem o vício que os inquinava;

c) permite a conversão de atos nulos em atos de outra categoria, na qual serão válidos;

d) permite a manutenção de atos nulos expedidos há muito tempo, desde que haja excepcionalíssimo interesse público (ex.: loteamento popular antigo feito sem autorização administrativa);

e) proíbe a aplicação retroativa de nova interpretação por parte da Administração (inciso XIII do parágrafo único do art. 2º da lei acima referida); tal proibição visa a preservar a boa-fé, a confiança do administrado na Administração;

f) protege expectativas legítimas de promessas firmes. Ex.: permissão de uso de bem público dada pelo Estado com prazo determinado, que acaba sendo revogada antes do final do prazo; com base no princípio da proteção da confiança, é possível que o permissionário requeira em juízo que continue com a permissão ou que receba indenização pela quebra da confiança;

g) não gera direito adquirido a regime funcional ou contratual;

h) "a garantia da irretroatividade da lei, prevista no art. 5º, XXXVI, da Constituição da República, não é invocável pela entidade estatal que a tenha editado" (Súmula 654 do STF);

i) "os valores recebidos de boa-fé pelo servidor público, quando pagos indevidamente pela Administração Pública em função de interpretação equivocada de lei, não devem ser devolvidos" (STJ, AgRg no Ag 1.423.790, DJ 30/11/2012).

2.3.6.2. Coisa julgada, direito adquirido e ato jurídico perfeito

No tema aplicação da lei no tempo é, ainda, importante anotar que a lei nova, apesar de ter efeito imediato e geral, deve respeitar o ato jurídico perfeito, o direito adquirido e a coisa julgada (art. 6º da LINDB). A Constituição, em seu art. 5º, XXXVI, reforça o princípio ao dispor que "a lei não prejudicará o direito adquirido, o ato jurídico perfeito e a coisa julgada".

Trata-se do **princípio da irretroatividade da lei**.

A **coisa julgada** pode ser conceituada como a *qualidade da sentença de mérito de o seu comando ser imutável. Isso se dá com o trânsito em julgado da decisão.*

O **direito adquirido** é *aquele que já se incorporou ao patrimônio de seu titular, uma vez que preenchidos, sob a vigência da lei anterior, os requisitos para a aquisição do direito*. Para a LINDB, "consideram-se adquiridos assim os direitos que seu titular, ou alguém por ele, possa exercer, como aqueles cujo começo do exercício tenha termo pré-fixo, ou condição preestabelecida inalterável, a arbítrio de outrem" (art. 6º, § 2º).

O **ato jurídico perfeito** é *aquele já consumado segundo a lei vigente ao tempo em que se efetuou* (art. 6º § 1º, da LINDB).

A lei não pode *prejudicar* tais valores, mas pode *beneficiar*. É por isso que a lei penal que beneficia o acusado retroage (art. 5º, XL, da CF) e que a lei tributária também retroage em alguns casos (art. 106 do CTN).

Não se deve confundir *retroatividade* com *aplicabilidade imediata*. A lei não pode atingir, para prejudicar, fatos passados, mas pode ser aplicada de modo imediato para fatos que ocorrerem depois de sua vigência, ainda que relacionados com fatos anteriores.

Nesse sentido, é importante trazer à tona a diferenciação feita pelo art. 2.035 do Código Civil, que, no tocante aos negócios e demais atos jurídicos constituídos antes da vigência do CC de 2002, traz as seguintes regras:

a) a *validade* desses atos subordinam-se à legislação da época em que foram feitos;

b) os *efeitos* desses atos, produzidos após a vigência do novo Código, a esse se subordinam, salvo se as partes tiverem previsto determinada forma de execução.

Em suma, quanto aos fatos antigos (validade do negócio) aplica-se a lei antiga. Quanto aos fatos novos (efeitos ocorridos após a vigência da lei nova), aplica-se a lei posterior.

O problema é que o art. 2.035 foi além e criou uma norma bastante polêmica, que permite que o novo Código retroaja na seguinte situação:

c) convenção alguma prevalecerá, salvo se contrariar preceitos de ordem pública, tais como os estabelecidos pelo CC para assegurar a função social da propriedade e dos contratos.

Trata-se da chamada retroatividade média, em que se atingem os efeitos ainda pendentes de um ato jurídico anterior, verificados antes da lei nova.[3] Todavia, há

3. A retroatividade máxima ocorre na hipótese em que a lei nova ataca a coisa julgada ou fatos já consumados. Essa, não há dúvida, só pode se dar por atuação do Poder Constituinte Originário.

diversas decisões do STF proibindo esse tipo de retroatividade, mesmo nos casos em que a lei nova é de ordem pública (ADI 493/DF; RE 188.366, RE 205.193, RE 205.999, RE 159.979 e RE 263.161), como de resto é a regra em matéria de Direito Administrativo.

Com efeito, é comum distinguir a retroatividade em três espécies.[4]

A *retroatividade máxima*, também chamada de *restitutória*, consiste em alcançar situações jurídicas consolidadas (ato jurídico perfeito, direito adquirido e coisa julgada) cujos efeitos já se efetivaram no mundo jurídico e fenomênico. Ou seja, consiste em a nova lei *alcançar negócios e atos jurídicos findos*. Um exemplo de retroatividade máxima é a situação em que uma lei que diminuísse a taxa de juros para uma determinada obrigação estipulasse que os credores dessas obrigações, já satisfeitos por ocasião da nova lei, devolvessem as quantias recebidas a mais.

A *retroatividade média* consiste em alcançar situações jurídicas consolidadas e exigíveis (ato jurídico perfeito, direito adquirido e coisa julgada), mas que ainda não foram realizadas. Ou seja, consiste em a nova lei alcançar obrigações certas e já vencidas, mas ainda não pagas. Um exemplo de retroatividade média é a situação em que uma lei que diminuísse a taxa de juros para uma determinada obrigação estipulasse que os credores dessas obrigações, ainda não satisfeitos por ocasião da nova lei, tivessem que aceitar o pagamento dos juros passados e futuros com base na nova lei.

A *retroatividade mínima* consiste em alcançar efeitos *futuros* de situações jurídicas consolidadas e exigíveis (ato jurídico perfeito, direito adquirido e coisa julgada), mas ainda não realizadas. Ou seja, consiste em a nova lei alcançar efeitos *futuros* de obrigações já vencidas e ainda não pagas. Um exemplo de retroatividade mínima é a situação em que uma lei que diminuísse a taxa de juros para uma determinada obrigação estipulasse que os credores dessas obrigações, ainda não satisfeitos por ocasião da nova lei, tivessem que aceitar o pagamento dos juros futuros (juros após a edição da nova lei) com base no novo diploma legal.

Há, ainda, outro instituto jurídico relacionado ao tema, a chamada *aplicação imediata da lei*. Esta abrange a retroatividade mínima e também outra situação, qual seja, a situação de lei nova se aplicar a situações jurídicas ainda não consolidadas. Um exemplo desse segundo caso é a aplicação imediata da lei processual nova, em relação a processos judiciais em curso, desde que não se fira a coisa julgada e que se respeite os atos regularmente praticados com base na antiga lei.

É sempre bom lembrar que a proibição à retroatividade maléfica da lei está prevista na própria Constituição e não em uma lei infraconstitucional (art. 5º, XXXVI, da CF). Isso faz com que uma norma desta natureza não possa excepcionar uma norma constitucional, pouco importando se a lei infraconstitucional é ou não de ordem pública.

Nesse sentido, confira o posicionamento pacífico do Supremo Tribunal Federal; "Contrato de prestação de serviços. Lei 8.030/1990. Retroatividade mínima.

4. *Vide*, a respeito, José Carlos de Matos Peixoto (*Curso de Direito Romano*, Editorial Peixoto, 1943, tomo I, p. 212-213) e também a ADI 493/DF, do STF, cuja relatoria foi do Min. Moreira Alves (DJ 04/09/92).

Impossibilidade. É firme, no Supremo Tribunal Federal, a orientação de que não cabe a aplicação da Lei 8.030/1990 a contrato já existente, ainda que para atingir efeitos futuros, pois redundaria em ofensa ao ato jurídico perfeito. Agravo regimental a que se nega provimento." (RE 388607, Rel. Min. Joaquim Barbosa, 2ª T., DJ 28-04-2006) (g.n.)

Mesmo a retroatividade mínima, segundo o Supremo Tribunal Federal, só é permitida se provier de uma norma constitucional. Confira: "Pensões especiais vinculadas a salário mínimo. Aplicação imediata a elas da vedação da parte final do inciso IV do artigo 7º da Constituição de 1988. Já se firmou a jurisprudência desta Corte no sentido de que os dispositivos constitucionais têm vigência imediata, alcançando os efeitos futuros de fatos passados (retroatividade mínima). Salvo disposição expressa em contrário – e a Constituição pode fazê-lo –, eles não alcançam os fatos consumados no passado nem as prestações anteriormente vencidas e não pagas (retroatividades máxima e média). Recurso extraordinário conhecido e provido". (RE 140499, Rel. Min. Moreira Alves, 1ª T., DJ 09-09-1994) (g.n.)

Dessa forma, tirando as situações de aplicação imediata da lei, não se pode retroagir lei nova para prejudicar direito adquirido, coisa julgada e ato jurídico perfeito.

De qualquer forma, em se tratando de Direito Administrativo, é sempre possível que, respeitadas as hipóteses legais, haja desapropriação de um direito protegido por esses institutos, pagando-se, sempre, indenização prévia, justa em dinheiro.

2.3.6.3. Princípio da proteção à confiança legítima

O princípio da segurança jurídica pode ser considerado em dois aspectos: a) no aspecto objetivo, está ligado à irretroatividade das leis e das novas interpretações, e a finalidade é proteger o próprio sistema (endossegurança); b) no aspecto subjetivo, está ligado ao princípio da proteção à confiança legítima.

O princípio da proteção à confiança legítima foi criado pela jurisprudência alemã após a 2ª Guerra Mundial, período em que se buscou uma reação a atos que afetaram repentina e bruscamente os administrados.

De acordo com esse princípio, quando (1) o Estado expede um ato conclusivo capaz de gerar confiança no administrado, (2) levando este a praticar determinada conduta no sentido da expectativa criada pelo Estado, (3) este fica adstrito a manter a sua palavra mesmo se o ato for ilegal, (4) salvo má-fé do administrado.

Um exemplo interessante é a situação em que a administração outorga ao particular uma permissão de serviço público pelo prazo de 4 anos, tratando-se de prazo ideal para a amortização de investimentos pelo permissionário e recebimento de retorno compatível pelo seu trabalho, sendo que, dois anos depois, a permissão vem a ser revogada. Nesse caso, mesmo havendo previsão legal de que a permissão de serviço público é precária, podendo, assim, ser revogada a qualquer tempo independentemente de licitação, o fato é que o particular recebeu um ato conclusivo (permissão) que gerou a confiança legítima de que seria mantido até o final do período de 4 anos (por conta do prazo específico no documento, da necessidade de 4 anos para amortizações e lucros e da inexistência de má-fé pelo particular), devendo o estado manter sua promessa, sua palavra, não revogando a permissão antes do tempo. A aplicação do princípio da confiança fará com que o Estado tenha de voltar atrás na revogação do ato ou tenha essa revogação do ato anulada. Em o Estado demonstrando interesse público na anulação do ato, a aplicação do princípio determinará a condenação do Estado a pagar indenização pela perda antecipada da permissão pelo particular.

Uma vez violado princípio da proteção à confiança legítima, a correção dessa medida, pode, assim, dar-se por variados instrumentos. Pode ser o caso de anulação do ato que viola o princípio. Pode ser o caso de condenação do Estado no pagamento de indenização. Pode ser o caso de uma medida específica, como é o caso da determinação de nomeação de uma pessoa aprovada num concurso dentro das vagas previstas no edital, pois o STF, nesse tipo de caso, vem dizendo que o princípio da confiança é violado quando o edital prevê certo número de vagas num concurso público, mas os servidores aprovados dentro desse limite não vêm a ser nomeados.

2.3.7. Princípio da razoabilidade

Esse princípio pode ser conceituado como *aquele que impõe o dever de agir dentro de um padrão normal, evitando-se negligência e excesso e atuando de forma compatível entre os meios e fins previstos na lei*.

O princípio da razoabilidade não está expresso na Constituição Federal.

Porém, o art. 5º, LXXVIII, da CF, introduzido pela EC 45/04, introduziu o direito à *razoável* duração do processo judicial e administrativo. A expressão "razoável", apesar de ligada à questão do processo célere, acaba trazendo à tona o valor da razoabilidade.

Assim, o princípio da razoabilidade continua implícito de modo geral na CF, mas pelo menos está expresso para fins de duração do processo no nosso Texto Maior.

Apesar disso, ele pode ser encontrado exposto em alguns textos infralegais, como o da Constituição do Estado de São Paulo (art. 111) e no art. 2º, *caput*, da Lei de Processo Administrativo Federal (Lei 9.784/1999).

Além do mais, o art. 2º, parágrafo único, VI, da Lei 9.784/1999 também acaba por tratar do princípio da razoabilidade ao trazer a seguinte obrigação à Administração em seus atos: "adequação entre meios e fins, vedada a imposição de obrigações, restrições e sanções em medida superior àquelas estritamente necessárias ao atendimento do interesse público".

São exemplos de violação ao princípio da razoabilidade os seguintes: a) demissão de um agente público, quando era suficiente uma suspensão; b) cumulação indistinta de todas as sanções por ato de improbidade administrativa, mesmo em casos mais leves, como de violação a princípios da administração; c) requisição administrativa de bens ou serviços em quantidade maior do que a necessária; d) dissolução de passeata pacífica por meio de arma de fogo.

O princípio somente tem incidência em relação a atos *discricionários*, não incidindo em relação a atos *vinculados*. Isso porque, quando um ato é vinculado, a

Administração só tem uma opção de ato a ser praticado, não havendo que se falar em mais de uma possibilidade e, portanto, que o ato fere a razoabilidade. Porém, quando se tem um ato discricionário, existe mais de uma opção para o administrador, ocasião em que se poderá discutir se a atitude tomada está ou não de acordo com a razoabilidade.

Uma dúvida muito frequente é se o princípio da razoabilidade é sinônimo do princípio da proporcionalidade. Essa dúvida ganha ainda mais relevância pelo fato de o art. 2º, *caput*, da Lei 9.784/1999 dispor que a Administração deve respeitar a *razoabilidade* e também a *proporcionalidade*.

Há quem defenda que os dois princípios são sinônimos. Outros defendem que um está contido no outro. No caso, a proporcionalidade é medida da razoabilidade.

Na prática, costuma-se usar a expressão "proporcionalidade" para situações que envolvem quantidade. São situações em que se tem um "meio" (por exemplo, a possibilidade de aplicação de mais de um valor de multa) e "fim" (punir e prevenir que alguém cometa a infração). Por exemplo, se uma multa poderia variar de R$ 100 a R$ 1.000,00 e acaba sendo fixada em R$ 1.000,00, diz-se que houve violação ao princípio da proporcionalidade.

A expressão "razoabilidade" acaba sendo utilizada para outras situações que não envolvem questão matemática, mas sim a busca de uma conduta igualitária da Administração. Por exemplo, se um Prefeito, mesmo diante do caos na área da saúde, resolver fazer uma obra para reformar a praça em frente ao hospital, em detrimento de maiores investimentos no próprio serviço de saúde, diz-se que houve violação ao princípio da razoabilidade. Nesse caso, o investimento na praça (que beneficia pessoas que nela brincam e passeiam) é discriminatório e desigual em relação à falta de investimento na saúde (considerando o caos em que se está e que a questão da saúde envolve o valor mais importante de todos, que é a vida)? Na análise dessa relação de congruência o princípio da razoabilidade orientará para a busca da medida mais igualitária e menos discriminatória.

Outras diferenças apontadas são as seguintes: a) quanto à origem, a razoabilidade se desenvolveu no direito anglo-saxônico (na Inglaterra, sob o prisma do devido processo legal em geral, trazido na Magna Carta; nos EUA, sob o prisma do devido processo legal substantivo), ao passo que a proporcionalidade, no direito germânico; b) quanto ao âmbito de incidência, o princípio da proporcionalidade é aplicado quando se está diante de uma relação em que há "meio" e "fim", ao passo que o da razoabilidade, quando se está diante de uma relação de "critério distintivo" e "medida tomada", em que se deve buscar a igualdade, ou seja, uma relação de congruência entre o "critério distintivo" e a "medida tomada"; b) quanto ao conteúdo valorativo, a razoabilidade de fundamento nas noções de racionalidade e equilíbrio (mais subjetivas) e a proporcionalidade, nas noções de adequação, necessidade e ponderação (mais objetivas).

Quanto ao princípio da proporcionalidade, o STF, no julgamento do RE 466.343-1, especificou que esse princípio, quando aplicado na restrição a direitos fundamentais, deve levar em conta os seguintes critérios:

a) adequação: eficácia do meio escolhido;

b) necessidade: uso do meio menos restritivo ou gravoso para atingir a finalidade, face ao indivíduo paciente;

c) proporcionalidade em sentido estrito: ponderação entre os benefícios alcançados com o ato e os danos por ele causados.

Quanto à ordem correta de aplicação do princípio, é a seguinte: primeiro analisa-se, de fato, se há colisão de direitos fundamentais; depois descreve-se o conflito identificando os pontos relevantes do caso e, por fim, faz-se o exame, sucessivo, da adequação, da necessidade e da proporcionalidade em sentido estrito.

Outro ponto importante, agora quanto ao princípio da razoabilidade, é que este costuma ser usado contra a Administração, mas, muitas vezes, o contrário também acontece.

Isso porque, de um lado, o princípio pode ser visto como um *dever-poder*, ou seja, antes de tudo os poderes públicos só se justificam como instrumento dos deveres públicos, daí porque não se deve agir nunca com excesso (sem razoabilidade) para atingir os deveres existentes. De outro lado, o princípio pode ser visto como um *poder-dever*, de modo que se deve respeitar a decisão discricionária de um agente público desde que ela seja aceitável (razoável), ainda que algumas pessoas não concordem com seu conteúdo.

De qualquer forma, e agora tratando dos dois princípios em tela, o fato é que são instrumentos essenciais na limitação dos excessos e abusos do Estado e devem ser invocados, sob qualquer dos nomes citados, para evitar que isso aconteça ou para fazer cessar ou reparar condutas estatais que desrespeitem esses valores.

2.3.8. Princípio da motivação

Esse princípio pode ser conceituado como *aquele que impõe ao administrador público o dever de indicar, prévia ou contemporaneamente, os pressupostos de fato e de direito que determinam a decisão ou o ato, de forma explícita, clara e congruente.*

O princípio da motivação não está previsto expressamente no art. 37, *caput*, da CF.

Porém, o princípio pode ser encontrado para as decisões do Poder Judiciário e do Ministério Público (art. 93, IX, da CF c/c art. 129, § 4º, da CF), que devem ser devidamente fundamentadas, sob pena de nulidade.

Apesar de não haver previsão genérica do princípio da motivação na Constituição Federal, há na legislação infraconstitucional. O art. 2º, *caput*, da Lei 9.784/1999 faz referência expressa à motivação como princípio a ser obedecido por toda a Administração Direta e Indireta, de todos os poderes.

O princípio da motivação decorre do aparecimento do Estado de Direito, em que a única vontade que impera é a da lei e não a pessoal, de modo que a Administração tem de justificar seus atos. Ele é reforçado pelo princípio da moralidade e pela ampliação do acesso ao Judiciário, que também exigirão a motivação como forma de preservar a probidade administrativa e permitir que as pessoas possam impugnar atos da Administração em juízo.

Uma dúvida muito comum é se a obrigatoriedade de motivação é regra ou exceção. A pergunta tem pertinência, pois o art. 50 da Lei 9.784/1999 traz um rol de casos em que a motivação é necessária. Com isso, para alguns, ela só seria obrigatória quando a lei determinar.

Porém, não se deve esquecer que a motivação é um princípio e, como tal, é uma norma que tem hierarquia material em relação a algumas regras, como a prevista no art. 50 da Lei 9.784/1999. Não bastasse isso, o rol de casos em que a motivação é obrigatória é tão amplo que se pode afirmar: a regra é que os atos administrativos que afetem direitos devem ser motivados.

Assim, só não haverá o dever de motivar quando a lei expressamente o dispensar, como é o caso da nomeação e da exoneração para cargo em comissão, que são livres, ou seja, não dependem de motivação por aquele que comete tais atos.

Nos demais casos, a motivação é requisito de validade do ato administrativo atinente à *forma*.

Vale ressaltar, todavia, que, caso se esteja diante de *ato vinculado* e em situação cuja motivação seja óbvia, e ainda haja respeito aos demais requisitos de validade, este poderá ser mantido se demonstrada a ausência de prejuízo. Nessa hipótese, a motivação não deixa de ser obrigatória, podendo o servidor vir a ser responsabilizado por sua ausência, mas o ato pode ser mantido no mundo jurídico, desde que possa ser demonstrado que antecede à lei quanto aos demais aspectos.

Nos *atos discricionários*, por sua vez, a falta de motivação gera sua invalidação, sob pena de se permitir a invenção de motivos em momento posterior. Todavia, há entendimentos doutrinários e jurisprudenciais no sentido de que, excepcionalmente, é possível que um ato discricionário sem motivação pode ser convalidado, desde que a administração promova motivação posterior que demonstre de modo inquestionável o seguinte: a) que o motivo extemporaneamente alegado preexistia; b) que esse motivo era idôneo para justificar o ato; c) que o motivo foi a razão determinante da prática do ato (STJ, AgRg no RMS 40.427-DF).

A motivação *aliunde*, consistente na declaração de concordância com os fundamentos apresentados em outra manifestação anteriormente expedida, é admitida e largamente utilizada na Administração Pública. Ter-se-á por motivação do ato aquela à qual faz referência. Ex.: a autoridade expede um ato adotando como fundamento parecer que o precede.

Vale lembrar que, quando se tratar de decisões de órgãos colegiados ou de decisões orais, a motivação deve constar da respectiva ata ou termo escrito.

2.3.9. Princípio da autotutela

Esse princípio pode ser conceituado como *aquele que impõe o dever de a Administração Pública anular seus próprios atos, quando eivados de vício de ilegalidade, e o poder de revogá-los por motivo de conveniência e oportunidade, respeitados os direitos adquiridos.*

O princípio da autotutela não está previsto expressamente no art. 37, *caput*, da CF.

Porém o princípio é muito conhecido e está previsto na Súmula 473 do STF e no art. 53 da Lei 9.784/1999.

Perceba-se que, diante de *ilegalidade*, fala-se em dever (ato vinculado) de anular. E que diante de motivo de *conveniência e oportunidade*, fala-se em poder (ato discricionário) de revogar. O nome do princípio remete à ideia de que a Administração agirá sozinha, ou seja, sem ter de levar a questão ao Poder Judiciário.

Um exemplo de aplicação da autotutela consiste em a Administração, tomando ciência da ilegalidade na concessão de uma licença para construir, promover sua anulação de ofício.

Outro exemplo consiste em a Administração, após ter concedido uma autorização para uso de um bem público para que uma comunidade feche uma rua por um dia para realizar uma festa local, revogar a autorização dada por conta da ciência de um fato novo que torna inconveniente a manutenção da autorização outorgada ao particular.

Tanto a anulação como a revogação poderão se dar independentemente de apreciação judicial.

2.3.10. Princípio do controle judicial dos atos administrativos

Esse princípio pode ser conceituado como *aquele que impõe que todo ato administrativo seja passível de controle por parte do Poder Judiciário, ainda que se trate de ato discricionário, desde que esse controle se atenha aos aspectos de legalidade, razoabilidade e moralidade*.

Tal controle se justifica tanto pelo fato de estarmos num Estado de Direito como porque existe o princípio da universalidade da jurisdição, pelo qual *a lei não excluirá da apreciação do Poder Judiciário lesão ou ameaça de lesão a direito* (art. 5º, XXXV, CF).

2.3.11. Outros princípios

A doutrina também aponta como princípios do Direito Administrativo os seguintes: finalidade (impõe à Administração que só pratique atos voltados ao interesse público), especialidade (ligado à descentralização administrativa, impõe que as pessoas jurídicas criadas pelo Estado – autarquias, por exemplo – atuem de acordo com a finalidade definida em lei), controle ou tutela (ligado ao anterior, impõe que a Administração Direta fiscalize os entes que tiver criado, com o objetivo de garantir a observância de suas finalidades legais), continuidade (impõe que os serviços públicos não sejam interrompidos), responsabilidade do Estado (impõe responsabilidade objetiva a este) tratando também dos princípios da hierarquia, do interesse público, da ampla defesa e do contraditório, entre outros.

2.4. JURISPRUDÊNCIA SELECIONADA

Súmula STF nº 654

A garantia da irretroatividade da Lei, prevista no art. 5º, XXXVI, da Constituição da república, não é invocável pela entidade estatal que a tenha editado.

Súmula STF nº 473

A administração pode anular seus próprios atos, quando eivados de vícios que os tornam ilegais, porque deles não se originam direitos; ou revogá-los, por motivo de conveniência ou oportunidade, respeitados os direitos adquiridos, e ressalvada, em todos os casos, a apreciação judicial.

Súmula STF nº 346

A administração pública pode declarar a nulidade dos seus próprios atos.

AG. REG. NO RE N. 701.993-SC
RELATORA: MIN. ROSA WEBER
EMENTA: DIREITO ADMINISTRATIVO. POSSIBILIDADE DE A ADMINISTRAÇÃO ANULAR OU REVOGAR SEUS ATOS. SÚMULA 473/STF. AS RAZÕES DO AGRAVO REGIMENTAL NÃO SÃO APTAS A INFIRMAR OS FUNDAMENTOS DA DECISÃO AGRAVADA. ACÓRDÃO RECORRIDO PUBLICADO EM 15.8.2011.

A jurisprudência da Corte é firme no sentido de que a Administração Pública pode anular os seus próprios atos quando eivados de vícios que os tornem ilegais, desde que observado o devido processo legal, conforme disposto na Súmula 473/STF: "A Administração pode anular seus próprios atos, quando eivados de vícios que os tornam ilegais, porque deles não se originam direitos; ou revogá-los, por motivo de conveniência ou oportunidade, respeitados os direitos adquiridos, e ressalvada em todos os casos, a apreciação judicial".

As razões do agravo regimental não são aptas a infirmar os fundamentos que lastrearam a decisão agravada.

Agravo regimental conhecido e não provido. (Inform. STF 717)

Servidor público: divulgação de vencimentos e publicidade administrativa

Ao aplicar o princípio da publicidade administrativa, o Plenário desproveu agravo regimental interposto de decisão do Min. Gilmar Mendes, Presidente à época, proferida nos autos de suspensão de segurança ajuizada pelo Município de São Paulo. A decisão questionada suspendera medidas liminares que anularam, provisoriamente, o ato de divulgação da remuneração bruta mensal, com o respectivo nome de cada servidor, em sítio eletrônico da internet, denominado "De Olho nas Contas". Na espécie, o Município impetrante alegava grave lesão à ordem pública, retratada no descumprimento do princípio da supremacia do interesse público sobre interesses particulares. Na impetração originária, de outra monta, sustentara-se violação à intimidade e à segurança privada e familiar dos servidores. Reputou-se que o princípio da publicidade administrativa, encampado no art. 37, *caput*, da CF, significaria o dever estatal de divulgação de atos públicos. Destacou-se, no ponto, que a gestão da coisa pública deveria ser realizada com o máximo de transparência, excetuadas hipóteses constitucionalmente previstas, cujo sigilo fosse imprescindível à segurança do Estado e da sociedade (CF, art. 5º, XXXIII). Frisou-se que todos teriam direito a receber, dos órgãos públicos, informações de interesse particular ou geral, tendo em vista a efetivação da cidadania, no que lhes competiria acompanhar criticamente os atos de poder. Aduziu-se que a divulgação dos vencimentos brutos de servidores, a ser realizada oficialmente, constituiria interesse coletivo, sem implicar violação à intimidade e à segurança deles, uma vez que esses dados diriam respeito a agentes públicos em exercício nessa qualidade. Afirmou-se, ademais, que não seria permitida a divulgação do endereço residencial, CPF e RG de cada um, mas apenas de seu nome e matrícula funcional. Destacou-se, por fim, que o modo público de gerir a máquina estatal seria elemento conceitual da República. SS 3902 Segundo AgR/SP, rel. Min. Ayres Britto, 9.6.2011. (SS-3902) (Inform. STF 630)

RE N. 407.908-RJ
RELATOR: MIN. MARCO AURÉLIO
ACORDO – HOMOLOGAÇÃO JUDICIAL – HONORÁRIOS ADVOCATÍCIOS – AÇÃO DE NULIDADE – PRINCÍPIO DA MORALIDADE. Implica violência ao artigo 37, cabeça, da Constituição Federal a óptica segundo a qual, ante o princípio da moralidade, surge insubsistente acordo homologado em juízo, no qual previsto o direito de profissional da advocacia, detentor de vínculo empregatício com uma das partes, aos honorários advocatícios. (Inform. STF 629)

ADI e Princípio da Impessoalidade

Por vislumbrar aparente ofensa ao princípio da impessoalidade, o Tribunal concedeu medida liminar em ação direta de inconstitucionalidade ajuizada pelo Governador do Estado da Paraíba para suspender, com efeitos *ex nunc*, a Lei estadual 8.736/2009, que institui o Programa Acelera Paraíba, para incentivo aos pilotos de automobilismo nascidos e vinculados àquele Estado-membro. Entendeu-se que a lei impugnada singularizaria de tal modo os favorecidos que apenas uma só pessoa se beneficiaria com mais de 75% dos valores destinados ao programa. **ADI 4259/PB, rel. Min. Ricardo Lewandowski, 23.6.2010.** (ADI-4259) (Inform. STF 592)

ADI e Criação de Cargos em Comissão - 1

O Tribunal julgou procedente pedido formulado em ação direta ajuizada pelo Partido da Social Democracia Brasileira - PSDB para declarar a inconstitucionalidade do art. 5º, *caput*, e parágrafo único; art. 6º; das Tabelas II e III do Anexo II e das Tabelas I, II e III do Anexo III; e das expressões "*atribuições*", "denominações" e "especificações" de cargos contidas no art. 8º da Lei tocantinense 1.950/2008, que, ao dispor sobre a organização da estrutura básica do Poder Executivo, criou mais de 35 mil cargos em comissão. Entendeu-se que a norma impugnada teria desrespeitado os **princípios da proporcionalidade**, ante a evidente desproporção entre número de cargos de provimento em comissão e os de provimento efetivo, e da **moralidade administrativa**, além de não observar o disposto no art. 37, V, da CF, haja vista que grande parte dos cargos criados referir-se-ia a áreas eminentemente técnicas e operacionais, não se revestindo de natureza de chefia, direção ou assessoramento, o que estaria a burlar, por conseguinte, a exigência constitucional do concurso público (CF, art. 37, II). Considerou-se, ademais, que o art. 8º da lei em questão, ao delegar ao Chefe do Poder Executivo poderes para, mediante decreto, dispor sobre as competências, as atribuições, as denominações das unidades setoriais e as especificações dos cargos, bem como a organização e reorganização administrativa do Estado, teria deixado em aberto a possibilidade de o Governador, a pretexto de organizar a estrutura administrativa do Estado, criar novos cargos sem edição de lei, em afronta ao que disposto no art. 61, § 1º, II, **a**, da CF. **ADI 4125/TO, rel. Min. Cármen Lúcia, 9 e 10.6.2010.** (ADI-4125) (g.n.)

ADI e Criação de Cargos em Comissão - 2

Por fim, tendo em conta que os cargos criados pela Lei 1.950/2008 constituem mais da metade dos cargos da Administração Pública do Estado do Tocantins, sendo que alguns se referem a atividades estatais essenciais aos cidadãos, que não poderiam ser onerados pela ausência da prestação em setores sensíveis como os da educação, da saúde e da segurança pública, fixou-se o prazo de 12 meses, a contar da data deste julgamento, a fim de que o Poder Executivo reveja as nomeações feitas quanto aos cargos criados pelas normas declaradas inválidas, desfazendo-as e substituindo-as pelo provimento dos cargos de igual natureza e de provimento efetivo vagos, mediante realização de concursos públicos ou pela criação de novos cargos, de provimento efetivo, para o desempenho das funções correspondentes às entregues a ocupantes de provimento comissionado com base na lei impugnada. Determinou-se, também, a remessa de cópia do processo e do acórdão ao Ministério Público estadual e ao Conselho Nacional do Ministério Público. Vencidos, no ponto, os Ministros Marco Aurélio e Cezar Peluso, que não fixavam nenhum prazo. **Alguns precedentes citados: ADI 2551 QO-MC/MG (DJU de 20.4.2006); RE 365368/SC (DJU de 29.6.2007); ADI 3706/MS (DJE de 5.10.2007); ADI 3233/PB (DJU de 14.9.2007); ADI 2661 MC/MA (DJU de 23.8.2002); ADI 3232/TO (DJE de 3.10.2008); ADI 3983/TO (DJE de 3.10.2008); ADI 3990/TO (DJE de 3.10.2008). ADI 4125/TO, rel. Min. Cármen Lúcia, 9 e 10.6.2010.** (ADI-4125) (Inform. STF 590)

Repercussão Geral: Vedação ao Nepotismo e Aplicação aos Três Poderes - 1

O Tribunal deu parcial provimento a recurso extraordinário interposto contra acórdão do Tribunal de Justiça do Estado do Rio Grande do Norte que reputara constitucional e legal a nomeação de parentes de vereador e Vice-Prefeito do Município de Água Nova, daquela unidade federativa, para o exercício dos cargos, respectivamente, de Secretário Municipal de Saúde e de motorista. Asseverou-se, inicialmente, que, embora a Resolução 7/2007 do CNJ seja restrita ao âmbito do Judiciário, a vedação do nepotismo se estende aos demais Poderes, pois decorre diretamente dos **princípios contidos no art. 37, *caput*, da CF**, tendo aquela norma apenas disciplinado, em maior detalhe, aspectos dessa restrição que são próprios a atuação dos órgãos jurisdicionais. Ressaltou-se que o fato de haver diversos atos normativos no plano federal que vedam o nepotismo não significaria que somente leis em sentido formal ou outros diplomas regulamentares fossem aptos para coibir essa prática, haja vista que os princípios constitucionais, que não configuram meras recomendações de caráter moral ou ético, consubstanciam regras jurídicas de caráter prescritivo, hierarquicamente superiores às demais e positivamente vinculantes, sendo sempre dotados de eficácia, cuja materialização, se necessário, pode ser cobrada por via judicial. **Assim, tendo em conta a expressiva densidade axiológica e a elevada carga normativa que encerram os princípios contidos no *caput* do art. 37 da CF, concluiu-se que a proibição do nepotismo independe de norma secundária que obste formalmente essa conduta**. Ressaltou-se, ademais, que admitir que apenas ao Legislativo ou ao Executivo fosse dado exaurir, mediante ato formal, todo o conteúdo dos princípios constitucionais em questão, implicaria mitigar os efeitos dos postulados da supremacia, unidade e harmonização da Carta Magna, subvertendo-se a hierarquia entre esta e a ordem jurídica em geral. **RE 579951/RN, rel. Min. Ricardo Lewandowski, 20.8.2008.** (RE-579951) (g.n.)

Repercussão Geral: Vedação ao Nepotismo e Aplicação aos Três Poderes - 2

Aduziu-se que art. 37, *caput*, da CF/88 estabelece que a Administração Pública é regida por princípios destinados a resguardar o interesse público na tutela dos bens da coletividade, sendo que, dentre eles, o **da moralidade e o da impessoalidade** exigem que o agente público paute sua conduta por padrões éticos que têm por fim último alcançar a consecução do bem comum, independentemente da esfera de poder ou do nível político-administrativo da Federação em que atue. Acrescentou-se que o legislador constituinte originário, e o derivado, especialmente a partir do advento da EC 1/98, fixou balizas de natureza cogente para coibir quaisquer práticas, por parte dos administradores públicos, que, de alguma forma, buscassem finalidade diversa do interesse público, como a nomeação de parentes para cargos em comissão ou de confiança, segundo uma interpretação equivocada dos incisos II e V do art. 37 da CF. Considerou-se que a referida nomeação de parentes **ofende, além dos princípios da moralidade administrativa e da impessoalidade, o princípio da eficiência**, haja vista a inapetência daqueles para o trabalho e seu completo despreparo para o exercício das funções que alegadamente exercem. Frisou-se, portanto, que **as restrições impostas à atuação do administrador público pelo princípio da moralidade e demais postulados do art. 37 da CF são autoaplicáveis, por trazerem em si carga de normatividade apta a produzir efeitos jurídicos, permitindo, em consequência, ao Judiciário exercer o controle dos atos que transgridam os valores fundantes do texto constitucional**. Com base nessas razões, e fazendo distinção entre cargo estritamente administrativo e cargo político, declarou-se nulo o ato de nomeação do motorista, considerando hígida, entretanto, a nomeação do Secretário Municipal de Saúde. **RE 579951/RN, rel. Min. Ricardo Lewandowski, 20.8.2008.** (RE-579951) (g.n.)

Repercussão Geral: Vedação ao Nepotismo e Aplicação aos Três Poderes - 3

O Tribunal ***aprovou o Enunciado da Súmula Vinculante 13*** *nestes termos:* "A nomeação de cônjuge, companheiro, ou parente, em linha reta, colateral ou por afinidade, até o 3º grau, inclusive, da autoridade nomeante ou de servidor da mesma pessoa jurídica, investido em cargo de direção, chefia ou assessoramento, para o exercício de cargo em comissão ou de confiança, ou, ainda, de função gratificada na Administração Pública direta e indireta, em qualquer dos Poderes da União, dos Estados, do Distrito Federal e dos Municípios, compreendido o ajuste mediante designações recíprocas, viola a Constituição Federal". *A edição do verbete ocorreu após o julgamento do recurso extraordinário acima relatado.* **Precedentes citados: ADI 1521/RS (DJU de 17.3.2000); ADC 12 MC/DF (DJU de 1º.9.2006); MS 23780/MA (DJU de 3.3.2006); RE 579951/RN (j. em 20.8.2008).** (Inform. STF 516)

Publicidade de Atos Governamentais e Impessoalidade

O art. 37, *caput*, e seu § 1º, da CF, impedem que haja qualquer tipo de identificação entre a publicidade e os titulares dos cargos alcançando os partidos políticos a que pertençam. Com base nesse entendimento, a Turma negou provimento a recurso extraordinário interposto pelo Município de Porto Alegre contra acórdão do tribunal de justiça local que o condenara **a abster-se da inclusão de determinado *slogan* na publicidade** de seus atos, programas, obras, serviços e campanhas. Considerou-se que a referida regra constitucional objetiva assegurar a impessoalidade da divulgação dos atos governamentais, que devem voltar-se exclusivamente para o interesse social, sendo incompatível com a menção de nomes, símbolos ou imagens, aí incluídos *slogans* que caracterizem a promoção pessoal ou de servidores públicos. **Asseverou-se que a possibilidade de vinculação do conteúdo da divulgação com o partido político a que pertença o titular do cargo público ofende o princípio da impessoalidade e desnatura o caráter educativo, informativo ou de orientação que constam do comando imposto na Constituição. RE 191668/RS, rel. Min. Menezes Direito, 15.4.2008.** *(RE-191668)* (Inform. STF 502)

Princípio da Proporcionalidade e Mérito Administrativo

A Turma manteve decisão monocrática do Min. Carlos Velloso que negara provimento a recurso extraordinário, do qual relator, por vislumbrar ofensa aos princípios da moralidade administrativa e da necessidade de concurso público (CF, art. 37, II). Tratava-se, na espécie, de recurso em que o Município de Blumenau e sua Câmara Municipal alegavam a inexistência de violação aos princípios da proporcionalidade e da moralidade no ato administrativo que instituíra cargos de assessoramento parlamentar. Ademais, sustentavam que o Poder Judiciário não poderia examinar o mérito desse ato que criara cargos em comissão, sob pena de afronta ao princípio da separação dos poderes. Entendeu-se que a decisão agravada não merecia reforma. Asseverou-se que, embora não caiba ao Poder Judiciário apreciar o mérito dos atos administrativos, a análise de sua discricionariedade seria possível para a verificação de sua regularidade em relação às causas, aos motivos e à finalidade que ensejam. Salientando a jurisprudência da Corte no sentido da exigibilidade de realização de concurso público, constituindo-se exceção a criação de cargos em comissão e confiança, reputou-se desatendido o princípio da proporcionalidade, haja vista que, dos 67 funcionários da Câmara dos Vereadores, 42 exerceriam cargos de livre nomeação e apenas 25, cargos de provimento efetivo. Ressaltou-se, ainda, que a proporcionalidade e a razoabilidade podem ser identificadas como critérios que, essencialmente, devem ser considerados pela Administração Pública no exercício de suas funções típicas. Por fim, aduziu-se que, concebida a proporcionalidade como correlação entre meios e fins, dever-se-ia observar relação de compatibilidade entre os cargos criados para atender às demandas do citado Município e os cargos efetivos já existentes, o que não ocorrera no caso. RE 365368 AgR/SC, rel. Min. Ricardo Lewandowski, 22.5.2007. (RE-365368) (Inform. STF 468)

Inconstitucionalidade de Lei e Segurança Jurídica

A Turma manteve acórdão do TRF da 2ª Região que, julgando improcedente ação rescisória ajuizada pela União, reconhecera a servidor público o direito à transposição à carreira de Orçamento, na forma do art. 2º do Decreto-lei 2.347/87, porquanto o direito ao mencionado provimento fora adquirido sob a égide da Constituição anterior, consolidando-se, assim, em situação perfeita e acabada. No caso concreto, o recorrido optara pela transposição do cargo e, considerado habilitado antes da promulgação da CF/88, tivera o procedimento homologado em 1989. Alegava-se, na espécie, ofensa aos artigos 5º, LIV e LV e 37, II, ambos da CF/88. **Tendo em conta o princípio da segurança jurídica — elevado a subprincípio do Estado de Direito pelo STF e consagrado pela Lei 9.784/1999, tanto no seu art. 2º quanto no seu art. 54 —, bem como o fato de a Administração pretender anular ato praticado há mais de 14 anos, entendeu-se que o ato administrativo que homologara a transposição deveria ser mantido.** Ressaltou-se que, a despeito de a ordem jurídica brasileira não possuir preceitos semelhantes aos da alemã, no sentido da intangibilidade dos atos não mais suscetíveis de impugnação, não se deveria supor que a declaração de nulidade afetasse todos os atos praticados com fundamento em lei inconstitucional. Nesse sentido, haver-se-ia de conceder proteção ao ato singular, em homenagem ao princípio da segurança jurídica, procedendo-se à diferenciação entre o efeito da decisão no plano normativo e no plano das fórmulas de preclusão. Concluiu-se, dessa forma, que os atos praticados com base na lei inconstitucional, que não mais se afigurem passíveis de revisão, não são atingidos pela declaração de inconstitucionalidade. Precedentes citados: RMS 17976/SP (DJU de 24.9.69); MS 24268/MG (DJU de 17.9.2004); MS 22357/DF (DJU de 5.11.2004), RE 442683/RS (acórdão pendente de publicação).

RE 466546/RJ, rel. Min. Gilmar Mendes, 14.2.2006. (RE-466546) (Inform. STF 416) (g.n.)

Segurança Jurídica e Modulação Temporal dos Efeitos

A Turma negou provimento a recurso extraordinário interposto pelo Ministério Público Federal em que se sustentava ofensa ao art. 37, II, da CF, sob a alegação de que qualquer forma de investidura em cargo público, quer inicial ou derivada, exige aprovação prévia em concurso público. No caso concreto, o TRF da 4ª Região, em ação civil pública, reconhecera a inconstitucionalidade da promoção, por concurso interno, de servidores do TRT daquela região, mas emprestara efeito *ex nunc* ao julgado, uma vez que à época dos fatos (entre 1987 e 1992) vigiam dispositivos da Lei 8.112/90 que autorizavam essa forma de provimento derivado vertical, cuja declaração de inconstitucionalidade, pelo STF, ocorrera somente em 1997 (ADI 837/DF, DJU de 25.6.1999), sendo a medida cautelar concedida, em 1993, com efeitos *ex nunc*. **Ressaltando a jurisprudência da Corte no sentido da impossibilidade do provimento derivado dos cargos públicos, mediante ascensão funcional, asseverou-se que, na espécie, tratar-se-ia de ação em processo subjetivo e que os atos questionados ocorreram sob a égide de legislação que os possibilitava. Entendeu-se que o desfazimento desses provimentos causaria, consoante assentado no acórdão impugnado, dano muito maior à Administração Pública e atentaria contra os princípios da segurança jurídica e da boa-fé.**

RE 442683/RS, rel. Min Carlos Velloso, 13.12.2005. (RE-442683) (Inform. STF 413) (g.n.)

ANISTIA. ACESSO. AUTOS.

Os impetrantes são advogados contratados para acompanhar o desenrolar de processos administrativos de anistia no Ministério da Justiça. Alegam existir o óbice de que consultassem os autos nos quais sequer havia sigilo, proibição que lhes foi imposta sob o fundamento de que ainda não tinham procuração outorgada por seus clientes. Quanto a isso, é certo que o art. 7º, XIII, da Lei n. 8.906/1994, o Estatuto da Advocacia (EOAB), é prerrogativa que assegura aos impetrantes o direito perseguido com o *mandamus* (o acesso aos autos) que não pode ser apartado pelo art. 4º, § 2º, das Normas Procedimentais da Comissão de Anistia, aprovadas pela Portaria n. 2.523/2008 do Ministério da Justiça, o qual limita o acesso aos autos de anistia aos advogados devidamente constituídos sob justificativa de resguardo da intimidade das pessoas: **antes de tudo, a Administração Pública deve obediência ao princípio da legalidade e da publicidade de seus atos. Note-se que o advogado é responsável por manter o sigilo profissional e pode ser punido pela inobservância dessa regra** (art. 34, VII, do EOAB). **Precedente citado: RMS 23.071-MT, DJ 4/6/2007. MS 14.873-DF, Rel. Min. Eliana Calmon, julgado em 23/6/2010.** (Inform. STJ 440) (g.n.)

TELEFONIA. VALOR. USO. REDE MÓVEL.

A recorrente e a recorrida são operadoras de telefonia e contendem a respeito do valor de uso de rede móvel (VU-M), que é devido quando realizada ligação entre usuários de diferentes operadoras (interconexão) e de livre negociação entre os interessados (arts. 152 e 153 da Lei n. 9.472/1997). Consta dos autos que a recorrida instaurou diversos processos de arbitragem e outros judiciais contra várias operadoras e, por sua vez, a Anatel, provocada, entendeu constituir comissão de arbitragem de interconexão (CAI) para, juntamente com as operadoras, discutir a questão. Contudo, diante da celeuma acerca dessas arbitragens, a Anatel, em resolução, adiou o marco regulatório referente à fixação do VU-M. Sucede que, mesmo assim, aquela agência, mediante a CAI, em uma dessas arbitragens, exarou o despacho n. 3/2007, que fixa o VU-M entre a recorrida e outra operadora de telefonia. **Nesse contexto, constata-se que, sem sombra de dúvida, a Anatel é responsável por resolver as condições de interconexão quando se mostrar impossível a solução entre as operadoras interessadas (art. 153, § 2º, da Lei n. 9.472/1997 e Res. n. 410/2005 da Anatel). Assim, frente ao alto grau de discricionariedade técnica imanente ao tema e em consideração aos princípios da deferência técnico-administrativa, da isonomia e da eficiência, a lógica do sistema de telecomunicações impõe a prudência de estender o VU-M fixado no despacho n. 3/2007 a todos os demais participantes de arbitragens similares, o que abrange a contenda entre a recorrida e a recorrente**. Daí que não há como manter a liminar deferida nas instâncias ordinárias com VU-M diferente do fixado por aquela agência reguladora. Há que adequá-la ao despacho n. 3/2007. Anote-se que o *periculum in mora* foi reconhecido nas instâncias ordinárias com lastro em nota técnica da própria Anatel, que reconhece o fato de as operadoras de telefonia fixa hoje operarem com prejuízo nas ligações que exigem a interconexão. Rever esse fundamento esbarraria no empecilho da Súm. n. 7-STJ. Já quanto ao *fumus boni iuris*, o próprio despacho n. 3/2007 do CAI reitera a necessidade de revisão do VU-M. **REsp 1.171.688-DF, Rel. Min. Mauro Campbell Marques, julgado em 1º/6/2010**. (Inform. STJ 437) (g.n.)

PAD. PROPORCIONALIDADE. RAZOABILIDADE.
Servidores do Judiciário, conforme apurado em processo administrativo disciplinar (PAD), com objetivo de obterem o anonimato, teriam ludibriado partes para que assinassem documento de cujo teor e finalidade não tinham conhecimento: assinaram representações contra a juíza, o escrivão e dois escreventes da comarca, acusando-os de cometer injustiças, maltratar usuários do serviço forense, contribuir para a morosidade e praticar corrupção. **Segundo o Min. Relator, apurados os ilícitos de indisciplina, eles merecem reprovação na medida em que demonstrado o intuito dos ora recorrentes de, no mínimo, submeter os representados a constrangimento, por figurarem em processo instaurado em corregedoria-geral de Justiça estadual. Também aponta que, não obstante sua indiscutível gravidade, o ato não teve maiores consequências nem para os representados nem para a própria Administração, uma vez que logo foi constatada a impropriedade das imputações. Assim, conclui que a aplicação da pena máxima de demissão, imposta com base nos arts. 273, I e IV, 274, V, e 285, III, da LC estadual n. 59/2001, deu-se mediante inobservância dos princípios da proporcionalidade e da razoabilidade, impondo-se que a Administração aplique sanção disciplinar mais branda**. Diante do exposto, a Turma deu parcial provimento ao RMS, concedendo em parte a segurança para anular a demissão dos recorrentes e determinar a reintegração aos cargos que ocupavam, ressalvada à Administração eventual aplicação de pena menos gravosa em decorrência das infrações disciplinares já apuradas, se for o caso. Precedentes citados: **MS 12.369-DF, DJ 10/9/2007, e MS 8.401-DF, DJe 17/5/2009. RMS 29.290-MG, Rel. Min. Arnaldo Esteves Lima, julgado em 18/2/2010**. (Inform. STJ 423) (g.n.)

EMBARGOS DE DIVERGÊNCIA - ADMINISTRATIVO - SERVIÇO DE RADIODIFUSÃO - OUTORGA DE RÁDIO COMUNITÁRIA: LEI 9.612/98 E DECRETO 2.615/98 - NECESSIDADE DE AUTORIZAÇÃO DO ÓRGÃO COMPETENTE - DEMORA INJUSTIFICADA - OFENSA AOS PRINCÍPIOS DA MORALIDADE E DA EFICIÊNCIA - PRAZO PARA CONCLUSÃO DO PROCESSO ADMINISTRATIVO - SOLUÇÃO VIÁVEL NO CASO ESPECÍFICO.

1. A Lei 9.612/98 criou novo sistema de radiodifusão, facilitando a concessão, mas exigindo para funcionamento autorização prévia.

2. A falta do serviço de autorização, na linha da jurisprudência desta Corte, com base nos **princípios da moralidade e da eficiência**, permite, excepcionalmente, a intervenção do Poder Judiciário.

3. **Intervenção que não aceita a substituição do Legislador pelo Juiz, que se limita a assinar prazo para que a Administração delibere sobre o processo administrativo. Precedentes.**

4. Pretensão examinada pelo pedido formulado na inicial 3. Solução que resta inviabilizada em razão da ausência de pedido na exordial.

5. Embargos de divergência providos.

(EREsp 1100057/RS, Rel. Ministra ELIANA CALMON, PRIMEIRA SEÇÃO, julgado em 28/10/2009, DJe 10/11/2009)

COMPETÊNCIA. STJ. TRE. REQUISIÇÃO. CBTU.
A Turma, por maioria, entendeu que o princípio da razoabilidade e o da proporcionalidade, em confronto com o conceito de legalidade, invocados pelo aresto recorrido, emprestam-lhe fundamento constitucional. Por esse motivo, cabe afastar a competência cognitiva do STJ para aferir a legalidade do ato administrativo do TRE quanto à requisição de empregados da CBTU (sociedade de economia mista federal), vinculada ao Ministério dos Transportes, e dizer se houve ou não ofensa ao art. 1º da Lei n. 6.999/1982. **REsp 735.156-PE, Rel. originário Min. Francisco Falcão, Rel. para acórdão Min. Luiz Fux, julgado em 7/10/2008.** (Inform. STJ 371)

DESAPROPRIAÇÃO. DISTRITO INDUSTRIAL.

A Turma, ao prosseguir o julgamento após o voto-vista do Min. Teori Albino Zavascki, firmou, por maioria, que **a edição de decreto expropriatório com fundamento no art. 5º, i, do DL n. 3.365/1941 (por utilidade pública para a criação ou ampliação de distrito industrial) que beneficia apenas uma sociedade contém vício de finalidade que o torna nulo**, pois se desvia do interesse público e **contraria os princípios da impessoalidade e moralidade administrativa (art. 37 da CF/1988)**. Ademais, o Governo estadual, expedidor do decreto, não tem competência para tal, nem mesmo para a efetiva desapropriação, visto que é do município o interesse público capaz de ensejá-la. O voto-vencido fundamentava-se, em suma, na impossibilidade de o Judiciário perquirir sobre critérios de oportunidade, necessidade e conveniência e na possibilidade de o Governo estadual declarar a utilidade pública da área, pois esse ato se diferenciaria da ordenação do solo urbano a ser levada a cabo pelo município. Precedente citado: REsp 36.611-SC, DJ 22/8/1994. **RMS 18.703-BA, Rel. Min. Denise Arruda, julgado em 28/11/2006.** (Inform. STJ 306)

CORTE. ENERGIA ELÉTRICA. INADIMPLENTE.

A Turma, ao prosseguir o julgamento, reafirmou que, diante do interesse da coletividade, o **princípio da continuidade do serviço público** (art. 22 do CDC) deve ser ponderado frente à possibilidade de interrupção do serviço quando, após aviso, haja a perpetuação da inadimplência do usuário. Asseverou que a jurisprudência deste Superior Tribunal proclama que, se diante da inadimplência de pessoa jurídica de direito público, deve-se preservar o fornecimento de eletricidade às unidades públicas provedoras de necessidades inadiáveis da comunidade (hospitais, prontos-socorros, centros de saúde, escolas e creches). Aduziu, também, em homenagem às ponderações feitas pelo Min. Herman Benjamin no seu voto-vista, que o entendimento, em excepcionais casos, deve ser abrandado se o corte puder causar lesões irreversíveis à integridade física do usuário, isso em razão da supremacia da cláusula de solidariedade prevista no art. 3º, I, da CF/1988. Precedentes citados: REsp 460.271-SP, DJ 21/2/2005; REsp 591.692-RJ, DJ 14/3/2005; REsp 615.705-PR, DJ 13/12/2004, e AgRg na SLS 216-RN, DJ 10/4/2006. **REsp 853.392-RS, Rel. Min. Castro Meira, julgado em 21/9/2006.** (Inform. STJ 297)

2.5. QUADRO SINÓTICO

1. Princípios basilares do Direito Administrativo

1.1. Supremacia

a) conceito: *estabelece a supremacia do interesse público sobre o interesse privado*

b) exemplos: atributos do ato administrativo, cláusulas exorbitantes, desapropriação, autotutela

c) interesse público primário: *interesse da coletividade como um todo* ("dimensão coletiva dos interesses privados")

d) interesse público secundário: *interesse da pessoa jurídica estatal* - ex: arrecadar

1.2. Indisponibilidade

a) conceito: *estabelece a indisponibilidade do interesse público*

b) exemplos: dever de licitar, inalienabilidade dos bens públicos

c) corolários: legalidade, continuidade, publicidade, controle jurisdicional

2. Princípios em espécie expressos na Constituição (art. 37, *caput*)

- Devem obedecê-los a administração pública de: a) toda Administração Direta e Indireta; b) todos os Poderes

- Trata-se do famoso LIMPE:

Legalidade

Impessoalidade

Moralidade

Publicidade

Eficiência

2.1. Legalidade

a) conceito: *a Administração só pode fazer o que a lei permitir ou determinar*

b) exemplo: um decreto não pode criar deveres ou direitos novos

c) legalidade para o particular: este pode fazer tudo o que a lei não proíbe (art. 5º, II, da CF)

d) exceções: medida provisória (art. 62 da CF); decreto autônomo (art. 84, VI, da CF)

2.2. Impessoalidade: *impõe as seguintes condutas: a)* ***igualdade*** *de tratamento às pessoas; b)* ***neutralidade*** *do agente público*; atos são imputados diretamente à Administração; Teoria do Órgão; é vedada a autopromoção (art. 37, § 1º, da CF); *c) respeito à* ***finalidade*** *dos atos administrativos*

2.3. Moralidade

a) conceito: *impõe obediência à ética, à honestidade e à probidade*

b) exemplo: viola o princípio a contratação de parentes para cargo em comissão (Súmula Vinculante 13 do STF)

c) improbidade: é a imoralidade administrativa qualificada

d) meios de proteção: ação popular, ação civil pública, ação por improbidade e outras ações judiciais

2.4. Publicidade

a) conceito: *impõe divulgação dos atos oficiais para conhecimento público e início de efeitos externos*

b) exemplo: notificação de uma multa, intimação em processo administrativo, publicação do resumo de um contrato administrativo

c) é requisito de: eficácia do ato administrativo

d) exceções: sigilo para preservar a segurança da sociedade e do Estado, bem como a intimidade, vida privada e imagem de pessoas; Vide a Lei 12.527/2011

2.5. Eficiência

a) conceito: *impõe à Administração atender satisfatoriamente aos administrados e ao Administrador fazer o melhor como profissional*

b) origem: EC 19/98 – autoaplicável

c) exemplo: indenização pelo apagão

d) instrumentos constitucionais: contrato de gestão (art. 37, § 8º, da CF); avaliação de desempenho (art. 41, § 1º, III, e § 4º, da CF)

2.6. Razoabilidade

a) conceito: *impõe adequação entre os meios e fins previstos em lei*

b) previsão: art. 2º, *caput* e parágrafo único, VI, Lei 9.784/1999

c) exemplos: violam o princípio a demissão por 'falta leve' e a cumulação de todas as sanções de improbidade sem necessidade

d) proporcionalidade: é a medida da razoabilidade

e) incidência do princípio: sobre atos *discricionários*, diminuindo a margem de liberdade

2.7. Motivação

a) conceito: *impõe a indicação dos pressupostos de fato e de direito que determinam o ato*

b) previsão: arts. 2º, *caput* e parágrafo único, VII, e 50 da Lei 9.784/1999; art. 93, X, da CF

c) exceções: previstas na lei

d) motivação *aliunde*: é admitida (art. 50, § 1º)

2.8. Segurança Jurídica

a) conceito: *impõe maior estabilidade nas relações jurídicas* (art. 2º, caput, da Lei 9.784/1999)

b) exemplos:

- impõe respeito ao direito adquirido, à coisa julgada e ao ato jurídico perfeito (art. 5º, XXXVI, da CF)

- permite convalidação de ato anulável, a conversão de ato nulo, e impede a anulação após 5 anos

- impede retroação de nova interpretação

- princípio da proteção à confiança legítima: protege expectativas legítimas de promessas firmes (ex: permissão qualificada); aspecto subjetivo da segurança jurídica - não gera direito adquirido a regime funcional ou contratual **2.9. Autotutela** (art. 53 da Lei 9.784/1999 e Súmula 473 do STF): **estabelece que a administração tem o** - dever – de anular – atos ilegais - poder – de revogar – atos inconvenientes	- respeitados os direitos adquiridos - independentemente de apreciação judicial **2.10. Outros princípios** - Controle jurisdicional dos atos administrativos - Responsabilidade objetiva do Estado - Finalidade - Especialidade - Controle ou tutela - Continuidade

2.6. QUESTÕES OBJETIVAS COMENTADAS

2.6.1. Princípios basilares do direito administrativo (supremacia e indisponibilidade)

(Procurador do Estado/RS – 2010 – FUNDATEC) Relativamente ao princípio do interesse público, pode-se afirmar que

(A) é dotado de consistência autônoma já que ocorre um antagonismo entre o interesse público das partes e o interesse do todo.

(B) há uma relação íntima e indissociável entre o interesse público e os interesses individuais, de modo que o primeiro resulta do conjunto dos interesses que os indivíduos pessoalmente têm quando considerados na qualidade de membros da sociedade.

(C) os interesses públicos são insuscetíveis de serem defendidos pelos particulares individualmente mesmo quando lhes acarretem ônus ou gravames suportados isoladamente.

(D) todos os interesses do Estado podem ser qualificados como públicos.

(E) as prerrogativas inerentes à supremacia do interesse público sobre o interesse privado podem ser empregadas legitimamente para satisfazer os interesses secundários do Estado.

Celso Antônio Bandeira de Mello define interesse público como o "interesse resultante do conjunto dos interesses que os indivíduos pessoalmente têm quando considerados em sua qualidade de membros da Sociedade e pelo simples fato de o serem" (*Curso de Direito Administrativo*, São Paulo: Malheiros, p. 59). A efetiva existência de relação entre o interesse privado e o interesse público faz com que a alternativa "b" seja verdadeira, ficando afastadas as alternativas "a", "c" e "d". Quanto à alternativa "e", há de se lembrar que o interesse público pode ser primário (verdadeiro interesse público) ou secundário, interesse que diz respeito apenas à pessoa jurídica estatal (que não é verdadeiro interesse público), como o interesse de arrecadar mais tributos. O interesse público secundário só pode ser empregado legitimamente quando coincidir com o interesse público primário, de modo que a alternativa "e" é falsa.

Gabarito "B"

2.6.2. Princípios administrativos expressos na Constituição

(Magistratura/PE – 2013 – FCC) A Constituição Federal vigente prevê, no *caput* de seu art. 37, a observância, pela Administração Pública, do princípio da legalidade. Interpretando-se essa norma em harmonia com os demais dispositivos constitucionais, tem-se que

(A) a extinção de cargos públicos, em qualquer hipótese, depende de lei.

(B) a Administração é livre para agir na ausência de previsão legislativa.

(C) é cabível a delegação do Congresso Nacional para que o Presidente da República disponha sobre diretrizes orçamentárias.

(D) os Municípios, por uma questão de hierarquia, devem antes atender ao disposto em leis estaduais ou federais, do que ao disposto em leis municipais.

(E) o Chefe do Poder Executivo participa do processo legislativo, tendo iniciativa privativa para propor certos projetos de lei, como aqueles sobre criação de cargos públicos na Administração direta federal.

A: incorreta, pois os cargos públicos, quando vagos, podem ser extintos por decreto (art. 84, VI, "b", da CF); **B:** incorreta, pois o princípio da legalidade determina que a Administração só pode agir como a lei autorizar; **C:** incorreta, pois não pode ser objeto de delegação a legislação sobre planos plurianuais, *diretrizes orçamentárias* e orçamentos (art. 68, § 1º, III, da CF); **D:** incorreta, pois cada lei mencionada tem seu âmbito de incidência, e, naquele âmbito, não há preferência para uma lei ou outra, devendo todas serem cumpridas; **E:** correta (art. 61, § 1º, II, "a", da CF).

Gabarito "E"

(Magistratura/RJ – 2011 – VUNESP) O bem comum da coletividade administrada é o único objetivo do Governo do Rio de Janeiro e, portanto, todo ato administrativo emanado do Administrador Público que não for praticado no interesse da coletividade é ilícito e imoral. Partindo dessa premissa, não há liberdade, tampouco vontade pessoal na Administração Pública. Assim, é correto afirmar, referente aos princípios da Administração Pública, que

(A) o Administrador Público está, em toda a sua atividade funcional, sujeito aos mandamentos da lei e às exigências do bem comum, e dele não pode se afastar ou se desviar, sob pena de praticar ato inválido e se expor à responsabilidade disciplinar, civil e criminal, conforme o caso.

(B) a moralidade administrativa nada mais é que o clássico princípio da finalidade, o qual impõe ao administrador público que só pratique o ato para o seu fim legal.

(C) a razoabilidade impõe ao Administrador justificar sua ação administrativa, indicando os pressupostos de fato e de direito que autorizaram sua prática.

(D) a motivação se alicerça na segurança jurídica e na necessidade de se respeitarem situações consolidadas no tempo, amparadas pela boa-fé do Administrador Público.

A: correta, pois expressa exatamente a característica maior do Direito Administrativo, que é de impor à Administração Pública o cumprimento da lei, lei essa que definirá quais providências atendem ao interesse público; **B:** incorreta, pois o princípio da finalidade é autônomo em relação ao princípio da moralidade; este impõe à Administração e ao administrador que atuem sempre de forma honesta, proba, leal e de boa-fé; **C:** incorreta, pois a definição dada na alternativa diz respeito ao princípio da motivação e não ao princípio da razoabilidade; **D:** incorreta, pois a definição dada na alternativa diz respeito ao princípio da segurança jurídica e não ao princípio da motivação.

Gabarito "A"

(Ministério Público/RR – 2012 – CESPE) Considerando o conceito de administração pública e os princípios que a regem, assinale a opção correta em conformidade com a doutrina e a jurisprudência.

(A) Em se tratando de processo administrativo disciplinar, não configura ofensa ao princípio da legalidade, consoante posicionamento do STJ, a instauração de comissão processante provisória em hipótese para a qual esteja legalmente prevista apuração por comissão permanente.

(B) Embora a administração pública esteja submetida ao princípio da legalidade estrita, o STJ admite que a administração pública institua sanção restritiva de direito ao administrado por meio de ato administrativo de hierarquia inferior à lei.

(C) Segundo jurisprudência do STJ, a administração, por estar submetida ao princípio da legalidade, não pode levar a termo interpretação extensiva ou restritiva de direitos, quando a lei assim não o dispuser de forma expressa.

(D) No direito brasileiro, não há previsão expressa dos princípios da segurança jurídica e da proteção à confiança.

(E) Segundo a doutrina, em sentido formal ou orgânico, a expressão administração pública, que abrange a natureza da atividade exercida pelos entes públicos, representa a própria função administrativa.

A: incorreta, pois, segundo o STJ, "a instauração de comissão provisória, nas hipóteses em que a legislação de regência prevê expressamente que as transgressões disciplinares serão apuradas por comissão permanente, inquina de nulidade o respectivo processo administrativo por inobservância dos princípios da legalidade e do juiz natural" (MS 13.148/DF, *DJe* 01.06.2012); **B:** incorreta, pois, segundo o STJ, "somente a Lei, em razão do princípio da estrita adstrição da Administração à legalidade, pode instituir sanção restritiva de direitos subjetivos; neste caso, a reprimenda imposta ao recorrente pela Agência Nacional de Saúde – ANS não se acha prevista em Lei, mas apenas em ato administrativo de hierarquia inferior (Resolução Normativa 11/2002-ANS [revogada pela Instrução Normativa 311/2012]), desprovido daquela potestade que o sistema atribui somente à norma legal" (AgRg no REsp 1287739, *DJe* 31.05.2012); **C:** correta, pois, segundo o STJ, "a atuação da Administração Pública é cingida ao princípio da legalidade estrita, devendo obediência aos preceitos legais, sendo-lhe defeso proceder interpretação extensiva ou restritiva, onde a lei assim não o determinar" (RMS 26.944, *DJe* 21.06.2010); **D:** incorreta, pois o princípio da segurança jurídica está expresso no art. 2º, *caput*, da Lei 9.784/1999; **E:** incorreta, pois a administração em sentido formal ou orgânico (ou subjetivo) significa o *conjunto de órgãos e pessoas jurídicas administrativas*; a *função administrativa*, ao contrário, diz respeito à administração em sentido material, objetivo ou funcional.

Gabarito "C"

(Ministério Público/GO – 2010) Sobre os princípios constitucionais da administração pública, analise as assertivas abaixo e assinale a alternativa correta:

I. Pode-se afirmar que, em decorrência do princípio da impessoalidade, os efeitos dos atos e provimentos administrativos são imputáveis não ao agente público que os pratica, mas sim ao órgão ou entidade administrativa em nome do qual aquele age.

II. A suspensão dos direitos políticos por improbidade administrativa pode ser aplicada independente da existência de um processo criminal.

III. O princípio da eficiência administrativa não decorre de conceituação jurídica e sim econômica e qualitativa, que pode ser mensurado por meio da aplicação dos princípios da participação do usuário na administração pública e da autonomia gerencial, orçamentária e financeira dos órgãos e entidades da administração direta e indireta.

IV. Objetivando verificar a conformação das atividades da Administração Pública ao princípio da legalidade, impõe-se a esta o controle administrativo, o legislativo e o jurisdicional.

(A) Há somente uma assertiva correta.

(B) Há somente duas assertivas corretas.

(C) Nenhuma das assertivas está correta.

(D) Todas as assertivas estão corretas.

I: correta, pois essa é uma das três facetas do princípio da impessoalidade; a primeira é o respeito à igualdade; a segunda, ao princípio da finalidade; e a terceira, a imputação dos atos do agente diretamente ao órgão ou entidade em nome do qual age (Teoria do Órgão); **II:** correta, pois as instâncias civil, administrativa e penal são independentes da instância de improbidade administrativa (art. 37, § 4º, da CF e art. 12, *caput*, da Lei 8.429/1992); **III:** correta, pois esse conceito está intimamente ligado aos resultados que a Administração alcança em termos de economicidade e eficácia de sua ação, o que está muito mais ligado ao plano fático do que ao plano jurídico; **IV:** correta, pois, de fato, a Administração está sujeita a um controle interno (administrativo), a um controle legislativo (aqui, com o auxílio, ao Legislativo, do Tribunal de Contas), ambos decorrentes dos arts. 70, *caput*, e 71, *caput*, da CF e ao controle jurisdicional, este por conta do princípio da inafastabilidade da jurisdição (art. 5º, XXXV, da CF).

Gabarito "D"

(Defensor Público/TO – 2013 – CESPE) Em relação aos princípios do direito administrativo, assinale a opção correta.

(A) A personalização do direito administrativo é consequência da aplicação do princípio democrático e dos direitos fundamentais em todas as atividades da administração pública.

(B) Não se qualifica a violação aos princípios da administração pública como modalidade autônoma de ato que enseja improbidade administrativa.

(C) O princípio da impessoalidade limita-se ao dever de isonomia da administração pública.

(D) A disponibilização de informações de interesse coletivo pela administração pública constitui obrigação constitucional a ser observada até mesmo nos casos em que as informações envolvam a intimidade das pessoas.

(E) O princípio da eficiência administrativa funda-se na subordinação da atividade administrativa à racionalidade econômica.

A: correta; de fato, o respeito ao princípio democrático e aos direitos fundamentais propiciam uma maior personalização do direito administrativo, antes mais focado nas prerrogativas de império da Administração; **B:** incorreta, pois há três modalidades de improbidade, a de enriquecimento ilícito do agente (art. 9º da Lei 8.429/1992), a de prejuízo ao erário (art. 10 da Lei 8.429/1992) e a de violação a princípios da administração (art. 11 da Lei 8.429/1992); **C:** incorreta, pois esse princípio tem três facetas, quais sejam, impõe a isonomia, a imputação dos atos dos agentes à Administração e o respeito à finalidade administrativa; **D:** incorreta, pois, o art. 5º, LX, dispõe que a lei pode restringir a publicidade dos atos processuais quando a defesa da intimidade ou o interesse social o exigirem; **E:** incorreta, pois a eficiência não significa racionalização econômica, com busca incessante de redução de custos e otimização de recursos, muito ligado ao princípio da economicidade, que também tem guarida nos princípios administrativos (art. 70 da CF); o princípio da eficiência mitiga um pouco o princípio da economicidade no ponto em que exige que haja um mínimo de qualidade e de efetividade na atuação estatal, o que, muitas vezes, impõe um maior investimento público.

Gabarito "A"

(Defensor Público/SP – 2012 – FCC) Com relação aos princípios constitucionais da Administração Pública, está em conformidade com a

(A) moralidade o ato administrativo praticado por agente público em favorecimento próprio, desde que revestido de legalidade.

(B) eficiência a prestação de serviço público que satisfaça em parte às necessidades dos administrados, desde que realizados com rapidez e prontidão.

(C) publicidade o sigilo imprescindível à segurança da sociedade e do Estado ou o indispensável à defesa da intimidade.

(D) impessoalidade a violação da ordem cronológica dos precatórios para o pagamento dos créditos de natureza comum.

(E) legalidade a inobservância a quaisquer atos normativos que não sejam lei em sentido estrito e provindos de autoridades administrativas.

A: incorreta, pois o favorecimento próprio fere a moralidade administrativa; **B:** incorreta, pois o serviço deve ser eficiente para todos e não só para parte dos administrados, sob pena de violação ao princípio da igualdade; **C:** correta (art. 5º, LX, da CF); **D:** incorreta, pois uma das facetas da impessoalidade é justamente o tratamento igualitário a todos, sendo que a violação à ordem cronológica dos precatórios para créditos de natureza comum quebra essa isonomia; **E:** incorreta, pois o princípio da legalidade impõe obediência não só à lei, como também às normas administrativas.

Gabarito "C"

(Defensor Público/ES – 2012 – CESPE) Julgue os itens a seguir, referentes aos princípios do direito administrativo.

(1) A nomeação de cônjuge da autoridade nomeante para o exercício de cargo em comissão não afronta os princípios constitucionais.

(2) Como o direito administrativo disciplina, além da atividade do Poder Executivo, as atividades administrativas do Poder Judiciário e do Poder Legislativo, os princípios que regem a administração pública, previstos na CF, aplicam-se aos três poderes da República.

(3) De acordo com o princípio da publicidade, a administração deve divulgar informações de interesse público, sendo o sigilo dos atos administrativos admitido apenas excepcionalmente e se imprescindível a segurança da sociedade e do Estado.

1: incorreta, pois ofende a Súmula Vinculante n. 13 do STF, que veda o nepotismo; **2:** correta, nos termos do *caput* do art. 37 da CF, que é claro no sentido de que os princípios administrativos obrigam à administração pública "de qualquer dos Poderes"; **3:** correta (art. 5º, XXXIII, da CF).

Gabarito 1E, 2C, 3C

(Defensor Público/RS – 2011 – FCC) Na relação dos princípios expressos no artigo 37, *caput*, da Constituição da República Federativa do Brasil, NÃO consta o princípio da

(A) moralidade.

(B) eficiência.

(C) probidade.

(D) legalidade.

(E) impessoalidade.

Art. 37, *caput*, da CF. No lugar de "probidade" deveria estar "publicidade".

Gabarito "C"

(Defensor Público/AM – 2010 – I. Cidades) Afirma-se, a respeito do princípio da eficiência da Administração Pública, que ele foi inserido na atual Constituição Federal com o intuito de:

(A) estabelecer um modelo gerencial de Administração

(B) fazer prevalecer o modelo burocrático de Administração

(C) valorizar a organização hierárquica.

(D) fazer prevalecer a valorização da rigidez da forma.

(E) restringir a participação popular de gestão.

A: correta, pois a administração gerencial tem por objeto fazer um controle de *resultados*, ou seja, está preocupada com a eficácia, que advém da eficiência; por outro lado, a administração burocrática está preocupada com um controle de *meios*, administração essa que não está de acordo com o princípio da eficiência; **B:** incorreta, conforme comentário à alternativa anterior; **C:** incorreta, pois o modelo meramente hierárquico não está de acordo com as novas técnicas de gestão de pessoas e de processos, de modo que é incompatível com a busca da eficiência; **D:** incorreta, pois a preocupação com a forma é típica da administração burocrática, que está preocupada com o controle de meios; **E:** incorreta, pois a eficiência não é incompatível, mas coerente com a participação popular na gestão.

Gabarito "A"

(Defensor Público/GO – 2010 – I. Cidades) Tendo como meta a implantação dos princípios da moralidade e da eficiência, impositivos a toda a Administração Pública por força de norma constitucional, o legislador da reforma administrativa implantada pela EC 19/1998 restringiu a discricionariedade no provimento dos cargos em comissão, impondo condições, entre as quais

(A) não ser o pretenso ocupante detentor de cargo efetivo.

(B) ser tal cargo criado para o exercício de funções de direção, assessoramento ou chefia após audiência pública.

(C) a exigência de percentual mínimo definido em lei para provimento por servidores de carreira.

(D) ser o provimento do cargo dependente de aprovação do interessado em seleção simplificada.

(E) ser tal cargo incluído na categoria dos extintos, quando vagar.

A: incorreta, pois é justamente o contrário; a lei deverá dispor acerca da necessidade de nomear para cargos em comissão um percentual mínimo de ocupantes de cargo efetivo, também chamados de servidores de carreira (art. 37, V, da CF); **B:** incorreta, pois a criação do cargo em comissão depende de lei, mas não depende de prévia audiência pública (art. 37, V, da CF); **C:** correta (art. 37, V, da CF); **D:** incorreta, pois não há concurso ou seleção simplificada (art. 37, II e V, da CF); **E:** incorreta, pois não há essa disposição na CF.

Gabarito "C"

(Delegado de Polícia/GO – 2013 – UEG) O princípio constitucional inserido no ordenamento jurídico brasileiro pela Emenda Constitucional nº 19, de 1998, acrescentado ao artigo 37, *caput*, da Constituição Federal é o princípio da

(A) cortesia

(B) eficiência

(C) atualidade

(D) motivação

Trata-se do princípio da eficiência, que, a par dos princípios da legalidade, impessoalidade, moralidade e publicidade, compõem os cinco princípios constitucionais administrativos expressos no "*caput*" do art. 37 da CF.

Gabarito "B"

(Delegado/SP – 2011) Resultados práticos de produtividade e redução de desperdícios na Administração Pública são medidas obtidas por observância ao princípio da

(A) finalidade

(B) moralidade

(C) eficiência

(D) razoabilidade

(E) supremacia do interesse público

A eficiência diz respeito à busca dos melhores resultados, o que se faz com melhoria na produtividade, redução de desperdícios e outras medidas.

Gabarito "C"

(Procurador/DF – 2013 – CESPE) Julgue o seguinte item.

(1) Por força do princípio da legalidade, a administração pública não está autorizada a reconhecer direitos contra si demandados quando estiverem ausentes seus pressupostos.

1: certa, pois, ausentes os pressupostos legais autorizadores do reconhecimento de um direito, este, por óbvio não existe e não pode ser reconhecido.

Gabarito 1C

(Procurador do Estado/MG – FUMARC – 2012) Assinale a alternativa INCORRETA:

(A) O princípio da impessoalidade, aplicado no âmbito da função administrativa do Estado, não tem valor absoluto, razão pela qual se admite, por exemplo, tratamento parcialmente diferenciado a micro e pequenas empresas em processos de licitação.

(B) O princípio da razoabilidade expressa noção jurídica correlata ao devido processo legal substantivo.

(C) O princípio da juridicidade, concebido para parte da doutrina como estágio evolutivo atual do princípio da legalidade, exige do administrador público atuação em conformidade não apenas com a lei, em sentido formal, mas com todo o direito.

(D) O princípio da publicidade poderá ter sua aplicação diferida no tempo nos casos em que a Constituição ou a lei admitir o sigilo.

(E) O princípio da eficiência fundamenta a informalidade ou o formalismo moderado dos atos administrativos de menor repercussão, mas que ficam sujeitos ao controle de resultados.

A: assertiva correta (arts. 42 a 49 da Lei Complementar 123/2006); **B:** assertiva correta; para a jurisprudência do STF, devido processo legal substancial (ou material) é a exigência de proporcionalidade (razoabilidade) das decisões, ao passo que o devido processo legal formal é o conjunto de garantias mínimas para que um processo seja constitucionalmente devido; **C:** assertiva correta; mais do que respeitar a *legalidade estrita*, o que se espera hoje é que o administrador atenda ao *Direito* como um todo, ou seja, busque uma decisão de acordo com a *juridicidade* ou *legitimidade*, daí a ideia de que, mais do que o respeito ao princípio da legalidade, o administrador tem que respeitar o princípio da juridicidade; **D:** assertiva correta (art. 5º, XXXIII, da CF); **E:** assertiva incorreta, devendo ser assinalada; apesar de o princípio da eficiência estar de acordo com a eliminação das formalidades exageradas e que não colaboram com a busca da eficiência, não há que se falar em informalidade no Direito Administrativo.

Gabarito "E"

(Procurador do Estado/RS – 2010 – FUNDATEC) Em relação aos princípios constitucionais aplicáveis à Administração Pública, é correto dizer que:

(A) O princípio da legalidade está assentado na estrutura do Estado de Direito, consagra a ideia de que a Administração Pública só pode ser exercida em conformidade com a lei e, além disso, tem previsão implícita na Constituição Federal.

(B) O princípio da finalidade impõe que o administrador público, ao exercer as competências postas a seu encargo, aja com rigorosa obediência aos fins propostos e que o princípio tem autonomia frente ao princípio da legalidade.

(C) O princípio da proporcionalidade consagra a ideia de que as competências administrativas só podem ser validamente exercidas na extensão e na intensidade correspondentes ao que seja realmente demandado para atingir a finalidade de interesse público a que estão atreladas.

(D) O princípio da eficiência, previsto implicitamente na Constituição Federal, impõe à Administração Pública o exercício de suas atribuições com rapidez, perfeição e resultados melhores.

(E) O princípio da publicidade permite a dispensa da publicação do ato administrativo no Diário Oficial, quando o particular interessado tenha sido notificado sobre o referido ato que lhe seja pertinente.

A: incorreta, pois a previsão do princípio da legalidade é expressa na Constituição (art. 37, *caput*, da CF); **B:** incorreta, pois a finalidade não tem autonomia em relação à legalidade; pelo contrário, deve-se buscar a finalidade objetivada pela *lei*; **C:** correta, pois a ideia é que haja uma relação de adequação entre *meios* e *fins*; **D:** incorreta, pois a previsão do princípio da eficiência é expressa na Constituição (art. 37, *caput*, da CF); **E:** incorreta, pois a publicidade não é exigência que tem por finalidade única atender às partes de um processo administrativo, mas sim uma exigência que tem por escopo também permitir que os administrados como um todo possam tomar conhecimento dos atos praticados pela Administração.

Gabarito "C"

(Procurador do Estado/SC – 2010 – FEPESE) Assinale a alternativa **incorreta**, no que se refere aos princípios que regem a Administração Pública.

(A) A nomeação de parente para prover cargo público em comissão, de livre nomeação e exoneração, não afronta qualquer princípio administrativo, desde que preenchidos os requisitos legais.

(B) O Tribunal de Contas é um dos órgãos responsáveis pela fiscalização do princípio da economicidade.

(C) A exigência de concurso público de provas ou de provas e títulos para o acesso a cargo e emprego público é decorrência do princípio da impessoalidade.

(D) O contraditório e a ampla defesa são princípios que devem ser observados pela Administração Pública.

(E) A possibilidade de formalização de contrato de gestão e a instituição de organizações sociais e agências executivas consagram o princípio da eficiência.

A: assertiva incorreta, devendo ser assinalada. A nomeação de parente, até o 3º grau inclusive, para cargo em comissão, fere o princípio da moralidade, e está vedada em todos os poderes, conforme o disposto na Súmula Vinculante n. 13 do STF; **B:** assertiva correta (art. 70, *caput*, c/c art. 71, *caput*, da CF); **C:** assertiva correta, pois o princípio do concurso público possibilita que haja mais respeito à isonomia (um dos deveres da impessoalidade), evitando nomeações fundadas na amizade e na mera indicação; **D:** assertiva correta (art. 5º, LV, da CF); **E:** assertiva correta, valendo salientar que a figura do contrato de gestão foi introduzida na Constituição Federal exatamente quando da inserção do princípio da eficiência na Constituição, o que se deu pela EC 19/1998 (art. 37, § 8º, da CF).

Gabarito "A"

(Cartório/MG – 2012 – FUMARC) Segundo a Constituição do Estado de Minas Gerais, a atividade administrativa dos Poderes do Estado e a de entidade descentralizada se sujeitarão aos princípios da:

(A) legalidade, impessoalidade, eficiência, moralidade, anualidade e publicidade.

(B) legalidade, impessoalidade, moralidade, publicidade, eficiência e anterioridade.

(C) legalidade, impessoalidade, moralidade, publicidade, eficiência e razoabilidade.

(D) legalidade, impessoalidade, moralidade, anualidade, publicidade e transparência.

A Constituição do Estado de Minas Gerais, em acréscimo ao que dispõe a Constituição Federal, de fato prevê a razoabilidade como princípio da Administração (art. 13 da Constituição de Minas Gerais, com nova redação dada pela Emenda à Constituição 49).

Gabarito "C"

(Cartório/RN – 2012 – IESIS) De acordo com súmula vinculante editada pelo Supremo Tribunal Federal, assinale a alternativa que enumera as proposições em que há **VIOLAÇÃO** aos princípios constitucionais de Direito Administrativo, em especial os previstos expressamente no art. 37, *caput*, da Constituição Federal:

I. A nomeação para o exercício de cargo em comissão, de cônjuge ou companheiro da autoridade nomeante.

II. A nomeação para o exercício de cargo em comissão, de bisneto de servidor da mesma pessoa jurídica investido em cargo de direção, chefia ou assessoramento.

III. A nomeação para o exercício de função gratificada na administração pública, de primo da autoridade nomeante.

IV. A nomeação de pessoas contratadas de forma temporária, em qualquer caso.

(A) Em todas as proposições.

(B) Somente nas proposições III e IV.

(C) Somente nas proposições I, II e III.

(D) Somente nas proposições I e II.

O nepotismo, vedado pela Súmula Vinculante 13 do STF, fere o princípio da moralidade. **I:** correta (Súmula Vinculante 13 do STF); **II:** correta, valendo lembrar que o bisneto é parente em 3º grau do bisavó (Súmula Vinculante 13 do STF); **III:** incorreta, pois primo é parente em 4º grau e a súmula mencionada veda a nomeação de parente até o 3º grau; **IV:** incorreta, pois a nomeação proibida na súmula é para cargo em comissão ou função gratificada, não atingindo assim a designação para funções temporárias.

Gabarito "D"

(Analista – TRT/22ª – 2010 – FCC) Sobre os princípios básicos da Administração Pública, é INCORRETO afirmar:

(A) O princípio da eficiência alcança apenas os serviços públicos prestados diretamente à coletividade e impõe que a execução de tais serviços seja realizada com presteza, perfeição e rendimento funcional.

(B) Em observância ao princípio da impessoalidade, a Administração não pode atuar com vistas a prejudicar ou beneficiar pessoas determinadas, vez que é sempre o interesse público que tem que nortear o seu comportamento.

(C) Embora não se identifique com a legalidade, pois a lei pode ser imoral e a moral pode ultrapassar o âmbito da lei, a imoralidade administrativa produz efeitos jurídicos porque acarreta a invalidade do ato que pode ser decretada pela própria Administração ou pelo Judiciário.

(D) O princípio da segurança jurídica veda a aplicação retroativa de nova interpretação de lei no âmbito da Administração Pública, preservando, assim, situações já reconhecidas e consolidadas na vigência de orientação anterior.

(E) Em decorrência do princípio da legalidade, a Administração Pública não pode, por simples ato administrativo, conceder direitos de qualquer espécie, criar obrigações ou impor vedações aos administrados; para tanto, ela depende de lei.

A: assertiva incorreta, devendo ser assinalada, pois o princípio da eficiência se aplica a todo e qualquer serviço público; **B:** assertiva correta, pois a Administração, para ser impessoal, tem que agir com respeito à igualdade e à neutralidade, buscando sempre atingir o interesse público, e não beneficiar ou prejudicar pessoas determinadas; **C:** assertiva correta, pois, de fato, o princípio da moralidade é independente do princípio da legalidade, sendo certo que, uma vez violado o princípio, o ato consequente será inválido, podendo a nulidade ser reconhecida tanto pela Administração, que age de ofício, quanto pelo Judiciário, que age mediante provocação; **D:** assertiva correta, nos termos do art. 2º, parágrafo único, XIII, da Lei 9.784/1999; **E:** assertiva correta, pois, de acordo com o princípio da legalidade, a Administração só pode criar direitos ou obrigações mediante lei.

Gabarito "A"

(Analista – TRE/AP – 2011 – FCC) O Jurista Celso Antônio Bandeira de Mello apresenta o seguinte conceito: *Este princípio enuncia a ideia de que as competências administrativas só podem ser validamente exercidas na extensão e intensidade correspondentes ao que seja realmente demandado para cumprimento da finalidade de interesse público a que estão atreladas*. Trata-se do princípio da

(A) moralidade.

(B) eficiência.

(C) proporcionalidade.

(D) impessoalidade.

(E) legalidade.

O princípio da proporcionalidade reclama "adequação entre meios e fins", vedando a "imposição de obrigações, restrições e sanções em medida superior àquelas estritamente necessárias ao atendimento do interesse público" (art. 2º, parágrafo único, VI, da Lei 9.784/1999). Isso significa que as competências só podem ser exercidas na "extensão e intensidades" correspondentes ao que seja realmente necessário ao atendimento do interesse público.

Gabarito "C"

(Analista – TRE/RS – 2010 – FCC) A publicidade, como um dos princípios básicos da Administração,

(A) deve ser observada em todo e qualquer ato administrativo, sem exceção.

(B) é elemento formativo do ato.

(C) é a divulgação oficial do ato para conhecimento público e início de seus efeitos externos.

(D) é obrigatória apenas para os órgãos da Administração direta, sendo facultativa para as entidades da Administração indireta.

(E) também pode ser usada para a promoção pessoal de autoridades ou servidores públicos, salvo no período eleitoral.

A: incorreta, pois há casos em que se deve impor o sigilo, por exemplo, para proteger a imagem e a honra das pessoas (arts. 2º, parágrafo único, V, e 46 da Lei 9.784/1999); **B:** incorreta, pois a publicidade é pressuposto de *eficácia* do ato administrativo, e não pressuposto de *existência* (formativo) ou de *validade* do ato; **C:** correta, pois esse é justamente o conceito de publicidade; **D:** incorreta, pois os princípios da Administração Pública aplicam-se tanto à Administração direta, como à Administração indireta (arts. 37, *caput*, da CF, e 1º, *caput*, da Lei 9.784/1999); **E:** incorreta (arts. 37, § 1º, da CF, e 2º, parágrafo único, III, da Lei 9.784/1999).

Gabarito "C"

2.6.3. Princípios administrativos expressos em outras leis ou implícitos e princípios combinados

(Magistratura/SP – 2013 – VUNESP) O princípio da autotutela administrativa, consagrado no Enunciado n. 473 das Súmulas do STF ("473 – A Administração pode anular seus próprios atos quando eivados de vícios que os tornem ilegais, porque deles não se originam direitos; ou revogá-los, por motivo de conveniência ou oportunidade, respeitados os direitos adquiridos, e ressalvada, em todos os casos, a apreciação judicial."), fundamento invocado pela Administração para desfazer ato administrativo que afete interesse do administrado, desfavorecendo sua posição jurídica,

(A) confunde-se com a chamada tutela administrativa.

(B) prescinde da instauração de prévio procedimento administrativo, pois tem como objetivo a restauração da ordem jurídica, em respeito ao princípio da legalidade que rege a Administração Pública.

(C) exige prévia instauração de processo administrativo, para assegurar o devido processo legal.

(D) pode ser invocado apenas em relação aos atos administrativos ilegais.

A: incorreta, pois a *tutela administrativa* (ou *controle administrativo*) é a possibilidade de a pessoa jurídica criadora de outra pessoa jurídica rever os atos desta que extrapolem os objetivos finalísticos da entidade criada; trata-se de um poder fiscalizatório bem mais restrito que a *hierarquia* (esta se dá de órgão superior para órgão subordinado), que permite ao órgão superior rever os atos do ato subordinado não só quando há desvio finalístico, como também quando há ilegalidade ou inconveniência; assim, a hierarquia tem relação com o princípio da autotutela, ao passo que a tutela administrativa não; **B:** incorreta, pois, havendo possibilidade de afetar a liberdade e a propriedade de terceiros, há de se respeitar o devido processo legal, o contraditório e a ampla defesa (art. 5º, LIV e LV, da CF), o que se dá, normalmente, no âmbito de um processo administrativo; **C:** correta, nos termos do comentário à alternativa "b"; **D:** incorreta, pois a autotutela se dá tanto quanto a atos *ilegais* (caso em se dará a anulação) como em relação aos atos *inconvenientes* (caso em que se dará a revogação), nos termos do próprio texto da Súmula citada, bem como do art. 53 da Lei 9.784/1999.

Gabarito "C"

(Magistratura/PE – 2013 – FCC) Considere a seguinte afirmação quanto a um ato administrativo: "Nada impede a autoridade competente para a prática de um ato de motivá-lo mediante remissão aos fundamentos de parecer ou relatório conclusivo elaborado por autoridade de menor hierarquia. Indiferente que o parecer a que se remete a decisão também se reporte a outro parecer: o que importa é que haja a motivação eficiente, controlável a *posteriori*." Tal afirmação, no contexto do Direito brasileiro, é

(A) equivocada, pois a Constituição Federal exige a motivação como elemento a constar textualmente dos atos administrativos.

(B) correta, compreendendo a motivação como elemento necessário ao controle do ato administrativo, porém sem exageros de mera formalidade.

(C) equivocada, pois a Lei Federal sobre processo administrativo exige que todo ato administrativo seja motivado pela autoridade que o edita.

(D) correta, pois motivar ou não, em todo caso, é faculdade discricionária da autoridade administrativa.

(E) equivocada, pois a Lei Federal sobre processo administrativo veda que pareceres sejam invocados como motivos suficientes para a prática de atos.

A: incorreta, não há previsão constitucional nesse sentido; **B:** correta; segundo o art. 50, § 1º, da Lei 9.784/1999, a motivação pode "consistir em declaração de concordância com fundamentos de anteriores pareceres, informações, decisões ou propostas, que, neste caso, serão parte integrante do ato"; C e **E:** incorretas, pois o art. 50, § 1º, da Lei 9.784/1999 permite a motivação em tela, que tem o nome de motivação *aliunde*; **D:** incorreta, pois a motivação é um princípio (art. 2º, "*caput*", da Lei 9.784/1999) e, como tal, não é facultativa, mas sim obrigatória.

Gabarito "B"

(Magistratura/BA – 2012 – CESPE) Após a edição da CF, havia controvérsia sobre a obrigatoriedade de concurso público para o provimento de cargos nas empresas públicas e sociedades de economia mista. A questão foi pacificada pelo STF, no ano de 1993, em decisão que confirmou a obrigatoriedade do concurso público. Posteriormente, avaliando contratações sem concurso público ocorridas no período entre 1988 e 1993, o STF assim decidiu: "(...) A existência de controvérsia, à época das contratações, quanto à exigência de concurso público no âmbito das empresas públicas e sociedades de economia mista, questão dirimida somente após a concretização dos contratos, não tem o condão de afastar a legitimidade dos provimentos, realizados em conformidade com a legislação então vigente." Nessa decisão, fica evidenciada a aplicação do princípio da

(A) juridicidade.

(B) recepção.

(C) segurança jurídica.

(D) continuidade do serviço público.
(E) supremacia do interesse público.

A decisão tem por fundamento o princípio da segurança jurídica, que veda, dentre outras coisas, que novas interpretações retroajam e que se frustre, junto aos administrados, expectativas legítimas que a Administração lhes tenha criado.

Gabarito "C"

(Magistratura/PA – 2012 – CESPE) No que se refere ao regime jurídico-administrativo, assinale a opção correta.

(A) Os institutos da suplência, da delegação e da substituição para o preenchimento de funções públicas temporariamente vagas no âmbito da administração pública decorrem da aplicação do princípio da continuidade do serviço público.
(B) Em atenção ao princípio da motivação, a administração pública deve indicar os fundamentos de fato e de direito de suas decisões, sendo vedada a indicação por órgão diverso daquele que profira a decisão.
(C) Embora o princípio da segurança jurídica não conste expressamente na CF como um dos princípios da administração pública, esta pode basear sua atuação nesse princípio orientador, que pode ser invocado para impedi-la de anular atos praticados sem a observância da lei.
(D) Dadas as prerrogativas que integram o regime jurídico administrativo, a administração pública pode, por simples ato administrativo, conceder direito de qualquer espécie, criar obrigações ou impor vedações aos administrados.
(E) A possibilidade de encampação da concessão de serviço público decorre da aplicação do denominado princípio da especialidade.

A: correta, pois os institutos em questão permitem que os serviços não parem, por exemplo, por impedimento ou férias do titular da competência; **B:** incorreta, pois a autoridade, ao decidir, pode fazer referência a fundamentos de anteriores pareceres, informações, decisões ou propostas, nos termos do art. 50, § 1º, da Lei 9.784/1999; **C:** incorreta, pois nem sempre o princípio da segurança jurídica tem o poder de impedir a anulação de atos administrativos ilegais; como regra, tais atos devem ser anulados pela Administração, que só deixará de fazê-lo em caso excepcionais, como é a hipótese em que tiver decorrido mais de cinco anos da prática de ato que beneficia alguém de boa-fé (art. 54, *caput*, da Lei 9.784/1999) ou quando se tratar de vício sanável em situação concreta que enseje a convalidação do ato (art. 55 da Lei 9.784/1999); **D:** incorreta, pois o princípio da legalidade impede que a Administração crie direitos, obrigações e vedações aos administrados, que não estiverem previstos em lei; **E:** incorreta, pois a encampação de serviço público (extinção de uma concessão de serviço público por motivo de interesse público) decorre do princípio da autotutela da Administração, que permite que esta reveja seus atos quando ilegais (anulação) ou quando não convenham mais ao interesse público (revogação, para os atos em geral, e encampação, para as concessões).

Gabarito "A"

(Magistratura/PE – 2011 – FCC) Suponha uma situação em que uma empresa pública contrate pessoal por processo seletivo, conforme legislação então vigente, que posteriormente venha a ser entendido por Tribunal de Contas como não suficiente para atender à exigência constitucional de concurso público. Suponha ainda que se queira, transcorrido período superior a 5 anos, anular as contratações assim realizadas. Um caso como esse encontra claros precedentes em recente jurisprudência do Supremo Tribunal Federal, no sentido de se impor a

(A) anulação das contratações, com base no princípio da legalidade estrita.
(B) manutenção das contratações, com base no princípio da proteção à confiança, constante expressamente do rol de princípios constitucionais aplicáveis à Administração Pública.
(C) revogação das contratações, mediante juízo de conveniência e oportunidade da Administração, vez que não caracterizada ilicitude na situação.
(D) manutenção das contratações, com base no princípio da segurança jurídica, implícito no princípio do Estado de Direito.
(E) anulação das contratações, com base no princípio da isonomia, implícito na regra do concurso público.

A alternativa "D" está de acordo com a jurisprudência do STF para essa específica situação. Confira: "Mandado de Segurança. 2. Acórdão do Tribunal de Contas da União. Prestação de Contas da Empresa Brasileira de Infraestrutura Aeroportuária - INFRAERO. Emprego Público. Regularização de admissões. 3. Contratações realizadas em conformidade com a legislação vigente à época. Admissões realizadas por processo seletivo sem concurso público, validadas por decisão administrativa e acórdão anterior do TCU. 4. Transcurso de mais de dez anos desde a concessão da liminar no mandado de segurança. 5. Obrigatoriedade da observância do princípio da segurança jurídica enquanto subprincípio do Estado de Direito. Necessidade de estabilidade das situações criadas administrativamente. 6. Princípio da confiança como elemento do princípio da segurança jurídica. Presença de um componente de ética jurídica e sua aplicação nas relações jurídicas de direito público. 7. Concurso de circunstâncias específicas e excepcionais que revelam: a boa-fé dos impetrantes; a realização de processo seletivo rigoroso; a observância do regulamento da Infraero, vigente à época da realização do processo seletivo; a existência de controvérsia, à época das contratações, quanto à exigência, nos termos do art. 37 da Constituição, de concurso público no âmbito das empresas públicas e sociedades de economia mista. 8. Circunstâncias que, aliadas ao longo período de tempo transcorrido, afastam a alegada nulidade das contratações dos impetrantes. 9. Mandado de Segurança deferido." MS 22357, Relator(a): Min. Gilmar Mendes, Tribunal Pleno, julgado em 27.05.2004, *DJ* 05.11.2004 PP-00006 EMENT VOL-02171-01 PP-00043 LEXSTF v. 26, n. 312, 2005, p. 135-148 RTJ VOL 00192-02 PP-00620).

Gabarito "D"

(Ministério Público/SP – 2011) O princípio da motivação que, entre outros, informa a Administração Pública

(A) é de observância obrigatória apenas para os atos administrativos vinculados.

(B) está previsto expressamente na Constituição Federal.

(C) incide obrigatoriamente somente na edição de atos administrativos discricionários.

(D) está previsto de maneira explícita na Constituição do Estado de São Paulo.

(E) é facultativo, na elaboração de atos administrativos complexos.

A: incorreta, pois, nos atos discricionários, por maior razão que nos atos vinculados, a motivação se faz necessária; **B:** incorreta, pois não há previsão genérica (para a Administração Pública de todos os poderes) do princípio da motivação; há previsão apenas da motivação para a Administração Pública do Judiciário (art. 93, X, da CF): **C:** incorreta, pois os atos vinculados também devem ser motivados, até porque a motivação é um princípio (art. 2º, *caput*, da Lei 9.784/1999), e, como tal, orienta os atos administrativos em geral; **D:** correta, pois há essa previsão no art. 111 da Constituição do Estado de São Paulo; **E:** incorreta, pois o fato de um ato ser complexo, ou seja, praticado por mais de um órgão, não exonera seus autores do dever de motivação.

Gabarito "D"

(Defensor Público/PR – 2012 – FCC) Sobre os princípios orientadores da administração pública é INCORRETO afirmar:

(A) A administração pública não pode criar obrigações ou reconhecer direitos que não estejam determinados ou autorizados em lei.

(B) A conduta administrativa com motivação estranha ao interesse público caracteriza desvio de finalidade ou desvio de poder.

(C) A oportunidade e a conveniência são delimitadas por razoabilidade e proporcionalidade tanto na discricionariedade quanto na atividade vinculada da administração pública.

(D) Além de requisito de eficácia dos atos administrativos, a publicidade propicia o controle da administração pública pelos administrados.

(E) O princípio da eficiência tem sede constitucional e se reporta ao desempenho da administração pública.

A: assertiva correta, em função do princípio da legalidade; **B:** assertiva correta, pois todo ato administrativo deve atender à finalidade última da Administração, que é o alcance do interesse público, o que faz com que um ato que tenha motivação estranha ao interesse público se ressinta de desvio de finalidade, também chamado de desvio de poder; **C:** assertiva incorreta, devendo a alternativa ser assinalada; a oportunidade e a conveniência, assim como a razoabilidade e a proporcionalidade dizem respeito apenas aos atos discricionários, já que os atos vinculados são aqueles em que a lei confere ao Administrador apenas uma opção de agir, não havendo como se falar em oportunidade, conveniência, razoabilidade e proporcionalidade, mas apenas podendo falar que o ato está ou não de acordo com o que a lei determina de forma clara e objetiva; **D:** assertiva correta; de fato, a publicidade é requisito de eficácia do ato administrativo (e não de existência ou de validade); ademais, também é correto dizer que a publicidade propicia o controle da administração pública pelos administrados, já que estes não conseguirão saber se os administradores vêm ou não cumprindo o que determina a lei se os atos administrativos não forem devidamente divulgados; **E:** assertiva correta, pois esse princípio está inserto no art. 37, *caput*, da CF; ademais, ele diz respeito, sim, ao desempenho da Administração (e dos administradores, por óbvio), impondo que esta atenda satisfatoriamente aos interesses dos administrados, expressos na lei.

Gabarito "C"

(Defensor Público/GO – 2010 – I. Cidades) Os princípios da prevenção e da precaução

(A) derivam do princípio da moralidade administrativa e da legalidade.

(B) são implicações do dever de ótima administração, sendo que o primeiro implica o dever de evitar um evento o qual se espera que aconteça, de forma desproporcional.

(C) derivam do princípio da eficiência administrativa.

(D) podem ser utilizados em respeito à legalidade administrativa, da qual derivam.

(E) são ambos legitimados somente pelo princípio da legalidade.

Os princípios da prevenção e da precaução, próprios do Direito Ambiental, dispõem que cabe à coletividade e ao poder público a tomada de medidas prévias para garantir o meio ambiente ecologicamente equilibrado para as presentes e futuras gerações. A doutrina faz uma distinção entre o princípio da prevenção e o princípio da precaução. O primeiro incide naquelas hipóteses em que se tem certeza de que dada conduta causará um dano ambiental. O princípio da prevenção atuará de forma a evitar que o dano seja causado, impondo licenciamentos, estudos de impacto ambiental, reformulações de projeto, sanções administrativas etc. A ideia aqui é eliminar os perigos já comprovados. Já o segundo incide naquelas hipóteses de incerteza científica sobre se dada conduta pode ou não causar um dano ao meio ambiente. O princípio da precaução atuará no sentido de que, na dúvida, deve-se ficar com o meio ambiente, tomando as medidas adequadas para que o suposto dano de fato não ocorra. A ideia aqui é eliminar que o próprio perigo possa se concretizar. Repare que tais conceitos em nada guardam relação com as alternativas "A", "B", "D" e "E". A alternativa "C" tem alguma pertinência, pois a ideia de eficiência está muito ligada à atitude preventiva, já que, aquele que é eficiente, não só corrige problemas, como também evita que eles aconteçam.

Gabarito "C"

(Defensor Público/GO – 2010 – I. Cidades) O princípio da proporcionalidade administrativa

(A) é um princípio do direito administrativo, que vem do Direito Constitucional alemão, em forma trifásica: intensidade, adequação e necessidade.

(B) é um princípio do direito administrativo, que tem como fator principal a sua correlação com a necessidade administrativa.

(C) implica que, verificada a intensidade correta na atuação administrativa para a consecução do interesse público em causa, pode-se passar para a segunda fase.

(D) é um princípio que deriva do princípio do Estado de Direito.

(E) é um princípio que deriva do princípio da legalidade administrativa.

A e **B:** incorretas, pois o princípio da proporcionalidade decorre de três pilares: a) adequação (eficácia do meio escolhido); b) necessidade (uso do meio menos restritivo); c) proporcionalidade em sentido estrito (ponderação entre os benefícios alcançados com o ato e os danos por ele causados); assim, a "intensidade" não guarda relação com o princípio, nem se pode dizer que a "necessidade administrativa" é o fato principal do princípio; **C:** incorreta, pois a ordem correta de aplicação do princípio é a seguinte: primeiro analisa-se, de fato, se há colisão de direitos fundamentais; depois descreve-se o conflito identificando os pontos relevantes do caso e, por fim, faz-se o exame, sucessivo, da adequação, da necessidade e da proporcionalidade em sentido estrito; **D:** correta, pois é pacífico na doutrina essa ideia; **E:** incorreta, pois esse princípio tem origem autônoma do princípio da legalidade, decorrente da necessidade de se fazer a ponderação entre os princípios.

Gabarito "D"

(Defensoria Pública/SP – 2010 – FCC) A capacidade da Administração Pública de poder sanar os seus atos irregulares ou de reexaminá-los à luz da conveniência e oportunidade, reconhecida nas Súmulas 346 e 473 do Supremo Tribunal Federal, está em consonância direta com o princípio da

(A) indisponibilidade do interesse público.

(B) segurança jurídica.

(C) autotutela.

(D) moralidade.

(E) autoexecutoriedade.

Pelo princípio da autotutela a Administração tem a possibilidade de manter ou não seus atos, sem que precise buscar a prestação jurisdicional. Assim, o princípio permite que a Administração anule ou revogue seus atos, e também os convalide, quando a invalidade for sanável.

Gabarito "C"

(Procurador/DF – 2013 – CESPE) Julgue o seguinte item.

(1) Constitui exteriorização do princípio da autotutela a súmula do STF que enuncia que "A administração pode anular seus próprios atos, quando eivados dos vícios que os tornam ilegais, porque deles não se originam direitos; ou revogá-los, por motivo de conveniência e oportunidade, respeitados os direitos adquiridos, e ressalvada, em todos os casos, a apreciação judicial".

1: certa, valendo salientar que o princípio da autotutela também está previsto no art. 53 da Lei 9.784/1999.

Gabarito 1C

(Procurador do Município/Florianópolis-SC – 2010 – FEPESE) Analise as afirmativas abaixo: Em relação aos princípios administrativos:

(1) O princípio da autotutela diz respeito ao controle que a administração direta exerce sobre as entidades da administração indireta.

(2) O princípio da finalidade assevera que os atos e os provimentos administrativos são imputados ao órgão ou à entidade administrativa em nome do qual o servidor age.

(3) Segundo o princípio da legalidade, a administração pública só pode fazer o que a lei autoriza.

Assinale a alternativa que indica todas as afirmativas **corretas**.

(A) É correta apenas a afirmativa 2.

(B) É correta apenas a afirmativa 3.

(C) São corretas apenas as afirmativas 1 e 2.

(D) São corretas apenas as afirmativas 2 e 3.

(E) São corretas as afirmativas 1, 2 e 3.

1: incorreta, pois o princípio definido na afirmativa é o do controle, tutela ou supervisão ministerial; **2:** incorreta, pois essa imputação decorre do princípio da impessoalidade, que tem três facetas, quais sejam, a descrita na afirmativa, o dever de respeito à igualdade e o dever de respeito à finalidade; **3:** correta, pois, sem a lei, a Administração Pública está de mãos atadas.

Gabarito "B"

(Procurador do Município/Teresina-PI – 2010 – FCC) Princípios da Administração Pública.

I. Dos princípios da legalidade e da indisponibilidade do interesse público decorre, dentre outros, o da especialidade, concernente à ideia de desconcentração administrativa.

II. O princípio da presunção de legitimidade ou de veracidade dos atos administrativos trata de presunção relativa, sendo o efeito de tal presunção o de inverter o ônus da prova.

III. Como decorrência do princípio da autotutela, a Administração Pública direta fiscaliza as atividades exercidas pelos entes da Administração indireta.

IV. A motivação, em regra, não exige formas específicas, podendo ser ou não concomitante com o ato, além de ser feita, muitas vezes, por órgão diverso daquele que proferiu a decisão.

SOMENTE estão corretas as assertivas

(A) II e IV.

(B) I e II.

(C) I e III.

(D) I e IV.

(E) II e III.

I: incorreta. Há dois princípios basilares do Direito Administrativo, quais sejam, o da supremacia do interesse público e o da indisponibilidade do interesse público. Os demais princípios decorrem desses dois. O princípio da legalidade, por exemplo, decorre do princípio da indisponibilidade do interesse público; **II:** correta, pois o ato administrativo tem, de fato, uma presunção relativa de veracidade e legalidade, ficando o ônus da prova da falsidade ou ilegalidade do ato administrativo, a cargo do particular; **III:** incorreta, pois essa fiscalização tem o nome de controle, tutela ou supervisão ministerial; **IV:** correta, pois não há, como regra, forma específica para a motivação; ela também pode ser feita concomitantemente ou não com o ato; neste último caso, faz-se necessário que seja prévia à prática do ato, e nunca posterior à prática deste; por fim, é possível que a autoridade que pratica o ato promova a motivação mediante a concordância com fundamentos de anteriores manifestações formuladas por órgão ou pessoa diversa (art. 50, § 1º, da Lei 9.784/1999).

Gabarito "A"

(Advogado – BNDES – 2010 – CESGRANRIO) O princípio da proporcionalidade, acolhido pelo direito constitucional brasileiro, compreende os seguintes subprincípios:

(A) legalidade, moralidade e necessidade.

(B) legalidade, moralidade e impessoalidade.

(C) legalidade, impessoalidade e proporcionalidade em sentido estrito.

(D) adequação, necessidade e proporcionalidade em sentido estrito.

(E) adequação, necessidade e moralidade.

O princípio da proporcionalidade decorre de três pilares: a) adequação (eficácia do meio escolhido); b) necessidade (uso do meio menos restritivo); c) proporcionalidade em sentido estrito (ponderação entre os benefícios alcançados com o ato e os danos por ele causados). Assim, apenas a alternativa "d" está correta.

Gabarito "D"

(Cartório/SC – 2012) A respeito dos princípios constitucionais aplicáveis à administração pública, pode-se afirmar:

I. O princípio da supremacia do interesse público não se constitui como um princípio constitucional administrativo, uma vez que não está previsto expressamente na cabeça do artigo 37 da Constituição Federal.

II. Segundo o princípio da legalidade, presente no *caput* do artigo 37 da Constituição Federal, o administrador público somente poderá fazer o que estiver expressamente autorizado em lei e nas demais espécies normativas, não havendo por isso vontade subjetiva dele, dado que na administração pública só é permitido fazer o que a lei autoriza. Contudo, esse princípio que estabelece severa vinculação encontra-se relativizado quando no exercício da atividade administrativa o administrador público pratica atos tidos como discricionários. Esses atos, ao contrário dos vinculados, exigem do administrador público certa margem de operatividade para que se alcance o desiderato maior que é o interesse coletivo (bem-estar social). Nesse diapasão, o administrador público, no afã de alcançar o bem comum, edita o ato discricionário com esteio na conveniência e na oportunidade, razão pela qual não se exige dele submissão completa ao império constitucional e nem ao legal, relativizando-se assim o princípio da legalidade.

III. O princípio da razoabilidade, ainda que não expresso no *caput* do artigo 37 da Constituição Federal, é considerado como um princípio constitucional administrativo, uma vez que exige do administrador público agir com proporcionalidade na materialização do exercício da função pública e atuar com justiça e adequação subministrando seus atos impelido por critérios racionais e coerentes, consentâneos com a realidade dos fatos.

IV. O princípio da publicidade presente também no *caput* do artigo 37 da Constituição Federal veste a regra da transparência administrativa. Seu objetivo é dar conhecimento público à sociedade de todas as decisões administrativas, produzindo, a partir de então, seus consequentes efeitos. Todavia, a publicidade, mesmo que considerada princípio constitucional expresso, cede em razão do interesse público, quando este por seus próprios motivos assim o exigir.

(A) Somente as proposições I, II e III estão corretas.

(B) Somente as proposições III e IV estão corretas.

(C) Somente a proposição IV está correta.

(D) Somente a proposição II está correta.

(E) Somente as proposições I e IV estão corretas.

I: incorreta, pois o princípio da supremacia do interesse público sobre o interesse privado decorre do próprio princípio republicano, sendo reconhecido pela doutrina como princípio basilar do Direito Administrativo, ainda que não previsto expressamente no art. 37, *caput*, da CF; **II:** incorreta, pois a discricionariedade não isenta o administrador público de obedecer aos preceitos legais e constitucionais; **III:** correta; de fato, o princípio não está expresso na CF, mas decorre do disposto no art. 5º, LXXVIII, e 70, *caput*, da CF, neste último caso, por conta das expressões "legitimidade" e "economicidade"; **IV:** correta, nos termos do art. 5º, XXXIII, da CF.

Gabarito "B"

(Magistratura Federal-4ª Região – 2010) Dadas as assertivas abaixo sobre funções estatais e princípios informadores do regime jurídico administrativo, assinale a alternativa correta.

I. No Brasil as atividades estatais básicas estão distribuídas entre Poderes independentes e harmônicos entre si, o Legislativo, o Judiciário e o Executivo, vocacionados ao desempenho, respectivamente, das funções normativa, judicial e administrativa, estando esta última concentrada no Executivo, o qual a exerce precipuamente, mas sem exclusividade.

II. Em decorrência, dentre outros, dos princípios da legalidade, da indisponibilidade do interesse público e da impessoalidade, o gestor da coisa pública tem com ela uma relação de administração, de modo que seu agir está atrelado à finalidade cogente, mesmo quando admitido juízo discricionário na prática do ato administrativo.

III. Conquanto não previsto explicitamente no artigo 37, *caput*, da Constituição Federal, o princípio da razoabilidade informa o regime jurídico administrativo brasileiro, prestando-se como balizador para a verificação da higidez da ação administrativa, notadamente quando esta tem características discricionárias.

IV. Estabelece a Constituição Federal que a administração pública direta e indireta de qualquer dos Poderes da União, dos Estados, do Distrito Federal e dos Municípios obedecerá ao princípio da publicidade, havendo possibilidade de instituição, pela via legislativa, de restrições ao acesso a autos de processo administrativo.

V. As funções estatais estão sujeitas à rígida observância de diretriz fundamental, que, encontrando suporte teórico no princípio da proporcionalidade, veda os excessos normativos e as prescrições irrazoáveis do Poder Público, prestando-se o referido princípio (da proporcionalidade), nesse contexto, para inibir e neutralizar os abusos do Poder Público no exercício de suas funções, qualificando-se como parâmetro de aferição da higidez dos atos praticados por agentes públicos.

(A) Estão corretas apenas as assertivas I, IV e V.

(B) Estão corretas apenas as assertivas II, III e IV.

(C) Estão corretas apenas as assertivas I, II, III e IV.

(D) Estão corretas apenas as assertivas I, III, IV e V.

(E) Estão corretas todas as assertivas.

I: correta, pois a atividade administrativa é exercida precipuamente pelo Executivo, mas também é exercida, atipicamente, pelo Judiciário e pelo Legislativo; **II:** correta, pois a finalidade de toda atuação administrativa é, sempre, atender ao interesse público, e não a interesses subjetivos do agente público; mesmo quando este pratique um ato discricionário, deverá buscar o atendimento não de seus interesses pessoais, mas do interesse público; **III:** correta, pois o princípio da razoabilidade não está expresso no art. 37, *caput*, da CF/1988 (apesar de estar expresso no art. 2º, *caput*, da Lei 9.784/1999), sendo certo que só incide sobre atos discricionários, e não sobre atos vinculados; **IV:** correta, conforme o disposto no art. 37, *caput*, c/c com art. 5º, LX, da CF/1988; **V:** correta, pois a função do princípio da proporcionalidade é justamente evitar os excessos, fazendo a adequação entre meios e fins, e vedando a imposição de obrigações, restrições e sanções em medida superior àquelas estritamente necessárias ao atendimento do interesse público (art. 2º, parágrafo único, VI, da Lei 9.784/1999).

Gabarito "E"

(Magistratura do Trabalho – 8ª Região – 2011) Consoante a jurisprudência dominante do STF, é INCORRETO afirmar:

(A) Se o ato administrativo regulamentar normativo ofender diretamente a Constituição da República, sem que haja lei a que deva se subordinar, poderá sofrer controle de constitucionalidade através da ação direta de inconstitucionalidade.

(B) Em homenagem ao princípio da segurança jurídica, pode ser convalidado ato administrativo de transposição de carreira, embora baseado em lei inconstitucional, em virtude de já se ter consolidado a situação jurídica do destinatário da norma.

(C) É inconstitucional a cobrança de taxa para a extração administrativa de certidões que visem à defesa de direitos e ao esclarecimento de interesses pessoais do requerente, pois violadora do princípio da publicidade.

(D) A Resolução n. 7 do CNJ, que veda a prática do nepotismo, com fundamento no princípio da moralidade, é aplicável apenas ao Poder Judiciário, sendo necessária lei formal para coibir a prática no âmbito dos demais Poderes.

(E) A criação de milhares de cargos em comissão por estado-membro, comparada com a pequena quantidade de cargos de provimento efetivo, é inconstitucional, por violar os princípios da proporcionalidade e da moralidade administrativa.

A: assertiva correta, conforme a seguinte decisão do STF: "EMENTA: AGRAVO REGIMENTAL NA AÇÃO DIRETA DE INCONSTITUCIONALIDADE. AÇÃO DIRETA QUE QUESTIONA A CONSTITUCIONALIDADE DE DECRETO ESTADUAL. FUNÇÃO NORMATIVA, REGULAMENTO E REGIMENTO. ATO NORMATIVO QUE DESAFIA O CONTROLE DE CONSTITUCIONALIDADE CONCENTRADO. NEGATIVA DE SEGUIMENTO. ARTIGO 102, INCISO I, ALÍNEA "a", DA CONSTITUIÇÃO DO BRASIL. REFORMA DO ATO QUE NEGOU SEGUIMENTO À ADI. 1. Estão sujeitos ao controle de constitucionalidade concentrado os atos normativos, expressões da função normativa, cujas espécies compreendem a função regulamentar (do Executivo), a função regimental (do Judiciário) e a função legislativa (do Legislativo). Os decretos que veiculam ato normativo também devem sujeitar-se ao controle de constitucionalidade exercido pelo Supremo Tribunal Federal. 2. O Poder Legislativo não detém o monopólio da função normativa, mas apenas de uma parcela dela, a função legislativa. 3. Agravo regimental provido."(ADI 2950 AgR, Relator(a): Min. MARCO AURÉLIO, Relator(a) p/ Acórdão: Min. EROS GRAU, Tribunal Pleno, julgado em 06.10.2004, *DJ* 09.02.2007 PP-00016 EMENT VOL-02263-01 PP-00093); **B:** assertiva correta; a transposição de carreira é inconstitucional (Súmula 685 do STF: "É inconstitucional toda modalidade de provimento que propicie ao servidor investir-se, sem prévia aprovação em concurso público destinado ao seu provimento, em cargo que não integra a carreira na qual anteriormente investido"); porém, o princípio da segurança jurídica, pode fazer com que o ato seja convalidado; confira o seguinte acórdão do STF: "EMENTA: Recurso extraordinário. 2. Ação rescisória. Transposição de cargo. Processo seletivo anterior à CF/1988. Homologação posterior. Ato administrativo controvertido à época. 3. Princípio da segurança jurídica. Aplicabilidade. Precedentes. 4. Recurso extraordinário a que se nega provimento." (RE 466546, Relator(a): Min. GILMAR MENDES, Segunda Turma, julgado em 14.02.2006, *DJ* 17.03.2006 PP-00042 EMENT VOL-02225-05 PP-00932 RTJ VOL-00199-03 PP-01248 LEXSTF v. 28, n. 328, 2006, p. 309-314); **C:** assertiva correta (art. 5º, XXXIV, da CF); **D:** assertiva incorreta, devendo ser assinalada; a vedação do nepotismo se aplica a todos os poderes, nos termos da Súmula Vinculante n. 13 do STF, que é fundada no princípio da moralidade administrativa (art. 37, *caput*, da CF), independentemente da existência de uma lei específica tratando do assunto; **E:** assertiva correta, valendo salientar que a Constituição, ao dispor que os cargos em comissão só servirão para atribuições de chefia, direção e assessoramento, e que serão preenchidos com percentual mínimo de servidores de carreira, está a indicar a excepcionalidade desse tipo de cargo (art. 37, V, da CF).

Gabarito "D"

(Magistratura do Trabalho – 14ª Região – 2011) Analise as assertivas seguintes e responda.

I. O princípio da autotutela administrativa fundamenta a diretriz consolidada em súmula do STF segundo a qual a Administração Pública pode anular seus próprios atos, quando eivados de vícios que os tomam ilegais, porque deles não se originam direitos; ou revoga-los, por motivo de conveniência ou oportunidade, respeitados os direitos adquiridos e, ressalvada, em todos os casos, a apreciação judicial.

II. A Lei 9.784/1999, que disciplina o processo administrativo federal indica como um dos princípios que devem nortear a Administração Pública o princípio da segurança jurídica, assim como está mencionado no *caput* do artigo 5º da Constituição Federal a garantia à segurança, entendida não só no aspecto físico, como no jurídico. Dentre as consequências deste princípio estão: a proibição, como regra, da retroatividade dos atos administrativos e o impedimento de aplicação de nova interpretação, respeito ao direito adquirido e preservação de efeitos de atos e medidas praticados por servidores de fato.

III. De acordo com o princípio da continuidade as atividades realizadas pela Administração Pública devem ser ininterruptas, para que o atendimento do interesse da coletividade não seja prejudicado. Tal princípio informa também as figuras da substituição, interinidade, suplência.

IV. Como instrumentos constitucionais para punir a inobservância do princípio da moralidade administrativa a Constituição Federal aponta a ação popular, a sanção à improbidade administrativa dos agentes públicos em geral. Assim, a Lei 8.429/1992 caracteriza os atos de improbidade administrativa como sendo aqueles que impliquem, necessariamente, locupletamento de caráter financeiro ou material.

(A) Apenas as assertivas I e III são corretas.

(B) Apenas a assertiva I é correta.

(C) Apenas as assertivas II e IV são corretas.

(D) Apenas a assertiva IV é incorreta.

(E) Todas as assertivas são corretas.

I: correta (Súmula 473 do STF); **II:** correta (art. 2º, *caput* e parágrafo único, XIII, da Lei 9.784/1999); **III:** correta, pois o princípio em tela, denominado princípio da continuidade do serviço público, tem em mira justamente a exigência de que os serviços públicos não parem e continuem à disposição da própria administração e dos administrados; quando um servidor está em férias, por exemplo, para que o serviço não seja interrompido, a Administração tem à sua disposição as figuras da *substituição*; já quando um servidor é exonerado de um cargo em comissão, pode-se desde já nomear outro no lugar ou simplesmente nomear alguém *interinamente*; e quando um membro de uma comissão não puder comparecer a uma reunião, por exemplo, costuma haver um *suplente*, justamente para que o serviço público correspondente não fique interrompido; **IV:** incorreta, pois há duas modalidades de improbidade que não requerem o enriquecimento ilícito do agente, quais sejam, a por prejuízo ao erário e a por violação a princípios da Administração (arts. 10 e 11 da Lei 8.429/1992).

Gabarito "D"

(Magistratura do Trabalho – 21ª Região – 2012) Sobre os princípios que regem a administração pública, é incorreto afirmar:

(A) o princípio da moralidade exige que o administrador se paute por conceitos éticos;

(B) corolário do princípio da igualdade é a vedação de se estabelecer diferenças em razão da sede ou domicílio dos licitantes;

(C) o princípio da supremacia do interesse público decorre da posição privilegiada dos órgãos e entes públicos encarregados da preservação do interesse público;

(D) em decorrência do princípio da hierarquia, que é restrito às funções administrativas e não aplicáveis às funções tipicamente legislativas e judiciais, a Administração Pública possui a prerrogativa de avocar atribuições, e também de rever os atos dos subordinados;

(E) A Constituição Federal prevê, expressamente, os princípios da legalidade, publicidade, impessoalidade, moralidade, eficiência e razoabilidade.

A: assertiva correta, pois o dever de agir conforme a ética, a boa-fé, a lealdade etc., decorre justamente do princípio da moralidade; **B:** assertiva correta, pois a igualdade não se coaduna com discriminar licitantes em função de sua sede ou domicílio, não podendo um edital de licitação de um município dizer que só pode participar de licitação para fornecer, por exemplo, material de escritório para este, empresas sediadas nele; **C:** assertiva correta, pois, para que o interesse público seja assegurado, há situações em que é necessário se conceder privilégios aos órgãos públicos, como o privilégio deste de poder usar a força para executar seus atos em determinados casos; **D:** assertiva correta, pois a hierarquia, de fato, só existe em relações administrativas (não existindo em relações puramente jurisdicionais e legislativas, não sendo correto dizer que um desembargador de uma câmara é superior hierárquico de um juiz) e decorre dela a possibilidade de revisão dos atos dos subordinados e também de avocação de atribuições; **E:** assertiva incorreta, devendo ser assinalada; o princípio da razoabilidade não está expresso no art. 37, *caput*, da CF, diferentemente dos outros mencionados, que estão.

Gabarito "E"

(Procurador do Trabalho – 2013 – MPT) Sobre o princípio da transparência na administração pública, analise as seguintes proposições:

I. A Constituição da República assegura de forma expressa o acesso dos usuários a registros administrativos e a informações sobre atos de governo, observado o direito à intimidade, à vida privada, à honra e à imagem das pessoas.

II. Subordina-se aos ditames da Lei n. 12.527/2011 (Lei de Transparência) a administração pública direta e indireta da União, dos Estados e Municípios.

III. O Ministério Público não se sujeita aos ditames da Lei n. 12.527/2011, uma vez que não integra o Poder Executivo, estando sujeito à normatização própria pelo Conselho Nacional do Ministério Público.

IV. Aplicam-se as disposições da Lei n. 12.527/2011, no que couber, às entidades privadas sem fins lucrativos que recebam, para realização de ações de interesse público, recursos públicos diretamente do orçamento ou mediante subvenções sociais, contrato de gestão, termo de parceria, convênios, acordo, ajustes ou outros instrumentos congêneres.

Assinale a alternativa **CORRETA**:

(A) apenas as assertivas I e III estão corretas;

(B) apenas as assertivas II e IV estão corretas;

(C) apenas as assertivas III e IV estão corretas;

(D) apenas a assertiva IV está correta;

(E) não respondida.

I: incorreta, pois a CF não garante de forma expressa o acesso a registros administrativos e a informações sobre atos de governo, havendo apenas normas que permitem o acesso a atos de interesse coletivo em geral (art. 5º, XXXIII, da CF), sem o nível de detalhe que agora está garantido pela Lei 12.527/2011; **II:** correta (art. 1º, *caput*, da Lei 12.527/2011); **III:** incorreta, pois o Ministério Público integra o Poder Executivo, além de haver menção expressa acerca da subordinação do *Parquet* ao regime da Lei 11.527/2011 (art. 1º, parágrafo único, I); **IV:** correta (art. 2º, *caput*, da Lei 12.527/2011).

Gabarito "B"

(Ministério Público do Trabalho – 14º) Quanto aos poderes e princípios da Administração Pública.

I. O poder disciplinar da Administração Pública autoriza a aplicação de sanções a particulares não sujeitos à disciplina interna da Administração.

II. O princípio da continuidade do serviço público jamais cede em razão de seu caráter absoluto, não comporta a aplicação do princípio da proporcionalidade e constitui um verdadeiro superprincípio que orienta todo o ordenamento jurídico administrativo.

III. O princípio da motivação dos atos administrativos, embora recomendável em todos os atos que envolvam o exercício de poderes, ao contrário dos atos praticados pelo Judiciário e Ministério Público, não possui previsão nas normas jurídicas de direito administrativo brasileiro.

IV. O princípio da segurança jurídica não se aplica à Administração Pública brasileira, uma vez que ela possui poderes para desconstituir situações jurídicas e aplicar retroativamente nova interpretação da norma administrativa para garantir o atendimento do fim público a que se dirige.

Assinale a opção CORRETA:

(A) apenas as de números I e III são corretas;

(B) apenas as de números II e IV são corretas;

(C) apenas a de número IV é correta;

(D) todas são incorretas;

(E) não respondida.

I: está incorreta, pois o poder disciplinar autoriza a aplicação de sanções apenas em face de *infrações disciplinares*, que só podem ser cometidas por servidores públicos, ou seja, dentro da disciplina interna da Administração; **II:** está incorreta, pois nenhum princípio é absoluto; **III:** incorreta, pois o princípio está previsto no art. 2º da Lei 9.784/1999; **IV:** incorreta; tal princípio se aplica à Administração Pública brasileira, que pode anular atos eivados de ilegalidade ou revogá-los por conveniência ou oportunidade, mas desde que respeitado o direito adquirido (Súmula 473 do STF). Ademais, a Administração não pode aplicar retroativamente nova interpretação da norma administrativa (art. 2º, parágrafo único, XIII, da Lei 9.784/1999).

Gabarito "D"

(Analista – TRT/20ª – 2011 – FCC) No que concerne à Administração Pública, o princípio da especialidade tem por característica

(A) a descentralização administrativa através da criação de entidades que integram a Administração Indireta.

(B) a fiscalização das atividades dos entes da Administração Indireta.

(C) o controle de seus próprios atos, com possibilidade de utilizar-se dos institutos da anulação e revogação dos atos administrativos.

(D) a relação de coordenação e subordinação entre uns órgãos da Administração Pública e outros, cada qual com atribuições definidas em lei.

(E) a identificação com o princípio da supremacia do interesse privado, inerente à atuação estatal.

A: correta, pois o princípio defende a ideia de que a Administração deve buscar a descentralização, criando entidades especializadas na atuação em determinada área; exemplo do princípio é a criação de um autarquia especialmente destinada à defesa do meio ambiente, como é o IBAMA; **B:** incorreta, pois a fiscalização das atividades desses entes decorre do princípio do controle ou tutela; **C:** incorreta, pois essa definição é do princípio da autotutela; **D:** incorreta, pois tal relação consiste no princípio da hierarquia; **E:** incorreta, pois, quanto à Administração Pública, vige o princípio da supremacia do interesse *público*, e não da supremacia do interesse *privado*.

Gabarito "A"

(Analista – TRE/AL – 2010 – FCC) É mencionado expressamente no "*caput*" do artigo 37 da Constituição Federal de 1988 o princípio da

(A) efetividade.

(B) eficiência.

(C) eficácia.
(D) proporcionalidade.
(E) razoabilidade.

Art. 37, *caput*, da CF.

Gabarito "B"

(Analista – TRE/AL – 2010 – FCC) A conformação dos atos da Administração Pública aos padrões éticos dominantes na sociedade para a gestão dos bens e interesses públicos, sob pena de invalidade jurídica, decorre da observância ao princípio da

(A) responsabilidade administrativa.
(B) probidade.
(C) eficiência.
(D) moralidade.
(E) impessoalidade.

Trata-se do princípio da moralidade, previsto no art. 37, *caput*, da CF, bem como no art. 2º, parágrafo único, IV, da Lei 9.784/1999.

Gabarito "D"

(Analista – TRE/AP – 2011 – FCC) A conduta do agente público que se vale da publicidade oficial para realizar promoção pessoal atenta contra os seguintes princípios da Administração Pública:

(A) razoabilidade e legalidade.
(B) eficiência e publicidade.
(C) publicidade e proporcionalidade.
(D) motivação e eficiência.
(E) impessoalidade e moralidade.

Essa conduta fere a *moralidade*, por não ser honesta e proba, e fere a *impessoalidade*, pois uma das facetas desse princípio é a que determina que o agente público não faça autopromoção.

Gabarito "E"

(Analista – TRF/1ª – 2011 – FCC) Carlos, auditor fiscal do tesouro nacional, ao preencher incorretamente documento de arrecadação do tesouro, causou prejuízo ao fisco na ordem de trinta reais. Tal fato acarretou sua demissão do serviço público. Em razão disso, postulou no Judiciário a anulação da pena, o que foi acolhido pelos seguintes fundamentos: o servidor procurou regularizar o erro, buscando recolher aos cofres públicos a quantia inferior recolhida; sua ficha funcional é boa e não desabona sua atuação; a quantia inferior recolhida é irrisória; a pena de demissão é ato extremo que deve ser efetivado apenas em casos gravíssimos. O exemplo citado refere-se ao restabelecimento dos princípios, que devem sempre nortear a atuação da Administração Pública:

(A) moralidade e impessoalidade.
(B) eficiência e motivação.
(C) motivação e moralidade.
(D) razoabilidade e proporcionalidade.
(E) probidade e eficiência.

O exemplo citado refere-se à aplicação do princípio da razoabilidade e da proporcionalidade. Isso porque esse princípio reclama "adequação entre meios e fins", vedando a "imposição de obrigações, restrições e sanções em medida superior àquelas estritamente necessárias ao atendimento do interesse público" (art. 2º, parágrafo único, VI, da Lei 9.784/1999). No caso, a demissão do servidor importou na imposição de uma sanção em medida superior àquela estritamente necessária ao atendimento do interesse público. Isso porque o caso relatado demonstra que o servidor, apesar de merecer algum tipo de punição, não merecia ser demitido. A Administração Pública não obedeceu, assim, aos princípios citados, que foram restabelecidos por decisão judicial.

Gabarito "D"

(Auditor Fiscal/SC – 2010 – FEPESE) Quanto aos princípios constitucionais da Administração Pública, é **correto** afirmar:

(A) O princípio da prevalência do interesse público sobre o particular é exemplo de norma constitucional explícita.
(B) A atividade administrativa estatal não se subordina a quaisquer parâmetros legalistas *stricto sensu* e sim principiológicos.
(C) O princípio constitucional da eficiência equipara a atuação Administração Pública aos parâmetros de atuação da iniciativa privada.
(D) A conflituosidade é ínsita à natureza dos princípios, o que levou o constituinte a positivar valores que se chocam entre si.
(E) O princípio constitucional da impessoalidade é insuscetível de mitigação, mesmo em casos de comprometimento da segurança nacional.

A: incorreta, pois esse princípio não está expresso na Constituição Federal; B: incorreta, pois a atividade administrativa está subordinada ao princípio da legalidade, que determina não só obediência aos princípios, como também às leis e normas jurídicas em geral; C: incorreta, pois a Administração Pública faz a gestão de interesses públicos, e não de interesses privados, o que faz com que seu regime jurídico seja diferenciado do regime jurídico de direito privado; um exemplo disso é o dever de motivar; na iniciativa privada, como regra, esse dever não existe, diferente do que acontece na Administração Pública; D: correta, pois os princípios têm uma certa conflituosidade entre si; por exemplo, quanto mais houver amarras legais (princípio da legalidade), menos se consegue atingir a eficiência (princípio da eficiência); porém, se deixasse o agente público agir sem que tivesse que obedecer à lei, certamente haveria muita insegurança, de modo que o princípio da legalidade é importante para garantir valores relevantes para a sociedade; na prática, o princípio da proporcionalidade atuará, no caso concreto, para se verificar qual princípio prevalece em caso de grande contraposição entre dois ou mais princípios; E: incorreta, pois nenhum princípio é insuscetível de mitigação, já que nenhum princípio é absoluto; como se viu, há conflituosidade entre os princípios, sendo necessário, no caso concreto, ponderar valores e verificar qual princípio prevalece em situações específicas.

Gabarito "D"

(Fiscal da Receita/CE – 2010) Com referência a conceitos, fontes e princípios do direito administrativo, assinale a opção correta.

(A) Os costumes são fontes do direito administrativo, não importando se são contra *legem*, *praeter legem* ou *secundum legem*.

(B) As expressões serviço público centralizado e serviço público descentralizado equivalem a administração pública direta e administração pública indireta, respectivamente.

(C) Em uma sociedade democrática, a correta aplicação do princípio da supremacia do interesse público pressupõe a prevalência do interesse da maioria da população.

(D) A aplicação do princípio da segurança jurídica pode afastar o da mera legalidade.

A: incorreta, pois os costumes *contra legem* (contra a lei) não são fontes do direito administrativo, que atua sempre com obediência ao princípio da legalidade; já o costume *secundum legem* (segundo a lei), é irrelevante, pois, como tem o mesmo teor da lei, não é necessária sua utilização; e, por fim, o costume *praeter legem* (não regulado pela lei, seja para permiti-lo, seja para proibi-lo) pode ser fonte do direito administrativo, o que ocorre quando há lacuna legal, que é preenchida pela analogia, pelos costumes e pelos princípios gerais de direito; B: incorreta, pois a expressão "serviço público" descentralizado significa serviço público prestado não só pela Administração Indireta, como também por particulares concessionários e permissionários de serviço público; C: incorreta, pois nem sempre o interesse da maioria traduz-se em interesse público constitucionalmente protegido; por exemplo, mesmo que a maioria da população deseje a pena de morte, tal pena não poderá ser instituída, por se tratar de cláusula pétrea (cláusula que não pode ser modificada) na Constituição Federal; D: correta; um exemplo é a situação de um ato nulo, que fere o princípio da legalidade, mas que, por conta do princípio da segurança jurídica, pode importar, após 5 anos, na impossibilidade desse ato ser anulado, considerando o tempo decorrido e a estabilidade das relações jurídicas. Gabarito "D"

(OAB/Exame Unificado – 2012.3.A) De acordo com o art. 2º, inciso XIII, da Lei n. 9.784/1998, a Administração deve buscar a interpretação da norma que melhor garanta o atendimento do fim público a que se dirige, vedada a aplicação retroativa da nova interpretação. Assinale a alternativa que indica o princípio consagrado por esse dispositivo, em sua parte final.

(A) Legalidade.

(B) Eficiência.

(C) Moralidade.

(D) Segurança das relações jurídicas.

A vedação da aplicação retroativa de nova interpretação diz respeito ao princípio de segurança das relações jurídicas, até porque não haveria segurança jurídica aos administrados se a Administração interpretasse a lei de um modo "X" para um determinado caso concreto, tomando uma determinada decisão na sequência e, um tempo depois, mudasse a interpretação e consequentemente reapreciasse questão já decidida, aplicando a nova forma de interpretar uma dada norma e prejudicando um particular.

Gabarito "D"

2.7. QUESTÕES SUBJETIVAS COMENTADAS

(OAB/Exame Unificado – 2ª fase – FGV) O prefeito do município "P", conhecido como João do "P", determinou que, em todas as placas de inauguração das novas vias municipais pavimentadas em seu mandato na localidade denominada "E", fosse colocada a seguinte homenagem: "À minha querida e amada comunidade "E", um presente especial e exclusivo do João do "P", o único que sempre agiu em favor de nosso povo!"

O Ministério Público estadual intimou o Prefeito a fim de esclarecer a questão.

Na qualidade de procurador do município, você é consultado pelo Prefeito, que insiste em manter a situação. Indique o princípio da Administração Pública que foi violado e por que motivo.

RESOLUÇÃO DA QUESTÃO

Evidente, na hipótese, a violação ao princípio da impessoalidade. Por esse princípio traduz-se a ideia de que a Administração Pública tem que tratar a todos os administrados sem discriminações, benéficas ou negativas. Dessa forma, não se admite, por força de regra constitucional, nem favoritismos, nem perseguições, sejam políticas, ideológicas ou eleitorais.

A resposta deve considerar que, no caso concreto, a violação ao princípio da impessoalidade decorre do fato de que a publicidade dos atos, programas, obras ou serviços devem ter caráter educativo, informativo ou de orientação social, dela não podendo constar nomes ou quaisquer elementos que caracterizem promoção pessoal de autoridade ou servidor público.

(OAB/Exame Unificado – 2ª fase – FGV) José está inscrito em concurso público para o cargo de assistente administrativo da Administração Pública direta do Estado de Roraima. Após a realização das provas, ele foi aprovado para a fase final do certame, que previa, além da apresentação de documentos, exames médicos e psicológicos. A lista dos candidatos aprovados e o prazo para a apresentação dos documentos pessoais e para a realização dos exames médicos e psicológicos foram publicados no Diário Oficial do Poder Executivo do Estado de Roraima após 1 (um) ano da realização das provas; assim como foram veiculados através do site da Internet da Administração Pública direta do Estado, tal como previsto no respectivo edital do concurso.

Entretanto, José reside em município localizado no interior do Estado de Roraima, onde não circula o Diário Oficial e que, por questões geográficas, não é provido de Internet. Por tais razões, José perde os prazos para o cumprimento da apresentação de documentos e dos exames médicos e psicológicos e só toma conhecimento da situação quando resolve entrar em contato telefônico com a secretaria do concurso.

Insatisfeito, José procura um advogado para ingressar com um Mandado de Segurança contra a ausência de intimação específica e pessoal quando de sua aprovação e dos prazos pertinentes à fase final do concurso.

Na qualidade de advogado de José, indique os argumentos jurídicos a serem utilizados nessa ação judicial.

GABARITO COMENTADO – EXAMINADORA:

A despeito da ausência de norma editalícia prevendo a intimação pessoal e específica do candidato José, a Administração Pública tem o dever de intimar o candidato, pessoalmente, quando há o decurso de tempo razoável entre a homologação do resultado e a data da nomeação, em atendimento aos princípios constitucionais da publicidade e da razoabilidade.

É desarrazoada a exigência de que o impetrante efetue a leitura diária do Diário Oficial do Estado, por prazo superior a 1 (um) ano, ainda mais quando reside em município em que não há circulação do DOE e que não dispõe de acesso à Internet.

CAPÍTULO 3

PODERES DA ADMINISTRAÇÃO PÚBLICA

3.1. CONSIDERAÇÕES GERAIS

Os poderes têm *caráter instrumental*, uma vez que são os meios pelos quais a Administração busca atingir seu fim, qual seja, a proteção e promoção do interesse público.

Por conta disso, a doutrina costuma associar a ideia de poder à de dever, daí porque muitos autores dizem que a Administração tem, na verdade, um *poder-dever* ou um *dever-poder*, como prefere Celso Antônio Bandeira de Mello.

Enfim, os poderes conferidos à Administração só existem com o objetivo de atender seus deveres – dever de agir, dever de eficiência, dever de probidade e dever de prestar contas.

Considerando a importância dos poderes para atender os objetivos da Administração, esses são irrenunciáveis. Ademais, não se pode manejá-los sem que o agente tenha *competência* (ou teremos excesso de poder) ou, ainda que competente, quando se desvia da finalidade para a qual existe aquele ato (caso de desvio de poder).

Parte da doutrina faz a distinção *poderes administrativos* e *poderes políticos*. Os primeiros são os poderes que a administração detêm para realizar atividades administrativas, ou seja, atividades de execução de lei, ao passo que os poderes políticos são os que guardam fundamento de validade na própria Constituição Federal, além de terem alto grau de discricionariedade. Como exemplo de poder político temos o poder de iniciativa de projeto de lei, de veto a projeto de lei, dentre outros. Como exemplo de poder administrativo temos a aplicação de uma multa de trânsito, que encerra o poder administrativo denominado "poder de polícia".

Normalmente, estudam-se os poderes tratando, em primeiro lugar, de sua classificação quanto à margem de liberdade do administrador público (poderes vinculado e discricionário) e depois tratando dos poderes em espécie (hierárquico, disciplinar, regulamentar e de polícia).

3.2. DEFINIÇÕES DE HELY LOPES MEIRELLES

Hely Lopes Meirelles traz as seguintes definições dos poderes administrativos (*Direito Administrativo Brasileiro*. 26. ed. São Paulo: Malheiros. p. 109 a 123):

a) poder vinculado – "é aquele que o Direito Positivo – a lei – confere à Administração Pública para a prática de ato de sua competência, determinando os elementos e requisitos necessários à sua formalização";

b) poder discricionário – "é o que o Direito concede à Administração, de modo explícito, para a prática de atos administrativos com liberdade na escolha de sua conveniência, oportunidade e conteúdo";

c) poder hierárquico – "é o de que dispõe o Executivo para distribuir e escalonar as funções de seus órgãos, ordenar e rever a atuação de seus agentes, estabelecendo a relação de subordinação entre os servidores do seu quadro de pessoal";

d) poder disciplinar – "é a faculdade de punir internamente as infrações funcionais dos servidores e demais pessoas sujeitas à disciplina dos órgãos e serviços da Administração";

e) poder regulamentar – "é a faculdade de que dispõem os Chefes de Executivo (Presidente da República, Governadores e Prefeitos) de explicar a lei para sua correta execução, ou de expedir decretos autônomos sobre matéria de sua competência ainda não disciplinada por lei";

f) poder de polícia – "é a faculdade de que dispõe a Administração Pública para condicionar e restringir o uso e gozo de bens, atividades e direitos individuais, em benefício da coletividade ou do próprio Estado".

3.3. PODERES VINCULADO E DISCRICIONÁRIO

Repare que a diferença entre o poder vinculado e o poder discricionário é que, no primeiro, a lei deixa bem *determinados* os elementos e requisitos necessários à prática de um ato, ao passo que, no segundo, a lei confere *margem de escolha* para a Administração quanto à conveniência, a oportunidade e o conteúdo do ato.

No exercício de um ato ou poder vinculado, não será possível ao administrador público fazer apreciações pessoais, subjetivas, uma vez que está muito claro na lei *quando* deve agir e a *forma* desse agir. São atos vinculados os seguintes: concessão de aposentadoria voluntária e multa de trânsito por excesso de velocidade.

No exercício de um ato ou poder discricionário, é dado ao administrador público utilizar critério de conveniência e oportunidade para discernir *quando* deve agir ou a *forma* desse agir. Observe que não existe arbitrariedade ou liberdade total para Administração, mas sim *margem de liberdade* para que essa, no caso concreto, verifique a melhor providência a ser tomada.

Nesse sentido, todo ato discricionário tem uma parte vinculada, em que o agente estará adstrito ao que dispuser a lei. A *competência*, por exemplo, sempre é vinculada, já que a lei sempre determina quem é competente.

No entanto, Hely Lopes Meirelles entende que três requisitos dos atos administrativos são sempre vinculados: *competência*, *forma* e *finalidade* (interesse público). Ou seja, a competência discricionária é sempre *parcialmente vinculada*, não conferindo, assim, *total liberdade* para o agente público, mas apenas *margem de liberdade* para este.

Dessa forma, o *mérito* de um ato discricionário, ou seja, a margem de liberdade que remanesce ao agente público se situará nos requisitos *motivo* e/ou *objeto*.

O Judiciário não pode se imiscuir no *mérito* administrativo, sob pena de violação ao princípio da independência dos Poderes. Todavia, o Judiciário pode apreciar os seguintes aspectos de um ato discricionário: de *legalidade*, de *razoabilidade* e de *moralidade*.

São exemplos de atos discricionários os seguintes: a autorização de uso de bem público para que o particular realize um evento e a autorização para compra de uma arma (Lei 10.826/03).

3.4. PODERES HIERÁRQUICO E DISCIPLINAR

Repare que a diferença entre o poder hierárquico e o poder disciplinar é que o primeiro diz respeito ao dia a dia das relações de subordinação (escalonamento de funções, ordens, revisão de atos), ao passo que o segundo só atua quando houver um ilícito disciplinar, possibilitando à Administração a aplicação de sanções disciplinares.

O poder hierárquico *é aquele conferido* ao *agente público para organizar a estrutura da Administração e fiscalizar a atuação de seus subordinados, expressando-se na distribuição e orientação das funções, na expedição de ordens e na revisão dos atos dos demais agentes, numa relação de ampla subordinação*.

Esse poder se dá de *órgão* para *órgão* ou de *cargo* para *cargo*. Dessa forma, a hierarquia não se confunde com o *controle* (*supervisão ministerial* ou *tutela*), pois este se dá de *pessoa jurídica* para *pessoa jurídica*. A hierarquia confere amplos poderes ao órgão superior, ao passo que o controle somente permite que a entidade controladora fiscalize a controlada no que a lei dispuser e quanto a possíveis desvios de finalidade da entidade.

A delegação e a avocação são institutos muito ligados ao poder hierárquico e serão vistos no item 4.4.2.2.1.

O poder disciplinar é *aquele conferido ao agente público para aplicação de sanções ou penalidades aos demais agentes, dada a prática de uma infração disciplinar.*

Perceba que, em relação ao poder hierárquico, o poder disciplinar é mais específico, direcionando-se tão somente à atividade de punir ou não um agente por infração funcional, enquanto aquele é mais amplo, dizendo respeito à organização, orientação e revisão de atos.

Por outro lado, é bom salientar que o poder disciplinar não se dirige apenas sobre os servidores públicos. O conceito doutrinário desse poder engloba não só a atividade disciplinar dos agentes públicos, como também a que se dirige a outras pessoas que mantêm relação jurídica com a Administração, já que esse poder é a faculdade de punir internamente as infrações funcionais dos servidores e demais pessoas sujeitas à disciplina dos órgãos e serviços da Administração.

O poder disciplinar pode ser tanto vinculado como discricionário e depende do que dispuser a lei a respeito.

O ato decorrente do poder disciplinar deve ser devidamente motivado. Aliás, dois aspectos são muito importantes nesse poder: a) a necessidade de apuração da falta com contraditório e ampla defesa; b) o dever de motivar.

Mais à frente veremos outros elementos referentes ao processo administrativo disciplinar.

3.5. PODER REGULAMENTAR

Conforme já visto, o poder regulamentar pode ser conceituado como a *faculdade de que dispõem os Chefes de Executivo de explicar a lei para sua correta execução ou de expedir decretos autônomos sobre matéria de sua competência ainda não disciplinada por lei*.

Na prática, o poder regulamentar se dá pela edição de decretos regulamentares, ou seja, de decretos que explicam a lei, propiciando sua fiel execução.

Vamos a um exemplo. Imagine uma lei municipal que estabelece a proibição de emissão de ruído acima de determinado limite após as 22 horas. Esse tipo de lei costuma trazer a proibição em si, o limite de decibéis para os diferentes locais de um município (zonas residenciais, zonas comerciais, em frente a hospitais etc.) e a sanção aplicável em caso de descumprimento. Porém, tais leis não entram em detalhes sobre como serão aplicadas no plano concreto. É nessa hora que entra o regulamento. O Prefeito, por meio de um decreto, detalhará como a fiscalização deverá ser feita, que tipo de aparelho poderá aferir o limite de decibéis, além de outras regras necessárias à fiel execução da lei.

O poder regulamentar consiste justamente em o Chefe do Executivo emitir regulamentos com vistas à operacionalização do cumprimento da lei.

É por isso que o exercício desse poder não pode inovar na ordem jurídica, ou seja, criar direitos ou obrigações novos. Esse poder tem por objetivo apenas regulamentar o que a lei estabeleceu, não podendo passar por cima dela.

Conforme já visto quando estudamos o princípio da legalidade, só excepcionalmente são cabíveis *decretos autônomos de lei*, valendo citar os dois casos previstos no art. 84, VI, da Constituição, em que um decreto poderá inovar na ordem jurídica, atentando, claro, aos limites estabelecidos no dispositivo.

No mais, a regra é que os decretos sejam *voltados à execução de lei*.

Passemos agora às características do poder regulamentar:

a) é exercido pelo *Chefe do Poder Executivo*;

b) é *indelegável*;

c) o meio utilizado para trazer ao mundo jurídico o regulamento é o *decreto* (ato-forma);

d) objetiva tão somente *propiciar a fiel execução da lei*, não podendo, como regra, ir além do que ela dispõe, ou seja, *não podendo inovar* na ordem jurídica;

e) o Congresso Nacional tem competência para sustar atos normativos do Executivo que exorbitem o poder regulamentar (art. 49, V, CF);

f) há leis que são de eficácia contida, por dizerem ser necessário regulamento para produzirem efeitos (condição suspensiva, portanto).

Não se deve confundir o poder normativo com o poder regulamentar. Aquele tem conceito mais amplo, que abrange tanto o poder regulamentar, como poder de editar outros atos normativos infralegais. O poder normativo pode ser exercido por outros agentes além do Chefe do Executivo (único que pode praticar o poder regulamentar). Por exemplo, exercem poder normativo um Ministro de Estado (art. 84, parágrafo único, da CF) e uma agência reguladora, tudo nos termos da lei e dos regulamentos.

3.6. PODER DE POLÍCIA

3.6.1. Conceito de poder de polícia em sentido amplo

Conforme já vimos, o poder de polícia pode ser conceituado como *a faculdade de que dispõe a Administração Pública para condicionar e restringir o uso e gozo de bens, atividades e direitos individuais, em benefício da coletividade ou do próprio Estado*.

O conceito em tela abrange duas situações: a) as leis, que trazem as limitações administrativas aos direitos, à liberdade e à propriedade das pessoas; b) a polícia administrativa, consistente na atividade de fiscalizar a conformidade do comportamento das pessoas aos limites estabelecidos pela lei.

Portanto, o poder de polícia em sentido amplo abrange tanto a lei como a fiscalização com vistas a verificar se a aquela está sendo cumprida.

Vejamos um exemplo. Em matéria de trânsito, o Código de Trânsito Brasileiro é o instrumento que traz a *limitação administrativa*, ao passo que os agentes de trânsito exercem a fiscalização, a *polícia administrativa*.

3.6.2. Conceito de poder de polícia em sentido estrito (polícia administrativa)

A polícia administrativa pode ser conceituada como *a atividade da Administração Pública, expressa em atos normativos ou concretos, de condicionar a liberdade e a propriedade dos indivíduos aos ditames da lei, mediante ação fiscalizadora, ora preventiva, ora repressiva*.

A polícia administrativa é sempre sublegal, ou seja, atua no sentido de fazer com que a lei seja cumprida.

Para tanto, a polícia administrativa vale-se não só de atos concretos (ex.: multas) como também de atos normativos (ex.: regulamentos).

A tarefa primordial da polícia administrativa é impor um *não fazer* ("non facere"). Para tanto, os agentes administrativos atuarão *preventivamente* (ex.: fazendo vistorias) e *repressivamente* (ex.: aplicando sanções, apreendendo produtos, removendo veículos etc.).

Dessa forma, a polícia administrativa é essencialmente negativa, já que impõe um não fazer. Há casos, porém, em que será positiva, como quando o poder de polícia se dá para que o proprietário atue concretamente para atender à função social da propriedade.

3.6.3. Características da polícia administrativa

O poder de polícia em sentido estrito ou polícia administrativa tem as seguintes características:

a) provém privativamente de autoridade pública, ou seja, não é permitida sua delegação ao particular. A este somente é possível ser credenciado para contribuir materialmente com o poder de polícia, como no caso de empresa que controla radares fotográficos de trânsito, mas a declaração de vontade será, ao final, da autoridade pública, que, com base nesses elementos materiais, poderá aplicar ou não uma multa de trânsito; ou seja, o poder de polícia não pode ser delegado para entidade privada (STF, ADI 1.717/DF, DJ 29/03/2003), mas é possível que o particular receba (por contrato de prestação de serviço ou por credenciamento) a incumbência de colaborar, com atividades materiais, com a administração pública;

b) é imposto coercitivamente pela administração, independente da concordância do particular, sem necessidade de buscar o Poder Judiciário; Hely Lopes Meirelles denomina esse atributo de autoexecutoriedade;

c) abrange de forma genérica as atividades e a propriedade, diferentemente da servidão e da requisição administrativas, que abrangem atividades e pessoas *específicas*.

Por conta da generalidade do poder de polícia, seu exercício *não gera direito de indenização* em favor do particular. Ao contrário, seu exercício é fato que enseja a cobrança de uma *taxa* a ser paga pelo particular.

Parte da doutrina aponta que o poder de polícia é discricionário. Porém, isso nem sempre ocorre. Vai depender do texto da lei que cria a limitação administrativa. Se a lei é bem clara e objetiva sobre o que está proibido e sobre qual conduta o agente público deve tomar, como ocorre com boa parte das normas do Código de Trânsito, está-se diante de competência vinculada e não competência discricionária. Já se a lei traz conceito vago sobre a hipótese que enseja uma atuação, bem como possibilita que seja aplicada mais de uma sanção para o agente infrator, aí sim teremos uma competência discricionária.

Em outras palavras, a lei que estabelece o condicionamento à liberdade e à propriedade das pessoas (poder de polícia em sentido amplo) pode tanto trazer conceitos claros e objetivos, ensejando uma competência vinculada (ex.: "o recuo de frente dos imóveis residenciais deve ser de 4 metros"), como trazer conceitos fluidos e vagos e/ou mais de uma opção ao agente público, ensejando competência discricionária (ex.: "em caso de violação da presente lei, será aplicada multa de R$ 1.000,00 a R$ 5.000,00, de acordo com a gravidade da infração").

Por fim, resta saber se o poder de polícia possibilita que a Administração sempre use a força para fazer valer seus atos. Hely Lopes Meirelles chama esse atributo de "coercibilidade", ao passo que Celso Antônio Bandeira de Mello chama esse atributo de "autoexecutoriedade". Para Hely, a expressão "autoexecutoriedade" designa a simples possibilidade de a Administração fazer imposições ao particular, sem recorrer ao Judiciário, sendo a coercibilidade um *plus*, que permite o uso da força.

A possibilidade de a Administração impor comandos de não fazer sem buscar o Poder Judiciário é pacífica, decorrendo da imperatividade (na linguagem de Celso Antônio Bandeira de Mello) e da autoexecutoriedade (na linguagem de Hely Lopes Meirelles).

Já a possibilidade de a Administração, após ter imposto um comando, fazer o uso da força para fazer valer o comando (*autoexecutoridade* para Celso Antônio e *coercibilidade* para Hely), não é a regra, mas a exceção em matéria de poder de polícia.

Com efeito, a Administração só pode usar a força para que faça valer suas determinações de polícia em caso de urgência ou quando a lei expressamente determinar. Do contrário, terá de buscar a prestação jurisdicional.

Assim, caso uma lei proíba ruídos acima de um dado limite e uma lanchonete, já autuada, continue gerando ruídos excessivos, a interdição do estabelecimento só será possível se a lei local expressamente previr tal possibilidade. Do contrário, o Município deverá ingressar com ação de interdição de estabelecimento.

3.6.4. Polícia administrativa x polícia judiciária

Não se pode confundir a *polícia administrativa* (exs.: fiscalizações de vigilância sanitária, de trânsito e de construções), com a *polícia judiciária* (ex.: investigação feita pela polícia civil).

Tais polícias têm as seguintes diferenças:

a) a primeira age sobre *ilícitos administrativos*, ao passo que a segunda age sobre *ilícitos penais*;

b) a primeira age sobre *bens* e *pessoas*, ao passo que a segunda age sobre *pessoas*;

c) a primeira atua por *variados órgãos*, ao passo que a segunda atua pela *polícia civil* e pela *polícia federal*;

d) a primeira tem atuação *preventiva, repressiva e punitiva*, ao passo que a segunda costuma atuar *repressivamente*, voltada a investigar ilícitos penais;

e) a primeira é custeada por taxas, ao passo que a segunda, por impostos.

A polícia militar, por sua vez, faz o chamado *policiamento ostensivo*. Esse policiamento pode ser considerado uma espécie à parte de polícia. Porém, vários autores consideram a polícia militar como *polícia administrativa de segurança pública*.

3.6.5. Princípio da intranscendência das sanções administrativas e das medidas restritivas de direito

O art. 5º, XLV, da CF dispõe que "nenhuma pena passará da pessoa do condenado, podendo a obrigação de reparar o dano e a decretação do perdimento de bens ser, nos termos da lei, estendidas aos sucessores e contra eles executadas, até o limite do valor do patrimônio transferido".

Essa disposição constitucional alcança não só sanções penais, como também sanções administrativas.

Em matéria de poder de polícia, a lembrança desse princípio é importante, pois em nenhuma hipótese sanções e restrições decorrentes desse poder tem autorização para superar a dimensão pessoal do infrator.

Um dúvida recorrente nesse tema é se há violação ao princípio em questão quando se desconsidera a personalidade jurídica de uma pessoa jurídica infratora, para o fim de atingir a figura de seus sócios, que tiverem cometido abuso da personalidade. Um exemplo pode aclarar: imagine uma empresa useira e vezeira na arte de cometer ilícitos administrativos (por exemplo, em matéria de licitações e contratos, em matéria de descumprimento de posturas municipais ou em matéria de trânsito), que abre uma nova empresa para servir de escudo à primeira, protegendo essas de sanções como multas, interdições, proibições de contratar com o Poder Público, dentro outras situações. Imagine agora que o Poder Público perceba essa fraude (abuso da personalidade) e queira sancionar a empresa original, sócio da nova empresa que lhe serve de fechada. Nesse caso, a Administração só pode apenar a primeira empresa se desconsiderar a personalidade jurídica da segunda.

Para alguns, haveria violação ao princípio da intranscedência, mas, para nós, isso não acontece. Primeiro porque o objetivo desse postulado é de impedir punições a pessoas inocentes e, no caso, quem promoveu o abuso de personalidade não é inocente, ao contrário, é uma pessoa que, além de culpada, é perigosa e merece ser punida com os rigores da lei, pois usa de fraude para encobrir seus atos ilícitos. Segundo porque a desconsideração da personalidade é instituto acolhido no Direito e visa justamente evitar esse tipo de postura. Não bastasse estar presente do art. 50 do Código Civil, que traz uma cláusula geral de sua aplicabilidade em todo o âmbito não penal, a desconsideração agora também está prevista de forma genérica no Direito Administrativo, para punir atos praticados por pessoas jurídicas que lesem a administração pública, nacional e estrangeira, quanto ao seu patrimônio, aos seus princípios e a compromissos assumidos pelo Brasil (art. 5º da Lei 12.846/2013), procedendo-se à desconsideração da pessoa jurídica "sempre que utilizada com abuso do direito para facilitar, encobrir ou dissimular a prática dos atos ilícitos previstos nesta Lei ou para provocar confusão patrimonial, sendo estendidos todos os efeitos das sanções aplicadas à pessoa jurídica aos seus administradores e sócios com poderes de administração, observados o contraditório e a ampla defesa" (art. 14).

Remanesce, todavia, dúvida sobre se, uma vez preenchidos os requisitos para a desconsideração, esta pode se dar por decisão da própria Administração ou se é necessário que o caso passe pelo crivo do Judiciário. Para nós, não há dúvida de que a Administração pode promover a desconsideração da personalidade por si só, pelos seguintes motivos: a) a previsão de desconsideração está justamente no capítulo da Lei 12.846/2013 que trata do "processo administrativo de responsabilização", não fazendo sentido que estivesse nesse capítulo se não fosse possível que a própria administração tomasse a medida; b) a Lei 12.846/2013 elenca sanções e procedimentos que só podem ser aplicada por meio de ação judicial (art. 19), rol esse que não inclui a desconsideração da personalidade, mas, sim, a sanção bem mais grave, que é "dissolução compulsória da pessoa jurídica"; c) não existe qualquer norma constitucional estabelecendo que a desconsideração jurídica da personalidade tenha reserva de jurisdição; d) a desconsideração da personalidade determinada pela Administração não tem efeitos tão drásticos que não possam ser desfeitos com o ingresso imediato com ação judicial com pedido de liminar para a sua suspensão; ao contrário, se for necessário esperar um pronunciamento judicial definitivo sobre a possibilidade de desconsideração num determinado caso administrativo, a lei, que busca um avanço na impunidade generalizada pela prática de ilícitos administrativos, terá eficácia baixíssima.

3.6.6. Prazo para a ação punitiva (Lei 9.873/1999)

Praticado um ilícito administrativo, a Administração Pública passa a ter um prazo para exercer a ação punitiva.

De acordo com o art. 1º da Lei 9.873/1999, a ação punitiva da Administração Pública Federal, direta e indireta, prescreve em 5 (cinco) anos. No entanto, quando o fato objeto da ação punitiva da Administração também constituir crime, a prescrição reger-se-á pelo prazo previsto na lei penal.

Esse prazo será contado dos seguintes momentos:

a) como regra: da prática do ato;

b) nas infrações permanentes ou continuadas: do dia em que tiver cessado.

É possível também que ocorra a prescrição intercorrente. Esta se dá quando o procedimento administrativo ficar parado por mais de 3 anos, pendente de julgamento ou despacho. Configurada a prescrição intercorrente, os autos serão arquivados de ofício ou mediante requerimento da parte interessada, sem prejuízo da apuração da responsabilidade funcional decorrente da paralisação, se for o caso.

Interrompe-se a prescrição da ação punitiva:

a) pela notificação ou citação do indiciado ou acusado, inclusive por meio de edital;

b) por qualquer ato inequívoco que importe apuração do fato;

c) pela decisão condenatória recorrível;

d) por qualquer ato inequívoco que importe em manifestação expressa de tentativa de solução conciliatória no âmbito interno da administração pública federal.

Suspende-se a prescrição durante a vigência de compromissos de cessação ou de desempenho.

Em matéria de trânsito há regra específica. Por conta de tal regra, o STJ é pacífico no sentido da indispensabilidade de uma primeira notificação quando da autuação da infração de trânsito, oportunizando-se, assim, o exercício do direito ao contraditório e à ampla defesa. A autoridade de trânsito terá o prazo de 30 dias para notificar o infrator para que se defenda. Não o fazendo no prazo legal, deverá o auto de infração ser arquivado e seu registro julgado insubsistente, a teor do art. 281, parágrafo único, inciso II, do CTB (STJ, REsp 951.915/RS).

Uma vez constituída uma sanção pecuniária decorrente da ação punitiva, começa a correr o prazo para a ação de execução da administração pública federal.

Esse prazo também é de 5 (cinco) anos, contados da constituição definitiva do crédito não tributário (art. 1º-A da Lei 9.873/1999).

Interrompe-se o prazo prescricional da ação executória:

a) pelo despacho do juiz que ordenar a citação em execução fiscal;

b) pelo protesto judicial;

c) por qualquer ato judicial que constitua em mora o devedor;

d) por qualquer ato inequívoco, ainda que extrajudicial, que importe em reconhecimento do débito pelo devedor;

e) por qualquer ato inequívoco que importe em manifestação expressa de tentativa de solução conciliatória no âmbito interno da administração pública federal.

3.6.7. Setores da polícia administrativa e competência

São setores comuns da polícia administrativa os seguintes: segurança pública; ordem pública; tranquilidade pública; higiene e saúde pública; defesa do consumidor; defesa do patrimônio estético, artístico, histórico e paisagístico; moralidade pública; economia popular; trânsito; meio ambiente etc.

Quanto à competência para o poder de polícia, Hely Lopes Meirelles traz a resposta: *"é competente para dada medida de polícia administrativa quem for competente para legislar sobre a matéria"*, ressalvada a competência dos Municípios para suplementar a legislação federal e a competência concorrente dos Estados.

3.7. JURISPRUDÊNCIA SELECIONADA

3.7.1. Poderes administrativos em geral

Súmula STF nº 646

Ofende o princípio da livre concorrência lei municipal que impede a instalação de estabelecimentos comerciais do mesmo ramo em determinada área.

Súmula STF nº 645

É competente o município para fixar o horário de funcionamento de estabelecimento comercial.

Súmula STF nº 419

Os municípios têm competência para regular o horário do comércio local, desde que não infrinjam Leis estaduais ou federais válidas.

Súmula STJ nº 127

É ilegal condicionar a renovação da licença de veículo ao pagamento de multa, da qual o infrator não foi notificado.

Súmula STJ nº 19

A fixação do horário bancário, para atendimento ao público, é da competência da União.

EMENTA: PROCEDIMENTO ADMINISTRATIVO E DESCONSIDERAÇÃO *EXPANSIVA* **DA PERSONALIDADE JURÍDICA. "***DISREGARD DOCTRINE***" E** *RESERVA DE JURISDIÇÃO*: **EXAME DA POSSIBILIDADE DE A ADMINISTRAÇÃO PÚBLICA,** *MEDIANTE ATO PRÓPRIO*, **AGINDO "***PRO DOMO SUA***", DESCONSIDERAR A PERSONALIDADE CIVIL DA EMPRESA, EM ORDEM A COIBIR SITUAÇÕES CONFIGURADORAS** *DE ABUSO DE DIREITO* **OU** *DE FRAUDE*. **A COMPETÊNCIA INSTITUCIONAL DO TRIBUNAL DE CONTAS DA UNIÃO E A DOUTRINA** *DOS PODERES IMPLÍCITOS*. **INDISPENSABILIDADE,** *OU NÃO*, **DE LEI** *QUE VIABILIZE A INCIDÊNCIA* **DA TÉCNICA DA DESCONSIDERAÇÃO DA PERSONALIDADE JURÍDICA EM SEDE ADMINISTRATIVA. A ADMINISTRAÇÃO PÚBLICA E O PRINCÍPIO DA LEGALIDADE:** *SUPERAÇÃO DE PARADIGMA TEÓRICO* **FUNDADO NA DOUTRINA TRADICIONAL? O PRINCÍPIO DA MORALIDADE ADMINISTRATIVA:** *VALOR CONSTITUCIONAL* **REVESTIDO DE CARÁTER ÉTICO-JURÍDICO, CONDICIONANTE** *DA LEGITIMIDADE* **E** *DA VALIDADE* **DOS ATOS ESTATAIS. O ADVENTO DA LEI Nº 12.846/2013 (ART. 5º, IV, "e", E ART. 14), AINDA EM PERÍODO DE "***VACATIO LEGIS***". DESCONSIDERAÇÃO DA PERSONALIDADE JURÍDICA E** *O POSTULADO DA INTRANSCENDÊNCIA* **DAS SANÇÕES ADMINISTRATIVAS E DAS MEDIDAS RESTRITIVAS DE DIREITOS. MAGISTÉRIO DA DOUTRINA. JURISPRUDÊNCIA. PLAUSIBILIDADE JURÍDICA DA PRETENSÃO CAUTELAR E CONFIGURAÇÃO DO "***PERICULUM IN MORA***". MEDIDA LIMINAR DEFERIDA. MS 32.494-MC/DF, Rel. Ministro Celso de Mello, J. Em 11.11.2013. (Inform. STF 732)**

Nota do organizador: trata-se de decisão monocrática em que o Min. Celso de Mello acabou deferindo liminar para suspender a desconsideração administrativa da personalidade jurídica. O ministro revela no texto da decisão que estava tendente a indeferir a liminar, mas, como a Lei 12.846/13 ainda estava em *vacatio legis* à época, e por haver algumas dúvidas a respeito do tema, entendeu que era caso de conceder a medida.

DIREITO ADMINISTRATIVO E PENAL. SANÇÃO PENAL E ADMINISTRATIVA DECORRENTE DA MESMA CONDUTA. COMPETÊNCIA.

Se o ato ensejador do auto de infração caracteriza infração penal tipificada apenas em dispositivos de leis de crimes ambientais, somente o juízo criminal tem competência para aplicar a correspondente penalidade. Os fiscais ambientais têm competência para aplicar penalidades administrativas. No entanto, se a conduta ensejadora do auto de infração configurar crime ou contravenção penal, somente o juízo criminal é competente para aplicar a respectiva sanção. Precedente citado: AgRg no AREsp 67.254-MA, DJe 2/8/2012. **REsp 1.218.859-ES, Rel. Min. Arnaldo Esteves Lima, julgado em 27/11/2012.** (Inform. STJ 511).

DIREITO ADMINISTRATIVO. PODER REGULAMENTAR. IMPOSSIBILIDADE DE LIMITAÇÃO NÃO PREVISTA NA LEI REGULAMENTADA.

É ilegal o art. 2º da Res. n. 207/2006-Aneel que, ao exigir o adimplemento do consumidor para a concessão de descontos especiais na tarifa de fornecimento de energia elétrica relativa ao consumidor que desenvolva atividade de irrigação ou aquicultura (Lei n. 10.438/2002), estabeleceu condição não prevista na lei para o benefício, exorbitando o poder de regulamentar. Precedentes citados: REsp 1.048.317-PR, DJe 30/9/2010, e RMS 26.889-DF, DJe 3/5/2010. **AgRg no REsp 1.326.847-RN, Rel. Min. Humberto Martins, julgado em 20/11/2012. (Inform. STJ 509)** (g.n.)

INFRAÇÃO ADMINISTRATIVA E CRIMINAL. PRAZO PRESCRICIONAL.

A Turma reiterou que **a pretensão punitiva da Administração Pública em relação à infração administrativa que também configura crime em tese somente se sujeita ao prazo prescricional criminal quando instaurada a respectiva ação penal.** Ademais, destacou-se que a regra constante do art. 4º da Lei n. 9.873/1999 não se aplica às hipóteses em que a prescrição já se haja consumado antes da entrada em vigor do referido diploma legal. *In casu*, o tribunal *a quo* consignou que não houve sequer a abertura de inquérito policial e que os fatos questionados são anteriores à edição da Lei n. 9.873/1999, motivos pelos quais, na hipótese, torna-se inaplicável a aplicação da equiparação da prescrição administrativa penal. Precedentes citados: MS 14.446-DF, DJe 15/2/2011; MS 15.462-DF, DJe 22/3/2011; EDcl no REsp 1.099.647-RS, DJe 15/12/2010, e REsp 1.088.405-RS, DJe 1º/4/2009. **REsp 1.116.477-DF, Rel. Min. Teori Albino Zavascki, julgado em 16/8/2012. (Inform. STJ 502)**

SERVIDOR PÚBLICO. ATESTADO MÉDICO. PRAZO. HOMOLOGAÇÃO. DESCONTO DOS DIAS NÃO TRABALHADOS. PAD. DESCABIMENTO.

A Turma entendeu que **não se mostra desarrazoada ou exorbitante dos limites do poder regulamentar a resolução que, à falta de norma disciplinadora da lei federal à época, fixa prazo para a apresentação do atestado médico particular para homologação, sob risco de que já tenha terminado o tratamento de saúde quando vier a ser concedido o afastamento ao servidor**. Assim, deixando de apresentar antecipadamente o atestado particular para homologação, não é ilegal ou abusivo o ato que importou no desconto dos dias em que o servidor não compareceu ao serviço, nem justificou sua falta, nos estritos limites do art. 44 da Lei n. 8.112/1990. Sendo descabida, assim, a instauração de processo administrativo disciplinar quando não se colima a aplicação de sanção disciplinar de qualquer natureza, mas o mero desconto da remuneração pelos dias não trabalhados, sob pena de enriquecimento sem causa do servidor público. **RMS 28.724-RS, Rel. Min. Maria Thereza de Assis Moura, julgado em 22/5/2012. (Inform. STJ 498)**

AGENTE MARÍTIMO. EMBARCAÇÃO ESTRANGEIRA. INFRAÇÃO SANITÁRIA. RESPONSABILIDADE.

Cinge-se a controvérsia em definir se o agente marítimo é o responsável pelas infrações sanitárias cometidas no interior de embarcação estrangeira atracada em porto brasileiro. Na espécie, foi lavrado auto de infração contra agente marítimo (recorrente) pelo suposto descumprimento de regras e normas sanitárias, após realização de inspeção para controle sanitário em navio de bandeira estrangeira que escalou em porto brasileiro para operações normais de movimentação de carga. **Este Superior Tribunal reiterou o entendimento de que a responsabilidade por infração sanitária cometida no interior de embarcação estrangeira atracada em porto no Brasil não pode ser imputada ao agente marítimo se inexistente o nexo de causalidade entre a conduta e o resultado danoso**. Assim, torna-se indispensável, para a configuração do ilícito sanitário, que o agente tenha dado causa ou concorrido para a prática da infração como exige, explicitamente, o art. 3º da Lei n. 6.437/1977. Ademais, o agente marítimo é o representante do armador durante a estada do navio no porto, atuando como seu mandatário. Nessa condição, pode ser responsabilizado por infração sanitária decorrente de ato próprio. Não responde, porém, por ato não relacionado com o objeto de seu mandato e praticado por terceiro, como na hipótese. Ressalte-se que **o princípio da legalidade, que rege o poder sancionador da Administração, impede a responsabilização do agente marítimo por infração sanitária apurada em decorrência do descumprimento de dever imposto por meio de lei ao armador ou proprietário do navio**. Com essas considerações, entre outras, a Turma deu parcial provimento ao recurso para reconhecer a nulidade do auto de infração sanitário lavrado em desfavor do agente marítimo. **Precedentes citados: AgRg no REsp 1.165.103-PR, DJe 26/2/2010; AgRg no REsp 1.042.703-ES, DJe 23/9/2009; AgRg no REsp 981.545-SP, DJe 27/8/2009; AgRg no Ag 1.039.595-SC, DJe 24/9/2008; AgRg no REsp 860.149-PB, DJ 6/11/2007; REsp 731.226-PE, DJ 2/10/2007; REsp 641.197-PE, DJ 4/9/2006, e REsp 640.895-PR, DJ 29/11/2004. REsp 993.712-RJ, Rel. Min. Luiz Fux, julgado em 26/10/2010**. (Inform. STJ 453) (g.n.)

REFRIGERANTE. TEOR. LARANJA.

A Lei n. 8.918/1994 permitiu ao Poder Executivo regulamentar os padrões de identidade e qualidade da matéria-prima utilizada em bebidas, além de outros critérios técnicos referentes à sua fabricação e comercialização. **Nesse contexto, o revogado Dec. n. 2.314/1997, seu regulamento, ao dispor sobre a indevida alteração dos produtos ou de suas matérias-primas (art. 16), bem como o mínimo percentual de suco de laranja que devem conter os refrigerantes desse sabor (art. 45), não extrapolou o poder regulamentar, porquanto apenas especificou restrições já impostas pela referida lei, conferindo-lhe sim executoriedade nos limites de sua competência**. Assim, as condutas descritas no citado decreto estão respaldadas pelo art. 9º daquela lei, que comina sanções administrativas a incidirem sobre as infrações às suas disposições legais, nos termos previstos no regulamento. Dessa forma, deve ser mantido o auto de infração lavrado contra a recorrida, por fabricar, engarrafar e comercializar refrigerante de laranja sem o teor mínimo de suco daquela fruta, tal qual estabelecido no decreto então vigente. **REsp 1.135.515-SC, Rel. Min. Herman Benjamin, julgado em 16/3/2010**. (Inform. STJ 427) (g.n.)

TRÂNSITO. AUTO. INFRAÇÃO. PARDAL.

O recurso, no mérito, funda-se na negativa de vigência do § 4º do art. 280 do CTB. A Min. Relatora entende que, pela leitura dessas disposições do mencionado código, fica evidenciada a necessidade, no processamento da multa, da lavratura de um auto de infração em que conste declaração da autoridade ou do agente da autoridade de trânsito, por aparelho eletrônico ou equipamento audiovisual, reações químicas ou qualquer outro meio tecnologicamente disponível, previamente regulamentado pelo Contran. O referido dispositivo explicita a quem cabe, no exercício do poder de polícia, aferir a existência do ato infracional e expedir a necessária notificação. Nada obsta, nesse procedimento, que certos atos antecedentes do poder de polícia sejam exercidos por particulares, mediante contrato de prestação. O registro fotográfico da infração serve como base para a lavratura do auto de infração, cuja competência é exclusiva da autoridade de trânsito. Ademais, a conclusão do acórdão recorrido foi a de que se permite a aferição eletrônica como elemento probatório para a lavratura de auto de infração e aplicação de penalidade. Em momento nenhum, o aresto recorrido consigna que houve confusão entre a prova fotográfica fornecida pelo "pardal" que lastreia o auto de infração e o próprio auto. Assim, a Turma negou provimento ao recurso. Precedente citado: REsp 712.312-DF, DJ 21/3/2006. REsp 880.549-DF, Rel. Min. Eliana Calmon, julgado em 21/10/2008. (Inform. STJ 373) (g.n.)

INFRAÇÕES ADMINISTRATIVAS. CONTINUIDADE DELITIVA.

É aplicável a teoria da continuidade delitiva às infrações administrativas da mesma espécie apuradas em uma única ação fiscal. Precedentes citados: REsp 948.728-RJ, DJ 25/2/2008; REsp 643.634-PE, DJ 17/5/2006; REsp 178.066-PE, DJ 9/5/2005, e REsp 616.412-MA, DJ 29/11/2004. **REsp 1.066.088-SP, Rel. Min. Teori Albino Zavascki, julgado em 2/9/2008**. (Inform. STJ 366) (g.n.)

INFRAÇÃO SANITÁRIA. ALIMENTOS VENCIDOS. NAVIO.

A responsabilidade por infração sanitária, a exemplo da penal, não é objetiva, mas subjetiva. Segundo estabelece o art. 3º da Lei n. 6.437/1977, "o resultado da infração sanitária é imputável a quem lhe deu causa ou para ela concorreu". O agente marítimo é o representante do armador durante a estada do navio no porto, atuando como seu mandatário. Nessa condição, pode ser responsabilizado por infração sanitária decorrente de ato próprio. Não responde, porém, por ato não relacionado com o objeto de seu mandato, praticado por terceiro. Isso posto, no caso de infração pela existência de alimentos e medicamentos com data vencida a bordo do navio, em nenhum momento, foi imputado tal ato ao agente marítimo, o que leva à conclusão de que ele não o praticou. Precedentes citados: REsp 784.357-PR, DJ 21/11/2005; REsp 640.895-PR, DJ 29/11/2004, e AgRg no REsp 584.365-PE, DJ de 28/4/2004. **REsp 641.197-PE, Rel. Min. Teori Albino Zavascki, julgado em 18/4/2006.** (Inform. STJ 281) (g.n.)

3.7.2. Poder de polícia no trânsito

Súmula STJ nº 434

O pagamento da multa por infração de trânsito não inibe a discussão judicial do débito.

DIREITO ADMINISTRATIVO. CONCESSÃO DA CNH DEFINITIVA A MOTORISTA QUE TENHA COMETIDO INFRAÇÃO DE NATUREZA GRAVE NA QUALIDADE DE PROPRIETÁRIO DO VEÍCULO.

É possível conceder a carteira nacional de habilitação definitiva a motorista que tenha cometido, durante o prazo anual de permissão provisória para dirigir, infração administrativa de natureza grave, não na qualidade de condutor, mas na de proprietário do veículo. Conforme o art. 148, § 3º, do CTB, a carteira nacional de habilitação definitiva será conferida ao condutor de veículo no término de um ano, desde que ele não tenha cometido infração de natureza grave ou gravíssima, nem seja reincidente no cometimento de infração média. A jurisprudência do STJ é no sentido de que o referido dispositivo legal visa assegurar a habilitação definitiva ao motorista que não interferiu na segurança do trânsito e da coletividade, não sendo aplicável à hipótese em que o motorista é apenado por infração administrativa, ainda que grave, na condição de proprietário do veículo, e não na de condutor, o que não configuraria óbice legal à concessão da habilitação. Precedentes citados: AgRg no REsp 1.231.072-RS, Primeira Turma, DJe 14/5/2012, e REsp 980.851-RS, Segunda Turma, DJ 27/8/2009. **AgRg no AREsp 262.701-RS, Rel. Min. Humberto Martins, julgado em 12/3/2013.** (Inform. STJ 518)

DIREITO ADMINISTRATIVO. IMPOSSIBILIDADE DE APLICAÇÃO RETROATIVA DA REDAÇÃO DADA PELA LEI N. 11.334/2006 AO ART. 218, III, DO CTB. A redação dada pela Lei n. 11.334/2006 ao art. 218, III, do CTB não pode ser aplicada às infrações cometidas antes da vigência daquela lei, ainda que a nova redação seja mais benéfica ao infrator do que a anterior. A regra constante no art. 218, III, do Código de Trânsito Brasileiro – CTB diz respeito a infração que não esteja tipificada como crime, mas apenas como infração de cunho administrativo consistente na direção em velocidade superior à máxima permitida. Assim, como não se trata de norma de natureza penal, não há como aplicar a retroatividade da norma mais benéfica. **AgRg nos EDcl no REsp 1.281.027-SP, Rel. Min. Mauro Campbell Marques, julgado em 18/12/2012.** (Inform. STJ 516).

DIREITO ADMINISTRATIVO. POSSIBILIDADE DE CONCESSÃO DE CNH DEFINITIVA AO CONDUTOR QUE PRATIQUE A INFRAÇÃO DE QUE TRATA O ART. 233 DO CTB.

A prática da infração administrativa de natureza grave de que trata o art. 233 do CTB pelo detentor de "permissão para dirigir" não impede que a ele seja concedida a CNH definitiva. De acordo com o art. 148, § 3º, do Código de Trânsito Brasileiro – CTB, o não cometimento de infração grave durante o período em que o condutor trafega com "permissão para dirigir" constitui condição para a concessão de habilitação definitiva. A interpretação teleológica desse dispositivo legal conduz ao entendimento de que o fim buscado pelo legislador foi preservar os objetivos básicos do Sistema Nacional de Trânsito, em especial a segurança e educação para o trânsito, estabelecidos no inciso I do art. 6º do CTB. Assim, não é razoável impedir a concessão de CNH definitiva em razão da falta administrativa prevista no art. 233 do CTB, consistente na conduta de deixar de efetuar o registro da propriedade do veículo no prazo e nas hipóteses legais, porquanto se trata de infração que nada tem a ver com a segurança do trânsito e nenhum risco impõe à coletividade. Precedentes citados: REsp 980.851-RS, Segunda Turma, DJe 27/8/2009, e AgRg no REsp 1.231.072-RS, Primeira Turma, DJe 14/5/2012. **AgRg no AREsp 262.219-RS, Rel. Min. Mauro Campbell Marques, julgado em 7/2/2013.** (Inform. STJ 516).

DIREITO ADMINISTRATIVO. AUTO DE INFRAÇÃO E APLICAÇÃO DE MULTA COM BASE NO ART. 14, I, DA LEI N. 6.938/1981.

O art. 14, I, da Lei n. 6.938/1981, por si só, constitui fundamento suficiente para embasar a autuação de infração e a aplicação de multa administrativa em decorrência de queimada não autorizada. A Lei n. 6.938/1981, que dispõe sobre a Política Nacional do Meio Ambiente, prevê no art. 14, I, a aplicação de multa simples ou diária, com a especificação do respectivo valor, para os casos de "não cumprimento das medidas necessárias à preservação ou correção dos inconvenientes e danos causados pela degradação da qualidade ambiental". A hipótese de queimadas ilegais insere-se nesse dispositivo legal, que constitui base suficiente para a imposição da multa por degradação do meio ambiente, não sendo válido o argumento de que se trata de norma genérica, tampouco a conclusão de que não poderia embasar a aplicação da penalidade. Ademais, qualquer exceção a essa proibição geral, além de estar prevista expressamente em lei federal, deve ser interpretada restritivamente pelo administrador e pelo magistrado. Precedente citado: REsp 1.000.731-RO, DJe 8/9/2009. REsp 996.352-PR, Rel. Min. Castro Meira, julgado em 5/2/2013. **(Inform. STJ 515).**

DIREITO ADMINISTRATIVO. UTILIZAÇÃO DE VEÍCULOS DE PROPRIEDADE DO MP COM PLACA DESCARACTERIZADA.

É possível a descaracterização das placas de alguns veículos oficiais do MP nos moldes do art. 116 do CTB, sob o argumento da necessidade de resguardar a segurança dos integrantes do *parquet*. O art. 116 do Código de Trânsito Brasileiro (CTB) deve ser interpretado teleologicamente, pois a razão de a lei restringir a possibilidade de descaracterização das placas dos veículos de propriedade dos entes federativos apenas para serviço reservado de caráter policial está adstrita à natureza e aos riscos de tal atividade. Assim, não seria racional que a lei exigisse a identificação dos veículos utilizados por autoridades incumbidas de fazer investigações, como é o caso dos membros do MP, sendo que qualquer disposição nesse sentido implicaria a frustração desse objetivo, bem como poderia colocar em risco a integridade desses agentes públicos. **AgRg no REsp 1.131.577-PR, Rel. Min. Humberto Martins, julgado em 6/11/2012. (Inform. STJ 508)**

PUBLICIDADE. SUPORTE. PLACA. VEÍCULO.

Trata-se de REsp interposto pela União no qual sustenta ser vedada a confecção de suportes de molduras para placas traseiras de veículos com a inscrição de fabricante e concessionária (informe publicitário), conforme disposto nos arts. 221 e 230, XV, da Lei n. 9.503/1997 (Código de Trânsito Brasileiro – CTB), 91, § 2º, do Dec. n. 1.683/1995 e Res. n. 45/1998 do Conselho Nacional de Trânsito (Contran). Na origem, a recorrida buscou em ação ver declarado seu direito de continuar fabricando suportes de placas com inscrições comerciais nas suas bases, visto que o Contran negou seu pedido administrativo. Para o Min. Relator, o acórdão recorrido não merece reformas; pois, conforme foi decidido, a empresa tem direito de confeccionar os suportes para placas de veículos, colocando na base marca e razão do fabricante e do revendedor do veículo. Isso porque o novo CTB (Lei n. 9.503/1997) recepcionou as determinações contidas no art. 91, § 2º, do Dec. n. 62.127/1968 (com a redação dada pelo Dec. n. 1.683/1995), o qual, segundo o Min. Relator, não deixa dúvidas de que as inscrições de marcas, logotipos, razão social ou nome do fabricante não configuram publicidade, como vedada pelo art. 230, XV, do CTB (inscrições, adesivos, legendas e símbolos publicitários afixados no para-brisa ou em toda a extensão da parte traseira do veículo). Ressalta, assim, que a inclusão de marca ou razão social impressa na borda dos suportes para placas não violaria o objetivo da norma, que é a manutenção da segurança no trânsito. Diante do exposto, a Turma negou provimento ao recurso. **REsp 901.867-MG, Rel. Min. Mauro Campbell Marques, julgado em 23/11/2010.** (Inform. STJ 457)

REPETITIVO. TRANSPORTE IRREGULAR. PASSAGEIROS.

A Seção, ao apreciar o recurso representativo de controvérsia (art. 543-C do CPC e Res. n. 8/2008-STJ), reafirmou que a liberação do veículo retido por transporte irregular de passageiros, com base no art. 231, VIII, do Código de Trânsito Brasileiro (CTB), não está condicionada ao pagamento de multa e despesas. Anotou-se que a questão não se confunde com a julgada no REsp 1.104.775-RS (DJ 1º/7/2009), que, também sujeito ao regime dos recursos repetitivos, cuidou da necessidade de pagamento de encargos em caso de remoção de veículo conduzido sem licenciamento (art. 230, V, do CTB). Isso posto, a Seção negou provimento ao recurso. Precedentes citados: REsp 1.129.844-RJ, DJe 2/12/2009, e AgRg no REsp 1.027.557-RJ, DJe 26/2/2009. **REsp 1.144.810-MG, Rel. Min. Teori Albino Zavascki, julgado em 10/3/2010.** (Inform. STJ 426)

PEDÁGIO. EIXO SUSPENSO. TRANSPORTE RODOVIÁRIO.

Para efeito da cobrança de pedágio em rodovias, não se pode levar em conta o eixo suspenso do veículo quando estiver sem contato com o solo devido à pouca ou nenhuma carga transportada, uma vez que não há critério legal que permita diferenciação unicamente com base no número de eixos utilizados pelo veículo – tecnologia que apenas reduz custos do transporte rodoviário de cargas. Com esse entendimento, a Turma reiterou decisão anterior e deu provimento aos recursos da empresa concessionária de rodovias e da Agência Nacional de Transportes Terrestres (ANTT). **Precedente citado: REsp 1.103.168-RS, DJe 27/4/2009. REsp 1.077.298-RS, Rel. Min. Denise Arruda, julgado em 28/4/2009.** (Inform. STJ 392)

MERCADORIA. TRÂNSITO. IMITAÇÕES. APREENSÃO DE OFÍCIO.

Discutiu-se a possibilidade de apreender mercadoria em trânsito pelo País (encontrava-se em entreposto aduaneiro), pois, fabricada na China, destinava-se ao Paraguai. No caso, são pilhas alcalinas que imitam produtos de conhecida marca, imitações que se mostram incontroversas nos autos, visto que confirmadas em perícia e reconhecidas pela própria ré. Quanto a isso, é certo que o art. 198 da Lei n. 9.279/1996 é expresso ao admitir a apreensão de ofício realizada pela autoridade aduaneira sem qualquer pedido ou ordem judicial (não necessita de inquérito penal ou ação do interessado). A autoridade brasileira é soberana na aplicação da lei em seu território (princípio da territorialidade), ainda que se cuide de produtos em trânsito destinados a terceiro país. **AgRg no REsp 725.531-PR, Rel. Min. Herman Benjamin, julgado em 28/4/2009.** (Inform. STJ 392)

MS. RODÍZIO. CIRCULAÇÃO. VEÍCULOS.

Trata-se de mandado de segurança com objetivo de exclusão de veículo de propriedade do recorrente da obrigatoriedade de submeter-se ao programa de restrição ao trânsito de veículos automotores no município de São Paulo, cognominado de "rodízio", instituído pela Lei municipal n. 12.490/1997 e o Dec. Estadual n. 37.085/1997, por ofensa do direito ao livre exercício de sua profissão de professor e advogado. *In casu*, explica o Min. Relator que há intempestividade da impetração. A lei citada que restringe a circulação dos veículos em determinados dias foi publicada em 3/10/1997 e o *mandamus* só foi impetrado em 11/8/2003. Ainda que ultrapassado esse óbice, encontra a pretensão obstáculo na ausência de liquidez e certeza do direito vindicado. Outrossim, no caso, há de se considerar essa restrição à circulação de veículos em determinados dias como poder de polícia do município, com a finalidade de promover o bem público em geral, o qual limita e regulamenta o uso de liberdade individual para assegurar essa própria liberdade e os direitos essenciais ao homem. Precedentes citados: RMS 21.597-BA, DJ 19/10/2006; RMS 20.209-RS, DJ 23/10/2006; RMS 18.876-MT, DJ 12/6/2006, e RMS 15.901-SE, DJ 6/3/2006. **RMS 19.820-SP, Rel. Min. Luiz Fux, julgado em 9/10/2007.** (Inform. STJ 335)

INFRAÇÃO. TRÂNSITO. APREENSÃO. VEÍCULO. LIBERAÇÃO CONDIÇÃO. PAGAMENTO. MULTA.

A Turma, ao prosseguir o julgamento, entendeu ser legítima a exigência do pagamento de multa e demais despesas decorrentes de apreensão de veículo em razão de infração de trânsito como pressuposto para sua liberação ao proprietário. Precedentes citados: REsp 843.972-RS, DJ 7/11/2006; REsp 593.458-RJ, DJ 22/3/2004, e REsp 435.329-SP, DJ 11/10/2004. **REsp 895.377-RS, Rel. Min. Eliana Calmon, julgado em 11/9/2007.** (Inform. STJ 331)

INFRAÇÕES. TRÂNSITO. PROPRIETÁRIO. CONDUTOR.

O titular do veículo que entrega o automóvel a pessoa sem habilitação não pode ser punido como se fosse o condutor (arts. 162 e 163 do CTB). No caso, a proprietária do veículo foi penalizada em decorrência da infração tipificada no art. 163 do CTB, ao passo que ao condutor foi aplicada a penalidade prevista no art. 162 do CTB. O Min. Relator esclareceu que a responsabilidade solidária do proprietário de veículo automotor por multa de trânsito deve ser aferida *cum granu salis*. Isso porque o CTB prevê hipóteses de caráter individual dirigidas tanto ao proprietário quanto ao condutor. Assim, subjaz a solidariedade quando o proprietário ou condutor incidam na hipótese descrita da norma cujo infrator não se possa identificar. Nessa hipótese, a responsabilidade do proprietário somente será ilidida caso esse identifique o infrator no prazo de 15 dias após a notificação, nos termos do art. 257, § 7º, do CTB. *In casu*, ao proprietário competia, tão somente, a infração ao art. 163 do CTB, notadamente porque o condutor encontrava-se presente no momento da notificação *in faciem*, a quem deveria ser dirigida a pena do art. 162, I, do CTB. Isso posto, a

Turma negou provimento ao recurso. **REsp 745.190-RS, Rel. Min. Luiz Fux, julgado em 15/3/2007.** (Inform. STJ 313)

FLAGRANTE. MULTA DE TRÂNSITO. DEFESA PRÉVIA. Na espécie, o departamento estadual de estradas de rodagem (recorrente) aduz violação do art. 280 e seguintes do CTB, uma vez que houve a autuação do condutor em flagrante. Sendo assim, sustenta que deveria ser emitida apenas a notificação referente à aplicação da penalidade. O Min. Relator explicou que não se pode confundir autuação em flagrante (art. 280, VI, do CTB) com a imediata aplicação da penalidade sem a concessão de prazo para que haja a defesa prévia, pois é imprescindível o julgamento da consistência do auto de infração pela autoridade de trânsito distinta do agente de trânsito. Outrossim, a jurisprudência deste Superior Tribunal já se firmou (Súm. n. 312-STJ) no sentido de que a Lei n. 9.503/1997 (CTB) prevê duas notificações, uma para apresentação de defesa prévia (art. 280) e a segunda quando da aplicação da penalidade (art. 281). **REsp 806.610-RS, Rel. Min. Peçanha Martins, julgado em 21/2/2006.** (Inform. STJ 275)

TRÂNSITO. INFRAÇÃO. CONTROLE. VELOCIDADE. RADAR ELETRÔNICO. DESCABIMENTO. MULTA. Prosseguindo o julgamento, a Turma decidiu que, por inexistir a necessária regulamentação do art. 280 do CTB, descabem os autos de infração expedidos por radar ou aparelhos eletrônicos no período de maio a outubro de 2002. Precedente citado: REsp 716.728-RS, DJ 6/6/2005. **REsp 756.406-DF, Rel. Min. João Otávio de Noronha, julgado em 3/8/2006.** (Inform. STJ 291)

3.8. QUADRO SINÓTICO

1. Poder vinculado: *aquele em que a lei estabelece objetiva e claramente a competência, os elementos e os requisitos para a formalização do ato administrativo*; ex: multa de trânsito por excesso de velocidade

2. Poder discricionário: *aquele em que a lei confere margem de liberdade à Administração na escolha da conveniência, oportunidade e conteúdo do ato administrativo*; ex: escolha de imóvel a ser desapropriado

3. Poder hierárquico: *aquele pelo qual a Administração pode distribuir e escalonar funções dos órgãos, ordenar e rever a atuação dos agentes, estabelecendo relação de subordinação entre os servidores*

- diferente de *controle* ou *tutela*

- ex: avocação

4. Poder disciplinar: *aquele pelo qual a Administração pode punir internamente as infrações funcionais dos servidores e demais pessoas sujeitas à disciplina de seus órgãos e serviços*

5. Poder regulamentar

a) conceito: *é a faculdade de que dispõe os Chefes do Executivo de explicar a lei para a sua correta execução, ou de expedir decretos autônomos sobre matéria de sua competência, quando cabível*

b) regra: decreto de execução; por exceções cabe decreto autônomo (art. 84, VI, da CF):

- decreto sobre organização e funcionamento da administração, desde que não crie ou extinga órgãos

- decreto para extinguir funções ou cargos, se vagos

c) características: é indelegável; não inova; Congresso pode sustar os que exorbitem o poder regulamentar (art. 49, V, CF); controle de um regulamento só por ação de constitucionalidade

6. Poder de polícia

a) conceito: *poder de condicionar e restringir a propriedade, as atividades e a liberdade das pessoas, ajustando-as ao interesse da coletividade*

b) abrange: leis (= limitações administrativas) e atos administrativos (= polícia administrativa)

c) polícia administrativa: *atividade da administração tendente a fiscalizar o cumprimento das limitações administrativas*; impõe um "não fazer"

d) polícia administrativa x polícia judiciária

- age sobre ilícito administrativo x age sobre ilícito penal

- age sobre bens e atividades x age sobre pessoas

- atua por variados órgãos x atua por PC e PF

obs.: PM faz policiamento ostensivo

e) características

- Pode ser discricionário ou vinculado, conforme a lei
- Pode ter uso da força ou não, conforme a lei
- Abrange genericamente pessoas e atividades
- É exercido privativamente por autoridade pública (particular só pode contribuir materialmente)

f) ação punitiva (Lei 9.873/99)

- prazo: prescreve em 5 anos, da prática do ato ou, se infração permanente, do dia em que tiver cessado

- ato criminoso: prazo prescricional é o da lei penal

- prescrição intercorrente: ocorre se procedimento ficar parado por mais de 3 anos; de ofício ou a pedido

- interrupção do prazo: citação, ato inequívoco de apuração e decisão condenatória irrecorrível

- suspensão do prazo: na vigência de TAC

- Execução da punição: uma vez constituído o ato, executa-se em 5 anos

g) taxa: poder de polícia é hipótese de incidência

3.9. QUESTÕES COMENTADAS

3.9.1. Poder vinculado e discricionário

(Delegado/AM) O poder discricionário conferido à Administração Pública, para ser válido, têm que conjugar os seguintes elementos:

(A) capacidade e competência

(B) oportunidade e capacidade

(C) conveniência e oportunidade

(D) competência e conveniência

Poder discricionário é o que o Direito concede à Administração para a prática de atos administrativos com liberdade na escolha de sua conveniência, oportunidade e conteúdo.

Gabarito "C"

(Magistratura do Trabalho – 2ª Região – 2012) Analise as assertivas e ao final responda.

I. Pela aplicação do princípio da impessoalidade, o ato administrativo praticado por funcionário irregularmente investido no cargo ou função é válido.

II. A presunção de legitimidade dos atos administrativos é "juris et de jure".

III. Pela aplicação do princípio da especialidade, a Assembleia Geral de acionistas das sociedades de economia mista não pode alterar os objetivos de sua constituição.

IV. Cabe à Administração Pública, no exercício do poder vinculado, antes da edição do ato, apreciar os aspectos concernentes à oportunidade, conveniência, interesse público e equidade.

V. A concessão de alvará de licença é ato de polícia discricionário.

Estão **corretas apenas** as assertivas:

(A) I e III.

(B) II e IV.

(C) III e V.

(D) II e V.

(E) IV e V.

I: correta; trata-se da chamada função de fato, que possibilita a manutenção dos atos praticados por esse agente não só pelo princípio da impessoalidade, como também por conta do princípio da segurança jurídica; **II:** incorreta, pois a presunção de legitimidade não é "juris et de jure" (absoluta), mas sim "juris tantum" (relativa); **III:** correta, pois, do contrário, haveria violação à autorização legislativa para a criação da sociedade de economia mista (art. 37, XIX, da CF); **IV:** incorreta, pois, em sendo o ato vinculado, só há uma opção de agir, não se falando em análise da conveniência e oportunidade para a prática do ato, juízo próprio de atos vinculados; **V:** incorreta, pois a licença é ato unilateral e vinculado, pelo qual se faculta a alguém o exercício de uma atividade.

Gabarito "A"

(Magistratura do Trabalho – 14ª Região – 2011) Sobre os poderes da administração pública, analise as seguintes assertivas e responda.

I. Hodiernamente, no âmbito de um Estado de Direito a doutrina informa que na contraposição do poder vinculado com o poder discricionário, o primeiro corresponderia às matérias de reserva legal absoluta e o segundo as matérias de reserva legal relativa.

II. São exemplos do exercício do poder vinculado: licença de construir; matrícula em escola pública.

III. São exemplos do exercício do poder discricionário: um Secretário da Educação ao fixar normas para distribuição de aulas excedentes a professores, inexistindo norma de lei a respeito; uma Congregação de Faculdade Pública que estabelece regras para revisão de provas.

IV. O poder regulamentar configura um dos modos de exercício do poder normativo no âmbito do Poder Executivo, podendo restringir preceitos da lei, conforme previsão constitucional que atribui privativamente ao Presidente da República competência para expedir decretos e regulamentos.

V. Para a defesa do Estado e das instituições democráticas a Constituição Federal possibilita a extensão excepcional do poder de polícia como decorrência da decretação do estado de defesa e estado de sítio, sendo que este último contém mais restrições aos direitos civis em relação ao primeiro.

(A) Todas as assertivas são corretas.

(B) Apenas as assertivas I, II e III são corretas.

(C) Apenas a assertiva IV é incorreta.

(D) Apenas as assertivas I e V são corretas.

(E) Apenas as assertivas I, IV e V são corretas.

I: correta, pois, no primeiro caso (poder vinculado) a lei dita, de modo objetivo, cada requisito do ato a ser praticado pela Administração, ao passo que, no segundo caso, a lei confere uma margem de liberdade à Administração quanto a alguns requisitos do ato administrativo; **II:** correta, pois, nesses casos, basta que o particular preencha requisitos objetivos para que tenha direito subjetivo a que a Administração expeça tais atos em seu favor; **III:** correta, pois, nos dois exemplos citados, há uma margem de liberdade em favor do agente público; **IV:** incorreta, pois a função do regulamento é explicar a lei, não sendo possível que um regulamento restrinja os preceitos de uma lei; ademais, os outros chefes do Executivo (governadores e prefeitos) também podem expedir decretos; **V:** correta; como nesses casos aumenta-se a restrição a direitos, o poder de polícia, por consequência, fica mais extenso também; ademais, é certo dizer que o estado de sítio contém mais restrições aos direitos civis em relação ao estado de defesa, até porque uma das hipóteses de estado de sítio é justamente aquela em que as restrições do estado de defesa não estão sendo suficientes (art. 137, I, da CF).

Gabarito "C"

(Auditor Fiscal da Receita Federal – 2010 – ESAF) São elementos nucleares do poder discricionário da administração pública, passíveis de valoração pelo agente público:

(A) a conveniência e a oportunidade.

(B) a forma e a competência.

(C) o sujeito e a finalidade.

(D) a competência e o mérito.

(E) a finalidade e a forma.

A: correto, pois a conveniência e a oportunidade são justamente os aspectos de mérito do ato discricionário, aspectos esses que são valorados pelo agente público, não podendo ser controlados pelo Judiciário; B: incorreto, pois a *competência* e *forma* são, para Hely Lopes Meirelles, elementos sempre vinculados; C: incorreto, pois o *sujeito* (que deve ser competente) e a *finalidade* são, para Hely Lopes Meirelles, elementos sempre vinculados; D: incorreta, pois, apesar do *mérito* ser expressão do poder discricionário, a *competência* é um elemento sempre vinculado; E: incorreto, pois a *finalidade* e a *forma* são, para Hely Lopes Meirelles, elementos sempre vinculados.

Gabarito "A"

3.9.2. Poder hierárquico

(Defensor Público/BA – 2010 – CESPE) Acerca dos poderes administrativos, julgue o seguinte item.

(1) Em decorrência do poder hierárquico, é permitida a avocação temporária de competência atribuída a órgão hierarquicamente inferior, devendo-se, entretanto, adotar essa prática em caráter excepcional e por motivos relevantes devidamente justificados.

1: correta (art. 15 da Lei 9.784/1999).

Gabarito 1C

(Procurador do Estado/PR – UEL-COPS – 2011) Leia atentamente os três enunciados que seguem, para depois responder à pergunta:

I. a delegação de competência é o ato por meio do qual um órgão administrativo e/ou o seu titular podem, desde que não haja impedimento legal expresso, transferir a integralidade de sua competência a outro órgão (ou outra pessoa), inferior ou equivalente na escala hierárquica.

II. a avocação de competência pode ser compreendida como a possibilidade de o superior hierárquico trazer para si, por tempo indeterminado, a competência originalmente atribuída a órgão (ou agente) a si subordinado.

III. não podem ser objeto de delegação, dentre outras hipóteses definidas em lei, a decisão em recursos administrativos e as matérias de competência exclusiva (ou privativa) do órgão ou autoridade.

Pergunta: assinale a alternativa **correta**:

(A) os três enunciados (I, II e III) são corretos;

(B) nenhum dos três enunciados (I, II e III) é correto;

(C) apenas o enunciado II é correto;

(D) apenas o enunciado III é correto;

(E) todas as quatro alternativas acima são incorretas.

I: incorreta, pois não é possível delegar a integralidade da competência, mas apenas parte dela (art. 12, *caput*, da Lei 9.784/1999); de rigor mencionar também que a regulamentação da delegação de competência não faz qualquer condicionamento à posição hierárquica do órgão ou titular dela delegatário (art. 12, *caput*, da Lei 9.784/1999); **II:** incorreta, pois a avocação é sempre temporária e nunca por prazo indeterminado (art. 15 da Lei 9.784/1999); **III:** correta (art. 13, II e III, da Lei 9.784/1999).

Gabarito "D"

(Analista – TRT/20ª – 2011 – FCC) NÃO constitui característica do poder hierárquico:

(A) delegar atribuições que não lhe sejam privativas.

(B) dar ordens aos subordinados, que implica o dever de obediência, para estes últimos, salvo para as ordens manifestamente ilegais.

(C) controlar a atividade dos órgãos inferiores, tendo o poder de anular e de revogar atos administrativos.

(D) avocar atribuições, desde que estas não sejam da competência exclusiva do órgão subordinado.

(E) editar atos normativos que poderão ser de efeitos internos e externos.

A única alternativa que não traz característica do *poder hierárquico* é a "e", que traz característica do *poder normativo*.

Gabarito "E"

(Analista – TRE/AP – 2011 – FCC) NÃO constitui objetivo do poder hierárquico o ato (ou a conduta) de

(A) ordenar.

(B) sancionar.

(C) controlar.

(D) coordenar.

(E) corrigir.

De fato, "sancionar" (aplicar sanções) não é objetivo do poder hierárquico. Sancionar é objetivo típico dos poderes disciplinar e de polícia.

Gabarito "B"

3.9.3. Poder regulamentar

(Procurador/DF – 2013 – CESPE) Acerca do direito administrativo, julgue os itens a seguir.

(1) Segundo jurisprudência do STJ, no direito brasileiro admite-se o regulamento autônomo, de modo que podem os chefes de Poder Executivo expedir decretos autônomos sobre matérias de sua competência ainda não disciplinadas por lei.

1: errada, pois, no Brasil, os Decretos são de execução de lei, e não autônomos de lei; assim, um decreto não pode inovar na ordem jurídica, mas apenas explicar a lei; as únicas hipóteses de decreto autônomo no Brasil são as previstas no art. 84, VI, da CF.

Gabarito 1E

(Procurador do Estado/RS – 2010 – FUNDATEC) Sobre o poder regulamentar do Chefe do Poder Executivo, é correto dizer que o seu exercício

(A) faz-se necessário quando a dicção legal, por sua generalidade e abstração, comporta a disciplina da discrição administrativa dos órgãos e dos agentes encarregados da execução das atividades, com vistas a obter uma uniformidade de procedimento, oferecer segurança jurídica e aplicação isonômica da regra.

(B) abrange o poder normativo e regulador da atividade econômica exercido pelo Estado.

(C) não permite a extinção de cargo público vago.

(D) permite que seja alocado um departamento de uma Secretaria de Estado para outra, com aumento da despesa pública.

(E) é o adequado para o desempenho do poder hierárquico que permite a revisão das decisões dos órgãos inferiores.

A: correta, pois é justamente no caso mencionado que se faz necessário regulamentar uma lei; **B:** incorreta, pois é o contrário, ou seja, o poder normativo abrange o poder regulamentar, sendo certo que este é mais restrito, dizendo respeito apenas à expedição de normas pelo Chefe do Executivo, para fiel execução da lei, ao passo que o poder normativo engloba o poder de expedir outros tipos de normas sublegais, como as instruções normativas e as resoluções; **C:** incorreta, pois existe um regulamento excepcional, o regulamento autônomo de lei, que tem o poder mencionado (art. 84, VI, "b", da CF); **D:** incorreta, pois o regulamento autônomo de lei previsto no art. 84, VI, "a", da CF até pode dispor sobre a organização e o funcionamento da Administração, mas desde que não haja aumento de despesa; **E:** incorreta, pois o poder regulamentar tem objetivo claro e determinado (regulamentar as leis), o que não se confunde com o poder hierárquico, que consiste no poder de distribuir e escalonar as funções de seus órgãos, bem como ordenar e rever a atuação de seus agentes.

Gabarito "A"

(Advogado da União/AGU – CESPE – 2012) A respeito dos limites do poder regulamentar, julgue o próximo item.

(1) O AGU, utilizando-se do poder regulamentar previsto na CF, pode conceder indulto e comutar penas, desde que por delegação expressa do presidente da República.

1: Correta, pois o art. 84, parágrafo único, da CF faculta ao Presidente da República a delegação da competência para conceder indulto e comutar penas (art. 84, XII, da CF) aos Ministros de Estado, ao Procurador-Geral da República ou ao Advogado-Geral da União, que observarão os limites traçados nas respectivas delegações.

Gabarito 1C

(Magistratura Federal/3ª Região – 2010) Relativamente ao poder regulamentar da administração, assinale a alternativa incorreta:

(A) O regulamento consiste na autodisciplina da administração pública, para obter o procedimento regular, harmônico e coerente dos seus órgãos e agentes na execução dos encargos que lhe são cometidos por lei, sendo desta dependente;

(B) É cabível o regulamento apenas em matéria que será objeto de ação administrativa ou desta dependente;

(C) Entre as finalidades do regulamento insere-se a disciplina da descrição administrativa, ou seja, de regular a liberdade relativa de agir da administração;

(D) O regulamento vincula a administração, mas não exonera o administrado de responsabilidade perante o Poder Público por comportamentos realizados em conformidade com ele.

A, B, C e D: Todas as afirmativas estão corretas, salvo a de letra "D", pois se o administrado agiu "em conformidade" com o regulamento, não haverá responsabilização deste.

Gabarito "D"

(Magistratura do Trabalho – 4ª Região – 2012) No ordenamento jurídico brasileiro, compete exclusivamente ao Presidente da República, no plano federal, por decreto, praticar ato

(A) decorrente do poder hierárquico, editado para fiel execução da lei.

(B) decorrente do poder normativo da Administração, contemplando a edição de restrições ao exercício de direitos e atividades de particulares.

(C) decorrente do exercício do poder de polícia, para instituir limitações de caráter geral à atuação do particular em face do interesse público.

(D) voltado à extinção de cargos vagos.

(E) voltado à organização administrativa, incluindo a criação de órgãos e cargos públicos.

A: incorreta, pois foi trocada a expressão "poder regulamentar" por "poder hierárquico"; **B:** incorreta, pois o Presidente pratica o poder regulamentar, com vistas à fiel execução da lei (art. 84, IV, da CF); vale lembrar que a edição de restrições a direitos só pode se dar por ato do Chefe do Executivo, se for a título de explicar restrição que a lei tiver previsto, já que, pelo princípio da legalidade, não pode um ato infralegal criar obrigação para as pessoas; por fim, vale dizer que o poder normativo (diferentemente do poder regulamentar) não é exclusivo do Chefe do Executivo; **C:** incorreta, pois o poder de polícia não é ato exclusivo do Presidente da República; **D:** correta (art. 84, VI, "b", da CF); **E:** incorreta, pois somente a lei pode criar órgãos e cargos públicos (art. 84, VI, "a", da CF).

Gabarito "D"

(Analista – TRT/14ª – 2011 – FCC) É correta a afirmação de que o exercício do poder regulamentar está consubstanciado na competência

(A) dos Chefes do Poder Executivo para editar atos administrativos normativos destinados a dar fiel execução às leis.

(B) do Chefe do Poder Executivo Federal, com a finalidade de editar atos administrativos de gestão, para esclarecer textos controversos de normas federais.

(C) das autoridades hierarquicamente superiores das administrações direta e indireta, para a prática de atos administrativos vinculados, objetivando delimitar o âmbito de aplicabilidade das leis.

(D) dos Chefes dos Poderes Executivo, Legislativo e Judiciário, objetivando a fiel aplicação das leis, mediante atos administrativos expedidos sob a forma de homologação.

(E) originária dos Ministros e Secretários estaduais, de editarem atos administrativos destinados a esclarecer a aplicabilidade das leis ordinárias.

A: correta, pois traz a exata definição de poder regulamentar; **B:** incorreta, pois o poder regulamentar tem por objetivo garantir a fiel execução de *leis*, não incidindo sobre qualquer tipo de *norma federal*; **C:** incorreta, pois o poder regulamentar é da alçada do Chefe do Executivo, e não de qualquer autoridade superior; ademais, o poder regulamentar costuma envolver competência discricionária, pois, quando atua com vistas a explicar a lei e a operacionalizar a sua execução, acaba por explicar disposições vagas da lei, o que se traduz em discricionariedade, e não em competência vinculada; **D** e **E:** incorretas, pois o poder regulamentar é da alçada do Chefe do Executivo, e não dos Chefes do Legislativo e do Judiciário, e dos Ministros e Secretários estaduais.

Gabarito "A"

(Analista – TRE/PR – 2012 – FCC) De acordo com Maria Sylvia Zanella di Pietro, o poder regulamentar é uma das formas de expressão da competência normativa da Administração Pública. Referido poder regulamentar, de acordo com a Constituição Federal,

(A) é competência exclusiva do Chefe do Poder Executivo, que também pode editar decretos autônomos, nos casos previstos.

(B) admite apenas a edição de decretos executivos, complementares à lei.

(C) compreende a edição de decretos regulamentares autônomos sempre que houver lacuna na lei.

(D) admite a delegação da competência originária em caráter geral e definitivo.

(E) compreende a edição de decretos autônomos e regulamentares, quando houver lacuna na lei.

A: correta, pois, de acordo com o art. 84, IV, da CF, compete privativamente ao Presidente da República expedir decretos para fiel execução da lei; ademais, o próprio art. 84, em seu inciso VI, traz competência para o Chefe do Executivo expedir os chamados "decretos autônomos", ou seja, decretos que descendem diretamente da Constituição; **B:** incorreta, pois a regra é que o Chefe do Executivo só pode editar *decretos executivos de lei*; porém, o art. 84, VI, da CF estabelece duas hipóteses em que o Chefe do Executivo pode editar *decretos autônomos de lei*; **C** e **E:** incorretas, pois os decretos autônomos de lei só podem ser editados nos casos previstos em lei (art. 84, VI, da CF), que não incluem a hipótese em que há lacuna legislativa; **D:** incorreta, pois a competência para regulamentar a lei é indelegável, não estando prevista nas exceções trazidas no art. 84, parágrafo único, da CF.

Gabarito "A"

3.9.4. Poder de polícia

(Magistratura/SP – 2013 – VUNESP) No exercício do poder de polícia administrativa, o Município, segundo orientação Sumulada do STF,

(A) ao proibir a instalação de estabelecimentos comerciais do mesmo ramo em determinada área, edita lei válida.

(B) ao proibir a instalação de estabelecimentos comerciais do mesmo ramo em determinada área, edita lei inválida.

(C) ao estabelecer o horário de funcionamento dos estabelecimentos comerciais situados em seu território, edita lei inválida.

(D) pode criar limitações administrativas à propriedade, passíveis de indenização.

A: incorreta, pois, segundo a Súmula STF n. 646, "ofende o princípio da livre concorrência lei municipal que impede a instalação de estabelecimentos comerciais do mesmo ramo em determinada área", ou seja, a lei que assim agir é inválida, ante a sua inconstitucionalidade; **B:** correta, nos termos da Súmula STF n. 646; **C:** incorreta, pois, segundo a Súmula STF n. 645, "é competente o Município para fixar o horário de funcionamento de estabelecimento comercial"; **D:** incorreta, pois as limitações administrativas, por serem gerais e atingir pessoas indeterminadas, não ensejam indenização aos que se sintam prejudicados por ela.

Gabarito "B"

(Magistratura/PB – 2011 – CESPE) No que concerne aos poderes da administração, assinale a opção correta.

(A) O STF emitiu decisão favorável à delegação do poder de polícia, mediante edição de lei, a pessoa jurídica de direito privado.

(B) Forma de conferir liberdade ao administrador público, o poder discricionário permite que a autoridade, mediante os critérios de conveniência e oportunidade, opte pela ação que melhor propicie a consecução do interesse público, atuação que se sobrepõe aos limites da lei.

(C) O poder regulamentar permite que o ato normativo derivado inove e aumente os direitos e obrigações previstos no ato de natureza primária que o autoriza, desde que tenha por objetivo o cumprimento das determinações legais.

(D) Segundo o STF, é inconstitucional, por ofensa ao princípio da livre concorrência, lei municipal que impeça a instalação de estabelecimentos comerciais do mesmo ramo em determinada área.

(E) O poder de polícia no ordenamento jurídico brasileiro é tratado, exclusivamente, no âmbito infraconstitucional.

A: incorreta, pois o poder de polícia deve ser exercido exclusivamente por autoridade pública; **B:** incorreta, pois o administrador público não pode agir fora da lei; mesmo quando há um ato discricionário, esse ato não traz liberdade total, mas apenas uma margem de liberdade com limites estabelecidos na própria lei; **C:** incorreta, pois o poder regulamentar tem por finalidade explicar a lei, e não inovar na ordem jurídica; **D:** correta, pois esse é o texto da Súmula 646 do STF; **E:** incorreta, pois o poder de polícia é tratado na Constituição Federal, como uma das hipóteses de incidência de taxa (art. 145, II, da CF).

Gabarito "D"

(Ministério Público/SP – 2013 – PGMP) O Poder de Polícia NÃO contém

(A) os atributos de autoexecutoriedade e de coercibilidade.

(B) a faculdade da Administração de restringir o direito constitucional de manifestação do pensamento, limitando o seu exercício.

(C) a possibilidade de agentes administrativos fiscalizarem as medidas de prevenção à dengue, vistoriando residências.

(D) a permissão aos Poderes de restringir o ingresso e a permanência de pessoas em suas sedes.

(E) a possibilidade de ação repressiva quando, extravasados os limites do exercício da garantia constitucional de reunião, houver violência contra prédios ou pessoas.

A: incorreta, pois a doutrina aponta que o poder de polícia contém os atributos da autoexecutoriedade, da coercibilidade e da discricionariedade, de modo que os dois atributos mencionados estão, sim, no rol de atributos desse poder administrativo; **B:** correta, pois esse direito está previsto como cláusula pétrea na Constituição da República e, como tal, não pode sofrer restrição; de qualquer forma, é bom lembrar que o abuso nesse exercício pode ensejar pedido indenizatório futuro, em favor do injustamente lesado; **C:** incorreta, pois os atributos da autoexecutoriedade e da coercibilidade permitem sim esse tipo de fiscalização, que, por sinal, é indispensável para que a fiscalização em tela seja eficaz e atinja seus objetivos; **D:** incorreta, pois há casos em que tal medida será necessária, para garantir, por exemplo, que os serviços públicos possam ser efetivamente executados, sem embaraço ao seu regular desempenho; **E:** incorreta, pois extravasados os limites do exercício de direitos, está-se diante de abuso de direito, que enseja sim atuação repressiva estatal, servindo de exemplo situação em que vândalos estiverem a depredar bens públicos, hipótese em que, com o devido respeito ao princípio da proporcionalidade, podem os agentes estatais competentes atuar no sentido de conter esse tipo de violência.

Gabarito "B"

(Ministério Público/MG – 2011) Um agente fiscal de determinado órgão da Administração Pública deparou-se com a venda de produtos aparentemente impróprios ao consumo e que causam risco à vida e à saúde das pessoas. A empresa responsável foi autuada por prática infrativa e os produtos tidos como impróprios foram imediatamente apreendidos. Partindo do pressuposto de que a atividade fiscalizatória levada a efeito se desenvolveu de maneira regular sob todos os aspectos, assinale a assertiva **CORRETA**.

(A) A apreensão dos produtos, nesse caso, deriva do poder de polícia administrativo.

(B) A apreensão dos produtos foi possível graças ao poder hierárquico inerente à Administração e que decorre do princípio da supremacia do interesse público.

(C) A apreensão dos produtos foi possível graças aos poderes normativo e regulador exercidos pelo agente fiscal na ocasião.

(D) A apreensão dos produtos, nesse caso, é derivada da intervenção do Estado sobre a propriedade e bens particulares em razão da inobservância de sua função social.

A: correta, pois a conformação dos comportamentos às limitações administrativas nada mais é do que o poder de polícia; **B:** incorreta, pois se trata do *poder de polícia* e não do *poder hierárquico*; **C:** incorreta, pois se trata do *poder de polícia* e não do *poder normativo e regulador*; **D:** incorreta, pois se trata do *poder de polícia*, que não se confunde com a intervenção do estado em caso de não cumprimento da função social da propriedade, que, em nosso direito, tem regulamentação específica no que tange a imóveis urbanos e rurais, estabelecendo a ordem jurídica que tais imóveis serão objetos de desapropriação com pagamento por meio de títulos, cumpridos certos requisitos e formalidades.

Gabarito "A"

(Ministério Público/MG – 2011) Em relação ao poder de polícia administrativo, é **CORRETO** afirmar que

(A) a discricionariedade, a autoexecutoriedade e a coercibilidade podem ser apontados como seus atributos.

(B) constitui prerrogativa exclusiva de órgãos da administração direta da União, dos Estados e do Distrito Federal, ressalvadas as Polícias Legislativas e as Guardas Municipais, onde houver.

(C) os órgãos administrativos que o exercem atuam sempre de modo preventivo, ficando seus atos sujeitos ao controle de legalidade exercido pelas polícias judiciárias.

(D) segundo a Lei, as sanções impostas em decorrência de seu regular exercício são imprescritíveis, impenhoráveis e impassíveis de oneração.

A: correta, pois de fato, a doutrina aponta tais características como atributos do poder de polícia e esse tipo de pergunta é muito comum em concursos; porém, caso a prova se revele mais crítica e continue a frase dizendo que, em algumas situações de poder de polícia não há discricionariedade (margem de liberdade pra a prática de atos) e coercibilidade (possibilidade de uso da força) é a resposta mais acertada, pois há situações em que esses atributos não estão previstos em lei que regule dado exercício de poder de polícia; **B:** incorreta, pois a polícia administrativa também existe no âmbito da administração direta dos Municípios e da administração indireta de todos os entes políticos, neste caso em relação a pessoas jurídicas de direito público que tenham tal função, como é o caso do IBAMA; as polícias legislativas e as guardas municipais também exercem poder de polícia; **C:** incorreta, pois o poder de polícia pode ser preventivo ou repressivo (exemplo do último é a aplicação de uma multa contra alguém que tenha desrespeitado uma lei trânsito); no mais, a polícia judiciária tem por finalidade investigar crimes, não tendo por função controlar a polícia administrativa; aliás, ainda que cuidassem dessa temática (poder de polícia), a polícia judiciária não pode controlar a legalidade de atos administrativos, vez que esse papel pertence ao Judiciário; **D:** incorreta, pois essas características dizem respeito aos bens públicos e não ao poder de polícia.

Gabarito "A"

(Ministério Público/RJ – 2011) Tendo em vista orientação de sua Procuradoria, Prefeito edita decreto que passa a proibir a instalação de mais de duas farmácias em cada rua do perímetro central urbano da cidade. O decreto municipal:

(A) é inconstitucional, porque agride o princípio da livre concorrência;

(B) é constitucional, porque editado sob o influxo do poder de polícia municipal;

(C) é inconstitucional, porque ofende o princípio da função social da propriedade;

(D) é constitucional, porque a o Município cabe implementar apolítica de desenvolvimento urbano;

(E) é inconstitucional, porque intervenções dessa natureza são da competência dos Estados-membros.

De acordo com a Súmula STF n. 646, "ofende o princípio da livre concorrência lei municipal que impede a instalação de estabelecimentos comerciais do mesmo ramo em determinada área". Assim, o decreto municipal em questão é inconstitucional, pois viola o princípio da livre concorrência. Ademais, ainda não violasse, seria necessária uma lei para impor obrigação desse tipo, em virtude do princípio da legalidade.

Gabarito "A"

(Ministério Público/RR – 2012 – CESPE) Com relação aos poderes da administração pública, assinale a opção correta de acordo com o entendimento do STJ e da doutrina.

(A) O exercício do poder de polícia é passível de delegação a pessoa jurídica de direito privado, a qual somente poderá aplicar sanções administrativas ao administrado quando o ato praticado estiver previamente definido por lei como infração administrativa.

(B) O ato administrativo decorrente do exercício do poder de polícia é autoexecutório porque dotado de força coercitiva, razão pela qual a doutrina aponta ser a coercibilidade indissociável da autoexecutoriedade no ato decorrente do poder de polícia.

(C) A administração pública, no exercício do poder de limitar o exercício dos direitos individuais em benefício do interesse público, pode condicionar a renovação de licença de veículo ao pagamento de multa, ainda que o infrator não tenha sido notificado.

(D) O termo inicial do prazo prescricional da ação disciplinar é a data em que o fato foi praticado.

(E) Nas situações em que a conduta do investigado configure hipótese de demissão ou cassação de aposentadoria, a administração pública dispõe de discricionariedade para aplicar penalidade menos gravosa que a de demissão ou de cassação.

A: incorreta, pois não se admite delegação do poder de polícia a pessoa de direito privado; **B:** correta, pois a coercibilidade ou executoriedade (possibilidade de uso da força pela própria Administração) pressupõe autoexecutoriedade (no sentido de a Administração não ter de buscar o Judiciário para executar suas decisões); **C:** incorreta, pois, de acordo com a Súmula STJ n. 127, "é ilegal condicionar a renovação da licença de veículo ao pagamento de multa, da qual o infrator não foi notificado"; **D:** incorreta, pois o prazo de prescrição começa a correr da data em que o fato se tornou conhecido (art. 142, § 1º, da Lei 8.112/1990); **E:** incorreta, pois a Administração está adstrita aos comandos legais, não havendo margem de liberdade fora do que determina a lei.

Gabarito "B"

(Ministério Público/SE – 2010 – CESPE) No que concerne à responsabilidade civil do Estado e aos poderes administrativos, assinale a opção correta.

(A) Para efeito de responsabilidade civil do Estado, considera-se agente o servidor que, em sua atuação, causar dano a terceiros. Exclui-se, assim, dessa noção as pessoas que não têm vínculo típico de trabalho com a administração e os agentes colaboradores e sem remuneração.

(B) Direito de regresso é o assegurado ao Estado no sentido de dirigir sua pretensão indenizatória contra o agente responsável pelo dano, independentemente de este ter agido com culpa ou dolo.

(C) O poder regulamentar formaliza-se por meio de decretos e regulamentos. Nesse sentido, as instruções normativas, as resoluções e as portarias não podem ser qualificadas como atos de regulamentação.

(D) O poder de polícia administrativa consubstancia-se por meio de determinações de ordem pública, de modo a gerar deveres e obrigações aos indivíduos. Nesse sentido, os atos por intermédio dos quais a administração consente o exercício de determinadas atividades não são considerados atos de polícia.

(E) Na esfera da administração pública federal, direta ou indireta, a ação punitiva, quando se tratar do exercício do poder de polícia, prescreve em cinco anos contados a partir da data da prática do ato ou, em se tratando de infração permanente ou continuada, a partir do dia em que esta tiver cessado.

A: incorreta, pois basta ser agente público (de qualquer natureza) para que a Administração tenha de se responsabilizar pelos atos por este praticado contra terceiros; **B:** incorreta, pois o Estado só terá direito de regresso contra o agente responsável pelo dano em caso de culpa ou dolo deste (art. 37, § 6º, da CF); **C:** incorreta, pois os últimos atos podem ser atos de regulamentação em sentido amplo, ou simplesmente *atos normativos*; **D:** incorreta, pois os atos em que a Administração consente o exercício de atividades estão no contexto do poder de polícia, já que importam na prévia fiscalização sobre a possibilidade de o particular praticar ou não determinados atos; **E:** correta (art. 1º da Lei 9.873/1999).

Gabarito "E"

(Defensor Público/BA – 2010 – CESPE) Acerca dos poderes administrativos, julgue o seguinte item.

(1) As medidas de polícia administrativa são frequentemente autoexecutórias, podendo a administração pôr suas decisões em execução por si mesma, sem precisar recorrer previamente ao Poder Judiciário.

1: correta, pois, na maior parte das vezes, as medidas de polícia têm essa característica; todavia, é bom lembrar que a autoexecutoriedade dos atos administrativos depende, para ser exercida, de dispositivo em lei permitindo tal atividade.

Gabarito 1C

(Defensoria Pública/SP – 2010 – FCC) A restrição de acesso a local de repartição pública, onde se realiza atendimento ao público, de determinada pessoa que rotineiramente ali comparece, causando tumultos aos trabalhos desenvolvidos, é

(A) admissível, com base no poder de polícia exercido em prol da coletividade.

(B) arbitrária, uma vez que coíbe direito individual constitucional de liberdade de locomoção.

(C) legal, por força do poder regulamentar conferido à Administração Pública.

(D) irregular, pois extrapola o uso do poder normativo da Administração Pública.

(E) normal, se o servidor responsável pelo serviço público possuir autonomia funcional.

A liberdade das pessoas deve ser condicionada e restringida quando for exercida de modo a prejudicar o interesse da coletividade. Esse poder do Estado de atuar nessa contenção, estabelecendo obrigações de não fazer ao particular, tem o nome de poder de polícia.

Gabarito "A"

(Delegado/MG – 2012) No que se refere aos Poderes Administrativos, assinale a alternativa **INCORRETA**:

(A) O ato administrativo submete-se ao controle judicial por força do princípio da moralidade.

(B) O poder regulamentar típico permite complementar a lei e é de caráter derivado.

(C) Autoexecutoriedade e coercibilidade são atributos do poder de polícia.

(D) Os atos de polícia que avultam o princípio da proporcionalidade revelam-se ilegais, sendo, portanto, passíveis de anulação pelo Poder Judiciário.

A: incorreta (devendo ser assinalada); o ato administrativo submete-se ao controle judicial por força dos princípios da legalidade (art. 37, *caput*, da CF) e da inafastabilidade do controle jurisdicional (art. 5º, XXXV, da CF); **B:** correta, pois o poder regulamentar típico admite apenas a expedição de regulamentos de execução de lei, ou seja, de regulamentos que complementam a lei, não criando direitos ou deveres originários, daí seu caráter derivado; **C:** correta, pois a doutrina, de fato, aponta esses dois atributos como próprios do poder de polícia; **D:** correta, pois o desrespeito à proporcionalidade (pressuposto de validade denominado "causa") torna o ato ilegal, passível, portanto, de anulação pelo Judiciário.

Gabarito "A"

(Procurador do Estado/MG – FUMARC – 2012) Partindo da premissa de que as atividades abaixo relacionadas sejam, de fato, competências legalmente estabelecidas, exemplos de expressão do poder de polícia administrativa no âmbito do Estado de Minas Gerais, assinale a alternativa que NÃO se enquadra nesse contexto:

(A) Por parte do Instituto Mineiro de Agropecuária, exercer a inspeção animal e vegetal e o controle de produtos de origem animal e vegetal, na produção e na industrialização, podendo fixar multas em casos como a não aplicação, em rebanhos, das vacinas obrigatórias.

(B) Por parte do Instituto Estadual de Florestas, fiscalizar e supervisionar a execução das atividades de gestão florestal no território do Estado, em articulação com o Instituto Brasileiro do Meio Ambiente e dos Recursos Naturais Renováveis – IBAMA, cabendo-lhe conceder licenciamento ambiental.

(C) Por parte da Polícia Civil, órgão administrativo autônomo, subordinado ao Governador do Estado, investigar e apurar, no território estadual, infrações criminais, exceto as militares.

(D) Por parte da do Instituto de Pesos e Medidas, fiscalizar, em todo o Estado, diversos instrumentos, tais como bombas medidoras de combustíveis líquidos, instrumentos de pesar e de medir, taxímetros, hidrômetros, cuja não observância dos parâmetros técnicos de funcionamento poderá ensejar lacre ou apreensão.

(E) Por parte da Agência Reguladora de Serviços de Abastecimento de Água e de Esgotamento Sanitário do Estado de Minas Gerais – ARSAE-MG, supervisionar, controlar e avaliar os serviços de abastecimento de água e esgotamento sanitário, podendo aplicar sanções legais em caso de descumprimento das diretrizes técnicas e econômicas.

As alternativas "**A**", "**B**", "**D**" e "**E**" trazem típicos exemplos de poder de polícia administrativa, consistente na faculdade de que dispõe a Administração Pública para condicionar e restringir o uso e gozo de bens, atividades e direitos individuais, em benefício da coletividade ou do próprio Estado. Já a alternativa "**C**" traz exemplo de polícia judiciária, e não de polícia administrativa.

Gabarito "C"

(Procurador do Município/Cubatão-SP – 2012 – VUNESP) O poder de polícia

(A) não tem o condão de restringir atividades e direitos individuais.

(B) tem como um de seus atributos específicos a discricionariedade.

(C) administrativa incide sobre as pessoas, enquanto que a polícia judiciária incide sobre bens, direitos e atividades do particular.

(D) pode, com base no requisito da arbitrariedade, impor coativamente medidas diretas de proibição ou de punição contra os administrados que estejam infringindo normas legais urbanísticas.

(E) tem a desapropriação de bens como um de seus meios típicos de atuação contra os administrados, em prol do interesse público.

A: incorreta, pois o poder de polícia consiste justamente no poder de restringir pessoas, bens e atividades, condicionando-os aos interesses coletivos; **B:** correta, pois a doutrina aponta que o poder de polícia tem como atributos a discricionariedade, a autoexecutoriedade e a coercibilidade; **C:** incorreta, pois é o contrário, ou seja, a polícia administrativa age sobre bens e pessoas, ao passo que a polícia judiciária age sobre pessoas; **D:** incorreta, pois em Direito Administrativo há, no máximo, *discricionariedade* (margem de liberdade) e nunca *arbitrariedade* (liberdade total); **E:** incorreta, pois poder de polícia e desapropriação não se confundem; o primeiro recai genericamente sobre as pessoas, atingindo pessoas indeterminadas, ao passo que o segundo atinge pessoas determinadas; o primeiro decorre diretamente da lei, ao passo que o segundo depende de processo de desapropriação; o primeiro permite que o Poder Público cobre taxa do fiscalizado, ao passo que o segundo impõe o contrário, ou seja, o pagamento de uma indenização em favor do particular.

Gabarito "B"

(Procurador do Município/São José dos Campos-SP – 2012 – VUNESP) No que se refere aos poderes administrativos, assinale a alternativa correta.

(A) Para o poder de polícia administrativa, há competências exclusivas e não concorrentes das três esferas estatais, dada a centralização político-administrativa decorrente do sistema constitucional.

(B) O poder de polícia é o mecanismo de frenagem de que dispõe a Administração Pública para conter os abusos do direito coletivo.

(C) A polícia administrativa especial é aquela que cuida genericamente da segurança, da salubridade e da moralidade pública.

(D) A finalidade do poder de polícia é a proteção ao interesse público no seu sentido mais estrito.

(E) Com a ampliação do campo de incidência do poder de polícia, chega-se hoje a utilizar esse poder até para a preservação da segurança nacional, que é, em última análise, a situação da tranquilidade e garantia que o Estado oferece ao indivíduo e à coletividade, para a consecução dos objetivos do cidadão e da nação em geral.

A: incorreta, pois há uma série de competências comuns em matéria de poder de polícia, decorrente de um esforço de descentralização e não de centralização político-administrativa; um exemplo é a polícia administrativa ambiental, competência comum dos quatro entes políticos; **B:** incorreta, pois o poder de polícia é sinônimo de restrições feitas pela Administração, não sendo um bom exemplo de ferramenta para conter os abusos do direito coletivo; são ferramentas voltadas a essa contenção os princípios da legalidade, da impessoalidade, da moralidade, da motivação, da proporcionalidade e da segurança jurídica; **C:** incorreta, pois a polícia administrativa, por natureza, não é especial, mas geral; **D:** incorreta, pois a finalidade do poder de polícia deve ser sempre dividida em duas partes, quais sejam, a finalidade mediata, que é atender ao interesse público, e a finalidade imediata, que visa a resguardar algum interesse público em especial, como os interesses relacionados a vigilância sanitária, ao sossego público, ao meio ambiente etc.; **E:** correta, pois qualquer atividade tendente a condicionar genericamente os direitos, as atividades e os bens das pessoas ao interesse público é poder de polícia, circunstância mantida mesmo quando se visa a preservar a segurança nacional.

Gabarito "E"

(Procurador do Município/Sorocaba-SP – 2012 – VUNESP) Apontam-se como atributos do poder de polícia a

(A) vinculação, a exigibilidade e a materialidade.

(B) exigibilidade, a materialidade e as decisões.

(C) discricionariedade, a autoexecutoriedade e a coercibilidade.

(D) direção, o sujeito e o objeto.

(E) coercibilidade, o objeto e a materialidade.

São atributos do poder de polícia a discricionariedade, a autoexecutoriedade e a coercibilidade. Assim, somente a alternativa "C" está correta.

Gabarito "C"

(Procurador do Município/Teresina-PI – 2010 – FCC) NÃO exemplifica uma forma de atuação da polícia administrativa:

(A) decreto sobre o regulamento de determinada profissão.

(B) a interdição de atividade.

(C) a apreensão de mercadorias deterioradas.

(D) lei *strictu sensu,* isto é, emanada do Poder Legislativo, criando limitação administrativa.

(E) a inspeção em estabelecimento, destinada à investigação de crime.

Todos os casos envolvem atuação da *polícia administrativa,* salvo o narrado na alternativa "E", que envolve atuação da *polícia judiciária.*

Gabarito "E"

(Advogado da União/AGU – CESPE – 2012) Julgue o item seguinte.

(1) Por serem atos de polícia administrativa, a licença e a autorização, classificadas, respectivamente, como ato vinculado e ato discricionário, são suscetíveis de cassação pela polícia judiciária.

1: Incorreta, pois a polícia judiciária tem como finalidade a investigação de ilícitos criminais e não o exercício do poder de polícia.

Gabarito 1E

(Procurador Federal – 2010 – CESPE) No que se refere aos poderes da administração pública, julgue os itens a seguir.

(1) O prazo prescricional para que a administração pública federal, direta e indireta, no exercício do poder de polícia, inicie ação punitiva, cujo objetivo seja apurar infração à legislação em vigor, é de cinco anos, contados da data em que o ato se tornou conhecido pela administração, salvo se se tratar de infração dita permanente ou continuada, pois, nesse caso, o termo inicial ocorre no dia em que cessa a infração.

1: Incorreta, pois a afirmativa contém inverdade no ponto em que diz que o prazo é de 5 anos contados da data em que o ato se tornou conhecido pela administração, já que o prazo é de 5 anos contados da *data da prática do ato* (art. 1º, *caput*, da Lei 9.873/1999).

Gabarito 1E

(Cartório/RN – 2012 – IESIS) A ação punitiva do Estado deve ocorrer em um certo lapso temporal, sob pena de estar abarcada pelo instituto da prescrição. A respeito do tema, assinale a alternativa **INCORRETA**:

(A) A ação punitiva da Administração Pública Federal, direta e indireta, no exercício do poder de polícia, objetivando apurar infração à legislação em vigor, em regra, prescreve em cinco anos, contados da data em que tomou conhecimento da prática do ato.

(B) Em casos de infração permanente ou continuada, a prescrição somente começará a contar da data em que o ato tiver cessado.

(C) Se o ato administrativo constituir crime, o prazo prescricional será o mesmo da lei penal.

(D) Prescrevem em período superior a três anos os procedimentos administrativos paralisados que estão aguardando despacho ou julgamento da autoridade administrativa.

A: incorreta, devendo ser assinalada; como regra, o prazo em tela é contado da data da própria prática do ato e não da data do conhecimento da prática do ato (art. 1º, *caput*, da Lei 9.873/1999); **B:** correta (art. 1º, *caput*, da Lei 9.873/1999); **C:** correta (art. 1º, § 2º, da Lei 9.873/1999); **D:** correta (art. 1º, § 1º, da Lei 9.873/1999).

Gabarito "A"

(Magistratura do Trabalho – 15ª Região – 2010) Relativamente ao poder de polícia, é incorreto afirmar que:

(A) pode ser compreendido como a atividade da administração pública que, limitando ou disciplinando direito, interesse ou liberdade, regula a prática de ato ou abstenção de fato, em benefício do interesse público;

(B) possui como atributos a discricionariedade, a autoexecutoriedade e a coercibilidade, sendo que a discricionariedade comporta exceções;

(C) a polícia administrativa incide sobre bens, direitos e atividades e se difunde por toda a administração pública direta;

(D) o alvará de licença e o alvará de autorização são meios de atuação do poder de polícia, sendo a licença um ato discricionário e a autorização um ato vinculado;

(E) prescreve em cinco anos a ação punitiva da administração pública federal no exercício do seu poder de polícia, objetivando apurar infração à legislação em vigor.

A: assertiva correta, pois traz adequada definição de poder de polícia; **B:** assertiva correta, pois a doutrina aponta essas características do poder de polícia; vale salientar, todavia, que a lei, de acordo com o tipo de interesse envolvido, vai delimitar o campo de incidência da coercibilidade (possibilidade de uso da força), de maneira que, hoje, a doutrina vem apontando que é um pouco temerário dizer que sempre existe coercibilidade no poder de polícia, pois há casos em que a lei não autoriza expressamente o uso da força pela Administração em caso de descumprimento da norma pelo particular, ocasião em que a força só poderá ser utilizada caso se esteja em situação de grande urgência, sem que seja possível buscar a prestação jurisdicional; **C:** assertiva correta, pois, de fato, a polícia administrativa atinge esses bens ou valores; ademais, em toda a Administração Direta há órgãos encarregados desse poder, o que não exclui que também haja entes ou órgãos com esse poder na administração indireta, como é o caso do IBAMA; a afirmativa não fez essa exclusão expressamente, de modo que deve ser considerada correta; **D:** assertiva incorreta, devendo ser assinalada; isso porque a licença é ato vinculado e a autorização, discricionário; **E:** assertiva correta (art. 1º da Lei 9.873/1999).

Gabarito "D"

(Analista – TRT/9ª – 2010 – FCC) No que concerne ao tema *poder de polícia,* é correto afirmar:

(A) Na esfera federal, prescreve em dez anos a ação punitiva da Administração, no exercício do poder de polícia, objetivando apurar infração (que não constitua crime), contados da data da prática do ato ou, no caso de infração permanente ou continuada, do dia em que tiver cessado.

(B) Nem sempre o poder de polícia será discricionário, ou seja, em algumas hipóteses, a lei já estabelece que, diante de determinados requisitos, a Administração terá que adotar solução previamente estabelecida, como é o caso da autorização.

(C) No desempenho do poder de polícia, a Administração Pública não pode determinar medidas sumárias, isto é, sem a oitiva do particular; logo, ainda que se trate de situação de urgência, mister se faz a garantia da plenitude da defesa.

(D) Polícia administrativa e polícia judiciária não se confundem; a primeira rege-se pelo Direito Administrativo e incide sobre bens, direitos ou atividades; a segunda, pelo Direito Processual Penal, incidindo sobre pessoas.

(E) Os meios de atuação do poder de polícia compreendem somente duas categorias: atos administrativos preventivos, como, por exemplo, vistoria e fiscalização, e atos administrativos repressivos, como interdição de atividade e apreensão de mercadorias deterioradas.

A: incorreta, pois o prazo é de 5 anos (art. 1º da Lei 9.873/99); **B:** incorreta, pois a *autorização* é um ato discricionário; o exemplo adequado seria a *licença*, que é um ato vinculado; **C:** incorreta, pois há situações de grande urgência no acautelamento do interesse público em que se justifica o diferimento do contraditório para um momento posterior; **D:** correta, valendo citar como exemplo de polícia administrativa a fiscalização do trânsito, e de exemplo de polícia judiciária, a investigação de um crime cometido por uma pessoa; **E:** incorreta, pois a expressão "poder de polícia" em sentido amplo abrange não só as atividades citadas, denominadas "polícia administrativa", como também as leis que estabelecem os limites dos direitos das pessoas.

Gabarito "D"

(Analista – TRT/14ª – 2011 – FCC) O poder de polícia

(A) possui, como meio de atuação, apenas medidas de caráter repressivo.

(B) delegado é limitado aos termos da delegação e se caracteriza por atos de execução.

(C) é sempre discricionário.

(D) não é inerente a toda Administração, não estando presente, por exemplo, na esfera administrativa dos Municípios.

(E) não tem como um de seus limites a necessidade de observância aos princípios da proporcionalidade e razoabilidade.

A: incorreta, pois o poder de polícia atua tanto preventiva, como repressivamente; **B:** correta, pois aquele que tem a competência legal para exercer o poder de polícia até pode delegá-lo, mas o delegatário deve respeitar os limites do ato de delegação e, normalmente, atua apenas em atos de execução; um exemplo é a delegação da competência para fiscalização do trânsito, de um Município (delegante) para a polícia militar (delegatária); **C:** incorreta, pois o poder de polícia pode ser vinculado (quando a lei é bem clara e objetiva quanto à atuação da Administração) ou discricionário (quando a lei confere margem de liberdade para a Administração agir no caso concreto); **D:** incorreta, pois o poder de polícia está presente sim nos municípios, que atuam na polícia das construções, na polícia do sossego público, na polícia sanitária, na polícia de trânsito, na polícia ambiental, dentre outras; **E:** incorreta, pois o poder de polícia está sujeito sim a esses princípios, nos casos em que há competência discricionária da Administração Pública.

Gabarito "B"

(Analista – TRT/20ª – 2011 – FCC) A Administração Pública, no exercício de seu poder de polícia, aplicou multa a munícipe por infração ao ordenamento jurídico. Não ocorrendo o pagamento espontaneamente pelo administrado, a Administração decide praticar imediatamente e, de forma direta, atos de execução, objetivando o recebimento do valor. A conduta da Administração Pública

(A) está correta, tendo em vista o atributo da coercibilidade presente nos atos de polícia administrativa.

(B) não está correta, tendo em vista que nem todas as medidas de polícia administrativa têm a característica da autoexecutoriedade.

(C) está correta, tendo em vista o atributo da imperatividade existente nos atos de polícia administrativa.

(D) não está correta, tendo em vista que os atos de polícia administrativa são vinculados e, portanto, inexiste discricionariedade na atuação da Administração Pública.

(E) está correta, tendo em vista a prerrogativa da Administração de praticar os atos de polícia administrativa e colocá-los em imediata execução, sem dependência à manifestação judicial.

A: incorreta, pois o atributo da coercibilidade (chamado de autoexecutoriedade por parte da doutrina) permite, de fato, a coação material (o uso da força) para fazer valer os atos administrativos, porém é um atributo que só existe quando a lei expressamente permitir ou quando não houver tempo de buscar a prestação jurisdicional; no caso, a lei não prevê que a Administração pode usar a força para receber as multas não pagas, devendo ingressar com execução fiscal junto ao Judiciário; **B:** correta, nos termos do comentário à alternativa anterior; **C** e **E:** incorretas, pois, como se viu, a Administração, no caso, deverá ingressar com execução fiscal; **D:** incorreta, pois os atos de polícia podem ser tanto vinculados, como discricionários.

Gabarito "B"

(Analista – TRE/PR – 2012 – FCC) Considerando que sejam atributos do poder de polícia a discricionariedade, a coercibilidade e a autoexecutoriedade, da qual são desdobramentos a exigibilidade e a executoriedade, é correto afirmar:

(A) A discricionariedade está presente em todos os atos emanados do poder de polícia.

(B) A exigibilidade compreende a necessidade de provocação judicial para adoção de medidas de polícia.

(C) A autoexecutoriedade prescinde da coercibilidade, que pode ou não estar presente nos atos de polícia.

(D) A coercibilidade traduz-se na caracterização do ato de polícia como sendo uma atividade negativa, na medida em que se presta a limitar a atuação do particular.

(E) O poder de polícia pode ser exercido por meio de atos vinculados ou de atos discricionários, neste caso quando houver certa margem de apreciação deixada pela lei.

A: incorreta, pois apenas quando a lei conferir margem de liberdade ao agente público é que se terá discricionariedade, circunstância que nem sempre acontece nas competências legais instituídas para o exercício do poder de polícia; **B:** incorreta, pois a exigibilidade é atributo que permite a adoção de *coação indireta* para fazer valer os atos administrativos; um exemplo de exigibilidade é a aplicação de uma multa ao infrator da lei; **C:** incorreta, pois os atos de polícia são dotados do atributo autoexecutoriedade, que consiste na possibilidade de a Administração impor seus atos independentemente de pronunciamento do Judiciário; **D:** incorreta, pois coercibilidade consiste no atributo que permite a adoção de *coação direta* (uso da força) para fazer valer os atos administrativos; **E:** correta, pois, como se viu, apenas quando a lei conferir margem de liberdade ao agente público é que se terá discricionariedade, circunstância que nem sempre acontece nas competências legais instituídas para o exercício do poder de polícia; dessa forma, o poder de polícia pode ser exercido por atos vinculados ou discricionários, de acordo com o que dispuser a lei que o regulamentar.

Gabarito "E"

(Analista – MPU – 2010 – CESPE) Acerca do poder de polícia julgue o próximo item.

(1) O poder de polícia, vinculado à prática de ato ilícito de um particular, tem natureza sancionatória, devendo ser exercido apenas de maneira repressiva.

1: incorreta, pois o poder de polícia pode ser repressivo ou preventivo.

Gabarito 1E

(Auditor Fiscal do Trabalho – 2010 – ESAF) Ao exercer o poder de polícia, o agente público percorre determinado ciclo até a aplicação da sanção, também chamado ciclo de polícia. Identifique, entre as opções abaixo, a fase que pode ou não estar presente na atuação da polícia administrativa.

(A) Ordem de polícia.
(B) Consentimento de polícia.
(C) Sanção de polícia.
(D) Fiscalização de polícia.
(E) Aplicação da pena criminal.

A: incorreta, pois a ordem de polícia está *sempre* presente na polícia administrativa, mesmo quando há consentimento, pois o consentimento está sempre ligado a ordens de como dada atividade deve ser exercida; por exemplo, o consentimento para alguém construir uma casa (licença para construir) traz uma série de ordens de como deverá se desenvolver a construção; B: correta, pois o consentimento de polícia *nem sempre* vai acontecer; por exemplo, a polícia administrativa de trânsito não pode consentir que alguém, sem carteira de habilitação, continue dirigindo veículo automotor; C: incorreta, pois a sanção de polícia está *sempre* presente, ainda que em sentido potencial, pois, descumprido um dever de não fazer (próprio do poder de polícia), uma sanção respectiva deverá ser aplicada; D: incorreta, pois a polícia administrativa trabalha *sempre* com a fiscalização; E: incorreta, pois a polícia administrativa *nunca* pode aplicar a pena criminal.

Gabarito "B"

(OAB/Exame Unificado – 2013.2) Atendendo a uma série de denúncias feitas por particulares, a Delegacia de Defesa do Consumidor (DECON) deflagra uma operação, visando a apurar as condições dos alimentos fornecidos em restaurantes da região central da capital. Logo na primeira inspeção, os fiscais constataram que o estoque de um restaurante tinha produtos com a validade vencida. Na inspeção das instalações da cozinha, apuraram que o espaço não tinha condições sanitárias mínimas para o manejo de alimentos e o preparo de refeições. Os produtos vencidos foram apreendidos e o estabelecimento foi interditado, sem qualquer decisão prévia do Poder Judiciário. Assinale a alternativa que indica o atributo do poder de polícia que justifica as medidas tomadas pela DECON.

(A) Coercibilidade.
(B) Inexigibilidade.
(C) Autoexecutoriedade.
(D) Discricionariedade.

Trata-se de questão imprecisa. As alternativas que tratam da "inexigibilidade" e da "discricionariedade" podem ser descartadas com tranquilidade, pois não guardam relação com o enunciado. Este está a perguntar qual atributo se tem quando o Poder Público toma medidas de ordem material (no caso, apreensão de bens) sem prévia decisão do Judiciário. Em nossa opinião, tanto a alternativa que trata da *coercibilidade*, como a que trata da *autoexecutoriedade* poderiam ser assinaladas, pois estão presentes no enunciado. A coercibilidade diz respeito ao poder de a Administração usar a força para que sua decisão seja obedecida, o que é típico em apreensões e interdições. Há quem chame a coercibilidade de executoriedade e até de autoexecutoriedade. Já a expressão autoexecutoridade também é utilizada para indicar aquele atributo que permite a Administração atuar em alguns casos mesmo sem prévia decisão do Judiciário. Como o enunciado da questão acabou focando nesse ponto (atuação da Administração "sem qualquer decisão prévia do Poder Judiciário") a questão talvez pudesse ser acertada por exclusão. De qualquer forma, acreditamos que essa questão está bastante imprecisa e merecia anulação.

Gabarito "C"

(OAB/Exame Unificado – 2013.1) Oscar é titular da propriedade de um terreno adjacente a uma creche particular. Aproveitando a expansão econômica da localidade, decidiu construir em seu terreno um grande galpão. Oscar iniciou as obras, sem solicitar à prefeitura do município "X" a necessária licença para construir, usando material de baixa qualidade. Ainda durante a construção, a diretora da creche notou que a estrutura não apresentava solidez e corria o risco de desabar sobre as crianças. Ao tomar conhecimento do fato, a prefeitura do município "X" inspecionou o imóvel e constatou a gravidade da situação. Após a devida notificação de Oscar, a estrutura foi demolida. Assinale a afirmativa que indica o instituto do direito administrativo que autoriza a atitude do município "X".

(A) Tombamento.
(B) Poder de polícia.
(C) Ocupação temporária.
(D) Desapropriação.

A: incorreta, pois o tombamento é declaração de que um bem tem especial valor de natureza histórica ou cultural para fins de proteção, o que não é o caso do bem narrado no enunciado, consistente em construção de um imóvel qualquer, sem licença e com material de baixa qualidade; **B:** correta, pois a medida tomada se deu no âmbito do poder de polícia, ou seja, no poder de condicionar a liberdade e a propriedade aos interesses coletivos, no caso, ao interesse coletivo de que uma construção sem licença e com risco de ruína não prossiga; **C:** incorreta, pois a ocupação temporária consiste no direito de uso do Poder Público sobre um bem particular não edificado, de forma transitória, remunerada ou gratuita, com o objetivo de executar obras, serviços ou atividades públicas (art. 36 do Dec.-lei 3.365/1941), o que não é o caso narrado no enunciado; **D:** incorreta, pois na desapropriação o particular perde a propriedade para o Poder Público, o que não é o caso narrado no enunciado.

Gabarito "B"

(OAB/Exame Unificado – 2010.2) O poder de polícia, conferindo a possibilidade de o Estado limitar o exercício da liberdade ou das faculdades de proprietário, em prol do interesse público

(A) gera a possibilidade de cobrança, como contrapartida, de preço público.

(B) se instrumentaliza sempre por meio de alvará de autorização.

(C) afasta a razoabilidade, para atingir os seus objetivos maiores, em prol da predominância do interesse público.

(D) deve ser exercido nos limites da lei, gerando a possibilidade de cobrança de taxa.

A: incorreta, pois, segundo o art. 145, II, da CF, o exercício do poder de polícia dá ensejo à cobrança de *taxa*, e não de *preço público*; **B:** incorreta, pois o poder de polícia pode resultar em alvará de autorização ou em alvará de licença; no primeiro caso, quando a Administração atua com discricionariedade (ex: alvará de porte de arma); no segundo, quando a Administração atua com vinculação (ex: alvará de construção de uma casa); **C:** incorreta, pois a razoabilidade é princípio da Administração Pública (art. 2º, *caput*, da Lei 9.784/1999), e, como tal, não pode ser afastada; **D:** correta, pois o poder de polícia deve atuar nos limites da lei, em virtude do princípio da legalidade, e, conforme já escrito, dá ensejo à cobrança de taxa (art. 145, II, da CF).

Gabarito "D"

3.9.5. Poderes administrativos combinados

(Magistratura/PA – 2012 – CESPE) Assinale a opção correta acerca dos poderes da administração.

(A) O STF admite a delegação do exercício do poder de polícia a pessoas jurídicas de direito privado.

(B) A avocação de atribuições, decorrente do poder hierárquico da administração pública, é admitida desde que estas não sejam de competência exclusiva do órgão subordinado.

(C) No âmbito federal, a aplicação de sanções relacionadas ao exercício do poder de polícia submete-se a prazo de prescrição de cinco anos, não passível de interrupção ou suspensão.

(D) No que se refere ao exercício do denominado poder normativo da administração, é vedado ao ministro de Estado expedir ato de natureza regulamentar, instrumento de uso exclusivo do chefe do Poder Executivo.

(E) Segundo a doutrina, o exercício do poder disciplinar pela administração pública deve ficar adstrito à apuração de infrações e à aplicação de penalidades aos servidores públicos.

A: incorreta; é pacífico na doutrina e na jurisprudência que não é possível com o exercício do poder de polícia, que é privativo de autoridade pública, ou seja, não é permitida sua delegação ao particular, sendo que a este somente é possível ser credenciado para contribuir materialmente com o poder de polícia, como no caso de empresa que controla radares fotográficos de trânsito, mas a declaração de vontade será, ao final, da autoridade pública, que, com base nesses elementos materiais, poderá aplicar ou não uma multa de trânsito; **B:** correta, pois, caso a lei tenha estabelecido expressamente que determinada competência é exclusiva de algum cargo ou órgão, a autoridade superior não poderá promover a avocação, que, como se sabe, é, também, providência excepcional, nos termos do art. 15 da Lei 9.784/1999; **C:** incorreta, pois a Lei 9.873/1999 estabelece casos de interrupção e de suspensão do prazo do prazo de prescrição da ação punitiva (tecnicamente o prazo é decadencial e não prescricional, mas a lei usa a expressão prescrição), bem como prazo de prescrição da ação executória da punição aplicada (aqui sim o prazo é, tecnicamente, prescricional); **D:** incorreta, pois o ministro de Estado não pode expedir regulamentos em sentido estrito, mas pode expedir outros atos normativos, como as instruções normativas; **E:** incorreta, pois o conceito de poder disciplinar é mais amplo abrangendo as demais pessoas sujeitas à disciplina dos órgãos e serviços da Administração.

Gabarito "B"

(Ministério Público/MG – 2010.1) Sobre os princípios e poderes da administração pública, segundo o direito pátrio, é INCORRETO afirmar que:

(A) a aplicação dos princípios da segurança jurídica e boa-fé permite a regulação dos efeitos já produzidos pelo ato ilegal.

(B) é possível considerar inconstitucional uma lei que não guarde proporção adequada entre os meios que emprega e a finalidade pública almejada.

(C) uma das consequências do atual sistema constitucional é a ampliação do controle judicial sobre os atos administrativos discricionários, que devem ser confrontados não só diante da lei, mas também perante o Direito.

(D) o poder de polícia tanto pode ser discricionário como vinculado.

(E) no exercício de seu poder normativo derivado, pode o Poder Executivo limitar e regular a prática de ato ou abstenção de fato, em razão de interesse público concernente à segurança, à higiene, meio ambiente, costumes, tranquilidade pública e propriedade.

A: correta, pois a ilegalidade deve ser sanada na medida em que também se preserva valores como segurança jurídica e boa-fé; um exemplo disso é o disposto no art. 54 da Lei 9.784/1999, pelo qual, após 5 anos, um ato administrativo ilegal não pode ser anulado se beneficia alguém que estava de boa-fé; **B:** correta, pois uma lei dessa natureza fere os princípios da razoabilidade e da proporcionalidade; de qualquer forma, na prática, haverá grande dificuldade em demonstrar a ofensa direta à Constituição Federal; **C:** correta, pois os atos discricionários devem respeitar não só a lei (princípio da legalidade), como o Direito com um todo, incluindo a razoabilidade e a moralidade administrativa; **D:** correta, pois a lei que estabelece o condicionamento à liberdade e à propriedade das pessoas pode tanto trazer conceitos claros e objetivos, ensejando uma competência vinculada (ex.: "o recuo de frente dos imóveis residenciais deve ser de 4 metros"), como trazer conceitos fluidos e vagos e/ou mais de uma opção ao agente público, ensejando competência discricionária (ex.: "em caso de violação da presente lei, será aplicada multa de R$ 1.000,00 a R$ 5.000,00, de acordo com a gravidade da infração"); **E:** incorreta, pois o poder normativo derivado, que está situado abaixo da lei, poder esse típico do Executivo, não pode inovar na ordem jurídica, em virtude do princípio da legalidade, de modo que não pode limitar e regular a prática de atos.

Gabarito "E"

(Procurador do Estado/SC – 2010 – FEPESE) A prática de um ato de nomeação para um cargo de provimento em comissão; expedição de alvará de licença, edição de decreto; delegação e avocação de atribuições correspondem aos poderes:

(A) Discricionário, de polícia, regulamentar e hierárquico.

(B) Discricionário, hierárquico, regulamentar, de polícia.

(C) Vinculado, disciplinar, de polícia, hierárquico.

(D) De polícia, hierárquico, vinculado, discricionário.

(E) Regulamentar, de polícia, hierárquico, vinculado.

A nomeação para cargo em comissão é livre e, portanto, expressa o *poder discricionário*. A expedição de alvará de licença envolve verificação se a conduta do interessado está ou não de acordo com os interesses da coletividade, de modo que expressa *poder de polícia*. A edição de decreto faz-se necessária para trazer ao mundo jurídico o regulamento de execução de lei, de modo que expressa o *poder regulamentar*. E a delegação de competência muito comumente se faz da autoridade superior para a inferior (em que pese poder ser feita para autoridades que não são inferiores ao agente delegante – art. 12 da Lei 9.784/1999), e a avocação é sempre da autoridade inferior para a superior (art. 15 da Lei 9.784/1999), de modo que essas situações expressam o *poder hierárquico*.

Gabarito "A"

(Procurador do Município/Teresina-PI – 2010 – FCC) Poderes da Administração Pública.

I. Poder disciplinar é a faculdade de punir internamente as infrações funcionais dos servidores e demais pessoas sujeitas à disciplina dos órgãos e serviços da Administração.

II. A hierarquia não é cabível apenas no âmbito da função administrativa, sendo plenamente aplicável aos agentes públicos no exercício das funções jurisdicional e legislativa.

III. O poder regulamentar pode ser definido como o que cabe ao Chefe do Poder Executivo da União, dos Estados e dos Municípios, de editar normas complementares à lei, para sua fiel execução.

IV. O poder discricionário consiste na liberdade de ação administrativa, dentro dos limites permitidos em lei, aplicando-se inclusive para o requisito da finalidade do ato administrativo.

SOMENTE estão corretas as assertivas

(A) II e IV.

(B) I e II.

(C) I e III.

(D) I e IV.

(E) II e III.

I: correta, pois traz a exata definição de poder disciplinar; **II:** incorreta, pois o conceito de hierarquia só se aplica às relações administrativas; não há como conceber, por exemplo, que exista hierarquia entre dois deputados, ou dois juízes, nas funções típicas de cada um; o que existe são competências diversas, sendo que um juiz, em determinada situação, pode até cassar a decisão de outro, o que não o torna um superior hierárquico em relação ao outro, no plano jurisdicional; **III:** correta, pois traz a exata definição de poder regulamentar; **IV:** incorreta, pois há requisitos do ato administrativo (competência, forma e *finalidade*) que são sempre vinculados.

Gabarito "C"

(Magistratura Federal-4ª Região – 2010) Dadas as assertivas abaixo sobre Poderes Administrativos e atividades interventivas do Estado, assinale a alternativa correta.

I. O denominado Poder de Polícia, também conhecido como Polícia Administrativa, é um dos Poderes Administrativos conferidos à Administração Pública, tendo natureza instrumental, já que não se confunde com o Poder Político, constituindo atividade de condicionamento do uso de bens e desempenho de atividades, sendo admitido seu exercício diretamente ou mediante delegação a pessoas jurídicas de direito público ou de direito privado.

II. O exercício do poder disciplinar pelo Estado não está sujeito ao prévio encerramento da ação penal que venha a ser instaurada perante órgão competente do Poder Judiciário, pois as sanções penais e administrativas, qualificando-se como respostas autônomas do Estado à prática de atos ilícitos, não se condicionam reciprocamente, tornando-se possível, em consequência, a imposição da punição disciplinar independentemente de prévia decisão da instância penal.

III. O abuso de poder regulamentar, especialmente nos casos em que o Estado atua em desacordo com a lei, não só expõe o ato transgressor ao controle jurisdicional, mas viabiliza, até mesmo, tal a gravidade desse comportamento, a sustação, pelo Congresso Nacional, do ato normativo viciado praticado pelo Poder Executivo.

IV. Estabelece a Constituição Federal que a ordem econômica é fundada na valorização do trabalho humano e na livre-iniciativa, devendo observar, dentre outros, os princípios da propriedade privada e da livre concorrência, mas pode o Estado, por via legislativa, regular a política de preços de bens e de serviços, inclusive mediante tabelamento, de modo a conter os abusos do poder econômico.

V. A limitação administrativa, como modalidade de intervenção do Estado na propriedade privada, decorre da supremacia do interesse público sobre o privado, implicando o condicionamento do uso da propriedade, com a instituição de um direito real em favor do Poder Público, de modo que o particular fica submetido a um *pati*, ou seja, obrigação de suportar atividade pública específica.

(A) Está correta apenas a assertiva II.

(B) Estão corretas apenas as assertivas II e III.

(C) Estão corretas apenas as assertivas II, III e IV.

(D) Estão corretas apenas as assertivas I, II, III e IV.

(E) Estão corretas todas as assertivas.

I: incorreta, pois o poder de polícia só pode ser exercido por autoridade pública, e nunca por pessoa de direito privado. Essas pessoas podem, tão somente, realizar atividades materiais ligadas a seu exercício, isto é, auxiliando a Administração Pública na execução dessas medidas; **II:** correta, pois as instâncias civil, penal e administrativa são independentes; **III:** correta, pois o Judiciário sempre pode ser chamado em caso de ilegalidade (art. 5º, XXXV, da CF/1988), e o Congresso Nacional, de fato, tem o poder de sustar atos normativos que exorbitem do poder regulamentar (art. 49, V, da CF/1988); **IV:** correta, nos termos do art. 170, II e IV, c/c art. 173, § 4º, ambos da CF/1988; **V:** incorreta, pois a definição dada na afirmativa não é de *limitação administrativa*, mas de *servidão administrativa*.

Gabarito "C"

(Magistratura do Trabalho – 1ª Região – 2010 – CESPE) Assinale a opção correta acerca dos poderes disciplinar, hierárquico, regulamentar e de polícia administrativa.

(A) No campo disciplinar, o direito administrativo utiliza, como regra, o sistema da rígida tipicidade, prevendo cada conduta ilícita e a sanção respectiva.

(B) O poder de polícia é atividade discricionária que não envolve competências vinculadas.

(C) Decorre da hierarquia o poder que o órgão administrativo hierarquicamente superior possui de, em qualquer circunstância e sem necessidade de justificação, avocar temporariamente a competência atribuída a órgão inferior.

(D) Em razão do sistema de jurisdição única adotado no Brasil, cabe ao Poder Judiciário, com exclusividade, a prerrogativa de controlar os atos do Poder Executivo que exorbitem do poder regulamentar.

(E) Os processos de natureza disciplinar, mesmo que redundem na aplicação de penalidades de advertência e de suspensão de até trinta dias, estão submetidos ao princípio da ampla defesa e do contraditório, sendo inconstitucional qualquer dispositivo legal que dispense essa exigência.

A: incorreta, pois o sistema disciplinar não é tão fechado e casuístico assim; há tipos disciplinares mais abertos, como o que considera infração disciplinar sujeita à demissão a "insubordinação grave em serviço" (art. 132, VI, da Lei 8.112/1990), expressão essa bastante vaga e sujeita a múltiplas interpretações; **B:** incorreta, pois o poder de polícia pode ser discricionário ou vinculado, de acordo com a lei que criar esse condicionamento às pessoas; **C:** incorreta, pois a avocação de competência, apesar de decorrer da hierarquia, só é permitida em caráter excepcional e por motivos devidamente justificados (art. 15 da Lei 9.784/1999); **D:** incorreta, pois os atos normativos do Poder Executivo que exorbitam o poder regulamentar também podem ser controlados pelo Poder Legislativo, que tem o poder de sustá-los (art. 49, V, da CF); **E:** correta, pois a exigência de ampla defesa e de contraditório diz respeito a qualquer processo administrativo (art. 5º, LV, da CF).

Gabarito "E"

(Magistratura do Trabalho – 3ª Região – 2013) Relativamente aos poderes administrativos é incorreto afirmar:

(A) O poder discricionário confere ao administrador público liberdade de escolha da conveniência, oportunidade e conteúdo do ato.

(B) O poder vinculado impõe ao agente público a restrição rigorosa aos preceitos legais, sem qualquer liberdade de ação.

(C) O poder hierárquico tem por objetivo ordenar, controlar, coordenar e corrigir as atividades administrativas no âmbito interno da Administração pública.

(D) O poder regulamentar é a faculdade de que dispõem os chefes do Executivo, em todas as esferas, de explicar a lei para a sua correta execução.

(E) O poder de polícia é a faculdade punitiva interna da Administração e só abrange as infrações relacionadas com o serviço.

A: assertiva correta, pois traz a exata definição do poder discricionário; **B:** assertiva correta, pois, de fato, no poder vinculado não há margem de liberdade alguma para o agente público, que só tem uma opção de agir; **C:** assertiva correta, pois traz a exata definição do poder hierárquico; **D:** assertiva correta, pois traz a exata definição do poder regulamentar; **E:** assertiva incorreta, devendo ser assinalada, pois essa definição é do poder disciplinar.

Gabarito "E"

(Analista – TRT/21ª – 2010 – CESPE) Julgue os itens subsequentes, relativos aos poderes administrativos, à organização administrativa e aos atos administrativos.

(1) Segundo a doutrina, o poder de polícia tanto pode ser discricionário quanto vinculado.

(2) Os atos administrativos cujos efeitos se exauriram não podem ser revogados, visto que a revogação não retroage, limitando-se a impedir que o ato continue a produzir efeitos.

1: correta, pois a lei que estabelece o condicionamento à liberdade e à propriedade das pessoas pode tanto trazer conceitos claros e objetivos, ensejando uma competência vinculada (ex.: "o recuo de frente dos imóveis residenciais deve ser de 4 metros"), como trazer conceitos fluidos e vagos e/ou mais de uma opção ao agente público, ensejando competência discricionária (ex.: "em caso de violação da presente lei, será aplicada multa de R$ 1.000,00 a R$ 5.000,00, de acordo com a gravidade da infração"); **2:** correta, pois os atos já exauridos são atos que já estão, tecnicamente, extintos, de modo que não há mais que se falar em revogação.

Gabarito 1C, 2C

(Analista – TRE/AC – 2010 – FCC) Acerca dos poderes e deveres do administrador público, é correto afirmar que

(A) o dever de prestar contas aplica-se apenas aos ocupantes de cargos eletivos e aos agentes da administração direta que tenham sob sua guarda bens ou valores públicos.

(B) o agente público, mesmo quando despido da função ou fora do exercício do cargo, pode usar da autoridade pública para sobrepor-se aos demais cidadãos.

(C) o poder tem, para o agente público, o significado de dever para com a comunidade e para com os indivíduos, no sentido de que quem o detém está sempre na obrigação de exercitá-lo.

(D) o dever de eficiência exige que o administrador público, no desempenho de suas atividades, atue com ética, honestidade e boa-fé.

(E) o dever de probidade traduz-se na exigência de elevado padrão de qualidade na atividade administrativa.

A: incorreta, pois todos os agentes públicos que fazem gestão de coisas públicas têm o dever de prestar contas; **B:** incorreta, pois os agentes públicos não podem usar prerrogativas públicas fora do exercício profissional na Administração Pública; **C:** correta, pois o agente público só tem "poderes" porque a lei lhe impõe "deveres"; os poderes não são um fim em si mesmo, mas instrumentos para alcançar o cumprimento de deveres; **D:** incorreta, pois a atuação com ética, honestidade e boa-fé diz respeito ao princípio da *moralidade*; **E:** incorreta, pois a exigência de elevado padrão de qualidade na atividade administrativa diz respeito ao princípio da *eficiência*.

Gabarito "C"

(Analista – TRE/AC – 2010 – FCC) Sobre os poderes administrativos, considere:

I. Poder que a lei confere à Administração Pública para a prática de ato de sua competência, determinando os elementos e requisitos necessários à sua formalização.

II. Poder que o Direito concede à Administração Pública, de modo implícito ou explícito, para a prática de atos administrativos com liberdade de escolha de sua conveniência, oportunidade e conteúdo.

III. Faculdade de que dispõem os Chefes de Executivo de explicar a lei para a sua correta execução, ou de expedir decretos autônomos sobre matéria de sua competência ainda não disciplinada por lei.

Os conceitos acima se referem, respectivamente, aos poderes

(A) subordinado, discricionário e hierárquico.

(B) discricionário, arbitrário e disciplinar.

(C) vinculado, disciplinar e de polícia.

(D) hierárquico, de polícia e regulamentar.

(E) vinculado, discricionário e regulamentar

I: trata-se do poder vinculado, pois a afirmativa deixa claro que a lei determina os exatos passos para que a Administração atue; **II:** trata-se do poder discricionário, pois a afirmativa fala em "liberdade de escolha", ou seja, em discricionariedade"; **III:** trata-se do poder regulamentar, pois tal poder tem, realmente, as funções mencionadas na afirmativa, quais sejam: explicar a lei e emitir decretos autônomos, quando couber.

Gabarito "E"

(Analista – TRE/SP – 2012 – FCC) A atividade da Administração consistente na limitação de direitos e atividades individuais em benefício do interesse público caracteriza o exercício do poder

(A) regulamentar, exercido mediante a edição de atos normativos para fiel execução da lei e com a prática de atos concretos, dotados de autoexecutoriedade.

(B) de polícia, exercido apenas repressivamente, em caráter vinculado e com atributos de coercibilidade e autoexecutoriedade.

(C) disciplinar, exercido com vistas à aplicação da lei ao caso concreto, dotado de coercibilidade e autoexecutoriedade.

(D) de polícia, exercido por meio de ações preventivas e repressivas dotadas de coercibilidade e autoexecutoriedade.

(E) disciplinar, consistente na avaliação de conveniência e oportunidade para aplicação das restrições legais ao caso concreto, o que corresponde à denominada autoexecutoriedade.

A definição dada no enunciado é de poder de polícia, devendo ser assinalada a alternativa "d", que, de resto, traz outras informações corretas sobre o instituto.

Gabarito "D"

(Analista – TRE/BA – 2010 – CESPE) Acerca dos atos e dos poderes administrativos, julgue os itens a seguir.

(1) Ato administrativo complexo é aquele que resulta do somatório de manifestações de vontade de mais de um órgão, por exemplo, a aposentadoria.

(2) Quando um fiscal apreende remédios com prazo de validade vencido, expostos em prateleiras de uma farmácia, tem-se exemplo do poder disciplinar da administração pública.

1: correta, pois, nesse ato, temos mais de um órgão formando um único ato, como é o caso da aposentadoria, que se aperfeiçoa por ato da Administração somado a ato de registro dos Tribunais de Contas; **2:** incorreta, pois, nesse caso, temos o poder de polícia.

Gabarito 1C, 2E

(Analista – TRE/BA – 2010 – CESPE) Com relação ao processo administrativo e aos poderes conferidos à administração pública, julgue os itens que se seguem.

(1) O poder de polícia, considerado como a atividade do Estado limitadora do exercício dos direitos individuais em benefício do interesse público, é atribuído com exclusividade ao Poder Executivo.

1: incorreta, pois os demais poderes também exercem poder de polícia, como é o caso do Poder Judiciário, quando fiscaliza a entrada de pessoas e o seu comportamento em sessões do tribunal.

Gabarito 1E

(Analista – TJ/ES – 2011 – CESPE) Com relação aos poderes administrativos, julgue os próximos itens.

(1) A fiscalização realizada em locais proibidos para menores retrata o exercício de polícia administrativa.

(2) O ato de aplicação de penalidade disciplinar deverá ser sempre motivado.

(3) Um regulamento autorizado pode disciplinar matérias reservadas à lei.

(4) Enquanto não for decretada a invalidade do ato pela administração ou pelo Poder Judiciário, o ato inválido produzirá normalmente seus efeitos.

(5) O ato praticado com vício de incompetência em razão da matéria não admite convalidação.

(6) A delegação da competência para a realização de um ato administrativo configura a renúncia da competência do agente delegante.

1: correta, pois tal fiscalização tem em mira justamente ajustar os comportamentos das pessoas ao que dispõe a lei; **2:** correta, em virtude do princípio da motivação (art. 2º, *caput*, da Lei 9.784/1999) e também de disposição expressa na lei (art. 2º, parágrafo único, VII, e art. 50, II, ambos da Lei 9.784/1999); **3:** incorreta, pois tal situação violaria o princípio da legalidade; apenas os casos previstos no art. 84, VI, da CF admitem regulamento autônomo de lei; **4:** correta, em virtude da presunção de legitimidade dos atos administrativos; **5:** correta, pois a incompetência em razão da matéria é absoluta, de modo que, no caso, tem-se ato nulo, ato esse que não admite convalidação; **6:** incorreta, pois a delegação de competência é sempre temporária e revogável (art. 14, §§ 1º e 2º, da Lei 9.784/1999); ademais, a competência é irrenunciável (art. 11 da Lei 9.784/1999).

Gabarito 1C, 2C, 3E, 4C, 5C, 6E

(Analista – TJ/ES – 2011 – CESPE) No que concerne aos poderes administrativos, julgue os itens subsecutivos.

(1) Além dos atos que provêm de autoridade pública, caracterizam-se, também, como atividades de polícia administrativa as providências tomadas por particulares para prevenir prejuízos ou ameaças a seus direitos ou patrimônios.

(2) O poder disciplinar consiste em distribuir e escalonar as funções, ordenar e rever as atuações e estabelecer as relações de subordinação entre os órgãos públicos, inclusive seus agentes.

1: incorreta, pois o poder de polícia é privativo de autoridade pública; as providências tomadas pelos particulares para a defesa de seus direitos ou patrimônios têm natureza jurídica diversa; **2:** incorreta, pois essa definição é de poder hierárquico.

Gabarito 1E, 2E

(Analista – MPU – 2010 – CESPE) Com relação aos poderes administrativos, julgue o item a seguir.

(1) As prerrogativas do regime jurídico administrativo conferem poderes à administração, colocada em posição de supremacia sobre o particular; já as sujeições servem de limites à atuação administrativa, como garantia do respeito às finalidades públicas e também dos direitos do cidadão.

1: correta, pois a Administração tem um misto de poderes (ex.: disciplinar, regulamentar, de polícia etc.) e de sujeições (ex.: de prestar contas, de cumprir a lei etc.); os poderes conferem uma supremacia da Administração em relação ao particular; já as sujeições servem de limites à atuação administrativa.

Gabarito 1C

(Auditor Fiscal/SC – 2010 – FEPESE) Quanto aos Poderes administrativos, é **correto** afirmar:

(A) O Poder Disciplinar é poder punitivo administrativo incidente em âmbito externo à Administração Pública.

(B) O Poder de Polícia Administrativa tem caráter de fiscalização e eventual restrição de liberdades públicas.

(C) O Poder Regulamentar se manifesta através de atos administrativos de efeito concreto.

(D) O Poder Discricionário da Administração Pública admite controle jurisdicional somente quando for ilegal ou politicamente inoportuno o ato.

(E) O Poder Vinculado somente admite controle jurisdicional quanto ao seu mérito do ato administrativo.

A: incorreta, pois esse poder é próprio da Administração Pública e consiste no poder de aplicar sanções disciplinares aos agentes públicos; B: correta, pois o poder de polícia importa no exercício de fiscalização das liberdades públicas, que poderá resultar em restrição destas; por exemplo, as pessoas têm liberdade para exercer a propriedade, porém não podem fazê-lo de maneira a prejudicar a coletividade, atuando o poder de polícia exatamente para impedir que isso aconteça; C: incorreta, pois o poder regulamentar se dá pela prática de regulamentos, que são atos gerais e abstratos; D: incorreta, pois o poder discricionário pode ser controlado pelo Judiciário nos aspectos de *legalidade*, e não nos aspectos de *conveniência e oportunidade*; E: incorreta, pois não há mérito no ato vinculado, ou seja, não há margem de liberdade no ato vinculado, de maneira que o Judiciário pode controlar cada aspecto desse tipo de ato.

Gabarito "B"

(Auditor Fiscal/SC – 2010 – FEPESE) Quanto aos Poderes administrativos, é correto afirmar:

(A) A relação de poder entre a Administração Direta e Administração Indireta é tipicamente hierárquica.

(B) O Poder de Polícia Administrativa se exerce sempre através da Polícia Judiciária.

(C) A vinculação à lei é prescindível no exercício do Poder Discricionário.

(D) O juízo de conveniência e oportunidade pauta o exercício do Poder Vinculado.

(E) A avocação de atos administrativos de subordinado e a revisão destes é típica manifestação do Poder Hierárquico.

A: incorreta, pois entre *pessoas jurídicas* (ou seja, entre a Administração Direta e Indireta) há *controle ou tutela*, ao passo que entre *órgãos públicos* (órgãos no interior da Administração) há *hierarquia*; B: incorreta, pois tais poderes não se confundem, vez que a polícia judiciária tem por objeto investigar crimes, ao passo que a polícia administrativa fiscaliza o descumprimento de normas administrativas; assim, em caso de um *crime de homicídio*, compete à polícia judiciária (Polícia Civil ou Polícia Federal, a depender do caso) investigar o ilícito; já em caso de uma *infração de trânsito*, compete à polícia administrativa (agentes de trânsito) combater o ilícito; C: incorreta, pois a lei sempre tem que ser obedecida, não se podendo prescindir de sua obediência mesmo nos casos de poder discricionário; D: incorreta, pois, no poder vinculado, não há margem de liberdade alguma, ou seja, não há discricionariedade; E: correta, pois tais providências são típicas do exercício do poder hierárquico.

Gabarito "E"

(OAB/Exame Unificado – 2010.2) A doutrina costuma afirmar que certas prerrogativas postas à Administração encerram verdadeiros poderes, que são irrenunciáveis e devem ser exercidos sempre que o interesse público clamar. Por tal razão são chamados poder-dever. A esse respeito é correto afirmar que:

(A) o poder regulamentar é amplo, e permite, sem controvérsias, a edição de regulamentos autônomos e executórios.

(B) o poder disciplinar importa à administração o dever de apurar infrações e aplicar penalidades, mesmo não havendo legislação prévia.

(C) o poder de polícia se coloca discricionário, conferindo ao administrador ilimitada margem de opções quanto à sanção a ser, eventualmente, aplicada.

(D) o poder hierárquico é inerente à ideia de verticalização administrativa, e revela as possibilidades de controlar atividades, delegar competência, avocar competências delegáveis e invalidar atos, dentre outros.

A: incorreta, pois o poder regulamentar consiste no poder de *explicar* a lei, com vistas à sua fiel execução; assim, como regra, tal poder não permite a edição de decretos autônomos de lei (*decretos autônomos*), mas tão somente a edição de decretos de execução de lei (*decretos executórios*); apenas em situações excepcionais (art. 84, VI, da CF) é que é cabível decreto autônomo de lei; assim, está incorreto dizer que o poder regulamentar é *amplo* e admite, *sem controvérsias*, a edição de regulamentos *autônomos*; **B:** incorreta, pois esse poder implica no dever de apurar infrações e aplicar penalidades apenas no âmbito das relações internas da Administração (ex: demissão de um agente público), não sendo tão amplo como a alternativa faz parecer, devendo-se lembrar de que a aplicação externa de penalidades (ex: uma multa de trânsito) caracteriza outro poder, o poder de polícia; não bastasse, a alternativa também incorre em erro ao dizer que esse poder pode ser exercido mesmo não havendo legislação prévia, pois, de acordo com o princípio da legalidade, a Administração só pode agir se houver lei prévia autorizando ou determinando a sua atuação; **C:** incorreta, pois o poder de polícia pode ser tanto vinculado como discricionário, a depender de a lei conferir ou não margem de liberdade para o agente público; não bastasse, quando há discricionariedade, esta não confere ilimitada margem de opção para o agente, pois discricionariedade não é arbitrariedade, mas *margem* de liberdade; **D:** correta, pois o poder hierárquico, de fato, é vertical (ou seja, exerce-se de um órgão superior para um órgão subordinado) e possibilita o controle das atividades do subordinado, bem como a delegação de competências, a avocação e a invalidação de atos.

Gabarito "D"

3.10. QUESTÕES SUBJETIVAS COMENTADAS

(OAB/Exame Unificado – 2ª fase – CESPE) O fazendeiro Pedro foi multado em R$ 500,00 por utilizar, na pesca, um tipo de rede proibido pela legislação ambiental do estado do Espírito Santo. Irresignado, ingressou com recurso administrativo, admitindo que havia praticado a referida conduta, mas argumentando que não havia agido contra a lei, pois desconhecia que o ato praticado caracterizava infração ambiental. Quando o recurso chegou às mãos da autoridade competente para decidi-lo, ela verificou que havia uma irregularidade na aplicação da sanção, pois a multa mínima cominada para o ato descrito era de R$ 2.000,00. Insegura acerca do que deveria fazer, a referida autoridade solicitou orientação da consultoria jurídica do órgão. Com referência ao relato hipotético acima, redija um texto dissertativo que inclua justificativa de como deveria proceder a referida autoridade perante o caso, esclarecendo, em especial:

– se a argumentação do recorrente merece ser acolhida;

– se seria possível à administração elevar para o mínimo legal o valor da multa aplicada.

Organização de ideias.

Repare que a questão **pede** ao candidato o seguinte: a) texto dissertativo, possivelmente de lavra da consultoria jurídica do órgão; b) texto com justificava de como a autoridade deveria proceder; c) análise das argumentações do recorrente; c) análise da possibilidade de a administração, em sede de recurso do interessado, reformar a decisão *in pejus*, ou seja, para prejudicar este.

Repare, também, que o interessado trouxe o seguinte **argumento:** que desconhecia que o ato praticado caracteriza infração ambiental, de modo que não havia agido contra a lei.

Por se tratar de texto dissertativo, é necessário que haja introdução, desenvolvimento e conclusão. Nesse sentido, a introdução pode trazer breve relato dos fatos e enunciação dos temas que serão abordados. O desenvolvimento traria as análises que deverão ser feitas pelo candidato (itens "c" e "d"). E a conclusão traria a síntese de como a autoridade deveria proceder (item "b").

Os pontos fulcrais dizem respeito a uma questão de direito material (saber se o desconhecimento da lei exime alguém da responsabilidade administrativa) e uma questão de direito processual administrativo (saber se cabe *reformatio in pejus*). Essas questões podem ser resolvidas com a simples leitura da lei, no caso a Lei de Crimes Ambientais, que trata também das infrações administrativas na esfera ambiental, e conjunto com a Lei de Introdução ao Código Civil, e a Lei de Processo Administrativo Federal, que regulamenta os processos administrativos em geral.

O exame da OAB/CESPE atual, por ser uma prova nacional, não deverá perguntar acerca de leis estaduais, ficando restrito às leis federais. Todavia, é importante saber que, em matéria de processo administrativo, a lei federal costuma ser aplicada mesmo em relação a Municípios e Estados, quando estes não tiverem lei local sobre processo administrativo ou quando essa lei não tratar de determinado ponto que a lei federal tratar.

Em relação à primeira questão (se o desconhecimento da lei exime alguém da responsabilidade administrativa), deve-se, como sempre, **primeiro** verificar se na *lei especial* que trata do assunto o tema é abordado (no caso, a Lei 9.605/98 nada dispõe sobre o desconhecimento de lei como causa de exclusão da responsabilidade administrativa; a única referência ao tema se dá no art. 14, I, da lei, que permite a atenuação da pena criminal quando o agente tem "baixo grau de instrução ou escolaridade"). Não havendo disposição na lei especial, deve-se, em **segundo** lugar, buscar alguma disposição na *lei geral*, no caso na Lei de Introdução ao Código Civil, própria para tratar de temas relacionados à aplicação da lei. E se não houvesse norma especial ou norma geral sobre o assunto, configurando situação que se possa tomar como lacuna da lei, deve-se, em **terceiro** lugar, buscar a *analogia, os costumes e os princípios gerais do direito*, nessa ordem, para preencher o vazio legal (art. 4º da LINDB). No problema em questão, verifica-se que a LINDB é expressa ao dizer que "ninguém se escusa de cumprir a lei, alegando que não a conhece" (art. 3º). Dessa forma, não havendo lei especial tratando do assunto, e considerando que a lei geral (a LINDB) trata dele no sentido de não admitir o desconhecimento da lei, a resposta deve ser no sentido de que a responsabilidade administrativa do fazendeiro deve ser mantida.

Em relação à segunda questão, deve-se, em primeiro lugar, verificar se a lei especial que trata do assunto (no caso, a Lei de Processo Administrativo Federal – Lei 9.784/99) admite a *reformatio in pejus*. No caso, o art. 64 dessa lei é expresso ao admitir tal reforma, desde que se conceda prazo para o recorrente formule novas alegações antes da decisão.

Feita a organização das ideias acima, passemos à resolução da questão.

RESOLUÇÃO DA QUESTÃO

Trata-se de consulta sobre como se deve proceder diante de caso em que um fazendeiro, o Sr. Pedro, recorre de multa ambiental de R$ 500,00 sob o argumento de que desconhecia que o ato por ele praticado configurava infração administrativa. A consulta também solicita manifestação sobre como proceder, caso caracterizada a infração, diante de fato de que o valor correto da multa é de R$ 2.000,00, e não de R$ 500,00.

Em relação à indagação acerca da exclusão da responsabilidade administrativa em decorrência do desconhecimento da lei, tal argumentação não merece prosperar. Isso porque não há, na lei específica que rege a matéria (Lei 9.605/98), qualquer disposição nesse sentido. E a lei geral acerca desse tema, a Lei de Introdução às Normas do Direito Brasileiro, é clara ao dispor que "ninguém se escusa de cumprir a lei, alegando que não a conhece" (art. 3º). Isso faz com que não seja necessário, nem possível aplicar analogicamente outra lei.

Em relação à indagação sobre a possibilidade de haver gravame ao recorrente em recurso por este mesmo interposto, tal providência é admitida pela lei, desde que cumprido requisito legal. No caso, o art. 64, parágrafo único, da Lei 9.784/99 admite expressamente essa possibilidade, mas condiciona a reforma da decisão com prejuízo ao recorrente à cientificação deste para que formule alegações antes do *decisum, até para que se respeite os princípios da ampla defesa e do contraditório (art. 5º, LV, da CF).*

Ante o exposto, a orientação é no sentido de que a autoridade competente não deve acolher o argumento de que o desconhecimento da lei exime o agente da responsabilidade administrativa, bem como no sentido de que a autoridade poderá reformar a decisão recorrida, modificando o valor da multa para R$ 2.000,00, desde que cientifique previamente o recorrente para que formule alegações e que aprecie tais alegações.

Comentários adicionais

Repare que o primeiro parágrafo traz a introdução, o segundo e o terceiro parágrafos trazem o desenvolvimento e o último parágrafo a conclusão.

Repare também nos seguintes elementos de conexão:

Trata-se de consulta...sobre...A consulta também....

Em relação à indagação acerca ..., tal argumentação não merece prosperar. Isso porque......

Ante o exposto, nossa orientação é no sentido de que ....

(OAB/Exame Unificado – 2ª fase – CESPE) A administração pública municipal determinou a suspensão das atividades de uma sociedade empresarial do ramo alimentício, por esta não possuir os requisitos legais mínimos de funcionamento. Redija um texto dissertativo que contemple a análise da situação-problema acima e que aborde os atributos do ato administrativo.

RESOLUÇÃO DA QUESTÃO

O exercício do poder de polícia é uma das mais importantes atividades da Administração Pública. Nesse mister, a Administração restringe a liberdade e a propriedade dos particulares, condicionando-as ao interesse público, em setores como a segurança, a higiene, a ordem, os costumes e a tranquilidade pública.

A competência para o exercício do Poder de Polícia coincide, normalmente, com a competência para legislar sobre a matéria respectiva, conforme a abalizada lição de Hely Lopes Meirelles.

No caso em tela, que diz respeito ao funcionamento de atividade alimentícia, está-se diante de controle sobre a segurança e a higiene necessárias para o exercício dessa atividade. E, para esse fim, o Município tem competência para legislar, uma vez que essas questões dizem respeito ao interesse local (art. 30, I, da CF), interesse esse que abrange as questões que dizem respeito à segurança, à comodidade e ao conforto das pessoas, conforme entendimento do Supremo Tribunal Federal.

Resta saber se o Município, no exercício do poder de polícia, pode determinar a suspensão das atividades do particular ou se, havendo irregularidade, deve-se buscar a prestação jurisdicional.

Para tanto, faz-se necessário enumerar os atributos dos atos administrativos. Estes são os seguintes: a) presunção de legitimidade, pela qual se presumem verdadeiros e legais os atos administrativos, até prova em contrário; b) imperatividade, pois atos administrativos podem ser impostos a terceiros, independentemente de sua concordância; c) exigibilidade, pelo qual os atos podem ser exigidos mediante coação indireta (exemplo: multa); d) autoexecutoriedade, pelo qual os atos podem ser aplicados mediante coação direta, material, ou seja, pelo uso da força.

A autoexecutoriedade não está presente em todo ato administrativo. Para que exista depende de previsão expressa na lei ou de situação que não possa aguardar a busca da prestação jurisdicional.

Assim, a determinação da suspensão das atividades da sociedade empresarial do ramo alimentício, por não possuir os requisitos legais mínimos de funcionamento, está no âmbito de competência do Município, que poderá fazê-la no exercício dos atributos dos atos administrativos, sendo certo que, em caso de recusa de cumprimento pelo particular, este poderá sofrer o uso da força, caso tal providência seja autorizada pela legislação local ou não haja tempo hábil para buscar a prestação jurisdicional.

Comentário adicional.

Se no momento da prova houver dúvida sobre o conceito de poder de polícia, é interessante valer-se da definição clássica trazida no art. 78 do Código Tributário Nacional.

Sobre a competência municipal para o exercício do poder de polícia sobre as atividades mencionadas, confira:

"O Município pode editar legislação própria, com fundamento na autonomia constitucional que lhe é inerente (CF, art. 30, I), com o objetivo de determinar, às instituições financeiras, que instalem, em suas agências, em favor dos usuários dos serviços bancários (clientes ou não), equipamentos destinados a proporcionar-lhes **segurança** (tais como portas eletrônicas e câmaras filmadoras) ou a propiciar-lhes **conforto**, mediante oferecimento de instalações sanitárias, ou fornecimento de cadeiras de espera, ou, ainda, colocação de bebedouros. Precedentes." (STF, AI 347.717-AgR, Rel. Min. Celso de Mello, julgamento em 31-5-05, 2ª Turma, DJ de 5-8-05) (g.n.)

Sobre a autoexecutoriedade, confira:

ADMINISTRATIVO – RECURSO ESPECIAL – FECHAMENTO DE PRÉDIO IRREGULAR – AUTOEXECUTORIEDADE DO ATO ADMINISTRATIVO – DESNECESSIDADE DE INVOCAR A TUTELA JUDICIAL. 1. A Administração Pública, pela qualidade do ato administrativo que a permite compelir materialmente o administrado ao seu cumprimento, carece de interesse de procurar as vias judiciais para fazer valer sua vontade, pois pode por seus próprios meios providenciar o fechamento de estabelecimento irregular. 2. Recurso especial improvido. (STJ, RESP 200401479520, ELIANA CALMON, STJ - SEGUNDA TURMA, 19/12/2005)

MEDIDA CAUTELAR. AUSÊNCIA DOS PRESSUPOSTOS AUTORIZATIVOS DA CONCESSÃO DEFINITIVA DA TUTELA AÇÃO CIVIL PÚBLICA. ORDENS DE FECHAMENTO EMITIDAS CONTRA ESTABELECIMENTOS COMERCIAIS IRREGULARES NÃO EFETIVADAS PELA ADMINISTRAÇÃO MUNICIPAL. VIOLAÇÃO ÀS DIRETRIZES DO PLANO DE ZONEAMENTO URBANO. ATO ADMINISTRATIVO. PRINCÍPIO DA LEGALIDADE E DA AUTOEXECUTORIEDADE PELA ADMINISTRAÇÃO. OFENSA AO PRINCÍPIO CONSTITUCIONAL DA INDEPENDÊNCIA DOS PODERES NÃO CONFIGURADA. 1. O caso em testilha não se enquadra nas hipóteses excepcionais em que esta Corte Superior de Justiça tem conferido efeito suspensivo a recurso especial, eis que ausentes os pressupostos autorizativos à concessão da cautela. 2. As ordens de fechamento expedidas pela Prefeitura, e reiteradamente descumpridas, devem ser efetivadas em face do princípio da legalidade e da autoexecutoriedade dos atos administrativos. 3. O uso e a ocupação do solo urbano deve propiciar a realização do bem estar social, para isso o Município deve promover a fiscalização das atividades residenciais e comerciais, não podendo ser conivente com irregularidades existentes. 4. O agente público está adstrito ao princípio da legalidade, não podendo dele se afastar por razões de conveniência subjetiva da administração. Por conseguinte, não há na espécie violação ao princípio da independência dos poderes. 5. Medida cautelar improcedente. (STJ, MC 200101166240, LAURITA VAZ, STJ - SEGUNDA TURMA, 26/08/2002)

(OAB/Exame Unificado – 2ª fase – CESPE) O estabelecimento de Antônio, um lavajato, foi interditado por ato do diretor de determinado órgão de fiscalização ambiental do estado, sob o fundamento de que estaria ultrapassando o limite máximo de ruídos permitido para o exercício da atividade. Segundo aquela autoridade, o referido limite teria previsão em legislação estadual, que previa, além da interdição, a possibilidade de se aplicar a sanção de advertência e até mesmo a concessão de prazo para o adequado tratamento acústico pelo dono do estabelecimento. Inconformado por não ter sido notificado para participar do ato de medição sonora, realizado em local diverso do lugar em que se situa o estabelecimento, por não ter tido a oportunidade de exercer o contraditório e a ampla defesa e, principalmente, porque as atividades do lavajato vinham sendo exercidas havia mais de 15 anos, no mesmo local, Antônio procurou o auxílio de profissional da advocacia. Considerando essa situação hipotética, na qualidade de advogado(a) consultado(a) por Antônio, indique, com a devida fundamentação, a medida judicial cabível para sobrestar os efeitos do auto de infração que interditou o estabelecimento e permitir o imediato funcionamento da atividade.

RESOLUÇÃO DA QUESTÃO

O caso em tela recomenda a promoção de mandado de segurança. Isso porque, apesar de ações de rito ordinário também serem dotadas de tutela de urgência, o mandado de segurança apresenta outras vantagens, tais como procedimento mais célere, sentença mandamental e apelação com efeito tão somente devolutivo.

E o caso concreto não revela haver óbice à propositura do remédio heroico.

O enunciado da questão dá a entender que a interdição é recente, de modo que está atendido o prazo decadencial de 120 dias previsto no art. 23 da Lei 12.016/09.

A situação narrada também caracteriza direito líquido e certo, uma vez que os fatos que demonstram a existência de violação a direito de empresa podem ser comprovados de plano. Basta extrair cópias do expediente administrativo em que estão juntados os atos que levaram à interdição do estabelecimento para se demonstrar que o local da medição não coincide com o do estabelecimento, que não se deu a oportunidade de exercício do contraditório e da ampla defesa (art. 5º, LV, da CF), que não se respeitou o devido processo legal, e que se violou o princípio da proporcionalidade, diante das demais alternativas acautelatórias e sancionatórias previstas na legislação estadual, sendo inaplicável a interdição no caso. Ademais, pode-se juntar também cópia da documentação de constituição e funcionamento do estabelecimento, demonstrando que exerce suas atividades no local há mais de 15 anos, o que também revela não ser razoável a medida tomada, além de justificar a inexistência de *periculum in mora* inverso, e a existência de *periculum in mora* para o impetrante, uma vez que a medida simplesmente acaba com o negócio do estabelecimento.

Por fim, qualquer alegação no sentido de que eventualmente coubesse recurso administrativo com efeito suspensivo, independentemente de caução (art. 5º, I, da Lei 12.016/09), improcede porque o interessado não é obrigado a esgotar as vias administrativas para pleitear proteção judicial em decorrência de lesão a direito seu.

O mandado de segurança deve apontar como autoridade coatora o próprio diretor do órgão de fiscalização ambiental do estado e requerer liminar determinando a desinterdição do estabelecimento, nos termos do art. 7º, III, da Lei 12.016/09.

Comentários adicionais.

Confira a seguinte decisão do Superior Tribunal de Justiça:

RECURSO ORDINÁRIO. MANDADO DE SEGURANÇA. ADMINISTRATIVO. O esgotamento prévio das instâncias administrativas não é condição para que a parte se socorra do Poder Judiciário e pleiteie o reconhecimento de seu direito líquido e certo. (STJ, RMS 13.893/MS, Rel. Ministra MARIA THEREZA DE ASSIS MOURA, SEXTA TURMA, julgado em 26/02/2008, DJe 24/03/2008)

(OAB/Exame Unificado – 2ª fase – CESPE) O departamento de trânsito lavrou 15 autos de infração contra Marta. As multas de trânsito foram-lhe impostas sem que ela fosse notificada e pudesse apresentar defesa prévia. Inconformada e com o propósito de desconstituir os referidos autos de infração, Marta procurou o auxílio de profissional da advocacia. Na qualidade de advogado(a) consultado(a) por Marta, indique a medida judicial cabível para a decretação da nulidade dos autos de infração, apresentando o fundamento para o referido pedido.

RESOLUÇÃO DA QUESTÃO

O caso em tela recomenda a promoção de mandado de segurança. Isso porque, apesar de ações de rito ordinário também serem dotadas de tutela de urgência, o mandado de segurança apresenta outras vantagens, tais como procedimento mais célere, sentença mandamental e apelação com efeito tão somente devolutivo.

O enunciado da questão dá a entender que as multas aplicadas são recentes, de modo que está atendido o prazo decadencial de 120 dias previsto no art. 23 da Lei 12.016/09.

A situação narrada também caracteriza direito líquido e certo, vez que os fatos que demonstram a existência de violação a direito de Marta podem ser comprovados de plano. Basta extrair cópias do expediente administrativo em que estão juntadas as multas impostas sem notificação para a defesa prévia (ou mesmo juntar as próprias multas, caso não haja expediente administrativo disponível) para se demonstrar que houve desrespeito ao que dispõe o Código de Trânsito Brasileiro, bem como aos princípios do devido processo legal, do contraditório e da ampla defesa.

Com efeito, o art. 281, parágrafo único, II, da Lei 9.503/93, dispõe que o auto de infração será arquivado e seu registro julgado insubsistente se não houver, no prazo máximo de 30 dias, notificação da autuação.

Por fim, qualquer alegação no sentido de que eventualmente coubesse recurso administrativo com efeito suspensivo, independentemente de caução (art. 5º, I, da Lei 12.016/09), improcede porque o interessado não é obrigado a esgotar as vias administrativas para pleitear proteção judicial em decorrência de lesão a direito seu.

O mandado de segurança deve apontar como autoridade coatora o diretor do departamento de trânsito e requerer liminar determinando a suspensão da exigibilidade e dos efeitos dos autos de multa, nos termos do art. 7º, III, da Lei 12.016/09.

Comentários adicionais.

Confira os seguintes entendimentos jurisprudenciais:

PROCESSUAL CIVIL E ADMINISTRATIVO – MULTA DE TRÂNSITO – PROCEDIMENTOS: INOBSERVÂNCIA – ART. 280 e 281, PARÁGRAFO ÚNICO, II, DO CÓDIGO DE TRÂNSITO – FALTA DE FUNDAMENTAÇÃO (SÚMULA 284/STF). 1. No "iter" processual administrativo deve a autoridade obedecer aos princípios constitucionais e às normas disciplinadoras. 2. A Lei 9.503/97 prevê uma primeira notificação de autuação, para apresentação de defesa (art. 280) e uma segunda notificação, posteriormente, informando do prosseguimento do processo, para que se defenda o apenado da sanção aplicada (art. 281). 3. Ilegalidade da sanção, por cerceamento de defesa, quando inobservados os prazos estabelecidos no "iter" procedimental. 4. O art. 281, parágrafo único, II, do CTN prevê que será arquivado o auto de infração e julgado insubsistente o respectivo registro se não for expedida a notificação da autuação dentro de 30 dias. Por isso, não havendo a notificação do infrator para defesa no prazo de trinta dias, opera-se a decadência do direito de punir do Estado, não havendo que se falar em reinício do procedimento administrativo. 5. Dispositivos não debatidos pelo tribunal de origem. Óbice da Súmula 211 desta Corte. 6. Recurso especial conhecido em parte, e, nessa parte, parcialmente provido. (STJ, REsp 1044801/GO, Rel. Ministra ELIANA CALMON, SEGUNDA TURMA, julgado em 09/09/2008, DJe 24/11/2008)

PROCESSUAL CIVIL E ADMINISTRATIVO - NOTIFICAÇÃO DO AUTO DE INFRAÇÃO DE TRÂNSITO - NECESSIDADE - PRAZO DECADENCIAL DE 30 (TRINTA) DIAS. 1. Já pacificou-se na jurisprudência desta Corte no sentido da indispensabilidade de uma primeira notificação quando da autuação da infração de trânsito, oportunizando-se, assim, o exercício do direito ao contraditório e à ampla defesa. 2. Natureza decadencial do prazo de 30 (trinta) dias para a autoridade de trânsito notificar o infrator para que se defenda. Não o fazendo no prazo legal, deverá o auto de infração ser arquivado e seu registro julgado insubsistente, a teor do art. 281, parágrafo único, inciso II, do CTB. 3. Recurso especial parcialmente conhecido e não provido. (STJ, REsp 951.915/RS, Rel. Ministro MAURO CAMPBELL MARQUES, SEGUNDA TURMA, julgado em 07/08/2008, DJe 26/08/2008)

(OAB/Exame Unificado – 2ª fase – FGV) O Sr. Joaquim Nabuco, dono de um prédio antigo, decide consultá-lo como advogado. Joaquim relata que o seu prédio está sob ameaça de ruir e que o poder público já iniciou os trabalhos para realizar sua demolição. Joaquim está inconformado com a ação do poder público, justamente por saber que não existe ordem judicial determinando tal demolição.

Diante do caso em tela, discorra fundamentadamente sobre a correção ou ilegalidade da medida.

Gabarito comentado – Examinadora

O examinando deve sustentar a correção da medida tomada pelo poder público com base no poder de polícia da administração pública, uma vez que, por meio desse poder, a administração está concretizando um de seus deveres: garantir a segurança da coletividade.

Também deve ser abordada a viabilidade da execução da medida diretamente pela administração pública, sem necessidade de ordem judicial, em função do atributo da autoexecutoriedade do poder de polícia, que é aplicável em casos urgentes, conforme relatado no caso em análise.

(OAB/Exame Unificado – 2ª fase – FGV) A União pretende delegar à iniciativa privada, mediante licitação, poderes de polícia administrativa na fiscalização de portos e aeroportos nacionais, compreendendo a edição de normas básicas, a fiscalização de passageiros e de mercadorias e a aplicação de sanções.

Para tanto, formatou um modelo a partir do qual o vencedor do certame será definido pelo menor valor cobrado da Administração Pública para a prestação do serviço de fiscalização. A respeito da situação apresentada, responda, fundamentadamente, aos itens a seguir.

A) É possível a delegação, nesse caso?

B) É possível a delegação a uma autarquia criada para essa finalidade?

RESOLUÇÃO DA QUESTÃO

A. O examinando deve indicar que não é possível a delegação, no caso proposto, pois é entendimento corrente que o poder de polícia só pode ser delegado a pessoas jurídicas de direito público, e não a pessoas jurídicas de direito privado. Nesse sentido já decidiu o STF (ADIn 1.717-6).

Admite-se a delegação de atos meramente preparatórios ao exercício do poder de polícia, mas não as funções de legislação e aplicação de sanção.

B. O examinando deve identificar que, por se tratar de pessoa jurídica de direito público, dotada do *ius imperii* estatal, é possível a outorga do poder de polícia a autarquia.

CAPÍTULO 4

ATOS ADMINISTRATIVOS

4.1. CONCEITO DE ATO ADMINISTRATIVO

O ato administrativo pode ser conceituado como *a declaração do Estado, ou de quem lhe faça as vezes, no exercício de prerrogativas públicas, destinada a cumprir direta e concretamente a lei*.

Repare que um ato jurídico só será ato administrativo se contiver os seguintes elementos:

a) presença do *Estado* ou de alguém lhe faça as vezes, como é o tabelião e o registrador;

b) ato praticado com *prerrogativas públicas*, ou seja, com supremacia estatal em relação à outra parte ou ao destinatário do ato;

c) ato destinado a executar a lei no caso concreto, fazendo-o de ofício.

Assim, nem todo ato da Administração é ato administrativo. Caso não haja prerrogativas ou não se busque a execução da lei no caso concreto, não se terá um ato administrativo.

Confira alguns atos que são "atos da Administração", mas não "atos administrativos":

a) *atos regidos pelo Direito Privado*. Exs.: locação de prédio para uso do Poder Público; escritura de compra e venda; emissão de cheque; tais atos não têm os atributos (as qualidades e forças) do ato administrativo; vale ressaltar que os atos antecedentes dos citados devem obedecer ao Direito Público;

b) *atos materiais*: fatos administrativos. Exs.: cirurgia, ministração de aula, serviço de café, pavimentação; não há declaração, prescrição do Estado;

c) *atos políticos:* são os atos de governo, praticados com grande margem de discrição e diretamente em obediência à Constituição, no exercício de função pública. Exs.: indulto, iniciativa de lei, veto, sanção; são amplamente discricionários.

Por outro lado, há atos administrativos que não são praticados pelo Poder Executivo, como os da vida funcional do Poder Judiciário e do Poder Legislativo (contratação de servidores, licitação para obras e aquisições).

Os dirigentes de entidades da Administração Indireta e os executores de serviços delegados podem praticar atos que se equiparam a atos administrativos típicos, tornando-os passíveis de controle por meio de mandado de segurança e ação popular.

4.2. PERFEIÇÃO, VALIDADE E EFICÁCIA

Os atos administrativos, que são espécies de atos jurídicos, também podem ser verificados segundos os planos da existência, da validade e da eficácia.

Para tanto, vale conhecer os seguintes conceitos:

a) perfeição: *situação do ato cujo processo formativo está concluído*; ato perfeito é o que completou o ciclo necessário à sua formação (plano da existência). Ex.: decisão administrativa que acaba de ser redigida e assinada pela autoridade;

b) validade: *adequação do ato às exigências normativas* (plano da validade). Ex.: a decisão administrativa mencionada (já existente, portanto), que esteja, também, de acordo com a lei;

c) eficácia: *situação em que o ato está disponível para produção de efeitos típicos* (plano da eficácia). Ex.: ato existente e válido, cuja condição suspensiva ou o termo que o acometia já se implementou, habilitando-o à produção de efeitos, situação que ocorre quando se autoriza o uso de bem público ao particular apenas 10 dias após a expedição do ato de autorização.

4.3. SILÊNCIO ADMINISTRATIVO

De acordo com o princípio da legalidade nem mesmo uma declaração expressa da Administração pode se dar sem que a lei permita ou determine tal declaração. Consequentemente, com o silêncio da Administração não poderia ser diferente.

Assim, apenas quando a lei expressamente atribuir algum efeito jurídico ao silêncio administrativo é que este produzirá algum efeito.

Nesse sentido, caso um particular faça um pedido para a Administração e a lei dispuser expressamente que a inexistência de resposta num certo prazo (silêncio) importa em aprovação do pedido, aí sim o silêncio terá efeito jurídico, no caso o de se considerar aprovada a solicitação feita.

Já se um particular faz um pedido e a lei nada dispuser a respeito do que acontece em caso de silêncio administrativo, o particular não poderá considerar atendido o pedido, por conta do aludido princípio da legalidade.

Nesse caso o particular tem o direito de buscar o Judiciário, para que este se pronuncie a respeito. Se havia prazo para manifestação da Administração sem que esta o tenha cumprido, configura-se hipótese de abuso de poder e o particular pode buscar o Judiciário sem maiores justificativas. Já se o não havia prazo para a Administração se manifestar, o particular deve buscar o Judiciário alegando inobservância do princípio da razoável duração do processo (art. 5º, LXXVIII, da CF).

Em qualquer dos casos relatados no parágrafo acima, o particular pode, em se tratando de ato vinculado o que ele busca da Administração, pedir para que o juiz substitua a voz da Administração e ele mesmo já acate o pedido do administrativo, tratando-se provimento constitutivo (de uma decisão administrativa) e que pode vir acompanhado de um provimento condenatório ou mandamental para cumprimento de obrigações de fazer por parte da Administração. Por outro lado, em se tratando de ato discricionário o que o particular busca junto à Administração, não poderá o juiz substituir a vontade da Administração, adentrando no mérito administrativo, devendo o juiz impor apenas que a Administração decida, o que se pode fazer mediante um provimento que estipule multa diária ou um provimento mandamental direcionado ao administrador público, que, caso descumpra a decisão, estará sujeito a responder por crime de desobediência a ordem legal de funcionário público (art. 330 do Código Penal)

4.4. REQUISITOS DO ATO ADMINISTRATIVO

Hely Lopes Meirelles ensina que o ato administrativo tem os seguintes requisitos: *competência, forma, motivo, finalidade e objeto*.

Já Celso Antônio Bandeira de Mello prefere separar os elementos de existência (conteúdo, forma e pertinência à função administrativa) dos pressupostos de validade do ato administrativo (sujeito competente capaz e não impedido; motivo; requisitos procedimentais; finalidade; causa; formalização).

Nesse sentido, vale a pena trazer os dois entendimentos doutrinários.

4.4.1. Requisitos do ato administrativo segundo Hely Lopes Meirelles

Os cinco requisitos do ato administrativo para Hely Lopes Meirelles coincidem com os requisitos mencionados no art. 2º, parágrafo único, da Lei 4.717/65 (Lei de Ação Popular).

O primeiro deles é a competência, que consiste na *medida da atribuição legal de cargos, órgãos ou entidades*.

São vícios de competência os seguintes: a) usurpação de função: alguém se faz passar por agente público sem o ser, ocasião em que o ato será inexistente; a) excesso de poder: alguém que é agente público acaba por exceder os limites de sua competência (ex.: fiscal do sossego que multa um bar que visita por falta de higiene); o excesso de poder torna nulo ato, salvo em caso de incompetência relativa, em que será considerado anulável; a) função de fato: exercida por agente que está irregularmente investido em cargo público, apesar de a situação ter aparência de legalidade; nesse caso, os atos praticados serão considerados válidos se houver boa-fé.

O segundo requisito é o objeto, que *é o conteúdo do ato, aquilo que o ato dispõe, decide, enuncia, opina ou modifica na ordem jurídica*.

O objeto deve ser lícito, possível e determinável, sob pena de nulidade. Ex.: o objeto de um alvará para construir é a licença.

O terceiro requisito é a **forma**, que consiste no conjunto de *formalidades necessárias para a seriedade do ato*. A seriedade do ato impõe: a) respeito à forma propriamente dita; b) motivação.

O quarto requisito é o **motivo**, que consiste no *fundamento de fato e de direito que autoriza a expedição do ato*. Ex.: o motivo da interdição de estabelecimento consiste no fato de este não ter licença (motivo de fato) e de a lei proibir o funcionamento sem licença (motivo de direito).

De acordo com a Teoria dos Motivos Determinantes, o motivo invocado para a prática do ato condiciona sua validade. Dessa forma, provando-se que o motivo é inexistente, falso ou mal qualificado, o ato será considerado nulo.

E o quinto requisito é a **finalidade**, que *é o bem jurídico objetivado pelo ato*. Ex.: proteger a paz pública, a salubridade, a ordem pública.

Cada ato administrativo tem uma finalidade.

O **desvio de poder (ou de finalidade)** *ocorre quando um agente exerce uma competência que possuía, mas para alcançar finalidade diversa daquela para a qual foi criada*.

Não se deve confundir o *excesso de poder* (vício de sujeito) com o *desvio de poder* (vício de finalidade), espécies do gênero abuso de autoridade.

4.4.2. Elementos e pressupostos do ato administrativo segundo Celso Antônio Bandeira de Mello

4.4.2.1. Elementos de existência do ato administrativo

4.4.2.1.1. Conteúdo

Consiste no que o ato estabelece, dispõe, decide, enuncia, opina ou modifica na ordem jurídica. Trata-se do *objeto* a que se refere Hely Lopes Meirelles.[1] Ex.: quando alguém recebe um alvará para construir uma casa, o conteúdo desse ato é uma *licença*. Para que estejamos diante de um ato administrativo, o conteúdo deve ter *pertinência em relação à função administrativa*. Do contrário, teremos apenas um *ato jurídico* que não é o do tipo *ato administrativo*.

4.4.2.1.2. Forma

Trata-se do revestimento exterior do ato, do modo pelo qual esse revela sua existência. Basta ter um objeto e uma forma qualquer para que o ato exista. Se o ato vai ser válido ou não quanto a esse último aspecto, isso será visto no pressuposto *formalização*. São exemplos de forma as seguintes: escrita, verbal e gestual.

1. O objeto é trazido por Hely como requisito de validade do ato administrativo, devendo ser lícito, possível e determinado.

4.4.2.2. Pressupostos de validade do ato administrativo

4.4.2.2.1. Sujeito

É quem produz o ato. O sujeito deve ser **capaz**, **não impedido** e **competente** para que o ato seja válido.

Quanto à **capacidade**, o ato expedido por agente público que se torna *incapaz*, desde que preencha os demais requisitos legais e seja do tipo vinculado, será considerado válido, já que no Direito Administrativo o que importa é o atendimento do fim previsto em lei. No entanto, se um incapaz pratica um ato discricionário, esse ato será necessariamente inválido, pois não há como dar margem de liberdade a quem não tem capacidade civil.

Quanto aos casos de **impedimento** para atuar em processo administrativo, estes estão previstos no art. 18 da Lei 9.784/99, valendo citar como exemplo o impedimento de um servidor que tenha interesse direto ou indireto em dada matéria que a ele seria submetida.

Com relação à **competência**, esta *é a medida do poder atribuído a cargo público, órgão público ou entidade da Administração.*

A competência só pode ser instituída pela *lei*, daí a frase de Caio Tácito de que "não é competente quem quer, mas quem pode, segundo a norma de Direito".

A competência é *intransferível* e *improrrogável* pela simples vontade do agente.

Porém, o exercício da competência pode ser delegado e avocado nos limites das normas que regulam a Administração Pública.

Confira os requisitos para a **delegação de competência** (arts. 12 a 14, Lei 9.784/99):

a) órgão ou titular de cargo podem delegar;

b) desde que não haja impedimento legal;

c) desde que seja apenas parte da competência;

d) deve ser a outro órgão ou titular de cargo, mesmo que não subordinado hierarquicamente;

e) deve ser conveniente em razão de índole técnica, social, econômica, jurídica ou territorial;

f) pode ser de órgão colegiado ao respectivo presidente;

g) não podem ser delegados:

   g1) edição de ato normativo;

   g2) decisão de recurso administrativo;

   g3) matérias de competência exclusiva de órgão ou autoridade;

h) depende de publicação do ato de delegação no D.O.;

i) ato deve especificar matérias e poderes transferidos, a duração e objetivos da delegação e o recurso cabível;

j) é revogável a qualquer tempo;

k) decisões adotadas por delegação devem mencionar expressamente essa qualidade.

Quanto à avocação de competência, confira as regras previstas no art. 15 da Lei 9.784/99:

a) é a passagem da competência de órgão hierarquicamente inferior para superior;

b) é temporária;

c) é excepcional, dependendo de motivos relevantes devidamente justificados.

Os atos expedidos por agente incompetente serão quase sempre nulos. São vícios de competência os seguintes:

a) usurpação de função: *consiste na situação em que alguém se faz passar por agente público sem o ser*; o ato será no mínimo nulo, mas, para a maioria dos doutrinadores, trata-se de ato inexistente;

b) excesso de poder: *ocorre na hipótese em que alguém que é agente público acaba por exceder os limites de sua competência*. Ex.: fiscal do sossego público que multa um bar que visita por falta de higiene; o ato será nulo, pois a incompetência é material, já que o fiscal deveria atuar na matéria "sossego público" e não na matéria "vigilância sanitária"; entende-se que, em se tratando de vício de *incompetência relativa* (territorial, por exemplo), o ato será anulável e não nulo;

c) função de fato: *é aquela exercida por agente que está irregularmente investido no cargo público, apesar da situação ter aparência legal*. O ato não será anulado se estiver conforme a lei quanto aos demais pressupostos, prevalecendo o princípio da segurança jurídica, dada a boa-fé e a aparência de legalidade. O agente, todavia, terá anulada sua nomeação, desligando-se da função que exercia[2].

4.4.2.2.2. Motivo

É o fato que autoriza ou exige a prática do ato. Se o motivo está previsto em lei, o ato é vinculado. Se não estiver previsto, o ato é discricionário. Voltando àqueles requisitos trazidos por Hely Lopes Meirelles, o *motivo*, para ele, consiste não só no fundamento de *fato*, mas também no de *direito*, que autorizam a expedição do ato. Na classificação que ora estudamos, *motivo* é tão somente o *fato* autorizador, enquanto que o fundamento de direito é o pressuposto de validade que veremos a seguir, que está dentro da *formalização*.

A chamada teoria dos motivos determinantes dispõe que *o motivo invocado para a prática do ato condiciona sua validade*. Se se provar que o motivo é inexistente, falso ou mal qualificado, o ato será nulo. Exs.: caso uma licitação seja revogada sob o único fundamento de que não há disponibilidade orçamentária, a prova da inexistência de tal situação torna o ato de revogação nulo; caso a exoneração de ocupante de um cargo em comissão tenha sido motivada em fato inexistente, ainda que a motivação não seja obrigatória no caso, o ato é considerado nulo.

---

2. Outro exemplo é o previsto no art. 1.554 do Código Civil: "subsiste o casamento celebrado por aquele que, sem possuir a competência exigida em lei, exercer publicamente as funções de juiz de casamentos e, nessa qualidade, tiver registrado o ato no Registro Civil".

Aliás, segundo o STJ, configura-se vício de legalidade a falta de coerência entre as razões expostas no ato e o resultado nele contido (MS 13.948, *DJe* 07.11.2012).

Não se deve confundir o motivo do ato (algo concreto, do mundo dos fatos – o motivo da apreensão de uma lotação, por exemplo, é a inexistência de autorização para circulação) com o motivo legal (fundamento legal, algo abstrato). Em suma, tal teoria dispõe que os atos administrativos, quando forem motivados, ficam vinculados aos motivos expostos, para todos os fins de direito. Os motivos devem, portanto, coincidir com a realidade, sob pena de o ato ser nulo, mesmo se a motivação não era necessária.

Distinção importante é a que se faz entre **motivo** e **móvel**. Motivo é o fato que autoriza o ato, enquanto móvel é a intenção, a vontade do agente. Se o ato é vinculado, não interessa o móvel do agente. Já se o ato é discricionário, o móvel viciado (ex.: por buscar uma perseguição política, como a desapropriação de imóvel de um inimigo político), ainda que atenda ao "fim legal", torna o ato nulo.

Também se faz relevante diferenciarmos **motivo** e **motivação**. O primeiro é o fato, enquanto o segundo integra a *formalização*[3] (pressuposto de validade do ato que se verá em seguida), consistindo a *motivação* na exposição do motivo de fato e da sua relação de pertinência com a fundamentação jurídica e com o ato praticado. Como regra, a motivação é obrigatória, só deixando de existir tal dever se a lei expressamente autorizar.

4.4.2.2.3. Requisitos procedimentais

São os outros atos jurídicos indispensáveis à prática do atual. Ex.: é necessário o concurso para que haja a nomeação; para que se conceda a licença, deve haver solicitação.

4.4.2.2.4. Finalidade

É o bem jurídico objetivado pelo ato. Ex.: proteger a paz pública, a salubridade, a ordem pública. Cada espécie de ato administrativo tem uma finalidade. Para cada fim a ser alcançado há um ato que será o instrumento para sua realização. Se alguém utiliza um ato administrativo para alcançar finalidade diversa daquela para o qual fora criado, este alguém estará cometendo um desvio de poder ou de finalidade.

Assim, o **desvio de poder ou desvio de finalidade** consiste em *o agente se servir de um ato administrativo para satisfazer finalidade alheia à sua natureza*. Esse tipo de conduta gera a nulidade do ato, conforme a Lei de Ação Popular.

Esse desvio pode se manifestar das seguintes formas:

a) quando o agente busca finalidade alheia ao interesse público, ex.: prejudicar inimigo, favorecer amigo;

b) quando o agente busca finalidade pública, mas alheia à categoria do ato que utiliza, ex.: *remove-se* alguém com a finalidade de punição, quando o correto seria aplicar uma *pena disciplinar*, como demissão, suspensão, advertência etc.

---

3. A falta de motivação, portanto, é problema na *forma*. Já a situação em que se tem motivação, mas se invoca um motivo falso ou inexistente, é problema no *motivo* (*vide* teoria dos motivos determinantes).

Vale destacar que não se deve confundir o *excesso de poder* (vício de sujeito, de competência) com o *desvio de finalidade ou desvio de poder* (vício de finalidade), os quais são espécies do *gênero abuso de autoridade*, que, aliás, é fundamento para que se ingresse com mandado de segurança (art. 5º, LXIX, CF).

4.4.2.2.5. Causa

É o vínculo de pertinência entre o motivo e o conteúdo do ato. Para que um ato administrativo atenda o pressuposto de validade *causa*, é necessário que haja correlação lógica entre o motivo e o conteúdo do ato em função de sua finalidade.

No âmbito da causa se examinam a *razoabilidade* e a *proporcionalidade*, que são vistas olhando o conteúdo do ato, o seu motivo e a intensidade necessária para atingir a finalidade.

Um exemplo de situação que não atende ao pressuposto de validade *causa* é a utilização de arma de fogo para dissolver uma passeata pacífica.

Não se deve confundir o *motivo* com a *causa*. O *motivo* é fundamento de fato e de direito que autoriza a prática do ato, não se confundindo com a *causa*, que é relação de adequação, de proporcionalidade entre o motivo invocado e o ato praticado. Ambos (motivo e causa) são requisitos ou pressupostos de validade do ato administrativo. Há problema no motivo quando o fato ou o direito invocados são falsos ou inadequados, respectivamente. Há problema na causa quando o ato praticado é desproporcional aos motivos invocados, em função da finalidade do ato.

4.4.2.2.6. Formalização

É a específica maneira pela qual o ato deve ser externado, incluindo o dever de motivação.

Assim, além de todo ato administrativo dever ser exteriorizado (o que requer uma forma qualquer), cumpre que seja de dado modo (específica forma). Ex.: o contrato oriundo de uma concorrência pública deve ser *escrito*. Mas não é só, para que o ato atenda ao pressuposto de validade *formalização*, é necessário que ele seja *motivado*, ou seja, que contenha a exposição do motivo de fato, do motivo de direito e do vínculo entre eles e o ato praticado.

Excepcionalmente, alguns aspectos de formalização podem ser irrelevantes à validade do ato. Nesses casos, tornam o ato apenas irregular. Por exemplo, quando há omissão de elemento relativo à simples padronização, como é o caso de uma certidão de objeto e pé expedida em papel não timbrado.

No entanto, como regra, a falta de motivação gera a nulidade do ato.

Por fim, vale lembrar que, enquanto no Direito Privado vige o princípio da liberdade das formas, no Direito Público a solenidade é a regra, de modo que a forma é substancial.

4.4.3. Requisitos ou pressupostos de eficácia do ato administrativo

Para que um ato administrativo tenha eficácia (produza efeitos) é necessário o seguinte:

a) que ele exista, pois não havendo existência jurídica, não há que se falar em ato administrativo, muito menos em eficácia deste;

b) que inexista termo suspensivo pendente; termo suspensivo *é o evento futuro e certo que condiciona o início dos efeitos do contrato*. Por exemplo, um contrato administrativo que traz uma cláusula estabelecendo que só produzirá efeitos a partir de certa data.

c) que inexista condição suspensiva pendente; condição suspensiva *é o evento futuro e incerto que condiciona o início dos efeitos do contrato*. Por exemplo, um contrato de doação que prevê que o donatário só será proprietário da coisa se vier a fazer certos investimentos no imóvel que está sendo doado.

Quantos aos tipos de efeitos do ato administrativo, tem-se os seguinte:

a) efeitos típicos: são os efeitos próprios daquela categoria de atos; por exemplo, o efeito típico da desapropriação é atribuir a propriedade do bem ao Poder Público;

b) efeitos atípicos padrômicos: são os efeitos preliminares ou iniciais daquela categoria de atos, mas que não se confundem com os efeitos próprios e principais do ato; por exemplo, é efeito do decreto expropriatório (expedido no início de um processo de desapropriação) a autorização para o Poder Público ingressar no bem para fazer medições e observações sobre o imóvel, com vistas a projetar o que fará neste quando a desapropriação se consumar;

c) efeitos atípicos reflexos: são os efeitos que atingem terceiros estranhos à relação jurídica típica criada por aquela categoria de atos; por exemplo, desapropriado um imóvel de uma pessoa que aluga tal bem para um terceiro que tem ponto comercial no local, este terceiro sofrerá consequências graves, pela perda do ponto comercial; tratando-se de terceiro estranho à desapropriação, mas prejudicado, poderá pedir indenização por conta da responsabilidade objetiva do Estado deflagrada por uma desapropriação que causou efeito atípico reflexo.

4.5. ATRIBUTOS DO ATO ADMINISTRATIVO

4.5.1. Noções gerais

Em primeiro lugar nunca se deve confundir os *requisitos*, *pressupostos* ou *elementos* do ato com os *atributos* (qualidades, prerrogativas) deste, tema de que cuidaremos agora.

Os atributos dos *atos administrativos* não existem, como regra, nos *atos jurídicos em geral* (do Direito Privado). A ordem jurídica dispensa tratamento diferenciado aos atos administrativos, já que eles, sendo instrumentos de atuação da Administração Pública para realizar a proteção e a promoção do interesse público, devem ter prevalência sobre os outros, como condição de garantia desse interesse público almejado.

Assim, tais poderes não existem em benefício da Administração, mas se justificam como forma de prover o bem comum. Exprimem a supremacia do interesse público.

Vejamos tais *atributos* ou *notas peculiares* dos atos administrativos.

4.5.2. Atributos em espécie

4.5.2.1. Presunção de legitimidade

É a qualidade que reveste tais atos de se presumirem verdadeiros e conforme ao direito, até prova em contrário.

Perceba que o princípio traz duas presunções: a) de veracidade dos fatos; b) de legalidade do ato praticado.

Trata-se de presunção *juris tantum* (presunção relativa) de legitimidade e não de presunção *juris et de jure* (presunção absoluta). Um exemplo desse atributo é o ato que constata a omissão do particular de promover a limpeza de um terreno de sua propriedade e que determina sua feitura. Tal ato presume-se verdadeiro quanto à constatação da falta de limpeza e legal quanto à determinação dada. O particular fica com o ônus de provar o contrário.

A presunção de legitimidade decorre do princípio da legalidade, pois, como esse princípio informa toda a atuação administrativa, presume-se que a Administração tenha cumprido a lei, valendo lembrar que tal presunção admite prova em contrário.

A existência de tal presunção é interessante administrativamente falando, pois torna mais célere e eficiente a atividade administrativa. Isso porque a presunção de legitimidade dos atos administrativos autoriza a sua imediata execução, mesmo que tenham sido impugnados, salvo se se conseguir sua suspensão ou anulação administrativa ou judicial.

4.5.2.2. Imperatividade

É a qualidade pela qual os atos administrativos se impõem a terceiros, independentemente de sua concordância.

Esse atributo é também chamado de *poder extroverso.*

Essa qualidade do ato administrativo permite que a Administração mande no particular, independentemente de sua concordância.

Partindo do exemplo dado no item anterior, imperatividade significa que a Administração pode *determinar* que o particular faça a limpeza de seu terreno, sem que tenha de ter a concordância deste ou que tenha de buscar autorização do Poder Judiciário.

É importante deixar claro que nem todos os atos administrativos são dotados de imperatividade. Os atos enunciativos e negociais não têm esse atributo, já que esta qualidade é desnecessária à sua operatividade.

A lei é que vai dispor quais atos são dotados de imperatividade.

4.5.2.3. Exigibilidade

É a qualidade em virtude da qual a Administração pode compelir terceiros a cumprir o determinado, mediante coação indireta.

Aqui já se presume a constituição da obrigação (a imperatividade), com o *plus* de se poder impelir o terceiro à observância do dever, sem necessidade de se recorrer ao Poder Judiciário, por meio da aplicação de certas sanções, como multas e advertências. No Direito Francês é denominada *privilège du préalable.*

Continuando o exemplo dado nos itens anteriores, o atributo significa que, após o particular ter sido notificado para limpar seu terreno (imperatividade), pode a Administração, na inércia deste, aplicar uma *multa* (exigibilidade = coação indireta), a fim de compelir indiretamente o particular a cumprir o que fora determinado.

Repare que aqui há punição, mas não há desconstituição do ato ilegal.

4.5.2.4. Autoexecutoriedade

É a qualidade pela qual o Poder Público pode compelir materialmente o administrado, sem busca da via judicial, ao cumprimento da obrigação que impôs e exigiu.

Veja-se que a autoexecutoriedade é ainda mais forte que a exigibilidade, uma vez que a primeira admite que a Administração use da coação direta (coação material), que significa fazer uso da força.

No Direito Francês é denominada *privilège d`action d`office.*

Partindo do exemplo que vínhamos dando, a autoexecutoriedade significa que, depois de notificar o particular para limpar o terreno (imperatividade) e aplicar a multa (exigibilidade), a Administração pode, por si própria, invadir o terreno do particular, fazer a limpeza e mandar a conta dos custos de seu ato (autoexecutoriedade).

Outros exemplos desse atributo são a requisição de bens e serviços particulares, no caso de iminente perigo público, e dissolução de passeata com o uso da força, a fim de possibilitar a passagem de uma ambulância por uma via pública, a interdição de uma obra, a apreensão de mercadorias falsificadas, a apreensão do veículo por violação de certas normas de trânsito, entre outros.

Repare que aqui há sanção e também desconstituição do ato ilegal.

É bom deixar claro que a autoexecutoriedade não é atributo de todo ato administrativo. Trata-se de atributo excepcional, que existe nos seguintes casos:

a) quando a lei expressamente autorizar;

b) quando a medida for condição indispensável à eficaz garantia do interesse público;

c) quando a medida for urgente e não houver via judiciária de igual eficácia à disposição da Administração, ocasião em que se entende que a medida é permitida implicitamente pela lei.

Vale observar que Hely Lopes Meirelles chama de autoexecutoriedade a possibilidade de a Administração impor seus atos independentemente de pronunciamento do Poder Judiciário, chamando de **coercibilidade** a possibilidade de a Administração usar a força.

Parte da doutrina também denomina de executoriedade o que chamamos neste item de autoexecutoriedade.

Ademais, Hely Lopes Meirelles entende que a coercibilidade é a regra em matéria de atos da administração (e não exceção, como pensa a maior parte da doutrina), só não sendo possível ser utilizada quando a lei expressamente o proibir, como é o caso da cobrança de tributos e multas já impostos e não pagos, em que será necessário promover-se uma execução fiscal junto ao Poder Judiciário.

4.5.2.5. Tipicidade

Alguns doutrinadores, com destaque para Maria Sylvia Zanella Di Pietro, entendem que há, ainda, um quinto atributo do ato administrativo.

Trata-se do atributo da tipicidade, pela qual *o ato administrativo deve corresponder a figuras definidas previamente pela lei como aptas a produzir determinados resultados.*

Isso significa que os atos administrativos devem respeitar os tipos definidos na lei.

Para nós, todavia, o que se define por tipicidade nada mais é do que *pressuposto de validade* do ato administrativo e não *atributo* deste.

Com efeito, *atributos* são *prerrogativas* dos atos administrativos, e a tipicidade não nos parece uma prerrogativa do ato administrativo, mas o requisito de validade deste.

No entanto, em exames e concursos públicos, a tipicidade é tratada como atributo dos atos administrativos, de modo que fica a notícia de que, aparecendo o instituto, deve-se lembrar que a doutrina o trata como atributo do ato administrativo.

4.6. FORMAS DE EXTINÇÃO DOS ATOS ADMINISTRATIVOS

4.6.1. Cumprimentos de seus efeitos

Os atos administrativos *nascem*, *produzem seus efeitos* e se *extinguem* num determinado momento.

O ideal é que os atos administrativos se extingam pelas vias naturais. E a via natural de extinção do ato administrativo é o cumprimento de seus efeitos.

Uma vez que um ato administrativo cumpriu seu papel, produzindo os efeitos para os quais foi expedido, entende-se que o ato foi extinto.

Como exemplo, temos uma autorização da Prefeitura para que seja feita uma festa na praça da cidade, autorização esta que ficará extinta no momento em que a festa terminar, uma vez que seus efeitos foram cumpridos.

4.6.2. Desaparecimento do sujeito ou do objeto sobre o qual recai o ato

Todo ato administrativo recai ou sobre um *sujeito* ou sobre um *objeto*. Por exemplo, a nomeação de um servidor público recai sobre um sujeito, no caso sobre a pessoa nomeada. Já o tombamento de um imóvel recai sobre um objeto, no caso o bem tombado.

Perceba que a razão de existir do ato administrativo nos dois exemplos citados é justamente a presença de uma pessoa, no primeiro caso, e de um objeto, no segundo caso.

Caso a pessoa ou o objeto venha a desaparecer, o ato administrativo correspondente perderá sua razão de ser e, consequentemente, será extinto.

Assim, no primeiro exemplo, morrendo o servidor nomeado, o ato administrativo de nomeação restará extinto, ocorrendo automaticamente a vacância do cargo. Da mesma forma, vindo a desaparecer o bem tombado (por um incêndio de grandes proporções, por exemplo), o ato administrativo de tombamento também ficará extinto.

4.6.3. Contraposição

A contraposição pode ser conceituada como a *extinção de um ato administrativo pela prática de outro antagônico ao primeiro*.

Um exemplo é o ato de *exoneração* de um servidor público. Tal ato, uma vez praticado, faz com que a *nomeação* do mesmo servidor, feita no passado, fique automaticamente extinta, já que a primeira (exoneração) é totalmente antagônica à segunda (nomeação).

4.6.4. Cassação

A cassação pode ser conceituada como a *extinção de um ato que beneficia um particular por este não ter cumprido os deveres para dele continuar gozando*.

Portanto, o motivo da cassação de um ato administrativo é o fato de seu beneficiário ter descumprido obrigações que foram estipuladas como contrapartida para que o interessado conseguisse se beneficiar desse ato.

Por exemplo, a pessoa que tem a permissão de uso de um bem público e que não vem pagando o preço público correspondente poderá vir a ter cassado o ato de permissão.

Outro exemplo diz respeito à autorização de porte de arma de fogo. Um dos deveres de quem tem o porte é não ser pego em estado de embriaguez ou sob efeito de entorpecentes. Assim sendo, caso o detentor de porte de arma seja pego numa dessas duas situações, terá a autorização correspondente cassada, nos termos do art. 10, § 2º, do Estatuto do Desarmamento – Lei 10.826/03.

A cassação não se confunde com a revogação. Enquanto a primeira tem por motivo o descumprimento de obrigações pelo beneficiário do ato, a segunda tem por motivo a ocorrência de um fato novo não relacionado ao beneficiário que torna inconveniente ao interesse público a manutenção do ato.

A cassação também não se confunde com a anulação, pois nessa a extinção do ato se dá pela ocorrência de uma ilegalidade por ocasião de sua formação, ao passo que a cassação consiste numa ilegalidade praticada pelo beneficiário ocorrida depois da prática do ato administrativo. Enfim, na cassação, o ato, embora legítimo na sua origem e formação, torna-se ilegal na sua execução.

4.6.5. Caducidade

A caducidade pode ser conceituada como a *extinção de um ato porque a lei não mais o permite*. Trata-se de extinção por invalidade superveniente.

Um exemplo é a permissão de serviço público dada a alguém para exercer o transporte coletivo urbano por meio de *vans* ou peruas. Imaginemos que, depois de conferida a permissão, advenha uma lei municipal criando nova modelagem no serviço de transporte coletivo para o fim de abolir o transporte por meio de *vans*, admitindo apenas o transporte por meio de ônibus e micro-ônibus. Nesse caso, todas as permissões conferidas aos chamados perueiros ficarão extintas, pela ocorrência do instituto da caducidade.

Outro exemplo interessante aconteceu no Município de São Paulo. A cidade sempre foi marcada por grave poluição visual, principalmente pelo excessivo número de *outdoors* e placas indicativas de estabelecimentos comerciais. Esses elementos visuais eram permitidos pela legislação, bastando o interessado requerer licenças na Prefeitura. Todavia, foi editada uma lei na cidade de São Paulo, a chamada Lei Cidade Limpa, que simplesmente proibiu a existência de *outdoors* na cidade e limitou bastante o tamanho das placas indicativas dos estabelecimentos comerciais. Com a entrada em vigor dessa lei, todas as licenças que os interessados possuíam restaram extintas, pela ocorrência do instituto da caducidade.

Outro exemplo interessante aconteceu com a edição do Estatuto do Desarmamento, que passou a praticamente proibir o porte de arma no Brasil por particulares. Com a entrada em vigor do Estatuto, todas as autorizações de porte de arma concedidas conforme a lei antiga caducaram no prazo de 90 dias (art. 29).

Enfim, a caducidade nada mais é do que a extinção de um ato administrativo pela ilegalidade superveniente, ou seja, pelo fato de uma lei editada posteriormente à prática do ato não mais permitir que esse tipo de ato exista.

4.6.6. Revogação

A revogação pode ser conceituada como a *extinção de um ato administrativo legal ou de seus efeitos por outro ato administrativo pela ocorrência de fato novo que torna o ato inconveniente ou inoportuno, respeitando-se os efeitos precedentes (ex nunc)*.

Em suma, a revogação é extinção do ato administrativo por motivo de conveniência ou oportunidade.

Um exemplo disso é a revogação de um certame licitatório para a construção de uma praça temática pela ocorrência de fato novo consistente na abrupta diminuição da arrecadação de um município, fazendo com que não seja mais conveniente ao interesse público fazer gastos com a construção de praças, considerando as dificuldades econômicas que o município passou a ter.

Outro exemplo é a revogação da permissão de uso de bem público concedida a uma pessoa jurídica, pelo fato de um Município passar a ter interesse em utilizar o imóvel, para fins de atender, por exemplo, à demanda crescente por creches na cidade.

Repare, nos dois casos, que as situações narradas não contemplam ilegalidade alguma a propiciar a anulação, nem descumprimento de deveres pelo beneficiário do ato, a propiciar cassação, nem lei posterior incompatível com o ato, a propiciar a caducidade.

As situações narradas revelam que, após a expedição de um ato administrativo totalmente de acordo com a lei, aconteceram fatos novos que fizeram com que o interesse público se direcionasse para o fim de extinguir o ato, dando-se a esta extinção o nome de revogação.

O **sujeito ativo da revogação** é a *Administração Pública*, por meio de autoridade administrativa competente para o ato, podendo ser seu superior hierárquico. O Poder Judiciário nunca poderá revogar um ato administrativo, já que se limita a apreciar aspectos de legalidade deste e nunca aspectos de conveniência ou oportunidade. O Judiciário só poderá anular atos administrativos por ele mesmo praticados, como na hipótese em que um provimento do próprio Tribunal é revogado por este.

Quanto ao **objeto da revogação,** tem-se que essa recai sobre *o ato administrativo ou relação jurídica dele decorrente*, salientando-se que o ato administrativo deve ser *válido*, pois, caso seja inválido, estaremos diante de hipótese que enseja anulação. É importante ressaltar que não é possível *revogar* um ato administrativo já extinto, dada a falta de utilidade em tal proceder, diferente do que se dá com a *anulação* de um ato extinto, que, por envolver a retroação de seus efeitos (a invalidação tem efeitos *ex tunc*), é útil e, portanto, possível.

O **fundamento da revogação** é a *mesma regra de competência que habilitou o administrador à prática do ato que está sendo revogado*, devendo-se lembrar que só cabe falar-se em revogação nas hipóteses de ato discricionário.

Já o **motivo da revogação** é a *inconveniência ou inoportunidade* da manutenção do ato ou da relação jurídica gerada por ele. Isto é, o administrador público faz apreciação ulterior e conclui pela necessidade da revogação do ato para atender ao interesse público.

Quanto aos **efeitos da revogação**, essa suprime o ato ou seus efeitos, mas respeita aqueles que já transcorreram. Ou seja, opera-se da data da revogação em diante, não negando os efeitos operados ao tempo de sua vigência. Trata-se de eficácia *ex nunc*, portanto.

Quanto aos **limites ao poder de revogar**, a doutrina aponta que são atos irrevogáveis os seguintes: a) os que a lei assim declarar; b) os atos já exauridos, ou seja, que cumpriram seus efeitos; c) os atos vinculados, já que não se fala em conveniência ou oportunidade, dado que o agente só tem uma opção; d) os meros ou puros atos administrativos (exs.: certidão, voto dentro de uma comissão de servidores); e) os atos de controle; f) os atos complexos (praticados por mais de um órgão em conjunto); g) os atos que geram direitos adquiridos[4].

A doutrina administrativa observa que a jurisprudência reconhece como irrevogáveis os atos que geram *direitos subjetivos* para o destinatário, noção que, a nosso ver, deve estar compreendida na ideia de *direito adquirido*.

---

4. A Lei de Introdução às Normas do Direito Brasileiro, em seu art. 6º, § 2º, dispõe: "consideram-se adquiridos assim os direitos que o seu titular, ou alguém por ele, possa exercer, como aqueles cujo começo do exercício tenha termo pré-fixo, ou condição preestabelecida inalterável, a arbítrio de outrem".

Quanto aos *atos gerais* ou *regulamentares*, estes são, por sua natureza, revogáveis em qualquer tempo e em quaisquer circunstâncias, respeitando-se os efeitos produzidos.

Tema relevante é o atinente à relação entre revogação e indenização. Por respeitar os efeitos precedentes (a revogação não retroage – *ex nunc*) e por não poder atingir direitos adquiridos, a *revogação legítima* não gera direito à indenização, salvo se envolver uma relação contratual.

Nada obstante, caso o Poder Público tenha a intenção de atingir efeitos passados (*ex tunc*), só lhe resta desapropriar o direito, indenizando por completo o particular, como no caso em que, após expedida uma licença para construir, decida a Administração alterar o traçado de via pública, o que impede a obra na forma aprovada.

No que concerne à revogação da revogação (ou revogação de um ato revocatório), no Direito Administrativo, diferente do que ocorre com as leis, admite-se o efeito repristinatório. Ou seja, revogado o ATO X pelo ATO Y e, em seguida, o ATO Y pelo ATO Z, fica restaurado o ATO X. Assim, a revogação de um ato revocatório de outro tem natureza *constitutiva* do primeiro.

4.6.7. Anulação (invalidação)

A anulação pode ser conceituada como a *extinção do ato administrativo ou de seus efeitos por outro ato administrativo ou por decisão judicial, por motivo de ilegalidade, com efeito retroativo (ex tunc)*.

Em suma, a anulação é extinção do ato administrativo por motivo de ilegalidade.

Um exemplo é a anulação de uma permissão de uso de bem público para a instalação de uma banca de jornais por ter sido conferida sem licitação.

O sujeito ativo da invalidação pode ser tanto o *administrador público* como o *juiz*. A Administração Pública poderá invalidar de ofício ou a requerimento. Já o Poder Judiciário só poderá invalidar um ato por provocação ou no bojo da uma lide.

A possibilidade de o Poder Judiciário anular atos administrativos decorre do fato de estarmos num Estado de Direito (art. 1º, CF), em que a lei deve ser obedecida por todos. Decorre também do princípio da inafastabilidade da jurisdição ("a lei não poderá excluir da apreciação do Poder Judiciário lesão ou ameaça a direito" – art. 5º, XXXV, da CF) e da previsão constitucional do mandado de segurança, do *habeas data* e da ação popular, que só fazem sentido se se permitir que o Judiciário possa anular atos administrativos.

O objeto da invalidação é o ato administrativo inválido ou os efeitos de tal ato (relação jurídica). Por exemplo, quando se anula uma licitação, há de se anular a licitação em si e a relação jurídica dela decorrente, no caso o contrato administrativo.

O fundamento da anulação é o dever de obediência ao princípio da legalidade. Não se pode conviver com a ilegalidade. Portanto, o ato nulo deve ser invalidado.

O motivo da invalidação é a *ilegalidade* do ato e da eventual relação jurídica por ele gerada. Hely Lopes Meirelles diz que o motivo da anulação é a *ilegalidade* ou a *ilegitimidade* do ato, diferente da revogação, que tem por motivo a *inconveniência ou inoportunidade*. Fala-se em *ilegalidade* ou *ilegitimidade* do ato para ressaltar que a anulação deve ser feita não só quando haja violação frontal ao que dispõe o texto legal (ilegalidade), mas também quando haja abuso, por excesso ou desvio de poder, ou mesmo quando se viole princípios do Direito (ilegitimidade).

Quanto ao **prazo para que se efetive a invalidação**, Hely Lopes Meirelles diz que, em que pese a inclinação da doutrina para a ideia de que não há prazo para anulação do ato administrativo, a jurisprudência vem atenuando tal afirmativa para dizer que se deve manter atos ilegítimos praticados e operantes há longo tempo e que já produziram efeitos perante terceiros de boa-fé, de modo a fazer valer o princípio da segurança jurídica.

Na esfera federal, a Lei 9.784/99 dispõe em seu art. 54: "o direito da Administração de anular os atos administrativos de que decorram efeitos favoráveis para os destinatários decai em cinco anos, contados da data em que foram praticados, salvo comprovada má-fé".

Nesse sentido, temos duas situações:

a) prazo para anular ato que beneficia alguém de boa-fé: 5 anos;

b) prazo para anular ato que beneficia alguém de má-fé: não há prazo, porém, em virtude do princípio da segurança jurídica há que entenda que se deva aplicar ao caso o maior prazo previsto no Código Civil, que é de 15 anos (art. 1.238 – usucapião extraordinária). Vale lembrar, ainda, que a boa-fé é presumida, de modo que compete à Administração Pública que pretender anular o ato o autor da ação para o mesmo fim (por exemplo, o autor popular e o Ministério Público) o ônus da prova.

Quanto ao termo *a quo* do prazo de 5 anos previsto para o primeiro caso, temos as seguintes situações:

a) regra: o prazo de 5 anos começa a correr da data em que o ato foi praticado;

b) no caso de atos com efeitos patrimoniais contínuos: o prazo de 5 anos começa a correr da percepção do primeiro pagamento.

O art. 54, § 2º, da Lei 9.784/99 traz regra interessante, que tem o seguinte teor: "considera-se exercício do direito de anular qualquer medida de autoridade administrativa que importe impugnação à validade do ato".

Essa regra faz com que a decadência não se opere se, no curso dos cinco anos de prazo, a autoridade administrativa tome medida que importe impugnação à validade do ato.

É importante ressaltar que o prazo em questão é um prazo *decadencial* e não *prescricional*. Dessa forma, não incidem as regras de suspensão e interrupção da prescrição previstas no Código Civil.

Outro ponto importante é que a regra ora estudada está prevista na Lei de Processo Administrativo Federal, o que não impede que Municípios e Estados-membros estabeleçam regras sobre o prazo decadencial para anular atos administrativos, como é o caso do Estado de São Paulo, que, em sua Lei de Processo Administrativo, estabelece que o prazo decadencial para anular atos ilegais é de 10 (dez) anos, contados de sua produção (Lei Estadual 10.177/98). Dessa forma, deve-se verificar, no âmbito de cada ente federativo, se existe lei estabelecendo prazo diferenciado para a anulação de atos administrativos ilegais. Caso não haja ato normativo local nesse sentido, aplicar-se-ão, por analogia, as regras previstas na Lei 9.784/99.

Considerando o posicionamento do STF no MS 31.736/DF (j. em 10.9.2013), há de se tomar cuidado quanto ao início do prazo decadencial no caso de aposentadoria. Considerando que esta é considerada um ato complexo, que só se torna perfeito e acabado quando, após a aposentadoria ser deferida pela Administração, é confirmada pelo Tribunal de Contas respectivo, o prazo decadencial para anular uma ilegalidade numa aposentadoria concedida não se inicia do deferimento desta pela Administração, mas sim da data em que o Tribunal de Contas tiver aprovado ou não o ato. No caso julgado pelo STF a aposentadoria foi deferida pela Administração em 1992 e, apenas em 2012 o Tribunal de Contas analisou e decidiu por ilegalidades em seu cálculo. Porém, a aposentada, que já estava nessa qualidade desde 1992, não conseguiu anular a decisão do Tribunal de Contas, sob o argumento do transcurso do prazo de 5 anos para a anulação de atos que beneficiam terceiros de boa-fé. Isso porque, segundo o STF, esse prazo não chegou correr, já que o ato de aposentadoria só se aperfeiçoou em 2012 (e não em 1992), sendo que os 5 anos para anular alguma ilegalidade no ato como um todo só tem início em 2012. Por outro lado, o plenário do STF também assentou que, nesse tipo de caso, havendo boa-fé do servidor público que recebe valores indevidos a título de aposentadoria, só a partir da data em que for ela julgada ilegítima pelo órgão competente (no exemplo dado acima, em 2012) deverá ser devolvida a quantia recebida a maior após essa data (MS 26085, DJ 09.06.2011). Não se deve, todavia, confundir o reconhecimento de nulidades pelos Tribunais de Contas quanto a aposentadorias (que é um ato completo, ou seja, que só se forma quando o Tribunal de Contas a aprova), como o mesmo reconhecimento quando se tratar de outros tipos de atos não complexos, como uma promoção. Nesse último caso, após deferida a promoção, o Tribunal de Contas têm 5 anos para exercer o controle de legalidade dos atos administrativos (no caso, declarar a sua ilegalidade e determinar a sua anulação a tempo), contados da data em que a Administração deferiu a promoção (vide, a respeito: STF, MS 26404/DF, j. em 29.10.2009).

De rigor lembrar que a anulação de atos que geram uma relação jurídica constituída a pessoas não pode ter pode se dar simplesmente porque se verificou uma ilegalidade e se está dentro do prazo de 5 anos para que se dê. É necessário que se verifique se não é o caso de convalidação, bem como que se instaure o adequado procedimento e que se respeite às garantias constitucionais do **devido processo legal, da ampla defesa e do contraditório** (STF, AI 587487 AgR/RJ).

Por fim, ainda em relação decadência quinquenal para anular atos prevista na Lei 9.784/99, o STJ entende que os atos administrativos praticados anteriormente ao advento da Lei 9.784/1999 estão sujeitos ao prazo decadencial de 5 anos, porém, contado da entrada em vigor da lei que estabeleceu esse prazo (9.784/99), qual seja, 1º/2/1999, e não da prática do ato (REsp 1.270.474-RN, j. em 18/10/2012).

No que concerne aos **efeitos da invalidação,** como o ato nulo já nasce com a sanção de nulidade, a declaração se dá retroativamente, ou seja, com efeito *ex tunc*. Invalidam-se as consequências passadas, presentes e futuras do ato, já que, do ato ilegal, não nascem direitos. A anulação importa no desfazimento do vínculo e no retorno das partes ao estado anterior. Tal regra é atenuada em face dos terceiros de boa-fé. Assim, a anulação da nomeação de um agente público, por exemplo, surte efeitos em relação a este (que é parte da relação jurídica anulada), mas não em relação aos terceiros destinatários dos atos por este praticado, desde que tal ato respeite a lei quanto aos demais aspectos.

Tema relevante é o atinente aos **tipos de invalidade** ou **tipos de vícios dos atos administrativos** e os respectivos **meios de correção.**

A doutrina majoritária (corrente quaternária) entende que podem ocorrer os seguintes **vícios** nos atos administrativos:

a) atos administrativos **inexistentes**, que, de tão absurdos que são, sequer precisam ter declarada sua inexistência;

b) atos administrativos **nulos**, que devem ser anulados no prazo decadencial;

c) atos administrativos **anuláveis**, que podem ser convalidados, permanecendo na ordem jurídica;

d) atos administrativos **irregulares**, que são aqueles que contêm vício formal de pouca relevância, devendo permanecer na ordem jurídica.

Hely Lopes Meirelles defendia a ideia de que não havia, no Direito Administrativo, atos anuláveis, pois a anulabilidade é instituto do direito privado, em que se pode dispor de certos interesses. Para esse respeitado doutrinador, o ato administrativo ou era nulo ou era válido e só.

Confira, agora com mais detalhes, a definição dos tipos de vícios dos atos administrativos:

a) **atos inexistentes**: *são os que assistem ao campo do absurdo jurídico, do totalmente intolerável*; tais atos não produzem efeito algum. Exs.: instrução de um agente policial a outro para torturar um bandido; prática de usurpação de função, ou seja, conduta de alguém que se faz passar por agente público, praticando ato da alçada deste;

b) **atos irregulares**: *são aqueles que padecem de vícios formais irrelevantes, reconhecíveis de plano, em que há descumprimento de norma que tem por único objetivo impor padronização interna dos atos*; tais atos não devem ser invalidados. Ex.: certidão feita pela autoridade competente, mas em papel não timbrado;

c) **atos nulos (nulidade absoluta)**: *são os que a lei assim declare ou aqueles sobre os quais a convalidação seja racionalmente impossível, pois, se o conteúdo fosse repetido, seria repetida a ilegalidade*[5]; a nulidade absoluta é grave, devendo o ato ser anulado, salvo se já tiver operado o prazo decadencial para tanto. Exs.: nomeação para cargo

5. Hely Lopes Meirelles diz que a nulidade pode ser *explícita* ou *virtual*. "É explícita quando a lei a comina expressamente, indicando os vícios que lhe dão origem; é virtual quando a invalidade decorre da infringência de princípios específicos do Direito Público, reconhecidos por interpretação das normas concernentes ao ato. Em qualquer destes casos, porém, o ato é ilegítimo ou ilegal e não produz qualquer efeito válido entre as partes, pela evidente razão de que não se pode adquirir direitos contra a lei." O art. 166, VII, do atual Código Civil traz as duas espécies de ato nulo referentes a essa classificação.

efetivo feita sem concurso público; contrato feito sem licitação, quando não incidia nenhuma hipótese de dispensa ou inexigibilidade desta;

d) atos anuláveis (nulidade relativa): *são os que podem ser repetidos sem o vício originário*; a nulidade relativa é vício de menor gravidade, sendo possível a convalidação do ato. Ex.: ato expedido por autoridade com incompetência territorial; ato praticado com particular relativamente incapaz; ato praticado mediante erro ou dolo.

Vistos os vícios concernentes à questão da validade, passemos ao estudo dos meios integradores da invalidade ou sanatória.

A convalidação (ou saneamento) *é a supressão da invalidade de um ato pela expedição de outro, com efeitos retroativos*. Incide sobre os atos *anuláveis*, tornando-os válidos com efeito retroativo.

A convalidação só poderá ser feita se o ato puder ser repetido sem o vício que o inquinava ou se, apesar de se estar diante de ato com vício insanável, haja excepcional e patente interesse público na sua preservação. No primeiro caso, geralmente incide sobre vícios de sujeito (competência) e de forma (descumprimento de forma que não seja substancial), os quais, sanados, importam em convalidação do ato anterior, cuja maior vantagem é ter efeito retroativo, efeito que não existiria com a simples expedição de um novo ato, sem aproveitamento do anterior viciado.

Vejamos, agora, os requisitos que a doutrina aponta como essenciais para que seja possível a convalidação: a) possibilidade de o ato ser expedido novamente, sem o vício originário; b) prejuízo maior se não se mantiver o ato viciado; c) inexistência de prejuízo ao erário e a terceiro; d) boa-fé; e) inexistência de impugnação prévia do ato.

O art. 55 da Lei 9.784/99 admite expressamente a convalidação, devendo a Administração, sempre que possível, optar por ela. Todavia, há uma hipótese em que a Administração poderá optar entre convalidar e não convalidar um ato anulável. Trata-se do caso em que se têm *atos discricionários praticados por autoridade incompetente*. Nesse caso, a autoridade que for a competente não fica obrigada a convalidar o ato viciado, dada a margem de liberdade que detém para praticá-lo.

A convalidação será chamada de *ratificação* nas hipóteses em que há vício de incompetência, não podendo incidir nos casos em que essa for outorgada com exclusividade ou em razão de matéria.[6]

Quanto ao vício de *forma*, a convalidação só será possível se essa não for essencial à validade do ato. Há de se lembrar que a forma abrange a forma propriamente dita (escritura pública, escritura particular, ato verbal etc.) e a motivação. Quanto à motivação, a sua ausência, caso se esteja diante de *ato vinculado* e em situação cuja motivação seja óbvia e passível de demonstração futura, verificando-se que houve respeito aos demais requisitos de validade do ato, este poderá ser mantido se demonstrada a ausência de prejuízo. Já quanto aos *atos discricionários*, a falta de motivação gera sua invalidação, sob pena de se permitir a invenção de motivos em momento

6. Outra expressão pertinente, mas que não se confunde com a convalidação e a *ratificação*, é a *confirmação*, que consiste na renúncia ao poder de anular o ato ilegal, o que é diferente de sanar o vício do ato, corrigindo-o (convalidação).

posterior. Todavia, há entendimentos doutrinários e jurisprudenciais no sentido de que, excepcionalmente, é possível que um ato discricionário sem motivação pode ser convalidado, desde que a administração promova motivação posterior que demonstre de modo inquestionável o seguinte: a) que o motivo extemporaneamente alegado preexistia; b) que esse motivo era idôneo para justificar o ato; c) que o motivo foi a razão determinante da prática do ato (STJ, AgRg no RMS 40.427-DF).

Quanto ao *motivo* e à *finalidade*, fica difícil falar-se em convalidação. O mesmo se pode dizer quanto ao *objeto*. Neste caso, poderá caber a *conversão*, que é instituto jurídico que não se confunde com a *convalidação*.

Vejamos, agora, um *exemplo* de convalidação. Imagine a nomeação de um servidor feita por um Ministro de Estado, quando a competência era da alçada do Presidente da República, seguindo-se a delegação por parte deste para a referida nomeação. O ato originário contém vício (falta de competência), que pode ser sanado, pela convalidação, mediante *ratificação* do Presidente da República ou, após a delegação da competência, *confirmação* pelo Ministro de Estado.

A **conversão (ou sanatória)** *consiste no aproveitamento de um ato inválido, tornando-o ato de outra categoria, com efeito retroativo à data do ato original.*

A conversão incide sobre atos nulos, aproveitando-os em outra categoria de atos. A palavra-chave aqui é "aproveitar".

Diferentemente da convalidação, que mantém o ato na categoria de atos em que ele é praticado, na conversão aproveita-se o ato nulo para uma outra situação, para uma outra categoria de atos.

Um exemplo é a *permissão* de uso de bem público concedida sem licitação (permissão nula!), que acaba sendo convertida numa *autorização* de uso de bem público (outra categoria de ato!), que não requer licitação.

Outro exemplo é a nomeação de um agente público para um cargo de provimento *efetivo*, sem realização de concurso público, que acaba sendo convertida em nomeação para cargo em *comissão*, que não requer prévia aprovação em concurso público.

O instituto da conversão está previsto no atual Código Civil. Confira: "art. 170. Se, porém, o negócio nulo contiver os requisitos de outro, subsistirá este quando o fim a que visavam as partes permitir supor que o teriam querido, se houvesse previsto a nulidade".

Por fim, vale ressaltar que a conversão, assim como a convalidação, tem efeito retroativo, ou seja, ficam mantidos todos os atos praticados no período antecedente ao saneamento, salvo, naturalmente, se houver má-fé.

Não sendo possível a conversão ou a convalidação do ato, mas remanescendo clara a necessidade de mitigar consequências graves para o interesse público decorrentes da anulação do ato, a doutrina também discute a possibilidade de efetivar a **modulação dos efeitos anulatórios**, providência que, em matéria de controle de constitucionalidade, é baste comum quando se declara a inconstitucionalidade de um ato normativo. Um exemplo é o caso de se anular o alvará de construção de um conjunto de quatro prédios construídos como habitação popular, quando as duas primeiras torres já tiverem sido erguidas. Pode ser que a melhor medida seja manter a integridade das duas primeiras torres já construídas, fazendo-se uma compensação em relação às demais torres a serem construídas, desde que o vício que gerou à anulação tenha relação com a medida mitigadora das novas torres, não sendo possível que tal modulação se dê, por exemplo, caso todas as torres (as já construídas e as por construir) estejam situada em área de manancial, hipótese em que somente a demolição de tudo deve ser admitida.

Encerrando a questão, vale citar que parte da doutrina classifica as hipóteses de sanatória do ato administrativo de forma diversa. A título de exemplo, Diogo de Figueiredo Moreira Neto, ao tratar da sanatória, como forma de resolver problemas de legalidade, divide-a em duas espécies: a) os atos sanatórios (ratificação, reforma e conversão); b) e os fatos sanatórios (prescrição); a prescrição introversa ocorre quando a Administração não pode mais rever seus atos (prescrição administrativa), ao passo que a extroversa ocorre quando o Judiciário não pode mais atacar o ato ilegal (*Curso de Direito Administrativo*. 14. ed. São Paulo: Forense. p. 215/219).

4.7. CLASSIFICAÇÃO DOS ATOS ADMINISTRATIVOS

4.7.1. Quanto à liberdade de atuação do agente

Ato vinculado *é aquele em que a lei tipifica objetiva e claramente a situação em que o agente deve agir e o único comportamento que poderá tomar*. Tanto a situação em que o agente deve agir como o comportamento que vai tomar são únicos e estão clara e objetivamente definidos na lei, de forma a inexistir qualquer margem de liberdade ou apreciação subjetiva por parte do agente público. Ex.: licença para construir, concessão de aposentadoria.

Ato discricionário *é aquele em que a lei confere margem de liberdade para avaliação da situação em que o agente deve agir ou para escolha do melhor comportamento a ser tomado.*

Seja na situação em que o agente deve agir, seja no comportamento que vai tomar, o agente público terá uma margem de liberdade na escolha do que mais atende ao interesse público. Neste ponto fala-se em *mérito administrativo*, ou seja, na valoração dos motivos e escolha do comportamento a ser tomado pelo agente.

Vale dizer, o agente público fará apreciação subjetiva, agindo segundo o que entender ser mais conveniente e oportuno ao interesse público.

Reconhece-se a discricionariedade nos seguintes casos, dentre outros:

a) quando a regra que traz a competência do agente traz *conceitos fluidos*, como *bem comum, moralidade, ordem pública* etc.;

b) quando a lei *não traz um motivo* que enseja a prática do ato, como, por exemplo, a que permite nomeação para cargo em comissão, de livre provimento e exoneração;

c) quando *há mais de uma opção* para o agente quanto ao momento de atuar, à forma do ato (ex.: verbal, gestual ou escrita), à sua finalidade ou ao conteúdo (ex.:

possibilita-se que o agente público, diante de uma infração administrativa, escolha se deve fazer uma advertência, aplicar uma multa ou fazer uma apreensão).

A discricionariedade sofre alguns *temperamentos*, de modo a fazer com que a margem de liberdade seja a mais estreita possível e a preservar o princípio da legalidade. Confira:

a) todo ato discricionário é *parcialmente regrado ou vinculado*; a competência, por exemplo, é sempre vinculada; aliás, Hely Lopes Meirelles entende que a competência, a forma e a finalidade são sempre vinculadas, conforme vimos;

b) só há discricionariedade *nas situações marginais*, nas zonas cinzentas; assim, situações que envolvem certa subjetividade, mas encontram na sociedade quase que um consenso, não ensejam margem de liberdade para o agente público; por exemplo, caso o agente público encontre duas pessoas fazendo sexo no meio da rua, ainda que um ou outro possa achar que isso não é imoral, o fato é que é indubitável no pensamento médio que a conduta é imoral, fazendo com que o agente, em que pese estar diante de um conceito fluído ("moralidade pública"), deva agir reconhecendo a existência de uma situação de imoralidade; em suma, o temperamento em tela lembra a todos que a situação concreta (o colorido do caso concreto) diminui a margem de liberdade conferida ao agente público.

c) não há discricionariedade volitiva para a Administração na chamada "discricionariedade técnica"; esta se dá quando a solução de alguma controvérsia administrativa exija o conhecimento técnico especializado, como de um engenheiro ou de um médico; por exemplo, havendo dúvida sobre se algum imóvel está ou não em perigo de desabamento, na hipótese de um engenheiro chamado pela Administração para fazer a análise em questão concluir pelo risco de desabamento, não caberá à Administração invocar a discricionariedade para dizer que pensa diferente e que não vai determinar a interdição ou a demolição do bem, pois no caso tem se discricionariedade técnica, em que a Administração fica vinculada à manifestação conclusiva do profissional que exarado seu entendimento técnico sobre a questão.

Questão muito importante quanto aos atos discricionários é saber se o Judiciário poderá apreciá-los.

A resposta a essa pergunta é positiva, ou seja, o Judiciário pode sim apreciar atos discricionários. Porém, só poderá fazê-lo quanto aos seguintes aspectos:

a) legalidade: todo ato discricionário é parcialmente *regrado* ou *vinculado* e, especificamente quanto a esse ponto, o Poder Judiciário poderá apreciar o ato discricionário; imagine uma competência que diga que "o Governador, em caso de falta grave, poderá suspender ou demitir o servidor público, mediante contraditório e ampla defesa"; trata-se de um ato discricionário, pois a expressão "falta grave" é bastante fluida, sem contar o fato de que o governador tem duas opções, "demitir" ou "suspender" o agente; porém, mesmo se tratando de um ato discricionário, há elementos vinculados nesse ato; um deles é a competência, pois só o Governador pode praticar o ato; outro é fato de que o governador só tem duas opções, de modo que, se tomar uma terceira medida (por exemplo, "demissão a bem do serviço público"), estará saindo dos limites do ato discricionário; além disso, o Governador é obrigado a garantir o contraditório e a ampla defesa; pois bem, se qualquer desses pontos vinculados do ato discricionário for desrespeitado, poderá o Judiciário, fazendo o controle de legalidade, anular o referido ato;

b) moralidade: todo ato discricionário está sujeito a cumprir o princípio da moralidade, que está previsto no art. 37, *caput*, da CF; assim, caso um ato discricionário fira a moralidade (por exemplo, a desapropriação do imóvel de um inimigo político de um Prefeito), poderá ser anulado pelo Poder Judiciário;

c) razoabilidade: todo ato discricionário está sujeito a cumprir o princípio da razoabilidade, que está previsto no art. 2º, *caput*, da Lei 9.784/99; assim, caso um ato discricionário fira a razoabilidade ou a proporcionalidade (por exemplo, desapropria-se área bem maior do que a necessária para a implantação de um projeto da Administração), poderá ser anulado pelo Poder Judiciário. Em matéria de controle de políticas públicas frequentemente o Judiciário analisa a razoabilidade na eleição de prioridades feita pela Administração, determinando, muitas vezes, a implementação de políticas públicas determinadas pela Constituição e que eventualmente tiverem sido relegadas a segundo plano sem justificativa razoável.

Em suma, o Judiciário pode sim apreciar um ato discricionário, mas apenas quanto aos aspectos de legalidade, razoabilidade e moralidade, não sendo possível a revisão dos critérios adotados pelo administrador (o *mérito administrativo*), se tirados de dentro da margem de liberdade a ele conferida pelo sistema normativo.

4.7.2. Quanto às prerrogativas da administração

Atos de império são os *praticados no gozo de prerrogativas de autoridade*. Ex.: interdição de um estabelecimento.

Atos de gestão são os *praticados sem uso de prerrogativas públicas, em igualdade com o particular, na administração de bens e serviços*. Ex.: contrato de compra e venda ou de locação de um bem imóvel.

Atos de expediente *são os destinados a dar andamento aos processos e papéis que tramitam pelas repartições, preparando-os para decisão de mérito a ser proferida pela autoridade*. Ex.: remessa dos autos a uma autoridade, para que esta tome uma decisão, conduta que tem o nome de "levar os autos à conclusão".

A distinção entre ato de gestão e de império está em desuso, pois era feita para excluir a responsabilidade do Estado pela prática de atos de império, de soberania. Melhor é distingui-los em atos regidos pelo *direito público* e pelo *direito privado*.

4.7.3. Quanto aos destinatários

Atos individuais *são os dirigidos a destinatários certos, criando-lhes situação jurídica particular*. Ex.: decreto de desapropriação, nomeação de agente público, exoneração de agente público, licença para construir, autorização de uso de bem público, tombamento, dentre outros.

Atos gerais *são os dirigidos a todas as pessoas que se encontram na mesma situação, tendo finalidade normativa*.

São diferenças entre um e outro as seguintes:

a) os atos individuais podem ser impugnados individualmente, ao passo que os normativos só por ADI ou após uma providência concreta;

b) os atos normativos prevalecem sobre os atos individuais;

c) a revogação de atos individuais deve respeitar eventual direito adquirido de seu beneficiário, ao passo que os atos normativos podem ser livremente revogados.

4.7.4. Quanto à formação da vontade

Atos simples *decorrem de um órgão, seja ele singular ou colegiado*. Ex.: nomeação feita pelo Prefeito; deliberação de um conselho ou de uma comissão.

Atos complexos *decorrem de dois ou mais órgãos, em que as vontades se fundem para formar um único ato*. Ex.: decreto do Presidente, com referendo de Ministros; para o STF, a aposentadoria de um servidor, como depende de deferimento da Administração e do Tribunal de Contas, também é ato complexo.

Atos compostos *decorrem de dois ou mais órgãos, em que a vontade de um é instrumental em relação à vontade de outro, que edita o ato principal*. Aqui existem dois atos pelo menos: um principal e um acessório. Um exemplo é a nomeação do Procurador-Geral da República, que depende de prévia aprovação pelo Senado. Outro exemplo são os atos que dependem de aprovação ou homologação. Não se deve confundir atos compostos com atos de um procedimento, vez que, enquanto os segundos são o encadeamento de atos tendentes ao ato principal, os primeiros resultam de dois ou mais órgãos e não têm por elemento marcante a sucessão de atos preparatórios de um ato final, diferentemente do procedimento.

4.7.5. Quanto aos efeitos

Ato constitutivo *é aquele em que a Administração cria, modifica ou extingue direito ou situação jurídica do administrado*. Exs.: permissões de serviço público e de uso de bem público, penalidades, revogação de atos, autorizações, dentre outros.

Ato declaratório *é aquele em que a Administração reconhece um direito que já existia*. Exs.: admissão, licença, homologação, isenção, anulação.

Ato enunciativo *é aquele em que a Administração apenas atesta dada situação de fato ou de direito*. Não produz efeitos jurídicos diretos. São juízos de conhecimento ou de opinião. Exs.: certidões, atestados, informações e pareceres.

4.7.6. Quanto à situação de terceiros

Atos internos são *aqueles que produzem efeitos apenas no interior da Administração*. Exs.: pareceres, informações.

Atos externos *são aqueles que produzem efeitos sobre terceiros*. Nesse caso, dependerão de publicidade para terem eficácia. Exs.: admissão, licença.

4.7.7. Quanto à estrutura

Atos concretos *são aqueles que dispõem sobre uma única situação, sobre um caso concreto*. Ex.: exoneração de um agente público.

Atos abstratos *são aqueles que dispõem sobre reiteradas e infinitas situações*. Ex.: regulamento.

4.7.8. Outra classificação

Atos normativos *são aqueles que contêm comando geral da Administração Pública, com o objetivo de executar a lei*. Exs.: regulamentos (da alçada do Chefe do Executivo), instruções normativas (da alçada dos Ministros de Estado), regimentos, resoluções etc.

Atos ordinatórios *são aqueles que disciplinam o funcionamento da Administração e a conduta funcional de seus agentes*. Exs.: instruções (são escritas e gerais, destinadas a determinado *serviço público*), circulares (escritas e de caráter uniforme, direcionadas a determinados *servidores*), avisos, portarias (expedidas por chefes de órgãos – trazem determinações gerais ou especiais aos subordinados, designam alguns servidores, instauram sindicâncias e processos administrativos etc.), ordens de serviço (determinações especiais ao *responsável* pelo ato), ofícios (destinados às *comunicações* escritas entre autoridades) e despacho (contém *decisões* administrativas).

Atos negociais *são declarações de vontade coincidentes com pretensão do particular*. Exs.: licença, autorização e protocolo administrativo.

Atos enunciativos *são aqueles que apenas atestam, enunciam situações existentes*. Não há prescrição de conduta (determinações) por parte da Administração. Exs.: certidões, atestados, apostilas e pareceres.

Atos punitivos *são as sanções aplicadas pela Administração aos servidores públicos e aos particulares*. Exs.: advertência, suspensão e demissão; multa de trânsito.

4.8. ATOS ADMINISTRATIVOS EM ESPÉCIE

4.8.1. Quanto ao conteúdo

Autorização *é o ato administrativo unilateral, discricionário e precário pelo qual a Administração faculta ao particular, em proveito deste, o uso privativo de bem público ou o desempenho de uma atividade, os quais, sem esse consentimento, seriam legalmente proibidos*. Exs.: autorização de uso de praça para realização de festa beneficente ou evento cultural; autorização para compra e registro ou para porte de arma. A autorização se baseia no poder de polícia, fazendo-se juízo de conveniência e oportunidade acerca da sua concessão ou não. Trata-se de ato *constitutivo*.

Licença *é o ato administrativo unilateral e vinculado pelo qual a Administração faculta àquele que preencha requisitos legais o exercício de uma atividade*. Exs.: licença para construir; licença para dirigir veículos automotores. A licença também se baseia no poder de polícia, havendo juízo de legalidade somente. Trata-se de ato *declaratório*, daí porque, enquanto na autorização se fala em interesses, na licença se fala em direitos subjetivos, pois cumpridos os requisitos para a licença o interessado tem direito de exigi-la, diferentemente do que acontece quanto à autorização.

Admissão é o *ato unilateral e vinculado pelo qual a Administração reconhece ao particular que preencha requisitos legais o direito à prestação de um serviço público*. Exs.: admissão de aluno em escola ou universidade pública; admissão de paciente em hospital; admissão de pessoa carente em programa de assistência social.

Permissão *é o ato administrativo unilateral, discricionário e precário, pelo qual a Administração faculta ao particular a execução de serviço público ou a utilização privativa de bem público, mediante licitação*. Exs.: permissão para taxista ou perueiro efetuar transporte remunerado de passageiros; permissão para que uma banca de jornal se instale numa calçada ou praça públicas. Vale lembrar que, por ser precária, pode ser revogada a qualquer momento sem que o particular tenha direito à indenização. Ademais, diferentemente da autorização, a permissão depende de licitação.

Concessão *é o ato bilateral (contrato) e não precário pelo qual a Administração faculta a uma pessoa jurídica a execução de serviço público ou a utilização privativa de bem público, mediante licitação na modalidade concorrência*. Exs.: concessão dada a uma empresa de ônibus para que efetue transporte remunerado de passageiros; concessão dada a um restaurante para que utilize espaço público num aeroporto. Por não ser precária, o particular tem direito de ver mantida a concessão. Todavia, caso haja interesse público na sua revogação, este prevalece sobre o do particular, o qual terá direito à indenização pela revogação da concessão, diferentemente do que ocorre na autorização e na permissão, que são atos precários, ou seja, passíveis de revogação sem direito à indenização em favor do interessado. Confira algumas diferenças entre a concessão e a permissão: a) a primeira só pode ser concedida a pessoa jurídica, ao passo que a segunda, a pessoa física ou jurídica; b) a primeira é contratual, ao passo que a segunda é precária, podendo ser revogada sem direito à indenização em favor do permissionário; c) a primeira deve ser concedida após licitação na modalidade concorrência, ao passo que a segunda pode ser concedida por meio de outras modalidades licitatórias; d) a primeira é formalizada mediante *contrato de concessão*, ao passo que a segunda, mediante *contrato de adesão*.

Credenciamento *é o ato ou contrato formal pelo qual a administração pública confere a um particular (pessoa física ou jurídica), normalmente sem prévia licitação, a prerrogativa de exercer certas atividades materiais ou técnicas, em caráter instrumental ou de colaboração com o Poder Público, a título oneroso, remuneradas, na maioria das vezes, diretamente pelos interessados*. Um exemplo de credenciamento é o ato que ocorre com as empresas de autoescola, que recebem credenciamento do Poder Público para a prática de certas atividades em colaboração com este (aulas, exames etc.), sem licitação e com cobrança dos interessados. Inexistindo viabilidade técnica de competição, está-se diante de hipótese de inexigibilidade (art. 25, *caput*, da Lei 8.666/93). Assim, é inexigível a licitação nas hipóteses em que o credenciamento é aberto para outorga a todos os interessados habilitados, já que inexistente a possibilidade teórica de competição.

Aprovação *é o ato unilateral e discricionário pelo qual se exerce o controle prévio ou posterior do ato administrativo.* A aprovação é um tipo de *controle* que analisa a *conveniência e a oportunidade* do ato controlado. Ex.: aprovação dada pelo Senado à indicação do Presidente para nomeação de Ministro para o Supremo Tribunal Federal. Em tese, o Senado pode rejeitar a indicação, não a aprovando, por considerá-la não conveniente, em vista de não ter o indicado reputação ilibada, por exemplo.

Homologação *é o ato unilateral e vinculado pelo qual se reconhece a legalidade de um ato administrativo.* A homologação é um tipo de *controle* que analisa apenas o *cumprimento das formalidades legais*, não entrando no mérito dos atos praticados. Ex.: homologação de uma licitação ou de um concurso público pela autoridade superior à comissão de licitação, autoridade essa que controlará exclusivamente a legalidade dos procedimentos, sem entrar no mérito dos julgamentos feitos.

Parecer *é o ato pelo qual órgãos consultivos da Administração emitem opinião técnica sobre assunto de sua competência.* Podem ser de três tipos: *facultativo* (o parecer é pedido se a autoridade quiser); *obrigatório* (a autoridade é obrigada a solicitar o parecer, em que pese não ser obrigada a acatá-lo) e *vinculante* (a autoridade é obrigada a solicitar o parecer e a acatar o seu conteúdo - ex.: parecer médico). O STF vem decidindo que o parecer jurídico que deve ser dado sobre minuta de editais, de contratos e de convênios é um parecer vinculante (MS 24.584), pois o art. 38, parágrafo único, da Lei 8.666/93 dispõe que o setor jurídico deve *aprovar* tais minutas, o que revela que o parecer é verdadeira *decisão administrativa* e não mera opinião técnica. Dessa forma, havendo alguma ilegalidade, o parecerista responde como se fosse autor da minuta por ele aprovada, ficando sujeito, por exemplo, a multas pelo Tribunal de Contas e a ações populares, ações civis públicas e ações por improbidade administrativa, valendo lembrar, todavia, que a responsabilidade do agente público não é objetiva: depende de culpa ou dolo, nos casos de ressarcimento do erário, e de dolo em algumas modalidades de improbidade administrativa.

Visto *é o ato administrativo unilateral pelo qual a autoridade atesta a regularidade formal de outro ato administrativo.* Ex.: pedido de férias de um agente, que recebe o visto de seu chefe (o qual observa sua regularidade formal) antes deste encaminhar para o chefe subsequente apreciá-lo.

Protocolo administrativo *é o ato negocial pelo qual o Poder Público acerta com o particular a realização de determinado empreendimento ou atividade ou a abstenção de certa conduta.*

4.8.2. Quanto à forma

Decreto *é a forma de que se revestem os atos individuais ou gerais, emanados do Chefe do Poder Executivo.* Exs.: nomeação e exoneração de agentes públicos (atos individuais); regulamentos (atos gerais que têm por objeto proporcionar a fiel execução da lei - artigo 84, IV, CF). Não existe, como regra, *regulamento autônomo* em nosso direito, uma vez que ele sempre deve estar adstrito ao que dispõe uma lei, nunca podendo existir por si só; ou seja, no Brasil a regra é termos *regulamentos de execução* de lei. Como vimos, a EC 32/01 modificou o artigo 84, VI, da CF, permitindo que o Presidente, por meio de decreto, disponha de matérias que somente a lei poderia dispor. Trata-se de situação que excepciona a regra no sentido de que não há regulamentos autônomos em nosso direito.

Resolução e portaria *são as formas de que se revestem os atos, gerais ou individuais, emanados de autoridades que não sejam o Chefe do Executivo*. Ex.: no Estado de São Paulo, a resolução é própria dos Secretários de Estado, enquanto as portarias são a forma de que se revestem os atos das autoridades até o Diretor de Serviço. Assim, em cada ente político se instituirá a forma que deve revestir os atos de cada autoridade. Importa lembrar, ainda, que as resoluções e portarias trarão, além de atos *individuais* próprios de tais autoridades, atos *gerais* consistentes em instruções para cumprimento das leis e regulamentos.

Circular *é o instrumento de que se valem as autoridades para transmitir ordens internas a seus subordinados*.

Despacho *é o ato administrativo que contém decisões das autoridades sobre assunto de interesse individual ou coletivo submetido à sua apreciação*. **Despacho normativo** é aquele que aprova uma decisão sobre assunto de interesse geral, ficando esta obrigatória para toda a administração, além de valer para todos que estiverem na mesma situação.

Alvará é *a forma pela qual a Administração confere licença ou autorização para a prática de ato ou exercício de atividade sujeita ao poder de polícia do Estado*. Exs.: alvará de construção (instrumento que confere e prova a licença); alvará para porte de arma (instrumento da autorização conferida).

4.9. PROCEDIMENTO ADMINISTRATIVO

Não se deve confundir o ato administrativo com o procedimento administrativo. O segundo *consiste na sucessão encadeada de atos que propiciam a formação do ato final objetivado pela Administração*.

Assim, um procedimento é uma sucessão de atos, não se confundindo com cada ato em si.

Na verdade, ficaria melhor falar-se em *processo administrativo* para designar a definição dada, reservando-se a expressão procedimento administrativo para designar o *rito* a ser seguido.

Porém, em Direito Administrativo a expressão *procedimento administrativo* acaba sendo usada para designar *processo administrativo*.

De qualquer forma, é bom lembrar que há processos administrativos típicos, como o processo disciplinar e o processo de licitação, cuja característica marcante é ter uma regulamentação específica em lei própria. Os processos administrativos que não tiverem regulamentação própria devem seguir o disposto na Lei de Geral de Processo Administrativo (Lei 9.784/99).

4.10. JURISPRUDÊNCIA SELECIONADA

Súmula Vinculante STF 3

Nos processos perante o Tribunal de Contas da União asseguram-se o contraditório e a ampla defesa quando da decisão puder resultar anulação ou revogação de ato administrativo que beneficie o interessado, excetuada a apreciação da legalidade do ato de concessão inicial de aposentadoria, reforma e pensão.

Súmula STF 473

A administração pode anular seus próprios atos, quando eivados de vícios que os tornam ilegais, porque deles não se originam direitos; ou revogá-los, por motivo de conveniência ou oportunidade, respeitados os direitos adquiridos, e ressalvada, em todos os casos, a apreciação judicial.

Súmula STF 346

A administração pública pode declarar a nulidade dos seus próprios atos.

TCU: registro de aposentadoria e prazo decadencial - 1

A 1ª Turma iniciou julgamento de mandado de segurança no qual se postula a cessação dos efeitos de acórdão do TCU que negara registro ao ato de aposentadoria da impetrante. A Corte de Contas também reputara ilegal a forma de cálculo dos quintos/décimos de função comissionada incorporada pela servidora, com base na Portaria 474/87 do MEC. A impetrante alega que a forma de cálculo de seus proventos lhe fora assegurada por decisão judicial passada em julgado, de acordo com o que preconizado pela aludida portaria, razão por que não incidiria a redução de vencimentos prevista na Lei 8.168/91. Sustenta, ainda, o transcurso do prazo decadencial de cinco anos para a Administração Pública revisar o ato de sua aposentadoria, nos termos do art. 54 da Lei 9.784/99. O Ministro Luiz Fux, relator, denegou a ordem. Afirmou que o aresto do TCU não teria contrariado o conteúdo de qualquer decisão judicial transitada em julgado. Isto porque o ato daquele tribunal objetivara apenas adequar a forma de cálculo do pagamento das referidas vantagens, a compatibilizá-las com a legislação vigente. Portanto, não houvera anulação de ato de pagamento, mas, ao revés, determinação de que se verificasse se a base de cálculo estaria em conformidade com a lei. Registrou que a Corte de Contas teria assentado a alteração da fórmula de cálculo das vantagens concedidas judicialmente, conforme planos de carreira e as legislações posteriores à decisão judicial, de modo a observar a irredutibilidade dos proventos. Destarte, considerou que não prosperaria a alegação da impetrante de que o TCU teria contrariado decisão judicial. Consignou não configurar ofensa à Constituição transformar, por lei, gratificações incorporadas em vantagem pessoal nominalmente identificada (VPNI), reajustável pelos índices gerais de revisão de vencimentos dos servidores públicos, máxime porque inexistiria direito adquirido a regime jurídico. Asseverou que não incidiria o art. 54 da Lei 9.784/99. Assinalou que, de acordo com as informações prestadas pela autoridade coatora, a despeito de a impetrante ter se aposentado em 27.11.1992, o ato concessivo de sua aposentação somente teria sido disponibilizado para análise do TCU, em 14.3.2008, tendo sido lavrado do acórdão em 24.1.2012. Assim, apenas nesta data se teria verificado o aperfeiçoamento do ato concessivo de aposentadoria, motivo pelo qual não decorrera o lapso necessário à configuração da decadência administrativa. Sublinhou que esse entendimento não se distanciaria da jurisprudência do STF, segundo a qual a aposentadoria se afiguraria ato administrativo complexo, que somente se tornaria perfeito e acabado após seu exame e registro pelo TCU. Após, pediu vista o Min. Roberto Barroso.

MS 31736/DF, rel. Min. Luiz Fux, 20.8.2013. (MS-31736)

TCU: registro de aposentadoria e prazo decadencial - 2

Ao concluir julgamento de mandado de segurança, a 1ª Turma, por maioria, denegou *writ* em que se postulava a cessação dos efeitos de acórdão do TCU que negara registro ao ato de aposentadoria da impetrante. Alegava-se que a forma de cálculo dos proventos fora assegurada por decisão judicial passada em julgado, razão pela qual não incidiria a redução de vencimentos prevista em legislação posterior. **Sustentava-se, ainda, o transcurso do prazo decadencial de cinco anos para a Administração Pública revisar o ato de aposentadoria (Lei 9.784/99, art. 54)** — v. Informativo 716. A Turma afirmou que o aresto do TCU não teria contrariado o conteúdo de qualquer decisão judicial transitada em julgado. Isso porque o ato daquele tribunal objetivara apenas adequar a forma de cálculo do pagamento das referidas vantagens, a compatibilizá-las com a legislação vigente. Portanto, não houvera anulação de ato de pagamento, mas, ao revés, determinação de que se verificasse se a base de cálculo estaria em conformidade com a lei. Registrou-se que a Corte de Contas teria assentado a alteração da fórmula de cálculo das vantagens concedidas judicialmente, conforme planos de carreira e legislações posteriores à decisão judicial, de modo a observar a irredutibilidade dos proventos. Consignou-se não configurar ofensa à Constituição transformar, por lei, gratificações incorporadas em Vantagem Pessoal Nominalmente Identificada (VPNI), reajustável pelos índices gerais de revisão de vencimentos dos servidores públicos, máxime porque inexistiria direito adquirido a regime jurídico.

MS 31736/DF, rel. Min. Luiz Fux, 10.9.2013. (MS-31736)

TCU: registro de aposentadoria e prazo decadencial - 3

Asseverou-se, ainda, não incidir o art. 54 da Lei 9.784/99. Assinalou-se que, de acordo com as informações prestadas pela autoridade coatora, a despeito de a impetrante ter se aposentado em 27.11.92, o ato concessivo de sua aposentação somente teria sido disponibilizado para análise do TCU em 14.3.2008, tendo sido lavrado acórdão em 24.1.2012. Assim, apenas nesta data ter-se-ia verificado o aperfeiçoamento do ato concessivo de aposentadoria, motivo pelo qual não decorrera o lapso necessário à configuração da decadência administrativa. Sublinhou-se que esse entendimento não se distanciaria da jurisprudência do STF, segundo a qual a aposentadoria afigura-se ato administrativo complexo, que somente se tornaria perfeito e acabado após seu exame e registro pelo TCU. Por fim, afastou-se a incidência dos princípios da isonomia e da segurança jurídica. Destacou-se a impossibilidade de, em nome do princípio da isonomia, cometer-se um equívoco para a correção de eventuais injustiças. Ademais, salientou-se a ausência de pressupostos para a aplicação do princípio da segurança jurídica, porquanto, no caso, a impetrante não estaria recebendo esse benefício sem qualquer contestação, sendo posteriormente surpreendida com a sua retirada. Aduziu-se, no ponto, que o direito à aposentadoria seria controvertido, haja vista o longo decurso da discussão judicial a envolver a forma de cálculo dos proventos em questão. Vencido o Ministro Roberto Barroso que, tendo em conta a excepcionalidade do caso e os imperativos da segurança jurídica e da isonomia, concedia parcialmente o *writ* para afastar a redução no valor nominal total dos proventos da impetrante, sem impedir, porém, que reajustes futuros fossem corretamente calculados. Ressaltava o decurso de quase vinte anos da aposentação e o fato de a outra câmara do TCU haver mantido esse benefício a outros aposentados em idêntica situação à da impetrante.

MS 31736/DF, rel. Min. Luiz Fux, 10.9.2013. (MS-31736) (Inform. STF 719) (g.n.)

SEGUNDO AG. REG. NO RE N. 450.458-DF
RELATOR: MIN. TEORI ZAVASCKI

Ementa: ADMINISTRATIVO. AGRAVOS REGIMENTAIS NO RECURSO EXTRAORDINÁRIO. SERVIDOR PÚBLICO. APOSENTADORIA DECLARADA ILEGAL PELO TRIBUNAL DE CONTAS. DEVOLUÇÃO DOS VALORES INDEVIDAMENTE RECEBIDOS. TERMO INICIAL. DATA DA DECISÃO DO ÓRGÃO DE CONTAS. APLICAÇÃO DA SÚMULA 106 DO TCU. PRECEDENTES. SERVIDOR INDUZIDO A ERRO PELA ADMINISTRAÇÃO. AUSÊNCIA DE PREQUESTIONAMENTO. SÚMULA 282/STF. 1. **O Plenário do Supremo Tribunal Federal, em diversas oportunidades, já assentou que, havendo boa-fé do servidor público que recebe valores indevidos a título de aposentadoria, só a partir da data em que for ela julgada ilegítima pelo órgão competente deverá ser devolvida a quantia recebida a maior** (MS 26085, Relator(a): Min. CÁRMEN LÚCIA, Tribunal Pleno, DJe de 13-06-2008; e MS 24781, Relator(a): Min. ELLEN GRACIE, Relator(a) p/ Acórdão: Min. GILMAR MENDES, Tribunal Pleno, DJe de 09-06-2011). 2. Agravos regimentais a que se nega provimento. (Inform. STF 716) (g.n.)

AG. REG. NO RE N. 636.686-RS
RELATOR: MIN. GILMAR MENDES

Agravo regimental em recurso extraordinário. 2. Direito Administrativo. 3. Defensoria pública. Implantação de plantão permanente na cidade de Erechim. Mérito administrativo. Impossibilidade de ingerência do Poder Judiciário ante a ausência de ilegalidade ou abuso de poder. Princípio da separação dos poderes. Precedentes. Inexistência de argumentos capazes de infirmar a decisão agravada. 5. Agravo regimental a que se nega provimento. (Inform. STF 715)

AG. REG. NO ARE N.737.035-RN
RELATOR: MIN. GILMAR MENDES

Agravo regimental em recurso extraordinário com agravo. 2. Direito Administrativo. 3. Decisão judicial que designa delegado de polícia civil. Mérito administrativo. Impossibilidade de ingerência do Poder Judiciário ante a ausência de ilegalidade ou abuso de poder. Princípio da separação dos poderes. Precedentes. 4. Inexistência de argumentos capazes de infirmar a decisão agravada. 5. Agravo regimental a que se nega provimento. (Inform. STF 707)

TCU e decadência administrativa

O disposto no art. 54 da Lei 9.784/99 ("*O direito da Administração de anular os atos administrativos de que decorram efeitos favoráveis para os destinatários decai em cinco anos, contados da data em que foram praticados, salvo comprovada má-fé*") não se aplica à aposentadoria, porque esta reclama atos sequenciais. Com base nessa orientação, a 1ª Turma denegou mandado de segurança impetrado contra julgado do TCU. Este, ao apreciar a legalidade, para fins de registro, de atos concessórios de aposentadoria, determinara a glosa dos proventos considerada a incorporação da Unidade de Referência de Preços - URP concernente ao mês de fevereiro/89, no total de 26,05%, bem assim a restituição dos valores pagos durante a pendência do julgamento de eventuais recursos. Alegava-se decadência administrativa, além de nulidade por ofensa aos princípios da coisa julgada, do contraditório, da ampla defesa, da segurança jurídica, da boa-fé, da razoabilidade, da moralidade e da separação dos Poderes. Arguia-se que se trataria de valor percebido há mais de 17 anos assegurado por título judicial. Por fim, assinalava-se a inobservância ao disposto na Súmula Vinculante 3 (*"Nos processos perante o Tribunal de Contas da União asseguram-se o contraditório e a ampla defesa quando da decisão puder resultar anulação ou revogação de ato administrativo que beneficie o interessado, excetuada a apreciação da legalidade do ato de concessão inicial de aposentadoria, reforma e pensão"*). O Colegiado consignou que o contraditório requereria, a teor do disposto no art. 5º, LV, da CF, litígio ou acusação não alcançando os atos alusivos ao registro de aposentadoria. Ademais, reputou-se inexistir coisa julgada presente a situação de inativo. **MS 28604/DF, rel. Min. Marco Aurélio, 4.12.2012. (MS-28604) (Inform. STF 691)**

Anulação de Ascensão Funcional: Devido Processo Legal e Segurança Jurídica

O Tribunal concedeu dois mandados de segurança impetrados contra ato do Tribunal de Contas da União - TCU, consubstanciado em decisões, proferidas em autos de tomada de contas da Empresa de Brasileira de Correios e Telégrafos - ECT, que determinaram o desfazimento, em 2006, de atos de <u>**ascensões funcionais**</u> **ocorridos entre 1993 e 1995. Entendeu-se que o lapso temporal entre a prática dos atos de ascensão sob análise e a decisão do TCU impugnada superaria, em muito, o prazo estabelecido no art. 54 da Lei 9.784/99, o que imporia o reconhecimento da decadência do direito da Administração de revê-los. Reportou-se, ademais, à orientação firmada pela Corte no julgamento do MS 24448/DF (DJE de 14.11.2007), no sentido de, aplicando o princípio da segurança jurídica, assentar ser de cinco anos o prazo para o TCU exercer o controle da legalidade dos atos administrativos.** Considerou-se, por fim, não terem sido observados os princípios do contraditório, da ampla defesa e do devido processo legal, visto que a anulação dos atos de ascensão importara em grave prejuízo aos interesses dos impetrantes, os quais deveriam ter sido convocados para exercer sua defesa no processo de tomada de contas. Outros **precedentes citados: MS 24268/MG (DJU de 17.9.2004); MS 26353/DF (DJU de 6.9.2007); MS 26782/DF (DJE de 17.12.2007). MS 26393/DF, rel. Min. Cármen Lúcia, 29.10.2009. (MS-26393) MS 26404/DF, rel. Min. Cármen Lúcia, 29.10.2009.** (**MS-26404**) (Inform. STF 565) (g.n.)

Responsabilidade Solidária de Assessoria Jurídica - 1

Iniciado o julgamento de mandado de segurança impetrado contra ato do Tribunal de Contas da União que determinou a inclusão de procuradores federais como responsáveis solidários por ocorrências apuradas na fiscalização de convênio firmado pelo INSS, em razão da emissão de pareceres técnico-jurídicos no exercício profissional. O Min. Marco Aurélio, relator, afastando as preliminares de não cabimento do mandado de segurança, proferiu voto no sentido de indeferir o *writ*, por considerar que a aprovação ou ratificação de termo de convênio e aditivos, a teor do que dispõe o art. 38 da Lei 8.666/93 e diferentemente do que ocorre com a simples emissão de parecer opinativo, possibilita a responsabilização solidária, já que o administrador decide apoiado na manifestação do setor técnico competente. O Min. Marco Aurélio salientou, ainda, a impossibilidade do afastamento da responsabilidade dos impetrantes em sede de mandado de segurança, ficando ressalvado, contudo, o direito de acionamento do Poder Judiciário, na hipótese de os impetrantes virem a ser declarados responsáveis quando do encerramento do processo administrativo em curso no Tribunal de Contas da União. Após, o julgamento foi adiado em face do pedido de vista do Min. Joaquim Barbosa (Lei 8.666/93, art. 38, parágrafo único: "As minutas de editais de licitação, bem como as dos contratos, acordos, convênios ou ajustes devem ser previamente examinadas e aprovadas por assessoria jurídica da Administração."). **MS 24584/DF, rel. Min. Marco Aurélio, 5.11.2003. (MS-24584)**

Responsabilidade Solidária de Assessoria Jurídica - 2

Retomado o julgamento de mandado de segurança impetrado contra ato do Tribunal de Contas da União que determinou a audiência de procuradores federais, para apresentarem, como responsáveis, as respectivas razões de justificativas sobre ocorrências apuradas na fiscalização de convênio firmado pelo INSS, em razão da emissão de pareceres técnico-jurídicos no exercício profissional - v. Informativo 328. O Min. Joaquim Barbosa, embora fazendo distinção entre as hipóteses de consulta facultativa, obrigatória e vinculante - a autoridade não se vincula à consulta emitida na primeira hipótese, que é facultativa; fica obrigada a realizar o ato tal como submetido à consultoria na segunda hipótese, podendo agir de forma diversa após emissão de novo parecer e, na terceira hipótese, somente pode decidir de acordo com a consulta -, acompanhou a conclusão do Min. Marco Aurélio, relator, e proferiu voto-vista no sentido de denegar a ordem, por considerar que, na espécie, a teor do disposto no art. 38 da Lei 8.666/93, a atuação do administrador ficara condicionada ao exame e aprovação do órgão jurídico, tornando possível, em tese, eventual responsabilização dos impetrantes. Após, pediu vista dos autos o MIn. Gilmar Mendes (Art. 38: "As minutas de editais de licitação, bem como as dos convênios ... devem ser previamente examinadas e aprovadas por assessoria jurídica da Administração"). **MS 24584/DF, rel. Min. Marco Aurélio, 14.4.2004. (MS-24584)**

Responsabilidade Solidária de Assessoria Jurídica - 3

O Pleno retomou julgamento de mandado de segurança impetrado contra ato do Tribunal de Contas da

União que determinara a audiência de procuradores federais, para apresentarem, como responsáveis, as respectivas razões de justificativas sobre ocorrências apuradas na fiscalização de convênio firmado pelo INSS, em razão da emissão de pareceres técnico-jurídicos no exercício profissional - v. Informativos 328 e 343. Em voto-vista, o Min. Gilmar Mendes, ressaltando a possibilidade de os procuradores serem ouvidos em procedimento administrativo, a fim de elucidar eventuais dúvidas acerca de determinado ato administrativo, concedeu o *writ* por considerar, com base em precedente da Corte (MS 24073/DF, DJU de 31.10.2003), que os pareceres em questão seriam, quando muito, mero ato de administração consultiva, não havendo como se extrair dos mesmos a responsabilidade solidária pela má execução do convênio ou pela falta de prestação de contas por parte do convenente. Após o voto do Min. Eros Grau, acompanhando o Min. Gilmar Mendes, e do voto do Min. Carlos Britto, acompanhando o relator, pediu vista dos autos o Min. Cezar Peluso.

Responsabilidade Solidária de Assessoria Jurídica - 4
Retomado julgamento de mandado de segurança impetrado contra ato do Tribunal de Contas da União que determinara a audiência de procuradores federais, para apresentarem, como responsáveis, as respectivas razões de justificativas sobre ocorrências apuradas na fiscalização de convênio firmado pelo INSS, em razão da emissão de pareceres técnico-jurídicos no exercício profissional — v. Informativos 328, 343 e 376. O Min. Cezar Peluso, em voto-vista, acompanhou o voto do relator no sentido de denegar a ordem. Tendo em conta que o processo recai sobre arguição de conjunto grosseiro de desatenções e omissões documentadas, capazes de substanciar, ao menos, conduta gravemente culposa dos impetrantes, e à luz do que dispõem o art. 32 da Lei 8.906/94, o art. 186 do CC e o art. 71, II, da CF, entendeu que não haveria se falar em afronta à relativa inviolabilidade profissional dos procuradores, porquanto estar-se-ia adotando o remédio adequado à apuração de eventual responsabilidade administrativa. Após, retomou o pedido de vista o Min. Gilmar Mendes. **MS 24584/DF, rel. Min. Marco Aurélio, 24.5.2006. (MS-24584)**

Responsabilidade Solidária de Assessoria Jurídica - 5
Em conclusão de julgamento, o Tribunal, por maioria, denegou mandado de segurança impetrado contra ato do Tribunal de Contas da União - TCU que determinara a audiência de procuradores federais, para apresentarem, como responsáveis, as respectivas razões de justificativa sobre ocorrências apuradas na fiscalização de convênio firmado pelo INSS, em virtude da emissão de pareceres técnico-jurídicos no exercício profissional — v. Informativos 328, 343, 376 e 428. **Entendeu-se que a aprovação ou ratificação de termo de convênio e aditivos, a teor do que dispõe o art. 38 da Lei 8.666/93, e diferentemente do que ocorre com a simples emissão de parecer opinativo, <u>possibilita a responsabilização solidária</u>, já que o administrador decide apoiado na manifestação do setor técnico competente (Lei 8.666/93, art. 38, parágrafo único: *"As minutas de editais de licitação, bem como as dos contratos, acordos, convênios ou ajustes devem ser previamente examinadas e aprovadas por assessoria jurídica da Administração."*)**. Considerou-se, ainda, a impossibilidade do afastamento da responsabilidade dos impetrantes em sede de mandado de segurança, ficando ressalvado, contudo, o direito de acionar o Poder Judiciário, na hipótese de virem a ser declarados responsáveis quando do encerramento do processo administrativo em curso no TCU. Vencidos os Ministros Eros Grau, Gilmar Mendes e Cármen Lúcia, que deferiam a ordem. MS 24584/DF, rel. Min. Marco Aurélio, 9.8.2007. (MS-24584) **(Inform. STF 475)**

Situação Jurídica Constituída: Desfazimento e Contraditório
A Turma manteve decisão monocrática do Min. Marco Aurélio que desprovera agravo de instrumento, do qual relator, por julgar acertada a decisão que entendera violado o direito de defesa dos agravados, exonerados de seus caros. Tratava-se, na espécie, de agravo regimental em que o Estado do Rio de Janeiro, com base no Enunciado da Súmula 473 do STF e no poder de autotutela conferido à Administração Pública, defendia a legitimidade do procedimento mediante o qual foram anulados os atos administrativos de investidura dos agravados. Sustentava o agravante a prescindibilidade de instauração, na hipótese, de processo administrativo e a observância da garantia da ampla defesa e do contraditório. Aduzia, ainda, que o tribunal de justiça local aplicara de forma inconstitucional o preceito contido no art. 19 do ADCT, de modo a permitir que os agravados, ex-ocupantes de cargos no Poder Legislativo municipal, fossem enquadrados e estabilizados em cargos distintos no Poder Judiciário estadual, em ofensa ao art. 37, II, da CF. **Asseverou-se que a Administração Pública pode declarar a nulidade de seus próprios atos, desde que, além de ilegais, tenham causado lesão ao Estado, sejam insuscetíveis de convalidação e não tenham servido de fundamento a ato posterior praticado em outro plano de competência. <u>Considerou-se, entretanto, ser a ela vedado, sob pretexto de haver irregularidades formais, desconstituir unilateralmente atos que tenham integrado o patrimônio do administrado ou do servidor, sem a instauração de adequado procedimento e respeito às garantias constitucionais do devido processo legal, da ampla defesa e do contraditório</u>**. Precedente citado: RE 158543/RS (DJU de 6.10.95). **AI 587487 AgR/RJ, rel. Min. Marco Aurélio, 31.5.2007. (AI-587487) (Inform. STF 469) (g.n.)**

Distribuição de Sinais de TV a Cabo e Discricionariedade

A Turma, por maioria, manteve acórdão do STJ que indeferira, em face da ausência de direito líquido e certo, mandado de segurança impetrado contra ato do Ministro das Comunicações que negara requerimento de autorização para distribuição de sinais de TV a cabo formulado pela ora recorrente. Alegava-se, na espécie, que, não obstante a empresa haver cumprido todos os requisitos exigidos pela Portaria 250/89, expedida pelo Ministro das Comunicações, seu pleito fora indeferido com base em portaria diversa e aplicada retroativamente, a saber, a Portaria 36/91, emitida pelo Secretário Nacional de Comunicações, na qual suspenso o recebimento dos pedidos de autorização para o referido serviço. Sustentava-se que o ato de distribuição de sinais tornara-se vinculado desde o momento em que disposto que o preenchimento de determinadas condições resultaria na outorga da pretensão. Tendo em conta a supremacia do interesse público sobre o privado, entendeu-se que o agente público pode, no exercício de suas atribuições e a bem do interesse público, deixar de executar ato de natureza precária, como é a autorização, desde que expostos os motivos. **Afastou-se, no ponto, a alegação de direito subjetivo respaldada na aludida Portaria 250/89. Por fim, asseverou-se que o administrado não pode obrigar a Administração a conceder-lhe direito que tem como pressuposto de validade o preenchimento de requisitos objetivos (capacidade técnica) e subjetivos (conveniência e oportunidade)**. Vencido o Min. Marco Aurélio, relator, que dava provimento ao recurso ordinário em mandado de segurança por considerar que, uma vez atendidos os requisitos vinculados pela própria Administração, esta não poderia invocar o instituto da discricionariedade, sob pena de o ato tornar-se arbitrário.

RMS 22665/DF, rel. orig. Min. Marco Aurélio, rel. p/ o acórdão Min. Nelson Jobim, 14.3.2006. (RMS-22665) (Inform. STF 419) (g.n.)

DIREITO ADMINISTRATIVO. MOTIVAÇÃO POSTERIOR DO ATO DE REMOÇÃO *EX OFFICIO* DE SERVIDOR.

O vício consistente na falta de motivação de portaria de remoção *ex officio* de servidor público pode ser convalidado, de forma excepcional, mediante a exposição, em momento posterior, dos motivos idôneos e preexistentes que foram a razão determinante para a prática do ato, ainda que estes tenham sido apresentados apenas nas informações prestadas pela autoridade coatora em mandado de segurança impetrado pelo servidor removido. De fato, a remoção de servidor público por interesse da Administração Pública deve ser motivada, sob pena de nulidade. **Entretanto, consoante entendimento doutrinário, nos casos em que a lei não exija motivação, não se pode descartar alguma hipótese excepcional em que seja possível à Administração demonstrar de maneira inquestionável que: o motivo extemporaneamente alegado preexistia; que era idôneo para justificar o ato; e que o motivo foi a razão determinante da prática do ato. Se esses três fatores concorrem, há de se entender que o ato se convalida com a motivação ulterior**. Precedentes citados: REsp 1.331.224-MG, Segunda Turma, DJe 26/2/13; MS 11.862-DF, Primeira Seção, DJe 25/5/09. **AgRg no RMS 40.427-DF, Rel. Min. Arnaldo Esteves Lima, julgado em 3/9/2013.** (Inform. STJ 529) (g.n.)

DIREITO ADMINISTRATIVO. CONVALIDAÇÃO DE VÍCIO DE COMPETÊNCIA EM PROCESSO LICITATÓRIO.

Não deve ser reconhecida a nulidade em processo licitatório na hipótese em que, a despeito de recurso administrativo ter sido julgado por autoridade incompetente, tenha havido a posterior homologação de todo o certame pela autoridade competente. Isso porque o julgamento de recurso por autoridade incompetente não é, por si só, bastante para acarretar a nulidade do ato e dos demais subsequentes, tendo em vista o saneamento da irregularidade por meio da homologação do procedimento licitatório pela autoridade competente. Com efeito, o ato de homologação supõe prévia e detalhada análise de todo o procedimento, atestando a legalidade dos atos praticados, bem como a conveniência de ser mantida a licitação. Ademais, o vício relativo ao sujeito, competência, pode ser convalidado pela autoridade superior quando não se tratar de competência exclusiva. **REsp 1.348.472-RS, Rel. Min. Humberto Martins, julgado em 21/5/2013.** (Inform. STJ 524)

DIREITO ADMINISTRATIVO. ATOS COMISSIVOS, ÚNICOS E DE EFEITOS PERMANENTES PRATICADOS ANTES DA LEI N. 9.784/1999. DECADÊNCIA. TERMO INICIAL.

Os atos administrativos praticados anteriormente ao advento da Lei n. 9.784/1999 estão sujeitos ao prazo decadencial quinquenal, contado, entretanto, da sua entrada em vigor, qual seja 1º/2/1999, e não da prática do ato. Precedente citado: AgRg no REsp 1.270.252-RN, DJe 5/9/2012. **REsp 1.270.474-RN, Rel. Min. Herman Benjamin, julgado em 18/10/2012. (Inform. STJ 508)**

REFLORESTAMENTO. ATO ADMINISTRATIVO. DECADÊNCIA.

Trata-se de REsp em que se discute a decadência para a Administração anular ato administrativo que aprovara um projeto de reflorestamento. Tal ato, entre outras irregularidades, não teria atendido às manifestações técnicas produzidas pelo Ibama e, ainda, evidenciou-se um flagrante desrespeito ao meio ambiente, na medida em que houve plantio de bambu em áreas de encostas em diversos estágios de desenvolvimento vegetativo, bem como a utilização de áreas de preservação permanente. A Turma conheceu parcialmente do recurso, mas lhe negou provimento, tendo em vista que, no caso, o ato de aprovação do projeto de reflorestamento ocorreu em 15/10/1997 e sua nulidade foi declarada em 17/6/2003. Assim, há que afastar a alegação de decadência, porquanto ausente o decurso do prazo quinquenal a contar da vigência da Lei n. 9.784/1999. **Precedentes citados: AgRg nos EREsp 644.736-PE, DJ 27/8/2007, e MS 9.157-DF, DJ 7/11/2005. REsp 878.467-PE, Rel. Min. Teori Albino Zavascki, julgado em 15/9/2009.** (Inform. STJ 407)

COMANDANTE. NAVIO. OBSTÁCULO. FISCALIZAÇÃO. IBAMA.

A Turma decidiu pela inexistência de constrangimento ilegal na deflagração da ação penal contra comandante de navio que impediu servidores do Ibama, por duas vezes, de subir a bordo e realizar o trabalho de fiscalização ambiental, sob a alegação de ser da competência da Capitania dos Portos a fiscalização das embarcações. **No entendimento da maioria dos ministros da Turma, são atributos do ato administrativo a presunção de legitimidade, imperatividade, exigibilidade e executoriedade.** Cabe a sua invalidação à Administração Pública ou ao Judiciário, portanto o particular deve obediência até que seja reconhecida a nulidade do ato impugnado. **HC 189.885-RJ, Rel. para acórdão Min. Og Fernandes, julgado em 4/8/2011.** (Inform. STJ 480)

DEMARCAÇÃO. TERRA INDÍGENA. PRAZO.

A demarcação de terra indígena é precedida de complexo processo administrativo que envolve diversas fases e estudos de variadas disciplinas (etno-história, antropologia, sociologia, cartografia etc.) com o fito de comprovar que a terra é ocupada tradicionalmente por índios. Vê-se, dessa complexidade, que o procedimento demanda tempo e recursos para ser finalizado, mas isso não quer dizer que, apesar de não se vincularem aos prazos definidos pela legislação (Dec. n. 1.775/1996), as autoridades envolvidas na demarcação possam permitir que o excesso de tempo para sua conclusão cause a restrição do direito que pretendem assegurar. A própria CF/1988, em seu art. 5º, LXXVIII, incluído pela EC n. 45/2004, garante a todos uma razoável duração do processo seja ele o judicial ou o administrativo, bem como os meios para essa celeridade de tramitação. No caso, a excessiva demora na conclusão da demarcação (10 anos) está evidenciada, sem que haja prova sequer de uma perspectiva de encerramento. Dessa forma, é possível, conforme precedentes, o Poder Judiciário fixar prazo para que o Poder Executivo proceda à demarcação, apesar de tratar-se de ato administrativo discricionário relacionado à implementação de políticas públicas. Registre-se que é por demais razoável o prazo de 24 meses fixado pelo juízo para a identificação e demarcação da terra indígena ou para a criação de reserva indígena (caso não conste que a ocupação indígena é tradicional), sobretudo ao considerar-se que o prazo será contado do trânsito em julgado da sentença. Esse entendimento foi acolhido, por maioria, pela Turma, pois houve voto divergente no sentido de que, dos autos, nota-se que o procedimento e suas providências não estão paralisados, mas sim em curso, pois agora mesmo se busca realizar provas da ocupação. **Precedentes citados do STF: ADPF 45-DF, DJ 4/5/2004; do STJ: MS 12.847-DF, DJe 5/8/2008; MS 12.376-DF, DJe 1º/9/2008, e REsp 879.188-RS, DJe 2/6/2009. REsp 1.114.012-SC, Rel. Min. Denise Arruda, julgado em 10/11/2009.** (Inform. STJ 415)

IBAMA. DEMOLIÇÃO. EDIFÍCIO IRREGULAR.

Versa o recurso sobre o interesse do Ibama em ajuizar ação civil pública para demolir edificação tida como irregular conforme as leis ambientais vigentes. A Turma deu provimento ao recurso, ao entender que, **à luz do art. 72, VIII, da Lei n. 9.605/1998, não é dotada de autoexecutoriedade a demolição de obras já concluídas, mesmo como sanções administrativas de cunho ambiental.** Ademais, a presente ação civil pública tem como objetivo, além da demolição, a recuperação de área degradada. Assim, não há que falar em ausência de interesse de agir do Ibama. **REsp 789.640-PB, Rel. Min. Mauro Campbell Marques, julgado em 27/10/2009.** (Inform. STJ 413)

TERRENO. MARINHA. OCUPAÇÃO. TAXA.

A Turma decidiu que é legítimo a Secretaria do Patrimônio da União (SPU) cobrar a taxa de ocupação de imóveis situados na faixa de marinha, independentemente da regularidade ou não da ocupação por particulares, conforme o art. 127 do DL n. 9.760/1946. **Outrossim, é desnecessário à União mover ação judicial para anular os registros de propriedade, em razão do atributo da presunção de legitimidade e executoriedade do ato administrativo, justificando-se, inclusive, a inversão do ônus da prova a cargo dos ora recorrentes, ao pretenderem a declaração de nulidade dos atos que inscreveram seus imóveis naquela condição. Precedente citado: REsp 409.303-RS, DJ 14/10/2002. REsp 968.241-RS, Rel. Min. Eliana Calmon, julgado em 15/9/2009.** (Inform. STJ 407) (g.n.)

CONTROLE. ZOONOSE. MEIO CRUEL.

Os centros dedicados ao controle de zoonoses (doenças que podem migrar de animais aos seres humanos) devem priorizar medidas que controlem a reprodução dos animais (injeção de hormônio ou esterilização), pois elas se mostram mais eficazes no combate dessas enfermidades (Informe Técnico n. 8 da OMS). Porém, há que se permitir o extermínio dos animais quando, em casos extremos, tal medida mostre-se imprescindível para o resguardo da saúde humana. No entanto, a utilização de meio cruel para esse fim está proibida sob pena de violação do art. 225 da CF/1988, do art.

3º da Declaração Universal dos Direitos dos Animais e do art. 32 da Lei n. 9.605/1998. Assim, o uso de gás asfixiante nesses centros é tido por medida de extrema crueldade que viola o sistema normativo de proteção aos animais. O uso do gás sequer se justifica pelo fundamento de que o administrador público está a exercer o dever discricionário. **Não se pode acolher que, com base nessa discricionariedade, o administrador realize prática ilícita, certo que há liberdade na escolha do método a ser utilizado, caso haja meios que se equivalham entre os não cruéis, mas nunca o exercício da discricionariedade que implique violação da própria finalidade legal. REsp 1.115.916-MG, Rel. Min. Humberto Martins, julgado em 1º/9/2009.** (Inform. STJ 405) (g.n.)

MS. DECADÊNCIA. AUXÍLIO INVALIDEZ.

A Seção, prosseguindo o julgamento, entendeu que se limite a possibilidade de impetração de mandado de segurança (art. 54, § 1º, da Lei n. 9.784/1999), referente ao prazo decadencial de cinco anos para a União e os órgãos públicos reverem seus atos. Segundo ressaltou o Min. Arnaldo Esteves Lima, no caso *sub judice*, trata-se de decadência material e não instrumental, porquanto, nesta última, é possível o ajuizamento de outra ação, o que não acontece com a primeira, cabível somente se ocorrer má-fé da parte. *Mutatis mutandis*, aplicável, por analogia, a decadência instrumental, regra essa que restringe a impetração do *writ* em até cinco anos após a primeira supressão que ocorrer, evitando que o prazo fique indefinidamente aberto. Quanto à questão de fundo, reiterou-se o entendimento de que viola os princípios constitucionais da legalidade e da irredutibilidade de vencimentos (ato lesivo que atrai a teoria do trato sucessivo) a redução no valor do auxílio invalidez. Outrossim, tais atos lesivos, por afetarem interesses individuais, não prescindem do contraditório para sua anulação com a instauração do processo administrativo. **Precedentes citados do STF: RE 158.543-9-RS, DJ 6/10/1995; do STJ: MS 12.251-DF, DJ 23/10/2006; RMS 15.575-PA, DJ 2/5/2005; MS 6.250-DF, DJ 31/3/2003; MS 10.640-DF, DJ 24/10/2005, e MS 11.050-DF, DJ 23/10/2006. MS 11.806-DF, Rel. originário Min. Paulo Medina, Rel. para acórdão Min. Arnaldo Esteves Lima (art. 52, IV, b, do RISTJ), julgado em 10/12/2008.** (Inform. STJ 380)

NOMEAÇÃO. SERVIDORES PÚBLICOS. CONVALIDAÇÃO. ATO ADMINISTRATIVO.

Na espécie, o Tribunal de Contas estadual determinou a exoneração de doze servidores do quadro efetivo da assembleia legislativa estadual, alegando vício no provimento ocorrido em 1989, pois o ato de nomeação que os efetivou no serviço público não atendeu ao requisito de aprovação em concurso público. Para o Min. Relator, esse ato que os efetivou é, induvidosamente, ilegal, no entanto o transcurso de quase vinte anos tornou a situação irreversível, convalidando seus efeitos *ex ope temporis*, considerando que alguns nomeados até já se aposentaram e tiveram os respectivos atos aprovados pelo próprio Tribunal de Contas. Observou, entre outros aspectos, que a Administração atua sob a direção do princípio da legalidade (art. 37 da CF/1988), que impõe a anulação de ato que, embora praticado por um de seus agentes, contenha vício insuperável, a fim de restaurar a legalidade ferida. O vício, no caso, é o da inconstitucionalidade e, à primeira vista, esse vício seria inconvalidável, entretanto o vício de ser inconstitucional é apenas uma forma qualificada de ser hostil à ordem jurídica e a convalidação não vai decorrer da repetição do ato (o que seria juridicamente impossível), mas sim do reconhecimento dos efeitos consolidadores que o tempo acumulou em favor dos recorrentes. Hoje, o espírito da Justiça apoia-se nos direitos fundamentais da pessoa humana, apontando que a razoabilidade é a medida preferível para mensurar o acerto ou desacerto de uma solução jurídica. Ressaltou que o poder-dever de a Administração convalidar seus próprios atos encontra limite temporal no princípio da segurança jurídica, também de hierarquia constitucional, pela evidente razão de que os administrados não podem ficar, indefinidamente sujeitos à instabilidade originada do poder de autotutela do Estado. Daí o art. 55 da Lei n. 9.784/1999 fundar-se na importância da segurança jurídica no domínio do Direito Público e ter estabelecido o prazo decadencial de cinco anos para revisão dos atos administrativos, permitindo a manutenção de sua eficácia mediante o instituto da convalidação. Essa lei ressalva, entretanto, hipóteses nas quais esteja comprovada a má-fé do destinatário do ato administrativo no qual não incidirá o prazo decadencial. No caso dos autos, não há notícia de que os recorrentes tenham se valido de ardis ou logros para obter seus cargos; embora essa circunstância não justifique o comportamento administrativo ilegal, não pode ser ignorada na solução da causa. Por tais fundamentos, a Turma deu provimento ao recurso, assegurando o direito dos impetrantes de permanecer nos seus respectivos cargos e preservar suas aposentadorias. **RMS 25.652-PB, Rel. Min. Napoleão Nunes Maia Filho, julgado em 16/9/2008.** (Inform. STJ 368)

ATO ADMINISTRATIVO. DISCRICIONARIEDADE. PROCESSO DISCIPLINAR.

Não há discricionariedade (juízo de conveniência e oportunidade) no ato administrativo que impõe sanção disciplinar. O que se faz é dar efetividade a comandos constitucionais e infraconstitucionais (vide o art. 128 da Lei n. 8.112/1990). Essa conclusão decorre da própria análise do regime jurídico disciplinar, principalmente dos princípios da dignidade da pessoa humana, culpabilidade e proporcionalidade que lhe são associados. Essa inexistência de discricionariedade tem por consequência a constatação de que o controle jurisdicional, nesses casos, é amplo, não se restringe aos aspectos meramente formais. É certo que a jurisprudência tem mitigado, mesmo que timidamente, o disposto no art. 5º, III, da [revogada] Lei n. 1.533/1951 (que limita o controle jurisdicional em sede de mandado de segurança acerca do ato disciplinar), porém, no caso, o *writ* não pode ser apreciado diante da falta da cópia dos autos do processo administrativo, indispensável ao exame da inadequação da pena de demissão aplicada, isso devido à alusão da comissão disciplinar aos diversos elementos da prova lá constantes que lastrearam aquele ato. Por último, diga-se que o trancamento da ação penal ainda pendente de trânsito em julgado não pode vincular essa decisão administrativa. Com esse entendimento, a Turma denegou a ordem, sem empeço às vias ordinárias. O Min. Nilson Naves levantou suas objeções quanto à concepção de que a via mandamental é estreita, mas, ao final, acompanhou a Turma. Precedentes citados do STF: MS 21.297-DF, DJ 28/2/1992; do STJ: MS 10.827-DF, DJ 6/2/2006; MS 10.828-DF, DJ 31/10/2006; RMS 20.288-SP, DJ 3/11/2007; RMS 19.210-RS, DJ 25/4/2006, e MS 10.973-DF, DJ 22/11/2006. **MS 12.927-DF, Rel. Min. Felix Fischer, julgado em 12/12/2007.** (Inform. STJ 342)

DESAPROPRIAÇÃO. DISTRITO INDUSTRIAL.

A Turma, ao prosseguir o julgamento após o voto-vista do Min. Teori Albino Zavascki, firmou, por maioria, que **a edição de decreto expropriatório com fundamento no art. 5º, i, do DL n. 3.365/1941 (por utilidade pública para a criação ou ampliação de distrito industrial) que beneficia apenas uma sociedade contém vício de finalidade que o torna nulo**, pois se desvia do interesse público e **<u>contraria os princípios da impessoalidade e moralidade administrativa (art. 37 da CF/1988)</u>**. Ademais, o Governo estadual, expedidor do decreto, não tem competência para tal, nem mesmo para a efetiva desapropriação, visto que é do município o interesse público capaz de ensejá-la. O voto-vencido fundamentava-se, em suma, na impossibilidade de o Judiciário perquirir sobre critérios de oportunidade, necessidade e conveniência e na possibilidade de o Governo estadual declarar a utilidade pública da área, pois esse ato se diferenciaria da ordenação do solo urbano a ser levada a cabo pelo município. Precedente citado: REsp 36.611-SC, DJ 22/8/1994. **RMS 18.703-BA, Rel. Min. Denise Arruda, julgado em 28/11/2006.** (Inform. STJ 306)

COMISSÁRIA DE DESPACHO. AGENTE ADUANEIRO. LIMITAÇÃO. EXERCÍCIO PROFISSIONAL.

A Turma deu provimento em parte ao recurso, reafirmando que, cumpridos os requisitos legais para o exercício das atribuições de despachante, é vedado à Administração formular outras exigências por intermédio de ato administrativo. Outrossim, as comissárias de despacho que vinham exercendo licitamente o desembaraço aduaneiro por mais de dois anos têm direito à inscrição no Registro de Despachantes Aduaneiros. Precedentes citados: REsp 138.481-SC, DJ 1º/2/1999, e REsp 396.449-RS, DJ 8/4/2002. **REsp 392.454-PR, Rel. Min. João Otávio de Noronha, julgado em 21/2/2006.** (Inform. STJ 275)

4.11. QUADRO SINÓTICO

ATOS ADMINISTRATIVOS

1. Conceito de atos administrativos

- *Declarações do Estado ou de quem lhe faça as vezes*

- *no exercício de prerrogativas públicas*

- *destinadas a cumprir concreta, direta e imediatamente a lei*

Exs: multa de trânsito, sanção disciplinar

2. Não são atos administrativos

a) atos regidos pelo Direito Privado

b) atos materiais ou fatos administrativos

c) atos políticos

3. Planos do ato administrativo

- **Existência:** ciclo de formação cumprido

- **Validade:** compatibilidade com a ordem jurídica

- **Eficácia:** aptidão para produzir efeitos

4. Atributos do ato administrativos

4.1. Presunção de legitimidade: *qualidade do ato pela qual este se presume verdadeiro e conforme ao Direito até prova em contrário*

4.2. Imperatividade: *qualidade do ato pela qual este se impõe a terceiros independentemente de sua concordância*; também chamado de "poder extroverso"

4.3. Exigibilidade: *qualidade do ato pela qual, imposta a obrigação, esta pode ser exigida mediante coação indireta*; ex: aplicação de uma multa

4.4. Executoriedade (coercibilidade ou autoexecutoriedade): *qualidade do ato pela qual, imposta e exigida a obrigação, esta pode ser implementada mediante coação direta (= uso da força); cabe em* 2 casos: a) quando a lei expressamente autorizar; b) quando houver urgência e não há tempo de buscar o Judiciário

4.5. Tipicidade: *qualidade pela qual os atos administrativos devem corresponder aos tipos previstos em lei*

4. Requisitos do Ato Administrativo

(C O M F F)

Competência

Objeto

Motivo

Forma

Finalidade

4. Requisitos do Ato Administrativo

4.1. Competência: atribuição legal de cargo/órgão/pessoa

4.1.1. Delegação de competência (arts. 12 a 14 da Lei 9.784/99)

a) órgão ou titular de cargo podem delegar

b) desde que não haja impedimento legal

c) desde seja apenas parte da competência

d) deve ser a outro órgão ou titular de cargo, mesmo que não subordinado hierarquicamente

e) deve ser conveniente em razão de índole técnica, social, econômica, jurídica ou territorial

f) pode ser de órgão colegiado ao respectivo presidente

g) não podem ser delegados:

- Edição de ato normativo

- Decisão de recurso administrativo

- Matérias de competência exclusiva de órgão ou autoridade

h) depende de publicação do ato de delegação no D.O.

i) ato deve especificar matérias e poderes transferido, a duração e objetivos da delegação e o recurso cabível

j) é revogável a qualquer tempo

k) decisões adotadas por delegação devem mencionar expressamente essa qualidade

4.1.2. Avocação de competência (art. 15 da Lei 9.784/99)

a) passagem da competência de órgão hierarquicamente inferior para superior

b) é temporária

c) é excepcional, dependendo de motivos relevantes devidamente justificados

4.1.3. Vícios de competência

a) usurpação de função: *alguém finge ser agente público; atos inexistentes*

b) excesso de poder: *agente público excede da competência que tem; atos inválidos*

c) função de fato: *alguém irregularmente investido em função pública, com aparência de legalidade e boa-fé; atos válidos*

4.2. Objeto: *é o que o ato dispõe, enuncia*; deve ser lícito, possível, determinável e moral; se não for, ato é nulo

4.3. Forma: *conjunto de formalidades para a seriedade do ato*; problema na forma gera nulidade; aqui é verificado se o ato:

a) respeita a forma propriamente dita: por exemplo, a forma escrita; mais b) vem acompanhado de motivação: indicação do fato e do direito aplicável

4.4. Motivo: *matéria de fato e de direito em que se funda o ato*; aqui é verificado se o fato invocado é verdadeiro e se o direito aplicado é adequado

- **Teoria dos motivos determinantes:** "a existência e a adequação do motivo invocado condicionam a validade do ato"

- Problema no motivo gera nulidade do ato

4.5. Finalidade: *bem jurídico objetivado pelo ato*

a) frase-chave: "cada ato tem uma finalidade"

b) exemplo: finalidade da demissão é punir; já finalidade da remoção é organizar o serviço; assim, se houver remoção com finalidade de punir, tem-se **desvio de finalidade**

- Problema na finalidade gera nulidade do ato

5. Classificação dos atos administrativos

5.1. Quanto à margem de liberdade

a) ato vinculado: *aquele em que a lei estabelece objetiva e claramente a competência, os elementos e os requisitos para a formalização do ato administrativo*

b) ato discricionário: *aquele em que a lei confere margem de liberdade à Administração na escolha da conveniência, oportunidade e conteúdo do ato administrativo*

- o ato vinculado não pode ser revogado

- a competência, forma e finalidade são vinculados

- o controle jurisdicional do ato discricionário limita-se à legalidade/razoabilidade/moralidade

5.2. Quanto à composição ou intervenção da vontade

a) ato simples:

1 órgão (simples ou colegiado) / 1 ato; ex: nomeação

b) ato complexo: 2 ou + órgãos / 1 ato; ex: portaria intersecretarial

c) ato composto: 2 ou + órgãos / 2 ou + atos; ex: patente de medicamento = INPI + ANVISA

5.3. Quanto às prerrogativas da administração

a) ato de império: *é o praticado no gozo de prerrogativas de autoridade*; ex: multa de trânsito; embargo de obra, apreensão de bens

b) ato de gestão: *é o praticado sem o gozo de prerrogativas, na administração de bens e serviços;* ex: locação de imóvel; negócio contratual

c) ato de expediente: *é o destinado a dar andamento aos processos e papéis que tramitam pelas repartições, preparando-os para decisão administrativa;* ex: remessa de autos para a conclusão de uma autoridade

5.4. Classificação de Hely Lopes Meirelles

a) ato normativo: *é o que contém comando geral com o objetivo de executar leis, regulamentos e outros atos;* ex: regulamento, instruções normativas, resoluções

b) ato ordinatório: *é aquele que disciplina o funcionamento da Administração e a conduta funcional de seus agentes;* ex: instruções, circulares, avisos, portarias, ordens de serviço, ofícios

c) ato negocial: *é a declaração de vontade coincidente com a pretensão do particular;* ex: licença, autorização, permissão e protocolo administrativo

d) ato enunciativo: *é aquele que apenas atesta, enuncia situação existente;* ex: certidões, atestados, apostilas e pareceres

e) ato punitivo: *é a sanção aplicada pela Administração aos servidores públicos e aos particulares;* ex.: advertência, suspensão, demissão, multa, interdição

6. Atos administrativos em espécie

a) admissão: *ato unilateral e vinculado pelo qual se reconhece o direito de receber serviço público*; ex.: matrícula em escola

b) licença: *ato unilateral e vinculado pelo qual se faculta o exercício de uma atividade;* ex: licença para construir

c) autorização: *ato unilateral, discricionário e precário, que faculta ao particular, em proveito deste, o uso de um bem público ou o exercício de uma atividade;* exs: porte de arma e fechamento de rua para festa

d) permissão: *ato unilateral, discricionário e precário, que faculta ao particular o uso de bem público ou a prestação de serviço público, mediante licitação;* exs: banca de jornal e transporte por van

e) concessão: *ato bilateral (contratual) que faculta ao particular o uso de um bem público ou a prestação de serviço público, mediante licitação;* exs: estacionamento em aeroporto e transporte por ônibus

f) aprovação: *controle discricionário de atos administrativos;* ex: aprovação, pelo Senado, de indicação de Ministro do STF

g) homologação: *controle vinculado de atos administrativos;* ex: homologação de um concurso público

h) parecer: *opinião técnica sobre um dado assunto*

- vinculante: obrigado a pedir e obrigado a acatar

- obrigatório: obrigado a pedir e não obrigado a acatar

- facultativo: não obrigado a pedir e não obrigado a acatar

Obs.: o parecer vinculante é, na verdade, uma decisão; assim, o parecerista responde por culpa ou dolo. Ex: parecer prévio em licitação (art. 38 da Lei 8.666/93)

7. Extinção do ato administrativo

7.1. Renúncia: do beneficiário do ato; ex: permissionário renuncia à permissão

7.2. Cumprimento dos efeitos: p. ex., término do prazo de permissão

7.3. Desaparecimento do sujeito ou do objeto: p. ex., morte de servidor e incêndio em bem tombado

7.4. Contraposição: *extinção do ato pela edição de outro incompatível com o primeiro;* ex: a exoneração se contrapõe à nomeação

7.5. Cassação: *extinção do ato pelo descumprimento, pelo particular, dos requisitos para continuar se beneficiando deste*; ex: permissionário deixa de pagar preço público

7.6. Caducidade: *extinção do ato pelo fato de lei superveniente não mais admiti-lo;* ex: nova lei proibindo dado tipo de permissão na cidade

7.7. Revogação: *extinção do ato por motivo de inconveniência ou inoportunidade*

a) motivo: inconveniência ou inoportunidade;

b) exemplo: revogação de licitação por falta de recursos

c) sujeito ativo: só Administração

d) efeitos: *ex nunc* (não retroage)

e) limites: não se revogam atos

- que geram direito adquiridos
- vinculados
- exauridos e nulos
- enunciativos

7.8. Anulação: *extinção do ato por motivo de ilegalidade*

a) motivo: ilegalidade

b) exemplo: anulação de licitação p/ doc. falso

c) sujeito ativo: Administração ou Judiciário

d) efeitos: *ex tunc* (retroage)

e) limites: direito de anular atos que beneficiam 3º decai em 5 anos da prática do ato (art. 54 da Lei 9.784/99), salvo comprovada má-fé, pois, neste caso, não há prazo para anular; quanto a atos com efeitos patrimoniais contínuos, o prazo para anular é contado do 1º pagamento

f) convalidação (art. 55 da Lei 9.784/99); requisitos:

- em caso de vícios sanáveis (atos anuláveis)
- desde que não prejudique 3º ou interesse público
- desde que ato não tenha sido impugnado ainda
- ex: convalidação de ato expedido com vício de incompetência relativa

g) conversão: em caso de vícios insanáveis (atos nulos); aproveita o ato em outra categoria de atos, desde que não prejudique 3º ou interesse público; ex: conversão de permissão em autorização

4.12. QUESTÕES COMENTADAS

4.12.1. Conceito, perfeição, validade e eficácia

(Defensor Público/SP – 2012 – FCC) O ato administrativo que se encontra sujeito a termo inicial e parcialmente ajustado à ordem jurídica, após ter esgotado o seu ciclo de formação, é considerado

(A) perfeito, válido e eficaz.

(B) perfeito, inválido e ineficaz.

(C) imperfeito, inválido e eficaz.

(D) perfeito, válido e ineficaz.

(E) imperfeito, inválido e ineficaz.

A: incorreta, pois, estando sujeito a termo inicial, não é eficaz enquanto não implementado o termo; ademais, o ato não é válido, pois não cumpre integralmente a ordem jurídica; **B:** correta, pois o ato é perfeito (esgotou seu ciclo de formação), invalido (parcialmente ajustado à ordem jurídica, portanto com desrespeito, ainda que parcial, à lei) e ineficaz (encontra-se sujeito a termo inicial); **C:** incorreta, pois o ato em tela é perfeito e ineficaz, como se viu; **D:** incorreta, pois o ato em tela é inválido; **E:** incorreta, pois o ato em tela é perfeito.

Gabarito "B"

(Defensor Público/RO – 2012 – CESPE) De acordo com os ensinamentos de direito administrativo, assinale a opção correta.

(A) São exemplos de atos de gestão a desapropriação de um bem privado, a interdição de um estabelecimento comercial e a apreensão de mercadorias.

(B) A assinatura de uma nota promissória e a oferta de ações de uma sociedade anônima são exemplos de atos jurídicos multilaterais.

(C) Os atos administrativos unilaterais, também chamados de atos de autoridade, são fundamentados no princípio da supremacia do interesse público, e sua prática configura manifestação do denominado poder extroverso.

(D) O Poder Judiciário pode, sempre, desde que provocado, revogar um ato editado pelo Poder Executivo ou pelo Poder Legislativo, sendo a revogação o exercício do controle de mérito administrativo.

(E) Quando uma situação concreta, no âmbito do juízo de mérito administrativo, estiver enquadrada na zona de indeterminação jurídica, poderá o Poder Judiciário decidir ou não sobre a prática do ato administrativo.

A: incorreta, pois nos atos de gestão a Administração não age com prerrogativas públicas, diferentemente dos atos de império, em que a Administração age com prerrogativas públicas; na desapropriação, a Administração age com tal prerrogativa, de modo que se tem um ato de império e não um ato de gestão; **B:** incorreta, pois os atos multilaterais são aqueles em que mais de duas partes participam de sua formação, o que não é o caso da assinatura de uma nota promissória; **C:** correta; diferentemente de um ato bilateral, em que há um acordo de vontades entre a Administração e o particular, no ato unilateral a Administração atua independentemente da concordância do particular, impondo obrigações a este com base no atributo da imperatividade, também chamado de poder extroverso; mesmo quando o particular solicita um ato para Administração (como é o caso da licença para construir) temos a imperatividade, pois este (no caso, a licença) estabelece uma série de deveres para o particular continuar se beneficiando do ato, mesmo que o particular não concorde com essas determinações; **D:** incorreta, pois a revogação de um ato só pode ser feita pela própria Administração que o tiver expedido; **E:** incorreta, pois, nesses casos (de dúvida), fica-se com a opção tomada pela Administração, que é quem tem competência para a prática do ato, devendo o Judiciário respeitar a presunção de legitimidade do ato administrativo.

Gabarito "C"

(Delegado de Polícia/GO – 2013 – UEG) Quanto à formação e aos efeitos do ato administrativo,

(A) a eficácia é a situação jurídica gerada pelo ato administrativo editado com juridicidade.

(B) a presunção de legitimidade do ato administrativo é absoluta.

(C) o motivo resulta das razões de fato ou de direito que conduziram à edição do ato administrativo.

(D) a exequibilidade e a eficácia do ato administrativo possuem o mesmo significado.

A: incorreta, pois a *eficácia* é aptidão para produzir efeitos; a juridicidade ou não do ato tem a ver com a *validade* e não com a *eficácia*; **B:** incorreta, pois a presunção de legitimidade do ato administrativo é "juris tantum", ou seja, é relativa, admitindo-se, assim, prova contrário; **C:** correta, pois motivo é justamente o fundamento (de fato ou de direito) que autoriza a edição do ato; **D:** incorreta, pois a eficácia é a aptidão para a produção de efeitos, ao passo que a exequibilidade é a disponibilidade do ato para produzir imediatamente os seus efeitos finais.

Gabarito "C"

(Procurador/DF – 2013 – CESPE) Julgue o seguinte item.

(1) O ato administrativo pode ser perfeito, inválido e eficaz.

1: certa, pois ato perfeito é o ato que existe; ato inválido é o que está em desacordo com a lei e ato eficaz é o que produz efeitos; um ato que existe (ato perfeito), mesmo sendo inválido (ato inválido), pode estar a produzir efeitos (ato eficaz), efeitos esses que podem ser extirpados da ordem jurídica no momento em que a invalidade é pronunciada pela Administração ou pelo Judiciário.

Gabarito 1C

(Procurador do Estado/RO – 2011 – FCC) Um cidadão, interessado em realizar uma construção em terreno de sua propriedade, protocolizou o pedido de licença para construir e aguardou, durante seis meses, a apreciação do pedido pela Administração Municipal, sem obter resposta. Diante dessa situação, é correto concluir que

(A) se trata de hipótese de "silêncio eloquente", na qual o titular do direito subjetivo se vê legitimado a exercê-lo, até que haja contraposição expressa pela autoridade administrativa.

(B) ocorreu a prática de ato administrativo tácito, de conteúdo negativo. Portanto, o particular deverá conformar-se com o indeferimento de seu pedido, haja vista que se trata de decisão discricionária da Administração.

(C) houve a prática de ato administrativo indireto, sendo que na hipótese de direitos subjetivos de natureza potestativa, como o direito de construir, a Administração somente poderá impedir seu exercício mediante o sacrifício do direito, com a consequente indenização ao titular.

(D) não se trata de ato administrativo, pois não ocorreu a manifestação de vontade imputável à Administração; todavia, a omissão configura um ilícito administrativo, que pode ser corrigido pela via judicial, em que a decisão judicial obrigará a autoridade administrativa à prática do ato ou suprirá os efeitos da omissão administrativa.

(E) se trata de comportamento omissivo e antijurídico da Administração; nesse caso, por se tratar de ato administrativo de competência discricionária da autoridade do Poder Executivo, o Judiciário não poderá suprir os efeitos da omissão da autoridade pública nem compeli-la a praticar o ato, resolvendo-se a questão pela via indenizatória.

No caso, o fato de a Administração se calar, não significa que ela está consentindo. Em Direito Administrativo não há, como regra, essa máxima de que "quando a Administração cala, consente". Assim, cabe ao particular prejudicado ingressar com ação cujo pedido pode ser a determinação para que a autoridade administrativa pratique o ato ou para que a decisão judicial supra os efeitos da omissão administrativa. Dessa forma, a alternativa "D" é a correta.

Gabarito "D"

(Procurador do Trabalho – 2013 – MPT) As recomendações emitidas pelo Ministério Público aos entes públicos constituem:

(A) Ato administrativo com caráter vinculante em que se requisita ao destinatário sua divulgação adequada e resposta, com objetivo de obrigá-lo a adotar um comportamento comissivo ou omissivo, visando à melhoria dos serviços públicos e de relevância pública, bem como ao respeito aos interesses, direitos e bens, cuja defesa lhe cabe promover.

(B) Ato administrativo sem caráter vinculante com objetivo de estimular o destinatário a adotar um comportamento comissivo ou omissivo, sem prazo definido para o cumprimento, visando à melhoria dos serviços públicos e de relevância pública, bem como ao respeito aos interesses, direitos e bens, cuja defesa lhe cabe promover.

(C) Ato administrativo com caráter vinculante cuja finalidade é obrigar o destinatário a adotar um comportamento comissivo ou omissivo, sem prazo definido para o cumprimento, visando à melhoria dos serviços públicos e de relevância pública, bem como ao respeito aos interesses, direitos e bens, cuja defesa lhe cabe promover.

(D) Ato administrativo sem caráter vinculante em que se requisita ao destinatário sua divulgação adequada e resposta, com objetivo de estimulá-lo a adotar um comportamento comissivo ou omissivo, dentro de um prazo razoável para adoção de providências, visando à melhoria dos serviços públicos e de relevância pública, bem como ao respeito aos interesses, direitos e bens, cuja defesa lhe cabe promover.

(E) Não respondida.

A e **C:** incorretas, pois a recomendação, como o próprio nome diz, não tem caráter vinculante, mas de recomendação mesmo, ou seja, de tentativa de convencimento de que o destinatário do ato mude de comportamento; **B:** incorreta, pois, para que a recomendação atenda à sua finalidade e não fique muito vaga, há de conter um prazo (razoável) para a adoção das providências recomendadas; **D:** correta, pois traz exata definição de recomendação; **E:** incorreta, pois a alternativa "d" responde adequadamente à questão.

Gabarito "D"

(Auditor Fiscal/SC – 2010 – FEPESE) Quanto aos atos administrativos, é **correto** afirmar:

(A) Os atos administrativos são declarações do Estado ou de quem lhe faça as vezes.

(B) Os atos administrativos prescindem de norma jurídica para assegurar ou criar direito novo.

(C) Atos administrativos normativos são típicos exemplos de atos de efeito concreto.

(D) Os atos administrativos se equiparam hierarquicamente à lei *stricto sensu*.

(E) Somente os atos administrativos normativos se equiparam hierarquicamente à lei *stricto sensu*.

A: correta, pois está de acordo com a definição de ato administrativo ("é a declaração do Estado ou de quem lhe faça as vezes, no exercício de prerrogativas públicas, com a finalidade de executar direta e concretamente a lei"); B: incorreta, pois é imprescindível que haja lei para que os atos administrativo assegurem direito novo, vez que, pelo princípio da legalidade, somente a lei pode criar direito novo; C: incorreta, pois os atos normativos, pelo seu caráter geral e abstrato, não são considerados atos de efeito concreto; D: incorreta, pois os atos administrativos são hierarquicamente inferiores às leis em sentido estrito; E: incorreta, pois atos administrativos, sejam eles comuns ou normativos, não se equiparam hierarquicamente à lei em sentido estrito. Gabarito "A"

4.12.2. Requisitos do ato administrativo (Elementos, Pressupostos)

(Magistratura/MG – 2012 – VUNESP) Analise as afirmativas a seguir.

O Poder Judiciário pode exercer o controle dos atos administrativos, quer no que tange à conformidade dos elementos vinculados com a lei (controle de legalidade stricto sensu*) quer no que toca à compatibilidade dos elementos discricionários com os princípios constitucionalmente expressos (controle da legalidade* lato sensu*), decretando sua nulidade, se necessário)*

PORQUE

são elementos do ato administrativo o sujeito, a forma, o objeto, o motivo e a finalidade.

Assinale a alternativa correta.

(A) A primeira afirmativa é falsa e a segunda é verdadeira.

(B) A segunda afirmativa é falsa e a primeira é verdadeira.

(C) As duas afirmativas são verdadeiras e a segunda justifica a primeira.

(D) As duas afirmativas são verdadeiras, mas a segunda não justifica a primeira.

A primeira afirmativa é verdadeira, pois o Judiciário controla a legalidade dos atos administrativos em geral, e, quanto aos atos discricionários, também controla outros aspectos, como os princípios da moralidade e da razoabilidade. A segunda afirmativa também é verdadeira, pois esses são os elementos ou requisitos do ato administrativo. Apesar de as duas serem verdadeiras, a segunda não justifica a primeira.

Gabarito "D"

(Magistratura/PE – 2011 – FCC) Conforme o Direito federal vigente, como regra, não há necessidade de motivação de atos administrativos que

(A) imponham ou agravem deveres, encargos ou sanções.

(B) promovam a exoneração de servidores ocupantes de cargos em comissão.

(C) decidam processos administrativos de concurso ou seleção pública.

(D) dispensem ou declarem a inexigibilidade de processo licitatório.

(E) decorram de reexame de ofício.

A: incorreta, pois há o dever de motivar nesse caso (art. 50, II, da Lei 9.784/1999); **B:** correta, pois, segundo o art. 37, II, da CF, é livre a exoneração de ocupante de cargo em comissão, de modo que não há que se falar em motivação; **C:** incorreta, pois há o dever de motivar nesse caso (art. 50, III, da Lei 9.784/1999); **D:** incorreta, pois há o dever de motivar nesse caso (art. 50, IV, da Lei 9.784/1999); **E:** incorreta, pois há o dever de motivar nesse caso (art. 50, VI, da Lei 9.784/1999).

Gabarito "B"

(Magistratura/PI – 2011 – CESPE) Acerca da competência administrativa, da delegação e da ausência de competência, assinale a opção correta.

(A) O ato de delegação, assim como sua anulação, deve ser publicado em meio oficial, exceto no caso de revogação decorrente de fato superveniente devidamente comprovado, pertinente e suficiente para justificá-la.

(B) Considera-se agente de fato aquele que pratica ato e executa atividades em situações excepcionais, como as de emergência, em colaboração com o poder público, excluindo-se dessa definição os chamados agentes putativos, que desempenham atividade pública na presunção de agir legitimamente, embora não tenham sido investidos conforme o procedimento legalmente exigido.

(C) Os órgãos administrativos e seus titulares podem delegar parte de sua competência a outros órgãos ou agentes, mesmo que não lhes sejam hierarquicamente subordinados, por conveniência de ordem técnica, social, econômica, jurídica ou territorial e desde que não haja impedimento legal.

(D) Inexistindo competência legal específica, o processo administrativo deve iniciar-se perante a autoridade de grau hierárquico mais elevado.

(E) A delegação é medida unilateral da autoridade delegante, que detém o poder de revogá-la a qualquer tempo. Entretanto, o ato que a formaliza não pode conter ressalvas ou restrições ao pleno exercício da atribuição delegada.

A: incorreta, pois o ato de revogação da delegação também deverá ser publicado no meio oficial (art. 14, *caput*, da Lei 9.784/1999); **B:** incorreta, pois agente de fato é o gênero, que tem como espécies os agentes de fato *necessários* (aqueles que exercem função pública em situações emergenciais, como é o caso de alguém que realize uma prisão em flagrante – art.301 do CPP) e os agentes de fato *putativos* (aqueles que se passam por agente público sem ter sido investidos para tanto); **C:** correta (art. 12, *caput*, da Lei 9.784/1999); **D:** incorreta, pois, nesse caso, o processo administrativo deve se iniciar perante a autoridade de menor grau hierárquico para decidir (art. 17 da Lei 9.784/1999); **E:** incorreta, pois o ato que formaliza a delegação deve especificar as matérias e poderes transferidos, os limites da atuação do delegado, a duração e os objetivos da delegação e o recurso cabível, podendo conter ressalva de exercício da atribuição delegada(art. 14, § 1º, da Lei 9.784/1999).

Gabarito "C"

(Ministério Público/BA – 2010) Marque a opção que não corresponde aos sintomas denunciadores do desvio de poder:

(A) Motivação insuficiente ou contraditória.

(B) Excesso de motivação.

(C) Contradição do ato com as consequências.

(D) Inadequação entre motivos e efeitos.

(E) Racionalidade do procedimento, acompanhada da edição do ato.

O único sintoma trazido nas alternativas, que não revela problema no ato administrativo é a "racionalidade do procedimento, acompanhada da edição do ato", pois é justamente isso que se espera quando da prática dos atos administrativos, pois a racionalidade afasta subjetivismos, afasta a violação ao princípio da isonomia e impõe a obediência à legalidade.

Gabarito "E"

(Ministério Público/MG – 2011) Assinale a alternativa **INCORRETA.**

(A) Dá-se a revogação quando a Administração pública extingue um ato administrativo válido por razões de conveniência e oportunidade.

(B) Opera-se a convalidação (ou saneamento) quando a Administração pública supre ou corrige o vício existente em um ato administrativo.

(C) Apresenta-se o vício da incompetência quando o resultado do ato administrativo importar em violação de lei, regulamento ou outro ato normativo.

(D) Ambienta-se o vício de forma na omissão ou na observância incompleta ou irregular de formalidades indispensáveis à existência ou seriedade do ato administrativo.

A: assertiva correta, pois a revogação depende de o ato ser válido (pois do contrário é caso de anulação) e o motivo dela são justamente razões de *conveniência e oportunidade* (pois razões relacionadas à *ilegalidade* dão ensejo à anulação); **B:** assertiva correta, valendo salientar que essa providência é possível segundo o art. 55 da Lei 9.784/1999; **C:** assertiva incorreta (devendo ser assinalada); no caso, apresenta-se vício no *objeto* (art. 2º, parágrafo único, "c", da Lei 4.717/1965) e não na *competência*; **D:** assertiva correta (art. 2º, parágrafo único, "b", da Lei 4.717/1965).

Gabarito "C"

(Ministério Público/RJ – 2011) Autoridade estadual de trânsito decide emitir autorizações para que menores de dezesseis anos possam dirigir veículos, desde que com o consentimento dos responsáveis legais. Considerando a proibição legal relativa à idade, pode-se afirmar que tais atos administrativos contêm vício no elemento:

(A) competência;

(B) finalidade;

(C) forma;

(D) motivo;

(E) objeto.

De acordo com o art. 2º, parágrafo único, "c", da Lei 4.717/1965, quando o resultado de um ato importa em violação da lei (justamente o que ocorreu no caso narrado no enunciado), tem-se vício no *objeto*.

Gabarito "E"

(Defensor Público/AC – 2012 – CESPE) O agente público que, ao editar um ato administrativo, extrapole os limites de sua competência estará incorrendo em

(A) desvio da motivação do ato.

(B) avocação.

(C) excesso de poder.

(D) usurpação de função pública.

(E) desvio da finalidade do ato.

A: incorreta, pois a motivação está ligada ao requisito "forma" e não ao requisito "competência"; **B:** incorreta, pois a avocação é procedimento previsto em lei, não ofendendo às regras de competência (art. 15 da Lei 9.784/1999); **C:** correta, pois o excesso de poder (assim como a usurpação de função e a função de fato) é um vício no requisito competência. No caso do excesso de poder, este consiste em um agente público extrapolar os limites de sua competência, coincidindo, assim, com o conceito trazido no enunciado; **D:** incorreta, pois a usurpação de função, apesar de ser um vício na competência, consiste em alguém que **não é** agente público agir como se fosse um; no caso do excesso de poder, está-se diante de alguém que **é** agente público, mas que excede os limites de sua competência; **E:** incorreta, pois o desvio de finalidade (ou desvio de poder) é um vício no requisito "finalidade" e não no requisito "competência".

Gabarito "C"

(Defensoria/RN – 2006) O conteúdo do ato mediante o qual a Administração declara a sua vontade ou manifesta o seu poder é conhecido como

(A) competência.

(B) finalidade.

(C) mérito.

(D) objeto.

De fato, objeto é o que o ato dispõe, enuncia, prescreve, ou seja, é o conteúdo do ato.

Gabarito "D"

(Procurador do Estado/SC – 2010 – FEPESE) No que se refere ao ato administrativo:

(1) A Administração Pública, em razão do princípio da autotutela, pode revogar todo e qualquer ato administrativo inconveniente ou inoportuno aos interesses públicos.

(2) Ato complexo é o que decorre da conjugação de vontades de mais de um órgão.

(3) O poder extroverso do ato administrativo é decorrente do atributo da imperatividade.

(4) O prazo para a Administração Pública anular os seus próprios atos é de 5 (cinco) anos.

Assinale a alternativa que indica todas as afirmativas **corretas.**

(A) É correta apenas a afirmativa 1.

(B) É correta apenas a afirmativa 2.

(C) São corretas apenas as afirmativas 1 e 3.

(D) São corretas apenas as afirmativas 2, 3 e 4.

(E) São corretas as afirmativas 1, 2, 3 e 4.

1: incorreta, pois não é possível revogar atos que geram direito adquirido, atos vinculados, atos exauridos e atos meramente enunciativos; **2:** correta, pois no ato complexo tem-se um ato só e mais de um órgão expedindo esse ato; **3:** correta, pois a doutrina, ao explicar o atributo da imperatividade (possibilidade de a Administração impor obrigações a terceiros, independentemente de sua concordância), ensina que ele encerra um poder extroverso, ou seja, um poder que sai da esfera interna da Administrativa e atinge o exterior, terceiros; **4:** correta (art. 54 da Lei 9.784/1999).

Gabarito "D"

(Procurador do Município/Cubatão-SP – 2012 – VUNESP) Assinale a alternativa correta a respeito dos atos administrativos.

(A) Os administradores de empresas estatais e de fundações podem praticar atos equiparados aos atos administrativos típicos, os quais podem sofrer controle judicial por mandado de segurança ou por ação popular.

(B) A competência para o ato administrativo é intransferível, improrrogável e indelegável.

(C) Em razão dos princípios administrativos implícitos, é permitido juridicamente ao administrador substituir a finalidade do ato indicada na norma legal, desde que a nova finalidade eleita também seja de interesse público.

(D) Em função do seu necessário revestimento material, a forma legal do ato administrativo é a escrita, não se admitindo atos administrativos emanados de forma não escrita, por ordens verbais ou por sinais.

(E) A Administração Pública não pode praticar atos regidos pelo regime de direito privado no desempenho normal de suas atividades.

A: correta; a respeito dessa possibilidade vale citar, por exemplo, a Súmula STJ n. 333, pela qual "cabe mandado de segurança contra ato praticado em licitação promovida por sociedade de economia mista ou empresa pública"; **B:** incorreta, pois a competência pode ser delegada, nos termos do art. 12 da Lei 9.784/1999; **C:** incorreta, pois cada ato administrativo tem a sua finalidade, devendo-se praticar o ato buscando somente a finalidade prevista nele, sob pena de configuração do chamado "desvio de poder" ou "desvio de finalidade"; **D:** incorreta, pois a lei prevê hipóteses em que os atos administrativos se revestem de forma diversa da escrita; um exemplo é o disposto no art. 60, parágrafo único, da Lei 8.666/1993, que admite contrato administrativo verbal nas compras pequenas e de pronto pagamento, assim entendidas aquelas de valor não superior a R$ 4 mil; **E:** incorreta, pois, eventualmente, a Administração pratica atos regidos pelo Direito Privado, como a emissão de um cheque, a celebração de um contrato de locação de imóvel para uma repartição pública, a contratação de seguro, dentre outros.

Gabarito "A"

(Procurador do Município/Sorocaba-SP – 2012 – VUNESP) O desvio de poder é um vício do ato administrativo relativo

(A) ao motivo.

(B) ao objeto.

(C) à forma.

(D) à finalidade.

(E) ao sujeito.

O *desvio de poder* ou *desvio de finalidade* é um vício no requisito finalidade, de modo que a alternativa "d" é a correta.

Gabarito "D"

(Procurador do Município/Teresina-PI – 2010 – FCC) Dentre as alternativas apresentadas, assinale a que corretamente aborda dois requisitos dos atos administrativos, que são sempre vinculados:

(A) forma e objeto.

(B) competência e finalidade.

(C) motivo e forma.

(D) objeto e competência.

(E) motivo e finalidade.

São sempre vinculados os requisitos da competência, da forma e da finalidade, o mesmo não acontecendo com os requisitos do objeto e do motivo. Assim, somente a alternativa "B" está correta.

Gabarito "B"

(Advogado – Petrobrás – 2012 – CESGRANRIO) Conforme conhecimento convencional, a competência é um dos elementos dos atos administrativos. De acordo com a legislação pertinente, competência

(A) constitui elemento tipicamente discricionário.

(B) integra a noção de mérito administrativo.

(C) admite delegação, sendo vedada a avocação, ainda que temporária.

(D) admite avocação, sendo vedada a delegação, ainda que em caráter precário.

(E) é irrenunciável e se exerce pelos órgãos administrativos a que tiver sido atribuída como própria, ressalvadas as hipóteses de delegação e avocação.

A: incorreta, pois a *competência* e a forma são sempre elementos vinculados; **B:** incorreta, pois, em sendo a competência elemento vinculado (e não discricionário) não há que se falar em mérito administrativo, pois este significa "margem de liberdade" e esta não existe em atos vinculados; C e **D:** incorretas, pois a lei autoriza tanto a delegação, como a avocação de competência (arts. 12 e 15 da Lei 9.784/1999); **E:** correta (arts. 12 e 15 da Lei 9.784/1999).

Gabarito "E"

(Cartório/MG – 2012 – FUMARC) O ato administrativo, espécie do ato jurídico, possui os seguintes elementos:

(A) Competência, finalidade, forma, motivo e objeto.

(B) Competência, qualidade, forma, motivo e objeto.

(C) Competência, finalidade, resultado, motivo e objeto.

(D) Competência, qualidade, resultado, motivo e objeto.

A: correta, já que os *elementos* (ou *requisitos*) do ato administrativo são justamente os mencionados; **B:** incorreta, pois a qualidade não é elemento do ato administrativo; **C:** incorreta, pois o resultado não é elemento do ato administrativo; **D:** incorreta, pois a qualidade e o resultado não são elementos do ato administrativo.

Gabarito "A"

(Cartório/SC – 2012) A respeito da Teoria dos Atos Administrativos, é **correto** afirmar:

(A) A finalidade é classificada como um dos requisitos de validade do ato administrativo, cuja essência reside em não só atingir um fim de interesse público, mas também no interesse do governo, no sentido levar a cabo seu desiderato ideológico-partidário.

(B) A competência constitui um dos requisitos de validade do ato administrativo, e singulariza-se pelo poder legal conferido em favor do agente público para o desempenho específico das atribuições de seu cargo, que diante de determinadas situações excepcionais podem ser renunciadas e não apenas delegadas.

(C) O Poder Judiciário pode declarar a invalidade de um ato administrativo discricionário quando, analisando os termos desse ato, verificar que o motivo determinante distendido para sua edição não se apresenta justificável diante de sua ilegitimidade.

(D) São os elementos motivo e objeto que permitem verificar se o ato administrativo é vinculado ou discricionário. Nos atos vinculados, o binômio motivo-objeto determina o denominado mérito administrativo, que deve estar presente intrinsecamente em todo ato administrativo.

(E) Todo ato administrativo em sua edição deve ser dotado de motivo. Qualquer ato que não contenha expressamente a motivação em sua edição é passível de ter reconhecida sua ilegitimidade por parte do Poder Judiciário, pois não basta o lastro de haver motivo para sua existência, mas sim que sua motivação seja exteriorizada no ato.

A: incorreta, pois o administrador deve buscar a finalidade prevista na lei e não a finalidade ideológico-partidária; **B:** incorreta, pois a competência é irrenunciável (art. 11 da Lei 9.784/1999); **C:** correta, pois os atos discricionários não são um cheque em branco, devendo atender aos princípios e demais normas administrativas, podendo o Judiciário controlar, quanto a esses atos, aspectos de legalidade, razoabilidade e moralidade; **D:** incorreta, pois o mérito administrativo não diz respeito aos atos vinculados, mas aos atos discricionários; **E:** incorreta, pois a alternativa confunde motivo com motivação em sua primeira parte. Motivo são os fundamentos de fato e de direito que justificam a prática do ato, dizendo respeito ao requisito "motivo"; motivação, por sua vez, é a explicação dada para a prática do ato, dizendo respeito ao requisito "forma". Muitas vezes um ato tem motivação (explicação), tornando-o válido quanto à *forma*, mas o motivo invocado (por exemplo, um fato falso) tem problema, tornando o ato inválido por defeito quanto ao *motivo*.

Gabarito "C"

(Magistratura Federal-4ª Região – 2010) Dadas as assertivas abaixo sobre ato administrativo, assinale a alternativa correta.

I. Quanto aos elementos ou requisitos do ato administrativo, pode-se dizer que o motivo, estando relacionado aos pressupostos de fato e de direito que o justificam, precede sua prática.

II. Havendo explicitação de pressupostos fáticos para a prática de ato administrativo, os motivos expostos como suporte à decisão tomada pelo agente público condicionam sua validade, de modo que a invocação de fatos inexistentes ou inconsistentes vicia o ato.

III. É vedado ao Judiciário anular atos administrativos discricionários praticados por órgão do Executivo, pois, sendo harmônicos e independentes os Poderes, não há possibilidade de controle judicial do mérito da ação administrativa de outro Poder.

IV. A Administração deve anular seus próprios atos quando eivados de vício de legalidade e pode revogá-los por motivo de conveniência ou oportunidade, respeitados os direitos adquiridos, mas, no que toca ao controle de legalidade, em se tratando de atos administrativos de que decorram efeitos favoráveis para os destinatários, a autotutela está sujeita a limite temporal, ressalvados os casos de comprovada má-fé.

V. Trata-se a licença de espécie de ato administrativo negocial, mediante o qual o agente público competente, após verificar se o interessado atende às exigências estabelecidas na legislação de regência, faculta-lhe, observados critérios de conveniência e oportunidade, o desempenho de atividades ou a realização de fatos materiais.

(A) Está correta apenas a assertiva I.

(B) Estão corretas apenas as assertivas II e V.

(C) Estão corretas apenas as assertivas III e IV.

(D) Estão corretas apenas as assertivas I, II e IV.

(E) Estão corretas apenas as assertivas I, II, IV e V.

I: correta, pois um ato só se justifica pela existência de motivos fáticos e jurídicos aptos à sua prática; **II:** correta, sendo que a afirmativa nada mais fez do que enunciar a Teoria dos Motivos Determinantes; **III:** incorreta, pois o Judiciário pode sim anular atos discricionários, desde que haja violações à lei ou a princípios como os da moralidade e da razoabilidade; **IV:** correta, nos termos do art. 53 c/c art. 54, ambos da Lei 9.784/1999; **V:** incorreta, pois a licença é ato vinculado, e não ato discricionário, de modo que não se analisa critérios de conveniência e oportunidade.

Gabarito "D"

(Magistratura do Trabalho – 3ª Região – 2013) Relativamente ao motivo do ato administrativo, é incorreto afirmar:

(A) É irrelevante para a eficácia do ato administrativo vinculado.

(B) É elemento, e não atributo, do ato administrativo.

(C) É também denominado motivação.

(D) Corresponde às razões de fato e de direito que servem de fundamento ao ato administrativo.

(E) Não se confunde com o mérito do ato administrativo.

A: assertiva correta, pois, no ato vinculado, o fundamento de fato e de direito para a prática do ato, bem como o teor do próprio ato é trazido de forma clara e objetiva pela lei; assim, tendo sido praticado no caso concreto o ato adequado nos termos do determinado objetivamente pela lei, não haverá grande relevância em se ficar investigando algum problema no motivo; **B:** assertiva correta, pois o motivo, assim como a competência, o objeto, a forma e a finalidade são elementos do ato administrativo; **C:** assertiva incorreta, devendo ser assinalada; o motivo é o próprio fundamento para a prática do ato e é um elemento do ato; já a motivação é a demonstração da pertinência do ato e integra o elemento do ato denominado forma; **D:** assertiva correta, pois traz exata definição de motivo; **E:** assertiva correta, pois o mérito consiste na margem de liberdade que o agente público tem para a prática do ato, ao passo que o motivo é fundamento para a prática do ato.

Gabarito "C"

(Magistratura do Trabalho – 4ª Região – 2012) A respeito do ato administrativo, é correto afirmar que

(A) motivo é o pressuposto de fato e de direito que serve de fundamento ao ato e, quando falso, importa a invalidade do ato, que pode ser declarada pelo Poder Judiciário com base na teoria dos motivos determinantes.

(B) a discricionariedade administrativa impede o exame, pelo Poder Judiciário, do motivo do ato, aplicando-se, no caso dos atos vinculados, a teoria dos motivos determinantes.

(C) apenas os atos discricionários comportam o exame, pelo Poder Judiciário, da validade e veracidade dos pressupostos de fato e de direito para sua edição.

(D) o desvio de poder constitui vício relativo ao motivo do ato administrativo e enseja sua nulidade, com base na teoria dos motivos determinantes.

(E) a finalidade do ato discricionário decorre da aderência das razões de conveniência e oportunidade ao interesse público, sendo nulo, com base na teoria dos motivos determinantes, o ato que não cumpra tal condição.

A: correta, pois a teoria mencionada torna o ato nulo e atos nulos podem ser invalidados não só pela Administração, como pelo Judiciário também; **B:** incorreta, pois o ato discricionário pode ser controlado pelo Judiciário, bastando que esse se limite a verificar os aspectos vinculados do ato discricionário (todo ato discricionário é parcialmente regrado ou vinculado), atuando assim sobre aspectos de legalidade, moralidade e razoabilidade; **C:** incorreta, pois os atos vinculados também podem ser controlados pelo Judiciário, aliás, em sua inteireza, já que cada ponto de um ato vinculado pode ser verificado pelo Judiciário, diferentemente do ato discricionário, em que o Judiciário se limita a verificar os aspectos de legalidade, moralidade e razoabilidade, não podendo controlar o mérito administrativo; **D:** incorreta, pois o desvio de poder constitui vício relativo à *finalidade* do ato administrativo e não ao *motivo* deste; **E:** incorreta, pois a teoria dos motivos determinantes diz respeito à violação do elemento *motivo* e não do elemento *finalidade*.

Gabarito "A"

(Magistratura do Trabalho – 15ª Região – 2010) Não é requisito do ato administrativo:

(A) a legitimidade;

(B) o motivo;

(C) a finalidade;

(D) a forma;

(E) o objeto.

São requisitos do ato administrativo a competência, o motivo ("b"), a finalidade ("c"), a forma ("d") e o objeto ("e"). A legitimidade não é um requisito do ato administrativo.

Gabarito "A"

(Magistratura do Trabalho – 1ª Região – 2010 – CESPE) Assinale a opção correta quanto à classificação, aos requisitos dos atos administrativos e à teoria dos motivos determinantes.

(A) O parecer, como ato administrativo que expressa posicionamento de natureza técnica, é sempre vinculante, de forma que a autoridade decisória não pode agir de maneira distinta da constante do ato opinativo.

(B) O pressuposto da revogação é o interesse público, razão pela qual ela incide sobre atos válidos e inválidos que a administração pretenda abolir do rol de normas jurídicas, em razão dos inconvenientes e dos malefícios que causem à coletividade.

(C) Em obediência ao princípio da solenidade da forma, entendida esta como o meio pelo qual se exterioriza a vontade da administração, o ato administrativo deve ser escrito e manifestado de maneira expressa, não se admitindo, no direito público, o silêncio como forma de manifestação da vontade da administração.

(D) Se um ato administrativo discricionário for praticado por autoridade que não tenha competência, a autoridade competente não estará obrigada a convalidá-lo se considerar que não estão presentes os aspectos de mérito que sustentam sua apreciação.

(E) Segundo a teoria dos motivos determinantes, a motivação dos atos administrativos é sempre necessária, seja para os atos vinculados, seja para os discricionários, pois constitui garantia de legalidade que tanto diz respeito aos interessados como à própria administração.

A: incorreta, pois há pareceres facultativos (a autoridade pede o parecer se quiser, não sendo obrigada a acatá-lo), obrigatórios (a autoridade deve pedir o parecer, mas não é obrigada a acatá-lo) e vinculantes (a autoridade deve pedir e deve acatar as conclusões do parecer); **B:** incorreta, pois, se o ato for *inválido*, o caso é anulação, e não de revogação; **C:** incorreta, pois o silêncio, nos termos do que dispuser a lei, pode ser uma manifestação de vontade da Administração; **D:** correta, pois a convalidação não é obrigatória quando houver vício de competência em ato discricionário; **E:** incorreta, primeiro porque há exceções ao dever de motivar (ex.: nomeação para cargo em comissão) e segundo porque a obrigatoriedade de motivação decorre do princípio da motivação, e não da Teoria dos Motivos Determinantes.

Gabarito "D"

(Magistratura do Trabalho – 2ª Região – 2011) Em relação aos atos praticados pela Administração e aos atos administrativos, analise as seguintes proposições:

I. Existem atos praticados pela Administração que são regidos pelo Direito Privado, como, por exemplo, a simples locação de uma casa para nela instalar-se uma repartição pública. O conteúdo e respectivo efeito não são regulados pelo Direito Administrativo.

II. Os motivos determinantes que embasam a vontade do agente são importantes para a prática do ato, como motivos gestacionais, mas não integram a validade do ato, salvo quando a lei tenha estabelecido, antecipadamente, os motivos que ensejariam a sua prática.

III. Atos vinculados são aqueles que têm prévia e objetiva tipificação legal do único possível comportamento da Administração em face de situação igualmente prevista em termos de objetividade absoluta. Atos discricionários são os praticados com certa margem de liberdade de avaliação ou decisão, segundo critérios de conveniência e oportunidade, pela Administração formulados.

IV. O ato revogador de outro ato pode ter efeito *ex nunc* e/ou *ex tunc*, já a invalidação só opera efeito *ex nunc*.

V. Como a forma do ato administrativo pode, eventualmente, não ser obrigatória, inexistindo prescrição, é possível concluir pelo regime estritamente legal, que pode existir ato administrativo sem forma.

Responda:

(A) Estão Incorretas as assertivas I e II.

(B) Estão corretas as assertivas III e IV.

(C) Estão incorretas as assertivas IV e V.

(D) Estão corretas as assertivas III e V.

(E) Estão Incorretas as assertivas II e III.

I: correta; também são exemplos desses atos regidos pelo direito privado o financiamento e o seguro em favor do Poder Público (art. 62, § 3º, I, da Lei 8.666/1993); **II:** correta, pois, quando a lei estabelece qual motivo justifica a prática do ato, o motivo invocado pelo agente deve ser avaliado, para se verificar se corresponde ao motivo que a lei estabelece como apto à prática do ato; **III:** correta; as duas afirmativas são corretas; os atos vinculados têm seus requisitos clara e objetivamente definidos pela lei, de modo que o agente público não tem qualquer margem de liberdade; já os atos discricionários são aqueles em que a lei confere ao agente público margem de liberdade para definir, no caso concreto, o que melhor atende ao interesse público; **IV:** incorreta, pois o ato revogador tem efeito *ex nunc* (não retroage), ao passo que a invalidação tem efeito *ex tunc* (retroage); **V:** incorreta, pois, para que o ato administrativo *exista*, é necessário que se revista de alguma forma, pouco importando qual delas; em seguida, na análise da validade do ato administrativo, vai-se verificar se foi ou não obedecida a forma prevista na lei.

Gabarito "C"

(Analista – STM – 2011 – CESPE) Julgue o seguinte item.

(1) Considere que um servidor público tenha sido removido, de ofício, como forma de punição. Nessa situação, o ato de remoção é nulo, visto que configura desvio de finalidade.

1: correta, pois a finalidade do ato administrativo de remoção de ofício não é de punição, mas de atender a interesses da Administração quanto à melhor organização do serviço; portanto, o caso revela desvio de finalidade.

Gabarito 1C

Para contratar, pelo regime da Lei nº 8.666/1993, a compra de materiais de escritório, no valor de R$ 12.000,00, e uma obra no valor de R$ 20.000,00, uma sociedade de economia mista federal decide pela inexigibilidade de licitação por motivo do valor. Posteriormente, invocando nulidade nos contratos assim celebrados, a autoridade administrativa competente decide revogá-los de ofício. Todavia, alegando tratar-se de ato discricionário o ato de revogação, tal autoridade não o motiva. Em sua defesa, as empresas que haviam sido contratadas recorrem ao Presidente da República que, sendo autoridade hierarquicamente superior ao dirigente da sociedade de economia mista, poderia, em nome da imperatividade dos atos administrativos, reconsiderar a decisão de seu subordinado.

(Analista – TRT/11ª – 2012 – FCC) O motivo do ato administrativo

(A) não interfere na sua validade.

(B) pode ser vinculado.

(C) quando viciado, permite a sua convalidação.

(D) se inexistente, acarreta a sua revogação.

(E) é a exposição dos fatos e do direito que serviram de fundamento para a prática do ato.

A: incorreta, pois, havendo vício no motivo (ou seja, este é falso quanto aos fatos ou inadequado quanto ao direito), o ato será inválido; **B:** correta, pois o motivo pode ser vinculado ou discricionário, a depender do que dispuser a regra de competência trazida na lei; **C:** incorreta, pois o vício no motivo é muito grave e causa a nulidade absoluta do ato, ou seja, um defeito não sanável, de modo que não é possível a convalidação (art. 55 da Lei 9.784/1999); **D:** incorreta, pois provado que o motivo invocado para a prática do ato não existe (vício no motivo), o ato é considerado nulo, o que enseja a sua *anulação* e não a sua *revogação*; **E:** incorreta, pois esse é o conceito de *motivação* e não de *motivo*; a motivação é um verbo (é a exposição), o motivo é um substantivo (é próprio fato/direito que serve de fundamento para o ato).

Gabarito "B"

(Analista – TRT/14ª – 2011 – FCC) Considere a seguinte hipótese: a Administração Pública aplicou pena de suspensão a determinado servidor, quando, pela lei, era aplicável a sanção de repreensão. O fato narrado caracteriza

(A) vício no motivo do ato administrativo, porém não necessariamente constitui fundamento para sua invalidação.

(B) mera irregularidade formal, não constituindo motivo para sua anulação.

(C) vício na finalidade do ato administrativo e acarretará sua revogação.

(D) ato lícito, tendo em vista o poder discricionário da Administração Pública.

(E) vício no objeto do ato administrativo e acarretará sua anulação.

O caso revela vício no objeto, pois o objeto do ato (ou seja, o que o ato dispõe, enuncia, prescreve) deveria ser a repreensão, e não a suspensão. Portanto, apenas a alternativa "e" está correta.

Gabarito "E"

(Analista – TRT/14ª – 2011 – FCC) A Constituição Federal define as matérias de competência privativa do Presidente da República e permite que ele delegue algumas dessas atribuições aos Ministros de Estado, ao Procurador-Geral da República ou ao Advogado Geral da União. Se estas autoridades praticarem um desses atos, sem que haja a necessária delegação,

(A) não haverá qualquer vício nos atos administrativos praticados.

(B) haverá vício de formalidade, que não admite ser sanado.

(C) haverá vício de incompetência que, na hipótese, admite convalidação.

(D) o Presidente da República poderá revogá-los, tendo em vista o vício existente em tais atos.

(E) haverá vício de conteúdo, portanto, os atos praticados devem obrigatoriamente ser anulados.

Nesses casos têm-se, naturalmente, vício de competência, pois, sem delegação do Presidente da República, as pessoas mencionadas são incompetentes. Remanesce dúvida sobre se o caso é de incompetência absoluta (insanável) ou relativa (sanável por meio da convalidação). No primeiro caso, ter-se-ia um ato nulo. No segundo, anulável. Pois bem. A doutrina entende que, no caso em tela, tem-se mero ato anulável, pois é possível que haja convalidação do ato. Para tanto, basta que haja *ratificação* do Presidente da República ou, após delegação da competência, *confirmação* pelas autoridades mencionadas.

Gabarito "C"

(Analista – TRT/23ª – 2011 – FCC) No que concerne ao requisito *competência* dos atos administrativos, é correto afirmar que

(A) admite, como regra, a avocação, pois o superior hierárquico sempre poderá praticar ato de competência do seu inferior.

(B) não admite, em qualquer hipótese, convalidação.

(C) se contiver vício de excesso de poder, ensejará a revogação do ato administrativo.

(D) é sempre vinculado.

(E) não admite, em qualquer hipótese, delegação.

A: incorreta, pois a avocação, segundo o art. 15 da Lei 9.784/1999, é ato excepcional, de modo que não pode ser feita "sempre"; **B:** incorreta, pois cabe convalidação em caso de incompetência relativa; **C:** incorreta, pois, havendo excesso de poder, o caso é de anulação, e não de revogação; **D:** correta, pois a doutrina é unânime no sentido de que, pelo menos a competência, é elemento do ato que é sempre vinculado, ou seja, a lei sempre deve estabelecer quem é competente para a prática do ato; **E:** incorreta, pois a delegação de competência é possível e está regulamentada nos arts. 11 a 14 da Lei 9.784/1999.

Gabarito "D"

(Analista – TRT/12ª – 2010 – FCC) Sobre os requisitos dos atos administrativos, é correto afirmar:

(A) Em relação ao objeto, o ato administrativo será sempre discricionário.

(B) O objeto do ato administrativo apenas será natural, não podendo ser acidental, diferentemente do que ocorre no negócio jurídico de direito privado.

(C) O silêncio pode significar forma de manifestação da vontade da Administração quando a lei assim o prevê.

(D) Se a lei exige processo disciplinar para demissão de um funcionário, a falta ou o vício naquele procedimento são hipóteses de revogação da demissão.

(E) O objeto é o efeito jurídico mediato que o ato produz, enquanto a finalidade é o efeito imediato.

A: incorreta, pois o objeto pode ser vinculado ou discricionário, de acordo com o disposto na lei que tratar de determinada competência; **B:** incorreta, pois objeto é o que o ato dispõe, enuncia, tratando-se de elemento essencial aos atos administrativos; **C:** correta, pois o silêncio só pode significar manifestação de vontade da Administração quando a lei expressamente dispuser que este tem determinado significado; assim, em Direito Administrativo, se a Administração calar, isso não significa que ela está consentindo, salvo se a lei assim dispuser; **D:** incorreta, pois a falta, no caso, torna o ato nulo, hipótese que enseja a *anulação* do ato de demissão; **E:** incorreta, pois é justamente o contrário.

Gabarito "C"

(Analista – TRT/22ª – 2010 – FCC) No que diz respeito ao elemento motivo dos atos administrativos, é INCORRETO afirmar:

(A) O motivo, sempre está expresso na lei, não podendo ser deixado ao critério do administrador.

(B) No ato de punição do funcionário, o motivo é a infração que ele praticou.

(C) A ausência de motivo ou a indicação de motivo falso invalidam o ato administrativo.

(D) Motivação é a exposição ou indicação dos motivos, ou seja, demonstração por escrito dos fatos e fundamentos jurídicos do ato.

(E) Quando a Administração motiva o ato, mesmo que a lei não exija a motivação, ele só será válido se os motivos forem verdadeiros.

A: assertiva incorreta, pois há casos em que a lei não estabelece detalhadamente o motivo que enseja a atuação Administrativa, mas tão somente quais providências estão a cargo da Administração; **B:** assertiva correta, pois a infração praticada é justamente o motivo que levou à demissão; **C:** assertiva correta, nos termos da Teoria dos Motivos Determinantes; **D:** assertiva correta, pois esse é o conceito de motivação; **E:** assertiva correta, pois assim determina a Teoria dos Motivos Determinantes.

Gabarito "A"

(Analista – TRE/AP – 2011 – FCC) Analise as seguintes assertivas sobre os requisitos dos atos administrativos:

I. O objeto do ato administrativo é o efeito jurídico imediato que o ato produz.

II. Quando a Administração motiva o ato, mesmo que a lei não exija a motivação, ele só será válido, se os motivos forem verdadeiros.

III. O requisito *finalidade* antecede à prática do ato.

Está correto o que se afirma em

(A) III, somente.

(B) I e II, somente.

(C) I e III, somente.

(D) II e III, somente.

(E) I, II e III.

I: correta, pois o objeto é justamente o que o ato enuncia, prescreve, ou seja, o efeito jurídico imediato que o ato produz; **II:** correta, em virtude da Teoria dos Motivos Determinantes, pela qual o ato administrativo só será válido se os motivos invocados para a sua prática forem verdadeiros e adequados; **III:** incorreta, pois a finalidade é o bem jurídico objetivado pelo ato, ou seja, é o bem jurídico que se deseja alcançar, e não algo que já existe e o antecede.

Gabarito "B"

(Analista – TRE/AP – 2011 – FCC) Considere as seguintes assertivas sobre o requisito *objeto* dos atos administrativos:

I. é sempre vinculado.

II. significa o objetivo imediato da vontade exteriorizada pelo ato.

III. na licença para construção, o objeto consiste em permitir que o interessado possa edificar de forma legítima.

IV. como no direito privado, o objeto do ato administrativo deve ser sempre lícito, possível, certo e moral.

Está correto o que se afirma SOMENTE em

(A) II, III e IV.

(B) IV.

(C) I e IV.

(D) I, II e III.

(E) I e II.

I: incorreta, pois o objeto pode ser vinculado ou discricionário; a doutrina aponta que são sempre vinculados a competência, a forma e a finalidade (para Celso Antônio Bandeira de Mello, só a competência é sempre vinculada); assim, o objeto e o motivo podem ser vinculados ou discricionários; **II:** correta, pois o objeto é o efeito jurídico imediato do ato administrativo; **III:** correta, pois essa permissão é justamente o que ato de licença enuncia, dispõe, prescreve; **IV:** correta, pois em Direito Administrativo também se exige essas qualidades do objeto, para que o ato administrativo seja válido.

Gabarito "A"

(Analista – TRE/TO – 2011 – FCC) No que diz respeito ao instituto da convalidação dos atos administrativos, é correto afirmar:

(A) convalidação é o ato administrativo pelo qual é suprido vício existente em determinado ato, com efeitos *ex nunc*.

(B) a convalidação sempre será possível quando houver vício no objeto do ato administrativo.

(C) a impugnação expressa, feita pelo interessado, contra ato com vício sanável de competência, constitui barreira à sua convalidação pela Administração.

(D) admite-se convalidação quando o vício relacionar-se ao motivo do ato administrativo.

(E) admite-se convalidação quando houver vício de incompetência em razão da matéria, como por exemplo, quando determinado Ministério pratica ato de competência de outro.

A: incorreta, pois a convalidação tem efeitos *ex tunc*, ou seja, retroage para o fim de sanear o ato desde o início; **B:** incorreta, pois o vício no objeto (objeto ilícito, impossível, indeterminável ou imoral) gera a nulidade do ato, e atos nulos não são passíveis de *convalidação*, mas apenas de *conversão*; **C:** correta, pois a doutrina aponta que não cabe a convalidação nos seguintes casos: a) na impossibilidade de o ato ser expedido novamente, sem o vício originário; b) em caso de prejuízo maior se o ato for mantido; c) em caso de prejuízo ao erário e a terceiro; d) em caso de má-fé; e) **em caso de impugnação expressa feita por interessado**; **D:** incorreta, pois o vício no motivo gera a nulidade do ato, e atos nulos não são passíveis de *convalidação*, mas apenas de *conversão*; **E:** incorreta, pois o vício de incompetência material gera a nulidade do ato, e atos nulos não são passíveis de *convalidação*, mas apenas de *conversão*.

Gabarito "C"

(Analista – TRE/RS – 2010 – FCC) Indique a alternativa que completa a seguinte afirmação:

Finalidade e motivo são ...... do ato administrativo.

(A) características.

(B) atributos.

(C) aspectos.

(D) requisitos ou elementos.

(E) modos de exteriorização.

A finalidade e o motivo são *requisitos* do ato administrativo, assim como a competência, o objeto e a forma. Já as *características, aspectos* ou *atributos* do ato administrativo são os seguintes: presunção de legitimidade, imperatividade, exigibilidade, autoexecutoriedade e tipicidade.

Gabarito "D"

(Auditor Fiscal da Receita Federal – 2010 – ESAF) Quanto à competência para a prática dos atos administrativos, assinale a assertiva incorreta.

(A) Não se presume a competência administrativa para a prática de qualquer ato, necessária previsão normativa expressa.

(B) A definição da competência decorre de critérios em razão da matéria, da hierarquia e do lugar, entre outros.

(C) A competência é, em regra, inderrogável e improrrogável.

(D) Admite-se, excepcionalmente, a avocação e a delegação de competência administrativa pela autoridade superior competente, nos limites definidos em lei.

(E) Com o ato de delegação, a competência para a prática do ato administrativo deixa de pertencer à autoridade delegante em favor da autoridade delegada.

A: correta, pois a competência não se presume, devendo estar expressa na lei; B: correta, pois a competência é fixada a partir dos critérios citados, além de outros como, por exemplo, o critério do *valor*; C: correta, pois a lei é expressa no sentido de que a competência é *irrenunciável* (art. 11 da Lei 9.784/99); D: correta (art. 11, parte final, da Lei 9.784/99); E: incorreta, pois a delegação pode, inclusive, ser revogada pelo delegante (art. 14, § 2º, da Lei 9.784/99).

Gabarito "E"

(Auditor Fiscal do Trabalho – 2010 – ESAF) Sabendo-se que o agente público, ao utilizar-se do poder que lhe foi conferido para atender o interesse público, por vezes o faz de forma abusiva; leia os casos concretos abaixo narrados e assinale: (1) para o abuso de poder na modalidade de excesso de poder; e (2) para o abuso de poder na modalidade de desvio de poder. Após, assinale a opção que contenha a sequência correta.

I. Remoção de servidor público, *ex officio*, com o intuito de afastar o removido da sede do órgão, localidade onde também funciona a associação sindical da qual o referido servidor faz parte;

II. Aplicação de penalidade de advertência por comissão disciplinar constituída para apurar eventual prática de infração disciplinar;

III. Deslocamento de servidor público, em serviço, com o consequente pagamento de diárias e passagens, para a participação em suposta reunião que, na realidade, revestia festa de confraternização entre os servidores da localidade de destino;

IV. Agente público que, durante a fiscalização sanitária, interdita estabelecimento pelo fato de ter encontrado no local inspecionado um único produto com prazo de validade expirado.

(A) 2 / 1 / 2 / 1

(B) 1 / 1 / 2 / 2

(C) 1 / 2 / 1 / 2

(D) 2 / 2 / 1 / 2

(E) 2 / 1 / 1 / 2

Em primeiro lugar, é importante lembrar que o *excesso de poder* (1) é um vício no elemento *competência*, ao passo que o *desvio de poder* (2) ou *desvio de finalidade* é um vício no elemento *finalidade*. I: 2 (desvio de poder), pois o fato caracteriza um desvio de finalidade, já que remoção não serve para perseguir servidores; B: 1 (excesso de poder), pois o fato configura vício de competência, já que a advertência deve ser aplicada pelo chefe da repartição ou outra autoridade designada nos regimentos ou regulamentos, e não pela comissão disciplinar (art. 141, III, da Lei 8.112/90); C: 2 (desvio de poder), pois o fato configura desvio de finalidade, já que esse tipo de deslocamento só é lícito para fins profissionais; D: 1 (excesso de poder), pois o fato configura vício de competência, já que o agente público não tem competência para interditar o estabelecimento diante de um fato dessa natureza.

Gabarito "A"

(Auditor Fiscal do Trabalho – 2010 – ESAF) Relativamente à vinculação e à discricionariedade da atuação administrativa, assinale a opção que contenha elementos do ato administrativo que são sempre vinculados.

(A) Competência e objeto.

(B) Finalidade e motivo.

(C) Competência e finalidade.

(D) Finalidade e objeto.

(E) Motivo e objeto.

Segundo Hely Lopes Meirelles são sempre vinculados os seguintes elementos do ato administrativo: competência, forma e finalidade, de modo que apenas a alternativa "c" está correta.

Gabarito "C"

4.12.3. Atributos do ato administrativo

(Defensor Público/BA – 2010 – CESPE) No que concerne aos atributos do ato administrativo, julgue o próximo item.

(1) A presunção de legitimidade de que gozam os atos administrativos constitui presunção *iuris tantum*, que pode ceder à prova em contrário.

1: correta, pois, de fato, a presunção de legitimidade dos atos administrativos é uma presunção relativa (*iuris tantum*), e não absoluta (*iuris et de iure*).

Gabarito 1C

(Procurador do Estado/MT – FCC – 2011) Constitui atributo do ato administrativo:

(A) executoriedade, caracterizada pela possibilidade de a Administração colocá-lo em execução sem necessidade de intervenção judicial, independentemente de previsão legal.

(B) vinculação ao princípio da legalidade, impedindo a prática de atos discricionários.

(C) presunção de veracidade, não admitindo prova em contrário no que diz respeito aos seus fundamentos de fato.

(D) presunção de legitimidade, só podendo ser invalidado por decisão judicial.

(E) imperatividade, caracterizada pela sua imposição a terceiros, independentemente de concordância, constituindo, unilateralmente, obrigações a estes imputáveis.

A: incorreta, pois a possibilidade de a Administração fazer essa imposição depende de previsão legal, em virtude do princípio da legalidade; **B:** incorreta, pois os atributos do ato administrativo são os seguintes: presunção de legitimidade, imperatividade, exigibilidade, executoriedade e tipicidade. A "vinculação ao princípio da legalidade" não é um atributo do ato administrativo; **C:** incorreta, pois o atributo da presunção de veracidade e de legalidade (ou simplesmente presunção de legitimidade) admite sim prova em contrário, tratando-se de presunção relativa; **D:** incorreta, pois a própria Administração, pelo princípio da autotutela, pode anular seus atos, não sendo providência exclusiva do Judiciário; **E:** correta, pois a imperatividade, também chamada de poder extroverso, é um dos atributos do ato administrativo.

Gabarito "E"

(Procurador do Município/Sorocaba-SP – 2012 – VUNESP) Considerando a presunção de veracidade dos atos administrativos, indique a alternativa correta.

(A) Em nome da segurança jurídica, o Judiciário deve apreciar ***ex officio*** a validade do ato.

(B) Enquanto não decretada sua invalidade, ele produzirá efeitos como um ato válido.

(C) O ato deixa de produzir efeitos, mesmo sem a decretação de sua invalidade, deixando de ser obrigatório.

(D) Somente a Administração Pública tem o poder/dever de invalidar os atos administrativos.

(E) Somente o Poder Judiciário pode decretar a invalidade do ato administrativo, quando instado para esta finalidade.

A: incorreta, pois o Judiciário atua mediante provocação, face o princípio da inércia jurisdicional; no entanto, há casos em que se admite que o Judiciário atue de ofício, ocasião em que o princípio justificador dessa atuação é o da legalidade e não o da segurança jurídica; **B:** correta, pois a presunção de legitimidade tem justamente o efeito de possibilitar que o ato seja executado, enquanto não decretada a sua invalidade; **C:** incorreta, pois a presunção mencionada tem justamente o sentido inverso, ou seja, o sentido de permitir que o ato produza seus efeitos enquanto não decretada a invalidade; **D:** incorreta, pois o Judiciário também pode promover a *invalidação* dos atos administrativos, o que é feito normalmente mediante provocação; já a *revogação*, essa sim só pode ser feita pela Administração; **E:** incorreta, pois a Administração, pelo princípio da autotutela, também pode decretar a invalidade do ato administrativo (art. 53 da Lei 9.784/1999).

Gabarito "B"

(Cartório/MG – 2012 – FUMARC) No que concerne aos traços peculiares de sua atuação, é **correto** afirmar que os atributos dos atos administrativos são:

(A) imperatividade, anualidade, presunção de legalidade, eficácia e publicidade.

(B) imperatividade, presunção de legalidade, eficácia, exequibilidade e executoriedade.

(C) publicidade relativa, imperatividade, eficácia, presunção de legalidade e executividade.

(D) publicidade, imperatividade, legalidade formal, eficácia, executividade e executoriedade.

A: incorreta, a anualidade e a publicidade não são atributos do ato administrativo; **B:** correta, a doutrina também usa outras expressões para tratar desses atributos, quais sejam, imperatividade, presunção de legitimidade, exigibilidade, autoexecutoriedade (= executoriedade ou coercibilidade) e tipicidade; C e **D:** incorretas, pois a publicidade não guarda relação alguma com os atributos do ato administrativo; vale ressaltar que essa questão usou palavras não usuais para se referir aos atributos do ato administrativo, como executividade, mas é possível resolvê-la por exclusão.

Gabarito "B"

(Magistratura Federal-4ª Região – 2010) Assinale a alternativa correta.

(A) A motivação de um ato administrativo deve contemplar a exposição de motivos de fato e de direito, ou seja, a regra de direito habilitante e os fatos em que o agente se estribou para decidir.

(B) Os atos administrativos são autoexecutáveis apenas em situações de extrema urgência.

(C) Imperatividade é o atributo pelo qual os atos administrativos se impõem a terceiros, independentemente de sua concordância, decorrência do poder de polícia inerente à ação administrativa.

(D) Os atos administrativos são dotados de presunção de legitimidade e veracidade, o que significa que há presunção absoluta de que foram emitidos com observância da lei e de que os fatos alegados pela administração são verdadeiros.

(E) Nenhuma das alternativas anteriores está correta.

A: correta, nos termos do art. 2º, parágrafo único, VII, da Lei 9.784/1999; **B:** incorreta, pois os atos administrativos também são autoexecutáveis quando a lei expressamente autorizar; **C:** incorreta, pois a imperatividade não se dá apenas como decorrência do poder de polícia; a imperatividade também pode ser verificada no poder disciplinar, no poder hierárquico etc.; **D:** incorreta, pois a presunção mencionada não é absoluta, mas relativa, já que admite prova em contrário; **E:** incorreta, pois a alternativa "A" está correta.

Gabarito "A"

(Magistratura do Trabalho – 3ª Região – 2013) São atributos do ato administrativo:

(A) Autoexecutoriedade e autoridade

(B) Presunção de legitimidade e imperatividade

(C) Presunção de legitimidade e eficiência

(D) Publicidade e autenticidade

(E) Exigibilidade e publicidade

A: incorreta, pois a autoridade não é atributo do ato administrativo; **B:** correta, pois a presunção de legitimidade e a imperatividade são atributos do ato administrativo, assim como a exigibilidade, autoexecutoriedade (ou executoriedade ou coercibilidade) e a tipicidade; **C:** incorreta, pois a eficiência não é atributo do ato administrativo; **D:** incorreta, pois a publicidade e a autenticidade não são atributos do ato administrativo; **E:** incorreta, pois a publicidade não é atributo do ato administrativo.

Gabarito "B"

(Magistratura do Trabalho – 15ª Região – 2011) São considerados atributos dos atos administrativos os seguintes, exceto:

(A) finalidade;

(B) presunção de legitimidade;

(C) autoexecutoriedade;

(D) imperatividade;

(E) tipicidade

São *atributos* dos atos administrativos a presunção de legitimidade ("b"), a imperatividade ("d"), a exigibilidade, a autoexecutoriedade ("c") e a tipicidade ("e"). A finalidade ("a") é um *requisito* do ato administrativo, e não um *atributo* deste.

Gabarito "A"

(Analista – TRT/8ª – 2010 – FCC) A qualidade do ato administrativo que permite à Administração executá-lo direta e imediatamente, sem necessidade de intervenção do Poder Judiciário, é o atributo denominado

(A) imperatividade.

(B) presunção de legitimidade.

(C) tipicidade.

(D) autoexecutoriedade.

(E) veracidade.

A autoexecutoriedade é o atributo que permite à Administração executar direta e imediatamente um ato sem que haja necessidade de intervenção do Poder Judiciário.

Gabarito "D"

(Analista – TRE/MT – 2010 – CESPE) A prefeitura de determinada cidade, por meio de seu órgão competente, fechou uma casa de espetáculos que funcionava sem alvará e em dissonância com as normas de ordem urbanísticas locais. O dono do estabelecimento rebelou-se contra o ato, sob o argumento de que, para tanto, a prefeitura deveria ter recorrido ao Poder Judiciário e pedido o fechamento da casa e não agido por conta própria. A situação hipotética descrita acima demonstra o atributo do ato administrativo denominado

(A) autoexecutoriedade.

(B) presunção de legitimidade.

(C) estrita legalidade.

(D) discricionariedade.

(E) bilateralidade.

Trata-se da autoexecutoriedade, pois, no caso, a Administração compeliu materialmente o administrado a cumprir o que determinara. A possibilidade de exercer essa coação direta, que importa no uso da força, só existe quando a lei expressamente determinar ou quando não houver tempo de buscar a prestação jurisdicional.

Gabarito "A"

(Analista – TRE/BA – 2010 – CESPE) Com referência ao ato administrativo, julgue os itens subsequentes.

(1) Um dos efeitos do atributo da presunção de veracidade dos atos administrativos reside na impossibilidade de apreciação de ofício da validade do ato por parte do Poder Judiciário.

(2) Apesar de o ato de revogação ser dotado de discricionariedade, não podem ser revogados os atos administrativos que geram direitos adquiridos.

1: correta, pois, a princípio, os atos administrativos são válidos, não podendo o Judiciário passar por cima deles, salvo provocação do interessado e demonstração de sua invalidade; **2:** correta, pois nem a *lei* pode revogar atos que geram direitos adquiridos.

Gabarito 1C, 2C

(Analista – TRF/4ª – 2010 – FCC) No que diz respeito ao atributo da tipicidade do ato administrativo, é certo que

(A) tal qualidade permite a prática de ato totalmente discricionário ou de atos inominados.

(B) esse atributo existe nos contratos porque há imposição de vontade da Administração.

(C) essa tipicidade só existe em relação aos atos unilaterais.

(D) trata-se de um atributo que pode criar obrigações, unilateralmente, aos administrados.

(E) um dos fundamentos desse atributo é a necessidade da Administração em exercer com agilidade suas atribuições.

A tipicidade é o atributo pelo qual todos os atos administrativos devem corresponder e obedecer aos tipos previstos na lei administrativa. Assim, a alternativa "a" está incorreta, pois os atos não podem ter total discricionariedade, devendo respeitar as balizas legais, ainda que minimamente estabelecidas na lei. A alternativa "b" está incorreta, pois, nos contratos, há um acordo de vontades que não está predeterminado em tipos legais, tratando-se de uma exceção ao atributo da tipicidade. A alternativa "c" está correta, pois somente em atos unilaterais, praticados exclusivamente pela Administração, é que o atributo incide. A alternativa "d" está incorreta, pois o atributo pelo qual se pode criar obrigações, unilateralmente, aos administrados é o atributo da *imperatividade*. A alternativa "e" está incorreta, pois o atributo, é, na verdade, um freio à Administração, no sentido de que ela deve sempre tomar cuidado para agir de acordo com os tipos legais, mesmo que isso importe em não ser tão eficiente assim, uma vez que não é possível, a pretexto da eficiência, passar por cima da lei.

Gabarito "C"

(Fiscal da Receita/CE – 2010) Paulo, servidor público estadual, conduzia viatura oficial em uma rodovia quando houve um acidente. Apurado o valor do dano causado, por meio de um processo administrativo, Paulo foi considerado culpado e se negou a pagar. Nessa situação hipotética, de acordo com o atributo da autoexecutoriedade dos atos administrativos,

(A) a administração deverá imediatamente inscrever em dívida ativa o respectivo valor, com vistas a formar um título executivo e propor a devida ação de execução.

(B) a administração poderá, mesmo sem o consentimento de Paulo, determinar que o referido valor seja descontado da sua remuneração.

(C) o Estado, por intermédio de sua procuradoria jurídica, deverá propor uma ação de indenização, visando o ressarcimento dos danos causados por Paulo.

(D) o Estado poderá promover, de ofício, a penhora de tantos bens quanto bastem para a satisfação do seu crédito.

O atributo da autoexecutoriedade admite que a Administração faça valer seus atos mediante o uso da força. Esse atributo só existe quando a lei expressamente autorizar ou quando não houver tempo de buscar a prestação jurisdicional. No caso narrado no enunciado, todavia, a Administração não tem autoexecutoriedade, devendo, então, ingressar com ação de cobrança contra o servidor.

Gabarito "C"

(OAB/Exame Unificado – 2012.3.B) Autarquia competente para a fiscalização de estabelecimentos comerciais que vendam gêneros alimentícios verifica que o maior supermercado do município estava com o funcionamento irregular, bem como vendia produtos com o prazo de validade vencido. Além de todas as outras sanções cabíveis na espécie, a Autarquia aplicou multa ao estabelecimento. Com o objetivo de assegurar que a multa fosse paga, a Autarquia apreendeu produtos (dentro do prazo de validade) cujo valor somasse exatamente o valor da multa, e que tivessem proveito para a autarquia, como água mineral, café e açúcar.

Com base na situação descrita, assinale a afirmativa correta.

(A) A apreensão de bens com o objetivo de quitação de multa regularmente aplicada pela fiscalização é manifestação da autoexecutoriedade do poder de polícia, sendo legitimamente exercida pela Autarquia.

(B) Não é cabível a apreensão de bens, neste caso, pois ela somente seria viável se a Administração tivesse feito pesquisa e constatado que os preços correspondem à média de mercado.

(C) A Administração goza da prerrogativa da autoexecutoriedade, mas a cobrança das multas aplicadas não pode se dar de maneira forçada, *manu militari*, devendo ser feita por meio de processo judicial, caso não ocorra o pagamento administrativamente.

(D) A apreensão de bens para quitação de multa pode se dar sobre produtos cuja validade está vencida ou, como no caso, sobre produtos bons para consumo, e não pode ser questionada por se inserir no mérito do ato administrativo.

A, **B** e **D:** incorretas, pois, segundo a Súmula STF n. 323, "é inadmissível a apreensão de mercadorias como meio coercitivo para pagamento de tributos"; **C:** correta, pois, apesar da Administração poder executar as leis sem ter de buscar o Judiciário, a cobrança de multas de maneira forçada só pode se dar no âmbito de um processo judicial.

Gabarito "C"

4.12.4. Vinculação e discricionariedade

(Magistratura/BA – 2012 – CESPE) O prefeito de um pequeno município brasileiro decidiu construir, em praça pública, um monumento para homenagear a própria família, fundadora da cidade. A obra seria construída em bronze e produzida por renomado artista plástico. O promotor de justiça da cidade, contudo, ajuizou ação civil pública para impedir que recursos públicos fossem destinados a tal finalidade, alegando que o dinheiro previsto para a obra seria suficiente para a construção de uma escola de ensino fundamental no município e que o ato administrativo estava em desacordo com os princípios da moralidade, impessoalidade e economicidade. Os advogados do município argumentaram que, embora não houvesse escola de ensino fundamental na cidade, a prefeitura disponibilizava transporte para as crianças frequentarem a escola na cidade vizinha, destacando, também, que a obra teria a finalidade de preservar a memória da cidade e que a alocação de recursos públicos era ato discricionário do Poder Executivo.

Em face dessa situação hipotética e com base na moderna doutrina sobre o controle jurisdicional da administração pública, assinale a opção correta.

(A) O ato do prefeito, embora discricionário, é passível de sindicância pelo Poder Judiciário, a fim de que este avalie a conformidade desse ato com os princípios que regem a administração pública.

(B) O Poder Judiciário, caso vislumbre violação de princípio constitucional, poderá revogar o ato administrativo do prefeito.

(C) O ato administrativo discricionário não é passível de controle pelo Poder Judiciário.

(D) Ao juiz é atribuída a competência para, por meio de decisão, alterar o projeto e o material a ser utilizado no monumento, de forma que os custos da obra adquiram valor razoável e compatível com o orçamento municipal.

(E) O MP não tem legitimidade ativa para ajuizar ação visando discutir as opções do prefeito.

A: correta, pois, a moderna doutrina sobre o controle jurisdicional da Administração Pública prega que o Judiciário pode sim controlar atos discricionários da administração, o que se fará sobre os aspectos de legalidade, bem como sobre outros princípios administrativos, como os da razoabilidade, moralidade e impessoalidade; no caso em tela, inclusive, o Prefeito certamente violou os princípios da moralidade e da impessoalidade; todavia, como se trata de um concurso para juiz, e ficaria chato que se impusesse ao candidato um julgamento do caso numa questão objetiva, o banca examinadora acabou criando uma alternativa mais elegante e que traz uma informação verdadeira; **B:** incorreta, pois quando um ato administrativo viola um princípio constitucional, o caso é de *anulação* deste ato e não de *revogação;* **C:** incorreta, pois o Judiciário pode controlar atos discricionários, conforme já explicado; **D:** incorreta, pois esse tipo de providência vai além do que o Judiciário pode fazer; este não pode se imiscuir em questões puramente técnicas, do ponto de vista administrativo; tem-se aí o chamado mérito administrativo, que não pode ser substituído pela vontade judicial, sob pena de violação ao princípio da separação dos poderes; **E:** incorreta, pois o Ministério Público tem legitimidade prevista na própria Constituição Federal para a proteção do patrimônio público e social (art. 129, III, da CF).

Gabarito "A"

(Magistratura/PB – 2011 – CESPE) Acerca do controle jurisdicional de legalidade dos atos administrativos, assinale a opção correta.

(A) A evolução no controle judicial dos atos administrativos permite, atualmente, que o magistrado substitua o administrador e reavalie o mérito do ato administrativo, com a finalidade de alterar a conveniência e oportunidade manifestadas pela administração na realização do referido ato.

(B) A doutrina majoritária entende não ser possível o controle judicial das omissões administrativas ilícitas, em razão da discricionariedade conferida ao administrador para decidir o momento de agir.

(C) O STF decidiu pela legitimidade do controle judicial de ato parlamentar (político), na hipótese de ofensa a direito público subjetivo previsto na CF, razão pela qual tal controle não se caracterizaria como interferência na esfera de outro poder.

(D) É ilegítima a verificação, pelo Poder Judiciário, da regularidade do ato discricionário no que se refere às suas causas, motivos e finalidades.

(E) O STJ firmou jurisprudência no sentido de que o exame dos atos da banca examinadora e das normas do edital de concurso público pelo Poder Judiciário não se restringe aos princípios da legalidade e da vinculação ao edital.

A: incorreta, pois o Judiciário não pode invadir o mérito administrativo (a margem de liberdade que sobrar ao administrador público), podendo apenas apreciar, quanto aos atos discricionários, aspectos de legalidade, moralidade e razoabilidade do ato; **B:** incorreta, pois uma omissão administrativa, em violando algum direito, dá ensejo à procura pelo Judiciário, pois nenhuma lesão ou ameaça de lesão a direito pode ser subtraída da apreciação deste (art. 5º, XXXV, da CF); **C:** correta, valendo salientar que esse tipo de controle ocorre, por exemplo, em relação a atos praticados nas Comissões Parlamentares de Inquérito (ex: quebra inconstitucional de sigilo bancário por CPI); outro exemplo é um próprio parlamentar ingressar com mandado de segurança com a finalidade de coibir atos parlamentares praticados no processo de aprovação de lei ou emenda constitucional incompatíveis com disposições que disciplinam o processo legislativo (STF, MS 24.667, *DJ* 04.12.2003); **D:** incorreta, pois o Judiciário pode verificar os aspectos de legalidade, moralidade e razoabilidade do ato administrativo, aspectos que poderão ter relação com as causas, motivos e finalidades do ato administrativo; **E:** incorreta, pois o Judiciário não pode substituir-se à Administração entrando no mérito das questões dos exames, devendo se limitar a analisar se os requisitos previstos no edital são pertinentes e estão previstos na lei, bem como se há respeito, por parte da Administração, às normas do edital.

Gabarito "C"

(Defensor Público/AM – 2013 – FCC) Trata-se de ato administrativo em que NÃO se faz presente o atributo da discricionariedade:

(A) ato revogatório de outro ato administrativo.

(B) autorização para transporte de substâncias perigosas em via urbana.

(C) concessão de licença requerida por servidor público, para tratar de interesses particulares.

(D) concessão de aposentadoria voluntária, requerida por servidor público.

(E) prorrogação de prazo de validade de concurso público.

A: incorreta, pois a revogação só incide sobre ato discricionário, de modo que este atributo se faz presente em atos revogatórios; **B:** incorreta, pois a autorização é ato uniliteral, precário e discricionário; **C:** incorreta, pois esse tipo de licença (que não se confunde com a licença em geral, que é ato unilateral e vinculado, como a licença para construir) é ato discricionário, pois a Administração vai avaliar se há interesse público ou não na concessão de licença para tratar de interesses particulares; **D:** correta, pois a aposentadoria voluntária não é ato discricionário da Administração, que não tem opção entre concedê-la ou não caso os requisitos estejam preenchidos; trata-se, assim, de ato vinculado; **E:** incorreta, pois a Administração tem discricionariedade para decidir se vai ou não prorrogar o prazo de validade de um concurso público.

Gabarito "D"

(Procurador do Estado/AC – FMP – 2012) Com relação aos atos administrativos, é **CORRETO** afirmar:

(A) O ato que atribui licença à servidora gestante é um ato vinculado.

(B) A extinção de uma Sociedade de Economia mista é um ato vinculado.

(C) A exoneração de Secretário de Estado é um ato vinculado.

(D) A atribuição de licença para tratamento de saúde é um ato discricionário.

A: correta, pois a servidora gestante tem direito subjetivo à licença, não havendo discricionariedade para a Administração, que deverá necessariamente concedê-la, praticando ato vinculado, portanto; **B:** incorreta, pois a análise do Poder Público sobre se vai ou não extinguir uma sociedade de economia mista leva em conta análise discricionária, não havendo lei alguma determinando isso objetivamente, ou seja, de forma vinculada; **C:** incorreta, pois a nomeação e a exoneração de alguém de um cargo em comissão é livre, ou seja, há discricionariedade e não vinculação para esse ato; **D:** incorreta, pois, configurado o problema de saúde passível de licença, a Administração é obrigada a deferi-la, tratando-se, assim, de ato vinculado.

Gabarito "A"

(Procurador do Estado/RS – 2010 – FUNDATEC) Quanto aos atos administrativos, pode-se afirmar que

(A) são chamados de "gerais", em oposição aos "individuais", aqueles que têm por destinatários múltiplos sujeitos especificados.

(B) um regulamento que disciplina a promoção de servidores públicos de determinada carreira é um ato concreto.

(C) os atos vinculados são passíveis de controle pelo Judiciário, enquanto que os discricionários se submetem apenas ao poder hierárquico da Administração.

(D) a certidão de que determinado aluno é matriculado em escola pública é um ato constitutivo.

(E) a oportunidade e a conveniência do ato administrativo compõem o binômio chamado de mérito, que é a sede do poder discricionário do administrador público.

A: incorreta, pois se os sujeitos são especificados, não se pode falar em atos gerais, pois estes se referem a sujeitos indeterminados; os atos com múltiplos sujeitos especificados são considerados atos individuais; **B:** incorreta, pois um regulamento é ato abstrato, pois se dirige a todas as situações que se enquadrarem em seu teor, e não a um determinado caso concreto; **C:** incorreta, pois todos os atos administrativos, sejam eles vinculados ou discricionários, são passíveis de controle pelo Judiciário; os atos vinculados podem ser controlados em todos os seus aspectos, ao passo que os atos discricionários só podem ser controlados quanto à sua legalidade, razoabilidade e moralidade; **D:** incorreta, pois a certidão é considerada um ato enunciativo e não um ato constitutivo, vez que ela se limita e enunciar ou atestar dada situação fática ou jurídica; **E:** correta, pois o mérito ou a margem de liberdade do agente público é justamente o campo de liberdade que ele tem para verificar a oportunidade e a conveniência de dado ato administrativo.

Gabarito "E"

(Procurador do Município/Sorocaba-SP – 2012 – VUNESP) Quanto ao motivo da discricionariedade do ato administrativo, este ocorre quando

(A) a lei estabelece o motivo para a prática do ato.

(B) a lei estabelece a conduta a ser adotada pela Administração.

(C) a lei define o motivo com conceitos jurídicos indeterminados.

(D) a lei utiliza conceitos jurídicos determinados.

(E) o motivo for posterior à prática do ato.

A e **B:** incorretas, pois, se a lei estabelece ou define exatamente o que deve ser feito e quando se dever fazer algo, não há discricionariedade (margem de liberdade), mas vinculação; **C:** correta, pois a existência de conceitos jurídicos indeterminados (ex: a lei estabelece que, "em caso de *interesse público*, é possível se fazer tal coisa") confere margem de liberdade para a Administração, ou seja, confere discricionariedade; **D:** incorreta, pois se a lei é clara e objetiva (traz conceitos determinados), não há discricionariedade, mas vinculação; **E:** incorreta, pois em caso de competência discricionária o agente público é obrigado a apresentar os motivos da prática do ato antes ou no momento da expedição deste, mas nunca depois.

Gabarito "C"

(Magistratura do Trabalho – 23ª Região – 2012) Analise as proposições abaixo e assinale a alternativa correta.

I. o sistema da dualidade de jurisdição, adotado pelo Brasil, autoriza que órgãos do contencioso administrativo exerçam, ao lado do Poder Judiciário, função jurisdicional sobre lides de que a Administração Pública seja parte interessada.

II. É incabível o controle judicial de ato político pelo Poder Judiciário.

III. Do ato administrativo que contrariar súmula vinculante, caberá reclamação ao Supremo Tribunal Federal que, julgando-a procedente, anulará o ato.

IV. os atos que estabelecem regras sobre o funcionamento interno dos órgãos da Administração não poderão ser apreciados pelo Poder Judiciário.

V. em razão da natureza pública dos interesses tutelados pela Administração, quando a Administração Pública figura como parte em ação judicial, atua com as seguintes peculiaridades: Juízo privativo, prazos dilatados, processo especial de execução, restrições à concessão de liminar e à antecipação dos efeitos da tutela.

(A) Somente as proposições constantes dos itens I e IV estão corretas e as demais estão incorretas.

(B) Somente as proposições constantes dos itens III e V estão corretas e as demais estão incorretas.

(C) Somente as proposições constantes dos itens II, III e V estão corretas e as demais estão incorretas.

(D) Somente as proposições constantes dos itens I, II e V estão corretas e as demais estão incorretas.

(E) Somente as proposições constantes dos itens I, II e IV estão corretas e as demais estão incorretas.

I: incorreta, pois no Brasil não se adotou o regime da dualidade de jurisdição, mas sim o sistema da unicidade de jurisdição, em que o monopólio desta é do Judiciário; na França, ao contrário, há dualidade de jurisdição (ou contencioso administrativo), sendo que o Conselho de Estado processa as causas em que se julga atos administrativos; **II:** incorreta, pois, apesar de ser um controle mais restrito, dada a grande discricionariedade dos atos políticos, o Judiciário controla tais atos, com foco nos aspectos de constitucionalidade deste; **III:** correta (art. 7º da Lei 11.417/2006); **IV:** incorreta, pois, caso tais regras firam preceitos legais ou constitucionais, serão anuladas pelo Judiciário; **V:** correta, pois há juízos da Fazenda Pública, prazo em quádruplo para contestar em dobro para recorrer, execução especial (execução fiscal) e restrições a concessões de liminar e tutela antecipada (Leis 8.437/1992 e 9.494/1997).

Gabarito "B"

(Analista – TRT/8ª – 2010 – FCC) A liberdade de escolha quanto à oportunidade e conveniência do ato administrativo praticado nos limites da lei insere-se no âmbito da

(A) arbitrariedade.

(B) discricionariedade.

(C) vinculação.

(D) imperatividade.

(E) regulamentação.

O enunciado traz a definição de discricionariedade.

Gabarito "B"

(OAB/Exame Unificado – 2010.2) No âmbito do Poder discricionário da Administração Pública, não se admite que o agente público administrativo exerça o Poder discricionário

(A) quando estiver diante de conceitos legais e jurídicos parcialmente indeterminados, que se tornam determinados à luz do caso concreto e à luz das circunstâncias de fato.

(B) quando estiver diante de conceitos legais e jurídicos técnico científicos, sendo, neste caso, limitado às escolhas técnicas, por óbvio possíveis.

(C) quando estiver diante de conceitos valorativos estabelecidos pela lei, que dependem de concretização pelas escolhas do agente, considerados o momento histórico e social.

(D) em situações em que a redação da Lei se encontra insatisfatória ou ultrapassada.

A: A examinadora considerou incorreta esta alternativa, entendendo que, mesmo nesse caso, poder-se-ia falar em discricionariedade, por haver conceito legal parcialmente indeterminado; todavia, em nossa opinião, essa alternativa está correta, pois a discricionariedade "é a margem de liberdade que *remanescer* ao agente público depois de verificados os aspectos de legalidade e os *contornos do caso concreto*"; na situação narrada, o colorido do caso concreto retirou totalmente a margem de liberdade do agente público, de modo que não haverá discricionariedade no caso; por exemplo, um Prefeito tem margem de liberdade para decidir se vai ou não investir no combate à dengue, pois há outras prioridades de saúde pública igualmente relevantes; todavia, caso haja uma epidemia de grandes proporções na cidade, essa circunstância *fática* retira a discricionariedade do Prefeito em investir ou não no combate à dengue, determinando que o Chefe do Executivo haja nesse sentido; Celso Antônio Bandeira de Mello assevera que *"haverá casos em que pessoas sensatas, equilibradas, normais, serão todas concordes em que só um dado ato – e não outro – atenderia à finalidade da lei invocada; ou, então, assentirão apenas em que, de todo modo, determinado ato, com certeza objetiva, não a atenderia. Segue-se que, em hipóteses deste jaez, se a Administração agir de maneira diversa, evidentemente terá descumprido a finalidade legal. Por isso não lhe aproveitará invocar a norma atributiva da discrição, pois, consoante se disse, a discrição na regra de Direito é condição necessária, mas não suficiente para configurá-la quando da prática do ato. A discricionariedade do ato só existe* in concreto, *ou seja, perante o quadro da realidade fática com suas feições polifacéticas, pois foi em função disto que a lei se compôs de maneira a obrigá-la"* (*Curso de Direito Administrativo*, 24. ed., p. 424); **B:** incorreta, pois os conceitos técnicos enunciados na lei podem ter conteúdo vago e fluído, podendo o agente público estar diante de discricionariedade; **C:** incorreta, pois *conceitos valorativos*, por definição, são vagos e fluídos (ex: conceito de moralidade administrativa), ensejando, então, discricionariedade; **D:** A examinadora considerou correta esta alternativa, entendendo que, mesmo que a lei esteja ultrapassada, o agente público deve aplicá-la; no entanto, entendemos que a alternativa está incorreta, pois, nessas situações, o agente público deverá fazer a interpretação da lei visando aplicá-la segundo as exigências do bem comum (art. 5º da Lei de Introdução às normas do Direito Brasileiro – LINDB), conceito esse (de "bem comum") vago e que gera discricionariedade; além disso, caso o agente público esteja diante de lacunas *axiológica* ou *ontológica* (lacunas típicas das situações de norma injusta e norma ultrapassada), este deverá integrar a lei, nos termos do art. 4º da LINDB, sendo certo que, nos dois casos, o agente atuará com discricionariedade, pois a utilização da analogia, dos costumes e dos princípios gerais do direito envolve apreciação de elementos de ordem subjetiva, não se tratando de competência matemática, vinculada.

Gabarito "D"

4.12.5. Extinção dos atos administrativos

(Magistratura/PR – 2010 – PUC/PR) Em relação ao regime jurídico do Ato Administrativo, assinale a alternativa CORRETA:

(A) Um ato administrativo eficaz extingue-se pelo cumprimento de seus efeitos, seja pelo esgotamento do conteúdo jurídico, seja pela execução material, seja pelo implemento de condição resolutiva ou termo final, assim como extingue-se pelo desaparecimento do sujeito ou objeto da relação jurídica constituída pelo ato, pela retirada do ato ou ainda pela renúncia.

(B) Na discricionariedade administrativa a norma reguladora não carece de precisão porque descreve antecipadamente a situação em vista da qual será suscitado o comportamento administrativo. Por tal razão todo ato discricionário terá aspectos vinculados.

(C) Pela teoria dos motivos determinantes, o motivo fornecido ao ato pode, dentro dos limites da lei, ser substituído, determinando-se em concreto pelo Administrador.

(D) O motivo da revogação é a inconveniência do ato e necessariamente também se reproduz numa ilegalidade.

A: correta, pois as quatro formas de extinção do ato administrativo mencionadas foram corretamente apresentadas (*cumprimento de seus efeitos, desaparecimento do sujeito ou do objeto, retirada do ato* e *renúncia*); vale lembrar que, dentro da retirada do ato, há a anulação, a revogação e a cassação; **B:** incorreta, pois, apesar de em todo ato administrativo haver aspectos vinculados, tornando verdadeira a parte final da alternativa, é errôneo dizer que, na discricionariedade, descreve-se a situação em vista da qual será suscitado o comportamento administrativo, pois um dos casos de ato discricionário é justamente aquele em que a lei descreve precisamente a situação em que o agente público deve agir; **C:** incorreta, pois o motivo fornecido para a prática do ato fica a este ligado de tal maneira que, provando a inexistência ou a inadequação do motivo, o ato será considerado inválido; portanto, o motivo invocado não pode ser trocado; **D:** incorreta, pois o motivo da revogação é a *inconveniência* do ato, e não a *ilegalidade* deste; ocorrendo ilegalidade, o ato deve ser *anulado*, e não *revogado*.

Gabarito "A"

(Ministério Público/SP – 2013 – PGMP) Analise as seguintes assertivas a respeito do ato administrativo:

I. Sua formulação não precisa observar o conteúdo de Súmulas Vinculantes, as quais não obrigam a Administração Pública.

II. A imperatividade, como seu maior atributo, é a ele essencial e inerente, sem exceção.

III. Se apresentar defeito sanável, pode ser convalidado pela própria Administração, evidenciada a ausência de lesão ao interesse público ou de prejuízo a terceiros.

IV. Pode ser revogado, por motivo de conveniência ou oportunidade, respeitados os direitos adquiridos.

Está CORRETO o contido apenas em

(A) I e III.

(B) III e IV.

(C) I e II.

(D) II e III.

(E) II, III e IV.

I: incorreta, pois as súmulas vinculantes não só obrigam aos demais órgãos do Judiciário, como também obrigam à administração pública direta e indireta de todas as esferas federativas (art. 103-A, *caput*, da CF); **II:** incorreta, pois a imperatividade (atributo pelo qual os atos administrativos se impõem a terceiros independentemente de sua concordância) não está presente em todo administrativo, não ocorrendo, por exemplo, em relação aos atos enunciativos; **III:** correta, nos termos do disposto no art. 55 da Lei 9.784/1999; **IV:** correta, nos termos do art. 53, parte final, da Lei 9.784/1999.

Gabarito "B"

(Ministério Público/ES – 2010 – CESPE) Assinale a opção correta com referência à teoria dos atos administrativos.

(A) Como faculdade de que dispõe a administração para extinguir os atos que considera inconvenientes e inoportunos, a revogação pode atingir tanto os atos discricionários como os vinculados.

(B) Ato administrativo simples é o que emana da vontade de um só órgão administrativo, sendo o órgão singular, não colegiado.

(C) Todos os atos administrativos dispõem da característica da autoexecutoriedade, isto é, o ato, tão logo praticado, pode ser imediatamente executado, sem necessidade de intervenção do Poder Judiciário.

(D) A perfeição do ato administrativo diz respeito à conformidade do ato com a lei ou com outro ato de grau mais elevado, e, nesse sentido, ato imperfeito é o ato praticado em dissonância com as normas que o regem.

(E) Pela conversão, a administração converte um ato inválido em ato de outra categoria, com efeitos retroativos à data do ato original.

A: incorreta, pois somente se revoga atos discricionários, pois tais atos são os únicos em que há mais de uma possibilidade de atuação para o agente público, que, portanto, pode praticar o ato hoje e, amanhã, por fato novo, pode revogá-lo; nos atos vinculados o agente está *vinculado* a tomar um tipo de medida somente, de modo que não cabe revogar um ato vinculado, já que ou o ato foi praticado conforme a lei (e será mantido para sempre assim) ou o ato violou a lei (e será anulado, e não revogado); **B:** incorreta, pois ato simples é aquele praticado por um órgão somente, seja esse órgão simples (uma autoridade), seja colegiado (uma comissão de licitação, com três integrantes); **C:** incorreta, pois a autoexecutoriedade só existe quando a lei expressamente autorizar ou quando não houver tempo de buscar a prestação jurisdicional; **D:** incorreta, pois a *perfeição* significa que o ato já completou o ciclo para a sua *formação* (sua *existência*), não tendo relação alguma com a *validade* do ato, ou seja, com a conformidade do ato com a lei; há três planos distintos, quais sejam, existência, validade e eficácia, e a perfeição diz respeito ao primeiro plano; **E:** correta, valendo lembrar que a conversão incide sobre atos nulos, e não os aproveita na situação original, mas sim em uma situação em que o ato será válido (ex.: converte-se uma permissão de uso de bem público, concedida sem licitação, numa autorização de uso de bem público, que não requer licitação); a convalidação, por sua vez, incide sobre atos anuláveis, e mantém o ato na situação original (ex.: convalida-se uma permissão de uso de bem público, concedida por uma autoridade com incompetência relativa, mantendo-se a própria permissão de uso concedida, mediante ratificação pela autoridade competente).

Gabarito "E"

(Ministério Público/GO – 2010) Em relação à extinção dos atos administrativos, assinale a alternativa correta:

I. A extinção do ato administrativo é aquela que resulta somente quando cumpre seus efeitos.

II. A cassação é forma extintiva que se aplica quando o beneficiário descumpre condições que permitam a manutenção dos atos e seus efeitos.

III. A invalidação é forma extintiva por razões de oportunidade e conveniência.

IV. A caducidade ocorre quando há o desaparecimento do objeto e do sujeito que se beneficiou do ato.

(A) Todas as assertivas estão corretas.

(B) Há apenas uma assertiva correta.

(C) Há apenas duas assertivas corretas.

(D) Há apenas três assertivas corretas.

I: incorreta, pois o ato administrativo fica extinto não só quando cumpre os seus efeitos, como também quando é anulado, revogado, cassado e retirado, bem como quando se opera a contraposição e a caducidade ou decadência; **II:** correta, pois, de fato, a cassação é extinção do ato pelo beneficiário não mais estar cumprindo os requisitos para continuar se beneficiando do ato; **III:** incorreta, pois a invalidação é a extinção do ato por motivo de *ilegalidade* e não de *conveniência*; **IV:** incorreta, pois o caso narrado consiste na contraposição; caducidade (ou decadência) é a extinção do ato pela superveniência de lei que não mais o admite.

Gabarito "B"

(Ministério Público/MT – 2012 – UFMT) NÃO pode ser considerada hipótese de extinção das licenças administrativas:

(A) a revogação.

(B) a invalidação.

(C) a cassação.

(D) a caducidade.

(E) o interesse público superveniente, desde que ocorra prévia e justa indenização.

As licenças são atos vinculados. Dessa forma, não há que se falar em revogação, já que esta só incide sobre atos discricionários.

Gabarito "A"

(Ministério Público/PI – 2012 – CESPE) Acerca dos atos administrativos, assinale a opção correta.

(A) A revogação do ato administrativo tem efeitos *ex tunc*.

(B) É legítima a verificação, pelo Poder Judiciário, da regularidade do ato discricionário da administração, no que se refere às suas causas, motivos e finalidade.

(C) Todos os atos administrativos são exigíveis e executórios.

(D) De acordo com entendimento do STF, opera-se a decadência quando decorrido o prazo de cinco anos entre o período compreendido entre o ato administrativo concessivo de aposentadoria e o julgamento de sua legalidade e registro pelo Tribunal de Contas da União.

(E) Para o fim de anulação do ato administrativo, o conceito de ilegalidade ou ilegitimidade restringe-se à violação frontal da lei.

A: incorreta, pois tem efeito *ex nunc*, ou seja, não retroage; **B:** correta, pois o ato discricionário é, sempre, parcialmente regrado, devendo obedecer aos comandos legais objetivamente definidos na lei que estabelecer a competência, bem como aos princípios da moralidade e da razoabilidade, aspectos esses que adensam os requisitos *causa*, *motivo* e *finalidade* do ato discricionário; **C:** incorreta, pois os atributos da exigibilidade (que permite o uso da coação indireta) e da executoriedade (que permite o uso da coação direta, da força) não estão presentes em todos os atos administrativos, sendo necessário previsão legal, no caso do primeiro atributo, e, quanto ao segundo, previsão legal ou existência de situação em que não haja tempo hábil para buscar o Judiciário; **D:** incorreta, pois o prazo decadencial de 5 anos só se inicia após o registro da aposentadoria no Tribunal de Contas; entre a concessão da aposentadoria e o registro desta não corre o referido prazo; nesse sentido, confira a seguinte decisão do STF: "*1. Esta Suprema Corte possui jurisprudência pacífica no sentido de que o Tribunal de Contas da União, no exercício da competência de controle externo da legalidade do ato de concessão inicial de aposentadorias, reformas e pensões (art. 71, inciso III, CF/1988), não se submete ao prazo decadencial da Lei 9.784/1999, iniciando-se o prazo quinquenal somente após a publicação do registro na imprensa oficial. 2. O TCU, em 2008, negou o registro da aposentadoria do ora recorrente, concedida em 1998, por considerar ilegal 'a incorporação de vantagem de natureza trabalhista que não pode subsistir após a passagem do servidor para o regime estatutário'. Como o ato de aposentação do recorrente ainda não havia sido registrado pelo Tribunal de Contas da União, não há que se falar em decadência administrativa, tendo em vista a inexistência do registro do ato de aposentação em questão. 3. Sequer há que se falar em ofensa aos princípios da segurança jurídica, da boa-fé e da confiança, pois foi assegurado ao recorrente o direito ao contraditório e à ampla defesa, fato apresentado na própria inicial, uma vez que ele apresentou embargos de declaração e também pedido de reexame da decisão do TCU. 4. Agravo regimental não provido*" (MS 27746 ED, *DJ* 06.09.2012); **E:** incorreta, pois a ilegitimidade também alcança os atos que ferem princípios e outras normas jurídicas.

Gabarito "B"

(Ministério Público/RJ – 2011) Ato administrativo foi praticado com vício de legalidade há sete anos. Nesse caso, a Administração Pública:

(A) pode anular o ato, mas deve recorrer ao Poder Judiciário para promover a ação anulatória;

(B) é obrigada a manter o ato como se fosse válido, tendo em vista ter ocorrido a prescrição de sua pretensão;

(C) pode legitimamente anular o ato, sem recorrer ao Poder Judiciário, por ser dotada da prerrogativa de autotutela;

(D) tem que manter o ato com sua eficácia normal, porque foi extinto o direito do administrado;

(E) está impedida de anular o ato em virtude da decadência, desde que não tenha havido comprovada má-fé.

A: incorreta, pois, pelo princípio da autotutela, caso a Administração possa anular o ato, tal medida deve ser tomada sem necessidade de submeter a decisão ao Judiciário (art. 53 da Lei 9.784/1999); **B:** incorreta, pois, ultrapassado o prazo legal para a anulação do ato, opera-se a *decadência* (art. 54, *caput*, da Lei 9.784/1999) e não a *prescrição*; **C:** incorreta, pois, ultrapassados os 5 anos previstos em lei e não havendo notícia (e demonstração) de má-fé do beneficiário do ato, não é possível mais que se anule este (art. 54, *caput*, da Lei 9.784/1999); **D:** incorreta, pois o que foi extinto é o direito de a Administração anular o ato e não o direito do administrado; **E:** correta, nos termos do art. 54, *caput*, da Lei 9.784/1999.

Gabarito "E"

(Ministério Público/RR – 2012 – CESPE) Com base na doutrina e na jurisprudência, assinale a opção correta a respeito dos atos administrativos.

(A) Segundo o STJ, a possibilidade de a administração poder anular ou revogar os seus próprios atos quando eivados de irregularidades não se estende ao desfazimento de situações constituídas com aparência de legalidade, sem a necessária observância do devido processo legal e da ampla defesa.

(B) Conforme a classificação dos atos administrativos quanto aos seus efeitos, a anulação do ato administrativo configura exemplo de ato constitutivo, por criar, modificar ou extinguir um direito ou situação do administrado.

(C) A falta da aprovação da autoridade competente para o ato administrativo produzir efeitos configura hipótese de ato administrativo pendente de exequibilidade, visto que está sujeito a condição ou termo para o início da produção de seus efeitos.

(D) Estando o servidor impedido ou sob suspeição ao praticar o ato administrativo, resta configurada hipótese de vício insanável.

(E) De acordo com o entendimento do STJ, o administrador, consoante a teoria dos motivos determinantes, vincula-se aos motivos elencados para a prática do ato administrativo, porém o vício de legalidade resta configurado quando inexistentes ou inverídicos os motivos suscitados pela administração, independentemente da existência de coerência entre as razões explicitadas no ato e o resultado obtido.

A: correta, pois, segundo o STJ, "o princípio de que a administração pode anular (ou revogar) os seus próprios atos, quando eivados de irregularidades, não inclui o desfazimento de situações constituídas com aparência de legalidade, sem observância do devido processo legal e ampla defesa. A desconstituição de ato de nomeação de servidor provido, mediante a realização de concurso público devidamente homologado pela autoridade competente, impõe a formalização de procedimento administrativo, em que se assegure, ao funcionário demitido, o amplo direito de defesa" (AgRg no AREsp 150441, *DJe* 25.05.2012); **B:** incorreta, pois, em se tratando de um ato nulo, a decisão é meramente declaratória, pois a nulidade se dá de pleno direito; **C:** incorreta, pois a aprovação da autoridade é evento futuro e incerto, tratando-se, assim, de condição e não de termo; **D:** incorreta, pois o vício é sanável; com efeito, a doutrina aponta que tanto o impedimento como a suspensão de alguém para a prática de um ato administrativo tornam este anulável, passível, portanto, de convalidação por autoridade que não esteja na mesma situação de impedimento ou suspeição; **E:** incorreta, pois, segundo o STJ, configura-se vício de legalidade a falta de coerência entre as razões expostas no ato e o resultado nele contido (MS 13948, *DJe* 07.11.2012).

Gabarito "A"

(Defensor Público/SE – 2012 – CESPE) A respeito dos atos administrativos, assinale a opção correta.

(A) O objeto, elemento teleológico do ato administrativo, representa o fim mediato do ato praticado.

(B) Para a teoria dualista, segundo a qual os atos administrativos podem ser nulos e válidos, se existir o vício de legalidade no ato, ainda assim este produzirá todos os efeitos que emanem de um ato nulo.

(C) O contrato administrativo é exemplo de ato administrativo unilateral, pois somente há necessidade de manifestação de vontade do particular (contratado) para sua formação.

(D) O conceito de fato administrativo está contido no de fato jurídico.

(E) O ato administrativo integrativo de procedimento administrativo concluído é exemplo de ato insuscetível de revogação pela administração pública.

A: incorreta, pois a finalidade é que é o elemento teleológico do ato administrativo; **B:** incorreta, pois, para essa teoria, ou o ato é válido ou o ato é nulo, não havendo meio termo (ato anulável); assim, um ato ilegal está condenando a ser invalidado, não podendo, assim, produzir efeitos, vez que a nulidade é sanção que se aplica de pleno direito, ou seja, no momento da formação do ato; **C:** incorreta, pois o contrato administrativo é ato bilateral; **D:** incorreta, pois os fatos administrativos são atos materiais praticados pela Administração (ex: a pavimentação de uma rua feita por um agente público) e os fatos jurídicos podem ser tanto qualquer acontecimento que produz efeito jurídico (fato jurídico em sentido amplo), como acontecimentos não humanos que produzam efeitos jurídicos); no segundo caso, o fato administrativo não está contido em seu interior, pois o fato administrativo necessariamente tem uma conduta humana, ainda que meramente material; **E:** correta, pois, no caso, tem-se um ato complexo (praticado por mais de um órgão), ato esse que, segundo a doutrina, é insuscetível de revogação.

Gabarito "E"

(Delegado de Polícia/GO – 2013 – UEG) Quanto ao desfazimento do ato administrativo:

(A) a Administração pode anular os seus atos por conveniência e oportunidade.

(B) a anulação produz efeitos retroativos à data em que o ato administrativo foi realizado.

(C) a publicação impede que o ato administrativo seja anulado.

(D) o Poder Judiciário não pode rever ato administrativo anulado pela Administração.

A: incorreta, pois a anulação se dá por *ilegalidade*, e não por *inconveniência ou inoportunidade*; **B:** correta, pois, de fato, a anulação tem efeito *ex tunc* (retroage), ao contrário da revogação, cujos efeitos são *ex nunc* (não retroage); **C:** incorreta, pois a publicação não valida um ato ilegal, impondo-se a anulação mesmo assim; **D:** incorreta, pois o Judiciário, quanto aos aspectos de legalidade em sentido amplo (cumprimento da lei, moralidade e razoabilidade) pode, sim, controlar atos praticados pela Administração, inclusive ato anulado por esta.

Gabarito "B"

(Delegado/AM) O aspecto mais relevante do controle judicial dos atos administrativos é:

(A) legalidade do ato

(B) valoração da conduta

(C) qualificação do agente

(D) recolhimento de custas

O Judiciário tem competência para verificar a legalidade do ato administrativo em sentido amplo, o que inclui a verificação da legalidade em sentido estrito, da razoabilidade e da moralidade.

Gabarito "A"

(Delegado/MG – 2012) Sobre a extinção dos atos administrativos, é **INCORRETO** afirmar que

(A) a anulação promovida pela própria Administração decorre do exercício de sua prerrogativa de autotutela.

(B) a revogação é forma de extinção do ato administrativo válido, de caráter vinculado ou discricionário.

(C) a validade ou não do ato de revogação é passível de exame pelo Poder Judiciário.

(D) incabível a revogação dos atos cujos efeitos produzidos já restaram consolidados.

A: correto (art. 53 da Lei 9.784/1999); **B:** incorreto (devendo ser assinalada), a revogação, fundada na inconveniência ou na inoportunidade na manutenção do ato, só incide sobre atos discricionários já que, nos atos vinculados, não há campo para avaliações de mérito, tratando-se de ato em que a lei define tudo de modo claro e objetivo; **C:** correto, pois é possível que, no caso concreto, a revogação tenha ferido a lei; um exemplo é a revogação promovida por alguém que não tenha competência para tanto; **D:** correto, pois os atos em questão, denominados *atos exauridos*, de fato são irrevogáveis.

Gabarito "B"

(Procurador/DF – 2013 – CESPE) Julgue os itens que se seguem.

(1) O direito da administração de anular os atos administrativos de que decorram efeitos favoráveis para os destinatários decai em cinco anos, contados da data em que foram praticados. Não obstante, segundo orientação jurisprudencial que vem sendo firmada no âmbito do STF, não se opera esse prazo decadencial no período compreendido entre o ato administrativo concessivo de aposentadoria ou pensão e o posterior julgamento de sua legalidade e registro pelo TCU – que consubstancia o exercício da competência constitucional de controle externo.

1: certa; de fato, segundo o STF, a "(...) Suprema Corte possui jurisprudência pacífica no sentido de que o Tribunal de Contas da União, no exercício da competência de controle externo da legalidade do ato de concessão inicial de aposentadorias, reformas e pensões (art. 71, inciso III, CF/88), não se submete ao prazo decadencial da Lei nº 9.784/1999, iniciando-se o prazo quinquenal somente após a publicação do registro na imprensa oficial. 2. Ainda que pudesse subsistir a argumentação da impetrante de que o exame de legalidade realizado pela Corte de Contas recaiu sobre situação consolidada desde 1996, relativa à aposentadoria de seu falecido marido, não foram apresentados fatos e provas concretos de que o cálculo da aposentadoria concedida ao marido da recorrente tivesse sido considerado legal pelo TCU. 3. Submetida que está a administração pública ao princípio da legalidade, havendo previsão normativa, não há óbice a que o Tribunal de Contas da União – na qualidade de órgão auxiliar do controle externo exercido pelo Congresso Nacional e no exercício da competência que lhe foi conferida pelo art. 71, III, da Constituição Federal – aprecie a correspondência do ato de concessão inicial de pensão com o regime legal vigente na data em que veio a óbito o instituidor do benefício." (AgRg em MS 30.830/DF, DJ 13/12/2012).

Gabarito 1C

(Procurador do Estado/MT – FCC – 2011) A Administração constatou irregularidades em atos de concessão de benefícios salariais a determinados servidores. Nessa situação, de acordo com a Lei n. 9.784, de 29 de janeiro de 1999, que regula o processo administrativo, a Administração

(A) poderá anular o ato, apenas se constatar que o servidor concorreu para a prática da ilegalidade, assegurado o contraditório e a ampla defesa.

(B) não poderá anular o ato, se de tal anulação decorrer a redução dos vencimentos dos servidores.

(C) deverá anular o ato, exceto se transcorrido o prazo decadencial de 5 anos.

(D) poderá convalidar o ato, apenas em relação aos seus aspectos pecuniários, apurando-se a responsabilidade administrativa pelas concessões irregulares.

(E) poderá revogar o ato, caso constatada a ilegalidade da concessão, a critério da autoridade competente.

A: incorreta, pois a Administração pode anular o ato mesmo que se constate que o servidor não concorreu para a prática da ilegalidade; a única coisa é que ela terá, nesse caso, o prazo decadencial de 5 anos para invalidar o ato (art. 54 da Lei 9.784/1999); **B:** incorreta, pois, da ilegalidade, não nascem direitos adquiridos; **C:** correta (art. 54 da Lei 9.784/1999); **D:** incorreta, pois o caso é de anulação do ato, conforme já mencionado; **E:** incorreta, pois, em sendo o ato ilegal, o caso é de anulação e não de revogação.

Gabarito "C"

(Procurador do Estado/PR – UEL-COPS – 2011) Assinale a alternativa correta:

(A) um edital de licitação realizado pelo Poder Legislativo tem a natureza jurídica de ato legislativo;

(B) todos os atos administrativos devem ser fundamentados, exceção feita àqueles praticados no exercício da discricionariedade técnica atribuída como privativa do agente titular;

(C) a Administração Pública deve anular os próprios atos quando constata vício de legalidade – mas, caso o ato tenha gerado efeitos perante terceiros, a anulação deve ser antecedida do devido processo legal;

(D) na medida em que a revogação dos atos administrativos diz respeito a casos de motivação relativa à oportunidade e conveniência do ato a ser extinto ("mérito" do ato administrativo), não necessita de processo administrativo prévio;

(E) no sistema jurídico brasileiro, a falta de defesa técnica por advogado no processo administrativo disciplinar ofende a Constituição e gera a nulidade absoluta de todos os atos nele praticados.

A: incorreta, pois tem natureza de ato administrativo; **B:** incorreta, pois os atos discricionários também devem ser motivados; **C:** correta, pois o princípio da autotutela, de fato, impõe que a Administração anule seus atos ilegais (art. 53 da Lei 9.784/1999); porém, a Administração não pode se furtar de obedecer ao devido processo legal, impondo-se o respeito ao contraditório e à ampla defesa; **D:** incorreta, pois, conforme já mencionado, de rigor instaurar processo que possibilite assegurar o contraditório e a ampla defesa em favor daquele que ficará prejudicado com a revogação do ato; **E:** incorreta, pois a Súmula Vinculante STF 5 é no sentido de que a falta de defesa técnica por advogado no processo disciplinar não ofender a Constituição.

Gabarito "C"

(Procurador do Município/Florianópolis-SC – 2010 – FEPESE) Assinale a alternativa **incorreta**, em relação ao ato administrativo.

(A) Competência, finalidade, forma, motivo e objeto são requisitos do ato administrativo.

(B) O ato discricionário, quando motivado, fica vinculado ao motivo que lhe serviu de suporte, com o que, se verificado ser o mesmo falso ou inexistente, deixa de subsistir.

(C) O ato administrativo pode ter forma escrita, oral ou por símbolos.

(D) A revogação do ato administrativo, porque fundada na conveniência e oportunidade, opera efeitos *ex tunc*.

(E) Quando concluído, o ato administrativo considera-se perfeito, ainda que lhe falte a eficácia e a validade.

A: assertiva correta, pois traz os requisitos ou elementos do ato administrativo; **B:** assertiva correta, nos termos da Teoria dos Motivos Determinantes; **C:** assertiva correta, sendo certo que, como regra, o ato administrativo deve ser escrito, mas há situações, como nos atos de polícia de trânsito, em que se admite atos verbais ou por símbolos; **D:** assertiva incorreta, devendo ser assinalada; a revogação do ato administrativo opera efeitos *ex nunc*, e não *ex tunc*; **E:** assertiva correta, pois a perfeição consiste na conclusão do ciclo formativo do ato, relacionando-se, assim, com o plano da existência, que é independente dos planos da eficácia e da validade.

Gabarito "D"

(Advogado da União/AGU – CESPE – 2012) Julgue o item seguinte.

(1) Embora a revogação seja ato administrativo discricionário da administração, são insuscetíveis de revogação, entre outros, os atos vinculados, os que exaurirem os seus efeitos, os que gerarem direitos adquiridos e os chamados meros atos administrativos, como certidões e atestados.

1: Incorreta, pois a doutrina aponta que são irrevogáveis os seguintes atos, mencionados na afirmativa: a) atos vinculados, pois não há margem para análise de conveniência e oportunidade; b) atos exauridos e seus efeitos, pois, se já extinto o ato, não há o que se revogar; c) atos que geraram direito adquirido, pois nem a lei pode prejudicar um direito adquirido, quanto mais um outro ato administrativo; d) meros ou puros atos administrativos (ex: certidões), pois esses atos não ficam inconvenientes ou inoportunos com o tempo, mas apenas desatualizados.

Gabarito 1E

(Procurador Federal – 2010 – CESPE) Julgue os seguintes itens, acerca do ato administrativo.

(1) O ato de delegação não retira a atribuição da autoridade delegante, que continua competente cumulativamente com a autoridade delegada para o exercício da função.

(2) A anulação ou revogação de ato administrativo que beneficie o interessado, nos processos que tramitem no TCU, deve respeitar o contraditório e a ampla defesa, o que se aplica, por exemplo, à apreciação da legalidade do ato de concessão inicial de aposentadoria, reforma e pensão.

(3) O ato administrativo pode ser inválido e, ainda assim, eficaz, quando, apesar de não se achar conformado às exigências normativas, produzir os efeitos que lhe seriam inerentes, mas não é possível que o ato administrativo seja, ao mesmo tempo, perfeito, inválido e eficaz.

1: correta, pois a delegação é sempre parcial (art. 12, *caput*, da Lei 9.784/1999) e, não bastasse, delega-se apenas o *exercício* (parcial) da competência, e não a *titularidade* desta; **2:** incorreta, nos termos da Súmula Vinculante do STF n. 3 ("Nos processos perante o Tribunal de Contas da União asseguram-se o contraditório e a ampla defesa quando da decisão puder resultar anulação ou revogação de ato administrativo que beneficie o interessado, ***excetuada*** a apreciação da legalidade do ato de concessão inicial de aposentadoria, reforma e pensão"); **3:** incorreta, pois a perfeição significa mera *existência* do ato, que, todavia, pode ser *inválido*, por não estar em conformidade com a lei, mas *eficaz*, no sentido de ter produzido alguns efeitos pela ausência de sua invalidação no transcurso do tempo.

Gabarito 1C, 2E, 3E

(Procurador Federal – 2010 – CESPE) Julgue o seguinte item.

(1) Gustavo, servidor público federal, foi beneficiado por ascensões funcionais ocorridas entre 1993 e 1995. No entanto, o TCU, por ocasião do registro da aposentadoria desse servidor, verificou que aquelas ascensões funcionais foram praticadas em desconformidade com a lei, razão pela qual determinou, sem que fosse intimado o servidor, que o registro do ato de aposentadoria fosse feito com base no que prescrevia a lei. Nessa situação, a decisão do TCU será legal, já que não houve, na espécie, decadência nem violação ao princípio do contraditório.

1: Incorreta, pois, após 5 anos da prática do ato ilegal ocorre a decadência do direito da Administração de anular o ato praticado (art. 54 da Lei 9.784/1999).

Gabarito 1E

(Advogado – Petrobrás Distrib. – 2010 – CESGRANRIO) Em âmbito federal, o direito da Administração Pública de anular os atos administrativos de que decorram efeitos favoráveis para os destinatários

(A) não se submete a prazo decadencial, em decorrência do princípio da legalidade.

(B) decai em dez anos, contados da data da ciência do vício de legalidade, salvo comprovada má-fé.

(C) decai em cinco anos, contados da data em que foram praticados, salvo comprovada má-fé.

(D) decai em três anos, contados da data em que foram praticados, salvo comprovada má-fé.

(E) prescreve em cinco anos após o término do exercício de mandato, cargo em comissão ou função de confiança.

O prazo decadencial para a anulação de atos que beneficiam terceiros, de fato, é de 5 anos contados da data em que foram praticados, salvo comprovada má-fé, hipótese em que não há prazo previsto em lei para a anulação (art. 54 da Lei 9.784/1999).

Gabarito "C"

(Cartório/RJ – 2012) Assinale a alternativa correta em relação aos atos administrativos.

(A) São inteiramente revogáveis.

(B) São irrevogáveis, sempre.

(C) São revogáveis os atos de efeitos instantâneos.

(D) São irrevogáveis os atos que geraram direitos subjetivos aos beneficiários.

(E) São revogáveis os atos vinculados.

A: incorreta, pois somente atos discricionários podem ser revogados; **B:** incorreta, pois os atos administrativos, caso sejam discricionários, podem ser revogados; **C:** incorreta, pois atos já exauridos não podem ser revogados, pois não existem mais; no caso, como os atos de efeito instantâneo ficam extintos (exauridos) logo que expedidos, tais atos não são revogáveis; **D:** correta, pois nem a *lei* pode revogar atos que geram direitos subjetivos (direitos adquiridos), quanto mais um mero *ato administrativo*; **E:** incorreta, pois os atos vinculados são irrevogáveis, diferentemente dos atos discricionários, que podem, sim, ser revogados.

Gabarito "D"

(Cartório/RN – 2012 – IESIS) Sobre o regime jurídico dos atos administrativos, assinale a alternativa correta:

(A) A convalidação é o ato administrativo praticado pela Administração de tornar válido ato que apresente defeitos sanáveis, produzindo efeitos *ex nunc*.

(B) A autoexecutoriedade é o requisito do ato administrativo que possibilita a imediata e direta execução de certos atos pela própria Administração, independentemente de ordem judicial.

(C) Cabe reclamação ao Supremo Tribunal Federal para anular atos administrativos que contrariem súmula vinculante ou na hipótese de existência de repercussão geral.

(D) O mérito do ato administrativo é aspecto pertinente apenas aos atos praticados no exercício de competência discricionária, relacionando-se com o motivo e o objeto de sua formação.

A: incorreta, pois os efeitos da convalidação são *ex tunc*, ou seja, retroagem; **B:** incorreta, pois a autoexecutoridade não é *requisito*, mas *atributo* do ato administrativo; **C:** incorreta, pois cabe a reclamação para anular o ato administrativo na hipótese deste contrariar a súmula aplicável *ou que indevidamente a aplicar*, não cabendo a reclamação simplesmente por ter um ato administrativo repercussão geral (art. 103-A, § 3º, da CF); **D:** correta; de fato, somente se fala em mérito (margem de liberdade) em atos discricionários; ademais, a discricionariedade, realmente, costuma estar justamente no motivo ou no objeto do ato administrativo.

Gabarito "D"

(Magistratura Federal/3ª Região – 2010) Em relação a invalidade dos atos administrativos é incorreto afirmar que:

(A) Assim como no direito civil a nulidade parcial de um ato administrativo não o prejudicará na parte válida se esta for separável;

(B) A nulidade dos atos administrativos conexos, tal como a dos atos administrativos especiais referentes a vários sujeitos, rege-se pelo princípio de que o útil não se vicia pelo inútil (*utile per inutile non vitiatur*);

(C) Em procedimento administrativo, ou seja, numa série de atos conexos, invalidado um dos parciais, subsistem os que dele não sejam consequentes ou dependentes;

(D) Os atos jurídicos nulos e os anuláveis produzem efeitos distintos em relação a terceiros de boa-fé.

A: correto, nos termos do princípio do aproveitamento da parte válida (art. 184 do Código Civil); **B:** correto, pois o princípio de que a parte útil não vicia a parte inútil decorre da própria regra citada no comentário à alternativa anterior; **C:** correto, também nos termos do art. 184 do Código Civil; **D:** incorreto (devendo ser assinalada), pois os terceiros de boa-fé, nos dois casos, não podem ser prejudicados, havendo regra expressa nesse sentido, inclusive no caso de atos anuláveis (art. 172 do Código Civil).

Gabarito "D"

(Magistratura do Trabalho – 15ª Região – 2010) Assinale a alternativa correta:

(A) a administração pública federal deve anular seus próprios atos, quando eivados de vício de legalidade, e pode revogá-los por motivo de conveniência ou oportunidade, respeitados os direitos adquiridos;

(B) em caso de exoneração *ad nutum*, a administração alega que a cessação da relação jurídica ocorreu por falta de verba. Em seguida, é nomeada outra pessoa para o mesmo cargo. A exoneração é válida, uma vez que o ato é discricionário;

(C) a desconformidade entre o motivo do ato administrativo e a realidade gera vicio sanável, sendo conveniente a revogação do ato;

(D) mesmo não acarretando lesão ao interesse público, nem prejuízo a terceiros, os atos que apresentarem defeitos sanáveis não poderão ser convalidados pela administração pública federal;

(E) os atos administrativos discricionários não estão sujeitos ao controle do judiciário.

A: correta (Súmula 473 do STF e art. 53 da Lei 9.784/1999); **B:** incorreta, pois, pela Teoria dos Motivos Determinantes, a validade de um ato, mesmo discricionário, está condicionada à existência e à adequação do motivo invocado; no caso, como a falta de verba se revelou inexistente, o ato de exoneração é inválido; **C:** incorreta, pois, também pela Teoria dos Motivos Determinantes, a adequação do motivo condiciona a validade do ato; **D:** incorreta, pois, preenchidos os requisitos mencionados, o ato administrativo com defeito sanável poderá ser convalidado (art. 55 da Lei 9.784/1999); **E:** incorreta, pois os atos discricionários estão sujeitos ao controle do Judiciário quanto aos aspectos de legalidade, razoabilidade e moralidade; o Judiciário só não poderá adentrar no mérito administrativo, que é a margem de liberdade que remanesce ao agente público após o crivo dos critérios mencionados.

Gabarito "A"

(Magistratura do Trabalho – 23ª Região – 2012) Analise as proposições abaixo e indique a alternativa correta.

I. É possível o controle judicial sobre a validade de atos administrativos, ainda que se trate de ato administrativo dito discricionário, visto que, nessa modalidade de atos administrativos também há requisitos ou, elementos vinculados e, portanto, perfeitamente passíveis de controle de legalidade, não ocorrendo, daí, qualquer violação do princípio da tripartição dos Poderes do Estado.

II. No caso de revogação de atos administrativos pela própria Administração, por motivo de conveniência ou oportunidade, não se há falar em respeito aos direitos adquiridos de terceiros, mormente se particulares, em vista da supremacia do interesse público em detrimento do privado e, ainda, do princípio da eficiência administrativa.

III. Os chamados requisitos do ato administrativo são os componentes ou elementos de que é formado para a sua validade, dentre os quais, está a competência que é o poder ou a atribuição que a lei outorga ao agente público para que, no desempenho de determinada função, pratique certo ato administrativo.

IV. São espécies de atos administrativos, dentre outras, a permissão, a licença e a autorização.

V. A presunção de legitimidade dos atos administrativos é um atributo que faz com que se presuma a conformidade dos atos com os ditames do ordenamento jurídico posto. Tal presunção, todavia, é de natureza meramente relativa, de modo que ao interessado é dado demonstrar a invalidade do ato administrativo perante as instâncias competentes, sejam administrativas ou judiciais.

(A) Apenas as proposições I e III estão corretas e as demais estão incorretas.

(B) As proposições I, III, IV e V estão corretas e a proposição II está incorreta.

(C) As proposições I, II, III e V estão corretas e a proposição IV está incorreta

(D) As proposições I, II e V estão corretas e as demais estão incorretas.

(E) Todas as proposições estão corretas.

I: correta, pois, de fato, todo ato discricionário é parcialmente vinculado (ou regrado) e, assim, sofre controle do Judiciário quanto a esse aspecto; **II:** incorreta, pois nem mesmo a lei pode prejudicar direitos adquiridos (art. 5º, XXXVI, da CF), quanto mais um ato administrativo que revoga outra; **III:** correta, pois dentre os requisitos de validade do ato administrativo (competência, objeto, forma, motivo e finalidade) está a competência, que, ainda, foi devidamente definida no item; **IV:** correta, valendo salientar que também são espécies de ato administrativo a concessão, a admissão, a aprovação, a homologação, o parecer, dentre outros; **V:** correta, pois a presunção de legitimidade, de fato, é relativa ("juris tantum").

Gabarito "B"

(Analista – TRT/8ª – 2010 – FCC) Utilizando documentos falsos, um cidadão consegue autorização para desenvolver atividade comercial para a qual é obrigatória a autorização para o exercício de sua atividade. Constatada a irregularidade e, portanto, verificada a nulidade do ato administrativo de autorização, esse ato

(A) pode ser anulado pela própria Administração independentemente de provocação.

(B) não pode ser anulado pela Administração se não houver pedido de terceiros prejudicados.

(C) pode ser revogado pelo Poder Judiciário se for provocado por qualquer cidadão.

(D) pode ser revogado pela Administração se ficar provado dolo do funcionário responsável pela concessão da autorização.

(E) não pode ser anulado por iniciativa da Administração, que deverá pleitear a anulação no Poder Judiciário.

A: correta, pois, pelo princípio da autotutela, a Administração pode anular atos administrativos ilegais, sem necessidade de se socorrer do Judiciário, podendo agir de ofício; **B:** incorreta, pois a Administração, nesse tipo de caso, não só pode como deve agir de ofício, ou seja, sem provocação; **C:** incorreta, pois atos ilegais devem ser anulados, e não revogados; **D:** incorreta, pois atos ilegais devem ser anulados, e não revogados; ademais, não é necessário dolo para a anulação, bastando que o ato seja ilegal; **E:** incorreta, pois, pelo princípio da autotutela, a Administração pode anular atos administrativos ilegais, sem necessidade de se socorrer do Judiciário.

Gabarito "A"

(Analista – TRT/20ª – 2011 – FCC) Os atos administrativos

(A) discricionários não podem ser objeto de anulação.

(B) vinculados podem ser objeto de revogação.

(C) ilegais não podem ser objeto de convalidação.

(D) ilegais não podem ser objeto de revogação.

(E) vinculados não podem ser objeto de anulação.

A: incorreta, pois atos discricionários que ferem a legalidade, a moralidade ou a razoabilidade podem ser objeto de anulação; **B:** incorreta, pois atos vinculados são aqueles em que a Administração tem apenas uma opção, de modo que não há se falar em revogação; esta só se dá quanto a atos discricionários; **C:** incorreta, pois se se tratar de uma ilegalidade que gera uma nulidade relativa, ou seja, de uma nulidade que pode ser sanada, é cabível a convalidação; **D:** correta, pois, de fato, se um ato é ilegal, o caso é de anulação; **E:** incorreta, pois um ato vinculado que viola o disposto na lei deve ser anulado.

Gabarito "D"

(Analista – TRT/23ª – 2011 – FCC) No que se refere à anulação, revogação e convalidação do ato administrativo pela Administração Pública, é correto afirmar que

(A) o ato administrativo produzido com vício relativo à finalidade é passível de convalidação pela Administração.

(B) a revogação do ato administrativo é o ato discricionário pelo qual a Administração extingue um ato inválido, por razões de conveniência e oportunidade.

(C) a anulação do ato administrativo é o desfazimento do ato administrativo por razões de ilegalidade.

(D) a convalidação é o ato administrativo pelo qual é suprido vício existente em um ato ilegal, produzindo efeitos *ex nunc*.

(E) a revogação do ato administrativo poderá atingir os atos discricionários, bem como aqueles que já exauriram seus efeitos.

A: incorreta, pois o desvio de finalidade gera a nulidade absoluta do ato administrativo, e esse tipo de nulidade não pode ser sanada pela convalidação, que recai sobre ato anulável; **B:** incorreta, pois atos inválidos são objeto de *anulação*, e não de *revogação*; **C:** correta, pois, de fato, o motivo da anulação é justamente a ilegalidade do ato; **D:** incorreta, pois a convalidação produz efeitos *ex tunc*; **E:** incorreta, pois são irrevogáveis os seguintes atos: i) os que a lei assim declarar; ii) **os atos já exauridos**, ou seja, que cumpriram seus efeitos; iii) os atos vinculados, já que não se fala em conveniência ou oportunidade neste tipo de ato, em que o agente só tem uma opção; iv) os meros ou puros atos administrativos (exs.: certidão, voto dentro de uma comissão de servidores); v) os atos de controle; vi) os atos complexos (praticados por mais de um órgão em conjunto); vii) e os atos que geram direitos adquiridos.

Gabarito "C"

(Analista – TRF/1ª – 2011 – FCC) A anulação do ato administrativo

(A) não pode ser decretada pela Administração Pública.

(B) pressupõe um ato legal.

(C) produz efeitos *ex nunc*.

(D) ocorre por razões de conveniência e oportunidade.

(E) pode, em casos excepcionais, não ser decretada, em prol do princípio da segurança jurídica.

A: incorreta, pois a anulação pode ser feita tanto pelo Judiciário, como pela Administração; **B:** incorreta, pois a anulação pressupõe um ato *ilegal*; **C:** incorreta, pois a anulação produz efeitos *ex tunc*; **D:** incorreta, pois a anulação ocorre por motivo de *ilegalidade*, não se confundindo com a revogação, que se dá por motivo de conveniência e oportunidade; **E:** correta, valendo citar como exemplo os atos ilegais que beneficiam particulares de boa-fé produzidos há mais de 5 anos, sobre os quais não cabe anulação, em homenagem ao princípio da segurança jurídica, e conforme norma expressa no art. 54 da Lei 9.784/1999.

Gabarito "E"

(Analista – TJ/ES – 2011 – CESPE) Julgue o seguinte item.

(1) O ato administrativo pode extinguir-se pela cassação, situação em que a retirada do ato se dá porque sobrevém norma jurídica que torna inadmissível a situação antes permitida pelo direito e outorgada pelo ato precedente.

1: incorreta, pois a definição dada na afirmativa não é de *cassação*, mas de *caducidade*; a cassação é a extinção do ato pelo fato de seu beneficiário não estar cumprindo com as obrigações para continuar gozando deste.

Gabarito 1E

(Fiscal de Rendas/RJ – 2010 – FGV) A respeito da *validade* dos atos administrativos, assinale a alternativa correta.

(A) A Administração Pública do Estado do Rio de Janeiro pode convalidar atos inválidos, desde que sanáveis e que não acarretem lesão ao interesse público e nem prejuízo a terceiros.

(B) O Supremo Tribunal Federal sumulou o entendimento de que atos eivados de vício devem ser obrigatoriamente anulados pela Administração Pública, desde que deles não se originem direitos.

(C) A cassação é forma de extinção por meio da edição de ato administrativo com base em critérios de oportunidade e conveniência da Administração Pública.

(D) O processo administrativo é pressuposto necessário à invalidação dos atos administrativos.

(E) Os atos administrativos gozam de presunção de legitimidade, que determina a inversão do ônus da prova em juízo.

A: correta (art. 55 da Lei 9.784/99); B: incorreta, pois a Súmula 473 do STF tem outro teor; de acordo com essa súmula, atos ilegais não geram direito, devendo ser anulados; C: incorreta, pois a extinção dos atos por critérios de oportunidade e conveniência tem o nome de *revogação*, e não de *cassação*; esta é a extinção do ato pelo fato de o particular não estar cumprindo com os requisitos para continuar se beneficiando deste; D: incorreta, pois não há essa exigência na Lei de Processo Administrativo Federal (art. 53 da Lei 9.784/99); E: incorreta, pois, apesar de os atos administrativos terem presunção de legitimidade, em juízo, o ônus da prova é do autor da demanda, de maneira que, se o Poder Público for autor da ação, mesmo assim terá ônus da prova, a não ser que se trate de execução fiscal.

Gabarito "A"

(Auditor Fiscal/SC – 2010 – FEPESE) Quanto aos atos administrativos, é **correto** afirmar:

(A) Ao contrário dos atos jurídicos entre particulares, o ato administrativo é insuscetível de convalidação.

(B) A convalidação é o suprimento de validade do ato ilegal, com efeitos *ex nunc*.

(C) Os atos administrativos podem, em virtude de lei, ser anulados pela própria Administração Pública quando eivados de ilegalidade.

(D) A revogação do ato administrativo opera efeitos *ex tunc*.

(E) A nulidade do ato administrativo decorre da sua revogação.

A: incorreta (art. 55 da Lei 9.784/99); B: incorreta, pois os efeitos são *ex tunc*, ou seja, retroagem; C: correta, pois a própria Administração pode anular seus atos independentemente de apreciação judicial; D: incorreta, pois a revogação opera efeitos *ex nunc;* E: incorreta, pois a nulidade decorre da *ilegalidade* do ato, e enseja *anulação*, e não *revogação*.

Gabarito "C"

(OAB/Exame Unificado – 2011.2) A revogação representa uma das formas de extinção de um ato administrativo. Quanto a esse instituto, é correto afirmar que

(A) pode se dar em relação aos atos vinculados ou discricionários, produzindo ora efeito *ex tunc*, ora efeito *ex nunc*.

(B) pode se dar tanto em relação a atos viciados de ilegalidade ou não, desde que praticados dentro de uma competência discricionária.

(C) produz efeitos retroativos, retirando o ato do mundo, de forma a nunca ter existido.

(D) apenas pode se dar em relação aos atos válidos, praticados dentro de uma competência discricionária, produzindo efeitos *ex nunc*.

A: incorreta, pois a revogação só incide sobre atos discricionários, não atingindo atos vinculados; ademais, a revogação tem sempre efeito *ex nunc*, e não *ex tunc*; **B:** incorreta, pois quando um ato é viciado de ilegalidade, deve-se anular, e não revogar o ato; ou seja, a anulação é prejudicial em relação à revogação; se couber a primeira, não se fala na segunda; **C:** incorreta, pois a revogação tem efeito *ex nunc*, ou seja, não retroativo, ao contrário da anulação, que tem efeito *ex tunc*, ou seja, retroativo; **D:** correta, pois a revogação incide sobre atos válidos (= a não ilegais) e discricionários, e tem efeito *ex nunc*.

Gabarito "D"

(OAB/Exame Unificado – 2011.1) Em âmbito federal, o direito de a Administração Pública anular atos administrativos eivados de vício de ilegalidade, dos quais decorram efeitos favoráveis para destinatários de boa-fé

(A) decai em 5 (cinco) anos, contados da data em que praticado o ato.

(B) não se submete a prazo prescricional.

(C) prescreve em 10 (dez) anos, contados da data em que praticado o ato.

(D) não se submete a prazo decadencial.

De fato, o art. 54, *caput*, da Lei 9.784/1999 dispõe que o prazo decadencial para anular atos que beneficiam alguém de boa-fé é de 5 anos, contados da data em que praticado o ato. Apesar se a alternativa "a" ser a "mais correta", a afirmativa está incompleta, pois, no caso de atos com efeitos patrimoniais contínuos, o prazo decadencial contar-se-á da percepção do primeiro pagamento (art. 54, § 1º, da Lei 9.784/1999).

Gabarito "A"

(OAB/Exame Unificado – 2010.3) O prefeito de um determinado município resolve, por decreto municipal, alterar unilateralmente as vias de transporte de ônibus municipais, modificando o que estava previsto nos contratos de concessão pública de transportes municipais válidos por vinte anos. O objetivo do prefeito foi favorecer duas empresas concessionárias específicas, com que mantém ligações políticas e familiares, ao lhes conceder os trajetos e linhas mais rentáveis. As demais três empresas concessionárias que também exploram os serviços de transporte de ônibus no município por meio de contratos de concessão sentem-se prejudicadas. Na qualidade de advogado dessas últimas três empresas, qual deve ser a providência tomada?

(A) Ingressar com ação judicial, com pedido para que os benefícios concedidos às duas primeiras empresas também sejam extensivos às três empresas clientes.

(B) Ingressar com ação judicial, com pedido de indenização em face do Município pelos prejuízos de ordem financeira causados.

(C) Nenhuma medida merece ser tomada na hipótese, tendo em vista que um dos poderes conferidos à Administração Pública nos contratos de concessão é a modificação unilateral das suas cláusulas.

(D) Ingressar com ação judicial, com pedido de liminar para que o Poder Judiciário exerça o controle do ato administrativo expedido pelo prefeito e decrete a sua nulidade ou suspensão imediata, já que eivado de vício e nulidade, por configurar ato fraudulento e atentatório aos princípios que regem a Administração Pública.

Numa concessão de serviço público há dois elementos marcantes, quais sejam: a) cláusulas regulamentares, consistentes no regulamento do serviço (ex: linhas dos ônibus, horário de prestação de serviço etc.); b) cláusulas contratuais, consistentes nos valores que serão recebidos pelas empresas concessionárias de serviço público. A Administração Pública não pode alterar o equilíbrio das cláusulas contratuais. Porém, pode alterar as cláusulas regulamentares, pois estas devem ser alteradas de acordo com as exigências do interesse público. O problema é que o enunciado da questão revela que as alterações feitas tiveram motivação diversa das exigências do interesse público. As alterações foram feitas com o intuito de favorecer empresas concessionárias específicas. Assim sendo, violaram, no mínimo, os princípios da legalidade, da moralidade e da impessoalidade, tratando-se de alterações nulas. Diante de atos ilegais, é cabível, tão somente, o pedido judicial de anulação de tais atos, pedido esse que deve ser acompanhado de requerimento de liminar, para a suspensão imediata dos efeitos do ato impugnado.

Gabarito “D”

(OAB/Exame Unificado – 2010.1) Assinale a opção correta no que se refere à revogação dos atos administrativos.

(A) A revogação do ato administrativo produz efeitos *ex tunc*.

(B) Atos vinculados não podem ser objeto de revogação.

(C) A revogação pode atingir certidões e atestados.

(D) Atos que gerarem direitos adquiridos poderão ser revogados.

A: incorreta. A revogação do ato administrativo produz efeitos *ex nunc*. Doutrina: Maria Sylvia Zanella Di Pietro. **Direito administrativo**. 22. ed., p. 249; **B:** correta. Os atos vinculados não podem ser objeto de revogação porque não possuem margem de discricionariedade, ou seja, não há aspectos relativos à oportunidade e conveniência. Doutrina: *Idem, ibidem*; **C:** incorreta. A revogação não pode atingir tais atos (certidões, atestados etc.), já que os efeitos deles decorrentes são oriundos de lei e dizem respeito a situações fáticas imodificáveis pela vontade da Administração Pública. Doutrina: *Idem, ibidem*, p. 250; **D:** incorreta. Tais atos não podem ser revogados (o juízo de conveniência e oportunidade da administração não pode atingir os direitos adquiridos). Doutrina: *Idem, ibidem*.

Gabarito “B”

4.12.6. Convalidação e conversão

(Magistratura/CE – 2012 – CESPE) No que tange aos atos administrativos, assinale a opção correta.

(A) É possível a convalidação de ato administrativo praticado por sujeito que não disponha de competência para praticá-lo, desde que não se trate de competência outorgada com exclusividade.

(B) A anulação de ato administrativo que afete interesses ou direitos de terceiros depende de provocação da pessoa interessada.

(C) A licença é ato administrativo unilateral, discricionário e precário, por meio do qual a administração faculta ao particular o desempenho de uma atividade que, sem esse consentimento, seria legalmente proibida.

(D) O motivo, como pressuposto de fato que antecede a prática do ato administrativo, será sempre vinculado, não havendo, quanto a esse aspecto, margem a apreciações subjetivas por parte da administração.

(E) Uma declaração de utilidade pública para fins de desapropriação feita por meio de portaria, e não de decreto, constitui vício sanável, que, portanto, não torna o ato inválido.

A: correta, pois a convalidação será chamada de ratificação nas hipóteses em que há vício de incompetência, não podendo incidir nos casos em que esta for outorgada com exclusividade ou em razão de matéria; **B:** incorreta, pois, pelo princípio da legalidade, a Administração não pode conviver com atos ilegais, devendo anular os que estiverem com esse vício; ademais, pelo princípio da autotutela, a Administração pode fazê-lo não só independentemente de provocação, como também mesmo sem a apreciação jurisdicional; **C:** incorreta, pois a *licença* é um ato vinculado e não precário; a definição dada pela alternativa foi de *autorização*; **D:** incorreta, pois o *motivo* (assim com o *objeto*) pode ser vinculado ou discricionário; os demais requisitos do ato (*competência, forma* e *finalidade*) é que são vinculados; **E:** incorreta, pois, no caso, tem-se problema no requisito *forma*, que torna o ato nulo e não meramente anulável.

Gabarito “A”

(Magistratura/ES – 2011 – CESPE) Assinale a opção correta com referência à disciplina dos atos administrativos.

(A) No que se refere à exequibilidade, define-se ato administrativo pendente como o que não está apto a produzir efeitos jurídicos, por não ter completado seu ciclo de formação, tal como ocorre quando lhe falta a devida publicação, na hipótese de ser esta exigida por lei.

(B) De acordo com a doutrina, embora o impedimento constitua hipótese de incapacidade do sujeito para a prática do ato administrativo, a atuação dele no processo administrativo configura vício passível de convalidação.

(C) Segundo a doutrina, o ato administrativo consumado pode ser objeto de plena impugnação na via administrativa e judicial, apesar de já exauridos os seus efeitos.

(D) No que diz respeito aos efeitos dos atos administrativos, a homologação configura ato constitutivo por meio do qual a administração cria, modifica ou extingue direito ou situação do administrado.

(E) A autoexecutoriedade constitui atributo presente em todos os atos administrativos.

A: incorreta, pois o conceito confundiu o plano da *existência* ("ciclo de formação") com o plano da *eficácia* ("não está apto a produzir efeitos jurídicos"); o ato administrativo pendente é conceito que diz respeito à eficácia (e não à existência) de um ato administrativo, pois significa ato sujeito a termo ou condição para que comece a produzir efeitos; **B:** correta; de fato, a doutrina aponta que tanto o impedimento como a suspensão de alguém para a prática de um ato administrativo tornam este anulável, passível, portanto, de convalidação por autoridade que não esteja na mesma situação de impedimento ou suspeição; **C:** incorreta, pois, consumado o ato, este não mais existe no mundo jurídico, não havendo mais como ser plenamente impugnado; a única impugnação possível é a que diz respeito à sua legalidade, já que, anulado o ato tem-se efeitos retroativos; impugnações de mérito, todavia, não mais serão possíveis; **D:** incorreta, pois a homologação é um mero ato de controle da legalidade de um ato administrativo; **E:** incorreta, pois a autoexecutoriedade, no sentido de coercibilidade (possibilidade de uso da força), só existe quando a lei expressamente determinar ou em caso de urgência, em que não haja tempo de buscar a prestação jurisdicional.

Gabarito "B"

(Ministério Público/GO – 2010) Julgue as seguintes proposições:

I. Em sede administrativa, não se há de falar em coisa julgada, razão pela qual a autoridade unipessoal disposta em nível superior pode rever ou determinar a revisão do decidido pelo órgão colegiado, pois o organograma administrativo, deferindo aos agentes diferentes patamares hierárquicos faz pressupor que aos superiores é outorgada habilitação ideal para enfrentamento de questões já solvidas.

II. A convalidação é suprimento da invalidade de um ato administrativo, sem que se lhe atribua efeito retroativo.

III. Pode o agente administrativo convalidar um ato administrativo viciado, mesmo que este já tenha sido impugnado, tratando-se tal função de consequência do poder de autotutela deferido à Administração Pública.

IV. Sempre que a Administração estiver diante de ato viciado suscetível de convalidação, e que não tenha sido objeto de impugnação, compete a ela convalidá-lo, ressalvando-se a hipótese de vício de competência em ato de conteúdo discricionário.

(A) Apenas uma alternativa é correta.

(B) Apenas duas alternativas são corretas.

(C) Apenas três alternativas são corretas.

(D) Todas as alternativas são corretas.

I: incorreta, pois existe a chamada coisa julgada administrativa, que consiste na impossibilidade de a decisão administrativa sofrer modificação na esfera administrativa; **II:** incorreta, pois a convalidação tem efeito retroativo; **III:** incorreta, pois a doutrina é assente no sentido de que, uma vez impugnado o ato inquinado de vício de legalidade, não mais será possível sua convalidação, ainda que tal ato tenha defeito sanável; **IV:** correta, pois, cabendo a convalidação no caso concreto, esta é um imperativo; porém, caso se esteja diante de vício de competência em ato discricionário, a convalidação não é obrigatória, já que a discricionariedade da competência justifica que o agente efetivamente competente possa analisar, no caso concreto, da conveniência ou não da manutenção do ato.

Gabarito "A"

(Defensor Público/ES – 2012 – CESPE) No que se refere aos atos administrativos, julgue os itens subsequentes.

(1) Por meio da revogação, a administração extingue, com efeitos *ex tunc*, um ato valido, por motivos de conveniência e oportunidade, ainda que esse ato seja vinculado.

(2) A convalidação, ato administrativo por meio do qual se supre o vício existente em um ato eivado de ilegalidade, tem efeitos retroativos, mas o ato originário não pode ter causado lesão a terceiros.

1: incorreta, pois a revogação tem efeitos ex nunc (não retroage); ademais, a revogação só incide sobre atos discricionários e nunca sobre atos vinculados; **2:** correta, pois a convalidação de fato tem efeitos retroativos; ademais, tem como requisito o não prejuízo ao interesse público e a terceiros (art. 55 da Lei 9.784/1999).

Gabarito 1E, 2C

4.12.7. Classificação dos atos administrativos e atos em espécie

(Ministério Público/MS – 2013 – FADEMS) Os atos administrativos de licença, permissão, autorização, admissão, visto, aprovação, homologação, dispensa e renúncia, constituem espécies de:

(A) Atos negociais.

(B) Atos normativos.

(C) Atos ordinatórios.

(D) Atos enunciativos.

(E) Atos punitivos.

Tais atos são negociais, pois reclamam um pedido do particular e uma aceitação pela Administração, caracterizando um tipo de negócio.

Gabarito "A"

(Ministério Público/BA – 2010) No tocante a teoria do ato administrativo, assinale a alternativa correta.

(A) Ato administrativo coletivo é o que se concretiza pela manifestação da vontade de mais de um Órgão da Administração Pública.

(B) Ato administrativo discricionário é aquele que a autoridade é obrigada a praticar, querendo ou não, após preenchidos os requisitos por parte do destinatário da medida.

(C) Os atos administrativos da nomeação e da demissão envolvem apenas aquisição de direitos para o nomeado ao cargo público.

(D) A nomeação de Ministro do Supremo Tribunal Federal classifica-se como um ato simples.

(E) A escolha do Procurador-Geral de Justiça pelo Chefe do Executivo é um ato discricionário e complexo.

A: incorreta, pois essa definição é de ato administrativo complexo; **B:** incorreta, pois essa definição é de ato vinculado; **C:** incorreta, pois após a nomeação, o nomeado, caso queira ingressar no serviço público, deverá cumprir deveres como tomar posse no prazo legal, apresentar declaração de bens, entre outros; **D:** incorreta, pois ato simples é aquele praticado por apenas um órgão, ao passo que a nomeação de Ministro do STF envolve atos praticados por diversos órgãos, sendo necessária a indicação do Presidente da República, depois a aprovação pelo Senado e, por fim, nomeação pelo Presidente da República; **E:** correta, pois a nomeação do PGJ envolve mais de um órgão e trabalha com conceitos vagos, de modo que é ato discricionário.

Gabarito "E"

(Ministério Público/PR – 2011) Examine as afirmações abaixo e após responda:

I. Um dos atributos do ato administrativo é a presunção de legitimidade, que consiste em admitir que se presumem verdadeiros e que se conformam com o Direito. Tem o caráter de presunção *juris et de jure*, decorrente da natureza pública e estatal da administração.

II. O Regulamento do Imposto de Renda é um ato administrativo abstrato.

III. São atos administrativos discricionários aqueles que outorgam a permissão de uso de um bem público.

IV. São atos administrativos vinculados aqueles que concedem aposentadoria a servidor público.

V. É ato administrativo constitutivo aquele que certifica o nascimento de uma pessoa.

(A) todas as afirmativas estão corretas.

(B) as afirmativas II, III e IV são corretas.

(C) a afirmativa V é a única incorreta.

(D) as afirmativas I, III e V são incorretas.

(E) todas as afirmativas são incorretas.

I: incorreta, pois essa presunção não é absoluta (*juris et de jure*), mas relativa (*juris tantum*); **II:** correta, pois se trata de um ato normativo, e, como os atos normativos em geral, são atos abstratos e gerais; **III:** correta, pois a permissão de bem público é um ato unilateral, *discricionário* e precário, pelo qual se faculta ao particular o uso de um bem público, mediante licitação; **IV:** correta, pois esses atos são vinculados, já que a lei estabelece, de modo objetivo, todos os requisitos para a concessão de uma aposentadoria; **V:** incorreta, pois esse ato administrativo é meramente enunciativo ou declaratório.

Gabarito "B"

(Defensor Público/AM – 2010 – I. Cidades) O parecer:

(A) É uma espécie de ato administrativo negocial, vinculando o órgão emissor do parecer.

(B) Tem um sentido obrigatório para a Administração, que dele não pode discordar.

(C) Não pode ser emitido por agente público que não tenha a competência relativa à matéria em discussão.

(D) Tem um conteúdo decisório em matéria de atividades jurídicas e judiciais da Administração.

(E) A Administração é sempre obrigada a solicitá-lo, mas somente pode ser emitido em questões jurídicas ou técnicas em geral.

A: incorreta, pois o parecer é ato enunciativo; **B:** incorreta, pois os pareceres, em geral, não vinculam a Administração; dos três tipos de pareceres existentes, facultativo, obrigatório e vinculante, apenas o último vincula a Administração; **C:** correta, pois a competência não pode ser desrespeitada; **D:** incorreta, pois somente o parecer vinculante tem conteúdo decisório, o que é uma exceção; normalmente, um parecer tem conteúdo meramente opinativo; **E:** incorreta, pois no caso do parecer facultativo, a Administração não é obrigada a solicitá-lo.

Gabarito "C"

(Delegado/AP – 2010) Os atos administrativos, quanto à intervenção da vontade administrativa, podem ser classificados como atos:

(A) simples.

(B) perfeitos.

(C) consumados.

(D) constitutivos.

(E) gerais.

Quanto à intervenção ou formação da vontade, os atos podem ser simples, complexos e compostos.

Gabarito "A"

(Delegado/SP – 2011) De acordo com a Lei 10.177/1998, que regula os atos e procedimentos administrativos no âmbito da Administração Pública do Estado de São Paulo, o Delegado de Polícia pode baixar

(A) Resolução Substitutiva.

(B) Resolução

(C) Deliberação

(D) Decreto Interno

(E) Portaria.

De acordo com o art. 12, II, "a" da Lei estadual 10.177/1998, de São Paulo, são atos administrativos de competência comum "a todas as autoridades, até o nível de Diretor de Serviço; às *autoridades policiais*; aos dirigentes das entidades descentralizadas, bem como, quando estabelecido em norma legal específica, a outras autoridades administrativas, a *Portaria*" (g.n).

Gabarito "E"

(Procurador do Município/São José dos Campos-SP – 2012 – VUNESP) Assinale a alternativa correta.

(A) Atos administrativos regulamentares são todos aqueles que se dirigem a destinatários certos, criando-lhes situação jurídica particular.

(B) Atos de gestão são os atos que a Administração pratica para dar andamento aos processos e papéis que tramitam pelas repartições públicas, preparando-os para a decisão de mérito a ser proferida pela autoridade competente.

(C) Atos administrativos internos são os destinados a produzir efeitos no recesso da administração, e por isso mesmo incidem, normalmente, sobre os órgãos e agentes da Administração que os expediram.

(D) Atos de expediente são os que a Administração pratica sem usar de sua supremacia sobre os destinatários.

(E) Atos de efeitos externos são todos aqueles que a Administração pratica usando de sua supremacia, impondo obrigatório atendimento.

A: incorreta, pois os atos administrativos regulamentares são aqueles que se dirigem a destinatários indeterminados, criando normas gerais; **B:** incorreta, pois a alternativa trouxe a definição de *atos de expediente* e não de *atos de gestão*; estes podem ser definidos como *os praticados sem uso de prerrogativas públicas, em igualdade com o particular, na administração de bens e serviços*; **C:** correta; os atos administrativos externos, como o próprio nome diz, são aqueles que produzem efeitos em relação a terceiros fora da Administração; **D:** incorreta, pois os atos praticados sem supremacia sobre os destinatários são os *atos de gestão* e não os *atos de expediente*; **E:** incorreta, pois a definição dada na alternativa é de *atos de império*, e não de atos de efeitos externos.

Gabarito "C"

(Advogado – BNDES – 2010 – CESGRANRIO) Considere a afirmativa a seguir.

Ao Presidente da República compete dispor, mediante Decreto, sobre organização e funcionamento da administração federal – quando não implicar aumento de despesa nem criação ou extinção de órgãos públicos –, e sobre extinção de funções ou cargos públicos, quando vagos.

A análise dessa afirmativa conduz à conclusão de que é

(A) correta porque os casos mencionados são regulados por Decreto autônomo.

(B) incorreta porque o Decreto é ato normativo destinado apenas a regulamentar as leis.

(C) incorreta porque a competência para dispor sobre ambas as matérias é privativa do Congresso Nacional.

(D) incorreta porque são matérias reservadas à Lei complementar.

(E) incorreta apenas em relação à extinção de funções ou cargos públicos.

A afirmativa A está correta, pois o art. 84, VI, da CF, prevê a possibilidade de edição de decreto autônomo nesses dois casos.

Gabarito "A"

(Procurador da República – 24º) A Súmula Vinculante nº 3 do Supremo Tribunal Federal afirma que o contraditório e a ampla defesa devem ser assegurados nos processos perante o Tribunal de Contas da União, quando da decisão puder resultar anulação ou revogação de ato administrativo que beneficie o interessado. A Súmula excepciona, contudo, a apreciação da legalidade do ato de concessão inicial de aposentadoria, reforma e pensão. Esta apreciação, pelo Tribunal de Contas, configura um ato administrativo:

(A) discricionário.

(B) complexo.

(C) facultativo.

(D) consultivo.

De acordo com a jurisprudência do Supremo Tribunal Federal, tem-se, no caso, exemplo de ato complexo. *Vide*, por exemplo, o MS 25.697/DF, Tribunal Pleno, rel. Min. Cármen Lúcia, j. em 17/02/2010.

Gabarito "B"

(Magistratura do Trabalho – 1ª Região – 2010 – CESPE) Acerca do controle jurisdicional de legalidade e da nulidade dos atos administrativos, assinale a opção correta.

(A) Não cabe controle jurisdicional dos atos administrativos praticados no exercício de competência discricionária, pois a discricionariedade implica liberdade de atuação da autoridade administrativa.

(B) O controle jurisdicional da administração incide sobre atos administrativos ou materiais praticados pelo Poder Executivo, mas não sobre atos dos Poderes Legislativo e Judiciário.

(C) São nulos os atos administrativos de conteúdo ou objeto ilícito, não sendo possível, portanto, sua convalidação.

(D) Os atos praticados com desvio de poder são anuláveis e, como podem ser praticados novamente sem vício, são considerados convalidáveis.

(E) O controle jurisdicional da administração é realizado *a posteriori*, depois que os atos administrativos são produzidos e ingressam no rol das normas jurídicas, não sendo, pois, admissível, no ordenamento jurídico brasileiro, controle prévio do Poder Judiciário sobre esses atos.

A: incorreta, pois o ato discricionário pode ser controlado nos aspectos de legalidade, incluindo o respeito à razoabilidade e à moralidade; **B:** incorreta, pois o controle jurisdicional incide também sobre os atos administrativos dos Poderes Legislativo e Judiciário; **C:** correta, valendo salientar que a ilegalidade do objeto é vício tão grave que não admite convalidação, por estar configurada a nulidade absoluta; **D:** incorreta, pois o desvio de poder também encerra vício gravíssimo, que gera a nulidade absoluta do ato, não se admitindo a convalidação; **E:** incorreta, pois nenhuma lesão ou *ameaça de lesão* a direito será subtraída da apreciação do Judiciário (art. 5º, XXXV, da CF).

Gabarito "C"

(Magistratura do Trabalho – 2ª Região – 2012) Analise as assertivas e marque a alternativa correta:

(A) Os atos administrativos enunciativos imperativos decorrem do exercício do poder extroverso pelo Poder Público.

(B) O encargo é elemento acessório do ato administrativo vinculado.

(C) Pela teoria dos motivos determinantes, quando a Administração motiva o ato, este somente será válido se os motivos forem verdadeiros, a menos que a lei não exija a motivação.

(D) O prazo prescricional para impugnar, administrativa ou judicialmente, o ato administrativo imperfeito conta-se da ciência inequívoca da lesão.

(E) A autorização, que abrange todas as hipóteses em que o exercício de atividade ou a prática de ato são vedados por lei ao particular, é ato administrativo unilateral e discricionário.

A: incorreta, pois os atos enunciativos não são dotados do atributo da imperatividade (poder extroverso), já que apenas enunciam (declaram) uma situação de fato ou de direito, não obrigando alguém a fazer ou deixar de fazer algo (imperatividade); **B:** incorreta, pois o encargo é elemento acidental do ato administrativo; **C:** incorreta, pois, mesmo que a lei não exija motivação, caso esta acabe acontecendo e se revele que a motivação era falsa ou inadequada, o ato respectivo restará nulo pela teoria dos motivos determinantes; **D:** incorreta, pois ato imperfeito é aquele cujo ciclo de formação ainda não terminou, de modo que somente quando o ato se tornar perfeito (passar a existir) é que o prazo para impugná-lo se iniciará; **E:** correta, pois autorização é o ato unilateral, discricionário e precário, pelo qual se faculta ao particular, em proveito deste, o exercício de atividade ou a prática de um ato vedado por lei ao particular; a autorização também se dá em relação a uso de bens públicos e à prestação de serviços públicos.

Gabarito "E"

(Analista – STM – 2011 – CESPE) Julgue o seguinte item.

(1) Denomina-se ato composto aquele que ocorre quando existe a manifestação de dois ou mais órgãos e as vontades desses órgãos se unem para formar um só ato.

1: incorreta, pois essa é a definição de ato complexo; no ato composto há dois ou mais órgãos criando dois ou mais atos; no ato complexo, há dois ou mais órgãos criando um só ato.

Gabarito 1E

(Analista – TRE/AL – 2010 – FCC) Certidões, pareceres e o apostilamento de direitos são espécies de atos administrativos

(A) punitivos.

(B) negociais.

(C) ordinatórios.

(D) normativos.

(E) enunciativos.

São atos enunciativos, pois apenas enunciam, atestam dada situação fática ou técnica.

Gabarito "E"

(Analista – TRF/1ª – 2011 – FCC) Dentre outros, são exemplos de ato administrativo negocial:

(A) a deliberação e o apostilamento.

(B) a aprovação e o protocolo administrativo.

(C) o provimento e o atestado.

(D) o parecer e o provimento.

(E) a portaria e a resolução.

A: incorreta, pois o apostilamento é *ato enunciativo*, e a deliberação, a depender seu conteúdo, pode ser *ato normativo* ou de outra natureza; **B:** correta, pois *atos negociais* são declarações de vontade coincidentes com a pretensão do particular, e, nos dois casos citados na alternativa, temos essa circunstância; **C:** incorreta, pois o provimento pode ter conteúdo variado, inclusive *normativo*, e o atestado é um *ato enunciativo*; **D:** incorreta, pois o parecer é ato *enunciativo*; **E:** incorreta, pois a portaria é *ato ordinatório* e as resoluções são *atos normativos*.

Gabarito "B"

(Analista – TRF/4ª – 2010 – FCC) Em relação aos atos administrativos negociais, é certo que

(A) não produzem quaisquer efeitos concretos e individuais para os administrados.

(B) não são contratos, mas sim manifestações unilaterais de vontade da Administração coincidentes com a pretensão do particular.

(C) são dotados, como os demais atos, de imperatividade ou coercitividade.

(D) podem ser discricionários ou precários, dependendo de sua espécie, mas nunca vinculados ou definitivos.

(E) podem ser considerados desta espécie as autorizações, as apostilas e os atestados.

Atos negociais são declarações de vontade coincidentes com a pretensão do particular. Por exemplo: licença para construir e autorização de uso de bem público. Eles levam esse nome, pois há uma espécie de negócio entre a Administração e o particular. Este pede algo e aquela atende. No entanto, trata-se de ato unilateral, pois a Administração apenas atende a um pedido, não celebrando um contrato com o particular. Assim, a alternativa "a" está incorreta, pois tais atos produzem efeitos concretos e individuais para os administrados, como é o caso da licença para construir, conforme exemplificado. A alternativa "b" está correta, conforme a definição dada. A alternativa "c" está incorreta, pois tais atos concedem um benefício ao particular, e não uma imposição. A alternativa "d" está incorreta, pois alguns atos negociais são vinculados, como é o caso da licença. A alternativa "e" está incorreta, pois as apostilas e os atestados são atos enunciativos.

Gabarito "B"

(Analista – TJ/ES – 2011 – CESPE) Julgue o seguinte item.

(1) A autorização é ato administrativo vinculado pelo qual a administração consente que o particular exerça atividade ou utilize bem público no seu próprio interesse.

1: incorreta, pois a definição de autorização falha no ponto em que diz que esta é ato *vinculado*, pois a autorização é ato administrativo *discricionário*.

Gabarito 1E

(Analista – TRE/CE – 2012 – FCC) Provimentos são *atos administrativos internos, contendo determinações e instruções que a Corregedoria ou os tribunais expedem para a regularização e uniformização dos serviços, com o objetivo de evitar erros e omissões na observância da lei.*

Segundo o conceito acima, de Hely Lopes Meirelles, trata-se de atos administrativos

(A) punitivos.

(B) declaratórios.

(C) enunciativos.

(D) negociais.

(E) ordinatórios.

A: incorreta, pois atos punitivos são *sanções aplicadas pela Administração aos servidores públicos e aos particulares, sendo que os provimentos mencionados não importam em sanções*; **B:** incorreta, pois atos declaratórios são *aqueles que apenas atestam uma situação preexistente*, o que não se dá em relação aos provimentos, já que estes contêm ordens e não declarações; **C:** incorreta, pois atos enunciativos são *aqueles que apenas atestam, enunciam situações existentes, o que não se dá em relação aos provimentos, que importam em ordens, determinações, prescrições de conduta e não em mera enunciação de situação existente*; **D:** incorreta, pois os atos negociais *são declarações de vontade coincidentes com pretensão do particular* e os provimentos não são expedidos para atender à vontade do particular; **E:** correta, pois atos ordinatórios são *aqueles que disciplinam o funcionamento da Administração e a conduta funcional de seus agentes*, conceito que abrange os provimentos.

Gabarito "E"

(Auditor Fiscal do Trabalho – 2010 – ESAF) Assinale a opção que contemple ato administrativo passível de revogação.

(A) Atestado de óbito.

(B) Homologação de procedimento licitatório.

(C) Licença para edificar.

(D) Certidão de nascimento.

(E) Autorização de uso de bem público.

Antes de comentar as alternativas, vale lembrar que não são irrevogáveis os seguintes atos: enunciativos, vinculados e já exauridos. A: incorreta, pois o atestado de óbito é um ato meramente enunciativo, não podendo ser revogado; B: incorreta, pois a homologação é um ato de controle vinculado (ao contrário da aprovação, que é um ato de controle discricionário), não podendo ser revogado; C: incorreta, pois a licença para edificar é um ato vinculado, não podendo ser revogado; D: incorreta, pois a certidão de nascimento é um ato meramente enunciativo, não podendo ser revogado; E: correta, pois a autorização de uso de bem público é um ato discricionário, que pode ser revogado.

Gabarito "E"

(Auditor Fiscal/RO – 2010 – FCC) Com relação à classificação dos atos administrativos, quanto à formação da vontade, em regra, a nomeação do Procurador-Geral da República e a deliberação de um Conselho são atos administrativos

(A) complexos.

(B) complexo e simples, respectivamente.

(C) simples.

(D) compostos.

(E) composto e simples, respectivamente.

A nomeação do Procurador-Geral da República é ato *composto*, pois são necessárias as práticas de dois atos por dois órgãos diferentes; no caso, a nomeação depende de ato do Senado e de ato do Presidente da República (art. 128, § 1º, da CF). A deliberação de um Conselho é um ato simples, pois praticado por um único órgão (o Conselho), ainda que se trate de um órgão colegiado.

Gabarito "E"

(Auditor Fiscal/SC – 2010 – FEPESE) Quanto aos atos administrativos, é **correto** afirmar:

(A) A Portaria é sempre ato administrativo de caráter normativo.

(B) O Decreto é sempre ato administrativo de efeito concreto.

(C) Os atos administrativos somente podem ser expedidos pela Administração Pública.

(D) Portarias e Decretos são típicos veículos ou módulos de expedição de atos administrativos de conteúdo material.

(E) Os atos administrativos negociais, como a permissão, independem, para serem expedidos, da manifestação do particular.

A: incorreta, pois, por uma portaria pode-se editar ato de efeito concreto ou ato normativo; B: incorreta, pois o decreto pode veicular ato normativo ou ato de efeito concreto; C: incorreta, pois, excepcionalmente, atos administrativos podem ser expedidos por pessoas privadas, como é o caso dos atos praticados por notários e registradores; D: correta, pois tais atos, normalmente, veiculam comandos de direito material; E: incorreta, pois tais atos dependem de requerimento formulado pelo particular.

Gabarito "D"

(OAB/Exame Unificado – 2012.3.B) Determinada área de proteção ambiental, situada em encosta de morro, vinha sendo ocupada, há muitos anos, sem qualquer ato de autorização pelo Poder Público, por alguns particulares, que lá construíram suas residências. José, que desde jovem sofre de problemas respiratórios, agravados pela poluição dos grandes centros urbanos, postula, junto à Administração, licença para construir sua casa nessa área protegida, cercada de verde, na esperança de uma melhor qualidade de vida. A licença não é concedida.

Sobre o caso concreto, assinale a afirmativa correta.

(A) A administração não pode ter comportamentos contraditórios, devendo conceder a licença a José, em nome da segurança jurídica e da confiança legítima, uma vez que há anos tolera ocupação na mesma área por outros particulares.

(B) Ainda que não caiba falar em proibição de comportamento contraditório, o caso apresenta uma ponderação de valores, devendo ser priorizada a proteção a condições dignas de vida em detrimento da proteção ambiental.

(C) O indeferimento por parte do Poder Público foi correto, considerando que a mera tolerância de condutas ilegais por parte da Administração não assegura que outro particular, invocando a isonomia, cometa as mesmas ilegalidades.

(D) Os particulares que já tiverem construído suas casas na encosta protegida possuem direito subjetivo à obtenção de licença para a legalização de suas construções, já que a inação da Administração gerou legítima expectativa de habitação na localidade.

A, B e D: incorretas; o fato de a Administração estar se omitindo em relação à fiscalização de outros particulares não justifica que essa própria Administração, diante de um pedido ilegal feito por outro particular, haja de forma contrária à lei; o princípio da legalidade não convive com esse tipo de situação; o correto é a Administração indeferir o pedido do interessado e tomar medidas em relação aos outros particulares, cabendo representação ao Ministério Público caso a Administração continue se omitindo; vale mencionar que há ilegalidades, como a mencionada no enunciado da questão, que são permanentes, renovando-se a cada dia, não havendo que se falar em segurança jurídica, mormente em situação grave como é a de lesão a bens ambientais, cuja pretensão de reparação ambiental vem, inclusive, sendo considerada imprescritível pela jurisprudência; **C:** correta, pois, conforme mencionado no comentário às demais alternativas, a omissão da Administração na fiscalização de outros particulares não justifica que aquela, diante de um pedido ilegal feito por outro particular, haja de forma contrária à lei, vez que o princípio da legalidade não convive com esse tipo de situação.

Gabarito "C"

(OAB/Exame Unificado – 2011.3.A) A autorização de uso de bem público por particular caracteriza-se como ato administrativo

(A) discricionário e bilateral, ensejando indenização ao particular no caso de revogação pela administração.

(B) unilateral, discricionário e precário, para atender interesse predominantemente particular.

(C) bilateral e vinculado, efetivado mediante a celebração de um contrato com a administração pública, de forma a atender interesse eminentemente público.

(D) discricionário e unilateral, empregado para atender a interesse predominantemente público, formalizado após a realização de licitação.

A: incorreta, pois a autorização é ato *unilateral*, e não *bilateral*; além disso, a autorização é ato *precário*, que, assim, não enseja indenização em caso de revogação pela administração; **B:** correta, pois traz elementos adequados do conceito de autorização, que pode ser definida como o *ato unilateral, discricionário e precário, para atender interesse predominante particular, que faculta a este o uso de bem público*; **C:** incorreta, pois a autorização é ato *unilateral* (e não bilateral) e *discricionário* (e não vinculado); ademais, por não ser ato bilateral, não é um contrato; **D:** incorreta, pois a autorização, diferentemente da permissão e da concessão, visa atender a interesse predominantemente *privado* e *não* requer licitação.

Gabarito "B"

(OAB/Exame Unificado – 2011.3.B) A decisão tomada por uma das Câmaras do Conselho de Contribuintes de determinada Administração Estadual é considerada ato

(A) composto, pois resulta da manifestação de mais de um agente público.

(B) complexo, pois depende da manifestação de aprovação, com o relator, de outros agentes.

(C) qualificado, pois importa na constituição da vontade da Administração quanto a matéria específica.

(D) simples, pois resulta da manifestação de vontade de um órgão dotado de personalidade administrativa.

O Conselho de Contribuintes, apesar de ser um órgão colegiado (composto por mais de um agente público), é um órgão só. Portanto, por envolver um órgão só, não é ato *composto*, nem ato *complexo*. Trata-se de um ato *simples*.

Gabarito "D"

4.12.8. Temas combinados de ato administrativo

(Defensor Público/TO – 2013 – CESPE) Acerca dos atos administrativos, assinale a opção correta.

(A) A licença é ato administrativo editado no exercício de competência vinculada; preenchidos os requisitos necessários a sua concessão, ela não poderá ser negada pela administração pública.

(B) A administração pública tem sempre o dever de invalidar os atos administrativos que apresentem vício de legalidade.

(C) São suscetíveis de revogação os atos vinculados e os que geram direitos adquiridos.

(D) A presunção de legitimidade é atributo de todos os atos administrativos, estando presente mesmo nos casos de desrespeito ao devido processo legal pela administração pública.

(E) Para motivar a edição de determinado ato administrativo, é suficiente a indicação da norma constitucional ou legal atributiva da competência do servidor público.

A: correta; a licença é o ato unilateral e vinculado pelo qual a Administração faculta ao particular o exercício de uma atividade; assim, uma vez que o particular tenha cumprido os requisitos para a sua concessão, a Administração Pública não terá discricionariedade para concedê-la, ficando vinculada a atender à solicitação do particular; **B:** incorreta, pois a convalidação, quando possível, evita a invalidação (art. 55 da Lei 9.784/1999); ademais, atos que beneficiam particulares de boa-fé não podem ser invalidados decorridos 5 anos de sua prática (art. 54, *caput*, da Lei 9.784/1999); **C:** incorreta, pois tais atos são irrevogáveis, assim como são irrevogáveis os atos já exauridos; **D:** incorreta, pois, uma vez comprovado o desrespeito ao devido processo legal, a presunção, que havia, desfaz-se, impondo a invalidação do ato; **E:** incorreta, pois a motivação deve indicar não só os pressupostos de direito que autorizam a edição do ato, mas também os pressupostos de fático para a prática do ato (art. 50, *caput*, da Lei 9.784/1999).

Gabarito "A"

(Defensor Público/RO – 2012 – CESPE) Assinale a opção correta com relação aos atos administrativos.

(A) Quanto à formação da vontade administrativa, o ato administrativo é classificado em simples, composto ou complexo, sendo a aposentadoria de servidor público, de acordo com o entendimento do STF, exemplo de ato composto.

(B) Permite-se, em caráter excepcional, a avocação temporária de competência atribuída a órgão hierarquicamente inferior, e, sendo a avocação ato discricionário da administração pública, não há necessidade de motivação.

(C) Todo ato administrativo goza do atributo da autoexecutoriedade, a exemplo das obrigações pecuniárias como os tributos, que são exigíveis e autoexecutáveis.

(D) A administração pública, por intermédio de seus órgãos, tem competência para editar atos administrativos ordinatórios com o objetivo de organizar e otimizar a atividade administrativa.

(E) A competência, um dos elementos do ato administrativo, é irrenunciável, salvo os casos de delegação e avocação legalmente admitidos; entre as hipóteses cabíveis de delegação inclui-se a edição de decretos normativos.

A: incorreta, pois a aposentadoria de servidor é considerada ato complexo (STF, MS 25.697, DJ 12.03.10); **B:** incorreta, pois a avocação é excepcional e deve ser devidamente motivada, já que a lei determina a existência de "motivos relevantes devidamente justificados"(art. 15 da Lei 9.784/1999); **C:** incorreta, pois a Administração Pública nem sempre pode impor seus atos e executá-los sem a participação do Judiciário; no exemplo citado, apenas por meio de ação judicial é possível usar a força para fazer com que determinado crédito tributário seja cumprido; **D:** correta, pois traz a exata definição de atos ordinatórios; **E:** incorreta, pois não pode ser objeto de delegação a edição de atos de caráter normativo (art. 13, I, da Lei 9.784/1999).

Gabarito "D"

(Advogado – Correios – 2011 – CESPE) Considerando a disciplina dos atos administrativos, julgue os itens subsequentes.

(1) Elemento do ato administrativo, o sujeito é aquele a quem a lei atribui competência para a prática do ato, razão pela qual não pode o próprio órgão estabelecer, sem lei que o determine, as suas atribuições.

(2) Segundo a doutrina, no que se refere à exequibilidade, ato administrativo consumado é aquele que já exauriu seus efeitos e se tornou definitivo, não sendo passível de impugnação na via administrativa nem na judicial.

(3) Quanto ao conteúdo, a aprovação e a homologação são espécies de atos administrativos unilaterais e discricionários, por meio dos quais se exerce o controle *a posteriori* do ato.

(4) O atributo da autoexecutoriedade está presente em todos os atos administrativos, como também o da presunção de legitimidade e o da imperatividade.

1: correta, pois traz informações adequadas acerca do sujeito; **2:** correta, valendo salientar que, em se tratando o ato consumado aquele que exauriu os efeitos, não mais existe no mundo jurídico, não havendo mesmo que se falar em impugnação nas vias administrativa ou judicial; **3:** incorreta, pois a homologação é ato vinculado e não discricionário; **4:** incorreta, pois a autoexecutoriedade, consistente na possibilidade de se usar a força para fazer valer um ato administrativo, só existe quando a lei expressamente autorizar ou quando não houver tempo hábil para se buscar o Judiciário, não sendo atributo, portanto, presente em todos os atos administrativos.

Gabarito 1C, 2C, 3E, 4E

(Magistratura do Trabalho – 23ª Região – 2012) Analise as proposições abaixo e indique a alternativa correta:

I. Diz-se ato administrativo perfeito aquele que é completo, válido e eficaz.

II. A autoexecutoriedade é um dos atributos do ato administrativo, pelo qual, deve a Administração Pública sempre explicitar os motivos que justificaram a prática de seus atos administrativos de modo a torná-los, assim, imediatamente públicos e exequíveis.

III. Quanto ao grau de liberdade da Administração Pública para decidir, os atos administrativos podem ser classificados entre vinculados e discricionários. Os primeiros são aqueles em que a própria legislação prescreve, com detalhes, as particularidades de formação do ato administrativo a ser produzido diante de certas condições. Os últimos, por sua vez, são aqueles em que a legislação deixa certa margem de liberdade ao Administrador para, diante do caso concreto, valer-se de critérios de conveniência e oportunidade para deliberar pela prática ou não de certo ato administrativo e, ainda, para optar pelo ato a ser produzido e para moldá-lo às particularidades que a situação específica exige.

IV. Revogação de ato administrativo é sinônimo de anulação de ato administrativo, visto que ambas ocorrem, indistintamente, quando a própria Administração Pública retira definitivamente um ato administrativo do ordenamento jurídico, mediante edição de outro ato produzido para tanto, por razões de invalidade ou de ilegalidade do ato original.

V. Quanto à composição da vontade, diz-se ato administrativo simples o que é oriundo da manifestação de vontade de um único agente administrativo de formação singular e ato administrativo complexo o que, conquanto também provenha de um único agente administrativo, porém se trata de órgão de formação colegiada.

(A) Apenas a proposição III está correta e as demais estão incorretas.

(B) Apenas as proposições I e III estão corretas e as demais estão incorretas.

(C) Apenas as proposições II e IV estão corretas e as demais estão incorretas.

(D) Apenas as proposições I, III e V estão corretas e as demais estão incorretas.

(E) Apenas as proposições II e III estão corretas e as demais estão incorretas.

I: incorreta, pois ato perfeito é aquele completo, ou seja, aquele que cumpriu o ciclo necessário à sua formação, à sua existência, podendo ou não ser válido e eficaz; **II:** incorreta, pois a autoexecutoriedade é o atributo que permite à Administração executar diretamente seus atos independentemente de pronunciamento judicial autorizativo; **III:** correta, pois traz exatas definições de atos vinculados e discricionários; **IV:** incorreta, pois a revogação tem por motivo a inconveniência ou a inoportunidade na manutenção de um ato administrativo, ao passo que a anulação, sim, é que tem por motivo a invalidade ou ilegalidade de um ato administrativo; **V:** incorreta, pois no ato simples temos apenas um órgão, ainda que colegiado; o ato complexo, por sua vez, é formado pela conjugação de vontade de dois ou mais órgãos distintos.

Gabarito "A"

4.13. QUESTÕES SUBJETIVAS COMENTADAS

(OAB/Exame Unificado – 2ª fase – CESPE) O servidor público Marcelo requereu férias para o mês de abril, sendo o pedido indeferido pelo chefe da repartição sob a alegação de que, naquele período, havia falta de pessoal na repartição. Marcelo, então, provou que, ao contrário, havia excesso de pessoal. Nessa situação hipotética, qual elemento do ato administrativo está inquinado de vício? Fundamente sua resposta conforme a teoria aplicável à espécie.

RESOLUÇÃO DA QUESTÃO

A doutrina tradicional do Direito Administrativo ensina que o ato administrativo tem os seguintes requisitos: competência, objeto, forma, motivo e finalidade. Esses requisitos, inclusive, estão citados e definidos, no que diz respeito aos respectivos vícios, na Lei 4.717/65.

O motivo, que consiste na matéria de fato e de direito que justifica a prática do ato, é considerado viciado quando o motivo de fato que justifica o ato é materialmente inexistente. Nesse caso, de acordo com a Teoria dos Motivos Determinantes, o ato praticado é nulo (art. 2º, parágrafo único, "d", da Lei 4.717/65).

A teoria mencionada estabelece que a validade dos atos administrativos está condicionada à existência e à adequação do motivo invocado. No caso, como o motivo invocado pelo chefe da repartição onde trabalha Marcelo se revela inexistente, tal situação fez com que o ato administrativo de indeferimento das férias seja nulo.

Ante o exposto, o caso revela vício do elemento motivo, devendo ser aplicada a Teoria dos Motivos Determinantes.

(OAB/Exame Unificado – 2ª fase – CESPE) O Presidente da Autarquia X solicitou do seu órgão de consultoria jurídica esclarecimento da possibilidade de se revogar um ato administrativo editado há 3 anos, com violação ao princípio da moralidade. Com base na situação-problema acima, explique a distinção entre revogação e anulação do ato administrativo, abordando a competência do Poder Judiciário para revogar ou anular os atos administrativos e seus limites, bem como os efeitos retroativos, ou não, do ato que revoga ou anula.

RESOLUÇÃO DA QUESTÃO

O Presidente da Autarquia X solicita parecer jurídico sobre a possibilidade de se revogar ato administrativo editado há 3 anos, com violação ao princípio da moralidade.

Para que se responda à consulta formulada faz-se necessário fazer distinção entre a revogação e a anulação, ambas formas de extinção do ato administrativo.

A revogação tem por *motivo* a superveniência de fato novo que torne inconveniente ou inoportuna a manutenção do ato, ao passo que a anulação tem por motivo a ilegalidade do ato.

A primeira tem por *fundamento* a própria regra de competência que autoriza a prática do ato, ao passo que a segunda tem por fundamento o princípio da legalidade.

Quanto à competência, o sujeito ativo da revogação é tão somente a Administração Pública que tenha praticado o ato, ao passo que a anulação pode ser feita pela Administração Pública que praticou o ato ou pelo Poder Judiciário.

Quanto aos *efeitos* da revogação, são *ex nunc*, ou seja, não retroagem, ao passo que os da anulação são *ex tunc*, ou seja, retroagem.

A revogação tem os seguintes limites: a) só incide sobre atos legais, uma vez que os atos ilegais devem ser anulados; b) só incide sobre atos discricionários; c) não atinge atos exauridos, atos que geram direitos adquiridos e atos enunciativos.

A anulação também tem limites. Esta não é possível após o prazo decadencial para a anulação dos atos administrativos que beneficiam particulares de boa-fé (art. 54 da Lei 9.784/99). Há casos em que a anulação pode ser substituída pela convalidação (art. 55 da Lei 9.784/99) ou pela conversão do ato (art. 170 do Código Civil).

O caso em tela revela verdadeira ilegalidade, e não mera inconveniência ou inoportunidade. Aliás, trata-se de grave ilegalidade, pois diz respeito a princípio, e mais, a princípio de índole constitucional, fazendo com que o ato cabível seja a anulação, e não revogação.

É importante ressaltar que o ato foi praticado há menos de 5 anos, de modo que não se faz necessário investigar acerca da boa-fé ou não do beneficiário do ato, para efeito de aplicação do art. 54 da Lei 9.784/99, não tendo operado o prazo decadencial previsto no dispositivo mencionado.

Ante o exposto, nossa manifestação é no sentido de que a autoridade deverá anular o ato praticado, anulação essa que terá efeitos retroativos.

(OAB/Exame Unificado – 2ª fase – CESPE) Segundo entendimento já sedimentado na jurisprudência, a Administração Pública pode, por iniciativa própria, anular os seus atos, a qualquer tempo, quando eivados de ilegalidade, e se deles decorrerem efeitos favoráveis aos seus destinatários. Está correta esta afirmação? Justifique sua resposta.

RESOLUÇÃO DA QUESTÃO

O princípio da autotutela, previsto no art. 53 da Lei 9.784/99 e na Súmula 473 do Supremo Tribunal Federal, de fato, estabelece que a Administração pode, por iniciativa própria, anular seus atos ilegais, inclusive quando deles decorrem efeitos favoráveis aos destinatários.

Essa possibilidade decorre do próprio princípio da legalidade, pelo qual a lei deve ser sempre respeitada e preservada.

Todavia, o princípio da autotutela deve se harmonizar com o princípio da segurança jurídica, também previsto na Lei 9.784/99 (art. 2º), o que faz com que certos atos, após decorrido certo tempo, não possam ser anulados.

O art. 54 da Lei 9.784/99 traz um prazo decadencial para a Administração anular atos que beneficiam seus destinatários, quando estes estiverem de boa-fé. Esse prazo é de 5 anos. Já se os destinatários dos atos estiverem de comprovada má-fé ou se os atos não beneficiam, mas prejudicam seus destinatários, não há, na lei, prazo para a anulação dos atos.

Dessa forma, a afirmativa está incorreta, pois não faz a ressalva de que, caso o destinatário do ato esteja de boa-fé (e esta é presumida), a Administração pode anular o ato no prazo máximo de 5 anos, contados da data em que foi praticado.

(OAB/Exame Unificado – 2ª fase – FGV) O prefeito do município "X", ao tomar posse, descobriu que diversos servidores públicos vinham recebendo de boa-fé, há mais de dez anos, verbas remuneratórias ilegais e indevidas. Diante de tal situação, o prefeito, após oportunizar o contraditório e a ampla defesa aos servidores, pretende anular o ato concessivo do referido benefício. Antes, porém, resolve consultar seu assessor jurídico, formulando algumas indagações.

Responda aos itens a seguir, utilizando os argumentos jurídicos apropriados e a fundamentação legal pertinente ao caso.

a) É juridicamente correta a pretensão do prefeito, considerando, hipoteticamente, não existir no município legislação disciplinadora do processo administrativo?

b) Diante da ausência de legislação local, poder-se-ia aplicar à hipótese a Lei Federal n. 9.784/99, que regula o processo administrativo no âmbito federal?

GABARITO COMENTADO – EXAMINADORA:

A. O examinando deve mencionar o princípio da legalidade administrativa e o poder-dever de autotutela, segundo o qual o administrador público não pode e não deve compactuar com a manutenção de ilegalidades na Administração Pública e, por isso, tem o poder-dever de anular o ato (Súmulas 346 e 473 do STF). Todavia, considerando o tempo decorrido e a ausência de marco temporal previsto em lei local, o examinando deve sugerir a aplicação, *in casu*, do princípio da segurança das relações jurídicas, que, tendo em conta a boa-fé dos servidores e o recebimento do benefício financeiro há mais de dez anos, sugere manutenção das verbas em favor dos beneficiários, porquanto já incorporadas ao seu patrimônio.

B. O examinando deve demonstrar conhecimento a respeito do artigo 54 (prazo decadencial de cinco anos para exercício da autotutela) da Lei n. 9.784/99, que, em regra, é de aplicação restrita ao âmbito federal. Todavia, é possível extrair seus conceitos e princípios básicos para aplicação extensiva em entes federativos diversos que ainda não possuem legislação própria para o processo administrativo. No caso específico, é possível extrair da Lei Federal n. 9.784/99 a regra do artigo 54, que estabelece o prazo de cinco anos para a Administração Pública anular seus próprios atos, quando deles derivar direito a terceiros, desde que estes estejam de boa-fé.

CAPÍTULO 5

Organização da Administração Pública

5.1. CONSIDERAÇÕES GERAIS

O Estado tem três Poderes independentes e harmônicos entre si (Legislativo, Executivo e Judiciário). Porém, é por meio da Administração Pública que o Estado atua, tratando-se esta do aparelhamento necessário à realização de sua finalidade.

Em sentido *formal*, Administração Pública é o conjunto de órgãos instituídos para consecução dos fins do Governo (que é o comando, a iniciativa).

Em sentido *material*, é o conjunto das funções necessárias aos serviços públicos em geral.

E em sentido *operacional*, é o desempenho sistemático dos serviços estatais.

Vale trazer também classificação formulada por Diogo de Figueiredo Moreira Neto, que classifica a Administração Pública, sob o critério da *natureza dos interesses*, em administração extroversa e introversa, e, sob o critério *subjetivo*, em direta e indireta (*Curso de Direito Administrativo*. 14. ed. Rio de Janeiro: Forense. p. 115 e ss). Quanto à primeira classificação, enquanto a administração pública extroversa é finalística, pois ela é atribuída especificamente a cada ente político, cumprindo a divisão constitucional de competências, a administração pública introversa é instrumental, visto que é atribuída genericamente a todos os entes, para que possam atingir aqueles objetivos.

O fato é que, de qualquer forma a Administração, em qualquer caso, é o meio de que se vale o Estado para pôr em prática as opções políticas do Governo.

Tal atuação se dará por intermédio de *entidades* (pessoas jurídicas), *órgãos* (centros de decisão) e de *agentes* (pessoas investidas em cargos, empregos e funções).

5.2. CONCEITOS BÁSICOS SOBRE A ORGANIZAÇÃO DA ADMINISTRAÇÃO PÚBLICA

O objetivo deste tópico é efetuar uma série de distinções e conceitos de grande valia para o estudo sistematizado do tema proposto.

A primeira distinção trata da relação entre a pessoa jurídica e os órgãos estatais.

As pessoas jurídicas estatais *são entidades integrantes da estrutura do Estado e dotadas de personalidade jurídica*, ou seja, de aptidão genérica para contrair direitos e obrigações.

Já os órgãos públicos *são centros de competência integrantes das pessoas estatais instituídos para o desempenho das funções públicas por meio de agentes públicos*. São, portanto, parte do corpo (pessoa jurídica).

Cada órgão é investido de determinada competência, dividida entre seus cargos.

Apesar de não terem personalidade jurídica, têm prerrogativas funcionais, o que admite até que interponham mandado de segurança, quando violadas (tal capacidade processual, todavia, só têm os órgãos independentes e os autônomos).

Todo ato de um órgão é imputado diretamente à pessoa jurídica da qual é integrante, assim como todo ato de agente público é imputado diretamente ao órgão ao qual pertence (trata-se da chamada "teoria do órgão", que se contrapõe à teoria da representação ou do mandato, conforme se verá no capítulo seguinte). Deve-se ressaltar, todavia, que a representação legal da entidade é atribuição de determinados agentes, como o Chefe do Poder Executivo e os Procuradores.

Tema importante acerca dos órgãos públicos é a sua classificação. Passemos, então, ao estudo da classificação dos órgãos, levando em conta os ensinamentos de Hely Lopes Meirelles.

Quanto à posição, os órgãos públicos podem ser:

a) órgãos *independentes*: são os originários da Constituição e representativos dos Poderes do Estado (Legislativo, Executivo e Judiciário); aqui estão todas as corporações legislativas, chefias de executivo e tribunais e juízo singulares;

b) órgãos *autônomos*: são os que estão na cúpula da Administração, logo abaixo dos órgãos independentes, tendo autonomia administrativa, financeira e técnica, segundo as diretrizes dos órgãos a eles superiores; aqui estão os Ministérios, as Secretarias Estaduais e Municipais, a AGU, dentre outros;

c) órgãos *superiores*: são os que detêm poder de direção quanto aos assuntos de sua competência, mas sem autonomia administrativa e financeira, tais como os gabinetes, as procuradorias judiciais, os departamentos, as divisões, dentre outros;

d) órgãos *subalternos*: são os que se acham na base da hierarquia entre órgãos, tendo reduzido poder decisório, com atribuições de mera execução, tais como as portarias e as seções de expediente.

Quanto à estrutura, os órgãos podem ser:

a) *simples* ou *unitários*: constituídos por um só centro de competência;

b) *compostos*: constituídos pelo conjunto de outros órgãos menores, com atividades-fim idênticas ou auxiliares. Ex.: Ministério da Saúde.

Quanto à atuação funcional, os órgãos podem ser:

a) *singulares* ou *unipessoais*: são os que atuam por um único agente. Ex.: Presidência da República;

b) *colegiados* ou *pluripessoais*: são os que atuam por manifestação conjunta da vontade de seus membros. Exs.: corporações legislativas, tribunais e comissões.

Outra distinção relevante para o estudo da estrutura da Administração Pública é a que se faz entre desconcentração e descentralização.

A desconcentração *é a distribuição interna de atividades administrativas, de competências*. Ocorre de *órgão* para *órgão* da entidade Ex.: competência no âmbito da Prefeitura, que poderia estar totalmente concentrada no órgão Prefeito Municipal, mas que é distribuída internamente aos Secretários de Saúde, Educação etc.

Já a descentralização *é a distribuição externa de atividades administrativas, que passam a ser exercidas por pessoa ou pessoas distintas do Estado*. Dá-se de *pessoa jurídica* para *pessoa jurídica* como técnica de especialização. Ex.: criação de autarquia para titularizar e executar um dado serviço público, antes de titularidade do ente político que a criou. A descentralização pode ser de duas espécies:

a) na descentralização por serviço, a lei atribui ou autoriza que outra pessoa detenha a *titularidade* e a execução do serviço; repare que é necessária lei; aqui, fala-se em *outorga* do serviço;

b) na descentralização por colaboração, o contrato ou ato unilateral atribui à outra pessoa a *execução* do serviço; repare que a delegação aqui se dá por contrato, não sendo necessária lei; o particular colabora, recebendo a execução do serviço e não a titularidade deste; aqui, fala-se também em *delegação* do serviço e o caráter é transitório.

Há também outra distinção importante, relacionada à Administração Direta e Indireta.

A Administração Direta *compreende os órgãos integrados no âmbito direto das pessoas políticas (União, Estados, Distrito Federal e Municípios)*. Repare que todos os órgãos dos entes políticos fazem parte da Administração Direta, de modo que a prefeitura, a câmara de vereadores, os tribunais judiciais, os tribunais de contas, o ministério público, dentre outros, são parte integrante da administração, já que são órgãos, e não pessoas jurídicas criadas pelos entes políticos.

Já a Administração Indireta *compreende as pessoas jurídicas criadas pelo Estado para titularizar e exercer atividades públicas (autarquias, fundações públicas, agências reguladoras e associações públicas) e para agir na atividade econômica ou em atividades não típicas de Estado (empresas públicas, sociedades de economia mista, fundação privadas criadas pelo Estado e consórcios públicos de direito privado)*. Repare que a Administração Indireta é composta de pessoas jurídicas (e não de órgãos!) criados pelos entes políticos.

Outra classificação relevante para o estudo do tema em questão é a que segue.

As pessoas jurídicas de direito público *são os entes políticos e mais as autarquias e fundações públicas, uma vez que todas essas pessoas são criadas para exercer típica atividade administrativa, o que impõe que tenham, de um lado, prerrogativas de direito público, e, de outro, restrições de direito público, próprias de quem gere coisa pública*[7]. São espécies de pessoas jurídicas de direito público as seguintes: autarquias, fundações públicas, agências reguladoras e associações públicas (consórcios públicos de direito público).

As **pessoas jurídicas de direito privado estatais** *são as empresas púbicas e as sociedades de economia mista, visto que são criadas para exercer atividade econômica, devendo ter os mesmos direitos e restrições das demais pessoas jurídicas privadas, em que pese tenham algumas restrições adicionais, pelo fato de terem sido criadas pelo Estado.* São espécies de pessoas jurídicas de direito privado estatais as seguintes: empresas públicas, sociedades de economia mista, fundações privadas criadas pelo Estado e consórcios públicos de direito privado.

Para fecharmos essa introdução, é necessário conhecermos também a distinção seguinte.

A **hierarquia** *consiste no poder que um órgão superior tem sobre outro inferior, que lhe confere, dentre outras prerrogativas, uma ampla possibilidade de fiscalização dos atos do órgão subordinado.*

O **controle (tutela** ou **supervisão ministerial)** *consiste no poder de fiscalização que a pessoa jurídica política tem sobre a pessoa jurídica que criou, que lhe confere tão somente a possibilidade de submeter a segunda ao cumprimento de seus objetivos globais, nos termos do que dispuser a lei.* Ex.: a União não pode anular um ato administrativo de concessão de aposentadoria por parte do INSS (autarquia por ela criada), por não haver hierarquia, mas pode impedir que o INSS passe a comercializar títulos de capitalização, por exemplo, por haver nítido desvio dos objetivos globais para os quais fora criada a autarquia. Aqui não se fala em *subordinação*, mas em *vinculação administrativa*.

O Dec.-lei 200/67 estabelece que, no que se refere à Administração Indireta, a supervisão ministerial visará assegurar, essencialmente (art. 26): " I - A realização dos objetivos fixados nos atos de constituição da entidade; II - A harmonia com a política e a programação do Governo no setor de atuação da entidade; III - A eficiência administrativa; IV - A autonomia administrativa, operacional e financeira da entidade". Estabelece ainda que a supervisão exercer-se-á mediante a adoção das seguintes medidas, além de outras estabelecidas em regulamento (art. 26, parágrafo único): "a) indicação ou nomeação pelo Ministro ou, se for o caso, eleição dos dirigentes da entidade, conforme sua natureza jurídica; b) designação, pelo Ministro dos representantes do Governo Federal nas Assembleias Gerais e órgãos de administração ou controle da entidade; c) recebimento sistemático de relatórios, boletins, balancetes, balanços e informações que permitam ao Ministro acompanhar as atividades da entidade e a execução do orçamento-programa e da programação financeira

7. *Vide* art. 41 do Código Civil. O parágrafo único deste artigo faz referência às *pessoas de direito público com estrutura de direito privado*, que serão regidas, no que couber, pelas normas do CC. A referência é quanto às fundações públicas, às quais aplicam-se as normas do CC apenas quando não contrariarem os preceitos de direito público.

aprovados pelo Governo; d) aprovação anual da proposta de orçamento-programa e da programação financeira da entidade, no caso de autarquia; e) aprovação de contas, relatórios e balanços, diretamente ou através dos representantes ministeriais nas Assembleias e órgãos de administração ou controle; f) fixação, em níveis compatíveis com os critérios de operação econômica, das despesas de pessoal e de administração; g) fixação de critérios para gastos de publicidade, divulgação e relações públicas; h) realização de auditoria e avaliação periódica de rendimento e produtividade; i) intervenção, por motivo de interesse público".

Esses poderes todos se dão sobre as entidades da Administração Indireta em geral, ressalvada a condição das agências reguladoras, que tem maior autonomia, como se verá no item respectivo adiante.

Por fim, vale citar o disposto no art. 28 do Dec.-lei 200/67, pelo qual a entidade da Administração Indireta deverá estar habilitada a: "I - Prestar contas da sua gestão, pela forma e nos prazos estipulados em cada caso; II - Prestar a qualquer momento, por intermédio do Ministro de Estado, as informações solicitadas pelo Congresso Nacional; III - Evidenciar os resultados positivos ou negativos de seus trabalhos, indicando suas causas e justificando as medidas postas em prática ou cuja adoção se impuser, no interesse do Serviço Público".

5.3. ADMINISTRAÇÃO INDIRETA

5.3.1. Autarquias

As autarquias podem ser conceituadas como as *pessoas jurídicas de direito público, criadas por lei específica, para titularizar atividade administrativa*. Realizam atividades próprias (típicas) da Administração Direta, as quais são passadas para as autarquias para agilizar, facilitar e principalmente especializar a prestação dos serviços públicos. O Dec.-lei 200/67 define autarquia como " o serviço autônomo, criado por lei, com personalidade jurídica, patrimônio e receita próprios, para executar atividades típicas da Administração Pública, que requeiram, para seu melhor funcionamento, gestão administrativa e financeira descentralizada" (art. 5º, I).

São um prolongamento, um *longa manus* do Estado. Qualquer ente político (União, Estados-membros, Distrito Federal e Municípios) pode criar uma autarquia, desde que por lei específica e para realizar atividades típicas da Administração.

A autarquia deve ser criada por lei específica, lei essa que tem o poder de conferir personalidade jurídica a ela, não sendo necessário levar atos constitutivos ao Registro Público. Porém, a organização da autarquia se estabelece por decreto, que aprovará o regulamento ou o estatuto da entidade. A lei criadora da entidade tratará também do patrimônio inicial, já transferindo ou autorizando sua transferência, da entidade criadora para a entidade criada.

A expressão autarquia vem dos termos *autós* (= próprio) e *arquia* (=governo), o que nos ajuda a lembrar que a autarquia tem autonomia administrativa e financeira.

São exemplos de autarquia os seguintes entes: INSS, CADE, Banco Central, INCRA e USP.

Quando a autarquia tiver algumas diferenças em relação às autarquias tradicionais, diz-se que se está diante de autarquia de regime especial.

Vejamos as características das autarquias.

São dotadas de capacidade administrativa, ou seja, podem ser *titulares* de serviço público, mas o mesmo não acontece com as sociedades de economia mista e empresas públicas, por exemplo, que, no máximo, podem *executar* um serviço público. Ou seja, as autarquias podem receber *outorga do serviço* mais do que a mera delegação deste.

Isso significa que as autarquias poderão *regulamentar*, *fiscalizar* e *executar* o serviço público de que são titulares, podendo repassar o último (execução do serviço) ao particular, mediante concessão de serviço público.

Em outras palavras, as autarquias desempenham atribuições típicas de Estado. O Decreto-Lei 200/67, em seu art. 5º, I, deixa claro que a autarquia só pode ser criada para exercer atividade típica da Administração, o que exclui sua criação para exercer atividade meramente econômica, por exemplo.

As autarquias possuem autonomia (capacidade de autoadministração). Por serem *pessoas jurídicas* (e não *órgãos* da Administração Direta), são sujeitos de direitos e obrigações, e têm gestão administrativa e financeira própria. Não se trata, portanto, de autonomia em sentido político, já que estão sujeitas a controle das entidades maiores a que se vinculam, mas autonomia administrativa.

Por serem pessoas de direito público, as autarquias têm responsabilidade objetiva (art. 37, § 6º, da CF). Justifica-se esse tipo de responsabilização pelo fato de agirem em atividades típicas da Administração Direta. Aliás, as autarquias respondem diretamente por seus atos, não podendo a entidade criadora ser chamada a responder solidariamente. A entidade matriz só responderá *subsidiariamente*, ou seja, na falta de patrimônio suficiente da autarquia.

As autarquias têm um regime jurídico muito próximo ao dos entes políticos, dada a natureza de suas atividades. Trata-se do chamado regime jurídico de direito público, cujas regras são apresentadas a seguir.

Na relação com a Administração Direta, as autarquias estão sujeitas ao controle (*supervisão ministerial* ou *tutela*). A entidade criadora da autarquia tem o poder de influir sobre esta apenas para exigir o cumprimento dos objetivos públicos para os quais foi criada, e para que harmonize sua conduta à atuação administrativa global do Estado.

Perceba-se, portanto, que o controle não permite que a Administração Direta demita um servidor público de uma autarquia, por exemplo, ou invalide um contrato administrativo que esta tenha celebrado. O controle só poderá ser feito de forma global sobre os rumos que a autarquia tem tomado. A lei que cria a autarquia é que dará os contornos e a forma de exercício do controle.

Entre a entidade criadora e a autarquia há mera vinculação, ou seja, mero poder de correção finalística do serviço autárquico.

Esse controle pode se dar nas seguintes frentes: a) controle político (ex.: nomeação de seus dirigentes pelo Executivo); b) controle administrativo (ex.: supervisão ministerial quanto à correção finalística da autarquia); c) controle financeiro (pelo Tribunal de Contas e outros meios trazidos na lei).

No que concerne à relação com terceiros, as prerrogativas administrativas (não as políticas) do Estado se transmitem às autarquias. Assim, as autarquias têm as seguintes prerrogativas ou sujeições:

a) expedem verdadeiros atos administrativos, com todos os *atributos* do ato administrativo, quais sejam, presunção de legitimidade, imperatividade, exigibilidade e autoexecutoriedade;

b) celebram contratos administrativos, regidos pela Lei 8.666/93;

c) devem licitar para celebrar contratos, concessões e permissões;

d) devem promover concurso público para admissão de pessoal;

e) devem contratar pessoal pelo regime estatuário, como regra; dada a natureza das atividades de uma autarquia (atividade administrativa, e não meramente econômica), o vínculo com seus agentes deve ser o de *cargo público*, criado por *lei* e regido pelo *estatuto* dos funcionários públicos, e não pela CLT, salvo para atribuições subalternas;

f) possuem bens públicos, portanto, bens inalienáveis, imprescritíveis e impenhoráveis; dessa forma, a execução de valores em face de uma autarquia deverá ultimar-se mediante a expedição de precatório;

g) possuem imunidade de impostos sobre o patrimônio, renda e serviços (art. 150, VI, "a", CF), quanto a atividades vinculadas às finalidades essenciais da pessoa e desde que não haja contraprestação ou pagamento de preços ou tarifas para o exercício;

h) possuem prerrogativas processuais próprias da Fazenda Pública, como recurso de ofício quando cabível (art. 10 da Lei 9.469/97), prazo em quádruplo para contestar e em dobro para recorrer, juízo privativo da entidade estatal a que pertencem, ampliação do prazo para desocupação em caso de despejo; prescrição quinquenal de suas dívidas passivas, execução fiscal de seus créditos inscritos, dentre outras.

Nas relações internas, por serem pessoas jurídicas de direito público (sujeitas ao regime jurídico de direito público), devem respeitar as normas de direito financeiro (normas orçamentárias) e o regime de pessoal é o mesmo da Administração Direta, em que a regra é o regime estatutário.

5.3.2. Fundações públicas de direito público

As fundações públicas de direito público podem ser conceituadas como *autarquias que tomam como substrato um patrimônio personalizado*.

Enfim, tais fundações são autarquias, cujo elemento patrimonial é o mais relevante. Trata-se da personalização de um patrimônio, cujo objetivo é a titularização de uma atividade administrativa.

São exemplos dessas fundações a FUNAI, o IPEA, a FUNDAP e a FAPESP.

Tais autarquias tomam o nome de fundação, pois, aqui, o elemento patrimônio prepondera em detrimento do elemento humano, ocorrendo o inverso com a autarquia típica.

Quanto ao **regime jurídico**, é idêntico ao das autarquias, para o qual se remete o leitor.

Existem, todavia, algumas diferenças entre as autarquias e as fundações públicas.

A primeira delas já foi apontada: as fundações têm como elemento preponderante o patrimonial.

A segunda diz respeito à criação de tais entes. Parte da doutrina entende que tais entidades são *criadas por lei específica*, por se tratarem de verdadeiras autarquias (ex.: Maria Sylvia Zanella Di Pietro). Por outro lado, outra parte da doutrina entende que a fundação deve ter sua criação *autorizada por lei específica*. Isso significa que, autorizada por lei a criação de uma fundação, deve esta ser efetivamente criada com o registro de seus atos constitutivos no Cartório do Registro Civil das Pessoas Jurídicas. A razão dessa discórdia diz respeito ao texto do art. 37, XIX, da CF, que não esclarece se está fazendo referência às fundações públicas, às fundações privadas ou a ambas.

A última diferença reside no fato de que, no que concerne às fundações, a Constituição dispõe que lei complementar definirá as áreas de sua atuação (art. 37, XIX, CF), também havendo dissenso doutrinário sobre se o dispositivo está fazendo referência às fundações públicas de direito público, às fundações privadas criadas ou a ambas.

Não se pode confundir as fundações públicas com as fundações privadas criadas pelo Estado. Isso porque nada impede que o Estado crie fundações com personalidade de direito privado, sendo apenas necessário que haja autorização legal. Muitas vezes deseja-se criar uma pessoa jurídica, cujo elemento patrimonial terá caráter preponderante, para um fim de interesse público, mas que não trate de típica atividade administrativa.

Em tal hipótese, cria-se uma fundação privada, com regime jurídico de direito privado. Nesse caso haverá fiscalização por parte do Ministério Público, na forma da lei civil.

Portanto, o critério que diferencia uma *fundação pública de direito público* de uma *fundação privada criada pelo Estado* é a natureza da atividade da pessoa jurídica criada. Se se tratar de típica atividade administrativa, será uma fundação pública. Se não, uma fundação privada.

Uma fundação estatal criada para fiscalizar o meio ambiente certamente será uma fundação pública de direito público, recebendo o regime jurídico de uma autarquia, com as diferenças acima apontadas. Já uma fundação estatal criada para ser uma mera biblioteca pública, por não atuar em atividade típica de Estado, é uma fundação privada criada pelo Estado, recebendo o regime de direito privado, que será visto mais à frente.

5.3.3. Agências reguladoras

As agências reguladoras podem ser conceituadas como *autarquias sob regime especial, encarregadas do exercício do poder normativo e fiscalizador das concessões e permissões de serviço público, bem como do poder de polícia sobre certas atividades.*

A atual política de passar ao setor privado a execução dos serviços públicos, reservando ao Estado a regulamentação e fiscalização dos vários setores relativos a tais serviços, trouxe a necessidade de criar entes, com natureza de pessoa jurídica de direito público, para desempenhar tal papel de regulação e fiscalização, a fim de preservar o interesse dos usuários e da coletividade em geral.

Assim, foram criadas autarquias especiais, com o nome de agências reguladoras, servindo de exemplo as seguintes: ANEEL (regula e fiscaliza o setor de geração, transmissão e distribuição de energia elétrica), ANATEL (regula e fiscaliza o setor de telecomunicações), ANP (regula e fiscaliza as atividades econômicas exercidas pela Petrobras e outros concessionários do setor), ANVISA (regula e fiscaliza a produção e a comercialização, sob o aspecto da vigilância sanitária, de medicamentos, alimentos, cosméticos etc.), ANS (regula e fiscaliza o setor de saúde complementar), ANA (regula e fiscaliza as atividades decorrentes do aproveitamento dos recursos hídricos, bem como o direito de uso de água em rios da União - águas), ADENE (desenvolvimento do Nordeste), ANTT (transportes), ANCINE (cinema), dentre outras.

O regime jurídico das agências reguladoras é igual ao das autarquias, com algumas peculiaridades, daí porque se diz que tais agências são *autarquias sob regime especial*, uma vez que, diferente das autarquias tradicionais, as leis que criaram as agências reguladoras trouxeram algumas diferenças em seu regime jurídico. Vejamos:

a) os dirigentes das agências reguladoras são nomeados pelo Presidente da República, com prévia *aprovação pelo Senado*;

b) os dirigentes das agências reguladoras têm *mandato fixo*, só podendo ser destituídos pelo cometimento de crime, improbidade administrativa ou descumprimento injustificado das políticas estabelecidas para o setor ou pelo contrato de gestão, situação que, em tese, confere maior isenção a tais agentes;

c) os ex-dirigentes das agências estão sujeitos à chamada "quarentena", ou seja, no período de tempo em que continuam vinculados à autarquia após o exercício do cargo, ficam impedidos de prestar serviços às empresas que estavam sob sua regulamentação ou fiscalização;

d) têm *poder normativo* reconhecido pela Constituição Federal (art. 21, XI), já que são *órgãos reguladores*; tal poder deve, todavia, ficar adstrito ao que dispuser as leis de criação dessas agências.

Vale lembrar que a autonomia financeira de tais agências se dá não só com o aporte de verbas orçamentárias, como também em relação à cobrança de taxas pelo exercício do poder de polícia, além de multa por descumprimento de preceitos legais ou contratuais.

5.3.4. Agências executivas

A expressão "agências executivas" designa um *qualificativo atribuível a autarquias e fundações integrantes da Administração Federal, por iniciativa do Ministério Supervisor e com anuência do Ministério da Administração, à entidade que haja celebrado contrato de gestão com aquele e possua um plano estratégico de reestruturação e desenvolvimento institucional*.

Tal possibilidade de qualificação veio a partir da introdução do princípio da eficiência pela EC 19/98.

De um lado, são dadas maiores autonomia e prerrogativas às autarquias e fundações que tiverem interesse em receber tal qualificativo e, de outro, são atribuídas metas de desempenho e eficiência a serem atingidas.

A existência do contrato de gestão e o cumprimento dos demais requisitos permitirão a qualificação em questão, habilitando a entidade a receber as vantagens previstas na lei.

Tal figura jurídica é trazida na Lei 9.649/98 (*vide* o art. 51 e também o Decreto 2.487/98).

A lei dispõe que a qualificação de agência executiva é feita pelo Presidente da República, após a iniciativa e a anuência previstas acima. Para que seja implementada é necessário ainda a celebração do chamado contrato de gestão, que fixará o plano estratégico de reestruturação e melhoria do desempenho da pessoa, contrato esse que tem prazo mínimo de um ano.

Uma das maiores vantagens conferidas às autarquias e fundações que receberem essa qualificação consiste na ampliação dos limites de isenção ao dever de licitar para as agências executivas (art. 24, XXIV, da Lei de Licitações): aumenta-se o valor para dispensa de licitação em seu âmbito para o montante de 20% do limite previsto para a utilização da modalidade convite.

5.3.5. Consórcios públicos

Com a edição da Lei 11.107/05, duas novas pessoas jurídicas estatais foram criadas. Ambas têm o nome de *consórcio público*, mas uma é de direito público (associação pública) e outra é de direito privado (consórcio público de direito privado).

Tais consórcios consistem na *reunião de entes políticos* (União, Estados, DF e Municípios) para formação de *pessoas jurídicas* com vistas à *gestão associada de serviços públicos*.

Como antecedentes do assunto, podemos citar a Lei 8.080/90, que assim dispunha: "art. 10. Os municípios poderão constituir consórcios para desenvolver em conjunto as ações e os serviços de saúde que lhes correspondam. § 1º Aplica-se aos consórcios administrativos intermunicipais o princípio da direção única, e os respectivos atos constitutivos disporão sobre sua observância" (...).

Na prática, os municípios acabavam montando associações civis, regidas pelo Código Civil.

Até que veio o disposto na nova redação do art. 241 da Constituição e, depois, a Lei 11.107/05, possibilitando o aparecimento de consórcios públicos com regimes mais claros e definidos.

Os consórcios públicos têm por finalidade mediata a realização de objetivos de *interesse comum* dos entes políticos. Nesse sentido, os consórcios públicos diferem dos contratos, já que estes têm em mira a satisfação de interesses contrapostos das partes e não de *interesses comuns*. Ademais, os consórcios públicos são pessoas jurídicas, ao passo que os contratos não são pessoas jurídicas.

As finalidades imediatas dos consórcios podem ser das seguintes naturezas:

a) regulação e fiscalização de serviços públicos (art. 2º, § 3º, da Lei 11.107/05), como a criação de uma agência reguladora de saneamento básico por parte de Estado e alguns Municípios;

b) mera prestação de serviço público (art. 1º, § 3º, da lei citada), como a criação de um hospital público por parte de vários Municípios (consórcio intermunicipal de saúde).

É importante ressaltar que o consórcio público não pode ter fins econômicos (art. 4º, IV), ou seja, não pode visar ao lucro. Dessa forma, os consórcios públicos de direito privado não poderão ser criados se for necessário investimento privado.

Vejamos com mais detalhe, agora, as duas espécies de consórcios públicos.

As associações públicas são criadas para exercer atividade típica de Estado. Assim, são pessoas de direito público, de natureza autárquica (art. 41, IV, do CC). Tais entidades integram a Administração Indireta de todos os entes consorciados (art. 6º, § 1º, da Lei 11.107/05). Um exemplo de consórcio público dessa natureza (consórcio público de direito público) é a criação de uma pessoa jurídica por entes políticos em associação para a *fiscalização* do meio ambiente numa dada região.

Já os consórcios públicos de direito privado são criados para o exercício de atividades que não são exclusivas do Estado. Nesse sentido, são pessoas de direito privado estatais. Um exemplo de consórcio público dessa natureza é um hospital público criado por entes políticos em associação.

O regime jurídico das associações públicas segue o regime geral das pessoas de direito público, aplicando-se o regime especial da lei 11.107/05 e, subsidiariamente, a legislação das associações civis (art. 15). A aplicação do regime geral das pessoas de direito público fará com que tais consórcios pratiquem atos administrativos, tenham bens públicos, contratem agentes públicos, como regra, pelo regime estatutário, dentre outras características do regime autárquico, já vistas no presente texto.

Já o regime dos consórcios públicos de direito privado segue o regime geral das pessoas privadas estatais, aplicando o regime especial da lei 11.107/05 e, subsidiariamente, a legislação das associações civis (art. 15). A aplicação do regime geral das pessoas de direito privado estatais fará com que tais consórcios pratiquem atos regidos pelo direito privado, tenham bens privados (portanto penhoráveis), contratem agentes públicos, como regra, pelo regime celetista, dentre outras características do regime de direito privado, a serem vistas no próximo item.

A criação dos consórcios públicos segue o seguinte trâmite:

1) Subscrição de Protocolo de Intenções entre os entes políticos, com os seguintes pontos:

a) denominação, finalidade, espécie, prazo e sede;

b) identificação dos consorciados e da área;

c) critérios de representação do consórcio;

d) regulamentação da assembleia geral; número de votos de cada consorciado (ao menos 1);

e) eleição e mandato do representante (Chefe do Executivo);

f) autorização e limites para a gestão associada de serviços públicos;

2) Publicação do Protocolo na imprensa oficial;

3) Ratificação do Protocolo por lei de cada ente;

4) Celebração do Contrato de Consórcio Público (art. 5º), que pode se dar por apenas parcela dos celebrantes do protocolo.

O início da personalidade dos consórcios públicos se dá da seguinte forma:

a) nas associações públicas, com a vigência das leis de ratificação do protocolo de intenções;

b) nos consórcios de direito privado, segundo a lei civil, ou seja, após o arquivamento do estatuto social no registro público competente.

Os entes consorciados devem fazer, ano a ano, um Contrato de Rateio, que terá por objetivo tratar dos recursos econômicos necessários para a manutenção do consórcio.

Por fim, vale ressaltar que a Lei 11.107/05 introduziu a possibilidade de qualquer dos entes consorciados contratar entidade ou órgão pertencente a outro ente consorciado para a prestação de serviços públicos, tudo isso sem licitação, configurando uma nova espécie de dispensa (art. 24 da Lei 8.666/93). Esse contrato, que se assemelha a um Contrato de Concessão de Serviço Público, tem o nome de Contrato de Programa.

5.3.6. Empresas estatais ou governamentais

As empresas estatais podem ser conceituadas como *pessoas jurídicas de direito privado especial, cuja criação se dá pelo Estado, autorizado por lei específica, com a finalidade de executar serviço público ou explorar atividade econômica não ligada a esse tipo de serviço, em caráter suplementar, desde que necessário aos imperativos da segurança nacional ou a relevante interesse coletivo.*

O § 1º do art. 173 da Constituição dispõe que "a lei estabelecerá o estatuto jurídico da empresa pública, da sociedade de economia mista e de suas subsidiárias que explorem atividade econômica de produção ou comercialização de bens ou de prestação de serviços"[8].

8. Tal estatuto trazido na lei deve dispor sobre: "I – sua função social e formas de fiscalização pelo Estado e pela sociedade; II – a sujeição ao regime jurídico próprio das empresas privadas, inclusive quanto aos

Repare que tais entidades são criadas, então, para agir na atividade econômica, seja na área de produção ou comercialização de produtos (ex.: Petrobras), seja na prestação de serviços (ex.: Correios).

Deve ficar registrado, dessa forma, que tais empresas realizam típica atividade econômica e por isso têm regime jurídico de direito privado, de modo que não podem ser chamadas a titularizar serviço público, mas apenas para serem suas delegatárias, ou seja, apenas para a mera execução desse tipo de serviço.

Passemos à análise das características das empresas estatais:

a) possuem um **regime jurídico de direito privado**, ou seja, aquele próprio das empresas privadas, como determina a CF, inclusive no que tange aos direitos e obrigações do direito civil e comercial (**igualdade em contratos**, por exemplo), do direito do trabalho (regime de contratação será o da **CLT** e as controvérsias julgadas pela Justiça do Trabalho), do direito tributário (**não há imunidade tributária**) e do direito processual civil (**não têm prerrogativas** quanto aos prazos, custas e reexame necessário);

b) estão sujeitas à **responsabilidade civil subjetiva**, salvo quando prestarem serviço público, hipótese em que a responsabilidade será objetiva (art. 37, § 6º, da CF), ou quando incidir outro tipo de responsabilidade objetiva prevista em lei (ex.: matéria ambiental, relação de consumo, danos causados pela circulação de produtos e danos decorrentes do desenvolvimento de atividade de risco, conforme arts. 927, parágrafo único, e 931, ambos do Código Civil);

c) possuem **bens privados**, (art. 98, CC) bens esses que poderão ser utilizados, onerados, penhorados ou alienados na forma estatutária e independentemente de autorização legislativa especial, porque tal autorização está implícita na lei que autorizou a criação da empresa e lhe outorgou os poderes necessários para realizar suas atividades, como nos ensina Hely Lopes Meirelles; vale ressaltar que, no caso de a empresa estatal executar serviço público, os bens que estiverem afetados ao serviço não poderão ser penhorados, como decorrência do princípio da continuidade do serviço público.

Apesar das características apontadas acima, não se deve esquecer que as pessoas de direito privado estatais foram criadas pelo Estado, fazendo parte da Administração Indireta estatal. Dessa forma, o **regime jurídico de direito privado** delas é ***especial***, sofrendo tais entidades sujeições que as empresas puramente privadas não têm:

a) devem promover concurso público para admissão de pessoal;

b) devem promover licitação para a celebração de contratos;

c) são fiscalizadas pelo Tribunal de Contas;

---

direitos e obrigações civis, comerciais, trabalhistas e tributários; III – licitação e contratação de obras, serviços, compras e alienações, observados os princípios da administração pública; IV – a constituição e o funcionamento dos conselhos de administração e fiscal, com a participação de acionistas minoritários; V – os mandatos, a avaliação de desempenho e a responsabilidade dos administradores".

d) obedecem aos princípios da Administração Pública e seus agentes são equiparados a funcionários públicos para efeitos penais e de improbidade administrativa;

e) os dirigentes de empresas estatais estão sujeitos ao mandado de segurança quando exerçam funções delegadas do Poder Público;

f) apesar de terem autonomia administrativa e financeira, sofrem o controle ou supervisão da entidade criadora, bem como condicionantes legais e constitucionais (*vide* artigo 169, § 1º, da CF);

g) seus agentes estão sujeitos ao teto salarial previsto no art. 37, XI, da CF, nos casos estabelecidos no § 9º do art. 37, não havendo tal submissão quando a empresa estatal não for dependente economicamente da entidade que a tiver criado;

h) seus agentes estão sujeitos à proibição de acumulação remunerada de cargos, empregos ou funções na Administração (art. 37, XVII, CF);

i) não estão sujeitas à falência (art. 2º, I, da Lei 11.101/05).

Quanto à questão da imunidade tributária, a imunidade recíproca, que alcança as entidades autárquicas, não alcança, como se viu, as empresas estatais. Porém, há duas exceções, que uma empresa estatal tem o direito à imunidade recíproca. São elas:

a) quando a empresa estatal tem monopólio sobre certa serviço público, como os Correios e a Infraero; vide STF, RE 601.392;

b) quando a empresa estatal tem capital totalmente público ou praticamente todo público, tem função absolutamente pública e não concorre no mercado, por exemplo, porque não cobra por seus serviços; um exemplo foi um caso julgado pelo STF em que se reconheceu essa imunidade a um hospital federal, revestido da forma sociedade de economia mista, em que o capital era 99,9% federal e que atendia exclusivamente pelo Sistema Único de Saúde, ou seja, sem atuar no mercado (RE 580264, j. 16.12.10); outro exemplo foi o reconhecimento dessa imunidade, também pelo STF, a uma sociedade de economia mista (Codesp) que presta o serviço de Administração Portuária, com controle acionário quase total da União (99,97%), sendo que a entidade, apesar de cobrar por seus serviços, não o faz com o intuito de lucro e não concorre com outras empresas privadas (RE 253.472/SP).

Quanto à criação, as empresas estatais dependem de autorização de lei específica.

Observe-se que, diferente da autarquia, que é *criada* por lei específica, as empresas estatais têm sua criação *autorizada* por lei específica, de maneira que tal criação só se efetiva com o arquivamento dos atos constitutivos da sociedade na Junta Comercial.

Qualquer um dos entes políticos pode criar uma empresa estatal. Vale salientar que também depende de autorização legislativa, em cada caso, a criação de subsidiárias de empresas estatais, assim como a participação de qualquer delas em empresa privada (art. 37, XX, CF). Assim, a Constituição exige que a autorização legislativa seja específica e se dê a cada vez que uma nova subsidiária é criada, usando o inciso a expressão "em cada caso".

No que concerne ao objeto das empresas estatais, a Constituição atual deixa claro que a sua criação só se justifica quando, excepcionalmente, o Estado tenha de agir na *atividade econômica*. Tais empresas poderão, por exemplo, ser concessionárias de serviço público (executam o serviço público, mas não são titulares deste, sob pena de terem de obedecer ao regime jurídico próprio das autarquias e fundações públicas). E também podem simplesmente agir em atividades econômicas que não importem em prestação de serviço público.

Sua atuação se dá em **atividade econômica suplementar**, não sendo possível que o Estado crie à vontade empresas estatais. Isso ocorre porque, como se sabe, a ordem econômica é fundada na livre iniciativa, na propriedade privada e na livre concorrência, daí porque apenas excepcionalmente pode o Estado nela agir.

Nesse sentido, o art. 173 da CF determina que o Estado só poderá agir na atividade econômica em duas hipóteses:

a) quando houver *relevante interesse público*, como na fabricação de remédio caro para combater a AIDS;

b) quando houver *imperativo de segurança nacional*, como na fabricação de material bélico em caso de guerra.

Essas são as características das empresas estatais, valendo, portanto, tanto para as empresas públicas como para as sociedades de economia mista. Vejamos agora as diferenças entre esses dois tipos de ente.

As **empresas públicas** são empresas estatais com as seguintes peculiaridades:

a) constituídas por qualquer modalidade societária admitida (S/A, Ltda. etc.);

b) com capital social formado integralmente por recursos de pessoas jurídicas da administração pública; caso a União faça parte de uma empresa pública, a maioria do capital votante deve ser de sua propriedade da União, admitindo-se, no capital da empresa a participação de outras pessoas jurídicas de direito público interno bem como de entidades da Administração Indireta da União, dos Estados, Distrito Federal e Municípios (art. 5º do Dec.-lei 900/69);

c) caso sejam da União, têm foro na Justiça Federal (art. 109, I e IV, da CF) na área cível e criminal, salvo quanto às contravenções penais, cujo julgamento é da competência da Justiça Comum;

d) são exemplos desse tipo de empresa a Caixa Econômica Federal, os Correios e o SERPRO.

O Dec.-lei 200/67 define empresa pública como "a entidade dotada de personalidade jurídica de direito privado, com patrimônio próprio e capital exclusivo da União, criado por lei para a exploração de atividade econômica que o Governo seja levado a exercer por força de contingência ou de conveniência administrativa podendo revestir-se de qualquer das formas admitidas em direito" (art. 5º, II).

As **sociedades de economia mista** são empresas estatais com as seguintes peculiaridades:

a) constituídas somente pela forma de sociedade anônima (S/A);

b) possuem necessariamente capital privado e público, sendo que a maioria das ações com direito a voto é do Poder Público;

c) a Justiça Comum é o foro próprio de tais sociedades mesmo sendo federais;

d) são exemplos desse tipo de empresa o Banco do Brasil, a Petrobras e a Sabesp.

5.4. ENTES DE COOPERAÇÃO (PARAESTATAIS)

Tradicionalmente, a expressão "entidade paraestatal" era utilizada para designar não só aquelas entidades criadas pelo particular para fins de interesse público, como também as empresas estatais (sociedades de economia e empresa pública).

Porém, como as empresas estatais fazem parte da Administração Indireta, ou seja, não seguem paralelas ao Estado, mas são parte integrante deste, hoje a expressão "paraestatal", no âmbito doutrinário, designa tão somente aquelas entidades do terceiro setor, ou seja, os entes de cooperação do Estado.

De qualquer forma, é necessário tomar certos cuidados, pois ainda há muitas leis, que, por serem antigas, utilizam a expressão entidade paraestatal para se referirem também às empresas estatais.

A partir de tal observação, podemos **conceituar** as entidades paraestatais como *aquelas pessoas jurídicas de direito privado dispostas paralelamente ao Estado, executando atividade de interesse público*.

Vejamos, agora, três tipos de ente de cooperação (serviços sociais autônomos, organizações sociais e OSCIPs).

Os **serviços sociais autônomos** *são pessoas jurídicas de direito privado, sem fins lucrativos, vinculadas a categorias profissionais e destinadas ao fomento de assistência social, educacional ou de saúde, podendo receber recursos públicos e contribuições parafiscais*. São entidades desse tipo o SESC, o SENAI, o SENAC e o SESI.

São **características** dessas entidades, que prestam serviços de interesse público, as que seguem:

a) são pessoas jurídicas de direito privado não criadas pelo Estado (são tão somente oficializadas, qualificadas como tal pelo Estado);

b) o regime de seus empregados é celetista;

c) não têm prerrogativas públicas, ou seja, não gozam de privilégios administrativos, fiscais e processuais;

d) nem estão diretamente submetidas à obrigatoriedade de realização de concurso público e licitação, o que não exclui o dever de agirem de forma proba, devendo criar processos seletivos e de contratações que estejam em acordo com os princípios da impessoalidade, da moralidade e da eficiência, já que tais entidades manejam recursos públicos;

e) seus funcionários são equiparados a agentes públicos, sujeitos à prática de crimes funcionais e de ato de improbidade administrativa, já que gerem recursos públicos;

f) as ações movidas contra essas entidades devem ser julgadas, salvo interesse direto da União, na Justiça Comum e não na Justiça Federal (STF, RE 414375/SC);

g) seus dirigentes estão sujeitos a mandado de segurança, bem como cabe ação popular em caso de lesão ao patrimônio da entidade;

h) são obrigados a prestar contas junto ao Tribunal de Contas (art. 5º, V, da Lei 8.443/1992);

i) os dirigentes dessas entidades são obrigados a juntar, à documentação correspondente à prestação de contas junto ao Tribunal de Contas, cópia da declaração de rendimentos e de bens, relativa ao período-base da gestão, de conformidade com a legislação do Imposto sobre a Renda (art. 4º da Lei 8.730/93 e STJ, REsp 1.356.484-DF, j. 5/2/2013);

j) possuem estrutura de sociedades civis, associações e fundações privadas;

k) atribuída a qualificação de serviço social autônomo, a entidade passa a recolher contribuições parafiscais de associados e a ser destinatária de dotações orçamentárias;

l) por receberem auxílio público ficam sujeitas a controle finalístico e à prestação de contas para o Poder Público.

Já as **organizações sociais** são *entidades privadas, sem fins lucrativos, cujas atividades se dirigem ao ensino, pesquisa científica, desenvolvimento tecnológico, proteção e conservação do meio ambiente, cultura, saúde, qualificadas como tal por decisão do Ministro respectivo da atividade e do Ministro da Administração Federal e Reforma do Estado.*

A qualificação de uma entidade como organização social é um instrumento que permite a transferência de certas atividades de interesse público ao setor privado, sem necessidade de concessão ou permissão, tratando-se de nova forma de parceria com valorização do terceiro setor, possibilitando, de outra parte, maior controle sobre as entidades que recebem recursos públicos para fins coletivos.

O instituto das organizações sociais está regulamentado, no âmbito federal, na Lei 9.637/98.

São exemplos de organizações sociais algumas Santas Casas de Misericórdia (hospitais privados filantrópicos), que receberam tal qualificação, celebraram contrato de gestão com a Administração Pública e vêm recebendo equipamentos, pessoal e dinheiro estatais para a prestação do serviço público de saúde para a população.

São **requisitos** para que seja atribuída a qualificação de organização social a uma entidade os seguintes:

a) não ter fins lucrativos, devendo os excedentes ser aplicados em suas atividades;

b) ter fim social de interesse coletivo;

c) ter conselho de administração como órgão superior, com presença de mais de 50% de representantes do governo e de entidades civis;

d) decisão dos Ministros indicados no conceito, qualificando a entidade.

Uma vez recebida a qualificação de organização social, a entidade poderá firmar contrato de gestão com o Poder Público, contrato este que fixará os termos da parceria, como as atividades a serem desempenhadas pela entidade e a colaboração a ser oferecida pelo Estado, que poderá consistir em aporte de bens públicos em permissão de uso, recursos do orçamento e até servidores públicos.

Os serviços contratados pelo Poder Público junto à organização social, a partir do contrato de gestão, não dependem de licitação, tratando-se de caso de dispensa de licitação previsto no art. 24 da Lei 8.666/93.

A partir desse momento, a organização social deverá promover a publicidade de seus atos, estará sujeita ao controle do Tribunal de Contas e à verificação periódica do atendimento das metas a que tiver se submetido.

Assim como os serviços sociais autônomos, as organizações sociais não são obrigadas a promover concurso público para a admissão de seu pessoal, nem a promover licitação para a realização de contratos com terceiros, devendo, todavia, efetuar tais despesas mediante obediência aos princípios da impessoalidade, da moralidade e da eficiência.

Caso ocorra descumprimento, pela entidade, do contrato de gestão, apurado em processo administrativo com ampla defesa, será feita sua desqualificação, que importará em reversão (devolução) dos bens públicos que estavam sendo utilizados pela entidade privada.

As Organizações Sociais (OSs) não se confundem com as Organizações da Sociedade Civil de Interesse Público (OSCIPs), regulamentadas pela Lei 9.790/99.

a) As primeiras atuam em atividades em que o Estado deveria atuar (ex.: saúde, educação etc.), apesar de não se tratarem de atividades exclusivas do Estado, ao passo que as segundas atuam em atividades de utilidade pública, em relação às quais o Estado tem interesse de fomento, tais como promoção da segurança alimentar, da ética e da paz;

b) As OSCIPs, na verdade, são entidades que recebem o fomento do Estado, por exemplo, para defender os consumidores, os idosos, os homossexuais etc.;

c) As OSs são qualificadas mediante aprovação do Ministro supervisor e do Ministro da Administração Federal e Reforma do Estado, ao passo que as OSCIPs são qualificadas pelo Ministro da Justiça;

d) As OSs celebram com a Administração *contrato de gestão*, ao passo que as OSCIPs celebram *termo de parceria*.

Podem receber a qualificação de OSCIP pessoas jurídicas de direito privado, sem fins lucrativos, que atuem observando o princípio da universalização dos serviços, e cujos objetivos sociais tenham ao menos das seguintes finalidades (art. 3º da lei): "I - promoção da assistência social; II - promoção da cultura, defesa e conservação do patrimônio histórico e artístico; III - promoção gratuita da educação, observando-se a forma complementar de participação das organizações de que trata esta Lei; IV - promoção gratuita da saúde, observando-se a forma complementar de participação das organizações de que trata esta Lei; V - promoção da segurança alimentar e nutricional; VI - defesa, preservação e conservação do meio ambiente e promoção do desenvolvimento sustentável; VII - promoção do voluntariado; VIII - promoção do desenvolvimento econômico e social e combate à pobreza; IX - experimentação, não lucrativa, de novos modelos sócio produtivos e de sistemas alternativos de produção, comércio, emprego e crédito; X - promoção de direitos estabelecidos, construção de novos direitos e assessoria jurídica gratuita de interesse suplementar; XI - promoção da ética, da paz, da cidadania, dos direitos humanos, da democracia e de outros valores universais; XII - estudos e pesquisas, desenvolvimento de tecnologias alternativas, produção e divulgação de informações e conhecimentos técnicos e científicos que digam respeito às atividades mencionadas neste artigo".

A Lei 9.790/99 estabelece, ainda, que a dedicação dessas entidades nessas finalidades pode ser tanto na execução direta de programas, como na prestação de serviços intermediários de apoio a outras organizações sem fins lucrativos e a órgãos que atue em áreas afins (art. 3º, parágrafo único).

As pessoas jurídicas interessadas na qualificação como OSCIP, além de não ter fins lucrativos e de atuar nas finalidades estabelecidas no art. 3º da referida lei, devem ainda atender aos requisitos estabelecidos no art. 4º da lei, relacionados aos componentes de resguardo da legalidade, da impessoalidade, da moralidade, da publicidade, da economicidade e da eficiência na atuação da entidade, bem como não se tratar de entidade não passível de qualificação, que são as seguinte (art. 2º da lei): "I - as sociedades comerciais; II - os sindicatos, as associações de classe ou de representação de categoria profissional; III - as instituições religiosas ou voltadas para a disseminação de credos, cultos, práticas e visões devocionais e confessionais; IV - as organizações partidárias e assemelhadas, inclusive suas fundações; V - as entidades de benefício mútuo destinadas a proporcionar bens ou serviços a um círculo restrito de associados ou sócios; VI - as entidades e empresas que comercializam planos de saúde e assemelhados; VII - as instituições hospitalares privadas não gratuitas e suas mantenedoras; VIII - as escolas privadas dedicadas ao ensino formal não gratuito e suas mantenedoras; IX - as organizações sociais; X - as cooperativas; XI - as fundações públicas; XII - as fundações, sociedades civis ou associações de direito privado criadas por órgão público ou por fundações públicas; XIII - as organizações creditícias que tenham quaisquer tipo de vinculação com o sistema financeiro nacional a que se refere o art. 192 da Constituição Federal".

Preenchidos os requisitos e apresentados os documentos de que tratam o art. 5º da lei federal, compete ao Ministro da Justiça decidir sobre a possibilidade ou não da qualificação.

Uma vez qualificada como OSCIP, a entidade fica habilitada para a celebração, com o Poder Público, de Termo de Parceria (art. 9º), destinado à formação do vínculo de cooperação entre as partes, para o fomento e a execução das atividades de interesse público previstas no já referido art. 3º da lei.

O Poder Público não é obrigado a fazer parceria com a entidade que for qualificada como OSCIP.

A celebração de Termo de Parceria será precedida de consulta aos Conselhos de Políticas Públicas das áreas correspondentes de atuação existentes, nos respectivos níveis de governo. Assim, no âmbito da Secretaria de Educação ou da Secretaria de Assistência Social de dado Estado ou Município, por exemplo, deverá ser constituído o conselho respectivo, para o fim acima indicado.

O Termo de Parceria tratará, entre outras questões essenciais, do objeto, das metas e resultados, e da avaliação de desempenho das entidades respectivas (art. 10, § 2º).

É importante lembrar que as OSCIPs têm o dever legal de atender ao princípio da universalização dos serviços (art. 3º), atendendo, assim, a todos que procurarem a entidade, ressalvados os caso em que houver limitação máxima de pessoas pelo tipo de atendimento, ocasião em que e deve atender a todos dentro do limite de vagas existentes e segundo as metas acertadas com o Poder Público e com critérios de admissão que respeitem a impessoalidade e a moralidade.

Em função do princípio da legalidade, é necessário que os Estados, Distrito Federal e Municípios tenham lei local operacionalizando a realização de termo de parceria com as OSCIPs. Além de autorização que o Poder Público local qualifique e celebre termo de parceria com OSCIPs, a lei local pode estabelecer requisitos como tempo de existência da OSCIP, experiência na área de atuação, qualificações especiais para celebrar termo de parceria em determinadas atividades, entre outros requisitos.

Apesar de a lei federal não exigir licitação para a celebração de Termo de Parceria com OSCIPs, em respeito aos princípios da isonomia e da indisponibilidade do interesse público, faz necessário que cada ente regulamente procedimento com vistas a assegurar tais valores. Isso implica na previsão de chamamentos públicos, que tragam critérios os mais objetivos possíveis, para a escolha, dentre as entidades interessadas, da que melhor atende ao interesse público.

Vale lembrar que a Constituição Federal, regra matriz sobre o dever de licitar, não impõe licitação pública para "o fomento e a execução das atividades de interesse público" previstas na Lei 9.790/90, mas apenas para a contratação de obras, prestação de serviços, alienações e compras da Administração Pública (art. 37, XXI).

Dessa forma, para atender à isonomia e à indisponibilidade do interesse cabe fazer seleção nos termos do regulamento local, que poderá instituir, por exemplo, procedimento de Chamamento Público ou de Concurso de Projetos para a hipótese.

No Município de São Paulo, o chamado Concurso de Projetos, obrigatório nos termos do Decreto Municipal 46.979/06, está regulamentado na Portaria 54/06 da Secretaria Municipal de Gestão, podendo haver celebração direta de termo de parceria nos casos em que, se fosse obrigatório procedimento licitatório, estar-se-ia diante de hipótese de dispensa ou de inexigibilidade de licitação (arts. 24 e 25 da Lei 8.666/93).

Um exemplo de OSCIP já implementada no setor é a Escola de Pais do Brasil – Seccional de Florianópolis, entidade sem fins econômicos, declarada de utilidade pública e credenciada pelo Ministério da Justiça como Organização da Sociedade Civil de Interesse Público – OSCIP, que organiza seminários, ministra cursos e ciclos de debates nas redes particular e pública de ensino, em empresas e centros comunitários e onde quer que se solicite sua atividade. Atua na prevenção e na busca por soluções de problemas ligados à família e à cidadania.

5.5. ORDEM DOS ADVOGADOS DO BRASIL – OAB

A natureza jurídica da OAB foi exaustivamente debatida pelo Supremo Tribunal Federal na ADI 3.026-4/DF.

A decisão proferida pelo STF na ADI mencionada anota que a OAB não é uma autarquia especial e não integra a Administração Indireta como outro tipo de pessoa jurídica, de modo que não se sujeita ao controle estatal.

Por outro lado, o STF reconhece que a OAB presta, sim, um *serviço público*.

Na prática isso significa que a OAB, de um lado, não é obrigada a fazer concursos públicos, licitações e a se submeter à fiscalização do TCU e ao regime estatutário dos agentes públicos, podendo contratar pelo regime celetista.

De outro lado, por ser um *serviço público*, a OAB pode fiscalizar os advogados e também tem direito a vantagens tributárias.

Na ementa do acórdão, o STF deixa claro que a OAB não é integrante da Administração Indireta, tratando-se de uma figura ímpar no País, no caso, um *Serviço Público Independente*.

O acórdão também conclui que a OAB não pode ser comparada às demais entidades de fiscalização profissional, pois não está voltada exclusivamente a finalidades corporativas, possuindo finalidade institucional.

5.6. JURISPRUDÊNCIA SELECIONADA

5.6.1. Administração Pública Direta e Indireta e entidades de cooperação

Súmula STF nº 25

A nomeação a termo não impede a livre demissão pelo presidente da república, de ocupante de cargo dirigente de autarquia.

Súmula STF nº 8

Diretor de sociedade de economia mista pode ser destituído no curso do mandato.

Organizações Sociais e contrato de gestão - 1

O Plenário iniciou julgamento de ação direta de inconstitucionalidade ajuizada pelo Partido dos Trabalhadores - PT e pelo Partido Democrático Trabalhista - PDT contra a Lei 9.637/98 — que dispõe sobre a qualificação como organizações sociais de pessoas jurídicas de direito privado, a criação do Programa Nacional de Publicização, a extinção dos órgãos e entidades que mencionam, a absorção de suas atividades por organizações sociais, e dá outras providências — e contra o inciso XXIV do art. 24 da Lei 8.666/93, com a redação dada pelo art. 1º da Lei 9.648/98, que autoriza a celebração de contratos de prestação de serviços com organizações sociais, sem licitação. O Min. Ayres Britto, relator, julgou parcialmente procedente o pedido para declarar a inconstitucionalidade das seguintes expressões e dispositivos da Lei 9.637/98: da expressão *"quanto à conveniência e oportunidade de sua qualificação como organização social"*, contida no inciso II do art. 2º; da expressão *"com recursos provenientes do contrato de gestão, ressalvada a hipótese de adicional relativo ao exercício de função temporária de direção e assessoria"*, constante do § 2º do art. 14; dos artigos 18 a 22, com modulação dos efeitos da decisão no sentido de que as organizações sociais que "absorveram" atividades de entidades públicas extintas até a data do julgamento deverão continuar prestando os respectivos serviços. Deu, ainda, aos artigos 5º, 6º e 7º do mesmo diploma e ao inciso XXIV do art. 24 da Lei 8.666/93, interpretação conforme a Constituição, para deles afastar qualquer entendimento excludente da realização de um peculiar processo competitivo público e objetivo para: a) a qualificação de entidade privada como organização social; b) a celebração de "contrato de gestão". **ADI 1923/DF, rel. Min. Ayres Britto, 31.3.2011. (ADI-1923)**

Organizações Sociais e contrato de gestão - 2

O relator, após fazer um apanhado sobre os preceitos constitucionais relativos ao regime dos serviços públicos, consignou a possibilidade de prestação não estatal. Ressaltou que os serviços prestados tanto pelo setor público — diretamente ou sob regime de concessão, permissão ou autorização — quanto os prestados pela iniciativa privada possuiriam natureza pública, uma vez que o serviço não se despublicizaria pelo fato do transpasse de sua prestação ao setor privado. No tocante às atividades de senhorio misto, realçou que teriam natureza pública, se prestadas pelo próprio Estado ou em parceria com o setor privado e, se desempenhadas exclusivamente pelo setor privado, seriam definidas como atividades ou serviços de relevância pública (CF, artigos 129, II, e 197). Tendo em conta esse contexto normativo, concluiu que os particulares poderiam desempenhar atividades que também corresponderiam a deveres do Estado, mas que não seriam exclusivamente públicas, a exemplo da cultura, saúde, ciência e tecnologia, educação e do meio ambiente. Aduziu que tais atividades seriam passíveis de financiamento público e sob a cláusula da atuação apenas complementar do setor público. **ADI 1923/DF, rel. Min. Ayres Britto, 31.3.2011. (ADI-1923)**

Organizações Sociais e contrato de gestão - 3

Assim, reputou inconstitucional o chamado "Plano Nacional de Publicização" previsto na lei impugnada, haja vista que, na realidade, tratar-se-ia de um programa de privatização. Explicou, no ponto, que órgãos e entidades públicos seriam extintos ou desativados e todos os seus bens, servidores e recursos orçamentários seriam repassados à gestão das organizações sociais. Reiterou que a Constituição determina, quanto aos serviços estritamente públicos, que o Estado os preste diretamente ou sob regime de concessão, permissão ou autorização. Dessa forma, expôs que os artigos 18 a 22 da Lei 9.637/98 — ao estabelecerem um mecanismo pelo qual o Estado poderia transferir para a iniciativa privada toda a prestação de serviços públicos de saúde, educação, meio ambiente, cultura, ciência e tecnologia — autorizariam o Estado a abdicar da prestação de serviços dos quais ele não poderia se demitir, sem que configurasse terceirização de funções que lhe seriam típicas. Relembrou que organização social não seria pessoa integrante da Administração Pública e que, se permitida tal "absorção", o Estado passaria a exercer, nos serviços públicos, o mesmo papel que desempenha na atividade econômica: o de agente indutor, fiscalizador e regulador, em frontal descompasso com a vontade objetiva da Constituição. De outro lado, não vislumbrou mácula no mecanismo de parceria entre o Estado e os particulares relativamente aos serviços enumerados no art. 1º da lei questionada, dado que não seriam exclusivos do Estado. **ADI 1923/DF, rel. Min. Ayres Britto, 31.3.2011. (ADI-1923)**

Organizações Sociais e contrato de gestão - 4
Assinalou que o "contrato de gestão" firmado com tais entidades consistiria, em linhas gerais, em convênio, caracterizado por interesses recíprocos e convergentes. Portanto, em princípio, considerou desnecessária a realização de processo licitatório para a sua celebração e, em consequência, constitucional o inciso XXIV do art. 24 da Lei 8.666/93. Entretanto, o relator ressalvou que isso: a) não afastaria o dever de abertura de processo administrativo que demonstrasse, objetivamente, em que o regime da parceria com a iniciativa privada se revelaria como de superior qualidade frente à atuação isolada ou solitária do próprio Estado enquanto titular da atividade em questão; b) não liberaria a Administração da rigorosa observância dos princípios constitucionais da publicidade, da moralidade, da impessoalidade, da eficiência e da garantia de um processo objetivo e público para a qualificação das entidades como organizações sociais e sua específica habilitação para determinado "contrato de gestão"; c) não prescindiria de motivação administrativa quanto à seleção de uma determinada pessoa privada, se houver outra com idêntica pretensão de emparceiramento com o Poder Público; d) não dispensaria os mecanismos de controle interno e externo sobre o serviço ou atividade em regime de parceria com a iniciativa privada. Salientou, em suma, que se deveria proceder a um chamamento público, com regras objetivas, a fim de se convocar, dentre as organizações sociais com atuação na área, aquela com maior aptidão para realizar a atividade pretendida. **ADI 1923/ DF, rel. Min. Ayres Britto, 31.3.2011. (ADI-1923)**

Organizações Sociais e contrato de gestão - 5
Reconheceu a inconstitucionalidade do fraseado *"quanto à conveniência e oportunidade de sua qualificação como organização social"*, inserto no inciso II do art. 2º da Lei 9.637/98. E no que tange ao contrato de gestão (artigos 5º a 7º), explicitou, via interpretação conforme a Constituição, que a ausência de um processo público e objetivo para a celebração do "contrato de gestão" — não, necessariamente, de um processo licitatório —, implicaria ofensa aos princípios da legalidade, impessoalidade, moralidade, publicidade, eficiência, economicidade e isonomia. Rejeitou, ademais, as alegações de inconstitucionalidade dos incisos V, VII e VIII do art. 4º, do inc. II do art. 7º e do art. 14, todos da lei adversada. Destacou que as organizações sociais não se caracterizariam como parcela da Administração Pública e que seus diretores e empregados não seriam servidores ou empregados públicos. Por conseguinte, mesmo sujeitas a procedimento impessoal na seleção dos empregados e na fixação dos respectivos salários, não haveria que se falar em concurso público ou remuneração fixada por lei. Evidenciou que o mesmo entendimento, contudo, não seria aplicável aos servidores públicos cedidos (Lei 9.637/98, art. 14), sendo inconstitucional o § 1º do art. 14 dessa lei, atinente a cessão especial *"com ônus para a origem"*, na parte em que permitiria à pessoa jurídica privada pagar vantagem pecuniária a servidor público, sem que lei específica o autorizasse. Acrescentou que a parte final do § 2º do mesmo artigo, ao prever o pagamento de *"adicional relativo ao exercício de função temporária de direção e assessoria"* com recursos públicos, além de afrontar o inciso X do art. 37 da CF, vulneraria o § 1º de seu art. 169. Nesse sentido, julgou inconstitucional a expressão *"com recursos provenientes do contrato de gestão, ressalvada a hipótese de adicional relativo ao exercício de função temporária de direção e assessoria"*, disposta no § 2º do art. 14 da Lei 9.637/98. Por essa razão e por ficar vedado o pagamento pela organização social de qualquer vantagem pecuniária a servidor público cedido, declarou a inconstitucionalidade, por arrastamento, do § 1º do mesmo art. 14. Por fim, propôs a modulação dos efeitos da decisão de inconstitucionalidade quanto aos artigos 18 a 22 da lei vergastada ao fundamento de que esta vigoraria há mais de 12 anos, que a Corte teria indeferido o pedido de medida cautelar e que não seria razoável a desconstituição de situações de fato que adquiriram contornos de extratificação. Após, pediu vista dos autos o Min. Luiz Fux. **ADI 1923/DF, rel. Min. Ayres Britto, 31.3.2011. (ADI-1923)**

Organizações sociais e contrato de gestão - 6
O Plenário retomou julgamento de ação direta de inconstitucionalidade ajuizada pelo Partido dos Trabalhadores - PT e pelo Partido Democrático Trabalhista - PDT contra a Lei 9.637/98 — que dispõe sobre a qualificação como organizações sociais de pessoas jurídicas de direito privado, a criação do Programa Nacional de Publicização, a extinção dos órgãos e entidades que mencionam, a absorção de suas atividades por organizações sociais, e dá outras providências — e contra o inciso XXIV do art. 24 da Lei 8.666/93, com a redação dada pelo art. 1º da Lei 9.648/98, que autoriza a celebração de contratos de prestação de serviços com organizações sociais, sem licitação — v. Informativo 621. Em voto-vista, o Min. Luiz Fux julgou parcialmente procedente o pedido, para conferir interpretação conforme a Constituição aos preceitos impugnados. Nesse sentido, reputou que o procedimento de qualificação como organização social deveria ser conduzido com observância dos princípios do *caput* do art. 37 da CF e de acordo com parâmetros fixados em abstrato segundo o que prega o art. 20 da Lei 9.637/98 (*"Será criado, mediante decreto do Poder Executivo, o Programa Nacional de Publicização - PNP, com o objetivo de estabelecer diretrizes e critérios para a qualificação de organizações sociais, a fim de assegurar a absorção de atividades desenvolvidas por entidades ou órgãos públicos da União, que atuem nas atividades referidas no art. 1º, por organizações sociais, qualificadas na forma desta Lei,*

observadas as seguintes diretrizes: I - ênfase no atendimento do cidadão-cliente; II - ênfase nos resultados, qualitativos e quantitativos nos prazos pactuados; III - controle social das ações de forma transparente"). Afirmou, também, que a celebração do contrato de gestão conduzir-se-ia conforme os mesmos postulados constitucionais, assim como as hipóteses de dispensa de licitação para contratações (Lei 8.666/1993, art. 24, XXIV) e outorga de uso de bem público (Lei 9.637/98: *"Art. 12. Às organizações sociais poderão ser destinados recursos orçamentários e bens públicos necessários ao cumprimento do contrato de gestão ...§ 3° Os bens de que trata este artigo serão destinados às organizações sociais, dispensada licitação, mediante permissão de uso, consoante cláusula expressa do contrato de gestão"*). No que se refere aos contratos a serem celebrados pela organização social com terceiros, com recursos públicos, e à seleção de pessoal por essas entidades, aduziu a necessidade de serem realizados de acordo com o art. 37, *caput*, da CF e nos termos de regulamento próprio a ser editado por cada uma delas. Por fim, ressaltou o afastamento de qualquer interpretação capaz de restringir o controle, pelo Ministério Público e pelo Tribunal de Contas da União, da aplicação de verbas públicas. Após, pediu vista o Min. Marco Aurélio. **ADI 1923/DF, rel. Min. Ayres Britto, 19.5.2011. (ADI-1923) (Inform. STF 627)**

Nota: julgamento ainda não concluído

Imunidade tributária recíproca: sociedade de economia mista e serviços de saúde - 4

Em conclusão, o Plenário, por maioria, proveu recurso extraordinário **para assentar a incidência da imunidade recíproca (CF, art. 150, VI, a) de impostos estaduais à sociedade de economia mista recorrente, a qual atua na área de prestação de serviços de saúde** — v. Informativo 597. Inicialmente, ao salientar o que disposto no art. 197 da CF, consignou-se que o serviço público em questão estaria franqueado à iniciativa privada sob a forma de assistência à saúde, não constituindo atividade econômica. Portanto, a iniciativa privada seria convocada para subsidiar o Poder Público, para se emparceirar com ele, na prestação de serviço público que, ao mesmo tempo, seria direito fundamental e, pela ótica do art. 196 da CF, direito de todos e dever do Estado. Realçou-se a heterodoxia do caso, porquanto, desde a década de 70, o Estado, por desapropriação, seria detentor do controle dessa "empresa", assenhoreando-se da atividade, prestando-a ininterruptamente, e controlando 99,99% das ações. Enfatizou-se que o hospital recorrente atenderia exclusivamente pelo Sistema Único de Saúde - SUS e que suas receitas seriam provenientes de repasses públicos federais e municipais. Considerou-se, ademais, que o serviço de saúde por ele prestado teria caráter de serviço público, não configurando um negócio privado. Reiterou-se que a União teria expropriado praticamente a totalidade do capital social e, com isso, incorporado de fato o hospital ao seu patrimônio jurídico, conservando, por motivos desconhecidos, 0,01% do capital social em nome de conselheiros antigos. Dessa forma, teria mantido a aparência de uma sociedade anônima que se submeteria, de regra, ao regime jurídico de empresa privada. Afirmou-se que isso, entretanto, não seria suficiente, **pois se trataria, na verdade, de uma entidade pública por ser pública praticamente a totalidade do capital social, pública sua finalidade e pública, no sentido de potencialidade de exercício de poder, a direção do hospital, haja vista que a União poderia decidir o que quisesse, porque 0,01% não significaria nada em termos de votação**. Por fim, registrou-se que o pronunciamento da questão posta em sede de repercussão geral somente aproveitará hipóteses idênticas, em que o ente público seja controlador majoritário do capital da sociedade de economia mista e que a atividade desta corresponda à própria atuação do Estado na prestação de serviços à população. Vencidos os Ministros Joaquim Barbosa, relator, Cármen Lúcia, Ricardo Lewandowski e Marco Aurélio que desproviam o recurso. RE 580264/RS, rel. orig. Min. Joaquim Barbosa, red. p/ o acórdão Min. Ayres Britto, 16.12.2010. (RE-580264) (Inform. STF 613) (g.n.)

EMENTA: TRIBUTÁRIO. IMUNIDADE RECÍPROCA. SOCIEDADE DE ECONOMIA MISTA CONTROLADA POR ENTE FEDERADO. CONDIÇÕES PARA APLICABILIDADE DA PROTEÇÃO CONSTITUCIONAL. ADMINISTRAÇÃO PORTUÁRIA. COMPANHIA DOCAS DO ESTADO DE SÃO PAULO (CODESP). INSTRUMENTALIDADE ESTATAL. ARTS. 21, XII, f, 22, X, e 150, VI, a DA CONSTITUIÇÃO. DECRETO FEDERAL 85.309/1980.

1. **IMUNIDADE RECÍPROCA. CARACTERIZAÇÃO**. Segundo teste proposto pelo ministro relator, a aplicabilidade da imunidade tributária recíproca (art. 150, VI, a da Constituição) deve passar por três estágios, sem prejuízo do atendimento de outras normas constitucionais e legais:

1.1. A imunidade tributária recíproca se aplica à propriedade, bens e serviços utilizados na satisfação dos objetivos institucionais imanentes do ente federado, cuja tributação poderia colocar em risco a respectiva autonomia política. Em consequência, é incorreto ler a cláusula de imunização de modo a reduzi-la a mero instrumento destinado a dar ao ente federado condições de contratar em circunstâncias mais vantajosas, independentemente do contexto.

1.2. Atividades de exploração econômica, destinadas primordialmente a aumentar o patrimônio do Estado ou de particulares, devem ser submetidas à tributação, por apresentarem-se como manifestações de riqueza e deixarem a salvo a autonomia política.

1.3. A desoneração não deve ter como efeito colateral relevante a quebra dos princípios da livre-concorrência e do exercício de atividade profissional ou econômica lícita. Em princípio, o sucesso ou a desventura empresarial devem pautar-se por virtudes e vícios próprios do mercado e da administração, sem que a intervenção do Estado seja favor preponderante.

2. SOCIEDADE DE ECONOMIA MISTA. EXPLORAÇÃO DE SERVIÇOS DE ADMINISTRAÇÃO PORTUÁRIA. CONTROLE ACIONÁRIO MAJORITÁRIO DA UNIÃO. AUSÊNCIA DE INTUITO LUCRATIVO. FALTA DE RISCO AO EQUILÍBRIO CONCORRENCIAL E À LIVRE-INICIATIVA.

Segundo se depreende dos autos, a Codesp é instrumentalidade estatal, pois:

2.1. Em uma série de precedentes, esta Corte reconheceu que a exploração dos portos marítimos, fluviais e lacustres caracteriza-se como serviço público.

2.2. O controle acionário da Codesp pertence em sua quase totalidade à União (99,97%). Falta da indicação de que a atividade da pessoa jurídica satisfaça primordialmente interesse de acúmulo patrimonial público ou privado.

2.3. Não há indicação de risco de quebra do equilíbrio concorrencial ou de livre-iniciativa, eis que ausente comprovação de que a Codesp concorra com outras entidades no campo de sua atuação.

3. Ressalva do ministro-relator, no sentido de que "cabe à autoridade fiscal indicar com precisão se a destinação concreta dada ao imóvel atende ao interesse público primário ou à geração de receita de interesse particular ou privado". Recurso conhecido parcialmente e ao qual se dá parcial provimento. (RE 253472/SP. Rel. para o acórdão Min. Joaquim Barbosa) (Inform. STF 602) (g.n.)

Imunidade Recíproca e Caixa de Assistência dos Advogados

A imunidade tributária recíproca aplicável à Ordem dos Advogados do Brasil - OAB, quando atua no campo próprio que lhe outorga a Constituição, não se estende às atividades sociais ou de assistência desempenhada pelas respectivas Caixas de Assistência. Com base nesse entendimento, a Turma proveu recurso extraordinário interposto pelo Município de Belo Horizonte contra acórdão do Tribunal de Justiça do Estado de Minas Gerais que considerara imóvel da Caixa de Assistência dos Advogados dessa mesma unidade federativa imune ao pagamento do IPTU. Consignou-se que a imunidade tributária recíproca é garantia direta do Estado contra duas espécies de tensão: a) evitar que atividades imanentes do Estado sofram degradação pelo custo representado pela carga tributária e b) impedir que o tributo seja utilizado como instrumento de pressão indireta, destinado a induzir a postura do ente federado no sentido desejado por outro membro da federação. Aduziu-se que, nestes autos, não se questionaria a imunidade conferida à OAB, mas sim se entidade a ela ligada, destinada especificamente a prestar serviços aos seus associados, também poderia ser considerada como instrumentalidade estatal e, portanto, ser beneficiada pela salvaguarda constitucional. Asseverou-se que, embora as Caixas de Assistência dos Advogados estejam ligadas à estrutura organizacional da OAB (Lei 8.906/1994, art. 45, IV), tratar-se-ia de entidades com personalidade jurídica própria (art. 46, § 4º), não se dedicariam primordialmente à defesa da Constituição, da ordem jurídica, do Estado Democrático de Direito etc., tendo por objetivo conceder benefícios pecuniários por motivo de invalidez e outros auxílios de natureza setorial. No ponto, salientou-se que as Caixas de Assistência dos Advogados não se diferenciariam das demais entidades destinadas à outorga de benefícios assistenciais ou previdenciários a seus associados, sejam eles servidores públicos, empregados privados ou quaisquer outras pessoas unidas por laços de afinidade ou de situação fático-jurídica. **RE 233843/MG, rel. Min. Joaquim Barbosa, 1º.12.2009.** (RE-233843) (Inform. STF 570) (g.n.)

SEBRAE e Competência da Justiça Comum

Compete à Justiça Comum o julgamento de causas que envolvam o SEBRAE. Com base nessa orientação, a Turma reformou acórdão do TRF da 4ª Região que, por considerar o SEBRAE entidade autárquica, nos moldes da Lei 4.717/65 (LAP), concluíra pela competência da Justiça Federal para julgar ação popular contra ele proposta. Entendeu-se que o referido ente não corresponde à noção constitucional de autarquia, a qual deve ser criada por lei específica (CF, art. 37, XIX) e não na forma de sociedade civil, com personalidade de direito privado, como no caso. Ademais, asseverou-se que o disposto no art. 20, c, da mencionada Lei 4.717/65 **não transformou em autarquia as entidades de direito privado que recebem e aplicam contribuições parafiscais, mas apenas as incluiu no rol de proteção da ação popular**. Precedente citado: RE 336168/SC (DJU de 14.5.2004).

RE 414375/SC, rel. Min. Gilmar Mendes, 31.10.2006. (RE-414375) (Inform. STF 447) (g.n.)

Criação de Fundação e Inexigibilidade de Autorização por Lei

O Tribunal **concedeu mandado de segurança impetrado pelo Banco do Brasil para anular decisão do Tribunal de Contas da União que fixara o prazo de 180 dias para que o impetrante providenciasse, junto ao Presidente da República**, o encaminhamento de projeto de lei ao Congresso Nacional para formalizar a criação da Fundação Banco do Brasil - FBB, em face do disposto no art. 37, XIX, da CF e do art. 2º, a, do Decreto-lei 900/69 (*"Art. 2º Não serão instituídas pelo Poder Público novas fundações que não satisfaçam cumulativamente os seguintes requisitos e condições: a) dotação* *específica de patrimônio, gerido pelos órgãos de direção da fundação segundo os objetivos estabelecidos na respectiva lei de criação;"*). **Entendeu-se que, em razão de a FBB ter sido instituída em 16.5.1986, o art. 37, XIX e XX da CF/1988 e a Lei 7.596/1987 — que alterou o Decreto-lei 900/1969 —, por serem posteriores, não seriam a ela aplicáveis. Quanto ao art. 2º, a, do Decreto-lei 900/1969, considerou-se que, apesar de vigente à época da instituição da FBB, somente alcançaria as fundações instituídas pelo Poder Público integradas no âmbito da Administração, desempenhadoras de função desta, ou seja, fundações públicas. Asseverou-se que a inserção dessas fundações no quadro da Administração Indireta veio a ocorrer, nos termos do disposto no art. 1º do Decreto-lei 2.299/1986 e no art. 1º da Lei 7.596/1987, tendo o último previsto a instituição de fundação pública para o desenvolvimento de atividades estatais *"que não exijam execução por órgãos ou entidades de direito público"*. Com base nisso, concluiu-se que a FBB, por perseguir finalidades privadas e não atividade própria de entidade da Administração Indireta federal, não estaria incluída entre aquelas referidas pelo art. 2º do Decreto-lei 900/1969. Esse preceito também seria inaplicável ante a circunstância de o Banco do Brasil não estar abrangido pela expressão *"Poder Público"* nele contida.** Por fim, reputou-se inexequível a exigência dirigida ao Banco do Brasil, na medida em que dependente de ato positivo do Presidente da República. Os Ministros Cármen Lúcia e Joaquim Barbosa acompanharam o relator quanto à conclusão, não se comprometendo com a tese acerca da natureza jurídica da FBB.

MS 24427/DF, rel. Min. Eros Grau, 30.8.2006. (ADI-24427) (Inform. STF 438) (g.n.)

Lei 9.637/1998: Organizações Sociais - 2

Retomado julgamento de medida cautelar em ação direta de inconstitucionalidade ajuizada pelo Partido dos Trabalhadores - PT e o Partido Democrático Trabalhista - PDT contra a Lei 9.637/1998 — que dispõe sobre a qualificação como organizações sociais de pessoas jurídicas de direito privado, a criação do Programa Nacional de Publicização, a extinção dos órgãos e entidades que mencionam, a absorção de suas atividades por organizações sociais, e dá outras providências —, e contra o inciso XXIV do art. 24 da Lei 8.666/1993, com a redação dada pelo art. 1º da Lei 9.648/1998, que autoriza a celebração de contratos de prestação de serviços com organizações sociais, sem licitação — v. Informativo 156. Em voto-vista, o Min. Nelson Jobim, presidente, acompanhou o voto do relator, no sentido de indeferir o pedido cautelar por entender, à primeira vista, inexistir incompatibilidade da norma impugnada com CF. Após, pediu vista dos autos o Min. Eros Grau.

ADI 1923 MC/DF, rel. Min. Ilmar Galvão, 29.3.2006. (ADI-1923)

Lei 9.637/1998: Organizações Sociais - 3

O Tribunal retomou julgamento de medida cautelar em ação direta de inconstitucionalidade ajuizada pelo Partido dos Trabalhadores - PT e pelo Partido Democrático Trabalhista - PDT contra a Lei 9.637/1998 — que dispõe sobre a qualificação como organizações sociais de pessoas jurídicas de direito privado, a criação do Programa Nacional de Publicização, a extinção dos órgãos e entidades que mencionam, a absorção de suas atividades por organizações sociais, e dá outras providências —, e contra o inciso XXIV do art. 24 da Lei 8.666/1993, com a redação dada pelo art. 1º da Lei 9.648/1998, que autoriza a celebração de contratos de prestação de serviços com organizações sociais, sem licitação — v. Informativos 156 e 421. Em voto-vista, o Min. Eros Grau divergiu do relator e deferiu a cautelar para suspender a eficácia do disposto no art. 1º da Lei 9.648/1998 e nos artigos 5º, 11 a 15 e 20 da Lei 9.637/1998. Inicialmente, não obstante o longo tempo de vigência dos preceitos impugnados, reputou presente o *periculum in mora* e asseverou que os agentes econômicos privados já estariam autorizados a explorar, em nome próprio, atividades relacionadas às áreas referidas na Lei 9.637/1998, independentemente do advento dessa lei, ressaltando que educação e saúde consubstanciam serviço público. Entendeu, entretanto, inexistir razão a justificar a celebração de contrato de gestão com as organizações sociais, bem como a destinação de recursos orçamentários, de bens públicos móveis e imóveis e de cessão especial de servidores, com ônus para a origem, tal como previsto na Lei 9.637/1998, tudo em aparente ofensa ao princípio da licitação. Assim, considerou a manifesta inconstitucionalidade do art. 24, XXIV, da Lei 8.666/1993, com a redação dada pelo art. 1º da Lei 9.648/1998; o art. 5º da Lei 9.637/1998, na medida em que coloca sob indefinido e difuso regime de parceria o cumprimento de funções do Estado; o art. 20, que prevê a criação do Programa Nacional de Publicização, o qual consistiria na privatização de funções estatais, sob pena de violação aos artigos 1º, 3º, 215, 218 e 225 da CF. Concluiu, ainda, que os preceitos veiculados pelos artigos 1º a 4º, 7º a 11 e 16 a 19 tornar-se-iam inócuos com a suspensão liminar dos efeitos dos artigos cuja inconstitucionalidade parece irrefutável e que os artigos 21 a 23, estariam, à primeira vista, dotados de efeitos concretos, a inviabilizar a sua apreciação na via eleita. ADI 1923 MC/DF, rel. Min. Ilmar Galvão, 2.2.2007. (ADI-1923)

Lei 9.637/1998: Organizações Sociais - 4

O Min. Ricardo Lewandowski, tendo em conta que a lei impugnada está em vigor desde maio de 1998, ressaltou que o *periculum in mora* se inverteria e militaria em favor das entidades já constituídas e, por sua vez, deferiu parcialmente a cautelar somente em relação ao art. 1º da Lei n. 9.648/1998 para declarar que, a partir de agora, as organizações sociais instituídas estão obrigadas a licitar quando forem prestar serviços para a Administração Pública. O Min. Joaquim Barbosa acompanhou o voto do Min. Eros Grau, com as achegas do voto do Min. Ricardo Lewandowski. Após o voto do Min. Sepúlveda Pertence, que seguia o voto do relator no tocante aos serviços de saúde, o julgamento foi suspenso com o pedido de vista do Min. Gilmar Mendes. Não participam da votação em relação ao art. 1º da Lei 9.637/1998 os Ministros Joaquim Barbosa e Gilmar Mendes por sucederem aos Ministros Moreira Alves e Néri da Silveira, que já proferiram votos e, também, não votam os Ministros Cármen Lúcia e Carlos Britto, por sucederem aos Ministros Nelson Jobim e Ilmar Galvão. ADI 1923 MC/DF, rel. Min. Ilmar Galvão, 2.2.2007. (ADI-1923) (Inform. STF 454)

Lei 9.637/1998: Organizações Sociais - 5

Em conclusão de julgamento, o Tribunal, por maioria, indeferiu medida cautelar em ação direta de inconstitucionalidade ajuizada pelo Partido dos Trabalhadores - PT e pelo Partido Democrático Trabalhista - PDT contra a Lei 9.637/1998 — que dispõe sobre a qualificação como organizações sociais de pessoas jurídicas de direito privado, a criação do Programa Nacional de Publicização, a extinção dos órgãos e entidades que mencionam, a absorção de suas atividades por organizações sociais, e dá outras providências —, e contra o inciso XXIV do art. 24 da Lei 8.666/1993, com a redação dada pelo art. 1º da Lei 9.648/1998, que autoriza a celebração de contratos de prestação de serviços com organizações sociais, sem licitação — v. Informativos 156, 421 e 454. Entendeu-se inexistir, à primeira vista, incompatibilidade da norma impugnada com CF. Quanto ao art. 1º da Lei 9.637/1998, que autoriza o Poder Executivo a qualificar como organizações sociais pessoas jurídicas de direito privado, sem fins lucrativos, cujas atividades sejam dirigidas ao ensino, à pesquisa científica, ao desenvolvimento tecnológico, à proteção e preservação do meio ambiente, à cultura e à saúde, considerou-se que a Constituição Federal não impôs ao Estado o dever de prestar tais atividades por meio de órgãos ou entidades públicas, nem impediu que elas fossem desempenhadas por entidades por ele constituídas para isso, como são as organizações sociais. ADI 1923 MC/DF, rel. orig. Min. Ilmar Galvão, rel. p/ o acórdão Min. Eros Grau, 1º. 8. 2007. (ADI-1923)

Lei 9.637/1998: Organizações Sociais - 6

O Min. Gilmar Mendes, em voto-vista, nesta assentada, também indeferindo a liminar, asseverou que a Lei 9.637/1998 institui um programa de publicização de atividades e serviços não exclusivos do Estado, transferindo-os para a gestão desburocratizada a cargo de entidades de caráter privado e, portanto, submetendo-os a um regime mais flexível, dinâmico e eficiente. Ressaltou que a busca da eficiência dos resultados, mediante a flexibilização de procedimentos, justifica a implementação de um regime especial, regido por regras que respondem a racionalidades próprias do direito público e do direito privado. Registrou, ademais, que esse modelo de gestão pública tem sido adotado por diversos Estados-membros e que as experiências demonstram que a Reforma da Administração Pública tem avançado de forma promissora. Acompanharam os fundamentos acrescentados pelo Min. Gilmar Mendes os Ministros Celso de Mello e Sepúlveda Pertence. O Min. Eros Grau, tendo em conta a força dos fatos e da realidade trazida no voto do Min. Gilmar Mendes, mas sem aderir às razões de mérito deste, reformulou o voto proferido na sessão de 2.2.2007. Vencidos o Min. Joaquim Barbosa, que deferia a cautelar para suspender a eficácia dos artigos 5º, 11 a 15 e 20 da Lei 9.637/1998, e do inciso XXIV do artigo 24 da Lei 8.666/1993, com a redação dada pelo art. 1º da Lei 9.648/1998; o Min. Marco Aurélio, que também deferia a cautelar para suspender os efeitos dos artigos 1º, 5º, 11 a 15, 17 e 20 da Lei 9.637/1998, bem como do inciso XXIV do art. 24 da Lei 8.666/1993, na redação do art. 1º da Lei 9.648/1998; e o Min. Ricardo Lewandowski, que deferia a cautelar somente com relação ao inciso XXIV do art. 24 da Lei 8.666/1993, na redação do art. 1º da Lei 9.648/1998. ADI 1923 MC/DF, rel. orig. Min. Ilmar Galvão, rel. p/ o acórdão Min. Eros Grau, 1º. 8. 2007. (ADI-1923) (Inform. STF 474) (g.n.)

DIREITO ADMINISTRATIVO. NECESSIDADE DE APRESENTAÇÃO DE DECLARAÇÃO DE BENS E RENDIMENTOS POR CONSELHEIRO REGIONAL SUPLENTE DO SERVIÇO SOCIAL DO COMÉRCIO NO DF.

O conselheiro regional suplente do SESC-DF tem o dever de apresentar declaração de bens e rendimentos ao Conselho Regional da referida entidade. Apesar de possuírem personalidade jurídica de direito privado, as entidades paraestatais se submetem a algumas nuances do regime jurídico de direito público. Entre as particularidades a que estão sujeitos os entes de cooperação estatal, destaca-se o fato de receberem recursos públicos provenientes de contribuições parafiscais. O SESC é pessoa de cooperação governamental que, embora não integre a administração indireta, tem sua criação autorizada por lei e recebe recursos considerados públicos, razão pela qual é imprescindível que os responsáveis por sua administração sujeitem-se ao controle público. **Segundo o art. 5º, V, da Lei n. 8.443/1992, estão sujeitos a prestar contas ao TCU os responsáveis por entidades dotadas de personalidade jurídica de direito privado que recebam contribuições parafiscais e prestem serviço de interesse público ou social. Ademais, de acordo com o art. 4º da Lei n. 8.730/1993, toda pessoa que, por força de lei, estiver sujeita a prestar contas ao TCU deve apresentar cópia da declaração de rendimentos e de bens relativa ao período base da gestão.** O SESC-DF é administrado por um órgão colegiado, o Conselho

Regional, cabendo ao presidente desse conselho apenas a função de materializar as decisões, após discussão, votação e aprovação do órgão colegiado. Assim, todos os conselheiros devem ser considerados como responsáveis pela administração da entidade, sendo dever de cada um deles a apresentação de declaração de bens e rendimentos. **REsp 1.356.484-DF, Rel. Min. Humberto Martins, julgado em 5/2/2013**. (Inform. STJ 516). (g.n.)

REPETITIVO. INSS. RECOLHIMENTO. PREPARO.
Trata-se de recurso representativo de controvérsia (art. 543-C do CPC) no qual a Corte Especial, em consonância com os precedentes colacionados, afirmou não ser exigível do INSS o depósito prévio do preparo para interposição de recurso, visto que a autarquia federal, por ser equiparada, em prerrogativas e privilégios, à Fazenda Pública nos termos do art. 8º da Lei n. 8.620/1993, não está obrigada a efetuá-lo. **Dessa forma, o tribunal *a quo* não poderia exigir o depósito prévio do preparo como condição de admissibilidade da apelação e sequer aplicar a pena de deserção. A prerrogativa do art. 27 do CPC conferida à Fazenda permite à autarquia previdenciária efetuar o depósito ao final da demanda**. Diante do exposto, deu-se provimento ao recurso especial para, afastando a deserção, determinar a devolução dos autos ao tribunal *a quo* para a apreciação do recurso voluntário interposto pelo INSS. **Precedentes citados: AgRg no REsp 1.038.274-PR, DJe 4/8/2008; REsp 988.468-RS, DJ 29/11/2007; REsp 897.042-PI, DJ 14/5/2007; REsp 573.784-RS, DJ 17/10/2005, e REsp 249.991-RS, DJ 2/12/2002. REsp 1.101.727-PR, Rel. Min. Hamilton Carvalhido, julgado em 2/8/2010.** (Inform. STJ 441) (g.n.)

MULTA. PROCON. COMPATIBILIDADE. ANATEL.
Trata-se de embargos à execução em que o ora recorrente pretende desconstituir título executivo extrajudicial correspondente à multa aplicada por Procon municipal à concessionária de serviço de telefonia. Conforme demonstram os autos, a referida multa resultou do descumprimento de determinação daquele órgão de defesa do consumidor que estipulou o prazo de 10 dias para a instalação de linha telefônica. Quando as condutas praticadas no mercado de consumo atingirem diretamente o interesse do consumidor, é legítima a atuação do Procon para aplicar as sanções administrativas previstas em lei, no regular exercício do poder de polícia que lhe foi conferido pelo sistema nacional de defesa do consumidor. **Tal atuação não se confunde com a atividade regulatória setorial realizada pelas agências criadas por lei, cuja preocupação não se restringe à tutela particular do consumidor, mas abrange a execução do serviço público em seus vários aspectos, a exemplo da continuidade e universalização do serviço, da preservação do equilíbrio econômico-financeiro do contrato de concessão e da modicidade tarifária. Na espécie, a sanção aplicada não se referiu ao descumprimento do plano geral de metas traçado pela Anatel, mas tem relação com a qualidade dos serviços prestados pela empresa de telefonia que, mesmo após firmar compromisso, deixou de resolver a situação do consumidor prejudicado pela não instalação da linha telefônica**. Assim, a atuação do Procon teve por finalidade imediata a proteção do consumidor, logo é legítima. **REsp 1.138.591-RJ, Rel. Min. Castro Meira, julgado em 22/9/2009.** (Inform. STJ 408) (g.n.)

FIXAÇÃO. TARIFA. PEDÁGIO.
A Turma não conheceu do recurso da Agência Nacional de Transportes Terrestre (ANTT) e deu provimento aos recursos da União e da empresa concessionária de rodovias. Quanto ao recurso da concessionária, sobre a alegação de violação do art. 4º do DL n. 791/1965, o Min. Relator entendeu que, nesse ponto, deve ser dado provimento, uma vez que não existe, na dicção da legislação que rege o tema, a permissão ou obrigatoriedade de que o número de eixos de um veículo seja levado em conta por oportunidade da fixação da tarifa de pedágio. **Quanto ao recurso da União, o Min. Relator destacou que este Superior Tribunal tem entendimento sedimentado de que a União é parte legítima em demandas objetivando a revisão de tarifas de pedágio cobradas em rodovias federais, sendo que, por analogia, tal entendimento pode ser aqui aplicado**. No que tange à violação do referido artigo, o Min. Relator adotou as mesmas razões de decidir conforme acima expostas com referência ao recurso da concessionária. **Precedentes citados: AgRg no REsp 851.421-PR, DJ 14/12/2007; REsp 417.804-PR, DJ 10/3/2003, e REsp 848.849-PR, DJ 26/10/2006. REsp 1.103.168-RS, Rel. Min. Francisco Falcão, julgado em 16/4/2009.** (Inform. STJ 390) (g.n.)

COMPETÊNCIA. AÇÃO. AUTARQUIA FEDERAL. SEDE. PESSOA JURÍDICA.
Quanto à **exigibilidade da taxa de ressarcimento ao SUS, a Min. Relatora entende que a mencionada taxa encontra previsão no art. 32 da Lei n. 9.656/1998 e deve ser cobrada por órgão da Agência Nacional de Saúde (ANS), nos termos do art. 24, V, VI e VII, do Regimento Interno da ANS**. Em razão da natureza jurídica da referida taxa, a ação ordinária deve ser ajuizada no foro no qual se localiza a sede da ANS (art. 100, IV, *a*, do CPC). Assim, a Seção conheceu do conflito para declarar competente o juízo federal do Rio de Janeiro, o suscitante. **Precedente citado: REsp 835.700-SC, DJ 31/8/2006. CC 88.278-RJ, Rel. Min. Eliana Calmon, julgado em 23/4/2008.** (Inform. STJ 353) (g.n.)

PILOTO. SEXAGENÁRIO. EXERCÍCIO. ATIVIDADE.
O ato que fixa o limite de idade para os pilotos exercerem sua atividade profissional em voos domésticos é ilegal, uma vez que não poderia o antigo DAC estender a Convenção Internacional de Chicago ao plano inter-

no. A restrição a que pilotos com mais de sessenta anos exerça sua atividade profissional abrange apenas aeronaves utilizadas em voos internacionais. **Cabe à ANAC regular a matéria abordada** e apreciar a questão sobre novas bases. **Precedentes citados: REsp 610.607-RJ, DJ 10/5/2004, e REsp 251.920-RJ, DJ 18/9/2000. AgRg no REsp 931.366-RJ, Rel. Min. Humberto Martins, julgado em 11/3/2008.** (Inform. STJ 348) (g.n.)

LBA. NATUREZA JURÍDICA. AUTARQUIA.
Três são as questões fundamentais que se sobrepõem para a solução da controvérsia, a saber: qual a natureza jurídica das fundações públicas, qual a natureza jurídica da Legião Brasileira de Assistência (LBA) e, em consequência das respostas aos itens anteriores, têm os procuradores da LBA direito às gratificações insculpidas nos DLs ns. 2.333/1987 e 2.365/1987? A Min. Relatora esclareceu que as fundações públicas, por possuírem capacidade exclusivamente administrativa, são autarquias, aplicando-se a elas todo o regime jurídico das autarquias. **A natureza jurídica da LBA é de fundação pública que, em razão da definição antes apontada, classifica-se como espécie do gênero autarquia**. Assim, é aplicável o DL n. 2.365/1987 aos procuradores da LBA, sobretudo em atenção aos entendimentos deste Superior Tribunal e do STF, no sentido de definirem a LBA como uma espécie do gênero autarquia. No tocante à aplicação do DL n. 2.333/1987, a exegese do conteúdo da norma em comento, conjuntamente com o disposto no art. 3º, IV, do Dec. n. 93.237/1986, autoriza a aplicação do DL n. 2.333/1987 aos procuradores da LBA. Isso posto, a Turma, ao prosseguir o julgamento, negou provimento ao recurso da União e deu provimento ao recurso adesivo. Precedentes citados do STF: RE 215.741-SE, DJ 4/6/1999; CJ 6.650-RS, DJ 7/8/1987; do STJ: REsp 332.410-PR, DJ 14/6/2006, e CC 14.747-SE, DJ 12/5/1997. **REsp 204.822-RJ, Rel. Min. Maria Thereza de Assis Moura, julgado em 26/6/2007.** (Inform. STJ 325) (g.n.)

5.6.2. OAB e Conselhos Profissionais

Súmula STJ nº 413

O farmacêutico pode acumular a responsabilidade técnica por uma farmácia e uma drogaria ou por duas drogarias.

Súmula STJ nº 275

O auxiliar de farmácia não pode ser responsável técnico por farmácia ou drogaria.

Súmula STJ nº 120

O oficial de farmácia, inscrito no conselho regional de farmácia, pode ser responsável técnico por drogaria.

Súmula STJ nº 79

Os bancos comerciais não estão sujeitos a registro nos conselhos regionais de economia.

SEGUNDO AG. REG. EM MS N. 28.469-DF
RED. P/ O ACÓRDÃO: MIN. LUIZ FUX
Ementa: AGRAVO REGIMENTAL NO MANDADO DE SEGURANÇA. ADMINISTRATIVO. ACÓRDÃO DO TRIBUNAL DE CONTAS DA UNIÃO. CONSELHO DE FISCALIZAÇÃO PROFISSIONAL. NATUREZA JURÍDICA. AUTARQUIA FEDERAL. EXIGÊNCIA DE CONCURSO PÚBLICO. OBSERVÂNCIA DO ART. 37, II, DA CONSTITUIÇÃO FEDERAL. FISCALIZAÇÃO. ATIVIDADE TÍPICA DO ESTADO. PRINCÍPIO DA PROTEÇÃO DA CONFIANÇA LEGÍTIMA. ANÁLISE. AGRAVO REGIMENTAL PROVIDO PARA RESTAURAR O DEVIDO PROCESSAMENTO DO MANDADO DE SEGURANÇA E POSSIBILITAR UM MELHOR EXAME DA MATÉRIA.

1. Os conselhos de fiscalização profissional têm natureza jurídica de autarquias, consoante decidido no MS 22.643, ocasião na qual restou consignado que: (i) estas entidades são criadas por lei, tendo personalidade jurídica de direito público com autonomia administrativa e financeira; (ii) exercem a atividade de fiscalização de exercício profissional que, como decorre do disposto nos artigos 5º, XIII, 21, XXIV, é atividade tipicamente pública; (iii) têm o dever de prestar contas ao Tribunal de Contas da União (art. 71, II, CRFB/88).

2. Os conselhos de fiscalização profissional, posto autarquias criadas por lei e ostentando personalidade jurídica de direito público, exercendo atividade tipicamente pública, qual seja, a fiscalização do exercício profissional, submetem-se às regras encartadas no artigo 37, inciso II, da CRFB/88, quando da contratação de servidores. Precedente: RE 539.224, 1ª Turma Rel. Min. Luiz Fux, DJe.- 18/06/2012.

3. A fiscalização das profissões, por se tratar de uma atividade típica de Estado, que abrange o poder de polícia, de tributar e de punir, não pode ser delegada (ADI 1.717), excetuando-se a Ordem dos Advogados do Brasil (ADI 3.026).

4. *In casu*, está em discussão tese relacionada à contratação dos impetrantes, ocorrida há mais de 10 (dez) anos, e a alegação de desrespeito ao processo de seleção e às regras constitucionais aplicáveis (art. 37, II, CRFB/88), fatos que tornam imperativa a análise mais apurada do mandado de segurança, sobretudo em decorrência do princípio da proteção da confiança legítima.

5. Agravo regimental provido apenas para possibilitar um melhor exame do mandado de segurança e facultar às partes a oportunidade de sustentação oral. (Inform. STF 705)

Ausência de procuração e vista dos autos

O art. 7º, XIII, da Lei 8.906/94 (Estatuto dos Advogados) assegura ao advogado o direito de examinar, em qualquer órgão dos Poderes Judiciário e Legislativo, ou da Administração Pública em geral, autos de processos findos ou em andamento, mesmo sem procuração, quando não estejam sujeitos a sigilo, assegurada a obtenção de cópias, podendo tomar apontamentos. Nesse sentido, o Plenário, tendo em conta não se tratar de processo sigiloso, concedeu mandado de segurança impetrado contra decisão do Tribunal de Contas da União - TCU, que indeferira requerimento de vista e cópia integral de processo a advogado, em razão da inexistência de procuração a ele outorgada. Precedente citado: MS 23527 MC/DF (DJU de 4.2.2002). MS 26772/DF, rel. Min. Gilmar Mendes, 3.2.2011. (MS-26772) (Inform. STF 614)

Lei 8.906/1994, Art. 79, Caput e § 1º - 2

Concluído julgamento de ação direta ajuizada pelo Procurador-Geral da República, na qual se objetivava a declaração de inconstitucionalidade da expressão "*sendo assegurando aos optantes o pagamento de indenização, quando da aposentadoria, correspondente a cinco vezes o valor da última remuneração*", contida no § 1º do art. 79 da Lei 8.906/1994 (Estatuto da OAB), e, ainda, a interpretação conforme o inciso II do art. 37 ao *caput* do referido art. 79, no sentido de ser exigível o concurso público para provimento dos cargos da OAB — v. Informativo 377. No que se refere ao *caput* do art. 79 da Lei 8.906/94, o Tribunal, por maioria, julgou improcedente o pedido formulado, por entender que, em razão de a OAB não integrar a Administração Pública, não se haveria de exigir a regra do concurso público. Vencidos, no ponto, os Ministros Joaquim Barbosa e Gilmar Mendes que davam interpretação conforme, com eficácia *ex nunc*, ressalvando os cargos de chefia, direção ou assessoramento, por considerar que a OAB exerce serviço público de forte caráter estatal e submete-se, por isso, ao regime republicano do concurso público. Quanto ao § 1º do art. 79 da lei impugnada, o Tribunal, à unanimidade, julgou improcedente o pedido formulado, por não vislumbrar a alegada violação ao princípio da moralidade administrativa (Lei 8.906/1994: "*Art. 79. Aos servidores da OAB, aplica-se o regime trabalhista. § 1º Aos servidores da OAB, sujeitos ao regime da Lei nº 8.112, de 11 de dezembro de 1990, é concedido o direito de opção pelo regime trabalhista, no prazo de noventa dias a partir da vigência desta lei, sendo assegurado aos optantes o pagamento de indenização, quando da aposentadoria, correspondente a cinco vezes o valor da última remuneração.*"). Asseverou-se, no ponto, que a previsão de indenização seria razoável porque destinada a compensar, aos optantes pelo regime celetista, a perda de eventuais direitos e vantagens até então integrados ao patrimônio dos funcionários, e que o dispositivo estatuiu disciplina proporcional e consoante os princípios da igualdade e isonomia. Além disso, o preceito já teria produzido efeitos, devendo ser preservadas as situações constituídas por questões de segurança jurídica e boa-fé. ADI 3026/DF, rel. Min. Eros Grau, 8.6.2006. (ADI-3026) (Inform. STF 430)

DIREITO ADMINISTRATIVO E PROCESSUAL CIVIL. INTIMAÇÃO PESSOAL DO REPRESENTANTE DE CONSELHO DE FISCALIZAÇÃO PROFISSIONAL EM EXECUÇÃO FISCAL. RECURSO REPETITIVO (ART. 543-C DO CPC E RES. 8/2008-STJ).

O representante judicial de conselho de fiscalização profissional possui a prerrogativa de ser intimado pessoalmente no âmbito de execução fiscal promovida pela entidade. Incide, nessa hipótese, o disposto no art. 25 da Lei 6.830/1980 (LEF). Deve-se ressaltar, a propósito do tema, que o STF consolidou o entendimento de que os referidos conselhos possuem natureza jurídica autárquica, pois exercem atividade típica de Estado, de modo a abranger, no que concerne à fiscalização de profissões regulamentadas, o poder de polícia, o de tributar e o de punir. Nesse contexto, os créditos dos conselhos de fiscalização profissional devem ser cobrados por execução fiscal, pois a expressão "Fazenda Pública" constante do § 1º do art. 2º da LEF – "Qualquer valor, cuja cobrança seja atribuída por lei às entidades de que trata o artigo 1º, será considerado Dívida Ativa da Fazenda Pública." –, deve ser interpretada de maneira a abranger as autarquias. Dessa forma, existindo regra específica sobre a intimação pessoal dos representes da Fazenda Pública em execução fiscal (art. 25 da LEF), essa prerrogativa deve ser observada no caso dos representantes dos conselhos de fiscalização profissional. **REsp 1.330.473-SP, Rel. Min. Arnaldo Esteves Lima, julgado em 12/6/2013.** (Inform. STJ 526)

DIREITO ADMINISTRATIVO. IMPOSSIBILIDADE DE CONFERIR AOS PSICÓLOGOS, POR RESOLUÇÃO, AUTORIZAÇÃO PARA O EXERCÍCIO DA TÉCNICA DA ACUPUNTURA.

É inadmissível que resolução do Conselho Federal de Psicologia estenda aos profissionais da área a possibilidade de utilização da acupuntura como método complementar de tratamento, ainda que no Brasil não exista legislação que discipline o exercício dessa técnica. **Não se pode deduzir, a partir desse vácuo normativo, que se possa permitir, por intermédio de ato administrativo editado pelo conselho profissional, a prática da acupuntura. Ademais, não é possível aos profissionais de psicologia estender seu campo de trabalho por meio de resolução, pois suas competências já estão fixadas na Lei 4.119/1962, que regulamenta o exercício da profissão.** REsp 1.357.139-DF, Rel. Min. Napoleão Nunes Maia Filho, julgado em 18/4/2013. **(Inform. STJ 520)**

DIREITO PROCESSUAL CIVIL. COMPETÊNCIA. MANDADO DE SEGURANÇA CONTRA PRESIDENTE DE SUBSEÇÃO DA OAB.

Compete à Justiça Federal processar e julgar mandado de segurança impetrado contra presidente de subseção da OAB. A definição da competência para o mandado de segurança dá-se, em regra, pela natureza da autoridade coatora. Há situações, contudo, em que a autoridade apontada como coatora exerce suas funções em entidades que ou são de direito privado, ou não integram os quadros da Administração Pública direta ou indireta. No caso da OAB, o STF entende que se trata de um serviço público independente, categoria única no elenco das personalidades jurídicas existentes no direito brasileiro. Assim, a competência para o *mandamus* deve ser fixada adotando-se como parâmetro a origem da função que foi delegada. No caso, as funções atribuídas à OAB pelo art. 44 da Lei n. 8.906/1994 são de natureza federal, fato que atrai a competência da Justiça Federal. Precedentes citados: CC 122.713-SP, DJe 14/8/2012, e EREsp 235.723-SP, DJ 16/8/2004. **AgRg no REsp 1.255.052-AP, Rel. Min. Humberto Martins, julgado em 6/11/2012. (Inform. STJ 508)**

DIREITO ADMINISTRATIVO. CONSELHO DE FISCALIZAÇÃO PROFISSIONAL. CUSTAS. RECOLHIMENTO OBRIGATÓRIO.

Os conselhos de fiscalização profissional estão sujeitos ao pagamento de custas. Em que pese ao fato de os conselhos profissionais possuírem natureza jurídica de autarquia, a isenção do pagamento de custas por expressa previsão no parágrafo único do art. 4º da Lei n. 9.289/1996 não alcança as entidades fiscalizadoras do exercício profissional. Precedentes citados: AgRg no AREsp 2.795-RJ, DJe 19/12/2011 e AgRg no AREsp 15.531-RJ, DJe 21/9/2011. **AgRg no AREsp 200.014-RJ, Rel. Min. Napoleão Nunes Maia Filho, julgado em 20/9/2012. (Inform. STJ 505)**

CONSELHO. FISCALIZAÇÃO PROFISSIONAL. REGIME JURÍDICO.

A controvérsia está em saber a natureza do vínculo jurídico da recorrente com o conselho de fiscalização profissional, a fim de ser apreciada a legalidade do ato de sua demissão. A Min. Relatora ressaltou que o regime jurídico dos funcionários dos conselhos de fiscalização profissional, por força do art. 1º do DL n. 968/1969, era o celetista até o advento da CF/1988, que, em conjunto com a Lei n. 8.112/1990, art. 243, instituiu o regime jurídico único. Essa situação perdurou até a edição do art. 58, § 3º, da Lei n. 9.469/1998, que instituiu novamente o regime celetista para os servidores daqueles conselhos, em razão da promulgação da EC n. 19/1998, que aboliu o regime jurídico único dos servidores públicos. Entretanto, destacou que, no julgamento da ADI 1.171-DF, o STF declarou a inconstitucionalidade dos §§ 1º, 2º, 4º, 5º, 6º, 7º, 8º e do *caput* do art. 58 da Lei n. 9.649/1998, reafirmando a natureza de autarquia especial dos conselhos de fiscalização profissional, cujos funcionários continuaram celetistas, pois permaneceu incólume o § 3º da norma em comento, que submetia os empregados desses conselhos à legislação trabalhista. Porém, frisou que essa situação subsistiu até 2/8/2007, quando o Pretório Excelso, no julgamento da ADI 2.135-DF, suspendeu, liminarmente, com efeitos *ex nunc*, a vigência do art. 39, *caput*, do texto constitucional, com a redação dada pela EC n. 19/1998. Com essa decisão, subsiste, para os servidores da administração pública direta, autarquias e fundações públicas, a obrigatoriedade de adoção do regime jurídico único, ressalvadas as situações consolidadas na vigência da legislação editada nos termos da norma suspensa. *In casu*, a recorrente manteve vínculo trabalhista com o conselho de fiscalização de 7/11/1975 até 2/1/2007, ou seja, antes do retorno ao regime estatutário por força da decisão do STF (na ADI 2.135-DF). Assim, visto que à época a recorrente não estava submetida ao regime estatutário, sendo, portanto, de natureza celetista a relação de trabalho existente, não cabe invocar normas estatutárias para infirmar o ato de dispensa imotivada. Dessarte, a Turma, prosseguindo o julgamento, negou provimento ao recurso. Precedente citado: REsp 820.696-RJ, DJe 17/11/2008. **REsp 1.145.265-RJ, Rel. Min. Maria Thereza de Assis Moura, julgado em 14/2/2012. (Inform. STJ 491)**

CAIXA DE ASSISTÊNCIA DE ADVOGADO. AUXÍLIO-MATERNIDADE.

Trata-se, na origem, de ação de cobrança contra caixa de assistência de advogado na qual advogado inscrito na OAB pleiteia auxílio-maternidade em razão do nascimento de seu filho. As caixas de assistência dos advogados têm personalidade jurídica e estatutos próprios, apesar de vinculadas à respectiva seccional da OAB (art. 62, *caput* e § 1º, da Lei n. 8.906/1994). Têm como finalidade prestar assistência aos advogados, bem como promover a seguridade complementar (art. 62, § 2º, da mencionada lei). A Turma negou provimento ao recurso por entender que a concessão de auxílio-maternidade apenas às advogadas parturientes não ofende o princípio da isonomia, uma vez que é imprescindível o afastamento temporário de suas atividades profissionais para recuperação física, cuidados pessoais, dedicação integral ao recém-nascido, que necessita de amamentação e cuidados especiais necessários ao seu desenvolvimento. Logo, não se vislumbra desproporcionalidade no tratamento diferenciado, que objetiva conferir justificável proteção à advogada e seu dependente, não havendo cogitar em ilegalidade ou desarrazoada discriminação em razão do sexo. **REsp 1.109.252-PR, Rel. Min. Luis Felipe Salomão, julgado em 25/10/2011.** (Inform. STJ 486)

EXAME. OAB. APROVAÇÃO ANTERIOR. CONCLUSÃO. CURSO.
A Turma deu provimento ao recurso, mantendo situação fática consolidada e constituída pelo decurso do tempo em que candidato foi aprovado no exame da Ordem dos Advogados do Brasil (OAB) antes da conclusão do curso de Direito. O candidato obteve o direito de inscrever-se no exame da ordem independentemente da apresentação do diploma por meio de liminar; depois de sua aprovação e conclusão do curso, conforme exige a lei, em sentença, o juiz confirmou a liminar e o direito de sua inscrição nos quadros da autarquia; essa decisão foi reformada no TJ. Entendeu o Min. Relator, com base em precedentes, que não faria sentido revogar a inscrição diante da situação consolidada. Precedente citado: AgRg no REsp 1.012.231-SC, DJe 23/10/2008. **REsp 1.226.830-RS, Rel. Min. Mauro Campbell Marques, julgado em 1º/3/2011.** (Inform. STJ 465)

CONSELHO. FISCALIZAÇÃO PROFISSIONAL. RJU.
Conforme a jurisprudência e doutrina predominantes lastreadas nos arts. 5º, XIII, 21, XXIV, e 22, XVI, da CF/1988, os conselhos federais e regionais de fiscalização do exercício profissional, por exercer funções tipicamente públicas, possuem a natureza jurídica de autarquias. Assim, quanto ao regime jurídico que deve ser adotado por eles na contratação de seus servidores, ao se sopesar a legislação (DL n. 968/1969, art. 243 da Lei n. 8.112/1990, art. 58 da Lei n. 9.649/1998 e EC n. 19/1998), além do que decidiu o STF no julgamento de ADIs, firmou-se a jurisprudência de que aqueles conselhos devem adotar o regime jurídico único (RJU), ressalvadas as situações consolidadas na vigência de legislação editada nos termos da EC n. 19/1998. Anote-se que a Ordem dos Advogados do Brasil (OAB) constitui exceção à regra, pois sua peculiar natureza jurídica não permite classificá-la como autarquia, tal qual já decidiu também o STF, que permitiu à Ordem firmar contratos de trabalho regidos pela CLT. Com esse entendimento, ao prosseguir o julgamento, a Turma concedeu a segurança para determinar aos conselhos profissionais impetrados (excetuada a OAB) tomar as providências cabíveis para implantar o RJU em seu âmbito, observada a ressalva referente à legislação editada conforme a EC n. 19/1998 (ver Informativo do STF n. 474). **Precedentes citados do STF: ADI 1.717-DF, DJ 28/32003; ADI 2.135 MC-DF, DJ 2/8/2006; ADI 3.026-DF, DJ 29/9/2006; MS 22.643-SC, DJ 4/12/1998; do STJ: CC 100.558-SP, DJe 4/9/2009; CC 43.623-PR, DJ 11/10/2004, e REsp 820.696-RJ, DJe 17/11/2008. REsp 507.536-DF, Rel. Min. Jorge Mussi, julgado em 18/11/2010.** (Inform. STJ 456)

RESOLUÇÃO. EXORBITÂNCIA. LEI.
A Resolução n. 4/2002 do Conselho Nacional de Residência Médica (CNRM), que veio complementar e explicitar o Dec. n. 80.281/1977 e a Lei n. 6.932/1981, em seu art. 38, estabelece a transferência dos médicos que estiverem cursando residência médica em instituição que venha a ser descredenciada do programa de residência médica, determinando a obrigação de continuidade do pagamento da bolsa até a conclusão do curso. Todavia, tanto o decreto como a lei não criaram para a instituição o encargo de remunerar quem não mais lhe presta serviços. Assim, a resolução extrapolou os limites de sua competência ao fazê-lo e, consequentemente, a decisão judicial lastreada naquela resolução é passível de ataque via mandado de segurança. **RMS 26.889-DF, Rel. Min. João Otávio de Noronha, julgado em 20/4/2010.** (Inform. STJ 431)

INVESTIGAÇÃO. OAB. DENÚNCIA ANÔNIMA.
A OAB não pode, sob alegação de averiguar o preenchimento de requisitos para a inscrição de candidato nos seus quadros, realizar processo investigatório lastreado em denúncia anônima que noticiou o cometimento de ato de improbidade administrativa pelo bacharel requerente. Assim, a Turma, por maioria, deu parcial provimento ao recurso. **Precedente citado: QO na Sd 166-DF, DJe 3/9/2009. REsp 1.074.302-SC, Rel. Min. Benedito Gonçalves, julgado em 20/4/2010.** (Inform. STJ 431)

CREA. REGISTRO PROFISSIONAL. TÉCNICO.
Discute-se no REsp a habilitação de técnico de nível médio indeferida pelo Conselho Regional de Engenharia, Arquitetura e Agronomia (CREA) para projetar e dirigir instalações elétricas com demanda de energia de até 800 KVA, conforme previsto no Dec. n. 90.922/1985, isso porque o tribunal *a quo* definiu que esse deferimento exorbita as atribuições do CREA. Nesses casos, a jurisprudência deste Superior Tribunal tem entendido que o art. 4º, § 2º, do referido decreto extrapolou os limites da Lei n. 5.524/1968 ao dispor que os técnicos em eletrotécnica poderiam ter atribuições de projeção e direção de instalações elétricas com demanda de energia de até 800 KVA, excedendo sua função meramente regulamentar, o que não admite o ordenamento jurídico pátrio. Diante do exposto, a Turma deu provimento ao recurso do CREA. **Precedentes citados: REsp 778.338-DF, DJ 12/3/2007, e REsp 729.014-PR, DJ 8/10/2007. REsp 845.172-SC, Rel. Min. Teori Albino Zavascki, julgado em 6/4/2010.** (Inform. STJ 429)

EDUCAÇÃO FÍSICA. DANÇA. ARTES MARCIAIS.
A Turma não conheceu do recurso, ressaltando o entendimento de que viola o livre exercício profissional (art. 5º, XIII, da CF/1988) a pretensão de incluir, na definição legal de profissional de Educação Física, atividades desvinculadas da educação do corpo especificamente, para fins de abranger aquelas com objetivo distinto, como as artes marciais e a dança. Com efeito, a exigência de inscrição e curso de nive-

lamento dos profissionais que ministram aulas de artes marciais para competição, por força da Resolução n. 46/2002 do Conselho Federal de Educação Física (Confef), extrapola a definição legal dos arts. 2º, III, e 3º da Lei n. 9.696/1998, ao incluir as artes marciais e a dança como atividades próprias dos profissionais de Educação Física. **REsp 1.170.165-RJ, Rel. Min. Eliana Calmon, julgado em 2/3/2010.** (Inform. STJ 425)

COBRANÇA. CONSELHOS PROFISSIONAIS. LEI REVOGADA.

A Turma negou provimento ao recurso por entender que a jurisprudência deste Superior Tribunal está pacificada no sentido de que, para prosperar a ação rescisória fundada no art. 485, V, do CPC, é necessário que a interpretação dada pelo *decisum* rescindendo seja de tal modo aberrante que viole o dispositivo legal em sua literalidade. Se, ao contrário, o acórdão rescindendo elege uma dentre as interpretações cabíveis, ainda que não seja a melhor, a ação rescisória não merece vingar sob pena de tornar-se recurso ordinário com prazo de interposição de dois anos. Além do mais, a norma apontada como violada já se encontrava revogada à época do pedido, motivo pelo qual não haveria "direito adquirido" à conformação do valor cobrado aos limites estabelecidos na Lei n. 6.994/1982. Muito embora a Lei n. 8.906/1994 vise disciplinar, especificamente, a autarquia especial da Ordem dos Advogados do Brasil, o Estatuto contém comandos genéricos aplicáveis à legislação ordinária, em especial, dispositivos que revogam expressamente a norma anterior, os quais devem ser incondicionalmente observados. **Precedentes citados: REsp 396.751-RS, DJ 29/3/2006, e REsp 181.909-RS, DJ 1º/12/2006. REsp 1.032.814-RS, Rel. Min. Luiz Fux, julgado em 20/10/2009.** (Inform. STJ 412)

PAD. AUTOS. ADVOGADO.

Trata-se de MS impetrado por advogado contra ato de conselheira do Conselho Regional de Medicina (CRM), objetivando acesso aos autos do processo administrativo instaurado naquele Conselho para apurar eventual prática de erro médico, a fim de apresentar as razões finais de seu cliente, conforme prerrogativa funcional estabelecida no art. 7º, XV, da Lei n. 8.906/1994. O CRM recorrente sustenta que o direito à vista dos autos concedido pelo Tribunal *a quo* viola o disposto nesse artigo de lei, bem como no art. 7º do Dec. n. 44.045/1958, ao argumento de que a existência de informações sigilosas no mencionado processo impõe a mitigação do direito de vista pretendido pelo impetrante. Isso posto, a Turma negou provimento ao recurso por entender que, conforme dispõe o art. 7º da Lei n. 8.906/1994, o advogado ostenta como prerrogativa o direito de vista de feitos administrativos ou judiciais capazes de restringir direitos, liberdades ou garantias subjetivas, máxime porque a omissão de defesa ou a defesa deficiente em razão da falta de acesso às acusações lesa o interesse, o direito ou a liberdade da pessoa representada pelo advogado, e não o próprio profissional. **Precedentes citados: HC 123.343-SP, DJ 9/12/2008; MS 6.356-DF, DJ 17/12/1999, e RMS 23.071-MT, DJ 4/6/2007. REsp 1.112.443-SP, Rel. Min. Luiz Fux, julgado em 20/10/2009.** (Inform. STJ 412)

MÉDICOS. CARGA HORÁRIA. DECRETO.

A Turma entendeu que é possível regulamentar, por meio de decreto, a carreira de médico, para fins de estabelecer que a remuneração seja proporcional às horas efetivamente trabalhadas, conforme a norma legal que fixou a jornada laboral entre 10 e 20 horas semanais. **Precedente citado: MS 13.610-DF, DJe 9/6/2009. RMS 19.828-PR, Rel. Min. Maria Thereza de Assis Moura, julgado em 13/10/2009.** (Inform. STJ 411)

INSCRIÇÃO. CREF. DIÁLOGO. FONTES.

O art. 1º da Lei n. 6.839/1980 determina o registro de pessoa jurídica no conselho profissional quando sua atividade fim consta dos atos típicos da profissão submetida ao controle daquele órgão. Todavia, não há necessidade de registro quando a pessoa jurídica apenas utiliza serviços técnico-profissionais como meio à exploração de sua atividade produtiva. Por outro lado, o art. 2º da Lei n. 9.696/1998 limita-se a permitir o exercício profissional a pessoas naturais que exercem a atividade de educação física. Isso posto, não há conflito entre os dispositivos que permita aplicar a sistemática de exclusão da norma tida por inválida, pois cada um é aplicável em âmbito próprio e, como visto, a situações diversas. Dessa feita, as fontes legais retrocitadas estão em diálogo e devem ser aplicadas harmonicamente. Assim, entender que a Lei n. 9.696/1998 exclui as pessoas jurídicas do registro no Conselho Regional de Educação Física (CREF) levaria à conclusão de que elas não podem explorar essa atividade, o que, com certeza, não é o objetivo da lei. Essa interpretação isolada e literal da norma traria uma inaceitável desigualdade entre pessoas físicas e jurídicas, a sujeitá-las a diferentes encargos conforme sua natureza. No caso, o objeto social da sociedade empresária recorrente (academia de ginástica) identifica-se mesmo com a prestação dos específicos serviços dos profissionais de Educação Física (art. 3º da Lei n. 9.696/1998), a impor-lhe seu registro no referido conselho profissional. **Precedente citado: REsp 797.194-SC, DJ 4/5/2006. REsp 1.139.554-RS, Rel. Min. Castro Meira, julgado em 1º/10/2009.** (Inform. STJ 409)

RECURSO REPETITIVO. FARMACÊUTICO. RESPONSABILIDADE TÉCNICA.

Ao apreciar o especial submetido ao regime do art. 543-C do CPC e da Res. n. 8/2008-STJ, a Seção deu provimento ao recurso, reiterando seu entendimento de que o farmacêutico pode acumular a responsabilidade técnica por unidade farmacêutica e por unidade de drogaria, bem como a responsabilidade por duas drogarias, espécies do gênero farmácia. O art. 20 da Lei n. 5.991/1973, ao dispor que "a cada farmacêutico será permitido exercer a direção técnica de, no máximo, duas farmácias, sendo uma comercial e uma hospitalar", não veda a acumulação de exercício de direção técnica de uma farmácia e uma drogaria, sendo certo que as normas restritivas não podem ser interpretadas ampliativamente, consoante princípio comezinho de hermenêutica jurídica. A drogaria é uma espécie de farmácia com atividades limitadas (art. 4º, X e XI, da Lei n. 5.991/1973), na qual há dispensação e comércio de drogas, medicamentos, insumos farmacêuticos e correlatos em suas embalagens, enquanto na farmácia, além de efetuar-se dispensação e comércio de drogas, há a manipulação de fórmulas medicamentosas. **Precedentes citados: AgRg no REsp 1.008.547-MG, DJe 27/4/2009; EDcl no AgRg no REsp 1.008.960-MG, DJe 23/4/2009; AgRg no REsp 1.031.008-MG, DJe 17/12/2008; REsp 1.008.577-MG, DJe 16/4/2008, e REsp 968.778-MG, DJe 7/2/2008. REsp 1.112.884-MG, Rel. Min. Luiz Fux, julgado em 26/8/2009.** (Inform. STJ 404)

COOPERATIVA MÉDICA. FARMÁCIA PRIVATIVA. CRF. REGISTRO.

A Turma proveu o recurso para conceder a segurança, entendendo não haver ilícito ético na instalação de farmácia privativa em cooperativa médica para fornecimento de medicamentos a preço de custo a seus associados e conveniados de plano de saúde, descabendo, ademais, a vedação de registro de responsável técnico no CRF (art. 16, **g**, do Dec. n. 20.931/1932 e arts. 98 e 99 do Código de Ética Médica. **Precedentes citados: AgRg no Ag 1.027.668-SP, DJe 9/3/2009; REsp 438.227-PR, DJ 2/8/2006; REsp 640.594-GO, DJ 27/3/2006, e REsp 709.006-TO, DJ 13/2/2006. REsp 997.343-SP, Rel. Min. Eliana Calmon, julgado em 12/5/2009.** (Inform. STJ 394)

EXAME. OAB. INSCRIÇÃO. LIMINAR. CONCLUSÃO. CURSO. TEORIA. FATO CONSUMADO.

A prestação amparada por liminar do exame da OAB antes da conclusão do curso de Direito não impossibilita ao candidato obter sua inscrição. Aplicou-se, porém, ao caso, a teoria do fato consumado, visto que o impetrante já concluiu o curso e se inscreveu definitivamente nos quadros da Ordem. **Precedentes citados: AgRg no REsp 1.012.231-SC, DJe 23/10/2008, e REsp 500.340-RS, DJ 8/2/2007. AgRg no REsp 1.076.042-SC, Rel. Min. Humberto Martins, julgado em 2/4/2009.** (Inform. STJ 389)

VOTAÇÃO. MEMBROS. OAB. QUITAÇÃO.

O art. 134, § 1º, do regulamento geral da OAB é legal, pois não extrapolou o art. 63 da Lei n. 8.906/1994. Assim, a necessidade de comprovação de quitação perante a OAB é requisito para a participação do advogado nas eleições de membros daquela entidade. **REsp 1.058.871-CE, Rel. Min. Mauro Campbell Marques, julgado em 4/12/2008.** (Inform. STJ 379)

CONSELHO. FISCALIZAÇÃO PROFISSIONAL. REGIME JURÍDICO ESTATUTÁRIO.

É cediço que a jurisprudência do STJ e também do STF é no sentido de que os conselhos de fiscalização profissional possuem natureza jurídica de autarquia, sujeitando-se, portanto, ao regime jurídico de Direito Público. No caso, a servidora, recorrida, foi contratada por um conselho regional de fiscalização profissional em 7 de fevereiro de 1980, sendo demitida em 27 de fevereiro de 1998, antes, portanto, da edição da EC n. 19/1998, sem a observância das regras estatutárias então vigentes. Ademais, vale ressaltar que o STF, ao julgar a ADI 2.135-DF, deferiu parcialmente a liminar com efeito *ex nunc*, para suspender a vigência do art. 39, *caput*, da CF/1988, com a redação dada pela referida EC. Com essa decisão, subsiste, para a Administração Pública direta, autárquica e fundacional, a obrigatoriedade de adoção do regime jurídico único, ressalvadas as situações consolidadas na vigência da legislação editada nos termos da emenda declarada suspensa. Com esses argumentos, entre outros, a Turma negou provimento ao recurso e manteve o entendimento do acórdão recorrido no sentido de que o ato de dispensa imotivada, com pagamento de todas as verbas previstas na legislação trabalhista, é irregular, uma vez que se impunha observar, por parte do conselho, a instauração de regular processo administrativo em que fosse assegurado à servidora o direito à ampla defesa e ao contraditório. **Precedentes citados do STF: MS 22.643-SC, DJ 4/12/1998; do STJ: AgRg no REsp 479.025-DF, DJ 20/10/2003; AgRg no REsp 314.237-DF, DJ 9/6/2003; REsp 400.553-RJ, DJ 14/5/2007, e REsp 333.064-RJ, DJ 8/10/2007. REsp 820.696-RJ, Rel. Min. Arnaldo Esteves Lima, julgado em 2/9/2008.** (Inform. STJ 366)

MS. LIMINAR. OAB.

Em votação administrativa de lista formulada pela OAB para composição de lista tríplice referente a candidatos a ministros deste Superior Tribunal, lista a ser enviada ao presidente da República, em votação por três escrutínios, não foi possível a escolha devido aos números de votos em branco, tendo o plenário do STJ deliberado que o ocorrido deveria ser comunicado à OAB. A OAB insistiu na mesma lista, daí o presente MS com pedidos de liminar. Note-se que só os pedidos de liminar foram julgados nessa ocasião. O primeiro pedido foi de sustação da votação das outras listas para preencher vagas no STJ (representante do Ministério Público e desembargadores). O outro pedido de liminar foi para que o STJ prossiga na votação dos nomes fornecidos pela OAB até a elaboração da respectiva lista tríplice. Para a maioria dos ministros, esse último pedido confundia-se com o próprio mérito do mandado de segurança sendo, portanto, impossível de ser analisado em liminar. Argumentou-se, ainda, que a concessão de liminar exige *fumus boni juris* e *periculum in mora,* requisitos acumulativos, não bastando estar presente apenas um deles. Quanto ao *periculum in mora,* impõe-se que se analisem as normas constitucionais e essas não são aplicadas, mas valoradas. Então, no caso, há dois valores em jogo: o interesse público na composição das turmas do STJ e o interesse da parte (OAB), objetivos legítimos. Porém se sobrepõe o interesse público que é o interesse do jurisdicionado. Outrossim, decidiu-se, por maioria, que a votação de outras listas não altera a composição alternada entre membros do MP e advogados e tampouco exclui a vaga garantida da OAB no Tribunal. Quanto à ordem de antiguidade que seria alterada, firmou-se, também por maioria, que, só após a nomeação, há o direito subjetivo do nomeado e não da entidade. Com esses argumentos, a Corte Especial indeferiu, por maioria, as liminares. **MS 13.532-DF, Rel. Min. Paulo Gallotti, julgado em 7/5/2008**. (Inform. STJ 354)

5.7. QUADRO SINÓTICO

ORGANIZAÇÃO DA ADMINISTRAÇÃO PÚBLICA

1. Conceitos básicos

a) pessoas jurídicas estatais: *entidades integrantes da estrutura do Estado dotadas de personalidade;* ex.: União

b) órgãos: *centros de competência integrantes de pessoas estatais;* ex: Ministério da Justiça

- Quanto à posição, os **órgãos** podem ser

- *independentes*: Poderes Legislativo, Executivo e Judiciário

- *autônomos:* Ministérios, Secretarias, MP

- *superiores:* departamentos, procuradorias

- *subalternos:* portarias, seções

c) desconcentração: *distribuição interna de competências ou atribuições (*dá-se de órgão para órgão*);* ex.: criação de nova Secretaria

d) descentralização: *distribuição externa de competências ou atribuições (*dá-se de PJ para PJ); ex: criação de nova autarquia; descentralização pode ser

- *por serviço*: lei atribui *titularidade* do serviço

- *por colaboração:* contrato atribui *execução* do serviço

e) Administração Direta: *compreende os órgãos das pessoas políticas*; ex.: órgãos dos Poderes, MP, Tribunal de Contas

f) Administração Indireta: *compreende as pessoas jurídicas criadas pelos entes políticos;* ex.: autarquias, empresas estatais

g) Hierarquia: *poder de fiscalização de órgão para órgão; aqui poder revisar atos do subordinado é amplo*

h) Controle: *poder de fiscalização finalística de pessoa jurídica para pessoa jurídica; aqui poder de revisar ato do fiscalizado é limitado ao que a lei autorizar*

2. Pessoas Jurídicas de Direito Público

2.1. Conceito: *são os entes políticos e as pessoas criadas para o exercício de atividades típicas do Estado*

2.2. Pessoas de direito público da Administração Indireta

a) autarquias – exs.: Banco Central, INSS, IBAMA

b) fundações públicas – ex.: Funai

c) agências reguladoras – exs.: Anatel, Aneel, ANP, ANS etc.

d) consórcios públicos de direito público (associações públicas)

2.3. Regime jurídico geral das PJDP da Administração Indireta

a) são criadas por lei específica

b) possuem capacidade administrativa: podem regulamentar, fiscalizar e fazer concessões

c) expedem ato administrativo e tem regime jurídico administrativo

d) possuem imunidade de impostos quanto ao patrimônio, renda e serviços vinculados às suas finalidades essenciais (art. 150, § 2º, da CF)

e) possuem bens públicos

f) submetem agentes a regime estatutário, como regra

g) respondem objetivamente (art. 37, § 6º, da CF)

h) possuem vantagens processuais

2.4. Especificidades das fundações públicas:

a) são patrimônio personalizado

b) para alguns, não são criadas por lei específica; esta apenas autoriza sua criação; ademais, lei complementar definirá suas áreas de atuação (art. 37, XIX, CF)

2.5. Especificidades das agências reguladoras

a) criadas para controle de serviços públicos, poder de polícia, controle do petróleo, fomento e uso de bem público

b) possuem poder normativo

c) dirigentes são nomeados após aprovação do Senado

d) dirigentes têm mandato fixo

e) dirigentes se sujeitam a "quarentena", findo o mandato

Obs.: não confundir com agências executivas, qualificativo de autarquias e fundações públicas que celebram contrato de gestão, com metas, de um lado, e benefícios, de outro

2.6. Especificidades dos consórcios (Lei 11.107/2005)

a) conceito: *reunião de entes políticos para a gestão associada de serviços públicos*

b) espécies:

- direito público: atividade típica de Estado; ex: fiscalização

- direito privado: atividade não típica de Estado; ex: hospital

c) criação: protocolo de intenções, publicação nos D.O.'s, ratificação por leis locais, contrato de consórcio público

d) contrato de rateio: anual, serve para tratar dos recursos que entes políticos destinarão para o consórcio

e) contrato de programa: *prestação de serviço para um ente consorciado, pelo consórcio ou por um órgão ou ente de um consorciado*

3. Pessoas Jurídicas de Direito Privado Estatal

3.1. Conceito: *são as pessoas criadas para o exercício de atividades não típicas de Estado, tais como a* *mera execução de serviço público e a exploração de atividade econômica*

- atividade econômica: o Estado só pode agir nela em caso de *relevante interesse público* ou de *imperativo de segurança nacional*

3.2. Pessoas de direito privado estatais

a) Empresa pública – exs.: CEF, Correios

b) Sociedade de economia mista – exs.: BB, Petrobrás

c) Fundações privadas – ex.: um museu estatal

d) Consórcios públicos de direito privado

3.3. Regime jurídico das pessoas privadas estatais

a) são criadas mediante autorização de lei específica

b) são reguladas pelo direito civil, empresarial, trabalhista; porém obedecem aos princípios da Administração, e devem fazer licitação e concursos públicos

c) não possuem imunidade de impostos, salvo Correios

e) não possuem bens públicos, salvo Correios

f) submetem agentes a regime celetista

g) respondem subjetivamente, salvo se prestadora de serviço público (art. 37, § 6º, da CF)

h) não possuem vantagens processuais

i) agentes cometem improbidade administrativa

j) são fiscalizadas pelos Tribunais de Contas

3.4. Empresas pública x Sociedade de economia mista

- Capital público x Capital público e privado (controle societário público)

- Qualquer modalidade societária x Somente S/A

- empresa federal: foro na J. Federal x empresa federal: foro na J. Estadual

5. Entidades de Cooperação (Paraestatais/3º Setor)

5.1. Conceito: *pessoas de direito privado não estatais, sem fins lucrativos, e que exercem atividades de interesse público não exclusivas do Estado.*

5.2. Espécies:

a) Serviços Sociais Autônomos:

- Sistema "S" (SESI, SENAC, SENAI etc.)

- Ligadas a categorias profissionais

- Prestam atividades privadas de interesse público

- Arrecadam contribuições parafiscais

- Não são obrigadas a fazer licitação e concursos, mas devem gastar recursos observando a impessoalidade e a moralidade

- Sujeitam-se à fiscalização do TCU

b) Organizações Sociais – OS (Lei 9.637/1998):

- Ensino, saúde, cultura, pesquisa, meio ambiente

- Atuam em atividades que o Estado deve prestar

- Devem ter representantes do Poder Público e da comunidade em seu órgão superior

- São qualificadas mediante aprovação do Ministério Supervisor e do Ministério da Reforma do Estado

- Celebram Contrato de Gestão

c) Organizações da Sociedade Civil de Interesse Público – OSCIPs (Lei 9.790/1999)

- Promoção da segurança alimentar, ética, paz, saúde

- Atuam em atividades de interesse público – recebem fomento

- Qualificadas pelo Ministro da Justiça

- Celebram Termo de Parceria

5.8. QUESTÕES OBJETIVAS COMENTADAS

5.8.1. Temas gerais (Administração Pública, órgãos e entidades, descentralização e desconcentração, controle e hierarquia, teoria do órgão)

(Magistratura/PI – 2011 – CESPE) Assinale a opção correta com referência à administração direta e indireta.

(A) As autarquias são instituídas por lei, iniciando-se a sua existência legal com a inscrição, no registro próprio, de seu ato constitutivo.

(B) As empresas públicas, as autarquias e as fundações instituídas e mantidas pelo poder público são beneficiárias do princípio da imunidade tributária, no que se refere aos impostos sobre a renda, o patrimônio e os serviços federais, estaduais e municipais.

(C) As sociedades de economia mista podem revestir-se de qualquer forma admitida em direito, como, por exemplo, a de sociedade unipessoal ou pluripessoal.

(D) Caracterizadas pela CF como atividades essenciais ao funcionamento do Estado, as administrações tributárias da União, dos estados, do DF e dos municípios devem atuar de forma integrada, inclusive no que concerne ao compartilhamento de dados cadastrais e de informações fiscais, na forma de lei ou de convênio.

(E) O princípio da reserva legal, segundo o qual todas as entidades integrantes da administração indireta, independentemente da esfera federativa a que estejam vinculadas, devem ser instituídas por lei, aplica-se às empresas públicas e às sociedades de economia mista, mas não às suas subsidiárias.

A: incorreta, pois a própria lei já cria a autarquia (art.37, XIX, da CF), não sendo necessária a inscrição de seus atos constitutivos no registro público; **B:** incorreta, pois a imunidade recíproca só alcança os entes políticos e as entidades autárquicas e fundações de direito público, nos termos do art. 150, § 2º, da CF, não alcançando as empresas públicas; **C:** incorreta, pois as sociedades de economia mista só podem assumir a forma de sociedade anônima, seja pelo disposto no art. 5º, III, do Dec.-lei 200/1967, seja porque sua regulamentação está justamente na Lei das Sociedades Anônimas (arts. 235 e ss. da Lei 6.404/1976); **D:** correta (art. 37, XXII, da CF); **E:** incorreta, pois a autorização específica de lei para criar as empresas públicas e sociedades de economista também é requisito para a criação de sua subsidiária (art. 37, XX, da CF).

Gabarito "D"

(Magistratura/PR – 2010 – PUC/PR) Em relação ao regime jurídico da Administração Pública, assinale a alternativa CORRETA:

(A) Empresas públicas são pessoas jurídicas de direito público, pois possuem capital integral público e submetem-se a regime jurídico híbrido, público e privado.

(B) Serviços sociais autônomos pertencem ao segundo setor e localizam-se na Administração pública direta, executando atividades em complementação à ação estatal.

(C) Autarquias em regime especial admitem contingenciamento orçamentário em situações de calamidade pública de grandes proporções ou grave abalo institucional.

(D) Órgãos públicos são centros despersonalizados de poder, reunião de competência sem atribuição de personalidade jurídica.

A: incorreta, pois as empresas públicas são pessoas jurídicas de direito *privado* estatais; a palavra "públicas", na expressão "empresas públicas", diz respeito ao fato de que estas só têm capital público, e não ao fato de que o regime jurídico é de direito público; de qualquer forma, é bom ressaltar que o regime jurídico de direito privado dessas empresas é, realmente, especial, havendo algumas condicionantes típicas de direito público (ex.: dever de licitar e de fazer concurso público); **B:** incorreta, pois os serviços sociais autônomos (SESC, SESI etc.), assim como as organizações sociais e as OSCIPs, são entidades do *terceiro* setor; **C:** incorreta, pois as autarquias especiais têm autonomia não só administrativa, como orçamentária e financeira; **D:** correta, pois traz a exata definição de órgãos públicos, que, realmente, não têm personalidade jurídica como têm as entidades ou pessoas jurídicas.

Gabarito "D"

(Ministério Público/MG – 2012 – CONSULPLAN) Analise as assertivas abaixo:

I. As sociedades de economia mista são pessoas jurídicas de direito privado e integram a Administração Pública indireta.

II. As empresas públicas são pessoas jurídicas de direito privado, têm capital inteiramente público e podem ser organizadas sob qualquer forma admitida em Direito (civil ou comercial).

III. O poder de polícia não pode ser exercido pelas agências reguladoras por se tratar de prerrogativa indelegável e exclusiva dos entes da Administração Pública direta.

IV. Quarentena é o mecanismo pelo qual o ex-dirigente de uma agência reguladora, seu cônjuge, companheiro ou parente em linha reta, colateral ou por afinidade, até o terceiro grau, inclusive, ficam impedidos de desempenhar funções públicas, pelo período de quarenta dias a contar da data de sua exoneração.

Pode-se afirmar que:

(A) apenas as assertivas I e II estão **CORRETAS**.

(B) apenas as assertivas II e III estão **CORRETAS**.

(C) apenas as assertivas III e IV estão **CORRETAS.**

(D) apenas as assertivas I e IV estão **CORRETAS.**

I: correta (art. 5º, III, do Dec.-lei 200/1967); **II:** correta (art. 5º, II, do Dec.-lei 200/1967); **III:** incorreta, pois as agências reguladoras, por serem pessoas jurídicas de direito público, podem praticar atividades típicas de Estado, tal como é o poder de polícia; basta que a lei atribua tal competência a uma agência reguladora, como é o caso da ANVISA que recebe competência para o exercício do poder de polícia em matéria de vigilância sanitária; **IV:** incorreta, pois a lei faz referência apenas ao ex-dirigente e o prazo não é necessariamente de 40 dias, variando de acordo com o tipo de agência reguladora; na Lei Geral de Agências Reguladoras, que se aplica quando não há disposição específica na lei que trata de determinada agência, a quarentena foi fixada em quatro meses (art. 8º, *caput*, da Lei 9.986/2000).

Gabarito "A"

(Defensor Público/SE – 2012 – CESPE) Assinale a opção correta acerca de aspectos gerais da administração pública.

(A) A fundação pública de direito privado, também conhecida como fundação governamental, possui personalidade privada e submete-se, inteiramente, ao direito público.

(B) As sociedades de economia mista, as empresas públicas e as autarquias só podem ser criadas por meio de lei.

(C) Entre as teorias que tratam da natureza jurídica da relação entre o Estado e seus agentes, é amplamente adotada pela doutrina e jurisprudência brasileiras a teoria da representação.

(D) As autarquias, pessoas jurídicas de direito privado, fazem parte da administração indireta do Estado e gozam de liberdade administrativa nos limites da lei de regência.

(E) O ato da administração, praticado pela administração pública no exercício da função administrativa, pode ser regido tanto pelo direito público quanto pelo direito privado, ao passo que o ato administrativo rege-se, necessariamente, pelo direito público.

A: incorreta, pois, em sendo de direito privado, obedece ao regime jurídico de direito privado especial, próprio das pessoas privadas da Administração Indireta; **B:** incorreta, pois as sociedades de economia mista e as empresas públicas são autorizadas por lei (específica) e não criadas por lei; em seguida à autorização legislativa elas devem ter seus atos constitutivos arquivados no Registro Público, para que passem a existir; **C:** incorreta, pois a teoria da representação é muito criticada, pelo fato de se tratar de um instituto de direito privado, muitas vezes relacionado aos incapazes, sendo que o Estado está longe de ser incapaz; a teoria adotada no Brasil é a da presentação, pela qual os agentes públicos se fazem presentes enquanto Administração, quando atuam em suas funções públicas; A **teoria da presentação** fez com que se desenvolvesse a teoria do órgão, de acordo com a qual todo ato expedido por um agente público é imputado diretamente à Administração Pública. De fato, quando um agente público pratica um ato, esse agente nada mais está do que se fazendo presente (presentando) como Estado. No fundo, quem pratica o ato é o próprio Estado, e não o agente público, que é um mero presentante deste. Essa conclusão tem várias consequências, dentre as quais a de que, causado um dano a terceiro por conduta de agente estatal, o Estado responderá objetivamente, não sendo sequer possível que a vítima ingresse com ação diretamente em face do agente público, devendo acionar o Estado, que, regressivamente, poderá se voltar em face do agente público que tiver agido com culpa ou dolo (art. 37, § 6º, da CF). **D:** incorreta, pois as autarquias são pessoas jurídicas de direito público; **E:** correta, visto que a Administração pratica dois tipos de atos, os atos administrativos e os meros atos da Administração; os primeiros são dotados de prerrogativas públicas, ao passo que os segundos, não, de modo que os primeiros são regidos pelo direito público, ao passo que os segundos, não; uma multa aplicada pela Administração é um ato administrativo; um contrato de locação em que o Poder Público é locatário não é um ato administrativo, sendo regido pelo Direito Privado.

Gabarito "E"

(Defensor Público/PR – 2012 – FCC) A estrutura administrativa do Estado compreende a administração pública direta e indireta. Sobre o tema, examine as afirmações abaixo.

I. A administração direta é constituída pela União, Estados, Municípios e Distrito Federal, todos dotados de autonomia política, administrativa e financeira.

II. Estados e Municípios não são dotados de soberania e não têm competência legislativa para instituir sua própria administração indireta.

III. As autarquias e as fundações de direito público são pessoas jurídicas de direito público que compõem a administração indireta.

IV. As empresas públicas são pessoas jurídicas de direito privado, dotadas de patrimônio próprio.

V. A criação de sociedade de economia mista depende de lei específica autorizadora e o seu quadro social é constituído por pessoas jurídicas de direito público.

Estão corretas APENAS as afirmações

(A) I e III.

(B) II, IV e V.

(C) I e II.

(D) I, III e IV.

(E) III e V.

I: correta, pois traz informação adequada sobre a administração direta; aproveitando o ensejo, vale lembrar que a administração indireta, por sua vez, compreende as pessoas jurídicas criadas pelos entes políticos, ou seja, as autarquias, fundações de direito público, agências reguladoras, associações públicas (consórcios públicos de direito público), empresas públicas, sociedades de economia mista, fundações governamentais de direito privado e consórcios públicos de direito privado; **II:** incorreta, pois, como entes políticos que são, Estados e Municípios têm autonomia política (não é soberania!), podendo, assim, criar a sua própria Administração; **III:** correta, pois as entidades citadas fazem parte da Administração Indireta, que é conjunto de pessoas jurídicas criadas pelos entes políticos; **IV:** correta, pois as empresas públicas (assim como as sociedades de economia mista, as fundações governamentais de direito privado e os consórcios públicos de direito privado) são pessoas jurídicas estatais de direito privado, sendo que, por serem pessoas jurídicas, têm patrimônio próprio; **V:** incorreta, pois as sociedades de economia mista têm, necessariamente, capital privado.

Gabarito "D"

(Defensor Público/AM – 2013 – FCC) Mediante iniciativa do Governador, o Estado do Amazonas aprova lei, cujos artigos iniciais estão assim redigidos:

"Artigo 1º

Fica o Poder Executivo autorizado a instituir, por escritura pública, sob a denominação de (...), uma (...) que se regerá por esta lei, pelas normas civis, por seu estatuto e com as finalidades discriminadas no artigo 2º, § 1º

A .... será uma entidade civil, sem fins lucrativos, com prazo de duração indeterminado e adquirirá personalidade jurídica a partir da inscrição, no Registro competente, do seu ato constitutivo, com o qual serão apresentados o Estatuto e o respectivo decreto de aprovação".

Diante do texto legislativo acima, pode-se concluir que a entidade a ser criada será uma

(A) empresa pública.

(B) autarquia.

(C) fundação de direito privado.

(D) sociedade de economia mista

(E) associação pública.

A e **D:** incorretas, pois uma empresa pública e uma sociedade de economia mista não são entidades civis sem fins lucrativos, não se confundindo com fundações e associações civis; **B:** incorreta, pois a autarquia é criada pela própria lei, e não autorizada pela lei (art. 37, XIX, da CF); **C:** correta, pois o fato de se tratar de uma entidade civil sem fins lucrativos criada por escritura pública, revela tratar-se de fundação de direito privado (art. 62 do CC); **E:** incorreta, pois a associação pública não é uma entidade civil, mas uma entidade pública (consórcio público de direito público), com personalidade jurídica de direito público, nos termos do art. 6º, I, da Lei 11.107/2005.

Gabarito "C"

(Defensor Público/AM – 2010 – I. Cidades) De acordo com a doutrina nacional, os órgãos e agentes públicos estão compreendidos no sentido de Administração Pública:

(A) subjetivo

(B) objetivo

(C) de atividade administrativa

(D) de atividade política

(E) de atividade política e administrativa

A Administração Pública em sentido subjetivo é o conjunto de *órgãos, agentes* e pessoas jurídicas que asseguram a satisfação do interesse público. Já em sentido objetivo (material ou funcional), é conjunto de funções necessárias aos serviços públicos em geral. Dessa forma, a alternativa "A" é a única correta.

Gabarito "A"

(Delegado/MG – 2012) Dentre as assertivas abaixo, é CORRETO afirmar que

(A) o Estado é pessoa jurídica e a expressão de sua vontade pode ser entendida como a decisão do membro de cúpula de cada Poder Pertinente, ou seja, do agente político.

(B) os agentes públicos são mandatários do Estado.

(C) o órgão público, ainda que desprovido de personalidade jurídica, pode atuar em Juízo, na defesa dos seus interesses, em caráter excepcional, desde que exista expressa previsão legal.

(D) a vontade do órgão de representação plúrima ou colegiado deve emanar da unanimidade ou da maioria das vontades dos agentes que o integram, mesmo em se tratando de ato de rotina administrativa.

A: incorreta, pois, pela Teoria do Órgão, quando um agente pratica um ato, este é imputado diretamente ao Estado e não ao agente político; **B:** incorreta, pois a relação entre os agentes públicos e o Estado não é de *mandato* (próprio do direito privado), nem de *representação* (próprio dos incapazes), mas de *presentação*, já que o Estado se faz presente por meio de seus agentes; **C:** correta; exemplo disso é o próprio Ministério Público (que é órgão público) ou a Defensoria Pública (que também é órgão) ou as Mesas das Casas Legislativas (órgãos também), que podem atuar em juízo na defesa de seus interesses; **D:** incorreta, pois no caso de atos de rotina é possível que se atribua a uma secretaria ou ao presidente do colegiado a sua prática; vale salientar que até mesmo atos mais relevantes do que meros atos de rotina podem ser objeto de delegação para a presidência do órgão colegiado (art. 12, parágrafo único, da Lei 9.784/1999).

Gabarito "C"

(Delegado/AP – 2010) A transferência da execução de serviço público comum à pessoa jurídica de direito privado já existente, mediante contrato administrativo, conservando o Poder Público a titularidade do serviço, é caso de:

(A) desconcentração administrativa por outorga.

(B) desconcentração funcional por colaboração.

(C) descentralização administrativa por delegação legal.

(D) descentralização administrativa por colaboração.

(E) concentração funcional por delegação negocial.

Trata-se de *descentralização*, pois a transferência da execução de serviço se dá de pessoa jurídica para pessoa jurídica, do tipo *por colaboração*, pois não há transferência da titularidade do serviço. Caso houvesse transferência da titularidade do serviço teríamos descentralização *por serviço*.

Gabarito "D"

(Delegado/SP – 2011) Quando uma pessoa jurídica de direito público ou privado é criada por lei, cabendo-lhe a titularidade e a execução de determinado serviço público, a hipótese é de

(A) descentralização territorial

(B) desconcentração.

(C) descentralização por serviço

(D) descentralização por colaboração

(E) desestatização

A distribuição de competência ou atribuições de uma pessoa jurídica para outra tem o nome de *descentralização*. Esta, por sua vez, pode ser por serviço (quando se transfere a titularidade do serviço por meio de *lei*) ou por colaboração (quando se transfere atribuições mediante *contrato*), nos demais casos. Assim, no caso previsto no enunciado tem-se *descentralização por serviço*.

Gabarito "C"

(Procurador do Estado/AC – FMP – 2012) Analisando a Administração Pública, é INCORRETO afirmar que:

(A) a constituição de uma autarquia é exemplo de desconcentração administrativa.

(B) na descentralização é viável a desconcentração administrativa.

(C) uma empresa pública é hipótese de descentralização administrativa.

(D) a desconcentração pode ser geográfica ou territorial.

A: assertiva incorreta, devendo ser assinalada, pois a constituição de uma autarquia é exemplo de *descentralização* (e não de *desconcentração*), pois se trata da distribuição de competência de uma pessoa jurídica para outra pessoa jurídica, ao passo que a desconcentração é a distribuição de competência de um órgão para outro órgão; **B:** assertiva correta, pois dentro de uma pessoa jurídica criada por uma outra (descentralização) é possível que haja a distribuição interna de competências (desconcentração); **C:** assertiva correta, pois uma empresa pública é uma pessoa jurídica e a criação de uma pessoa jurídica implica na descentralização; **D:** assertiva correta, servindo de exemplo a criação de nova unidade da Receita Federal em município que ainda não a tenha; nesse caso, um órgão regional da Receita Federal está repartindo sua competência com outro órgão que está sendo criado.

Gabarito "A"

(Procurador do Estado/RO – 2011 – FCC) É um traço comum de todas as entidades da Administração Indireta:

(A) serem processadas em juízo privativo do ente político ao qual estão vinculadas.

(B) a proibição de acumulação remunerada de cargos, empregos e funções, ressalvadas as hipóteses constitucionalmente admitidas.

(C) serem criadas diretamente por lei específica, editada pelo ente criador.

(D) a sujeição de seus servidores ao teto constitucional estabelecido no art. 37, XI, da Constituição Federal.

(E) a impenhorabilidade de seus bens.

A: incorreta, pois uma sociedade de economia mista, por exemplo, se for estadual, não é julgada pela Vara da Fazenda Pública, mas pela Vara Cível, e, se for federal, não é julgada pela Justiça Federal, mas pela Justiça Estadual, no caso, numa Vara Cível; **B:** correta, pois tal proibição se estende a toda a Administração Direta e Indireta (art. 37, XVII, da CF); **C:** incorreta, pois as entidades autárquicas são criadas diretamente por lei específica, mas as demais entidades são criadas por outros atos constitutivos, após autorização de lei específica (art. 37, XIX, da CF); **D:** incorreta, pois as empresas estatais não dependem dos entes políticos para pagamento de pessoal ou para o custeio em geral (art. 37, § 9º, da CF); **E:** incorreta, pois as pessoas jurídicas de direito público da Administração Indireta têm bens impenhoráveis, ao passo que as pessoas jurídicas de direito privado da Administração Indireta têm bens penhoráveis, salvos as que prestem serviço público em regime de monopólio, como é o caso dos Correios.

Gabarito "B"

(Procurador do Município/Teresina-PI – 2010 – FCC) Os entes da Administração Indireta NÃO

(A) possuem patrimônio próprio.

(B) decorrem de descentralização por colaboração.

(C) detêm capacidade de autoadministração.

(D) possuem personalidade jurídica própria.

(E) vinculam-se a órgãos da Administração Direta.

A: incorreta, pois são pessoas jurídicas, e, portanto, possuem, sim, patrimônio próprio; **B:** correta, pois tais entes, de fato, NÃO decorrem de descentralização por colaboração, mas sim de descentralização por outorga; **C:** incorreta, pois tais entes detêm, sim, capacidade de autoadministração, até pelo fato de serem pessoas jurídicas e terem personalidade jurídica; **D:** incorreta, pois tais entes são pessoas jurídicas e, portanto, possuem personalidade jurídica própria; **E:** incorreta, pois tais entes vinculam-se, sim, a órgãos da Administração Direta, que exercem o chamado *controle*, *tutela* ou *supervisão ministerial* em relação a eles.

Gabarito "B"

(Advogado – CEF – 2012 – CESGRANRIO) A técnica de organização e distribuição interna de competências entre vários órgãos despersonalizados dentro de uma mesma pessoa jurídica e que tem por base a hierarquia denomina-se

(A) descentralização

(B) desconcentração

(C) outorga

(D) delegação

(E) coordenação

A distribuição interna de competência, ou seja, a distribuição de competência de um órgão para um órgão é denominada desconcentração.

Gabarito "B"

(Advogado – Correios – 2011 – CESPE) A respeito da estrutura e organização da administração pública brasileira, julgue os itens abaixo.

(1) Toda função é atribuída e delimitada por norma legal, que configura a competência do órgão, do cargo e do agente, isto é, estrutura a natureza da função e o limite de poder para o desempenho dessa função.

(2) A descentralização é uma forma de transferir a execução de um serviço público para terceiros, que se encontrem dentro ou fora da administração. A desconcentração é uma forma de se transferir a execução de um serviço público de um órgão para outro dentro da administração direta. Nesse sentido, a diferença entre descentralização e desconcentração está na amplitude da transferência.

(3) As empresas públicas possuem personalidade jurídica de direito privado e patrimônio próprio e são criadas por lei específica.

(4) As autarquias são dotadas de personalidade jurídica de direito privado; as fundações públicas são dotadas de personalidade jurídica de direito público. Tanto estas quanto aquelas integram a administração indireta.

(5) As entidades paraestatais não integram a administração direta nem a administração indireta, mas colaboram com o Estado no desempenho de atividades de interesse público, como são os casos do SENAC e do SENAI.

1: correta, sendo certo que a competência e as respectivas funções de órgãos, cargos e agentes só podem ser criadas por lei; **2:** correta; são exemplos de descentralização dentro da Administração, a distribuição de competência de um ente político (Administração Direta) para uma autarquia (Administração Indireta) e fora da Administração, a distribuição de atribuições de um ente político (Administração Direta) para uma empresa concessionária de serviço público (pessoa jurídica não integrante da Administração); é exemplo de desconcentração a distribuição de competência da Presidência da República (órgão) para um Ministério (órgão); **3:** incorreta, pois as empresas públicas não são criadas por lei específica, mas têm a sua criação *autorizada* por lei específica, fazendo-se necessário, após a autorização, a inscrição de seus atos constitutivos no registro público competente; **4:** incorreta, pois as autarquias são pessoas jurídicas de direito público; **5:** correta, valendo salientar que tais entidades também são chamadas de entes de cooperação e não possuem fins lucrativos.

Gabarito 1C, 2C, 3E, 4E, 5C

(Cartório/RN – 2012 – IESIS) A respeito da Administração Indireta, pode-se afirmar que:

I. Ressalvados os casos expressamente previstos na Constituição Federal, a exploração direta de atividade econômica pelo Estado só será permitida quando necessária aos imperativos da segurança nacional ou a relevante interesse coletivo, conforme definidos em lei.

II. A criação de subsidiárias de empresas públicas, de sociedades de economia mista e de fundações depende de autorização legislativa, em cada caso.

III. As autarquias beneficiam-se dos prazos processuais em dobro para contestar e em quádruplo para recorrer.

IV. Qualquer cidadão é legítimo para propor ação popular que vise a anular atos lesivos ao patrimônio de sociedade de economia mista exploradora de atividade econômica.

(A) Somente as proposições II e III estão corretas.

(B) Todas as proposições estão corretas.

(C) Somente as proposições I, II e IV estão corretas.

(D) Somente as proposições I e II estão corretas.

I: correta (art. 173, *caput*, da CF); **II:** correta (art. 37, XIX e XX, da CF); **III:** incorreta, pois as autarquias, de fato, se beneficiam dessas prerrogativas, porém o prazo é em quádruplo para contestar (e não em dobro) e em dobro para recorrer (e não em quádruplo), nos termos do art. 188 do CPC; **IV:** correta (art. 1º da Lei 4.717/1965).

Gabarito "C"

(Cartório/SC – 2012) A respeito da administração pública indireta, pode-se afirmar:

I. A criação pelo Poder Público de autarquia e a autorização para a instituição de empresa pública, de sociedade de economia mista e de fundação pública exigem lei com conteúdo específico.

II. A autarquia, por fazer parte da administração pública indireta, não detém personalidade jurídica, patrimônio e receita próprios para executar as atividades típicas que a rigor seria obrigação da administração pública exercer diretamente.

III. Sociedade de economia mista classifica-se como pessoa jurídica de direito privado, instituída por lei específica, sob qualquer forma jurídica admitida em direito, para exploração de atividade econômica ou execução de serviços públicos, constituída de capitais públicos e privados.

IV. As fundações públicas, como integrantes da administração pública indireta, criada por lei específica, cabendo à lei complementar definir a área de sua atuação, admitem, exclusivamente, a título de natureza jurídica, a necessidade de constituir-se em personalidade jurídica de direito público.

(A) Somente a proposição I está correta.

(B) Somente a proposição IV está correta.

(C) Somente as proposições I, III e IV estão corretas.

(D) Somente a proposição II está correta.

(E) Somente as proposições II e III estão corretas.

I: correta (art. 37, XIX, da CF); **II:** incorreta, pois a autarquia tem, sim, personalidade jurídica própria, patrimônio e receita próprios, além de executar, sim, atividades típicas da administração direta (art. 5º, I, do Dec.-lei 200/1967); **III:** incorreta, pois a sociedade de economia mista só pode ter a forma societária de sociedade anônima, diferente da empresa pública, que, essa sim, é instituída sob qualquer forma jurídica admitida em direito (art. 5º, II e III, do Dec.-lei 200/1967); **IV:** incorreta, pois as fundações públicas são "autorizadas por lei específica" e não "criadas por lei específica"; depois da autorização, a sua criação se fará mediante o registro de seus atos constitutivos no cartório competente (art. 37, XIX, da CF).

Gabarito "A"

(Magistratura Federal-4ª Região – 2010) Dadas as assertivas abaixo, assinale a alternativa correta:

I. A descentralização pressupõe pessoas jurídicas diversas; a desconcentração refere-se a uma só pessoa.

II. As autarquias, cuja gênese depende de Decreto específico, somente podem ser extintas por ato de igual natureza.

III. Somente por lei específica poderá ser autorizada a instituição de fundação, cabendo à lei complementar definir a área de sua atuação.

IV. As empresas públicas e as sociedades de economia mista sujeitam-se ao regime jurídico próprio das empresas privadas quanto aos direitos e às obrigações civis, comerciais, trabalhistas e tributárias.

(A) Estão corretas apenas as assertivas I e II.

(B) Estão corretas apenas as assertivas I, III e IV.

(C) Estão corretas apenas as assertivas II, III e IV.

(D) Estão corretas todas as assertivas.

(E) Nenhuma assertiva está correta.

I: correta, pois a descentralização é a distribuição de atribuições ou competências de uma pessoa jurídica para outra, ao passo que a desconcentração é a mesma distribuição, mas no interior de uma só pessoa jurídica, ocorrendo de órgão para órgão dessa pessoa; **II:** incorreta, pois as autarquias são criadas por meio de lei específica (art. 37, XIX, da CF/1988); **III:** correta (art. 37, XIX, da CF/1988); **IV:** correta (art. 173, § 1º, II, da CF/1988).

Gabarito "B"

(Magistratura do Trabalho – 1ª Região – 2010 – CESPE) Assinale a opção correta a respeito da administração direta e indireta.

(A) Estão submetidos à supervisão direta do Presidente da República os órgãos que compõem a estrutura da Presidência da República, como a Secretaria-geral da Presidência, a Secretaria de Relações Institucionais e a Secretaria de Comunicação Social, entre outros.

(B) As autarquias, pessoas administrativas que gozam de liberdade administrativa nos limites da lei que as criou, só podem ser extintas por lei ou mediante decreto editado pelo chefe do Executivo da esfera a que pertençam.

(C) Os feitos em que as empresas públicas e as sociedades de economia mista sejam parte, na condição de autoras, rés, assistentes ou oponentes, são processados e julgados perante a justiça federal.

(D) O teto remuneratório previsto na CF aplica-se somente às fundações de direito público que receberem recursos da União, dos estados, do DF ou dos municípios para pagamento de despesas de pessoal ou de custeio em geral.

(E) As sociedades de economia mista, pessoas jurídicas de direito privado integrantes da administração indireta do Estado, são criadas por autorização legal e podem adotar qualquer forma societária entre as admitidas em direito.

A: correta (art. 1º da Lei 9.649/1998); **B:** incorreta, pois as autarquias são criadas por lei e só podem ser extintas por lei; **C:** incorreta, pois apenas as *empresas públicas* federais têm as causas de seu interesse julgadas pela Justiça Federal (art. 109, I, da CF), ao passo que as *sociedades de economia mista* federais têm suas causas julgadas pela Justiça Estadual; **D:** incorreta, pois o teto remuneratório se aplica a todas as entidades da administração pública direta, autárquica e fundacional (art. 37, XI, da CF); apenas as empresas estatais estão de fora desse teto; mesmo assim, caso a empresa estatal dependa do ente político que a tiver criado para as despesas de pessoal ou de custeio em geral, ela também estará sujeita ao teto remuneratório; **E:** incorreta, pois as sociedades de economia mista só podem ter a forma societária *sociedade anônima*.

Gabarito "A"

(Analista – TRT/6ª – 2012 – FCC) A respeito do regime jurídico das entidades integrantes da Administração Pública indireta é correto afirmar que é

(A) de direito privado para as empresas públicas e sociedades de economia mista que explorem atividade econômica, sem prejuízo da aplicação dos princípios constitucionais da Administração Pública.

(B) de direito público para as fundações, autarquias e empresas públicas e de direito privado para as sociedades de economia mista.

(C) sempre de direito privado, parcialmente derrogado pelas prerrogativas e sujeições decorrentes dos princípios aplicáveis à Administração Pública.

(D) sempre de direito público, exceto para as entidades caracterizadas como agências executivas ou autarquias de regime especial.

(E) sempre de direito privado, em relação à legislação trabalhista e tributária, e de direito público em relação aos bens afetados ao serviço público.

A: correta, pois as empresas estatais têm regime jurídico de direito privado especial, aplicando-se, como regra, o regime de direito privado, mas, em alguns aspectos, o regime de direito público; este se aplica, por exemplo, no dever de respeitar os princípios da Administração Pública (art. 37, *caput*, da CF), no dever de promover licitação e concursos públicos, na submissão à fiscalização dos Tribunais de Contas, dentre outros aspectos; **B:** incorreta, pois as empresas públicas têm regime de direito privado (art. 5º, II, do Dec.-lei 200/1967); **C:** incorreta, pois as autarquias tradicionais, as fundações públicas de direito público (entidades autárquicas), as agências reguladoras e as associações públicas (consórcios públicos de direito público) também têm regime jurídico de direito público (art. 41, IV e V, do CC); **D:** incorreta, pois as exceções (em que o regime é de direito privado) são concernentes às empresas públicas, sociedades de economia mista, fundações estatais de direito privado e consórcios públicos de direito privado; **E:** incorreta, pois na Administração Indireta há instituições com regime de direito público (autarquias, fundações públicas de direito público, agências reguladoras e associações públicas) e instituições com regime de direito privado (empresas públicas, sociedades de economia mista, fundações estatais de direito privado e consórcios públicos de direito privado).

Gabarito "A"

(Analista – TRT/20ª – 2011 – FCC) Considere a seguinte afirmação, acerca da classificação dos órgãos públicos:

São os que se localizam na cúpula da Administração, subordinados diretamente à chefia dos órgãos independentes; gozam de autonomia administrativa, financeira e técnica e participam das decisões governamentais.

A afirmação trata dos órgãos públicos denominados

(A) dependentes.

(B) independentes.

(C) superiores.

(D) subalternos.

(E) autônomos.

Trata-se da definição de órgãos autônomos.

Gabarito "E"

(Analista – TRT/20ª – 2011 – FCC) Quanto à classificação dos órgãos públicos, considere as seguintes assertivas:

I. Órgãos públicos "locais" são aqueles que atuam sobre uma parte do território, como as Delegacias Regionais da Receita Federal, as Delegacias de Polícia, os Postos de Saúde, entre outros.

II. Os órgãos públicos denominados superiores são órgãos de direção, controle e comando; gozam de autonomia administrativa e financeira.

III. A Presidência da República e a Diretoria de uma escola são exemplos de órgãos públicos singulares.

Está correto o que se afirma em

(A) I, apenas.

(B) I e II, apenas.

(C) I e III, apenas.

(D) II e III, apenas.

(E) I, II e III.

I: correta, pois traz a exata definição e os exemplos corretos de órgãos locais; **II:** incorreta, pois essa definição é de órgãos autônomos; **III:** correta, pois os órgãos citados são órgãos singulares ou unipessoais, pois atuam por meio de apenas um agente.

Gabarito "C"

(Analista – TRT/23ª – 2011 – FCC) No que concerne à classificação quanto à posição estatal, os órgãos públicos autônomos são

(A) órgãos de direção, controle e comando, mas sujeitos à subordinação e ao controle hierárquico de uma chefia; não gozam de autonomia administrativa nem financeira.

(B) os que se localizam na cúpula da Administração, subordinados diretamente à chefia dos órgãos independentes; gozam de autonomia administrativa, financeira e técnica e participam das decisões governamentais.

(C) os originários da Constituição e representativos dos três Poderes do Estado, sem qualquer subordinação hierárquica ou funcional, sujeitos apenas aos controles constitucionais de um sobre o outro, e suas atribuições são exercidas por agentes políticos.

(D) os que se acham subordinados hierarquicamente a órgãos superiores de decisão, exercendo principalmente funções de execução.

(E) órgãos de direção e comando, não sujeitos à subordinação e ao controle hierárquico de uma chefia, gozando de autonomia administrativa e financeira, como, por exemplo, as Casas Legislativas.

A: incorreta, pois esses são órgãos superiores; **B:** correta, pois traz a exata definição de órgãos autônomos; **C:** incorreta, pois esses órgãos são órgãos independentes; **D:** incorreta, pois esses órgãos são órgãos subalternos; **E:** incorreta, pois os órgãos autônomos têm subordinação em relação aos órgãos independentes.

Gabarito "B"

(Analista – TRT/23ª – 2011 – FCC) Analise as características abaixo.

I. Personalidade jurídica de direito público.

II. Criação por lei.

III. Capacidade de autoadministração.

IV. Especialização dos fins ou atividades.

V. Sujeição a controle ou tutela.

Trata-se de

(A) empresa pública.

(B) fundação.

(C) autarquia.

(D) sociedade de economia mista.

(E) órgão público.

A: incorreta, pois a empresa pública tem personalidade de direito *privado*; **B:** incorreta, pois a fundação estatal pode ser tanto de direito público, como de direito privado, sendo que a criação de uma fundação (ao menos a de direito privado estatal), não se dá diretamente pela lei, mas mediante autorização legal, fazendo-se necessário levar os atos constitutivos a registro (art. 37, XIX, da CF); **C:** correta, pois o enunciado traz afirmativas pertinentes às autarquias; **D:** incorreta, pois a sociedade de economia mista tem personalidade de direito *privado*; **E:** incorreta, pois o órgão público não tem personalidade, já que não é pessoa jurídica.

Gabarito "C"

(Analista – TRE/TO – 2011 – FCC) Os órgãos públicos

(A) são compostos quando constituídos por vários agentes, sendo exemplo, o Tribunal de Impostos e Taxas.

(B) confundem-se com as pessoas físicas, porque congregam funções que estas vão exercer.

(C) são singulares quando constituídos por um único centro de atribuições, sem subdivisões internas, como ocorre com as seções integradas em órgãos maiores.

(D) não são parte integrante da estrutura da Administração Pública.

(E) não têm personalidade jurídica própria.

A: incorreta, pois a definição dada é de *órgãos singulares*; *órgãos compostos* são aqueles que reúnem outros órgãos menores com atividades-fim idênticas ou atividades auxiliares; **B:** incorreta, pois não se deve confundir os agentes públicos (pessoas físicas), com os órgãos (centros de competência), com as pessoas jurídicas; **C:** incorreta, pois os órgãos são singulares quando constituídos de um único agente; **D:** incorreta, pois os órgãos públicos são partes integrantes dos entes políticos e também das pessoas jurídicas de direito público da Administração Indireta; **E:** correta, pois os órgãos públicos não são pessoas jurídicas, mas partes integrantes das pessoas jurídicas.

Gabarito "E"

(Analista – TRE/TO – 2011 – FCC) Os órgãos públicos

(A) são centros de competência instituídos para o desempenho de funções estatais.

(B) são classificados como entidades estatais.

(C) têm autonomia política.

(D) têm personalidade jurídica.

(E) são soberanos.

A: correta, pois traz a exata definição de órgãos públicos; **B:** incorreta, pois os órgãos públicos não são entes, ou seja, não são pessoas jurídicas; **C:** incorreta, pois os órgãos públicos, em geral, não têm autonomia política, a não ser os órgãos independentes (Poderes Legislativo, Executivo e Judiciário); **D:** incorreta, pois os órgãos públicos não são pessoas jurídicas e, portanto, não têm personalidade jurídica; **E:** incorreta, pois os órgãos públicos não têm soberania, atributo que só um País tem.

Gabarito "A"

(Analista – TRE/TO – 2011 – FCC) Considerando a Organização Administrativa Brasileira, é correto afirmar que

(A) a União, os Estados-membros, o Distrito Federal e os Municípios são entidades estatais.

(B) o Brasil é uma confederação formada pela união indissolúvel dos Estados-membros, dos Municípios e do Distrito Federal

(C) os poderes e competências dos Municípios são delimitados por ato do Presidente da República.

(D) as empresas públicas e as sociedades de economia mista integram a administração direta da União, dos Estados-membros e dos Municípios.

(E) Os Ministérios são órgãos autônomos, unipessoais, integrantes da administração indireta, porém vinculados à Presidência da República

A: correta, pois todos os citados são pessoas jurídicas, ou seja, são entidades; **B:** incorreta, pois o Brasil é uma República Federativa (art. 1º da CF), e não uma confederação; **C:** incorreta, pois os municípios têm autonomia (art. 18, *caput*, da CF); **D:** incorreta, pois tais pessoas integram a administração *indireta* dos entes políticos citados; **E:** incorreta, pois os ministérios são órgãos integrantes da administração *direta*.

Gabarito "A"

(Analista – TRE/TO – 2011 – FCC) Na organização administrativa da União, a defesa sanitária animal e vegetal é competência do Ministério

(A) do Desenvolvimento Agrário.

(B) do Desenvolvimento Social e Combate à Fome.

(C) do Meio Ambiente.

(D) da Agricultura, Pecuária e Abastecimento.

(E) da Saúde.

Art. 27, I, "e", da Lei 10.683/2003.

Gabarito "D"

(Analista – TRE/TO – 2011 – FCC) A repartição de funções entre os vários órgãos de uma mesma pessoa jurídica da Administração Pública é conceito de

(A) desconcentração.

(B) descentralização.

(C) descentralização por serviços.

(D) delegação de competência.

(E) desmembramento.

A repartição de funções interna a uma pessoa jurídica leva o nome de desconcentração. Já a repartição de funções externa a uma pessoa jurídica leva o nome de descentralização. No caso, como o enunciado pergunta sobre a repartição interna de funções, tem-se o instituto da desconcentração.

Gabarito "A"

(Analista – TRT/21ª – 2010 – CESPE) Julgue o item abaixo, acerca da classificação dos órgãos públicos.

(1) Quanto à posição estatal, as secretarias estaduais e as municipais são consideradas órgãos públicos subalternos.

1: incorreta, as secretarias são órgãos *autônomos*.

Gabarito 1E

(Analista – TRE/AM – 2010 – FCC) Sobre as entidades políticas, os órgãos e os agentes públicos, considere:

I. As empresas públicas e sociedades de economia mista não são criadas por lei, mas, a sua instituição depende de autorização legislativa.

II. Entidades estatais são pessoas jurídicas de Direito Público que integram a estrutura constitucional do Estado, mas, não têm poderes políticos nem administrativos.

III. Órgãos subalternos são os que exercem atribuições de mera execução, sempre subordinados a vários níveis hierárquicos superiores.

IV. Órgãos públicos são centros de competência instituídos para o desempenho de funções estatais, dotados de personalidade jurídica e de vontade própria.

V. Agentes públicos são todas as pessoas físicas incumbidas, definitiva ou transitoriamente, do exercício de alguma função estatal.

Está correto o que se afirma APENAS em

(A) IV e V.

(B) I, III e V.

(C) I, II e IV.

(D) III, IV e V.

(E) III e IV.

I: correta, nos termos do art. 37, XIX, da CF; **II:** incorreta, pois as entidades estatais podem ser políticas (entes políticos: União, Estados, DF e Municípios), detendo poderes políticos e administrativos, e também administrativas (ex.: autarquias), detendo poderes administrativos; **III:** correta; **IV:** incorreta, pois os órgãos públicos não têm personalidade jurídica, pois não são pessoas jurídicas, mas apenas partes integrantes destas; **V:** correta, pois os agentes públicos detêm competências e funções estatais, podendo ser transitórios (ex.: agentes com mandato ou em cargos em comissão) ou não transitórios (ex.: agentes com cargo efetivo ou vitalício).

Gabarito "B"

(Analista – TRE/RS – 2010 – FCC) A entidade da Administração Pública indireta que deve ser criada diretamente por lei específica é a

(A) fundação pública.

(B) empresa pública.

(C) sociedade de economia mista.

(D) autarquia.

(E) fundação privada.

Art. 37, XIX, da CF.

Gabarito "D"

(Analista – TRE/BA – 2010 – CESPE) Com relação à organização administrativa em sentido amplo, julgue o item subsequente.

(1) A administração indireta (ou descentralizada) é composta por entidades sem personalidade jurídica.

1: incorreta, pois a administração indireta é composta por entidades com personalidade jurídica, tais como a autarquia, a fundação pública, a agência reguladora, as empresas estatais etc.

Gabarito 1E

(Analista – TRE/MT – 2010 – CESPE) Acerca da organização da administração pública no Brasil, assinale a opção correta.

(A) A criação de um ministério na estrutura do Poder Executivo federal para tratar especificamente de determinado assunto é um exemplo de administração descentralizada.

(B) As empresas públicas têm natureza jurídica de pessoas jurídicas de direito público interno.

(C) A criação das autarquias é feita por lei, ao passo que as empresas públicas e sociedades de economia mista são criadas por meio do registro dos atos de constituição no respectivo cartório.

(D) As secretarias de estado e as autarquias estaduais fazem parte da administração direta.

(E) A descentralização administrativa ocorre quando se distribuem competências materiais entre unidades administrativas dotadas de personalidades jurídicas distintas.

A: incorreta, pois, como tal criação ocorreu no âmbito interno de uma pessoa jurídica (no caso, dentro da União), temos a desconcentração, e não a descentralização; **B:** incorreta, pois tais empresas têm natureza de pessoas jurídicas de direito privado estatais; **C:** incorreta, pois as empresas estatais são criadas mediante autorização legislativa, com posterior registro no registro público competente, que não costuma ser o cartório, mas sim a Junta Comercial; **D:** incorreta, pois as autarquias, ao contrário das secretarias de estado, fazem parte da Administração Indireta; **E:** correta, pois a descentralização é a distribuição externa de competências, ou seja, é a distribuição de competências de uma pessoa jurídica para outra pessoa jurídica.

Gabarito "E"

(Analista – TRE/MT – 2010 – CESPE) Acerca de noções de administração pública, assinale a opção correta.

(A) Os órgãos públicos, componentes da administração pública desconcentrada descentralizada indireta, categorizados como independentes, no que tange à posição estatal, caracterizam-se por serem originários da CF e representativos dos poderes do Estado e por não possuírem qualquer subordinação hierárquica. Além disso, seus agentes são denominados agentes públicos.

(B) As autarquias são entidades, pessoas jurídicas de direito público, criadas por lei para desempenhar funções que sejam próprias e típicas do Estado, de caráter econômico.

(C) As empresas públicas são pessoas jurídicas de direito privado, integrantes da administração pública direta, que desempenham atividades de caráter econômico ou de prestação de serviços públicos, cujos integrantes são denominados servidores públicos.

(D) A Empresa Brasileira de Correios e Telégrafos, apesar de ter sido constituída como uma empresa pública federal, possui natureza tipicamente pública, por prestar serviço público sujeito à responsabilidade exclusiva da administração direta, e goza de imunidade tributária e impenhorabilidade de seus bens.

(E) A administração pública centralizada di*vide* as suas atribuições e poderes necessários para a efetiva prestação dos serviços públicos em uma estrutura interna composta por centros de competência personificados e criados por lei, denominados autarquias.

A: incorreta, pois os órgãos públicos pertencem à administração direta, e não à indireta; **B:** incorreta, pois as autarquias não têm fins econômicos, atuando no exercício de atividades típicas de Estado; **C:** incorreta, pois tais entidades são integrantes da Administração Indireta (e não Direta); ademais, seus agentes não costumam ser chamados de servidores públicos, mas de empregados públicos ou funcionários de pessoas públicas governamentais; **D:** correta, pois, como tal empresa trabalha num regime de monopólio, não há, a rigor, concorrência com outras empresas, o que faz com que ela possa ter prerrogativas como imunidade de impostos e impenhorabilidade de bens; **E:** incorreta, pois a administração centralizada distribui competência em órgãos, e não em pessoas jurídicas, como é o caso da autarquia; diferente do que ocorre com o fenômeno da administração descentralizada, que distribui competências externamente, ou seja, para pessoas jurídicas.

Gabarito "D"

(Analista – MPU – 2010 – CESPE) No que se refere à organização administrativa da União, julgue os próximos itens.

(1) Um órgão (pessoa jurídica) integrante da administração indireta está hierarquicamente subordinado à pessoa jurídica da administração direta que o instituiu.

(2) Ocorre autotutela quando um ministério exerce controle sobre um órgão da administração indireta.

1: incorreta, pois órgão não é pessoa jurídica; **2:** incorreta, pois os ministérios exercem *tutela* (e não autotutela) ou *controle* sobre entidades da administração indireta.

Gabarito 1E, 2E

(Analista – MPU – 2010 – CESPE) No que diz respeito à organização administrativa federal, julgue o item abaixo.

(1) As entidades compreendidas na administração indireta subordinam-se ao ministério em cuja área de competência estiver enquadrada sua principal atividade, mantendo com este uma relação hierárquica de índole político-administrativa, mas não funcional.

1: incorreta, pois entre os ministérios e as entidades respectivas da administração indireta há *controle* ou *tutela*, e não *hierarquia*.

Gabarito 1E

(Auditor Fiscal da Receita Federal – 2010 – ESAF) Quanto à organização administrativa brasileira, analise as assertivas abaixo e assinale a opção correta.

I. A administração pública federal brasileira indireta é composta por autarquias, fundações, sociedades de economia mista, empresas públicas e entidades paraestatais.

II. Diferentemente das pessoas jurídicas de direito privado, as entidades da administração pública indireta de personalidade jurídica de direito público são criadas por lei específica.

III. Em regra, a execução judicial contra o Instituto Brasileiro do Meio Ambiente e dos Recursos Naturais Renováveis – IBAMA enquanto autarquia federal está sujeita ao regime de precatórios previsto no art. 100 da Constituição Federal, respeitadas as exceções.

IV. A Caixa Econômica Federal enquanto empresa pública é exemplo do que se passou a chamar, pela doutrina do direito administrativo, de desconcentração da atividade estatal.

V. O Instituto Nacional do Seguro Social – INSS enquanto autarquia vinculada ao Ministério da Previdência Social está subordinada à sua hierarquia e à sua supervisão.

(A) Apenas os itens I e II estão corretos.

(B) Apenas os itens II e III estão corretos.

(C) Apenas os itens III e IV estão corretos.

(D) Apenas os itens IV e V estão corretos.

(E) Apenas os itens II e V estão corretos.

I: incorreta, pois as entidades paraestatais (exs.: entidades do Sistema "S", organizações sociais e OSCIPs) não fazem parte da administração indireta, vez que não são entidades criadas pelo Estado; II: correta, ao passo que as pessoas de direito privado estatais têm sua criação *autorizada pela lei* (art. 37, XIX, da CF); III: correta, pois o IBAMA é uma autarquia, de modo que é uma pessoa jurídica de direito público, cuja execução judicial se dá mediante a expedição de precatório, nos termos do art. 100 da CF, ressalvadas as exceções previstas na Constituição; IV: incorreta, pois a criação de entidades estatais está no contexto da *descentralização*, e não da *desconcentração*; V: incorreta, pois entre o Ministério da Previdência e o INSS há o *controle* ou *tutela* ou *supervisão ministerial*, e não a *hierarquia*.

Gabarito "B"

(Auditor Fiscal do Trabalho – 2010 – ESAF) Tendo por base a organização administrativa brasileira, classifique as descrições abaixo como sendo fenômenos: (1) de descentralização; ou (2) de desconcentração. Após, assinale a opção correta.

I. Criação da Fundação Instituto Brasileiro de Geografia e Estatística (IBGE), para prestar serviços oficiais de estatística, geologia e cartografia de âmbito nacional;

II. Criação de delegacia regional do trabalho a ser instalada em municipalidade recém emancipada e em franco desenvolvimento industrial e no setor de serviços;

III. Concessão de serviço público para a exploração do serviço de manutenção e conservação de estradas;

IV. Criação de novo território federal.

(A) 2 / 1 / 2 / 1

(B) 1/ 2 / 2 / 1

(C) 2/ 2 / 1 / 1

(D) 1/ 2 / 1 / 1

(E) 1/ 2 / 1 / 2

A *descentralização* (1) é a distribuição *externa* de competência, ou seja, é a distribuição de competência de *pessoa jurídica* para *pessoa jurídica*. Já a *desconcentração* (2) é a distribuição *interna* de competência, ou seja, é a distribuição de competência de *órgão* para *órgão*. I: descentralização (1), pois o IBGE é uma pessoa jurídica; II: desconcentração (2), pois a delegacia regional é um órgão público; III: descentralização (1), pois a concessão de serviço público é sempre para uma pessoa jurídica; IV: descentralização (1), pois o território é uma pessoa jurídica.

Gabarito "D"

(OAB/Exame Unificado – 2012.2) Quanto às pessoas jurídicas que compõem a Administração Indireta, assinale a afirmativa correta.

(A) As autarquias são pessoas jurídicas de direito público, criadas por lei.

(B) As autarquias são pessoas jurídicas de direito privado, autorizadas por lei.

(C) As empresas públicas são pessoas jurídicas de direito público, criadas por lei.

(D) As empresas públicas são pessoas jurídicas de direito privado, criadas para o exercício de atividades típicas do Estado.

A: correta, pois as autarquias são pessoas jurídicas de direito público – já que são criadas para executar atividades típicas do Estado (art. 5º, I, do Dec.-lei 200/1967) –, cuja criação é feita *diretamente* pela lei (art. 37, XIX, da CF); **B:** incorreta, pois as autarquias são pessoas jurídicas de direito *público* e sua criação é feita *diretamente* pela lei (art. 37, XIX, da CF); **C:** incorreta, pois as empresas públicas são pessoas jurídicas de direito privado (art. 5º, II, do Dec.-lei 200/1967), e sua criação é *autorizada* por lei (art. 37, XIX, da CF); **D:** incorreta, pois as autarquias é que são criadas para o exercício de atividades típicas do Estado (art. 5º, I, do Dec.-lei 200/1967); as empresas públicas são criadas para explorar atividade econômica ou para meramente executar serviços públicos.

Gabarito "A"

(OAB/Exame Unificado – 2011.3.A) Quatro municípios celebram um consórcio público para desenvolverem um projeto comum para o tratamento industrial de lixo coletado em suas respectivas áreas, criando uma pessoa jurídica para gerenciar as atividades do consórcio. À luz da legislação aplicável, assinale a alternativa correta.

(A) Como se trata de atividade tipicamente estatal, essa pessoa jurídica administrativa deverá ser obrigatoriamente uma autarquia, criada por lei oriunda do maior município celebrante do pacto.

(B) O ordenamento jurídico brasileiro admite, no caso, tanto a criação de uma pessoa jurídica de direito público (a chamada associação pública) quanto de direito privado.

(C) O ordenamento jurídico brasileiro não admite a criação de uma entidade desse tipo, pois as pessoas jurídicas integrantes da Administração Indireta são apenas as indicadas no art. 5º do Decreto-Lei 200/67.

(D) A pessoa jurídica oriunda de um consórcio público não poderá ser, em hipótese alguma, uma pessoa jurídica de direito privado, pois isso não é admitido pela legislação aplicável.

A: incorreta, pois a associação de vários entes políticos para a criação de uma pessoa jurídica para a gestão associada de atividades típicas de Estado impõe a criação da pessoa jurídica denominada consórcio público de direito público ou associação pública, e não de uma autarquia tradicional (art. 241 da CF e art. 1º, da Lei 11.107/2005); **B:** correta, pois a gestão associada de serviços públicos pode se dar tanto na criação de uma pessoa jurídica para uma atividade típica de estado (ex.: entidade que fará a regulação e a fiscalização do serviço público), como na criação de uma pessoa jurídica para uma atividade que o particular poderia prestar (ex.: entidade que fará a mera execução do serviço público); no primeiro caso temos um consórcio público de direito público (associação pública), ao passo que no segundo caso, um consórcio público de direito privado, conforme previsão no art. 1º, § 1º, da Lei 11.107/2005; **C:** incorreta, pois há uma lei inteira tratando da criação de pessoas jurídicas para a gestão associada de serviços públicos (Lei 11.107/2005 – Lei de Consórcios Públicos); **D:** incorreta, nos termos do art. 1º, § 1º, da Lei 11.107/2005).

Gabarito "B"

(OAB/Exame Unificado – 2011.2) A estruturação da Administração traz a presença, necessária, de centros de competências denominados Órgãos Públicos ou, simplesmente, Órgãos. Quanto a estes, é correto afirmar que

(A) possuem personalidade jurídica própria, respondendo diretamente por seus atos.

(B) não possuem cargos, apenas funções, e estas são criadas por atos normativos do ocupante do respectivo órgão.

(C) não possuem cargos nem funções.

(D) suas atuações são imputadas às pessoas jurídicas a que pertencem.

A: incorreta, pois órgãos públicos não têm personalidade jurídica, já que são centros de competência interno às pessoas jurídicas; estas sim têm personalidade jurídica; **B** e **C:** incorretas, pois, no interior dos órgãos, há cargos e funções públicas, sendo que estas devem ser criadas por lei, em virtude do princípio da legalidade; **D:** correta, pois, de acordo com a Teoria do Órgão, os atos praticados por um órgão ou um agente público são imputados diretamente à pessoa jurídica à qual estes pertencem; assim, quando um Ministério (órgão) celebra um convênio, na verdade é a União (pessoa jurídica) que está celebrando o convênio, já que os atos de seus órgãos são imputados diretamente à pessoa jurídica correspondente.

Gabarito "D"

(OAB/Exame Unificado – 2011.1) A Lei 11.107, de 6 de abril de 2005, dispõe sobre normas gerais para a União, os Estados, o Distrito Federal e os Municípios contratarem consórcios públicos para a realização de objetivos de interesse comum. A respeito do regime jurídico aplicável a tais consórcios públicos, assinale a alternativa correta.

(A) A União somente participará de consórcios públicos em que também façam parte todos os Estados em cujos territórios estejam situados os Municípios consorciados.

(B) É vedada a celebração de contrato de consórcio público para a prestação de serviços cujo período seja inferior a 5 (cinco) anos.

(C) É vedada a celebração de contrato de consórcio público cujo valor seja inferior a R$ 20.000.000,00 (vinte milhões) de reais.

(D) Os consórcios públicos na área de saúde, em razão do regime de gestão associada, são dispensados de obedecer aos princípios que regulam o Sistema Único de Saúde.

As alternativas "b" e "c" são totalmente impertinentes ao instituto dos consórcios públicos. Elas guardam relação com outro instituto, a parceria público-privada (Lei 11.079/2004), e foram inseridas para confundir o examinando. A alternativa "a" está correta, pois traz a exata redação do art. 1º, § 2º, da Lei 11.107/2005. E a alternativa "d" está incorreta, pois o art. 1º, § 3º, da Lei 11.107/2005 estabelece justamente o contrário, ou seja, "os consórcios públicos, na área de saúde, deverão obedecer aos princípios, diretrizes e normas que regulam o Sistema Único de Saúde – SUS".

Gabarito "A"

(OAB/Exame Unificado – 2010.3) É correto afirmar que a desconcentração administrativa ocorre quando um ente político

(A) autoriza a criação, por lei e por prazo indeterminado, de uma nova pessoa jurídica de direito privado para auxiliar a administração pública.

(B) contrata, mediante concessão de serviço público, por prazo determinado, uma pessoa jurídica de direito público ou privado para desempenhar uma atividade típica da administração pública.

(C) cria, por lei específica, uma nova pessoa jurídica de direito público para auxiliar a administração pública direta.

(D) cria, mediante lei, órgãos internos em sua própria estrutura para organizar a gestão administrativa.

A desconcentração é a distribuição *interna* de competências no âmbito de uma pessoa jurídica, ou seja, é a distribuição de competência de um *órgão* para um *órgão*. Já a descentralização é a distribuição *externa* de competência, ou seja, é a distribuição de competência de uma *pessoa jurídica* para outra *pessoa jurídica*. Assim sendo, as alternativas "a", "b" e "c" estão incorretas, pois a distribuição de competências ou atribuições para uma *pessoa jurídica* revela descentralização, e não desconcentração, ao passo que a alternativa "d", está correta, pois a criação de um *órgão* revela desconcentração, valendo lembrar que os órgãos devem ser criados por lei, em virtude do princípio da legalidade.

Gabarito "D"

(OAB/Exame Unificado – 2010.1) Em cada uma das opções abaixo, é apresentada uma situação hipotética, seguida de uma assertiva a ser julgada com relação à organização da administração pública. Assinale a opção em que a assertiva está correta.

(A) Hélio pretende ingressar com ação ordinária de repetição de indébito, visando à devolução do imposto de renda que fora pago, conforme alega, indevidamente. Nessa situação, a ação deverá ser proposta em face da Receita Federal do Brasil.

(B) A União qualificou uma instituição privada como organização social. Nessa situação, essa instituição passará a integrar a administração indireta da União.

(C) Jorge ingressou com reclamação trabalhista contra sociedade de economia mista federal exploradora de atividade econômica, em regime de ampla concorrência. Nessa situação, conforme o regime constitucional, os bens dessa empresa não podem ser penhorados, já que ela integra a administração indireta da União.

(D) Mediante previsão do contrato de consórcio público, foi firmado contrato de programa entre a União e entidade que integra a administração indireta de um estado consorciado. Nessa situação, esse contrato de programa será automaticamente extinto caso o contratado deixe de integrar a administração indireta do estado consorciado.

A: incorreta. Essa ação deve ser proposta contra a União, pois é ela que tem personalidade jurídica própria. As ações da Secretaria da Receita Federal são imputadas à União, não podendo o órgão ser acionado em sede de ação de rito ordinário; **B:** incorreta. As organizações sociais não passam a integrar a administração indireta. Elas são apenas qualificadas pelo Poder Público, sem que isso as torne entidades integrantes do Estado; **C:** incorreta. Conforme inciso II do § 1º do art. 173 da CF, o regime jurídico das empresas estatais exploradoras de atividade econômica será o mesmo daquele previsto para as entidades de direito privado. "Art. 173. Ressalvados os casos previstos nesta Constituição, a exploração direta de atividade econômica pelo Estado só será permitida quando necessária aos imperativos da segurança nacional ou a relevante interesse coletivo, conforme definidos em lei. § 1º A lei estabelecerá o estatuto jurídico da empresa pública, da sociedade de economia mista e de suas subsidiárias que explorem atividade econômica de produção ou comercialização de bens ou de prestação de serviços, dispondo sobre: (Redação dada pela Emenda Constitucional nº 19, de 1998) I – sua função social e formas de fiscalização pelo Estado e pela sociedade; (Incluído pela Emenda Constitucional nº 19, de 1998) II – a sujeição ao regime jurídico próprio das empresas privadas, inclusive quanto aos direitos e obrigações civis, comerciais, trabalhistas e tributários;" (Incluído pela Emenda Constitucional nº 19, de 1998)"; **D:** correta. É o que prevê o § 6º do art. 13 da Lei 11.107/2005: "Art. 13. Deverão ser constituídas e reguladas por contrato de programa, como condição de sua validade, as obrigações que um ente da Federação constituir para com outro ente da Federação ou para com consórcio público no âmbito de gestão associada em que haja a prestação de serviços públicos ou a transferência total ou parcial de encargos, serviços, pessoal ou de bens necessários à continuidade dos serviços transferidos. (...) § 4º "O contrato de programa continuará vigente mesmo quando extinto o consórcio público ou o convênio de cooperação que autorizou a gestão associada de serviços públicos. § 5º Mediante previsão do contrato de consórcio público, ou de convênio de cooperação, o contrato de programa poderá ser celebrado por entidades de direito público ou privado que integrem a administração indireta de qualquer dos entes da Federação consorciados ou conveniados. § 6º O contrato celebrado na forma prevista no § 5º deste artigo será automaticamente extinto no caso de o contratado não mais integrar a administração indireta do ente da Federação que autorizou a gestão associada de serviços públicos por meio de consórcio público ou de convênio de cooperação."

Gabarito "D"

5.8.2. Autarquias

(Ministério Público/GO – 2010) Julgue as seguintes proposições:

I. Autarquias podem ser definidas como pessoas jurídicas de Direito Público de capacidade exclusivamente administrativa.

II. O Estado é solidariamente responsável pelas obrigações contraídas por suas autarquias.

III. As agências reguladoras são autarquias sob regime especial, criadas para disciplinar e controlar certas atividades, entre elas atividades de fomento e incrementação de atividade privada.

IV. Para receber a distinção de agência executiva, a autarquia deve, necessariamente, celebrar contrato de gestão com o órgão que a supervisiona.

(A) Apenas uma alternativa é correta.

(B) Apenas duas alternativas são corretas.

(C) Apenas três alternativas são corretas.

(D) Todas as alternativas são corretas.

I: correta (art. 5º, I, do Dec.-lei 200/1967); **II:** incorreta, pois a responsabilidade estatal, no caso, é *subsidiária* e não *solidária*; **III:** correta, pois, de fato, agências reguladoras são autarquias sob regime especial; ademais, existe sim agência reguladora com finalidade de fomento de atividade privada, conforme se verifica da medida provisória que criou a ANCINE (art. 5º, *caput*, da MP 2.228/2001); **IV:** correta (art. 51, II, da Lei 9.649/1998).

Gabarito "C"

(Ministério Público/MT – 2012 – UFMT) A condição de "agência executiva", na administração pública federal, é situação que pode ser concedida pela Presidência da República a que tipo de entes?

(A) Autarquias e órgãos da administração direta.

(B) Apenas autarquias.

(C) Fundações e órgãos da administração direta.

(D) Apenas órgãos da administração direta.

(E) Autarquias e fundações.

De acordo com o art. 51, *caput*, da Lei 9.649/1998 apenas autarquias e fundações podem ser qualificadas como agência executiva.

Gabarito "E"

(Defensor Público/SP – 2012 – FCC) As fundações de direito público, também denominadas autarquias fundacionais, são instituídas por meio de lei específica e

(A) seus agentes não ocupam cargo público e não há responsabilidade objetiva por danos causados a terceiros.

(B) seus contratos administrativos devem ser precedidos de procedimento licitatório, na forma da lei.

(C) seus atos constitutivos devem ser inscritos junto ao Registro Civil das Pessoas Jurídicas, definindo as áreas de sua atuação.

(D) seus atos administrativos não gozam de presunção de legitimidade e não possuem executoriedade.

(E) seu regime tributário é comum sobre o patrimônio, a renda e os serviços relacionados às suas finalidades essenciais.

A: incorreta, pois, por serem pessoas jurídicas de direito público, seus agentes devem ocupar, como regra, cargo público, e sua responsabilidade é objetiva (art. 37, § 6º, da CF); **B:** correta, pois a licitação é um dever para todos os entes da Administração Direta e Indireta, com maior motivo ainda quanto às pessoas jurídicas de direito público (arts. 37, XXI, da CF e 1º da Lei 8.666/1993); **C:** incorreta, pois as pessoas jurídicas de direito público são criadas diretamente pela lei, não sendo necessário atos constitutivos no Registro Público; **D:** incorreta, pois, por serem pessoas jurídicas de direito público, expedem verdadeiros atos administrativos, que, como se sabe, têm uma série de atributos (prerrogativas), dentre eles a presunção de legitimidade e, na forma da lei, a executoriedade; **E:** incorreta, pois, por serem pessoas jurídicas de direito público, gozam de imunidade quanto a impostos relativos ao patrimônio, renda e serviços (imunidade recíproca), na forma do art. 150, VI, "a", da CF.

Gabarito "B"

(Delegado/SP – 2011) Sobre as autarquias, é incorreto afirmar:

(A) Possuem personalidade jurídica pública

(B) São criadas por lei.

(C) Têm como privilégio o processo especial de execução

(D) Possuem capacidade política.

(E) Sujeitam-se a controle administrativo.

A: correto, pois as autarquias são criadas para exercer atividade típica de Estado, daí porque são pessoas jurídicas de direito público; **B:** correto, devendo ser criadas mediante lei específica (art. 37, XIX, da CF); **C:** correto, pois, por serem pessoas jurídicas de direito público têm as vantagens processuais próprias da Fazenda Pública; **D:** incorreto (devendo ser assinalada), pois as autarquias são pessoas de direito público da Administração Indireta, não se confundindo com as pessoas políticas que as criam (União, Estados, Distrito Federal e Municípios); estas, sim, possuem capacidade política, cujos limites estão fixados na Constituição Federal; **E:** correto, pois as autarquias estão sujeitas ao *controle* (*tutela* ou *supervisão ministerial*) por parte das pessoas jurídicas que as tiverem criado.

Gabarito "D"

(Magistratura do Trabalho – 15ª Região – 2011) A respeito das autarquias, assinale a alternativa correta:

(A) são integrantes da administração pública indireta; possuem personalidade de direito privado e autonomia administrativa e financeira;

(B) sujeitam-se à obrigação de contratar pessoal efetivo mediante concurso público e as condenações que lhes forem impostas vinculam-se à regra do duplo grau de jurisdição obrigatório, quando superarem 60 (sessenta) salários mínimos;

(C) têm como prerrogativa processual o prazo em quádruplo para recorrer e em dobro para contestar;

(D) são entidades sujeitas ao controle dos Tribunais de Contas, ao contrário das sociedades de economia mista;

(E) são entidades com prerrogativas processuais, as mesmas aplicáveis às fundações públicas e empresas públicas.

A: incorreta, pois possuem personalidade jurídica de direito *público*; **B:** correta; a regra da obrigatoriedade do concurso público se aplica a todos os entes da administração pública, inclusive às autarquias, de maneira que a primeira frase está correta; e, quanto às vantagens processuais típicas dos entes políticos, como a mencionada (reexame necessário), estas se aplicam também às autarquias e fundações de direito público (art. 475, I, do CPC), ou seja, se aplicam a todas as pessoas jurídicas de direito público, já que as agências reguladoras e as associações públicas têm natureza autárquica; **C:** incorreta, pois é justamente o contrário; o prazo é em dobro para recorrer e em quádruplo para contestar (art. 188 do CPC); **D:** incorreta, pois as sociedades de economia mista também estão sujeitas ao controle dos Tribunais de Contas (art. 71, II, da CF); **E:** incorreta, pois as empresas públicas não têm prerrogativas processuais próprias das pessoas jurídicas de direito público.

Gabarito "B"

(Magistratura do Trabalho – 16ª Região – 2011) Sobre as Agências Executivas na administração pública federal, marque a alternativa INCORRETA:

(A) Um de seus fundamentos constitucionais é o art. 37, que prevê a possibilidade de ampliação da autonomia gerencial, orçamentária e financeira dos órgãos e entidades da administração direta e indireta.

(B) O mesmo art. 37, da Carta Constitucional dispõe que essa ampliação de autonomia ocorrerá mediante contrato, a ser firmado entre seus administradores e o poder público, tendo por objeto a fixação de metas de desempenho para o órgão ou entidade. No entanto, caberá à lei dispor sobre: I. o prazo de duração do contrato; II. os controles e critérios de avaliação de desempenho, direitos, obrigações e responsabilidade dos dirigentes; e III. a remuneração do pessoal.

(C) O Poder Legislativo poderá qualificar como Agência Executiva a autarquia ou fundação que tenha cumprido os seguintes requisitos: I. ter um plano estratégico de reestruturação e de desenvolvimento institucional em andamento e II. ter celebrado Contrato de Gestão com o respectivo Ministério supervisor.

(D) Os Contratos de Gestão das Agências Executivas serão celebrados com periodicidade mínima de um ano e estabelecerão os objetivos, metas e respectivos indicadores de desempenho da entidade, bem como os recursos necessários e os critérios e instrumentos para a avaliação do seu cumprimento.

(E) Os planos estratégicos de reestruturação e de desenvolvimento institucional definirão diretrizes, políticas e medidas voltadas para a racionalização de estruturas e do quadro de servidores, a revisão dos processos de trabalho, o desenvolvimento dos recursos humanos e o fortalecimento da identidade institucional da Agência Executiva.

A: assertiva correta (art. 37, § 8º, da CF); **B:** assertiva correta (art. 37, § 8º, da CF); **C:** assertiva incorreta, devendo ser assinalada; é o Poder Executivo quem fará essa qualificação (art. 51, *caput*, da Lei 9.649/1998); **D:** assertiva correta (art. 52, § 1º, da Lei 9.649/1998); **E:** assertiva correta (art. 52, *caput*, da Lei 9.649/1998).

Gabarito "C"

(Analista – TRT/24ª – 2011 – FCC) São características das autarquias e fundações públicas:

(A) Processo especial de execução para os pagamentos por elas devidos, em virtude de sentença judicial; Impenhorabilidade dos seus bens.

(B) Imunidade tributária relativa aos impostos sobre o patrimônio, renda ou serviços vinculados às suas finalidades essenciais ou às delas decorrentes; Prazos simples em juízo.

(C) Presunção de veracidade, imperatividade e executoriedade dos seus atos; Não sujeição ao controle administrativo.

(D) Prazos dilatados em juízo; Penhorabilidade dos seus bens.

(E) Processo de execução regido pelas normas aplicáveis aos entes privados; Imunidade tributária relativa aos impostos sobre o patrimônio, renda ou serviços vinculados às suas finalidades essenciais ou às delas decorrentes.

A: correta, pois, como as autarquias e as fundações públicas são pessoas jurídicas de direito público, seus bens são públicos e não admitem penhora, devendo a execução contra essas pessoas se dar segundo o disposto no art. 100 da CF; **B:** incorreta, pois as autarquias e as fundações públicas, por serem pessoas jurídicas de direito público e, portanto, serem consideradas "Fazenda Pública", têm as prerrogativas de prazos em quádruplo (contestação) e em dobro (recurso); **C:** incorreta, pois essas pessoas estão, sim, sujeitas ao controle, tutela ou supervisão ministerial; **D:** incorreta, pois os bens dessas pessoas são impenhoráveis; **E:** incorreta, pois, enquanto Fazenda Pública, essas entidades estão sujeitas a regras específicas no processo de execução.

Gabarito "A"

(Auditor Fiscal/ES – 2009 – CESPE) Julgue o item que se segue.

(1) O estado-membro pode, a exemplo do que ocorre no âmbito federal, criar autarquia destinada ao desempenho de atividade administrativa de forma descentralizada. Para tanto, é indispensável a observância do princípio da reserva legal.

1: os Estados, o Distrito Federal e os Municípios também podem criar autarquias, devendo fazê-lo mediante *lei específica* (art. 37, XIX, da CF).

Gabarito 1C

5.8.3. Agências reguladoras

(Ministério Público/ES – 2010 – CESPE) Tendo em vista os conceitos acerca da administração pública direta e indireta, das agências reguladoras, das fundações de direito público e privado e das organizações sociais, assinale a opção correta.

(A) As pessoas qualificadas como organizações sociais, às quais incumbe a execução de serviços públicos em regime de parceria com o poder público, formalizado por contratos de gestão, devem ter personalidade jurídica de direito privado e não podem ter fins lucrativos.

(B) Como compartimentos internos da pessoa pública, os órgãos públicos, diferentemente das entidades, são criados e extintos somente pela vontade da administração, sem a necessidade de lei em sentido formal.

(C) As autarquias destinam-se a executar serviços públicos de natureza social e administrativa e atividades de cunho econômico ou mercantil.

(D) As agências reguladoras, como autarquias de regime especial, dispõem de uma disciplina legal única, expressa em lei federal aplicável a todas as esferas de governo.

(E) As fundações de direito público e as de direito privado detêm alguns privilégios que são próprios das autarquias, como o processo especial de execução, a impenhorabilidade dos seus bens, o juízo privativo, prazos dilatados em juízo e duplo grau de jurisdição.

A: correta, pois traz definição precisa das organizações sociais; **B:** incorreta, pois, em virtude do princípio da legalidade, a criação de órgãos deve ser feita por meio de lei; **C:** incorreta, pois as autarquias não têm por objeto realizar atividade de cunho econômico ou mercantil, mas sim atividades típicas de Estado; **D:** incorreta, pois cada agência reguladora tem uma lei específica com o regime jurídico aplicável, valendo salientar que existe também uma lei com preceitos comuns a todas as agências reguladoras (Lei 9.986/2000); **E:** incorreta, pois apenas as fundações de direito público têm tais privilégios.

Gabarito "A"

(Ministério Público/MG – 2010.1) São características das agências reguladoras existentes no ordenamento jurídico pátrio, EXCETO

(A) Podem exercer típico poder de polícia, impondo de limitações administrativas, fiscalização e repressão, conforme previsão legal.

(B) Podem, nos termos da lei, controlar as atividades que constituem objeto de concessão ou permissão de serviço público ou de atividade econômica monopolizada do Estado.

(C) Seus servidores são admitidos segundo o regime de trabalho celetista.

(D) Substituem o poder executivo com relação às funções que o poder concedente exerce nos contratos de concessão ou permissão de serviços públicos.

(E) Seus dirigentes são nomeados para mandato fixo, afastada, em regra, a possibilidade de exoneração *ad nutum*.

A: correta, pois há agências reguladoras cujo objeto é o exercício de *poder de polícia* (ex.: ANVISA); **B:** correta, pois há agências reguladoras cujo objeto é o *controle de concessões e permissões de serviço público* (ex.: ANEEL, ANATEL, ANTT, ANAC) ou de *atividade econômica monopolizada do Estado* (ex.: ANP); **C:** incorreta, devendo ser assinalada, pois, segundo o STF, tais entidades, por serem pessoas jurídicas de direito público, devem contratar pelo regime estatutário; **D:** correta, pois fazem o papel típico que os entes políticos faziam antes de criar a agência reguladora, qual seja, de regulação e fiscalização das concessões e permissões de serviço público; **E:** correta, devendo-se respeitar o mandato dos dirigentes dessas agências, que só podem ser desligados a pedido ou pelo cometimento de falta que enseje processo disciplinar com pena de desligamento, ou pelo cometimento de crime ou ato de improbidade administrativa.

Gabarito "C"

(Ministério Público/PR – 2011) Relativamente às agências reguladoras, é correto afirmar:

(A) Integram a administração direta, caracterizadas como fundações.

(B) Integram a administração indireta, caracterizadas como sociedades de economia mista.

(C) Integram a administração direta, caracterizadas como empresas públicas.

(D) Integram a administração indireta, caracterizadas como autarquias de regime especial.

(E) Seus servidores sujeitam-se ao regime de trabalho da Consolidação das Leis do Trabalho.

A: incorreta, pois integram a administração *indireta*, e são caracterizadas como *autarquias especiais*; **B:** incorreta, pois são autarquias especiais (pessoas jurídicas de direito público) e não sociedades de economia mista (pessoas jurídicas de direito privado estatais); **C:** incorreta, pois integram a administração *indireta*, e são caracterizadas como *autarquias especiais*; **D:** correta, conforme já mencionado nas alternativas anteriores; **E:** incorreta, pois, como são pessoas jurídicas de direito público, seus agentes, como regra, são estatutários.

Gabarito "D"

(Procurador/DF – 2013 – CESPE) Julgue o seguinte item.

(1) As agências reguladoras consistem em mecanismos que ajustam o funcionamento da atividade econômica do país como um todo. Foram criadas, assim, com a finalidade de ajustar, disciplinar e promover o funcionamento dos serviços públicos, objeto de concessão, permissão e autorização, assegurando o funcionamento em condições de excelência tanto para o fornecedor/produtor como principalmente para o consumidor/usuário.

1: certa, pois traz um exato panorama sobre os objetivos das agências reguladoras, conforme posicionamento adotado pelo STJ (REsp 757.971/RS, DJ 19/12/2008).

Gabarito 1C

(Advogado da União/AGU – CESPE – 2012) Julgue o item seguinte.

(1) A qualificação de agência executiva federal é conferida, mediante ato discricionário do presidente da República, a autarquia ou fundação que apresente plano estratégico de reestruturação e de desenvolvimento institucional em andamento e celebre contrato de gestão com o ministério supervisor respectivo.

1: Correta, nos termos dos arts. 51 e 52 da Lei 9.649/1998.

Gabarito 1C

(Advogado – Petrobrás Bio. – 2010 – CESGRANRIO) O governador de um estado-membro da Federação pretende criar uma agência reguladora para o exercício do poder regulatório, acompanhamento, controle e fiscalização das concessões e permissões de serviços públicos de transporte nos quais o Estado figure, por disposição legal ou pactual, como Poder Concedente ou Permitente. Indagada a esse respeito, a Assessoria Jurídica do governador do estado responde corretamente que, em âmbito estadual, as agências reguladoras são criadas por

(A) decreto regulamentar do governador do estado, observada a necessária autonomia administrativa e financeira que lhes confere independência frente ao Poder Executivo respectivo.

(B) decreto executivo, após autorização legislativa, devendo revestir-se de personalidade jurídica de direito público e exercer poder normativo para a emissão de normas genéricas e abstratas a serem observadas no âmbito do segmento objeto da regulação.

(C) lei complementar, observada a necessária personalidade jurídica de direito privado que lhes confere independência frente ao Poder Executivo respectivo.

(D) lei específica de iniciativa do governador do estado, devendo revestir-se de personalidade jurídica de direito público e ostentar regime jurídico idêntico àquele aplicável às fundações autárquicas.

(E) lei ordinária específica, observada a personalidade jurídica de direito público e o regime especial que lhes garanta independência administrativa e autonomia econômico-financeira.

A e **B:** incorretas, pois são criadas por lei específica (art. 37, XIX, da CF); **C:** incorreta, pois a criação se dará por lei ordinária específica e não por lei complementar (art. 37, XIX, da CF); ademais, as agências reguladoras têm personalidade de direito público e não de direito privado; **D:** incorreta, pois as agências reguladoras são entidades autárquicas de regime especial, regime especial esse que faz com que tenham regras diferentes das entidades autárquicas tradicionais, como é o caso das fundações citadas; **E:** correta, pois, em sendo as agências reguladoras autarquias, ainda que especiais, sua criação se dará nos moldes da primeira parte do art. 37, XIX, da CF, ou seja, mediante lei ordinária específica, sendo certo que tais entidades, por serem autárquicas, têm regime jurídico de direito público, com destaque para a sua independência administrativa e autonomia econômico-financeira, próprias do regime especial que detém.

Gabarito "E"

(Magistratura Federal-5ª Região – 2011) É característica da natureza de autarquia especial conferida à Agência Nacional de Energia Elétrica, agência reguladora criada pelo Estado brasileiro,

(A) a contratação de servidores não concursados para atribuições efetivas.

(B) a independência administrativa.

(C) o mandato variável de seus dirigentes.

(D) a exoneração sumária de seus dirigentes.

(E) a vinculação financeira a órgãos da administração direta.

A: incorreta, pois os servidores devem ser concursados e, como regra, devem ter regime estatutário; **B:** correta, pois as agências têm, de fato, essa autonomia, sendo certo que os dirigentes, por terem mandado fixo, têm bastante isenção para tomar decisões; C e **D:** incorretas, pois os mandatos dos dirigentes são fixos, devendo ser respeitados; dessa forma, os dirigentes não podem ser exonerados *ad nutum*, livremente; **E:** incorreta, pois são pessoas jurídicas com patrimônio e gestão financeira próprios.

Gabarito "B"

(Magistratura do Trabalho – 1ª Região – 2010 – CESPE) Assinale a opção correta no que se refere às agências reguladoras e às executivas.

(A) Mandato fixo e estabilidade para os dirigentes, que somente perderão o mandato em caso de renúncia, de condenação judicial transitada em julgado ou de processo disciplinar, são traços específicos das agências reguladoras.

(B) As agências executivas, assim como as reguladoras, têm a função precípua de exercer controle sobre particulares prestadores de serviços públicos, mas destas se diferenciam porque têm, também, por encargo a execução efetiva de determinadas atividades administrativas típicas de Estado.

(C) O regime jurídico dos trabalhadores das agências reguladoras é o de emprego público, regulado pela CLT.

(D) A qualificação como agência executiva de autarquia ou fundação que tenha celebrado contrato de gestão com o ministério supervisor somente pode ser efetivada por lei de iniciativa do Presidente da República.

(E) A agência executiva, como autarquia de regime especial, deve ser instituída por ato normativo do chefe do Poder Executivo. Nesse ato, devem ser definidas a organização, as competências e a função controladora que a agência exercerá sobre os particulares prestadores de serviços públicos.

A: correta, pois as agências reguladoras têm essa característica especial do mandato fixo de seus dirigentes; **B:** incorreta, pois as agências executivas, que na verdade são autarquias e fundações públicas com o qualificativo em tela – que significa que celebraram um contrato de gestão com o Poder Público –, não têm a exclusividade do exercício da atividade típica de Estado, valendo salientar que as agências reguladoras também podem exercer atividade típica de Estado, como faz a ANVISA, por exemplo, que exerce o poder de polícia em matéria de vigilância sanitária; **C:** incorreta, pois as agências reguladoras, como são pessoas jurídicas de direito público, devem contratar seus agentes pelo regime estatutário, segundo o STF; **D:** incorreta, pois não é necessário lei para que se efetive essa qualificação, que se dá por ato do Presidente da República (art. 51, § 1º, da Lei 9.649/1998); **E:** incorreta, pois a agência executiva não é um tipo de pessoa jurídica estatal, que é instituída pelo Poder Público; agência executiva é apenas um qualificativo que se dá a autarquias e fundações públicas que tenham um plano de reestruturação e desenvolvimento institucional, e celebram contrato de gestão com o respectivo Ministério Supervisor, qualificação essa concedida por ato do Presidente da República; tal qualificação importará, de um lado, em mais recursos, autonomia e vantagens para a agência executiva e, de outro, em metas a serem cumpridas para melhorar a eficiência do ente público.

Gabarito "A"

(Magistratura do Trabalho – 3ª Região – 2013) Relativamente às agências reguladoras, é correto afirmar.

(A) Cabe-lhes, nos limites do texto constitucional, definir políticas públicas assim como executá-las nos diversos setores regulados.

(B) Integram a administração direta federal.

(C) Seus servidores são empregados públicos, sujeitos ao regime da CLT.

(D) Cabe-lhes substituir o poder executivo relativamente às funções que o poder concedente exerce nos contratos de concessão ou permissão de serviços públicos.

(E) As agências reguladoras podem assumir o modelo de fundação pública ou autarquia, conforme opção do ente político (União), no momento de sua criação.

A: incorreta, pois compete à lei definir as políticas públicas; **B:** incorreta, pois as agências integram a administração indireta; **C:** incorreta, pois a agência reguladora, em sendo uma pessoa jurídica de direito público, deve ter servidores estatutários; **D:** correta, pois, em virtude do fenômeno da descentralização, a lei outorga às agências certas competências do poder executivo central; **E:** incorreta, pois as agências reguladoras são entidades autárquicas com regime especial, ou seja, têm um regime autárquico (de direito público), com algumas características específicas, como mandato fixo para os dirigentes.

Gabarito "D"

(Analista – MPU – 2010 – CESPE) Acerca das agências executivas e reguladoras, julgue os seguintes itens.

(1) Os diretores de agência reguladora são indicados e exonerados *ad nutum* pelo chefe do ministério a que a agência se vincula.

(2) Para se transformar em agência executiva, uma fundação deve ter, em andamento, planos estratégicos de reestruturação e de desenvolvimento institucional.

(3) À agência executiva é vedada a celebração de contrato de gestão com órgão da administração direta.

(4) A desqualificação de fundação como agência executiva é realizada mediante decreto, por iniciativa do ministério supervisor.

(5) As agências executivas fazem parte da administração direta, e as agências reguladoras integram a administração pública indireta.

1: incorreta, pois os dirigentes de agências reguladoras têm mandato fixo e são indicados pelo Chefe do Executivo, com aprovação pelo Senado; **2:** correta (art. 51, I, da Lei 9.649/1998); **3:** incorreta (art. 51, II, da Lei 9.649/1998); **4:** correta (art. 1º, § 4º, do Decreto 2.487/1998); **5:** incorreta, pois somente autarquias e fundações podem ser qualificadas como agências executivas e tais entidades, como se sabe, são entidades da administração indireta.

Gabarito 1E, 2C, 3E, 4C, 5E

(Fiscal de Rendas/RJ – 2010 – FGV) Com relação às *agências reguladoras*, analise as afirmativas a seguir.

I. As agências reguladoras integram o aparelho burocrático do Estado como autarquias sob regime especial.

II. É juridicamente viável a cobrança de taxa – a taxa de fiscalização – pelas agências reguladoras para destinação específica.

III. O Banco Central não pode ser considerado agência reguladora por carecer de independência decisória, já que suas decisões condicionam-se aos atos normativos emanados pelo Conselho Monetário Nacional.

Assinale:

(A) se somente a afirmativa I estiver correta.

(B) se somente a afirmativa II estiver correta.

(C) se somente as afirmativas I e II estiverem corretas.

(D) se somente as afirmativas I e III estiverem corretas.

(E) se todas as afirmativas estiverem corretas.

I: correta, pois as agências reguladoras são autarquias especiais, o que significa que têm o mesmo regime jurídico das autarquias tradicionais, com algumas especificidades, como a nomeação de seus dirigentes mediante aprovação do Senado, a existência de mandato fixo para os dirigentes e a submissão dos dirigentes a uma "quarentena", findo seu mandato; II: correta, pois o exercício do poder de polícia (da fiscalização) dá ensejo à cobrança de taxa; III: correta, pois os dirigentes do Banco Central não têm mandato fixo.

Gabarito "E"

(OAB/Exame Unificado – 2010.2) No Direito Público brasileiro, o grau de autonomia das Agências Reguladoras é definido por uma independência

(A) administrativa total e absoluta, uma vez que a Constituição da República de 1988 não lhes exige qualquer liame, submissão ou controle administrativo dos órgãos de cúpula do Poder Executivo.

(B) administrativa mitigada, uma vez que a própria lei que cria cada uma das Agências Reguladoras define e regulamenta as relações de submissão e controle, fundado no poder de supervisão dos Ministérios a que cada uma se encontra vinculada, em razão da matéria, e na superintendência atribuída ao chefe do Poder Executivo, como chefe superior da Administração Pública.

(C) legislativa total e absoluta, visto que gozam de poder normativo regulamentar, não se sujeitando assim às leis emanadas pelos respectivos Poderes legislativos de cada ente da federação brasileira.

(D) política decisória, pois não estão obrigadas a seguir as decisões de políticas públicas adotadas pelos Poderes do Estado (executivo e legislativo).

A: incorreta, pois, apesar das agências terem maior autonomia que as autarquias tradicionais (por conta do mandato fixo de seus dirigentes e do poder normativo que elas detêm), não é possível falar em *independência administrativa total*, pois os dirigentes das agências reguladoras são nomeados pelo Chefe do Executivo (com aprovação pelo Senado Federal – art. 5º da Lei 9.986/2000), ensejando certa submissão, e, apesar de os dirigentes terem mandato fixo, estão sujeitos à processo administrativo disciplinar (art. 9º da Lei 9.986/2000), caso cometam alguma falta disciplinar, processo este que pode resultar no seu desligamento, o que também demonstra certa submissão; **B:** correta, pois a independência administrativa das agências reguladoras é mitigada; como se viu, quem escolhe seus dirigentes não é a própria agência; e os seus dirigentes, apesar de terem mandado fixo, podem ser desligados pelo ente político que tiver criado a agência, caso cometam infração disciplinar, o que também demonstra que a independência administrativa das agências é *mitigada*; **C:** incorreta, pois as agências sequer têm competência legislativa, quanto mais independência legislativa total e absoluta; o poder normativo exercido por essas exigências deve ser exercido *nos limites* da lei, e não passando por cima desta; **D:** incorreta, pois as agências reguladoras devem atuar em consonância com as políticas públicas adotadas pelos Poderes Executivo e Legislativo; *vide*, por exemplo, a Lei da Aneel, pela qual esta agência "tem por finalidade regular e fiscalizar a produção, transmissão, distribuição e comercialização de energia elétrica, *em conformidade com as políticas e diretrizes do governo federal*" (art. 2º da Lei 9.427/1996).

Gabarito "B"

5.8.4. Consórcios públicos

(Ministério Público/CE – 2011 – FCC) A Lei de Consórcios Públicos, Lei n. 11.107/2005,

(A) permite a participação da União em consórcio formado unicamente por Municípios.

(B) condiciona a alteração de contrato de consórcio público à aprovação de instrumento pela assembleia geral, dispensada a ratificação mediante lei dos entes consorciados.

(C) estatui que a retirada do ente consorciado implica necessariamente na reversão dos bens que ele destinou ao consórcio.

(D) admite que os consórcios públicos possam outorgar concessão, permissão ou autorização de obras ou serviços públicos, desde que haja previsão dessa competência no contrato de sua formação.

(E) exige que a execução de desapropriações e a instituição de servidões necessárias ao consórcio seja realizada por cada um dos entes consorciados, nos bens situados em seu território.

A: incorreta, pois, segundo o art. 1º, § 2º, da Lei 11.107/2005, "a União somente participará de consórcios públicos em que também façam parte todos os Estados em cujos territórios estejam situados os Municípios consorciados"; **B:** incorreta, pois é necessária também a ratificação mediante lei por todos os entes consorciados (art. 12 da Lei 11.107/2005); **C:** incorreta, pois, segundo o art. 11, § 1º, da Lei 11.107/2005, "os bens destinados ao consórcio público pelo consorciado que se retira somente serão revertidos ou retrocedidos <u>no caso de expressa previsão no contrato de consórcio público ou no instrumento de transferência ou de alienação</u>" (g.n.); **D:** correta (art. 2º, § 3º, da Lei 11.107/2005); **E:** incorreta, pois o próprio consórcio público poderá promover desapropriações e instituir servidões nos termos de declaração de utilidade ou necessidade pública, ou interesse social, realizada pelo Poder Público (art. 2º, § 1º, II, da Lei 11.107/0205).

Gabarito "D"

(Ministério Público/MG – 2010.1) Sobre a Lei n. 11.107/2005, que dispõe sobre contratação de consórcios públicos, é INCORRETO afirmar

(A) O consórcio público, constituído como associação pública, havendo previsão no contrato de consórcio, poderá promover desapropriações nos termos de declaração de utilidade pública, necessidade pública ou interesse social, realizada pelo Poder Público.

(B) O consórcio público, se constituído com personalidade jurídica de direito público, integra a administração indireta de todos os entes da Federação consorciados.

(C) O consórcio público constituído como pessoa jurídica de direito privado deverá atender aos requisitos da legislação civil, contratar pessoal pelo regime celetista, mediante concurso público, e observar as normas previstas na Lei n. 8.666/1993.

(D) O contrato de consórcio deverá prever as contribuições financeiras ou econômicas de cada ente da Federação consorciado ao consórcio público.

(E) Os consórcios públicos poderão outorgar concessão, permissão ou autorização de obras e serviços públicos, mediante autorização prevista no contrato de consórcio, que deverá indicar os requisitos.

A: correta (art. 2º, § 1º, II, da Lei 11.107/2005); **B:** correta (art. 6º, § 1º, da Lei 11.107/2005); **C:** correta (art. 6º, § 2º, da Lei 11.107/2005); **D:** incorreta, devendo ser assinalada, (art. 4º, § 3º, da Lei 11.107/2005), pois o *contrato de consórcio público* não trará tal disposição; no entanto, anualmente, será feito o *contrato de rateio*, que tratará dos recursos a serem entregues ao consórcio pelos entes políticos consorciados; **E:** correta (art. 2º, § 3º, da Lei 11.107/2005).

Gabarito "D"

(Ministério Público/MT – 2012 – UFMT) Segundo a Lei 11.107/2005, a União Federal poderá ser parte integrante de consórcios públicos. Essa participação somente ocorrerá quando

(A) fizerem parte dele apenas Estados, sem a participação de municípios.

(B) fizerem parte dele apenas municípios situados em Estados diferentes.

(C) fizer parte dele mais de um Estado.

(D) fizerem parte dele Estados situados em diferentes regiões da federação.

(E) fizerem parte dele todos os Estados a que pertencerem os municípios consorciados.

Segundo o art. 1º, § 2º, da Lei 11.107/2005, "a União somente participará de consórcios públicos em que também façam parte todos os Estados em cujos territórios estejam situados os Municípios consorciados".

Gabarito "E"

(Ministério Público/RJ – 2011) A União Federal, um Estado-membro e doze Municípios de uma mesma região firmaram protocolo de intenções, expressando seu objetivo de implementar a gestão associada de determinado serviço público, e constituíram uma associação pública após a ratificação do protocolo por lei. Diante desses elementos, foi constituído:

(A) convênio personalizado;

(B) convênio de cogestão;

(C) consórcio público;

(D) convênio administrativo;

(E) consórcio despersonalizado.

Trata-se de consórcio público, nos termos do disposto na Lei 11.107/2005, especialmente os arts. 3º (protocolo de intenções), 4º, XI (gestão associada de serviço público), art. 1º, § 1º (associação pública – uma das espécies de consórcio público) e 5º(ratificação do protocolo por lei).

Gabarito "C"

(Procurador do Estado/GO – 2010) No tocante aos convênios e consórcios administrativos, é CORRETO afirmar que

(A) a celebração de um convênio pelo Executivo depende de autorização legislativa e sua formalização é feita por meio de termo de cooperação.

(B) como espécies de contratos administrativos, os convênios e consórcios submetem-se à licitação sempre na modalidade de concorrência.

(C) para a formalização de um consórcio público, há a necessidade de constituição de uma pessoa jurídica.

(D) não existe legislação específica sobre os consórcios públicos; todavia, alguns dispositivos da Lei n. 8.666/1993 lhe são aplicáveis.

(E) ambos são contratos administrativos e por isso mesmo se submetem à licitação.

A: incorreta, pois a assinatura de meros convênios não necessita de autorização legislativa, diferentemente da constituição de um consórcio, que requer ratificação legislativa de cada ente consorciado (art. 5º, *caput*, da Lei 11.107/2005); **B** e **E:** incorretas, pois os convênios e os consórcios não são *sui generis*, não podendo ser rotulados como contratos administrativos; ademais, a celebração de convênios não requer licitação pública, ressalvada a possibilidade de se estabelecer critérios isonômicos e protetores do interesse público, por meio de edital de chamamento, quando se quiser fazer convênio com alguma entidade privada; quanto ao consórcio, a sua constituição, que se dá entre entes políticos, por óbvio não requer licitação; já quando o consórcio público estiver constituído enquanto pessoa jurídica, a sua contratação pelos entes políticos consorciados não requer licitação, mas as contratações feitas pelo próprio consórcio (ex: compras de materiais e equipamentos), aí sim requerem licitação; **C:** correta, sendo certo que a personalidade jurídica da pessoa jurídica criada passará a existir, no caso de consórcio de direito público, mediante a vigência das leis de ratificação do protocolo de intenções; ao passo que no caso de consórcio de direito privado, mediante o atendimento dos requisitos da legislação civil (art. 6º, I e II, da Lei 11.107/2005); **D:** incorreta, pois a Lei 11.107/2005 é a legislação específica sobre os consórcios públicos.

Gabarito "C"

(Procurador do Estado/MT – FCC – 2011) De acordo com a Lei n. 11.107/2007, o consórcio público

(A) é constituído por contrato de programa, que deverá ser precedido da subscrição de contrato de rateio.

(B) depende, para sua eficácia, de ratificação pela União, quando envolver entes de outras unidades federativas.

(C) envolve sempre entes de mais de uma esfera da Federação, para a gestão associada de serviços públicos de competência da União.

(D) poderá aplicar os recursos provenientes do contrato de rateio nas atividades de gestão associada a ele cometidos, inclusive transferências e operações de crédito.

(E) constituirá associação pública, integrando a Administração indireta dos entes da federação consorciados, ou pessoa jurídica de direito privado.

A: incorreta, pois o consórcio público é constituído por contrato (contrato de *consórcio público*), cuja celebração dependerá de prévia subscrição de *protocolo de intenções* (art. 3º da Lei 11.107/2005); o contrato de programa nem sempre será celebrado pelo consórcio público e está regulamentado no art. 13 da Lei 11.107/2005; e o contrato de rateio diz respeito aos recursos que os entes consorciados entregarão ao consórcio público, sendo formalizado em cada exercício financeiro (art. 8º, *caput* e § 1º, da Lei 11.107/2005); **B:** incorreta, pois a ratificação do protocolo de intenções para a criação de um consórcio público depende de lei apenas dos entes consorciados (art. 5º da Lei 11.107/2005); **C:** incorreta, pois se os serviços públicos são de competência da União, esta é quem deve fazer a gestão do respectivo serviço; **D:** incorreta, pois é vedada a aplicação dos recursos entregues por meio de contrato de rateio para o atendimento de despesas genéricas, *inclusive transferências ou operações de crédito* (art. 8º, § 2º, da Lei 11.107/2005); **E:** correta (arts. 1º, § 1º, e 6º, § 1º, da Lei 11.107/2005).

Gabarito "E"

(Procurador do Estado/PA – 2011) Dentro do contexto de gestão compartilhada dos serviços públicos e com base na Lei n. 11.107/2005, analise as seguintes proposições e assinale a alternativa CORRETA:

I. Os consórcios públicos revestidos de personalidade de direito privado não se submetem às normas de licitação e contratos, e guardam nesse aspecto a principal distinção em face dos consórcios públicos de direito público. Porém, são obrigados a prestar contas aos Tribunais de Contas da destinação dos bens e da aplicação das verbas públicas que lhes foram repassadas pelos Entes consorciados, por meio de contrato de rateio, decorrendo tal obrigação do dever de prestar contas contido no art. 70, parágrafo único, da Constituição da República Federativa do Brasil.

II. O contrato de consórcio público, que depende de lei, é obrigatória e necessariamente firmado por todos os Entes Federados subscritores do protocolo de intenções, sob pena de nulidade. Tal previsão visa obrigar o compromisso dos Entes inicialmente contratantes, com vistas ao atendimento das finalidades colimadas por todos.

III. Tanto o consórcio público como o convênio tradicional primam pela satisfação de interesses convergentes. O que os distingue é, principalmente, o fato de o primeiro constituir pessoa jurídica, ao passo que o segundo – convênio – não gera uma entidade autônoma. Outro ponto de divergência entre ambos é que o consórcio, uma vez constituído em pessoa jurídica de direito público, integra a Administração Indireta de todos os Entes da Federação consorciados, enquanto o convênio tão somente corporifica os deveres de cooperação recíproca entre os convenentes.

IV. A União não pode somente firmar convênio com um consórcio público. Caso pretenda se beneficiar da cooperação, impõe-se o seu ingresso no consórcio, o que é possível à vista de expressa permissão constante do protocolo de intenções.

V. A grande inovação da Lei n. 11.107/2005 é o fato de o consórcio público, quer detenha personalidade jurídica de direito público ou privado, porém sempre investido das competências ínsitas aos Entes Federados, poder arrecadar tarifas ou preços públicos decorrentes de suas atividades e até mesmo desapropriar, no interesse da consecução de suas finalidades.

(A) Apenas as proposições III e IV estão corretas.

(B) Apenas a proposição I é incorreta.

(C) Todas as proposições estão corretas.

(D) Todas as proposições estão incorretas.

(E) Apenas a proposição III é correta.

I: incorreta, pois as pessoas jurídicas estatais devem, necessariamente, realizar licitações para as suas contratações, ressalvados os casos em que a lei admite a contratação direta; **II:** incorreta, pois é possível que o consórcio venha a existir mesmo que nem todos os assinantes do protocolo de intenções ratifiquem-no; nesse sentido é o disposto no art. 5º, § 1º, da Lei 11.107/2005: "o contrato de consórcio público, caso assim preveja cláusula, pode ser celebrado por apenas 1 (uma) parcela dos entes da Federação que subscreveram o protocolo de intenções"; **III:** correta; de fato, consórcio público é pessoa jurídica (*vide* arts. 1º, § 1º, e 6º da Lei 11.107/2005) e convênio é mero acordo de vontades para estabelecer obrigações comuns entre os partícipes (art. 116 da Lei 8.666/1993); **IV:** incorreta, pois nada impede que a União firme um convênio com um consórcio público, já que este está, inclusive, autorizado pela lei a celebrar convênios com outras entidades governamentais (art. 2º, § 1º, I, da Lei 11.107/2005); **V:** incorreta, pois um consórcio de direito público até pode ter algumas competências típicas dos entes federativos, mas um consórcio de direito privado não tem essa aptidão.

Gabarito "E"

(Procurador do Estado/RS – 2010 – FUNDATEC) Sobre os consórcios públicos, de acordo com a Lei Federal n. 11.107/2005, pode-se afirmar que:

(A) São sempre pessoas jurídicas de direito público constituídas unicamente por entes da federação para a realização de objetivos de interesses comuns.

(B) São diferenciados dos convênios de cooperação porque esses, ainda que possam ser celebrados pelos entes da federação para execução de interesses comuns, são destituídos de personalidade jurídica e sem os poderes atribuídos aos consórcios.

(C) A União pode participar de mais de um consórcio público desde que o objetivo seja assemelhado.

(D) O contrato de programa que disciplina as obrigações que um ente da federação constitui com outro ente da federação ou para com o consórcio público no âmbito da gestão associada pode atribuir ao contratado o exercício de poderes de planejamento, regulação e fiscalização dos serviços por ele próprio prestados.

(E) Os Estados Membros não podem ser autorizados a legislar sobre questões especificas acerca da matéria, no seu âmbito.

A: incorreta, pois o consórcio público pode ser de direito privado também (art. 1º, § 1º, da Lei 11.107/2005); **B:** correta, pois, de fato, consórcio público é pessoa jurídica (*vide* arts. 1º, § 1º, e 6º da Lei 11.107/2005) e convênio é mero acordo de vontades para estabelecer obrigações comuns entre os partícipes (art. 116 da Lei 8.666/1993); **C:** incorreta, pois a União pode participar do tipo de consórcio público que for conveniente, não havendo essa limitação de se tratar de consórcios com tipos assemelhados; a única limitação é que "a União somente participará de consórcios públicos em que também façam parte todos os Estados em cujos territórios estejam situados os Municípios consorciados (art. 1º, § 2º, da Lei 11.107/2005); **D:** incorreta, pois "é nula a cláusula de contrato de programa que atribuir ao contratado o exercício dos poderes de planejamento, regulação e fiscalização dos serviços por ele próprio prestados" (art. 13, § 3º, da Lei 11.107/2005); **E:** incorreta, pois o art. 241 da Constituição autoriza que esses entes políticos legislem sobre o tema.

Gabarito "B"

(Procurador do Município/Teresina-PI – 2010 – FCC) Assinale a alternativa incorreta sobre consórcios públicos.

(A) Para o cumprimento de seus objetivos, o consórcio público poderá ser contratado pela Administração direta ou indireta dos entes da Federação consorciados, dispensada a licitação.

(B) Para cumprimento de seus objetivos, o consórcio público poderá receber auxílios, contribuições e subvenções sociais ou econômicas de órgãos do Governo.

(C) O consórcio público constituirá associação pública ou pessoa jurídica de direito privado.

(D) Os consórcios públicos não poderão exercer atividade de arrecadação de tarifas pela prestação de serviços.

(E) A União somente participará de consórcios públicos em que também façam parte todos os Estados em cujos territórios estejam situados os Municípios consorciados.

A: assertiva correta (art. 2º, § 1º, III, da Lei 11.107/2005); **B:** assertiva correta (art. 2º, § 1º, I, da Lei 11.107/2005); **C:** assertiva correta (art. 1º, § 1º, da Lei 11.105/2005); **D:** assertiva incorreta, devendo ser assinalada; os consórcios públicos podem exercer atividades de arrecadação de tarifas e outros preços públicos pela prestação de serviços ou pelo uso ou outorga de uso de bens públicos por eles administrados ou, mediante autorização específica, pelo ente da Federação consorciado (art. 2º, § 2º, da Lei 11.107/2005); **E:** assertiva correta (art. 1º, § 2º, da Lei 11.107/2005).

Gabarito "D"

(Advogado da União/AGU – CESPE – 2012) Julgue o item seguinte.

(1) O consórcio público com personalidade jurídica de direito público integra a administração indireta dos entes da Federação consorciados.

1: correta, pois de acordo com o disposto no art. 6º, § 1º, da Lei 11.507/2005.

Gabarito 1C

5.8.5. Empresas estatais

(Magistratura/BA – 2012 – CESPE) Assinale a opção correta acerca dos entes da administração indireta.

(A) Exige-se autorização legislativa para a criação de subsidiárias das empresas públicas e sociedades de economia mista, sendo suficiente, para tanto, a previsão genérica na lei que as instituir, ou seja, não há necessidade de autorização legislativa específica a cada vez que uma nova subsidiária é criada.

(B) Nas sociedades de economia mista, o controle acionário e a gestão administrativa podem ser transferidos pelo poder público aos sócios particulares, desde que haja acordo de acionistas nos termos do estatuto da sociedade.

(C) É vedada a transformação de uma autarquia em empresa pública por meio de decreto.

(D) As causas em que figure como parte sociedade de economia mista cuja sócia majoritária seja a União deverão ser julgadas perante a justiça federal.

(E) As empresas públicas adquirem personalidade jurídica a partir da vigência da lei que as cria.

A: correta, sendo certo que o art. 37, XX, da CF exige que a autorização legislativa seja específica e se dê a cada vez que uma nova subsidiária é criada, usando o inciso a expressão "em cada caso"; **B:** incorreta, pois o controle é sempre do ente político criador (art. 5º, III, do Dec.-lei 200/1967); **C:** incorreta, pois, havendo autorização legal para tanto, isso é possível; um exemplo foi autorização para transformar a autarquia Casa da Moeda em empresa pública (Lei 5.895/1973); **D:** incorreta, pois o art. 109, I, da CF estabelece ser competência da Justiça Federal apenas as causas de interesse da União e de suas autarquias e empresas públicas, não havendo previsão para as causas de interesse das sociedades de economia também corram perante essa Justiça; assim, tais causas (por exemplo, as que envolvam o Banco do Brasil) devem ser julgadas pela Justiça Estadual; **E:** incorreta, pois a lei só autoriza a sua criação (art. 37, XIX, da CF), devendo, em seguida, os atos constitutivos serem registrados no Registro Público competente, para que a entidade passe a existir.

Gabarito "A"

(Magistratura/PA – 2012 – CESPE) No que diz respeito aos órgãos públicos e às entidades da administração indireta, assinale a opção correta.

(A) Quanto à posição estatal, os órgãos dotados de autonomia administrativa, técnica e financeira são classificados como superiores.

(B) A sociedade de economia mista não pode explorar empreendimentos e exercer atividades distintas das previstas na lei que tenha autorizado a sua constituição.

(C) Na esfera federal, é vedada a participação de pessoas jurídicas de direito privado integrantes da administração indireta na composição do capital da empresa pública.

(D) É inexigível a licitação caso a contratação para a aquisição de bens seja realizada por empresa pública ou sociedade de economia mista com suas subsidiárias e controladas, e o preço contratado seja compatível com o praticado no mercado.

(E) Para que uma entidade possa ser considerada sociedade de economia mista, é suficiente a participação majoritária do poder público na composição do capital social da empresa.

A: incorreta, pois são denominados órgão autônomos; **B:** correta (art. 26, I, do Dec.-lei 200/1967); **C:** incorreta, pois tal possibilidade é prevista no art. 5º do Dec.-lei 900/1969; **D:** incorreta, pois dispensável (e não inexigível) a licitação nesse caso (art. 24, XXIII, da Lei 8.666/1993); **E:** incorreta, pois é necessário que o poder público tenha a maioria do capital *votante* (ações com direito a voto), ou seja, que tenha o efetivo controle da sociedade (art. 5º, III, do Dec.-lei 200/1967).

Gabarito "B"

(Ministério Público/MS - 2011 - FADEMS) Sobre o tema Administração Pública Indireta, é **correto** afirmar:

I. somente lei específica criará autarquia e autorizará a instituição de empresa pública, de sociedade de economia mista e de fundação, cabendo à lei complementar, neste último caso, definir as áreas de sua atuação.

II. a competência para julgar ações que tenham a empresa pública federal como interessada na condição de autora, ré, assistente ou oponente é da Justiça Federal, ressalvando as causas de falência, as de acidentes de trabalho e as sujeitas à Justiça Eleitoral e à Justiça do Trabalho.

III. as empresas públicas e as sociedades de economia mista podem falir, nos termos do art. 2º, inc. I, da Lei n. 11.101/2005.

IV. a criação/permissão de as empresas públicas e as sociedades de economia mista que tenham como finalidade a exploração direta de atividade econômica só ocorrerão quando necessárias aos imperativos da segurança nacional ou relevante interesse econômico, observada definição legal.

(A) apenas a afirmativa III está incorreta;

(B) apenas as afirmativas I e II estão corretas;

(C) apenas as afirmativas III e IV estão incorretas;

(D) a afirmativa III está correta e a afirmativa IV está incorreta;

(E) todas as alternativas estão corretas.

I: correta (art. 37, XIX, da CF); **II:** correta (art. 109, I, da CF); **III:** incorreta, pois o art. 2º, I, da Lei 11.101/2005 (Lei de Falências) dispõe que essa lei não se aplica a empresa pública e sociedade de economia mista; **IV:** correta (art. 173, *caput*, da CF).

Gabarito "A"

(Ministério Público/MT – 2012 – UFMT) Qual a natureza jurídica da sociedade de economia mista?

(A) Entidade dotada de personalidade jurídica de direito público.

(B) Entidade dotada de personalidade jurídica de direito privado e de direito público.

(C) Entidade dotada de personalidade específica.

(D) Entidade dotada de personalidade jurídica de direito privado.

(E) Entidade dotada de personalidade jurídica de direito privado de capacidade específica.

As alternativas A, B, C e E são incorretas, pois a sociedade de economia mista é qualificada expressamente como pessoa jurídica de direito privado (art. 5º, III, do Dec.-lei 200/1967), não havendo na lei, portanto, a qualificação dessas entidades como sendo de direito público ou de capacidade específica.

Gabarito "D"

(Ministério Público/RJ – 2011) Empresas públicas e sociedades de economia mista:

(A) atuam como agências reguladoras, quando visam ao controle e fiscalização de serviços públicos;

(B) são criadas por lei cuja regulamentação se exterioriza por meio de decreto do Chefe do Executivo;

(C) podem ter natureza de fundação governamental de direito público, no desempenho de atividade social;

(D) sujeitam-se a mandado de segurança, no caso de impugnação de atos em processo de licitação;

(E) litigam na justiça fazendária, ainda que instituídas para o desempenho de atividades econômicas.

A: incorreta, pois as empresas estatais, por terem personalidade de direito privado, não podem praticar atividades típicas de Estado, como o controle e fiscalização de serviços públicos; quanto a estes, tais entidades podem, no máximo, prestar (executar) os serviços; **B:** incorreta, pois a lei específica apenas autoriza a criação de tais entidades (art. 37, XIX, da CF); em seguida, os atos constitutivos delas devem ser registrados no Registro Público competente; **C:** incorreta, pois não se deve confundir o regime das "sociedades", com o regime das "fundações', já que a primeira atua em atividade econômica, e a segunda, não; **D:** correta, nos termos da Súmula STJ 333 ("Cabe mandado de segurança contra ato praticado em licitação promovida por sociedade de economia mista ou empresa pública"); **E:** incorreta, pois, no desempenho de atividades econômicas, a justiça não fazendária é que conhece das causas dessas entidades; assim, a título de exemplo, uma ação contra uma empresa estatal de um Município deve ser promovida no Juízo Civil e não no Juizado da Fazenda Pública.

Gabarito "D"

(Ministério Público/SC – 2010) Em atenção à estrutura da Administração Pública: Administração Direta e Indireta, analise as seguintes assertivas:

I. Somente por lei específica poderá ser criada a empresa pública e autorizada a instituição de autarquia e de fundação, cabendo à lei complementar, neste último caso, definir as áreas de sua atuação.

II. As empresas públicas e as sociedades de economia mista são criadas com personalidade jurídica de direito privado para a prestação de serviços públicos ou para o desenvolvimento de atividade econômica em sentido estrito.

III. As sociedades de economia mista e as empresas públicas que explorem atividade econômica em sentido estrito estão sujeitas ao regime jurídico próprio das empresas privadas, inclusive quanto aos direitos e obrigações civis, comerciais, trabalhistas e tributários.

IV. As autarquias são criadas com personalidade jurídica de direito público e submissão hierárquica ao órgão da Administração Direta em cuja área de competência estiver enquadrada sua principal atividade.

V. As empresas públicas são criadas com personalidade jurídica de direito público e sujeitam-se à fiscalização contábil, financeira, orçamentária, operacional e patrimonial exercida pelos Tribunais de Contas.

De acordo com a Constituição da República:

(A) Apenas as assertivas I e IV estão corretas.

(B) Apenas as assertivas II, III e V estão corretas.

(C) Apenas as assertivas II e III estão corretas.

(D) Apenas as assertivas I, IV e V estão corretas.

(E) Apenas as assertivas I, II e III estão corretas.

I: incorreta, pois é o contrário, ou seja, somente por lei específica poderá ser criada autarquia e autorizada a criação de empresa pública, sociedade de economia mista e fundação, cabendo à lei complementar, neste último caso, definir as áreas de sua atuação (art. 37, XIX, da CF); **II:** correta (art. 173, § 1°, da CF); **III:** correta (art. 173, § 1°, II, da CF); **IV:** incorreta, pois as autarquias, assim com as demais pessoas jurídicas criadas pelos entes políticos, estão sujeitas à controle (tutela ou supervisão ministerial), e não à hierarquia; **V:** incorreta, pois as empresas públicas têm personalidade jurídica de direito privado estatal (art. 5°, II, do Dec.-lei 200/1967); de qualquer forma, é bom lembrar que a alternativa é verdadeira no ponto em que assevera que tais entidades estão sujeitas à fiscalização dos Tribunais de Contas (arts. 70 e 71 da CF).

Gabarito "C"

(Defensor Público/AC – 2012 – CESPE) Com relação a empresas públicas e sociedades de economia mista, assinale a opção correta.

(A) Empresas públicas possuem personalidade jurídica de direito público.

(B) A existência legal de uma empresa pública inicia-se com a edição da lei que autoriza sua criação.

(C) Uma ação de reparação de danos materiais contra o Serviço Federal de Processamento de Dados (SERPRO) deve tramitar em uma das varas cíveis da justiça comum estadual.

(D) Admite-se participação de capital privado na constituição de empresa pública.

(E) A única forma jurídica admitida para a composição de sociedade de economia mista é a sociedade anônima.

A: incorreta, pois possuem personalidade jurídica de direito privado (art. 5°, II, do Dec.-lei 200/1967); **B:** incorreta, pois se inicia com o arquivamento de seus atos constitutivos no registro público competente; **C:** incorreta, pois o SERPRO é uma empresa pública federal e, como tal, tem foro na Justiça Federal (art. 109, I, da CF); **D:** incorreta, pois a empresa pública tem capital exclusivamente público; **E:** correta, pois, de fato, a sociedade de economia mista só pode ter a forma jurídica de sociedade anônima (art. 5°, III, do Dec.-lei 200/1967).

Gabarito "E"

(Delegado/SP – 2011) Sobre as características comuns às empresas públicas e sociedades de economia mista, é correto afirmar:

(A) Podem ser estruturadas sob a forma de sociedade anônima.

(B) Possuem personalidade jurídica de direito público.

(C) Possuem objetivo determinado por lei, mas podem atender a finalidade diversa, verificado o interesse público.

(D) Somente a lei pode criá-las ou extingui-las.

(E) São constituídas exclusivamente por capital público.

A: incorreta, pois as empresas públicas podem ter qualquer forma societária; **B:** incorreta, pois as duas têm personalidade de direito privado; **C:** incorreta, pois a lei não pode deixar de ser observada; **D:** correta (art. 37, XIX, da CF), valendo salientar que a lei vai autorizar a criação dessas entidades, que, em seguida, deverão ter seus atos constitutivos arquivados no registro público competente para que tenha início a sua personalidade; **E:** incorreta, pois as sociedades de economia mista têm necessariamente capital público e capital privado.

Gabarito "D"

(Procurador do Estado/MT – FCC – 2011) O regime jurídico aplicável às entidades integrantes da Administração indireta

(A) sujeita todas as entidades, independentemente da natureza pública ou privada, aos princípios aplicáveis à Administração Pública.

(B) é integralmente público, para autarquias, fundações e empresas públicas, e privado para sociedades de economia mista.

(C) é sempre público, independentemente da natureza da entidade.

(D) é sempre privado, independentemente da natureza da entidade.

(E) é o mesmo das empresas privadas, para as empresas públicas e sociedades de economia mista, exceto em relação à legislação trabalhista.

A: correta, nos termos do art. 37, *caput*, da CF; **B:** incorreta, pois as empresas públicas também têm um regime de direito privado; **C:** incorreta, pois as empresas estatais (empresas públicas e sociedades de economia mista), as fundações de direito privado estatais e os consórcios públicos de direito privado têm regime jurídico de direito público; **D:** incorreta, pois as pessoas jurídicas de direito público (autarquias, fundações públicas de direito público, agências reguladoras e consórcios públicos de direito público) têm regime jurídico de direito público; **E:** incorreta, pois as empresas estatais também seguem o regime das empresas privadas em relação à legislação trabalhista.

Gabarito "A"

(Procurador do Município/Sorocaba-SP – 2012 – VUNESP) No que diz respeito às empresas públicas, aponte a alternativa correta.

(A) Devem licitar apenas na modalidade pregão.

(B) Por serem regidas pelo direito privado, não estão obrigadas a licitar.

(C) Não estão sujeitas à observação dos princípios da Administração Pública.

(D) Devem observar os princípios da licitação e da Administração Pública.

(E) Obrigam-se a licitar se estiverem sob o regime do direito público.

A: incorreta, pois o dever de licitar é geral (art. 1º, parágrafo único, da Lei 8.666/1993), não guardando relação com modalidade licitatória; **B:** incorreta, pois o dever de licitar está, como se viu, previsto na Lei (art. 1º, parágrafo único, da Lei 8.666/1993); **C:** incorreta, pois o art. 37, *caput*, da CF, que traz os princípios da Administração, dispõe que os entes da Administração Indireta estão sujeitos aos princípios administrativos, sem fazer distinção entre os de direito privado e os de direito público; **D:** correta, nos termos dos dispositivos citados nos comentários às alternativas "a" e "b"; **E:** incorreta (art. 1º, parágrafo único, da Lei 8.666/1993).

Gabarito "D"

(Advogado da União/AGU – CESPE – 2012) Julgue o item seguinte.

(1) As empresas públicas e as sociedades de economia mista não se sujeitam à falência e, ao contrário destas, aquelas podem obter do Estado imunidade tributária e de impostos sobre patrimônio, renda e serviços vinculados às suas finalidades essenciais ou delas decorrentes.

1: incorreta, pois tanto as empresas públicas, como as sociedades de economia mista não gozam da imunidade tributária recíproca, sujeitando-se às regras tributárias próprias das empresas privadas (art. 173, § 1º, I, e § 2º, da CF).

Gabarito 1E

(Advogado – CEF – 2010 – CESPE) A respeito das empresas públicas e das sociedades de economia mista e considerando a atuação fiscalizadora do Tribunal de Contas da União (TCU), assinale a opção correta.

(A) Segundo o TCU, as empresas públicas e as sociedades de economia mista que exploram atividade econômica, ainda que pretendam celebrar contratos diretamente relacionados com o exercício da atividade fim, estão obrigadas a se submeter ao procedimento da licitação.

(B) A vedação da acumulação de empregos, cargos ou funções públicas não se aplica às sociedades de economia mista exploradoras de atividade econômica, em razão do regime concorrencial a que se submetem.

(C) As empresas públicas, no que se refere a direitos e obrigações civis, comerciais, trabalhistas e tributários, possuem personalidade jurídica de direito privado, não lhes sendo estendidas prerrogativas públicas, ainda que se trate de atuação em regime não concorrencial para prestação de serviços públicos.

(D) Segundo o STF, o TCU não é competente para fiscalizar as sociedades de economia mista exploradoras de atividade econômica, por entender que os bens dessas entidades são privados.

(E) A empresa pública pode adotar qualquer forma de organização societária, inclusive a de sociedade anônima, enquanto a sociedade de economia mista deve, obrigatoriamente, adotar a forma de sociedade anônima.

A: incorreta, pois o entendimento é no sentido de que nos casos em que as empresas públicas e as sociedades de economia mista estiverem atuando no mercado e desejando adquirir bens ou serviços ligados à sua atividade fim (o que exclui, por exemplo, aquisição de serviços de limpeza e vigilância de prédio onde funcionar a empresa), é possível que deixem de realizar licitação para a contratação respectiva, se esta puder comprometer as atividades da estatal; **B:** incorreta, pois a regra se estende tanto às empresas públicas, como às sociedades de economia mista, sejam elas prestadoras de serviço público ou exploradoras de atividade econômica (art. 37, XVI e XVII, da CF); **C:** incorreta, pois as empresas públicas prestadoras de serviço público, no exercício da prestação de tais serviços podem ter que adotar certas prerrogativas de direito público, como forma de garantir a adequada prestação de tais serviços, nos estritos limites do regulamento do serviço que devem seguir; **D:** incorreta, pois a Constituição Federal é clara no sentido de que tais entidades estão sujeitas à fiscalização (art. 71, II, da CF); **E:** correta, nos termos do art. 5º, II e III, do Dec.-lei 200/1967.

Gabarito "E"

(Advogado – Correios – 2011 – CESPE) Com referência ao estatuto da Empresa Brasileira de Correios e Telégrafos (ECT), julgue o seguinte item.

(1) A ECT tem por finalidade manter o serviço postal, executando-o e controlando-o, em regime de monopólio, em todo o território nacional, podendo celebrar contratos e convênios que objetivem assegurar a prestação de serviços.

1:correta, pois está de acordo com os arts. 2º, I, e 18, do Dec.-lei 509/1969).

Gabarito 1C

(Advogado – Petrobrás Bio. – 2010 – CESGRANRIO) A respeito do regime jurídico aplicável às sociedades de economia mista federais, considere as assertivas abaixo.

I. A instituição de sociedades de economia mista depende de autorização por lei específica, mas a criação de subsidiárias pode ocorrer por meio de Decreto da Chefia do Poder Executivo, independente de autorização legislativa.

II. O limite máximo de remuneração, previsto no artigo 37, inciso XI, da Constituição da República (subsídio mensal, em espécie, dos ministros do Supremo Tribunal Federal), aplica-se às sociedades de economia mista federais e suas subsidiárias quando receberem recursos da União para pagamento de despesas de pessoal ou de custeio em geral.

III. A Lei de Responsabilidade Fiscal (Lei Complementar n. 101/2000) aplica-se às empresas estatais dependentes, assim consideradas as empresas controladas que recebem do ente controlador recursos financeiros para pagamento de despesas com pessoal ou de custeio em geral ou de capital, excluídos, no último caso, aqueles provenientes de aumento de participação acionária.

É correto APENAS o que se afirma em

(A) I.

(B) II .

(C) III.

(D) I e II.

(E) II e III.

I: incorreta, pois a criação de subsidiárias depende de autorização legal (art. 37, XX, da CF); **II:** correta (art. 37, § 9º, da CF); **III:** correta (art. 1º, § 3º, I, "b", c/c art. 2º, III, da Lei Complementar 101/2000).

Gabarito "E"

(Magistratura Federal/3ª Região – 2010) Assinale a alternativa correta:

(A) Nas sociedades de economia mista não é assegurada a participação dos acionistas minoritários na constituição e funcionamento dos conselheiros de administração e fiscal;

(B) Para a cessão ou transferência total ou parcial de autorização ou concessão de exploração de recursos minerais exige-se a prévia anuência do poder concedente;

(C) As empresas públicas exploradoras de atividade econômica de produção ou comercialização de bens podem ter regime jurídico tributário distinto das empresas privadas;

(D) As sociedades de economia mista não se sujeitam à responsabilidade pela prática de atos contra a economia popular.

A: incorreta, pois tal previsão decorre dos arts. 239 e 240 da Lei nº 6.404/1976 (Lei das S/A); **B:** correta (art. 27 da Lei 8.987/1995); **C:** incorreta, pois tais empresas têm regime jurídico de direito privado; **D:** incorreta, pois tais entidades estão sujeitas sim à responsabilidade pela prática de atos contra a economia popular.

Gabarito "B"

(Magistratura Federal-5ª Região – 2011) A respeito do regime jurídico e das características das empresas estatais — empresas públicas e sociedades de economia mista —, assinale a opção correta.

(A) A instituição de empresa estatal pode ser realizada no mesmo ato jurídico de criação de secretaria de um estado-membro da Federação.

(B) As empresas estatais não estão obrigadas a obedecer aos princípios de impessoalidade, moralidade, eficiência e publicidade.

(C) As empresas estatais exploradoras de atividade econômica de produção ou comercialização de bens ou de prestação de serviços sujeitam-se ao regime jurídico próprio das empresas privadas.

(D) A responsabilidade civil das empresas estatais pelos atos ilícitos civis praticados por seus agentes é objetiva.

(E) As empresas estatais podem ser dotadas de personalidade jurídica de direito privado ou de direito público.

A: incorreta, pois a instituição de empresa estatal depende de prévia lei autorizando, sendo que essa lei dever ser específica (art. 37, XIX, da CF/1988), ou seja, deve tratar apenas desse assunto (criação de dada empresa estatal), não sendo possível que trate de outros assuntos (por exemplo, da criação de uma secretaria estadual); **B:** incorreta, pois esses princípios se aplicam a toda Administração Pública Direta e Indireta (art. 37, *caput*, da CF/1988); **C:** correta (art. 173, § 1º, II, da CF/1988); **D:** incorreta, pois a responsabilidade objetiva prevista no art. 37, § 6º, da CF/1988 só se aplica às pessoas jurídicas de direito público e às pessoas jurídicas de direito privado prestadoras de serviço público; assim, como nem toda empresa estatal é prestadora de serviço público (algumas somente exploram atividade econômica), nem sempre as empresas estatais responderão objetivamente; **E:** incorreta, pois as empresas estatais têm, necessariamente, regime jurídico de direito privado (art. 5º, II e III, do Dec.-lei 200/1967).

Gabarito "C"

(Magistratura do Trabalho – 4ª Região – 2012) De acordo com a Constituição Federal, a criação de empresa pública ou sociedade de economia mista

(A) é feita por decreto governamental, salvo no caso de ser cometida à empresa o exercício de atividade em regime de monopólio, hipótese em que a criação depende de lei específica.

(B) depende de autorização legislativa para aquelas que atuem no domínio econômico e de decreto governamental para as prestadoras de serviço público.

(C) depende de autorização legislativa, assim como a criação de suas subsidiárias ou a participação em empresa privada.

(D) prescinde de autorização legislativa, a qual é exigida na hipótese de alienação do controle acionário ou participação em empresa privada.

(E) é feita por decreto governamental, no caso de empresas prestadoras de serviço público de titularidade do ente instituidor, dependendo de lei autorizativa nas demais hipóteses.

A, B, D e **E:** incorretas, pois tal criação sempre depende de prévia autorização legislativa (art. 37, XIX, da CF); **C:** correta (art. 37, XIX, da CF).

Gabarito "C"

(Magistratura do Trabalho – 8ª Região – 2011) Marque a alternativa CORRETA, de acordo com a legislação e a jurisprudência consolidada:

(A) As agências executivas, instituídas, necessariamente, sob a forma de autarquias, têm autonomia de gestão e disponibilidade de recursos orçamentários e financeiros para que cumpram as suas metas.

(B) As agências reguladoras têm por função controlar os serviços e as atividades exercidos sob o regime de concessão, sendo seus servidores sujeitos ao regime de emprego público.

(C) Quando, por qualquer fato jurídico, o Poder Público passa a deter a maioria do capital de sociedade anônima, esta passa a ser considerada, incontinenti, como sociedade de economia mista.

(D) A ECT – Empresa de Correios e Telégrafos, empresa pública federal, não está abrangida pela imunidade tributária recíproca, pois a Constituição da República prevê que, tanto as empresas públicas, quanto às sociedades de economia mista, sujeitam-se ao regime jurídico próprio das empresas privadas quanto às obrigações civis, comerciais, trabalhistas e tributárias.

(E) É legítimo que a lei disciplinadora de uma empresa pública autorize a posterior instituição de subsidiárias, desde que antecipe o objeto a que se destinarão, consoante a jurisprudência dominante do STF.

A: incorreta, pois agência executiva é um qualificativo aplicável tanto às autarquias, como às fundações públicas (art. 51, *caput*, da Lei 9.649/1998); **B:** incorreta, pois as agências reguladoras, como são pessoas jurídicas de direito público, devem, como regra, admitir seus agentes públicos pelo regime estatutário, e não celetista, de maneira que, em regra, os agentes dessas pessoas devem ocupar *cargo público*, e não *emprego público*; **C:** incorreta, pois, para ser sociedade de economia mista, não basta que o Poder Público detenha a maioria do capital da sociedade anônima; é necessário que detenha o controle desta, ou seja, a maioria das ações com direito a voto (art. 5º, III, do Dec.-lei 200/1967) **D:** incorreta, pois a ECT, por ter monopólio, não concorre com empresas privadas, não tendo, por conseguinte, o mesmo regime jurídico destas; nesse sentido, a ECT, pessoa jurídica de direito privado estatal, tem, sim, a imunidade recíproca, própria das pessoas jurídicas de direito público; **E:** correta; nesse sentido, confira o entendimento do STF: "EMENTA: AÇÃO DIRETA DE INCONSTITUCIONALIDADE. LEI 9.478/1997. AUTORIZAÇÃO À PETROBRÁS PARA CONSTITUIR SUBSIDIÁRIAS. OFENSA AOS ARTIGOS 2º E 37, XIX E XX, DA CONSTITUIÇÃO FEDERAL. INEXISTÊNCIA. ALEGAÇÃO IMPROCEDENTE. 1. A Lei 9.478/1997 não autorizou a instituição de empresa de economia mista, mas sim a criação de subsidiárias distintas da sociedade-matriz, em consonância com o inciso XX, e não com o XIX do artigo 37 da Constituição Federal. 2. É dispensável a autorização legislativa para a criação de empresas subsidiárias, desde que haja previsão para esse fim na própria lei que instituiu a empresa de economia mista matriz, tendo em vista que a lei criadora é a própria medida autorizadora. Ação direta de inconstitucionalidade julgada improcedente." (ADI 1649, Relator(a): Min. MAURÍCIO CORRÊA, Tribunal Pleno, julgado em 24.03.2004, *DJ* 28.05.2004 PP-00003 EMENT VOL-02153-02 PP-00204).

Gabarito "E"

(Magistratura do Trabalho – 15ª Região – 2010) Observado o regime jurídico da administração pública federal indireta, é incorreto afirmar que:

(A) a empresa pública pode ser estruturada sob qualquer das formas admitidas em direito, o que autoriza a sua constituição como sociedade civil ou comercial, unipessoal ou pluripessoal;

(B) o Decreto-lei 200/1967 determina que a sociedade de economia mista seja constituída unicamente sob a forma de sociedade anônima;

(C) uma empresa pública, mesmo sendo uma entidade com personalidade jurídica de direito privado, pode desempenhar serviço essencialmente público e ter os respectivos bens protegidos pela impenhorabilidade;

(D) a exigência constitucional de haver prévia dotação orçamentária para atender às projeções de despesa de pessoal, em caso de aumento de remuneração, não se aplica à sociedade de economia mista;

(E) a administração pública indireta está sujeita a duplo controle estatal: interno, pelo Poder Executivo, e externo, pelo Poder Legislativo, com auxílio do Tribunal de Contas:

A: assertiva correta, pois a empresa pública pode se revestir de qualquer das formas admitidas em direito (art. 5º, II, do Dec.-lei 200/1967); **B:** assertiva correta (art. 5º, III, do Dec.-lei 200/1967); **C:** assertiva correta, pois mesmo as empresas privadas não estatais podem ser concessionárias de serviço público, quanto mais as empresas públicas; além disso, os bens afetados ao serviço público são impenhoráveis, para fazer valer o princípio da continuidade do serviço público; **D:** assertiva incorreta, devendo ser assinalada; o art. 169, § 1º, I, da CF estabelece que essa regra se aplica a todos os órgãos e entidades da administração direta e indireta, o que abrange a sociedade de economia mista; **E:** assertiva correta (arts. 70 e 71 da CF).

Gabarito "D"

(Magistratura do Trabalho – 15ª Região – 2010) Em relação à administração pública federal, assinale a alternativa incorreta:

(A) a exploração de atividade econômica pelo Estado é mareada pela subsidiariedade, somente sendo permitida quando necessária à segurança nacional e a relevante interesse coletivo;

(B) o capital da empresa pública é inteiramente público, em cuja composição podem atuar outras pessoas de direito público interno, inclusive da administração indireta da União, Estados e Municípios;

(C) as empresas públicas que desempenham atividade econômica poderão gozar de privilégios fiscais não extensivos às demais empresas do setor privado;

(D) a agência executiva é a qualificação dada a uma autarquia ou fundação preexistente que, implementados os requisitos legais, recebe essa qualificação;

(E) o objeto da sociedade de economia mista tanto pode ser um serviço público como uma atividade econômica empresarial.

A: assertiva correta (art. 173, *caput*, da CF); **B:** assertiva correta (art. 5º do Dec.-lei 900/1969); **C:** assertiva incorreta, devendo ser assinalada, pois não gozam de tais privilégios (art. 173, § 2º, da CF); **D:** assertiva correta (art. 51 da Lei 9.649/1998); **E:** assertiva correta (art. 173, § 1º, da CF).

Gabarito "C"

(Analista – TRT/23ª – 2011 – FCC) NÃO é característica da sociedade de economia mista:

(A) criação autorizada por lei.

(B) personalidade jurídica de direito privado.

(C) derrogação parcial do regime de direito privado por normas de direito público.

(D) estruturação sob qualquer forma societária admitida em direito.

(E) desempenho de atividade econômica.

A única característica que não é da sociedade de economia mista é a estruturação sob qualquer forma societária, vez que a primeira deve ter, necessariamente, a forma de sociedade anônima.

Gabarito "D"

(Analista – TRE/TO – 2011 – FCC) Constitui traço distintivo entre sociedade de economia mista e empresa pública:

(A) forma de organização, isto é, forma jurídica.

(B) desempenho de atividade de natureza econômica.

(C) criação autorizada por lei

(D) sujeição a controle estatal.

(E) personalidade jurídica de direito privado.

Somente a alternativa "a" traz uma diferença entre a sociedade de economia mista e a empresa pública. No caso, a primeira só pode ter a forma jurídica de sociedade anônima, ao passo que a segunda pode ter qualquer forma jurídica, como, por exemplo, a de sociedade limitada.

Gabarito "A"

(Fiscal de Rendas/RJ – 2010 – FGV) Com relação à *organização administrativa*, analise as afirmativas a seguir.

I. A criação de subsidiárias das empresas estatais depende de lei específica, sendo, porém, dispensável para a participação delas em empresas privadas.

II. O contrato de gestão pode ser utilizado por empresas estatais dependentes de recursos públicos para ampliação de sua autonomia gerencial, orçamentária e financeira.

III. Os bens das empresas estatais afetados à prestação de serviço essencial, imprescindíveis à continuidade da prestação do serviço público, não são penhoráveis.

Assinale:

(A) se somente a afirmativa I estiver correta.

(B) se somente a afirmativa II estiver correta.

(C) se somente as afirmativas II e III estiverem corretas.

(D) se somente as afirmativas I e III estiverem corretas.

(E) se todas as afirmativas estiverem corretas.

I: incorreta (art. 37, XX, da CF); II: correta (art. 37, § 8º, da CF); III: correta, pois o princípio da continuidade do serviço público impede que os bens afetados aos serviços públicos sejam penhorados.

Gabarito "C"

(Fiscal da Receita/CE – 2010) Assinale a opção correta a respeito da administração pública.

(A) A representação judicial dos órgãos públicos, já que não possuem personalidade jurídica, deverá ser feita pelos respectivos procuradores do ente a que pertençam, salvo na hipótese de defesa de suas competências e prerrogativas, em que esses órgãos poderão ter órgão jurídico específico para atuar em seu favor.

(B) A delegação de atribuições no âmbito da mesma pessoa jurídica a outros órgãos recebe a denominação de descentralização.

(C) As sociedades de economia mista, mesmo quando exploradoras de atividade econômica, em um regime de mercado, se beneficiam da imunidade recíproca.

(D) Uma ação judicial proposta contra uma empresa pública federal deverá ser julgada pela justiça comum estadual.

A: correta, valendo lembrar o exemplo das Mesas das Casas Legislativas, que podem ingressar com mandado de segurança para a defesa de suas competências e prerrogativas; B: incorreta, pois quando tal delegação ocorre no âmbito da mesma pessoa jurídica, ou seja, quando se dá de um órgão para um órgão, dentro uma pessoa jurídica, tem-se o fenômeno da *desconcentração*; C: incorreta, pois tal imunidade só se dá entre os entes políticos e, por extensão, em favor das pessoas jurídicas de direito público, mas não favorece as pessoas jurídicas de direito privado estatais, como é o caso das sociedades de economia mista; D: incorreta, pois, nesse caso, é competente a Justiça Federal (art. 109, I, da CF).

Gabarito "A"

(OAB/Exame Unificado – 2012.3.A) Atento à crescente especulação imobiliária, e ciente do sucesso econômico obtido pelas construtoras do País com a construção de imóveis destinados ao público de alta renda, o Estado "X" decide ingressar nesse lucrativo mercado. Assim, edita uma lei autorizando a criação de uma empresa pública e, no mesmo ano, promove a inscrição dos seus atos constitutivos no registro das pessoas jurídicas.

Assinale a alternativa que apresenta a alegação que as construtoras privadas, incomodadas pela concorrência de uma empresa pública, poderiam apresentar.

(A) A nulidade da constituição daquela pessoa jurídica, uma vez que as pessoas jurídicas estatais só podem ser criadas por lei específica.

(B) O objeto social daquela empresa só poderia ser atribuído a uma sociedade de economia mista e não a uma empresa pública.

(C) Os pressupostos de segurança nacional ou de relevante interesse coletivo na exploração daquela atividade econômica não estão presentes.

(D) A criação da empresa pública não poderia ter ocorrido no mesmo ano em que foi editada a lei autorizativa.

A: incorreta, pois, caso fosse possível constituir uma empresa pública na hipótese, esta deveria ser constituída exatamente na forma mencionada na assertiva, ou seja, mediante autorização legislativa (art. 37, XIX, da CF), com posterior inscrição dos atos constitutivos no registro público competente (por exemplo, na Junta Comercial); **B:** incorreta, pois esse objeto social, em tese, poderia ser atribuído a uma empresa estatal ou a uma sociedade de economia mista, pois qualquer uma delas pode explorar uma atividade econômica; escrevemos "em tese", pois, no caso concreto, não se tem imperativo de segurança nacional, nem relevante interesse coletivo (art. 173, *caput*, da CF), únicas situações em que o Estado pode explorar diretamente atividade econômica; **C:** correta (art. 173, *caput*, da CF); **D:** incorreta, pois não existe essa limitação na lei.

Gabarito "C"

(OAB/Exame Unificado – 2012.2) O Presidente da República, considerando necessária a realização de diversas obras de infraestrutura, decide pela criação de uma nova Sociedade de Economia Federal e envia projeto de lei para o Congresso Nacional. Após a sua regular tramitação, o Congresso aprova a criação da Companhia "X". Considerando a situação apresentada, assinale a afirmativa correta.

(A) A Companhia "X" poderá editar os decretos de utilidade pública das áreas que necessitam ser desapropriadas para consecução do objeto que justificou sua criação.

(B) A Companhia "X" está sujeita à licitação e à contratação de obras, serviços, compras e alienações, observados os princípios da administração.

(C) A Companhia "X" será necessariamente uma sociedade de propósito específico (SPE) e a maioria do capital social deverá sempre pertencer à União.

(D) A Companhia "X" possui foro privilegiado e eventuais demandas judiciais correrão perante a Justiça Federal.

A: incorreta; a desapropriação tem duas fases, a declaratória e a executória; na fase declaratória o Poder Público manifesta sua intenção de adquirir determinado bem; normalmente, essa declaração se dá por meio de um decreto expropriatório; na fase executória, posterior à fase declaratória, busca-se um acordo com o proprietário do bem, ou, na impossibilidade, ingressa-se com ação de desapropriação; a primeira fase só pode ser iniciada por entes políticos e outros entes público autorizados pela lei, como é o caso da agência reguladora ANEEL; já a segunda fase pode ser feita por pessoas de direito público e por concessionárias de serviço público autorizadas por lei ou por contrato; diante do exposto, fica claro que a sociedade de economia mista "Companhia X" não tem competência para a declaração de utilidade pública do bem, de modo que a alternativa é incorreta; **B:** correta; segundo o art. 173, § 1º, III, da CF, as empresas estatais exploradoras de atividade econômica estão sujeitas à licitação e contratação de obras, serviços, compras e alienações, observados os princípios da Administração Pública; **C:** incorreta, pois o Dec.-lei 200/1967, que regulamenta a questão, não exige que se trate de uma sociedade de propósito específico (SPE); esse tipo de sociedade é utilizada quando se cria uma empresa para fazer um empreendimento só (como no caso das parcerias público-privadas); no caso em tela, o enunciado deixa claro que se trata uma empresa criada para DIVERSAS obras de infraestrutura, e não para um empreendimento só; **D:** incorreta, pois, segundo o art. 109, I, da CF, apenas as ações judiciais de interesse da União, de suas entidades autárquicas e de suas empresas públicas têm como foro a Justiça Federal; porém, as ações judiciais de interesse das sociedades de economia mista federais não têm esse mesmo foro, sendo a Justiça Estadual a competente para as ações de interesse dessas últimas empresas.

Gabarito "B"

(OAB/Exame Unificado – 2012.1) Em relação às entidades que compõem a administração indireta, assinale a alternativa correta.

(A) Para a criação de autarquias, é necessária a edição de uma lei autorizativa e posterior registro de seus atos constitutivos no respectivo registro como condição de sua existência.

(B) Para criação de uma empresa pública, é necessária a edição de uma lei específica sem a exigência de registro de seus atos constitutivos no respectivo registro por se tratar de uma pessoa jurídica de direito público.

(C) Para criação de uma sociedade de economia mista, é necessária a edição de uma lei autorizativa e registro de seus atos constitutivos no respectivo registro por se tratar de uma pessoa jurídica de direito privado.

(D) Por serem pessoas jurídicas, todas necessitam ter seus respectivos atos constitutivos registrados no respectivo registro como condição de sua existência.

A: incorreta, pois a autarquia é criada diretamente por lei específica, não sendo necessário o arquivamento de outros atos constitutivos no registro público competente para que uma autarquia passe a existir (*vide* o texto do art. 37, XIX, da CF); **B:** incorreta, pois é necessária a edição de uma lei específica AUTORIZANDO a criação da empresa pública, com posterior registro dos atos constitutivos no respectivo registro público, para que a pessoa jurídica passe a existir (art. 37, XIX, da CF); há de se lembrar, também, que empresa pública não é pessoa jurídica de direito público, mas pessoa jurídica de direito privado prestadora de serviço público; **C:** correta (art. 37, XIX, da CF); **D:** incorreta, pois a autarquia é criada diretamente pela lei, não sendo necessário o registro de seus atos constitutivos em algum registro público como condição de sua existência.

Gabarito "C"

5.8.6. Entes de cooperação

(Magistratura/ES – 2011 – CESPE) Assinale a opção correta acerca das OSs e da OSCIPs no âmbito da administração pública federal.

(A) As cooperativas que se dedicam à promoção da assistência social são passíveis de qualificação como OSCIP.

(B) Entre as cláusulas essenciais do termo de parceria firmado com a OSCIP previstas na legislação de regência, figura a prestação de garantia.

(C) Por ter a verba repassada pelo poder público à OSCIP natureza de preço ou remuneração, que passa a integrar seu patrimônio, bem imóvel por ela adquirido com recursos provenientes da celebração do termo de parceria não será gravado com cláusula de inalienabilidade.

(D) Os bens móveis públicos destinados às OS podem ser objeto de permuta por outros de igual ou maior valor, desde que os novos bens integrem o patrimônio da União.

(E) Sendo OS a qualificação jurídica conferida à pessoa jurídica de direito privado sem fins lucrativos e instituída por iniciativa de particulares, é vedada a participação de representantes do poder público em seu órgão de deliberação superior.

A: incorreta, pois há impedimento legal à possibilidade de cooperativas serem qualificadas de OSCIPs (art. 2º, X, da Lei 9.790/1999 - Lei das OSCIPs); **B:** incorreta, pois não há tal previsão no art. 10, § 2º, da Lei 9.790/1999); **C:** incorreta, pois não há que se falar em remuneração quanto a essas entidades, mas em dinheiro público a ser alocado por elas; assim, tais valores ou bens continuam tendo natureza pública, inclusive com cláusula de inalienabilidade (art. 15 da Lei 9.790/1999); **D:** correta (art. 13 da Lei 9.637/1998 – Lei das OSs); **E:** incorreta, pois é justamente o contrário; é requisito para a qualificação da entidade a participação de representantes do poder público em seu órgão de deliberação superior (art. 2º, I, "d", da Lei 9.637/1998).

Gabarito "D"

(Ministério Público/SC – 2012) De acordo com a Lei n. 9.790/1999:

I. As instituições hospitalares privadas não gratuitas e suas mantenedoras, desde que sem fins lucrativos, podem qualificar-se como Organizações da Sociedade Civil de Interesse Público.

II. Em termos de OSCIP, considera-se sem fins lucrativos a pessoa jurídica de direito privado que não distribui, entre os seus sócios ou associados, conselheiros, diretores, empregados ou doadores, eventuais excedentes operacionais, brutos ou líquidos, dividendos, bonificações, participações ou parcelas do seu patrimônio, auferidos mediante o exercício de suas atividades, e que os aplica integralmente na consecução do respectivo objeto social.

III. As fundações públicas, as fundações, sociedades civis ou associações de direito privado criadas por órgão público ou por fundações públicas somente poderão constituir uma OSCIP se forem autorizadas pelo Ministério da Justiça, hipótese em que os respectivos Tribunais de Contas tomarão as medidas para fiscalização efetiva do exercício de suas atividades.

IV. Para qualificarem-se como Organizações da Sociedade Civil de Interesse Público, as pessoas jurídicas interessadas devem ser regidas por estatutos cujas normas expressamente disponham sobre a observância dos princípios da legalidade, impessoalidade, moralidade, publicidade, economicidade e da eficiência.

V. Perde-se a qualificação de Organização da Sociedade Civil de Interesse Público, a pedido ou mediante decisão proferida em processo administrativo ou judicial, de iniciativa popular ou do Ministério Público, no qual serão assegurados, ampla defesa e o devido contraditório, ressalvando-se que, vedado o anonimato, e desde que amparado por fundadas evidências de erro ou fraude, qualquer cidadão, respeitadas as prerrogativas do Ministério Público, é parte legítima para requerer, judicial ou administrativamente, a perda da qualificação de OSCIP.

(A) Apenas as assertivas II e IV estão corretas.

(B) Apenas as assertivas I, II, IV e V estão corretas.

(C) Apenas as assertivas I, II, III, e V estão corretas.

(D) Apenas as assertivas II, IV e V estão corretas.

(E) Todas as assertivas estão corretas.

I: incorreta, pois as instituições hospitalares privadas não gratuitas e suas mantenedoras não são passíveis de qualificação como OSCIPs (art. 2º, VII, da Lei 9.790/1999); **II:** correta (art. 1º, § 1º, da Lei 9.790/1999); **III:** incorreta, pois as fundações, sociedades civis ou associações de direito privado criadas por órgão público ou por fundações públicas não são passíveis de qualificação como OSCIPs (art. 2º, XII, da Lei 9.790/1999); **IV:** correta (art. 4º, I, da Lei 9.790/1999); **V:** correta (arts. 7º e 8º da Lei 9.790/1999).

Gabarito "D"

(Defensor Público/AM – 2013 – FCC) As Organizações Sociais são pessoas jurídicas de direito privado, qualificadas pelo Poder Executivo, nos termos da Lei Federal nº 9.637/1998, com vistas à formação de parceria para execução de atividades de interesse público. NÃO está entre as características das Organizações Sociais, nos termos da referida lei,

(A) a necessidade de aprovação de sua qualificação, por meio de ato vinculado do Ministro ou titular de órgão supervisor ou regulador da área de atividade correspondente ao seu objeto social e do Ministro do Planejamento, Orçamento e Gestão.

(B) a previsão de participação, no órgão colegiado de deliberação superior, de representantes do Poder Público e de membros da comunidade, de notória capacidade profissional e idoneidade moral.

(C) a proibição de distribuição de bens ou de parcela do patrimônio líquido em qualquer hipótese, inclusive em razão de desligamento, retirada ou falecimento de associado ou membro da entidade.

(D) o desempenho de atividades relacionadas a pelo menos um dos seguintes campos: ensino, pesquisa científica, desenvolvimento tecnológico, proteção e preservação do meio ambiente, cultura e saúde.

(E) a atuação com finalidade não lucrativa, com a obrigatoriedade de investimento de seus excedentes financeiros no desenvolvimento das próprias atividades.

A: assertiva correta, pois essa não é característica de uma OS, já que o segundo ministério envolvido na aprovação da qualificação não é o do Planejamento, mas da Administração Federal e Reforma do Estado (art. 2º, II, da Lei 9.637/1998); **B:** assertiva incorreta, pois essa é uma característica de uma OS (art. 2º, I, "d", da Lei 9.637/1998); **C:** assertiva incorreta, pois essa é uma característica de uma OS (art. 2º, I, "h", da Lei 9.637/1998); **D:** assertiva incorreta, pois essa é uma característica de uma OS (art. 1º da Lei 9.637/1998; **E:** assertiva incorreta, pois essa é uma característica de uma OS (art. 2º, I, "b" da Lei 9.637/1998.

Gabarito "A"

(Procurador do Estado/RO – 2011 – FCC) Organizações Sociais, Organizações da Sociedade Civil de Interesse Público e Serviços Sociais Autônomos são espécies do gênero denominado *entidades de colaboração com a Administração Pública*. É característica comum dessas três espécies, conforme legislação federal,

(A) estarem sujeitas ao controle dos Tribunais de Contas, embora tenham personalidade jurídica de direito privado.

(B) serem beneficiárias de prerrogativas processuais semelhantes às das entidades de direito público, quando houver questionamento dos atos praticados no exercício de atividades consideradas de interesse público.

(C) contarem obrigatoriamente com a participação de representantes do Poder Público em seus órgãos internos de deliberação superior.

(D) serem beneficiárias de contribuições parafiscais, estabelecidas para custeio de suas atividades de interesse público.

(E) celebrarem obrigatoriamente contrato de gestão, com a Administração Pública, para desempenho de suas atividades.

A: correta, pois, de acordo com o art. 70, parágrafo único, da Constituição, todas as pessoas que utilizam dinheiro, bens ou valores públicos devem prestar contas; **B:** incorreta, pois tais entidades NÃO fazem parte da Administração Pública; ademais, mesmo entre os entes da Administração Pública, apenas as pessoas jurídicas de direito público têm tais prerrogativas processuais; **C:** incorreta, pois essa obrigação não existe em relação a todas essas entidades; a Lei 9.790/1999 (Lei da OSCIP) não traz essa obrigação; já a Lei 9.637/1998 (Lei das Organizações Sociais), estabelece essa obrigatoriedade (art. 2º, I, "d"); **D:** incorreta, pois somente os serviços sociais autônomos gozam dessa prerrogativa; **E:** incorreta, pois esse contrato (*contrato de gestão*) é assinado pelas Organizações Sociais; quando se tratar de uma OSCIP, assina-se o chamado *termo de parceria*.

Gabarito "A"

(Procurador do Município/São José dos Campos-SP – 2012 – VUNESP) Nos termos da Lei Federal n. 9.637, de 15.05.1998, o Contrato de Gestão é o instrumento firmado entre o Poder Público e a entidade qualificada como organização social, com vistas à formação de parceria para fomento e execução de atividades relativas às seguintes áreas:

(A) ensino, pesquisa científica, desenvolvimento tecnológico, proteção e preservação do meio ambiente, cultura e saúde.

(B) ensino, pesquisa técnica, habitação, proteção e preservação do meio ambiente, cultura e saúde.

(C) ensino, desenvolvimento científico, proteção e preservação do meio ambiente, transporte, cultura e saúde.

(D) ensino, proteção e preservação do meio ambiente, habitação, cultura e saúde.

(E) ensino, segurança, proteção e preservação do meio ambiente, cultura e saúde.

Segundo o art. 1º da Lei 9.637/1998, "o Poder Executivo poderá qualificar como organizações sociais pessoas jurídicas de direito privado, sem fins lucrativos, cujas atividades sejam dirigidas ao *ensino, à pesquisa científica, ao desenvolvimento tecnológico, à proteção e preservação do meio ambiente, à cultura e à saúde*, atendidos aos requisitos previstos nesta Lei". Assim, apenas a alternativa "a" está correta.

Gabarito "A"

(Procurador do Município/São José dos Campos-SP – 2012 – VUNESP) Com relação ao Termo de Parceria a que alude a Lei Federal n. 9.790, de 23.03.1999, assinale a alternativa que contempla cláusula essencial para esse tipo de ajuste.

(A) Regime de execução.

(B) Reconhecimento dos direitos da Administração, em casos de rescisão administrativa.

(C) Condições de pagamento, data-base, periodicidade de reajustamento e critério de atualização monetária.

(D) Crédito pelo qual correrá a despesa.

(E) Estipulação das metas e dos resultados a serem atingidos e os respectivos prazos de execução ou cronograma.

As cláusulas essenciais do Termo de Parceria estão previstas nos incisos do § 2º do art. 10 da Lei 9.790/1999. A "estipulação das metas e dos resultados a serem atingidos e os respectivos prazos de execução ou cronograma" (alternativa "e") estão previstos no inciso II do parágrafo mencionado, ao passo que as cláusulas mencionadas nas demais alternativas das questões não estão previstas no dispositivo mencionado.

Gabarito "E"

(Advogado da União/AGU – CESPE – 2012) Julgue o item seguinte.

(1) Para que sociedades comerciais e cooperativas obtenham a qualificação de organizações da sociedade civil de interesse público, é preciso que elas não possuam fins lucrativos e que tenham em seus objetivos sociais a finalidade de promoção da assistência social.

Incorreta, pois sociedades comerciais e cooperativas não podem se qualificar como sociedade civil de interesse público (art. 2º, I e X, da Lei 9.790/1999).

Gabarito 1E

(Magistratura Federal-5ª Região – 2011) Entre os setores do Estado, destaca-se o denominado terceiro setor — conceito surgido com a reforma do Estado brasileiro —, que compreende os serviços não exclusivos do Estado e abrange a atuação simultânea do Estado com outras organizações privadas e não estatais, como as organizações sociais (OSs) e as organizações da sociedade civil de interesse público (OSCIPs).

Considerando as semelhanças e as diferenças entre essas duas entidades paraestatais, assinale a opção correta.

(A) O poder público deve celebrar contrato de gestão com a OSCIP.

(B) O processo de habilitação de OS deve tramitar no Ministério da Justiça.

(C) As OSs são regidas pela Lei nº 9.790/1999.

(D) As OSCIPs são regidas pela Lei nº 9.637/1998.

(E) Nem a OS nem a OSCIP podem ter fim lucrativo ou econômico.

A: incorreta, pois, com a OSCIP, celebra-se termo de parceria, sendo que, com as organizações sociais – OSs – celebra-se contrato de gestão; **B:** incorreta, pois isso acontece apenas com as OSCIPs (art. 5º da Lei 9.790/1999); com as organizações sociais, o processo de habilitação tramita no ministério correspondente e no Ministério da Administração Federal e Reforma do Estado (art. 2º, II, da Lei 9.637/1998); C e **D:** incorretas, pois as OSs são regidas pela Lei 9.637/1998, sendo que as OSCIPs, pela Lei 9.790/1999; **E:** correta, nos termos dos arts. 1º da Lei 9.637/1998 e 1º da Lei 9.790/1999.

Gabarito "E"

(Procurador da República – 26º) No tocante às organizações do chamado "terceiro setor", é correto afirmar que:

(A) As organizações da sociedade civil de interesse público são constituídas por lei de iniciativa do Executivo Federal, vinculando-se ao Ministério com o qual mantêm identidade de atribuições, mas preservando autonomia quanto à gestão administrativa e financeira.

(B) Tendo recebido a qualificação de interesse público, as organizações da sociedade civil, passam a submeter-se a regramentos de direito público, submetendo-se a prestação de contas de recursos repassados pelo Poder Público e formando seu quadro de pessoal apenas mediante concurso de provas ou de provas e títulos.

(C) As organizações sociais possuem personalidade jurídica de direito privado, habilitando-se ao recebimento de recursos públicos a partir da homologação de seus atos constitutivos pelo Ministério Público e da celebração de termo de parceria com órgãos da Administração Pública.

(D) Instituições religiosas ou voltadas para a disseminação de credos, cultos, práticas e visões devocionais e confessionais não podem qualificar-se como organização da sociedade civil de interesse público, ainda que desempenhem atividades de assistência social.

A: incorreta, pois tais entidades não são criadas pelo Poder Público; **B:** incorreta, pois tais entidades continuam pessoas de direito privado após a qualificação, obedecendo, assim, às normas de direito privado e não às normas de direito público, de modo que poderá contratar pessoal sem necessidade de promover concurso público; de qualquer modo, como tais entidades recebem dinheiro público, será necessário cumprir certas normas de ética administrativa, a fim de que se respeite o interesse público, de maneira que a prestação de contas, essa sim, será necessária (art. 4º, VII, "d", da Lei 9.790/1999); **C:** incorreta, pois estarão aptas a receber recursos públicos após a sua qualificação, feita por decisão do Ministério Supervisor (Ministério do Governo Federal, e não Ministério Público) e do Ministério da Administração Federal e Reforma do Estado (art. 2º, II, da Lei 9.637/1998); **D:** correta, nos exatos termos do art. 2º, III, da Lei 9.790/1999.

Gabarito "D"

(Procurador da República – 24º) A associação filantrópica de saúde e caridade dispõe-se a cuidar de um hospital público federal. Para tanto, solicita junto ao Ministério da Saúde a qualificação como organização da sociedade civil de interesse público. Analise atentamente as seguintes afirmativas:

I. Os membros da associação que ficarem encarregados da administração do hospital não poderão receber remuneração.

II. Se a associação vier a ser desconstituída, a única destinação possível para os bens será a divisão entre os associados.

III. A qualificação somente pode ser outorgada pelo Ministro da Justiça.

IV. A associação poderá receber recursos públicos, mas não poderá ter fim lucrativo.

V. A perda da qualificação pode dar-se em processo de iniciativa popular ou do Ministério Público.

Quais as afirmativas corretas:

(A) III, IV e V.

(B) I, II, IV e V.

(C) I, III e IV.

(D) II, III, IV e V.

I: incorreta, pois o estatuto pode prever a possibilidade de se instituir remuneração para dirigentes da entidade que atuem efetivamente na gestão executiva e para os que prestem serviços específicos (art. 4º, VI, da Lei 9.790/1999); **II:** incorreta, pois o estatuto de uma OSCIP deve prever que, em caso de dissolução da entidade, o respectivo patrimônio líquido será transferido a outra pessoa jurídica qualificada nos termos da lei, preferencialmente que tenha o mesmo objeto social da extinta (art. 4º, IV, da Lei 9.790/1999); **III:** correta (art. 6º da Lei 9.790/1999); **IV:** correta, pois, de fato, uma OSCIP não pode ter fins lucrativos, (art. 1º, *caput*, da Lei 9.790/1999), mas pode receber recursos públicos (arts. 10, § 2º, IV e VI, e 12, da Lei 9.790/1999); **V:** correta (art. 7º da Lei 9.790/1999).

Gabarito "A"

(Procurador do Trabalho – MPT – 17º Concurso – 2012) Leia os itens abaixo e analise:

I. As organizações sociais são as executoras de serviços públicos em regime de parceria com o poder público, sendo pessoas jurídicas de direito privado, não podem ter fins lucrativos e dedicam- se ao ensino, à cultura, à saúde, à pesquisa científica, ao desenvolvimento tecnológico e à preservação do meio ambiente.

II. As organizações da sociedade civil de interesse público constituem o regime de parceria numa gestão por colaboração.

III. Podem ser qualificadas como sociedades civis de interesse público as organizações sociais, as cooperativas, entidades religiosas; todavia, não podem ser assim qualificadas as sociedades comerciais, organizações creditícias e instituições partidárias.

Marque a alternativa **CORRETA**:

(A) todas as assertivas estão corretas;

(B) apenas a assertiva III está incorreta;

(C) apenas as assertivas I e II estão incorretas;

(D) apenas as assertivas II e III estão incorretas;

(E) não respondida.

I: correta (art. 1º da Lei 9.637/1998); **II:** correta, pois, de fato, há um regime de cooperação entre as partes, que celebram um Termo de Parceria para tanto (art. 9º da Lei 9.790/1999); **III:** incorreta, pois as organizações sociais, as cooperativas e as entidades religiosas não podem ser qualificadas como OSCIPs (art. 2º, III, V e IX, da Lei 9.790/1999).

Gabarito "B"

(Analista – TRT/8ª – 2010 – FCC) Quando o Poder Público estabelece parceria com Organizações Sociais, assim qualificadas, sem fins lucrativos, para fomento e execução de atividades relativas à área de proteção e preservação do meio ambiente, ele o faz por meio de contrato de

(A) mão de obra.

(B) concessão.

(C) permissão.

(D) prestação de serviços.

(E) gestão.

Tal afirmativa encontra previsão no art. 5º da Lei 9.637/98.

Gabarito "E"

(Analista – TRE/TO – 2011 – FCC) De acordo com a Organização Administrativa Brasileira, o SESI, o SESC e o SENAI são entidades

(A) empresariais.

(B) estatais.

(C) paraestatais.

(D) autárquicas.

(E) fundacionais.

Tais entidades são chamadas de entidades paraestatais. A doutrina também as chama de entes de cooperação. Elas não fazem parte da Administração Pública Direta e Indireta, mas, como não têm fins lucrativos e atuam em atividades de utilidade pública, recebem recursos públicos e, por isso, são estudadas em Direito Administrativo.

Gabarito "C"

(OAB/Exame Unificado – 2013.2) Determinada entidade de formação profissional, integrante dos chamados Serviços Sociais Autônomos (também conhecidos como "Sistema S"), foi, recentemente, questionada sobre a realização de uma compra sem prévia licitação. Assinale a alternativa que indica a razão do questionamento.

(A) Tais entidades, vinculadas aos chamados serviços sociais autônomos, integram a Administração Pública.

(B) Tais entidades, apesar de não integrarem a Administração Pública, são dotadas de personalidade jurídica de direito público.

(C) Tais entidades desempenham, por concessão, serviço público de interesse coletivo.

(D) Tais entidades são custeadas, em parte, com contribuições compulsórias cobradas sobre a folha de salários.

A: incorreta, pois tais entidades não integram a Administração Direta e Indireta; são entidades não estatais, que, por colaborarem com o Estado, recebem o nome de paraestatais; **B:** incorreta, pois são pessoas jurídicas de direito *privado* não estatais; **C:** incorreta, pois tais entidades não recebem concessões de serviço público, atuando em atividades de *utilidade pública* que não requerem concessão estatal para tanto, como na área de lazer, educação, dentre outras; **D:** correta; o fato de tais entidades serem custeadas, em parte, com contribuições compulsórias (contribuições parafiscais), ou seja, com tributos (que são próprios do Estado), faz com que haja uma reclamo no sentido de que esse dinheiro seja gasto com respeito aos princípios da Administração Pública, já que, em última análise, trata-se de dinheiro público; porém, apesar de tais entidades estarem obrigadas a usarem o direito respeitando a isonomia, a moralidade e a economicidade (o que reclama que se faça, por exemplo, pesquisas de preço), não há lei determinando que elas promovam licitação pública, na forma prevista para a Administração (Lei 8.666/1993); de qualquer maneira, a única alternativa da questão que pode levar a um questionamento sobre o dever de as entidades do Sistema "S" terem de fazerem licitação é a "d", ainda que saibamos que a jurisprudência não impõe licitação a essas entidades.

Gabarito "D"

(OAB/Exame Unificado – 2011.1) A qualificação como Organizações da Sociedade Civil de Interesse Público (OSCIPs) de pessoas jurídicas de direito privado, sem fins lucrativos, cujos objetivos sociais e normas estatutárias atendam aos requisitos previstos na respectiva lei é ato

(A) complexo, uma vez que somente se aperfeiçoa com a instituição do Termo de Parceria.

(B) composto, subordinando-se à homologação da Chefia do Poder Executivo.

(C) discricionário, uma vez que depende de avaliação administrativa quanto à sua conveniência e oportunidade.

(D) vinculado ao cumprimento dos requisitos estabelecidos em lei.

A alternativa "d" está correta, pois traz o texto do art. 1º, § 2º, da Lei 9.790/1999 ("a outorga da qualificação prevista neste artigo é ato vinculado ao cumprimento dos requisitos instituídos por esta Lei").

Gabarito "D"

5.8.7. Temas combinados

(Analista – TRE/AP – 2011 – FCC) Considere as seguintes proposições acerca das entidades políticas e administrativas:

I. As entidades estatais são pessoas jurídicas de direito público que integram a estrutura constitucional do Estado e têm poderes políticos e administrativos, como, por exemplo, os Estados-membros.

II. As autarquias desempenham suas atividades sem subordinação hierárquica, no entanto, estão sujeitas a controle administrativo, indispensável para assegurar que elas não se desviem de seus fins institucionais.

III. As entidades paraestatais, também denominadas entes de cooperação com o Estado, são autônomas, administrativa e financeiramente; têm, entre outras características, patrimônio próprio, sendo que não se sujeitam a qualquer controle estatal.

Está correto o que se afirma SOMENTE em

(A) III.

(B) I e II.

(C) II e III.

(D) II.

(E) I e III.

I: correta, pois traz ideia e exemplo corretos sobre as entidades estatais; **II:** correta, pois, apesar de não haver hierarquia, há controle (tutela ou supervisão ministerial); **III:** incorreta, pois essas entidades, por receberem recursos estatais, estão sujeitas, sim, a controle estatal, devendo prestar contas quanto ao uso de recursos públicos.

Gabarito "B"

5.9. QUESTÕES SUBJETIVAS COMENTADAS

(OAB/Exame Unificado – 2ª fase – FGV) A União, por meio do Ministério da Saúde, propôs ao estado de Pernambuco, representado pelo secretário de Saúde, o desenvolvimento de ações conjuntas para o combate ao mosquito da dengue. O Ministério dispõe dos recursos necessários e a secretaria estadual, da tecnologia e da mão de obra. Diante dessa situação hipotética, redija um texto que aborde, de maneira fundamentada, a forma pela qual essa parceria deverá concretizar-se, pela contratação do estado pela União ou pela formalização de um convênio. Destaque a diferença entre essas duas formas de realização da mencionada parceria. Extensão máxima: 30 linhas

RESOLUÇÃO DA QUESTÃO

No Direito Administrativo há diversas espécies de negócios bilaterais. São exemplos desses negócios o contrato administrativo, o contrato regido pelo direito privado, a concessão de serviço público, a concessão de uso de bem público, o convênio, o consórcio, o contrato de gestão e o termo de parceria.

Mas há duas categorias que podem ser tomadas como gênero. A primeira delas é o contrato em sentido amplo, que abrange o contrato administrativo, o contrato regido pelo direito privado e as concessões. E a segunda delas são os convênios em sentido amplo, que abrange os convênios em sentido estrito, o consórcio, o contrato de gestão e o termo de parceria.

Contratos e convênios têm em comum o fato de serem negócios jurídicos bilaterais. E têm como diferenças as seguintes: a) no primeiro há interesses contrapostos, ao passo que no segundo há interesses e objetivos comuns; b) no primeiro existe relação de crédito e débito, podendo o contratado aplicar o dinheiro que receber como remuneração como bem lhe convier, ao passo que no segundo os recursos recebidos por um dos convenentes devem ser aplicados para alcançar os objetivos comuns de ambas as partes; c) no primeiro, os contratantes são considerados "partes" e não têm o dever de prestar contas sobre o uso dos recursos relativos à remuneração de cada qual, ao passo que no segundo os convenentes são considerados "partícipes" e têm o dever de prestar contas sobre a aplicação dos recursos recebidos.

O caso em tela revela que a União e o estado do Pernambuco têm interesses e objetivos comuns, já que propõem o desenvolvimento de ações conjuntas para o combate ao mosquito da dengue, cada qual cumprindo com um papel (o Ministério dispondo dos recursos necessários e a secretaria estadual, da tecnologia e da mão de obra).

Dessa forma, está-se diante da formalização de um convênio, convênio esse que deverá obedecer os preceitos do art. 116 da Lei 8.666/93, bem como às disposições da Instrução Normativa nº 1/97, da Secretaria do Tesouro Nacional, neste caso por se tratar de convênio do qual participa a União.

Por fim, vale ressaltar que há na legislação, hoje, previsão de outras formas de vínculo para a gestão associadas de certos serviços públicos, por meio da celebração de convênios de cooperação e até pela criação conjunta, pelos entes políticos, de pessoas jurídicas, denominadas consórcios públicos (*vide*, a respeito, o art. 241 da CF e a Lei 11.107/05).

(OAB/Exame Unificado – 2ª fase – CESPE) O Supremo Tribunal Federal vem entendendo que os bens da Empresa Brasileira de Correios e Telégrafos (ECT) são impenhoráveis, reconhecendo a constitucionalidade do art. 12 do Decreto-Lei nº 509/1969, cuja redação é a seguinte:

Art. 12 – A ECT gozará de isenção de direitos de importação de materiais e equipamentos destinados aos seus serviços, dos privilégios concedidos à Fazenda Pública, quer em relação à imunidade tributária, direta ou indireta, impenhorabilidade de seus bens, rendas e serviços, quer no concernente a foro, prazos e custas processuais.

Explique o fundamento jurídico-administrativo desse entendimento, abordando os campos de incidência dos arts. 173, § 1º, e 175 da Constituição Federal.

RESOLUÇÃO DA QUESTÃO

Os arts. 173 e 175 da Constituição Federal delineiam o campo de atuação e o regime jurídico das entidades da administração indireta exploradoras de atividade econômica e prestadoras de serviço público.

O art. 173, § 3º, II, ao tratar das empresas estatais exploradoras de atividade econômica, é claro ao dispor que tais entidades estão sujeitas "ao regime jurídico próprio das empresas privadas, inclusive quanto aos direitos e obrigações civis, comerciais, trabalhistas e tributários".

Ao dispor dessa forma, o dispositivo constitucional faz concluir que as empresas estatais exploradoras de atividade econômica podem ter seus bens penhorados, não têm imunidade tributária e não têm privilégios processuais.

Por outro lado, o art. 175 da Constituição, ao tratar das empresas concessionárias de serviço público, sejam elas estatais ou não estatais, estabelece que a lei estabelecerá, dentre outras regras, o regime das empresas concessionárias e permissionárias de serviços públicos.

O último dispositivo citado não faz distinção entre concessionárias estatais e não estatais, e dentre aquelas, entre as concessionárias com regime de monopólio ou não.

De qualquer forma, um dado é certo, qual seja, a exigência de que o regime jurídico das empresas estatais seja igual ao das empresas privadas é providência que só está estabelecida no art. 173 da Constituição, ou seja, que só está determinada em relação às estatais exploradoras de atividade econômica.

Essa constatação não permite que se conclua, *a contrario sensu*, que as empresas estatais concessionárias de serviço público não tenham que atender ao regime jurídico próprio das entidades privadas. Isso porque, é princípio básico da ordem econômica o da livre concorrência, princípio esse que só será preservado se as empresas, estatais ou não, estiverem sujeitas ao mesmo regime jurídico.

Assim, e considerando que nada impede que concessionárias de serviço público concorram no mercado, de rigor que, como regra, todas elas estejam sujeitas ao mesmo regime, no caso ao regime de direito privado, quanto às suas relações cíveis, comerciais, trabalhistas e tributárias, ressalvado o cumprimento do regime específico de prestação de serviço público, que é público.

Todavia, o caso dos Correios é um caso à parte. Isso porque o Supremo Tribunal Federal reconheceu que a Constituição Federal, ao dispor que a União "manterá" o serviço postal e o correio aéreo nacional (art. 21, X, da CF), criou verdadeiro monopólio aos Correios, monopólio esse que justifica regime jurídico diferenciado, no caso, de Direito Público, sem que isso importe em prejuízo para outras entidades privadas.

Dessa forma, segundo o STF, o art. 12 do Decreto-Lei 509/1969 foi recepcionado pela Constituição Federal.

(OAB/Exame Unificado – 2ª fase – CESPE) Em determinada comunidade, a Associação Comunitária Dois Irmãos, criada com o propósito de desenvolver, sem qualquer finalidade lucrativa, os serviços de creche para crianças carentes de até 5 anos de idade, pretende celebrar com o governo federal um ajuste que lhe garanta o recebimento de recursos públicos para esse fim, de maneira rápida e sem necessidade de alterações no seu estatuto social. Na qualidade de consultor jurídico, como você orientaria a sociedade referida no texto acima? Em sua resposta, aborde necessariamente os seguintes aspectos:

- natureza jurídica do ajuste;
- necessidade de licitação;
- fiscalização;
- exigências formais.
- fundamento legal;

RESOLUÇÃO DA QUESTÃO

A prestação dos serviços de creche para crianças carentes de até 5 anos de idade é atividade que o Poder Público tem o dever de prover, conforme imperativo constitucional (art. 208, IV, da CF). Aliás, o Supremo Tribunal Federal vinha entendendo que o Estado deveria prover a todos aqueles que demandassem esse atendimento, de modo que se tratava de verdadeiro direito subjetivo. Agora, com a Emenda Constitucional 59/09, o texto constitucional passou a tratar como obrigatória, além de gratuita, a educação a partir dos 4 anos de idade.

Essas circunstâncias fazem com que o Estado deva prover esse serviço, o que pode ser feito diretamente, por meio de agentes públicos, ou por contrato de prestação de serviço, celebrando mediante licitação pública, ou por meio de parcerias com entidades assistenciais.

As parcerias com o chamado terceiro setor podem se dar mediante várias formas jurídicas. As mais conhecidas são o convênio, o contrato de gestão (com organizações sociais) e o termo de parceria (com organizações da sociedade civil de interesse público – OSCIPs).

Não existe regulamentação específica estabelecendo que os convênios podem ser celebrados com tais entidades, sem necessidade de licitação. Todavia, caso a entidade preencha os requisitos estabelecidos no inciso XIII do art. 24 da Lei 8.666/93, e considerando os termos do art. 116 dessa lei, é possível estabelecer parceria com a entidade, com dispensa de licitação. De qualquer forma, para que esteja tudo dentro do que permite a ordem jurídica, e considerando o caso concreto, talvez seja necessário alterar o estatuto social da entidade para o fim de adequá-lo ao disposto nos incisos I e II do art. 213 da Constituição.

No que concerne às organizações sociais e às OSCIPs, o mais adequado será buscar a qualificação de organização social, uma vez que o serviço a ser prestado pela entidade guarda relação com serviços que o Poder Público deve prestar, e não com serviços de interesse público, mas prestados tipicamente por particulares que precisam de fomento.

Nesse sentido, será necessário cumprir todos os requisitos estatutários e procedimentais previstos na Lei 9.637/98, a fim de se obter a qualificação de organização social, além de aguardar a demanda pelo serviço prestado pela entidade, que poderá ser contratado com dispensa de licitação (art. 24, XXIV, da Lei 8.666/93).

Ante o exposto, nossa orientação será no sentido de mostrar as duas possibilidades (celebração de convênio e celebração de contrato de gestão) e, segundo os contornos do caso concreto, opinar sobre qual é a mais adequada, levando-se em conta as necessidades prementes da entidade, de um lado, e a segurança jurídica e viabilidade, de outro, bem como o fato de que se deve procurar também o Município onde se encontra a entidade, dado que compete a esse atuar prioritariamente nessa fase do ensino (art. 211, § 2º, da CF).

(OAB/Exame Unificado – 2ª fase – CESPE) O governador de um estado editou decreto promovendo uma ampla reformulação administrativa, na qual foram previstas a criação, a extinção e a fusão de órgãos da administração direta e de autarquias estaduais. Alegou o governo estadual que, além de atender ao interesse público, a reformulação administrativa inseria-se na competência do Poder Executivo para, no exercício do poder regulamentar, dispor sobre a estruturação, as atribuições e o funcionamento da administração estadual. Em face dessa situação, responda, de forma fundamentada, se é considerada legítima a iniciativa do chefe do Poder Executivo estadual de, mediante decreto, promover as mudanças pretendidas.

RESOLUÇÃO DA QUESTÃO

O Direito Administrativo é informado pelo princípio da legalidade, princípio esse pelo qual a Administração só pode agir se houver previsão legal determinando ou autorizando sua atuação.

Esse princípio cede em pouquíssimos casos, previstos na Constituição Federal. Um deles é o que permite ao Chefe do Executivo, por meio de decreto, dispor sobre "organização e funcionamento da administração" (art. 84, VI, "a").

Essa faculdade, todavia, encontra duas limitações: a) não pode implicar em aumento de despesa; b) não pode importar em criação ou extinção de órgãos públicos.

Nesse sentido os atos do governador de criação e de extinção de órgãos da administração direta são absolutamente inconstitucionais. O mesmo se pode dizer quanto à criação, extinção e fusão de autarquias estaduais, pois tais entidades são criadas por lei específica (art. 37, XIX, da CF), e somente por esta poderão ser extintas. Ademais, se os próprios órgãos não podem ser criados ou extintos por decreto, quanto mais as pessoas jurídicas da administração indireta.

Remanesce a dúvida sobre se é possível a fusão de órgãos da administração direta. A fusão, por não importar em extinção ou criação de entidade, assim como a transformação de órgãos, desde que não aumentem a despesa, parece-nos providências possíveis nos termos da Constituição. Um exemplo é a existência, num dado Estado, de uma Secretaria de Segurança Pública e de outra Secretaria de Administração Penitenciária, que fossem fundidas numa só, passando a se chamar Secretaria de Segurança Pública e de Administração Penitenciária.

Nesse caso, razões administrativas de conveniência e oportunidade podem ter determinado a fusão, que, repito, desde que não importe em aumento de despesa, não nos parece proibida pela Constituição Federal, ao contrário da criação e da extinção de órgãos e pessoas jurídicas, vedadas pelo texto constitucional.

(OAB/Exame Unificado – 2ª fase – FGV) O prefeito de um determinado município está interessado em descentralizar o serviço de limpeza urbana e pretende, para tanto, criar uma empresa pública. Diante disso, formula consulta jurídica a respeito do regime a ser observado pela estatal em relação aos aspectos abaixo transcritos.

Com base no relatado acima, responda aos itens a seguir, empregando os argumentos jurídicos apropriados e a fundamentação legal pertinente ao caso.

a) Qual é o instrumento jurídico necessário para a instituição de uma empresa pública?

b) Qual é o regime de pessoal a ser observado e a respectiva forma de recrutamento e seleção?

c) A empresa pública em questão deve observar limite máximo de remuneração previsto no artigo 37, inciso XI, da Constituição da República?

GABARITO COMENTADO – EXAMINADORA

O examinando deve, em primeiro lugar, mencionar a necessidade de lei específica para a instituição de empresa pública, conforme norma do artigo 37, inciso XIX, da CRFB. Quanto ao regime de pessoal, às empresas públicas submetem-se ao regime jurídico da iniciativa privada no que tange às obrigações trabalhistas, donde se depreende a submissão ao regime de emprego público (celetista), conforme artigo 173, § 1º, inciso II, da CRFB. No entanto, embora o regime de pessoal seja o celetista, o examinando deve registrar que o acesso ao emprego público depende de aprovação em concurso público, aplicando-se o princípio da meritocracia (artigo 37, inciso II, CRFB). Por fim, quanto ao limite máximo de remuneração, a empresa pública deverá observá-lo caso receba recurso do Município de pagamento de despesas de pessoal ou de custeio em geral, conforme norma do artigo 37, § 9º, da CRFB.

(OAB/Exame Unificado – 2ª fase – CESPE) O Governador do Estado X, após a aprovação da Assembleia Legislativa, nomeou o renomado cardiologista João das Neves, ex-presidente do Conselho Federal de Medicina e seu amigo de longa data, para uma das diretorias da Agência Reguladora de Transportes Públicos Concedidos de seu Estado. Ocorre que, alguns meses depois da nomeação, João das Neves e o Governador tiveram um grave desentendimento acerca da conveniência e oportunidade da edição de determinada norma expedida pela agência. Alegando a total perda de confiança no dirigente João das Neves e, após o aval da Assembleia Legislativa, o governador exonerou-o do referido cargo.

Considerando a narrativa fática acima, responda aos itens a seguir, empregando os argumentos jurídicos apropriados e apresentando a fundamentação legal pertinente ao caso.

a) À luz do Poder Discricionário e do regime jurídico aplicável às Agências Reguladoras, foi juridicamente correta a nomeação de João das Neves para ocupar o referido cargo?

b) Foi correta a decisão do governador em exonerar João das Neves, com aval da Assembleia Legislativa, em razão da quebra de confiança?

RESOLUÇÃO DA QUESTÃO

A) Como sabido, discricionariedade é a margem de liberdade que a lei confere ao administrador para integrar a vontade da lei nos casos concretos conforme parâmetros/critérios de conveniência e oportunidade.

Assim, desde que observados alguns parâmetros, a escolha do dirigente é ato discricionário do chefe do Poder Executivo. Isto porque, como sabido, discricionariedade não se confunde com arbitrariedade.

Desse modo, ainda que discricionária a escolha deve atentar para o caráter técnico do cargo a ser ocupado, vez que as Agências reguladoras se caracterizam por um alto grau de **especialização técnica** no setor regulado, que, obviamente, para o seu correto exercício, exige uma formação especial dos ocupantes de seus cargos.

Por essas razões, afigura-se bastante claro que, no caso proposto, a escolha do governador vai de encontro aos critérios previstos para a escolha dos dirigentes, visto que a nomeação de um cardiologista, ainda que renomado, para exercer o cargo de diretor de uma agência reguladora de transportes públicos concedidos, não obedece à exigência de que o nomeado tenha alto grau de **especialização técnica** no setor regulado, *inerente ao regime jurídico especial das agências.*

Inclusive, nesse sentido, dispõe o art. 5º da Lei n. 9986/2000:

O Presidente ou o Diretor Geral ou Diretor-Presidente (CD I) e os demais membros do Conselho Diretor ou da Diretoria (CD II) serão brasileiros, de **reputação ilibada**, **formação universitária** e **elevado conceito no campo de especialidade dos cargos para os quais serão nomeados**, devendo ser escolhidos pelo Presidente da República e por ele nomeados, após aprovação pelo Senado Federal, nos termos da alínea f do inciso III do art. 52 da Constituição Federal.

Sendo assim, não foi correta a nomeação de João das Neves.

B) Como sabido, é uma características das agências reguladoras, a estabilidade reforçada dos dirigentes. Trata-se de estabilidade diferenciada, caracterizada pelo exercício de mandato a termo, na qual se afigura impossível a exoneração *ad nutum* que, em regra, costuma ser inerente aos cargos em comissão. Desse modo, os diretores, na forma da legislação em vigor, só perderão os seus cargos por meio de renúncia, sentença transitada em julgado por meio de processo administrativo, observados a ampla defesa e o contraditório.

No mesmo sentido, dispõe expressamente o art. 9º, da Lei 9986/2000:

Art. 9º Os Conselheiros e os Diretores somente perderão o mandato em caso de renúncia, de condenação judicial transitada em julgado ou de processo administrativo disciplinar.

Por essas razões, João das Neves não poderia ter sido exonerado pelo governador.

(OAB/Exame Unificado – 2ª fase – CESPE) Recentemente, 3 (três) entidades privadas sem fins lucrativos do Município ABCD, que atuam na defesa, preservação e conservação do meio-ambiente, foram qualificadas pelo Ministério da Justiça como Organização da Sociedade Civil de Interesse Público. Buscando obter ajuda financeira do Poder Público para financiar parte de seus projetos, as 3 (três) entidades apresentaram requerimento à autoridade competente, expressando seu desejo de firmar um termo de parceria.

Considerando a narrativa fática acima, responda aos itens a seguir, empregando os argumentos jurídicos apropriados e apresentando a fundamentação legal pertinente ao caso.

a) O poder público deverá realizar procedimento licitatório (Lei n. 8666/93) para definir com qual entidade privada irá formalizar termo de parceria?

b) Após a celebração do termo de parceria, caso a entidade privada necessite contratar pessoal para a execução de seus projetos, faz-se necessária a realização de concurso público?

RESOLUÇÃO DA QUESTÃO

A) Organização da Sociedade Civil de Interesse Público (OSCIP) é a qualificação jurídica conferida pelo Poder Público, por ato administrativo, às pessoas privadas sem fins lucrativos e que desempenham determinadas atividades de caráter social, atividades estas que, por serem de relevante interesse social, são fomentadas pelo Estado. A partir de tal qualificação, tais entidades ficam aptas a formalizar "termos de parceria" com o Poder Público, que permitirá o repasse de recursos orçamentários para auxiliá-las na consecução de suas atividades sociais.

As OSCIPs integram o que a doutrina chama de "Terceiro Setor", isto é, uma nova forma de organização da Administração Pública por meio da formalização de parcerias com a iniciativa privada para o exercício de atividades de relevância social. Sendo assim, como as ideias de "mútua colaboração" e a ausência de "contraposição de interesses" são inerentes a tais ajustes, o "termo de parceria" tem sido considerado pela doutrina e pela jurisprudência como espécies de convênios e não como contratos, tendo em vista a comunhão de interesses do Poder Público e das entidades privadas na consecução de tais atividades.

Contudo, apesar de desnecessária a licitação formal nos termos da Lei n. 8666/93, não se pode olvidar que deverá a administração observar os princípios do art. 37 da CRFB/88 na escolha da entidade além de, atualmente, vir prevalecendo o entendimento da doutrina, da jurisprudência e dos Tribunais de Contas no sentido de que, ainda que não se deva realizar licitação nos moldes da Lei n. 8.666/93, deverá ser realizado procedimento licitatório simplificado a fim de garantir a observância dos princípios da Administração Pública, como forma de restringir a subjetividade na escolha da OSCIP a formalizar o "termo de parceria".

B) Não. Por não integrarem a Administração Pública, as OSCIP's não se submetem as regras de concurso público, nos termos do art. 37, II, da CRFB.

CAPÍTULO 6

AGENTES PÚBLICOS

6.1. CONCEITO DE AGENTES PÚBLICOS

Os agentes públicos podem ser conceituados como *os sujeitos que servem ao Poder Público como instrumentos de sua vontade, mesmo que o façam apenas ocasionalmente.*

Saber quem é agente público é importante para diversos fins, tais como verificação de cabimento de mandado de segurança em face de ato de dada autoridade, submissão a certas restrições de direito público, sujeição à aplicação especial da lei penal, sujeição à Lei de Improbidade Administrativa, sujeição à Lei de Abuso de Autoridade, dentre outras situações.

No entanto, as leis trazem diferentes conceitos de agente público para efeito de determinar quem está e quem não está a ela sujeito. Por exemplo, o conceito de agente público na Lei de Improbidade Administrativa é muito mais amplo que o conceito previsto no Código Penal.

Tal situação é plenamente possível, pois cada lei deverá definir quem está a ela sujeito.

De qualquer forma, o conceito trazido por nós é um conceito geral que pode ser aplicado independentemente das especificidades de cada lei.

6.2. NATUREZA DA ATUAÇÃO DOS AGENTES PÚBLICOS

Neste item comumente são estudadas as teorias do *mandato*, da *representação* e da *presentação*.

A terceira teoria, qual seja, a de que a natureza da atuação do agente público perante o Poder Público é de *presentação*, é a mais adotada, dispensando a análise aprofundada das demais, pelos seguintes motivos:

a) a natureza transitória e revogável do mandato (teoria do mandato) não se coaduna com a estabilidade dos agentes públicos;

b) a representação (teoria da representação) é forma de integração da vontade dos incapazes, e o Estado não é incapaz;

c) na presentação, o Estado se faz presente por um de seus órgãos, um agente público, de modo que todos os atos são imputados diretamente a ele (Estado), teoria que se coaduna com a realidade.

A **teoria da presentação** fez com que se desenvolvesse a *teoria do órgão*, de acordo com a qual todo ato expedido por um agente público é imputado diretamente à Administração Pública.

De fato, quando um agente público pratica um ato, esse agente nada mais está fazendo do que se fazendo presente (presentando) como Estado. No fundo, quem pratica o ato é o próprio Estado, e não o agente público, que é um mero presentante deste.

Essa conclusão tem várias consequências, dentre as quais a de que, causado um dano a terceiro por conduta de agente estatal, o Estado responderá objetivamente, não sendo sequer possível que a vítima ingresse com ação diretamente em face do agente público, devendo acionar o Estado, que, regressivamente, poderá se voltar em face do agente público que tiver agido com culpa ou dolo (art. 37, § 6º, da CF).

6.3. CLASSIFICAÇÃO DOS AGENTES PÚBLICOS

Segundo Celso Antônio Bandeira de Mello, os agentes públicos podem ser classificados da forma como vemos nos enunciados adiante.

Agentes políticos *são os titulares de cargos estruturais à organização política do país*. Seu vínculo com o Estado não é de natureza profissional, mas política. A relação jurídica com o Estado é estatutária (não contratual), descendendo da própria Constituição.

São exemplos de agentes políticos o Presidente da República, Governadores, Prefeitos, Senadores, Deputados, Vereadores, Secretários de Governo, Ministros de Estado.

Há controvérsia sobre a inclusão dos juízes e promotores na aludida espécie. Se se encarar como discrímen da classificação o fato de serem titulares de cargos estruturais no âmbito da organização política do País (e não no sentido de fazerem política, no sentido pejorativo da palavra), há de se chegar à conclusão de que tais agentes são, efetivamente, agentes políticos.

Servidores estatais *são todos aqueles que mantêm com as entidades da Administração Direta e Indireta, públicas ou privadas, relação de trabalho de natureza profissional em caráter não eventual, sob vínculo de dependência*. Subdividem-se em dois grupos:

a) servidores públicos: são aqueles servidores estatais que atuam junto ao ente político e respectivas pessoas de direito público (autarquias e fundações públicas); podem ser titulares de *cargo público* (regime estatutário), sendo esta a regra (exs.: escreventes, delegados e fiscais), ou de *emprego público* (regime celetista); no primeiro caso, terão o nome de *servidores titulares de cargo público;* no segundo, de *servidores empregados*, que são os admitidos para funções materiais subalternas, contratados por necessidades temporárias de excepcional interesse público ou remanescentes do regime anterior à CF/88;

b) servidores de pessoas governamentais de direito privado: são os que atuam como empregados, sob regime trabalhista, nas empresas públicas e sociedades de economia mista.

Já os **particulares em colaboração com a Administração**, por sua vez, *são os que, sem perder a qualidade de particulares, exercem função pública, ainda que em caráter episódico*. Subdividem-se nos seguintes grupos:

a) requisitados para prestação de atividade pública. Exs.: jurados e mesários;

b) gestores de negócios públicos que atuam em situações de necessidade pública premente;

c) contratados por locação civil de serviços. Ex.: advogado contratado para sustentação oral;

d) concessionários e permissionários de serviços públicos, bem como delegados de função ou ofício público. Ex.: notários e tabeliães.

Outra classificação importante dos agentes públicos é a que os divide nas seguintes espécies:

Agentes políticos: *vide* correspondente acima.

Agentes administrativos: *vide* servidores estatais.

Agentes honoríficos: *cidadãos convocados para prestar, transitoriamente, serviço ao Estado, em razão de sua honorabilidade*. Não há remuneração. Ex.: mesários eleitorais, jurados do Tribunal do Júri.

Agentes delegados: *particulares que recebem delegação para executar atividade, obra ou serviço público, agindo em nome próprio e por sua conta e risco, mediante remuneração advinda do Estado ou dos usuários dos serviços*. Ex.: tabeliães, oficiais de registro, concessionários de serviço público.

Agentes credenciados: *particulares que recebem uma incumbência específica para representar a Administração*. São remunerados. Aqui a transitoriedade é maior que na espécie anterior. Ex.: advogado renomado contratado por Prefeitura para fazer sustentação oral num julgamento perante o Tribunal; advogado que tem convênio com o Estado para representar necessitados em juízo em nome destes.

Outra classificação possível, feita diante do texto constitucional, é a que divide os servidores públicos em: a) agentes políticos, b) servidores públicos em sentido estrito ou estatutários; c) empregados públicos; d) contratados por tempo determinado.

Por fim, vale dar uma palavra sobre os militares. Esses têm estatuto próprio, podendo ser considerados servidores estatutários também.

Porém, para alguns autores, como Maria Sylvia Zanella Di Petro, os *militares* devem ser considerados uma espécie à parte de agentes públicos, dadas as peculiaridades de seu regime jurídico.

Assim, para quem tem esse entendimento, haveria quatro grandes grupos de agentes públicos: a) agentes políticos; b) servidores públicos; c) militares; d) particulares em colaboração com a Administração.

6.4. ESPÉCIES DE VÍNCULOS: CARGOS, EMPREGOS E FUNÇÕES

6.4.1. Cargos públicos

Os cargos públicos podem ser conceituados como as *mais simples unidades de competência a serem exercidas por agente público, devendo ser criados por lei.*

Os cargos públicos são próprios das pessoas jurídicas de direito público. Além de serem criados por lei, qualquer alteração nas atribuições do cargo somente pode ocorrer por meio de lei formal (STF, MS 26.740-DF).

Os cargos públicos podem ser efetivos ou em comissão (esse será visto no próximo item). Os titulares de cargos efetivos (também chamados de servidores públicos) devem passar por concurso público, podem adquirir estabilidade e se submetem ao regime estatutário, daí porque tais cargos são reservados a agentes públicos em que o dever de isenção e a responsabilidade são grandes, o que não ocorre, por exemplo, na contratação de servidores temporários, que serão chamados para empregos públicos, como se verá.

É importante consignar, desde já, que a EC 19/98 suprimiu a obrigatoriedade do regime jurídico único, supressão essa que está suspensa no momento por decisão do STF em ADI que questiona a ausência de votação no Congresso quanto a essa modificação.

De qualquer forma, a exigência de regime jurídico único, que consta da redação original do art. 39, *caput*, da CF, quer dizer apenas que não é possível haver mais de um estatuto de funcionário público para reger os servidores com cargo público na Administração Direta e Indireta. Há de existir um "único" estatuto de funcionário público no âmbito das pessoas jurídicas de direito público da administração direta e indireta de um dado ente federativo. Por exemplo, na esfera federal, não é possível que haja dois estatutos de servidores públicos (a Lei 8.112/90 e uma outra lei), de modo a um estatuto servir para uma parte dos servidores e outro, para outra parte. A única exceção se dá quanto aos militares, que tem estatuto própria. Outra possibilidade, diz respeito à concorrência de um regime jurídica geral (no caso federal, a Lei 8.112/90), com leis específicas tratando de alguma particularidade de uma carreira. Ademais, nada impede que as pessoas contratadas para um mero núcleo de encargo de trabalho (emprego) sejam regidas pela CLT.

Outro ponto importante acerca do regime jurídico dos servidores estatutários é que não é possível que estes celebrem acordos ou convenções coletivas e trabalho, pois a Administração Pública está sujeita ao princípio da legalidade, não se autorizando que se conceda por convenção ou acordo coletivo vantagens a servidores públicos, já que essas concessões dependem de lei de iniciativa do Executivo (art. 61, § 1º, II, "a" e "c") e de prévia dotação orçamentária (art. 169, § 1º, I e II). Vide a respeito a decisão proferida pelo STF na ADI 554/MT. A celebração de convenções e acordos coletivos de trabalho é direito exclusivo dos trabalhadores da iniciativa privada, sujeitos ao regime celetista (art. 7º, XXVI, da CF).

6.4.2. Funções públicas

Em sentido amplo, as funções públicas abrangem as funções em confiança, os estágios, as contratações temporárias (art. 37, IX, da CF) e a contratação de agentes de saúde e de combate a endemias (art. 198, § 4º, da CF).

De um lado, temos essas funções públicas em sentido amplo e, de outro, temos os *cargos públicos* e os *empregos públicos*.

Em sentido estrito, as funções públicas dizem respeito às *funções em confiança*, que podem ser conceituadas como *o conjunto de atribuições, criadas por lei, correspondente a encargos de direção, chefia e assessoramento, a serem exercidas exclusivamente por titular de cargo efetivo, da confiança da autoridade que as preenche.*

A função em confiança está prevista no art. 37, V, CF (não confundir com cargo em comissão, também previsto neste inciso, que pode ser preenchido por pessoas que não fizeram concurso público, que não são da carreira).

Assim, só quem já tem um cargo efetivo na Administração pode ser chamado para uma função de confiança (para ser chefe de uma seção, por exemplo).

A qualquer momento o servidor pode perder uma função em confiança, ocasião em que voltará a ocupar o cargo efetivo que antes detinha.

Enfim, quando uma determinada lei criar uma função de direção, chefia ou assessoramento e dispuser que só quem tem cargo efetivo poderá assumir essa função, estaremos diante de uma *função em confiança* e não diante de um *cargo em comissão*.

6.4.3. Empregos públicos

Os empregos públicos podem ser conceituados como *núcleos de encargos de trabalho, a serem preenchidos por contratados pelo regime jurídico celetista, contratual.*

O regime celetista tem por característica maior rigidez do que o regime estatutário. Isso porque um contrato faz lei entre as partes (*pacta sunt servanda*), ao passo que o Estatuto de Funcionário Público, que rege os detentores de cargo, é uma lei que pode ser modificada a qualquer momento sem que o agente público tenha direito adquirido ao regime funcional que tinha antes.

Outra diferença entre o regime celetista e o regime estatutário é a de que o primeiro não admite a aquisição de estabilidade como regra, ao passo que esse instituto é próprio aos regidos pelo regime estatutário que detenham cargo efetivo, o mesmo não acontecendo em relação aos estatutários que detêm cargo em comissão.

Apesar de o empregado público ter regime funcional celetista e submeter-se obrigatoriamente ao Regime Geral da Previdência Social, a admissão de pessoas para um emprego público depende de concurso público.

Outro ponto importante diz respeito aos casos em que é possível utilizar o regime celetista, ou seja, em que se permite a contratação de agentes públicos para um emprego público. Os casos são os seguintes:

a) pessoas jurídicas de direito privado estatais: todos os agentes serão contratados para emprego público, ou seja, pelo regime celetista;

b) pessoas jurídicas de direito público: serão contratados para emprego público, pelo regime celetista, aqueles que tiverem atribuições subalternas (ex.: telefonista, jardineiro etc.).

No último caso, os empregados públicos, apesar de serem celetistas, têm direito à estabilidade própria dos que têm cargos públicos, conforme vem decidindo a jurisprudência (Súmula 390 do TST).

Assim, um empregado público da União tem direito à estabilidade, ao passo que um empregado público do Banco do Brasil não tem esse direito.

Ainda nesse tema, existe grande discussão se a dispensa de empregado público em pessoa jurídica de direito privado estatal (por exemplo, no Banco do Brasil) precisa ser motivada.

Respondendo a essa pergunta o Tribunal Superior do Trabalho entende que a motivação é dispensável, bastando que sejam "pagos os direitos" do demitido (TST, OJ-II 247). Todavia, a motivação faz-se necessária nos Correios, que, apesar de ser uma pessoa jurídica de direito privado estatal, por ter o monopólio de sua atividade, está submetido a várias sujeições das pessoas jurídicas de direito público, dentre elas àquela de motivar seus atos.

Não bastasse, o STF, além do que já se decidia em relação aos Correios, passou a decidir que, em se tratando de empresa pública ou sociedade de economia mista *prestadoras de serviço público*, a dispensa depende de motivação em qualquer caso, pois tais empresas estatais não são como as estatais meramente exploradoras de atividade econômica, tendo, assim, um regime jurídico privado, mas com mais condicionantes públicos, como é o caso do dever de motivação em caso de dispensa de agentes públicos; confira: "em atenção, no entanto, aos princípios da impessoalidade e isonomia, que regem a admissão por concurso público, a dispensa do empregado de empresas públicas e sociedades de economia mista que prestam serviços públicos deve ser motivada, assegurando-se, assim, que tais princípios, observados no momento daquela admissão, sejam também respeitados por ocasião da dispensa; a motivação do ato de dispensa, assim, visa a resguardar o empregado de uma possível quebra do postulado da impessoalidade por parte do agente estatal investido do poder de demitir" (STF, RE 589.998, *DJ* 12.09.2013). Repare que essa regra não se aplica as empresas estatais *exploradoras de atividade econômica*.

6.5. CARGO PÚBLICO

6.5.1. Classificação quanto à posição

Isolados são os cargos que não estão subdivididos em classes. Então, não há promoção.

De carreira são os cargos subdivididos em classes. Cada classe indica uma promoção.

Quadro é o conjunto de todos os cargos, isolados e de carreira. A carreira é composta de classes (crescentes), que é o conjunto de cargos da mesma natureza de trabalho. Por fim temos os cargos, que são as menores unidades de competência. Lotação é o número de servidores que devem ter exercício em cada repartição.

No âmbito federal, por exemplo, há um quadro para cada unidade básica de organização, ou seja, tem-se um quadro para cada Ministério.

6.5.2. Classificação quanto à vocação de retenção dos ocupantes

Podem ser de provimento em comissão (de ocupantes provisórios – demissíveis *ad nutum*), de provimento efetivo (de ocupantes permanentes) e de provimento vitalício (permanentes com maiores garantias).

Cargos em comissão *são unidades de competência a serem preenchidas por servidores de carreira nos casos, condições e percentuais mínimos previstos em lei.*

Repare que é possível que tais cargos sejam preenchidos sem que o ocupante faça concurso público.

Outras características do cargo em comissão são as seguintes:

a) seu caráter é provisório, sendo ocupado por pessoas de confiança, que podem ser nomeadas e exoneradas livremente (*ad nutum*);

b) o regime funcional dos cargos em comissão é estatutário e não celetista; dessa forma, é o Estatuto de Funcionários Públicos que rege os servidores com cargo em comissão, estatuto esse que não se aplicará na parte que trata do direito à estabilidade, pois esse direito não existe em favor daqueles que detêm cargo em comissão;

c) o regime previdenciário dos ocupantes de cargo em comissão é o Regime Geral da Previdência Social e não o Regime Próprio de Previdência dos funcionários públicos, regime aplicável apenas aos servidores que detêm cargo efetivo;

d) só podem ser criados cargos em comissão para atribuições em que o elemento confiança é indispensável (para chefia, direção e assessoramento); o STF declara com frequência a inconstitucionalidade de leis que criam cargos em comissão para atribuições eminentemente técnicas, como as de cargos para médico, auditor, jornalista, psicólogo, enfermeiro, motorista etc. (v., p. ex., ADI 3602), deixando claro que esses cargos devem ser efetivos, providos, assim, por concurso público.

Vale ressaltar que, em que pese o art. 37, V, CF dispor que a nomeação para cargo em comissão é livre, podendo ser chamado quem nunca fez concurso público algum, a lei que criar cargos em comissão deverá trazer percentuais mínimos deles que devem ser providos por servidores de carreira.

Cargos de provimento efetivo são a regra em matéria de cargos públicos, dependendo de concurso público de provas ou de provas e títulos seu provimento.

Enquanto os cargos em comissão têm como marca a transitoriedade, os cargos efetivos têm por nota a permanência, daí a possibilidade de o servidor, preenchidos certos requisitos, auferir a estabilidade, que é o direito de não ser demitido, salvo se incidir em falta grave, apurada em processo administrativo, ou em consequência da avaliação periódica, assegurada a ampla defesa, dentre outras situações que veremos a seguir.

Cargos de provimento vitalício são aqueles cujo elemento permanência é ainda mais intenso, uma vez que seus ocupantes só podem perdê-lo por meio de sentença transitada em julgado. É atributo dos magistrados (art. 95, I, CF), membros do Ministério Público (art. 128, § 5º, I, "a", CF) e membros dos Tribunais de Contas (art. 73, § 3º, CF). Seu provimento pode ou não depender de concurso público. E a vitaliciedade ocorre após dois anos de exercício, se o ingresso foi por concurso (juízes e promotores), ou logo após a posse, se por indicação (Ministros dos Tribunais Superiores, por exemplo).

6.5.3. Provimento em cargo público

Consiste no ato de designação de alguém para titularizar cargo público. É da alçada do chefe do Poder, ou do Presidente ou Procurador-Geral, quanto ao Tribunal de Contas e ao Ministério Público, respectivamente. Pode haver delegação dessa competência.

Os provimentos podem ser de vários tipos, de acordo com a natureza da designação.

Nomeação *é o provimento autônomo de servidor em cargo público*. Por ela, determinada pessoa é designada para titularizar cargo público independentemente de ter tido algum vínculo com o cargo. Caso não compareça, a nomeação será declarada sem efeito.

Não se deve confundir a nomeação (designação) com a posse, que é ato seguinte, consistente na aceitação do cargo, em que ocorre o fenômeno da investidura. Com esta (a investidura) forma-se a relação jurídica funcional, marcando o início dos direitos e deveres funcionais, bem como as restrições, impedimentos e incompatibilidades. Na Lei 8.112/90, o prazo para tomar posse é de 30 dias. Por fim, ocorrerá outra situação que é a entrada em exercício, que no âmbito federal deve-se dar até 15 dias após a posse. Como a posse já estabelece a relação jurídica, caso o agente não entre em exercício, não se pode tão somente nomear outra pessoa, devendo, antes, exonerar-se o agente faltoso. Mas se houver nomeação sem que o nomeado tome posse, basta que seja chamada a pessoa seguinte na classificação, pois a primeira nomeação será declarada sem efeito.

A Lei 8.112/90 admite posse por procuração específica (art. 13, § 3º, da Lei 8.112/90).

O art. 13 da Lei de Improbidade Administrativa (Lei 8.429/92) dispõe que "a posse e o exercício de agente público ficam condicionados à apresentação de declaração dos bens e valores que compõem o seu patrimônio privado, a fim de ser arquivada no serviço de pessoal competente". Tal declaração deve abranger qualquer espécie de bem e valor patrimonial e, quando for o caso, abrangerá também os do cônjuge ou companheiro, dos filhos e de outros que sejam dependentes. Deve ser anualmente atualizada e também na data em que o agente deixar o serviço público. Prescreve a lei, ainda, que será punido com demissão a bem do serviço público, sem prejuízo de outras sanções cabíveis, o agente que se recusar a prestar declarações de bens, dentro do prazo determinado, ou que as prestar falsamente.

Promoção (ou acesso) é o *ato de designação para titularizar cargo superior da própria carreira*. Consiste em ato de provimento derivado vertical. É feita pelo Chefe do Poder. No caso do Poder Executivo, seu Chefe (que age por decreto) pode delegá-la para o Ministro ou Secretário, que agirão por resolução ou portaria. É importante consignar a respeito da promoção que: "a União, os Estados e o Distrito Federal manterão escolas de governo para a formação e o aperfeiçoamento dos servidores públicos, constituindo-se a participação nos cursos um dos requisitos para a promoção na carreira, facultada, para isso, a celebração de convênios ou contratos entre os entes federados" (art. 39, § 2º, CF).

Readaptação *é o ato de designação para titularizar cargo compatível com a limitação física ou mental que advier ao agente público*. É uma espécie de transferência para um cargo compatível e com funções, escolaridade e vencimentos equivalentes. Caso o agente revele incapacidade permanente para o trabalho, é caso de conceder-lhe aposentadoria por invalidez, não se falando em readaptação.

Reversão é o *ato de designação para que o aposentado volte a titularizar cargo, por não mais persistir o motivo da aposentadoria*. Poder ser de ofício ou a pedido. Não se deve confundir com a reversão ocorrida no campo das concessões de serviço público, pela qual os bens que o concessionário utilizava na prestação do serviço público passam ao Poder Público com a extinção da avença. A reversão a pedido depende de previsão legal.

No âmbito da Lei 8.112/90 a reversão cabe em dois casos (art. 25): a) por invalidez, cessados os motivos; b) no interesse da Administração, a pedido e em até 5 anos.

Aproveitamento *é o ato de designação do servidor que estava em disponibilidade para que volte a titularizar cargo público*. Trata-se do reingresso de servidor estável que se encontra em disponibilidade. Esta (a disponibilidade) é o ato pelo qual o Poder Público transfere para a inatividade remunerada servidor estável cujo cargo venha a ser extinto ou ocupado por outrem em decorrência de reintegração, com proventos proporcionais.

Reintegração *é ato de reinvestidura do servidor estável, quando invalidada sua demissão por decisão administrativa ou judicial*. Geralmente, a reintegração decorre de decisão judicial que declara nula a demissão do agente público. Reintegrado o servidor, terá direito ao ressarcimento de todas as vantagens perdidas no período em que esteve demitido.

Tema correlato com a reintegração é o que diz respeito à comunicabilidade da instância criminal e da esfera administrativa.

Como regra, as instâncias civil, administrativa e criminal são independentes. Porém a instância criminal produzirá efeitos nas demais quando importar em absolvição por inexistência do fato ou por negativa de autoria (art. 126 da Lei 8.112/90).

A mera absolvição criminal por falta de provas não é suficiente para que o agente público demitido na esfera administrativa leve essa sentença à Administração para pedir sua reintegração. Essa só vai acontecer se a absolvição do agente demitido for por inexistência material do fato ou negativa de autoria.

Recondução *é o retorno do servidor estável ao cargo que dantes titularizava, por ter sido inabilitado no estágio probatório de outro cargo ou por ter sido desalojado pela reintegração daquele cuja vaga ocupou.* A recondução, na primeira hipótese, depende de previsão expressa no estatuto local.

6.5.4. Investidura

A investidura *consiste na posse do cargo.*

Com a investidura, a relação jurídica fica efetivamente formada.

A partir de tal evento já há titularidade de cargo, ficando o agente sujeito a ser exonerado. Além disso, inicia-se uma série de deveres, tais como de: honestidade, imparcialidade, legalidade, lealdade, obediência (não estando o servidor obrigado a cumprir as ordens manifestamente ilegais), conduta ética, dentre outros.

Impedimentos e incompatibilidades também passam a existir, como o impedimento de contratar com a Administração ou a incompatibilidade com o exercício de certas atividades particulares, dentre outros.

Direitos também se iniciam, como o de exercício do cargo, dentre outros que serão vistos quando se tratar do sistema remuneratório.

6.5.5. Entrada em exercício

Consiste no efetivo exercício da atividade ligada ao cargo. Trata-se do início do desempenho das atribuições, com os consequentes efeitos remuneratórios e previdenciários.

6.5.6. Desinvestidura (vacância)

Consiste no desligamento do agente público correspondente à sua destituição do cargo, do emprego ou da função. Passemos à análise das hipóteses que geram a vacância.

Falecimento: a morte do agente torna vago o cargo, o emprego ou a função.

Aposentadoria: *a transferência para a inatividade remunerada*, seja ela voluntária, compulsória ou por invalidez, gera o desligamento do agente, a vacância, não podendo o servidor permanecer trabalhando no cargo que detinha. O agente público somente poderá cumular a aposentadoria com outra remuneração se for nomeado para um cargo em comissão ou se detiver mandato eletivo, respeitando, na somatória do que receber, o teto remuneratório respectivo.

Perda do cargo, emprego ou função: *é o desligamento em virtude de sentença judicial em ação penal ou de improbidade administrativa.* O art. 92, I, do Código Penal diz ser efeito da condenação a perda do cargo, emprego ou função se aquela consistir em prisão de 1 (um) ano ou mais em crime contra administração, ou se consistir em prisão por tempo superior a 4 (quatro) anos nos demais crimes. Tal efeito da condenação penal deve estar motivadamente declarado na sentença para incidir. Quanto à ação civil por ato de improbidade administrativa, a perda do cargo é sanção típica do reconhecimento da prática de ato ímprobo. Quantos aos militares oficiais, há as seguintes particularidades previstas no art. 142, § 3º, da CF: "VI – o oficial só perderá o posto e a patente se for julgado indigno do oficialato ou com ele incompatível, por decisão de tribunal militar de caráter permanente, em tempo de paz, ou de tribunal especial, em tempo de guerra".

Dispensa: *é o desligamento daquele admitido pelo regime da CLT sem que haja justa causa.* Conforme já mencionado, tal ato só deve ser motivado se se tratar de empregado público de pessoa jurídica de direito público e de empregados de empresa pública e sociedade de economia mista *prestadoras de serviço público*. Todavia, tais dispensas devem respeitar critérios gerais e igualitários, a fim de que se respeite a legalidade, a moralidade, a razoabilidade e a eficiência.

Demissão: *é o desligamento por justa causa quando há infração disciplinar.* Tem natureza punitiva, sancionatória, o que a difere da exoneração, própria para os desligamentos que não têm tal natureza. A demissão por infração disciplinar depende de processo administrativo em que se assegure ampla defesa, seja para servidores estáveis, seja para servidores que ainda estão em estágio probatório.

Exoneração: *é o desligamento a pedido ou de ofício, sempre com caráter não punitivo.* De ofício, pode ser *imotivada* (no caso dos titulares de cargo em comissão) ou *motivada*, nas hipóteses de não satisfação do estágio probatório (Súmula 21 do STF: "funcionário em estágio probatório não pode ser exonerado nem demitido sem inquérito ou sem as formalidades legais de apuração de sua capacidade"[1]) ou quando o agente não entrar em exercício.

A EC 19/98 prevê mais duas hipóteses de exoneração motivada.

A primeira se dá em caso de **avaliação insatisfatória de desempenho.** Isso porque, a partir de tal emenda, é requisito para adquirir a estabilidade a aprovação em **avaliação *especial* de desempenho** (feita por comissão instituída para essa finalidade após os 3 anos de estágio probatório – art. 41, § 4º, CF) e, mesmo após adquirir-se a estabilidade, o servidor estará sujeito a **avaliações *periódicas* de desempenho** (procedimento que será regulamentado na forma de lei complementar, assegurada ampla defesa – art. 41, § 1º, III, CF), sendo que, não aprovado em qualquer dos dois tipos de avaliação, será exonerado.

---

1. A respeito do direito de defesa do servido em estágio probatório, confira as seguintes decisões: "O servidor público ocupante de cargo efetivo, ainda que em estágio probatório, não pode ser exonerado ad nutum, com base em decreto que declara a desnecessidade do cargo, sob pena de ofensa à garantia do devido processo legal, do contraditório e da ampla defesa. Incidência da Súmula 21 do STF." (STF, RE 378041/MG); "Firmou-se neste Superior Tribunal de Justiça a tese segundo a qual é desnecessária a instauração de processo administrativo disciplinar para exoneração de servidor em estágio probatório, sendo suficiente a abertura de sindicância em que observados o contraditório e a ampla defesa. Precedentes. 2. Afasta-se a alegação de cerceamento de defesa se assegurado, no processo administrativo que resultou na exoneração do servidor, o direito à ampla defesa e ao contraditório." (STJ, RMS 21.012/MT, DJe 23/11/2009)

Trata-se de exoneração e não de demissão porque não se trata de punição por infração, mas de desligamento por simples falta de aptidão. Quanto à avaliação periódica de desempenho, há outro dispositivo constitucional incidente que dispõe que a lei complementar estabelecerá *critérios e garantias especiais para a perda do cargo pelo servidor público estável que, em decorrência das atribuições de seu cargo efetivo, desenvolva atividades exclusivas de Estado. Na hipótese de insuficiência de desempenho, a perda do cargo somente ocorrerá mediante processo administrativo em que lhe sejam assegurados o contraditório e a ampla defesa* (art. 247, CF). Perceba-se que, para tal situação, a previsão é de processo administrativo e não apenas ampla defesa.

A segunda nova espécie de exoneração se dá para atender limite de despesas com pessoal ativo e inativo (art. 169, § 4º). A Lei de Responsabilidade Fiscal traz limites máximos de despesas com pessoal ativo e inativo, consistentes nos seguintes percentuais da receita corrente líquida: 50% (União) e 60% (Estados e Municípios). Em caso de superação desse limite, deve-se exonerar pessoal, consoante os critérios trazidos na Lei 9.801/99, que estabelece a necessidade de se começar a tentativa de readequação dos gastos reduzindo em pelo menos 20% os cargos em comissão e as funções de confiança, passando à exoneração dos não estáveis, para só após exonerar servidores estáveis e, mesmo assim, desde que ato normativo motivado de cada um dos Poderes especifique a atividade funcional, o órgão ou unidade objeto da redução e traga os seguintes critérios combinados: menor tempo de serviço, maior remuneração e menor idade.

O servidor que perde cargo por esse motivo fará jus a indenização correspondente a um mês de remuneração por um ano de serviço. O cargo será extinto, vedada a criação de outro semelhante por pelo menos 4 anos.

Sobre o tema vacância de cargo, havia grande discussão quanto à existência de direito ao FGTS quando esta se desse por contratação de servidor público sem concurso público. O STF acabou por dirimir a questão, sob o fundamento de que se trata, na espécie, de efeitos residuais de fato jurídico que existira, não obstante reconhecida sua nulidade, considerando-se, assim, constitucional a disposição nesse sentido contida no art. 19-A da Lei 8.036/90.

6.6. VEDAÇÃO AO NEPOTISMO (SÚM. VINCULANTE Nº 13)

A Súmula Vinculante nº 13 do STF proíbe a contratação de parentes no âmbito dos três Poderes. Confira o teor da súmula, dividida em diversos pedaços, para que possa ser melhor compreendida:

a) "A nomeação de cônjuge, companheiro ou parente em linha reta, colateral ou por afinidade, até o 3º grau, inclusive, (...)

b) (...) da autoridade nomeante ou de servidor da mesma pessoa jurídica investido em cargo de direção, chefia ou assessoramento (...)

c) (...) para o exercício de cargo em comissão ou de confiança ou, ainda, de função gratificada (...)

d) (...) na administração pública direta e indireta em qualquer dos Poderes da União, dos Estados, do DF e dos Municípios, (...)

e) (...) compreendido o ajuste mediante designações recíprocas, (...)

f) (...) viola a Constituição Federal."

Repare que a proibição abrange tanto parentes consanguíneos como parentes por afinidade ("a"), até 3º grau, incluindo, ainda, o cônjuge e o companheiro.

Repare também que o parente que não pode ser nomeado ("b") é o parente de duas pessoas: da autoridade que faz a nomeação e de alguém que esteja investido em cargo em comissão naquele ente. Assim, parentes de quem assina as nomeações e parentes de alguém que já tenha um cargo em comissão num ente estatal estão impossibilitados de serem nomeados.

Outro ponto que merece ser ressaltado é que o impedimento de nomeação de terceiro é para o exercício de cargo em comissão ou de função de confiança no ente ("c"), nada impedindo que alguém preste um concurso público para cargo efetivo numa entidade em que um parente seu seja autoridade nomeante ou já tenha um cargo em comissão, sendo que, aprovado no concurso, o terceiro terá direito à nomeação para o cargo respectivo.

A proibição em tela não se dirige só à Administração Direta, atinge também toda a Administração Pública Indireta ("d").

A súmula também veda o nepotismo cruzado ("e"). Tal prática consiste em autoridades de entes diversos combinarem de um nomear o parente do outro. Esse tipo de ajuste recíproco tem claro objetivo de fraudar a proibição do nepotismo e é considerado prática vedada pela súmula vinculante.

Ao final, a súmula conclui dizendo que esse tipo de prática viola a Constituição, sendo certo que o STF fundou sua decisão no princípio da moralidade, previsto no art. 37, *caput*, da CF.

Apesar de o texto da súmula não indicar, o STF entende que a vedação ao nepotismo tem uma exceção, qual seja, a súmula não incide sobre a nomeação de servidores para cargo de natureza política. Confira decisão a respeito:

"Impossibilidade de submissão do reclamante, Secretário Estadual de Transporte, agente político, às hipóteses expressamente elencadas na Súmula Vinculante nº 13, por se tratar de cargo de natureza política. 2. Existência de precedente do Plenário do Tribunal: RE 579.951/RN, rel. Min. Ricardo Lewandowski, DJE 12.9.2008." (STF, Rcl 6.650 MC-AgR, DJ 21-11-2008)

6.7. ACESSIBILIDADE A CARGOS E EMPREGOS NA CONSTITUIÇÃO

6.7.1. Oportunidade a brasileiros e estrangeiros

Segundo o art. 37, I, da CF, *"os cargos, empregos e funções públicas são acessíveis aos brasileiros que preencham os requisitos estabelecidos em lei, assim como aos estrangeiros, na forma da lei"*.

Essa regra garante a possibilidade de que todos possam vir a ser agentes públicos (preenchidos certos requisitos, claro).

Repare que, enquanto a norma relativa aos brasileiros é de eficácia contida ou restringível (o que a faz produzir imediatamente efeitos, em que pese a lei poder restringi-los), a norma relativa aos estrangeiros é diferente, dando a ideia de ter eficácia limitada (o que a faz depender de uma lei para produzir efeitos).

Quanto aos brasileiros, a regra não faz distinção entre os natos e os naturalizados. Nada obstante, o § 3º do art. 12 da CF dispõe: "são privativos de brasileiro nato os cargos: I – de Presidente e Vice-Presidente da República; II – de Presidente da Câmara dos Deputados; III – de Presidente do Senado Federal; IV – de Ministro do Supremo Tribunal Federal; V – da carreira diplomática; VI – de oficial das Forças Armadas; VII – de Ministro de Estado da Defesa".

6.7.2. Requisitos de ingresso no serviço público

O texto constitucional, tal como configurado hoje, permite que sejam estabelecidos requisitos para o ingresso no serviço público.

Porém, para que tais requisitos estejam em acordo com a Lei Maior, é necessário que atendam ao seguinte:

a) estejam **previstos em lei** (art. 37, I, da CF); decretos, resoluções e outros instrumentos não são suficientes para inserir no edital a previsão de exame psicotécnico; deve ser lei em sentido formal (STF, AI 529.219 Agr, DJ 26.03.10);

b) sejam **objetivos**, **científicos** e **pertinentes**, sob pena de violação ao princípio da isonomia (art. 5º, *caput*, da CF);

c) sejam passíveis de **recurso** e **impugnação**, sob pena de violação aos princípios do contraditório e da ampla defesa; *vide*, por exemplo, o REsp 1.046.586 (STJ).

Assim, requisitos ligados ao sexo, à idade, ao exame psicotécnico, dentre outros, são compatíveis com a Constituição, desde que atendam aos itens mencionados.

Nesse sentido, confira três súmulas do STF:

a) Súmula 683: "o limite de idade para a inscrição em concurso público só se legitima em face do art. 7º, XXX, da Constituição, quando possa ser justificado pela natureza das atribuições do cargo a ser preenchido";

b) Súmula 684: é inconstitucional o veto não motivado à participação de candidato a concurso público";

c) Súmula 686: só por lei se pode sujeitar a exame psicotécnico a habilitação de candidato a cargo público".

O STF e o STJ consideram não pertinentes, entre outros, os seguintes requisitos para o ingresso no serviço público:

a) exigência de prova física desproporcional à cabível habilitação aos cargos de escrivão, papiloscopista, perito criminal e perito médico-legista de Polícia Civil (STF, Ag. Reg. no RE 505.654-DF);

b) exigência de sexo masculino para concurso de ingresso em curso de formação de oficiais de polícia militar estadual, requisito que fere a isonomia, traduzindo-se em indevido discrímen de gênero (STF, RE 528.684/MS, j. 03.09.13);

c) exigência que não haja inquérito penal ou ação penal não transitada em julgada contra o candidato, requisito que fere o princípio da presunção de inocência (STF, Ag. Reg. no ARE 713.138-CE);

O STF também entendeu não recepcionado pela Constituição de 1988 o disposto no art. 10 da Lei 6.880/80 que permitia que regulamentos da Marinha, do Exército e da Aeronáutica estipulassem requisitos de ingresso nas forças armadas. Com isso, o STF, ciente de que inúmeros concursos até o reconhecimento da não recepção estipularam limites de idade para o ingresso nas carreiras das Forças Armadas, acabou por modular os efeitos da decisão proferida no recurso extraordinário com reconhecimento de repercussão geral, para o fim de manter a validade dos editais e regulamentos dos concursos publicados até 31.12.12 (RE 600.885-RS).

No mais, há interessante súmula do STJ, que trata do **momento** em que se pode exigir comprovação de requisito relacionado ao exercício do cargo: *"o diploma ou habilitação legal para o exercício do cargo deve ser exigido na posse e não na inscrição para o concurso público"* (Súmula 266).

6.7.3. A jurisprudência e o exame psicotécnico

O STF e o STJ firmaram jurisprudência no sentido de que é possível exigir exame psicotécnico nos concursos públicos, com caráter eliminatório, desde que se atenda a três requisitos: a) previsão expressa do exame em lei formal; b) existência de critérios objetivos, científicos e pertinentes; c) recorribilidade. *Vide*, por exemplo, o REsp 1.046.586 (STJ).

A **previsão expressa em lei formal** traz vários desdobramentos.

Em primeiro lugar, decretos, resoluções e outros instrumentos normativos não são suficientes para que se insira no edital a previsão de exame psicotécnico, devendo-se tratar de lei em sentido formal (STF, AI 529.219 Agr, DJ 26.03.10). Isso porque o art. 37, I, da CF dispõe que somente a lei pode estabelecer requisitos para a acessibilidade a cargos, empregos e funções. Essa disposição deu ensejo à edição da Súmula 686 do STF ("só por lei se pode sujeitar a exame psicotécnico a habilitação de candidato a concurso público").

Em segundo lugar, a lei deve ser objetiva e específica quanto à exigência do citado exame, não sendo suficiente que faça referência a expressões como "submissão a exame de aptidão física e mental". Nesse sentido, o STF entende que a previsão contida na CLT (art. 168) não é suficiente para se exigir exame psicotécnico quanto a empregos públicos na Administração Pública (RE 559.069, DJ 12/06/09). Da mesma forma, exames psicotécnicos em concursos da Magistratura vêm sendo corretamente impugnados, pelo fato de o art. 78 da Lei Orgânica da Magistratura não ser objetivo quanto à previsão de exame psicotécnico.

Os **critérios objetivos, científicos e pertinentes** também trazem vários desdobramentos.

Os tribunais superiores não entendem pertinente o chamado teste "profissiográfico" (STJ, RMS 19.338, DJ 15.12.09), pelo qual se tenta verificar se o candidato tem perfil psicológico compatível com a profissão. De fato, esse tipo de teste tem caráter bastante subjetivo e ofende os princípios da igualdade e da impessoalidade. Uma coisa é verificar se alguém tem alguma patologia incompatível com a profissão desejada. Outra é verificar se alguém atende ao modelo ou perfil psicológico esperado para a profissão. Essa última tentativa é inconstitucional.

Outro desdobramento diz respeito à necessidade do edital trazer os critérios do exame de modo claro e objetivo. Nesse sentido, as seguintes condutas são vedadas: a) simples previsão genérica de exame psicotécnico; b) previsão de exame psicotécnico, mas com mera informação de que este será feito segundo critérios científicos; c) previsão de exame psicotécnico, mas com critérios vagos e subjetivos, ainda que com descrições longas.

E quanto à **recorribilidade**, o edital deve prever, e a Administração deve respeitar, o seguinte: a) a necessidade do laudo trazer motivação adequada, especificando de modo claro, congruente, transparente e objetivo os fundamentos de sua conclusão; b) a necessidade do laudo ser entregue ao candidato logo em seguida à sua elaboração; c) a necessidade de prazo para a interposição de recurso, com oportunidade de apresentação de laudo divergente por outro profissional, contratado pelo candidato; d) a necessidade de julgamento do recurso, com apreciação específica e motivada sobre os pontos levantados pelo candidato. Sobre a recorribilidade, vale ler o AI 539.408 AgR, relatado pelo Min. Celso de Melo, do STF.

Vale ressaltar que os tribunais superiores vêm também entendendo que, quando houver violação ao primeiro requisito (previsão expressa em lei formal), o candidato estará dispensado de fazer o exame. Já quando houver violação ao requisito que determina a observância de critérios objetivos e de motivação, é necessário fazer novo exame (STJ, AgRg no Ag 1.291.819, DJ 21.06.10), não ficando o candidato dispensado de fazê-lo, nem podendo este substituir o exame feito por outro exame realizado em concurso público diverso. Quanto aos demais requisitos, relacionados à previsão editalícia clara, científica e pertinente, entendemos que sua ausência macula a regra do edital correspondente, ficando o candidato dispensado do exame psicotécnico em atenção aos princípios da proteção da confiança e da segurança jurídica.

Por fim, caso o candidato prejudicado queira ingressar com o mandado de segurança, deverá promovê-lo no prazo de 120 dias contados da publicação do edital, se desejar impugnar as formalidades nele previstas (STJ, RMS 29.776, DJ 19.10.09), ou no prazo de 120 dias do resultado do exame psicotécnico, se desejar impugnar aspectos relativos ao exame em si (STJ, AgRg no REsp 1.052.083, DJ 01.06.09). De qualquer maneira, desejando ingressar com ação pelas vias comuns, o prazo para tanto é de 5 anos, contados do ato impugnado (STJ, REsp 984.946, DJ 29.11.07).

6.7.4. Obrigatoriedade do concurso

O artigo 37, II, da CF tem o seguinte teor: *"a investidura em cargo ou emprego público depende de aprovação prévia em concurso público de provas ou de provas e títu-*

los, de acordo com a natureza e a complexidade do cargo ou emprego, na forma prevista em lei, ressalvadas as nomeações para cargo em comissão declarado em lei de livre nomeação e exoneração".

Esse dispositivo cria uma regra que determina a realização de concurso para a admissão de pessoal na Administração.

Todavia, como toda regra, essa também tem exceção. Não será necessário concurso público nas nomeações para cargo em comissão.

Da mesma forma, não há necessidade de promover concurso público nas contratações temporárias de excepcional interesse público, sendo suficiente que se faça mero processo seletivo.

6.7.5. Validade do concurso público

Segundo o art. 37, III, da CF, *"o prazo de validade do concurso público será de até dois anos, prorrogável uma vez, por igual período"*.

Detalhe: a lei dispõe que a validade é de *até* 2 anos e não *de* dois anos. Ex.: se for fixado no edital como de um ano o prazo de validade do concurso, tal prazo poderá ser prorrogado, mas terá que ser *somente uma vez* e pelo *mesmo* período de um ano, de modo que, caso prorrogado, o prazo total do exemplo será de 2 anos de validade do concurso.

Os candidatos de um concurso não tem direito subjetivo à determinação de prorrogação do prazo de validade de um concurso. Trata-se de decisão discricionária da Administração. Porém, já se decidiu que, apesar de a Administração não estar obrigada a prorrogar o prazo de validade dos concursos, se novos cargos vierem a ser criados, durante esse prazo de validade, mostra-se de todo recomendável que se proceda a essa prorrogação (STF, RE 581.113-C).

6.7.6. Direitos do aprovado em concurso público

No passado, o aprovado em concurso público tinha apenas o direito de não ser *preterido* na ordem de classificação (art. 37, IV, da CF), lembrando que não há preterição na ordem de classificação quando a Administração nomeia candidatos menos bem colocados por força de ordem judicial (STF, Ag. Reg. no AI 698.618-SP). Dessa forma, a aprovação no concurso gerava ao candidato mera *expectativa de direito*, cabendo à administração a análise *discricionária* da conveniência ou não em nomear os candidatos aprovados.

Diante de alguns abusos, os tribunais começaram a reconhecer o direito à nomeação em situações em que a Administração Pública, no prazo de validade do concurso, *externava* de alguma maneira que tinha interesse em nomear novos servidores. Um exemplo eram as situações em que se abria *novo concurso* no prazo de validade do anterior ou em que se nomeava outro servidor (inclusive agentes terceirizados temporários: STF, Ag. Reg. no RE 739.426-MA; STJ, AgRg no RMS 33.893, DJ 30/11/12) para exercer as *mesmas funções* do cargo para o qual o candidato fora aprovado.

Recentemente, o STF e o STJ passaram a entender também que o candidato aprovado em concurso tem *direito* de ser nomeado *no limite das vagas previstas no respectivo edital*, uma vez que a Administração, ao estabelecer o número de vagas, *vincula-se* a essa escolha e cria expectativa nos candidatos, impondo-se as nomeações respectivas, em respeito aos princípios da *boa-fé*, *razoabilidade*, *isonomia* e *segurança jurídica*. *Vide*, por exemplo, a didática decisão proferida pelo STF no RE 598.099.

É bom consignar que o STF até admite que a Administração deixe de nomear os aprovados no limite das vagas do edital se houver ato *motivado* demonstrando a existência de fato novo que torne inviável a nomeação. Tal ato, todavia, poderá ser controlado pelo Judiciário (RE 227.480, DJ 21/08/09). De qualquer forma, na prática, será muito difícil que a Administração consiga justificar a existência de motivo que inviabiliza as nomeações, pois somente razões *pertinentes*, *novas*, *imprevisíveis* e *justificadas antes da impugnação de candidatos* à ausência de sua nomeação atendem ao princípio da *adequada motivação*. O STF, em outra decisão, resumiu assim os requisitos que devem estar previstos em conjunto para caracterizar essa situação excepcional: "a) superveniência, ou seja, vinculadas a fatos posteriores à publicação do edital; b) imprevisibilidade, isto é, determinadas por circunstâncias extraordinárias; c) gravidade, de modo a implicar onerosidade excessiva, dificuldade ou mesmo impossibilidade de cumprimento efetivo das regras editalícias; d) necessidade, traduzida na ausência de outros meios, menos gravosos, de se lidar com as circunstâncias" (RE 598.099, j. 10.8.11).

A Administração também não será obrigada a nomear o servidor nessas condições caso o concurso tenha sido feito por conta da instalação de um novo órgão e esse órgão não vem a ser criado no período de validade do concurso (STF, RE 748.105 AgR/DF, j. 17.09.13).

Feitas essas ressalvas, vale anotar outras características desse direito.

A primeira delas diz respeito ao efeito das *desistências* de outros candidatos nomeados no concurso. Por exemplo, alguém aprovado na 919ª posição, num concurso com 770 vagas previstas no edital, 633 nomeados e 150 desistências têm direito de ser nomeado? Segundo o STJ, a resposta é positiva. Isso porque as desistências devem ser *somadas* ao total de vagas previsto no edital. No caso (aliás, esse é um caso real – STJ, RMS 21.323, DJ 21/06/2010), somando-se as 770 vagas do edital com as 150 desistências dos nomeados, a administração pública fica obrigada a nomear até o classificado na 920ª posição.

A segunda característica diz respeito ao efeito da *criação de novas vagas* durante o prazo de validade do concurso. Nesse ponto, o STJ *não* vem reconhecendo o direito à nomeação daqueles que, com as novas vagas, estariam classificados no limite da somatória destas com as vagas do edital (AgRg no RMS 26.947, DJ 02/02/2009).

A terceira observação diz respeito a *efeito econômico* da não nomeação de um aprovado no limite das vagas do edital. Nessa seara, o STJ também não vem reconhecendo o direito à indenização pelo período pretérito à efetiva nomeação, pois entende não ser correto receber-se retribuição sem o efetivo exercício do cargo (AgRg no REsp 615.459/SC, DJe 07/12/2009). Todavia, quando há preterição na ordem de classificação, ou seja, quando alguém deixa de ser nomeado em favor de outro que está em pior classificação, o STJ entende devida a indenização, com pagamento de vencimentos retroativos à data da impetração judicial (MS 10.764/DF, DJ 01/10/2009).

A quarta observação diz respeito ao *momento adequado* para o ingresso com ação judicial visando à nomeação no limite das vagas do edital. Nesse ponto, ainda não há posição específica de nossos tribunais superiores. Mas há algumas pistas. O STJ entende que há interesse processual em se promover a ação ainda durante o prazo de validade do concurso (RMS 21.323, DJ 21/06/2010), o que permitiria, em nossa opinião, o ingresso da ação logo após a homologação do certame. E o mesmo STJ entende que também há interesse processual em promover a ação após o prazo de validade do concurso. Tratando-se de mandado de segurança, o STJ entende que o prazo decadencial de 120 se inicia da data que expirar a validade do concurso (AgRg no RMS 21.165/MG, DJ 08/09/2008).

De qualquer forma, o STF já decidiu que a posse dada a parte dos aprovados gera direito imediato de posse aos demais aprovados no limite das vagas do edital, seja nas vagas existentes, seja nas que vierem a vagar no prazo de validade do concurso (Ag. Reg. no AI 728.699-RS). Por exemplo, caso o edital preveja 40 vagas e, logo após a homologação do concurso, 25 aprovados sejam nomeados, os aprovados entre a 26a e a 40a colocações tem direito também de serem nomeados imediatamente.

Em suma, o fato é que o candidato a concursos públicos vem cada vez mais recebendo o apoio da jurisprudência dos tribunais superiores. E essa informação é útil não só para resolver questões que pedem o conhecimento dessas novidades, como também para que o candidato corra atrás dos seus direitos caso esses sejam violados.

6.7.7. Acesso a novas carreiras sem concurso público

Infelizmente, é muito comum a tentativa de burlar o instituto do concurso público, "promovendo" um servidor de uma carreira, para outra carreira, sem concurso público. Colocamos "promovendo" entre parêntesis, pois uma promoção só pode se dar dentro de uma carreira. Quando um servidor vai de uma carreira para outra carreira sem concurso, tem-se o que muitos chamam de acesso. O servidor passou num concurso para uma carreira "X" (carreira essa onde se esperar que terá promoções, mas dentro da própria carreira) e acaba sendo designado para um carreira "Y", carreira totalmente diferente da primeira, sem concurso público. Por exemplo, o servidor entra numa carreira de "Técnico" e, sem concurso, consegue mudar para uma carreira de "Analista". Esse tipo de acesso a uma nova carreira é uma fraude, uma burla ao princípio do concurso público, pois o servidor prestou concurso para uma carreira (com grau de dificuldade e conteúdos diversos) e passa a outra carreira sem concursos e preterindo muitas pessoas que gostariam de prestar o concurso para essa segunda carreira, mas não têm essa oportunidade, por conta de servidores de outra carreira passarem para essa carreira diversa e que certamente teria muitos interessados se um concurso pra ela fosse aberto.

A Constituição de 1988 é clara: a investidura em cargo público efetivo depende de concurso (art. 37, II). Portanto, quando a Administração, mesmo diante de uma lei autorizativa, nomeia um servidor que estava num cargo "X" para um cargo "Y" sem concurso, está cometendo uma grande inconstitucionalidade, ferindo o princípio da acessibilidade aos cargos públicos, conforme julgou o STF, por exemplo, na ADI 917/MG (j. 06.11.13), na qual se "julgou procedente pedido formulado em ação direta para declarar a inconstitucionalidade do §§ 1º ao 5º do artigo 27 da Lei 10.961/1992, do Estado de Minas Gerais, que dispõem sobre o acesso como forma de provimento dos cargos públicos naquela unidade federativa. Apontou-se que a norma impugnada permitiria que o procedimento de acesso viabilizasse a investidura em cargo de carreira diversa por meio de provimento derivado. Asseverou-se não haver base constitucional para manter na norma estadual o instituto do acesso a novas carreiras por seleções internas. Ponderou-se que essa forma de provimento privilegiaria indevidamente uma categoria de pretendentes que já possuía vínculo com a Administração estadual, em detrimento do público externo. Destacou-se que a norma estaria em antagonismo com o postulado da universalidade que, por imposição constitucional, deveria reger os procedimentos seletivos destinados à investidura em cargos, funções ou empregos públicos".

Vale observar que o STF, em outro caso no qual reconheceu a inconstitucionalidade da ascensão funcional, decidiu que não é possível que um servidor que tenha se beneficiado com essa ascenção, mas ainda não tenha uma situação sedimentada no novo cargo, invoque os princípios da segurança jurídica e da boa-fé para ficar no cargo novo, pois entendeu que é inviável invocar esses princípios no caso em que se pretende *o reconhecimento de uma nova posição jurídica incompatível com a Constituição e não a preservação de uma situação concreta sedimentada* (Ag. Reg. no RE 602.264-DF).

6.7.8. Direito à segunda chamada em teste de aptidão física

Esse tema que sofreu modificação na jurisprudência do STF, que agora entende que "os candidatos em concurso público não têm direito à prova de segunda chamada nos testes de aptidão física em razão de circunstâncias pessoais, ainda que de caráter fisiológico ou de força maior, salvo contrária disposição editalícia". Entendeu-se que não há ofensa do princípio da isonomia e que o direito à segunda chamada poderia tornar o concurso infindável, além de gerar alto custo para a Administração. Por conta da mudança de posicionamento, e para que ficasse respeitado o princípio da segurança jurídica, atribuiu-se à decisão os efeitos da repercussão geral para o fim de assegurar a validade das provas de segunda chamada ocorridas até a data da conclusão do julgamento em questão (RE 630.733, j. 15/05/13).

6.7.9. Direito à anulação de questões de concursos

Tema recorrente na jurisprudência é o direito do candidato de requerer a anulação de certas questões de concursos públicos. Geralmente, esse pedido é feito nas seguintes situações: a) quando a questão é formulada fora do conteúdo programático previsto no edital; b) quando a questão foi mal elaborada e apresenta problema no seu mérito.

A princípio, a jurisprudência do STF é no sentido de que o Judiciário é incompetente para substituir-se à banca examinadora de concurso público no reexame de critérios de correção das provas e de conteúdo das questões formuladas. Assim, quanto às alegações de que a questão está fora do conteúdo programático, por exemplo, basta que um tema esteja previsto de forma genérica no edital, para que, desde que haja um mínimo de conexão desse tema com o perguntado na questão que se deseja anular, para que Judiciário afaste a possibilidade de proceder à anulação da questão, mormente em mandado de segurança, que não permite dilação probatória (STF, MS 30.860/DF, j. 28/08/12). E havendo dúvida sobre se uma questão foi corretamente elaborada ou não, o Judiciário deve evitar se substituir à banca examinadora.

Porém, o mesmo STF entende que, havendo erro grosseiro, o Judiciário pode ser reconhecer a ilegalidade. Um exemplo foi o caso em que questões de Direito Civil do concurso para Procurador da República foram anuladas pelo STF por restar patente sua ofensa ao que dispõe o Código Civil (MS 30.859/DF, 28.08.12).

6.7.10. Cláusula de barreira

Outro tema recorrente é o da constitucionalidade ou não da chamada cláusula de barreira (ou afunilamento). Essa cláusula é aquela utilizada quando um concurso tem mais de uma fase e se estipula no edital que só serão corrigidas as provas da outra fase referente a um número determinado de candidatos aprovados. Por exemplo, o edital do concurso pode prever uma nota de corte e dizer que, dentre os que atingiram a nota de corte, apenas 200 candidatos passarão para a próxima fase do concurso.

O STF entende que esse tipo de condição de passagem para outra fase é norma de avaliação e de classificação a critério do organizador do exame, tratando-se, ainda, de cláusula que atinge a todos indistintamente, daí porque não se pode considerá-la discriminatória (MS 30195 AgR-DF, j. 26.06.12).

6.7.11. Legitimação do Ministério Público para questionar itens de editais de concursos

Sobre esse tema, o STF entende que o Ministério Público tem legitimidade, pois lhe é conferido atuar, mesmo quando se está diante de interesse individual homogêneo, quando presente o interesse social (RE 216.443/MG, j. 28.08.12). No caso mencionado, o Ministério Público estadual ajuizara ação civil pública em torno de concurso para diversas categorias profissionais de uma prefeitura, tendo questionado que a pontuação adotada privilegiaria candidatos os quais já integrariam o quadro da Administração Pública Municipal, circunstância que revela que a matéria cuidada na ação tinha a relevância exigida a justificar a legitimidade do Ministério Público estadual.

6.7.12. Direitos do deficiente

Segundo o art. 37, VIII, da CF, *"a lei reservará percentual dos cargos e empregos públicos para as pessoas portadoras de deficiência e definirá os critérios para a sua admissão"*.

A respeito dessa regra, confira as seguintes decisões do STF:

"Recurso ordinário em mandado de segurança interposto de acórdão do Superior Tribunal de Justiça que entendeu ser plausível o cálculo da quantidade de vagas destinadas à específica concorrência de acordo com o número de turmas do curso de formação. Os limites máximo e mínimo de reserva de vagas para específica concorrência tomam por base de cálculo a quantidade total de vagas oferecidas aos candidatos, para cada cargo público, definido em função da especialidade. Especificidades da estrutura do concurso, que não versem sobre o total de vagas oferecidas para cada área de atuação, especialidade ou cargo público, não influem no cálculo da reserva. Concurso público. Provimento de 54 vagas para o cargo de Fiscal Federal Agropecuário. Etapa do concurso dividida em duas turmas para frequência ao curso de formação. Convocação, respectivamente, de 11 e 43 candidatos em épocas distintas. Reserva de quatro vagas para candidatos portadores de deficiência. Erro de critério. Disponíveis 54 vagas e, destas, reservadas 5% para específica concorrência, três eram as vagas que deveriam ter sido destinadas à específica concorrência. A convocação de quarto candidato, ao invés do impetrante, violou direito líquido e certo à concorrência no certame" (RMS 25.666, Rel. Min. Joaquim Barbosa, julgamento em 29-9-2009, Segunda Turma, DJE de 4-12-2009).

"A exigência constitucional de reserva de vagas para portadores de deficiência em concurso público se impõe ainda que o percentual legalmente previsto seja inferior a um, hipótese em que a fração deve ser arredondada. Entendimento que garante a eficácia do art. 37, VIII, da CF, que, caso contrário, restaria violado" (RE 227.299, Rel. Min. Ilmar Galvão, julgamento em 14-6-2000, Plenário, DJ de 6-10-2000). No mesmo sentido: RE 606.728-AgR, Rel. Min. Cármen Lúcia, julgamento em 2-12-2010, Primeira Turma, DJE de 1º-2-2011.

Repare que o STF firmou as seguintes posições:

a) na reserva de vagas para deficientes (concorrência específica), esses só concorrem entre si;

b) para o cálculo do número de vagas reservadas, deve-se fazer o arredondamento "para cima" da fração;

6.7.13. Contratação temporária

O art. 37, IX, da CF, traz a seguinte disposição: *"a lei estabelecerá os casos de contratação por tempo determinado para atender a necessidade temporária de excepcional interesse público"*.

Cada ente político poderá legislar para o fim de regulamentar o dispositivo acima transcrito.

A Lei 8.745/93 (alterada pela Lei 9.849/99) traz, para a esfera federal, os casos em que cabe esse tipo de contratação, servindo de exemplo aquela em situação de calamidade pública, combate a surtos endêmicos ou para recenseamento. A lei em questão traz um *regime jurídico administrativo* próprio, que não se confunde com o *regime trabalhista* (celetista), a afastar a competência da Justiça Trabalhista.

Geralmente o prazo máximo de contratação é de 12 meses, findo o qual o contrato se extingue.

Permite-se, em algumas situações, prorrogação do contrato.

É importante relatar que não é possível prever a contratação temporária para a admissão de servidores para funções burocráticas ordinárias e permanentes. Assim, o STF entendeu inconstitucional lei do Estado do Rio Grande do Norte que criou contratação temporária para Defensor Público (ADI 3.700). Confira outra decisão do STF a respeito do tema: "Servidor público: contratação temporária excepcional (CF, art. 37, IX): inconstitucionalidade de sua aplicação para a admissão de servidores para funções burocráticas ordinárias e permanentes." (ADI 2.987)

O STF consolidou entendimento no sentido de que é necessária a conjugação de quatro requisitos para que se possa efetivar uma contratação temporária (ADI 3430/ES): a) os casos excepcionais devem estar previstos em lei de modo específico (com o texto legal especificando a contingência fática que, presente, justificaria a contratação) e não de modo genérico (dando ao Chefe do Executivo poderes amplos para definir os casos desse tipo de contratação); b) o prazo de contratação seja predeterminado; c) a necessidade seja temporária; e d) o interesse público seja excepcional.

A contratação temporária não exige concurso público, mas é necessário fazer um processo seletivo simplificado para garantir um mínimo de moralidade, sendo esse ser dispensado em situações justificadas, procedendo-se à análise de *curriculum*. Nesse sentido, confira a seguinte decisão do STF:

"A regra é a admissão de servidor público mediante concurso público: CF, art. 37, II. As duas exceções à regra são para os cargos em comissão referidos no inciso II do art. 37, e a contratação de pessoal por tempo determinado para atender a necessidade temporária de excepcional interesse público. CF, art. 37, IX. Nessa hipótese, deverão ser atendidas as seguintes condições: a) previsão em lei dos cargos; b) tempo determinado; c) necessidade temporária de interesse público; d) interesse público excepcional." (ADI 2.229)

Conforme mencionado, os contratados são regidos pelo regime *sui generis* estabelecido na lei citada, não sendo correto dizer que são contratados pelo regime celetista, já que eles têm um estatuto próprio.

Assim sendo, compete à Justiça Comum e não à Justiça do Trabalho julgar as controvérsias decorrentes dessa relação, conforme vem decidindo pacificamente o STF (ADI 3.395-MC-DF).

6.8. DIREITO DE GREVE E DE SINDICALIZAÇÃO

A Constituição de 1988, em sua redação original, contemplava o direito de greve no serviço público, mas o condicionava à edição de uma *lei complementar*.

Essa lei acabou não sendo editada e o STF, chamado a se pronunciar, decidiu, num mandado de injunção julgado nos anos 90, que o direito de greve do servidor era norma de eficácia limitada, não sendo ser exercido enquanto não fosse regulamentado.

Na ocasião, o STF se limitou a declarar a mora legislativa, adotando a teoria não concretista, pela qual o mandado de injunção não se presta a suprir lacunas legislativas, mas apenas a constatar a mora, quando esta existir.

Sobreveio a EC 19/98, pela qual o direito de greve do servidor ficava mantido, sendo ser exercido nos termos e limites definidos em *lei específica* (art. 37, VII).

Outra década se passou sem a edição da tal lei específica. Até que, em 2007, o STF, rompendo com sua tradição em mandado de injunção, adotou a teoria concretista geral, julgando procedente novos mandados de injunção sobre o assunto (MIs 670/ES, 708/DF e 712/PA), para declarar *mora legislativa abusiva* e **conceder ao servidor o direito de exercer greve**, observados os preceitos da Lei 7.783/89, que trata da greve na iniciativa privada.

A decisão resolveu preencher uma lacuna legislativa, com efeitos *erga omnes*, utilizando-se da analogia para determinar a utilização da lei referida até que adviesse a lei específica preconizada na Constituição.

A partir dessa decisão, começaram a surgir várias discussões sobre os contornos do direito de greve.

Sobre os **serviços que não podem ser objeto de greve**, além das proibições constitucionais relativas aos *militares das forças armadas* e aos *policiais militares* (art. 142, § 3º, IV, c/c art. 42, § 1º da CF), há entendimento do Min. Eros Grau no sentido de que *policiais civis* também não podem entrar em greve. Aliás, para esse Ministro, o direito de greve não é absoluto. Há serviços públicos em que a coesão social impõe que sejam prestados plenamente, em sua totalidade.

Nesse sentido, Eros Grau entende ser proibida a greve nos serviços de *segurança pública*, de *administração da Justiça*, de *arrecadação tributária* e de *saúde pública* (Recl 6.568, DJ 25/09/09), posição que ainda não está pacificada no STF.

No STJ, por sua vez, vem se admitindo a greve nos mais variados setores, salvo os proibidos pela Constituição. No entanto, levando em conta os princípios da supremacia do interesse público e da continuidade do serviço público, esse tribunal vem, caso a caso, estipulando um **percentual mínimo** de pessoal a continuar trabalhando a fim de que não haja paralisação total dos serviços.

A título de exemplo, o STJ, considerando o período eleitoral, definiu em 80% o mínimo de servidores necessários na Justiça Eleitoral (Pet 7.933, DJ 08/06/2010). Para a Justiça Federal, fixou-se em 60% o mínimo de servidores em serviço (Pet 7.961, DJ 18/06/2010). E para os médicos peritos do INSS, determinou-se que 50% mantivessem o trabalho (Pet 7.985, DJ 25/06/10).

Para fazer valer suas decisões o STJ vem fixando o pagamento de **multa** à entidade representante dos trabalhadores no caso de descumprimento de decisão relativa à greve. Trata-se de multa diária, que vem sendo fixada entre R$ 50 mil e R$ 100 mil para sindicatos de grande porte.

Outro ponto interessante diz respeito à possibilidade de **corte nos vencimentos** dos grevistas. No STJ, ainda há controvérsia a respeito. O posicionamento tradicional admite o corte (STJ, MS 15.272-DF). Mas há decisão recente no sentido de que, por se tratar de direito Constitucional do servidor e envolver verba alimentar, o corte prévio é proibido, devendo-se buscar a compensação dos dias paralisados sob pena de reposição ao erário dos vencimentos pagos (MC 16.744, DJ 10/05/10). É bom lembrar que a Lei 8.112/90 dispõe que só por lei e por mandado judicial é possível o desconto de vencimentos (art. 45). Ademais, ainda não foi instituído um Fundo de Greve, com contribuições para o exercício desse direito Constitucional. Nada impede, todavia, que se determine que o servidor grevista reponha, posteriormente, as horas não trabalhadas.

Por fim, vale lembrar que não é possível **exonerar ou demitir** servidor por ter participado de movimento grevista. Há várias leis no país dispondo que o servidor em estágio probatório que participar de greve deve ser exonerado. Tais leis ferem o direito constitucional de greve e o princípio da isonomia, segundo o STF (ADI 3.235, DJ 12/03/10).

É importante ressaltar, ainda, que a Constituição veda a greve dos militares das Forças Armadas (art. 142, § 3º, IV, CF) e, por extensão, dos militares dos Estados-membros, do Distrito Federal e dos Territórios (art. 42, § 1º, CF).

Quanto ao direito de sindicalização, o art. 37, VI, da CF estabelece que "*é garantido ao servidor público civil o direito à livre associação sindical*". Aqui também incide vedação aos militares (art. 142, § 3º, IV, CF).

6.9. PROIBIÇÃO DE ACUMULAÇÃO REMUNERADA

A Constituição traz regra proibindo a acumulação remunerada de cargos públicos (art. 37, XVI).

Nada obstante, desde que haja compatibilidade de horários, admite-se a acumulação remunerada nos seguintes casos: a) de dois cargos de professor; b) um cargo de professor com outro, técnico ou científico; c) a de dois cargos ou empregos privativos de profissionais da saúde com profissões regulamentadas (alteração feita por força da EC 34/01).

Quanto à **extensão da regra**, deve-se ressaltar que a proibição vale também para empregos e funções e abrange autarquias, fundações, empresas públicas, sociedades de economia mista, suas subsidiárias e sociedades controladas, direta ou indiretamente, pelo Poder Público.

Outros casos trazidos na Constituição de permissão de acumulação remunerada são os seguintes: a) magistrados e membros do Ministério Público: permite-se acumulação com um cargo ou função de professor (art. 95, parágrafo único, I, e art. 128, § 5º, II, "d", ambos da CF, respectivamente); b) vereador: pode acumular, mas desde que haja compatibilidade de horários (art. 38, III, CF); caso não haja tal compatibilidade, o eleito deve se afastar do cargo, emprego ou função que tinha, tendo a faculdade de escolher qual remuneração deseja receber como vereador, se a que detinha antes ou a prevista para o cargo eletivo; c) prefeito: não pode acumular, devendo afastar-se do cargo, emprego ou função que detinha, podendo optar pela remuneração (art. 38, II, CF); d) mandato eletivo federal, estadual e distrital: ficará afastado do cargo, emprego ou função anterior (art. 38, I, CF), sem poder optar pela remuneração.

Nos casos de afastamento, o tempo de serviço do mandato será contado para todos os fins do cargo, emprego ou função originais (previdenciários, para concessão de quinquênios etc.), exceto promoção por merecimento.

A finalidade de tal regra é evitar que o exercício de várias funções possa comprometer a boa qualidade do serviço, atendendo também a critérios de moralidade (quanto aos cargos em comissão), bem como à necessidade de se permitir que outras pessoas possam ter oportunidade de acesso a cargos, empregos ou funções públicas. As exceções, por sua vez, visam a melhor aproveitar pessoas que tenham capacidade técnica e científica para dadas atribuições.

Vale salientar que, mesmo nos casos em que há permissão de acumulação remunerada de cargos públicos (casos que tem rol taxativo na Constituição), tem-se que cumprir ainda o requisito da compatibilidade de horários, dos dois cargos que se pretende acumular. Por conta disso o TCU decidiu no Acórdão 2.133/05 que o limite máximo de horas de trabalho nos dois cargos em que se pretende a acumulação é de 60 horas semanais, decisão fundamentada na presunção de que, mais do que isso, haveria comprometimento da qualidade do serviço. Todavia, o STJ tem decidido que esse limite não tem força normativa, nem há lei estabelecendo carga horária máxima, seja diária, seja semanal. Dessa forma, a compatibilidade de horários deve ser vista caso a caso, não se fazendo fazer presunção de que 60 horas é o máximo permitido por semana (AgRg no AREsp 291.919-RJ, j. em 18/4/2013).

Há de se ressaltar também que em qualquer dos casos de acumulação comentados neste item faz-se mister respeitar o disposto no inciso XI do art. 37 da Constituição quanto aos tetos remuneratórios. Assim sendo, a somatória dos valores recebidos em acumulação não pode ultrapassar o teto respectivo, sofrendo o agente um corte na folha de pagamento se tal ocorrer.

Diante das regras sobre proibição de acumulação remunerada de cargo, emprego ou função, confira-se a casuística do STF e do STJ a respeito do tema:

a) é vedada a acumulação acumulação dos cargos e remuneração de vereador e secretário municipal, sendo em esta interpretação sistemática dos arts. 36, 54 e 56 da CF, bem como o princípio da separação dos Poderes (STF, RE 497.554/PR);

b) é vedada a acumulação acumulação dos cargos de médico com cargo de perito criminal da polícia civil na modalidade médico veterinário (STF, RE, 248.248);

c) é vedada a acumulação dos cargos de inspetor escolar com o de supervisor pedagógico, pois não diz respeito à exceção, que deve ser interpretada estritamente, em que se permite a acumulação de dois cargos de professor ou um técnico com um de professor (STF, RE 382.389);

d) é vedada a acumulação de dois cargos de jornalista (STF, RE 463.028);

e) é permitida a acumulação de cargo de médico militar com o de professor de instituição pública de ensino; primeiro porque o médico militar não desempenha função típica de militar, circunstância, que, se existisse, impediria a acumulação; segundo porque a Constituição admite a acumulação de cargo de *professor* com cargo *técnico ou científico*, sendo que o cargo de médico é considerado técnico ou científico, pois sua ocupação pressupõe formação em área especializado do conhecimento, dotada de método próprio (STJ, RMS 39.157);

Questão bastante interessante é se é possível acumular dois cargos a princípio inacumuláveis, quando **não há** acumulação **remunerada**. A questão é pertinente, pois a Constituição veda a "acumulação remunerada de cargos", de modo que, caso haja acumulação não remunerada, ou seja, atua-se em dois cargos, mas recebe-se só por um, em tese caberia a acumulação. Porém, a questão é mais delicada do que isso é há vasta controvérsia a respeito. Há três correntes sobre o tema:

a) não cabe acumulação de cargos inacumuláveis mesmo quando só há remuneração em um deles; essa posição é a que prevalece no STF e no TCU; este (o TCU) editou a Súmula 246, que inclusive proíbe a acumulação quando, além de não haver dupla remuneração, está-se de licença para tratar de interesses particulares num dos cargos, portanto, estar-se a trabalhar apenas em um dos cargos; confira: "o fato de o servidor licenciar-se sem vencimentos, do cargo público ou emprego que exerça em órgão ou entidade da administração direta ou indireta não o habilita a tomar posse em outro cargo ou emprego público, sem incidir no exercício cumulativo vedado pelo art. 37 da Constituição Federal, pois que o instituto da acumulação de cargos se dirige a cargos, empregos e funções públicas, e não apenas à percepção de vantagens pecuniárias"; o STF também vai no mesmo sentido, conforme se verifica dos REs 180.597/CE e 300220/CE;

b) cabe acumulação de cargos inacumuláveis desde que só haja remuneração em um deles e que no outro cargo o servidor não esteja trabalhando, mas em licença para tratar de assuntos particulares; essa interpretação tem em mira duas regras; a primeira, de que a proibição de acumulação é clara é expressa no sentido de que só está proibida a acumulação "remunerada" (art. 37, XVI, da CF); a segunda, de que "é proibida a prestação de serviços gratuitos, salvo os casos previstos em lei" (art. 4º da Lei 8.112/90); e quando se tem alguém com dois cargos inacumuláveis, mas em que um deles está-se com licença para tratar de assuntos particulares, não há nem acumulação remunerada, nem prestação de serviços sem gratuitos; esse caso é típico de alguém que está num cargo "A" e passa num concurso para um cargo "B", ocasião em que pede uma licença para tratar de assuntos particulares do cargo "A" e, logo que a consegue, toma posse no cargo "B", avaliando, no tempo da licença, se valerá à pena continuar no cargo "B" ou sair dele, voltando a trabalhar no cargo "A", quando cessar a licença;

c) cabe acumulação de cargos inacumuláveis desde que simplesmente só haja remuneração em um deles; essa é a posição mais liberal é permite sem restrições (salvo a de compatibilidade de horários), que uma pessoa tenha dois cargos inacumuláveis, desde que escolha a remuneração de um deles e receba só de um deles; o fundamento da posição é que a Constituição só proíbe a acumulação "remunerada" (art. 37, XVI, da CF), não havendo vedação há acumulação de cargos, trabalhando-se nos dois, mas só se recebendo de um; ademais, as exceções devem ser interpretadas restritivamente, de modo que não se pode tirar da norma palavra nela contida de modo a alargar uma exceção nela prevista.

Nossa opinião é que, havendo compatibilidade de horários e inexistência de violação ao princípio da separação de poderes, é cabível a acumulação de cargos inacumuláveis desde que só há remuneração pela prestação de serviços de um deles. Trata-se de interpretação que leva em consta a primazia do texto constitucional, que, claramente, veda apenas a acumulação "remunerada" de cargos, não podendo a lei infraconstitucional passar por cima desse comando, nem mesmo uma interpretação criar restrição onde não haja. Porém, os requisitos da compatibilidade de horários, por ser um imperativo lógico, e do respeito à separação dos poderes (art. 2º da CF), devem ser cumpridos. Um exemplo é alguém querer cumular o cargo de secretário municipal (Poder Executivo) e de vereador (Poder Legislativo). Considerando que a ideia de separação de poderes parte da premissa dos freios e contrapesos e, consequentemente, do imperativo lógico de que, quem freia ou serve de contrapeso não pode frear a si mesmo, e que uma das funções do Poder Legislativo é justamente fiscalizar o Executivo, a acumulação trazida como exemplo é inconstitucional.

Tema correlato é o da **acumulação de remuneração com aposentadoria.** Também, como regra, é proibida. Como exceção pode existir tal acumulação se os cargos da ativa e da inatividade forem cumuláveis entre si. Outra exceção importante é a que permite a acumulação da aposentadoria com a remuneração de um cargo em comissão ou de um mandato eletivo (art. 37, § 10, CF). Perceba que a regra que veda a percepção simultânea de proventos de aposentadoria com remuneração de cargo, emprego ou função diz respeito tão somente às aposentadorias especiais, ou seja, a dos ocupantes de cargos efetivos (art. 40, CF), a dos militares estaduais (art. 42, CF) e a dos militares das Forças Armadas (art. 142, CF).

Porém, não se admite acúmulo tríplice de provimentos e vencimentos de professor, mesmo que decorrentes de aprovações em concursos públicos posteriores à vigência da EC 20/98 (STF: AI 545.424 AgRg, DJ de 25/03/13; AI 529.499 AgR, DJ 17/11/10).

6.10. ESTABILIDADE E ESTÁGIO PROBATÓRIO

O instituto da *estabilidade* está previsto no art. 41 da CF. A partir do texto constitucional, a doutrina aponta três requisitos para sua aquisição: a) nomeação para "cargo efetivo", em virtude de concurso público; b) "três anos de efetivo exercício" no cargo; c) aprovação em "avaliação especial de desempenho por comissão instituída para essa finalidade".

O primeiro requisito ("cargo efetivo") foi introduzido pela EC 19/98. A redação anterior exigia apenas que o "servidor" fosse nomeado em virtude de concurso, não havendo referência ao cargo ser efetivo ou não, o que permitia que servidores celetistas em geral pudessem pleitear a estabilidade.

A atual redação, porém, parece ter deixado claro que somente servidores titulares de verdadeiros cargos efetivos teriam direito à estabilidade.

Porém, o TST, chamado a se manifestar sobre o tema, concluiu que os "servidores celetistas" das pessoas jurídicas de direito público (União, Estados, DF, Municípios, autarquias, fundações públicas, agências reguladoras e associações públicas) também têm direito à estabilidade, direito esse que só não existe para os celetistas das pessoas jurídicas de direito privado estatal, como a empresa pública e a sociedade de economia mista (Súmula 390 do TST).

Quanto ao segundo requisito ("três anos de efetivo exercício"), esse também foi alterado pela EC 19/98. Na redação original exigiam-se dois anos de efetivo exercício. Essa redação fazia com que a Administração Pública estipulasse como estágio probatório o período de dois anos, porque esse estágio sempre foi considerado o tempo de efetivo exercício em que se verificaria se o servidor empossado tinha ou não aptidão para auferir a definitiva titularidade do cargo.

Ocorre que a Constituição foi alterada, aumentando o tempo de exercício para três anos, e os estatutos de funcionário público não acompanharam essa modificação. Exemplo disso é o próprio estatuto federal (Lei 8.112/90). Isso fez com que os tribunais, num primeiro momento, decidissem que o prazo para estágio probatório é um e o prazo de efetivo exercício para adquirir a estabilidade é outro. Esse posicionamento tinha repercussão prática, pois há direitos que só existem após o fim do estágio probatório (ex.: direito de promoção) e, sendo esse mais curto, pessoas que ainda não tinham estabilidade poderiam gozar desses direitos após os dois anos de estágio.

Apenas recentemente o STF (STA 269 AgR, DJ 26-02-2010) e o STJ (MS 12.523/DF, DJ 18/08/2009) se posicionaram no sentido de que o período de estágio probatório deve coincidir com o período de efetivo exercício para a aquisição da estabilidade, no caso, ambos os períodos são de 3 anos e correm conjuntamente, pouco importando a redação do estatuto local.

Vale ressaltar que esses tribunais vêm entendendo que os períodos de estágio probatório e efetivo exercício ficam suspensos quando o servidor é afastado ou cedido para outro órgão (RMS 23.689, DJ 07/06/10).

Ademais, para o STF (MS 22.744, DJ 26.11.04) e para o STJ (RMS 23.689, DJ 07/06/10), não pode o servidor em estágio probatório aposentar-se voluntariamente, uma vez que o estágio probatório constitui etapa final do processo seletivo para a aquisição da titularidade do cargo público.

Passando ao terceiro requisito para a estabilidade ("avaliação especial de desempenho por comissão instituída para essa finalidade"), o primeiro ponto exigido pelo STF (AI 623.854, DJ 23/10/09) e pelo STJ (RMS 20.934, DJ 01/02/10) é que seja um procedimento que não é de natureza disciplinar (não sendo necessário cumprir os requisitos do processo disciplinar), mas que assegure o devido processo legal, o que impõe observância do contraditório e da ampla defesa. Assim, exige-se que o servidor possa apresentar defesa, instruir o procedimento com provas e ter contra si exarada decisão devidamente motivada.

Outro direito do servidor é que a avaliação de desempenho ocorra no limite dos três anos de efetivo exercício. Isso significa que, após o transcurso desse prazo, sem a realização da avaliação, o servidor pode ser considerado estável, pois a desídia da Administração não pode ser a ele imputada, presumindo-se que o servidor teve reconhecida sua aptidão.

Após o transcurso dos três anos de efetivo exercício, o servidor pode até ser exonerado por inaptidão para o cargo, mas desde que a avaliação de desempenho tenha se dado durante o período de estágio probatório e a exoneração tenha sido motivada nas suas conclusões (RMS 23.504, DJ 02/08/10).

Outro posicionamento diz respeito a quem deve proceder à avaliação de desempenho. Nesse sentido, o STJ entende que não há violação ao art. 41 da CF quando a chefia imediata promove a avaliação de desempenho do servidor, funcionando a Comissão de Avaliação como órgão revisor e como órgão emissor do parecer final do estágio probatório (RMS 23.504, DJ 02/08/10).

Também já restou pacificado que o servidor que sai de um cargo numa dada administração (por exemplo, de policial militar) e vai para outro cargo na mesma administração (por exemplo, de policial civil) não pode aproveitar o estágio probatório anteriormente cumprido (RMS 20.934, DJ 01/02/10).

Vale igualmente lembrar que os servidores em estágio probatório não podem sofrer restrições que não decorram explícita ou implicitamente da lei. Nesse sentido, o STF proíbe a discriminação dos não estáveis, para estabelecer que estes, se participarem de greve durante o estágio probatório, estão sujeitos à exoneração (ADI 3.235, DJ 12.03.10). Servidor em estágio probatório tem, portanto, direito de greve.

Ficam, então, noticiadas as principais decisões sobre a estabilidade e o estágio probatório, devendo o candidato ficar atento a outras decisões, uma vez que o tema é corrente na jurisprudência.

6.11. DISPONIBILIDADE

É a colocação do servidor estável em inatividade remunerada, até seu adequado aproveitamento em outro cargo, com proventos proporcionais ao seu tempo de serviço.

Trata-se de direito do servidor, desde que estável, que ocorre nas seguintes situações: a) quando o cargo é extinto; b) quando o cargo é declarado desnecessário; c) quando um servidor é reintegrado e volta para o cargo para onde foi chamado um novo servidor, ficando este desalojado por não ter um cargo de origem, podendo, se já estável, ser colocado em disponibilidade.

É importante ressaltar que só tem esse direito quem já é estável (*vide* § 3º do art. 41 da CF há pouco transcrito). Nesse sentido, dispõe a Súmula 22 do STF que: "o estágio probatório não protege o funcionário contra a extinção do cargo".

Nunca se deve esquecer de que a CF é taxativa no sentido de que na disponibilidade a remuneração será proporcional ao tempo de serviço do agente. Antes da EC 19/98, o STF entendia que era integral, portanto é bom saber que agora é proporcional.

A disponibilidade a que estão sujeitos os juízes e promotores não implica remuneração proporcional, sob pena de ofensa à vitaliciedade a que têm direito, de maneira que será integral a remuneração para essas situações.

6.12. SISTEMA REMUNERATÓRIO

Para que se possa entender o sistema remuneratório dos servidores públicos, de rigor verificar os seguintes conceito:

a) **remuneração** (estipêndio/vencimentos): devida à grande massa de servidores, corresponde ao padrão fixado em lei (vencimento), mais vantagens pessoais;

b) **salário:** devido aos empregados públicos da Administração Direta e Indireta, vale dizer, àqueles regidos pela CLT;

c) **subsídio:** modalidade de remuneração fixada em parcela única e devida aos agentes políticos (art. 39, § 4º, CF: fala-se em membro de Poder, detentor de mandato eletivo, Ministros de Estado e Secretários Estaduais e Municipais), membros do Ministério Público, aos Policiais (art. 144, § 9º, CF), Procuradores de Estado, Defensores Públicos, Procuradores da Fazenda Nacional e integrantes da Advocacia Geral da União (art. 135), bem como Ministros dos Tribunais de Contas. O § 8º do art. 39 da CF abre possibilidade de a remuneração dos servidores organizados em carreira ser também por subsídio, nos termos de lei. Vale ressaltar que no subsídio não se fala em vantagens pessoais, já que se trata de parcela única, vedado o acréscimo de qualquer gratificação, adicional, abono, prêmio, verba de representação ou outra espécie remuneratória, obedecido ao teto remuneratório constitucional. Entretanto, os direitos gerais dos servidores previstos no § 3º do art. 39 da CF permanecem.

d) **adicionais:** devidos por tempo de serviço ou função especial, que exige conhecimentos especializados ou um regime próprio de trabalho. O adicional se relaciona com o tempo (adicional de tempo) ou com a função (adicional de função – ex.: por dedicação integral, por nível universitário);

e) **gratificações:** devidas por condições personalíssimas ou por anormalidades no desempenho da função, com característica de precariedade. As gratificações se relacionam com o servidor (pessoal: por ter filho – salário família etc.) ou com o serviço (segurança, insalubridade ou onerosidade);

f) **indenizações:** mero ressarcimento de despesas efetuadas pelo agente no desempenho de atividade pública, não se incorporando na remuneração. Ex.: ajuda de custo (mudança), diárias (despesas para viagem a trabalho) e auxílio-transporte (condução para o trabalho).

A par dos conceitos acima, tem-se como fundamental também verificar os seguintes princípios o regras desses sistema:

a) **proibição de efeito cascata:** vantagens e gratificações não podem incidir umas sobre as outras. Nesse sentido, *vide* o inciso XIV do artigo 37 da CF: *"os acréscimos pecuniários percebidos por servidor público não serão computados nem acumulados para fins de concessão de acréscimos ulteriores"*.

b) **fixação por lei e revisão geral anual:** *a remuneração e o subsídio somente poderão ser fixados ou alterados por lei específica, observada a iniciativa privativa em cada caso. Fica assegurada revisão geral anual, sempre na mesma data e sem distinção de índices.* O STF é pacífico no sentido de que não é possível que iniciativa ou emenda parlamentar disponha sobre o aumento de remuneração dos servidores, de iniciativa privativa do Executivo (arts. 61, § 1º, II, "a", e 63, I, "a", ambos da CF), sendo que a fixação ou alteração de remuneração depende de lei específica (art. 37, X, da CF), ficando vedada a ainda que a lei estabeleça vinculação ou equiparação remuneratórias para efeito de remuneração de pessoal (art. 37, XIII, da CF), conforme se pode conferir na ADI 64/RO.

c) teto remuneratório: a EC 41/03 modificou o inciso XI do art. 37 da CF, que antes trazia como teto único o subsídio dos Ministros do STF, estabelecendo um teto nacional existente também no subsídio mensal, em espécie, dos Ministros do STF, bem como subtetos. Na esfera da união vale o teto nacional para todos os Poderes. Nos Estados e DF tem-se como subtetos no âmbito do Executivo o subsídio do Governador, no âmbito do Legislativo o subsídio dos Deputados estaduais/distritais e no âmbito do Judiciário o subsídio dos Desembargadores do TJ, limitado este a 90,25% do subsídio dos Ministros do STF. A EC 47/05 permite aos Estados e ao DF, por meio de emenda às respectivas constituições e Lei Orgânica, adotar como limite único o subsídio dos Desembargadores do TJ, não se aplicando a regra aos subsídios dos deputados estaduais e distritais e dos vereadores. Nos Municípios, o subteto é o subsídio do Prefeito. Estabeleceu-se, ainda, como subteto para os membros do MP, Procuradores e Defensores Públicos, o subsídio dos Desembargadores do TJ. Vale salientar que o valor do que deve estar sentido no teto abrange a remuneração e o subsídio, os proventos, pensões ou outra espécie remuneratória, percebidos cumulativamente ou não, incluídas as vantagens pessoais ou de qualquer outra natureza. Além disso, a regra do teto atinge os ocupantes de cargos, funções e empregos públicos da administração, direta, autárquica e fundacional, membros dos Poderes da União, dos Estados, do DF e dos Municípios, detentores de mandato eletivo e demais agentes políticos. Aplica-se também às empresas públicas e sociedades de economia mista e suas subsidiárias que receberem recursos da União, dos Estados, do Distrito Federal ou dos Municípios para pagamento de despesas de pessoal ou custeio em geral (art. 37, § 9º, CF).

Vale ressaltar que o STF entendeu que "as vantagens pessoais percebidas antes da entrada em vigor da EC 41/2003 não se computam para fins de cálculo do teto constitucional" (MS 27656, j. 18.10.11). Nesse caso, reconheceu-se ao Procurador da República aposentado o direito de, a partir da data da impetração, continuar a receber, sem redução, o montante bruto que percebia anteriormente à EC 41/2003, até a sua total absorção pelas novas formas de composição de seus proventos. Porém, o mesmo STF reconheceu a repercussão geral de recursos extraordinários que tenham por objeto a constitucionalidade da incidência do abate-teto sobre salários e proventos de servidores públicos ativos e inativos e a inclusão de vantagens pessoais no teto remuneratório (RE 476894 e RE 606.358), não havendo ainda decisão definitiva sobre o tema.

d) proibição de vinculação ou equiparação: *é vedada a vinculação ou equiparação de quaisquer espécies remuneratórias para efeito de remuneração dos servidores*; o STF entende violada essa regra quando se vincula o reajuste de vencimentos ao incremento da arrecadação de ICMS (RE 218.874/SC) ou que vincula o reajuste do subsídio do governador ao reajuste concedido aos servidores (ADI 3491);

e) irredutibilidade: *os subsídios e os vencimentos são irredutíveis* (art. 37, XV, CF); o STF entende que fere esse princípio o aumento na carga de trabalho do servidor sem o consequente aumento na remuneração (RE 255792/MG); entende também que o princípio é violado quando se desconta a remuneração de servidor afastado de suas funções por responder por processo penal em face da acusação de cometimento de crime funcional (RE 482.006);

f) publicação obrigatória: "os Poderes Executivo, Legislativo e Judiciário publicarão anualmente os valores do subsídio e da remuneração dos cargos e empregos públicos" (art. 39, § 6º, CF).

g) direitos dos ocupantes de cargos públicos: o § 3º do artigo 39 da Constituição dispõe que se aplica aos servidores ocupantes de cargo público o disposto no art. 7º, IV, VII, VIII, IX, XII, XIII, XV, XVI, XVII, XVIII, XIX, XX, XXII e XXX.

Confira o disposto no incisos citados do art. 7º da CF: IV e VII (salário mínimo), VIII (décimo terceiro salário), IX (remuneração de trabalho noturno superior à do diurno), XII (salário-família ao trabalhador de baixa renda), XIII (jornada diária não superior a 8 horas e semanal não superior a 44 horas, facultadas compensações), XV (repouso semanal remunerado), XVI (hora extra superior em pelo menos 50% da hora normal), XVII (férias anuais, com 1/3 a mais de remuneração), XVIII (licença à gestante de 120 dias), XIX (licença-paternidade), XX (proteção do mercado de trabalho da mulher), XXII (redução dos riscos do trabalho) e XXX (proibição de diferença de salário, função ou admissão por discriminação).

6.13. APOSENTADORIA

Consiste na transferência para a inatividade remunerada, cumpridos certos requisitos. Vejamos os tipos de aposentadoria:

Por invalidez: deve ser invalidez permanente, sendo os proventos proporcionais ao tempo de contribuição, exceto se decorrente de acidente em serviço, moléstia profissional ou doença grave contagiosa ou incurável, na forma da lei.

Compulsória: aos 70 anos de idade, com proventos proporcionais ao tempo de contribuição.

Voluntária: a pedido do interessado.

a) com remuneração proporcional ao tempo de serviço: aos 65 anos/homem e 60 anos/mulher;

a) com remuneração integral: aos 60 anos/homem (mínimo de 35 anos de contribuição) e 55 anos/mulher (mínimo de 30 anos de contribuição).

As aposentadorias mencionadas ficam condicionadas a que o agente tenha tempo mínimo de 10 anos de efetivo exercício no serviço público e 5 anos no cargo efetivo em que se dará a aposentadoria.

No caso de professor que comprove exclusivo e efetivo magistério na educação infantil/ensino fundamental/ensino médio reduz-se em 5 anos a idade e o tempo de contribuição para a concessão de aposentadoria voluntária integral. Nesse tema o

STF entende que, "salientando que a atividade docente não se limita à sala de aula, e que a carreira de magistério compreende a ascensão aos cargos de direção da escola, o Tribunal, por maioria, julgou parcialmente procedente o pedido formulado para conferir interpretação conforme, no sentido de assentar que as **atividades mencionadas de exercício de direção de entidade escolar e as de coordenação e assessoramento pedagógico também gozam do benefício, desde que exercidas por professores**" (ADI 3.772/DF – g.n.).

Vale consignar que a Constituição abre espaço para o fim da aposentadoria com limite na remuneração integral. Confira-se a redação trazida pela EC 20/98 ao § 14 do art. 40: "*a União, os Estados, o Distrito Federal e os Municípios, desde que instituam regime de previdência complementar para os seus respectivos servidores titulares de cargo efetivo, poderão fixar, para o valor das aposentadorias e pensões a serem concedidas pelo regime de que trata este artigo, o limite máximo estabelecido para os benefícios do regime geral de previdência social de que trata o art. 201*". O § 15 do mesmo artigo diz que a lei complementar disporá sobre as normas gerais para instituição do regime de previdência complementar em questão.

A possibilidade citada não saiu do papel, daí porque o constituinte derivado editou a EC 41/03 limitando o valor dos benefícios previdenciários dos agentes públicos e determinando a instituição de previdência complementar fechada, de natureza pública e na modalidade de contribuição definida.

Assim, dispôs o texto constitucional que os proventos serão calculados considerando as remunerações utilizadas como base para as contribuições do servidor aos regimes de que tratam os arts. 40 e 201 da CF, na forma da lei (art. 40, § 3º), estabelecendo como limite máximo para o valor dos benefícios do regime geral do art. 201 a quantia de R$ 2.400,00, reajustada a partir da publicação da EC/41 pelos índices aplicados aos benefícios do regime geral (art. 5º, EC/41).

Quanto à previdência complementar dos servidores públicos, foi criada na esfera federal pela Lei 12.618/12, sobre a qual vale fazer os seguintes apontamentos:

a) essa lei entrou totalmente em vigor, quanto ao Poder Executivo, com a edição do Decreto n. 7.808, publicado em 21 de setembro de 2012 (*vide* art. 33 da Lei 12.618/12), decreto esse que criou a Fundação de Previdência Complementar do Servidor Público Federal do Poder Executivo (Funpresp-Exe); quanto ao Poder Judiciário, com a edição da Resolução STF n. 496/12, publicada em 29/10/12; e quanto à Câmara dos Deputados, ao Senado Federal e ao Tribunal de Contas da União, estes três órgãos celebraram, em 31.01.13, Convênio de adesão à Funpresp-Exe, como patrocinadores do plano sob administração desta; com isso agentes públicos federais que ingressaram no serviço público após as datas mencionadas passaram a ter como limite máximo de aposentadoria o previsto para o Regime Geral De Previdência (art. 3º, I, da Lei 12.618/12), mas com a possibilidade de complementar esse valor com o regime de previdência complementar; porém, servidores que tenham ingressado no serviço público até data anterior ao início da vigência de previdência complementar poderão, mediante prévia e expressa opção, aderir ao regime de previdência complementar (art. 1º, parágrafo único, da Lei 12.618/12), mas aplicando-se a ele o limite máximo estabelecido para os benefícios do regime geral de previdência, o que, mesmo havendo um benefício especial em favor desses servidores mais antigos que aderirem (art. 3º, §§ 1º e 2º, da Lei 12.618/12), fará com que dificilmente um servidor que tenha ingressado no serviço público antes da vigência do regime em questão tenha interesse em aderir a ele;

b) o regime de previdência complementar é aplicável não só aos servidores públicos do Executivo em geral, como também do Judiciário, do Legislativo, Ministério Público da União (MPU) e Tribunal de Contas da União (TCU), como também aos membros do Judiciário, do MPU e do TCU, ou seja, atingindo juízes federais e do trabalho, desembargadores, ministros dos tribunais superiores, procuradores da república e do trabalho e ministros dos tribunais de contas;

c) a lei define como **patrocinadores** a União, suas autarquias e fundações, como **participante**, o servidor titular de cargo e o membro de poder, que aderirem aos planos de benefícios administrados pelas entidades; e como **assistidos**, o participante ou o seu beneficiário em gozo de benefício de prestação continuada (art. 2º da Lei 12.618/12);

d) os planos de benefício da Lei 12.618/12 são estruturados na modalidade de **contribuição definida**, sendo que a alíquota que incidirá sobre o valor que superar o benefício do regime geral da previdência (art. 16 e ss) e será definida pelo servidor anualmente, com o servidor e o patrocinador pagando a mesma alíquota, até o limite de 8.5% no caso da alíquota a ser paga pelo patrocinador; assim, imaginemos que o teto do regime geral de previdência fosse de R$ 2.400,00 (esse é o valor original quando da reforma da previdência, mas é reajustado constantemente desde lá); imagine agora que um servidor federal que adira ao regime de previdência complementar ganhe R$ 8.000,00 por mês; nesse caso, sobre R$ 2.400,00 serão devidas as contribuições correntes da União e do servidor; e sobre a diferença entre o que ganha o servidor e o teto da previdência geral (diferença que, no caso, é de R$ 5.600,00), incidirá alíquota para fazer frente à previdência complementar, sendo que o servidor é quem define, todo ano, quanto quer pagar de alíquota (por exemplo, 7% sobre esses R$ 5.600,00) e a União fica obrigada a contribuir com a mesma alíquota (no caso, 7% também), não devendo a União contribuir com mais de 8,5%; já servidores que não ganham mais do que R$ 2.400,00, também podem contribuir para a previdência complementar, mas não haverá contribuição da União, de modo que o benefício complementar desse tipo de servidor tendo a ser proporcionalmente menor do que o benefício de um servidor que ganha mais de R$ 2.400,00.

Além disso, a reforma constitucional estabeleceu a obrigatoriedade de os Estados, DF e Municípios instituírem contribuição previdenciária de seus servidores, para o custeio, em benefício destes, do regime previdenciário do art. 40, cuja alíquota não será inferior a da União (11%).

Estipulou ainda a contribuição dos inativos e pensionistas, que incidirá em percentual igual ao estabelecido para os servidores ativos, mas incidente apenas sobre os valores que superem o limite máximo para os benefícios do regime geral (R$ 2.400,00) (art. 40, § 18º, CF).

No que concerne à pensão por morte, estabeleceu-se que a lei disporá sobre o assunto e o benefício será igual, caso aposentado o falecido, aos proventos deste até o limite do art. 201 mais 70% da parcela excedente ao limite, e, caso na ativa o falecido, à remuneração deste até o limite do art. 201 mais 70% da parcela excedente a este limite (art. 40, § 7º, CF). Tal disposição, todavia, não se aplica aos militares das Forças Armadas (art. 10, EC/41) e quanto aos pensionistas dos militares dos Estados, DF e Territórios aplica-se o que for fixado em lei específica do respectivo ente estatal.

Quanto à revisão dos benefícios previdenciários, determinou-se o fim da paridade com a remuneração dos servidores ativos, assegurando-se apenas o reajuste dos benefícios para preservar seu valor real, conforme critérios estabelecidos em lei (art. 40, § 8º, CF). Tal regra também não é aplicável aos militares das Forças Armadas (art. 10, EC/41).

Ademais, é sempre bom lembrar que o STF é pacífico no sentido de que, não havendo redução dos proventos percebidos pelo inativo, não há inconstitucionalidade na lei que estabelece, para a carreira, o sistema de vencimento único, com absorção de outras vantagens remuneratórias (Ag. Reg. no RE 634.732/PR). Ou seja, alteração no regime da carreira na gera direitos aos servidores inativos, desde que não haja irredutibilidade. Por exemplo, "desde que mantida a irredutibilidade, o servidor inativo, embora aposentado no último patamar da carreira anterior, não tem direito adquirido de perceber proventos correspondentes aos da última classe da nova carreira reestruturada por lei superveniente" (RE 606.199, j. 09.10.13).

A lei não pode estabelecer contagem de tempo de contribuição fictício, como, por exemplo, dizer que férias não gozadas pelo servidor equivale a 3 meses de tempo de contribuição para efeito de aposentadoria.

O tempo de contribuição federal, estadual ou municipal será contado para efeito de aposentadoria e o tempo de serviço correspondente para efeito de disponibilidade. Também se contará o tempo de contribuição para o regime geral, a chamada contagem recíproca (art. 201, § 9º, CF).

Aliás, vale ressaltar que, hoje, o requisito não é mais *tempo de serviço*, mas *tempo de contribuição*.

O art. 8º da EC 20/98 trazia a regra de transição para os servidores que já o eram quando de sua edição. Agora, tal regra foi modificada pelo art. 2º da EC 41/03, a qual também estabeleceu regra de transição para aqueles que ingressaram no serviço público até a data de sua publicação (art. 6º, EC 41/03).

Quanto à aposentadoria especial de que trata o art. 40, § 4º, da CF (p. ex., por trabalhar em atividades insalubres), o STF, diante da mora legislativa em regulamentar a questão, reconheceu que "enquanto não editada a lei reguladora do direito assegurado constitucionalmente, o critério a ser levado em conta é o da Lei nº 8.213/91, mais precisamente o definido no artigo 57, adotando-se os parâmetros previstos para os trabalhadores em geral (Ag. Reg. no ARE 727.541-MS).

Quanto ao ocupante exclusivamente de cargo em comissão (ou seja, aquele não seja servidor já com cargo efetivo), aplica-se as regras previdenciárias do regime geral de previdência (art. 40, p. 13, da CF), e não as regras acima sobre o regime próprio de previdência do servidor público. Nesse sentido, não se aplica, por exemplo, a regra da aposentadoria compulsória a quem tenha cargo em comissão, de modo que uma pessoa com 80 ou 90 anos (e há casos disso) pode trabalhar no poder público num cargo em comissão.

6.14. PROCESSO ADMINISTRATIVO DISCIPLINAR

É aquele destinado à apuração de faltas disciplinares, violação de deveres funcionais e imposição de sanções a servidores públicos.

6.14.1. Garantias e princípios

a) contraditório e ampla defesa: *"aos litigantes, em processo judicial ou administrativo, e aos acusados em geral são assegurados o contraditório e ampla defesa, com os meios e recursos a ela inerentes"* (art. 5º, LV, CF). *Vide* também a Lei 9.784/99, aplicável subsidiariamente às leis federal e locais que tratam do processo disciplinar; vale salientar, que, apesar das inúmeras garantias contidas nesse princípio, o STF, na Súmula Vinculante 5, não entende que a falta de defesa técnica por advogado no processo disciplinar, por si só, ofende o contraditório e a ampla defesa; ou seja, a falta de advogado gera a presunção de desrespeito a esse princípio, se forem preservados os três elementos dessa garantia, que são os seguintes: "a) *o direito de manifestação* (que obriga o órgão julgador a informar à parte contrária dos atos praticados no processo e sobre os elementos dele constantes); b) *o direito de informação sobre o objeto do processo* (que assegura ao defendente a possibilidade de se manifestar oralmente ou por escrito sobre os elementos fáticos e jurídicos contidos no processo); e c) o direito de ver os seus argumentos contemplados pelo órgão incumbido de julgar (que exige do julgador capacidade de apreensão e isenção de ânimo para contemplar as razões apresentadas)" (STF, RE 434.059/DF);

b) juiz natural: *"ninguém será processado nem sentenciado senão pela autoridade competente"* (art. 5º, LIII, CF);

c) vedação da prova ilícita: *"são inadmissíveis, no processo, as provas obtidas por meios ilícitos"* (art. 5º, LVI, CF). Ex.: não é possível requerer a interceptação telefônica em processo administrativo disciplinar (Lei 9.296/96); porém, o STJ admite a utilização dessa prova, em processo disciplinar, na qualidade de "prova emprestada", caso tenha sido produzida em ação penal, e desde que devidamente autorizada pelo juízo criminal e com a observância das diretrizes da Lei 9.296/96 (MS 16.146, j. 22.5.13); não se considera ilícita a prova quando feita pela própria vítima (interlecutor) de fiscal que exigia propina, bem como não se considera flagrante preparado (mas flagrante esperado) no caso em que a solicitação de dinheiro pelo fiscal se dera dias antes de sua prisão (quando não mais se dependia do flagrante para a configuração do delito) e a equipe policial apenas permaneceu alerta, sem instigar a atuação do fiscal (STJ, RMS 19.785);

d) direito ao silêncio, *in dubio pro reo*, presunção de inocência e ônus da prova da Administração; por conta do princípio da presunção de inocência, não é possível cortar remuneração preventivamente, mas é cabível o afastamento cautelar do agente; por conta do ônus da prova da Administração não é possível que esta simplesmente coloque o ônus da prova sobre o servidor e atue de modo tendencioso e direcionado a culpabilizá-lo (STJ, MS 10.906);

e) gratuidade: não se pode cobrar custas do agente público;

f) oficialidade: instaurado e desenvolvido de ofício pela Administração;

g) formalismo moderado: deve-se ter em mente a instrumentalidade das formas, respeitando sempre a ampla defesa e o contraditório; por conta disso, o STJ entende, por exemplo, que a prorrogação *motivada* do prazo para a conclusão dos trabalhos da comissão em processo administrativo disciplinar não acarreta, por si só, a nulidade do procedimento (MS 16.031, j. 26.6.13); por conta disso, "o excesso de prazo para a conclusão do processo administrativo disciplinar não gera, por si só, qualquer nulidade no feito, desde que não seja prejuízo para o acusado. Isso porque não se configura nulidade sem prejuízo (*pas de nulité sans grief*)" (RMS 33.628-PE, j. 2.4.13).

h) motivação: a motivação já um imperativo decorrente do regime republicano, do princípio da inafastabilidade da jurisdição (sem a motivação, como se vai exercer esse direito, demonstrando ao Judiciário uma ilegalidade ou abuso de poder) e do princípio da moralidade administrativa, mas esse princípio (da motivação) é ainda mais importante quando se pratica atos que restringem ou interferem nos direitos de terceiro; em matéria disciplinar, então, é ainda mais importante que a Administração motive adequadamente seus atos, explicitando e explicando as razões de seu convencimento; porém, isso não quer dizer que a Administração tem o dever de fazer o exame detalhado de cada argumento trazido pelas parte (STF, Ag. Reg. no ARE 637.958-MG);

i) respeito aos demais princípios administrativos: o STJ determinou a anulação de demissão certa ocasião, por ofensa aos princípios da impessoalidade (art. 37, *caput*, da CF) e da imparcialidade (art. 18 da Lei 9.784/99), pelo fato de o processo administrativo ter sido instaurado por um dos investigados e também pelo fato de uma das testemunhas também se tratar de investigado, tendo prestado depoimento sem o compromisso de dizer a verdade (MS 14.233, DF).

Já no plano substancial, além do respeito aos princípios e regras administrativos em geral, destaque-se a relevância de decidir consoante os princípios da legalidade, da moralidade e, mais do que nunca, da razoabilidade e da proporcionalidade. Quanto aos dois últimos princípios, o Judiciário tem, inclusive, anulado a aplicação de penas de demissão (determinando que a Administração aplique nova pena, mas agora proporcional), quando há violação à razoabilidade ou proporcionalidade (RMS 29.290-MG). O Judiciário também tem anulado penas disciplinares quando se demonstra que a autoridade apenadora comete desvio de finalidade, apenando o servidor por perseguição ou interesse de natureza diversa, mas não prevista em lei, por violação aos princípios da impessoalidade (e imparcialidade), moralidade e razoabilidade (STJ 14.959-DF).

6.14.2. Incidência

O processo administrativo é obrigatório para as hipóteses em que são cabíveis sanções mais graves, tais como:

a) demissão;

b) perda do cargo;

c) suspensão por mais de 30 dias;

d) cassação da aposentadoria;

e) destituição de cargo em comissão como punição (diferente da livre exoneração).

6.14.3. Fases do processo administrativo

a) **Instauração**: por portaria, auto de infração, representação ou despacho da autoridade;

b) **Instrução**: produção de provas com participação do acusado;

c) **Defesa**: deve ser ampla e efetiva;

d) **Relatório**: elaborado pelo presidente da comissão (que deve ser formada por pessoas estáveis de cargo idêntico ou superior ao processado); trata-se de mera peça opinativa, não vinculando autoridade julgadora;

(As quatro fases anteriores também são chamadas de inquérito)

e) **Julgamento**: decisão final, que deve ser motivada e fundamentada pela autoridade competente, por exemplo, pelo Prefeito, Secretário dos Negócios Jurídicos. Vale salientar que o STJ entende que não é obrigatória a intimação do interessado para apresentar alegações finais após o relatório final do processo administrativo disciplinar, não havendo previsão legal nesse sentido (MS 18.090-DF, j. 8.5.13).

Cabe recurso administrativo e ao Judiciário, que não adentra ao mérito do julgamento, mas ao respeito às formalidades, aos aspectos de legalidade. Em caso de anulação judicial da demissão, haverá reintegração do agente, com direito a indenização.

6.14.4. Meios sumários

Sindicância: meio sumário de investigação, destinado à apuração preliminar de fatos com dois objetivos, que devem ser vistos no prazo de 30 dias:

a) **Aplicação de sanções menos severas**: multa, repreensão e suspensão de até 30 dias;

b) **Processo preparatório**: meio de convencimento para instauração de processo administrativo ou arquivamento da peça de instauração.

Verdade sabida: aquela testemunhada ou conhecida inequivocamente pelo superior hierárquico e que enseja sanção leve. Alguns estatutos admitem que a partir dela se imponha sanção, desde que se garanta ampla defesa ou contraditório. Porém, trata-se de instituto inconstitucional, pois há de sempre se garantir contraditório e ampla defesa.

Termo de Declarações: servidor, confessando a falta, aceita a sanção aplicável, desde que não se exija processo disciplinar. Também é inconstitucional, pois sempre há de se garantir contraditório e ampla defesa.

O STF entende inconstitucional esses dois meios, sob o argumento de que não é "admissível que o Estado, em tema de restrição à esfera jurídica de qualquer cidadão e de seus servidores, exerça a sua autoridade de maneira abusiva ou arbitrária, de modo a desprezar, no exercício de sua atividade, o postulado da plenitude de defesa, visto que o reconhecimento da legitimidade ético-jurídica de qualquer medida imposta pelo Poder Público de que resultem, como no caso, consequências gravosas no plano dos direitos e garantias individuais exige a observância da garantia do devido processo" (ADI 2120/AM).

6.14.5. Sanções disciplinares

Normalmente, os estatutos dos funcionários públicos estabelecem as seguintes sanções disciplinares:

a) demissão;

b) demissão a bem do serviço público;

c) suspensão;

d) advertência, repreensão;

e) multa.

Porém, o estatuto local tem liberdade para estabelecer outros tipos de sanções disciplinares.

6.14.6. Comunicabilidade de instâncias

A regra é a da independência das instâncias cível, administrativa e criminal. A absolvição ocorrida no juízo criminal somente se comunicará à instância administrativa se se tratar de "absolvição por negativa de autoria" ou de "absolvição por inexistência do fato", e nunca se for "absolvição por falta de provas".

De qualquer forma, o exercício do poder disciplinar pelo Estado não está sujeito ao encerramento da perseguição criminal, nem se deixar influenciar, como se viu, por eventual sentença absolutória nessa instância, salvo no casos mencionados (STF, MS 23.190/RJ, j. 1º/08/13; STJ, MS 18.090-DF, j. 8.5.13).

Deve-se acrescentar que, de acordo com a Súmula 18 do STF, *"pela falta residual, não compreendida na absolvição pelo juízo criminal, é admissível a punição administrativa do servidor público"*.

6.15. JURISPRUDÊNCIA SELECIONADA

6.15.1. Regime Jurídico

Súmula Vinculante STF 13

A nomeação de cônjuge, companheiro ou parente em linha reta, colateral ou por afinidade, até o terceiro grau, inclusive, da autoridade nomeante ou de servidor da mesma pessoa jurídica investido em cargo de direção, chefia ou assessoramento, para o exercício de cargo em comissão ou de confiança ou, ainda, de função gratificada na administração pública direta e indireta em qualquer dos Poderes da União, dos Estados, do Distrito Federal e dos Municípios, compreendido o ajuste mediante designações recíprocas, viola a Constituição Federal.

Súmula STF nº 39

À falta de Lei, funcionário em disponibilidade não pode exigir, judicialmente, o seu aproveitamento, que fica subordinado ao critério de conveniência da administração.

Súmula STF nº 22

O estágio probatório não protege o funcionário contra a extinção do cargo.

Súmula STF nº 17

A nomeação de funcionário sem concurso pode ser desfeita antes da posse.

Súmula STF nº 16

Funcionário nomeado por concurso tem direito à posse.

Súmula STJ nº 218

Compete à Justiça dos Estados processar e julgar ação de servidor estadual decorrente de direitos e vantagens estatutárias no exercício de cargo em comissão.

Súmula STJ nº 137

Compete à justiça comum estadual processar e julgar ação de servidor público municipal, pleiteando direitos relativos ao vinculo estatutário.

AG. REG. NO ARE N. 732.512-MG
RELATOR: MIN. GILMAR MENDES

1. Agravo regimental em recurso extraordinário com agravo. 2. **Transposição do regime celetista para estatutário**. 3. Ausência de direito adquirido às vantagens do regime anterior. 4. Inexistência de argumentos suficientes para infirmar a decisão recorrida. 5. Agravo regimental a que se nega provimento. (Inform. STF 711) (g.n)

SEGUNDO AG. REG. NO RE N. 634.732-PR
RELATOR: MIN. TEORI ZAVASCKI

Ementa: CONSTITUCIONAL. SERVIDOR PÚBLICO. PROVENTOS DE APOSENTADORIA. LEI SUPERVENIENTE ESTABELECENDO VENCIMENTO ÚNICO PARA A CARREIRA. DIREITO ADQUIRIDO A REGIME JURÍDICO. INEXISTÊNCIA, ASSEGURADA A IRREDUTIBILIDADE DO VALOR PERCEBIDO. PRECEDENTES DO SUPREMO TRIBUNAL FEDERAL.

1. A jurisprudência do Supremo Tribunal Federal consolidou-se no sentido de que **não existe direito adquirido nem a regime jurídico, nem aos critérios que determinaram a composição da remuneração ou dos proventos, desde que o novo sistema normativo assegure a irredutibilidade dos ganhos anteriormente percebidos.**

2. **Não havendo redução dos proventos percebidos pelo inativo, não há inconstitucionalidade na lei que estabelece, para a carreira, o sistema de vencimento único, com absorção de outras vantagens remuneratórias.**

3. Agravo regimental desprovido. (Inform. STF 711) (g.n.)

Cargos em comissão e nepotismo - 1
O Plenário julgou parcialmente procedente pedido formulado em ação direta para declarar a inconstitucionalidade do art. 4º ("Ficam extintos os cargos em comissão que não atendam às disposições do parágrafo 4º do artigo 20 e do artigo 32, *caput*, da Constituição do Estado"), bem assim das expressões "4º e" e "inclusive de extinção de cargos em comissão e de exoneração" constantes do art. 6º ("O Governador do Estado, o Presidente do Tribunal de Justiça e a Mesa da Assembleia Legislativa, no âmbito dos respectivos Poderes, o Procurador-Geral de Justiça e o Presidente do Tribunal de Contas do Estado, no âmbito das suas respectivas instituições, emitirão os atos administrativos declaratórios de atendimento das disposições dos artigos 4º e 5º desta emenda constitucional, inclusive de extinção de cargos em comissão e de exoneração"), ambos da Emenda Constitucional 12/95, do Estado do Rio Grande do Sul, que cuida da criação, disciplina e extinção de cargos em comissão na esfera dos Poderes locais. Conferiu-se ao parágrafo único do art. 6º interpretação conforme a Constituição Federal para abranger apenas os cargos situados no âmbito do Poder Executivo. Além disso, assentou-se a inconstitucionalidade, por arrastamento, do art. 7º, a, da referida emenda. Por fim, entendeu-se pela improcedência do pleito no tocante aos artigos 1º, 2º, 5º e 7º, b, desse mesmo diploma. Reportou-se aos fun-

damentos expendidos quando do julgamento da medida cautelar (DJU de 17.3.2000) e enfatizou-se que a matéria sobre o nepotismo estaria pacificada nesta Corte mediante a Súmula Vinculante 13.

ADI 1521/RS, rel. Min. Ricardo Lewandowski, 19.6.2013. (ADI-1521)

Cargos em comissão e nepotismo - 2

Quanto ao art. 4º, asseverou-se que a extinção de cargos públicos, efetivos ou em comissão não poderia ser tratada por norma genérica inserida na Constituição estadual. Esse tema pressuporia lei específica nesse sentido, a dispor quantos e quais cargos seriam extintos. Destacou-se que o dispositivo apresentaria inconstitucionalidade formal, ou seja, vício de iniciativa, porquanto a Assembleia Legislativa teria determinado a extinção de cargos que integrariam a estrutura funcional de outros Poderes, a invadir competência privativa destes na matéria. Distinguiu-se o que disposto no art. 4º do que contido no art. 5º – que estabeleceria extinção do provimento, após respectiva exoneração, dos cargos em comissão nas situações em que providos de maneira a configurar nepotismo –, porquanto este prescindiria de lei. A proibição de ocupar os cargos decorreria da própria Constituição.

ADI 1521/RS, rel. Min. Ricardo Lewandowski, 19.6.2013. (ADI-1521)

Cargos em comissão e nepotismo - 3

No que concerne ao art. 6º, registrou-se que, em virtude do art. 4º, a inconstitucionalidade dos termos expungidos seria mera consequência daquele primeiro vício, pois a extinção do cargo não poderia ocorrer por ato administrativo. Relativamente ao parágrafo único do art. 6º ("Governador do Estado poderá delegar atribuições para a prática dos atos previstos neste artigo"), explicitou-se que a delegação só poderia ocorrer no âmbito do Poder Executivo, porque essa transferência de atribuições, pelo Governador, de atos de competência exclusiva do Judiciário ou do Legislativo configuraria ingerência indevida nos demais Poderes. Ato contínuo, ao cuidar do art. 7º, consignou-se que, embora a alínea a tivesse sofrido alteração pela EC 14/97 do ente federativo, a revogação do texto impugnado não prejudicaria a ação direta. No entanto, somente teria motivo para ser mantida íntegra se subsistisse o art. 4º, pois guardaria inteira dependência normativa com ele. A respeito da alínea b, registrou-se inexistir razão para declará-la inconstitucional, uma vez que disporia sobre a vigência de dispositivo considerado constitucional.

ADI 1521/RS, rel. Min. Ricardo Lewandowski, 19.6.2013. (ADI-1521) (Inform. STF 711) (g.n.)

ADI e vedação ao nepotismo

O Plenário julgou **procedente pedido formulado em ação direta para declarar a inconstitucionalidade do parágrafo único do art. 1º da Lei 13.145/97, do Estado de Goiás. Entendeu-se que o dispositivo questionado, ao permitir a nomeação, admissão ou permanência de até dois parentes das autoridades mencionadas no *caput* do preceito, além do cônjuge do Chefe do Poder Executivo, criaria hipóteses que excepcionariam a vedação ao nepotismo.**

ADI 3745/GO, rel. Min. Dias Toffoli, 15.5.2013. (ADI-3745) (Inform. STF 706) (g.n.)

DIREITO ADMINISTRATIVO. INAPLICABILIDADE DO ART. 19-A DA LEI N. 8.036/1990 NA HIPÓTESE DE CONTRATO DE TRABALHO TEMPORÁRIO DECLARADO NULO EM RAZÃO DO DISPOSTO NO ART. 37, § 2º, DA CF.

Não é devido o depósito do FGTS na conta vinculada do trabalhador cujo contrato de trabalho temporário efetuado com a Administração Pública sob o regime de "contratação excepcional" tenha sido declarado nulo em razão da falta de realização de concurso público. De acordo com o art. 19-A da Lei n. 8.036/1990, é devido o depósito do FGTS na conta vinculada do trabalhador cujo contrato de trabalho tenha sido declarado nulo devido à inobservância das regras referentes ao concurso público previstas na CF. A questão disciplinada por esse artigo diz respeito à necessidade de recolhimento do FGTS em favor do ex-servidor que teve sua investidura em cargo ou emprego público anulada. O trabalhador admitido sob o regime de contrato temporário, entretanto, não se submete a esse regramento. **AgRg nos EDcl no AREsp 45.467-MG, Rel. Min. Arnaldo Esteves Lima, julgado em 5/3/2013.** (Inform. STJ 518)

DIREITO ADMINISTRATIVO. CÔMPUTO DO PERÍODO DE LICENÇA-PRÊMIO NÃO GOZADA COMO DE EFETIVO EXERCÍCIO PARA O FIM DE ENQUADRAMENTO NO PLANO DE CARREIRA INSTITUÍDO PELA LEI N. 11.091/2005.

O período de licença-prêmio não gozada deve ser computado como de efetivo exercício para o fim de enquadramento no Plano de Carreira dos Cargos Técnico-Administrativos em Educação no âmbito das Instituições Federais de Ensino – instituído pela Lei n. 11.091/2005 – se, na época da aposentadoria do servidor, vigia o art. 102, VIII, "e", da Lei n. 8.112/1990 em sua redação original, que considerava a licença-prêmio como de efetivo exercício. Com efeito, se a licença-prêmio não gozada foi computada para o fim de aposentadoria como tempo efetivo de serviço, não pode, posteriormente, ser desconsiderada para efeito do enquadramento previsto na Lei n. 11.091/2005. É o que se infere dos termos da Súmula 359 do STF, segundo a qual, ressalvada a revisão prevista em lei, os proventos da inatividade serão regulados pela lei vigente ao tempo em que o militar ou o servidor civil reuniram os requisitos necessários para tanto. Ressalte-se que, embora o referido enunciado trate da norma aplicável para a concessão do benefício, também pode ser aplicado, *mutatis mutandis*, à hipótese de enquadramento em plano de carreira. **REsp 1.336.566-RS, Rel. Min. Humberto Martins, julgado em 7/2/2013. (Inform. STJ 516) (g.n.)**

Cargo público: mudança de atribuições e lei formal

A alteração de atribuições de cargo público somente pode ocorrer por intermédio de lei formal. Ao reafirmar essa orientação, a 2ª Turma concedeu mandado de segurança para que servidores públicos possam ocupar o cargo de "Técnico de Apoio Especializado/Segurança", garantindo-lhes a continuidade da percepção da gratificação de atividade de segurança, prevista no art. 15 da Lei 11.415/2006. Tratava-se, na espécie, de *writ* impetrado contra ato do Procurador-Geral da República, consubstanciado na Portaria 286/2007, que teria alterado as atribuições dos cargos públicos de que eram titulares os impetrantes e promovido suposta transposição. Aduziu-se que os cargos públicos seriam criados por lei e providos, se em caráter efetivo, após a indispensável realização de concurso público específico. Consignou-se, ainda, que a mudança de atribuições dos cargos ocupados pelos impetrantes ocorrera por edição de portaria, meio juridicamente impróprio para veicular norma definidora de atividades inerentes e caracterizadoras de cargo público, uma vez que apenas a lei poderia promover as referidas alterações. Precedentes citados: ADI 1329/AL (DJU de 12.9.2003), ADI 2689/RN (DJU de 21.11.2003), ADI 1254 MC/RJ (DJU de 18.8.95) e MS 26955/DF (DJe de 13.4.2011). MS 26740/DF, rel. Min. Ayres Britto, 30.8.2011. (MS 26740) (Inform. STF 638)

Empregado público estrangeiro e o princípio da isonomia

O disposto no § 6º do art. 243 da Lei 8.112/90 (*"Ficam submetidos ao regime jurídico instituído por esta Lei, na qualidade de servidores públicos, os servidores dos Poderes da União, dos ex-Territórios, das autarquias, inclusive as em regime especial, e das fundações públicas, regidos pela Lei nº 1.711, de 28 de outubro de 1952 - Estatuto dos Funcionários Públicos Civis da União, ou pela Consolidação das Leis do Trabalho, aprovada pelo Decreto-Lei nº 5.452, de 1º de maio de 1943, exceto os contratados por prazo determinado, cujos contratos não poderão ser prorrogados após o vencimento do prazo de prorrogação. ... § 6º Os empregos dos servidores estrangeiros com estabilidade no serviço público, enquanto não adquirirem a nacionalidade brasileira, passarão a integrar tabela em extinção, do respectivo órgão ou entidade, sem prejuízo dos direitos inerentes aos planos de carreira aos quais se encontrem vinculados os empregos."*) **não afronta o princípio da isonomia.** Com esse entendimento, a 2ª Turma desproveu agravo regimental interposto de decisão do Min. Joaquim Barbosa, proferida nos autos de recurso extraordinário, do qual relator, em que pretendido o reconhecimento de vínculo estatutário de estrangeiro com universidade federal da qual integra o quadro técnico desde 1966. Reputou-se que, até o advento das Emendas Constitucionais 11/96 e 19/98, o núcleo essencial dos direitos atribuídos aos estrangeiros não abrangia o direito à ocupação de cargos públicos efetivos na Administração Pública, conforme redação anterior do art. 37, I, da CF, que contemplava somente os brasileiros. **Concluiu-se que a norma ora impugnada encontrar-se-ia em consonância com o texto constitucional, à época, e deveria permanecer em vigor até a instituição de lei que atribua eficácia ao atual dispositivo constitucional.** RE 346180 AgR/RS, rel. Min. Joaquim Barbosa, 14.6.2011. (RE-346180) (Inform. STF 631)

AG. REG. NO AI N. 825.743-TO
RELATOR: MIN. RICARDO LEWANDOWSKI
EMENTA: AGRAVO REGIMENTAL EM AGRAVO DE INSTRUMENTO. SERVIDOR PÚBLICO. INATIVO. REENQUADRAMENTO. REGIME JURÍDICO. DIREITO ADQUIRIDO. INEXISTÊNCIA. PRECEDENTES. AGRAVO IMPROVIDO.

I - **Não há direito adquirido a regime jurídico. Assim, se alterado o escalonamento hierárquico da carreira a que pertence o servidor inativo, criando novos níveis para a progressão de servidores da ativa, desde que não implique em redução dos proventos do servidor inativo, não há falar em violação do direito adquirido e do princípio da isonomia.** Precedentes.

II - Agravo regimental improvido. (Inform. STF 624) (g.n.)

ADI e criação de cargos em comissão

Por entender violada a exigência constitucional do concurso público (CF, art. 37, II), o Plenário julgou procedente pedido formulado em ação direta ajuizada pelo Procurador-Geral da República **para declarar a inconstitucionalidade** do artigo 16-A, XI, XII, XIII, XVIII, XIX, XX, XXIV e XXV, da Lei 15.224/2005, do Estado de Goiás, bem como do Anexo I da mesma norma, **na parte em que criou os cargos de provimento em comissão.** Asseverou-se que, na espécie, **os cargos em comissão instituídos — perito médico-psiquiátrico, perito médico-clínico, auditor de controle interno, produtor jornalístico, repórter fotográfico, perito psicólogo, enfermeiro, motorista — teriam atribuições eminentemente técnicas, nos quais inexistiria relação de confiança entre nomeante e nomeado. Assim, apontou-se que tais cargos deveriam ser preenchidos regularmente pela via do concurso público.** ADI 3602/GO, rel. Min. Joaquim Barbosa, 14.4.2011. (ADI-3602) (Inform. STF 623) (g.n.)

Procurador da Fazenda e redução de férias

A 2ª Turma negou provimento a recurso extraordinário interposto contra acórdão que entendera possível a redução de período de férias de procuradores da Fazenda Nacional por meio de medida provisória e lei ordinária. Inicialmente, registrou-se que o acórdão recorrido estaria em consonância com o **entendimento do STF no sentido de que não haver direito adquirido a regime jurídico**. Tampouco reconheceu-se violação ao princípio da irredutibilidade salarial, no caso dos autos, uma vez que, suprimidas as férias, o servidor não teria jus ao seu abono. Consignou-se que **a Constituição Federal reservaria à lei complementar apenas a questão referente à organização e ao funcionamento da Advocacia-Geral da União**. Ressaltou-se que as regras estabelecidas na Lei 8.112/90 (Regime Geral dos Servidores Públicos) balizariam as atividades dos advogados públicos em geral — procuradores da Fazenda, advogados da União e procuradores autárquicos. Concluiu-se que haveria um enorme conflito, uma assimetria gravíssima, se esta Corte reconhecesse 2 meses de férias, aos procuradores da Fazenda, e apenas 1 mês, aos procuradores federais, quando ambos estão a serviço da mesma causa. **RE 539370/RJ, rel. Min. Gilmar Mendes, 30.11.2010.** (RE-539370) (Inform. STF 611) (g.n.)

Provimento de Cargos de Oficiais e Vício Formal
Por reputar usurpada a competência privativa do Chefe do Poder Executivo para iniciar projeto de lei que verse sobre militares das Forças Armadas, seu regime jurídico, provimento de cargos e promoções (CF, art. 61, § 1º, II, *f*), de observância obrigatória pelos Estados-membros, tendo em conta o princípio da simetria, o Tribunal julgou procedente pedido formulado em ação direta ajuizada pelo Governador do Estado de Rondônia para declarar a inconstitucionalidade do art. 148-A da Constituição do referido Estado-membro e do art. 45 de suas Disposições Constitucionais Transitórias, com a redação dada pela Emenda Constitucional estadual 56/2007, de iniciativa parlamentar, que dispõem sobre provimento de cargos de Oficiais Combatentes dos Militares estaduais. Observou-se, ademais, que, não obstante a Assembleia Legislativa houvesse introduzido a matéria no mundo jurídico por meio de emenda constitucional, tal fato não teria o condão de contornar as restrições de ordem constitucional ao seu poder de iniciativa. Precedentes citados: ADI 2966/RO (DJU de 6.5.2005); ADI 766/RS (DJU de 11.12.98). **ADI 3930/RO, rel. Min. Ricardo Lewandowski, 16.9.2009.** (ADI-3930) (Inform. STF 559) (g.n.)

RE N. 480.328-DF
RELATOR: MIN. MARCO AURÉLIO
REMUNERAÇÃO - JUIZ DE PAZ - PREVISÃO LEGAL. **A remuneração dos juízes de paz há de estar prevista em lei - artigos 98, inciso II, do corpo permanente da Carta Federal e 30 do Ato das Disposições Transitórias**. Noticiado no Informativo 549 (Inform. STF 557) (g.n.)

Pandemia: Contratação Temporária de Servidores e Excepcional Interesse Público
Por entender caracterizada a ofensa aos incisos II e IX do art. 37 da CF, o Tribunal julgou procedente pedido formulado em ação direta de inconstitucionalidade proposta pelo Procurador-Geral da República contra a Lei Complementar 300/2004, prorrogada pela Lei Complementar 378/2006, ambas do Estado do Espírito Santo, que dispõem sobre a contratação de servidores, em caráter temporário, para atender as necessidades da Secretaria de Saúde - SESA e do Instituto Estadual de Saúde Pública - IESP. Realçou-se que a Corte possui orientação consolidada no sentido de que, **para a contratação temporária, é preciso que**: **a)** os casos excepcionais estejam previstos em lei; **b)** o prazo de contratação seja predeterminado; **c)** a necessidade seja temporária; e **d)** o interesse público seja excepcional. Entendeu-se que as leis impugnadas fixam hipóteses abrangentes e genéricas de contratação temporária, sem especificar a contingência fática que, presente, justificaria a edição de lei que indicaria a existência de um estado de emergência, atribuindo-se, ao Chefe do Executivo interessado na contratação, a competência para estabelecer os casos. Tendo em conta a situação excepcional pela qual passa o país em virtude do surto da denominada "gripe suína" (Influenza A), o Tribunal, por maioria, modulou os efeitos da decisão, nos termos do art. 27 da Lei 9.868/99, para que ela tenha eficácia a partir de 60 dias da data de sua comunicação ao Governador e à Assembleia Legislativa. Vencido, neste ponto, o Min. Marco Aurélio, que simplesmente declarava as leis inconstitucionais, sem adentrar o campo da modulação. **Precedente citado: ADI 2987/SC (DJU de 2.4.2004). ADI 3430/ES, rel. Min. Ricardo Lewandowski, 12.8.2009.** (ADI-3430) (Inform. STF 555)

CARGOS PÚBLICOS - UNIFICAÇÃO - AUSÊNCIA DE PREJUÍZO. Uma vez constatada a inexistência de prejuízo na unificação de cargos públicos, descabe falar de direito adquirido à percepção de certo vencimento vinculado à exigência de nível superior. RE N. 208.131-SP. RELATOR: MIN. MARCO AURÉLIO. (Inform. STF 552)
EMENTA: Ação Direta de Inconstitucionalidade. 2. Expressão "*preferencialmente*" contida no art. 153, § 1º, da Constituição do Estado do Amapá; art. 6º da Lei Complementar 11/1996, do Estado do Amapá, na parte em que conferiu nova redação ao art. 33 da Lei Complementar 6/1994 do mesmo Estado; e redação originária do art. 33, § 1º, da Lei Complementar 6/1994, do Estado do Amapá. 3. Rejeitada a preliminar de inépcia da petição inicial. A mera indicação de forma errônea de um dos artigos impugnados não obsta o prosseguimento da ação, se o requerente tecer coerentemente sua fundamentação e transcrever o dispositivo constitucional impugnado. 4. Provimento em comissão, de livre nomeação e exoneração pelo Governador, dentre advogados, dos

cargos de Procurador-Geral do Estado, Procurador de Estado Corregedor, Subprocurador-Geral do Estado e Procurador de Estado Chefe. Alegada violação ao art. 132 da Constituição Federal. A forma de provimento do cargo de Procurador-Geral do Estado, não prevista pela Constituição Federal (art. 132), pode ser definida pela Constituição Estadual, competência esta que se insere no âmbito de autonomia de cada Estado-membro. Precedentes: ADI 2.581 e ADI 217. Constitucionalidade dos dispositivos impugnados em relação aos cargos de Procurador-Geral do Estado e de seu substituto, Procurador de Estado Corregedor. **Vencida a tese de que o Procurador-Geral do Estado, e seu substituto, devem, necessariamente, ser escolhidos dentre membros da carreira.** 5. Viola o art. 37, incisos II e V, norma que cria cargo em comissão, de livre nomeação e exoneração, o qual não possua o caráter de assessoramento, chefia ou direção. Precedentes. Inconstitucionalidade dos dispositivos impugnados em relação aos cargos de Subprocurador-Geral do Estado e de Procurador de Estado Chefe. 6. Ação julgada parcialmente procedente. **ADI N. 2.682-AP. RELATOR: MIN. GILMAR MENDES. Noticiado no Informativo 535**(Inform. STF 551) (g.n.)

Graduação de Posto e Ausência de Direito Adquirido

A Turma, por maioria, proveu recurso extraordinário **para assentar que os recorridos não possuem direito adquirido à promoção a posto imediatamente superior. No caso, quando os recorridos ingressaram na polícia militar, tinham assegurado o direito à aposentadoria especial aos 25 anos de serviços prestados com vencimentos e vantagens do posto imediatamente superior, mas, ao longo do tempo, sua situação funcional fora atingida por leis que subtraíram esse benefício. Considerou-se que, quando os ora recorridos completaram o tempo para a aposentadoria, já estava em vigor nova disciplina legal e constitucional, que não autorizava o favor, não restando, pois, acobertados pela legislação protetiva invocada, alterada no período de aquisição do direito à aposentadoria**. Vencidos os Ministros Marco Aurélio e Carlos Britto que desproviam o recurso, ao fundamento de que, ainda na vigência da relação pretérita, mais favorável, esses servidores completaram as condições para lograr o benefício. **RE 114282/SP, rel. Min. Menezes Direito, 5.5.2009.** (RE-114282) (Inform. STF 545) (g.n.)

EMENTA: AÇÃO DIRETA DE INCONSTITUCIONALIDADE. LEI DO ESTADO DO CEARÁ. PROVIMENTO DERIVADO DE CARGOS. INCONSTITUCIONALIDADE. OFENSA AO DISPOSTO NO ART. 37, II, DA CF. AÇÃO JULGADA PROCEDENTE.

I - São inconstitucionais os artigos da Lei 13.778/2006, do Estado do Ceará que, a pretexto de reorganizar as carreiras de Auditor Adjunto do Tesouro Nacional, Técnico do Tesouro Estadual e Fiscal do Tesouro Estadual, ensejaram o provimento derivado de cargos. II - Dispositivos legais impugnados que afrontam o comando do art. 37, II, da Constituição Federal, o qual exige a realização de concurso público para provimento de cargos na Administração estatal. III - Embora sob o rótulo de reestruturação da carreira na Secretaria da Fazenda, procedeu-se, na realidade, à instituição de cargos públicos, cujo provimento deve obedecer aos ditames constitucionais. IV - Ação julgada procedente. **ADI N. 3.857-CE. RELATOR: MIN. RICARDO LEWANDOWSKI.** (Inform. STF 536) (g.n.)

Súmula Vinculante 13 e Agente Político

O Tribunal, por maioria, negou provimento a agravo regimental interposto contra decisão que deferira pedido de liminar em reclamação, na qual se impugna, sob alegação de afronta à **Sumula Vinculante 13 [VEDAÇÃO AO NEPOTISMO]**, decisão proferida em ação popular que suspendera o ato de nomeação do reclamante, irmão do Governador do Paraná, para o cargo de Secretário Estadual de Transportes (Decreto estadual 3.3.48/2008). Entendeu-se irretocável a decisão recorrida. Reportando-se ao que decidido no RE 579951/RN (DJE de 12.9.2008), **asseverou-se que a nomeação de parentes para cargos políticos não implica ofensa aos princípios que regem a Administração Pública, em face de sua natureza eminentemente política, e que, nos termos da Súmula Vinculante 13, as nomeações para cargos políticos não estão compreendidas nas hipóteses nela elencadas. Dessa forma, não seria possível submeter o caso do reclamante — nomeação para o cargo de Secretário Estadual de Transporte, agente político — à vedação imposta pela referida Súmula Vinculante, por se tratar de cargo de natureza eminentemente política**. Por fim, no que se refere ao pedido formulado pelo agravante no sentido de se impedir o exercício pelo reclamante do cargo de responsável pela Administração dos Portos de Paranaguá e Antonina - APPA, autarquia estadual, considerou-se o fato de não se estar a analisar o mérito da presente reclamação, devendo o julgamento ficar restrito apenas à aferição da fumaça do bom direito. Vencido o Min. Marco Aurélio, que dava provimento ao recurso, ao fundamento de que não seria possível empolgar o que decidido no RE 579951/RN para se ter base para a reclamação, por se tratar de processo subjetivo, e porque o Verbete Vinculante 13 não versaria expressamente a possibilidade da nomeação verificada. **Rcl 6650 MC-AgR/PR, rel. Min. Ellen Gracie, 16.10.2008.** (Rcl-6650) (Inform. STF 524) (g.n.)

Desvio de Funções de Delegado de Polícia

Por entender caracterizada a violação ao § 4º do art. 144 da CF (*"Art. 144. ... § 4º. Às polícias civis, dirigidas por delegados de polícia de carreira, incumbem, ressalvada a competência da União, as funções de polícia judiciária e a apuração de infrações penais, exceto as militares."*), o Tribunal, por maioria, julgou procedente pedido formulado em ação direta ajuizada pelo Conselho da Ordem dos Advogados do Brasil para **declarar**

a inconstitucionalidade do Decreto 1.557/2003, do Estado do Paraná, que prevê que, nos Municípios em que o Departamento de Polícia Civil não contar com servidor de carreira para o desempenho das funções de Delegado de Polícia de carreira, o atendimento nas Delegacias de Polícia será realizado por Subtenente ou Sargento da Polícia Militar, os quais elaborarão o termo circunstanciado, realizarão o atendimento à população para o registro de ocorrências, encaminhando os respectivos documentos à Delegacia de Polícia da sede da Comarca, bem como terão direito a uma indenização de representação. Vencido, parcialmente, o Min. Gilmar Mendes, relator, que, por considerar que o referido Decreto não delega competência constitucional dos delegados de polícia aos policiais militares, julgava procedente, em parte, o pedido, para declarar a inconstitucionalidade do art. 7º da norma impugnada, por ofensa ao art. 84, VI, a, da CF, que atribui ao Presidente da República a competência privativa para dispor, mediante decreto, sobre a organização e o funcionamento da Administração federal, quando não implicar aumento de despesa nem criação ou extinção de órgãos públicos. ADI 3614/PR, rel. orig. Min. Gilmar Mendes, rel. p/ o acórdão Min. Cármen Lúcia, 20.9.2007. (ADI-3614) (Inform. STF 480) (g.n.)

Servidor Público: Acordos e Convenções de Trabalho - 1

A celebração de convenções e acordos coletivos de trabalho consubstancia direito destinado exclusivamente aos trabalhadores da iniciativa privada, sujeitos ao regime celetista (CF, art. 7º, XXVI). Com base nesse entendimento, o Tribunal julgou procedente, em parte, pedido formulado em ação direta ajuizada pelo Governador do Estado do Mato Grosso **para declarar a inconstitucionalidade da expressão "*em acordos coletivos ou em convenções de trabalho que venham a ser celebrados*", constante do art. 57 da Lei Complementar estadual 4/90, que define remuneração como vencimento do cargo efetivo, acrescido das vantagens pecuniárias previstas nas Constituições Federal e Estadual e em acordos ou convenções coletivas de trabalho, bem como fixa, em seu art. 69, §§ 1º e 2º, data para o pagamento da remuneração dos servidores e a correção monetária em caso de atraso. Ressaltou-se que a Administração Pública, por estar vinculada ao princípio da legalidade, não pode conceder, nem por convenção, nem por acordo coletivo, vantagens aos servidores públicos, já que essa concessão depende de projeto de lei de iniciativa do Chefe do Poder Executivo (CF, art. 61, § 1º, II, a e c) e de prévia dotação orçamentária (CF, art. 169, § 1º, I e II).** Por outro lado, entendeu-se que as previsões quanto à fixação de data e à correção monetária não afrontam a Constituição, porquanto apenas garantem, sem implicar aumento de remuneração ou concessão de vantagem, a manutenção do poder aquisitivo da moeda.

ADI 559/MT, rel. Min. Eros Grau, 15.2.2006. (ADI-559)

Servidor Público: Acordos e Convenções de Trabalho - 2

Com base na mesma fundamentação acima exposta, o Tribunal julgou procedente pedido formulado em ação direta ajuizada pelo Governador do Estado do Mato Grosso para declarar a inconstitucionalidade do § 2º do art. 272 da Lei Complementar estadual 4/90, que assegura aos servidores estaduais o direito de celebrarem acordos ou convenções coletivas de trabalho.

ADI 554/MT, rel. Min. Eros Grau, 15.2.2006. (ADI-554) (Inform. STF 416) (g.n.)

COMPETÊNCIA. CONCURSO. TEMPORÁRIO. CLT.

A jurisprudência do STJ entende que, diante da necessidade temporária de excepcional interesse público (art. 37, IX, da CF/1988), havendo a contratação temporária regrada por lei especial, o vínculo que se estabelece entre o Poder Público e o servidor é de natureza estatutária, e não celetista, o que afasta a competência da Justiça trabalhista. Contudo, na específica hipótese, há menção, em lei municipal (estatuto dos servidores públicos do município em questão) e no próprio contrato de trabalho firmado, de que o regime jurídico aplicável a essa contratação é o disciplinado pela CLT, apesar da previsão de concurso público para preenchimento das vagas. Daí ser imperiosa a declaração da competência da Justiça do Trabalho para a solução da causa (pleiteiam-se quinquênios e licenças-prêmio). Esse entendimento foi acolhido pela maioria da Seção após o prosseguimento do julgamento, que fora interrompido por pedido de vista. Precedentes citados: CC 94.627-RS, DJe 3/6/2008, e RCDESP no CC 64.544-RJ, DJe 4/8/2008. **CC 108.284-MG, Rel. Min. Maria Thereza de Assis Moura, julgado em 22/9/2010**. (Inform. STJ 448) (g.n.)

AUXILIARES LOCAIS. LOTAÇÃO. EMBAIXADAS BRASILEIRAS. EXTERIOR.

Cuida-se de mandado de segurança impetrado contra ato omissivo do Ministro de Estado das Relações Exteriores em que a impetrante, contratada pelo governo brasileiro, em 4/5/1987, para servir na Embaixada Brasileira em Haia, pretende ser enquadrada como servidora estatutária nos termos do art. 243 da Lei n. 8.112/1990. Isso posto, a Seção concedeu a ordem, ao prosseguir o julgamento pelo voto de desempate da Min. Laurita Vaz, que presidia a Seção. O Min. Relator destacou que há decisões no âmbito da Terceira Seção que dão pela impossibilidade de reenquadramento da impetrante como servidora estatutária e pela aquisição da estabilidade extraordinária, prevista no art. 19 do ADCT, em função do caráter precário da contratação, que se deu há menos de 5 anos da publicação da CF/1988. Também há decisões assegurando a essa categoria de servidores a aplicação da legislação brasileira, inclusive o direito ao enquadramento dos servidores no novo regime estatutário, transformando-se os empregos em cargos públicos. **Esclareceu o Min. Relator que aquela Seção tem decidido a questão nos moldes do art. 243 da Lei n. 8.112/1990, submetendo ao regime estatutário aqueles que eram regidos pela CLT, sem exigir-lhes o concurso público. O art. 19 do ADCT considerou os servidores, naquelas condições, estáveis no serviço público.** Precedentes citados: MS 9.521-DF, DJ 19/9/2005, e MS 10.660-DF, DJ 6/2/2006. **MS 11.202-DF, Rel. Min. Nilson Naves, julgado em 25/3/2009.** (Inform. STJ 388) (g.n.)

REPRESENTAÇÃO DIPLOMÁTICA. SERVIDOR PÚBLICO.
A Seção conheceu em parte o *writ*, assegurando ao servidor público o pretendido enquadramento no regime jurídico único como auxiliar técnico, nos termos do art. 243 da Lei n. 8.112/1990, porquanto prestava serviços (desde 1983) em representação diplomática do Brasil no exterior, sob o regime da CLT, com contrato por tempo indeterminado, preenchido o requisito do art. 19 do ADCT. Por outro lado, entretanto, inviabilizado o pleito de equiparação salarial por falta de prova pré-constituída, a ser postulada na instância ordinária. Precedentes citados: MS 12.766-DF, DJe 27/6/2008; MS 9.952-DF, DJ 1º/2/2005; MS 8.680-DF, DJ 9/12/2003; Edcl no MS 10.660-DF, DJ 24/4/2006; MS 8.624-DF, DJ 20/10/2003, e MS 7.198-DF, DJ 29/10/2001. **MS 12.279-DF, Rel. Min. Felix Fischer, julgado em 15/12/2008.** (Inform. STJ 381) (g.n.)

6.15.2. Concurso Público

Súmula STF nº 686

Só por Lei se pode sujeitar a exame psicotécnico a habilitação de candidato a cargo público.

Súmula STF nº 685

É inconstitucional toda modalidade de provimento que propicie ao servidor investir-se, sem prévia aprovação em concurso público destinado ao seu provimento, em cargo que não integra a carreira na qual anteriormente investido.

Súmula STF nº 684

É inconstitucional o veto não motivado à participação de candidato a concurso público.

Súmula STF nº 683

O limite de idade para a inscrição em concurso público só se legitima em face do art. 7º, XXX, da Constituição, quando possa ser justificado pela natureza das atribuições do cargo a ser preenchido.

Súmula STF nº 15

Dentro do prazo de validade do concurso, o candidato aprovado tem o direito à nomeação, quando o cargo for preenchido sem observância da classificação.

Súmula STJ nº 466

O titular da conta vinculada ao FGTS tem o direito de sacar o saldo respectivo quando declarado nulo seu contrato de trabalho por ausência de prévia aprovação em concurso público.

Súmula STJ nº 377

O portador de visão monocular tem direito de concorrer, em concurso público, às vagas reservadas aos deficientes.

Súmula STJ nº 266

O diploma ou habilitação legal para o exercício do cargo deve ser exigido na posse e não na inscrição para o concurso público.

AG. REG. NO RE N. 733.110-RS
RELATOR: MIN. DIAS TOFFOLI
EMENTA: Agravo regimental no recurso extraordinário. Administrativo. Concurso público. Ato administrativo ilegal. Controle judicial. Possibilidade. Candidata aprovada dentro do número de vagas previstas no edital. Direito à nomeação. Análise de cláusulas de edital. Reexame de fatos e provas. Impossibilidade. Precedentes.

1. Não viola o princípio da separação dos poderes o controle de legalidade exercido pelo Poder Judiciário sobre os atos administrativos.

2. O Plenário da Corte, ao apreciar o mérito do RE nº 598.099/MS-RG, Relator o Ministro **Gilmar Mendes**, concluiu que **o candidato aprovado em concurso público dentro do número de vagas previstas no edital tem direito subjetivo à nomeação.**

3. Inadmissível, em recurso extraordinário, a análise das cláusulas de edital de concurso público e o reexame dos fatos e das provas dos autos. Incidência das Súmulas nºs 454 e 279.

4. Agravo regimental não provido. (Inform. STF 729) (g.n.)

AG. REG. NO RE N. 505.654-DF
RELATOR: MIN. MARCO AURÉLIO
CONCURSO PÚBLICO – PROVA DE ESFORÇO FÍSICO. Caso a caso, há de perquirir-se a sintonia da exigência, no que implica fator de tratamento diferenciado, com a função a ser exercida. **Não se tem como constitucional a exigência de prova física desproporcional à cabível habilitação aos cargos de escrivão,**

papiloscopista, perito criminal e perito médico-legista de Polícia Civil. (Inform. STF 728) (g.n.)

AG. REG. NO ARE N. 768.267-AL
RELATORA: MIN. CÁRMEN LÚCIA
EMENTA: AGRAVO REGIMENTAL NO RECURSO EXTRAORDINÁRIO COM AGRAVO. ADMINISTRATIVO. CONCURSO PÚBLICO. **CANDIDATO APROVADO FORA DO NÚMERO DE VAGAS E NÃO NOMEADO.** INEXISTÊNCIA DE CARGO EFETIVO VAGO. CONTRATAÇÃO DE TEMPORÁRIO. **AUSÊNCIA DE PRETERIÇÃO**. AGRAVO REGIMENTAL AO QUAL SE NEGA PROVIMENTO. (Inform. STF 728) (g.n.)

Servidor público: acesso e provimento de cargo - 1
O Plenário iniciou julgamento de ação direta de inconstitucionalidade ajuizada contra o inciso IV do art. 20 e o art. 27, §§ 1º a 5º, da Lei 10.961/1992, do Estado de Minas Gerais, que dispõe sobre acesso, enquanto forma de provimento dos cargos públicos naquela unidade federativa. Por vislumbrar ofensa ao princípio constitucional do concurso público (CF, art. 37, II), o Supremo deferira, em 1993, medida cautelar a fim de suspender a vigência dos citados artigos da lei mineira, até o julgamento final da presente ação. Nesta assentada, o Ministro Marco Aurélio, relator, julgou parcialmente procedente o pedido para dar interpretação conforme a Constituição aos dispositivos, de maneira a excluir a movimentação de servidor para cargo de carreira diversa daquela na qual ingressara mediante concurso público. Destacou que a movimentação horizontal de servidor pressuporia situarem-se os cargos dentro da mesma carreira. Apontou a inconstitucionalidade de toda modalidade de provimento que propiciasse ao servidor investir-se, sem prévia aprovação em concurso público destinado ao seu provimento, em cargo que não integrasse a carreira na qual anteriormente investido. O Ministro Celso de Mello, por sua vez, observou que a norma teria sido revogada. O Ministro Roberto Barroso apontou não ter havido revogação expressa, mas sim a edição de leis posteriores que tratariam da mesma matéria. Na sequência, os Ministros Cármen Lúcia, Gilmar Mendes, Celso de Mello, Joaquim Barbosa, Presidente, e Roberto Barroso julgaram procedente o pleito. Entenderam que a previsão de que *"o acesso precederá o concurso público observado o percentual de até trinta por cento das vagas a serem preenchidas"* constituiria ofensa à cláusula constitucional do concurso público universal de provas e títulos. Depois dessas manifestações, pediu vista dos autos o Ministro Teori Zavascki.

ADI 917/MG, rel. Min. Marco Aurélio, 30.10.2013. (ADI-917)

Servidor público: acesso e provimento de cargo - 2
Por ofensa ao princípio da ampla acessibilidade aos cargos públicos (CF, art. 37, II), o Plenário, em conclusão de julgamento e por maioria, julgou procedente pedido formulado em ação direta para declarar a inconstitucionalidade do §§ 1º ao 5º do artigo 27 da Lei 10.961/1992, do Estado de Minas Gerais, que dispõem sobre o acesso como forma de provimento dos cargos públicos naquela unidade federativa — v. Informativo 726. Apontou-se que a norma impugnada permitiria que o procedimento de acesso viabilizasse a investidura em cargo de carreira diversa por meio de provimento derivado. Asseverou-se não haver base constitucional para manter na norma estadual o instituto do acesso a novas carreiras por seleções internas. Ponderou-se que essa forma de provimento privilegiaria indevidamente uma categoria de pretendentes que já possuía vínculo com a Administração estadual, em detrimento do público externo. Destacou-se que a norma estaria em antagonismo com o postulado da universalidade que, por imposição constitucional, deveria reger os procedimentos seletivos destinados à investidura em cargos, funções ou empregos públicos. Vencido, em parte, o Ministro Marco Aurélio, que dava parcial provimento ao pedido. Aduzia que o concurso público para ingresso na carreira significaria tratamento igualitário àqueles que se apresentassem para o certame. Frisava que a ordem jurídica constitucional não protegeria a movimentação vertical do servidor, apenas a horizontal, ou seja, dentro da mesma carreira. Afastava a interpretação da norma que contemplasse a denominada movimentação vertical.

ADI 917/MG, rel. orig. Min. Marco Aurélio, red. p/ o acórdão Min. Teori Zavascki, 6.11.2013. (ADI-917) (Inform. STF 727) (g.n.)

AG. REG. NO ARE N. 661.760-PB
RELATOR: MIN. DIAS TOFFOLI
EMENTA: Agravo regimental no recurso extraordinário com agravo. Administrativo. Concurso público. Candidata aprovada, inicialmente, fora das vagas do edital. Desistência dos candidatos mais bem classificados. Direito a ser nomeada para ocupar a única vaga prevista no edital de convocação. Precedentes.

1. O Tribunal de origem assentou que, com **a desistência dos dois candidatos mais bem classificados para o preenchimento da única vaga prevista no instrumento convocatório, a ora agravada, classificada inicialmente em 3º lugar, tornava-se a primeira, na ordem classificatória, tendo, assim, assegurado o seu direito de ser convocada para assumir a referida vaga.**

2. Não se tratando de surgimento de vaga, seja por lei nova ou vacância, mas de vaga já prevista no edital do certame, aplica-se ao caso o que decidido pelo Plenário da Corte, o qual, ao apreciar o mérito do RE nº 598.099/MS-RG, Relator o Ministro **Gilmar Mendes**, concluiu que o candidato aprovado em concurso público dentro do número de vagas previstas no edital tem direito subjetivo à nomeação.

3. Agravo regimental não provido. (Inform. STF 726) (g.n.)

AG. REG. NO ARE N. 734.234-RO
RELATOR: MIN. DIAS TOFFOLI
EMENTA: Agravo regimental no recurso extraordinário com agravo. Administrativo. Concurso público. Exame psicotécnico. Previsão legal. Necessidade. Ofensa a direito local. Incidência da Súmula nº 280/ STF. Precedentes.

1. **É pacífica jurisprudência do Tribunal no sentido de ser possível a exigência de teste psicotécnico como condição de ingresso no serviço público, desde que haja previsão no edital regulamentador do certame e em lei, que referido exame seja realizado mediante critérios objetivos e que se confira publicidade aos resultados da avaliação**. Incidência da Súmula nº 686/STF.

2. Não se abre a via do recurso extraordinário à análise de direito local. Incidência da Súmula nº 280/STF.

3. Agravo regimental não provido. (Inform. STF 726) (g.n.)

AG. REG. NO RE N. 739.426-MA
RELATORA: MIN. ROSA WEBER
EMENTA: DIREITO ADMINISTRATIVO. CONTRATAÇÃO DE TEMPORÁRIOS. CANDIDATA APROVADA EM CONCURSO PÚBLICO. PRETERIÇÃO. DIREITO À NOMEAÇÃO. PRECEDENTES. ACÓRDÃO RECORRIDO PUBLICADO EM 27.8.2012.

A jurisprudência desta Corte é firme no sentido de que a <u>contratação de temporários</u> para o exercício de atribuições próprias do cargo efetivo, quando existem candidatos aprovados em concurso público vigente, configura preterição na ordem de nomeação e faz surgir para os referidos candidatos o direito à nomeação. Precedentes.

Agravo regimental conhecido e não provido. (Inform. STF 722)

Concurso: criação de cargos e não instalação do órgão

O fato de haver o esgotamento do prazo de validade do concurso antes da instalação do órgão a que vinculadas vagas obstaculiza o reconhecimento do direito do candidato à nomeação. Essa a conclusão da 1ª Turma ao desprover agravo regimental. No caso, o STJ consignara cuidar-se de candidato aprovado fora do número de vagas previstas no edital. Reputou-se inexistir direito subjetivo à nomeação. Esclareceu-se que os cargos públicos teriam sido criados no período de validade do certame. No entanto, o órgão fora instalado muito após o término do prazo de validade do concurso.

<u>RE 748105 AgR/DF, rel. Min. Marco Aurélio, 17.9.2013</u>. (RE-748105) (Inform. STF 720) (g.n.)

Concurso público: impossibilidade de participação de mulheres e isonomia

A imposição de discrímen de gênero para fins de participação em concurso público somente é compatível com a Constituição nos excepcionais casos em que demonstradas a fundamentação proporcional e a legalidade da imposição, sob pena de ofensa ao princípio da isonomia. Com base nessa jurisprudência, a 2ª Turma **deu provimento a recurso ordinário em mandado de segurança no qual se questionava edital de concurso público para ingresso em curso de formação de oficiais de polícia militar estadual que previa a possibilidade de participação apenas de candidatos do sexo masculino. Assentou-se a afronta ao mencionado princípio da isonomia, haja vista que tanto o edital quanto a legislação que regeria a matéria não teriam definido qual a justificativa para não permitir que mulheres concorressem ao certame e ocupassem os quadros da polícia militar**.

<u>RE 528684/MS, rel. Min. Gilmar Mendes, 3.9.2013</u>. (RE-528684) (Inform. STF 718) (g.n)

AG. REG. NO ARE N. 713.138-CE
RELATORA: MIN. ROSA WEBER
DIREITO ADMINISTRATIVO. CONCURSO PÚBLICO. SOLDADO DA POLÍCIA CIVIL. CANDIDATO. ELIMINAÇÃO NA FASE DE INVESTIGAÇÃO SOCIAL. TRANSAÇÃO PENAL PACTUADA. AUSÊNCIA DE CARÁTER CONDENATÓRIO. PRINCÍPIO DA PRESUNÇÃO DE INOCÊNCIA. AS RAZÕES DO AGRAVO REGIMENTAL NÃO SÃO APTAS A INFIRMAR OS FUNDAMENTOS QUE LASTREARAM A DECISÃO AGRAVADA. ACÓRDÃO RECORRIDO PUBLICADO EM 23.02.2012.

A jurisprudência desta Corte firmou o entendimento de que viola o princípio da presunção de inocência a exclusão de certame público de candidato que responda a inquérito policial ou ação penal sem trânsito em julgado da sentença condenatória. Precedentes.

As razões do agravo regimental não são aptas a infirmar os fundamentos que lastrearam a decisão agravada.

Agravo regimental conhecido e não provido. (Inform. STF 718) (g.n.)

AG. REG. NO AI N. 698.618-SP
RELATOR: MIN. DIAS TOFFOLI
EMENTA: Agravo regimental no agravo de instrumento. Administrativo. Concurso público. Prazo de validade. Negativa de prestação jurisdicional. Não ocorrência. Legislação infraconstitucional. Reexame de fatos e provas. Nomeação por decisão judicial. Preterição de candidato. Inexistência. Violação do art. 5º, inciso XXXVI, da Constituição Federal. Ofensa reflexa. Precedentes.

1. A jurisdição foi prestada pelo Tribunal de origem mediante decisão suficientemente fundamentada.

2. Inadmissível, em recurso extraordinário, a análise da legislação infraconstitucional e o reexame de fatos e provas dos autos. Incidência das Súmulas nºs 636 e 279/STF.

3. **É pacífica a jurisprudência da Corte de que não há falar em desrespeito à ordem de classificação em concurso público quando a Administração nomeia candidatos menos bem colocados por força de determinação judicial.**

4. A alegada violação do art. 5º, inciso XXXVI, da Constituição Federal, caso ocorresse, seria indireta ou reflexa, haja vista que sua verificação não prescinde, no caso, da análise da legislação infraconstitucional, das cláusulas do instrumento convocatório e dos fatos e das provas dos autos, a qual é inviável em recurso extraordinário.

5. Agravo regimental não provido. (Inform. STF 714) (g.n.)

AG. REG. NO AI N. 728.699-RS
RELATORA: MIN. ROSA WEBER
EMENTA: DIREITO ADMINISTRATIVO. CONCURSO PÚBLICO. PRAZO DE VALIDADE. EXISTÊNCIA DE VAGAS. CANDIDATOS APROVADOS. DIREITO SUBJETIVO À NOMEAÇÃO. JURISPRUDÊNCIA PACÍFICA. ACÓRDÃO RECORRIDO DISPONIBILIZADO EM 28.4.2008.

A jurisprudência desta Corte firmou-se no sentido de que os candidatos aprovados em concurso público têm direito subjetivo à nomeação para a posse que vier a ser dada nos cargos vagos existentes ou nos que vierem a vagar no prazo de validade do concurso. Reconhecida pela Corte de origem a existência de cargos vagos e de candidatos aprovados, surge o direito à nomeação.

Agravo regimental conhecido e não provido. (Inform. STF 713)

AG. REG. NO ARE N. 728.049-RJ
RELATOR: MIN. GILMAR MENDES
Agravo regimental em recurso extraordinário com agravo. **2. Concurso público. 3. Comprovação de habilitação. <u>Momento da posse</u>.** Exigência de apresentação de diploma e registro no órgão de classe competente após a conclusão do curso de formação que, no caso, consiste em etapa do referido concurso. 3. Precedentes da Corte. 4. Ausência de argumentos capazes de infirmar a decisão agravada. 5. Agravo regimental a que se nega provimento. (Inform. STF 712) (g.n.)

AG. REG. NO RE N. 602.264-DF
RELATOR: MIN. RICARDO LEWANDOWSKI
Ementa: AGRAVO REGIMENTAL EM RECURSO EXTRAORDINÁRIO. ADMINISTRATIVO. ASCENSÃO FUNCIONAL. INCONSTITUCIONALIDADE. OFENSA À REGRA DO CONCURSO PÚBLICO. PRECEDENTES. SEGURANÇA JURÍDICA E BOA-FÉ. INAPLICABILIDADE AO CASO. PLEITO QUE REVELA A PRETENSÃO DE CONSTITUIR NOVA SITUAÇÃO JURÍDICA E NÃO A PRESERVAÇÃO DE UMA POSIÇÃO CONSOLIDADA. AGRAVO IMPROVIDO.

I – A jurisprudência do Supremo Tribunal Federal firmou-se no sentido de que a promoção do servidor por ascensão funcional constitui forma de provimento derivado incompatível com a determinação prevista no art. 37, II, da Constituição de que os cargos públicos devem ser providos por concurso.

II – **Inviável a invocação dos princípios da segurança jurídica e da boa-fé no caso em que se pretende o reconhecimento de uma nova posição jurídica incompatível com a Constituição e não a preservação de uma situação concreta sedimentada.**

III – Agravo regimental improvido. (Inform. STF 708) (g.n.)

AG. REG. NO AI N. 764.423-SE
RELATOR: MIN. MARCO AURÉLIO
CONCURSO PÚBLICO – ALTURA MÍNIMA – INEXISTÊNCIA DE LEI. **Longe fica de vulnerar a Constituição Federal pronunciamento no sentido da inexigibilidade de altura mínima para habilitação em concurso público quando esta for prevista estritamente no edital, e não em lei em sentido formal e material.**

AGRAVO – ARTIGO 557, § 2º, DO CÓDIGO DE PROCESSO CIVIL – MULTA. Se o agravo é manifestamente infundado, impõe-se a aplicação da multa prevista no § 2º do artigo 557 do Código de Processo Civil, arcando a parte com o ônus decorrente da litigância de má-fé. (Inform. STF 707) (g.n.)

Concurso público e segunda chamada em teste de aptidão física - 1
<u>Os candidatos em concurso público não têm direito à prova de segunda chamada nos testes de aptidão física em razão de circunstâncias pessoais, ainda que de caráter fisiológico ou de força maior, salvo contrária disposição editalícia</u>. Com base nessa orientação, o Plenário, por maioria, negou provimento a recurso extraordinário. No caso, o recorrido não se submetera ao teste de aptidão física na data designada pelo edital do concurso, pois se encontraria temporariamente incapacitado em virtude de doença – epicondilite gotosa no cotovelo esquerdo – comprovada por atestado médico. O tribunal de origem, com fundamento no princípio da isonomia, afastara norma, também prevista em edital, que regulamentaria aplicação de prova de capacidade física em processo seletivo instituído pela Academia Nacional de Polícia ["os casos de alterações orgânicas (estados menstruais, indisposições, câibras, contusões, etc.) que impossibilitem o candidato de submeter-se aos testes ou diminuam sua capacidade física e/ou orgânica não serão aceitos para fins de tratamento diferenciado por parte da Administração"]. Primeiramente, rememorou-se precedentes no sentido de que a remarcação de teste de aptidão física para data diversa daquela prevista em edital de certame, em virtude da ocorrência de caso fortuito que comprometesse a saúde de candidato,

devidamente comprovado por atestado médico, não afrontaria o princípio da isonomia (RE 179500/RS, DJU de 15.10.99; AI 825545 AgR/PE, DJe 6.5.2011 e RE 584444/DF, DJe de 26.3.2010).

RE 630733/DF, rel. Min. Gilmar Mendes, 15.5.2013. (RE-630733)

Concurso público e segunda chamada em teste de aptidão física - 2

Ressaltou-se que a discussão não se restringiria à eventual violação do princípio da isonomia pela mera remarcação de teste de aptidão física. Afirmou-se que, embora esta Corte tivesse considerado legítima a possibilidade de se remarcar teste físico em razão de casos fortuitos, a existência de previsão editalícia que prescrevesse que alterações corriqueiras de saúde não seriam aptas a ensejar a remarcação de teste físico não ofenderia o princípio da isonomia. Esse princípio implicaria tratamento desigual àqueles que se encontrassem em situação de desigualdade. Deste modo, aplicável em hipótese na qual verificado de forma clara que a atuação estatal tivesse beneficiado determinado indivíduo em detrimento de outro nas mesmas condições. Asseverou-se, portanto, que, em essência, o princípio da isonomia não possibilitaria, de plano, a realização de segunda chamada em etapa de concurso público decorrente de situações individuais e pessoais de cada candidato, especialmente, quando o edital estabelecesse tratamento isonômico a todos os candidatos que, em presumida posição de igualdade dentro da mesma relação jurídica, seriam tratados de forma igualitária.

RE 630733/DF, rel. Min. Gilmar Mendes, 15.5.2013. (RE-630733)

Concurso público e segunda chamada em teste de aptidão física - 3

Aduziu-se que o concurso público permitiria não apenas a escolha dos candidatos mais bem qualificados, mas também que o processo de seleção fosse realizado com transparência, impessoalidade, igualdade e com o menor custo para os cofres públicos. **Dessa maneira, não seria razoável a movimentação de toda a máquina estatal para privilegiar determinados candidatos que se encontrassem impossibilitados de realizar alguma das etapas do certame por motivos exclusivamente individuais. Consignou-se que, ao se permitir a remarcação do teste de aptidão física nessas circunstâncias, possibilitar-se-ia o adiamento, sem limites, de qualquer etapa do certame, pois o candidato talvez não se encontrasse em plenas condições para realização da prova, o que causaria tumulto e dispêndio desnecessário para a Administração. Aludiu-se que não seria razoável que a Administração ficasse à mercê de situações adversas para colocar fim ao certame, de modo a deixar os concursos em aberto por prazo indeterminado.**

RE 630733/DF, rel. Min. Gilmar Mendes, 15.5.2013. (RE-630733)

Concurso público e segunda chamada em teste de aptidão física - 4

Assinalou-se que, na espécie, entretanto, o recorrido realizara a prova de aptidão física de segunda chamada em razão de liminar concedida pelo Poder Judiciário, em 2002, confirmada por sentença e por acórdão de tribunal regional, tendo sido empossado há quase dez anos. Sublinhou-se que, em casos como este, em que se alteraria jurisprudência longamente adotada, seria sensato considerar a necessidade de se modular os efeitos da decisão com base em razões de segurança jurídica. Essa seria a praxe nesta Corte para as hipóteses de modificação sensível de jurisprudência. Destacou-se que não se trataria de declaração de inconstitucionalidade em controle abstrato, a qual poderia suscitar a modulação dos efeitos da decisão mediante a aplicação do art. 27 da Lei 9.868/99. **Tratar-se-ia de substancial mudança de jurisprudência, decorrente de nova interpretação do texto constitucional, a impor ao STF, tendo em vista razões de segurança jurídica, a tarefa de proceder a ponderação das consequências e o devido ajuste do resultado, para adotar a técnica de decisão que pudesse melhor traduzir a mutação constitucional operada. Registrou-se que a situação em apreço não diria respeito a referendo à teoria do fato consumado, tal como pedido pelo recorrido, mas de garantir a segurança jurídica também nos casos de sensível mudança jurisprudencial. Por fim, conquanto o recurso tivesse sido interposto antes da sistemática da repercussão geral, atribuiu-se-lhe os efeitos dela decorrentes e assegurou-se a validade das provas de segunda chamada ocorridas até a data de conclusão do presente julgamento.**

RE 630733/DF, rel. Min. Gilmar Mendes, 15.5.2013. (RE-630733)

Concurso público e segunda chamada em teste de aptidão física - 5

Vencido o Min. Marco Aurélio, que também negava provimento ao recurso, mas com fundamentação diversa. Anotava que a pretensão do recorrido teria sido agasalhada pelo tribunal regional em observância aos princípios da acessibilidade aos cargos públicos, isonomia e razoabilidade, e seria socialmente aceitável. Explanava que em situações excepcionais, desde que demonstrada a justa causa, seria possível colocar em segundo plano o edital. Reputava que, considerada a aplicação da lei no tempo – haja vista que o interesse em recorrer surgira em 3.11.2003, antes, portanto, da introdução do instituto da repercussão geral pela EC 45/2004 – não se poderia emprestar a este julgamento as consequências próprias da admissibilidade da repercussão geral, a irradiar-se a ponto de ficarem os tribunais do país autorizados a declarar prejuízo de outros recursos.

RE 630733/DF, rel. Min. Gilmar Mendes, 15.5.2013. (RE-630733) (Inform. STF 706) (g.n.)

Concurso público e conteúdo programático do edital

A 1ª Turma concedeu mandado de segurança para anular acórdãos do TCU que teriam determinado ao impetrante, Conselho Regional de Medicina Veterinária do Estado do Rio Grande do Sul - CRMV/RS, a dispensa de servidores admitidos por concurso público. Na espécie, a Corte de Contas concluíra que o edital se revestira de subjetividade, ao prever etapa classificatória em que os candidatos seriam avaliados em seus *curricula vitae* via quesitos pontuáveis, a saber, experiência, qualificação técnica e capacidade de comunicação. Entendeu-se, em síntese, que, ao contrário do que decidido pelo TCU, o certame não teria se revestido de critérios subjetivos. Destacou-se que o edital especificara, em termos objetivos, os critérios de avaliação e pontuação que vincularam a comissão responsável pela seleção pública. Asseverou-se que teriam sido atendidos os critérios de impessoalidade, objetividade e isonomia. MS 26424/DF, Min. Dias Toffoli, 19.2.2013. (MS-26424) (Inform. STF 695)

Concurso público: conteúdo programático e anulação de questões - 1

A 1ª Turma iniciou julgamento de mandado de segurança no qual pretendida anulação de questões objetivas de concurso público destinado ao provimento de cargo de Procurador da República, porquanto em suposta desconformidade com o conteúdo programático de direito internacional previsto no edital. O impetrante sustenta que fora eliminado na 1ª fase do certame, visto que não atingira o percentual mínimo exigido em um dos grupos em que dividida a prova e que sua inabilitação decorreria desse desacordo. O Min. Luiz Fux, relator, denegou a ordem, no que acompanhado pela Min. Rosa Weber. Salientou inviável esta análise em sede de mandado de segurança, uma vez que demandaria dilação probatória. **Ressaltou a jurisprudência do STF no sentido de que o Poder Judiciário seria incompetente para substituir-se à banca examinadora de concurso público no reexame de critérios de correção das provas e de conteúdo das questões formuladas. Assentou que, existente previsão de um determinado tema, cumpriria ao candidato estudar e procurar conhecer, de forma global, os elementos que pudessem ser exigidos nas provas, de modo a abarcar todos os atos normativos e casos paradigmáticos pertinentes. Do contrário, significaria exigir-se das bancas examinadoras a previsão exaustiva, no edital de qualquer concurso, de todos os atos normativos e de todos os *cases* atinentes a cada um dos pontos do conteúdo programático do concurso, o que fugiria à razoabilidade. <u>MS 30860/DF, rel. Min. Luiz Fux, 13.3.2012</u>. (MS-30860)**

Concurso público: conteúdo programático e anulação de questões - 2

Ademais, reputou que estaria comprovada pela autoridade impetrada a congruência entre as questões impugnadas e o disposto no edital do concurso, sendo que os conhecimentos necessários para a indicação das respostas corretas estariam acessíveis em ampla bibliografia, o que afastaria a possibilidade de anulação em juízo. Dissentiu o Min. Marco Aurélio, que concedia, em parte, a ordem para, afastadas as questões, recalcular-se a situação do impetrante. Asseverou que o edital seria a lei do concurso e vincularia tanto os candidatos quanto a Administração Pública. Frisou que o que poderia ser indagado em termos de resolução da ONU teria sido mencionado no conteúdo programático de forma exaustiva, e não exemplificativa. Entretanto, elaborara-se questão disposta em outra resolução, sequer incorporada ao ordenamento jurídico pátrio, a dispensar a instrução do processo para concluir-se sobre o descompasso. Após, pediu vista o Min. Dias Toffoli. **<u>MS 30860/DF, rel. Min. Luiz Fux, 13.3.2012</u>. (MS-30860)**

Concurso público: conteúdo programático e anulação de questões - 3

A 1ª Turma retomou julgamento de mandado de segurança no qual pretendida anulação de questões objetivas de concurso público destinado ao provimento de cargo de Procurador da República, porquanto em suposta desconformidade com o conteúdo programático de direito internacional previsto no edital. O impetrante sustenta que fora eliminado na 1ª fase do certame, visto que não atingira o percentual mínimo exigido em um dos grupos em que dividida a prova e que sua inabilitação decorreria desse desacordo — v. Informativo 658. O Min. Dias Toffoli, em voto-vista, acompanhou o Min. Marco Aurélio, para conceder, em parte, a segurança, a fim de assentar a insubsistência das questões impugnadas. Asseverou não se comprometer com a tese de que sempre seria possível a ingerência judicial na análise dos gabaritos oferecidos pelas bancas examinadoras de concurso público, mas que, em cada caso submetido à apreciação judicial, deveria ser enfrentado segundo suas peculiaridades. O Min. Luiz Fux, relator, reajustou voto para conceder, em parte, a segurança. Após, pediu vista a Min. Cármen Lúcia. **<u>MS 30860/DF, rel. Min. Luiz Fux, 27.3.2012</u>. (MS-30860)**

Concurso público: conteúdo programático e anulação de questões - 4

Em conclusão, a 1ª Turma, após retificar a proclamação anteriormente proferida, denegou mandado de segurança no qual pretendida anulação de questões objetivas de concurso público destinado ao provimento de cargo de Procurador da República, porquanto em suposta desconformidade com o conteúdo programático de direito internacional previsto no edital. O impetrante sustentava que fora eliminado na 1ª fase do certame, visto que não atingira o percentual mínimo exigido em um dos grupos em que dividida a prova e que sua inabilitação decorreria desse desacordo — v. Informativos 658 e 660. Ressaltou-se a jurisprudência do STF no sentido de que o Poder Judiciário seria incompetente para substituir-se à banca examinadora de concurso público no reexame de critérios de correção das provas e de conteúdo das questões formuladas. Assentou-se que, existente previsão de um determinado tema, cumpriria ao candidato estudar e procurar conhecer, de forma global, os elementos que pudessem ser exigidos nas provas, de modo a abarcar todos os atos normativos e casos paradigmáticos pertinentes. Do contrário, significaria exigir-se das bancas examinadoras a previsão exaustiva, no edital de qualquer concurso, de todos os atos normativos e de todos os *cases* atinentes a cada um dos pontos do conteúdo programático do concurso, o que fugiria à razoabilidade. Ademais, reputou-se que estaria comprovada pela autoridade impetrada a congruência entre as questões impugnadas e o disposto no edital do concurso. Assim, os conhecimentos necessários para a indicação das respostas corretas estariam acessíveis em ampla bibliografia, o que afastaria a possibilidade de anulação em juízo. Por fim, cassou-se a liminar anteriormente deferida. MS 30860/DF, rel. Min. Luiz Fux, 28.8.2012. **(MS-30860)** (g.n.)

Concurso público: mérito de questões e anulação - 1

A 1ª Turma iniciou julgamento de mandado de segurança no qual se postula a anulação de questões objetivas de concurso público para provimento de cargo de Procurador da República, em virtude de suposto equívoco na elaboração destas, de modo que fossem computadas como corretas na pontuação final do impetrante, com as consectárias participação nas fases seguintes e posse no cargo colimado. Na espécie, alegava-se que a banca examinadora teria compreendido inadequadamente conceitos jurídicos. Também se arguia que, interposto o recurso administrativo, não teria sido disponibilizado, pela comissão do concurso, acesso às respectivas respostas. Aduzia-se, ainda, que se pleiteara anulação das assertivas, com efeitos para todos os candidatos, em requerimento administrativo então pendente de julgamento perante o Conselho Superior do Ministério Público Federal. A liminar fora deferida parcialmente com o fito de que o requerente prosseguisse nas etapas conseguintes do certame e, caso lograsse aprovação, fosse reservada vaga a ele até a apreciação do mérito do *writ*. **MS 30859/DF, rel. Min. Luiz Fux, 13.3.2012. (MS-30859)**

Concurso público: mérito de questões e anulação - 2

O Min. Luiz Fux, relator, denegou a ordem e cassou a liminar anteriormente deferida, no que foi acompanhado pelas Ministras Rosa Weber e Cármen Lúcia. De início, ressaltou que não teria sido comprovada a liquidez e a certeza do direito do impetrante. Isso porque a anulação, por via judicial, de questões de prova objetiva de concurso público, com vistas à habilitação para participar em fase posterior do certame, pressuporia a demonstração de que o requerente estivesse apto à etapa seguinte, caso essa anulação fosse estendida à totalidade dos candidatos, consoante os princípios constitucionais da isonomia, da impessoalidade e da eficiência. Assim, explicou que a situação jurídica do requerente deveria ser analisada não só com base na pontuação individual em cada fase do certame, mas também em função da classificação que atingiria em cada uma delas, sendo indispensável, para a espécie, verificar a posição de cada um dos demais aspirantes ao cargo. Sublinhou que essa comprovação deveria decorrer de certidão obtida juntamente à comissão organizadora do concurso (CF, art. 5º, XXXIV, b) ou, se negada em sede administrativa, por ordem judicial, nos moldes da lei do mandado de segurança. Nesse contexto, advertiu que, em hipóteses análogas, haveria utilização imoderada da estreita via do *writ*. Elucidou que o pleito do impetrante poderia ser deferido por meio de ação de cognição exauriente, em tutela antecipada. **MS 30859/DF, rel. Min. Luiz Fux, 13.3.2012. (MS-30859)**

Concurso público: mérito de questões e anulação - 3

Em seguida, rememorou jurisprudência desta Corte no sentido de que o Poder Judiciário seria incompetente para, substituindo-se à banca examinadora de concurso, reexaminar conteúdo de questões formuladas e critérios de correção de provas. A Min. Cármen Lúcia acresceu que eventual erro de banca examinadora poderia gerar lesão, mas não ilegalidade ou abuso de poder com direito líquido e certo a ser amparado por meio de mandado de segurança. De outro lado, o Min. Marco Aurélio dissentiu do relator para conceder, em parte, a segurança, a fim de assentar a insubsistência das questões em comento. Afirmou que, reconhecida erronia no gabarito da prova objetiva, deveria ser reapreciada a situação jurídica do impetrante pela comissão do concurso. Após, pediu vista o Min. Dias Toffoli. **MS 30859/DF, rel. Min. Luiz Fux, 13.3.2012. (MS-30859)**

Concurso público: mérito de questões e anulação - 4

A 1ª Turma retomou julgamento de mandado de segurança no qual se postula a anulação de questões objetivas de concurso público para provimento de cargo de Procurador da República, em virtude de suposto equívoco na elaboração destas, de modo que fossem computadas como corretas na pontuação final do impetrante, com as consectárias participação nas fases seguintes e posse no cargo colimado. Na espécie, alega-se que a banca examinadora teria compreendido inadequadamente conceitos jurídicos. Também se argui que, interposto o recurso administrativo, não teria sido disponibilizado, pela comissão do concurso, acesso às respectivas respostas. Aduz-se, ainda, que se pleiteara anulação das assertivas, com efeitos para todos os candidatos, em requerimento administrativo então pendente de julgamento perante o Conselho

Superior do Ministério Público Federal. A liminar fora deferida parcialmente com o fito de que o requerente prosseguisse nas etapas conseguintes do certame e, se lograsse aprovação, fosse reservada vaga a ele até a apreciação do mérito do *writ* — v. Informativo 658. **O Min. Dias Toffoli, em voto-vista, acompanhou o Min. Marco Aurélio, para conceder, em parte, a segurança, a fim de assentar a insubsistência das questões impugnadas. Consignou que a correção da prova afrontara o Código Civil. Asseverou não se comprometer com a tese de que sempre seria possível a ingerência judicial na análise dos gabaritos oferecidos pelas bancas examinadoras de concurso público, mas que, em cada caso submetido à apreciação judicial, deveria ser enfrentado segundo suas peculiaridades**. O Min. Luiz Fux, relator, reajustou voto para conceder, em parte, a segurança. Após, pediu vista a Min. Cármen Lúcia. **MS 30859/DF, rel. Min. Luiz Fux, 27.3.2012. (MS-30859)**

Concurso público: mérito de questões e anulação - 5
Em conclusão de julgamento, a 1ª Turma, por maioria, concedeu, em parte, mandado de segurança a fim de anular questões objetivas de concurso público para provimento de cargo de Procurador da República, em virtude de equívoco na elaboração destas — v. Informativos 658 e 660. **Afirmou-se que, observada erronia no gabarito da prova objetiva, deveria ser reapreciada a situação jurídica do impetrante pela comissão do concurso. Destacou-se precedente da 2ª Turma segundo o qual, em que pese a máxima de que o Judiciário não poderia substituir a banca examinadora, a verificação de erro grosseiro levaria ao reconhecimento de ilegalidade**. Por fim, mantiveram-se os efeitos da liminar concedida, que assegurava a participação do candidato nas demais fases do certame e reservava vaga em caso de aprovação final. Vencidas as Ministras Rosa Weber e Cármen Lúcia. Esta destacava a impossibilidade de o Poder Judiciário fazer o controle jurisdicional de mérito do ato administrativo, que, no caso, seria da alçada das bancas examinadoras. **MS 30859/DF, rel. Min. Luiz Fux, 28.8.2012. (MS-30859) (Inform. STF 677)** (g.n.)

Legitimidade do Ministério Público: Ação Civil Pública e Pontuação em Concurso Público - 1
A Turma iniciou julgamento de recurso extraordinário em que se debate a legitimidade, ou não, do Ministério Público para promover ação civil pública com o objetivo de questionar o estabelecimento de critérios de pontuação em concurso público. No caso, Ministério Público Estadual ajuizara ação civil pública em torno de certame para diversas categorias profissionais de determinada prefeitura, em que asseverara que a pontuação adotada privilegiava candidatos os quais já integravam o quadro da Administração Pública Municipal. O Min. Menezes Direito, relator, negou provimento ao recurso, para assentar que o tema relativo ao conceito de direito individual homogêneo estaria no plano infraconstitucional, escapando, assim, da abrangência do recurso extraordinário. Ressaltou, ademais, que o MPE afirma a sua legitimação com base na identificação de dano ao patrimônio público, por meio da invalidação de normas de edital de concurso público em desacordo com os princípios que regem a atuação da Administração Pública (CF, art. 37). Entendeu, todavia, que, na espécie, não se trataria de defender o patrimônio público — tendo em conta que a ação versaria sobre o regime de pontuação de certame municipal —, mas sim de tutelar interesses que seriam próprios dos candidatos. **RE 216443/MG, rel. Min. Menezes Direito, 5.5.2009.** (RE-216443)

Legitimidade do Ministério Público: Ação Civil Pública e Pontuação em Concurso Público - 2
Em divergência, o Min. Marco Aurélio proveu o extraordinário, no que foi acompanho pelos Ministros Carlos Britto e Ricardo Lewandowski. De início, ressaltou que o STF possui entendimento no sentido de que é matéria constitucional a questão relativa ao exame da atribuição de pontos a candidatos em virtude de seu desempenho profissional anterior em atividade relacionada a concurso público. Quanto à legitimação do *parquet*, registrou a existência de tratamento diferenciado conforme se cuide de sua atuação na defesa da ordem jurídica (CF, art. 127) ou em inquérito civil e ação civil pública (CF, art. 129, III). Salientou que se teria, no caso, o interesse coletivo, na medida em que se conferira tratamento distinto a certos candidatos em detrimento dos demais, quando o concurso público objetiva a igualização. Frisou haver lesão a partir do momento em que abandonada tal premissa. Após, pediu vista a Min. Cármen Lúcia. **RE 216443/MG, rel. Min. Menezes Direito, 5.5.2009.** (RE-216443)

Legitimidade do Ministério Público: ação civil pública e pontuação em concurso público - 3
O Ministério Público tem legitimidade para promover ação civil pública sobre direitos individuais homogêneos quando presente o interesse social. Essa a orientação da 1ª Turma que, em conclusão de julgamento e, por maioria, proveu recurso extraordinário no qual discutida a legitimidade ativa *ad causam* daquele órgão. **No caso, Ministério Público estadual ajuizara ação civil pública em torno de certame para diversas categorias profissionais de determinada prefeitura, em que asseverara que a pontuação adotada privilegiaria candidatos os quais já integrariam o quadro da Administração Pública Municipal — v. Informativo 545. Salientou-se que a matéria cuidada na ação proposta teria a relevância exigida a justificar a legitimidade do Ministério Público estadual**. Vencido o Min. Menezes Direito, que desprovia o recurso. RE 216443/MG, rel. orig. Min. Menezes Direito, red. p/ o acórdão Min. Marco Aurélio, 28.8.2012. (RE-216443) (Inform. STF 677) (g.n.)

Concurso público: cláusula de barreira e concorrentes com deficiência

A 2ª Turma negou provimento a agravo regimental de decisão do Min. Gilmar Mendes que denegara mandado de segurança, do qual relator, impetrado contra ato do Procurador-Geral da República que, em edital de provimento de cargos para o Ministério Público da União, determinara a aplicação de **cláusula de barreira (ou afunilamento)**. Nela, estabelecer-se-iam condições de passagem de candidatos de uma fase para outra no transcorrer de concurso público. O agravante, que disputava uma das vagas destinadas aos concorrentes com deficiência, insurgira-se contra regra do edital que, ao disponibilizar 6 vagas para o cargo pleiteado, determinara fossem corrigidas as provas discursivas dos 17 primeiros colocados. Alegava que, em face de sua aprovação na primeira fase e do não alcance do percentual legal de aprovados no exame, na condição de concorrentes daquela categoria, possuiria direito líquido e certo à correção de seu teste escrito. **Assentou-se não assistir razão ao agravante, haja vista tratar-se de norma de avaliação e de classificação a critério do organizador do certame. Frisou-se que a cláusula de barreira para prosseguimento na etapa subsequente, aplicar-se-ia a todos, indistintamente**. Destacou-se que, ante as peculiaridades referentes à concorrência de participantes com deficiência, a nota de corte deveria ser distinta da imposta aos demais candidatos, o que se verificara no caso em comento. **MS 30195 AgR/DF, rel. Min. Gilmar Mendes, 26.6.2012. (MS-30195) (Inform. STF 672)** (g.n.)

Contratação sem concurso público e direito ao FGTS (conclusão)

O art. 19-A da Lei 8.036/90, acrescido pelo art. 9º da Medida Provisória 2.164-41/2001, que assegura direito ao FGTS à pessoa que tenha sido contratada sem concurso público não afronta a Constituição. Esse a orientação do Plenário que, em conclusão de julgamento, desproveu recurso extraordinário no qual se discutia a constitucionalidade, ou não, do dispositivo — v. Informativo 609. Salientou-se tratar-se, na espécie, de efeitos residuais de fato jurídico que existira, não obstante reconhecida sua nulidade com fundamento no próprio § 2º do art. 37 da CF. Mencionou-se que o Tribunal tem levado em consideração essa necessidade de se garantir a fatos nulos, mas existentes juridicamente, os seus efeitos. Consignou-se a impossibilidade de se aplicar, no caso, a teoria civilista das nulidades de modo a retroagir todos os efeitos desconstitutivos dessa relação. Ressaltou-se, ainda, que a manutenção desse preceito legal como norma compatível com a Constituição consistiria, inclusive, em desestímulo aos Estados que quisessem burlar concurso público. Aludiu-se ao fato de que, se houvesse irregularidade na contratação de servidor sem concurso público, o responsável, comprovado dolo ou culpa, responderia regressivamente nos termos do art. 37 da CF. Portanto, inexistiria prejuízo para os cofres públicos.RE 596478/RR, rel. orig. Min. Ellen Gracie, red. p/ o acórdão Min. Dias Toffoli, 13.6.2012. (RE-596478) (g.n.)

Concurso público: vagas previstas em edital e direito subjetivo à nomeação - 1

O Plenário desproveu recurso extraordinário interposto de acórdão do STJ que, ao reconhecer o direito subjetivo à nomeação de candidato aprovado em concurso público no limite do número de vagas definido no edital, determinara que ela fosse realizada. **Entendeu-se, em síntese, que a Administração Pública estaria vinculada às normas do edital e que seria, inclusive, obrigada a preencher as vagas previstas para o certame dentro do prazo de validade do concurso**. Acrescentou-se que essa obrigação só poderia ser afastada diante de excepcional justificativa, o que não ocorrera no caso. Após retrospecto acerca da evolução jurisprudencial do tema na Corte, destacou-se recente posicionamento no sentido de haver direito subjetivo à nomeação, caso as vagas estejam previstas em edital. Anotou-se não ser admitida a obrigatoriedade de a Administração Pública nomear candidato aprovado fora do número de vagas previstas, simplesmente pelo surgimento de nova vaga, seja por nova lei, seja decorrente de vacância. Observou-se que também haveria orientação no sentido de que, durante o prazo de validade de concurso público, não se permitiria que candidatos aprovados em novo certame ocupassem vagas surgidas ao longo do período, em detrimento daqueles classificados em evento anterior. Reputou-se que a linha de raciocínio acerca do tema levaria à conclusão de que o dever de boa-fé da Administração Pública exigiria respeito incondicional às regras do edital, inclusive quanto à previsão das vagas do concurso público. Afirmou-se que, de igual maneira, dever-se-ia garantir o respeito à segurança jurídica, sob a forma do princípio de proteção à confiança. O Min. Ricardo Lewandowski ressalvou inexistir direito líquido e certo. Ademais, enfatizou o dever de motivação por parte do Estado, se os aprovados dentro do número de vagas deixarem de ser nomeados. O Min. Ayres Britto, por sua vez, afirmou que o direito líquido e certo apenas surgiria na hipótese de candidato preterido, ou de ausência de nomeação desmotivada. RE 598099/MS, rel. Min. Gilmar Mendes, 10.8.2011. (RE-598099)

Concurso público: vagas previstas em edital e direito subjetivo à nomeação - 2

Explicou-se que, quando a Administração Pública torna público um edital de concurso, ela impreterivelmente geraria uma expectativa quanto ao seu comportamento segundo as regras previstas no edital. Assim, aqueles cidadãos que decidissem se inscrever para participar do certame depositariam sua confiança no Estado, que deveria atuar de forma responsável quanto às normas editalícias e observar o princípio da segurança jurídica como guia de comportamento. Ressaltou-se que a Constituição, em seu art. 37, IV, garantiria prioridade aos candidatos aprovados em concurso. Asseverou-se que, dentro do prazo de validade do certame, a Administração poderia escolher o momento no qual realizada a nomeação, mas não dispor sobre ela própria, a qual, de acordo com o edital, passaria a constituir um direito do concursando aprovado e, dessa forma, um dever imposto ao Poder Público. **Em seguida, explicitou-se que esse direito à nomeação surgiria, portanto, quando realizadas as seguintes condições fáticas e jurídicas: a) previsão em edital de número específico de vagas a serem preenchidas pelos candidatos aprovados em concurso público; b) realização de certame conforme as regras do edital; c) homologação do concurso e proclamação dos aprovados dentro do número de vagas previsto, em ordem de classificação, por ato inequívoco e público da autoridade competente**. Reputou-se que esse direito seria público subjetivo em face do Estado, fundado em alguns princípios informadores da organização do Poder Público no Estado Democrático de Direito, como o democrático de participação política, o republicano e o da igualdade. Dessa maneira, observou-se que a acessibilidade aos cargos públicos constituiria direito fundamental expressivo da cidadania, e limitaria a discricionariedade do Poder Público quanto à realização e gestão dos concursos públicos. A Min. Cármen Lúcia repisou que o princípio da confiança seria ligado ao da moralidade administrativa e que, nesse sentido, a Administração não possuiria poder discricionário absoluto. RE 598099/MS, rel. Min. Gilmar Mendes, 10.8.2011. (RE-598099)

Concurso público: vagas previstas em edital e direito subjetivo à nomeação - 3

Ressalvou-se a necessidade de se levar em conta situações excepcionalíssimas, a justificar soluções diferenciadas, devidamente motivadas de acordo com o interesse público. Essas situações deveriam ser dotadas das seguintes características: a) superveniência, ou seja, vinculadas a fatos posteriores à publicação do edital; b) imprevisibilidade, isto é, determinadas por circunstâncias extraordinárias; c) gravidade, de modo a implicar onerosidade excessiva, dificuldade ou mesmo impossibilidade de cumprimento efetivo das regras editalícias; d) necessidade, traduzida na ausência de outros meios, menos gravosos, de se lidar com as circunstâncias. Asseverou-se a importância de que a recusa de nomear candidato aprovado dentro do número de vagas seja devidamente motivada e, dessa forma, passível de controle pelo Poder Judiciário. Por fim, reafirmou-se a jurisprudência da Corte segundo a qual não se configuraria preterição quando a Administração realizasse nomeações em observância a decisão judicial. Ratificou-se, de igual modo, a presunção de existência de disponibilidade orçamentária quando houver preterição na ordem classificatória, inclusive da decorrente de contratação temporária. Salientou-se, além disso, que o pedido de nomeação e posse em cargo público para o qual o candidato fora aprovado, em concurso público, dentro do número de vagas, não se confundiria com o pagamento de vencimentos, consequência lógica da investidura do cargo. RE 598099/MS, rel. Min. Gilmar Mendes, 10.8.2011. (RE-598099) (Inform. STF 635) (g.n.)

Concurso público: testes de aptidão física e direção veicular

Em julgamento conjunto, a 2ª Turma denegou mandados de segurança impetrados contra atos do Procurador-Geral da República, consistentes na exigência de testes de aptidão física e de direção veicular, na realização de Concurso Público destinado ao provimento de cargos de Técnico de Apoio Especializado/Segurança e de Técnico de Apoio Especializado/Transporte, dos quadros do Ministério Público da União – MPU. As impetrações alegavam ausência de previsão dessas exigências na Lei 11.415/2006, que disciplina as carreiras dos servidores do MPU, ou na Portaria PGR/MPU 68/2010, que fixa as atribuições básicas e os requisitos de investidura. Aduziam ainda, em algumas ações, que as aptidões exigidas não se coadunavam com as atribuições dos cargos pleiteados. Nos casos, alguns impetrantes foram reprovados na 2ª fase do certame, denominada "Teste de Aptidão Física" e outros, na 3ª fase, denominada "Teste de Direção Veicular", após devidamente aprovados na prova objetiva. **Consignou-se que a Lei 11.415/2006 — ao estabelecer a necessidade de "provas" para o ingresso no MPU, sem especificá-las, e ao determinar que as atribuições dos cargos fossem fixadas por regulamento — permitira que as referidas "provas" fossem elaboradas de acordo com a natureza e complexidade de cada cargo, o que atenderia de forma direta aos ditames constitucionais. Apontou-se que as atribuições previstas para o cargo de motorista e também aquelas para a área de segurança demandariam condicionamento físico adequado, o que demonstraria a estrita pertinência da exigência do teste de aptidão física com as atribuições do cargo. Destacou-se que, além de pertinente às prerrogativas do cargo de motorista, seria legítimo à Administração Pública selecionar candidatos com a melhor qualificação, podendo impor não somente a mera apresentação da carteira nacional de habilitação específica, como a comprovação, na prática, de habilidade na condução de veículos**. Por derradeiro, julgaram-se prejudicados os agravos regimentais interpostos e cassaram-se as liminares anteriormente concedidas. MS 30130/DF, rel. Min. Gilmar Mendes, 6.9.2011. (MS-30130) MS 30242/DF, rel. Min. Gilmar Mendes, 6.9.2011. (MS-30242) MS 29945/DF, rel. Min. Gilmar Mendes, 6.9.2011. (MS-29945) (Inform. STF 639) (g.n.)

RE N. 600.885-RS
RELATORA: MIN. CÁRMEN LÚCIA
EMENTA: DIREITO CONSTITUCIONAL E ADMINISTRATIVO. CONCURSO PÚBLICO PARA INGRESSO NAS FORÇAS ARMADAS: CRITÉRIO DE LIMITE DE IDADE FIXADO EM EDITAL. REPERCUSSÃO GERAL DA QUESTÃO CONSTITUCIONAL. SUBSTITUIÇÃO DE PARADIGMA. ART. 10 DA LEI N. 6.880/1980. ART. 142, § 3°, INCISO X, DA CONSTITUIÇÃO DA REPÚBLICA. DECLARAÇÃO DE NÃO RECEPÇÃO DA NORMA COM MODULAÇÃO DE EFEITOS. DESPROVIMENTO DO RECURSO EXTRAORDINÁRIO. **1.** Repercussão geral da matéria constitucional reconhecida no Recurso Extraordinário n. 572.499: perda de seu objeto; substituição pelo Recurso Extraordinário n. 600.885. **2.** O art. 142, § 3°, inciso X, da Constituição da República, é expresso ao atribuir exclusivamente à lei a definição dos requisitos para o ingresso nas Forças Armadas. **3. A Constituição brasileira determina, expressamente, os requisitos para o ingresso nas Forças Armadas, previstos em lei: referência constitucional taxativa ao critério de idade. Descabimento de regulamentação por outra espécie normativa, ainda que por delegação legal.** 4. **Não foi recepcionada pela Constituição da República de 1988 a expressão *"nos regulamentos da Marinha, do Exército e da Aeronáutica"* do art. 10 da Lei n. 6.880/1980.** 5. **O princípio da segurança jurídica impõe que, mais de vinte e dois anos de vigência da Constituição, nos quais dezenas de concursos foram realizados se observando aquela regra legal, modulem-se os efeitos da não recepção: manutenção da validade dos limites de idade fixados em editais e regulamentos fundados no art. 10 da Lei n. 6.880/1980 até 31 de dezembro de 2011**. **6.** Recurso extraordinário desprovido, com modulação de seus efeitos. (Inform. STF 633) (g.n.)

RE N. 581.113-SC
RELATOR: MIN. DIAS TOFFOLI
Concurso público. Criação, por lei federal, de novos cargos durante o prazo de validade do certame. Posterior regulamentação editada pelo Tribunal Superior Eleitoral a determinar o aproveitamento, para o preenchimento daqueles cargos, de aprovados em concurso que estivesse em vigor à data da publicação da Lei. 1. A Administração, é certo, não está obrigada a prorrogar o prazo de validade dos concursos públicos; porém, se novos cargos vêm a ser criados, durante tal prazo de validade, mostra-se de todo recomendável que se proceda a essa prorrogação. 2. **Na hipótese de haver novas vagas, prestes a serem preenchidas, e razoável número de aprovados em concurso ainda em vigor quando da edição da Lei que criou essas novas vagas, não são justificativas bastantes para o indeferimento da prorrogação da validade de certame público razões de política administrativa interna do Tribunal Regional Eleitoral que realizou o concurso**. 3. Recurso extraordinário provido. (Inform. STF 629) (g.n.)

***Anulação de concurso público: intimação de interessados e vinculação ao edital* (Conclusão)**
Em conclusão, o Plenário, por maioria, concedeu mandados de segurança a fim de declarar a validade da participação dos impetrantes até o final do certame, segundo o resultado deste. No caso, tratava-se de *writs* impetrados contra ato do Conselho Nacional de Justiça - CNJ que, em procedimentos de controle administrativo, determinara a desclassificação de todos os candidatos que obtiveram nota inferior a 77 pontos nas provas objetivas do Concurso Público para Provimento de Cargos de Juiz Substituto no Estado de Minas Gerais, instituído pelo Edital 1/2009 — v. Informativo 627. Prevaleceu o voto do Min. Marco Aurélio, ao enfatizar que a noção de devido processo seria extensível ao processo administrativo. Dessa forma, asseverou não ser possível a mudança de situação jurídica aperfeiçoada, ante ato administrativo de tribunal de justiça, sem o conhecimento do interessado para que, uma vez intimado, apresentasse defesa. Citou jurisprudência do STF, segundo a qual não é válida a intimação ficta dos interessados que não teriam conhecimento do processo administrativo no próprio CNJ (MS 25962/DF, DJe de 20.3.2009). Frisou que essa orientação ocasionara, inclusive, alteração do regimento interno desse órgão de controle (art. 49). Diante desse fato, bem como da peculiaridade da espécie, apontou a incidência do art. 249 do CPC (*"O juiz, ao pronunciar a nulidade, declarará que atos são atingidos, ordenando as providências necessárias, a fim de que sejam repetidos, ou retificados. § 1° O ato não se repetirá nem se lhe suprirá a falta quando não prejudicar a parte. § 2° Quando puder decidir do mérito a favor da parte a quem aproveite a declaração da nulidade, o juiz não a pronunciará nem mandará repetir o ato, ou suprir-lhe a falta"*). Outrossim, registrou que, ao final do concurso, sobraram vagas a serem preenchidas, o que demonstraria a inexistência de prejuízo para os candidatos. **MS 28603/DF, rel. orig. Min. Cármen Lúcia, red. p/ o acórdão Min. Marco Aurélio, 6.10.2011. (MS-28603) MS 28594/DF, rel. orig. Min. Cármen Lúcia, red. p/ o acórdão Min. Marco Aurélio, 6.10.2011. (MS-28594) MS 28651/DF, rel. orig. Min. Cármen Lúcia, red. p/ o acórdão Min. Marco Aurélio, 6.10.2011. (MS-28651) MS 28666/DF, rel. orig. Min. Cármen Lúcia, red. p/ o acórdão Min. Marco Aurélio, 6.10.2011. (MS-28666)** (Inform. STF 643)

***Concurso Público e Portador de Deficiência* (conclusão)**
Em conclusão de julgamento, a Turma deferiu recurso ordinário em mandado de segurança interposto contra acórdão do TST que denegara a candidato o direito de recorrer, na condição de portador de deficiência, a vaga em concurso público para o provimento de cargos naquele Tribunal. No caso, a negativa ocorrera ao fundamento de que, embora cego de um olho,

o ora recorrente teria plena capacidade de concorrer em igualdade com os candidatos não portadores de deficiência, haja vista que sua acuidade visual seria superior àquela exigida pelo Decreto 3.298/99 (art. 4º, III), que regulamentou a Lei 7.853/98 — que dispõe sobre o apoio às pessoas portadoras de deficiência, sua integração social e outros —, o qual prevê determinado percentual no "melhor olho" para que uma pessoa seja considerada portadora de deficiência visual — v. Informativo 457. RMS 26071/DF, rel. Min. Carlos Britto, 13.11.2007. (RMS-26071)

DIREITO ADMINISTRATIVO. EXPECTATIVA DE DIREITO À NOMEAÇÃO EM CONCURSO PÚBLICO.

O candidato aprovado <u>fora</u> das vagas previstas no edital não tem direito subjetivo à nomeação, ainda que surjam novas vagas durante o prazo de validade do certame, seja em decorrência de vacância nos quadros funcionais seja em razão da criação de novas vagas por lei. Isso porque, dentro do parâmetro fixado em repercussão geral pelo STF, os candidatos aprovados em concurso público, mas inseridos em cadastro de reserva, têm apenas expectativa de direito à nomeação. Nesses casos, compete à Administração, no exercício do seu poder discricionário (juízo de conveniência e oportunidade), definir as condições do preenchimento dos seus cargos vagos. Precedentes citados do STJ: AgRg no RMS 38.892-AC, Primeira Turma, DJe 19/4/2013; e RMS 34.789-PB, Primeira Turma, DJe 25/10/2011. Precedente citado do STF: RE 598.099-MS, Plenário, DJ 10/08/2011. **MS 17.886-DF, Rel. Min. Eliana Calmon, julgado em 11/9/2013.** (Inform. STJ 531) (g.n.)

DIREITO ADMINISTRATIVO. FALTA DE IDENTIFICAÇÃO DO TIPO DE CADERNO DE QUESTÕES EM CERTAME PÚBLICO.

Não tem direito à correção de cartão-resposta de prova aplicada em certame público o candidato que, descumprindo regra contida no edital e expressa no próprio cartão-resposta, abstenha-se de realizar a identificação do seu tipo de caderno de questões. Isso porque viabilizar a correção da folha de resposta de candidato que não tenha observado as instruções contidas no regulamento do certame e ressalvadas no próprio cartão-resposta implicaria privilegiar um candidato em detrimento dos demais, que concorreram em circunstâncias iguais de maturidade, preparação, estresse e procedimento, configurando flagrante violação do princípio da isonomia. REsp 1.376.731-PE, Rel. Min. Humberto Martins, julgado em 14/5/2013. (Inform. STJ 525) (g.n.)

DIREITO ADMINISTRATIVO. OFENSA AOS PRINCÍPIOS DA RAZOABILIDADE E DA INTERPRETAÇÃO CONFORME O INTERESSE PÚBLICO.

É ilegal o ato administrativo que determine a exclusão de candidato já emancipado e a menos de dez dias de completar a idade mínima de 18 anos exigida em edital de concurso público para oficial da Polícia Militar, por este não haver atingido a referida idade na data da matrícula do curso de formação, ainda que lei complementar estadual estabeleça essa mesma idade como sendo a mínima necessária para o ingresso na carreira. Nessa situação, ocorre ofensa aos princípios da razoabilidade e da interpretação conforme o interesse público. De fato, estabelece o art. 2º, parágrafo único, da Lei 9.784/1999 que nos processos administrativos devem ser observados, entre outros, os critérios da "adequação entre meios e fins, vedada a imposição de obrigações, restrições e sanções em medida superior àquelas estritamente necessárias ao atendimento do interesse público" (VI) e da "interpretação da norma administrativa da forma que melhor garanta o atendimento do fim público a que se dirige, vedada aplicação retroativa de nova interpretação" (XIII). Nesse contexto, com a interpretação então conferida, o administrador, a pretexto de cumprir a lei, terminou por violá-la, pois, com o ato praticado, desconsiderou a adequação entre meios e fins, impôs restrição em medida superior àquela estritamente necessária ao atendimento do interesse e, além disso, deixou de interpretar a lei da maneira que garantisse mais efetivamente o atendimento do fim público a que se dirige. RMS 36.422-MT, Rel. Min. Sérgio Kukina, julgado em 28/5/2013. (Inform. STJ 524) (g.n.)

DIREITO ADMINISTRATIVO. RESERVA DE VAGAS EM CONCURSO PÚBLICO PARA PESSOAS COM DEFICIÊNCIA.

Os candidatos que tenham "pé torto congênito bilateral" têm direito a concorrer às vagas em concurso público reservadas às pessoas com deficiência. A mencionada deficiência física enquadra-se no disposto no art. 4º, I, do Dec. 3.298/1999. RMS 31.861-PE, Rel. Min. Sérgio Kukina, julgado em 23/4/2013. (Inform. STJ 522)

DIREITO ADMINISTRATIVO. EFEITOS DE PREVISÃO EDITALÍCIA QUE POSSIBILITE A NOMEAÇÃO DOS APROVADOS, CONFORME DISPONIBILIDADE ORÇAMENTÁRIA, EM NÚMERO INFERIOR OU SUPERIOR ÀS VAGAS DE CERTAME DESTINADO À CONTRATAÇÃO DE SERVIDORES TEMPORÁRIOS.

Não tem direito líquido e certo à nomeação o candidato aprovado dentro do número de vagas <u>em processo seletivo especial destinado à contratação de servidores temporários</u> na hipótese em que o edital preveja a possibilidade de nomeação dos aprovados, conforme a disponibilidade orçamentária existente, em número inferior ou superior ao das vagas colocadas em certame. As regras a serem aplicadas no processo seletivo especial destinado à contratação de servidores temporários devem ser as mesmas do concurso público para cargo efetivo. Todavia, conquanto não se olvide o já decidido pelo STJ acerca do direito subjetivo que nasce para o candidato aprovado em concurso público dentro do número de vagas, deve-

-se considerar que a situação em análise traz circunstância peculiar – a existência de previsão no edital referente à possibilidade de nomeação dos aprovados, conforme a disponibilidade orçamentária existente, em número inferior ou superior ao das vagas colocadas em certame –, o que afasta o direito líquido e certo à nomeação dos candidatos aprovados, ainda que dentro do número de vagas previsto no edital. **RMS 35.211-SP, Rel. Min. Mauro Campbell Marques, julgado em 2/4/2013.** (Inform. STJ 521) (g.n.)

DIREITO ADMINISTRATIVO. REMARCAÇÃO DE TESTE DE APTIDÃO FÍSICA EM CONCURSO PÚBLICO MOTIVADA PELA GRAVIDEZ DE CANDIDATA.

É possível a remarcação de teste de aptidão física em concurso público com o objetivo de proporcionar a participação de candidata comprovadamente grávida, ainda que o edital não contenha previsão nesse sentido. Nesse contexto, a gravidez deve ser considerada como motivo de força maior, apto a possibilitar a remarcação do referido teste, sem que se configure qualquer ofensa ao princípio constitucional da isonomia. **RMS 37.328-AP, Rel. Min. Humberto Martins, julgado em 21/3/2013.** (Inform. STJ 520)

DIREITO ADMINISTRATIVO. EXIGÊNCIA EM CONCURSO PÚBLICO DE REQUISITO NÃO PREVISTO NA LEGISLAÇÃO DE REGÊNCIA.

No caso em que lei estadual que regule a carreira de professor estabeleça, como requisito para a admissão no cargo, apenas a apresentação de diploma em ensino superior, não é possível que o edital do respectivo concurso exija do candidato diploma de pós-graduação. Nesse contexto, é ilegal a exigência estabelecida no edital do concurso, pois impõe o preenchimento de requisito que não encontra fundamento na legislação de regência. **RMS 33.478-RO, Rel. Min. Mauro Campbell Marques, julgado em 21/3/2013.** (Inform. STJ 518)

DIREITO ADMINISTRATIVO. PRORROGAÇÃO DO PRAZO DE VALIDADE DE CONCURSO PÚBLICO. ATO DISCRICIONÁRIO.

A prorrogação do prazo de validade de concurso público é ato discricionário da administração, sendo vedado ao Poder Judiciário o reexame dos critérios de conveniência e oportunidade adotados. Precedentes citados: RMS 25.501-RS, DJe 14.9.2009; MS 9909-DF, DJ 30.3.2005. **AgRg no AREsp 128.916-SP, Rel. Min. Benedito Gonçalves, julgado em 23/10/2012. (Inform. STJ 507)** (g.n.)

CONCURSO PÚBLICO. CANDIDATO ANTERIORMENTE DEMITIDO DO SERVIÇO PÚBLICO FEDERAL. NEGATIVA DE NOMEAÇÃO EM OUTRO CARGO. OFENSA AO PRINCÍPIO DA LEGALIDADE.

O cerne da controvérsia cinge-se à interpretação e aplicação dos princípios da moralidade e da legalidade insculpidos no art. 37, *caput*, da CF. No caso, **o impetrante foi aprovado em concurso público para os cargos de analista fiscal de contas públicas e de analista administrativo do TC estadual, mas teve sua nomeação recusada em virtude de anterior demissão dos quadros da PRF por ato de improbidade administrativa.** A Min. Relatora observou que, estando ambos os princípios ladeados entre os regentes da Administração Pública, a discussão ganha relevância na hipótese em que o administrador edita ato em obséquio ao imperativo constitucional da moralidade, mas sem previsão legal específica. **A Turma entendeu que, por força do disposto nos arts. 5º, II, 37, *caput,* e 84, IV, da CF, a legalidade na Administração Pública é estrita, não podendo o gestor atuar senão em virtude de lei, extraindo dela o fundamento jurídico de validade dos seus atos. Assim, incorre em abuso de poder a negativa de nomeação de candidato aprovado em concurso para o exercício de cargo no serviço público estadual em virtude de anterior demissão no âmbito do Poder Público Federal <u>se inexistente qualquer previsão em lei ou no edital de regência do certame</u>. RMS 30.518-RR, Rel. Min. Maria Thereza de Assis Moura, julgado em 19/6/2012. (Inform. STJ 500)** (g.n.)

CONCURSO PÚBLICO. CRITÉRIOS. CORREÇÃO. PROVA.

O impetrante, participante de concurso para o preenchimento de cargo público, alega, entre outras considerações, que o edital não apontou os critérios de correção da prova de redação a que se submeteu, pois esses se mostram amplos a ponto de não permitir qualquer controle por parte dos candidatos: não se sabe qual peso ou faixa de valores para cada quesito, o conteúdo de cada um deles ou o valor de cada erro. Isso é agravado pela constatação de que **não há sequer uma anotação na folha da redação do candidato que seja apta a embasar os pontos obtidos**, salvo alguns apontamentos quanto a erros de português. Assim, **é patente que o ato administrativo em questão revela-se sem motivação idônea, razão para considerá-lo inválido. Sucede que o concurso em testilha já foi homologado há quase um ano, ultimada até a decorrente posse dos demais aprovados, não havendo como determinar uma nova correção da prova** (motivação posterior que prejudicaria todo o concurso). **Anote-se que o impetrante foi eliminado do certame em razão de meio ponto e que ele mesmo formula pedido alternativo de que lhe seja concedida a pontuação mínima para ser aprovado. Daí se considerar que esse pequeno acréscimo em sua nota sana a nulidade de maneira mais proporcional aos outros candidatos e ao concurso como um todo. Assim, tem-se por aprovado o impetrante, mas para ocupar a última colocação entre os aprovados, com o fito de evitar que a coisa julgada na ação atinja terceiros que não estão elencados nos autos. RMS 33.825-SC, Rel. Min. Mauro Campbell Marques, julgado em 7/6/2011.** (Inform. STJ 476) (g.n.)

CONCURSO. PROFESSOR. EDUCAÇÃO FÍSICA. INSCRIÇÃO. CREF.

É legal a exigência feita no edital do concurso público para professor de educação física (ensino médio e fundamental) de que o candidato comprove a inscrição no respectivo Conselho Regional de Educação Física (CREF) quando do ato de sua admissão naquele cargo (art. 1º e 3º da Lei n. 9.696/1998). Precedente citado: REsp 783.417-RJ, DJe 29/3/2010. **RMS 26.316-RJ, Rel. Min. Maria Thereza de Assis Moura, julgado em 2/6/2011 (ver Informativo n. 425).** (Inform. STJ 475) (g.n.)

CONCURSO PÚBLICO. NOMEAÇÃO. MS. DECADÊNCIA.

Trata-se de REsp em que se discute o prazo decadencial para impetração de mandado de segurança (MS) nas hipóteses em que o candidato aprovado em concurso público dentro das vagas previstas no edital não é nomeado no prazo de validade do concurso. **A Turma reiterou que, nos casos em que o candidato aprovado em concurso público não foi nomeado, o prazo decadencial de 120 dias para impetrar o MS inicia-se com o término da validade do certame**. Assim, não há, na hipótese, violação do art. 23 da Lei n. 12.016/2009, visto que o MS foi impetrado três dias após a expiração da validade do concurso. Quanto à alegação de inexistência de direito líquido e certo de aprovados em concurso público dentro do número de vagas previsto no edital, consignou-se que o acórdão recorrido possui fundamentação constitucional – violação do art. 1º da CF/1988 –, que não foi atacada por recurso extraordinário, o que inviabiliza o processamento do recurso especial consoante a Súm. n. 126-STJ. Precedentes citados: AgRg no RMS 21.764-ES, DJe 3/11/2009; AgRg no RMS 21.165-MG, DJe 8/9/2008; REsp 948.471-SC, DJ 20/9/2007; EDcl nos EDcl no REsp 848.739-DF, DJe 29/10/2009, e AgRg no REsp 630.974-RS, DJ 28/3/2005. **REsp 1.200.622-AM, Rel. Min. Mauro Campbell Marques, julgado em 19/5/2011.** (Inform. STJ 473) (g.n.)

TEORIA. PERDA. CHANCE. CONCURSO. EXCLUSÃO.

A Turma decidiu não ser aplicável a teoria da perda de uma chance ao candidato que pleiteia indenização por ter sido excluído do concurso público após reprovação no exame psicotécnico. De acordo com o Min. Relator, tal teoria exige que o ato ilícito implique perda da oportunidade de o lesado obter situação futura melhor, desde que a chance seja real, séria e lhe proporcione efetiva condição pessoal de concorrer a essa situação. No entanto, salientou que, *in casu*, o candidato recorrente foi aprovado apenas na primeira fase da primeira etapa do certame, não sendo possível estimar sua probabilidade em ser, além de aprovado ao final do processo, também classificado dentro da quantidade de vagas estabelecidas no edital. **AgRg no REsp 1.220.911-RS, Rel. Min. Castro Meira, julgado em 17/3/2011.** (Inform. STJ 466) (g.n.)

CONCURSO PÚBLICO. VAGAS. EDITAL.

A Turma reafirmou que o candidato aprovado em concurso público dentro do número de vagas previstas em edital tem direito líquido e certo à nomeação e à posse no cargo. Precedentes citados: RMS 31.611-SP, DJe 17/5/2010, e AgRg no RMS 30.308-MS, DJe 15/3/2010. **REsp 1.220.684-AM, Rel. Min. Castro Meira, julgado em 3/2/2011.** (Inform. STJ 461)

CONCURSO. INTIMAÇÃO PESSOAL.

A Administração deve intimar pessoalmente o candidato quando, entre a data da homologação do resultado e a de sua nomeação, há razoável lapso de tempo. Esse dever é-lhe imposto mesmo que o edital não trate dessa intimação. É desarrazoada a exigência de que o candidato mantenha a leitura do diário oficial estadual por mais de um ano, quanto mais se, onde reside, sequer há circulação desse periódico. Precedentes citados: RMS 21.554-MG, DJe 2/8/2010; RMS 24.716-BA, DJe 22/9/2008, e RMS 22.508-BA, DJe 2/6/2008. **RMS 23.106-RR, Rel. Min. Laurita Vaz, julgado em 18/11/2010**. (Inform. STJ 456) (g.n.)

CONCURSO PÚBLICO. DESISTÊNCIAS. OUTRAS NOMEAÇÕES.

Trata-se de RMS no qual a questão cinge-se a saber se, em concursos públicos, as vagas não preenchidas em razão da desistência de candidatos convocados geram direito subjetivo aos outros seguintes na ordem de classificação. Para a Min. Relatora, na hipótese dos autos, ficou devidamente comprovado que os impetrantes, ora recorrentes, foram aprovados no concurso para provimento do cargo de analista de administração pública – arquivista, sendo classificados nas posições 85º e 88º, bem como que foram convocados 37 novos candidatos, alcançando a 83º colocação, e também ficou comprovada, documentalmente, a desistência de, pelo menos, cinco candidatos convocados na segunda chamada, abarcando as colocações ocupadas pelos recorrentes. Evidenciou-se, assim, a presença do direito líquido e certo reclamado. Diante disso, a Turma deu provimento ao recurso, visto que **a atual jurisprudência deste Superior Tribunal tem entendido que o desinteresse dos candidatos convocados, ou mesmo sua desclassificação em razão do não preenchimento de determinados requisitos, gera, para os seguintes na ordem de classificação, direito subjetivo à nomeação**. Precedentes citados: RMS 19.635-MT, DJ 26/11/2007; RMS 27.575-BA, DJe 14/9/2009, e RMS 26.426-AL, DJe 19/12/2008. **RMS 32.105-DF, Rel. Min. Eliana Calmon, julgado em 19/8/2010**. (Inform. STJ 443) (g.n.)

CONCURSO PÚBLICO. NOMEAÇÃO TARDIA.

A Administração, diante do longo lapso temporal (três anos) decorrido entre a homologação do concurso e a nomeação do candidato ora recorrente, em respeito aos princípios constitucionais da publicidade e da razoabilidade, deveria ter comunicado pessoalmente a ele sua nomeação, para que pudesse exercer seu direito à posse, se assim fosse de seu interesse, apesar de não haver qualquer previsão no edital do certame quanto a isso. O princípio constitucional da publicidade (art. 37 da CF/1988) impõe o dever de a Administração conferir a seus atos a mais ampla divulgação possível, principalmente quando eles atingirem individualmente o administrado. Assim, não se afigura razoável exigir do candidato aprovado a leitura do Diário Oficial durante o prazo de validade do certame (quatro anos) no intuito de verificar a efetivação de sua nomeação. Esse entendimento da Min. Relatora foi integralmente acolhido pela Turma, mas o Min. Og Fernandes adicionou a ele o de que só **a publicação do resultado do certame no DO não cumpre o princípio da finalidade do ato administrativo ao qual está, também, sujeita a Administração. Por isso tudo, anulou-se o ato administrativo que tornou sem efeito a nomeação do recorrente e se determinou a efetivação de nova nomeação, com a devida intimação pessoal desse candidato**. Precedentes citados: RMS 24.716-BA, DJe 22/9/2008, e RMS 22.508-BA, DJe 2/6/2008. **RMS 21.554-MG, Rel. Min. Maria Thereza de Assis Moura, julgado em 4/5/2010.** (Inform. STJ 433) (g.n.)

CONCURSO. JUIZ. FUNDAMENTAÇÃO.

Candidato ao cargo de juiz substituto impetrou MS contra o desembargador presidente da comissão examinadora do concurso, ao fundamento de que a planilha de avaliação utilizada para a correção da prova de sentença penal estaria viciada, porque não incluiu valor ao item fundamentação, apesar de ela ser requerida no enunciado da prova, em ofensa ao previsto no próprio edital. Quanto a isso, o Min. Jorge Mussi (Relator originário) negou provimento ao recurso, ao relembrar, entre outros fundamentos, o entendimento de que a atuação do Poder Judiciário limita-se à legalidade do certame, pois vedado apreciar os critérios utilizados pela banca examinadora na formulação dos quesitos e atribuição de notas, no que foi acompanhado pelo Min. Felix Fischer. Contudo, **prevaleceu entendimento divergente da Min. Laurita Vaz, de que, pelo próprio enunciado da questão, seria preciso tecer fundamentação, até porque inerente à questão que exige a redação de uma sentença penal em concurso para magistrado, daí a necessidade de avaliá-la. Já o Min. Arnaldo Esteves Lima lembrou que a motivação seria pressuposto essencial, conforme o próprio edital, visto em sua globalidade, e que se poderia até cogitar que, ao considerar a livre convicção inerente ao juízo, haveria de ser avaliado o candidato se este tivesse redigido sentença fundamentada em sentido diverso do que tido por correto. O Min. Napoleão Nunes Maia Filho aduziu que, na avaliação da peça produzida pelo intelecto, não há certo ou errado, mas sim razoável e irracional**. Assim, a Turma, por maioria, deu provimento ao recurso para que seja avaliada a fundamentação aposta pelo candidato na prova. **RMS 27.566-CE, Rel. originário Min. Jorge Mussi, Rel. para acórdão Min. Laurita Vaz, julgado em 17/11/2009.** (Inform. STJ 416) (g.n.)

MS. CONCURSO. OPÇÃO. LOCALIDADE.

O edital do concurso previa o preenchimento de 120 vagas e o impetrante foi aprovado no 160º lugar, o que o levou a ficar fora da primeira nomeação. Posteriormente, outro edital convocou os aprovados restantes para que escolhessem as opções de localidade para lotação, com o fim de preencher mais 19 cargos vagos. O impetrante, então, escolheu 10 opções de lotação. Depois, uma portaria autorizou a convocação de mais 88 candidatos, mas alega o impetrante que foi surpreendido ao constatar sua preterição, pois 52 outros aprovados em pior classificação foram nomeados em seu lugar. A única justificativa dada nas informações da autoridade coatora para que tal ocorresse era que, nas opções de lotação feitas pelo impetrante, as vagas foram preenchidas por candidatos em melhor classificação do que ele. Porém, numa leitura do segundo edital, depreende-se que a exclusão do impetrante só ocorreria caso ele não escolhesse os locais de lotação, o que efetivamente não ocorreu. Por outro lado, o edital, em momento algum, determina serem feitas as opções em ordem de preferência por todas as lotações disponíveis, pois deixou claro em seu texto que a convocação dava-se para preenchimento de apenas 19 vagas, como já dito, motivo pelo qual não era razoável exigir do impetrante a escolha de todas as lotações possíveis. **Deveria a Administração, após o preenchimento das vagas nas localidades escolhidas pelo impetrante, tê-lo novamente convocado para que, em respeito à ordem de classificação, conforme previsto no edital, escolhesse entre as lotações restantes. Então, o critério adotado na nomeação dos candidatos causou a indevida exclusão do impetrante do certame, o que ofendeu seu direito líquido e certo de ser nomeado antes daqueles aprovados em posições abaixo da sua. Assim, a segurança foi concedida para assegurar ao impetrante todos os direitos do cargo, inclusive os financeiros, retroativos à data da impetração, resguardada a situação jurídica já consolidada dos demais nomeados**. Precedentes citados: RMS 11.422-MG, DJ 28/5/2007; RMS 7.215-MG, DJ 5/5/1997; RMS 4.314-MG, DJ 16/3/1998; RMS 2.287-DF, DJ 22/11/1993; EDcl no RMS 11.676-DF, DJ 12/11/2001, e RMS 13.299-DF, DJ 13/10/2003. **MS 10.764-DF, Rel. Min. Maria Thereza de Assis Moura, julgado em 23/9/2009.** (Inform. STJ 408) (g.n.)

PRETERIÇÃO. CONCURSO PÚBLICO. INDENIZAÇÃO.

A Turma negou provimento ao agravo regimental em recurso especial, reiterando que **o ato administrativo**

que impede a nomeação de candidato aprovado em concurso público, ainda que considerado ilegal e posteriormente revogado por decisão judicial, não gera direito à indenização por perdas e danos ou ao recebimento de vencimentos retroativos. Precedentes citados: REsp 508.477-PR, DJ 6/8/2007; EDcl no AgRg no REsp 745.554-DF, DJ 27/3/2006; AgRg no REsp 922.877-RS, DJ 30/4/2007, e REsp 508.477-PR, DJ 6/8/2007. **AgRg no REsp 1.022.823-RS, Rel. Min. Arnaldo Esteves Lima, julgado em 3/9/2009.** (Inform. STJ 405) (g.n.)

ASCENSÃO FUNCIONAL. PRINCÍPIO. SEGURANÇA JURÍDICA.

Em 1993, portanto após a entrada em vigor do art. 37, II, da CF/1988, a recorrente, professora nível I, mediante ascensão funcional prevista pela lei estadual, galgou o cargo de professora nível IV, sem que se submetesse ao necessário concurso público. Requereu aposentadoria naquele cargo em março de 1998, pedido deferido e aprovado pelo Tribunal de Contas estadual. Porém, alega que, em novembro daquele mesmo ano, viu seus proventos serem reduzidos porque a lei que lhe permitiu o acesso àquele cargo foi revogada. Daí o *mandamus*, que foi denegado pelo TJ ao fundamento de que a referida ascenção substituíra, de forma inconstitucional, o meio legal para a investidura no cargo público e, porque nula, não gerava qualquer direito. Nesse panorama, tem-se por correta a assertiva de que a Administração atua conforme o princípio da legalidade (art. 37 da CF/1988), que impõe a anulação de ato que, embora fruto da manifestação da vontade do agente público, é maculado por vício insuperável. Também é certo o entendimento de que, após a CF/1988, é vedada a simples ascensão funcional a cargo para qual o servidor não foi aprovado em concurso público, bem como o de que o ato nulo não é passível de convalidação, não gerando direitos. No entanto, **o poder-dever de a Administração invalidar seus próprios atos é sujeito ao limite temporal delimitado pelo princípio da segurança jurídica. Os administrados não podem sujeitar-se indefinidamente à instabilidade da autotutela do Estado e de uma convalidação dos efeitos produzidos, quando, em razão de suas consequências jurídicas, a manutenção do ato servirá mais ao interesse público de que sua invalidação. Nem sempre a anulação é a solução, pois o interesse da coletividade pode ser melhor atendido pela subsistência do ato tido por irregular. Então a recomposição da ordem jurídica violada condiciona-se primordialmente ao interesse público. Já a Lei n. 9.784/1999 tem lastro na importância da segurança jurídica no Direito Público, enquanto estipula, em seu art. 54, o prazo decadencial de 5 anos para a revisão do ato administrativo e permite, em seu art. 55, a manutenção da eficácia mediante convalidação. Esse último artigo diz respeito à atribuição de validade a atos meramente anuláveis, mas pode ter aplicação excepcional a situações extremas, como a que resulta grave lesão a direito subjetivo, não tendo seu titular responsabilidade pelo ato eivado de vício, tal como se dá na seara de atos administrativos nulos e inconstitucionais. Anote-se que daí é excepcionada a hipótese de má-fé do administrado. Dessarte, conclui-se que o ato em questão é induvidosamente ilegal, no entanto sua efetivação em conformidade com a lei estadual vigente à época (em que pese sua inconstitucionalidade), a aposentação com o beneplácito do Tribunal de Contas estadual e o transcurso do referido prazo decadencial consolidaram uma singular situação fática que produziu consequências jurídicas inarredáveis, a impor a prevalência do princípio da segurança jurídica sobre outro valor também em ponderação, a legalidade. Assim, assegura-se o direito de a recorrente preservar sua aposentadoria no cargo de professora nível IV**. Precedentes citados do STF: MS 26.560-DF, DJ 22/2/2008; do STJ: RMS 18.123-TO, DJ 30/5/2005; RMS 14.316-TO, DJ 2/8/2004, e RMS 13.952-TO, DJ 9/12/2003. **RMS 24.339-TO, Rel. Min. Napoleão Nunes Maia Filho, julgado em 30/10/2008**. (Inform. STJ 374) (g.n.)

CONCURSO PÚBLICO. CANDIDATO. PARENTE. NULIDADE. BANCA EXAMINADORA.

A Turma declarou a nulidade do concurso, alcançando todos os candidatos, aprovados ou não, para realizar novo certame, isento de parcialidade, por haver parentesco de um candidato com um dos membros da banca examinadora (art. 37 da CF/1988 c/c art. 24, do Decreto Distrital n. 21.688/2000 e a Súmula n. 473-STF). Precedente citado: MS 11.123-DF, DJ 5/2/2007. **RMS 24.940-PE, Rel. Napoleão Nunes Maia Filho, julgado em 25/9/2008**. (Inform. STJ 369) (g.n.)

CONCURSO PÚBLICO. CITAÇÃO. DEMAIS CANDIDATOS.

O Min. Relator, inicialmente, salientou que a questão referente à decadência do direito do agravado de pedir segurança não foi objeto do recurso especial interposto pela agravante. Assim, tendo em vista ser vedado à parte inovar em sede recursal, inviável a apreciação de tal matéria. E, quanto à alegada ofensa ao art. 47 do CPC, **este Superior Tribunal firmou entendimento no sentido de que, não havendo entre o agravado e os demais candidatos inscritos no certame comunhão de interesses, mostra-se desnecessária a citação desses para integrarem a lide como litisconsortes passivos**. Precedentes citados: AgRg no Ag 706.118-SC, DJ 18/9/2006; AgRg no REsp 683.202-AL, DJ 28/2/2005, e AgRg no Ag 706.118-SC, DJ 18/9/2006. **AgRg no Ag 757.938-RS, Rel. Min. Arnaldo Esteves Lima, julgado em 20/11/2006.** (Inform. STJ 305) (g.n.)

***HABEAS DATA*. CONCURSO PÚBLICO. INFORMAÇÕES. CRITÉRIOS. CORREÇÃO. PROVA DISCURSIVA.**

Trata-se de *habeas data* impetrado para obter informações quanto aos critérios utilizados na correção de prova discursiva de redação realizada em concurso público para provimento de cargos de fiscal federal agropecuário. Aduz a impetrante que o recurso administrativo interposto em razão da nota atribuída foi indeferido sem fundamentação, o que ensejou requerimento à autoridade coatora (ministro de Estado da Agricultura, Pecuária e Abastecimento) sem resposta até a interposição do *habeas data*. **O Min. Relator lembrou que, o *habeas data* é remédio constitucional que tem por fim assegurar ao indivíduo o conhecimento de informações relativas a sua pessoa registradas em banco de dados de entidades governamentais ou de caráter público, para eventual retificação. A Lei n. 9.507/1997, art. 7°, elenca as hipóteses em que se justifica sua impetração e, entre elas, não existe revolver os critérios utilizados na correção de provas em concurso público realizado por fundação universitária. Com esse entendimento, a Turma negou provimento ao agravo. AgRg no HD 127-DF, Rel. Min. João Otávio de Noronha, julgado em 14/6/2006.** (Inform. STJ 288) (g.n.)

6.15.3. Greve

Servidor Público em Estágio Probatório: Greve e Exoneração (conclusão)

O Tribunal, por maioria, julgou procedente pedido formulado em ação direta proposta pela Confederação Brasileira de Trabalhadores Policiais Civis - COBRAPOL **para declarar a inconstitucionalidade do parágrafo único do art. 1° do Decreto 1.807/2004 do Governador do Estado de Alagoas, que determina a exoneração imediata de servidor público em estágio probatório, caso fique comprovada sua participação na paralisação do serviço, a título de greve** — v. Informativo 413. Salientou-se, inicialmente, o recente entendimento firmado pela Corte em vários mandados de injunção, mediante o qual se viabilizou o imediato exercício do direito de greve dos servidores públicos, por aplicação analógica da Lei 7.783/89, e concluiu-se não haver base na Constituição Federal para fazer distinção entre servidores públicos estáveis e não estáveis, sob pena de afronta, sobretudo, ao princípio da isonomia. Vencido o Min. Carlos Velloso, relator, que julgava o pleito improcedente. **Precedentes citados: MI 670/ES (DJU de 31.10.2008); MI 708/DF (DJE de 31.10.2008); MI 712/PA (DJE de 31.10.2008). ADI 3235/AL, rel. orig. Min. Carlos Velloso, red. p/ o acórdão Min. Gilmar Mendes, 4.2.2010.** (ADI-3235) (Inform. STF 573) (g.n.)

Rcl N. 6.568-SP
RELATOR: MIN. EROS GRAU
EMENTA: RECLAMAÇÃO. SERVIDOR PÚBLICO. POLICIAIS CIVIS. DISSÍDIO COLETIVO DE GREVE. SERVIÇOS OU ATIVIDADES PÚBLICAS ESSENCIAIS. COMPETÊNCIA PARA CONHECER E JULGAR O DISSÍDIO. Artigo 114, inciso I, da Constituição do Brasil. DIREITO DE GREVE. Artigo 37, inciso VII, da Constituição do Brasil. LEI N. 7.783/89. INAPLICABILIDADE AOS SERVIDORES PÚBLICOS. DIREITO NÃO ABSOLUTO. RELATIVIZAÇÃO DO DIREITO DE GREVE EM RAZÃO DA ÍNDOLE DE DETERMINADAS ATIVIDADES PÚBLICAS. Amplitude da decisão proferida no julgamento do Mandado de injunção n. 712. art. 142, § 3°, inciso IV, da constituição do Brasil. interpretação da constituição. AFRONTA AO DECIDIDO NA ADI 3.395. INCOMPETÊNCIA DA JUSTIÇA DO TRABALHO PARA DIRIMIR CONFLITOS ENTRE SERVIDORES PÚBLICOS E ENTES DA ADMINISTRAÇÃO ÀS QUAIS ESTÃO VINCULADOS. RECLAMAÇÃO JULGADA PROCEDENTE.

1. O Supremo Tribunal Federal, ao julgar o MI n. 712, afirmou entendimento no sentido de que a Lei n. 7.783/89, que dispõe sobre o exercício do direito de greve dos trabalhadores em geral, é ato normativo de início inaplicável aos servidores públicos civis, mas ao Poder Judiciário dar concreção ao artigo 37, inciso VII, da Constituição do Brasil, suprindo omissões do Poder Legislativo.

2. Servidores públicos que exercem atividades relacionadas à manutenção da ordem pública e à segurança pública, à administração da Justiça — aí os integrados nas chamadas carreiras de Estado, que exercem atividades indelegáveis, inclusive as de exação tributária — e à saúde pública. A conservação do bem comum exige que certas categorias de servidores públicos sejam privadas do exercício do direito de greve. Defesa dessa conservação e efetiva proteção de outros direitos igualmente salvaguardados pela Constituição do Brasil.

3. Doutrina do duplo efeito, segundo Tomás de Aquino, na Suma Teológica (II Seção da II Parte, Questão 64, Artigo 7). Não há dúvida quanto a serem, os servidores públicos, titulares do direito de greve. Porém, tal e qual é lícito matar a outrem em vista do bem comum, não será ilícita a recusa do direito de greve a tais e quais servidores públicos em benefício do bem comum. Não há mesmo dúvida quanto a serem eles titulares do direito de greve. A Constituição é, contudo, uma totalidade. Não um conjunto de enunciados que se possa ler palavra por palavra, em experiência de leitura bem comportada ou esteticamente ordenada. Dela são extraídos, pelo intérprete, sentidos normativos, outras coisas que não somente textos. A força normativa da Constituição é desprendida da totalidade, totalidade normativa, que a Constituição é. **Os servidores públicos são, seguramente, titulares do direito de greve. Essa é a regra. Ocorre, contudo, que entre os serviços públicos há alguns que a coesão social impõe sejam prestados plenamente, em sua totalidade. Atividades das quais dependam a manutenção da ordem pública e a segurança pública, a administração da Justiça — onde as carreiras de Estado, cujos membros exercem atividades indelegáveis,**

inclusive as de exação tributária — e a saúde pública não estão inseridos no elenco dos servidores alcançados por esse direito. Serviços públicos desenvolvidos por grupos armados: as atividades desenvolvidas pela polícia civil são análogas, para esse efeito, às dos militares, em relação aos quais a Constituição expressamente proíbe a greve [art. 142, § 3º, IV].

4. No julgamento da ADI 3.395, o Supremo Tribunal Federal, dando interpretação conforme ao artigo 114, inciso I, da Constituição do Brasil, na redação a ele conferida pela EC 45/04, afastou a competência da Justiça do Trabalho para dirimir os conflitos decorrentes das relações travadas entre servidores públicos e entes da Administração à qual estão vinculados. Pedido julgado procedente. Noticiado no Informativo 547(Inform. STF 560) (g.n.)

Mandado de Injunção e Direito de Greve - 7

O Tribunal concluiu julgamento de três mandados de injunção impetrados, respectivamente, pelo Sindicato dos Servidores Policiais Civis do Espírito Santo - SINDIPOL, pelo Sindicato dos Trabalhadores em Educação do Município de João Pessoa - SINTEM, e pelo Sindicato dos Trabalhadores do Poder Judiciário do Estado do Pará - SINJEP, em que se pretendia fosse garantido aos seus associados o exercício do direito de greve previsto no art. 37, VII, da CF (*"Art. 37. ... VII - o direito de greve será exercido nos termos e nos limites definidos em lei específica;"*) — v. Informativos 308, 430, 462, 468, 480 e 484. O Tribunal, por maioria, conheceu dos mandados de injunção e propôs a solução para a omissão legislativa com a aplicação, no que couber, da Lei 7.783/89, que dispõe sobre o exercício do direito de greve na iniciativa privada. MI 670/ES, rel. orig. Min. Maurício Corrêa, rel. p/ o acórdão Min. Gilmar Mendes, 25.10.2007. (MI-670) MI 708/DF, rel. Min. Gilmar Mendes, 25.10.2007. (MI-708) MI 712/PA, rel. Min. Eros Grau, 25.10.2007. (MI-712)

Mandado de Injunção e Direito de Greve - 8

No MI 670/ES e no MI 708/DF prevaleceu o voto do Min. Gilmar Mendes. Nele, inicialmente, teceram-se considerações a respeito da questão da conformação constitucional do mandado de injunção no Direito Brasileiro e da evolução da interpretação que o Supremo lhe tem conferido. Ressaltou-se que a Corte, afastando-se da orientação inicialmente perfilhada no sentido de estar limitada à declaração da existência da mora legislativa para a edição de norma regulamentadora específica, passou, sem assumir compromisso com o exercício de uma típica função legislativa, a aceitar a possibilidade de uma regulação provisória pelo próprio Judiciário. Registrou-se, ademais, o quadro de omissão que se desenhou, não obstante as sucessivas decisões proferidas nos mandados de injunção. Entendeu-se que, diante disso, talvez se devesse refletir sobre a adoção, como alternativa provisória, para esse impasse, de uma moderada sentença de perfil aditivo. Aduziu-se, no ponto, no que concerne à aceitação das sentenças aditivas ou modificativas, que elas são em geral aceitas quando integram ou completam um regime previamente adotado pelo legislador ou, ainda, quando a solução adotada pelo Tribunal incorpora "solução constitucionalmente obrigatória". Salientou-se que a disciplina do direito de greve para os trabalhadores em geral, no que tange às denominadas atividades essenciais, é especificamente delineada nos artigos 9 a 11 da Lei 7.783/89 e que, no caso de aplicação dessa legislação à hipótese do direito de greve dos servidores públicos, afigurar-se-ia inegável o conflito existente entre as necessidades mínimas de legislação para o exercício do direito de greve dos servidores públicos, de um lado, com o direito a serviços públicos adequados e prestados de forma contínua, de outro. Assim, tendo em conta que ao legislador não seria dado escolher se concede ou não o direito de greve, podendo tão somente dispor sobre a adequada configuração da sua disciplina, reconheceu-se a necessidade de uma solução obrigatória da perspectiva constitucional. MI 670/ES, rel. orig. Min. Maurício Corrêa, rel. p/ o acórdão Min. Gilmar Mendes, 25.10.2007. (MI-670) MI 708/DF, rel. Min. Gilmar Mendes, 25.10.2007. (MI-708) MI 712/PA, rel. Min. Eros Grau, 25.10.2007. (MI-712)

Mandado de Injunção e Direito de Greve - 9

Por fim, concluiu-se que, sob pena de injustificada e inadmissível negativa de prestação jurisdicional nos âmbitos federal, estadual e municipal, seria mister que, na decisão do *writ*, fossem fixados, também, os parâmetros institucionais e constitucionais de definição de competência, provisória e ampliativa, para apreciação de dissídios de greve instaurados entre o Poder Público e os servidores com vínculo estatutário. Dessa forma, no plano procedimental, vislumbrou-se a possibilidade de aplicação da Lei 7.701/88, que cuida da especialização das turmas dos Tribunais do Trabalho em processos coletivos. No MI 712/PA, prevaleceu o voto do Min. Eros Grau, relator, nessa mesma linha. Ficaram vencidos, em parte, nos três mandados de injunção, os Ministros Ricardo Lewandowski, Joaquim Barbosa e Marco Aurélio, que limitavam a decisão à categoria representada pelos respectivos sindicatos e estabeleciam condições específicas para o exercício das paralisações. Também ficou vencido, parcialmente, no MI 670/ES, o Min. Maurício Corrêa, relator, que conhecia do *writ* apenas para certificar a mora do Congresso Nacional. MI 670/ES, rel. orig. Min. Maurício Corrêa, rel. p/ o acórdão Min. Gilmar Mendes, 25.10.2007. (MI-670) MI 708/DF, rel. Min. Gilmar Mendes, 25.10.2007. (MI-708) MI 712/PA, rel. Min. Eros Grau, 25.10.2007. (MI-712) (Inform. STF 485)

GREVE. DESCONTO. DIAS PARADOS.

Trata-se de mandado de segurança coletivo impetrado pela confederação representante dos servidores públicos federais contra ato de ministro de Estado (portaria) que determinou a diretor de autarquia vinculada ao ministério a observância do Dec. n. 1.480/1995 no tocante ao corte do ponto de servidores em greve. Alega-se, em suma, não haver base legal para tal desconto e ser inconstitucional o referido decreto. Nesse contexto, vê-se que a confederação, conforme precedentes do STF, tem legitimidade ativa para, independentemente de autorização específica dos substituídos, impetrar o *mandamus*, visto ser entidade de representação sindical de grau superior autorizada a defender, judicial e extrajudicialmente, os interesses de todos os servidores celetistas e estatutários vinculados à Administração Pública federal, direta ou indireta. Quanto à legitimidade passiva, conforme a jurisprudência, deve apenas permanecer no polo passivo o diretor da autarquia responsável por dar cumprimento à portaria ministerial, aquele que executa o ato que se busca afastar, e não o responsável pela norma (o ministro de Estado). Já a inconstitucionalidade do referido decreto não pode ser analisada no *writ* em razão do disposto na Súm. n. 266-STF, pois não é aceito pela jurisprudência tentar valer-se do mandado de segurança como sucedâneo de ação direta de inconstitucionalidade. No mérito, vale relembrar que o STF, ao julgar o MI 708-DF, sanou a mora legislativa a respeito da regulamentação do direito de greve pelos servidores públicos ao determinar que, enquanto não editada lei complementar a esse respeito (art. 37, VII, da CF/1988), esse direito deve ser regido pelo disposto na Lei n. 7.783/1989 (Lei Geral de Greve). **Contudo, o próprio STF, em precedentes, tem entendido que a paralisação dos servidores públicos motivada pela greve implica consequente desconto da remuneração relativa aos dias de falta ao trabalho, procedimento que pode ser levado a cabo pela própria Administração.** Com esse entendimento, ao prosseguir o julgamento, a Seção, por maioria, denegou a segurança. Os votos vencidos, capitaneados pelo voto vista do Min. Hamilton Carvalhido, apenas dissentiam parcialmente desse entendimento ao assegurar o direito à regular compensação dos dias de paralisação, sob pena de reposição ao erário. **Precedentes citados do STF: MI 708-DF, DJe 31/10/2008; AI 799.041-MG, DJe 31/5/2010; RE 456.530-SC, DJe 31/5/2010; RE 399.322-SC, DJe 4/5/2010; RE 539.042-DF, DJe 18/2/2010; Rcl 6.200-RN, DJe 2/2/2009; do STJ: MS 9.936-DF, DJ 11/4/2005; RMS 31.472-RJ, DJe 1°/7/2010, e RMS 26.517-SP, DJe 23/6/2008. MS 15.272-DF, Rel. Min. Eliana Calmon, julgado em 29/9/2010** (ver Informativo n. 448). (Inform. STJ 449) (g.n.)

GREVE. LEGITIMIDADE. ASSOCIAÇÃO. QUORUM. COMUNICAÇÃO.

O mandado de segurança foi impetrado por uma associação nacional representativa de certos servidores públicos federais com nítido caráter preventivo de declarar legal a greve deflagrada por eles, impedir a aplicação do Dec. n. 1.480/1995 e de qualquer outra medida punitiva. Nesse contexto, é consabido ser o STJ competente para julgar as questões relativas ao direito de greve de servidor público quando a paralisação for de âmbito nacional ou abranger mais de um estado da Federação, isso em razão de julgados do STF nesse sentido. Nesses mesmos julgamentos, o STF firmou ser a disciplina da Lei n. 7.783/1989 viável para regrar, por analogia, o aludido direito enquanto não é editada norma específica para esse fim. Outrossim, mostra-se razoável admitir o uso do *mandamus* na hipótese; pois, como apregoado pela doutrina, esse instrumento pode ser utilizado nos casos em que há justo receio de vir o autor a sofrer ameaça a seu direito líquido e certo, caracterizando tal receio as sanções administrativas e econômicas que possam surgir da greve (desconto dos dias parados, seus efeitos no estágio probatório, no cômputo do tempo de serviço etc.). **Na hipótese, aplica-se a tese de que a associação com representatividade nacional é parte legítima para impetrar mandado de segurança preventivo com o fim de declarar legal a greve e obstar medidas punitivas do empregador, se não existir outra entidade de classe de âmbito nacional que represente especificamente a categoria. No caso, a associação impetrante é a única entidade constituída naquele âmbito a representar os servidores públicos em questão e ainda pesa o fato de a autarquia impetrada sempre ter negociado com ela os direitos relacionados a esses servidores. Contudo, não foi comprovada, de plano, a necessária regularidade formal na deflagração da greve. Não se provou haver o cumprimento das formalidades previstas no art. 4°, § 1°, da referida Lei de Greve, visto que a associação limitou-se a aduzir que não há previsão em seus estatutos quanto ao *quórum* e formalidades de convocação dos representados para a deliberação sobre a deflagração ou cessação da greve. Tampouco se comprovou o cumprimento do art. 13 daquela mesma legislação, a respeito da comunicação da deliberação aos "empregadores" (no caso, a Administração) e usuários antes da paralisação. A falta da comprovação dessa regularidade na deflagração da greve demonstra faltar a prova pré-constituída de que a greve é legal, segundo os ditames da Lei n. 7.783/1989, além de revelar inexistir direito líquido e certo a amparar a concessão da segurança. Por último, anote-se que a associação alega ser o rompimento de um acordo o fato desencadeador da greve, sem, contudo, trazer qualquer prova de que houve a realização desse pacto e quais suas cláusulas foram descumpridas. Precedentes citados do STF: MI 670-ES, Dje 31/10/2008; MI 708-DF, DJe 31/10/2008; MI 712-PA, DJe 1°/12/2008; do STJ: MS 11.824-DF, DJe 18/6/2010. MS 15.339-DF, Rel. Min. Humberto Martins, julgado em 29/9/2010.** (Inform. STJ 449) (g.n.)

SERVIDORES PÚBLICOS. GREVE. LEGITIMIDADE. PAGAMENTO. DIAS PARADOS.

É cediço que a lei de greve do serviço público ainda não foi regulamentada, mas, após o julgamento no STF do mandado de injunção 708-DF, DJe 30/10/2008, determinou-se a aplicação das Leis ns. 7.701/1988 e 7.783/1989 enquanto persistir essa omissão quanto à existência de lei específica, nos termos previstos no art. 37, VII, da CF/1988. Este Superior Tribunal, consequentemente, passou a ter competência para apreciar os processos relativos à declaração sobre a paralisação do trabalho decorrente de greve de servidores públicos civis, bem como às respectivas medidas acautelatórias, quando as greves forem nacionais ou abrangerem mais de uma unidade da Federação. Também no citado mandado de injunção, o STF, ao interpretar o art. 7º da Lei n. 7.783/1989, entendeu que com a deflagração da greve ocorre a suspensão do contrato de trabalho. Assim, não devem ser pagos os salários dos dias de paralisação, a não ser que a greve tenha sido provocada por atraso no pagamento ou por outras situações excepcionais as quais possam justificar essa suspensão do contrato de trabalho. Anotou-se que, reiteradas vezes, em casos análogos, o STF tem decidido no mesmo sentido. Na hipótese dos autos, os servidores em greve pertencentes à carreira da Previdência, da Saúde e do Trabalho buscam a criação de carreira exclusiva para o Ministério do Trabalho, disciplinada pela Lei n. 11.357/2006. Consta que os servidores somente deflagraram a greve após ter sido frustrado o cumprimento do termo de acordo firmado, em 25/3/2008, entre as entidades sindicais representativas da classe e o Governo Federal, este representado por secretários. Para não ser considerada ilegal a greve, antes de deflagrarem o movimento, expediram a comunicação e a devida notificação extrajudicial ao Ministro de Estado do Planejamento, Orçamento e Gestão. Neste Superior Tribunal, em relação a essa greve, foi interposta medida cautelar preparatória a dissídio coletivo sobre a paralisação do trabalho decorrente de greve e petição que cuida de dissídio coletivo, ambas ajuizadas pela Confederação dos Trabalhadores no Serviço Público Federal (CONDSEF) e pela Confederação Nacional dos Trabalhadores em Seguridade Social da Central Única dos Trabalhadores (CNTSS/CUT) e outra petição (ação declaratória) ajuizada pela União. O Min. Relator considerou legal a greve, fazendo uma análise do ordenamento jurídico, da interdependência dos Poderes, do direito de greve e do princípio da dignidade humana. Assim, afirmou, que, embora o termo de acordo firmado não configure acordo ou convenção coletiva de trabalho, não tenha força vinculante, nem seja ato jurídico perfeito em razão dos princípios da separação dos Poderes e da reserva legal (arts. 2º, 61, § 1º, II, a e c, e 165 da CF/1988), constitui causa legal de exclusão da alegada natureza abusiva da greve, nos termos do inciso I do parágrafo único do art. 14 da Lei n. 7.783/1989. Quanto ao pagamento dos vencimentos durante o período de paralisação, o Min. Relator ressalvou ponto de vista quanto à natureza da disciplina legal e constitucional do servidor público, a exigir um mínimo de regramento para a criação de um fundo destinado a fazer frente à não percepção de vencimentos durante a suspensão do vínculo funcional, o que, pela sua excepcionalidade, poderia justificar a não suspensão do pagamento. Entretanto, assevera que não há como ignorar a jurisprudência do STF e a natureza particular de necessidade da formação desse fundo devido à suspensão do vínculo funcional no período de greve. Diante desses argumentos, entre outros, **a Seção declarou a legalidade da paralisação do trabalho, determinando que a União se abstenha de promover qualquer ato que possa acarretar prejuízo administrativo funcional e financeiro aos grevistas, mas que haja regular <u>compensação dos dias paralisados</u> sob pena de reposição ao erário dos vencimentos pagos, nos termos do art. 46 da Lei n. 8.112/1990. Precedentes citados do STF: AI 799.041-MG, DJe 31/5/2010; RE 456.530-SC, DJe 31/5/2010; RE 480.989-RS, DJe 11/5/2010; RE 538.923-PA, DJe 16/3/2010, e MI 3.085-DF, DJe 1º/9/2010. MC 16.774-DF, Pet 7.920-DF, e Pet 7.884-DF, Rel. Min. Hamilton Carvalhido, julgados em 22/9/2010** (ver Informativo n. 440). (Inform. STJ 448)

COMPETÊNCIA. STJ. GREVE. ÂMBITO NACIONAL.

O exercício do direito à greve previsto no art. 37, VII, da CF/1988 não pode ser obstado pela ausência de lei específica, devendo incidir, então, de modo excepcional e com as necessárias adaptações, a Lei de Greve do Setor Privado (Lei n. 7.783/1989), conforme orientação do STF. Ainda de acordo com o STF, este Superior Tribunal é competente para processar e julgar os pedidos oriundos do direito de greve no serviço público de âmbito nacional ou quando abranger mais de uma unidade da Federação em regiões diferentes de Justiça Federal, em razão da natureza administrativa pública das relações dos servidores federais com a Administração, afastando-se a possibilidade de apreciação na Justiça do Trabalho. Assim, o sindicato da categoria em greve ou comissão de negociação acordará com o gestor público a manutenção em atividade de equipes para assegurar a continuidade dos serviços cuja paralisação possa resultar prejuízo irreparável (art. 9º da Lei n. 7.783/1989), garantindo, durante a greve, a manutenção dos serviços indispensáveis ao atendimento das necessidades inalienáveis da comunidade (art. 11 da Lei n. 7.783/1989). Comprovado o atendimento dessas exigências legais, tem-se a paralisação como legítima (art. 2º da referida lei). Diante do exposto, a Seção julgou procedente o pedido para declarar a legalidade do movimento grevista dos auditores fiscais da Receita Federal, iniciado em 18/3/2008, bem como determinar a reversão, para todos os efeitos, das eventuais faltas anotadas na folha de ponto dos grevistas, afastar a aplicação de qualquer sanção, seja de que matéria for, pela participação dos substituídos na paralisação. Quanto a haver desconto na remuneração em razão dos dias parados, a Seção, por maioria, entendeu ser possível fazê-lo, a não ser que haja a reposição desses dias, com o acréscimo na jornada diária até que compensados integralmente. **Precedentes citados do STF: MI 708-DF, DJ 25/10/2007, e MI 712-PA, DJ 25/10/2007. Pet 6.642-RS, Rel. Min. Napoleão Nunes Maia Filho, julgada em 12/5/2010.** (Inform. STJ 434)

SUSPENSÃO. GREVE. SERVIDORES. INSS.
Trata-se de agravo regimental (AgRg) interposto pela Federação Nacional dos Sindicatos de Trabalhadores em Saúde, Previdência e Assistência Social (Fenasps) contra a decisão em medida cautelar que deferiu liminar, determinando a suspensão do movimento grevista dos servidores do INSS em todo o território nacional, sob pena de pagamento de multa diária no valor de cem mil reais. A insatisfação principal da agravante consiste na edição da Medida Provisória nº 441/2008 (convertida na Lei nº 11.907/2009), a qual fixou a jornada de trabalho em 40 horas semanais e a opção de 30 horas com vencimentos proporcionais, sem que o INSS cumprisse o acordo coletivo assinado para criar, sob sua coordenação, um grupo de trabalho (em agosto/2008) com representantes das categorias para discutir, entre outras questões, a jornada de trabalho. Por outro lado, a defesa dos grevistas também formulou ao Presidente da Seção pedido de sustentação oral, no julgamento do AgRg, pela peculiaridade do caso, embora reconhecendo que não há previsão no RISTJ. Diante disso, a Seção, antes do julgamento do AgRg, em questão de ordem, por maioria, indeferiu o pedido pela falta de previsão regimental; não caberia abrir exceções, além disso a importância da causa é relativa, será sempre importante à parte. Já a tese vencida não se opunha, apesar de ressalvar a ausência de previsão regimental. Quanto ao mérito, o Min. Relator ressaltou a natureza essencial dos serviços prestados pela autarquia ao atender milhares de segurados e pensionistas, em sua grande maioria, carentes e idosos, a reforçar a noção de indispensabilidade dos serviços. Explica que faltou a comprovação de tentativa válida para a negociação prévia entre as partes, nem houve o cumprimento dos critérios a serem adotados para continuação dos serviços, em observância ao disposto no art. 3º da Lei nº 7.783/1989. Com relação à multa, asseverou ter por objetivo obrigar a parte a cumprir a decisão judicial e o valor fixado ser razoável, ao levar-se em conta, caso descumprido o pronunciamento judicial, os prejuízos à população que depende dos serviços daquela autarquia. Diante do exposto, a Seção negou provimento ao AgRg. **Precedentes citados: MC 14.770-DF, DJe 19/9/2008, e AgRg na MC 14.857-DF, DJe 18/6/2009. AgRg na MC 15.656-DF, Rel. Min. Og Fernandes, julgado em 24/6/2009.** (Inform. STJ 400)

COMPETÊNCIA. STJ. GREVE. SERVIÇO PÚBLICO.
A Seção concedeu liminar na reclamação para afirmar que compete ao STJ o julgamento de dissídio coletivo de greve no serviço público quando a paralisação for de âmbito nacional ou abranger mais de uma região da Justiça Federal. **Precedentes citados do STF: MI 708-DF, DJ 6/11/2007; STA 207-RS, DJ 15/4/2008; MI 712-PA, DJ 6/11/2007, e MI 670-ES, DJ 6/11/2007. Rcl 2.797-DF, Rel. Min. Maria Thereza de Assis Moura, julgada em 14/5/2008.** (Inform. STJ 356)

6.15.4. Estágio probatório, estabilidade, vitaliciedade e vacância

Súmula STF nº 47

Reitor de universidade não é livremente demissível pelo presidente da república durante o prazo de sua investidura.

Súmula STJ nº 346

É vedada aos militares temporários, para aquisição de estabilidade, a contagem em dobro de férias e licenças não gozadas.

ECT: Despedida de Empregado e Motivação - 1
O Tribunal iniciou julgamento de recurso extraordinário interposto pela Empresa Brasileira de Correios e Telégrafos - ECT contra acórdão do Tribunal Superior do Trabalho - TST em que se discute se a recorrente tem, ou não, o dever de motivar formalmente o ato de dispensa de seus empregados. Na espécie, o TST reputara inválida a despedida de empregado da recorrente, ao fundamento de que *"a validade do ato de despedida do empregado da ECT está condicionada à motivação, visto que a empresa goza das garantias atribuídas à Fazenda Pública."*. A recorrente, em síntese, aponta contrariedade aos artigos 41 e 173, § 1º, da CF, haja vista que a deliberação a respeito das demissões sem justa causa é direito potestativo da empresa, interferindo o acórdão recorrido na liberdade existente no direito trabalhista, por incidir no direito das partes pactuarem livremente entre si. Sustenta, ainda, que o fato de a recorrente possuir privilégios conferidos à Fazenda Pública — impenhorabilidade dos seus bens, pagamento por precatório e algumas prerrogativas processuais —, não tem o condão de dar aos empregados da ECT o benefício da despedida motivada e a estabilidade para garantir reintegração no emprego. **RE 589998/PI, rel. Min. Ricardo Lewandowski, 24.2.2010.** (RE-589998)

ECT: despedida de empregado e motivação - conclusão
O Min. Teori Zavascki destacou que a espécie seria de provimento parcial do extraordinário, e não desprovimento, conforme o Relator teria explicitado na parte dispositiva de seu voto, proferido em assentada anterior. Sucede que a Corte estaria a **afastar a estabilidade, nos termos do art. 41 da CF, mas também a exigir demissão motivada**. Por outro lado, negar provimento ao recurso significaria manter o acórdão recorrido, que sufragaria a estabilidade. No ponto, o relator reajustou seu voto. Vencidos, parcialmente, os Ministros Eros Grau, que negava provimento ao recurso, e Marco Aurélio, que o provia. O Min. Marco Aurélio aduzia que o contrato de trabalho, na espécie, seria de direito privado e regido pela CLT. Não se poderia falar em terceiro e novo sistema. Isso seria corroborado pelo art. 173, II, da CF, a firmar sujeição ao regime jurídico próprio das empresas privadas, já que a ECT prestaria atividade econômica. Ao fim, rejeitou-se questão de ordem, suscitada da Tribuna, no sentido de que os efeitos da decisão fossem modulados. Deliberou-se que o tema poderia ser oportunamente aventado em sede de embargos de declaração.

RE 589998/PI, rel. Min. Ricardo Lewandowski, 20.3.2013. (RE-589998) (Inform. STF 699) (g.n.)

Procuradores federais e estágio probatório
Os institutos da estabilidade e do estágio probatório estão necessariamente vinculados, de modo que se lhes aplica o prazo comum de 3 anos. Com base nesse entendimento e ante a natureza constitucional do tema versado nos autos, a 2ª Turma acolheu embargos de declaração para, atribuindo-lhes efeitos infringentes, prover recurso extraordinário e, consequentemente, denegar a ordem de mandado de segurança concedida aos recorridos. Na espécie, os procuradores federais, ora embargados, impetraram mandado de segurança no STJ, concedido com a finalidade de que fossem avaliados no prazo de 24 meses para fins de estágio probatório. Desta decisão, a União deduzira recurso extraordinário, ao qual fora negado seguimento, em decisão monocrática. Na sequência, interpusera agravo regimental, desprovido pela Turma, objeto dos mencionados embargos. Precedente citado: STA 269 AgR/DF (DJe de 26.2.2010). AI 754802 ED-AgR/DF, rel. Min. Gilmar Mendes, 7.6.2011. (AI-754802) (Inform. STF 630) (g.n.)

RE N. 289.321-PR
RELATOR: MIN. MARCO AURÉLIO
SERVIÇO PÚBLICO – ESTABILIDADE – ARTIGO 19 DO ADCT. A estabilidade prevista no artigo 19 do Ato das Disposições Constitucionais Transitórias requer tempo de serviço, à época da promulgação da Carta de 1988, igual a cinco anos.
RELAÇÃO JURÍDICA – CLT – CESSAÇÃO. A cessação de relação jurídica regida pela Consolidação das Leis do Trabalho, no tocante a servidor público que não detenha a estabilidade, prescinde da formalização de processo administrativo e, portanto, do contraditório. (Inform. STF 629) *noticiado no Informativo 553

DIREITO ADMINISTRATIVO. SERVIDOR PÚBLICO. MILITAR TEMPORÁRIO. DECÊNIO LEGAL CUMPRIDO. ESTABILIDADE.
O militar temporário que completa dez anos de serviço prestado ao Exército Brasileiro tem direito à estabilidade no cargo, nos termos do art. 50, IV, da Lei n. 6.880/1980. Precedentes citados: AgRg no AREsp 62.128-RN, DJe 25/4/2012; AgRg no REsp 1.116.097-RJ, DJe 27/2/2012. **REsp 1.261.629-PE, Rel. Min. Eliana Calmon, julgado em 18/10/2012. (Inform. STJ 507).**

DEMISSÃO. ESTÁGIO PROBATÓRIO. PAD.
A jurisprudência do STJ entende que a exoneração de servidores públicos concursados e nomeados para cargo efetivo, ainda que se encontrem em estágio probatório, necessita do devido processo legal, da ampla defesa e do contraditório (*vide*, também, a Súm. n. 21-STF). Contudo, na hipótese de servidor em estágio probatório, apregoa que não se faz necessária a instauração de processo administrativo disciplinar (PAD) para tal, admitindo ser suficiente a abertura de sindicância que assegure os princípios da ampla defesa e do contraditório. Anote-se que essa exoneração não tem caráter punitivo, mas se lastreia no interesse da Administração de dispensar servidores que, durante o estágio probatório, não alcançam bom desempenho no cargo. Precedentes citados: RMS 20.934-SP, DJe 1º/2/2010; EDcl no AgRg no RMS 21.078-AC, DJ 28/6/2006; RMS 21.012-MT, DJe 23/11/2009; AgRg no RMS 13.984-SP, DJ 6/8/2007; RMS 21.000-MT, DJ 4/6/2007, e RMS 13.810-RN, DJe 26/5/2008. **RMS 22.567-MT, Rel. Min. Og Fernandes, julgado em 28/4/2011.** (Inform. STJ 470) (g.n.)

SERVIDOR. ESTÁGIO PROBATÓRIO. APOSENTADORIA.
No mérito, insurge-se a recorrente contra o acórdão que denegou a segurança impetrada em face de ato que indeferiu seu pedido de aposentadoria voluntária, ante a ausência do término do estágio probatório de três anos no cargo de assessor jurídico do Ministério Público do Estado do Rio Grande do Sul (MP), tal qual previsto em provimento daquele órgão. Para tanto, alega ser de dois anos o estágio probatório, conforme prevê o estatuto dos servidores públicos daquele estado-membro. Cumpre esclarecer que, apesar de a estabilidade e o estágio probatório serem institutos diversos, vinculam-se um ao outro, uma vez que um dos objetivos do estágio probatório é fornecer elementos para a Administração averiguar se o servidor cumpre os requisitos para adquirir estabilidade no serviço público. Com efeito, o prazo do estágio probatório dos servidores públicos deve observar a alteração promo-

vida pela EC n. 19/1998 no art. 41 da CF/1988, no tocante ao aumento do lapso temporal para a aquisição da estabilidade no serviço público para três anos. Por isso, em caso de cessão do servidor para outro órgão, como na hipótese dos autos, há a imediata suspensão de contagem do referido prazo. **Assim, é firme o entendimento deste Superior Tribunal e do STF no sentido de que não pode o servidor em estágio probatório, ainda não investido definitivamente no cargo, aposentar-se voluntariamente, excepcionadas as hipóteses legais, uma vez que, como etapa final do processo seletivo, enquanto não aprovado no estágio probatório, o servidor ainda não tem a investidura definitiva no cargo. Conclui-se, pois, que a recorrente, ex-servidora do Tribunal Regional Eleitoral, não tem direito líquido e certo à aposentadoria voluntária enquanto não cumprido o período de estágio probatório no cargo de assessor jurídico do Ministério Público daquele estado.** Por essas razões, a Turma negou provimento ao recurso. **Precedentes citados do STF: MS 24.744-DF, DJ 26/11/2004; MS 22.947-BA, DJ 8/3/2002; MS 23.577-DF, DJ 14/6/2002; MS 24.543-DF, DJ 12/9/2003; do STJ: MS 12.523-DF, DJe 18/8/2009, e RMS 19.884-DF, DJ 10/12/2007. RMS 23.689-RS, Rel. Min. Maria Thereza de Assis Moura, julgado em 18/5/2010.** (Inform. STJ 435) (g.n.)

ESTÁGIO PROBATÓRIO. ALTERAÇÃO. PRAZO.
Em mandado de segurança, discute-se o prazo a ser considerado para inclusão de procurador federal em listas de promoção e progressão na carreira: se o prazo para o estágio probatório de dois anos nos termos do art. 20 da Lei n. 8.112/1990 – reproduzido no art. 22 da LC n. 73/1993 (Lei Orgânica da Advocacia-Geral da União) e em outros estatutos de servidores públicos – ou o prazo de aquisição de estabilidade no serviço público, de três anos, conforme disposto no art. 41 da CF/1988 (com a redação dada pela EC n. 19/1998). Para o Min. Relator, **o prazo de estágio probatório dos servidores públicos deve observar a alteração promovida pela EC n. 19/1998, que aumentou para <u>três anos</u> o prazo para aquisição da estabilidade no serviço público, visto que, apesar de esses institutos jurídicos (estágio probatório e estabilidade) serem distintos entre si, de fato, não há como dissociá-los, ambos estão pragmaticamente ligados.** Observa que a finalidade do estágio é fornecer subsídios para a estabilização ou não do servidor público. Assim, não faz sentido que o servidor público seja considerado apto para o cargo num estágio probatório de dois anos e apenas, após três anos do efetivo exercício vir a ser estabilizado no mesmo cargo. Destaca que segundo a doutrina quando a EC n. 19/1998 diz que os servidores são estáveis após três anos, esse prazo só pode ser de estágio probatório. Ademais, no antigo entendimento, haveria também a circunstância de que, a partir do segundo ano, o servidor perderia o direito à recondução (art. 29, I, da Lei n. 8.112/1990). Sendo assim, o estágio probatório é o período compreendido entre o início do exercício do cargo e a aquisição de estabilidade no serviço público, que se dá após três anos. **Aponta ser também essa a opinião do STF, que considerou ser a nova ordem constitucional do citado art. 41 imediatamente aplicável.** Ressalta que **havendo autorização legal, o servidor público pode avançar na carreira independentemente de se encontrar em estágio probatório.** No caso dos autos, há a Portaria n. 468/2005 da Procuradoria-Geral Federal que restringiu a elaboração e edição de listas de promoção e progressão aos procuradores federais que houvessem findado o estágio probatório entre 1º de julho de 2000 a 30 de junho de 2002. De modo que, no momento da elaboração das listas, como o impetrante não concluiu o requisito no lapso temporal do efetivo exercício para conclusão do período do estado probatório, não pode figurar nas listas de promoção e progressão funcional. Com esse entendimento, a Seção mudou seu posicionamento quanto ao estágio probatório e denegou o MS. **MS 12.523-DF, Rel. Min. Felix Fischer, julgado em 22/4/2009.** (Inform. STJ 391) (g.n.)

ESTABILIDADE. AVALIAÇÃO. DESEMPENHO. LICENÇA. PRAZO.
Quando, dentro do período de três anos, a avaliação de desempenho do servidor (art. 41 da CF/1988, com a redação dada pela EC n. 19/1998) for impossibilitada em razão de afastamentos pessoais, esse prazo deverá ser prorrogado pelo mesmo lapso de tempo em que perdurar o afastamento ou licença, de modo a permitir a referida avaliação, pois o efetivo exercício da função é-lhe condição. Mostra-se, portanto, impossível aproveitar aqueles períodos de licença ou afastamento. Precedentes citados: RMS 9.931-PR, DJ 15/10/2001, e REsp 173.580-DF, DJ 17/12/1999. **RMS 19.884-DF, Rel. Min. Felix Fischer, julgado em 8/11/2007.** (Inform. STJ 338) (g.n.)

6.15.5. Remuneração

Súmula Vinculante STF 16
Os artigos 7º, IV, e 39, § 3º (redação da EC 19/98), da Constituição, referem-se ao total da remuneração percebida pelo servidor público.

Súmula Vinculante STF 15
O cálculo de gratificações e outras vantagens do servidor público não incide sobre o abono utilizado para se atingir o salário mínimo.

Súmula Vinculante STF 6
Não viola a Constituição o estabelecimento de remuneração inferior ao salário mínimo para as praças prestadoras de serviço militar inicial.

Súmula Vinculante STF 4

Salvo nos casos previstos na Constituição, o salário mínimo não pode ser usado como indexador de base de cálculo de vantagem de servidor público ou de empregado, nem ser substituído por decisão judicial.

Súmula STF nº 682

Não ofende a Constituição a correção monetária no pagamento com atraso dos vencimentos de servidores públicos.

Súmula STF nº 681

É inconstitucional a vinculação do reajuste de vencimentos de servidores estaduais ou municipais a índices federais de correção monetária.

Súmula STF nº 679

A fixação de vencimentos dos servidores públicos não pode ser objeto de convenção coletiva.

Súmula STJ nº 378

Reconhecido o desvio de função, o servidor faz jus às diferenças salariais decorrentes.

Súmula STF nº 339

Não cabe ao poder judiciário, que não tem função legislativa, aumentar vencimentos de servidores públicos sob fundamento de isonomia.

Súmula STF nº 43

Não contraria a Constituição Federal o art. 61 da Constituição de São Paulo, que equiparou os vencimentos do ministério público aos da magistratura.

Incorporação de quintos e regime jurídico anterior - 1

É vedada a incorporação de quintos, aos vencimentos de magistrados, decorrente de exercício de função comissionada em cargo público, ocorrido em data anterior ao ingresso na magistratura. Com base nessa orientação, o Tribunal, por maioria, deu parcial provimento a recurso extraordinário em que se discutia, à luz dos artigos 2º, 5º, XXXVI, e 93 da CF, a ocorrência de direito adquirido à incorporação da mencionada vantagem. Em preliminar, por maioria, a Corte conheceu do recurso extraordinário. Pontuou que a controvérsia estabelecida no caso fora considerada, em decisão do Plenário Virtual, como de natureza constitucional e com repercussão geral. Salientou que esse reconhecimento não impossibilitaria que cada Ministro, quando do julgamento final do recurso extraordinário, pudesse se pronunciar em sentido diverso, inclusive quanto à incognoscibilidade do recurso extraordinário. Asseverou que, embora a configuração ou não de direito adquirido constituísse, em geral, matéria de disciplina infraconstitucional, predominaria entendimento de que a discussão relacionada ao sentido e aos limites da própria cláusula da Constituição que estabelecesse essa garantia assumiria características constitucionais. Na espécie, teria natureza constitucional debate acerca do direito à manutenção de regime jurídico. Vencidos, no ponto, os Ministros Luiz Fux, Dias Toffoli e Celso de Melo, que não conheciam do recurso. Afirmavam, com base em precedentes, que, não obstante o sistema constitucional impusesse o respeito ao direito adquirido, a Constituição não o definiria e, em nosso ordenamento positivo, esse conceito representaria matéria de caráter legal. Consideravam que o debate seria concernente à extensão da LC 35/79 (Loman) e, por isso, não haveria conflito direto com a Constituição. Ressaltavam que o pronunciamento do Tribunal seria em tema de estrita legalidade, a dar um desfecho para a dimensão normativa da Loman.

RE 587371/DF, rel. Min. Teori Zavascki, 14.11.2013. (RE-587371)

Incorporação de quintos e regime jurídico anterior - 2

No mérito, o Tribunal recordou expressivo número de recursos em que assentado não haver direito adquirido a regime jurídico. Aduziu que a Constituição asseguraria ao titular de direito adquirido a garantia de sua preservação, inclusive em face de lei nova, a incluir a faculdade de exercê-lo no devido tempo. Ponderou que esses direitos subjetivos somente poderiam ser gozados nos termos em que formados. Além disso, deveriam estar de acordo com a estrutura que lhes conferira o correspondente regime jurídico no âmbito do qual adquiridos e em face daqueles que teriam o dever jurídico de entregar a prestação. Consignou que somente no âmbito deste regime é que o titular do direito adquirido estaria habilitado a exigir a correspondente prestação. Registrou, ademais, que o direito pleiteado não estaria revestido de portabilidade a permitir que os recorridos pudessem exercê-lo fora da relação jurídica de onde se originaram, ainda mais quando não subsistente essa vinculação. **Observou que, inexistente o vínculo funcional, não haveria sentido em afirmar a sobrevivência de certa parcela remuneratória dessa relação jurídica desfeita. Lembrou que, considerada a vedação constitucional de se acumular cargos remunerados, não seria legítimo possuir, em um dos cargos, vantagem devida pelo exercício de outro. Assinalou não haver direito a se formar regime jurídico híbrido, de caráter pessoal e individual, que acumulasse, em um dos cargos, vantagem própria e exclusiva de outro. Aduziu que a garantia de preservação de direito adquirido não serviria para sustentar a criação e o exercício de um**

direito de *tertium genus*, composto de vantagens de dois regimes diferentes, cujo exercício cumulativo não teria amparo na lei ou na Constituição. Concluiu pela inexistência de direito adquirido dos recorridos em continuar a receber os quintos incorporados, após a mudança de regime jurídico. Preservou, no entanto, os valores da incorporação já percebidos em respeito ao princípio da boa-fé.

RE 587371/DF, rel. Min. Teori Zavascki, 14.11.2013. (RE-587371) (g.n.)

Incorporação de quintos e regime jurídico anterior - 3

Vencidos os Ministros Luiz Fux e Dias Toffoli, que negavam provimento ao recurso. Rememoravam que os recorridos postulavam a vantagem até o advento da lei dos subsídios. Fixavam a necessidade de se conceder a vantagem aos que não a tivessem recebido, até o advento dessa norma. Estipulavam que o resultado do presente julgamento deveria ter eficácia a partir do presente, sob pena de se gerar situações anti-isonômicas entre magistrados. Vencido, ainda, o Ministro Marco Aurélio, que dava provimento ao recurso em maior extensão. Apontava que o valor recebido à margem da Constituição durante certo período deveria ser alvo de devolução. Frisava que o Estatuto dos Servidores Públicos preveria a devolução, ainda que em parcelas. Asseverava a inexistência, com as consequências próprias, no caso concreto, de direito adquirido dos recorridos. RE 587371/DF, rel. Min. Teori Zavascki, 14.11.2013. (RE-587371) (Inform. STF 728) (g.n.)

REPERCUSSÃO GERAL EM RE N. 745.811-PA
RELATOR: MIN. GILMAR MENDES

Recurso extraordinário. Repercussão geral da questão constitucional reconhecida. 2. Direito Administrativo. Servidor público. **3. Extensão, por meio de emenda parlamentar, de gratificação ou vantagem prevista pelo projeto do Chefe do Poder Executivo. Inconstitucionalidade. Vício formal. Reserva de iniciativa do Chefe do Poder Executivo para edição de normas que alterem o padrão remuneratório dos servidores públicos. Art. 61, § 1º, II, "a", da Constituição Federal.** 4. Regime Jurídico Único dos Servidores Públicos Civis da Administração Direta, das Autarquias e das Fundações Públicas do Estado do Pará (Lei 5.810/1994). Artigos 132, inciso XI, e 246. Dispositivos resultantes de emenda parlamentar que estenderam gratificação, inicialmente prevista apenas para os professores, a todos os servidores que atuem na área de educação especial. Inconstitucionalidade formal. Artigos 2º e 63, I, da Constituição Federal. 5. Recurso extraordinário provido para declarar a inconstitucionalidade dos artigos 132, XI, e 246 da Lei 5.810/1994, do Estado do Pará. Reafirmação de jurisprudência. (Inform. STF 727) (g.n.)

AG. REG. NO SEGUNDO AG. REG. NO RE N. 590.164-SP
RELATOR: MIN. DIAS TOFFOLI
EMENTA: Agravo regimental no segundo agravo regimental no recurso extraordinário. Verba de representação de Procuradores do Estado de São Paulo. Inclusão no teto remuneratório. Precedentes.

1. A verba de representação recebida pelos Procuradores do Estado de São Paulo não se caracteriza como vantagem de natureza pessoal e, por isso, deve ser incluída no teto remuneratório da categoria.

2. Agravo regimental não provido. (Inform. STF 727)

AG. REG. NO ARE N.705.174-PR
RELATOR: MIN. DIAS TOFFOLI
EMENTA: Servidor público preso preventivamente. Descontos nos proventos. Ilegalidade. Precedentes.

1. **A jurisprudência da Corte fixou entendimento no sentido de que o fato de o servidor público estar preso preventivamente não legitima a Administração a proceder a descontos em seus proventos.**

2. Agravo regimental não provido. (Inform. STF 725) (g.n.)

Conversão monetária: competência e irredutibilidade de vencimentos - 1

O direito de servidor público a determinado percentual compensatório em razão de incorreta conversão do padrão monetário — de Cruzeiro Real para Unidade Real de Valor - URV — decorre exclusivamente dos parâmetros estabelecidos pela Lei 8.880/94, e o *quantum debeatur* deve ser apurado no momento da liquidação de sentença. Ademais, esse percentual não pode ser compensado ou abatido por aumentos remuneratórios supervenientes e deve incidir até reestruturação remuneratória de cada carreira, que, ao suprimir o índice, não poderá ofender o princípio da irredutibilidade de vencimentos. Essa a conclusão do Plenário, que proveu parcialmente recurso extraordinário no qual se discutia a conversão dos vencimentos de servidora pública estadual, tendo em conta a diferença de padrões estabelecidos entre a Lei 8.880/94 e a Lei 6.612/94, do Estado do Rio Grande do Norte. Preliminarmente, admitiu-se a manifestação de *amici curiae*, à luz do art. 543-A, § 6º, do CPC (*"§ 6º O Relator poderá admitir, na análise da repercussão geral, a manifestação de terceiros, subscrita por procurador habilitado, nos termos do Regimento Interno do Supremo Tribunal Federal"*). No mérito, explicou-se que a Lei 8.880/94, instituidora do Plano Real, regulara a conversão do Cruzeiro Real em URV, parâmetro viabilizador da criação do Real. Afirmou-se que, no momento da conversão, inúmeros servidores públicos teriam sido prejudicados em decorrência dos critérios adotados, haja vista o decréscimo em seus vencimentos. Destacou-se haver casos específicos em que o prejuízo teria sido ainda maior, em decorrência de leis estaduais que teriam modificado os parâmetros de conversão firmados pela lei nacional. Sublinhou-se o art. 22, VI, da CF (*"Art. 22. Compete privativamente à União legislar sobre: ... VI - sistema monetário e de medidas, títulos e garantias dos metais"*) e aduziu-se que essa competência privativa da União seria tema pacífico. Asseverou-se que a Lei 8.880/94 trataria de sistema monetário, ao passo que seu art. 28 cuidaria da conversão da remuneração de servidores públicos de maneira geral, e não apenas federais. Assim, salientou-se o caráter nacional dessa norma. Concluiu-se que estados-membros e municípios não estariam autorizados a legislar sobre a matéria em detrimento do que previsto na Lei 8.880/94. Demonstrou-se que esse entendimento estaria de acordo com a jurisprudência da Corte. No caso, apontou-se que a Lei potiguar 6.612/94 não poderia ter disciplinado a conversão do padrão monetário a ser observado em relação aos servidores estaduais de forma distinta daquela disposta na Lei 8.880/94. Portanto, seria formalmente inconstitucional. Assim, a Corte declarou, *incidenter tantum*, a inconstitucionalidade da referida Lei 6.612/94, do Estado do Rio Grande do Norte.

RE 561836/RN, rel. Min. Luiz Fux, 25 e 26.9.2013. (RE-561836)

Conversão monetária: competência e irredutibilidade de vencimentos - 2

Reputou-se que a simples conversão de padrão monetário seria distinta de aumento da remuneração, pois naquele caso os vencimentos permaneceriam no mesmo patamar, conforme precedentes do STF. Assim, nos termos do art. 169, § 1º, I e II, da CF, a concessão de vantagem ou aumento de remuneração é que dependeriam de prévia dotação orçamentária. No particular, não se cuidaria de qualquer dessas duas hipóteses, porquanto a incorporação do índice compensatório representaria apenas medida a evitar perda remuneratória, e não acréscimo nos vencimentos. Rememorou-se que o índice de 11,98% fora reconhecido aos servidores federais no âmbito do Legislativo, do Judiciário e do Ministério Público (ADI 2323 MC/DF, DJU de 20.4.2000). No caso do Executivo Federal, por exemplo, o servidor não teria direito ao aludido percentual, nos termos do que já decidido pela Corte. Sublinhou-se que o direito a diferença decorrente da conversão do Cruzeiro Real em URV incidiria quando o cálculo considerasse valor discrepante do correspondente à data do efetivo pagamento, conforme também já reconhecido pelo STF. Explicitou-se que a incorporação de determinado índice decorrente de conversão equivocada seria medida legítima e necessária, sob pena de a supressão originar ofensa ao princípio da irredutibilidade da remuneração dos servidores públicos. Eventual exclusão do índice durante período em que não alterada a estrutura remuneratória do servidor representaria medida ofensiva ao direito adquirido. Consignou-se que esse índice seria devido em decorrência de equívoco na conversão da moeda, o que não impediria seu acúmulo com índice de aumento posterior concedido a servidores para assegurar poder de compra. Entretanto, a incorporação do índice compensatório não poderia subsistir quando a carreira tivesse sofrido reestruturação, pois o percentual não poderia permanecer indeterminadamente. Assim, por exemplo, com a entrada em vigor da Lei 10.475/2002, a reestruturar as carreiras dos cargos efetivos da Justiça Federal, os valores das parcelas decorrentes de decisões administrativas e judiciais teriam sido absorvidos pela nova tabela de vencimentos. Nesse sentido, a possibilidade de o regime jurídico de servidor público sofrer alterações obstaria a tese de que o montante compensatório devesse ser mantido indefinidamente. Portanto, seria correto vedar a compensação desse percentual com aumentos supervenientes concedidos a servidores públicos.

RE 561836/RN, rel. Min. Luiz Fux, 25 e 26.9.2013. (RE-561836) (Inform. STF 721)

AG. REG. NO RE N. 449.427-PR
RELATOR: MIN. TEORI ZAVASCKI

Ementa: ADMINISTRATIVO. AGRAVO REGIMENTAL NO RECURSO EXTRAORDINÁRIO. AUSÊNCIA DE IMPUGNAÇÃO ESPECÍFICA A FUNDAMENTO DA DECISÃO AGRAVADA. SÚMULA 284/STF. SERVIDOR PÚBLICO. TETO SALARIAL CALCULADO COM LASTRO EM VENCIMENTO BASE INFERIOR AO SALÁRIO MÍNIMO NACIONAL. POSSIBILIDADE. PRECEDENTES DO TRIBUNAL PLENO. OFENSA AO ART. 37, XV, DA CF. INOCORRÊNCIA. OBSERVÂNCIA DO VALOR NOMINAL DA REMUNERAÇÃO GLOBAL DO SERVIDOR.

1. **A aplicação do art. 7º, IV, da CF aos servidores públicos leva em conta a remuneração total recebida, não havendo óbice para a fixação de vencimento base em quantia inferior ao salário mínimo nacional** (RE 197072, Relator(a): Min. MARCO AURÉLIO, Tribunal Pleno, DJ de 08-06-2001; RE 265129, Relator(a): Min. ILMAR GALVÃO, Tribunal Pleno, DJ de 14-11-2002).

2. A jurisprudência do Supremo Tribunal Federal é firme no sentido de que o princípio da irredutibilidade salarial não é ofendido quando o valor nominal da remuneração global do servidor é preservado.

3. Agravo regimental parcialmente conhecido e, nessa parte, desprovido. (Inform. STF 716) (g.n.)

AG. REG. NO ARE N. 654.260- RJ
RELATOR: MIN. DIAS TOFFOLI

EMENTA: Agravo regimental no recurso extraordinário com agravo. Teto remuneratório. Empregado de sociedade de economia mista. CEDAE. Entidade sem autonomia financeira. Aplicação do art. 37, inciso XI, da CF. Precedentes.

1. **A limitação remuneratória estabelecida pelo art. 37, inciso XI, da Constituição Federal aplica-se também**

aos empregados das empresas públicas e das sociedades de economia mista que receberem recursos públicos para pagamento de pessoal e custeio em geral, conforme disposto no § 9º do referido artigo. 2. Agravo regimental não provido. (Inform. STF 712) (g.n.)

AG. REG. NO RE N. 265.407-SC
RELATOR: MIN. TEORI ZAVASCKI
Ementa: ADMINISTRATIVO E PROCESSUAL CIVIL. AGRAVO REGIMENTAL NO RECURSO EXTRAORDINÁRIO. **DELEGADOS DE POLÍCIA E PROCURADORES DO ESTADO. ISONOMIA. EXIGÊNCIA DE LEI ESPECÍFICA**. PRECEDENTES. PERDA DE OBJETO. INOCORRÊNCIA.
AGRAVO REGIMENTAL A QUE SE NEGA PROVIMENTO. (Inform. STF 707) (g.n.)

EC 41/2003: teto remuneratório e vantagens pessoais
As vantagens pessoais percebidas antes da entrada em vigor da EC 41/2003 não se computam para fins de cálculo do teto constitucional. Com esse entendimento, a 2ª Turma, por maioria, concedeu a ordem em mandado de segurança impetrado por procurador da república aposentado, para reconhecer o direito do impetrante de — a partir da data da impetração — continuar a receber, sem redução, o montante bruto que percebia anteriormente à EC 41/2003, até a sua total absorção pelas novas formas de composição de seus proventos. O Min. Gilmar Mendes, relator, destacou que a matéria fora objeto de decisão pelo Plenário desta Corte. Vencido o Min. Ayres Britto, que denegava a segurança. MS 27565/DF, rel. Min. Gilmar Mendes, 18.10.2011. (MS-27565) (Inform. STF 645) (g.n.)

RE N. 419.874-SP
RELATOR: MIN. MARCO AURÉLIO
REMUNERAÇÃO – SERVIDOR DO EXECUTIVO ESTADUAL – TETO – EMENDA CONSTITUCIONAL Nº 19/98 – EFICÁCIA PROJETADA NO TEMPO – ARTIGO 37, INCISO XI, DA CONSTITUIÇÃO FEDERAL, NA REDAÇÃO PRIMITIVA – SUBSISTÊNCIA DO TETO REVELADO PELA REMUNERAÇÃO DE SECRETÁRIO DE ESTADO. A eficácia do inciso XI do artigo 37 da Constituição Federal, na redação decorrente da Emenda Constitucional nº 19/98, ficou jungida à fixação, por lei de iniciativa conjunta do Presidente da República, do Presidente do Supremo, do Presidente da Câmara e do Presidente do Senado, do subsídio, persistindo a vigência do texto primitivo da Carta, no que contemplado o teto por Poder, consideradas as esferas federal e estadual. (Inform. STF 619)

RE N. 558.258-SP
RELATOR: MIN. RICARDO LEWANDOWSKI
EMENTA: CONSTITUCIONAL. RECURSO EXTRAORDINÁRIO. SERVIDOR PÚBLICO. SUBTETO REMUNERATÓRIO. ART. 37, XI, DA CONSTITUIÇÃO DA REPÚBLICA. ABRANGÊNCIA DO TERMO "PROCURADORES". PROCURADORES AUTÁRQUICOS ABRANGIDOS PELO TETO REMUNERATÓRIO. ALTERAÇÃO QUE, ADEMAIS, EXIGE LEI EM SENTIDO FORMAL. RECURSO EXTRAORDINÁRIO IMPROVIDO.

I – A referência ao termo "Procuradores", na parte final do inciso IX do art. 37 da Constituição, deve ser interpretada de forma a alcançar os Procuradores Autárquicos, uma vez que estes se inserem no conceito de Advocacia Pública trazido pela Carta de 1988.

II – **A jurisprudência do Supremo Tribunal Federal, de resto, é firme no sentido de que somente por meio de lei em sentido formal é possível a estipulação de teto remuneratório.**

III - Recurso extraordinário conhecido parcialmente e, nessa parte, improvido. (Inform. STF 619) (g.n.)

AG.REG. NO RE N. 482.411-CE
RELATOR: MIN. RICARDO LEWANDOWSKI
EMENTA: ADMINISTRATIVO. SERVIDOR PÚBLICO. OFENSA DIRETA À CONSTITUIÇÃO. INAPLICABILIDADE DA SÚMULA 280 DO STF. VANTAGEM INCORPORADA. INEXISTÊNCIA DE DIREITO ADQUIRIDO A REGIME JURÍDICO, RESPEITADA A IRREDUTIBILIDADE DE VENCIMENTOS. AUSÊNCIA DE IMPUGNAÇÃO ESPECÍFICA DOS FUNDAMENTOS DA DECISÃO AGRAVADA. SÚMULA 283 DO STF. PRECEDENTES.

I – Tratando-se de matéria declarada inconstitucional pelo STF, a ofensa à Constituição ocorreu de forma direta. Não incidência da Súmula 280 do STF.

II - Estabilidade financeira: inexistência de direito adquirido de servidores ativos e inativos à permanência do regime legal de reajuste de vantagem. Precedentes.

III – **O servidor público não tem direito adquirido a regime jurídico de reajuste de vantagem funcional incorporada**. Precedentes.

IV – Incumbe ao recorrente o dever de impugnar, de forma específica, cada um dos fundamentos da decisão atacada, sob pena de não conhecimento do recurso. Incidência da Súmula 283 do STF. Precedentes.

V – Agravo regimental improvido. (Inform. STF 611) (g.n.)

Revisão Geral de Remuneração (28,86%): Servidores Civis e Militares
O Tribunal resolveu questão de ordem suscitada pelo Min. Gilmar Mendes, em recurso extraordinário do qual relator, em que discutida a possibilidade de extensão do índice de reajuste de 28,86% aos militares contemplados com índices inferiores pelas Leis 8.622/93 e 8.627/93, para: a) reconhecer a repercussão geral da questão analisada neste recurso; b) também reconhecer a repercussão geral da extensão do reajuste de 28,86% aos servidores civis, ressaltan-

do, quanto a essa matéria, entendimento consolidado pela edição do Enunciado 672 da Súmula do STF (*"O reajuste de 28,86%, concedido aos servidores militares pelas Leis 8622/1993 e 8627/1993, estende-se aos servidores civis do poder executivo, observadas as eventuais compensações decorrentes dos reajustes diferenciados concedidos pelos mesmos diplomas legais"*); **c) reafirmar a jurisprudência da Corte segundo a qual há de se estender o reajuste de 28,86% aos servidores militares contemplados com índices inferiores pelas Leis 8.622/93 e 8.627/93, já que se trata de revisão geral dos servidores públicos, observadas, entretanto, as compensações de reajustes concedidos e a limitação temporal da Medida Provisória 2.131/2000, atual Medida Provisória 2.215-10/2001**; d) prover parcialmente este recurso extraordinário, apenas para limitar as diferenças devidas à data em que entrara em vigor a referida medida provisória; e) autorizar o STF e os demais tribunais a adotar procedimentos relacionados à repercussão geral, principalmente a retratação de decisões ou a declaração de prejuízo de recursos extraordinários, sempre que as decisões contrariarem ou confirmarem, respectivamente, a jurisprudência ora reafirmada. **Alguns precedentes citados: RE 408754 AgR/BA (DJU de 25.2.2005); RMS 22307/DF (DJU de 13.6.1997); RE 410778/RS (DJU de 26.8.2005); RE 580108 QO/SP (DJe de 5.2.2009). RE 584313 QO/RJ, rel. Min. Gilmar Mendes, 6.10.2010.** (RE-584313) (Inform. STF 603) (g.n.)

Art. 37, XI, da CF e Não AutoAplicabilidade
Por não ser autoaplicável a norma do art. 37, XI, da CF, na redação que lhe foi dada pela EC 19/98 — haja vista que a fixação do subsídio mensal, em espécie, de Ministro do Supremo Tribunal Federal depende de lei formal de iniciativa conjunta dos Presidentes da República, da Câmara dos Deputados, do Senado Federal e do Supremo Tribunal Federal —, e, em razão da inexistência dessa fixação, continua em vigor a redação primitiva desse dispositivo. Essa foi a orientação firmada pela Corte, ao prover uma série de recursos extraordinários interpostos pelo Estado de São Paulo contra acórdãos que entenderam que, com a promulgação da EC 19/98, ter-se-ia subtraído dos Estados e Municípios a faculdade de fixarem subtetos, a título de vencimentos de seus servidores públicos por lei ordinária e no âmbito de sua competência. Determinou-se, ainda, a aplicação do regime previsto no art. 543-B do CPC, e autorizou-se que os relatores decidam monocraticamente os casos anteriores idênticos. **RE 417200/SP, rel. Min. Marco Aurélio, 24.6.2010. (RE-417200) RE 419703/SP, rel. Min. Marco Aurélio, 24.6.2010. (RE-419703) RE 419874/SP, rel. Min. Marco Aurélio, 24.6.2010. (RE-419874) RE 419922/SP, rel. Min. Marco Aurélio, 24.6.2010. (RE 419992) RE 424053/SP, rel. Min. Marco Aurélio, 24.6.2010.** (RE 424053) (Inform. STF 592) (g.n.)

ADI e Reajuste Automático de Vencimentos
O Tribunal julgou procedente pedido formulado em ação direta proposta pelo Governador de Rondônia para declarar a inconstitucionalidade dos artigos 3º e 4º da Lei 256/89, do referido Estado-membro, que dispõe sobre o vencimento básico dos Desembargadores do Tribunal de Justiça local, cria fórmula de reajuste e dá outras providências. Inicialmente, considerou-se que o exame do art. 1º da lei impugnada, que fixa os valores dos vencimentos e da representação mensal dos Desembargadores estaduais, estaria prejudicado, ante sua revogação pela Lei rondoniense 326/91. Além disso, observou-se que a análise da constitucionalidade tanto do art. 1º quanto do art. 2º da referida norma — que prevê o cálculo da gratificação adicional por tempo de serviço com base em 5% por quinquênio de serviço sobre o vencimento básico mais a verba de representação — também estaria prejudicada, em razão da alteração, pelas emendas constitucionais 19/98 e 41/2003, do parâmetro de controle enfocado pelo autor, a saber, o art. 37, XI e XII, da CF. Por outro lado, **entendeu-se que os artigos 3º e 4º desse diploma legal — que estabelecem, respectivamente, que o vencimento básico será reajustado quadrimestralmente em percentual igual ao da variação acumulada do IPC - Índice de Preços ao Consumidor, e que, sempre que a variação do IPC, verificada no mês anterior, for superior a 7%, o vencimento básico será reajustado, a cada mês, a título de antecipação pelo percentual correspondente a este excedente — estariam em confronto com o entendimento prevalecente no Supremo no sentido de que o reajuste automático de vencimentos de servidores públicos, tomando-se como base a variação de indexadores de atualização monetária, desrespeita a autonomia dos Estados-membros e a vedação constitucional de vinculação, para efeito de remuneração de servidores públicos, nos termos dos artigos 25 e 37, XIII, da CF. ADI 285/RO, rel. Min. Cármen Lúcia, 4.2.2010.** (ADI-285) (Inform. STF 573) (g.n.)

Aumento da Jornada de Trabalho e Irredutibilidade do Salário
A Turma reformou acórdão de tribunal de justiça local que reconhecera a legalidade de decreto municipal que implicara o aumento da jornada de trabalho de servidores públicos daquele ente federado de trinta para quarenta horas semanais, mantida a remuneração anterior. O sindicato recorrente sustentava ofensa ao art. 7º, VI, da CF (*"São direitos dos* trabalhadores urbanos e rurais, além de outros que visem à melhoria de sua condição social: ... VI - irredutibilidade do salário, salvo o *disposto em convenção ou acordo coletivo;"*). **Entendeu-se estar configurada a violação do princípio da irredutibilidade dos vencimentos**, na medida em que ao aumento da carga de trabalho não se seguira à indispensável contraprestação, alcançando o Poder Público vantagem indevida. **RE 255792/MG, rel. Min. Marco Aurélio, 28.4.2009.** (RE-255792) (Inform. STF 544) (g.n.)

Recomposição Salarial: Servidores Estaduais e Reajuste Concedido no Âmbito Federal
A Turma deu provimento a recurso extraordinário **para assentar a impossibilidade de tribunais locais concederem a servidores estaduais diferença de percentual de reajuste concedido no âmbito federal, com base no princípio da isonomia**. No caso, apesar de os servidores do Estado terem sido beneficiados, mediante lei local, com certo reajuste, o tribunal de origem impusera diferença tendo em conta aquela observada no âmbito federal, a partir da premissa segundo a qual teriam sido favorecidas outras categorias profissionais. Assentou-se descaber, na espécie, implementar a igualização quanto à melhoria de vencimentos. Registrou-se que não estariam em jogo os atos por meio dos quais fora estendido o benefício a agentes e servidores do Estado, mas tão somente a definição quanto à existência de direitos desses últimos ao tratamento conferido no âmbito federal, em que pese ao pacto federativo. No ponto, afastou-se a possibilidade de reconhecimento desses, sob pena de ruir a autonomia do Legislativo local presentes princípios sensíveis da Constituição Federal. **RE 459128/AL, rel. Min. Marco Aurélio, 7.4.2009.** (RE-459128) (Inform. STF 541) (g.n.)

ADI e Vinculação de Vencimentos
O Tribunal julgou procedente pedido formulado em ação direta proposta pelo Governador do Estado do Rio Grande do Sul **para declarar a inconstitucionalidade do art. 28 da Constituição estadual que assegura aos servidores das fundações instituídas e mantidas pelo Estado os mesmos direitos daqueles das fundações públicas, observado o respectivo regime jurídico**. Entendeu-se que o dispositivo impugnado é demasiadamente abrangente, pois equipara, sem distinção, os servidores de fundações instituídas e mantidas pelo Estado, inclusive fundações privadas, aos servidores das fundações públicas, garantindo-lhes identidade de direitos, dentre os quais o relativo à remuneração, em afronta ao art. 37, XIII, da CF, que veda a vinculação ou equiparação de quaisquer espécies remuneratórias para o efeito de remuneração de pessoal do serviço público, e ao Enunciado 339 da Súmula do STF. Alguns precedentes citados: ADI 1344 MC/ES (DJU de 19.4.96); RE 402364 AgR/PA (DJU de 18.5.2007). ADI 191/RS, rel. Min. Cármen Lúcia, 29.11.2007. (ADI-191) (Inform. STF 490) (g.n.)

Aumento de Remuneração e Vício de Iniciativa
O Tribunal julgou procedente pedido formulado em ação direta ajuizada pelo Governador do Estado de Rondônia **para declarar a inconstitucionalidade dos artigos 4º e 5º da Lei estadual 227/89, resultantes de emenda parlamentar, que, respectivamente, fixa o mês de maio como a data-base para o funcionalismo público daquela unidade federativa, e estabelece que a *"política salarial dos funcionários públicos do Estado de Rondônia, acompanhará em acordo à política dos funcionários públicos proposta pela União"*.** Entendeu-se que **os artigos impugnados ofendem o art. 61, § 1º, II, a, da CF, que confere iniciativa privativa ao Chefe do Poder Executivo para instauração do processo legislativo em tema concernente ao aumento de remuneração de servidores públicos, bem como o art. 63, I, a, CF, que proíbe o aumento da despesa prevista nos projetos de iniciativa exclusiva do Presidente da República**, ressalvado o disposto no art. 166, §§ 3º e 4º. Considerou-se que os referidos preceitos **afrontam, ainda, o disposto no inciso X do art. 37 da CF, que estabelece que a remuneração dos servidores públicos somente poderá ser fixada ou alterada por lei específica**, e no inciso XIII desse mesmo artigo, que **veda a vinculação ou equiparação de quaisquer espécies remuneratórias para o efeito de remuneração de pessoal do serviço público**. Alguns precedentes citados: ADI 507/DF (DJU de 8.8.2003); ADI 3114/SP (DJU de 7.4.2006); ADI 2170/SP (DJU de 9.9.2005); ADI 2569/CE (DJU de 2.5.2003); ADI 237/RJ (DJU de 1º.7.93); ADI 1064/MS (DJU de 26.9.97). ADI 64/RO, rel. Min. Cármen Lúcia, 21.11.2007. (ADI-64) (Inform. STF 489)

Desconto de Remuneração e Princípios Constitucionais
O Tribunal negou provimento a recurso extraordinário, afetado ao Pleno pela 1ª Turma, interposto pelo Estado de Minas Gerais contra acórdão do tribunal de justiça local que declarara a inconstitucionalidade de norma estadual que estabeleceu o **desconto nos vencimentos de servidores públicos afastados de suas funções por responderem a processo penal em face de suposto cometimento de crime funcional**. O recorrente sustentava, na espécie, a legitimidade dessa redução, porquanto efetuada com suporte na legislação estadual (Lei mineira 2.364/61, art. 2º), em consonância com os princípios da legalidade e da moralidade. Aduzia, ainda, que não haveria ofensa aos princípios da presunção de inocência e da irredutibilidade de vencimentos, já que prevista a devolução dos valores subtraídos, em caso de absolvição — v. Informativo 484. Preliminarmente, não se conheceu do recurso quanto aos princípios da legalidade e da moralidade, por ausência de prequestionamento (Enunciados da Súmula 282 e 356 do STF). Quanto às demais questões, **entendeu-se que o referido dispositivo legal, de fato, não teria sido recepcionado pela Constituição Federal, por violar tanto o princípio da presunção de inocência (CF, art. 5º, LVII) quanto o da irredutibilidade de vencimentos (CF, art. 37, XV). Asseverou-se que, se se admitisse a redução da remuneração dos servidores na hipótese prevista na mencionada lei, legitimar-se-ia verdadeira antecipação de pena, antes mesmo de eventual condenação, nada importando a previsão de devolução das diferenças, no caso de absolvição. Além disso, tal hipótese não se encontraria entre as exceções estabe-**

lecidas pelo art. 37, XV, da CF. RE 482006/MG, rel. Min. Ricardo Lewandowski, 7.11.2007. (RE-482006) (Inform. STF 487) (g.n.)

Reajuste de Vencimentos e Vinculação

O Tribunal deu provimento a recurso extraordinário interposto pelo Estado de Santa Catarina contra acórdão do tribunal de justiça local para cassar mandado de segurança coletivo lá concedido e declarar a inconstitucionalidade da **Lei Complementar estadual 101/93, que vincula o reajuste dos vencimentos dos servidores públicos do Poder Judiciário estadual ao incremento da arrecadação do ICMS. Entendeu-se que a lei impugnada ofende o art. 167, IV, da CF, que veda a vinculação de receita de impostos a órgão, fundo ou despesa, o art. 37, XIII, da CF, na redação que lhe foi conferida pela EC 19/98, que proíbe a vinculação ou equiparação de quaisquer espécies remuneratórias para o efeito de remuneração de pessoal do serviço público, e, ainda, o art. 96, II, b, da CF, que somente autoriza aumento de remuneração de servidores do Poder Judiciário, por meio de lei específica, de iniciativa do respectivo Tribunal**. Precedentes citados: AO 264/SC (DJU de 13.10.95); AO 389/SC (DJU de 16.8.96); AO 317/SC (DJU de 15.12.95). RE 218874/SC, rel. Min. Eros Grau, 7.11.2007. (RE-218874) (Inform. STF 487) (g.n.)

Subteto de Magistrados Estaduais e Art. 37, XI, e § 12, da CF - 1

O Tribunal, por maioria, deferiu pedido de liminar formulado em ação direta de inconstitucionalidade ajuizada pela Associação dos Magistrados Brasileiros - AMB para, dando interpretação conforme à Constituição ao art. 37, XI, e § 12, da Constituição Federal, o primeiro dispositivo, na redação da EC 41/2003, e o segundo, introduzido pela EC 47/2005, **excluir a submissão dos membros da magistratura estadual ao subteto de remuneração, bem como para suspender a eficácia do art. 2º da Resolução 13/2006 e do art. 1º, parágrafo único, da Resolução 14/2006, ambas do Conselho Nacional de Justiça - CNJ, as quais fixam, como limite remuneratório dos magistrados e servidores dos Tribunais de Justiça, 90,25% do subsídio mensal de Ministro do STF** (CF, art. 37: *"XI - a remuneração e o subsídio... dos membros de qualquer dos Poderes da União, dos Estados, do Distrito Federal e dos Municípios... não poderão exceder o subsídio mensal, em espécie, dos Ministros do Supremo Tribunal Federal, aplicando-se como limite... o subsídio dos Desembargadores do Tribunal de Justiça, limitado a noventa inteiros e vinte e cinco centésimos por cento do subsídio mensal, em espécie, dos Ministros do Supremo Tribunal Federal, no âmbito do Poder Judiciário... § 12. Para os fins do disposto no inciso XI do caput deste artigo, fica facultado aos Estados e ao Distrito Federal fixar, em seu âmbito, mediante emenda às respectivas Constituições e Lei Orgânica, como limite único, o subsídio mensal dos Desembargadores do respectivo Tribunal de Justiça, limitado a noventa inteiros e vinte e cinco centésimos por cento do subsídio mensal dos Ministros do Supremo Tribunal Federal, não se aplicando o disposto neste parágrafo aos subsídios dos Deputados Estaduais e Distritais e dos Vereadores."*). ADI 3854 MC/DF, rel. Min. Cezar Peluso, 28.2.2007. (ADI-3854)

Subteto de Magistrados Estaduais e Art. 37, XI, e § 12, da CF - 2

Salientando-se o caráter nacional e unitário do Poder Judiciário, entendeu-se que as normas em questão, aparentemente, violam o princípio da isonomia (CF, art. 5º, *caput* e I) por estabelecerem, sem nenhuma razão lógico-jurídica que o justifique, tratamento discriminatório entre magistrados federais e estaduais que desempenham iguais funções e se submetem a um só estatuto de âmbito nacional (LC 35/79), restando ultrapassados, desse modo, pela EC 41/2003, os limites do poder constitucional reformador (CF, art. 60, § 4º, IV). Asseverou-se que o caráter nacional da estrutura judiciária está reafirmado na chamada regra de escalonamento vertical dos subsídios, de alcance nacional, e objeto do art. 93, V, da CF, que, ao dispor sobre a forma, a gradação e o limite para fixação dos subsídios dos magistrados não integrantes dos Tribunais Superiores, não faz distinção, nem permite que se faça, entre órgãos dos níveis federal e estadual, mas sim os reconhece como categorias da estrutura judiciária nacional. Considerou-se, ademais, manifesto o *periculum in mora*, tendo em conta que já determinada a implementação do teto remuneratório da magistratura estadual em sete tribunais, estando outros oito no aguardo de decisão do CNJ para também fazê-lo. Vencido, parcialmente, o Min. Marco Aurélio, que deferia a liminar em menor extensão, tão somente para suspender a eficácia das resoluções do CNJ, e, integralmente, o Min. Joaquim Barbosa, que a indeferia. Precedentes citados: ADI 3367/DF (DJU de 17.3.2006); ADI 2087 MC/AM (DJU de 19.9.2003). ADI 3854 MC/DF, rel. Min. Cezar Peluso, 28.2.2007. (ADI-3854) (Inform. STF 457) (g.n.)

Vinculação de Subsídios a Vencimentos

O Tribunal julgou procedente pedido formulado em ação direta proposta pelo Procurador-Geral da República para declarar a inconstitucionalidade do art. 4º, da Lei 11.894/2003, do Estado do Rio Grande do Sul, que vincula o reajuste dos subsídios do Governador, do Vice-Governador e dos Secretários de Estado ao reajuste concedido aos servidores públicos estaduais. Entendeu-se que o dispositivo impugnado viola o art. 37, XIII, da CF, que veda a equiparação ou vinculação de quaisquer espécies remuneratórias para o efeito de remuneração de pessoal do serviço público, bem como o art. 49, VIII, da CF, de observância obrigatória pelos Estados-membros, que estabelece a competência exclusiva do Congresso Nacional para fixar os subsídios do Presidente e do Vice-Presidente da República e dos Ministros de Estado.

ADI 3491/RS, rel. Min. Carlos Britto, 27.9.2006. (ADI-3491) (Inform. STF 442)

Teto Constitucional* e *EC 41/2003 - 7

Concluído julgamento de **mandado de segurança impetrado por Ministros do Supremo aposentados contra atos do Presidente da Corte e do próprio STF, consubstanciados na determinação da redução dos proventos da aposentadoria dos impetrantes ao limite constitucional, de acordo com o disposto no art. 37, XI, da CF, na redação dada pela EC 41/2003. Alegava-se, em suma, a inconstitucionalidade das expressões "*pessoais ou*", contida no referido dispositivo, e "*e da parcela recebida em razão de tempo de serviço*", constante do art. 8º da EC 41/2003, para garantir aos impetrantes o direito de continuarem a receber o adicional máximo de 35% por tempo de serviço e o acréscimo de 20%, por haverem se aposentado no exercício de cargo isolado no qual permaneceram por mais de 3 anos** (Lei 1.711/52, art. 184 e Lei 8.112/90, art. 250) — v. Informativos 418 e 419. **O Tribunal, por maioria, deferiu, em parte, o *writ*, para garantir aos impetrantes o direito de continuarem a receber a vantagem a que se refere o art. 184, da Lei 1.711/52, até que seu montante seja absorvido pelo subsídio fixado em lei para o Ministro do STF.**

MS 24875/DF, rel. Min. Sepúlveda Pertence, 11.5.2006. (MS-24875)

Teto Constitucional* e *EC 41/2003 - 8

No que se refere ao adicional por tempo de serviço - ATS, entendeu-se que, no tocante à magistratura, a extinção da referida vantagem, decorrente da instituição do subsídio em "parcela única", não acarretou indevido prejuízo financeiro a nenhum magistrado, eis que, por força do art. 65, VIII, da LOMAN, desde sua edição, o ATS estava limitado a 35% calculados sobre o vencimento e a representação mensal (LOMAN, art. 65, § 1º). Além disso, em razão do teto constitucional primitivo estabelecido para todos os membros do Judiciário, nenhum deles poderia receber, a título de ATS, montante superior ao que percebido por Ministro do STF, com o mesmo tempo de serviço. No ponto, ressaltou-se a jurisprudência da Corte no sentido da impossibilidade de o agente público opor, sob alegação de direito adquirido, a pretensão de manter determinada fórmula de composição de sua remuneração total, se, da alteração, não decorre a redução dela. Ainda quanto ao ATS, afastou-se, da mesma forma, a apontada ofensa ao princípio da isonomia, já que, para seu acolhimento, a arguição pressuporia que a própria Constituição tivesse erigido o maior ou menor tempo de serviço público em fator compulsório do tratamento remuneratório dos servidores, o que não se dá, por ser ATS vantagem remuneratória de origem infraconstitucional.

MS 24875/DF, rel. Min. Sepúlveda Pertence, 11.5.2006. (MS-24875)

Teto Constitucional* e *EC 41/2003 - 9

No que diz respeito ao acréscimo de 20% sobre os proventos, considerou-se que tal vantagem não substantiva um direito adquirido de envergadura constitucional, razão por que, com a EC 41/2003, não seria possível assegurar sua percepção indefinida no tempo, fora ou além do teto a todos submetido. Reconheceu-se, entretanto, que a Constituição assegurou diretamente aos impetrantes, magistrados, o direito à irredutibilidade de vencimentos — modalidade qualificada de direito adquirido — oponível às emendas constitucionais. Vencido o Min. Marco Aurélio que também deferia, em parte, o *writ*, mas em maior extensão, e os Ministros Joaquim Barbosa, Cezar Peluso, Carlos Britto, Eros Grau e Nelson Jobim que o indeferiam integralmente.

MS 24875/DF, rel. Min. Sepúlveda Pertence, 11.5.2006. (MS-24875) (Inform. STF 426) (g.n.)

DIREITO ADMINISTRATIVO. AUXÍLIO-ALIMENTAÇÃO REFERENTE A PERÍODO DE FÉRIAS.

O servidor público tem direito ao recebimento de auxílio-alimentação referente a período de férias. **Precedentes citados: AgRg no AREsp 276.991-BA, Segunda Turma, DJe 8/5/2013; e AgRg no REsp 1.082.563-CE, Sexta Turma, DJe 1º/2/2011.** AgRg no REsp 1.360.774-RS, Rel. Min. Humberto Martins, julgado em 18/6/2013. **(Inform. STJ 526)**

DIREITO ADMINISTRATIVO. ALCANCE DO REAJUSTE DE 31,87% CONCEDIDO PELAS LEIS 8.622, 8260;1993 E 8.627/1993.

Os demais servidores públicos não fazem jus à diferença entre o reajuste de 31,87% concedido aos oficiais-generais do Exército pelas Leis 8.622/1993 e 8.627/1993, e o reajuste de 28,86%, deferido a todo o funcionalismo público. Isso porque o reajuste concedido aos oficiais-generais não caracteriza revisão geral apta a ser estendida a todos servidores. Precedente citado: EREsp 550.687-PE, Terceira Seção, DJ 31/5/2004. **AgRg no REsp 1.342.593-SC, Rel. Min. Mauro Campbell Marques, julgado em 21/3/2013.** (Inform. STJ 519)

DIREITO ADMINISTRATIVO. PAGAMENTO DE AUXÍLIO-TRANSPORTE A SERVIDOR PÚBLICO QUE UTILIZA VEÍCULO PRÓPRIO.

É devido o pagamento de auxílio-transporte ao servidor público que utiliza veículo próprio no deslocamento para o trabalho. Esse é o entendimento do STJ sobre o disposto no art. 1º da MP n. 2.165-36/2001. Precedentes citados: AgRg nos EDcl no Ag 1.261.686-

RS, DJe 3/10/2011, e EDcl nos EDcl no AgRg no REsp 576.442-PR, DJe 4/10/2010. **AgRg no AREsp 238.740-RS, Rel. Min. Mauro Campbell Marques, julgado em 18/12/2012.** (Inform. STJ 515).

DIREITO ADMINISTRATIVO. SERVIDOR PÚBLICO. INCORPORAÇÃO DA GAE AO VENCIMENTO BÁSICO. RECURSO REPETITIVO (ART. 543-C DO CPC E RES. N. 8/2008-STJ).

Os servidores do quadro do Ministério da Fazenda não têm direito ao recebimento cumulativo da Gratificação de Atividade – GAE com o vencimento básico estabelecido pela Lei n. 11.907/2009. A referida lei determinou a incorporação da GAE ao vencimento básico dos servidores a partir de 1º/7/2008 e estabeleceu que a nova remuneração não poderia ser cumulada com os valores já percebidos anteriormente pelos servidores a título de GAE, para evitar pagamento em duplicidade dos valores referentes à gratificação já incorporada ao novo vencimento (art. 311). Ademais, a supressão do pagamento da GAE a partir de 29/8/2008 (art. 254, I, **a** da Lei n. 11.907/2009) não produziu nenhum efeito financeiro concreto sobre a remuneração dos servidores, pois já em 1º/7/2008 a gratificação deixou de ser paga como adicional e seus valores foram incorporados ao vencimento básico dos servidores. Precedentes citados: REsp 1.306.871-RS, DJe 23/5/2012, e AgRg no REsp 1.301.046-PR, DJe 24/4/2012. **REsp 1.343.065-PR, Rel. Min. Mauro Campbell Marques, julgado em 28/11/2012. (Inform. STJ 510)**

DIREITO PROCESSUAL CIVIL. EXECUÇÃO DE SENTENÇA QUE CONCEDE REAJUSTES SALARIAIS A SERVIDOR PÚBLICO. POSSIBILIDADE DE CUMULAÇÃO DAS OBRIGAÇÕES DE FAZER E DE PAGAR QUANTIA CERTA.

É possível a cumulação das execuções das obrigações de fazer – implementação de reajuste – e de pagar quantia certa – pagamento das prestações vencidas – na execução de sentença que concede reajustes salariais a servidor público. Precedentes citados: REsp 952.126-RS, DJe 1º/9/2011, e AgRg no AgRg no AgRg no REsp 633.344-RS, DJe 7/12/2009. **REsp 1.263.294-RR, Rel. Min. Diva Malerbi (Desembargadora convocada do TRF da 3ª Região), julgado em 13/11/2012. (Inform. STJ 509)**

DIREITO ADMINISTRATIVO. DIFERENÇAS REMUNERATÓRIAS. CONVERSÃO. LIMITAÇÃO TEMPORAL.

As diferenças remuneratórias decorrentes da conversão dos proventos dos servidores em URV, embora não possam ser compensadas com reajustes posteriores, ficam limitadas à data da reestruturação da carreira, com a instituição de um novo regime jurídico remuneratório. Precedentes citados: AgRg no REsp 40.081-RS, DJe 16/11/2011, e AgRg no REsp 1.142.274-RS, DJe 5/4/2010. **AgRg no AREsp 199.224-MG, Rel. Min. Mauro Campbell Marques, julgado em 18/10/2012. (Inform. STJ 507)**

VALORES RECEBIDOS INDEVIDAMENTE. SERVIDOR PÚBLICO. BOA-FÉ.

É incabível a restituição ao erário dos valores recebidos de boa-fé pelo servidor público em decorrência de errônea ou inadequada interpretação da lei por parte da Administração Pública. Em virtude do princípio da legítima confiança, o servidor público, em regra, tem a justa expectativa de que são legais os valores pagos pela Administração Pública, porque jungida à legalidade estrita. Assim, diante da ausência da comprovação da má-fé no recebimento dos valores pagos indevidamente por erro de direito da Administração, a Turma deu provimento ao recurso para afastar qualquer desconto na remuneração da recorrente, a título de reposição ao erário. Precedente citado do STJ: EREsp 711.995-RS, DJe 7/8/2008. **RMS 18.780-RS, Rel. Min. Sebastião Reis Júnior, julgado em 12/4/2012. (Inform. STJ 495)** (g.n.)

DESCONTO. FOLHA. PAGAMENTO. SERVIDOR PÚBLICO. LIMITAÇÃO.

Trata-se, na origem, de ação em que servidor público estadual aduz que os descontos facultativos de sua remuneração inviabilizam a garantia de uma renda mínima existencial e pretende que os descontos sejam reduzidos ao percentual de 30% de seus vencimentos, mantidos os termos do contrato de empréstimo consignado em folha de pagamento. O tribunal *a quo*, ao interpretar o Dec. Estadual n. 43.574/2005, entendeu que a soma mensal das consignações facultativas e obrigatórias de servidor público do estado do Rio Grande do Sul não poderá exceder a 70% do valor de sua remuneração mensal bruta. A limitação contida na norma estadual veda a hipótese de o servidor público gaúcho arcar com prestações de empréstimos com desconto em folha acrescidas das cobranças obrigatórias (pensão alimentícia, contribuição previdenciária, imposto de renda, adiantamento de férias, adiantamento de décimo terceiro etc.) que eventualmente superem, em determinado mês, 70% de seus vencimentos. Os arts. 8º do Dec. n. 6.386/2008, 2º, § 2º, I, da Lei n. 10.820/2003 e 45, parágrafo único, da Lei n. 8.112/1990 estabelecem que a soma do desconto em folha de pagamento referente aos descontos de prestações de empréstimos, financiamentos e operações de arrendamento mercantil não poderão exceder a 30% da remuneração do trabalhador. Assim, **a Turma deu parcial provimento ao recurso ao entender que as normas atinentes à administração pública federal aplicam-se subsidiariamente às administrações estaduais e municipais. Assentou que a soma dos descontos em folha de todas as prestações de empréstimos contratados pelo recorrente fique limitada a 30% de sua remuneração**. Precedentes citados: REsp 1.186.565-RS, DJe 3/2/2011; AgRg no Ag 1.381.307-DF, DJe 27/4/2011; RMS 21.380-MT, DJ 15/10/2007, RMS 13.439-MG, DJ 29/3/2004. **REsp 1.169.334-RS, Rel. Min. Luis Felipe Salomão, julgado em 23/8/2011.** (Inform. STJ 481)

SERVIDOR PÚBLICO. VENCIMENTOS. INSTITUIÇÃO BANCÁRIA CONVENIADA.

Trata-se de recurso em mandado de segurança em que a questão cinge-se em definir se o servidor público tem o direito de receber seus vencimentos/proventos em instituição bancária diversa da que mantém convênio com a Administração. *In casu,* o impetrante, ora recorrente, pretendeu a alteração da conta-corrente mantida no banco conveniado para o recebimento de seus vencimentos em decorrência de alguns dissabores que alega ter enfrentado. Todavia, o órgão ao qual é vinculado o servidor indeferiu o pedido de troca, fundamentando a negativa no fato de que o banco para o qual ele pretendia mudar sua conta não possui convênio com a Administração. **A Turma negou provimento ao recurso sob o entendimento de que, em que pesem as dificuldades narradas pelo recorrente em razão de deficiência na prestação de serviços por parte do banco conveniado, não há norma que lhe assegure o pleno direito de escolha da instituição bancária de sua preferência para o recebimento de seus vencimentos. Consignou-se que possibilitar a cada servidor fazer a opção bancária que melhor atenda seus interesses, inclusive escolhendo praça e agência, inviabilizaria a Administração Pública em sua tarefa de emitir, em tempo hábil, as devidas ordens de pagamento. Além disso, essa hipótese também não se coaduna com o princípio da eficiência que exige do administrador soluções que alcancem os resultados almejados do modo menos oneroso ao aparelho estatal**. Assim, insere-se no âmbito da autonomia administrativa de cada órgão público a opção pela instituição financeira que receberá os créditos salariais dos servidores a ela vinculados, desde que observadas as disposições normativas sobre a matéria. Registrou-se, ademais, que o fato de o recorrente receber os vencimentos em instituição indicada pela Administração não lhe tolhe o direito de escolher outra que ofereça melhores vantagens, pois a conta-salário é isenta de tarifas e deve permitir a transferência imediata dos créditos para outras contas bancárias de que o beneficiário seja titular. **RMS 27.428-GO, Rel. Min. Jorge Mussi, julgado em 3/3/2011.** (Inform. STJ 465) (g.n.)

SERVIDOR PÚBLICO. RECEBIMENTO INDEVIDO. RESTITUIÇÃO.

É pacífico o entendimento deste Superior Tribunal de que, diante da boa-fé no recebimento de valores pelo servidor público, <u>é incabível a restituição do pagamento em decorrência de errônea interpretação ou má aplicação da lei pela Administração</u>. Todavia, quando ela anula atos que produzem efeitos na esfera de interesses individuais, <u>é necessária a prévia instauração de processo administrativo a fim de garantir a ampla defesa e o contraditório</u> (art. 5º, LV, da CF/1988 e art. 2º da Lei n. 9.784/1999). No caso dos autos, antes que os valores fossem pagos (gratificação de substituição), a Administração comunicou a existência de erro na geração da folha de pagamento e a necessidade de restituição da quantia paga a maior. Dessa forma, os servidores não foram surpreendidos. Portanto, não há que falar em boa-fé no recebimento da verba em questão, tendo em vista que o erro foi constatado e comunicado pela Administração antes que o pagamento fosse efetivado e os valores passassem a integrar o patrimônio dos servidores. Ademais, a decisão de efetuar descontos nos meses seguintes foi adotada com o objetivo de evitar atrasos no pagamento do pessoal em decorrência de confecção de nova folha de pagamento. Assim, a Turma negou provimento ao recurso por entender que, na espécie, não houve ilegalidade no ato da Administração. Precedentes citados: AgRg no Ag 756.226-RS, DJ 14/8/2006; REsp 751.408-DF, DJ 7/11/2005, e RMS 19.980-RS, DJ 7/11/2005. **RMS 33.034-RS, Rel. Min. Arnaldo Esteves Lima, julgado em 15/2/2011.** (Inform. STJ 463) (g.n.)

GRATIFICAÇÃO. PRESCRIÇÃO. FUNDO DE DIREITO.

A Turma, reiterando o entendimento esposado pelas Turmas integrantes da Terceira Seção, afirmou que ocorre a prescrição do fundo de direito quando se discute o restabelecimento de gratificação suprimida pela Lei estadual n. 11.091/1993. Assim, negou provimento ao agravo. **Precedentes citados: AgRg no Ag 1.025.539-MG, DJe 24/11/2008; Ag 878.399-MG, DJ 24/9/2007, e REsp 594.092-MG, DJ 1º/7/2004. AgRg no Ag 1.310.321-MG, Rel. Min. Mauro Campbell Marques, julgado em 2/12/2010.** (Inform. STJ 458)

DESCONTO. FOLHA. SERVIDOR PÚBLICO.

A Turma reafirmou o entendimento de que o desconto em folha de pagamento de servidor público referente a ressarcimento ao erário depende de prévia autorização dele ou de procedimento administrativo que lhe assegure a ampla defesa e o contraditório. **Precedentes citados: REsp 651.081-RJ, DJ 6/6/2005, e RMS 23.892-MS, DJ 13/8/2007. AgRg no REsp 1.116.855-RJ, Rel. Min. Arnaldo Esteves Lima, julgado em 17/6/2010**. (Inform. STJ 439)

VANTAGEM PESSOAL. NOVO CARGO PÚBLICO.

O STJ tem o entendimento pacífico de que o servidor público tem direito adquirido à manutenção das vantagens pessoais adquiridas em um determinado cargo público e transpostas para outro cargo também público. O Decreto estadual n. 21.753/1995 direciona a gratificação de encargos especiais (derivada de ato de bravura) aos integrantes do Corpo de Bombeiros Militar e da Polícia Civil, justamente os cargos ocupados sucessivamente pelo impetrante recorrente, daí ele fazer jus à manutenção daquela gratificação. **Precedentes citados: RMS 22.331-DF, DJ 22/10/2007; AgRg no RMS 20.891-DF, DJ 21/8/2006, e RMS 20.850-DF, DJ 1º/8/2006. RMS 19.199-RJ, Rel. Min. Laurita Vaz, julgado em 15/10/2009.** (Inform. STJ 411) (g.n.)

CONVERSÃO. PECÚNIA. LICENÇA-PRÊMIO.

É cabível a conversão em pecúnia de licença-prêmio não desfrutada, mas adquirida antes da passagem do servidor público para a inatividade, isso em razão do princípio da vedação do enriquecimento ilícito. Contudo, o termo inicial da contagem do prazo prescricional quinquenal para requerimento da conversão é a data da aposentadoria, independentemente de o direito ser requerido pelo próprio servidor ou seus beneficiários. **Precedentes citados: AgRg no Ag 1.006.331-DF, DJ 4/8/2008; AgRg no REsp 919.412-DF, DJ 31/3/2008, e AgRg no REsp 734.972-SP, DJ 15/10/2007. AgRg no RMS 27.796-DF, Rel. Min. Napoleão Nunes Maia Filho, julgado em 3/2/2009.** (Inform. STJ 382)

SEGURO. PRÊMIO. SINDICATO. DESCONTO EM FOLHA. SERVIDOR PÚBLICO. FALTA. AUTORIZAÇÃO. RESTITUIÇÃO.

Na falta de mandato expresso autorizando o desconto em folha do servidor público em contrato de seguro firmado com sindicato, cabível a restituição, incluindo a correção monetária do valor da dívida desde a data do prejuízo (Súmula n. 43-STJ). Precedentes citados: REsp 466.806-RO, DJ 12/11/2007, e REsp 447.888-RO, DJ 3/2/2003. **REsp 466.332-RO, Rel. Min. Aldir Passarinho Junior, julgado em 4/12/2007.** (Inform. STJ 341)

MS. DESCONTO. FOLHA. MÚTUO.

Tratava-se de recurso em mandado de segurança, indicado o secretário de administração estadual como autoridade coatora, visto que, a pedido do servidor, deixara de processar desconto em folha referente a mútuo celebrado com a impetrante. Diante disso, atenta aos precedentes, a Turma reafirmou que o servidor que contrai empréstimo e autoriza, expressamente, o desconto mensal das parcelas em sua folha de pagamento não pode, por ato unilateral, cancelar o desconto que havia livremente contratado, notadamente na espécie, em que a discordância diz respeito à taxa de juros. Precedentes citados: REsp 728.563-RS, DJ 22/8/2005, e AgRg no Ag 621.121-RS, DJ 2/4/2007. **RMS 22.949-SE, Rel. Min. Fernando Gonçalves, julgado em 20/11/2007.** (Inform. STJ 339)

MS. MEMBRO. ADVOCACIA. UNIÃO. SUBSÍDIO.

O cerne da controvérsia é saber se a instituição do subsídio dos Procuradores Federais, membros da Advocacia da União, violou o direito desses Procuradores a permanecer recebendo eventuais quintos (Lei n. 10.698/2003) que haviam sido incorporados antes da implementação do subsídio. Note-se que a Lei n. 11.358/2006 (conversão da MP n. 305/2006) assegurou a irredutibilidade de vencimento aos integrantes da carreira da Advocacia da União, na forma de parcela complementar de subsídio, e, com o passar do tempo, esse subsídio seria absorvido pelo do desenvolvimento do servidor no cargo ou na carreira. A Seção, com base em precedente, **reafirmou que, segundo entendimento consolidado no STF, o servidor público não possui direito adquirido à permanência no regime jurídico funcional anterior e nem a preservar determinado regime de cálculo de vencimento ou proventos. Só não pode haver decréscimo de vencimentos no valor nominal da remuneração anterior. Sendo assim, como no caso não houve decréscimo nos vencimentos do servidor, nem a citada lei violou direitos, denegou-se a segurança.** Precedentes citados do STF: MS 24.875-DF, DJ 6/10/2006; do STJ: MS 12.074-DF, DJ 7/8/2006; MS 11.294-DF, DJ 5/2/2007, e REsp 514.402-RJ, DJ 27/11/2006. **MS 12.126-DF, Rel. Min. Maria Thereza de Assis Moura, julgado em 24/10/2007.** (Inform. STJ 337) (g.n.)

SERVIDOR. REAJUSTE. LEI "CAMATA".

Pretende a recorrente ver afastada a incidência da Lei "Camata" (LC n. 82/1995), que limita os gastos da Administração com o funcionalismo público, a permitir que seus vencimentos sejam reajustados conforme a Lei estadual n. 10.395/1995, tudo com lastro no direito adquirido. Nesse panorama, a Turma, ao prosseguir o julgamento, firmou, primeiro, que o deslinde da questão se dá exclusivamente no âmbito do direito intertemporal, prescindindo da interpretação da lei local ou mesmo de dispositivos constitucionais, visto que a pretensa violação da CF/1988 dar-se-ia de forma reflexa, daí a competência deste Superior Tribunal. Entendeu, ainda, que a Lei "Camata" somente vigorou a partir do primeiro dia do exercício financeiro seguinte ao de sua publicação (art. 2º da referida LC), após, portanto, da edição da supracitada lei estadual, o que leva à conclusão de que a LC não poderia obstar os efeitos daquela. Anotou-se que o STF já se pronunciou nesse mesmo sentido. Precedentes citados do STF: EDcl no AgRg no RE 400.560-RS, 18/2/2005; AgRg no Ag 321.280-RS, DJ 5/11/2004; AgRg no Ag 363.129-PB, DJ 8/11/2002; RE 201.866-PR, DJ 30/4/1999; do STJ: AgRg no Ag 612.217-RS, DJ 5/9/2005; AgRg no Ag 621.567-RS, DJ 13/12/2004; REsp 633.000-RS, DJ 2/8/2004, e REsp 489.261-RS, DJ 13/12/2004. **REsp 770.886-RS, Rel. Min. Laurita Vaz, julgado em 2/2/2006.** (Inform. STJ 272)

6.15.6. Aposentadoria e Pensão

Súmula Vinculante STF 20

A Gratificação de Desempenho de Atividade Técnico-Administrativa – GDATA, instituída pela Lei nº 10.404/2002, deve ser deferida aos inativos nos valores correspondentes a 37,5 (trinta e sete vírgula cinco) pontos no período de fevereiro a maio de 2002 e, nos termos do artigo 5º, parágrafo único, da Lei nº 10.404/2002, no período de junho de 2002 até a conclusão dos efeitos do último ciclo de avaliação a que se refere o artigo 1º da Medida Provisória nº 198/2004, a partir da qual passa a ser de 60 (sessenta) pontos.

Súmula STF nº 680

O direito ao auxílio-alimentação não se estende aos servidores inativos.

Súmula STF nº 38

Reclassificação posterior à aposentadoria não aproveita ao servidor aposentado.

Súmula STF nº 36

Servidor vitalício está sujeito à aposentadoria compulsória, em razão da idade.

Súmula STF nº 10

O tempo de serviço militar conta-se para efeito de disponibilidade e aposentadoria do servidor público estadual.

Aposentadoria e reestruturação de carreira (conclusão)
Desde que mantida a irredutibilidade, o servidor inativo, embora aposentado no último patamar da carreira anterior, não tem direito adquirido de perceber proventos correspondentes aos da última classe <u>da nova carreira reestruturada por lei superveniente</u>. Todavia, relativamente à reestruturação da carreira disciplinada pela Lei 13.666/2002, do Estado do Paraná, assegura-se aos servidores inativos, com base no art. 40, § 8º, da CF (na redação anterior à EC 41/2003), o direito de terem seus proventos ajustados em condições semelhantes aos dos servidores da ativa, com alicerce nos requisitos objetivos decorrentes do tempo de serviço e da titulação, aferíveis até a data da inativação. Com fundamento no voto médio, essa foi a conclusão do Plenário que, por maioria, deu parcial provimento a recurso extraordinário em que discutidos os reflexos da criação de novo plano de carreira na situação jurídica de servidores aposentados. No acórdão recorrido, ao prover a apelação, a Corte local entendera que a mudança na classificação do quadro próprio do Poder Executivo estadual esbarraria no princípio da isonomia estabelecida entre servidores ativos e inativos (CF, art. 40, § 8º, no texto originário) e nos direitos por estes adquiridos. A Corte consignou jurisprudência — sobre revisão dos proventos de aposentadoria — segundo a qual o reescalonamento dos ativos na carreira não teria, necessariamente, reflexo no direito assegurado pelo citado dispositivo constitucional. Asseverou, ainda, inexistir direito adquirido a regime jurídico.

<u>RE 606199/PR, rel. Min. Teori Zavascki, 9.10.2013</u>. (RE-606199) (g.n.)

AG. REG. NO RE N. 429.189-PE
RELATOR: MIN. TEORI ZAVASCKI
EMENTA: PROCESSUAL CIVIL E ADMINISTRATIVO. AGRAVO REGIMENTAL NO RECURSO EXTRAORDINÁRIO. EXAME DOS REQUISITOS DE ADMISSIBILIDADE DO RECURSO EXTRAORDINÁRIO E DO AGRAVO REGIMENTAL DO ESTADO DE PERNAMBUCO. PREENCHIMENTO. APOSENTADORIA COMPULSÓRIA. NOTÁRIOS E REGISTRADORES. IDADE LIMITE ATINGIDA ANTES DE PROMULGADA A EC 20/98. APLICABILIDADE DO INSTITUTO. PRECEDENTE DO TRIBUNAL PLENO.

1. O Plenário do Supremo Tribunal Federal, na ADI 2.602, rel. Min. Joaquim Barbosa, rel. p/ acórdão Min. Eros Grau, DJ de 31/03/2006, **reafirmou o entendimento de que se aplica a aposentadoria compulsória aos notários e registradores que completaram 70 anos <u>antes de promulgada a EC 20/98</u>**.

2. Agravo regimental a que se nega provimento. (Inform. STF 716) (g.n.)

AG. REG. NO ARE N. 699.864-RJ
RELATOR: MIN. TEORI ZAVASCKI
EMENTA: DIREITO ADMINISTRATIVO. AGRAVO REGIMENTAL NO RECURSO EXTRAORDINÁRIO COM AGRAVO. SERVIDOR PÚBLICO. PENSÃO POR MORTE CONCEDIDA ANTERIORMENTE À CONSTITUIÇÃO FEDERAL DE 1988. LEI VIGENTE À DATA DO ÓBITO. AUTOAPLICABILIDADE DO ART. 40, § 7º, DA CONSTITUIÇÃO. PRECEDENTES.

1. A jurisprudência desta Corte firmou-se no sentido de que **a pensão por morte rege-se pelas leis vigentes à data do óbito**.

2. **Deve haver paridade entre os valores da pensão recebida e a totalidade dos vencimentos que o servidor falecido percebia, ainda que o óbito seja anterior à Constituição de 1988, pois o artigo 40, § 7º é norma autoaplicável**. Precedentes.

3. Agravo regimental a que se nega provimento. (Inform. STF 716) (g.n.)

AG. REG. NO ARE N. 650.374-CE
RELATORA: MIN. ROSA WEBER
EMENTA: DIREITO ADMINISTRATIVO. PENSÃO POR MORTE. BENEFÍCIO INTEGRAL. AUTOAPLICABILIDADE DO ART. 40, § 5º, DA CONSTITUIÇÃO FEDERAL (ATUAL § 7º). NATUREZA DA VANTAGEM RECEBIDA PELO INSTITUIDOR DO BENEFÍCIO. EXTENSÃO AOS INATIVOS E PENSIONISTAS. DEBATE DE ÂMBITO INFRACONSTITUCIONAL. ACÓRDÃO RECORRIDO PUBLICADO EM 12.08.2010.

A jurisprudência do Supremo Tribunal Federal é pacífica no sentido de que o artigo 40, § 5º, da Constituição Federal, atual § 7º, é norma de aplicabilidade imediata e determina que o cálculo de pensão por morte de servidor público deve corresponder à totalidade dos vencimentos ou proventos deste quando em atividade. Precedentes.

A controvérsia acerca da possibilidade de extensão aos aposentados e pensionistas das vantagens percebidas pelos servidores em atividade assim como sobre a natureza jurídica das referidas vantagens, está restrita ao âmbito infraconstitucional. Precedentes.

As razões do agravo regimental não são aptas a infirmar os fundamentos que lastrearam a decisão agravada, mormente no que se refere à ausência de ofensa direta e literal a preceito da Constituição da República. Agravo regimental conhecido e não provido. (Inform. STF 716) (g.n.)

Pensão e policial militar excluído da corporação

A 2ª Turma negou provimento a recurso extraordinário interposto de decisão que concedera segurança a dependentes de policial militar excluído da corporação, em sentença transitada em julgado. No caso, a decisão recorrida afastara a alegada inconstitucionalidade do art. 117 da Lei Complementar 53/90, do Estado de Mato Grosso do Sul. **O mencionado artigo garantiria, aos dependentes de policial militar excluído ou demitido da corporação, com dez anos de serviço, pensão proporcional ao tempo de contribuição feito à previdência local**. Destacou-se que, embora a ADI 1542/MS (DJe de 20.3.2013) — em que se discutia a constitucionalidade da mencionada norma — tenha sido julgada prejudicada, diante da revogação superveniente daquele dispositivo, este fato não atingiria situações consolidadas, do ponto de vista jurídico. Asseverou-se que a Constituição, em seu art. 42, § 1º, estabeleceria competir à lei estadual específica dispor sobre as matérias do art. 142, § 3º, X ("X - *a lei disporá sobre o ingresso nas Forças Armadas, os limites de idade, a estabilidade e outras condições de transferência do militar para a inatividade, os direitos, os deveres, a remuneração, as prerrogativas e outras situações especiais dos militares, consideradas as peculiaridades de suas atividades, inclusive aquelas cumpridas por força de compromissos internacionais e de guerra*"). Enfatizou-se, ainda, que caberia aos estados-membros, por lei especial, regular os direitos previdenciários dos integrantes de sua polícia militar, conforme o art. 42, § 2º, da CF ("*§ 2º Aos pensionistas dos militares dos Estados, do Distrito Federal e dos Territórios aplica-se o que for fixado em lei específica do respectivo ente estatal*"). **Concluiu-se que haveria um locupletamento ilícito por parte do Estado, se viesse a se apropriar do referido benefício**. RE 610290/MS, rel. Min. Ricardo Lewandowski, 25.6.2013. (RE-610290) (Inform. STF 712) (g.n.)

AG. REG. NO MI N. 4.771-DF
RELATOR: MIN. TEORI ZAVASCKI

Ementa: MANDADO DE INJUNÇÃO. APOSENTADORIA ESPECIAL DE SERVIDOR PÚBLICO. ART. 40, § 4º, DA CONSTITUIÇÃO FEDERAL, APLICAÇÃO DAS NORMAS DO REGIME GERAL DE PREVIDÊNCIA SOCIAL. AGRAVO DESPROVIDO.

1. **Segundo a jurisprudência do STF, a omissão legislativa na regulamentação do art. 40, § 4º, da Constituição, deve ser suprida mediante a aplicação das normas do Regime Geral de Previdência Social previstas na Lei 8.213/91 e no Decreto 3.048/99.** Ainda, o mandado de injunção não é o meio processual adequado para assegurar o direito à aposentadoria especial de servidor público já aposentado, diante da falta de impedimento ao exercício do direito.

2. Agravo regimental desprovido. (Inform. STF 711) (g.n.)

AG. REG. NO AI N. 465.497-RS
RELATOR: MIN. DIAS TOFFOLI

Agravo regimental no agravo de instrumento. Servidor público. Cargo em comissão. Aposentadoria proporcional. Exoneração anterior à postulação do pedido. Impossibilidade.

1. **O Plenário desta Corte reconheceu a impossibilidade da concessão de aposentadoria proporcional, quando o servidor ocupante de cargo em comissão não apresentar mais a condição de servidor público, em razão de sua exoneração.**

2. Agravo regimental não provido. (Inform. STF 704) (g.n.)

AG. REG. NO ARE N. 727.541-MS
RELATOR: MIN. MARCO AURÉLIO

ATIVIDADES EXERCIDAS EM CONDIÇÕES DE RISCO OU INSALUBRES – APOSENTADORIA ESPECIAL – SERVIDOR PÚBLICO – ARTIGO 40, § 4º, DA CONSTITUIÇÃO FEDERAL – INEXISTÊNCIA DE LEI COMPLEMENTAR – MORA LEGISLATIVA – PRECEDENTES DO PLENÁRIO. O pronunciamento do Tribunal de origem está em harmonia com a jurisprudência do Supremo. **Enquanto não editada a lei reguladora do direito assegurado constitucionalmente, o critério a ser levado em conta é o da Lei nº 8.213/91, mais precisamente o definido no artigo 57. Adotam-se os parâmetros previstos para os trabalhadores em geral**. (Inform. STF 703) (g.n.)

Servidor municipal e contagem recíproca de tempo de contribuição

É inconstitucional condicionar-se, por meio de lei local, a concessão de aposentadoria a número mínimo de contribuições ao sistema previdenciário do Estado. A 2ª Turma, ao reafirmar essa orientação, desproveu agravo regimental interposto de decisão proferida pelo Min. Marco Aurélio, que negara provimento a agravo de instrumento do qual relator. Na espécie, o Município de Curitiba pretendia obstar ao agravado a contagem de tempo de serviço na iniciativa privada para fins de aposentadoria no serviço público, regida por lei municipal. Alegava, ainda, não ser autoaplicável o art. 202, *caput* e § 2º, da CF, vigente à época ("*Art. 202. É assegurada aposentadoria, nos termos da lei, calculando-se o benefício sobre a média dos trinta e seis últimos salários de contribuição, corrigidos monetariamente mês a mês, e comprovada a regula-*

ridade dos reajustes dos salários de contribuição de modo a preservar seus valores reais e obedecidas as seguintes condições: ... § 2º Para efeito de aposentadoria, é assegurada a contagem recíproca do tempo de contribuição na administração pública e na atividade privada, rural e urbana, hipótese em que os diversos sistemas de previdência social se compensarão financeiramente, segundo critérios estabelecidos em lei"). Precedente citado: RE 162620/SP (DJU de 5.11.93). AI 452425 AgR/PR, rel. Min. Marco Aurélio, 13.9.2011. (AI-452425) (Inform. STF 640) (g.n.)

Aposentadoria compulsória e limite etário - CONCLUSÃO

Com base nos fundamentos acima expendidos e por aparente violação aos artigos 24, XII, e 40 da CF, o Plenário deferiu pedido de medida cautelar em ação direta de inconstitucionalidade, ajuizada pela Associação dos Magistrados Brasileiros - AMB, **a fim de suspender, com eficácia *ex tunc*, a vigência do inciso II do art. 22 (*"compulsoriamente, com proventos proporcionais ao tempo de contribuição, aos setenta ou aos setenta e cinco anos de idade, na forma da lei complementar"*) e do inciso VIII do art. 72 (*"a aposentadoria será compulsória aos setenta e cinco anos de idade ou por invalidez comprovada, e facultativa aos trinta anos de serviço público, em todos esses casos com vencimentos integrais, após cinco anos de efetivo exercício na judicatura"*), ambos da Constituição do Estado do Maranhão**, com a redação dada pela EC 64/2011. Vencido o Min. Marco Aurélio, que concedia a cautelar com efeitos *ex nunc*. ADI 4698 MC/MA, rel. Min. Joaquim Barbosa, 1º.12.2011. (ADI-4698) (Inform. STF 650) (g.n.)

EMENTA: **MANDADO DE INJUNÇÃO**. **SERVIDOR PÚBLICO** *PORTADOR DE DEFICIÊNCIA*. **DIREITO** PÚBLICO SUBJETIVO À APOSENTADORIA ESPECIAL (**CF**, ART. 40, § 4º, I). *INJUSTA FRUSTRAÇÃO* DESSE DIREITO **EM DECORRÊNCIA** *DE INCONSTITUCIONAL, PROLONGADA* **E** *LESIVA* OMISSÃO **IMPUTÁVEL** A ÓRGÃOS ESTATAIS DA UNIÃO FEDERAL. **CORRELAÇÃO ENTRE** *A IMPOSIÇÃO CONSTITUCIONAL DE LEGISLAR* **E** *O RECONHECIMENTO DO DIREITO SUBJETIVO À LEGISLAÇÃO*. **DESCUMPRIMENTO** *DE IMPOSIÇÃO CONSTITUCIONAL LEGIFERANTE* **E** *DESVALORIZAÇÃO FUNCIONAL* DA CONSTITUIÇÃO ESCRITA. **A INÉRCIA** DO PODER PÚBLICO **COMO ELEMENTO REVELADOR** DO DESRESPEITO ESTATAL AO DEVER DE LEGISLAR **IMPOSTO** PELA CONSTITUIÇÃO. *OMISSÕES NORMATIVAS INCONSTITUCIONAIS*: UMA PRÁTICA GOVERNAMENTAL *QUE SÓ FAZ REVELAR* **O DESPREZO** DAS INSTITUIÇÕES OFICIAIS *PELA AUTORIDADE SUPREMA* DA LEI FUNDAMENTAL DO ESTADO. **A COLMATAÇÃO JURISDICIONAL** DE OMISSÕES INCONSTITUCIONAIS: **UM GESTO DE FIDELIDADE** *À SUPREMACIA HIERÁRQUICO-NORMATIVA* DA CONSTITUIÇÃO DA REPÚBLICA. *A VOCAÇÃO PROTETIVA* DO MANDADO DE INJUNÇÃO. **LEGITIMIDADE** *DOS PROCESSOS DE INTEGRAÇÃO NORMATIVA* (*DENTRE ELES*, O RECURSO À ANALOGIA) **COMO FORMA DE SUPLEMENTAÇÃO** DA *"INERTIA AGENDI VEL DELIBERANDI"*. **PRECEDENTES** DO SUPREMO TRIBUNAL FEDERAL. MANDADO DE INJUNÇÃO **CONHECIDO E DEFERIDO**. MI 1967/DF. RELATOR: Min. Celso de Mello DJ 27.05.11. (Inform. STF 630)

RE N. 567.110-AC
RELATORA: MIN. CÁRMEN LÚCIA

EMENTA: *RECURSO EXTRAORDINÁRIO. CONSTITUCIONAL. PREVIDENCIÁRIO. RECEPÇÃO CONSTITUCIONAL DO ART. 1º, INC. I, DA LEI COMPLEMENTAR N. 51/1985. ADOÇÃO DE REQUISITOS E CRITÉRIOS DIFERENCIADOS PARA A CONCESSÃO DE APOSENTADORIA A SERVIDORES CUJAS ATIVIDADES NÃO SÃO EXERCIDAS EXCLUSIVAMENTE SOB CONDIÇÕES ESPECIAIS QUE PREJUDIQUEM A SAÚDE OU A INTEGRIDADE FÍSICA.* 1. Reiteração do posicionamento assentado no julgamento da Ação Direta de Inconstitucionalidade n. 3.817, Relatora a Ministra Cármen Lúcia, da recepção do inc. I do art. 10 da Lei Complementar n. 51/1985 pela Constituição. 2. O Tribunal *a quo* reconheceu, corretamente, o direito do Recorrido de se aposentar na forma especial prevista na Lei Complementar 51/1985, por terem sido cumpridos todos os requisitos exigidos pela lei. 3. Recurso extraordinário ao qual se nega provimento. (Inform. STF 623) *noticiado no Informativo 604

REPERCUSSÃO GERAL POR QO EM RE N. 580.871-SP
RELATOR: MIN. GILMAR MENDES

Questão de ordem. 2. **É devida a devolução aos pensionistas e inativos de contribuição previdenciária indevidamente recolhida no período entre a EC 20/98 e a EC 41/03, sob pena de enriquecimento ilícito do ente estatal**. Precedentes. 3. Jurisprudência pacificada na Corte. Repercussão Geral. Aplicabilidade. 4. Questão de ordem acolhida para reconhecer a repercussão geral, reafirmar a jurisprudência do Tribunal, negar provimento ao recurso, autorizar a devolução aos tribunais de origem dos recursos extraordinários e agravos de instrumento que versem sobre o mesmo tema, autorizando as instâncias de origem a adotar procedimentos do art. 543-B, § 3º, do Código de Processo Civil. (Inform. STF 613) (g.n.)

Servidores NÃO EFETIVOS e Regime de Previdência - 4

Por vislumbrar ofensa ao art. 149, § 1º, da CF (*"Os Estados, o Distrito Federal e os Municípios instituirão contribuição, cobrada de seus servidores, para o custeio, em benefício destes, do regime previdenciário de que trata o art. 40, cuja alíquota não será inferior à da contribuição dos servidores titulares de cargos efetivos da União."*), o Tribunal julgou parcialmente procedente pedido formulado em ação direta proposta pelo Procurador-Geral da República para declarar a inconstitucionalidade da expressão "*definidos no art. 79*", contida no art. 85, *caput*, da Lei Complementar 64/2002, tanto em seu texto original quanto com a redação que lhe foi conferida pela Lei Complementar 70/2003, bem como do vocábulo "*compulsoriamente*", inserido no § 4º do art. 85 da Lei Complementar 64/2002 e no § 5º do art. 85, na redação dada pela Lei Complementar 70/2003, ambas do Estado de Minas Gerais, que asseguram o regime de previdência estadual para os servidores não efetivos e instituem contribuição compulsória para o custeio da assistência à saúde, benefícios fomentados pelo Regime Próprio de Previdência dos Servidores daquele Estado — v. Informativos 380, 432 e 556. **Entendeu-se que a contribuição prevista no art. 85 da lei impugnada não poderia alcançar os servidores ocupantes exclusivamente de cargo em comissão, submetidos ao regime geral da previdência (CF, art. 40, § 13)**. Considerou-se, também, tendo em conta que das três áreas de atuação da seguridade social — previdência social, saúde e assistência social — o constituinte excluiu, no que toca à instituição de contribuições, a saúde, e, ainda, o que disposto no art. 5º da Lei 9.717/98 ("*Os regimes próprios de previdência social dos servidores públicos da União, dos Estados, do Distrito Federal e dos Municípios, dos militares dos Estados e do Distrito Federal não poderão conceder benefícios distintos dos previstos no Regime Geral de Previdência Social, de que trata a Lei nº 8.213, de 24 de julho de 1991, salvo disposição em contrário da Constituição Federal.*"), que os Estados-membros não teriam competência para contemplar como benefícios, de modo obrigatório em relação aos seus servidores, serviços de assistência médica, hospitalar, odontológica, social e farmacêutica. Ressaltou-se, por outro lado, não haver óbice para que tais serviços fossem prestados por entidade ligada ao Estado-membro, no caso, o Instituto de Previdência dos Servidores do Estado de Minas Gerais - IPSEMG, desde que o benefício fosse custeado mediante pagamento de contribuição facultativa, ou seja, por aqueles que se dispusessem, voluntariamente, a dele fruir. **ADI 3106/MG, rel. Min. Eros Grau, 14.4.2010.** (ADI-3106) (Inform. STF 582) (g.n.)

EMENTA: MANDADO DE INJUNÇÃO. APOSENTADORIA ESPECIAL DO SERVIDOR PÚBLICO. ARTIGO 40, § 4º, DA CONSTITUIÇÃO DA REPÚBLICA. AUSÊNCIA DE LEI COMPLEMENTAR A DISCIPLINAR A MATÉRIA. NECESSIDADE DE INTEGRAÇÃO LEGISLATIVA. 1. Servidor público. Investigador da polícia civil do Estado de São Paulo. Alegado exercício de atividade sob condições de periculosidade e insalubridade. 2. Reconhecida a omissão legislativa em razão da ausência de lei complementar a definir as condições para o implemento da aposentadoria especial. 3. **Mandado de injunção conhecido e concedido para comunicar a mora à autoridade competente e determinar a aplicação, no que couber, do art. 57 da Lei n. 8.213/91**. Noticiado no Informativo 542. **MI N. 795-DF. RELATORA: MIN. CÁRMEN LÚCIA.** (Inform. STF 547) (g.n.)

Gratificação: Dispensa de Avaliação e Extensão aos Inativos

O Tribunal, por maioria, **manteve acórdão de Turma Recursal de Juizado Especial Federal, que entendera que a Gratificação de Desempenho de Atividade de Seguridade Social e do Trabalho - GDASST, instituída pela Lei 10.483/2002, deveria ser estendida aos inativos no valor de 60 pontos, a partir do advento da Medida Provisória 198/94, convertida na Lei 10.971/2004, que alterou sua base de cálculo**. O acórdão recorrido, fundado no princípio da isonomia, ainda declarara a inconstitucionalidade do art. 7º da Lei 10.971/2004, que determinou que essa gratificação seria devida aos aposentados e pensionistas no valor correspondente a 30 pontos. Salientou-se, de início, que a Lei 10.483/2002 estabeleceu, em seu art. 5º, que a GDASST teria como limites mínimo e máximo os valores de 10 e 100 pontos, respectivamente, e assegurou, aos aposentados e pensionistas, a percepção da gratificação no valor de 10 pontos. Com o advento da Lei 10.971/2004, a GDASST passou a ser paga, indistintamente, a todos os servidores da ativa, no valor equivalente a 60 pontos, até a edição do ato regulamentador do processo de avaliação, previsto no art. 6º da Lei 10.483/2002, tendo os inativos obtido uma majoração na base de cálculo da gratificação de 10 para 30 pontos. Asseverou-se que, para caracterizar a natureza *pro labore faciendo* da gratificação, é necessário que haja edição da norma regulamentadora que viabilize as avaliações de desempenho, sem as quais a gratificação adquire um caráter de generalidade, que determina a sua extensão aos servidores inativos. Salientando a inexistência, até a presente data, de norma regulamentadora da Lei 10.483/2002 — que permitisse a realização das avaliações de desempenho institucional e coletivo para atribuição de uma pontuação variável da gratificação, aos servidores em atividade —, entendeu-se que a GDASST teria se transformado numa gratificação de natureza genérica, extensível, portanto, aos servidores inativos, desde o momento em que os servidores ativos passaram a recebê-la sem a necessidade da avaliação de desempenho. Aduziu-se, entretanto, a partir de ressalva no voto do Min. Cezar Peluso, a possibilidade de sobrevir o regulamento, estabelecendo, sem ferir direito adquirido e sem reduzir vencimentos, os critérios de avaliação, portanto, de 60 a 100 pontos. Reputou-se revogado, por conseguinte, o dispositivo que garantiu o valor mínimo da gratificação em 10 pontos. Vencido o Min. Marco Aurélio, que dava provimento ao recurso extraordinário. **Precedentes citados: RE 476279/DF (DJU de 15.6.2007); RE 476390/DF (DJU de 29.6.2007).**

RE 572052/RN, rel. Min. Ricardo Lewandowski, 11.2.2009. (RE-572052) (Inform. STF 535) (g.n.)

Aposentadoria Especial e Funções de Magistério (conclusão)

O Tribunal concluiu julgamento de ação direta ajuizada pelo Procurador-Geral da República em que se objetivava a declaração de inconstitucionalidade da Lei 11.301/2006, que acrescentou ao art. 67 da Lei 9.393/95 (Lei de Diretrizes e Bases da Educação) o § 2º (*"Para os efeitos do disposto no § 5º do art. 40 e no § 8º do art. 201 da Constituição Federal, são consideradas funções de magistério as exercidas por professores e especialistas em educação no desempenho de atividades educativas, quando exercidas em estabelecimento de educação básica em seus diversos níveis e modalidades, incluídas, além do exercício da docência, as de direção de unidade escolar e as de coordenação e assessoramento pedagógico."*) — v. Informativo 502. **Salientando que a atividade docente não se limita à sala de aula, e que a carreira de magistério compreende a ascensão aos cargos de direção da escola, o Tribunal, por maioria, julgou parcialmente procedente o pedido formulado para conferir interpretação conforme, no sentido de assentar que as atividades mencionadas de exercício de direção de unidade escolar e as de coordenação e assessoramento pedagógico também gozam do benefício, desde que exercidas por professores**. Vencidos os Ministros Carlos Britto, relator, Cármen Lúcia e Joaquim Barbosa, que julgavam procedente o pleito, ao fundamento de que a lei impugnada ofenderia o § 5º do art. 40 e o § 8º do art. 201, da CF, a qual teria conferido aposentadoria especial não a todos os profissionais da educação, mas apenas ao professor que desempenha a atividade de docência, entendida como tal a que se passa em sala de aula, no desempenho do específico mister de ensino regular ou habitual (CF: *"Art. 40. ... § 5º Os requisitos de idade e de tempo de contribuição serão reduzidos em cinco anos, em relação ao disposto no § 1º, III, 'a', para o professor que comprove exclusivamente tempo de efetivo exercício das funções de magistério na educação infantil e no ensino fundamental e médio. ... Art. 201. ... § 7º É assegurada aposentadoria no regime geral de previdência social, nos termos da lei, obedecidas as seguintes condições: I - trinta e cinco anos de contribuição, se homem, e trinta anos de contribuição, se mulher; ... § 8º Os requisitos a que se refere o inciso I do parágrafo anterior serão reduzidos em cinco anos, para o professor que comprove exclusivamente tempo de efetivo exercício das funções de magistério na educação infantil e no ensino fundamental e médio."*). Vencida, também, a Min. Ellen Gracie, que dava pela total improcedência da ação. **ADI 3772/DF, rel. orig. Min. Carlos Britto, rel. p/ o acórdão Min. Ricardo Lewandowski, 29.10.2008.** (ADI-3772) (Inform. STF 526) (g.n.)

EC 41/2003: Critérios de Aposentadoria e Direito Adquirido

O Tribunal, por maioria, julgou improcedente pedido formulado em ação direta ajuizada pela Associação Nacional dos Membros do Ministério Público - CONAMP contra o art. 2º e a expressão *"8º"*, contida no art. 10, ambos da Emenda Constitucional 41/2003, que tratam dos critérios para a aposentadoria e revogam o art. 8º da Emenda Constitucional 20/98. **Salientando a consolidada jurisprudência da Corte no sentido da inexistência de direito adquirido a regime jurídico previdenciário e da aplicação do princípio *tempus regit actum* nas relações previdenciárias, entendeu-se não haver, no caso, direito que pudesse se mostrar como adquirido antes de se cumprirem os requisitos imprescindíveis à aposentadoria, cujo regime constitucional poderia vir a ser modificado. Asseverou-se que apenas os servidores públicos que haviam preenchido os requisitos previstos na EC 20/98, antes do advento da EC 41/2003, adquiriram o direito de aposentar-se de acordo com as normas naquela previstas, conforme assegurado pelo art. 3º da EC 41/2003** (*"Art. 3º É assegurada a concessão, a qualquer tempo, de aposentadoria aos servidores públicos, bem como pensão aos seus dependentes, que, até a data de publicação desta Emenda, tenham cumprido todos os requisitos para obtenção desses benefícios, com base nos critérios da legislação então vigente."*). **Esclareceu-se que só se adquire o direito quando o seu titular preenche todas as exigências previstas no ordenamento jurídico vigente, de modo a habilitá-lo ao seu exercício, e que as normas previstas na EC 20/98 configurariam uma possibilidade de virem os servidores a ter direito, se ainda não preenchidos os requisitos nela exigidos antes do advento da EC 41/2003. Assim, considerou-se não haver óbice ao constituinte reformador para alterar os critérios que ensejam o direito à aposentadoria por meio de nova elaboração constitucional ou de fazê-las aplicar aos que ainda não atenderam aos requisitos fixados pela norma constitucional**. Vencidos os Ministros Carlos Britto, Marco Aurélio e Celso de Mello, que julgavam o pleito procedente. Precedentes citados: ADI 3105/DF e ADI 3128/DF (DJU de 18.2.2005); RE 269407 AgR/RS (DJU de 2.8.2002); RE 258570/RS (DJU de19.4.2002); RE 382631 AgR/RS (DJU de 11.11.2005). ADI 3104/DF, rel. Min. Cármen Lúcia, 26.9.2007. (ADI-3104) (Inform. STF 481) (g.n.)

DIREITO ADMINISTRATIVO. RESERVA DE COTA-PARTE DE PENSÃO POR MORTE DE SERVIDOR PÚBLICO.

Não é possível reservar cota-parte de pensão por morte a fim de resguardar eventual beneficiário que ainda não tenha se habilitado. **Isso porque, somente após a habilitação, mesmo que tardia, é que a Administração deverá realizar novo rateio do benefício entre os beneficiários concorrentes. Precedente citado: REsp**

1.002.419-CE, Quinta Turma, DJe 28/9/2009. AgRg no REsp 1.273.009-RJ, Rel. Min. Benedito Gonçalves, julgado em 17/10/2013. **(Inform. STJ 532)**

DIREITO ADMINISTRATIVO. INAPLICABILIDADE DA APOSENTADORIA COMPULSÓRIA POR IDADE A SERVIDOR PÚBLICO OCUPANTE EXCLUSIVAMENTE DE CARGO EM COMISSÃO.

Não é aplicável a regra da aposentadoria compulsória por idade na hipótese de servidor público que ocupe exclusivamente cargo em comissão. Com efeito, a regra prevista no art. 40, § 1º, II, da CF, cujo teor prevê a aposentadoria compulsória do septuagenário, destina-se a disciplinar o regime jurídico dos servidores efetivos, não se aplicando aos servidores em geral. Assim, ao que ocupa exclusivamente cargo em comissão, aplica-se, conforme determina o § 13 do art. 40 da CF, o regime geral de previdência social, no qual não é prevista a aposentadoria compulsória por idade. **RMS 36.950-RO, Rel. Min. Castro Meira, DJe 26/4/2013.** (Inform. STJ 523)

DIREITO ADMINISTRATIVO. PENSÃO DE MILITAR. IMPOSSIBILIDADE DE RATEIO ENTRE A VIÚVA E A CONCUBINA.

Não deve ser rateada entre a viúva e a concubina a pensão de militar se os dois relacionamentos foram mantidos concomitantemente. A jurisprudência desta Corte é pacífica no sentido de que é possível o rateio de pensão entre a viúva e a companheira com quem o instituidor da pensão mantinha união estável, assim entendida aquela situação na qual inexiste impedimento para a convolação do relacionamento em casamento, o que somente não se concretiza pela vontade dos conviventes. Nos casos em que o instituidor da pensão falece no estado de casado, necessário se faz que estivesse separado de fato, convivendo unicamente com a companheira, para que esta possa fazer jus ao recebimento da pensão. Não verificada a existência de união estável, mas de concubinato, é indevido o rateio da pensão. Precedentes citados: AgRg no Ag 1.424.071-RO, DJe 30/8/2012; RMS 30.414-PB, DJe 24/4/2012, e AgRg no REsp 1.267.832-RS, DJe 19/12/2011. **AgRg no REsp 1.344.664-RS, Rel. Min. Humberto Martins, julgado em 6/11/2012. (Inform. STJ 508)**

DIREITO ADMINISTRATIVO. DESCONTO RETROATIVO. CONTRIBUIÇÃO PREVIDENCIÁRIA SOBRE GRATIFICAÇÃO NÃO RECOLHIDA.

Não é possível descontar, retroativa e diretamente em folha, os valores referentes à contribuição previdenciária incidente sobre gratificação recebida por servidor público quando a Administração deixa de recolher, por erro, na época própria. Em razão da natureza tributária da parcela, sua cobrança deve observar as normas do direito tributário, assegurando ainda ao servidor o direito ao contraditório e à ampla defesa. Precedentes citados: AgRg no AREsp 14.264-RJ, DJe 18.4.2012; AgRg nos EDcl no REsp 962.676-SC, DJe 15.6.;2010, e AgRg no REsp 388.788-SC, DJe 19.3.2009. **AgRg no AREsp 95.329-RO, Rel. Min. Benedito Gonçalves, julgado em 23/10/2012. (Inform. STJ 507)**

DIREITO ADMINISTRATIVO. SERVIDOR PÚBLICO. APOSENTADORIA ESPECIAL.

A concessão de aposentadoria especial a servidor público depende de comprovação da efetiva nocividade da atividade realizada de forma permanente, nos termos do art. 57 da Lei n. 8.213/1991, enquanto não editada lei complementar que discipline o assunto. A EC n. 20/1998 garantiu o direito à concessão de aposentadoria especial aos servidores públicos que exerçam atividades em condições que prejudiquem a saúde ou a integridade física. O art. 40, § 4º, da CF, com redação dada pela EC n. 47/2005, estendeu o benefício aos servidores com deficiência física e aos que exerçam atividades de risco, nos termos definidos em lei complementar, ainda não editada. Assim, diante da omissão legislativa, o STF tem reconhecido a adoção do disposto no art. 57 da Lei n. 8.213/1991 para a concessão de aposentadoria especial aos servidores públicos. Precedente citado do STF: MI 1.683-DF, DJ 1º/10/2012. **RMS 36.806-PE, Rel. Min. Napoleão Nunes Maia Filho, julgado em 4/10/2012. (Inform. STJ 506)**

SERVIDOR PÚBLICO APOSENTADO. TRANSPOSIÇÃO. APOSTILAMENTO.

Trata-se de mandado de segurança em que a associação, ora impetrante, insurge-se contra ato do advogado-geral da União que negou o direito dos seus representados à transposição, ao apostilamento da denominação do cargo ocupado, bem como à transferência para a folha da Advocacia-Geral da União (AGU). Sustenta que seus representados possuem direito líquido e certo à transposição e, em consequência, aos benefícios dela decorrentes, porquanto deve haver isonomia entre ativos e inativos, consoante o art. 40, § 8º, da CF/1988 e art. 7º da EC n. 41/2003. Alega, ainda, que o parágrafo único do art. 189 da Lei n. 8.112/1990 também garante tal direito. Entende que a autoridade coatora, ao indeferir a transposição/apostilamento, descumpriu, inclusive, norma expressa nos arts. 19 e 19-A da Lei n. 9.028/1995 c/c o art. 5º da MP n. 71/2002. Portanto, a questão está em definir se os servidores aposentados, em carreira modificada por lei superveniente, possuem direito líquido e certo à transposição e ao apostilamento incidente sobre os ativos, com base na isonomia constitucional. A Seção entendeu que, como supedâneo normativo do pleito mandamental, não é possível invocar a legislação específica da transposição, já que ela é omissa em relação ao caso, pois somente tratou dos servidores ativos. Todavia, consignou que o referido pleito encontra amparo nos arts. 40, § 8º, da CF/1988 e 189 da Lei n. 8.112/1990. Observou-se que o STF fixou que a expressão "quaisquer benefícios ou vantagens" possui alcance amplo e permite inferir que os substituídos possuem direito ao apostilamento e que a aplicação da isonomia constitucional é realizada de forma automática, pressupondo tão somente uma lei que preveja tal direito aos ativos. Por fim, registrou-se que o atendimento do pleito mandamental não importará prejuízo ao erário, visto que os substituídos processuais vinculados à associação impetrante já percebem proventos equivalentes à denominação de advogado da União. Diante disso, concedeu-se a segurança e determinou-se a transposição e o apostilamento da denominação de advogado da União nos títulos de inatividade dos substituídos, além da transferência dos encargos dos servidores para a folha de pagamento da AGU. Precedentes citados do STF: RE 380.233-PB, DJ 5/11/2004; AgRg no AI 701.734-SP, DJe 6/6/2008, e AgRg no RE 466.531-RJ, DJe 3/10/2008. **MS 15.555-DF, Rel. Min. Humberto Martins, julgado em 25/5/2011.** (Inform. STJ 474)

PENSÃO CIVIL. MORTE. LEI VIGENTE.

É cediço que, conforme o princípio *tempus regit actum*, a lei que disciplina a concessão de benefício previdenciário é a que vige quando se implementam os requisitos necessários para sua obtenção (*vide* Súm. n. 340-STJ). Isso se dá, também, com a pensão por morte de servidor público (no caso, ministro aposentado). Contudo, o falecimento do servidor é o requisito necessário à obtenção desse benefício. Assim, a data de implemento desse requisito não pode ser confundida com a data de sua aposentadoria. Antes do falecimento, há apenas expectativa de direito, e não direito subjetivo desde logo exigível (direito adquirido), hipótese em que se permite a incidência de novel legislação se alteradas as normas que regem esse benefício (*vide* Súm. n. 359-STF). Caso contrário, estar-se-ia a garantir direito adquirido à manutenção de regime jurídico, o que é repudiado pela jurisprudência. Por isso, o STF, o STJ e mesmo o TCU entendem que, se falecido o servidor na vigência da EC n. 41/2003 e da Lei n. 10.887/2004, o respectivo benefício da pensão devido ao cônjuge supérstite está sujeito a esses regramentos. Esse entendimento foi, justamente, o que a autoridade tida por coatora considerou no cálculo do montante do benefício em questão, não havendo reparos a seu ato. **Precedentes citados do STF: MS 21.216-DF, DJ 6/9/1991; AI 622.815-PA, DJe 2/10/2009; do STJ: AgRg no RMS 27.568-PB, DJe 26/10/2009. MS 14.743-DF, Rel. Min. Teori Albino Zavascki, julgado em 16/6/2010.** (Inform. STJ 439)

PRESCRIÇÃO. FUNDO DE DIREITO.

In casu, o recorrente ajuizou ação de reparação de danos materiais e morais em desfavor de estado federado, alegando ter sido lesado por ato do Tribunal de Justiça (TJ) daquele estado, o qual, de maneira ilegítima, determinou sua aposentadoria compulsória a partir de 2/4/1999. Assim, requereu a condenação do recorrido a reparar os danos materiais correspondentes ao decréscimo patrimonial suportado, a ser determinado a partir do saldo entre o rendimento líquido mensal auferido enquanto desempenhava as atividades de notário, subtraído dos valores recebidos a título de aposentadoria, bem como os danos morais, além da fixação de uma verba mensal vitalícia equiparada a sua renda na ativa. O magistrado de primeira instância extinguiu o processo com resolução do mérito, em razão do decurso do prazo prescricional de cinco anos estatuído no art. 1º do Dec. n. 20.910/1932, o que foi encampado pelo TJ. No REsp, o recorrente sustenta que o Tribunal *a quo* infringiu os arts. 1º e 3º do referido decreto, uma vez que os danos causados por força de sua aposentadoria compulsória renovam-se todos os meses, atraindo, assim, de forma peremptória, a aplicação da Súm. n. 85-STJ. A Turma entendeu que o direito reclamado na ação indenizatória originalmente proposta respalda-se na suposta ilegitimidade de conduta estatal positiva consubstanciada na aposentadoria compulsória do recorrente, de forma que a prescrição deve ser aferida a partir do momento em que o referido ato começou a ser eficaz e surtir efeitos, ou seja, em abril de 1999. Desse modo, proposta a ação apenas em 2006, é inequívoco que a prescrição atingiu o fundo de direito, não havendo que se cogitar de incidência da Súm. n. 85-STJ, na medida em que se procura atacar conduta comissiva da Administração Pública que acarretou o não recebimento da quantia postulada. **REsp 1.159.935-RJ, Rel. Min. Castro Meira, julgado em 3/12/2009.** (Inform. STJ 418)

RESTITUIÇÃO. BENEFÍCIO. ANTECIPAÇÃO. TUTELA.

A Turma reafirmou que, revogada a tutela antecipada, no trato de verba previdenciária, não há que falar em restituição dos valores recebidos diante de seu caráter alimentar e de não estar configurada fraude ou má-fé do segurado em seu recebimento. Quanto à devolução de parcelas pagas após a revogação da tutela, além de estar preclusa a discussão no âmbito do agravo, pesa o fato de que, enquanto não mais obrigado ao pagamento, o instituto, mesmo assim, efetuou-o sob sua conta e risco, o que afasta sua necessária devolução, haja vista todos os motivos acima explanados. **Precedentes citados: REsp 991.030-RS, DJ 15/10/2008, e AgRg no Ag 399.531-RJ, DJ 9/2/2004. AgRg no Ag 1.101.490-RS, Rel. Min. Celso Limongi (Desembargador convocado do TJ-SP), julgado em 26/5/2009.** (Inform. STJ 396)

RENÚNCIA. APOSENTADORIA. APROVEITAMENTO. TEMPO.

É cabível a renúncia à aposentadoria sob o regime geral com o intuito de ingresso em outro, estatutário, visto tratar-se de direito disponível. Esse ato tem efeito *ex nunc* e não gera o dever de devolver os valores recebidos. Enquanto perdurou a primeva aposentadoria, os pagamentos realizados, de natureza alimentar, eram indiscutivelmente devidos. Precedentes citados: REsp 310.884-RS, DJ 26/9/2005; REsp 692.628-DF, DJ 5/9/2005, e AgRg no REsp 497.683-PE, DJ 4/8/2003. **REsp 663.336-MG, Rel. Min. Arnaldo Esteves Lima, julgado em 6/11/2007.** (Inform. STJ 338)

6.15.7. Acumulação remuneratória

SEGUNDO AG. REG. NO ARE N. 708.176-RJ
RELATOR: MIN. MARCO AURÉLIO
SERVIDOR PÚBLICO – APOSENTADORIA – NOVA INVESTIDURA – IMPOSSIBILIDADE DE ACUMULAÇÃO. O artigo 11 da Emenda Constitucional nº 20/1998 contém regramento explícito quanto à impossibilidade de acumulação de proventos decorrentes de aposentadorias regidas pelo artigo 40 da Constituição Federal. (Inform. STF 722)

AG. REG. NO AI N. 747.057-RJ
RELATOR: MIN. MARCO AURÉLIO
RECURSO EXTRAORDINÁRIO – APOSENTADORIA – ACUMULAÇÃO. VALORES ORIUNDOS DE REFORMA MILITAR E PROVENTOS – POSSIBILIDADE. A ressalva contida no artigo 11 da Emenda Constitucional nº 20/1998 não exclui o recebimento simultâneo de valores relativos a reforma militar e proventos de aposentadoria de servidor que retornou ao serviço público antes da promulgação da referida Emenda. (Inform. STF 720)

AG. REG. NO AI N. 532.392-PR
RELATOR: MIN. TEORI ZAVASCKI
EMENTA: ADMINISTRATIVO. AGRAVO REGIMENTAL NO AGRAVO DE INSTRUMENTO. SERVIDORA PÚBLICA. ACUMULAÇÃO DE PROVENTOS COM VENCIMENTOS DE PROFESSOR. ACÚMULO TRÍPLICE DE REMUNERAÇÕES. ART. 11 DA EC 20/98. INVIABILIDADE.

1. Segundo a jurisprudência do Supremo Tribunal Federal, apenas se permite a acumulação de proventos e vencimentos quando se tratar de cargos, funções, ou empregos acumuláveis na atividade, conforme permitido pela Constituição.

2. **Não se admite acúmulo tríplice de provimentos e vencimentos de professor, mesmo que decorrentes de aprovações em concursos públicos anteriores à vigência da EC 20/98** (AI 545.424 Agrar, 2ª Turma, Min. Celso de Mello, Dje de 25/03/13; AI 529.499 AgR, 1ª Turma, Min. Ricardo Lewandowski, DJe 17/11/10). Precedentes. 3. Agravo regimental a que se nega provimento. (Inform. STF 716)

AG. REG. NO AI. N. 717.747-SP
RELATOR: MIN. DIAS TOFFOLI
EMENTA: Agravo regimental no agravo de instrumento. Acumulação de proventos com vencimentos. Concurso público para o novo cargo posterior à EC nº 20/98. Inadmissibilidade.

1. Não se tratando de emprego ou função pública acumulável na atividade, na forma prevista na Constituição Federal, não se admite a acumulação se o retorno ao serviço público ocorreu somente após a Emenda Constitucional nº 20/98.

2. Agravo regimental não provido. (Inform. STF 704)

Acumulação Remunerada de Cargos e Lei Orgânica - 1

A Turma proveu recurso extraordinário em que o Estado do Paraná questionava a possibilidade, ou não, de acumulação remunerada do cargo de secretário municipal com o de vereador, autorizada, à época, por Lei Orgânica. Tratava-se, na espécie, de recurso extraordinário interposto contra acórdão do tribunal de justiça daquela unidade federativa que, em mandado de segurança, reputara legal essa cumulação ao fundamento de que a Magna Carta não a proíbe, e aplicara, por similaridade, o disposto no art. 56, I, da CF (*"Art. 56. Não perderá o mandato o Deputado ou Senador: I - investido no cargo de Ministro de Estado, Governador de Território, Secretário de Estado, do Distrito Federal, de Território, de Prefeitura de Capital ou chefe de missão diplomática temporária"*). Concluíra a Corte de origem que a nomeação do ora recorrido para o aludido cargo, permitida pela Lei Orgânica do Município de Bituruna/PR, não configuraria ato nulo ou proibido, não podendo persistir a determinação de restituição dos valores recebidos como remuneração. **RE 497554/PR, rel. Min. Ricardo Lewandowski, 27.4.2010.** (RE-497554)

Acumulação Remunerada de Cargos e Lei Orgânica - 2

Asseverou-se que, em virtude do art. 29, IX, da CF (*"Art. 29... IX- proibições e incompatibilidades, no exercício da vereança, similares, no que couber, ao disposto nesta Constituição para os membros do Congresso Nacional e, na Constituição do respectivo Estado, para os membros da Assembleia Legislativa;"*), a lei orgânica municipal deve guardar, no que couber, correspondência com o modelo federal acerca das proibições e incompatibilidades de vereadores. Assim, afirmou-se a impossibilidade de **acumulação dos cargos e remuneração de vereador e secretário municipal, tendo em conta interpretação sistemática dos artigos 36, 54 e 56 da CF. Considerou-se, ademais, aplicável o princípio da separação dos Poderes. RE 497554/PR, rel. Min. Ricardo Lewandowski, 27.4.2010.** (RE-497554) (Inform. STF 584)

Acumulação de Cargos de Médico e Perito Criminal na Área de Medicina Veterinária: Impossibilidade
O art. 37, XVI, c, da CF autoriza a acumulação de dois cargos de médico, não sendo compatível interpretação ampliativa para abrigar no conceito o cargo de perito criminal com especialidade em medicina veterinária. Com base nessa orientação, a Turma deu provimento a recurso extraordinário para restabelecer acórdão do Tribunal de Justiça do Estado do Rio de Janeiro que denegara segurança impetrada contra ato do Secretário de Estado de Administração, **o qual vedara a acumulação dos cargos de médica de secretaria municipal com o de perita criminal da polícia civil na especialidade de médica veterinária. Afirmou-se que a especialidade médica não pode ser confundida sequer com a especialidade veterinária e que cada qual guarda características próprias que as separam para efeito da cumulação vedada pela Constituição. RE 248248/RJ, rel. Min. Menezes Direito, 2.9.2008.** (RE-248248) (Inform. STF 518) (g.n.)

Profissionais da Saúde e § 2º do Art. 17 do ADCT
A norma transitória do art. 17, § 2º, do ADCT (*"É assegurado o exercício cumulativo de dois cargos ou empregos privativos de profissionais de saúde que estejam sendo exercidos na administração pública direta ou indireta."*) aplica-se tanto a profissionais da saúde militares quanto civis. Com base nesse entendimento, a Turma proveu recurso extraordinário interposto por profissionais de saúde, integrantes dos quadros de oficiais de saúde da Polícia Militar do Estado de Minas Gerais, admitidos em data anterior à promulgação da CF/88. Asseverou-se, ademais, que se fosse dada interpretação ao citado dispositivo no sentido de excluir os profissionais da saúde das carreiras militares, haver-se-ia, pelos mesmos fundamentos, de se utilizá-la também em relação ao art. 37, XVI, c, da CF (*"Art. 37. ... XVI - é vedada a acumulação remunerada de cargos públicos, exceto, quando houver compatibilidade de horários, observado em qualquer caso o disposto no inciso XI.... c) a de dois cargos ou empregos privativos de profissionais de saúde, com profissões regulamentadas;"*).
RE 182811/MG, rel. Min. Gilmar Mendes, 30.5.2006. (RE-182811) (Inform. STF 429)

EC 20/1998 e Acumulação de Cargos - 1
A Constituição da República de 1988 somente permite a acumulação de proventos e de vencimentos quando se tratar de cargos acumuláveis na atividade. Com base nesse entendimento, a Turma manteve acórdão do Tribunal de Justiça do Estado de Minas Gerais que denegara mandado de segurança em que se pretendia **a percepção concomitante dos proventos de aposentadoria de inspetor escolar com a remuneração do cargo de supervisor pedagógico que atualmente ocupado pelas recorrentes**. No caso concreto, as recorrentes, durante o exercício do cargo efetivo de inspetor escolar, foram nomeadas para o cargo de supervisor pedagógico, em decorrência da aprovação em novo concurso público. Ante a impossibilidade de acumulação remunerada dos dois cargos técnicos, licenciaram-se, sem vencimentos, do cargo de supervisor. Posteriormente, aposentaram-se no cargo de inspetor e, em seguida, reassumiram as funções do cargo de supervisor, acumulando proventos e vencimentos. A Administração Pública concluíra pela ilegalidade das acumulações. Alegava-se, na espécie, que a situação das recorrentes estaria amparada pela exceção prevista no art. 11 da EC 20/1998, porquanto anterior ao advento da citada Emenda. Inicialmente, ressaltou-se que o disposto no referido artigo deve ser interpretado restritivamente, haja vista cuidar-se de exceção à regra que veda o recebimento simultâneo de proventos e vencimentos. **Entendeu-se que não ocorrera novo ingresso no serviço público, mas ilegítima acumulação de cargos na ativa**, uma vez que a licença para tratar de interesse particular não descaracteriza o vínculo jurídico do servidor com a Administração. Precedentes citados: RE 163204/SP (DJU de 31.3.95) e RE 300220/CE (DJU de 22.3.2002).
RE 382389/MG, rel. Min. Ellen Gracie, 14.2.2006. (RE-382389) (g.n.)

EC 20/1998 e Acumulação de Cargos - 2
Na linha da fundamentação acima exposta, a Turma manteve acórdão do Tribunal de Justiça do Estado do Rio Grande do Sul que indeferira o pedido da recorrente em continuar a receber os proventos de **dois cargos de jornalista**. Sustentava-se, na espécie, ofensa ao art. 11 da EC 20/1998, sob a alegação de que a situação da recorrente estaria resguardada por tal dispositivo, uma vez que a aposentação do segundo cargo ocorrera antes do advento da citada Emenda. Ressaltando que **a acumulação pleiteada sempre fora proibida pela CF**, entendeu-se que a pretensão da recorrente encontra vedação expressa na EC 20/98. Precedente citado: RE 163204/SP (DJU de 31.3.95).
RE 463028/RS, rel. Min. Ellen Gracie, 14.2.2006. (RE-463028) (Inform. STF 416) (g.n.)

DIREITO ADMINISTRATIVO. ACUMULAÇÃO DE CARGOS PÚBLICOS INDEPENDENTEMENTE DE CARGA HORÁRIA MÁXIMA CONSIDERADA EM ACÓRDÃO DO TCU.
Havendo compatibilidade de horários, é possível a acumulação de dois cargos públicos privativos de profissionais de saúde, ainda que a soma da carga horária referente àqueles cargos ultrapasse o limite máximo de sessenta horas semanais considerado pelo TCU na apreciação de caso análogo. De fato, o art. 37, XVI, da CF e o art. 118, § 2º, da Lei 8.112/1990 somente condicionam a acumulação lícita de cargos à compatibilidade de horários, não havendo qualquer dispositivo que estabeleça limite máximo, diário ou

semanal, à carga horária a ser cumprida. Dessa forma, não se pode negar o direito à acumulação com base numa suposta incompatibilidade com decisão proferida pelo TCU (Acórdão 2.133/2005), a qual não possui força normativa capaz de se sobrepor à garantia constitucional e legal. Ademais, mostra-se desarrazoado negar o referido direito com fundamento em mera presunção de que a realização de jornada de trabalho superior a sessenta horas semanais comprometeria a qualidade do serviço a ser prestado. Precedentes citados: AgRg no REsp 1.168.979-RJ, Sexta Turma, DJe 14/12/2012; MS 15.663-DF, Primeira Seção, DJe 3/4/2012; e EDcl no REsp 1.195.791-RJ, Segunda Turma, DJe 28/6/2012. **AgRg no AREsp 291.919-RJ, Rel. Min. Napoleão Nunes Maia Filho, julgado em 18/4/2013.** (Inform. STJ 521)

DIREITO ADMINISTRATIVO. ACUMULAÇÃO DE CARGOS DE MÉDICO MILITAR COM O DE PROFESSOR DE INSTITUIÇÃO PÚBLICA DE ENSINO.

Caso exista compatibilidade de horários, é possível a acumulação do cargo de médico militar com o de professor de instituição pública de ensino. Com base na interpretação sistemática dos arts. 37, XVI, "c", 42, § 1º, e 142, § 3º, II, da CF, a jurisprudência do STJ admite a acumulação, por militares, de dois cargos privativos de médico ou profissionais de saúde, desde que o servidor não desempenhe funções típicas da atividade castrense. Nesse contexto, conclui-se que o fato de o profissional de saúde integrar os quadros de instituição militar não configura, por si só, impedimento à acumulação de cargos. No entanto, ela só será possível nas hipóteses previstas no art. 37, XVI, da CF, entre as quais se encontra a autorização de acumulação de um cargo de professor com outro técnico ou científico. **Desse modo, deve-se considerar lícito, caso haja compatibilidade de horários, o acúmulo remunerado de um cargo de médico e outro de professor. Isso porque aquele possui natureza científica e sua ocupação pressupõe formação em área especializada do conhecimento, dotada de método próprio, de modo a caracterizar um cargo "técnico ou científico", na forma em que disposto na alínea "b" do inciso XVI do art. 37 da CF.** Ademais, não parece razoável admitir a acumulação de um cargo de professor com outro técnico ou científico por um lado e, por outro, eliminar desse universo o cargo de médico, cuja natureza científica é indiscutível. **RMS 39.157-GO, Rel. Min. Herman Benjamin, julgado em 26/2/2013.** (Inform. STJ 518) (g.n.)

DIREITO ADMINISTRATIVO E CONSTITUCIONAL. ACUMULAÇÃO DE DOIS PROVENTOS DE APOSENTADORIA PELO RPPS. RETORNO AO SERVIÇO PÚBLICO ANTERIOR À EC N. 20/1998.

Ressalvadas as hipóteses de acumulação de cargo público expressamente previstas na CF, não é possível, após a EC n. 20/1998, cumular mais de uma aposentadoria à conta do regime previdenciário do art. 40 da CF, ainda que o ingresso no cargo em que se deu a segunda aposentadoria tenha ocorrido antes da referida Emenda. O art. 11 da EC n. 20/1998 preservou a situação dos servidores inativos que reingressaram no serviço público antes de sua promulgação, de forma a permitir a percepção tanto dos proventos da aposentadoria como dos vencimentos do novo cargo público. Entretanto, o servidor nessa situação, a partir do momento em que se aposenta novamente, não pode acumular as duas aposentadorias, por expressa vedação constitucional, não havendo que se falar em violação a ato jurídico perfeito nem a direito adquirido. Precedentes citados do STF: AgRg no MS 28.711-DF, DJ 21/9/2012, e RE 584.388-SC, DJ 27/9/2011; e do STJ: AgRg no RMS 15.686-PR, DJe 18/4/2012, e RMS 13.835-PR, DJe 12/5/2008. **RMS 32.756-PE, Rel. Min. Castro Meira, julgado em 27/11/2012. (Inform. STJ 510)**

DIREITO ADMINISTRATIVO. NOTÁRIO. ACUMULAÇÃO INDEVIDA DE CARGO, EMPREGO OU FUNÇÃO PÚBLICA.

A atividade de notário é inacumulável com qualquer cargo, emprego ou função pública, ainda que em comissão, mesmo que o servidor esteja no gozo de férias ou licença remunerada. O *status* de servidor público, que não é desconfigurado pelo fato de o servidor estar no gozo de férias ou licenças, é incompatível com a atividade de notário nos termos do art. 25 da Lei n. 8.935/1994. **RMS 38.867-AC, Rel. Min. Humberto Martins, julgado em 18/10/2012. (Inform. STJ 508)**

DIREITO ADMINISTRATIVO. SERVIDOR PÚBLICO APOSENTADO. PROFISSIONAIS DA ÁREA DA SAÚDE. CUMULAÇÃO DE CARGOS. TETO REMUNERATÓRIO.

A acumulação de proventos de servidor aposentado em decorrência do exercício cumulado de dois cargos de profissionais da área de saúde legalmente exercidos, nos termos autorizados pela CF, não se submete ao teto constitucional, devendo os cargos ser considerados isoladamente para esse fim. A partir da vigência da EC n. 41/2003, todos os vencimentos percebidos por servidores públicos, inclusive os proventos e pensões, estão sujeitos aos limites estatuídos no art. 37, XI, da CF. Entretanto, a EC n. 41/2003 restabeleceu a vigência do art. 17 do ADCT, que, embora em seu *caput* afaste a invocação do direito adquirido ao recebimento de verbas remuneratórias contrárias à CF, em seus §§ 1º e 2º, traz exceção ao assegurar expressamente o exercício cumulativo de dois cargos ou empregos privativos de profissionais de saúde. Assim, a referida norma excepciona a incidência do teto constitucional aos casos de acumulação de cargos dos profissionais de saúde, devendo tais cargos ser considerados isoladamente para esse fim. Precedente citado: RMS 33.170-DF, DJe 7/8/2012. **RMS 38.682-ES, Rel. Min. Herman Benjamin, julgado em 18/10/2012. (Inform. STJ 508)**

SERVIDOR PÚBLICO MILITAR ESTADUAL. ACUMULAÇÃO. CARGOS.

O recorrente é soldado de 1ª classe da Polícia Militar estadual, mas, no cargo militar, atua na área de saúde e tem emprego privado em entidade paraestatal, no caso, o Serviço Social da Indústria (Sesi). Assim, a Turma entendeu que, uma vez que o recorrente não desempenha função tipicamente exigida para a atividade castrense, e sim atribuição inerente à profissão civil (técnico de enfermagem no banco de sangue do hospital militar), é possível acumular dois cargos privativos na área de saúde, no âmbito das esferas civil e militar, conforme interpretação sistemática do art. 37, XVI, **c**, c/c o art. 142, § 3º, II, da CF. Precedentes citados do STF: RE 182.811-MG, DJ 30/6/2006; do STJ: RMS 22.765-RJ, DJe 23/8/2010. **RMS 32.930-SE, Rel. Min. Humberto Martins, julgado em 20/9/2011.** (Inform. STJ 483)

ACUMULAÇÃO. APOSENTADORIAS. EC N. 20/1998.

Tratou-se de mandado de segurança preventivo no qual a impetrante buscava anular o ato administrativo que determinara prazo para o exercício de opção por uma das aposentadorias que percebia. No caso, a impetrante aposentou-se pela primeira vez no cargo de secretária-executiva de uma universidade federal em 1979 e, pela segunda vez, como analista em ciência e tecnologia do CNPQ, instituição vinculada ao Ministério de Ciência e Tecnologia, em 1995. Segundo a Seção, entre outras questões, o servidor que se tornou inativo e retornou ao serviço público no período de vigência da CF/1988 (art. 99, § 4º), tendo-se aposentado novamente, agora sob a vigência da redação originária do art. 37 da CF/1988, ou seja, antes da EC n. 20/1998, tem direito à acumulação dos proventos. Assim, a Seção concedeu a segurança para reconhecer à impetrante o direito de acumular as aposentadorias. **Precedentes citados do STF: MS 24.952-DF, DJ 3/2/2006; AgRg no RE 593.027-DF, DJe 4/8/2010; do STJ: MS 12.518-DF, DJe 5/5/2008. MS 14.220-DF, Rel. Min. Jorge Mussi, julgado em 10/11/2010.** (Inform. STJ 455)

CUMULAÇÃO. CARGOS. SAÚDE.

Trata-se, na espécie, da possibilidade de acumular o cargo de enfermeira da Polícia Militar estadual com o mesmo cargo no âmbito municipal. A Turma, ao prosseguir o julgamento, por maioria, entendeu que é possível a acumulação de dois cargos privativos na área de saúde nas esferas civil e militar, desde que o servidor não exerça funções tipicamente exigidas para a atividade castrense, e sim atribuições inerentes a profissões civis, conforme interpretação sistemática do art. 37, XVI, c, c/c o art. 142, § 3º, II, ambos da CF/1988. **RMS 22.765-RJ, Rel. Min. Maria Thereza de Assis Moura, julgado em 3/8/2010.** (Inform. STJ 441)

APOSENTADORIA. CUMULATIVIDADE. EC N. 20/1998.

A Seção entendeu que o impetrante faz jus à duplicidade de proventos oriundos de aposentadorias no cargo de técnico de laboratório, visto que, dada sua situação funcional, não se aplica a vedação do art. 11 da EC n. 20/1998 mormente por direito adquirido, bem como por sua necessidade na condição de octogenário. Outrossim, foi concedido o *writ* para restaurar o pagamento de quantias atrasadas com juros e correção monetária. Honorários indevidos (Súm. n. 105/STJ e n. 512/STF). **Precedente citado do STF: RE 163.204-SP, DJ 31/3/1995. MS 12.518-DF, Rel. Min. Arnaldo Esteves Lima, julgado em 26/3/2008.** (Inform. STJ 349)

6.15.8. Infração e processo disciplinar

Súmula Vinculante STF 5

A falta de defesa técnica por advogado no processo administrativo disciplinar não ofende a Constituição.

Súmula STF nº 56

Militar reformado não está sujeito à pena disciplinar.

Súmula STF nº 55

Militar da reserva está sujeito à pena disciplinar.

Súmula STF nº 21

Funcionário em estágio probatório não pode ser exonerado nem demitido sem inquérito ou sem as formalidades legais de apuração de sua capacidade.

Súmula STF nº 20

É necessário processo administrativo com ampla defesa, para demissão de funcionário admitido por concurso.

Súmula STF nº 19

É inadmissível segunda punição de servidor público, baseada no mesmo processo em que se fundou a primeira.

Súmula STF nº 18

Pela falta residual, não compreendida na absolvição pelo juízo criminal, é admissível a punição administrativa do servidor público.

Súmula STJ nº 343

É obrigatória a presença de advogado em todas as fases do processo administrativo disciplinar. (vide Súmula Vinculante STF nº 5)

AG. REG. NO ARE N. 637.958-MG
RELATORA: MIN. ROSA WEBER
EMENTA: DIREITO ADMINISTRATIVO E PROCESSUAL CIVIL. POLICIAL MILITAR. TRANSGRESSÃO DISCIPLINAR. INSTAURAÇÃO DO PROCEDIMENTO ADMINISTRATIVO DISCIPLINAR – PAD. DEMISSÃO. NEGATIVA DE PRESTAÇÃO JURISDICIONAL NÃO CONFIGURADA. ALEGAÇÃO DE OFENSA AO DEVIDO PROCESSO LEGAL, AO CONTRADITÓRIO E À AMPLA DEFESA. MATÉRIA INFRACONSTITUCIONAL. EVENTUAL VIOLAÇÃO REFLEXA DA CONSTITUIÇÃO DA REPÚBLICA NÃO VIABILIZA O MANEJO DE RECURSO EXTRAORDINÁRIO. AS RAZÕES DO AGRAVO REGIMENTAL NÃO SÃO APTAS A INFIRMAR OS FUNDAMENTOS DA DECISÃO AGRAVADA. ACÓRDÃO RECORRIDO PUBLICADO EM 20.10.2010. Inexiste violação do artigo 93, IX, da Constituição Federal. **Na compreensão desta Suprema Corte, o texto constitucional exige que o órgão jurisdicional explicite as razões de seu convencimento, sem necessidade, contudo, do exame detalhado de cada argumento esgrimido pelas partes**. Precedentes. O exame da alegada ofensa ao art. 5º, XXXIX, LIII, LIV e LV, da Constituição Federal dependeria de prévia análise da legislação infraconstitucional aplicada à espécie, o que refoge à competência jurisdicional extraordinária, prevista no art. 102 da Constituição Federal. Agravo regimental conhecido e não provido. (Inform. STF 728) (g.n.)

MANDADO DE SEGURANÇA. AUTONOMIA DAS INSTÂNCIAS PENAL E ADMINISTRATIVO-DISCIPLINAR. ABSOLVIÇÃO PENAL *POR FALTA DE PROVA*. **INOCORRÊNCIA,** *EM TAL HIPÓTESE*, **DE REPERCUSSÃO DA COISA JULGADA PENAL NA ESFERA DO PROCEDIMENTO DISCIPLINAR. DOUTRINA. PRECEDENTES. MANDADO DE SEGURANÇA INDEFERIDO. - O exercício do poder disciplinar pelo Estado** não está sujeito **ao prévio encerramento da *"persecutio criminis"* que venha a ser instaurada** perante **órgão competente do Poder Judiciário** nem se deixa influenciar ***por eventual*** **sentença penal absolutória,** exceto **se, *nesta última hipótese*,** a absolvição judicial resultar do reconhecimento categórico (a) ***da inexistência de autoria*** **do fato,** (b) ***da inocorrência material*** **do próprio evento** ou, **ainda,** (c) ***da presença*** **de qualquer das causas de justificação penal.** Hipótese **em que a absolvição penal dos impetrantes se deu** em razão ***de insuficiência da prova*** **produzida pelo** Ministério Público. Consequente ausência, ***no caso,*** de repercussão **da coisa julgada penal** na esfera **administrativo-disciplinar.** Doutrina. Precedentes. **Rel. Min. Celso de Mello, MS 23.190/RJ, DJ 1º/08/2013 (Inform. STF 715)**

Imposição Sumária de Penas e Direito à Defesa Prévia
Por entender caracterizada a ofensa aos princípios da ampla defesa e do contraditório (CF, art. 5º, LV), o Tribunal julgou procedente pedido formulado em ação direta proposta pela Confederação Brasileira de Trabalhadores Policiais Civis - COBRAPOL para declarar a inconstitucionalidade dos §§ 2º, 3º, 4º, 5º e 6º do art. 43 da Lei 2.271/1994 (Estatuto da Polícia Civil), que, ao disporem sobre as penas disciplinares, preveem que *"as penas de repreensão e suspensão, até cinco dias, serão aplicadas de imediato pela autoridade que tiver conhecimento direto de falta cometida"*, e que *"o ato punitivo será motivado e terá efeito imediato, mas provisório, assegurando-se ao funcionário policial civil o direito de oferecer defesa por escrito no prazo de três dias"*. Considerou-se que os dispositivos impugnados afrontam a prerrogativa constitucional que assegura a qualquer servidor público o direito de ser ouvido previamente ao ato veiculador de sua punição disciplinar, ainda que desta resulte, por aplicação do critério da **verdade sabida**, a imposição de sanção administrativa revestida de menor gravidade, como ocorre com a repreensão e a suspensão funcional por até cinco dias. Asseverou-se **não ser admissível que o Estado, em tema de restrição à esfera jurídica de qualquer cidadão e de seus servidores, exerça a sua autoridade de maneira abusiva ou arbitrária, de modo a desprezar, no exercício de sua atividade, o postulado da plenitude de defesa, visto que o reconhecimento da legitimidade ético-jurídica de qualquer medida imposta pelo Poder Público de que resultem, como no caso, consequências gravosas no plano dos direitos e garantias individuais exige a observância da garantia do devido processo. Alguns precedentes citados RMS 22789/RJ (DJU de 25.6.1999) e MS 21254/DF (DJU de 2.8.1991). ADI 2120/AM, rel. Min. Celso de Mello, 16.10.2008.** (ADI-2120) (Inform. STF 524) (g.n.)

Defesa Técnica em Processo Administrativo Disciplinar e Ampla Defesa
O Tribunal aprovou o Enunciado da Súmula Vinculante 5 nestes termos: *"A falta de defesa técnica por advogado no processo administrativo disciplinar não ofende a Constituição"*. Essa orientação foi firmada pelo Tribunal ao dar provimento a recurso extraordinário interposto contra acórdão da Terceira Seção do Superior Tribunal de Justiça, que concedera mandado de segurança para anular a aplicação de penalidade expulsiva, ao fundamento de ausência de defesa técnica no curso do processo administrativo disciplinar instaurado contra o impetrante, servidor público. Salientou-se, inicialmente, que a doutrina constitucional vem enfatizando que o direito de defesa não se resume a simples direito de manifestação no processo, e que o constituinte pretende garantir uma pretensão à tutela jurídica. Tendo em conta a avaliação do tema no direito constitucional comparado, sobretudo no que diz respeito ao direito alemão, **afirmou-se que a**

pretensão à tutela jurídica, que corresponderia exatamente à garantia consagrada no art. 5º, LV, da CF, abrangeria o direito de manifestação (que obriga o órgão julgador a informar à parte contrária dos atos praticados no processo e sobre os elementos dele constantes); **o direito de informação sobre o objeto do processo** (que assegura ao defendente a possibilidade de se manifestar oralmente ou por escrito sobre os elementos fáticos e jurídicos contidos no processo); **e o direito de ver os seus argumentos contemplados pelo órgão incumbido de julgar** (que exige do julgador capacidade de apreensão e isenção de ânimo para contemplar as razões apresentadas). Asseverou-se, ademais, que o direito à defesa e ao contraditório tem aplicação plena em relação a processos judiciais e procedimentos administrativos, e reportou-se, no ponto, ao que disposto no art. 2º, e parágrafo único, da Lei 9.784/1999, que regula o processo administrativo no âmbito da Administração Pública Federal, enfatizando que o Supremo, nos casos de restrições de direitos em geral e, especificamente, nos de punições disciplinares, tem exigido a observância de tais garantias. Considerou-se, entretanto, que, na espécie, os direitos à informação, à manifestação e à consideração dos argumentos manifestados teriam sido devidamente assegurados, havendo, portanto, o exercício da ampla defesa em sua plenitude. Reportando-se, ainda, a precedentes da Corte no sentido de que a ausência de advogado constituído ou de defensor dativo não importa nulidade de processo administrativo disciplinar, concluiu-se que, o STJ, ao divergir desse entendimento, teria violado os artigos 5º, LV e 133, da CF. **Alguns precedentes citados: RE 244027 AgR/SP (DJU de 28.6.2002); AI 207197/PR (DJU de 5.6.98); MS 24961/DF (DJU de 4.3.2005). RE 434059/DF, rel. Min. Gilmar Mendes, 7.5.2008.** (RE-434059) (Inform. STF 505) (g.n.)

DIREITO ADMINISTRATIVO. DESNECESSIDADE DE SUSPENSÃO DE PROCESSO ADMINISTRATIVO DISCIPLINAR DIANTE DA EXISTÊNCIA DE AÇÃO PENAL RELATIVA AOS MESMOS FATOS.

Não deve ser paralisado o curso de processo administrativo disciplinar apenas em função de ajuizamento de ação penal destinada a apurar criminalmente os mesmos fatos investigados administrativamente. As esferas administrativa e penal são independentes, não havendo falar em suspensão do processo administrativo durante o trâmite do processo penal. Ademais, é perfeitamente possível que determinados fatos constituam infrações administrativas, mas não ilícitos penais, permitindo a aplicação de penalidade ao servidor pela Administração, sem que haja a correspondente aplicação de penalidade na esfera criminal. Vale destacar que é possível a repercussão do resultado do processo penal na esfera administrativa no caso de absolvição criminal que negue a existência do fato ou sua autoria, devendo ser revista a pena administrativa porventura aplicada antes do término do processo penal. **MS 18.090-DF, Rel. Min. Humberto Martins, julgado em 8/5/2013.** (Inform. STJ 523)

DIREITO ADMINISTRATIVO. DESNECESSIDADE DE INTIMAÇÃO DO INTERESSADO APÓS O RELATÓRIO FINAL DE PAD.

Não é obrigatória a intimação do interessado para apresentar alegações finais após o relatório final de processo administrativo disciplinar. Isso porque não existe previsão legal nesse sentido. Precedentes citados: RMS 33.701-SC, Primeira Turma, DJe 10/6/2011; e MS 13.498-DF, Terceira Seção, DJe 2/6/2011. **MS 18.090-DF, Rel. Min. Humberto Martins, julgado em 8/5/2013.** (Inform. STJ 523)

DIREITO ADMINISTRATIVO. UTILIZAÇÃO DE INTERCEPTAÇÃO TELEFÔNICA EM PAD.

É possível utilizar, em processo administrativo disciplinar, na qualidade de "prova emprestada", a interceptação telefônica produzida em ação penal, desde que devidamente autorizada pelo juízo criminal e com observância das diretrizes da Lei 9.296/1996. Precedentes citados: MS 14.226-DF, Terceira Seção, DJe 28/11/2012; e MS 14.140-DF, Terceira Seção, DJe 8/11/2012. **MS 16.146-DF, Rel. Min. Eliana Calmon, julgado em 22/5/2013.** (Inform. STJ 523)

DIREITO ADMINSTRATIVO. PRORROGAÇÃO DE PRAZO DE CONCLUSÃO DO PAD.

A prorrogação motivada do prazo para a conclusão dos trabalhos da comissão em processo administrativo disciplinar não acarreta, por si só, a nulidade do procedimento. De fato, a comissão deve cercar-se de todas as cautelas para colher os elementos de prova de modo a subsidiar a conclusão dos trabalhos. Muitas vezes, até mesmo para preservar o exercício da ampla defesa, é necessário que diversos atos sejam praticados no PAD, nem sempre possíveis dentro do prazo assinalado pela autoridade instauradora. Assim, se as prorrogações de prazo forem efetuadas de forma motivada, não há razão para inquiná-las de ilegalidade. **MS 16.031-DF, Rel. Ministro Humberto Martins, julgado em 26/6/2013.** (Inform. STJ 523)

DIREITO ADMINISTRATIVO. UTILIZAÇÃO, EM PROCESSO ADMINISTRATIVO DISCIPLINAR, DE PROVA EMPRESTADA VALIDAMENTE PRODUZIDA EM PROCESSO CRIMINAL.

É possível a utilização, em processo administrativo disciplinar, de prova emprestada validamente produzida em processo criminal, independentemente do trânsito em julgado da sentença penal condenatória. Isso porque, em regra, o resultado da sentença proferida no processo criminal não repercute na instância administrativa, tendo em vista a independência existente entre as instâncias. Precedentes citados: MS 17.472-DF, Primeira Seção, DJe 22/6/2012;

e MS 15.787-DF, Primeira Seção, DJe 6/8/2012. **RMS 33.628-PE, Rel. Min. Humberto Martins, julgado em 2/4/2013.** (Inform. STJ 521)

DIREITO ADMINISTRATIVO. NECESSIDADE DE PREJUÍZO PARA O RECONHECIMENTO DE NULIDADE EM PROCESSO ADMINISTRATIVO DISCIPLINAR.

O excesso de prazo para a conclusão do processo administrativo disciplinar não gera, por si só, qualquer nulidade no feito, desde que não haja prejuízo para o acusado. Isso porque não se configura nulidade sem prejuízo (*pas de nulité sans grief*). Precedentes citados: MS 16.815-DF, Primeira Seção, DJe 18/4/2012; MS 15.810-DF, Primeira Seção, DJe 30/3/2012. **RMS 33.628-PE, Rel. Min. Humberto Martins, julgado em 2/4/2013.** (Inform. STJ 521)

COMPETÊNCIA ADMINISTRATIVA DISCIPLINAR. PAD. FALTA ANTERIOR. REDISTRIBUIÇÃO. SERVIDOR PÚBLICO.

Em mandado de segurança (MS), a impetrante, servidora pública federal, busca que seja declarada a nulidade de processo administrativo disciplinar (PAD), defendendo que, após sua redistribuição ao quadro do Ministério da Saúde, passou a ser desse ministério a competência administrativa disciplinar para processá-la e puni-la. Sucede que, para o Min. Relator, a Administração Pública agiu em conformidade com o ordenamento jurídico ao instaurar sindicância, e a sua redistribuição não desloca a competência disciplinar anterior, a qual se estabelece justamente com base no critério temporal, ou seja, ocorrendo a transgressão, fixa-se a competência da autoridade responsável pela apuração dos ilícitos, independentemente de eventuais modificações de lotação dentro da estrutura da Administração Pública, pois **a promoção da sindicância e do PAD cabe ao órgão ou entidade pública ao qual o servidor encontra-se vinculado no momento da infração, ainda que a notícia da falta tenha chegado ao conhecimento do ente público somente após a remoção do servidor**. Isso porque esse ente, que está mais próximo dos fatos, é quem possui o interesse na averiguação dessas condutas reprováveis, sem contar a segurança transmitida a todos os envolvidos decorrente do estabelecimento de pronto da competência disciplinar que perdurará até o resultado final e, não menos importante, a maior facilidade para a colheita de provas e outros elementos pertinentes aos fatos. Também destacou que a discussão sobre o alcance e a consistência das provas que serviram de base à conclusão adotada pela comissão processante revela-se inadequada à via estreita do *mandamus* – que exige prova pré-constituída e inequívoca do direito líquido e certo invocado. Diante do exposto, a Seção denegou a segurança, ficando prejudicado o agravo regimental interposto contra o *decisum* que indeferiu o pedido liminar. Precedentes citados: AgRg no MS 15.603-DF, DJe 4/5/2011, e MS 15.175-DF, DJe 16/9/2010. **MS 16.530-DF, Rel. Min. Castro Meira, julgado em 22/6/2011.** (Inform. STJ 478) (g.n.)

MS. PAD. DESIGNAÇÃO. SUPERINTENDENTE. POLÍCIA FEDERAL.

O superintendente regional da Polícia Federal tem competência para designar os membros de comissão disciplinar, bem como determinar a abertura de procedimento administrativo disciplinar –(PAD), no âmbito da respectiva superintendência. Não há nulidade do PAD por vícios meramente formais, quando não for evidente o prejuízo à defesa, aplicação do princípio *pas de nullité sans grief*. No caso, **não houve prejuízo ao impetrante com a designação da comissão processante após a ocorrência do fato a ser apurado**. A consumação do ato impugnado depois da impetração e após a concessão de liminar não prejudica o pedido deduzido em mandado de segurança ajuizado em caráter preventivo. Precedentes citados: MS 14.401-DF, DJe 23/3/2010; MS 14.310-DF, DJe 10/9/2010; RMS 32.536-PE, DJe 13/4/2011, e REsp 817.846-MG, DJ 27/6/2007. **MS 15.434-DF, Rel. Min. César Asfor Rocha, julgado em 14/9/2011.** (Inform. STJ 483) (g.n.)

PAD. DEMISSÃO. ESFERA PENAL. ABSOLVIÇÃO. AUSÊNCIA. PROVAS.

Na hipótese dos autos, o impetrante busca que seja declarada a nulidade de processo administrativo disciplinar (PAD) que culminou em sua demissão do serviço público, sustentando, entre outros temas, que as conclusões da comissão processante são contrárias às provas dos autos, uma vez que ocorreu sua absolvição na esfera penal. A Turma reiterou que **as esferas criminais e administrativas são independentes, estando a Administração vinculada apenas à decisão do juízo criminal que negar a existência do fato ou a autoria do crime**. *In casu*, o impetrante foi absolvido na esfera criminal por insuficiência de provas, razão pela qual a sentença penal não tem repercussão na esfera administrativa. Assim, a Turma, prosseguindo o julgamento, por maioria, negou provimento ao recurso, contudo reservou à parte as vias ordinárias. Precedentes citados: REsp 1.226.694-SP, DJe 20/9/2011; REsp 1.028.436-SP, DJe 3/11/2010; REsp 879.734-RS, DJe 18/10/2010, e RMS 10.496-SP, DJe 9/10/2006. **RMS 32.641-DF, Rel. originário Min. Napoleão Nunes Maia Filho, Rel. para acórdão Min. Benedito Gonçalves, julgado em 8/11/2011.** (Inform. STJ 487) (g.n.)

PAD. INSTAURAÇÃO. INVESTIGADO.

A Seção entendeu que **é nula a portaria que aplica a pena de demissão a servidor público autárquico em conclusão a processo administrativo disciplinar (PAD) que foi instaurado por um dos investigados ou que tenha testemunha também investigada, que sequer prestou o compromisso de dizer a verdade perante a comissão disciplinar**, uma vez que ofendidos os princípios da impessoalidade (art. 37, *caput*, CF/1988) e imparcialidade (art. 18 da Lei n. 9.784/1999). **MS 14.233-DF, Rel. Min. Napoleão Nunes Maia Filho, julgado em 23/6/2010.** (Inform. STJ 440) (g.n.)

PAD. ILÍCITO ADMINISTRATIVO E PENAL. PRESCRIÇÃO.

Os recorrentes, investigador e escrivão da polícia civil, impetraram mandado de segurança, na origem, contra o indeferimento de pedido de anulação dos atos que os demitiram, afirmando que houve prescrição da pretensão punitiva da Administração. Sustentam, no RMS, que **a prescrição da pena de demissão deve ser reconhecida porquanto, pelos mesmos fatos, eles foram denunciados e condenados pela prática do crime de concussão (art. 316, *caput* c/c o art. 29, todos do CP) à pena de dois anos, já fixada quando instaurado o processo administrativo disciplinar (PAD)**. Para a Min. Relatora, na hipótese, deve ser aplicada à prescrição prevista no inciso IV do art. 80 da LC estadual n. 207/1979, com a redação vigente à época dos fatos, visto que a novel redação dada pela LC estadual n. 922/2002 ao citado inciso é mais gravosa. Também a jurisprudência deste Superior Tribunal firmou-se no sentido de que o prazo de prescrição previsto na lei penal aplica-se às infrações disciplinares capituladas como crime, levando em conta a pena concreta (arts. 109 e 110 do CP). **Dessa forma, no caso dos autos, o trânsito em julgado da sentença criminal para a defesa ocorreu em 21/5/2001 e o PAD foi instaurado em 13/11/2001, para apuração de condutas praticadas pelos recorrentes em maio de 1996, as quais eram do conhecimento da Administração. Assim, já haviam transcorrido mais de quatro anos do prazo prescricional determinado conforme o disposto no art. 109, V, do CP**. Diante do exposto, a Turma deu provimento ao recurso para anular os atos de demissão e determinar a reintegração dos recorrentes. **Precedentes citados: EDcl no RMS 18.551-SP, DJ 3/4/2006; RMS 14.420-RS, DJ 30/9/2002; RMS 19.050-SP, DJe 23/3/2009; RMS 15.933-RJ, DJe 2/2/2009; RMS 15.648-SP, DJ 3/9/2007; RMS 21.930-SP, DJ 23/10/2006, e RMS 18.493-SP, DJ 10/4/2006. RMS 26.624-SP, Rel. Min. Laurita Vaz, julgado em 29/4/2010**. (Inform. STJ 432) (g.n.)

PAD. PROPORCIONALIDADE. RAZOABILIDADE.

Servidores do Judiciário, conforme apurado em processo administrativo disciplinar (PAD), com objetivo de obterem o anonimato, teriam ludibriado partes para que assinassem documento de cujo teor e finalidade não tinham conhecimento: assinaram representações contra a juíza, o escrivão e dois escreventes da comarca, acusando-os de cometer injustiças, maltratar usuários do serviço forense, contribuir para a morosidade e praticar corrupção. Segundo o Min. Relator, apurados os ilícitos de indisciplina, eles merecem reprovação na medida em que demonstrado o intuito dos ora recorrentes de, no mínimo, submeter os representados a constrangimento, por figurarem em processo instaurado em corregedoria-geral de Justiça estadual. **Também aponta que, não obstante sua indiscutível gravidade, o ato não teve maiores consequências nem para os representados nem para a própria Administração, uma vez que logo foi constatada a impropriedade das imputações. Assim, conclui que a aplicação da pena máxima de demissão, imposta com base nos arts. 273, I e IV, 274, V, e 285, III, da LC estadual n. 59/2001, deu-se mediante inobservância dos princípios da proporcionalidade e da razoabilidade, impondo-se que a Administração aplique sanção disciplinar mais branda**. Diante do exposto, a Turma deu parcial provimento ao RMS, concedendo em parte a segurança para anular a demissão dos recorrentes e determinar a reintegração aos cargos que ocupavam, ressalvada à Administração eventual aplicação de pena menos gravosa em decorrência das infrações disciplinares já apuradas, se for o caso. **Precedentes citados: MS 12.369-DF, DJ 10/9/2007, e MS 8.401-DF, DJe 17/5/2009. RMS 29.290-MG, Rel. Min. Arnaldo Esteves Lima, julgado em 18/2/2010.** (Inform. STJ 423)

PAD. CASSAÇÃO. APOSENTADORIA. PRESCRIÇÃO.

Funcionária pública federal teve cassada sua aposentadoria, sendo retirada do quadro de funcionários públicos da Fazenda, em conformidade com processo administrativo disciplinar (PAD) instaurado por valer-se do cargo para lograr proveito pessoal em detrimento da dignidade da função pública, por improbidade administrativa e por corrupção passiva tributária. No MS, questiona a atipicidade da conduta administrativa, a prescrição administrativa, a nulidade da decisão administrativa por excesso de prazo e a decadência do direito da Administração de anular seus próprios atos. Ressalta o Min. Relator que, após as informações da autoridade coatora e do parecer do MPF, vieram aos autos petições informando que, na primeira sentença criminal, a impetrante foi condenada a cinco anos de reclusão e multa, mas, devido ao recurso especial interposto que reformou tal decisão para que outra fosse proferida com motivada fixação da pena, a outra sentença foi prolatada, impondo sanção de três anos e multa, da qual não houve recurso ministerial. Anote-se que os pareceres do MPF, naquela esfera criminal, opinaram pelo reconhecimento da prescrição da pretensão punitiva estatal. Por fim, em recente decisão, o Tribunal *a quo* reconheceu a extinção da punibilidade da impetrante. Esclarece, agora, o Min. Relator que, diante desses fatos novos, abriu nova vista ao MPF, que se pronunciou pela denegação da segurança, alegando a independência das esferas penal e administrativa. Isso posto, destaca ainda o Min. Relator **a posição deste Superior Tribunal, que, em casos como o dos autos, determina o cálculo da prescrição com base na <u>pena *in concreto*</u>, pois os prazos administrativos de prescrição só têm lugar quando a falta imputada ao servidor não é prevista como crime penal**. Assim, havendo sentença penal condenatória, o prazo da prescrição, na esfera administrativa, computa-se pela pena *in concreto* penalmente aplicada, nos termos dos arts. 109 e 110 do CP. Diante do exposto, a Turma declarou que, no caso dos autos, houve a prescrição administrativa, concedeu a segurança para anular a portaria e, em consequência, determinou o restabelecimento da aposentadoria da servidora. Ainda, sobre as verbas que a aposentada deixou de receber desde o ato tido por ilegal, atualizadas monetariamente, incidirão juros de mora de 0,5% ao mês, sem honorários. **MS 12.414-DF, Rel. Min. Nilson Naves, julgado em 25/11/2009.** (Inform. STJ 417)

MS. DEMISSÃO. REINTEGRAÇÃO. CARGO.

Trata-se de mandado de segurança contra o ato de ministro de Estado que demitiu o impetrante do cargo de médico do trabalho. Sustenta que sua demissão encontra-se maculada de ilegalidade e arbitrariedade, uma vez que o parecer em seu relato oficial, mostrou claramente o cerceamento de defesa quando demonstrou que os primeiros procedimentos disciplinares iniciaram-se quando ele já se encontrava sob licença médica. Alega que se afastou do trabalho por diversos problemas de saúde, mediante sucessivas licenças para tratamentos psiquiátricos. O Min. Relator, inicialmente, esclareceu que o impetrante foi indiciado pela suposta prática de três irregularidades: abandono de cargo, acumulação ilegal de cargos e participação em gerência ou administração de sociedade privada, personificada ou não. Destacou, ainda, a jurisprudência deste Superior Tribunal no que concerne ao controle jurisdicional do processo administrativo disciplinar: é no sentido de competir ao Poder Judiciário apreciar, à luz dos princípios do contraditório, da ampla defesa e do devido processo legal, a regularidade do procedimento sem, contudo, adentrar o mérito administrativo. Havendo erro invencível, é lícita a intervenção judicial. **No procedimento disciplinar, cabia à Administração proceder às diligências necessárias para a descoberta da verdade quanto à participação do impetrante na gerência da empresa, e não simplesmente colocar o ônus da prova sobre o servidor. Agindo assim, a Administração esquivou-se das suas funções. Também a avaliação dos dados foi tendenciosa e direcionada para culpabilizá-lo**. Além do mais, a autoridade julgadora não estava vinculada ao relatório da comissão e, em tal hipótese, poderia isentar o servidor de qualquer responsabilidade. Diante disso, a Seção, ao prosseguir o julgamento, concedeu parcialmente a segurança para anular a demissão do impetrante, determinando, em consequência, a sua reintegração no cargo de médico do trabalho. **MS 10.906-DF, Rel. Min. Nilson Naves, julgado em 10/9/2008.** (Inform. STJ 367)

PROCESSO ADMINISTRATIVO DISCIPLINAR. FLAGRANTE PREPARADO. ESCUTA TELEFÔNICA.

O processo administrativo disciplinar contra o auditor fiscal estadual foi instaurado após sua prisão em flagrante, isso por ter exigido valores sob a promessa de reduzir multa fiscal a ser aplicada. Resultou em sua demissão e na impossibilidade de assumir cargo público pelo prazo de cinco anos. **Quanto à gravação utilizada como prova naqueles autos, não há que a tachar de ilícita, visto que foi realizada por um dos interlocutores – a própria vítima no momento de negociação da propina** – fato que, conforme a jurisprudência deste Superior Tribunal e do STF, afasta-lhe a pecha. **Também não se trata de flagrante preparado, mas sim esperado, pois a solicitação do numerário se deu dias antes de sua prisão, quando não mais se dependia de flagrante para caracterizar o delito, e a equipe policial apenas permaneceu alerta, sem instigar a atuação do auditor**. Já a alegada incompetência da comissão processante, essa não ocorreu, pois a lei complementar estadual disciplinadora desse procedimento administrativo não proíbe que os servidores estáveis participantes da comissão não possam ser também detentores de cargos de confiança, apenas exige que esses servidores sejam estáveis e efetivos, tal como se sucedeu na hipótese. Assim, por último, só resta anotar, como é cediço, que, no controle do processo administrativo disciplinar, cabe ao Judiciário apenas apreciar a regularidade do procedimento à luz dos princípios do contraditório, ampla defesa e devido processo legal, vedada sua incursão no mérito do julgamento administrativo, quanto mais no intuito de reverter pena aplicada. Precedentes citados do STF: HC 75.338-RJ, DJ 25/9/1998; do STJ: HC 36.545-SP, DJ 29/8/2005; HC 40.436-PR, DJ 2/5/2006; MS 6.853-DF, DJ 2/2/2004, e MS 9.056-DF, DJ 23/5/2005. **RMS 19.785-RO, Rel. Min. Arnaldo Esteves Lima, julgado em 10/10/2006.** (Inform. STJ 300)

MÉDICO. ASSIDUIDADE. PLANTÃO ALCANÇÁVEL. SOBREAVISO.

Cuida-se de MS com objetivo de anular portaria que demitiu médico por motivo de inassiduidade habitual. Destacou o Min. Relator que **a jurisprudência pacífica deste Superior Tribunal firmou-se no sentido de que é indispensável que a Administração, para demitir por abandono de cargo ou inassiduidade habitual, demonstre a intenção, a vontade, a disposição e o *animus* específico do servidor público tendente a abandonar o cargo**. Ocorre que, no caso, não foi provada a vontade do impetrante de faltar injustificadamente ao expediente da repartição, uma vez que o cumpria, como os demais médicos do setor, em plantões alcançáveis, ou seja, em regime de sobreaviso. Além de que restou incontroversa nos autos a existência de sindicância, embora não concluída, a qual aponta irregularidades e descontrole no cumprimento da jornada de trabalho de todos os médicos do setor, não só do impetrante, a configurar uma tolerância administrativa incompatível com a intenção do impetrante de abandonar o cargo. Com esse entendimento, a Seção concedeu a segurança, determinando sua reintegração no cargo, com as consequências materiais e funcionais daí decorrentes. MS 11.369-DF, Rel. Min. Arnaldo Esteves Lima, julgado em 22/3/2006. (Inform. STJ 278) (g.n.)

6.16. QUADRO SINÓTICO

AGENTES PÚBLICOS

1. Classificação dos agentes públicos

1.1. Agentes políticos: *são os titulares de cargos estruturais à organização política do País*

1.2. Agentes administrativos: *são os que mantêm relação de trabalho profissional, não eventual e com subordinação com a Administração Pública*

1.3. Agentes honoríficos: *são os convocados para prestar serviço transitório ao Estado, em razão de sua honorabilidade*

1.4. Agentes delegados: *são os que recebem delegação para agir em nome próprio e por conta e risco*

1.5. Agentes credenciados: *são os particulares que recebem incumbência específica para representar a administração*

2. Vínculos

2.1. Cargo Público: *mais simples unidade de competência criada por lei*

a) cargo efetivo

- requer Concurso público

- Estabilidade: 3 anos + avaliação de desempenho

- Desligamento do estável: só por processo administrativo com ampla defesa ou sentença transitada em julgado ou excesso de despesa com pessoal

b) cargo vitalício: por concurso (ex.: juiz) ou indicação (ex.: Ministro do STF); desligamento do vitalício: só por sentença transitada em julgado

c) cargo em comissão (art. 37, V, CF)

- só para Atribuições de confiança: direção, chefia e assessoria

- é provido sem concurso público: mas % mínimo de nomeados devem ser servidores de carreira

- Não tem estabilidade: exoneração é "ad nutum"

- Regime funcional é estatutário

- Regime previdenciário é o Regime Geral do INSS

2.2. Função Pública

a) função de confiança: é aquela de direção, chefia e assessoramento, preenchida exclusivamente por servidor ocupante de cargo efetivo (art. 37, V, CF)

b) outros: estágio, contratação temporária (37, IX, CF) e agentes de saúde e de combate a endemias (art. 198, § 4º, CF)

2.3. Emprego Público

a) conceito: *núcleo de encargo de trabalho contratado pela CLT*

b) hipóteses: pessoas de direito público (só para atribuições subalternas) e pessoas de direito privado estatais (é a regra nessas entidades)

c) características:

- Justiça do Trabalho é a competente para causas

- Sem estabilidade, salvo empregado público em pessoa de direito público (Súmula 390 do TST)

3. Vedação ao nepotismo (Súm. Vinculante nº 13)

- "A nomeação de cônjuge, companheiro ou parente em linha reta, colateral ou por afinidade, até o 3º grau, inclusive, (NOMEAÇÃO DE QUEM)

- da autoridade nomeante ou de servidor da mesma pessoa jurídica investido em cargo de direção, chefia ou assessoramento (PARENTE DE QUEM)

- para o exercício de cargo em comissão ou de confiança ou, ainda, de função gratificada (PARA O QUÊ)

- na administração pública direta e indireta em qualquer dos Poderes da União, Estados, DF e Municípios, (ONDE)

- compreendido o ajuste mediante designações recíprocas, (NEPOTISMO CRUZADO)

- viola a Constituição Federal."

- exceção: STF admite nomeação de parentes pra cargos políticos (ex: para secretário municipal)

4. Formas de provimento (Lei 8.112/90)

4.1. Nomeação: *é a designação inicial para cargo público*

- Depois vem a **posse** (investidura): em até 30 dias, podendo ser por procuração específica (art. 13)

- Depois vem a **entrada em exercício**: em até 15 dias da posse (art. 15)

4.2. Promoção: *é a designação para cargo superior na carreira* (art. 17)

4.3. Readaptação: *é a designação para cargo compatível com limitação superveniente de servidor* (art. 24), com funções, escolaridade e vencimentos equivalentes

4.4. Reversão: *é a designação do aposentado para retornar ao serviço;* cabe em 2 casos (art. 25)

- Na aposentadoria por invalidez, cessados os motivos desta

- Na aposentadoria voluntária, havendo interesse da Administração, pedido do aposentado, e desde que se dê em até 5 anos da aposentadoria

4.5. Aproveitamento: *é a designação do servidor em disponibilidade para retornar a cargo equivalente* (art. 30)

- Disponibilidade: *é a inatividade remunerada do servidor estável, que tenha sido desalojado de seu cargo ou cujo cargo tenha sido extinto; os proventos são proporcionais*

4.6. Reintegração: *é a reinvestidura do servidor estável quando invalidada a sua demissão por decisão administrativa ou judicial* (art. 28); terá direito ao ressarcimento de todas as vantagens; quando a sentença criminal se comunica para a esfera administrativa (art. 126 da Lei 8.112/1990)? Apenas nas absolvição por *inexistência do fato* e por *negativa de autoria*

5. Vacância:

a) falecimento, promoção, posse em cargo não cumulável

b) aposentadoria

c) perda do cargo, emprego ou função: por sentença em ação penal ou de improbidade

d) demissão

e) exoneração: a pedido ou de ofício, por:

- avaliação insatisfatória de desempenho (art. 41, CF): especial (para adquirir a estabilidade, com comissão específica); periódica (após a estabilidade, mas dependente de lei complementar e ampla defesa)

- limites de despesa com pessoal (art. 169, § 4º, CF)

6. Acessibilidade: os cargos, empregos e funções públicas são acessíveis a) aos brasileiros que preencham os requisitos legais; b) aos estrangeiros, na forma da lei

7. Concurso

7.1. Regra: os cargos, empregos e funções públicas dependem de aprovação prévia em concurso público

7.2. Exceções: cargo em comissão (livre nomeação), e contratações temporárias e de agentes de saúde e de combate a endemias (mero processo seletivo)

7.3. Avaliação: de acordo com a natureza e a complexidade do cargo ou emprego, na forma prevista em lei, podendo ser a) de provas; b) de provas e títulos

7.4. Requisitos de acessibilidade: a) devem estar previstos em **lei**; b) devem respeitar **isonomia** e ter **pertinência**

7.5. Validade: a) até 2 anos; b) prorrogável uma vez, por igual período

7.6. Direitos do aprovado

a) de não ser preterido na ordem de classificação; se for, tem direito de ser nomeado

b) de não ser preterido em relação a novos concursados; se for, tem direito de ser nomeado

c) de ser nomeado no limite das vagas do edital; se não for, pode ingressar com ação judicial para exigir nomeação; devem ser descontadas as vagas dos nomeados desistentes; a Administração só não terá de nomear se provar, mediante ato fundamentado, fato novo que inviabilize a nomeação

8. Acumulação de cargos, empregos e funções

8.1. Regra: *é proibida a acumulação remunerada de cargos, empregos e funções, em toda a Administração Direta e Indireta*

8.2. Exceções: (se houver compatibilidade de horário)

a) 2 cargos de professor

b) 1 cargo de professor + 1 cargo técnico ou científico

c) 2 cargos de profissional da saúde com profissão regulamentada

d) 1 cargo de professor + 1 cargo de juiz/membro MP

e) 1 cargo + 1 mandato de vereador

Obs.: vereador escolhe remuneração, se não cumular

9. Acumulação de *remuneração* com *proventos*

9.1. Regra: *é proibida a acumulação de remuneração com proventos, em toda a Administração Direta e Indireta*

9.2. Exceções:

a) se oriundas de dois cargos acumuláveis na atividade

b) 1 provento + 1 remuneração de cargo em comissão

c) 1 provento + 1 subsídio de mandato eletivo

10. Estabilidade

10.1. Conceito: *garantia de permanência, salvo*

- processo disciplinar com ampla defesa

- sentença transitada em julgado

- não aprovação em avaliação periódica de desempenho (lei complementar + processo administrativo com ampla defesa)

- atendimento a limites de despesa com pessoal

10.2. Requisitos

a) nomeação para **cargo efetivo** mediante concurso (Súmula/TST 390: celetista de P. D. Público têm direito)

b) **3 anos de efetivo exercício** (STJ: estágio probatório dura 3 anos)

c) **aprovação** em avaliação especial de desempenho (Se não houver avaliação até 3 anos, fica estável direto)

11. Direito de Greve

11.1. Regra: pode ser exercido, nos termos de lei específica

- STF declarou **mora legislativa abusiva** e concedeu ao servidor o direito de exercer greve imediatamente (MIs 670, 708 e 712)

- Determinou aplicação da Lei 7.783/1989

- Adotou-se a teoria concretista geral, utilizando-se a analogia, preenchendo lacuna legislativa, com efeito *erga omnes*

- Não é possível exonerar/demitir por se fazer greve

11.2. Exceção: não podem fazer greve a) Militar das Forças Armadas (CF); b) Policial Militar (CF); c) Policial Civil, Juízes e outros (parte da doutrina e algumas decisões judiciais)

12. Sistema remuneratório:

12.1. Regra: servidor recebe **remuneração**, que é = vencimento + vantagens (indenizações, gratificações e adicionais)

12.2. Exceção: alguns agentes recebem **subsídio**, que é em parcela única; o subsídio é devido aos agentes políticos, policiais, procuradores do estado, defensores públicos, integrantes da AGU e ministros dos tribunais de contas

12.3. Teto remuneratório:

12.3.1. Teto geral: subsídio dos Ministros do STF

12.3.2. Subtetos:

a) Municípios: subsídio do prefeito

b) Estados/DF: subsídio do governador (Executivo), deputados (Legislativo) e desembargadores (Judiciário)

- Subsídio do Desembargador: limitado a 90,25% do subsídio dos Ministros do STF

- STF entende inconstitucional limite do Desembargador, mas só para beneficiar os juízes

c) Ministério Público, Procuradores, Defensores: limite do desembargador

13. Aposentadoria:

13.1.1. Por invalidez: com proventos proporcionais, exceto acidente em serviço, moléstia profissional ou doença grave contagiosa ou incurável (quem ingressar após 30.03.12 – EC 70/2012)

13.1.2. Compulsória: 70 anos, com proventos proporcionais

13.1.3. Voluntária: 10 anos de efetivo exercício público **+** 5 anos no cargo da aposentadoria **+**

a) proporcional: homem 65 anos / mulher 60 anos

b) integral: homem 60 anos e 35 anos de contribuição / mulher 55 anos e 30 anos contribuição

Obs.: professor exclusivo do ensino básico: 5 anos a menos

14. Cálculo dos proventos:

14.1. Fim da aposentadoria integral: a União, os Estados, o Distrito Federal e os Municípios, desde que instituam regime de previdência complementar para os seus respectivos servidores titulares de cargo efetivo, poderão fixar, para o valor das aposentadorias e pensões a serem concedidas pelo regime próprio, o limite máximo estabelecido para os benefícios do regime geral de previdência social de que trata o art. 201" (art. 40, § 4º, da CF)

14.2. Instituição do regime de previdência complementar (Lei 12.618/2012):

- autoriza a criação de três fundações de previdência complementar, com personalidade de direito privado

- Contribuição definida. Quanto aos agentes com remuneração superior ao teto do regime geral, para cada real contribuído, Estado (patrocinador) contribuirá outro real, até 8,5%.

6.17. QUESTÕES OBJETIVAS COMENTADAS

6.17.1. Conceito e classificação

(Defensor Público/GO – 2010 – I. Cidades) O servidor público é

(A) espécie de agente da Administração Pública, em exercício de função honorífica, ainda que fora da estrutura da administração.

(B) espécie do gênero dos agentes políticos, perante os quais atua sempre subordinadamente.

(C) pessoa natural ocupante de cargo ou emprego na Administração Pública sob relação de dependência e profissionalidade, ainda que temporária.

(D) espécie de função contida nos quadros da Administração Pública.

(E) espécie de agente que atua somente na Administração Direta brasileira.

A: incorreta, pois o servidor público é uma espécie de *agente público* e ponto; não é espécie de *agente público no exercício de função honorífica* (aliás, os agentes honoríficos são também espécies de agentes públicos, mas que não se confundem com os servidores públicos), nem estão fora da estrutura da administração; **B:** incorreta, pois o servidor público é espécie de agente público, e não espécie de agente político; aliás, as espécies de agentes públicos são as seguintes: agentes políticos, agentes administrativos (incluem os servidores públicos), agentes honoríficos, agentes delegados e agentes credenciados; **C:** correta, pois traz a exata definição de servidor público; **D:** incorreta, pois os servidores públicos não são "função", mas são "pessoas naturais" que exercem uma função; **E:** incorreta, pois tais agentes também atuam na Administração Indireta.

Gabarito "C"

(Delegado/MG – 2012) No tocante aos agentes públicos, é **incorreto** afirmar que

(A) para ser agente público, é mister o vínculo com o Estado, mesmo que não efetivo, mas perene, mediante contrato bilateral e remuneração.

(B) os agentes de fato podem ser necessários ou putativos.

(C) os agentes putativos desempenham atividade administrativa, mas não têm investidura no cargo.

(D) os agentes necessários apenas se assemelham, mas não são agentes de direito.

A: incorreto (devendo ser assinalada), pois o conceito de agente público é muito amplo e alcança pessoas que não estão contidas na assertiva, tais como os *servidores estatutários* (que não têm contrato bilateral, por serem regidos por uma lei, por um estatuto), os *detentores de mandato eletivo* (que têm vínculo temporário e não perene) e os agentes honoríficos (que não recebem remuneração, como os jurados do Tribunal do Júri e mesários eleitorais); **B:** correto; há dois tipos de *agentes de fato*, os *necessários* (aqueles que exercem função pública em situações emergenciais, como é o caso de alguém que realize uma prisão em flagrante – art. 301 do CPP) e os *putativos* (aqueles que se passam por agente público sem ter sido investidos para tanto); **C:** correto, pois tais pessoas, como se viu, não foram investidos em cargo público; **D:** correto, pois os agentes necessários se assemelham aos agentes de direito, pois atuam de forma lícita, ou seja, de conformidade com o Direito; porém, não são agentes de direito, pois a sua atuação é excepcional, decorrente de uma situação de urgência.

Gabarito "A"

(Magistratura do Trabalho – 3ª Região – 2013) O jurado, no Tribunal do Júri, e o advogado contratado pelo ente público, para sua defesa em juízo, são respectivamente:

(A) Agente honorífico e agente credenciado

(B) Agente credenciado e agente delegado

(C) Agente delegado e agente credenciado

(D) Agente político e agente delegado

(E) Agente administrativo e agente credenciado

Os jurados são agentes honoríficos e o advogado contratado para prestar serviços civis para o ente público é agente credenciado, sendo os dois casos de particulares em colaboração com o Estado. Assim, a alternativa "a" é a correta.

Gabarito "A"

(Analista – TRE/AL – 2010 – FCC) Considerando as espécies de Agentes Públicos previstos na doutrina, com base nas funções a estes atribuídas, Ministros e Secretários de Estados são classificados como Agentes

(A) Delegados.

(B) Honoríficos.

(C) Políticos.

(D) Administrativos.

(E) Comissionados.

Para resolver a presente questão, é necessário lembrar que há três grandes grupos de agentes públicos, que são os seguintes: a) agentes políticos, que são os que têm cargo estrutural no âmbito da organização política do País (exs.: chefes do Executivo, secretários estaduais e municipais, vereadores, deputados, senadores, juízes, entre outros); b) agentes administrativos ou servidores públicos, que são os que possuem cargo, emprego ou função na Administração Direta e Indireta, compreendendo os empregados públicos e servidores estatutários e temporários (exs.: professor, médico, fiscal, técnico, analista, delegado, procurador etc.); c) particulares em colaboração com o Poder Público, que são aqueles que, sem perder a condição de particulares, são chamados a contribuir com o Estado (exs.: *agentes honoríficos*, como os mesários das eleições e os jurados do Tribunal do Júri; *agentes credenciados*, como um advogado contrato para defender um Município numa ação judicial específica; *agentes delegados*, como o registrador e o tabelião, nos Cartórios). Assim, somente a alternativa "c" está correta.

Gabarito "C"

(Analista – TRE/AL – 2010 – FCC) Do gênero agente público, a espécie agente administrativo representa a grande massa de prestadores de serviços, subdividindo-se esta no mínimo em três categorias, a saber:

(A) Temporários, Comissionados e Concursados.

(B) Servidores Públicos, Empregados Comissionados e Temporários.

(C) Empregados Públicos, Agentes Comissionados e Delegados.

(D) Servidores Públicos, Empregados Públicos e Temporários.

(E) Concursados, Funcionários Públicos e Comissionados.

Vide o comentário da questão anterior.

Gabarito "D"

(Analista – TRE/AP – 2011 – FCC) NÃO constitui exemplo de agente político, dentre outros, o

(A) Secretário da Educação.

(B) Ministro da Justiça.

(C) Senador.

(D) Vereador.

(E) Coronel da Polícia Militar.

O Coronel da Polícia Militar não é considerado agente político, pois seu cargo não está previsto na Constituição, não se tratando, portanto, de cargo estrutural à organização política do País.

Gabarito "E"

(Analista – TRE/AP – 2011 – FCC) Os leiloeiros, tradutores e intérpretes públicos são considerados

(A) agentes credenciados.

(B) servidores públicos.

(C) agentes políticos.

(D) agentes administrativos.

(E) particulares em colaboração com o Poder Público.

Tais pessoas são consideradas particulares em colaboração com a Administração Pública.

Gabarito "E"

(OAB/Exame Unificado – 2010.3) São considerados agentes públicos todas as pessoas físicas incumbidas, sob remuneração ou não, definitiva ou transitoriamente, do exercício de função ou atividade pública. Assim, é correto afirmar que os notários e registradores são

(A) delegatários de serviços públicos aprovados em concurso público.

(B) agentes públicos ocupantes de cargo efetivo e se aposentam aos 70 (setenta) anos de idade.

(C) agentes públicos vitalícios, ocupantes de cargo efetivo, e não se aposentam compulsoriamente.

(D) os notários e registradores são delegatários de serviços públicos, investidos em cargos efetivos após aprovação em concurso.

A: correta, nos termos do art. 3º e 14, I, da Lei 8.935/1994 e do art. 236, *caput* e § 3º, da CF; **B:** incorreta, pois, como os serviços notariais e de registro são exercidos em caráter privado, não são aplicadas as regras relativas aos servidores públicos em sentido estrito, tais como teto remuneratório e aposentadoria compulsória aos 70 (setenta) anos; tal entendimento é pacífico, hoje, no STF; **C** e **D:** incorretas, pois não são ocupantes de cargos efetivos, mas delegatários de serviço público.

Gabarito "A"

6.17.2. Vínculos (cargo, emprego e função)

(Magistratura/SP – 2013 – VUNESP) A Súmula Vinculante n. 13 do STF, que proíbe o nepotismo na esfera dos três poderes da República,

(A) não alcança os serviços extrajudiciais de notas e de registro, pois estes têm caráter privado e seus titulares não exercem cargo público efetivo nem ocupam cargo público (ADI 2.602-0 do STF) e nada os impede de contratar parentes pelo regime da CLT.

(B) impede a contratação de cônjuge e parentes de primeiro grau de magistrados nos serviços extrajudiciais de notas e registros situados na mesma Comarca onde o magistrado exerce a jurisdição.

(C) alcança as serventias extrajudiciais porque, como estão submetidas à fiscalização pelo Poder Judiciário, devem ser havidas como órgãos públicos, submetendo- se, portanto, à Súmula n. 13.

(D) alcança o cônjuge e parentes até o terceiro grau dos titulares dos serviços extrajudiciais de notas e de registros.

A: correta, nos termos do próprio fundamento apresentado, ou seja, pelo fato de que tais delegações, uma vez concedidas, são administradas em caráter privado, inclusive mediante contratação de funcionários pelo regime regular da CLT; os únicos elementos de direito público em tais delegações são os atos praticados pelos notários e registradores (que são considerados atos administrativos) e a fiscalização exercida sobre estes pela corregedoria respectiva; no mais, os funcionários do cartório praticam apenas atos materiais de colaboração com os atos praticados pelos delegatários de tais serviços de notas e de registro; B a **D:** incorretas, por conta do regime privado existente na relação entre os agentes delegatários desses serviços e seus funcionários.

Gabarito "A"

(Magistratura/SP – 2011 – VUNESP) A Câmara Legislativa de Canguçu do Norte edita lei, por sua iniciativa, transformando cargos e funções de servidores públicos da Prefeitura Municipal que prestam, eventualmente, serviço junto ao Poder Judiciário local. É correto afirmar que:

(A) é lícita tal conduta, porquanto é missão precípua do Poder Legislativo editar leis.

(B) é ilícita tal conduta, porquanto trata-se de funcionários que, a rigor, prestam serviços junto ao Judiciário, daí por que a iniciativa deveria ser deste.

(C) em se tratando de servidores públicos do executivo municipal, é inadmissível tal conduta, vez que tal transformação só pode ocorrer por meio de lei de iniciativa do executivo local.

(D) tal conduta é inadmissível, pois é impossível tal transformação.

(E) é impossível tal conduta sem que haja anuência do Poder Judiciário.

De fato, em se tratando de servidores públicos do executivo municipal, a iniciativa da lei é do executivo local, e não do Legislativo (art. 61, § 1º, II, "a" e "c", da CF).

Gabarito "C"

(Ministério Público/MG – 2010.1) Sobre as disposições constitucionais e legais atinentes à Administração Pública, está CORRETA a seguinte afirmação

(A) As funções de confiança devem ser exercidas prioritariamente por servidores ocupantes de cargo efetivo.

(B) A proibição de acumulação de cargos públicos não se estende às agências reguladoras.

(C) A administração poderá admitir agentes comunitários de saúde e agentes de endemias pelo regime estatutário.

(D) A proibição ao nepotismo é direcionada a impedir a contratação de parentes para cargos comissionados, não abrangendo as funções de confiança exercidas por servidores efetivos.

(E) Conforme a proibição inserta na Súmula Vinculante 13 do STF, a esposa do prefeito municipal não pode ocupar cargo de secretária de ação social no âmbito daquele mesmo município.

A: incorreta, pois tais funções devem ser *exclusivamente* exercidas por servidores ocupantes de cargo efetivo (art. 37, V, da CF); **B:** incorreta, pois tal proibição alcança toda a Administração Direta e Indireta (art. 37, XVII, da CF); **C:** correta, pois o art. 198, §§ 4º ao 6º, da CF não determina um regime jurídico específico, podendo este até ser um regime jurídico estatutário; **D:** incorreta, pois a Súmula Vinculante 13 do STF também se aplica às funções de confiança; **E:** incorreta, pois a Súmula em questão não se aplica para a nomeação para os cargos de secretário municipal e estadual, bem como de Ministro de Estado.

Gabarito "C"

(Ministério Público/PR – 2011) A regra geral para investidura em cargos públicos é a prévia aprovação em concurso público (artigo 37, inciso II, da CF), constituindo a livre nomeação para o provimento dos cargos em comissão uma exceção constitucional a essa regra geral (artigo 37, incisos II e V, da CF). Portanto, é correto afirmar que:

(A) Para que um cargo ou emprego em comissão se caracterize licitamente como tal, basta que assim esteja definido em lei local;

(B) A nomeação de parente colateral ou por afinidade, até o terceiro grau, inclusive, da autoridade nomeante, para o exercício de cargo em comissão ou de confiança, ou, ainda, de função gratificada na administração pública, viola a Constituição Federal;

(C) Os cargos em comissão e as funções de confiança destinam-se apenas às atribuições de direção, chefia e assessoramento, devendo a lei definir, em ambas as hipóteses, os casos, condições e percentuais mínimos de seu preenchimento por servidores de carreira;

(D) Caso se afigure irregular a admissão para o exercício de cargo em comissão criado por lei municipal, o Promotor de Justiça poderá ingressar com ação civil pública visando à nulidade da nomeação, mas não poderá formular, em qualquer hipótese, pedido de ressarcimento dos valores despendidos com a remuneração do cargo em face do administrador responsável pela admissão irregular, ainda que comprovada a sua má-fé;

(E) A admissão irregular para o exercício do cargo em comissão, mesmo quando causa dano ao erário, não é passível de caracterizar a prática de ato de improbidade administrativa, pois a força de trabalho do servidor não poderá mais ser restituída.

A: incorreta, pois a lei local deve estabelecer um percentual mínimo de cargos em comissão, que devem ser preenchidos por servidores de carreira; ademais, somente é possível criar cargos em comissão para atribuições de chefia, direção e assessoramento (art. 37, V, da CF); **B:** correta (Súmula Vinculante 13 do STF); **C:** incorreta, pois a lei só deve definir o percentual mínimo de cargos a serem providos por servidores de carreira, no que diz respeito aos cargos em comissão; quanto às funções em confiança, estas devem ser preenchidas *exclusivamente* por servidores de cargo efetivo (art. 37, V, da CF); **D:** incorreta, pois o agente público responsável pela contratação ilegal responderá por seus atos; **E:** incorreta, pois o ato de improbidade administrativa se configura quando há enriquecimento ilícito do agente ímprobo, prejuízo ao erário ou violação a princípios da Administração, de modo que pouco importa se a força de trabalho do servidor não poderá mais ser restituída.

Gabarito "B"

(Defensor Público/AM – 2010 – I. Cidades) A partir da edição da Emenda Constitucional 19/1998 houve restrição à subjetividade do gestor público no provimento dos cargos e atribuições de funções de confiança. Decorre dessa norma:

(A) ser o titular de cargo em comissão ou função de confiança necessariamente detentor de cargo efetivo.

(B) a obrigatoriedade das funções de confiança só serem preenchidas por titulares de cargo efetivo.

(C) a exigência de provimento do cargo em comissão apenas por servidores de carreira.

(D) a obrigatoriedade de seleção para atribuição de cargos em comissão ou funções de confiança.

(E) ser essas espécies de provimento privativas do Chefe do Poder Executivo.

A: incorreta, pois essa obrigatoriedade sem exceções só existe em relação à função em confiança (art. 37, V, da CF); **B:** correta, conforme mencionado na alternativa "A" (art. 37, V, da CF); **C:** incorreta, pois, quanto ao cargo em comissão, a lei especificará o percentual mínimo desses cargos que deve ser provido por servidores de carreira; assim, uma parcela desses cargos será, necessariamente, provida por servidores de carreira, mas a outra parcela será preenchida por pessoas que sequer detêm cargos públicos; **D:** incorreta, pois não é necessário concurso público ou processo seletivo para atribuição de cargos em comissão ou funções em confiança (art. 37, II, da CF); **E:** incorreta, pois, em cada ente, há normas específicas dispondo sobre quem é autoridade que tem competência para o provimento desse cargo, ou seja, para nomear alguém para um cargo em comissão; essa competência pode ser atribuída ao Chefe do Executivo, aos Secretários e Ministros e a outras autoridades, de acordo com a lei local.

Gabarito "B"

(Procurador do Estado/GO – 2010) A propósito dos cargos públicos, está CORRETA a seguinte afirmação:

(A) Nosso sistema constitucional só admite a criação, a transformação e a extinção de cargos públicos na administração direta e autárquica mediante a edição de lei, a qual pode ser, também, de iniciativa parlamentar.

(B) O chefe do Poder Executivo não pode dispor, por meio de decreto, sobre a organização e o funcionamento da administração pública.

(C) A criação, a transformação e a extinção de cargos públicos na administração direta e autárquica só podem ocorrer mediante a edição de lei de iniciativa privativa do Chefe do Poder Executivo.

(D) O instrumento legislativo por meio do qual se criam, transformam e extinguem cargos públicos não é tratado na Constituição Federal, porque se trata de matéria afeta à autonomia de cada ente federativo.

(E) A Constituição Federal admite a extinção de funções ou cargos públicos por meio de decreto, desde que estejam vagos.

A: incorreta, pois a extinção de cargos, quando vagos, pode ser por decreto (art. 84, VI, "b", da CF); **B:** incorreta (art. 84, VI, "a", da CF); **C:** incorreta, pois o próprio Legislativo pode dispor sobre a criação de cargos no seu âmbito (arts. 51, IV, e 52, XIII, da CF); ademais, quanto ao Judiciário, ele é quem tem a iniciativa da proposta para aumentar, criar e extinguir cargos da sua esfera (art. 96, II, "b", da CF); **D:** incorreta, pois os cargos são criados por lei, segundo a Constituição (art. 48, X, da CF); **E:** correta (art. 84, VI, "b", da CF).

Gabarito "E"

(Procurador do Estado/GO – 2010) De acordo com a Constituição Federal de 1988 e no que concerne aos militares, está CORRETA a seguinte proposição:

(A) O militar em atividade que tomar posse no cargo de Procurador do Estado será transferido para a reserva, nos termos da lei.

(B) Compete à União legislar sobre a transferência do militar do Estado para a reserva remunerada.

(C) Lei complementar estadual deverá tratar dos direitos, deveres e remuneração dos militares do Estado.

(D) É possível ao aposentado em cargo efetivo de caráter técnico, depois da data de 16 de dezembro de 1988, em que entrou em vigor a Emenda Constitucional n. 20/1998, ingressar na carreira militar do Estado e acumular seus vencimentos com os proventos decorrentes da inatividade.

(E) Os membros das Polícias Militares e dos Corpos de Bombeiros Militares, instituições organizadas com base na hierarquia e na disciplina, são militares dos Estados, do Distrito Federal e dos Municípios.

A: correta (art. 142, § 3º, II, da CF); **B:** incorreta, pois, no casos dos militares dos Estados, a matéria será regulada por lei estadual (art. 42, § 1º, c/c art. 142, § 3º, X, ambos da CF); **C:** incorreta, pois não se exige lei complementar estadual, mas lei específica estadual (ou seja, lei ordinária específica estadual), nos termos do art. 42, § 1º, c/c art. 142, § 3º, X, ambos da CF; **D:** incorreta, pois a EC 20/1998, por óbvio, não entrou em vigor em 1988; ademais, após a entrada em vigor da EC 20/1998, não foi mais possível acumular aposentadoria de um cargo com proventos de outro (art. 37, § 10, da CF); **E:** incorreta, pois os Municípios não têm militares (art. 42, *caput*, da CF).

Gabarito "A"

(Procurador do Município/Florianópolis-SC – 2010 – FEPESE) Assinale a alternativa **correta**, em relação à administração pública.

(A) Os cargos, empregos e funções públicas são acessíveis apenas aos brasileiros que preencham os requisitos estabelecidos em lei.

(B) As parcelas de caráter indenizatório previstas em lei serão computadas para efeito dos limites remuneratórios dos Poderes Legislativo, Executivo e Judiciário.

(C) O servidor público da administração direta, autárquica e fundacional, investido no mandato de Vereador, será afastado do seu cargo, podendo optar pela remuneração.

(D) É vedada qualquer tipo de acumulação remunerada de cargos públicos, exceto a de dois cargos de professor.

(E) As funções de confiança, exercidas exclusivamente por servidores ocupantes de cargo efetivo, e os cargos em comissão, a serem preenchidos por servidores de carreira nos casos, condições e percentuais mínimos previstos em lei, destinam-se apenas às atribuições de direção, chefia e assessoramento.

A: incorreta, pois também são acessíveis aos estrangeiros, na forma da lei (art. 37, I, da CF); **B:** incorreta, pois as parcelas de caráter indenizatório não são computadas para efeito de verificação do respeito ao teto remuneratório pelos ocupantes de cargos, funções ou empregos públicos (art. 37, § 11, da CF); **C:** incorreta, pois o servidor, se houver compatibilidade, poderá acumular o cargo que detinha com o mandato de vereador; apenas na hipótese de incompatibilidade de horários é que o servidor poderá optar pela remuneração (art. 38, III, da CF); **D:** incorreta, pois há outras exceções em que é cabível a acumulação remunerada de cargos, empregos ou funções (art. 37, XVI, da CF); **E:** correta (art. 37, V, da CF).

Gabarito "E"

(Procurador do Município/Sorocaba-SP – 2012 – VUNESP) Os servidores públicos temporários

(A) exercem cargo público, sem estarem vinculados à Administração.

(B) exercem função pública, sem estarem vinculados a cargo público.

(C) são contratados por tempo determinado, em regime estatutário.

(D) são contratados por tempo indeterminado, sob regime trabalhista.

(E) são eleitos para exercer mandato público por tempo determinado.

A: incorreta, pois não são titulares de cargo, mas de função pública; **B:** correta, pois exercem mera função pública; **C:** incorreta, pois não seguem o regime estatutário geral dos demais servidores públicos; na verdade, há uma espécie de "mini estatuto" regulamentando esse tipo de contratação em cada ente político, mas não se trata do regime estatutário próprio dos servidores detentores de cargos públicos; **D:** incorreta, pois a contratação é por prazo determinado; **E:** incorreta, pois essas pessoas não são eleitas para mandato, mas sim contratadas para função pública temporária.

Gabarito "B"

(Advogado – CEF – 2012 – CESGRANRIO) A súmula vinculante n. 13, ao reconhecer que a prática do nepotismo viola a Constituição da República, impede a contratação de parentes de autoridades e de funcionários para cargos de confiança e de comissão

(A) somente no âmbito do Poder Executivo

(B) somente no âmbito do Poder Judiciário

(C) somente no âmbito dos Poderes Executivo e Judiciário

(D) somente no âmbito dos Poderes Executivo e Legislativo

(E) no âmbito dos Poderes Executivo, Legislativo e Judiciário

A súmula é clara ao dispor que se aplica à Administração Direta e Indireta de "qualquer dos Poderes da União, dos Estados, do Distrito Federal e dos Municípios".

Gabarito "E"

(Magistratura do Trabalho – 1ª Região – 2010 – CESPE) Com relação aos servidores públicos, assinale a opção correta.

(A) A norma constitucional que reconhece aos servidores públicos o direito de greve, ainda que considerada de eficácia limitada, consagra direito de índole coletiva em relação ao qual a legislação infraconstitucional não pode, sob pretexto algum, estabelecer limites ou condições.

(B) Em 2007, o STF deferiu medida cautelar, com efeitos retroativos, restabelecendo a eficácia da redação original do art. 39, *caput*, da CF, que previa o regime jurídico único. Com essa decisão, não mais se admite a criação de empregos públicos no âmbito da administração direta, autárquica e fundacional, devendo ser invalidadas as situações constituídas anteriormente a 2007 que ignorem a existência do regime único.

(C) Os trabalhadores públicos celetistas das empresas públicas sujeitam-se às regras disciplinadoras da CLT; seu regime básico é o mesmo que se aplica às relações de emprego no setor privado.

(D) A Lei Federal n. 9.962/2000 disciplina o regime de emprego público, o qual incide no âmbito da administração federal direta, das autarquias e das sociedades de economia mista.

(E) Em virtude da alteração introduzida pela Emenda Constitucional n. 45/2004 – Reforma do Poder Judiciário – na CF, os litígios entre a União e servidores estatutários são dirimidos perante a justiça do trabalho, do mesmo modo que os litígios envolvendo servidores trabalhistas e os diversos entes federativos, na condição de empregadores.

A: incorreta, pois tal norma, ao ser regulamentada, estabelecerá limites e condições para o exercício do direito de greve; **B:** incorreta, pois a exigência de regime jurídico único, que consta da redação original do art. 39, *caput*, da CF quer dizer que não é possível haver mais de um estatuto de funcionário público para reger os servidores com *cargo público* na Administração Direta e Indireta; há de existir um estatuto de funcionário público único; no entanto, para reger os servidores com *emprego público* a CLT continuará sendo utilizada; **C:** correta, pois quem tem emprego público é regido pela CLT, mesma lei aplicável ao setor privado; **D:** incorreta, pois a Lei 9.962/2000 disciplina o regime de emprego público apenas para a administração federal direta, e para as autarquias e fundações (art. 1º), não se aplicando às sociedades de economia mista federal; vale salientar que esta lei traz algumas disposições sobre tal regime e, no que não contrariar a lei em questão, aplica-se a CLT; **E:** incorreta, pois os litígios envolvendo servidores estatutários são julgados pela Justiça Comum, e não pela Justiça do Trabalho.

Gabarito "C"

(Analista – TRT/9ª – 2010 – FCC) Analise as seguintes assertivas acerca do tema *cargos, empregos e funções públicas:*

I. As funções de confiança podem ser exercidas por servidores ocupantes de cargo efetivo ou não e destinam-se apenas às atribuições de direção, chefia e assessoramento.

II. Nas funções exercidas por servidores contratados temporariamente, como ocorre nos casos de contratação por prazo determinado, não se exige, necessariamente, concurso público.

III. A extinção de funções ou cargos públicos, quando vagos, exige lei de iniciativa privativa do Chefe do Poder Executivo.

IV. Empregos públicos são núcleos de encargos de trabalho permanentes a serem preenchidos por agentes contratados para desempenhá-los, sob relação trabalhista.

Está correto o que consta APENAS em

(A) II e III.

(B) I, III e IV.

(C) II e IV.

(D) I e IV.

(E) II e III.

I: incorreta, pois as funções em confiança são exercidas exclusivamente por servidores ocupantes de cargo efetivo (art. 37, V, 1ª parte, da CF), ao contrário dos cargos em comissão, que podem ser exercidos por pessoas que não detêm cargo efetivo (art. 37, V, 2ª parte, da CF); **II:** correta, podendo-se fazer, nesse tipo de situação, mero processo seletivo simplificado; **III:** incorreta, pois tal extinção pode ser feita por meio de decreto do Chefe do Executivo (art. 84, VI, *b*, da CF); **IV:** correta, traz a exata definição de emprego público.

Gabarito "C"

(Analista – TRT/14ª – 2011 – FCC) Ricardo foi designado para o exercício de determinada função de confiança no âmbito da Administração Pública Federal. A respeito do fato narrado, é correto afirmar:

(A) Para assumir a mencionada função, Ricardo deve ser ocupante de cargo em comissão.

(B) A função de confiança destina-se a atender necessidade temporária de excepcional interesse público, ou seja, destina-se a situação emergencial e provisória.

(C) Exige-se concurso público para a investidura na mencionada função de confiança.

(D) Ricardo não poderá exercer atribuição de chefia, uma vez que as funções de confiança destinam-se somente às atribuições de direção e assessoramento.

(E) Para assumir a mencionada função, Ricardo deve ser servidor público ocupante de cargo efetivo.

A: incorreta, pois as funções de confiança são exercidas exclusivamente por servidores ocupantes de cargo efetivo (art. 37, V, da CF); **B:** incorreta, pois a função de confiança destina-se às atribuições de direção, chefia e assessoramento (art. 37, V, da CF); **C:** incorreta, pois a autoridade nomeante escolhe segundo critérios de confiança, como o próprio nome do instituto diz (art. 37, V, da CF); **D:** incorreta, pois a função de confiança também se destina às atribuições de chefia (art. 37, V, da CF); **E:** correta, nos termos do art. 37, V, da CF.

Gabarito "E"

(Analista – TRF/1ª – 2011 – FCC) No que tange ao servidor público,

(A) se for estável, somente perderá o cargo em virtude de sentença judicial transitada em julgado.

(B) o tempo de contribuição estadual ou municipal não poderá ser contado para o efeito de aposentadoria.

(C) extinto o cargo, o servidor estável ficará em disponibilidade, com remuneração proporcional ao tempo de serviço, até seu adequado aproveitamento em outro cargo.

(D) não é condição para a aquisição da estabilidade, a avaliação especial de desempenho por comissão instituída para essa finalidade.

(E) invalidada por sentença judicial a demissão do servidor estável, será ele reintegrado, e o ocupante da vaga, se estável, reconduzido ao cargo de origem, com direito a indenização.

A: incorreta, pois também pode perder o cargo por processo administrativo com ampla defesa, avaliação insatisfatória de desempenho e para o atendimento a limites de despesa com pessoal; **B:** incorreta, pois não está de acordo com o disposto nos arts. 40, § 9º, e 201, § 9º, ambos da CF; **C:** correta (art. 41, § 3º, da CF); **D:** incorreta, pois essa avaliação é requisito para a aquisição da estabilidade (art. 41, § 4º, da CF); **E:** incorreta, pois é "sem direito a indenização" (art. 41, § 2º, da CF).

Gabarito "C"

(Analista – TRF/1ª – 2011 – FCC) No que concerne às disposições gerais acerca da Administração Pública, previstas na Constituição Federal,

(A) o direito de greve será exercido nos termos e nos limites definidos em lei específica.

(B) os cargos, empregos e funções públicas não são acessíveis aos estrangeiros, conforme disposição constitucional expressa nesse sentido.

(C) os acréscimos pecuniários percebidos por servidor público podem ser acumulados para fins de concessão de acréscimo ulteriores.

(D) é proibida, ao servidor público civil, a associação sindical.

(E) as funções de confiança são exercidas por servidores ocupantes de cargos efetivos ou não.

A: correta (art. 37, VII, da CF); **B:** incorreta, pois são acessíveis aos estrangeiros, na forma da lei (art. 37, I, da CF); **C:** incorreta (art. 37, XIV, da CF); **D:** incorreta (art. 37, VII, da CF); **E:** incorreta, pois são exercidas exclusivamente por ocupantes de cargo efetivo (art. 37, V, da CF).

Gabarito "A"

6.17.3. Provimento

(Magistratura/MG – 2012 – VUNESP) Analise as afirmações a seguir.

I. Maria, servidora estável, reingressou no serviço público após ter sido colocada em disponibilidade em decorrência da extinção do cargo que ocupava.

II. João, servidor aposentado por invalidez, retornou à ativa após ser constatada pela perícia médica a insubsistência dos motivos que levaram à sua aposentadoria.

III. Manuel, policial militar, retornou à corporação após a Administração ter constatado a ilegalidade do ato que o demitiu.

IV. Alice, reprovada no estágio probatório do cargo para o qual foi nomeada, voltou a ocupar cargo que antes titularizava.

Os nomes dessas hipóteses de provimento derivado apresentadas são, correta e respectivamente,

(A) (I) transposição; (II) readmissão; (III) reintegração; (IV) recondução.

(B) (I) reversão; (II) aproveitamento; (III) recondução; (IV) reintegração.

(C) (I) aproveitamento; (II) reversão; (III) reintegração; (IV) recondução.

(D) (I) readmissão; (II) reversão; (III) reintegração; (IV) aproveitamento.

Utilizando como parâmetro o Estatuto dos Servidores Públicos Federais, temos as seguintes situações: **I:** aproveitamento (art. 41, § 3º, da CF e art. 30 da Lei 8.112/1990); **II:** reversão (art. 25, I, da Lei 8.112/1990); **III:** reintegração (art. 28 da Lei 8.112/1990); **IV:** recondução (art. 29, I, da Lei 8.112/1990).

Gabarito "C"

(Ministério Público/CE – 2011 – FCC) Dentre as formas de provimento derivado de cargos públicos, tradicionalmente praticadas na Administração brasileira, NÃO foi recepcionada pela Constituição Brasileira de 1988 a

(A) ascensão.

(B) promoção.

(C) readaptação.

(D) recondução.

(E) reintegração.

A ascensão funcional é a progressão funcional entre cargos de carreiras distintas. Como a Constituição Federal exige concurso público para prover qualquer cargo efetivo (art. 37, II, da CF), não é possível que alguém que tenha cargo numa carreira passe para cargo de outra carreira sem concurso público. O STF vem reconhecendo reiteradamente a inconstitucionalidade desse tipo de medida (ex: ADI 368/ES, *DJ* 02.05.2003).

Gabarito "A"

(Ministério Público/GO – 2010) Considerando que a prática de nepotismo caracteriza violação aos princípios da administração pública, de acordo com o entendimento do STF configura situação de nepotismo:

(A) O Governador do Estado nomear seu irmão como Secretário de Estado da Saúde, pois, se trata de cargo de natureza política.

(B) O Prefeito Municipal nomear seu primo para cargo em comissão de assessor de imprensa.

(C) O Presidente da Câmara Municipal nomear seu concunhado para cargo em comissão de chefe de departamento.

(D) O Prefeito Municipal nomear sua mulher para cargo em comissão de direção.

A: incorreta, pois o STF abriu uma exceção à Súmula Vinculante n. 13 (que veda o nepotismo), para o fim de admitir a nomeação de parentes para cargos de natureza política, como é o cargo de Secretário de Estado da Saúde; *vide* o Rcl 6.650 MC-AgR, *DJ* 21.11.2008); **B:** incorreta, pois primo é parente de 4ª grau e a vedação se estende apenas até o parente de 3º grau; **C:** incorreta, pois concunhado (diferentemente de cunhado) não é considerando parente por afinidade; **D:** correta, pois a nomeação de cônjuge para o cargo em questão (que não é considerando cargo de natureza política, como são os cargos de Secretário Municipal e Estadual, e de Ministro) é vedada pela Súmula Vinculante STF n. 13.

Gabarito "D"

(Delegado/SP – 2011) Constituem formas de provimento derivado de cargo público, à luz da Constituição Federal,

(A) a readmissão e a promoção.

(B) a readmissão e a reversão *ex officio*.

(C) a reintegração e a transposição.

(D) o aproveitamento e a transposição.

(E) a reintegração e o aproveitamento.

Provimento derivado é aquele que se dá após a nomeação, que é o provimento originário. Há diversas espécies de provimento derivado, mas as previstas na Constituição são a *reintegração* (art. 41, § 2º, da CF) e o *aproveitamento* (art. 41, § 3º, da CF).

Gabarito "E"

(Procurador/DF – 2013 – CESPE) Acerca do direito administrativo, julgue o item a seguir.

(1) A promoção constitui investidura derivada, enquanto a nomeação traduz investidura originária do servidor público.

1: certa, pois a promoção de um servidor só pode ocorrer quando este já tenha tido uma designação anterior para algum cargo, ou seja, a promoção nunca é o primeiro provimento (o provimento originário), mas sim um provimento derivado; já a nomeação é o primeiro provimento, ou seja, o provimento originário.

Gabarito 1C

(Cartório/MG – 2012 – FUMARC) Nos termos do artigo 41, § 1º, da Constituição Federal, o servidor público estável perderá o cargo, **EXCETO:**

(A) em virtude de reprovação em estágio probatório.

(B) em virtude de sentença judicial transitada em julgado.

(C) mediante processo administrativo em que lhe seja assegurada ampla defesa.

(D) mediante procedimento de avaliação periódica de desempenho, na forma de lei complementar, assegurada ampla defesa.

A: incorreta, devendo ser assinalada – considerando que o enunciado assevera que o servidor, no caso, já é estável, não há mais que se falar em "estágio probatório", instituto esse próprio da fase em que o servidor ainda não é estável; depois de adquirida a estabilidade, o servidor passa a ser submetido a "avaliações periódicas de desempenho", que também têm por razão avaliar o desempenho do servidor, mas não têm o nome de "estágio probatório"; **B** a **D:** corretas e, portanto, não podem ser assinaladas, nos termos do art. 41, § 1º, I a III, da CF.

Gabarito "A"

6.17.4. Vacância

(Magistratura/SP – 2013 – VUNESP) Configura ilegalidade a demissão, pelo superior, de funcionário que exerce cargo de confiança, demissível *ad nutum*, quando a demissão

(A) fundamentar-se na prática de ato de improbidade administrativa tipificado, devidamente comprovado em processo administrativo regular.

(B) estiver fundamentada na prática de ato de improbidade administrativa não tipificado.

(C) for desprovida de motivação.

(D) apoiar-se em ilícito administrativo, comprovado em processo administrativo regular.

A: incorreta, pois a demissão, no caso, certamente será sanção disciplinar prevista no estatuto local de funcionário público; **B:** correta, pois se o ato não é tipificado enquanto ato de improbidade administrativa, não haverá porque se aplicar a sanção disciplinar de demissão, de modo que, de fato, haverá ilegalidade numa demissão com essas características; **C:** incorreta, pois, em se tratando de cargo em comissão, o desligamento do agente público independe de motivação, de modo que não é ilegal o desligamento desprovido de motivação; vale destacar que a questão não usou as melhores expressões jurídicas na sua elaboração; isso porque a expressão "demissão" em sentido estrito, significa desligamento motivado por infração disciplinar grave de servidor, ao passo que o desligamento de agente ocupante de cargo em comissão leva o nome de exoneração; de qualquer forma, como o próprio enunciado usou a expressão demissão em sentido amplo (abrangendo desligamentos em geral), ao usar o termo "demissível *ad nutum*", temos que considerar não ilegal o tipo de desligamento mencionado na alternativa; **D:** incorreta, pois, comprovado o ilícito administrativo, é possível sim aplicar a sanção disciplinar de "demissão", nos termos do que dispuser o estatuto local de funcionário público.

Gabarito "B"

(Magistratura/SP – 2011 – VUNESP) Rivaldo Batera prestou concurso público e foi classificado em 1º lugar. Foi nomeado, passou por inspeção médica, tomou posse e deixou decorrer *in albis* o prazo para entrar em exercício. Indique a alternativa correta.

(A) Rivaldo será demitido, sem sindicância.

(B) Rivaldo será exonerado, após o processo administrativo respectivo.

(C) Rivaldo será removido.

(D) Rivaldo será exonerado.

(E) Rivaldo será exonerado, mas receberá a partir da data da nomeação.

Três momentos devem ser destacados. O primeiro é a *nomeação*. A simples nomeação não torna alguém servidor público. O segundo momento é a *posse*. Esta é a aceitação do cargo. Com a posse ocorre a investidura no cargo, de maneira que, a partir desse momento, o nomeado passa a ser servidor público. E o terceiro momento é a *entrada em exercício*, que consiste em o servidor começar a trabalhar. A partir desse momento, o servidor passa a ter direito à remuneração. Quando alguém é nomeado e não toma posse, não é necessário exonerar tal pessoa, pois esta sequer chegou a ser servidor público. Nesse caso, a Administração ficará livre para nomear outra pessoa que tiver sido aprovada no concurso. Já no caso em que alguém é nomeado e toma posse, mas não entra em exercício no prazo fixado na lei, aí sim temos alguém que já é servidor público (pois tomou posse!), o que impõe que a Administração promova a sua exoneração do cargo. Nesse caso, como o servidor não chegou a trabalhar, será exonerado sem que tenha direito de receber uma remuneração.

Gabarito "D"

(Ministério Público/RJ – 2011) A perda do cargo de servidores públicos:

(A) não pode resultar de avaliação periódica de desempenho, relativa às funções do cargo;

(B) impõe que a Administração instaure processo administrativo, não sendo, contudo, exigida defesa técnica por advogado;

(C) resulta de sentença judicial transitada em julgado, desde que tenha havido prévio processo administrativo;

(D) aplica-se também a empregados de sociedades de economia mista e empresas públicas;

(E) deve decorrer de processo administrativo, com apuração preliminar por meio de sindicância.

A: incorreta (art. 41, § 1º, III, da CF); **B:** correta, pois o processo administrativo é regra nesse sentido (salvo perda de cargo por decisão judicial), sendo certo que o STF não entende indispensável a presença de advogado para que se tenha um processo disciplinar regular (Súmula Vinculante STF n. 5); **C:** incorreta, pois, em havendo decisão judicial transitada em julgado (em processo penal ou por improbidade, por exemplo), não é necessário processo administrativo (art. 41, § 1º, I, da CF); **D:** incorreta, pois nessas entidades não há "cargo", mas "emprego"; **E:** incorreta, pois a perda do cargo pode se dar por processo judicial também (art. 41, § 1º, I, da CF); ademais, o processo disciplinar não requer, necessariamente, apuração preliminar por meio de sindicância, para que seja válido.

Gabarito "B"

(Procurador do Estado/SC – 2010 – FEPESE) Verificado o excesso de despesas com pessoal ativo e inativo da União, dos Estados, do Distrito Federal e dos Municípios, o servidor estável poderá perder o seu cargo. Em relação ao enunciado, assinale a alternativa **correta.**

(A) É vedada a criação de cargo, emprego ou função com atribuições iguais ou assemelhadas ao cargo considerado extinto, pelo prazo mínimo de dois anos.

(B) O servidor estável que perder o cargo em razão do excesso de despesa com pessoal, fará jus a indenização correspondente a um mês de remuneração por ano de serviço.

(C) A Administração Pública deve reduzir pelo menos cinquenta por cento das despesas com cargos em comissão e funções de confiança, antes de exonerar servidores estáveis.

(D) Antes de exonerar servidores estáveis, a Administração Pública deve reduzir os vencimentos de servidores não estáveis.

(E) O enunciado é falso porque após estágio probatório, o servidor efetivo somente poderá perder o seu cargo por meio de sentença judicial com trânsito em julgado.

A: incorreta, pois essa vedação terá duração de 4 anos (art. 169, § 6º, da CF); **B:** correta (art. 169, § 5º, da CF); C e **D:** incorretas, pois deve-se reduzir pelo menos 20% dessas despesas (e não 50%); além disso, a Administração deve, antes de exonerar servidores estáveis, *exonerar* servidores não estáveis (art. 169, § 3º, I e II, da CF); **E:** incorreta, pois o servidor estável poderá perder seu cargo por outros motivos também, como por infração disciplinar apurada em processo administrativo com ampla defesa, não aprovação em avaliação especial de desempenho e em virtude de excesso de despesas com pessoal, nos moldes do art. 169 da CF.

Gabarito "B"

(Magistratura do Trabalho – 15ª Região – 2011 - adaptada) Luscar Amello, empregado de sociedade de economia mista prestadora de serviço público, foi imotivadamente dispensado após 10 anos de dedicação ao emprego. O novo presidente da empresa, pretendendo realizar outro concurso público, e admitir pessoas mais alinhadas com os seus projetos políticos, assinalou, quando da dispensa, que ela se operava em função de cortes orçamentários. Assinale a alternativa correta:

(A) o ato pode ser revogado pelo Poder Judiciário, com efeito *ex tunc*, porque o empregado é detentor de estabilidade;

(B) o ato pode ser revogado pelo próprio administrador público, porque o empregado é detentor de estabilidade;

(C) o ato pode ser anulado pelo Poder Judiciário, porque o empregado é detentor de estabilidade;

(D) o ato pode ser revogado pelo Poder Judiciário por se tratar de um ato discricionário;

(E) o ato depende de motivação, devendo ser anulado pelo administrador ou pelo Poder Judiciário quando verificada a ausência de correspondência entre os motivos espontaneamente apresentados para justificá-lo e a realidade constatada.

A a **C:** incorretas, pois não há estabilidade no caso, já que, segundo o STF, "os empregados públicos não fazem jus à estabilidade prevista no art. 41 da CF, salvo aqueles admitidos em período anterior ao advento da EC n. 19/1998. Precedentes" (STF, RE 589.998, *DJ* 12.09.2013); vale lembrar que, caso houvesse estabilidade, o caso era de anulação e não de revogação; **D:** incorreta, pois o Judiciário não pode revogar atos da Administração Pública; **E:** correta, pois o STF passou a decidir (superando a OJ-II n. 247 do TST) que, em se tratando de empresa pública ou sociedade de economia mista prestadoras de serviço público, a dispensa depende de motivação em qualquer caso, pois tais empresas estatais não são como as estatais meramente exploradoras de atividade econômica, tendo, assim, um regime jurídico privado mas com mais condicionantes públicos, como é o caso do dever de motivação em caso de dispensa de agentes públicos; confira: "em atenção, no entanto, aos princípios da impessoalidade e isonomia, que regem a admissão por concurso público, a dispensa do empregado de empresas públicas e sociedades de economia mista que prestam serviços públicos deve ser motivada, assegurando-se, assim, que tais princípios, observados no momento daquela admissão, sejam também respeitados por ocasião da dispensa; a motivação do ato de dispensa, assim, visa a resguardar o empregado de uma possível quebra do postulado da impessoalidade por parte do agente estatal investido do poder de demitir" (STF, RE 589.998, *DJ* 12.09.2013); vale acrescentar, quanto ao motivo invocado, que, caso venha a se descobrir que este era falso ou inadequado, o ato de dispensa poderá ser anulado, com base na Teoria dos Motivos Determinantes.

Gabarito "E"

(Analista – MPU – 2010 – CESPE) Julgue o seguinte item, acerca dos agentes públicos.

(1) A vacância do cargo público decorre de: exoneração, demissão, promoção, ascensão, transferência, readaptação, aposentadoria, posse em outro cargo inacumulável e falecimento.

1: Errada, pois a ascensão e a transferência não são mais formas de vacância do cargo público. Os incisos IV e V do art. 33 da Lei 8.112/1990, que previam essas duas forma de vacância, foram revogados pela Lei 9.527/1997.

Gabarito 1E

6.17.5. Acessibilidade e concurso público

(Ministério Público/PI – 2012 – CESPE) Paulo, aprovado em concurso público para provimento de cargo em determinado órgão da administração pública direta, não foi nomeado, apesar da existência de cargo vago e da necessidade administrativa de provê-lo, dada a publicação, pelo citado órgão, de edital de novo certame. Considerando a situação hipotética acima apresentada, assinale a opção correta com base na jurisprudência do STF acerca da matéria.

(A) Se a administração tiver recusado a nomeação do candidato sob o argumento da inexistência de vaga, revelando-se essa motivação factualmente equivocada, em face da constatação da existência de cargo vago, o candidato aprovado terá direito à nomeação, com fundamento na teoria da vinculação do administrador ao motivo determinante do seu ato.

(B) Não havendo vacância do cargo para cujo provimento Paulo foi aprovado no citado concurso público, poderá a administração nomeá-lo para outro cargo, presente a necessidade administrativa após a realização do certame, ainda que sem previsão no edital, desde que haja semelhança entre os cargos e estes sejam oferecidos no mesmo órgão administrativo.

(C) Causaria grave lesão à ordem pública decisão judicial que determinasse a observância da ordem classificatória no concurso público em questão, a fim de evitar a preterição de Paulo pela contratação de temporários em razão da necessidade do serviço.

(D) O não provimento, pela administração pública, do cargo vago em detrimento da aprovação de Paulo no concurso público deve ser motivado; entretanto, tal motivação, por veicular razões de oportunidade e conveniência, não é suscetível de apreciação jurisdicional, sob pena de vulneração do princípio da separação dos poderes.

(E) É incabível, no caso relatado, a impetração de mandado de segurança, visto que a participação e a aprovação em concurso público não geram, em relação à nomeação, direito líquido e certo, mas mera expectativa de direito.

A: correta; diante de alguns abusos da Administração Pública, os tribunais começaram a reconhecer o direito à nomeação em situações em que a Administração Pública, no prazo de validade do concurso, externa de alguma maneira que tem interesse em nomear novos servidores; um exemplo é justamente o citado na alternativa, ou seja, quando se abre novo concurso no prazo de validade de concurso anterior; **B:** incorreta, pois tal conduta viola os princípios da obrigatoriedade de concurso público e da vinculação ao edital; **C:** incorreta, pois é vedada a nomeação de outro servidor para o cargo (inclusive agentes terceirizados temporários - STJ, AgRg no RMS 33.893, *DJ* 30.11.2012) para exercer as mesmas funções do cargo para o qual um candidato fora aprovado, estando em validade o concurso realizado por este; **D:** incorreta, pois no caso se aplica a teoria dos motivos determinantes; como a Administração já externou a necessidade de nomeação de servidor, não há como inventar uma desculpa retroativa para não mais nomeá-lo; cuidado para confundir essa situação com aquela em que há aprovados nos limites das vagas previstas no edital, mas logo em seguida a Administração, motivada em fato novo idôneo (o que não se coaduna com a publicação de novo edital de concurso), decide que não poderá nomear os aprovados, circunstância excepcionalíssima, que depende de demonstração cabal da possibilidade, com ônus da prova a cargo da Administração; *vide*, a respeito, decisão do STF proferida no RE 227.480, *DJ* 21.08.2009 em que se traz essa exceção em favor da Administração, mas com a lembrança de que o Judiciário poderá controlar esse ato, verificando detalhadamente se o motivo invocado é verdadeiro e pertinente; **E:** incorreta, nos termos do comentário à alternativa "a"; vale salientar, outrossim, que o mandado de segurança é cabível no caso, pois é possível levar em juízo provas documentais, não sendo necessário dilação probatória.

Gabarito "A"

(Ministério Público/SC – 2010) Em atenção à disciplina dos servidores públicos, analise as seguintes assertivas:

I. A lei poderá estabelecer requisitos diferenciados de admissão de servidores públicos, quando a natureza do cargo o exigir, mas o limite de idade para a inscrição em concurso público só se legitima quando possa ser justificado pela natureza das atribuições do cargo a ser preenchido.

II. Regra geral, o prazo de validade do concurso público será de até 4 anos, prorrogável uma vez, por igual período.

III. As funções de confiança e os cargos em comissão destinam-se apenas às atribuições de direção, chefia e assessoramento.

IV. A fixação dos vencimentos dos servidores públicos não pode ser objeto de convenção coletiva.

V. É constitucional a vinculação do reajuste de vencimentos de servidores estaduais a índices federais de correção monetária.

De acordo com a Constituição da República e a jurisprudência dominante do Supremo Tribunal Federal:

(A) Apenas as assertivas I, III e V estão corretas.

(B) Todas as assertivas estão corretas.

(C) Apenas as assertivas III e IV estão corretas.

(D) Apenas as assertivas I, III e IV estão corretas.

(E) Apenas as assertivas I, II e V estão corretas.

I: correta (Súmula 683 do STF: "O limite de idade para a inscrição em concurso público só se legitima em face do art. 7º, XXX, da Constituição, quando possa ser justificado pela natureza das atribuições do cargo a ser preenchido"; **II:** incorreta, pois o prazo de validade é de até 2 anos (art. 37, III, da CF); **III:** correta (art. 37, V, da CF); **IV:** correta (Súmula 679 do STF); **V:** incorreta (Súmula 681 do STF).

Gabarito "D"

(Defensor Público/AM – 2010 – I. Cidades) Sabe-se que o concurso público é obrigatório para admissão de servidores na Administração Pública, podendo deixar de ser exigido em algumas situações, citando-se entre elas:

(A) contratação sob regime celetista em empresas estatais.

(B) contratação sob regime estatutário nas autarquias públicas.

(C) contratação por tempo determinado, para atender a necessidade temporária de excepcional interesse público.

(D) servidor transposto de uma carreira para outra.

(E) admissão de servidor já submetido a concurso anterior para outro cargo.

A regra é o princípio do concurso público, que vale para cargo público (regime estatutário), como para emprego público (regime celetista), bem como para qualquer mudança que um servidor queira fazer de uma carreira para outra carreira. A exceção é a contratação para atender a necessidade temporária de excepcional interesse público, que não requer concurso público (art. 37, IX, da CF); no plano federal, a questão é regulamentada pela Lei 8.745/1993, que, em seu art.

3º, dispõe que a contratação se dará por meio de processo seletivo simplificado, e não por concurso público. Em cada ente político há de se ter uma lei local tratando do assunto.

Gabarito "C"

(Magistratura Federal-4ª Região – 2010) Dadas as assertivas abaixo, assinale a alternativa correta: Segundo o entendimento consolidado do Superior Tribunal de Justiça:

I. O candidato aprovado dentro do número de vagas previsto no edital de concurso público possui direito subjetivo à nomeação para o cargo a que concorreu e foi classificado.

II. A aprovação em concurso público não assegura a nomeação, mas sim mera expectativa de direito, pois o provimento de cargo fica adstrito ao juízo de conveniência e oportunidade da Administração Pública.

III. A contratação temporária de terceiros no prazo de validade de concurso público só é admissível se já ocorreu o preenchimento de todas as vagas existentes de cargos de provimento efetivo.

IV. Não é possível o controle judicial de questões formuladas em concurso público quanto à sua adequação ou não ao programa do certame.

(A) Está correta apenas a assertiva II.

(B) Está correta apenas a assertiva III.

(C) Estão corretas apenas as assertivas I e III.

(D) Estão corretas apenas as assertivas II e IV.

(E) Nenhuma assertiva está correta.

I: correta, pois os tribunais superiores entendem que o candidato aprovado em concurso tem *direito* de ser nomeado *no limite das vagas previstas no respectivo edital*, uma vez que a Administração, ao estabelecer o número de vagas no edital, *vincula-se* a essa escolha e cria expectativa nos candidatos, impondo-se as nomeações respectivas, em respeito aos princípios da *boa-fé*, *razoabilidade*, *isonomia* e *segurança jurídica*; **II:** incorreta, pois, conforme mencionado, o aprovado em concurso público nos limites das vagas previstas no edital tem direito de ser nomeado, e não mera expectativa de direito; **III:** correta, vez que, enquanto existirem candidatos aprovados e vagas de cargos efetivos a serem preenchidas, não há como se justificar a contratação temporária de terceiros; **IV:** incorreta, pois o STJ tem o seguinte entendimento: "excepcionalmente, em caso de flagrante ilegalidade e quando dissociada das regras do edital, o Judiciário tem anulado questão objetiva de prova de concurso público" (RMS 21.617, j. 27.05.08); no caso em tela, quando uma questão aparece num concurso público sem que o tema de que a questão trate esteja previsto no programa estabelecido no edital, o Judiciário poderá anular essa questão.

Gabarito "C"

(Magistratura do Trabalho – 16ª Região – 2011) Considerando a jurisprudência dominante do Supremo Tribunal Federal, marque a alternativa INCORRETA:

(A) O Supremo Tribunal Federal tem entendimento no sentido de que o art. 37, I, da Constituição do Brasil consubstancia, relativamente ao acesso aos cargos públicos por estrangeiros, preceito constitucional dotado de eficácia limitada, dependendo de regulamentação para produzir efeitos, sendo assim, não autoaplicável.

(B) Só por lei se pode sujeitar a exame psicotécnico a habilitação de candidato a cargo público.

(C) A nomeação de cônjuge, companheiro, ou parente, em linha reta, colateral ou por afinidade, até o 2º grau, inclusive, da autoridade nomeante ou de servidor da mesma pessoa jurídica, investido em cargo de direção, chefia ou assessoramento, para o exercício de cargo em comissão ou de confiança, ou, ainda, de função gratificada na administração pública direta e indireta, em qualquer dos Poderes da União, dos Estados, do Distrito Federal e dos Municípios, compreendido o ajuste mediante designações recíprocas, viola a CF.

(D) A administração pode anular seus próprios atos, quando eivados de vícios que os tornam ilegais, porque deles não se originam direitos; ou revoga-los, por motivo de conveniência ou oportunidade, respeitados os direitos adquiridos, e ressalvada, em todos os casos, a apreciação judicial.

(E) O limite de idade para a inscrição em concurso público só se legitima em face do art. 7º, XXX, da Constituição, quando possa ser justificado pela natureza das atribuições do cargo a ser preenchido.

A: assertiva correta; confira acórdão do STF: "EMENTA: AGRAVO REGIMENTAL NO RECURSO EXTRAORDINÁRIO. CONSTITUCIONAL. ADMINISTRATIVO. ESTRANGEIRO. ACESSO AO SERVIÇO PÚBLICO. ARTIGO 37, I, DA CB/1988. O Supremo Tribunal Federal fixou entendimento no sentido de que o artigo 37, I, da Constituição do Brasil [redação após a EC 19/1998], consubstancia, relativamente ao acesso aos cargos públicos por estrangeiros, preceito constitucional dotado de eficácia limitada, dependendo de regulamentação para produzir efeitos, sendo assim, não autoaplicável. Precedentes. Agravo regimental a que se dá provimento. (RE 544655 AgR, Relator(a): Min. EROS GRAU, Segunda Turma, julgado em 09.09.2008, *DJe*-192 DIVULG 09.10.2008 PUBLIC 10.10.2008 EMENT VOL-02336-07 PP-01538 RTJ VOL-00207-01 PP-00412)"; **B:** assertiva correta (Súmula 686 do STF); **C:** assertiva incorreta, devendo ser assinalada; a vedação é de parente até 3º grau, e não até 2º grau (Súmula Vinculante n. 13 do STF); **D:** assertiva correta (Súmula 473 do STF); **E:** assertiva correta (Súmula 683 do STF).

Gabarito "C"

(Magistratura do Trabalho – 16ª Região – 2011) Ainda considerando a jurisprudência majoritária do Supremo Tribunal Federal, marque a alternativa INCORRETA:

(A) É inconstitucional toda modalidade de provimento que propicie ao servidor investir-se, sem prévia aprovação em concurso público destinado ao seu provimento, em cargo que não integra a carreira na qual anteriormente investido.

(B) É inconstitucional o veto não motivado à participação de candidato a concurso público.

(C) Dentro do prazo de validade do concurso, o candidato aprovado tem direito a nomeação, quando o cargo for preenchido sem observância da classificação.

(D) A fixação de vencimentos dos servidores públicos não pode ser objeto de convenção coletiva, salvo quando houver manifesta omissão do Poder Público em assegurar a revisão geral anual, prevista no art. 37, inc. X, da Constituição Federal.

(E) O cálculo de gratificações e outras vantagens do servidor público não incide sobre o abono utilizado para se atingir o salário mínimo.

A: assertiva correta (Súmula 685 do STF); **B:** assertiva correta (Súmula 684 do STF); **C:** assertiva correta (Súmula 15 do STF); **D:** assertiva incorreta, devendo ser assinalada; a fixação de vencimentos dos servidores públicos não pode ser objeto de convenção coletiva, inexistindo a exceção mencionada (Súmula 679 do STF); **E:** assertiva correta (Súmula Vinculante n. 15 do STF).

Gabarito "D"

(Procurador do Trabalho – MPT – 17º Concurso – 2012) Leia e analise os itens a seguir:

I. Em conformidade com a jurisprudência do Supremo Tribunal Federal, a exigência de exame psicotécnico para a habilitação de candidato a cargo público só pode ocorrer mediante previsão legal.

II. A homologação do concurso para ingresso na carreira de membro do Ministério Público do Trabalho pelo Procurador-Geral do Trabalho constitui ato administrativo complexo, uma vez que este pressupõe a concorrência de vontades de dois ou mais órgãos, em que a vontade de um é instrumental à do outro que edita o ato principal.

III. Consoante entendimento do Supremo Tribunal Federal, o candidato aprovado em concurso público tem direito subjetivo à nomeação para a posse que vier a ser dada nos cargos vagos existentes ou nos que vierem a vagar no prazo de validade do concurso; a recusa da administração em prover referidos cargos, quando existentes candidatos aprovados, deve ser motivada e é suscetível de apreciação pelo poder judiciário.

Marque a alternativa **CORRETA:**

(A) somente as assertivas I e II estão corretas;

(B) somente as assertivas II e III estão corretas;

(C) somente as assertivas I e III estão corretas;

(D) todas as assertivas estão corretas;

(E) não respondida.

I: correta, nos termos da Súmula STF n. 686 ("só por lei se pode sujeitar a exame psicotécnico a habilitação de candidato a concurso público"); **II:** incorreta, pois nesse caso (concorrência de vontades de dois ou mais órgãos, em que a vontade de um é instrumental à do outro que edita o ato principal) tem-se um ato composto; **III:** correta; o STF e o STJ passaram a entender também que o candidato aprovado em concurso tem direito de ser nomeado no limite das vagas previstas no respectivo edital, uma vez que a Administração, ao estabelecer o número de vagas, vincula-se a essa escolha e cria expectativa nos candidatos, impondo-se as nomeações respectivas, em respeito aos princípios da boa-fé, razoabilidade, isonomia e segurança jurídica; é bom consignar que o STF até admite que a Administração deixe de nomear os aprovados no limite das vagas do edital se houver ato motivado demonstrando a existência de fato novo que torne inviável a nomeação. Tal ato, todavia, poderá ser controlado pelo Judiciário (RE 227.480, *DJ* 21.08.2009). De qualquer forma, na prática, será muito difícil que a Administração consiga justificar a existência de motivo que inviabiliza as nomeações, pois somente razões pertinentes, novas, imprevisíveis e justificadas antes da impugnação de candidatos à ausência de sua nomeação atendem ao princípio da adequada motivação.

Gabarito "C"

(OAB/Exame Unificado – 2011.2) O art. 37, II, da Constituição da República Federativa do Brasil de 1988, condiciona a investidura em cargo ou emprego público à prévia aprovação em concurso público de provas ou de provas e títulos, ressalvadas as nomeações para os cargos em comissão. Em relação a concurso público, segundo a atual jurisprudência dos tribunais superiores, é correto afirmar que

(A) o prazo de validade dos concursos públicos poderá ser de até dois anos prorrogáveis uma única vez por qualquer prazo não superior a dois anos, iniciando-se a partir de sua homologação.

(B) os candidatos aprovados em concurso público de provas ou de provas e títulos devem comprovar a habilitação exigida no edital no momento de sua nomeação.

(C) os candidatos aprovados em concurso público de provas ou de provas e títulos e classificados dentro do limite de vagas oferecidas no edital possuem direito subjetivo a nomeação dentro do prazo de validade do concurso.

(D) os candidatos aprovados em concurso público de provas ou de provas e títulos e classificados entre o número de vagas oferecidas no edital possuem expectativa de direito à nomeação.

A: incorreta, pois a prorrogação do prazo de validade do concurso deve se dar pelo mesmo período de validade deste, e não por qualquer período (art. 37, III, da CF); assim, se o edital prevê que o concurso terá validade de 6 meses, sua prorrogação poderá acontecer apenas 1 vez, por igual período, ou seja, por mais 6 meses; **B:** incorreta, pois a habilitação exigida no edital pode ser exigida na posse e não na data da inscrição para o concurso ou da nomeação (Súmula 266 do STJ). **C:** correta, pois o STF e o STJ vêm entendo que o aprovado em concurso público tem direito à nomeação (e não mera expectativa de direito), no limite das vagas previstas no edital (exs.: STF, RExtr. 227.480, DJ 21.08.2009; STJ, RMS 21.323, DJ 21.06.2010). **D:** incorreta, pois, como se viu, o aprovado tem direito à nomeação entre o número de vagas oferecidas no edital, e não mera expectativa de direito.

Gabarito "C"

(OAB/Exame Unificado – 2010.2) Determinada Administração Pública realiza concurso para preenchimento de cargos de detetive, categoria I. Ao final do certame, procede à nomeação e posse de 400 (quatrocentos) aprovados. Os 20 (vinte) primeiros classificados são desviados de suas funções e passam a exercer as atividades de delegado. Com o transcurso de 4 (quatro) anos, estes 20 (vinte) agentes postulam a efetivação no cargo. A partir do fragmento acima, assinale a alternativa correta.

(A) Os referidos agentes têm razão, pois investidos irregularmente, estão exercendo as suas atividades há mais de 4 (quatro) anos, a consolidar a situação.

(B) É inconstitucional toda modalidade de provimento que propicie ao servidor investir-se, sem prévia aprovação em concurso público destinado ao seu provimento, em cargo que não integra a carreira na qual anteriormente foi investido.

(C) Não têm ainda o direito, pois dependem do transcurso do prazo de 15 (quinze) anos para que possam ser tidos como delegados, por usucapião.

(D) É inconstitucional esta modalidade de provimento do cargo, pois afronta o princípio do concurso público, porém não podem ter alterado os ganhos vencimentais, sedimentado pelos anos, pelo princípio da irredutibilidade.

De acordo com a Súmula 685 do STF, "é inconstitucional toda modalidade de provimento que propicie ao servidor investir-se, sem prévia aprovação em concurso público destinado ao seu provimento, em cargo que não integra a carreira na qual anteriormente investido". Assim, a alternativa "b", que reproduz o texto da súmula, é a alternativa correta.

Gabarito "B"

6.17.6. Efetividade, estabilidade e vitaliciedade

(Magistratura/RJ – 2011 – VUNESP) Estabilidade é a garantia constitucional de permanência no serviço público, outorgada ao servidor que, nomeado para cargo de provimento e efetivo, em virtude de concurso público, tenha transposto o estágio probatório de três anos, após ser submetido à avaliação especial de desempenho por comissão instituída para essa finalidade. Nesse contexto, é correto asseverar que

(A) não há que se confundir efetividade com estabilidade, porque aquela é uma característica da nomeação, e esta é um atributo pessoal do ocupante do cargo, adquirido após a satisfação de certas condições de seu exercício.

(B) comprovado durante o estágio probatório que o servidor público não satisfaz as exigências da Administração, pode ser demitido, após processo administrativo disciplinar.

(C) o servidor estável não pode ser removido ou transferido.

(D) a título de indenização, o servidor estável exonerado em razão da redução de despesa fará jus à indenização correspondente a um mês de remuneração por ano de serviço, excluindo-se o décimo-terceiro salário, férias proporcionais e aquelas não gozadas.

A: correta, pois traz a exata diferenciação entre os dois institutos; **B:** incorreta, pois, nesse caso, deve-se promover a exoneração e não a demissão; demite-se alguém que tenha cometido infração disciplinar, que não é o caso; **C:** incorreta, pois não há impedimento legal nesse sentido; a estabilidade garante apenas o direito de não ser desligado sem vontade do estável, ressalvadas as exceções legais (exoneração por avaliação de desempenho insatisfatória, demissão após processo disciplinar com ampla defesa e exoneração para atendimento de limites de despesa com pessoal); **D:** incorreta, pois serão devidos sim décimo-terceiro salário e férias proporcionais.

Gabarito "A"

(Ministério Público/SP – 2013 – PGMP) Em quais das formas de provimento (originário ou derivado) de cargo, emprego ou função públicos o agente público investido não terá estabilidade constitucional ou vitaliciedade?

(A) Por eleição e nomeação para cargo em comissão.

(B) Por reversão ou readaptação.

(C) Por promoção ou remoção.

(D) Por recondução ou aproveitamento.

(E) Por nomeação em caráter efetivo ou reintegração.

A: correta, pois tal nomeação é de livre provimento e livre exoneração (art. 37, II, da CF); **B:** incorreta, pois essas formas de provimento são típicas de servidores estáveis; no caso da reversão, como se trata do retorno do aposentado, presume-se tratar-se de aposentadoria pelo regime próprio (específico para quem tem cargo efetivo), já o ocupante de cargo em comissão não tem seu cargo vago pelo simples fato de se aposentar pelo regime geral da previdência (regime ao qual pertence), diferentemente do servidor ocupante de cargo efetivo, que sofre vacância automática de seu cargo, em caso de aposentadoria pelo regime público de previdência; **C:** incorreta, pois a remoção não é forma de provimento; ademais, a promoção depende da existência de cargos estruturados em carreira, o que não é o caso de cargos em comissão, que são isolados, até, porque o vínculo do cargo em comissão é temporário, sendo incompatível com a ideia de carreira; **D:** incorreta, pois a recondução e o aproveitamento são formas de provimento exclusivos de quem é estável; a recondução, por conta do disposto no art. 29, *caput*, da Lei 8.112/1990 e o aproveitamento, por conta desse provimento depender de prévia colocação do servidor em disponibilidade, sendo que esta é direito exclusivo do servidor estável (art. 41, § 3º, da CF); **E:** incorreta, pois a nomeação em caráter efetivo é exclusiva de cargos efetivos (e não de cargos em comissão) e a reintegração é própria do servidor já estável (art. 28, *caput*, da Lei 8.112/1990).

Gabarito "A"

(Ministério Público/RO – 2010 – CESPE) A partir das considerações constantes na CF e da jurisprudência dos tribunais superiores acerca dos servidores públicos, assinale a opção correta.

(A) Consoante jurisprudência pacífica do STJ, servidor estável que for investido em novo cargo estará dispensado de cumprir novo período de estágio probatório.

(B) De acordo com a jurisprudência majoritária do STF, a estabilidade dos servidores públicos deve ser estendida aos empregados de sociedade de economia mista contratados mediante concurso público, razão pela qual esses empregados somente poderão ser dispensados por justa causa.

(C) Segundo decisão do STF, servidor público que obteve determinada vantagem funcional, ainda que por ato administrativo com vício de legalidade, mas que não tenha lhe dado causa, tem, após o prazo de cinco anos, direito à manutenção da vantagem, não podendo a administração pública exercer o poder de autotutela.

(D) O subteto determinado pela CF estipula que os membros do MP, os procuradores, os defensores e os delegados de polícia recebam subsídio mensal limitado a 90,25% do subsídio mensal dos ministros do STF.

(E) De acordo com a CF, a vedação de acúmulo remunerado de cargos, empregos e funções públicas não atinge a sociedade de economia mista, mas tão somente as empresas públicas.

A: incorreta, pois cada cargo tem suas atribuições e competências, de modo que o estágio probatório de cada cargo levará em conta critérios de avaliação diferentes, fazendo com que seja necessário que o servidor empossado em novo cargo cumpra o estágio probatório específico para esse cargo, mesmo que, no passado, já tenha cumprido um estágio probatório referente à outro cargo; **B:** incorreta, pois, segundo o art. 41, *caput*, da CF somente aquele que tem *cargo* público, poderá vir a ter estabilidade; assim, alguém que trabalhe numa sociedade de economia mista (pessoa jurídica de direito privado estatal), como detém apenas um *emprego* público, regido pela CLT, não tem esse mesmo direito; a única exceção é quanto aquele que tem um emprego público numa pessoa jurídica de direito público; nesse caso, a Súmula 390 do TST é no sentido de que essa pessoa tem direito à estabilidade; **C:** correta, por conta do princípio da segurança e do prazo decadencial para anular atos que beneficiam terceiro de boa-fé (5 anos – art. 54 da Lei 9.784/1999); **D:** incorreta, pois os delegados não estão nesse subteto (art. 37, XI, da CF); **E:** incorreta, a vedação se estende à toda Administração Direta e Indireta.

Gabarito "C"

(Defensor Público/GO – 2010 – I. Cidades) Sobre o prazo do estágio probatório a ser cumprido pelos servidores nomeados após aprovação em concurso público, de acordo com a jurisprudência do Supremo Tribunal Federal, e doutrina majoritária, após a edição da EC 19/1998, este teria passado a ser

(A) de um ano.

(B) de dois anos.

(C) de três anos.

(D) de quatro anos.

(E) de cinco anos.

O STF e o STJ entendem, atualmente, que, com a EC 19/1998, que aumentou para 3 anos o tempo de exercício para a aquisição da estabilidade, o estágio probatório também passou a ser de 3 anos, ainda que o estatuto local tenha redação dispondo que o prazo é de 2 anos ou 24 meses. Nesse sentido, confira os precedentes do STF (STA 269 AgR, DJ 26.02.2010) e do STJ (MS 12.523/DF, 18.08.2009).

Gabarito "C"

(Delegado/PA – 2012 – MSCONCURSOS) Analise as assertivas, a seguir, relacionadas a agentes públicos e, em seguida, aponte a alternativa correta.

I. Os mesários e integrantes de juntas apuradoras, enquanto desempenham tais funções, estão na condição de agentes públicos e, quanto à classificação tradicional, são considerados como agentes políticos.

II. As funções de confiança só poderão ser exercidas por servidores ocupantes de cargo efetivo.

III. Nos termos da Constituição Federal, os servidores nomeados para cargo de provimento efetivo em virtude de concurso público, após 03 (três) anos de efetivo exercício, adquirirão a prerrogativa da vitaliciedade.

IV. Todos os agentes públicos sujeitam-se ao regime jurídico estabelecido nos diplomas legais específicos denominados de estatutos.

V. Segundo José dos Santos Carvalho Filho, o desvio de poder ocorre quando o agente público pratica o ato, não voltado para o interesse público, mas sim para o interesse privado.

(A) Somente as assertivas II e III estão corretas.

(B) Somente as assertivas II e V estão corretas.

(C) Somente as assertivas I, II e V estão corretas.

(D) Somente as assertivas I, III e IV estão corretas.

(E) Somente as assertivas II, IV e V estão corretas.

I: incorreta, pois os mesários são agentes públicos do tipo "agentes honoríficos"; **II:** correta (art. 37, V, da CF); **III:** incorreta, pois, cumprido esse requisito temporal e também a aprovação em avaliação especial de desempenho, os servidores nomeados para cargos de provimento efetivo adquirem a *estabilidade* e não a *vitaliciedade* (art. 41, *caput* e § 4º, da CF); **IV:** incorreta, pois há agentes públicos regidos por outras leis, como é o caso dos celetistas (exemplo: agente que trabalha num banco estatal); **V:** correta, pois o desvio de poder diz respeito ao desvio na finalidade prevista na lei para o ato administrativo; em última instância, tal finalidade é sempre de interesse público, de modo que, ocorrendo o seu desvirtuamento, normalmente se tem um atendimento a um interesse que não é público; de rigor ressaltar que também ocorre desvio de finalidade quando se busca o próprio interesse público, mas mediante a edição de ato que não tem por finalidade alcançar aquele interesse público almejado; o fato é que cada ato administrativo tem a sua finalidade e não se pode praticar um ato administrativo que tem finalidade "X" para buscar uma finalidade "Y", seja lá qual for a finalidade "Y".

Gabarito "B"

(Procurador do Município/Sorocaba-SP – 2012 – VUNESP) Decorrem da estabilidade em cargo público os direitos a

(A) cargo, emprego e função.

(B) subsídios, estágio probatório e aproveitamento.

(C) gozo de férias, aposentadoria e disponibilidade.

(D) reintegração, disponibilidade e aproveitamento.

(E) aposentadoria, subsídios e gozo de férias.

A única alternativa que traz institutos que reclamam a existência de estabilidade do servidor é a alternativa "d", conforme se depreende do artigo 28 da Lei 8.112/1990 e do art. 41, § 2º, da CF (reintegração) e do art. 41, § 3º, da CF (disponibilidade e aproveitamento).

Gabarito "D"

(Analista – TRE/AL – 2010 – FCC) Mélvio, analista judiciário, será reintegrado no cargo anteriormente ocupado. Porém, esse cargo anterior já encontra-se provido e ocupado por Isabela, servidora pública estável. Nesse caso, entre outras hipóteses, Isabela

(A) ficará em disponibilidade, esteja ou não, o cargo de origem provido por outro servidor.

(B) será nomeada em outro cargo de sua livre escolha, mas compatível com suas funções.

(C) será reintegrada no cargo de origem ou ficará em disponibilidade, a critério da Administração.

(D) será reconduzida ao cargo de origem, sem direito a indenização, ou aproveitada em outro cargo.

(E) poderá, a critério da Administração, ser readmitida ao cargo de origem ou transferida para outro órgão público federal.

Art. 41, § 2º, da CF.

Gabarito "D"

6.17.7. Acumulação remunerada e afastamento

(Ministério Público/PB – 2010) É correto afirmar, exceto:

(A) É vedada a percepção de vencimentos de cargo efetivo ou em comissão com proventos da inatividade, salvo quando os cargos de que decorram as respectivas remunerações forem acumuláveis na atividade.

(B) O tempo de serviço prestado pelo professor do ensino médio, no exercício da função de diretor da escola, assim como de coordenação e assessoramento pedagógico, pode ser computado para a contagem de tempo exclusivo de efetivo exercício nas funções de magistério, para o efeito de aposentadoria especial.

(C) A proibição de acumulação de cargos públicos estende-se a cargos em comissão.

(D) Em regra, é vedada a acumulação de cargo e emprego público entre si, bem como a de dois ou mais empregos públicos.

(E) A vedação de acumulação de cargos públicos se aplica em relação a entes e níveis diversos da Federação entre si.

A: incorreta, pois, nesse caso, é possível a acumulação (art. 37, § 10, da CF); **B:** correta, pois o STF vem interpretando o § 5º do art. 40 da CF de modo ampliativo; **C:** correta, pois a proibição alcança qualquer tipo de cargo, inclusive o cargo em comissão (art. 37, XVI, da CF); **D:** correta, pois a proibição alcança os empregos públicos também; **E:** correta, pois a proibição alcança todas as entidades da administração direta e indireta (art. 37, XVI e XVII, da CF).

Gabarito "A"

(Procurador do Estado/SC – 2010 – FEPESE) Acerca da Administração Pública, assinale a alternativa **correta**, de acordo com a Constituição Federal.

(A) É garantido ao servidor público civil o direito à livre associação sindical, vedado o direito de greve.

(B) O prazo de validade do concurso público será de dois anos, prorrogável uma vez, por igual período.

(C) A lei estabelecerá os prazos de prescrição para ilícitos praticados por qualquer agente, servidor ou não, que causem prejuízos ao erário, bem como para as respectivas ações de ressarcimento.

(D) A vinculação ou equiparação de quaisquer espécies remuneratórias para o efeito de remuneração de pessoal do serviço público é permitida a fim de assegurar o princípio da paridade remuneratória.

(E) A proibição de acumulação remunerada de cargos públicos estende-se a empregos e funções e abrange autarquias, fundações, empresas públicas, sociedades de economia mista, suas subsidiárias, e sociedades controladas, direta ou indiretamente, pelo poder público.

A: incorreta, pois o direito de greve também é assegurado ao servidor público (art. 37, VII, da CF); **B:** incorreta, pois esse prazo não é "de dois anos", mas de "até dois anos" (art. 37, III, da CF); **C:** incorreta, pois a lei fixará os prazos de prescrição para os esse ilícitos, *ressalvadas* as respectivas ações de ressarcimento (art. 37, § 5º, da CF); ou seja, as ações de ressarcimento do erário por ato ilícito são imprescritíveis; **D:** incorreta, pois a vinculação ou equiparação remuneratória é *vedada* (art. 37, XIII, da CF); **E:** correta (art. 37, XVII, da CF).

Gabarito "E"

(Procurador Federal – 2010 – CESPE) No que concerne aos agentes públicos, julgue os itens subsequentes.

(1) É constitucional o decreto editado por chefe do Poder Executivo de unidade da Federação que determine a exoneração imediata de servidor público em estágio probatório, caso fique comprovada a participação deste na paralisação do serviço, a título de greve.

(2) Caso uma enfermeira do Ministério da Saúde ocupe também o cargo de professora de enfermagem da Universidade Federal de Goiás e, em cada um dos cargos, cumpra o regime de quarenta horas semanais, tal acumulação, segundo o entendimento da AGU, deverá ser declarada ilícita.

1: incorreta, pois tal medida, segundo o STF, fere o princípio da isonomia; **2:** correta, pois, segundo o entendimento da AGU, o máximo de horas semanais admitidas é sessenta.

Gabarito 1E, 2C

(Magistratura do Trabalho – 15ª Região – 2011) Saulo Dores da Costa, técnico de enfermagem, após aprovação em concurso público na sua área profissional, passou a integrar o quadro de servidores do Hospital da Saúde, sociedade de economia mista. Insatisfeito com a remuneração, prestou novo certame, foi aprovado e admitido, sem desvinculação do emprego anterior, no instituto de Radiologia Bom dos Ossos, empresa pública, para exercer o emprego de técnico em radiologia. Assinale a alternativa correta:

(A) a segunda contratação é ilegal, em face da vedação constitucional à acumulação de cargos, empregos e funções públicas;

(B) a segunda contratação é legal, porque a proibição constitucional de acumulação de cargos empregos e funções públicas não abrange as sociedades de economia mista;

(C) a segunda contratação é legal, porque a proibição constitucional de acumulação de cargos empregos e funções públicas não abrange empresas públicas;

(D) observada a compatibilidade de horários e não excedido o teto salarial, a segunda contratação é legal, porque adequada à possibilidade constitucional de acumulação de cargos empregos e funções públicas;

(E) a despeito da compatibilidade de horários e da observância do teto salarial, a segunda contratação é ilegal, porque as profissões são incompatíveis com a possibilidade constitucional de acumulação de cargos, empregos e funções públicas.

A segunda acumulação é legal, pois os dois cargos são de profissionais da saúde com profissão regulamentada (art. 37, XVI, "c", da CF). Porém, o próprio inciso XVI mencionado deixa claro que a acumulação remunerada, quando cabível, deve respeitar a compatibilidade de horários e o teto remuneratório.

Gabarito "D"

(Magistratura do Trabalho – 15ª Região – 2011) Considerando as hipóteses de exercido, pelo servidor público, de mandato eletivo, assinale a alternativa correta:

(A) o servidor público investido no mandato de prefeito será afastado de seu cargo, emprego ou função e sua remuneração deverá ser a do cargo eletivo;

(B) o servidor público eleito para mandato estadual não se afastará do cargo, emprego ou função;

(C) o servidor público investido no mandato de vereador, havendo compatibilidade de horários, perceberá as vantagens de seu cargo, emprego ou função, sem prejuízo da remuneração do cargo eletivo;

(D) nos casos de afastamento, o tempo de exercício do mandato eletivo será contado como de serviço para todos os efeitos legais, inclusive pata promoção por merecimento;

(E) o servidor público eleito para mandato distrital não se afastará do cargo, emprego ou função.

A: incorreta, pois, nesse caso, o prefeito, afastado de seu cargo de origem, tem direito de optar se deseja receber a remuneração de origem ou o subsídio de prefeito (art. 38, II, da CF); **B:** incorreta, pois o servidor, nesse caso, terá, sim, de se afastar de seu cargo (art. 38, I, da CF); **C:** correta (art. 38, III, da CF); **D:** incorreta, pois o tempo de serviço não será computado para a promoção por merecimento (art. 38, IV, da CF); **E:** incorreta, pois, nesse caso, terá, sim de se afastar de seu cargo (art. 38, I, da CF).

Gabarito "C"

(Analista – TRT/6ª – 2012 – FCC) João, servidor público da administração direta federal, foi eleito para o cargo de Prefeito em seu Município. De acordo com as disposições constitucionais e legais aplicáveis à espécie, ele

(A) poderá solicitar afastamento do cargo ou licença parcial com redução proporcional da remuneração.

(B) deverá ser exonerado do cargo, pois se trata de cumulação vedada com impossibilidade de afastamento.

(C) poderá solicitar exoneração a pedido e reversão ao cargo de origem ao final do mandato.

(D) ficará afastado do cargo durante o período de mandato, podendo optar entre a remuneração do cargo público ou do eletivo.

(E) poderá permanecer em exercício no cargo de origem, desde que comprove a compatibilidade de horários e atribuições.

Segundo o art. 38, II, da CF, o servidor, "investido no mandato de Prefeito, será afastado do cargo, emprego ou função, sendo-lhe facultado optar pela sua remuneração". Assim, a alternativa "D" é a correta.

Gabarito "D"

(Analista – TRT/24ª – 2011 – FCC) Ao servidor investido em mandato eletivo

(A) ou classista poderá ser removido ou redistribuído de ofício para localidade diversa daquela onde exerce o mandato.

(B) de vereador, havendo compatibilidade de horário, perceberá as vantagens de seu cargo, com prejuízo da remuneração do cargo eletivo.

(C) de Prefeito será afastado do cargo, não podendo optar pela sua remuneração.

(D) de vereador, não havendo compatibilidade de horário, será afastado do cargo, sendo-lhe obrigatória a remuneração do cargo eletivo.

(E) federal, estadual ou distrital, ficará afastado do cargo.

A: incorreta, pois não poderá ser removido ou redistribuído (art. 94, § 2º, da Lei 8.112/1990); **B:** incorreta, pois é "sem prejuízo" da remuneração do cargo efetivo (art. 38, III, da CF); **C:** incorreta, pois poderá optar pela remuneração, podendo receber a remuneração do trabalho de que se afastou ou o subsídio de Prefeito (art. 38, II, da CF); **D:** incorreta, pois, se tiver de afastar-se do cargo originário, também tem direito, assim como o Prefeito, de optar pela remuneração (art. 38, III, da CF); **E:** correta, pois essa é regra geral (art. 38, I, da CF).

Gabarito "E"

(Analista – TRF/1ª – 2011 – FCC) Será possível a acumulação remunerada de cargos públicos quando houver compatibilidade de horários na hipótese de

(A) dois cargos de professor com outro, de natureza científica.

(B) um cargo de professor com outro de qualquer natureza.

(C) dois cargos de analista judiciário de Tribunais distintos.

(D) três cargos de professor.

(E) dois cargos ou empregos privativos de profissionais de saúde, ambos com profissões regulamentadas.

A: incorreta, pois a exceção admite 1 cargo de professor e 1 cargo de natureza científica, e não 2 cargos de professor e 1 de natureza científica (art. 37, XVI, "b", da CF); **B:** incorreta, pois só se for 2 cargos de professor, ou 1 cargo de professor com outro técnico científico; não cabe acumulação de 1 cargo de professor com 1 cargo qualquer (art. 37, XVI, "a" e "b", da CF); **C:** incorreta, pois não há essa exceção no art. 37, XVI, da CF; **D:** incorreta, pois o limite é de 2 cargos de professor (art. 37, XVI, "a", da CF); **E:** correta (art. 37, XVI, "c", da CF).

Gabarito "E"

(OAB/Exame Unificado – 2012.3.B) Orlando, advogado de uma empresa pública federal há quase 10 anos, resolve prestar concurso público para Fiscal de ISS de um município. Caso seja aprovado, Orlando deverá adotar o seguinte procedimento:

(A) Poderá cumular o emprego com o cargo na administração municipal e tal cumulação não estará sujeita ao limite remuneratório constitucional.

(B) Poderá cumular o emprego com o cargo na administração municipal, mas tal cumulação estará sujeita ao limite remuneratório constitucional.

(C) Não poderá cumular o emprego e o cargo, uma vez que tal cumulação somente seria permitida caso houvesse compatibilidade de horários.

(D) Não poderá cumular o emprego e o cargo, mesmo em se tratando de um ente federal e de um município.

A: incorreta, pois o caso não está em qualquer das hipóteses que ensejam acumulação remunerada de cargos, empregos e funções (art. 37, XVI, da CF); ademais, ainda que houvesse essa possibilidade, é obrigatória a observância do teto remuneratório previsto no art. 37, XI, da CF, conforme o *caput* do inciso XVI do art. 37 da CF; **B:** incorreta, pois a acumulação em tela não está contemplada no art. 37, XVI, da CF; **C:** incorreta, pois a acumulação em tela não está contemplada nas hipóteses previstas no art. 37, XVI, da CF, independentemente de haver ou não compatibilidade de horários; **D:** correta, pois a acumulação em tela não está contemplada nas hipóteses previstas no art. 37, XVI, da CF.

Gabarito "D"

6.17.8. Remuneração e subsídio

(Ministério Público/MS – 2011 – FADEMS) No tocante às disposições constitucionais e legais pertinentes à Administração Pública, assinale a alternativa **correta**:

(A) os vencimentos dos cargos do Poder Executivo e do Poder Judiciário não poderão ser superiores aos pagos pelo Poder Legislativo;

(B) é admitida a vinculação ou equiparação de quaisquer espécies remuneratórias para o efeito de remuneração de pessoal do serviço público;

(C) lei complementar reservará percentual dos cargos e empregos públicos para as pessoas portadoras de deficiência e definirá os critérios de sua admissão;

(D) consoante previsão inserida na Súmula Vinculante n. 13, não viola a Constituição Federal a nomeação do tio paterno do Presidente da República para o exercício de cargo em comissão no Poder Executivo Federal;

(E) a administração fazendária e seus servidores fiscais terão, dentro de suas áreas de competência e jurisdição, precedência sobre os demais setores administrativos, na forma da lei.

A: incorreta, pois os vencimentos dos cargos do Legislativo e do Judiciário não poderão ser superiores aos pagos pelo *Executivo* (art. 37, XII, da CF); **B:** incorreta, pois a vinculação ou equiparação remuneratória é *vedada* (art. 37, XIII, da CF); **C:** incorreta, pois basta uma lei *ordinária*, para que essa regulamentação se dê, vez que o art. 37, VIII, da CF não exige lei complementar; **D:** incorreta, pois tio paterno é parente de 3º grau, de modo que a nomeação é vedada pela súmula mencionada; o tio do Presidente só poderia ser nomeado caso fosse para cargo político, como é o cargo de Ministro de Estado, já que o acórdão que deu ensejo a essa súmula abre essa exceção; **E:** correta (art. 37, XVIII, da CF).

Gabarito "E"

(Defensor Público/ES – 2012 – CESPE) Acerca das regras constitucionais aplicáveis a administração pública, julgue os itens que se seguem.

(1) A investidura em cargo ou emprego público, incluindo-se os cargos em comissão, depende, de acordo com disposição expressa da CF, da aprovação previa em concurso público de provas ou provas e títulos.

(2) Em decorrência de expressa vedação legal, os membros da DP não podem ser remunerados por subsidio, já que o recebimento desse tipo de remuneração violaria o regime jurídico-administrativo aplicável a instituição.

(3) De acordo com a CF, as parcelas de caráter indenizatório previstas em lei não são computadas para efeito de cumprimento do teto constitucional da remuneração dos servidores públicos.

1: incorreta, pois a investidura em cargo em comissão independe de concurso público, pois esse cargo é de livre nomeação (art. 37, II, da CF), também chamados de cargo demissível *ad nutum*; **2:** incorreta, pois os defensores públicos devem ser remunerados por subsídio por força de expressa determinação constitucional (art. 135 c/c art. 39, § 4º, da CF); **3:** correta (art. 37, § 11, da CF).

Gabarito 1E, 2E, 3C

(Procurador do Estado/GO – 2010) A propósito do regime remuneratório do servidor público, está CORRETA a seguinte proposição:

(A) Nos termos da Constituição Federal, os agentes políticos e algumas categorias de servidores públicos deverão ser remunerados pelo regime de subsídios, o qual mesmo sendo fixado em parcela única, admite a percepção de outra verba, desde que esta tenha caráter indenizatório.

(B) Segundo a Constituição Federal, somente algumas categorias de servidores públicos deverão ser remuneradas exclusivamente pelo regime de subsídios e aqueles que optarem por esse regime não poderão sequer perceber a diferença porventura existente entre a sua atual remuneração e o novo valor do subsidio.

(C) Nos termos da Constituição Federal, algumas categorias de servidores públicos devem ser remuneradas exclusivamente pelo regime de subsídio e entre elas encontra-se a dos ocupantes do cargo de Defensor Público, os quais não podem perceber qualquer outra parcela que não seja o subsídio.

(D) O servidor que deixar de optar pelo regime de subsidio instituído para a carreira que integra continuará a perceber as mesmas vantagens a que fazia jus, mas não lhe será conferido o privilégio da paridade com esse novo regime remuneratório.

(E) A partir da Emenda Constitucional n. 19/1998, os servidores públicos só podem ser remunerados pelo regime de subsidio, o qual se caracteriza por ser fixado em parcela única, e a lei ordinária de alteração dessa forma de remuneração pode autorizar os servidores em atividade por ela alcançados a deixar de optar por esse novo regime.

O subsídio é modalidade de remuneração fixada em parcela única e devida aos agentes políticos (art. 39, § 4º, CF: fala-se em membro de Poder, detentor de mandato eletivo, Ministros de Estado e Secretários Estaduais e Municipais), membros do Ministério Público, aos Policiais (art. 144, § 9º), Procuradores de Estado, Defensores Públicos, Procuradores da Fazenda Nacional e integrantes da Advocacia Geral da União (art. 135), bem como aos Ministros dos Tribunais de Contas. O § 8º do artigo 39 da CF abre possibilidade de a remuneração dos servidores organizados em carreira ser também por subsídio, nos termos de lei. Vale ressaltar que no subsídio não se fala em vantagens pessoais, já que se trata de parcela única, vedado o acréscimo de qualquer gratificação, adicional, abono, prêmio, verba de representação ou outra espécie remuneratória, obedecido ao teto remuneratório constitucional. Todavia, verbas indenizatórias podem ser percebidas além do valor do subsídio. Dessa forma, a alternativa "a" está correta.

Gabarito "A"

(Procurador do Estado/RO – 2011 – FCC) O teto remuneratório constitucionalmente previsto para o Procurador do Estado corresponde

(A) aos subsídios dos Deputados Estaduais e Distritais.

(B) ao subsídio do Governador.

(C) a 90,25% do subsídio mensal, em espécie, do Chefe do Poder Executivo Estadual.

(D) a 90,25% do subsídio mensal, em espécie, dos Ministros do STF.

(E) a 90,25% do subsídio mensal, em espécie, dos Deputados Estaduais e Distritais.

De fato, o art. 37, XI, da CF estabelece como teto do Procurador do Estado o valor de 90,25% do subsídio mensal, em espécie, dos Ministros do STF.

Gabarito "D"

(Procurador do Estado/SC – 2010 – FEPESE) Assinale a alternativa **correta**.

(A) O servidor público organizado em carreira deve ser remunerado, exclusivamente, por meio de subsídio.

(B) O servidor, ao atingir 70 (setenta) anos de idade, será aposentado compulsoriamente, com proventos integrais.

(C) O servidor público nomeado em comissão será considerado estável após três anos de efetivo exercício.

(D) É inconstitucional a vinculação do reajuste de vencimentos de servidores estaduais ou municipais a índices federais de correção monetária.

(E) Extinto o cargo ou declarada a sua desnecessidade, o servidor estável ficará em disponibilidade, com remuneração integral, até seu adequado aproveitamento em outro cargo.

A: incorreta, pois a Constituição faculta que isso ocorra, não obrigando que *todos* os servidores organizados em carreira sejam remunerados por subsídio (art. 39, § 8º, da CF); todavia, há alguns casos previstos na própria Constituição, em que determinados servidores deverão ser remunerados por meio de subsídio (ex: art. 39, § 4º, da CF); **B:** incorreta, pois, nesse caso, a aposentadoria se dará com proventos proporcionais (art. 40, § 1º, II, da CF); **C:** incorreta, pois o servidor ocupante de cargo em *comissão* não tem direito à estabilidade, já que esta se destina ao servidor ocupante de cargo *efetivo* (art. 41, *caput*, da CF); **D:** correta (Súmula 681 do STF); **E:** incorreta, pois, nesse caso, a remuneração devida será proporcional ao tempo de serviço do servidor (art. 41, § 3º, da CF).

Gabarito "D"

(Advogado – Petrobrás Distrib. – 2010 – CESGRANRIO) O presidente de uma sociedade de economia mista federal formulou consulta à sua assessoria jurídica indagando sobre a aplicação do limite máximo de remuneração previsto no artigo 37, inciso XI, da Constituição da República (subsídio mensal, em espécie, dos Ministros do Supremo Tribunal Federal) no âmbito daquela entidade. A assessoria jurídica deverá responder que

(A) as sociedades de economia mista são dotadas de personalidade jurídica de direito privado e, por essa razão, não se submetem às restrições remuneratórias próprias das entidades integrantes da Administração pública direta.

(B) as sociedades de economia mista, embora dotadas de personalidade jurídica de direito privado, submetem-se ao regime de direito público no que tange aos direitos e às obrigações trabalhistas, estando, por essa razão, submetidas ao limite máximo de remuneração.

(C) as sociedades de economia mista federais são dotadas de ampla autonomia administrativa e, por tal razão, gozam de absoluta independência para a instituição da política remuneratória de seus empregados, sem qualquer submissão ao regime juspublicista.

(D) o limite máximo de remuneração previsto no artigo 37, inciso XI, da Constituição da República aplica-se às sociedades de economia mista federais e suas subsidiárias quando receberem recursos da União para pagamento de despesas de pessoal ou de custeio em geral.

(E) o limite máximo de remuneração previsto no artigo 37, inciso XI, da Constituição da República aplica-se somente às sociedades de economia mista federais instituídas após a entrada em vigor da Emenda Constitucional n. 19/1998, oportunidade em que foi estabelecida a restrição remuneratória.

A: incorreta, pois há submissão sim, na forma do art. 37, XI, da CF, ficando excluída a aplicação do teto remuneratório apenas quanto às empresas estatais que não recebem recursos dos entes políticos para pagamento de despesas de pessoal e de custeio em geral (art. 37, § 9º, da CF); **B:** incorreta, pois as sociedades de economia mista submetem seus agentes às regras trabalhistas (CLT) e não às regras de direito público (art. 173, § 1º, II, da CF); **C:** incorreta; sociedades de economia mista que recebem recursos dos entes políticos para pagamento de despesas de pessoal e de custeio em geral estão sujeitas ao teto remuneratório do serviço público (art. 37, § 9º, da CF); **D:** correta (art. 37, § 9º, da CF); **E:** incorreta, pois tais limites aplicam-se tantos as sociedades de economia já existentes, quanto às que passaram a existir após a EC 19/1998, ressalvada a situação das empresas estatais que não recebem recursos dos entes políticos para pagamento de despesas de pessoal e de custeio em geral, que não precisam respeitar o teto remuneratório (art. 37, § 9º, da CF).

Gabarito "D"

(Magistratura do Trabalho – 16ª Região – 2011) Considerando a jurisprudência pacificada do STF, analise as seguintes afirmações e marque a alternativa CORRETA:

I. Salvo nos casos previstos na Constituição, o salário mínimo não pode ser usado como indexador de base de cálculo de vantagem de servidor público ou de empregado, nem ser substituído por decisão judicial.

II. O direito ao auxílio-alimentação estende-se aos servidores inativos.

III. Ressalvada a revisão prevista em lei, os proventos da inatividade regulam-se pela lei vigente ao tempo em que o militar, ou o servidor civil, reuniu os requisitos necessários.

IV. Para a aplicação do regime especial de aposentadoria previsto no art. 40, da Constituição Federal, o STF, em sede de controle concentrado de constitucionalidade, recentemente ampliou o sentido da sua Súmula n. 726, decidindo que as funções de direção, coordenação e assessoramento pedagógico integram a carreira do magistério, desde que exercidas em estabelecimentos de ensino básico, por professores de carreira, excluídos os especialistas em educação.

V. É inconstitucional a vinculação do reajuste de vencimentos de servidores estaduais ou municipais a índices federais de correção monetária.

(A) Somente as afirmativas I, IV e V estão corretas.

(B) Somente as afirmativas I e V estão corretas.

(C) Somente as afirmativas I e II! estão corretas.

(D) Somente as afirmativas I! e IV estão erradas.

(E) Somente a afirmativa II está errada.

I: correta (Súmula Vinculante n. 4 do STF); **II:** incorreta, pois esse direito não se estende aos inativos (Súmula 680 do STF); **III:** correta (Súmula 359 do STF); **IV:** correta; o STF decidiu o seguinte: "Salientando que a atividade docente não se limita à sala de aula, e que a carreira de magistério compreende a ascensão aos cargos de direção da escola, o Tribunal, por maioria, julgou parcialmente procedente o pedido formulado para conferir interpretação conforme, no sentido de assentar que as atividades mencionadas de exercício de direção de unidade escolar e as de coordenação e assessoramento pedagógico também gozam do benefício, desde que exercidas por professores" (ADI 3.772, Inform. 526 do STF); **V:** correta (Súmula 681 do STF).

Gabarito "E"

(Auditor Fiscal do Trabalho – 2010 – ESAF) São direitos e garantias dos trabalhadores em geral também aplicáveis aos servidores públicos, exceto:

(A) piso salarial proporcional à extensão e à complexidade do trabalho.

(B) salário-família.

(C) remuneração do trabalho noturno superior à do diurno.

(D) repouso semanal remunerado.

(E) salário mínimo.

A: não se trata de direito previsto em favor dos servidores públicos (vide art. 39, § 3º, da CF e art. 7º, V, da CF); B: art. 39, § 3º, c/c art. 7º, XII, ambos da CF; C: art. 39, § 3º, c/c art. 7º, IX, ambos da CF; D: art. 39, § 3º, c/c art. 7º, XV, ambos da CF; E: art. 39, § 3º, c/c art. 7º, VII, ambos da CF. Gabarito "A"

(OAB/Exame Unificado – 2013.2) Um empregado público de uma sociedade de economia mista ajuizou uma ação para garantir o recebimento de valores acima do teto remuneratório constitucional, que tem como limite máximo os subsídios pagos aos Ministros do STF.

Nesse caso, é correto afirmar que

(A) o empregado tem direito a receber acima do teto, pois somente a administração pública direta está sujeita à referida limitação.

(B) o empregado não tem direito a receber acima do teto, pois toda a administração direta e indireta está sujeita à referida limitação.

(C) o empregado tem direito a receber acima do teto, pois somente a administração pública direta e as autarquias estão sujeitas à referida limitação.

(D) o empregado pode receber acima do teto, caso a sociedade de economia mista não receba recursos de nenhum ente federativo para despesas de pessoal ou de custeio em geral.

A remuneração de todo em qualquer ocupante de cargo, função e emprego público na Administração Direta e Indireta (o que inclui as sociedades de economia mista) deve respeitar o teto constitucional (art. 37, XI, da CF). Porém, em se tratando de empresa estatal (empresa pública ou sociedade de economia mista) que não receba recursos de entes federativos para despesas de pessoal ou de custeio em geral (ex.: Banco do Brasil, Petrobras), a própria Constituição abre exceção e permite que seus empregados ganhem acima do teto constitucional (art. 37, § 9º).

Gabarito "D"

6.17.9. Previdência do servidor: aposentadoria, pensão e outros benefícios

(Magistratura/PE – 2013 – FCC) Os servidores titulares de cargos efetivos dos Estados, que hoje ingressam no serviço, sujeitam-se a regras constitucionais que disciplinam sua aposentadoria. Considere, a respeito, os itens abaixo sobre hipóteses de aposentadoria e respectivo critério de cálculo de proventos:

I. por invalidez permanente, com proventos integrais.

II. compulsoriamente, aos setenta anos de idade, com proventos proporcionais ao tempo de serviço.

III. voluntariamente, desde que cumprido tempo mínimo de dez anos de efetivo exercício no serviço público e cinco anos no cargo efetivo em que se dará a aposentadoria, observadas as seguintes condições: a) sessenta anos de idade e trinta e cinco de contribuição, se homem, e cinquenta e cinco anos de idade e trinta de contribuição, se mulher; b) sessenta e cinco anos de idade, se homem, e sessenta anos de idade, se mulher, com proventos proporcionais ao tempo de contribuição.

Está harmônico com as regras gerais constantes da Constituição o que consta APENAS em

(A) II.

(B) II e III.

(C) I e II.

(D) III.

(E) I.

I: incorreta, pois nesse caso os proventos são *proporcionais* ao tempo de contribuição (art. 40, § 1º, I, da CF); **II:** incorreta, pois nesse caso os proventos são proporcionais ao tempo de *contribuição* (art. 40, § 1º, II, da CF); **III:** correta (art. 40, § 1º, III, da CF).

Gabarito "D"

(Magistratura/RO – 2011 – PUCPR) Dadas as assertivas abaixo, assinale a única **CORRETA.**

(A) Os servidores abrangidos pelo regime de previdência de que trata o *caput* do artigo 40 da Constituição Federal serão aposentados compulsoriamente, aos setenta e dois anos de idade, com proventos proporcionais ao tempo de contribuição.

(B) A União, os Estados e o Distrito Federal manterão escolas de governo para a formação e o aperfeiçoamento dos servidores públicos, constituindo-se a participação nos cursos um dos requisitos para a promoção na carreira, facultada, para isso, a celebração de convênios ou contratos entre os entes federados.

(C) Os proventos de aposentadoria e as pensões, por ocasião de sua concessão, não poderão exceder a remuneração global do respectivo servidor, consistente na soma da remuneração do cargo efetivo em que se deu a aposentadoria ou que serviu de referência para a concessão da pensão, com a remuneração de até outro cargo público, desde que efetivo.

(D) A lei poderá estabelecer formas de contagem de tempo de contribuição fictício para ajustes de casos especiais, observadas as circunstâncias justificáveis.

(E) São estáveis, após três anos de efetivo exercício, os servidores nomeados para cargo de provimento efetivo em virtude de concurso público. Uma vez adquirida a estabilidade, o servidor público só perderá o cargo em duas hipóteses ou circunstâncias: em virtude de sentença judicial transitada em julgado e mediante processo administrativo em que lhe seja assegurada ampla defesa.

A: incorreta, pois a aposentadoria compulsória se dá aos 70 anos, e não aos 72 anos (art. 40, § 1º, II, da CF); **B:** correta (art. 39, § 2º, da CF); **C:** incorreta, pois, ressalvadas as exceções constitucionais, é vedada a percepção de mais de uma aposentadoria à conta do regime de previdência próprio do servidor (art. 40, § 6º, da CF); dessa forma, não será possível que o servidor receba os dois proventos mencionados; **D:** incorreta, pois a lei não poderá estabelecer qualquer forma de contagem de tempo de contribuição fictício (art. 40, § 10, da CF); **E:** incorreta, pois o servidor estável também poderá perder o cargo por não aprovação em avaliação periódica de desempenho, na forma de lei complementar, assegurada ampla defesa (art. 41, § 1º, III, da CF), e também para atendimento a limite de despesas com pessoal (art. 169, § 4º, da CF).

Gabarito "B"

(Defensor Público/GO – 2010 – I. Cidades) De acordo com a atual ordem constitucional, aos servidores públicos ocupantes de cargos efetivos é assegurado regime próprio de previdência de caráter contributivo. É direito decorrente desse regime

(A) em algumas hipóteses, a paridade de proventos com vencimentos de servidores em atividade com base nas regras de transição.

(B) a aposentadoria proporcional por idade para a mulher que complete no mínimo 55 anos.

(C) a aposentadoria por invalidez, desde que cumprido o tempo mínimo de contribuição.

(D) a aposentadoria proporcional por tempo de serviço-contribuição, desde que a servidora ou o servidor completem, respectivamente, no mínimo, 25 e 30 anos de contribuição.

(E) a aposentadoria proporcional por idade para o homem a partir dos 60 anos.

A: correta (ex.: art. 3º, § 3º, da EC 20/1998); **B:** incorreta, pois a idade mínima para a mulher, no caso, é de 60 anos (art. 40, § 1º, III, *b*, da CF); **C:** incorreta, pois, nesse caso, não há tempo mínimo de contribuição (art. 40, § 1º, I, da CF); **D:** incorreta, pois não há esse requisito na aposentadoria proporcional, mas apenas requisito de idade (60 anos para mulher e 65 anos para homem), bem como tempo mínimo de serviço público de 10 anos e 5 anos no cargo efetivo em que se dará a aposentadoria (art. 40, § 1º, III, *b*, da CF); **E:** incorreta, pois a idade mínima para o homem, no caso, é de 65 anos (art. 40, § 1º, III, *b*, da CF).

Gabarito "A"

(Procurador do Estado/RO – 2011 – FCC) Com as modificações efetuadas a partir das Emendas Constitucionais n. 20/1998 e n. 41/2003, a garantia do regime previdenciário próprio restringe-se aos servidores titulares de cargos

(A) efetivos e aos titulares de cargo em comissão da União, dos Estados, do Distrito Federal e dos Municípios.

(B) efetivos e aos ocupantes de cargo temporário da União, dos Estados, do Distrito Federal e dos Municípios.

(C) efetivos e aos empregados públicos da União, dos Estados, do Distrito Federal e dos Municípios.

(D) efetivos, aos titulares de cargo em comissão, aos ocupantes de cargo temporário e aos empregados públicos da União, dos Estados, do Distrito Federal e dos Municípios.

(E) efetivos da União, dos Estados, do Distrito Federal e dos Municípios, incluídas suas autarquias e fundações.

Essas modificações se deram no bojo do art. 40 da CF, cujo *caput* deixa claro que tais regras são aplicáveis aos servidores titulares de cargos efetivos da União, dos Estados, do Distrito Federal e dos Municípios, incluídas suas autarquias e fundações.

Gabarito "E"

(Procurador do Estado/RO – 2011 – FCC) De acordo com as regras constitucionais aplicáveis às pensões por morte de servidor o valor corresponderá

(A) à totalidade da remuneração no cargo efetivo em que ocorrer o falecimento ou à totalidade dos proventos do servidor falecido, até o limite máximo estabelecido para os benefícios do Regime Geral de Previdência Social. Se a remuneração ou os proventos até então percebidos superarem esse limite, este será acrescido de 70% da parcela que o exceder.

(B) a 70% da remuneração no cargo efetivo em que ocorrer o falecimento ou a 70% do valor dos proventos do servidor falecido.

(C) a 80% da remuneração no cargo efetivo em que ocorrer o falecimento ou a 80% do valor dos proventos do servidor falecido.

(D) ao limite máximo estabelecido para os benefícios do Regime Geral de Previdência Social independente da quantia paga a título de remuneração ou de proventos.

(E) à totalidade da remuneração no cargo efetivo em que ocorrer o falecimento ou à totalidade dos proventos do servidor falecido independente da quantia paga ao servidor ou ao aposentado.

A alternativa "A" é a única que está de acordo com o art. 40, § 7º, I e II, da CF.

Gabarito "A"

(Procurador do Estado/RO – 2011 – FCC) O texto permanente da Constituição Federal hoje em vigor admite a concessão de aposentadoria voluntária,

(A) com proventos proporcionais ao tempo de contribuição, para o homem que completar 60 anos de idade e para a mulher que atingir 55 anos, ocupantes de cargo efetivo, independentemente do tempo de contribuição, desde que tenham cumprido tempo mínimo de dez anos de efetivo exercício no serviço público e cinco anos no cargo efetivo em que se dará a aposentadoria.

(B) com proventos integrais, para o homem que completar 65 anos de idade e para a mulher que atingir 60 anos, ocupantes de cargo efetivo, independentemente do tempo de contribuição, desde que tenham cumprido tempo mínimo de dez anos de efetivo exercício no serviço público e cinco anos no cargo efetivo em que se dará a aposentadoria.

(C) com proventos proporcionais ao tempo de contribuição, para o homem que completar 65 anos de idade e para a mulher que atingir 60 anos, ocupantes de cargo efetivo, independentemente do tempo de contribuição, desde que tenham cumprido tempo mínimo de dez anos de efetivo exercício no serviço público e cinco anos no cargo efetivo em que se dará a aposentadoria.

(D) com proventos integrais, para o homem que completar 60 anos de idade e para a mulher que atingir 55 anos, ocupantes de cargo efetivo, independentemente do tempo de contribuição, desde que tenham cumprido tempo mínimo de dez anos de efetivo exercício no serviço público e cinco anos no cargo efetivo em que se dará a aposentadoria.

(E) independentemente do tempo de contribuição, a concessão de aposentadoria voluntária para o homem que completar 60 anos de idade e para a mulher que atingir 55 anos, ocupantes de cargo efetivo.

A: incorreta, pois, para a aposentadoria proporcional, o homem deve ter 65 anos e a mulher, 60 anos (art. 40, § 1º, III, "b", da CF); **B:** incorreta, pois, para a aposentadoria integral, o homem pode ter apenas 60 anos e a mulher, 55 anos; além disso, é necessário, sim, cumprir requisito de tempo de contribuição, sendo que o homem precisa ter contribuído por 35 anos, e a mulher, por 30 anos (art. 40, § 1º, III, "a", da CF); **C:** correta (art. 40, § 1º, III, "b", da CF); **D:** incorreta, pois na aposentadoria integral o homem precisa ter contribuído por 35 anos e a mulher por 30 anos (art. 40, § 1º, III, "a", da CF); **E:** incorreta, pois, nesse caso é necessário que o homem tenha 65 anos e a mulher, 55 anos; ademais, é necessário também que o homem tenha cumprido tempo mínimo de dez anos de efetivo exercício no serviço público e cinco anos no cargo efetivo em que se dará a aposentadoria.

Gabarito "C"

(Procurador do Estado/RO – 2011 – FCC) O texto permanente da Constituição Federal hoje em vigor

(A) garante o pagamento de abono de permanência para os servidores que, havendo satisfeito os requisitos para se aposentarem, optem por permanecer em atividade.

(B) admite a readaptação do servidor cuja demissão tenha sido invalidada por sentença judicial.

(C) garante a estabilidade dos servidores públicos nomeados para cargo de provimento efetivo após dois anos de efetivo exercício.

(D) admite, para efeitos de aposentadoria do servidor, a contagem fictícia de tempo de serviço.

(E) impede que o servidor em disponibilidade exerça outra função remunerada.

A: correta (art. 40, § 19, da CF); **B:** incorreta, pois, nesse caso, tem-se a reintegração (art. 41, § 2º, da CF), e não a readaptação; **C:** incorreta, pois a estabilidade do nomeado para cargo efetivo depende de *três* anos de efeito exercício (art. 41, *caput*, da CF); **D:** incorreta, pois a CF não admite a contagem fictícia de tempo de serviço, além de vedar expressamente a contagem fictícia de tempo de contribuição (art. 40, § 10, da CF); **E:** incorreta, pois não há essa proibição na Constituição (art. 41, § 3º, da CF); naturalmente, não poderá o servidor em disponibilidade cumular essa situação com outro cargo público inacumulável, mas nada impede que exerça alguma função remunerada na iniciativa privada.

Gabarito "A"

(Procurador do Estado/SC – 2010 – FEPESE) No tocante ao regime previdenciário dos servidores públicos, a Constituição Federal estabelece que:

(A) a lei poderá estabelecer qualquer forma de contagem de tempo de contribuição fictício.

(B) ao servidor ocupante, exclusivamente, de cargo em comissão declarado em lei de livre nomeação e exoneração bem como de outro cargo temporário ou de emprego público, aplica-se o regime geral de previdência social.

(C) o tempo de contribuição federal, estadual ou municipal não poderá ser contado para efeito de aposentadoria e o tempo de serviço correspondente para efeito de disponibilidade.

(D) o servidor poderá se aposentar voluntariamente, desde que cumprido tempo mínimo de quinze anos de efetivo exercício no serviço público e dez anos no cargo efetivo em que se dará a aposentadoria.

(E) os requisitos de idade e de tempo de contribuição serão reduzidos em cinco anos, para o professor que comprove tempo de efetivo exercício das funções de magistério na educação infantil, fundamental, médio e superior.

A: incorreta, pois a lei não poderá estabelecer qualquer forma de contagem de tempo de contribuição fictício (art. 40, § 10, da CF); **B:** correta (art. 40, § 13, da CF); **C:** incorreta, pois tais tempos poderão, sim, ser contados para esse fim (art. 40, § 9º, da CF); **D:** incorreta, pois, além dos demais requisitos para a aposentadoria voluntária, os requisitos mencionados na alternativa são, na verdade, de tempo mínimo de *dez* anos de efetivo exercício no serviço público, e de *cinco* anos no cargo efetivo em que se dará a aposentadoria (art. 40, § 1º, III, da CF); **E:** incorreta, pois tal benefício não se aplica ao professor de ensino superior (art. 40, § 5º, da CF).

Gabarito "B"

(Procurador do Município/Florianópolis-SC – 2010 – FEPESE) Assinale a alternativa **correta**, em relação aos servidores públicos.

(A) O servidor público estável somente perderá o cargo em virtude de sentença judicial transitada em julgado.

(B) Os servidores titulares de cargos efetivos da União, dos Estados, do Distrito Federal e dos Municípios, incluídas suas autarquias e fundações, poderão se aposentar voluntariamente, desde que cumprido tempo mínimo de quinze anos de efetivo exercício no serviço público e de dez anos no cargo em que se dará a aposentadoria.

(C) Extinto o cargo ou declarada a sua desnecessidade, o servidor estável ficará em disponibilidade, com remuneração proporcional ao tempo de serviço, até seu adequado aproveitamento em outro cargo.

(D) Ao servidor ocupante, exclusivamente, de cargo em comissão declarado em lei de livre nomeação e exoneração bem como de outro cargo temporário ou de emprego público, aplica-se o regime próprio de previdência social do ente ao qual está vinculado.

(E) Não incide qualquer tipo de contribuição sobre os proventos de aposentadorias e pensões concedidas.

A: incorreta, pois também poderá perder o cargo por infração disciplinar apurada em processo administrativo com ampla defesa, por não aprovação em avaliação especial de desempenho (mediante lei complementar e processo com ampla defesa) e para atender a limite de despesa com pessoas, atendidos os requisitos do art. 169 da CF; **B:** incorreta, pois o requisito mencionado é de 10 anos de efetivo exercício no serviço público e 5 anos no cargo efetivo em que se dará a aposentadoria (art. 40, § 1º, III, da CF); **C:** correta (art. 41, § 3º, da CF); **D:** incorreta, pois ao servidor ocupante desses cargos ou emprego aplica-se o regime geral de previdência social (art. 40, § 13, da CF); **E:** incorreta, pois há contribuição nos termos do art. 40, § 18, da CF.

Gabarito "C"

(Cartório/SC – 2012) Sobre o regime previdenciário aplicável ao servidor público é **correto** afirmar:

(A) Ao servidor ocupante exclusivamente de cargo em comissão, assim reconhecido, de livre nomeação e exoneração, bem como de outro cargo temporário ou de emprego público, aplica-se o regime geral de previdência pública, sendo autorizada a aplicação subsidiariamente às regras dispostas no regime geral de previdência social.

(B) Os servidores públicos abrangidos pelo regime de previdência serão aposentados, sendo calculados os seus proventos a partir dos valores fixados na forma descrita na Constituição Federal, voluntariamente, desde que cumprido o tempo mínimo de dez anos de efetivo exercício no serviço público e cinco anos no cargo efetivo em que se dará a aposentadoria, contando o homem com 65 anos de idade e a mulher com 60 anos de idade, com proventos proporcionais ao tempo de contribuição.

(C) Os servidores públicos abrangidos pelo regime de previdência serão aposentados por invalidez permanente com proventos integrais ao tempo de contribuição, exceto nos casos de acidente em serviço, moléstia profissional ou doença grave, contagiosa ou incurável.

(D) O benefício de pensão por morte, concedido ao beneficiário do servidor falecido, será igual ao valor da totalidade dos proventos do finado, até o limite máximo estabelecido para os benefícios do regime geral de previdência social, acrescido de 50% da parcela excedente a esse limite, caso aposentado à data do óbito.

(E) O tempo de serviço prestado a qualquer ente federal, estadual ou municipal será contado para efeito de aposentadoria, sendo que a lei não poderá estabelecer qualquer forma de contagem de tempo de contribuição fictício.

A: incorreta, pois a esse tipo de servidor aplica-se diretamente o "regime geral de previdência social", e não o regime geral de previdência pública" (art. 40, § 13, da CF); **B:** correta (art. 40, § 1º, III, da CF); **C:** incorreta, pois os proventos, como regra, são proporcionais nesse caso (art. 40, § 1º, I, da CF); **D:** incorreta, pois o acréscimo mencionado é de 70% e não de 50% (art. 40, § 7º, I, da CF); **E:** incorreta, pois será computado o tempo de "contribuição" e não o tempo de "serviço" (art. 40, §§ 9º e 10, da CF).

Gabarito "B"

(Fiscal da Receita/CE – 2010) Acerca dos agentes públicos na forma da CF, assinale a opção correta.

(A) Os estados, o DF e os municípios têm competência para disciplinar a aplicação de recursos orçamentários provenientes da economia com despesas correntes em cada órgão, autarquia e fundação, para aplicação no desenvolvimento de programas de qualidade e produtividade, treinamento e desenvolvimento, modernização, reaparelhamento e racionalização do serviço público, inclusive sob a forma de adicional ou prêmio de produtividade.

(B) Os proventos do servidor público aposentado por invalidez permanente serão sempre iguais ao da última remuneração recebida.

(C) Conforme as regras atuais de aposentadoria voluntária, não é necessário que o servidor tenha um tempo mínimo de investidura no cargo efetivo em que se dará a aposentadoria.

(D) Os proventos de aposentadoria e as pensões, por ocasião de sua concessão, poderão exceder a remuneração do respectivo servidor no cargo efetivo em que se deu a aposentadoria ou que serviu de referência para a concessão da pensão.

A: correta (art. 39, § 7º, da CF); B: incorreta, pois, como regra, tais proventos serão proporcionais ao tempo de contribuição (art. 40, § 1º, I, da CF); C: incorreta (art. 40, § 1º, III, da CF); D: incorreta (art. 40, § 2º, da CF). Gabarito "A"

(OAB/Exame Unificado – 2011.3.A) Joana D´Arc, beneficiária de pensão por morte deixada por ex-fiscal de rendas, falecido em 05.01.1999, ajuizou ação ordinária em face da União, alegando que determinado aumento remuneratório genérico concedido aos fiscais de renda em atividade não lhe teria sido repassado. Assim, isso teria violado a regra constitucional da paridade remuneratória entre ativos, inativos e pensionistas. Acerca de tal alegação, é correto afirmar que é manifestamente

(A) procedente, pois, embora a regra da paridade remuneratória entre ativos, inativos e pensionistas tenha sido revogada pela EC 41/2003, a pensão por morte rege-se pela lei vigente à época do óbito, quando ainda vigia tal regra.

(B) improcedente, pois, nos termos do verbete 339 da Súmula de Jurisprudência do STF, não cabe ao Poder Judiciário, que não tem função legislativa, aumentar vencimentos de servidores públicos sob fundamento de isonomia.

(C) improcedente, pois a regra da paridade remuneratória entre ativos, inativos e pensionistas foi revogada pela EC 41/2003, sendo absolutamente irrelevante o fato de o ex-servidor ter falecido antes da edição da referida emenda.

(D) procedente, pois a CRFB garante o reajustamento da pensão por morte dos benefícios para preservar-lhes, em caráter permanente, o valor real, conforme critérios estabelecidos em lei.

Antes da EC 41/2003, havia regra constitucional dispondo que "os proventos de aposentadoria e as pensões serão revistos na mesma proporção e na mesma data, sempre que se modificar a remuneração dos servidores em atividade, sendo também estendidos aos aposentados e aos pensionistas quaisquer benefícios ou vantagens posteriormente concedidos aos servidores em atividade (...)". Essa regra foi revogada pela EC 41/2003, de modo que a regra da paridade remuneratória entre ativos, inativos e pensionistas não existe mais. Porém, titulares de benefícios concedidos antes da revogação dessa regra não se submetem ao fim da paridade. Assim, Joana D'Arc tem direito à continuidade da paridade, já que seu benefício se iniciou em 1999, bem antes da emenda constitucional referida (de 2003). Dessa forma, apenas a alternativa "a" está correta.

Gabarito "A"

6.17.10. Responsabilidade civil do servidor público

(Delegado/SP – 2011) A responsabilidade civil do policial decorre

(A) da prática de dano por erro determinado por terceiro.

(B) da prática de ofensas verbais ou físicas contra servidores ou particulares.

(C) apenas da prática de crime funcional de que resulte prejuízo para a Fazenda Pública.

(D) de omissão antijurídica cometida em obediência a ordem superior.

(E) de procedimento doloso ou culposo que importe prejuízo à Fazenda Pública ou a terceiros.

De acordo com o art. 66 da Lei Complementar do Estado de São Paulo 207/1979 (a Lei Orgânica da Polícia do Estado de São Paulo), "a responsabilidade civil decorre de procedimento doloso ou culposo, que importe prejuízo à Fazenda Pública ou a terceiros".

Gabarito "E"

6.17.11. Direitos, vantagens, deveres e proibições do servidor público

(Advogado – Correios – 2011 – CESPE) A respeito do conceito e dos direitos e deveres dos agentes administrativos, julgue os itens seguintes.

(1) Os direitos e deveres do servidor público são consagrados na Constituição Federal e na legislação federal, vedada a instituição de outros direitos e deveres no âmbito das leis ordinárias dos estados e dos municípios.

(2) Em sentido subjetivo, a administração pública compreende o conjunto de órgãos e de pessoas jurídicas ao qual a lei confere o exercício da função administrativa do Estado.

1: incorreta, pois a Constituição traz um rol mínimo de direitos, nada impedindo que as leis locais estabeleçam novos direitos, proibido, naturalmente, a criação de direitos que desrespeitem regras proibitivas estabelecidas na Constituição, como a regra que trata do teto remuneratório; **2:** correta, pois traz a adequada definição de administração em sentido subjetivo; já em sentido objetivo, é conjunto de funções necessárias aos serviços públicos em geral.

Gabarito 1E, 2C

(Cartório/MG – 2012 – FUMARC) São direitos sociais aplicáveis inclusive aos funcionários públicos, **EXCETO:**

(A) décimo terceiro salário.

(B) licença-paternidade, nos termos fixados em lei.

(C) gozo de 30 dias úteis de férias anuais remuneradas.

(D) remuneração do trabalho noturno superior à do diurno.

De fato, os direitos previstos nas alternativas "A", "B" e "D" são comuns aos trabalhadores em geral e aos funcionários públicos, nos termos do art. 39, § 3º, da CF. Todavia, a Constituição Federal não faz referência a 30 dias *úteis* de férias.

Gabarito "C"

6.17.12. Infrações e processos disciplinares. Comunicabilidade de instâncias

(Magistratura/CE – 2012 – CESPE) Em face da disciplina estabelecida nas Leis n. 8.112/1990 e n. 9.784/1999, assinale a opção correta a respeito do regime administrativo disciplinar e do processo administrativo.

(A) O prazo de conclusão de processo disciplinar, cujas fases são a instauração, o inquérito administrativo e o julgamento, não pode exceder sessenta dias, contados da data de publicação do ato que constituir a comissão, admitida sua prorrogação por igual prazo, quando as circunstâncias o exigirem.

(B) As denúncias sobre irregularidades devem ser apuradas mediante a instauração de sindicância, ainda que o fato narrado não configure evidente infração disciplinar, sendo necessários, para a referida instauração, a identificação e o endereço do denunciante e a formulação por escrito das denúncias, confirmada a sua pertinência.

(C) A jurisprudência do STF firmou o entendimento de que é obrigatória a presença de advogado em todas as fases do processo administrativo disciplinar.

(D) Para o atendimento do interesse público e a proteção dos direitos dos particulares, os atos do processo administrativo estão sujeitos a formas determinadas, e, para a garantia da autenticidade e da segurança dos autos processuais, a legislação exige, como regra, o reconhecimento de firma e a autenticação dos documentos apresentados em cópia.

(E) O processo administrativo disciplinar deve ser conduzido por comissão composta de três servidores estáveis designados pela autoridade competente, vedada a apuração por entidade ou órgão diverso daquele em que tenha ocorrido a irregularidade.

A: correta (art. 152 da Lei 8.112/1990); **B:** incorreta, pois, quando o fato narrado não configurar evidente infração disciplinar ou ilícito penal, será arquivada, por falta de objeto (art. 144, parágrafo único, da Lei 8.112/1990); **C:** incorreta, pois a Súmula Vinculante STF n. 5º estabelece que "a falta de defesa técnica por advogado no processo administrativo disciplinar não ofende a Constituição"; **D:** incorreta, pois é o contrários, ou seja, os atos administrativos do processo não dependem de forma determinada senão quando a lei expressamente a exigir (art. 22, *caput*, da Lei 9.784/1999); ademais, o reconhecimento de firma não deve ser exigido como regra, mas apenas em caso de dúvida acerca da autenticidade (art. 22, § 2º, da Lei 9.784/1999); **E:** incorreta, pois a apuração "poderá ser promovida por autoridade de órgão ou entidade diverso daquele em que tenha ocorrido a irregularidade, mediante competência específica para tal finalidade, delegada em caráter permanente ou temporário pelo Presidente da República, pelos presidentes das Casas do Poder Legislativo e dos Tribunais Federais e pelo Procurador-Geral da República, no âmbito do respectivo Poder, órgão ou entidade, preservadas as competências para o julgamento que se seguir à apuração" (art. 149, *caput*, c/c art. 143, § 3º, ambos da Lei 8.112/1990).

Gabarito "A"

(Magistratura/ES – 2011 – CESPE) No que diz respeito aos servidores públicos, assinale a opção correta à luz da legislação aplicável e da jurisprudência do STJ.

(A) O empregado de sociedade de economia mista não pode ser equiparado a funcionário público para fins penais.

(B) A autoridade administrativa não pode instaurar processo administrativo disciplinar para a apuração de falta comedida por servidor público e, simultaneamente, ajuizar ação de improbidade administrativa que tenha por objeto o mesmo fato.

(C) Na hipótese de aplicação de pena de demissão a servidor público submetido a processo administrativo disciplinar, o controle jurisdicional é amplo, no sentido de verificar se há motivação para o ato demissório.

(D) A legislação estabelece o direito de o servidor público federal afastar-se de suas atribuições, por prazo indeterminado e sem remuneração, para acompanhar cônjuge ou companheiro que tenha sido deslocado para outro ponto do território nacional, desde que este seja também servidor público.

(E) O servidor público federal tem direito a licença sem remuneração para desempenho de mandato em associação de classe de âmbito nacional, pelo período correspondente à duração do mandato, vedada prorrogação.

A: incorreta, pois o conceito de funcionário público para fins penais inclui aquele que tem emprego público (art. 327 do CP), que é vínculo que se tem nesse tipo de entidade; **B:** incorreta, pois não há impedimento legal algum nesse sentido; aliás, as esferas civil, administrativa e penal são independentes da esfera da improbidade administrativa (art. 12, *caput*, da Lei 8.429/1992); **C:** correta, pois o Judiciário poderá investigar se há ou não motivação (requisito formal indispensável para a validade do ato), bem como se os motivos invocados são verdadeiros e pertinentes sob os aspectos da legalidade, da razoabilidade e da moralidade; **D:** incorreta, pois não é necessário que o cônjuge ou companheiro deslocado seja também servidor público (art. 84, *caput*, da Lei 8.112/1990); **E:** incorreta, pois a licença poderá ser prorrogada, no caso de reeleição, por uma vez só, diga-se de passagem (art. 92, § 2º, da Lei 8.112/1990).

Gabarito "C"

(Magistratura/PE – 2011 – FCC) Interpretando a Constituição Federal em matéria processual, o Supremo Tribunal Federal fixou entendimento no sentido de que a falta de defesa técnica por advogado no processo administrativo disciplinar

(A) não ofende a Constituição.

(B) ofende o princípio constitucional da ampla defesa.

(C) ofende o princípio constitucional do contraditório.

(D) ofende o princípio constitucional da moralidade.

(E) ofende o princípio constitucional da indispensabilidade do advogado à administração da justiça.

Segundo a Súmula Vinculante 5 do STF, "A falta de defesa técnica por advogado no processo administrativo disciplinar não ofende a Constituição".

Gabarito "A"

(Magistratura/RJ – 2011 – VUNESP) Leia as afirmações e assinale a alternativa correta.

(A) O Poder Judiciário pode, se provocado, examinar os motivos e o conteúdo do ato de demissão, para julgar se ele é, ou não, legítimo frente à lei e aos princípios, em especial aos da proporcionalidade e razoabilidade.

(B) O Poder Judiciário pode substituir ou modificar penalidade disciplinar a pretexto de fazer justiça.

(C) A falta de defesa técnica por advogado no processo administrativo disciplinar ofende a Constituição.

(D) O julgamento fora do prazo acarreta a nulidade do processo disciplinar.

A: correta, pois o Judiciário poderá investigar se há ou não motivação (requisito formal indispensável para a validade do ato), bem como se os motivos invocados são verdadeiros e pertinentes sob os aspectos da legalidade, da razoabilidade e da moralidade; **B:** incorreta, sob pena de violação ao princípio da separação e independência dos Poderes; **C:** incorreta, pois a Súmula Vinculante 5 dispõe justamente o contrário; **D:** incorreta, pois não há disposição legal ou jurisprudencial nesse sentido; o que pode haver é a prescrição pelo decurso de tempo excessivo sem decisão no processo administrativo.

Gabarito "A"

(Magistratura/SC – 2010) Assinale a alternativa correta:

I. O processo administrativo cria no espírito do servidor um clima de desconfiança, mesmo que ele se defenda do modo mais amplo possível, fato que legitima e prestigia a Administração Pública.

II. Além dos princípios gerais do processo judicial, o processo administrativo possui princípios típicos e próprios.

III. Processo administrativo e sindicância administrativa são meios utilizados pela Administração Pública para apurar ocorrências anômalas no serviço público, não podendo haver processo sem sindicância.

IV. A regra do *non bis in idem* no direito disciplinar significa: **1.** que pela mesma falta o servidor pode sofrer duas sanções da mesma natureza; **2.** que o servidor não pode sofrer uma suspensão por nove dias e, mais tarde, por 13 dias, em decorrência da mesma falta.

V. A verdade sabida é meio sumário para aplicar uma pena, porém deixou de ser admitida em nosso ordenamento jurídico em virtude do princípio do contraditório e da ampla defesa.

(A) Somente as proposições II, III e V estão corretas.

(B) Somente as proposições II e IV estão corretas.

(C) Somente as proposições I e IV estão corretas.

(D) Somente as proposições II e V estão corretas.

(E) Somente as proposições I e V estão corretas.

I: incorreta, pois esse não é um objetivo legítimo do processo administrativo, haverá desvio de finalidade, caso um processo administrativo seja instaurado para atingir essa finalidade; **II:** correta, podendo-se citar como exemplo os princípios do direito ao silêncio, "in dubio pro reo" e da presunção de inocência; **III:** incorreta, pois é possível instaurar processo administrativo disciplinar diretamente, em alguns casos (ex: art. 143 da Lei 8.112/1990); **IV:** incorreta, pois a primeira assertiva (item 1) é justamente o contrário do que prega a regra do *non bis in idem, ou seja, a regra de que o servidor não poderá sofrer mais de uma sanção pela falta de mesma natureza;* **V:** correta; a verdade sabida é aquela testemunhada ou conhecida inequivocamente pelo superior hierárquico e que enseja sanção leve; alguns estatutos admitem que a partir dela se imponha sanção, desde que seja garantida ampla defesa ou contraditório; porém, trata-se de instituto inconstitucional, pois não está de acordo com as garantias do contraditório e da ampla defesa.

Gabarito "D"

(Ministério Público/GO – 2012) O regime disciplinar e o processo administrativo disciplinar são institutos de que dispõe a administração para, diante de ilícitos administrativos cometidos por seus servidores, exercer seu *ius puniendi* com o fim não só de restabelecer a ordem interna afetada pela infração como também com efeito didático-intimidador sobre o corpo funcional vinculado. Acerca do tema e considerando a Lei 8.112/1990, é correto afirmar:

(A) Ao servidor é proibido participar de gerência ou administração de sociedade privada, personificada ou não personificada, exercer o comércio, exceto na qualidade de acionista, cotista ou comanditário, ainda que em gozo de licença para trato de interesses particulares.

(B) O servidor responde civil, penal e administrativamente pelo exercício irregular de suas atribuições, sendo que a obrigação de reparar o dano estende-se aos sucessores e contra eles será executada, sem ressalvas.

(C) A responsabilidade administrativa do servidor será afastada no caso de absolvição criminal por falta de prova da existência do fato e por falta de prova de ter o réu concorrido para a infração penal.

(D) São penalidades disciplinares a advertência, a suspensão, a demissão, a cassação de aposentadoria ou disponibilidade, a destituição de cargo em comissão e a destituição de função comissionada, sendo que na aplicação das penalidades serão consideradas a natureza e a gravidade da infração cometida, os danos que dela provierem para o serviço público, as circunstâncias agravantes ou atenuantes e os antecedentes funcionais.

A: incorreta (art. 117, X e parágrafo único, II, da Lei 8.112/1990); **B:** incorreta, pois a obrigação se estende aos sucessores até o limite do valor da herança recebida (art. 122, § 3º, da Lei 8.112/1990); **C:** incorreta, pois somente a absolvição por negativa de autoria ou de existência do fato é que ensejam o afastamento mencionado (art. 126 da Lei 8.112/1990); a absolvição "por falta de prova" não tem esse condão; **D:** correta (arts. 127 e 128 da Lei 8.112/1990).

Gabarito "D"

(Ministério Público/SP – 2011) No processo administrativo disciplinar:

(A) a falta de defesa técnica por advogado é inconstitucional, de acordo com o verbete 5 da Súmula vinculante do Supremo Tribunal Federal.

(B) a presença de advogado é obrigatória, a partir da fase de instrução, segundo o verbete 343 da Súmula do Superior Tribunal de Justiça.

(C) é obrigatória a presença de advogado para oferecimento de alegações finais, conforme o verbete 343 da Súmula do Superior Tribunal de Justiça.

(D) a falta de defesa técnica por advogado não ofende a Constituição, nos termos do verbete 5 da Súmula vinculante do Supremo Tribunal Federal.

(E) a presença de advogado é facultativa, de acordo com o verbete 343 da Súmula do Superior Tribunal de Justiça.

A: incorreta, pois é justamente o contrário, ou seja, a falta de defesa técnica por advogado em processo disciplinar, por si só, não ofende a Constituição (Súmula Vinculante 5 do STF); B e **C:** incorretas, pois a Súmula 343 do STJ, cujo teor é até mais abrangente que o das alternativas ora em comento ("é obrigatória a presença de advogado em todas as fases do processo administrativo disciplinar"), ficou prejudicada com a edição da Súmula Vinculante 5 do STF; **D:** correta, pois está de acordo com a súmula vinculante mencionada; **E:** incorreta, pois essa súmula está prejudicada, e seu teor tinha outra sentido, conforme já visto.

Gabarito "D"

(Defensor Público/GO – 2010 – I. Cidades) De acordo com a jurisprudência sumulada do Supremo Tribunal Federal, admite-se a responsabilidade do servidor na esfera administrativa quando já absolvido na esfera penal

(A) havendo remanescente administrativo.

(B) pela repercussão obrigatória da decisão penal.

(C) por negativa de autoria.

(D) por ficar comprovado que não houve o fato imputado ao acusado.

(E) pela teoria da comunicabilidade das instâncias.

A alternativa "A" está correta, nos termos da Súmula 18 do STF, que dispõe que, "pela falta residual, não compreendida na absolvição pelo juízo criminal, é admissível a punição administrativa do servidor público".

Gabarito "A"

(Defensoria Pública/SP – 2010 – FCC) De acordo com a Súmula Vinculante nº 5 do Supremo Tribunal Federal, no processo administrativo disciplinar

(A) o acusado deve ser defendido por advogado regularmente constituído, caso não possua capacidade postulatória.

(B) a demissão imposta a bem do serviço público deve ser submetida a prévio controle de legalidade pelo Poder Judiciário.

(C) a falta de defesa técnica por advogado não ofende a Constituição Federal.

(D) a presença de advogado em todas as fases de processo administrativo disciplinar é obrigatória.

(E) a ausência de defesa por advogado acarreta a nulidade absoluta, se não for sanada antes da fase de julgamento.

Segundo a Súmula Vinculante nº 5 do STF, "a falta de defesa técnica por advogado no processo administrativo disciplinar não ofende a Constituição".

Gabarito "C"

(Delegado/SP – 2011) Policial civil requer aposentadoria visando elidir eventual penalidade de demissão em processo administrativo a que responde

(A) poderá ser punido mesmo aposentado.

(B) o pedido de aposentadoria será indeferido enquanto não julgado o processo administrativo.

(C) só se eximirá de penalidade caso a aposentadoria se der por invalidez.

(D) não poderá ser alcançado por penalidade demissória se registrar mais de 25 anos de trabalho de natureza estritamente policial.

(E) não poderá ser demitido após 65 anos de idade.

De acordo com o art. 67, VII, da Lei Complementar do Estado de São Paulo 207/1979, uma das penas disciplinares é justamente a "cassação de aposentadoria". Ademais, o art. 77, I, da lei mencionada dispõe que será aplicada a pena de cassação de aposentadoria se ficar provado que o inativo praticou, quando em atividade, falta para a qual é cominada a pena de demissão ou de demissão a bem do serviço público. Assim, a alternativa "A" está correta, não havendo disposição na lei acerca das informações trazidas nas demais alternativas.

Gabarito "A"

(Delegado/SP – 2011) Assinale a alternativa onde ambas as autoridades apontadas possuem competência para aplicar pena disciplinar a Delegado de Polícia

(A) o Governador do Estado e os Delegados de Polícia Corregedores Auxiliares

(B) o Governador do Estado e o Delegado de Polícia Corregedor Geral da Polícia Civil.

(C) o Secretário da Segurança Pública e o Delegado de Polícia Corregedor Geral da Polícia Civil

(D) o Secretário da Segurança Pública e o Delegado Geral de Polícia.

(E) o Delegado Geral de Polícia e o Delegado de Polícia Corregedor Geral da Polícia Civil.

Segundo o art. 70, § 2º, da Lei Complementar do Estado de São Paulo 207/1979, com nova redação determinada pela Lei Complementar do Estado de São Paulo 922/2002, apenas o Governador, o Secretário da Segurança Pública e o Delegado Geral de Polícia podem aplicar pena a delegado de polícia, sendo que as penalidades de demissão, demissão a bem de serviço público e cassação de aposentadoria ou disponibilidade são de competência exclusiva do Governador do Estado. Como o enunciado da questão tratou genericamente das penas cabíveis aos delegados, a alternativa "D" é a única que traz autoridades competentes para tanto.

Gabarito "D"

(Delegado/SP – 2011) O afastamento preventivo do policial civil é medida que somente pode ser aplicada se

(A) instaurado processo administrativo.

(B) instaurada sindicância ou processo administrativo, ou durante o curso de tais procedimentos.

(C) instaurada sindicância.

(D) tiver sido instaurado inquérito policial que apure crime funcional, ou no seu curso.

(E) tiver sido decretada prisão cautelar.

Art. 86, I, da Lei Complementar do Estado de São Paulo 207/1979, com a nova redação da Lei Complementar do Estado de São Paulo 922/2002.

Gabarito "B"

(Delegado/SP – 2011) Aos termos da Lei Orgânica da Polícia, não será declarada a nulidade de nenhum ato processual que

(A) que não tenha sido verificada em sede de processo administrativo disciplinar.

(B) não tenha sido suscitada pela defesa.

(C) tenha sido adotado por analogia do Código de Processo Penal.

(D) não houver influído na apuração da verdade substancial ou diretamente na decisão do processo ou sindicância.

(E) que não tenha sido suscitada Dela defesa ou pela acusação.

De acordo com o art. 116 da Lei Complementar do Estado de São Paulo 207/1979, com as alterações dadas pela Lei Complementar do Estado de São Paulo 922/2002, "não será declarada a nulidade de nenhum ato processual que não houver influído na apuração da verdade substancial ou diretamente na decisão do processo ou sindicância".

Gabarito "D"

(Procurador do Estado/GO – 2010) A propósito da participação de advogado em processos administrativos disciplinares, o Supremo Tribunal Federal (STF)

(A) não se pronunciou sobre o mérito, por considerar a questão de natureza infraconstitucional.

(B) editou súmula não vinculante pacificando o entendimento de que a falta de defesa técnica por advogado no processo administrativo disciplinar não ofende a constituição.

(C) editou súmula não vinculante afirmando não ser obrigatória a presença de advogado em todas as fases do processo administrativo disciplinar.

(D) editou súmula vinculante pacificando o entendimento de que a falta de defesa técnica por advogado no processo administrativo disciplinar não ofende a constituição.

(E) editou súmula considerando inválido o processo administrativo disciplinar no qual o servidor não foi representado por advogado e o STJ publicou súmula afirmando que a ausência de advogado nesses processos não gera nulidade.

Segundo a Súmula Vinculante 5 do STF, "A falta de defesa técnica por advogado no processo administrativo disciplinar não ofende a Constituição". Dessa forma, a alternativa correta é a "d".

Gabarito "D"

(Procurador do Município/Boa Vista-RR – 2010 – CESPE) De acordo com a Lei n. 8.112/1990, que trata do regime jurídico dos servidores públicos civis da União, julgue os itens a seguir.

(1) O chefe imediato do servidor tem a faculdade de autorizar ou não a compensação de horário. Não havendo tal compensação, o servidor perderá a parcela da remuneração correspondente ao atraso, sem que, nessa hipótese, se caracterize violação ao princípio da irredutibilidade de vencimentos.

(2) A comissão de sindicância não é pré-requisito para a instauração do processo administrativo disciplinar.

1: correta (art. 44, II, da Lei 8.112/1990); **2:** incorreta, pois o processo disciplinar será conduzido pela comissão (art. 149, *caput* e § 2º, da Lei 8.112/1990).

Gabarito 1C, 2E

6.17.13. Temas combinados de servidor público

(Defensor Público/PR – 2012 – FCC) Sobre o regime jurídico aplicável aos servidores públicos é correto afirmar:

(A) A Constituição Federal impõe a obrigatoriedade do concurso público de provas e títulos e veda a contratação temporária de pessoal.

(B) Pelo regime imposto pela Emenda Constitucional 19/1998 os vencimentos dos servidores públicos em geral passaram a ser chamados de subsídios.

(C) A acumulação de dois cargos públicos remunerados de professor é admitida se houver compatibilidade de horários, sendo que a soma das remunerações deve respeitar o teto remuneratório.

(D) Os preceitos constitucionais que asseguram o direito de greve e o direito de associação sindical dos servidores públicos são de eficácia contida.

(E) A aposentadoria compulsória dá-se por presunção de invalidez aos 70 anos de idade para os homens e aos 65 anos de idade para as mulheres.

A: incorreta, pois há exceção à regra da obrigatoriedade do concurso público; no provimento de cargo em comissão (art. 37, II, da CF) e, quanto à contratação temporária de pessoal, há previsão constitucional do instituto, em caso de necessidade temporária de excepcional interesse público (art. 37, IX, da CF); **B:** incorreta, pois a Constituição enumera os tipos de servidores que receberão por meio de subsídios (ex: art. 39, § 4º, da CF) e permite que outros servidores organizados em carreira também recebam pela modalidade subsídio (art. 39, § 8º, da CF); assim, cargos isolados em que a CF não menciona a remuneração por subsídio e cargos em carreira em que a lei ainda não fixou o subsídio como forma de remuneração não estão nesse regime, de maneira que é inoportuno afirmar que os servidores em geral devem receber via subsídio; **C:** correta (art. 37, XVI, "a", da CF); **D:** incorreta, pois o direito à livre associação sindical não pode sofrer restrição legal, sob pena de não ser "livre"; já quanto ao direito de greve, a princípio tem eficácia limitada, ou seja, depende de regulamentação para poder ser exercitado; todavia, tendo em vista a mora abusiva do Legislativo em elaborar a lei de greve para o setor público, o STF, suprindo essa lacuna, autorizou a greve de servidores (Mandado de Injunção – MI 670, 708 e 712 do STF), obedecendo-se aos preceitos da lei de greve para o setor privado; **E:** incorreta, pois a aposentadoria compulsória não presume a invalidez do servidor; ademais, ela se dá aos 70 anos tanto para o homem, como para a mulher (art. 40, § 1º, II, da CF).

Gabarito "C"

(Procurador Federal – 2010 – CESPE) Em cada um dos próximos itens, é apresentada uma situação hipotética a respeito do regime jurídico dos servidores públicos e da responsabilidade dos servidores na emissão de pareceres, seguida de uma assertiva a ser julgada.

(1) Um procurador federal emitiu parecer em consulta formulada por servidor público para subsidiar a decisão da autoridade competente. Nessa situação, se a decisão da autoridade, que seguiu as diretrizes apontadas pelo parecer, não for considerada como a correta pelo TCU e, em consequência disso houver dano ao patrimônio público, então haverá responsabilidade civil pessoal do parecerista.

(2) Carlos, servidor público federal desde abril de 2000, jamais gozou o benefício da licença para capacitação. Nessa situação, considerando-se que ele faz jus ao gozo desse benefício por três meses, a cada quinquênio, Carlos poderá gozar dois períodos dessa licença a partir de abril de 2010.

1: incorreta, pois o caso não narra hipótese de parecer vinculante, em que a responsabilidade do parecerista existiria (ex.: art. 38 da Lei 8.666/1993); no caso em tela, o parecerista só responderia em caso de fraude ou erro grosseiro; **2:** incorreta, pois os períodos de licença para a capacitação não são acumuláveis (art. 87, parágrafo único, da Lei 8.112/1990).

Gabarito 1E, 2E

(Auditor Fiscal do Trabalho – 2010 – ESAF) Um funcionário público regido pela Lei n. 8.112/90 praticou um ato regular e lícito, o qual era da sua competência e de interesse da empresa que prestava serviços para o órgão no qual ele trabalha. Pela presteza e boa vontade com que cumpriu a sua obrigação, a empresa beneficiada ofereceu-lhe passagem e hospedagem, por três dias, num *resort* de luxo, com tudo incluso (todas as refeições e bebidas). Ele aceitou a oferta e a utilizou. Neste caso, o funcionário:

(A) não poderá ser punido penalmente porque não recebeu vantagem indevida para a prática de um ato no exercício das funções. O que recebeu foi uma espécie de reconhecimento pela presteza no cumprimento do dever funcional.

(B) não poderá ser punido nas esferas penal, civil e administrativa porque a vantagem lhe foi oferecida após a prática do ato administrativo. Teria cometido, no máximo, uma infração de natureza ética.

(C) não poderá ser punido nas esferas penal, civil e administrativa porque o ato administrativo que praticou foi regular e lícito e se inseria no âmbito das suas atribuições.

(D) poderá ser punido penalmente, por crime de corrupção passiva; civilmente, por ato de improbidade administrativa; administrativamente, por ter recebido uma vantagem indevida em razão das suas atribuições; e eticamente, por ter descumprido uma proibição estabelecida no Código de Ética Profissional do Servidor Público Civil do Poder Executivo Federal.

(E) caso seja punido administrativamente, não o poderá ser civilmente, porque configuraria *bis in idem*.

O funcionário público recebeu a vantagem em tela em razão do cargo público que ocupa. Portanto, cometeu o crime de corrupção passiva (art. 317 do CP), praticou ato de improbidade administrativa (art. 9º, I, da Lei 8.429/1992), incidiu em infração disciplinar (art. 117, XII, c/c art. 132, XIII, da Lei 8.112/1990) e contrariou o disposto no item XV, "g", do Código de Ética Profissional do Servidor Público Civil do Poder Executivo Federal (Decreto Federal 1.171/1994).

Gabarito "D"

(Auditor Fiscal/SC – 2010 – FEPESE) Quanto às normas constitucionais sobre a Administração Pública, é **correto** afirmar:

(A) O prazo de validade do concurso público será de dois anos, prorrogável por um ano.

(B) O direito de greve dos servidores públicos será definido em lei específica.

(C) Os vencimentos dos cargos do Poder Executivo e Judiciário não poderão ser superiores aos do Poder Legislativo.

(D) Independe de autorização legislativa a criação de subsidiárias de empresas estatais.

(E) Extinto o cargo público, o servidor estável ficará em disponibilidade com remuneração integral.

A: incorreto, pois a prorrogação se dá pelo mesmo período de validade inicial do concurso, período esse que pode ser de até 2 anos (art. 37, III, da CF); B: correto (art. 37, VII, da CF); C: incorreto, pois os vencimentos do *Legislativo* e do Judiciário não podem ser superiores aos do Executivo (art. 37, XII, da CF); D: incorreto (art. 37, XX, da CF); E: incorreto, pois, nesse caso, a remuneração será proporcional (art. 41, § 3º, da CF.).

Gabarito "B"

6.18. QUESTÕES SUBJETIVAS COMENTADAS

(OAB/Exame Unificado – 2ª fase – CESPE) Em 2001, foi publicado edital de concurso público para provimento de 10 cargos de analista legislativo da Assembleia Legislativa do Estado do Espírito Santo (ALEES), o qual contém subitem que fixa a validade do concurso em um ano, prorrogável por igual período. As provas foram realizadas no ano seguinte. Em 30/7/2002, houve a homologação do resultado do concurso, e André foi aprovado em 8º lugar. Embora o concurso tivesse sido prorrogado e houvesse cargos vagos de analista legislativo, o prazo de validade expirou sem que André fosse nomeado. No dia 1º/8/2004, foi publicado na imprensa oficial edital de novo concurso público para provimento de três cargos de analista legislativo da ALEES. Irresignado, André apresentou o caso a um advogado e este respondeu que ele tinha direito a ser nomeado para o referido cargo, direito esse que poderia ser tutelado judicialmente mediante mandado de segurança. Considerando essa situação hipotética, redija uma dissertação em que se avalie, com fundamentação, a veracidade das afirmativas feitas pelo advogado procurado por André.

RESOLUÇÃO DA QUESTÃO

A questão apresentada diz respeito aos contornos do direito que tem aquele que é aprovado em concurso público.

Tradicionalmente, reconhecia-se ao aprovado em concurso público apenas o direito de não ser preterido na ordem de classificação (art. 37, IV, da CF). Uma vez respeitada a ordem classificatória dos aprovados, estes não tinham direito à nomeação, mas mera expectativa de direito. Esse entendimento tinha por supedâneo a ideia de que a administração pública tem margem de liberdade para verificar sobre a conveniência e oportunidade das nomeações dos aprovados em concurso.

Num segundo momento os tribunais começaram a reconhecer o direito à nomeação do aprovado em concurso público em situações nas quais a administração pública, no bojo do prazo de validade do concurso público, externava de alguma maneira que tinha interesse em nomear novos servidores. Um exemplo disso eram as situações em que a administração abria novo concurso no bojo do prazo de validade de concurso anterior.

Recentemente, os tribunais superiores passaram a entender que o candidato aprovado em concurso também tem direito de ser nomeado no limite das vagas previstas no respectivo edital, vez que a Administração, ao estabelecer as vagas no edital, vincula-se a essa escolha e cria expectativa nos candidatos, o que impõe as nomeações respectivas.

No caso em tela, considerando que André foi aprovado em classificação que se encontra contida no número de vagas previstas no edital, as afirmativas feitas pelo seu advogado quanto ao direito à nomeação são verdadeiras.

No plano processual, o advogado também acertou ao dizer que o mandado de segurança é a ação cabível. Isso porque a situação em tela pode ser comprovada de plano, mediante prova documental previamente constituída. No caso, basta apresentar em juízo o edital do concurso público e o documento que demonstra que André foi aprovado dentro do número de vagas previstas no edital. Ademais, o constrangimento a André somente se cristaliza com o fim do prazo de validade do concurso sem a sua nomeação, o que faz com que não se tenha passado o prazo decadencial de 120 dias para a propositura da demanda.

(OAB/Exame Unificado – 2ª fase – CESPE) *A Constituição Federal de 1988, em seu art. 37, estabeleceu algumas regras e princípios a serem seguidos pela Administração Pública, entre eles o da legalidade, o da impessoalidade, o da moralidade, o da publicidade e o da eficiência. Essas regras constitucionais formam a base do Direito Administrativo.* João é servidor público municipal e ocupa o cargo de técnico em educação. Recentemente, ele foi aprovado em concurso público para o cargo de professor da rede estadual de educação e aguarda nomeação. Diante da situação hipotética apresentada e considerando o tema do texto acima, redija um texto, de forma justificada e fundamentada na legislação, em que esclareça em que condições João pode acumular os dois cargos. Extensão máxima: 60 linhas

RESOLUÇÃO DA QUESTÃO

A Constituição Federal, com o objetivo de preservar os princípios da eficiência, da impessoalidade e da moralidade proíbe, como regra, a acumulação remunerada de cargos, empregos e funções no âmbito da administração pública direta e indireta (art. 37, XVI).

O princípio da eficiência fica preservado, pois, com a proibição, evita-se que os agentes públicos, por terem mais de um trabalho, não se dediquem com afinco aos cargos, empregos ou funções que exercem.

E os princípios da impessoalidade e da moralidade ficam preservados, pois, com a proibição, evita-se que pessoas possam ser nomeadas para cargos em comissão, já exercendo outros cargos, empregos ou funções, de modo a acumular as duas atribuições, o que privilegiaria quem tem bom contato político, em detrimento de outras pessoas que também desejam uma oportunidade de trabalho na Administração Pública.

O fato de a impossibilidade de acumulação remunerada de cargos, empregos e funções ser uma regra, por si só, faz com que as exceções devam ser interpretadas estritamente. E o fato de tal regra receber o influxo de princípios constitucionais torna ainda mais clara a necessidade de se fazer esse tipo de interpretação.

Nesse sentido, é necessário interpretar estritamente as exceções à regra da proibição de acumulação, que estão previstas nas alíneas "a" a "c" do inciso XVI do art. 37 da CF.

Das alíneas citadas, a única que guarda pertinência com o caso (acumulação do cargo de técnico em educação do município com o de professor estadual) é a "b", que permite a acumulação "de um cargo de professor com outro técnico ou científico".

Dessa forma, caso o cargo que o servidor ocupa (técnico em educação) realmente seja um cargo técnico, e não o seja apenas no nome, a acumulação é possível.

A esse respeito, vale lembrar que o STF entende que não é cargo técnico aquele que se reveste de "características simples e repetitivas".

Superada a questão da possibilidade de acumulação pela incidência da alínea "b" citada, deve-se verificar se existe compatibilidade de horário entre o exercício dos dois cargos.

Dessa forma, para que a acumulação seja possível, é necessário cumprir um pressuposto lógico-jurídico (compatibilidade de horários) e um pressuposto jurídico (incidência de uma das exceções previstas no art. 37, XVI, do texto constitucional).

(OAB/Exame Unificado – 2ª fase – CESPE) *A Constituição Federal de 1988, em seu art. 37, estabeleceu algumas regras e princípios a serem seguidos pela Administração Pública, entre eles o da legalidade, o da impessoalidade, o da moralidade, o da publicidade e o da eficiência. Essas regras constitucionais formam a base do Direito Administrativo.*

Pedro é servidor público que trabalha na função de médico em uma pequena cidade do interior do Brasil. Sua intenção é se candidatar ao cargo de prefeito nas próximas eleições municipais. Diante da situação hipotética apresentada e considerando o tema do texto acima, redija um texto em que responda, de forma justificada e com fundamentação legal, às seguintes questões:

– Pedro terá que se afastar de seu cargo de médico ou poderá exercer as duas funções?

– Ele receberá a remuneração de médico ou a de prefeito?

Extensão máxima: 60 linhas.

RESOLUÇÃO DA QUESTÃO

A Constituição Federal, com o objetivo de preservar os princípios da eficiência, da impessoalidade e da moralidade proíbe, como regra, a acumulação remunerada de cargos, empregos e funções no âmbito da administração pública direta e indireta (art. 37, XVI).

O princípio da eficiência fica preservado, pois, com a proibição, evita-se que os agentes públicos, por terem mais de um trabalho, não se dediquem com afinco aos cargos, empregos ou funções que exercem.

E os princípios da impessoalidade e da moralidade ficam preservados, pois, com a proibição, evita-se que pessoas possam ser nomeadas para cargos em comissão, já exercendo outros cargos, empregos ou funções, de modo a acumular as duas atribuições, o que privilegiaria quem tem bom contato político, em detrimento de outras pessoas que também desejam uma oportunidade de trabalho na Administração Pública.

O fato de a impossibilidade de acumulação remunerada de cargos, empregos e funções ser uma regra, por si só, faz com que as exceções devam ser interpretadas estritamente. E o fato de tal regra receber o influxo de princípios constitucionais torna ainda mais clara a necessidade de se fazer esse tipo de interpretação.

Nesse sentido, é necessário interpretar estritamente as exceções à regra da proibição de acumulação, que estão previstas nas alíneas "a" a "c" do inciso XVI do art. 37 da Constituição Federal e também nos arts. 95, p. único, I, 128, § 5º, II, "d", e 38, III, todos da Constituição.

Dos dispositivos citados, o que mais se aproxima do caso em tela é o que permite que o vereador acumule cargo, emprego ou função, com a vereança (art. 38, III, da CF).

No caso do Prefeito há regra específica que determina que este fique afastado do cargo, emprego ou função, caso o candidato eleito exerça o mandado eletivo (art. 38, II, da CF).

Não obstante, há uma vantagem para quem está nessa situação. O detentor do mandato de Prefeito poderá optar entre a remuneração do cargo, emprego ou função que exercia e o subsídio de Prefeito (art. 38, II, da CF).

Ante o exposto, o Sr. Pedro terá que se afastar de seu cargo de médico e terá o direito de escolher se receberá a remuneração de médico ou a de prefeito.

(OAB/Exame Unificado – 2ª fase – CESPE) Carlos Alberto, servidor público federal, titular do cargo efetivo de professor, pertence a regime previdenciário de caráter contributivo. Em 1º de novembro deste ano, Carlos Alberto completará 70 anos de idade. Diante dessa situação hipotética, redija um texto que descreva, de forma fundamentada, o que deve ocorrer com a vida funcional de Carlos Alberto a partir da data mencionada. Extensão máxima: 30 linhas

RESOLUÇÃO DA QUESTÃO

A Constituição Federal dispõe que o servidor público que fizer 70 anos de idade será aposentando compulsoriamente, com proventos proporcionais ao tempo de contribuição (art. 40, § 1º, II).

Repare que o implemento da idade, no caso, tem duas *consequências*. Uma de natureza funcional, qual seja, o fim do vínculo de trabalho do agente público com a Administração Pública, com a consequente vacância do cargo (*vide* também o art. 33, VII, da Lei 8.112/1990). E o início do gozo do benefício previdenciário concernente aos proventos de aposentadoria.

Com relação à primeira consequência, a Lei 8.112/1990 estabelece que a aposentadoria em questão será automática, e declarada por ato, com vigência a partir do dia imediato àquele em que o servidor atingir a idade-limite de permanência no serviço ativo (art. 187).

Com relação à segunda consequência, é de se ressaltar que os proventos de aposentadoria, no caso, serão proporcionais ao tempo de contribuição, o que significa dizer que, observado o disposto nos §§ 3º e 17 do art. 40 da Constituição, far-se-á uma proporção entre o tempo de contribuição efetivamente cumprido e o tempo de contribuição necessário para a aposentadoria do servidor público do sexo masculino (no caso, 35 anos, nos termos do art. 40, III, "a", da CF), de modo a se chegar aos proventos devidos ao aposentado.

Dessa forma, Carlos Alberto, a partir do dia imediato àquele em que atingir a idade de 70 anos, ou seja, a partir do dia 02 de novembro deste ano, estará desligado do cargo efetivo que ocupa, passando a receber proventos de aposentadoria proporcionais ao tempo de contribuição.

(OAB/Exame Unificado – 2ª fase – CESPE) O departamento de recursos humanos do Ministério da Cultura requereu esclarecimento acerca do prazo do estágio probatório a que estão submetidos os servidores públicos federais regidos pela Lei nº 8.112/1990, em face da nova redação do art. 41 da Constituição Federal, alterado pela Emenda Constitucional nº 20/1998. Explique as diferenças entre os institutos do estágio probatório e da estabilidade, abordando, em conclusão, acerca da eventual incompatibilidade do art. 20 da Lei nº 8.112/1990, em face da redação do art. 41 da Constituição Federal, indicando, se possível, a jurisprudência do Superior Tribunal de Justiça.

RESOLUÇÃO DA QUESTÃO

A Constituição Federal estabelece que o servidor nomeado para cargo efetivo terá estabilidade após três anos de efetivo exercício e aprovação em avaliação especial de desempenho por comissão instituída para essa finalidade (art. 41, *caput* e § 4º, da CF).

A estabilidade consiste na garantia de permanência do ocupante do cargo neste, garantia essa que só será perdida em virtude de sentença judicial transitada em julgado, processo administrativo em que lhe seja assegurada ampla defesa, procedimento de avaliação periódica de desempenho e atendimento a limite de despesa com pessoal (arts. 41, § 1º, e 169, § 4º, ambos da CF).

O estágio probatório, por sua vez, consiste no período em que o servidor que entrar em exercício em cargo de provimento efetivo ficará sujeito à avaliação sobre sua aptidão e capacidade para o desempenho do cargo (art. 20 da Lei 8.112/1990).

A Lei 8.112/1990 estabelece que, quatro meses antes de findo o período de estágio probatório, será submetida à homologação da autoridade competente a avaliação do desempenho do servidor por comissão instituída para essa finalidade (art. 20, § 1º, com redação dada pela Lei 11.784/2008).

Assim, o estágio probatório consiste num período de avaliação do servidor, com vista a verificar se este é apto e tem capacidade para o desempenho duradouro do cargo. Nesse sentido, o estágio probatório é elemento de grande valia para que se chegue à avaliação de desempenho necessária para aquisição da estabilidade.

Em outras palavras, a verificação dos requisitos para a aquisição da estabilidade está totalmente ligada à avaliação que se fará por ocasião do estágio probatório.

Dessa forma, faria todo sentido que o estágio probatório tivesse o mesmo prazo do outro requisito para adquirir a estabilidade, que é o efetivo exercício do cargo efetivo pelo prazo de três anos.

No entanto, enquanto a Constituição, em seu art. 41 alterou de dois para três anos o período de efetivo exercício necessário para a aquisição da estabilidade (EC 19/1998), a Lei 8.112/1990 manteve o estágio probatório pelo período de 2 anos (art. 20).

Por esse motivo, o Superior Tribunal de Justiça, num primeiro momento, entendeu que um prazo não se confundia com o outro. No curso do prazo de três anos de efetivo exercício para a aquisição da estabilidade, o servidor, nos dois primeiros anos, está submetido ao estágio probatório definido na Lei 8.112/1990, sendo que, em seguida, estará a cumprir o último ano de efetivo exercício para a aquisição da estabilidade.

Todavia, sob o argumento de que, apesar de se tratarem de institutos jurídicos diversos, a estabilidade e o estágio probatório encontram-se ligados um ao outro, o Superior Tribunal de Justiça passou a entender que o prazo de estágio probatório deve observar a alteração promovida pela EC 19/1998, e, assim, terá a duração de 3 anos.

(OAB/Exame Unificado – 2ª fase – CESPE) Considere que um desembargador de tribunal de justiça estadual, após quatro anos de sua aposentadoria, seja convidado para ocupar cargo em comissão de assessor jurídico em determinado município. Nessa situação, poderá o desembargador aposentado acumular os proventos de aposentadoria com a remuneração do cargo em comissão? Justifique a sua resposta.

RESOLUÇÃO DA QUESTÃO

O § 10 do art. 37 da Constituição Federal traz regra que veda a percepção simultânea de proventos de aposentadoria do regime próprio de previdência com a remuneração de cargo, emprego ou função.

No entanto, o mesmo dispositivo traz três exceções a essa regra, permitindo acumular proventos de aposentadoria com remuneração de cargos acumuláveis na forma da Constituição (*vide* os arts. 37, XVI, 95, p. único, I, 128, § 5º, II, "d", e 38, III, todos da Constituição), com subsídio de cargo eletivo e com remuneração de cargo em comissão.

Nesse sentido, como o Desembargador aposentado deseja acumular os proventos de aposentadoria pelo regime próprio com remuneração de um cargo em comissão, a situação trazida na questão, está contida numa das exceções do § 10 do art. 37 da Constituição, de modo que a acumulação pretendida é possível juridicamente.

(OAB/Exame Unificado – 2ª fase – CESPE) O tribunal de justiça de determinado estado da Federação, julgando apelação em ação declaratória de nulidade de ato administrativo, entendeu não existir qualquer inconstitucionalidade ou ilegalidade na nomeação de José para o exercício do cargo em comissão de secretário municipal de saúde, embora seja ele irmão de vereador de um município daquele estado. O tribunal entendeu que a vedação à prática do nepotismo, no âmbito do Poder Executivo, exige a edição de lei formal, e, ainda, que a nomeação de parentes de agentes políticos para o exercício de cargos de confiança ou em comissão não viola qualquer dispositivo constitucional, sob o argumento de que a Carta Magna, em se tratando de cargos de livre nomeação, não estabelece qualquer limitação relacionada ao grau de parentesco porventura existente entre a pessoa nomeada e algum agente público. Considerando a situação hipotética apresentada, responda, de forma fundamentada, se os argumentos que embasaram a decisão do tribunal de justiça encontram amparo na Constituição Federal (CF) e na jurisprudência do Supremo Tribunal Federal (STF).

RESOLUÇÃO DA QUESTÃO

De acordo com o Supremo Tribunal Federal, a vedação à prática do nepotismo, no âmbito de todos os Poderes, não exige a edição de lei formal, decorrendo da própria Constituição Federal, que, ao impor a observância dos princípios insculpidos no art. 37, *caput*, especialmente do princípio da moralidade, proíbe a nomeação de parentes para o exercício de cargos em comissão e funções em confiança. Esse entendimento está consagrado na Súmula Vinculante nº 13.

Com relação ao caso concreto apresentado – nomeação de José para cargo em comissão de secretário municipal, embora seja ele irmão de vereador de um município daquele estado –, não há inconstitucionalidade alguma.

Isso porque, segundo o Supremo Tribunal Federal, a nomeação de secretário municipal, por ser nomeação para cargo de natureza política, não se submete aos ditames da Súmula Vinculante mencionada.

Ademais, mesmo que se submetesse, a Súmula em questão veda a nomeação de parente da autoridade nomeante ou de servidor da mesma pessoa jurídica investido em cargo de direção, chefia ou assessoramento. No caso em tela, o vereador não é nem a autoridade nomeante, nem tem cargo em comissão. O vereador é detentor de um mandato. Assim, não há na Súmula proibição à nomeação em tela, mesmo que José fosse nomeado para um cargo em comissão.

(OAB/Exame Unificado – 2ª fase – CESPE) Ana obteve aprovação em concurso público para o provimento de determinado cargo efetivo no âmbito da administração pública federal, porém não foi classificada dentro do número de vagas previsto em edital, o qual consignava expressamente que o concurso seria realizado para o preenchimento de um número exato de vagas, que foram devidamente preenchidas pelo poder público. No entanto, ainda durante o prazo de validade do concurso, foi editada lei federal de criação de novos cargos da mesma natureza daquele para o qual Ana fora aprovada. Considerando a situação hipotética acima apresentada, responda, de forma fundamentada, se Ana tem o direito líquido e certo à nomeação para o cargo que foi criado pela referida lei federal. Em sua resposta, especifique os limites da atuação da administração pública no caso em tela.

RESOLUÇÃO DA QUESTÃO

A questão apresentada diz respeito aos contornos do direito que tem aquele que é aprovado em concurso público.

Tradicionalmente, reconhecia-se ao aprovado em concurso público apenas o direito de não ser preterido na ordem de classificação (art. 37, IV, da CF). Uma vez respeitada a ordem classificatória dos aprovados, estes não tinham direito à nomeação, mas mera expectativa de direito. A administração pública tem margem de liberdade para verificar sobre a conveniência de nomear os aprovados em concurso.

Num segundo momento os tribunais começaram a reconhecer o direito à nomeação do aprovado em concursos públicos em situações nas quais a administração pública, no bojo do prazo de validade do concurso público, externava de alguma maneira que tinha interesse em nomear novos servidores. Um exemplo disso eram as situações em que a administração abria novo concurso no bojo do prazo de validade de concurso anterior.

Em seguida, os tribunais superiores passaram a entender que o candidato aprovado em concurso também tem direito de ser nomeado no limite das vagas previstas no edital de licitação, vez que a Administração, ao estabelecer as vagas neste, vincula-se a essa escolha e cria expectativa nos candidatos, o que impõe as nomeações respectivas.

No caso em tela, Ana não foi aprovada dentro das vagas previstas no edital e não houve fato novo consistente em a Administração externar que tinha interesse em nomear novos servidores.

Segundo a jurisprudência, a simples aprovação de lei criando novas vagas, não retira a discricionariedade da Administração em decidir se nomeia ou não, para tais novas vagas, candidatos aprovados sob a égide de lei anterior, de modo que Ana não tem direito líquido e certo à nomeação para o cargo cujo concurso prestou.

(OAB/Exame Unificado – 2ª fase – CESPE) Os vencimentos da servidora pública Joana não foram adequadamente reajustados em 5/5/2001, entretanto, na ocasião, ela não impugnou administrativamente o ato ilegal cometido. Agora, pretende propor ação judicial visando à condenação do ente federativo ao pagamento retroativo do reajuste bem como à determinação de que esse reajuste seja aplicado aos vencimentos futuros. Nessa situação hipotética, de que medida judicial deverá valer-se Joana para lograr os seus objetivos? Haveria prescrição na hipótese? Fundamente ambas as respostas.

RESOLUÇÃO DA QUESTÃO

O Decreto nº 20.910/32, que regula a prescrição das dívidas da Fazenda Pública, dispõe que essas dívidas prescrevem no prazo de 5 anos, contado da data do ato ou fato do qual se originarem (art. 1º).

Todavia, há súmula do Superior Tribunal de Justiça que estabelece que, nas relações de trato sucessivo em que a Fazenda Pública figure como devedora, quando *não haja negativa* do direito reclamado pelo interessado, a prescrição atinge apenas as prestações vencidas antes do quinquênio anterior à propositura da ação, não ocorrendo prescrição do fundo de direito.

Assim, como no caso em tela não há notícia de que houve negativa expressa da Administração ao direito de Joana, esta poderá aforar ação mesmo já tendo transcorrido o prazo de 5 anos da data em que os reajustes deveriam ter sido feitos. E isso se dá porque, nas relações de trato sucessivo, a lesão se renova mensalmente.

Apesar de a prescrição não atingir o fundo de direito, Joana não poderá reclamar, na ação proposta, prestações vencidas antes do quinquênio anterior à propositura da ação, por ter ocorrido prescrição.

Quanto à ação adequada a ser proposta por Joana, em que pese não se operar a decadência para a propositura de mandado de segurança com relação a prestações de trato sucessivo, essa ação não é adequada, pois haveria problema em se formar título executivo para a cobrança dos últimos cinco anos de prestações devidas.

Como é cediço, o mandado de segurança não pode ser utilizado como ação de cobrança. O máximo que a Lei de Mandado de Segurança permite é que o pagamento de prestações pecuniárias asseguradas na sentença seja efetuado relativamente às prestações que se vencerem a contar do ajuizamento da inicial.

Dessa forma, deve-se ingressar com ação de conhecimento pelo rito ordinário, objetivando a cobrança das prestações atrasadas e das prestações que se vencerem a contar do ajuizamento da inicial (obrigação de pagar), bem como a implantação do reajuste para as prestações futuras (obrigação de fazer).

Comentário adicional.

Súmula 85 do STJ. Nas relações jurídicas de trato sucessivo em que a fazenda pública figure como devedora, quando não tiver sido negado o próprio direito reclamado, a prescrição atinge apenas as prestações vencidas antes do quinquênio anterior à propositura da ação.

(OAB/Exame Unificado – 2ª fase – CESPE) Carlos exerce os cargos públicos de professor de universidade federal, em regime de 40 horas semanais, e de professor da rede municipal de ensino, também em regime de 40 horas semanais. A administração federal, ao constatar tal acumulação, considerou-a ilícita e notificou o servidor para que optasse por um dos cargos. O servidor manifestou seu interesse em continuar apenas na universidade federal. Na sequência, a administração federal promoveu os descontos relativos à restituição da remuneração que o servidor havia percebido durante o período em que acumulara os referidos cargos.

Considerando essa situação hipotética, discorra, com a devida fundamentação, sobre a regularidade dos referidos descontos na remuneração percebida pelo servidor.

RESOLUÇÃO DA QUESTÃO

Considerando que o padrão de resposta apresentado pela examinadora simulou uma resposta que o candidato poderia dar, usaremos o próprio padrão de resposta como resolução da questão. Confira:

"Cuida-se de acumulação ilegal de cargos públicos, dado que não há compatibilidade de horário para o servidor que exerce dois cargos no regime de 40 horas semanais.

Não é regular o desconto da remuneração percebida pelo servidor em acúmulo ilícito de cargos públicos, se configurada sua boa-fé.

A Lei nº 8.112, de 11 de dezembro de 1990, no artigo 133, caput e § 5º, assegura ao servidor que acumula cargos ilicitamente o reconhecimento de sua boa-fé, caso opte por um dos cargos, antes da instauração do processo ou após a instauração, até o término do prazo de defesa.

Na hipótese, restou configurada a boa-fé, visto que o servidor optou por um dos cargos no primeiro momento, antes mesmo da instauração do processo.

Caracterizada a boa-fé, não pode o servidor sofrer efeitos prejudiciais da conduta tida como irregular.

Destarte, não é cabível o desconto de remuneração relativa ao período em que o servidor acumulava ilicitamente cargos públicos."

Gabarito comentado – Examinadora

Cuida-se de acumulação ilegal de cargos públicos, dado que não há compatibilidade de horário para o servidor que exerce dois cargos no regime de 40 horas semanais.

Não é regular o desconto da remuneração percebida pelo servidor em acúmulo ilícito de cargos públicos, se configurada sua boa-fé. A Lei nº 8.112, de 11 de dezembro de 1990, no artigo 133, caput e § 5º, assegura ao servidor que acumula cargos ilicitamente o reconhecimento de sua boa-fé, caso opte por um dos cargos, antes da instauração do processo ou após a instauração, até o término do prazo de defesa.

Na hipótese, restou configurada a boa-fé, visto que o servidor optou por um dos cargos no primeiro momento, antes mesmo da instauração do processo. Caracterizada a boa-fé, não pode o servidor sofrer efeitos prejudiciais da conduta tida como irregular. Destarte, não é cabível o desconto de remuneração relativa ao período em que o servidor acumulava ilicitamente cargos públicos. É o entendimento exarado no aresto infratranscrito:

"EMENTA: MANDADO DE SEGURANÇA. ATO DO TRIBUNAL DE CONTAS DA UNIÃO QUE CONSIDEROU ILEGAL APOSENTADORIA E DETERMINOU A RESTITUIÇÃO DE VALORES. ACUMULAÇÃO ILEGAL DE CARGOS DE PROFESSOR. AUSÊNCIA DE COMPATIBILIDADE DE HORÁRIOS. UTILIZAÇÃO DE TEMPO DE SERVIÇO PARA OBTENÇÃO DE VANTAGENS EM DUPLICIDADE (ARTS. 62 E 193 DA LEI N. 8.112/1990). MÁ-FÉ NÃO CONFIGURADA. DESNECESSIDADE DE RESTITUIÇÃO DOS VALORES PERCEBIDOS. INOCORRÊNCIA DE DESRESPEITO AO DEVIDO PROCESSO LEGAL E AO DIREITO ADQUIRIDO.

1. A compatibilidade de horários é requisito indispensável para o reconhecimento da licitude da acumulação de cargos públicos. É ilegal a acumulação dos cargos quando ambos estão submetidos ao regime de 40 horas semanais e um deles exige dedicação exclusiva.

(...)

3. O reconhecimento da ilegalidade da cumulação de vantagens não determina, automaticamente, a restituição ao erário dos valores recebidos, salvo se comprovada a má-fé do servidor, o que não foi demonstrado nos autos.

(...)"

(MS 26085, Relator(a): Min. Cármen Lúcia, Tribunal Pleno, julgado em 07/04/2008, DJe-107 DIVULG 12-06- 2008 PUBLIC 13-06-2008 EMENT VOL-02323-02 PP-00269 RTJ VOL-00204-03 PP-01165)

(OAB/Exame Unificado – 2ª fase – FGV) A Administração de certo estado da federação abre concurso para preenchimento de 100 (cem) cargos de professores, conforme constante do Edital. Após as provas e as impugnações, vindo todos os incidentes a ser resolvidos, dá-se a classificação final, com sua homologação.

Trinta dias após a referida homologação, a Administração nomeia os 10 (dez) primeiros aprovados e contrata, temporariamente, 90 (noventa) candidatos aprovados.

Teriam os noventa candidatos aprovados, em observância à ordem classificatória, direito subjetivo à nomeação?

RESOLUÇÃO DA QUESTÃO

A Administração Pública somente pode abrir um concurso público quando preenchidos os seguintes requisitos: a) necessidade de preenchimento de vagas; b) disponibilidade financeira para remuneração dos cargos a serem providos.

Nesse sentido, quando a Administração abre um concurso público, presume-se que tais requisitos foram preenchidos, o que faz com que a Administração fique vinculada a tais pressupostos.

No caso em tela, isso significa que a Administração Pública é obrigada a contratar as cem pessoas aprovadas no concurso, que, portanto, têm direito subjetivo à nomeação.

A Administração Pública só não será obrigada a nomear os cem aprovados caso surjam fatos novos pertinentes que tornem inconveniente ao interesse público a efetivação da nomeação, fatos esses que devem ser expostos em ato administrativo devidamente motivado.

Esse é o entendimento atual do Supremo Tribunal Federal, que, em suma, entende que o aprovado em concurso público tem direito à nomeação no limite das vagas estabelecidas no edital, ressalvado o direito da Administração de não promover a nomeação caso, diante de fato novo que determine a inconveniência das nomeações, expeça ato administrativo devidamente motivado explicitando as razões de interesse público que justificam a não nomeação de candidato aprovado.

(OAB/Exame Unificado – 2ª fase – FGV) O Presidente da República, inconformado com o número de servidores públicos na área da saúde que responde a processo administrativo disciplinar, resolve colocar tais servidores em disponibilidade e, para tanto, edita decreto extinguindo os respectivos cargos.

Considerando a hipótese apresentada, empregando os argumentos jurídicos apropriados e a fundamentação legal pertinente ao caso, responda aos itens a seguir.

a) A extinção de cargos públicos, por meio de decreto, está juridicamente correta? Justifique.

b) É juridicamente correta a decisão do Presidente da República de colocar os servidores em disponibilidade?

c) Durante a disponibilidade, os servidores públicos percebem remuneração?

RESOLUÇÃO DA QUESTÃO

A) A resposta é negativa. Trata-se de matéria a ser disciplinada por lei, na forma do Art. 48, inciso X, da CRFB. Espera-se que o examinando desenvolva o tema registrando que seria possível a extinção de cargos públicos por decreto apenas se estivessem vagos. (Art. 84, inciso VI, "b", CRFB).

B) A opção é inconstitucional, pois o Chefe do Executivo utiliza o instituto da disponibilidade com desvio de finalidade. O examinando deve deixar claro que a disponibilidade não tem por finalidade sancionar disciplinarmente servidores públicos.

C) A remuneração será proporcional ao tempo de serviço (Art. 41, § 3º, da CRFB).

(OAB/Exame Unificado – 2ª fase – FGV) João inscreveu-se em concurso público para o provimento de cargo cujo exercício pressupõe a titulação de nível superior completo. Após aprovação na prova de conhecimentos gerais (1ª fase), João foi impedido de realizar as provas de conhecimentos específicos e a prova oral por não ter apresentado o diploma de nível superior logo após a aprovação na 1ª fase do certame, tal como exigido no instrumento convocatório e, em razão disso, eliminado do concurso.

Sabendo-se que o edital do concurso foi publicado em 13 de janeiro de 2011 e que a eliminação de João foi divulgada em 17 de maio do mesmo ano, responda, empregando os argumentos jurídicos apropriados e a fundamentação legal pertinente ao caso, aos seguintes quesitos.

a) A impetração de Mandado de Segurança seria via processual adequada para impugnar a eliminação de João do certame?

b) Qual fundamento poderia ser invocado por João para obter judicialmente o direito de prosseguir no concurso e participar das fases subsequentes?

RESOLUÇÃO DA QUESTÃO

A) O examinando deve responder afirmativamente, registrando que o prazo para impetração do mandado de segurança é de 120 dias na forma do Art. 23 da Lei n. 12016/09.

B) O examinando deve demonstrar conhecimento da jurisprudência consolidada do STJ no sentido de apenas ser legítima a exigência de comprovação de diploma ou habilitação legal para exercício de cargo público no momento da posse (Enunciado n. 266 do STJ).

(OAB/Exame Unificado – 2ª fase – FGV) O Governador do Estado "N", verificando que muitos dos Secretários de seu Estado pediram exoneração por conta da baixa remuneração, expede decreto, criando gratificação por tempo de serviço para os Secretários, de modo que, a cada ano no cargo, o Secretário receberia mais 2%.

Dois anos depois, o Ministério Público, por meio de ação própria, aponta a nulidade do Decreto e postula a redução da remuneração aos patamares anteriores.

Diante deste caso, responda aos itens a seguir.

A) É juridicamente válida a criação da gratificação?

B) À luz do princípio da irredutibilidade dos vencimentos, é juridicamente possível a redução do total pago aos Secretários de Estado, como requerido pelo Ministério Público?

A simples menção ou transcrição do dispositivo legal não pontua.

Gabarito comentado – Examinadora:

O candidato deverá, na essência, observar quanto às perguntas, o seguinte:

A. Não, uma vez que a Constituição Federal estabelece, no Art. 37, X, que a remuneração dos servidores públicos e o subsídio de que trata o § 4º do Art. 39 somente poderão ser fixados ou alterados por lei específica. Além disso, o § 4º do Art. 39 prevê que os Secretários Estaduais serão remunerados exclusivamente por subsídio fixado em parcela única, vedado o acréscimo de qualquer gratificação, adicional, abono, prêmio, verba de representação ou outra espécie remuneratória.

B. Sim, uma vez que a irredutibilidade não garante a percepção de remuneração concedida em desacordo com as normas constitucionais. Não há direito adquirido contra regra constitucional ou legal.

CAPÍTULO 7

REGIME JURÍDICO DOS SERVIDORES PÚBLICOS CIVIS FEDERAIS (LEI 8.112/1990)

7.1. DISPOSIÇÕES PRELIMINARES

A Lei 8.112/1990 regulamenta o regime jurídico dos servidores públicos civis da União, das autarquias, inclusive as em regime especial, e das fundações públicas federais (art. 1º).

Nesse sentido, essa lei somente regula aqueles que são servidores, definidos pela Lei 8.112/1990 como aqueles aquelas pessoas legalmente investidas em cargo público (art. 2º), que é o conjunto de atribuições e responsabilidades previstas na estrutura organizacional que devem ser cometidas a um servidor (art. 3º), podendo se tratar tanto de cargo efetivo, como de cargo em comissão.

Assim, temos que para que alguém seja regido pela Lei 8.112/1990, há três requisitos:

a) deve se tratar de servidor público, ou seja, de alguém que está investido em *cargo público* (efetivo ou em comissão), o que não é o caso daqueles que tem mero *emprego público*, por exemplo;

b) deve se tratar de servidor público civil, ou seja, a Lei 8.112/1990 não regulamente o regime jurídico dos militares, regime esse que está previsto na Lei 6.880/1980;

c) deve ser tratar de servidor público civil das pessoas jurídicas de direito público federais, ou seja, da União, das autarquias, inclusive as em regime especial, e das fundações públicas federais, o que não é o caso, por exemplo, de alguém que trabalhe numa empresa estatal (ex: Petrobrás), pois, as empresas estatais são pessoas jurídicas de direito privado; ademais, servidores de outras esferas (municipal, distrital e estadual) também não são regidos pela Lei 8.112/1990, mas sim pela lei local que estabelecer o seu regime jurídico, aplicando-se a Lei 8.112/1990 apenas supletivamente, ou seja, quando efetivamente houver uma lacuna na lei local.

Segundo o parágrafo único do art. 3º da Lei 8.112/1990, "os cargos públicos, acessíveis a todos os brasileiros, são criados por lei, com denominação própria e vencimento pago pelos cofres públicos, para provimento em caráter efetivo ou em comissão", sendo vedada "a prestação de serviços gratuitos, salvo os casos previstos em lei" (art. 4º).

Assim, importa ressaltar três características dos cargos públicos:

a) são **criados por lei**, ou seja, não podem ser criados por decretos, portarias ou outros atos de hierarquia inferior à lei;

b) são **acessíveis a todos os brasileiros**, regra que repete do texto constitucional, que acrescenta que os brasileiros tem essa acessibilidade, mas desde que preencham os requisitos estabelecidos em lei e, quanto aos estrangeiros, também podem ingressar no serviço, mas apenas na forma da lei; ou seja, brasileiros tem acessibilidade imediata, não sendo necessário lei para que estejam autorizados a trabalhar no serviço público, mas leis podem trazer requisitos sobre essa acessibilidade (norma de eficácia contida ou restringível), como aliás faz a Lei 8.112/1990, que exige, por exemplo, idade mínima de 18 anos para investidura em cargo público (art. 5º, V); já os estrangeiros, não tem acessibilidade imediata ao serviço público, sendo necessário que haja uma lei autorizando (norma de eficácia limitada), lei essa que ainda não existe em se tratando de contratação para **cargos públicos**, prevalecendo ainda o art. 243, p. 6º, da Lei 8.112/1990, para o qual "os empregos dos servidores estrangeiros com estabilidade no serviço público, enquanto não adquirirem a nacionalidade brasileira, passarão a integrar tabela em extinção";

c) são **necessariamente remunerados**, não havendo que se falar em cargo público exercido sem remuneração, sendo vedada a prestação de serviços gratuitos, salvo nos casos previstos em lei;

d) podem ser **efetivos ou em comissão**, lembrando que os cargos efetivos dependem de concurso público e admitem o instituto da estabilidade, ao passo que os cargos em comissão são providos sem concurso público e sem motivação, uma parte por pessoas que necessariamente são já servidores públicos efetivos (a lei fixará esse percentual quando criar todo e qualquer cargo público) e outra parte por pessoas advindas de fora da Administração, sendo que os servidores com cargo em comissão não podem adquirir a estabilidade, podendo ser exonerados a qualquer momento, independentemente de motivação; ressalte-se, todavia, que, apesar das diferenças, tanto os servidores com cargo efetivo, como os servidores com cargo em comissão são regidos pela Lei 8.112/1990, não se aplicando a estes apenas as disposições incompatíveis com a sua característica de transitoriedade, como é o caso do instituto da estabilidade, previsto nos arts. 21 e 22 da Lei 8.112/1990.

7.2. PROVIMENTO, VACÂNCIA, REMOÇÃO, REDISTRIBUIÇÃO E SUBSTITUIÇÃO

7.2.1. Provimento

7.2.1.1. Aspectos gerais

Provimento quer dizer designação de alguém para titularizar cargo público. Há várias espécies de provimento, mas tudo começa com a nomeação, provimento originário.

Não se deve confundir o provimento (que é a designação), com a posse (aceitação do cargo, que vem após o provimento de nomeação – art. 7º), com a entrada em exercício, que é o início dos trabalhos. Se alguém for provido (designado), não quer dizer que já detém o cargo, pois é necessário ainda que aceite esse cargo (aceitação essa que tem o nome de posse, no caso do provimento originário denominado nomeação). Já se alguém for provido e aceitar o provimento, não quer dizer que já receberá os vencimentos em virtude do cargo respectivo, pois é necessário ainda que entre em exercício, ou seja, que comece a trabalhar, para que possa receber.

Quanto aos requisitos básicos para investidura em um cargo público temos os seguintes (art. 5º):

I - a nacionalidade brasileira;

II - o gozo dos direitos políticos;

III - a quitação com as obrigações militares e eleitorais;

IV - o nível de escolaridade exigido para o exercício do cargo;

V - a idade mínima de dezoito anos;

VI - aptidão física e mental.

Esses são apenas os requisitos básicos, podendo a lei, de acordo com as atribuições do cargo, e desde que haja justificativa plausível e pertinente, exigir outros requisitos específicos.

Repare que somente a lei pode estabelecer exigir esses requisitos adicionais. Assim, não é possível que um edital preveja um requisito para a investidura num cargo público que não esteja previsto como requisito básico na Lei 8.112/1990 ou como requisito específico numa outra lei.

Até mesmo a exigência de exame psicotécnico em concurso público depende de lei expressamente o prevendo, não estando esse exame previsto como requisito básico de investidura em cargo público na Lei 8.112/1990, apesar de haver leis exigindo esse exame em determinados concursos federais.

Sobre os requisitos para investidura em cargo público a jurisprudência atual vem exigindo o seguinte:

a) que estejam previstos em lei (art. 37, I, da CF); decretos, resoluções e outros instrumentos não são suficientes para inserir no edital a previsão de exame psicotécnico; deve ser lei em sentido formal (STF, AI 529.219 Agr, DJ 26.03.2010);

b) que sejam objetivos, científicos e pertinentes, sob pena de violação ao princípio da isonomia (art. 5º, *caput*, da CF);

c) que sejam passíveis de recurso e impugnação, sob pena de violação aos princípios do contraditório e da ampla defesa; *vide*, por exemplo, o REsp 1.046.586 (STJ).

No mais, há interessante súmula do STJ, que trata do momento em que se pode exigir comprovação de requisito relacionado ao exercício do cargo: "o diploma ou habilitação legal para o exercício do cargo deve ser exigido na posse e não na inscrição para o concurso público" (Súmula 266).

Ainda em relação a acessibilidade a cargos em empregos públicos, há também a questão das pessoas com deficiência. De acordo com o art. 5º, § 2º, da Lei 8.112/1990, assegura-se às pessoas com essa características o direito de se inscrever em concurso público para provimento de cargo cujas atribuições sejam compatíveis com a deficiência, reservando-se até 20% das vagas oferecidas no concurso. O dispositivo cumpre o disposto no art. 37, VIII, da CF, pelo qual *"a lei reservará percentual dos cargos e empregos públicos para as pessoas portadoras de deficiência e definirá os critérios para a sua admissão"*.

Repare que, segundo a Lei 8.112/1990, não é necessário reservar exatamente 20% das vagas, mas sim até 20%.

Alguns anos depois da entrada em vigor da Lei 8.112/1990 foi editado o Decreto 3.298/1999, que dispõe sobre a Política Nacional para Integração da Pessoa Portadora de Deficiência (hoje a expressão correta é Pessoa com Deficiência). Esse Decreto estabelece que o candidato com deficiência concorrerá a todas as vagas, sendo reservado o percentual mínimo de 5% em face da classificação obtida. Caso a aplicação do percentual mencionado resulte em número fracionado, este será elevado até o primeiro número inteiro subsequente. Por exemplo, em caso de haver 103 vagas no edital de um concurso, 5% disso resultaria em 5,15 vagas reservadas para pessoas com deficiência. Todavia, considerando o número inteiro subsequente, ter-se-ia, nesse concurso reserva de 6 vagas para essas pessoas.

Caso, na reserva de vagas, chegue-se a um número de vagas inferior a 1 (ex: havendo 10 vagas no edital, estaria reservada a fração de 0,6 vaga para as pessoas com deficiência), de rigor reconhecer que o número de vagas reservadas é de 1 (uma), para que a norma tenha sua máxima efetividade, na esteira, inclusive, do que definiu o STF nos REs 227.299 e 606.728-AgR.

Outro debate importante diz respeito ao significado da expressão "reserva de vagas". Sobre o STF já pacificou seu entendimento no sentido de que nessa reserva de vagas para pessoas com deficiências, estes só concorrem entre si pelas vagas reservadas, no que se convencionou chamara de concorrência específica entre as pessoas com deficiência (RMS 25.666, DJ 04.12.2009). No entanto, tais pessoas estão sujeitas ao atendimento dos requisitos mínimos para a aprovação, como nota mínima (mas previamente estabelecida e não decorrente de conta feita com as notas tiradas pelas pessoas que não são deficientes), mesma prova dos demais candidatos e cumprimento dos demais requisitos editalícios.

Quanto ao responsável pelo provimento dos cargos públicos far-se-á mediante ato da autoridade competente de cada Poder (art. 6º), ou do Presidente ou Procurador-Geral, quando se tratar do Tribunal de Contas e do Ministério Público, respectivamente. Pode, em qualquer caso, haver delegação dessa competência.

Segundo o art. 8º, são formas de provimento de cargo público as seguintes:

I - nomeação;

II - promoção;

III - readaptação;

IV - reversão;

V - aproveitamento;

VI - reintegração;

VII - recondução.

A ascensão e a transferência estavam nesse rol de formas de provimento, mas a Lei 9.527/1997 revogou a Lei 8.112/1990 nesse ponto e tais instituto agora não mais estão previsto na lei. Havia muita polêmica em torno da constitucionalidade deles. No caso da transferência por exemplo, ela permitia que um servidor estável passasse de um cargo efetivo num determinado quadro da Administração, para outro cargo efetivo de igual denominação em outro quadro da Administração. Por exemplo, um servidor do Ministério da Educação poderia lograr transferir o seu cargo para o INSS. Porém, há um concurso público para cada uma dos dois cargos e, em conseguindo essa transferência, haveria uma violação ao princípio do concursos, pois muitas vez, por meio de um concurso mais fácil e com outras disciplinas, um servidor poderia conseguir uma vaga num concurso mais difícil e com cobrança de outras matérias.

Vejamos agora as sete formas de provimento prevista na Lei 8.112/1990.

7.2.1.2. Nomeação

A nomeação, provimento originário, far-se-á, segundo o art. 9º da Lei 8.112, em duas categorias de cargos:

I - em caráter efetivo, quando se tratar de cargo isolado de provimento efetivo ou de carreira; ou

II - em comissão, inclusive na condição de interino, para cargos de confiança vagos.

Quanto ao cargo em comissão, conforme já mencionado, é provido por servidores de carreira nos percentuais mínimos previstos em lei, mas também pode ser provido por pessoas que sequer já trabalharam alguma vez na Administração. Uma questão importante é possível que um cargo em comissão venha a ser exercido de forma interina por servidor já ocupante de cargo em comissão ou de natureza especial na Administração. A Lei 8.112/1990 admite essa possibilidade (art. 9º, parágrafo único), sem prejuízo das atribuições do que atualmente ocupa, hipótese em que deverá optar pela remuneração de um deles durante o período da interinidade.

Quanto ao cargo efetivo, seja ele isolado (aquele em que o servidor entra num cargo e até o final de sua vida funcional permanece nele, não havendo promoção, pois o cargo é único e não há uma carreira), seja ele em carreira (aquele em que o servidor entra num cargo, mas aquela carreira tem mais de um grau de cargo, admitindo promoções para cargos superiores na mesma carreira), a nomeação respectivas depende de prévia habilitação em concurso público (art. 10).

O concurso público será de provas ou de provas e títulos, e pode ser realizado em duas etapas, nos termos da lei e do regulamento plano de carreira respectivo. A inscrição do candidato é condicionada ao pagamento do valor fixado no edital, quando indispensável ao seu custeio, e ressalvadas as hipóteses de isenção nele expressamente previstas (art. 11).

Segundo o Decreto 6.593/2008, o editais dos concursos federais deverão prever a possibilidade de isenção de taxa de inscrição para os candidatos que: a) estiver inscrito no Cadastro Único para Programas Sociais do Governo Federal – CadÚnico, de que trata o Decreto 6.315/2007; b) for membro de família de baixa renda, nos termos do mesmo Decreto 6.315/2007. A isenção se efetivará mediante requerimento do candidato, no prazo previsto no edital, contendo ou o número do CadÚnico ou a declaração de que atende à condição de membro de família de baixa renda, declaração feita sob as penas da lei. Considera-se família de baixa renda a que tem renda familiar mensal per capita de até meio salário mínimo ou que possua renda familiar mensal de até três salários mínimos (art. 4º, II, do Decreto 6.315/2007).

O concurso público pode ter validade de até 2 (dois) anos, podendo ser prorrogado uma única vez, por igual período (art. 12). Assim, caso o edital preveja que o concurso terá validade de 6 meses (lembrando que o prazo de validade do concurso e suas condições tem estar fixados no edital, que deve ser publicado no Diário Oficial da União e em jornal diário de grande circulação), é possível que, após homologado o concurso e decorridos 6 meses a Administração promova a sua prorrogação por apenas mais 6 meses (igual período), sendo que a Administração não é obrigada a prorrogar o concurso, havendo discricionariedade para fazê-lo ou não.

Não se abrirá novo concurso enquanto houver candidato aprovado em concurso anterior com prazo de validade não expirado. No entanto, caso um novo concurso venha a ser aberto havendo ainda candidatos aprovados de concurso anterior ainda com prazo de validade em curso, os aprovados do primeiro concurso tem preferência na nomeação em relação aos candidatos do novo concurso.

Recentemente, o STF e o STJ passaram a entender também que o candidato aprovado em concurso tem *direito* de ser nomeado *no limite das vagas previstas no respectivo edital* (descontadas as desistências), uma vez que a Administração, ao estabelecer o número de vagas, *vincula-se* a essa escolha e cria expectativa nos candidatos, impondo-se as nomeações respectivas, em respeito aos princípios da *boa-fé*, *razoabilidade*, *isonomia* e *segurança jurídica*.

É bom consignar que o STF até admite que a Administração deixe de nomear os aprovados no limite das vagas do edital se houver ato *motivado* demonstrando a existência de fato novo que torne inviável a nomeação. Tal ato, todavia, poderá ser controlado pelo Judiciário (RE 227.480, DJ 21/08/2009). De qualquer forma, na prática, será muito difícil que a Administração consiga justificar a existência de motivo que inviabiliza as nomeações, pois somente razões *pertinentes*, *novas*, *imprevisíveis* e *justificadas antes da impugnação de candidatos* à ausência de sua nomeação atendem ao princípio da *adequada motivação*.

Uma vez exarado o provimento de nomeação, passa-se às etapas seguintes de posse e entrada em exercício. A posse não é necessária para os provimentos que se derem após a nomeação, como a promoção (art. 13, § 4º).

Quanto à posse, ela se efetiva assinatura de um termo ("termo de posse"), documento do qual devem constar as atribuições, os deveres, as responsabilidades e os direitos inerentes ao cargo ocupado (art. 13, *caput*). O servidor adere a esse documento, que não pode ser alterado unilateralmente, por qualquer das partes, ressalvados os atos de ofício previstos em lei.

O prazo para a posse é de 30 (trinta) dias contados, da publicação do ato de provimento, no caso, da publicação da nomeação no Diário Oficial. Caso o servidor esteja, na data de publicação do ato de provimento, em licença prevista nos incisos I, III e V do art. 81, ou afastado nas hipóteses dos incisos I, IV, VI, VIII, alíneas "a", "b", "d", "e" e "f", IX e X do art. 102, o prazo será contado do término do impedimento.

A Lei 8.112/1990 admite a posse de alguém pela presença de terceiro que o presente, mas desde que tal se dê mediante procuração específica. Ou seja, não basta uma procuração geral para a prática de atos, sendo necessário que se trate de uma procuração com poderes específicos para a aceitação de um cargo público determinado.

Para que se controle a evolução patrimonial de quem ingressa no serviço público federal, o servidor nomeado, no ato da posse, apresentará declaração de bens e valores que constituem seu patrimônio.

Para que se evite a acumulação indevida de cargos público, o servidor nomeado, também no ato da posse, apresentará declaração quanto ao exercício ou não de outro cargo, emprego ou função pública.

A posse também pressupõe a prévia inspeção médica oficial (art. 14), que terá por objetivo averiguar se o empossado é apto física e mentalmente para o exercício do cargo. Caso não se constate tais atributos, não haverá posse e o provimento será tornado sem efeito. Importante ressaltar que não se considera inapto para o exercício do cargo uma pessoa com deficiência, só por esse motivo. Se o edital não estabelecia alguma restrição absolutamente pertinente nesse sentido (por exemplo, impedir que uma pessoa sem pernas e braços participe de um concurso para salva-vidas), não será nessa hora que a Administração poderá impedir que uma pessoa com deficiente venha a ingressar no serviço. Nesse sentido, é até curioso, para não dizer uma absurdo jurídico, que, nessa fase algumas inspeções médicas, alegando mesmo pequenos problemas nas vistas de alguém, peritos médicos queiram impedir a posse de pessoas nessa condição. Da mesma forma, alguém aprovado em concurso que toma possa em perfeitas condições e que, depois de já estar investido venha a ter alguma inaptidão para o trabalho, não terá sua nomeação tornada sem efeito, mas sim terá direito a aplicação de institutos como readaptação e até aposentadoria por invalidez.

É importante deixar claro que, caso a posse não se dê no prazo previsto na lei, não é caso de exoneração do nomeado, vez que esse não chegou a se investir no cargo público, mas de simplesmente tornar sem efeito o ato de provimento (art. 13, § 6º), passando para a nomeação do próximo classificado no caso de nomeações para cargos efetivos.

Após a posse, passa à entrada em exercício. Segundo o art. 15, o exercício é o efetivo desempenho das atribuições do cargo público ou da função de confiança, sendo que o prazo para tal entrada em exercício é de 15 (quinze) dias, contados da data da posse. Compete à autoridade competente do órgão ou entidade para onde for nomeado ou designado o servidor dar-lhe exercício.

Aqui, caso o servidor empossado não venha a entrar em exercício, o caso não é de tornar sem efeito a nomeação, mas de exonerar o servidor do cargo, já que se está diante de alguém que já ingressou no serviço público (o que se deu no ato da posse, em que ocorre o fenômeno da investidura), sendo necessário proceder à exoneração do servidor.

Caso diferente é o daquele designado para ter exercício em função de confiança. Nesse caso, tem-se um servidor que já tem um cargo na Administração e que apenas recebeu a oportunidade de atuar transitoriamente numa função de confiança (função destinada a chefias, direções a assessoramentos, acessíveis somente a servidores ocupantes de cargo efetivo, nos termos do art. 37, V, da CF). Nesse caso o início do exercício da função coincidirá com a data de publicação do ato de designação (não é necessário posse, nem prazo para entrada em exercício), salvo quando o servidor estiver em licença ou afastado por qualquer outro motivo legal, hipótese em que recairá no primeiro dia útil após o término do impedimento, que não poderá exceder a trinta dias da publicação. Caso o servidor não venha, na prática a entrar em exercício, assumindo efetivamente a função de confiança, a lei determina que se tornar sem efeito o ato de sua designação para função de confiança, não sendo correto exonerar esse servidor caso não assuma esse plus na carreira dele, mas, conforme dito, simplesmente tornar sem efeito o ato, permanecendo o servidor no cargo efetivo que já detém naquela Administração.

Tratando-se de servidor que deva ter exercício em outro município, por motivo de remoção, redistribuição, requisição, cessão ou posto em exercício provisório, terá, no mínimo, 10 (dez) e, no máximo, 30 (trinta) dias de prazo, contados da publicação do ato, para a retomada do efetivo desempenho das atribuições do cargo, incluído nesse prazo o tempo necessário para o deslocamento para a nova sede, sendo que, na hipótese de o servidor encontrar-se em licença ou afastado legalmente, o prazo a que se refere este artigo será contado a partir do término do impedimento (art. 18). Vale ressaltar que o servidor pode declinar desses prazos, retomando imediatamente o efetivo desempenho das suas atribuições.

Segundo o art. 16, "o início, a suspensão, a interrupção e o reinício do exercício serão registrados no assentamento individual do servidor", que, ao entrar em exercício, "apresentará ao órgão competente os elementos necessários ao seu assentamento individual".

No que se refere à jornada de trabalho dos servidores, esta será fixada em razão das atribuições pertinentes aos respectivos cargos, mas respeitada a duração máxima do trabalho semanal de 40 (quarenta) horas e observados os limites mínimo e máximo de 6 (seis) horas e 8 (oito) horas diárias, respectivamente, ressalvado o disposto em sentido contrário sobre a duração do trabalho em leis especiais.

Quanto aos servidores que trabalham em regime de escala de 24 horas de trabalho por 72 horas de descanso, e que, assim, estariam descumprindo a regra que limita o trabalho a 8 horas diárias, a jurisprudência entende o seguinte: a) que não há ilegalidade nisso, pois decorre da próprio tipo de regime de trabalho; b) que só haverá direito a horas extras nesse tipo de caso, se o servidor cumprir mais do que 200 horas semanais; isso porque se pegarmos 40 horas semanais e dividirmos por 6 dias úteis por semana, e depois multiplicarmos esse resultado por 30 (total de dias do mês), chegaremos a 200 horas mensais, ao passo que o servidor que trabalhar no regime de escala, em regra trabalha no máximo 168 horas mensais, de modo que só haverá horas extras se trabalhar bem mais do que isso, superando as 200 horas (STJ, REsp 1.019.492/RS).

Vale ressaltar que o ocupante de cargo em comissão ou função de confiança submete-se a regime de integral dedicação ao serviço, podendo ser convocado sempre que houver interesse da Administração. Essa exclusividade encontra exceção no art. 120 da Lei 8.112/1990, pelo qual, "o servidor vinculado ao regime desta Lei, que acumular licitamente dois cargos efetivos, quando investido em cargo de provimento em comissão, ficará afastado de ambos os cargos efetivos, salvo na hipótese em que houver compatibilidade de horário e local com o exercício de um deles, declarada pelas autoridades máximas dos órgãos ou entidades envolvidos"

Outro tema importância para o servidor detento de cargo efetivo é o do estágio probatório. Segundo o art. 20, o servidor ficará sujeito a esse estágio para que se avalie no período a sua aptidão e capacidade a fim de verificar se pode ou não adquirir a estabilidade, observados os seguinte fatores:

I - assiduidade;

II - disciplina;

III - capacidade de iniciativa;

IV - produtividade;

V- responsabilidade.

Quanto ao período de estágio probatório, a Lei 8.112/1990 prevê 24 meses. Ocorre que esse período (24 meses) coincidia com o período de efetivo exercício para o servidor adquirir a estabilidade no texto original da Constituição, que falava em 2 anos. Porém, com a EC 19/98, o período de efetivo exercício passou a ser de 3 anos, o que fez com que o STF (STA 269 AgR, DJ 26-02-2010) e STJ (MS 12.523/DF, DJ 18/08/2009) entendessem que onde se lê na Lei 8.112/1990 "24 meses", deve-se ler "3 anos", como período de estágio probatório.

A Lei 8.112/1990 prevê, ainda, que, 4 (quatro) meses antes de findo o período do estágio probatório, será submetida à homologação da autoridade competente a avaliação do desempenho do servidor, realizada por comissão constituída para essa finalidade, de acordo com o que dispuser a lei ou o regulamento da respectiva carreira ou cargo, sem prejuízo da continuidade de apuração dos fatores enumerados acima. Esse dispositivo, cuja redação foi dada pela Lei 11.784/2008, veio para fazer frente ao disposto no art. 41, *caput* e § 4º, da CF, pelo qual, para que o servidor venha a ter estabilidade são exigidos os requisitos de a) ter cargo efetivo, b) cumprir 3 anos de efetivo exercício e c) ser aprovado em avaliação especial de desempenho por comissão instituída para essa finalidade.

É direito do servidor que a avaliação de desempenho ocorra no limite dos três anos de efetivo exercício. Isso significa que, após o transcurso desse prazo, sem a realização da avaliação, o servidor pode ser considerado estável, pois a desídia da Administração não pode ser a ele imputada, presumindo-se que o servidor teve reconhecida sua aptidão.

Após o transcurso dos três anos de efetivo exercício, o servidor pode até ser exonerado por inaptidão para o cargo, mas desde que a avaliação de desempenho tenha se dado durante o período de estágio probatório e a exoneração tenha sido motivada nas suas conclusões (RMS 23.504, DJ 02/08/2010).

O servidor não aprovado no estágio probatório será exonerado ou, se estável, reconduzido ao cargo anteriormente ocupado na esfera federal, na forma do art. 29.

"O servidor em estágio probatório até pode exercer cargos em comissão ou funções de confiança no órgão ou entidade de lotação, mas somente poderá ser cedido a outro órgão ou entidade quando for para ocupar cargos de Natureza Especial, cargos de provimento em comissão do Grupo-Direção e Assessoramento Superiores - DAS, de níveis 6, 5 e 4, ou equivalentes" (§ 3º do art. 20).

Ao mesmo servidor em estágio probatório somente poderão ser concedidas as licenças e os afastamentos previstos nos arts. 81, incisos I a IV, 94, 95 e 96, bem assim afastamento para participar de curso de formação decorrente de aprovação em concurso para outro cargo na Administração Pública Federal.

Por fim, de rigor ressaltar que o estágio probatório ficará suspenso durante as licenças e os afastamentos previstos nos arts. 83, 84, § 1º, 86 e 96, bem assim na hipótese de participação em curso de formação, e será retomado a partir do término do impedimento.

Ademais, para o STF (MS 22.744, DJ 26.11.2004) e para o STJ (RMS 23.689, DJ 07/06/2010), não pode o servidor em estágio probatório aposentar-se voluntariamente, uma vez que o estágio probatório constitui etapa final do processo seletivo para a aquisição da titularidade do cargo público.

7.2.1.3. Promoção

A **promoção (ou acesso)** *é o ato de designação para titularizar cargo superior da própria carreira*. Consiste em ato de provimento derivado vertical.

É feita pelo Chefe do Poder. No caso do Poder Executivo, seu Chefe (que age por decreto) pode delegá-la para o Ministro ou Secretário, que agirão por resolução ou portaria.

É importante consignar a respeito da promoção que: “a União, os Estados e o Distrito Federal manterão escolas de governo para a formação e o aperfeiçoamento dos servidores públicos, constituindo-se a participação nos cursos um dos requisitos para a promoção na carreira, facultada, para isso, a celebração de convênios ou contratos entre os entes federados” (art. 39, § 2º, CF).

Além disso, nos termos do art. 17 da Lei 8.112/1990, “a promoção não interrompe o tempo de exercício, que é contado no novo posicionamento na carreira a partir da data de publicação do ato que promover o servidor”.

7.2.1.4. Readaptação

Segundo o art. 24, a readaptação “é a investidura do servidor em cargo de atribuições e responsabilidades compatíveis com a limitação que tenha sofrido em sua capacidade física ou mental verificada em inspeção médica”.

Imagine um servidor cujo cargo tem como atribuição a digitação de documentos. Imagine, agora, que esse servidor venha a perder os braços num acidente de trânsito. Nesse caso tem-se uma limitação superveniente em sua capacidade física, que justifica que esse servidor solicite sua designação para outro cargo de atribuições e responsabilidades compatíveis com a limitação que passou a ter, provimento esse que terá o nome de readaptação.

A Lei 8.112/1990 exige, ainda, que readaptação seja efetivada em cargo de atribuições afins, respeitada a habilitação exigida, nível de escolaridade e equivalência de vencimentos e, na hipótese de inexistência de cargo vago, o servidor exercerá suas atribuições como excedente, até a ocorrência de vaga.

No entanto, caso a inspeção médica venha a revelar que o servidor é incapaz, de forma permanente, para o serviço público, o readaptando será aposentado.

7.2.1.5. Reversão

Segundo o art. 25, a reversão é o retorno à atividade de servidor aposentado em dois casos:

I - por invalidez, quando uma junta médica oficial declarar insubsistentes os motivos da aposentadoria; ou

II - no interesse da administração, desde que:

a) tenha solicitado a reversão;

b) a aposentadoria tenha sido voluntária;

c) estável quando na atividade;

d) a aposentadoria tenha ocorrido nos cinco anos anteriores à solicitação;

e) haja cargo vago.

No primeiro caso, tem-se uma hipótese de ato vinculado, já que um servidor aposentado por invalidez que, por ter se recuperado, esteja novamente apto para o trabalho, é obrigado a retornar ao serviço público, não sendo correto que continue sem trabalhar e recebendo proventos de aposentadoria se já não é mais incapaz para o trabalho. Encontrando-se provido o cargo, o servidor exercerá suas atribuições como excedente, até a ocorrência de vaga.

Já no segundo caso, tem-se uma hipótese de ato discricionário em que a Administração, por meio de ato do Ministro de Estado ou de autoridade por ele delegada, publica no Diário Oficial o quantitativo das vagas dos cargos que se destinam à reversão, segundo critérios de conveniência e oportunidade tirados do interesse da Administração (art. 4º, I, do Decreto 3.644/2000). O servidor que retornar à atividade por interesse da administração perceberá, em substituição aos proventos da aposentadoria, a remuneração do cargo que voltar a exercer, inclusive com as vantagens de natureza pessoal que percebia anteriormente à aposentadoria. Em seguida, quando se aposentar novamente só terá os proventos calculados com base nas regras atuais se permanecer pelo menos cinco anos no cargo.

Vale destacar, em qualquer dos dois casos acima, mais três regras:

a) que não cabe reversão quanto ao aposentado que já tiver completado 70 (setenta) anos de idade, pois, nesse caso, incide o instituto da aposentadoria compulsória;

b) que a reversão far-se-á no mesmo cargo ou no cargo resultante de sua transformação; e

c) que o tempo em que o servidor estiver em exercício será considerado para concessão da aposentadoria.

7.2.1.6. Reintegração

Segundo o art. 28, "a reintegração é a reinvestidura do servidor estável no cargo anteriormente ocupado, ou no cargo resultante de sua transformação, quando invalidada a sua demissão por decisão administrativa ou judicial, com ressarcimento de todas as vantagens".

Um exemplo é o caso de um servidor que vem a ser demitido do serviço público sem o devido processo legal. Nesse caso, este servidor poderá ingressar em juízo para o fim de pedir a declaração de nulidade da demissão operada, com a consequente determinação de que retorne ao serviço público, determinação essa que tem o nome de reintegração.

A reintegração também pode ser determinada por ato administrativo. Por exemplo, quando a própria Administração, percebendo que cometeu uma ilegalidade, anula o ato de demissão e determina a reintegração do agente que fora demitido.

A reintegração se dará no cargo que o servidor ocupada. Porém, na hipótese de o cargo ter sido extinto, o servidor ficará em disponibilidade, observado o disposto nos arts. 30 e 31.

Outra possibilidade é de que, no meio tempo entre a demissão do servidor e a sua reintegração, alguém tenha sido nomeado para o seu lugar. Nesse caso, esse alguém, se já era servidor federal ocupante de outro cargo na Administração, será reconduzido ao cargo de origem, sem direito à indenização ou aproveitado em outro cargo, ou, ainda, posto em disponibilidade.

7.2.1.7. Recondução

Segundo o art. 29, a recondução "é o retorno do servidor estável ao cargo anteriormente ocupado e decorrerá de:

I - inabilitação em estágio probatório relativo a outro cargo;

II - reintegração do anterior ocupante."

Essa forma de provimento nem sempre está prevista nos estatutos de servidores públicos nos estados e municípios, mas está presente no estatuto federal.

A primeira hipótese se aplica àquele que já tem um cargo público na esfera federal e que acaba por, depois de adquirir a estabilidade nesse primeiro cargo, ser aprovado em novo concurso e deixar o cargo em que se encontrava. Imagine que alguém então esteja nessa situação, mas no estágio probatório desse novo cargo acaba por ser reprovado. Não houvesse o instituto da recondução essa pessoa ficaria na rua, ou seja, perderia o primeiro e o segundo cargos. Porém, na esfera federal essa pessoa tem direito de voltar para o cargo que detinha. Os tribunais vêm interpretando ampliativamente o disposto no art. 29 da Lei 8.112/1990, com base no princípio da isonomia, para permitir a recondução não só do que não foi aprovado no estágio probatório de novo cargo, como também daquele que foi bem no estágio probatório do novo cargo e deseja ser reconduzido ao cargo de origem (STF, MS 24.271, DJ 20/09/2002, e STJ, REsp 817.061/RJ, DJ 04/08/2008)

A segunda hipótese se aplica na mesma situação (alguém que tinha um cargo na esfera federal e, já estável, preste novo concurso e assuma nova cargo em qualquer esfera), mas que acaba por ser desalojado desse segundo cargo pelo fato de ter sido nomeado para assumir o cargo de alguém que fora demitido, mas que acabou por conseguir a sua reintegração. Imagine que alguém então passe para um novo concurso, assuma uma vaga e, de repente, quem ocupava a sua vaga, acaba voltando para o serviço público. Nesse caso, esse que passou no novo concurso e foi nomeado em empossado nesse novo concurso, ficará desalojado, mas terá direito de retornar para o cargo anterior que detinha, pelo instituto da recondução.

Em qualquer dos dois casos, o servidor que é reconduzido para o antigo cargo que tinha pode se depara com o fato de que seu cargo estar cumprido à essa época. Nesse caso, o servidor será aproveitado em outro cargo de atribuições e vencimentos compatíveis com o anteriormente ocupado, nos termos do art. 30.

7.2.1.8. Disponibilidade e do Aproveitamento

A **disponibilidade** *é a colocação do servidor estável em inatividade remunerada, até seu adequado aproveitamento em outro cargo, com proventos proporcionais ao seu tempo de serviço.*

Trata-se de direito do servidor, desde que estável, que ocorre nas seguintes situações: a) quando o cargo é extinto; b) quando o cargo é declarado desnecessário; c) quando um servidor é reintegrado e volta para o cargo para onde foi chamado um novo servidor, ficando este desalojado por não ter um cargo de origem, devendo, então, ser colocado em disponibilidade.

É importante ressaltar que só tem esse direito quem já é estável (*vide* § 3º do art. 41 da CF). Nesse sentido, dispõe a Súmula 22 do STF que: "o estágio probatório não protege o funcionário contra a extinção do cargo".

Nunca se deve esquecer de que a CF é taxativa no sentido de que na disponibilidade a remuneração será proporcional ao tempo de serviço do agente. Antes da EC 19/98, o STF entendia que era integral, portanto é bom saber que agora é proporcional.

Uma vez colocado o servidor em disponibilidade, fica-se aguardando que este venha a ser aproveitado novamente no serviço, caso em que se terá o provimento denominado **aproveitamento**.

Segundo o art. 30, "o retorno à atividade de servidor em disponibilidade far-se-á mediante aproveitamento obrigatório em cargo de atribuições e vencimentos compatíveis com o anteriormente ocupado", sendo que "o órgão Central do Sistema de Pessoal Civil determinará o imediato aproveitamento de servidor em disponibilidade em vaga que vier a ocorrer nos órgãos ou entidades da Administração Pública Federal" (art. 31).

Segundo o art. 37, § 3º, "nos casos de reorganização ou extinção de órgão ou entidade, extinto o cargo ou declarada sua desnecessidade no órgão ou entidade, o servidor estável que não for redistribuído será colocado em disponibilidade, até seu aproveitamento", sendo que o servidor posto em disponibilidade poderá ser mantido sob responsabilidade do órgão central do Sistema de Pessoal Civil da Administração Federal - SIPEC, até o seu adequado aproveitamento em outro órgão ou entidade (art. 31, parágrafo único).

Por fim, o art. 32 dispõe que "será tornado sem efeito o aproveitamento e cassada a disponibilidade se o servidor não entrar em exercício no prazo legal, salvo doença comprovada por junta médica oficial".

7.2.2. Vacância

A desinvestidura ou vacância *consiste no desligamento do agente público correspondente à sua destituição do cargo, do emprego ou da função.*

Segundo o art. 33, a vacância do cargo público decorrerá de:

I – exoneração: não tem caráter punitivo;

II – demissão: tem caráter punitivo e demanda processo disciplinar;

III – promoção: o cargo anterior ao da promoção fica vago;

IV – readaptação: o cargo anterior ao da readaptação fica vago;

V – aposentadoria: no serviço público quem se aposenta perde o cargo que detinha;

VI – posse em outro cargo inacumulável: quem está num cargo e toma posse em outro que não é passível de cumulação, perde o primeiro cargo;

VII – falecimento: com a morte do servidor que ocupa um cargo, este, naturalmente, fica vago.

A exoneração, que não tem caráter punitivo, dar-se-á, quanto ao cargo efetivo, a pedido do servidor, ou de ofício. A exoneração de ofício dar-se-á:

I - quando não satisfeitas as condições do estágio probatório;

II - quando, tendo tomado posse, o servidor não entrar em exercício no prazo estabelecido.

A EC 19/98 prevê mais duas hipóteses de exoneração motivada. A primeira se dá em caso de avaliação insatisfatória de desempenho. Isso porque, a partir de tal emenda, é requisito para adquirir a estabilidade a aprovação em avaliação *especial* de desempenho (feita por comissão instituída para essa finalidade após os 3 anos de estágio probatório – art. 41, § 4º, CF) e, mesmo após adquirir-se a estabilidade, o servidor estará sujeito a avaliações *periódicas* de desempenho (procedimento que será regulamentado na forma de lei complementar, assegurada ampla defesa – art. 41, § 1º, III, CF), sendo que, não aprovado em qualquer dos dois tipos de avaliação, será exonerado. A segunda nova espécie de exoneração se dá para atender limite de despesas com pessoal ativo e inativo (art. 169, § 4º). A Lei de Responsabilidade Fiscal traz limites máximos de despesas com pessoal ativo e inativo, consistentes nos seguintes percentuais da receita corrente líquida: 50% (União) e 60% (Estados e Municípios). Em caso de superação desse limite, deve-se exonerar pessoal, consoante os critérios trazidos na Lei 9.801/99, que estabelece a necessidade de se começar a tentativa de readequação dos gastos reduzindo em pelo menos 20% os cargos em comissão e as funções de confiança, passando à exoneração dos não estáveis, para só após exonerar servidores estáveis e, mesmo assim, desde que ato normativo motivado de cada um dos Poderes especifique a atividade funcional, o órgão ou unidade objeto da redução e traga os seguintes critérios combinados: menor tempo de serviço, maior remuneração e menor idade. O servidor que perde cargo por esse motivo fará jus a indenização correspondente a um mês de remuneração por um ano de serviço. O cargo será extinto, vedada a criação de outro semelhante por pelo menos 4 anos.

Já exoneração de cargo em comissão e a dispensa de função de confiança dar-se-á:

I - a juízo da autoridade competente;

II - a pedido do próprio servidor.

Quanto à exoneração de cargo em comissão a juízo da autoridade competente, trata-se de ato discricionário, já que os cargos em comissão são de livre provimento e livre exoneração, e irrevogável, vez que a exoneração exaure a relação jurídica entre a Administração Pública e o agente; em caso de interesse no retorno do agente, o caso é de nova nomeação para o cargo em comissão e não de revogação da exoneração.

7.2.3. Remoção

A remoção não é uma forma de provimento, pois o servidor permanece no mesmo tipo de cargo que detinha, havendo mudança apenas no local de trabalho.

Trata-se, segundo o art. 36, do "deslocamento do servidor, a pedido ou de ofício, no âmbito do mesmo quadro, com ou sem mudança de sede".

Há três modalidades de remoção:

I - de ofício, no interesse da Administração; aqui o que importa é o interesse da Administração em suprir necessidades em determinados locais mais carentes de servidores do que em outros.

II - a pedido, a critério da Administração; aqui, a Administração não estava pensando em remover o servidor de um lugar para outro, mas, diante de um pedido do servidor a Administração analisa o caso e, entendendo que há também interesse público na remoção, vem a deferir o pedido formulado pelo servidor;

III - a pedido, para outra localidade, independentemente do interesse da Administração; aqui, a Administração não estava pensando em remover o servidor de um lugar para outro, mas, diante de um pedido do servidor baseado em fundamentos que a lei prevê como suficientes para que o servidor tenha o seu pedido atendido, a primeira é obrigada a deferir o pedido, mesmo que não haja interesse dela na remoção do servidor.

Quanto à terceira modalidade de remoção (a pedido, para outra localidade, independentemente do interesse da Administração), o servidor terá direito subjetivo a que seu pedido seja atendido se preencher um dos seguintes requisitos:

"a) para acompanhar cônjuge ou companheiro, também servidor público civil ou militar, de qualquer dos Poderes da União, dos Estados, do Distrito Federal e dos Municípios, que foi deslocado no interesse da Administração; vale salientar que a jurisprudência do STJ tem aplicado esse dispositivo não só quando o cônjuge que se desloca trabalha nos entes políticos mencionados (União, Estado, DF e Municípios), como também quanto aos agentes públicos que se deslocam e trabalham na administração indireta, inclusive em empresas estatais, tudo em homenagem ao princípio da proteção à família, previsto no art. 226 da CF (MS 14.195-DF); por outro lado, o dispositivo não tem sido aplicado quando o servidor removido não residia na mesma localidade que seu cônjuge pleiteante da remoção para acompanha-lo, antes da remoção do primeiro, pois se entende que o Estado, no caso, não se omite do seu dever de proteger a família, que ocorre quando há afastamento do convívio familiar direto e diário de um de seus integrantes (AgRg no REsp 1.209.391-PB). De nossa parte não concordamos com essa decisão, pois a proteção da família deve ser vista sob o prisma da máxima efetividade das normas constitucionais, de modo a abranger também a promoção da família, e não só a manutenção de *status quo* familiar.

b) por motivo de saúde do servidor, cônjuge, companheiro ou dependente que viva às suas expensas e conste do seu assentamento funcional, condicionada à comprovação por junta médica oficial;

a) em virtude de processo seletivo promovido, na hipótese em que o número de interessados for superior ao número de vagas, de acordo com normas preestabelecidas pelo órgão ou entidade em que aqueles estejam lotados."

Quanto à remoção de ofício, no interesse da Administração, este não é um direito absoluto da Administração. Nesse sentido, o STF, com fundamento no princípio constitucional da proteção à família, entende que esse princípio pode, em certas circunstâncias fáticas específicas, prevalecer em relação a dado objetivo legal de interesse público, quando houver grande desproporção entre a intensidade da desproteção da família e o ganho ao interesse público com determinada medida tomada nesse sentido. Por exemplo, entendeu-se que o princípio da proteção à família prevalece quando, determinada a remoção de ofício, verifica-se que o servidor não terá mais como frequentar na nova lotação curso superior que fazia e também não terá sua esposa ao seu lado por conta da impossibilidade do cônjuge de acompanha-lo (Ag. Reg. n. ARE 681.780-DF).

Por outro lado, quando um servidor pede sua remoção voluntariamente, não pode o seu cônjuge, argumentando que deseja acompanhar o servidor, exigir sua remoção também (STJ, AgRg no REsp 1.290.031, j. 28.8.2013). Isso porque o direito de acompanhar o cônjuge somente existe caso este tenha sido removido no interesse da Administração (art. 36, parágrafo único, III, "a", da Lei 8.112/1990), o que não acontece neste caso. De qualquer forma, a decisão do STJ a favor do direito à remoção para acompanhamento de cônjuge, em situação intermediária na qual este foi removido após processo seletivo criado por conta de abertura de nova unidade de órgão público em outra localidade, sendo que o STJ entendeu que esse processo seletivo foi mero instrumento formal adotado, uma vez que a transferência do servidor estaria condicionada ao juízo de conveniência da Administração (MS 14.753-DF).

7.2.4. Redistribuição

A redistribuição também não é uma forma de provimento, pois, aqui não um servidor saindo de um cargo e sendo designado para outro (provimento), mas, sim, há saída de um cargo de um lugar para outro lugar dentro da próprio órgão ou entidade do mesmo poder. Repare: um cargo é deslocado de um órgão para outro, pouco importando se este cargo está ocupado ou não.

Assim, a redistribuição trata-se, segundo o art. 37, do "deslocamento de cargo de provimento efetivo, ocupado ou vago no âmbito do quadro geral de pessoal, para outro órgão ou entidade do mesmo Poder, com prévia apreciação do órgão central do SIPEC,

São requisitos para a redistribuição os seguintes: "I - interesse da administração; II - equivalência de vencimentos; III - manutenção da essência das atribuições do cargo; IV - vinculação entre os graus de responsabilidade e complexidade das atividades; V - mesmo nível de escolaridade, especialidade ou habilitação profissional; VI - compatibilidade entre as atribuições do cargo e as finalidades institucionais do órgão ou entidade."

Vale ressaltar que a redistribuição ocorrerá *ex officio*, ou seja, de forma obrigatória para Administração, para ajustamento de lotação e da força de trabalho às necessidades dos serviços, inclusive nos casos de reorganização, extinção ou criação de órgão ou entidade.

Por fim, vale trazer à baila mais três regras a respeito do instituto, previstas nos §§ 2º, 3º e 4º do art. 37: a) "a redistribuição de cargos efetivos vagos se dará mediante ato conjunto entre o órgão central do SIPEC e os órgãos e entidades da Administração Pública Federal envolvidos"; b) "nos casos de reorganização ou extinção de órgão ou entidade, extinto o cargo ou declarada sua desnecessidade no órgão ou entidade, o servidor estável que não for redistribuído será colocado em disponibilidade, até seu aproveitamento na forma dos arts. 30 e 31"; c) "o servidor que não for redistribuído ou colocado em disponibilidade poderá ser mantido sob responsabilidade do órgão central do SIPEC, e ter exercício provisório, em outro órgão ou entidade, até seu adequado aproveitamento".

7.2.5. Substituição

A substituição também não é uma forma de provimento, pois o servidor que vem a substituir outra em cargo ou função fica apenas transitoriamente nessa condição, não havendo troca de seu cargo pelo cargo onde fará a substituição temporária.

Segundo o art. 38, "os servidores investidos em cargo ou função de direção ou chefia e os ocupantes de cargo de Natureza Especial têm substitutos indicados no regimento interno ou, no caso de omissão, previamente designados pelo dirigente máximo do órgão ou entidade".

A substituição se dará nos afastamento, impedimentos legais ou regulamentares do titular e também na vacância do cargo. Ocorrendo quaisquer dessas hipóteses, o substituto assumirá automática e cumulativamente o exercício do cargo ou função de direção ou chefia e os de Natureza Especial, sem prejuízo do cargo que ocupa.

O servidor substituto deverá, em qualquer hipótese, optar, durante o período de substituição, entre a remuneração do cargo que ocupa normalmente e a do cargo em que está substituindo.

O substituto fará jus, ainda, à retribuição pelo exercício do cargo ou função de direção ou chefia ou de cargo de Natureza Especial, mas, nesses casos, tal retribuição só será devida nos casos dos afastamentos ou impedimentos legais do titular, superiores a trinta dias consecutivos, paga na proporção dos dias de efetiva substituição, que excederem o referido período.

O instituto da substituição aplica-se aos titulares de unidades administrativas organizadas em nível de assessoria (art. 39).

7.3. DIREITOS E VANTAGENS

7.3.1. Vencimento e da Remuneração

Segundo o art. 40, vencimento "é a retribuição pecuniária pelo exercício de cargo público, com valor fixado em lei".

Já segundo o art. 41, remuneração "é o vencimento do cargo efetivo, acrescido das vantagens pecuniárias permanentes estabelecidas em lei".

Diante dos dois conceitos acima, percebe-se que o conceito de remuneração é mais amplo, pois engloba não só o vencimento, mas também as vantagens pecuniárias permanentes estabelecidas em lei.

Outro ponto a se observar é que tanto o vencimento como as vantagens pecuniárias precisam estar fixados em lei, sendo que somente as vantagens pecuniárias permanentes é que compõem a remuneração.

A Lei 8.112/1990 e a Constituição Federal enunciam os seguintes **princípios** a respeito do vencimento e da remuneração:

a) irredutibilidade de vencimentos e vantagens permanentes: o art. 41, § 3º, dispõe que o vencimento do cargo efetivo, acrescido das vantagens de caráter permanente, é irredutível; a disposição também está presente no art. 37, XV, da CF;

b) isonomia de vencimentos: o art. 41, § 4º, assegura a isonomia de vencimentos para cargos de atribuições iguais ou assemelhadas do mesmo Poder, ou entre servidores dos três Poderes, ressalvadas as vantagens de caráter individual e as relativas à natureza ou ao local de trabalho;

c) garantia de remuneração mínima: o art. 41, § 5º, dispõe que nenhum servidor receberá remuneração inferior ao salário mínimo.

d) proibição de efeito cascata: vantagens e gratificações não podem incidir umas sobre as outras. Nesse sentido, *vide* o inciso XIV do art. 37 da CF: "*os acréscimos pecuniários percebidos por servidor público não serão computados nem acumulados para fins de concessão de acréscimos ulteriores*".

e) respeito ao teto constitucional: o art. 42 da Lei 8.112/1990 estabelece que nenhum servidor poderá perceber, mensalmente, a título de remuneração, importância superior à soma dos valores percebidos como remuneração, em espécie, a qualquer título, no âmbito dos respectivos Poderes, pelos Ministros de Estado, por membros do Congresso Nacional e Ministros do Supremo Tribunal Federal; porém, essa regra foi superada por emendas constitucionais feitas na CF, que trouxeram novas disposições; a EC 41/2003 modificou o inciso XI do art. 37 da CF, que antes trazia como teto único o subsídio dos Ministros do STF, estabelecendo um teto nacional consistente também no subsídio mensal, em espécie, dos Ministros do STF, bem como subtetos para Estados, DF e Municípios. Na esfera da União vale o teto nacional (subsídio dos Ministros do STF) para todos os Poderes. Vale salientar que o valor do que deve estar contido no teto abrange a remuneração e o subsídio, os proventos, pensões ou outra espécie remuneratória, percebidos cumulativamente ou não, incluídas as vantagens pessoais ou de qualquer outra natureza. Além disso, a regra do teto atinge os ocupantes de cargos, funções e empregos públicos da administração, direta, autárquica e fundacional, membros dos Poderes da União, dos Estados, do DF e dos Municípios, detentores de mandato eletivo e demais agentes políticos. Aplica-se também às empresas públicas e sociedades de economia mista e suas subsidiárias que receberem recursos da União, dos Estados, do Distrito Federal ou dos Municípios para pagamento de despesas de pessoal ou custeio em geral (art. 37, § 9º, da CF).

De acordo com o art. 44, o **servidor perderá**:

a) a remuneração do dia em que faltar ao serviço, sem motivo justificado;

b) a parcela de remuneração diária, proporcional aos atrasos, ausências justificadas, ressalvadas as concessões de que trata o art. 97, e saídas antecipadas, salvo na hipótese de compensação de horário, até o mês subsequente ao da ocorrência, a ser estabelecida pela chefia imediata.

Quanto às faltas justificadas decorrentes de caso fortuito ou de força maior (ex: uma greve de ônibus na localidade, impedindo que um servidor chegue à repartição), estas poderão ser compensadas a critério da chefia imediata, sendo assim consideradas como efetivo exercício.

Quanto aos descontos em folha sobre a remuneração ou provento, os arts. 45 e 46 trazem as seguintes regras:

a) são proibidos, salvo por imposição legal ou mandado judicial, valendo salientar, no segundo caso, que o vencimento, a remuneração e o provento não serão objeto de arresto, sequestro ou penhora, exceto nos casos de prestação de alimentos resultante de decisão judicial.

b) são admitidos, mediante autorização do servidor, para consignação em folha de pagamento a favor de terceiros, a critério da administração e com reposição de custos, na forma definida em regulamento.

c) são admitidos para reposições e indenizações parceladas ao erário, desde que o valor de cada parcela não seja inferior ao correspondente a 10% (dez por cento) da remuneração, provento ou pensão, sendo que quando o pagamento indevido houver ocorrido no mês anterior ao do processamento da folha, a reposição será feita imediatamente, em uma única parcela e, na hipótese de valores recebidos em decorrência de cumprimento a decisão liminar, a tutela antecipada ou a sentença que venha a ser revogada ou rescindida, serão eles atualizados até a data da reposição (art. 46); o STJ entende que deve ser aplicado esse regime do art. 46 quando um servidor é autorizado a fazer doutorado fora do País condicionado a ficar o mesmo período no serviço público quando de seu retorno, mas que venha a se aposentar logo depois do seu retorno, prevalecendo essa regra em detrimento da regra prevista num contrato celebrado entre o servidor e a Administração, que previa a indenização à vista por parte do servidor, fundamentando-se a decisão no fato de que a regra estatutária (lei) prevalece sobre um mero contrato (REsp 1.103.315-ES, j. 19.8.2010):

Tratando-se de servidor em débito com o erário, mas que for demitido, exonerado ou que tiver sua aposentadoria ou disponibilidade cassada, terá o prazo de 60 (sessenta) dias para quitar o débito (art. 47), como forma de salvaguardar que a Administração, que terá, assim, maiores garantidas de que receberá os valores a que tem direito. Vale salientar que a não quitação do débito no prazo de 60 dias implicará sua inscrição em dívida ativa.

7.3.2. Vantagens

7.3.2.1. Aspectos gerais

Conforme se viu, a remuneração engloba o vencimento e também vantagens permanentes.

Resta saber o que são vantagens, quais são suas espécies e, depois, quais vantagens são permanentes e quais não são, ou seja, quais vantagens se incorporam ou não aos vencimentos e proventos.

Segundo o art. 49, temos as seguintes modalidades de vantagens:

I – indenizações, que não se incorporam ao vencimento ou provento para qualquer efeito;

II – gratificações, que se incorporam ao vencimento ou provento, nos casos e condições indicados em lei.

III – adicionais, que se incorporam ao vencimento ou provento, nos casos e condições indicados em lei.

Repetindo texto constitucional, que tem disposição semelhante no art. 37, XIV, o art. 50 dispõe que "as vantagens pecuniárias não serão computadas, nem acumuladas, para efeito de concessão de quaisquer outros acréscimos pecuniários ulteriores, sob o mesmo título ou idêntico fundamento". A ideia aqui é evitar o chamado efeito cascata, em que uma vantagem incide sobre a outra, em situação análoga ao que acontece quando há computo de juros sobre juros.

Vejamos, agora, cada uma das modalidades de vantagens.

7.3.2.2. Indenizações

Conforme já mencionado as indenizações são uma modalidade de vantagem que não se incorporam ao vencimento ou provento para qualquer efeito, sendo que os respectivos valores serão estabelecidos em regulamento.

Segundo os arts. 51 e ss., são indenizações ao servidor:

I - ajuda de custo: essa indenização compensa despesas de instalação do servidor que, no interesse do serviço, passa a ter exercício em nova sede, com mudança de domicílio em caráter permanente; a administração deve cobrir as despesas de transporte do servidor e de sua família, compreendendo passagem, bagagem e bens pessoais, calculando-se a ajuda de custo sobre a remuneração do servidor, não podendo exceder a importância correspondente a 3 (três) meses, nos termos de regulamento; a ajuda de custo segue, ainda, às seguintes regras: a) não será concedida ajuda de custo nas hipóteses de remoção a pedido do servidor e também a servidor que se afastar do cargo, ou reassumi-lo, em virtude de mandato eletivo; b) será concedida ajuda de custo àquele que, não sendo servidor da União, for nomeado para cargo em comissão, com mudança de domicílio; c) o servidor ficará obrigado a restituir a ajuda de custo quando, injustificadamente, não se apresentar na nova sede no prazo de 30 (trinta) dias; d) à família do servidor que falecer na nova sede são assegurados ajuda de custo e transporte para a localidade de origem, dentro do prazo de 1 (um) ano, contado do óbito; Segundo o STF, "o fato de o servidor voltar à origem espontaneamente não gera o direito à ajuda de custo, mostrando-se irrelevante a circunstância de haver sido afastado de função comissionada" (MS 24.089/DF);

II – diárias: essa indenização é devida ao servidor que, a serviço, afastar-se da sede em caráter transitório para outro ponto do no Brasil ou no exterior, consistindo em passagens e diárias destinadas a cobrir despesas extraordinárias com pousada, alimentação e locomoção urbana, conforme regulamento; as diárias seguem, ainda, às seguintes regras: a) serão concedidas por dia de afastamento, sendo devida apenas metade quando deslocamento não exigir pernoite ou quando a União custear, por meio diverso, as despesas extraordinárias cobertas por diárias; b) o servidor não fará jus a diárias nos casos em que o deslocamento constituir exigência permanente do cargo ou quando se deslocar dentro da mesma região metropolitana, aglomeração urbana ou microrregião, constituídas por municípios limítrofes e regularmente instituídas, ou em áreas de controle integrado mantidas com países limítrofes, cuja jurisdição e competência dos órgãos, entidades e servidores brasileiros considera-se estendida, salvo se houver pernoite fora da sede, hipóteses em que as diárias pagas serão sempre as fixadas para os afastamentos dentro do território nacional; c) o servidor que receber diárias e não se afastar da sede, por qualquer motivo, fica obrigado a restituí-las integralmente, no prazo de 5 (cinco) dias, sendo que, na hipótese de o servidor retornar à sede em prazo menor do que o previsto para o seu afastamento, restituirá as diárias recebidas em excesso, no mesmo prazo.

III – transporte: essa indenização é devida para fazer frente a despesas do servidor com a utilização de meio próprio de locomoção para a execução de serviços externos, por força das atribuições próprias do cargo, conforme o disposto em regulamento.

IV – auxílio-moradia: essa indenização consiste no ressarcimento das despesas comprovadamente realizadas pelo servidor com aluguel de moradia ou com hospedagem em hotel, no prazo de um mês após a comprovação da despesa pelo servidor, desde que a) não exista imóvel funcional disponível para uso pelo servidor, b) o cônjuge ou companheiro do servidor não ocupe imóvel funcional, c) o servidor ou seu cônjuge ou companheiro não seja ou tenha sido proprietário ou tenha direitos sobre imóvel no Município aonde for exercer o cargo, nos 12 meses que antecederem a sua nomeação; d) nenhuma outra pessoa que resida com o servidor receba auxílio-moradia; e) o servidor tenha se mudado do local de residência para ocupar cargo em comissão ou função de confiança do Grupo-Direção e Assessoramento Superiores - DAS, níveis 4, 5 e 6, de Natureza Especial, de Ministro de Estado ou equivalentes; e) o Município no qual assuma não se enquadre nas hipóteses do art. 58, § 3º, em relação ao local de residência ou domicílio do servidor; f) o servidor não tenha sido domiciliado ou tenha residido no Município, nos últimos 12 meses, desconsiderando-se prazo inferior a 60 dias dentro desse período; g) o deslocamento não tenha sido por força de alteração de lotação ou nomeação para cargo efetivo; h) o deslocamento tenha ocorrido após 30 de junho de 2006. Quanto ao valor mensal, auxílio é limitado a 25% do valor do cargo em comissão, função comissionada ou cargo de Ministro de Estado ocupado, não poderá superar 25% da remuneração de Ministro de Estado, sendo que, independentemente do valor da remuneração, fica garantido o ressarcimento até o valor de R$ 1.800,00. Por fim, no caso de falecimento, exoneração, colocação de imóvel funcional à disposição do servidor ou aquisição de imóvel, o auxílio-moradia continuará sendo pago por um mês.

7.3.2.3. Das Gratificações e Adicionais

Segundo o art. 61, além do vencimento e das vantagens previstas na lei, serão deferidos aos servidores as seguintes **retribuições, gratificações e adicionais**:

I – retribuição pelo exercício de função de direção, chefia e assessoramento (art. 62): devida ao servidor ocupante de cargo efetivo investido em função de direção, chefia ou assessoramento, cargo de provimento em comissão ou de Natureza Especial, sendo que lei específica estabelecerá a remuneração dos cargos em comissão; fica transformada em Vantagem Pessoal Nominalmente Identificada – VPNI a incorporação da retribuição pelo exercício de função de direção, chefia ou assessoramento, cargo de provimento em comissão ou de Natureza Especial a que se referem os arts. 3º e 10 da Lei 8.911, de 11 de julho de 1994, e o art. 3º da Lei 9.624, de 2 de abril de 1998, ficando a VPNI sujeita às revisões gerais de remuneração dos servidores públicos federais; sobre o fim da incorporação na remuneração dessa retribuição pelo exercício de tais funções, confira a seguinte decisão do STJ: "O art. 62, § 2º, da Lei n. 8.112/1990 instituiu a incorporação, a cada ano, de um quinto do valor relativo à gratificação pelo exercício de função de direção, chefia ou assessoramento até o limite de cinco anos. Já os arts. 3º e 10 da Lei n. 8.911/1994, que regulamentou com minúcias os chamados quintos, definiram critérios específicos para a concessão daquela incorporação. Sobreveio, então, a MP n. 1.595-14/1997, convertida na Lei n. 9.527/1997, que afastou a incorporação e transformou o que vinha sendo pago a esse título em vantagem pessoal nominalmente identificada (VPNI), isso em 11/11/1997. Após, a Lei n. 9.624/1998 transformou em décimos as parcelas de quintos incorporados entre 1º/11/1995 e 10/11/1997. Note-se que houve um alargamento do prazo limite para a incorporação dos quintos ao comparar-se o estipulado na Lei n. 9.527/1997 e na Lei n. 9.624/1998, o que alcançou todos os servidores que já preenchiam os requisitos para a obtenção da incorporação. Outrossim, resguardava aquela lei para aqueles que ainda não haviam integralizado o período necessário a possibilidade da incorporação de décimos pelo cumprimento de determinadas condições, ao considerar a situação individual de cada servidor. Por último, veio a MP 2.225-45/2001, que, ao referir-se aos retrocitados artigos das Lei n. 9.624/1998 e Lei n. 8.911/1994, permitiu a incorporação da gratificação relativa ao exercício da função comissionada no período de 8/4/1998 a 5/9/2001, transformando-a em VPNI. Com esse entendimento, também acolhido pelo Tribunal de Contas da União, a Turma, ao prosseguir o julgamento, deferiu a ordem para assegurar às autoras o direito à incorporação referente ao período mencionado, ou seja, de 8/4/1998 (Lei n. 9.624/1998) a 5/9/2001 (MP n. 2.225-45/2001)" (REsp 781.798-DF);

II – gratificação natalina (arts. 63 a 66): devida ao servidor no importe de 1/12 (um doze avos) da remuneração a que fizer jus no mês de dezembro, por mês de exercício no respectivo ano, sendo que a fração igual ou superior a 15 (quinze) dias será considerada como mês integral e, no caso de o servidor ser exonerado, perceberá sua gratificação natalina, proporcionalmente aos meses de exercício, calculada sobre a remuneração do mês da exoneração; a gratificação deve ser depositada para o servidor até o dia 20 (vinte) do mês de dezembro de cada ano; por fim, de rigor destacar que a gratificação natalina não será considerada para cálculo de qualquer vantagem pecuniária; segundo o STJ, "o adicional pela prestação de serviço extraordinário (hora extra) não integra a base de cálculo da gratificação natalina dos servidores públicos federais, pois não se enquadra no conceito de remuneração do caput do art.

41 da Lei n. 8.112/1990" (REsp 1.195.325-MS), conceito esse que abrange apenas os vencimentos e as vantagens de natureza permanente, que não é o caso da hora extra;

IV – adicional pelo exercício de atividades insalubres, perigosas ou penosas (arts. 68 a 72): os dois primeiros adicionais são devidos aos servidores que trabalhem com habitualidade em locais insalubres ou em contato permanente com substâncias tóxicas, radioativas ou com risco de vida, devendo o servidor que fizer jus a ambos adicionais optar por um deles, cessando o direito ao adicional com a eliminação das condições ou dos riscos que deram causa a sua concessão; quanto ao adicional de atividade penosa, será devido aos servidores em exercício em zonas de fronteira ou em localidades cujas condições de vida o justifiquem, nos termos, condições e limites fixados em regulamento; independente do direito ao adicional, a lei determina permanente controle da atividade de servidores em operações ou locais considerados penosos, insalubres ou perigosos, sendo que a servidora gestante ou lactante será afastada, enquanto durar a gestação e a lactação, das operações e locais previstos neste artigo, exercendo suas atividades em local salubre e em serviço não penoso e não perigoso e, quanto aos locais de trabalho e os servidores que operam com Raios X ou substâncias radioativas, serão mantidos sob controle permanente, de modo que as doses de radiação ionizante não ultrapassem o nível máximo previsto na legislação própria, submetendo-se os servidores respectivos a exames médicos a cada 6 (seis) meses.

V – adicional pela prestação de serviço extraordinário (arts. 73 e 74): devido ao servidor por serviço extraordinário, ou seja, por horas extras, sendo que o seu montante corresponderá à hora normal de trabalho com acréscimo de 50% (cinquenta por cento); porém, a Lei 8.112/90 determina que somente será admitido o serviço extraordinário para atender a situações excepcionais e temporárias, respeitado o limite máximo de 2 (duas) horas por jornada.

VI – adicional noturno (art. 75): devido ao servidor pela prestação de serviço noturno, em horário compreendido entre 22 (vinte e duas) horas de um dia e 5 (cinco) horas do dia seguinte, sendo que o seu montante corresponderá à hora normal de trabalho acrescido de 25% (vinte e cinco por cento), computando-se cada hora como cinquenta e dois minutos e trinta segundos; em se tratando de prestação de serviço noturno em horário extra (serviço extraordinário), o acréscimo de 25% incidirá sobre o valor da remuneração já com o acréscimo de 50% pela hora extra; segundo o STJ, o adicional noturno será devido mesmo que o servidor federa preste o serviço em regime de plantão, pois "o plantonista se submete aos mesmos desgastes sofridos pelos demais trabalhadores noturnos nos dias em que dobra a jornada; ele é obrigado a trocar o dia pela noite, bem como também se vê privado de vivenciar uma dia a dia normal, já que a vida dos homens urbanos rege-se pelo horário comercial das empresas" (REsp 1.292.335-RO, j. 09.04.2013);

VII – adicional de férias (art. 76): devido ao servidor, independentemente de solicitação, por ocasião das férias, sendo que o seu montante corresponderá a 1/3 (um terço) da remuneração do período das férias. Caso o servidor exerça função de direção, chefia ou assessoramento, ou ocupar cargo em comissão, qualquer uma das vantagens correspondentes será considerada no cálculo do adicional de férias;

quando um servidor se aposenta com férias a gozar, inicia-se prazo prescricional para pleitear indenização pelas férias não gozadas no momento da aposentadoria, que é quando não mais poderia usufruir férias (STJ, AgRg no AREsp 225.215-BA, j. 6.12..2012);

VIII – gratificação por encargo de curso ou concurso (art. 76-A): devida ao servidor que, em caráter eventual: a) atuar como instrutor em curso de formação, de desenvolvimento ou de treinamento regularmente instituído no âmbito da administração pública federal; b) participar de banca examinadora ou de comissão para exames orais, para análise curricular, para correção de provas discursivas, para elaboração de questões de provas ou para julgamento de recursos intentados por candidatos; c) participar da logística de preparação e de realização de concurso público envolvendo atividades de planejamento, coordenação, supervisão, execução e avaliação de resultado, quando tais atividades não estiverem incluídas entre as suas atribuições permanentes; d) participar da aplicação, fiscalizar ou avaliar provas de exame vestibular ou de concurso público ou supervisionar essas atividades. Os critérios de concessão e os limites dessa gratificação serão fixados em regulamento, observados os seguintes parâmetros: a) o valor da gratificação será calculado em horas, observadas a natureza e a complexidade da atividade exercida; b) a retribuição não poderá ser superior ao equivalente a 120 horas de trabalho anuais, ressalvada situação de excepcionalidade, devidamente justificada e previamente aprovada pela autoridade máxima do órgão ou entidade, que poderá autorizar o acréscimo de até 120 horas de trabalho anuais; c) o valor máximo da hora trabalhada corresponderá aos seguintes percentuais, incidentes sobre o maior vencimento básico da administração pública federal: i) 2,2%, em se tratando de atividades previstas nos incisos "a" e "b" acima; ii) 1,2%, em se tratando de atividade prevista nos incisos "c" e "d" acima. Por fim vale informar que a gratificação em questão somente será paga se as atividades referidas acima forem exercidas sem prejuízo das atribuições do cargo de que o servidor for titular, devendo ser objeto de compensação de carga horária quando desempenhadas durante a jornada de trabalho (§ 4º do art. 98), bem como que ela não se incorpora ao vencimento ou salário do servidor para qualquer efeito e não poderá ser utilizada como base de cálculo para quaisquer outras vantagens, inclusive para fins de cálculo dos proventos da aposentadoria e das pensões.

Vale lembrar que o "adicional por tempo de serviço" previsto na redação original da Lei 8.112/1990 (art. 67) não mais existe, tendo em vista a revogação do dispositivo. Assim, o adicional devido à razão de 1% por ano de serviço público, que também já foi à razão de 5% a cada 5 anos, não mais existe.

7.3.3. Férias

Temas fundamental em matéria de direitos do servidor é o das férias.

O art. 39, § 3º, da CF dispõe que o servidor tem, dentre outros direitos que o trabalhador comum, o direito o direito de férias anuais (art. 7º, XVII).

Regulamentando a questão o art. 77 da Lei 8.112/1990 dispõe que o servidor fará jus a 30 dias de férias, que podem ser acumuladas, até o máximo de dois períodos, no caso de necessidade do serviço, ressalvadas as hipóteses em que haja legislação específica. Nesse sentido, caso porventura haja excepcional acúmulo de mais de dois períodos de férias não gozadas, o STJ entende que esse fato não resulta em perda do direito de usufruí-la, vez que o objetivo das férias, que é de buscar a preservação da saúde do servidor público, deve continuar sendo buscado (MS 13.391/DF)

Quanto às demais regras sobre as férias temos as seguintes (arts. 77 a 80):

a) o primeiro período aquisitivo de férias depende de 12 meses de exercício;

b) é vedado levar à conta de férias qualquer falta ao serviço;

c) as férias poderão ser parceladas em até três etapas, desde que haja requerimento pelo servidor e interesse da administração pública;

d) o pagamento da remuneração das férias será efetuado até 2 (dois) dias antes do início do respectivo período;

e) o servidor exonerado do cargo efetivo, ou em comissão, perceberá indenização relativa ao período das férias a que tiver direito e ao incompleto, na proporção de um doze avos por mês de efetivo exercício, ou fração superior a quatorze dias, sendo que a indenização será calculada com base na remuneração do mês em que for publicado o ato exoneratório;

f) em caso de parcelamento das férias, o servidor receberá o valor adicional de um terço quando da utilização do primeiro período.

g) o servidor que opera direta e permanentemente com Raios X ou substâncias radioativas gozará 20 dias consecutivos de férias, por semestre de atividade profissional, proibida em qualquer hipótese a acumulação;

h) as férias somente poderão ser interrompidas por motivo de calamidade pública, comoção interna, convocação para júri, serviço militar ou eleitoral, ou por necessidade do serviço declarada pela autoridade máxima do órgão ou entidade, sendo que o restante do período interrompido será gozado de uma só vez, observado o direito ao parcelamento de férias na forma já mencionada.

7.3.4. Licenças

Outra tema fundamental em matéria de direitos do servidor é o da licença. Esta *consiste no direito do servidor não exercer suas atividades laborativas, com ou o sem remuneração, nos taxativos casos previstos em lei, em que se entende justo, atendido o interesse público, que se confira a licença.*

Segundo o art. 82, a licença concedida dentro de 60 dias do término de outra da mesma espécie será considerada como prorrogação.

Os taxativos casos em que se pode deferir uma licença aos servidores públicos estão previstos no art. 81 e são os seguintes:

I – por motivo de doença em pessoa da família (art. 83): concedida ao servidor por motivo de doença do cônjuge ou companheiro, dos pais, dos filhos, do padrasto ou madrasta e enteado, ou dependente que viva a suas expensas e conste do seu assentamento funcional, mediante comprovação por perícia médica oficial, sendo deferida apenas se a assistência direta do servidor for indispensável e não puder ser prestada simultaneamente com o exercício do cargo ou mediante compensação de horário na forma do art. 44, II; a licença em questão, incluídas as prorrogações, poderá ser concedida a cada período de doze meses nas seguintes condições: a) por até 60 dias, consecutivos ou não, mantida a remuneração do servidor; e b) por até 90 dias, consecutivos ou não, sem remuneração. O início do interstício de 12 meses será contado a partir da data do deferimento da primeira licença concedida, sendo que a soma das licenças remuneradas e das licenças não remuneradas, incluídas as respectivas prorrogações, concedidas em um mesmo período de 12 meses, não poderá ultrapassar os 60 e 90 dias referidos acima. Vale ressaltar que é vedado o exercício de atividade remunerada durante o período da licença de que trata este item.

II – por motivo de afastamento do cônjuge ou companheiro (art. 84): concedida ao servidor para acompanhar cônjuge ou companheiro que foi deslocado para outro ponto do território nacional, para o exterior ou para o exercício de mandato eletivo dos Poderes Executivo e Legislativo. A licença em questão será por prazo indeterminado e sem remuneração. Excepcionalmente, no deslocamento de servidor cujo cônjuge ou companheiro também seja servidor público de qualquer dos Poderes de qualquer ente federativo, poderá haver exercício provisório em órgão ou entidade da Administração Federal direta, autárquica ou fundacional, desde que para o exercício de atividade compatível com o seu cargo; quanto à hipótese excepcional de *exercício provisório*, é distinta da prevista no art. 36, parágrafo único, III, "a" (direito à remoção por deslocamento de cônjuge por interesse da Administração), não requerendo que o servidor tenha sido deslocado por motivo de interesse da Administração; por conta disso, o STJ reconheceu tal direito a uma servidora da justiça trabalhista de Porto Alegre, cujo marido fora aprovado em concurso para trabalhar numa Prefeitura do Rio de Janeiro, autorizando que esta trabalhasse no TRT da 1ª Região (Rio de Janeiro), já que o cargo dela (analista judiciário) encontra atividade compatível nesse tribunal (REsp 871.762-RS);

III - para o serviço militar (art. 85): concedida ao servidor convocado para o serviço militar, na forma e condições previstas na legislação específica; no entanto, concluído o serviço militar, o servidor terá até 30 dias sem remuneração para reassumir o exercício do cargo;

IV – para atividade política (art. 86): concedida ao servidor, sem remuneração, num primeiro momento, durante o período que mediar entre a sua escolha em convenção partidária, como candidato a cargo eletivo, e a véspera do registro de sua candidatura perante a Justiça Eleitoral, sendo que, posteriormente, a partir do registro da candidatura e até o décimo dia seguinte ao da eleição, o servidor fará jus à licença, assegurados os vencimentos do cargo efetivo, somente pelo período de três meses. Ressalte-se que servidor candidato a cargo eletivo na localidade onde desempenha suas funções e que exerça cargo de direção, chefia, assessoramento, arrecadação ou fiscalização, dele será afastado, a partir do dia imediato ao do registro de sua candidatura perante a Justiça Eleitoral, até o décimo dia seguinte ao do pleito;

V – para capacitação (art. 87): concedida ao servidor, no interesse da Administração, após cada quinquênio de efetivo exercício, permitindo que este se afaste do exercício do cargo efetivo, com a respectiva remuneração, por até três meses, para participar de curso de capacitação profissional. Vale ressaltar que os períodos de licença não são acumuláveis;

VI – para tratar de interesses particulares (art. 91): concedida, a critério da Administração, ao servidor ocupante de cargo efetivo, desde que não esteja em estágio probatório, para o trato de assuntos particulares, pelo prazo de até três anos consecutivos, sem remuneração. A licença poderá ser interrompida, a qualquer tempo, a pedido do servidor ou no interesse do serviço;

VII – para desempenho de mandato classista (art. 92): assegurada ao servidor, para o desempenho de mandato em confederação, federação, associação de classe de âmbito nacional, sindicato representativo da categoria ou entidade fiscalizadora da profissão ou, ainda, para participar de gerência ou administração em sociedade cooperativa constituída por servidores públicos para prestar serviços a seus membros, considerando o afastamento como de efetivo exercício, conforme disposto em regulamento e observados os seguintes limites: a) para entidades com até 5.000 associados, um servidor; b) para entidades com 5.001 a 30.000 associados, dois servidores; c) para entidades com mais de 30.000 associados, três servidores. Somente poderão ser licenciados servidores eleitos para cargos de direção ou representação nas referidas entidades, desde que cadastradas no Ministério da Administração Federal e Reforma do Estado. A licença terá duração igual à do mandato, podendo ser prorrogada, no caso de reeleição, e por uma única vez.

7.3.5. Afastamentos

A par das licenças, há também como direitos dos servidores os afastamentos, que são das seguintes modalidades:

I - Afastamento para Servir a Outro Órgão ou Entidade (art. 93): o servidor poderá (repare que não é "deverá", pois há discricionariedade para a Administração) ser cedido temporariamente para outro órgão ou entidade dos Poderes da União, Estados, DF e Municípios, nas seguintes hipóteses: a) para cargo em comissão ou função de confiança; b) em casos previstos em leis específicas; a cessão far-se-á mediante Portaria publicada no Diário Oficial da União; no primeiro caso, sendo a cessão para órgãos ou entidades dos Estados, DF ou Municípios, o ônus da remuneração (ou seja, que pagará o servidor) será do órgão ou entidade cessionária (quem recebe o servidor – Estados, DF ou Municípios), mantido o ônus para o cedente (a União ou suas pessoas de direito público) nos demais casos; caso o servidor seja cedido a empresa pública ou sociedade de economia mista e opte pela remuneração do cargo efetivo ou por esta acrescida de percentual da retribuição do cargo em comissão, a entidade cessionária (a empresa estatal) efetuará o reembolso das despesas realizadas pelo órgão ou entidade de origem (a União ou suas pessoas de direito público); a União arcará também com os ônus mencionados nos dois casos acima quando for ela quem requisitar um servidor de outra entidade; independentemente de se tratar de cargo em comissão ou função de confiança, o servidor do Poder Executivo poderá também ser cedido para trabalhar, para fim determinado e a prazo certo, para outro órgão da Administração Federal direta, desde que este não tenha quadro próprio de pessoal e haja autorização expressa do Presidente da República; da mesma forma, o Ministério do Planejamento, Orçamento e Gestão, com a finalidade de promover a composição da força de trabalho dos órgãos e entidades da Administração Pública Federal, poderá determinar a lotação ou o exercício de empregado ou servidor, independentemente de se tratar de cargo em comissão ou função de confiança.

II – Afastamento para Exercício de Mandato Eletivo (art. 94): ao servidor já investido em mandato eletivo aplicam-se as seguintes disposições: a) tratando-se de mandato federal, estadual ou distrital, ficará afastado do cargo; b) investido no mandato de Prefeito, será afastado do cargo, sendo-lhe facultado optar pela sua remuneração; c) investido no mandato de vereador e, havendo compatibilidade de horário, perceberá as vantagens de seu cargo, sem prejuízo da remuneração do cargo eletivo; não havendo, será afastado do cargo, sendo-lhe facultado optar pela sua remuneração; no caso de afastamento do cargo, o servidor contribuirá para a seguridade social como se em exercício estivesse; o servidor investido em mandato eletivo ou classista não poderá ser removido ou redistribuído de ofício para localidade diversa daquela onde exerce o mandato.

III – Afastamento para Estudo ou Missão no Exterior (arts. 95 e 96): o servidor poderá ausentar-se do País para estudo ou missão oficial desde que haja autorização do Presidente da República, Presidente dos Órgãos do Poder Legislativo e Presidente do Supremo Tribunal Federal, sendo que a ausência não excederá a 4 anos, e finda a missão ou estudo, somente decorrido igual período, será permitida nova ausência; todavia, o servidor beneficiado por esse afastamento não poderá ter deferidos exoneração na Administração ou pedido licença para tratar de interesse particular antes de decorrido período igual ao do afastamento, ressalvada a hipótese de ressarcimento da despesa havida com seu afastamento; essa forma de afastamento não se aplica aos servidores da carreira diplomática, dada as peculiaridades dessa carreira; já quanto ao afastamento de servidor para servir em organismo internacional de que o Brasil participe ou com o qual coopere, dar-se-á com perda total da remuneração, sem prejuízo de que no organismo internacional para no qual o servidor vai atuar este recebe remuneração; aplica-se à participação em programa de pós-graduação no Exterior autorizado nos termos do presente afastamento as regras de que trata o afastamento seguinte.

IV – Afastamento para Participação em Programa de Pós-Graduação *Stricto Sensu* no País (art. 96-A): o servidor poderá, desde que haja interesse da Administração e que a frequência realmente não possa ocorrer simultaneamente com o exercício do cargo ou mediante compensação de horário, pedir o afastamento do exercício do cargo efetivo, mantendo a remuneração, para participar em programa de pós-graduação *stricto sensu* (mestrado ou doutorado) em instituição de ensino superior no País; ato do dirigente máximo do órgão ou entidade definirá, em conformidade com a legislação vigente, os programas de capacitação e os critérios para participação em programas de pós-graduação no País, com ou sem afastamento do servidor, que serão avaliados por um comitê constituído para este fim; os afastamentos para realização de programas de mestrado e doutorado somente serão concedidos aos servidores titulares de cargos efetivos no respectivo órgão ou entidade há pelo menos 3 anos para mestrado e 4 anos para doutorado, incluído o período de estágio probatório, que não tenham se afastado por licença para tratar de assuntos particulares para gozo de licença capacitação ou com fundamento neste artigo nos 2 anos anteriores à data da solicitação de afastamento; os afastamentos para realização de programas de pós-doutorado somente serão concedidos aos servidores titulares de cargos efetivo no respectivo órgão ou entidade há pelo menos quatro anos, incluído o período de estágio probatório, e que não tenham se afastado por licença para tratar de assuntos particulares ou com fundamento neste artigo, nos quatro anos anteriores à data da solicitação de afastamento; os servidores beneficiados pelos afastamentos terão que permanecer no exercício de suas funções após o seu retorno por um período igual ao do afastamento concedido; caso o servidor venha a solicitar exoneração do cargo ou aposentadoria, antes de cumprido o período de permanência mencionado, deverá ressarcir o órgão ou entidade, na forma do art. 47 da Lei 8.112, de 11 de dezembro de 1990, dos gastos com seu aperfeiçoamento; também terá de ressarcir o órgão ou entidade o servidor que não obtiver o título ou grau que justificou seu afastamento no período previsto, salvo na hipótese comprovada de força maior ou de caso fortuito, a critério do dirigente máximo do órgão ou entidade.

7.3.6. Concessões

Outro instituto bastante comum no serviço público é o das concessões. Esse instituto tem três: a) concessão que permite ao servidor, em determinadas situações, ausentar-se do serviço por um pequeno período, que varia de acordo com a hipótese, sem qualquer prejuízo; b) concessão que permite ao servidor cumprir um horário especial de trabalho, diferente dos demais servidores; c) concessão que garante ao servidor e seus familiares vaga em instituição de ensino quando mudar de sede no interesse da administração.

Vejamos as hipóteses legais que permitem a **ausência ao serviço** (art. 97):

I - para **doação de sangue**, por 1 (um) dia;

II - pelo período comprovadamente necessário para **alistamento ou recadastramento eleitoral**, limitado, em qualquer caso, a dois dias;

III - **casamento** ou **falecimento** do cônjuge, companheiro, pais, madrasta ou padrasto, filhos, enteados, menor sob guarda ou tutela e irmãos, por 8 (oito) dias consecutivos.

Vejamos as hipóteses legais que permitem o **horário especial de trabalho** (art. 98):

I - quando comprovada a incompatibilidade entre o **horário escolar** e o da repartição, sem prejuízo do exercício do cargo; o servidor poderá ajustar o seu horário de trabalho com o horário escolar, porém será exigida a compensação de horário no órgão ou entidade que tiver exercício, respeitada a duração semanal do trabalho.

II - quanto ao servidor portador de deficiência, quando comprovada a necessidade por junta médica oficial, independentemente de compensação de horário.

III – quanto ao servidor cujo cônjuge, filho ou dependente for portador de deficiência física, exigindo-se, porém, neste caso, compensação de horário.

IV – quanto ao servidor que desempenhe atividade prevista nos incisos I e II do caput do art. 76-A (atuação como instrutor em curso de formação, de desenvolvimento ou de treinamento no âmbito da administração federal, ou participação de banca examinadora ou de comissão para análise curricular e correção ou elaboração de provas), vinculado à compensação de horário a ser efetivada no prazo de até 1 (um) ano.

Quanto à hipótese legal que garante ao servidor e seus familiares vaga em instituição de ensino (art. 99), esta se dá quando o servidor mudar de sede no interesse da administração, caso em que terá direito à matrícula em instituição de ensino congênere, em qualquer época, independentemente de vaga, sendo que esse direito é garantido ao próprio servidor e também ao cônjuge ou companheiro, aos filhos, ou enteados do servidor que vivam na sua companhia, bem como aos menores sob sua guarda, com autorização judicial.

7.3.7. Tempo de Serviço

O tema "tempo de serviço" já não é mais tão importante hoje. Em relação ao "adicional por tempo de serviço", este já não existe mais, desde que a Lei 8.112/1990 foi revogada nesse ponto. Já em relação à "aposentadoria por tempo de serviço", também não existe mais, desde que a EC 20/1998 passou a exigir "tempo de contribuição" no lugar de "tempo de serviço", para que alguém se aposente no serviço público.

De qualquer forma, a revogada norma acerca do "adicional por tempo de serviço" pode ainda gerar alguma controvérsia pra quem tenha conseguido algum adicional quando ainda era cabível e a questão das aposentadorias tem regras de transição, que admitem que, quem estava no serviço público antes da EC 20/1998, possa considerar o mero "tempo de serviço" anterior à emenda, para compor parte do tempo necessário para conseguir a aposentadoria.

Assim, apesar da pouca utilização do instituto tempo de serviço na esfera federal, justifica-se ainda tecer considerações a respeito, por conta do eventual uso do instituto em alguma situação específica.

Confira-se as regras a respeito:

a) é contado para todos os efeitos o tempo de serviço público federal, inclusive o prestado às Forças Armadas (art. 100).

b) a apuração do tempo de serviço será feita em dias, que serão convertidos em anos, considerado o ano como de trezentos e sessenta e cinco dias (art. 101).

c) além das ausências ao serviço previstas no art. 97 (concessões para doação de sangue, casamento etc.), são considerados como de efetivo exercício os afastamentos em virtude de (art. 102): i) férias (assim, incide sobre as férias o adicional de periculosidade – STJ, Resp 536.104/RS); ii) exercício de cargo em comissão ou equivalente, em órgão ou entidade dos Poderes da União, dos Estados, Municípios e Distrito Federal; iii) exercício de cargo ou função de governo ou administração, em qualquer parte do território nacional, por nomeação do Presidente da República; iv) participação em programa de treinamento regularmente instituído ou em programa de pós-graduação stricto sensu no País, conforme dispuser o regulamento; v) desempenho de mandato eletivo federal, estadual, municipal ou do Distrito Federal, exceto para promoção por merecimento; vi) júri e outros serviços obrigatórios por lei; vii) missão ou estudo no exterior, quando autorizado o afastamento, conforme dispuser o regulamento; viii) licença à gestante, à adotante e à paternidade; para tratamento da própria saúde, até o limite de vinte e quatro meses, cumulativo ao longo do tempo de serviço público prestado à União, em cargo de provimento efetivo; para o desempenho de mandato classista ou participação de gerência ou administração em sociedade cooperativa constituída por servidores para prestar serviços a seus membros, exceto para efeito de promoção por merecimento; por motivo de acidente em serviço ou doença profissional; para capacitação, conforme dispuser o regulamento; por convocação para o serviço militar; ix) deslocamento para a nova sede de que trata o art. 18; x) participação em competição desportiva nacional ou convocação para integrar representação desportiva nacional, no País ou no exterior, conforme disposto em lei específica; xi) afastamento para servir em organismo internacional de que o Brasil participe ou com o qual coopere; por conta de se considerar tais ausências como de efetivo exercício, "é devido o pagamento de auxílio-alimentação e vale-transporte durante os afastamentos de servidor público federal previstos no art. 102 da Lei n. 8.112/1990, tal como a licença para frequência a curso de aperfeiçoamento" (STJ, REsp 614.433/RJ);

d) contar-se-á apenas para efeito de aposentadoria e disponibilidade (art. 103): i) o tempo de serviço público prestado aos Estados, Municípios e Distrito Federal; ii) a licença para tratamento de saúde de pessoal da família do servidor, com remuneração, que exceder a 30 (trinta) dias em período de 12 (doze) meses; iii) a licença para atividade política, no caso do art. 86, § 2º; iv) o tempo correspondente ao desempenho de mandato eletivo federal, estadual, municipal ou distrital, anterior ao ingresso no serviço público federal; v) o tempo de serviço em atividade privada, vinculada à Previdência Social; vi) o tempo de serviço relativo a tiro de guerra; vii) o tempo de licença para tratamento da própria saúde que exceder o prazo a que se refere a alínea "b" do inciso VIII do art. 102.

e) o tempo em que o servidor esteve aposentado será contado apenas para nova aposentadoria (art. 103, § 1º);

f) será contado em dobro o tempo de serviço prestado às Forças Armadas em operações de guerra (art. 103, § 2º); essa regra não foi recepcionada pela texto constitucional incluído pela EC 20/1998, pelo qual "a lei não poderá estabelecer qualquer forma de contagem de tempo de contribuição fictício" (art. 40, § 10, da CF);

g) é vedada a contagem cumulativa de tempo de serviço prestado concomitantemente em mais de um cargo ou função de órgão ou entidades dos Poderes da União, Estado, Distrito Federal e Município, autarquia, fundação pública, sociedade de economia mista e empresa pública (art. 103, § 3º).

7.3.8. Direito de Petição

Fechando o rol de direitos do servidor, temos o direito de petição.

Esse direito está assegurado a qualquer indivíduo, de forma, genérica no próprio texto constitucional. O art. 5º, XXXIV, da CF assegura a todos, independentemente do pagamento de taxas, "o direito de petição aos Poderes Públicos em defesa de direitos ou contra ilegalidade ou abuso de poder".

Dessa forma, a primeira conclusão é de que, mesmo que não houvesse a repetição desse direito na Lei 8.112/1990, o servidor, invocando o próprio texto constitucional, já poderia exercer o direito de petição. Assim, eventual pedido que o servidor deseja fazer que eventualmente não se encaixe nas hipóteses legais previstas na lei em questão, pode ser feito com fundamento na Constituição, ocasião em que as balizas serão as previstas no texto maior, e não as trazidas na Lei 8.112/1990.

A segunda conclusão é de que, como o texto constitucional não estabelece prazo algum para o exercício desse direito, não poderia uma lei infraconstitucional restringir um direito constitucional considerado fundamental. Assim, o servidor, mesmo que fundamente seu pedido na Lei 8.112/1990, pode exercer esse direito a qualquer tempo, devendo a Administração analisar o pedido formulado. Todavia, é possível que o direito de fundo que dá ensejo ao pedido formulado pelo servidor já tenha decaído (pela decadência ou pela prescrição), caso em que é possível que a Administração, ao apreciar o pedido formulado pelo servidor, venha a não acolhê-lo, pela extinção do direito potestativo ou da pretensão.

Feitas essas observações, vamos ao que dispõe a Lei 8.112/1990 acerca do direito de petição.

Quanto ao objeto do direito, o art. 104 assegura ao servidor o direito de requerer aos Poderes Públicos providências em "defesa de direito ou interesse legítimo". Repare que o texto constitucional é mais amplo, permitindo o direito de petição "em defesa de direitos ou contra ilegalidade ou abuso de poder". Assim, há de se ler o texto infraconstitucional à luz do texto constitucional, para o fim de ampliar as hipóteses que ensejam o direito de petição do servidor.

Quanto ao destinatário do requerimento (pedido feito no direito de petição), o art. 105 dispõe que "requerimento será dirigido à autoridade competente para decidi-lo. Todavia, a petição será encaminhada à autoridade competente por intermédio da chefia do requerente".

Quanto à impugnação à decisão tomada em face do requerimento, o art. 106 dispõe que "cabe pedido de reconsideração à autoridade que houver expedido o ato ou proferido a primeira decisão, pedido de reconsideração esse que não pode ser renovado".

Tanto o requerimento, como o pedido de reconsideração acima mencionados deverão ser despachados no prazo de 5 dias e decididos dentro de 30 dias.

Ainda em relação à impugnação de decisões tomadas em face do requerimento, o art. 107 prevê agora a figura do recurso, que caberá nas seguintes hipóteses: a) do indeferimento do pedido de reconsideração; b) das decisões sobre os recursos sucessivamente interpostos.

O recurso (o primeiro deles) será dirigido à autoridade imediatamente superior à que tiver expedido o ato ou proferido a decisão, e, sucessivamente (os demais recursos), em escala ascendente, às demais autoridades.

Assim como acontece com o pedido de reconsideração, o recurso será encaminhado por intermédio da autoridade a que estiver imediatamente subordinado o requerente, ou seja, por intermédio da chefia do requerente.

Quanto aos prazos para a interposição do pedido de reconsideração ou do recurso, o art. 108 prevê que são de 30 dias, a contar da publicação ou da ciência, pelo interessado, da decisão recorrida.

Quanto aos efeitos em que são recebidos os recursos, em regra, o efeito é somente devolutivo, ou seja, o recurso não suspende a tomada de decisões pela Administração com base no que foi decidido. Todavia, a juízo da autoridade competente, o recurso poderá ser recebido com efeito suspensivo (art. 109). Em caso de provimento do pedido de reconsideração ou do recurso, os efeitos da decisão retroagirão à data do ato impugnado. Sobre o efeito meramente devolutivo, como regra, do recurso administrativo, o STJ entende que "a Administração, após regular processo disciplinar e diante da presunção de sinceridade, da imperatividade, da autoexecutoriedade e da boa-fé do ato administrativo, pode aplicar penalidade ao servidor público independentemente do julgamento do recurso administrativo interposto que, em geral, é recebido apenas no efeito devolutivo (art. 109 da Lei n. 8.112/1990)" (MS 10.759-DF).

Quanto ao direito de requerer, o art. 110 prevê que prescreve nos prazos seguintes, contados da data da publicação do ato impugnado ou da data da ciência pelo interessado, quando o ato não for publicado:

a) em 5 anos, quanto aos atos de demissão e de cassação de aposentadoria ou disponibilidade, ou que afetem interesse patrimonial e créditos resultantes das relações de trabalho;

b) em 120 dias, nos demais casos, salvo quando outro prazo for fixado em lei.

Há de se esclarecer que o pedido de reconsideração e o recurso, quando cabíveis, interrompem a prescrição (art. 111).

Reforçando a questão da prescrição, a Lei 8.112/90 ainda prevê que "a prescrição é de ordem pública, não podendo ser relevada pela administração", ou seja, aquele que for julgar o requerimento inicial do direito de petição ou algum recurso há de reconhecer de ofício a prescrição, quando esta já tiver se efetivado.

Conforme mencionado no início desse item, em sendo o direito de petição um direito de natureza constitucional fundamental, a lei não poderia impedir que alguém o exerça transcorrido certo tempo. Talvez por isso a Lei 8.112/1990 tenha, logo após estabelecer os prazo prescricionais e dispor que são de ordem pública (arts. 110 e 112), se "arrependido", ao assegurar que "a administração deverá rever seus atos, a qualquer tempo, quando eivados de ilegalidade" (art. 114, *g.n.*).

Em outras palavras, para conjugar o texto constitucional com o texto da Lei 8.112/1990, quando um servidor público invocar o direito constitucional de petição, para fazer algum requerimento, este deve sempre ser conhecido, mas nem sempre deferido, pois é possível que a pretensão ou o direito potestativo do servidor já tenha prescrito ou decaído. Em qualquer caso, em a Administração reconhecendo ter havido uma ilegalidade, deve, respeitados os prazos decadenciais existentes, tomar as devidas providências para a anulação dos atos.

Para assegurar a máxima efetividade do direito de petição, o art. 113 assegura "vista do processo ou documento, na repartição, ao servidor ou a procurador por ele constituído".

Por fim, o art. 115 dispõe que são fatais e improrrogáveis os prazos estabelecidos acima, salvo motivo de força maior.

7.4. DO REGIME DISCIPLINAR

7.4.1. Aspectos gerais

A temática do "regime disciplinar" tem quatro grandes temas: a) deveres do servidor; b) proibições ao servidor; c) vedação de acumulação remunerada de cargos públicos; d) responsabilidade civil, administrativa e penal do servidor; e) penalidades disciplinares e hipóteses em que devem ser aplicadas.

A partir dos deveres e proibições dos servidores será construído um cenário com as condutas que o servidor podem ou não tomar e, em seguida, serão enumerados os casos em que um servidor pode sofrer uma penalidade disciplinar, bem como quais são as penalidades disciplinares cabíveis para cada caso.

Portanto, ao se estudar os deveres e proibições dos servidores, há de se ficar atento, pois tais deveres e proibições serão retomados quando se definir quais casos ensejam punição disciplinar a respectiva penalidade disciplinar.

7.4.2. Deveres do servidor

Segundo o art. 116, são **deveres do servidor**:

I – exercer com zelo e dedicação as atribuições do cargo;

II – ser leal às instituições a que servir;

III – observar as normas legais e regulamentares;

IV – cumprir as ordens superiores, exceto quando manifestamente ilegais; por exemplo, n

V – atender com presteza:

a) ao público em geral, prestando as informações requeridas, ressalvadas as protegidas por sigilo;

b) à expedição de certidões requeridas para defesa de direito ou esclarecimento de situações de interesse pessoal;

c) às requisições para a defesa da Fazenda Pública.

VI – levar as irregularidades de que tiver ciência em razão do cargo ao conhecimento da autoridade superior ou, quando houver suspeita de envolvimento

desta, ao conhecimento de outra autoridade competente para apuração; esse dever teve redação alterada pela Lei 12.527/2011 e é extremamente relevante, pois em boa parte dos casos apenas um servidor público sabe das irregularidades cometidas por outro servidor e, se não há um dever como esse para que o servidor público inocente denuncie irregularidades, grande parte dos casos de corrupção e outras ilegalidades nunca será conhecida para punir o servidor que tiver cometido a irregularidade; agora, o servidor inocente quanto à irregularidade poderá se tornar um servidor culpado por uma infração disciplinar (de não denunciar a irregularidade), o que faz como que os servidores tenham efetivamente que denunciar ilegalidades para que não sejam punidos também;

VII – zelar pela economia do material e a conservação do patrimônio público;

VIII – guardar sigilo sobre assunto da repartição;

IX – manter conduta compatível com a moralidade administrativa;

X – ser assíduo e pontual ao serviço;

XI – tratar com urbanidade as pessoas;

XII – representar contra ilegalidade, omissão ou abuso de poder; essa representação será encaminhada pela via hierárquica (pela chefia do servidor) e apreciada pela autoridade superior àquela contra a qual é formulada, assegurando-se ao representando ampla defesa.

7.4.3. Proibições ao servidor

Segundo o art. 117, são proibições ao servidor:

I – ausentar-se do serviço durante o expediente, sem prévia autorização do chefe imediato;

II – retirar, sem prévia anuência da autoridade competente, qualquer documento ou objeto da repartição;

III – recusar fé a documentos públicos;

IV – opor resistência injustificada ao andamento de documento e processo ou execução de serviço;

V – promover manifestação de apreço ou desapreço no recinto da repartição;

VI – cometer a pessoa estranha à repartição, fora dos casos previstos em lei, o desempenho de atribuição que seja de sua responsabilidade ou de seu subordinado;

VII – coagir ou aliciar subordinados no sentido de filiarem-se a associação profissional ou sindical, ou a partido político;

VIII – manter sob sua chefia imediata, em cargo ou função de confiança, cônjuge, companheiro ou parente até o segundo grau civil;

IX – valer-se do cargo para lograr proveito pessoal ou de outrem, em detrimento da dignidade da função pública; o STJ entendeu configurado o dispositivo num caso em que um "servidor não ocupante de cargo efetivo, valendo-se do cargo, tenha indicado irmão, nora, genro e sobrinhos para contratação por empresas recebedoras de verbas públicas, ainda que não haja dano ao erário ou proveito pecuniário e independentemente da análise de antecedentes funcionais", esclarecendo o Tribunal que "é de natureza formal o ilícito administrativo consistente na inobservância da proibição de que o servidor se valha do cargo para lograr proveito pessoal ou de outrem, em detrimento da dignidade da função pública (art. 117, IX, da Lei 8.112/1990), nesse contexto não importa, para configuração do ilícito, qualquer discussão acerca da eventual ocorrência de dano ao erário ou da existência de proveito pecuniário, pois o que se pretende é impedir o desvio de conduta por parte do servidor"; tratando-se a autoridade que cometeu o ilícito de um detentor de cargo em comissão, considerou-se adequada a aplicação no caso da pena de destituição de cargo em comissão (MS 17.811-DF);

X – participar de gerência ou administração de sociedade privada, personificada ou não personificada, exercer o comércio, exceto na qualidade de acionista, cotista ou comanditário; repare que a proibição, aqui, não é de ser sócio, acionista ou cotista de uma sociedade empresária ou simples, mas sim de ser gerente ou administrador desta; assim, um servidor federal pode ser sócio de uma empresa, mas não pode constar no contrato social dela como gerente ou administrador, nem agir como tal.

XI – atuar, como procurador ou intermediário, junto a repartições públicas, salvo quando se tratar de benefícios previdenciários ou assistenciais de parentes até o segundo grau, e de cônjuge ou companheiro; não se pode confundir esse tipo administrativo (que traz hipótese de advocacia administrativa) com hipóteses em que um servidor comete alguma irregularidade em seu serviço, mas sim objetivo de atuar como procurador ou intermediário de alguém; nesse sentido o STJ afastou a aplicação de demissão em um caso em que uma servidora (chefe do setor de RH de um órgão federal) acabou por considerar corretas assinaturas de aposentada apostas recadastramento, quando, na verdade, as assinaturas não condizia com as constantes de seu assento funcional; no caso, além de não ter havido advocacia administrativa, ficou demonstrado que a aposentada tinha direito aos benefícios, não havendo, assim, prejuízo algo ao erário (MS 14.993-DF); o STJ também já decidiu que essa proibição só resta violada no plano concreto quando há efetivamente um tráfico de influência, ou seja, quando o servidor se vale do próprio cargo com o intuito de intermediar vantagens para outrem (MS 7.261-DF);

XII – receber propina, comissão, presente ou vantagem de qualquer espécie, em razão de suas atribuições; essa vedação não se aplica nos seguintes casos: a) participação nos conselhos de administração e fiscal de empresas ou entidades em que a União detenha, direta ou indiretamente, participação no capital social ou em sociedade cooperativa constituída para prestar serviços a seus membros; b) gozo de licença para o trato de interesses particulares, na forma do art. 91 da lei, observada a legislação sobre conflito de interesses.

XIII – aceitar comissão, emprego ou pensão de estado estrangeiro;

XIV - praticar usura sob qualquer de suas formas; a lei se refere aqui ao caso do servidor que empresta, habitualmente, dinheiro a pessoas, mediante a cobrança de juros acima de 12% ao ano; uma instituição financeira pode fazer isso, mas uma pessoa qualquer não, principalmente um servidor público, que, além de estar sujeito a outras sanções legais pela prática da usura, está infringindo uma proibição da Lei 8.112/90 e pode ser punido administrativa também;

XV – proceder de forma desidiosa;

XVI – utilizar pessoal ou recursos materiais da repartição em serviços ou atividades particulares;

XVII – cometer a outro servidor atribuições estranhas ao cargo que ocupa, exceto em situações de emergência e transitórias;

XVIII – exercer quaisquer atividades que sejam incompatíveis com o exercício do cargo ou função e com o horário de trabalho;

XIX – recusar-se a atualizar seus dados cadastrais quando solicitado.

7.4.4. Acumulação remunerada de cargos públicos

Neste item, remete-se ao capítulo que tratou disso no contexto do Direito Administrativo em geral, no qual se trouxe as disposições constitucionais à respeito do tema (art. 37, XVI, XVII e § 10), que coincidem e, ao mesmo tempo, são mais amplas que as disposições do art. 118 da Lei 8.112/1990.

Todavia, há duas disposições na Lei 8.112/1990 que não estão contidas na Constituição, e que devem ser estudadas.

A primeira deles está no art. 119, e estabelece que o servidor não poderá exercer mais de um cargo em comissão (salvo quando se assume outro cargo em comissão interinamente), nem ser remunerado pela participação em órgão de deliberação coletiva. Todavia, essa última proibição não se aplica à remuneração devida pela participação em conselhos de administração e fiscal das empresas públicas e sociedades de economia mista, suas subsidiárias e controladas, bem como quaisquer empresas ou entidades em que a União, direta ou indiretamente, detenha participação no capital social, observado o que, a respeito, dispuser legislação específica. Assim, o ocupante de um cargo em comissão na Administração Federal pode, por exemplo, receber "jetons" pela participação no conselho de administração da Petrobras, caso seja designado para tal conselho.

A segunda disposição, prevista no art. 120, dispõe que o servidor vinculado ao regime da Lei 8.112/1990 que acumular licitamente dois cargos efetivos, quando investido em cargo de provimento em comissão, ficará afastado de ambos os cargos efetivos, salvo na hipótese em que houver compatibilidade de horário e local com o exercício de um deles, declarada pelas autoridades máximas dos órgãos ou entidades envolvidos.

7.4.5. Responsabilidades

O servidor público, ao cometer um ato no contexto de suas funções, pode responder em três grandes esferas, segundo a Lei 8.112/1990. São elas: a) civil; b) penal; c) administrativa. Há também uma quarta esfera, que é a de improbidade administrativa.

Vamos a um exemplo. Imagine que um servidor cometa um crime de concussão, ou seja, exija dinheiro de um comerciante, para que conceda alguma licença administrativa que o comerciante tinha direito. Nesse caso, o servidor responderá civilmente (terá de pagar uma indenização ao comerciante, devolvendo os valores exigidos deste), penalmente (responderá pelo crime de concussão), administrativamente (estará sujeito a sanção disciplinar, no caso, à demissão) e por ato de improbidade (estará sujeito às sanções previstas na Lei 8.429/1992, que, além da perda do cargo e de ressarcimento ao erário, incluem pagamento de multa de civil, proibição de contratar com o Poder Público, entre outras). As sanções civis, penais e de improbidade são aplicadas por meio de processos judiciais. E as sanções administrativa são aplicadas pela própria Administração, independentemente de participação do Poder Judiciário.

Por conta disso é que o art. 121 tem o seguinte teor: "o servidor responde civil, penal e administrativamente pelo exercício irregular de suas atribuições".

Quanto à responsabilidade civil por danos causados ao erário (à Administração) ou a terceiros, o art. 122 dispõe que tal responsabilidade se configura tanto por condutas dolosas, como por condutas culposas do agente, mas, em qualquer caso, é necessário que o agente público tenha atuado com culpa (negligência, imprudência ou imperícia) ou dolo (intenção).

No caso de dano causado ao erário, não havendo acordo entre a Administração e o servidor público causador do dano, o Poder Público deverá ingressar em juízo para satisfação de seu crédito, mas, não havendo bens suficientes para serem liquidados e pago o débito, proceder-se-á na forma do art. 46 da Lei 8.112/1990.

No caso de danos causados a terceiros (por exemplo, um médico de hospital público comete um erro médico junto a um paciente), a vítima (o terceiro) não poderá acionar diretamente o servidor público, devendo acionar apenas a Fazenda Pública e esta, sim, podendo acionar em ação regressiva o servido que tiver agido com culpa ou dolo (art. 122, § 2º).

Em qualquer caso (dano causado diretamente ao erário ou dano causado a terceiro, que leva o Estado a indenizar esse terceiro), a obrigação de reparar o dano estende-se aos sucessores e contra eles será executada, até o limite do valor da herança recebida. Assim, se o servidor deveria indenizar os Estado diretamente ou ressarcir este por pagamentos feitos a terceiros, em valor, por exemplo, de R$ 50 mil, uma vez falecendo o servidor, o Estado, dentro dos limites da herança do servidor, vai ingressar no inventário deste para reaver esse valor.

É importante consignar que as sanções civis, penais e administrativas poderão cumular-se, sendo independentes entre si (art. 125), o que significa que, se o servidor vier a sofrer uma sanção administrativa, por exemplo, não estará exonerado de receber uma sanção civil ou penal pelo mesmo fato, e vice-versa. Há de se lembrar, ainda, que as demais sanções cabíveis pela prática de um ato de improbidade também, pelo mesmo fato, também são independentes (art. 12, *caput*, da Lei 8.429/1992).

Tal regra não prejudica disposição do art. 126, que tem o seguinte teor: "a responsabilidade administrativa do servidor será afastada no caso de absolvição criminal que negue a existência do fato ou sua autoria".

Essa disposição não significa que a responsabilidade administrativa não é independente da penal. Significa que, caso numa ação penal (por exemplo, numa ação em que se acusa um servidor de ter cometido crime de concussão, ou seja, de ter exigido propina de alguém), caso o juiz criminal absolva o servidor por *negativa da existência do fato* (ou seja, sentenciando que os fatos – exigência de propina – não ocorreram de jeito algum) ou por *negativa da autoria* (ou seja, sentenciando que a propina até foi exigida, mas não pelo servidor acusado, que não foi o autor do crime), a comissão disciplinar que estiver julgando o servidor pelos mesmos fatos na esfera administrativa deverá afastar essa responsabilidade. Em outra palavras, se um juiz criminal assegurar que os fatos não ocorreram (negativa da existência do fato) ou assegurar que o servidor não cometeu os fatos (negativa da autoria), não pode a Administração punir esse mesmo servidor na esfera administrativa (por exemplo, demitindo esse servidor), pois a decisão de um juiz na esfera criminal elimina a possibilidade de rediscussão dos mesmos fatos na esfera administrativa.

Porém, é fundamental que fique claro que somente absolvição do juiz criminal por esses dois motivos é que tem esse efeito na esfera administrativa. Caso a absolvição do juiz criminal for fundamentada em "falta de provas" (ou seja, o juiz criminal sentencia dizendo que não sabe se houve ou não crime, por isso simplesmente absolve por falta de prova), nesse caso essa decisão criminal não terá interferência alguma na esfera administrativa, não impedindo, assim, que o servidor absolvido na esfera criminal seja demitido, pelos mesmos fatos, na esfera administrativa.

Assim, a comunicabilidade de instância (a interferência da instância criminal na instância administrativa) somente se dá nos dois casos de absolvição criminal mencionados, quais sejam, negativa de existência do fato e negativa de autoria.

Por fim, a Lei 12.527/2011, com o objetivo de incentivar que servidores denunciem colegas que cometem irregularidades (aliás, um dever do servidor, conforme já visto), incluiu o art. 126-A na Lei 8.112/1990, que tem o seguinte teor: "nenhum servidor poderá ser responsabilizado civil, penal ou administrativamente por dar ciência à autoridade superior ou, quando houver suspeita de envolvimento desta, a outra autoridade competente para apuração de informação concernente à prática de crimes ou improbidade de que tenha conhecimento, ainda que em decorrência do exercício de cargo, emprego ou função pública:

7.4.6. Penalidades disciplinares

Neste item estudaremos quatro assuntos: a) quais são as penalidades disciplinares que podem ser aplicadas a um servidor federal; b) quais são as infrações disciplinares que ensejam a aplicação das penalidades e qual penalidade é aplicável a cada caso; c) quem pode aplicar as penalidades disciplinares; d) qual é o prazo prescricional para a aplicação das penalidades.

Segundo os arts. 127 e seguintes, as penalidades disciplinares são as seguintes:

I – advertência (art. 129); a advertência será aplicada por escrito, nos casos de violação de proibição constante do art. 117, incisos I a VIII e XIX, e de inobservância de dever funcional previsto em lei, regulamentação ou norma interna, que não justifique imposição de penalidade mais grave; quanto aos incisos citados, temos o I ("ausentar-se do serviço durante o expediente, sem prévia autorização do chefe imediato"); II ("retirar, sem prévia anuência da autoridade competente, qualquer documento ou objeto da repartição"), III ("recusar fé a documentos públicos"), IV ("opor resistência injustificada ao andamento de documento e processo ou execução de serviço"), V ("promover manifestação de apreço ou desapreço no recinto da repartição"), VI ("cometer a pessoa estranha à repartição, fora dos casos previstos em lei, o desempenho de atribuição que seja de sua responsabilidade ou de seu subordinado"), VII ("coagir ou aliciar subordinados no sentido de filiarem-se a associação profissional ou sindical, ou a partido político"), VIII ("manter sob sua chefia imediata, em cargo ou função de confiança, cônjuge, companheiro ou parente até o segundo grau civil"), XIX ("recusar-se a atualizar seus dados cadastrais quando solicitado"),

II – suspensão; a suspensão será aplicada em caso de reincidência das faltas punidas com advertência e de violação das demais proibições que não tipifiquem infração sujeita a penalidade de demissão, não podendo exceder de 90 dias; um caso específico, que haverá suspensão de até 15 dias, é o do servidor que, injustificadamente, recusar-se a ser submetido a inspeção médica determinada pela autoridade competente, cessando os efeitos da penalidade uma vez cumprida a determinação; quando houver conveniência para o serviço, a penalidade de suspensão poderá ser convertida em multa, na base de 50% por dia de vencimento ou remuneração, ficando o servidor obrigado a permanecer em serviço.

III – demissão; a demissão será aplicada nos seguintes casos (art. 132): a) crime contra a administração pública; b) abandono de cargo (segundo o art. 138, "configura abandono de cargo a ausência intencional do servidor ao serviço por mais de trinta dias consecutivos"); o STJ entende que é necessário o "animus abandonandi", a intenção de abandonar o cargo, que não acontece quando um servidor é preso preventivamente, sendo que, solto em razão da ilegalidade da prisão, poderá pedir a sua reintegração com todas as vantagens financeiras e de tempo de serviço devidamente ressarcidas (MS 12.424-DF); c) inassiduidade habitual (segundo o art. 139, "entende-se por inassiduidade habitual a falta ao serviço, sem causa justificada, por 60 dias, interpoladamente, durante o período de doze meses")[1]; d) improbidade administrativa; e) incontinência pública e conduta escandalosa, na repartição; f) insubordinação grave em serviço; g) ofensa física, em serviço, a servidor ou a particular, salvo em legítima defesa própria ou de outrem; h) aplicação irregular de

1. "Art. 140. Na apuração de abandono de cargo ou inassiduidade habitual, também será adotado o procedimento sumário a que se refere o art. 133, observando-se especialmente que: I - a indicação da materialidade dar-se-á: a) na hipótese de abandono de cargo, pela indicação precisa do período de ausência intencional do servidor ao serviço superior a trinta dias; b) no caso de inassiduidade habitual, pela indicação dos dias de falta ao serviço sem causa justificada, por período igual ou superior a sessenta dias interpoladamente, durante o período de doze meses; II - após a apresentação da defesa a comissão elaborará relatório conclusivo quanto à inocência ou à responsabilidade do servidor, em que resumirá as peças principais dos autos, indicará o respectivo dispositivo legal, opinará, na hipótese de abandono de cargo, sobre a intencionalidade da ausência ao serviço superior a trinta dias e remeterá o processo à autoridade instauradora para julgamento."

dinheiros públicos; i) revelação de segredo do qual se apropriou em razão do cargo; o STJ manteve pena de demissão a servidor que forneceu a terceiro sua senha de acesso ao sistema eletrônico de tribunal, para que este manipulasse o ponto eletrônico com o objetivo de garantir ao funcionário horas extras, as quais seriam compensadas futuramente com folga ao serviço (MS 13.677-DF); j) lesão aos cofres públicos e dilapidação do patrimônio nacional; k) corrupção; l) acumulação ilegal de cargos, empregos ou funções públicas; m) transgressão dos incisos IX a XVI do art. 117 (IX – "valer-se do cargo para lograr proveito pessoal ou de outrem, em detrimento da dignidade da função pública"; X: "participar de gerência ou administração de sociedade privada, personificada ou não personificada, exercer o comércio, exceto na qualidade de acionista, cotista ou comanditário"; XI: "atuar, como procurador ou intermediário, junto a repartições públicas, salvo quando se tratar de benefícios previdenciários ou assistenciais de parentes até o segundo grau, e de cônjuge ou companheiro"; XII: "receber propina, comissão, presente ou vantagem de qualquer espécie, em razão de suas atribuições"; XIII: "aceitar comissão, emprego ou pensão de estado estrangeiro"; XIV: "praticar usura sob qualquer de suas formas"; XV: "proceder de forma desidiosa"; XVI: "utilizar pessoal ou recursos materiais da repartição em serviços ou atividades particulares"); n) caracterizada a acumulação de cargos ilegal e provada a má-fé, aplicar-se-á a pena de demissão em relação aos cargos, empregos ou funções públicas em regime de acumulação ilegal, hipótese em que os órgãos ou entidades de vinculação serão comunicados; o STF entende que configurada uma das hipóteses prevista como hábil à demissão, não há que se falar em alegação de violação ao princípio da proporcionalidade (RMS, 28.638/DF, j. 24.10.2013); em outro precedente importante sobre o art. 132 da Lei 8.112/1990, o STJ decidiu que, diferentemente do que acontece em direito penal em alguns casos, não se pode reconhecer a aplicação do princípio da insignificância quando constatada falta disciplinar prevista no artigo em questão, que considera tais faltas tão graves, que ensejam a demissão do servidor, tratando-se de ato vinculado, em que cabe ao administrador unicamente aplicar a penalidade prevista na lei (MS 18.090-DF); por outro lado, o STJ também tem precedente no sentido de que a pena de demissão deve ter respaldo em prova convincente para não comprometer a razoabilidade e a proporcionalidade da sanção administrativa (MS 12.957-DF); em outras palavras, o STJ está a dizer que se não houver certeza de que o fato imputado ao servidor (e que impõe demissão) realmente aconteceu, não se deve aplicar sanção tão grave como é a demissão;

IV – cassação de aposentadoria ou disponibilidade; será cassada a aposentadoria ou a disponibilidade do inativo que houver praticado, na atividade, falta punível com a demissão (art. 134); o STJ afastou processo administrativo promovido contra servidor aposentado, que lhe imputava uma série de desrespeitos aos arts. 116 e 117 da Lei 8.112/90, pois ficou demonstrado que todas as imputações se referiam a declarações fortes feitas pelo servidor após a sua aposentadoria, o que impossibilitava o processo e o apenamento disciplinar, que só incide sobre fatos praticados na atividade, na forma do art. 134, IV, ora mencionado (MS 8.228-DF);

V – destituição de cargo em comissão; a destituição de cargo em comissão exercido por não ocupante de cargo efetivo será aplicada nos casos de infração sujeita às penalidades de suspensão e de demissão (art. 135); constatada essa hipótese, a exoneração efetuada nos termos do art. 35 (ou seja, a exoneração feita livremente pela autoridade ou feita a pedido do servidor) será convertida em destituição de cargo em comissão.

VI – destituição de função comissionada.

No que diz respeito à dosimetria da pena, o art. 128, "na aplicação das penalidades serão consideradas a natureza e a gravidade da infração cometida, os danos que dela provierem para o serviço público, as circunstâncias agravantes ou atenuantes e os antecedentes funcionais", sendo que "o ato de imposição da penalidade mencionará sempre o fundamento legal e a causa da sanção disciplinar", dever decorrente do princípio da motivação.

Quanto ao direito ao esquecimento ou à reabilitação do servidor, as penalidades de advertência e de suspensão terão seus registros cancelados, após o decurso de 3 e 5 anos de efetivo exercício, respectivamente, se o servidor não houver, nesse período, praticado nova infração disciplinar, sendo que o cancelamento da penalidade não surtirá efeitos retroativos (art. 131).

Já quanto às outras consequências futuras da demissão e da destituição de cargo em comissão, temos três casos específicos:

a) incompatibilização do ex-servidor para nova investidura em cargo público federal, pelo prazo de 5 (cinco) anos (art. 137): caso se deem por infringência do art. 117, incisos IX ("valer-se do cargo para lograr proveito pessoal ou de outrem, em detrimento da dignidade da função pública") e XI ("atuar, como procurador ou intermediário, junto a repartições públicas, salvo quando se tratar de benefícios previdenciários ou assistenciais de parentes até o segundo grau, e de cônjuge ou companheiro");

b) impossibilidade para sempre de retorno do ex-servidor ao serviço público federal (art. 137, parágrafo único): caso deem por infringência do art. 132, incisos I ("crime contra a administração pública"), IV ("improbidade administrativa"), VIII ("aplicação irregular de dinheiros públicos"), X ("lesão aos cofres públicos e dilapidação do patrimônio nacional") e XI ("corrupção").

c) efetivação da indisponibilidade de bens e ressarcimento ao erário: caso se deem por infringência ao art. 132, incisos IV ("improbidade administrativa"), VIII ("aplicação irregular de dinheiros públicos"), X ("lesão aos cofres públicos e dilapidação do patrimônio nacional") e XI ("corrupção").

Por fim, de rigor tratar das consequências da acumulação ilegal de cargos empregos ou funções, que estão contidas nas seguintes regras (art. 133):

a) detectada a qualquer tempo a acumulação indevida, a autoridade a que se refere o art. 143 notificará o servidor, por intermédio de sua chefia imediata, para apresentar opção no prazo improrrogável de 10 dias, contados da data da ciência, de qual cargo pretende permanecer e de qual pretende se exonerar; a opção pelo servidor até o último dia de prazo para defesa configurará sua boa-fé, hipótese em que se converterá automaticamente em pedido de exoneração do outro cargo; o STF não reconheceu a boa-fé de servidor que acumulava quatro cargos de médico (dois no INSS e mais dois em duas prefeituras diversas), por ter o servidor feito a opção em prazo superior aos 10 dias enunciados em lei, bem como pelo fato de que a presunção de boa-fé prevista em lei já estava desfeita quando o servidor reconheceu que acumulava cargos ilegalmente e nada vez para resolver a questão, ao contrário, aceitou outro cargo em Prefeitura, valendo salientar, ainda que o STF também afastou a alegação de que contrações temporárias junto ao Poder Público não entram no cômputo das acumulações ilegais (RMS 26.929);

b) na hipótese de omissão do servidor em fazer a opção, a autoridade competente adotará procedimento sumário para a sua apuração e regularização imediata, cujo processo administrativo disciplinar se desenvolverá nas seguintes fases: i) instauração, com a publicação do ato que constituir a comissão, a ser composta por 2 servidores estáveis, e simultaneamente indicar a autoria e a materialidade da transgressão objeto da apuração (a indicação da autoria dar-se-á pelo nome e matrícula do servidor, e a materialidade pela descrição dos cargos, empregos ou funções públicas em situação de acumulação ilegal, dos órgãos ou entidades de vinculação, das datas de ingresso, do horário de trabalho e do correspondente regime jurídico); ii) instrução sumária, que compreende indiciação, defesa e relatório; sendo que a comissão lavrará, até 3 dias após a publicação do ato que a constituiu, termo de indiciação em que serão transcritas as informações de que trata o item anterior, bem como promoverá a citação pessoal do servidor indiciado, ou por intermédio de sua chefia imediata, para, no prazo de 5 dias, apresentar defesa escrita, assegurando--se-lhe vista do processo na repartição, observado o disposto nos arts. 163 e 164; Apresentada a defesa, a comissão elaborará relatório conclusivo quanto à inocência ou à responsabilidade do servidor, em que resumirá as peças principais dos autos, opinará sobre a licitude da acumulação em exame, indicará o respectivo dispositivo legal e remeterá o processo à autoridade instauradora, para julgamento; iii) julgamento; no prazo de 5 dias, contados do recebimento do processo, a autoridade julgadora proferirá a sua decisão, aplicando-se, quando for o caso, o disposto no § 3º do art. 167; caracterizada a acumulação ilegal e provada a má-fé, aplicar-se-á a pena de demissão, destituição ou cassação de aposentadoria ou disponibilidade em relação aos cargos, empregos ou funções públicas em regime de acumulação ilegal, hipótese em que os órgãos ou entidades de vinculação serão comunicados; o prazo para a conclusão do processo administrativo disciplinar submetido ao rito sumário não excederá trinta dias, contados da data de publicação do ato que constituir a comissão, admitida a sua prorrogação por até quinze dias, quando as circunstâncias o exigirem; o procedimento sumário rege-se pelas disposições deste artigo, observando-se, no que lhe for aplicável, subsidiariamente, as disposições dos Títulos IV e V da Lei 8.112/1990.

O art. 141 trata das **autoridades competentes para a aplicação das penalidades disciplinares**, que são as seguintes:

I - Presidente da República, Presidentes das Casas do Poder Legislativo e dos Tribunais Federais e Procurador-Geral da República, quando se tratar de demissão e cassação de aposentadoria ou disponibilidade de servidor vinculado ao respectivo Poder, órgão, ou entidade;

II - autoridades administrativas de hierarquia imediatamente inferior àquelas mencionadas no parágrafo anterior, quando se tratar de suspensão superior a 30 dias;

III - chefe da repartição e outras autoridades na forma dos respectivos regimentos ou regulamentos, nos casos de advertência ou de suspensão de até 30 dias;

IV - autoridade que houver feito a nomeação, quando se tratar de destituição de cargo em comissão.

O art. 1º, I, do Decreto 3.035/1999 delega competência aos Ministros de Estado e ao Advogado-Geral da União para, no âmbito dos órgãos da Administração direta, autárquica e fundacional que lhes são subordinados ou vinculados, julgar processos administrativos disciplinares e aplicar penalidades, nas hipóteses de demissão e cassação de aposentadoria ou disponibilidade de servidores. A norma que prevê a delegação impões observância das disposições legais e regulamentares pertinentes, inclusive a manifestação prévia e indispensável do órgão de assessoramento jurídico. O STF considera legítima essa delegação de competência (RMS 24.619 e RMS 25.736).

O próprio art. 1º, I, do Decreto deixa claro, todavia, que não é possível a subdelegação dessa competência, ou seja, os Ministros não poderão subdelegar essa competência para outras autoridades. Porém, como exceção, o 1º, § 3º, do Decreto admite que o Ministro da Educação (MEC) promova a subdelegação da competência aos dirigentes das instituições federais de ensino vinculadas ao MEC.

O art. 142 dispõe que a **ação disciplinar prescreverá**:

I - em 5 anos, quanto às infrações puníveis com demissão, cassação de aposentadoria ou disponibilidade e destituição de cargo em comissão;

II - em 2 anos, quanto à suspensão;

III - em 180 dias, quanto à advertência.

IV – nos prazos de prescrição previstos na lei penal, quando as infrações disciplinares também forem capituladas como crime; nesse caso, quando já há condenação penal pelo mesmo fato que enseja a infração disciplinar, o prazo de prescrição para aplicar a sanção disciplinar é contado considerando a pena em concreto aplicada pelo juízo criminal (STJ, MS 14.040-DF); não havendo processo criminal apurando o fato objeto de processo disciplinar, aplica-se a regra geral da prescrição de 5 anos prevista do art. 142, I, acima, mesmo que o fato possa em tese ser considerado crime também (STJ, MS 15.462-DF);

O prazo de prescrição **começa a correr** da data em que o fato se tornou conhecido, e não da data em que o ato foi praticado. Porém, a abertura de sindicância ou a instauração de processo disciplinar **interrompe** a prescrição, até a decisão final proferida por autoridade competente, sendo que, **interrompido** o curso da prescrição, o prazo começará a correr a partir do dia em que cessar a interrupção.

Assim, o prazo prescricional começa a ser contado da data em que se tornou conhecido o fato desabonador, mas a instauração do processo disciplinar, mediante a publicação da respectiva portaria, interrompe a prescrição até a decisão final proferida por autoridade competente. Tomada essa decisão, o prazo começará a correr por inteiro novamente, vez que, na *interrupção* da prescrição (diferentemente da *suspensão* desta), é isso que ocorre. Todavia, como alguns processo disciplinares demoram muito tempo e se convencionou que deve, por conta dos prazo previstos na Lei 8.112/1990, durar até 140 dias (prazo máximo para a conclusão do PAD – Processo Administrativo Disciplinar), entende-se que o prazo prescricional interrompido com a abertura do processo disciplinar volta a correr após 140 dias da instauração sem que tenha sido concluído. Vide a respeito a seguinte decisão: STJ, MS 12.735-DF.

7.5. PROCESSO ADMINISTRATIVO DISCIPLINAR

7.5.1. Disposições Gerais

Uma vez que se faça necessário apurar se um servidor cometeu infração disciplinar e aplicar, se for o caso, a penalidade disciplinar respectiva, de rigor instaurar sindicância ou processo disciplinar que siga o devido processo legal previsto em lei e, assim, possibilite apuração adequada e eventual punição que respeite aos princípios da ampla defesa e do contraditório.

Porém, para que isso ocorra, é necessário que haja uma provocação. Nesse sentido, o art. 143 dispõe que a "autoridade que tiver ciência de irregularidade no serviço público é obrigada a promover a sua apuração imediata, mediante sindicância ou processo administrativo disciplinar, assegurada ao acusado ampla defesa".

Essa apuração, por solicitação da autoridade que tiver ciência do fato, "poderá ser promovida por autoridade de órgão ou entidade diverso daquele em que tenha ocorrido a irregularidade, mediante competência específica para tal finalidade, delegada em caráter permanente ou temporário pelo Presidente da República, pelos presidentes das Casas do Poder Legislativo e dos Tribunais Federais e pelo Procurador-Geral da República, no âmbito do respectivo Poder, órgão ou entidade, preservadas as competências para o julgamento que se seguir à apuração".

São requisitos para que denúncias sobre irregularidades sejam objeto de apuração os seguintes (art. 144): a) que contenham a identificação e o endereço do denunciante; b) que sejam formuladas por escrito, confirmada a autenticidade; c) que o fato narrado configure evidente infração disciplinar ou ilícito penal, sob pena de a denúncia ser arquivada, por falta de objeto.

Num primeiro momento, instaura-se uma sindicância para apuração inicial dos fatos, sendo que o prazo para a sua conclusão não excederá 30 dias, podendo ser prorrogado por igual período, a critério da autoridade superior.

Ao final, a sindicância pode esta resultar no seguinte (art. 145):

a) arquivamento do processo; por exemplo, por se apurar que o fato, mesmo que comprovado, não constitui qualquer infração disciplinar;

b) aplicação de penalidade de advertência ou suspensão de até 30 dias; repare que se o caso for daqueles em que cabível sanções mais graves, como, por exemplo, suspensão de mais de 30 dias ou demissão, o caso é de instauração de processo disciplinar, pois não cabe aplicação de sanções mais graves no bojo de uma sindicância;

c) **instauração de processo disciplinar**, que deve acontecer sempre que o ilícito praticado pelo servidor ensejar a imposição de penalidade de suspensão por mais de 30 dias, de demissão, cassação de aposentadoria ou disponibilidade, ou destituição de cargo em comissão, será obrigatória a instauração de processo disciplinar (art. 146).

Vale salientar que a sindicância é mero procedimento preparatório e, assim, não é elemento indispensável para instaurar processo administrativo, assim como o inquérito policial não é para a ação penal, e o inquérito civil, para a ação civil pública. Dessa forma, quando já houver elementos suficientes para a instauração direta de um processo disciplinar, este pode ser instaurado imediatamente, sem necessidade de se instaurar a sindicância (STJ, MS 8.030-DF).

7.5.2. Afastamento Preventivo

Concluindo-se que é o caso de instaurar processo disciplinar, a autoridade instauradora deste poderá, nos casos em que se tiver elementos para supor que o servidor poderá influir na apuração da irregularidade, determinar o afastamento preventivo do servidor (art. 147).

Esse medida importará no afastamento do servidor investigado do exercício de seu cargo, pelo prazo de até 60 dias, sem prejuízo da sua remuneração.

O afastamento poderá ser prorrogado por igual prazo, findo o qual cessarão os seus efeitos, ainda que não concluído o processo.

7.5.3. Processo Disciplinar

7.5.3.1. Aspectos gerais

Definida a instauração do processo disciplinar, a apuração passar a ser de responsabilidade de uma comissão, responsável pela condução do processo.

A comissão deverá ser composta de 3 servidores estáveis designados pela autoridade competente, observado o disposto no § 3º do art. 143 (que trata da delegação de competência para a apuração), que indicará, dentre eles, o seu presidente, que deverá ser ocupante de cargo efetivo superior ou de mesmo nível, ou ter nível de escolaridade igual ou superior ao do indiciado (art. 149, *caput*). O requisito básico para que alguém seja designado para uma comissão processante é a condição de servidor público efetivo e estável da administração. Repare: não basta ser um servidor efetivo, sendo necessário que já tenha estabilidade, tratando-se de uma garantia ao investigado, pois tem por escopo assegurar a independência total desses servidores, sem ingerência da chefia. Nesse sentido, foi anulado processo administrativo em que um dos servidores componentes da comissão, apesar de ter cargo efetivo de fiscal da Receita Federal, não era estável ainda (STJ, AgRg no REsp 1.317.278-PE). Porém, não há necessidade de que o servidor seja da carreira ou mesmo do órgão dos servidores que serão investigados pela comissão. Nesse sentido o STF deixou claro que "na ausência de disposição legal que restrinja o campo de escolha da autoridade competente para a formação da comissão, a aludida Lei 8.112/1990 deixara margem de escolha ao administrador dentro de um universo não definido, mas definível, qual seja, 3 servidores estáveis" (RMS 25.105). Nesse caso os servidores investigados eram do INCRA e um dos integrantes da comissão era um delegado federal.

Sobre a comissão, há, ainda, a seguintes regras: a) terá como secretário servidor designado pelo seu presidente, podendo a indicação recair em um de seus membros; b) não poderá participar de comissão de sindicância ou de inquérito, cônjuge, companheiro ou parente do acusado, consanguíneo ou afim, em linha reta ou colateral, até o terceiro grau; c) exercerá suas atividades com independência e imparcialidade, assegurado o sigilo necessário à elucidação do fato ou exigido pelo interesse da administração, sendo que as reuniões e as audiências das comissões terão caráter reservado (art. 150); d) suas reuniões serão registradas em atas que deverão detalhar as deliberações adotadas.

O STJ entende que, nos processo disciplinares, "a instauração de comissão provisória, nas hipóteses em que a legislação de regência prevê expressamente que as transgressões disciplinares serão apuradas por comissão permanente, inquina de nulidade o respectivo processo administrativo por inobservância dos princípios da legalidade e do juiz natural" (MS 13.148/DF, *DJe* 01.06.2012).

O processo disciplinar tem as seguintes **fases** (art. 151):

I – instauração, com a publicação do ato que constituir a comissão; vale ressaltar que a portaria de instauração de processo administrativo não requer descrição pormenorizada das irregularidades em apuração, sendo que a individualização de condutas só é requisito essencial para a aplicação das sanções (STF, RMS 32.034-DF); da mesma forma, o STF deixou claro em outro precedente que a mera referência na portaria de instauração do processo de "possível cometimento de infrações disciplinares seria suficiente para demarcar o fato supostamente delituoso e garantir a legalidade da mesma" (RMS, 25.105); isso significa que basta a descrição dos fatos a serem apurados, sem necessidade de descrição pormenorizada, sendo de rigor, por outro lado, que no momento do indiciamento, após a fase instrutória do procedimento, haja descrição pormenorizada e individualização de conduta (STJ, MS 12.927-DF); vale salientar que, caso se instaure um processo administrativo para apurar certas irregularidades, e, no curso da investigação chegue-se à conclusão de que houve outras irregularidades, não há ilegalidade, desde que o indiciamento seja bem claro em relação a quais são essas outras ilegalidades e que se dê o devido direito de defesa e contraditório;

II – inquérito administrativo, que compreende instrução, defesa e relatório;

III – julgamento.

O prazo para a sua conclusão não excederá 60 dias, contados da data de publicação do ato que constituir a comissão, admitida a sua prorrogação por igual prazo, quando as circunstâncias o exigirem (art. 152). Para que não haja atrasos, sempre que necessário, a comissão dedicará tempo integral aos seus trabalhos, ficando seus membros dispensados do ponto, até a entrega do relatório final.

7.5.3.2. Inquérito

Uma vez instaurado o processo disciplinar, com a publicação do ato que constituir a comissão, passa-se à **segunda fase do processo disciplinar, que é o inquérito**.

Conforme já mencionado, o inquérito terá três subfases (instrução, defesa e relatório), obedecendo-se às seguintes regras:

a) obedecerá ao princípio do contraditório, assegurada ao acusado ampla defesa, com a utilização dos meios e recursos admitidos em direito (art. 153);

b) os autos da sindicância integrarão o processo disciplinar, como peça informativa da instrução; na hipótese de o relatório da sindicância concluir que a infração está capitulada como ilícito penal, a autoridade competente encaminhará cópia dos autos ao Ministério Público, independentemente da imediata instauração do processo disciplinar (art. 154);

c) na fase do inquérito, a comissão, a título de instrução, promoverá a tomada de depoimentos, acareações, investigações e diligências cabíveis, objetivando a coleta de prova, recorrendo, quando necessário, a técnicos e peritos, de modo a permitir a completa elucidação dos fatos (art. 155);

d) é assegurado ao servidor o direito de acompanhar o processo pessoalmente ou por intermédio de procurador, arrolar e reinquirir testemunhas, produzir provas e contraprovas e formular quesitos, quando se tratar de prova pericial, sendo que o presidente da comissão poderá denegar pedidos considerados impertinentes, meramente protelatórios, ou de nenhum interesse para o esclarecimento dos fatos, indeferindo-se, ainda, o pedido de prova pericial, quando a comprovação do fato independer de conhecimento especial de perito (art. 156); de acordo com a Súmula Vinculante STF n. 5, a ausência de defesa técnica por advogado no processo disciplinar, não ofende a Constituição; assim, desde que concedida ao servidor investigado a oportunidade de ser efetivado o contraditório e a ampla defesa, não há problema algum que não tenha sido assistido por advogado no processo disciplinar (STJ, MS 12.457-DF);

e) as testemunhas serão intimadas a depor mediante mandado expedido pelo presidente da comissão, devendo a segunda via, com o ciente do interessado, ser anexado aos autos; se a testemunha for servidor público, a expedição do mandado será imediatamente comunicada ao chefe da repartição onde serve, com a indicação do dia e hora marcados para inquirição (art. 157); aplicando subsidiariamente o art. 41 da Lei 9.784/1999 à Lei 8.112/1990, o STJ entende que a notificação de testemunha para sua oitiva no processo disciplinar deve ser realizada com antecedência mínima de 3 dias (MS 12.895-DF);

f) o depoimento será prestado oralmente e reduzido a termo, não sendo lícito à testemunha trazê-lo por escrito; as testemunhas serão inquiridas separadamente; na hipótese de depoimentos contraditórios ou que se infirmem, proceder-se-á à acareação entre os depoentes (art. 158);

g) concluída a inquirição das testemunhas, a comissão promoverá o interrogatório do acusado, observados os procedimentos previstos nos dois parágrafos anteriores; no caso de mais de um acusado, cada um deles será ouvido separadamente, e sempre que divergirem em suas declarações sobre fatos ou circunstâncias, será promovida a acareação entre eles; o procurador do acusado poderá assistir ao interrogatório, bem como à inquirição das testemunhas, sendo-lhe vedado interferir nas perguntas e respostas, facultando-se-lhe, porém, reinquiri-las, por intermédio do presidente da comissão (art. 159).

h) quando houver dúvida sobre a sanidade mental do acusado, a comissão proporá à autoridade competente que ele seja submetido a exame por junta médica oficial, da qual participe pelo menos um médico psiquiatra; o incidente de sanidade mental será processado em auto apartado e apenso ao processo principal, após a expedição do laudo pericial (art. 160).

i) tipificada a infração disciplinar, será formulada a indiciação do servidor, com a especificação dos fatos a ele imputados e das respectivas provas; o indiciado será citado por mandado expedido pelo presidente da comissão para apresentar defesa escrita, no prazo de 10 dias, assegurando-se-lhe vista do processo na repartição; havendo dois ou mais indiciados, o prazo será comum e de 20 dias; o prazo de defesa poderá ser prorrogado pelo dobro, para diligências reputadas indispensáveis; no caso de recusa do indiciado em apor o ciente na cópia da citação, o prazo para defesa contar-se-á da data declarada, em termo próprio, pelo membro da comissão que fez a citação, com a assinatura de 2 testemunhas (art. 161);

j) o indiciado que mudar de residência fica obrigado a comunicar à comissão o lugar onde poderá ser encontrado (art. 162);

k) achando-se o indiciado em lugar incerto e não sabido, será citado por edital, publicado no Diário Oficial da União e em jornal de grande circulação na localidade do último domicílio conhecido, para apresentar defesa; nessa hipótese, o prazo para defesa será de 15 dias a partir da última publicação do edital (art. 163).

l) considerar-se-á revel o indiciado que, regularmente citado, não apresentar defesa no prazo legal; a revelia será declarada, por termo, nos autos do processo e devolverá o prazo para a defesa; para defender o indiciado revel, a autoridade instauradora do processo designará um servidor como defensor dativo, que deverá ser ocupante de cargo efetivo superior ou de mesmo nível, ou ter nível de escolaridade igual ou superior ao do indiciado (art. 164).

m) apreciada a defesa, a comissão elaborará relatório minucioso, onde resumirá as peças principais dos autos e mencionará as provas em que se baseou para formar a sua convicção; o relatório será sempre conclusivo quanto à inocência ou à responsabilidade do servidor; reconhecida a responsabilidade do servidor, a comissão indicará o dispositivo legal ou regulamentar transgredido, bem como as circunstâncias agravantes ou atenuantes (art. 165);

n) o processo disciplinar, com o relatório da comissão, será remetido à autoridade que determinou a sua instauração, para julgamento (art. 166).

7.5.3.3. Julgamento

Concluída a sindicância e remetido o relatório da comissão à autoridade que determinou do respectivo processo disciplinar, a autoridade julgadora proferirá a sua decisão, atendidas as seguintes regras:

a) a autoridade julgadora proferirá a sua decisão no prazo de 20 dias, contados do recebimento do processo (art. 167);

b) se a penalidade a ser aplicada exceder a alçada da autoridade instauradora do processo, este será encaminhado à autoridade competente, que decidirá em igual prazo;

c) havendo mais de um indiciado e diversidade de sanções, o **julgamento caberá à autoridade competente para a imposição da pena mais grave**;

d) se a penalidade prevista for a **demissão ou cassação de aposentadoria ou disponibilidade, o julgamento caberá às autoridades de que trata o inciso I do art. 141** (Presidente da República, Presidentes das Casas do Poder Legislativo e dos Tribunais Federais e Procurador-Geral da República);

e) reconhecida pela comissão a **inocência do servidor**, a autoridade instauradora do processo determinará o seu **arquivamento**, salvo se flagrantemente contrária à prova dos autos.

f) o **julgamento acatará o relatório da comissão, salvo quando contrário às provas dos autos**; quando o relatório da comissão contrariar as provas dos autos, **a autoridade julgadora poderá, motivadamente, agravar a penalidade proposta, abrandá-la ou isentar o servidor de responsabilidade** (art. 168); o STF reconheceu a correção da conduta da autoridade julgadora ao não acatar o relatório da comissão, pelo fato de a autoridade ter fundamentou satisfatoriamente sua tese e ainda o fez com respaldo em parecer emitido em consultoria jurídica do órgão (RMS 24.619):

g) verificada a ocorrência de **vício insanável**, a autoridade que determinou a instauração do processo ou outra de hierarquia superior **declarará a sua nulidade, total ou parcial, e ordenará, no mesmo ato, a constituição de outra comissão para instauração de novo processo** (art. 169); não se deve confundir essa situação, com a prevista no art. 174 da Lei 8.112/1990; o art. 169 da Lei 8.112/1990 trata da situação em que o processo disciplinar é anulado e se inicia novamente, caso em que é possível que o novo processo implique na imposição de sanção mais grave que a sanção aplicada no processo anulado; já o art. 174 trata da situação em que um processo já está devidamente encerrado (com trânsito em julgado administrativo), não havendo qualquer vício que leve à sua anulação, mas em que há fatos novos que podem levar à mudança de resultado da decisão final, caso em que não é possível que na revisão haja reforma da decisão para piorar a situação do servidor apenado; nesse sentido, o STF afastou a alegação de *reformatio in pejus*, feita por um fiscal que sofrera processo administrativo em que resultou a aplicação de advertência e que depois, anulado o processo, acabou por sofrer a sanção demissão após o processo ter sido reiniciado e desenvolvido normalmente (RMS 23.922);

h) o **julgamento fora do prazo legal não implica nulidade do processo**;

i) a autoridade julgadora que **der causa à prescrição** de que trata o art. 142, § 2º (prescrição quando o fato apurado for também crime), será responsabilizada na forma do Capítulo IV do Título IV (*vide* arts. 121 e seguintes).

j) **extinta a punibilidade pela prescrição, a autoridade julgadora determinará o registro do fato nos assentamentos individuais do servidor** (art. 170);

k) quando a infração estiver capitulada **como crime**, o processo disciplinar **será remetido ao Ministério Público** para instauração da ação penal, ficando trasladado na repartição (art. 171);

l) o servidor que responder a processo disciplinar **só poderá ser exonerado a pedido, ou aposentado voluntariamente, após a conclusão do processo e o cumpri-**

mento da penalidade, acaso aplicada; ocorrida a exoneração de que trata o parágrafo único, inciso I do art. 34, o ato será convertido em demissão, se for o caso (art. 172);

m) serão assegurados transporte e diárias (art. 173): i) ao servidor convocado para prestar depoimento fora da sede de sua repartição, na condição de testemunha, denunciado ou indiciado; ii) aos membros da comissão e ao secretário, quando obrigados a se deslocarem da sede dos trabalhos para a realização de missão essencial ao esclarecimento dos fatos; a interpretação a *contrario sensu* do art. 173, I, em questão, faz concluir que a competência territorial para a instauração do processo administrativo não é necessariamente do domicílio ou sede da repartição do servidor; o STJ, nesse sentido, entende conforme a lei que o processo administrativo se instaure no local onde os fatos ocorreram (MS 13.111-DF).

O STF admite que a intimação do servidor de sua demissão em virtude de processo disciplinar se dê por publicação da decisão em Diário Oficial, sendo desnecessária a intimação pessoal (RMS 24.619). Já no bojo do processo disciplinar, especificamente na fase de defesa que ocorre no inquérito (o *inquérito* tem três fases: instrução, defesa e relatório; e depois do inquérito vem o *julgamento*), uma vez tipificada a infração disciplinar, será formulada a indiciação do servidor, com a especificação dos fatos a ele imputados e das respectivas provas, sendo que o servidor indiciado será citado por mandado expedido pelo presidente da comissão para apresentar defesa escrita, no prazo de 10 dias, ou seja, nesse último caso (citação para defesa) é necessária a intimação pessoal, ao contrário da decisão que ocorre ao final, mesmo que seja de demissão, que não requer intimação pessoal, bastando publicação do Diário Oficial.

7.5.3.4. Revisão do Processo

A decisão tomada pela autoridade julgadora é passível de pedido de reconsideração e de recurso, na forma dos arts. 106 e seguintes. Todavia, num determinado momento não haverá mais recurso cabível, valendo salientar que o art. 57 da Lei de Processo Administrativo Federal (Lei 9.784/1999), lei aplicável supletivamente às disposições da Lei 8.112/1990, dispõe que "o recurso administrativo tramitará no máximo por três instâncias administrativas, salvo disposição legal diversa". No momento em que não couber mais recursos, ter-se-á a coisa julgada administrativa, situação em que a decisão, na esfera administrativa, fica imutável, podendo o interessado apenas ingressar em juízo, na tentativa de que o Judiciário reveja a decisão tomada pela Administração.

Todavia, na excepcional hipótese em que, após a coisa julgada administrativa, sobrevir fatos novos capazes de justificar a inocência do punido ou a inadequação da penalidade aplicável, caberá o pedido de revisão do processo, pedido esse que deve ser feito na própria esfera administrativa, e que autoriza que a Administração, caso verifique a pertinência dos fatos novos para um dos fins mencionados, reveja a decisão tomada e já transitada em julgado administrativamente.

Acerca da revisão do processo disciplinar, confira-se as seguintes regras:

a) o processo disciplinar poderá ser revisto, a qualquer tempo, a pedido ou de ofício, quando se aduzirem fatos novos ou circunstâncias suscetíveis de justificar a inocência do punido ou a inadequação da penalidade aplicada (art. 174);

b) em caso de falecimento, ausência ou desaparecimento do servidor, qualquer pessoa da família poderá requerer a revisão do processo;

c) no caso de incapacidade mental do servidor, a revisão será requerida pelo respectivo curador;

d) no processo revisional, o ônus da prova cabe ao requerente (art. 175);

e) a simples alegação de injustiça da penalidade não constitui fundamento para a revisão, que requer elementos novos, ainda não apreciados no processo originário (art. 176);

f) o requerimento de revisão do processo será dirigido ao Ministro de Estado ou autoridade equivalente, que, se autorizar a revisão, encaminhará o pedido ao dirigente do órgão ou entidade onde se originou o processo disciplinar; deferida a petição, a autoridade competente providenciará a constituição de comissão, na forma do art. 149 (art. 177);

g) a revisão correrá em apenso ao processo originário, sendo que, na petição inicial, o requerente pedirá dia e hora para a produção de provas e inquirição das testemunhas que arrolar (art. 178);

h) a comissão revisora terá 60 dias para a conclusão dos trabalhos (art. 179);

i) aplicam-se aos trabalhos da comissão revisora, no que couber, as normas e procedimentos próprios da comissão do processo disciplinar (art. 180);

j) o julgamento caberá à autoridade que aplicou a penalidade, nos termos do art. 141 (art. 181);

k) o prazo para julgamento será de 20 dias, contados do recebimento do processo, no curso do qual a autoridade julgadora poderá determinar diligências;

l) julgada procedente a revisão, será declarada sem efeito a penalidade aplicada, restabelecendo-se todos os direitos do servidor, exceto em relação à destituição do cargo em comissão, que será convertida em exoneração (art. 182);

m) da revisão do processo não poderá resultar agravamento de penalidade.

A regra que impede a *reformatio in pejus* na revisão do processo equivale à regra, no mesmo sentido, prevista na lei processual penal. Trata-se de regra tão importante que o STJ vem aplicando essa proibição mesmo quando se trate de uma situação em que a própria Administração, já tendo julgado um servidor num processo administrativo, resolver reabrir o caso e fazer um rejulgamento, apenando dessa vez o servidor. Aqui, além do desrespeito ao instituto da coisa julgada administrativa, tem-se também violação ao princípio que impede a *reformatio in pejus* em "revisões" administrativas. Nesse sentido, o STJ concedeu segurança a um Defensor Público da União, vítima de um rejulgamento, anulando a sua demissão, com fundamento, ainda, nos princípios da boa-fé e da segurança jurídica (MS 16.141-DF).

7.6. SEGURIDADE SOCIAL DO SERVIDOR

7.6.1. Disposições Gerais

Segundo o art. 183, a União manterá Plano de Seguridade Social para o servidor e sua família.

Porém, o servidor ocupante de cargo em comissão que não seja também ocupante de cargo ou emprego efetivo na administração pública direta, autárquica e fundacional, não terá direito aos benefícios do Plano de Seguridade Social, com exceção da assistência à saúde.

Além disso, o servidor afastado ou licenciado do cargo efetivo, sem direito à remuneração, inclusive para servir em organismo oficial internacional do qual o Brasil seja membro efetivo ou com o qual coopere, ainda que contribua para regime de previdência social no exterior, terá suspenso o seu vínculo com o regime do Plano de Seguridade Social do Servidor Público enquanto durar o afastamento ou a licença, não lhes assistindo, neste período, os benefícios do mencionado regime de previdência.

No entanto, será assegurada ao servidor licenciado ou afastado sem remuneração a manutenção da vinculação ao regime do Plano de Seguridade Social do Servidor Público, mediante o recolhimento mensal da respectiva contribuição, no mesmo percentual devido pelos servidores em atividade, incidente sobre a remuneração total do cargo a que faz jus no exercício de suas atribuições, computando-se, para esse efeito, inclusive, as vantagens pessoais, devendo o recolhimento respectivo ser efetuado até o 2º dia útil após a data do pagamento das remunerações dos servidores públicos, aplicando-se os procedimentos de cobrança e execução dos tributos federais quando não recolhidas na data de vencimento.

Segundo o art. 184, o Plano de Seguridade Social visa a dar cobertura aos riscos a que estão sujeitos o servidor e sua família, e compreende um conjunto de benefícios e ações que atendam às seguintes finalidades:

I - garantir meios de subsistência nos eventos de doença, invalidez, velhice, acidente em serviço, inatividade, falecimento e reclusão;

II - proteção à maternidade, à adoção e à paternidade;

III - assistência à saúde.

Os benefícios serão concedidos nos termos e condições definidos em regulamento, observadas as disposições da Lei 8.112/1990.

Segundo o art. 185, os benefícios do Plano de Seguridade Social do servidor compreendem:

I - quanto ao servidor:

a) aposentadoria;

b) auxílio-natalidade;

c) salário-família;

d) licença para tratamento de saúde;

e) licença à gestante, à adotante e licença-paternidade;

f) licença por acidente em serviço;

g) assistência à saúde;

h) garantia de condições individuais e ambientais de trabalho satisfatórias;

II - quanto ao dependente:

a) pensão vitalícia e temporária;

b) auxílio-funeral;

c) auxílio-reclusão;

d) assistência à saúde.

O recebimento indevido de benefícios havidos por fraude, dolo ou má-fé, implicará devolução ao erário do total auferido, sem prejuízo da ação penal cabível.

7.6.2. Benefícios

7.6.2.1. Aposentadoria

As regras previstas na Lei 8.112/1090 acerca desse benefício estão quase todas prejudicadas, face a entrada em vigor das ECs 20/1998, 41/2003 e 47/2005, que regulamentaram a aposentadoria do servidor público.

7.6.2.2. Auxílio-Natalidade

Segundo o art. 196, o auxílio-natalidade obedecerá às seguintes regras:

a) é devido à servidora por motivo de nascimento de filho, em quantia equivalente ao menor vencimento do serviço público, inclusive no caso de natimorto.

b) na hipótese de parto múltiplo, o valor será acrescido de 50%, por nascituro.

c) o auxílio será pago ao cônjuge ou companheiro servidor público, quando a parturiente não for servidora.

7.6.2.3. Salário-Família

Segundo o art. 197, o salário-família obedecerá às seguintes regras:

a) é devido ao servidor ativo ou ao inativo, por dependente econômico.

b) consideram-se dependentes econômicos para efeito de percepção do salário-família: i) o cônjuge ou companheiro e os filhos, inclusive os enteados até 21 anos de idade ou, se estudante, até 24 anos ou, se inválido, de qualquer idade; ii) o menor de 21 anos que, mediante autorização judicial, viver na companhia e às expensas do servidor, ou do inativo; iii) a mãe e o pai sem economia própria.

c) não se configura a dependência econômica quando o beneficiário do salário-família perceber rendimento do trabalho ou de qualquer outra fonte, inclusive pensão ou provento da aposentadoria, em valor igual ou superior ao salário-mínimo (art. 198);

d) quando o pai e mãe forem servidores públicos e viverem em comum, o salário-família será pago a apenas um deles; quando separados, será pago a um e outro, de acordo com a distribuição dos dependentes (art. 199);

e) ao pai e à mãe equiparam-se o padrasto, a madrasta e, na falta destes, os representantes legais dos incapazes;

f) o salário-família não está sujeito a qualquer tributo, nem servirá de base para qualquer contribuição, inclusive para a Previdência Social (art. 200);

g) o afastamento do cargo efetivo, sem remuneração, não acarreta a suspensão do pagamento do salário-família (art. 201).

7.6.2.4. Licença para Tratamento de Saúde

Segundo o art. 202 e seguintes, a licença para tratamento de saúde obedecerá às seguintes regras:

a) será concedida ao servidor licença para tratamento de saúde, a pedido ou de ofício, com base em perícia médica, sem prejuízo da remuneração a que fizer jus (art. 202);

b) a licença será concedida com base em perícia oficial (art. 203);

c) sempre que necessário, a inspeção médica será realizada na residência do servidor ou no estabelecimento hospitalar onde se encontrar internado;

d) inexistindo médico no órgão ou entidade no local onde se encontra ou tenha exercício em caráter permanente o servidor, e não se configurando as hipóteses previstas nos parágrafos do art. 230, será aceito atestado passado por médico particular; nesse caso, o atestado somente produzirá efeitos depois de recepcionado pela unidade de recursos humanos do órgão ou entidade;

e) a licença que exceder o prazo de 120 dias no período de 12 meses a contar do primeiro dia de afastamento será concedida mediante avaliação por junta médica oficial;

f) a perícia oficial para concessão da licença de que trata o *caput* deste artigo, bem como nos demais casos de perícia oficial previstos na Lei 8.112/1990, será efetuada por cirurgiões-dentistas, nas hipóteses em que abranger o campo de atuação da odontologia;

g) a licença para tratamento de saúde inferior a 15 dias, dentro de 1 ano, poderá ser dispensada de perícia oficial, na forma definida em regulamento (art. 204);

h) o atestado e o laudo da junta médica não se referirão ao nome ou natureza da doença, salvo quando se tratar de lesões produzidas por acidente em serviço, doença profissional ou qualquer das doenças especificadas no art. 186, § 1º (art. 205);

i) o servidor que apresentar indícios de lesões orgânicas ou funcionais será submetido a inspeção médica (art. 206);

j) o servidor será submetido a exames médicos periódicos, nos termos e condições definidos em regulamento (art. 206-A)

k) para os fins do disposto no parágrafo anterior, a União e suas entidades autárquicas e fundacionais poderão: i) prestar os exames médicos periódicos diretamente pelo órgão ou entidade a qual se encontra vinculado o servidor; ii) celebrar convênio ou instrumento de cooperação ou parceria com os órgãos e entidades da administração direta, suas autarquias e fundações; iii) celebrar convênios com operadoras de plano de assistência à saúde, organizadas na modalidade de autogestão, que possuam autorização de funcionamento do órgão regulador, na forma do art. 230; ou iv) prestar os exames médicos periódicos mediante contrato administrativo, observado o disposto na Lei 8.666/1993, e demais normas pertinentes.

Problema muito grave e comum no País hoje (o alcoolismo) tem gerado o direito à licença para tratamento de saúde, vez que a dependência de álcool é uma doença, muito grave e complexa, por sinal. O servidor nessas condições não pode ser demitido (STJ, RMS 18.017-SP).

7.6.2.5. Licença à Gestante, à Adotante e da Licença-Paternidade

Segundo os arts. 207 e seguintes, o auxílio-natalidade obedecerá às seguintes regras:

a) será concedida licença à servidora gestante por 120 (cento e vinte) dias consecutivos, sem prejuízo da remuneração.

b) a licença poderá ter início no primeiro dia do nono mês de gestação, salvo antecipação por prescrição médica.

c) no caso de nascimento prematuro, a licença terá início a partir do parto.

d) no caso de natimorto, decorridos 30 dias do evento, a servidora será submetida a exame médico, e se julgada apta, reassumirá o exercício.

e) no caso de aborto atestado por médico oficial, a servidora terá direito a 30 dias de repouso remunerado.

f) pelo nascimento ou adoção de filhos, o servidor terá direito à licença-paternidade de 5 (cinco) dias consecutivos.

g) para amamentar o próprio filho, até a idade de seis meses, a servidora lactante terá direito, durante a jornada de trabalho, a uma hora de descanso, que poderá ser parcelada em dois períodos de meia hora.

h) à servidora que adotar ou obtiver guarda judicial de criança até 1 ano de idade, serão concedidos 90 dias de licença remunerada; no caso de adoção ou guarda judicial de criança com mais de 1 ano de idade, o prazo da licença será de 30 dias.

7.6.2.6. Licença por Acidente em Serviço

Segundo os arts. 211 e seguintes, a licença por acidente em serviço obedecerá às seguintes regras:

a) será licenciado, com remuneração integral, o servidor acidentado em serviço;

b) configura acidente em serviço o dano físico ou mental sofrido pelo servidor, que se relacione, mediata ou imediatamente, com as atribuições do cargo exercido, equiparando-se ao acidente em serviço o dano: i) decorrente de agressão sofrida e não provocada pelo servidor no exercício do cargo; ii) sofrido no percurso da residência para o trabalho e vice-versa.

c) o servidor acidentado em serviço que necessite de tratamento especializado poderá ser tratado em instituição privada, à conta de recursos públicos; o tratamento recomendado por junta médica oficial constitui medida de exceção e somente será admissível quando inexistirem meios e recursos adequados em instituição pública.

d) a prova do acidente será feita no prazo de 10 dias, prorrogável quando as circunstâncias o exigirem.

7.6.2.7. Pensão

Segundo os arts. 215 e seguintes, a pensão obedecerá às seguintes regras:

a) por morte do servidor, os dependentes fazem jus a uma pensão mensal de valor correspondente ao da respectiva remuneração ou provento, a partir da data do óbito, observado o limite estabelecido no art. 42 (art. 215); essa regra não foi recepcionada pelas ECs 20/98, 41/03 e 47/05, que regulamentaram de outra forma a pensão devida aos beneficiários do servidor público; no que concerne à pensão por morte a Constituição estabeleceu que o benefício será igual, caso o falecido já esteja aposentado quando de sua morte, aos proventos deste até o limite do art. 201 da CF (limite de aposentadoria do Regime Geral de Previdência) mais 70% da parcela excedente ao limite, e, caso o falecido esteja na ativa quando de sua morte, à remuneração deste até o limite do art. 201, mais 70% da parcela excedente a este limite (art. 40, § 7º, CF). Tal disposição, todavia, não se aplica aos militares das Forças Armadas (art. 10, EC/41) e quanto aos pensionistas dos militares dos Estados, DF e Territórios aplica-se o que for fixado em lei específica do respectivo ente estatal.

b) as pensões distinguem-se, quanto à natureza, em vitalícias e temporárias, sendo a primeira composta de cota ou cotas permanentes, que somente se extinguem ou revertem com a morte de seus beneficiários, e a segunda composta de cota ou cotas que podem se extinguir ou reverter por motivo de morte, cessação de invalidez ou maioridade do beneficiário (art. 216).

c) são beneficiários das pensões (art. 217):

I - vitalícia: i) o cônjuge; ii) a pessoa desquitada, separada judicialmente ou divorciada, com percepção de pensão alimentícia; iii) o companheiro ou companheira designado que comprove união estável como entidade familiar; iv) a mãe e o pai que comprovem dependência econômica do servidor; v) a pessoa designada, maior de 60 anos e a pessoa portadora de deficiência, que vivam sob a dependência econômica do servidor;

II - temporária: i) os filhos, ou enteados, até 21 anos de idade, ou, se inválidos, enquanto durar a invalidez; o STJ entende que a pensão dos filhos ou enteados, no caso, não podem realmente passar dos 21 anos, salvo se inválidos, não se podendo estender até os 24 anos para os estudantes universitários, por falta de previsão legal (REsp 939.932-PB); ii) o menor sob guarda ou tutela até 21 anos de idade; iii) o irmão órfão, até 21 anos, e o inválido, enquanto durar a invalidez, que comprovem dependência econômica do servidor; iv) a pessoa designada que viva na dependência econômica do servidor, até 21 anos, ou, se inválida, enquanto durar a invalidez.

d) quanto à ordem de preferência, temos duas regras: i) a concessão de pensão vitalícia aos beneficiários de que tratam as alíneas "i" e "iii" do inciso I acima exclui desse direito os demais beneficiários referidos nas alíneas "iv" e "v"; ii) a concessão da pensão temporária aos beneficiários de que tratam as alíneas "i" e "ii" do inciso II deste artigo exclui desse direito os demais beneficiários referidos nas alíneas "iii" e "iv".

e) a pensão será concedida integralmente (no sentido de todo o valor devido nos limites constitucionais para o pagamento de pensão) ao titular da pensão vitalícia, exceto se existirem beneficiários da pensão temporária (art. 218).

f) quando houver concorrência entre titulares do direito à pensão, há de se obedecer às seguintes regras: i) ocorrendo habilitação de vários titulares à pensão vitalícia, o seu valor será distribuído em partes iguais entre os beneficiários habilitados; ii) ocorrendo habilitação às pensões vitalícia e temporária, metade do valor caberá ao titular ou titulares da pensão vitalícia, sendo a outra metade rateada em partes iguais, entre os titulares da pensão temporária; iii) ocorrendo habilitação somente à pensão temporária, o valor integral da pensão será rateado, em partes iguais, entre os que se habilitarem.

g) quanto ao prazo para requer a pensão há duas regras (art. 219): i) quanto ao direito de pedir a pensão em si (direito à pensão), não há prazo, podendo ser requerida a qualquer tempo; ii) quanto ao direito de cobrar parcelas de pensão atrasadas (direito às prestações de uma pensão), a pretensão respectiva prescreve em 5 anos, ou seja, pode-se cobrar tão somente as prestações exigíveis há mais de 5 (cinco) anos.

h) concedida a pensão, qualquer prova posterior ou habilitação tardia que implique exclusão de beneficiário ou redução de pensão só produzirá efeitos a partir da data em que for oferecida;

i) não faz jus à pensão o beneficiário condenado pela prática de crime doloso de que tenha resultado a morte do servidor (art. 220);

j) será concedida pensão provisória por morte presumida do servidor, nos seguintes casos (art. 221): i) declaração de ausência, pela autoridade judiciária competente; ii) desaparecimento em desabamento, inundação, incêndio ou acidente não caracterizado como em serviço; iii) desaparecimento no desempenho das atribuições do cargo ou em missão de segurança.

Quanto ao termo inicial dos efeitos da pensão por morte em caso de habilitação posterior de dependente, o STJ entende, nas esteira das regras dos arts. 215, 218 e 219 da Lei 8.112/90, que "no caso de concessão integral da pensão por morte de servidor público, a posterior habilitação, que inclua novo dependente, produz efeitos a partir da data de seu requerimento na via administrativa. Presume-se que nessa data tenha ocorrido a ciência da Administração sobre o fato gerador a ensejar a concessão do benefício" (REsp 1.348.823/RS, j. 07.02.2013).

Vale ressaltar que a pensão provisória será transformada em vitalícia ou temporária, conforme o caso, decorridos 5 anos de sua vigência, ressalvado o eventual reaparecimento do servidor, hipótese em que o benefício será automaticamente cancelado.

k) acarreta perda da qualidade de beneficiário (art. 222): i) o seu falecimento; ii) a anulação do casamento, quando a decisão ocorrer após a concessão da pensão ao cônjuge; iii) a cessação de invalidez, em se tratando de beneficiário inválido; iv) a maioridade de filho, irmão órfão ou pessoa designada, aos 21 (vinte e um) anos de idade; v) a acumulação de pensão na forma do art. 225; vi) a renúncia expressa.

l) a critério da Administração, o beneficiário de pensão temporária motivada por invalidez poderá ser convocado a qualquer momento para avaliação das condições que ensejaram a concessão do benefício.

m) por morte ou perda da qualidade de beneficiário, a respectiva cota reverterá (art. 223): i) da pensão vitalícia para os remanescentes desta pensão ou para os titulares da pensão temporária, se não houver pensionista remanescente da pensão vitalícia; ii) da pensão temporária para os cobeneficiários ou, na falta destes, para o beneficiário da pensão vitalícia.

n) as pensões serão automaticamente atualizadas na mesma data e na mesma proporção dos reajustes dos vencimentos dos servidores, aplicando-se o disposto no parágrafo único do art. 189 (art. 224); **essa regra não mais prevalece** face a alteração constitucional, que determinou o **fim da paridade** com a remuneração dos servidores ativos, assegurando-se apenas o reajuste dos benefícios para preservar seu valor real, conforme critérios estabelecidos em lei (art. 40, § 8º, CF); vale ressaltar que tal regra também não é aplicável aos militares das Forças Armadas (art. 10, EC/1941).

o) ressalvado o direito de opção, **é vedada a percepção cumulativa de mais de duas pensões** (art. 225).

7.6.2.8. Auxílio-Funeral

Segundo o art. 226, o auxílio-funeral obedecerá às seguintes regras:

a) o auxílio-funeral é **devido à família do servidor falecido na atividade ou aposentado**, em **valor equivalente a um mês** da remuneração ou provento.

b) no caso de **acumulação legal de cargos**, o auxílio será pago somente em razão do **cargo de maior remuneração**.

c) **o auxílio será pago no prazo de 48 horas**, por meio de procedimento sumaríssimo, à pessoa da família que houver custeado o funeral.

d) **se o funeral for custeado por terceiro, este será indenizado**, observado o disposto no artigo anterior.

e) **em caso de falecimento de servidor em serviço fora do local de trabalho, inclusive no exterior, as despesas de transporte do corpo correrão à conta de recursos** da União, autarquia ou fundação pública.

7.6.2.9. Auxílio-Reclusão

Segundo o art. 229, o auxílio-reclusão obedecerá às seguintes regras:

a) **à família do servidor ativo é devido o auxílio-reclusão, nos seguintes valores**: i) dois terços da remuneração, quando afastado por motivo de prisão, em flagrante ou preventiva, determinada pela autoridade competente, enquanto perdurar a prisão; ii) metade da remuneração, durante o afastamento, em virtude de condenação, por sentença definitiva, a pena que não determine a perda de cargo;

b) nos casos previstos no primeiro caso mencionado no parágrafo anterior, o servidor terá direito à **integralização da remuneração, desde que absolvido**;

c) o pagamento do auxílio-reclusão **cessará a partir do dia imediato àquele em que o servidor for posto em liberdade, ainda que condicional**.

7.6.3. Assistência à Saúde

Segundo o art. 230, a assistência à saúde obedecerá às seguintes regras:

a) **a assistência à saúde do servidor, ativo ou inativo, e de sua família compreende assistência médica, hospitalar, odontológica, psicológica e farmacêuti-**

ca, terá como diretriz básica o implemento de ações preventivas voltadas para a promoção da saúde e será prestada pelo Sistema Único de Saúde – SUS, diretamente pelo órgão ou entidade ao qual estiver vinculado o servidor, ou mediante convênio ou contrato, ou ainda na forma de auxílio, mediante ressarcimento parcial do valor despendido pelo servidor, ativo ou inativo, e seus dependentes ou pensionistas com planos ou seguros privados de assistência à saúde, na forma estabelecida em regulamento.

b) nas hipóteses previstas na Lei 8.112/1990 em que seja exigida perícia, avaliação ou inspeção médica, na ausência de médico ou junta médica oficial, para a sua realização o órgão ou entidade celebrará, preferencialmente, convênio com unidades de atendimento do sistema público de saúde, entidades sem fins lucrativos declaradas de utilidade pública, ou com o Instituto Nacional do Seguro Social – INSS.

c) na impossibilidade, devidamente justificada, da aplicação do disposto no texto do parágrafo imediatamente acima, o órgão ou entidade promoverá a contratação da prestação de serviços por pessoa jurídica, que constituirá junta médica especificamente para esses fins, indicando os nomes e especialidades dos seus integrantes, com a comprovação de suas habilitações e de que não estejam respondendo a processo disciplinar junto à entidade fiscalizadora da profissão.

d) para os fins da assistência à saúde ora tratada, ficam a União e suas entidades autárquicas e fundacionais autorizadas a: i) **celebrar convênios exclusivamente para a prestação de serviços de assistência à saúde** para os seus servidores ou empregados ativos, aposentados, pensionistas, bem como para seus respectivos grupos familiares definidos, com entidades de autogestão por elas patrocinadas por meio de instrumentos jurídicos efetivamente celebrados e publicados até 12 de fevereiro de 2006 e que possuam autorização de funcionamento do órgão regulador, sendo certo que os convênios celebrados depois dessa data somente poderão sê-lo na forma da regulamentação específica sobre patrocínio de autogestões, a ser publicada pelo mesmo órgão regulador, no prazo de 180 dias da vigência da lei, normas essas também aplicáveis aos convênios existentes até 12/02/2006; ii) **contratar, mediante licitação**, na forma da Lei 8.666/1993, **operadoras de planos e seguros privados de assistência à saúde que possuam autorização de funcionamento do órgão regulador**;

e) **o valor do ressarcimento fica limitado ao total despendido pelo servidor ou pensionista civil com plano ou seguro privado de assistência à saúde**.

Acerca do art. 230 da Lei 8.112/1990, o STJ entende que "que, assegurado aos servidores em atividade e aos inativos o direito à assistência a sua saúde e de sua família por prestação do SUS, do órgão ou entidade a que estiver vinculado ou mediante convênio, eventual exclusão, por portaria ministerial, de participação de pensionistas em programa de assistência médica implica violação da Lei dos Servidores Públicos (art. 230 da Lei 8.112/1990), bem como ofensa ao princípio constitucional da isonomia" (MS 7.083-DF). Assim, deve-se assegurar ao servidor ativo e inativo o direito de participar do programa de assistência médica mediante desconto de participação.

7.7. DISPOSIÇÕES GERAIS

A título de disposições gerais, a Lei 8.112/1990 estabelece as seguintes regras:

a) o Dia do Servidor Público será comemorado a 28 de outubro (art. 236).

b) poderão ser instituídos, no âmbito dos Poderes Executivo, Legislativo e Judiciário, os seguintes incentivos funcionais, além daqueles já previstos nos respectivos planos de carreira (art. 237): i) prêmios pela apresentação de ideias, inventos ou trabalhos que favoreçam o aumento de produtividade e a redução dos custos operacionais; ii) concessão de medalhas, diplomas de honra ao mérito, condecoração e elogio;

c) os prazos previstos na Lei 8.112/1990 serão contados em dias corridos, excluindo-se o dia do começo e incluindo-se o do vencimento, ficando prorrogado, para o primeiro dia útil seguinte, o prazo vencido em dia em que não haja expediente (art. 238);

d) por motivo de crença religiosa ou de convicção filosófica ou política, o servidor não poderá ser privado de quaisquer dos seus direitos, sofrer discriminação em sua vida funcional, nem eximir-se do cumprimento de seus deveres (art. 239);

e) ao servidor público civil é assegurado, nos termos da Constituição Federal, o direito à livre associação sindical e os seguintes direitos, entre outros, dela decorrentes (art. 240): i) de ser representado pelo sindicato, inclusive como substituto processual; ii) de inamovibilidade do dirigente sindical, até um ano após o final do mandato, exceto se a pedido; iii) de descontar em folha, sem ônus para a entidade sindical a que for filiado, o valor das mensalidades e contribuições definidas em assembleia geral da categoria;

f) consideram-se da família do servidor, além do cônjuge e filhos, quaisquer pessoas que vivam às suas expensas e constem do seu assentamento individual; equipara-se ao cônjuge a companheira ou companheiro, que comprove união estável como entidade familiar (art. 241);

g) para os fins na Lei 8.112/1990, considera-se sede o município onde a repartição estiver instalada e onde o servidor tiver exercício, em caráter permanente (art. 242).

7.8. DISPOSIÇÕES TRANSITÓRIAS E FINAIS

A título de disposições transitórias e finais, a Lei 8.112/1990 estabelece as seguintes regras:

a) ficam submetidos ao regime jurídico instituído pela Lei 8.112/90, na qualidade de servidores públicos, os servidores dos Poderes da União, dos ex-Territórios, das autarquias, inclusive as em regime especial, e das fundações públicas, regidos pela Lei 1.711, de 28 de outubro de 1952 – Estatuto dos Funcionários Públicos Civis da União, ou pela Consolidação das Leis do Trabalho, aprovada pelo Decreto-Lei nº 5.452, de 1º de maio de 1943, exceto os contratados por prazo determinado, cujos contratos não poderão ser prorrogados após o vencimento do prazo de prorrogação (art. 243); os empregos ocupados pelos servidores incluídos no regime instituído pela Lei 8.112/1990 ficam transformados em cargos, na data de sua publicação; essa regra beneficiou inclusive celetistas contratados pela União para servir embaixadas ou representações brasileiras no exterior (STJ, MS 11.202-DF e MS 12.279-DF), tudo com fundamento, também, no art. 19 do ADCT; as **funções de confiança** exercidas por pessoas não integrantes de tabela permanente do órgão ou entidade onde têm exercício **ficam transformadas em cargos em comissão**, e mantidas enquanto não for implantado o plano de cargos dos órgãos ou entidades na forma da lei; as Funções de Assessoramento Superior – FAS, exercidas por servidor integrante de quadro ou tabela de pessoal, ficam extintas na data da vigência pela Lei 8.112/1990; o regime jurídico dessa lei é extensivo aos serventuários da Justiça, remunerados com recursos da União, no que couber; os empregos dos servidores estrangeiros com estabilidade no serviço público, enquanto não adquirirem a nacionalidade brasileira, passarão a integrar tabela em extinção, do respectivo órgão ou entidade, sem prejuízo dos direitos inerentes aos planos de carreira aos quais se encontrem vinculados os empregos (art. 243, p. 6º), sendo que o STF considerou que não fere o princípio da isonomia essa regra, questionada por um estrangeiro professor de uma universidade federal (RE 346180 AgR/RS); os servidores públicos de que trata o *caput* do artigo, não amparados pelo art. 19 do Ato das Disposições Constitucionais Transitórias, poderão, no interesse da Administração e conforme critérios estabelecidos em regulamento, ser exonerados mediante indenização de um mês de remuneração por ano de efetivo exercício no serviço público federal; para fins de incidência do imposto de renda na fonte e na declaração de rendimentos, serão considerados como indenizações isentas os pagamentos efetuados a título de indenização prevista no parágrafo anterior; os cargos vagos em decorrência da aplicação do disposto no § 7º poderão ser extintos pelo Poder Executivo quando considerados desnecessários;

b) os **adicionais por tempo de serviço**, já concedidos aos servidores abrangidos pela Lei 8.112/90, ficam **transformados em anuênio** (art. 244);

c) a licença especial disciplinada pelo art. 116 da Lei nº 1.711, de 1952, ou por outro diploma legal, fica transformada em licença-prêmio por assiduidade, na forma prevista nos arts. 87 a 90 (art. 245);

d) para efeito do disposto no Título VI pela Lei 8.112/90, **haverá ajuste de contas com a Previdência Social**, correspondente ao período de contribuição por parte dos servidores celetistas abrangidos pelo art. 243 (art. 247);

e) as pensões estatutárias, concedidas até a vigência pela Lei 8.112/90, passam a ser mantidas pelo órgão ou entidade de origem do servidor (art. 248);

f) até a edição da lei prevista no § 1º do art. 231, os servidores abrangidos pela Lei 8.112/90 contribuirão na forma e nos percentuais atualmente estabelecidos para o servidor civil da União conforme regulamento próprio (art. 249);

g) o servidor que já tiver satisfeito ou vier a satisfazer, dentro de 1 (um) ano, as condições necessárias para a aposentadoria nos termos do inciso II do art. 184 do antigo Estatuto dos Funcionários Públicos Civis da União, Lei nº 1.711, de 28 de outubro de 1952, aposentar-se-á com a vantagem prevista naquele dispositivo (ar. 250);

h) a Lei 8.112/90 entra em vigor na data de sua publicação, com efeitos financeiros a partir do primeiro dia do mês subsequente (art. 252);

i) ficam revogadas a Lei nº 1.711, de 28 de outubro de 1952, e respectiva legislação complementar, bem como as demais disposições em contrário (art. 253).

7.9. JURISPRUDÊNCIA SELECIONADA

7.9.1. Provimento, Vacância, Remoção, Redistribuição e Substituição

AG. REG. NO ARE N. 681.780-DF
RELATOR: MIN. DIAS TOFFOLI
EMENTA: Agravo regimental no recurso extraordinário com agravo. Administrativo. Servidor público. Remoção de ofício. Impossibilidade de continuar frequentando curso superior na nova lotação. Impossibilidade de remoção do cônjuge para acompanhá-lo. Circunstâncias fáticas que nortearam a decisão da origem em prol do princípio da proteção à família. Reexame de fatos e provas. Impossibilidade. Precedentes.

1. A Corte de origem concluiu, em razão de circunstâncias fáticas específicas, que o princípio da proteção à família deveria prevalecer em relação ao princípio da supremacia do interesse público, ante o evidente prejuízo que a remoção acarretaria ao servidor e à sua família.

2. Ponderação de interesses que, *in casu*, não prescinde do reexame dos fatos e das provas dos autos, o que é inadmissível em recurso extraordinário. Incidência da Súmula nº 279/STF.

3. Agravo regimental não provido. (Inform. STF 725)

DIREITO ADMINISTRATIVO. REMOÇÃO PARA ACOMPANHAR CÔNJUGE APROVADO EM CONCURSO DE REMOÇÃO.

O servidor público federal não tem direito de ser removido a pedido, independentemente do interesse da Administração, para acompanhar seu cônjuge, também servidor público, que fora removido em razão de aprovação em concurso de remoção. Isso porque o art. 36, parágrafo único, III, *a*, da Lei 8.112/1990, que prevê a possibilidade de remoção para acompanhar cônjuge ou companheiro, não ampara a referida pretensão, tendo em vista que, na hipótese, a remoção do cônjuge não se deu *ex officio*, mas voluntariamente. **AgRg no REsp 1.290.031-PE, Rel. Min. Arnaldo Esteves Lima, julgado em 20/8/2013.** (Inform. STJ 527)

DIREITO ADMINISTRATIVO. DIREITO DE SERVIDOR PÚBLICO FEDERAL À REMOÇÃO PARA ACOMPANHAMENTO DE CÔNJUGE EMPREGADO DE EMPRESA PÚBLICA FEDERAL.

O servidor público federal tem direito de ser removido a pedido, independentemente do interesse da Administração, para acompanhar o seu cônjuge empregado de empresa pública federal que foi deslocado para outra localidade no interesse da Administração. O art. 36, parágrafo único, III, "a", da Lei 8.112/1990 confere o direito ao servidor público federal de ser removido para acompanhar o seu cônjuge "servidor público civil ou militar, de qualquer dos Poderes da União, dos Estados, do Distrito Federal e dos Municípios" que foi deslocado no interesse da Administração. **A jurisprudência do STJ vem atribuindo uma interpretação ampliativa ao conceito de servidor público para alcançar não apenas os que se vinculam à Administração Direta, mas também os que exercem suas atividades nas entidades da Administração Indireta. Desse modo, o disposto no referido dispositivo legal deve ser interpretado de forma a possibilitar o reconhecimento do direto de remoção também ao servidor público que pretende acompanhar seu cônjuge empregado de empresa pública federal, até mesmo porquanto a CF, em seu art. 226, consagra o princípio da proteção à família, bem maior que deve ser protegido pelo Poder Público, mormente quando este figura como empregador. MS 14.195-DF, Rel. Min. Sebastião Reis Júnior, julgado em 13/3/2013.** (Inform. STJ 519) (g.n.)

SERVIDOR PÚBLICO. REMOÇÃO. ACOMPANHAMENTO. CÔNJUGE. IMPOSSIBILIDADE. INEXISTÊNCIA. COABITAÇÃO.

Servidor público federal lotado no interior do Estado da Paraíba requereu a sua remoção para a capital do estado ou, alternativamente, a lotação provisória em qualquer outro órgão da Administração Federal direta, autárquica ou fundacional para acompanhar a esposa, servidora pública federal, removida de ofício de Campina Grande para João Pessoa. **Apesar de a esposa do autor ter sido removida de ofício, o apelante não faz jus à remoção para a sede do TRE/PB, visto que o casal não residia na mesma localidade antes da remoção da esposa. Portanto, o Estado não se omitiu do seu dever de proteger a unidade familiar, que ocorre quando há o afastamento do convívio familiar direto e diário de um dos seus integrantes. AgRg no REsp 1.209.391-PB, Rel. Min. Humberto Martins, julgado em 6/9/2011.** (Inform. STJ 482) (g.n.)

REMOÇÃO. SERVIDOR PÚBLICO. ACOMPANHAMENTO. CÔNJUGE.

Trata-se da remoção de servidora em estágio probatório no cargo de auditor fiscal do trabalho para acompanhamento de cônjuge, servidor ocupante do cargo de analista de controle interno do TCU, que participou de concurso de remoção, alterando sua lotação para o Rio de Janeiro. Assim, conforme o art. 36, III, a, da Lei n. 9.527/1997, a remoção, preenchidos os pressupostos legais, constitui direito subjetivo do servidor, independente do interesse da Administração e da existência de vaga, como forma de resguardar a unidade familiar. Nos casos em que se pretende o acompanhamento de cônjuge, a norma exige, obrigatoriamente, prévio deslocamento de qualquer deles no interesse da Administração, não sendo admitida qualquer outra forma de alteração de domicílio. **Daí, no caso, o interesse da Administração surgiu no momento em que o TCU criou nova unidade de lotação no Rio de Janeiro e abriu concurso de remoção para os analistas de controle interno. O processo seletivo foi apenas o instrumento formal adotado, uma vez que a transferência do servidor estaria condicionada ao juízo de conveniência da Administração, que decidiria em observância dos limites da legislação de regência**. Diante do exposto, a Seção concedeu a ordem para garantir a remoção da impetrante. Precedentes citados: AgRg no REsp 963.960-SC, DJe 13/12/2010, e AgRg no Ag 1.354.482-SC, DJe 18/2/2011. **MS 14.753-DF, Rel. Min. Jorge Mussi, julgado em 28/9/2011.** (Inform. STJ 484) (g.n.)

SERVIDOR PÚBLICO. ESCALA. TRABALHO. HORAS EXTRAS.

Os ora recorrentes aduzem, no recurso, que laboram em regime de escala de 24 horas de trabalho por 72 horas de descanso e, assim, estariam cumprindo jornada superior a oito horas diárias e a 40 horas semanais, o que levaria ao recebimento de horas extras trabalhadas. A Turma, entre outras questões, negou provimento ao recurso por entender que, nos termos do art. 19 da Lei n. 8.112/1990, a jornada máxima de trabalho dos servidores públicos federais é de 40 horas semanais. Assim, **conforme jurisprudência deste Superior Tribunal, dividindo-se 40 (máximo de horas semanais) por seis dias úteis e se multiplicando o resultado por 30 (total de dias do mês) teríamos o total de 200 horas mensais, valor que deve ser adotado como parâmetro para o cômputo de eventuais horas extras. No caso, os recorrentes trabalham sete dias no mês, o que, multiplicado por 24 horas trabalhadas por dia, chega-se ao valor de 168 horas trabalhadas no mês, ou seja, número inferior às 200 horas**. Quanto aos juros de mora, a jurisprudência consolidada neste Superior Tribunal reconhece que, nas causas ajuizadas posteriormente à edição da MP n. 2.180-35/2001, em que é devedora a Fazenda Pública, eles devem ser fixados em 6% ao ano. Precedentes citados: REsp 1.086.944-SP, DJe 4/5/2009; REsp 419.558-PR, DJ 26/6/2006, e REsp 805.437-RS, DJe 20/4/2009. **REsp 1.019.492-RS, Rel. Min. Maria Thereza de Assis Moura, julgado em 3/2/2011.** (Inform. STJ 461) (g.n.)

REMOÇÃO. SERVIDOR PÚBLICO.

Trata-se da remoção de servidor público, ora recorrente, que tomou posse no cargo de auditor fiscal da Receita Federal com lotação em Foz do Iguaçu-PR e, posteriormente, casou-se com servidora pública do estado do Rio de Janeiro, a qual veio a engravidar. Na origem, obteve antecipação de tutela que permitiu sua lotação provisória na cidade do Rio de Janeiro, há quase dez anos. **Diante disso, a Turma entendeu que a pretensão recursal não encontra respaldo no art. 36, III, a, da Lei n. 8.112/1990 nem na jurisprudência, uma vez que o recorrente já era servidor quando, voluntariamente, casou-se com a servidora estadual**. Assim, somente após o casamento, pleiteou a remoção, não havendo o deslocamento do cônjuge no interesse da Administração, logo não foi preenchido um dos requisitos do referido artigo. Quanto à teoria do fato consumado, entendeu, ainda, a Turma em afastá-la, pois a lotação na cidade do Rio de Janeiro decorreu de decisão judicial provisória por força de tutela antecipatória e tornar definitiva essa lotação, mesmo com a declaração judicial de não cumprimento dos requisitos legalmente previstos, permitiria consolidar uma situação contrária à lei. Daí negou provimento ao recurso. **Precedentes citados do STF: RE 587.260-RN, DJe 23/10/2009; do STJ: REsp 616.831-SE, DJ 14/5/2007; REsp 674.783-CE, DJ 30/10/2006, e REsp 674.679-PE, DJ 5/12/2005. REsp 1.189.485-RJ, Rel. Min. Eliana Calmon, julgado em 17/6/2010**. (Inform. STJ 439) (g.n.)

7.9.2. Direito e vantagens

MS N. 24.089/DF

RED. P/ O ACÓRDÃO: MIN. MARCO AURÉLIO

AJUDA DE CUSTO E DESPESA DE TRANSPORTE – TRIBUNAL DE CONTAS DA UNIÃO – ALCANCE DA LEI Nº 8.112/90 E DOS DECRETOS Nº 1.445/95 E 1.637/95. A teor das normas de regência da ajuda de custo, **o fato de o servidor voltar à origem espontaneamente não gera o direito à ajuda de custo, mostrando-se irrelevante a circunstância de haver sido afastado de função comissionada**. (Inform. STF 626) (g.n.)

DIREITO ADMINISTRATIVO. PAGAMENTO DE ADICIONAL NOTURNO AO SERVIDOR PÚBLICO FEDERAL QUE PRESTE O SEU SERVIÇO EM HORÁRIO NOTURNO SOB O REGIME DE PLANTÃO.

O adicional noturno previsto no art. 75 da Lei 8.112/1990 será devido ao servidor público federal que preste o seu serviço em horário compreendido entre 22 horas de um dia e 5 horas do dia seguinte, ainda que o serviço seja prestado em regime de plantão. Inicialmente, por determinação expressa do art. 39, § 3º, da CF, aplica-se aos servidores ocupantes de cargo público o disposto no inciso IX do art. 7º da CF, que impõe, como direito básico dos trabalhadores urbanos e rurais, a "remuneração do trabalho noturno superior à do diurno". Nesse contexto, com a finalidade de possibilitar a busca pelo significado mais adequado para a norma constante do referido inciso IX, deve-se lançar mão de quatro princípios de hermenêutica constitucional. Primeiro, tendo em conta o princípio da unidade da constituição – pelo qual as normas constitucionais devem ser interpretadas em seu contexto, e não isoladamente, de modo a evitar as antinomias aparentes –, deve-se considerar o fato de que o direito social referente à superioridade da remuneração do trabalho noturno encontra amparo nos princípios constitucionais da dignidade da pessoa humana e da valorização do trabalho, que exigem uma interpretação não restritiva da norma em questão, de modo que se possa promover uma compensação (nesses casos, financeira) ao trabalhador pelos desgastes sofridos em razão da jornada noturna de trabalho. Isso porque o trabalho noturno é mais penoso, mais desgastante, do que o diurno e, além disso, impõe ao trabalhador o sacrifício de ter que abdicar, muitas vezes, da vida social, do convívio com a família e com os amigos. Segundo, em consideração ao princípio da interpretação conforme a constituição – que obriga o intérprete a buscar o sentido e o alcance da norma dentro da própria Constituição, sobretudo nos seus princípios e valores estruturantes –, deve-se interpretar a norma constante do art. 7º, IX, da CF de modo a promover, em qualquer circunstância, a compensação financeira pelo trabalho noturno, uma vez que essa norma não pode ser interpretada de modo a infringir os princípios constitucionais que a sustentam (como foi dito, os princípios da dignidade da pessoa humana e da valorização do trabalho). Terceiro, não se pode conferir aplicabilidade restrita à norma em análise, de modo a amesquinhar, ou reduzir significativamente, seu campo de aplicação. Pelo contrário, ela deve ser interpretada de modo extensivo, apto a permitir a maior amplitude normativa possível, tendo em vista o princípio da máxima efetividade da norma constitucional – segundo o qual, na interpretação das normas constitucionais, deve-se atribuir-lhes o sentido que lhes empreste maior eficácia. Quarto, a norma consignada no referido inciso IX não deve ser interpretada de maneira casuísta ou de modo a afastar sua aplicação a casos específicos não previstos pela Constituição, tendo em conta o princípio do efeito integrador – para o qual, na interpretação constitucional, deve-se dar prioridade à exegese que favoreça a integração social e possibilite o reforço da unidade política. Sendo assim, interpretando o disposto no inciso IX do art. 7º da CF, deve-se determinar o pagamento do adicional noturno sem qualquer restrição ao servidor público federal que preste o seu serviço em horário noturno. Aplica-se aqui, ademais, a regra básica de hermenêutica segundo a qual não cabe ao intérprete restringir na hipótese em que a lei não restringiu, sobretudo quando a norma interpretada é de estatura constitucional e consagra um direito social dos trabalhadores. Ademais, a norma constitucional em apreço é de eficácia plena, portanto de vigência imediata. Além de todas essas considerações, também não se pode conferir interpretação restritiva ao art. 75 da Lei 8.112/1990 – que regulamentou, no plano do serviço público civil federal, o art. 7º, IX, da CF –, uma vez que a norma extraída do art. 75 do Estatuto dos Servidores Públicos da União decorre diretamente da norma constitucional constante do mencionado inciso IX. De mais a mais, **quanto ao fato de o trabalhador subordinar-se ao regime de plantão, não haverá alteração desse panorama em relação a ele, pelo menos não completamente, porquanto o plantonista se submete aos mesmos desgastes sofridos pelos demais trabalhadores noturnos nos dias em que dobra a jornada. Ele é obrigado a trocar o dia pela noite, bem como também se vê privado de vivenciar uma dia a dia normal, já que a vida dos homens urbanos rege-se pelo horário comercial das empresas.** Nesse contexto, é necessário ressaltar que não há por que recusar, nesses casos, eficácia e aplicabilidade ao enunciado da Súmula 213 do STF: "É devido o adicional de serviço noturno, ainda que sujeito o empregado ao regime de revezamento". Isso porque, embora a referida súmula tenha sido editada ainda sob o império da Constituição de 1946, permanece válida a interpretação nela consagrada, uma vez que não houve alteração semântica do texto constitucional quanto ao adicional noturno – visto que o art. 157, III, daquela Constituição determinava "salário do trabalho noturno superior ao do diurno". Por fim, além de tudo que já foi mencionado, o TST, ao examinar o art. 73 da CLT (que regulamenta o adicional noturno para os trabalhadores da iniciativa privada) tem decidido que esse adicional é perfeitamente compatível com o regime de plantões. **REsp 1.292.335-RO, Rel. Min. Castro Meira, julgado em 9/4/2013.** (Inform. STJ 519)

DIREITO ADMINISTRATIVO. TERMO A QUO DO PRAZO PRESCRICIONAL PARA PLEITEAR INDENIZAÇÃO REFERENTE A FÉRIAS NÃO GOZADAS POR SERVIDOR PÚBLICO FEDERAL.

Se um servidor público federal passar à inatividade no serviço público, o prazo prescricional para pleitear indenização referente a férias não gozadas por ele tem início na data da sua inatividade. **Isso porque o termo inicial do prazo prescricional para pleitear indenização referente a férias não gozadas inicia-se com a impossibilidade de o servidor usufruí-las.** Precedentes citados: AgRg no AREsp 185.117-BA, DJe 25/9/2012, e AgRg no RMS 22.246-ES, DJe 18/4/2012. **AgRg no AREsp 255.215-BA, Rel. Min. Humberto Martins, julgado em 6/12/2012.** (Inform. STJ 514). (g.n.)

SERVIDOR. FÉRIAS. ACÚMULO.

A Seção, ao consignar que o art. 77 da Lei n. 8.112/1990 busca preservar a saúde do servidor público, decidiu que **o acúmulo de mais de dois períodos de férias não gozadas não resulta em perda do direito de usufruí-los.** Ressaltou-se, ainda, que o gozo das férias está condicionado à conveniência e interesse da Administração Pública, mesmo que haja mais de dois períodos acumulados. Precedente citado: REsp 865.355-RS, DJe 16/6/2008. **MS 13.391-DF, Rel. Min. Maria Thereza de Assis Moura, julgado em 27/4/2011.** (Inform. STJ 470) (g.n.)

HORA EXTRA. GRATIFICAÇÃO NATALINA. SERVIDORES PÚBLICOS FEDERAIS.

O adicional pela prestação de serviço extraordinário (hora extra) não integra a base de cálculo da gratificação natalina dos servidores públicos federais, pois não se enquadra no conceito de remuneração do *caput* do art. 41 da Lei n. 8.112/1990. REsp 1.195.325-MS, Rel. Min. Luiz Fux, julgado em 28/9/2010. (Inform. STJ 449) (g.n.)

GRATIFICAÇÃO. SUBSTITUIÇÃO. PAGAMENTO.

A Sexta Turma deu provimento a recurso especial da União por entender que, no caso de substituição, conforme estabelecido no § 2º do art. 38 da Lei n. 8.112/1990, com a redação dada pela Lei n. 9.527/1997, "o substituto fará jus à retribuição pelo exercício do cargo ou função de direção ou chefia ou de cargo de Natureza Especial, nos casos dos afastamentos ou impedimentos legais do titular, superiores a trinta dias consecutivos, paga na proporção dos dias de efetiva substituição, que excederem o referido período". **Precedentes citados: REsp 255.890-RN, DJ 6/11/2000; RMS 11.971-DF, DJ 18/6/2001; RMS 11.343-DF, DJ 2/12/2002; REsp 843.673-SC, DJe 26/6/2008; REsp 913.962-RN, DJ 26/9/2007, e REsp 719.525-RN, DJ 17/3/2006. REsp 548.340-RN, Rel. Min. Og Fernandes, julgado em 28/9/2010.** (Inform. STJ 449)

SERVIDOR. CURSO. EXTERIOR. INDENIZAÇÃO.

O recorrente (servidor público) e a universidade celebraram contrato para propiciar-lhe formação acadêmica no exterior (doutorado). Pelo acordo, o servidor comprometia-se a permanecer à disposição da universidade por tempo igual ao de duração de seu doutorado, sob pena de ressarcir os vencimentos percebidos durante o afastamento, obrigação que já constava do ordenamento jurídico àquela época (art. 47, § 3º, do Dec. n. 94.664/1987). **Contudo, tendo concluído o curso e retornado ao país, o recorrente decidiu aposentar-se antes de completar a contraprestação a que estava obrigado. Discutiu-se, nos autos, como ele deve indenizar a universidade, se na forma do contrato (de modo integral) ou de acordo com o art. 46, § 1º, da Lei n. 8.112/1990 (de forma parcelada).** Quanto a isso, a Turma, ao prosseguir o julgamento e aderir ao voto vista do Min. Felix Fischer, entendeu prevalecer sobre o contrato celebrado a regra estatutária, contudo no patamar decorrente da alteração superveniente empreendida pela MP n. 2.225/2001, que alterou a redação do citado dispositivo ao prever que a parcela não mais poderá ser inferior a 10% da remuneração. Anote-se que há precedentes quanto à superveniência da aposentadoria não excluir o servidor público da respectiva carreira e quanto ao cálculo do valor a indenizar dever ser proporcional ao tempo necessário à completa devolução à Administração. **Precedentes citados: RMS 24.007-MS, DJe 17/11/2008, e REsp 939.439-PR, DJe 1º/12/2008. REsp 1.103.315-ES, Rel. Min. Jorge Mussi, julgado em 19/8/2010.** (Inform. STJ 443) (g.n.)

FÉRIAS. 30 DIAS. PROCURADOR AUTÁRQUICO.

A Turma, entre outras questões, reiterou o entendimento de que a MP n. 1.522/1996 foi válida e regularmente editada, sendo posteriormente convertida na Lei n. 9.527/1997, que, ao revogar a legislação pretérita, fixou as férias dos procuradores autárquicos da União em 30 dias. Assim, por maioria, conheceu em parte do recurso e, nessa parte, negou-lhe provimento. **Precedentes citados: AgRg no REsp 1.116.048-SC, DJe 26/10/2008; REsp 383.608-PR, DJ 16/12/2002, e REsp 634.197-PB, DJ 23/4/2007. REsp 906.755-DF, Rel. Min. Laurita Vaz, julgado em 1º/6/2010.** (Inform. STJ 437)

ADICIONAL. INSALUBRIDADE. FÉRIAS. DÉCIMO-TERCEIRO SALÁRIO. SERVIDOR PÚBLICO.

Cinge-se a controvérsia à incidência, ou não, do adicional de insalubridade sobre as férias e sobre o décimo-terceiro salário de servidor público federal. A Min. Relatora entendeu que, nos termos do art. 102, I, da Lei n. 8.112/1990, **os afastamentos dos servidores públicos federais em virtude de férias são considerados como períodos de efetivo exercício, incidindo sobre as férias o adicional de periculosidade.** Esse é o raciocínio da Resolução n. 357 do Conselho da Justiça Federal, de 23/3/2004, e do o Ato n. 137, de 13/11/2002, deste Superior Tribunal. Precedente citado: REsp 643.352-RS, DJ 30/8/2004. **REsp 536.104-RS, Rel. Min. Maria Thereza de Assis Moura, julgado em 28/6/2007.** (Inform. STJ 325)

LICENÇA. APERFEIÇOAMENTO. AUXÍLIO-ALIMENTAÇÃO. VALE-TRANSPORTE.

É devido o pagamento de auxílio-alimentação e vale-transporte durante os afastamentos de servidor público federal previstos no art. 102 da Lei n. 8.112/1990, tal como a licença para frequência a curso de aperfeiçoamento. Precedentes citados: AgRg no REsp 643.236-PE, DJ 16/5/2005, e AgRg no REsp 643.938-CE, DJ 24/4/2006. **REsp 614.433-RJ, Rel. Min. Arnaldo Esteves Lima, julgado em 3/4/2007.** (Inform. STJ 316) (g.n.)

INCORPORAÇÃO. GRATIFICAÇÃO. FUNÇÃO COMISSIONADA. MP 2.225-45/2001.

O art. 62, § 2º, da Lei n. 8.112/1990 instituiu a incorporação, a cada ano, de um quinto do valor relativo à gratificação pelo exercício de função de direção, chefia ou assessoramento até o limite de cinco anos. Já os arts. 3º e 10 da Lei n. 8.911/1994, que regulamentou com minúcias os chamados quintos, definiram critérios específicos para a concessão daquela incorporação. Sobreveio, então, a MP n.

1.595-14/1997, convertida na Lei n. 9.527/1997, que afastou a incorporação e transformou o que vinha sendo pago a esse título em vantagem pessoal nominalmente identificada (VPNI), isso em 11/11/1997. Após, a Lei n. 9.624/1998 transformou em décimos as parcelas de quintos incorporados entre 1º/11/1995 e 10/11/1997. Note-se que houve um alargamento do prazo limite para a incorporação dos quintos ao comparar-se o estipulado na Lei n. 9.527/1997 e na Lei n. 9.624/1998, o que alcançou todos os servidores que já preenchiam os requisitos para a obtenção da incorporação. Outrossim, resguardava aquela lei para aqueles que ainda não haviam integralizado o período necessário a possibilidade da incorporação de décimos pelo cumprimento de determinadas condições, ao considerar a situação individual de cada servidor. Por último, veio a MP 2.225-45/2001, que, ao referir-se aos retrocitados artigos das Lei n. 9.624/1998 e Lei n. 8.911/1994, permitiu a incorporação da gratificação relativa ao exercício da função comissionada no período de 8/4/1998 a 5/9/2001, transformando-a em VPNI. Com esse entendimento, também acolhido pelo Tribunal de Contas da União, a Turma, ao prosseguir o julgamento, deferiu a ordem para assegurar às autoras o direito à incorporação referente ao período mencionado, ou seja, de 8/4/1998 (Lei n. 9.624/1998) a 5/9/2001 (MP n. 2.225-45/2001). Precedentes citados do STJ: REsp 696.085-PB, DJ 26/9/2005; RMS 14.104-BA, DJ 5/4/2004; RMS 14.827-BA, DJ 24/11/2003; PA 2.389/2002; do CJF: PA 2004.16.4940; do TCU: TC-013.092/2002-6; da PGR: 1.00.000.010770/2004-47; do TRF da 4ª Região: AC 2003.71.00.057296-7-RS, DJ 15/6/2005, e do TRF da 5ª Região: AC 358.204-PE, DJ 13/10/2005. **REsp 781.798-DF, Rel. Min. Hélio Quaglia Barbosa, julgado em 28/3/2006.** (Inform. STJ 279)

7.9.3. Licenças, afastamentos, concessões e tempo de serviço

DIREITO ADMINISTRATIVO. CONCESSÃO DE LICENÇA PARA ACOMPANHAMENTO DE CÔNJUGE.
É cabível a concessão de licença a servidor público para acompanhamento de cônjuge na hipótese em que se tenha constatado o preenchimento dos requisitos legais para tanto, ainda que o cônjuge a ser acompanhado não seja servidor público e que o seu deslocamento não tenha sido atual. O art. 84, *caput* e § 1º, da Lei n. 8.112/1990 estabelece o direito à licença para o servidor público afastar-se de suas atribuições, por prazo indeterminado e sem remuneração, com o fim de acompanhar cônjuge ou companheiro. A referida norma não exige a qualidade de servidor público do cônjuge do servidor que pleiteia a licença, tampouco que o deslocamento daquele tenha sido atual, não cabendo ao intérprete condicionar a respectiva concessão a requisitos não previstos pelo legislador. **A jurisprudência do STJ firmou-se no sentido de que a referida licença é um direito assegurado ao servidor público, de sorte que, preenchidos os requisitos legais, não há falar em discricionariedade da Administração quanto a sua concessão.** Precedentes citados: AgRg no REsp 1.195.954-DF, DJe 30/8/2011, e AgRg no Ag 1.157.234-RS, DJe 6/12/2010. **AgRg no REsp 1.243.276-PR, Rel. Min. Benedito Gonçalves, julgado em 5/2/2013.** (Inform. STJ 515). (g.n.)

LICENÇA. DESLOCAMENTO. CÔNJUGE. EXERCÍCIO PROVISÓRIO.
No caso, servidora da Justiça trabalhista lotada em Porto Alegre formulou pedido administrativo para que lhe fosse concedida licença por motivo de deslocamento de cônjuge (art. 84 da Lei n. 8.112/1990), pois seu esposo foi aprovado em concurso público realizado em prefeitura no Estado do Rio de Janeiro, tendo tomado posse em 16/7/1999. Solicitou, ainda, que exercesse provisoriamente cargo compatível com o seu, o que poderia se dar no TRT da 1ª Região, com sede no Rio de Janeiro. Indeferido o pedido, ajuizou ação ordinária. A Turma, entre outras questões, entendeu que o pedido de concessão de licença formulado na referida ação possui natureza distinta da atinente ao instituto da remoção, previsto no art. 36, parágrafo único, III, a, da Lei n. 8.112/1990. O pedido está embasado no art. 84 da mencionada lei e, uma vez preenchidos pelo servidor os requisitos ali previstos, não há espaço para juízo discricionário da Administração, devendo a licença ser concedida, pois se trata de um direito do servidor, em que a Administração não realiza juízo de conveniência e oportunidade. **Quanto ao <u>exercício provisório</u> em outro órgão, este é cabível, pois preenchidos todos os pressupostos para o seu deferimento.** Sendo a autora analista judiciária, poderá exercer seu mister no TRT da 1ª Região. **REsp 871.762-RS, Rel. Min. Laurita Vaz, julgado em 16/11/2010.** (Inform. STJ 456) (g.n.)

SERVIDOR. DEPENDÊNCIA CRÔNICA. ALCOOLISMO.
A Turma, ao prosseguir o julgamento, deu provimento ao recurso por entender que **o servidor que sofre de dependência crônica de alcoolismo deve ser licenciado, mesmo compulsoriamente, para tratamento de saúde e, se for o caso, aposentado por invalidez, mas, nunca, demitido**, por ser titular de direito subjetivo à saúde e vítima do insucesso das políticas públicas sociais do Estado. **RMS 18.017-SP, Rel. Min. Paulo Medina, julgado em 9/2/2006.** (Inform. STJ 273) (g.n.)

REGIME DISCIPLINAR E PROCESSO ADMINISTRATIVO DISCIPLINAR
EMENTA: Recurso ordinário em mandado de segurança. Servidor público. Processo administrativo disciplinar. Incursão na conduta prevista no art. 132, IX,

da Lei nº 8.112/90. Penalidade de demissão. Recurso ordinário em mandado de segurança ao qual se nega provimento.

1. A mera demonstração de nomeações e exonerações em cargos comissionados e funções de confiança não tem o condão de configurar a ilegalidade de comissão disciplinar, a qual decorreria da ausência de estabilidade de seus integrantes.

2. **Diante da gravidade da infração atribuída ao recorrente, não há que se falar em violação do princípio da proporcionalidade, haja vista que a pena aplicada tem previsão legal e foi imposta após a comprovação, por meio de regular procedimento disciplinar, da autoria e da materialidade da transgressão a ele atribuída.**

3. Conclusão diversa acerca da adequação da conduta do recorrente, a teor do art. 128 da Lei 8.112/90, demandaria exame e reavaliação de todas as provas integrantes do feito administrativo, procedimento incompatível com a via estreita do **writ**.

4. Recurso ordinário em mandado de segurança ao qual se nega provimento. RMS 28638/DF, rel. Min. Dias Toffoli, DJ 24.10.2013 (Inform. STF 731)

RMS N. 32.034-DF
RELATORA: MIN. CÁRMEN LÚCIA

EMENTA: RECURSO ORDINÁRIO EM MANDADO DE SEGURANÇA. ADMINISTRATIVO. DEMISSÃO DE SERVIDOR PÚBLICO. PRESCRIÇÃO DA PRETENSÃO PUNITIVA NÃO CONFIGURADA. INFRAÇÕES DISCIPLINARES CAPITULADAS COMO CRIME. PRAZO FIXADO A PARTIR DA LEI PENAL (ART. 142, § 2º, DA LEI N. 8.112/1990). **PORTARIA DE INSTAURAÇÃO DE PROCESSO ADMINISTRATIVO. DESNECESSIDADE DE DESCRIÇÃO PORMENORIZADA DAS IRREGULARIDADES EM APURAÇÃO. INDIVIDUALIZAÇÃO DAS CONDUTAS PARA APLICAÇÃO DA PENA.** RECURSO ORDINÁRIO EM MANDADO DE SEGURANÇA AO QUAL SE NEGA PROVIMENTO. (Inform. STF 722) (g.n.)

PAD e vinculação à decisão da comissão processante -1

A 2ª Turma negou provimento a recurso ordinário em mandado de segurança interposto de decisão do STJ que entendera legítima a demissão de servidor público. No caso, o recorrente alegava: a) ilegalidade do ato demissionário, tendo em vista o não acatamento das conclusões da comissão processante pela autoridade julgadora; b) cerceamento de defesa, em virtude de ausência de intimação pessoal da pena de demissão e total ausência de fundamentação desse ato administrativo; e c) incompetência do Ministro de Estado do Planejamento, Orçamento e Gestão para aplicação da referida penalidade, ante a ilegalidade da delegação a ele conferida. Ressaltou-se, inicialmente, que **Ministro de Estado teria competência para aplicar pena de demissão a servidor em virtude de condenação em processo administrativo disciplinar, nos termos do disposto no art. 84 da CF e no Decreto 3.035/99**. Aduziu-se que **o recorrente tomara ciência da demissão por intermédio de publicação no Diário Oficial da União, o que seria a comunicação adequada para o ato, sendo desnecessário intimá-lo pessoalmente**. RMS 24619/DF, rel. Min. Gilmar Mendes, 11.10.2011. (RMS-24619)

PAD e vinculação à decisão da comissão processante - 2

Concluiu-se que **a Lei 8.112/90 autorizaria o julgador a alterar a penalidade imposta ao servidor pela comissão processante, desde que a decisão estivesse devidamente fundamentada** (*"art. 168 O julgamento acatará o relatório da comissão, salvo quando contrário às provas dos autos. Parágrafo único. Quando o relatório da comissão contrariar as provas dos autos, a autoridade julgadora poderá, motivadamente, agravar a penalidade proposta, abrandá-la ou isentar o servidor de responsabilidade"*). Reputou-se que a referida autoridade ministerial considerara, em decisão satisfatoriamente fundamentada e com respaldo no parecer emitido pela consultoria jurídica do órgão, que as provas constantes dos autos referir-se-iam à conduta desidiosa, à qual deveria ser aplicada a pena de demissão e não a de advertência. RMS 24619/DF, rel. Min. Gilmar Mendes, 11.10.2011. (RMS-24619) (Inform. STF 644)

Acumulação de Cargos e Demissão - 1

A 2ª Turma desproveu recurso ordinário em mandado de segurança impetrado em favor de médico demitido por acumular 4 vínculos profissionais, sendo 2 com o Instituto Nacional do Seguro Social - INSS, 1 com a Prefeitura de Eldorado do Sul/RS e outro com a Prefeitura de São Leopoldo/RS. O recorrente alegava que o § 5º do art. 133 da Lei 8.112/90 lhe asseguraria o direito de optar por uma combinação lícita de cargos públicos até o momento da apresentação da defesa no procedimento administrativo (*"§ 5º A opção pelo servidor até o último dia de prazo para defesa configurará sua boa-fé, hipótese em que se converterá automaticamente em pedido de exoneração do outro cargo"*). Sustentava, ainda, que teria sido desconsiderada a opção oferecida junto com a defesa escrita; que o vínculo funcional com a Prefeitura de São Leopoldo apresentava caráter emergencial, não se prestando para impedir a acumulação de cargo; e por fim, que a entrega de pedido de exoneração dos cargos às prefeituras seria suficiente para se reconhecer a boa-fé. **RMS 26929/DF, rel. Min. Joaquim Barbosa, 19.10.2010.** (RMS-26929)

Acumulação de Cargos e Demissão - 2

Ressaltou-se que, em 9.6.2003, o recorrente reconhecera que sua situação funcional era irregular e se comprometera a apresentar a exoneração dos cargos ocupados nos Municípios de Eldorado do Sul e de São Leopoldo. Não obstante, em 3.11.2003, ele fora readmitido, por meio de contrato emergencial, como médico da Prefeitura de São Leopoldo. Observou-se que o § 5º do art. 133 da Lei 8.112/90 não socorreria o recorrente. Aduziu-se, tendo em conta, inclusive, que o recorrente residiria na capital, que caberia a ele demonstrar que o recebimento do termo de opção fora protocolado tempestivamente, ou seja, dentro do prazo de 5 dias do recebimento da citação — para apresentar defesa e fazer a opção pelo cargo público. **Consignou-se, entretanto, que a cópia da defesa escrita acusara o seu recebimento pelo INSS somente em 24.5.2004, 12 dias depois da data que constaria do mandado de citação**. Asseverou-se que, muito **embora a Lei 8.112/91 preveja uma caracterização impositiva da boa-fé, dever-se-ia registrar que o recorrente tivera a oportunidade de corrigir a situação quase um ano antes do prazo para apresentação da defesa**. Ademais, **rejeitou-se a assertiva de que o caráter emergencial do contrato assumido com a Prefeitura de São Leopoldo afastaria a ilicitude da cumulação**. Destacou-se, no ponto, que o dispositivo constitucional que trata de acumulação de cargos para a área de saúde não faz distinção entre contratos permanentes e não permanentes (*"Art. 37... XVI - é vedada a acumulação remunerada de cargos públicos, exceto, quando houver compatibilidade de horários, observado em qualquer caso o disposto no inciso XI. ... c) a de dois cargos ou empregos privativos de profissionais de saúde, com profissões regulamentadas"*). Por fim, **concluiu-se que a mera entrega do pedido de exoneração não seria suficiente para desfazer o vínculo funcional, porquanto o recorrente contrariara a expectativa oferecida à Administração ao não se desligar dos cargos, tendo, ao contrário, assumido novo contrato junto à Prefeitura de São Leopoldo**. **RMS 26929/DF, rel. Min. Joaquim Barbosa, 19.10.2010.** (RMS-26929) (Inform. STF 605) (g.n.)

PAD: Nulidade e "Bis in Idem" - 1

A Turma negou provimento a recurso ordinário em mandado de segurança **no qual se pleiteava a nulidade de procedimento administrativo disciplinar, ao fundamento de que houvera a imposição de** **<u>duas penas com base nos mesmos fatos</u>**, caracterizando ofensa ao princípio do *non bis in idem*. No caso, o recorrente fora submetido a **sindicância em virtude da ocorrência de falta funcional no controle fiscal e contábil de certa empresa**, sendo-lhe imposta a **<u>pena de advertência</u>**. Ocorre, todavia, que, posteriormente, **tal procedimento fora declarado nulo pela própria Administração, instaurando-se um novo para apurar os mesmos fatos, sendo-lhe, ao fim, aplicada a** **<u>pena de demissão</u>**. Sustentava, também, o recorrente: a) que a Lei 8.112/90, em seu art. 174 (*"o processo disciplinar poderá ser revisto, a qualquer tempo, a pedido ou de ofício, quando se aduzirem fatos novos ou circunstâncias suscetíveis de justificar a inocência do punido ou a inadequação da penalidade aplicada."*), previu que **<u>a revisão do processo administrativo só seria realizada em benefício do servidor e se existentes fatos novos</u>** e b) que o fato de um mesmo agente ter atuado na instauração do procedimento, como Secretário da Receita Federal, e, no julgamento, como Ministro de Estado da Fazenda**<u>, indicaria que o julgamento teria sido parcial</u>**. **RMS 23922/DF, rel. Min. Joaquim Barbosa, 9.2.2010.** (RMS-23922)

PAD: Nulidade e "Bis in Idem" - 2

Assinalou-se que a declaração da nulidade do processo que conduzira à aplicação da pena de advertência não poderia apoiar-se no disposto no art. 174 da Lei 8.112/90, pois trataria aquele dispositivo da revisão em benefício do servidor que sofrera punição disciplinar. Destacou-se, por outro lado, que a situação descrita nos autos seria de revisão *ex officio* de ato administrativo (Lei 8.112/90, artigos 114 e 169) e não de aplicação daquele dispositivo. Assim, enfatizou-se que a anulação total do processo original e a sua retomada desde o início, ainda que se refiram aos mesmos fatos, não violara o princípio do *non bis in idem*. Quanto ao suposto vício decorrente da participação de um mesmo agente público em diferentes atos do processo, aduziu-se que, do ponto de vista da conformidade com o texto legal, a competência para a prática dos atos fora devidamente respeitada, em observância à Lei 8.112/90, que disciplina a competência para instauração e julgamento do processo disciplinar. No ponto, evidenciou-se que, de acordo com o art. 166 dessa lei, a competência para julgar o processo, em regra, seria da autoridade que determinara a sua instauração. Ressaltou-se que, na espécie, o Secretário da Receita Federal agira como superior hierárquico do delegado desta entidade, decretando a nulidade da pena imposta pelo subordinado (o "chefe da repartição", como disposto no art. 141, III, da Lei 8.112/90). **Dessa forma, frisou-se que a atribuição para praticar tal ato decorreria do art. 169 da mesma lei, o qual dispõe competir à autoridade que instaura o processo ou outra de hierarquia superior anular o feito em que presente vício insanável. Afirmou-se, destarte, que a imposição da pena de demissão caberia, em tese, ao Presidente da República (Lei 8.112/90, art. 141, I), tendo tal atribuição sido delegada, contudo, ao Ministro de Estado da Fazenda**, por força do art. 1º, I, do Decreto 3.035/99. **RMS 23922/DF, rel. Min. Joaquim Barbosa, 9.2.2010.** (RMS-23922) (Inform. STF 574) (g.n.)

PAD e Composição de Comissão - 1

A Turma negou provimento a recurso ordinário em mandado de segurança no qual servidores públicos do INCRA pretendiam a reintegração aos seus cargos sob a alegação de nulidades da Portaria do Ministro do Estado do Desenvolvimento Agrário que, tendo em conta as conclusões de comissão em processo administrativo disciplinar - PAD, aplicara-lhes as penalidades de demissão e de suspensão. Os ora recorrentes sustentavam, na espécie, que a Portaria que instaurara o referido processo administrativo não individualizara os fatos a serem apurados, limitando-se a explicitar mera suposição genérica. Além disso, aduziam irregularidade na composição da comissão disciplinar, presidida por delegado da polícia federal.

RMS 25105/DF, rel. Min. Joaquim Barbosa, 23.5.2006. (RMS-25105)

PAD e Composição de Comissão - 2

Quanto à primeira alegação, considerou-se que houvera delimitação adequada do objeto do processo administrativo disciplinar. No ponto, asseverou-se que, consoante afirmado pelo STJ, a referência da citada Portaria a **possível cometimento de infrações disciplinares seria suficiente para demarcar o fato supostamente delituoso e garantir a legalidade da mesma**. Rejeitou-se, de igual modo, o argumento de nulidade da nomeação do delegado federal. Após ressaltar que cabe à autoridade competente nomear os membros para instituir a comissão disciplinar a que se refere o art. 149 da Lei 8.112/90, tanto na sua redação original quanto na presente, alterada pela Lei 9.527/90, entendeu-se que o presidente do INCRA poderia designar servidor de outro órgão. Nesse sentido, aduziu-se que **na ausência de disposição legal que restrinja o campo de escolha da autoridade competente para a formação da comissão, a aludida Lei 8.112/90 deixara margem de escolha ao administrador dentro de um universo não definido, mas definível, qual seja, 3 servidores estáveis**. Por fim, salientou-se que as atribuições dos membros de comissão de processo administrativo disciplinar não se inserem na competência de nenhum cargo específico.

RMS 25105/DF, rel. Min. Joaquim Barbosa, 23.5.2006. (RMS-25105) (Inform. STF 428) (g.n.)

DIREITO ADMINISTRATIVO. AFASTAMENTO DAS CONCLUSÕES DA COMISSÃO EM PAD.

No processo administrativo disciplinar, quando o relatório da comissão processante for contrário às provas dos autos, admite-se que a autoridade julgadora decida em sentido diverso daquele apontado nas conclusões da referida comissão, desde que o faça motivadamente. Isso porque, segundo o parágrafo único do art. 168 da Lei 8.112/1990, quando "o relatório da comissão contrariar as provas dos autos, a autoridade julgadora poderá, motivadamente, agravar a penalidade proposta, abrandá-la ou isentar o servidor de responsabilidade". Precedentes citados: MS 15.826-DF, Primeira Seção, DJe 31/05/2013; e MS 16.174-DF, Primeira Seção, DJe 17/02/2012. **MS 17.811-DF, Rel. Min. Humberto Martins, julgado em 26/6/2013.** (Inform. STJ 526)

DIREITO ADMINISTRATIVO. DESTITUIÇÃO DE CARGO EM COMISSÃO.

Deve ser aplicada a penalidade de destituição de cargo em comissão na hipótese em que se constate que servidor não ocupante de cargo efetivo, valendo-se do cargo, tenha indicado irmão, nora, genro e sobrinhos para contratação por empresas recebedoras de verbas públicas, ainda que não haja dano ao erário ou proveito pecuniário e independentemente da análise de antecedentes funcionais. Com efeito, é de natureza formal o ilícito administrativo consistente na inobservância da proibição de que o servidor se valha do cargo para lograr proveito pessoal ou de outrem, em detrimento da dignidade da função pública (art. 117, IX, da Lei 8.112/1990). Nesse contexto, não importa, para configuração do ilícito, qualquer discussão acerca da eventual ocorrência de dano ao erário ou da existência de proveito pecuniário, pois o que se pretende é impedir o desvio de conduta por parte do servidor. Ressalte-se que a existência de bons antecedentes funcionais não é suficiente para impedir a aplicação da penalidade, pois a Administração Pública, quando se depara com situações como essa, não dispõe de discricionariedade para aplicar pena menos gravosa, tratando-se, sim, de ato vinculado. **MS 17.811-DF, Rel. Min. Humberto Martins, julgado em 26/6/2013.** (Inform. STJ 526)

DIREITO ADMINISTRATIVO. IRRELEVÂNCIA DO VALOR AUFERIDO PARA A APLICAÇÃO DA PENA DE DEMISSÃO DECORRENTE DA OBTENÇÃO DE PROVEITO ECONÔMICO INDEVIDO.

Deve ser aplicada a penalidade de demissão ao servidor público federal que obtiver proveito econômico indevido em razão do cargo, independentemente do valor auferido. Isso porque não incide, na esfera administrativa, ao contrário do que se tem na esfera penal, o princípio da insignificância quando constatada falta disciplinar prevista no art. 132 da Lei 8.112/1990. Dessa forma, o proveito econômico recebido pelo servidor é irrelevante para a aplicação da penalidade administrativa de demissão, razão pela qual é despiciendo falar, nessa hipótese, em falta de razoabilidade ou proporcionalidade da pena. Conclui-se, então, que o ato de demissão é vinculado, cabendo unicamente ao administrador aplicar a penalidade prevista. **MS 18.090-DF, Rel. Min. Humberto Martins, julgado em 8/5/2013.** (Inform. STJ 523)

DIREITO ADMINISTRATIVO. SERVIDOR PÚBLICO. DIREITO DE OPÇÃO EM CASO DE ACUMULAÇÃO INDEVIDA DE CARGO, EMPREGO OU FUNÇÃO PÚBLICA.

O direito de opção previsto no *caput* do art. 133 da Lei n. 8.112/1990 a um dos cargos, empregos ou funções públicas indevidamente acumulados deve ser observado somente nas hipóteses em que o servidor puder fazer pedido de exoneração de um dos cargos.

Isso porque o servidor que responde a processo administrativo disciplinar não pode ser exonerado a pedido até o encerramento do processo e o cumprimento da penalidade eventualmente aplicada, de acordo com o art. 172 do mesmo diploma. Assim, fica suspenso o direito de opção previsto no art. 133 enquanto pendente a conclusão de processo administrativo disciplinar em relação a um dos cargos. **RMS 38.867-AC, Rel. Min. Humberto Martins, julgado em 18/10/2012. (Inform. STJ 508)**

PAD. COMISSÃO. ESTABILIDADE DOS MEMBROS.

Os membros da comissão que conduzem o processo administrativo disciplinar devem ser estáveis no atual cargo que ocupam. *In casu,* havia dois membros na comissão processante que eram servidores da Receita Federal e técnicos do Tesouro/técnicos da Receita Federal, mas, no cargo específico de auditor fiscal não haviam ainda completado três anos para adquirir estabilidade. Sabe-se que, conforme o art. 149 da Lei n. 8.112/1990, **o processo disciplinar deve ser conduzido por comissão composta de três servidores estáveis. A Turma, por maioria, entendeu que essa exigência é uma garantia ao investigado, pois tem por escopo assegurar a independência total desses servidores, sem ingerência da chefia**. Dessa forma, a estabilidade deve ser no cargo, e não apenas no serviço público, pois este não oferece ao servidor essa independência. **AgRg no REsp 1.317.278-PE, Rel. Min. Humberto Martins, julgado em 28/8/2012. (Inform. STJ 503)** (g.n.)

PAD. DEMISSÃO. ALTERAÇÃO. CRÉDITOS PREVIDENCIÁRIOS.

Na espécie, o recorrente, servidor da Empresa de Tecnologia e Informações da Previdência Social (Dataprev), favoreceu ilicitamente uma joalheria de grande porte e diversas outras empresas pelo cancelamento e alteração de créditos previdenciários vultosos, resultando na instauração de PAD que culminou em sua demissão dos quadros do INSS. Daí, interpôs recurso afirmando que houve extrapolação do indiciamento e inobservância dos postulados do devido processo legal, da ampla defesa e do contraditório incidentes no PAD, violando vários dispositivos da Lei n. 8.112/1990. Com esses fundamentos, propugna a nulidade do PAD. E com base no art. 161 da lei mencionada defende a vinculação do poder punitivo da administração à tipificação constante do indiciamento que, segundo ele, estaria cingida ao favorecimento somente à joalheria. Porém, consta do termo de indiciamento o registro de diversas intervenções indevidas do recorrente no sistema Dataprev em benefício não só da joalheria, mas também de diversas empresas, além de outras práticas igualmente lesivas aos cofres públicos e à moralidade administrativa. Outrossim, o supradito termo forneceu ao recorrente os dados fundamentais da acusação (descrição das infrações e indícios de autoria, calcados em elementos de prova claramente especificados) que são propícios ao exercício da defesa. Não houve afronta às garantias do devido processo legal, da ampla defesa e do contraditório no âmbito do PAD (arts. 143, 144, 153 e 155 da referida lei), visto que a comissão processante esclareceu, passo a passo, os procedimentos de inclusão e exclusão de créditos no Dataprev, inclusive com prova testemunhal, elidindo hipóteses de ocorrência de falha técnica, violação da senha do recorrente e erro de digitação. Além do mais, o próprio recorrente admitiu ter efetuado operações indevidas de cancelamento de débitos em nome da joalheria, o que, por si só, constitui transgressão disciplinar punível com demissão. A propósito, um memorando da autarquia consignou que um dos tais débitos atingia R$ 10.203.253,68. Com esses e outros fundamentos, a Turma negou provimento ao recurso. **REsp 1.153.405-RJ, Rel. Min. Og Fernandes, julgado em 13/3/2012. (Inform. STJ 493)**

PAD. DEMISSÃO. ADVOCACIA ADMINISTRATIVA.

Foi imposta à impetrante a pena de demissão pela prática de advocacia administrativa enquanto exercia a chefia do setor de RH de órgão público. A conduta apenada consistia no uso de procuração firmada por uma aposentada para proceder a seu recadastramento anual na repartição que a impetrante administrava, visto que é vedado ao servidor atuar como procurador ou intermediário em repartições públicas, salvo se diante de benefício previdenciário ou assistencial de parente até o segundo grau, cônjuge ou companheiro (art. 117, XI, da Lei n. 8.112/1990). **Apurou-se, também, que, sem o abrigo da procuração, por vezes considerou como verdadeiras as assinaturas da aposentada apostas em seu recadastramento, rubrica que não condizia com a original constante de seus assentos funcionais. Diante disso, a Seção entendeu que a demissão impingida caracteriza ofensa ao princípio da proporcionalidade e ao que dispõe o art. 128 da referida lei. Pesam os fatos de que não há gravidade na atuação da impetrante; ela não se valeu do cargo em proveito próprio ou de outrem; nem sequer existe lesão aos cofres públicos; agiu para manter benefícios que eram efetivamente devidos à aposentada; não houve intermediação ilícita que envolva outros agentes da Administração**; não foi imputada qualquer outra infração disciplinar à impetrante e ela não ostenta maus antecedentes funcionais. Dessarte, a segurança foi concedida para anular a portaria que a demitiu e determinar sua reintegração com todos os direitos do cargo, sem prejuízo a que se lhe aplique outra penalidade menos gravosa. Anote-se, por fim, ser possível ao Judiciário examinar a motivação do ato que impõe pena disciplinar ao servidor, isso com o desiderato de averiguar se existem provas suficientes da prática da infração ou mesmo se ocorre flagrante ofensa ao princípio da proporcionalidade, tal como ocorreu na hipótese. Precedentes citados: MS 12.429-DF, DJ 29/6/2007, e MS 13.091-DF, DJe 7/3/2008. **MS 14.993-DF, Rel. Min. Maria Thereza de Assis Moura, julgado em 8/6/2011.** (Inform. STJ 476) (g.n.)

SERVIDOR PÚBLICO. PAD. SUSPENSÃO. DEMISSÃO.

Trata-se de mandado de segurança em que se pretende desconstituir ato do ministro de Estado da Justiça pelo qual foi demitido o ora impetrante do cargo de Defensor Público da União em razão de conduta desidiosa apurada em procedimento administrativo disciplinar (PAD). Sustenta-se, na impetração, com base na LC n. 80/1994 e no Dec. n. 3.035/1999, ser a autoridade coatora incompetente para a prática de tal ato. Afirma-se, ainda, que ao impetrante já fora aplicada a pena de suspensão por 90 dias em função dos mesmos fatos, não sendo admissíveis a promoção de um rejulgamento e a cominação de uma nova sanção ainda mais grave. Inicialmente, observou o Min. Relator, com base no art. 1º, I, do mencionado decreto, ser a autoridade coatora competente para o ato praticado. Contudo, consignou que, no caso em questão, foram extrapolados os estritos limites que regem a possibilidade de revisão do desfecho do PAD, o qual, por sujeitar o servidor público a uma eventual punição, precisa arvorar-se do mais elevado respeito aos princípios do contraditório e da ampla defesa e, nesse passo, emprestar à decisão final o signo da definitividade. **Assim, findo o processo e esgotada a pena, não é possível que, por irregularidade para a qual o impetrante não contribuiu e que sequer foi determinante ao resultado do PAD, a Administração Pública ignore o cumprimento da sanção, promova um rejulgamento e agrave a situação do servidor, ao arrepio dos princípios da segurança jurídica e da proteção à boa-fé. Asseverou que concluir de forma diversa seria submeter o impetrante ao completo alvedrio da Administração, o que geraria uma conjuntura de insuportável insegurança na medida em que irregularidades provenientes única e exclusivamente da atuação do Poder Público teriam o condão de tornar altamente mutáveis as decisões disciplinares, inclusive para agravar a sanção. Ademais, este Superior Tribunal entende que o simples rejulgamento do PAD ofende o devido processo legal por não encontrar respaldo na Lei n. 8.112/1990, que prevê sua revisão tão somente quando houver possibilidade de abrandamento da sanção disciplinar aplicada ao servidor. Diante dessas considerações, a Seção concedeu a segurança**. Precedentes citados: MS 8.361-DF, DJ 4/6/2007; MS 9.782-DF, DJ 3/11/2004, e MS 13.523-DF, DJe 4/6/2009. **MS 16.141-DF, Rel. Min. Castro Meira, julgado em 25/5/2011.** (Inform. STJ 474) (g.n.)

PAD. PRESCRIÇÃO. PENA. DEMISSÃO.

A Seção denegou a segurança ao entendimento de que, **quando há sentença penal condenatória, o prazo de prescrição no processo administrativo disciplinar (PAD) conta-se pela pena em concreto aplicada na esfera penal** nos termos dos arts. 109 e 110 do CP. *In casu*, guarda de presídio integrante de quadro em extinção de ex-território foi demitido do serviço público, sendo-lhe atribuída a prática dos crimes de homicídio duplamente qualificado e ocultação de cadáver (arts. 121, § 2º, III, IV, e 211, todos do CP), pelos quais o tribunal do júri o condenou a 18 anos de reclusão. Desse modo, para haver prescrição da pretensão punitiva, no caso, deveriam ser ultrapassados 20 anos. Destacou-se ainda que este Superior Tribunal, ao interpretar o art. 142, § 2º, da Lei n. 8.112/1990, entendeu que, se o servidor público cometer infração disciplinar também tipificada como crime, somente se aplica o prazo prescricional previsto na legislação penal quando os fatos igualmente forem apurados na esfera criminal. Noticiam ainda os autos que, em um primeiro PAD, o impetrante foi punido com advertência, mas posteriormente tal penalidade foi tornada sem efeito e, em outro processo disciplinar em que foram observados os princípios do contraditório e da ampla defesa, foi-lhe aplicada a pena de demissão. Assim, segundo a jurisprudência do STJ e do STF, nessa hipótese não ocorre a vedação da Súm. n. 19-STF. Ainda houve um outro procedimento administrativo, mas foram apurados outros fatos diferentes daqueles que ensejaram a demissão do impetrante. Daí não haver razão para as alegações do impetrante de que, em três ocasiões, ele teria sido julgado administrativamente pelos mesmos fatos. Precedentes citados do STF: AgRg no RMS 24.308-DF, DJ 25/4/2003; do STJ: RMS 19.887-SP, DJ 11/12/2006; RMS 18.551-SP, DJ 14/11/2005; RMS 13.134-BA, DJ 1º/7/2004; RMS 15.933-RJ, DJe 2/2/2009; RMS 13.395-RS, DJ 2/8/2004; MS 10.026-DF, DJ 2/10/2006, e MS 7.491-DF, DJ 4/3/2002. **MS 14.040-DF, Rel. Min. Maria Thereza de Assis Moura, julgado em 25/5/2011.** (Inform. STJ 474) (g.n.)

PAD. DEMISSÃO. PRESCRIÇÃO.

A Seção concedeu a segurança para reintegrar os impetrantes no cargo de agente de saúde pública. No *mandamus*, os servidores públicos sustentaram a ocorrência da prescrição da ação disciplinar nos termos do art. 142, I, da Lei n. 8.112/1990, tendo em vista o transcurso de mais de cinco anos entre o conhecimento pela Administração Pública do fato a eles imputado (prática do crime de peculato) e a instauração do processo administrativo disciplinar que culminou na sua demissão. Nesse contexto, consignou o Min. Relator que, **nas hipóteses em que o servidor comete infração disciplinar também tipificada como crime, o prazo prescricional da legislação penal somente se aplica quando o fato for apurado na esfera criminal**. *In casu*, como não houve essa apuração, entendeu que deve ser aplicada a regra geral da prescrição de cinco anos prevista na legislação administrativa. Precedentes citados: RMS 19.087-SP, DJe 4/8/2008; MS 12.884-DF, DJe 22/4/2008; MS 13.242-DF, DJe 19/12/2008; RMS 18.688-RJ, DJ 9/2/2005, e MS 9.772-DF, DJ 26/10/2005. **MS 15.462-DF, Rel. Min. Humberto Martins, julgado em 14/3/2011 (ver Informativo n. 464).** (Inform. STJ 466)

PAD. PARCIALIDADE. AUTORIDADE JULGADORA. NULIDADE.

Trata-se de mandado de segurança contra ato de ministro de Estado que culminou na demissão do impetrante do cargo de técnico administrativo do Ibama com base nos arts. 136 e 137, parágrafo único, da Lei n. 8.112/1990, por valer-se do cargo para lograr proveito pessoal ou de outrem em detrimento da dignidade da função pública, receber propina, comissão, presente ou vantagem de qualquer espécie e por improbidade administrativa. **Alega a impetração vícios formais no processo administrativo disciplinar (PAD), notadamente a parcialidade da autoridade julgadora ao concluir pela pena de demissão, uma vez que teria interesse na exclusão do servidor. *In casu,* o impetrante foi absolvido das acusações no primeiro processo administrativo, contudo todo o feito foi anulado. Ressalte-se que o referido PAD foi instaurado em decorrência de denúncias feitas pela mesma autoridade que depois veio a aplicar a pena de demissão ao impetrante, visto que, quando da realização do segundo PAD, já se encontrava como titular da pasta do meio ambiente**. Diante disso, a Seção concedeu a segurança ao entendimento de que, a despeito das alegações de que a autoridade agiu com imparcialidade ao editar a portaria de demissão, os fatos demonstram, no mínimo, a existência de impedimento direto da autoridade julgadora no PAD, e suas manifestações evidenciaram seu interesse no resultado do julgamento. Assim, **demonstrado o interesse da referida autoridade na condução do processo administrativo e no seu resultado**, seja interesse direto seja indireto, o fato de o denunciante ter julgado os denunciados, entre os quais o impetrante, **configura uma ofensa não somente ao princípio da imparcialidade, mas também da moralidade e da razoabilidade e configura, ainda, o desvio de finalidade do ato administrativo que, na hipótese, parece atender mais ao interesse pessoal que ao público, caracterizando vício insanável no ato administrativo objeto da impetração.** Precedente citado: MS 14.958-DF, DJe 15/6/2010. **MS 14.959-DF, Rel. Min. Haroldo Rodrigues (Desembargador convocado do TJ-CE), julgado em 23/2/2011.** (Inform. STJ 464)

PAD. SERVIDOR PÚBLICO. SÚMULA VINCULANTE.

Trata-se de mandado de segurança no qual o impetrante objetiva desconstituir o ato administrativo que culminou em sua demissão do cargo de agente de serviços de engenharia do quadro de pessoal do Departamento Nacional de Produção Mineral (DNPM). Sustenta, em síntese, violação do princípio do contraditório e da ampla defesa no curso do processo administrativo disciplinar (PAD). Segundo alega, em face da ausência de defesa técnica, não pôde produzir provas que seriam imprescindíveis para a justa solução do caso, como a realização de perícia técnica destinada a comprovar que ele agiu induzido a erro, e não por má-fé, não lhe sendo possível, ainda, reinquirir testemunhas, pedir acareações etc. Afirma, enfim, que, por diversas vezes, requereu a nomeação de advogado, o que foi ignorado e, assim, vários atos foram praticados sem sua presença, de seu advogado nem mesmo de defensor dativo. **A Seção, ao prosseguir o julgamento, por maioria, negou a segurança pelos fundamentos, entre outros, de que, com a edição da Súmula Vinculante n. 5-STF, não há falar em ofensa à CF/1988 em razão de não haver defesa técnica no PAD, desde que seja concedida a oportunidade de ser efetivado o contraditório e a ampla defesa, tal como ocorreu no caso.** Consignou-se que o impetrante, além de ser devidamente interrogado no curso do PAD, foi notificado outras duas vezes para prestar novo depoimento, a fim de que pudesse prestar outros esclarecimentos que entendesse pertinentes, contudo não compareceu a tais designações. Assim, verifica-se que a comissão processante observou todos os ditames legais que norteiam o PAD, isto é, oportunizou ao impetrante, durante o curso do processo, o exercício de sua ampla defesa. Registrou-se, por fim, que não há qualquer óbice legal à tramitação do PAD em cidade diversa daquela em que o servidor encontra-se lotado, mormente porque os fatos devem mesmo ser apurados no local onde ocorreram as supostas irregularidades funcionais. **Precedentes citados: MS 13.340-DF, DJe 4/6/2009; MS 13.266-DF, DJe 25/2/2010; MS 12.895-DF, DJe 18/12/2009; MS 13.763-DF, DJe 19/12/2008; MS 12.927-DF, DJ 12/2/2008; RMS 22.128-MT, DJ 10/9/2007, e MS 13.111-DF, DJe 30/4/2008. MS 12.457-DF, Rel. Min. Maria Thereza de Assis Moura, julgado em 24/11/2010.** (Inform. STJ 457) (g.n.)

PRESCRIÇÃO. PAD. DEMISSÃO.

O prazo prescricional da pretensão punitiva da Administração Federal começa a ser contado da data em que se torna conhecido o fato desabonador (art. 142, § 1º, da Lei n. 8.112/1990), mas a instauração do processo administrativo disciplinar (PAD), mediante a publicação da respectiva portaria, interrompe a prescrição (§ 3º do mencionado artigo). Contudo, a contagem da prescrição volta a correr por inteiro após transcorridos 140 dias, prazo máximo para a conclusão do PAD. A Lei n. 8.429/1992 (Lei de Improbidade Administrativa – LIA) não revogou, seja de forma tácita ou expressa, dispositivos da Lei n. 8.112/1990. Ela apenas definiu atos de improbidade administrativa e lhes cominou penas que podem ser aplicadas a agentes públicos ou não. Daí que permaneceu incólume a independência entre as esferas penal, civil e administrativa, conforme previsto pela própria LIA em seu art. 12. Assim, diante dessa independência, conclui-se que a Administração pode impor pena de demissão ao servidor nos casos de improbidade administrativa. É certo, também, que a exordial do *mandamus* e as informações da autoridade tida por coatora delimitam a controvérsia no mandado de segurança, o que veda a posterior alteração do pedido ou seus fundamentos. Assim, a Seção, ao prosseguir o julgamento, denegou a segurança. O Min. Napoleão Nunes Maia Filho ressalvou seu entendimento de ser impossível à Administração aplicar pena de demissão por ato de improbidade. **Precedentes citados: MS 10.220-DF, DJ 13/8/2007; MS 12.262-DF, DJ 6/8/2007; MS 10.987-DF, DJe 3/6/2008; MS 12.536-DF, DJe 26/9/2008; MS 7.253-DF, DJ 19/12/2002, e MS 4.196-DF, DJ 17/8/1998. MS 12.735-DF, Rel. Min. Og Fernandes, julgado em 9/6/2010**. (Inform. STJ 438) (g.n.)

PROCESSO DISCIPLINAR. PROCEDIMENTO.

A Seção, ao prosseguir o julgamento, por maioria, entendeu que a notificação para a audiência de oitiva de testemunha no processo administrativo disciplinar deve ser realizada com antecedência mínima de três dias (art. 41 da Lei n. 9.784/1999, aplicada subsidiariamente a Lei n. 8.112/1990). Quanto à presença de advogado, aplicou a súmula vinculante n. 5 do STF, que dispõe: "A falta de defesa técnica por advogado no processo administrativo disciplinar não ofende a Constituição". Logo não há que se falar em prejuízo à amplitude da defesa e ofensa ao contraditório. Por fim, entendeu que o excesso de prazo para a conclusão do processo administrativo disciplinar não é causa de sua nulidade quando não demonstrado prejuízo à defesa do servidor. **MS 12.895-DF, Rel. Min. Og Fernandes, julgado em 11/11/2009.** (Inform. STJ 415) (g.n.)

DEMISSÃO. SERVIDOR. ADVOCACIA ADMINISTRATIVA.

A Seção concedeu em parte o *writ*, considerando ilegal a demissão da servidora; pois, mesmo que sua conduta fosse considerada típica **(art. 117, XI, da Lei n. 8.112/1990)**, a pena imposta fere o princípio da proporcionalidade, cabendo sua reintegração no cargo público com direito às verbas indenizatórias, acrescidas de juros de mora de 1% ao mês e correção monetária. Com efeito, em que pese o dispositivo supra, que veda ao servidor atuar como procurador ou intermediário junto à repartição pública com a qual mantenha vínculo empregatício, em favor de beneficiários parentes até segundo grau, **tal conduta, para configurar infração administrativa, deveria ser análoga à regra do art. 321 do CP, equivalente à advocacia administrativa, por meio do tráfico de influência. Conforme os autos, porém, inexistiu tal influência de se valer do próprio cargo com o intuito de intermediar vantagens para outrem**. **MS 7.261-DF, Rel. Min. Nilson Naves, julgado em 28/10/2009.** (Inform. STJ 413)

DEMISSÃO. SERVIDOR PÚBLICO. ABANDONO. CARGO.

A Seção concedeu o *"writ"* ao entendimento de que **a ausência do servidor público por mais de trinta dias consecutivos ao serviço, sem o *animus abandonandi* não basta para sua demissão por infringência ao art. 138, c/c o 132, II, da Lei nº 8.112/90, visto que seu não comparecimento ao local de trabalho deveu-se à restrição a seu direito de ir e vir originária de órgão judicial: ele seria recolhido à prisão decorrente de sentença ainda não transitada em julgado. Com efeito, para a tipificação de abandono de cargo, caberia investigar necessariamente se houve, de fato, a intenção deliberada**. No caso, em razão da ilegalidade da custódia contra si expedida, reconhecida posteriormente, que o impossibilitou de ir ao trabalho, são devidos a sua reintegração no cargo, as vantagens financeiras e o cômputo do tempo de serviço para todos os efeitos legais, a contar da data do ato impugnado. **MS 12.424-DF, Rel. Min. Og Fernandes, julgado em 28/10/2009.** (Inform. STJ 413)

MS. DEMISSÃO. FUNCIONÁRIO PÚBLICO.

A Corte Especial, por maioria, denegou a segurança que discutia o excesso de pena (demissão) aplicada a funcionário público que disponibilizou senha de acesso ao sistema eletrônico de tribunal para terceiro estranho ao quadro funcional à época (tratava-se de ex-servidor). Consta dos autos que a senha fornecida propiciaria ao ex-servidor manipular o ponto eletrônico com objetivo de garantir ao funcionário horas extras, as quais seriam compensadas futuramente com folga ao serviço. No *mandamus*, o pedido do funcionário demitido, corroborado pelo parecer do MPF, defendia que, segundo o princípio da proporcionalidade, a pena adequada seria a de suspensão por 30 dias. Para o Min. Relator, a suspensão de 30 dias só ocorreria na hipótese de o próprio funcionário registrar o ponto eletrônico e sair logo após, sem trabalhar as horas registradas. Mas observa que, **no caso concreto, a situação é mais grave, pois, ao disponibilizar sua senha pessoal a terceiro, o funcionário pôs em risco todas as informações do órgão armazenadas eletronicamente, aplicando-se à espécie o art. 132, IX, da Lei n. 8.112/1990 (revelar segredo), que prevê como única pena a demissão e dispensa a prova do dano. Aponta que o fato demonstrou não ser o funcionário merecedor de confiança para exercer suas funções com lotação no setor de informática e que, se quisesse apenas registrar horas extras, poderia tê-lo feito pessoalmente**. Além de que o princípio da proporcionalidade serve para dosar a pena a ser aplicada, mas não pode descaracterizar o tipo a que os fatos subsumem-se. O voto vencido adotava o parecer do MPF. **MS 13.677-DF, Rel. Min. João Otávio de Noronha, julgado em 5/8/2009.** (Inform. STJ 401) (g.n.)

PAD. FALTA DISCIPLINAR. APOSENTADORIA.

O processo administrativo disciplinar (PAD) foi instaurado contra o servidor público aposentado para apuração de fatos anteriores e também outros relativos às declarações proferidas contra autoridade administrativa, pela infringência ao disposto nos arts. 116, II e IX, e 117, V, IX, XVIII, da Lei n. 8.112/1990. Por essa razão, impetrou mandado de segurança, alegando que, com sua aposentadoria, foi extinta sua condição de submissão hierárquica, assim, não podem suas declarações ser censuradas pela Administração Pública, principalmente frente à cláusula pétrea constitucional que garante seu livre arbítrio e sua livre manifestação (art. 5º, II e IV, da CF/1988). Esclarece a Min. Relatora que devem ser refutados os argumentos das informações prestadas pela autoridade coatora porque desacompanhadas de qualquer lastro probatório. **Ressalta, ainda, que se constatou serem os fatos apurados no PAD somente relativos à declaração do impetrante após sua aposentadoria. Dessa forma, como os fatos imputados ao impetrante são posteriores à inatividade, não é legítima sua apreciação pela Administração Pública por não ser mais possível puni-lo, conforme o disposto no art. 134 da Lei n. 8.112/1990**. Com essas considerações e acolhendo manifestação do Ministério Público, a Seção concedeu a segurança para extinguir o PAD. **MS 8.228-DF, Rel. Min. Laurita Vaz, julgado em 12/11/2008**. (Inform. STJ 376) (g.n.)

PRAZO. EXCESSO. PAD. NULIDADE. PRESCRIÇÃO.

A Seção reiterou que inocorre a prescrição se, na data da demissão do servidor, não transcorreram cinco anos do conhecimento dos fatos pela Administração (art. 142 da Lei n. 8.112/1990). Outrossim, o prazo na conclusão do PAD não é causa de nulidade capaz de invalidar o procedimento administrativo. **Precedentes citados: MS 9.807-DF, DJ 11/10/2007; RMS 15.937-SE, DJ 29/3/2004; MS 7.051-DF, DJ 5/5/2003, e RMS 7.791-MG, DJ 1º/9/1997. MS 8.928-DF, Rel. Min. Maria Thereza de Assis Moura, julgado em 24/9/2008.** (Inform. STJ 369)

PAD. PROPORCIONALIDADE. PENA.

Em mandado de segurança com pedido de reintegração do impetrante ao cargo de policial rodoviário federal (demitido como incurso no inciso IX do art. 117 da Lei n. 8.112/1990), ficou consignado, no relatório final do processo administrativo disciplinar, que a vantagem auferida foi a liberação de duas multas de veículo retido pelo policial, que abordou o motorista sem uniforme. Também, desse relatório consta que, mesmo não encontrado dinheiro, tal fato não desqualifica a vantagem indevida. Destaca o Min. Relator que a proporcionalidade da pena pode ser apreciada no *mandamus* e a falta administrativa deve ser comprovada de maneira cabal e indubitável. Entretanto, no caso, a condenação administrativa foi erigida sobre os depoimentos idênticos do motorista do caminhão e do seu chefe, com base no relato do motorista, o que compromete a validade da prova. Assim, a apenação de demissão foi desmensurada, não pelo valor tido como recebido a título de propina (R$ 200,00), mas pelo acervo probatório exposto nos autos, que não formou evidência convincente e suficiente para impor tal pena. **Observa que este Superior Tribunal tem entendimento de que a pena de demissão deve ter respaldo em prova convincente para não comprometer a razoabilidade e proporcionalidade da sanção administrativa. Em observância ao princípio da proporcionalidade, a autoridade deve pôr em confronto: a gravidade da falta, o dano causado ao serviço público, o grau de responsabilidade do servidor e seus antecedentes funcionais para, sopesando tudo, demonstrar a justiça da sanção.** Diante do exposto, a Seção, ao prosseguir o julgamento, concedeu a ordem para anular a portaria, reintegrar o policial ao cargo, sem prejuízo da aplicação da pena menos gravosa. **MS 12.957-DF, Rel. Min. Napoleão Nunes Maia Filho, julgado em 27/8/2008.** (Inform. STJ 365) (g.n.)

PAD. INSTAURAÇÃO. JUÍZO. VALOR.

A portaria que instaura o processo administrativo disciplinar (PAD) tem que descrever os fatos a serem apurados para permitir a ampla defesa desde a gênese do processo. Só não há necessidade de uma descrição pormenorizada, o que somente se torna possível quando do indiciamento, após a fase instrutória. Dessarte, qualquer indagação quanto à veracidade dos fatos a serem apurados não se pode dar, prematuramente, no *mandamus*, mas sim no próprio PAD, até porque não há direito líquido e certo enquanto sequer se sabe sua extensão. Anote-se, por último, que o ato de instauração do PAD não está a depender de um juízo de valor da autoridade que, aliás, tem o dever de apurar qualquer eventual irregularidade apontada (art. 143 da Lei n. 8.112/1990). **Precedentes citados: MS 12.927-DF, DJ 12/2/2008, e MS 12.369-DF, DJ 10/9/2007. RMS 26.206-MG, Rel. Min. Humberto Martins, julgado em 15/5/2008.** (Inform. STJ 355) (g.n.)

DEMISSÃO. SERVIDOR. PAD. PROVA EMPRESTADA.

Trata-se de mandado de segurança contra o ato de ministra de Estado do Meio Ambiente que demitiu o impetrante de cargo público do Ibama por ter sido comprovado, em processo administrativo disciplinar (PAD), que o servidor recebeu propina na sua conta corrente bancária para liberação de caminhão transportador de madeira desacompanhada de nota devidamente carimbada. Destaca o Min. Relator que vários vícios foram apontados no PAD pelo impetrante para invalidá-lo. **A alegação da tramitação do PAD fora do domicílio do impetrante não prospera porque instaurado no local onde os fatos ocorreram e o art. 173, I, da Lei n. 8.112/1990 assegura, nesses casos,**

transporte e diárias ao servidor indiciado. Também não houve vício quanto à notificação de diligências: consta que a comissão disciplinar adotou as medidas necessárias para a ciência do impetrante. Inclusive, a defesa do impetrante, advogado nomeado por ele, não fez qualquer menção a tais irregularidades. Quanto aos prejuízos em razão da necessidade de nomeação de vários defensores dativos, esse procedimento está previsto na citada lei e reflete o conteúdo da recente Súm. n. 343-STJ. Além de que o impetrante não demonstrou em que consistiria o prejuízo à defesa. O indeferimento de pedido de acareação foi devidamente fundamentado, mas o impetrante não demonstrou a contradição entre os depoimentos para justificar seu pedido. Por último, explica o Min. Relator, quanto à prova emprestada, faz-se necessário que o impetrante apresente seus argumentos de modo detalhado e com base em elementos constantes da prova pré-constituída. Assim, a mera alegação de que a prova emprestada não teria observado o devido processo legal não pode prosperar. Este Superior Tribunal tem admitido a prova emprestada em alguns casos. Na hipótese, tanto as informações como o relatório final da comissão disciplinar noticiam que a quebra do sigilo bancário ocorreu nos autos de ação penal cujo conteúdo foi devidamente utilizado no PAD. Com esses argumentos, a Seção denegou a ordem. **Precedentes citados: MS 10.874-DF, DJ 2/10/2006, e RMS 20.066-GO, DJ 10/4/2006. MS 13.111-DF, Rel. Min. Felix Fischer, julgado em 27/2/2008.** (Inform. STJ 346) (g.n.)

PAD. SINDICÂNCIA. PORTARIA INAUGURAL. NULIDADE. PREJUÍZO.

A Seção reafirmou que a sindicância de que trata o art. 143 da Lei n. 8.112/1990 é mero procedimento preparatório do processo administrativo disciplinar (PAD) e, por isso, mostra-se dispensável quando já existirem elementos suficientes a embasar a instauração daquele processo. Também reafirmou que a portaria inaugural tem como seu principal objetivo dar início ao processo por conferir publicidade à constituição da comissão processante, que não exige uma exposição detalhada dos fatos imputados ao servidor, o que somente se faz indispensável quando da fase de indiciamento (arts. 151 e 161 dessa mesma lei). Quanto à eventual nulidade do processo, a Seção firmou novamente que há que se provar o prejuízo sofrido (*pás de nullité sans grief*) e que não é devida, em sede de *mandamus,* a apreciação da justiça da pena sugerida na conclusão do processo, porquanto se cuida de mérito administrativo pendente de apreciação pela autoridade tida por coatora. Precedentes citados: MS 10.160-DF, DJ 11/12/2006; MS 9.212-DF, DJ 1º/6/2005; MS 7.069-DF, DJ 12/3/2001; RMS 20.481-MT, DJ 11/9/2006, e MS 6.799-DF, DJ 19/6/2000. **MS 8.030-DF, Rel. Min. Laurita Vaz, julgado em 13/6/2007.** (Inform. STJ 323)

PRESCRIÇÃO. AÇÃO DISCIPLINAR.

É razoável entender-se que o prazo prescricional de cinco anos (referente à ação disciplinar de apuração de infrações puníveis com a demissão ou cassação de aposentadoria) tem início na data em que qualquer autoridade da Administração tomar ciência inequívoca do fato imputado ao servidor, não necessariamente a autoridade competente para a instauração do processo disciplinar. O art. 142, § 1º, da Lei n. 8.112/1990 determina que se deva contar o prazo da prescrição de quando o fato se tornar conhecido, porém não especifica por quem, assim não há como o intérprete restringir quando o próprio legislador não o fez. Note-se que o art. 143 daquela mesma lei impõe a qualquer autoridade administrativa que tomar conhecimento da irregularidade apurá-la ou comunicá-la à autoridade competente sob pena de condescendência criminosa. **MS 11.974-DF, Rel. Min. Laurita Vaz, julgado em 28/3/2007.** (Inform. STJ 315)

MS. PROCESSO ADMINISTRATIVO DISCIPLINAR. INTIMAÇÃO. NÃO DEMONSTRAÇÃO. PREJUÍZO.

Cuida-se de mandado de segurança impetrado contra ato do ministro do Estado da Agricultura, Pecuária e Abastecimento consubstanciado na Portaria n. 447/2005, que demitiu o impetrante do cargo de fiscal federal agropecuário. Alega o impetrante que o processo administrativo disciplinar que o demitiu não teria respeitado o devido processo legal, pois não foi intimado no prazo estabelecido pelo art. 41 da Lei n. 9.784/1999, bem como não foi determinado novo interrogatório conforme previsto no art. 159 da Lei n. 8.112/1990 e, finalmente, não foi intimado a respeito das declarações colhidas pela comissão processante. A Seção denegou a ordem ao entendimento de que somente se declara a nulidade de processo administrativo quando for evidente o prejuízo à defesa. **A Lei n. 8.112/1990, ao estabelecer regulamentação específica para o processo disciplinar dos servidores públicos por ela regidos, admite aplicação apenas subsidiária da Lei n. 9.784/1999**. Se não há previsão na Lei n. 8.112/1990 para o oferecimento de alegações finais pelo acusado antes do julgamento, não cabe acrescentar nova fase no processo para tal fim com base na lei genérica. Precedente citado: RMS 13.144-BA, DJ 10/4/2006. **MS 11.221-DF, Rel. Min. Felix Fischer, julgado em 14/6/2006.** (Inform. STJ 288) (g.n.)

MS. PROCESSO ADMINISTRATIVO DISCIPLINAR. PREVISIBILIDADE DA CONDUTA.

Trata-se de mandado de segurança impetrado contra ato do Exmo. sr. Advogado-geral da União, que determinou a instauração de processo administrativo disciplinar em razão da notícia de que o impetrante foi preso em flagrante quando prestava concurso público fazendo-se passar por outra pessoa. Sustenta a ilegalidade do ato que determinou à Corregedoria-Geral da Advocacia-Geral da União a instauração de processo administrativo disciplinar, alegando a atipicidade da conduta por ele praticada. A Seção denegou a ordem por entender que não se vislumbra a atipicidade da conduta que, em tese, pode perfeitamente assumir adequação típica, amoldando-se ao disposto nos arts. 116, IX, e 132, IV, ambos da Lei n. 8.112/1990, este último c/c o art. 11, V, da Lei n. 8.429/1992. Embora o pretenso ato ilícito não tenha sido praticado no efetivo exercício das atribuições do cargo, mostra-se perfeitamente legal a instauração do procedimento administrativo disciplinar, mormente porque a acusação impinge ao impetrante conduta que contraria frontalmente princípios basilares da Administração Pública, tais como a moralidade e a impessoalidade, valores que tem, no cargo de advogado da União, o dever institucional de defender. Malgrado não tenham sido reproduzidos na portaria instauradora os fundamentos para dar suporte à acusação, houve expressa ratificação ou mesmo adesão das razões declinadas no relatório do procedimento correicional extraordinário, que passaram, desse modo, a integrar o ato, motivo pelo qual não se verifica a alegada ausência de fundamentação. Tanto está claramente indicada qual a conduta a ser investigada que o acusado está exercendo neste *mandamus*, com toda amplitude possível e sem nenhuma restrição, seu direito de insurgir-se contra os fundamentos que deram origem à instauração do procedimento. Uma vez que a portaria instauradora – integrada pelos fundamentos do relatório – demonstra, de forma clara e objetiva, os fatos supostamente configuradores de infração disciplinar com todas as suas circunstâncias, bem como possível envolvimento do impetrante nos delitos em tese, de forma suficiente a ensejar sua apuração, não há razão para o trancamento do procedimento. **MS 11.035-DF, Rel. Min. Laurita Vaz, julgado em 14/6/2006.** (Inform. STJ 288)

MS. RECURSO ADMINISTRATIVO. EFEITO DEVOLUTIVO.

A Administração, após regular processo disciplinar e diante da presunção de sinceridade, da imperatividade, da autoexecutoriedade e da boa-fé do ato administrativo, pode aplicar penalidade ao servidor público independentemente do julgamento do recurso administrativo interposto que, em geral, é recebido apenas no efeito devolutivo (art. 109 da Lei n. 8.112/1990). Precedentes citados: RMS 17.652-MG, DJ 14/11/2005 e MS 8.890-DF, DJ 2/2/2004. **MS 10.759-DF, Rel. Min. Arnaldo Esteves Lima, julgado em 10/5/2006.** (Inform. STJ 284)

RECURSO ADMINISTRATIVO HIERÁRQUICO. RECUSA. CERCEAMENTO DE DEFESA.

Na espécie, a autoridade (ministra de Estado), ao apreciar processo administrativo disciplinar, aplicou ao impetrante penalidade de conversão da exoneração em destituição, levando em conta parecer da consultoria jurídica. Dessa decisão o impetrante interpôs recurso administrativo hierárquico dirigido ao presidente da República com pedido de reconsideração e de recebimento no efeito suspensivo, requerendo a nulidade daquele processo e, de forma subsidiária, a reforma da penalidade. O recurso foi recebido como pedido de revisão, considerando ser incabível recurso administrativo hierárquico, em observância ao princípio da especialidade, em decisão publicada no DOU. Irresignado, o impetrante interpôs novo recurso administrativo com pedido de encaminhamento ao presidente da República cujo seguimento também foi negado. Essas duas decisões são apontadas como atos coatores. Preliminarmente, o Min. Relator rejeitou a decadência e consignou que o recurso administrativo decorre da estrutura hierárquica da Administração Pública e do direito constitucionalmente garantido de ampla defesa e do contraditório, de modo que seu cabimento independe de previsão legal. Assim, na hipótese, o direito de ampla defesa e do contraditório do impetrante restou cerceado porque seu recurso hierárquico, com pedido de reconsideração, não foi submetido ao agente superior e foi recebido como revisão. Frisou, ainda, que o recurso administrativo hierárquico, independentemente da denominação conferida pelo administrado, deve ser submetido à autoridade hierarquicamente superior, no caso de o agente ou órgão prolator da decisão ou ato impugnado não o reconsiderar. Outrossim, a previsão, na Lei n. 8.112/1990, de pedido de revisão não exclui, em razão de alegada especialidade, o recurso administrativo hierárquico. Os dois não se confundem e o recebimento de um recurso no lugar do outro não pode ser realizado para prejudicar a situação do administrado, nem cercear seu direito de defesa. Com esses argumentos, a Seção concedeu a segurança, determinando que a autoridade impetrada encaminhe os recursos ao presidente da República para examiná-los como entender de direito. **MS 10.254-DF, Rel. Min. Hélio Quaglia Barbosa, julgado em 22/3/2006.** (Inform. STJ 278)

7.9.4. Seguridade Social

DIREITO ADMINISTRATIVO. TERMO INICIAL DOS EFEITOS DA PENSÃO POR MORTE NO CASO DE HABILITAÇÃO POSTERIOR DE DEPENDENTE.

No caso de concessão integral da pensão por morte de servidor público, a posterior habilitação, que inclua novo dependente, produz efeitos a partir da data de seu requerimento na via administrativa. Presume-se que nessa data tenha ocorrido a ciência da Administração sobre o fato gerador a ensejar a concessão do benefício, o que se infere da análise das regras contidas nos arts. 215, 218 e 219, parágrafo único, da Lei n. 8.112/1990. **REsp 1.348.823-RS, Rel. Min. Mauro Campbell Marques, julgado em 7/2/2013**. (Inform. STJ 516). (g.n)

DIREITO ADMINISTRATIVO. SERVIDOR PÚBLICO FEDERAL. DOENÇA GRAVE NÃO ESPECIFICADA NO ART. 186, § 1°, DA LEI N. 8.112/1990. ROL EXEMPLIFICATIVO. APOSENTADORIA COM PROVENTOS INTEGRAIS.

O servidor público federal acometido por doença grave que enseje a sua incapacitação para o exercício das atividades inerentes ao cargo que detenha deve ser aposentado com proventos integrais, e não proporcionais, mesmo que a enfermidade que o acometa não esteja especificada no art. 186, § 1°, da Lei n. 8.112/1990. A jurisprudência recente do STJ orienta-se no sentido de que não há como considerar taxativo o rol descrito no art. 186, § 1°, da Lei n. 8.112/1990, haja vista a impossibilidade de a norma alcançar todas as doenças consideradas pela medicina como graves, contagiosas e incuráveis. Precedentes citados: AgRg no AREsp 179.447-RS, DJe 20/8/2012, e AgRg no REsp 1.294.095-GO, DJe 2/4/2012. **REsp 1.322.927-DF, Rel. Min. Diva Malerbi (Desembargadora convocada do TRF da 3ª Região), julgado em 13/11/2012. (Inform. STJ 509)**

SERVIDORES PÚBLICOS. TEMPO. SERVIÇO. EMPRESAS ESTATAIS.

In casu, pretende-se desconstituir acórdão que manteve a sentença a qual julgou improcedente o pedido na ação em que os ora recorrentes, servidores públicos federais, buscam a averbação do período trabalhado na Caixa Econômica Federal e no Banco do Brasil para todos os fins, especialmente, para concessão de licença-prêmio e adicional de tempo de serviço. A Turma, por maioria, negou provimento ao recurso, por entender que o tempo de serviço prestado àquelas instituições somente pode ser computado na forma prevista no art. 103, V, da Lei n. 8.112/1990 (contar-se-á apenas para efeito de aposentadoria e disponibilidade o tempo de serviço em atividade privada vinculada à Previdência Social), visto que se trata respectivamente de empresa pública e sociedade de economia mista, sujeitando-se, assim, ao regime próprio das empresas privadas, inclusive quanto aos direitos e obrigações civis, comerciais, trabalhistas e tributárias (art. 173, § 1°, II, da CF/1988). **Precedentes citados: RMS 25.847-ES, DJ 28/10/2008, e RMS 10.717-RS, DJ 10/4/2000. REsp 960.200-RS, Rel. Min. Arnaldo Esteves Lima, julgado em 10/3/2009.** (Inform. STJ 386)

PENSÃO POR MORTE. UNIVERSITÁRIA. MAIOR DE 21 ANOS.

A Turma reiterou o entendimento de que, nos termos do art. 217, II, **a**, da Lei n. 8.112/1990, **a pensão pela morte de servidor público federal é devida aos filhos até o limite de 21 anos de idade, salvo se inválido, não se podendo estender até os 24 anos para os estudantes universitários, por falta de previsão legal. Precedentes citados: AgRg no REsp 945.426-PR, DJ 13/10/2008; RMS 10.261-DF, DJ 10/4/2000; REsp 772.580-PB, DJ 23/8/2006; REsp 612.974-ES, DJ 7/6/2006, e REsp 744.840-RN, DJ 10/8/2005. REsp 939.932-PB, Rel. Min. Arnaldo Esteves Lima, julgado em 5/2/2009.** (Inform. STJ 382) (g.n.)

PROGRAMA. ASSISTÊNCIA MÉDICA. INATIVOS. PENSIONISTAS.

A Min. Relatora entendeu que, assegurado aos servidores em atividade e aos inativos o direito à assistência a sua saúde e de sua família por prestação do SUS, do órgão ou entidade a que estiver vinculado ou mediante convênio, eventual exclusão, por portaria ministerial, de participação de pensionistas em programa de assistência médica implica violação da Lei dos Servidores Públicos (art. 230 da Lei n. 8.112/1990), bem como ofensa ao princípio constitucional da isonomia. Acrescentou que o Ministro dos Transportes tem legitimidade para figurar no polo passivo de mandado de segurança impetrado por pensionistas de ex-servidores de seu Ministério contra ato da referida autoridade. Diante do exposto, a Seção **concedeu a segurança para assegurar às impetrantes o direito de participar do programa de assistência médica daquele ministério mediante desconto de participação**. Precedentes citados: MS 4.570-DF, DJ 3/5/1999, e MS 4.572-DF, DJ 1°/2/1999. **MS 7.083-DF, Rel. Min. Maria Thereza de Assis Moura, julgado em 28/2/2007.** (Inform. STJ 311) (g.n.)

SERVIDOR PÚBLICO. ERRO. CONTAGEM. TEMPO. APOSENTADORIA. DIREITO LÍQUIDO E CERTO.

A Administração, na espécie, constatou erro na contagem do tempo de serviço para aposentação da ora recorrida e tornou sem efeito sua aposentadoria, determinando que ela regressasse ao trabalho. O Tribunal *a quo* manteve a sentença do juiz, aplicando, por analogia, o art. 183, § 3°, da Lei n. 8.112/1990. Assim, a Turma conheceu e deu provimento ao recurso, por entender que a Administração poderia rever seu ato quando constatado que foi exarado ao arrepio da lei, incidindo o verbete n. 473 da Súmula do STF. Quanto ao art. 183, § 3°, da Lei n. 8.112/1990, não se aplica à espécie, pois está restrito ao servidor licenciado ou afastado sem remuneração. Precedentes citados: RMS 10.645-PR, DJ 13/8/2001, e RMS 9.286-RO, DJ 7/2/2000. **REsp 787.696-SC, Rel. Min. Gilson Dipp, julgado em 21/3/2006.** (Inform. STJ 278)

7.10. QUADRO SINÓTICO

1. Disposições preliminares: para que alguém seja regido pela Lei 8.112/90, há três requisitos:

a) deve se tratar de **servidor público**, ou seja, de alguém que está investido em *cargo público* (efetivo ou em comissão);

b) deve se tratar de servidor público **civil**, ou seja, a Lei 8.112/90 não regulamente o regime jurídico dos militares;

c) deve ser tratar de servidor público civil das **pessoas jurídicas de direito público federais**.

2. Formas de provimento (Lei 8.112/90)

2.1. Nomeação: *é a designação inicial para cargo público*

- Depois vem a **posse** (investidura): em até 30 dias, podendo ser por procuração específica (art. 13)

- Depois vem a **entrada em exercício**: em até 15 dias da posse (art. 15)

2.2. Promoção: *é a designação para cargo superior na carreira* (art. 17)

2.3. Readaptação: *é a designação para cargo compatível com limitação superveniente de servidor* (art. 24), com funções, escolaridade e vencimentos equivalentes

2.4. Reversão: *é a designação do aposentado para retornar ao serviço;* cabe em 2 casos (art. 25)

- Na aposentadoria por invalidez, cessados os motivos desta

- Na aposentadoria voluntária, havendo interesse da Administração, pedido do aposentado, e desde que se dê em até 5 anos da aposentadoria

2.5. Aproveitamento: *é a designação do servidor em disponibilidade para retornar a cargo equivalente* (art. 30)

- Disponibilidade: *é a inatividade remunerada do servidor estável, que tenha sido desalojado de seu cargo ou cujo cargo tenha sido extinto; os proventos são proporcionais*

2.6. Reintegração: *é a reinvestidura do servidor estável quando invalidada a sua demissão por decisão administrativa ou judicial* (art. 28); terá direito ao ressarcimento de todas as vantagens; quando a sentença criminal se comunica para a esfera administrativa (art. 126 da Lei 8.112/90)? Apenas nas absolvição por *inexistência do fato* e por *negativa de autoria*

3. Vacância:

a) falecimento, promoção, posse em cargo não cumulável

b) aposentadoria

c) perda do cargo, emprego ou função: por sentença em ação penal ou de improbidade

d) demissão

e) exoneração: a pedido ou de ofício, por:

- avaliação insatisfatória de desempenho (art. 41, CF): especial (para adquirir a estabilidade, com comissão específica); periódica (após a estabilidade, mas dependente de lei complementar e ampla defesa)

- limites de despesa com pessoal (art. 169, § 4º, CF)

4. Estabilidade

4.1. Conceito: *garantia de permanência, salvo*

- *processo disciplinar com ampla defesa*

- *sentença transitada em julgado*

- *não aprovação em avaliação periódica de desempenho (lei complementar + processo administrativo com ampla defesa)*

- *atendimento a limites de despesa com pessoal*

4.2. Requisitos

a) nomeação para **cargo efetivo** mediante concurso (Súmula/TST 390: celetista de P. D. Público têm direito)

b) **3 anos de efetivo exercício** (STJ: estágio probatório dura 3 anos)

c) **aprovação** em avaliação especial de desempenho (Se não houver avaliação até 3 anos, fica estável direto)

5. Remoção: deslocamento do servidor, a pedido ou de ofício, no âmbito do mesmo quadro, com ou sem mudança de sede, nos seguintes casos:

I - **de ofício, no interesse da Administração**;

II - **a pedido, a critério da Administração**;

III - **a pedido, para outra localidade, independentemente do interesse da Administração**, num dos seguintes casos: a) para acompanhar cônjuge ou companheiro, também servidor público civil ou militar, de qualquer dos Poderes da União, dos Estados, do Distrito Federal e dos Municípios, que foi deslocado no interesse da Administração; b) por motivo de saúde do servidor, cônjuge, companheiro ou dependente que viva às suas expensas e conste do seu assentamento funcional, condicionada à comprovação por junta médica oficial; c) em virtude de processo seletivo promovido, na hipótese em que o número de interessados for superior ao número de vagas, de acordo com normas preestabelecidas pelo órgão ou entidade em que aqueles estejam lotados.

6. Redistribuição: assim como a remoção, também não é uma forma de provimento, pois, aqui não um servidor saindo de um cargo e sendo designado para outro (provimento), mas, sim, há saída de um cargo de um lugar para outro lugar dentro da próprio órgão ou entidade do mesmo poder; trata-se, segundo o art. 37, do "deslocamento de cargo de provimento efetivo, ocupado ou vago no âmbito do quadro geral de pessoal, para outro órgão ou entidade do mesmo Poder, com prévia apreciação do órgão central do SIPEC.

7. Substituição: os servidores investidos em cargo ou função de direção ou chefia e os ocupantes de cargo de Natureza Especial têm substitutos indicados no regimento interno ou, no caso de omissão, previamente designados pelo dirigente máximo do órgão ou entidade.

8. Direitos e Vantagens

8.1. Vencimento e da Remuneração

8.1.1. Conceitos: vencimento "é a retribuição pecuniária pelo exercício de cargo público, com valor fixado em lei"; já **remuneração** "é o vencimento do cargo efetivo, acrescido das vantagens pecuniárias permanentes estabelecidas em lei".

8.1.2. Princípios a respeito do vencimento e da remuneração:

a) irredutibilidade de vencimentos e vantagens permanentes;

b) isonomia de vencimentos

c) garantia de remuneração não inferior ao salário mínimo;

d) proibição de efeito cascata;

e) respeito ao teto constitucional..

8.2. Vantagens

8.2.1. Modalidades de vantagens

I – indenizações, que **não** se incorporam ao vencimento ou provento para qualquer efeito; aqui temos ajuda de custo, diárias, transporte e auxílio-moradia;

II – **gratificações**, que se incorporam ao vencimento ou provento, nos casos e condições indicados em lei.

III – **adicionais**, que se incorporam ao vencimento ou provento, nos casos e condições indicados em lei.

Quanto às gratificações e adicionais, temos: a) retribuição pelo exercício de função de direção, chefia e assessoramento (art. 62); b) gratificação natalina (arts. 63 a 66); c) adicional pelo exercício de atividades insalubres, perigosas ou penosas (arts. 68 a 72); d) adicional pela prestação de serviço extraordinário (arts. 73 e 74); e) adicional noturno (art. 75); f) adicional de férias (art. 76); f) gratificação por encargo de curso ou concurso (art. 76-A).

8.3. Licenças: *consiste no direito do servidor não exercer suas atividades laborativas, com ou o sem remuneração, nos taxativos casos previstos em lei, em que se entende justo, atendido o interesse público, que se confira a licença.* Os taxativos **casos** em que se pode deferir uma licença aos servidores públicos estão previstos no art. 81 e são os seguintes: I – por motivo de doença em pessoa da família (art. 83); II – por motivo de afastamento do cônjuge ou companheiro (art. 84); III - para o serviço militar (art. 85); IV – para atividade política (art. 86); V – para capacitação (art. 87); VI – para tratar de interesses particulares (art. 91); VII – para desempenho de mandato classista (art. 92).

8.4. Afastamentos: têm as seguintes modalidades: I - Afastamento para Servir a Outro Órgão ou Entidade (art. 93); II – Afastamento para Exercício de Mandato Eletivo (art. 94); III – Afastamento para Estudo ou Missão no Exterior (arts. 95 e 96); IV – Afastamento para Participação em Programa de Pós-Graduação *Stricto Sensu* no País (art. 96-A).

8.5. Concessões: são três: a) concessão que permite ao servidor, em determinadas situações, ausentar-se do serviço por um pequeno período, que varia de acordo com a hipótese, sem qualquer prejuízo; b) concessão que permite ao servidor cumprir um horário especial de trabalho, diferente dos demais servidores; c) concessão que garante ao servidor e seus familiares vaga em instituição de ensino quando mudar de sede no interesse da administração.

9. Deveres do servidor: I – exercer com zelo e dedicação as atribuições do cargo; II – ser leal às instituições a que servir; III – observar as normas legais e regulamentares; IV – cumprir as ordens superiores, exceto quando manifestamente ilegais; V – atender com presteza; VI – levar as irregularidades de que tiver ciência em razão do cargo ao conhecimento da autoridade superior ou, quando houver suspeita de envolvimento desta, ao conhecimento de outra autoridade competente para apuração; VII – zelar pela economia do material e a conservação do patrimônio público; VIII – guardar sigilo sobre assunto da repartição; IX – manter conduta compatível com a moralidade administrativa; X – ser assíduo e pontual ao serviço; XI – tratar com urbanidade as pessoas; XII – representar contra ilegalidade, omissão ou abuso de poder.

10. Proibições ao servidor: I – ausentar-se do serviço durante o expediente, sem prévia autorização do chefe imediato; II – retirar, sem prévia anuência da autoridade competente, qualquer documento ou objeto da repartição; III – recusar fé a documentos públicos; IV – opor resistência injustificada ao andamento de documento e processo ou execução de serviço; V – promover manifestação de apreço ou desapreço no recinto da repartição; VI – cometer a pessoa estranha à repartição, fora dos casos previstos em lei, o desempenho de atribuição que seja de sua responsabilidade ou de seu subordinado; VII – coagir ou aliciar subordinados no sentido de filiarem-se a associação profissional ou sindical, ou a partido político; VIII – manter sob sua chefia imediata, em cargo ou função de confiança, cônjuge, companheiro ou parente até o segundo grau civil; IX – valer-se do cargo para lograr proveito pessoal ou de outrem, em detrimento da dignidade da função pública; X – participar de gerência ou administração de sociedade privada, personificada ou não personificada, exercer o comércio, exceto na qualidade de acionista, cotista ou comanditário; XI – atuar, como procurador ou intermediário, junto a repartições públicas, salvo quando se tratar de benefícios previdenciários ou assistenciais de parentes até o segundo grau, e de cônjuge ou companheiro; XII – receber propina, comissão, presente ou vantagem de qualquer espécie, em razão de suas atribuições; XIII – aceitar comissão, emprego ou pensão de estado estrangeiro; XIV - praticar usura sob qualquer de suas formas; XV – proceder de forma desidiosa; XVI – utilizar pessoal ou recursos materiais da repartição em serviços ou atividades particulares; XVII – cometer a outro servidor atribuições estranhas ao cargo que ocupa, exceto em situações de emergência e transitórias; XVIII – exercer quaisquer atividades que sejam incompatíveis com o exercício do cargo ou função e com o horário de trabalho; XIX – recusar-se a atualizar seus dados cadastrais quando solicitado.

11. Penalidades disciplinares

11.1. Espécies de penalidades: I – advertência, que será aplicada por escrito, nos casos de violação de proibição constante do art. 117, incisos I a VIII e XIX, e de inobservância de dever funcional previsto em lei, regulamentação ou norma interna, que não justifique imposição de penalidade mais grave; **II – suspensão**, que será aplicada em caso de reincidência das faltas punidas com advertência e de violação das demais proibições que não tipifiquem infração sujeita a penalidade de demissão, não podendo exceder de 90 dias; um caso específico, que haverá suspensão de até 15 dias, é o do servidor que, injustificadamente; **III – demissão**, que será aplicada nos seguintes casos (art. 132): a) crime contra a administração pública; b) abandono de cargo (segundo o art. 138, "configura abandono de cargo a ausência intencional do servidor ao serviço por mais de trinta dias consecutivos"); o STJ entende que é necessário o "animus abandonandi", a intenção de abandonar o cargo; c) inassiduidade habitual (segundo o art. 139, "entende-se por inassiduidade habitual a falta ao serviço, sem causa justificada, por 60 dias, interpoladamente, durante o período de doze meses"); d) improbidade administrativa; e) incontinência pública e conduta escandalosa, na repartição; f) insubordinação grave em serviço; g) ofensa física, em serviço, a servidor ou a particular, salvo em legítima defesa própria ou de outrem; h) aplicação irregular de dinheiros públicos; i) revelação de segredo do qual se apropriou em razão do cargo; j) lesão aos cofres públicos e dilapidação do patrimônio nacional; k) corrupção; l) acumulação ilegal de cargos, empregos ou funções públicas; m) transgressão dos incisos IX a XVI do art. 117; **IV – cassação de aposentadoria ou disponibilidade**; será aplicada quando inativo houver praticado, na atividade, falta punível com a demissão (art. 134); **V – destituição de cargo em comissão**; a destituição de cargo em comissão exercido por não ocupante de cargo efetivo será aplicada nos casos de infração sujeita às penalidades de suspensão e de demissão (art. 135); constatada essa hipótese, a exoneração efetuada nos termos do art. 35 (ou seja, a exoneração feita livremente pela autoridade ou feita a pedido do servidor) será convertida em destituição de cargo em comissão; **VI – destituição de função comissionada**.

11.2. Autoridades competentes para a aplicação das penalidades disciplinares, que são as seguintes: I - Presidente da República, Presidentes das Casas do Poder Legislativo e dos Tribunais Federais e Procurador-Geral da República, quando se tratar de demissão e cassação de aposentadoria ou disponibilidade de servidor vinculado ao respectivo Poder, órgão, ou entidade; II - autoridades administrativas de hierarquia imediatamente inferior àquelas mencionadas no parágrafo anterior, quando se tratar de suspensão superior a 30 dias; III - chefe da repartição e outras autoridades na forma dos respectivos regimentos ou regulamentos, nos casos de advertência ou de suspensão de até 30 dias; IV - autoridade que houver feito a nomeação, quando se tratar de destituição de cargo em comissão. O art. 1º, I, do Decreto 3.035/99 delega competência aos Ministros de Estado e ao Advogado-Geral da União para, no âmbito dos órgãos da Administração direta, autárquica e fundacional que lhes são subordinados ou vinculados, julgar processos administrativos disciplinares e aplicar penalidades, nas hipóteses de demissão e cassação de aposentadoria ou disponibilidade de servidores.

11.3. Ação disciplinar prescreverá: I - em 5 anos, quanto às infrações puníveis com demissão, cassação de aposentadoria ou disponibilidade e destituição de cargo em comissão; II - em 2 anos, quanto à suspensão; III - em 180 dias, quanto à advertência. IV – nos prazos de prescrição previstos na lei penal, quando as infrações disciplinares também forem capituladas como crime. O prazo de prescrição **começa a correr** da data em que o fato se tornou conhecido, e não da data em que o ato foi praticado. Porém, a abertura de sindicância ou a instauração de processo disciplinar **interrompe** a prescrição, até a decisão final proferida por autoridade competente, sendo que, **interrompido** o curso da prescrição, o prazo começará a correr a partir do dia em que cessar a interrupção.

12. Processo Disciplinar

12.1. Fases: I – instauração, com a publicação do ato que constituir a comissão; **II – inquérito administrativo**, que compreende instrução, defesa e relatório; **III – julgamento**. O prazo para a sua conclusão não excederá 60 dias, contados da data de publicação do ato que constituir a comissão, admitida a sua prorrogação por igual prazo, quando as circunstâncias o exigirem (art. 152). Para que não haja atrasos, sempre que necessário, a comissão dedicará tempo integral aos seus trabalhos, ficando seus membros dispensados do ponto, até a entrega do relatório final.

12.2. Revisão do Processo: a) o processo disciplinar poderá ser revisto, **a qualquer tempo, a pedido ou de ofício**, quando se aduzirem **fatos novos ou circunstâncias** suscetíveis de justificar a **inocência** do punido ou a **inadequação** da penalidade aplicada (art. 174); b) em caso de falecimento, ausência ou desaparecimento do servidor, **qualquer pessoa da família poderá requerer a revisão do processo**; c) no caso de incapacidade mental do servidor, a revisão será requerida pelo respectivo **curador**; d) no processo revisional, **o ônus da prova cabe ao requerente** (art. 175); e) a simples alegação de injustiça da penalidade não constitui fundamento para a revisão, que **requer elementos novos**, ainda não apreciados no processo originário (art. 176); f) o requerimento de revisão do processo **será dirigido** ao Ministro de Estado ou autoridade equivalente, que, se autorizar a revisão, encaminhará o pedido ao dirigente do órgão ou entidade onde se originou o processo disciplinar; deferida a petição, a autoridade competente providenciará a **constituição de comissão**, na forma do art. 149 (art. 177); h) a comissão revisora terá **60 dias para a conclusão dos trabalhos** (art. 179); l) julgada procedente a revisão, será **declarada sem efeito a penalidade aplicada**, restabelecendo-se todos os direitos do servidor, exceto em relação à destituição do cargo em comissão, que será convertida em exoneração (art. 182); m) **da revisão do processo não poderá resultar agravamento de penalidade**.

A regra que impede a *reformatio in pejus* na revisão do processo equivale à regra, no mesmo sentido, prevista na lei processual penal. Trata-se de regra tão importante que o STJ vem aplicando essa proibição mesmo quando se trate de uma situação em que a própria Administração, já tendo julgado um servidor num processo administrativo, resolver reabrir o caso e fazer um rejulgamento, apenando dessa vez o servidor. Aqui, além do desrespeito ao instituto da coisa julgada administrativa, tem-se também violação ao princípio que impede a *reformatio in pejus* em "revisões" administrativas. Nesse sentido, o STJ concedeu segurança a um Defensor Público da União, vítima de um rejulgamento, anulando a sua demissão, com fundamento, ainda, nos princípios da boa-fé e da segurança jurídica (MS 16.141-DF).

13. Seguridade Social do Servidor: os benefícios do Plano de Seguridade Social do servidor **compreendem**:

I - quanto ao servidor: a) aposentadoria; b) auxílio-natalidade; c) salário-família; d) licença para tratamento de saúde; e) licença à gestante, à adotante e licença-paternidade; f) licença por acidente em serviço; g) assistência à saúde; h) garantia de condições individuais e ambientais de trabalho satisfatórias;

II - quanto ao dependente: a) pensão vitalícia e temporária; b) auxílio-funeral; c) auxílio-reclusão; d) assistência à saúde.

7.11. QUESTÕES COMENTADAS

7.11.1. Disposições preliminares

(Advogado – Correios – 2011 – CESPE) Julgue o item abaixo, acerca da relação jurídica dos servidores e dos empregados públicos.

(1) Os ocupantes de cargo público ou de emprego público têm vínculo estatutário e institucional regido por estatuto funcional próprio, que, no caso da União, é a Lei n. 8.112/1990.

1: incorreta, pois o estatuto funcional próprio só se aplica aos ocupantes de cargos públicos (art. 1º c/c art. 2º, ambos da Lei 8.112/1990), sendo que, quanto aos ocupantes de emprego público, aplica-se a CLT.

Gabarito 1E

(Procurador do Trabalho – 2013 – MPT) Sobre o regime jurídico único dos servidores previsto na Lei n. 8.112/1990, é **CORRETO** afirmar que:

(A) É aplicável a toda a administração pública federal, incluindo as empresas públicas e sociedades de economia mista.

(B) Por se tratar de lei federal, prevalece sobre as leis estaduais que regem o regime jurídico dos servidores dos respectivos Estados, em razão do princípio da hierarquia das leis.

(C) Regula a contratação temporária de trabalhadores prevista no art. 37, inciso IX, da Constituição da República.

(D) Ao entrar em vigor, acarretou a extinção do contrato de trabalho dos servidores da União, com vínculo celetista, que se encontravam laborando naquela data.

(E) não respondida.

A: incorreta, pois o regime em questão, que é estatutário, aplica-se tão somente aos servidores da União e autarquias e fundações públicas federais (art. 1º da Lei 8.112/1990); **B:** incorreta, pois, pelo princípio federativo, cada ente local terá seu próprio estatuto de funcionário público, que preponderará em relação ao estatuto federal; **C:** incorreta, pois essa lei regula o regime jurídico dos servidores públicos civis da União, ou seja, daqueles que estão investidos em cargo na esfera federal; **D:** correta, ficando os empregos em questão transformados em cargos (art. 243, § 1º, da Lei 8.112/1990); **E:** incorreta, pois a alternativa "d" responde adequadamente à questão.

Gabarito "D"

7.11.2. Provimento e vacância

(Magistratura/DF – 2011) No regime da Lei n. 8.112/1990, é correto afirmar:

(A) A investidura em cargo público ocorre com a efetiva entrada em exercício;

(B) Nomeação, readaptação, reversão e recondução são formas de provimento de cargo público;

(C) Além do vencimento, poderão ser pagas ao servidor, como vantagens, indenizações, gratificações e adicionais, sendo certo que a ajuda de custo integra a categoria jurídica dos adicionais;

(D) O servidor investido em mandato eletivo de deputado distrital, havendo compatibilidade de horário, perceberá as vantagens de seu cargo, sem prejuízo da remuneração do cargo eletivo.

A: incorreta, pois a investidura se dá com a posse (art. 7º da Lei 8.112/1990); **B:** correta (art. 8º, I, V, VI e IX, da Lei 8.112/1990); **C:** incorreta, pois a ajuda de custo constitui *indenização* ao servidor (art. 51, I, da Lei 8.112/1990); **D:** incorreta, pois essa regra só vale para o vereador (art. 38, III, da CF).

Gabarito "B"

(Advogado – CEF – 2012 – CESGRANRIO) Qual a forma de provimento de cargo público federal em que o servidor estável retorna ao cargo anteriormente ocupado em decorrência de reintegração do anterior ocupante?

(A) Readaptação

(B) Ascensão

(C) Recondução

(D) Reversão

(E) Aproveitamento

Trata-se da recondução, nos termos do art. 29, II, da Lei 8.112/1990.

Gabarito "C"

(Magistratura do Trabalho – 4ª Região – 2012) Constitui forma de provimento de cargo público, de acordo com a legislação que rege a matéria:

(A) Reversão, consistente no retorno à atividade de servidor aposentado, nas hipóteses previstas em lei, no mesmo cargo ou em cargo resultante de sua transformação.

(B) Recondução, consistente no retorno do servidor ao cargo de origem, quando invalidada sua demissão por decisão administrativa ou judicial.

(C) Readaptação, consistente no retorno à atividade de servidor aposentado por invalidez, quando junta médica oficial declarar insubsistentes os motivos da aposentadoria.

(D) Reversão, consistente no provimento de cargo decorrente de transformação do originalmente ocupado pelo servidor, condicionada à aprovação em processo seletivo específico.

(E) Readaptação, consistente na investidura de servidor em cargo de menor complexidade, quando inabilitado em estágio probatório do cargo efetivo originalmente provido.

A: correta (art. 25 da Lei 8.112/1990); **B:** incorreta, pois essa definição é de reintegração (art. 28 da Lei 8.112/1990); **C:** incorreta, pois essa definição é de reversão (art. 25, I, da Lei 8.112/1990); **D:** incorreta, pois a reversão, prevista no art. 25 da Lei 8.112/1990, consiste no retorno do aposentado, não se confundindo com a definição dada na alternativa; **E:** incorreta, pois a readaptação consiste na "investidura do servidor em cargo de atribuições e responsabilidades compatíveis com a limitação que tenha sofrido em sua capacidade física ou mental verificada em inspeção médica" (art. 24, *caput*, da Lei 8.112/1990).

Gabarito "A"

(Magistratura do Trabalho – 14ª Região – 2011) Assinale a alternativa correta nos termos da Lei 8.112/1990.

(A) O retorno do servidor estável ao cargo anteriormente ocupado em decorrência de inabilitação em estágio probatório relativo a cargo diverso configura o instituto da recondução.

(B) A investidura em cargo com limitações compatíveis com a limitação que o servidor tenha sofrido em sua capacidade física ou mental configura o instituto da reversão.

(C) A reinvestidura do servidor estável no cargo anteriormente ocupado, ou no cargo resultante de sua transformação, quando invalidada a sua demissão por decisão administrativa ou judicial configura o instituto da readaptação.

(D) O retorno à atividade de servidor em disponibilidade far-se-á mediante aproveitamento obrigatório em cargo de atribuições e vencimentos compatíveis com o anteriormente ocupado configura o instituto da reintegração.

(E) O retorno à atividade de servidor aposentado por invalidez, quando junta médica oficial declarar insubsistentes os motivos da aposentadoria configura o instituto da readmissão.

A: correta (art. 29, I, da Lei 8.112/1990); **B:** incorreta, pois essa forma de provimento é denominada readaptação (art. 24 da Lei 8.112/1990); **C:** incorreta, pois essa forma de provimento é denominada reintegração (art. 28, da Lei 8.112/1990); **D:** incorreta, "a reintegração é a reinvestidura do servidor estável no cargo anteriormente ocupado, ou no cargo resultante de sua transformação, quando invalidada a sua demissão por decisão administrativa ou judicial, com ressarcimento de todas as vantagens" – art. 28 da Lei 8.112/1990. (*Vide* também art. 30 da Lei 8.112/1990); **E:** incorreta, pois essa forma de provimento é denominada reversão (art. 25, I, da Lei 8.112/1990).

Gabarito "A"

(Magistratura do Trabalho – 15ª Região – 2012) Assinale a alternativa **incorreta**:

(A) O servidor não aprovado no estágio probatório será exonerado ou, se estável, reconduzido ao cargo anteriormente ocupado, observado o disposto no parágrafo único do art. 29 da Lei n. 8.112/1990.

(B) Consideram-se formas de provimento original a nomeação de pessoa estranha aos quadros do serviço público, bem como a de pessoa que já exercia função pública como ocupante de cargo não vinculado àquele para o qual foi nomeada.

(C) A vedação de remuneração de servidor por órgão de deliberação coletiva não se aplica à remuneração devida pela participação em conselhos de administração e fiscal das empresas públicas e sociedades de economia mista, suas subsidiárias e controladas, bem como quaisquer empresas ou entidades em que a União, direta ou indiretamente, detenha participação no capital social, observado o que, a respeito, dispuser legislação específica.

(D) O tempo de serviço do servidor afastado para exercer mandato eletivo será contado para todos os efeitos legais, inclusive para promoção por merecimento.

(E) O servidor ocupante de cargo em comissão ou de natureza especial poderá ser nomeado para ter exercício, interinamente, em outro cargo de confiança, sem prejuízo das atribuições do que atualmente ocupa, hipótese em que deverá optar pela remuneração de um deles durante o período da interinidade.

A: assertiva correta (art. 20, § 2º, da Lei 8.112/1990); **B:** assertiva correta, pois, nos dois casos, o provimento não guarda relação com a situação anterior da pessoa; **C:** assertiva correta (art. 119 da Lei 8.112/1990); **D:** assertiva incorreta, devendo ser assinalada; o tempo de serviço em questão será contado para todos os fins, salvo para promoção por merecimento (art. 38, IV, da CF); **E:** assertiva correta (art. 9º, parágrafo único, da Lei 8.112/1990).

Gabarito "D"

(Magistratura do Trabalho – 16ª Região – 2011) Considerando o atual Regime Jurídico dos servidores públicos civis da União, analise as seguintes afirmações e marque a alternativa CORRETA:

I. Reintegração é a reinvestidura do servidor estável no cargo anteriormente ocupado, ou no cargo resultante de sua transformação, quando invalidada a sua demissão por decisão administrativa ou judicial, com ressarcimento de todas as vantagens. Encontrando-se provido o cargo, o seu eventual ocupante será reconduzido ao cargo de origem, sem direito à indenização ou aproveitado em outro cargo, ou, ainda, posto em disponibilidade.

II. Recondução é o retorno do servidor estável ao cargo anteriormente ocupado, somente ocorrendo na hipótese de inabilitação em estágio probatório relativo a outro cargo.

III. A exoneração de ofício de cargo efetivo dar-se-á unicamente quando não satisfeitas as condições do estágio probatório e quando, tendo tomado posse, o servidor não entrar em exercício no prazo estabelecido.

IV. Readaptação é a investidura do servidor em cargo de atribuições e responsabilidades compatíveis com a limitação que tenha sofrido em sua capacidade física ou mental verificada em inspeção médica. Porém, se for julgado incapaz para o serviço público, o readaptando será colocado em indisponibilidade, devendo submeter-se a avaliações periódicas até atingir a idade de aposentadoria compulsória.

V. O servidor em estágio probatório não poderá exercer quaisquer cargos de provimento em comissão ou funções de direção, chefia ou assessoramento.

(A) Somente as afirmativas I, III e V estão corretas.

(B) Somente as afirmativas I e V estão corretas.

(C) Somente as afirmativas II e III estão corretas.

(D) Somente as afirmativas I e III estão corretas.

(E) Somente a afirmativa II está errada.

I: correta (art. 28 da Lei 8.112/1990); **II:** incorreta, pois também ocorre em caso de reintegração de anterior ocupante (art. 29, II, da Lei 8.112/1990); **III:** correta (art. 34, parágrafo único, da Lei 8.112/1990); **IV:** incorreta, pois, verificada a incapacidade para o serviço público, o servidor não irá para a indisponibilidade; o servidor será aposentado (art. 24, § 1º, da Lei 8.112/1990); **V:** incorreta, pois poderá exercer sim esse tipo de cargo ou função (art. 20, § 3º, da Lei 8.112/1990).

Gabarito "D"

(Analista – TRT/6ª – 2012 – FCC) De acordo com a Lei Federal nº 8.112, de 11 de dezembro de 1990, que dispõe sobre o regime jurídico dos servidores públicos civis da União, das autarquias e das fundações públicas federais, a investidura em cargo público ocorre com

(A) a nomeação.

(B) a aprovação em concurso público.

(C) a posse.

(D) o provimento.

(E) a habilitação, após a comprovação da aptidão física.

O art. 7º da Lei 8.112/1990 dispõe que a investidura em cargo público ocorrerá com a posse.

Gabarito "C"

(Analista – TRT/8ª – 2010 – FCC) A Lei nº 8.112/1990 estabelece que a reintegração

(A) quando provido o cargo do servidor estável objeto desta, o seu eventual ocupante será reconduzido ao cargo de origem, sem direito à indenização ou aproveitado em outro cargo, ou ainda, posto em disponibilidade.

(B) é a investidura do servidor em cargo de atribuições e responsabilidades compatíveis com a limitação que tenha sofrido em sua capacidade física ou mental verificada em inspeção médica.

(C) será efetivada em cargo de atribuições afins, respeitada a habilitação exigida, nível de escolaridade e equivalência de vencimentos e, na hipótese de inexistência de cargo vago, o servidor exercerá suas atribuições como excedente, até a ocorrência de vaga.

(D) é o retorno à atividade de servidor aposentado por invalidez, quando junta médica oficial declarar insubsistentes os motivos da aposentadoria.

(E) é o retorno à atividade de servidor, mediante aproveitamento obrigatório em cargo de atribuições e vencimentos compatíveis com o anteriormente ocupado.

Art. 28, §§ 1º e 2º, da Lei 8.112/1990.

Gabarito "A"

(Analista – TRT/9ª – 2010 – FCC) Em razão de doença, Alberto, funcionário público federal efetivo, ficou com a sua capacidade física reduzida para o exercício do cargo de que era titular, o que foi constatado por inspeção médica. Em razão disso, precisou ser investido em novo cargo, compatível com a sua condição física, o que ocorreu, segundo a Lei nº 8.112/1990, pela forma de provimento denominada

(A) readaptação.

(B) transferência.

(C) reversão.

(D) reintegração.

(E) recondução.

Art. 24, *caput*, da Lei 8.112/1990.

Gabarito "A"

(Analista – TRT/22ª – 2010 – FCC) Nos termos da Lei nº 8.112/1990, Maurício, servidor do Tribunal Regional do Trabalho, em razão de ter sido removido para outro município, onde deva ter exercício, terá no

(A) mínimo, quinze e, no máximo, quarenta e cinco dias de prazo, contados do ato de nomeação, para a retomada do efetivo desempenho das atribuições do cargo, excluído deste prazo o tempo necessário para o deslocamento para a nova sede.

(B) máximo, quinze dias de prazo, contados da posse, para a retomada do efetivo desempenho das atribuições do cargo, incluído nesse prazo o tempo necessário para o deslocamento para a nova sede.

(C) mínimo, dez e, no máximo, trinta dias de prazo, contados da publicação do ato, para a retomada do efetivo desempenho das atribuições do cargo, incluído nesse prazo o tempo necessário para o deslocamento para a nova sede.

(D) máximo, sessenta dias de prazo, contados da posse, para a retomada do efetivo exercícios de suas funções, excluído deste prazo o tempo necessário para o deslocamento para a nova sede.

(E) mínimo, cinco e, no máximo, dez dias de prazo, contados da publicação do ato de exercício, para a retomada do efetivo desempenho das atribuições da função, incluído nesse prazo o tempo necessário para o deslocamento para a nova sede.

Art. 18, *caput*, da Lei 8.112/1990.

Gabarito "C"

(Analista – TRT/21ª – 2010 – CESPE) No que se refere ao regime jurídico dos servidores públicos civis da União, julgue o item que se segue.

(1) Se determinado servidor não puder estar presente no dia da posse, ela poderá ocorrer mediante procuração específica.

1: Certa (art. 13, § 3º, da Lei 8.112/1990).

Gabarito 1C

(Analista – TRE/AC – 2010 – FCC) Em relação ao provimento do cargo público é correto afirmar que,

(A) a posse e o exercício ocorrerão no prazo de trinta dias contados da publicação do ato de proclamação dos aprovados no concurso, podendo ser prorrogado por igual prazo, uma única vez.

(B) a nomeação far-se-á, dentre outras hipóteses, em comissão, quando se tratar de cargo isolado de provimento efetivo ou de carreira, inclusive na condição de interino para cargos de confiança vagos.

(C) o servidor que deva ter exercício em outro município em razão de ter sido posto em exercício provisório terá, no mínimo, dez e, no máximo, trinta dias de prazo, contados da publicação do ato, para a retomada do efetivo desempenho das atribuições do cargo, incluído nesse prazo o tempo necessário para o deslocamento para a nova sede.

(D) pela posse há o efetivo desempenho das atribuições da função de confiança, sendo de trinta dias o prazo para o servidor aprovado em cargo público entrar em exercício, contados da data do ato de provimento.

(E) a recondução é a reinvestidura do servidor efetivo ou comissionado no cargo anteriormente ocupado, ou no cargo resultante de sua transformação, quando invalidada a sua aposentadoria por decisão administrativa ou judicial, sem ressarcimento de eventuais vantagens.

A: incorreta (art. 15, § 1º, da Lei 8.112/1990); **B:** incorreta (no caso de nomeação para cargo isolado de provimento efetivo ou de carreira, a nomeação será em caráter efetivo – art. 9º, I, da Lei 8.112/1990); **C:** correta (art. 18, *caput*, da Lei 8.112/1990); **D:** incorreta (art. 15 da Lei 8.112/1990); **E:** incorreta (art. 29 da Lei 8.112/1990).

Gabarito "C"

(Analista – TRE/AL – 2010 – FCC) Benedita aposentou-se por invalidez. Entretanto, junta médica oficial julgou insubsistente os motivos de sua aposentadoria. Nesse caso, é certo que, dentre outras situações pertinentes,

(A) o tempo de até cento e oitenta dias em que a servidora estiver em exercício não poderá ser contado para a concessão da aposentadoria.

(B) a servidora poderá reverter em qualquer cargo, a critério da Administração.

(C) a reversão far-se-á no mesmo cargo ou no cargo resultante de sua transformação.

(D) poderá dar-se a reversão, ainda que a servidora tenha completado setenta anos de idade.

(E) encontrando-se provido o cargo, a servidora ficará em disponibilidade pelo período de até dois anos.

Art. 25, I, da Lei 8.112/1990.

Gabarito "C"

(Analista – TRE/AM – 2010 – FCC) Nos termos da Lei nº 8.112/1990, quanto à posse e ao exercício em cargo público, é correto que

(A) a promoção interrompe o tempo de exercício, que é contado no novo posicionamento na carreira a partir da data da posse do servidor.

(B) à autoridade competente do órgão ou entidade para onde for nomeado ou designado o servidor compete dar-lhe exercício.

(C) a posse e o exercício poderão dar-se através da nomeação da autoridade do órgão como procurador do servidor, mediante procuração específica.

(D) a posse ocorrerá no prazo de quinze dias contados da data do ato de nomeação.

(E) é de trinta dias o prazo para o servidor empossado em cargo público entrar em exercício, contados da data da publicação do ato de provimento.

A: incorreta (art. 17 da Lei 8.112/1990); **B:** correta (art. 15, § 3º, da Lei 8.112/1990); **C:** incorreta (art. 13, § 3º, da Lei 8.112/1990); **D:** incorreta (a posse ocorrerá no prazo de 30 dias - art. 13, § 1º, da Lei 8.112/1990); **E:** incorreta (o prazo para entrar em exercício é de 15 dias - art. 15, § 1º, da Lei 8.112/1990).

Gabarito "B"

(Analista – TRE/AP – 2011 – FCC) Lupércio é servidor ocupante do cargo em comissão X. A autoridade administrativa competente pretende nomeá-lo para ter exercício interinamente, em outro cargo de confiança, o cargo Y, sem prejuízo das atribuições do que atualmente ocupa. Está hipótese é

(A) vedada pela Lei nº 8.112/90, exatamente pelo fato de Lupércio ser servidor ocupante de cargo em comissão.

(B) permitida pela Lei nº 8.112/90, mas Lupércio deverá optar pela remuneração de um dos cargos durante o período da interinidade.

(C) permitida pela Lei nº 8.112/90, mas Lupércio receberá obrigatoriamente a remuneração do cargo X.

(D) permitida pela Lei nº 8.112/90, mas Lupércio receberá obrigatoriamente a remuneração do cargo Y.

(E) permitida pela Lei nº 8.112/90, mas Lupércio receberá 50% da remuneração do cargo X e 50% da remuneração do cargo Y.

Art. 9º, p. único, da Lei 8.112/1990.

Gabarito "B"

(Analista – TRE/PR – 2012 – FCC) São formas de provimento de cargo público, de acordo com a Lei Federal nº 8.112/90:

(A) Nomeação e indicação.

(B) Ascensão e reversão.

(C) Transferência e readaptação.

(D) Reintegração e readaptação.

(E) Recondução e ascensão.

Art. 8º, V e VIII, da Lei 8.112/1990.

Gabarito "D"

(Analista – TRE/RS – 2010 – FCC) De acordo com a Lei Federal nº 8.112/90, NÃO são formas de provimento de cargo público a

(A) ascensão e transferência.

(B) promoção e readaptação.

(C) readaptação e reversão.

(D) aproveitamento e reintegração.

(E) nomeação e recondução.

Art. 8º da Lei 8.112/1990.

Gabarito "A"

(Analista – TRE/TO – 2011 – FCC) É forma de provimento do cargo público, dentre outras, a

(A) substituição.

(B) disponibilidade.

(C) ascensão.

(D) readaptação.

(E) aposentadoria.

Art. 8º, V, da Lei 8.112/1990.

Gabarito "D"

(Analista – TRE/TO – 2011 – FCC) Quanto à posse e ao exercício:

(A) exercício é o efetivo desempenho das atribuições do cargo público ou da função de confiança.

(B) é de quinze dias o prazo para o servidor nomeado em cargo público entrar em exercício, contados da data da publicação da sua posse.

(C) é vedada a posse em cargo público efetivo ou em comissão, por procuração.

(D) a posse em cargo público efetivo independerá de prévia inspeção médica oficial.

(E) a promoção interrompe o tempo de exercício, sendo descontado do posicionamento na carreira a partir da data da posse.

A: correta (art. 15, *caput*, da Lei 8.112/1990); **B:** incorreta, pois o prazo de quinze dias é contado da data da posse (art. 15, § 1º, da Lei 8.112/1990); **C:** incorreta, pois a posse poderá dar-se mediante procuração específica (art. 13, § 3º, da Lei 8.112/1990); **D:** incorreta, pois a posse depende de prévia inspeção médica oficial (art. 14, *caput*, da Lei 8.112/1990); **E:** incorreta, pois a promoção não interrompe o tempo de exercício (art. 17 da Lei 8.112/1990).

Gabarito "A"

(Analista – TRE/MT – 2010 – CESPE) Acerca da Lei nº 8.112/1990 e suas alterações, assinale a opção correta em relação às formas de provimento de cargo público.

(A) Não se admite que a posse no cargo público ocorra mediante procuração específica.

(B) O prazo para o servidor empossado em cargo público entrar em exercício é de trinta dias, contados da data da posse.

(C) A reintegração é o retorno do servidor estável ao cargo anteriormente ocupado em decorrência de inabilitação em estágio probatório relativo a outro cargo.

(D) A reversão como forma de provimento em cargo público é o retorno à atividade do servidor público aposentado, no interesse da administração.

(E) O servidor em estágio probatório não pode exercer cargo de provimento em comissão, ainda que seja no seu órgão de lotação.

A: incorreta (admite-se a posse mediante procuração - art. 13, § 3º, da Lei 8.112/1990); **B:** incorreta (o prazo é de 15 dias - art. 15, § 1º, da Lei 8.112/1990); **C:** incorreta (art. 28, *caput*, da Lei 8.112/1990); **D:** correta (art. 25, II, da Lei 8.112/1990); **E:** incorreta (art. 20, § 3º, da Lei 8.112/1990).

Gabarito "D"

(Analista – TRE/MT – 2010 – CESPE) Acerca da Lei nº 8.112/1990, assinale a opção correta.

(A) Todos os cargos públicos são acessíveis apenas aos brasileiros, sejam estes natos ou naturalizados.

(B) O servidor que não puder, após ocorrência de fato que lhe provoque limitações físicas ou mentais, atuar no seu cargo será declarado como desnecessário ao órgão ou à entidade e ficará sob tutela do Sistema de Pessoal Civil (SIPEC) até o seu adequado reposicionamento. Tal forma de provimento denomina-se aproveitamento.

(C) Os servidores públicos podem, além do vencimento, receber como vantagens indenizações, gratificações e adicionais. As indenizações referem-se a ajuda de custo, diárias e indenização de transporte. O auxílio-moradia é categorizado como vantagem adicional.

(D) A Lei nº 11.770/2008 permite a prorrogação da licença-maternidade tão somente às servidoras gestantes, excluindo desse benefício as servidoras adotantes.

(E) O ato de posse refere-se ao ato administrativo solene e formal que torna válida a investidura em um cargo público de provimento efetivo ou não. No entanto, somente com a posse é que a nomeação se consolida, salvo nos casos de formas de provimento derivadas.

A: incorreta (art. 12, § 3º, da CF); **B:** incorreta, pois no caso de eventual limitação física ou mental o servidor será readaptado ou aposentado, conforme inspeção médica (art. 24 da Lei 8.112/1990); **C:** incorreta, pois o auxílio-moradia também é uma das formas de indenização (art. 51, IV, da Lei 8.112/1990); **D:** incorreta, pois o benefício se estende, na mesma proporção, à empregada que adotar ou obtiver guarda judicial para fins de adoção de criança (art. 1º, § 2º, da Lei 11.770/2008); **E:** correta, pois a alternativa conceitua corretamente o ato de posse (art. 13, § 4º, da Lei 8.112/1990).

Gabarito "E"

(Analista – TRF/1ª – 2011 – FCC) João, servidor público federal, estável, retorna a cargo anteriormente ocupado em virtude de inabilitação em estágio probatório relativo a outro cargo. Maria, servidora pública federal, aposentada por invalidez, retorna à atividade, tendo em vista que a junta médica oficial declarou insubsistentes os motivos de sua aposentadoria.

Os exemplos narrados correspondem, respectivamente, às seguintes formas de provimento de cargo público:

(A) readaptação e aproveitamento.

(B) reintegração e recondução.

(C) reversão e readaptação.

(D) recondução e reversão.

(E) aproveitamento e reintegração.

Arts. 29, I e 25, I, da Lei 8.112/1990.

Gabarito "D"

(Analista – TRF/4ª – 2010 – FCC) A investidura em cargo público ocorrerá com a

(A) posse.

(B) nomeação.

(C) transferência.

(D) ascensão.

(E) promoção.

Art. 7º da Lei 8.112/1990.

Gabarito "A"

(Analista – TRF/4ª – 2010 – FCC) A reinvestidura do servidor estável no cargo anteriormente ocupado, ou no cargo resultante de sua transformação, quando invalidada a sua demissão por decisão administrativa ou judicial, com ressarcimento de todas as vantagens, é

(A) a reversão.

(B) a readaptação.

(C) a reintegração.

(D) a recondução.

(E) o aproveitamento.

Art. 28, *caput*, da Lei 8.112/1990.

Gabarito "C"

(Analista – TRF/4ª – 2010 – FCC) Analise:

I. O retorno do servidor estável ao cargo anteriormente ocupado e decorrente de inabilitação em estágio probatório relativo a outro cargo ou reintegração do anterior ocupante.

II. O deslocamento do servidor a pedido, no âmbito do mesmo quadro, com mudança de sede.

Tais situações configuram, respectivamente,

(A) transferência e recondução.

(B) remoção e transferência.

(C) ascenção e reintegração.

(D) recondução e remoção.

(E) reversão e ascenção.

A alternativa D está correta, pois o retorno do servidor estável ao cargo anteriormente ocupado e decorrente de inabilitação em estágio probatório relativo a outro cargo ou reintegração do anterior ocupante configura a recondução (art. 29, I e II, da Lei 8.112/1990), e o deslocamento do servidor a pedido, no âmbito do mesmo quadro, com mudança de sede configura a remoção (art. 36, *caput*, da Lei 8.112/1990).

Gabarito "D"

(Analista – TRF/4ª – 2010 – FCC) O Tribunal Regional Federal da 4ª Região publicou ato de provimento dos candidatos aprovados no concurso para Analista Judiciário, dentre os quais está José. Sobre o caso, é INCORRETO afirmar:

(A) A posse de José ocorrerá no prazo de trinta dias contados da publicação do ato de provimento.

(B) José, para tomar posse, não é obrigado a submeter-se à inspeção médica em órgão oficial.

(C) A posse de José poderá dar-se mediante procuração específica.

(D) O prazo para José, empossado em cargo público, entrar em exercício, é de quinze dias, contados da data da posse.

(E) À autoridade competente do órgão ou entidade para onde for nomeado ou designado José compete dar-lhe exercício.

A: correta (art. 13, § 1º, da Lei 8.112/1990); **B:** incorreta (art. 14, *caput*, da Lei 8.112/1990); **C:** correta (art. 13, § 3º, da Lei 8.112/1990); **D:** correta (art. 15, § 1º, da Lei 8.112/1990); **E:** correta (art. 15, § 3º, da Lei 8.112/1990).

Gabarito "B"

(Analista – TRF/4ª – 2010 – FCC) O retorno do servidor estável ao cargo anteriormente ocupado, em decorrência de inabilitação em estágio probatório relativo a outro cargo é denominado

(A) readaptação.

(B) reintegração.

(C) reversão.

(D) transferência.

(E) recondução.

Art. 29, I, da Lei 8.112/1990.

Gabarito "E"

(Auditor Fiscal da Receita Federal – 2010 – ESAF) Relacione as formas de provimento de cargo público, previstas no art. 8º da Lei n. 8.112, de 11 de dezembro de 1990, às suas respectivas características. Ao final, assinale a opção correspondente.

1. nomeação

2. promoção

3. readaptação

4. reintegração

5. recondução

I. é caracterizada pelo retorno do servidor estável ao cargo anteriormente ocupado quando inabilitado em estágio probatório relativo a outro cargo ou quando o anterior ocupante é reintegrado.

II. é o ato administrativo que materializa o provimento originário. Pode-se dar em comissão ou em caráter efetivo, dependendo, neste último caso, de prévia habilitação em concurso público de provas ou de provas e títulos, obedecidos a ordem de classificação e o prazo de sua validade.

III. é a investidura do servidor em cargo de atribuições e responsabilidades compatíveis com a limitação que tenha sofrido em sua capacidade física ou mental verificada em inspeção médica.

IV. é caracterizada pelo retorno do servidor estável a seu cargo anteriormente ocupado, ou cargo resultante de sua transformação, após ter sido invalidada sua demissão, com ressarcimento de todas as vantagens.

V. é a forma de provimento pela qual o servidor sai de seu cargo e ingressa em outro situado em classe mais elevada.

(A) 1, 2, 3, 4, 5

(B) 2, 3, 5, 1, 4

(C) 5, 1, 3, 4, 2

(D) 3, 4, 2, 1, 5

(E) 4, 1, 5, 3, 2

I: recondução (5), nos termos do art. 29 da Lei 8.112/90; **II:** nomeação (1), nos termos dos arts. 9º e 10 da Lei 8.112/90; **III:** readaptação (3), nos termos do art. 24 da Lei 8.112/90; **IV:** reintegração (4), nos termos do art. 28 da Lei 8.112/90; **V:** promoção (2), pois esta é uma forma de provimento (art. 8º, II, da Lei 8.112/90) em que o servidor ascende de um cargo para outro de classe mais elevada.

Gabarito "C"

(OAB/Exame Unificado – 2011.3.A) Luiz Fernando, servidor público estável pertencente aos quadros de uma fundação pública federal, inconformado com a pena de demissão que lhe foi aplicada, ajuizou ação judicial visando à invalidação da decisão administrativa que determinou a perda do seu cargo público. A decisão judicial acolheu a pretensão de Luiz Fernando e invalidou a penalidade disciplinar de demissão. Diante da situação hipotética narrada, Luiz Fernando deverá ser

(A) reintegrado ao cargo anteriormente ocupado, ou no resultante de sua transformação, com ressarcimento de todas as vantagens.

(B) aproveitado no cargo anteriormente ocupado ou em outro cargo de vencimentos e responsabilidades compatíveis com o anterior, sem ressarcimento das vantagens pecuniárias.

(C) readaptado em cargo de atribuições e responsabilidades compatíveis, com ressarcimento de todas as vantagens.

(D) reconduzido ao cargo anteriormente ocupado ou em outro de vencimentos e responsabilidades compatíveis com o anterior, com ressarcimento de todas as vantagens pecuniárias.

A: correta, tratando-se do instituto da reintegração, previsto no art. 28 da Lei 8.112/1990; **B:** incorreta, pois o aproveitamento se dá em relação àquele que estava em disponibilidade (art. 30 da Lei 8.112/1990), e não em relação àquele que fora demitido ilegalmente; **C:** incorreta, pois a readaptação se dá em relação àquele que passa a sofrer limitação física ou mental incompatível com o cargo que vem ocupando (art. 24 da Lei 8.112/1990), e não em relação àquele que fora demitido ilegalmente; **D:** incorreta, pois a recondução se dá em relação àquele servidor estável que fora inabilitado em estágio probatório relativo a outro cargo ou que tenha sido desalojado de seu cargo por reintegração do anterior ocupante (art. 29 da Lei 8.112/1990), e não em relação àquele que fora demitido ilegalmente.

Gabarito "A"

(OAB/Exame Unificado – 2013.1) As alternativas a seguir apresentam condições que geram *vacância de cargo público*, **à exceção de uma**. Assinale-a.

(A) Falecimento.

(B) Promoção.

(C) Aposentadoria.

(D) Licença para trato de interesse particular.

O falecimento, a promoção e a aposentadoria geram vacância de cargo público, nos termos do art. 33, III, VII e IX, da Lei 8.112/1990, diferentemente da licença para trato de interesse particular, que não está prevista como hipótese de vacância e nem poderia, pois o servidor estará ausente de suas funções apenas temporariamente (art. 91 da Lei 8.112/1990).

Gabarito "D"

7.11.3. Remoção, redistribuição e substituição

(Analista – TRT/14ª – 2011 – FCC) De acordo com a Lei nº 8.112/90, que dispõe sobre o regime jurídico dos servidores públicos civis da União, das autarquias e das fundações públicas federais, a remoção de servidor público

(A) pressupõe sempre mudança de sede ou função.

(B) é cabível, a pedido, para outra localidade, em razão de processo seletivo promovido, na hipótese em que o número de interessados for inferior ao número de vagas, de acordo com normas preestabelecidas pelo órgão ou entidade em que aqueles estejam lotados.

(C) não é cabível, a pedido, para outra localidade, a fim de acompanhar companheiro, também servidor público civil da União, que foi deslocado no interesse da Administração Pública.

(D) pode se dar de ofício ou a pedido, sendo, nesta segunda hipótese, sempre dependente do interesse da Administração Pública.

(E) ocorre somente no âmbito do mesmo quadro.

A: incorreta, pois a remoção independe da mudança de sede (art. 36, *caput*, da Lei 8.112/1990); **B:** incorreta, pois o número de interessados terá que ser superior ao número de vagas (art. 36, p. único, III, *c*, da Lei 8.112/1990); **C:** incorreta, pois é possível a remoção na hipótese descrita na alternativa (art. 36, p. único, III, *a*, da Lei 8.112/1990); **D:** incorreta, pois há previsão de remoção a pedido, para outra localidade, independentemente do interesse da Administração (art. 36, p. único, III, da Lei 8.112/1990); **E:** correta (art. 36, *caput*, da Lei 8.112/1990).

Gabarito "E"

(Analista – TRT/14ª – 2011 – FCC) É cabível remoção a pedido, para outra localidade, independentemente do interesse da Administração, em virtude de processo seletivo promovido, na hipótese em que o número de interessados for

(A) inferior ao número de vagas, a critério da autoridade competente, quando necessário ao atendimento de situações emergenciais do órgão ou entidade.

(B) igual ao número de vagas, de acordo com normas estabelecidas pelo órgão público independentemente do local da respectiva designação.

(C) superior ao número de vagas, de acordo com normas preestabelecidas pelo órgão ou entidade em que aqueles estejam lotados.

(D) inferior ao número de vagas, em conformidade com normas estabelecidas pelo Poder Público em que aqueles estejam designados.

(E) superior ao número de vagas, a critério da autoridade competente, desde que presente o interesse público, independentemente da respectiva lotação.

Art. 36, p. único, III, *c*, da Lei 8.112/1990.

Gabarito "C"

7.11.4. Direitos e vantagens

(Magistratura do Trabalho – 8ª Região – 2011) Consoante a Lei n. 8.112/1990, é INCORRETO afirmar:

(A) A posse ocorrerá no prazo de trinta dias, contados da publicação do ato de provimento, pela assinatura do respectivo termo, no qual deverão constar as atribuições, os deveres, as responsabilidades e os direitos inerentes ao cargo ocupado, que não poderão ser alterados unilateralmente, por qualquer das partes, ressalvados os atos de ofício previstos em lei.

(B) O servidor fará jus a trinta dias de férias, quando não houver faltado ao serviço mais de cinco vezes, que podem ser acumuladas, até o máximo de dois períodos, no caso de necessidade do serviço, ressalvadas as hipóteses em que haja legislação específica.

(C) A partir do registro da candidatura e até o décimo dia seguinte ao da eleição, o servidor fará jus à licença para atividade política, assegurados os vencimentos do cargo efetivo, somente pelo período de três meses.

(D) A obrigação do servidor público de reparar o dano causado ao erário, por dolo ou culpa, estende-se aos seus sucessores e contra eles será executada, até o limite do valor da herança recebida.

(E) As penalidades de advertência e de suspensão terão seus registros cancelados, após o decurso de 3 (três) e 5 (cinco) anos de efetivo exercício, respectivamente, se o servidor não houver, nesse período, praticado nova infração disciplinar, sendo que o cancelamento não surtirá efeitos retroativos.

A: assertiva correta (art. 13, *caput* e § 1º, da Lei 8.112/1990); **B:** assertiva incorreta, devendo ser assinalada; o art. 77, § 2º, da Lei 8.112/1990 proíbe levar em conta faltas dos servidores para efeito de puni-los com diminuição ou exclusão de suas férias; **C:** assertiva correta (art. 86 da Lei 8.112/1990); **D:** assertiva correta (art. 122, § 3º, da Lei 8.112/1990); **E:** assertiva correta (art. 131 da Lei 8.112/1990).

Gabarito "B"

(Magistratura do Trabalho – 14ª Região – 2011) Ainda com base na Lei 8.112/1990, em relação aos servidores públicos federais, assinale a alternativa que não está correta.

(A) É assegurado ao servidor o direito de requerer aos Poderes Públicos, em defesa de direito ou interesse legítimo, que prescreve em 5 (cinco) anos, quanto aos atos de demissão e de cassação de aposentadoria ou disponibilidade, ou que afetem interesse patrimonial e créditos das relações de trabalho.

(B) É vedada a contagem cumulativa de tempo de serviço prestado concomitantemente em mais de um cargo ou função de Órgão ou entidades dos Poderes da União, Estado, Distrito Federal e Município, autarquia, fundação pública, sociedade de economia mista e empresa pública.

(C) São considerados como de efetivo exercício os afastamentos em virtude de participação em competição desportiva nacional ou convocação para integrar representação desportiva nacional, no País ou no exterior, conforme disposto em lei específica.

(D) O adicional de atividade penosa será devido aos servidores em exercício em zonas de fronteira ou em localidades cujas condições de vida o justifiquem, nos termos, condições e limites fixados em regulamento.

(E) É assegurado ao servidor o direito à licença remunerada para o desempenho de mandato em confederação, federação, associação de classe de âmbito nacional, sindicato representativo da categoria ou entidade fiscalizadora da profissão.

A: assertiva correta (arts. 104 e 110, I, da Lei 8.112/1990); **B:** assertiva correta (art. 103, § 3º, da Lei 8.112/1990); **C:** assertiva correta (art. 102, X, da Lei 8.112/1990); **D:** assertiva correta (art. 71 da Lei 8.112/1990); **E:** assertiva incorreta, devendo ser assinalada, pois é assegurada a licença SEM remuneração (art. 92 da Lei 8.112/1990).

Gabarito "E"

(Magistratura do Trabalho – 15ª Região – 2010) A respeito dos servidores e empregados públicos federais, assinale a alternativa correta:

(A) de acordo com a jurisprudência sumulada do TST, todo servidor da administração direta, com mais de três anos de exercício, é beneficiário de estabilidade;

(B) o empregado de uma sociedade de economia mista, contratado mediante concurso público, não pode ser detentor de modalidade alguma de estabilidade;

(C) o empregado de empresa pública federal, que não recebe recursos da União para despesas de pessoal ou custeio, poderá auferir remuneração superior ao teto constitucional representado pelo subsídio mensal do ministro do Supremo Tribunal Federal;

(D) a proibição de acumulação remunerada de empregos públicos não abrange as subsidiárias das sociedades de economia mista;

(E) para preservar a eficiência do serviço público, o servidor não aprovado no estágio probatório será exonerado, não podendo ser reconduzido ao cargo anterior em que detinha estabilidade.

A: incorreta, pois a Súmula 390 do TST não se aplica aos servidores detentores de cargo em comissão; **B:** incorreta, pois os casos de estabilidade previstos na lei trabalhista ficam ressalvados (ex: da gestante); **C:** correta (art. 37, § 9º, da CF); **D:** incorreta, pois abrange as subsidiárias das sociedades de economia mista (art. 37, XVII, da CF); **E:** incorreta, pois cabe a recondução para o cargo anterior em que detinha estabilidade (art. 29 da Lei 8.112/1990).

Gabarito "C"

(Procurador do Trabalho – MPT – 17º Concurso – 2012) A propósito da qualificação profissional do servidor público, encontra-se **INCORRETA** a asserção:

(A) O servidor poderá, no interesse da Administração, e desde que a participação não possa ocorrer simultaneamente com o exercício do cargo ou mediante compensação de horário, afastar- se do exercício do cargo efetivo, com a respectiva remuneração, para participar em programa de pós-graduação *stricto sensu* em instituição de ensino superior no País.

(B) Ato do dirigente máximo do órgão ou entidade definirá, em conformidade com a legislação vigente, os programas de capacitação e os critérios para participação em programas de pós- graduação no País, com ou sem afastamento do servidor, que serão avaliados por um comitê constituído para este fim.

(C) Os afastamentos para realização de programas de mestrado e doutorado somente serão concedidos aos servidores titulares de cargos efetivos.

(D) O período de afastamento do servidor para cursar pós-graduação *stricto sensu* não é computado no seu tempo de serviço.

(E) Não respondida.

A: assertiva correta (art. 96-A da Lei 8.112/1990); **B:** assertiva correta (art. 96-A, § 1º, da Lei 8.112/1990); **C:** assertiva correta (art. 96-A, § 2º, da Lei 8.112/1990); **D:** assertiva incorreta, devendo ser assinalada; o período de afastamento, no caso, é sim computado no tempo de serviço, inclusive com recebimento normal, pelo servidor, de sua respectiva remuneração; **E:** assertiva correta, pois a alternativa "d" responde à questão.

Gabarito "D"

(Analista – MPU – 2010 – CESPE) Com relação ao vencimento e à remuneração dos servidores públicos, julgue o próximo item.

(1) Assegura-se a isonomia de vencimentos para cargos de atribuições iguais ou assemelhadas do mesmo Poder, ou entre servidores dos três Poderes, ressalvadas as vantagens de caráter individual e as relativas à natureza ou ao local de trabalho.

1: correta (art. 41, § 4º, da Lei 8.112/1990).

Gabarito 1C

(Analista – TRT/8ª – 2010 – FCC) Quanto às férias e às licenças do servidor público, considere:

I. A critério da Administração, poderão ser concedidas ao servidor ocupante de cargo efetivo ou em estágio probatório, licenças para tratar de assuntos particulares pelo prazo de até três anos consecutivos, com ou sem remuneração.

II. O servidor exonerado do cargo efetivo, ou em comissão, perceberá indenização relativa ao período das férias a que tiver direito e ao incompleto, na proporção de um doze avos por mês de efetivo exercício, ou fração superior a quatorze dias.

III. As férias poderão ser parceladas em até três etapas, desde que assim requeridas pelo servidor, e no interesse da administração pública.

IV. A licença concedida dentro de sessenta dias do término de outra da mesma espécie não será considerada como prorrogação.

V. O servidor terá direito a licença, com remuneração, durante o período que mediar entre a sua escolha em convenção partidária, como candidato a cargo eletivo, e a véspera do registro de sua candidatura perante a Justiça Eleitoral.

Está correto o que se afirma APENAS em:

(A) I, III e V.

(B) I e IV.

(C) II e III.

(D) II, IV e V.

(E) III e V.

I: incorreta (a licença para tratar de assuntos particulares poderá ser concedida ao servidor ocupante de cargo efetivo, desde que não esteja em estágio probatório, sem remuneração – art. 91 da Lei 8.112/1990); **II:** correta (art. 78, § 3º, da Lei 8.112/1990); **III:** correta (art. 77, § 3º, da Lei 8.112/1990); **IV:** incorreta (art. 82 da Lei 8.112/1990); **V:** incorreta (a licença, nesse caso, será sem remuneração – art. 86, *caput*, da Lei 8.112/1990).

Gabarito "C"

(Analista – TRT/14ª – 2011 – FCC) Para os fins da Lei nº 8.112/90, o servidor público federal investido em cargo em comissão de órgão ou entidade diversa da de sua lotação, receberá a remuneração do órgão

(A) cessionário dos Estados, exclusivamente, quando a cessão for por prazo superior a 90 (noventa) dias.

(B) cedente, devendo os Estados, o Distrito Federal e os Municípios, na condição de cessionários, ressarcirem os cofres da entidade cedente ao término da cessão.

(C) cedente, desde que essa condição esteja prevista no respectivo ato e a cessão seja exclusivamente para órgão ou entidade do Distrito Federal.

(D) cedente, quando a cessão for exclusivamente, para órgão ou entidade do Distrito Federal.

(E) ou entidade cessionária quando a cessão for para órgãos dos Estados, do Distrito Federal ou dos Municípios.

Art. 93, § 1º, da Lei 8.112/1990.

Gabarito "E"

(Analista – TRT/22ª – 2010 – FCC) De acordo com a Lei nº 8.112/1990, em relação ao vencimento, remuneração e vantagens dos Servidores Públicos Civis da União:

(A) As indenizações se incorporam ao vencimento ou provento para qualquer efeito.

(B) As faltas justificadas decorrentes de caso fortuito não poderão ser compensadas, sendo assim não consideradas como efetivo exercício.

(C) Quando o pagamento indevido houver ocorrido no mês anterior ou posterior ao do processamento da folha, não haverá reposição, salvo se para o erro contribuiu o servidor, ao menos culposamente.

(D) As gratificações e os adicionais incorporam-se ao vencimento ou provento, nos casos e condições indicados em lei.

(E) O vencimento, a remuneração e o provento poderão ser objeto de arresto, sequestro ou penhora, salvo nos casos de prestação de alimentos resultante de decisão judicial.

A: incorreta (art. 49, § 1º, da Lei 8.112/1990); **B:** incorreta (art. 44, p. único, da Lei 8.112/1990); **C:** incorreta (art. 46, § 2º, da Lei 8.112/1990); **D:** correta (art. 49, § 2º, da Lei 8.112/1990); **E:** incorreta (art. 48 da Lei 8.112/1990).

Gabarito "D"

(Analista – TRE/AC – 2010 – FCC) Quanto aos direitos, vantagens e adicionais do servidor público civil da União, considere:

I. Vencimento é a remuneração do cargo efetivo ou comissionado, descontadas as vantagens pecuniárias permanentes estabelecidas em lei.

II. Mediante expressa solicitação do servidor, será pago por ocasião das férias, um adicional correspondente a um terço da remuneração de férias, sendo que no caso de cargo em comissão, a respectiva vantagem não será considerada no cálculo das férias.

III. As faltas justificadas decorrentes de caso fortuito ou de força maior poderão ser compensadas a critério da chefia imediata, sendo assim consideradas como efetivo exercício.

IV. As indenizações não se incorporam ao vencimento ou provento para qualquer efeito, sendo que as gratificações e os adicionais incorporam-se ao vencimento ou provento, nos casos e condições indicados em lei.

V. O serviço extraordinário será remunerado com acréscimo de cinquenta por cento em relação à hora normal de trabalho e somente será permitido para atender a situações excepcionais e temporárias, respeitado o limite máximo de duas horas por jornada.

Está correto o que se afirma APENAS em

(A) I, II e III.

(B) I e III.

(C) II, IV e V.

(D) III, IV e V.

(E) IV e V.

I: incorreta (art. 40 da Lei 8.112/1990); **II:** incorreta (art. 76, *caput*, da Lei 8.112/1990); **III:** correta (art. 44, p. único, da Lei 8.112/1990); **IV:** correta (art. 49, §§ 1º e 2º, da Lei 8.112/1990); **V:** correta (arts. 73 e 74 da Lei 8.112/1990).

Gabarito "D"

(Analista – TRE/AL – 2010 – FCC) Silvana atua como instrutora em curso de formação, regularmente instituído no âmbito da Administração Pública Federal. Nesse caso, no que se refere à gratificação por encargo de curso, é certo que essa vantagem

(A) incorpora-se à remuneração da servidora para alguns efeitos como a aposentadoria e disponibilidade, podendo ser utilizada como base de cálculo para outras vantagens a que tiver direito.

(B) não se incorpora ao vencimento da servidora para qualquer efeito e não poderá ser utilizada como base de cálculo dos proventos da aposentadoria.

(C) incorpora-se ao vencimento da servidora para todos os efeitos, mas não poderá ser utilizada como base de cálculo para as demais vantagens, inclusive para os proventos da aposentadoria.

(D) não se incorpora aos vencimentos da servidora para qualquer efeito, mas poderá ser utilizada como base de cálculo dos proventos da aposentadoria.

(E) não se incorpora à remuneração ou salário da servidora, salvo para efeito da aposentadoria ou disponibilidade, vedada sua utilização como base de cálculo de outras vantagens e adicionais.

Art. 76-A, § 3º, da Lei 8.112/1990.

Gabarito "B"

(Analista – TRT/11ª – 2012 – FCC) Nos termos da Lei nº 8.112/1990, no que diz respeito ao auxílio-moradia, é correto afirmar:

(A) O valor do auxílio-moradia poderá superar 25% (vinte e cinco por cento) da remuneração de Ministro de Estado.

(B) Será possível a concessão da vantagem, ainda que a pessoa que resida com o servidor também receba auxílio-moradia.

(C) No caso de falecimento, exoneração, colocação de imóvel funcional à disposição do servidor ou aquisição de imóvel, o auxílio-moradia continuará sendo pago por um mês.

(D) Conceder-se-á a vantagem ao servidor desde que, dentre outros requisitos legais, o deslocamento tenha sido por força de alteração de lotação ou nomeação para cargo efetivo.

(E) Será possível a concessão da vantagem, ainda que o cônjuge ou companheiro do servidor ocupe imóvel funcional.

A: incorreta, pois o art. 60-D, § 1º, da Lei 8.112/1990 dispõe que o "auxílio-moradia não poderá superar 25% (vinte e cinco por cento) da remuneração de Ministro de Estado"; **B:** incorreta, pois o art. 60-B, IV, da Lei 8.112/1990 dispõe que um dos requisitos para concessão do auxílio-moradia é que nenhuma outra pessoa que resida com o servidor receba auxílio-moradia; **C:** correta (art. 60-E da Lei 8.112/1990); **D:** incorreta, pois o art. 60-B, VIII, da Lei 8.112/1990 dispõe que um dos requisitos para concessão do auxílio-moradia é que o deslocamento não tenha sido por força de alteração de lotação ou nomeação para cargo efetivo; **E:** incorreta, pois o art. 60-B, II, da Lei 8.112/1990 dispõe que um dos requisitos para concessão do auxílio-moradia é que o cônjuge ou companheiro do servidor não ocupe imóvel funcional.

Gabarito "C"

(Analista – TRT/14ª – 2011 – FCC) Antônio, analista judiciário de um Tribunal Regional do Trabalho, tendo preenchido as condições legais, receberá auxílio-moradia. Entretanto, dentre esses requisitos, deve saber que a referida vantagem

(A) será concedida por prazo de até três anos quando exercer cargo em comissão do Grupo-Direção e Assessoramento Superiores – DAS, níveis 3, 4 e 5, de Natureza Especial, vedada qualquer prorrogação.

(B) tem valor limitado a vinte e cinco por cento da retribuição do cargo ocupado pelo mencionado servidor, mas em hipótese especial e temporária pode ser superior ao auxílio-moradia recebido pela Presidência do Tribunal.

(C) no caso de falecimento, exoneração ou aquisição de imóvel, esse servidor público perderá, de imediato, o auxílio-moradia, mas receberá indenização equivalente a dois meses.

(D) tem valor limitado a trinta por cento do valor do cargo em comissão ocupado pelo servidor e, em qualquer hipótese, não poderá ser superior ao auxílio-moradia recebido pelo respectivo Presidente do Tribunal.

(E) não será concedida por prazo superior a oito anos dentro de cada período de doze anos, ainda que o servidor mude de cargo ou de Município de exercício do cargo.

A: incorreta, pois a vantagem será concedida por até 8 anos (art. 60-C da Lei 8.112/1990); **B:** incorreta, pois o valor do auxílio-moradia é limitado a 25% (vinte e cinco por cento) do valor do cargo em comissão, função comissionada ou cargo de Ministro de Estado ocupado (art. 60-D da Lei 8.112/1990); **C:** incorreta, pois no caso de falecimento, exoneração, colocação de imóvel funcional à disposição do servidor ou aquisição de imóvel, o auxílio-moradia continuará sendo pago por um mês (art. 60-E da Lei 8.112/1990); **D:** incorreta, pois o valor do auxílio-moradia é limitado a 25% (vinte e cinco por cento) do valor do cargo em comissão, função comissionada ou cargo de Ministro de Estado ocupado (art. 60-D da Lei 8.112/1990); **E:** correta (art. 60-C da Lei 8.112/1990).

Gabarito "E"

(Analista – TRT/23ª – 2011 – FCC) Considere as seguintes assertivas sobre as vantagens dos servidores públicos civis federais, nos termos da Lei nº 8.112/1990:

I. A ajuda de custo poderá ser concedida ao servidor que se afastar do cargo, ou reassumi-lo, em virtude de mandato eletivo.

II. No caso de falecimento, exoneração, colocação de imóvel funcional à disposição do servidor ou aquisição de imóvel, o auxílio-moradia continuará sendo pago por um mês.

III. As vantagens pecuniárias não serão computadas, nem acumuladas, para efeito de concessão de quaisquer outros acréscimos pecuniários ulteriores, sob o mesmo título ou idêntico fundamento.

Está correto o que se afirma APENAS em

(A) I e III.

(B) II e III.

(C) III.

(D) I e II.

(E) I.

I: incorreta (art. 53 da Lei 8.112/1990); **II:** correta (art. 60-E da Lei 8.112/1990); **III:** correta (art. 50 da Lei 8.112/1990).

Gabarito "B"

(Analista – TRE/BA – 2010 – CESPE) Acerca do regime jurídico dos servidores públicos, estabelecido na Lei nº 8.112/1990, julgue os itens que se seguem.

(1) Os substitutos dos servidores investidos em cargo ou função de direção ou chefia e dos ocupantes de cargo em natureza especial devem ser indicados no regimento interno ou, no caso de omissão, designados previamente pela chefia imediata do substituído.

(2) As diárias são devidas ao servidor que se ausenta a serviço da sede da repartição para outro ponto do território nacional em caráter eventual ou transitório. Se o deslocamento em caráter eventual ou transitório se der para o exterior, o servidor fará jus ao recebimento de ajuda de custo.

1: Errada, pois, no caso de omissão do regimento interno, os substitutos serão previamente designados pelo dirigente máximo do órgão ou entidade (art. 38, *caput*, da Lei 8.112/1990); **2:** Errada, pois no caso de deslocamento eventual ou transitório para o exterior também serão devidas diárias (art. 58, *caput*, da Lei 8.112/1990).

Gabarito 1E, 2E

(Analista – TRE/CE – 2012 – FCC) De acordo com a Lei nº 11.416/2006, o Adicional de Qualificação – AQ relativo a título de Mestre e Doutor é, respectivamente, de

(A) 7,5% e 10% incidindo sobre vencimento básico do servidor.

(B) 12,5% e 15% sobre o salário do servidor.

(C) 10% e 12,5% incidindo sobre vencimento básico do servidor.

(D) 5% e 7,5% incidindo sobre os vencimentos do servidor.

(E) 15% e 17,5% sobre o salário do servidor.

Art. 15, II e I, da Lei 11.416/2006, respectivamente.

Gabarito "C"

(Analista – TRE/CE – 2012 – FCC) De acordo com a Lei nº 11.416/2006, a Gratificação de Atividade Externa – GAE é devida exclusivamente aos ocupantes

(A) do cargo de Técnico Judiciário.

(B) do cargo de Analista Judiciário – área administrativa.

(C) dos cargos de Analista Judiciário – área judiciária e Auxiliar Judiciário.

(D) do cargo de Analista Judiciário – área judiciária Oficial de Justiça Avaliador Federal.

(E) dos cargos de Técnico Judiciário e Auxiliar Judiciário.

Art. 16, *caput*, da Lei 11.416/2006.

Gabarito "D"

(Analista – TRE/CE – 2012 – FCC) O servidor das Carreiras dos Quadros de Pessoal do Poder Judiciário cedido

(A) perceberá, durante o afastamento, a Gratificação de Atividade Judiciária – GJA, salvo na hipótese de cessão para órgãos da União, na condição de optante pela remuneração do cargo efetivo.

(B) não perceberá, durante o afastamento, a Gratificação de Atividade Judiciária – GJA, salvo na hipótese de cessão para órgãos da União, na condição de optante pela remuneração do cargo efetivo.

(C) não perceberá, durante o afastamento, a Gratificação de Atividade Judiciária – GJA, inclusive na hipótese de cessão para órgãos da União, na condição de optante pela remuneração do cargo efetivo.

(D) não perceberá, durante o afastamento, a Gratificação de Atividade Judiciária – GJA, em qualquer hipótese.

(E) perceberá, durante o afastamento, 50% da Gratificação de Atividade Judiciária – GJA, em qualquer hipótese.

Art. 13, § 3º, da Lei 11.416/2006.

Gabarito "B"

(Analista – TRE/CE – 2012 – FCC) Considere:

I. Nenhuma outra pessoa que resida com o servidor receba auxílio-moradia.

II. O deslocamento tenha sido por força de alteração de lotação ou nomeação para cargo efetivo.

III. O deslocamento tenha ocorrido após 30 de junho de 2006.

IV. O cônjuge do servidor ocupe imóvel funcional.

De acordo com a Lei nº 8.112/1990, conceder-se-á auxílio-moradia ao servidor se atendidos, dentre outros, os requisitos mencionados APENAS em

(A) I, III e IV.

(B) II e IV.

(C) I e III.

(D) I e IV.

(E) II e III.

I: correto (art. 60-B, IV, da Lei 8.112/1990); **II:** incorreto (art. 60-B, VIII, da Lei 8.112/1990); **III:** correto (art. 60-B, IX, da Lei 8.112/1990); **IV:** incorreto (art. 60-B, II, da Lei 8.112/1990).

Gabarito "C"

(Analista – TRE/MT – 2010 – CESPE) No que diz respeito aos direitos e às vantagens do servidor público consoante estabelece a Lei nº 8.112/1990, assinale a opção correta.

(A) Podem ser pagas ao servidor, além do vencimento, indenizações, como as diárias, que se incorporam ao vencimento conforme estabelecido em lei.

(B) O servidor que, a serviço, afastar-se da sede, em caráter eventual ou transitório, para outro ponto do território nacional fará jus a ajuda de custo destinada a indenizar as parcelas de despesas com pousada, alimentação e locomoção urbana.

(C) As gratificações e os adicionais incorporam-se ao vencimento, nos casos e nas condições indicados em lei.

(D) Nada impede que o servidor exerça atividade remunerada durante o período da licença por motivo de doença em família.

(E) O servidor pode receber simultaneamente o adicional de insalubridade e o adicional de periculosidade, desde que trabalhe com habitualidade em locais insalubres ou em contato permanente com substâncias tóxicas, radioativas ou com risco de morte.

A: incorreta (art. 49, § 1º, da Lei 8.112/1990); **B:** incorreta, a alternativa trata do conceito de diária – art. 58, *caput*, da Lei 8.112/1990; **C:** correta (art. 49, § 2º, da Lei 8.112/1990); **D:** incorreta (art. 81, § 3º, da Lei 8.112/1990); **E:** incorreta (art. 68, § 1º, da Lei 8.112/1990).

Gabarito "C"

(Analista – TRE/SP – 2012 – FCC) O Adicional de Qualificação AQ foi concedido aos analistas judiciários Sérgio e Olga, em razão dos conhecimentos adicionais adquiridos em títulos, diplomas e certificados de cursos de pós-graduação, em sentido amplo ou estrito em áreas de interesse dos órgãos do Poder Judiciário. Nesses casos, analise:

I. Esse adicional será devido a partir da conclusão do título, diploma ou certificado.

II. Serão considerados, para os efeitos desse adicional, os cursos e as instituições de ensino reconhecidos por quaisquer órgãos públicos de educação.

III. Serão admitidos cursos de pós-graduação *lato sensu* somente com duração mínima de 360 (trezentas e sessenta) horas.

IV. O adicional mencionado não será concedido quando o curso constituir requisito para ingresso no cargo.

Diante disso, está correto o que consta APENAS em

(A) I e III.

(B) I e IV.

(C) II e III.

(D) II e IV.

(E) III e IV.

I: incorreto (art. 15, § 3º, da Lei 11.416/2006); **II:** incorreto (art. 14, § 3º, da Lei 11.416/2006); **III:** correto (art. 14, § 4º, da Lei 11.416/2006); **IV:** correto (art. 14, § 1º, da Lei 11.416/2006).

Gabarito "E"

(Analista – TRT/8ª – 2010 – FCC) Nos termos da Lei nº 8.112/1990, é assegurado ao servidor o direito de requerer aos Poderes Públicos, em defesa de direito ou interesse legítimo. Diante disso,

(A) não caberá recurso das decisões sobre os recursos sucessivamente interpostos.

(B) o prazo para interposição de pedido de reconsideração é de quinze dias, a contar da intimação do interessado ou do seu representante legal.

(C) não cabe pedido de reconsideração à autoridade que houver expedido o ato ou proferido a primeira decisão.

(D) o pedido de reconsideração e o recurso, quando cabíveis, não suspendem ou interrompem a prescrição.

(E) o prazo de prescrição do direito de requerer será contado da data da publicação do ato impugnado ou da data da ciência pelo interessado, quando o ato não for publicado.

A: incorreta (art. 107, II, da Lei 8.112/1990); **B:** incorreta (o prazo para interposição do pedido de reconsideração é de 30 dias – art. 108 da Lei 8.112/1990); **C:** incorreta (art. 106, *caput*, da Lei 8.112/1990); **D:** incorreta (art. 111, *caput*, da Lei 8.112/1990); **E:** correta (art. 110, p. único, da Lei 8.112/1990).

Gabarito "E"

(Analista – TRT/21ª – 2010 – CESPE) No que se refere a servidores públicos e ao regime jurídico dos servidores civis da União, julgue o item subsecutivo.

(1) É assegurado ao servidor o exercício do direito de petição, sendo cabível pedido de reconsideração à autoridade que houver expedido o ato ou proferido a primeira decisão; não se admite, contudo, a renovação do pedido de reconsideração.

1: Certa (arts. 104 e 106 da Lei 8.112/1990).

Gabarito 1C

7.11.5. Licenças, afastamentos, concessões e tempo de serviço

(Analista – STM – 2011 – CESPE) A respeito dos servidores públicos e do regime estabelecido pela Lei nº 8.112/1990, julgue os itens a seguir.

(1) Servidor público federal que esteja cumprindo o período de estágio probatório pode obter licença para exercer mandato classista em um sindicato.

(2) A remuneração de servidor público pode ser fixada ou alterada apenas mediante lei específica.

1: errada, pois o servidor público em estágio probatório não pode obter licença para exercer mandado classista (art. 20, § 4º, da Lei 8.112/1990); **2:** certa (art. 37, X, da CF).

Gabarito 1E, 2C

(Analista – TRT/9ª – 2010 – FCC) Sobre as licenças previstas na Lei nº 8.112/1990, é correto afirmar:

(A) O servidor terá direito à licença, sem remuneração, para atividade política, durante o período que mediar entre a sua escolha em convenção partidária, como candidato a cargo eletivo, e à véspera do registro de sua candidatura perante a Justiça Eleitoral.

(B) Concluído o serviço militar, o servidor terá até sessenta dias sem remuneração para reassumir o exercício do cargo.

(C) A licença por motivo de afastamento do cônjuge pode ser concedida, no máximo, por dois anos consecutivos.

(D) Após cada triênio de efetivo exercício, o servidor poderá, no interesse da Administração, afastar-se do exercício do cargo efetivo, com a respectiva remuneração, por até três meses, para participar de curso de capacitação profissional.

(E) Não faz jus à licença por motivo de doença em pessoa da família se a doença for do padrasto ou madrasta do servidor.

A: correta (art. 86, *caput*, da Lei 8.112/1990); **B:** incorreta (concluído o serviço militar, o servidor terá até trinta dias sem remuneração para reassumir o exercício do cargo – art. 85, p. único, da Lei 8.112/1990); **C:** incorreta (a licença será por prazo indeterminado – art. 84, § 1º, da Lei 8.112/1990); **D:** incorreta (após cada quinquênio de efetivo exercício, o servidor poderá, no interesse da Administração, afastar-se do cargo efetivo, com a respectiva remuneração, por até três meses, para participar de curso de capacitação profissional – art. 87, *caput*, da Lei 8.112/1990); **E:** incorreta (art. 83, *caput*, da Lei 8.112/1990).

Gabarito "A"

(Analista – TRT/20ª – 2011 – FCC) A licença por motivo de doença em pessoa da família, incluídas as prorrogações, poderá ser concedida a cada período de doze meses, dentre outras, na seguinte condição, por até

(A) 120 dias, consecutivos ou não, sem remuneração.

(B) 100 dias, consecutivos ou não, sem remuneração.

(C) 120 dias, consecutivos, mantida a remuneração do servidor.

(D) 60 dias, consecutivos ou não, mantida a remuneração do servidor.

(E) 90 dias, consecutivos, mantida a remuneração do servidor.

Art. 83, § 2º, I, da Lei 8.112/1990.

Gabarito "D"

(Analista – TRT/23ª – 2011 – FCC) Considere as assertivas abaixo sobre as licenças dos servidores públicos civis federais, nos termos da Lei nº 8.112/1990.

I. É vedado o exercício de atividade remunerada durante o período da licença por motivo de doença em pessoa da família.

II. A licença para atividade política exige que o servidor candidato a cargo eletivo na localidade onde desempenha suas funções e que exerça cargo de direção, chefia, assessoramento, arrecadação ou fiscalização, dele seja afastado, a partir do quinto dia seguinte ao do registro de sua candidatura perante a Justiça Eleitoral, até o quinto dia seguinte ao do pleito.

III. Para os fins da licença para capacitação, após cada quinquênio de efetivo exercício, o servidor poderá, no interesse da Administração, afastar-se do exercício do cargo efetivo, com a respectiva remuneração, por até três meses, para participar de curso de capacitação profissional.

Está correto o que se afirma APENAS em

(A) II e III.

(B) I.

(C) II.

(D) I e III.

(E) I e II.

I: correta (art. 81, § 3º, da Lei 8.112/1990); **II:** incorreta, pois o servidor candidato a cargo eletivo na localidade onde desempenha suas funções e que exerça cargo de direção, chefia, assessoramento, arrecadação ou fiscalização, dele será afastado, a partir do dia imediato ao do registro de sua candidatura perante a Justiça Eleitoral, até o décimo dia seguinte ao do pleito (art. 86, § 1º, da Lei 8.112/1990); **III:** correta (art. 87, *caput*, da Lei 8.112/1990).

Gabarito "D"

(Analista – TRT/23ª – 2011 – FCC) Considere as seguintes assertivas sobre as licenças dos servidores públicos civis federais, nos termos da Lei nº 8.112/1990:

I. A partir do registro da candidatura e até o décimo dia seguinte ao da eleição, o servidor fará jus à licença para atividade política, assegurados os vencimentos do cargo efetivo, somente pelo período de dois meses.

II. A licença poderá ser concedida ao servidor por motivo de doença do cônjuge ou companheiro por até trinta dias, consecutivos ou não, mantida a remuneração do servidor, e por até sessenta dias, consecutivos ou não, sem remuneração.

III. A critério da Administração poderão ser concedidas ao servidor ocupante de cargo efetivo, desde que não esteja em estágio probatório, licenças para o trato de assuntos particulares pelo prazo de até três anos consecutivos, sem remuneração.

Está correto o que se afirma APENAS em

(A) I e III.

(B) II e III.

(C) I e II.

(D) II.

(E) III.

I: incorreta, pois a partir do registro da candidatura e até o décimo dia seguinte ao da eleição, o servidor fará jus à licença, assegurados os vencimentos do cargo efetivo, somente pelo período de três meses (art. 86, § 2º, da Lei 8.112/1990); **II:** incorreta, pois a licença tratada na alternativa, incluídas as prorrogações, poderá ser concedida a cada período de doze meses nas seguintes condições: I - por até 60 (sessenta) dias, consecutivos ou não, mantida a remuneração do servidor; e II - por até 90 (noventa) dias, consecutivos ou não, sem remuneração (art. 83, § 2º, da Lei 8.112/1990); **III:** correta (art. 91, *caput*, da Lei 8.112/1990).

Gabarito "E"

(Analista – TRE/CE – 2012 – FCC) Poderá ser concedida licença ao servidor para acompanhar cônjuge ou companheiro que foi deslocado para outro ponto do território nacional, para o exterior ou para o exercício de mandato eletivo dos Poderes Executivo e Legislativo. De acordo com a Lei nº 8.112/1990, esta licença será

(A) por prazo indeterminado e sem remuneração.

(B) de até 120 dias consecutivos, com remuneração.

(C) de até 180 dias consecutivos, sem remuneração.

(D) de, no máximo, 90 dias, com remuneração na sua integralidade.

(E) de, no máximo, 90 dias, com remuneração de 50% dos vencimentos líquidos.

Art. 84, § 1º, da Lei 8.112/1990.

Gabarito "A"

7.11.6. Regime disciplinar e processo administrativo disciplinar

(Analista – TRT/8ª – 2010 – FCC) Nos termos da Lei nº 8.112/1990, a prática de determinado ato considerado irregular por servidor público em face de suas atribuições, implica a

(A) inafastabilidade da responsabilidade administrativa do servidor no caso de absolvição criminal que negue a existência do fato ou sua autoria.

(B) obrigação de reparar o dano estendida aos sucessores e contra eles executada, até o limite do valor da herança recebida.

(C) responsabilização civil-administrativa, somente se resultante de ato comissivo e não omissivo, praticado em razão da qualidade de funcionário público e não em razão da sua função.

(D) inaplicabilidade das sanções civis, penais e administrativas cumulativamente, por serem independentes entre si.

(E) não responsabilização do servidor perante a Fazenda Pública, em ação regressiva, tratando-se de dano causado a terceiros.

A: incorreta (art. 126 da Lei 8.112/1990); **B:** correta (art. 122, § 3º, da Lei 8.112/1990); **C:** incorreta (art. 124 da Lei 8.112/1990); **D:** incorreta (art. 125 da Lei 8.112/1990); **E:** incorreta (art. 122, § 2º, da Lei 8.112/1990).

Gabarito "B"

(OAB/Exame Unificado – 2013.1) Um servidor público foi acusado de corrupção passiva e peculato. Respondeu a processo criminal e foi absolvido por ausência de provas. Diante dessa situação, assinale a afirmativa correta.

(A) A Administração Pública, no caso, permanece livre para punir o funcionário, desde que verifique haver desvios na conduta funcional do servidor.

(B) A decisão de absolvição do servidor sempre vincula a Administração Pública, que não poderá punir o seu funcionário.

(C) A autotutela administrativa permite desconsiderar decisões judiciais contrárias à lei ou às provas dos autos, sendo possível a aplicação de sanções administrativas com cópias extraídas do processo criminal.

(D) As decisões da justiça, que punem o servidor por qualquer crime, vinculam o Poder Público, embora as decisões de absolvição nunca impeçam o poder punitivo da Administração.

A: correta, pois a absolvição criminal por falta de provas não importa em qualquer efeito em relação à esfera administrativa, diferentemente das absolvições criminais por negativa de autoria ou inexistência material do fato, que se comunicam àquela esfera (art. 126 da Lei 8.112/1990); **B:** incorreta, pois absolvições por falta de prova não afastam a punição administrativa (art. 126 da Lei 8.112/1990); **C:** incorreta, pois os processos administrativos devem observar o devido processo legal, incluindo o contraditório, ampla defesa e as demais normas previstas na lei (art. 5º, LIV e LV, da CF); **D:** incorreta, pois as absolvições criminais por negativa de autoria ou inexistência material do fato se comunicam àquela esfera (art. 126 da Lei 8.112/1990).

Gabarito "A"

(OAB/Exame Unificado – 2010.3) Determinado servidor público foi acusado de ter recebido vantagens indevidas valendo-se de seu cargo público, sendo denunciado à justiça criminal e instaurado, no âmbito administrativo, processo administrativo disciplinar por ter infringindo seu estatuto funcional pela mesma conduta. Ocorre que o servidor foi absolvido pelo Poder Judiciário em razão de ter ficado provada a inexistência do ato ilícito que lhe fora atribuído. Nessa situação, é correto afirmar que

(A) em nenhuma hipótese a decisão penal surtirá efeito na esfera administrativa, mesmo que a conduta praticada pelo servidor seja prevista como ilícito penal e ilícito administrativo.

(B) a punição na instância administrativa nunca poderá ser anulada, caso tenha sido aplicada.

(C) haverá repercussão no âmbito do processo administrativo disciplinar, não podendo a administração pública punir o servidor pelo fato decidido na esfera penal.

(D) a decisão absolutória não influirá na decisão administrativa do processo administrativo disciplinar, por serem independentes.

As esferas cível, administrativa e penal são independentes (art. 125 da Lei 8.112/1990). Porém, a responsabilidade administrativa do servidor será afastada no caso de absolvição criminal que *negue a existência do fato* ou *sua autoria*. Repare que a lei admite que a esfera penal vincula a esfera administrativa apenas em dois casos de absolvição, quais sejam, inexistência do fato (o juiz absolve dizendo que o fato não ocorreu) ou negativa de autoria (o juiz absolve dizendo que o fato ocorreu, mas o réu não foi o seu autor). Já quando o juiz simplesmente absolve por falta de provas, tal absolvição criminal não repercutirá em nada na esfera administrativa. Nesse sentido, a alternativa "c" está correta, pois o enunciado asseverou que o juiz criminal absolveu o servidor por inexistência do "ato", aplicando-se, assim, o disposto no art. 126 da Lei 8.112/1990.

Gabarito "C"

(Analista – TRT/12ª – 2010 – FCC) De acordo com a Lei nº 8.112/1990, é dever do servidor público

(A) guardar sigilo sobre assunto da repartição de que teve ciência em razão do cargo, mesmo que referido assunto envolva irregularidades.

(B) representar contra omissão, sendo que tal representação será apreciada pela autoridade contra a qual é formulada, assegurando-se ao representando ampla defesa.

(C) cumprir as ordens superiores, ainda que manifestamente ilegais.

(D) atender com presteza à expedição de certidões para o atendimento do interesse público, exceto para esclarecimento de situação de interesse pessoal.

(E) atender com presteza ao público em geral, prestando as informações requeridas, ressalvadas as protegidas por sigilo.

A: incorreta (art. 116, VI, da Lei 8.112/1990); **B:** incorreta (art. 116, XII, p. único, da Lei 8.112/1990); **C:** incorreta (art. 116, IV, da Lei 8.112/1990); **D:** incorreta (art. 116, V, *b*, da Lei 8.112/1990); **E:** correta (art. 116, V, *a*, da Lei 8.112/1990).

Gabarito "E"

(Analista – TRT/14ª – 2011 – FCC) Nos termos da Lei nº 8.112/90, o ex-servidor público fica incompatível para nova investidura em cargo público federal, pelo prazo de cinco anos, quando tiver sido demitido por

(A) aplicar irregularmente o dinheiro público.

(B) crime contra a Administração Pública.

(C) improbidade administrativa.

(D) valer-se do cargo para lograr proveito pessoal ou de outrem, em detrimento da dignidade da função pública.

(E) lesar os cofres públicos e dilapidar o patrimônio nacional.

Arts. 137 e 117, IX, da Lei 8.112/1990.

Gabarito "D"

(Analista – TRT/22ª – 2010 – FCC) Quanto a acumulação de cargos, a Lei nº 8.112/1990, estabelece que

(A) a proibição de acumular estende-se apenas a cargos e não empregos ou funções em autarquias, fundações públicas, empresas públicas e sociedades de economia mista.

(B) o servidor que acumular licitamente dois ou mais cargos em comissão, quando investido em cargo efetivo, ficará afastado de ambos os cargos, ainda que houver compatibilidade de horário.

(C) em qualquer hipótese é vedada a acumulação remunerada de cargos públicos.

(D) se considera acumulação proibida a percepção de vencimento de cargo com proventos da inatividade, salvo quando os cargos de que decorram essas remunerações não forem acumuláveis na atividade.

(E) a acumulação de cargos, ainda que lícita, fica condicionada à comprovação da compatibilidade de horários.

A: incorreta (art. 118, § 1º, da Lei 8.112/1990); **B:** incorreta (art. 120 da Lei 8.112/1990); **C:** incorreta (art. 118, *caput*, da Lei 8.112/1990); **D:** incorreta (art. 118, § 3º, da Lei 8.112/1990); **E:** correta (art. 118, § 2º, da Lei 8.112/1990).

Gabarito "E"

(Advogado da União/AGU – CESPE – 2012) Com base na jurisprudência dos tribunais superiores e na legislação de regência, julgue os próximos itens, relativos a agentes públicos.

(1) Conforme o disposto na Lei nº 8.112/1990, a instauração de PAD interrompe a prescrição até a decisão final, a ser proferida pela autoridade competente; conforme entendimento do STF, não sendo o PAD concluído em cento e quarenta dias, o prazo prescricional volta a ser contado em sua integralidade.

(2) Qualquer pessoa pode representar ao corregedor-geral da AGU contra abuso, erro grosseiro, omissão ou qualquer outra irregularidade funcional dos membros da AGU.

1: correta, nos termos do art. 142, § 3º, da Lei 8.112/1990 (interrupção da prescrição); já quanto ao entendimento do STF, de fato foi consagrado, conforme se verifica no MS 23.299; **2:** correta (art. 34 da Lei Complementar 73/1993).

Gabarito 1C, 2C

(Advogado – Petrobrás – 2012 – CESGRANRIO) A Lei n. 8.112, de 11.12.1990, dedica um capítulo ao regime de responsabilidade dos servidores públicos federais sujeitos à sua disciplina e estabelece, dentre outras penalidades disciplinares, a suspensão, que não poderá exceder

(A) 20 dias

(B) 45 dias

(C) 60 dias

(D) 90 dias

(E) 120 dias

Conforme o art. 130 da Lei 8.112/1990, a suspensão não poderá exceder 90 dias.

Gabarito "D"

(Magistratura Federal - 4ª Região – 2010) Dadas as assertivas abaixo, assinale a alternativa correta:

I. O exercício do poder administrativo disciplinar não está subordinado ao trânsito em julgado da sentença penal condenatória exarada contra servidor público, embora a sua eventual absolvição criminal futura possa justificar a revisão da sanção administrativa, se não houver falta residual sancionável.

II. A falta de defesa técnica por advogado no processo administrativo disciplinar não ofende a Constituição Federal, desde que seja concedida a oportunidade de ser efetivado o contraditório e a ampla defesa.

III. O excesso de prazo para a conclusão de processo administrativo disciplinar não é causa de nulidade quando não demonstrado prejuízo à defesa do servidor.

IV. É inadmissível segunda punição de servidor público baseada no mesmo processo em que se fundou a primeira.

(A) Estão corretas apenas as assertivas I e II.

(B) Estão corretas apenas as assertivas I e III.

(C) Estão corretas apenas as assertivas III e IV.

(D) Estão corretas apenas as assertivas II, III e IV.

(E) Estão corretas todas as assertivas.

I: correta, pois as instâncias civil, penal e administrativa são independentes entre si, podendo ser apuradas em paralelo; ademais, é correta a afirmativa de que algumas absolvições penais (por negativa de autoria ou por inexistência material do fato) têm reflexo na esfera administrativa (art. 126 da Lei 8.112/1990); por fim, muitas vezes, mesmo uma absolvição criminal nos casos mencionados, não impedirá a aplicação de sanção disciplinar, caso algum comportamento praticado pelo agente público, e tipificado na esfera disciplinar, não esteja compreendido na absolvição criminal (Súmula 18 do STF: "pela falta residual, não compreendida na absolvição pelo juízo criminal, é admissível a punição administrativa do servidor público"); **II:** correta, pois está de acordo com a Súmula Vinculante nº 5 do STF ("A falta de defesa técnica por advogado no processo administrativo disciplinar não ofende a Constituição"); **III:** correta, pois, segundo o STJ, "o excesso de prazo para a conclusão do processo administrativo disciplinar não é causa de sua nulidade quando não demonstrado prejuízo à defesa do servidor" (MS 12.895-DF, j. 11/11/2009); **IV:** correta, sob pena de se violar o princípio do *non bis in idem*.

Gabarito "E"

(Magistratura Federal-5ª Região – 2011) Jorge, servidor público federal, acusou sua colega de trabalho, Lúcia, também servidora pública federal, de ter-lhe atirado, enfurecida, durante o expediente de serviço e dentro do local de trabalho, o telefone celular a ele pertencente, o que lhe teria provocado lesão grave e a destruição do aparelho. Em sua defesa, Lúcia alegou que, no dia da mencionada agressão, não comparecera ao local de trabalho. Com base nessa situação hipotética e na Lei nº 8.112/1990, que dispõe sobre os deveres e obrigações do servidor público, assinale a opção correta com relação à responsabilização administrativa, civil e criminal da referida servidora.

(A) A responsabilidade civil-administrativa não resulta de ato omissivo praticado por servidor no desempenho do cargo ou função.

(B) A existência de sanção penal contra Lúcia inibe a aplicação de sanção administrativa, e vice-versa.

(C) O prejuízo decorrente da destruição do aparelho de telefone celular de Jorge enseja a responsabilização administrativa de Lúcia.

(D) Caso ocorra a absolvição criminal de Lúcia, em razão de ela comprovar que não compareceu ao trabalho no dia em que Jorge sofreu a agressão, não caberá aplicação de sanção administrativa contra a servidora.

(E) A responsabilidade penal em geral não abrange as contravenções imputadas ao servidor, nessa qualidade.

A: incorreta, pois a omissão também pode importar em ilícito civil ou administrativo (art. 124 da Lei 8.112/1990); **B:** incorreta, pois há independência entre as sanções civis, administrativas e penais (arts. 121 e 125 da Lei 8.112/1990); **C:** incorreta, pois tal prejuízo é resolvido na esfera civil; há de se verificar se, além desse prejuízo (de natureza civil), há incidência de algum tipo de infração disciplinar no caso narrado; **D:** correta, pois, nesse caso, tem-se absolvição penal por negativa de autoria, absolvição que gera efeitos na esfera administrativa (art. 126 da Lei 8.112/1990); **E:** incorreta, pois a responsabilidade penal abrange os crimes e as contravenções imputadas ao servidor, nessa qualidade (art. 123 da Lei 8.112/1990).

Gabarito "D"

(Magistratura do Trabalho – 23ª Região – 2012) Com base na Lei n. 8.112/1990, assinale a alternativa correta:

(A) A falta ao serviço, sem causa justificada, por sessenta dias, interpoladamente, durante o período de doze meses; conduta escandalosa na repartição; desídia e utilização de recursos materiais da repartição em atividades particulares são causa de demissão do servidor público.

(B) A falta ao serviço, sem causa justificada, por trinta dias, interpoladamente, durante o período de doze meses; conduta escandalosa na repartição; desídia e utilização de recursos materiais da repartição em atividades particulares são causa de demissão do servidor público.

(C) A falta ao serviço, sem causa justificada, por noventa dias, interpoladamente, durante o período de doze meses; desídia e utilização de recursos materiais da repartição em atividades particulares são causa de demissão do servidor público.

(D) A falta ao serviço, sem causa justificada, por noventa dias, interpoladamente, durante o período de doze meses; conduta escandalosa na repartição e desídia são causa de demissão do servidor público.

(E) Conduta escandalosa na repartição; desídia e utilização de recursos materiais da repartição em atividades particulares são causa de suspensão do servidor público.

A falta ao serviço, sem causa justificada, por 60 dias, interpoladamente, durante o período de 12 meses é que causa demissão (arts. 132 e 139 da Lei 8.112/1990); assim, ficam afastadas as alternativas "b", "c" e "d", por não mencionar o prazo correto (60 dias); a alternativa "e" está incorreta, pois a conduta escandalosa na repartição e a utilização de recursos materiais da repartição em atividades particulares são causas de demissão do servidor público (arts. 117, XVI e 132, V e XIII, da Lei 8.112/1990).

Gabarito "A"

(Magistratura do Trabalho – 23ª Região – 2012) Quanto à responsabilidade do servidor público, nos termos da Lei n. 8.112/1990, assinale a alternativa correta.

(A) As reposições e indenizações ao erário serão previamente comunicadas ao servidor ativo, aposentado ou ao pensionista, para pagamento, no prazo máximo de trinta dias, devendo ser parceladas, sempre que assim for requerido pelo interessado.

(B) Cabe pena de censura ao servidor que levar à autoridade superior, informação concernente à prática de improbidade da qual tomou conhecimento, em decorrência do exercício de cargo, quando, apurados os fatos, ficar constatado que a denúncia não tinha fundamento.

(C) a obrigação de indenizar é personalíssima, não se transmitindo com a herança.

(D) A responsabilidade penal abrange os crimes e contravenções imputadas ao servidor, nessa qualidade enquanto que a responsabilidade civil-administrativa resulta de ato omissivo ou comissivo praticado no desempenho do cargo ou função.

(E) As sanções civis, penais e administrativas são dependentes entre si, podendo cumular-se.

A: incorreta, pois o pagamento deverá ser feito em até 60 dias, sob pena de inscrição na dívida ativa (art. 47 da Lei 8.112/1990); **B:** incorreta, pois nenhum servidor poderá ser responsabilizado no caso (art. 126-A da Lei 8.112/1990); **C:** incorreta, pois tal obrigação se estende aos sucessores e contra eles será executada, até o limite do valor da herança recebida (art. 122, § 3º, da Lei 8.112/1990); **D:** correta (arts. 123 e 124 da Lei 8.112/1990); **E:** incorreta, pois tais sanções são independentes entre si (art. 125 da Lei 8.112/1990).

Gabarito "D"

(Procurador do Trabalho – 2013 – MPT) Sobre as penalidades e o processo administrativo, assinale a alternativa **CORRETA**:

(A) A autoridade competente adotará procedimento sumário para a apuração e regularização imediata de acumulação ilegal de cargos, empregos ou funções públicas, na hipótese de omissão do servidor em apresentar opção no prazo legal.

(B) O processo administrativo disciplinar é inquisitivo e não se submete aos princípios do contraditório e da ampla defesa.

(C) As penalidades de advertência e suspensão do servidor público aplicadas por uma infração terão seus registros cancelados, após o decurso de 03 (três) e 05 (cinco) anos, respectivamente, independentemente da prática de nova infração disciplinar pelo servidor neste período.

(D) Extinta a punibilidade de infração disciplinar do servidor público pela prescrição, a autoridade julgadora não poderá determinar o registro do fato nos assentamentos individuais do servidor.

(E) não respondida.

A: correta (art. 133, *caput*, da Lei 8.112/1990); **B:** incorreta (art. 5º, LV, da CF e art. 153 da Lei 8.112/1990); **C:** incorreta, pois os registros serão cancelados no caso, desde que o servidor não tenha, no período, praticado nova infração disciplinar (art. 131, *caput*, da Lei 8.112/1990); **D:** incorreta, pois o registro da prescrição será feito, sim, nos assentamentos individuais do servidor (art. 170 da Lei 8.112/1990); **E:** incorreta, pois a alternativa "a" responde adequadamente à questão.

Gabarito "A"

(Procurador do Trabalho – MPT – 17º Concurso – 2012) Examine as seguintes assertivas:

I. Segundo a Lei n. 8.112/1990, a autoridade que tiver ciência de irregularidade no serviço público é obrigada a promover a sua apuração imediata, mediante sindicância ou processo administrativo disciplinar, assegurada ao acusado ampla defesa, a quem, porém, a Constituição da República não assegura a defesa técnica.

II. Segundo a Lei n. 8.112/1990, sempre que o ilícito praticado pelo servidor ensejar a imposição de penalidade de suspensão por mais de 30 (trinta) dias, de demissão, cassação de aposentadoria ou disponibilidade, ou destituição de cargo em comissão, será obrigatória a instauração de processo disciplinar.

III. Conforme a Lei n. 8.112/1990, quando o fato narrado não configurar evidente infração disciplinar ou ilícito penal, a denúncia será arquivada, por falta de objeto.

IV. O Ministério Público da União, sempre que necessário ao exercício de suas funções institucionais, poderá requisitar à autoridade competente a instauração de procedimentos administrativos, ressalvados os de natureza disciplinar, podendo acompanhá-los e produzir provas.

Marque a alternativa **CORRETA:**

(A) apenas as assertivas I, II e III estão corretas;

(B) apenas as assertivas I e IV estão corretas;

(C) todas as assertivas estão corretas;

(D) apenas as assertivas I, II e IV estão incorretas;

(E) não respondida.

I: correta (art. 143, *caput*, da Lei 8.112/1990; art. 5º, LV, da CF; Súmula Vinculante STF n. 5); **II:** correta (art. 146 da Lei 8.112/1990); **III:** correta (art. 144, parágrafo único, da Lei 8.112/1990); **IV:** correta (art. 7º, III, da Lei Complementar 75/1993).

Gabarito "C"

(Analista – TRT/14ª – 2011 – FCC) Alcebíades, servidor do Tribunal Regional do Trabalho, 4ª Região, vem acumulando, ilegalmente, seu cargo de analista judiciário com emprego em sociedade de economia mista federal, enquanto Ana Maria, também analista judiciário, vem exercendo atividades incompatíveis com o exercício do cargo e com o respectivo horário de trabalho. Nesses casos, esses servidores públicos estarão sujeitos, respectivamente, às penas de

(A) disponibilidade não remunerada e de advertência conversível em multa.

(B) suspensão não conversível em multa e de destituição do cargo.

(C) destituição do cargo e de disponibilidade.

(D) demissão e de suspensão, podendo esta ser convertida em multa.

(E) exoneração de ofício do cargo ou emprego e de demissão.

A acumulação ilegal de cargos é punida com demissão (art. 132, XII, da Lei 8.112/1990) e o exercício de atividades incompatíveis com o exercício do cargo e com o respectivo horário de trabalho é punido com suspensão (arts. 117, XVIII, e 130, *caput* e § 2º, da Lei 8.112/1990).

Gabarito "D"

(Analista – TRE/AL – 2010 – FCC) Carlos, titular de cargo efetivo junto ao Tribunal Regional Eleitoral, está sendo responsabilizado por valer-se do exercício de suas funções para lograr proveito pessoal em detrimento da dignidade da função pública. Nesse caso, o servidor estará sujeito à pena de

(A) demissão, incompatibilizando-o para nova investidura em cargo público federal, pelo prazo de cinco anos.

(B) destituição do cargo público, ficando vedado seu retorno ao serviço público federal, mas podendo concorrer a cargo estadual ou municipal.

(C) destituição de suas funções e declaração de sua inidoneidade para o serviço público.

(D) suspensão de noventa dias, vedada a conversão da pena em multa pecuniária.

(E) demissão, ficando vedada sua investidura em cargo público pelo prazo de dois anos.

Art. 137 da Lei 8.112/1990.

Gabarito "A"

(Analista – TRE/AM – 2010 – FCC) Quanto às penalidades aplicáveis aos servidores públicos civis nos termos da Lei n. 8.112/90, considere:

I. Entende-se por inassiduidade habitual a falta ao serviço, sem causa justificada, por sessenta dias, interpoladamente, durante o período de doze meses.

II. A demissão de cargo em comissão daquele que se vale do cargo para lograr proveito pessoal em detrimento da dignidade da função pública incompatibiliza o ex-servidor para nova investidura em cargo público federal, pelo prazo de 5 (cinco) anos.

III. A ação disciplinar prescreverá em 3 (três) anos, quanto à suspensão, e em 180 (cento e oitenta) dias, quanto à advertência.

IV. As penalidades disciplinares serão aplicadas pelo chefe da repartição e outras autoridades na forma dos respectivos regimentos ou regulamentos, nos casos de advertência ou de suspensão de até 30 (trinta) dias.

V. Será cassada a aposentadoria do inativo que houver praticado, na atividade ou inatividade, falta punível com a suspensão superior a 30 (trinta) dias.

Estão corretas APENAS

(A) I, II e IV.

(B) I e IV.

(C) III e V.

(D) II, III e V.

(E) II, IV e V.

I: correta (art. 139 da Lei 8.112/1990); **II:** correta (art. 137, *caput*, da Lei 8.112/1990); **III:** incorreta (a ação disciplinar prescreverá em 2 anos quanto à suspensão – art. 142, II, da Lei 8.112/1990); **IV:** correta (art. 141, III, da Lei 8.112/1990); **V:** incorreta (será cassada a aposentadoria do inativo que houver praticado, na atividade, falta punível com demissão – art. 134 da Lei 8.112/1990).

Gabarito "A"

(Analista – TRE/AP – 2011 – FCC) De acordo com a Lei nº 8.112/1990, em regra, João, servidor público civil efetivo, que nunca praticou qualquer infração administrativa, terá a penalidade de advertência escrita aplicada se

(A) praticar usura sob qualquer de suas formas.

(B) utilizar pessoal ou recursos materiais da repartição em serviços ou atividades particulares.

(C) manter sob sua chefia imediata, em cargo ou função de confiança, cônjuge, companheiro ou parente até o segundo grau civil.

(D) receber propina, comissão, presente ou vantagem de qualquer espécie, em razão de suas atribuições.

(E) proceder de forma desidiosa.

A: incorreta, pois para a prática de usura será aplicada a pena de suspensão (arts. 117, XIV e 130, da Lei 8.112/1990); **B:** incorreta, pois no caso de utilização de pessoal ou recursos materiais da repartição em serviços ou atividades particulares será aplicada a pena de suspensão (arts. 117, XVI e 130, da Lei 8.112/1990); **C:** correta (arts. 117, VIII e 129, da Lei 8.112/1990); **D:** incorreta, pois para o recebimento de propina, comissão, presente ou vantagem de qualquer espécie, em razão de suas atribuições será aplicada a pena de suspensão (arts. 117, XII e 130, da Lei 8.112/1990); **E:** incorreta, no caso de o funcionário proceder de forma desidiosa será aplicada a pena de suspensão (arts. 117, XV e 130, da Lei 8.112/1990).

Gabarito "C"

(Analista – TRE/SP – 2012 – FCC) André é titular de cargo em comissão de natureza gerencial no Tribunal Regional Eleitoral. Em razão de sua conduta inadequada foi responsabilizado por lesão aos cofres públicos. Assim, André foi punido com a destituição do cargo em comissão. Nesse caso, a penalidade aplicada implica a

(A) indisponibilidade de bens e o ressarcimento ao erário, com prejuízo da ação penal.

(B) indisponibilidade dos bens e o ressarcimento ao erário, sem prejuízo da ação penal cabível.

(C) instauração de ação penal e multa pecuniária, com prejuízo das medidas de natureza cível.

(D) incompatibilização do servidor para nova investidura no cargo público federal, pelo prazo de 10 (dez) anos.

(E) incompatibilização do servidor para nova investidura em cargo público federal, pelo prazo de 5 (cinco) anos.

Arts. 132, X e 136 da Lei 8.112/1990.

Gabarito "B"

(Analista – TRE/MT – 2010 – CESPE) Assinale a opção correta em relação ao regime disciplinar aplicável ao servidor público, conforme dispõe a Lei nº 8.112/1990.

(A) O servidor que estiver no gozo de licença para tratar de interesses particulares pode participar de gerência ou administração de sociedade privada, personificada ou não personificada, e exercer o comércio.

(B) No caso de reincidência em faltas punidas com advertência, pode ser aplicada ao servidor efetivo a suspensão, limitada a sessenta dias.

(C) A ação disciplinar prescreve em cinco anos quanto à suspensão.

(D) A abertura de sindicância contra o servidor não interrompe o curso do prazo prescricional da ação disciplinar.

(E) Instaurado o processo administrativo disciplinar, o servidor acusado pode ser afastado preventivamente por determinação da autoridade instauradora, por até quarenta dias após o término do processo e sem remuneração.

A: correta (art. 117, p. único, II, da Lei 8.112/1990); **B:** incorreta, pois a suspensão fica limitada a noventa dias (art. 130, *caput*, da Lei 8.112/1990); **C:** incorreta, pois a ação disciplinar prescreve em dois anos quanto à suspensão (art. 142, II, da Lei 8.112/1990); **D:** incorreta (art. 142, § 3º, da Lei 8.112/1990); **E:** incorreta, pois o prazo do afastamento é de até sessenta dias, sem prejuízo da remuneração (art. 147 da Lei 8.112/1990).

Gabarito "A"

(Analista – TRE/MT – 2010 – CESPE) Com base na Lei nº 8.112/1990, assinale a opção correta.

(A) A ascensão funcional é forma de provimento de cargo público atualmente vigente.

(B) A contagem do tempo de estágio probatório não será interrompida caso o servidor entre em gozo de licença por motivo de doença de cônjuge ou filhos, mas será interrompida caso ele entre em gozo de licença para participação em curso de formação.

(C) A licença por motivo de doença em pessoa da família será concedida ao servidor, sem prejuízo da remuneração, pelo prazo de três meses, podendo haver uma única prorrogação por igual prazo, mediante justificativa, sem a remuneração.

(D) As penalidades de advertência e de suspensão terão seus registros cancelados, após o decurso de três e cinco anos de efetivo exercício, respectivamente, se o servidor não houver, nesse período, praticado nova infração disciplinar, mas o cancelamento não surtirá efeitos retroativos.

(E) As sanções civis, penais e administrativas podem cumular-se e são independentes entre si, razão pela qual, ainda que haja absolvição criminal que negue a existência do fato ou sua autoria, poderá restar configurada a responsabilidade administrativa do servidor público.

A: incorreta, pois a ascensão funcional é forma de provimento que foi revogada pela Lei 9.527/1997; **B:** incorreta, pois a contagem do tempo de estágio probatório também será interrompida em caso de licença por motivo de doença de cônjuge ou filhos (art. 20, § 5º, da Lei 8.112/1990); **C:** incorreta (art. 83 da Lei 8.112/1990); **D:** correta (art. 131 da Lei 8.112/1990); **E:** incorreta, pois embora as sanções civis, penais e administrativas podem cumular-se e são independentes entre si (art. 125 da Lei 8.112/1990), no caso de absolvição criminal que negue a existência do fato ou sua autoria, a responsabilidade administrativa do servidor será afastada (art. 126 da Lei 8.112/1990).

Gabarito "D"

(Analista – TRT/14ª – 2011 – FCC) De acordo com a Lei nº 8.112/1990, que dispõe sobre o regime jurídico dos servidores públicos civis da União, das autarquias e das fundações públicas federais, sobre a prescrição quanto ao direito de petição, é correto afirmar:

(A) Por ser de ordem pública, a prescrição não pode ser relevada pela Administração.

(B) O pedido de reconsideração e o recurso, mesmo quando cabíveis, não interrompem a prescrição.

(C) O direito de requerer prescreve em dez anos quanto ao ato de cassação de aposentadoria.

(D) O direito de requerer prescreve em dois anos quanto aos atos que afetem interesse patrimonial e créditos resultantes das relações de trabalho.

(E) O prazo de prescrição será contado da data da ciência pelo interessado, ainda que o ato tenha sido devidamente publicado.

A: correta (art. 112 da Lei 8.112/1990); **B:** incorreta, pois o pedido de reconsideração e o recurso, quando cabíveis, interrompem a prescrição (art. 111 da Lei 8.112/1990); **C:** incorreta, pois o prazo é de 5 anos (art. 110, I, da Lei 8.112/1990); **D:** incorreta, pois o prazo é de 5 anos (art. 110, I, da Lei 8.112/1990); **E:** incorreta, pois o prazo de prescrição será contado da data da publicação do ato impugnado ou da data da ciência pelo interessado, quando o ato não for publicado (art. 110, p. único, da Lei 8.112/1990).

Gabarito "A"

(Analista – TRE/AL – 2010 – FCC) Encerrada uma sindicância, instaurada em razão do conhecimento de irregularidades no serviço de um determinado setor do Tribunal Regional Eleitoral, o relatório conclui que a infração está capitulada como ilícito penal. Nesse caso, Marcelo, analista judiciário, como autoridade competente, em conformidade com a Lei nº 8.112/1990, encaminhará cópia dos autos ao

(A) Delegado de Polícia local, aguardando-se suas investigações para a instauração do processo disciplinar.

(B) Ministério Público, independentemente da imediata instauração do processo disciplinar.

(C) Presidente do Tribunal Regional Eleitoral, para que determine, ou não, a instauração do processo disciplinar.

(D) Corregedor Regional Eleitoral, para fins de conhecimento e instauração do processo disciplinar.

(E) Presidente da Comissão, para que determine o afastamento preventivo e a instauração da ação penal.

Art. 154, p. único, da Lei 8.112/1990.

Gabarito "B"

(Analista – TRE/BA – 2010 – CESPE) No que se refere ao processo administrativo disciplinar, estabelecido na Lei nº 8.112/1990, julgue os itens subsequentes.

(1) É proibido ao servidor retirar, sem prévia anuência da autoridade competente, qualquer documento ou objeto da sua repartição.

(2) O servidor em gozo de licença para tratamento de assuntos particulares pode participar de gerência ou administração de sociedade privada, personificada ou não personificada, bem como exercer o comércio.

(3) O rito sumário do processo administrativo disciplinar aplica-se apenas à apuração das irregularidades de acumulação ilícita de cargos públicos, abandono de cargo e inassiduidade habitual.

1: Certa (art. 117, II, da Lei 8.112/1990); **2:** Certa (art. 117, p. único, II, da Lei 8.112/1990); **3:** Certa (arts. 133, *caput*, e 140, *caput*, da Lei 8.112/1990).

Gabarito 1C, 2C, 3C

(Analista – TRF/1ª – 2011 – FCC) Sobre o processo administrativo disciplinar, previsto na Lei nº 8.112/90, é correto afirmar que

(A) da sindicância poderá resultar aplicação de penalidade de advertência ou suspensão de até sessenta dias.

(B) o processo disciplinar poderá ser revisto, a qualquer tempo, a pedido ou de ofício, quando, dentre outras hipóteses, se aduzirem circunstâncias suscetíveis de justificar a inadequação da penalidade aplicada.

(C) o prazo para conclusão da sindicância não excederá vinte dias, podendo ser prorrogado por igual período, a critério da autoridade superior.

(D) o afastamento preventivo do servidor, para evitar que influa na apuração da irregularidade, poderá ser prorrogado por igual prazo, findo o qual cessarão os seus efeitos, salvo se não concluído o processo.

(E) quando o relatório da Comissão contrariar as provas dos autos, a autoridade julgadora poderá, motivadamente, abrandar a penalidade proposta ou isentar o servidor de responsabilidade, não podendo, todavia, agravar a pena.

A: incorreta, pois da sindicância poderá resultar aplicação de penalidade de advertência ou suspensão de até trinta dias (art. 145, II, da Lei 8.112/1990); **B:** correta (art. 174, *caput*, da Lei 8.112/1990); **C:** incorreta, pois o prazo não excederá a trinta dias (art. 145, p. único, da Lei 8.112/1990); **D:** incorreta, pois findo o prazo, cessarão os efeitos do afastamento, ainda que não concluído o processo (art. 147, p. único, da Lei 8.112/1990); **E:** incorreta, pois a autoridade poderá também agravar a pena (art. 168, p. único, da Lei 8.112/1990).

Gabarito "B"

(OAB/Exame Unificado – 2010.1) Com relação ao regime disciplinar dos servidores públicos federais, previsto na Lei nº 8.112/1990, assinale a opção correta.

(A) Em caso de processo administrativo disciplinar contra servidor público, a lei autoriza, como medida cautelar, que a autoridade instauradora do processo determine o seu afastamento do cargo, pelo prazo de até 60 (sessenta) dias, sem prejuízo da remuneração, para evitar que esse servidor possa influir na apuração do fato a ele imputado.

(B) Servidor aposentado não pode ser punido em razão de infração administrativa praticada na ativa e cuja penalidade prevista seja a de demissão.

(C) A penalidade de demissão não impede, em nenhuma hipótese, que o servidor venha a ocupar outro cargo público.

(D) As penalidades de suspensão aplicadas aos servidores públicos não poderão ter seus registros cancelados.

A: correta. Leia-se o que dispõe a Lei 8.112/1990: "Art. 147. Como medida cautelar e a fim de que o servidor não venha a influir na apuração da irregularidade, a autoridade instauradora do processo disciplinar poderá determinar o seu afastamento do exercício do cargo, pelo prazo de até 60 (sessenta) dias, sem prejuízo da remuneração. Parágrafo único. O afastamento poderá ser prorrogado por igual prazo, findo o qual cessarão os seus efeitos, ainda que não concluído o processo."; **B:** incorreta. Leia-se o que dispõe a Lei 8.112/1990: "Art. 134. Será cassada a aposentadoria ou a disponibilidade do inativo que houver praticado, na atividade, falta punível com a demissão."; **C:** incorreta. Leia-se o que dispõe a Lei 8.112/1990: "Art. 137. A demissão ou a destituição de cargo em comissão, por infringência do art. 117, incisos IX e XI, incompatibiliza o ex-servidor para nova investidura em cargo público federal, pelo prazo de 5 (cinco) anos. Parágrafo único. Não poderá retornar ao serviço público federal o servidor que for demitido ou destituído do cargo em comissão por infringência do art. 132, incisos I, IV, VIII, X e XI. Art. 132. A demissão será aplicada nos seguintes casos: I – crime contra a administração pública; IV – improbidade administrativa; VIII – aplicação irregular de dinheiros públicos; X – lesão aos cofres públicos e dilapidação do patrimônio nacional; XI – corrupção;"; **D:** incorreta. Leia-se o que dispõe a Lei 8.112/1990: "Art. 131. As penalidades de advertência e de suspensão terão seus registros cancelados, após o decurso de 3 (três) e 5 (cinco) anos de efetivo exercício, respectivamente, se o servidor não houver, nesse período, praticado nova infração disciplinar. Parágrafo único. O cancelamento da penalidade não surtirá efeitos retroativos."

Gabarito "A"

(OAB/Exame Unificado – 2011.3.B) Tício, servidor público pertencente aos quadros de uma autarquia federal, está respondendo a processo administrativo disciplinar por fato que também foi objeto de apuração em processo criminal, já concluído com sentença absolutória de negativa de autoria transitada em julgado. Considerando a situação hipotética narrada, o processo administrativo disciplinar

(A) deverá prosseguir regularmente, uma vez que as instâncias penal e administrativa são independentes.

(B) deverá prosseguir regularmente, uma vez que a sentença absolutória proferida na instância penal apenas vincularia a instância administrativa em caso de negativa da existência do fato.

(C) ficará prejudicado, uma vez que a responsabilidade administrativa somente pode configurar efeito secundário da responsabilidade penal.

(D) ficará prejudicado, uma vez que a responsabilidade administrativa é afastada no caso de absolvição criminal que negue a autoria do fato.

As sanções civis, penais e administrativas poderão cumular-se, sendo independentes entre si (art. 125 da Lei 8.112/1990). Porém, a responsabilidade administrativa do servidor será afastada no caso de absolvição criminal que negue a existência do fato ou sua autoria (art. 126 da Lei 8.112/1990). Assim, como Tício foi absolvido na esfera criminal por "negativa de autoria", essa decisão produzirá efeitos na esfera administrativa, prejudicando o processo administrativo disciplinar, nos termos da alternativa "d".

Gabarito "D"

7.12. QUESTÕES SUBJETIVAS COMENTADAS

(OAB/Exame Unificado – 2ª fase – CESPE) Pedro, servidor público federal, após ser veiculada a notícia de que teria praticado ato de corrupção, resolveu pedir a sua aposentadoria do cargo efetivo. Alguns meses depois de aposentado, foi aberto processo administrativo disciplinar que, ao final, concluiu pela materialidade e autoria do fato. Considerando a situação hipotética apresentada acima, responda, de forma fundamentada, a seguinte pergunta: Pedro poderá sofrer alguma sanção administrativa?

RESOLUÇÃO DA QUESTÃO

O art. 127, IV, da Lei 8.112/90 dispõe que a "cassação da aposentadoria" é uma pena disciplinar.

Já o art. 134 da referida lei, por sua vez, dispõe que a cassação da aposentadoria é cabível quando o inativo houver praticado, na atividade, falta punível com a demissão.

Dentre os casos que ensejam a demissão está a prática de ato de corrupção (art. 132, XI, da Lei 8.112/90).

O enunciado deixa claro que houve conclusão no sentido da existência da materialidade e autoria do fato, pressuposto material indispensável para a aplicação da pena disciplinar.

O enunciado também deixa claro que tal apuração se deu no bojo de processo administrativo disciplinar, pressuposto processual também indispensável para a aplicação da pena disciplinar.

Logo, Pedro poderá sofrer a sanção de cassação da aposentadoria.

Poder-se-ia argumentar que, com a introdução da Emenda Constitucional n. 20/98, que determinou que o sistema previdenciário dos servidores públicos passasse a ter caráter contributivo (art. 40 da CF), a penalidade de cassação da aposentadoria tivesse perdido a sua constitucionalidade. Isso porque, como o servidor passou a contribuir para a previdência, a retirada desse benefício importaria em enriquecimento sem causa da Administração Pública.

Todavia, esse entendimento ainda encontra guarida nos tribunais, que vêm admitindo a penalidade, por não haver proibição constitucional e por estar prevista em lei.

A jurisprudência também é no sentido de que a penalidade pode ser aplicada sem que haja aprovação pelo Tribunal de Contas, já que a Súmula 6 do Supremo Tribunal Federal apenas determina o contrário nos casos de revogação ou de anulação do benefício, e não nos casos de aplicação de penalidade que acabe refletindo na cassação da aposentadoria.

(OAB/Exame Unificado – 2007.3 – 2ª fase) A polêmica criação da "super-receita" acarretou uma série de reflexos jurídicos. Um deles foi o fato de que os auditores fiscais da Previdência Social assumiram o cargo de auditores fiscais da Receita Federal, sem terem prestado concurso público para esse novo cargo. É correto afirmar que tenha ocorrido, no caso, o chamado fato do príncipe? Justifique a sua resposta.

RESOLUÇÃO DA QUESTÃO

A expressão fato do príncipe, em Direito Administrativo, designa a situação em que se dá um fato geral da Administração, que acaba interferindo em contratos administrativos, mesmo não se dirigindo especificamente em relação a eles (art. 65, II, "d", da Lei 8.666/93).

Um exemplo de fato do príncipe é a mudança de política cambial feita pelo Governo Federal, que acaba gerando reflexos na execução de contratos administrativos em curso.

O caso mencionado na questão não guarda, portanto, qualquer relação com o instituto do fato do príncipe.

Quanto à constitucionalidade dos auditores fiscais da Previdência social assumirem o cargo de auditores da Receita Federal, num primeiro olhar, poder-se-ia concluir pela não obediência à Constituição. Isso porque, como se sabe, o provimento em cargo público de carreira diversa da ocupada inicialmente pelo agente público depende necessariamente de concurso público (art. 37, II, da CF), e isso não ocorreu no caso narrado.

Todavia, o fato de os cargos terem grande similitude, somado ao fato de que a criação da Super-Receita tem em mira atender ao princípio da eficiência e da economicidade, fazem com que a medida seja adequada.

Aliás, vale a pena fazer um exercício para entender a correção da medida. Imagine que, criada a Super-Receita, não tivesse sido tomada a medida mencionada na questão. Nesse caso, os auditores fiscais estáveis ficariam em disponibilidade, ou seja, recebendo proventos proporcionais, sem trabalhar. E, de outra parte, novos fiscais deveriam ser contratados pela Super-Receita, dado o aumento das atribuições que os fiscais da Receita detinham anteriormente.

Ora, uma situação dessa seria absolutamente antieconômica e, certamente, contrária ao interesse público, mormente porque se perderia toda a experiência acumulada dos auditores fiscais da Previdência em relação a temas desta alçada.

Assim, esse simples exercício, somado ao fato de que os dois cargos unificados têm grande similitude, demonstra que a medida foi adequada, não se podendo falar em desvio de finalidade ou qualquer tentativa de burlar o princípio do concurso público.

Há, inclusive, previsão legal para providência dessa natureza (art. 37, § 1º, da Lei 8.112/90).

(OAB/Exame Unificado – 2ª fase – CESPE) Um servidor público civil da União, após responder a processo administrativo disciplinar, foi absolvido das acusações que lhe eram imputadas. Após essa absolvição, foi proposta ação penal que foi acolhida pela autoridade judicial. O servidor ingressou, então, com *habeas corpus*, no qual pleiteava a anulação do ato do juiz, alegando que as provas oferecidas na ação penal já haviam sido julgadas e consideradas inconsistentes na instância administrativa. Na situação descrita, estão corretas as razões apresentadas pelo servidor? Justifique a sua resposta.

RESOLUÇÃO DA QUESTÃO

A Lei 8.112/90 dispõe que as responsabilidades civis, penais e administrativas são independentes entre si (art. 125). Isso significa que a aplicação ou não de sanção em qualquer das esferas mencionadas não interfere nas outras e vice-versa.

Essa regra só é excepcionada quando, na esfera penal, o servidor vem a ser absolvido pela negativa de autoria ou pela inexistência material do fato (art. 126). Nesse caso, a sentença penal se comunica à esfera administrativa.

Porém, não foi isso que aconteceu no caso em tela. O servidor foi absolvido na esfera administrativa, e não na esfera penal. E a lei não prevê que a absolvição na instância administrativa vincula a esfera penal, diferentemente do que ocorre com as absolvições penais mencionadas no art. 126 da Lei 8.112/90.

Ante o exposto, não estão corretas as razões apresentadas pelo servidor.

(OAB/Exame Unificado – 2ª fase – CESPE) Um servidor de órgão da administração federal direta foi cedido a empresa pública para nela prestar serviços. Como a remuneração da nova função era inferior à que antes recebia, o servidor optou por continuar a receber a remuneração de seu cargo originário. Em face dessa situação, responda, de forma fundamentada, às seguintes perguntas.

• É possível a cessão de servidor da administração direta para entidade da administração indireta?

• Pode o servidor optar pela remuneração do cargo de origem, mesmo prestando serviços a uma outra entidade?

• O órgão de origem pode aceitar a cessão remunerada, em face de a real fruição dos serviços do cedido ocorrer por outra entidade da administração?

RESOLUÇÃO DA QUESTÃO

O art. 93 da Lei 8.112/900 permite a cessão de servidor da administração direta para entidade da administração indireta. Aliás, esse dispositivo autoriza a cessão até para outro órgão ou entidades de outros poderes de outras esferas federativas.

No caso em tela, de cessão de servidor da administração direta a empresa pública, o servidor pode optar pela remuneração do cargo efetivo ou pela remuneração do cargo efetivo acrescida de percentual da retribuição do cargo em comissão (art. 93, § 2º, da Lei 8.112/90).

Dessa forma, o órgão de origem deve aceitar a cessão remunerada. Todavia, a entidade cessionária efetuará o reembolso das despesas realizadas pelo órgão ou entidade de origem (art. 93, § 2º, da Lei 8.112/90).

(OAB/Exame Unificado – 2ª fase – CESPE) Joaquim, servidor público efetivo, foi exonerado durante o período do estágio probatório, sem que tivesse sido instaurado procedimento administrativo e sem que lhe fosse concedida oportunidade de exercer o direito ao contraditório e à ampla defesa. Em face dessa situação hipotética, responda, de forma fundamentada, às seguintes perguntas.

• A exoneração de servidor público ocupante de cargo efetivo em estágio probatório demanda a instauração de procedimento administrativo?

• O ato de exoneração de servidor público em estágio probatório tem natureza jurídica de penalidade? Justifique a sua resposta, mencionando as hipóteses de cabimento do ato de exoneração.

RESOLUÇÃO DA QUESTÃO

De acordo com a Lei 8.112/90, quando não satisfeitas as condições do estágio probatório, a Administração procederá à exoneração de ofício do servidor (art. 34, p. único, I).

Não há, no Estatuto dos Servidores Públicos Civis da União, determinação para que seja instaurado processo administrativo, no caso, bem como para que se garanta contraditório e ampla defesa.

Já quando se está diante do cometimento de uma irregularidade por parte do servidor, faz-se necessário promover a sua apuração imediata, mediante sindicância ou processo administrativo disciplinar, assegurando-se ampla defesa (art. 143 da Lei 8.112/90).

Aliás, a perda do cargo por servidor estável só poderá se dar por sentença transitada em julgado, processo administrativo disciplinar no qual lhe seja assegurado ampla defesa, não aprovação em avaliação periódica de desempenho mediante processo administrativo com ampla defesa e atendimento a limite de despesas com pessoal (art. 22 da Lei 8.112/90 e arts. 41, § 1º, e 169, § 4º, ambos da CF).

Todavia, em que pese não haver as mesmas garantias (processo administrativo e ampla defesa) para o servidor em estágio probatório, considerando que a Administração Pública deve observar os princípios da motivação, da moralidade e da isonomia, de rigor que a exoneração de servidores ocupantes de cargo efetivo em estágio probatório obedeça ao disposto no art. 2º, *caput*, da Lei 9.784/99, realizando-se mediante a devida motivação.

Ademais, apesar de não haver regra específica determinando que se confira ao servidor oportunidade de contraditório e ampla defesa, a regra geral prevista no art. 5º, LV, da Constituição impõe que a Administração proporcione ao servidor essa oportunidade, que poderá se dar no bojo de uma sindicância, não sendo necessário observar o rito do processo administrativo disciplinar.

Nesse sentido, há, inclusive, súmula do Supremo Tribunal Federal.

Por fim, de rigor esclarecer que a exoneração, diferentemente da demissão ou da perda do cargo, é hipótese de desligamento do servidor sem caráter punitivo. A exoneração pode se dar a pedido, quando o servidor pede para se desligar do cargo, ou de ofício, quando a Administração exonera por vontade própria. A exoneração de ofício se dá quando se deseja desligar o servidor de um cargo em comissão, hipótese em que não é necessário motivação, e também quando o servidor é desligado por não aprovação em estágio probatório ou em avaliação de desempenho, por ausência de entrada em exercício no prazo legal, bem como quando se precisa atender a limites de despesa com pessoal.

(OAB/Exame Unificado – 2ª fase – CESPE) José, nomeado, pela primeira vez, para cargo de provimento efetivo no serviço público, foi exonerado de ofício, durante o período de estágio probatório, em razão da extinção de seu cargo. Inconformado, José requereu a revisão de sua exoneração alegando que a extinção do cargo, durante o estágio probatório, deveria garantir-lhe, pelo menos, a prerrogativa constitucional da disponibilidade.

Com base na situação hipotética acima apresentada, responda, de forma fundamentada, às seguintes indagações.

• José poderia ter sido exonerado de ofício, mesmo durante o período de estágio probatório, ou o estágio deveria protegê-lo contra a extinção do cargo?

• José teria direito à prerrogativa da disponibilidade? Em caso de resposta afirmativa, especifique os termos em que tal prerrogativa ocorreria.

RESOLUÇÃO DA QUESTÃO

Considerando que o padrão de resposta apresentado pela examinadora simulou uma resposta que o candidato poderia dar, usaremos o próprio padrão de resposta como resolução da questão. Confira:

"Tendo sido extinto o cargo durante o período do estágio probatório, o servidor poderá ser exonerado de ofício porque ainda não tem a estabilidade.

O fato de estar em estágio probatório não protege o servidor contra a extinção do cargo, conforme estabelecido na Súmula 22 do STF: "O estágio probatório não protege o funcionário contra a extinção do cargo."

Diga-se, ainda, que, como se trata de provimento originário (o servidor fora "nomeado, pela primeira vez, para cargo efetivo"), não há que se falar em recondução ao cargo anteriormente ocupado, nos termos do que dispõe o § 2º do art. 20 da Lei nº 8.112/1990, só lhe restando a exoneração.

O servidor não dispõe da prerrogativa constitucional da disponibilidade, que, nos termos do art. 41, § 3º, da CF, só é cabível, em caso de extinção do cargo, para servidor estável."

CAPÍTULO 8

IMPROBIDADE ADMINISTRATIVA

8.1. CONCEITO DE IMPROBIDADE ADMINISTRATIVA

É o ato de imoralidade qualificada pela lei que importa em enriquecimento ilícito do agente, prejuízo ao erário ou violação dos princípios da administração pública e que enseja, em processo judicial promovido pela pessoa jurídica lesada ou pelo Ministério Público, a aplicação das seguintes sanções: suspensão dos direitos políticos, perda da função pública, indisponibilidade dos bens, ressarcimento ao erário, perda de bens e valores acrescidos ilicitamente, multa civil e proibição de contratar com a administração pública ou dela receber benefícios. Tudo sem prejuízo das sanções penais, civis e administrativas.

Atualmente, o regime jurídico da improbidade está previsto na CF (art. 37, § 4º) e na Lei 8.429/1992 (Lei de Improbidade Administrativa).

8.2. MODALIDADES DE IMPROBIDADE ADMINISTRATIVA

A Lei 8.429/92 estabelece três modalidades de ato de improbidade administrativa.

A primeira modalidade é a de **enriquecimento ilícito (art. 9º)**. Essa modalidade consiste em o agente auferir vantagem patrimonial indevida em razão do exercício da atividade pública. São exemplos de improbidade nessa modalidade os seguintes: receber comissão, propina; utilizar bem ou funcionário públicos em proveito próprio; adquirir bens desproporcionais à renda, dentre outros.

O STJ é pacífico no sentido de que é necessário dolo para a configuração dessa modalidade.

A segunda modalidade é a de atos que causam **prejuízo ao erário (art. 10)**. Essa modalidade consiste em o agente, por ato doloso ou culposo, ensejar perda patrimonial, desvio, malbaratamento ou dilapidação dos bens das entidades. São exemplos de improbidade nessa modalidade os seguintes: permitir ou facilitar que bem público seja desviado para particular, ou que seja alienado por preço inferior ao de mercado; realizar operações financeiras sem observância das normas legais; conceder benefício fiscal sem observância da lei; frustrar licitação; ordenar ou permitir realização de despesas não autorizadas; dentre outros.

O STJ é pacífico no sentido de que essa modalidade pode se configurar tanto mediante conduta dolosa como mediante conduta culposa em sentido estrito (EREsp 875.163/RS, DJ 30/06/2010).

A terceira modalidade é que importa em **violação a princípios da Administração Pública (art. 11)**. Essa modalidade consiste em o agente violar dolosamente deveres de honestidade, imparcialidade, legalidade e lealdade às instituições. São exemplos de improbidade nessa modalidade os seguintes: praticar ato visando a fim proibido em lei ou diverso daquele previsto na regra de competência (desvio de finalidade), retardar ou deixar de praticar ato de ofício, revelar fato que deva permanecer em segredo, negar publicidade aos atos oficiais, deixar de prestar contas.

O STJ é pacífico no sentido de que é necessário dolo para a configuração dessa modalidade.

A jurisprudência do STJ afastou todas as teses de responsabilidade objetiva em qualquer das modalidades citadas.

E, nos casos em que se exige dolo, a jurisprudência desse tribunal esclareceu que se trata do *dolo genérico*, consistente na "vontade de realizar fato descrito na norma incriminadora" (REsp 765.212/AC, j. em 02.03.2010).

Segue relação dos tipos de improbidade previstos na Lei 8.429/1992, com grifos e comentários nossos:

Dos Atos de Improbidade Administrativa que Importam **Enriquecimento Ilícito**

Art. 9º Constitui ato de improbidade administrativa importando enriquecimento ilícito **auferir qualquer tipo de vantagem patrimonial indevida em razão** do exercício de cargo, mandato, função, emprego ou atividade nas entidades mencionadas no art. 1º desta lei, **e notadamente**: *(a expressão "e notadamente revela que o rol abaixo é exemplificativo, de modo que o* caput *já traz um tipo genérico dessa modalidade; ademais, aqui se exige dolo e não é necessário que haja lesão ao erário)*

I – **receber**, para si ou para outrem, **dinheiro**, **bem móvel ou imóvel**, ou **qualquer outra vantagem econômica**, direta ou indireta, a título de comissão, percentagem, gratificação ou presente de quem tenha interesse, direto ou indireto, **que possa ser atingido ou amparado por ação ou omissão decorrente das atribuições do agente público**;

II – **perceber vantagem econômica**, direta ou indireta, **para facilitar** a aquisição, permuta ou locação de bem móvel ou imóvel, ou a contratação de serviços pelas entidades referidas no art. 1º por preço superior ao valor de mercado;

III – **perceber vantagem econômica**, direta ou indireta, **para facilitar** a alienação, permuta ou locação de bem público ou o fornecimento de serviço por ente estatal por preço inferior ao valor de mercado;

IV – **utilizar**, em obra ou serviço **particular**, veículos, máquinas, equipamentos ou material de qualquer natureza, de propriedade ou à disposição de qualquer das entidades mencionadas no art. 1º desta lei, bem como o trabalho de servidores públicos, empregados ou terceiros contratados por essas entidades; o STJ reconheceu que incide o dispositivo na utilização, por Prefeita, de procuradores municipais para defendê-la na Justiça Eleitoral em casos envolvendo uso indevido de dinheiro público e abuso de autoridade e do poder econômico quando candidata à reeleição (REsp 908.790-RN, j. em 20/10/2009); também foi reconhecida a aplicação do dispositivo num caso em que um Prefeito usou vinte funcionários públicos em horário de expediente na construção de casa para a sua moradia (STJ, REsp 867.146-SC);

V – **receber vantagem econômica de qualquer natureza**, direta ou indireta, **para tolerar** a exploração ou a prática de jogos de azar, de lenocínio, de narcotráfico, de contrabando, de usura ou de qualquer outra atividade ilícita, ou **aceitar promessa** de tal vantagem;

VI – **receber vantagem econômica de qualquer natureza**, direta ou indireta, **para fazer declaração falsa** sobre medição ou avaliação em obras públicas ou qualquer outro serviço, ou sobre quantidade, peso, medida, qualidade ou característica de mercadorias ou bens fornecidos a qualquer das entidades mencionadas no art. 1º desta lei;

VII – **adquirir**, para **si** ou para **outrem**, no exercício de mandato, cargo, emprego ou função pública, **bens de qualquer natureza cujo valor seja desproporcional à evolução do patrimônio ou à renda do agente público**;

VIII – **aceitar emprego, comissão ou exercer atividade de consultoria ou assessoramento** para pessoa física ou jurídica **que tenha interesse suscetível** de ser atingido ou amparado por ação ou omissão decorrente das atribuições do agente público, durante a atividade;

IX – **perceber vantagem econômica** para **intermediar** a liberação ou aplicação de verba pública de qualquer natureza;

X – **receber vantagem econômica de qualquer natureza**, direta ou indiretamente, **para omitir** ato de ofício, providência ou declaração a que esteja obrigado;

XI – **incorporar**, por qualquer forma, **ao seu patrimônio** bens, rendas, verbas ou valores integrantes do acervo patrimonial das entidades mencionadas no art. 1º desta lei;

XII – **usar**, **em proveito próprio**, bens, rendas, verbas ou valores integrantes do acervo patrimonial das entidades mencionadas no art. 1º desta lei.

Dos Atos de Improbidade Administrativa que Causam **Prejuízo ao Erário**

Art. 10. Constitui ato de improbidade administrativa que causa lesão ao erário **qualquer ação ou omissão**, **dolosa ou culposa**, **que enseje** perda patrimonial, desvio, apropriação, malbaratamento ou dilapidação dos bens ou haveres das entidades referidas no art. 1º desta lei, e notadamente: *(repare que a modalidade se configura mediante conduta culposa ou dolosa)*

I – facilitar ou concorrer por qualquer forma para a incorporação ao patrimônio particular, de pessoa física ou jurídica, de bens, rendas, verbas ou valores integrantes do acervo patrimonial das entidades mencionadas no art. 1º desta lei;

II – permitir ou concorrer para que pessoa física ou jurídica privada utilize bens, rendas, verbas ou valores integrantes do acervo patrimonial das entidades mencionadas no art. 1º desta lei, sem a observância das formalidades legais ou regulamentares aplicáveis à espécie;

III – doar à pessoa física ou jurídica bem como ao ente despersonalizado, ainda que de fins educativos ou assistências, bens, rendas, verbas ou valores do patrimônio de qualquer das entidades mencionadas no art. 1º desta lei, sem observância das formalidades legais e regulamentares aplicáveis à espécie;

IV – permitir ou facilitar a alienação, permuta ou locação de bem integrante do patrimônio de qualquer das entidades referidas no art. 1º desta lei, ou ainda a prestação de serviço por parte delas, por preço inferior ao de mercado;

V – permitir ou facilitar a aquisição, permuta ou locação de bem ou serviço por preço superior ao de mercado;

VI – realizar operação financeira sem observância das normas legais e regulamentares ou aceitar garantia insuficiente ou inidônea;

VII – conceder benefício administrativo ou fiscal sem a observância das formalidades legais ou regulamentares aplicáveis à espécie;

VIII – frustrar a licitude de processo licitatório ou dispensá-lo indevidamente; o STJ afastou decisão que condenara agentes por improbidade neste tipo, ao fundamento de que o elemento subjetivo (culpa ou dolo) não foram comprovados, e dano ao erário, essencial para a configuração da modalidade, não aconteceu, em virtude de do pagamento da quantia de R$ 50 mil pela Administração correspondeu efetivamente a uma prestação de serviço (REsp 1.038.777-SP, j. 3/2/2011);

IX – ordenar ou permitir a realização de despesas não autorizadas em lei ou regulamento;

X – agir negligentemente na arrecadação de tributo ou renda, bem como no que diz respeito à conservação do patrimônio público;

XI – liberar verba pública sem a estrita observância das normas pertinentes ou influir de qualquer forma para a sua aplicação irregular;

XII – permitir, facilitar ou concorrer para que terceiro se enriqueça ilicitamente; o STJ entende que a configuração do art. 10, XII, da Lei n. 8.429/1992 só é pertinente em caso de comprovada demonstração, nos autos, do nexo de causalidade entre o enriquecimento de terceiro e o prejuízo da Administração (REsp 842.428-ES);

XIII - permitir que se utilize, em obra ou serviço particular, veículos, máquinas, equipamentos ou material de qualquer natureza, de propriedade ou à disposição de qualquer das entidades mencionadas no art. 1º desta lei, bem como o trabalho de servidor público, empregados ou terceiros contratados por essas entidades.

XIV – celebrar contrato ou outro instrumento que tenha por objeto a prestação de serviços públicos por meio da gestão associada sem observar as formalidades previstas na lei;

XV – celebrar contrato de rateio de consórcio público sem suficiente e prévia dotação orçamentária, ou sem observar as formalidades previstas na lei.

Dos Atos de Improbidade Administrativa que Atentam Contra os Princípios da Administração Pública

Art. 11. Constitui ato de improbidade administrativa que atenta contra os princípios da administração pública qualquer ação ou omissão que viole os deveres de honestidade, imparcialidade, legalidade, e lealdade às instituições, e notadamente: *(aqui se exige dolo e não se exige lesão ao erário)*

I – praticar ato visando fim proibido em lei ou regulamento ou diverso daquele previsto, na regra de competência; O STJ entendeu configurado o dispositivo em caso no qual um prefeito repassara a um hospital vultosa verba consignada no orçamento municipal em razão do incêndio sofrido pelo hospital; porém omitiu o caráter público de tal quantia e divulgou na imprensa que tratava-se de sua doação particular, daí porque foi condenado pela prática de improbidade à suspensão de seus direitos políticos por três anos e ao pagamento das custas processuais (REsp 884.083-PR); o STJ entendeu configurado o dispositivo e também o caput do art. 11 (neste caso, por violação aos princípios da moralidade, finalidade, legalidade e interesse público), em caso no qual vereadores de um município exigiram de seus assessores comissionados a entrega de percentual dos seus vencimentos para o pagamento de outros servidores não oficiais (assessores informais), bem como para o custeio de campanhas eleitorais e despesas do próprio gabinete (REsp 1.135.767-SP);

II – retardar ou deixar de praticar, indevidamente, ato de ofício; o STJ afastou a aplicação desse dispositivo a um caso em que agente público agiu com desídia e negligência, mas sem demonstração de que teria agido com dolo, ainda que eventual (REsp 875.163-RS, j. 19/5/2009);

III – revelar fato ou circunstância de que tem ciência em razão das atribuições e que deva permanecer em segredo;

IV - negar publicidade aos atos oficiais;

V - frustrar a licitude de concurso público; o STJ entendeu não configurar o ilícito a contratação temporária de servidores e sua prorrogação sem concurso, quando amparadas em legislação local, a afastar o dolo genérico, essencial para a configuração dessa modalidade de improbidade (EDcl no AgRg no AgRg no AREsp 166.766-SE, j. em 23/10/2012); por outro lado, o STJ reconheceu a aplicação do dispositivo em caso no qual a contratação sem concurso se deu e ainda o agente público contratante postergou por 8 anos a eficácia do ato ímprobo (REsp 915.322-MG); da mesma forma, o STJ aplicou o dispositivo a agente que determinou a contratação de servidores para trabalhar em banco estatal, sem concurso, mediante manutenção de vários contratos de fornecimento de mão de obra, via terceirização de serviços; não se aplicou os arts. 9º e 10º da Lei 8.429/92, por ausência de prova quanto a enriquecimento ilícito e a prejuízo ao erário, respectivamente, mas se aplicou o art. 11, por violação do dispositivo e também dos princípios da moralidade e da impessoalidade (REsp 772.241-MG); o STJ também aplicou o dispositivo e o caput do art. 11 em caso no qual um Prefeito, acompanhado de várias pessoas, foi a um clube local para participar de baile de carnaval de natureza privada; todavia, o porteiro advertiu-lhe que apenas ele e seus familiares poderiam adentrar o recinto; indignado, o Prefeito desferiu a ele e a outros uma série de impropérios e deixou o local, mesmo após a autorização dada pelo diretor social para o ingresso de todos e, não satisfeito, no seguinte dia, entendeu cassar a licença conferida ao clube e impedir suas festividades no último dia do carnaval, até mediante o expediente de cavar valetas nas ruas de acesso ao local; ao final, foi condenado a ressarcir o gasto com a abertura da valeta (sanção essa – de ressarcimento - rara de se aplicar quando se tem a modalidade do art. 11 da Lei 8.429/1992), a pagar multa de 10 vezes a sua remuneração e a ficar proibido de contratar com o Poder Público (REsp 897.499-SP);

VI - deixar de prestar contas quando esteja obrigado a fazê-lo;

VII - revelar ou permitir que chegue ao conhecimento de terceiro, antes da respectiva divulgação oficial, teor de medida política ou econômica capaz de afetar o preço de mercadoria, bem ou serviço.

O STJ reconheceu que configura a modalidade do art. 11 as seguintes condutas:

a) de professor da rede pública de ensino, que, aproveitando-se dessa situação assedia sexualmente seus alunos (REsp 1.255.120-SC, j. 21/05/2003);

b) de médico que emite laudo médico de sua competência em seu próprio benefício (AgRg no AREsp 73.968-SP, j. em 2/10/2012).

O STJ também afasta o reconhecimento de improbidade quando o agente público, mesmo cometendo uma ilegalidade, não tenha atuado, num sentido amplo, com imoralidade, desídia, desvio ético ou desonestidade. Afinal, a expressão improbidade significa desonestida e, não havendo ofensa a esse bem jurídico, não há falar-se em responsabilidade por ato de improbidade administrativa. Um exemplo foi o de um Prefeito que permitiu o uso de um imóvel público a título precário, sem que houvesse lei autorizando (contrariando assim a lei orgânica local), para abrigar, sob a orientação de servidores em trabalho voluntário, crianças sujeitas a abusos e maus-tratos, durante a noite e finais de semana, pois à época não havia nem conselho tutelar no local (REsp 1.129.277-RS, j. em 4/5/2010). Reconheceu-se que o ato foi praticado com o intuito de assegurar direitos fundamentais a crianças e adolescentes e que a eventual ilegalidade na formalização não é suficiente para caracterizar ato de improbidade, sem prejuízo de que a questão seja corrigida.

Por outro lado, havendo o preenchimento dos requisitos todos para a configuração do ato de improbidade, inclusive o elemento subjetivo, o STJ já rejeitou a aplicação do princípio da insignificância em alguns casos. Um exemplo foi um em que o chefe de gabinete de uma prefeitura aproveitou-se da força de 3 servidores municipais, bem como de veículo pertencente à municipalidade, para transportar móveis de seu uso particular. Ele, ao admitir os fatos que lhe foram imputados, pediu exoneração do cargo e ressarciu aos cofres públicos a importância de quase nove reais referente ao combustível utilizado no deslocamento. Porém, reconhecida a prática de ato de improbidade, foi condenado ao pagamento de multa civil em primeiro grau e depois a ação foi julgada improcedente em segundo grau, pela aplicação do princípio da insignificância. O STJ, por sua vez, com fundamento no princípio da indisponibilidade do interesse público, asseverou que a moralidade administrativa deve ser considerada objetivamente, não comportando relativização a ponto de permitir "só um pouco" de ofensa, de modo que revigorou a condenação por improbidade (a multa civil), mas afastou o pleito inicial do MP de condenação em suspensão dos direitos políticos e proibição de contratar com o Poder Público (REsp 892.818-RS, j. 11/11/08).

8.3. SANÇÕES OU PENAS PELA PRÁTICA DE IMPROBIDADE ADMINISTRATIVA

A Lei 8.429/1992 estabelece as seguintes sanções para aquele que pratica o ato de improbidade (art. 12):

a) suspensão dos direitos políticos: de 8 a 10, de 5 a 8 e de 3 a 5 anos, para os arts. 9º, 10 e 11, respectivamente;

b) perda da função pública;

c) indisponibilidade dos bens (§ 4º do art. 37 da CF);

d) ressarcimento ao erário;

e) perda de bens e valores acrescidos ilicitamente;

f) multa civil: até 2 e até 3 vezes o valor do acréscimo ou dano e até 100 vezes a remuneração do agente, para os artigos 9º a 11, respectivamente;

g) proibição de contratar com a Administração Pública ou dela receber benefícios ou incentivos fiscais ou creditícios, direta ou indiretamente, ainda que por intermédio de pessoa jurídica da qual seja sócio majoritário, por 10, 5 e 3 anos, para os artigos 9º a 11, respectivamente.

As quatro primeiras sanções foram criadas expressamente pela CF, enquanto as demais foram criadas pela Lei 8.429/1992.

Na fixação das penas previstas nesta Lei o juiz levará em conta a extensão do dano causado, assim como o proveito patrimonial obtido pelo agente.

A aplicação das sanções independe de dano ao erário (art. 21, I) e da aprovação ou rejeição de contas pelo órgão de controle interno ou Tribunal de Contas (art. 21, II).

Porém, em casos em que não se demonstrar lesão ao erário, como na contratação de servidores sem concurso ou de empresas sem licitação, mas que acabarem trabalhando ou prestando serviço, não cabe a aplicação da sanção de ressarcimento ao erário, não havendo dano, para que não haja enriquecimento sem causa da Administração, sem prejuízo da aplicação de outras sanções previstas no art. 12 da Lei 8.429/1992 (STJ, REsp 1.238.466-SP).

Quanto à aprovação de contas pelo Tribunal de Contas, a jurisprudência do STJ vem aplicando o dispositivo citado (REsp 593.522-SP), asseverando que a sua aprovação não inibe a atuação do Poder Judiciário para exame de sua legalidade e constitucionalidade, pois as cortes de contas municipais não exercem jurisdição e não têm atribuição para anular atos lesivos ao patrimônio público, visto que exercem função auxiliar ao Legislativo (art. 5º, XXXV, c/c o art. 71, X, §§ 1º e 2º da CF/1988).

No tocante à cumulação das sanções previstas no art. 12 da Lei 8.429/1992, o STJ entendeu que estas não podem ser cumuladas de modo indistinto, em obediência ao princípio da proporcionalidade (REsp 626.204/RS, DJ 06.09.2007).

Na prática, somente em casos gravíssimos, como de enriquecimento ilícito do agente (art. 9º), justifica-se a cumulação de todas as sanções previstas no art. 12.

Casos que envolvam violação a princípios (art. 11) e prejuízo ao erário (art. 10), desde que não dolosos, dão ensejo, normalmente, apenas a multa civil e ressarcimento do dano (AgRg no AgRg no Ag 1.261.659/TO, DJ 07/06/2010).

Por outro lado, reconheceu-se ser hipótese de aplicar a grave sanção de suspensão dos direitos políticos, mesmo em caso em que não havia enriquecimento ilícito do agente, num caso de contratação, por vereadores, de funcionários fantasmas (STJ, REsp 1.025.300).

Aliás, em matéria de aplicação das sanções, vale trazer à colação outro entendimento do STJ, esse no sentido de que a aplicação da sanção de demissão/perda do cargo, em caso de prática de ato de improbidade, não é de competência exclusiva da autoridade judiciária, podendo ser feita pela autoridade administrativa, dada a independência das instâncias (AgRg no MS 15.054/DF, DJ 18/05/2010).

Ou seja, a aplicação das sanções por improbidade administrativa independe da aplicação de sanções nas esferas administrativa e penal, dada a independência das instâncias, claramente determinada no art. 12, caput, da Lei 8.429/92. Assim, o fato de um agente público estar sofrendo um processo disciplinar que pode levá-lo à demissão não interfere na continuidade da ação de improbidade, que pode também levá-lo à perda do cargo.

8.4. SUJEITOS DO ATO DE IMPROBIDADE ADMINISTRATIVA

São sujeitos passivos, ou seja, podem ser vítimas do ato de improbidade as seguintes pessoas (art. 1º, *caput* e parágrafo único, da Lei 8.429/1992):

a) pessoas jurídicas de direito público e de direito privado integrantes da Administração Direta e Indireta;

b) empresa incorporada ao patrimônio público;

c) entidade para cuja criação ou custeio o Estado tenha contribuído ou contribua com mais de 50% do patrimônio ou da receita anual;

d) entidade para cuja criação ou custeio o erário haja concorrido ou concorra com menos de 50% do patrimônio ou da receita anual; nesse caso a *sanção patrimonial* fica limitada à repercussão do ilícito sobre a contribuição dos cofres públicos;

e) entidades que recebam subvenção, benefício ou incentivo, fiscal ou creditício, de órgãos ou empresas públicas (ressarcimento só da contribuição pública); nesse caso a *sanção patrimonial* também fica limitada à repercussão do ilícito sobre a contribuição dos cofres públicos.

São sujeitos ativos, ou seja, praticam atos de improbidade as seguintes pessoas (arts. 2º e 3º da Lei 8.429/1992):

a) *agentes públicos*, ou seja, todo aquele que exerce, ainda que transitoriamente ou sem remuneração, por eleição, nomeação, designação, contratação ou qualquer outra forma de investidura ou vínculo, mandato, cargo, emprego ou função nas entidades mencionadas acima como sujeitos passivos; aqui temos os chamados *agentes próprios* de improbidade;

b) aquele que *induziu* ou *concorreu* para a prática do ato (art. 3º);

c) particular *beneficiado*, direta ou indiretamente, pelo ato (art. 3º).

No tocante aos *sujeitos ativos* do ato de improbidade, o STF fixou entendimento de que os **agentes políticos** que respondam por crime de responsabilidade (exs.: Presidente, Ministros de Estado, desembargadores, entre outros) não estão sujeitos à incidência da Lei 8.429/1992 (RE 579.799, DJ 19-12-2008), dada a similitude das sanções nas duas esferas.

Todavia, o STF não incluiu os Prefeitos nesse rol, apesar destes responderem por crime de responsabilidade (Rcl 6034, DJ 29-08-2008), sob o argumento de que apenas as autoridades com foro de prerrogativa de função para o processo e o julgamento por crime de responsabilidade, elencadas na Constituição Federal (arts. 52, I e II; 96, III; 102, I, "c"; 105, I, a, e 108, I, a, todos da CF/1988), não estão sujeitas a julgamento também na Justiça cível comum pela prática da improbidade administrativa (vide também o REsp 1.034.511-CE, j. 01.09.2009, do STJ), o que não é o caso do Prefeito.

Porém, há que não concorde com isso, por entender que não faz sentido que o Prefeito responda nas duas esferas (por crime de responsabilidade e por improbidade administrativa), com o mesmo tipo de consequência, já que essas duas esferas são bem semelhantes quanto às sanções cabíveis. E o caso foi considerado de repercussão geral, estando o STF para reapreciar em breve a questão.

Quanto aos sujeitos ativos impróprios de improbidade (art. 3º), o STJ já admitiu que uma ação de improbidade fosse mantida após a exclusão de agentes públicos do polo passivo da demanda, mesmo restando como réus, além da sociedade de economia mista na qual se deram os fatos, apenas particulares (REsp 1.138.523, j. 23.02.10).

Quanto ao sucessor daquele que causar lesão ao patrimônio público ou se enriquecer ilicitamente, o art. 8º da Lei 8.429/1992, respeitando o princípio constitucional da intranscendência da sanções e restrições de direito (art. 5º, XLV, da CF), dispõe que aquele está sujeito às cominações desta lei, mas até o limite do valor da herança. No caso, o sucessor terá de suportar a perda de bens ou valores acrescidos ilicitamente ao patrimônio do falecido, o ressarcimento ao erário pelo ato cometido pelo falecido e a multa civil imposta ao falecido que tenha praticado o ato de improbidade, enfim, todas as sanções econômicas aplicadas a este, serão suportadas pelos sucessores do *de cujus*, nos limites das forças da herança, ou seja, os sucessores arcarão com esses valores até o valor da herança, não tendo obrigação de suportar com seu patrimônio pessoal anterior ao falecimento do sucedido, as dívidas deixadas por este.

8.5. PROCESSO

São legitimados ativos o Ministério Público e a pessoa jurídica interessada (art. 17). Qualquer pessoa poderá representar à autoridade administrativa competente (ou ao MP) para instaurar investigação a fim de apurar a prática do ato (art. 14). Comissão processante dará ciência ao MP e ao Tribunal de Contas da existência de procedimento (art. 15). A Fazenda Pública, se for o caso, promoverá ações para complementação do ressarcimento do patrimônio público (art. 17, § 2º).

Caso a ação tenha sido promovida pelo MP, aplica-se o disposto no § 3º do art. 6º da Lei 4.717/1965, chamando-se a pessoa jurídica lesada para contestar, abster-se de contestar o pedido ou atuar ao lado do autor, de acordo com o interesse público (§ 3º do art. 17).

O Ministério Público, se não for parte, será obrigatoriamente fiscal da lei, sob pena de nulidade.

As cautelares previstas pela Lei 8.429/1992 são as seguintes:

a) Sequestro (art. 16): havendo fundados indícios de responsabilidade – arts. 822 a 825, CPC. O pedido pode incluir investigação, exame e bloqueio de bens, contas bancárias e aplicações financeiras no exterior;

b) Indisponibilidade de bens (art. 7º): recairá sobre bens que assegurem ressarcimento (arresto) e sobre o acréscimo patrimonial (pode ser sequestro);

c) Afastamento do agente público (art. 20, parágrafo único): quando a medida for necessária à instrução processual, sem prejuízo da remuneração, podendo ser determinada pela autoridade judicial ou administrativa competente; o STJ é claro no sentido de que o afastamento cautelar do agente de seu cargo é excepcional e configura-se tão somente com a demonstração de um comportamento do agente público que, no exercício de suas funções ou em razão delas, importe efetiva ameaça à instrução processual (REsp 895.415-BA).

Apesar de não prevista na Lei de Improbidade, é cabível também a cautelar de exibição de documentos para fins de quebra do sigilo bancário ou fiscal do agente.

Quanto à medida cautelar de indisponibilidade de bens, tutela de urgência que visa garantir eventual condenação pecuniária resultante de improbidade administrativa, o STJ entende que tal medida pode alcançar bens adquiridos anteriormente à prática do ato de improbidade (REsp 839936/PR, DJ 01.08.2007), mesmo que se tratem de bem de família (REsp 806.301/PR, DJ 03.03.2008).

O STJ também entende que a decretação da medida prescinde da individualização de bens na petição inicial e requer apenas o *fumus boni juris*, estando o *periculum in mora* implícito na lei (REsp 1.177.290/MT, DJ 01/07/2010), sendo possível, inclusive, que seja determinada antes do recebimento da petição inicial da ação de improbidade (AgRg no REsp 1.317.653-SP, j. em 7/3/2013), em medida cautelar preparatória ou incidental, *inaudita altera pars*, ou seja, sem a oitiva da parte contrária (REsp 1.078.640-ES).

Por fim, o STJ determina que a medida só incide sobre as bases patrimoniais da futura sentença condenatória, incluído o valor de eventual multa civil (AgRg nos EDcl no REsp 1163537/SP, DJ 01/07/2010), não podendo atingir todo o patrimônio do acusado de ato ímprobo, se não for necessário (AgRg no REsp 1.191.497-RS, j. 20/11/2012).

O procedimento previsto pela lei é o ordinário (art. 17), com notificação do requerido, antes do recebimento da inicial, para oferecer resposta por escrito no prazo de 15 dias (defesa preliminar), podendo o juiz rejeitar a ação se convencido da inexistência do ato, da improcedência da demanda ou da inadequação da via eleita (§ 8º).

O STJ ainda não se pacificou sobre a ausência de oportunidade para os réus apresentarem defesa preliminar antes do recebimento da inicial (art. 17, § 7º, da Lei 8.429/92) constituir cerceamento de defesa que gera nulidade absoluta do processo desde sua origem. Há acórdãos nesse sentido (REsp 883.795/SP, DJ 26.03.2008), mas também há decisões no sentido de que a nulidade só existirá se houver demonstração do efetivo prejuízo (REsp 1.174.721/SP, DJ 29/06/2010).

Por fim, é importante ressaltar que a lei veda expressamente qualquer tipo de transação, acordo ou conciliação na ação por improbidade administrativa (art. 17, § 1º, da Lei 8.429/1992).

Quanto à competência para o ajuizamento da ação de improbidade, não havendo disposição na lei a esse respeito, é de rigor valer-se do contido nas regras gerais sobre ações civis públicas, devendo prevalecer o disposto no artigo 2º da Lei 7.347/1985, que diz competente, de forma funcional (*rectius*: absoluta), o foro do local onde ocorrer o dano, com a peculiaridade de que nas causas em que a União, entidade autárquica ou empresa pública federal forem autoras, rés, assistentes ou oponentes, a competência será da Justiça Federal, junto ao juízo da seção judiciária que abranger a área em que se configurou o dano, dada a posição exarada pelo Supremo Tribunal Federal a respeito, a qual deu origem ao cancelamento da Súmula 183 do Superior Tribunal de Justiça.

No que pertine à existência de foro por prerrogativa de função na ação por improbidade, a questão acabou se esvaziando com a não submissão da maior parte dos agentes políticos à Lei 8.429/1992. No entanto, no caso do Prefeito, como a lei continua se aplicando a este, a questão é relevante. Nesse ponto, o STF declarou inconstitucional a alteração feita no art. 84, § 2º, do Código de Processo Penal, que estendia o foro privilegiado da esfera penal às ações de improbidade, que são consideradas ações cíveis (ADI 2.797, DJ 19-12-2006). Assim, as ações de improbidade contra os Prefeitos devem ser promovidas em primeira instância.

A sentença aplicará as sanções e determinará o pagamento ou a reversão dos bens, conforme o caso, em favor da pessoa jurídica (art. 18).

Vale ressaltar que a perda da função pública e a suspensão dos direitos políticos só produzirão efeitos com o trânsito em julgado da sentença condenatória (art. 20, *caput*).

8.6. PRESCRIÇÃO (ART. 23)

No que diz respeito ao prazo prescricional para o exercício da pretensão de aplicar as sanções de improbidade administrativa, o STF entende que a pretensão é imprescritível quanto à sanção de ressarcimento do erário. Aliás, o STF foi além ao interpretar o art. 37, § 5º, da CF e consagrou entendimento de que são imprescritíveis as pretensões de ressarcimento ao erário toda vez que este é causado por ato ilícito do ofensor, seja um ato de improbidade ou não, seja um ato praticado por agente público ou não (MS 26.210, DJ 10.10.08).

Quanto à aplicação das **demais sanções**, têm-se os seguintes prazos (art. 23): a) 5 anos: após o término do exercício do mandato, de cargo em comissão ou de função de confiança; b) no prazo da lei específica quanto à prescrição para faltas punidas com demissão a bem do serviço público, para os casos de cargo efetivo e emprego público (normalmente 5 anos contados da data do fato).

Resta saber qual regra deve ser aplicada quanto aos servidores detentores de cargo efetivo, mas que praticaram o ato em momento que estavam em cargos em comissão ou função de confiança. O STJ apreciou a questão e entendeu que se deveria aplicar a regra pertinente ao servidor efetivo (REsp 1.060.529/MG, DJe 18/09/2009), regra essa normalmente mais favorável ao agente público, uma vez que o termo *a quo* do prazo prescricional tem início logo após a prática do ato.

Nos casos de mais de um réu, entendeu-se que o prazo prescricional corre individualmente, de acordo com as condições de cada um (STJ, REsp 1.185.461/PR, DJ 17/06/2010).

E no caso de reeleição de Prefeito, entendeu-se que o prazo começa a fluir do término do segundo mandato (REsp 1.153.079/BA, DJ 29/04/2010).

8.7. DISPOSIÇÕES PENAIS

A Lei 8.429/1992 tipifica, no âmbito penal, a seguinte conduta:

"Art. 19. Constitui crime a representação por ato de improbidade contra agente público ou terceiro beneficiário, quando o autor da denúncia o sabe inocente.

Pena: detenção de seis a dez meses e multa.

Parágrafo único. Além da sanção penal, o denunciante está sujeito a indenizar o denunciado pelos danos materiais, morais ou à imagem que houver provocado.

Para configurar o tipo, que alguém represente um terceiro acusando-o de ter cometido ato de improbidade que, na verdade, não fora cometido. É necessário que aquele que faz a representação (o autor da denúncia) saiba que o terceiro é inocente. Sem elemento o crime não se configura. E é até bom que assim o seja, para que as pessoas não tenham medo de representar contra terceiros por ato de improbidade. Somente aquele que está de má-fé (por saber que o terceiro é inocente) é que deve temer fazer uma representação nessas condições.

Interessante disposição é a prevista no parágrafo único do art. 19, que assevera que o autor da denúncia indevida está sujeito, ainda, a indenizar o denunciado pelos danos materiais, morais ou à imagem que houver provocado. Apesar de o dever de indenizar já ser uma consequência legal em desfavor de quem é condenado por cometer um crime que causa danos à esfera civil de alguém (o art. 91, I, do CP estabelece que é efeito da condenação "tornar certa a obrigação de indenizar o dano causado pelo crime"), a menção à indenização por danos morais e à imagem acaba por evidenciar à necessidade de indenizar todos os danos causados à vítima da representação.

Vale lembrar que, para apurar qualquer ilícito previsto nesta lei, inclusive o penal, o Ministério Público, de ofício, a requerimento de autoridade administrativa ou mediante representação formulada de acordo com o disposto no art. 14 da Lei 8.429/1992, poderá requisitar a instauração de inquérito policial, ou, no caso de ilícito não penal, a instauração de procedimento administrativo.

8.8. JURISPRUDÊNCIA SELECIONADA

8.8.1. Sujeitos ativo e passivo

ACP. IMPROBIDADE. SOCIEDADE. ECONOMIA MISTA.

O tribunal de origem concluiu que a ação de improbidade não deveria prosseguir, na medida em que só figuravam como réus particulares e uma sociedade de economia mista, no caso o banco. O Ministério Público defende a possibilidade do prosseguimento regular da ação contra os particulares e contra o banco, ainda que outros agentes públicos tenham sido excluídos do polo passivo da demanda. Diante disso, a Turma **deu provimento ao recurso para que prossiga o feito em relação aos recorridos, ao entendimento de que os sujeitos ativos dos atos de improbidade administrativa não são apenas os servidores públicos, mas todos aqueles que estejam abarcados no conceito de agente público** (arts. 1º a 3º da Lei n. 8.429/1992). A interpretação de tais dispositivos permite afirmar que o legislador adotou conceito de grande abrangência no tocante à qualificação de agentes públicos submetidos à referida legislação, a fim de incluir, na sua esfera de responsabilidade, todos os agentes públicos, servidores ou não, que incorram em ato de improbidade administrativa. Precedentes citados: REsp 1.081.098-DF, DJe 3/9/2009; REsp 277.045-PR, DJ 13/12/2004, e REsp 495.933-RS, DJ 19/4/2004. **REsp 1.138.523-DF, Rel. Min. Eliana Calmon, julgado em 23/2/2010.** (Inform. STJ 424) (g.n.)

ACP. PREFEITO. DL. N. 201/1967. LEI N. 8.429/1992. Cuida-se de ação civil pública (ACP) ajuizada contra ex-prefeito pela falta de prestação de contas no prazo legal referente a recursos repassados pelo Ministério da Previdência e Assistência Social. Nesse panorama, constata-se não haver qualquer antinomia entre o DL n. 201/1967 (crimes de responsabilidade), que conduz o prefeito ou vereador a um julgamento político, e a Lei n. 8.429/1992 (Lei de Improbidade Administrativa – LIA), que os submete a julgamento pela via judicial pela prática dos mesmos fatos. Note-se não se desconhecer que o STF, ao julgar reclamação, afastou a aplicação da LIA a ministro de Estado, julgamento de efeito *inter pars*. **Mas lá também ficou claro que apenas as poucas autoridades com foro de prerrogativa de função para o processo e julgamento por crime de responsabilidade, elencadas na Carta Magna (arts. 52, I e II; 96, III; 102, I, c; 105, I, a, e 108, I, a, todos da CF/1988), não estão sujeitas a julgamento também na Justiça cível comum pela prática da improbidade administrativa.** Assim, o julgamento, por esses atos de improbidade, das autoridades excluídas da hipótese acima descrita, tal qual o prefeito, continua sujeito ao juiz cível de primeira instância. Desinfluente, dessarte, a condenação do ex-prefeito na esfera penal, pois, conforme precedente deste Superior Tribunal, isso não lhe assegura o direito de não responder pelos mesmos fatos nas esferas civil e administrativa. Por último, vê-se da leitura de precedentes que **a falta da notificação constante do art. 17, § 7º, da LIA não invalida os atos processuais posteriores, a menos que ocorra efetivo prejuízo**. No caso, houve a citação pessoal do réu, que não apresentou contestação, e entendeu o juiz ser prescindível a referida notificação. Portanto, sua falta não impediu o desenvolvimento regular do processo, pois houve oportunidade de o réu apresentar defesa, a qual não foi aproveitada. Precedentes citados do STF: Rcl 2.138-DF, DJe 18/4/2008; Rcl 4.767-CE, DJ 14/11/2006; HC 70.671-PI, DJ 19/5/1995; do STJ: EDcl no REsp 456.649-MG, DJ 20/11/2006; REsp 944.555-SC, DJe 20/4/2009; REsp 680.677-RS, DJ 2/2/2007; REsp 619.946-RS, DJ 2/8/2007, e REsp 799.339-RS, DJ 18/9/2006. **REsp 1.034.511-CE, Rel. Min. Eliana Calmon, julgado em 1º/9/2009.** (Inform. STJ 405)

EX-PREFEITO. DANO. ERÁRIO.

Trata-se de ação civil pública ajuizada pelo Ministério Público estadual contra ex-prefeito, em razão de ele ter praticado, no exercício do mandato eletivo, ato de improbidade administrativa que causou lesão ao erário e violou os princípios da Administração Pública ao reter indevidamente e não repassar a instituto de previdência e assistência municipal valores relativos a empréstimos simples contraídos por servidores públicos municipais e seus equiparados, descontados em folha de pagamento, além da utilização das mencionadas cifras para fim diverso daquele instituído por lei complementar. **A Turma entendeu que o ex-prefeito não se enquadra entre aquelas autoridades que estão submetidas à Lei n. 1.079/1950, que trata dos crimes de responsabilidade, podendo responder por seus atos na ação civil pública de improbidade administrativa.** O MP tem legitimidade para propor a ação civil pública em defesa de qualquer interesse difuso ou coletivo, incluindo-se nessa previsão a proteção ao patrimônio público. Na espécie, o Tribunal *a quo,* lastreado na prova dos autos, entendeu que a conduta estava prevista no art. 10 da Lei n. 8.429/1992 e estipulou as sanções como dispostas no art. 12, II, da referida lei, não podendo este Superior Tribunal rever o tema em razão da Súm. n. 7-STJ. **REsp 895.530-PR, Rel. Min. Luiz Fux, julgado em 18/11/2008.** (Inform. STJ 377)

8.8.2. Modalidades de improbidade e tipificação

DIREITO ADMINISTRATIVO. IMPROBIDADE ADMINISTRATIVA POR VIOLAÇÃO AOS PRINCÍPIOS DA ADMINISTRAÇÃO PÚBLICA.

Configura ato de improbidade administrativa a conduta de professor da rede pública de ensino que,

aproveitando-se dessa condição, assedie sexualmente seus alunos. Isso porque essa conduta atenta contra os princípios da administração pública, subsumindo-se ao disposto no art. 11 da Lei 8.429/1992. **REsp 1.255.120-SC, Rel. Min. Humberto Martins, julgado em 21/5/2013.** (Inform. STJ 523)

DIREITO ADMINISTRATIVO. CONTRATAÇÃO DE SERVIDORES SEM CONCURSO. LEI LOCAL.

A contratação temporária de servidores e sua prorrogação sem concurso público amparadas em legislação local não traduz, por si só, ato de improbidade administrativa. Os atos fundamentados em lei local não caracterizam o dolo genérico, essencial para os casos de improbidade administrativa que atentam contra os princípios da Administração Pública (art. 11 da Lei n. 8.429/1992). Precedentes citados: REsp 1.231.150-MG, DJe 12/4/2012, e AgRg no Ag 1.324.212-MG, DJe 13/10/2010. **EDcl no AgRg no AgRg no AREsp 166.766-SE, Rel. Min. Humberto Martins, julgado em 23/10/2012. (Inform. STJ 508)**

DIREITO ADMINISTRATIVO. IMPROBIDADE ADMINISTRATIVA. LAUDO MÉDICO PARA SI PRÓPRIO.

Emitir laudo médico de sua competência em seu próprio benefício caracteriza ato de improbidade administrativa que atenta contra os princípios da Administração Pública (art. 11 da Lei n. 8.429/1992). Conforme jurisprudência desta corte, não se pode confundir improbidade com simples ilegalidade. A improbidade é ilegalidade tipificada e qualificada pelo elemento subjetivo da conduta do agente, sendo indispensável o dolo para caracterizá-la. No caso do art. 11 da lei de improbidade administrativa, o elemento subjetivo necessário é o dolo eventual ou genérico de realizar conduta que atente contra os princípios da Administração Pública. Assim, não se exige a presença de intenção específica para caracterizar o ato como ímprobo, pois a atuação deliberada em desrespeito às normas legais, cujo desconhecimento é inescusável, evidencia a presença do dolo. Dessa forma, não há como afastar o elemento subjetivo daquele que emite laudo médico para si mesmo. Precedentes citados: AIA 30-AM, DJe 28/9/2011, e AgRg no AREsp 8.937-MG, DJe 2/2/2012. **AgRg no AREsp 73.968-SP, Rel. Min. Benedito Gonçalves, julgado em 2/10/2012. (Inform. STJ 505)**

ATO DE IMPROBIDADE. PREFEITO. AQUISIÇÃO DE CAMINHÃO. VEÍCULO GRAVADO.

Comete ato de improbidade administrativa prefeita municipal que autoriza a compra de um caminhão de carga, sem examinar a existência de gravames que impossibilitam a sua transferência para o município. *In casu*, o veículo encontrava-se alienado fiduciariamente a uma financeira e penhorado pelo Banco do Brasil. Portanto, mostra-se evidenciado o dano ao patrimônio público e a culpa na atuação negligente da gestora pública, pois constitui seu dever legal a garantia e a proteção do patrimônio público, assegurando o efetivo e adequado cumprimento das obrigações do fornecedor contratado com relação à entrega do objeto, antes de liberar o pagamento devido. **REsp 1.151.884-SC, Rel. Min. Castro Meira, julgado em 15/5/2012. (Inform. STJ 497)** (g.n.)

IMPROBIDADE ADMINISTRATIVA. ART. 11, I, DA LIA. DOLO.

A Turma, por maioria, deu provimento ao recurso para afastar a condenação dos recorrentes nas sanções do art. 11, I, da Lei de Improbidade Administrativa (LIA) sob o entendimento de que não ficou evidenciada nos autos a conduta dolosa dos acusados. **Segundo iterativa jurisprudência desta Corte, para que seja reconhecida a tipificação da conduta do agente como incurso nas previsões da LIA é necessária a demonstração do elemento subjetivo, consubstanciado pelo dolo para os tipos previstos nos arts. 9º (enriquecimento ilícito) e 11 (violação dos princípios da Administração Pública) e, ao menos, pela culpa nas hipóteses do art. 10º (prejuízo ao erário).** No voto divergente, sustentou o Min. Relator Teori Zavascki que o reexame das razões fáticas apresentadas no édito condenatório pelo tribunal *a quo* esbarraria no óbice da Súm. n. 7 desta Corte, da mesma forma, a revisão da pena fixada com observância dos princípios da proporcionalidade e da razoabilidade. **REsp 1.192.056-DF, Rel. originário Min. Teori Albino Zavascki, Rel. para o acórdão Min. Benedito Gonçalves, julgado em 17/4/2012. (Inform. STJ 495)** (g.n.)

IMPROBIDADE ADMINISTRATIVA. ELEMENTO SUBJETIVO.

Cuida-se, na origem, de ação civil pública (ACP) por ato de improbidade administrativa ajuizada em desfavor de ex-prefeito (recorrente) e empresa prestadora de serviços em razão da contratação da referida sociedade sem prévia licitação, para a prestação de serviços de consultoria financeira e orçamentária, com fundamento no art. 25, III, c/c art. 13, ambos da Lei n. 8.666/1993. O tribunal *a quo*, ao examinar as condutas supostamente ímprobas, manteve a condenação imposta pelo juízo singular, concluindo objetivamente pela prática de ato de improbidade administrativa (art. 10, VIII, da Lei n. 8.429/1992, Lei de Improbidade Administrativa – LIA). Nesse contexto, a Turma **deu provimento ao recurso, reiterando que o elemento subjetivo é essencial à caracterização da improbidade administrativa, tendo em vista a natureza de sanção inerente à LIA. Ademais, o ato de improbidade exige, para sua configuração, necessariamente, o efetivo prejuízo ao erário (art. 10, *caput*, da LIA), diante da impossibilidade de condenação ao ressarcimento de dano hipotético ou presumido. Na hipótese dos autos, diante da ausência de má-fé dos demandados (elemento subjetivo), bem como da**

inexistência de dano ao patrimônio público, uma vez que o pagamento da quantia de cerca de R$ 50 mil ocorreu em função da prestação dos serviços pela empresa contratada em razão de notória especialização, revela-se *error in judicando* na análise do ilícito apenas sob o ângulo objetivo. Dessarte, visto que ausente no *decisum* a afirmação do elemento subjetivo, incabível a incidência de penalidades por improbidade administrativa. Precedentes citados: REsp 805.080-SP, DJe 6/8/2009; REsp 939.142-RJ, DJe 10/4/2008; REsp 678.115-RS, DJ 29/11/2007; REsp 285.305-DF, DJ 13/12/2007, e REsp 714.935-PR, DJ 8/5/2006. **REsp 1.038.777-SP, Rel. Min. Luiz Fux, julgado em 3/2/2011.** (Inform. STJ 461) (g.n.)

ACP. IMPROBIDADE ADMINISTRATIVA. VEREADORES. REMUNERAÇÃO. ASSESSORES INFORMAIS.
Trata-se de REsp decorrente de ação civil pública (ACP) ajuizada, na origem, pelo MP estadual contra vereadores de um município, por eles terem exigido de seus assessores comissionados a entrega de percentual dos seus vencimentos para o pagamento de outros servidores não oficiais (assessores informais), bem como para o custeio de campanhas eleitorais e despesas do próprio gabinete. O TJ, ao negar provimento aos apelos dos vereadores, manteve a sentença que julgara procedente a ACP com base no art. 11, *caput* e I, da Lei de Improbidade Administrativa (LIA), aplicando-lhes, individualmente, as sanções do art. 12, III, do citado diploma legal. Contudo, deu provimento ao apelo do *Parquet* para acrescentar as penas de perda da função pública e de suspensão dos direitos políticos pelo prazo de três anos. Nesta instância especial, entendeu-se que os vereadores não se enquadram entre as autoridades submetidas à Lei n. 1.079/1950, que trata dos crimes de responsabilidade, podendo responder por seus atos em ACP de improbidade administrativa. Observou-se que o precedente do STF invocado pelos recorrentes (Rcl 2.138-DF, DJ 13/6/2007) em apoio à tese do descabimento da ação de improbidade em face de agente político de qualquer esfera dos Poderes da União, estados e municípios não se presta ao caso, porque o referido precedente cuida especificamente de ministros de Estado. **Assentou-se que a entrega compulsória e o desconto em folha de pagamento de parte dos rendimentos dos assessores formais dos recorrentes destinados à manutenção de "caixinha" para gastos de campanha e de despesas dos respectivos gabinetes, bem como para a contratação de assessores particulares violam, expressamente, os princípios administrativos da moralidade, finalidade, legalidade e do interesse público, conduta dos parlamentares que se insere no *caput* e I do art. 11 da Lei n. 8.429/1992.** Assinalou-se que os atos que não geram, ao menos aparentemente, desfalque aos cofres públicos e vantagens pecuniárias ao agente ímprobo, tal como ocorre quando há violação dos princípios da administração pública, nem por isso deixam de ser típicos, sendo inadmissível concluir pelo mero não sancionamento, sob pena de consagrar verdadeira impunidade. Destarte, as sanções aplicadas pelo tribunal *a quo* atendem ao princípio da proporcionalidade e aos fins sociais a que a LIA se propõe, tendo em vista a grave conduta praticada pelos edis. Ressalva-se, contudo, o equívoco na dosimetria da aplicação da pena de proibição de contratar com o Poder Público ou receber benefícios ou incentivos fiscais, pois o aresto recorrido, ao manter a incidência da referida sanção pelo prazo de 10 anos, conforme fixado na sentença, extrapolou o limite de três anos permitido em lei, nos termos dos arts. 11 e 12, III, da Lei de Improbidade. Diante desses fundamentos, entre outros, a Turma conheceu parcialmente do recurso e lhe deu parcial provimento. Precedentes citados: REsp 1.025.300-RS, DJe 2/6/2009; REsp 1.119.657-MG, DJe 30/9/2009; REsp 908.790-RN, DJe 2/2/2010, e REsp 892.818-RS, DJe 10/2/2010. **REsp 1.135.767-SP, Rel. Min. Castro Meira, julgado em 25/5/2010.** (Inform. STJ 436) (g.n.)

IMPROBIDADE. PERMISSÃO. IMÓVEL. ABRIGO. CRIANÇAS.
O município moveu ação de improbidade administrativa contra seu ex-prefeito, porque ele permitiu o uso de imóvel público (a título precário) sem que houvesse lei que assim autorizasse, contrariando, dessa forma, a lei orgânica municipal. O imóvel destinava-se a abrigar, sob a orientação de servidora municipal em trabalho voluntário, crianças sujeitas a abusos e maus-tratos, durante a noite e os fins de semana, pois à época não existia sequer conselho tutelar devidamente estruturado. Não se vislumbra que o acórdão recorrido, ao manter a improcedência do pedido, tenha violado o art. 10 e 11 da Lei n. 8.429/1992, visto que não há dano ao erário ou atentado a princípios administrativos. Para ele, **mesmo contrário à referida lei orgânica, o ato foi praticado com o intuito de assegurar direito fundamental, absoluto e prioritário de as crianças e adolescentes obterem proteção especial, conforme apregoado no art. 227 da CF/1988. A eventual ilegalidade na formalização do ato é insuficiente para caracterizar a improbidade administrativa; pois, na situação delineada pelo acórdão recorrido, não há imoralidade, desídia, desvio ético ou desonestidade na conduta do ex-prefeito. REsp 1.129.277-RS, Rel. Min. Herman Benjamin, julgado em 4/5/2010.** (Inform. STJ 433) (g.n.)

PREFEITA. IMPROBIDADE ADMINISTRATIVA.
No REsp, o MP estadual sustenta configurar ato de improbidade administrativa, nos termos do art. 9º, IV, da Lei n. 8.429/1992, a utilização de procuradores municipais para defender mandatária municipal candidata à reeleição perante a Justiça eleitoral. Por outro lado, afirma que os procuradores também incidiram em ato de improbidade por colaborar com a conduta

ímproba como disposto nos arts. 10, XII e XIII, e 11, I, da citada lei. Para o Min. Relator, deve-se analisar, no caso concreto, se há interesse público que justifique a atuação dos procuradores municipais e, na hipótese, concluiu haver matéria de fundo secundária, ou seja, o contrato administrativo impugnado, o que autorizaria a atuação dos procuradores. Porém, a tese vencedora, inaugurada pelo Min. Mauro Campbell Marques, dissentiu, considerando o interesse privado da ação de investigação judicial no âmbito da Justiça eleitoral – que tem como objetivo apurar uso indevido de recursos públicos, abusos de poder de autoridade, de poder político e econômico em benefício próprio, cujos efeitos restringir-se-iam sempre à pessoa do candidato e às pessoas que tenham, de algum modo, contribuído para a infração. Assim, explica que **não há como reconhecer a preponderância do interesse público quando o agente político defende-se em uma ação dessa natureza, por isso a conduta da prefeita configura improbidade administrativa, mas, em relação aos procuradores, manteve a decisão recorrida de que eles estavam exercendo o seu mister, cumprindo suas funções legais de defender o chefe de poder municipal, não podendo caracterizar improbidade administrativa. Diante do exposto, a Turma, ao prosseguir o julgamento, deu parcial provimento ao julgamento do recurso para reconhecer, por maioria, ato de improbidade na utilização da procuradoria municipal pela prefeita no período de eleições perante o TRE** e determinou o retorno dos autos à origem para aplicação de eventuais sanções cabíveis. **REsp 908.790-RN, Rel. originário Min. Humberto Martins, Rel. para acórdão Min. Mauro Campbell Marques, julgado em 20/10/2009.** (Inform. STJ 412) (g.n.)

AÇÃO CIVIL. IMPROBIDADE. CULPA.

Na espécie, foi imputada ao procurador do Estado a prática de ato de improbidade administrativa previsto no art. 11, II, da Lei n. 8.429/1992. Mas a Turma deu provimento ao recurso, por entender que a configuração de qualquer ato de improbidade administrativa exige a presença do elemento subjetivo na conduta do agente público, pois não é admitida a responsabilidade objetiva em face do atual sistema jurídico brasileiro, principalmente considerando a gravidade das sanções contidas na Lei de Improbidade Administrativa (LIA). Assim, é indispensável a presença de conduta dolosa ou culposa do agente público ao praticar tal ato, especialmente pelo tipo previsto no art. 11 da Lei n. 8.429/1992, especificamente por lesão aos princípios da Administração Pública, que admite manifesta amplitude em sua aplicação. Por outro lado, é importante ressaltar que a forma culposa somente é admitida no ato de improbidade administrativa relacionado à lesão do erário (art. 10 da LIA), não sendo aplicável aos demais tipos (arts. 9º e 11 da LIA). No caso concreto, o Tribunal de origem qualificou equivocadamente a conduta do agente público, **pois a desídia e a negligência, expressamente reconhecidas, no caso, não configuram dolo, tampouco dolo eventual, mas modalidade de culpa. Tal consideração afasta a configuração de ato de improbidade administrativa por violação de princípios da administração pública.** Precedentes citados: REsp 734.984-SP, DJe 16/6/2008; REsp 658.415-RS, DJ 3/8/2006; REsp 604.151-RS, DJ 8/6/2006, e REsp 626.034-RS, DJ 5/6/2006. **REsp 875.163-RS, Rel. Min. Denise Arruda, julgado em 19/5/2009.** (Inform. STJ 395) (g.n.)

PRINCÍPIO. INSIGNIFICÂNCIA. IMPROBIDADE ADMINISTRATIVA.

O chefe de gabinete da prefeitura aproveitou-se da força de três servidores municipais, bem como de veículo pertencente à municipalidade, para transportar móveis de seu uso particular. Ele, ao admitir os fatos que lhe são imputados (são incontroversos e confessados), pediu exoneração do cargo e ressarciu aos cofres públicos a importância de quase nove reais referente ao combustível utilizado no deslocamento. Então, o MP, em ação civil pública, buscou imputar ao réu as condutas dos arts. 9º e 11 da Lei n. 8.429/1992. Por sua vez, o juízo singular reconheceu a configuração da improbidade administrativa e lhe cominou multa de mil e quinhentos reais, porém afastou a pretendida suspensão de direitos políticos e a proibição de contratar com o Poder Público. No recurso, o réu buscava afastar a multa imposta, mas o TJ, considerando o valor e o ressarcimento imediato do dano, bem como o pedido de exoneração acabou por julgar improcedente a ação civil pública. Para isso, aplicou à hipótese o princípio da insignificância em analogia com o Direito Penal: apesar de típica, a conduta não atingiria, de modo relevante, o bem jurídico protegido. Diante disso, **vê-se que o bem jurídico que a Lei de Improbidade busca salvaguardar é, por excelência, a moralidade administrativa, que deve ser, objetivamente, considerada: ela não comporta relativização a ponto de permitir "só um pouco" de ofensa. Daí não se aplicar o princípio da insignificância às condutas judicialmente reconhecidas como ímprobas, pois não existe ofensa insignificante ao princípio da moralidade**. Constata-se que, em nosso sistema jurídico, vige o princípio da indisponibilidade do interesse público, a que o Poder Judiciário também está jungido. Mesmo no âmbito do Direito Penal, o princípio da insignificância é aplicado com parcimônia, visto que o dano produzido não é avaliado apenas sob a ótica patrimonial, mas, sobretudo, pela social. Anote-se haver precedente deste Superior Tribunal quanto ao fato de o crime de responsabilidade praticado por prefeito não comportar a aplicação do princípio da insignificância ao fundamento de que, por sua condição, exige-se dele um comportamento adequado, do ponto de vista ético e moral. Se é assim no campo penal, com maior razão o será no âmbito da Lei de Improbidade Administrativa, de caráter civil. Com esse entendimento, a **Turma deu provimento ao recurso especial do MP, afastando a aplicação do referido princípio**. Precedente citado: REsp 769.317-AL, DJ 27/3/2006. **REsp 892.818-RS, Rel. Min. Herman Benjamin, julgado em 11/11/2008.** (Inform. STJ 376) (g.n.)

IMPROBIDADE ADMINISTRATIVA. EX-PREFEITO. CONSTRUÇÃO. CASA PRÓPRIA.

A Turma proveu em parte o recurso, **configurada a existência do dano ao erário tipificado no art. 9º, IV, da Lei n. 8.429/1992, relativamente à utilização de serviços particulares durante seis meses, prestados por vinte funcionários municipais em horário de expediente, na edificação da casa de ex-prefeito**. Ademais, o fato alegado contra o recorrente não foi sequer rebatido, havendo também incompatibilidade (pela diferença hierárquica) entre a Lei municipal n. 427/1992 e a Lei federal n. 8.429/1992 (Lei de Improbidade Administrativa) e mais o óbice da Súm. n. 282-STF. Quanto à responsabilidade do recorrente, incabível qualquer alegação de que o *an debeatur* teria sido relegado à liquidação da sentença. **REsp 867.146-SC, Rel. Min. Eliana Calmon, julgado em 28/10/2008.** (Inform. STJ 374) (g.n.)

IMPROBIDADE. EX-PREFEITO. CONTRATAÇÃO. ADVOGADO.

Trata-se de ação civil pública ajuizada pelo Ministério Público (MP) em razão de ex-prefeito (primeiro réu) ter contratado sem procedimento licitatório, para prestação de serviços jurídicos, seu ex-consultor jurídico municipal (segundo réu) após ele ter pedido exoneração do cargo, apesar da existência dos cargos de consultor e assessor jurídico nos quadros da Administração municipal. Além disso, houve ação cautelar de sequestro de bens, em que vários incidentes processuais foram suscitados. Isso posto, ultrapassadas as preliminares, a irresignação recursal de mérito persistiu quanto à aplicação das sanções estabelecidas no art. 12, II e III, da Lei n. 8.429/1992. **Ressalta o Min. Relator que, no caso dos autos, como os serviços contratados foram efetivamente prestados, não há lesividade, consoante a jurisprudência predominante deste Superior Tribunal. Observa que a exegese das regras insertas na lei em comento deve ser realizada *cum grano salis*, porque uma interpretação ampliativa pode acoimar de ímprobas condutas meramente irregulares, suscetíveis de correção administrativa. Ademais quando ausente a má-fé do administrador público, poder-se-ia ir além do que pretendeu o legislador.** Com esse entendimento, a Turma deu parcial provimento ao recurso para afastar a condenação à devolução dos valores recebidos a título de honorários pelos serviços jurídicos prestados, bem como excluir a multa do art. 538, parágrafo único, do CPC. Precedentes citados: REsp 861.566-GO, DJ 23/4/2008; REsp 717.375-PR, DJ 8/5/2006, e REsp 514.820-SP, DJ 6/6/2005. **REsp 511.095-RS, Rel. Min. Luiz Fux, julgado em 14/10/2008.** (Inform. STJ 372) (g.n.)

SERVIDOR. CONTRATAÇÃO SEM CONCURSO PÚBLICO. IMPROBIDADE ADMINISTRATIVA.

Prosseguindo o julgamento, a Turma reiterou que configura ato de improbidade administrativa (art. 11 da Lei n. 8.429/1992) a contratação de servidor público sem a realização de concurso público, independente de dolo ou culpa na conduta do agente, bem como da prova da lesão ao erário, porquanto basta a ilicitude ou imoralidade administrativa para configurar a improbidade. **No caso, aplicável ao recorrido a perda de direitos políticos por três anos, pois, após a contratação, <u>por oito anos postergou a eficácia do ato ímprobo</u>, já que incabível a violação de princípios administrativos**. Precedentes citados: REsp 737.279-PR, DJ 21/5/2008, e REsp 884.083-PR, Dje 16/4/2008. **REsp 915.322-MG, Rel. Min. Humberto Martins, julgado em 23/9/2008.** (Inform. STJ 369) (g.n.)

IMPROBIDADE ADMINISTRATIVA. PREFEITO. PNAE.

O Ministério Público ajuizou ação civil pública por supostos atos de improbidade administrativa de prefeito em relação aos recursos do Programa Nacional de Alimentação Escolar (PNAE). O Tribunal *a quo*, em preliminar, decidiu não receber a petição inicial **visto que o suposto excesso de valor de mercado na aquisição de merenda era de aproximadamente 2%, o que, segundo aquele Tribunal, não seria hábil por si só a configurar o tipo do art. 10, XII, da Lei n. 8.429/1992**. Neste Superior Tribunal, após vários pedidos de vista, a Turma, ao prosseguir o julgamento, por maioria, entendeu, no dizer do Min. Relator, que a atipicidade dos fatos à luz da prova produzida na fase de defesa prévia da ação de improbidade, decorrente da análise das atividades do prefeito, conducentes à rejeição da ação, interditam a cognição deste Superior Tribunal na forma da Súm. n. 7-STJ. Observou ainda o Min. Teori Albino Zavascki que o próprio debate estabelecido na Turma demonstra que o Tribunal *a quo* até pode ter errado ou ter havido uma irregularidade punível pelo Tribunal de Contas, mas, para se dar provimento ao recurso, haveria necessidade de um exame fático. **REsp 799.511-SE, Rel. Min. Luiz Fux, julgado em 9/9/2008.** (Inform. STJ 367) (g.n.)

IMPROBIDADE ADMINISTRATIVA. CONTRATAÇÕES IRREGULARES.

Trata-se de recurso especial em que o MP estadual alega que o acórdão recorrido violou os arts. 4º, 11 e 21, *caput* e I, da Lei n. 8.429/1992, uma vez que a incidência dessa lei independe da ocorrência de dano meramente econômico, aplicando-se à hipótese em que há dano à moralidade administrativa. Diante disso, a Turma negou provimento ao recurso ao entendimento de que, nas ações civis por ato de improbidade, o ressarcimento ao erário é cabível nos casos em que o administrador for desonesto, receber vantagem ilícita ou, ainda, causar prejuízo evidente aos cofres públicos. Contudo, inexistindo elemento de prova capaz de evidenciar a conduta lesiva dos agentes públicos (o enriquecimento ilícito) e, muito menos, o prejuízo para a Administração em decorrência das contratações irregulares (no caso, sem concurso público), não há falar na condenação prevista na Lei n. 8.429/1992. Precedentes citados: REsp 734.984-SP, DJ 16/6/2008, e REsp 939.142-RJ, DJ 10/4/2008. **REsp 1.055.022-MT, Rel. Min. Francisco Falcão, julgado em 26/8/2008.** (Inform. STJ 365)

CONTRATO. LIMPEZA PÚBLICA. ADITAMENTOS. AÇÃO CIVIL. IMPROBIDADE.

Após certame licitatório, firmou-se contrato referente aos serviços de limpeza pública do município. Contudo, foram feitos vários aditivos contratuais de elevado percentual, o que levou o Ministério Público estadual a propor ação civil pública. Diante disso, a Turma, entre outros temas, firmou ser legítimo o MP e perfeitamente cabível a referida ação, regida pela Lei n. 7.347/1985 (Lei da Ação Civil Pública), para buscar a reparação de danos causados ao erário pelos atos de improbidade administrativa tipificados na Lei n. 8.429/1992 (Lei de Improbidade Administrativa). Firmou, também, que pode o juízo, ao proferir a sentença, acolher argumentos das partes, de outros julgados e do parecer do MP, adotando-os como fundamentação. Que, no caso, não houve nulidade do julgamento por cerceamento de defesa em face do julgamento antecipado da lide, visto ser desnecessária a realização de nova perícia para verificar se os aditivos ultrapassaram o limite de 25% previsto na Lei n. 8.666/1993, pois a simples comparação do valor inicial do contrato e seu valor final determinado pelos aditivos expõe o aumento de 93,38% do valor do contrato, conforme apurado pelo TJ. Que o advento do Plano Real, na hipótese, não é circunstância superveniente, quanto mais se o contrato foi firmado após seu advento, constatado pelas instâncias ordinárias que os aditivos não se justificavam em supostos prejuízos dele advindos e que os vencedores do certame licitatório tinham a opção de não assinar o contrato (art. 64, § 2º, da Lei n. 8.666/1993). Que a interpretação do art. 65 da Lei n. 8.666/1993 revela que as limitações percentuais previstas nos parágrafos 1º e 2º daquele artigo (25% e 50%) aplicam-se tanto aos casos da alínea **a**, quanto aos da alínea **b** de seu inciso I, a se imporem, também, nas alterações dos contratos ditadas pelas mudanças qualitativas do serviço prestado. Que inútil essa discussão, dado que nenhum aumento é válido diante da falta de alteração das condições econômicas na execução do serviço, da ilegalidade da inclusão de serviços extras diante da falta de licitação e da ausência de fundamento a permitir o próprio incremento do serviço, tal como constante da sentença. Quanto ao ato de improbidade, a Turma reiterou que, para sua configuração, é necessária a presença do elemento subjetivo (dolo ou culpa), tal como identificado e explicitado pelas instâncias ordinárias, excepcionada apenas a hipótese do art. 11 da Lei de Improbidade Administrativa. Aduziu, também, que não houve qualquer ofensa ao art. 12 da lei acima citada enquanto o acórdão, ao aplicar as consequências da solidariedade (art. 1.518 do CC/1916), deixou para a execução a quantificação da pena pecuniária e do ressarcimento, determinando que será proporcional ao tamanho do dano causado por cada réu, daí a individualização das penas. Precedentes citados do TCU: Decisão 215, DO 21/5/1999; do STJ: REsp 861.566-GO, DJ 23/4/2008; REsp 944.295-SP, DJ 18/9/2007; REsp 737.972-PR, DJ 3/8/2007; REsp 199.478-MG, DJ 8/5/2000; REsp 226.863-GO, DJ 4/9/2000, e REsp 154.128-SC, DJ 18/12/1998. **REsp 1.021.851-SP, Rel. Min. Eliana Calmon, julgado em 12/8/2008.** (Inform. STJ 363)

CONTRATAÇÃO SEM CONCURSO PÚBLICO.

Em ação civil pública ajuizada pelo MP, discute-se se constitui ato de improbidade administrativa **a contratação de servidores para trabalhar em banco estatal, sem concurso público, mediante manutenção de vários contratos de fornecimento de mão de obra, via terceirização de serviços**. Expõe o Min. Relator que foi amplamente provado, nas instâncias ordinárias, que a conduta dos agentes públicos (gerente e vice-gerente) **não resultou em lesão ao erário, uma vez que os contratados prestaram serviço, nem configurou o enriquecimento ilícito daqueles, portanto não se aplicam os arts. 9º e 10 da Lei n. 8.429/1992 (Lei de Improbidade). Mas o ato de improbidade, no caso, amolda-se à conduta prevista no art. 11 da citada lei, são atos que atentam contra os princípios da Administração Pública, os quais compreendem os princípios da impessoalidade e da moralidade administrativa, tendo em vista que houve a contratação de funcionários sem concurso público, com inobservância do art. 37 da CF/1988 e mediante a manutenção dos contratos como terceirização**. Isso posto, a Turma, ao prosseguir o julgamento, deu parcial provimento ao recurso do MP para, com fulcro no art. 12, III, da Lei de Improbidade, impor aos recorridos a proibição de contratar com o poder público pelo prazo de três anos, uma vez que as sanções dessa lei não são acumulativas. **REsp 772.241-MG, Rel. Min. Luiz Fux, julgado em 15/4/2008.** (Inform. STJ 352) (g.n.)

PREFEITO. VERBA PÚBLICA. PROMOÇÃO PESSOAL.

O prefeito repassou ao hospital vultosa verba consignada no orçamento municipal em razão do incêndio que sofrera aquele nosocômio. Porém omitiu o caráter público de tal quantia e divulgou na imprensa tratar-se de sua doação particular. Por tal ato, foi condenado pela prática de improbidade administra-

tiva (descrita no art. 11, I, da Lei n. 8.429/1992) à suspensão de seus direitos políticos por três anos e ao pagamento das custas processuais, sentença confirmada pelo Tribunal *a quo*. Neste Superior Tribunal, a Turma, ao prosseguir o julgamento, após o voto de desempate do Min. Francisco Falcão, entendeu que o Tribunal utilizou-se de detida análise do art. 37, § 1º, da CF/1988 para concluir pela prática da improbidade e que restou inatacado esse fundamento de natureza constitucional, o que leva à incidência da Súm. n. 126-STJ. Entendeu, também, que não há ilegalidade na aplicação da sanção de natureza pessoal – a suspensão dos direitos políticos – visto que autorizada pelo art. 12, III, da referida lei, diante da prática de conduta amoldada à hipótese de seu art. 11. Outrossim, afastou as alegações de desproporcionalidade e ausência de razoabilidade da sanção, aplicada em seu mínimo legal, anotando que, tanto a sentença quanto o acórdão ponderaram a inexistência de dano ao erário ou eventual proveito econômico para mitigar a condenação, quanto mais se a jurisprudência vem admitindo que, no trato do art. 11, de violação a princípios administrativos, não se exige prova de dano ao erário (art. 21, I). Os votos vencidos fundamentavam-se na ausência de tipicidade do ato praticado, na falta de razoabilidade e de proporção da condenação e em julgados no sentido de que a ação de improbidade não abarca os casos de inépcia do administrador. Precedentes citados: REsp 650.674-MG, DJ 1º/8/2006; REsp 604.151-RS, DJ 8/6/2006; REsp 717.375-PR, DJ 8/5/2006, e REsp 711.732-SP, DJ 10/4/2006. **REsp 884.083-PR, Rel. Min. José Delgado, julgado em 18/10/2007.** (Inform. STJ 336) (g.n.)

AÇÃO CIVIL PÚBLICA. NOTÍCIA PUBLICADA. IMPROBIDADE ADMINISTRATIVA.

Trata-se de ação civil pública movida pelo Ministério Público com objetivo de condenar autoridade municipal devido à publicidade de notícia considerada pessoal em que, às custas do erário, criticava atuação da Polícia Federal. **A Turma, por maioria, deu provimento ao recurso por não concordar com a tese segundo a qual as hipóteses de improbidade do art. 11 da Lei n. 8.429/1992 independem de dolo ou culpa**. Aduz o Min. Teori Albino Zavascki que essa tese consagraria a responsabilidade objetiva em matéria de improbidade, o que não é possível. Destacou, também, que somente o art. 10 da citada lei fala da hipótese de culpa e, ainda que fosse possível a tipificação com base na culpa, certamente essa culpa deveria ter sido demonstrada. Por outro lado, o Min. Luiz Fux, em voto no mesmo sentido, chama atenção de que a citada lei surgiu para impedir que uma autoridade, às custas do erário, tenha ganho político ou eleitoreiro, mas, no caso dos autos há peculiaridades; a notícia informava a instauração de inquérito que fora arquivado após serem ouvidas as testemunhas. Ressaltou, ainda, que a doutrina nacional e estrangeira considera que se pode publicar tudo sobre o homem público desde que as fontes sejam lícitas e os fatos não sejam falsos. **REsp 939.142-RJ, Rel. originário Min. Francisco Falcão, Rel. para acórdão Min. Luiz Fux, julgado em 21/8/2007.** (Inform. STJ 328) (g.n.)

IMPROBIDADE. REINTEGRAÇÃO. TEMPORÁRIO. DOENÇA INCURÁVEL.

Em 1990, um empregado temporário da prefeitura foi exonerado, juntamente com outros, em razão da falta de estabilidade. Em 1992, foi reintegrado provisoriamente mediante decreto do prefeito, lastreado em parecer técnico do procurador municipal, com a determinação do pagamento retroativo referente a dois anos de salários, período em que efetivamente não laborou o empregado. Sucedeu-se o ajuizamento da ação de improbidade com lastro nos arts. 10, *caput*, e 11, II, da Lei n. 8.429/1992. Já a sentença a julgou improcedente, visto que aquele empregado fora exonerado irregularmente, pois foi antes afastado do serviço em razão de doença grave e incurável, que o levou à morte pouco depois da reintegração. Também justificou a improcedência fundando-se na ausência de dolo, culpa ou má-fé a lastrear o ato do prefeito. O TJ, por sua vez, julgou procedente a ação de improbidade pela ofensa aos princípios da legalidade, moralidade, impessoalidade por aquele ato, ao incidir-lhe, agora, apenas o art. 10, XII, da referida lei. Aquela corte entendeu limitada a reintegração a servidores estáveis diante de acidente de trabalho; existir, também, a responsabilidade do procurador municipal e aplicar ao edil as sanções de suspensão dos direitos políticos, proibição de contratação com o Poder Público, ressarcimento ao erário e pagamento de multa. Diante disso, a Min. Relatora entendeu inexistente, na espécie, a violação do princípio da congruência, pois a indicação do dispositivo da lei de improbidade na ação é meramente figurativa, importando-se o magistrado com a descrição da conduta. Anotou que o Tribunal, apesar de alterar a tipificação, manteve-a na mesma categorização, até melhorando a situação dos réus ao excluir a conduta do art. 11, I, do referido dispositivo. **Porém aduziu que a configuração do art. 10, XII, da Lei n. 8.429/1992 só é pertinente em caso de comprovada demonstração, nos autos, do <u>nexo de causalidade</u> entre o enriquecimento de terceiro e o prejuízo da Administração**. Firmou que a doutrina e a jurisprudência não admitem prescindir do elemento subjetivo e da demonstração do prejuízo para se aplicar as respectivas sanções relativas ao art. 10, tal como feito, no caso, pelo TJ, daí decidir restaurar a sentença de primeiro grau. Os demais integrantes da Turma acompanharam a Min. Relatora, porém com ressalvas. Anote-se que o Min. Castro Meira entendeu suficiente o argumento de que o prefeito baseou-se em parecer do serviço jurídico, agindo de absoluta boa-fé, mas o Min. João Otávio de Noronha afastou esse argumento, posto que o parecer não o vincula, pois a decisão final é do administrador. **REsp 842.428-ES, Rel. Min. Eliana Calmon, julgado em 24/4/2007.** (Inform. STJ 318) (g.n.)

IMPROBIDADE ADMINISTRATIVA. MANDATO ELETIVO. ACUMULAÇÃO. COMISSIONADO.
Prosseguindo o julgamento, a Turma, por maioria, proveu o recurso, considerando não se configurar ato de improbidade para fins de cassação do cargo eletivo de prefeito o fato de não ter demitido vereador eleito dez anos depois de ter sido contratado como dentista em cargo comissionado, o qual exercia simultaneamente ao mandato eletivo, por não haver violação do art. 11, I, da Lei n. 8.429/1992. **REsp 778.204-SP, Rel. originário Min. José Delgado, Rel. para acórdão Min. Francisco Falcão, julgado em 19/9/2006.** (Inform. STJ 297)

***LEADING CASE*. PREFEITO. CONTRATAÇÃO. ADVOGADO. DEFESA. IMPROBIDADE. AÇÃO CIVIL PÚBLICA.**
A questão resume-se em saber se a contratação de advogado constitui ato de improbidade quando ele é pago pelos cofres públicos para defender o prefeito acusado de improbidade administrativa. A Min. Relatora alertou que a tese jurídica, posta nesses termos, não tem precedentes neste Superior Tribunal. Explicou a Ministra que a ação civil pública por ato de improbidade é ação política que atinge as autoridades em razão do exercício de cargo público, podendo ser justa ou não, séria ou não, grave ou não. Assim, deriva da atuação do agente político e, como autoridade, em princípio, esse deve ser defendido pelo corpo de advogados que faz a defesa do órgão; na falta dele, há a possibilidade de o prefeito contratar, como agente político, um advogado às expensas do município, em defesa do próprio órgão. Mas há esse interesse de o Estado defender seus agentes políticos, quando eles agem como tal, caso contrário, quando se tratar da defesa de um ato pessoal do agente político, voltado contra órgão público, não se pode admitir que as despesas com a contratação de advogado sejam por conta do próprio órgão público, pois constituir-se-ia em demasia, ato imoral e arbitrário. Com essas considerações, a Turma deu parcial provimento para conhecer em parte do recurso, mas lhe negar provimento a fim de prevalecer a decisão adotada pelo Tribunal de Apelação. **AgRg no REsp 681.571-GO, Rel. Min. Eliana Calmon, julgado em 6/6/2006.** (Inform. STJ 287)

8.8.3. Sanções de improbidade administrativa

DIREITO ADMINISTRATIVO. IMPROBIDADE ADMINISTRATIVA. INDISPONIBILIDADE DE BENS.
A decretação de indisponibilidade de bens em decorrência da apuração de atos de improbidade administrativa deve observar o teor do art. 7º, parágrafo único, da Lei n. 8.429/1992, limitando-se a constrição aos bens necessários ao ressarcimento integral do dano, ainda que adquiridos anteriormente ao suposto ato de improbidade, ou até mesmo ao início da vigência da referida lei. Precedentes citados: REsp 1.078.640-ES, DJe 23/3/2010, e REsp 1.040.254-CE, DJe 2/2/2010. **AgRg no REsp 1.191.497-RS, Rel. Min. Humberto Martins, julgado em 20/11/2012. (Inform. STJ 510)**

INOCORRÊNCIA. IMPROBIDADE ADMINISTRATIVA. CONTRATAÇÃO. ADVOGADO. AUSÊNCIA. LICITAÇÃO. DEVOLUÇÃO. VALORES RECEBIDOS. INVIABILIDADE.
A contratação sem licitação por inexigibilidade deve estar vinculada à notória especialização do prestador de serviço, de forma a evidenciar que o seu trabalho é o mais adequado para a satisfação do objeto contratado e, sendo assim, inviável a competição com outros profissionais. Na espécie, o MP ajuizou ação civil pública arguindo a nulidade da inexigibilidade de licitação para prestação de serviços advocatícios, a condenação dos réus à reparação do dano causado ao erário, a perda da função pública dos réus, o pagamento de multa civil e a proibição de contratar com o Poder Público. A Turma, ratificando o acórdão do tribunal *a quo*, **entendeu inexistir lesão ao erário, sendo incabível a incidência da pena de multa, bem como o ressarcimento aos cofres públicos sob pena de enriquecimento ilícito do Poder Público**. Precedentes citados: REsp 717.375-PR, DJ 8/5/2006; REsp 514.820-SP, DJ 5/9/2005, e REsp 861.566-GO, DJe 23/4/2008. **REsp 1.238.466-SP, Rel. Min. Mauro Campbell Marques, julgado em 6/9/2011.** (Inform. STJ 482) (g.n.)

MS PREVENTIVO. ATO DE IMPROBIDADE. APLICAÇÃO DA PENA. AÇÃO JUDICIAL OU PROCESSO ADMINISTRATIVO DISCIPLINAR.
Trata-se de mandado de segurança (MS) preventivo com pedido liminar impetrado por servidor contra aplicação da pena de demissão conforme sugerida pela comissão processante em processo administrativo disciplinar (PAD) com base no art. 132, IV (improbidade administrativa), c/c os arts. 10 e 11 da Lei n. 8.429/1992 (atos de improbidade administrativa que causam prejuízo ao erário e atentam contra os princípios da Administração Pública). O impetrante respondeu a PAD porque, na qualidade de subsecretário de planejamento, orçamento e administração de Ministério, autorizou sem licitação a contratação de serviços de desenvolvimento de projeto de pesquisa com instituição privada, no valor de quase R$ 20 milhões. Esses fatos estão sendo apurados no procedimento administrativo, mas também em ação judicial de improbidade administrativa e em ação penal de iniciativa do Ministério Público. Discute-se aqui se

a apuração e a sanção de atos de improbidade administrativa poderiam ser efetuadas pela via administrativa ou se exigiriam a via judicial, como defendeu o Min. Relator. **Para o Min. Gilson Dipp, em voto-vista vencedor, a independência das instâncias civil, penal e administrativa permite que a Administração imponha ao servidor a pena de demissão em caso de improbidade administrativa, pois uma infração disciplinar tanto pode ser reconhecida como ato de improbidade na via administrativa quanto se sujeitar ao processo judicial correspondente.** Assevera que o que distingue o ato de improbidade administrativa da infração disciplinar de improbidade, quando coincidente a hipótese de fato, é a natureza da infração, pois a lei funcional tutela a conduta funcional do servidor, enquanto a lei de improbidade dispõe sobre sanções aplicáveis a todos os agentes públicos, servidores ou não, principalmente no interesse da preservação e integridade do patrimônio público. Explica que, por essa razão, a CF/1988 dispôs, no art. 37, § 4º, com relação aos servidores, que os atos de improbidade poderão importar a suspensão dos direitos políticos, perda da função pública, indisponibilidade (e perda) de bens e ressarcimento ao erário. Embora a lei estatutária do servidor público também tenha previsto no art. 132, IV, como causa de demissão o ato de improbidade, isso não significa que ele e a infração disciplinar tenham uma só natureza, visto que submetem-se cada qual ao seu regime peculiar e, assim, não se excluem. Daí que mesmo as improbidades não previstas ou fora dos limites da Lei n. 8.429/1992 envolvendo servidores continuam sujeitas à lei estatutária. Com esse entendimento, a Seção, ao prosseguir o julgamento, por maioria, denegou a segurança e cassou a medida liminar. Precedentes citados do STF: RMS 24.699-DF, DJ 1º/7/2005; MS 21.310-DF, DJ 11/3/1994; MS 23.401-DF, DJ 12/4/2002; MS 22.534-PR, DJ 10/9/1999; MS 22.899-SP, DJ 16/5/2003, e do STJ: MS 12.735-DF, DJe 24/8/2010. **MS 15.054-DF, Rel. originário Min. Napoleão Nunes Maia Filho, Rel. para acórdão Min. Gilson Dipp, julgado em 25/5/2011.** (Inform. STJ 474) (g.n.)

IMPROBIDADE. MULTA. RESSARCIMENTO.

Trata-se de ação civil pública ajuizada contra prefeito em razão da prática de improbidade administrativa consistente na contratação temporária de merendeiras sem o devido concurso público. É certo que, caracterizado o prejuízo ao erário, o ressarcimento não deve ser considerado como propriamente uma sanção, mas sim uma consequência imediata e necessária do próprio ato combatido. Desse modo, não há como excluí-lo a pretexto de resguardo à proporcionalidade das penas aplicadas apregoado no art. 12 da Lei n. 8.429/1992 (LIA). Esse mesmo artigo de lei prevê a aplicação concomitante de diversas sanções e do ressarcimento, que, pelo que se entende de "ressarcimento integral do dano", deve compreender unicamente os prejuízos efetivamente causados ao Poder Público, sendo providência de índole rígida, que sempre se impõe. Ao contrário, as sanções de caráter elástico podem levar em consideração outras coisas que não a própria extensão do dano, tais como a gravidade da conduta ou a forma pela qual foi praticado o ato ímprobo. Elas podem ou não ser aplicadas e, caso o sejam, expõem-se à mensuração. A única exceção feita à elasticidade das sanções é que pelo menos uma delas deve acompanhar o dever de ressarcimento. Essa diferenciação faz-se necessária porque, na seara da improbidade administrativa, há duas consequências que possuem cunho pecuniário: a multa e o ressarcimento. Enquanto a primeira sanciona o agente ímprobo, a segunda cauciona o prejuízo do ente público. No caso, a sentença impôs, entre outras sanções, a condenação à multa (com parâmetro no valor da remuneração percebida pelo agente), mas com o equivocado fim de ressarcir o erário. Já o Tribunal *a quo* apenas impôs o ressarcimento, considerando-o como tal, mas mantendo o parâmetro da remuneração para fixá-lo. Para a solução dessa confusão de conceitos, deve-se considerar que pelo menos o ressarcimento deve estar presente, visto que é medida imediata e necessária à condenação, ao contrário da multa civil, que é opcional. Daí que, tanto o acórdão quanto a sentença enganaram-se ao fixar o valor a ser ressarcido em montante superior ao dano efetivamente suportado. Diante disso, poder-se-ia até cogitar que haveria certo benefício ao recorrente, pois seria condenado apenas ao dever de ressarcir. Como isso não é aceito pelo art. 12 da LIA nem pela jurisprudência do STJ, mostra-se viável manter a condenação pecuniária total imposta (cinco vezes a remuneração do prefeito), entendendo-a como ressarcimento integral do dano, mas, se ele for menor que o montante fixado, o que restar de saldo deve ser considerado como condenação à multa civil. Precedentes citados: REsp 664.440-MG, DJ 8/5/2006, e REsp 1.019.555-SP, DJe 29/6/2009. **REsp 622.234-SP, Rel. Min. Mauro Campbell Marques, julgado em 1º/10/2009.** (Inform. STJ 409)

IMPROBIDADE. FUNCIONÁRIO FANTASMA.

A ação civil pública (ACP) ajuizada pelo MP estadual reputa como ato de improbidade administrativa o fato de o ex-prefeito contratar irregularmente filho de aliado político (vice-prefeito) que recebeu vencimentos por 18 meses, sem prestar serviço (funcionário "fantasma"), devido a cursar, em horário integral, faculdade de fisioterapia. Depois da denúncia, o contratado procurou a municipalidade e restituiu parte da quantia líquida recebida. No REsp, o MP busca o restabelecimento da sentença quanto às sanções dispostas no art. 12, I e II, da Lei n. 8.429/1992, pois o Tribunal *a quo* só manteve a condenação dos réus para que, solidariamente, restituíssem ao erário o resto da quantia recebida. Isso posto, **ressalta o Min. Relator que, em**

tese, não infringe a citada legislação o acórdão que deixa de aplicar, cumulativamente, as penas cominadas para o ato de improbidade em que incorreu o acusado, pois cabe ao julgador, diante das peculiaridades do caso, avaliar a necessidade de aplicação cumulada das sanções. Porém, destaca que, em observância aos princípios da razoabilidade e da proporcionalidade, a irresignação do *parquet* procede. Assim, dadas as condutas dos acusados, deve ser restaurada a sentença quanto às sanções de suspensão dos direitos políticos por cinco anos ao ex-prefeito e de proibição de contratar com ente público ou receber benefícios ou incentivos fiscais por dez anos ao funcionário "fantasma" contratado. Observa que o contrário seria privilegiar comportamento que desrespeita os princípios da moralidade e da impessoalidade da Administração Pública. Diante do exposto, a Turma proveu o recurso. Precedentes citados: REsp 929.289-MG, DJ 28/2/2008, e REsp 664.440-MG, DJ 8/5/2006. **REsp 1.019.555-SP, Rel. Min. Castro Meira, julgado em 16/6/2009.** (Inform. STJ 399) (g.n.)

IMPROBIDADE. SUSPENSÃO. DIREITOS POLÍTICOS.

A Turma entendeu que a suspensão dos direitos políticos do administrador público pela utilização indevida do trabalho de servidores públicos municipais durante 31 horas, ato que merece irrefutável censura, não se molda aos princípios da proporcionalidade e da razoabilidade; deve, pois, ser afastada essa sanção. Contudo, manteve-se a condenação em ressarcir aos cofres públicos a importância equivalente às horas de serviço dos funcionários utilizados de forma indevida, além da multa civil fixada em duas vezes o acréscimo patrimonial decorrente da irregularidade. Precedente citado: REsp 875.425-RJ, DJ 11/2/2008. **REsp 1.055.644-GO, Rel. Min. Castro Meira, julgado em 21/5/2009.** (Inform. STJ 395)

SUSPENSÃO. DIREITOS POLÍTICOS. VEREADORES. FUNCIONÁRIOS "FANTASMAS".

O recorrente (MP) alega que o Tribunal *a quo* contrariou o art. 12, III, da Lei n. 8.429/1992 (Lei de Improbidade Administrativa), enquanto não aplicou, também, a pena de suspensão dos direitos políticos aos recorridos (vereadores), **apesar de expressamente reconhecer a prática do ato de improbidade descrito no art. 11 da referida lei, consistente em permitir a funcionários (seus subordinados) receber salários sem qualquer labor**. Isso posto, vê-se que o parágrafo único do referido artigo é expresso em não obrigar o juiz a aplicar cumulativamente todas as penas previstas, pois tem o dever de fixá-las e dosá-las ao considerar a natureza, a gravidade e as consequências do ato tido por ímprobo. Porém, isso não o impede de utilizar-se da cumulação das sanções. A hipótese em questão exige maior rigor do magistrado na dosimetria da sanção, sob pena de tornar inócuos os princípios que regem a Administração Pública, especialmente a moralidade administrativa. Anote-se que o acórdão recorrido delineou o contexto fático enquanto manteve a condenação dos recorridos, tal qual disposto na sentença, a permitir a este Superior Tribunal afastar a incidência da Súm. n. 7-STJ, examinar e concluir que a sanção aplicada não atende ao princípio da proporcionalidade, ou mesmo aos fins sociais a que se destina a referida legislação. O ocupante da função de vereador, de importante papel no amadurecimento da democracia de nosso país, assim como o prefeito, é a voz mais próxima do administrado e, nessa condição, deve velar para que sua atuação no trato dos bens, de pessoal e valores públicos sirva de exemplo aos integrantes da comunidade. **Logo, os recorridos, em vez de serem coniventes, tinham o dever de não permitir fatos tais como o ocorrido, a lhes impor, também, a pena de suspensão de seus direitos políticos pelo prazo de três anos, *quantum* fixado ao considerar a primariedade noticiada nos autos**. Precedentes citados: REsp 631.301-RS, DJ 25/9/2006, e REsp 825.673-MG, DJ 25/5/2006. **REsp 1.025.300-RS, Rel. Min. Eliana Calmon, julgado em 17/2/2009.** (Inform. STJ 384) (g.n.)

RESSARCIMENTO. ERÁRIO. IMPROBIDADE ADMINISTRATIVA. IRREGULARIDADE. TÍTULOS MUNICIPAIS.

Trata-se de ação de responsabilidade por improbidade administrativa em razão de operações irregulares com títulos municipais (Letras Financeiras do Tesouro Municipal – LFTM) emitidas para pagamento de vultosos precatórios judiciais. Esses títulos eram lançados no mercado financeiro sem leilão, em operações compromissadas com cláusulas de recompra pela municipalidade, com taxas de deságio muito acima das praticadas no mercado que os tornavam muito baratos para os primeiros compradores. Eram comprados e vendidos em operações diárias, sucessivas e recíprocas entre as mesmas corretoras e distribuidoras, até atingirem o valor real pago em operação com instituição que não pertencia àquele grupo de corretoras. A diferença entre o valor pago pelo comprador final dos títulos e o depreciado valor inicial (efetivamente recebido pelo Tesouro) era o lucro dessa cadeia de operações intermediárias entre as mesmas corretoras e distribuidoras. A sentença reconheceu a procedência da ação, e o Tribunal *a quo* reformou, em parte, a sentença, afirmando que a condenação deveria ser em valor proporcional a cada um dos envolvidos no dano causado em cada operação. Note-se que foram 13 recursos especiais admitidos. Ressalta a Min. Relatora, entre outros argumentos, que, em sede de recurso especial, não cabe rever as premissas ensejadoras do julgamento antecipado da lide. Essa análise é feita a partir da documentação juntada na inicial considerada e analisada pelas instâncias ordinárias, para tanto, o TJ individualizou a participação de cada um dos envolvidos. Sendo assim, de acordo com julgados precedentes deste Superior Tribunal, incide a Súm. n. 7-STJ. Outrossim, aponta a Min. Relatora que **a apreciação das contas e dos contratos administrativos pelo Tribunal de Contas municipal, que as aprovou, não inibe a atuação do Poder Judiciário para exame de sua legalidade e constitucionalidade, pois as cortes de contas municipais não exercem jurisdição e não têm atribuição para anular atos lesivos ao patrimônio público, visto que exercem função auxiliar ao Legislativo (art. 5º, XXXV, c/c o art. 71, X, §§ º 1º e 2º da CF/1988)**. Com esse entendimento, a Turma, ao prosseguir o julgamento, conheceu em parte do REsp e, nessa parte, negou-lhe provimento. Precedentes citados: REsp 472.399-AL, DJ 19/12/2002; REsp 591.965-RS, DJ 10/4/2006; REsp 255.307-SP, DJ 13/3/2006, e REsp 171.504-PR, DJ 21/11/2005. **REsp 593.522-SP, Rel. Min. Eliana Calmon, julgado em 23/10/2007.** (Inform. STJ 337) (g.n.)

IMPROBIDADE. PREFEITO. CASSAÇÃO. LICENÇA.
O prefeito, **acompanhado de várias pessoas, dirigiu-se ao clube local com o intuito de participar de baile de carnaval de natureza privada. Sucede que o porteiro advertiu-lhe que apenas ele e seus familiares poderiam adentrar o recinto. Indignado, desferiu a ele e a outros uma série de impropérios e deixou o local, mesmo após a autorização dada pelo diretor social para o ingresso de todos. Não satisfeito, no seguinte dia, entendeu cassar a licença conferida ao clube e impedir suas festividades no último dia do carnaval, até mediante o expediente de cavar valetas nas ruas de acesso ao local**. Por iniciativa do MP, respondeu à ação judicial lastreada na Lei n. 8.429/1992, pela prática da improbidade descrita em seu art. 11, *caput* e I, por não observar seu dever de imparcialidade. Ao final, foi condenado a ressarcir o gasto com a abertura das valetas, a pagar à municipalidade cinquenta vezes o valor que percebia à frente da prefeitura e ficou proibido de contratar com o Poder Público por cinco anos. Nesta sede, a Turma afastou a alegação de cerceamento de defesa pela dispensa de produção de prova oral, pois as questões de fato estavam bem instruídas por documentos. Porém, em razão do princípio da razoabilidade, em vista do ato praticado, entendeu reduzir a multa civil para dez vezes a remuneração percebida pelo edil. **REsp 897.499-SP, Rel. Min. João Otávio de Noronha, julgado em 27/3/2007.** (Inform. STJ 315)

IMPROBIDADE ADMINISTRATIVA. CUMULAÇÕES. SANÇÕES.
Os recorrentes buscam a reforma do acórdão do TJ-SP para julgar improcedente a ação civil pública alegando contrariedade aos arts. 11 e 12 da Lei n. 8.429/1992. Pretendem, ainda, que seja afastada a aplicação das penas de forma cumulada, em razão do princípio da proporcionalidade. O Min. Relator entendeu que devem ser providos os recursos especiais para que seja afastada a pena de suspensão dos direitos políticos, porém manteve a sanção de ressarcimento ao erário. Aduziu que o art. 12, parágrafo único, da Lei n. 8.429/1992, fundado no princípio da proporcionalidade, determina que a sanção por ato de improbidade seja fixada com base na "extensão do dano causado" e no "proveito patrimonial obtido pelo agente". No caso, o dano causado aos cofres municipais é de pequena monta, já que se trata de ação civil pública por ato de improbidade decorrente da acumulação indevida de cargo e emprego públicos. E, também, o acórdão recorrido reconheceu não haver "indícios de que o agente tenha obtido proveito patrimonial". Não devem ser cumuladas as sanções por ato de improbidade se for de pequena monta o dano causado ao erário público e se o agente não obteve proveito patrimonial com o ato. Com esse entendimento, a Turma conheceu em parte dos recursos e deu-lhes provimento também em parte. Precedente citado: REsp 300.184-SP, DJ 3/11/2003. **REsp 794.155-SP, Rel. Min. Castro Meira, julgado em 22/8/2006.** (Inform. STJ 294)

8.8.4. Indisponibilidade de bens

DIREITO ADMINISTRATIVO. DECRETAÇÃO DE INDISPONIBILIDADE E SEQUESTRO DE BENS ANTES DO RECEBIMENTO DA INICIAL EM AÇÃO DE IMPROBIDADE.
É possível a decretação de indisponibilidade e sequestro de bens antes mesmo do recebimento da petição inicial da ação civil pública destinada a apurar a prática de ato de improbidade administrativa. Precedentes citados: AgRg no AREsp 20.853-SP, Primeira Turma, DJe 29/6/2012; REsp 1.078.640-ES, Primeira Turma, DJe 23/3/2010, e EDcl no Ag 1.179.873-PR, Segunda Turma, DJe 12/3/2010. **AgRg no REsp 1.317.653-SP, Rel. Min. Mauro Campbell Marques, julgado em 7/3/2013.** (Inform. STJ 518)

DIREITO ADMINISTRATIVO E PROCESSUAL CIVIL. COMPROVAÇÃO DO *PERICULUM IN MORA* PARA A DECRETAÇÃO DE INDISPONIBILIDADE DE BENS POR ATO DE IMPROBIDADE.
Para a decretação da indisponibilidade de bens pela prática de ato de improbidade administrativa que tenha causado lesão ao patrimônio público, não se exige que seu requerente demonstre a ocorrência de *periculum in mora*. Nesses casos, a presunção quanto à existência dessa circunstância milita em favor do requerente da medida cautelar, estando o *periculum in mora* implícito no comando normativo descrito no art. 7º da Lei n. 8.429/1992, conforme determinação contida no art. 37, § 4º, da CF. Precedente citado: REsp 1.319.515-ES, DJe 21/9/2012. **AgRg no REsp 1.229.942-MT, Rel. Min. Mauro Campbell Marques, julgado em 6/12/2012.** (Inform. STJ 515). (g.n.)

ACP. INDISPONIBILIDADE. BENS. IMPROBIDADE. O tribunal *a quo*, apesar de reconhecer presentes os requisitos para o deferimento da medida liminar de indisponibilidade dos bens do agente tido por ímprobo, entendeu revogá-la, ao fundamento de que o juízo de piso não especificou a extensão da constrição. Este Superior Tribunal, quanto ao tema, entende que, se o ato de improbidade causar lesão ao patrimônio público ou enriquecimento ilícito, é possível a decretação da indisponibilidade de bens do agente tachado de ímprobo. Esta, contudo, está limitada ao ressarcimento integral do dano (art. 7º da LIA), somado à execução de eventual sanção pecuniária a ser imposta e qualquer outro encargo financeiro que possa decorrer da condenação. **Dessa forma, caberia ao tribunal *a quo* não revogar, mas, sim, ao entender cabível a medida liminar, determinar seus limites ou devolver os autos ao juiz singular para tal intento.** Com esse entendimento, a Turma deu provimento ao especial, visto que estão presentes o perigo da demora e a fumaça do bom direito, pela real possibilidade de dilapidação do patrimônio público, além de fixar como parâmetro a estimativa de dano integrante da inicial. Precedentes citados: REsp 817.557-ES, DJe 10/2/2010, e REsp 762.894-GO, DJe 4/8/2008. **REsp 1.161.631-SE, Rel. Min. Humberto Martins, julgado em 10/8/2010.** (Inform. STJ 442) (g.n.)

MC. IMPROBIDADE. INDISPONIBILIDADE. BENS.
A Turma decidiu que **é lícita a concessão de liminar *inaudita altera parte* (art. 804 do CPC) em medida cautelar preparatória ou incidental, antes do recebimento da ACP**, a fim de decretar a indisponibilidade e o sequestro de bens necessários adquiridos antes do ato de improbidade, inclusive o bloqueio de ativos do agente público ou de terceiro beneficiado (arts. 7º e 16 da Lei n. 8.429/1992). Tais medidas assecuratórias de resultado útil da tutela jurisdicional são para a reparação do dano ao erário ou restituição de bens e valores havidos ilicitamente por ato de improbidade, caracterizado o *fumus boni juris*. Precedentes citados: AgRg no Ag 1.144.682-SP, DJe 6/11/2009; REsp 1.003.148-RN, DJe 5/8/2009; REsp 535.967-RS, DJe 4/6/2009, e REsp 806.301-PR, DJe 3/3/2008. **REsp 1.078.640-ES, Rel. Min. Luiz Fux, julgado em 9/3/2010.** (Inform. STJ 426)

ACP. BENS. INDISPONIBILIDADE. MULTA.
A Turma decidiu que a indisponibilidade de bens decretada em ação civil pública (ACP) por ato de improbidade administrativa para assegurar o ressarcimento integral de danos causados ao erário pode abranger a multa civil, caso fixada na sentença condenatória (arts. 7º e 12 da Lei n. 8.429/1992). Precedentes citados: AgRg nos EDcl no Ag 587.748-PR, DJe 23/10/2009; AgRg no REsp 1.109.396-SC, DJe 24/9/2009; REsp 637.413-RS, DJe 21/8/2009; AgRg no REsp 1.042.800-MG, DJe 24/3/2009, e REsp 1.023.182-SC, DJe 23/10/2008. **REsp 957.766-PR, Rel. Min. Luiz Fux, julgado em 9/3/2010.** (Inform. STJ 426)

IMPROBIDADE ADMINISTRATIVA. EX-PREFEITO. BENS.
A Turma reiterou o entendimento de que ex-prefeito não está no rol das autoridades submetidas à Lei n. 1.079/1950, que versa sobre os crimes de responsabilidade; logo, poderá responder por seus atos na via da ação civil pública de improbidade administrativa. Quanto à indisponibilidade dos bens, para que se reveja a decisão do Tribunal *a quo*, necessário o reexame fático-probatório, vedado pela Súm. n. 7 deste Superior Tribunal. Precedentes citados: REsp 861.419-DF, DJ 11/2/2009, e AgRg no Ag 685.351-PR, DJ 21/11/2008. **REsp 949.452-SP, Rel. Min. Francisco Falcão, julgado em 24/3/2009.** (Inform. STJ 388)

AÇÃO CIVIL PÚBLICA. IMPROBIDADE ADMINISTRATIVA.
Cinge-se a questão à possibilidade de concessão de liminar *inaudita altera pars* em sede de ação civil pública ajuizada com supedâneo na Lei n. 8.429/1992, para decretar a indisponibilidade e o sequestro de bens, assim como o afastamento *in limine* do agente público. Para o Min. Relator, é lícita a concessão de liminar *inaudita altera pars* (art. 804 do CPC) em sede de medida cautelar preparatória ou incidental, antes do recebimento da ação civil pública, para a decretação de indisponibilidade (art. 7º da Lei n. 8.429/1992) e de sequestro de bens, incluído o bloqueio de ativos do agente público ou de terceiro beneficiado pelo ato de improbidade (art. 16 da Lei n. 8.429/1992). Isso porque são medidas assecuratórias do resultado útil da tutela jurisdicional, qual seja, a reparação do dano ao erário ou de restituição de bens e valores havidos ilicitamente por ato de improbidade. Segundo o art. 20, *caput*, da Lei n. 8.429/1992, a perda da função pública e a suspensão dos direitos políticos, como sanção à improbidade administrativa, só se efetivam com o trânsito em julgado da sentença condenatória. Assim, o **afastamento cautelar do agente de seu cargo**, previsto no parágrafo único, somente se legitima como medida excepcional, quando for manifesta sua indispensabilidade. A observância dessas exigências mostra-se ainda mais pertinente em casos de mandato eletivo, cuja suspensão, considerada a temporariedade do cargo e a natural demora na instrução de ações de improbidade, pode, na prática, acarretar a própria perda definitiva. **Nesta hipótese, aquela situação de excepcionalidade configura-se, tão somente, com a demonstração de um comportamento do agente público que, no exercício de suas funções públicas e em virtude delas, importe efetiva ameaça à instrução do processo.** Diante disso, a Turma deu parcial provimento ao recurso, apenas para a decretação de indisponibilidade (art. 7º da Lei n. 8.429/1992) e de

sequestro de bens, incluído o bloqueio de ativos do agente público ou de terceiro beneficiado pelo ato de improbidade. **REsp 895.415-BA, Rel. Min. Luiz Fux, julgado 2/12/2008.** (Inform. STJ 379)

BEM DE FAMÍLIA. INDISPONIBILIDADE. AÇÃO. IMPROBIDADE.

No caso, o agravante afirma que o juiz e o Tribunal *a quo* deveriam ter examinado as provas que demonstrariam ser de família os bens declarados indisponíveis. Para o Min. Relator, o recurso não constitui medida processual adequada para a demonstração de que determinado bem se caracteriza como de família se os requisitos de fatos para tal conclusão ainda estão controvertidos na instância *a quo*. Somente após a instrução processual é que se verificará se o imóvel pode ser considerado como bem de família. Esse eventual caráter nada interfere na determinação de sua indisponibilidade. Não se trata de penhora, mas de impossibilidade de alienação. A Lei n. 8.009/1990 visa resguardar o lugar onde se estabelece o lar, impedindo a alienação do bem onde se estabelece a residência familiar. No caso, o perigo de alienação, para o agravante, não existe. A indisponibilidade objetiva justamente impedir que o imóvel seja alienado e, caso seja julgado procedente o pedido formulado contra o agravante na ação de improbidade, assegurar o ressarcimento dos danos que porventura tenham sido causados ao erário, pois esses estão, ao menos em tese, configurados, como demonstrado está o prejuízo causado aos cofres públicos. Entendeu o julgador estarem evidenciados o requisito do *fumus boni iuris* e do *periculum in mora*, a ensejar o deferimento de liminar para a indisponibilidade dos bens do agravante. Concluiu o Min. Relator que em nada favorece ao agravante a demonstração de que os imóveis estavam sob a proteção da Lei n. 8.009/1990. **AgRg no REsp 956.039-PR, Rel. Min. Francisco Falcão, julgado em 3/6/2008.** (Inform. STJ 358)

AÇÃO CIVIL PÚBLICA. IMPROBIDADE ADMINISTRATIVA. INDISPONIBILIDADE. BENS.

A questão trata da indisponibilidade de bens da recorrente, decretada em sede de ação cautelar preparatória de ação civil pública e que encontra regência no art. 7º da Lei n. 8.429/1992 (Improbidade Administrativa). A recorrente alega que as disposições do mencionado artigo desta lei foram violadas eis que não evidenciado o *fumus boni iuris* e o *periculum in mora*, não havendo justificativa para a decretação da referida indisponibilidade de seus bens. Porém o Min. Relator esclareceu que a medida prevista no mencionado artigo é atinente ao poder geral de cautela do Juiz, previsto no art. 798 do Código de Processo Civil, pelo que seu deferimento exige a presença dos requisitos do *fumus boni iuris* e *periculum in mora*. O *periculum in mora* significa o fundado temor de que, enquanto se aguarda a tutela definitiva, venham a ocorrer fatos que prejudiquem a apreciação da ação principal. A hipótese de dano deve ser provável, no sentido de caminhar em direção à certeza, não bastando eventual possibilidade, assentada em meras conjecturas da parte interessada. Inexistindo fatos positivos que possam inspirar receio de prejuízos ao erário público ocasionados em virtude da execução de contrato realizado pela Caixa Econômica Federal e empresa estrangeira (com filial devidamente regulamentada no Brasil), a liminar de bloqueio dos bens da referida empresa deve ser cassada. É incabível recurso especial fundado na alínea c do permissivo constitucional quando não atendidos os requisitos indispensáveis à comprovação da divergência pretoriana, conforme prescrições do art. 541, parágrafo único, do CPC e do art. 255 do RISTJ. Isso posto, a Turma conheceu em parte do recurso e, nessa parte, deu-lhe provimento. **REsp 821.720-DF, Rel. Min. João Otávio de Noronha, julgado em 23/10/2007.** (Inform. STJ 337)

AÇÃO CIVIL PÚBLICA. IMPROBIDADE ADMINISTRATIVA. INDISPONIBILIDADE. BENS.

Para ser decretada a indisponibilidade de bens (art. 7º da Lei n. 8.429/1992), faz-se necessário haver fortes indícios de que o ente público atingido pelo ato de improbidade tenha sido lesado patrimonialmente ou que de o agente que praticou o ato tenha enriquecido em decorrência da prática de ato ilícito. A medida contida no art. 7º da Lei n. 8.429/1992 está inserida no poder de cautela do juiz (art. 798 do CPC) e, para o seu deferimento, necessários os requisitos do *periculum in mora* e do *fumus boni iuris*. Assim, a Turma conheceu em parte do recurso e, nessa parte, deu-lhe provimento. **REsp 731.084-PR, Rel. Min. João Otávio de Noronha, julgado em 2/2/2006.** (Inform. STJ 272)

8.8.5. Questões processuais

AÇÃO CIVIL PÚBLICA E FORO POR PRERROGATIVA DE FUNÇÃO

O Plenário iniciou julgamento de agravo regimental interposto de decisão proferida pelo Ministro Ayres Britto, que negara seguimento a pedido de que ação civil pública, por ato de improbidade administrativa supostamente praticado por parlamentar, fosse apreciada no STF. O Ministro Roberto Barroso, relator, negou provimento ao recurso e reafirmou a decisão agravada quanto à incompetência do STF para processar e julgar o presente feito, por inexistir foro por prerrogativa de função em ação civil pública por improbidade. Após, pediu vista dos autos o Ministro Teori Zavascki.

Pet 3067 AgR/MG, rel. Min. Roberto Barroso, 12.12.2013. (Pet-3067) (Inform. STF 732)

AG. REG. NO RE N. 590.136-MT
RELATOR: MIN. DIAS TOFFOLI

EMENTA: Agravo regimental no recurso extraordinário. Improbidade administrativa. Prerrogativa de foro. Inexistência. Precedentes.

1. Inexiste foro por prerrogativa de função nas ações de improbidade administrativa.

2. Matéria já pacificada na jurisprudência da Suprema Corte.

3. Agravo regimental não provido. (Inform. STF 707)

Conflito de atribuições e Fundef -1

O Plenário iniciou julgamento de ações cíveis originárias em que se discute conflito negativo de atribuições entre o Ministério Público Federal e o Ministério Público do Estado de São Paulo para investigação de irregularidades concernentes à gestão e prestação de contas dos recursos oriundos do Fundo de Manutenção e Desenvolvimento do Ensino e Valorização do Magistério - Fundef, que passou a denominar-se Fundo de Manutenção e Desenvolvimento da Educação Básica e de Valorização da Educação - Fundeb. A Min. Ellen Gracie, relatora, reconheceu a atribuição do Ministério Público Federal para apurar eventual ocorrência de ilícito penal e a do Ministério Público do Estado de São Paulo para investigar hipóteses de improbidade administrativa (ação de responsabilidade civil). Após, pediu vista o Min. Luiz Fux. ACO 1109/SP, rel. Min. Ellen Gracie, 4.8.2011. (ACO-1109) ACO 1206/SP, rel. Min. Ellen Gracie, 4.8.2011. (ACO-1206) ACO 1241/SP, rel. Min. Ellen Gracie, 4.8.2011. (ACO-1241) ACO 1250/SP, rel. Min. Ellen Gracie, 4.8.2011. (ACO-1250)

Conflito de atribuições e Fundef - 2

O Plenário concluiu julgamento de ações cíveis originárias em que discutido conflito negativo de atribuições entre o Ministério Público Federal e o Ministério Público do Estado de São Paulo, para investigação de irregularidades concernentes à gestão e à prestação de contas dos recursos oriundos do Fundo de Manutenção e Desenvolvimento do Ensino e Valorização do Magistério - Fundef, que passou a ser denominado Fundo de Manutenção e Desenvolvimento da Educação Básica e de Valorização da Educação - Fundeb — v. Informativo 634. Ao reafirmar diretriz jurisprudencial no sentido de que o STF é competente para dirimir conflito de atribuições entre o *parquet* da União e os dos Estados-membros, preliminarmente, por votação majoritária, conheceu-se do conflito. Vencidos, no ponto, os Ministros Luiz Fux e Celso de Mello, por entenderem não caber ao Supremo solucionar a presente divergência. **No mérito, o Tribunal, também por maioria, reconheceu a atribuição do Ministério Público Federal para apurar eventual ocorrência de ilícito penal e a do Ministério Público do Estado de São Paulo para investigar hipóteses de improbidade administrativa (ação de responsabilidade civil).** O Min. Luiz Fux acentuou que, em ação de improbidade, não haveria prejuízo de posterior deslocamento de competência à Justiça Federal, em caso de superveniente intervenção da União ou de reconhecimento ulterior de lesão ao patrimônio nacional. Vencido o Min. Marco Aurélio, que reputava ser do *parquet* paulista a atribuição para as ações, porquanto não se teria, na espécie, o envolvimento de serviço público federal ou de recursos da própria União. ACO 1109/SP, rel. Min. Ellen Gracie, 5.10.2011. (ACO-1109) ACO 1206/SP, rel. Min. Ellen Gracie, 5.10.2011. (ACO-1206) ACO 1241/SP, rel. Min. Ellen Gracie, 5.10.2011. (ACO-1241) ACO 1250/SP, rel. Min. Ellen Gracie, 5.10.2011. (ACO-1250) (Inform. STF 643) (g.n.)

EMENTA: IMPROBIDADE ADMINISTRATIVA. AÇÃO CIVIL. LITISCONSORTE PASSIVO **QUE ERA**, À ÉPOCA DA INSTAURAÇÃO DO PROCESSO JUDICIAL, **JUIZ INTEGRANTE** DE TRIBUNAL REGIONAL DO TRABALHO. **PRETENDIDO RECONHECIMENTO** DA COMPETÊNCIA ORIGINÁRIA DO SUPERIOR TRIBUNAL DE JUSTIÇA, **POR EFEITO** DO QUE DISPÕE O ART. 105, I, "a", DA CONSTITUIÇÃO DA REPÚBLICA, **c/c** A LEI Nº 10.628/2002. **INADMISSIBILIDADE. DECLARAÇÃO DE INCONSTITUCIONALIDADE**, PELO SUPREMO TRIBUNAL FEDERAL, **EM SEDE** DE CONTROLE ABSTRATO, **DA LEI** Nº 10.628/2002 (**ADI** 2.797/DF). **COMPETÊNCIA** DE MAGISTRADO **DE PRIMEIRO** GRAU. RECURSO EXTRAORDINÁRIO CONHECIDO EM PARTE **E**, NESSA PARTE, IMPROVIDO.

– **Compete**, ao magistrado **de primeira** instância, processar e julgar **ação civil** de improbidade administrativa, **ainda** que ajuizada **contra** autoridade pública **que dispõe**, nas infrações penais comuns, **perante** qualquer Tribunal judiciário, **mesmo** que se trate de Tribunal Superior da União **ou** que se cuide **do próprio** Supremo Tribunal Federal, de prerrogativa de foro "ratione muneris". Doutrina. Precedentes. **(RE 439723/SP, rel. Min. Celso de Mello)** (Inform. STF 572)

Ação de Improbidade Administrativa: Falta de Interesse da União e Atribuição do Parquet Estadual

O Tribunal resolveu conflito negativo de atribuição entre o Ministério Público do Estado de São Paulo e o Ministério Público Federal, no sentido de reconhecer a atribuição do primeiro para propor ação de improbidade administrativa contra ex-Prefeito de cidade paulista a respeito de aplicação do Fundo de Manutenção e Desenvolvimento do Ensino Fundamental e de Valorização do Magistério – FUNDEF. Considerou-se que os recursos em questão, durante a gestão do citado ex-Prefeito, não continham complementação de verbas federais, mas somente de verbas do Estado e do Município, razão por que eventual ressarcimento não reverteria aos cofres da União, a qual, por conseguinte, não teria nenhum interesse específico no caso. **ACO 1156/SP, rel. Min. Cezar Peluso, 1º.7.2009. (ACO-1156)** (Inform. STF 553)

Conflito de Atribuições e Atos de Improbidade

Aplicando a orientação firmada no julgamento da ACO 1213/SP (DJE de 30.9.2008), o Tribunal, ao desprover agravo regimental, manteve decisão que, conhecendo de conflito de atribuições entre o Ministério Público Federal e o Ministério Público do Estado de São Paulo, declarara a atribuição deste último para funcionar na investigação de supostas irregularidades ocorridas na administração de sociedade de economia mista de capital majoritário da União — falta de definição de prazos em contratos de permissão de uso e utilização de critérios subjetivos para a prorrogação de contratos. Entendeu-se que a situação descrita não se enquadraria nas hipóteses de defesa do patrimônio nacional ou dos direitos constitucionais do cidadão, previstas na Lei Complementar 75/93 e capazes de justificar a atuação do Ministério Público Federal. **ACO 1213 AgR/SP, rel. Min. Menezes Direito, 15.4.2009. (ACO-1213)** (Inform. STF 542)

Improbidade Administrativa: Ministro do STF e Competência

O Tribunal, por maioria, resolvendo questão de ordem suscitada em petição, firmou sua competência para julgar ação por ato de improbidade administrativa ajuizada contra atual Ministro do STF, à época Advogado-Geral da União, e outros, na qual se lhe imputam a suposta prática dos crimes previstos nos artigos 11, I e II, e 12, III, da Lei 8.429/92. Reportando-se à orientação fixada pela Corte na Rcl 2138/DF (pendente de publicação), entendeu-se que distribuir competência para juiz de 1º grau para julgamento de ministro da Corte quebraria o sistema judiciário como um todo. Os Ministros Cármen Lúcia, Ricardo Lewandowski e Celso de Mello fizeram ressalvas. Vencido, no ponto, o Min. Marco Aurélio, relator, que, na linha de seu voto na citada reclamação, e salientando estar definida a competência do Supremo de forma exaustiva na Constituição (art. 102), considerava ser do juízo da 9ª Vara da Seção Judiciária do Distrito Federal a competência para o processamento e julgamento da ação. Em seguida, o Tribunal, por maioria, determinou o arquivamento da petição, em relação ao referido Ministro desta Corte, haja vista o fato de ele não mais ocupar o cargo de Advogado-Geral da União, e a descida dos autos ao mencionado juízo de 1ª instância, relativamente aos demais acusados. Vencido, também nessa parte, o Min. Marco Aurélio que, asseverando tratar-se de ação de natureza cível, tendo em conta a ressalva contida no art. 37, § 4º, da CF, e reconhecendo a independência das esferas cível, penal e administrativa, não extinguia o feito quanto ao Ministro do STF. **Pet 3211 QO/DF, rel. Min. Marco Aurélio, 13.3.2008. (Pet-3211)** (Inform. STF 498)

Improbidade Administrativa e Competência - 1

Iniciado o julgamento de reclamação na qual se alega ter havido a usurpação da competência originária do STF para o julgamento de crime de responsabilidade cometido por Ministro de Estado (CF, art. 102, I, c), por juiz federal de primeira instância, em razão de ter julgado procedente ação de improbidade administrativa contra o então Ministro-Chefe da Secretaria de Assuntos Estratégicos da Presidência da República. Preliminarmente, o Tribunal, por maioria, assentou a ilegitimidade da Procuradora da República, autora da ação de improbidade, e da Associação Nacional do Ministério Público para, na qualidade de interessados, impugnarem a reclamação porquanto o Ministério Público Federal perante o Supremo Tribunal Federal é representado pelo Procurador-Geral da República. Vencidos os Ministros Carlos Velloso, Celso de Mello, Ilmar Galvão, Sepúlveda Pertence e Marco Aurélio que reconheciam a qualidade de interessada à Procuradora da República nos termos do art. 159 do RISTF, por entenderem que os Procuradores da República que subscrevem a petição inicial qualificam-se como órgãos agentes e não como fiscais da lei, não havendo identidade de posição processual na causa com o Procurador-Geral da República (RISTF, art. 159: "Qualquer interessado poderá impugnar o pedido do reclamante."). Rcl 2.138-DF, rel. Min. Nelson Jobim, 20.11.2002. (Rcl-2138)

Improbidade Administrativa e Competência - 2

Em seguida, o Min. Nelson Jobim, relator, fazendo a distinção entre os regimes de responsabilidade político-administrativa previstos na CF, quais sejam, o previsto no art. 37, § 4º, e regulado pela Lei 8.429/92, e o regime de crime de responsabilidade fixado no art. 102, I, letra c, e disciplinado pela Lei 1.079/50, votou pela procedência do pedido formulado na reclamação por entender que os agentes políticos, por estarem regidos por normas especiais de responsabilidade, não respondem por improbidade administrativa com base na Lei 8.429/92, mas apenas por crime de responsabilidade em ação que somente pode ser proposta perante o STF nos termos do art. 102, I, c, da CF ("Art. 102. Compete ao Supremo Tribunal Federal, precipuamente, a guarda da Constituição, cabendo-lhe: I - processar e julgar, originariamente: ... c) nas infrações penais comuns e nos crimes de responsabilidade, os Ministros de Estado e os Comandantes da Marinha, do Exército e da Aeronáutica, ressalvado o disposto no art. 52, I, os membros dos Tribunais Superiores, os do Tribunal de Contas da União e os chefes de missão diplomática de caráter permanente;"). Em síntese, o Min. Nelson Jobim proferiu voto no sentido de julgar procedente a reclamação para assentar a competência do STF e declarar extinto o processo em curso na 14ª Vara da Seção Judiciária do Distrito Federal, que gerou a reclamação, no que foi acompanhado pelos Ministros Gilmar Mendes, Ellen Gracie,

Maurício Corrêa e Ilmar Galvão. Após, o julgamento foi adiado em virtude do pedido de vista do Min. Carlos Velloso. Rcl 2.138-DF, rel. Min. Nelson Jobim, 20.11.2002. (Rcl-2138)

Improbidade Administrativa e Competência - 3
Retomado julgamento de reclamação na qual se alega usurpação da competência originária do STF para o julgamento de crime de responsabilidade cometido por Ministro de Estado (CF, art. 102, I, c) — v. Informativo 291. Na espécie, o reclamante insurge-se contra sentença proferida por juiz federal de primeira instância que, julgando procedente pedido formulado em ação civil pública por improbidade administrativa, condenara o então Ministro-Chefe da Secretaria de Assuntos Estratégicos da Presidência da República nas penalidades do art. 12 da Lei 8.429/92 e do art. 37, § 4º, da CF, em virtude da solicitação e utilização indevidas de aeronaves da Força Aérea Brasileira - FAB, bem como da fruição de Hotel de Trânsito da Aeronáutica. Abrindo divergência, o Min. Carlos Velloso, em voto-vista, julgou improcedente a reclamação por considerar que, no caso, a competência é do juízo federal de 1º grau. Entendendo que os agentes políticos respondem pelos crimes de responsabilidade tipificados nas respectivas leis especiais (CF, art. 85, parágrafo único), mas, em relação ao que não estiver tipificado como crime de responsabilidade, e estiver definido como ato de improbidade, devem responder na forma da lei própria, qual seja, a Lei 8.429/92, aplicável a qualquer agente público, concluiu que, na hipótese dos autos, as tipificações da Lei 8.429/92, invocadas na ação civil pública, não se enquadram como crime de responsabilidade definido na Lei 1.079/50. Após o voto do Min. Cezar Peluso, que acompanhava o voto do Min. Nelson Jobim, relator, pediu vista dos autos o Min. Joaquim Barbosa. Rcl 2138/DF, rel. Min. Nelson Jobim, 14.12.2005. (Rcl-2138)

Improbidade Administrativa e Competência - 4
Retomado julgamento de reclamação na qual se alega usurpação da competência originária do STF para o julgamento de crime de responsabilidade cometido por Ministro de Estado (CF, art. 102, I, c) — v. Informativos 291 e 413. Na espécie, o reclamante insurge-se contra sentença proferida por juiz federal de primeira instância que, julgando procedente pedido formulado em ação civil pública por improbidade administrativa, condenara o então Ministro-Chefe da Secretaria de Assuntos Estratégicos da Presidência da República nas penalidades do art. 12 da Lei 8.429/92 e do art. 37, § 4º, da CF, em virtude da solicitação e utilização indevidas de aeronaves da Força Aérea Brasileira - FAB, bem como da fruição de Hotel de Trânsito da Aeronáutica. Inicialmente, o Ministério Público Federal suscitou preliminar de não conhecimento, apontando a incompetência superveniente do Supremo para a apreciação da matéria em razão de ter ocorrido, depois do início do julgamento da reclamação, a cessação do exercício da função pública pelo interessado e o reconhecimento, na ADI 2797/DF (DJU de 19.12.2006), da inconstitucionalidade dos §§ 1º e 2º do art. 84 do CPP, com a redação dada pela Lei 10.628/2002. Após os votos dos Ministros Cármen Lúcia, Joaquim Barbosa — que também suscitava preliminar no sentido da perda do objeto da reclamação em face da cessação da investidura funcional motivadora da prerrogativa de foro —, Ricardo Lewandowski e Carlos Britto, todos acolhendo a preliminar arguida pelo Ministério Público Federal, pediu vista o Min. Eros Grau. Rcl 2138/DF, rel. Min. Nelson Jobim, 1º.3.2007. (Rcl-2138)

Improbidade Administrativa e Competência - 5
O Tribunal concluiu julgamento de reclamação proposta pela União contra o Juiz Federal Substituto da 14ª Vara da Seção Judiciária do Distrito Federal e contra o relator da apelação interposta perante o TRF da 1ª Região, na qual se alegava usurpação da competência originária do STF para o julgamento de crime de responsabilidade cometido por Ministro de Estado (CF, art. 102, I, c) — v. Informativos 291, 413 e 457. Na espécie, o juízo federal de 1ª instância julgara procedente pedido formulado em ação civil pública por improbidade administrativa e condenara o então Ministro-Chefe da Secretaria de Assuntos Estratégicos da Presidência da República nas penalidades do art. 12 da Lei 8.429/92 e do art. 37, § 4º, da CF, em virtude da solicitação e utilização indevidas de aeronaves da Força Aérea Brasileira - FAB, bem como da fruição de Hotel de Trânsito da Aeronáutica. Rcl 2138/DF, rel. orig. Min. Nelson Jobim, rel. p/ o acórdão Min. Gilmar Mendes, 13.6.2007. (Rcl-2138)

Improbidade Administrativa e Competência - 6
Inicialmente, o Tribunal, por maioria, rejeitou a preliminar de prejudicialidade, tendo em conta que o réu daquela ação, apesar de cessada sua investidura como Ministro de Estado, atualmente seria chefe de missão diplomática de caráter permanente, mantendo, por isso, a prerrogativa de ser julgado perante o Supremo, por força do disposto no art. 102, I, c, da CF (*"Art. 102. Compete ao Supremo Tribunal Federal...: I - processar e julgar, originariamente: ... c) nas infrações penais comuns e nos crimes de responsabilidade... os chefes de missão diplomática de caráter permanente;"*). Vencidos, no ponto, os Ministros Joaquim Barbosa, Carlos Britto, Celso de Mello e Sepúlveda Pertence, que acolhiam a preliminar, sob os fundamentos de ausência de tipo legal relativamente a chefe de missão diplomática e de, considerada a jurisprudência do STF no sentido de que a legitimidade ativa para denúncia por crime de responsabilidade é do Ministério Público Federal, ter este sustentado a inexistência de crime de responsabilidade. Em seguida, o Tribunal, também por maioria, rejeitou a ques-

tão de ordem suscitada pelo Min. Marco Aurélio, no sentido de sobrestar o julgamento da reclamação para aguardar-se o pregão de outro processo em que se tivesse a possibilidade de participação do Colegiado atual. Vencidos, quanto a essa questão, os Ministros Marco Aurélio, Joaquim Barbosa e Celso de Mello. Rcl 2138/DF, rel. orig. Min. Nelson Jobim, rel. p/ o acórdão Min. Gilmar Mendes, 13.6.2007. (Rcl-2138)

Improbidade Administrativa e Competência - 7

Quanto ao mérito, o Tribunal, por maioria, julgou procedente a reclamação para assentar a competência do STF para julgar o feito e declarar extinto o processo em curso no juízo reclamado. Após fazer distinção entre os regimes de responsabilidade político-administrativa previstos na CF, quais sejam, o do art. 37, § 4º, regulado pela Lei 8.429/92, e o regime de crime de responsabilidade fixado no art. 102, I, c, da CF e disciplinado pela Lei 1.079/50, entendeu-se que os agentes políticos, por estarem regidos por normas especiais de responsabilidade, não respondem por improbidade administrativa com base na Lei 8.429/92, mas apenas por crime de responsabilidade em ação que somente pode ser proposta perante o STF nos termos do art. 102, I, c, da CF. Vencidos, quanto ao mérito, por julgarem improcedente a reclamação, os Ministros Carlos Velloso, Marco Aurélio, Celso de Mello, estes acompanhando o primeiro, Sepúlveda Pertence, que se reportava ao voto que proferira na ADI 2797/DF (DJU de 19.12.2006), e Joaquim Barbosa. O Min. Carlos Velloso, tecendo considerações sobre a necessidade de preservar-se a observância do princípio da moralidade, e afirmando que os agentes políticos respondem pelos crimes de responsabilidade tipificados nas respectivas leis especiais (CF, art. 85, parágrafo único), mas, em relação ao que não estivesse tipificado como crime de responsabilidade, e estivesse definido como ato de improbidade, deveriam responder na forma da lei própria, isto é, a Lei 8.429/92, aplicável a qualquer agente público, concluía que, na hipótese dos autos, as tipificações da Lei 8.429/92, invocadas na ação civil pública, não se enquadravam como crime de responsabilidade definido na Lei 1.079/50 e que a competência para julgar a ação seria do juízo federal de 1º grau. Rcl 2138/DF, rel. orig. Min. Nelson Jobim, rel. p/ o acórdão Min. Gilmar Mendes, 13.6.2007. (Rcl-2138)

Improbidade Administrativa e Competência - 8

O Min. Joaquim Barbosa acompanhou o voto vencido do Min. Carlos Velloso quanto à conclusão de que os fatos em razão dos quais o Ministério Público Federal ajuizara a ação de improbidade não se enquadravam nas tipificações da Lei 1.079/50 e de que não seria aplicável, portanto, o art. 102, I, c, da CF. Em acréscimo a esses fundamentos, asseverava, também, a existência, no Brasil, de disciplinas normativas diversas em matéria de improbidade, as quais, embora visando à preservação da moralidade na Administração Pública, possuiriam objetivos constitucionais diversos: a específica da Lei 8.429/92, que disciplina o art. 37, § 4º, da CF, de tipificação cerrada e de incidência sobre um amplo rol de possíveis acusados, incluindo até mesmo pessoas que não tenham vínculo funcional com a Administração Pública; e a referente à exigência de probidade que a Constituição faz em relação aos agentes políticos, especialmente ao Chefe do Poder Executivo e aos Ministros de Estado (art. 85, V), a qual, no plano infraconstitucional, se completa com o art. 9º da Lei 1.079/1950. Esclarecia que o art. 37, § 4º, da CF traduziria concretização do princípio da moralidade administrativa inscrito no *caput* desse mesmo artigo, por meio do qual se teria buscado coibir a prática de atos desonestos e antiéticos, aplicando-se, aos acusados as várias e drásticas penas previstas na Lei 8.429/92. Já o tratamento jurídico da improbidade prevista no art. 85, V, da CF e na Lei 1.079/50, direcionada aos fins políticos, ou seja, de apuração da responsabilização política, assumiria outra roupagem, porque o objetivo constitucional visado seria o de lançar no ostracismo político o agente político faltoso, cujas ações configurassem um risco para o estado de Direito; a natureza política e os objetivos constitucionais pretendidos com esse instituto explicariam a razão da aplicação de apenas duas punições ao agente político: perda do cargo e inabilitação para o exercício de funções públicas por 8 anos. Dessa forma, estar-se-ia diante de entidades distintas que não se excluiriam e poderiam ser processadas separadamente, em procedimentos autônomos, com resultados diversos, não obstante desencadeados pelos mesmos fatos. Salientando que nosso ordenamento jurídico admitiria, em matéria de responsabilização dos agentes políticos, a coexistência de um regime político com um regime puramente penal, afirmava não haver razão para esse mesmo ordenamento impedir a coabitação entre responsabilização política e improbidade administrativa. Entendia que eximir os agentes políticos da ação de improbidade administrativa, além de gerar situação de perplexidade que violaria os princípios isonômico e republicano, seria um desastre para a Administração Pública, um retrocesso institucional. Por fim, considerava que a solução então preconizada pela maioria dos Ministros, ao criar nova hipótese de competência originária para o Supremo (CF, art. 102), estaria rompendo com a jurisprudência tradicional, segundo a qual a competência da Corte só poderia ser estabelecida mediante norma de estatura constitucional, sendo insuscetível de extensões a situações outras que não as previstas no próprio texto constitucional. Destarte, a ação proposta deveria ter seu curso normal perante as instâncias ordinárias. Rcl 2138/DF, rel. orig. Min. Nelson Jobim, rel. p/ o acórdão Min. Gilmar Mendes, 13.6.2007. (Rcl-2138) (Inform. STF 471) (g.n.)

Improbidade Administrativa: Parlamentar e Trânsito em Julgado

O Tribunal resolveu questão de ordem suscitada em petição no sentido de determinar o retorno dos autos ao juízo estadual de origem. Na espécie, o Ministério Público do Estado de São Paulo ajuizara ação civil pública contra o então prefeito de São Paulo e outros, objetivando a aplicação das sanções previstas na Lei 8.429/92 e o ressarcimento de prejuízos causados aos cofres do Município de São Paulo. Na fase de execução da sentença, um dos condenados peticionara ao juízo da execução, requerendo a extinção do processo sem julgamento do mérito e/ou a remessa dos autos ao Supremo, em razão da sua eleição para o cargo de Deputado Federal, sustentando a tese de que os agentes políticos que respondem pelos crimes de responsabilidade tipificados no Decreto-Lei 201/67 não se submeteriam à Lei de Improbidade (Lei 8.429/92), sob pena de ocorrência de *bis in idem*. O juízo da execução remetera os autos ao Supremo, por considerar que, com a eleição, teria sido deslocada para esta Corte a competência para a execução da sentença. Considerou-se que, além de a tese sustentada pelo parlamentar não poder prosperar, tendo em conta o entendimento no sentido de não existir crime de responsabilidade de parlamentar, em razão do trânsito em julgado da sentença condenatória, e não havendo a possibilidade de rediscussão da matéria apenas porque o requerido fora eleito Deputado Federal, não caberia ao Supremo a competência para meramente promover os atos de execução. O Min. Joaquim Barbosa, relator, reiterou, também, todos os fundamentos por ele expendidos no julgamento da Rcl 2138/DF, acima relatados, e, neste ponto, foi acompanhado somente pelos Ministros Ricardo Lewandowski, Carlos Britto e Celso de Mello. Pet 3923 QO/SP, rel. Min. Joaquim Barbosa, 13.6.2007. (Pet-3923) (Inform. STF 471)

DIREITO ADMINISTRATIVO, CONSTITUCIONAL E PROCESSUAL CIVIL. FORO POR PRERROGATIVA DE FUNÇÃO NAS AÇÕES DE IMPROBIDADE ADMINISTRATIVA.

Os Conselheiros dos Tribunais de Contas dos Estados não possuem foro por prerrogativa de função nas ações de improbidade administrativa. Isso porque, ainda que o agente político tenha prerrogativa de foro previsto na CF quanto às ações penais ou decorrentes da prática de crime de responsabilidade, essa prerrogativa não se estende às ações de improbidade administrativa. **AgRg na Rcl 12.514-MT, Rel. Min. Ari Pargendler, julgado em 16/9/2013.** (Inform. STJ 527)

DIREITO ADMINISTRATIVO. INQUÉRITO CIVIL PARA APURAÇÃO DE ATOS DE IMPROBIDADE ADMINISTRATIVA.

Não é possível impedir o prosseguimento de inquérito civil instaurado com a finalidade de apurar possível incompatibilidade entre a evolução patrimonial de vereadores e seus respectivos rendimentos, ainda que o referido procedimento tenha-se originado a partir de denúncia anônima, na hipótese em que realizadas administrativamente as investigações necessárias para a formação de juízo de valor sobre a veracidade da notícia. A CF impôs ao MP o dever de promover o inquérito civil e a ação civil pública para a proteção do patrimônio público e social, do meio ambiente e de outros interesses difusos e coletivos (art. 129, III). O dever constitucional deve ser compatibilizado com a vedação ao anonimato (art. 5º, IV, CF), com base no princípio da concordância prática. Nos termos do art. 22 da Lei 8.429/1992, o MP pode, mesmo de ofício, requisitar a instauração de inquérito policial ou procedimento administrativo para apurar qualquer ilícito previsto no mencionado diploma legal. Ressalte-se que o art. 13 dessa lei obriga os agentes públicos a disponibilizar periodicamente informações sobre seus bens e evolução patrimonial. Vale destacar que os agentes políticos sujeitam-se a uma diminuição na esfera de privacidade e intimidade, de modo que se mostra ilegítima a pretensão de não revelar fatos relacionados à evolução patrimonial. Precedentes citados: RMS 37.166-SP, Primeira Turma, DJe 15/4/2013; e RMS 30.510-RJ, Segunda Turma, DJe 10/2/2010. **RMS 38.010-RJ, Rel. Min. Herman Benjamin, julgado em 4/4/2013.** (Inform. STJ 522)

DIREITO ADMINISTRATIVO. NECESSIDADE DE RECEBIMENTO DA INICIAL NO CASO DE INDÍCIOS DE ATO QUE POSSA SER ENQUADRADO EM HIPÓTESE DE IMPROBIDADE PREVISTA NA LEI N. 8.429/1992.

Deve ser recebida a petição inicial de ação de improbidade no caso em que existam indícios da prática de ato ímprobo por prefeito que, no contexto de campanha de estímulo ao pagamento do IPTU, fizera constar seu nome, juntamente com informações que colocavam o município entre outros que detinham bons índices de qualidade de vida, tanto na contracapa do carnê de pagamento do tributo quanto em outros meios de comunicação. Tal conduta, em princípio, pode configurar indevida prática de promoção pessoal mediante a utilização de informes publicitários oficiais, subsumindo-se, dessarte, a hipótese de ato de improbidade administrativa prevista na Lei n. 8.429/1992. Nesse contexto, havendo indícios da prática de ato de improbidade, é prematura a extinção do processo com julgamento de mérito, tendo em vista que, na fase inicial da ação, ainda inexistem elementos suficientes para um juízo conclusivo acerca da demanda. Com efeito, de acordo com a jurisprudência do STJ, existindo meros indícios de cometimento de atos enquadráveis na Lei n. 8.429/1992, a petição inicial há de ser recebida, fundamentadamente, pois, na fase inicial prevista no art. 17, §§ 7º, 8º e 9º, vale o princípio *in dubio pro societate*, a fim de possibilitar o maior resguardo do interesse público. **AgRg no REsp 1.317.127-ES, Rel. Min. Mauro Campbell Marques, julgado em 7/3/2013**. (Inform. STJ 518)

DIREITO ADMINISTRATIVO. IMPROBIDADE ADMINISTRATIVA. DEVIDO PROCESSO LEGAL. REMESSA DOS AUTOS AO MP.

Não há nulidade processual pela simples remessa dos autos ao MP para manifestação após o oferecimento da defesa preliminar na ação de improbidade administrativa. A decretação da nulidade exige a demonstração do efetivo prejuízo pela parte, de sorte que, mesmo que tenha havido erro procedimental, deve o réu demonstrar em que amplitude tal equívoco lhe causou danos. Precedente citado: AgRg no AREsp 35.837-RS, DJe 26/4/2012. **AgRg no REsp 1.269.400-SE, Rel. Min. Humberto Martins, julgado em 23/10/2012. (Inform. STJ 507)**

IMPROBIDADE ADMINISTRATIVA. DEFESA PRÉVIA. NULIDADE.

A falta de notificação do acusado para apresentar defesa prévia nas ações submetidas ao rito da Lei de Improbidade Administrativa (art. 17, § 7º, da Lei n. 8.429/1992) é causa de nulidade relativa do feito, devendo ser alegada em momento oportuno e devidamente comprovado o prejuízo à parte. Com esse entendimento, a Turma negou provimento ao recurso, mantida a condenação do recorrente. Precedentes citados: REsp 1116932-SP, DJe 14/10/2009, e REsp 1.034.511-CE, DJe 22/9/2009. **EDcl no REsp 1.194.009-SP, Rel. Min. Arnaldo Esteves Lima, julgados em 17/5/2012. (Inform. STJ 497)**

ACP. IMPROBIDADE ADMINISTRATIVA. LITISCONSÓRCIO.

A Turma deu provimento ao recurso especial para afastar a incidência do art. 47 do CPC em ação civil pública (ACP) por improbidade administrativa. Na espécie, o tribunal *a quo* anulou a sentença que reconheceu o ato ímprobo dos agentes públicos por entender que as empresas supostamente envolvidas no esquema de pagamentos decorrentes de contratos fraudulentos, na condição de beneficiárias ou participantes (art. 3º da Lei n. 8.429/1992), deveriam compor o polo passivo da demanda como litisconsortes necessárias. Segundo o Min. Relator, **além de o referido diploma legal não impor a formação do litisconsórcio, não há relação jurídica unitária entre as partes, já que a conduta do agente, pautada pelos deveres inerentes à sua função pública, é independente da responsabilização das pessoas jurídicas mencionadas.** Precedentes citados: REsp 737.978-MG, DJe 27/3/2009; REsp 809.088-RJ, DJ 27/3/2006; AgRg no REsp 759.646-SP, DJe 30/3/2010, e REsp 1.155.992-PA, DJe 1º/7/2010. **REsp 896.044-PA, Rel. Min. Herman Benjamin, julgado em 16/9/2010.** (Inform. STJ 447) (g.n.)

COMPETÊNCIA. RCL. IMPROBIDADE ADMINISTRATIVA.

Na hipótese, o MPF propôs ação civil pública (ACP) de improbidade administrativa em desfavor da ora reclamante e outras três pessoas com o objetivo de condená-las nas penas do art. 12, II e III, da Lei n. 8.429/1992 ao argumento de que elas teriam concedido o afastamento indevido a servidor público para frequentar curso de aperfeiçoamento profissional (pós-graduação). Sustenta a reclamante que o STJ já decidiu ser da competência dele o julgamento de ação de improbidade administrativa em se tratando de magistrado de segundo grau, tal como no caso, razão pela qual a tramitação da ACP em foro diverso configuraria usurpação dessa competência pelo juízo reclamado. Entre outras considerações, ressaltou o Min. Relator que, embora o STJ já tivesse entendido, em outras oportunidades, que não mais prevaleceria a prerrogativa de foro para as ações de improbidade administrativa, o STF considerou que, em se tratando de magistrados, notadamente das cortes superiores do País, aquela sistemática deveria imperar, sob pena de permitir a desestruturação do regime escalonado da jurisdição brasileira. **Assim, consignou que, pelo princípio da simetria, deverão competir exclusivamente ao STJ o processo e o julgamento de supostos atos de improbidade quando imputados a membros de TRT, desde que possam importar a perda do cargo público. Quanto à ação anulatória que também tramitava no mesmo juízo reclamado, entendeu que a competência do STJ não se estende, visto que, naqueles autos, são demandantes os próprios integrantes do TRT a questionar decisão do TCU, de modo que lá não há risco de perda do cargo público.** Esse entendimento foi acompanhado pelos demais Ministros da Corte Especial, que, ao final, julgou parcialmente procedente a reclamação. Precedentes citados do STF: QO na Pet 3.211-DF, DJe 26/6/2008; do STJ: AgRg na Rcl 2.115-AM, DJe 16/12/2009. **Rcl 4.927-DF, Rel. Min. Felix Fischer, julgada em 15/6/2011.** (Inform. STJ 477) (g.n.)

IMPROBIDADE ADMINISTRATIVA. INTIMAÇÃO. AMPLA DEFESA.

Trata-se de REsp em que o recorrente, entre outras alegações, sustenta que os princípios do contraditório e da ampla defesa não foram observados quando o juiz de primeira instância não procedeu à sua intimação como réu para a audiência de oitiva de testemunha. Afirma, ainda, que a não observância do art. 331 do CPC representou-lhe um grande prejuízo, pois, assim, ficou impedido de se manifestar sobre a produção de provas importantes para o deslinde da lide. A Turma, ao prosseguir o julgamento, por maioria, negou provimento ao recurso por entender que, no caso, constata-se flagrante irregularidade processual, qual seja, ausência de intimação do recorrente para acompanhar a audiência da testemunha. Tal irregularidade, contudo, não lhe trouxe prejuízo, seja porque a prova produzida sem o contraditório não foi determinante na fundamentação da sentença, seja porque o fato sobre o qual a testemunha foi interrogada era incontroverso ante a ausência de impugnação. Consignou-se que tais circunstâncias elevam o peso dos princípios da instrumentalidade das formas e da economia processual; pois, não obstante a ausência de intimação do acusado para exercer o contraditório na oitiva da testemunha, esse vício, como dito, não o prejudicou. Ademais, o acórdão recorrido, ao condenar o agente público, assentou-se, exclusivamente, em elementos fáticos, o que não pode ser examinado em recurso especial. **REsp 1.201.317-GO, Rel. Min. Humberto Martins, julgado em 16/6/2011.** (Inform. STJ 477)

IMPROBIDADE. *IURA NOVIT CURIA*.

Trata-se, na origem, de ação que busca a condenação de ex-agente público por atos de improbidade e a consequente indenização pelo uso indevido de valores arrecadados para a campanha eleitoral depois de ter sido empossado no cargo público, configurando a influência do exercício do cargo como condição para o enriquecimento ilícito. Consta que, depois de ter sido eleito, foram-lhe entregues pelos seus colaboradores milhões em moeda corrente e outras vantagens a título de sobras de campanha. Na instância *a quo*, o TRF julgou improcedentes os pedidos formulados pelo MPF porque a invocada Lei n. 8.429/1992 não se aplicaria ao caso, visto que não poderia retroagir para alcançar os fatos anteriores à sua vigência. A União e o MPF alegam nos especiais, entre outros, a violação dos arts. 282, III, e 126 do CPC; 1º da Lei n. 3.502/1958 e 186 do CC/2002, ao argumento de que, ainda que invocada fundamentação legal não aplicável, não cumpre à parte apontar qual lei quer que proteja seu direito, mas sim como e por que ela quer seu direito protegido – o juiz buscará a lei porque dela conhece; de modo que, afastada a aplicação da Lei n. 8.429/1992, caberia ao tribunal *a quo* averiguar a existência de outros dispositivos legais aptos a sustentar os pedidos ou ao menos alguns deles. Ocorre, porém, que a viabilidade de o juiz decidir causa com base em preceito normativo não invocado pelas partes ou diferente do invocado (autorizada pela máxima *iura novit curia*) tem como pressuposto necessário a manutenção dos demais termos da demanda, sobretudo no que se refere ao pedido e à causa de pedir deduzidos na inicial (teoria da substanciação e arts. 128 e 460 do CPC). No caso, esse pressuposto não está configurado. A exordial deixa claro que o objeto da ação é aplicar as penalidades previstas no art. 37, § 4º, da CF/1988. Além disso, na causa de pedir não há alegação de dano causado à União. Pelo contrário, segundo sustenta o MPF nas razões de apelação, a ação visa obter sentença de reparação pelos danos causados ao bem jurídico imaterial, isto é, à moralidade administrativa. Dessarte, estabelecidos os fatos da causa e do pedido, não há como apreciá-los à luz de outras normas (tal qual a Lei n. 3.502/1958, que se pretende incidir na hipótese). No que tange aos ônus sucumbenciais, no sistema normativo pátrio, incluída a CF/1988, está consagrado o princípio de que, em ações que visam tutelar os interesses sociais dos cidadãos, os demandantes, salvo em caso de comprovada má-fé, não ficam sujeitos a tais ônus. Refletem esse princípio, entre outros dispositivos, o art. 5º, LXXIII e LXXVII, da CF/1988 e o art. 18 da Lei n. 7.347/1985. De modo que, ainda que não haja regra específica a respeito, justifica-se, em nome desse princípio, que também na ação de improbidade o autor sucumbente fique dispensado de pagar honorários, tal como no caso. Com essas, entre outras considerações, a Turma conheceu parcialmente dos recursos e, nessa parte, deu-lhes parcial provimento. **REsp 1.153.656-DF, Rel. Min. Teori Albino Zavascki, julgado em 10/5/2011.** (Inform. STJ 472)

CONVÊNIO. UNIÃO. MUNICÍPIO. ACP. IMPROBIDADE. LEGITIMIDADE.

É remansosa a jurisprudência deste Superior Tribunal no sentido de que, uma vez que incorporada ao patrimônio do município a verba proveniente de convênios firmados com a União, compete à Justiça estadual processar e julgar o feito. No caso, a questão diz respeito à legitimidade do município para ajuizar ação civil pública (ACP) em razão de improbidade administrativa do ex-prefeito, com o objetivo de obter o ressarcimento de valores referentes ao convênio que visava estabelecer condições para erradicação do mosquito da dengue. Assim, se os valores conveniados foram efetivamente repassados, constituem receitas correntes do município e seu gasto desvinculado dos termos do convênio pode causar dano ao erário municipal. Ademais, o município tem interesse em ver cumpridos os termos do convênio por ele firmado, mesmo que a verba não tenha sido incorporada a seu patrimônio. **Sob essa ótica, a União também poderia ajuizar a ação por improbidade, pois lhe interessa saber se a parte a quem se vinculou no convênio cumpriu seus termos. Logo, tanto o município quanto a União são partes legítimas para propor a ACP; pois, no caso, o combate à proliferação do mosquito envolve medidas de cooperação entre os entes federados**. REsp 1.070.067-RN, Rel. Min. Mauro Campbell Marques, julgado em 2/9/2010. (Inform. STJ 445) (g.n.)

MC. EFEITO SUSPENSIVO. RESP.

In casu, o Ministério Público propôs ação civil pública por ato de improbidade administrativa contra deputado estadual que, em 1998, como prefeito, contratou trabalhadores temporários sem respeitar o princípio do concurso público, visto não haver excepcional interesse público nem se tratar de contratações para cargos em comissão, evidenciando-se prejuízo ao erário.

A sentença julgou procedente a ação, condenando o requerente à perda da função pública, suspensão dos direitos políticos por três anos, proibição de contratar com o Poder Público e receber benefícios por três anos, dentre outros. Por esses motivos, o requerente buscou, por medida cautelar, obter efeito suspensivo a recurso especial interposto contra acórdão de apelação que manteve a sentença de primeiro grau e, no especial, suspender a inelegibilidade decorrente da condenação. O Min. Relator reconheceu que a questão é excepcionalíssima e limítrofe ante os efeitos que a condenação por improbidade administrativa pode, de imediato, refletir no exercício da capacidade eleitoral passiva do requerente, especificamente quanto à suspensão dos seus direitos políticos. Dessarte, em tese, há plausibilidade nas alegações contidas no recurso especial bem como a possibilidade de êxito da irresignação concernente à imputação de conduta ímproba tipificada no art. 11 da Lei n. 8.429/1992, visto não ter sido apurado o elemento subjetivo (dolo) do agente. Para o Min. Relator, o art. 26-C da LC n. 64/1990, acrescentado pela LC n. 135/2010 ("Lei da Ficha Limpa"), prevê hipótese acautelatória que possibilita, ainda que em caráter precário, a suspensão dos efeitos de causa de inelegibilidade de candidato que, por meio de recurso pertinente, demonstre a plausibilidade de sua pretensão recursal tendente a anular ou a reformar a condenação judicial que impede o exercício de sua capacidade eleitoral passiva. Aduziu que a exegese desse artigo impõe reconhecer que é possível o STJ, mediante a concessão de efeito suspensivo a especial ou outro meio processual semelhante, suspender os efeitos da condenação de improbidade administrativa. Asseverou que, pela referida lei, não é qualquer condenação por improbidade que obstará a elegibilidade, mas apenas aquela resultante de ato doloso de agente público que, cumulativamente, importe em comprovado dano ao erário e correspondente enriquecimento ilícito. Ressaltou também que a decisão deste Superior Tribunal com base no supramencionado dispositivo legal não implica comando judicial que vincule a Justiça Eleitoral ao deferimento do registro da candidatura, mas importante ato jurídico a respaldar o deferimento dessa pretensão na Justiça Eleitoral ou, em última análise, no Supremo Tribunal Federal. Com essas considerações, a Turma, por maioria, referendou o deferimento da liminar. **MC 16.932-PE, Rel. Min. Benedito Gonçalves, julgada em 10/8/2010.** (Inform. STJ 442)

ACP. IMPROBIDADE ADMINISTRATIVA.

Trata-se de ação civil pública (ACP) ajuizada na origem pelo MP estadual por ato de improbidade na contratação de serviço de transporte público para alunos, de modo fracionado, em três períodos, quando já havia a dimensão do serviço por todo o ano letivo. Segundo a sentença condenatória, esse fracionamento em períodos sucessivos deu-se para haver dispensa da modalidade de licitação de tomada de preços e possibilitar a licitação por convite. Daí o juiz considerar nulas as licitações e condenar o ex-prefeito e demais corréus por prática de ato de improbidade, nos termos do art. 11, I, da Lei n. 8.429/1992 (LIA), aplicando-lhes ainda multa civil. No entanto, o tribunal *a quo* reformou essa decisão, excluindo os honorários advocatícios da condenação dos corréus, bem como afastou a multa ao fundamento de não haver pedido específico do MP. Para a Min. Relatora, esse fundamento não pode ser mantido, visto que, em se tratando de ACP por ato de improbidade administrativa, o magistrado não fica adstrito aos pedidos formulados pelo autor. Foi por esse mesmo motivo que o juiz tipificou as condutas dos agentes em dispositivo diverso daquele apontado pelo *Parquet*. Nesses casos, assevera que, segundo a jurisprudência, basta que o autor faça uma descrição genérica dos fatos e imputação dos réus, sem necessidade de descrever, em minúcias, os comportamentos e as sanções devidas de cada agente (*jura novit curia* e *da mihi factum dabo tibi ius*). Quanto às penas aplicadas aos agentes ímprobos, ressalta também a jurisprudência que o magistrado não está obrigado a aplicar cumulativamente todas as penas previstas no art. 12 da citada lei, podendo, mediante fundamentação, fixá-las e dosá-las segundo a natureza e as consequências da infração. Observa, outrossim, que, no caso dos autos, o tribunal *a quo* afirmou estar comprovada a existência do dano, o que não comporta reexame. Também afirma com base em precedentes da Turma que a falta da notificação prevista no art. 17, § 7º, da citada lei não invalida os atos processuais ulteriores, salvo se ocorrer efetivo prejuízo. Por essa razão, a Turma não proveu o recurso do ex-prefeito e proveu o recurso do MP apenas para restabelecer as multas civis. Precedentes citados: REsp 658.389-MG, DJ 3/8/2007; REsp 631.301-RS, DJ 25/9/2006; REsp 507.574-MG, DJ 8/5/2006; REsp 825.673-MG, DJ 25/5/2006; REsp 964.920-SP, DJe 13/3/2009; REsp 944.555-SC, DJe 20/4/2009; REsp 680.677-RS, DJ 2/2/2007, e REsp 619.946-RS, DJ 2/8/2007. **REsp 1.134.461-SP, Rel. Min. Eliana Calmon, julgado em 3/8/2010.** (Inform. STJ 441)

IMPROBIDADE. PROVA EMPRESTADA.

Na ação de responsabilidade por ato de improbidade administrativa, utilizou-se prova emprestada constante de inquérito civil público consistente de laudo pericial produzido administrativamente, sem a observância de contraditório e ampla defesa. Conforme precedentes, essa circunstância, por si só, não é capaz de nulificar a prova, pois se deve contrapô-la às demais postas nos autos. Sucede que esses outros elementos, com ênfase na prova testemunhal (genérica e sem convicção), não conduzem à conclusão de que possa haver prática de ato de improbidade pelos réus, solução também adotada pelo tribunal *a quo*, que não pode ser revista pelo STJ (Súm. n. 7-STJ). Precedentes citados: REsp 849.841-MG, DJ 11/9/2007, e HC 141.249-SP, DJe 3/5/2010. **REsp 1.189.192-GO, Rel. Min. Eliana Calmon, julgado em 22/6/2010.** (Inform. STJ 440)

ACP. LIMINAR. MANIFESTAÇÃO. PRAZO.

A questão controvertida refere-se à aplicação do prazo de 72 horas para manifestação acerca da concessão da liminar nos autos de ação civil pública (ACP), tendo em vista o disposto no art. 17, § 7º, da Lei n. 8.429/1992. *In casu,* foi interposto, na origem, agravo de instrumento contra decisão proferida, em liminar, por juiz singular nos autos de ACP por improbidade contra prefeito municipal. Por sua vez, o tribunal *a quo* determinou que o recorrente (prefeito) se manifestasse, no prazo de 72 horas, sobre o pedido liminar. Daí o especial interposto em que o recorrente alega que o prazo para a manifestação prévia, por escrito, em ACP seria de 15 dias, não de 72 horas. Esclareceu o Min. Relator haver diferença entre o prazo de 72 horas, que se destina à manifestação quanto à liminar a ser concedida em ACP, e o de 15 dias, concedido ao requerido para se manifestar, por escrito, quanto aos termos da ACP. Ressaltou que o prazo de 72 horas destina-se à manifestação do representante judicial da pessoa jurídica de direito público acerca da liminar nos autos de ACP por improbidade administrativa (art. 2º da Lei n. 8.437/1992), não se confundindo com aquele outro concernente à notificação prévia do requerido para o oferecimento de manifestação por escrito, que poderá ser instruída com documentos e justificações dentro de 15 dias (§ 7º do art. 17 da Lei n. 8.429/1992) e que se configura como contraditório preambular, possibilitando que o magistrado, em fase posterior, proceda ao recebimento da petição inicial ou à rejeição da ACP de improbidade (§§ 9º e 10 do art. 17 dessa última lei). Na hipótese dos autos, o prazo concedido de 72 horas não se destinou à notificação prévia do requerido quanto aos termos da ACP, mas sim ao pronunciamento quanto à concessão da liminar. Com essas considerações, a Turma negou provimento ao recurso. Precedentes citados: REsp 667.939-SC, DJ 13/8/2007; REsp 693.110-MG, DJ 22/5/2006, e REsp 705.586-SP, DJ 19/12/2005. **REsp 970.472-PB, Rel. Min. Luiz Fux, julgado em 15/6/2010.** (Inform. STJ 439)

ACP. EMBARGOS INFRINGENTES. RESP.

In casu, o *Parquet* estadual ajuizou ação civil pública (ACP) em face de registrador que, na condição de titular de cartório de registro, foi designado para compor comissão de concurso público, com o objetivo de elaborar prova prática para provimento do cargo de oficial de registros públicos. Sucede que, ao encarregar um funcionário do quadro de pessoal do seu cartório para a elaboração da prova, frustrou a licitude do certame, visto que detinha conhecimento de que ele era participante do mencionado concurso, vindo a ser beneficiado com a realização da prova por ele mesmo preparada, logrando o primeiro lugar no certame. O juízo singular reconheceu o ato de improbidade previsto no art. 11, V, da Lei n. 8.429/1992, condenando o demandado ao pagamento de multa civil (seis vezes o valor dos rendimentos líquidos do cartório de que é titular relativo ao mês de novembro de 1996). Por sua vez, o tribunal *a quo* deu parcial provimento ao recurso do Ministério Público estadual para majorar a multa civil imposta, tendo como base a média anual dos rendimentos referentes ao ano em curso. O réu, então, interpôs embargos infringentes, os quais foram inadmitidos ao argumento de que o parcial provimento não implicou a reforma da sentença no tocante ao mérito (apesar de haver certa discordância do voto vogal), razão pela qual o juízo de procedência da ação civil pública permaneceu inalterado. Interpostos recursos especiais, sustenta o *Parquet* estadual que a pena imposta pelo tribunal *a quo* (sanção de multa civil) foi desproporcional à conduta ímproba praticada pelo requerido, enquanto ele aduz ofensa ao art. 530 do CPC sob o argumento de que os embargos infringentes mereciam acolhimento. Nesse panorama, destacou o Min. Relator que, muito embora não tenha havido alteração quanto à espécie de provimento, já que o acórdão manteve a condenação, ocorreu mudança quantitativa do *decisum*, estando presentes todos os requisitos para a interposição de embargos infringentes: o fato de o acórdão ter reformado a sentença, em grau de apelação, fixando pena diversa da estipulada na sentença; também, o interesse da parte recorrente de ver prevalecer o voto vencido, no sentido de que a fixação da pena de multa não poderia ter considerado os valores da atualidade. Assim, a reforma quantitativa da resolução de mérito, ainda que parcial e por maioria, enseja cabimento de embargos infringentes. Porém, tendo em vista que os limites da devolução da matéria são aferidos a partir da diferença havida entre a conclusão dos votos vencedores e do vencido no julgamento da apelação ou da ação rescisória, a discussão deve limitar-se à conclusão da manifestação dissidente: a forma de aplicação da pena de multa. Com essas considerações, entre outras, a Turma deu provimento ao recurso do requerido para determinar o retorno dos autos ao tribunal de origem, a fim de que sejam analisados os embargos infringentes, limitando-se a discussão à conclusão da manifestação dissidente, bem como julgou prejudicado o recurso do MP estadual. Precedentes citados: REsp 983.010-MG, DJ 17/12/2007; REsp 808.439-RJ, DJe 6/3/2008; REsp 672.057-RS, DJe 26/6/2008; REsp 854.570-SP, DJ 19/10/2006, e REsp 148.652-SP, DJ 28/5/2001. **REsp 1.082.437-RS, Rel. Min. Luiz Fux, julgado em 18/5/2010.** (Inform. STJ 435)

MC. PRAZO. AÇÃO CAUTELAR.

No caso, de concessão de medida liminar para a decretação da indisponibilidade de bens e quebra de sigilo bancário, fiscal e telefônico, em medida cautelar proposta diante da suposta prática de atos de improbidade administrativa, a Turma reafirmou que o prazo para a propositura da ação principal será contado do primeiro ato constritivo, e não do momento em que se completaram todas as constrições. Precedente citado: REsp 1.115.370-SP, DJ 30/3/2010. **REsp 945.439-PR, Rel. Min. Teori Albino Zavascki, julgado em 27/4/2010.** (Inform. STJ 432)

REPETITIVO. IMPROBIDADE ADMINISTRATIVA. NOTIFICAÇÃO PRÉVIA.

A Seção, ao apreciar recurso representativo de controvérsia (art. 543-C do CPC e Res. n. 8/2008-STJ), decidiu que o especialíssimo procedimento estabelecido na Lei n. 8.429/1992 (Lei de Improbidade Administrativa), que prevê um juízo de delibação para recebimento da petição inicial conforme previsto no art. 17, §§ 8º e 9º, precedido de notificação do demandado, como disposto no art. 17, § 7º, somente é aplicável nas ações de improbidade administrativa típicas. No caso dos autos, a ação foi proposta como de responsabilidade civil contra prefeito com pedido no sentido de declarar nulas as concessões de adicionais de insalubridade, gratificações especiais, ajuda de custo e pagamento de horas extras a comissionados e diversos funcionários públicos municipais, bem como a indenização ao erário pela devolução atualizada dos benefícios percebidos pelos funcionários públicos. Anotou-se, também, que somente na apelação foi suscitada a impropriedade do rito pela inobservância do § 7º do art. 17 da citada lei, o qual prevê a notificação inicial do demandado. Entretanto, a apelação foi rejeitada pelo tribunal *a quo* ao argumento de ser cabível a dispensa da notificação, visto que a ação foi fundada em inquérito instaurado pelo *parquet* e que esse procedimento recolheu material probatório suficiente à instauração da demanda, tornando, assim, desnecessária uma defesa prévia. Para o Min. Relator, o acórdão deve ser confirmado, mas por outro fundamento, ou seja, por não se tratar de uma ação de improbidade típica. Explica que a instauração de inquérito civil no âmbito do qual se produz prova necessária à ação de improbidade é o procedimento padrão e normal em casos da espécie (arts. 14, § 3º, e 15 da lei em comento), mas nem por isso, proposta a ação, fica o juiz dispensado de promover o juízo de delibação para recebimento da inicial precedido da notificação prévia do demandado para se manifestar a respeito, conforme exige o art. 17, §§ 7º, 8º e 9º, da mesma lei. Observa que, no caso dos autos, a dispensa da notificação e a própria decisão delibatória sobre o recebimento da inicial não são atos processuais obrigatórios, porque não se trata de ação de improbidade administrativa típica, uma vez que não se pode confundi-la com uma simples ação de ressarcimento de danos ao erário, pois a ação em exame não contém pedido algum de aplicação ao infrator de quaisquer sanções político-civis, de caráter punitivo; há apenas o pedido de anulação de atos danosos ao erário e o de ressarcimento desses danos. **REsp 1.163.643-SP, Rel. Min. Teori Albino Zavascki, julgado em 24/3/2010.** (Inform. STJ 428)

MS. DECISÃO. TURMA. RESP. RATIFICAÇÃO.

Na origem, a ação civil pública (ACP) cumula pedidos para o primeiro réu, banco público, reparar os danos causados aos consumidores vinculados ao consórcio e à improbidade administrativa do segundo réu. A ACP foi julgada procedente em relação a ambos os réus, reconheceu a improbidade administrativa, condenando o segundo réu à perda do cargo público, pagamento de multa e suspensão do direito de contratar com o poder público ou receber benefícios fiscais ou creditícios. O banco foi condenado a indenizar os prejuízos causados aos consorciados. Os réus recorreram e o tribunal *a quo*, por maioria, deu parcial provimento a ambas as apelações. Quanto ao banco, reconheceu, também, em remessa oficial, sua responsabilidade parcial e subsidiária. Já a apelação do segundo réu foi parcialmente provida, apenas para reduzir o valor da multa. Seguiu-se a oposição de dois embargos de declaração do segundo réu: os primeiros foram rejeitados e os segundos acolhidos para fins de prequestionamento. Após a publicação dos últimos embargos, o segundo réu interpôs recurso especial e extraordinário, e o banco interpôs embargos infringentes. Como os embargos infringentes foram negados, o banco opôs embargos de declaração, que foram rejeitados. Só então, o banco interpôs recurso especial e extraordinário. Nesse contexto, o tribunal *a quo* não admitiu o recurso especial, interposto pelo segundo réu, ao argumento de ter sido protocolado antes do julgamento dos embargos infringentes e não foram ratificados. Por esse motivo, o segundo réu interpôs agravo de instrumento, que, neste Superior Tribunal, não foi conhecido em decisão monocrática, ao argumento de que, de acordo com o art. 498 do CPC, o prazo para o recurso especial fica sobrestado até a intimação da decisão dos embargos infringentes, confirmando que o recurso especial é intempestivo, pois não houve sua ratificação no prazo. Contra essa decisão, houve agravo regimental, mas a Turma não conheceu dele, e, antes do trânsito em julgado, o réu agravante impetrou mandado de segurança contra a decisão da Turma, sustentando que sua condenação é autônoma em relação à do banco, para efeito de interpor o recurso especial. Devido a essa particularidade, alegou que o especial não poderia ser intempestivo, nem haveria necessidade de ratificá-lo, pois não estaria obrigado a aguardar o julgamento dos embargos infringentes, daí a ilegalidade do acórdão da Turma. Ainda reforçou que não se trata de parte unânime ou não unânime para interposição dos referidos embargos. Para o Min. Relator, que ficou vencido, realmente foram diferentes os fundamentos de fato e de direito da sentença, as lides não se comunicam por serem diferentes. Isso significa, a seu ver, que os embargos infringentes de um dos réus não interferiram e não interferem na situação processual/procedimental do outro réu, ora agravante, e, por esse motivo, concedia em parte a segurança para, repelida a intempestividade, prosseguir o juízo de admissibilidade do REsp. O Min. Ari Pargendler, condutor da tese vencedora, ressaltou a impossibilidade de adentrar o mérito processual porquanto não é cabível utilizar o mandado de segurança contra decisão de órgão colegiado fracionário. Observou que o STF tem o mesmo entendimento. Destacou, ainda, que o caso pode ser de ação rescisória. A Corte Especial, por maioria, não conheceu do mandado de segurança. **MS 14.666-DF, Rel. originário Min. Nilson Naves, Rel. para acórdão Min. Ari Pargendler, julgado em 17/3/2010.** (Inform. STJ 427)

LIMINAR. TERMO INICIAL. AÇÃO PRINCIPAL.

Noticiam os autos que o MP ajuizou ação cautelar inominada, preparatória de ação de responsabilidade civil por atos de improbidade administrativa, com o objetivo de quebrar o sigilo bancário, telefônico e fiscal de agentes públicos municipais, bem como de obter a indisponibilidade de seus patrimônios. A liminar foi deferida, mas a sentença julgou extinto o processo cautelar sem julgamento de mérito, por falta do ajuizamento da ação principal. Por sua vez, o TJ deu provimento à apelação do MP e determinou o prosseguimento do feito por entender, nos termos do art. 806 do CPC, que o prazo de 30 dias para o ajuizamento da ação principal, quando precedida de liminar deferida em ação cautelar, é contado da data da efetivação total da medida liminar. Contra essa decisão, foram interpostos dois REsp pelos recorridos: um, a Turma conheceu em parte e, nessa parte, negou provimento, pois não havia ofensa ao art. 535 do CPC, não tendo sido prequestionados os dispositivos apontados como violados, além de consabido que este Superior Tribunal não confronta dispositivos constitucionais. Quanto ao segundo REsp, em que se discute o termo inicial para contagem do prazo de 30 dias (art. 806 do CPC), para o Min. Relator, pela peculiaridade do caso, o prazo deve ser contado da data da efetivação da medida, considerada como tal a data do primeiro ato constritivo, e não o momento em que se completariam todas as constrições. Isso porque a restrição do direito ocorre desde o momento em que se verifica o primeiro ato de execução material da medida, e não apenas por ocasião do último ato. Na espécie, também levou em consideração que a liminar foi deferida em 20/7/2000 e, passados mais de nove anos, o MP ainda não ajuizou a ação principal. Concluiu, entre outros argumentos, que se admitir a tese do MP de que a medida ainda não se efetivou mesmo passados vários anos seria permitir que a eficácia da cautelar alongue-se indefinidamente e esquecer seu caráter provisório. Diante do exposto, a Turma deu provimento ao segundo recurso. Precedentes citados: REsp 757.625-SC, DJ 13/11/2006; REsp 7.084-RS, DJ 15/4/1991; REsp 1.053.818-MT, DJe 4/3/2009, e REsp 528.525-RS, DJ 1º/2/2006. **REsp 1.115.370-SP, Rel. Min. Benedito Gonçalves, julgado em 16/3/2010.** (Inform. STJ 427)

ACP. MP ESTADUAL. LEGITIMIDADE.

A Turma proveu o recurso, reiterando o entendimento de que o *Parquet* estadual tem legitimidade para ajuizar ação civil pública (ACP) por atos de improbidade administrativa anteriores à CF/1988, em defesa do patrimônio público e social (art. 1º, IV, da Lei n. 7.347/1985). Precedentes citados: REsp 839.650-MG, DJe 27/11/2008; REsp 226.912-MG, DJ 12/5/2003; REsp 886.524-SP, DJ 13/11/2007; REsp 151.811-MG, DJ 12/2/2001; REsp 686.993-SP, DJ 25/5/2006; REsp 815.332-MG, DJ 8/5/2006, e REsp 631.408-GO, DJ 30/5/2005. **REsp 1.113.294-MG, Rel. Min. Luiz Fux, julgado em 9/3/2010.** (Inform. STJ 426)

COMPETÊNCIA. IMPROBIDADE. GOVERNADOR.

Trata-se de reclamação proposta por governador para extinguir, ante a suposta usurpação da competência deste Superior Tribunal, ação civil pública por improbidade administrativa referente a atos praticados durante sua gestão como prefeito. Sustenta que as condutas que lhe são atribuídas estão descritas no DL n. 201/1967 como crimes de responsabilidade de prefeito, que não cabe ação de improbidade tendente a aplicar sanções por atos que, como no caso, também configuram crimes de responsabilidade e, como atualmente ocupa o cargo de governador, a competência para apreciar os fatos que lhe são imputados é do STJ. Isso posto, a Corte Especial julgou a reclamação procedente em parte ao entendimento de que, excetuada a hipótese de atos de improbidade praticados pelo presidente da República (art. 85, V, da CF/1988), cujo julgamento se dá em regime especial pelo Senado Federal (art. 86 da mesma carta), não há norma constitucional alguma que imunize os agentes políticos, sujeitos a crime de responsabilidade, de qualquer das sanções por ato de improbidade previstas no art. 37, § 4º, da CF/1988. Seria incompatível com a Constituição eventual preceito normativo infraconstitucional que impusesse imunidade dessa natureza. O STF, em 13/3/2008, com apenas um voto contrário, declarou competir a ele julgar ação de improbidade contra seus membros (QO na Pet. 3.211-0, Rel. Min. Carlos Alberto Menezes Direito, DJe 27/6/2008). Considerou, para tanto, que a prerrogativa de foro, em casos tais, decorre diretamente do sistema de competências estabelecido na CF/1988, que assegura a seus ministros foro por prerrogativa de função tanto em crimes comuns, na própria Corte, quanto em crimes de responsabilidade, no Senado Federal. Por isso, seria absurdo ou o máximo do contrassenso conceber que ordem jurídica permita que um ministro possa ser julgado por outro órgão em ação diversa, entre cujas sanções está também a perda do cargo. Isso seria a desestruturação de todo o sistema que fundamenta a distribuição da competência. Esses mesmos fundamentos de natureza sistemática autorizam a concluir, por imposição lógica de coerência interpretativa, que uma norma infraconstitucional não pode atribuir a juiz de primeiro grau o julgamento de ação de improbidade administrativa – com possível aplicação da pena de perda do cargo – contra governador que, a exemplo dos ministros do STF, também tem assegurado foro por prerrogativa de função tanto em crimes comuns (no STJ) quanto em crimes de responsabilidade (na respectiva Assembleia Legislativa). É de se reconhecer que, por inafastável simetria com o que ocorre em relação aos crimes comuns (art. 105, I, **a**, CF/1988), há, em casos tais, competência implícita complementar do STJ. Precedentes citados do STF: ADI 2.860-DF, DJ 19/12/2006; do STJ: Rcl 591-DF, DJ 15/5/2000; Pet 2.588-RO, DJ 9/10/2006; Pet 2.639-RJ, DJ 25/9/2006; AgRg na MC 7.487-GO, DJ 17/4/2006; Pet 2.593-GO, DJ 6/11/2006, e Rcl 2.197-DF, DJe 9/3/2009. **Rcl 2.790-SC, Rel. Min. Teori Albino Zavascki, julgada em 2/12/2009.** (Inform. STJ 418)

IMPROBIDADE ADMINISTRATIVA. TCU.
Na espécie, o Tribunal de Contas da União (TCU) concluiu que a operação de financiamento pelo banco à empresa de sistema de transmissão foi regular e não resultou em nenhum prejuízo ao erário. Para o Min. Relator, o controle exercido pelo TCU não é jurisdicional, e não há, portanto, vinculação da decisão proferida pelo órgão de controle, nem possibilidade de ser o ato impugnado no âmbito de ação de improbidade administrativa, sujeita ao controle do Poder Judiciário, consoante expressa previsão do art. 21, II, da Lei n. 8.429/1992. A atividade do TCU denominada de controle externo – que auxilia o Congresso Nacional na fiscalização contábil, financeira, orçamentária, operacional e patrimonial da União e das entidades da administração direta e indireta, quanto à legalidade, legitimidade, economicidade, aplicação das subvenções e renúncia de receitas – é revestida de caráter opinativo, razão pela qual não vincula a atuação do sujeito ativo da ação civil de improbidade administrativa. Ressaltou o Min. Relator que a natureza do TCU é de órgão de controle auxiliar do Poder Legislativo. Decorre daí que sua atividade é meramente fiscalizadora e suas decisões têm caráter técnico-administrativo, não encerrando atividade judicante, o que resulta na impossibilidade de suas decisões produzirem coisa julgada. Por consequência, essas decisões não vinculam a atuação do Poder Judiciário, sendo passíveis de revisão por aquele Poder, máxime em face do princípio constitucional da inafastabilidade do controle jurisdicional, à luz do art. 5º, XXXV, da CF/1988. O Tribunal *a quo*, no caso *sub judice*, mediante cotejo das razões recursais e do contexto fático engendrado nos autos, vislumbrando a ocorrência de elementos de convicções hábeis ao prosseguimento da ação de improbidade administrativa e a necessidade de análise mais acurada dos fatos que ensejaram a ação de improbidade administrativa, entendeu pela manutenção da decisão que recebeu a inicial. Dessarte, a conclusão do Tribunal acerca da existência dos elementos essenciais à viabilidade da ação de improbidade administrativa, em agravo de instrumento, fundado no art. 17, § 10, da Lei n. 8.429/1992, decorre justamente da valoração da "relevância gravosa" dos atos praticados contra a Administração Pública, mormente porque os §§ 7º e 8º da mencionada legislação permitem o exame do próprio mérito da ação na fase preliminar, isto é, existência ou não de ato de improbidade administrativa, bem como fato impeditivo do exercício de um direito, como soem ser a decadência e a prescrição. **REsp 1.032.732-CE, Rel. Min. Luiz Fux, julgado em 19/11/2009.** (Inform. STJ 416)

ACP. FASES. JUÍZO PRELIMINAR.
Quanto à ação civil pública por ato de improbidade administrativa, na fase processual prevista no art. 17, § 8º, da Lei n. 8.429/1992 (LIA), o magistrado deve limitar-se à análise, em um juízo preliminar, da inexistência do ato de improbidade, improcedência da ação ou inadequação da via eleita com o fito de evitar lides temerárias. Assim, a apreciação de argumentos sobre o mérito da ação e sobre a real participação do ora recorrente nos atos tidos por ímprobos não é viável naquele momento processual. Esses temas deverão ser objeto de análise por ocasião do julgamento da demanda. **REsp 1.008.568-PR, Rel. Min. Eliana Calmon, julgado em 23/6/2009.** (Inform. STJ 400)

ACP. IMPROBIDADE ADMINISTRATIVA. AG.
A Turma, prosseguindo o julgamento, proveu em parte o recurso ao entendimento de que, conforme o art. 17, § 10, da Lei n. 8.429/1992, da decisão do juízo singular que rejeitou a manifestação do requerido e recebeu *a fortiori* a petição inicial a ação civil pública (ACP), cabe impugnação mediante interposição de agravo de instrumento perante o tribunal ao qual está vinculado o mencionado juízo singular, a fim de proceder à análise da existência ou não de ato de improbidade administrativa, improcedência da ação ou inadequação da via eleita, questões aventadas no contraditório preliminar. A viabilidade da ação de improbidade, em sede de agravo, subsume-se à valoração da "relevância gravosa" dos atos praticados contra a Administração Pública, pois é possível o exame do próprio mérito da ação na fase preliminar. Outrossim, compete ao juízo singular o processo e julgamento das ações propostas contra prefeitos. Precedentes citados: REsp 901.049-MG, DJ 18/2/2009, e REsp 718.248-SC, DJ 6/2/2006. **REsp 1.073.233-MG, Rel. Min. Luiz Fux, julgado em 18/6/2009.** (Inform. STJ 399)

DECISÕES. AGRAVO. MP.

Discute-se a regularidade de o MP estadual interpor agravo de instrumento para impugnar duas decisões proferidas em ação civil pública por improbidade administrativa, que acolheu as defesas prévias e excluiu da relação processual litisconsortes passivos distintos (ora recorrentes), por suposta ilegitimidade passiva *ad causam*. Para o Min. Relator, as recorrentes não sofreram prejuízo algum, pois foram intimadas regularmente, puderam exercer o contraditório e a ampla defesa, pugnando pelo descabimento do agravo e pela necessidade da manutenção das decisões interlocutórias. Observa que não há proibição legal e que, em última análise, haveria, no caso, apenas uma decisão sob o ponto de vista material, que pode ser desafiada por um único agravo de instrumento, ainda que o juiz tenha optado por fracionar formalmente sua rejeição, na ação de improbidade, em relação a cada um dos réus (art. 17, § 8º, da Lei n. 8.429/1992). Explica que essas decisões interlocutórias proferidas em primeiro grau representam um único pronunciamento jurisdicional, pois foram tomadas no mesmo dia, na mesma fase processual e com fundamentações assemelhadas (ausência de legitimidade passiva *ad causam*). Ressalta, por fim, que exigir do *parquet* a interposição de dois agravos atentaria contra os princípios da celeridade e da economia processual, deve ser privilegiado o princípio da instrumentalidade das formas. Diante do exposto, a Turma conheceu em parte dos recursos especiais e negou-lhes provimento. **REsp 907.603-PE, Rel. Min. Castro Meira, julgado em 16/6/2009.** (Inform. STJ 399)

COMPETÊNCIA. AÇÃO. IMPROBIDADE.

Em ação civil pública de improbidade administrativa ajuizada pelo Ministério Público contra ex-ministro do Poder Executivo, o Tribunal de origem decidiu que a competência para julgar a ação era do STF. Esclarece o Min. Relator que, mesmo se o ex-ministro fosse detentor de foro especial por prerrogativa de função perante o STF por infração penal comum (art. 102, I, **b**, da CF/1988), não seria possível a extensão desse foro especial às investigações por atos de improbidade administrativa prevista na Lei n. 8.429/1992, tendo em vista que as hipóteses de foro especial previstas na Constituição são taxativas. Ademais, as divergências quanto à novel redação conferida ao art. 84 do CPP pela Lei n. 10.628/2002, que acrescentou os §§ 1º e 2º ao citado artigo, já foram superadas neste Superior Tribunal, após a declaração de inconstitucionalidade dessa lei pelo STF. Isso posto, a Turma deu provimento ao REsp, determinando a remessa dos autos ao juiz federal de primeira instância, competente para julgar a ação de improbidade. Precedentes citados do STF: ADI 2.797-DF, DJ 26/9/2005; do STJ: HC 22.342-RJ, DJ 23/6/2003; REsp 718.248-SC, DJ 6/2/2006, e REsp 810.662-SP, DJ 29/11/2007. **REsp 896.516-DF, Rel. Min. Luiz Fux, julgado em 17/2/2009.** (Inform. STJ 384)

IMPROBIDADE. FORO ESPECIAL. LITISCONSÓRCIO.

Trata-se de recurso especial em que se alega, entre outras coisas, que o acórdão recorrido violou o art. 84, § 2º, do CPP, bem como o art. 47 do CPC, e ainda o art. 12, parágrafo único, da Lei n. 8.429/1992. A Turma entendeu que, diante do julgamento da ADI n. 2.797-DF, no qual o STF considerou inconstitucionais os §§ 1º e 2º do art. 84 do CPP, introduzidos pela Lei n. 10.628/2002, não há que se falar em foro especial por prerrogativa de função nas ações de improbidade administrativa. Não há que se falar, também, em litisconsórcio necessário entre o agente público e os terceiros que supostamente teriam colaborado para a prática do ato de improbidade ou dele se beneficiaram (na espécie, pessoas jurídicas que emitiram supostas notas fiscais adulteradas e o hospital que teria recebido subvenção), pois não existe dispositivo legal que determine a formação do litisconsórcio, tampouco se trata de relação jurídica unitária, não preenchidos, assim, os requisitos do art. 47 do CPC. Ademais, é inviável, em sede de recurso especial, rever conteúdo fático para afastar a condenação imposta. Precedentes citados: REsp 783.823-GO, DJ 26/5/2008; REsp 704.757-RS, DJ 6/3/2008; REsp 809.088-RJ, DJ 27/3/2006, e EDcl no AgRg no Ag 934.867-SP, DJ 26/5/2008. **REsp 737.978-MG, Rel. Min. Castro Meira, julgado em 19/2/2009.** (Inform. STJ 384)

IMPROBIDADE ADMINISTRATIVA. ACP. DEFESA PRÉVIA. NULIDADE.

Descabe a nulidade do procedimento administrativo intempestivo por ato de improbidade, se houve instrução prévia com a constatação de elementos sólidos no inquérito civil que levaram o juiz a decretar imediatamente a indisponibilidade de bens do ex-prefeito. Precedentes da Primeira Turma reiteram, com efeito, que, na ausência da defesa prévia na ação de improbidade, cabe a decretação de nulidade. No caso, contudo, além de ter havido o inquérito civil que instruiu a inicial, a instância de origem reconheceu que não houve prejuízo ao acusado, além de inequívoca existência das condições da ação. Também, foi reiterado o entendimento desta Corte quanto ao cabimento da ação civil pública relativa a ato de improbidade (art. 267, IV e VI, do CPC). Precedentes citados: REsp 965.340-AM, DJ 8/10/2007; REsp 619.946-RS, DJ 2/8/2007, e AgRg no Ag 969.454-RJ, DJe 21/8/2008. **REsp 944.555-SC, Rel. Min. Herman Benjamin, julgado em 25/11/2008.** (Inform. STJ 378)

STJ. COMPETÊNCIA. TCE. IMPROBIDADE.

Compete originariamente ao STJ o processo e julgamento dos membros dos Tribunais de Contas estaduais (art. 105, I, **a**, da CF/1988), adstritamente à persecução criminal, excetuados os atos de improbidade administrativa, a serem apurados em ação própria de natureza cível, tal como no caso, de suposta contratação irregular de parentes e de enriquecimento ilícito.

Daí que a Corte Especial, por maioria, julgou improcedente a reclamação. Precedentes citados: AgRg na Rcl 2.217-RO, DJ 5/2/2007, e AgRg na Rcl 1.164-SP, DJ 27/3/2006. **Rcl 2.723-SP, Rel. Min. Laurita Vaz, julgada em 15/10/2008.** (Inform. STJ 372)

APELAÇÕES. PREPAROS INDEPENDENTES. MP. IMPROBIDADE ADMINISTRATIVA.

Os recorrentes buscam o afastamento da deserção do recurso de apelação interposto pelos agentes públicos e pela empresa de transporte, sob o argumento de que o preparo por eles recolhido para o seu recurso de apelação deve ser considerado também para o recurso de apelação dos litisconsortes, em virtude da condenação solidária a todos imposta. Para o Min. Relator, o tema deve ser tratado nos termos dos arts. 500 e 511 do CPC. O princípio da autonomia impõe que cada recurso atenda a seus requisitos de admissibilidade, independentemente dos demais recursos interpostos, inclusive no que se refere ao preparo correspondente, que é individual. Destacou também que o Ministério Público possui legitimidade ativa para a ação civil pública visando ao ressarcimento de dano ao erário por ato de improbidade administrativa. Os atos previstos no art. 11 da Lei n. 8.429/1992 configuram improbidade administrativa independentemente de dano material ao erário. No caso, ademais, as instâncias ordinárias atestaram a existência de prejuízo aos cofres públicos e ausência de boa-fé na atuação dos agentes. Por fim, a sanção por ato de improbidade deve ser ajustada ao princípio da razoabilidade. Precedente citado: REsp 82.576-SP, DJ 18/8/1997. **REsp 1.003.179-RO, Rel. Min. Teori Albino Zavascki, julgado em 5/8/2008.** (Inform. STJ 362)

AÇÃO. IMPROBIDADE. INICIAL. PROVA.

O ordenamento jurídico não exige uma prova pré-constituída para que se ajuíze ação de improbidade. Diante de indícios da materialidade e da autoria do ato de improbidade, deve o MP ajuizar a ação e deixar a produção de provas para a instrução. Dessarte, cerceia a defesa o Tribunal que, depois de negar ao autor a instrução probatória, considera como não provadas as alegações da inicial. **REsp 811.664-PE, Rel. Min. Eliana Calmon, julgado em 1º/3/2007.** (Inform. STJ 311)

EDCL. *OBTER DICTUM*. IMPROBIDADE. CONCURSO APARENTE. NORMAS. DL N. 201/1967. LEI N. 8.429/1992.

Os embargos de declaração são cabíveis para esclarecer o alcance da decisão quando seus fundamentos, ainda que utilizados em *obter dictum*, sob a ótica subjetiva do Relator, não retratam o cerne da decisão proferida. No caso, a Turma reconheceu que a conduta do prefeito de recusar-se a responder a determinado ofício não representava delito de improbidade, por isso que extravagante a discussão acerca do concurso aparente de normas que regem a ação típica do DL n. 201/1967 e a ação de improbidade, tema, aliás, ainda pendente de definição no STF. Dessarte, o STJ, mediante sua jurisprudência predominante, tem admitido a ação de improbidade nos ilícitos perpetrados por prefeitos, mercê de agentes políticos. **EDcl no REsp 456.649-MG, Rel. Min. Luiz Fux, julgados em 24/10/2006 (ver Informativo n. 295).** (Inform. STJ 302)

AÇÃO CIVIL PÚBLICA. ATO DE IMPROBIDADE. CAPACIDADE POSTULATÓRIA. *LEGITIMATIO AD CAUSAM* DO *PARQUET*.

A questão cinge-se à capacidade postulatória do Ministério Público para pleitear, em ação civil pública, a condenação de empresa por suposta prática de ato de improbidade. Como cediço, a ação civil pública está centrada na violação de direitos ou interesses difusos, coletivos e individuais homogêneos. O Ministério Público está legitimado a defender os interesses públicos patrimoniais e sociais (Súm. n. 329-STJ), ostentando, a um só tempo, *legitimatio ad processum* e capacidade postulatória que pressupõe aptidão para praticar atos processuais. É que essa capacidade equivale à do advogado que atua em causa própria. Revelar-se-ia *contraditio in terminis* que o Ministério Público, legitimado para a causa e exercente de função essencial à jurisdição pela sua aptidão técnica, fosse instado a contratar advogado na sua atuação *pro populo* de *custos legis*. Com esse entendimento, a Turma negou provimento ao recurso. **REsp 749.988-SP, Rel. Min. Luiz Fux, julgado em 8/8/2006.** (Inform. STJ 292)

FORNECIMENTO. MEDICAMENTOS. ESTADO. BLOQUEIO. VERBAS PÚBLICAS.

A Turma deu provimento ao recurso, ao entendimento de que é cabível, inclusive contra a Fazenda Pública, a aplicação de multa diária (astreintes) como meio coercitivo para impor o cumprimento de medida antecipatória ou de sentença definitiva de obrigação de fazer ou entregar coisa (arts. 461 e 461-A do CPC). Em se tratando da Fazenda Pública, qualquer obrigação de pagar quantia, ainda que decorrente da conversão de obrigação de fazer ou de entregar coisa, está sujeita a rito próprio (art. 730 do CPC e art. 100 da CF/1988), que não prevê, salvo excepcionalmente (v.g., desrespeito à ordem de pagamento dos precatórios judiciários), a possibilidade de execução direta por expropriação mediante sequestro de dinheiro ou de qualquer outro bem público, que são impenhoráveis. Todavia, em situações de inconciliável conflito entre o direito fundamental à saúde e o regime de impenhorabilidade dos bens públicos, prevalece o primeiro sobre o segundo. Sendo urgente e impostergável a aquisição do medicamento sob pena de grave comprometimento da saúde do demandante, não se pode ter por ilegítima, ante a omissão do agente estatal responsável, a determinação judicial do bloqueio de verbas públicas como meio de efetivação do direito prevalente. **REsp 840.782-RS, Rel. Min. Teori Albino Zavascki, julgado em 8/8/2006.** (Inform. STJ 292)

COMPETÊNCIA. MEDIDA CAUTELAR. AÇÃO DE IMPROBIDADE. MEMBRO. TRIBUNAL DE CONTAS ESTADUAL.
Trata-se de medida cautelar ajuizada pelo Ministério Público Federal em ação de improbidade administrativa em trâmite neste Superior Tribunal contra membro de Tribunal de Contas dos municípios goianos. Ao prosseguir o julgamento, a Corte Especial decidiu remeter ao juízo de origem a presente medida cautelar e a ação principal de improbidade administrativa, uma vez que o STF declarou a inconstitucionalidade dos §§ 1° e 2° do art. 84 do CPP, com a redação dada pela Lei n. 10.628/2002. Assim, não há que se falar da prerrogativa de foro instituída pela referida legislação. A jurisprudência anterior deste Superior Tribunal fica restabelecida, no sentido de que não compete a este Tribunal processar e julgar a ação de improbidade administrativa fundada na Lei n. 8.429/1992, mesmo que o réu tenha prerrogativa de foro para as ações penais. Precedentes citados do STF: ADin 2.797-DF, DJ 26/9/2005, e ADin 2.806-RS, DJ 27/6/2005. **AgRg na MC 7.476-GO, Rel. Min. Laurita Vaz, julgado em 1º/8/2006.** (Inform. STJ 291)

AÇÃO. IMPROBIDADE. RETORNO. PRIMEIRA INSTÂNCIA.
A ação de improbidade em questão, movida pelo MP contra desembargador federal, subiu a este Superior Tribunal por força de liminar em reclamação na qual se alegava o afastamento do desembargador de seu cargo por ato de juiz federal, bem como a ausência do respeito ao foro privilegiado. Porém o Min. Relator, apoiado em julgados do STF, determinou a devolução dos autos à primeira instância. Isso se deveu ao fato de que, mesmo que requerido pelo MP o afastamento do desembargador e a declaração da indisponibilidade de seus bens, a primeira instância a isso não se ateve, visto que essa decisão pelo afastamento deu-se em autos de APn pelo recebimento de denúncia na Corte Especial, providência, aliás, que foi efetivada e perdura até hoje. Quanto à alegação de apuração de matéria criminal pelo foro errôneo, o fato em questão, a constatação pela Receita Federal de aquisição de bens cujo valor é desproporcional à renda do ora agravante e de sua esposa, esteve, por muito tempo, sob apuração do STJ em inquérito ao final arquivado por falta de provas, visto que, como dito, há ação penal que transita neste Superior Tribunal, donde sobreveio o afastamento, porém adstrita a outro delito, qual seja, a falsificação de declaração retificadora à declaração do IR. Dessarte, a Corte Especial entendeu negar provimento ao agravo regimental. **AgRg na Ação de Improbidade Administrativa 8-SP, Rel. Min. Fernando Gonçalves, julgado em 21/6/2006.** (Inform. STJ 289)

Súmula STJ nº 329
O Ministério Público tem legitimidade para propor ação civil pública em defesa do patrimônio público.

Súmula STJ nº 209
Compete à justiça estadual processar e julgar prefeito por desvio de verba transferida e incorporada ao patrimônio municipal.

8.8.6. Prescrição

ACP. PLEITO RESSARCITÓRIO. IMPRESCRITIBILIDADE.
Na espécie, o tribunal *a quo* entendeu que, remanescendo, em ação civil pública por ato de improbidade administrativa, o pleito ressarcitório, este, por ser imprescritível, pode ser buscado em ação autônoma. **É pacífico no STJ que as sanções previstas no art. 12 e incisos da Lei n. 8.429/1992 prescrevem em cinco anos, o que não ocorre com a reparação do dano ao erário por ser imprescritível a pretensão ressarcitória nos termos do art. 37, § 5º, da CF/1988.** Assim, quando autorizada a cumulação do pedido condenatório e do ressarcitório em ação por improbidade administrativa, a rejeição do pedido condenatório abarcado pela prescrição não impede o prosseguimento da demanda quanto ao segundo pedido em razão de sua imprescritibilidade. Com essas considerações, a Turma deu provimento ao recurso do MPF para determinar o prosseguimento da ação civil pública por ato de improbidade no que se refere ao pleito de ressarcimento de danos ao erário. Precedentes citados: AgRg no REsp 1.038.103-SP, DJe 4/5/2009; REsp 1.067.561-AM, DJe 27/2/2009; REsp 801.846-AM, DJe 12/2/2009; REsp 902.166-SP, DJe 4/5/2009, e REsp 1.107.833-SP, DJe 18/9/2009. **REsp 1.089.492-RO, Rel. Min. Luiz Fux, julgado em 4/11/2010.** (Inform. STJ 454) (g.n.)

RESSARCIMENTO. PREFEITO. USO. ESTÁDIO.
In casu, a municipalidade busca o ressarcimento pelo fato de o então prefeito ter autorizado cessão gratuita de estádio, em janeiro de 1988, para que ali se realizasse *show* de cantora internacional. Por esse fato, não se imputou ao então prefeito crime de responsabilidade, mas responsabilidade administrativa pelo cometimento de falta na outorga gratuita de bem público (cessão de estádio público). O tribunal *a quo* confirmou a sentença que julgou procedente a ação e condenou o ex-prefeito e o ex-secretário municipal, solidariamente, ao pagamento de R$ 185.685,40 com correção monetária desde maio de 2001 e juros de mora a partir do evento. Para a Min. Relatora, na hipótese, há uma situação singular, porque, sem a oitiva dos envolvidos, sem a instauração de processo algum, sem qualquer explicação, chegou-se unilateralmente a valores estimados e, a partir daí, impôs-se uma es-

tranha obrigação de pagar a um morto, transferindo-a para seu espólio, e a um ex-secretário municipal. Por outro lado, aponta que a ação só foi ajuizada em 7/5/2001, passados quase 14 anos, quando já ultrapassado o prazo prescricional em cinco anos. Ademais, no seu entender, o mais grave é que o ajuizamento da ação deu-se nove anos depois da morte de um dos réus, o ex-prefeito (em fevereiro de 1992). Daí ter sido chamado o espólio para responder pelo débito quando a ação já estava prescrita. Assim, como se trata de matéria de ordem pública, essa questão prescricional também alcança o litisconsorte, condenado solidariamente com o ex-prefeito. Esclarece ainda a Min. Relatora que, embora tenha entendimento jurisprudencial quanto à imprescritibilidade da ação de ressarcimento ao erário, mesmo quando decorre a imposição da Lei n. 8.429/1992 (Lei de Improbidade Administrativa), aplicada por força do art. 37, § 5º, da CF/1988, não se pode chamar a ação em questão de reparação de dano ao erário, por se tratar de ação de cobrança sujeita à prescrição. Com essas considerações, a Turma, ao prosseguir o julgamento, não conheceu do recurso do ex-secretário e deu provimento ao do espólio. Precedentes citados do STF: MS 26.210-DF, DJe 10/10/2008; do STJ: REsp 631.679-RS, DJe 9/3/2009; REsp 705.715-SP, DJe 14/5/2008, e REsp 403.153-SP, DJ 20/10/2003. **REsp 1.105.059-SP, Rel. Min. Eliana Calmon, julgado em 24/8/2010.** (Inform. STJ 444)

ACP. DANO. ERÁRIO. PRESCRIÇÃO.

É consabido que o caráter sancionador da Lei n. 8.429/1992 aplica-se aos agentes públicos que, por ação ou omissão, violem os deveres de honestidade, imparcialidade, legalidade, lealdade às instituições e, notadamente, importem em enriquecimento ilícito (art. 9º), causem prejuízo ao erário (art. 10) ou atentem contra os princípios da Administração Pública (art. 11), compreendida no último tópico a lesão à moralidade administrativa. Contudo, ao considerar a gravidade das sanções e restrições a serem impostas ao agente público, a exegese do art. 11 da referida lei deve ser tomada com temperamentos, pois uma interpretação ampliativa poderia ter por ímprobas condutas que são meramente irregulares, por isso susceptíveis de correção administrativa, visto que ausente a má-fé e preservada a moralidade pública, o que extrapolaria a real intenção do legislador. Assim, a má-fé torna-se premissa do ato ilegal e ímprobo: a ilegalidade só adquire o *status* de improbidade quando a conduta antijurídica ferir os princípios constitucionais da Administração Pública e se somar à má intenção do administrador. Em essência, conforme a doutrina, a improbidade administrativa seria uma imoralidade qualificada pelo dano ao erário e correspondente vantagem ao ímprobo ou a outrem. Todavia, falta esse elemento subjetivo na hipótese de contratação de servidores sem o devido concurso público, a determinar que, ausente o dano ao patrimônio e o enriquecimento ilícito dos demandados, conforme firmado pelas instâncias ordinárias (efetivamente o serviço foi prestado), a sanção imposta aos agentes é desproporcional (suspensão dos direitos políticos de todos por três anos e mais o pagamento de multa por um deles), procedendo com *erro in judicando* o tribunal *a quo* quando analisou o ilícito apenas pelo ângulo objetivo. Por último, a aplicação das sanções do art. 12 da citada lei e seus incisos submete-se ao prazo prescricional quinquenal, exceto quanto à reparação do dano ao erário, porque imprescritível a pretensão ressarcitória (art. 37, § 5º, da CF/1988), entendimento aceito pela jurisprudência do STJ, mas ressalvado pelo Min. Relator. Precedentes citados: AgRg no REsp 1.038.103-SP, DJe 4/5/2009; REsp 1.067.561-AM, DJe 27/2/2009; REsp 801.846-AM, DJe 12/2/2009; REsp 902.166-SP, DJe 4/5/2009, e REsp 1.107.833-SP, DJe 18/9/2009. **REsp 909.446-RN, Rel. Min. Luiz Fux, julgado em 6/4/2010.** (Inform. STJ 429)

IMPROBIDADE. PRESCRIÇÃO. CARGO EFETIVO. FUNÇÃO COMISSIONADA.

A matéria trata da definição da norma prescricional aplicável à espécie quando o agente, ocupante de cargo público a quem se imputou ato ímprobo, à ocasião dos fatos, ocupava cargo efetivo e, concomitantemente, exercia cargo em comissão. Para o ajuizamento da ação de improbidade administrativa, duas situações são bem definidas no tocante à contagem do prazo prescricional: se o ato ímprobo for imputado a agente público no exercício de mandato, de cargo em comissão ou de função de confiança, o prazo prescricional é de cinco anos, com termo *a quo* no primeiro dia após a cessação do vínculo. Em outro passo, sendo o agente público detentor de cargo efetivo ou emprego, havendo previsão para falta disciplinar punível com demissão, o prazo prescricional é o determinado na lei específica (art. 23 da Lei n. 8.429/1992). A Lei de Improbidade não cuida, no entanto, da hipótese de o mesmo agente praticar ato ímprobo no exercício cumulativo de cargo efetivo e de cargo comissionado. Por meio de interpretação teleológica da norma, verifica-se que a individualização do lapso prescricional é associada à natureza do vínculo jurídico mantido pelo agente público com o sujeito passivo em potencial. Partindo dessa premissa, o art. 23, I, da referida lei associa o início da contagem do prazo prescricional ao término de vínculo temporário. Ao mesmo tempo, o art. 23, II, da mesma legislação, no caso de vínculo definitivo, não considera, para fins de aferição do prazo prescricional, o exercício de funções intermédias – como as comissionadas – desempenhadas pelo agente, sendo determinante apenas o exercício de cargo efetivo. Portanto, exercendo cumulativamente cargo efetivo e cargo comissionado ao tempo do ato reputado ímprobo, há de prevalecer o primeiro para fins de contagem prescricional, pelo simples fato de o vínculo entre agente e Administração Pública não cessar com a exoneração do cargo em comissão, por esse ser temporário. **REsp 1.060.529-MG, Rel. Min. Mauro Campbell Marques, julgado em 8/9/2009.** (Inform. STJ 406)

ACP. IMPROBIDADE. EX-PREFEITO. REELEIÇÃO.
O ex-prefeito exerceu o primeiro mandato eletivo de 1º de janeiro de 1997 a 31 de dezembro de 2000 e foi reeleito para segundo mandato, de 1º de janeiro de 2001 a 31 de dezembro de 2004, sendo que o ato imputado como ímprobo foi perpetrado em maio de 1998, durante o primeiro mandato. O cerne da questão consiste na definição do termo *a quo* para a contagem do prazo prescricional para ajuizamento da ação de improbidade administrativa. Se tem início o lapso temporal com o fim do primeiro mandato ou quando do término do segundo mandato. Para o Min. Relator, a Lei de Improbidade Administrativa (LIA), promulgada antes da EC n. 16/1997, que deu nova redação ao § 5º do art. 14 da CF/1988, considerou como termo inicial da prescrição exatamente o final de mandato. No entanto, a EC n. 16/1997 possibilitou a reeleição dos chefes do Poder Executivo em todas as esferas administrativas, com o expresso objetivo de constituir corpos administrativos estáveis e cumprir metas governamentais de médio prazo, para o amadurecimento do processo democrático. A Lei de Improbidade associa, no art. 23, I, o início da contagem do prazo prescricional ao término de vínculo temporário, entre os quais o exercício de mandato eletivo. De acordo com a justificativa da PEC de que resultou a EC n. 16/1997, a reeleição, embora não prorrogue simplesmente o mandato, importa em fator de continuidade da gestão administrativa. Portanto, o vínculo com a Administração, sob o ponto de vista material, em caso de reeleição, não se desfaz no dia 31 de dezembro do último ano do primeiro mandato para se refazer no dia 1º de janeiro do ano inicial do segundo mandato. Em razão disso, o prazo prescricional deve ser contado a partir do fim do segundo mandato. O administrador, além de detentor do dever de consecução do interesse público, guiado pela moralidade – e por ela limitado –, é o responsável, perante o povo, pelos atos que, em sua gestão, em um ou dois mandatos, extrapolem tais parâmetros. A estabilidade da estrutura administrativa e a previsão de programas de execução duradoura possibilitam, com a reeleição, a satisfação, de forma mais concisa e eficiente, do interesse público. No entanto, o bem público é de titularidade do povo, a quem o administrador deve prestar contas. E se, por dois mandatos seguidos, pôde usufruir de uma estrutura mais bem planejada e de programas de governo mais consistentes, colhendo frutos ao longo dos dois mandatos – principalmente, no decorrer do segundo, quando os resultados concretos realmente aparecem – deve responder inexoravelmente perante o titular da *res publica* por todos os atos praticados durante os oito anos de administração, independente da data de sua realização. No que concerne à ação civil pública em que se busca a condenação por dano ao erário e o respectivo ressarcimento, este Superior Tribunal considera que tal pretensão é imprescritível, com base no que dispõe o art. 37, § 5º, da CF/1988. **REsp 1.107.833-SP, Rel. Min. Mauro Campbell Marques, julgado em 8/9/2009.** (Inform. STJ 406)

AÇÃO CIVIL PÚBLICA. IMPROBIDADE. LEGITIMIDADE. MP.
Trata-se de recurso especial em que se questiona a legitimidade do Ministério Público para a propositura de ação civil pública por ato de improbidade administrativa, bem como a imprescritibilidade do prazo para o ajuizamento de tal ação. A Turma reiterou o entendimento de que o Ministério Público é legítimo para ajuizar ação civil pública por ato de improbidade administrativa e, sendo essa ação de caráter ressarcitório, é imprescritível. Ressalte-se que a distinção entre interesse público primário e secundário não se aplica ao caso. O reconhecimento da legitimação ativa encarta-se no próprio bloco infraconstitucional de atores processuais a quem se delegou a tutela dos valores, princípios e bens ligados ao conceito republicano. Precedentes citados do STF: MS 26.210-DF, DJ 10/10/2008; do STJ: REsp 1.003.179-RO, DJ 18/8/2008; REsp 861.566-GO, DJ 23/4/2008; REsp 764.278-SP, DJ 28/5/2008; REsp 705.715-SP, DJ 14/5/2008, e REsp 730.264-RS. **REsp 1.069.723-SP, Rel. Min. Humberto Martins, julgado em 19/2/2009.** (Inform. STJ 384)

IMPROBIDADE ADMINISTRATIVA. SANÇÕES. PRESCRIÇÃO.
Em ação de improbidade administrativa cumulada com o pedido de ressarcimento de danos, a Turma deu provimento ao recurso do MP. Preliminarmente, em relação ao documento novo constituído de acórdão do Tribunal de Contas estadual, arquivando processo administrativo de tomada de conta especial, considerou-se a incidência do art. 21, II, da Lei n. 8.429/1992 – em que se aplicam as sanções ali previstas por ato de improbidade administrativa independentemente da aprovação ou rejeição das contas por aquele órgão de controle. No mérito, reconheceu a legalidade do pedido de ressarcimento de danos por ato de improbidade cumulado com o pedido das demais sanções do art. 12 da citada lei, bem como considerou que a prescrição quinquenal atinge os ilícitos administrativos dos agentes públicos, abrangidos o servidor público e o particular, os quais lhes deram causa (nos termos do art. 23 da mesma lei); entretanto, a ação de ressarcimento dos prejuízos causados ao erário é imprescritível, conforme estabelecido no art. 37, § 5º, da CF/1988. Ademais não há óbice para o ressarcimento dos danos ao erário na ação de improbidade administrativa. Precedentes citados do STF: MS 26.210-DF, DJ

10/10/2008; do STJ: REsp 199.478-MG, DJ 8/5/2000; REsp 434.661-MS, DJ 25/8/2003, e REsp 1.069.779-SP, DJ 18/9/2008. **REsp 1.067.561-AM, Rel. Min. Eliana Calmon, julgado em 5/2/2009.** (Inform. STJ 382)

AÇÃO CIVIL PÚBLICA. IMPROBIDADE ADMINISTRATIVA. PRESCRIÇÃO. CITAÇÃO.

Mesmo que inexistente a notificação prévia constante do art. 17, § 7º, da Lei n. 8.429/1992, a citação interrompe o prazo prescricional, retroagindo à data da propositura da ação (art. 219, § 1º, do CPC). O prazo prescricional para o exercício dessa pretensão, abstraindo-se os casos de ressarcimento ao erário, que são imprescritíveis, é de 5 anos, contados do término do exercício do mandato (art. 23, I, da Lei n. 8.429/1992). Assim, se o ex-prefeito teve seu mandato findado em 31/12/1996, a ação ajuizada em 20/12/2001 não está atingida pela prescrição. Logo, a Turma deu provimento ao recurso para afastar a prescrição e determinar o retorno dos autos à origem para que se decida o mérito da causa. Precedentes citados do STF: MS 26.210-DF, DJ 10/10/2008; do STJ: REsp 403.153-SP, DJ 20/10/2003; REsp 799.339-RS, DJ 18/9/2006, e REsp 750.187-RS, DJ 26/11/2006. **REsp 730.264-RS, Rel. Min. Herman Benjamin, julgado em 6/11/2008.** (Inform. STJ 375)

AÇÃO CIVIL PÚBLICA. PRESCRIÇÃO.

Trata-se de dois recursos especiais interpostos contra o acórdão recorrido que, em ação civil pública com objetivo de anulação de ato administrativo, condenou os demandados a ressarcir o erário, mantendo sentença de parcial procedência do pedido. Para o Min. Relator, ressalvada a hipótese de ressarcimento de dano ao erário fundado em ato de improbidade, prescreve em cinco anos a ação civil pública (Lei n. 7.347/1985), uma vez que, no caso dos autos, a pretensão poderia ser formulada em ação popular. Observa que o pedido não está amparado em dano causado por atos de improbidade, até porque, à época dos fatos tidos por ilegais, não estava em vigor a Lei n. 8.429/1992. Assim, explica que, no âmbito próprio, no qual se identificam as ações popular e civil pública, elas devem ter tratamento uniforme e, quando necessário, aplicação analógica: é o caso do prazo prescricional previsto na ação popular como sendo de cinco anos (art. 21 da Lei n. 4.717/1965) e a lei da ação civil pública é silente, impondo-se sua aplicação analógica. Note-se que, no caso dos autos, o MP estadual ajuizou a ação civil pública em 1996 para apurar fatos ocorridos em 1985. Outrossim, em sede de ação civil pública, não cabe a condenação do MP em honorários advocatícios, salvo quando comprovada atuação de má-fé. Com esse entendimento, a Turma, ao prosseguir o julgamento, conheceu parcialmente o recurso do réu e, nessa parte, deu-lhe provimento, julgando prejudicado o da Fazenda estadual. Precedentes citados: REsp 250.980-SP, DJ 6/3/2006; REsp 439.599-SP, DJ 6/2/2006, e REsp 406.545-SP, DJ 9/12/2002. **REsp 764.278-SP, Rel. Min. Teori Albino Zavascki, julgado em 22/4/2008.** (Inform. STJ 353)

PRESCRIÇÃO. AÇÃO CIVIL. DANO. PATRIMÔNIO PÚBLICO.

A ação civil pública foi proposta pelo MP estadual em desfavor do ex-prefeito e de um corréu diante de ato de improbidade administrativa referente à permuta de imóveis urbanos por outro localizado em zona rural, o que teria causado lesão ao erário e atentaria contra os princípios da Administração Pública. Nesse contexto, o Min. Relator aduziu que tanto a ação civil pública quanto a ação popular pertencem a um mesmo microssistema de tutela a direitos difusos, nos quais se encarta a moralidade administrativa. Assim, frente à falta de previsão legal, é possível, por analogia, utilizar-se o prazo quinquenal referente à prescrição da ação popular para regular a da ação civil pública. Dessarte, uma análise dos dispositivos legais atinentes a essa questão (MP n. 2.180-35/2001 e Leis ns. 8.429/1992, 9.494/1997 e 7.347/1985) conduz à conclusão de que o ajuizamento da ação de improbidade em desfavor de agentes públicos eleitos, ocupantes de cargos em comissão ou de função de confiança deve submeter-se ao referido prazo prescricional, cujo termo *a quo* é o término do mandato ou do exercício funcional (art. 23 da Lei n. 8.429/1992). Por outro lado, anotou o Min. Relator que, no caso, obteve-se aprovação legislativa, o que afasta o elemento subjetivo constante do dolo, de imperiosa presença nos delitos de improbidade. Os Ministros Teori Albino Zavascki e Denise Arruda acompanharam o Min. Relator apenas quanto à ausência de dolo. Precedentes citados: REsp 890.552-MG, DJ 22/3/2007, e REsp 406.545-SP, DJ 9/12/2002. **REsp 727.131-SP, Rel. Min. Luiz Fux, julgado em 11/3/2008.** (Inform. STJ 348)

8.9. QUADRO SINÓTICO

1. Conceito: *imoralidade administrativa qualificada por uma das modalidades previstas na Lei 8.429/1992*

2. Modalidades

a) enriquecimento ilícito (art. 9º): requer dolo

b) prejuízo ao erário (art. 10): requer culpa ou dolo

c) violação a princípios (art. 11): requer dolo

3. Sujeito ativo (art. 2º):

– agente da Administração Direta e Indireta (salvo agentes políticos que respondam por crime de responsabilidade, com exceção do Prefeito, que é sujeito à lei)

– agente de entidade que receba subvenção, benefício ou incentivo do Poder Público

– pessoa que induza ou concorra para a prática do ato

– pessoa que se beneficie de forma direta ou indireta

4. Sanções:

– Previstas no art. 12 da Lei 8.429/1992

– O STJ entende que **não é necessário cumular** todas as sanções, o que, de resto já consta do art. 12, caput, da Lei 8.429/1992. Essa cumulação só deve ocorrer em casos mais graves

– A aplicação das sanções **independe:**

a) da efetiva ocorrência de dano ao patrimônio público

b) da aprovação/rejeição de contas pelo órgão interno ou pelo Tribunal de Contas

– Sanções **previstas na lei**:

Imagem

5. Questões processuais

5.1. Legitimado Ativo:

a) Ministério Público

b) Pessoa jurídica interessada (= lesada)

5.2. Foro por prerrogativa de função: não há

5.3. Rito: ordinário, mas com defesa preliminar em 15 dias antes do recebimento da petição inicial

5.4. Cautelares: indisponibilidade de bens / sequestro

5.5. Transação (acordo): não é possível fazer

6. Prescrição

6.1. Ressarcimento do erário: é imprescritível

6.2. Aplicação das demais sanções

a) mandato/cargo em comissão: 5 anos contados do término do exercício

b) cargo efetivo/emprego: dentro do prazo prescricional previsto em lei específica para faltas puníveis com a pena de demissão a bem do serviço público

8.10. QUESTÕES OBJETIVAS COMENTADAS

8.10.1. Conceito, modalidades, tipificação e sujeitos ativo e passivo

O prefeito de determinado município firmou contrato de aluguel de milhares de computadores para as escolas municipais. A contratação foi feita sem licitação, sob o argumento de que a fornecedora dos computadores é uma organização social sem fins lucrativos. Posteriormente, o tribunal de contas do estado detectou que o aluguel anual de cada máquina custava o dobro do valor de um computador novo, tendo o MP estadual, por seu turno, descoberto que os dirigentes da organização social mantêm relação direta com donos de empresa de material de informática à qual pertencem os computadores alugados. A quebra do sigilo bancário da organização social demonstrou que os pagamentos recebidos do município eram repassados à referida empresa.

(Magistratura/BA – 2012 – CESPE) Com base na situação hipotética acima e no disposto na Lei n. 8.429/1992 (lei que trata da improbidade administrativa), assinale a opção correta.

(A) O disposto nessa lei não se aplica a prefeitos, agentes políticos que se submetem ao regime do Decreto-Lei n. 201/1967 (crime de responsabilidade).

(B) De acordo com a referida lei, na hipótese de o prefeito morrer, seus sucessores hereditários estarão sujeitos às cominações legais até o limite do valor da herança.

(C) Embora imoral e antiética, a conduta do prefeito não tem repercussão na esfera administrativa, visto que se restringe à violação de princípios.

(D) O prazo prescricional para se processar o prefeito pela prática de ato de improbidade administrativa é de cinco anos, contados da data do fato.

(E) O MP poderá ajuizar ação de improbidade contra o prefeito, mas nada poderá fazer em relação aos dirigentes da organização social ou aos donos da empresa de informática, visto que a referida lei alcança apenas os ocupantes de cargos públicos.

A: incorreta. No tocante aos sujeitos ativos do ato de improbidade, o STF fixou entendimento de que os agentes políticos que respondam por crime de responsabilidade (exs.: Presidente, Ministros de Estado, desembargadores, entre outros) não estão sujeitos à incidência da Lei 8.429/1992 (RE 579.799, *DJ* 19.12.2008), dada a similitude das sanções nas duas esferas. Todavia, o STF não incluiu os Prefeitos nesse rol, apesar destes responderem por crime de responsabilidade (Rcl 6034, *DJ* 29.08.2008). De qualquer forma, é bom ficar de olho no tema (submissão do Prefeito à Lei 8.429/1992), que foi reconhecido como de repercussão geral pelo STF no início de 2013 (ARE 683.235), podendo haver mudança de entendimento a qualquer momento; **B:** correta (art. 8º da Lei 8.429/1992); **C:** incorreta, pois não houve simples violação a princípios, o que, de resto, também ensejaria responsabilização; houve também prejuízo ao erário, configurando a modalidade de improbidade prevista no art. 10, V e VIII, da Lei 8.429/1992; **D:** incorreta, pois o prazo é de 5 anos, contados do término do mandato (art. 23, I, da Lei 8.429/1992); **E:** incorreta, pois, além do Prefeito, é possível acionar os dirigentes da organização social também, por se tratar de agente de entidade que recebe recursos estatais (art. 1º, parágrafo único, c/c art. 2º, ambos da Lei 8.429/1992), bem como se tratar de pessoas que concorreram para a prática do ato (art. 3º da Lei 8.429/1992); no mais, outros beneficiários do ato também poderão ser acionados (art. 3º, parte final, da Lei 8.429/1992).

Gabarito "B"

(Magistratura/BA – 2012 – CESPE) Ainda com base na situação hipotética apresentada, assinale a opção correta.

(A) De acordo com a lei que dispõe sobre a improbidade administrativa, o agente público que se recusar a apresentar suas declarações de bens ao órgão ou ente a que esteja vinculado será punido com pena de suspensão.

(B) De acordo com o que dispõe a Lei n. 8.429/1992, se o prefeito adquirir, no exercício do mandato, bens cujos valores sejam desproporcionais a sua evolução patrimonial ou renda, estará configurada hipótese de improbidade administrativa.

(C) Pelo princípio da especialidade, a responsabilização civil e criminal dos envolvidos dar-se-á exclusivamente conforme as cominações da Lei n. 8.666/1993 (Lei de Licitações).

(D) Após o transcurso do prazo prescricional para o ajuizamento de ação por improbidade, os prejuízos causados ao município não poderão mais ser cobrados.

(E) Caso os envolvidos efetuem o ressarcimento dos prejuízos causados aos cofres públicos até o recebimento da ação, esta será automaticamente extinta.

A: incorreta, pois será punido com a pena de demissão a bem do serviço público e não com mera pena de suspensão (art. 13, § 3º, da Lei 8.429/1992); **B:** correta (art. 9º, VII, da Lei 8.429/1992); **C:** incorreta, pois a responsabilização civil também levará em conta as disposições da Lei 8.429/1992; **D:** incorreta, pois as sanções de improbidade administrativa (art. 12 da Lei 8.429/1992) prescrevem (art. 23 da Lei 8.429/1992), mas a pretensão de ressarcimento ao erário, não (art. 37, § 5º, da CF; STF, MS 26.210, *DJ* 10.10.2008); **E:** incorreta, pois esse fato não tem o condão de excluir as demais cominações previstas na Lei 8.429/1992; aliás, as sanções são independentes entre si (art. 12, *caput*, da Lei 8.429/1992).

Gabarito "B"

(Magistratura/DF – 2011) A Lei n. 8.429/1992 classifica como ato de improbidade que atenta contra os princípios da Administração Pública:

(A) não revelar e nem permitir que chegue ao conhecimento de terceiro, antes da respectiva divulgação oficial, teor de medida política ou econômica capaz de afetar o preço de mercadoria, bem ou serviço;

(B) não revelar fato ou circunstância de que tem ciência em razão das atribuições e que deva permanecer em segredo;

(C) prestar contas quando não esteja obrigado a fazê-lo;

(D) a prática de ato visando fim proibido em lei ou regulamento ou diverso daquele previsto na regra de competência.

A: incorreta, pois esse ato não é de improbidade; há improbidade, na modalidade mencionada, quando se *revelar* ou *permitir* que tais dados cheguem ao conhecimento de terceiro (art. 11, VII, da Lei 8.429/1992); **B:** incorreta, pois esse ato não é de improbidade; há improbidade, na modalidade mencionada, quando se *revelar* tais fatos (art. 11, III, da Lei 8.429/1992); **C:** incorreta, pois esse ato não é de improbidade; há improbidade, na modalidade mencionada, quando se *deixar* de prestar contas quando se *esteja* obrigado a fazê-lo (art. 11, VI, da Lei 8.429/1992); **D:** correta (art. 11, I, da Lei 8.429/1992).

Gabarito "D"

(Magistratura/PE – 2011 – FCC) Nos termos da Lei vigente no Brasil, um agente público que aceite emprego, comissão ou exerça atividade de consultoria ou assessoramento para pessoa física ou jurídica que tenha interesse suscetível de ser atingido ou amparado por ação ou omissão decorrente das atribuições do agente público, durante a atividade, está praticando um ato caracterizado como

(A) de improbidade administrativa, estando sujeito, por este enquadramento, entre outras, às penas de prisão e multa civil.

(B) apenas infração administrativa, estando sujeito, por este enquadramento, entre outras, às penas de advertência e multa.

(C) de improbidade administrativa, estando sujeito, por este enquadramento, entre outras, às penas de perda dos bens ou valores acrescidos ilicitamente ao patrimônio e suspensão dos direitos políticos de oito a dez anos.

(D) abuso de autoridade, estando sujeito, por este enquadramento, entre outras, às penas de perda do cargo ou emprego público e prisão civil.

(E) apenas infração administrativa, estando sujeito, por este enquadramento, entre outras, às penas de ressarcimento do dano e suspensão dos direitos políticos de cinco a oito anos.

A: incorreta, pois o ato de improbidade, tipificado na Lei 8.429/1992, não enseja pena de prisão (art. 12 da Lei 8.429/1992); **B:** incorreta, pois o ato de improbidade, tipificado na Lei 8.429/1992, não enseja pena de advertência (art. 12 da Lei 8.429/1992); **C:** correta, pois o ato de improbidade, tipificado na Lei 8.429/1992, enseja tais penas (art. 12 da Lei 8.429/1992); **D:** incorreta, pois o fato caracteriza ato de improbidade (art. 9º, VIII, da Lei 8.429/1992); **E:** incorreta, pois o fato caracteriza ato de improbidade (art. 9º, VIII, da Lei 8.429/1992).

Gabarito "C"

(Magistratura/RO – 2011 – PUCPR) Considere as assertivas abaixo:

I. Os atos de improbidade previstos na Lei 8.429/1992, sujeita qualquer agente público às sanções previstas na referida lei, desde que servidor efetivo.

II. As disposições da Lei 8429/1992 são aplicáveis, no que couber, àquele que, mesmo não sendo agente público, induza ou concorra para a prática do ato de improbidade ou dele se beneficie sob qualquer forma direta ou indireta.

III. Reputa-se agente público, para os efeitos da Lei 8.429/1992, todo aquele que exerce, ainda que transitoriamente ou sem remuneração, por eleição, nomeação, designação, contratação ou qualquer outra forma de investidura ou vínculo, mandato, cargo, emprego ou função nas entidades mencionadas no artigo 1º da referida lei.

IV. Quando o ato de improbidade causar lesão ao patrimônio público ou ensejar enriquecimento ilícito, caberá à autoridade administrativa responsável pelo inquérito representar ao Ministério Público, para a indisponibilidade dos bens do indiciado, cuja indisponibilidade recairá sobre bens que assegurem o integral ressarcimento do dano, ou sobre o acréscimo patrimonial resultante do enriquecimento ilícito.

V. Relativamente ao disposto na lei de improbidade administrativa, o sucessor daquele que causar lesão ao patrimônio público ou se enriquecer ilicitamente está sujeito às cominações desta lei até o limite do valor da herança.

Estão CORRETAS:

(A) Apenas as assertivas I e III.

(B) Apenas as assertivas II, III e V.

(C) Apenas as assertivas II, III, IV e V.

(D) Apenas as assertivas I, III e V.

(E) Todas as assertivas.

I: incorreta, pois não é só o servidor efetivo que é agente público para efeito de aplicação da Lei 8.429/1992 (*vide* o art. 2º dessa lei); **II:** correta (art. 3º da Lei 8.429/1992); **III:** correta (art. 2º da Lei 8.429/1992); **IV:** correta (art. 7º da Lei 8.429/1992); **V:** correta (art. 8º da Lei 8.429/1992).

Gabarito "C"

(Magistratura/SP – 2011 – VUNESP) Manezinho Araújo, amigo do Prefeito de Bocaina do Sul, agindo com identidade de propósitos, recebia do alcaide cártulas emitidas pela municipalidade para pagamento de supostos serviços prestados. Ao depois, depositava as quantias respectivas na conta de Expedita Brancaleone, mulher do chefe do executivo local. É correto afirmar que:

(A) somente o prefeito municipal pode ser condenado por improbidade administrativa.

(B) Manezinho Araújo pode ser condenado pela prática de improbidade administrativa.

(C) tanto o alcaide quanto Manezinho somente podem ser responsabilizados na esfera penal.

(D) somente Manezinho pode ser responsabilizado por ato de improbidade.

(E) somente Expedita Brancaleone pode ser condenada pela prática de ato de improbidade administrativa.

A: incorreta, pois aquele que concorre para a prática do ato (Manezinho) ou se beneficia com ele (Expedita) também são sujeitos ativos do ato de improbidade (art. 3º da Lei 8.429/1992); **B:** correta (art. 3º da Lei 8.429/1992); **C:** incorreta, pois também podem ser responsabilizados na esfera da improbidade administrativa (arts. 3º e 9º da Lei 8.429/1992); **D:** incorreta, pois o Prefeito é quem concorre para o ato e se beneficia dele; sua esposa também (art. 3º da Lei 8.429/1992); **E:** incorreta, pois o Prefeito e Manezinho também respondem, como se viu.

Gabarito "B"

(Ministério Público/SC – 2010) Analise os itens que seguem:

I. A pessoa física nunca poderá ser sujeito passivo de ato de improbidade.

II. Todos os entes da administração pública indireta dos entes federativos, são abrangidos como sujeito ativo dos atos descritos na lei n. 8.429/1992.

III. Uma entidade privada celebra um convênio com o município. Recebe certo aporte em dinheiro, e dá destinação a verba, diversa da estipulada na avença. Os responsáveis legais, da entidade, neste caso, se sujeitarão as sanções da LIA.

IV. Agente público, que negligenciando suas atribuições na condição de vigia, esquece a porta da repartição aberta, permitindo que outrem, se aproprie de bens pertencentes a administração, não responderá em hipótese alguma, por ato de improbidade.

V. A caracterização do ato de improbidade que causa lesão ao patrimônio público, depende da comprovação da obtenção da vantagem indevida.

(A) Apenas as assertivas I, II e III estão corretas.

(B) Apenas as assertivas I e II e IV estão corretas.

(C) Apenas as assertivas II, III e IV estão corretas.

(D) Apenas as assertivas I, III, e IV estão incorretas.

(E) Apenas as assertivas III, IV e V estão corretas.

I: correta, pois somente as pessoas jurídicas podem ser vítimas desse ato, o que pode ser verificado pela leitura do art. 1º, *caput* e parágrafo único, da Lei 8.429/1992; **II:** correta (art. 1º, *caput*, da Lei 8.429/1992); **III:** correta (art. 2º c/c art. 1º, parágrafo único, da Lei 8.429/1992); **IV:** incorreta, pois a improbidade por prejuízo ao erário configura-se não só com atitudes dolosas, como também com atitudes culposas (art. 10, *caput*, da Lei 8.429/1992), sendo que, no caso, caso há culpa em sentido estrito, por conta de negligência do agente; **V:** incorreta, pois o critério é de prejuízo ao erário (art. 10 da Lei 8.429/1992); a modalidade de enriquecimento ilícito é que depende da comprovação da vantagem indevida (art. 9º da Lei 8.429/1992).

Gabarito "A"

(Ministério Público/BA – 2010) Assinale a afirmação correta:

(A) Apenas o agente público é considerado sujeito ativo perante a lei de improbidade administrativa.

(B) Para fins da lei de improbidade administrativa, agente público é todo aquele que exerce, apenas em caráter de permanência e com remuneração, função em empresa pública.

(C) A vitaliciedade impede a aplicação das sanções previstas na lei improbidade administrativa ao Conselheiro do Tribunal de Contas.

(D) Os agentes políticos, os servidores públicos, os militares e os particulares que colaboram espontaneamente com o Poder Público podem praticar atos de improbidade administrativa.

(E) Nem todas as categorias de servidores públicos podem se enquadrar como sujeito ativo da improbidade administrativa.

A: incorreta, pois quem concorre ou se beneficia do ato também é sujeito ativo do ato de improbidade administrativa (art. 3º da Lei 8.429/1992); **B:** incorreta, pois não é necessário nem permanência, nem remuneração (art. 2º da Lei 8.429/1992); **C:** incorreta, pois não existe essa limitação na Lei 8.429/1992; **D:** correta, nos termos do art. 2º da Lei 8.429/1992; **E:** incorreta, pois todos os servidores públicos são sujeitos ativos do ato de improbidade administrativa (art. 2º da Lei 8.429/1992).

Gabarito "D"

(Ministério Público/MG – 2010.1) Sobre a Lei nº 8.429/1992, que versa sobre improbidade administrativa, é CORRETO afirmar que

(A) o advogado público parecerista está sempre isento de responsabilização por improbidade administrativa, haja vista que não pratica o ato administrativo.

(B) não é possível responsabilizar, por improbidade administrativa, membros das Casas Legislativas com fundamento exclusivo na votação e aprovação de lei flagrantemente inconstitucional, que venha a causar prejuízo ao erário.

(C) o enquadramento por prática de conduta prevista no artigo 10 da Lei nº 8.429/1992, prescinde da análise da intenção do agente administrativo por ocasião da prática do ato.

(D) o ato ou omissão que acarrete enriquecimento ilícito necessariamente violará os princípios constitucionais da Administração, podendo o juiz, ao impor as sanções, fazer adequada dosimetria, desde que aplique todas as sanções previstas para o tipo mais grave.

(E) não configura improbidade administrativa a conduta do servidor público que, ciente do obrar ilícito, de colega ímprobo, de mesma hierarquia, não comunica o fato a superior hierárquico.

A: incorreto, pois quando o advogado público exara parecer vinculante, emite verdadeira decisão administrativa, respondendo, sim, por ato de improbidade administrativa (ex: art. 38 da Lei 8.666/1993); **B:** correto, pois é necessário comprovar conduta culposa ou dolosa (art. 10, *caput*, da Lei 8.429/1992); **C:** incorreto, pois o elemento subjetivo (culpa ou dolo) é elemento necessário à configuração do ato de improbidade administrativa (art. 10, *caput*, da Lei 8.429/1992); **D:** incorreto, pois o STJ entende que as sanções previstas no art. 12 da Lei 8.429/1992 não podem ser cumuladas de modo indistinto, em obediência ao princípio da proporcionalidade (REsp 626.204/RS, DJ 06.09.2007); assim, o juiz não é obrigado a impor todas as sanções cumulativamente, devendo fazê-lo somente quando absolutamente necessário; **E:** incorreta, pois a situação pode configurar violação a princípios da Administração (art. 11 da Lei 8.429/1992), tendo em vista que não age de forma leal à Administração o servidor que, ciente da situação narrada, não comunica o fato ao superior hierárquico; ademais, é comum que os Estatutos de Funcionário Público estabeleçam o dever legal de fazer essa comunicação, o que, em acontecendo no caso concreto, também fará com que se configure violação ao princípio da legalidade, situação que também faz configurar a violação a princípios da Administração.

Gabarito "B"

(Ministério Público/MG – 2010.2) A condenação por atos de improbidade administrativa que importem enriquecimento ilícito pela percepção de qualquer tipo de vantagem patrimonial indevida em razão do exercício de cargo, mandato, função, emprego ou atividade nas entidades mencionadas no art. 1º da Lei de Improbidade Administrativa (Lei Federal n. 8.429/1997), inclui as seguintes condutas, EXCETO,

(A) utilizar, em obra ou serviço particular, veículos, máquinas, equipamentos ou material de qualquer natureza, de propriedade ou à disposição de qualquer das entidades mencionadas no art. 1º da Lei n. 8.629/1992, bem como o trabalho de servidores públicos, empregados ou terceiros contratados por essas entidades.

(B) permitir que se utilizem, em obra ou serviço particular, veículos, máquinas, equipamentos ou material de qualquer natureza, de propriedade ou à disposição de qualquer das entidades.

(C) adquirir, para si ou para outrem, no exercício de mandato, cargo, emprego ou função pública, bens de qualquer natureza cujo valor seja desproporcional à evolução do patrimônio ou à renda do agente público.

(D) aceitar emprego, comissão ou exercer atividade de consultoria ou assessoramento para pessoa física ou jurídica que tenha interesse suscetível de ser atingido ou amparado por ação ou omissão decorrente das atribuições do agente público, durante a atividade.

A: correto (art. 9º, IV, da Lei 8.429/1992); **B:** incorreto, devendo ser assinalado, pois, nesse caso, pratica-se ato de improbidade na modalidade *prejuízo ao erário* (art. 10, II, da Lei 8.429/1992); **C:** correto (art. 9º, VII, da Lei 8.429/1992); **D:** correto (art. 9º, VIII, da Lei 8.429/1992).

Gabarito "B"

(Ministério Público/PR – 2011) É INCORRETO AFIRMAR QUE:

(A) O dano ao patrimônio público não é o substrato legitimador das sanções aplicáveis aos autores de atos de improbidade administrativa e aos respectivos beneficiários, uma vez que é elemento prescindível à configuração da improbidade;

(B) A indisponibilidade de bens na ação civil pública por ato de improbidade, recairá sobre bens que assegurem o integral ressarcimento do dano, ou sobre o acréscimo patrimonial resultante do enriquecimento ilícito;

(C) Para a caracterização do ato de improbidade administrativa que importa enriquecimento ilícito, há necessidade de que, na contrapartida da vantagem patrimonial auferida pelo agente, sobrevenha também decréscimo patrimonial do erário;

(D) No caso de percepção de vantagem indevida ou de aceitação de promessa de tal vantagem que não se revista de caráter econômico, nem mesmo de maneira indireta, a improbidade não será subsumível à hipótese de enriquecimento ilícito, admitindo-se, porém, o enquadramento do ato ímprobo na hipótese em que resulte prejuízo patrimonial para o erário ou reste caracterizada violação a princípio norteador da administração pública;

(E) A autoridade judicial ou administrativa competente poderá determinar o afastamento do agente público, a quem é imputada a prática de ato de improbidade, do exercício do cargo, emprego ou função, sem prejuízo da remuneração, quando a medida se fizer necessária à instrução processual.

A: assertiva correta (art. 21, I, da Lei 8.429/1992); **B:** assertiva correta (art. 7º, parágrafo único, da Lei 8.429/1992); **C:** assertiva incorreta, devendo ser assinalada; não é necessário prejuízo ao erário para a configuração do ato de improbidade (art. 21, I, da Lei 8.429/1992); **D:** assertiva correta, pois o art. 9º da Lei 8.429/1992 exige vantagem *patrimonial* indevida, o que não impede que o fato se enquadre nas modalidades dos arts. 10 e 11 da Lei 8.429/1992; **E:** assertiva correta (art. 20, parágrafo único, da Lei 8.429/1992).

Gabarito "C"

(Procurador do Estado/MT – FCC – 2011) A Lei n. 8.429/1992, que dispõe sobre improbidade administrativa,

(A) sujeita aqueles que praticarem atos de improbidade a sanções civis, administrativas e penais, inclusive com penas restritivas de liberdade, conforme a extensão do dano causado e o proveito patrimonial obtido pelo agente.

(B) aplica-se aos atos de improbidade praticados por agente público, assim considerados apenas aqueles com vínculo permanente, mandato, cargo, emprego ou função nas entidades integrantes da Administração direta ou indireta de todos os Poderes.

(C) aplica-se apenas aos atos dolosos que ensejem lesão ao patrimônio público ou violação aos princípios aplicáveis à Administração Pública, praticados por agentes públicos ou por particulares com vínculo com a Administração.

(D) alcança também os atos de improbidade praticados contra o patrimônio de entidade para cuja criação ou custeio o erário haja concorrido ou concorra com menos de cinquenta por cento do patrimônio ou da receita anual.

(E) sujeita aqueles que praticarem atos de improbidade apenas a sanções administrativas, como perda do cargo, função pública, inelegibilidade e proibição de contratar com a Administração.

A: incorreta, pois essa lei regula a repressão não penal à prática de atos administrativos, sendo que as sanções previstas no art. 12 da Lei 8.429/1992 são demonstração disso; **B:** incorreta, pois o conceito de agente público previsto no art. 2º da Lei 8.429/1992 é muito mais amplo, abrangendo, também, agentes temporários e agentes que laboram em entidades que não fazem parte da Administração direta ou indireta, como entidades que recebam subvenção estatal (art. 1º, parágrafo único, da Lei 8.429/1992); **C:** incorreta, pois também se aplica em relação a atos dolosos que importem em enriquecimento ilícito do agente (art. 9º da Lei 8.429/1992), bem como em relação a meros atos culposos quando se trata de prejuízo ao erário (art. 10 da Lei 8.429/1992); **D:** correta (art. 1º, parágrafo único, da Lei 8.429/1992); **E:** incorreta, pois há também sanções de natureza civil (multa civil) e eleitoral (suspensão dos direitos políticos), nos termos do art. 12, I a III, da Lei 8.429/1992.

Gabarito "D"

(Procurador do Município/Cubatão-SP – 2012 – VUNESP) Rolando da Silva, funcionário público, e Tibério Vacâncio, motorista de táxi, foram flagrados praticando conduta em conluio, com o objetivo de perceber vantagem econômica para intermediar a liberação de verba pública da Prefeitura do Município onde Rolando exerce suas funções. Considerando que restaram devidamente comprovadas a participação e a culpa de ambos na referida prática delituosa, pode-se afirmar, com base na Lei n. 8.429/1992, que

(A) Rolando, por ser funcionário público, é o único que ficará sujeito às penalidades da Lei de Improbidade Administrativa.

(B) Tibério, por não exercer função no serviço público, ficará sujeito às penas da Lei n. 8.429/1992 somente se ele causou prejuízo ao erário.

(C) Rolando e Tibério ficarão sujeitos às penas da Lei de Improbidade administrativa, enquanto que o primeiro, por ser funcionário público, deve ainda sofrer sanções penais, civis e administrativas previstas na legislação específica, e o segundo, por ser particular, não ficará sujeito a essas penas.

(D) em razão da conduta praticada, ambos ficarão sujeitos, entre outras penas, à perda dos bens ou valores acrescidos ilicitamente ao patrimônio e à suspensão dos direitos políticos de oito a dez anos.

(E) nenhum dos dois estará sujeito às sanções da Lei n. 8.429/1992, já que a conduta praticada por eles não está prevista como ato de Improbidade Administrativa, ficando sujeito, porém, às sanções penais, civis e administrativas previstas na legislação específica.

A: incorreta, pois a Lei de Improbidade Administrativa também se aplica a quem, mesmo não sendo agente público, seja beneficiário do ato ou induza ou concorra para a prática do ato de improbidade (art. 3º da Lei 8.429/1992); **B:** incorreta, pois a aplicação da Lei 8.429/1992 independe da efetiva ocorrência de dano ao erário (art. 21, I); **C:** incorreta, pois o fato de Tibério ser particular não o livra de responsabilização nas esferas penal e civil; **D:** correta, pois, em se tratando da prática de ato de improbidade na modalidade enriquecimento ilícito, aplica-se as sanções previstas no art. 12, I, da Lei 8.429/1992, que, de fato, sujeita os responsáveis às sanções mencionadas na alternativa, sem prejuízo de outras; **E:** incorreta, pois a conduta praticada configura ato de improbidade na modalidade enriquecimento ilícito do agente, tipificando mais precisamente a situação descrita no inciso IX do art. 9º da Lei 8.429/1992.

Gabarito "D"

(Procurador do Município/Sorocaba-SP – 2012 – VUNESP) Quanto ao sujeito ativo que pode vir a ser responsabilizado por improbidade administrativa, indique a alternativa correta.

(A) Responde o terceiro que, mesmo não sendo agente público, induza ou concorra para a prática do ato, ou dele se beneficie de forma direta ou indireta.

(B) A lei de improbidade administrativa considera como sujeito ativo apenas o agente público, mesmo que não tenha se beneficiado diretamente.

(C) Não se enquadra como responsável o agente público que presta serviços à Administração sem vínculo empregatício.

(D) Os membros da Magistratura e do Ministério Público não se enquadram como sujeitos ativos, por fazerem parte de órgãos com independência funcional.

(E) Os juízes não se sujeitam à aplicação da Lei de Improbidade Administrativa por possuírem cargo de vitaliciedade.

A: correta (art. 3º da Lei 8.429/1992); **B:** incorreta, pois o terceiro, mesmo não sendo agente público, que induz ou concorra para a prática do ato, ou dele se beneficie, também pode ser sujeito ativo do ato de improbidade administrativa (art. 3º da Lei 8.429/1992); **C:** incorreta, pois se reputa agente público, para os efeitos da Lei de Improbidade, todo aquele que exerce, ainda que transitoriamente ou sem remuneração, por eleição, nomeação, designação, contratação ou *qualquer outra forma de* investidura ou *vínculo*, mandato, cargo, emprego ou função nas entidades mencionadas no art. 1º da Lei; assim, mesmo que o vínculo não seja empregatício, quem exerce função em qualquer das entidades mencionadas no art. 1º da Lei 8.429/1992 é considerado agente público para fins de aplicação da Lei de Improbidade; **D** e **E:** incorretas, pois não há essa discriminação no art. 2º da Lei 8.429/1992; todavia, é bom lembrar que agentes políticos que respondam por crimes de responsabilidade não estão sujeitos à Lei de Improbidade, para que não haja um *bis in idem*, salvo o Prefeito, que, segundo o STF, continua respondendo junto à Lei 8.429/1992.

Gabarito "A"

(Advogado da União/AGU – CESPE – 2012) Julgue o seguinte item.

(1) É necessária a comprovação de enriquecimento ilícito ou da efetiva ocorrência de dano ao patrimônio público para a tipificação de ato de improbidade administrativa que atente contra os princípios da administração pública.

1: incorreta, pois a modalidade mencionada, prevista no art. 11 da Lei 8.429/1992, é absolutamente independente das modalidades relacionadas ao enriquecimento ilícito (art. 9º) e ao dano ao erário (art. 10).

Gabarito 1E

(Cartório/RJ – 2012) A respeito da moralidade na Administração Pública, analise as assertivas abaixo.

I. Responde nos termos da Lei de Improbidade as pessoas que, mesmo não sendo agentes públicos, induzam ou concorram para a prática do ato de improbidade ou dele se beneficie sob qualquer forma direta ou indireta.

II. Para os fins de aplicação da Lei de Improbidade, reputa-se agente público todo aquele que exerce, por eleição, nomeação, designação, contratação ou qualquer outra forma de investidura ou vínculo, mandato, cargo, emprego ou função nas entidades da administração direta, indireta ou fundacional, salvo se transitoriamente ou sem remuneração.

III. A responsabilidade pela lesão ao patrimônio público não se estende a herdeiros.

É correto o que se afirma em:

(A) I, apenas.
(B) II, apenas.
(C) III, apenas.
(D) I e III, apenas.
(E) I, II e III.

I: correta (art. 3º da Lei 8.429/1992); **II:** incorreta, pois mesmo que aquele que exerce qualquer das funções mencionadas o faça transitoriamente ou sem remuneração, ter-se-á um agente público para fins de aplicação da Lei de Improbidade (art. 2º da Lei 8.429/1992); **III:** incorreta, pois o sucessor daquele que causar lesão ao patrimônio público ou se enriquecer ilicitamente está sujeito às cominações da Lei de Improbidade até o limite do valor da herança (art. 8º da Lei 8.429/1992).

Gabarito "A"

(Cartório/SC – 2012) A respeito da Lei de Improbidade Administrativa, pode-se afirmar:

I. Todos os agentes públicos respondem nos termos da Lei de Improbidade Administrativa, exceto os agentes políticos que exercem mandato eletivo junto aos parlamentos, já que estes detêm fórum privilegiado para responder pelos crimes de responsabilidade.

II. As sanções e o ressarcimento de danos ao erário prescrevem em cinco anos após o término do exercício de mandato, de cargo em comissão ou de função de confiança e, dentro do prazo prescricional previsto em lei específica para faltas disciplinares puníveis com demissão a bem do serviço público, nos casos de exercício de cargo efetivo ou emprego.

III. Segundo disposição legal presente na Lei de Improbidade Administrativa, os atos de improbidade administrativa dividem-se em atos que importam em enriquecimento ilícito, resultam em prejuízo ao erário e atentam contra os princípios da administração pública. Para restar o agente público sancionado por infração às condutas vedadas, a lei de improbidade exige genericamente que ele tenha agido com dolo e que tenha havido prejuízo ao erário.

IV. Nos termos da lei de improbidade, independentemente da conduta praticada pelo agente público ou por aqueles que não sendo agentes são porém a eles assemelhados nos termos da referida lei, independentemente das sanções penais, civis e administrativas previstas na legislação específica, está o responsável pelo ato de improbidade sujeito às cominações, que podem ser aplicadas isolada ou cumulativamente, de acordo com a gravidade do fato, constituindo-se elas de perda dos bens ou valores acrescidos ilicitamente ao patrimônio, ressarcimento integral do dano, quando houver, perda da função pública, suspensão dos direitos políticos de oito a dez anos, pagamento de multa civil de até três vezes o valor do acréscimo, proibição de receber benefícios ou incentivos fiscais ou creditícios, direta ou indiretamente, ainda que por intermédio de pessoa jurídica da qual seja sócio majoritário, pelo prazo de dez anos.

(A) Somente a proposição I está correta.
(B) Somente a proposição III está correta.

(C) Somente as proposições III e IV estão corretas.

(D) Somente a proposição II está correta.

(E) Nenhuma proposição está correta.

I: incorreta; todos os agentes públicos se submetem à Lei de Improbidade, exceto os agentes políticos que respondem por crime de responsabilidade (salvo o Prefeito), o que abarca não só os parlamentares, mas também outros agentes políticos como Presidente da República, Governador, Ministros etc.; **II:** incorreta, pois as sanções em geral, de fato, estão submetidas ao prazo prescricional mencionado (art. 23 da Lei 8.429/1992); porém, a pretensão de ressarcimento ao erário é imprescritível (art. 37, § 5º, da CF); **III:** incorreta, pois não é necessário que haja prejuízo ao erário para se configurar um ato de improbidade administrativa (art. 21, I, da Lei 8.429/1992); no mais, quanto ao elemento subjetivo é exigido o dolo nas modalidades dos arts. 9º e 11 (enriquecimento ilícito e violação a princípios), mas basta ato culposo em sentido estrito (ou dolo) para a configuração da improbidade na modalidade do art. 10 (prejuízo ao erário); **IV:** incorreta, pois, de acordo com a modalidade de improbidade, os prazos e critérios de suspensão de direitos políticos, pagamento de multa civil e proibição de contratar, variam, o que se dá nos termos dos incisos I, II e III do art. 12 da Lei 8.429/1992.

Gabarito "E"

(Procurador da República – 24º) Jairo foi convidado por governador recém-eleito para ocupar o cargo de Secretário Estadual de Educação. No primeiro ano de governo, foram enviados recursos federais para aquisição de computadores, que foram logo comprados na loja do irmão de Jairo. Embora adquiridos sem licitação, os computadores tiveram preço abaixo do mercado. Jairo foi exonerado no segundo ano de governo. O governador foi reeleito nas eleições seguintes e, após o fim desta gestão, Jairo é acusado de improbidade administrativa pelo Ministério Público. Qual dos argumentos a seguir tem fundamento legal:

(A) não houve improbidade, pois a violação ao princípio da impessoalidade não foi acompanhada de lesão ao patrimônio público.

(B) para Jairo, houve prescrição cinco anos após a exoneração.

(C) Secretário estadual não é passível de improbidade, pois detém cargo de provimento em comissão.

(D) não se caracteriza malversação de recursos, pois houve transferência da União para o Estado.

A: incorreta, pois há três modalidades de improbidade (por enriquecimento ilícito, prejuízo ao erário e violação a princípios da Administração Pública, conforme arts. 9º, 10 e 11, respectivamente, da Lei 8.429/1992), sendo que a terceira modalidade (violação a princípios – art. 11) independe de prejuízo ao erário, bastando a violação dolosa a princípios administrativos, como é o caso do princípio da impessoalidade; **B:** correta, pois, quanto ao ocupante do cargo em comissão, a prescrição se dá em 5 anos contados do término do exercício do cargo (art. 23, I, da Lei 8.429/1992); **C:** incorreta, pois o fato de alguém deter cargo em comissão não exclui essa pessoa de responder por improbidade administrativa; vale salientar, todavia, que os agentes políticos que respondem por crime de responsabilidade não estão sujeitos à responsabilização na forma da Lei 8.429/1992, com exceção do Prefeito, que não recebeu essa benesse do Supremo Tribunal Federal, apesar de responder por crime de responsabilidade; **D:** incorreta, pois o dinheiro é público em qualquer dos casos, seja oriundo da União, seja oriundo do Estado.

Gabarito "B"

(Magistratura do Trabalho – 4ª Região – 2012) São passíveis de enquadramento nas disposições previstas na Lei de improbidade administrativa

(A) os atos praticados pelos agentes públicos, exclusivamente.

(B) os atos praticados por agentes públicos, incluindo os agentes políticos e excluídos os particulares que atuam em colaboração com a Administração.

(C) os atos praticados por agentes públicos ou terceiro que induza ou concorra para a prática do ato ou dele se beneficie.

(D) os atos praticados contra o patrimônio de entidade pública ou privada que receba recursos públicos, desde que em montante superior a 50% do capital ou patrimônio.

(E) apenas os atos que ensejem prejuízo ao erário, incluindo aqueles praticados em face das entidades integrantes da Administração indireta.

A: incorreta, pois os atos praticados por terceiros beneficiários de atos ímprobos e por pessoas que induzam ou concorram para a prática de ato de improbidade também são passíveis de enquadramento na Lei 8.429/1992 (art. 3º desta); **B:** incorreta, pois os particulares que colaboram com a Administração, como os mesários e jurados, também estão contidos no conceito de agente público do art. 2º da Lei 8.429/1992 e os agentes públicos, ao contrário, quando já respondem por crimes de responsabilidade, não estão sujeitos à aplicação da Lei 8.429/1992, salvo o Prefeito; **C:** correta (art. 3º da Lei 8.429/1992); **D:** incorreta, pois também são passíveis de enquadramento nas disposições da Lei de Improbidade os atos praticados contra o patrimônio das entidades mencionadas, mesmo que esta recebe recursos públicos que componham montante inferior a 50% do patrimônio ou receita (art. 1º, parágrafo único, da Lei 8.429/1992); **E:** incorreta, pois essa é apenas uma das modalidades de ato de improbidade (art. 10 da Lei 8.429/1992), sendo que as demais modalidades são enriquecimento ilícito do agente (art. 9º) e violação a princípios administrativos (art. 11 da Lei 8.429/1992).

Gabarito "C"

(Magistratura do Trabalho – 15ª Região – 2010) Em relação à improbidade administrativa, assimile a alternativa correta:

(A) não poderá figurar como sujeito ativo de ato de improbidade o terceiro que apenas concorreu para a prática do ato lesivo ao patrimônio público;

(B) a improbidade administrativa pautada em ato que causa lesão ao erário ocorrerá apenas por conduta dolosa;

(C) o sucessor daquele que causar lesão ao patrimônio público não está sujeito às combinações da Lei de Improbidade, uma vez que a conduta ilegal não se comunica a quem não concorreu para a prática do ato ilícito;

(D) não constitui improbidade administrativa o mero fato de o agente público revelar a terceiros, antes da divulgação oficial, medida econômica que repercutirá no valor das ações de uma sociedade de economia mista;

(E) será punido com a pena de demissão, a bem do serviço público, o agente público que se recusar a prestar declaração dos bens, dentro do prazo fixado.

A: incorreta, pois a lei se aplica àquele que, mesmo não sendo agente público, induza ou concorra para a prática do ato de improbidade (art. 3º da Lei 8.429/1992); **B:** incorreta, pois o próprio art. 10, *caput*, prevê que essa modalidade se configura mediante atos dolosos ou culposos; **C:** incorreta, pois o sucessor está, sim, sujeito às cominações desta lei até o limite do valor da herança (art. 8º da Lei 8.429/1992); **D:** incorreta, pois configura improbidade na modalidade prejuízo ao erário (art. 11, VII, da Lei 8.429/1992); **E:** correta (art. 13, § 3º, da Lei 8.429/1992).

Gabarito "E"

(Magistratura do Trabalho – 23ª Região – 2012) Quanto ao ato de improbidade administrativa que atenta contra os princípios da administração pública, nos termos da Lei n. 8.429/1992, analise as proposições a seguir e a assinale a alternativa correta.

I. a prática de ato que visa fim proibido em lei ou regulamento ou fim diverso daquele previsto na regra de competência.

II. retardar ou deixar de praticar, indevidamente, ato de ofício.

III. revelar fato ou circunstância de que tem ciência em razão das atribuições e que deva permanecer em segredo.

IV. permitir ou facilitar a alienação, permuta ou locação de bem integrante do patrimônio de quaisquer das entidades referidas no art. 1º da lei, ou ainda a prestação de serviço por parte delas, por preço inferior ao de mercado.

V. revelar ou permitir que chegue ao conhecimento de terceiro, antes da respectiva divulgação oficial, teor de medida política ou econômica capaz de afetar o preço de mercadoria, bem ou serviço.

(A) Todas as proposições caracterizam ato de improbidade administrativa que atenta contra os princípios da administração pública.

(B) Somente as proposições constantes dos itens I, II e V caracterizam ato de improbidade administrativa que atenta contra os princípios da administração pública.

(C) Somente as proposições constantes dos itens II, III e V caracterizam ato de improbidade administrativa que atenta contra os princípios da administração pública.

(D) Somente as proposições constantes dos itens I, II, III e V caracterizam ato de improbidade administrativa que atenta contra os princípios da administração pública.

(E) Somente as proposições constantes dos itens I, II e III caracterizam ato de improbidade administrativa que atenta contra os princípios da administração pública.

Os itens I, II, III e V trazem hipóteses de improbidade administrativa que atenta contra os princípios da administração pública (art. 11, I a III e VII, da Lei 8.429/1992). E o item IV traz hipótese de improbidade administrativa que causa prejuízo ao erário (art. 10, IV, da Lei 8.429/1992).

Gabarito "D"

(Analista – TRT/14ª – 2011 – FCC) Em conformidade com a Lei de Improbidade Administrativa, (Lei nº 8.429/1992), é INCORRETO afirmar que estão sujeitos às penalidades previstas nesse diploma legal, dentre outros, os atos praticados contra o patrimônio de entidade

(A) que recebe incentivo fiscal de órgão público, bem como de entidade cuja criação ou custeio o erário haja concorrido ou concorra com menos de cinquenta por cento do patrimônio.

(B) que recebe incentivo creditício de órgão público, bem como de entidades cujo custeio o erário haja concorrido com menos de cinquenta por cento do patrimônio.

(C) que receba benefício de órgão público, bem como da entidade cuja criação o erário concorra com menos de cinquenta por cento do patrimônio ou da receita anual.

(D) que receba subvenção de órgão público, bem como de entidade cujo custeio o erário haja concorrido com menos de cinquenta por cento da receita anual.

(E) para cuja criação ou custeio o erário concorra com percentual inferior a cinquenta por cento do patrimônio ou do orçamento, inexistindo, nesse caso, limitações à sanção patrimonial.

A única alternativa que não está de acordo com o art. 1º da Lei 8.429/1992 é a "e", pois, nesse caso (concorrência de percentual inferior a 50%), a sanção patrimonial limita-se à repercussão do ilícito sobre a contribuição dos cofres públicos (art. 1º, parágrafo único, da Lei 8.429/1992).

Gabarito "E"

(Analista – TRT/22ª – 2010 – FCC) De acordo com a Lei nº 8.429/1992, que dispõe sobre improbidade administrativa:

(A) Não constitui ato ímprobo exercer atividade de consultoria para pessoa física ou jurídica que tenha interesse suscetível de ser atingido ou amparado por ação ou omissão decorrente de atribuições do agente público durante a atividade.

(B) Está sujeito às penalidades da Lei de Improbidade o ato praticado contra entidade para cuja criação ou custeio o erário haja concorrido com menos de cinquenta por cento do patrimônio ou receita anual, inexistindo limite à sanção patrimonial.

(C) O sucessor daquele que praticou ato de improbidade atentatório aos princípios da Administração Pública, qual seja, o de negar a publicidade de atos oficiais, estará sujeito às sanções da Lei de Improbidade, porém até o limite do valor da herança.

(D) As disposições da Lei de Improbidade aplicam-se àquele que, mesmo não sendo agente público, beneficie-se do ato ímprobo, sob qualquer forma direta ou indireta.

(E) Qualquer autoridade, desde que noticiada acerca de ato ímprobo causador de lesão ao erário ou de enriquecimento ilícito, poderá representar ao Juiz de Direito para a indisponibilidade de bens do indiciado.

A: incorreta, pois trata-se de improbidade na modalidade "enriquecimento ilícito" (art. 9º, VIII, da Lei 8.429/1992); **B:** incorreta, pois, nesse caso, há limite à sanção patrimonial (art. 1º, parágrafo único, da Lei 8.429/1992); **C:** incorreta, pois o sucessor somente está sujeito às sanções de ordem patrimonial (art. 8 da Lei 8.429/1992); **D:** correta (art. 3º da Lei 8.429/1992); **E:** incorreta, pois é necessário representar ao Ministério Público, que terá legitimidade e capacidade postulatória para requerer a indisponibilidade em juízo.

Gabarito "D"

(Analista – TRE/MT – 2010 – CESPE) Assinale a opção correta a respeito da Lei nº 8.429/1992, que regulamenta os atos de improbidade administrativa.

(A) Enquanto as empresas públicas podem ser sujeitos passivos da improbidade administrativa, as sociedades de economia mista não podem, em razão do regime de direito privado a que estão submetidas.

(B) Aquele que, não sendo agente público, induz ou concorre para a prática do ato de improbidade ou dele se beneficia sob qualquer forma não se submete às disposições da Lei nº 8.429/1992, devendo a sua conduta ser apurada de acordo com o Código Penal.

(C) Segundo o Supremo Tribunal Federal (STF), os deputados federais, os senadores e o presidente da República, na qualidade de agentes políticos, não se submetem às regras da lei em apreço, em razão de se sujeitarem a regime especial de responsabilização.

(D) Somente a ação praticada com dolo pelo agente público e com comprovada lesão ao patrimônio público é passível de responsabilização pelo integral ressarcimento do dano.

(E) Por não ser admitida pela Constituição Federal de 1988 (CF) que nenhuma pena passará da pessoa do condenado, não é possível a responsabilização do sucessor daquele que causar lesão ao patrimônio ou se enriquecer ilicitamente, ainda que seja até o limite do valor da herança.

A: incorreta, nos termos do art. 1º c/c o art. 2º da Lei 8.429/1992, valendo salientar que qualquer entidade da Administração Indireta (além de outras entidades previstas na lei) pode ser sujeito passivo do ato de improbidade; **B:** incorreta, pois tais pessoas estão sujeitas às disposições da Lei de Improbidade (art. 3º da Lei 8.429/1992); **C:** correta, pois o STF fixou entendimento de que os agentes políticos que respondam por crime de responsabilidade (exs.: presidente, ministros de Estado, desembargadores, entre outros) não estão sujeitos à incidência da Lei 8.429/1992 (RE 579799, DJ 19-12-2008), dada a similitude das sanções nas duas esferas. Todavia, o STF não incluiu os prefeitos nesse rol, apesar destes responderem por crime de responsabilidade (Rcl 6034, DJ 29-08-2008); **D:** incorreta, pois o STJ consagrou entendimento de que as modalidades dos arts. 9º e 11 requerem dolo para se configurar, diferente da modalidade do art. 10, que pode se configurar mediante conduta culposa ou dolosa (EREsp 875.163/RS, DJ 30/06/2010); **E:** incorreta (art. 8º da Lei 8.429/1992).

Gabarito "C"

(Analista – MPU – 2010 – CESPE) Com base no que dispõe a Lei nº 8.429/1992, julgue o item seguinte, relacionado a improbidade administrativa.

(1) São sujeitos passivos do ato de improbidade administrativa, entre outros, os entes da administração indireta, as pessoas para cuja criação ou custeio o erário haja concorrido ou concorra com mais de cinquenta por cento do patrimônio ou da receita anual e as entidades que recebam subvenção, benefício ou incentivo, fiscal ou creditício, de órgão público.

1: correta (art. 1º da Lei 8.429/1992).

Gabarito 1C

(Analista – STM – 2011 – CESPE) Julgue o seguinte item.

(1) Caracteriza-se como ato de improbidade administrativa a ação ou omissão que causa lesão ao erário, decorrente tanto de dolo como de culpa em sentido estrito.

1: correta, pois a modalidade de improbidade prevista no art. 10 da Lei 8.429/1992 (prejuízo ao erário) se configura tanto com conduta dolosa, como mediante conduta culposa em sentido estrito, conforme menção expressa no *caput* desse dispositivo; já as modalidades do art. 9º (enriquecimento ilícito do agente) e 11 (violação a princípios da Administração) exigem conduta dolosa, segundo o STJ.

Gabarito 1C

(Analista – TRT/6ª – 2012 – FCC) De acordo com a Lei nº 8.429/1992, os atos de improbidade administrativa

(A) que causem enriquecimento ilícito ou lesão ao patrimônio público ensejam a possibilidade de obter a indisponibilidade de bens do indiciado.

(B) somente podem ser considerados lesivos ao patrimônio público quando decorrentes de conduta dolosa do agente.

(C) permitem a aplicação de sanções pecuniárias apenas na hipótese de ensejarem enriquecimento ilícito.

(D) que atentem contra os princípios da Administração pública pressupõem, como sujeito ativo, agente público.

(E) que ensejam lesão ao patrimônio público pressupõem o enriquecimento ilícito pelo agente público.

A: correta (art. 7º da Lei 8.429/1992); **B:** incorreta, pois a modalidade de improbidade prevista no art. 10 da Lei 8.429/1992 também se configura mediante conduta culposa em sentido estrito; **C:** incorreta, pois nos demais casos também cabem sanções pecuniárias, como o ressarcimento integral do dano e a multa civil (art. 12, II e III, da Lei 8.429/1992); **D:** incorreta, pois também pode ser sujeito ativo do ato de improbidade a pessoa que, mesmo não sendo agente público, *induza* ou *concorra* para a prática do ato ou dele se *beneficie* de forma direta ou indireta (art. 3º da Lei 8.429/1992); **E:** incorreta, pois a modalidade referente à lesão ao patrimônio público (art. 10 da Lei 8.429/1992) não traz como elemento indispensável para a sua configuração o enriquecimento ilícito do agente público, elemento esse próprio da modalidade do art. 9º da Lei 8.429/1992.

Gabarito "A"

(Analista – TRT/8ª – 2010 – FCC) De acordo com a Lei nº 8.429/1992, constitui ato de improbidade administrativa importando enriquecimento ilícito, dentre outros,

(A) liberar verba pública sem a estrita observância das normas pertinentes ou influir de qualquer forma para a sua aplicação irregular.

(B) frustrar a licitude de processo licitatório ou dispensá-lo indevidamente.

(C) ordenar ou permitir a realização de despesas não autorizadas em lei ou regulamento.

(D) agir negligentemente na arrecadação de tributo ou renda, bem como no que diz respeito à conservação do patrimônio público.

(E) perceber vantagem econômica para intermediar a liberação ou aplicação de verba pública de qualquer natureza.

A: incorreta, pois se trata da modalidade prejuízo ao erário (art. 10, XI, da Lei 8.429/1992); **B:** incorreta, pois se trata da modalidade prejuízo ao erário (art. 10, VIII, da Lei 8.429/1992); **C:** incorreta, pois se trata da modalidade prejuízo ao erário (art. 10, IX, da Lei 8.429/1992); **D:** incorreta, pois se trata da modalidade prejuízo ao erário (art. 10, X, da Lei 8.429/1992); **E:** correta, pois se trata da modalidade enriquecimento ilícito (art. 9º, IX, da Lei 8.429/1992).

Gabarito "E"

(Analista – TRT/9ª – 2010 – FCC) De conformidade com a Lei nº 8.429/1992, receber, para si ou para outrem, dinheiro, bem móvel ou imóvel, ou qualquer outra vantagem econômica, direta ou indireta, a título de comissão, percentagem, gratificação ou presente de quem tenha interesse, direto ou indireto, que possa ser atingido ou amparado por ação ou omissão decorrente das atribuições do agente público caracteriza

(A) ato de improbidade administrativa que importa enriquecimento ilícito.

(B) infração administrativa, mas não ato de improbidade administrativa.

(C) ato de improbidade administrativa que causa prejuízo ao erário.

(D) crime de improbidade administrativa.

(E) ato de improbidade administrativa que atenta contra os princípios da Administração Pública.

Art. 9º, I, da Lei 8.429/1992.

Gabarito "A"

(Analista – TRT/14ª – 2011 – FCC) José, Analista Judiciário do Tribunal Regional do Trabalho da 14a Região, utilizou, em serviço particular, veículo de propriedade do TRT da 14ª Região, valendo-se, inclusive, de servidor do mencionado Tribunal para guiar o veículo. Cumpre esclarecer que José tinha ciência da ilicitude praticada. De acordo com a Lei nº 8.429/1992, que dispõe sobre as sanções aplicáveis aos agentes públicos nos casos de enriquecimento ilícito no exercício de mandato, cargo, emprego ou função na administração pública direta, indireta ou fundacional, o ato praticado configura

(A) mero ilícito administrativo.

(B) ato ímprobo que importa enriquecimento ilícito.

(C) ato ímprobo, porém não acarretou qualquer lesão ao erário.

(D) conduta legal, atentatória tão somente à moral e aos bons costumes.

(E) ato ímprobo atentatório aos princípios da Administração Pública, por não caracterizar quaisquer das demais modalidades de ato ímprobo.

Trata-se de ato de improbidade na modalidade enriquecimento ilícito do agente (art. 9º, IV, da Lei 8.429/1992). Essa modalidade exige dolo e, no caso, há dolo, pois o enunciado da questão mencionada que José tinha ciência da ilicitude praticada, ou seja, agiu com intenção de praticar o tipo previsto na lei.

Gabarito "B"

(Analista – TRT/20ª – 2011 – FCC) Carlos, servidor público federal, está sendo processado em ação de improbidade administrativa. A petição inicial da referida demanda imputa-lhe o cometimento do seguinte ato: *frustrar a licitude de concurso público*. Referida conduta, para efetivamente caracterizar ato ímprobo, previsto no artigo 11 da Lei nº 8.429/1992 (Lei de Improbidade Administrativa),

(A) depende de ocorrência de lesão ao erário.

(B) exige ação obrigatoriamente dolosa de Carlos.

(C) exige ação dolosa ou culposa de Carlos.

(D) independe de qualquer elemento subjetivo.

(E) exige obrigatoriamente enriquecimento ilícito de Carlos.

Segundo o STJ, as modalidades do art. 9º (enriquecimento ilícito do agente) e do art. 11 (violação a princípio da Administração) exigem conduta dolosa, de modo que a alternativa "b" está correta, já que faz referência à modalidade do art. 11 da Lei 8.429/1992. **A:** incorreta, pois a modalidade narrada no enunciado da questão não se confunde com a modalidade do art. 10, que exige prejuízo ao erário. **B:** correta, conforme mencionado. **C:** incorreta, pois a modalidade narrada no enunciado da questão só se configura se houver dolo. **D:** incorreta, pois é necessário o elemento subjetivo dolo. **E:** incorreta, pois a modalidade narrada no enunciado da questão não se confunde com a modalidade do art. 9º, que exige enriquecimento ilícito.

Gabarito "B"

(Analista – TRT/20ª – 2011 – FCC) João, Prefeito de determinado Município, realizou contratação direta de empresa, isto é, sem a realização do respectivo procedimento licitatório, fora das hipóteses legais que autorizam a dispensa de licitação. Referida conduta, para caracterizar ato ímprobo, previsto no artigo 10, da Lei nº 8.429/1992 (Lei de Improbidade Administrativa),

(A) exige obrigatoriamente enriquecimento ilícito de João.

(B) independe de ocorrência de lesão ao erário.

(C) exige ação apenas dolosa de João.

(D) independe de qualquer elemento subjetivo.

(E) exige ação dolosa ou culposa de João.

Segundo o STJ, as modalidades do art. 9º (enriquecimento ilícito do agente) e do art. 11 (violação a princípio da Administração) exigem conduta dolosa. Já a modalidade do art. 10 (prejuízo ao erário) se configura mediante conduta culposa ou dolosa (art. 10, *caput*, da Lei 8.429/1992), de modo que a alternativa "e" está correta. **A:** incorreta, pois a modalidade narrada no enunciado da questão não se confunde com a modalidade do art. 9º, que exige enriquecimento ilícito. **B:** incorreta, pois a modalidade narrada no enunciado da questão exige prejuízo ao erário para se configurar. **C:** incorreta, pois a modalidade narrada no enunciado da questão se configura mediante conduta dolosa ou culposa (art. 10 da Lei 8.429/1992); **D:** incorreta, pois é necessário o elemento subjetivo dolo ou culpa em sentido estrito. **E:** correta, pois a modalidade narrada no enunciado da questão exige culpa ou dolo, conforme se verifica do *caput* do art. 10 da Lei 8.429/1992.

Gabarito "E"

(Analista – TRT/22ª – 2010 – FCC) Analise as assertivas abaixo acerca dos atos de improbidade administrativa.

I. Constitui ato de improbidade administrativa que atenta contra os princípios da Administração Pública frustrar a licitude de concurso público.

II. Constitui ato de improbidade administrativa causador de prejuízo ao erário permitir a realização de despesas não autorizadas em lei.

III. Constitui ato de improbidade administrativa que atenta contra os princípios da Administração Pública realizar operação financeira sem observância das normas legais e regulamentares.

IV. O ato de improbidade administrativa causador de prejuízo ao erário somente é punível na modalidade dolosa.

De acordo com a Lei nº 8.429/1992 está correto o que se afirma APENAS em

(A) I e II.

(B) I e III.

(C) I e IV.

(D) II e III.

(E) III e IV.

I: correta (art. 11, V, da Lei 8.429/1992); **II:** correta (art. 10, IX, da Lei 8.429/1992); **III:** incorreta, pois esse ato caracteriza a modalidade "prejuízo ao erário" (art. 10, VI, da Lei 8.429/1992); **IV:** incorreta, pois a lei estabelece que a modalidade "prejuízo ao erário" caracteriza-se mediante conduta culposa ou dolosa (art. 10, *caput*, da Lei 8.429/1992), ao contrário das outras duas modalidades (dos arts. 9º e 11), que reclamam conduta dolosa.

Gabarito "A"

(Analista – TRT/23ª – 2011 – FCC) Constitui ato de improbidade administrativa que importa enriquecimento ilícito, nos termos da Lei nº 8.429/1992:

(A) permitir ou facilitar a aquisição, permuta ou locação de bem ou serviço por preço superior ao de mercado.

(B) utilizar, em obra ou serviço particular, máquinas de propriedade da União, bem como o trabalho de servidor público da União.

(C) agir negligentemente na arrecadação de tributo ou renda, bem como no que diz respeito à conservação do patrimônio público.

(D) celebrar contrato de rateio de consórcio público sem suficiente e prévia dotação orçamentária, ou sem observar as formalidades previstas na lei.

(E) realizar operação financeira sem observância das normas legais e regulamentares.

A: incorreta, pois constitui ato de improbidade que importa em *prejuízo ao erário* (art. 10, V, da Lei 8.429/1992); **B:** correta (art. 9º, IV, da Lei 8.429/1992); **C:** incorreta, pois constitui ato de improbidade que importa em *prejuízo ao erário* (art. 10, X, da Lei 8.429/1992); **D:** incorreta, pois constitui ato de improbidade que importa em *prejuízo ao erário* (art. 10, XV, da Lei 8.429/1992); **E:** incorreta, pois constitui ato de improbidade que importa em *prejuízo ao erário* (art. 10, VI, da Lei 8.429/1992).

Gabarito "B"

(Analista – TRT/23ª – 2011 – FCC) Constitui ato de improbidade administrativa previsto especificamente no artigo 10, da Lei nº 8.429/1992, isto é, ato causador de prejuízo ao erário:

(A) frustrar a licitude de processo licitatório.

(B) receber vantagem econômica de qualquer natureza, direta ou indireta, para fazer declaração falsa sobre medição ou avaliação em obras públicas.

(C) adquirir, para si ou para outrem, no exercício de mandato, cargo, emprego ou função pública, bens de qualquer natureza cujo valor seja desproporcional à evolução do patrimônio ou à renda do agente público.

(D) receber vantagem econômica de qualquer natureza, direta ou indiretamente, para omitir ato de ofício, providência ou declaração a que esteja obrigado.

(E) utilizar, em obra ou serviço particular, o trabalho de servidores públicos da União.

A: correta (art. 10, VIII, da Lei 8.429/1992); **B:** incorreta, pois constitui ato de improbidade que importa em *enriquecimento ilícito do agente* (art. 9ª, VI, da Lei 8.429/1992); **C:** incorreta, pois constitui ato de improbidade que importa em *enriquecimento ilícito do agente* (art. 9ª, VII, da Lei 8.429/1992); **D:** incorreta, pois constitui ato de improbidade que importa em *enriquecimento ilícito do agente* (art. 9ª, X, da Lei 8.429/1992); **E:** incorreta, pois constitui ato de improbidade que importa em *enriquecimento ilícito do agente* (art. 9ª, IV, da Lei 8.429/1992).

Gabarito "A"

(Analista – TRT/24ª – 2011 – FCC) Nos termos da Lei n. 8.429/1992, revelar ou permitir que chegue ao conhecimento de terceiro, antes da respectiva divulgação oficial, teor de medida política ou econômica capaz de afetar o preço de mercadoria, bem ou serviço, constitui

(A) ato de improbidade administrativa que causa prejuízo ao erário.

(B) mero ilícito administrativo.

(C) ato de improbidade administrativa que importa enriquecimento ilícito.

(D) conduta lícita, não caracterizando qualquer irregularidade.

(E) ato de improbidade administrativa que atenta contra os princípios da Administração Pública.

Trata-se de ato de improbidade que atenta contra os princípios da Administração Pública (art. 11, VII, da Lei 8.429/1992).

Gabarito "E"

(Analista – TRT/24ª – 2011 – FCC) Nos termos da Lei n. 8.429/1992, o ato de improbidade administrativa

(A) causador de lesão ao erário não pode ser punido na modalidade culposa.

(B) que importa enriquecimento ilícito nem sempre acarretará a perda dos bens ou valores acrescidos ao patrimônio do agente público ou terceiro beneficiário.

(C) consistente em agir negligentemente na arrecadação de tributos corresponde a ato ímprobo causador de prejuízo ao erário.

(D) consistente em negar publicidade aos atos oficiais corresponde a ato ímprobo que importa enriquecimento ilícito.

(E) consistente em omissão de prestar contas, quando esteja obrigado a fazê-lo, corresponde a ato ímprobo causador de prejuízo ao erário.

A: incorreta, pois a modalidade de prejuízo ao erário, prevista no art. 10 da Lei 8.429/1992, admite a forma culposa, conforme se verifica do *caput* do dispositivo citado; **B:** incorreta, pois esse tipo de ato importará, sim, nessa perda, conforme o art. 6º da Lei 8.429/1992; **C:** correta (art. 10, X, da Lei 8.429/1992); **D:** incorreta, pois constitui ato ímprobo que importa em violação a princípios da Administração (art. 11, IV, da Lei 8.429/1992); **E:** incorreta, pois constitui ato ímprobo que importa em violação a princípios da Administração (art. 11, VI, da Lei 8.429/1992).

Gabarito "C"

(Analista – TRT/21ª – 2010 – CESPE) Julgue o item a seguir, relativo à improbidade administrativa.

(1) O servidor público que lesionar o patrimônio público deve ressarcir integralmente o dano, ainda que sua ação ou omissão seja culposa.

1: correta, nos termos do art. 10, *caput*, da Lei 8.429/1992.

Gabarito 1C

(Analista – TRE/BA – 2010 – CESPE) Julgue o próximo item, relativo ao instituto da improbidade administrativa.

(1) A aplicação das medidas punitivas previstas na Lei de Improbidade Administrativa pressupõe a ocorrência de dolo como o único elemento subjetivo, pois o ato de improbidade administrativa implica enriquecimento ilícito para o sujeito ativo, prejuízo para o erário ou afronta aos princípios da administração pública, circunstâncias que afastam a configuração de culpa.

1: incorreta, pois a modalidade prejuízo ao erário se configura mediante conduta culposa ou dolosa, nos termos do art. 10, *caput*, da Lei 8.429/1992; apenas as demais modalidades requerem o elemento subjetivo dolo para que se configurem.

Gabarito 1E

(Analista – TJ/ES – 2011 – CESPE) Julgue o seguinte item.

(1) Os atos de improbidade administrativa estão taxativamente previstos em lei, não sendo possível compreender que sua enumeração seja meramente exemplificativa.

1: incorreta, pois o *caput* dos arts. 9º, 10 e 11, ao usar a expressão "e notadamente", dá a entender que os tipos previstos nos incisos desses artigos são meramente exemplificativos.

Gabarito 1E

(Auditor Fiscal da Receita Federal – 2010 – ESAF) Quanto à disciplina da Lei de Improbidade Administrativa – Lei n. 8.429, de 2 de junho de 1992, é incorreto afirmar:

(A) considera-se agente público todo aquele que exerce, ainda que transitoriamente ou sem remuneração, por eleição, nomeação, designação, contratação ou qualquer outra forma de investidura ou vínculo, mandato, cargo, emprego ou função nas entidades mencionadas no art. 1º da Lei.

(B) aplicam-se também as disposições da Lei de Improbidade Administrativa, no que couber, àquele que, mesmo não sendo agente público, induza ou concorra para a prática do ato de improbidade ou dele se beneficie sob qualquer forma direta ou indireta.

(C) o Supremo Tribunal Federal excluiu da sujeição à Lei de Improbidade Administrativa os agentes políticos que estejam sujeitos ao regime de crime de responsabilidade.

(D) ocorrendo lesão ao patrimônio público por ação ou omissão, dolosa ou culposa, do agente ou de terceiro, dar-se-á o integral ressarcimento do dano e, no caso de enriquecimento ilícito, perderá o agente público ou terceiro beneficiário os bens ou valores acrescidos ao seu patrimônio.

(E) tratando-se de penalidades personalíssimas, em nenhuma hipótese, poderá o sucessor ser alcançado por sanções previstas na Lei de Improbidade Administrativa.

A: correta (art. 2º da Lei 8.429/92); **B:** correta (art. 3º da Lei 8.429/92); **C:** correta (RE 579799, DJ 18-12-2008); **D:** correta (arts. 5º e 6º da Lei 8.429/92); E: incorreta (art. 8º da Lei 8.429/92).

Gabarito "E"

8.10.2. Sanções e providências cautelares

(Magistratura/CE – 2012 – CESPE) À luz da Lei n. 8.429/1992, que trata da improbidade administrativa, assinale a opção correta.

(A) A instauração de processo judicial por ato de improbidade obsta a instauração de processo administrativo para apurar fato de idêntico teor enquanto aquele não for concluído.

(B) Constitui ato de improbidade administrativa que causa lesão ao erário qualquer ação ou omissão que enseje perda patrimonial, desvio ou dilapidação dos bens e haveres públicos, mas apenas se configurado o dolo do agente.

(C) Os atos de improbidade que importem enriquecimento ilícito, que causem lesão ao erário ou que atentem contra os princípios da administração pública causam a perda ou a suspensão dos direitos políticos, por período que varia de cinco a dez anos.

(D) Entre as medidas de natureza cautelar que, previstas nessa lei, só podem ser decretadas judicialmente incluem-se a indisponibilidade dos bens, o bloqueio de contas bancárias e o afastamento do agente do exercício do cargo, emprego ou função.

(E) Tanto a perda da função pública quanto a suspensão dos direitos políticos pela prática de ato de improbidade só se efetivam com o trânsito em julgado da sentença condenatória.

A: incorreta, pois as sanções de improbidade são independentes das sanções administrativas (art. 12 da Lei 8.429/1992); **B:** incorreta, pois a modalidade de improbidade trazida na alternativa é a prevista no art. 10 da Lei 8.429/1992 (prejuízo ao erário), modalidade esse que se configura por conduta dolosa ou culposa (EREsp 875.163/RS), e não só por conduta dolosa; as outras duas modalidades – enriquecimento ilícito (art. 9º da Lei 8.429/1992) e violação a princípio administrativo (art. 11 da Lei 8.429/1992) –é que só se configuram mediante conduta dolosa; **C:** incorreta, pois tais atos causam a suspensão (e não a perda) dos direitos políticos, e o prazo varia de 3 a 10 anos (art. 12, I a III, da Lei 8.429/1992); **D:** incorreta, pois a indisponibilidade (art. 7º da Lei 8.429/1992) e o afastamento do agente (art. 20, parágrafo único, da Lei 8.429/1992) estão previstos, mas o bloqueio de contas, não, o que não quer dizer que não se possa ingressar com pedido cautelar nesse sentido, com base no poder geral de cautela; **E:** correta (art. 20, *caput*, da Lei 8.429/1992).

Gabarito "E"

(Ministério Público/ES – 2010 – CESPE) Com referência à improbidade administrativa, tendo em vista o disposto na Lei nº 8.429/1992, assinale a opção correta.

(A) A aplicação das sanções previstas na Lei de Improbidade depende da efetiva ocorrência de dano ao patrimônio público.

(B) A ação de improbidade, quando proposta pelo MP, há que ser obrigatoriamente precedida de inquérito civil público.

(C) As ações de improbidade devem ser propostas no prazo de cinco anos, contados da prática do ilícito que enseje sua propositura.

(D) A autoridade judicial ou administrativa competente poderá determinar o afastamento do agente público do exercício do cargo, emprego ou função, sem prejuízo da remuneração, quando a medida se fizer necessária à instrução processual.

(E) Não sendo a ação de improbidade proposta pelo MP, terá ele a opção de atuar, ou não, no processo, a critério de seu representante.

A: incorreta, pois as modalidades de enriquecimento ilícito do agente (art. 9º da Lei 8.429/1992) e de violação a princípios da Administração (art. 11 da Lei 8.429/1992) não dependem da efetiva ocorrência de dano ao patrimônio público, ao contrário da modalidade prevista no art. 10 da Lei 8.429/1992; **B:** incorreta, pois o inquérito civil é mera peça informativa, de modo que, caso o órgão do Ministério Público já tenha elementos para ingressar com a ação civil pública, independentemente da instauração de inquérito civil, a ação poderá ser promovida; **C:** incorreta, pois, caso se trate de agente efetivo, o prazo prescricional é contado segundo o que dispõe o Estatuto de Funcionário Público local para a pena de demissão a bem do serviço público, e, caso se trate de agente com vínculo transitório (cargo em comissão, mandato), o prazo de 5 anos é contado do término do vínculo (art. 23 da Lei 8.429/1992); **D:** correta (art. 20, parágrafo único, da Lei 8.429/1992); **E:** incorreta, pois, nesse caso, o Ministério Público atuará obrigatoriamente como fiscal da lei, sob pena de nulidade (art. 17, § 4º, da Lei 8.429/1992).

Gabarito "D"

(Ministério Público/MG – 2010.2) São consideradas sanções pela prática de atos de improbidade administrativa, EXCETO,

(A) perda dos direitos políticos.

(B) ressarcimento integral dos danos causados ao erário.

(C) pagamento de multa civil até 3 (três) vezes o valor do acréscimo patrimonial indevidamente auferido pelo agente.

(D) proibição de contratar com o Poder Público ou receber benefícios ou incentivos fiscais ou creditícios, ainda que indiretamente, inclusive por intermédio de pessoa jurídica da qual seja o agente sócio majoritário, pelo prazo de 10 (dez) anos.

O art. 12 da Lei 8.429/1992 traz todas as sanções mencionadas nas alternativas, à exceção da sanção de *perda dos direitos políticos*, pois a sanção correspondente é de *suspensão* dos direitos políticos.

Gabarito "A"

(Ministério Público/MS – 2011 – FADEMS) Analise as afirmativas abaixo relacionadas referente à Lei de Improbidade Administrativa (Lei nº 8.429/1992):

I. A condenação pela prática de ato de improbidade administrativa que causa lesão ao erário por qualquer ação ou omissão, dolosa ou culposa, que enseje perda patrimonial, desvio, apropriação, malbaratamento ou dilapidação dos bens ou haveres das entidades mencionadas no art. 1º da Lei nº 8.429/1992 inclui a conduta de utilizar, em obra ou serviço particular, veículos, máquinas, equipamentos ou material de qualquer natureza, de propriedade ou à disposição de qualquer das entidades mencionadas no art. 1º da Lei nº 8.429/1992, bem como o trabalho de servidores públicos, empregados ou terceiros contratados por essas entidades.

II. A condenação pela prática de ato de improbidade administrativa que atenta contra os princípios da administração pública consistente em qualquer ação ou omissão que viole deveres de honestidade, imparcialidade, legalidade e lealdade às instituições inclui a conduta de negar publicidade a atos oficiais.

III. A indisponibilidade de bens prevista no art. 7º da Lei nº 8.429/1992 recairá somente sobre bens que assegurem o integral ressarcimento do dano.

IV. São consideradas sanções aplicáveis pela prática de atos de improbidade administrativa, entre outras: a perda dos bens ou valores acrescidos ilicitamente ao patrimônio, o ressarcimento integral do dano, o pagamento de multa civil de até três vezes o valor do acréscimo patrimonial, a perda dos direitos políticos e a proibição de contratar com o Poder Público ou receber benefícios ou incentivos fiscais ou creditícios, direta ou indiretamente, ainda que por intermédio de pessoa jurídica da qual seja sócio majoritário, pelo prazo de cinco anos.

A análise permite concluir que:

(A) apenas a afirmativa III está correta;

(B) apenas a afirmativa IV está incorreta;

(C) a afirmativa II está correta e a afirmativa I está incorreta;

(D) as afirmativas I e III estão corretas;

(E) as afirmativas II e IV estão incorretas.

I: incorreta, pois quando o agente UTILIZA tais veículos, máquinas e equipamentos, o caso de é de improbidade por enriquecimento ilícito (art. 9º, IV, da Lei 8.429/1992); já quando o agente PERMITE QUE SE UTILIZE, aí sim é que teríamos improbidade por prejuízo ao erário (art. 10, XIII, da Lei 8.429/1992); **II:** correta (art. 11, *caput* e IV, da Lei 8.429/1992); **III:** incorreta, pois também recairá sobre o acréscimo patrimonial resultante do enriquecimento ilícito (art. 7º, parágrafo único, da Lei 8.429/1992); **IV:** incorreta, pois não existe perda dos direitos políticos, mas apenas a suspensão dos direitos políticos (art. 12 da Lei 8.429/1992).

Gabarito "C"

(Ministério Público/MS – 2011 – FADEMS) Aponte a alternativa **correta**: No tocante às sanções previstas na Lei nº 8.429/1992, pode-se afirmar:

(A) quando aplicadas não admitem cumulação com as penas previstas no Código Penal Brasileiro;

(B) quando aplicadas não admitem cumulação com as sanções previstas no caso de faltas disciplinares cometidas por agente público que exerça cargo efetivo ou emprego, previstas em lei específica;

(C) sua aplicação independe da efetiva ocorrência do dano ao patrimônio público, salvo quanto à pena de ressarcimento;

(D) sua aplicação depende da aprovação ou rejeição das contas pelo órgão de controle interno ou pelo Tribunal ou Conselho de Contas;

(E) sua aplicação independe da efetiva ocorrência do dano ao patrimônio público, salvo quanto à pena de suspensão dos direitos políticos.

A e **B:** incorretas, pois as sanções de improbidade são aplicadas "independentemente das sanções penais, civis e administrativas previstas na legislação específica" (art. 12, *caput*, da Lei 8.429/1992); **C:** correta (art. 21, I, da Lei 8.429/1992); **D:** incorreta, pois a aplicação das sanções INDEPENDE da aprovação ou rejeição de contas mencionados (art. 21, II, da Lei 8.429/1992); **E:** incorreta, pois também não é necessário ocorrência de dano ao patrimônio público para aplicar a pena de suspensão dos direitos políticos (art. 21, I, da Lei 8.429/1992).

Gabarito "C"

(Ministério Público/PR – 2011) Considerando as seguintes assertivas:

I. O ressarcimento do dano ao erário pode ser pleiteado pelo Ministério Público através de ação civil pública, sendo imprescritível;

II. Caracterizada a prática de improbidade administrativa, o ressarcimento do dano deve ser aplicado em conjunto com uma ou mais medidas sancionatórias, pois, isoladamente, não tem caráter de sanção;

III. A aplicação das sanções previstas na Lei nº 8.429/1992 (Lei de Improbidade Administrativa) independe da aprovação ou rejeição das contas pelo Tribunal de Contas do Estado;

IV. A improbidade, embora nem sempre esteja consubstanciada num ato administrativo em sentido formal, é um vício invencível deste e, portanto, determinante de sua nulificação quando der causa ou causar prejuízo ao ato administrativo;

V. A improbidade, quando apenas conexa ao ato administrativo e a ele não acarretar prejuízo, não gera sua nulidade;

É possível afirmar:

(A) Somente as assertivas I, II e III estão corretas;

(B) Somente as assertivas III, IV e V estão corretas;

(C) Somente as assertivas II e V estão corretas;

(D) Todas as assertivas estão incorretas;

(E) Todas as assertivas estão corretas.

I: correta, pois o STF entende que é imprescritível a pretensão de ressarcimento do erário pela prática de ato ilícito (que inclui a prática de ato de improbidade administrativa), conforme o art. 37, § 5º, da CF; **II:** correta, pois o art. 12, *caput*, da Lei 8.429/1992 dispõe que as sanções podem ser aplicadas isolada ou cumulativamente; **III:** correta (art. 21, II, da Lei 8.429/1992); **IV:** correta, pois a tipificação de um ato como de improbidade vicia este ato de maneira insanável; prova disso é que sequer é possível transação, acordo ou conciliação na ação de improbidade (art. 17, § 1º, da Lei 8.429/1992); **V:** correta, pois, no caso, não há vício no ato administrativo.

Gabarito "E"

(Ministério Público/SC – 2010) Analise os itens que seguem:

I. Na hipótese do artigo 10, são previstas as seguintes sanções: ressarcimento integral do dano; perda dos bens ou valores acrescidos ilicitamente ao patrimônio, se concorrer essa circunstância; perda da função pública; suspensão dos direitos políticos de cinco a oito anos; pagamento de multa civil de até duas vezes o valor do dano; e proibição de contratar com o Poder Público ou receber benefício ou incentivos fiscais ou creditícios, direta ou indiretamente, ainda que por intermédio de pessoa jurídica da qual seja sócio majoritário, pelo prazo de cinco anos.

II. Quando o agente público, deixa de prestar contas ao Tribunal de Contas, não está sujeito as penalidades da LIA, por se tratar de ato meramente formal e administrativo.

III. Segundo a lei n. 8.429/1992, a autoridade judicial ou administrativa competente poderá determinar o afastamento do agente público do exercício do cargo, emprego ou função, com prejuízo da remuneração, quando a medida se fizer necessária a instrução processual.

IV. A ação de ressarcimento ao erário, prescreve em 20 anos.

V. Para os servidores públicos detentores de cargo efetivo ou emprego público, a LIA determina o prazo de 05 (cinco) anos, a partir da prática do ato, para o início da contagem do prazo prescricional.

(A) Apenas as assertivas I, II, III e IV estão incorretas.

(B) Apenas as assertivas II, III e IV estão incorretas.

(C) Apenas as assertivas II, III, IV e V estão incorretas.

(D) Apenas as assertivas I, II, III e V estão incorretas.

(E) Todas as assertivas estão incorretas.

I: correta (art. 12, II, da Lei 8.429/1992); **II:** incorreta, pois o caso revela improbidade na modalidade violação a princípios da administração (art. 11, VI, da Lei 8.429/1992); **III:** incorreta, pois o afastamento é SEM prejuízo da remuneração (art. 20, parágrafo único, da Lei 8.429/1992); **IV:** incorreta, pois a pretensão de ressarcimento ao erário, pelo cometimento de ato ilícito (o que inclui a prática de ato de improbidade), é imprescritível; **V:** incorreta, pois, para esses servidores, o prazo para aplicação das sanções de improbidade é o "previsto em lei específica para faltas disciplinares puníveis com demissão a bem do serviço público" (art. 23, II, da Lei 8.429/1992), prazo esse que pode ou não coincidir como mencionado na afirmativa, a depender do texto previsto na legislação local (Estatuto dos Servidores Públicos local).

Gabarito "C"

(Advogado da União/AGU – CESPE – 2012) Julgue o seguinte item.

(1) Autorizada a cumulação do pedido condenatório e do de ressarcimento em ação por improbidade administrativa, a rejeição do pedido condenatório por prescrição não obsta o prosseguimento da demanda relativa ao pedido de ressarcimento, que é imprescritível.

1: correta, pois, de fato, o STF, com fundamento no art. 37, § 5º, da CF, vem entendendo que é imprescritível a pretensão de ressarcimento ao erário pela prática de ato ilícito (inclusive o ilícito "improbidade administrativa), conforme se verifica no MS 26.210.

Gabarito 1C

(Magistratura do Trabalho – 14ª Região – 2011) Os atos de improbidade administrativa geram consequências jurídicas e políticas, conforme texto constitucional, não se enquadrando nestas:

(A) Suspensão dos direitos políticos.

(B) Perda dos direitos políticos.

(C) Perda da função pública.

(D) indisponibilidade dos bens.

(E) Ressarcimento ao erário.

O art. 37, § 4º, da CF e o art. 12 da Lei 8.429/1992 não estabelecem a sanção de *"perda* dos direitos políticos", mas de *"suspensão* dos direitos políticos".

Gabarito "B"

(Magistratura do Trabalho – 15ª Região – 2011) A legislação que trata das sanções aplicáveis aos agentes públicos nos casos de improbidade administrativa prevê as seguintes penalidades, exceto:

(A) perda da função pública;

(B) perda dos direitos políticos;

(C) perda de bens acrescidos ilicitamente ao patrimônio;

(D) ressarcimento integral do dano, quando houver;

(E) proibição temporária de contratar com o poder público.

O art. 12 da Lei 8.429/1992 e o art. 37, § 4º, da CF não estabelecem a sanção de *"perda* dos direitos políticos", mas de *"suspensão* dos direitos políticos".

Gabarito "B"

(Magistratura do Trabalho – 16ª Região – 2011) Considerando o disposto na Lei Federai n. 8.429/1992 sobre improbidade administrativa, marque a alternativa CORRETA:

(A) Na hipótese de ato de improbidade administrativa que importa enriquecimento ilícito, o responsável está sujeito à perda dos bens ou valores acrescidos ilicitamente ao patrimônio, ressarcimento integral do dano, quando houver, perda da função pública, suspensão dos direitos políticos de oito a dez anos, pagamento de multa civil de até três vezes o valor do acréscimo patrimonial e proibição de contratar com o Poder Público ou receber benefícios ou incentivos fiscais ou creditícios, direta ou indiretamente, ainda que por intermédio de pessoa jurídica da qual seja sócio majoritário, pelo prazo de cinco anos.

(B) Na hipótese de ato de improbidade administrativa que causa lesão ao erário, o responsável está sujeito a ressarcimento integral do dano, perda dos bens ou valores acrescidos ilicitamente ao patrimônio, se concorrer esta circunstância, perda da função pública, suspensão dos direitos políticos de cinco a oito anos, pagamento de multa civil de até duas vezes o valor do dano e proibição de contratar com o Poder Público ou receber benefícios ou incentivos fiscais ou creditícios, direta ou indiretamente, ainda que por intermédio de pessoa jurídica da qual seja sócio majoritário, pelo prazo de cinco anos.

(C) Na hipótese de ato de improbidade administrativa que atenta contra os princípios da administração pública, o responsável está sujeito a ressarcimento integral do dano, se houver, perda da função pública, suspensão dos direitos políticos de três a cinco anos, pagamento de multa civil de até cem vezes o valor da remuneração percebida pelo agente e proibição de contratar com o Poder Público ou receber benefícios ou incentivos fiscais ou creditícios, direta ou indiretamente, ainda que por intermédio de pessoa jurídica da qual seja sócio majoritário, pelo prazo de cinco anos.

(D) A aplicação das sanções previstas na Lei n. 8.429/1992 independe da efetiva ocorrência de dano ao patrimônio público, salvo quando aprovadas as contas do agente pelo Órgão de controle interno ou pelo Tribunal ou Conselho de Contas.

(E) As sanções previstas na Lei n. 8.429/1992 podem ser aplicadas isolada ou cumulativamente, de acordo com a gravidade do fato, substituindo as sanções administrativas previstas na legislação específica.

A: incorreta, pois a proibição de contratar com o Poder Público, na modalidade enriquecimento ilícito do agente, é pelo prazo de 10 anos (art. 12, I, da Lei 8.429/1992); **B:** correta (art. 12, II, da Lei 8.429/1992); **C:** incorreta, pois a proibição de contratar com o Poder Público, na modalidade prejuízo ao erário, é pelo prazo de 3 anos (art. 12, III, da Lei 8.429/1992); **D:** incorreta, pois a aplicação das sanções na Lei 8.429/1992 independe da aprovação ou rejeição de contas pelo órgão de controle interno ou pelo Tribunal ou Conselho de Contas (art. 21, II, da Lei 8.429/1992); **E:** incorreta, pois as sanções na Lei 8.429/1992 são independentes das sanções administrativas (penais e civis) previstas na legislação específica (art. 12, *caput*, da Lei 8.429/1992).

Gabarito "B"

(Magistratura do Trabalho – 23ª Região – 2012) Quanto às penas aplicáveis aos atos de improbidade administrativa, nos termos da Lei n. 8.429/1992, analise as proposições abaixo e indique a alternativa correta:

I. perda da função pública, suspensão dos direitos políticos, pagamento de multa civil, proibição de contratar com o Poder Público ou receber benefícios ou incentivos fiscais ou creditícios são cominações comuns aos atos de improbidade que importam em enriquecimento ilícito, são prejudiciais ao erário e que atentam contra os princípios da Administração Pública.

II. a cominação de ressarcimento de danos havidos somente se aplica ao responsável por atos de improbidade administrativa que causam prejuízo ao erário.

III. As cominações previstas na lei para o responsável pelo ato de improbidade devem ser aplicadas cumulativamente, sempre de acordo com a gravidade do fato e sem prejuízo das Sanções penais, civis e administrativas previstas na legislação específica.

IV. a recusa do agente público em prestar declaração dos bens, dentro do prazo determinado, ou a prestação falsa é punida com demissão a bem do serviço público, sem prejuízo de outras sanções cabíveis.

V. A perda da função pública e a suspensão dos direitos políticos só se efetivam com o trânsito em julgado da sentença condenatória.

(A) Todas as proposições estão corretas

(B) Somente as proposições constantes dos itens I, II e V estão corretas e as demais estão incorretas

(C) Somente as proposições constantes dos itens II, III e V estão corretas e as demais estão incorretas.

(D) Somente as proposições constantes dos itens I, IV e V estão corretas e as demais estão incorretas.

(E) Somente as proposições constantes dos itens I, II e III estão corretas e as demais estão incorretas.

I: correta (art. 12 da Lei 8.429/1992); **II:** incorreta, pois também pode se dar nas outras duas modalidades, como se pode ver do art. 12, I e III, da Lei 8.429/1992; **III:** incorreta, pois podem ser aplicadas isolada ou cumulativamente (art. 12, *caput*, da Lei 8.429/1992); **IV:** correta (art. 13, § 3º, da Lei 8.429/1992); **V:** correta (art. 20, *caput*, da Lei 8.429/1992).

Gabarito "D"

(Analista – TRT/11ª – 2012 – FCC) No curso de determinada ação de improbidade administrativa, um dos réus vem a falecer, razão pela qual é chamado a intervir na lide, seu único sucessor Felipe, empresário do ramo hoteleiro. Ao final da demanda, todos os réus são condenados pela prática de ato ímprobo previsto no artigo 11, da Lei n. 8.429/1992 (violação aos princípios da Administração Pública), sendo-lhes impostas as seguintes sanções: ressarcimento integral do dano, perda da função pública e suspensão dos direitos políticos por cinco anos. Nesse caso, Felipe

(A) responderá apenas pelo ressarcimento do dano, devendo arcar, obrigatoriamente, com a reposição integral do prejuízo causado ao erário.

(B) estará sujeito à suspensão dos direitos políticos e ao ressarcimento integral do dano.

(C) não está sujeito às cominações previstas na Lei de Improbidade Administrativa.

(D) estará sujeito às três sanções impostas.

(E) responderá apenas pelo ressarcimento do dano, até o limite do valor da herança.

A: incorreta, pois o sucessor (Felipe) só tem que arcar com a reposição do prejuízo ao erário até o limite do valor da herança (art. 8º da Lei 8.429/1992); **B** e **D:** incorreta, pois o sucessor não está sujeito às sanções personalíssimas aplicadas ao agente ímprobo, como é o caso da perda da função pública e da suspensão dos direitos políticos; **C:** incorreta, pois, como se viu, o sucessor está sujeito às cominações pecuniárias previstas na Lei 8.429/1992 (art. 8º); **E:** correta (art. 8º da Lei 8.429/1992).

Gabarito "E"

(Analista – TRE/AL – 2010 – FCC) Dentre as penalidades previstas na Lei nº 8.429/1992, para o administrador público que pratica ato de improbidade administrativa NÃO se incluem:

(A) A suspensão dos direitos políticos e o pagamento de multa civil.

(B) A perda dos bens acrescidos ilicitamente ao patrimônio e o ressarcimento integral do dano.

(C) A perda da função pública e a proibição de contratar com o Poder Público.

(D) A reclusão e a detenção.

(E) A proibição de receber benefícios do Poder Público e incentivos fiscais.

Art. 12 da Lei 8.429/1992.

Gabarito "D"

(Analista – TRE/AM – 2010 – FCC) Pela prática de ato de improbidade administrativa que atenta contra os princípios da Administração Pública, conforme previsto na Lei nº 8.429/1992, o agente está sujeito, dentre outras penalidades, à suspensão dos direitos políticos de

(A) de quatro a dez anos e pagamento de multa civil de até cem vezes o valor da remuneração percebida pelo agente.

(B) três a cinco anos e pagamento de multa civil de até cem vezes o valor da remuneração percebida pelo agente.

(C) cinco a oito anos e pagamento de multa civil de até duas vezes o valor do dano.

(D) cinco a dez anos e pagamento de multa civil de até cinquenta e três vezes o valor da remuneração percebida pelo agente.

(E) oito a doze anos e pagamento de multa civil de até duzentas vezes o valor da remuneração percebida pelo agente.

Art. 12, III, da Lei 8.429/1992.

Gabarito "B"

(Analista – TRE/AP – 2011 – FCC) Nos termos da Lei n. 8.429/1992, o agente público que praticou ato de improbidade administrativa previsto no artigo 9º da mencionada lei (ato ímprobo que importa enriquecimento ilícito), poderá ser sancionado com a pena, dentre outras, de

(A) multa civil de cinco vezes o valor do acréscimo patrimonial.

(B) suspensão de direitos políticos de três a cinco anos.

(C) proibição de contratar com o Poder Público pelo prazo de dez anos.

(D) proibição de receber benefícios ou incentivos fiscais ou creditícios pelo prazo de doze anos.

(E) multa civil de até duzentas vezes o valor da remuneração percebida pelo agente.

A: incorreta, pois a multa civil no caso é de até 3 vezes o valor do acréscimo patrimonial (art. 12, I, da Lei 8.429/1992); **B:** incorreta, pois a suspensão dos direitos políticos no caso é de oito a dez anos (art. 12, I, da Lei 8.429/1992); **C:** correta (art. 12, I, da Lei 8.429/1992); **D:** incorreta, pois a proibição no caso é pelo prazo de dez anos (art. 12, I, da Lei 8.429/1992); **E:** incorreta, pois a multa civil no caso é de até 3 vezes o valor do acréscimo patrimonial (art. 12, I, da Lei 8.429/1992).

Gabarito "C"

(Analista – TRE/AP – 2011 – FCC) Nos termos da Lei nº 8.429/1992, o agente público que praticou ato de improbidade administrativa previsto no artigo 11 da mencionada lei (ato ímprobo que atenta contra os princípios da Administração Pública), poderá ser sancionado com a pena, dentre outras, de

(A) proibição de contratar com o Poder Público pelo prazo de cinco anos.

(B) suspensão de direitos políticos de seis a oito anos.

(C) multa civil de, no máximo, cinco vezes o valor do dano.

(D) proibição de receber benefícios ou incentivos fiscais ou creditícios pelo prazo de três anos.

(E) multa civil de até duzentas vezes o valor da remuneração percebida pelo agente.

A: incorreta, pois a proibição no caso é pelo prazo de 3 anos (art. 12, III, da Lei 8.429/1992); **B:** incorreta, pois a suspensão dos direitos políticos no caso é de três a cinco anos (art. 12, III, da Lei 8.429/1992); **C:** incorreta, pois a multa civil no caso é de até 100 vezes o valor da remuneração percebida pelo agente (art. 12, III, da Lei 8.429/1992); **D:** correta (art. 12, III, da Lei 8.429/1992); **E:** incorreta, pois a multa civil no caso é de até 100 vezes o valor da remuneração percebida pelo agente (art. 12, III, da Lei 8.429/1992).

Gabarito "D"

(Analista – TJ/ES – 2011 – CESPE) Julgue o seguinte item.

(1) As sanções penais, civis e administrativas previstas em lei podem ser aplicadas aos responsáveis pelos atos de improbidade, de forma isolada ou cumulativa, de acordo com a gravidade do fato.

1: correta (art. 12, *caput*, da Lei 8.429/1992).

Gabarito 1C

(Fiscal da Receita/CE – 2010) Considerando a Lei nº 8.429/1992, que trata das sanções aplicáveis aos agentes públicos nos casos de enriquecimento ilícito no exercício de mandato, cargo, emprego ou função na administração pública direta, indireta ou fundacional, assinale a opção correta.

(A) Caso o sócio-gerente de uma sociedade empresarial induza um servidor público a fraudar processo de licitação com vistas a favorecer essa sociedade empresarial, tal atitude fará que esse dirigente seja responsabilizado pela Lei de Improbidade Administrativa, mesmo não sendo servidor público.

(B) Retardar ou deixar de praticar, indevidamente, ato de ofício não configura ato de improbidade, mas mera infração administrativa cuja sanção será de advertência ou suspensão.

(C) Se um servidor público utilizar, na construção de sua casa, uma viatura oficial para transportar material de construção adquirido por ele, haverá enriquecimento ilícito, razão por que, necessariamente, conforme entendimento do STF, o servidor perderá a sua casa.

(D) O prefeito que praticar ato de improbidade que também seja previsto como crime de responsabilidade responderá simultaneamente tanto pelo crime de responsabilidade quanto pelo ato de improbidade.

A: correta (art. 3º da Lei 8.429/92); **B:** incorreta (art. 11, II, da Lei 8.429/92); **C:** incorreta, pois o servidor, apesar de responder por improbidade, não perderá a casa, ficando sujeito às sanções previstas no art. 12, I, da Lei 8.429/92; **D:** incorreta, pois, do contrário, haveria um *bis in idem*; vale salientar que a posição do STF no sentido de que os agentes políticos que respondem por crime de responsabilidade não respondem por improbidade administrativa, ainda não está firmada em relação aos Prefeitos Municipais.

Gabarito "A"

(OAB/Exame Unificado – 2011.2) No que tange à chamada ação de improbidade administrativa, assinale a definição correta segundo a doutrina do Direito Administrativo.

(A) Trata-se de ação meramente administrativa, uma vez que a Lei 8.429/1992 prevê apenas sanções de caráter administrativo.

(B) Não se trata de uma ação judicial e sim de uma ação administrativa, com a previsão legal (Lei 8.429/1992) de sanções penais e administrativas.

(C) Trata-se de ação de natureza civil e penal, uma vez que a Lei 8.429/1992 prevê sanções de ambas as naturezas.

(D) Trata-se de ação civil, muito embora as sanções previstas pela Lei 8.429/1992 ultrapassem o âmbito da simples ação de ressarcimento e importem em penalidades de natureza penal e administrativa.

A e B: incorretas, pois ação de improbidade administrativa é uma ação judicial, promovida pelo Ministério Público ou pela pessoa jurídica lesada pelo ato ímprobo (art. 17, *caput*, da Lei 8.429/1992); tal ação prevê sanções não só de natureza *administrativa* (perda do cargo e proibição de contratar com o Poder Público), como também de natureza *civil* (ressarcimento do erário, perda de bens ou valores e multa civil) e *política* (suspensão dos direitos políticos). **C:** incorreta, pois é pacífico que se trata de ação de natureza civil ou de natureza não penal; assim, a ação de improbidade administrativa não é promovida em Vara Criminal, mas em Vara Cível ou Vara da Fazenda Pública; **D:** correta, pois, como se viu, a ação de improbidade é de natureza civil, apesar de as sanções previstas na Lei 8.429/92 não se limitarem ao ressarcimento do dano, havendo, também, outras sanções, de natureza administrativa, política e, para alguns, até de natureza penal. A Examinadora revelou que entende ser de natureza penal sanções como suspensão dos direitos políticos, multa e perda do cargo, já que tais sanções aparecem na lei penal. Ora, parece-nos que tais sanções têm natureza política ou administrativa, sendo a sanção penal por excelência a pena de prisão, que não está prevista na Lei 8.429/1992. De qualquer forma, a alternativa "d" é "menos errada" das alternativas previstas na questão, daí porque deveria ter sido assinalada.

Gabarito "D"

8.10.3. Declaração de bens

(Ministério Público/SP – 2011) Em relação à evolução patrimonial desproporcional à renda do agente público, considere as seguintes afirmações:

I. a apresentação de declaração de bens e valores que compõem o seu patrimônio, como condição para posse e exercício do agente público, constitui um mecanismo para monitoramento de sua evolução patrimonial, não atingindo, todavia, os detentores de mandato político;

II. é hipótese residual de enriquecimento ilícito, não dispensando, no entanto, a prova da prática ou abstenção de ato de ofício para caracterizar como inidôneo o enriquecimento do agente público;

III. a obrigatoriedade de atualização anual da declaração de bens do agente público se presta a seu controle, podendo ser satisfeita mediante a entrega de cópia da declaração prestada anualmente à Receita Federal;

IV. é significativa de uma presunção *juris tantum* da prática de improbidade administrativa, dispensando a prova do ato ímprobo, mas permitindo prova da licitude do acréscimo patrimonial reputado desproporcional pelo agente público.

Está correto apenas o contido em

(A) I e II.

(B) I e III.

(C) I e IV.

(C) II e III.

(E) III e IV.

I: incorreta, pois a lei não isenta os detentores de mandato político dessa obrigação (art. 13 da Lei 8.429/1992); **II:** incorreta, pois essa hipótese DISPENSA a prova de prática ou abstenção de ato de ofício, sendo necessário, contudo, que o agente tenha adquirido, para si ou para outrem, bens ou valores de qualquer natureza cujo valor seja desproporcional à evolução patrimonial ou à renda do agente público (art. 9º, VII, da Lei 8.429/1992); **III:** correta (art. 13, § 4º, da Lei 8.429/1992); **IV:** correta, na visão do Ministério Público; todavia, como essa modalidade de improbidade administrativa requer dolo, há corrente que entende que não há presunção de improbidade, pois é necessário demonstrar a ocorrência do tipo previsto na lei e de seu elemento subjetivo, sendo que este ônus seria do autor da ação de improbidade.

Gabarito "E"

8.10.4. Representação administrativa

(Ministério Público/MG – 2010.2) Acerca dos procedimentos administrativos para apuração de atos de improbidade administrativa, assinale a afirmativa CORRETA.

(A) Havendo fundados indícios de responsabilidade, a comissão investigante representará à Procuradoria ou Advocacia-Geral do ente lesado para que requeira ao juízo competente a decretação do sequestro dos bens do agente ou terceiro que tenha enriquecido ilicitamente ou causado dano ao patrimônio público.

(B) A autoridade administrativa rejeitará, independentemente de fundamentação, a representação escrita que não contenha a qualificação do representante, informações sobre o fato e sua autoria, e indicação das provas de que tenha conhecimento.

(C) Uma vez decretada a rejeição administrativa da representação por atos de improbidade administrativa, ficará o representante impedido de representar, com base nos mesmos fatos, perante o Ministério Público.

(D) Somente o Ministério Público, por meio de inquérito civil público, poderá proceder à apuração de atos de improbidade administrativa no âmbito de quaisquer dos Poderes da União, Estado, Distrito Federal e Municípios.

A: incorreta, pois a representação poderá ser tanto à procuradoria do órgão, como ao *Ministério Público* (art. 16, *caput*, da Lei 8.429/1992); **B:** incorreta, pois a rejeição é até possível no caso, mas deve ser *fundamentada* (art. 14, § 2º, da Lei 8.429/1992); **C:** incorreta, pois pode haver reapresentação (art. 14, § 2º, da Lei 8.429/1992); **D:** correta, pois somente o MP pode instaurar um inquérito civil; outros órgãos e pessoas podem até investigar, mas não por meio de um inquérito civil.

Gabarito "D"

(Delegado/AP – 2010) Tem legitimidade para representar à autoridade administrativa competente para que seja instaurada investigação destinada a apurar a prática de ato de improbidade:

(A) somente o Ministério Público.

(B) somente o controle externo ou corregedoria do órgão.

(C) somente o controle interno do órgão, em caráter sigiloso.

(D) somente o Ministério Público, Tribunal ou Conselho de Contas.

(E) qualquer pessoa que deseje ver apurada a prática de ato de improbidade.

Art. 14, *caput*, da Lei 8.429/1992.

Gabarito "E"

(Procurador do Município/Boa Vista-RR – 2010 – CESPE) Considerando a Lei de Improbidade – Lei n. 8.429/1992 – e os procedimentos administrativos, julgue os itens seguintes.

(1) O procedimento administrativo cabe à administração pública, mas a Lei de Improbidade permite ao Ministério Público designar um representante do órgão para acompanhar esse procedimento.

(2) As disposições da Lei n. 8.429/1992 não são aplicáveis àqueles que, não sendo agentes públicos, se beneficiarem, de forma direta ou indireta, com o ato de improbidade cometido por prefeito municipal.

1: correta (art. 15, parágrafo único, da Lei 8.429/1992); **2:** incorreto (art. 3º da Lei 8.429/1992).

Gabarito 1C, 2E

(Procurador do Município/São José dos Campos-SP – 2012 – VUNESP) Recebida pela Procuradoria do Município a representação da Comissão Processante dando conhecimento da existência de procedimento administrativo em que há fundados indícios de responsabilidade de agente público por ato de improbidade, o Procurador

(A) representará ao órgão do Ministério Público, que é o legitimado ativo, para ingressar com a ação cautelar de arresto ou de sequestro, segundo o caso concreto, de bens do agente ou de terceiro que tenha enriquecido ilicitamente ou causado dano ao patrimônio público.

(B) ingressará com ação cautelar de sequestro de bens do agente ou de terceiro que tenha enriquecido ilicitamente ou causado dano ao patrimônio público.

(C) ingressará com a ação de improbidade administrativa no prazo de trinta dias, pleiteando a designação de audiência para tentativa de transação, acordo ou conciliação, visando a diminuir a litigiosidade e a solucionar com rapidez a questão.

(D) dará conhecimento à autoridade competente, visando a afastar o agente do exercício do cargo, emprego ou função, com prejuízo de sua remuneração, quando a medida se fizer necessária à instrução processual.

(E) ajuizará, em litisconsórcio ativo necessário, com o órgão do Ministério Público, ação de improbidade, que tramitará pelo rito especial.

Segundo o art. 16 da Lei 8.429/1992, a Comissão, nesse caso, representará ao Ministério ou à Procuradoria do órgão "para que requeira em juízo competente a decretação do sequestro dos bens do agente ou terceiro que tenha enriquecido ilicitamente ou causado dano ao patrimônio público". Dessa forma, a alternativa correta é a "b".

Gabarito "B"

8.10.5. Questões processuais

(Ministério Público/MG – 2010.2) Em relação à responsabilização pela prática de atos de improbidade administrativa, assinale a afirmativa CORRETA.

(A) À luz da Lei Federal n. 8.429/1992, a petição inicial da ação principal de responsabilização por atos de improbidade administrativa, independentemente do número de requeridos, deverá ser recebida fundamentadamente pelo juiz, no prazo de 30 (trinta) dias, com ou sem a resposta preliminar dos agentes requeridos.

(B) Uma vez apresentada a resposta preliminar na ação principal por atos de improbidade administrativa, o réu, após ser devidamente citado, poderá, dentro do prazo legal, em sede de contestação, apenas ratificar sua manifestação preliminar.

(C) A ação principal por atos de improbidade administrativa não será recebida para o agente requerido que, mesmo ouvido em sede de inquérito civil público, não apresentou resposta preliminar.

(D) Da decisão judicial que receber ou rejeitar a inicial da ação principal por ato de improbidade administrativa caberá agravo de instrumento, conforme dispõe a Lei Federal n. 8.429/1992.

A: incorreta, pois apenas após a resposta preliminar dos réus é que o juiz terá 30 dias para rejeitar a ação ou receber a petição inicial (art. 17, § 8º, da Lei 8.429/1992); **B:** correta, pois o réu, recebida a petição inicial após sua manifestação preliminar, será citado para oferecer contestação (art. 17, § 9º, da Lei 8.429/1992), nada impedindo que apenas ratifique sua manifestação preliminar; **C:** incorreta, pois nada impede que a ação principal, no caso, seja recebida; o importante é que, na ação judicial, tenha o réu tido a oportunidade de apresentar manifestação preliminar antes do recebimento da petição inicial; **D:** incorreta, pois da decisão que receber a inicial cabe agravo de instrumento; porém, da decisão que rejeitar a inicial, cabe apelação, pois trata-se de decisão terminativa.

Gabarito "B"

(Ministério Público/MG – 2010.2) São legitimados para propositura da ação principal por ato de improbidade administrativa, nos termos da Lei n. 8.429/1992,

(A) somente o Ministério Público e os chefes do Poder Executivo de todos os entes da Federação.

(B) o Ministério Público, os Chefes do Poder Executivo, o autor popular e a Defensoria Pública, esta última a partir das alterações introduzidas na Lei da Ação Civil Pública pela Lei Federal n. 11.448/2007.

(C) o Ministério Público ou a pessoa jurídica interessada.

(D) o Ministério Público, os procuradores-gerais dos entes federados e o autor popular.

São legitimados apenas o MP e a *pessoa jurídica* interessada (ex.: o Município, o Estado, a União, a Autarquia etc.), e não os Chefes do Executivo, ou o autor popular, ou a defensoria pública (art. 17 da Lei 8.429/1992).

Gabarito "C"

(Ministério Público/SC – 2010) Analise os itens que seguem:

I. O agente público, que se recusa, no prazo estabelecido em lei, a prestar a declaração de bens, junto ao serviço pessoal competente, será punido com pena de demissão, a bem do serviço público.

II. Proposta a ação a inicial, nos casos da lei 8.429/1992, o juiz mandará autuá-la e ordenará a notificação do requerido, para oferecer manifestação por escrito, no prazo assinalado de 10 (dez) dias.

III. Da decisão que recebe a inicial de improbidade administrativa, cabe recurso de agravo de instrumento.

IV. Aplica-se aos depoimentos ou inquirições realizadas nos processos regidos por esta Lei 8.429/1992, o disposto no Código de Processo Civil.

V. O sucessor daquele que causar lesão ao patrimônio público ou se enriquecer ilicitamente está sujeito às cominações da lei 8.429/1992 até o limite do valor da herança.

(A) Apenas as assertivas I e II estão incorretas.

(B) Apenas as assertivas I e III estão incorretas.

(C) Apenas as assertivas II e III estão incorretas.

(D) Apenas as assertivas II e IV estão incorretas.

(E) Apenas as assertivas III e V estão incorretas.

I: correta (art. 13, § 3º, da Lei 8.429/1992); **II:** incorreta, pois esse prazo é de 15 dias (art. 17, § 7º, da Lei 8.429/1992); **III:** correta (art. 17, § 10, da Lei 8.429/1992); **IV:** incorreta, pois aplica-se o disposto no art. 221, *caput* e § 1º, do Código de Processo Penal (art. 17, § 12, da Lei 8.429/1992); **V:** correta (art. 8º da Lei 8.429/1992).

Gabarito "D"

(Analista – TRE/AP – 2011 – FCC) Nos termos da Lei n. 8.429/1992, a ação de improbidade administrativa terá o rito ordinário, e será proposta pelo Ministério Público ou pela pessoa jurídica interessada. Sobre o tema, está correto o que se afirma em:

(A) Da decisão que rejeitar a petição inicial, caberá agravo de instrumento.

(B) É possível a transação, acordo ou conciliação nas ações de improbidade administrativa.

(C) Recebida a petição inicial, será o réu citado para apresentar defesa prévia.

(D) O Ministério Público, se não intervir no processo como parte, atuará obrigatoriamente, como fiscal da lei, sob pena de nulidade.

(E) Não será possível ao juiz extinguir o processo sem julgamento de mérito, em qualquer fase do processo, ainda que reconheça a inadequação da ação de improbidade.

A: incorreta, pois a decisão que rejeitar a petição inicial tem natureza de sentença, de modo que cabe apelação; já da decisão que receber a petição inicial, caberá agravo de instrumento (art. 17, § 10, da Lei 8.429/1992); **B:** incorreta, pois esses instrumentos não são cabíveis em ações de improbidade (art. 17, § 1º, da Lei 8.429/1992); **C:** incorreta, pois a defesa prévia acontecerá antes de o juiz receber a petição inicial; estando em forma a petição inicial, o juiz deve notificar o requerido para a defesa prévia, no prazo de 15 dias (art. 17, § 7º, da Lei 8.429/1992); só depois poderá receber a petição inicial; **D:** correta (art. 17, § 4º, da Lei 8.429/1992); **E:** incorreta, pois o juiz poderá fazê-lo em qualquer fase do processo, reconhecida a inadequação da ação de improbidade (art. 17, § 11, da Lei 8.429/1992).

Gabarito "D"

(Analista – TRE/TO – 2011 – FCC) De acordo com a Lei n. 8.429/1992 (Improbidade Administrativa), nas ações de Improbidade Administrativa é INCORRETO afirmar que

(A) o Ministério Público, se não intervir no processo como parte, atuará obrigatoriamente como fiscal da lei, sob pena de nulidade.

(B) qualquer pessoa poderá representar à autoridade administrativa competente para que seja instaurada investigação destinada a apurar a prática de ato de improbidade.

(C) da decisão que receber ou rejeitar a petição inicial na ação de improbidade administrativa caberá apelação com efeito suspensivo.

(D) a ação principal, que terá o rito ordinário, será proposta pelo Ministério Público ou pela pessoa jurídica interessada, dentro de trinta dias da efetivação da medida cautelar.

(E) é vedada a transação, acordo ou conciliação nas ações que versem sobre improbidade administrativa.

A: assertiva correta (art. 17, § 4º, da Lei 8.429/1992); **B:** assertiva correta (art. 14, *caput*, da Lei 8.429/1992); **C:** assertiva incorreta (devendo ser assinalada), pois da decisão que rejeitar a petição inicial (sentença), caberá apelação, porém, da decisão que receber a petição inicial, caberá agravo de instrumento (art. 17, § 10, da Lei 8.429/1992); **D:** assertiva correta (art. 17, *caput*, da Lei 8.429/1992); **E:** assertiva correta (art. 17, § 1º, da Lei 8.429/1992).

Gabarito "C"

(Analista – TRT/14ª – 2011 – FCC) De acordo com a Lei n. 8.429/1992, que dispõe sobre as sanções aplicáveis aos agentes públicos nos casos de enriquecimento ilícito no exercício de mandato, cargo, emprego ou função na administração pública direta, indireta ou fundacional, a medida de indisponibilidade de bens

(A) é decretada pelo Ministério Público.

(B) recairá somente sobre o acréscimo patrimonial, na hipótese de ato ímprobo que importe enriquecimento ilícito.

(C) exige, para seu deferimento, apenas a prova do risco de dilapidação patrimonial.

(D) consiste em forma de tutela precedida de cognição plena e exauriente.

(E) destina-se a todas as modalidades de ato ímprobo.

A: incorreta, pois é necessário processo judicial, de modo que a medida é decreta pelo juiz; ao Ministério Público cabe requerer em juízo a medida; **B:** correta (art. 7º, parágrafo único, da Lei 8.429/1992); **C:** incorreta, pois é necessário que haja fundados indícios de responsabilidade; **D:** incorreta, pois a medida é tomada para assegurar o resultado útil da demanda, o que faz com que seja requerida logo no início desta, de modo que o juiz não tem, neste momento, uma cognição plena e exauriente do caso; **E:** incorreta, pois essa medida só pode ser pedida quando o ato de improbidade causar lesão ao patrimônio público (art. 10 da Lei 8.429/1992) ou quando ensejar enriquecimento ilícito (art. 9º da Lei 8.429/1992), de modo que a medida não se destina à modalidade dos atos de Improbidade Administrativa que atentam contra os princípios da administração pública (art. 11 da Lei 8.429/1992).

Gabarito "B"

8.10.6. Prescrição

(Ministério Público/SP – 2011) A ação civil pública para a punição de atos de improbidade administrativa

(A) será proposta pela pessoa jurídica interessada, exclusivamente.

(B) prescreve em 10 (dez) anos, nos termos do art. 205 do Código Civil.

(C) é imprescritível.

(D) pode ser proposta até 5 (cinco) anos após o término do exercício de mandato, de cargo em comissão ou de função de confiança.

(E) prescreve em 5 (cinco) anos, contados a partir da demissão do servidor, a bem do serviço público, nos casos de exercício de cargo efetivo ou emprego.

A: incorreta, pois será pela pessoa jurídica interessada ou pelo Ministério Público (art. 17, *caput*, da Lei 8.429/1992); **B:** incorreta, pois, para o ressarcimento ao erário, a ação é imprescritível, e para as demais sanções, prescreve ou em 5 anos do término do mandado ou cargo em comissão, ou no prazo previsto para demissão a bem do serviço público, nos demais casos (art. 23 da Lei 8.429/1992); **C:** incorreta, pois somente a pretensão para o ressarcimento ao erário é imprescritível; **D:** correta (art. 23, I, da Lei 8.429/1992); **E:** incorreta, pois, nesses casos, a ação deve ser proposta dentro do prazo prescricional previsto em lei específica para faltas disciplinares puníveis com demissão a bem do serviço público (art. 23, II, da Lei 8.429/1992).

Gabarito "D"

8.10.7. Temas combinados e outras questões de improbidade administrativa

(Magistratura/PE – 2013 – FCC) Nos termos da Lei Federal nº 8.429/1992,

(A) reputa-se agente público, para os efeitos daquela lei, todo aquele que exerce, necessariamente de modo permanente e remunerado, por eleição, nomeação, designação, contratação ou qualquer outra forma de investidura ou vínculo, mandato, cargo, emprego ou função nas entidades da Administração direta ou indireta.

(B) suas disposições são aplicáveis, no que couber, àquele que, mesmo não sendo agente público, induza ou concorra para a prática do ato de improbidade ou dele se beneficie sob qualquer forma direta ou indireta.

(C) os agentes públicos são obrigados a velar pela estrita observância dos princípios de legalidade, impessoalidade, moralidade e publicidade no trato dos assuntos que lhe são afetos, exceto se ocupantes de cargo ou emprego que não exija formação superior.

(D) ocorrendo lesão ao patrimônio público por ação ou omissão, desde que dolosa, do agente ou de terceiro, dar-se-á o integral ressarcimento do dano.

(E) no caso de enriquecimento ilícito, perderá o agente público ou terceiro beneficiário o quíntuplo dos bens ou valores acrescidos ao seu patrimônio.

A: incorreta, pois pode ser um exercício transitório (e não só permanente) e não remunerado (e não só remunerado), nos termos do art. 2º da Lei 8.429/1992; **B:** correta, nos exatos termos do art. 3º da Lei 8.429/1992; **C:** incorreta, pois todos os agentes públicos devem observar esses princípios, inclusive os ocupantes de cargo ou emprego que não exija formação superior (art. 4º da Lei 8.429/1992); **D:** incorreta, pois tal consequência pode se dar tanto por conduta dolosa, como por conduta culposa (art. 5º da Lei 8.429/1992); **E:** incorreta, pois o art. 6º da Lei 8.429/1992 simplesmente dispõe que o agente público ou o terceiro beneficiário perderá os bens ou valores acrescidos ao seu patrimônio, não havendo disposição no sentido de que a perda será multiplicada por cinco, sem prejuízo, por óbvio, da aplicação das outras sanções previstas no art. 12 da Lei 8.429/1992, inclusive a multa civil.

Gabarito "B"

(Magistratura/RO – 2011 – PUCPR) Dadas as assertivas abaixo, assinale a única CORRETA.

(A) Constitui ato de improbidade administrativa que causa lesão ao erário qualquer ação ou omissão, desde que dolosa, que enseje perda patrimonial, desvio, apropriação, malbaratamento ou dilapidação dos bens ou haveres das entidades referidas no artigo 10 da lei 8.429/1992.

(B) É privativo do Ministério Público o direito de representar à autoridade administrativa competente para que seja instaurada investigação destinada a apurar a prática de ato de improbidade.

(C) Na ação de que trata o artigo 17 da Lei 8.429/1992, que terá o rito ordinário, e será proposta dentro de trinta dias da efetivação da medida cautelar, é admitida a transação, acordo ou conciliação.

(D) A perda da função pública e a suspensão dos direitos políticos só se efetivam com o trânsito em julgado da sentença condenatória, podendo a autoridade judicial ou administrativa competente determinar o afastamento do agente público do exercício do cargo, emprego ou função, sem prejuízo da remuneração, quando a medida se fizer necessária à instrução processual.

(E) As ações destinadas a levar a efeitos as sanções previstas na Lei 8.429/1992 podem ser propostas até dois anos após o término do exercício de mandato, de cargo em comissão ou de função de confiança.

A: incorreta, pois o ato pode ser doloso ou *culposo* (art. 10, *caput*, da Lei 8.429/1992); **B:** incorreta, pois qualquer pessoa pode fazer essa representação (art. 14, *caput*, da Lei 8.429/1992); **C:** incorreta, pois não se admite transação, acordo ou conciliação na ação por improbidade administrativa (art. 17, § 1º, da Lei 8.429/1992); **D:** correta (art. 20 da Lei 8.429/1992); **E:** incorreta, pois o prazo é de até 5 anos após o término da relação (art. 23 da Lei 8.429/1992).

Gabarito "D"

(Ministério Público/SE – 2010 – CESPE) Quanto aos aspectos materiais e processuais da Lei nº 8.429/1992 (Lei de Improbidade Administrativa), assinale a opção correta.

(A) A perda da função pública e a suspensão dos direitos políticos, para os que foram condenados por ato de improbidade, somente se podem efetivar após o trânsito em julgado da decisão.

(B) A exemplo do que ocorre com a ação popular, qualquer cidadão é parte legítima para propor a ação de improbidade administrativa, assim como o são o MP e a pessoa jurídica prejudicada pela atuação do gestor.

(C) As disposições da lei, aplicáveis apenas aos agentes públicos, alcançam os que exercem cargo, emprego ou função pública, de modo efetivo ou transitório, e os que exercem, por eleição, mandato eletivo.

(D) Qualquer pessoa pode representar à autoridade administrativa competente para ser instaurada investigação destinada a apurar a prática de ato de improbidade, não se exigindo identificação do representante, como forma de resguardar sua identidade e evitar retaliações de qualquer natureza.

(E) Os atos de improbidade que importem enriquecimento ilícito sujeitam os responsáveis ao ressarcimento integral do dano, se houver, à perda da função pública, à suspensão dos direitos políticos de três a cinco anos, ao pagamento de multa civil e à proibição de contratar com o poder público pelo prazo de três anos.

A: correta (art. 20, *caput*, da Lei 8.429/1992); **B:** incorreta, pois somente o Ministério Público e a pessoa jurídica interessada podem ingressar com ação de improbidade (art. 17, *caput*, da Lei 8.429/1992); **C:** incorreta, pois a lei também se aplica a quem concorra ou induza para a prática do ato, bem como a quem se beneficie deste (art. 3º da Lei 8.429/1992); **D:** incorreta, pois é necessário que o representante o faça por escrito e mediante assinatura e qualificação (art. 14, § 1º, da Lei 8.429/1992); **E:** incorreta, pois a suspensão dos direitos políticos, no caso, será de 8 a 10 anos, e a proibição de contratar com o poder público será pelo prazo de 10 anos (art. 12, I, da Lei 8.429/1992).

Gabarito "A"

(Delegado de Polícia/GO – 2013 – UEG) De acordo com a Lei de Improbidade Administrativa, nº 8.429/1992,

(A) a aplicação de multa ao agente público pelo Tribunal de Contas impede o ajuizamento de ação civil por improbidade.

(B) ao responsável pelo ato de improbidade não se aplicam as sanções do artigo 12, se, pelo mesmo fato, tiver respondido no âmbito penal.

(C) estão descritas, exemplificativamente, as violações aos princípios da Administração, as condutas que lesam o Erário e as condutas que importam em enriquecimento ilícito.

(D) as cominações previstas devem ser aplicadas cumulativamente, pois a maior ou menor gravidade do fato não interfere na aplicação das cominações.

A: incorreta, pois a aplicação das sanções previstas no art. 12 da Lei 8.429/1992 independe de outras sanções administrativas previstas na legislação específica (art. 12, "*caput*", da Lei 8.429/1992); **B:** incorreta, pois as sanções penais previstas em lei específica também são independentes das sanções previstas na Lei 8.429/1992 (art. 12 da Lei 8.429/1992); **C:** correta, pois o próprio art. 9º da Lei 8.429/1992, que trata dessa modalidade de improbidade, traz um tipo bastante aberto em seu "*caput*", para, depois, usando a expressão "e notadamente", exemplificar situações que configuram esse tipo maior; assim, os incisos do art. 9º da Lei 8.429/1992 trazem descrições de meros exemplos de improbidade, sendo possível que outras situações não descritas no inciso, mas que se enquadram no tipo mais aberto do "*caput*" do dispositivo, também configurem ato de improbidade administrativa; **D:** incorreta, pois o "*caput*" do art. 12

é claro no sentido de que as sanções de improbidade podem ser aplicadas cumulativa ou isoladamente.

Gabarito "C"

(Procurador/DF – 2013 – CESPE) Julgue os próximos itens, referentes à improbidade administrativa.

(1) O prazo para a proposição da ação de improbidade administrativa visando o ressarcimento dos danos causados pelo agente público é de cinco anos, a contar do término do exercício de mandato, de cargo em concurso ou de função de confiança por esse agente.

(2) O ato de improbidade, que, em si, não constitui crime, caracteriza-se como um ilícito de natureza civil e política.

1: errada, pois a pretensão de ressarcimento ao erário é imprescritível, nos termos do art. 37, § 5º, da CF; **2:** certa; de fato, o ato de improbidade que não constituir crime é considerado um ilícito de natureza civil (no sentido de não penal, já que há sanções civis em sentido estrito, como ressarcimento ao erário e multa civil, e administrativas, como proibição de contratar com o Poder Público e a perda do cargo) e política (suspensão dos direitos políticos).

Gabarito 1E, 2C

(Procurador do Município/Boa Vista-RR – 2010 – CESPE) Julgue os itens subsequentes.

(1) A Lei n. 8.429/1992 traz expressa disposição no sentido de admitir o afastamento do cargo do agente público, quando a medida se mostrar necessária à instrução do processo.

(2) A prolação da sentença em que sejam aplicadas as sanções de suspensão dos direitos políticos e perda da função pública por ato de improbidade administrativa deve surtir efeito imediatamente.

(3) A representação por ato de improbidade contra agente público ou terceiro beneficiário, quando o autor da denúncia o sabe inocente, constitui crime expressamente previsto na Lei n. 8.429/1992.

(4) As ações destinadas a levar a efeito as sanções previstas na Lei n. 8.429/1992 prescrevem dez anos após a ocorrência dos atos tidos como lesivos ao erário.

1: correta (art. 20, parágrafo único, da Lei 8.429/1992); **2:** incorreta, pois a sentença só surtirá efeitos, quanto a essas duas sanções, após seu trânsito em julgado (art. 20, *caput*, da Lei 8.429/1992); **3:** correta (art. 19 da Lei 8.429/1992); **4:** incorreta (art. 23 da Lei 8.429/1992).

Gabarito 1C, 2E, 3C, 4E

(Procurador do Município/Teresina-PI – 2010 – FCC) Lei n. 8.429/1992 (Lei de Improbidade Administrativa).

I. Celebrar contrato ou outro instrumento que tenha por objeto a prestação de serviços públicos por meio da gestão associada sem observar as formalidades previstas na lei é classificado como ato de improbidade que importa enriquecimento ilícito.

II. Diante da prática de ato de improbidade administrativa que atente contra os princípios da Administração Pública, estará o responsável sujeito, dentre outras possíveis sanções, à suspensão dos direitos políticos de três a cinco anos.

III. Proposta ação civil por improbidade administrativa, o requerido será notificado para apresentar manifestação por escrito no prazo de quinze dias e, posteriormente, recebida a petição inicial, será citado para apresentar contestação, podendo interpor agravo de instrumento contra a decisão que recebeu a petição inicial.

IV. Independentemente das sanções penais, civis e administrativas previstas na legislação específica, as cominações impostas ao responsável pelo ato de improbidade serão sempre aplicadas cumulativamente.

SOMENTE estão corretas as assertivas

(A) II e IV.

(B) I e II.

(C) I e III.

(D) I e IV.

(E) II e III.

I: incorreta, pois o caso é de improbidade na modalidade prejuízo ao erário (art. 10, XIV, da Lei 8.429/1992); **II:** correta (art. 12, III, da Lei 8.429/1992); **III:** correta (art. 17, §§ 7º, 9º e 10, da Lei 8.429/1992); **IV:** incorreta, pois poderão ser aplicadas isolada ou cumulativamente (art. 12, *caput*, da Lei 8.429/1992).

Gabarito "E"

(ADVOGADO – CEF – 2010 – CESPE) Em relação à Lei n. 8.429/1992, que dispõe sobre improbidade administrativa, assinale a opção correta.

(A) A perda ou extinção do mandato eletivo implica cessação automática da existência de foro especial por prerrogativa de função, ainda que o fato que deu causa à demanda haja ocorrido durante o exercício daquele, exceto na hipótese de improbidade administrativa, conforme jurisprudência do STF.

(B) Os juízos de primeira instância são incompetentes para processar e julgar ação civil de improbidade administrativa ajuizada por crime de responsabilidade contra agente político que possui prerrogativa de foro perante o STF.

(C) Tratando-se da prática de atos de improbidade administrativa que importem enriquecimento ilícito, a proibição de o infrator contratar com o poder público ou receber benefícios ou incentivos fiscais ou creditícios, direta ou indiretamente, ainda que por intermédio de pessoa jurídica da qual seja sócio majoritário, limita-se ao prazo de cinco anos.

(D) Nas sanções aplicáveis aos agentes públicos nos casos de enriquecimento ilícito no exercício de mandato, cargo, emprego ou função na administração pública direta, indireta ou fundacional, é vedado ao juiz nomear depositário dos bens eventualmente sequestrados do infrator, que devem ficar recolhidos em depósito judicial.

(E) A aplicação das sanções previstas na lei em questão independe da efetiva ocorrência de dano ao patrimônio público, inclusive quanto à pena de ressarcimento, e da aprovação ou rejeição das contas pelo órgão de controle interno ou pelo tribunal ou conselho de contas.

A: incorreta, pois não há foro por prerrogativa de função nas ações por improbidade administrativa já que o STF declarou inconstitucional a alteração feita no art. 84, § 2º, do Código de Processo Penal, que estendia o foro privilegiado da esfera penal às ações de improbidade, que são consideradas ações cíveis (ADI 2.797, DJ 19.12.2006); assim, as ações de improbidade movidas contra os Prefeitos devem ser promovidas em primeira instância; **B:** correta, pois o STF assentou o entendimento de que, ressalvado o Prefeito, aquele que responde por crime de responsabilidade não ficará sujeito à ação de improbidade de que trata a Lei 8.429/1992; **C:** incorreta, pois o prazo limite, nesse caso, são 10 anos (art. 12, I, da Lei 8.429/1992); **D:** incorreta, pois o pedido de sequestro, no caso, é regulado pelos 822 e 825 do CPC (art. 16, § 1º, da Lei 8.429/1992), não havendo, em tais dispositivos, regra nesse sentido; **E:** incorreta, pois no que tange à pena de ressarcimento, por óbvio, há necessidade de ter havido dano ao patrimônio público (art. 21, I, da Lei 8.429/1992).

Gabarito "B"

(Magistratura do Trabalho – 1ª Região – 2010 – CESPE) Com relação à improbidade administrativa, assinale a opção correta de acordo com a disciplina da Lei n. 8.429/1992.

(A) O particular que não tem vínculo com a administração pública somente pode sofrer as sanções previstas na Lei de Improbidade Administrativa se for beneficiário direto do ato de improbidade.

(B) Qualquer cidadão pode representar administrativamente para que seja instaurada investigação destinada a apurar prática de ato de improbidade, e a comissão processante responsável pela apuração deve dar conhecimento do procedimento administrativo ao MP e ao respectivo tribunal ou conselho de contas.

(C) Apenas as entidades nas quais o poder público concorra com mais de 50% do patrimônio ou da receita anual sujeitam-se às penalidades previstas na Lei n. 8.429/1992, sejam elas regidas pelo direito público ou pelo direito privado.

(D) Apenas o MP dispõe de legitimidade para ajuizar ação visando à aplicação da sanção pela prática de ato que configure improbidade.

(E) A perda e o afastamento, ainda que provisório, de cargo, emprego ou função pública, e a suspensão dos direitos políticos, em razão da prática de ato de improbidade, somente podem efetivar-se após o trânsito em julgado da sentença condenatória.

A: incorreta, pois o particular pode sofrer as sanções quando for beneficiário direto ou *indireto* do ato de improbidade ou quando *induzir* ou *concorrer* para a prática deste (art. 3º da Lei 8.429/1992); **B:** correta (arts. 14, *caput*, e 15, *caput*, da Lei 8.429/1992); **C:** incorreta, pois "estão também sujeitos às penalidades desta lei os atos de improbidade praticados contra o patrimônio de entidade que receba subvenção, benefício ou incentivo, fiscal ou creditício, de órgão público bem como daquelas para cuja criação ou custeio o erário haja concorrido ou concorra *com menos de cinquenta por cento* do patrimônio ou da receita anual, limitando-se, nestes casos, a sanção patrimonial à repercussão do ilícito sobre a contribuição dos cofres públicos" (grifo nosso) – art. 1º, parágrafo único, da Lei 8.429/1992; **D:** incorreta, pois a pessoa jurídica interessada também tem legitimidade (art. 17, *caput*, da Lei 8.429/1992); assim, se um fiscal ou um procurador municipal comete ato de improbidade, o Município correspondente poderá ingressar com ação de improbidade contra tais agentes; **E:** incorreta, pois o afastamento provisório pode se dar antes do trânsito em julgado; apenas a perda da função pública e a suspensão dos direitos políticos se efetivam após o trânsito em julgado da sentença condenatória (art. 20 da Lei 8.429/1992).

Gabarito "B"

(Magistratura do Trabalho – 8ª Região – 2011) Em relação à improbidade administrativa, marque a alternativa INCORRETA:

(A) Constitui ato de improbidade administrativa, que atenta contra os princípios da Administração Pública, revelar ou permitir que chegue ao conhecimento de terceiro, antes da respectiva divulgação oficial, teor de medida política ou econômica capaz de afetar o preço de mercadoria, bem ou serviço.

(B) A percepção de vantagem patrimonial ilícita, obtida pelo exercício da função pública, bem como o dano ao erário são pressupostos exigíveis para a caracterização do enriquecimento ilícito gerado pela conduta de improbidade.

(C) Ao ímprobo, na hipótese de improbidade administrativa que importe enriquecimento ilícito, pode ser aplicada a pena de suspensão dos direitos políticos, pelo prazo máximo de dez anos.

(D) Será punido com a pena de demissão, a bem do serviço público, sem prejuízo de outras sanções cabíveis, o agente público que se recusar a prestar declaração dos bens, dentro do prazo determinado, ou que a prestar falsa.

(E) Quando o ato de improbidade causar lesão ao patrimônio público ou ensejar enriquecimento ilícito, caberá à autoridade administrativa responsável pelo inquérito representar ao Ministério Público, para a indisponibilidade dos bens do indiciado, que recairá sobre bens que assegurem o integral ressarcimento do dano, ou sobre o acréscimo patrimonial resultante do enriquecimento ilícito.

A: assertiva correta (art. 11, VII, da Lei 8.429/1992); **B:** assertiva incorreta, devendo ser assinalada; o dano ao erário não é pressuposto para a caracterização da modalidade de improbidade enriquecimento ilícito do agente (arts. 9º, *caput*, 21, I, da Lei 8.429/1992); **C:** assertiva correta (art. 12, I, da Lei 8.429/1992); **D:** assertiva correta (art. 13, § 3º, da Lei 8.429/1992); **E:** assertiva correta (art. 7º da Lei 8.429/1992).

Gabarito "B"

(Magistratura do Trabalho – 16ª Região – 2011) Ainda considerando o disposto na Lei Federal n. 8.429/1992 sobre improbidade administrativa, marque a alternativa CORRETA:

(A) Reputa-se agente público, para fins de aplicação da Lei n. 8.429/1992, somente aquele que exerce de forma remunerada, ainda que transitoriamente, por eleição, nomeação, designação, contratação ou qualquer outra forma de investidura ou vínculo, mandato, cargo, emprego ou função na administração direta, indireta ou fundacional de qualquer dos Poderes da União, dos Estados, do Distrito Federal, dos Municípios, de Território, de empresa incorporada ao patrimônio público ou de entidade para cuja criação ou custeio o erário haja concorrido ou concorra com mais de cinquenta por cento do patrimônio ou da receita anual.

(B) As disposições da Lei n. 8.429/1992 são aplicáveis, no que couber, àquele que, mesmo não sendo agente público, induza ou concorra para a prática do ato de improbidade ou dele se beneficie sob qualquer forma direta ou indireta.

(C) Ocorrendo lesão ao patrimônio público, por ação ou omissão dolosa do agente ou de terceiro, dar-se-á o ressarcimento do dano até o limite do atual patrimônio do causador.

(D) O sucessor daquele que causar lesão ao patrimônio público ou se enriquecer ilicitamente também está sujeito às cominações desta lei, respondendo com todos os seus bens.

(E) Caberá a autoridade administrativa responsável pelo inquérito representar ao Ministério Público para a indisponibilidade dos bens do indiciado, somente quando o ato de improbidade causar lesão ao patrimônio público.

A: incorreta, pois, para fins de aplicação da Lei 8.429/1992, é agente público tanto aquele que recebe remuneração, como também aquele que atua sem remuneração (art. 2º da Lei 8.429/1992); **B:** correta (art. 3º da Lei 8.429/1992); **C:** incorreta, pois se dará o integral ressarcimento do dano, independentemente do atual patrimônio do causador do dano (art. 5º da Lei 8.429/1992); **D:** incorreta, pois o sucessor só responderá até o limite do valor da herança (art. 8º da Lei 8.429/1992); **E:** incorreta, pois essa representação também cabe quando o ato de improbidade ensejar enriquecimento ilícito (art. 7º da Lei 8.429/1992).

Gabarito "B"

(Analista – TRE/TO – 2011 – FCC) De acordo com a Lei nº 8.429/1992 (Lei de Improbidade Administrativa), é correto afirmar que

(A) as ações destinadas a levar a efeitos as sanções previstas na lei podem ser propostas até dois anos após o término do exercício de mandato.

(B) será punido com a pena de demissão, a bem do serviço público, sem prejuízo de outras sanções cabíveis, o agente público que se recusar a prestar declaração dos bens, dentro do prazo determinado, ou que a prestar falsa.

(C) a perda da função pública e a suspensão dos direitos políticos se efetivam com a publicação da sentença condenatória, ainda que recorrível.

(D) às cominações da lei, impostas ao responsável pelo ato de improbidade administrativa, não podem, em qualquer hipótese, ser aplicadas cumulativamente.

(E) em qualquer fase do processo, ainda que reconhecida a inadequação da ação de improbidade, não poderá o juiz extinguir o processo sem julgamento do mérito.

A: incorreta, pois as ações podem ser propostas até 5 anos após o término do exercício do mandado (art. 23, I, da Lei 8.429/1992); **B:** correta (art. 13, § 3º, da Lei 8.429/1992); **C:** incorreta, pois se efetivam somente com o trânsito em julgado da sentença condenatória (art. 20, *caput*, da Lei 8.429/1992); **D:** incorreta, pois o STJ entende que nos casos mais graves todas as sanções poderão ser aplicadas cumulativamente; aliás, o próprio art. 12, *caput*, da Lei 8.429/1992 é claro nesse sentido; **E:** incorreta, pois é possível a extinção do processo sem julgamento de mérito a qualquer tempo, no caso mencionado (art. 17, § 11, da Lei 8.429/1992).

Gabarito "B"

(Analista – TRE/RS – 2010 – FCC) De acordo com a Lei nº 8.429/1992, a representação, desacompanhada de atos investigativos, por ato de improbidade contra agente público ou terceiro beneficiário, quando o autor da denúncia o sabe inocente

(A) constitui mera infração administrativa.

(B) não constitui crime nem infração administrativa.

(C) constitui crime definido na própria Lei de Improbidade Administrativa.

(D) caracteriza ato de improbidade administrativa.

(E) configura infração penal definida no Código Penal.

Art. 19 da Lei 8.429/1992.

Gabarito "C"

(Analista – TRT/9ª – 2010 – FCC) Em face da Lei de Improbidade Administrativa (Lei nº 8.429/1992), é correto afirmar:

(A) O ressarcimento integral do dano será dispensado se a lesão ao patrimônio público ocorrer por ação ou omissão culposa do agente ou de terceiro.

(B) Considera-se agente público, para os seus efeitos, todo aquele que exerce, ainda que transitoriamente, porém sob remuneração, cargo, emprego ou função, em qualquer dos Poderes da União, dos Estados, do Distrito Federal, dos Municípios ou de Território.

(C) O sucessor daquele que causar lesão ao patrimônio público ou se enriquecer ilicitamente está sujeito às cominações desta Lei, até o limite do valor da herança.

(D) Caberá à autoridade administrativa responsável pelo inquérito representar ao Poder Judiciário para a indisponibilidade dos bens do indiciado quando o ato de improbidade causar lesão ao patrimônio público ou ensejar enriquecimento ilícito.

(E) No caso de enriquecimento ilícito, o agente público ou terceiro beneficiário não perderá os bens ou valores acrescidos ao seu patrimônio, estando sujeito somente às sanções penais.

A: incorreta, pois basta uma conduta culposa para ensejar a responsabilidade civil; ademais, a modalidade de improbidade "prejuízo ao erário" configura-se mediante conduta dolosa ou culposa (art. 10, *caput*, da Lei 8.429/1992); **B:** incorreta, pois não é necessário que haja remuneração para que alguém seja considerado agente público para fins de aplicação da Lei de Improbidade (art. 2º da Lei 8.429/1992); **C:** correta (art. 8º da Lei 8.429/1992); **D:** incorreta, pois a representação deve ser ao Ministério Público, e não ao Judiciário (art. 7º da Lei 8.429/1992); **E:** incorreta, nos termos do art. 12, I, da Lei 8.429/1992, que estabelece também a sanção de "perda de bens ou valores acrescidos ao seu patrimônio".

Gabarito "C"

(Analista – TRT/12ª – 2010 – FCC) A respeito da Lei n. 8.429/1992, é correto afirmar:

(A) Somente agentes públicos respondem por atos de improbidade administrativa.

(B) A medida de indisponibilidade de bens é possível para atos de improbidade geradores de lesão ao erário ou de enriquecimento ilícito.

(C) Deixar de prestar contas, quando esteja obrigado a fazê-lo, caracteriza ato de improbidade gerador de prejuízo ao erário.

(D) O agente público, para os efeitos da Lei de Improbidade, desempenha atividade sempre mediante remuneração, ainda que transitoriamente.

(E) Dispensar indevidamente licitação constitui ato de improbidade administrativa que importa enriquecimento ilícito.

A: incorreta, pois quem concorre ou induz para o ato de improbidade ou quem é beneficiário deste também responde por ato de improbidade administrativa (art. 3º da Lei 8.429/1992); **B:** correta (art. 7º da Lei 8.429/1992); **C:** incorreta, pois essa hipótese caracteriza ato de improbidade que "atenta contra princípios da Administração" (art. 11, VI, da Lei 8.429/1992); **D:** incorreta, pois não é necessário que haja remuneração para que alguém seja considerado agente público para fins de aplicação da Lei de Improbidade (art. 2º da Lei 8.429/1992); **E:** incorreta, pois esse caso caracteriza ato de improbidade que "causa prejuízo ao erário" (art. 10, VIII, da Lei 8.429/1992).

Gabarito "B"

(Fiscal de Rendas/RJ – 2010 – FGV) Com relação ao tema da *improbidade administrativa*, analise as afirmativas a seguir.

I. O Ministério Público deve obrigatoriamente figurar como parte na ação de improbidade administrativa, pois se trata de hipótese de litisconsórcio necessário.

II. Conforme a jurisprudência prevalecente do STF, os agentes políticos não se submetem ao regime da lei de improbidade administrativa (Lei nº 8.429/1992), sendo-lhes aplicável o regime de responsabilização jurídico-administrativa especial.

III. Segundo a jurisprudência prevalecente do STJ, as penas cominadas no art. 12 da Lei 8.429/1992 devem ser aplicadas cumulativamente ao responsável pelo ato de improbidade administrativa.

Assinale:

(A) se somente a afirmativa I estiver correta.

(B) se somente a afirmativa II estiver correta.

(C) se somente as afirmativas I e II estiverem corretas.

(D) se somente as afirmativas I e III estiverem corretas.

(E) se todas as afirmativas estiverem corretas.

I: incorreta, pois, caso o Ministério Público não seja o autor da ação, sua participação será como fiscal da lei, e não como litisconsorte necessário (art. 17, § 4º, da Lei 8.429/92); **II:** correta (RE 579799, DJ 18-12-2008); **III:** incorreta, pois o STJ entende que a aplicação cumulativa de todas as sanções por ato de improbidade só pode ser feita quando estritamente necessário, devendo-se levar em conta o princípio da proporcionalidade.

Gabarito "B"

8.11. QUESTÕES SUBJETIVAS COMENTADAS

(OAB/Exame Unificado – 2ª fase – CESPE) Pedro, ex-prefeito do município X, está sendo processado pelo Ministério Público por ato de improbidade, já que teria utilizado, em sua propriedade, veículos e pessoal do serviço público municipal para construção de uma churrasqueira. Considerando a situação acima, redija um texto fundamentado esclarecendo qual a natureza jurídica dos atos de improbidade administrativa praticados pelo ex-prefeito e qual o órgão do Poder Judiciário competente para julgar tais atos.

RESOLUÇÃO DA QUESTÃO

A improbidade administrativa pode ser conceituada como a imoralidade qualificada pelo enriquecimento ilícito do agente, pelo prejuízo ao erário ou pela violação dos princípios da administração pública (arts. 9º, 10 e 11 da Lei 8.429/1992).

O instituto tem como regra matriz a Constituição Federal, que estabelece que a sua configuração importará a suspensão dos direitos políticos, a perda da função pública, a indisponibilidade dos bens e o ressarcimento ao erário, na forma e gradação previstas em lei, sem prejuízo da ação penal cabível (art. 37, § 4º, da CF).

As características das sanções previstas na Constituição Federal, somadas à delimitação trazida pela Constituição no sentido de que tais sanções serão aplicadas sem prejuízo das sanções penais cabíveis, revela que o ato de improbidade administrativa tem natureza não penal ou civil em sentido em amplo. E o fato de as sanções serem de natureza política (suspensão dos direitos políticos), administrativa (perda da função pública) e civil (ressarcimento do erário) faz com que o instituto tenha natureza *sui generis*, podendo-se dizer que os atos de improbidade administrativa são ilícitos de natureza cível em sentido amplo, com repercussões políticas, administrativas e civis.

Nesse sentido, é competente para julgar as ações de improbidade o juízo cível ou da fazenda pública, este quando houver. É importante ressaltar que o Supremo Tribunal Federal entende que não há foro por prerrogativa de função nas ações de responsabilidade por ato de improbidade administrativa, tendo inclusive declarado a inconstitucionalidade do art. 84, § 2º, do Código de Processo Penal, que estendia o foro privilegiado das ações penais, para as ações por improbidade administrativa.

Em relação ao ato praticado pelo Prefeito, consistente na utilização, em sua propriedade, de veículos e pessoal do serviço público municipal, para a construção de uma churrasqueira, trata-se de conduta que se enquadra na modalidade de improbidade administrativa que importa em enriquecimento ilícito do agente (art. 9º, IV, da Lei 8.429/1992), ensejando as sanções previstas no art. 12, I, da lei citada.

O fato de o Prefeito também estar sujeito a responsabilidade pela prática de crime de responsabilidade, não exclui a incidência da ação por improbidade administrativa. O Supremo Tribunal Federal, apesar de ter esse entendimento em relação a outros agentes políticos, não vem aplicando, ainda, a mesma conclusão em relação aos Prefeitos.

(OAB/Exame Unificado – 2ª fase – CESPE) João, prefeito municipal, na vigência de seu mandato, permitiu locação de bem por preço superior ao de mercado, além de ter percebido diretamente vantagem econômica para facilitar a alienação de bem público por preço inferior ao valor de mercado. O mandato de João terminou em 31/12/2003, e, em 10/12/2008, o Ministério Público ajuizou ação de improbidade administrativa contra ele, que foi regularmente citado em 19/12/2008. Em sua defesa, João alegou prescrição dos atos a ele imputados. Considerando a situação hipotética acima apresentada e a corrente doutrinária que admite que prefeito municipal responda por atos de improbidade administrativa, esclareça se houve prescrição dos atos imputados a João. Caso a resposta seja afirmativa, justifique-a, caso seja negativa, indique, com a devida fundamentação, as cominações a que João está sujeito.

RESOLUÇÃO DA QUESTÃO

De acordo com o art. 23, I, da Lei 8.429/1992 o prazo de prescrição para aplicação das sanções previstas na Lei de Improbidade Administrativa é de 5 anos, contados do término do exercício do mandato.

No caso em tela, não houve o transcurso de 5 anos entre o término do mandato (31/12/2003) e a citação na ação por improbidade administrativa (19/12/2008), de modo que não houve prescrição.

Uma vez não ocorrida a prescrição, resta verificar as cominações a que João está sujeito. Nesse ponto, é necessário verificar que modalidades de ato de improbidade foram praticadas.

A primeira imputação – locação de bem por preço superior ao de mercado – configura improbidade por prejuízo ao erário (art. 10, V, da Lei 8.429/1992). Já a segunda imputação – percepção de vantagem econômica para facilitar a alienação de bem público por preço inferior ao valor de mercado –, configura improbidade por enriquecimento ilícito do agente (art. 9º, III, da Lei 8.429/92).

Para fins de aplicação das sanções por improbidade administrativa, a modalidade mais grave absorve a modalidade menos grave. Assim, deve-se aplicar a João as sanções previstas no art. 12, I, da Lei 8.429/1992. Tais sanções podem ser aplicadas isolada ou cumulativamente, de acordo com a gravidade do ato. Tal entendimento já estava sedimentado no Superior Tribunal de Justiça e, agora, encontra fundamento no próprio texto da Lei de Improbidade Administrativa, cujo *caput* do art. 12 foi alterado pela Lei 12.120/2009.

Assim, João está sujeito às seguintes cominações: perda dos bens ou valores acrescidos ilicitamente ao patrimônio, ressarcimento integral do dano, quando houver, perda da função pública, suspensão dos direitos políticos de oito a dez anos, pagamento de multa civil de até três vezes o valor do acréscimo patrimonial e proibição de contratar com o Poder Público ou receber benefícios ou incentivos fiscais ou creditícios, direta ou indiretamente, ainda que por intermédio de pessoa jurídica da qual seja sócio majoritário, pelo prazo de dez anos.

Comentários adicionais.

É importante que se saiba que o Supremo Tribunal Federal, com base no art. 37, § 5º, da Constituição, vem entendendo que a sanção de ressarcimento do erário é **imprescritível** quando se pratica ato ilícito em desfavor da Administração, o que inclui, certamente, os atos de improbidade administrativa (MS 26.210, Rel. Min. Ricardo Lewandowski, julgamento em 04.09.2008, DJE de 10.10.2008).

(OAB/Exame Unificado – 2ª fase – CESPE) O Ministério Público Federal ajuizou ação de improbidade administrativa contra agentes públicos que simularam gastos para o recebimento indevido de R$ 100.000,00 em desfavor do município M, que também ingressou na ação no polo ativo. Antes da decisão condenatória, os referidos agentes promoveram, em juízo, o ressarcimento, ao erário, da quantia indevidamente recebida e postularam à autoridade julgadora a extinção do processo, sob o fundamento de que o ressarcimento integral do dano patrimonial causado ao erário implicaria ausência de prejuízo aos cofres públicos, de modo a não mais se justificar a aplicação das sanções da lei que dispõe sobre improbidade administrativa (Lei n. 8.429/1992).

A autoridade julgadora, em atenção aos princípios constitucionais do contraditório e da ampla defesa, intimou o município para que se manifestasse acerca do alegado.

Em face dessa situação hipotética, responda, de forma fundamentada, se há amparo legal à pretensão deduzida pelos agentes.

RESOLUÇÃO DA QUESTÃO

Considerando que o padrão de resposta apresentado pela examinadora simulou uma resposta que o candidato poderia dar, usaremos o próprio padrão de resposta como resolução da questão. Confira:

"Deve-se destacar que o ressarcimento ao erário não implica anistia do ato de improbidade, mas dever dos agentes. Isso porque, nos termos do art. 12 da Lei nº 8.429/1992, se os agentes não promoverem o ressarcimento de forma espontânea, são compelidos a fazê-lo pela sentença condenatória.

Assim, ainda que haja o integral ressarcimento do dano patrimonial ao erário, tal fato não elide a condenação dos agentes ímprobos no tocante às demais sanções previstas na lei de improbidade administrativa.

Com efeito, a Lei nº 8.429/1992 tem por finalidade precípua coibir, punir e afastar da atividade pública os agentes que praticam condutas incompatíveis com o cargo público ocupado.

Nesse sentido, o art. 12 do aludido diploma legal estabelece, para cada uma das condutas descritas na lei, as respectivas sanções cabíveis. Para todas as condutas descritas encontra-se prevista a sanção de "ressarcimento integral do dano, quando houver".

Dessa forma, a reparação do dano é o mínimo a ser atendido pelo agente diante da prática de um ato de improbidade que configure lesão ao erário.

Tal atitude, todavia, não elide as demais sanções previstas nos incisos do referido art. 12, pois a reparação do prejuízo não constitui, por si só, elemento suficiente para atender ao espírito da Lei nº 8.429/1992, sob pena de esvaziamento da sua própria essência, visto que tem como um de seus principais objetivos inibir a reiteração da conduta ilícita.

Portanto, embora seja certo que as sanções constantes do art. 12 do diploma legal não são necessariamente aplicáveis cumulativamente, também é verdade que, diante do ato de improbidade, a sanção não pode limitar-se ao ressarcimento dos danos, embora a autoridade julgadora deva, com fundamento na proporcionalidade e razoabilidade, considerar o ressarcimento quando da dosimetria da sanção a ser imposta.

Deve-se, portanto, destacar que a hipótese não é de extinção do processo."

(OAB/Exame Unificado – 2ª fase – FGV) Luiz foi secretário de assistência social do Estado "X" durante cinco anos e acaba de ser cientificado de que o Ministério Público Estadual ajuizou, contra ele, uma ação de improbidade administrativa por ter celebrado contrato, indevidamente rotulado de convênio, sem a observância do devido procedimento licitatório.

Luiz argumenta que não houve, de sua parte, má-fé ou intenção de fraudar o procedimento licitatório. Além disso, comprova que adotou todas as medidas de cautela que poderiam ser razoavelmente exigidas de um administrador público antes de celebrar o ajuste. Por fim, informa que o Tribunal de Contas do Estado (TCE) competente teria aprovado as contas que prestou na qualidade de ordenador de despesas, não identificando qualquer dano ao erário.

Considerando a hipótese apresentada, responda, empregando os argumentos jurídicos apropriados e a fundamentação legal pertinente ao caso, aos itens a seguir.

a) O argumento de Luiz, ao pretender afastar a improbidade administrativa sob o fundamento de que não teria agido com a intenção de fraudar o procedimento licitatório, deve prevalecer?

b) O argumento de Luiz, ao pretender descaracterizar o ato de improbidade administrativa invocando a aprovação de suas contas pelo TCE, deve prevalecer?

RESOLUÇÃO DA QUESTÃO

A) A resposta deve ser afirmativa. De acordo com a jurisprudência consolidada dos Tribunais Superiores, a improbidade é a ilegalidade tipificada e qualificada pelo elemento subjetivo da conduta. Assim, para caracterizá-la, é indispensável que a conduta do agente seja dolosa, para a tipificação das hipóteses previstas no Art. 9º e no Art. 11, ou ao menos culposa, para a tipificação das condutas previstas no Art. 10, todos da Lei n. 8.429/1992 (RESPs: 734.984/SP; 842.428/ES; 658.415/MA, entre outros). No caso, afasta-se também a culpa de Luiz, pois ele demonstrou que tomou todas as cautelas exigíveis antes da celebração do ajuste.

B) O argumento de Luiz não deve prevalecer, tendo em vista a independência das instâncias. Nesse sentido, confirma-se a norma do Art. 21, inciso II, da Lei n. 8.429/1992.

CAPÍTULO 9

Bens Públicos

9.1. CONCEITO DE BENS PÚBLICOS

Bens públicos são aqueles pertencentes às pessoas jurídicas de direito público interno (art. 98 do CC), podendo ser móveis ou imóveis, corpóreos ou incorpóreos. Todos os outros bens são particulares, seja qual for a pessoa a que pertencerem (segunda parte do art. 98 em questão). Assim, bens pertencentes à União, Estados, DF, Municípios, autarquias, agências reguladoras, fundações públicas de direito público e consórcios públicos de direito público são sempre bens públicos. Mas os bens pertencentes às empresas públicas, sociedades de economia mista, fundações governamentais de direito privado e consórcios públicos de direito privado são bens privados, portanto, passíveis de penhora, usucapião e alienação. Com maior motivo ainda, os bens das pessoas naturais e das jurídicas não privadas são todos bens privados também.

Porém, há certos bens adquiridos por pessoas privadas que podem ser públicos. Isso ocorre quanto aos bens adquiridos pelos concessionários de serviço público que tiverem duas características: a) forem afetados ao serviço público; b) forem reversíveis ao final da concessão (art. 35, § 1º, da Lei 8.987/1995). *Vide* o caso, por exemplo, de uma torre de energia elétrica adquirido por uma concessionária da área. Finda a concessão, esses bens são revertidos ao patrimônio público, de modo que pode se dizer que o Poder Concedente (sempre pessoa de direito público) é proprietário com termo suspensivo de tais bens (*v.* art. 131 do CC e 18 da Lei 8.987/1995).

Não se deve confundir o conceito de *bem público* com a noção de *domínio público* em sentido amplo, que abrange tanto os bens pertencentes ao Estado (bens públicos), como aqueles em relação aos quais sua utilização subordina-se às normas estabelecidas por este (bens particulares de interesse público) e ainda as coisas inapropriáveis individualmente, mas de fruição geral da coletividade (*res nullius*). Assim, tal ideia abrange tanto o domínio patrimonial (sobre os bens públicos) como o domínio eminente (sobre todas as coisas de interesse público), entendido esse como o poder político pelo qual o Estado submete à sua vontade todas as coisas de seu território, no ensinamento de Hely Lopes Meirelles. Em nome do domínio eminente é que são estabelecidas as limitações administrativas, as servidões etc.

9.2. CLASSIFICAÇÃO DOS BENS PÚBLICOS

Segundo sua destinação, os bens públicos podem ser classificados da seguinte forma (art. 99 do Código Civil):

a) bens de uso comum do povo (ou do domínio público): *são os destinados a uso público, podendo ser utilizados indiscriminadamente por qualquer do povo*. Ex.: mares, rios, estradas, ruas e praças. Não há direito de uso exclusivo ou privilégios na utilização de tais bens. Apesar de destinados ao uso indistinto de todos, podem assumir caráter gratuito ou oneroso, na forma da lei (art. 103 do CC: *"o uso comum dos bens públicos pode ser gratuito ou retribuído, conforme for estabelecido legalmente pela entidade a cuja administração pertencer"*). Ex.: zona azul, pedágio, ancoragem em portos;

b) bens de uso especial (ou do patrimônio administrativo indisponível): *são aqueles destinados à execução dos serviços públicos ou a servirem de estabelecimento para os entes públicos*. Ex.: edifícios onde estão as repartições públicas, equipamentos e veículos públicos; teatros, museus, universidades, bibliotecas, escolas públicas e hospitais; cemitérios e mercados públicos. Também são chamados de bens de uso especial aqueles que têm destinação específica, como museus, universidades, ou ainda aqueles utilizados pelos concessionários e permissionários do Poder Público;

c) bens dominicais[1] (ou do patrimônio disponível): *são aqueles que não têm destinação específica, nem se encontram sujeitos ao uso comum do povo*. São bens que simplesmente integram o patrimônio do Estado e que, eventualmente, podem ser alienados. Ex.: terrenos de marinha, terras devolutas, prédios em renda etc. O CC não os trata como inalienáveis, dispondo que "podem ser alienados, observadas as exigências da lei" (art. 101), o que não quer dizer que podem ser objeto de penhora, visto que a execução contra as pessoas de direito público se faz, de acordo com o art. 100 da CF, mediante a expedição de precatório.

9.3. AFETAÇÃO E DESAFETAÇÃO

Em regra, todos os bens públicos ingressam no patrimônio público afetados por destinação específica.

Afetação *significa vinculação de um bem a uma destinação específica*. Decorre de um fato natural, da lei ou de ato administrativo. Uma avenida é afetada (destinada) à circulação de veículos e pessoas. O local onde fica uma repartição pública é afetado ao uso do Poder Público para consecução de seus fins.

1. José Cretella Júnior e José Cretella Neto diferenciam "bem dominical" de "bem dominial". Ensinam que "dominial é gênero, que abrange os três tipos de bens públicos, incluindo-se, entre estes tipos, o bem dominical, ou bem do patrimônio privado do Estado. Logo, dominial é gênero de que dominical é espécie".

Desafetação *consiste na retirada da destinação dada ao bem público, com o consequente ingresso do bem na categoria dos bens dominicais*. A desafetação só pode ocorrer em virtude de lei ou de ato administrativo decorrente de autorização legislativa.

9.4. REGIME JURÍDICO DOS BENS PÚBLICOS

Os bens públicos são gravados de uma série de condicionantes decorrentes do fato de pertencerem ao povo e de terem destinações voltadas à coletividade, direta ou indiretamente. Confira as regras decorrentes desse regime jurídico especial.

a) São **inalienáveis**, o que significa que não podem ser vendidos ou doados, salvo se passarem para a categoria de bens dominicais. São **requisitos para alienação[2] de bens imóveis:** (1) presença de interesse público devidamente justificado, (2) desafetação, (3) avaliação, (4) autorização legislativa e (5) licitação na modalidade concorrência. Em sendo bens móveis não serão necessárias a desafetação e a autorização legislativa. Há *dispensa de autorização legislativa* também na alienação de bens por pessoas de direito privado estatais. Há *dispensa de licitação*, se imóveis, em caso de dação em pagamento, doação ou venda para outro órgão ou ente público; permuta; investidura (aquisição de área pública isoladamente inaproveitável; a Lei 9.648/1998, que trouxe redação ao § 3º do art. 17 da Lei 8.666/1993, também considera investidura a "alienação aos legítimos possuidores diretos ou, na falta destes, ao Poder Público, de imóveis para fins residenciais construídos em núcleos urbanos anexos a usinas hidrelétricas, desde que considerados dispensáveis na fase de operação dessas unidades e não integrem a categoria de bens reversíveis ao final da concessão"); disposições em geral para programas habitacionais. No caso de bens móveis, a dispensa de licitação ocorre na doação social, na permuta, venda de ações, títulos e bens produzidos pelos entes e venda de materiais e equipamentos para órgãos e entes públicos.

Instituto próximo da questão ora tratada é a *legitimação de posse*, que consiste na transferência do domínio de terra devoluta ou área pública sem utilização para particular ocupante. O Estatuto da Terra traz a regulamentação da questão na esfera federal. Trata-se de transferência de domínio voluntária, ou seja, distinta da usucapião (não voluntária), que é vedada quanto aos bens públicos;

b) São **imprescritíveis**, o que significa que não são passíveis de usucapião (prescrição aquisitiva). O art. 183, § 3º, da CF dispõe que os imóveis públicos não serão adquiridos por usucapião. O art. 191, parágrafo único, da CF repete tal regra. O art. 102 do Código Civil também dispõe dessa forma, sem que traga a restrição de que se trate de bem imóvel, já que dispõe que "os *bens públicos* não estão sujeitos a usucapião" (g.n.)[3];

c) Também são **impenhoráveis**, o que inclui a vedação de serem objeto de garantia. Isso decorre do fato de que os bens públicos devem estar disponíveis para que o Estado desenvolva suas atividades, o que não se coaduna com a entrega em garantia ou para penhora. A regra em questão não vale para os bens das pessoas jurídicas de direito privado estatais (sociedade de economia mista e empresas públicas), salvo se

2. *Vide* art. 17 da Lei 8.666/1993 (Lei de Licitações e Contratos).
3. *Vide* também a Súmula 341 do STF.

forem concessionárias de serviço público, hipótese em que apenas os bens afetados ao serviço serão impenhoráveis. A impossibilidade de oneração dos bens públicos encontra exceção nas operações de crédito por antecipação de receita (art. 167, IV, CF) e nos débitos com a União (art. 167, § 4º, CF).

A **execução contra o Estado** é feita por meio de precatório (art. 100 da CF). Os pagamentos das Fazendas serão feitos na **ordem cronológica de apresentação desses** (requisição do Presidente do Tribunal) e à conta do crédito respectivo, sem indicação dos casos ou pessoas. É **obrigatória a inclusão no orçamento** das entidades de direito público de verba para pagamento de débitos oriundos de sentença transitada em julgado, constante de precatório **apresentado até 1º de julho**, fazendo-se o **pagamento até o final do exercício seguinte**, em valor atualizado. **Exceções:** débitos alimentares e débitos de pequeno valor (valores distintos conforme capacidade do ente político), que seguem regra própria. Vale lembrar que o pagamento de precatório fora da ordem cronológica pode gerar sequestro (art. 100, § 6º, CF). O não pagamento, por sua vez, pode gerar pedido de intervenção no ente (art. 34, V, "a", e 35, I, CF).

Vale ressaltar que todos os bens públicos são impenhoráveis, inclusive os bens dominicais.

No entanto, há situações excepcionais em que os bens públicos podem ser objeto de constrição judicial.

O STJ vem admitindo a penhora de dinheiro público quando a Fazenda Pública não cumpre decisões judiciais que determinam o fornecimento de medicamentos e tratamentos na área da saúde.

A jurisprudência é calcada no postulado da proporcionalidade, fazendo com que, na ponderação entre a regra constitucional do precatório com os princípios constitucionais da dignidade da pessoa humana e da proteção integral da saúde, preponderem os dois últimos valores.

9.5. FORMAS DE AQUISIÇÃO E USO DOS BENS PÚBLICOS

9.5.1. Aquisição

Pode se dar por desapropriação ou por compra, a qual dependerá de prévia licitação, salvo os casos de dispensa e inexigibilidade. Adquire-se também por dação em pagamento, permuta, penhora e sucessão.

9.5.2. Uso dos bens públicos

a) **uso livre**: ocorre quanto aos bens de uso comum do povo, respeitando-se as leis e sem que haja exclusividade, ainda que momentânea;

b) **autorização de uso:** ato unilateral, discricionário e precário, em que se faculta uso em caráter episódico, no interesse do particular. Ex.: fechar rua para festa; circo; carga pesada;

c) **permissão de uso:** ato unilateral, discricionário e precário, no interesse coletivo, que faculta uso com maior permanência do bem público, mediante licitação. Ex.: banca de jornal, barracas, feiras, box em mercado municipal;

d) concessão de uso: contrato que transfere o uso por prazo certo para finalidade específica, mediante licitação. Não há precariedade, vale dizer, a revogação antes do prazo contratual gera direito à indenização. Ex.: restaurante ou lanchonete em aeroporto ou rodoviária;

e) concessão de direito real de uso: contrato pelo qual se transfere, como direito real, o uso remunerado ou gratuito de imóvel não edificado, mediante licitação. Serve para urbanização, industrialização e cultivo de terra (Dec.-lei 271/1967). O direito real confere mais estabilidade à concessão feita, que fica oponível até ao Poder Público, ressalvada a possibilidade de desapropriação;

f) concessão de uso especial (MP 2.220/2001; art. 183, § 1º, da CF): como não se admite usucapião de bem público, nas hipóteses em que forem preenchidos os requisitos legais para o usucapião especial urbano até 30.06.2001 há direito do ocupante à concessão de uso especial, que se constitui administrativa ou judicialmente;

g) cessão de uso: consiste na atribuição gratuita da posse de um bem público de entidade ou órgão para outro, possibilitando ao cessionário a utilização nas condições estabelecidas no termo, por prazo certo ou indeterminado. Trata-se de ato de colaboração entre os entes públicos. Caso se trate de cessão externa, é necessária autorização legal.

Quando uma pessoa ocupa um bem público fora das situações mencionadas acima, está-se diante de uma ilegalidade. Um exemplo é um particular que invade um bem público e nele resolve construir um imóvel. Se o bem fosse privado, teríamos configurado o instituto da posse, mesmo se tratando de uma posse injusta. A posse, mesmo que injusta, pode gerar efeitos fortíssimos, como a usucapião e o direito à proteção possessória. Porém, em se tratando de bem público isso não ocorre. Não há que se falar em posse sobre bem público e, consequentemente, em *proteção possessória*, *retenção por benfeitorias* ou *usucapião*. Assim, o particular que ocupa nessas condições um bem público tem, segundo a doutrina e a jurisprudência, mera detenção. A detenção não gera efeito possessório algum e, assim, o Poder Público pode ingressar com ação de reintegração de posse e, mesmo se se tratar de ocupação antiga, o particular não poderá impedir que a Administração consiga uma liminar, sob alegação (do particular) de que tem uma posse antiga, que não ensejaria o pedido liminar do procedimento previsto o art. 924 do CPC. Não havendo, posse, mas mera detenção, o particular não tem como defender a sua permanência no imóvel.

9.6. ESPÉCIES DE BENS NA CF (DA UNIÃO)

9.6.1. Os que atualmente lhe pertencem e os que lhe vierem a ser atribuídos

9.6.2. Terras devolutas indispensáveis à defesa

São da União as terras devolutas indispensáveis à defesa:

a) das fronteiras, fortificações e construções militares;

b) das vias federais de comunicação;

c) da preservação ambiental, definidas em lei.

Terras devolutas são as terras vazias, sem proprietário ou não afetadas a nada, representando bem disponível estatal (art. 5º do Decreto-lei 9.760/1946). As da União são as voltadas à preservação ambiental e defesa de fronteiras, fortificações e vias federais de comunicação, definidas em lei (art. 20, II, da CF). São do Estado as que não forem da União e dos Municípios as atribuídas por aqueles às edilidades. A Lei 6.383/1976 trata da discriminação das terras devolutas da União, sob responsabilidade do INCRA, podendo ser administrativa ou judicial, esta no rito sumário. O art. 29 da referida lei diz que o ocupante de terras públicas, quando as tenha tornado produtivas com o seu trabalho e o de sua família, fará jus à legitimação da posse de área contínua de até 100 hectares, preenchidos os requisitos legais.

Vale citar, ainda, a Lei 601/1850, que tem o seguinte teor: "Art. 3º São terras devolutas: § 1º As que não se acharem aplicadas a algum uso público nacional, provincial, ou municipal. § 2º As que não se acharem no domínio particular por qualquer título legítimo, nem forem havidas por sesmarias e outras concessões do Governo Geral ou Provincial, não incursas em comisso por falta do cumprimento das condições de medição, confirmação e cultura. § 3º As que não se acharem dadas por sesmarias, ou outras concessões do Governo, que, apesar de incursas em comisso, forem revalidadas por esta Lei. § 4º As que não se acharem ocupadas por posses, que, apesar de não se fundarem em título legal, forem legitimadas por esta Lei".

9.6.3. Terras tradicionalmente ocupadas pelos índios

São da União as terras tradicionalmente ocupadas pelos índios.

Os índios têm posse permanente e usufruto exclusivo das riquezas do solo, dos rios e dos lagos nelas existentes.

O aproveitamento dos demais recursos só se dará com autorização do Congresso Nacional, garantida a participação nos resultados.

9.6.4. Lagos e rios

São da União os lagos e rios:

a) de terrenos de seu domínio;

b) que banhem mais de um Estado;

c) que sirvam de limite com outros países;

d) que se estendam a território estrangeiro ou dele provenham, inclusive os terrenos marginais.

9.6.5. Terrenos de marinha

São da União os terrenos de marinha.

São aqueles formados pela porção de terras banhadas pelas águas dos rios navegáveis ou pelas águas do mar (art. 20, VII, da CF). O art. 2º do Decreto-lei 9.760/1946 os define como a faixa de 33 metros da linha do preamar médio de 1831 para a parte da terra. O particular que ocupar parte de terreno de marinha, mediante a devida outorga (enfiteuse ou aforamento, ou mesmo mero regime de ocupação), pagará à

União taxa de Administração (art. 127 do Dec.-lei 9.760/1946). E caso o ocupante venha a transferir a terceiros, mediante alienação a título oneroso, esse direito sobre o bem (chamado "domínio útil"), deverá pagar o chamado laudêmio (art. 3º do Dec.-lei 2.398/1987). Aliás, o pagamento de laudêmio à União é devido não só quando há transferência do domínio ou de ocupação, seja para terceiros, seja para integralizar cotas de empresa, como também quando há transferência do direito a benfeitorias no bem (AgRg no AREsp 429.801/PE, DJe 25.02.2014). Aliás, no caso de irregularidade da ocupação, a União, independentemente de fazer a cobrança devida pela ocupação do bem, pode buscar a anulação dos registros da ocupação, podendo fazê-lo administrativamente (sem necessidade de ação judicial), " em razão do atributo da presunção de legitimidade e executoriedade do ato administrativo, justificando-se, inclusive, a inversão do ônus da prova a cargo dos" ocupantes (Resp 409.303-RS, DJ 14.10.2012).

9.6.6. Mar territorial

É da União o mar territorial, consistente na faixa de 12 milhas, contadas do litoral continental, sobre a qual o Estado exerce poderes de soberania (art. 20, VI, da CF, Decreto-lei 1.098/1970 e Lei 8.617/1993).

9.6.7. Recursos da zona econômica exclusiva

São da União os recursos da zona econômica exclusiva, que consiste na faixa de 12 a 200 milhas, sobre a qual o Estado exerce poderes de exploração dos recursos naturais do mar (art. 20, V, da CF e Lei 8.617/1993).

9.6.8. Recursos naturais da plataforma continental

São da União os recursos naturais da plataforma continental, que consiste no prolongamento natural das terras da superfície sob a água do mar, porção de terras submersas que apresentam a mesma estrutura geológica das terras do continente (art. 20, V, da CF e Lei 8.617/1993).

9.6.9. Ilhas

São da União as ilhas:

a) fluviais (de rios) e lacustres (de lagos) nas zonas limítrofes com outros países; as demais são dos Estados;

b) oceânicas (no oceano);

c) costeiras (próximas à costa), excluídas as de terceiros.

9.6.10. Recursos minerais, inclusive dos subsolos

São da União os recursos minerais, inclusive dos subsolos.

É assegurada a participação (ou compensação financeira) no resultado da exploração de petróleo, gás natural, potencial hídrico e outros recursos minerais, no respectivo território, plataforma continental, mar territorial e zona econômica exclusiva, em favor dos Estados, DF, Municípios e União, nos termos da lei (art. 20, § 1º, da CF).

9.7. JURISPRUDÊNCIA SELECIONADA

Súmula STF nº 650

Os incisos I e XII do art. 20 da Constituição Federal não alcançam terras de aldeamentos extintos, ainda que ocupadas por indígenas em passado remoto.

Súmula STF nº 479

As margens dos rios navegáveis são de domínio público, insuscetíveis de expropriação e, por isso mesmo, excluídas de indenização.

Súmula STF nº 477

As concessões de terras devolutas situadas na faixa de fronteira, feitas pelos estados, autorizam, apenas, o uso, permanecendo o domínio com a união, ainda que se mantenha inerte ou tolerante, em relação aos possuidores.

Súmula STJ nº 496

Os registros de propriedade particular de imóveis situados em terrenos de marinha não são oponíveis à União.

Súmula STJ nº 103

Incluem-se entre os imóveis funcionais que podem ser vendidos os administrados pelas forças armadas e ocupados pelos servidores civis.

ADI N. 255-RS

RED. P/ O ACÓRDÃO: MIN. RICARDO LEWANDOWSKI

EMENTA: AÇÃO DIRETA DE INCONSTITUCIONALIDADE. INCISO X DO ART. 7º DA CONSTITUIÇÃO DO ESTADO DO RIO GRANDE DO SUL. BENS DO ESTADO. TERRAS DOS EXTINTOS ALDEAMENTOS INDÍGENAS. VIOLAÇÃO DOS ARTS. 20, I E XI, 22, *CAPUT* E INCISO I, E 231 DA CONSTITUIÇÃO FEDERAL. INTERPRETAÇÃO CONFORME. EXTINÇÃO OCORRIDA ANTES DO ADVENTO DA CONSTITUIÇÃO DE 1891. ADI JULGADA PARCIALMENTE PROCEDENTE. I - **A jurisprudência do Supremo Tribunal Federal, por diversas vezes, reconheceu que as terras dos aldeamentos indígenas que se extinguiram antes da Constituição de 1891, por haverem perdido o caráter de bens destinados a uso especial, passaram à categoria de terras devolutas. II - Uma vez reconhecidos como terras devolutas, por força do artigo 64 da Constituição de 1891, os aldeamentos extintos transferiram-se ao domínio dos Estados**. III – ADI julgada procedente em parte, para conferir interpretação conforme à Constituição ao dispositivo impugnado, a fim de que a sua aplicação fique adstrita aos aldeamentos indígenas extintos antes da edição da primeira Constituição Republicana. (Inform. STF 628) (g.n.)

Taxa de Ocupação do Solo e Espaço Aéreo por Poste de Transmissão de Energia Elétrica - 1

O Tribunal negou provimento a recurso extraordinário interposto contra acórdão do Tribunal de Justiça do Estado de Rondônia, e, por vislumbrar usurpação da competência exclusiva da União para explorar os serviços e instalações de energia elétrica e da sua competência privativa para legislar sobre o assunto (CF, artigos 21, XII, b e 22, IV), **declarou incidentalmente a inconstitucionalidade da Lei municipal 1.199/2002, de Ji-Paraná/RO, que instituiu taxa de uso e ocupação do solo e espaço aéreo em relação à atividade de extensão de rede de transmissão e de distribuição de energia elétrica. Prevaleceu o voto do Min. Eros Grau, relator, que salientou que às empresas prestadoras de serviços de geração, transmissão, distribuição e comercialização de energia elétrica incumbe o dever-poder de prestar o serviço público de que se trata e que, para tal mister, é-lhes atribuído, pelo poder concedente, o também dever-poder de usar o domínio público necessário à execução desse serviço, assim como promover desapropriações e constituir servidões de áreas por ele, poder concedente, declaradas de utilidade pública**. Portanto, à entidade administrativa incumbiria o dever-poder de gerir a *res publica*. No desempenho da função administrativa, a autoridade pública estaria abrangida por um vínculo imposto a sua vontade. O dever jurídico consubstanciaria uma vinculação imposta à vontade de quem estivesse por ela alcançado, e, no caso da função administrativa, vinculação imposta à vontade da autoridade pública em razão de interesse alheio, ou seja, do todo social. **RE 581947/RO, rel. Min. Eros Grau, 27.5.2010.** (RE-597362) (g.n.)

Taxa de Ocupação de Solo e Espaço Aéreo por Poste de Transmissão de Energia Elétrica - 2

Ressaltou que a concessionária da prestação de serviço público recorrida faria uso fundamentalmente, a fim de prestar o serviço, do espaço sobre o solo de faixas de domínio público de vias públicas, no qual instalaria equipamentos necessários à prestação de serviços de transmissão e distribuição de energia elétrica. Explicou que essas faixas de domínio público de vias públicas constituiriam bem público, inserido na categoria dos bens de uso comum do povo. Asseverou que os bens públicos, de uso comum do povo, de uso especial e dominicais integrariam, todos eles, o patrimônio público, mas os bens de uso comum do povo seriam modernamente entendidos como propriedade pública. Observou que, no entanto, tamanha seria a intensidade da participação do bem de uso comum do povo na atividade administrativa que ele constituiria, em si, o próprio serviço público prestado pela Administração. Aduziu que, ainda que os bens do domínio público e do patrimônio administrativo não tolerem o gravame das servidões, sujeitar-se-iam, na situação a que respeitam os autos, aos efeitos da restrição decorrente da instalação, no solo, de equipamentos necessários à prestação de serviço público. Não conduzindo, a imposição dessa restrição, à extinção de direitos, não acarretaria o dever de indenizar, salvo disposição legal expressa em contrário, no caso inexistente. **RE 581947/RO, rel. Min. Eros Grau, 27.5.2010.** (RE-597362)

Taxa de Ocupação de Solo e Espaço Aéreo por Poste de Transmissão de Energia Elétrica - 3

Por fim, registrou que, além de a instalação dos equipamentos de que se trata não comprometerem o uso comum dos bens públicos em questão, também não haveria prejuízo que justificasse o recebimento, pelo Município, de qualquer indenização pelo uso do bem público de uso comum. Concluiu que haveria, na ocupação do solo e do espaço aéreo dos bens de uso comum de que se cuida, um direito restritivo em benefício do prestador de serviço público, que lhe viabilizaria, instrumentando sua atuação, o pleno cumprimento do dever-poder, que o vincula, de prestar o serviço. O Min. Ricardo Lewandowski acompanhou as conclusões do relator no sentido de negar provimento ao recurso, mas por diverso fundamento, isto é, o de que a cobrança teria como pretexto o exercício do poder de polícia, mas a Lei municipal evidenciaria que o fato gerador seria o uso e ocupação do solo e do espaço aéreo por postes, o qual incompatível com a natureza das taxas. **RE 581947/RO, rel. Min. Eros Grau, 27.5.2010** (RE-597362) (Inform. STF 588)

ADI e Venda de Áreas Públicas no Distrito Federal - 1

O Tribunal, por maioria, **julgou improcedente pedido formulado em ação direta ajuizada pelo Procurador-Geral da República e declarou a constitucionalidade do art. 3º, e seus parágrafos, da Lei 9.262/96, que autoriza a venda individual das áreas públicas ocupadas e localizadas nos limites da Área de Proteção Ambiental da Bacia do Rio São Bartolomeu, no Distrito Federal, que sofreram processo de parcelamento reconhecido pela autoridade pública, dispensando os procedimentos exigidos pela Lei 8.666/93. Entendeu-se que a lei impugnada reveste-se de razoabilidade e veio a solucionar situação excepcional — problema social crônico e notório vivido no Distrito Federal de ocupação sem controle dessas áreas —, gerada em função, inclusive, do histórico da implantação da capital da República. Considerou-se que a União, dentro dos limites de sua competência legislativa para tratar da matéria — CF, art. 22, XXVII e art. 37, XXI, da CF — criou verdadeira hipótese de inexigibilidade de licitação, tendo em conta a inviabilidade de competição, porquanto o loteamento será regularizado exatamente com a venda para aquele que o ocupa** (CF: *"Art. 22. Compete privativamente à União legislar sobre:... XXVII - normas gerais de licitação...; Art. 37... XXI - ressalvados os casos especificados em legislação, as obras, serviços, compras e alienações serão contratados mediante processo licitação pública..."*). ADI 2990/DF, rel. orig. Min. Joaquim Barbosa, rel. p/ o acórdão Min. Eros Grau, 18.4.2007. (ADI-2990) (g.n.)

ADI e Venda de Áreas Públicas no Distrito Federal - 2

Aduziu-se, ademais, que o legislador demonstrou preocupação quanto a questão do plano urbanístico e ambiental, haja vista que o § 1º do seu art. 3º estabelece que as áreas só poderão se submeter ao processo de regularização se passíveis de se transformarem em urbanas e depois de observadas as exigências da Lei 6.676/99 — que dispõe sobre o parcelamento do solo urbano. Reportou-se, ainda, ao que decidido pela Corte no julgamento da ADI 1330 MC/AP (DJU de 13.10.95), em que as condições eram até muito mais favoráveis aos ocupantes, quase todos servidores públicos e aos quais se permitiu adquirir os imóveis sem licitação. Vencida, em parte, a Min. Cármen Lúcia, que julgava o pedido parcialmente procedente, apenas para declarar a inconstitucionalidade da expressão *"dispensados os procedimentos exigidos pela Lei nº 8.666, de 21 de junho de 1993"*, contida no art. 3º da norma impugnada. Vencidos, também, os Ministros Joaquim Barbosa e Ricardo Lewandowski, que, por vislumbrarem ofensa ao art. 37, XXI, da CF, julgavam procedente o pedido.

ADI 2990/DF, rel. orig. Min. Joaquim Barbosa, rel. p/ o acórdão Min. Eros Grau, 18.4.2007. (ADI-2990) (Inform. STF 463)

ADMINISTRATIVO. TERRENO DE MARINHA. TERRENO DE MARINHA. REGIME DE OCUPAÇÃO. TRANSFERÊNCIA DO DOMÍNIO ÚTIL. INTEGRALIZAÇÃO DE CAPITAL. OPERAÇÃO ONEROSA. LAUDÊMIO DEVIDO. ENTENDIMENTO FIRMADO EM JULGAMENTO DE RECURSO REPRESENTATIVO DA CONTROVÉRSIA. ART. 543-C DO CPC (RESP 1165276/PE).

1. O tema em análise foi objeto de julgamento de recurso repetitivo pela Primeira Seção desta Corte, em que se firmou o entendimento segundo o qual a transferência de domínio útil de imóvel situado em terreno de marinha para integralização de capital social de empresa é ato oneroso, de modo que é devida a cobrança de laudêmio, nos termos do art. 3º do Decreto-Lei 2.398/87.

2. A cobrança de laudêmio não se limita ao regime de aforamento de terreno de marinha, incidindo em caso de transferência onerosa do imóvel e/ou de benfeitorias nele construídas, ainda que em regime de ocupação.

3. Aplica-se ao caso a multa do art. 557, § 2º, do CPC no percentual de 1% (um por cento) sobre o valor da causa, por questionamento de matéria já decidida em recurso repetitivo.

4. Agravo regimental não provido.

(AgRg no AREsp 429.801/PE, Rel. Ministro MAURO CAMPBELL MARQUES, SEGUNDA TURMA, julgado em 18/02/2014, DJe 25/02/2014)

REPETITIVO. TAXA. OCUPAÇÃO. ATUALIZAÇÃO.
Trata-se de recurso especial sob o regime do art. 543-C do CPC c/c Res. n. 8/2008-STJ no qual a Seção entendeu que, na forma em que dispõe o art. 1º do Dec. n. 2.398/1987, **compete ao Serviço do Patrimônio da União a atualização anual da taxa de ocupação dos terrenos de marinha. A norma contida no art. 28 da Lei n. 9.784/1999 cede lugar à aplicação do referido decreto pelos seguintes motivos: o Dec. n. 2.398/1987 é diploma normativo específico, incidindo, no caso, os arts. 2º, § 2º, da LICC (Lei de Introdução às Normas do Direito Brasileiro) e 69 da Lei n. 9.784/1999; não se trata de imposição de deveres ou ônus ao administrado, mas de atualização anual da taxa de ocupação dos terrenos de marinha, à luz do art. 28 da Lei n. 9.784/1999 e da jurisprudência deste Superior Tribunal**; a classificação de certo imóvel como terreno de marinha depende de prévio procedimento administrativo, com contraditório e ampla defesa, porque aí há, em verdade, a imposição do dever. Ao contrário, a atualização das taxas de ocupação, que se dá com a atualização do valor venal do imóvel, não se configura como imposição ou mesmo agravamento de um dever, mas sim recomposição de patrimônio devida na forma da lei. Daí porque inaplicável o ditame do dispositivo mencionado. No caso das taxas de ocupação dos terrenos de marinha, é despiciendo o procedimento administrativo prévio com participação dos administrados interessados, bastando que a Administração Pública siga as normas do Dec. n. 2.398/1987 no que tange à matéria. Após a divulgação da nova planta de valores venais e da atualização dela advinda, aí sim os administrados podem recorrer administrativa e judicialmente dos pontos que consideram ilegais ou abusivos. Não há, portanto, que falar em necessidade de contraditório para a incidência do art. 1º do Dec. n. 2.398/1987. **REsp 1.150.579-SC, Rel. Min. Mauro Campbell Marques, julgado em 10/8/2011.** (Inform. STJ 480) (g.n.)

POSSE. CONTRATO VERBAL. BEM PÚBLICO.
Trata o recurso da possibilidade de o Estado ajuizar ação de reintegração de posse de imóvel público ocupado por servidor de autarquia desde antes de sua extinção, com alegada anuência verbal do Poder Público. A Turma entendeu que não se pode falar em contrato verbal firmado com a Administração Pública, uma vez que, pela natureza da relação jurídica, é inadmissível referida pactuação, não podendo, daí, exsurgir direitos. Ademais, não seria admissível avença celebrada com autarquia tendo por objeto locação de bem público sem as cláusulas essenciais que prevejam direitos e obrigações. A referida avença não propiciaria o efetivo controle do ato administrativo no que tange à observância dos princípios da impessoalidade, moralidade e legalidade. **Não tendo relevância jurídica o aludido contrato verbal supostamente firmado com a autarquia, torna-se nítido haver mera detenção do imóvel público pelo recorrido. Tendo o recorrente feito notificação judicial ao recorrido para que desocupasse o imóvel, com a recusa do detentor, passou a haver esbulho possessório, mostrando-se adequado o ajuizamento de ação de reintegração de posse. Não havendo posse, mas mera detenção, não socorre o recorrente o art. 924 do CPC – que impossibilita a reintegração liminar em prejuízo de quem tem a posse da coisa há mais de ano e dia. REsp 888.417-GO, Rel. Min. Luis Felipe Salomão, julgado em 7/6/2011.** (Inform. STJ 476) (g.n.)

OCUPAÇÃO. TERRA PÚBLICA. RETENÇÃO. BENFEITORIAS.
A jurisprudência do STJ diz não ser possível a posse de bem público, pois sua ocupação irregular (ausente de aquiescência do titular do domínio) representa mera detenção de natureza precária. Consoante precedente da Corte Especial, são bens públicos os imóveis administrados pela Companhia Imobiliária de Brasília (Terracap), empresa pública em que figura a União como coproprietária (Lei n. 5.861/1972) e que tem a gestão das terras públicas no DF, possuindo personalidade jurídica distinta desse ente federado. Sendo assim, na ação reivindicatória ajuizada por ela, não há falar em direito de retenção de benfeitorias (art. 516 do CC/1916 e art. 1.219 do CC/2002), que pressupõe a existência de posse. Por fim, ressalte-se que a Turma, conforme o art. 9º, § 2º, I, do RISTJ, é competente para julgar o especial. Precedentes citados do STF: RE 28.481-MG, DJ 10/5/1956; do STJ: REsp 695.928-DF, DJ 21/3/2005; REsp 489.732-DF, DJ 13/6/2005; REsp 699.374-DF, DJ 18/6/2007; REsp 146.367-DF, DJ 14/3/2005; AgRg no Ag 1.160.658-RJ, DJe 21/5/2010; AgRg no Ag 1.343.787-RJ, DJe 16/3/2011; REsp 788.057-DF, DJ 23/10/2006; AgRg no Ag 1.074.093-DF, DJe 2/6/2009; REsp 1.194.487-RJ, DJe 25/10/2010; REsp 341.395-DF, DJ 9/9/2002; REsp 850.970-DF, DJe 11/3/2011, e REsp 111.670-PE, DJ 2/5/2000. **REsp 841.905-DF, Rel. Min. Luis Felipe Salomão, julgado em 17/5/2011.** (Inform. STJ 473)

RETENÇÃO. BEM PÚBLICO. LIMINAR. REINTEGRAÇÃO. ART. 924 DO CPC. IMPOSSIBILIDADE.
Trata-se, na origem, de ação de reintegração de posse cumulada com demolição na qual a autarquia estadual alega ser proprietária da área adquirida por meio de escritura de desapropriação registrada em cartório em abril de 1968. Afirma que a área foi declarada de utilidade pública para formação de um reservatório de usina hidrelétrica. Narra, ainda, que os réus, ora recorrentes, ocupam parte da área desde junho de 1996, tendo construído, no local, garagem para barco, píer e rampa. A Turma, baseada em remansosa jurisprudência, negou provimento ao especial por

entender que **a ocupação indevida de bem público não configura posse, mas mera detenção de natureza precária. Se assim é, não há falar em posse velha (art. 924 do CPC) para impossibilitar a reintegração liminar em imóvel pertencente a órgão público. REsp 932.971-SP, Rel. Min. Luis Felipe Salomão, julgado em 10/5/2011.** (Inform. STJ 472) (g.n.)

IMÓVEL. COLONIZAÇÃO. DESOCUPAÇÃO. TERRA INDÍGENA.

Trata-se de recurso contra acórdão que condenou o Estado a pagar indenização a título de danos morais, por desocupação de imóvel situado em terra indígena após a CF/1988, o qual foi adquirido mediante colonização na década de 60 realizada pelo Estado do Rio Grande do Sul. Com a promulgação da CF/1988, surgiu o conceito de terras tradicionalmente ocupadas por índios a serem demarcadas pela União e de imprescritibilidade dos direitos sobre elas (art. 231, *caput* e § 4º, da CF/1988). Assim, a Turma entendeu que não se pode condenar o Estado por realizar colonização nos anos 50 e 60, período anterior à CF/1988, antes de a União ter demarcado as terras indígenas. Na espécie, o acórdão *a quo,* lastreado no art. 32 do ADCT da Constituição do Rio Grande do Sul, que impunha o ressarcimento dos colonos pelo Estado, no prazo de quatro anos, ao verificar a omissão dessa obrigação, condenou-o em danos morais, e não em danos materiais pela perda de terra. Isso não pode ser examinado em REsp, pois demandaria análise de Direito local, o que é inviável conforme a Súm. n. 280-STF. Assim, a Turma conheceu em parte do recurso e, nessa parte, negou-lhe provimento. **Precedentes citados: REsp 839.185-PR, DJe 18/11/2008; AgRg no REsp 982.869-ES, DJe 30/4/2008, e AgRg no Ag 985.776-RS, DJe 23/6/2009. REsp 1.133.648-RS, Rel. Min. Herman Benjamin, julgado em 5/10/2010.** (Inform. STJ 450)

REPETITIVO. TERRENO. MARINHA. PROPRIEDADE.

Em julgamento de recurso especial submetido ao regime do art. 543-C do CPC c/c a Res. n. 8/2008-STJ, a Seção **reiterou a orientação de que os terrenos de marinha pertencem à União, não sendo a ela oponíveis os registros de propriedade particular dos imóveis neles situados.** Consoante afirmou o Min. Relator, tais títulos possuem mera presunção relativa e garantem àqueles tidos como proprietários apenas o direito de, por exemplo, ser notificados pessoalmente para fazer parte do procedimento de demarcação da linha preamar e fixação do domínio público. Asseverou, ainda, ser o mandado de segurança a via adequada para o debate de tais questões. **Precedentes citados: AgRg no REsp 1.066.073-RS, DJe 3/2/2009; REsp 693.032-RJ, DJe 7/4/2008; REsp 1.019.820-RS, DJe 7/5/2009, e REsp 798.165-ES, DJ 31/5/2007. REsp 1.183.546-ES, Rel. Min. Mauro Campbell Marques, julgado em 8/9/2010.** (Inform. STJ 446) (g.n.)

DEMARCAÇÃO. TERRA INDÍGENA. PRAZO.

A demarcação de terra indígena é precedida de complexo processo administrativo que envolve diversas fases e estudos de variadas disciplinas (etno-história, antropologia, sociologia, cartografia etc.) com o fito de comprovar que a terra é ocupada tradicionalmente por índios. Vê-se, dessa complexidade, que o procedimento demanda tempo e recursos para ser finalizado, mas isso não quer dizer que, apesar de não se vincularem aos prazos definidos pela legislação (Dec. n. 1.775/1996), as autoridades envolvidas na demarcação possam permitir que o excesso de tempo para sua conclusão cause a restrição do direito que pretendem assegurar. A própria CF/1988, em seu art. 5º, LXXVIII, incluído pela EC n. 45/2004, garante a todos uma razoável duração do processo seja ele o judicial ou o administrativo, bem como os meios para essa celeridade de tramitação. No caso, a excessiva demora na conclusão da demarcação (10 anos) está evidenciada, sem que haja prova sequer de uma perspectiva de encerramento. Dessa forma, é possível, conforme precedentes, o Poder Judiciário fixar prazo para que o Poder Executivo proceda à demarcação, apesar de tratar-se de ato administrativo discricionário relacionado à implementação de políticas públicas. Registre-se que é por demais razoável o prazo de 24 meses fixado pelo juízo para a identificação e demarcação da terra indígena ou para a criação de reserva indígena (caso não conste que a ocupação indígena é tradicional), sobretudo ao considerar-se que o prazo será contado do trânsito em julgado da sentença. Esse entendimento foi acolhido, por maioria, pela Turma, pois houve voto divergente no sentido de que, dos autos, nota-se que o procedimento e suas providências não estão paralisados, mas sim em curso, pois agora mesmo se busca realizar provas da ocupação. **Precedentes citados do STF: ADPF 45-DF, DJ 4/5/2004; do STJ: MS 12.847-DF, DJe 5/8/2008; MS 12.376-DF, DJe 1º/9/2008, e REsp 879.188-RS, DJe 2/6/2009. REsp 1.114.012-SC, Rel. Min. Denise Arruda, julgado em 10/11/2009.** (Inform. STJ 415)

REINTEGRAÇÃO. POSSE. TERRAS PÚBLICAS.

Noticiam os autos que foram adquiridas terras públicas por instrumento de mandato outorgado por particular (mera detenção de posse); porém, durante o inventário decorrente da morte do adquirente, o imóvel sofreu apossamento, esbulho e grilagem por parte de terceiro. Então, houve o ajuizamento de cautelar de sequestro julgada procedente e, nos autos da cautelar, o autor (o espólio) pretendeu a expedição de mandado de desocupação, o qual foi indeferido ao argumento de que deveria ser ajuizado processo apropriado para tanto. Daí a ação de reintegração de posse interposta pelo espólio, em que a sentença extinguiu o processo sem resolução de mérito, sob o fundamento de que não cabe ao Judiciário decidir lide entre particulares que envolvam questões possessórias de ocupação de imóvel público, entretanto o Tribunal *a quo* deu provimento à apelação do recorrido (espólio), afirmando ser possível o ajuizamento da ação possessória. Isso posto, o REsp do MPDF tem por objetivo saber se é possível ao particular que ocupa terra pública utilizar-se de ação de reintegração de posse para reaver a coisa esbulhada por outro particular. Ressaltou a Min. Relatora que o tema ainda não foi apreciado neste Superior Tribunal, que só enfrentou discussões relativas à proteção possessória de particular perante o Poder Público – casos em que adotou o entendimento de que, em tais situações, a ocupação de bem público não passa de mera detenção, sendo, por isso, incabível invocar proteção possessória contra o órgão público. Observou que o espólio recorrido não demonstrou, na inicial, nenhum dos fundamentos que autorizam o pedido de proteção possessória e, sendo público o imóvel, nada mais é que mero detentor. Nesse contexto, concluiu haver impossibilidade de caracterização da posse por se tratar de imóvel público, pois não há título que legitime o direito do particular sobre esse imóvel. Assim, a utilização do bem público pelo particular só se considera legítima mediante ato ou contrato administrativo constituído a partir de rigorosa observância dos mandamentos legais para essa finalidade. Ademais, explica que o rito das possessórias previsto nos arts. 926 e seguintes do CPC exige que a posse seja provada de plano para que a ação tenha seguimento. Por essa razão, a Turma extinguiu o processo sem resolução de mérito, pela inadequação da ação proposta com fundamento no art. 267, IV, do CPC. Destacou-se, ainda, que o Judiciário poderá apreciar esse conflito por meio de outro rito que não o especial e nobre das possessórias. **REsp 998.409-DF, Rel. Min. Nancy Andrighi, julgado em 13/10/2009.** (Inform. STJ 411)

TERRENO. MARINHA. OCUPAÇÃO. TAXA.

A Turma decidiu que é legítimo a Secretaria do Patrimônio da União (SPU) <u>cobrar a taxa</u> de ocupação de imóveis situados na faixa de marinha, <u>independentemente da regularidade ou não</u> da ocupação por particulares, conforme o art. 127 do DL n. 9.760/1946. Outrossim, <u>é desnecessário à União mover ação judicial para anular os registros de propriedade</u>, em razão do atributo da presunção de legitimidade e executoriedade do ato administrativo, justificando-se, inclusive, a inversão do ônus da prova a cargo dos ora recorrentes, ao pretenderem a declaração de nulidade dos atos que inscreveram seus imóveis naquela condição. Precedente citado: REsp 409.303-RS, DJ 14/10/2002. **REsp 968.241-RS, Rel. Min. Eliana Calmon, julgado em 15/9/2009.** (Inform. STJ 407) (g.n.)

COMPETÊNCIA. RIO. BEM FEDERAL.

Nos autos de usucapião, objetivando o reconhecimento da propriedade sobre terreno por exercício da posse do bem durante mais de dez anos, a União manifestou interesse na causa e requereu a declaração de incompetência absoluta da Justiça estadual, ao argumento de que o imóvel objeto da ação confronta com terrenos marginais do rio Piracicaba, que, por banhar mais de um estado da Federação, é considerado rio federal nos termos do art. 20, III, da CF/1988. Remetidos os autos ao juízo federal, ele entendeu ser incompetente para decidir a causa e determinou o retorno dos autos ao juízo estadual, ao fundamento de o mencionado rio não ser federal, pois nasce no município de Americana-SP e deságua no Rio Tietê, começa e termina no estado de São Paulo. Com o retorno dos autos ao juízo estadual, foi suscitado o conflito. Diante disso, a **Turma declarou competente o juízo federal sob o argumento de que a Agência Nacional de Águas (ANA), na função de entidade reguladora e fiscalizadora do uso de recursos hídricos nos corpos de água de domínio da União, definiu que o Rio Piracicaba é bem federal nos termos do art. 20, III, da CF/1988, pois sua bacia inclui os rios Jaguari e Jatibaia, estendendo-se pelos estados de Minas Gerais e São Paulo, conforme a Nota Técnica n. 18/2005/NGI, que tratou sobre o domínio dos cursos d'água das bacias dos rios Piracicaba, Comanducaia e Jaguari. CC 97.359-SP, Rel. Min. Sidnei Beneti, julgado em 10/6/2009.** (Inform. STJ 398) (g.n.)

REGISTRO PAROQUIAL. DECLARATÓRIA. ILHA.

O recorrente, em virtude de lhe ter sido negado administrativamente o reconhecimento do domínio pleno sobre ilha costeira da qual mantinha posse desde 16/4/1953, ajuizou ação declaratória, defendendo a regularidade da cadeia sucessória do imóvel. Sustenta, em síntese, que o proprietário originário da ilha levou as terras ao registro do vigário que, diferentemente do que pretende a ré (União), não é simples cadastro, mas comprova a titularidade do domínio. A ação foi julgada improcedente sob o argumento de que, entre outros, a legitimação da posse dependeria de prévia e oportuna medição das terras (art. 7º da Lei n. 601/1850, Lei de Terras). E, na verdade, o autor, ora recorrente, não comprovou que o proprietário que reputa original promoveu a medição do imóvel por ele ocupado, nem que obteve, depois disso, título de domínio passado por repartição provincial (art. 11 da referida lei). Quanto ao registro imobiliário que alega ter o recorrente, por não inserido em cadeia dominial que remonte até à Lei de Terras ou mesmo antes dela (visto que essa lei reconheceu os títulos legitimamente até então expedidos), carece de eficácia jurídica para sobrepor-se à atribuição constitucional das ilhas costeiras à União, nos termos do art. 20, IV, da CF/1988. A sentença foi confirmada em apelação, daí sobreveio o REsp, no qual se alega, entre outras coisas, violação do art. 5º, XXXVI, da CF/1988 e ainda de vários dispositivos legais, tais como: art. 7º da Lei n. 601/1850, arts. 103 e 107 do Dec. n. 1.318/1854 e arts. 1º e 5º do Dec. n. 9.760/1946. Diante disso, a Turma não conheceu do recurso pelo fundamento de que, entre outros, a origem da propriedade particular no Brasil ora advém das doações de sesmarias, ora é proveniente de ocupações primárias. Ambas, para se transformarem em domínio pleno, deveriam passar pelo crivo da revalidação ou, quanto às posses de fato, da legitimação, procedimentos previstos, respectivamente, nos arts. 4º e 5º da Lei de Terras. A legitimação da posse, para caracterização do domínio pleno, cujo procedimento foi regulamentado pelo Dec. n. 1.318/1854, requer como condições, além da medição prevista no art. 7º da referida Lei de Terras, o cultivo ou princípio de cultivo da terra, a moradia habitual do respectivo posseiro, bem como as demais condições explicitadas no art. 5º do mesmo diploma legal. Assim, a controvérsia não se limita simplesmente em saber se a medição das terras poderia ser dispensada na hipótese. Em realidade, para que a posse mansa e pacífica fosse legitimada, nos termos do citado art. 5º da Lei de Terras, também era necessário o preenchimento das demais condições a que faz referência essa lei e cuja comprovação não pode ser realizada nessa instância especial, por vedação contida na Súm. n. 7-STJ. Ademais, mostra-se desarrazoada a interpretação que relativiza, 159 anos depois, literal disposição da Lei de Terras, a qual visava, expressamente, estabilizar as relações fundiárias existentes no Brasil, concedendo ao Estado a perseguida certeza jurídica em relação a terras quer pertencentes a ele quer a particulares. Ressalte-se, ainda, que não há direito de propriedade decorrente do registro paroquial. Com efeito, nos termos do art. 94 do Dec. n. 1.318/1854, as declarações dos possuidores ou sesmeiros feitas ao pároco não lhes conferiam nenhum direito. Por outro lado, sendo vedado ao possuidor ou sesmeiro hipotecar ou alienar o terreno antes de tirar título passado na respectiva representação provincial, infere-se que o direito de propriedade das glebas somente se aperfeiçoava com o registro do dito título, sendo irrelevante o cadastro realizado perante o vigário paroquial. **REsp 389.372-SC, Rel. Min. Luis Felipe Salomão, julgado em 4/6/2009.** (Inform. STJ 397)

TERRA DEVOLUTA. CAMPO DE MARTE.

Na demanda entre o Município de São Paulo e a União Federal, alegando serem ambas detentoras de títulos e reivindicando a posse e domínio da área denominada "Campo de Marte", a Turma entendeu que tal litígio histórico cabe ser decidido com base no critério do domínio da terra, diversamente do que decidiu o TRF, contrariando o interesse do Município, e isso porque classificou o imóvel como terra não devoluta. A União detém a posse do imóvel desde o século XVIII, quando o retomou dos jesuítas, expulsos pelo Marquês de Pombal. Por outro lado, o Município detinha tal imóvel desde o advento da República, na qualidade de terra devoluta, cedido precariamente (1930 – 1932) para instalação de campo de aviação para fins bélicos. Tal fato, porém, não desclassifica o imóvel como terra devoluta, conforme concluiu o TRF. Assim, cabível o reconhecimento do domínio do Município, sem afastar a posse da União, com a aplicação do art. 2º, § 2º, do DL n. 3.365/1941. Ademais, é insuscetível de reintegração, vez que a área é afetada ao serviço público federal, pelo que cabe também o pedido de indenização de ocupação, com a imediata reintegração da parte eventualmente não afetada. **REsp 991.243-SP, Rel. Min. Herman Benjamin, julgado em 22/4/2008.** (Inform. STJ 353)

CEMITÉRIO. MUNICIPAL. CONCESSÃO. USO. BEM PÚBLICO. MAJORAÇÃO. TAXA.

O cemitério municipal é bem público de uso especial. Assim, é o Poder Público que detém a propriedade de túmulos. O seu uso é concedido ao administrado. Logo incidem as regras de Direito Administrativo. Deve-se admitir a preponderância do interesse da Administração Pública sobre o do particular. Dele resulta a possibilidade da majoração dos valores cobrados pela utilização do bem público, bem como alterar as cláusulas regulamentares da concessão. Impedir a elevação da taxa anual de manutenção poderia tornar inviável o funcionamento do cemitério, na espécie. Assim, a Turma deu provimento ao recurso. **REsp 747.871-RS, Rel. Min. Eliana Calmon, julgado em 21/6/2007.** (Inform. STJ 324)

TERRENO DE MARINHA. FIXAÇÃO. LINHA PREAMAR MÉDIA DE 1.831. CITAÇÃO PESSOAL. INTERESSADOS CERTOS.

Necessária a convocação pessoal dos interessados certos, com imóvel registrado no respectivo cartório, para participar do procedimento administrativo de demarcação da linha preamar média de 1.831, conforme dispõe o art. 11 do DL n. 9.760/1946. A convocação por edital só é cabível quando os interessados são incertos, ou seja, aqueles não identificados ou com domicílio não encontrado nos registros da União. Não pode a Administração, por livre vontade, escolher a forma de convocação. Precedentes citados: REsp 586.859-SC, DJ 18/4/2005; REsp 617.044-SC, DJ 27/3/2006, e REsp 545.524-SC, DJ 13/10/2003. **REsp 572.923-SC, Rel. Min. João Otávio de Noronha, julgado em 14/11/2006.** (Inform. STJ 304)

USUCAPIÃO. BEM. SOCIEDADE. ECONOMIA MISTA.

A Turma reiterou o entendimento segundo o qual o bem pertencente à sociedade de economia mista pode ser objeto de usucapião. **REsp 647.357-MG, Rel. Min. Castro Filho, julgado em 19/9/2006.** (Inform. STJ 297)

TERRA PÚBLICA. OCUPAÇÃO IRREGULAR. DETENÇÃO. BENFEITORIA.

Uma vez reconhecido pelo Tribunal *a quo* que a ocupação de terra pública não passa de simples detenção de terra irregularmente ocupada, na espécie, não se admite a indenização por benfeitorias e o direito de retenção. No caso, há a peculiaridade de não se tratar de ocupação tolerada há vários anos, com omissão do Poder Público, pois houve o ajuizamento de ação reivindicatória dois anos após a cessão de direito em favor dos recorridos. Assim, a Turma conheceu do recurso e deu provimento para afastar a indenização e a retenção por benfeitorias. Precedente citado: REsp 556.721-DF, DJ 9/10/2005. **REsp 788.057-DF, Rel. Min. Cesar Asfor Rocha, julgado em 21/9/2006.** (Inform. STJ 297)

FORNECIMENTO. MEDICAMENTO. ESTADO.
Trata-se de recurso contra acórdão que, ao apreciar agravo de instrumento, deferiu a tutela antecipada para que o estado entregasse remédio ao ora recorrido sob pena de bloqueio de verbas públicas. A Turma negou provimento ao recurso, por entender que é cabível a aplicação de multa diária (astreintes) como forma cabível de impor o cumprimento de medida antecipatória ou de sentença definitiva de obrigação de fazer ou entregar coisas (art. 461 e 461-A do CPC), inclusive contra a Fazenda Pública. Aduziu ainda que a obrigação de pagar quantia, mesmo oriunda de conversão ou obrigação de fazer ou entregar coisa, rege-se por procedimento próprio (art. 730 do CPC e art. 100 da CF/1988) que não prevê, salvo excepcionalmente, a possibilidade de execução direta por expropriação por meio de sequestro de bens ou qualquer outro bem público, que são impenhoráveis. **Contudo o regime da impenhorabilidade dos bens públicos e da submissão dos gastos públicos decorrentes de ordem judicial à prévia indicação orçamentária deve se coadunar com os demais princípios constitucionais. Logo prevalece o direito fundamental à saúde sobre o regime de impenhorabilidade dos bens públicos, sendo legítima a determinação judicial do bloqueio de verbas públicas para que se efetive o direito aos medicamentos, além de que, na espécie, não se põe em dúvida a necessidade e a urgência para sua aquisição.** Precedentes citados: AgRg no Ag 646.240-RS, DJ 13/6/2005, e REsp 155.174-SP, DJ 6/4/1998. **REsp 852.593-RS, Rel. Min. Teori Albino Zavascki, julgado em 22/8/2006.** (Inform. STJ 294) (g.n.)

MS. ESTACIONAMENTO. ÓRGÃO PÚBLICO. BEM. USO ESPECIAL.
Cuida-se de mandado de segurança impetrado pela Subsecção da OAB-SP em face de ato praticado por juiz diretor do fórum, consubstanciado na edição da Port. Adm. n. 001/2004, que restringiu a utilização de vagas da garagem do fórum às autoridades públicas e aos serventuários do Judiciário, com exclusão de seu uso pelos advogados. O Min. Relator entendeu que **o espaço destinado ao estacionamento de veículos em órgão do Poder Judiciário é bem de uso especial, podendo ter sua utilização restrita a serventuários e autoridades. O direito ao livre acesso dos advogados aos órgãos públicos (art. 7º, VI, da Lei n. 8.906/1994) não inclui a faculdade de irrestrita utilização de vagas privativas em estacionamento, já que a ausência delas não impede o exercício da profissão.** Com esse entendimento, a Turma negou provimento ao recurso. **RMS 20.043-SP, Rel. Min. Teori Albino Zavascki, julgado em 8/8/2006.** (Inform. STJ 292)

9.8. QUADRO SINÓTICO

BENS PÚBLICOS

1. Conceito de bens públicos: *são os bens pertencentes às pessoas jurídicas de direito público* (art. 98 do CC)

– Ou seja, bens pertencentes aos entes políticos (União, Estados, DF e Municípios), e às autarquias, fundações públicas, agências reguladoras e associações públicas

– Doutrina: entende que também são bens públicos aqueles **afetados ao serviço público**, ainda que estejam sob a administração de uma pessoa jurídica de direito privado, como, por exemplo, os "orelhões" e as torres de celular administrados por uma empresa de telefonia

2. Classificação quanto à destinação (art. 99)

2.1. Bens de uso comum do povo

a) conceito: *são os destinados ao uso indistinto de todos*

b) exemplos: rios, mares, estradas, ruas, praças

c) regra: o uso desses bens pode ser gratuito ou retribuído, conforme estabelecido na lei local

2.2. Bens de uso especial

a) conceito: *são os destinados a serviço ou estabelecimento da administração*

b) exemplos: repartições públicas, teatros, universidades, escolas, bibliotecas, museus, viaturas, cemitérios e mercados públicos

2.3. Bens dominicais

a) conceito: *são os que constituem mero patrimônio das pessoas jurídicas de direito público*

b) exemplos: bens adquiridos em execução fiscal, imóveis desocupados, terras devolutas

c) regra 1: "não dispondo a lei em contrário, consideram-se dominicais os bens pertencentes às pessoas jurídicas de direito público a que se tenha dado estrutura de direito privado" (art. 99, parágrafo único); ex: fundações estatais

d) regra 2: podem ser alienados, observadas as exigências da lei; mas são impenhoráveis e imprescritíveis

Afetação: *ato ou fato que dá destinação a um bem público*

– Bens de uso comum do povo e especial são afetados

– Pode se dar por lei, ato administrativo, registro, construção, força da natureza

Desafetação: *ato ou fato que retira a destinação dada a um bem público*

– Bens dominicais são desafetados

– Deve se dar por ato da mesma hierarquia do ato que afetou, salvo desafetação por caso fortuito ou força maior

3. Regime jurídico

3.1. Imprescritíveis

a) conceito: *não estão sujeitos à usucapião*

b) fundamento: arts. 183, § 3º, e 191, parágrafo único, da CF; art. 102 do CC; Súmula 340 do STF

c) atenuantes: uso de bens públicos pode gerar direito à

– **legitimação de posse:** arts. 29 a 31 da Lei 6.383/1976, gera *licença de ocupação* por um tempo + *preferência na aquisição*

– **concessão de uso especial**: MP 2.220/2001 (art. 183, § 1º da CF), requer atendimento aos requisitos p/ usucapião especial, até 30.06,2001; é por prazo indeterminado e transferível

3.2. Impenhoráveis

a) conceito: *não estão sujeitos à constrição judicial*

b) fundamento: art. 100 do CC (bens são inalienáveis) + art. 100 da CF (pagamentos são feitos por precatório ou, se pequeno valor, à vista)

– Precatório: requisição de pagamento feita pelo Presidente do Tribunal ao Chefe do Executivo, que deve incluir o valor no orçamento do ano seguinte, se a requisição for até 1º de julho

– Atualização: índices e juros da poupança

c) atenuantes: cabe constrição nos seguintes casos

– Sequestro pelo preterimento ou não pagamento (100, § 6º, da CF)

– Bloqueio de dinheiro para tratamento médico indispensável

3.3. Inalienáveis

a) conceito: *bens de uso comum e de uso especial são inalienáveis, enquanto conservarem a sua qualificação, na forma que a lei determinar*

b) fundamento: art. 100 do CC

c) requisitos para alienar imóvel (art. 17 da Lei 8.666/1993)

– Interesse público devidamente justificado

– Desafetação/autorização legislativa

– Avaliação

– Licitação na modalidade concorrência

3.4. Não passíveis de oneração

a) conceito: *bens públicos não podem ser dados em garantia*

b) fundamento: art. 100 do CC; se são inalienáveis, não podem ser dados em garantia

c) exceções: cabe vinculação de receitas nos seguintes casos previstos na Constituição

– Art. 167, IV: garantia às operações de crédito por antecipação de receita

– Art. 167, § 4º: garantia às dívidas junto à União

4. Uso dos bens públicos

4.1. Uso livre: existe nos bens de *uso comum do povo*, desde que sem exclusividade – ex: brincar em praça pública

4.2. Autorização de uso: unil./discr./prec./proveito próprio – ex: fechar rua para uma festa de São João

4.3. Permissão de uso: unil./discr./prec./licitação – ex: banca de jornal de praça pública

4.4. Concessão de uso: bilat./ñ prec./licitação – ex: estacionamento privado em aeroporto

4.5. Concessão de direito real de uso: bilat./ñ prec./licit./real – ex: instalação de indústria em terreno público

4.6. Concessão de uso especial: moradia em bem público até 30.06.2001 + requisitos da usucapião especial

4.7. Cessão de uso: cessão a outro ente público; ex: para a Polícia Militar

5. Bens públicos da União (art. 20 da CF)

5.1. Os que atualmente lhe pertencem e os que lhe vierem a ser atribuídos

5.2. Terras devolutas indispensáveis à defesa: a) das fronteiras, fortificações e construções militares, b) das vias federais de comunicação, c) da preservação ambiental, definidas em lei

5.3. Terras tradicionalmente ocupadas pelos índios

– Estes têm **posse permanente** e **usufruto exclusivo** das riquezas do solo, dos rios e dos lagos nelas existentes

– Aproveitamento dos demais recursos só com autorização do Congresso Nacional, garantida a participação nos resultados

5.4. Lagos e rios: a) de terrenos de seu domínio, b) que banhem mais de um Estado, c) que sirvam de limite com outros países, d) que se estendam a **território estrangeiro** ou dele provenham

– inclusive os terrenos marginais

5.5. Terrenos de marinha: faixa de terra de 33 metros da linha preamar média, em direção ao continente

5.6. Praias marítimas

5.7. Mar territorial: 12 milhas do continente

5.8. Recursos da zona econômica exclusiva: 12 a 200 milhas do continente

5.9. Ilhas:

a) **fluviais** (de rios) e **lacustres** (de lagos) nas zonas limítrofes com outros países; as demais são dos Estados

b) **oceânicas** (no oceano)

c) **costeiras** (próximas à costa), excluídas as de terceiros

5.10. Cavidades subterrâneas e sítios arqueológicos e pré-históricos

5.11. Potenciais de energia hidráulica

5.12. Recursos minerais, inclusive dos subsolos

– Assegurada a participação (ou compensação financeira) no resultado da exploração de petróleo, gás natural, potencial hídrico e outros recursos minerais

– No respectivo território, plataforma continental, mar territorial e zona econômica exclusiva

– Em favor dos Estados, DF, Municípios e União

– Nos termos da lei (art. 20, § 1º, da CF)

9.9. QUESTÕES OBJETIVAS COMENTADAS

9.9.1. Conceito e classificação dos bens públicos

(Ministério Público/SE – 2010 – CESPE) Assinale a opção correta a respeito de bens públicos.

(A) Consideram-se bens dominicais todas as coisas, móveis ou imóveis, corpóreas ou incorpóreas, utilizadas pela administração pública para realização de suas atividades e consecução de seus fins.

(B) Os bens de uso comum do povo são aqueles que se destinam à utilização geral pelos indivíduos e podem ser federais, estaduais ou municipais.

(C) São bens patrimoniais disponíveis os de uso especial, que, entretanto, só podem ser alienados nas condições que a lei estabelecer.

(D) Diz-se afetado o bem utilizado para determinado fim público, desde que a utilização se dê diretamente pelo Estado.

(E) Os bens de uso comum do povo, os de uso especial e os dominicais têm como característica a inalienabilidade e, como decorrência desta, a imprescritibilidade, a impenhorabilidade e a impossibilidade de oneração.

A: incorreta, pois os *bens dominicais* são aqueles que são mero patrimônio do Estado, não havendo destinação alguma para a realização de suas atividades e consecução de seus fins; **B:** correta, pois os *bens de uso comum do povo* são aqueles de uso geral das pessoas, tais como ruas, praças, mares e rios, e podem ser de todas as esferas federativas; **C:** incorreta, pois os *bens de uso especial* são inalienáveis (art. 100 do Código Civil), portanto, são considerados indisponíveis; **D:** incorreta, pois um bem pode estar afetado a um fim público, sem que a utilização se dê diretamente pelo Estado; por exemplo, um orelhão (cabine telefônica) está afetado a um serviço público, mas o usuário direto não é o Estado, mas sim os indivíduos; **E:** incorreta, pois os bens dominicais são alienáveis (art. 101 do Código Civil), apesar de serem impenhoráveis e imprescritíveis (art. 102 do Código Civil).

Gabarito "B"

(Ministério Público/TO – 2012 – CESPE) O conceito de patrimônio público, segundo a lei, abrange

(A) apenas os bens que atendam a destinação pública relativa a seus atributos, componentes e elementos formadores.

(B) não só os bens materiais e imateriais pertencentes às entidades da administração pública, mas também aqueles bens materiais e imateriais que pertencem a todos, de uma maneira geral, como o patrimônio cultural, o patrimônio ambiental e o patrimônio moral.

(C) os bens públicos pertencentes à administração pública, exclusivamente.

(D) apenas o conjunto de bens e direitos de valor econômico pertencentes aos entes da administração pública direta e indireta.

(E) os bens públicos, excetuando-se os bens do domínio nacional pertencentes às pessoas jurídicas de direito público interno.

O conceito de patrimônio público em sentido amplo abrange os bens pertencentes às pessoas jurídicas de direito público (bens públicos - art. 98 do CC) e os bens materiais e imateriais mencionados na alternativa "b", por força do disposto nos arts. 216, *caput*, e 225, *caput*, da CF.

Gabarito "B"

(Ministério Público/TO – 2012 – CESPE) A respeito dos bens públicos e do controle da administração pública, assinale a opção correta.

(A) Os bens, da mesma forma que as coisas, se caracterizam pelos mesmos atributos: escassez, valor econômico e livre circularidade.

(B) No caso de sentença judicial transitada em julgado que imponha créditos contra a fazenda pública, o pagamento efetuar-se-á por meio de precatórios, conforme o disposto na CF, uma vez que os bens públicos não estão sujeitos aos efeitos jurídicos do regime da penhora.

(C) Os bens públicos de uso comum do povo e os de uso especial são os únicos imprescritíveis, isto é, insuscetíveis de aquisição da propriedade mediante usucapião.

(D) A transferência do direito real de propriedade dos bens públicos imóveis, em qualquer dos poderes da República, dependerá de autorização do chefe máximo do poder a que estiver submetido o órgão alienante.

(E) Os bens públicos de uso comum do povo e aqueles que tenham natureza jurídica especial serão passíveis de alienação, ainda que se mantenha incólume a sua qualificação, na forma que a lei determinar.

A: incorreta; pois as coisas podem ser *bens* (que tem as características mencionadas) ou não (que não tem essas características); um grão de areia, por exemplo, é uma coisa que não é considerada *bem*; **B:** correta; de fato, os bens públicos, inclusive os dominicais (que são alienáveis), são impenhoráveis; também é verdade que o regime constitucional impede a penhora, impondo o pagamento mediante precatório, salvo pagamentos de pequeno valor, que são feitos independentemente da expedição de precatório (art. 100, *caput* e § 3º, da CF); **C:** incorreta, pois todo e qualquer bem público é imprescritível, por disposição expressa não só do Código Civil (art. 102), como também da Constituição (arts. 183, § 3º, e 191, parágrafo único); **D:** incorreta, pois a alienação de bens imóveis depende de autorização legislativa (art. 17, I, da Lei 8.666/1993); **E:** incorreta, pois um dos requisitos para a alienação desses bens é justamente que deixem de ter essa qualificação (art. 100 do CC).

Gabarito "B"

(Procurador do Município/Sorocaba-SP – 2012 – VUNESP) Quanto aos bens públicos, aponte a alternativa correta.

(A) Para serem alienados, os bens de uso comum e de uso especial por meio de institutos de direito privado têm de ser previamente desafetados.

(B) A inalienabilidade dos bens públicos é absoluta, não estando sujeitos ao comércio de direito privado e de direito público.

(C) Os bens de uso comum e de uso especial são aqueles que constituem o patrimônio da União, dos Estados ou dos Municípios.

(D) Os bens dominicais são os edifícios ou terrenos destinados a serviço ou estabelecimento da Administração Pública.

(E) Para o caso de alienação de bens imóveis públicos, a modalidade de licitação adotada é a tomada de preços.

A: correta; de fato, os bens citados são inalienáveis enquanto não forem desafetados (art. 100 do CC); uma vez desafetados, poderão ser alienados por instrumentos de direito público (no caso, licitação) ou até por instrumentos de direito privado (por exemplo, por permuta), nas hipóteses expressamente previstas em lei; **B:** incorreta, pois a inalienabilidade dos bens públicos, no caso, dos bens de uso comum do povo e de uso especial, existe apenas enquanto estes conservarem essa qualificação (art. 100 do CC), sendo certo que, uma vez havendo a sua desafetação, tais bens passam a ser do tipo dominicais, os quais, segundo o art. 101 do CC, são alienáveis, observadas as exigências da lei; **C:** incorreta, pois bens que constituem apenas patrimônio público são qualificados como bens dominicais (art. 99, III, do CC); **D:** incorreta, pois tais bens são de uso especial (art. 99, II, do CC); **E:** incorreta, pois, como regra, a modalidade de licitação para a alienação de bens imóveis públicos é a concorrência (art. 17, I, da Lei 8.666/1993), ressalvadas as exceções em que se admite também a utilização da modalidade leilão (art. 19, III, da Lei 8.666/1993); tais exceções são para os casos em que a aquisição do bem tenha se dado por procedimento judicial ou dação em pagamento.

Gabarito "A"

(Cartório/RJ – 2012) Sobre a afetação e a desafetação de bem público, é correto afirmar que:

(A) mesmo enquanto afetado, o bem público pode ser livremente alienado.

(B) o ente público poderá conceder direito real de uso de bem público afetado.

(C) a competência para afetar ou desafetar um bem é exclusiva da pessoa política proprietária do bem.

(D) os bens de uso comum do povo não são afetados.

(E) os bens dominicais também são bens afetados e, portanto, inalienáveis.

A: incorreta, pois um bem público afetado não pode ser alienado, sendo necessária a sua desafetação para tanto (art. 100 do Código Civil); **B:** incorreta, pois os bens afetados (ou seja, com destinação pública) devem obedecer à destinação pública a eles conferida, o que é incompatível com a concessão de um direito real de uso a terceiro; **C:** correta, sob pena de quebra do princípio federativo, que permite que cada ente administre seus bens como lhe aprouver, respeitadas, naturalmente, as normas jurídicas incidentes; **D:** incorreta, pois tais bens são afetados (= destinados) ao uso comum do povo (art. 99, I, do Código Civil), podendo perder tal destinação (qualificação), na forma que a lei determinar (art. 100 do Código Civil); **E:** incorreta, pois tais bens são meros bens patrimoniais do Estado (art. 99, III, do Código Civil), não tendo destinação (afetação), podendo, assim, ser objetos de alienação (art. 101 do Código Civil).

Gabarito "C"

(Procurador da República – 26º) Assinale o item verdadeiro:

(A) Os bens de uso comum do povo são, por suas características e destinação, titularizados pelas pessoas políticas, não podendo ser geridos por pessoas da administração pública indireta.

(B) As terras tradicionalmente ocupadas por indígenas são bens de uso comum do povo, inalienáveis, imprescritíveis e indisponíveis, só podendo ter sua destinação alterada mediante autorização prévia do Congresso Nacional.

(C) Os terrenos de marinha são bens dominicais, podendo ser, nessa condição, objeto de ocupação por particulares, mediante pagamento de prestação anual calculada com base no valor do domínio pleno do bem.

(D) Os bens públicos de uso especial destinam-se à prestação de serviços públicos ou à satisfação de necessidades internas da Administração, não podendo ser em qualquer hipótese consumidos por particulares.

A: incorreta, pois pessoas jurídicas de direito público da Administração Pública Indireta também podem titularizar esse tipo de bem; **B:** incorreta, pois, apesar de tais terras serem inalienáveis, imprescritíveis e indisponíveis, têm *uso especial*, já que se destinam a sua posse permanente e ao usufruto exclusivo das riquezas dos solos, dos rios e dos lagos nelas existentes, não havendo, assim, que se falar em *bens de uso comum do povo*, que são bens destinados ao uso indistinto de todos; **C:** correta; de fato, tais bens são considerados dominicais, o que permite a ocupação mencionada; tal situação só não se dará no caso em que um terreno de marinha esteja situado justamente na parte da praia, já que esta, como se sabe, é bem de uso comum do povo; **D:** incorreta, pois eventualmente os particulares irão se beneficiar do uso de tais bens, mormente quanto aos bens de uso especial destinados à prestação de serviços públicos.

Gabarito "C"

(Magistratura do Trabalho – 2ª Região – 2012) Observe as assertivas e ao final responda.

I. Os bens dominicais, sob o aspecto jurídico, são de domínio privado do Estado.

II. A inalienabilidade dos bens públicos é absoluta.

III. Os terrenos destinados a serviço ou estabelecimento da administração municipal, inclusive os de suas autarquias, são considerados bens públicos de uso comum.

IV. Os bens públicos de uso comum não estão sujeitos à usucapião, enquanto que os dominicais sim.

V. Os imóveis da União podem ser cedidos a pessoas físicas, em se tratando de aproveitamento econômico de interesse nacional, desde que referida cessão seja autorizada pelo Ministro de Estado da Fazenda, por delegação do Presidente da República.

Estão **corretas apenas** as assertivas:

(A) I e V;

(B) II e III;

(C) I e IV;

(D) III e V;

(E) II e V.

I: correta, pois são mero patrimônio estatal (art. 99, III, do CC), não havendo afetação (destinação) alguma; **II:** incorreta, pois a inalienabilidade só existe enquanto os bens de uso comum do povo e de uso especial conservarem a sua qualificação (art. 100 do CC); **III:** incorreta, pois esses são bens de uso especial (art. 99, II, do CC); **IV:** incorreta, pois nenhum bem público está sujeito à usucapião (art. 102 do CC); **V:** correta (art. 18, II e § 4º, da Lei 9.636/1998).

Gabarito "A"

(Magistratura do Trabalho – 8ª Região – 2011) Marque a alternativa INCORRETA:

(A) Uma área pertencente ao Município, na qual não haja qualquer serviço administrativo, é um bem desafetado de fim público, podendo ser alienado pela administração.

(B) Os bens dominicais, como os demais bens públicos, não podem ser adquiridos por usucapião, mas as acessões e benfeitorias neles realizadas pelos particulares são indenizáveis, ainda que delas não tenha sido notificado previamente o Poder Público.

(C) São indisponíveis as terras devolutas ou arrecadadas pelos Estados, por ações discriminatórias, necessárias à proteção dos ecossistemas naturais.

(D) Não perdem a característica de bens de uso especial aqueles que, objetivando a prestação de serviços públicos, estejam sendo utilizados por particulares, sobretudo sob regime de delegação.

(E) São bens dominicais as terras sem destinação específica, os prédios públicos desativados, os bens móveis inservíveis e a dívida ativa.

A: assertiva correta (arts. 99, III, e 101, ambos do Código Civil); **B:** assertiva incorreta, devendo ser assinalada; como não há usucapião em bem público, não se considera que haja posse sobre este; assim, o efeito da posse que permite que o possuidor de boa-fé que tenha feito benfeitorias úteis ou necessárias receba indenização por estas, não se aplica em se tratando de uso de bem público **C:** assertiva correta (art. 225, § 5º, da CF); **D:** assertiva correta, pois basta que o bem esteja destinado a serviço público (art. 99, II, do CC); **E:** assertiva correta (art. 99, III, do CC).

Gabarito "B"

(Magistratura do Trabalho – 15ª Região – 2010) Em relação aos bens públicos, assinale a alternativa correta:

(A) os bens públicos de uso comum do povo, como ruas e praças, não podem se tornar bens públicos de uso especial;

(B) os bens públicos de uso especial não podem ser desafetados para ingressarem no direito privado, mesmo que estejam desocupados;

(C) os bens públicos dominicais podem perder o caráter de inalienabilidade, quando alterada a sua destinação;

(D) a lei pode alterar a destinação do bem público de uso comum passível de valoração patrimonial, pela desafetação, modificando a sua qualificação, para que ele ingresse no universo dos bens dominicais;

(E) os rios e mares são bens públicos dominicais.

A: incorreta, pois é possível que haja modificação no tipo de afetação dada ao bem público; **B:** incorreta, pois um bem de uso especial pode ser desafetado, ocasião em que passará a ser um bem dominical; **C:** incorreta, pois os bens dominicais não são inalienáveis (art. 101 do CC); **D:** correta, pois um bem de uso comum do povo pode ser desafetado, ocasião em que passará a ser um bem dominical; **E:** incorreta, pois são bens públicos de uso comum do povo (art. 99, I, do CC).

Gabarito "D"

(Magistratura do Trabalho – 16ª Região – 2011) Considerando o conceito e a classificação de bens públicos adotada por nosso ordenamento jurídico, marque a alternativa CORRETA:

(A) São públicos os bens do domínio nacional pertencentes as pessoas jurídicas de direito público interno, autarquias, fundações, empresas públicas e sociedades de economia mista.

(B) Os bens públicos de uso comum do povo e os de uso especial são inalienáveis, não podendo lei dispor de forma diversa.

(C) Não dispondo a lei em contrário, consideram-se dominicais os bens pertencentes às pessoas jurídicas de direito público a que se tenha dado estrutura de direito privado.

(D) São considerados bens públicos de uso especial, os edifícios ou terrenos destinados a serviço ou estabelecimento da administração federal, estadual, territorial ou municipal, inclusive os de suas autarquias, fundações e empresas públicas.

(E) Os bens públicos não estão sujeitos a usucapião, enquanto conservarem a sua qualificação, na forma que a lei determinar.

A: incorreta, pois os bens das empresas públicas e das sociedades de economia mista são bens privados (art. 98 do CC), já que estas empresas não são pessoas jurídicas de direito público; **B:** incorreta, pois a lei admite que tais bens sejam desafetados e passem a se tornar alienáveis; **C:** correta (art. 99, parágrafo único, do CC); **D:** incorreta, pois os bens das empresas públicas não são bens públicos; *vide*, ainda, o art. 99, II, do CC; **E:** incorreta, pois os bens públicos não estão sujeitos à usucapião, em qualquer caso (art. 102 do CC).

Gabarito "C"

(Magistratura do Trabalho – 23ª Região – 2012) Assinale a alternativa que contém proposição incorreta:

(A) São exemplos de bens de uso comum do povo os rios, mares, estradas, ruas e praças.

(B) São exemplos de bens de uso especial os edifícios ou terrenos destinados a serviço ou estabelecimento da administração pública.

(C) São bens dominicais os que constituem o patrimônio das pessoas jurídicas de direito público, como objeto de direito pessoal ou real.

(D) Não dispondo a lei em contrário, consideram-se dominicais os bens pertencentes às pessoas jurídicas de direito público a que se tenha dado estrutura de direito privado.

(E) Os bens públicos de uso comum do povo são absolutamente inalienáveis e os de uso especial o são enquanto conservarem a sua qualificação, na forma que a lei determinar.

A: assertiva correta (art. 99, I, do CC); **B:** assertiva correta (art. 99, II, do CC); **C:** assertiva correta (art. 99, III, do CC); **D:** assertiva correta (art. 99, parágrafo único, do CC); **E:** assertiva incorreta, devendo ser assinalada; os bens de uso comum também são inalienáveis enquanto conservarem a sua qualificação, na forma que a lei determinar (art. 100 do CC).

Gabarito "E"

(Procurador do Trabalho – MPT – 17º Concurso – 2012) Marque a alternativa **CORRETA**:

(A) O domínio eminente é o poder geral do Estado quanto a tudo que esteja nas suas linhas territoriais, em virtude da sua soberania. Inclui: bens públicos, privados e não sujeitos ao regime normal da propriedade, como o espaço aéreo.

(B) O bem público afetado é o que está voltado para determinado fim público e a desafetação é o contrário, sendo que os bens de uso comum do povo jamais serão desafetados, por causa dessa tipologia que não pode ter sua finalidade alterada.

(C) Os bens de uso especial são os cemitérios públicos, repartições, museus, aeroportos, terras reservadas aos indígenas. Perdem essa configuração, caso estejam sendo alvo de utilização por particulares, sobretudo por delegação.

(D) Todas estão erradas.

(E) Não respondida.

A: correta, pois traz a exata definição de domínio eminente; **B:** incorreta, pois os bens de uso comum do povo podem ser desafetados, ou seja, podem perder essa qualificação (art. 100 do CC); **C:** incorreta, pois a utilização pelos particulares não tem o condão de, por si só, desafetarem tais bens; nesse sentido, não é porque, num cemitério público ou num mercado público (bens de uso especial), há permissões e concessões de uso aos particulares (no primeiro caso, relativas aos túmulos e, no segundo, aos boxes para a instalação de bancas de venda), que tais bens deixam de ser de uso especial; **D:** incorreta, pois a alternativa "a" está correta; **E:** incorreta, pois a alternativa "a" está correta.

Gabarito "A"

(Analista – TRE/AL – 2010 – FCC) Sobre os bens públicos, considere:

I. Os bens públicos desafetados podem ser alienados porque não são de uso comum nem de uso especial.

II. Afetação e desafetação são institutos que dizem respeito à destinação e utilização dos bens públicos.

III. Os bens públicos afetados nunca podem ser desafetados, porque a afetação é uma característica intrínseca do bem público.

IV. O bem público de uso especial pode ser alienado, desde que afetado para essa finalidade.

V. A inalienabilidade é uma das características do bem público de uso especial.

Está correto o que se afirma APENAS em

(A) I, II e V.

(B) I, IV e V.

(C) II e III.

(D) II, IV e V.

(E) III e V.

I: correta, pois são bens dominicais, que são alienáveis (art. 99, III e parágrafo único, do Código Civil); **II:** correta, pois afetar significa dar destinação a um bem público, ao passo que desafetar significa retirar a destinação de um bem público; **III:** incorreta, pois a desafetação pode ser feita, respeitada a hierarquia dos atos públicos; assim, se um bem público foi afetado por lei, deve ser desafetado por lei também; **IV:** incorreta, pois tal bem pode ser alienado desde que *desafetado*; **V:** correta, pois tal bem tem afetação e, portanto, é inalienável (art. 100 do CC).

Gabarito "A"

(Analista – TRE/CE – 2012 – FCC) O bem público de uso especial

(A) pode ser utilizado pelos indivíduos, mas essa utilização deverá observar as condições previamente estabelecidas pela pessoa jurídica interessada.

(B) é destinado a fins públicos, sendo essa destinação inerente à própria natureza desse bem, como ocorre, por exemplo, com as estradas e praças.

(C) possui regime jurídico de direito público, aplicando-se, a essa modalidade de bem, institutos regidos pelo direito privado.

(D) possui regime jurídico de direito privado, portanto, passível de alienação.

(E) está fora do comércio jurídico do direito privado, ainda que não mantenha essa afetação.

A: correta, pois os bens de uso especial são aqueles destinados à execução dos serviços públicos ou a servirem de estabelecimento para os entes públicos, de maneira que os indivíduos não podem usar tais bens (como usam os bens de uso comum do povo) sem que haja obediência a condições previamente estabelecidas pela pessoa jurídica interessada; **B:** incorreta, pois esse é o conceito de bens de uso comum do povo (art. 99, I, do CC); **C:** incorreta, pois, em sendo bens públicos, não há que se observar institutos regidos pelo direito privado; **D:** incorreta, pois são bens públicos e, portanto, têm um regime jurídico de direito público; **E:** incorreta, pois, caso deixem de ter essa afetação (de bem de uso especial), ou seja, caso passem a ser bens desafetados, passam a ser meros bens dominiais e, portanto, passam a ser bens alienáveis (art. 101 do CC).

Gabarito "A"

(Analista – TRE/SP – 2012 – FCC) Os bens públicos podem ser classificados, de acordo com a sua destinação, como bens

(A) de uso especial aqueles de domínio privado do Estado e que não podem ser gravados com qualquer espécie de afetação.

(B) de uso especial aqueles utilizados por particular mediante concessão ou permissão de uso.

(C) de uso comum do povo aqueles afetados a determinado serviço público, tais como os edifícios onde se situam os órgãos públicos.

(D) dominicais aqueles destinados à fruição de toda a coletividade e que não podem ser alienados ou afetados à atividade específica.

(E) dominicais aqueles de domínio privado do Estado, não afetados a uma finalidade pública e passíveis de alienação.

A: incorreta, pois os bens de domínio privado do Estado são os bens *dominicais* e não os bens de *uso especial* (art. 99, II e III, do CC); **B:** incorreta, pois os bens de uso *especial* são os destinados a servir de estabelecimento público (art. 99, II, do CC); **C:** incorreta, pois esses são os bens de uso *especial* e não os bens de *uso comum do povo*; **D:** incorreta, pois esses são os bens de *uso comum do povo* e não os bens *dominicais*; **E:** correta (art. 99, III, do CC).

Gabarito "E"

(OAB/Exame Unificado – 2011.2) De acordo com o critério da titularidade, consideram-se públicos os bens do domínio nacional pertencentes

(A) às entidades da Administração Pública Direta, às autarquias e às empresas públicas.

(B) às entidades da Administração Pública Direta e Indireta.

(C) às pessoas jurídicas de direito público interno.

(D) às pessoas jurídicas de direito público interno e às pessoas jurídicas de direito privado prestadoras de serviços públicos.

Os bens públicos são aqueles pertencentes às pessoas jurídicas de direito público interno, nos termos do art. 98 do CC. Assim, a alternativa "a" está incorreta, pois as empresas públicas não são pessoas jurídicas de direito público, mas pessoas jurídicas de direito privado. A alternativa "b" está incorreta, pois, na Administração Indireta, há tanto pessoas jurídicas de direito público, como pessoas jurídicas de direito privado, sendo que estas não têm bens públicos. A alternativa "c" está correta, pois retrata o disposto no art. 98 do CC. A alternativa "d" está incorreta, pois os bens das pessoas jurídicas de direito privado concessionárias de serviço público são, como regra, bens privados. Apenas os bens que estiverem afetados ao serviço público poderão ser considerados públicos.

Gabarito "C"

9.9.2. Regime jurídico dos bens públicos

(Magistratura/MG – 2012 – VUNESP) Analise as afirmativas a seguir.

Os bens de uso comum do povo, desde que suscetíveis de valoração patrimonial e desafetados, podem ser alienados

PORQUE

tanto uma rua quanto uma praça, uma praia ou as margens de um rio navegável são suscetíveis de valoração patrimonial e de desafetação.

Assinale a alternativa correta.

(A) A primeira afirmativa é falsa e a segunda é verdadeira.

(B) A segunda afirmativa é falsa e a primeira é verdadeira.

(C) As duas afirmativas são verdadeiras e a segunda justifica a primeira.

(D) As duas afirmativas são verdadeiras, mas a segunda não justifica a primeira.

A primeira afirmativa é verdadeira (art. 100 do CC). A segunda afirmativa é falsa, pois a praia não é suscetível de valoração patrimonial, muito menos de desafetação, tratando-se de bem absolutamente fora do comércio. Dessa forma, alternativa correta é a "b".

Gabarito "B"

(Magistratura/PB – 2011 – CESPE) Com relação aos bens públicos, assinale a opção correta.

(A) Adota-se no Brasil a teoria clássica do domínio eminente para justificar ser o patrimônio do Estado constituído por bens do seu domínio efetivo e, indiretamente, pelos bens na posse de particulares.

(B) A imprescritibilidade dos bens públicos somente foi adotada a partir da vigência do Código Civil de 1916, razão pela qual era admissível, até aquela época, a aquisição de bens públicos por usucapião.

(C) No ordenamento jurídico pátrio, há um único regime jurídico aplicável a todos os bens públicos.

(D) Os bens públicos de uso especial destinam-se à utilização do Estado para fins econômicos que gerem alguma forma de renda para o erário.

(E) Não é possível penhorar bens públicos, com exceção dos que se classificam como dominicais.

A: incorreta, pois o Estado é proprietário dos bens de seu domínio efetivo, sendo que, quanto aos bens dos particulares, o domínio eminente não significa propriedade direta ou indireta desses bens, mas a possibilidade de exigir sua utilização conforme os ditames da função social da propriedade e às exigências da coletividade; **B:** correta, valendo salientar que impossibilidade de aquisição dos bens públicos pela usucapião também está prevista na Constituição Federal (arts. 183, § 3º, e 191, parágrafo único); **C:** incorreta, pois os bens públicos dominicais têm um regime jurídico com diferença em relação ao regime dos bens de uso comum do povo e de uso especial, no caso, pelo fato de que os bens dominicais são alienáveis (art. 101 do Código Civil; Lei 4.504/1964); **D:** incorreta, pois tais bens são destinados à prestação de serviços públicos ou à servir de estabelecimento ao Poder Público (art. 99, II, do CC); **E:** incorreta, pois não é possível penhorar qualquer tipo de bem público; os bens dominicais, apesar de inalienáveis (art. 101 do CC), continuam impenhoráveis.

Gabarito "B"

(Ministério Público/SP – 2011) Os bens imóveis públicos, rurais ou urbanos,

(A) sujeitam-se à prescrição aquisitiva, qualquer que seja sua área.

(B) não podem ser adquiridos por usucapião.

(C) estão sujeitos à usucapião *pro labore*.

(D) atendida a função social da propriedade, podem ser usucapidos.

(E) se urbanos, até 250 m^2, e rurais, até 50 ha, atendidos os requisitos temporal, de posse ininterrupta e sem oposição, sujeitam-se à prescrição aquisitiva.

A: incorreta, pois não cabe usucapião em bens públicos (arts. 183, § 3º, e 191, parágrafo único, ambos da CF); **B:** correta, conforme mencionado na afirmativa anterior; **C** a **E:** incorretas, pois, conforme já dito, não cabe qualquer tipo de usucapião em bens públicos.

Gabarito "B"

(Procurador do Estado/MT – FCC – 2011) Os bens imóveis pertencentes à Administração Pública

(A) são inalienáveis, quando de uso comum do povo e de uso especial, enquanto mantida a afetação ao serviço público.

(B) podem ser alienados mediante autorização legal prévia, exceto os bens dominicais.

(C) são impenhoráveis, exceto os de titularidade de autarquias e fundações.

(D) não podem ser objeto de subsequente afetação a serviço público, quando anteriormente de uso privativo da Administração.

(E) podem ser objeto de utilização por particular, total ou parcial, desde que em caráter precário e a título oneroso.

A: correta (art. 100 do CC); **B:** incorreta, pois a regra é a inalienabilidade e a alienabilidade a exceção (art. 100 do CC) e, quanto aos bens dominicais, esses sim são alienáveis, mas segundo as exigências previstas em lei (art. 101 do CC); **C:** incorreta, pois todos os bens públicos, inclusive os pertencentes às autarquias e fundações públicas de direito público, são impenhoráveis; **D:** incorreta, pois os bens públicos podem ser afetados, desafetados ou afetados em novo objetivo de interesse público; **E:** incorreta, pois tais bens poderão ser objetos de utilização pelo particular em caráter contratual também (não precário), como é o caso da concessão de uso de bem público; ademais, há hipóteses de outorga de uso para o particular a título gratuito (ex: autorização de uso de bem público, que permite o fechamento de uma rua por um dia, para a realização de uma festa de São João).

Gabarito "A"

(Procurador do Estado/RO – 2011 – FCC) Um sitiante instalou-se com sua família em uma área rural que considerava abandonada e ali residiu durante 10 (dez) anos, cultivando a referida terra. Decidiu entrar com ação de usucapião e, durante o processo, foi constatado que se tratava de terras indígenas. Diante disso, é correto afirmar que

(A) as terras indígenas são de propriedade privada dos índios, e portanto o sitiante fará jus ao reconhecimento da usucapião.

(B) as terras indígenas são bens públicos da União, e portanto, não podem ser usucapidas e, por força de mandamento da Constituição, são inalienáveis e indisponíveis.

(C) as terras indígenas são bens públicos dominicais, podendo ser alienadas; logo, estão sujeitas também a usucapião.

(D) as terras indígenas são consideradas *res nullius*, portanto, qualquer um pode delas se apossar, sem necessidade de promover ação de usucapião.

(E) embora sejam bens públicos, e portanto não sujeitos a usucapião, as referidas terras podem ser objeto de concessão de uso especial para fins de moradia, nos termos da Medida Provisória n. 2.220/2001.

A: incorreta, pois as terras indígenas pertencem à União (art. 20, XI, da CF), sendo que os índios têm apenas a posse permanente dessas terras, cabendo-lhes o usufruto exclusivo das riquezas do solo, dos rios e dos lagos nelas existentes (art. 231, § 2º, da CF); **B:** correta, conforme mencionado na alternativa anterior e conforme o § 4º do art. 231 da CF, que assevera que tais terras são inalienáveis e indisponíveis, e os direitos sobre elas, imprescritíveis; **C:** incorreta, pois o art. 231, § 4º, da CF dispõe que essas terras são inalienáveis e imprescritíveis; **D:** incorreta, pois tais terras sujeitam-se à posse permanente dos índios, não cabendo usucapião sobre elas; **E:** incorreta, pois tais terras se destinam à posse permanente dos índios (art. 231, § 2º, da CF), o que faz com que o instituto da concessão de uso especial para fins de moradia seja incompatível com a natureza das terras indígenas.

Gabarito "B"

(Magistratura do Trabalho – 1ª Região – 2010 – CESPE) Acerca dos bens públicos e dos princípios da administração pública, assinale a opção correta.

(A) A impenhorabilidade dos bens públicos tem lastro no próprio texto constitucional, que estabelece processo especial de execução contra a fazenda pública, excluindo, dessa forma, a possibilidade de penhora de tais bens.

(B) De modo geral, os imóveis públicos não estão sujeitos a usucapião, mas os bens móveis públicos são suscetíveis de usucapião especial, também denominado usucapião *pro labore*.

(C) A jurisprudência e a doutrina reconhecem, majoritariamente, a penhorabilidade de bens públicos dominicais quando estes forem utilizados em caráter privado.

(D) O princípio da legalidade estrita significa que a administração não pode inovar na ordem jurídica por simples ato administrativo, salvo se, em razão do poder de polícia, houver necessidade de impor vedações ou compelir comportamentos, casos em que a atividade administrativa prescinde de determinação legal.

(E) Em atenção ao princípio da publicidade, todo ato administrativo deve, em princípio, ser publicado, mas os contratos administrativos, como regra, se operacionalizam e adquirem eficácia independentemente de publicação.

A: correta (art. 100 da CF); **B:** incorreta, pois não cabe qualquer tipo de usucapião em relação a bens públicos (art. 102 do Código Civil e arts. 183, § 3º, e 191, parágrafo único, da CF); **C:** incorreta, pois não cabe penhora de bem público, devendo a execução contra a Fazenda Pública seguir o trâmite previsto no art. 100 da CF; **D:** incorreta, pois o princípio da legalidade é mais amplo do que está descrito na alternativa, incidindo também nos casos de poder de polícia; a imposição de obrigações e comportamentos somente pode se dar por meio de lei; já a exigência material de que a lei seja cumprida, em situações de urgência, pode se dar por meio do uso da força pela Administração (autoexecutoriedade), mas sempre haverá uma lei por trás, determinando ao particular o que a Administração o faz cumprir; **E:** incorreta, pois a eficácia dos contratos administrativos depende de sua publicação (art. 61, parágrafo único, da Lei 8.666/1993).

Gabarito "A"

(OAB/Exame Unificado – 2012.3.B) O Presidente de uma empresa pública estadual, ao assumir a gestão da entidade e realizar uma auditoria no seu patrimônio imobiliário, decide alienar um imóvel que se localiza em região extremamente valorizada. Além da demonstração do interesse público que a justifique, a alienação do referido imóvel depende de

(A) avaliação prévia e autorização legislativa.

(B) autorização do Poder Executivo e registro no Tribunal de Contas do Estado.

(C) avaliação prévia e licitação na modalidade concorrência.

(D) autorização legislativa e licitação na modalidade leilão.

A e **D:** incorretas, pois a autorização legislativa só é obrigatória para a alienação de imóveis dos "órgãos da administração direta, entidades autárquicas e fundacionais" (art. 17, I, da Lei 8.666/1993), o que não é o caso de uma empresa pública estadual; **B:** incorreta, pois não há essa exigência no art. 17, *caput* e I, da Lei 8.666/1993; **C:** correta (art. 17, I, da Lei 8.666/1993).

Gabarito "C"

(OAB/Exame Unificado – 2012.1) Sobre os bens públicos é correto afirmar que

(A) os bens de uso especial são passíveis de usucapião.

(B) os bens de uso comum são passíveis de usucapião.

(C) os bens de empresas públicas que desenvolvem atividades econômicas que não estejam afetados a prestação de serviços públicos são passíveis de usucapião.

(D) nenhum bem que pertença à pessoa jurídica integrante da administração pública indireta é passível de usucapião.

A e **B:** incorretas, pois nenhum bem público é passível de usucapião (arts. 183, § 3º, e 191, parágrafo único, da CF; art. 102 do Código Civil); **C:** correta, pois os bens das pessoas jurídicas de direito privado estatais, desde que não afetados a um serviço público, são bens públicos (art. 98 do Código Civil); **D:** incorreta, pois os bens de qualquer pessoa jurídica de direito público são bens públicos (art. 98 do Código Civil), e, na administração indireta, há também pessoas jurídicas de direito público, como as autarquias e as agências reguladoras.

Gabarito "C"

(OAB/Exame Unificado – 2010.1) Com relação aos bens públicos, assinale a opção correta.

(A) Por terem caráter tipicamente patrimonial, os bens de uso comum do povo podem ser alienados.

(B) Os bens dominicais são indisponíveis.

(C) A lei que institui normas para licitações e contratos da administração pública (Lei nº 8.666/1993) define regras para a alienação dos bens públicos móveis e imóveis.

(D) Ocorre a desafetação quando um bem público passa a ter uma destinação pública especial de interesse direto ou indireto da administração.

A: incorreta. Segundo Carvalho Filho (**Manual de direito administrativo**. 13 ed., 2005, p. 853), "são indisponíveis os bens de uso comum do povo, porquanto se revestem de característica não patrimonial"; **B:** incorreta. Os bens dominicais podem ser alienados; **C:** correta. O art. 17 da Lei 8.666/1993 trata das alienações; **D:** incorreta. Essa é a definição de afetação (Carvalho Filho. *Op. cit.*, p. 854).

Gabarito "C"

9.9.3. Alienação dos bens públicos

(Ministério Público/MS – 2013 – FADEMS) Em se tratando de alienação de imóvel da administração pública, havendo interesse público justificado, serão observadas as seguintes providências e normas:

(A) Será precedida de avaliação, e de autorização do Poder Executivo para órgãos da administração direta e entidades autárquicas e fundacionais.

(B) Se for para todos, inclusive as entidades paraestatais, dependerá de avaliação prévia, e via de regra, de licitação na modalidade de leilão.

(C) Dependerá de avaliação prévia e licitação, na modalidade de tomada de preços, se a venda se dirigir a outro órgão ou entidade da administração pública, de qualquer esfera de governo.

(D) Será dispensável a avaliação prévia e a licitação, na modalidade de leilão, se se tratar de permuta por outro imóvel que atenda aos requisitos do inciso X, do artigo 24 da Lei 8.666/1993.

(E) Será precedida de avaliação e de autorização do Poder Legislativo para órgãos da administração direta e entidades autárquicas e fundacionais.

A: incorreta, pois é necessário autorização do Poder Legislativo e não do Executivo (art. 17, I, da Lei 8.666/1993); **B:** incorreta, pois, via de regra, a licitação se dará na modalidade concorrência (art. 17, I, da Lei 8.666/1993); **C:** incorreta, pois, se a venda se dirigir a outro órgão ou entidade da administração pública, a licitação é dispensada (art. 17, I, "e", da Lei 8.666/1993); **D:** incorreta, pois será dispensada a concorrência (e não o leilão) no caso mencionado (art. 17, I, "c", da Lei 8.666/1993); **E:** correta (art. 17, I, da Lei 8.666/1993).

Gabarito "E"

(Advogado – Petrobrás – 2012 – CESGRANRIO) A alienação de bens imóveis pertencentes a empresas públicas e sociedades de economia mista federais depende da observância dos seguintes requisitos, EXCETO

(A) avaliação prévia

(B) existência de interesse público devidamente justificado

(C) autorização legislativa

(D) licitação na modalidade concorrência, ressalvadas as hipóteses de licitação dispensada

(E) habilitação mediante a comprovação do recolhimento da quantia correspondente a 5% da avaliação

---

Os bens das empresas estatais não são bens públicos. Assim, são alienáveis, não sendo necessária a autorização legislativa. Porém, essas entidades estão sujeitas à Lei 8.666/1993, de modo que os demais requisitos devem ser cumpridos (existência de justificativa, avaliação prévia, licitação na modalidade concorrência e garantia), nos termos do arts. 17, *caput* e I, e 18, ambos da Lei 8.666/1993.

Gabarito "C"

9.9.4. Uso dos bens públicos

(Magistratura/SP – 2011 – VUNESP) Roberval da Silva, deficiente físico, aforou ação ordinária contra o Município de Marajá, objetivando pagamento de indenização por perdas e danos materiais e morais, sob o fundamento de que mantinha uma banca de jornal localizada em uma praça pública, por 12 anos, e foi compelido a transferir seu estabelecimento do local, em razão de duplicação da via pública. Para tanto, alega que foi obrigado a arcar com aluguel de novo ponto comercial e teve prejuízo, daí por que busca a indenização. Assinale a alternativa correta.

(A) O juiz, ao decidir, concede o pleito do autor, porquanto é ele deficiente físico e foi obrigado a sair do local onde mantinha freguesia.

(B) O juiz concede a pretensão do autor, porquanto ele possuía licença tácita.

(C) O juiz concede a pretensão do autor, porquanto ele possuía permissão tácita do município para exercer o seu labor.

(D) O juiz nega a pretensão do autor, posto que este não demonstrou que o Poder Público transferiu a ele um serviço de sua alçada.

(E) O juiz nega a pretensão do autor, pois a qualquer tempo o Município, o Estado ou a União podem ocupar, ao seu bel prazer, espaço que é seu, circunstância essa que não enseja qualquer tipo de indenização.

Roberval tem, no caso, uma permissão de uso de bem público. E tais permissões, como se sabe, são atos unilaterais, discricionários e precários. Assim, a Administração poderá revogá-las a qualquer tempo, sem ter que pagar qualquer tipo de indenização.

Gabarito "E"

(Ministério Público/PB – 2010) Analise as proposições imediatamente abaixo e, em seguida, assinale a alternativa que contenha o julgamento devido sobre elas:

I. A concessão de uso pode recair sobre bem de uso comum do povo.

II. A concessão especial de direito real de uso de bem imóvel para fim de moradia é modalidade de usucapião que representa exceção temporalmente limitada à regra da imprescritibilidade dos bens públicos.

III. As terras devolutas, igualmente aos demais bens públicos, são insuscetíveis de qualquer modalidade de usucapião.

(A) Apenas II e III são corretas.

(B) Apenas II é errada.

(C) Apenas I e II são corretas.

(D) Apenas III é correta.

(E) I, II e III são corretas.

I: correta, desde que não impeça totalmente o uso comum do bem pela população; **II:** incorreta, pois não se trata de usucapião, vez que não cabe usucapião em bem público, mas de uma concessão para fins de moradia; aliás, essa concessão pode até ser extinta, caso o concessionário dê ao imóvel destinação diversa da moradia para si ou para sua família, ou adquira a propriedade ou a concessão de outro imóvel urbano ou rural (art. 8º da Medida Provisória 2.220/2001); **III:** correta, pois os bens públicos não são passíveis de usucapião (arts. 183, § 3º, e 191, parágrafo único, ambos da CF).

Gabarito "B"

(Delegado de Polícia/GO – 2013 – UEG) No contexto do tema bens públicos,

(A) a permissão de uso pressupõe, também, a satisfação de interesse da coletividade, que irá fruir certas vantagens desse uso.

(B) a autorização de uso é conferida com vistas à utilidade pública, razão pela qual o particular fica impedido de fruir do bem com exclusividade.

(C) a cessão de uso é transferência onerosa do bem pelo Poder Público a um particular, que o explorará no seu interesse.

(D) a concessão de uso é unilateral, e por essa característica poderá a Administração retomar o bem a qualquer tempo, independentemente de indenização.

A: correta, diferentemente da autorização, feita em proveito do próprio particular; **B:** incorreta, pois a autorização é feita em proveito do particular e não com vistas à utilidade pública; a autorização de uso de bem público é, portanto, ato unilateral, discricionário e precário, em que se faculta uso em caráter episódico, no interesse do particular. Ex.: autorização de fechamento de uma rua para uma festa; **C:** incorreta, pois a cessão de uso consiste na atribuição *gratuita* da posse de um bem público de entidade ou órgão para outro, possibilitando ao cessionário a utilização nas condições estabelecidas no termo, por prazo certo ou indeterminado; **D:** incorreta, pois a concessão de uso é *bilateral*, cabendo indenização se extinta (revogada) antes do tempo.

Gabarito "A"

(Procurador do Estado/AC – FMP – 2012) Conhecido empresário do ramo imobiliário, ao estabelecer um grande empreendimento imobiliário ao lado do Parque Ambiental Chico Mendes, invadiu área de 5 hectares do referido parque. Sob a perspectiva dos bens públicos e do Direito Administrativo, sem excluir outras consequências jurídicas, é **CORRETO** afirmar que:

(A) a construção é inferior à vigésima parte do Parque Ambiental Chico Mendes e estando o empresário de boa-fé, este adquire a posse e a propriedade do bem mediante indenização a ser fixada pelo Judiciário, independente de autorização legislativa.

(B) o direito à moradia e a função social da propriedade pública autorizam medida voltada à alienação da área ao construtor, mediante prévia autorização legislativa e indenização equivalente ao valor da área.

(C) embora não seja possível a alienação de uma área pública, após o esbulho, mediante prévia autorização legislativa, somente é admissível a instituição de uma parceria público-privada entre a construtora e o Poder Público.

(D) os bens afetados ao domínio público são inalienáveis e não estão sujeitos a usucapião, de tal sorte, sequer está configurado um bem passível de posse, verificando-se esbulho e impondo-se a adoção das medidas cabíveis para a reintegração e reconstituição da parcela invadida do Parque Ambiental Chico Mendes.

A: incorreta, pois não é possível usucapião em bem público (art. 102 do CC); **B:** incorreta, pois tal medida implicaria em violação ao princípio do interesse público e também ao princípio do dever de licitar; **C:** incorreta, pois, como princípio, áreas públicas podem ser alienadas após desafetadas; ademais, no caso em tela, não há que se falar em instituição de PPP, sob pena de violação aos princípios mencionados na alternativa anterior; **D:** correta, pois, enquanto afetadas ao domínio, os bens públicos, de fato, são inalienáveis (art. 100 do CC); no mais também está correta a informação no sentido de que não cabe usucapião em relação a bens públicos (art. 102 do CC); em sendo assim, ocorre esbulho e a Administração deverá tomar medidas para a reintegração da coisa.

Gabarito "D"

(Procurador do Município/Boa Vista-RR – 2010 – CESPE) Com relação aos bens municipais, julgue os itens seguintes.

(1) A autorização de uso é ato unilateral, discricionário e precário, pelo qual o município consente a prática de determinada atividade individual incidente sobre bem público. Não há forma nem requisitos especiais para sua efetivação, pois ela visa apenas atividades transitórias e irrelevantes para o poder público, bastando que se consubstancie em ato escrito, revogável sumariamente a qualquer tempo e sem ônus à administração.

1: Correta, pois traz exatamente o conceito e as características da autorização de uso de bem público, que, diferentemente da permissão e da concessão, não reclama licitação, nem forma determinada.

Gabarito 1C

(Procurador do Município/Teresina-PI – 2010 – FCC) O ato administrativo unilateral, discricionário e precário pelo qual a Administração consente que o particular utilize bem público de modo privativo, atendendo exclusiva ou primordialmente o interesse do particular, denomina-se

(A) cessão de uso.

(B) permissão de uso.

(C) autorização de uso.

(D) concessão de uso.

(E) concessão especial de uso.

Trata-se de autorização de uso de bem público. O instituto que mais se aproxima do conceito é a permissão de uso de bem público, que não é o caso, pois esta não é feita para atender exclusiva ou primordialmente interesse do particular. Ademais, a permissão requer licitação, ao passo que a autorização, não.

Gabarito "C"

(Cartório/RN – 2012 – IESIS) Quanto aos bens imóveis de domínio da União, é correto afirmar, **EXCETO**, que:

(A) Caberá à SPU a incumbência de fiscalizar e zelar para que sejam mantidas a destinação e o interesse público, o uso e a integridade física dos imóveis pertencentes ao patrimônio da União.

(B) A inscrição de ocupação, a cargo da Secretaria do Patrimônio da União, não pressupõe o uso efetivo do imóvel pelo ocupante.

(C) A permissão de uso de bens imóveis de domínio da União é autorizada por ato do Secretário do Patrimônio da União, que poderá ser delegado aos titulares das delegacias estaduais.

(D) Os imóveis da União poderão ser cedidos gratuitamente a pessoas físicas ou jurídicas, em razão de interesse público ou social ou de aproveitamento econômico de interesse nacional.

A: correta (art. 11, *caput*, da Lei 9.636/1998); **B:** incorreta, devendo ser assinalada; a inscrição de ocupação pressupõe, sim, o uso efetivo do imóvel pelo ocupante (art. 7º, *caput*, da Lei 9.636/1998); **C:** correta (art. 22, *caput* e § 1º, da Lei 9.636/1998); **D:** correta (art. 18, II, da Lei 9.636/1998).

Gabarito "B"

(Magistratura do Trabalho – 23ª Região – 2012) Analise as proposições abaixo e assinale a alternativa correta:

I. Os bens públicos dominicais podem ser alienados, observadas as exigências da lei, ainda que tenham destinação pública específica.

II. Os bens públicos dominicais podem ser alienados por meio de institutos do direito privado, como a compra e venda, a doação e a permuta, mas por não terem afetação não podem ser alienados por meio de institutos do direito público como a investidura e a legitimação.

III. Os bens públicos, em suas três modalidades (de uso comum do povo, de uso especial e dominicais), podem ser utilizados pelas pessoas jurídicas de direito público que os detém ou serem cedidos para outros entes públicos, mas apenas os de uso especial e dominicais podem ser utilizados por particulares.

IV. É possível a oposição do particular ao ato administrativo de revogação da utilização do bem público, fundamentado na proteção do interesse público, quando o uso se deu na modalidade de uso privativo ou autorizado, não sendo, contudo, quando se deu na modalidade de uso concedido.

V. As terras devolutas integram a categoria dos bens de uso comum do povo, daí porque não são passíveis de usucapião.

(A) Apenas a proposição V está correta e as demais estão incorretas.

(B) Apenas as proposições IV e V estão corretas e as demais estão incorretas.

(C) Apenas as proposições II e III estão corretas e as demais estão incorretas.

(D) Apenas a proposição IV está correta e as demais estão incorretas.

(E) Todas as proposições estão incorretas.

I: incorreta, pois, se houver afetação (destinação pública específica), o bem não será dominical, mas de uso comum do povo ou de uso especial, e, portanto, inalienável (art. 100 do CC); **II:** incorreta, pois aplicam-se aos bens públicos, dominicais ou não, o disposto no art. 17 da Lei 8.666/1993, que prevê, por exemplo, a investidura (art. 17, I, "d", da Lei 8.666/1993); **III:** incorreta, pois os bens de uso comum do povo também podem ser utilizados por particulares, seja para um uso bem simples (ex: alguém ir a uma praia), seja para um uso mais perene, como na permissão de uso para a instalação de um banca de jornais numa praça pública; **IV:** incorreta, pois a revogação é expressão da supremacia do interesse público sobre o interesse privado e o particular não pode querer sobrepor o seu interesse particular não só nos casos de mera autorização e permissão ("uso privativo ou autorizado"), que são precárias, como também nos casos de concessão ("uso concedido"), que é contratual e, em tese, vínculo mais firme; a diferença entre os dois tipos de outorga de uso ao particular é que, caso revogada a concessão, o particular terá direito à indenização, ao passo que nos demais casos, como regra, não cabe pedido indenizatório; **V:** incorreta, pois essas terras são bens dominicais.

Gabarito "E"

(Analista – TRE/AL – 2010 – FCC) Sobre as formas de utilização dos bens públicos por particulares, considere:

I. Ato unilateral, discricionário e precário pelo qual a Administração consente na prática de determinada atividade individual incidente sobre um bem público.

II. Ato negocial, unilateral, discricionário e precário através do qual a Administração faculta ao particular a utilização individual de determinado bem público.

III. Contrato pelo qual a Administração transfere o uso remunerado ou gratuito de terreno público a particular, de caráter resolúvel, para que dele se utilize em fins específicos, dentre eles, os de regularização fundiária de interesse social e de urbanização.

Esses conceitos referem-se, respectivamente, a

(A) concessão de direito real de uso, enfiteuse e autorização.

(B) permissão de uso, concessão de uso e enfiteuse.

(C) autorização, concessão de uso e permissão de uso.

(D) autorização de uso, permissão de uso e concessão de direito real de uso.

(E) permissão de uso, enfiteuse e aluguel.

A alternativa "d" está correta, pois traz a correspondência exata entre os institutos e os respectivos conceitos.

Gabarito "D"

9.9.5. Bens públicos em espécie

(Magistratura/DF – 2011) Segundo a Constituição Federal, são bens da União:

(A) Os que atualmente lhe pertencem e os que lhe vierem a ser atribuídos;

(B) Os recursos naturais da plataforma continental, excluída a zona econômica;

(C) Os terrenos de marinha, sem os seus acrescidos;

(D) Os lagos, rios e quaisquer correntes de água em terrenos de seu domínio ou que banhem apenas um Estado.

A: correta (art. 20, I, da CF); **B:** incorreta, pois são bens da União os recursos naturais da plataforma continental e *também* da zona econômica exclusiva (art. 20, V, da CF); **C:** incorreta, pois são bens da União os terrenos de marinha e *também* os seus acrescidos (art. 20, VII, da CF); **D:** incorreta, pois é necessário que banhem *mais* de *um* Estado (art. 20, III, da CF).

Gabarito "A"

(Ministério Público/CE – 2011 – FCC) Sobre os bens públicos, é INCORRETO afirmar que sejam bens de titularidade da União por força de mandamento constitucional

(A) quaisquer correntes de água que banhem mais de um Estado.

(B) as terras indígenas de aldeamentos extintos, ocupada sem passado remoto.

(C) os recursos minerais, inclusive os do subsolo.

(D) os potenciais de energia hidráulica, independentemente de onde se localizem os cursos d'água.

(E) as cavidades naturais subterrâneas e os sítios arqueológicos e pré-históricos, mesmo que localizado sem terrenos particulares.

A: assertiva correta (art. 20, III, da CF); **B:** assertiva incorreta (devendo ser assinalada); somente as terras tradicionalmente ocupadas pelos índios é que são da União (art. 20, XI, da CF); **C:** assertiva correta (art. 20, IX, da CF); **D:** assertiva correta (art. 20, VIII, da CF); **E:** assertiva correta (art. 20, X, da CF).

Gabarito "B"

(Delegado de Polícia/GO – 2013 – UEG) Sobre as alienações dos bens públicos dispõe a Lei nº 8.666/1993:

(A) a alienação de bens imóveis da Administração Pública pode ocorrer pela modalidade licitatória leilão.

(B) a alienação de bens imóveis de empresa de economia mista dependerá de prévia autorização legislativa.

(C) a alienação de bens imóveis da Administração indireta não depende de processo licitatório.

(D) a doação com encargos deverá ser licitada, sem possibilidade de dispensa em qualquer situação.

A: correta, pois, em regra, usa-se a concorrência, mas em caso de alienação de bens adquiridos por procedimentos judiciais ou dação em pagamento, cabe também o leilão (art. 19, "*caput*" e III, da Lei 8.666/1993); **B:** incorreta, pois não há tal obrigatoriedade no art. 17, I, da Lei 8.666/1993; **C:** incorreta, pois o art. 17, I, da Lei 8.666/1993 impõe, sim, licitação; **D:** incorreta, pois, segundo o art. 17, § 4º, da Lei 8.666/1993, "a doação com encargo será licitada e de seu instrumento constarão, obrigatoriamente os encargos, o prazo de seu cumprimento e cláusula de reversão, sob pena de nulidade do ato, sendo dispensada a licitação no caso de interesse público devidamente justificado"; ou seja, há caso de dispensa de licitação na doação com encargos quando houver interesse público devidamente justificado.

Gabarito "A"

(Procurador do Município/Florianópolis-SC – 2010 – FEPESE) Assinale a alternativa **correta**, em relação aos bens públicos.

(A) A terra devoluta pertence à categoria de bens públicos de uso especial.

(B) O bem público poderá ser onerado pelos direitos reais de garantia.

(C) As terras devolutas não compreendidas entre as da União pertencem ao Município.

(D) A administração pública não é livre para adquirir ou alienar bens imóveis, necessitando, pois, de autorização legislativa para tal fim.

(E) Pertencem aos Estados as terras devolutas indispensáveis à defesa das fronteiras, das fortificações e construções militares, das vias federais de comunicação e à preservação ambiental, definidas em lei.

A: incorreta, pois tais terras são da categoria dos *bens dominicais*; **B:** incorreta, pois os bens públicos, por serem inalienáveis, também não são passíveis de oneração; **C:** incorreta, pois são dos Estados as terras devolutas não compreendidas entre as da União (art. 26, IV, da CF); **D:** correta, em termos, pois, para a alienação de bens imóveis, é necessário autorização legislativa (art. 17, I, da Lei 8.666/1993); porém, para a aquisição, a necessidade de autorização legislativa depende de previsão na legislação local; **E:** incorreta, pois tais terras pertencem à União (art. 20, II, da CF).

Gabarito "D"

(Magistratura Federal-4ª Região – 2010) Dadas as assertivas que seguem sobre bens públicos, assinale a alternativa correta.

I. Os bens públicos de uso comum do povo e os de uso especial são imprescritíveis, impenhoráveis e também inalienáveis enquanto conservarem a respectiva qualificação. Os bens públicos dominicais embora também tenham por atributos a impenhorabilidade e a imprescritibilidade, podem ser alienados, desde que observadas as exigências da lei.

II. Conquanto as terras tradicionalmente ocupadas pelos índios destinem-se à sua posse permanente, cabendo-lhes o usufruto exclusivo das riquezas do solo, dos rios e dos lagos nelas existentes, elas pertencem todas à União Federal, ostentando a natureza de bens de uso especial.

III. No regime da Constituição Federal brasileira, todas as terras devolutas existentes no território nacional pertencem à União, admitida a cessão aos Estados e aos Municípios, desde que não se trate de imóveis situados na faixa de fronteira.

IV. As ilhas fluviais e lacustres situadas nas zonas limítrofes com outros países incluem-se entre os bens da União; as demais ilhas fluviais e lacustres pertencem aos Estados.

V. O ajuizamento de ação contra o foreiro, na qual se pretende usucapião do domínio útil do bem, não viola a regra de que os bens públicos não se adquirem por usucapião, prevista no artigo 183, § 3º, da Constituição Federal.

(A) Estão corretas apenas as assertivas I e II.

(B) Estão corretas apenas as assertivas I, II e III.

(C) Estão corretas apenas as assertivas II, IV e V.

(D) Estão corretas apenas as assertivas I, II, IV e V.

(E) Estão corretas todas as assertivas.

I: correta (arts. 100 a 102 do CC); **II:** correta (arts. 20, XI, e 231, § 2º, ambos da CF/1988); **III:** incorreta, pois as terras devolutas não pertencentes à União pertencem aos Estados (art. 26, IV, da CF/1988); **IV:** correta (arts. 20, IV, e 26, III, ambos da CF/1988); **V:** correta, pois a usucapião não atinge o direito de propriedade da União, mas pode atingir outros direitos de particulares, ainda que sobre bens públicos, ressalvadas as regras de direito público que se oponham a essa possibilidade.

Gabarito "D"

(Fiscal da Receita/CE – 2010) Assinale a opção correta no que se refere a bens públicos.

(A) Pertencem à União os terrenos de marinha, entendidos como os terrenos situados em uma faixa de 33 metros dos mares e rios, mesmo que não navegáveis, medidos horizontalmente, para a parte da terra, a partir da linha de preamar média medida em 1831.

(B) As terras tradicionalmente ocupadas pelos índios ou por eles habitadas em caráter permanente, bem como as utilizadas para suas atividades produtivas, as imprescindíveis à preservação dos recursos ambientais necessários a seu bem-estar e as necessárias à sua reprodução física e cultural, segundo seus usos, costumes e tradições, são de propriedade dos próprios índios, cabendo à União o processo de sua demarcação.

(C) As terras devolutas são bens dominicais pertencentes aos estados-membros, salvo quando indispensáveis à defesa das fronteiras, das fortificações e construções militares, das vias federais de comunicação e à preservação ambiental, definidas em lei, quando então serão de domínio da União.

(D) As ilhas fluviais e lacustres nas zonas limítrofes com outros países, as praias marítimas, as ilhas oceânicas e costeiras são bens da União.

A: incorreta, pois, à margem dos rios navegáveis, tem-se terrenos marginais, na faixa de até 15 metros (art. 4º do Dec.-lei 9.760/46); **B:** incorreta, pois tais terras são de propriedade da União (art. 20, XI, da CF), cabendo aos índios a posse permanente e o usufruto exclusivo das riquezas do solo, dos rios e dos lagos nelas existentes; **C:** correta (arts. 20, II, e 26, IV, da CF); **D:** incorreta (art. 20, IV, parte final, da CF). Gabarito "C"

9.9.6. Temas combinados de bens públicos

(Ministério Público/ES – 2010 – CESPE) A respeito dos serviços públicos, da concessão e permissão e da classificação dos bens públicos, assinale a opção correta.

(A) Bens públicos de uso especial são todas as coisas, móveis ou imóveis, corpóreas ou incorpóreas, utilizadas pela administração pública para a realização de suas atividades e a consecução de seus fins.

(B) As atividades materiais que são consideradas serviços públicos estão, todas elas, indicadas na legislação infraconstitucional, com a CF apontando apenas as atividades de que o Estado deve-se abster de prestar diretamente, em atenção ao princípio da livre concorrência.

(C) São classificados como serviços públicos delegáveis os que só podem ser prestados por particulares, sujeitos a autorização e controle do Estado, não sendo possível, ao poder público, prestá-los por intermédio de seus órgãos e entidades descentralizadas.

(D) A permissão e a concessão de serviço público podem ser atribuídas a pessoas físicas ou jurídicas, bem como a consórcio de empresas.

(E) Os bens públicos podem ser objeto de uso comum ou de uso especial, mas somente os bens de uso especial podem estar sujeitos a uso remunerado.

A: correta, pois está compatível com o disposto no art. 99, II, do Código Civil; **B:** incorreta, pois a CF elege uma série de serviços como públicos, como o de transporte coletivo, o postal, entre outros; **C:** incorreta, pois o Poder Público pode, sempre que quiser, prestar diretamente serviços públicos, apesar de ser muito comum hoje o Poder Público, quanto aos serviços delegáveis, delegá-los a terceiros; **D:** incorreta, pois a concessão só pode ser atribuída a pessoas jurídicas ou a consórcio de pessoas jurídicas (art. 2º, II, da Lei 8.987/1995); **E:** incorreta, pois o uso dos bens de uso comum do povo também pode ser remunerado (art. 103 do Código Civil), como é o caso do pedágio nas estradas.

Gabarito "A"

(Magistratura Federal-4ª Região – 2010) Dadas as assertivas abaixo, assinale a alternativa correta:

I. As terras devolutas podem tanto ser do domínio da União como dos Estados-membros.

II. A desafetação legal somente se faz necessária para a alienação de bem de uso comum do povo.

III. A imprescritibilidade incide tanto sobre os bens públicos de uso comum do povo como sobre os de uso especial e os bens dominiais.

IV. As chamadas *"cláusulas exorbitantes"* podem tanto integrar os contratos administrativos típicos como os contratos privados celebrados pela Administração em pé de igualdade com os particulares contratantes.

V. A permissão de uso assegura ao permissionário o uso especial e individual de bem público e gera direitos subjetivos para proteger sua utilização na forma permitida.

(A) Estão corretas apenas as assertivas III e IV.

(B) Estão corretas apenas as assertivas IV e V.

(C) Estão corretas apenas as assertivas I, II e III.

(D) Estão corretas apenas as assertivas I, III e V.

(E) Nenhuma assertiva está correta.

I: correta (arts. 20, II, e 26, IV, da CF/1988); **II:** incorreta, pois também é necessária para a desafetação de bens de uso especial, quando a lei tiver promovido a afetação; **III:** correta, pois a usucapião é vedada de forma geral na Constituição (arts. 183, § 3º, e 191, parágrafo único, da CF/1988); **IV:** incorreta, pois somente os contratos administrativos têm essas cláusulas; se se tratar de um contrato regido pelo direito privado, essas cláusulas não existirão, por não serem compatíveis com os princípios do direito privado; **V:** correta, pois o permissionário tem um direito legítimo de uso da área, direito esse que pode ser oposto a terceiros, ressalvada a possibilidade de a Administração retomar o bem dado em permissão, a qualquer tempo, em sem pagamento de indenização, salvo se se tratar de permissão condicionada ou qualificada (ex: com prazo determinado), hipótese em que, para que haja respeito ao princípio da segurança jurídica, a Administração terá de indenizar o permissionário que tiver de sair do bem antes do termo final.

Gabarito "D"

9.10. QUESTÕES SUBJETIVAS COMENTADAS

(OAB/Exame Unificado – 2ª fase – CESPE) O prefeito de um município editou ato normativo estabelecendo normas para o exercício de comércio na feira de artesanato situada na praça central da cidade. Para isso, publicou edital de convocação com o fim de cadastrar e regularizar os ambulantes que poderiam, mediante autorização, desenvolver o comércio no local. Alguns ambulantes que não foram contemplados com autorização da administração municipal ingressaram com ação judicial que objetiva a expedição de alvará definitivo com o fim de lhes assegurar o direito de continuar exercendo o comércio, alegando que estão há vários anos na área, tendo, por isso, direito líquido e certo de ali permanecerem. Em face dessa situação hipotética, discorra fundamentadamente sobre o direito de a administração municipal adotar as providências anunciadas e de regularizar o comércio na feira de artesanato, bem como sobre eventual direito de os ambulantes que não foram contemplados com a autorização seguirem exercendo sua atividade.

RESOLUÇÃO DA QUESTÃO

A praça central da cidade é bem público, do tipo bem de uso comum do povo.

Os bens públicos de uso comum do povo destinam-se ao uso indistinto de qualquer do povo, não comportando uso exclusivo por uma pessoa em detrimento de outras.

Porém, desde que haja outorga de uso por parte da Administração Pública, admite-se que o particular use, em proveito próprio, ou em proveito da comunidade, parte de bem público.

No primeiro caso, tem-se a autorização de uso de bem público, que não depende de licitação. No segundo caso, tem-se a permissão ou a concessão de uso de bem público, que demandam licitação, sendo que a segunda tem natureza contratual.

Dessa forma, a Administração Pública tem competência sim para organizar e regularizar a situação dos ambulantes que se encontram no bem público municipal.

Por se tratar de autorização de uso de bem público, não é necessário procedimento licitatório. Porém, nada impede (ao contrário, é até recomendável) que se publique um edital de convocação que traga requisitos mínimos para a concessão do alvará respectivo.

O processo de regularização mencionado, desde que traga critérios pertinentes e isonômicos, é legítimo e os ambulantes não selecionados não podem alegar direito adquirido ou qualquer outro direito de permanecer no local, uma vez que estavam no local de modo irregular, e, mesmo que tivessem recebido autorização de uso de bem público, esta importa em ato unilateral, discricionário e precário, podendo ser revogada a qualquer tempo.

Por outro lado, caso a regularização tenha se dado mediante critérios não pertinentes ou não isonômicos, os ambulantes preteridos têm direito de ingressar em juízo para requerer a adequação dos critérios aos princípios da Administração Pública, o que poderá ou não importar na concessão de alvará de autorização em seu favor.

(OAB/Exame Unificado – 2ª fase – CESPE) Necessitando instalar um distrito industrial em uma área da cidade, determinado prefeito celebrou, por iniciativa própria, contrato de permuta de um imóvel público com um particular. Em troca, o município recebeu um imóvel que, no entendimento do prefeito, possuía, pela localização e pelas características, as condições ideais para a fixação do distrito industrial. A permuta foi precedida de concorrência pública na qual a administração pôde aferir o imóvel que melhor satisfazia o interesse público. Além de licitação, a administração procedeu a uma avaliação prévia dos bens permutados. Em face dessa situação, responda, de forma fundamentada, às seguintes perguntas.

- A permuta de bem imóvel público é legalmente possível?
- Pode a permuta ser realizada entre bem público e particular?
- A permuta realizada no caso concreto pelo poder público municipal foi legítima e atendeu a todas as condições previstas em lei?

RESOLUÇÃO DA QUESTÃO

A Lei 8.666/1993 admite a permuta de bem imóvel público, podendo ser realizada entre bem público e bem particular (art. 17, I, "c").

O problema é que não foram obedecidos todos os requisitos previstos no art. 17, I, da Lei 8.666/1993.

De acordo com esse dispositivo, a alienação de imóveis públicos depende de interesse público devidamente justificado, prévia avaliação, autorização legislativa e licitação na modalidade concorrência.

A prévia avaliação e a licitação na modalidade concorrência foram realizadas. Porém, há problemas na motivação e na autorização legislativa.

A motivação, com a demonstração da existência de interesse público na alienação do bem público, é requisito cujo cumprimento não ficou muito claro no enunciado da questão. A motivação, no caso, deve justificar não só as razões da escolha do imóvel privado, como também o porquê de se estar alienando o bem público.

E a autorização legislativa de fato não ocorreu no presente caso, vez que o enunciado da questão informa que a alienação se deu por iniciativa própria do Prefeito.

Diante do exposto, a permuta realizada não atendeu a todos os requisitos previstos em lei.

É bom ressaltar que, caso houvesse autorização legislativa e adequada motivação, e o bem fosse destinado ao atendimento das finalidades precípuas da administração (por exemplo para construção de um hospital ou uma escola), a Municipalidade poderia efetuar a permuta sem necessidade de licitação pública, desde que houvesse demonstração de que o imóvel pretendido atenderia às necessidades de instalação e localização da Prefeitura, e seu preço era compatível com o valor de mercado, segundo a avaliação prévia feita (art. 17, I, "c", c/c art. 24, X, ambos da Lei 8.666/1993).

(OAB/Exame Unificado – 2ª fase – CESPE) A administração pública, mediante licitação e por ato unilateral, discricionário e precário, consentiu a um particular a exploração, pelo prazo de 1 ano, em prédio pertencente ao poder público, de restaurante especializado em atendimento a turistas. Passados 6 meses, a administração revogou o referido ato. Em face da situação hipotética apresentada, indique, com a devida fundamentação, a que espécie de ato administrativo pertence o ato revogado e o que pode o particular postular em seu favor.

RESOLUÇÃO DA QUESTÃO

O ato praticado pela administração é a permissão de uso de bem público. Não se trata de mera autorização de uso, pois houve licitação no caso, além do que a autorização é dada para períodos mais curtos. Também não se trata de concessão de uso, pois esta consiste em ato bilateral, contratual, o que não aconteceu no caso narrado.

A permissão de uso de bem público, por ser ato discricionário e precário, pode ser revogada a qualquer tempo, independentemente de indenização ao permissionário.

No entanto, há três fundamentos que podem ser utilizados para que o particular postule a seu favor a manutenção da permissão, segundo os contornos do caso concreto.

O primeiro deles diz respeito à necessidade de a Administração narrar a existência de um fato novo a justificar a revogação. A ausência de motivação ou a insubsistência dela torna o ato nulo, podendo o permissionário buscar esse reconhecimento na esfera administrativa e, se for necessário, na esfera judicial.

O segundo fundamento diz respeito ao fato de que a permissão não é o instituto adequado quando o particular faz investimento de grande monta, como é a instalação de um restaurante, sendo adequado o instituto da concessão.

No caso em tela, apesar de, no papel, ter o particular recebido uma permissão, o regime jurídico adequado deveria ser o de concessão, de modo que se pode buscar o reconhecimento de que esse instituto é o aplicável, o que fará com que, caso não se evite a retomada da coisa pela Administração Pública, por motivo de interesse público, pelo menos possa o particular pleitear indenização por perdas e danos.

E o terceiro fundamento diz respeito ao fato de que permissões com prazos determinados criam uma expectativa junto ao permissionário, expectativa essa que gera consequências jurídicas, face ao princípio da proteção da confiança. Nesse sentido, a doutrina vem entendendo que se está diante de uma permissão qualificada ou condicionada, que justifica o respeito ao prazo nela estabelecido, ficando esta equiparada a uma concessão. Do mesmo modo, caso não se evite a retomada da coisa pela Administração Pública, por motivo de interesse público, pode o particular pleitear indenização por perdas e danos.

Em suma, o particular recebeu uma permissão de uso de bem público, e pode requerer a anulação do ato revocatório, face a ausência de motivação quanto à existência de fato novo que justifique a medida. Não havendo êxito, pode-se, com fundamento no fato de que se tem, no mínimo, permissão qualificada no caso, requerer indenização pela revogação antecipada do ato que beneficia o particular.

(OAB/Exame Unificado – 2ª fase – FGV) Abílio, vendedor ambulante e camelô, comercializava os seus produtos em uma calçada no centro da cidade do Rio de Janeiro, mediante autorização expedida pela Prefeitura do Município do Rio de Janeiro. Em razão de obras no local, todos os ambulantes foram retirados e impedidos de comercializar seus produtos na calçada onde Abílio e seus companheiros vendiam seus produtos.

Abílio, não conformado com a decisão da Administração Pública municipal, resolve ingressar com uma ação na Justiça, por meio da qual pretende uma indenização por danos morais e materiais, em virtude do período em que ficou sem seu trabalho, além do restabelecimento da autorização para que volte a vender seus produtos no mesmo local.

Na qualidade de advogado de Abílio, identifique a natureza jurídica da autorização municipal e exponha, de forma fundamentada, se Abílio possui ou não direito às indenizações pelos danos morais e materiais, além do restabelecimento da autorização.

RESOLUÇÃO DA QUESTÃO

Segundo o Código Civil, os bens públicos podem ser de uso comum do povo, de uso especial e dominicais. Os primeiros se destinam ao uso indistinto de todos, os segundos a servir de estabelecimento público ou a serviço público e os terceiros são bens que constituem mero patrimônio estatal, não havendo afetação, ou seja, não há destinação alguma.

A calçada, assim como as ruas, praças, rios e praias, são bens de uso comum do povo e, como tal, a princípio, não ensejam uso exclusivo por parte de qualquer pessoa, ainda que em parte do bem. No entanto, a Administração Pública pode facultar ao interessado o uso exclusivo de um bem público, por meio dos institutos da autorização, da permissão e da concessão.

A autorização de uso de bem público consiste no ato unilateral, discricionário e precário, pelo qual a Administração, no interesse do particular, faculta a este o uso de um bem público. Tal ato, para ser outorgado, não depende de licitação.

Uma das principais características da autorização é o fato de que esta é precária, podendo ser revogada a qualquer tempo pela Administração, independente de indenização em favor do particular.

Ademais, a outorga ou não da autorização é discricionária, de maneira que o particular não tem direito subjetivo a receber uma autorização da Administração.

Nesse sentido, Abílio não possui direito à indenização pelos danos morais ou materiais decorrentes do impedimento de continuar gozando da autorização que havia recebido, nem direito do restabelecimento desta.

Gabarito comentado – Examinadora

Espera-se que o examinando conheça os bens públicos e a possibilidade de uso mediante autorização, a natureza precária do ato e a consequente ausência de direitos dele decorrentes.

O Código Civil estabelece, no seu art. 98, que são públicos os bens do domínio nacional pertencentes à União, aos Estados ou aos Municípios, restando, para o domínio privado, todos os demais.

Pelo disposto no art. 99 do mesmo Código, os bens públicos estão classificados em: a) os de uso comum do povo, tais como mares, rios, estradas, ruas e praças; b) os de uso especial, tais como os edifícios ocupados por serviços públicos específicos, como escolas, quartéis, hospitais; e c) os dominicais, também chamados de bens do patrimônio disponível, que são aqueles que o Poder Público utiliza como deles utilizariam os particulares e que podem, por exemplo, ser alugados ou cedidos, neste caso, obedecendo-se às regras de licitação e contratação administrativa.

Através do processo de desafetação, os bens públicos podem ser alterados na sua respectiva classificação.

Pelo sistema constitucional em vigor, os bens públicos podem ser da União (art. 20), dos Estados (art. 26) e dos Municípios (os restantes, inclusive as ruas e praças).

Cabe ao Município, no seu poder de organização da comunidade local instituído pelo art. 30 da Constituição, legislar sobre os assuntos de interesse local e promover, no que couber, adequado ordenamento territorial, mediante planejamento e controle do uso, do parcelamento e da ocupação do solo urbano, o que abrange, através do respectivo ordenamento jurídico (leis, decretos e regulamentos), dispor, no Código de Postura e no Código Tributário (e respectivas leis extravagantes) sobre os ambulantes ou camelôs.

Plácido e Silva, no seu clássico Vocabulário Jurídico, diz:

"AMBULANTE. Termo usado na linguagem comercial e de Direito Fiscal, para designar o comerciante que, não possuindo estabelecimento fixo, vende as suas mercadorias, transportadas por si mesmo ou por veículos, de porta em porta, ou seja, de um a outro lugar. Vendedor ambulante. Mascate, bufarinheiro. Não tendo um ponto certo ou comercial para sede de seus negócios, o ambulante terá o seu domicílio comercial, ou sede de seu negócio, no lugar em que for encontrado. Segundo as regras das leis fiscais, o ambulante está sujeito a registro, devendo estar munido de sua patente, para que possa efetuar suas vendas. O ambulante, ou vendedor ambulante, pode negociar ou vender por conta própria ou por conta de outrem. Seu comércio, que se diz comércio ambulante, é compreendido como comércio a varejo."

Ambulante, assim, é o comerciante que não possui estabelecimento fixo, transportando suas mercadorias consigo. É o sucessor do antigo mascate, que tanto serviços prestou à formação da nacionalidade, pois levava suas mercadorias nas casas das cidades, aldeias e fazendas.

Alguns ordenamentos jurídicos municipais admitem a ocupação de trechos específicos das vias públicas por camelôs, que, assim, deixam de ser "ambulantes", no sentido de que devem deambular, sem ter ponto fixo. Assim, para estes Municípios, compreende-se como ambulante aquele que não tem ponto fixo e, como camelô, o que ocupa espaço predeterminado.

Também as leis municipais exigem, por necessidade de organizar a atividade comercial por razões sanitárias e de defesa do consumidor, que ambulantes e camelôs dependam de autorização para o exercício de suas atividades.

Tais autorizações possuem o caráter de PRECARIEDADE e, desta forma, podem ser, a qualquer tempo, cassadas pela autoridade pública, sem que possam os respectivos titulares arguir eventual direito adquirido, nos termos dos atos normativos regedores da espécie, que geralmente estipulam: A autorização do ambulante ou camelô é pessoal e intransferível e concedida a título precário. Sobre a autorização leciona Hely Lopes Meirelles:

"Autorização de uso é o ato unilateral, discricionário e precário pelo qual a Administração consente na prática de determinada atividade individual incidente sobre um bem público. Não tem forma nem requisitos especiais para a sua efetivação, pois visa apenas a atividades transitórias e irrelevantes para o Poder Público, bastando que se consubstancie em ato escrito, revogável sumariamente a qualquer tempo e sem ônus para a Administração. Essas autorizações são comuns para ocupação de terrenos baldios para a retirada de água em fontes não abertas ao uso comum do povo e para outras utilizações de interesse de certos particulares, desde que não prejudiquem a comunidade nem embaracem o serviço público. Tais autorizações não geram privilégios contra a Administração ainda que remuneradas e fruídas por muito tempo, e, por isso mesmo, dispensam lei autorizativa e licitação para o seu deferimento (ob. cit., p. 429)."

A precariedade rege a autorização que o Município concede ao ambulante e ao camelô.

A Administração Municipal desnecessita de lei formal para conceder a autorização, porque dela não decorrem direitos, salvo o de exercitar, enquanto válida, a atividade autorizada. Aliás, por razões de Política da Administração, sequer interessa ao Poder Municipal a existência de tal norma que, se existente, poderá restringir a discricionariedade administrativa.

A autorização somente está submetida aos próprios termos da norma que a prevê ou do despacho que a concedeu. Se houver norma, a ela ficará vinculado o despacho.

Pode a autorização ser suspensa ou revogada a qualquer tempo, sem que se exija, para sua eficácia, qualquer procedimento administrativo, da mesma forma que pode ser concedida a autorização sem que necessite passar sob o procedimento licitatório. Sobre o disposto no art. 21, XII, da Constituição Federal, que se refere a "autorização, concessão ou permissão", ensina Jessé Torres em matéria por tudo aplicável ao presente tema: As autorizações aventadas no art. 21, XII, da Constituição Federal estariam sujeitas à licitação? Parece que não, dada sua índole (unilateralidade e discricionariedade do Poder Público na outorga, e interesse privado na exploração do objeto da autorização (Comentários à lei das licitações e das contratações da Administração Pública, Rio, Ed. Renovar, 1994, p. 20).

Pode a lei municipal estabelecer a cobrança de tributo (por exemplo, de imposto sobre serviços), sobre a atividade do ambulante, atividade que pode ser exercitada por empresas legalmente constituídas.

Também poderão ser cobradas taxas (inclusive de expediente) para a expedição da autorização, que, nem por isto, perderá o seu caráter precário.

(OAB/Exame Unificado – 2ª fase – FGV) Ao assumir a presidência de uma importante autarquia estadual, Tício determinou a realização de uma auditoria em todo o patrimônio da entidade. Ao final dos trabalhos da comissão de auditoria, chamou a atenção de Tício a enorme quantidade de bens móveis catalogados, no relatório final de auditoria, como inservíveis para a administração.

Considerando a situação hipotética narrada, responda aos seguintes questionamentos, empregando os argumentos apropriados e a fundamentação legal pertinente ao caso.

a) Qual a natureza jurídica dos bens pertencentes à autarquia?

b) Como deverá proceder Tício caso resolva alienar os bens móveis catalogados como inservíveis para a administração?

RESOLUÇÃO DA QUESTÃO

Sendo a autarquia uma pessoa jurídica de direito público, seus bens são considerados bens públicos e submetem-se ao regime jurídico juspublicista. Tal conclusão extrai-se da norma do artigo 98 do Código Civil, que classifica os bens públicos de acordo com a sua titularidade. A alienação de bens móveis pertencentes à autarquia deve observar a disciplina prevista no artigo 17, inciso II, da Lei n. 8.666/1993, que exige: interesse público devidamente justificado, avaliação prévia e licitação. É importante que o examinando registre que a licitação, *in casu*, deve seguir a modalidade leilão, nos termos do artigo 22, § 5º, da Lei n. 8.666/1993.

(OAB/Exame Unificado – 2ª fase – CESPE) O Estado X ajuizou ação de reintegração de posse em face de Caio, servidor público que, na qualidade de vigia de uma escola pública estadual, reside em uma pequena casa nos fundos do referido imóvel público e, embora devidamente notificado para desocupar o bem, recusou-se a fazê-lo.

Em sua defesa, Caio alega (i) que reside no imóvel com a anuência verbal do Poder Público e(ii) que a sua boa-fé, associada ao decurso de mais de quinze anos de ocupação do bem sem qualquer oposição, lhe asseguram a usucapião do imóvel.

Considerando a situação hipotética apresentada, analise os dois fundamentos deduzidos por Caio em sua defesa, empregando os argumentos jurídicos apropriados e a fundamentação legal pertinente ao caso.

RESOLUÇÃO DA QUESTÃO

A anuência verbal do Poder Público em relação à ocupação do imóvel não repercute sobre a esfera jurídica do Poder Público, uma vez que os contratos verbais com a Administração Pública são nulos e sem nenhum efeito, nos termos do artigo 60, parágrafo único, da Lei n. 8.666/1993.

Em relação ao segundo argumento, um dos atributos dos bens públicos, qual seja, a sua imprescritibilidade, de modo que os bens públicos não se sujeitam à prescrição aquisitiva de direitos. Assim, a pretensão de usucapião de um bem público deve ser rejeitada, conforme previsto nos artigos 183, § 3º (propriedade urbana) e 191, parágrafo único (propriedade rural), ambos da CRFB.

É importante ressaltar que, por se tratar de prova discursiva, será exigido do examinando o desenvolvimento do tema apresentado. Desse modo, além de resposta conclusiva acerca do arguido, a mera menção a artigo não é pontuada, nem a mera resposta negativa desacompanhada do fundamento correto.

(OAB/Exame Unificado – 2ª fase – FGV) João, comerciante experimentado, fundado na livre-iniciativa, resolve pedir à administração do município "Y" que lhe outorgue o competente ato para instalação de uma banca de jornal na calçada de uma rua.

Considerando a situação narrada, indaga-se:

A) Pode o Município "Y" se negar a outorgar o ato, alegando que considera desnecessária a referida instalação? Fundamente.

B) Pode o município "Y", após a outorga, rever o ato e o revogar? Neste caso é devida indenização a João? Fundamente.

C) Caso o ato de outorga previsse prazo para a duração da utilização do espaço público, seria devida indenização se o Poder Público resolvesse cancelar o ato de outorga antes do prazo? Fundamente.

A simples menção ou transcrição do dispositivo legal não pontua.

Gabarito comentado – Examinadora:

A. O município "Y" tem o direito de negar, porque, tratando-se ato discricionário, sua aprovação é baseada na conveniência e oportunidade do Administrador.

B. Do mesmo modo, o município "Y" pode revogar tal ato autorizativo a qualquer tempo, tendo em vista a precariedade do ato, não sendo devida qualquer indenização em vista dessa característica.

C. Por outro lado, a fixação de prazo certo implica em desnaturação do caráter precário do vínculo, ensejando no particular a legítima expectativa de que sua exploração irá vigorar pelo prazo predeterminado pela própria Administração. Sendo assim, a revogação do ato antes do esgotamento do prazo caracteriza conduta descrita como *venire contra factum proprium*, ensejando a devida indenização pelos prejuízos efetivamente comprovados.

CAPÍTULO 10

Intervenção do Estado na Ordem Econômica e no Direito de Propriedade

10.1. INTERVENÇÃO DO ESTADO NA ORDEM ECONÔMICA

Apesar de vivermos num sistema de livre-iniciativa e de livre concorrência (art. 170 da CF), o Estado, para preservar outros valores previstos na Constituição, acaba por ter de intervir na ordem econômica, de modo a evitar que abusos sejam cometidos.

É interessante iniciar o tratamento da presente matéria por sua raiz constitucional para que depois possamos trazer à baila as disposições contidas na Lei 12.529/2011 (Lei do CADE ou Lei Antitruste). Vejamos tais dispositivos constitucionais:

> "Art. 170. A ordem econômica, fundada na valorização do trabalho humano e na livre-iniciativa, tem por fim assegurar a todos existência digna, conforme os ditames da justiça social, observados os seguintes princípios:
>
> I – soberania nacional; II – propriedade privada; III – função social da propriedade; IV – livre concorrência; V – defesa do consumidor; VI – defesa do meio ambiente; VII – redução das desigualdades regionais e sociais; VIII – tratamento favorecido para as empresas de pequeno porte constituídas sob as leis brasileiras e que tenham sua sede e administração no País.
>
> Parágrafo único. É assegurado a todos o livre exercício de qualquer atividade econômica, independentemente de autorização de órgãos públicos, salvo nos casos previstos em lei."
>
> "Art. 173. § 4º. A lei reprimirá o abuso do poder econômico que vise à dominação dos mercados, à eliminação da concorrência e ao aumento arbitrário dos lucros.

§ 5º A lei, sem prejuízo da responsabilidade individual dos dirigentes da pessoa jurídica estabelecerá a responsabilidade desta, sujeitando-a às punições compatíveis com sua natureza, nos atos praticados contra a ordem econômica e financeira e contra a economia popular."

"Art. 174. Como agente normativo e regulador da atividade econômica, o Estado exercerá, na forma da lei, as funções de fiscalização, incentivo e planejamento, sendo este determinante para o setor público e indicativo para o setor privado.

§ 1º A lei estabelecerá as diretrizes e bases do planejamento do desenvolvimento nacional equilibrado, o qual incorporará e compatibilizará os planos nacionais e regionais de desenvolvimento. (...)"

A Lei Federal 12.529/2011 estrutura o Sistema Brasileiro de Defesa da Concorrência – SBDC e dispõe sobre a prevenção e a repressão às infrações contra a ordem econômica, orientada pelos ditames constitucionais de liberdade de iniciativa, livre concorrência, função social da propriedade, defesa dos consumidores e repressão ao abuso do poder econômico (art. 1º).

O SBDC é formado pelo Conselho Administrativo de Defesa Econômica – CADE e pela Secretaria de Acompanhamento Econômico do Ministério da Fazenda (art. 3º).

O CADE é entidade judicante com jurisdição em todo o território nacional, que se constitui em autarquia federal, vinculada ao Ministério da Justiça (art. 4º). Ele é constituído pelos seguintes órgãos: a) Tribunal Administrativo de Defesa Econômica; b) Superintendência-Geral; e c) Departamento de Estudos Econômicos (art. 5º).

Constituem infrações da ordem econômica, independentemente de culpa, os atos sob qualquer forma manifestados, que tenham por objeto ou possam produzir os seguintes efeitos, ainda que não sejam alcançados (art. 36, *caput*): a) limitar, falsear ou de qualquer forma prejudicar a livre concorrência ou a livre-iniciativa; b) dominar mercado relevante de bens ou serviços; c) aumentar arbitrariamente os lucros; e d) exercer de forma abusiva posição dominante.

Só haverá configuração de infração da ordem econômica se, **ocorridas quaisquer das hipóteses previstas no artigo 36, § 3º, da Lei 12.529/2011** (exs: preços concertados, divisão ou limitação de acesso a mercado), **tal implicar na ocorrência de uma das quatro situações narradas no parágrafo anterior** (art. 36, *caput*).

A lei prevê sanções pecuniárias (art. 37) e não pecuniárias (art. 38).

No primeiro caso (sanções pecuniárias), está a multa à pessoa jurídica e também ao administrador desta. Quanto ao segundo caso (sanções não pecuniárias), temos as seguintes: a imposição de publicação de notícia sobre a ocorrência da prática anticoncorrencial, a proibição de contratar com instituições financeiras oficiais e de participar de licitação, a cisão da sociedade, a transferência de controle societário, a venda de ativos, a cessação parcial da atividade ou qualquer providência necessária à eliminação dos efeitos nocivos à ordem econômica.

10.2. INTERVENÇÃO DO ESTADO NA PROPRIEDADE PRIVADA

10.2.1. Introdução

A propriedade há de atender duas funções: a função individual, mais ligada aos interesses do proprietário; e à função social, ligada ao interesse da sociedade.

Para garantir que a propriedade atenda à sua função social, o Estado nela intervém com vista a preservar os seguintes valores:

a) uso seguro da propriedade: por exemplo, criando leis (Código de Obras) e fiscalizando seu cumprimento;

b) uso organizado da propriedade: por exemplo, criando leis de zoneamento e fiscalizando seu cumprimento;

c) uso legítimo da propriedade: por exemplo, criando leis que impõem o silêncio após dado horário e fiscalizando seu cumprimento;

d) uso social da propriedade: por exemplo, valendo-se dos institutos da desapropriação, servidão, requisição, ocupação temporária;

e) preservação do meio ambiente; por exemplo: valendo-se do instituto do tombamento.

O foco do estudo da intervenção na propriedade recairá sobre as limitações administrativas, exemplificadas nos itens "a" a "c", e também sobre os demais institutos mencionados como exemplos nos itens "d" e "e".

10.2.2. Limitação administrativa

É a imposição unilateral, geral e gratuita, que traz os limites dos direitos e atividades particulares de forma a condicioná-los às exigências da coletividade. Ex.: proibição de construir sem respeitar recuos mínimos; proibição de instalar indústria ou comércio em determinadas zonas da cidade; leis de trânsito, de obras e de vigilância sanitária; lei do silêncio.

A limitação administrativa pode ser de três tipos: *positiva* (ex.: imposição de construção de muro ou de limpar o imóvel), *negativa* (ex.: limitação da altura de uma obra) ou *permissiva* (ex.: permitir vistoria de imóvel pelo Poder Público).

Perceba-se a identidade entre a limitação administrativa e o poder de polícia. Enquanto o poder de polícia é a atividade condicionadora dos direitos aos seus limites, a limitação é o próprio limite que o particular deve observar e que o Poder Público deve levar em conta na sua atividade de poder de polícia.

Nem a limitação administrativa, nem a atividade de condicionamento dos direitos feita pelo Poder Público (poder de polícia), ensejarão indenização ao particular, visto que são imposições que atingem a todos igualmente, não prejudicando ninguém especificamente, mas apenas traçando os limites do direito que cada um de nós temos.

São diferenças entre limitação administrativa e servidão: a primeira não é ônus real, ao passo que a segunda é ônus real; aquela é gratuita (atingindo a todos), enquanto esta é onerosa (pois atinge um bem em particular); a limitação importa e traça deveres de não fazer (*non facere*), já a segunda em deveres de suportar (*pati*) – *suportar* é mais amplo que *não fazer*).

10.2.3. Requisição de bens ou serviços

É o ato pelo qual o Estado determina e efetiva a utilização de bens ou serviços particulares, mediante indenização ulterior, para atender necessidades públicas urgentes e transitórias, ou seja, em caso de iminente perigo público.

O requisito para requisição de *bens* está previsto na CF, em seu artigo 5º, XXV: *no caso de iminente perigo público, a autoridade competente poderá usar de propriedade particular, assegurada ao proprietário indenização ulterior, se houver dano.*

São situações de iminente perigo público uma inundação, um incêndio, a falta de alimento etc. Em caso de inundação, por exemplo, pode o Poder Público, para dar guarida àqueles que poderão ter sua casa invadida pela água, requisitar o ginásio de um clube particular para abrigo de tais pessoas. Após isso, o particular será indenizado.

O fundamento do instituto consiste no estado de necessidade pública. O artigo 22, inciso III, da CF, diz caber privativamente à União legislar sobre "requisições civis ou militares, em caso de iminente perigo público e em tempo de guerra". A requisição administrativa de bens e serviços é tratada pela Lei Delegada 4/1962 e pelo Decreto-lei 2/1966, enquanto que as requisições civis e militares em tempo de guerra estão reguladas pelo Decreto-lei 4.812/1942.

São diferenças entre desapropriação e requisição as seguintes: a desapropriação só se refere a *bens*, enquanto a requisição pode ser de *bens* ou *serviços;* a primeira é direcionada a *aquisição* do bem, ao passo que a segunda busca apenas seu *uso*, de forma que a desapropriação visa atender a necessidades *permanentes* e a requisição, a necessidades *transitórias;* a primeira depende de *acordo ou processo* para se efetivar, a segunda é *autoexecutável;* a desapropriação depende de *indenização prévia*, a requisição dá ensejo a *indenização posterior* desde que haja dano.

10.2.4. Ocupação temporária (ou provisória)

Consiste no direito de uso do Poder Público sobre um bem particular não edificado, de forma transitória, remunerada ou gratuita, com o objetivo de executar obras, serviços ou atividades públicas.

O artigo 36 do Decreto-lei 3.365/1941 (Lei de Desapropriação) prevê tal ocupação: *é permitida a ocupação temporária, que será indenizada, a final, por ação própria, de terrenos não edificados, vizinhos às obras e necessários à sua realização. O expropriante prestará caução, quando exigida.*

Quanto às diferenças entre a ocupação e a requisição, a primeira incide sobre bens, enquanto a segunda sobre *bens* e *serviços*; a requisição é típica de situações de urgência, enquanto a ocupação não tem essa característica necessariamente; o exemplo de ocupação mais comum (o trazido acima) prevê que ela só se dá sobre terrenos não edificados e mediante caução (se exigida), enquanto a requisição incide sobre qualquer bem e sem caução.

Em leis esparsas existem outros tipos de ocupação, como aquela destinada a fazer pesquisas acerca da existência de minérios em bens particulares, medida que evita uma desapropriação do bem com posterior ciência de que a suspeita de que havia minério no local era infundada.

10.2.5. Servidões administrativas

É o ônus real de uso imposto pela Administração a um bem particular, com objetivo de assegurar a realização de obras e serviços públicos, assegurada indenização ao particular, salvo se não houver prejuízo.

São exemplos de servidão os seguintes: instalação de linhas e torres de transmissão de energia elétrica em bem particular; servidão de aqueduto; e servidão para instalação de placas indicativas de ruas em imóveis particulares (nesse caso geralmente não haverá dano ao particular, não se podendo falar em indenização).

Institui-se tal ônus real tal qual a desapropriação para aquisição da propriedade de um bem. Há necessidade de ato declaratório da utilidade pública da servidão (art. 40 do Dec.-lei. 3.365/1941: *o expropriante poderá constituir servidões, mediante indenização na forma desta lei*), com consequente tentativa de acordo para indenização, que, infrutífera, ensejará processo judicial para sua instituição. Assim, os *títulos* para instituição da servidão podem ser tanto o acordo administrativo como a sentença judicial. Após isso, um dos dois será registrado no Cartório Imobiliário, *constituindo*, finalmente, o direito real em tela.

A indenização segue a sorte daquela prevista para a desapropriação. A Súmula 56 do STJ tem o seguinte teor: *na desapropriação para instituir servidão administrativa são devidos juros compensatórios pela limitação do uso da propriedade.* O único cuidado que se deve ter ao ler a presente súmula é não confundir servidão com limitação administrativa.

São diferenças gerais entre a servidão administrativa e a servidão civil: a primeira é ônus real do Poder Público sobre a propriedade, enquanto a segunda é ônus real de um prédio (dominante) em face de outro prédio (serviente); aquela tem serventia pública (utilidade pública) e esta tem serventia privada (utilidade privada e bem certo).

10.2.6. Tombamento

O tombamento pode ser conceituado como o *ato do Poder Público que declara de valor histórico, artístico, paisagístico, turístico, cultural ou científico, bens ou locais para fins de preservação.*

O instituto está regulamentado no Dec.-lei 25/1937.

Quanto ao objeto, o tombamento pode alcançar tanto bens imóveis individualmente considerados (um prédio histórico), um conjunto arquitetônico (o Pelourinho, em Salvador), um bairro (o Centro do Rio de Janeiro), uma cidade (Ouro Preto) e até um sítio natural. Pode também alcançar bens móveis, como a mobília da casa de um personagem histórico, como Santos Dumont.

Admite-se o chamado *tombamento cumulativo*, que é o tombamento de um mesmo bem por mais de um ente político.

A instituição do tombamento pode ser *voluntária* (por requerimento do próprio dono da coisa) ou *contenciosa*. A última impõe a notificação do proprietário para, no prazo de 15 dias, impugnar, se quiser, a intenção do Poder Público de tombar a coisa. Uma vez concluído pelo tombamento, este será feito mediante inscrição do ato num dos quatro Livros do Tombo (Paisagístico, Histórico, Belas Artes e Artes Aplicadas). Em se tratando de imóvel, o ato também deve ser registrado no Registro de Imóveis.

É importante ressaltar que, com a notificação do proprietário, ocorre o *tombamento provisório*, que já limita o uso da coisa por seu dono.

Além de poder ser instituído por *ato administrativo*, o tombamento também pode advir de *ato legislativo* (por exemplo, o art. 216, § 5º, da CF, pelo qual "ficam tombados os documentos e sítios detentores de reminiscências históricas dos antigos quilombos") ou *ato judicial*. No terceiro caso, o juiz, diante de uma ação coletiva (ex.: ação popular ou ação civil pública), determina a inscrição do tombamento no Livro do Tombo.

Quanto aos efeitos do tombamento, temos, entre outros, os seguintes: a) o proprietário deverá conservar a coisa (se não tiver recursos, deve levar ao conhecimento do Poder Público, que fica autorizado legalmente a executar a obra); b) o proprietário não pode reparar, pintar ou restaurar a coisa, sem prévia autorização especial do Poder Público; c) os vizinhos não podem reduzir a visibilidade da coisa tombada, nem colocar anúncios sem prévia autorização especial; d) os entes políticos têm direito de preferência na aquisição da coisa, caso o proprietário queira aliená-la; e) o bem tombado, se for um bem público, ou seja, pertencente a uma pessoa jurídica de direito público, é inalienável; f) o bem tombado não pode sair do País, salvo se por prazo curto, sem alienação, para fim de intercâmbio cultural e mediante autorização do Poder Público; g) o proprietário do bem tombado tem direito de ser indenizado, caso sofra restrição especial que o prejudique economicamente.

A Constituição traz uma norma especial sobre o tombamento do patrimônio cultural ao dispor que "ficam tombados todos os documentos e os sítios detentores de reminiscências históricas dos antigos quilombos" (art. 216, § 5º).

O Dec.-lei 25/1937 é de leitura obrigatória para se conhecer mais sobre o instituto do tombamento.

10.2.7. Expropriação (art. 243 da CF)

A expropriação pode ser conceituada como *a retirada da propriedade de alguém sem o pagamento de indenização alguma*.

O instituto é cabível nas seguintes hipóteses:

a) sobre gleba onde forem localizadas culturas ilegais de plantas psicotrópicas;

b) sobre bem apreendido em decorrência de tráfico.

Os bens expropriados terão a seguinte destinação:

a) glebas serão destinadas ao assentamento de colonos para cultivo de produtos alimentícios/medicamentosos;

b) os bens serão revertidos em benefício de instituições e pessoal especializados no tratamento de viciados e no aparelhamento e custeio de atividades de fiscalização, controle, prevenção e repressão do crime de tráfico.

Resta estudar agora a desapropriação, que consiste na retirada da propriedade de terceiro, mas mediante o devido pagamento.

10.2.8. Desapropriação

10.2.8.1. Fundamentação legal

O instituto da desapropriação está regulamentado nos seguintes diplomas: Constituição Federal – arts. 5º, XXIV, 182, § 3º, 184, 185 e 243; Decreto-lei 3.365/1941 (utilidade e necessidade pública), Lei 4.132/1962 (interesse social), Decreto-Lei 1.075/1970 (imissão provisória na posse em imóveis residenciais urbanos), Lei 8.257/1991 (glebas com culturas ilegais de plantas psicotrópicas), Lei 8.629/1993 (reforma agrária), Lei Complementar 76/1993 (rito sumário de contraditório especial para reforma agrária) e Lei 10.257/2001 (desapropriação por interesse social como instrumento de política urbana).

10.2.8.2. Direito material

Pode-se conceituar a desapropriação como o *procedimento pelo qual o Poder Público, fundado em necessidade pública, utilidade pública ou interesse social, compulsoriamente adquire para si um bem certo, em caráter originário, mediante indenização prévia, justa e pagável em dinheiro, salvo no caso de imóveis em desacordo com a função social da propriedade, hipóteses em que a indenização far-se-á em títulos da dívida pública.*

A desapropriação é expressão do princípio da supremacia do interesse público sobre o particular. É muito comum que entrem em choque dois interesses. De um lado, o Poder Público, interessado muitas vezes em utilizar um dado imóvel particular para, por exemplo, construir uma escola, um hospital ou uma repartição pública. De outro, o particular interessado em não alienar nem ceder um imóvel do qual é titular do direito de propriedade. Entre o interesse do Poder Público e o interesse do particular, prevalecerá o primeiro, ou seja, o Poder Público poderá exigir que o particular entregue o bem de sua propriedade, e, em troca, o particular terá direito de ser indenizado, indenização que será, em regra, prévia, justa e pagável em dinheiro.

A desapropriação é forma originária de aquisição da propriedade, não se vinculando, portanto, ao título anterior. Isso significa, por exemplo, que as dívidas do imóvel ficam sub-rogadas no preço pago pela desapropriação e não mais neste (art. 31 do Decreto-lei 3.365/1941). Ademais, mesmo que se tenha desapropriado imóvel de pessoa que não era seu dono, não haverá invalidade (ou seja, não há direito de reivindicação por terceiro – art. 35 do Decreto-lei 3.365/1941), ressalvado o direito de o verdadeiro dono se insurgir contra o que se supunha dono do imóvel.

A **competência para legislar** sobre desapropriação é privativa da União (art. 22, II, CF).

São **fases** da desapropriação a **declaratória,** em que o ente declara de utilidade pública determinada área a ser desapropriada, e a **executória**, em que são tomadas providências concretas para efetivar a manifestação de vontade anterior. Tenta-se, em primeiro lugar, fazer um acordo com o proprietário (desapropriação extrajudicial). Não sendo frutífera tal tentativa, ingressa-se com ação de desapropriação.

A **competência para a primeira fase** (competência para declarar bem de utilidade pública ou interesse social) é dos entes políticos (União, Estados, DF e Municípios), do DNIT (Lei 10.233/2001) e da ANEEL (art. 10 da Lei 9.074/1995).

A **competência para a segunda fase** (competência para executar a desapropriação) é dos entes políticos, autarquias e fundações públicas; concessionárias de serviço público ou entes delegados pelo Poder Público, desde que autorizados expressamente pela lei ou pelo contrato (art. 3º do Decreto-lei 3.365/1941).

O **objeto** da desapropriação é qualquer bem (móvel ou imóvel, material ou imaterial, inclusive o espaço aéreo e o subsolo), exceto moeda corrente nacional (salvo moedas raras), pessoas e direitos personalíssimos. O objeto deve também ser existente, preciso, certo e possível. É cabível a desapropriação do espaço aéreo e do subsolo quando de sua utilização pelo Poder Público resultar prejuízo patrimonial ao proprietário do solo.

Bem público pode ser desapropriado. A União pode desapropriar de todos os entes, além dos particulares. Estados desapropriam dos Municípios e dos particulares. Municípios, só dos particulares. Quando a desapropriação se dá sobre bem público, além de se respeitar os limites acima, deve ser precedida de autorização legislativa.

Por fim, vale destacar que não é possível a autodesapropriação, ou seja, a desapropriação de bem da própria pessoa.

A **declaração de utilidade pública** consiste no ato pelo qual o Poder Público manifesta intenção de adquirir compulsoriamente determinado bem submetendo-o à sua força expropriatória. Deve-se identificar o *bem*, seu *destino* e o *dispositivo legal* que autoriza o ato. Faz-se por decreto, normalmente. O Poder Legislativo pode tomar a iniciativa, cabendo ao Executivo efetivá-la. Ao Poder Judiciário é vedado decidir se se verificam ou não os casos de utilidade pública (art. 9º do Dec.-lei 3.365/1941).

São **efeitos da declaração:** a) submete o bem à força expropriatória do Estado; **b) fixa o estado** dos bens, o que não significa que não possa ser vendido ou alterado (importante, pois o Estado deverá indenizar as benfeitorias necessárias efetuadas posteriormente; as benfeitorias úteis, por sua vez, só serão indenizadas pelo Estado se este autorizar sua realização; as voluptuárias nunca serão indenizadas); **c) confere ao Poder Público o direito de penetrar** no bem, com auxílio de força policial se o caso (art. 7º do Dec.-lei 3.365/1941 – tal efeito demonstra a autoexecutoriedade do Decreto); **d) dá início ao prazo de caducidade** da declaração.

A **caducidade da declaração** consiste na perda de sua validade pelo decurso do tempo sem que o Poder Público promova os atos concretos de expropriação, ficando inviabilizada a desapropriação. Nas hipóteses de desapropriação por **utilidade pública, o prazo de caducidade é de 5 anos** (art. 10 Decreto-lei 3.365/1941). No caso de desapropriação por **interesse social, a caducidade se dá após 2 anos** (art. 3º da Lei 4.132/1962). A desapropriação por interesse social se dá quando não se cumpre a função social da propriedade, sendo as demais por utilidade ou necessidade pública. Caso haja a caducidade, somente **decorrido 1 ano** poderá haver nova declaração sobre aquele bem.

Imissão provisória de posse é a transferência da posse do bem objeto de desapropriação para o expropriante, já no início da lide, concedida pelo Juiz, se o Poder Público declarar urgência e depositar, em Juízo, a favor do proprietário, importância fixada segundo critério legal.

A **indenização** será sempre **justa**, **prévia** e, como regra, em **dinheiro**. Mas quando não se atender à função social, seja em área urbana, seja em área rural, a desapropriação decorrente de tal situação implicará pagamento por títulos públicos, resgatáveis anual e sucessivamente. Vale dizer, em que pese o pagamento seja prévio, não será em dinheiro, mas em títulos resgatáveis anualmente. Vejamos as hipóteses de pagamento com títulos públicos:

Imóvel rural: a União é competente para desapropriá-lo quando o fundamento é o não atendimento à função social; o pagamento é feito em títulos da dívida agrária, com cláusula de preservação do valor real, resgatáveis em até 20 anos, a partir do segundo ano de emissão do título. Cuidado, pois as benfeitorias úteis e necessárias são indenizadas em dinheiro (art. 184, § 1º, da CF).

Imóvel urbano: o Município é o competente para desapropriá-lo quando o fundamento é o não atendimento à função social da propriedade (imóvel não edificado, subutilizado ou não utilizado). Depende de lei específica, para a área incluída no Plano Diretor, a exigência, nos termos de lei federal, de que o proprietário promova o adequado aproveitamento do imóvel, sob pena de, sucessivamente, determinar-se o parcelamento ou edificação compulsórios, instituir-se IPTU progressivo no tempo, para só depois, mantida a situação, efetivar-se a desapropriação. Nesse caso o pagamento será feito em títulos da dívida pública (de emissão previamente aprovada pelo Senado), resgatáveis em até 10 anos, em parcelas anuais, iguais e sucessivas, assegurados o valor real da indenização e os juros legais. Não há previsão de pagamento em dinheiro das benfeitorias, talvez porque geralmente não haverá benfeitoria alguma (art. 182 da CF).

Não há indenização (confisco): na expropriação de gleba de qualquer região, onde forem localizadas culturas ilegais de plantas psicotrópicas, o mesmo ocorrendo com bens de valor econômico apreendidos em decorrência de tráfico ilícito de entorpecentes e drogas afins. Há, portanto, o confisco de tais bens, que serão utilizados em projetos sociais (assentamentos, cultivos, instituições, recuperação, fiscalização etc.).

A **justa indenização** compreende o valor de mercado do imóvel, abrangendo os danos emergentes e os lucros cessantes do proprietário. Inclui juros moratórios, compensatórios, correção monetária e honorários advocatícios. Os juros moratórios, segundo a MP 2.183-56/2001, correm a partir de 1º de janeiro do exercício seguinte ao que o pagamento deveria ser feito. Os juros compensatórios são contados desde o momento da imissão antecipada na posse, pois, a partir daí, o proprietário não mais terá a disponibilidade do bem, devendo ser compensado por isso. A correção monetária é contada desde a realização do laudo pericial que fixa o valor do bem expropriado. Os honorários são fixados tendo por base de cálculo a diferença entre o oferecido pelo Poder Público e o fixado pelo Poder Judiciário.

Consuma-se a desapropriação com o pagamento da indenização, pois a Constituição diz que a desapropriação requer prévia (e justa) indenização. É importante saber qual o momento em que se consuma a desapropriação, a fim de concluir-se até quando o Poder Público pode dela desistir Destarte, pode-se desistir da desapropriação até o último momento anterior ao do pagamento da indenização. Deve-se ressaltar que eventuais danos causados ao particular devem ser ressarcidos.

Desapropriação por zona *é aquela de área maior do que a necessária à realização de obra ou serviço, para abranger zona contígua a ela, tendo em vista* reservá-la *para o futuro ou* revendê-la, *se extraordinária valorização for decorrência da desapropriação a ser efetuada.* Ou seja, consiste em desapropriar área maior do que a necessária naquele momento, com a finalidade de garantir espaço para realização de obras no futuro ou com o objetivo de revender a área maior desapropriada, quando houver valorização muito grande do local, a fim de não causar enriquecimento sem causa ao antigo proprietário. A declaração de utilidade deve compreendê-las, mencionando qual é para revenda e qual será para o desenvolvimento da obra (art. 4º do Decreto-lei 3.365/1941). Parte da doutrina defende que o Poder Público deveria, no caso de valorização, cobrar o tributo contribuição de melhoria, já que se trata de alternativa menos gravosa ao proprietário, entendimento não compartilhado pela jurisprudência do STF.

Direito de extensão *consiste na faculdade do expropriado de exigir que na desapropriação se inclua a parte restante do bem que se tornou inútil ou de difícil utilização.* Deve ser exercido quando da realização do acordo administrativo ou no bojo da ação de desapropriação, sob pena de se considerar que houve renúncia.

Segundo o art. 20 do Dec.-lei 3.365/1941, a contestação somente poderá versar sobre dois pontos: a) vício do processo judicial; b) impugnação do preço. Qualquer outra questão deverá ser decidida por ação autônoma.

Quanto ao vício do processo judicial pode-se alegar, em preliminar, tanto defeitos processuais (ausência de pressupostos processuais) como aqueles relativos à ação (ausência de condição de ação).

Quanto à impugnação ao preço, o que se permite é discutir o *quantum* ofertado pelo Poder Público na sua petição inicial.

Por outro lado, pode o particular exercer o direito de extensão, ou seja, o direito *de exigir que na desapropriação se inclua a parte restante do bem que se tornou inútil ou de difícil utilização*, na própria contestação, apresentando outra avaliação do bem, abrangendo a integralidade do imóvel, e não apenas a parte incluída no plano de desapropriação, conforme entendimento do Superior Tribunal de Justiça.

O fundamento jurídico desse direito também é a norma constitucional que determina a fixação da justa indenização (art. 5º, XXIV). Isso porque, caso o expediente da desapropriação parcial com esvaziamento econômico da área remanescente não fosse impedido, a justa indenização, por vias transversas, estaria sendo prejudicada.

Não bastasse isso, há diversas outras normas repelindo esse tipo de conduta e conferindo ao prejudicado o direito de extensão. Por exemplo, há a Lei Complementar 76/1993, que dispõe sobre o procedimento sumário de desapropriação para fins de reforma agrária, e que contempla expressamente, em seu art. 4º, o direito de extensão.

Retrocessão *importa no direito do ex-proprietário de reaver o bem expropriado que não foi utilizado em finalidade pública.* O requisito aqui é o desvio de finalidade, a chamada tredestinação, utilizando-se o bem expropriado em fim não público. Não configura o instituto a utilização do bem em destinação distinta da prevista no decreto expropriatório, quando a nova finalidade for de interesse público.

10.2.8.3. Direito processual na desapropriação direta

10.2.8.3.1. Competência

O foro competente para o julgamento de ação de desapropriação é o da situação da área desapropriada. No caso da Justiça Federal, a regra permanece, ou seja, é competente o juízo federal onde se situa o imóvel objeto da demanda.

10.2.8.3.2. Legitimidade

a) Ativa: podem propor a ação de desapropriação as pessoas competentes para a fase de execução da desapropriação (vistas acima), ou seja, os entes políticos, as autarquias e as fundações públicas, as concessionárias de serviço público e os entes delegados pelo Poder Público também poderão, desde que autorizados expressamente por lei ou por contrato (art. 3º do Dec.-lei 3.365/1941);

b) Passiva: sofre a ação de desapropriação o proprietário do bem.

10.2.8.3.3. Petição inicial

A petição inicial conterá:

a) preenchimento dos requisitos previstos no art. 282 do CPC;

b) oferta do preço;

c) exemplar do contrato, ou do jornal oficial, em que foi publicado o decreto (serve cópia autenticada);

d) planta ou descrição do bem e suas confrontações.

10.2.8.3.4. Imissão provisória na posse

Muitas vezes, o Poder Público não tem como esperar o final da ação de desapropriação para adentrar no bem. As demandas sociais costumam ser urgentes. Nesses casos, o Poder Público pode pedir para ingressar imediatamente no imóvel. São necessários dois requisitos para a imissão provisória na posse (art. 15, *caput*, do Dec.-lei 3.365/1941), analisados abaixo.

Alegação de urgência: aqui, há três observações a serem feitas. A primeira, no sentido de que basta a mera alegação de urgência para que o requisito seja preenchido, ou seja, não é necessária a demonstração da urgência em juízo, por se tratar de questão de conveniência e oportunidade da administração pública; a segunda, no sentido de que essa alegação pode acontecer tanto no decreto expropriatório, como em momento posterior; e a terceira, no sentido de que a alegação de urgência não poderá ser renovada e obrigará o expropriante a requerer a imissão provisória dentro do prazo improrrogável de 120 dias.

Depósito imediato de quantia arbitrada pelo juiz, na forma da lei: aqui, há duas observações importantes a serem feitas. A primeira, no sentido de que não se busca, nessa fase, a fixação do real valor de mercado do imóvel que está sendo desapropriado; o que temos aqui são critérios estabelecidos pela lei para que o magistrado, num juízo preliminar, chegue a um valor razoável para determinar a imissão provisória na posse; a segunda observação é a de que existem duas regulamentações sobre a imissão provisória na posse:

a) regra (art. 15, § 1º, do Dec.-lei 3.365/1941): a imissão será autorizada mediante depósito que observe um dos seguintes critérios: a1) valor equivalente a, pelo menos, vinte vezes o valor locativo do imóvel; a2) valor venal do imóvel, desde que atualizado no ano fiscal anterior; a3) no caso de inexistência de atualização do venal do imóvel, o juiz fixará o valor do depósito observando a data da fixação do valor venal e a valorização ou desvalorização ocorridas posteriormente. Na prática, acaba sendo utilizado o valor venal atualizado. O STF emitiu a Súmula 652, dispondo ser constitucional a utilização dos critérios citados. O expropriado poderá levantar até 80% do valor depositado, após as providência do art. 34 do Dec.-lei 3.365/1941;

b) regra para desapropriação de prédios residenciais urbanos (arts. 1º a 4º do Dec.-lei 1.075/1970): a imissão será autorizada com o simples depósito do preço oferecido na petição inicial de desapropriação, todavia, caso o expropriado, em 5 dias da intimação da oferta, impugne o preço oferecido, o juiz, servindo-se de perito avaliador (caso necessário), fixará, em 48 horas, o valor provisório do imóvel; se o valor arbitrado for maior do que o oferecido na inicial pelo Poder Público, o juiz só admitirá a imissão provisória se este complementar o depósito para que esta atinja a metade do valor arbitrado. O expropriado poderá levantar a totalidade do valor depositado (ou seja, 50% do *preço depositado e complementado*) ou, quando o valor arbitrado for igual ou menor ao dobro do preço oferecido, é lícito ao expropriado optar por levantar 80% do *preço oferecido*.

10.2.8.3.5. Contestação

Segundo o art. 20 do Dec.-lei 3.365/1941, a contestação somente poderá versar sobre dois pontos: a) vício do processo judicial; b) impugnação do preço. Qualquer outra questão deverá ser decidida por ação autônoma.

Quanto ao vício do processo judicial pode-se alegar, em preliminar, tanto defeitos processuais (ausência de pressupostos processuais) como aqueles relativos à ação (ausência de condição de ação).

Quanto à impugnação ao preço, o que se permite é discutir o *quantum* ofertado pelo Poder Público na sua petição inicial.

É importante ressaltar que, caso o particular queira exercer o direito de extensão, ou seja, o direito *de exigir que na desapropriação se inclua a parte restante do bem que se tornou inútil ou de difícil utilização*, poderá fazê-lo na contestação, apresentando outra avaliação do bem, abrangendo a integralidade do imóvel, e não apenas a parte incluída no plano de desapropriação. Segundo o STJ, "o pedido e extensão formulado na contestação em nada ofende o art. 20 do Decreto-lei 3.365/1941" (Resp. 882.135/SC, DJ 17.05.2007, e Resp. 816.535/SP, DJ 16.02.2007).

O fundamento jurídico desse direito também é a norma constitucional que determina a fixação da justa indenização (art. 5º, XXIV). Isso porque, caso o expediente da desapropriação parcial com esvaziamento econômico da área remanescente não fosse impedido, a justa indenização, por vias transversas, estaria sendo prejudicada.

Além disso, há diversas outras normas repelindo esse tipo de conduta e conferindo ao prejudicado o direito de extensão. José Fernandes Carvalho Filho cita, por exemplo, a Lei 4.504/1964 (art. 19), que dispunha sobre a reforma agrária, e, atualmente, a Lei Complementar 76/1993, que dispõe sobre o procedimento sumário de desapropriação para fins de reforma agrária, e que contempla expressamente, em seu art. 4º, o direito de extensão. Para Carvalho Filho, "essas leis mais novas demonstram, à evidência, que o legislador nunca quis banir o direito de extensão do ordenamento jurídico. Ao contrário, restabeleceu-o expressamente em outras leis como que para indicar que em todos os casos de desapropriação, e presentes os mesmos pressupostos, é assegurado ao proprietário usar de seu direito de extensão". (*Manual de Direito Administrativo*, 18ª edição, Rio de Janeiro: Lumen Juris, p. 770, 2007).

Para Celso Antônio Bandeira de Mello pode-se discutir, ainda, no bojo da ação expropriatória, vícios na declaração de utilidade pública, inclusive desvio de finalidade: "se o proprietário puder objetivamente e indisputavelmente demonstrar que a declaração de utilidade pública não é um instrumento para a realização dos fins a que se preordena, mas um recurso ardiloso para atingir outro resultado, o juiz deverá reconhecer-lhe o vício e, pois, sua invalidade; cumpre que tal apreciação possa ser feita até mesmo na ação expropriatória, que, se assim não fora, de nada valeria ao particular demonstrar-lhe o vício posteriormente, pois, uma vez integrado o bem, ainda que indevidamente, ao patrimônio público – *ex vi* do art. 35 do Decreto-lei 3.365/1941 –, a questão resolver-se-ia por perdas e danos, donde ser ineficiente tal meio para garantir ao proprietário despojado a proteção estabelecida no art. 5º, XXIV, da Carta Magna" (*Curso de Direito Administrativo*, 24ª edição, São Paulo: Malheiros, pp. 866-7, 2007).

Cuidado, pois é excepcional a possibilidade de discutir a questão referida no parágrafo anterior, na ação de desapropriação. Como regra, esse tipo de questão deve ser objeto de ação própria.

10.2.8.3.6. Procedimento

Na fase judicial a desapropriação se desenvolve segundo o seguinte procedimento:

a) petição inicial, com os requisitos já mencionados, e eventual requerimento de imissão provisória na posse;

b) havendo requerimento de imissão provisória na posse, o juiz deve tomar as providências mencionadas (fixar valor para depósito e proceder à imissão na posse);

c) ao despachar a inicial o juiz deverá tomar duas providências: c1) determinar a citação do réu; c2) designar um perito de sua livre escolha para proceder à avaliação dos bens;

d) feita a citação, a ação seguirá o rito ordinário.

10.2.8.3.7. Sentença

A sentença deverá tratar dos seguintes assuntos:

a) das impugnações processuais alegadas em preliminares;

b) do *quantum* indenizatório, que deverá ser fixado levando em conta o valor de mercado do bem (a Constituição fala em "justa indenização"), os danos emergentes e os lucros cessantes, a partir do livre convencimento do juiz em face das avaliações do perito e das argumentações das partes e de seus assistentes técnicos;

c) dos consectários legais, tais como juros compensatórios, juros moratórios, correção monetária, custas e despesas processuais e honorários advocatícios.

Sobre os valores principais e os consectários legais, no caso de desapropriação se efetivar, temos o seguinte:

a) valor de mercado do bem: o juiz deverá arbitrar quantia que corresponda ao valor do mercado do bem, com todas as benfeitorias que já existiam no imóvel antes do ato expropriatório; quanto às benfeitorias feitas posteriormente, serão pagas as necessárias e as úteis, estas quando realizadas com autorização do expropriante. Se houver desapropriação de parte de um imóvel, tornando a parte remanescente economicamente inviável, pode-se pedir indenização pelo valor total do bem, exercendo o chamado direito de extensão;

b) danos emergentes e lucros cessantes: aqui entram os valores que o juiz pode arbitrar para desmonte e transporte de equipamentos instalados e em funcionamento (art. 25, parágrafo único, do Dec.-lei 3.365/1941), os valores devidos ao proprietário da coisa que tiver fundo de comércio próprio no local (ponto comercial), os valores relativos à valorização ou depreciação de eventual área remanescente, pertencente ao réu (art. 27, *caput*, do Dec.-lei 3.365/1941), dentre outros; quanto aos lucros cessantes, deve-se tomar cuidado para que não haja cumulação indevida deles com juros compensatórios (STJ, Resp. 509.854/RS, DJ 17.04.2007);

c) juros compensatórios: esses juros são devidos quando o Poder Público promove a imissão provisória na posse do imóvel. Nessa circunstância, o expropriado poderá levantar parte do valor depositado em juízo, mas só receberá o valor total (de mercado) do seu bem após a sentença definitiva; é sobre a diferença entre o valor total do bem e o valor ofertado por ocasião da imissão provisória na posse da coisa que incidirão os juros compensatórios. São juros justos, pois o proprietário da coisa, ao se ver desprovido dela, deixa de poder auferir renda com o bem, sendo correto que receba juros compensatórios quanto a essa diferença. Assim, os juros compensatórios são contados da imissão na posse (art. 15-A do Dec.-lei 3.365/1941, acrescentado pela MP 2.183/2001). A medida provisória referida estabeleceu, também, que os juros compensatórios seriam "de até 6% (seis por cento) ao ano"; todavia, o STF, na ADI 2.332-2, deferiu liminar para suspender a eficácia da expressão "de até 6% ao ano" e também para determinar "que a base de cálculo dos juros compensatórios será a diferença eventualmente apurada entre 80% do preço ofertado em juízo e o valor do bem fixado na sentença". A ideia de substituir a expressão "preço ofertado em juízo" pela expressão "80% do preço ofertado em juízo" tem razão no fato de que, normalmente, o expropriado só levanta 80% do preço depositado em juízo; com relação ao montante do juros, com a retirada da expressão, remanesce a regra estabelecida na Súmula 618 do STF, pela qual a taxa de juros compensatórios é de 12% ao ano. Por fim, vale a pena dizer que os juros compensatórios são devidos mesmo que o imóvel não produza renda, pois o STF suspendeu a eficácia dos §§ 1º e 2º do art. 15-A do Dec.-lei 3.365/1941;

d) juros moratórios: esses juros são devidos quando há atraso, pelo Poder Público, do pagamento que deverá efetuar pela desapropriação. Como o pagamento, de regra, é feito por precatório, esse atraso só passa a existir "a partir de 1º de janeiro do exercício seguinte àquele em que o pagamento deveria ser feito, nos termos do art. 100 da Constituição" (art. 15-B do Dec.-lei 3.365/1941); o mesmo dispositivo estabelece que esses juros serão de 6% ao ano. Esse dispositivo não foi alterado pelo STF;

e) correção monetária: é contada desde a realização do laudo pericial que fixa o valor do bem expropriado;

f) custas e despesas processuais: são de responsabilidade do Poder Público os honorários periciais, no caso de o valor por ele oferecido ser majorado pelo magistrado;

g) honorários advocatícios: os honorários serão fixados entre 0,5 e 5% da diferença entre o valor oferecido pelo Poder Público e o valor fixado pelo Poder Judiciário (art. 27, § 1º, do Dec.-lei 3.365/1941, com a redação dada pela MP 2.183-56/2001), diferença que deve ser atualizada. No mesmo parágrafo do art. 27, havia previsão de que os honorários não poderiam ultrapassar os R$ 151 mil; todavia, na ADI 2.332-2 o STF também suspendeu a eficácia da expressão. É importante ressaltar que na base de cálculo dos honorários advocatícios devem ser incluídas as parcelas devidas a título de juros moratórios e compensatórios, também devidamente atualizados, nos termos da Súmula 131 do STJ.

10.2.8.3.8. Recursos

Na desapropriação, cabem os recursos à moda do que ocorre nas ações de rito ordinário. Assim, a título de exemplo, da decisão interlocutória cabe agravo, ao passo que da sentença terminativa ou de mérito cabe apelação. Das decisões proferidas pelos Tribunais Estaduais ou Federais, cabem, por exemplo, recurso especial ou recurso extraordinário.

No que concerne aos efeitos do recurso de apelação, temos as seguintes regras (art. 28 do Dec.-lei 3.365/1941):

a) se interposta pelo expropriado: terá efeito apenas devolutivo;

b) se interposta pelo Poder Público: terá efeito devolutivo e suspensivo.

Por fim, é fundamental lembrar que, no caso de a sentença condenar a Fazenda Pública em quantia superior ao dobro da oferecida na petição inicial, ficará sujeita ao duplo grau de jurisdição.

10.2.8.3.9. Desistência da desapropriação

Conforme já escrito, pode-se desistir da desapropriação até o último momento anterior ao do pagamento da indenização. Deve-se ressaltar que os danos causados ao particular devem ser ressarcidos. Assim, a desistência só se efetivará se o Poder Público: a) fizer o pedido antes de ultimada a desapropriação; b) ressarcir o expropriado de todos os danos que tiver; c) pagar as despesas processuais; d) devolver o bem.

Todavia, o STJ vem entendendo que há um quinto requisito que deve ser atendido, qual seja, o de que não tenha havido substanciais alterações no imóvel por parte do Poder Público, tornando impossível a restituição no estado em que se encontrava antes da imissão provisória (STJ, REsp 132.398/SP – Min. Hélio Mosimann, DJ 19.10.1998).

10.2.8.3.10. Intercorrências no pagamento da indenização fixada na sentença

A quantia fixada na sentença será paga por meio da expedição de precatório, ressalvadas as quantias definidas pela lei como de pequeno valor. Do valor fixado na sentença somente será abatido o montante que já tiver sido depositado por eventual imissão provisória na posse que tiver sido executada.

O pagamento por meio de precatório segue a sorte do art. 100, § 5º, da Constituição Federal: "é obrigatória a inclusão, no orçamento das entidades de direito público, de verba necessária ao pagamento de seus débitos oriundos de sentenças transitadas em julgado, constantes de precatórios judiciários, apresentados até 1º de julho, fazendo o pagamento até o final do exercício seguinte, quando terão seus valores atualizados monetariamente". Cabe ao Presidente do Tribunal que proferir a decisão exequenda determinar o pagamento integral (art. 100, § 6º, da CF).

Nos trâmites relativos ao pagamento dos precatórios podem ocorrer as seguintes intercorrências:

a) preterição da ordem cronológica: é o caso de um credor ter depositada a quantia a que tem direito antes de outro com ordem cronológica mais antiga; nesse caso, o credor mais antigo poderá ingressar com "pedido de sequestro da quantia necessária à satisfação do seu débito", que deve ser feito para o Presidente do Tribunal que tiver determinado a expedição do precatório;

b) não efetivação do depósito no prazo previsto no § 1º do art. 100 da CF: nesse caso, incidem as hipóteses dos arts. 34, V, "a", e 35, I, da CF, que permitem a intervenção da União nos Estados e dos Estados nos Municípios, quando deixar de ser paga, sem motivo de força maior, por dois anos consecutivos, a dívida fundada;

10.2.8.3.11. Pagamento integral

Efetuado o pagamento integral do valor da indenização, será expedido mandado de imissão na posse, valendo a sentença como título para registro no Registro de Imóveis.

10.2.8.4. Retrocessão

Infelizmente, é muito comum o Poder Público desapropriar um imóvel e não utilizá-lo posteriormente numa atividade de interesse público. Em algumas vezes, o Poder Público simplesmente não utiliza o imóvel. Em outras, utiliza, mas em atividades que não são de interesse público.

O Superior Tribunal de Justiça vem, em matéria de desapropriação, fazendo a distinção entre tredestinação lícita e tredestinação ilícita.

A tredestinação consiste na mudança de destinação de um imóvel desapropriado.

Como se sabe, quando se expede o decreto expropriatório, é necessário indicar a finalidade daquela desapropriação que se deseja fazer. Assim, indica-se no decreto se a finalidade é construir uma escola, construir um hospital, construir casas populares, alargar uma via pública etc. A tredestinação ocorre quando a Administração Pública, de posse do imóvel desapropriado, acaba utilizando-o em finalidade distinta da prevista inicialmente.

Ocorre que essa mudança de finalidade pode se dar para atender outra demanda de interesse público. Um exemplo dessa situação é a desapropriação de uma área para construir uma escola e depois acabar construindo um hospital. Nesse caso, tem-se a tredestinação lícita, não sendo possível questionar a desapropriação realizada e os atos subsequentes.

Outra possibilidade é a de a Administração mudar a finalidade da desapropriação realizada para o fim de atender uma demanda que não é de interesse público. Um exemplo é desapropriar uma área para construir uma escola e depois ceder essa área para um comerciante local montar uma loja de venda de automóveis. Nesse caso, tem-se a tredestinação ilícita, que autoriza a nulidade do ato consequente e a retomada da coisa pelo anterior proprietário, que tem o direito de retrocessão.

Nesses casos, fica a dúvida: o antigo proprietário poderá reivindicar o imóvel de volta, devolvendo os valores que tiver recebido, terá direito a uma mera indenização ou não terá direito algum?

Para responder a essa pergunta, temos que tratar do instituto da retrocessão.

Pelo conceito tradicional, **retrocessão** *importa no direito do ex-proprietário de reaver o bem expropriado que não foi utilizado em finalidade pública.* O requisito, como se viu, é o desvio de finalidade, a chamada tredestinação, utilizando-se o bem expropriado em finalidade não pública. Não configura o instituto a utilização do bem em finalidade distinta da prevista no decreto expropriatório, quando a nova finalidade for de interesse público.

A primeira regra sobre o assunto foi o art. 1.150 do antigo CC, cujo texto era imperativo: o Poder Público oferecerá o imóvel ao ex-proprietário, caso não tenha o destino que deu origem à desapropriação, pelo preço que o foi. Apesar da imperatividade do texto, dando a entender tratar-se de direito real do antigo proprietário, por estar o dispositivo no capítulo do direito pessoal de preferência, foi muito forte a corrente no sentido de que o direito do ex-proprietário era meramente pessoal.

Sobreveio o art. 35 do Decreto-lei 3.365/1941, cuja redação não permite a reivindicação do bem, após desapropriado. Com a entrada em vigor desse decreto-lei, ganhou força a tese de que a retrocessão tratava-se de mero direito pessoal do antigo proprietário.

Todavia, alguns acórdãos do STF também reconheceram o caráter de direito real do ex-proprietário.

O STJ, por sua vez, já há alguns anos entende tratar-se de direito real o direito do ex-proprietário, conforme se vê do seguinte acórdão: Edcl. no REsp 623.511/RJ, DJ 26.09.2005.

Há três temas bastante polêmicos que devem, ainda, ser aclarados.

O primeiro é concernente ao seguinte ponto: quando o imóvel não é utilizado em finalidade alguma pelo Poder Público, qual é o prazo para se considerar o bem não utilizado para fins de exercício do direito de retrocessão?

A resposta a essa pergunta depende da modalidade de desapropriação envolvida:

a) na desapropriação por interesse social, prevalece a tese de que o prazo é de 2 anos, visto que, segundo o art. 3º da Lei 4.132/1962, é o prazo para que o Poder Público adote "as providências de aproveitamento do bem expropriado";

b) na desapropriação para reforma agrária, o art. 16 da Lei 8.629/1993 estabelece o prazo de três anos, contados da data de registro do título translativo de domínio, para que o órgão expropriante destine a respectiva área aos beneficiários da reforma agrária;

c) na desapropriação por descumprimento da função social em imóvel urbano, o art. 8º da Lei 10.257/2001 dispõe que o Município tem o prazo de cinco anos para proceder ao adequado aproveitamento do imóvel, contado de sua incorporação ao patrimônio público;

d) na desapropriação por utilidade ou necessidade públicas, não há, na lei, prazo máximo para a ocupação do bem pelo Poder Público, prevalecendo a tese de que o prazo, então, será de 5 anos, mantendo-se a harmonia com o prazo de caducidade do decreto expropriatório, à moda do que acontece para esses dois prazos na desapropriação por interesse social.

O segundo ponto é relativo ao prazo para ingressar com a ação de retrocessão. Prevalece o entendimento de que se deve utilizar o prazo prescricional previsto para os direitos reais. Como o art. 205 do CC não faz distinção entre ações reais e pessoais, deve-se utilizar o prazo geral previsto no dispositivo, que é de 10 anos. Se o entendimento prevalecente fosse de que a retrocessão é direito pessoal, o prazo seria o previsto para ações indenizatórias contra o Poder Público.

O último ponto diz respeito à autonomia da ação que deverá ser aforada. Nesse sentido, é pacífico que se deve ingressar com ação própria, não sendo possível aproveitar a ação de desapropriação originária.

Por fim, é importante ressaltar que "ao imóvel desapropriado para implantação de parcelamento popular, destinado às classes de menor renda, não se dará outra utilização nem haverá retrocessão" (art. 5º, § 3º, do Dec.-lei 3.365/1941).

Confira acórdão do STJ reconhecendo o caráter real do direito de retrocessão, e, consequentemente, que o prazo prescricional respectivo é o das ações de natureza real:

> "1. A jurisprudência desta Corte e do STF adotou corrente no sentido de que a ação de retrocessão é de natureza real e, portanto, aplica-se o art. 177 do CC/1916 e não o prazo quinquenal de que trata o Decreto 20.910/1932. 2. Recurso especial provido." (STJ, REsp 2006.01546994, DJ14.03.2007).

10.2.8.5. Situação jurídica de terceiros

Há quatro tipos de terceiros que podem ter seus direitos afetados por uma desapropriação. Confira:

a) **verdadeiro proprietário da coisa, que não consta como réu na ação de desapropriação:** quanto a essa pessoa, incide o art. 35 do Dec.-lei 3.365/1941, que dispõe que "os bens expropriados, uma vez incorporados à Fazenda Pública, não podem ser objeto de reivindicação, ainda que fundada em nulidade do processo de desapropriação"; assim, o verdadeiro proprietário deve acionar aquele que recebeu a indenização e buscar a satisfação dos seus interesses por meio de perdas e danos, ou seja, o Poder Público, por adquirir de forma originária o bem objeto de expropriação, não sofre os efeitos da evicção;

b) **credor do expropriado:** quanto ao credor com garantia real, incide o art. 31 do Dec.-lei 3.365/1941, pelo qual "ficam sub-rogados no preço quaisquer ônus ou direitos que recaiam sobre o bem expropriado", ou seja, o credor com direito real sobre a coisa passará a ter direito real sobre a quantia depositada em juízo, operando-se, inclusive, o vencimento antecipado da dívida; já o credor sem garantia especial poderá pedir a penhora dos valores depositados em juízo;

c) **locatário do expropriado:** aquele que é locatário de um imóvel que está sendo desapropriado não tem direito de manter a locação. Esse contrato fica extinto e o locatário poderá pedir indenização do Poder Público pelos danos que tiver, por exemplo, pela perda do fundo de comércio (ponto comercial). O fundamento desse pedido é a responsabilidade objetiva do Estado pelos danos causados às pessoas e o deve ser deduzido em ação própria de indenização (art. 20 do Dec.-lei 3.365/1941);

d) **vizinho do expropriado:** segundo o art. 37 do Dec.-lei 3.365/1941, "aquele cujo bem for prejudicado extraordinariamente em sua destinação econômica pela desapropriação de área contígua terá direito a reclamar perdas e danos do expropriante".

10.2.8.6. Desapropriação indireta

Infelizmente, é comum que o Poder Público se aproprie de bem particular sem observância dos requisitos da declaração e da indenização prévia. O nome dessa situação é **desapropriação indireta**, que também pode ser conceituada como *a abusiva e irregular apropriação do imóvel particular pelo Poder Público, com sua consequente* *integração no patrimônio público, sem obediência às formalidades e cautelas do processo de expropriação e que abre ao lesado o recurso à via judicial para ser indenizado.*

Perceba que para configurar o instituto da desapropriação indireta não basta o mero apossamento administrativo, ou seja, não basta uma invasão do Poder Público, por seus agentes, em um imóvel particular. É necessário que haja uma invasão somada a uma utilização do bem numa situação de interesse público.

Um exemplo bem comum da desapropriação indireta é a utilização de uma área particular para construção de um trecho de uma estrada.

Apesar da abusividade do procedimento, o Poder Público tem direito de ser mantido no bem, preenchido o requisito de sua utilização em atividade de interesse público. O fundamento desse direito é o próprio art. 35 do Dec.-lei 3.365/1941, que assegura que "os bens expropriados, uma vez incorporados à Fazenda Pública, não podem ser objeto de reivindicação, ainda que fundada em nulidade do processo de desapropriação. Qualquer ação, julgada procedente, resolver-se-á em perdas e danos". Trata-se do princípio do fato consumado.

Também fundamentam o instituto o art. 5º, XXIV, da CF, e o art. 15, § 3º, do Decreto-lei 3.365/1941. O primeiro porque determina o pagamento de indenização justa quando ocorre desapropriação, o que deve ocorrer tanto para aquela que respeita as regras jurídicas e, principalmente, para aquelas feitas de modo abusivo e irregular. E o segundo dispositivo porque estabelece valer para a desapropriação indireta a disciplina dos juros compensatórios, em matéria de desapropriação, quando houver imissão provisória na posse.

O particular prejudicado tem direito de ingressar com ação de indenização por desapropriação indireta.

A legitimidade ativa para a demanda é do proprietário do imóvel. Por envolver a perda da propriedade, há decisões que entendem ter a ação natureza real, de modo que o cônjuge do proprietário deve participar da demanda (STJ, REsp 64.177, DJ 25.09.1995).

A legitimidade passiva da ação é da pessoa jurídica de direito público responsável pela incorporação do bem ao seu patrimônio.

Sob o argumento de que a ação se funda em direito real sobre o imóvel, há decisões do STF no sentido de que a competência é do foro do local onde ele se encontra (STF, RE 111.988). O STJ vem julgando nesse sentido (STJ, CC 46.771-RJ, DJ 19.09.2005).

O prazo prescricional para ingressar com a ação de indenização por desapropriação indireta, nos termos da Súmula 119 do STJ, é de 20 anos. O fundamento da súmula é que esse é o prazo para a usucapião extraordinária de bens imóveis, sob a égide do antigo Código Civil (arts. 550 e 551). Todavia, no atual CC, o prazo da usucapião extraordinária é de 15 anos, como regra, e de 10 anos, quando o possuidor houver estabelecido no imóvel sua moradia habitual, ou nele realizado obras ou serviços de caráter produtivo, conforme o art. 1.238 do CC.

A indenização deve abarcar os seguintes pontos:

a) **valor de mercado do bem:** observar o mesmo item da desapropriação direta; se houver desapropriação indireta de parte de um imóvel, tornando a parte remanescente economicamente inviável, pode-se pedir indenização pelo valor total do bem, exercendo o chamado direito de extensão;

b) danos emergentes e lucros cessantes: observar o mesmo item da desapropriação direta;

c) juros compensatórios: aqui, os juros compensatórios são devidos desde a ocupação do imóvel pelo Poder Público. Os juros incidirão sobre o total de indenização, uma vez que, diferente da desapropriação direta, não há diferença entre o valor fixado na sentença e o valor ofertado, pois aqui não se fala em valor ofertado; os juros, aqui, terão o mesmo percentual dos juros compensatórios na desapropriação direta, uma vez que foi suspensa pelo STF a disposição que estabelecia juros de até 6% ao ano (*vide* art. 15-A, § 3º, do Dec.-lei 3.365/1941). Assim, remanesce a regra estabelecida na Súmula 618 do STF, pela qual a taxa de juros compensatórios é de 12% ao ano;

d) juros moratórios: esses juros são devidos quando há atraso, pelo Poder Público, do pagamento que deverá efetuar pela desapropriação. Como o pagamento, de regra, é feito por precatório, esse atraso só passa a existir "a partir de 1º de janeiro do exercício seguinte àquele em que o pagamento deveria ser feito, nos termos do art. 100 da Constituição" (art. 15-B do Dec.-lei 3.365/1941); o mesmo dispositivo estabelece que esses juros serão de 6% ao ano, mas ele não foi alterado pelo STF;

e) correção monetária: é contada desde a realização do laudo pericial que fixa o valor do bem expropriado;

f) custas e despesas processuais: são de responsabilidade do Poder Público os honorários periciais, inclusive quanto ao adiantamento das quantias para fazer frente a essas despesas (STJ, REsp 788.817, j. 19.06.2007);

g) honorários advocatícios: o Dec.-lei 3.365/1941 dispõe que, à moda do que ocorre na desapropriação direta, os honorários serão fixados entre 0,5 e 5% da diferença entre o valor oferecido pelo Poder Público e o valor fixado pelo Poder Judiciário (art. 27, §§ 1º e 3º, do Dec.-lei 3.365/1941, com a redação dada pela MP 2.183-56/2001); todavia, como não há diferença entre valor fixado pelo juiz e valor ofertado pelo Poder Público, já que este se apoderou do bem sem seguir os trâmites legais, devem incidir os honorários sobre o valor total da condenação, prevalecendo os parâmetros previstos no art. 20, § 3º, do CPC (entre 10% e 20% do valor da condenação), conforme lição de José Fernandes Carvalho Filho (*Manual de Direito Administrativo*, 18ª edição, Rio de Janeiro: Lumen Juris, 2007, p. 767). É importante ressaltar que na base de cálculo dos honorários advocatícios devem ser incluídas as parcelas devidas a título de juros moratórios e compensatórios, também devidamente atualizados, nos termos da Súmula 131 do STJ.

10.2.8.7. Desapropriação por não atendimento à função social da propriedade

Em área rural, a desapropriação-sanção deve atender às seguintes regras (art. 184 da CF):

a) União é quem tem competência para a desapropriação para reforma agrária pelo não cumprimento da função social da propriedade;

b) o pagamento será feito com títulos da dívida agrária, resgatáveis em até 20 anos, a partir do 2º ano de sua emissão;

c) as benfeitorias úteis e necessárias serão indenizadas em dinheiro;

d) não cabe desapropriação para reforma agrária: i) em caso de pequena e média propriedade rural se o proprietário não tiver outra; ii) em caso de propriedade produtiva.

Em área urbana, a desapropriação-sanção deve atender às seguintes regras (art. 182 da CF):

a) o Município desapropria o imóvel urbano que não estiver cumprindo a função social da propriedade;

b) o pagamento será feito com títulos da dívida pública, de emissão aprovada pelo Senado, resgatáveis em até 10 anos, em parcelas anuais, iguais e sucessivas;

c) o Estatuto da Cidade estabelece que o valor a ser apurado é o *valor venal* e não haverá *lucros cessantes*;

d) são requisitos para a aplicação do instituto os seguintes: i) lei federal, plano diretor municipal, lei municipal específica indicando áreas que devem ser utilizadas; ii) notificação para parcelamento, edificação ou utilização compulsória (1 ano para projeto e 2 anos para iniciar as obras); iii) IPTU progressivo por 5 anos, com alíquota de até 15%, no máximo dobrando a cada ano.

Cumpridos os requisitos mencionados, e permanecendo a propriedade sem cumprir a sua função social, o Município pode ingressar com ação de desapropriação-sanção.

10.3. JURISPRUDÊNCIA SELECIONADA

10.3.1. Desapropriação

Súmula STF nº 652

Não contraria a Constituição o art. 15, § 1º, do Decreto-Lei 3365/1941 (Lei da Desapropriação por Utilidade Pública).

Súmula STF nº 618

Na desapropriação, direta ou indireta, a taxa dos juros compensatórios é de 12% (doze por cento) ao ano.

Súmula STF nº 617

A base de cálculo dos honorários de advogado em desapropriação é a diferença entre a oferta e a indenização, corrigidas ambas monetariamente.

Súmula STF nº 561

Em desapropriação, é devida a correção monetária até a data do efetivo pagamento da indenização, devendo proceder-se à atualização do cálculo, ainda que por mais de uma vez.

Súmula STF nº 476

Desapropriadas as ações de uma sociedade, o poder desapropriante, imitido na posse, pode exercer, desde logo, todos os direitos inerentes aos respectivos títulos.

Súmula STF nº 416

Pela demora no pagamento do preço da desapropriação não cabe indenização complementar além dos juros.

Súmula STF nº 378

Na indenização por desapropriação incluem-se honorários do advogado do expropriado.

Súmula STF nº 218

É competente o juízo da fazenda nacional da capital do estado, e não o da situação da coisa, para a desapropriação promovida por empresa de energia elétrica, se a união federal intervém como assistente.

Súmula STF nº 164

No processo de desapropriação, são devidos juros compensatórios desde a antecipada imissão de posse, ordenada pelo juiz, por motivo de urgência.

Súmula STF nº 157

É necessária prévia autorização do presidente da república para desapropriação, pelos estados, de empresa de energia elétrica.

Súmula STF nº 23

Verificados os pressupostos legais para o licenciamento da obra, não o impede a declaração de utilidade pública para desapropriação do imóvel, mas o valor da obra não se incluirá na indenização, quando a desapropriação for efetivada.

Súmula STJ nº 408

Nas ações de desapropriação, os juros compensatórios incidentes após a Medida Provisória n. 1.577, de 11/06/1997, devem ser fixados em 6% ao ano até 13/09/2001 e, a partir de então, em 12% ao ano, na forma da Súmula n. 618 do Supremo Tribunal Federal.

Súmula STJ nº 354

A invasão do imóvel é causa de suspensão do processo expropriatório para fins de reforma agrária.

Súmula STJ nº 141

Os honorários de advogado em desapropriação direta são calculados sobre a diferença entre a indenização e a oferta, corrigidas monetariamente.

Súmula STJ nº 131

Nas ações de desapropriação incluem-se no cálculo da verba advocatícia as parcelas relativas aos juros compensatórios e moratórios, devidamente corrigidas.

Súmula STJ nº 119

A ação de desapropriação indireta prescreve em vinte anos.

Súmula STJ nº 114

Os juros compensatórios, na desapropriação indireta, incidem a partir da ocupação, calculados sobre o valor da indenização, corrigido monetariamente.

Súmula STJ nº 113

Os juros compensatórios, na desapropriação direta, incidem a partir da imissão na posse, calculados sobre o valor da indenização, corrigido monetariamente.

Súmula STJ nº 70

Os juros moratórios, na desapropriação direta ou indireta, contam-se desde o trânsito em julgado da sentença.

Súmula STJ nº 69

Na desapropriação direta, os juros compensatórios são devidos desde a antecipada imissão na posse e, na desapropriação indireta, a partir da efetiva ocupação do imóvel.

Súmula STJ nº 67

Na desapropriação, cabe a atualização monetária, ainda que por mais de uma vez, independente do decurso de prazo superior a um ano entre o cálculo e o efetivo pagamento da indenização.

Súmula STJ nº 56

Na desapropriação para instituir servidão administrativa são devidos os juros compensatórios pela limitação de uso da propriedade.

Súmula STJ nº 12

Em desapropriação, são cumuláveis juros compensatórios e moratórios.

EMENTA: RECURSO EXTRAORDINÁRIO. CONSTITUCIONAL. EXPROPRIAÇÃO. GLEBAS. CULTURAS ILEGAIS. PLANTAS PSICOTRÓPICAS. ARTIGO 243 DA CONSTITUIÇÃO DO BRASIL. INTERPRETAÇÃO DO DIREITO. LINGUAGEM DO DIREITO. LINGUAGEM JURÍDICA. ARTIGO 5º, LIV DA CONSTITUIÇÃO DO BRASIL. O CHAMADO PRINCÍPIO DA PROPORCIONALIDADE. 1. Gleba, no artigo 243 da Constituição do Brasil, só pode ser entendida como a propriedade na qual sejam localizadas culturas ilegais de plantas psicotrópicas. O preceito não refere áreas em que sejam cultivadas plantas psicotrópicas, mas as glebas, no seu todo. 2. A gleba expropriada será destinada ao assentamento de colonos, para o cultivo de produtos alimentícios e medicamentosos. 3. A linguagem jurídica corresponde à linguagem natural, de modo que é nesta, linguagem natural, que se há de buscar o significado das palavras e expressões que se compõem naquela. Cada vocábulo nela assume significado no contexto no qual inserido. O sentido de cada palavra há de ser discernido em cada caso. No seu contexto e em face das circunstâncias do caso. Não se pode atribuir à palavra qualquer sentido distinto do que ela tem em estado de dicionário, ainda que não baste a consulta aos dicionários, ignorando-se o contexto no qual ela é usada, para que esse sentido seja em cada caso discernido. A interpretação/aplicação do direito se faz não apenas a partir de elementos colhidos do texto normativo [mundo do dever-ser], mas também a partir de elementos do caso ao qual será ela aplicada, isto é, a partir de dados da realidade [mundo do ser]. 4. O direito, qual ensinou CARLOS MAXIMILIANO, deve ser interpretado "inteligentemente, não de modo que a ordem legal envolva um absurdo, prescreva inconveniências, vá ter a conclusões inconsistentes ou impossíveis". 5. **O entendimento sufragado no acórdão recorrido não pode ser acolhido, conduzindo ao absurdo de expropriar-se 150 m2 de terra rural para nesses mesmos 150 m2 assentar-se colonos, tendo em vista o cultivo de produtos alimentícios e medicamentosos.** 6. Não violação do preceito veiculado pelo artigo 5º, LIV da Constituição do Brasil e do chamado "princípio" da proporcionalidade. Ausência de "desvio de poder legislativo". Recurso extraordinário a que se dá provimento. **RE N. 543.974-MG. RELATOR: MIN. EROS GRAU.** (Inform. STF 548) (g.n.)

Competência Privativa da União e Desapropriação

Por invasão da competência privativa da União para legislar sobre desapropriação (CF, art. 22, II), o Tribunal julgou procedente pedido formulado em ação direta proposta pelo Governador do Distrito Federal para declarar a inconstitucionalidade do parágrafo único do art. 313 da Lei Orgânica do Distrito Federal, que dispõe que as desapropriações dependerão de prévia aprovação da Câmara Legislativa daquela unidade da federação. Entendeu-se que o dispositivo impugnado extrapola o procedimento previsto no Decreto-Lei 3.365/41 **e que a decisão político-administrativa de desapropriar um bem titularizado pelo particular é matéria de alçada do Poder Executivo.** Precedentes citados: RE 24139/SP (DJU de 20.5.55); Rp 826/MT (DJU de 14.5.71); ADI 106/RO (DJU de 9.12.2005).

ADI 969/DF, rel. Min. Joaquim Barbosa, 27.9.2006. (ADI-969) (Inform. STF 442) (g.n.)

DIREITO ADMINISTRATIVO. DESAPROPRIAÇÃO INDIRETA. VALORIZAÇÃO DA ÁREA REMANESCENTE. REDUÇÃO DO QUANTUM INDENIZATÓRIO. IMPOSSIBILIDADE.

Na desapropriação indireta, quando há valorização geral e ordinária da área remanescente ao bem esbulhado em decorrência de obra ou serviço público, não é possível o abatimento no valor da indenização devida ao antigo proprietário. Cabe ao Poder Público, em tese, a utilização da contribuição de melhoria como instrumento legal capaz de fazer face ao custo da obra, devida proporcionalmente pelos proprietários de imóveis beneficiados com a valorização do bem. Precedentes citados: REsp 795.580/SC, DJ 1º/2/2007; REsp 1.074.994-SC, DJe 29/10/2008. **REsp 1.230.687-SC, Rel. Min. Eliana Calmon, julgado em 18/10/2012. (Inform. STJ 507)**

DESAPROPRIAÇÃO. VALOR DA INDENIZAÇÃO. DATA DA AVALIAÇÃO.

A Turma, por maioria, reafirmou o entendimento de que, nas ações de desapropriação – a teor do disposto no artigo 26 do DL n. 3.365/1941 – **o valor da indenização será contemporâneo à data da avaliação judicial, não sendo relevante a data em que ocorreu a imissão na posse, tampouco a data em que se deu a vistoria do expropriante**. Precedentes citados: REsp 1.195.011-PR, DJe 14/2/2011, e REsp 1.035.057-GO, DJe 8/9/2009. **REsp 1.274.005-MA, Rel. originário Min. Mauro Campbell Marques, Rel. para acórdão Min. Castro Meira, julgado em 27/3/2012. (Inform. STJ 494)** (g.n.)

DESAPROPRIAÇÃO INDIRETA. ESBULHO. PROMESSA DE COMPRA E VENDA NÃO REGISTRADA. INDENIZAÇÃO.

A Turma negou provimento ao recurso ao reafirmar que, **em se tratando de desapropriação indireta, a promessa de compra e venda, ainda que não registrada no cartório de imóveis, habilita os promissários compradores a receber a indenização pelo esbulho praticado pelo ente público**. Consignou-se que a promessa de compra e venda constitui negócio jurídico, sendo imanentes a ele direitos, deveres, obrigações, exceções e demais categorias eficaciais. Portanto, o registro não interfere na relação de direito obrigacional, apenas produz eficácia perante terceiros que não participaram do contrato. Ademais, possuem direito à indenização o titular do domínio, o titular do direito real limitado e o detentor da posse. Precedente citado: REsp 769.731-PR, DJ 31/5/2007. **REsp 1.204.923-RJ, Rel. Min. Humberto Martins, julgado em 20/3/2012. (Inform. STJ 493)** (g.n.)

DESAPROPRIAÇÃO. LEVANTAMENTO DE DEPÓSITO PELO PROMITENTE COMPRADOR.

A Turma, reformando acórdão do tribunal *a quo*, decidiu caber a intimação dos recorridos para se manifestarem acerca do pedido de levantamento parcial do preço depositado no próprio processo de desapropriação por utilidade pública; somente em caso de eventual oposição fundada destes, seja a questão ventilada em ação própria. *In casu*, os recorrentes assinaram contrato de compromisso de compra e venda de área encravada em gleba desapropriada. **Para o Min. Relator, os arts. 31 e 34 do DL n. 3.365/1941 dão azo ao pedido dos recorrentes, mesmo que o contrato não esteja inscrito no cartório de registro de imóveis**, sendo irrelevante a discussão acerca da natureza do direito do promitente comprador – se real ou pessoal –, em virtude da ausência de registro, já que os dispositivos em análise não restringem a sub-rogação unicamente aos direitos reais. **REsp 1.198.137-DF, Rel. Min. Teori Albino Zavaski, julgado em 2/2/2012. (Inform. STJ 490)** (g.n.)

DESAPROPRIAÇÃO. TERRAS. AEROPORTO. GALEÃO. PRESCRIÇÃO.

A Turma conheceu parcialmente do recurso da União e, nessa extensão, proveu-o para reconhecer a ocorrência da prescrição da pretensão executiva, invertendo os ônus sucumbenciais nos termos do fixado pelo magistrado de primeira instância. No caso, a ação ordinária discutia a desapropriação indireta das glebas hoje pertencentes ao Aeroporto Internacional do Galeão e a indenização a que fora condenada a União, arbitrada em R$ 17 bilhões. No REsp, a recorrente (União) alegou que inúmeras ilegalidades teriam ocorrido na ação de conhecimento, a qual se iniciou em 1951. Entre as ilegalidades apontadas pela União, estaria o vício de representação da companhia recorrida em liquidação, omissões perpetradas pelo TRF acerca de questões fundamentais ao deslinde da controvérsia, o que tornaria nulo o acórdão recorrido, bem como a ocorrência de prescrição. O Ministro Mauro Campbell Marques, Relator do REsp, iniciou seu voto afastando as preliminares de nulidade por suposto vício de representação da empresa recorrida e das alegadas omissões do acórdão *a quo*. Entendeu o Min. Relator que não seria possível o conhecimento do REsp quanto ao vício de representação, pois tal medida implicaria a análise de todo o acervo probatório dos autos, hipótese que encontra óbice na Súm. n. 7-STJ. Quanto à omissão do TRF, asseverou que todas as questões suscitadas pelas partes foram exaustivamente analisadas por aquele tribunal, inclusive quando da admissibilidade do REsp, razão por que não seria possível sustentar haver omissão no julgamento. Quanto à preliminar de mérito, afirmou ter havido a prescrição da pretensão executiva, uma vez que a companhia recorrida, após a liquidação dos cálculos por sentença com trânsito em julgado, teria levado 20 anos para propor a ação de execução. Ressaltou ainda que, em 9/4/1997, os autos foram retirados do cartório pelo advogado da companhia recorrida sob a alegação de que estariam diligenciando para uma melhor composição da lide. No entanto, o processo não foi devolvido nas datas estipuladas e permaneceu desaparecido por mais de quatro anos, sendo devolvido em 16/5/2001 por um pastor de igreja evangélica, que redigiu ofício noticiando o achado na igreja e informando a devolução dos autos em cartório. **O Min. Relator ainda afirmou que a inércia da companhia recorrida em propor a ação de execução por tempo superior a 20 anos fulminou a pretensão do particular de receber o valor de R$ 17 bilhões. Concluiu por fim, no que foi acompanhado pelos demais Ministros da Turma, que, no caso, sequer se iniciou a ação de execução, razão por que é inevitável o reconhecimento da prescrição da pretensão executiva, visto que o prazo vintenário é contado a partir do trânsito em julgado da homologação da sentença de liquidação, que se deu em 2/4/1990 e findou em 2/4/2010**. Precedentes citados: REsp 993.554-RS, DJe 30/5/2008; REsp 450.860-RS, DJ 1º/8/2006; AgRg no Ag 1.300.072-SP, DJe 3/9/2010; AgRg no REsp 1.159.721-RN, DJe 18/6/2010; AgRg no REsp 1.056.531-SP, DJe 19/11/2008; REsp 536.600-SC, DJ

12/9/2005; REsp 1.231.805-PE, DJe 4/3/2011; AgRg no REsp 1.129.931-PR, DJe 18/12/2009, e AgRg no REsp 1.106.436-PR, DJe 14/12/2009. **REsp 894.911-RJ, Rel. Min. Mauro Campbell Marques, julgado em 21/6/2011.** (Inform. STJ 478) (g.n.)

DESAPROPRIAÇÃO. CONCURSO. CREDORES.
Não se pode confundir "dúvida fundada sobre o domínio" com concurso de credores, visto que o art. 34, parágrafo único, do DL n. 3.365/1941 (Lei de Desapropriações) refere-se somente àquela. *In casu*, foi informado nos autos, por meio de documento inequívoco, que parte do preço (21% dos créditos indenizatórios decorrentes da ação de desapropriação) foi objeto de transação com terceiro, legitimando a pretensão do expropriante (adjudicatário do bem) ao levantamento do percentual remanescente (79%), tanto mais que, à luz dos autos, a quantia não foi objeto de negócio jurídico, *et pour cause*, incontroversa. A disputa entre credores do expropriado não pode prejudicar legítimos interesses do adjudicatário do bem, devendo os eventuais créditos de terceiros para com o expropriado ser pleiteados em ação própria. É que, comprovada a adjudicação registrada e a transação referente a apenas 21% do total do preço obtido com a alienação do bem, a parte remanescente pertence de direito ao titular do domínio, o adjudicatário, que não teria pretensão a deduzir em juízo com relação à parte do preço da qual é inequívoco titular. Com essas, entre outras, considerações, a Turma, por maioria, deu provimento ao recurso. **REsp 1.182.246-SP, Rel. originário Min. Benedito Gonçalves, Rel. para acórdão Min. Teori Albino Zavascki, julgado em 24/5/2011.** (Inform. STJ 474) (g.n.)

DESAPROPRIAÇÃO. VALORIZAÇÃO ESPECÍFICA.
Cuida-se de REsp derivado de ação indenizatória por desapropriação indireta no qual a autora, ora recorrente, insurge-se, entre outras questões, contra a assertiva do acórdão recorrido de que a valorização de seu imóvel (área remanescente) decorrente da construção de rodovia estadual deveria ser deduzida do valor da indenização. Nesse contexto, mostra-se relevante frisar que a valorização imobiliária que advém de obra ou serviço público pode ser de ordem geral (beneficia indistintamente grupo considerável de administrados) ou especial (apenas um ou alguns identificados ou identificáveis são beneficiados) e a mais-valia divide-se em ordinária (todos os imóveis lindeiros à obra valorizam-se na mesma proporção) ou extraordinária (um ou alguns se valorizam mais que outros sujeitos à mais-valia ordinária). Na hipótese de valorização geral ordinária, o Poder Público tem em mão o instrumento legal da contribuição de melhoria e, diante da valorização geral extraordinária, tem a desapropriação por zona ou extensiva (art. 4º do DL n. 3.365/1941). Já na seara da valorização específica e só nela, pode o Estado abatê-la da indenização a ser paga (art. 27 daquele mesmo DL, que deve ser interpretado em consonância com os demais princípios e regras do ordenamento jurídico). **Anote-se que a tendência da jurisprudência de vetar o abatimento da mais-valia pelo Estado como regra geral remonta à década de 1950 e visava assegurar que o ônus referente à valorização fosse suportado não só pelo expropriado, mas por todos os beneficiados pelo melhoramento público, além de evitar que o desapropriado ficasse devedor do Poder Público acaso a valorização da parte remanescente fosse maior que o preço da parte desapropriada. Contudo, essa tendência sofreu evolução jurisprudencial a possibilitar a compensação nos casos de valorização específica, diante da impossibilidade de repartir o ônus oriundo da valorização. Disso decorre a jurisprudência do Superior Tribunal de que essa compensação não pode ser feita na desapropriação, com exceção dos casos de comprovada valorização específica ou individual. No caso, é patente a mais-valia da área remanescente em decorrência da construção da rodovia. Todavia, essa se mostra não como especial, mas como genérica, ao atingir os mesmos patamares dos demais imóveis lindeiros. Daí a respectiva mais-valia dever ser cobrada mediante contribuição de melhoria, a invalidar seu abatimento proporcional do valor da indenização, tal qual assentado no acórdão recorrido.** Esse entendimento foi firmado por maioria pela Turma no prosseguimento do julgamento. Precedentes citados: REsp 795.580-SC, DJ 1º/2/2007; REsp 951.533-MG, DJe 5/3/2008, e REsp 831.405-SC, DJ 12/11/2007. **REsp 1.092.010-SC, Rel. Min. Castro Meira, julgado em 12/4/2011.** (Inform. STJ 469) (g.n.)

DESAPROPRIAÇÃO. INDENIZAÇÃO. ÁREA NÃO REGISTRADA. COBERTURA VEGETAL.
O acórdão recorrido entendeu que, havendo divergência sobre a dimensão do imóvel desapropriado, deve prevalecer a área real do imóvel sobre a área registrada, devendo a primeira ser indenizada. **É uníssona a jurisprudência deste Superior Tribunal de que o pagamento da indenização em desapropriação direta restringe-se à área registrada constante do decreto expropriatório, incumbindo à parte o ingresso em via ordinária própria para a apuração de eventual esbulho de área excedente (art. 34 do DL n. 3.365/1941 e do art. 6º, § 1º, da LC n. 76/1993).** Isso porque o pagamento de área não registrada conduz o Poder Público a indenizar aquele que não detém a propriedade da área expropriada, resultando no enriquecimento sem causa do particular (expropriado). **Quanto à indenização da cobertura vegetal, ela deve ser calculada separadamente do valor da terra nua, quando comprovada a exploração econômica dos recursos vegetais.** No caso, o tribunal *a quo* afastou a mencionada indenização separada da terra nua, argumentando que não seria a hipótese de

pagamento separado. Não obstante, acrescentou ao valor da terra nua o percentual de 10%, o que, por via oblíqua, acabou indenizando novamente a cobertura vegetal e, a *fortiori*, contrariando seu próprio entendimento, também o firmado por este Superior Tribunal. **Precedentes citados: REsp 966.089-MT, DJe 26/8/2010; REsp 841.001-BA, DJ 12/12/2007; REsp 703.427-SP, DJ 24/10/2005; REsp 837.962-PB, DJ 16/11/2006; REsp 786.714-CE, DJ 28/8/2006; REsp 1.035.951-MT, DJe 7/5/2010; REsp 804.553-MG, DJe 16/12/2009; REsp 1.073.793-BA, DJe 19/8/2009, e REsp 978.558-MG, DJe 15/12/2008. REsp 1.075.293-MT, Rel. Min. Luiz Fux, julgado em 4/11/2010.** (Inform. STJ 454) (g.n.)

MPF. INTERVENÇÃO. TERRA INDÍGENA.

Trata-se de ação declaratória referente à ação de desapropriação por utilidade pública movida com fins de formação de reservatório de usina hidrelétrica. Nas glebas em questão, há fortes indícios de que se sujeitam à ocupação indígena, fato que, por si só, conduz à necessária intervenção do MPF sob pena de nulidade absoluta (art. 232 da CF/1988 e arts. 84 e 246 do CPC). Assim, anulou-se a sentença e se determinou a oitiva do MPF a partir da primeira instância. Precedente citado: REsp 660.225-PA, DJe 6/10/2008. **REsp 934.844-AM, Rel. Min. Luiz Fux, julgado em 19/10/2010.** (Inform. STJ 452)

DESAPROPRIAÇÃO. MUNICÍPIO. BENS. UNIÃO.

A Turma reiterou o entendimento de que é vedado ao município desapropriar bens de propriedade da União ou de suas autarquias e fundações, assim como das empresas públicas e sociedades de economia mista submetidas à sua fiscalização, sem prévia autorização, por decreto, do presidente da República. **Precedentes citados: REsp 214.878-SP, DJ 17/12/1998, e REsp 71.266-SP, DJ 9/10/1995. REsp 1.188.700-MG, Rel. Min. Eliana Calmon, julgado em 18/5/2010** (Inform. STJ 435)

DESAPROPRIAÇÃO. INDENIZAÇÃO. OFERTA INICIAL.

Em desapropriação direta, não constitui julgamento *ultra petita* a fixação de valor indenizatório em patamar inferior à oferta inicial se isso decorrer da adoção pelo juízo da integralidade do laudo do perito oficial. A oferta inicial do Incra, para reforma agrária, nem sempre reflete o valor real do imóvel e, *a fortiori*, sua justa indenização (art. 5º, XXIV, da CF/1988). Assim, na hipótese, não se pode cogitar a carência de fundamentação, porque a sentença, ao acolher os fundamentos do laudo pericial, fixou um montante razoável como indenização. **Precedentes citados: REsp 780.542-MT, DJ 28/8/2006, e REsp 886.258-MT, DJ 2/4/2007. REsp 848.787-SC, Rel. Min. Mauro Campbell Marques, julgado em 20/5/2010.** (Inform. STJ 435) (g.n.)

DESISTÊNCIA. AÇÃO. OPOSIÇÃO. RÉU.

Em ação de indenização proposta pelo particular devido à desapropriação indireta promovida pela União, o autor desistiu da ação e, quando sobreveio a sentença homologatória, a União apelou. Por sua vez, o Tribunal *a quo* não conheceu da apelação ao argumento de que a oposição à desistência da ação deveria ser fundamentada e justificada. No REsp, a União discute a possibilidade de recusa do réu ao pedido de desistência da ação formulado pelo autor, quando não há a expressa renúncia do autor ao direito em que se funda a ação (art. 3º da Lei n. 9.469/1997). Para o Min. Relator, invocando doutrina de sua autoria, é cediço que a desistência da ação é instituto nitidamente processual, pois não atinge o direito material objeto da ação, tanto que descompromete o Judiciário de manifestar-se. No entanto, após o oferecimento da resposta, é defeso ao autor desistir da ação sem o consentimento do réu, nos termos do art. 267, § 4º, do CPC. Essa regra impositiva decorre da bilateralidade formada no processo, o réu também tem direito de solucionar o conflito. Mas, apesar desse direito de o réu manifestar-se sobre a desistência do autor da ação, essa oposição deve ser fundamentada e justificada sob pena de configurar abuso de seu direito. Nesse sentido, posicionam-se a doutrina e a jurisprudência deste Superior Tribunal. **No caso dos autos, a União condicionou sua concordância ao pedido de desistência à renúncia expressa do autor sobre o direito em que se funda a ação, de acordo com o referido artigo da Lei n. 9.469/1997; sendo assim, não há abuso de seu direito. Diante do exposto, a Turma deu provimento ao recurso da União para afastar a extinção do processo e determinar o prosseguimento do feito. Precedentes citados: REsp 976.861-SP, DJ 19/10/2007; REsp 241.780-PR, DJ 3/4/2000, e REsp 651.721-RJ, DJ 28/9/2006. REsp 1.174.137-PR, Rel. Min. Luiz Fux, julgado em 6/4/2010.** (Inform. STJ 429) (g.n.)

COMPETÊNCIA. JUIZADO ESPECIAL FEDERAL. DEC. N. 750/1993.

Este Superior Tribunal já decidiu que as limitações decorrentes da edição do Dec. n. 750/1993, quanto à Mata Atlântica, não consubstanciam desapropriação indireta. Assim, o Juizado Especial Federal é competente para julgar a causa na qual se busca indenização decorrente dessas limitações administrativas, visto não se encontrar albergada pelas exceções contidas no art. 3º, § 1º, da Lei n. 10.259/2001 e seu valor ser inferior a 60 salários mínimos. Precedente citado: EREsp 901.319-SC, DJe 3/8/2009. **REsp 1.129.040-RS, Rel. Min. Castro Meira, julgado em 16/3/2010.** (Inform. STJ 427)

ACP. DESAPROPRIAÇÃO. COISA JULGADA.

A Turma, por maioria, entendeu cabível a ação civil pública (ACP) para declarar a nulidade de relação processual supostamente transitada em julgado, por inexistir base fática própria a justificar a ação desapropriatória de imóvel situado em faixa de fronteira e já desapropriado pelo Poder Público federal. Com efeito, para todo direito violado, deve existir um meio judicial de debelar a ofensa, em que pese à aparência formal de coisa julgada, eivada de nulidade absoluta insanável, causadora de prejuízos ao patrimônio público. No caso, não houve o trânsito em julgado da ação desapropriatória quanto ao domínio das terras expropriadas – até porque tal questão não foi discutida nos autos do processo, mas apenas quanto ao valor da indenização paga, com base no pressuposto de que as terras pertenciam aos expropriados, motivo pelo qual foi fixado o montante a título de justa indenização. Ademais, ainda que não se tratasse de coisa julgada, quanto à discussão sobre o citado domínio das terras desapropriadas de que se valeu o acórdão recorrido para extinguir o processo sem resolução do mérito, por inadequação da via eleita, não é definitiva nem produz efeitos concretos, em época alguma, a coisa julgada baseada em premissas fáticas inexistentes, em violação dos princípios da legalidade, moralidade, da realidade dos fatos, das condições impostas pela natureza e demais regras constitucionais. **Precedentes citados: REsp 765.566-RN, DJ 31/5/2007; REsp 622.405-SP, DJ 20/9/2007; REsp 445.664-AC, DJ 7/3/2005, e REsp 710.599-SP, DJ 14/2/2008. REsp 1.015.133-MT, Rel. originária Min. Eliana Calmon, Rel. para acórdão Min. Castro Meira, julgado em 2/3/2010.** (Inform. STJ 425)

REPETITIVO. DESAPROPRIAÇÃO. JUROS.

Trata-se de entendimento assentado na jurisprudência do STJ e compatível com a recente orientação traçada pela Súmula vinculante n. 17 do STF, qual seja, ser o termo inicial dos juros moratórios na desapropriação o dia 1º de janeiro do exercício seguinte àquele em que o pagamento deveria ser feito (art. 100 da CF/1988 e art. 15-B do DL n. 3.365/1941). Já os juros compensatórios são devidos a 12% ao ano, nos termos da Súm. n. 618-STF, exceto entre 11/6/1997, data do início da vigência da MP n. 1.577, que reduziu esse percentual a 6% ao ano, e 13/9/2001, o dia da publicação da decisão em medida liminar concedida pelo STF na ADIn 2.332-DF, que suspendeu a eficácia da expressão "de até seis por cento ao ano" constante do *caput* do art. 15-A do DL n. 3.365/1941, conforme entendimento acolhido por este Superior Tribunal quando do julgamento de recurso repetitivo, orientação, aliás, já sumulada (Súm. n. 408-STJ). Conforme a jurisprudência assentada o STJ, aqueles juros somente incidem até a data da expedição do precatório original, orientação que agora consta da novel redação do art. 100, § 12, da CF/1988, em razão da EC n. 62/2009. Assim, não há que se falar em cumulação de juros compensatórios e moratórios (anatocismo), visto que incidem em períodos diferentes: os primeiros, até a data da expedição do precatório, e os segundos, se o precatório expedido não for pago no prazo constitucional. Desse modo, percebe-se que, a partir da vigência do art. 15-B do DL n. 3.365/1941, introduzido pela MP n. 1.997-34, de 13/1/2000, a Súm. n. 70-STJ não tem mais suporte legal; porém, conforme o princípio do *tempus regit actum*, esse enunciado incide em períodos anteriores ao advento do referido artigo, assim como as Súmulas. ns. 12 e 102 do STJ. Com esse entendimento, a Seção deu parcial provimento ao especial do município sujeito à disciplina do art. 543-C do CPC (recurso repetitivo), mas, antes, entendeu, em questão de ordem, não admitir a Procuradoria-Geral da República como *amicus curiae*, visto que a União já foi aceita nessa qualidade e já apresentou sua manifestação. **Precedentes citados do STF: RE 305.186-SP, DJ 18/10/2002; do STJ: EREsp 615.018-RS, DJ 6/6/2005; EREsp 586.212-RS, DJ 26/11/2007; REsp 873.449-RJ, DJ 12/11/2007; REsp 1.111.829-SP, DJe 25/5/2009; REsp 675.598-RJ, DJ 2/5/2005; REsp 810.642-SC, DJ 8/6/2006; AgRg no REsp 892.351-SC, DJ 9/4/2007; REsp 791.205-SC, DJe 26/6/2008; REsp 433.514-MG, DJ 22/11/2004; REsp 578.992-SP, DJ 28/2/2005; REsp 811.437-SC, DJe 5/11/2008; REsp 437.577-SP, DJ 6/3/2006, e EREsp 650.727-TO, DJe 4/9/2009. REsp 1.118.103-SP, Rel. Min. Teori Albino Zavascki, julgado em 24/2/2010.** (Inform. STJ 424)

DESAPROPRIAÇÃO. INVASÃO. ÁREA PARTICULAR. O município que implementa atividade de saneamento básico em área cuja invasão havia sido concretizada, sem, contudo, ter agido de modo a caracterizar esbulho possessório ou ato que vise impedir o exercício da posse pelos proprietários da área invadida não está obrigado a indenizar o particular. Com esse entendimento, a Turma negou provimento ao recurso das sociedades empresariais na parte conhecida. Ressalta o Min. Relator Luiz Fux que, para haver desapropriação indireta, é necessária a conduta positiva do ente estatal consistente no apossamento administrativo da área, o que não ocorreu no caso dos autos. Note-se que, após a invasão da área particular de mais de 100 mil m², as proprietárias do imóvel ajuizaram ações de reintegração de posse e reivindicatória, mas, como não obtiveram êxito, ajuizaram nova ação reivindicatória, convolada em ação de desapropriação indireta. Na última ação, o TJ reconheceu não haver o município praticado qualquer ato material que resultasse na concretização do esbulho ou impedisse o exercício do direito de propriedade, até porque as obras de saneamento básico só foram iniciadas dois anos depois das invasões. Observou, também, o Min. Teori Albino Zavascki que não se pode discutir se o Estado é responsável direta ou indiretamente por incentivar invasões em propriedade privada, sob o enfoque da desapropriação indireta, que não se deu nem conceitualmente. **REsp 1.041.693-RJ, Rel. Min. Luiz Fux, julgado em 3/11/2009.** (Inform. STJ 414) (g.n.)

REINTEGRATÓRIA. IMÓVEL CEDIDO.
Foi ajuizada ação reintegratória com o fim de recuperar a posse de imóveis contratualmente cedidos a ente da administração indireta por tempo determinado. Nas instâncias ordinárias, firmou-se que esses imóveis estão afetados ao serviço público (são aterros sanitários), o que inviabiliza a pretensão reintegratória. Contudo, certo é que a ocupação e a destinação do bem ao serviço público caracterizam desapropriação indireta (art. 35 do DL n. 3.365/1941), remanescendo ao autor buscar indenização por danos, a qual envolve, no caso, a responsabilidade contratual (descumprimento do contrato) e extracontratual (decorrente da desapropriação indireta). Lastreada nos princípios da celeridade e da economia, a jurisprudência, tanto do STF quanto do STJ, admite, além da tutela das obrigações de fazer, não fazer e entregar coisa certa distinta de dinheiro, a possibilidade de que a ação reintegratória seja convertida em ação de indenização por desapropriação indireta. Na hipótese, há pedido indenizatório, daí nada obstar a conversão. **Precedentes citados do STF: RE 109.853-SP, DJ 19/12/1991; do STJ: REsp 502.519-MA, DJ 15/3/2004; REsp 431.845-SP, DJ 30/9/2002; REsp 1.075.856-CE, DJe 5/8/2009; REsp 439.062-GO, DJ 3/2/2003; REsp 770.098-RS, DJ 13/9/2006, e REsp 1.007.110-SC, DJe 2/3/2009. REsp 1.060.924-RJ, Rel. Min. Castro Meira, julgado em 3/11/2009.** (Inform. STJ 414)

DESAPROPRIAÇÃO. JAZIDA. AREIA. CASCALHO. SAIBRO.
Trata-se de desapropriação para fins de reforma agrária em que se discute o cabimento de indenização de jazida mineral que, no caso, teve o seu licenciamento renovado dois meses antes da imissão do Incra na posse, muito embora, na ocasião, não houvesse exploração na área. A Turma, por maioria, ao prosseguir o julgamento, entendeu que, havendo legítima autorização, licença ou concessão, uma vez inviabilizada pelo Poder Público a exploração da jazida, há direito à indenização, ainda que não exercida a atividade de exploração naquele momento. Trata-se na verdade, de indenização por lucros cessantes. **Precedentes citados do STF: Ag no RE 140.254-SP, DJ 6/6/1997, e RE 315.135-RS, DJ 7/6/2002; do STJ: REsp 33.832-SP, DJ 28/6/1993, e REsp 77.129-SP, DJ 2/12/1996. REsp 654.321-DF, Rel. Min. Eliana Calmon, julgado em 27/10/2009.** (Inform. STJ 413)

INCRA. DESAPROPRIAÇÃO. PERÍCIA.
Discute-se o adiantamento dos honorários periciais na ação de desapropriação direta quando o expropriado recusa a oferta do expropriante. Observa o Min. Relator que, na ação de desapropriação para fins de reforma agrária, a realização da prova pericial é imprescindível para apuração do preço justo quando o expropriado recusa o valor da oferta, conforme estabelecem os arts. 6º, II, e 9º, § 1º, da LC n. 76/1993, apesar de o juízo não se vincular ao *quantum debeatur* apurado na perícia. Além do mais, a perícia, em desapropriação direta, quando contestada a oferta, é ato de impulso oficial (art. 262 do CPC), cujos valores serão adiantados pelo expropriante (art. 33 do CPC c/c a Súm. n. 232 do STJ) e serão ressarcidos se ele sair vencedor (art. 19 da LC n. 76/1993). Explica ser cediço, também, que a ação de desapropriação tem como objetivo fixar a justa indenização devido à incorporação do bem expropriado ao domínio público; consequentemente, a prova pericial é a substância do procedimento. Diante do exposto, a Turma conheceu parcialmente do recurso e, nessa parte, negou-lhe provimento. **Precedente citado: REsp 1.000.314-GO, DJe 30/3/2009. REsp 992.115-MT, Rel. Min. Luiz Fux, julgado em 1º/10/2009.** (Inform. STJ 409)

DESAPROPRIAÇÃO. REFORMA AGRÁRIA. JUROS.
A jurisprudência do STJ, revigorada pelo julgamento de recurso repetitivo, consolidou-se no sentido de que a MP n. 1.577/1997, que reduziu o percentual de juros compensatórios nas desapropriações de 12% a 6% ao ano, é aplicável entre 11/6/1997, data de sua edição, e 13/9/2001, momento em que publicada a liminar na ADin 2.332-DF, que suspendeu a eficácia da expressão "de até seis por cento ao ano" do *caput* do art. 15-A do DL n. 3.365/1941. Nos demais períodos, incide o percentual de 12% ao ano, tal como previsto na Súm. n. 618-STF. Este Superior Tribunal também entende que o art. 15-B do referido DL, introduzido pela MP n. 1.901-30/1999, deve ter sua aplicação às ações de desapropriação que já tramitavam em 27/9/1999, a determinar que os juros moratórios incidem a partir de 1º de janeiro do exercício seguinte àquele em que o pagamento deveria ser feito. **Precedentes citados: REsp 1.111.829-SP, DJe 25/5/2009; REsp 437.577-SP, DJ 6/3/2006; EDcl no REsp 516.985-RN, DJe 7/4/2009; REsp 930.043-SE, DJe 25/3/2009; AgRg no REsp 943.321-PA, DJe 13/3/2009; REsp 1.049.614-PR, DJe 15/12/2008; REsp 1.028.120-CE, DJe 1º/10/2008; EREsp 586.212-RS, DJ 26/11/2007; EDcl no REsp 802.505-GO, DJe 5/3/2008, e REsp 610.469-MG, DJ 5/3/2007. REsp 569.629-CE, Rel. Min. Mauro Campbell Marques, julgado em 1º/9/2009.** (Inform. STJ 405)

DESAPROPRIAÇÃO. JUROS COMPENSATÓRIOS.
Os juros compensatórios são fixados à luz do princípio *tempus regit actum*. Assim é que, ocorrida a imissão na posse do imóvel desapropriado em data anterior à vigência da MP n. 1.577/1997, esses juros devem ser fixados no limite de 12% ao ano. Contudo, os juros são arbitrados no limite de 6% ao ano se a imissão na posse deu-se após a vigência da mencionada MP e suas reedições e antes da data da publicação da medida liminar deferida na ADIN 2.332-DF (13/9/2001), a qual suspendeu a eficácia da expressão de "até seis por cento ao ano", constante do art. 15-A do DL n.

3.365/1941. *In casu*, a imissão do recorrente na posse do imóvel expropriado ocorreu em 12/12/1997, portanto os mencionados juros devem ser fixados em 6% ao ano. **Precedentes citados: REsp 785.418-AC, DJe 25/9/2008, e REsp 995.603-MA, DJe 19/8/2008. EREsp 650.727-TO, Rel. Min. Benedito Gonçalves, julgados em 26/8/2009.** (Inform. STJ 404)

DESAPROPRIAÇÃO. EFEITOS. INVASÃO.
Na espécie, o acórdão recorrido anulou procedimento expropriatório instaurado pelo Incra em razão de nulidade, pois a vistoria foi realizada pela autarquia quando o imóvel já estava esbulhado e já havia invasão. O Incra opôs embargos declaratórios para que aquele Tribunal se manifestasse sobre os critérios estabelecidos pelo STF quanto à influência da invasão sobre a classificação do imóvel, mas eles foram rejeitados. Destaca a Min. Relatora que o STJ não pode examinar os efeitos do impacto da invasão, pois, para tal avaliação, seria necessária a análise probatória (Súm. n. 7-STJ), mas que a jurisprudência do STF, quanto à vedação disposta no art. 2º, § 6º, da Lei n. 8.629/1993 (impossibilidade de realizar vistoria nos dois anos seguintes à invasão), entende que ela deve ser avaliada caso a caso. Aponta que essa vedação legal só passou a vigorar com o advento da MP n. 2.183-56, publicada em 2001, enquanto o esbulho e a vistoria, no caso dos autos, ocorreram em data anterior a 1999. Diante dessas peculiaridades, a Turma anulou o acórdão e determinou o retorno dos autos a fim de serem examinados os embargos declaratórios, nos quais há o pedido de que seja analisada a extensão da invasão na propriedade e o respectivo impacto no cálculo do índice de produtividade do imóvel. **Precedentes citados do STF: MS 24.484-GO, DJ 2/6/2006, e MS 23.759-DF, DJ 22/8/2003. REsp 1.100.046-AL, Rel. Min. Eliana Calmon, julgado em 16/6/2009.** (Inform. STJ 399)

DESAPROPRIAÇÃO. JUSTA INDENIZAÇÃO.
Trata-se de ação de desapropriação proposta pelo Incra por interesse social em que, para o Min. Relator, o Tribunal de origem observou a legislação aplicável quanto à justa indenização (art. 12 da Lei n. 8.629/1993). Explica que se calculou separadamente o valor do solo e da cobertura vegetal composta de pasto natural (capim lucas), que tem valor econômico próprio, de fácil cálculo técnico-monetário e independe de autorização do órgão ambiental, aspectos que legitimam para fins indenizatórios a disjunção de solo e cobertura florística do bem imóvel no momento da perícia; que os juros compensatórios são calculados nos termos do art. 15-A do DL n. 3.365/1941 (diferença entre 80% do valor inicialmente depositado e a indenização judicialmente fixada) e, nos termos da jurisprudência do STF, ainda que o valor da indenização fixado em sentença corresponda ao montante anteriormente depositado pelo expropriante, incidem juros compensatórios sobre a parcela cujo levantamento não foi autorizado (20% em regra, conforme o art. 6º, § 1º; da LC n. 76/1993). Observa, ainda, que os juros compensatórios independem da produtividade do imóvel, pois decorrem da perda antecipada da posse e podem ser cumulados com os moratórios (Súm. n. 12-STJ); que sua alíquota é de 12% ao ano (Súm. n. 618-STF) e que incide a partir da imissão na posse. Porém, nas hipóteses em que a imissão ocorreu após a MP n. 1.577/1997, os juros são de 6% ao ano até a publicação da liminar concedida na ADIN n. 2.332-DF (13/9/2001), o que não ocorreu na hipótese, porque a imissão na posse foi em 1965, devendo, nessa situação, os juros compensatórios ser mantidos em 12% ao ano. Aponta que os juros moratórios fluem a partir de 1º de janeiro do exercício seguinte àquele em que o pagamento deveria ocorrer (art. 100 da CF/1988), devendo, nesse ponto, ser reformado o acórdão recorrido. Ademais, quanto aos honorários advocatícios, o Min. Relator acrescentou que a MP n. 1.997-37/2000 alterou a redação do art. 27, § 1º, do DL n. 3.365/1941, limitando-os entre 0,5% e 5%, sendo que esses percentuais aplicam-se às sentenças proferidas após a publicação da citada MP (no caso, não se aplicam esses limites, porquanto fixados os honorários em 15%). Diante do exposto, a Turma deu parcial provimento ao recurso do Incra. **Precedentes citados: REsp 1.111.829-SP, DJ 25/5/2009; EREsp 586.212-RS, DJ 26/11/2007, e EREsp 615.018-RS, DJ 6/6/2005. REsp 1.007.301-PB, Rel. Min. Herman Benjamin, julgado em 16/6/2009.** (Inform. STJ 399)

DESAPROPRIAÇÃO. ENFITEUSE. INDENIZAÇÃO.
Trata-se de REsp em que a questão está em saber qual o valor da indenização devida ao senhorio direto de imóvel objeto de desapropriação e sujeito ao regime de enfiteuse. A Turma deu parcial provimento ao recurso, reiterando o entendimento de que o valor indenizatório referente ao domínio direto está regulado pelo art. 103, § 2º, do DL n. 9.760/1946, com a redação conferida pela Lei n. 9.636/1998, e não mais pelo art. 693 do CC/1916, quando o senhorio direto for ente público. **Precedentes citados: REsp 875.530-RN, DJe 27/11/2008; REsp 934.824-RJ, DJe 15/5/2008; REsp 911.020-RJ, DJ 8/10/2007, e REsp 775.488-RJ, DJ 15/5/2006. REsp 764.376-RJ, Rel. Min. Humberto Martins, julgado em 26/5/2009.** (Inform. STJ 396)

RECURSO REPETITIVO. DESAPROPIAÇÃO. JUROS COMPENSATÓRIOS. HONORÁRIOS ADVOCATÍCIOS.
A Seção, ao apreciar o REsp como recurso repetitivo (Res. n. 8/2008-STJ e art. 543-C do CPC), decidiu, reiterando a jurisprudência deste Superior Tribunal, que a MP n. 1.577/1997, que reduziu a taxa dos juros compensatórios em desapropriação de 12% para

6% ao ano, é aplicável no período compreendido entre 11/6/1997, quando foi editada, até 13/9/2001, data da publicação da decisão liminar do STF na ADI 2.332-DF, suspendendo a eficácia da expressão "de até seis por cento ao ano", do *caput* do art. 15-A do DL n. 3.365/1941, introduzida pela referida MP. Nos demais períodos, a taxa dos juros compensatórios é de 12% ao ano, como prevê a Súm. n. 618-STF. Os honorários advocatícios, em desapropriação direta, subordinam-se aos critérios estabelecidos no § 1º do art. 27 do mencionado DL (redação dada pela MP n. 1.997-37/2000). O juízo sobre a adequada aplicação dos critérios de equidade previstos no art. 20, §§ 3º e 4º, do CPC impõe exame das circunstâncias da causa e das peculiaridades do processo, o que não se comporta no âmbito do recurso especial (Súm. n. 7-STJ). Aplica-se, por analogia, a Súm. n. 389-STF. **Precedentes citados: EREsp 606.562-SE, DJ 27/6/2006; REsp 737.160-SP, DJ 18/4/2006; REsp 587.474-SC, DJ 25/5/2006; REsp 789.391-RO, DJ 2/5/2006; AgRg no REsp 943.321-PA, DJe 13/3/2009; REsp 982.983-MT, DJ 10/4/2008; REsp 875.723-SP, DJ 10/5/2007; REsp 877.108-SP, DJ 1º/10/2007; REsp 992.921-MA, DJe 6/11/2008; AgRg nos EREsp 685.976-SC, DJ 25/9/2006; EREsp 289.033-DF, DJ 21/3/2005, e EREsp 516.621-RN, DJ 26/9/2005. REsp 1.111.829-SP, Rel. Min. Teori Albino Zavascki, julgado em 13/5/2009.** (Inform. STJ 394)

DESAPROPRIAÇÃO. IMISSÃO. POSSE.

A ação declaratória de nulidade do decreto de expropriação não tem o condão de gerar a suspensão por prejudicialidade, senão a conexão que impôs o *simultaneus processus* (art. 105 do CPC). Consequentemente, conjura-se a suspensão da imissão na posse já efetuada nos autos da ação expropriatória. **EDcl no REsp 1.034.192-MS, Rel. originário Min. Francisco Falcão, Rel. para acórdão Min. Luiz Fux, julgados em 16/4/2009.** (Inform. STJ 390)

DESAPROPRIAÇÃO INDIRETA. REINTEGRAÇÃO. POSSE.

Quando o poder público apossa-se de um bem em razão de utilidade pública, normalmente se pede o reconhecimento da desapropriação indireta, a transformação da tutela específica de devolver o bem em tutela alternativa de perdas e danos. Ocorre que, na hipótese, a ação intentada (há cerca de quarenta anos) foi de reintegração de posse, ao final julgada procedente. Contudo, na prática, não havia mais o que executar, porque o bem objeto da reintegração foi afetado ao domínio público (transformou-se em uma praça). Nesse contexto, a Turma entendeu conhecer do recurso (por ofensa ao art. 128 do CPC) e determinar que, na liquidação, seja considerado o disposto no art. 627 do CPC (de aplicação subsidiária, visto que se encontra no capítulo referente às execuções de títulos extrajudiciais), convertendo a execução específica em de perdas e danos. **REsp 1.007.110-SC, Rel. Min. Teori Albino Zavascki, julgado em 18/12/2008.** (Inform. STJ 381)

PARQUE ESTADUAL. CRIAÇÃO. IMÓVEIS PARTICULARES.

Em razão da criação de parque estadual em área que abrange imóveis pertencentes a particulares, discute-se a configuração da desapropriação indireta. Para se falar em desapropriação indireta, impõe-se que sejam preenchidos os seguintes requisitos: que o bem tenha sido incorporado ao patrimônio do Poder Público e que a situação fática seja irreversível. Na espécie, não ficou constatado que as apontadas restrições estatais implicaram o esvaziamento do conteúdo econômico da propriedade da recorrente, tampouco que o Poder Público revelou qualquer intenção de incorporar a seu patrimônio o imóvel de propriedade da embargante. Contudo, demonstra-se conveniente ressalvar que as apontadas restrições impostas pelo Estado à utilização do imóvel da embargante podem configurar, desde que mais extensas do que as já existentes quando da edição do Dec. estadual n. 37.536/1993, a chamada limitação administrativa, cabendo à parte, por meio de ação própria, questionar o cabimento de eventual indenização. Diante disso, a Seção negou provimento aos embargos. **Precedentes citados: REsp 257.970-SP, DJ 13/3/2006; AgRg no REsp 610.158-SP, DJ 10/4/2006; REsp 442.774-SP, DJ 20/6/2005; REsp 727.404-SP, DJ 20/9/2007, e REsp 649.809-SP, DJ 5/12/2007. EREsp 628.588-SP, Rel. Min. Eliana Calmon, julgados em 10/12/2008.** (Inform. STJ 380)

DESAPROPRIAÇÃO. JUROS. PRECLUSÃO.

A Turma negou provimento ao agravo regimental, mantendo a decisão que reconheceu a preclusão do pedido do município de afastamento dos juros compensatórios incidentes sobre o valor da execução que a Fazenda municipal deixou de impugnar na liquidação. Aquela mesma decisão condenou o município, ainda, a pagar os honorários advocatícios sucumbenciais diante da ausência de fixação do *quantum* pela sentença (§ 4º do art. 20 do CPC). Anotou-se que, na conta de liquidação, foram incluídos os juros moratórios e compensatórios porque a Fazenda municipal não cumpriu tempestivamente o pagamento integral do precatório original. Outrossim, a Fazenda municipal só se insurgiu contra tais verbas após a expedição dos ofícios requisitórios complementares, quando já precluso o pleito (art. 503, parágrafo único, do CPC) e depois de o STF ter-se pronunciado sobre o art. 33 do ADCT. Portanto, no caso, não há erro de cálculo, mas se busca expurgar parcelas integrantes do valor devido pelo município. **Precedentes citados: AgRg no REsp 773.273-MG, DJ 27/2/2008, e REsp 807.505-SP, DJ 2/5/2006. AgRg no REsp 942.801-SP, Rel. Min. Humberto Martins, julgado em 2/12/2008.** (Inform. STJ 379)

DESAPROPRIAÇÃO. HONORÁRIOS ADVOCATÍCIOS.

A Turma entendeu que, embora os valores referentes ao pagamento da indenização tenham sido depositados, não se pode liberá-los enquanto tramitar ação civil pública na qual se discute o domínio do imóvel. Enquanto existir dúvida sobre o domínio, o pagamento dos honorários deve ficar suspenso. **REsp 654.517-PR, Rel. originário Min. José Delgado, Rel. para acórdão Min. Francisco Falcão (RISTJ, art. 52, IV, b), julgado em 18/11/2008.** (Inform. STJ 377)

INCIDENTE. FALSIDADE. CADEIA DOMINIAL. DESAPROPRIAÇÃO.

Os recorridos, imbuídos da qualidade de proprietário, ajuizaram ação de desapropriação indireta contra o Incra e a União. Porém, diante do pedido de instauração de incidente de falsidade documental dos títulos de domínio dos primitivos proprietários, expedidos originariamente pelo Estado-Membro, o juízo de 1º grau determinou perícia em toda a cadeia dominial da área em questão, que abrangia duas fazendas ao final unificadas sob mesma matrícula. Por sua vez, a perícia concluiu que havia graves irregularidades em documentos que sustentavam as alienações dos imóveis, tal como a de, na procuração utilizada na ultimação de alienação de uma delas (há mais de quarenta anos), constar assinatura de terceiro a rogo do outorgante, pessoa que se provou não ser analfabeta. O juiz, então, declarou a falsidade dos títulos, das cadeias dominiais e dos respectivos registros (art. 146, parágrafo único, do CC/1916) e extinguiu o processo sem julgamento do mérito. Essa decisão foi reformada pelo TJ, sob o fundamento de que proferida com *error in procedendo*, de forma *extra petita*, pois se deveria restringir aos limites do incidente de falsidade arguido. Diante disso, vê-se que o incidente de falsidade de ato translativo de propriedade implica cognição plena da cadeia dominial de ação de desapropriação, inclusive dos atos pressupostos (procuração) à ultimação de alienação precedente ao ato expropriatório. A verificação da idoneidade da procuração e dos anteriores atos translativos são decorrência lógica daquele pedido, são questões prejudiciais incluídas em sua causa remota. Não se pode falar, portanto, em julgamento *extra petita* ou *error in procedendo*, quanto mais se diante do princípio do livre convencimento judicial (art. 131 do CPC). Anote-se, por último, não se poder conhecer *ex officio* da exceção de usucapião. **REsp 883.398-MT, Rel. Min. Luiz Fux, julgado em 21/10/2008.** (Inform. STJ 373)

IMÓVEL IMPRODUTIVO. JUROS COMPENSATÓRIOS E MORATÓRIOS.

É pacífico o entendimento, neste Superior Tribunal, de que os juros compensatórios são devidos independentemente de se tratar de imóvel improdutivo, pela perda da posse antes da justa indenização. No caso, como a imissão ocorreu em 2/2/1999, devem ser pagos juros compensatórios de 6% ao ano. Também é pacífico o entendimento de que a norma constante do art. 15-B do DL n. 3.365/1941, que determina a incidência dos juros de mora somente a partir de 1º de janeiro do exercício financeiro seguinte àquele em que o pagamento deveria ser efetuado, tem aplicação imediata às desapropriações em curso, no momento em que editada a MP n. 1.577/1997. Em relação aos honorários advocatícios, os ônus sucumbenciais devem ser fixados entre meio e cinco por cento, norma observada pelo Tribunal de origem. **REsp 850.481-PA, Rel. Min. Eliana Calmon, julgado em 21/10/2008.** (Inform. STJ 373)

AÇÃO. RETROCESSÃO. LEGITIMIDADE.

Cinge-se a questão em saber se a autarquia, ora recorrente, tem ou não legitimidade para figurar no polo passivo da ação de retrocessão. A Turma, por maioria, prosseguindo o julgamento, entendeu que, efetivamente, a legitimidade para essa ação é da entidade que, apesar de não ser a expropriante originária, incorporou o bem expropriado ao seu patrimônio, incumbindo-se do pagamento da indenização. Raciocínio inverso imporia *legitimatio per saltum*, desconhecendo a transferência originária do domínio, sem verificar a propriedade devida. Destarte, conforme assentado pelo Tribunal *a quo*, se a outorga da competência executória da desapropriação redunda na transferência ao órgão executor para ultimar todos os atos expropriatórios, inclusive no que tange à propositura da ação judicial e ao pagamento da respectiva indenização, por certo que o ente executor possui legitimidade para figurar no polo passivo da ação de retrocessão, porquanto, como dito alhures, ao ente executor estendem-se todas as obrigações decorrentes do processo expropriatório. Assim, por maioria, negou-se provimento ao recurso. **REsp 983.390-MG, Rel. originário Min. Francisco Falcão, Rel. para acórdão Min. Luiz Fux, julgado em 24/6/2008.** (Inform. STJ 361)

DESAPROPRIAÇÃO. DISCUSSÃO. DOMÍNIO.

A Turma, por maioria, prosseguindo o julgamento, negou provimento ao recurso ao fundamento de que a alienação pelo Estado da Federação de terras de fronteira pertencentes à União é considerada transferência a *non dominio* e, por isso, nula. É máxima jurídica sedimentada que ninguém pode transferir o que não tem, tampouco a entidade pública pode desapropriar bem próprio. Consectariamente, não ocorre julgamento *extra petita* na análise do domínio no bojo da ação, porquanto há, em verdade, impossibilidade jurídica de o titular expropriar bem próprio, o que encerra figura assemelhada à confusão. Deveras, não cabe ao ente público expropriar e indenizar aquilo que lhe pertence, ou, ainda, ao Incra indenizar área pertencente à União. **REsp 752.944-PR, Rel. ori-**

ginário Min. Francisco Falcão, Rel. para acórdão Min. Luiz Fux, julgado em 24/6/2008. (Inform. STJ 361)

COMPETÊNCIA. DESAPROPRIAÇÃO. BENFEITORIAS.

Em conflito negativo de competência entre a Justiça estadual e Federal no qual se discute a indenização de benfeitorias a mandatário de imóvel rural desapropriado pelo programa de reforma agrária (Incra), explicou o Min. Relator que, quanto à discussão sobre os direitos oriundos da desapropriação, a Seção já se posicionou que devem ser discutidos no mesmo foro da ação de desapropriação, independentemente da ausência da União ou do Incra. Isso porque a justa indenização compreende todos os bens expropriados, dispensando ação autônoma para pleitear o ressarcimento de eventual item omitido. Assim, no caso específico dos autos, a indenização por benfeitorias é tema que está vinculado ao primitivo processo da desapropriação na Justiça Federal. Precedente citado: CC 36.376-TO, DJ 10/3/2003. **CC 90.021-MS, Rel. Min. Aldir Passarinho Junior, julgado em 11/6/2008.** (Inform. STJ 359)

DESAPROPRIAÇÃO. ANCIANIDADE. POSSE.

Para o Min. Relator, o recurso merece ser conhecido, uma vez que o justo preço determinado pelo acórdão recorrido é discutido apenas quanto à depreciação trazida pela ancianidade da posse, reconhecendo a existência de posseiros na área desapropriada tal como registrada em algumas das perícias realizadas. A legislação de regência estabelece os aspectos a ser considerados no cálculo final da indenização, conforme expresso no art. 12 da Lei n. 8.629/1993. A lei é clara ao determinar que, no caso concreto, seja realizada a aferição de eventual depreciação pela existência de posseiros na área desapropriada. No caso, o Tribunal de origem não verificou, especificamente, o grau de perda de valor da propriedade pela ancianidade das posses lá existentes. Houve explicitação de caráter doutrinário da impossibilidade de aplicação do inciso IV do art. 12 da Lei n. 8.629/1993. Desse modo, devem retornar os autos para que a instância ordinária realize juízo de valor sobre o tema. Diante disso, a Turma conheceu em parte do recurso e nessa parte deu-lhe provimento. **REsp 945.799-DF, Rel. Min. Castro Meira, julgado em 20/5/2008.** (Inform. STJ 356)

DESAPROPRIAÇÃO. IMISSÃO PROVISÓRIA. POSSE. VALOR.

Nos termos do art. 15 do DL n. 3.365/1941, se "o expropriado alegar urgência e depositar a quantia arbitrada de conformidade com o art. 685 do CPC, o juiz mandará imiti-lo provisoriamente na posse dos bens". *In casu,* há notícias nos autos de que a medida justifica a tutela de urgência. Portanto, o magistrado está autorizado a deferir a imissão provisória no imóvel após o depósito de quantia por ele arbitrada, podendo ocorrer antes mesmo da citação do expropriado, o que torna evidente que a avaliação do imóvel não deve ser prévia, tal como pretendido, mas de realização diferida para a instrução do processo. **Precedentes citados: REsp 74.131-SP, DJ 20/3/2000, e REsp 692.519-ES, DJ 25/8/2006. REsp 953.056-ES, Rel. Min. Castro Meira, julgado em 18/12/2007.** (Inform. STJ 343)

DESAPROPRIAÇÃO. REFORMA AGRÁRIA. RETITULAÇÃO.

Cabe a indenização em desapropriação para regularização fundiária, quando os desapropriados tiveram despesas para obter a retitulação do próprio imóvel expropriado (art. 25 da Lei n. 4.504/1964 e art. 19 da Lei n. 8.629/1993). Explica o Min. Relator que não se justificaria os expropriados, que não deram razão para isso, suportarem o ônus. Portanto, cabível a indenização dos valores despendidos para obter a retitulação. Precedente citado: REsp 510.438-PR, DJ 9/5/2005. **REsp 652.194-PR, Rel. Min. Teori Albino Zavascki, julgado em 13/11/2007.** (Inform. STJ 339)

DESAPROPRIAÇÃO INDIRETA. CONSTRUÇÃO. RODOVIA. VALORIZAÇÃO GERAL. IMÓVEIS.

Trata-se de recurso para ver reconhecida indenização em razão de desapropriação indireta realizada pelo departamento de estradas de rodagem estadual, ao argumento de que essa instituição pública tomou posse de uma área para construção de rodovia, resultando violação do direito de propriedade ante a inexistência de pagamento pela área do imóvel apossado. Entendeu o Min. Relator que há de ser reconhecido o direito postulado, porquanto a jurisprudência deste Superior Tribunal agasalha a tese de que os efeitos patrimoniais decorrentes de valorização de imóvel por obra pública merecem solução pela via fiscal adequada – contribuição de melhoria –, sendo ilegal a dedução do valor indenizatório da quantia que se entenda proveniente da referida valorização, que, na espécie, ocorreu de modo geral, alcançando todos os imóveis marginais à rodovia construída pelo Estado. Diante disso, a Turma conheceu, em parte, do recurso e, nessa parte, deu-lhe provimento para que, desconstituído o acórdão recorrido, não seja abatido do valor indenizatório atual do imóvel a quantia que se entendeu proveniente da valorização por realização de obra pública. Precedentes citados: REsp 795.400-SC, DJ 31/5/2007; REsp 795.580-SC, DJ 1º/2/2007; REsp 793.300-SC, DJ 31/8/2006, e REsp 439.878-RJ, DJ 5/4/2004. **REsp 827.613-SC, Rel. Min. José Delgado, julgado em 2/10/2007.** (Inform. STJ 334)

RESTRIÇÕES ADMINISTRATIVAS ANTERIORES. AQUISIÇÃO. INEXISTÊNCIA. INDENIZAÇÃO.

Uma vez adquirido o imóvel quando já incidentes sobre ele as limitações administrativas decorrentes da criação do Parque Estadual da Serra do Mar, não há falar em ação de desapropriação como forma de ressarcimento de prejuízo, pois, a toda evidência, esse não houve, visto que a utilização do imóvel deve respeitar as restrições anteriormente impostas pela legislação estadual. Assim, a Turma, ao prosseguir o julgamento, por maioria, negou provimento ao recurso. Precedente citado: EREsp 254.246-PR, DJ 12/3/2007. **REsp 765.872-SP, Rel. originária Min. Eliana Calmon, Rel. para acórdão Min. Herman Benjamin, julgado em 4/10/2007.** (Inform. STJ 334)

DESAPROPRIAÇÃO. JUROS COMPENSATÓRIOS. INCIDÊNCIA.

A Turma reafirmou o entendimento dominante na Primeira Seção deste Superior Tribunal no sentido de serem devidos os juros compensatórios nos casos de desapropriação, mesmo que o imóvel seja improdutivo. O Min. Relator ressalvou seu ponto de vista pessoal. Precedentes citados: AgRg no REsp 426.336-PR, DJ 2/12/2002; REsp 555.715-CE, DJ 31/5/20004; Ag 491.331-GO, DJ 24/5/2004; REsp 186.784-AC, DJ 11/6/2001; REsp 477.663-PE, DJ 15/12/2003, e EREsp 453.823-MA, DJ 17/5/2004. **REsp 930.274-GO, Rel. Min. Teori Albino Zavascki, julgado em 18/9/2007.** (Inform. STJ 332)

DESAPROPRIAÇÃO. TREDESTINAÇÃO LÍCITA.

Cuida-se de recurso interposto contra acórdão do TJ-SP que entendeu não haver desvio de finalidade se o órgão expropriante dá outra destinação de interesse público ao imóvel expropriado. **Para a Min. Relatora não há falar em retrocessão se ao bem expropriado for dada destinação que atende ao interesse público, ainda que diversa da inicialmente prevista no decreto expropriatório. A Min. Relatora aduziu que a esse tipo de situação a doutrina vem dando o nome de "tredestinação lícita" – aquela que ocorre quando, persistindo o interesse público, o expropriante dispensa ao bem desapropriado destino diverso do que planejara no início. Assim, tendo em vista a manutenção da finalidade pública peculiar às desapropriações, a Turma negou provimento ao recurso.** Precedentes citados: REsp 710.065-SP, DJ 6/6/2005, e REsp 800.108-SP, DJ 20/3/2006. **REsp 968.414-SP, Rel. Min. Denise Arruda, julgado em 11/9/2007.** (Inform. STJ 331) (g.n.)

DESAPROPRIAÇÃO INDIRETA. ANTECIPAÇÃO. HONORÁRIOS PERICIAIS.

Cinge-se a controvérsia acerca do ônus pela antecipação dos honorários do perito em ação de desapropriação <u>indireta</u>. O Min. Relator lembrou que a interpretação literal dos dispositivos da legislação processual revela a responsabilidade do autor pelo adiantamento das despesas com os honorários do perito. Todavia essa norma não se aplica às ações de indenização ajuizadas em decorrência de desapropriação indireta. Isso porque incumbe ao Poder Público o ônus da desapropriação, cujo mandamento constitucional impõe o prévio procedimento expropriatório, inclusive com prévia indenização. A ação indenizatória resulta da inobservância, pelo Poder Público, da obrigação que lhe competia de ajuizar a ação de desapropriação, com suas despesas subsequentes. Consectariamente, **imputar ao expropriado o adiantamento dos honorários periciais em desapropriação indireta é premiar o ilícito e, *a fortiori*, agravar o ônus da indenização expropriatória. Dessarte, não parece verossímil transferir o encargo a quem perdeu seu patrimônio sem o devido processo legal e beneficiar aquele que transgrediu o mandamento constitucional. Outrossim, a violação da norma constitucional acarretaria vantagem para o Poder Público, na medida em que o adiantamento das despesas pelo expropriado funcionaria como medida inibitória ao ajuizamento da ação de indenização.** Com esse entendimento, a Turma, por maioria, negou provimento ao recurso. **REsp 788.817-GO, Rel. Min. Luiz Fux, julgado em 19/6/2007.** (Inform. STJ 324) (g.n.)

DESAPROPRIAÇÃO INDIRETA. NULIDADE. AÇÃO DECLARATÓRIA. DOMÍNIO. DÚVIDAS. COISA JULGADA. RELATIVIZAÇÃO.

A Turma desproveu o recurso ao entendimento de que é cabível a ação declaratória de nulidade de ato jurídico para eventual desconstituição da coisa julgada por ocorrência de vícios insanáveis em ação de desapropriação indireta. No caso, cabe à autora recorrente proceder à produção de provas mormente quanto à titularidade da área objeto de expropriação, sem prejuízo de relativização da coisa julgada, pois presente outro valor mais relevante, i.e., o da carência de ação. Constatada, pois, a necessidade de haver mais esclarecimentos sobre a questão do domínio que, com efeito, não foi julgada, cabível a perícia meticulosa a ser feita na área onde se encontra encravada a tal propriedade expropriada no Parque Estadual de Jacupiranga. Precedente citado: REsp 12.586-SP, DJ 4/11/1991. **REsp 710.599-SP, Rel. Min. Denise Arruda, julgado em 21/6/2007.** (Inform. STJ 324)

INCRA. DESAPROPRIAÇÃO. INTERESSE SOCIAL. FAIXA. FRONTEIRA. DOMÍNIO.

Em ação de desapropriação por interesse social para fins de reforma agrária, foi chamado, de ofício, o Estado-membro para figurar no polo passivo da lide, em razão de ter sido por ele outorgado o título de propriedade aos expropriados. A sentença, confirmada pelo Tribunal *a quo*, declarou extinto o processo com julgamento do mérito, julgando procedente a ação para consolidar a propriedade do Incra sobre as áreas desapropriadas, declarando nulos os títulos concedidos aos réus pelo Estado e, consequentemente, considerou indevida qualquer indenização aos desapropriados. Para a Min. Relatora, a solução dada à lide pelas instâncias ordinárias teve o objetivo de acabar com os conflitos envolvendo disputa de terras na região de fronteira cujos títulos foram concedidos irregularmente pelo Estado-membro mediante regularização da propriedade e afastar a insegurança generalizada da região. Embora essa decisão tenha enfoque prático, encontra óbice de natureza processual, o que impede a confirmação do acórdão, pois a jurisprudência deste Superior Tribunal, interpretando o art. 34 do DL n. 3.365/1941, não tem admitido, em sede de ação expropriatória, a discussão em torno do domínio, sendo necessária e indispensável a utilização de ação específica para anulação de título translativo de propriedade. Dessa forma, a Turma deu parcial provimento ao recurso para determinar o retorno dos autos ao Tribunal de origem para nova apreciação do mérito da demanda. Precedentes citados: REsp 784.366-PR, DJ 22/3/2007; REsp 862.604-SC, DJ 16/11/2006; REsp 826.048-PR, DJ 11/9/2006; AgRg no Ag 580.131-PR, DJ 13/2/2005, e REsp 374.606-PR, DJ 15/12/2003. **REsp 753.096-PR, Rel. Min. Eliana Calmon, julgado em 19/6/2007.** (Inform. STJ 324)

AR. SENTENÇA. CÁLCULO. ERRO NOTÓRIO.

A ação ordinária de indenização por ato ilícito, por desapossamento pelo município de uma faixa do terreno dos autores (4,10 m de largura), foi julgada parcialmente procedente, mas o Tribunal *a quo* reformou a sentença, determinando apuração do valor da condenação em liquidação de sentença. Houve recurso especial; porém, nesse ínterim, foi proposta a liquidação e execução provisória da condenação, e, desta, houve embargos do devedor opostos pela municipalidade para corrigir excesso do valor da execução, na qual logrou êxito. Entretanto juiz substituto homologou cálculos de R$ 21.500.000,00, valor bem superior ao pedido inicial de R$ 3.004.563,10, sem levar em conta a decisão dos embargos do devedor. Transitada em julgado essa decisão, foi solicitada a expedição de precatório. O município, porém, aforou ação rescisória para desconstituir a sentença que homologou os cálculos, proferida em sede de embargos à execução provisória, alegando violação à coisa julgada ao alterar decisão dos embargos do devedor. O Tribunal *a quo* confirmou que o pedido rescindendo era improcedente em razão de inépcia da inicial, por não vir acompanhada da planilha de cálculo. Restou, também, rejeitada sua apresentação no decorrer da ação. Daí ter sido interposto o presente recurso especial. Isso posto, para o Min. Relator, não é cabível exigir que o recorrente demonstre aritmeticamente que a homologação de cálculos afastou-se muito do valor fixado em sentença transitada em julgado, por ser notório e independente de prova que o valor de uma dívida de R$ 3.004.563,10 saltou para mais de R$ 21.000.000,00. Outrossim, lembrou que a jurisprudência admite a ação rescisória para desconstituir homologatória de cálculos quando há comprovação de que estes não estão harmônicos com a decisão. Com esse entendimento, a Turma deu provimento ao recurso do município para decretar a procedência do pedido rescisório, rescindiu a sentença e determinou que outra seja proferida com absoluto respeito à coisa julgada e aos arts. 15-A e 15-B do DL n. 3.365/1941, conforme a reedição da MP n. 1.997-33/1999. Precedentes citados: REsp 51.243-SP, DJ 13/12/1999, e REsp 6.357-SP, DJ 16/5/1994. **REsp 866.298-PA, Rel. Min. José Delgado, julgado em 24/4/2007.** (Inform. STJ 318)

DESISTÊNCIA. DESAPROPRIAÇÃO. INDENIZAÇÃO. PRESCRIÇÃO.

Em demanda com objetivo de indenização pelos prejuízos oriundos da desistência de desapropriação pelo município, o Tribunal *a quo* manteve a sentença de extinção com julgamento do mérito ante o reconhecimento da prescrição. A questão consiste em saber se o termo inicial do lapso prescricional para ajuizamento da ação indenizatória pelos prejuízos decorrentes do período em que o município deteve o domínio do bem é a data da reintegração da posse ao proprietário ou da própria desistência da desapropriação. Para o Min. Relator, citando Pontes de Miranda, em nosso sistema, o prazo prescricional está submetido ao princípio *actio nata*, segundo o qual a prescrição inicia-se com o nascimento da pretensão ou ação. Sendo assim, no caso dos autos, a ciência inequívoca da violação do direito deu-se com a homologação da desistência da desapropriação pelo município, independentemente da data em que a devolução consumar-se-ia com a efetiva reintegração do desapropriado na posse. Outrossim, destacou que a jurisprudência deste Superior Tribunal é farta no sentido de considerar a data da ciência da lesão o termo inicial do lapso prescricional para propositura de ação de indenização pelas perdas decorrentes do ato lesivo. Com esse entendimento, ao prosseguir o julgamento, a Turma negou provimento ao recurso. Precedentes citados: AgRg na AR 3.230-MG, DJ 26/6/2006; REsp 700.716-MS, DJ 17/4/2006; REsp 683.187-RJ, DJ 15/5/2006; REsp 777.560-DF, DJ 7/11/2005; REsp 712.721-MG, DJ 8/5/2006, e REsp 735.377-RJ, DJ 27/6/2005. **REsp 816.131-SP, Rel. Min. Teori Albino Zavascki, julgado em 27/3/2007.** (Inform. STJ 315)

RETROCESSÃO. DESVIO. FINALIDADE. BEM DESAPROPRIADO. PRAZO PRESCRICIONAL.

A Turma deu provimento ao recurso e reiterou entendimento segundo o qual a ação de retrocessão é de <u>natureza real</u>, portanto aplicável o art. 177 do CC/1916, não o prazo quinquenal de que trata o Dec. n. 20.910/1932. Precedentes citados do STF: RE 99.571-ES, DJ 2/12/1983, e RE 104.591-RS, DJ 16/5/1986; do STJ: REsp 623.511-RS, DJ 6/6/2005; REsp 570.483-MG, DJ 30/6/2004, e REsp 412.634-RJ, DJ 9/6/2003. **REsp 868.655-MG, Rel. Min. Eliana Calmon, julgado em 6/3/2007.** (Inform. STJ 312) (g.n.)

IBAMA. PARQUE NACIONAL. DESAPROPRIAÇÃO INDIRETA. ILEGITIMIDADE PASSIVA. CONDIÇÕES DA AÇÃO. STJ. CONHECIMENTO DE OFÍCIO. MATÉRIA DE ORDEM PÚBLICA.
Prosseguindo o julgamento, a Turma, por maioria, decretou de ofício a ilegitimidade passiva levantada pelo *Parquet* para figurar na causa em que se discute indenização por desapropriação indireta, restando nulo o processo desde a citação, uma vez que somente a União tem legitimidade para figurar no polo passivo da ação movida contra o Ibama, em razão da criação do parque nacional, figurando a União apenas como mera assistente da autarquia ré. Pelo DL n. 3.365/1941, arts. 2° e 3°, somente a União, estados e municípios podem desapropriar, devendo, nas demais hipóteses, ter autorização expressa concedida por tais poderes públicos. **REsp 841.414-MT, Rel. Min. Eliana Calmon, julgado em 13/2/2007.** (Inform. STJ 310)

DESAPROPRIAÇÃO. SERRA DO MAR. RESTRIÇÕES ADMINISTRATIVAS.
A Seção, por maioria, preliminarmente, conheceu dos embargos de divergência e, no mérito, ao prosseguir o julgamento, por maioria, deu provimento aos embargos de divergência, prevalecendo a tese da impossibilidade da propositura da ação indenizatória no caso dos autos em que a aquisição do imóvel deu-se após a edição dos decretos estaduais n. 10.251/1977 e n. 19.448/1982 de preservação da Serra do Mar. Não se poderia falar em prejuízo porque, quando da compra e venda do imóvel, já incidiam as restrições administrativas impostas pelos citados decretos e, na fixação do preço do negócio, também se consideraram essas restrições de uso. Assim, concluiu não se poder ressarcir prejuízo que o embargante não sofreu. Os votos vencidos, com base em entendimentos anteriores sobre se há ou não exploração econômica na área de mata nativa, tinham como necessário o retorno dos autos ao Tribunal de origem, a fim de que fosse produzida a prova técnica para a demonstração inequívoca da possibilidade de haver ou não exploração econômica. Precedente citado: AgRg no Ag 404.715-SP, DJ 3/11/2004. **EREsp 254.246-SP, Rel. originária Min. Eliana Calmon, Rel. para acórdão Min. João Otávio Noronha, julgados em 13/12/2006.** (Inform. STJ 308)

DESAPROPRIAÇÃO INDIRETA. DUPLICAÇÃO. RODOVIA. INDENIZAÇÃO.
O Min. Relator entendia que deve ser reconhecido o direito à indenização pela área *non aedificandi*, pois essa espécie de limitação, surgida em relação à faixa marginal das estradas de rodagem, traduz restrição ao direito de construir, acarretando evidente prejuízo patrimonial ao proprietário que deve ser recomposto pela Administração. Já o Min. Luiz Fux, divergindo do entendimento do Min. Relator, consignou que tais áreas às margens de estrada de rodagem subsumem-se às restrições administrativas, exonerando o Estado do dever de indenização. Diante disso, a Turma, ao prosseguir o julgamento e por maioria, negou provimento ao recurso dos particulares. Precedente citado do STF: RE 99.545-SP, DJ 6/5/1983; do STJ: REsp 38.861-SP, DJ 18/11/1996. **REsp 760.498-SC, Rel. originário Min. José Delgado, Rel. para acórdão Min. Luiz Fux, julgado em 5/12/2006.** (Inform. STJ 307)

DESAPROPRIAÇÃO. DISTRITO INDUSTRIAL.
A Turma, ao prosseguir o julgamento após o voto-vista do Min. Teori Albino Zavascki, firmou, por maioria, que a edição de decreto expropriatório com fundamento no art. 5°, **i**, do DL n. 3.365/1941 (por utilidade pública para a criação ou ampliação de distrito industrial) que beneficia apenas uma sociedade contém vício de finalidade que o torna nulo, pois se desvia do interesse público e contraria os princípios da impessoalidade e moralidade administrativa (art. 37 da CF/1988). Ademais, o Governo estadual, expedidor do decreto, não tem competência para tal, nem mesmo para a efetiva desapropriação, visto que é do município o interesse público capaz de ensejá-la. O voto-vencido fundamentava-se, em suma, na impossibilidade de o Judiciário perquirir sobre critérios de oportunidade, necessidade e conveniência e na possibilidade de o Governo estadual declarar a utilidade pública da área, pois esse ato se diferenciaria da ordenação do solo urbano a ser levada a cabo pelo município. Precedente citado: REsp 36.611-SC, DJ 22/8/1994. **RMS 18.703-BA, Rel. Min. Denise Arruda, julgado em 28/11/2006.** (Inform. STJ 306)

QUESTÃO DE ORDEM. DESAPROPRIAÇÃO. JUROS COMPENSATÓRIOS. DEPÓSITO REMANESCENTE.
A Min. Denise Arruda, relatora para o acórdão, retornou os autos à apreciação da Turma mediante questão de ordem, noticiando que seu voto divergente, ao final acompanhado pela maioria, destoava da jurisprudência já pacificada naquele âmbito. Então retificou-o para acompanhar o Min. Teori Albino Zavascki, outrora vencido, no que foi acompanhada por unanimidade. Assim, após retificar o resultado da ata da respectiva sessão, a Turma deixou assentado que dera parcial provimento ao especial ao fundamento, entre outros, de que, no trato de desapropriação, a causa determinante dos juros compensatórios é a perda da posse e, por conseguinte, da fruição do bem antes do pagamento da prévia e justa indenização em dinheiro. Assim, o termo inicial de sua incidência é a imissão do expropriante na posse do imóvel. Em relação à parcela ofertada pelo expropriante e passível de levantamento imediato pelo expropriado (art. 33 do DL n. 3.365/1941), não se configura o pressuposto da privação do uso da propriedade (substituída, nesse caso, pela indenização imediata) e não há, com relação a essa parcela, justificativa para a incidência dos juros compensatórios. Precedentes citados do

STF: ADI 2.332-DF, DJ 2/4/2004; RE 320.947-SC, DJ 17/3/2003; do STJ: REsp 92.334-SP, DJ 25/5/1998. **QO no REsp 790.003-PI, Rel. Min. Teori Albino Zavascki, julgada em 24/10/2006.** (Inform. STJ 302)

DESAPROPRIAÇÃO. JUROS COMPENSATÓRIOS. EXPLORAÇÃO ECONÔMICA.
A jurisprudência da Primeira Seção é firme no sentido de que os juros compensatórios são devidos mesmo quando o imóvel desapropriado for improdutivo. Isso decorre da frustração do proprietário ao ver sua "expectativa de renda" tolhida, pois há a possibilidade, de no futuro, o imóvel ser aproveitado de forma racional e adequada ou até ser vendido com o recebimento do seu valor à vista. Contudo, na espécie, o acórdão embargado consignou que parte do imóvel expropriado, além de nunca ter sido explorada economicamente, sequer o pode ser no futuro, seja em razão de anteriores limitações impostas pela lei, seja em decorrência de suas características geográficas e topográficas. Logo, não devem incidir os juros compensatórios, do contrário haveria enriquecimento ilícito pelo desapropriado, que receberia indenização, além da limitação administrativa, também pela atividade produtiva que jamais seria exercida. Assim, a Seção, ao prosseguir o julgamento, por maioria, conheceu parte dos embargos e nesta parte proveu-os. Precedente citado: EREsp 122.114-SP, DJ 17/12/2004. **EREsp 519.365-SP, Rel. Min. Teori Albino Zavascki, julgados em 11/10/2006.** (Inform. STJ 300)

DESAPROPRIAÇÃO. DESISTÊNCIA. ANTERIORIDADE. PAGAMENTO INTEGRAL. ALTERAÇÃO. IMÓVEL.
O expropriante pode desistir da ação de desapropriação antes de efetuar o pagamento integral da quantia indenizatória, caso não haja substancial alteração do estado do imóvel expropriado, impossibilitando sua devolução no estado anterior (CPC, art. 269, V). **REsp 450.383-RS, Rel. Min. João Otávio de Noronha, julgado em 3/8/2006.** (Inform. STJ 291)

DESAPROPRIAÇÃO. JUROS COMPENSATÓRIOS.
Trata-se de recurso remetido da Segunda Turma à Primeira Seção deste Superior Tribunal no qual a recorrente alega violação da MP n. 1.577/1997 e suas sucessivas reedições, deixando de aplicar a incidência dos juros compensatórios no patamar de 6% ao ano. A Seção, ao prosseguir o julgamento, por maioria, deu parcial provimento ao recurso ao entendimento de que, em ação expropriatória, os juros compensatórios devem ser fixados à luz do princípio *tempus regit actum*, nos termos da jurisprudência predominante do STJ, no sentido de que a taxa de 6% ao ano, prevista na referida MP e suas reedições, é aplicável tão somente, às situações ocorridas após a sua vigência. Suas reedições permanecem íntegras até a data da publicação do julgamento proferido na medida liminar concedida da ADIN n. 2.332-DF, DJ 13/9/2001, que suspendeu, com efeitos *ex nunc*, a eficácia da expressão de "até seis por cento ao ano", constante do art. 15-A, do DL n. 3.365/1941. Ocorrida a imissão na posse do imóvel desapropriado após sua vigência, os juros compensatórios devem ser fixados naquele limite, exclusivamente, no período compreendido entre 21/8/2000 (data da imissão na posse) e 13/9/2001 (publicação do acórdão proferido pelo STF). **REsp 437.577-SP, Rel. Min. Castro Meira, julgado em 8/2/2006.** (Inform. STJ 273)

PRESCRIÇÃO. INDENIZAÇÃO. PARQUE ECOLÓGICO.
O Estado entendeu criar o parque ecológico da Serra do Mar, impondo, como consabido, restrições ao uso das propriedades particulares. Assim, por via oblíqua, assumiu o ônus de indenizá-las na mesma proporção das limitações. Isso posto, a Turma, ao prosseguir o julgamento, por maioria, entendeu que a respectiva ação de desapropriação indireta tem prazo prescricional vintenário. A Min. Eliana Calmon, em seu voto-vista, aduziu que, na hipótese, o Estado, efetivamente, não retirou a posse da área do proprietário e que há que se analisar, caso a caso, se havia potencial econômico para exploração da terra que se tenha por inviabilizada. Entendeu, ainda, que a ação, na hipótese, assemelha-se à ação reivindicatória, de natureza real, daí o prazo prescricional de vinte anos. Precedentes citados do STF: RE 109.853-SP, DJ 19/12/1991; RE 73.683-PR, DJ 26/4/1972, e RE 77.177-SP, DJ 11/12/1978. **REsp 193.251-SP, Rel. Min. João Otávio de Noronha, julgado em 7/2/2006.** (Inform. STJ 273)

10.3.2. Servidão administrativa

Enunciado 479 da Súmula do STF e Terrenos Reservados
Aplicando o entendimento consolidado no Enunciado 479 da Súmula do STF (*"As margens dos rios navegáveis são de domínio público, insuscetíveis de expropriação e, por isso mesmo, excluídas de indenização."*), **a Turma proveu recurso extraordinário para excluir da indenização área de terreno reservado.** Reputou-se que as instâncias ordinárias julgaram em sentido contrário ao que estabelecido por esta Corte, não sendo necessário apreciar a questão da navegabilidade ou não dos cursos d'água situados na área desapropriada — sequer mencionada no acórdão impugnado —, considerando que houve decisão que não levara em conta o aludido Verbete diante da conclusão de que as terras não passariam para o domínio da União, mas apenas ficariam sob o regime de servidão de trânsito. **RE 331086/PR, rel. Min. Menezes Direito, 2.9.2008.** (RE-331086) (Inform. STF 518) (g.n.)

SERVIDÃO ADMINISTRATIVA. REVISÃO. VALOR INDENIZATÓRIO.

In casu, a **entidade expropriante, ora recorrente, ajuizou ação para instituir servidão administrativa sobre a propriedade dos ora recorridos, tendo em vista a necessidade de instalar linhas de transmissão de energia elétrica naquele local**. Em decorrência disso, ofereceu, a título de indenização, o valor de R$ 21.460,95, o qual não foi aceito pelos expropriados. A sentença, que foi integralmente mantida em sede de apelação, fixou o valor indenizatório em mais de 10 vezes do que o oferecido pela expropriante, com fundamento em laudo fornecido pelo perito oficial. Condenou-a, também, ao pagamento de juros compensatórios no percentual de 12% ao ano contados da efetiva ocupação e calculados sobre o valor da indenização, bem como de juros moratórios de 6% ao ano a partir do trânsito em julgado da sentença. Os honorários advocatícios foram arbitrados em 15% sobre o valor da condenação. No REsp, alegou-se omissão do aresto impugnado, pois não expôs adequadamente os motivos utilizados para a fixação do valor indenizatório, bem como dos respectivos juros e dos honorários advocatícios. Alegou-se, ainda, violação dos arts. 15-A, 15-B, 27, *caput* e § 1°, do DL n. 3.365/1941. Nesta instância especial, no que tange à alegada afronta ao art. 27, *caput*, do citado diploma legal, entendeu-se que o valor da indenização fixado pelo acórdão recorrido tomou por base laudo ofertado pelo perito judicial, o qual enfrentou as peculiaridades do caso concreto. Registrou-se, ainda, não ser possível, em REsp, revisar as circunstâncias fáticas consideradas pelas instâncias ordinárias para a aferição do justo valor indenizatório. Quanto aos juros e honorários advocatícios, eles não foram abordados em grau de apelação, que se ateve a impugnar o laudo de avaliação elaborado na origem. Ademais, em relação à suposta ofensa ao art. 535, II, do CPC, o tribunal *a quo* utilizou fundamentos suficientes para dirimir a controvérsia, apreciando a demanda nos limites em que devolvida no recurso de apelação. Diante disso, a Turma, ao prosseguir o julgamento, conheceu parcialmente do especial, mas lhe negou provimento. **REsp 1.121.222-PI, Rel. Min. Castro Meira, julgado em 27/4/2010**. (Inform. STJ 432)

10.3.3. Tombamento

DIREITO ADMINISTRATIVO. REPARAÇÃO DE IMÓVEL TOMBADO. ÔNUS DO PROPRIETÁRIO.

A responsabilidade de reparar e conservar o imóvel tombado é do proprietário, salvo quando demonstrado que ele não dispõe de recurso para proceder à reparação. Precedentes citados: REsp 666.842-RJ, DJe 28/10/2009; REsp 895.443-RJ, DJe 17/12/2008; REsp 1.013.008-MA, DJe 23/6/2008, e REsp 97.852-PR, DJ 8/6/1998. **AgRg no AREsp 176.140-BA, Rel. Min. Castro Meira, julgado em 18/10/2012. (Inform. STJ 507)**

TOMBAMENTO. PATRIMÔNIO HISTÓRICO.

A Turma conheceu em parte o recurso, mas desproveu-o provimento, considerando que, **havendo tombamento geral de cidade protegida como patrimônio de importância histórico-cultural, aplicam-se as restrições do art. 17 do DL n. 25/1937 a todos os proprietários de imóvel na área tombada**. Ademais, não procede a alegação de que o bem da recorrente não foi individualizado no tombamento, se já sabia das citadas restrições, quando solicitou, inclusive, autorização ao Instituto do Patrimônio Histórico e Artístico Nacional (IPHAN) para a realização da obra, não obstante descumpriu os limites impostos para a realização de reformas no imóvel. **Precedente citado: REsp 840.918-DF. REsp 1.098.640-MG, Rel. Min. Humberto Martins, julgado em 9/6/2009.** (Inform. STJ 398) (g.n.)

10.3.4. Limitação administrativa

DIREITO ADMINISTRATIVO. LIMITAÇÃO ADMINISTRATIVA. PRESCRIÇÃO DA PRETENSÃO DE RESSARCIMENTO.

A pretensão reparatória do esvaziamento do conteúdo econômico da propriedade decorrente de limitações administrativas prescreve em cinco anos, nos termos do art. 10, parágrafo único, do Decreto-Lei n. 3.365/1941. Os danos eventualmente causados pela limitação administrativa devem ser objeto de ação de direito pessoal, cujo prazo prescricional é de cinco anos, e não de direito real, que seria o caso da desapropriação indireta. A limitação administrativa distingue-se da desapropriação: nesta, há transferência da propriedade individual para o domínio do expropriante, com integral indenização; naquela, há apenas restrição ao uso da propriedade imposta genericamente a todos os proprietários, sem qualquer indenização. Dessa forma, as restrições ao direito de propriedade impostas por normas ambientais, ainda que esvaziem o conteúdo econômico, não constituem desapropriação indireta. Precedentes citados: AgRg no REsp 1.235.798-RS, DJe 13/4/2011; AgRg no REsp 1.192.971-SP, DJe 3/9/2010, e EREsp 901.319-SC, DJe 3/8/2009. **AgRg no REsp 1.317.806-MG, Rel. Min. Humberto Martins, julgado em 6/11/2012. (Inform. STJ 508)**

LIMITAÇÃO ADMINISTRATIVA. INDENIZAÇÃO.

A Turma reafirmou o entendimento de ser indevida indenização em favor de proprietários de imóvel atingido por ato administrativo, salvo se comprovada limitação mais extensa que as já existentes, na hipótese em que a aquisição do imóvel objeto da demanda tiver ocorrido após a edição dos atos normativos que lhe impuseram as limitações supostamente indenizáveis. Ademais, **as limitações administrativas preexistentes à aquisição do imóvel não geram indenização pelo**

esvaziamento do direito de propriedade, principalmente quando o gravame narrativo é antecedente à alienação e à ciência do adquirente. Precedentes citados: AgRg no REsp 769.405-SP, DJe 16/4/2010; EAg 404.715-SP, DJ 27/6/2005, e EREsp 254.246-SP, DJ 12/3/2007. REsp 1.168.632-SP, Rel. Min. Luiz Fux, julgado em 17/6/2010. (Inform. STJ 439) (g.n.)

PRESCRIÇÃO. INDENIZAÇÃO. LIMITAÇÃO ADMINISTRATIVA.

In casu, o recurso pretende saber se a intervenção da União na propriedade particular *sub judice* é caso de desapropriação indireta, cujo prazo para posterior indenização é vintenário, ou de delimitação administrativa, com prazo prescricional quinquenal. Noticiam os autos que o recorrido ajuizou a ação de desapropriação indireta em 8/4/2006, devido às restrições de sua propriedade na Mata Atlântica impostas pelo Dec. n. 750/1993, o que se caracteriza como limitação administrativa, tendo ocorrido a consumação da prescrição da ação indenizatória, pois proposta a mais de 13 anos do citado decreto. **Precedentes citados: EREsp 901.319-SC, DJe 3/8/2009, e AgRg no REsp 801.591-SP, DJe 15/5/2009. REsp 1.015.497-SC, Rel. Min. Luiz Fux, julgado em 9/2/2010.** (Inform. STJ 422)

LIMITAÇÕES ADMINISTRATIVAS. INDENIZAÇÃO. PARQUE ESTADUAL.

Os recorrentes pretendem o pagamento de indenização pela terra nua e cobertura vegetal, acrescido de juros compensatórios em 12% ao ano, contados da criação de Parque estadual, e de juros moratórios a partir da citação. Isso posto, a Turma deu provimento ao recurso ao entendimento de que o apossamento administrativo de propriedade privada, ainda que não acompanhado de ocupação física, se restringir os poderes inerentes ao domínio, justifica o direito à indenização, salvo quando se tratar de área de preservação permanente (APP) ou de reserva legal (RL), exceto quanto a esta se o proprietário contar com plano de manejo devidamente aprovado pela autoridade competente. Precedentes citados: REsp 416.511-SP, DJ 6/10/2003; AgRg no Ag 407.817-SP, DJ 6/2/2006; REsp 70.412-SP, DJ 24/8/1998, e REsp 142.713-SP, DJ 3/8/1998. **REsp 905.410-SP, Rel. Min. Castro Meira, julgado em 3/5/2007.** (Inform. STJ 319)

10.4. QUADRO SINÓTICO

1. Introdução:

1.1. Propriedade tem função individual

1.2. Propriedade tem função social

– O Estado intervém na propriedade para garantir que esta atenda a sua função social

– O Estado está preocupado com os seguintes valores:

a) uso seguro da propriedade: ex. Código de Obras

b) uso organizado da propriedade: ex: Zoneamento

c) uso legítimo da propriedade: ex: Lei do Silêncio

d) uso social da propriedade: exs: desapropriação, servidão, requisição, ocupação temporária

e) preservação do meio ambiente: ex: tombamento

2. Limitação administrativa:

2.1. Conceito: *imposição geral e gratuita, que traz os limites dos direitos das pessoas, de modo a condicioná-los às exigências da coletividade;* exs: Códigos de Trânsito, de Obras e Sanitário; Lei de Zoneamento, Lei do Silêncio, Reserva Legal

2.2. Características:

a) incidência: sobre atividades, direitos e propriedade

b) destinatário: atinge pessoas indeterminadas (geral)

c) intensidade: limita, mas não inviabiliza propriedade; impõe um *non facere* (não fazer)

d) consequência: não enseja indenização (gratuita)

3. Requisição administrativa:

3.1. Conceito: *ato que determina a utilização de bens e serviços particulares, em caso de iminente perigo público, mediante indenização ulterior (art. 5º, XXV, CF);* exs: uso de clube privado para abrigar vítimas de inundação; uso de clínica privada para atender queimados

3.2. Características:

a) incidência: bens ou serviços

b) destinatário: atinge pessoas determinadas

c) intensidade: atinge o uso e é transitória

d) consequência: se houver dano, enseja indenização, mas posterior

e) aplicação: é autoexecutória, dispensando ingresso com ação judicial

4. Ocupação temporária:

4.1. Conceito: *é o uso, pelo Poder Público, de um bem particular não edificado, com o objetivo de executar obras ou serviços públicos (art. 36 do Dec.-lei 3.365/1941);* exs: canteiro para obra pública; pesquisa de minérios em bem privado

4.2. Características:

a) incidência: terreno não edificado

b) destinatário: atinge pessoas determinadas

c) intensidade: atinge o uso e é transitória

d) consequência: enseja indenização

e) aplicação: depende de ação própria, que fixará a indenização

5. Servidão administrativa:

5.1. Conceito: *ônus real de uso imposto ao particular para a realização de obras ou serviços públicos;* exs.: torre de energia elétrica, aqueduto, placa de rua

5.2. Características:

a) incidência: bens imóveis

b) destinatário: atinge pessoas determinadas

c) intensidade: ônus real impondo um suportar (*pati*)

d) consequência: enseja indenização prévia

e) aplicação: depende de acordo extrajudicial ou ação de desapropriação para instituição de servidão (art. 40 do Dec.-lei 3.365/1941)

6. Tombamento (Dec.-lei 25/1937)

6.1. Conceito: *ato que declara bem de valor especial para fins de proteção*

6.2. Objeto: material/imaterial, móvel/imóvel, imóvel isolado/conjunto arquitetônico, bairro, cidade

6.3. Modalidades:

a) voluntário: a pedido do proprietário da coisa

b) contencioso: praticado de ofício pela Administração; neste caso, esta notifica o proprietário para defesa em 15 dias; com a notificação ocorre o tombamento provisório, que já protege o bem a ser tombado

6.4. Instituição:

a) por ato administrativo: após decisão, inscreve-se no Livro do Tombo; em sendo imóvel, há de se registrar no Registro de Imóveis; **b) por ato legislativo**; **c) por ato judicial**

6.5. Efeitos do tombamento:

a) o proprietário deve **conservar** a coisa (se não tiver recursos, o Poder Público está autorizado pela lei a arcar com os custos)

b) o proprietário depende de **autorização especial** para reparar, pintar ou restaurar a coisa

c) os **vizinhos** não podem reduzir a visibilidade da coisa tombada

d) entes políticos têm **direito de preferência** na aquisição da coisa, sob pena de nulidade

e) bem tombado público é **inalienável**

f) bem tombado **não pode sair do País**, salvo se por prazo curto, sem alienação, para fim de intercâmbio cultural e mediante autorização pública

7. Expropriação (art. 243 da CF):

7.1. Conceito: *consiste na retirada da propriedade de alguém sem o pagamento de indenização alguma*

7.2. Hipóteses:

a) sobre gleba onde forem localizadas culturas ilegais de plantas psicotrópicas

b) sobre bem apreendido em decorrência de tráfico

7.3. Destinação das glebas e bens apreendidos:

a) glebas serão destinadas ao assentamento de colonos para cultivo de produtos alimentares e medicamentos

b) bens reverterão em benefício de instituições e pessoal especializados no tratamento de viciados e no aparelhamento e custeio de atividades de fiscalização, controle, prevenção e repressão do crime de tráfico

8. Desapropriação

8.1. Conceito: *procedimento em que o Poder Público, compulsoriamente, despoja pessoa de bem certo, adquirindo-o em caráter originário, mediante indenização*

8.2. Fundamentos da desapropriação

a) utilidade pública – Dec.-lei 3.365/1941

b) necessidade pública Dec.-lei 3.365/1941

c) interesse social – Lei 4.132/1962; Lei 8.629/1993 e Lei Complementar 76/1993 (reforma agrária)

8.3. Forma originária de aquisição da propriedade

a) ônus reais ficam sub-rogados no preço (art. 31 do Dec.-lei 3.365/1941)

b) não há direito de reivindicação por terceiro (art. 35 Dec.-lei 3.365/1941)

8.4. Objeto: *qualquer bem pode ser desapropriado;* móvel/imóvel, material/imaterial, inclusive espaço aéreo e subsolo; não podem ser desapropriados: a) dinheiro; b) pessoas; c) direitos da personalidade; d) bens da União

– bens privados podem ser desapropriados pelos entes políticos

– bens dos Municípios, só pela União e Estados

– bens dos Estados, só pela União

– desapropriação de bem público depende de autorização legislativa do ente expropriante

8.5. Competência

a) para legislar: da União (art. 22, II, da CF)

b) para declarar (intenção de desapropriar): entes políticos e alguns entes autorizados pela lei; ex: ANEEL – art. 10 da Lei 9.074/1995

c) para executar (fazer acordo ou entrar com ação): entes Políticos; pessoas de direito público; concessionárias de serviço público, autorizadas pela lei ou pelo contrato

8.6. Declaração

8.6.1. Requisitos

a) identificação do bem e do destino a ser dado

b) indicação do dispositivo legal autorizador

c) decreto do Chefe do Executivo

obs: **lei** pode declarar; **resolução** da ANEEL também

8.6.2. Efeitos

a) fixa o estado do bem para fins de indenização

b) faculta ao Poder Público a entrada no bem

c) faz iniciar o **prazo decadencial** da declaração

– 5 anos: regra

– 2 anos: desapropriação por interesse social

obs: caducando, nova declaração só após 1 ano

8.7. Indenização

8.7.1. Prévia

a) mesmo quando paga em dinheiro ou títulos

b) não impede imissão na posse, desde que haja depósito do valor provisório fixado pelo juiz

Imissão provisória

– Basta declarar urgência e depositar quantia referente ao valor venal atual ou 20 vezes o valor locatício

– Alegação de urgência não poderá ser renovada e obriga o expropriante a requerer a imissão no prazo improrrogável de 120 dias

– Desapropriado pode levantar 80% do valor depositado

8.7.2. Justa

a) valor de mercado do bem

b) demais danos emergentes e lucros cessantes – ex: deslocamento de máquinas, perda do ponto

c) juros compensatórios: quando há imissão provisória

– à base de 12% ano, sobre valor da indenização fixado na sentença menos 80% do preço depositado

– contados da imissão

d) juros moratórios: quando há atraso no precatório

– à base de 6% ao ano

– contados de 1º/jan. do ano após ao que deveria ser pago

e) correção monetária: da realização do laudo pericial

f) honorários: 0,5 a 5% sobre a diferença entre a sentença e a oferta

8.7.3. Em dinheiro: salvo se não cumprida a função social, hipótese em que pagamento é por **títulos**

– **Área rural** (art. 184 da CF)

a) União desapropria para reforma agrária

b) paga com títulos da dívida agrária, resgatáveis em até 20 anos, a partir do 2º ano de sua emissão

c) benfeitorias úteis e necessárias serão indenizadas em dinheiro

d) não cabe desapropriação para reforma agrária:

– de pequena e média propriedade rural, se proprietário não tiver outra

– de propriedade produtiva

– **Área urbana** (art. 182 da CF)

a) Município desapropria

b) paga com títulos da dívida pública, de emissão aprovada pelo Senado, resgatáveis em até 10 anos, em parcelas anuais, iguais e sucessivas

c) Estatuto da Cidade estabelece que o valor a ser apurado é o *valor venal* e não haverá *lucros cessantes*

d) requisitos para a aplicação do instituto:

– lei federal, plano diretor municipal, lei municipal específica indicando as áreas que devem ser utilizadas

– notificação para parcelamento, edificação ou utilização compulsória: 1 ano para projeto / 2 anos para iniciar

– IPTU progressivo por 5 anos: alíquota de até 15%, no máximo dobrando a cada ano

8.8. Requisitos para a desistência da desapropriação:

a) o pedido de desistência deve ser feito em juízo, na própria ação de desapropriação

b) o pedido deve ocorrer antes do pagamento integral da indenização

c) o bem deve ser restituído no estado em que se encontrava antes da imissão provisória

d) o expropriado deve ser ressarcido de todos os danos que tiver

e) a Fazenda deve pagar as despesas processuais

8.9. Retrocessão:

8.9.1. Conceito: *direito real do ex-proprietário de reaver bem desapropriado não utilizado em finalidade pública*

8.9.2. Hipóteses:

a) Tredestinação ilícita: *utilização do bem em finalidade que não é de interesse público*; ex: imóvel desapropriado para construir escola, mas repassado a indústria; se era para fazer escola, mas faz hospital, tudo bem (tredestinação lícita)

b) Não utilização do bem nos seguintes prazos:

– interesse social: 2 anos (art. 3º da Lei 4.132/1962), salvo parcelamento popular

– reforma agrária: 3 anos (art. 16 da Lei 8.629/1993)

– desapropriação-sanção urbana: 5 anos (art. 8º, § 4º, Lei 10.257/2001)

– utilidade pública: 5 anos; analogia ao prazo decadencial

8.9.3. Prazo para entrar com ação de retrocessão: prazo decadencial para direitos reais – 10 anos; art. 205/CC

8.10. Desapropriação por zona

8.10.1. Conceito: *desapropriação de área maior do que a necessária para a realização de obra ou serviço, para abranger zona contígua a ela*

8.10.2. Hipóteses:

a) para **reservar** área contígua para o futuro; ex: escola

b) para **revender** área contígua quando a obra ou serviço gerar extraordinária valorização; ex: Metrô no local

– STF entende constitucional

8.11. Direito de extensão

8.11.1. Conceito: *faculdade do expropriado de exigir que na desapropriação se inclua parte restante do bem que irá se tornar inútil ou de difícil utilização*

8.11.2. Momento para exercer direito: direito deve ser exercido na contestação da ação de desapropriação

8.12. Desapropriação indireta

8.12.1. Conceito: *abusiva e irregular apropriação de bem particular pelo Poder Público, que passa a utilizá-lo em atividade de interesse da coletividade;* ex: utilização de área particular para alargar avenida

8.12.2. Requisitos: apossamento + atividade pública

8.12.3. Consequência:

– Particular deve ingressar com ação de **indenização** por **desapropriação indireta**, requerendo justa indenização, sendo que juros compensatórios são de 12% ao ano desde a ocupação pelo Poder Público e sobre o valor total

– Como a questão envolve direito real (propriedade), o prazo para tanto é o previsto para a usucapião extraordinária; assim, sob a égide do CC anterior, o prazo era de 20 anos (Súmula 119 do STJ); agora deverá ser **10 anos**

10.5. QUESTÕES OBJETIVAS COMENTADAS

10.5.1. Desapropriação

(Magistratura/PE – 2013 – FCC) Ao julgar a medida cautelar na Ação Direta de Inconstitucionalidade nº 2.332, o Supremo Tribunal Federal suspendeu liminarmente a eficácia da expressão "de até seis por cento ao ano", contida no art. 15-A do Decreto-lei nº 3.365/41. Após essa decisão, a taxa de juros compensatórios, na desapropriação

(A) manteve-se em 6% ao ano, agora com fundamento em dispositivo do Código Civil.

(B) voltou a ser de 12% ao ano, conforme jurisprudência sumulada do próprio Tribunal.

(C) manteve-se em 6% ao ano, por expressa disposição constitucional.

(D) voltou a ser de 12% ao ano, por expressa disposição constitucional.

(E) passou a ser variável, dependendo de decisão judicial no caso concreto, a qual deverá levar em conta a política de juros definida pelos órgãos governamentais competentes.

O STF, na ADI 2.332-2, deferiu liminar para suspender a eficácia da expressão "de até 6% ao ano" e também para determinar "que a base de cálculo dos juros compensatórios será a diferença eventualmente apurada entre 80% do preço ofertado em juízo e o valor do bem fixado na sentença". A ideia de substituir a expressão "preço ofertado em juízo" pela expressão "80% do preço ofertado em juízo" tem razão no fato de que, normalmente, o expropriado só levanta 80% do preço depositado em juízo; com relação ao montante dos juros, com a retirada da expressão, remanesce a regra estabelecida na Súmula 618 do STF, pela qual a taxa de juros compensatórios é de 12% ao ano. Por fim, vale a pena dizer que os juros compensatórios são devidos mesmo que o imóvel não produza renda, pois o STF suspendeu a eficácia dos §§ 1º, 2º e 4º do art. 15-A do Decreto-lei 3.365/1941. Assim, a alternativa "B" é a correta.

Gabarito "B"

(Magistratura/SP – 2013 – VUNESP) A declaração de utilidade pública de um imóvel para fins de desapropriação

(A) quando efetivada a desapropriação, exige que o valor da obra seja incluído na indenização.

(B) não impede a expedição do alvará de licenciamento para construção no imóvel, desde que preenchidos os requisitos legais para sua expedição.

(C) impede a Administração de expedir alvará de licença para edificação no imóvel.

(D) impede que o proprietário use, goze e disponha do imóvel.

A: incorreta, pois somente, com a declaração de utilidade pública, fixa-se o estado do bem para fins de indenização, de modo que qualquer obra que o expropriado faça após tal declaração (ressalvada as benfeitorias úteis autorizadas pela Administração e as benfeitorias necessárias), não são computadas para fins de pagamento de indenização (art. 26, § 2º, do Dec.-lei 3.365/1941); **B:** correta, nos termos da Súmula STF n. 23, pela qual "verificados os pressupostos legais para o licenciamento da obra, não o impede a declaração de utilidade pública para desapropriação do imóvel, mas o valor da obra não se incluirá na indenização, quando a desapropriação for efetivada"; **C:** incorreta, pois a Súmula STF n. 23 autoriza tal expedição; **D:** incorreta, pois o particular continua podendo usar normalmente o imóvel, com a ressalva de que nem todas as obras que fizer no bem após serão objetos de indenização em seu favor e também com a ressalva de não mais poderá usar a coisa quando for concedida a imissão do expropriante na posse do imóvel.

Gabarito "B"

(Magistratura/SP – 2013 – VUNESP) Serviços de docas explorados por companhia privada, confiados por concessão da União, têm seus bens desapropriados pelo Estado. Com relação à hipótese, assinale a alternativa correta.

(A) É ilegal a desapropriação porque a União pode desapropriar bens dos Estados, do Distrito Federal, dos Municípios, e dos Territórios, e os Estados, dos Municípios, prevalecendo o ato da pessoa jurídica de mais alta categoria, segundo o interesse de que cuida: o nacional prevalece sobre o regional, e este sobre o local. O reverso não é possível.

(B) A desapropriação produzirá como uma de suas consequências a extinção da pessoa jurídica.

(C) A desapropriação é legal porque a União e os Estados têm competência concorrente para explorar, diretamente ou mediante autorização, concessão ou permissão os portos marítimos, fluviais e lacustres.

(D) É legal a desapropriação pelo Estado, desde que haja prévia autorização do Presidente da República

---

Considerando a extensão da desapropriação efetuada, o caso de enquadra no disposto no art. 2º, § 3º, do Dec.-lei 3.365/1941, que permite desapropriação dessa natureza se houver prévia autorização do Presidente da República.

Gabarito "D"

(Magistratura/BA – 2012 – CESPE) Considerando a disciplina que rege a desapropriação, assinale a opção correta.

(A) A União poderá desapropriar bens para atendimento de necessidades coletivas, urgentes e transitórias, decorrentes de situações de perigo iminente, de calamidade pública ou de irrupção de epidemias.

(B) Conforme entendimento sumulado pelo STJ, o prazo prescricional da ação de desapropriação indireta é de cinco anos.

(C) Caso recaia hipoteca sobre o imóvel a ser desapropriado, o poder público ficará impedido de dar início ao processo expropriatório.

(D) O Poder Legislativo pode tomar a iniciativa da desapropriação, cabendo, nesse caso, ao Executivo praticar os atos necessários à sua efetivação.

(E) Um município é competente para, presentes os requisitos legais, desapropriar bens de empresa pública federal.

A: incorreta, pois, nesses casos o instituto adequado é o da requisição administrativa, que é temporária, já que não é o caso de desapropriar o bem para um uso meramente temporário para acautelar as situações mencionadas; **B:** incorreta, pois o STJ estabelece que esse prazo é de 20 anos (Súmula 119 do STJ); porém, o fundamento da súmula é que esse é o prazo para a usucapião extraordinária de bens imóveis, sob a égide do antigo Código Civil (arts. 550/551); todavia, no atual CC, o prazo da usucapião extraordinária é de 15 anos, como regra, e de 10 anos, quando o possuidor houver estabelecido no imóvel sua moradia habitual, ou nele realizado obras ou serviços de caráter produtivo, conforme o art. 1.238 do CC; dessa forma, o prazo prescricional da ação de desapropriação indireta deve ser, hoje, de 10 ou 15 anos, de acordo com a situação; **C:** incorreta, pois, nesse caso, a desapropriação se dá, adquirindo o Poder Público a propriedade originária do bem (ou seja, livre de quaisquer ônus), ficando a hipoteca sub-rogada no preço depositado pelo Poder Público (art. 31 do Dec.-lei 3.365/1941); **D:** correta (art. 8º do Dec.-lei 3.365/1941); **E:** incorreta, pois é vedado a Municípios (e a Estados também) desapropriar entidades cujo funcionamento dependa da União ou que sejam controladas por esta (art. 2º, § 3º, do Dec.-lei 3.365/1941).

Gabarito "D"

(Magistratura/PE – 2011 – FCC) A Medida Provisória n. 2.183-56/2001 introduziu o seguinte artigo no Decreto-Lei n. 3.365/1941: "Art. 15-A. No caso de imissão prévia na posse, na desapropriação por necessidade ou utilidade pública e interesse social, inclusive para fins de reforma agrária, havendo divergência entre o preço ofertado em juízo e o valor do bem, fixado na sentença, expressos em termos reais, incidirão juros compensatórios de até seis por cento ao ano sobre o valor da diferença eventualmente apurada, a contar da imissão na posse, vedado o cálculo de juros compostos". Analisando a constitucionalidade do dispositivo, o Supremo Tribunal Federal decidiu cautelarmente suspender a eficácia da expressão

(A) "vedado o cálculo de juros compostos", vez que nada na Constituição Federal veda esse cálculo.

(B) "inclusive para fins de reforma agrária", vez que não há pagamento de juros compensatórios nessa hipótese.

(C) "no caso de imissão prévia na posse", vez que é instituto incompatível com a ideia de indenização "justa e prévia".

(D) "ou utilidade pública", vez que não cabe imissão prévia na posse no caso de desapropriação por mera utilidade pública.

(E) "de até seis por cento ao ano", vez que o entendimento jurisprudencial prevalecente é no sentido de serem devidos juros compensatórios à taxa de doze por cento ao ano.

De fato, na ADIN n. 2.332-2, houve suspensão da eficácia da expressão "de até seis por cento ao ano", de modo a manter o disposto na Súmula 618 do STF, pela qual os juros compensatórios são de 12% ao ano.

Gabarito "E"

(Magistratura/PR – 2010 – PUC/PR) Em relação ao regime jurídico dos bens públicos e a possibilidade de intervenção na propriedade privada, assinale a alternativa CORRETA:

(A) Desapropriação se define como procedimento através do qual o Poder Público compulsoriamente e mediante indenização adquire propriedade privada. As glebas e terras em geral onde se cultivam plantas psicotrópicas também são objeto de desapropriação.

(B) São efeitos da declaração de utilidade pública a afetação do bem, submetendo-o à força expropriatória do Estado, e a possibilidade de o Poder Público penetrar no bem a fim de fazer verificações, transferindo a propriedade do futuro expropriado ao Estado.

(C) Bens públicos dominicais são bens próprios do Estado não aplicados nem ao uso comum nem ao uso especial, não afetados a qualquer destino público.

(D) Na desapropriação, em relação à indenização, os juros moratórios contam-se a partir do trânsito em julgado da sentença condenatória, na forma estabelecida pela Súmula 70 do STJ.

A: incorreta, pois, pela desapropriação, não se adquire somente área privada, podendo-se adquirir também áreas estaduais (pela União) e áreas municipais (pela União e pelos Estados); ademais, glebas e terras onde se cultivam plantas psicotrópicas não são *desapropriadas*, mas *expropriadas*, o que significa que não haverá indenização (art. 243 da CF); **B:** incorreta, pois não é efeito da declaração de utilidade pública a transferência da propriedade do bem para o Poder Público, pois somente com o pagamento integral da indenização é que tal transferência se opera; **C:** correta (art. 99, III, do Código Civil); **D:** incorreta, estando a Súmula 70 do STJ prejudicada pelo disposto no art. 15-B do Dec.-lei 3.365/1941, incluído pela Medida Provisória 2183-56/2001, pelo qual os juros moratórios, que são de 6% ao ano, somente serão devidos "a partir de 1º de janeiro do exercício seguinte àquele em que o pagamento deveria ser feito, nos termos do art. 100 da Constituição", ou seja, somente após o último dia de prazo para pagamento do precatório.

Gabarito "C"

(Magistratura/RJ – 2011 – VUNESP) A intervenção na propriedade privada é todo ato do Poder Público que, fundado em lei, compulsoriamente retira ou restringe direitos dominiais privados ou sujeita o uso de bens particulares a uma destinação de interesse público.

Um dos meios de intervenção na propriedade privada se dá pela desapropriação e, nesse sentido, é correto afirmar que

(A) a expropriação, seja por utilidade pública ou por interesse social, opera-se mediante prévia e justa indenização em dinheiro, não comportando exceções.

(B) a desapropriação é forma originária de aquisição da propriedade e por isso o bem expropriado torna-se suscetível de reivindicação, não estando liberado de qualquer ônus que sobre ele incida precedentemente, ficando os eventuais credores sub-rogados no preço.

(C) a desapropriação de áreas de jazidas de petróleo e minérios nucleares deve ser precedida de ocupação provisória. Não havendo a autorização de lavra, não cabe indenização por jazidas de minério existentes no subsolo do imóvel desapropriado, pois a lavra, em si, é um bem de domínio da União.

(D) de acordo com o Estatuto da Cidade, decorridos três anos de tributação progressiva do IPTU sem que o proprietário tenha cumprido a obrigação de parcelamento, edificação ou utilização da propriedade, o Município do Rio de Janeiro poderá proceder à desapropriação do imóvel, mediante pagamento de indenização em dinheiro.

A: incorreta, pois um dos casos de desapropriação por interesse social é justamente aquele em que o particular descumpre com a função social da propriedade, hipótese em que o pagamento da indenização não se dará em dinheiro, mas em títulos da dívida agrária quanto a imóvel rural (art. 184, *caput*, da CF) e em títulos da dívida pública quanto a imóvel urbano (art. 182, § 4º, III, da CF); **B:** incorreta, pois o fato de ser forma originária de propriedade faz com que esta venha para a titularidade do Poder Público completamente livre de ônus ou de relação com o passado, ficando sub-rogados no preço quaisquer ônus ou direitos que recaiam sobre o bem expropriado (art. 31 do Dec.-lei 3.365/1941); **C:** correta (art. 1º do Dec.-lei 1.864/1981 e do Dec.-lei 1.865/1981); **D:** incorreta, pois a majoração da alíquota deve se dar por cinco anos consecutivos antes da desapropriação-sanção (art. 7º, *caput*, da Lei 10.257/2001); ademais, a desapropriação-sanção se dá mediante pagamento por meio de títulos da dívida pública (art. 8º da Lei 10.257/2001).

Gabarito "C"

(Magistratura/RO – 2011 – PUCPR) Sobre a desapropriação por utilidade pública, avalie as perspectivas abaixo:

I. Mediante declaração de utilidade pública, todos os bens poderão ser desapropriados pela União, pelos Estados, Municípios, Distrito Federal e Territórios, inclusive do espaço aéreo ou do subsolo, cuja desapropriação só se tornará necessária quando de sua utilização resultar prejuízo patrimonial do proprietário do solo.

II. Consideram-se, entre outros casos de utilidade pública, a construção de edifícios públicos, cemitérios, criação de estádios, aeródromos ou campos de pouso para aeronaves, e a reedição ou divulgação de obra ou invento de natureza científica, artística ou literária.

III. Ao Poder Judiciário é vedado, no processo de desapropriação, decidir se verificam ou não os casos de utilidade pública.

IV. No caso de imissão prévia na posse, na desapropriação por necessidade ou utilidade pública e interesse social, inclusive para fins de reforma agrária, havendo divergência entre o preço ofertado em juízo e o valor do bem, fixado na sentença, expressos em termos reais, incidirão juros compensatórios, a contar da imissão na posse, vedado o cálculo de juros compostos.

Estão CORRETAS:

(A) Apenas as assertivas I e IV.

(B) Apenas as assertivas II e III.

(C) Apenas as assertivas I, II e IV.

(D) Apenas as assertivas III e IV.

(E) Todas as assertivas.

I: correta (art. 2º, *caput* e § 1º, do Dec.-lei 3.365/1941); **II:** correta (art. 5º do Dec.-lei 3.365/1941); **III:** correta (art. 9º do Dec.-lei 3.365/1941); **IV:** correta (art. 15-A do Dec.-lei 3.365/1941).

Gabarito "E"

(Magistratura/SC – 2010) Assinale a alternativa correta:

I. É possível, antes de uma ação desapropriatória, o Poder Público e o proprietário acordarem sobre o preço do bem imóvel.

II. Tendo a alienação do bem se consumado por meio de negócio jurídico bilateral e amigável, este acordo suprirá, *in specie*, o caráter de coercitividade de que se reveste a desapropriação, prevalecendo a natureza jurídica negocial e a teoria da autonomia da vontade.

III. As desapropriações podem recair sobre bens móveis e imóveis tanto da pessoa física como jurídica, pública ou privada.

IV. O procedimento da desapropriação possui somente a fase declaratória.

V. Havendo muita pressa na desapropriação, alegada pela Administração Pública, o juiz pode negar a imissão provisória na posse, mesmo quando já depositada a quantia arbitrada.

(A) Somente as proposições I e III estão incorretas.

(B) Somente as proposições II e V estão incorretas.

(C) Somente as proposições I e IV estão incorretas.

(D) Somente as proposições IV e V estão incorretas.

(E) Todas as proposições estão incorretas.

I: correta, cabendo o *acordo extrajudicial* mencionado (art. 10, *caput*, do Dec.-lei 3.365/1941); **II:** correta, pois far-se-á, no caso, um contrato de compra e venda de imóvel; **III:** correta (art. 2º do Dec.-lei 3.365/1941); **IV:** incorreta, pois possui além da fase declaratória, na qual se declara a intenção de o Poder Público desapropriar um dado bem (normalmente, por meio de um decreto expropriatório), há também a fase executória, em que se faz um acordo com o particular ou se ingressa com ação de desapropriação; **V:** incorreta, pois o juiz é obrigado a conceder a imissão provisória na posse, quando alegada a urgência e depositado o preço fixado pelo juízo (art. 15 do Dec.-lei 3.365/1941).

Gabarito "D"

(Ministério Público/PR – 2011) Relativamente à desapropriação, é incorreto afirmar:

(A) As desapropriações podem se realizar por necessidade pública, utilidade pública ou interesse social.

(B) Somente bens de natureza privada podem ser objeto de desapropriação, tendo em vista que os bens públicos são inalienáveis.

(C) São requisitos constitucionais para proceder-se a desapropriação a prévia e justa indenização em dinheiro, salvo dos casos de expropriação para reforma agrária e para urbanização, hipóteses em que a indenização pode ser paga com títulos da dívida agrária e da dívida pública municipal.

(D) É entendimento predominante na doutrina e jurisprudência que a aquisição de propriedade pela desapropriação é originária.

(E) Parte da doutrina e inúmeros julgados entendem que a retrocessão é um direito pessoal que proporciona ao expropriado tão somente perdas e danos, caso o expropriante não lhe ofereça o bem quando desistir de utilizá-lo num fim de interesse público.

A: assertiva correta (art. 5º, XXIV, da CF); **B:** assertiva incorreta, devendo ser assinalada; os bens públicos, salvo os da União, também podem ser desapropriados (art. 2º, § 2º, do Dec.-lei 3.365/1941); **C:** assertiva correta (art. 5º, XXIV, da CF); **D:** assertiva correta, pois a desapropriação é forma originária de aquisição da propriedade, não se vinculando, portanto, ao título anterior; isso significa, por exemplo, que as dívidas do imóvel ficam sub-rogadas no preço pago pela desapropriação e não mais neste (art. 31 do Decreto-lei 3.356/1941); ademais, mesmo que se tenha desapropriado imóvel de pessoa que não era seu dono, não haverá invalidade (ou seja, não há direito de reivindicação por terceiro – art. 35 do Decreto-lei 3.365/1941), ressalvado o direito de o verdadeiro dono se insurgir contra o que se supunha dono do imóvel; **E:** assertiva correta, valendo salientar, todavia, que outra parte expressiva da doutrina e da jurisprudência entendem que se trata de direito real, podendo o antigo proprietário da coisa persegui-la em caso de não uso desta em finalidade pública decorrido dado tempo previsto na lei, ou no caso de tredestinação ilícita.

Gabarito "B"

(Defensor Público/TO – 2013 – CESPE) No que tange aos requisitos necessários para que a propriedade rural cumpra a sua função social, assinale a opção correta.

(A) O proprietário rural deve residir no imóvel.

(B) A propriedade rural não pode ter área superior a cinco mil hectares.

(C) Não é necessário que se observem as disposições que regulam as relações de trabalho, desde que se respeitem os contratos de arrendamento e parcerias rurais.

(D) A propriedade rural não pode ser objeto de contrato de arrendamento.

(E) A propriedade rural deve ser aproveitada de forma racional e adequada.

A: incorreta, pois não há esse requisito nos incisos do art. 186 da CF; **B:** incorreta, pois não há teto máximo para o tamanho de uma propriedade, como requisito para que esta cumpra sua função social; **C:** incorreta, pois é requisito para a propriedade rural atender à sua função social a observância das disposições que regulam as relações de trabalho (art. 186, III, da CF); **D:** incorreta, pois não há proibição constitucional nesse sentido (art. 186 da CF); **E:** correta (art. 186, I, da CF).

Gabarito "E"

(Defensor Público/TO – 2013 – CESPE) Em relação à propriedade rural produtiva, assinale a opção correta.

(A) Para que a propriedade rural seja considerada produtiva, o grau de utilização da terra deverá ser igual ou superior a 60%, percentual calculado pela relação entre a área efetivamente utilizada e a área aproveitável total do imóvel.

(B) As áreas de exploração florestal nativas, de acordo com o plano de exploração estabelecido conforme as condições legais, não são consideradas efetivamente utilizadas.

(C) Para que a propriedade rural seja considerada produtiva, o grau de eficiência na exploração da terra deve ser igual ou superior a 80%.

(D) Para ser considerada produtiva, a propriedade rural deve atingir, simultaneamente, graus de utilização da terra e de eficiência na exploração.

(E) As áreas plantadas com produtos vegetais não são consideradas efetivamente utilizadas para fins de avaliação da propriedade rural produtiva.

A: incorreta, pois o grau de utilização deve ser igual ou superior a 80% (art. 6º, § 1º, da Lei 8.629/1993); **B:** incorreta, pois são consideradas, sim, efetivamente utilizadas (art. 6º, § 3º, IV, da Lei 8.629/1993); **C:** incorreta, pois o grau de eficiência deve ser igual ou superior a 100% (art. 6º, § 2º, da Lei 8.629/1993); **D:** correta (art. 6º, *caput*, da Lei 8.629/1993); **E:** incorreta, pois são consideradas, sim, efetivamente utilizadas (art. 6º, § 3º, I, da Lei 8.629/1993).

Gabarito "D"

(Defensor Público/AM – 2013 – FCC) Para o direito brasileiro, é absolutamente impossível a desapropriação de

(A) área situada no subsolo.

(B) pessoa jurídica.

(C) bens públicos.

(D) seres vivos.

(E) domínio útil de imóvel sob regime enfitêutico.

A: incorreta, pois o subsolo pode ser desapropriado (art. 2º § 1º do Dec.-lei 3.365/1941); B e **D:** corretas, pois, quanto às pessoas jurídicas, só é possível desapropriar as suas ações ou cotas e não a pessoa jurídica em si; vale lembrar que as pessoas (jurídicas ou naturais) não são objetos de direito, mas sujeitos de direito; **C:** incorreta, pois a União pode desapropriar bens dos Estados e estes, dos Municípios (art. 2º, § 2º, do Dec.-lei 3.365/1941); **E:** incorreta, pois o domínio útil é um direito (um bem) e, como tal, pode ser desapropriado nos termos do art. 2º, *caput*, do Dec.-lei 3.365/1941.

Gabarito "B" e "D" estão corretos.

(Defensor Público/SE – 2012 – CESPE) A respeito da desapropriação, assinale a opção correta.

(A) A desapropriação indireta consiste no fato administrativo por meio do qual o Estado se apropria de bem particular sem observância dos requisitos legais necessários para a desapropriação.

(B) Mediante a desapropriação, forma de intervenção restritiva do Estado na propriedade privada, o poder público retira algumas das faculdades relativas ao domínio, mas mantém a propriedade em favor do dono.

(C) A natureza jurídica da desapropriação é a de procedimento administrativo, somente.

(D) Na desapropriação, a declaração de utilidade pública do bem particular, realizada pelo poder público, não tem prazo para se efetivar.

(E) Denomina-se direito de extensão a faculdade de o expropriado permanecer na propriedade durante certo período após a conclusão do procedimento de desapropriação.

A: correta, pois traz a exata definição de desapropriação indireta; vale lembrar que o particular vítima dessa conduta da Administração deve ingressar com ação de indenização por desapropriação indireta, não sendo possível a tentativa de retomada da área; **B:** incorreta, pois a desapropriação não é forma restritiva da propriedade (como é a servidão, por exemplo, que restringe o uso da coisa pelo seu proprietário), mas forma extintiva da propriedade, pois o particular deixa de ser proprietário, passando a coisa para a titularidade do Poder Público; **C:** incorreta, pois a desapropriação pode se dar mediante decisão judicial também; quando o Poder Público e o particular entram num acordo sobre a desapropriação da área, tem-se desapropriação extrajudicial, fruto de um processo administrativo; quando o particular não aceita resolver a questão administrativamente, o Poder Público entra com desapropriação judicial; **D:** incorreta, pois, uma vez feita a declaração de utilidade pública, a Administração tem 5 anos para efetivar a desapropriação, sob pena de caducidade do decreto expropriatório (art. 10, *caput*, do Dec.-lei 3.365/1941); **E:** incorreta, pois o direito de extensão consiste na faculdade do expropriado de exigir que na desapropriação se inclua a parte restante do bem que se tornou inútil ou de difícil utilização; deve ser exercido quando da realização do acordo administrativo ou no bojo da ação de desapropriação, sob pena de se considerar que houve renúncia.

Gabarito "A".

(Defensor Público/BA – 2010 – CESPE) No que se refere à desapropriação, julgue o item seguinte.

(1) Compete aos municípios a desapropriação por descumprimento da função social da propriedade urbana, e aos estados, a desapropriação de imóvel rural, por interesse social, para fins de reforma agrária.

1: errada, pois a desapropriação-sanção em imóvel rural compete à União (art. 184 da CF), sendo que competirá ao município a desapropriação-sanção em imóvel urbano (art. 182, §§ 3º e 4º, da CF).

Gabarito 1E

(Defensoria Pública/SP – 2010 – FCC) O ato da Administração Pública declarando como de utilidade pública ou de interesse social a desapropriação de determinado imóvel NÃO tem como efeito

(A) iniciar a contagem do prazo legal para a verificação da caducidade do ato.

(B) permitir às autoridades competentes adentrar no prédio objeto da declaração.

(C) demonstrar o posterior interesse na transferência da propriedade do imóvel.

(D) indicar o estado em que se encontra o imóvel, para fins de futura indenização.

(E) proibir a obtenção de licença para o proprietário efetuar obras no imóvel.

Todas as alternativas estão compatíveis com o disposto nos arts. 7º, 10 e 26, § 1º, do Dec-lei 3.365/1941, salvo a alternativa "E", pois o decreto expropriatório não impede a venda da coisa, nem sua reforma, de modo que não é possível impedir a obtenção de licença, valendo salientar que as reformas feitas posteriormente à declaração são por conta e risco do proprietário da coisa, não gerando direito de indenização por estas, salvo quanto às benfeitorias necessárias, e quanto às benfeitorias úteis, desde que autorizadas pelo Poder Público.

Gabarito "E".

(Delegado de Polícia/GO – 2013 – UEG) A desapropriação de bens públicos é limitada e condicionada pela legislação, segundo a qual:

(A) a União pode desapropriar bens de estados e de municípios.

(B) um estado pode desapropriar bens de outro estado da federação.

(C) município pode desapropriar bens do estado a que pertence.

(D) um estado pode desapropriar bens de município situado em outro estado.

A: correta (art. 2º, § 2º, do Decreto-lei 3.365/1941); **B:** incorreta, pois os Estados só podem desapropriar atos dos Municípios (art. 2º, § 2º, do Decreto-lei 3.365/1941); **C:** incorreta, pois os Municípios só podem desapropriar bens dos particulares (art. 2º, § 2º, do Decreto-lei 3.365/1941); **D:** incorreta, pois um Estado só pode desapropriar bens de Municípios daquele Estado, sob pena de violação ao pacto federativo.

Gabarito "A".

(Procurador do Estado/AC – FMP – 2012) Na construção de uma rodovia, o Departamento de Estradas de Rodagem, Infraestrutura Hidroviária e Aeroportuária do Acre – (DERACRE), bem como o próprio Estado, deixaram de efetuar o devido procedimento desapropriatório, dando continuidade à estrada sem o devido decreto e indenização prévias. Em tal hipótese, qual é a solução **CORRETA** na atuação do(a) Procurador(a) do Estado perante uma ação de reintegração de posse?

(A) Reconhecer o pedido de reintegração, na medida em que a independência funcional e o caráter de ministério público da função impõem que seja privilegiada a verdade real.

(B) Reconhecendo eventual irregularidade procedimental, ou desapropriação indireta, alegar que, uma vez afetado ao domínio público, a ação perde o caráter possessório e/ou petitório, restando apenas a questão indenizatória.

(C) Alegar a *compensatio lucrum cum damnum*, defendendo a atuação do DERACRE por valorizar sobremaneira a propriedade do particular, podendo inclusive alegar em contestação o direito à indenização, uma vez que as ações possessórias têm caráter dúplice.

(D) Levar a matéria ao conhecimento do(a) Procurador(a)-Geral do Estado, para apurar responsabilidades, pedindo dispensa de contestação e determinando a abertura do devido processo administrativo.

Quando a Administração ingressa em área privada sem cumprir as formalidades legais, mas acaba utilizando essa área em atividade pública, ocorre a chamada desapropriação indireta, que faz com que o bem passe a ser público, de maneira que não há que se reconhecer o pedido de reintegração, mas sim alegar ter havido a desapropriação indireta, impondo-se a extinção da ação de reintegração.

Gabarito "B"

(Procurador do Estado/MT – FCC – 2011) A Administração desapropriou um terreno particular para construção de uma escola, porém, por insuficiência de recursos orçamentários, desistiu da construção. Nessa situação, poderá

(A) dar ao terreno destinação diversa daquela que originou a desapropriação, mediante o instituto da retrocessão.

(B) alienar o terreno a outro particular, independentemente de oferecimento prévio ao expropriado, desde que já tenha pago a integralidade da indenização.

(C) exigir do expropriado a restituição do valor da indenização, mediante a devolução a este do terreno desapropriado, expurgando-se os juros compensatórios.

(D) alienar o terreno por meio de procedimento licitatório, oferecendo-o, previamente, ao expropriado, sob pena de caracterizar tredestinação.

(E) alienar o terreno, exclusivamente ao expropriado, por valor estabelecido em avaliação atualizada.

A: incorreta, pois dar ao terreno destinação diversa configura o instituto da tredestinação e não da retrocessão; a retrocessão é o efeito (a consequência) de se fazer uma tredestinação do tipo ilícita, ou seja, de dar uma destinação ao bem público que *não* seja de interesse público; **B:** incorreta, pois o particular tem direito de preferência na aquisição da coisa (art. 519 do CC); **C:** incorreta, pois o Poder Público só pode impor sua vontade de desistir da desapropriação, com a consequente devolução do valor pago, pelo expropriado, enquanto o valor total da desapropriação não tiver sido pago; **D:** correta, pois o direito de preferência deve ser concedido ao particular (art. 519 do CC); caso este não tenha interesse na coisa, a Administração poderá alienar o bem a terceiros, mas mediante processo de licitação; não se deve confundir a situação narrada na questão (bem desapropriado que não vem a ser utilizado), com a situação em que ocorre a tredestinação ilícita (a Administração resolve usar o bem expropriado, mas finalidade nova não é de interesse público), em que o particular tem o direito de reaver a coisa expropriada; trata-se do instituto da retrocessão, que, segundo os tribunais superiores, confere direito real ao expropriado; **E:** incorreta, pois caso o expropriado não tenha interesse, um terceiro poderá ser o adquirente da coisa, no caso, o vencedor do processo licitatório.

Gabarito "D"

(Procurador do Estado/RO – 2011 – FCC) Considera-se *apossamento administrativo*

(A) o ato administrativo pelo qual se dá posse a um servidor público, em decorrência de um provimento de caráter originário.

(B) o provimento jurisdicional pelo qual o juiz, no processo de desapropriação, concede à Administração a posse do bem expropriado.

(C) o fato da administração, consistente na irregular apropriação de um bem de terceiro pelo Poder Público.

(D) a medida de polícia, consistente na intervenção em obra cuja utilização está comprometendo a segurança ou a saúde da coletividade.

(E) o ato administrativo unilateral pelo qual a Administração regulariza a posse de uma terra devoluta ocupada de forma tradicional e pacífica por um particular, que a explora de forma produtiva e consentânea à sua função social.

A: incorreta, pois temos no caso a posse, que, concluída, faz nascer o fenômeno da investidura; **B:** incorreta, pois esse instituto tem o nome de imissão provisória na posse; **C:** correta, tratando-se da chamada desapropriação indireta; **D:** incorreta, pois esse instituto é a interdição administrativa; **E:** incorreta, pois esse instituto é a legitimação de posse.

Gabarito "C"

(Procurador do Estado/RS – 2010 – FUNDATEC) Quanto à desapropriação, é válido dizer que:

(A) A desapropriação por interesse social é de competência privativa da União e pode ter como objeto propriedade imóvel média que não esteja cumprindo sua função social, mediante prévia e justa indenização em títulos da dívida agrária, com cláusula de preservação do valor real, resgatáveis em parcelas anuais e sucessivas.

(B) O fundamento político da desapropriação é a supremacia do interesse coletivo sobre o individual, quando incompatíveis.

(C) O prazo de caducidade da declaração para a desapropriação realizada com fundamento em utilidade pública é de dois anos.

(D) As concessionárias de serviço público não podem promover a desapropriação, mesmo quando autorizadas por contrato.

(E) As benfeitorias úteis realizadas após a declaração de utilidade pública de um bem serão indenizadas ainda quando não autorizadas pelo expropriante.

A: incorreta, pois a questão dá a entender que a União é o único ente federativo que pode desapropriar por interesse social; todavia, os demais entes políticos também podem fazer esse tipo de desapropriação; no caso de descumprimento da função social da propriedade em área rural a União tem competência privativa; no caso do descumprimento da função social em área urbana, o Município é o competente; e nos demais casos de desapropriação por interesse social todos os entes políticos podem desapropriar; **B:** correta, pois, caso o particular não aceite alienar a coisa ao Poder Público, este imporá a desapropriação, valendo-se da supremacia do interesse público sobre o interesse particular; **C:** incorreta, pois o prazo em questão é de 5 anos (art. 10 do Dec.-lei 3.365/1941); **D:** incorreta, pois podem promover a fase executória da desapropriação, quando autorizadas por contrato ou pela lei (art. 3º do Dec.-lei 3.365/1941); **E:** incorreta, pois as benfeitorias realizadas após a declaração de utilidade pública (diferentemente das benfeitorias necessárias) só serão indenizadas se autorizadas pelo expropriante (art. 26, § 1º, do Dec.-lei 3.365/1941).

Gabarito "B"

(Procurador do Estado/SC – 2010 – FEPESE) Sobre a intervenção do Estado na propriedade privada:

(1) Declarada a utilidade pública, ficam as autoridades administrativas autorizadas a penetrar nos prédios compreendidos na declaração, podendo recorrer, em caso de oposição, ao auxílio de força policial.

(2) São isentas de impostos federais, estaduais e municipais as operações de transferência de imóveis desapropriados para fins de reforma agrária.

(3) O espaço aéreo e o subsolo podem ser objeto de desapropriação.

(4) A desapropriação poderá abranger a área contígua necessária ao desenvolvimento da obra a que se destina, e as zonas que se valorizarem extraordinariamente, em consequência da realização do serviço.

Assinale a alternativa que indica todas as afirmativas **corretas**.

(A) É correta apenas a afirmativa 2.

(B) São corretas apenas as afirmativas 1 e 3.

(C) São corretas apenas as afirmativas 2 e 4.

(D) São corretas apenas as afirmativas 1, 2 e 4.

(E) São corretas as afirmativas 1, 2, 3 e 4.

1: correta (art. 7º do Dec.-lei 3.365/1941); **2:** correta (art. 26 da Lei 8.629/1993); **3:** correta (art. 2º, § 1º, do Dec.-lei 3.365/1941); **4:** correta (art. 4º do Dec.-lei 3.365/1941).

Gabarito "E"

(Procurador do Município/Boa Vista-RR – 2010 – CESPE) Julgue o item seguinte, que trata de desapropriação.

(1) Cabe a retrocessão quando o expropriante dá ao imóvel uma destinação pública diferente daquela mencionada no ato expropriatório.

1: Incorreta, pois, se a destinação dada ao bem é pública, não há que se falar em direito de retrocessão, pois tem-se, no caso, tredestinação lícita.

Gabarito 1E

(Procurador do Município/Cubatão-SP – 2012 – VUNESP) Conforme as normas jurídicas aplicáveis ao instituto da desapropriação, a "obrigação que se impõe ao expropriante de oferecer o bem ao expropriado, mediante a devolução do valor da indenização, quando não lhe der o destino declarado no ato expropriatório" denomina-se

(A) encampação.

(B) retrocessão.

(C) devolução.

(D) caducidade.

(E) rescisão.

De fato, a retrocessão importa no direito do antigo proprietário de reaver o bem expropriado que não foi utilizado em finalidade pública. O requisito aqui é o desvio de finalidade, a chamada tredestinação, utilizando-se o bem expropriado em finalidade não pública. Não configura o instituto a utilização do bem em finalidade distinta da prevista no decreto expropriatório, quando a nova finalidade for de interesse público.

Gabarito "B"

(Procurador do Município/Florianópolis-SC – 2010 – FEPESE) Assinale a alternativa **incorreta**, em relação ao procedimento de desapropriação.

(A) A desapropriação é forma originária de aquisição da propriedade privada.

(B) O bem público não poderá ser objeto de desapropriação.

(C) Ocorre desvio de finalidade genérico, que enseja a retrocessão, quando se verifica a mudança da finalidade pública para o fim particular do bem expropriado.

(D) É permitida a ocupação temporária, que será indenizada, afinal, por ação própria, de terrenos não edificados, vizinhos às obras e necessários à sua realização.

(E) Os concessionários de serviços públicos e os estabelecimentos de caráter público ou que exerçam funções delegadas de poder público poderão promover desapropriações mediante autorização expressa, constante de lei ou contrato.

A: correta, como decorrência do art. 35 do Dec.-lei 3.365/1941; **B:** incorreta, devendo ser assinalada, pois, salvo os bens da União, os demais bens públicos podem ser objeto de desapropriação (art. 2º, § 2º, do Dec.-lei 3.365/1941); **C:** correta, pois, nesse caso, temos a chamada tredestinação ilícita, que enseja o direito de retrocessão em favor do antigo proprietário da coisa; **D:** correta (art. 36 do Dec.-lei 3.365/1941); **E:** correta (art. 3º do Dec.-lei 3.365/1941).

Gabarito "B"

(Procurador do Município/São José dos Campos-SP – 2012 – VUNESP) Assinale a alternativa correta.

(A) A desapropriação por utilidade pública ocorre quando as circunstâncias impõem distribuição ou condicionamento da propriedade para o seu melhor aproveitamento, utilização ou produtividade em benefício da coletividade ou de categorias sociais merecedoras de amparo específico do Poder Público.

(B) Os bens das autarquias, das fundações públicas e das empresas estatais não são passíveis de desapropriação.

(C) A desapropriação independe de declaração expropriatória regular.

(D) A desapropriação por necessidade pública surge quando a Administração defronta situações de emergência, que, para serem resolvidas satisfatoriamente, exigem a transferência urgente de bens de terceiros para o seu domínio público.

(E) A expropriação, seja por utilidade ou necessidade pública ou, ainda, por interesse social, opera-se mediante prévia e justa indenização em dinheiro, não comportando exceções.

A: incorreta, pois a desapropriação descrita na alternativa é da modalidade *interesse social* e não *utilidade pública*; em geral, quando um bem é desapropriado para entregar a terceiros tem-se desapropriação por interesse social; **B:** incorreta, pois não há essa limitação no art. 2º, § 2º, do Dec.-lei 3.365/1941; **C:** incorreta, pois a primeira fase da desapropriação (a fase declaratória) impõe justamente a declaração expropriatória, que se dá, em regra, por decreto expropriatório expedido pelo Chefe do Executivo (art. 6º do Dec.-lei 3.365/1941); **D:** correta, pois, segundo a doutrina, a diferença entre utilidade pública e necessidade pública é justamente o fato de que a segunda se dá nas mesmas hipóteses da primeira (art. 5º do Dec.-lei 3.365/1941), mas em situações em que se tenha urgência; **E:** incorreta, pois a desapropriação por interesse social pelo não cumprimento da função social da propriedade em área rural ou urbana é paga mediante títulos (arts. 182, § 4º, III, 184, § 4º, ambos da CF)

Gabarito "D"

(Advogado da União/AGU – CESPE – 2012) Julgue os itens seguintes, que versam sobre desapropriação.

(1) Sujeitam-se à desapropriação o espaço aéreo, o subsolo, a posse, bem como direitos e ações, entre outros bens, desde que sejam privados e se tornem objeto de declaração de utilidade pública ou de interesse social.

(2) Tratando-se de desapropriação por zona, o domínio do expropriante sobre as áreas que sofrem valorização extraordinária é provisório, ficando, por isso, os novos adquirentes sujeitos ao pagamento da contribuição de melhoria, conforme dispõe a CF.

(3) O ato de a União desapropriar, mediante prévia e justa indenização, para fins de reforma agrária, imóvel rural que não esteja cumprindo a sua função social configura desapropriação por utilidade pública.

1: incorreta, pois bens públicos dos municípios e dos estados também pode ser desapropriados (art. 2º, § 2º, do Dec.-lei 3.365/1941); **2:** incorreta, pois, na desapropriação por zona, o ente expropriante passa a ser proprietário da coisa, não sendo devido valor algum pelos antigos proprietários, que, afinal de contas, já perderam o bem expropriado e nada ganharão com a eventual valorização extraordinária deste; **3:** incorreta, pois se trata de desapropriação-sanção por interesse social (art. 184, *caput*, da CF).

Gabarito 1E, 2E, 3E

(Procurador Federal – 2010 – CESPE) Julgue o seguinte item.

(1) A União desapropriou um imóvel para fins de reforma agrária, mas, depois da desapropriação, resolveu utilizar esse imóvel para instalar uma universidade pública rural. Nessa situação, houve tredestinação lícita, de forma que o antigo proprietário não poderá pedir a devolução do imóvel.

1: Correta, valendo salientar que a tredestinação lícita é admitida pela jurisprudência do STJ como conduta que não gera direito à retrocessão em favor do anterior proprietário da cosia.

Gabarito 1C

(Procurador Federal – 2010 – CESPE) Com base no tratamento conferido ao instituto da desapropriação pela CF, pela legislação vigente e pelos tribunais superiores, julgue os itens a seguir.

(1) O procedimento de desapropriação por utilidade pública de imóvel residencial urbano não admite a figura da imissão provisória na posse.

(2) Segundo entendimento do STF, é inconstitucional a previsão legal que limita a quantia a ser arbitrada a título de honorários advocatícios na ação de desapropriação a um valor entre 0,5% e 5% da diferença entre o preço oferecido e a indenização obtida.

1: incorreta, pois a imissão provisória na posse existe e é regulamentada em lei própria (Lei 1.075/1970); **2:** incorreta, pois tal previsão legal (art. 27, § 1º, do Dec.-lei 3.365/1941) foi mantida pelo STF, ficando excluída, pela ADIN 2.332-2, apenas a limitação dos honorários advocatícios em até R$ 151 mil.

Gabarito 1E, 2E

(Advogado – CEF – 2012 – CESGRANRIO) O prazo de caducidade do decreto expropriatório nas desapropriações por utilidade pública, contado da data de sua expedição, é de

(A) 120 dias

(B) 180 dias

(C) 2 anos

(D) 5 anos

(E) 10 anos

O prazo de caducidade ou decadência no caso é de 5 anos (art. 10 do Dec.-lei 3.365/1941).

Gabarito "D"

(Advogado – Correios – 2011 – CESPE) A respeito das hipóteses de intervenção do Estado na propriedade e do controle administrativo, julgue os itens subsequentes.

(1) Os recursos administrativos, meios colocados à disposição do administrado para o reexame do ato pela administração pública, só serão dotados de efeito suspensivo quando a lei expressamente o estabelecer.

(2) Ao contrário da desapropriação, a servidão administrativa decorrente de lei, de acordo ou de decisão judicial não gera, para a administração pública, o dever de indenizar o proprietário.

1: incorreta, pois terão efeito suspensivo quando a lei expressamente estabelecer ou nos casos em que a Administração, fundada na situação de perigo, atribuir efeito suspensivo ao recurso (art. 61, parágrafo único, da Lei 9.784/1999); **2:** incorreta, pois a Administração deve indenizar sim, seja em acordo extrajudicial, seja por meio de ação de desapropriação para instituir servidão (art. 40 do Dec.-lei 3.365/1941).

Gabarito 1E, 2E

(Advogado – Petrobrás Distrib. – 2010 – CESGRANRIO) O Governador de determinado Estado-membro da Federação brasileira declarou de utilidade pública, para fins de desapropriação, imóvel pertencente a município situado em seu território. Analisando a juridicidade do decreto expropriatório em tela, conclui-se que a desapropriação pretendida pelo Governador

(A) é juridicamente impossível, pois os bens públicos são imprescritíveis.

(B) é juridicamente possível, desde que tenha sido precedida de autorização legislativa.

(C) é juridicamente possível, desde que tenha sido precedida de autorização por decreto da Chefia do Poder Executivo Federal.

(D) não tem base legal, pois a desapropriação é forma derivada de aquisição da propriedade.

(E) não tem base legal, pois os bens públicos não são expropriáveis.

A União pode desapropriar bens dos Estados e estes podem desapropriar bens dos municípios, mas isso só pode acontecer se houver prévia autorização legal feita pelo Legislativo do ente que tem a intenção de desapropriar (art. 2º, § 2º, do Decreto-lei 3.365/1941), de maneira que a alternativa "b" é a correta.

Gabarito "B"

(Cartório/RJ – 2012) Em relação à intervenção do Estado na propriedade, analise as assertivas abaixo.

I. A execução ou promoção da desapropriação para fins de reforma agrária ou para fins de desenvolvimento urbano é de competência exclusiva da União.

II. A tredestinação ocorre na hipótese de a Administração Pública, após a desapropriação, vir a atribuir outro destino ao bem desapropriado, que não o indicado no decreto expropriatório.

III. A desapropriação se restringe aos bens particulares, ou seja, não incide sobre bens públicos, independentemente se pertencem a entidades estatais distintas.

É correto o que se afirma em:

(A) I, apenas.

(B) II, apenas.

(C) I e III, apenas.

(D) II e III, apenas.

(E) I, II e III.

I: incorreta, pois a desapropriação para fins de desenvolvimento urbano não é exclusiva da União. Como se não bastasse, até mesmo a desapropriação para reforma agrária não é da competência exclusiva da União, sendo certo que esta só tem exclusividade nesse tema quando se tratar de desapropriação-sanção para a reforma agrária, ou seja, aquela que é feita por ter havido descumprimento da função social da propriedade (art. 184, *caput*, da CF); **II:** correta, valendo lembrar que, em sendo o novo objetivo de interesse público, há tredestinação lícita; em não sendo de interesse público, há tredestinação ilícita; **III:** incorreta, pois os bens dos Estados podem ser desapropriados pela União e os bens dos Municípios podem ser desapropriados pelos Estados e pela União, nos dois casos mediante autorização legislativa no âmbito do ente expropriante (art. 2,º, § 2º, do Dec.-lei 3.365/1941).

Gabarito "B"

(Cartório/SP – 2012 – VUNESP) Sobre desapropriação, é correto afirmar que o(a)

(A) competência para legislar sobre desapropriação é concorrente.

(B) Município pode, por interesse social, desapropriar imóvel rural para fins de reforma agrária.

(C) Estado de São Paulo não pode desapropriar imóvel, situado em região metropolitana, para fins de política urbana.

(D) competência do Chefe do Poder Executivo, na fase declaratória da desapropriação, não é exclusiva.

A: incorreta, a competência para legislar sobre desapropriação é privativa da União, nos termos do que estabelece o art. 22, II, da CF/1988; o que é concorrente é a competência para declarar o bem de utilidade pública ou interesse social; **B:** incorreta, a jurisprudência tem entendido ser de competência privativa da União a desapropriação por interesse social para fins de reforma agrária, embora seja possível aos demais entes federados a desapropriação por interesse social, desde que não seja para esse fim; **C:** incorreta, trata-se de competência privativa dos Municípios – art. 182, § 4º, III, da CF/1988; **D:** correta, "a declaração de utilidade pública far-se-á por decreto do Presidente da República, Governador, **Interventor** ou Prefeito" – art. 6º do Dec.-lei 3.365/1941.

Gabarito "D"

(Magistratura Federal-4ª Região – 2010) Assinale a alternativa INCORRETA em matéria de desapropriação.

(A) Os juros compensatórios, na desapropriação indireta, incidem a partir da ocupação, calculados sobre o valor da indenização, corrigido monetariamente.

(B) Os juros compensatórios, na desapropriação direta, incidem a partir da imissão na posse, calculados sobre o valor da indenização, corrigido monetariamente.

(C) Nas ações de desapropriação, os juros compensatórios são sempre fixados em 12% (doze por cento) ao ano a partir da ocupação.

(D) A base de cálculo de honorários de advogado em desapropriação é a diferença entre a oferta e a indenização, corrigidas ambas monetariamente.

(E) Nas ações de desapropriação, incluem-se no cálculo da verba advocatícia as parcelas relativas aos juros compensatórios e moratórios, devidamente corrigidas.

A: correta, pois tais juros são calculados pelo valor da indenização fixado na sentença (art. 15-A, § 3º, do Dec.-lei 3.365/1941), e correrão desde a ocupação do imóvel pelo Poder Público, vez que, desde esse evento, o antigo proprietário da coisa passou a não ter mais como auferir renda com o bem; **B:** correta (art. 15-A do Dec.-lei 3.365/1941); **C:** incorreta (devendo ser assinalada), pois, no caso de desapropriação direta, os juros compensatórios são computados a partir da imissão provisória na posse (art. 15-A, *caput*, do Dec.-lei 3.365/41); **D:** correta (art. 27, § 1º, do Dec.-lei 3.365/1941); **E:** correta (Súmula nº 131 do STJ).

Gabarito "C"

(Procurador da República – 26º) Com relação ao tema desapropriação, analise os itens abaixo e responda em seguida:

I. O princípio do justo preço possui caráter ambivalente, pois, de um lado, assegura ao expropriado a percepção de indenização compatível com o valor do bem objeto da desapropriação, recompondo seu patrimônio; de outro lado, impede que o particular receba, a título de indenização, valor superior aos parâmetros do mercado, impedindo enriquecimento sem causa.

II. Bens públicos municipais e estaduais podem ser desapropriados pela União, desde que haja prévia autorização legislativa.

III. Na desapropriação por interesse social para fins de reforma agrária, a ação deve ser proposta no prazo de dois anos, a contar da publicação do decreto declaratório, sob pena de caducidade do ato,

IV. Configura-se desapropriação indireta mediante a incorporação do bem ao patrimônio público sem o devido processo legal; em tal hipótese, o bem expropriado não pode ser objeto de reivindicação.

(A) Todos os itens são verdadeiros.

(B) Somente o item I é falso.

(C) Somente os itens III e IV são falsos.

(D) Somente os itens I e II são verdadeiros.

I: correta, pois traz o exato sentido da ideia de justo preço; **II:** correta (art. 2º, § 2º, do Dec.-lei 3.365/1941); **III:** correta (art. 3º da Lei Complementar 76/1993); **IV:** correta, pois a desapropriação indireta é justamente o irregular apossamento de bem ao patrimônio público com utilização em atividade de interesse público; nesse caso, não se pode reivindicar a área do Poder Público, devendo particular ingressar com ação indenizatória por desapropriação indireta.

Gabarito "A"

(OAB/Exame Unificado – 2012.3.B) Acerca do Instituto da Desapropriação, assinale a afirmativa correta.

(A) A desapropriação do espaço aéreo ou do subsolo só se tornará necessária, quando de sua utilização resultar prejuízo patrimonial do proprietário do solo.

(B) Em casos de urgência, é possível a imissão provisória do expropriante na posse dos bens, não sendo exigível o seu registro junto ao registro de imóveis competente, muito menos o depósito de valores.

(C) Os concessionários de serviços públicos e os estabelecimentos de caráter público ou que exerçam funções delegadas de poder público poderão promover desapropriações, por decreto do Presidente da República.

(D) Os bens expropriados, incorporados à Fazenda Pública, podem ser objeto de reivindicação, desde que fundada em nulidade do processo de desapropriação.

A: correta (art. 2, § 1º, do Dec.-lei 3.365/1941); **B:** incorreta, pois a imissão provisória na posse será, sim, registrada no registro de imóveis competente (art. 15, § 4º, do Dec.-lei 3.365/1941) e depende, sim, de depósito de quantia arbitrada pelo juiz logo no começo do processo (art. 15, *caput*, do Dec.-lei 3.365/1941); **C:** incorreta, pois só poderão promover desapropriações mediante autorização expressa em lei ou contrato (art. 3º do Dec.-lei 3.365/1941), não sendo suficiente, assim, um Decreto do Presidente da República; **D:** incorreta, pois o art. 35 do Dec.-lei 3.365/1941 é expresso ao dispor que os bens expropriados, uma vez incorporados à Fazenda Pública, não podem ser objeto de reivindicação.

Gabarito "A"

(OAB/Exame Unificado – 2012.3.A) A desapropriação é um procedimento administrativo que possui duas fases: a primeira, denominada declaratória e a segunda, denominada executória.

Quanto à *fase declaratória*, assinale a afirmativa correta.

(A) Acarreta a aquisição da propriedade pela Administração, gerando o dever de justa indenização ao expropriado.

(B) Importa no início do prazo para a ocorrência da caducidade do ato declaratório e gera, para a Administração, o direito de penetrar no bem objeto da desapropriação.

(C) Implica a geração de efeitos, com o titular mantendo o direito de propriedade plena, não tendo a Administração direitos ou deveres.

(D) Gera o direito à imissão provisória na posse e o impedimento à desistência da desapropriação.

A: incorreta, pois, nessa fase, a Administração apenas afirma a *intenção* de adquirir o bem, expedindo o chamado Decreto Expropriatório, em que identifica o bem que deseja desapropriar e informa qual será a destinação deste; a Administração somente adquirirá a propriedade do bem caso conclua a segunda fase do procedimento (fase executória), celebrando acordo com o particular ou ingressando com ação de desapropriação e efetuando o pagamento integral do valor fixado em juízo; **B:** correta (arts. 7º e 10, do Dec.-lei 3.365/1941); **C:** incorreta, pois a Administração passa a ter, por exemplo, o direito de penetrar no imóvel (art. 7º do Dec.-lei 3.365/1941; **D:** incorreta, pois nessa primeira fase, como se viu, há apenas a declaração de vontade da intenção de desapropriar o bem; aliás, mesmo que se inicie a segunda fase, ingressando com ação de desapropriação, a imissão provisória na posse não é automática, dependendo de declaração de urgência pela Administração e de depósito de valor fixado pelo juízo por onde correr a ação (art. 15, *caput* e § 1º, do Dec.-lei 3.365/1941); quanto à desistência da desapropriação, pode ser feita mesmo que a Administração já tenha se imitido na posse do bem, mas nunca após a Administração já ter feito o pagamento integral da indenização fixada definitivamente em juízo.

Gabarito "B".

(OAB/Exame Unificado – 2012.2) A União, após regular licitação, realiza concessão de determinado serviço público a uma sociedade privada. Entretanto, para a efetiva prestação do serviço, é necessário realizar algumas desapropriações. A respeito desse caso concreto, assinale a afirmativa correta.

(A) A sociedade concessionária poderá promover desapropriações mediante autorização expressa, constante de lei ou contrato.

(B) As desapropriações necessárias somente poderão ser realizadas pela União, já que a concessionária é pessoa jurídica de direito privado.

(C) O ingresso de autoridades administrativas nos bens desapropriados, declarada a utilidade pública, somente será lícito após a obtenção de autorização judicial.

(D) Os bens pertencentes ao(s) Município(s) inserido(s) na área de prestação do serviço não poderão ser desapropriados, mesmo que haja autorização legislativa.

A: correta (art. 3º do Dec.-lei 3.365/1941); **B:** incorreta, nos termos do já citado art. 3º do Dec.-lei 3.365/1941; **C:** incorreta, pois um dos efeitos da declaração de utilidade pública é justamente a autorização legal para as autoridades administrativas penetrarem nos prédios compreendidos na declaração, podendo recorrer, em caso de oposição, ao auxílio de força policial (art. 7º do Dec.-lei 3.365/41); **D:** incorreta, pois bens municipais podem ser desapropriados pelos Estados e pela União, desde que haja autorização do legislativo do ente expropriante (art. 2º, § 2º, do Dec.-lei 3.365/1941).

Gabarito "A".

(OAB/Exame Unificado – 2012.1) A empresa pública federal X, que atua no setor de pesquisas petroquímicas, necessita ampliar sua estrutura, para a construção de dois galpões industriais. Para tanto, decide incorporar terrenos contíguos a sua atual unidade de processamento, mediante regular processo de desapropriação. A própria empresa pública declara aqueles terrenos como de utilidade pública e inicia as tratativas com os proprietários dos terrenos – que, entretanto, não aceitam o preço oferecido por aquela entidade. Nesse caso,

(A) se o expropriante alegar urgência e depositar a quantia arbitrada de conformidade com a lei, terá direito a imitir-se provisoriamente na posse dos terrenos.

(B) a desapropriação não poderá consumar-se, tendo em vista que não houve concordância dos titulares dos terrenos.

(C) a desapropriação demandará a propositura de uma ação judicial e, por não haver concordância dos proprietários, a contestação poderá versar sobre qualquer matéria.

(D) os proprietários poderão opor-se à desapropriação, ao fundamento de que a empresa pública não é competente para declarar um bem como de utilidade pública.

A desapropriação tem duas fases, a declaratória e a executória. Na fase declaratória, o Poder Público manifesta sua intenção de adquirir determinado bem. Normalmente, essa declaração se dá por meio de um decreto expropriatório. Em seguida, na fase executória, posterior à fase declaratória, busca-se um acordo com o proprietário do bem, ou, na impossibilidade, ingressa-se com ação de desapropriação. A primeira fase só pode ser iniciada por entes políticos e outros entes público autorizados pela lei, como é o caso da agência reguladora ANEEL. Já a segunda fase pode ser feita por pessoas de direito público e por concessionárias de serviço público, autorizadas por lei ou por contrato. Diante do exposto fica claro que a empresa pública X não tem competência para a declaração de utilidade pública do bem (primeira fase), de modo que apenas a alternativa "d" está correta.

Gabarito "D".

(OAB/Exame Unificado – 2010.2) Nas hipóteses de desapropriação, em regra geral, os requisitos constitucionais a serem observados pela Administração Pública são os seguintes:

(A) comprovação da necessidade ou utilidade pública ou de interesse social; pagamento de indenização prévia ao ato de imissão na posse pelo Poder Público, e que seja justa e em dinheiro; e observância de ato administrativo, sem contraditório por parte do proprietário.

(B) comprovação da necessidade ou utilidade pública ou de interesse social; pagamento de indenização prévia ao ato de imissão na posse pelo Poder Público, e que seja justa e em dinheiro; e observância de procedimento administrativo, com respeito ao contraditório e ampla defesa por parte do proprietário.

(C) comprovação da necessidade ou utilidade pública ou de interesse social; pagamento de indenização prévia ao ato de imissão na posse pelo Poder Público, e que seja justa e em títulos da dívida pública ou quaisquer outros títulos públicos, negociáveis no mercado financeiro; e observância de procedimento administrativo, com respeito ao contraditório e ampla defesa por parte do proprietário.

(D) comprovação da necessidade ou utilidade pública ou de interesse social; pagamento de indenização, posteriormente ao ato de imissão na posse pelo Poder Público, e que seja justa e em dinheiro; e observância de procedimento administrativo, com respeito ao contraditório e ampla defesa por parte do proprietário.

A alternativa "b" está correta, pois, **como regra**, a Constituição exige o seguinte para a desapropriação: I) comprovação de *necessidade ou utilidade pública* ou de *interesse social* (art. 5º, XXIV, da CF); II) pagamento de *indenização prévia* ao ato de imissão na posse pelo Poder Público (art. 5º, XXIV, da CF); III) indenização *justa* e em *dinheiro* (art. 5º, XXIV, da CF); IV) observância de *procedimento administrativo* com respeito ao *contraditório e ampla defesa* por parte do proprietário; repare que o início do art. 5º, XXIV, da CF exige "procedimento" e o art. 5º, LV, da CF exige que todo procedimento administrativo respeite o contraditório e a ampla defesa.

Gabarito "B"

(OAB/Exame Unificado – 2010.1) Acerca da desapropriação e dos institutos a ela relacionados, assinale a opção correta.

(A) Tratando-se de desapropriação por utilidade pública para a realização de obra, as áreas contíguas necessárias à execução da obra poderão ser abrangidas pela desapropriação, independentemente da inclusão dessas áreas na declaração de utilidade pública.

(B) A fase declaratória, durante a qual o Poder Público manifesta sua vontade na futura desapropriação, é iniciada com a declaração expropriatória e formalizada por meio de ato exclusivo do chefe do Poder Executivo federal, estadual ou municipal; por isso, não pode o dirigente máximo de autarquia ou de agência reguladora, por exemplo, expedir declaração expropriatória.

(C) O decreto expropriatório caduca no prazo de 5 (cinco) anos caso a desapropriação por utilidade pública não seja efetivada mediante acordo ou judicialmente, sendo o termo final desse prazo, para as desapropriações que correrem na via judicial, o do trânsito em julgado da ação de desapropriação.

(D) No caso de imissão prévia na posse, na desapropriação por necessidade ou utilidade pública e interesse social, havendo divergência entre o preço ofertado em juízo e o valor do bem, os juros moratórios destinam-se a recompor a perda decorrente do atraso no efetivo pagamento da indenização fixada na sentença; desse modo, só serão devidos esses juros se o pagamento não for feito até 1º de janeiro do exercício seguinte àquele em que o pagamento deveria ter sido feito.

A: incorreta. O art. 4º do Dec.-lei 3.365/1941 dispõe em sentido contrário: "A desapropriação poderá abranger a área contígua necessária ao desenvolvimento da obra a que se destina, e as zonas que se valorizarem extraordinariamente, em consequência da realização do serviço. Em qualquer caso, a declaração de utilidade pública deverá compreendê-las, mencionando-se quais as indispensáveis à continuação da obra e as que se destinam à revenda"; **B:** incorreta. Há casos na legislação brasileira em que o dirigente máximo de autarquia ou agência reguladora tem a atribuição de promover a declaração expropriatória. É o caso, por exemplo, do DNIT e da ANEEL. Nesse sentido, Carvalho Filho. *Manual de direito administrativo*. 13. ed., 2005, p. 641; **C:** incorreta. Nos termos do art. 10 do Dec.-lei 3.365/1941, deve ser efetivada ou "intentar-se judicialmente", ou seja, deve-se contar até o ajuizamento (Carvalho Filho. *Op. cit.*, p. 643); **D:** correta. São os conceitos que se podem extrair dos arts. 15-A e 15-B do Dec.-lei 3.365/1941. "Art. 15-A. No caso de imissão prévia na posse, na desapropriação por necessidade ou utilidade pública e interesse social, inclusive para fins de reforma agrária, havendo divergência entre o preço ofertado em juízo e o valor do bem, fixado na sentença, expressos em termos reais, incidirão juros compensatórios de até seis por cento ao ano sobre o valor da diferença eventualmente apurada, a contar da imissão na posse, vedado o cálculo de juros compostos." "Art. 15-B. Nas ações a que se refere o art. 15-A, os juros moratórios destinam-se a recompor a perda decorrente do atraso no efetivo pagamento da indenização fixada na sentença final de mérito, e somente serão devidos à razão de até seis por cento ao ano, a partir de 1º de janeiro do exercício seguinte àquele em que o pagamento deveria ser feito, nos termos do artigo 100 da Constituição."

Gabarito "D"

10.5.2. Requisição de bens e serviços

(Defensor Público/AM – 2010 – I. Cidades) Pode-se afirmar que são formas de intervenção do Estado na propriedade:

(A) concessão de serviços

(B) permissão de uso

(C) autorização de uso

(D) requisição

(E) permissão condicionada

A única forma de intervenção na propriedade enunciada nas alternativas é a requisição, requisição essa que pode incidir sobre bens e serviços. Nos demais casos, temos justamente o contrário, ou seja, o particular usando um bem público.

Gabarito "D"

(Procurador do Estado/AC – FMP – 2012) Sobre as restrições ao direito de propriedade, no plano do direito administrativo, assinale a alternativa CORRETA.

(A) Nas hipóteses de tombamento, em razão do interesse público na preservação dos bens de interesse histórico, artístico, cultural, antropológico e arquitetônico, dentre outros, será sempre efetivada a prévia indenização pela restrição da propriedade.

(B) Em razão da situação de perigo iminente, como casos de enchentes, a Administração pode efetivar, permanentemente, a requisição de bens móveis, imóveis e até de serviços particulares.

(C) A servidão administrativa constitui um ônus real imposto ao particular para assegurar a realização de obras e serviços públicos, sendo devida a indenização pelos prejuízos efetivamente suportados pelo proprietário do bem.

(D) No caso da requisição, não há uma imposição de indenização, pois visa ao afastamento de perigo iminente, somente sendo possível a aferição de responsabilidade por ato lícito, caso danos sejam verificados após a requisição.

A: incorreta, pois só haverá direito de indenização em favor do proprietário do bem tombado caso haja dano especial ao particular, que lhe diminua o valor de sua propriedade; **B:** incorreta, pois a requisição é provisória, durando apenas enquanto persistir a situação de perigo; **C:** correta, valendo salientar que a servidão se constitui por acordo extrajudicial quanto ao preço ou por meio de ingresso com ação de desapropriação (art. 40 do Dec.-lei 3.365/1941); **D:** incorreta, pois caberá indenização ulterior (posterior), se houver dano (art. 5º, XXV, da CF).

Gabarito "C"

(Procurador do Estado/SC – 2010 – FEPESE) No caso de iminente perigo público, a autoridade competente poderá usar de propriedade particular, assegurada ao proprietário indenização ulterior, se houver dano. Qual a denominação desse instituto?

(A) tombamento

(B) ocupação temporária

(C) servidão administrativa

(D) requisição administrativa

(E) desapropriação por interesse público

Trata-se da *requisição administrativa de bens*, prevista no art. 5º, XXV, da CF.

Gabarito "D"

10.5.3. Ocupação temporária

(Ministério Público/SE – 2010 – CESPE) Assinale a opção correta a respeito da intervenção do Estado na propriedade privada e do instituto da desapropriação.

(A) O tombamento implica limitação precária e temporária ao direito de propriedade em benefício do interesse coletivo e incide apenas sobre bens imóveis.

(B) A servidão administrativa, que impõe ao proprietário a obrigação de suportar ônus parcial sobre o imóvel de sua propriedade, é direito real instituído tanto em favor do Estado quanto de particulares.

(C) Requisição é a modalidade de intervenção estatal por meio da qual o Estado utiliza bens móveis, imóveis e serviços particulares em situação de perigo público iminente, tanto para fins militares quanto civis.

(D) A ocupação temporária é direito de caráter real que tem natureza de permanência e exige situação de perigo público iminente, tanto quanto a requisição.

(E) Quaisquer entes federativos podem desapropriar bens públicos uns dos outros, desde que devidamente autorizados pelo Poder Legislativo de seu âmbito.

A: incorreta, pois o tombamento não é uma limitação temporária e precária, e pode incidir sobre bens imóveis, móveis e até imateriais; **B:** incorreta, pois é direito real instituído apenas em favor do Estado; **C:** correta, conforme os arts. 5º, XXV, e 22, III, da CF; **D:** incorreta, pois a ocupação temporária, como o próprio nome diz, é temporária (e não permanente), destinando-se ao mero uso de terreno não edificado, vizinho a uma obra pública (art. 36 do Dec.-lei 3.365/1941); **E:** incorreta, pois não é possível desapropriar bens da União; além disso, um Município não pode desapropriar bens dos Estados (art. 2º, § 2º, do Dec.-lei 3.365/1941).

Gabarito "C"

10.5.4. Servidão administrativa

(Defensor Público/AM – 2013 – FCC) São características da servidão administrativa:

(A) imperatividade, perpetuidade e natureza real.

(B) gratuidade, precariedade e natureza pessoal.

(C) consensualidade, perpetuidade e natureza real.

(D) autoexecutoriedade, perpetuidade e natureza pessoal.

(E) onerosidade, precariedade e natureza real.

A: correta, pois a servidão, de fato, é imperativa (impõe-se independentemente de concordância do proprietário da área), perpétua (tem duração indeterminada) e de natureza real, já que se trata de um direito real, com todas as consequências deste; **B:** incorreta, pois, na servidão, causando-se dano (e geralmente causa), impõe-se a indenização, de modo que não é gratuita; ademais, a servidão é perpétua e não precária; **C:** incorreta, pois a servidão, caso não se dê por acordo de vontades entre particular e Poder Público será instituída por meio de ação para instituição de servidão (art. 40 do Dec.lei 3.365/1941); **D:** incorreta, pois, não havendo acordo com o particular, há de se entrar com ação judicial, não havendo autoexecutoriedade (art. 40 do Dec.-lei 3.365/1941); a servidão, ainda, tem natureza real e não pessoal; **E:** incorreta, pois a servidão não é precária, sendo, inclusive um direito real perpétuo.

Gabarito "A"

(Procurador do Município/Teresina-PI – 2010 – FCC) As modalidades de intervenção do Estado sobre a propriedade privada consistentes na instalação de rede elétrica pelo Poder Público em propriedade particular e na proibição de construir além de determinado número de pavimentos, são, respectivamente,

(A) requisição e tombamento.

(B) servidão administrativa e limitação administrativa.

(C) limitação administrativa e ocupação temporária.

(D) servidão administrativa e requisição.

(E) requisição e ocupação temporária.

De fato, temos servidão administrativa no primeiro caso (ônus real instituído em favor do interesse público) e limitação administrativa no segundo (imposição geral e gratuita, que delimita o direito dos particulares).

Gabarito "B"

(OAB/Exame Unificado – 2013.1) A fim de permitir o escoamento da produção até uma refinaria, uma empresa pública federal, que explora a prospecção de petróleo em um campo terrestre, inicia a construção de um oleoduto. O único caminho possível para essa construção atravessa a propriedade rural de Josenildo que, em razão do oleoduto, teve que diminuir o espaço de plantio de mamão e, com isso, viu sua renda mensal cair pela metade.

Assinale a afirmativa que indica a instrução correta que um advogado deve passar a Josenildo.

(A) Não há óbice à constituição da servidão administrativa no caso, mas cabe indenização pelos danos decorrentes dessa forma de intervenção na propriedade.

(B) A servidão administrativa é ilegal e Josenildo pode desconstituí-la, pois o instituto só tem aplicação em relação aos bens públicos.

(C) A servidão administrativa é ilegal, pois o nosso ordenamento veda a intervenção do Estado sobre propriedades produtivas.

(D) Não há óbice à constituição da servidão administrativa e não há de se falar em qualquer indenização.

A: correta, pois a servidão é o ônus real de uso imposto pela Administração a um bem particular, com objetivo de assegurar a realização de obras e serviços públicos, assegurada indenização ao particular, salvo se não houver prejuízo; no caso em tela tem-se justamente uma situação em que se quer utilizar parte da propriedade de alguém, causando prejuízo econômico (pela redução do plantio de mamão), caracterizando-se, assim, o instituto da servidão administrativa; **B:** incorreta, pois a servidão recai, normalmente, em bem privado, cabendo também em bem público, desde que respeitada a hierarquia de interesses prevista no art. 2º, § 2º, do Dec.-lei 3.365/1941; **C:** incorreta, pois não há tal vedação na ordem jurídica; desde que a Administração pague a devida indenização, se houver dano, e atue conforme a lei, não há qualquer vedação à intervenção do Estado sobre propriedades produtivas; **D:** incorreta, pois, havendo prejuízo econômico (e no caso há, pela redução do plantio de mamão), cabe indenização.

Gabarito "A"

(OAB/Exame Unificado – 2010.3) Com relação à intervenção do Estado na propriedade, assinale a alternativa correta.

(A) A limitação administrativa é uma forma de intervenção restritiva do Estado na propriedade que consubstancia obrigações de caráter específico e individualizados a proprietários determinados, sem afetar o caráter absoluto do direito de propriedade.

(B) A requisição administrativa é uma forma de intervenção supressiva do Estado na propriedade que somente recai em bens imóveis, sendo o Estado obrigado a indenizar eventuais prejuízos, se houver dano.

(C) O tombamento é uma forma de intervenção do Estado na propriedade privada que possui como característica a conservação dos aspectos históricos, artísticos, paisagísticos e culturais dos bens imóveis, excepcionando-se os bens móveis.

(D) A servidão administrativa é uma forma de intervenção restritiva do Estado na propriedade que afeta as faculdades de uso e gozo sobre o bem objeto da intervenção, em razão de um interesse público.

A: incorreta, pois a limitação administrativa é uma imposição de caráter *geral* e gratuito, que delimita o direito das pessoas; tratando-se de imposição de caráter geral, a limitação administrativa atinge pessoas *indeterminadas*, e não proprietários determinados; **B:** incorreta, pois a requisição administrativa consiste na utilização *temporária*, pela Administração, de bens ou serviços particulares, em caso de iminente perigo público, mediante indenização posterior, em caso de dano (ex.: requisição das instalações de um clube esportivo para abrigar pessoas afetadas por uma grande enchente); assim, é incorreto dizer que a requisição é forma *supressiva* da propriedade, pois, nela, a Administração faz o *uso temporário* da propriedade ou dos serviços de alguém; também é incorreto dizer que recai apenas sobre bens *imóveis*, pois também pode recair sobre bens móveis e sobre serviços; **C:** incorreta, pois o tombamento pode atingir bens imóveis e *móveis*, e não só bens imóveis; aliás, o tombamento pode até atingir bens imateriais; por exemplo, já houve tombamento da "capoeira", do "samba carioca", do "frevo" e até do "pão de queijo"; **D:** correta, pois a servidão administrativa (ônus real imposto pela Administração em bens particulares, em favor de serviços públicos ou obras públicas) é forma de intervenção *restritiva* da propriedade (diferente da desapropriação, que é forma *supressiva* da propriedade), que não retira a propriedade de seu dono, mas tão somente afeta as faculdades de uso e gozo sobre o bem objeto da intervenção (ex.: servidão de aqueduto, pela qual os donos de terrenos particulares são obrigados a suportar a passagem de aqueduto, por exemplo, nos fundos de seu imóvel).

Gabarito "D"

(OAB/Exame Unificado – 2009.3) A respeito do instituto da servidão administrativa, assinale a opção correta.

(A) Cabe direito a indenização em qualquer das hipóteses de servidão administrativa.

(B) A servidão administrativa dispensa, em sua instituição, autorização legal.

(C) As servidões administrativas podem decorrer diretamente da lei, de acordo ou de sentença judicial.

(D) Somente mediante lei pode ser extinta uma servidão administrativa.

A: incorreta. Normalmente, a servidão gera direito à indenização; porém, quando uma servidão não causar dano algum, não haverá direito à indenização; tal ocorre, por exemplo, quando o Poder Público instala placas com nome de ruas nas paredes de imóveis particulares; **B** e **C:** Como todo ato administrativo, a servidão só pode ser praticada pela Administração porque a lei autoriza; todavia, não é necessário lei específica para a instituição de cada servidão, podendo tal se dar por acordo ou por sentença judicial também (arts. 10 e 40 da Lei de Desapropriação – Dec.-lei 3.365/1941); **D:** incorreta. Tal afirmativa somente é válida em se tratando de servidão instituída por lei não temporária.

Gabarito "C"

10.5.5. Tombamento

(Magistratura Federal-5ª Região – 2011) Com base na CF e no Decreto-lei nº 25/1937, assinale a opção correta a respeito de tombamento de bens.

(A) Somente os bens privados constituem objeto de tombamento.

(B) Os bens privados podem ser tombados a pedido do proprietário desde que a coisa se revista dos requisitos necessários para constituir parte integrante do patrimônio histórico e artístico nacional.

(C) O tombamento compulsório ocorre mediante determinação do presidente do IPHAN, com a anuência do particular proprietário do bem.

(D) O ato de tombamento pode ser revogado, mas não anulado.

(E) Estão autorizados a proceder ao tombamento de bens a União e os municípios, mas não os estados-membros da Federação.

A: incorreta, pois os bens públicos também poderão ser tombados (tombamento de ofício – art. 5º do Dec.-lei 25/1937); inclusive, quando um bem público é tombado, este se torna inalienável (art. 11 do Dec.-lei 25/1937); **B:** correta (art. 7º do Dec.-lei 25/1937); **C:** incorreta (arts. 8º e 9º do Dec.-lei 25/1937); **D:** incorreta, pois, se o tombamento for feito mediante alguma ilegalidade, caberá anulação; **E:** incorreta, pois todos os entes políticos podem promover o tombamento.

Gabarito "B"

(Procurador da República – 24º) O samba de roda do recôncavo baiano é uma manifestação artística típica da cultura popular. Qual a natureza desse bem e qual o seu registro:

(A) patrimônio imaterial e Livro de Registro das Formas de Expressão.

(B) patrimônio imaterial e Livro de Registro dos Saberes.

(C) patrimônio material e Livro de Registro dos Lugares.

(D) patrimônio material e Livro do Tombo das Artes Aplicadas.

O tombamento pode recair tanto sobre bem material, como sobre bem imaterial (art. 216, *caput*, da CF), o que inclui "as formas de expressão" (art. 216, I, da CF). No caso em tela, o "samba de roda", por ser forma de expressão musical, é patrimônio imaterial e deve ser registrado no Livro de Registro das Formas de Expressão, nos termos do art. 1º, § 1º, III, do Decreto Federal 3.551/2000.

Gabarito "A"

(OAB/Exame Unificado – 2012.1) O Município Y promove o tombamento de um antigo bonde, já desativado, pertencente a um colecionador particular. Nesse caso,

(A) o proprietário pode insurgir-se contra o ato do tombamento, uma vez que se trata de um bem móvel.

(B) o proprietário fica impedido de alienar o bem, mas pode propor ação visando a compelir o Município a desapropriar o bem, mediante remuneração.

(C) o proprietário poderá alienar livremente o bem tombado, desde que o adquirente se comprometa a conservá-lo, de conformidade com o ato de tombamento.

(D) o proprietário do bem, mesmo diante do tombamento promovido pelo Município, poderá gravá-lo com o penhor.

A: incorreta, pois o tombamento pode recair tanto sobre bem imóvel, como sobre bem móvel (art. 1º, *caput*, do Dec.-lei 25/1937); **B:** incorreta, pois o tombamento não tem como efeito proibir o proprietário de alienar o bem; a única restrição que o proprietário tem é garantir o direito de preferência do Poder Público na aquisição de bens tombados (art. 22, *caput*, do Dec-lei 25/1937); vale ressaltar, todavia, que quando um bem tombado é público, aí sim esse bem é inalienável (art. 11 do Dec.-lei 25/1937); **C:** incorreta, pois a alienação é possível, mas não é livre, já que deve respeitar o direito de preferência do Poder Público; **D:** correta (art. 22, § 3º, do Dec.-lei 25/1937).

Gabarito "D"

(OAB/Exame Unificado – 2010.2) Acerca do tombamento, como uma das formas de o Estado intervir na propriedade privada, os proprietários passam a ter obrigações negativas que estão relacionadas nas alternativas a seguir, à exceção de uma. Assinale-a.

(A) Os proprietários são obrigados a colocar os seus imóveis tombados à disposição da Administração Pública para que possam ser utilizados como repartições públicas, quando da necessidade imperiosa de utilização, a fim de suprir a prestação de serviços pelo Estado de forma eficiente.

(B) Os proprietários são obrigados a suportar a fiscalização dos órgãos administrativos competentes.

(C) Os proprietários não podem destruir, demolir ou mutilar o bem imóvel e somente poderão restaurá-lo, repará-lo ou pintá-lo após a obtenção de autorização especial do órgão administrativo competente.

(D) Os proprietários não podem alienar os bens, ressalvada a possibilidade de transferência para uma entidade pública.

A: incorreta (devendo ser marcada pelo examinando), pois não existe no Dec.-lei 25/1937 (Lei Geral de Tombamento) a obrigação trazida na afirmativa; **B:** correta, pois, tombado um bem, a Administração Pública fiscalizará constantemente se o proprietário vem cumprindo os deveres oriundos do tombamento, como o dever de conservar a coisa e de não alterá-la sem autorização especial; trata-se da vigilância permanente a que se refere o art. 20 do Dec.-lei 25/1937; **C:** correta, nos termos do disposto no art. 17 do Dec.-lei 25/1937; **D:** considerada correta pela examinadora, que considerou a assertiva uma obrigação negativa do proprietário do bem tombado, prevista em lei; todavia, trata-se de assertiva *incorreta*, pois não existe essa obrigação negativa no Dec.-lei 25/1937; esta lei não impede que o proprietário aliene um bem tombado, mas apenas determina que este, caso queira alienar a coisa, dê ao Poder Público o direito de preferência na aquisição (art. 22 do Dec.-lei 25/1937); caso o Poder Público não exerça esse direito de preferência, o particular poderá, tranquilamente, alienar o bem a terceiro.

Gabarito "A"

10.5.6. Limitação administrativa

(Ministério Público/MT – 2012 – UFMT) Assinale a alternativa que apresenta o instituto com característica de limitação administrativa.

(A) Desapropriação por utilidade pública

(B) Desapropriação por interesse social

(C) Requisição

(D) Ocupação temporária

(E) Área de preservação permanente

A limitação administrativa é uma imposição geral (atinge pessoas indeterminadas) e gratuita (não enseja indenização) que delimita o direito das pessoas. No caso, os institutos mencionados nas alternativas "a" a "d" atingem pessoas determinadas e ensejam indenização, de modo que não são limitações administrativa, diferente da área de preservação permanente, que é instituída de forma geral e gratuita pelo Código Florestal (arts. 4º e 6º da Lei 12.651/2012), atingindo, assim, pessoas indeterminadas.

Gabarito "E"

Determinado município deferiu a um empreendedor alvará para a construção de um hotel de vinte andares. Entretanto, antes do início da obra, sobrevieram normas de caráter geral, limitando a apenas quinze andares as construções no local. Foi solicitado, então, parecer jurídico sobre a legalidade de se revogar o primeiro alvará, para o devido cumprimento das novas regras urbanísticas.

(Advogado da União/AGU – CESPE – 2012) Com base nessa situação hipotética e na jurisprudência do STF acerca do tema, julgue os itens que se seguem.

(1) A norma que limitou a quinze o número de andares dos prédios a serem construídos na localidade constitui limitação administrativa que, dotada de caráter geral, se distingue das demais formas de intervenção estatal na propriedade, não caracterizando, via de regra, situação passível de indenização.

(2) As normas de ordem pública que impõem altura máxima aos prédios podem gerar obrigações e direitos subjetivos entre os vizinhos, interessados na sua fiel observância por parte de todos os proprietários sujeitos às suas exigências.

(3) O parecer deve orientar o governo municipal a não revogar o alvará concedido ao empreendedor, visto que o seu deferimento gerou direito adquirido ao particular.

1: correta, pois limitação administrativa é a imposição geral e gratuita, que delimita o direito de grupos indeterminados de pessoas, ajustando-os ao interesse público; no caso, trata-se de uma imposição geral, pois afeta pessoas indeterminadas, não cabendo indenização, por se tratar de intervenção gratuita na propriedade, conforme se viu no conceito; **2:** correta, o que vem sendo reconhecido pela jurisprudência face às normas decorrentes dos direitos de vizinhança, tais como as decorrentes dos artigos 1.277, 1.278, 1.299 e 1.312 do CC; **3:** incorreta, pois o alvará é ato vinculado e esse tipo de ato não pode ser revogado; não bastasse, também não cabe anulação do ato, pois, quando concedido, a lei foi adequadamente cumprida.

Gabarito 1C, 2C, 3E

10.5.7. Temas combinados de intervenção na propriedade

(Ministério Público/GO – 2010) Em relação às restrições do Estado sobre a propriedade privada, assinale a alternativa errada:

(A) A ocupação temporária é a forma de limitação do Estado à propriedade privada que se caracteriza pela utilização transitória, gratuita ou remunerada, de imóvel de propriedade particular, para fins de interesse público.

(B) A requisição administrativa é a forma de limitação à propriedade privada e de intervenção estatal no domínio econômico.

(C) A servidão administrativa é o direito real de gozo de natureza privada, instituído sobre o imóvel de propriedade alheia em favor de um serviço público.

(D) O tombamento é a forma de intervenção estatal na propriedade privada, que tem por objetivo a preservação do patrimônio histórico e artístico nacional.

A: assertiva correta (art. 36 do Dec.-lei 3.365/1941); **B:** assertiva correta, pois, de fato, o instituto previsto no art. 5º, XXV, da CF promove essa limitação por força de intervenção estatal; **C:** assertiva incorreta (devendo ser assinalada); a servidão administrativa é direito real de natureza pública e não de natureza privada; **D:** correta, nos termos do art. 1º do Dec.-lei 25/1937.

Gabarito "C"

(Ministério Público/RO – 2010 – CESPE) No que se refere às restrições estatais sobre a propriedade privada, assinale a opção correta.

(A) É possível que determinado município institua servidão administrativa sobre imóvel pertencente ao estado, desde que a autorização tenha sido concedida por lei municipal.

(B) A instituição de uma servidão administrativa é permanente e não admite extinção.

(C) O tombamento incide somente sobre bens imóveis, dada a sua natureza.

(D) Na desapropriação por utilidade pública, o prazo de caducidade do decreto expropriatório é de cinco anos, contado a partir da data da sua expedição.

(E) Compete à União desapropriar propriedades rurais, por interesse social e para fins de reforma agrária, mediante o pagamento prévio e justo da indenização em dinheiro.

A: incorreta, pela mesma razão pela qual a desapropriação não pode ocorrer nesse caso (arts. 2º, § 2º, e 40, do Dec.-lei 3.365/1941); **B:** incorreta, pois a servidão pode ser com termo final; **C:** incorreta, pois incide sobre bens móveis ou imóveis, conforme o art. 1º do Dec.-lei 25/1937; **D:** correta (art. 10 do Dec.-lei 3.365/1941); **E:** incorreta, pois o pagamento, no caso, será em títulos da dívida agrária, salvo quanto às benfeitorias úteis e necessárias, que serão pagas em dinheiro (art. 184, *caput* e § 1º, da CF).

Gabarito "D"

(Delegado de Polícia/GO – 2013 – UEG) Quanto aos institutos da Intervenção do Estado na Propriedade, constata-se que

(A) o tombamento não pode ser desfeito.

(B) a desapropriação é forma de intervenção restritiva.

(C) a servidão pode ser instituída pelos municípios sobre bens estaduais e federais.

(D) a requisição não depende de prévia indenização para ser efetivada.

A: incorreta, pois, caso o bem perca de modo irreversível os atributos que levaram ao tombamento, este ficará extinto; **B:** incorreta, pois a desapropriação é *extintiva* da propriedade e não meramente *restritiva* desta; isso porque o dono de um bem expropriado perde este bem, diferentemente do dono de um bem gravado de servidão, que tem seu uso apenas restrito; **C:** incorreta, pois a servidão é regulada pelo Decreto-lei 3.365/1941 (o diploma das desapropriações), conforme art. 40 deste, sendo que este decreto proíbe ao Município que desaproprie bens públicos (art. 2º, § 2º); **D:** correta.

Gabarito "D"

(Procurador do Município/São José dos Campos-SP – 2012 – VUNESP) A exigência, imposta por lei municipal que determina o recuo de certo número de metros na construção a ser levantada em terreno urbano, constitui

(A) servidão predial.

(B) desapropriação parcial do terreno.

(C) limitação administrativa.

(D) servidão administrativa.

(E) ocupação temporária.

A exigência de recuo é uma imposição geral, que afeta todos que quiserem construir em terreno urbano, de modo que se trata de uma limitação administrativa. Os demais institutos previstos nas outras alternativas são imposições especiais, ou seja, que atingem pessoas determinadas, que não é, como se viu, o caso da imposição prevista em lei que determina o recuo em construções.

Gabarito "C"

(Cartório/RN – 2012 – IESIS) A respeito da Intervenção do Estado na propriedade, é correto afirmar que:

I. A desapropriação se define como ato complexo através do qual o Poder Público, fundado em necessidade pública, utilidade pública ou interesse social, compulsoriamente despoja alguém de um bem certo, normalmente adquirindo-o para si, em caráter originário, mediante indenização prévia, justa e, em geral, pagável em dinheiro.

II. É exceção constitucional à indenização em dinheiro a desapropriação pela União, por interesse social, para fins de reforma agrária, de imóvel rural que não esteja cumprindo sua função social, na qual a indenização será em títulos da dívida pública de emissão previamente aprovada pelo Senado Federal, com prazo de resgate de até 10 (dez) anos, em parcelas anuais, iguais e sucessivas, assegurados o valor real da indenização e os juros legais.

III. A limitação administrativa tem natureza jurídica de direito real, atingindo os bens concreta e especificamente determinados pelo Poder Público.

IV. A servidão administrativa impõe ao proprietário uma obrigação de não fazer, alcançando toda uma categoria abstrata de bens ou, pelo menos, todos os que se encontrem em uma situação ou condição abstratamente determinada.

(A) Somente as proposições III e IV estão corretas.

(B) Somente a proposição I está correta.

(C) Todas as proposições estão incorretas.

(D) Somente a proposição II está correta.

I: incorreta, pois a desapropriação não é um *ato complexo*, mas um *procedimento*; **II:** incorreta, pois a forma de pagamento mencionada diz respeito à desapropriação por interesse social em área urbana pelo Município (art. 182, § 4º, III, da CF); no caso da desapropriação-sanção em área rural pela União, os títulos são da dívida agrária (e não da dívida pública), com resgate em 20 anos (e não em 10 anos), nos termos do art. 184, *caput*, da CF; **III:** incorreta, pois essa definição é de servidão administrativa e não de limitação administrativa; **IV:** incorreta, pois essa definição é de limitação administrativa e não de servidão administrativa.

Gabarito "C"

10.6. QUESTÕES SUBJETIVAS COMENTADAS

(OAB/Exame Unificado – 2ª fase – CESPE) O prefeito de um município brasileiro, a pedido da população, resolveu ampliar uma avenida da cidade. Ocorre que, na trajetória da ampliação da avenida, existem dois imóveis de propriedade particular, e seus proprietários se recusam a vendê-los. Diante dessa situação hipotética, redija um texto dissertativo, com as devidas justificativas e fundamentação legal, em que indique o que o município deve fazer para conseguir a propriedade desses imóveis e, assim, ampliar a avenida. Extensão máxima: 60 linhas

Organização de ideias.

Repare que a questão faz as seguintes exigências: a) texto dissertativo; b) indicação do que o município deve fazer para conseguir a propriedade desses imóveis; c) justificativa e fundamentação legal. Nesse sentido, não é suficiente dizer que cabe desapropriação no caso. É necessário fazer uma introdução explicando que a desapropriação é cabível. É necessário trazer os fundamentos constitucional e infraconstitucional para a medida. E é necessário indicar o que o município deve fazer para desapropriar. Ou seja, expedir um decreto expropriatório, ingressar com ação etc.

RESOLUÇÃO DA QUESTÃO

O direito administrativo tem como princípios basilares o da supremacia do interesse público sobre o interesse privado e o da indisponibilidade do interesse público. O primeiro princípio fundamenta o instituto da desapropriação, pelo qual, em caso de necessidade pública, utilidade pública ou interesse social, a Administração Pública pode despojar compulsoriamente o administrado de sua propriedade, mediante indenização prévia, justa e em dinheiro (art. 5º, XXIV).

Dessa forma, em havendo oposição dos proprietários dos imóveis necessários à ampliação da avenida, o município pode se valer do instituto da desapropriação para adquirir o imóvel e dar cabo às obras respectivas.

O Decreto-lei 3.365/1941 considera caso de utilidade pública a "abertura, conservação e melhoramento de vias ou logradouros públicos" (art. 5º, *i*). Assim, o Prefeito deverá expedir um decreto de utilidade pública (art. 6º) e, se realmente não for possível fazer acordo com os proprietários, será necessário ingressar com ação de desapropriação, no prazo máximo de 5 (cinco) anos, contados da expedição do decreto (art. 10).

O processo judicial correrá nos termos dos arts. 11 e seguintes do decreto-lei citado e, se os imóveis forem do tipo residenciais e a Prefeitura queira a imissão provisória na posse, será necessário obedecer também o disposto no Dec.-lei 1.075/1970.

(OAB/Exame Unificado – 2ª fase – CESPE) O imóvel de Maria foi desapropriado para nele se construir uma escola. Passados 5 anos da efetiva transferência da propriedade, o referido imóvel foi cedido a uma borracharia. Diante disso, Maria pretende reaver o imóvel. Considerando-se esse caso hipotético, qual o instituto que autoriza o retorno do imóvel à Maria, o prazo de sua utilização e a natureza jurídica e qual o termo inicial do prazo prescricional?

RESOLUÇÃO DA QUESTÃO

No Direito Administrativo existe um instituto, chamado de **retrocessão**, que *importa no direito do ex-proprietário de reaver o bem expropriado que não foi utilizado em finalidade pública*. Esse instituto se aplica perfeitamente ao caso em tela, pois a cessão do imóvel para uma borracharia revela a utilização do bem em finalidade que não é de interesse público.

A primeira regra legal sobre o assunto foi o art. 1.150 do CC de 1916, cujo texto era imperativo: "o Poder Público oferecerá o imóvel ao ex-proprietário, caso não tenha o destino que deu origem à desapropriação, pelo preço que o foi". Apesar da imperatividade do texto, dando a entender tratar-se de direito real do antigo proprietário, por estar o dispositivo no capítulo do direito pessoal de preferência, foi muito forte a corrente no sentido de que o direito do ex-proprietário era meramente pessoal.

Sobreveio o art. 35 do Decreto-lei 3.365/1941, cuja redação não permite a reivindicação do bem, após desapropriado. Com a entrada em vigor desse decreto-lei, ganhou força a tese de que a retrocessão tratava-se de mero direito pessoal do antigo proprietário.

Todavia, o Superior Tribunal de Justiça entende tratar-se de direito real o direito do ex-proprietário.

Firmado esse entendimento, há três questões a serem respondidas.

A primeira é concernente ao seguinte ponto: qual é o prazo para se considerar o bem como não utilizado em finalidade pública, para fins de exercício do direito de retrocessão?

A resposta a essa pergunta depende da modalidade de desapropriação envolvida.

a) Na desapropriação por interesse social, prevalece a tese de que o prazo é de 2 anos, visto que, segundo o art. 3º da Lei 4.132/1962, esse é o prazo para que o Poder Público adote "as providências de aproveitamento do bem expropriado";

b) Na desapropriação para reforma agrária, o art. 16 da Lei 8.629/1993 estabelece o prazo de três anos, contados da data de registro do título translativo de domínio, para que o órgão expropriante destine a respectiva área aos beneficiários da reforma agrária;

c) Na desapropriação por descumprimento da função social em imóvel urbano, o art. 8º da Lei 10.257/2001 dispõe que o Município tem o prazo de cinco anos para proceder ao adequado aproveitamento do imóvel, contado de sua incorporação ao patrimônio público;

d) Na desapropriação por utilidade ou necessidade públicas, não há, na lei, prazo máximo para a ocupação do bem pelo Poder Público, prevalecendo a tese de que o prazo, então, será de 5 anos, mantendo-se a harmonia com o prazo de caducidade do decreto expropriatório, à moda do que acontece para esses dois prazos na desapropriação por interesse social.

O segundo ponto é relativo ao prazo para ingressar com a ação de retrocessão. O Superior Tribunal de Justiça tem o entendimento de que se deve utilizar o prazo prescricional previsto para os direitos reais. Como o art. 205 do atual CC não faz distinção entre ações reais e pessoais, deve-se utilizar o prazo geral previsto no dispositivo, que é de 10 anos. Se o entendimento prevalecente fosse de que a retrocessão é direito pessoal, o prazo seria o previsto para ações indenizatórias contra o Poder Público.

O último ponto diz respeito à autonomia da ação que deverá ser aforada. Nesse sentido, é pacífico que se deve ingressar com ação própria, não sendo possível aproveitar a ação de desapropriação originária.

Por fim, é importante ressaltar que "ao imóvel desapropriado para implantação de parcelamento popular, destinado às classes de menor renda, não se dará outra utilização nem haverá retrocessão" (art. 5º, § 3º, do Dec-lei 3.365/1941).

(OAB/Exame Unificado – 2ª fase – CESPE) Indira possui um terreno vazio de 5.000 m² no centro de determinado município. Esse imóvel não vem sendo utilizado de acordo com a política urbanística da cidade, prevista no plano diretor. O prefeito pretende conferir a esse terreno uma finalidade de interesse social e econômico, de acordo com o plano diretor do município, mas não tem recursos para promover a imediata desapropriação. A propósito dessa situação hipotética, redija um texto que explicite, de forma fundamentada, com base na Constituição Federal, quais providências necessárias e cabíveis podem ser tomadas pelo prefeito.

RESOLUÇÃO DA QUESTÃO

De acordo com a Constituição Federal, a propriedade deve atender à sua função social (art. 5º, XXIII, e 170, III).

No âmbito dos imóveis urbanos, compete ao Município, por meio de diretrizes fixadas em lei, ordenar o pleno desenvolvimento das funções sociais da cidade e garantir o bem estar de seus habitantes (art. 182, *caput*, da CF).

O plano diretor municipal trará as exigências fundamentais de ordenação da cidade. A propriedade que não estiver de acordo com esse plano não estará cumprindo sua função social (art. 182, § 2º, da CF).

Nada obstante, para que o Município possa se valer dos principais instrumentos de prevenção, repressão e correção de situações de descumprimento à função social da propriedade, faz-se necessário que, além da existência de um plano diretor, haja uma lei específica para área incluída neste, determinando seu adequado aproveitamento, tudo nos termos da lei federal pertinente (art. 182, § 4º, da CF), no caso, o Estatuto da Cidade.

Uma vez preenchidos tais requisitos, pode o Município, identificando o desrespeito às leis mencionadas, tomar, sucessivamente, as seguintes medidas (art. 182, § 4º, I, II e III, da CF): a) notificar o proprietário do solo urbano não edificado, subutilizado ou não utilizado, para que promova o seu adequado aproveitamento, sob pena de parcelamento ou edificação compulsórios; b) impor IPTU progressivo no tempo; c) desapropriar com pagamento mediante títulos da dívida pública de emissão previamente aprovada pelo Senado Federal, com prazo de resgate de até 10 anos, em parcelas anuais, iguais e sucessivas, assegurados o valor real da indenização e os juros legais.

Diante do exposto, para que o Prefeito confira ao terreno uma finalidade de interesse social e econômico, sem que desembolse imediatamente qualquer quantia, deverá fazer projeto de lei (específica) e buscar a sua aprovação, delimitando as áreas municipais previstas no plano diretor, que devem ser desde já aproveitadas, procedendo, em seguida, à implementação das medidas referidas no art. 182, § 4º, da Constituição Federal.

(OAB/Exame Unificado – 2ª fase – CESPE) O novo prefeito de um município com cerca de um milhão de habitantes, preocupado com o problema do déficit habitacional ali existente, decidiu implementar, pelo sistema de mutirões, um arrojado programa de construção de casas para famílias de baixa renda. Para tanto, efetuou a desapropriação de uma área de 3.000.000 m² que pertencia a uma indústria de laticínios e cuja proprietária não a utilizava economicamente. Concluído o processo de desapropriação, o primeiro mandatário municipal, construiu, no local, um grande mercado popular. Nessa situação, seria nula a desapropriação, por desvio de finalidade? Justifique sua resposta.

RESOLUÇÃO DA QUESTÃO

O Superior Tribunal de Justiça vem, em matéria de desapropriação, fazendo a distinção entre tredestinação lícita e tredestinação ilícita.

A tredestinação consiste na mudança de destinação de um imóvel desapropriado.

Como se sabe, quando se expede o decreto expropriatório, é necessário indicar a finalidade daquela desapropriação que se deseja fazer. Assim, indica-se no decreto se a finalidade é construir uma escola, construir um hospital, construir casas populares, alargar uma via pública etc. A tredestinação ocorre quando a Administração Pública, de posse do imóvel desapropriado, acaba utilizando-o em finalidade distinta da prevista inicialmente.

Ocorre que essa mudança de finalidade pode se dar para atender outra demanda de interesse público. Um exemplo dessa situação é a desapropriação de uma área para construir uma escola e depois acabar construindo um hospital. Nesse caso, tem-se a tredestinação lícita, não sendo possível questionar a desapropriação realizada e os atos subsequentes.

Outra possibilidade é a de a Administração mudar a finalidade da desapropriação realizada para o fim de atender uma demanda que não é de interesse público. Um exemplo é desapropriar uma área para construir uma escola e depois ceder essa área para um comerciante local montar uma loja de venda de automóveis. Nesse caso, tem-se a tredestinação ilícita, que autoriza a nulidade do ato concedente e a retomada da coisa pelo anterior proprietário, que tem o direito de retrocessão.

O caso mencionado no enunciado da questão vem sendo reconhecido pelos tribunais como de tredestinação lícita, vez que o mercado, pertencente à própria Administração, colabora no desenvolvimento da cidade, traduzindo-se em obra e atividade de interesse público.

De qualquer forma, se a situação ocorrida no caso concreto se enquadra no disposto no art. 5º, § 3º, do Dec.-lei 3.365/1941, está-se diante de ilegalidade que enseja a responsabilização do agente público responsável, por descumprimento da lei. Não nos parece ser o caso de demolir o imóvel para a construção das casas populares, pois isso implicaria grande prejuízo econômico, o que certamente se refletiria em menos recursos para atender às demandas sociais. Porém, os agentes responsáveis não podem ficar imunes à responsabilidade, inclusive a responsabilidade por ato de improbidade administrativa, na modalidade violação a princípios da Administração Pública (art. 11 da Lei 8.429/1992).

(OAB/Exame Unificado – 2ª fase – CESPE) Visando à construção de casas populares, determinado município promoveu a desapropriação, por interesse social, de bem imóvel pertencente a um particular. Três anos depois do decreto expropriatório, após avaliar a inconveniência da utilização do bem no propósito que inicialmente tinha em mente, o poder público resolveu doá-lo a uma empresa privada que se comprometera a implantar uma indústria na sede do município. A justificativa para a doação do imóvel foi o impacto positivo que a implantação da indústria causaria na economia local, com o oferecimento de dezenas de empregos e a elevação da renda do município. Considerando a situação hipotética apresentada, responda, de forma fundamentada, às seguintes perguntas.

< O município tem competência para promover a desapropriação por interesse social?

< A conduta da autoridade municipal — a doação a particular do bem desapropriado após três anos de sua expropriação — está de acordo com a lei?

RESOLUÇÃO DA QUESTÃO

O Município tem competência para promover a desapropriação por interesse social, não havendo proibição para que o faça, no âmbito da Lei 4.132/1962, que traz normas gerais sobre o tema.

Todavia, há casos em que Municípios (e também Estados) não têm competência para desapropriar por interesse social. Trata-se da desapropriação por descumprimento da função social, para fins de reformar agrária. Nessa hipótese, somente a União tem competência (art. 184 da CF).

No caso presente, por não se tratar da hipótese prevista no art. 184 da Constituição, o Município tem competência para a desapropriação.

Aliás, a situação mencionada no enunciado da questão – desapropriação para a construção de casas populares – está prevista no inciso V do art. 2º da Lei 4.132/1962.

Quanto à conduta da autoridade municipal, está em contrariedade ao que dispõe a lei. A primeira ilegalidade diz respeito ao fato de que, de acordo com a Lei 4.132/1962, o expropriante deveria ter aproveitado o bem expropriado na destinação indicada no prazo máximo de 2 anos, providência que não tomou.

Ademais, considerando que o art. 5º da Lei 4.132/1962 determina a aplicação subsidiária do Dec.-lei 3.365/1941, e considerando que o § 3º do art. 5º deste decreto-lei proíbe outro tipo de utilização para imóvel destinado a parcelamento popular, e considerando que o bem jurídico que se deseja proteger no caso em tela é o mesmo do que se deseja proteger com a disposição citada do decreto-lei, a doação do imóvel à empresa privada também configura ilegalidade, uma vez que, na hipótese, não se está diante de competência discricionária, mas sim diante de competência vinculada, pelo disposto no já mencionado § 3º do art. 5º do Dec.-lei 3.365/1941.

(OAB/Exame Unificado – 2ª fase – CESPE) O poder público municipal, por meio de decreto, desapropriou imóvel de Paulo e Maria, para implantar, no local, um posto de assistência médica. A expropriação foi amigável, tendo sido o bem devidamente integrado ao patrimônio público municipal. Não obstante a motivação prevista no ato expropriatório, que era a de utilidade pública, o município alterou a destinação atribuída ao bem para edificar, no local, uma escola pública. Nessa situação hipotética, ocorreu tredestinação ilícita? Paulo e Maria têm direito à retrocessão? Fundamente suas respostas, mencionando a definição do instituto da retrocessão e sua(s) hipótese(s) de cabimento.

RESOLUÇÃO DA QUESTÃO

O Superior Tribunal de Justiça vem, em matéria de desapropriação, fazendo a distinção entre tredestinação lícita e tredestinação ilícita.

A tredestinação consiste na mudança de destinação de um imóvel desapropriado.

Como se sabe, quando se expede o decreto expropriatório, é necessário indicar a finalidade daquela desapropriação que se deseja fazer. Assim, indica-se no decreto se a finalidade é construir uma escola, construir um hospital, construir casas populares, alargar uma via pública etc. A tredestinação ocorre quando a Administração Pública, de posse do imóvel desapropriado, acaba utilizando-o em finalidade distinta da prevista inicialmente.

Ocorre que essa mudança de finalidade pode se dar para atender outra demanda de interesse público. Nesse caso, tem-se a tredestinação lícita, não sendo possível questionar a desapropriação realizada e os atos subsequentes.

Outra possibilidade é a de a Administração mudar a finalidade da desapropriação realizada para o fim de atender uma demanda que não é de interesse público. Um exemplo é desapropriar uma área para construir uma escola e depois ceder essa área para um comerciante local montar uma loja de venda de automóveis. Nesse caso, tem-se a tredestinação ilícita, que autoriza a nulidade do ato concedente e a retomada da coisa pelo anterior proprietário, que tem o direito de retrocessão.

O caso mencionado no enunciado da questão é de tredestinação lícita, uma vez que é nitidamente de interesse público a edificação de um imóvel para funcionar uma escola pública.

Dessa forma, não cabe no presente a retrocessão, que é o direito do ex-proprietário do bem desapropriado retomar a coisa, mediante devolução dos valores recebidos, quando a Administração Pública não utilizá-la em finalidade de interesse público.

(OAB/Exame Unificado – 2ª fase – CESPE) A União intentou, por interesse social, para fins de reforma agrária, ação de desapropriação parcial contra Carlos, proprietário rural, tendo a área remanescente da propriedade, cujo valor era inferior ao da parte desapropriada, ficado, segundo Carlos, substancialmente prejudicada quanto à possibilidade de exploração econômica. Nessa situação hipotética, dado o caráter sumário do procedimento e considerando-se que a petição inicial tenha atendido aos requisitos do Código de Processo Civil, com oferta de preço e instrução com os documentos indispensáveis à propositura da ação, o que Carlos poderia requerer em seu favor, ao contestar a ação, para evitar permanecer com a parte inútil de suas terras? Fundamente sua resposta e cite o dispositivo legal mais recente pertinente ao caso.

RESOLUÇÃO DA QUESTÃO

Segundo o art. 20 do Dec-lei 3.365/1941, a contestação somente poderá versar sobre dois pontos: a) vício do processo judicial; b) impugnação do preço. Qualquer outra questão deverá ser decidida por ação autônoma.

Quanto ao vício do processo judicial pode-se alegar, em preliminar, tanto vícios processuais (ausência de pressupostos processuais), como vícios relativos à ação (ausência de condição de ação).

Quanto à impugnação ao preço, o que se permite é discutir o *quantum* ofertado pelo Poder Público na sua petição inicial.

Por outro lado, em casos como o narrado no enunciado da questão, pode o particular exercer o direito de extensão, ou seja, o direito *de exigir que na desapropriação se inclua a parte restante do bem que se tornou inútil ou de difícil utilização*, na própria contestação, apresentando outra avaliação do bem, abrangendo a integralidade do imóvel, e não apenas a parte incluída no plano de desapropriação, conforme entendimento do Superior Tribunal de Justiça.

O fundamento jurídico desse direito também é a norma constitucional que determina a fixação da justa indenização (art. 5º, XXIV). Isso porque, caso o expediente da desapropriação parcial com esvaziamento econômico da área remanescente não fosse impedido, a justa indenização, por vias transversas, estaria sendo prejudicada.

Não bastasse essa, há diversas outras normas repelindo esse tipo de conduta e conferindo ao prejudicado o direito de extensão. Por exemplo, há a Lei Complementar 76/1993, que dispõe sobre o procedimento sumário de desapropriação para fins de reforma agrária, e que contempla expressamente, em seu art. 4º, o direito de extensão.

(OAB/Exame Unificado – 2ª fase – CESPE) Jorge, que é proprietário de um único imóvel – uma pequena propriedade rural –, pretende anular decreto presidencial que declarou ser a referida propriedade de interesse social para fins de reforma agrária.

Nessa situação hipotética, que medida pode ser ajuizada por Jorge para pleitear a anulação do citado decreto? Justifique sua resposta e indique o órgão do Poder Judiciário competente para o julgamento da medida, bem como exponha o argumento principal para a pretensão de Jorge.

RESOLUÇÃO DA QUESTÃO

O decreto presidencial que declarou ser de interesse social, para fins de reforma agrária, uma pequena propriedade rural, cujo proprietário tem apenas um único imóvel, fere o disposto no art. 185 da Constituição Federal, de modo que é possível pleitear sua anulação.

O decreto em questão, por não introduzir no mundo jurídico um regulamento (um ato normativo), mas sim um ato de efeito concreto, pode ser impugnado por meio de ação individual, não sendo necessário que seja atacado por meio de ação de inconstitucionalidade.

Não bastasse isso, os elementos necessários à comprovação da inconstitucionalidade do decreto são de ordem estritamente documental, de modo que há prova pré-constituída a autorizar o ingresso com mandado de segurança.

Essa ação deve ser aforada junto ao Supremo Tribunal Federal, pois a autoridade coatora, no caso, é o Presidente da República (art. 102, I, "d", da CF). E o pedido a ser formulado no *mandamus* é o de anulação do decreto em questão.

Gabarito comentado – Examinadora

Trata-se de ato administrativo de efeitos concretos, e não um ato regulamentar. Por esse motivo, poderá o proprietário do imóvel impetrar mandado de segurança junto ao STF, contra o presidente da República, visando à anulação do decreto (CF, art. 102, I, *d*).

O argumento fundamental é o de que a propriedade rural não poderia ser objeto de desapropriação para fins de reforma agrária já que é considerada pequena propriedade rural e seu proprietário não possui outro imóvel rural, de acordo com o art. 185 da CF.

Observação para a correção: atribuir pontuação integral às respostas em que esteja expresso o conteúdo do dispositivo legal, ainda que não seja citado, expressamente, o número do artigo.

(OAB/Exame Unificado – 2ª fase – FGV) O Poder Executivo municipal da cidade X resolve, após longos debates públicos com representantes de associações de moradores, editar um decreto de desapropriação de uma determinada área urbana, a fim de atender às exigências antigas da comunidade local dos Pontinhos, que ansiava pela construção de um hospital público na região. Entretanto, outra comunidade de moradores do mesmo município X, localizada a 10 km da primeira comunidade acima citada e denominada Matinhos, resolve ajuizar mandado de segurança coletivo contra o ato (decreto expropriatório) praticado pelo Prefeito. A comunidade de Matinhos é devidamente representada pela respectiva associação de moradores, constituída há pelo menos cinco anos e em funcionamento. A ação judicial coletiva objetiva, em sede liminar e de forma definitiva, sob pena de multa, a decretação de nulidade do decreto de desapropriação e a determinação de que o hospital seja imediatamente construído na localidade de Matinhos. Argumenta a associação, ora autora da ação coletiva, que em sua campanha política o Prefeito prometeu a construção de um hospital na localidade de Matinhos e que, por razões de conveniência e oportunidade, o Poder Executivo municipal não deveria construir o hospital na localidade de Pontinhos, pois lá já existe um hospital público federal em funcionamento, enquanto na localidade de Matinhos não há qualquer hospital.

Diante da situação acima narrada e ao considerar que o decreto de desapropriação foi editado de forma válida e legal, sem qualquer vício de legalidade, explicite a possibilidade ou não de:

a) anulação do ato administrativo de desapropriação pelo Poder Judiciário;
b) determinação judicial de que o Prefeito deva construir o hospital na região de Matinhos.

Gabarito comentado – Examinadora

O princípio da autotutela administrativa que se encontra consagrado por força de reiterada jurisprudência, pela Súmula nº 473 do Supremo Tribunal Federal, impõe à Administração Pública o poder/dever de anular os atos ilegais ou revogá-los, por motivo de oportunidade e conveniência, em ambos os casos, respeitados os direitos adquiridos.

Esse enunciado, entretanto, não afasta a apreciação do Poder Judiciário, ou seja, o controle judicial dos atos praticados pela Administração Pública que, hoje, ante ao avanço das decisões judiciais e da doutrina do direito público permite que seja realizado à luz não só da adequação do ato aos ditames legais e jurídicos (princípios) – controle de legalidade ou de juridicidade –, como também permite ao Juiz apreciar o denominado "mérito" administrativo, ou seja, permite a análise e o controle dos atos discricionários.

Os atos discricionários, segundo a melhor e atual doutrina do direito administrativo, devem pautar a sua edição em determinados critérios eleitos que serão analisados pelo Poder Judiciário, quais sejam: 1) se o ato praticado atendeu ao princípio da razoabilidade (se foi necessário e se os meios foram proporcionais aos fins pretendidos e executados); 2) se o ato atendeu aos motivos que determinaram a sua edição ou se apenas atendeu a interesses privados e secundários (teoria dos motivos determinantes); 3) e se o ato atendeu às finalidades da lei, em última análise, se o ato atendeu aos interesses públicos reais, sem qualquer desvio de poder.

Por fim, importa ressaltar que o Poder Judiciário não pode substituir o administrador. Dessa forma, quando da anulação do ato discricionário, não cabe ao Juiz determinar a prática do ato, mas sim devolver ao administrador público essa decisão que deverá ser fundamentada e exposta, segundo novos critérios de oportunidade e conveniência, respeitados os motivos determinantes, a razoabilidade e a finalidade (interesse público).

(OAB/Exame Unificado – 2ª fase – FGV) Suponha que chegue ao conhecimento de um Ministro de Estado que Mévio, proprietário de uma fazenda na região central do país, vem utilizando sua propriedade para o cultivo ilegal de plantas psicotrópicas. Diante dessa notícia, a União Federal decide desapropriar as terras de Mévio.

Com base no relatado acima, responda aos itens a seguir, empregando os argumentos jurídicos apropriados e a fundamentação legal pertinente ao caso.

a) É juridicamente possível que a União Federal promova a desapropriação sem pagar a Mévio qualquer indenização?

b) Qual seria a destinação do bem desapropriado?

c) Poderia o Estado da Federação em que estivessem situadas as glebas desapropriá-las para fins de reforma agrária?

Gabarito comentado – Examinadora

A questão deve ser analisada à luz das normas dos artigos 243 e 184 da CRFB. Em relação ao item a, é possível a desapropriação sem pagamento de indenização, eis que essa é a hipótese de expropriação constitucional estabelecida no artigo 243 da CRFB, em que não haverá o pagamento de indenização. Entretanto, o próprio dispositivo constitucional estabelece que as glebas desapropriadas devem ser destinadas ao assentamento de colonos, para o cultivo de produtos alimentícios e medicamentosos.

Por sua vez, quanto ao item b, a competência para a desapropriação para fins de reforma agrária, com pagamento de indenização em títulos da dívida agrária, é da União Federal (artigo 184 CRFB) e, portanto, não poderia ser exercida pelo Estado-membro. Não há impedimento, porém, para o Estado declarar de interesse social e desapropriar o bem, desde que mediante prévia e justa indenização em dinheiro (observância da regra geral prevista no artigo 5º, inciso XXIV, CRFB).

(OAB/Exame Unificado – 2ª fase – FGV) No curso de uma inundação e do aumento elevado das águas dos rios em determinada cidade no interior do Brasil, em razão do expressivo aumento do índice pluviométrico em apenas dois dias de chuvas torrenciais, o Poder Público municipal ocupou durante o período de 10 (dez) dias a propriedade de uma fazenda particular com o objetivo de instalar, de forma provisória, a sede da Prefeitura, do Fórum e da Delegacia de Polícia, que foram completamente inundadas pelas chuvas.

Diante da hipótese acima narrada, identifique e explicite o instituto de direito administrativo de que se utilizou o Poder Público municipal, indicando a respectiva base legal.

Gabarito comentado – Examinadora

O examinando deve indicar que se trata do instituto da ocupação temporária de bens privados ou da requisição, tal como prevê o artigo 5º, XXV, da CRFB.

A ocupação temporária de bens privados consiste no apossamento, mediante ato administrativo unilateral, de bem privado para uso temporário, em caso de iminente perigo público, com o dever de restituição no mais breve espaço de tempo e eventual pagamento de indenização pelos danos produzidos.

Deve o examinando explicitar que se trata de instrumento de exceção e que exige a configuração de uma situação emergencial. E, mais, que a ocupação independe da concordância do particular e que se configura instituto temporário, a ser exercido por meio de ato administrativo.

(OAB/Exame Unificado – 2ª fase – CESPE) O prefeito de um município pretende criar um espaço público de lazer e área verde no centro da cidade. No entanto, nesse local existem diversos imóveis residenciais. A propósito dessa situação-problema, redija um texto dissertativo acerca da possibilidade ou não de se instituir a figura da preempção e que aborde, necessariamente, os seguintes aspectos:

< conceito;

< notificação;

< modo de instituição;

< descumprimento;

< prazo para exercício.

RESOLUÇÃO DA QUESTÃO

O Estatuto da Cidade (Lei 10.257/2001), destinado a ordenar o pleno desenvolvimento das funções sociais da cidade e da propriedade urbana (art. 2º), traz, dentre outros instrumentos destinados a cumprir tal objetivo, o instituto da preempção.

Esse instituto pode ser *conceituado* como o direito de o Poder Público municipal ter preferência na aquisição de imóvel urbano objeto de alienação entre particulares (art. 25, *caput*).

Para que o instrumento possa ser utilizado pelo município, é necessária a sua *instituição*, que se dá mediante a edição de uma lei municipal, baseada no plano diretor, delimitando as áreas em que incidirá o direito de preempção e fixando o prazo de vigência do direito (art. 25, § 1º).

Uma vez instituído o instrumento, e havendo necessidade da área para atender a qualquer dos interesses enunciados no art. 26 da lei, dentre os quais se encontra o interesse de criar um espaço público de lazer e área verde (inciso VI), pode o Município, diante de notificação efetuada, por proprietário que deseje alienar imóveis, exercer o direito de preferência e adquirir a coisa, tanto por tanto, ou seja, nas condições da proposta apresentada pelo comprador.

O proprietário de imóvel situado na área estabelecida na lei deve, como se viu, em caso de aparecimento de comprador para a coisa, providenciar a *notificação* do Poder Público, para que este possa exercer o direito de preferência. A notificação deve se dar com prazo de 30 dias, para que o Município manifeste por escrito seu interesse em comprar o imóvel, sendo este o chamado *prazo para exercício* do direito preferência (art. 27).

Em caso de *descumprimento* da lei, ou seja, caso o particular aliene a coisa em condições diversas da proposta apresentada, a alienação será reputada nula, ficando o Poder Público com direito de adquiri-la pelo valor venal da coisa ou pelo valor indicado na proposta apresentada, se este for inferior àquele (art. 27, § 5º e 6º).

No caso em tela, o Prefeito poderá se valer do instituto para o fim desejado, mesmo em se tratando de local com diversos imóveis residenciais, dado que a lei não limita a aplicação do instituto a imóveis não residenciais. Todavia, como o objetivo do Prefeito é criar espaços de lazer e áreas verdes, nada impede que promova a desapropriação de área no local, se não quiser ficar no aguardo do aparecimento de imóveis à venda com as características necessárias à implantação desejada.

(OAB/Exame Unificado – 2ª fase – CESPE) José, proprietário de imóvel onde nasceu e viveu poeta de renome nacional, pretende aliená-lo a Lucas, que lhe ofereceu a melhor proposta. Entretanto, nos termos do plano diretor do município onde se localiza o imóvel, este deveria ser utilizado como museu da cidade, razão pela qual o município pretende adquiri-lo.

Em face dessa situação hipotética, na condição de parecerista do município, indique a providência a ser tomada para que o município adquira o referido imóvel, caso não seja viável a realização de desapropriação.

RESOLUÇÃO DA QUESTÃO

Em situações como a prevista no enunciado da questão, o Poder Público, para adquirir referido imóvel, tem três opções, quais sejam: a) desapropriar o imóvel; b) exercer o direito de preempção previsto no Estatuto da Cidade (Lei 10.257/2001); c) exercer o direito de preferência previsto na Lei de Tombamento (Decreto-Lei 25/1937).

No entanto, as opções "a" e "c" não serão analisadas. A primeira porque o enunciado da questão pede que se indique a providência a ser tomada caso não seja viável a realização de desapropriação. A segunda porque o enunciado não traz elementos suficientes para se dizer da possibilidade de tombamento do imóvel.

Assim sendo, resta analisar as providências necessárias para que o município exerça o direito de preempção previsto no Estatuto da Cidade (art. 26, VIII, da Lei 10.257/2001).

Nesse sentido, o art. 25, § 1º, da lei citada exige, primeiro, que haja um plano diretor na cidade, o que efetivamente há, segundo o enunciado da questão. Em seguida, é necessário que haja uma lei municipal específica, baseada no plano diretor, delimitando as áreas em que incidirá o direito de preempção e fixando prazo de vigência deste, que não poderá ser superior a cinco anos, apesar de renovável a partir de um ano após o decurso do prazo inicial de vigência.

No caso em tela, o imóvel que se pretende utilizar como museu deve estar em área contida nas áreas delimitadas pela lei municipal específica.

Cumpridos tais requisitos, o exercício do direito de preempção poderá ser exercido, pois o imóvel em questão é necessário para a proteção de áreas de interesse histórico e cultural (art. 26, VIII, da Lei 10.257/2001).

O direito de preempção se exerce caso o proprietário do imóvel queira aliená-lo a terceiros, tendo o Poder Público preferência na aquisição, tanto por tanto.

Gabarito comentado – Examinadora

Poderá o município utilizar-se do direito de preempção, de acordo com o previsto no inciso VIII do art. 26 da Lei nº 10.257/2001. No entanto, deverá haver lei municipal que, baseada no plano diretor do município, identifique o imóvel que será objeto da preempção, conforme determinação do parágrafo único do mesmo dispositivo.

Assim dispõe a Lei nº 10.257/2001:

"Art. 25. O direito de preempção confere ao Poder Público municipal preferência para aquisição de imóvel urbano objeto de alienação onerosa entre particulares.

§ 1º Lei municipal, baseada no plano diretor, delimitará as áreas em que incidirá o direito de preempção e fixará prazo de vigência, não superior a cinco anos, renovável a partir de um ano após o decurso do prazo inicial de vigência.

Art. 26. O direito de preempção será exercido sempre que o Poder Público necessitar de áreas para:

(...)

VIII – proteção de áreas de interesse histórico, cultural ou paisagístico.

Parágrafo único. A lei municipal prevista no § 1º do art. 25 desta Lei deverá enquadrar cada área em que incidirá o direito de preempção em uma ou mais das finalidades enumeradas por este artigo."

(OAB/Exame Unificado – 2ª fase – CESPE) O Município de Cachoeira Azul pretende implementar, com base em seu plano diretor, um importante projeto de criação de espaços públicos de lazer e áreas verdes ao longo dos próximos quatro anos e, para tanto, necessitará de áreas urbanas que atualmente constituem propriedade privada. O prefeito, então, encaminhou projeto de lei à Câmara de Vereadores estabelecendo direito de preferência em favor do Município caso os imóveis localizados na área venham a ser objeto de alienação onerosa entre particulares durante aquele prazo.

Considerando a situação hipotética narrada, responda aos seguintes quesitos, empregando os argumentos jurídicos apropriados e a fundamentação legal pertinente ao caso.

a) É juridicamente possível o estabelecimento do direito de preferência por lei municipal e pelo prazo mencionado?

b) Supondo afirmativa a resposta ao quesito anterior, ultrapassado o prazo de quatro anos estabelecido na lei, poderia o prefeito encaminhar novo projeto de lei para renová-lo por igual período?

Gabarito comentado – Examinadora

Em relação ao item 1, espera-se que o examinando responda afirmativamente, demonstrando conhecimento a respeito do denominado direito de preempção, instituto previsto no artigo 25 da Lei 10.257/2001.

Em relação ao item 2, a resposta deve levar em consideração o prazo estabelecido no Estatuto da Cidade para a renovação do prazo de vigência do direito de preempção, que apenas pode ocorrer a partir de um ano após o decurso do prazo inicial de vigência, conforme norma do artigo 25, §1º, parte final.

(OAB/Exame Unificado – 2ª fase – FGV) Uma determinada microempresa de gêneros alimentícios explora seu estabelecimento comercial, por meio de contrato de locação não residencial, fixado pelo prazo de 10 (dez) anos, com término em abril de 2011. Entretanto, em maio do ano de 2009, a referida empresa recebe uma notificação do Poder Público municipal com a ordem de que deveria desocupar o imóvel no prazo de 3 (três) meses a partir do recebimento da citada notificação, sob pena de imissão na posse a ser realizada pelo Poder Público do município. Após o término do prazo concedido, agentes públicos municipais compareceram ao imóvel e avisaram que a imissão na posse pelo Poder Público iria ocorrer em uma semana. Desesperado com a situação, o presidente da sociedade empresária resolve entrar em contato imediato com o proprietário do imóvel, um fazendeiro da região, que lhe informa que já recebeu o valor da indenização por parte do Município, por meio de acordo administrativo celebrado um mês após o decreto expropriatório editado pelo Senhor Prefeito. Indignado, o presidente da sociedade resolve ajuizar uma ação judicial em face do Município, com o objetivo de manter a vigência do contrato até o prazo de seu término, estipulado no respectivo contrato de locação comercial, ou seja, abril de 2011; e, de forma subsidiária, uma indenização pelos danos que lhe foram causados.

A partir da narrativa fática descrita acima, responda aos itens a seguir, utilizando os argumentos jurídicos apropriados e a fundamentação legal pertinente ao caso.

a) É juridicamente correta a pretensão do locatário (microempresa) de impor ao Poder Público a manutenção da vigência do contrato de locação até o seu termo final?

b) Levando-se em consideração o acordo administrativo realizado com o proprietário do imóvel, é juridicamente correta a pretensão do locatário (microempresa) em requerer ao Poder Público municipal indenização pelos danos causados?

RESOLUÇÃO DA QUESTÃO

In casu, é incontroversa a desapropriação do imóvel, cingindo-se a questão à possibilidade do pagamento de indenização ao locatário e à possibilidade de manutenção do contrato até o seu prazo final.

Para que fosse atribuída a pontuação referente à letra "A", era necessário que o examinando detivesse o conhecimento de que a desapropriação consiste em modo originário de aquisição de propriedade. Assim, não se afigura possível a manutenção da vigência do contrato de locação até o seu termo final, haja vista que o Poder Público adquire o bem livre de qualquer ônus real ou pessoal que incidia sobre a propriedade anteriormente.

A responsabilização civil do ente público no caso concreto decorre do dano causado pelo fato administrativo, independentemente de culpa e pela prática de uma conduta/ato lícito.

B) Assim como os proprietários, os locatários também possuem, na forma estabelecida pela Constituição Federal, o direito à justa indenização por todos os prejuízos que as desapropriações lhes causarem, visto que a sociedade locatária experimenta prejuízos distintos dos suportados pelo locador (proprietário). O proprietário é indenizado pela perda da propriedade (art. 5º, XXIV, CF/1988) enquanto que a sociedade locatária pela interrupção do negócio e, além da perda do estabelecimento empresarial (fundo de comércio).

Assim, o STJ, com base em precedentes, firmou jurisprudência no sentido de que o inquilino comercial tem amplo direito de ser ressarcido, independentemente das relações jurídicas entre ele e o proprietário, inclusive por perdas e danos causados pelo Poder Público.

Nesse sentido, a jurisprudência do E. Superior Tribunal de Justiça:

PROCESSUAL CIVIL E ADMINISTRATIVO. RECURSO ESPECIAL. AUSÊNCIA DE PREQUESTIONAMENTO. SÚMULA 211/STJ. **DESAPROPRIAÇÃO. IMÓVEL COMERCIAL. FUNDO DE COMÉRCIO. INDENIZABILIDADE. MATÉRIA PACIFICADA.**

(...)

2. O entendimento firmado pelo Tribunal estadual encontra amparo na jurisprudência consolidada no âmbito da Primeira Seção desta Corte Superior no sentido de que é devida indenização ao expropriado correspondente aos danos ocasionados aos elementos que compõem o fundo de comércio pela desapropriação do imóvel. Precedentes: REsp 1076124 / RJ, rel. Ministra Eliana Calmon, DJe 03/09/2009; AgRg no REsp 647660 / P, rel. Ministra Denise Arruda, DJ 05/10/2006; REsp 696929 / SP, rel. Ministro Castro Meira, DJ 03/10/2005.

3. Cumpre destacar que, na hipótese em análise, o detentor do fundo do comércio é o próprio proprietário do imóvel expropriado. Assim, a identidade de titularidade torna possível a indenização simultânea a desapropriação. Ademais, o processo ainda se encontra na fase inicial, o que permite seja apurado o valor de bens intangíveis, representados pelo fundo de comércio, na própria perícia a ser realizada para fixação do valor do imóvel, dispensando posterior liquidação de sentença.

4. Agravo regimental não provido (AgRg no REsp 1199990, Ministro MAURO CAMPBELL MARQUES, DJe 25/04/2012)

(OAB/Exame Unificado – 2ª fase – FGV) O proprietário de um terreno passou dois anos sem ir até sua propriedade. Após esse período, ao visitar o local, constata que, em seu terreno, foi construída uma escola municipal que, àquela altura, já se encontra em pleno funcionamento.

Com base no relatado acima, com o emprego dos argumentos jurídicos apropriados e a fundamentação legal pertinente ao caso, responda aos itens a seguir.

a) Indique e conceitue o fato administrativo tratado no caso apresentado.

b) Diante do ocorrido, que medida o proprietário do terreno pode tomar?

RESOLUÇÃO DA QUESTÃO

A) O examinando deve identificar a desapropriação indireta como o fato administrativo ocorrido no caso em questão, descrevendo-o como ato da administração pública apropriar-se de um bem privado sem o devido processo legal.

B) Deve também reconhecer a impossibilidade de o proprietário reaver o bem, uma vez que o mesmo já se encontra afetado para a prestação de um serviço público, restando ao proprietário tão somente o ajuizamento de ação pleiteando indenização pelas perdas sofridas, conforme art. 35 do Decreto-lei n. 3.36519/41.

(OAB/Exame Unificado – 2ª fase – FGV) O município "X", tendo desapropriado um imóvel para a instalação da sede da prefeitura e, necessitando realizar obras de reparo no prédio, instala em terreno contíguo, de propriedade de Mário, o canteiro de obra necessário a realização dos reparos.

Considerando apenas os fatos descritos acima, responda aos itens a seguir.

A) Qual é a figura de intervenção utilizada pelo Município e quais são suas características?

B) Nesse caso, é devida alguma indenização? Indique o fundamento legal.

A simples menção ou transcrição do dispositivo legal não pontua.

Gabarito comentado – Examinadora:

A) Trata-se de ocupação temporária, que se caracteriza pelo uso transitório por parte do Poder Público de imóvel privado, como meio de apoio à execução de obras públicas.

B) Nessa modalidade de ocupação temporária, por expressa disposição de lei (Art. 36 do Decreto-Lei n. 3.365/1941), é devida indenização.

(OAB/Exame Unificado – 2ª fase – FGV) O Prefeito do Município XYZ desapropriou um sítio particular para instalação de um novo centro de atendimento médico de emergência. Entretanto, antes do início das obras, o Estado ABC anunciou que o Município XYZ receberá um novo Hospital Estadual de Atendimento Médico Emergencial.

Responda, fundamentadamente, aos itens a seguir.

A) O Município pode desistir da construção do centro de atendimento médico e destinar a área desapropriada à construção de uma escola?

B) Com o anúncio feito pelo Estado, o antigo proprietário do sítio desapropriado pode requerer o retorno da área à sua propriedade, mediante devolução do valor da indenização?

"A simples menção ou transcrição do dispositivo legal não pontua."

Gabarito comentado – Examinadora:

A) A resposta é positiva. Após a efetivação de uma desapropriação, o ente expropriante deve empregar o bem à finalidade pública que desencadeou o processo de desapropriação. Em não o fazendo, estar-se-á diante da tredestinação, que nada mais é do que a destinação do bem em desconformidade com o plano inicialmente previsto. A tredestinação, entretanto, distingue-se em lícita (na qual o bem é empregado em finalidade diversa da inicialmente pretendida, mas ainda afetada ao interesse público) e ilícita (na qual não se emprega o bem em uma utilização de interesse público). A tredestinação lícita, isto é, a alteração na destinação do bem, por conveniência da administração pública, resguardando, de modo integral, o interesse público, não é vedada pelo ordenamento.

B) A resposta é negativa. A tredestinação lícita, por manter o bem afetado a uma finalidade de interesse público não configura direito de retrocessão, isto é, o direito do particular expropriado de reaver o bem, em virtude da sua não utilização. E a própria legislação de regência, o Decreto-lei n. 3.365/1941, dispõe, em seu Art. 35, que os bens expropriados, uma vez incorporados à Fazenda Pública, não podem ser objeto de reivindicação.

CAPÍTULO 11

RESPONSABILIDADE CIVIL DO ESTADO

11.1. EVOLUÇÃO HISTÓRICA E TEORIAS SOBRE A RESPONSABILIDADE ESTATAL

A responsabilidade patrimonial do Estado passou pelas seguintes fases:

a) **fase da irresponsabilidade:** nessa fase, o Estado não respondia por danos causados aos particulares, sob o argumento de que o poder soberano dos reis era divino, de modo que não era correto dizer que o rei errava ("the king can do no wrong");

b) **fase civilista:** nessa fase, o Estado passou a responder, mas apenas se o dano tivesse sido causado por *culpa ou dolo de um funcionário estatal*; assim, caso o motorista de uma Prefeitura, por exemplo, atropelasse alguém por conta de uma manobra imprudente, o Estado responderia civilmente pela respectiva indenização;

c) **fase publicista:** nessa fase, o Estado passou a responder civilmente mediante a aplicação de institutos jurídicos mais adequados às características estatais, ou seja, segundo princípios próprios do direito público, daí o nome de fase *publicista*; pertencem a essa fase a responsabilização estatal segundo dois fundamentos:

c1) **culpa administrativa:** aqui, o Estado responde se o dano tiver origem num *serviço defeituoso*; por exemplo, caso alguém sofra um acidente automotivo pelo fato de haver uma enorme cratera numa rua já há alguns meses, caracteriza-se o serviço estatal defeituoso e, consequentemente, a culpa administrativa a ensejar a responsabilidade civil do Estado. Repare que, aqui, o foco não é a culpa do *funcionário*, mas a culpa do *serviço*, também chamada de culpa anônima do serviço, pois não se analisa a conduta de alguém em especial, mas o desempenho do serviço público;

c2) **risco administrativo:** aqui, o Estado responde objetivamente pelos danos que causar, ou seja, basta que uma conduta estatal cause um dano indenizável a alguém para que o Estado tenha de responder civilmente, pouco importando se há culpa do funcionário ou se há culpa administrativa. Um exemplo é um policial atirar para se defender e a bala acabar atingindo um terceiro (a chamada "bala perdida");

nesse caso, pouco importa se o policial agiu com culpa ou não, respondendo o Estado objetivamente. O princípio maior que rege a Teoria do Risco Administrativo é o da igualdade, não sendo justo que a vítima sofra sozinha por conduta estatal que, em tese, beneficia a todos; a teoria em questão objetiva que haja igualdade nos ônus e encargos sociais.

A responsabilidade fundada no risco administrativo é a regra hoje no direito brasileiro, que, assim, impõe que o Estado responda objetivamente pelos danos que seus agentes causarem a terceiros (art. 37, § 6º, da CF).

A responsabilidade objetiva estatal tem como marco histórico o famoso Caso Blanco, em que uma menina fora atropelada por veículo público e ficou decidido que o Poder Judiciário (que analisava casos cíveis, com princípios próprios) não era o competente para conhecer da questão, mas sim o Conselho de Estado (que analisava casos afetos ao Poder Público), que deveria aplicar princípios próprios do direito público, como o da igualdade e da legalidade, que impõem a indenização ao particular que é lesado em detrimento de uma atividade de proveito à coletividade.

Por fim, é bom ressaltar que a responsabilidade objetiva no Brasil admite excludentes de responsabilidade do Estado, de modo que não adotamos a Teoria do Risco Integral, que não admite excludentes, mas a Teoria do Risco Administrativo, conforme mencionado, teoria essa que admite excludentes de responsabilidade.

A Teoria do Risco Integral vem sendo aplicada, sem controvérsia alguma, na responsabilidade por *dano nuclear*, seja o responsável pelo dano o Estado ou o particular.

11.2. MODALIDADES DE RESPONSABILIDADE

Conforme vimos no item anterior, a responsabilidade do Estado, como regra, é objetiva, fundada no *risco administrativo*.

Porém, a jurisprudência vem reconhecendo que, em alguns casos, a responsabilidade estatal é subjetiva, fundada na *culpa administrativa*.

Assim sendo, pode-se dizer, hoje, que há duas modalidades de responsabilidade civil estatal.

A primeira modalidade é a responsabilidade objetiva. Trata-se da regra em matéria de responsabilidade do Estado, nos termos do art. 37, § 6º, da CF. A responsabilidade é objetiva em duas situações:

a) por conduta comissiva do Estado: nesse caso pode-se dizer que o Estado causou materialmente um dano, já que atuou positivamente (comissivamente), o que faz incidir o texto do art. 37, § 6º, da CF, que não reclama conduta culposa ou dolosa para que o Estado responda civilmente por danos causados a terceiros; são exemplos de *condutas comissivas* a bala perdida de um policial, a agressão feita por agente público com arma da corporação, a transfusão de sangue contaminado com HIV em hospital público, a interdição indevida de um estabelecimento comercial, um acidente com um carro oficial dirigido de modo imprudente, dentre outros. O art. 37, § 6º, da CF estabelece que essa responsabilidade objetiva alcança as pessoas jurídicas de direito público (entes políticos, mais entidades com natureza autárquica) e as pessoas jurídicas de direito privado prestadoras de serviços públicos;

b) **por atividade de risco estatal:** nesse caso, temos situações em que não se sabe muito bem se o Estado age numa conduta comissiva ou omissiva; por exemplo, imagine um depósito de explosivos das Forças Armadas, que acaba por pegar fogo, gerando inúmeros danos na vizinhança. Perceba que pouco importa se a conduta estatal é comissiva ou omissiva, pois como a atividade de armazenar explosivos é uma atividade de risco, aplica-se o disposto no art. 927, parágrafo único, do Código Civil, para efeito de responsabilizar o Estado objetivamente; vale ressaltar que qualquer pessoa, de direito público ou de direito privado, responde objetivamente por danos causados por atividades de risco que pratiquem.

A segunda modalidade é a **responsabilidade subjetiva**. Trata-se de exceção em matéria de responsabilidade do Estado. A responsabilidade será subjetiva em três situações:

a) **por conduta omissiva do Estado:** nesse caso não se pode dizer que o Estado causou materialmente um dano, pois uma omissão não é capaz de "causar" coisa alguma, situação que impede a aplicação da responsabilidade objetiva prevista no art. 37, § 6º, da CF, que se aplica quando o Estado, por seus agentes, "causa" um dano a terceiro; por outro lado, não é possível simplesmente aplicar o Código Civil nesse tipo de situação (omissiva), pois esse Código é fundado em princípios de Direito Privado, e a responsabilidade estatal deve ser fundada em princípios de Direito Público; assim sendo, em caso de conduta omissiva do Estado, esse responderá **subjetivamente**, mas com fundamento na **culpa administrativa** e não na culpa do funcionário público. A culpa administrativa ocorre quando se demonstra que o serviço é **defeituoso** (a chamada "falta do serviço"), ou seja, quando se demonstra que o serviço: i) não funcionou, ii) funcionou atrasado ou iii) funciona mal; tal apreciação é feita levando-se em conta o que legitimamente se espera do serviço estatal. São exemplos de condutas omissivas estatais que costumam gerar responsabilidade por envolver serviço defeituoso o não recapeamento de ruas pelo Poder Público, propiciando acidentes automobilísticos; a falta de limpeza de bueiros e córregos, propiciando alagamentos e deslizamentos de imóveis; a morte de detento ocasionada por outro detento; a ausência de fiscalização ambiental pelo Estado, propiciando danos ambientais; a existência de animal em estrada, causando acidente; a falha no semáforo, causando acidente; o acidente em sala de aula de escola pública, machucando aluno; dentre outros. Todavia, a jurisprudência não costuma responsabilizar o Estado por atos causados por um fugitivo da prisão, que, tempos depois da fuga, comete crimes, causando danos a terceiros; por enquanto, o STF e o STJ vêm entendendo que a responsabilidade do Estado por omissão é subjetiva; vale ressaltar que o STF tem decisão no sentido de que a responsabilidade estatal por atos omissivos ***específicos*** é objetiva; um exemplo de caso de omissão específica do Estado é a agressão física a aluno por colega, em escola estadual, hipótese em que a responsabilidade estatal será objetiva, com base na Teoria do Risco Administrativo (STF, ARE 697.326 AgR/RS, DJ 26.04.2013); não se pode confundir uma *conduta omissiva genérica* (ex: o Estado não conseguir evitar todos os furtos de carros), com uma *conduta omissiva específica* (ex: o Estado ter o dever de vigilância sobre alguém e não evitar o dano); no primeiro caso, o Estado responde *subjetivamente*, só cabendo indenização se ficar provado que o serviço foi defeituoso (ex: um policial presencia um furto e nada faz); no segundo caso, o Estado responde *objetivamente*, não sendo necessário perquirir sobre se o serviço estatal foi ou não defeituoso;

b) **por condutas omissivas ou comissivas de pessoas jurídicas de direito privado estatais exploradoras de atividade econômica:** essas pessoas não são alcançadas pela responsabilidade objetiva prevista no art. 37, § 6º, da CF; dessa forma, a regulamentação de sua responsabilidade cabe ao direito privado e este, como regra, estabelece a responsabilidade civil subjetiva, em que a pessoa jurídica só responderá se um agente seu agir mediante conduta culposa ou dolosa (art. 186 do Código Civil). Todavia, o caso concreto pode envolver situação que gere responsabilidade objetiva, não pela Constituição Federal, mas pela legislação infraconstitucional; por exemplo, se a pessoa jurídica em tela causar dano em virtude de atividade de risco, responderá objetivamente (art. 927, parágrafo único, do CC); o mesmo acontecerá se se tratar de uma relação de consumo (por exemplo, a relação entre o Banco do Brasil e seus clientes);

c) **quanto à responsabilidade civil do agente público:** nesse caso, o próprio art. 37, § 6º, da CF estabelece que o agente público só responderá por danos causados a terceiros se agir com culpa ou dolo e, mesmo assim, apenas em ação regressiva movida pelo Poder Público, não sendo possível que a vítima ingresse com ação indenizatória diretamente contra o agente público que lhe causar dano.

11.3. FUNDAMENTOS DA RESPONSABILIDADE OBJETIVA E MOTIVOS QUE A ENSEJAM

São fundamentos da responsabilidade objetiva do Estado os princípios da igualdade e da legalidade.

De acordo com o princípio da *igualdade*, não é isonômico que uma pessoa sofra danos por obra do Estado, que age em favor de todas as outras pessoas, e não seja indenizada por isso.

O princípio da *legalidade*, por sua vez, não permite que o Estado haja de forma a causar danos às pessoas, pois isso é ilegal. Agindo assim, o Estado, fica, então, com a obrigação de reparar o dano.

Há quem complemente os fundamentos expostos neste estudo para dizer que a responsabilidade objetiva do Estado fundamenta-se, também, no princípio da solidariedade social, previsto no art. 3º da CF.

Quanto aos motivos que ensejam a responsabilidade objetiva estatal, a doutrina destaca que as funções estatais (ex.: atuação policial, realização de grandes obras etc.) ensejam danos mais intensos do que o normal, o que faz com que o Estado mereça um tratamento diferenciado, no sentido de responder efetivamente quando causá-los a terceiros.

O fato é que os deveres públicos colocam o Estado permanentemente obrigado a agir no mundo dos fatos. Não bastasse isso, o Estado possui o direito de usar a força, o que dá ensejo a maior causação de danos.

O administrado, por sua vez, não tem como se evadir dos perigos gerados pelo Estado, já que esse dita os termos de sua atividade.

Tudo isso faz com que somente a responsabilidade objetiva do Estado seja apta a garantir o efetivo ressarcimento a todas as pessoas sujeitas aos perigos causados pelo Poder Público.

11.4. PRESSUPOSTOS OU REQUISITOS DA RESPONSABILIDADE OBJETIVA

Considerando os elementos vistos no item 10.2, é possível, agora, sistematizar os requisitos para que o Estado responda objetivamente.

Grosso modo, os requisitos são três: a) conduta comissiva (não é necessário que haja culpa ou dolo); b) dano indenizável; c) nexo de causalidade entre a conduta e o dano.

Adensando melhor essas ideias, temos como primeiro requisito da responsabilidade objetiva o seguinte: **fato ou ato de agente das pessoas jurídicas de direito público ou das pessoas privadas prestadoras de serviço público.**

Dois pontos devem ser ressaltados.

O primeiro, quanto ao fato de que as pessoas jurídicas de direito público, como também as pessoas jurídicas de direito privado prestadoras de serviço público (ex.: Correios), respondem objetivamente.

O segundo, quanto ao fato de que tais pessoas respondem pelos atos lesivos praticados por seus agentes contra terceiros, desde que esses agentes tenham agido "na qualidade de agentes públicos".

Assim, se um servidor público, no final de semana, vai a um bar e acaba se desentendendo com alguém, espancando esse alguém e gerando uma série de sequelas nele, o Estado não irá responder por esse ato, pois o agente público não atuou, no caso, na qualidade de agente público.

De qualquer forma, é bom ressaltar que, se um agente público usa a arma da corporação para causar um dano a alguém, mesmo que isso ocorra em período de folga, o Estado responderá objetivamente.

O segundo requisito – **dano indenizável** – requer que o dano causado a terceiro tenha os seguintes requisitos:

a) **lesão a *direito* da vítima**, vale dizer, à esfera juridicamente protegida do indivíduo;

b) **dano *certo*** (dano necessário, não apenas eventual), ***especial*** (dano que atinge pessoas em particular e não coletividade em geral) e ***anormal*** (dano que ultrapassa os problemas e dificuldades comuns da vida em sociedade; ex.: uma pequena fila numa repartição pública ou o pó de uma obra pública não configuram o dano anormal, não gerando indenização).

O terceiro requisito – **nexo de causalidade entre a conduta estatal e o dano** – impõe que haja um nexo entre o ato estatal e o dano causado a terceiro. O STF entende que não há nexo de causalidade quando um detento foge da prisão e, tempos depois, comete crimes ou com a ajuda de comparsas (STF, AR 1.376). Todavia, houve um caso em que um presidiário, que já havia fugido sete vezes da prisão, acabou por estuprar um menor de 12 anos, caso esse que levou o STF a entender que havia nexo de causalidade, uma vez que, se a lei de execução penal tivesse sido corretamente aplicada, o preso estaria em regime fechado e não teria conseguido fugir pela oitava vez e cometido o crime (STF, RE 409.203).

11.5. EXCLUDENTES DA RESPONSABILIDADE DO ESTADO

Conforme visto no item 10.1, o Brasil adota a Teoria do Risco Administrativo em matéria de responsabilidade do Estado e não a Teoria do Risco Integral.

Assim sendo, a responsabilidade do Estado admite excludentes.

Confira os casos em que se reconhece que a responsabilidade estatal ficará excluída: a) força maior (ex.: um tornado causa estragos em diversos imóveis de uma cidade); b) culpa exclusiva de terceiro; c) culpa exclusiva da vítima.

A culpa concorrente da vítima e do Estado não exclui a responsabilidade estatal, gerando apenas atenuação do *quantum* indenizatório.

11.6. RESPONSABILIDADE DO AGENTE PÚBLICO. DENUNCIAÇÃO DA LIDE DO AGENTE PÚBLICO QUE CAUSOU O DANO E DIREITO DE REGRESSO

O agente público, segundo o art. 37, § 6º, da CF, responde pelos danos que causar a terceiros, perante a pessoa com quem trabalha, se agir com culpa ou dolo.

Ou seja, os agentes públicos têm dupla proteção: a) a primeira é de só responder se agirem com culpa ou dolo; b) a segunda, de não poderem ser acionados diretamente pelo terceiro lesado.

Quanto a esse segundo aspecto, fica, então, a notícia de que o terceiro lesado só poderá ingressar com ação diretamente contra o Poder Público. Em seguida, em ação de regresso, o agente público que tiver atuado com culpa ou dolo pode ser acionado pelo Poder Público para que este se ressarça dos prejuízos que teve de arcar por conta do agente público responsável pelo dano.

Assim, não cabe a responsabilidade "per saltum" da pessoa natural do agente público (STF, RE 327.904, rel. Min. Carlos Brito, j. em 15.08.2006 – Informativo 436), devendo o juiz julgar extinta, por ilegitimidade de parte, eventual ação promovida pelo terceiro lesado em face do agente público.

Resta saber se o Estado poderá, logo que acionado pelo terceiro lesado, denunciar da lide o agente público, criando demanda paralela a ser julgada em sentença única.

O Superior Tribunal de Justiça vem aceitando a denunciação da lide nesses casos. Porém, vem crescendo o entendimento de que a denunciação da lide somente é possível quando a causa de pedir trazida na ação de responsabilidade seja a narração de uma conduta culposa ou dolosa do agente público. Nesse caso, como a ação já é fundada na culpa, não há problema em se denunciar da lide o agente público, eis que a sua culpa já estará sendo discutida na demanda principal.

Porém, quando a petição inicial se funda, fática e juridicamente, na responsabilidade objetiva do Estado, parece-nos temerário que o juiz admita eventual denunciação da lide do Poder Público. Isso porque ela não se coaduna com a ideia de responsabilidade objetiva, que visa a uma indenização pronta e rápida que não aconteceria se pudesse ser chamado o agente público para responder, instaurando-se uma lide paralela, em que se tivesse que discutir sua culpa ou seu dolo.

Aliás, o STJ é pacífico no sentido de que a ação de denunciação da lide não importa na perda do direito do Estado de ingressar com ação de regresso contra o servidor, já que o Estado tem garantido o direito de se ressarcir na própria Constituição Federal (art. 37, § 6º, da CF).

Vale lembrar que, uma vez que o Estado arque com indenização em favor de terceiro e o agente público responsável pelo ato danoso tenha agido com culpa ou dolo, o Estado nem sempre terá de ingressar com ação de regresso, sendo possível, desde que haja concordância do agente público, desconto da indenização em folha de pagamento, na forma da lei, e desde que seja parceladamente, de modo a não comprometer a subsistência do agente e de sua família.

11.7. RESPONSABILIDADE DAS PESSOAS JURÍDICAS PRESTADORAS DE SERVIÇO PÚBLICO

Conforme já visto, a responsabilidade dessas pessoas, nos termos do art. 37, § 6º, da CF, também é objetiva. Assim, as concessionárias de serviço público, por exemplo, nas áreas de água e esgoto, energia elétrica, telefonia, transporte público, dentre outras, respondem pelos danos que seus agentes causarem, independentemente de culpa.

É importante ressaltar que o STF vinha entendendo que a responsabilidade objetiva dos concessionários (prevista no art. 37, § 6º, da CF) só existiria em relação ao usuário do serviço e não em relação a terceiro não usuário, que sofre dano no contexto da prestação de um serviço público. O terceiro deveria buscar responsabilização da concessionária com fundamento em outras regras jurídicas.

No entanto, houve **mudança** na orientação jurisprudencial, para admitir a responsabilidade objetiva também em favor do não usuário do serviço público. Confira: "A responsabilidade civil das pessoas jurídicas de direito privado prestadoras de serviço público é objetiva relativamente a terceiros usuários e não usuários do serviço, segundo decorre do art. 37, § 6º, da Constituição Federal. II – A inequívoca presença do nexo de causalidade entre o ato administrativo e o dano causado ao terceiro não usuário do serviço público, é condição suficiente para estabelecer a responsabilidade objetiva da pessoa jurídica de direito privado." (STF, RE 591874)

O STF passou a entender que a expressão "terceiros", contida no dispositivo constitucional citado, inclui os terceiros não usuários do serviço público. Primeiro porque não há restrição redacional nesse sentido, não se podendo fazer interpretação restritiva do dispositivo constitucional. Segundo porque a Constituição, interpretada à luz do princípio da isonomia, não permite que se faça qualquer distinção entre os chamados "terceiros", usuários e não usuários do serviço público, uma vez que todos podem sofrer dano em razão da ação administrativa estatal. Terceiro porque os serviços públicos devem ser prestados de forma adequada e em caráter geral, estendendo-se, indistintamente, a todos os cidadãos, beneficiários diretos ou indiretos da ação estatal.

11.8. RESPONSABILIDADE DAS PESSOAS DE DIREITO PRIVADO ESTATAIS EXPLORADORAS DE ATIVIDADE ECONÔMICA

O § 6º do art. 37 da Constituição Federal estabelece ser objetiva a responsabilidade das pessoas jurídicas de *direito público* e das pessoas jurídicas de *direito privado prestadoras de serviço público*.

Nesse sentido, pessoa jurídica de direito privado *exploradora de atividade econômica* não se enquadra na regra matriz da responsabilidade objetiva do Estado.

Ao contrário, tais entidades estão submetidas, como regra, ao regime jurídico próprio das empresas privadas, inclusive quanto às obrigações civis, o que inclui a responsabilidade civil (art. 173, § 1º, II, da CF), que, no Direito Privado, como regra, ainda é de natureza subjetiva.

Todavia, é bom ressaltar que o regime jurídico de direito privado, no que tange à responsabilidade civil, sofreu muitas transformações, deixando de ser calcado sempre na responsabilidade subjetiva e passando a trazer regras bastante abrangentes de responsabilidade objetiva.

Dessa forma, dependendo do tipo de relação jurídica existente entre as partes e dos contornos fáticos que envolveram a atuação da empresa estatal, pode-se caracterizar situação que enseja responsabilidade objetiva também. E isso não por conta do art. 37, § 6º, da Constituição, que não se aplica ao caso, mas por conta das próprias regras de Direito Privado.

Por exemplo, caso se configure, no caso concreto, relação de consumo ou hipótese de vítima equiparada a consumidor, a responsabilidade da empresa será objetiva. Outra possibilidade é de, apesar de a relação jurídica entre vítima e empresa ser regulada pelo Código Civil, configurar-se dano causado por atividade de risco (art. 927, parágrafo único, do CC) ou por circulação de produtos (art. 931 do CC), situações essas para as quais o atual Código Civil estabelece responsabilidade objetiva.

11.9. RESPONSABILIDADE POR OBRA PÚBLICA

Quando é o próprio Estado que executa uma obra por agentes públicos pertencentes aos quadros da própria Administração, não há dúvida alguma de que o Estado responde objetivamente por danos causados a terceiros.

A dúvida sobre se o Estado responde ou não existe quando a obra pública causadora de dano foi encomendada pelo Estado a uma empreiteira, ou seja, a um particular que tenha celebrado contrato administrativo com a Administração Pública.

A Lei 8.666/1993, que regula as licitações e os contratos administrativos, é clara ao dispor que o contratado é responsável pelos danos causados a terceiros, decorrentes de sua culpa ou dolo na execução do contrato (art. 70). O dispositivo também esclarece que tal responsabilidade não fica excluída ou reduzida pela fiscalização ou acompanhamento pelo órgão interessado.

Assim sendo, não há responsabilidade primária e solidária do Estado pelos danos causados por obras realizadas por empreiteira contratada deste.

Mas há duas situações em que o Estado poderá responder por conta de uma obra pública que tiver encomendado a um empreiteiro.

O primeiro caso diz respeito às situações em que os danos causados a terceiros são produzidos por motivo inerente à obra encomendada pelo Estado. São aquelas situações em que o contratado não age com culpa ou dolo, mas, em virtude de características próprias da obra, danos serão inevitáveis. Por exemplo, em caso de nivelamento de ruas, é praticamente inexorável a causação de danos, vez que casas à margem da via ficarão em nível mais baixo ou mais elevado que esta.

O segundo caso diz respeito à hipótese em que o contratado pela Administração, culpado pelos danos decorrentes da obra, não tem recursos para arcar com os ônus decorrentes da responsabilidade civil que carrega. Nesse caso, o Estado, por ser o patrocinador da obra e por agir em favor de toda a coletividade, deve indenizar os danos causados, socializando a sua reparação em favor daquele que sofreria sozinho caso não fosse indenizado. Tem-se, no caso, responsabilidade subsidiária do Estado.

Ante o exposto, e considerando que no caso presente houve culpa exclusiva do empreiteiro, o Estado não responde primária e solidariamente pelos danos causados, podendo responder subsidiariamente, diante da impotência econômica ou financeira daquele.

11.10. RESPONSABILIDADE DO TABELIÃO E DO REGISTRADOR

Tanto o tabelião como o registrador respondem objetivamente perante terceiros, nos termos do que determina o art. 37, § 6º, da CF.

Além disso, o Estado, que confere uma delegação a essas pessoas, também responde objetivamente e diretamente pelos danos por eles causados. Confira a casuística: "RESPONSABILIDADE OBJETIVA – ESTADO – RECONHECIMENTO DE FIRMA – CARTÓRIO OFICIALIZADO. Responde o Estado pelos danos causados em razão de reconhecimento de firma considerada assinatura falsa. Em se tratando de atividade cartorária exercida à luz do artigo 236 da Constituição Federal, a responsabilidade objetiva é do notário, no que assume posição semelhante à das pessoas jurídicas de direito privado prestadoras de serviços públicos – § 6º do artigo 37 também da Carta da República." (STF, 2ª T., RE 201.595/SP, relator Min. MARCO AURÉLIO, DJ 20.04.2001); e "RESPONSABILIDADE CIVIL. NOTÁRIO. LEGITIMIDADE PAS-

SIVA *AD CAUSAM*. RESPONSABILIDADE OBJETIVA DO ESTADO DE PERNAMBUCO PELOS DANOS CAUSADOS PELO TITULAR DE SERVENTIA EXTRAJUDICIAL NÃO OFICIALIZADA. PRECEDENTES. A responsabilidade civil por dano causado a particular por ato de oficial do Registro de Imóveis é pessoal, não podendo o seu sucessor, atual titular da serventia, responder pelo ato ilícito praticado pelo sucedido, antigo titular. Precedentes. Recurso especial provido." (STJ, 3ª T., REsp 696.989/PE, Rel. Ministro CASTRO FILHO, julgado em 23.05.2006, DJ 27.11.2006 p. 278)

O Ofício de Notas não é uma pessoa jurídica, mas sim uma estrutura organizada para a prestação de serviços notariais. Tal estrutura é organizada técnica e administrativamente pelo notário, que é uma pessoa física a quem é delegado o exercício da atividade notarial, mediante concurso público.

O notário exerce, então, função pública, sendo tratado pela doutrina como um particular em colaboração com o Poder Público. Trata-se, na verdade, de um agente público delegado, ou seja, de um agente público que recebe a delegação de um serviço público, que será prestado em nome próprio e por conta e risco do notário.

Assim sendo, a pessoa física titular da serventia extrajudicial é quem responde, com seu patrimônio pessoal, por eventuais danos causados a terceiros por atos praticados por si ou por seus prepostos. Nesse sentido é o disposto no art. 22 da Lei 8.935/1994. O notário, responsabilizado, poderá exercer o direito de regresso no caso de culpa ou dolo de seus prepostos.

Porém, não se pode olvidar de que a atividade prestada pelo notário é uma atividade administrativa e, portanto, de interesse estatal. Por isso, o Estado também responde pelos atos praticados pelos notários e seus prepostos.

Como tais serviços são organizados pelos Estados-membros, estes serão os responsáveis civilmente pelos prejuízos causados a terceiros, nos termos do art. 37, § 6º, da CF.

Segundo o STF, a responsabilidade civil do notário e a do Estado são objetivas, no caso.

Assim, o terceiro lesado poderá propor ação contra o notário, contra o Estado ou contra ambos, sendo que é objetiva tanto a responsabilidade da pessoa física do notário como a responsabilidade da pessoa jurídica do Estado-membro respectivo.

Vale ressaltar que há decisão do STJ com entendimento um pouco diferente. No caso, entende este Tribunal que se deve ingressar com ação em face do notário e, caso este não possa suportar a indenização, aí sim caberá acionar o Estado subsidiariamente (STJ, REsp 1.163.652/PE, DJ 01.07.2010).

11.11. RESPONSABILIDADE POR ATOS LEGISLATIVOS E JURISDICIONAIS

O Estado não responde, como regra, pela edição de leis que prejudiquem alguém.

Tal regra só cede nas seguintes situações: a) se uma lei declarada inconstitucional causa danos ao particular; b) em caso de lei de efeito concreto causar dano a uma pessoa em particular (ex: criação de Parque Florestal em área privada).

O Estado também não responde, como regra, pela expedição de decisões que prejudiquem alguém. Como exceção temos: a) o caso de erro judiciário, que é aquele reconhecido em revisão criminal ou o decorrente de prisão de alguém além do tempo permitido; reconhecido o erro judiciário, a responsabilidade do Estado é objetiva, não sendo necessário demonstração de culpa ou dolo do magistrado responsável pelo caso (STF, RE 505393/PE); b) os casos em que o juiz responde pessoalmente por dolo, fraude, recusa, omissão ou retardamento injustificado de providências de seu ofício, nos termos do art. 133 do CPC; c) os casos de erro grave (ex: prisão de alguém sem qualquer envolvimento com o fato criminoso – *vide* o caso do "Bar Bodega" no Informativo 570 do STF – RE 385943/SP).

11.12. RESPONSABILIDADE POR ATOS DO MINISTÉRIO PÚBLICO

O Ministério Público não é pessoa jurídica, mas órgão da Administração Direta da União (Ministério Público da União – art. 128 da CF) e dos Estados-membros.

Assim, não tendo o Ministério Público personalidade jurídica, não há como responsabilizá-lo civilmente por seus atos.

Por outro lado, a responsabilidade do Estado é, como regra, objetiva, de modo que quando um órgão estatal causa um dano a terceiro, a pessoa jurídica estatal correspondente tem de responder, ressalvada a ação de regresso em face do agente público que tiver agido com culpa ou dolo, no caso, o membro do Ministério Público.

Esse é o posicionamento do STF (AI 552.366 AgR, DJ 28.10.2009).

11.13. RESPONSABILIDADE SUBSIDIÁRIA

O Estado responde subsidiariamente pelos danos causados pelas seguintes pessoas que estiverem atuando em atividades que ele mesmo deveria prestar: a) pessoas jurídicas de direito público da Administração Indireta (autarquias, fundações públicas, agências reguladoras e associações públicas); b) pessoas jurídicas de direito privado prestadoras de serviço público; c) pessoas jurídicas de direito privado executoras de obra pública, por danos decorrentes dessa obra.

Há de se ressaltar que a responsabilidade subsidiária, para acontecer, depende da impotência econômica ou financeira da entidade estatal.

11.14. PRESCRIÇÃO

Até pouco tempo atrás não havia controvérsia alguma sobre qual era o prazo prescricional para o exercício da pretensão indenizatória em face do Estado.

Doutrina e jurisprudência eram uníssonas no sentido de que esse prazo era de 5 anos, nos termos do art. 1º do Decreto 20.910/1932, que regula a prescrição contra a Fazenda Pública.

Porém, com a entrada em vigor do atual Código Civil, que estabelece que o prazo prescricional para ações indenizatórias é de 3 anos (art. 206, § 3º, V), uma forte corrente passou a considerar que esse prazo também deveria ser aplicado às ações indenizatórias em face da Fazenda Pública. Isso porque o art. 10 do Decreto 20.910/1932 prevê que o prazo de 5 anos nele previsto "não altera as prescrições de menor prazo, constantes das leis e regulamentos, as quais ficam subordinadas às mesmas regras". Dessa forma, como o prazo previsto no Código Civil é, atualmente, um prazo "menor" do que o de 5 anos previsto no Decreto mencionado, dever-se-ia aplicar o prazo previsto no Código, fazendo com que a prescrição de ações de reparação civil em geral tivesse prazo de 3 anos contra a Fazenda Pública.

A questão hoje é bastante controversa.

Porém, o STJ, que estava bastante dividido, tem-se encaminhado no sentido de que o prazo continua de 5 anos (AgRg no Ag 1.364.269, DJ 24.09.2012). O argumento da primeira turma é no sentido de que o prazo de 5 anos é um prazo histórico, previsto em norma especial e igual a uma série de outros prazos de prescrição previstos para o exercício de pretensão indenizatória de outras naturezas em face do Estado (EResp 1.081.885/RR, rel. Hamilton Carvalhido, DJ 01.02.2011). Ao contrário, o prazo previsto no Código Civil é prazo destinado a regular as relações de Direito Privado.

Pra resolver de vez a questão, em recurso repetitivo restou estabelecido pelo STJ que as ações patrimoniais passivas ou ativas de que seja parte a Fazenda Pública regem-se pelo prazo prescricional previsto no Decreto 20.910/1932. Vale a pena replicar ementa a respeito do tema: "ADMINISTRATIVO. PROCESSUAL CIVIL. RESPONSABILIDADE CIVIL DO ESTADO. AÇÃO DE INDENIZAÇÃO CONTRA A FAZENDA PÚBLICA. PRAZO PRESCRICIONAL.DECRETO N. 20.910/1932. QUINQUENAL. TEMA OBJETO DE RECURSO REPETITIVO. SÚMULA 168/STJ. INCIDÊNCIA. 1. A jurisprudência desta Corte firmou-se no sentido de que a prescrição contra a Fazenda Pública é quinquenal, mesmo em ações indenizatórias, uma vez que é regida pelo Decreto n. 20.910/1932. Orientação reafirmada em recurso submetido ao regime do art. 543-C do CPC (REsp 1251993/PR, Rel. Min. Mauro Campbell Marques, Primeira Seção, DJe 19.12.2012). 2. Incidência da Súmula 168/STJ, *in verbis*: 'Não cabem embargos de divergência, quando a jurisprudência do tribunal se firmou no mesmo sentido do acórdão embargado'. Agravo regimental improvido" (AgRg nos EAREsp 53471 / RS, relator Ministro HUMBERTO MARTINS, 1ª Seção, j. 27.02.2013).

Há de se aguardar, agora, como se posicionará a jurisprudência em relação à responsabilização civil de *pessoas jurídicas* que causarem danos à Administração por condutas definidas na Lei 12.846, de 1º de agosto de 2013. Parece-nos que, de acordo com essa lei, a prescrição da pretensão do Poder Público de buscar a reparação civil no caso mencionado (de pessoa jurídica cuja conduta incida no art. 5º da lei), voltará a ser de 5 anos, nos termos de seu art. 25, *caput*. Apesar de a lei ter usado uma terminologia totalmente inadequada ("prescrição da infração"), parece-nos que dispositivo citado não fez distinção entre a aplicação de sanções civis (como a de reparação civil, que, inclusive, envolve verdadeiro prazo *prescricional*) e administrativas (que, em verdade, envolve prazo decadencial, apesar de ser comum a lei usar a palavra "prescrição" para abranger prazos decadenciais também), de modo que o prazo prescricional de 5 anos se aplicaria tanto às sanções civis, como às sanções administrativas para as pessoas jurídicas que praticarem condutas definidas no art. 5º da Lei 12.846/2013.

Ainda em relação à questão da prescrição, há dois casos específicos em que o prazo prescricional para a ação indenizatória estão definidos por existir regra especial estabelecendo tais prazos, sem que haja exceção quanto à sua aplicação. O primeiro é prazo para ingresso de ação indenizatória por desapropriação indireta (prazo prescricional de 10 anos) e o segundo é para ingresso de ação indenizatória por restrições decorrentes de atos do Poder Público (prazo prescricional de 5 anos – art. 10 do Dec.-lei 3.365/1941).

Por fim, de rigor lembrar que há três casos de imprescritibilidade da pretensão de reparação civil, quais sejam: a) ressarcimento do erário; b) ressarcimento de dano ambiental; c) ressarcimento de danos por perseguição política, prisão e tortura durante a ditadura militar. Quanto a esse último caso, *vide*, por exemplo, o AgRg no Ag 1.428.635, julgado pelo STJ em 02.08.2012.

Vale, também, uma palavra sobre o termo *a quo* da contagem do prazo prescricional.

No caso, esse prazo é contado da data do fato ou do ato lesivo. Todavia, caso o dano tenha sido causado por conduta considerada crime na esfera penal, o prazo prescricional começará a fluir a partir do trânsito em julgado da ação penal (STJ, AgRg no Ag 1383364/SC, DJ 25.05.2011).

11.15. RESPONSABILIDADE CIVIL E ADMINISTRATIVA DE PESSOAS JURÍDICAS (LEI 12.846/2013)

A Lei 12.846, de 1º de agosto de 2013, dispõe sobre a responsabilização **objetiva**, nas esferas administrativa e civil, de **pessoas jurídicas**, pela prática, por estas, de atos contrários à Administração Pública, **inclusive** atos contrários à Administração Pública estrangeira, ainda que cometidos no exterior (arts. 1º e 28).

Essa responsabilidade objetiva, todavia, somente se aplica quanto aos atos lesivos **definidos no art. 5º da Lei** (por exemplo: fraude à licitação), e desde que a pessoa que tenha cometido tais atos seja uma pessoa jurídica. As demais pessoas (pessoas físicas ou naturais) e os demais casos (ilícitos não previstos no art. 5º da Lei 12.846/2013), continuam regulamentados pelas leis existentes ao tempo da Lei 12.846/2013, podendo se tratar tanto de responsabilidade subjetiva (quando se aplicar o artigo 186 do Código Civil, por exemplo), como de responsabilidade objetiva (quando se aplicar os artigos 927, parágrafo único e 931 do Código Civil, também por exemplo).

Outro requisito para que a responsabilidade administrativa e civil da pessoa jurídica perante a Administração é que os atos lesivos respectivos tenham sido praticados em seu **interesse ou benefício**, ainda que não exclusivamente em seu interesse ou benefício (art. 2º).

As sanções administrativas podem ser aplicadas **sem intervenção do Judiciário** no caso de aplicação de *multa* e de *publicação extraordinária de decisão condenató-*

ria (art. 6º). A multa variará de 0,1% a 20% do faturamento bruto da pessoa jurídica no último exercício anterior ao da instauração do processo administrativo, em valor nunca inferior à vantagem auferida. Quanto à publicação extraordinária de decisão condenatória, consiste em se determinar a publicação, às expensas da pessoa jurídica infratora, de extrato da decisão condenatória em meio de comunicação de grande circulação, em edital afixado pelo prazo mínimo de 30 dias no próprio estabelecimento ou no local da atividade, e no sítio eletrônico da pessoa jurídica.

Quanto às demais sanções administrativas previstas no art. 19 da Lei (que incluem o perdimento de bens, a suspensão ou interdição parcial de atividades, a dissolução compulsória da pessoa jurídica e a proibição de contratar com a Administração), bem como quanto à reparação civil, cabe ao Poder Público ingressar com **ação judicial**, para que o Judiciário promova a devida responsabilização. A ação em questão seguirá o rito da Lei de Ação Civil Pública (art. 21, *caput*), e pode ser ajuizada não só por meio das procuradorias dos entes públicos, como também pelo Ministério Público (art. 19, *caput*), sendo, que na omissão das autoridades administrativas, este poderá também pedir em juízo a aplicação das sanções previstas no art. 6º da Lei.

É importante ressaltar que a aplicação das sanções previstas na lei ora comentada **não afeta** os processos de responsabilização e aplicação de penalidades decorrentes dos atos de improbidade nos termos da Lei 8.429/1992 e de ilícitos alcançados pela Lei 8.666/1993 ou outras normas de licitação e contratos.

Quanto à **decadência** ou **prescrição** para aplicar as sanções previstas na Lei, o prazo é de 5 anos, contados da data da ciência da infração ou, no caso de infração permanente ou continuada, do dia em que tiver cessado (art. 25). Na esfera administrativa ou judicial, a prescrição será interrompida com a instauração de processo que tenha por objeto a apuração da infração.

Outro ponto importante da lei, que deverá provocar mais efetividade na apuração dessas infrações, é a regulamentação do chamado **acordo de leniência** (art. 16). De acordo com este, a autoridade máxima de cada órgão ou entidade pública poderá celebrar acordo de leniência com as pessoas jurídicas responsáveis pela prática dos atos previstos na Lei que colaborem efetivamente com as investigações e o processo administrativo, desde que dessa colaboração resulte a identificação dos demais envolvidos na infração, quando couber, e a obtenção célere de informações e documentos que comprovem o ilícito sob apuração. A celebração do acordo de leniência isentará a pessoa jurídica das sanções previstas no inciso II do art. 6º e no inciso IV do art. 19 e reduzirá em até 2/3 (dois terços) o valor da multa aplicável (art. 16, § 2º). Vale ressaltar que o acordo de leniência não exime a pessoa jurídica da obrigação de reparar integralmente o dano causado.

Por fim, importante destacar que "os órgãos ou entidades dos Poderes Executivo, Legislativo e Judiciário de todas as esferas de governo deverão informar e manter atualizados, para fins de publicidade, no **Cadastro Nacional de Empresas Inidôneas e Suspensas – CEIS**, de caráter público, instituído no âmbito do Poder Executivo federal, os dados relativos às sanções por eles aplicadas, nos termos do disposto nos arts. 87 e 88 da Lei n. 8.666, de 21 de junho de 1993" (art. 23 – g.n.).

11.16. JURISPRUDÊNCIA SELECIONADA

AG. REG. NO ARE N. 697.326-RS
RELATOR: MIN. DIAS TOFFOLI

EMENTA: Agravo regimental no recurso extraordinário com agravo. Administrativo. Estabelecimento de ensino. Ingresso de aluno portando arma branca. Agressão. Omissão do Poder Público. Responsabilidade objetiva. Elementos da responsabilidade civil estatal demonstrados na origem. Reexame de fatos e provas. Impossibilidade. Precedentes.

1. **A jurisprudência da Corte firmou-se no sentido de que as pessoas jurídicas de direito público respondem objetivamente pelos danos que causarem a terceiros, com fundamento no art. 37, § 6º, da Constituição Federal, tanto por atos comissivos quanto por omissivos, desde que demonstrado o nexo causal entre o dano e a omissão do Poder Público**.

2. O Tribunal de origem concluiu, com base nos fatos e nas provas dos autos, que restaram devidamente demonstrados os pressupostos necessários à configuração da responsabilidade extracontratual do Estado.

3. Inadmissível, em recurso extraordinário, o reexame de fatos e provas dos autos. Incidência da Súmula nº 279/STF.

4. Agravo regimental não provido. (Inform. STF 703)

Nota: não se pode confundir uma conduta *omissiva genérica* (ex: o Estado não conseguir evitar todos os furtos de carros), com uma conduta *omissiva específica* (ex: o Estado ter o dever de vigilância sobre alguém e não evitar o dano); no primeiro caso, o Estado responde subjetivamente, só cabendo indenização se ficar provado que o serviço foi defeituoso (ex: um policial presencia um furto e nada faz); no segundo caso, o Estado responde objetivamente, não sendo necessário perquirir sobre se o serviço estatal foi ou não defeituoso

"Bar Bodega" - Responsabilidade Civil Objetiva - Prisão Preventiva de Pessoa Inocente - Dever de Indenizar

EMENTA: RESPONSABILIDADE CIVIL OBJETIVA DO ESTADO (**CF**, ART. 37, § 6º). **CONFIGURAÇÃO.** *"BAR BODEGA"*. **DECRETAÇÃO DE PRISÃO CAUTELAR**, QUE SE RECONHECEU INDEVIDA, **CONTRA** PESSOA QUE FOI SUBMETIDA A INVESTIGAÇÃO PENAL PELO PODER PÚBLICO. **ADOÇÃO** DESSA MEDIDA DE PRIVAÇÃO DA LIBERDADE CONTRA QUEM **NÃO TEVE** QUALQUER PARTICIPAÇÃO **OU** ENVOLVIMENTO COM O FATO CRIMINOSO. **INADMISSIBILIDADE** DESSE COMPORTAMENTO IMPUTÁVEL AO APARELHO DE ESTADO. **PERDA DO EMPREGO** COMO DIRETA CONSEQUÊNCIA **DA INDEVIDA** PRISÃO PREVENTIVA. **RECONHECIMENTO**, PELO TRIBUNAL DE JUSTIÇA LOCAL, DE QUE SE ACHAM PRESENTES **TODOS** OS ELEMENTOS IDENTIFICADORES **DO DEVER ESTATAL** DE REPARAR O DANO. **NÃO COMPROVAÇÃO**, PELO ESTADO DE SÃO PAULO, **DA ALEGADA INEXISTÊNCIA** DO NEXO CAUSAL. **CARÁTER SOBERANO** DA DECISÃO LOCAL, QUE, **PROFERIDA** EM SEDE RECURSAL ORDINÁRIA, **RECONHECEU**, COM APOIO NO EXAME DOS FATOS **E** PROVAS, **A INEXISTÊNCIA** DE CAUSA **EXCLUDENTE** DA RESPONSABILIDADE CIVIL DO PODER PÚBLICO. **INADMISSIBILIDADE** DE REEXAME DE PROVAS **E** FATOS **EM SEDE** RECURSAL EXTRAORDINÁRIA (SÚMULA 279/STF). **DOUTRINA E PRECEDENTES** EM TEMA DE RESPONSABILIDADE CIVIL OBJETIVA DO ESTADO. ACÓRDÃO RECORRIDO **QUE SE AJUSTA** À JURISPRUDÊNCIA DO SUPREMO TRIBUNAL FEDERAL. **RE** CONHECIDO **E** IMPROVIDO. **RE 385943/SP. RELATOR: MIN. CELSO DE MELLO**. (Inform. STF 570)

Responsabilidade Civil do Estado e Omissão Legislativa - 2

A Turma concluiu julgamento de recurso extraordinário em que servidores públicos federais, sob a alegação de ofensa ao art. 37, X, da CF, com a redação dada pela EC 19/98, pretendiam obter indenização do Estado, em virtude de não haverem sido contemplados com a revisão geral anual, instituída por aquela Emenda, no período compreendido entre o seu advento e o termo inicial da vigência da Lei 10.331/2001, que estabeleceu a mencionada revisão ao funcionalismo público — v. Informativo 404. **Por maioria, desproveu-se o recurso ao fundamento de que os requisitos necessários à caracterização da responsabilidade civil do Estado por omissão legislativa não estariam presentes**. O Min. Gilmar Mendes, em voto-vista, registrou que, no julgamento da ADI 2061/DF (DJU de 29.6.2001), o Plenário atestara a mora do Presidente da República em desencadear o processo de elaboração da lei anual de revisão geral da remuneração dos servidores da União, contudo, não fixara prazo para esse mister. Na sequência, aduziu que o STF possuiria entendimento consolidado no sentido de não caber indenização, especialmente, pelo fato de não ter sido estabelecido prazo para o Chefe do Poder Executivo encaminhar o projeto de lei sobre a revisão. Não obstante, salientou haver necessidade de se refletir se o reconhecimento da mora legislativa tornar-se-ia ineficaz para efeito da responsabilidade civil na hipótese de não ter sido fixado prazo para o seu suprimento. No ponto, consignou que, de acordo com a complexidade da matéria, a demora no envio do projeto de lei deveria ser submetida ao crivo da razoabilidade. Na situação dos autos, asseverou que o requisito da mora existiria — em face da declaração constante da aludida ADI 2061/DF —, contudo, não se verificaria sua permanência, porquanto o Chefe do Poder Executivo, logo em seguida, encaminhara o projeto de lei referente à revisão geral anual da remuneração dos servidores públicos da União, sendo este, em menos de 6 meses, transformado na Lei 10.331/2001. Vencido o Min. Carlos Velloso, relator, que provia o extraordinário por considerar inequívoco o dever de indenizar do Estado. **RE 424584/MG, rel. orig. Min. Carlos Velloso, red. p/ o acórdão Min. Joaquim Barbosa, 17.11.2009.** (RE-424584) (Inform. STF 568) (g.n.)

Rebelião - Carandiru - Responsabilidade Civil Objetiva - Dever de Indenizar

EMENTA: RESPONSABILIDADE CIVIL OBJETIVA DO ESTADO (CF, ART. 37, § 6º). CONFIGURAÇÃO. REBELIÃO NO COMPLEXO PENITENCIÁRIO DO CARANDIRU. RECONHECIMENTO, PELO TRIBUNAL DE JUSTIÇA LOCAL, DE QUE SE ACHAM PRESENTES TODOS OS ELEMENTOS IDENTIFICADORES DO DEVER ESTATAL DE REPARAR O DANO. NÃO COMPROVAÇÃO, PELO ESTADO DE SÃO PAULO, DA ALEGADA RUPTURA DO NEXO CAUSAL. CARÁTER SOBERANO DA DECISÃO LOCAL, QUE, PROFERIDA EM SEDE RECURSAL ORDINÁRIA, RECONHECEU, COM APOIO NO EXAME DOS FATOS E PROVAS, A INEXISTÊNCIA DE CAUSA EXCLUDENTE DA RESPONSABILIDADE CIVIL DO PODER PÚBLICO. INADMISSIBILIDADE DE REEXAME DE PROVAS E FATOS EM SEDE RECURSAL EXTRAORDINÁRIA (SÚMULA 279/STF). DOUTRINA E PRECEDENTES EM TEMA DE RESPONSABILIDADE CIVIL OBJETIVA DO ESTADO. ACÓRDÃO RECORRIDO QUE SE AJUSTA À JURISPRUDÊNCIA DO SUPREMO TRIBUNAL FEDERAL. AGRAVO IMPROVIDO. AI 299125/SP. RELATOR: MIN. CELSO DE MELLO. (Inform. STF 567)

Responsabilidade Civil do Estado e Ato Decorrente do Exercício da Função

A Turma **deu provimento a recurso extraordinário para assentar a carência de ação de indenização por danos morais ajuizada em desfavor de diretor de universidade federal que, nessa qualidade, supostamente teria ofendido a honra e a imagem de subordinado.** De início, rejeitou-se a pretendida competência da Justiça Federal (CF, art. 109, I) para julgar o feito. Asseverou-se que a competência é definida pelas balizas da ação proposta e que, no caso, a inicial revela que, em momento algum, a universidade federal fora acionada. Enfatizou-se, no ponto, que o ora recorrido ingressara com ação em face do recorrente, cidadão. Desse modo, pouco importaria que o ato praticado por este último o tivesse sido considerada certa qualificação profissional. De outro lado, reputou-se violado o § 6º do art. 37 da CF, haja vista que **a ação por danos causados pelo agente deve ser ajuizada contra a pessoa de direito público e as pessoas de direito privado prestadoras de serviços públicos, o que, no caso, evidenciaria a <u>ilegitimidade passiva</u> do recorrente.** Concluiu-se que o recorrido não tinha de formalizar ação contra o recorrente, em razão da qualidade de agente desse último, tendo em conta que os atos praticados o foram personificando a pessoa jurídica de direito público. **RE 344133/PE, rel. Min. Marco Aurélio, 9.9.2008.** (RE-344133) (Inform. STF 519) (g.n.)

Beneficiário de Bolsa de Estudos no Exterior: Não Retorno ao País e Ressarcimento

O Tribunal, por votação majoritária, indeferiu mandado de segurança impetrado contra decisão do Tribunal de Contas da União - TCU que condenara a impetrante a pagar determinado montante, a título de devolução de valores, em decorrência do descumprimento da obrigação de retornar ao País após o término da concessão da sua bolsa de estudos no exterior. Na linha da orientação fixada no MS 24519/DF (DJU de 2.12.2005) — no sentido de que o beneficiário de bolsa de estudos no exterior, às expensas do Poder Público, não pode alegar o desconhecimento de obrigação prevista em ato normativo do órgão provedor, e de que o custeio dessas bolsas de estudo é justificável na medida em que ao País sejam acrescidos os frutos resultantes do aprimoramento técnico-científico dos nacionais beneficiados —, entendeu-se não haver direito líquido e certo da impetrante. Considerou-se que, no momento em que solicitara a bolsa de estudos para o exterior, e preenchera o formulário com essa finalidade, que tem natureza contratual, assumira o compromisso de cumprir com os deveres a ela atribuídos em razão dessa concessão, dentre os quais o de retornar ao Brasil quando concluísse o curso de doutorado, sob pena de ressarcir os recursos públicos que recebera (Resolução 114/91, item 3 e Resolução Normativa 5/87, item 5.7). **<u>Afastou-se, também, a apontada prescrição</u>, ao fundamento de incidir, na espécie, o disposto na parte final do art. 37, § 5º, da CF ("*A lei estabelecerá os prazos de prescrição para ilícitos praticados por qualquer agente, servidor ou não, que causem prejuízos ao erário, ressalvadas as respectivas ações de ressarcimento.*")**. O Min. Cezar Peluso fez ressalva quanto à interpretação do art. 37, § 5º, da CF, por julgar estar-se diante de uma exceção, a ser interpretada restritivamente, à previsão de prescrição para ilícitos, que não se aplicaria ao caso, por não haver ilícito. Reputou, entretanto, não configurado o caso típico de prescrição, podendo a matéria ser rediscutida na ação própria de cobrança. Vencido o Min. Marco Aurélio que concedia a ordem por vislumbrar a ocorrência da prescrição. **MS 26210/DF, rel. Min. Ricardo Lewandowski, 4.9.2008.** (MS-26210) (Inform. STF 518) (g.n.)

Responsabilidade Civil do Estado: Revisão Criminal e Prisão Preventiva - 1

A Turma, por maioria, negou provimento a recurso extraordinário interposto contra acórdão do TRF da 5ª Região que condenara a União ao pagamento de indenização por danos morais em favor do recorrido, reitor de universidade federal à época dos fatos. No caso, este, preso preventivamente, fora denunciado, com vice-reitor e diretora de contabilidade, por peculato doloso consistente na suposta apropriação de remuneração paga a servidores-fantasmas inseridos na folha de pagamento da instituição. O extinto Tribunal Federal de Recursos - TFR mantivera a sentença de 1º grau que desclassificara a imputação para o delito de peculato culposo. Ocorre que, posteriormente, o TCU, em tomada de contas especial, eximira o recorrido e o vice-reitor de toda responsabilidade pelo episódio, o que ensejara, por parte deste último, pedido de revisão criminal que, deferido pela Corte *a quo*, absolvera-o. Em consequência disso, o recorrido propusera, então, ação ordinária de indenização por danos morais, decorrentes não apenas da condenação, desconstituída em revisão criminal, mas também da custódia preventiva. Alegava-se, na espécie, contrariedade ao art. 5º, LXXV, da CF (*"o Estado indenizará o condenado por erro judiciário, assim como que ficar preso além do tempo fixado na sentença;"*). RE 505393/PE, rel. Min. Sepúlveda Pertence, 26.6.2007. (RE-505393)

Responsabilidade Civil do Estado: Revisão Criminal* e *Prisão Preventiva - 2

Entendeu-se que se trataria de responsabilidade civil objetiva do Estado. Aduziu-se que a constitucionalização do direito à indenização da vítima de erro judiciário e daquela presa além do tempo devido (art. 5º, LXXV), reforçaria o que já disciplinado pelo art. 630 do CPP (*"O tribunal, se o interessado o requerer, poderá reconhecer o direito a uma justa indenização pelos prejuízos sofridos."*), elevado à garantia individual. No ponto, embora se salientando a orientação consolidada de que a regra é a irresponsabilidade civil do Estado por atos de jurisdição, considerou-se que, naqueles casos, a indenização constituiria garantia individual, <u>sem nenhuma menção à exigência de dolo ou de culpa do magistrado</u>, bem como sem o estabelecimento de pressupostos subjetivos à responsabilidade fundada no risco administrativo do art. 37, § 6º, da CF. Salientou-se, ainda, que muito se discute hoje sobre o problema da prisão preventiva indevida e de outras hipóteses de indenização por decisões errôneas ou por *faute de service* da administração da Justiça, as quais não se encontram expressamente previstas na legislação penal. Vencido o Min. Ricardo Lewandowski que fazia ressalvas à plena adoção da tese da responsabilidade objetiva do Estado no tocante a revisões criminais, em especial, nas ajuizadas com base no inciso III do art. 621 do CPP (*"Art. 621. A revisão dos processos findos será admitida:... III - quando, após a sentença, se descobrirem novas provas de inocência do condenado ou de circunstância que determine ou autorize diminuição especial da pena."*). RE 505393/PE, rel. Min. Sepúlveda Pertence, 26.6.2007. (RE-505393) (Inform. STF 473) (g.n.)

Responsabilidade Civil do Estado e Servidor de Fato - 2

A Turma, em conclusão de julgamento, deu provimento a recurso extraordinário interposto contra acórdão do tribunal de justiça local que, reconhecendo a responsabilidade civil objetiva do Estado do Ceará, condenara-o a indenizar família de policial de fato, morto em horário em que prestava serviço, ao fundamento de que o Poder Público, ao permitir tal situação, assumira os riscos consequentes, não importando os motivos do crime — v. Informativo 431. **Considerou-se inexistente o nexo de causalidade entre a atividade de policial exercida pela vítima e sua morte, independentemente do fato daquela exercer a função de modo irregular. Asseverou-se que o agente causador do óbito era estranho aos quadros da Administração Pública e que cometera o delito motivado por interesse privado, decorrente de ciúme de sua ex-companheira**. RE 341776/CE, rel. Min. Gilmar Mendes, 17.4.2007. (RE-341776) (Inform. STF 463) (g.n.)

Responsabilidade Civil do Estado e Agente Público - 1

A Turma negou provimento a recurso extraordinário em que se sustentava ofensa ao art. 37, § 6º, da CF, ao argumento de ser cabível o ajuizamento de ação indenizatória diretamente contra o agente público, sem a responsabilização do Estado. No caso, a recorrente propusera ação de perdas e danos em face de prefeito, pleiteando o ressarcimento de supostos prejuízos financeiros decorrentes de decreto de intervenção editado contra hospital e maternidade de sua propriedade. Esse processo fora declarado extinto, sem julgamento de mérito, por ilegitimidade passiva do réu, decisão mantida pelo Tribunal de Justiça local. <u>RE 327904/SP, rel. Min. Carlos Britto, 15.8.2006.</u> (RE-327904)

Responsabilidade Civil do Estado e Agente Público - 2

Considerou-se que, na espécie, o decreto de intervenção em instituição privada seria ato típico da Administração Pública e, por isso, caberia ao Município responder objetivamente perante terceiros. Aduziu-se que **somente as pessoas jurídicas de direito público ou as pessoas jurídicas de direito privado que prestem serviços públicos podem responder, objetivamente, pela reparação de danos ocasionados por ato ou por omissão dos seus agentes, enquanto estes atuarem como agentes públicos**. No tocante à ação regressiva, asseverou-se a distinção entre a possibilidade de imputação da responsabilidade civil, de forma direta e imediata, à pessoa física do agente estatal, pelo suposto prejuízo a terceiro, e entre o direito concedido ao ente público, ou a quem lhe faça as vezes, de ressarcir-se perante o servidor praticante de ato lesivo a outrem, nos casos de dolo ou de culpa. Em face disso, **entendeu-se que, se eventual prejuízo ocorresse por força de agir tipicamente funcional, não haveria**

como se extrair do citado dispositivo constitucional a responsabilidade *per saltum* da pessoa natural do agente. Essa, se cabível, abrangeria apenas o ressarcimento ao erário, em sede de ação regressiva, depois de provada a culpa ou o dolo do servidor público. Assim, concluiu-se que o mencionado art. 37, § 6º, da CF, consagra dupla garantia: uma em favor do particular, possibilitando-lhe ação indenizatória contra a pessoa jurídica de direito público ou de direito privado que preste serviço público; outra, em prol do servidor estatal, que somente responde administrativa e civilmente perante a pessoa jurídica a cujo quadro funcional pertencer. A Min. Cármen Lúcia acompanhou com reservas a fundamentação.

RE 327904/SP, rel. Min. Carlos Britto, 15.8.2006. (RE-327904) (Inform. STF 436) (g.n.)

Responsabilidade Civil do Estado e Ato Omissivo - 3

Em conclusão de julgamento, a Turma, por maioria, negou provimento a recurso extraordinário interposto contra acórdão do Tribunal de Justiça do Estado do Rio Grande do Sul que, aplicando o princípio da responsabilidade objetiva do Estado, julgara procedente **pedido formulado em ação indenizatória movida por vítimas de ameaça e de estupro praticados por foragido do sistema penitenciário estadual, sob o fundamento de falha do Estado na fiscalização do cumprimento da pena pelo autor do fato, que, apesar de ter fugido sete vezes, não fora sujeito à regressão de regime** — v. Informativos 391 e 399. Afastou-se, na espécie, semelhanças do caso concreto com precedentes do Supremo em que rejeitada a responsabilidade do Estado em razão de ato omissivo. **Considerou-se caracterizada a falha do serviço, a ensejar a responsabilidade civil do Estado recorrente, bem como entendeu-se presente o nexo causal entre a fuga do apenado e o dano sofrido pelas recorrentes, haja vista que, se a Lei de Execução Penal houvesse sido aplicada com um mínimo de rigor, o condenado dificilmente teria continuado a cumprir pena nas mesmas condições que originariamente lhe foram impostas e, por conseguinte, não teria a oportunidade de evadir-se pela oitava vez e cometer o delito em horário no qual deveria estar recolhido ao presídio.** Vencido o Min. Carlos Velloso que dava provimento ao recurso. Precedentes citados: RE 130764/PR (DJU de 7.8.92); RE 172025/RJ (DJU de 19.12.96); RE 136247/RJ (DJU de 18.8.2000).

RE 409203/RS, rel. orig. Min. Carlos Velloso, rel. p/ acórdão Min. Joaquim Barbosa, 7.3.2006. (RE-409203) (Inform. STF 418) (g.n.)

DIREITO PROCESSUAL CIVIL E ADMINISTRATIVO. LEGITIMIDADE DE AGENTE PÚBLICO PARA RESPONDER DIRETAMENTE POR ATOS PRATICADOS NO EXERCÍCIO DE SUA FUNÇÃO.

Na hipótese de dano causado a particular por agente público no exercício de sua função, há de se conceder ao lesado a possibilidade de ajuizar ação diretamente contra o agente, contra o Estado ou contra ambos. De fato, o art. 37, § 6º, da CF prevê uma garantia para o administrado de buscar a recomposição dos danos sofridos diretamente da pessoa jurídica, que, em princípio, é mais solvente que o servidor, independentemente de demonstração de culpa do agente público. Nesse particular, a CF simplesmente impõe ônus maior ao Estado decorrente do risco administrativo. Contudo, não há previsão de que a demanda tenha curso forçado em face da administração pública, quando o particular livremente dispõe do bônus contraposto; tampouco há imunidade do agente público de não ser demandado diretamente por seus atos, o qual, se ficar comprovado dolo ou culpa, responderá de qualquer forma, em regresso, perante a Administração. Dessa forma, a avaliação quanto ao ajuizamento da ação contra o agente público ou contra o Estado deve ser decisão do suposto lesado. Se, por um lado, o particular abre mão do sistema de responsabilidade objetiva do Estado, por outro também não se sujeita ao regime de precatórios, os quais, como é de cursivo conhecimento, não são rigorosamente adimplidos em algumas unidades da Federação. Posto isso, o servidor público possui legitimidade passiva para responder, diretamente, pelo dano gerado por atos praticados no exercício de sua função pública, sendo que, evidentemente, o dolo ou culpa, a ilicitude ou a própria existência de dano indenizável são questões meritórias. Precedente citado: REsp 731.746-SE, Quarta Turma, DJe 4/5/2009. **REsp 1.325.862-PR, Rel. Min. Luis Felipe Salomão, julgado em 5/9/2013.** (Inform. STJ 532)

Nota: essa decisão está em dissonância com a jurisprudência do STF. Porém, tendo em vista a modificação de vários ministros no STF nos últimos anos, existe chance que este mudar seu entendimento no futuro para admitir o acionamento direto do agente público, o que, atualmente, não é admitido no Excelso Pretório.

DIREITO ADMINISTRATIVO. RESPONSABILIDADE CIVIL DO ESTADO.

Na fixação do valor da indenização, não se deve aplicar o critério referente à teoria da perda da chance, e sim o da efetiva extensão do dano causado (art. 944 do CC), na hipótese em que o Estado tenha sido condenado por impedir servidor público, em razão de interpretação equivocada, de continuar a exercer de forma cumulativa dois cargos públicos regularmente acumuláveis. Na hipótese de perda da chance, o objeto da reparação é a perda da possibilidade de obter um ganho como provável, sendo que há que fazer a distinção entre o resultado perdido e a possibilidade de consegui-lo. **A chance de vitória terá sempre valor menor que a vitória futura, o que refletirá no montante da indenização.** Contudo, na situação em análise, o dano sofrido não advém da perda de uma chance, pois o servidor já exercia ambos os cargos no momento em que foi indevidamente impedido de fazê-lo, sendo este um evento certo, em relação ao qual não restam dúvidas. Não se trata, portanto, da perda de uma chance de exercício cumulativo de ambos os cargos, porque isso já ocorria, sendo que o ato ilícito imputado ao ente estatal gerou dano de caráter certo e determinado, que deve ser indenizado de acordo com sua efetiva extensão (art. 944 do CC). **REsp 1.308.719-MG, Rel. Min. Mauro Campbell Marques, julgado em 25/6/2013.** (Inform. STJ 530) (g.n.)

DIREITO ADMINISTRATIVO. RESPONSABILIDADE OBJETIVA DO ESTADO NO CASO DE SUICÍDIO DE DETENTO.

A Administração Pública está obrigada ao pagamento de pensão e indenização por danos morais no caso de morte por suicídio de detento ocorrido dentro de estabelecimento prisional mantido pelo Estado. Nessas hipóteses, não é necessário perquirir eventual culpa da Administração Pública. Na verdade, a responsabilidade civil estatal pela integridade dos presidiários é objetiva em face dos riscos inerentes ao meio no qual foram inseridos pelo próprio Estado. Assim, devem ser reconhecidos os referidos direitos em consideração ao disposto nos arts. 927, parágrafo único, e 948, II, do CC. **AgRg no REsp 1.305.259-SC, Rel. Min. Mauro Campbell Marques, julgado em 2/4/2013.** (Inform. STJ 520)

DIREITO ADMINISTRATIVO. DANOS MORAIS EM DECORRÊNCIA DE LESÕES SOFRIDAS POR MILITAR EM SERVIÇO.

Não é cabível indenização por danos morais em decorrência de lesões sofridas por militar oriundas de acidente ocorrido durante sessão de treinamento na qual não tenha havido exposição a risco excessivo e desarrazoado. Os militares, no exercício de suas atividades rotineiras de treinamento, são expostos a situações de risco que ultrapassam a normalidade dos servidores civis, tais como o manuseio de armas de fogo, explosivos etc. As sequelas físicas decorrentes de acidente sofrido por militar em serviço não geram, por si sós, o direito à indenização por danos morais, os quais devem estar vinculados à demonstração de existência de eventual abuso ou negligência dos agentes públicos responsáveis pelo respectivo treinamento, de forma a revelar a submissão do militar a condições de risco que ultrapassem aquelas consideradas razoáveis no contexto no qual foi inserido. Precedente citado: REsp 1.021.500-PR, DJe 13/10/2009. **AgRg no AREsp 29.046-RS, Rel. Min. Arnaldo Esteves Lima, julgado em 21/2/2013.** (Inform. STJ 515).

DIREITO ADMINISTRATIVO. RESPONSABILIDADE CIVIL. DANO MORAL. CORTE. ENERGIA ELÉTRICA.

Não é possível presumir a existência de dano moral pelo simples corte de energia elétrica por parte da concessionária de serviço público, sendo necessária a comprovação da empresa afetada de prejuízo à sua honra objetiva. Precedente citado: REsp 299.282-RJ, DJ 5/8/2002. **REsp 1.298.689-RS, Rel. Min. Castro Meira, julgado em 23/10/2012. (Inform. STJ 508)**

DIREITO ADMINISTRATIVO. RESPONSABILIDADE CIVIL. DANO MORAL. PESSOA JURÍDICA. HONRA OBJETIVA. VIOLAÇÃO.

Pessoa jurídica pode sofrer dano moral, mas apenas na hipótese em que haja ferimento à sua honra objetiva, isto é, ao conceito de que goza no meio social. Embora a Súm. n. 227/STJ preceitue que "a pessoa jurídica pode sofrer dano moral", a aplicação desse enunciado é restrita às hipóteses em que há ferimento à honra objetiva da entidade, ou seja, às situações nas quais a pessoa jurídica tenha o seu conceito social abalado pelo ato ilícito, entendendo-se como honra também os valores morais, concernentes à reputação, ao crédito que lhe é atribuído, qualidades essas inteiramente aplicáveis às pessoas jurídicas, além de se tratar de bens que integram o seu patrimônio. Talvez por isso, o art. 52 do CC, segundo o qual se aplica "às pessoas jurídicas, no que couber, a proteção aos direitos da personalidade", tenha-se valido da expressão "no que couber", para deixar claro que somente se protege a honra objetiva da pessoa jurídica, destituída que é de honra subjetiva. O dano moral para a pessoa jurídica não é, portanto, o mesmo que se pode imputar à pessoa natural, tendo em vista que somente a pessoa natural, obviamente, tem atributos biopsíquicos. O dano moral da pessoa jurídica, assim sendo, está associado a um "desconforto extraordinário" que afeta o nome e a tradição de mercado, com repercussão econômica, à honra objetiva da pessoa jurídica, vale dizer, à sua imagem, conceito e boa fama, não se referindo aos mesmos atributos das pessoas naturais. Precedente citado: REsp 45.889-SP, DJ 15/8/1994. **REsp 1.298.689-RS, Rel. Min. Castro Meira, julgado em 23/10/2012. (Inform. STJ 508)**

IMÓVEL INEXISTENTE. RESPONSABILIDADE. ESTADO. TABELIÃO.

In casu, **a recorrente firmou dois contratos de parceria pecuária com garantia hipotecária representada por um imóvel rural. Porém, sua parceira não adimpliu o que foi ajustado contratualmente. Ocorre que, ao promover a execução da garantia hipotecária, a recorrente descobriu a inexistência do referido imóvel, apesar de registrado em cartório.** Diante disso, a recorrente ajuizou o especial no qual busca a condenação do Estado e do tabelião pelos danos materiais sofridos em decorrência do registro considerado como fraudulento. Sustenta que não há nenhum terceiro e nenhum fato de terceiro que exclua a responsabilidade estatal, sendo inconteste o nexo causal entre o dano experimentado e o comportamento do tabelião que promoveu o registro de hipoteca fraudulenta, ocasionando a responsabilização do Estado. O tribunal de origem entendeu que, em casos como esse, a responsabilidade é reconhecida independentemente da culpa, bastando que haja relação de causalidade entre a ação ou omissão e o dano sofrido. No caso, concluiu que o Estado não pode ser responsabilizado porque, mesmo que fosse comprovada a participação do tabelião na fraude (o que não ocorreu), não há nexo causal entre a atuação estatal e o prejuízo **suportado pela vítima, uma vez que o dano originou-se da conduta da parceira inadimplente que deu em garantia à avença um imóvel rural inexistente. Para o Min. Relator, o tribunal de origem decidiu acertadamente, pois o evento danoso descrito na exordial não decorreu direta e imediatamente do registro de imóvel inexistente, mas da conduta da parceira, que não cumpriu o que foi acordado com a recorrente. Explicitou ainda que, relativamente ao elemento normativo do nexo causal, em matéria de responsabilidade civil, no Direito pátrio, vigora o princípio da causalidade adequada, podendo ele ser decomposto em duas partes: a primeira** (decorrente, a *contrario sensu*, dos arts. 159 do CC/1916 e 927 do CC/2002, que fixam a indispensabilidade do nexo causal), **segundo a qual ninguém pode ser responsabilizado por aquilo a que não tiver dado causa; e a segunda** (advinda dos arts. 1.060 do CC/1916 e 403 do CC/2002, que determinam o conteúdo e os limites do nexo causal), **segundo a qual somente se considera causa o evento que produziu direta e concretamente o resultado danoso. Ressaltou que, se a obrigação tivesse sido adimplida, a recorrente não teria sofrido o prejuízo, o que demonstra a inexistência de relação direta entre o procedimento imputado ao tabelião e os danos sobrevindos**. Divergindo desse entendimento, o Min. Luiz Fux (vencido) salientou que o particular tinha uma garantia que era sucedânea da hipótese de inadimplemento e que, embora esse descumprimento tenha sido a causa direta, a *causa petendi* eleita foi o dano sofrido pelo fato da insubsistência da garantia, uma vez que o registro de imóveis registrou algo que não existia, e o particular, que confia na fé pública dos registros de imóveis, fica sem o abrigo em virtude do inadimplemento da obrigação. Destacou que o caso é excepcional e que o Estado tem responsabilidade objetiva, principalmente porque o cidadão confia na fé pública do registro. Com essas considerações, a Turma, por maioria, conheceu parcialmente do recurso e, nessa parte, negou-lhe provimento. Precedentes citados do STF: RE 130.764-PR, DJ 7/8/1992; do STJ: REsp 858.511-DF, DJe 15/9/2008. **REsp 1.198.829-MS, Rel. Min. Teori Albino Zavascki, julgado em 5/10/2010.** (Inform. STJ 450) (g.n.)

RESPONSABILIDADE. ESTADO. AGRESSÃO. PROFESSORA.

Trata-se, no caso, de agressão física perpetrada por aluno contra uma professora dentro de escola pública. Apesar de a direção da escola estar ciente das ameaças sofridas pela professora antes das agressões, <u>não tomou qualquer</u> providência para resguardar a segurança da docente ameaçada e afastar, imediatamente, o estudante da escola. O tribunal *a quo*, soberano na análise dos fatos, concluiu pela responsabilidade civil por omissão do Estado. Não obstante o dano ter sido causado por terceiro, existiam meios razoáveis e suficientes para impedi-lo e não foram utilizados pelo Estado. **Assim, demonstrado o nexo causal entre a inação do Poder Público e o dano configurado, tem o Estado a obrigação de repará-lo**. Logo, a Turma conheceu parcialmente do recurso e, nessa parte, negou-lhe provimento. Precedentes citados: REsp 967.446-PE, DJe 27/8/2009; REsp 471.606-SP, DJ 14/8/2007, e REsp 152.360-RS, DJ 30/5/2005. **REsp 1.142.245-DF, Rel. Min. Castro Meira, julgado em 5/10/2010.** (Inform. STJ 450) (g.n.)

LEGITIMIDADE. RESPONSABILIDADE. SERVIÇO NOTARIAL E DE REGISTRO.

Os cartórios extrajudiciais, incluindo o de protesto de títulos, são instituições administrativas, ou seja, não têm personalidade jurídica e são desprovidos de patrimônio próprio, não se caracterizando, assim, como empresa ou entidade, o que afasta sua legitimidade passiva *ad causam* para responder pela ação de obrigação de fazer, no caso, cancelamento de protesto referente a duplicata. **Por se tratar de serviço prestado por delegação de Estado, apenas a pessoa do titular do cartório responde por eventuais atos danosos, ou seja, aquele que efetivamente ocupava o cargo à época da prática do fato reputado como leviano, não podendo, dessa forma, transmitir a responsabilidade a seu sucessor**. Precedentes citados: REsp 911.151-DF, DJe 6/8/2010, e REsp 1.044.841-RJ, DJe 27/5/2009. **REsp 1.097.995-RJ, Rel. Min. Massami Uyeda, julgado em 21/9/2010.** (Inform. STJ 448) (g.n.)

RESPONSABILIDADE. CONCESSIONÁRIA. TRENS.

Trata-se de ação de indenização decorrente da morte do filho e irmão das recorridas, colhido por composição ferroviária. Sucede que a sociedade empresária que originalmente efetuava o transporte ferroviário no município e que foi condenada ao ressarcimento deixou de explorar a maior parte do serviço. Então, a recorrente, mediante licitação, recebeu a concessão para o transporte. Assim, vê-se que aquela sociedade coexistiu com a recorrente por um bom tempo, antes que houvesse sua cisão em duas outras. Não há falar, também, em sucessão empresarial entre elas, visto que a recorrente utilizou-se de investidura originária (licitação) para assumir a concessão do serviço público, de modo que, exceto por previsão contratual, não lhe caberia responder por danos ocasionados pela antiga exploradora. Anote-se que a sociedade foi criada pelo Governo, daí se cuidar de responsabilidade objetiva, respondendo o Estado subsidiariamente pelas obrigações não honradas. **Por isso tudo,**

é temeroso atribuir o cumprimento da condenação à recorrente, que nem concorreu para o evento danoso, apenas porque ostenta a condição de nova prestadora dos serviços públicos em questão ou porque assumiu parte do patrimônio da antiga prestadora (trens e trilhos), tal como defendido pelo acórdão recorrido. Esse entendimento foi acolhido por maioria pela Turma. O Min. Aldir Passarinho Junior, em seu voto vencido, entendia necessário anular o acórdão com lastro no art. 535 do CPC. **REsp 1.095.447-RJ, Rel. Min. João Otávio de Noronha, julgado em 17/8/2010.** (Inform. STJ 443) (g.n.)

INDENIZAÇÃO. JUROS MORATÓRIOS. PENSIONAMENTO.

Cuida-se, na origem, de ação de indenização por danos morais e materiais decorrente da responsabilidade do Estado pela morte do filho, irmão e tio dos autores em função de disparos de arma de fogo efetuados por agentes da polícia militar estadual. No REsp, os recorrentes postulam a majoração do valor relativo ao dano moral arbitrado, a incidência de juros moratórios sobre todas as verbas integrantes da condenação desde a data do evento e o aumento do tempo de pensionamento, conforme tabela do IBGE, visto dependerem economicamente do *de cujus*. Esclareceu o Min. Relator que, não obstante a dor e o sofrimento das pessoas envolvidas, ainda mais diante da atuação cruel de quem deveria zelar pela segurança da sociedade, no que refere à majoração do *quantum* arbitrado a título de danos morais, manteve a indenização fixada pelo tribunal *a quo*, qual seja, R$ 100 mil aos pais da vítima, R$ 50 mil a seus irmãos e a quantia de R$ 25 mil ao sobrinho, por não serem irrisórios tais valores arbitrados. Destacou que a indenização dos danos morais deve assegurar a justa reparação do prejuízo sem proporcionar enriquecimento sem causa, além de sopesar a capacidade econômica do réu, devendo ser fixada à luz da proporcionalidade da ofensa, calcada no caráter exemplar de sua determinação e no critério da solidariedade, o que ocorreu na espécie. Com relação aos juros moratórios, segundo o Min. Relator, eles devem ser calculados a partir do evento danoso (Súm. n. 54-STJ), à base de 0,5% ao mês (art. 1.062 do CC/1916) até a entrada em vigor do CC/2002. E, a partir dessa data, deve ser aplicada a taxa que estiver em vigor para a mora do pagamento de impostos devidos à Fazenda Nacional (art. 406 daquele *codex*), que, como de sabença, é a taxa Selic (Lei n. 9.250/1995). Por fim, no que concerne à data limite para a concessão de pensão, a jurisprudência deste Superior Tribunal reconhece que a idade de sobrevida não é estanque, visto que se consideram vários elementos para sua fixação, como *habitat*, alimentação, educação e meios de vida. Assim, objetivando obter um referencial para sua fixação, o STJ vem adotando os critérios da tabela de sobrevida da Previdência Social, de acordo com cálculos elaborados pelo IBGE. *In casu*, a vítima contava 28 anos de idade quando faleceu. A expectativa de sobrevida dele, conforme a tabela do IBGE para a época dos fatos era de 47,4 anos; assim, chega-se à idade de 75,4 anos como limite para a fixação da pensão concedida aos pais. Diante do exposto, a Turma deu parcial provimento ao recurso. **Precedentes citados: REsp 1.161.805-RJ, DJe 19/3/2010; AgRg no REsp 1.087.541-RJ, DJe 18/3/2009; AgRg no Ag 1.136.614-RJ, DJe 22/6/2009; REsp 688.536-PA, DJ 18/12/2006; REsp 813.056-PE, DJ 29/10/2007; AgRg no Ag 766.853-MG, DJ 16/10/2006; REsp 1.027.318-RJ, DJe 31/8/2009, e REsp 723.544-RS, DJ 12/3/2007. REsp 1.124.471-RJ, Rel. Min. Luiz Fux, julgado em 17/6/2010.** (Inform. STJ 439)

RESPONSABILIDADE. ESTADO. INCÊNDIO.

Trata-se de ação indenizatória por danos morais e materiais manejada em face de município em razão de incêndio em estabelecimento destinado a *shows*, o que ocasionou a morte do marido e pai dos autores. *In casu*, o tribunal de origem entendeu tratar-se de responsabilidade subjetiva do Estado por conduta omissiva, porquanto uma fiscalização efetiva por parte dele teria obstado a realização do evento sem as devidas medidas preventivas. Daí, o especial interposto pelo município, discutindo, entre outros temas, a violação dos arts. 186 e 947 do CC/2002 e alegando a ausência do nexo de causalidade; não havendo, portanto, que se aduzir a responsabilidade municipal no acidente. **Destacou o Min. Relator que, a jurisprudência deste Superior Tribunal tem se posicionado no sentido de que, em se tratando de conduta omissiva do Estado, a responsabilidade é subjetiva, devendo ser discutida a culpa estatal**. Isso porque, na seara de responsabilidade subjetiva do Estado por omissão, é imprescindível comprovar a inércia na prestação do serviço público, bem como demonstrar o mau funcionamento do serviço, para que seja configurada a responsabilidade. **No entanto, além da perquirição da culpa do agente, há de se verificar o nexo de causalidade entre a ação estatal (comissiva ou omissiva) e o dano. No caso dos autos, o dano ocorrido – incêndio em casa de *shows* – não revela nexo de causalidade entre a suposta omissão do Estado, porquanto a causa dos danos foi o *show* pirotécnico realizado por banda de música em ambiente e local inadequados, o que não enseja responsabilidade do município se sequer foram impostas por ele exigências insuficientes ou inadequadas, ou na omissão de alguma providência que se traduza como causa eficiente e necessária do resultado danoso. Dessarte, o evento danoso não decorreu de atividade eminentemente estatal, mas sim de ato de particulares estranhos à lide. Dessa forma, as razões expostas no *decisum* recorrido revelam o descompasso entre o entendimento do tribunal local e a circunstância em que o evento ocorreu por ato exclusivo de terceiro, não havendo nexo de causalidade entre a**

omissão estatal e o dano ocorrido. Nesse panorama, ressaltou ainda o Min. Relator que a situação não desafia o óbice da Súm. n. 7-STJ, pois não se trata de reexame do contexto fático probatório, mas de valoração dos critérios jurídicos concernentes à utilização da prova e à formação da convicção ante a distorcida aplicação pelo tribunal de origem de tese consubstanciada na caracterização da responsabilidade civil do Estado. Diante do exposto, a Turma deu provimento ao recurso. **REsp 1.040.895-MG, Rel. Min. Luiz Fux, julgado em 1º/6/2010.** (Inform. STJ 437) (g.n.)

RESPONSABILIDADE. CARTÓRIO NÃO OFICIALIZADO.

É **objetiva a responsabilidade do tabelião** (art. 22 da Lei n. 8.935/1994) pelos danos resultantes de sua atividade notarial e de registro exercida por delegação (art. 236, § 1º, da CF/1988). **O Estado apenas responde de forma subsidiária**, sendo desnecessária sua denunciação à lide, sem prejuízo do direito de regresso em ação própria. No caso, houve transferência de imóvel mediante procuração falsa lavrada no cartório não oficializado de titularidade do recorrente, o que gerou sua condenação à indenização de danos morais e materiais. Precedentes citados: REsp 1.087.862-AM, DJe 19/5/2010, e REsp 1.044.841-RJ, DJe 27/5/2009. **REsp 1.163.652-PE, Rel. Min. Herman Benjamin, julgado em 1º/6/2010.** (Inform. STJ 437) (g.n.)

MORTE. DETENTO. INDENIZAÇÃO.

Cuida-se da morte de detento em casa prisional. Nesse contexto, é impossível a acumulação de auxílio-reclusão, convertido em pensão após o óbito do detento, com a indenização por danos materiais fixada a título de pensão à família do *de cujus*. A indenização por dano material só se refere ao ressarcimento do que representou a diminuição indevida do patrimônio do ofendido. **REsp 1.125.195-MT, Rel. Min. Herman Benjamin, julgado em 20/4/2010.** (Inform. STJ 431) (g.n.)

DANO MORAL. PRESIDIÁRIO.

O estado-membro foi condenado a **indenizar presidiário por danos morais, devido às condições do estabelecimento prisional (insalubridade e superlotação).** Ressalta o Min. Relator que, no caso dos autos, não se está a averiguar se o dano moral é devido; se assim fosse, incidiria a Súm. n. 7-STJ. Explica que as teses que prevaleceram naquela decisão são equivocadas: deve haver indenização com função pedagógica para melhoria do sistema carcerário e há necessidade de apaziguar o sofrimento do recorrido de modo pecuniário. A questão não é de incidir a cláusula da reserva do possível, nem de assegurar o mínimo existencial, mas de ser urgente aprimorar as condições do sistema prisional, o que deverá ser feito com melhor planejamento e estruturação física e não mediante o pagamento pecuniário aos apenados. Assevera, ainda, que, **a despeito das condições precárias do sistema prisional nacional, em nada contribuiria para sua melhoria indenizar cada detento que sentir desconforto na prisão, pois a verba orçamentária despendida seria despida de finalidade do interesse público. Por outro lado, ao permitir tal entendimento, estar-se-ia admitindo o Estado como segurador universal, ou seja, sempre que algum serviço público essencial fosse falho, caberia indenização, em vez de buscar soluções de melhoria do sistema como um todo. Também haveria um choque de entendimento se, de um lado, o Estado fosse obrigado a pagar ao delinquente quantia mensal pelo fato de suas condições de carceragem não serem as melhores e, por outro, o Estado não pagar ao cidadão que, sem ter praticado qualquer delito, é privado de um ente querido pelo fato de ele ter sido executado por um fugitivo ou ter sua integridade física e moral violada por um ex-detento. Em todas essas situações, também há falha do serviço estatal.** Diante do exposto, a Turma deu provimento ao recurso do estado-membro e, quanto aos honorários da defensoria pública, aplicou a Súm. n. 421 do STJ. **REsp 962.934-MS, Rel. Min. Herman Benjamin, julgado em 13/4/2010.** (Inform. STJ 430) (g.n.)

TREM. ATROPELAMENTO.

A concessionária de transporte ferroviário tem o dever de cercar e fiscalizar os limites da linha férrea, principalmente em locais de grande concentração populacional, tal como no caso, em que a linha cruza o bairro Barra Funda na cidade de São Paulo. **Assim, se a concessionária deixa de tomar as medidas que evitam o acesso de pedestres à via férrea, responde civilmente pelos atropelamentos causados por seus trens. Contudo, nesses casos, a jurisprudência do STJ firmou-se no sentido de existir culpa concorrente entre a concessionária e a vítima. Precedentes citados: EREsp 705.859-SP, DJ 8/3/2007; REsp 773.853-RS, DJ 22/5/2006, e REsp 74.532-RJ, DJ 12/5/1997. REsp 1.042.313-SP, Rel. Min. Nancy Andrighi, julgado em 13/4/2010.** (Inform. STJ 430) (g.n.)

DANOS MATERIAIS. TITULAR. CARTÓRIO.

É subsidiária a responsabilidade do Estado membro pelos danos materiais causados por titular de serventia extrajudicial, ou seja, aquele ente somente responde de forma subsidiária ao delegatário. Por outro lado, **a responsabilidade dos notários equipara-se às das pessoas jurídicas de Direito Privado prestadoras de serviços públicos, pois os serviços notariais e de registros públicos são exercidos por delegação da atividade estatal (art. 236, § 1º, da CF/1988), assim seu desenvolvimento deve dar-se por conta e risco do delegatário** (Lei n. 8.987/1995). Também o art. 22 da Lei n. 8.935/1994, ao estabelecer a responsabilidade dos notários e oficiais de registro pelos danos causados a terceiros, não permite uma interpretação de que há responsabilidade solidária pura do ente estatal. Com esse entendimento, a Turma, ao prosseguir o julgamento, deu provimento ao recurso do Estado membro condenado a pagar R$ 115.072,36 por danos materiais imputados ao titular de cartório. **Precedente citado do STF: RE 201.595-SP, DJ 20/4/2001. REsp 1.087.862-AM, Rel. Min. Herman Benjamin, julgado em 2/2/2010.** (Inform. STJ 421) (g.n.)

DANO MORAL. SUSPENSÃO. ENERGIA ELÉTRICA. HOSPITAL.

É cediço que a jurisprudência da Primeira Seção firmou-se no sentido de não se admitir a suspensão do fornecimento de energia elétrica em hospitais públicos inadimplentes, em razão do interesse da coletividade (tese aceita com ressalvas da Min. Relatora). No entanto, na hipótese dos autos, trata-se de hospital particular que funciona como empresa, isto é, com objetivo de auferir lucros, embutindo, inclusive, nos preços cobrados de seus clientes, o valor dos custos da energia elétrica consumida. Consta dos autos que houve notificação, advertência, tolerância além do prazo e, mesmo assim, não houve o pagamento dos débitos referentes ao consumo de energia elétrica. Por outro lado, **o inadimplente resolveu mover ação contra seu credor (centrais elétricas), considerando-se moralmente ofendido pelo corte no fornecimento da energia elétrica em curta duração**. Dessa forma, nos autos, não se discute a ilicitude do corte de fornecimento de energia elétrica, mas, sim, danos morais. Anote-se que a energia elétrica está sendo fornecida, apesar de o débito ser de R$ 2 milhões. Outrossim, esse feito foi redistribuído à Turma da Segunda Seção que declinou da competência para essa Turma. Ante o exposto, **a Turma considerou indevida a indenização por dano moral pleiteada, quanto mais se o corte no fornecimento de energia elétrica foi precedido de todas as cautelas. REsp 771.853-MT, Rel. Min. Eliana Calmon, julgado em 2/2/2010.** (Inform. STJ 421) (g.n.)

RESPONSABILIDADE CIVIL. CANDIDATO. POSSE

O candidato aprovado em concurso público e nomeado tardiamente em razão de erro da Administração Pública, reconhecido judicialmente, faz jus à indenização por dano patrimonial, consistente no somatório de todos os vencimentos e vantagens que deixou de receber no período que lhe era legítima a nomeação, à luz da teoria da responsabilidade civil do estado, com supedâneo no art. 37, § 6º, da CF/1988. Para o Min. Relator, a hipótese configura, à saciedade, evento lesivo ao interesse da parte ora recorrente, sendo manifesto o nexo de causalidade entre a conduta do Estado e o resultado indesejado experimentado pela candidata, privada do direito à posse e exercício do cargo de defensor público estadual. É que, não fosse a ilegalidade perpetrada pela Administração Pública, consubstanciada no indevido cancelamento da inscrição da candidata, em razão da ausência de comprovação da prática jurídica, a candidata classificada em 56º lugar teria tomado posse em 30/8/2001, ou seja, na mesma data em que os candidatos classificados entre o 53º e 63º lugares foram nomeados. A candidata, com suporte em liminar deferida em mandado de segurança, realizou as etapas posteriores do certame, tendo logrado aprovação, sendo nomeada para o cargo em 12/12/2002, pelo ato do governador publicado na mesma data, e empossada em 23/12/2002, com exercício a contar de 19/12/2002. Diante disso, a Turma deu provimento ao recurso. **REsp 1.117.974-RS, Rel. Min. Luiz Fux, julgado em 19/11/2009.** (Inform. STJ 416) (g.n.)

DANOS MORAIS. SUPERLOTAÇÃO CARCERÁRIA.

A Turma não conheceu do REsp em que presidiário alegava ter sofrido danos morais devido à superlotação de presos em estabelecimento penal: a capacidade era de 130 detentos, mas conviviam 370 presos. No caso, o Tribunal, na análise fático-probatória, afastou a responsabilidade objetiva estadual com fulcro na Constituição Federal (art. 37, § 6º), afirmando, também, não ter o demandante comprovado efetivamente os danos morais sofridos. Dessa forma, não é possível analisar a responsabilidade do Estado à luz da legislação ordinária (art. 186 do CC/2002), ou seja, o nexo causal entre a suposta omissão estadual e os danos morais suportados. **REsp 1.114.260-MS, Rel. Min. Luiz Fux, julgado em 3/11/2009.** (Inform. STJ 414)

DANOS MORAIS. DENGUE.

A Turma proveu o recurso para majorar o valor indenizatório de danos morais, considerando **que, provado o nexo de causalidade entre a omissão do estado e do município no combate à epidemia e o evento da morte de vítima acometida de dengue hemorrágica**, o dano moral advindo de tal omissão fora fixado irrisoriamente em desconformidade com o evento fatal. **Precedentes citados: REsp 860.099-RJ, DJ 27/2/2008; AgRg no Ag 836.516-RJ, DJ 2/8/2007, e REsp 960.259-RJ, DJ 20/9/2007. REsp 1.133.257-RJ, Rel. Min. Luiz Fux, julgado em 27/10/2009.** (Inform. STJ 413) (g.n.)

ACIDENTE. VEÍCULO. ANIMAL. PISTA.

O recorrente ingressou com ação de indenização contra a concessionária de rodovias por danos materiais causados a seu veículo devido a ter colidido com animais na pista. Note-se que o trecho da rodovia no qual houve o acidente encontra-se em zona rural, com campos de pecuária em grande parte de sua extensão, em que os animais circulam livremente pela pista, não havendo sinalização nenhuma nesse sentido. Isso posto, a Turma conheceu do recurso e lhe deu provimento, **por entender que as concessionárias de serviços rodoviários, nas suas relações com os usuários, estão subordinadas à legislação consumerista. Portanto, respondem objetivamente por qualquer defeito na prestação do serviço, pela ma-**

nutenção da rodovia em todos os aspectos, respondendo, inclusive, pelos acidentes provocados pela presença de animais na pista. Para o Min. Relator, a toda evidência, a questão da obrigação contratual de implantar sinalização em data posterior ao acidente não traz alteração, pois a segurança é inerente ao serviço de exploração da rodovia, haja ou não placas de advertência. **Precedentes citados: REsp 647.710-RJ, DJ 30/6/2006; AgRg no Ag 522.022-RJ, DJ 5/4/2004, e REsp 467.883-RJ, DJ 1º/9/2003. REsp 687.799-RS, Rel. Min. Aldir Passarinho Junior, julgado em 15/10/2009.** (Inform. STJ 411) (g.n.)

INDENIZAÇÃO. MORTE. PRESÍDIO. LEGITIMIDADE. IRMÃ.

Trata-se de REsp em que se discute a legitimidade da irmã de vítima morta em presídio, tendo em vista constar do boletim de ocorrência o estado civil da vítima (preso) como convivente. Diante disso, a Turma negou provimento ao recurso ao entendimento de que o fato de o agente prisional ter informado, no boletim de ocorrência, o estado civil da vítima como convivente, o que, segundo o Estado recorrente, revelaria a união estável, não afasta, por si só, a legitimidade ativa da irmã para propor a ação indenizatória. Isso porque, embora o boletim de ocorrência seja um documento público que faz prova da existência das declarações ali prestadas, não se pode afirmar que tais declarações sejam verídicas. Assim, **na ausência de ascendente, descendente ou cônjuge, a irmã acha-se legitimada a pleitear indenização por danos morais em razão do falecimento de seu irmão**. Vale ressaltar que a responsabilidade civil do Estado, nos casos de morte de pessoas custodiadas, é objetiva. **Precedentes citados: REsp 63.750-SP, DJ 14/4/1997; REsp 37.253-SP, DJ 24/10/1994; AgRg no Ag 901.200-RJ, DJ 11/2/2008; AgRg nos EDcl no Ag 678.435/RJ, DJ 11/9/2006; REsp 596.102-RJ, DJ 27/3/2006; REsp 1.022.798-ES, DJ 28/11/2008, e REsp 713.682-RJ, DJ 11/4/2005. REsp 1.054.443-MT, Rel. Min. Castro Meira, julgado em 4/8/2009.** (Inform. STJ 401) (g.n.)

RESPONSABILIDADE. DEPÓSITO JUDICIAL. FORMULÁRIO.

A Turma, por maioria, desproveu o recurso, entendendo que, referente ao mérito, não obstante a impetração do *writ* pela CEF contra ato judicial que determinou o pagamento da diferença entre a TR e a Taxa Selic quanto aos valores do PIS depositados pela executada por guia comum em vez da guia DARF, tal erro não exime a CEF da atualização, nos termos do art. 1º da Lei n. 9.703/1998 (Taxa Selic). No caso, caberia à recorrente não ter aceito o depósito judicial do valor relativo à contribuição federal inscrita na dívida ativa, indicando o formulário correto. **Precedente citado: AgRg no RMS 19.800-AM, DJe 13/3/2009. RMS 29.119-RJ, Rel. Min. Castro Meira, julgado em 9/6/2009.** (Inform. STJ 398)

RESPONSABILIDADE CIVIL. ESTADO. SUICÍDIO.

Trata-se de ação declaratória de acidente em serviço contra a União, objetivando o reconhecimento de incidente ocorrido em dependências do Exército que lesionou seriamente o autor ora recorrido. No caso, o militar deprimido teve acesso a armas e colocou em risco não apenas a sua própria existência, mas também a de terceiros. **O acórdão recorrido salientou que o autor estava depressivo, razão suficiente para que o Estado exercesse maior vigilância quanto à atuação do militar, limitando o acesso a armas da corporação, por ensejar risco social desarrazoado. Assim, se o militar temporário comete atentado contra sua vida, fazendo uso de armas da corporação cujo acesso lhe foi viabilizado por culpa da administração pública, há responsabilidade hábil a caracterizar o acidente de serviço**. Diante do exposto, a Turma, ao prosseguir o julgamento, por maioria, conheceu em parte o recurso e, nessa parte, negou-lhe provimento, entendendo que existe nexo causal entre a ação do suicida e o evento que redundou em grave ferimento. **REsp 1.014.520-DF, Rel. originário Min. Francisco Falcão, Rel. para acórdão Min. Luiz Fux, julgado em 2/6/2009.** (Inform. STJ 397) (g.n.)

DANO MORAL. INDENIZAÇÃO. ASSALTO. PRESCRIÇÃO.

Prescreve em cinco anos a ação de indenização movida por particular contra a Fazenda estadual, ao fundamento de responsabilidade civil do Estado, por não tê-lo protegido de ser assaltado dentro de sua residência e ainda de ser ferido com projétil de arma de fogo do assaltante. Não se cuida, então, de ação civil *ex delicto*. No caso, o termo inicial do prazo prescricional conta-se da data do evento danoso. Com esse entendimento, a Turma, por maioria, ao prosseguir o julgamento, deu provimento ao recurso da Fazenda estadual para restabelecer a sentença que reconheceu a prescrição da ação. **REsp 1.014.307-SP, Rel. originária Min. Denise Arruda, Rel. para acórdão Min. Teori Albino Zavascki, julgado em 26/5/2009.** (Inform. STJ 396) (g.n.)

RESPONSABILIDADE CIVIL. CONCESSIONÁRIA.

A Turma, por maioria, não conheceu o recurso ao entendimento de que, **tratando-se de uma concessionária prestadora de serviço público de energia elétrica que aufere lucros, na condição de empresa que exerce uma atividade privada, cabe-lhe a atribuição de culpa por negligência na manutenção de linhas da sua rede elétrica, devendo, assim, assumir a responsabilidade pelos danos morais e materiais sofridos por empregado vitimado por uma descarga elétrica quando prestava serviço de eletricista em residência particular, ocasionando-lhe incapacitação para o exercício de atividade laborativa**. No caso, afastou-se a teoria da responsabilidade subjetiva, tal como entendia o Min. Relator que dava provimento ao recurso. **REsp 896.568-CE, Rel. originário Min. Fernando Gonçalves, Rel. para acórdão Min. Luis Felipe Salomão, julgado em 19/5/2009.** (Inform. STJ 395) (g.n.)

RESPONSABILIDADE CIVIL. ESTADO. ESCOLA INFANTIL. MORTE. CRIANÇA.

Na espécie, **a vítima, com apenas quatro anos de idade, caiu da janela do quarto andar da escola municipal em que estudava, falecendo logo após sua remoção ao hospital**. O município, recorrente, alega que os pais, e não os avós, é que devem ocupar o polo ativo da ação. Requer a redução do valor arbitrado a título de danos morais. Sustenta também a violação do art. 950 do CC/2002, ao afirmar que não existe fundamento para a concessão de pensão mensal, já que a menor faleceu quando nem sequer poderia, física ou legalmente, trabalhar. **Para o Min. Relator, é inegável o abalo emocional sofrido por parentes da vítima em razão da morte tão prematura, absolutamente evitável e em local em que se espera proteção, dedicação e cuidado dispensados a crianças de tão pouca idade. O sofrimento pela morte de parente é disseminado pelo núcleo familiar, como em força centrífuga, atingindo cada um dos membros em gradações diversas, o que deve ser levado em conta pelo magistrado para fins de arbitramento do valor da reparação do dano moral. Assim, os avós são legitimados à propositura de ação de reparação por dano moral proveniente da morte da neta**. A reparação, nesses casos, decorre de dano individual e particularmente sofrido pelos membros da família ligados imediatamente ao fato (art. 403 do CC/2002). Assim, considerando-se as circunstâncias do caso concreto e a finalidade da reparação, a condenação ao pagamento de danos morais no valor de R$ 114.000,00 para cada um dos pais, correspondendo à época a 300 salários mínimos, e de R$ 80.000,00 para cada um dos dois avós não é exorbitante nem desproporcional à ofensa sofrida pelos recorridos pela perda da filha e neta menor em tais circunstâncias. No que se refere ao dano material, a orientação deste Superior Tribunal está consolidada no sentido de fixar a indenização por morte de filho menor, com pensão de 2/3 do salário percebido (ou o salário mínimo, caso não exerça trabalho remunerado) até 25 anos e, a partir daí, reduzi-la para 1/3 do salário até a idade em que a vítima completaria 65 anos. **REsp 1.101.213-RJ, Rel. Min. Castro Meira, julgado em 2/4/2009.** (Inform. STJ 389) (g.n.)

RESPONSABILIDADE CIVIL. ESTADO. BALA PERDIDA.

Cuida-se de ação de indenização por danos físicos, psicológicos e estéticos contra o Estado, ajuizada por vítima de disparo de arma de fogo efetuado por policial militar, em razão de perseguição policial contra assaltantes. Para o Min. Relator, a prescrição da ação indenizatória teve como lastro inicial o momento da constatação das lesões sofridas e de suas consequências. Tendo a recorrida ajuizado a ação em 13/1/2004, revela-se inocorrente a prescrição, porquanto o completo delineamento das lesões sofridas e a constatação da irreversibilidade de seu quadro clínico deram-se no ano de 2002. Quanto à ofensa do art. 264 do CPC, sob o fundamento de que o acórdão recorrido entendeu pela conduta comissiva do Estado e de que a parte alega, na inicial, a existência de omissão, transmudando-se de ofício a causa de pedir após já contestada a lide, o Min. Relator entende que as razões não prosperam, uma vez que eventual modificação do dispositivo legal aplicável ou a mudança de caracterização jurídica do fato base pedido não incidem sobre o veto do art. 264 do CPC. Quanto à alegada ofensa dos arts. 603 e 610 do CPC, entendeu o Min. Relator que a adoção do princípio *tempus regit actum* pelo art. 1.211 do CPC impõe obedecer ao fato de que a lei em vigor regula os recursos cabíveis quando da prolação do ato decisório. No caso, o acórdão recorrido que examinou a controvérsia foi proferido em 24/8/2006, posteriormente, portanto, à revogação dos dispositivos indicados como violados. **Os elementos de convicção já existentes nos autos permitem configurar o fato administrativo (a perseguição policial e o tiroteio em via pública), o dano (lesões sofridas pela vítima) e o nexo causal (que tais lesões decorrem de errôneo planejamento de ação policial, com veementes indícios de que o projétil de arma de fogo que atingiu a autora teria sido disparado de armamento utilizado pelos policiais militares)**. Diante disso, a Turma conheceu parcialmente do recurso do Estado e, nessa parte, negou-lhe provimento. **REsp 1.056.605-RJ, Rel. Min. Luiz Fux, julgado em 10/3/2009.** (Inform. STJ 386) (g.n.)

AÇÃO CIVIL PÚBLICA. IMPRESCRITIBILIDADE.

A Turma reiterou o entendimento de que **é imprescritível a ação civil pública que tem por objeto o ressarcimento de danos ao erário**. **Precedentes citados do STF: MS 26.210-DF, DJ 10/10/2008; do STJ: REsp 764.278-SP, DJ 28/5/2008; REsp 705.715-SP, DJ 14/5/2008, e REsp 730.264-RS. REsp 1.056.256-SP, Rel. Min. Humberto Martins, julgado em 16/12/2008.** (Inform. STJ 381) (g.n.)

INDENIZAÇÃO. DANO MORAL. DETENTO.

Detento cumprindo mandado de prisão ajuizou ação de indenização contra Estado-membro por sua manutenção em unidade prisional sem condições mínimas. As instâncias ordinárias reconheceram a culpa objetiva do ora recorrente (Estado-membro), que, no REsp, aponta divergência jurisprudencial neste STJ, a impossibilidade de indenização em razão de limitação de recursos orçamentários e ainda sustenta a falta de demonstração de culpa administrativa, por tratar-se de responsabilidade subjetiva. **Para o Min. Teori Albino Zavascki (tese vencedora), duas premissas são importantes no julgamento deste recurso. A primeira:**

não está em questão o exame das condições do sistema carcerário brasileiro, mas apenas um específico estabelecimento prisional, em "estado caótico", tal como reconhecido no acórdão recorrido; a segunda: não se negou a ocorrência do dano moral, mas apenas a responsabilidade civil do Estado pela respectiva indenização. Observa que, estabelecidas essas premissas, não há como deixar de dar provimento ao recurso, e o princípio da reserva do possível, que, nos votos vencidos, teria o significado da insuficiência de recursos financeiros, não pode ser invocado, numa dimensão reducionista, nas situações como as do caso concreto. Ressalta que o dever de ressarcir danos, inclusive morais, efetivamente causados por ato dos agentes estatais ou pela sua inadequada prestação de serviços públicos decorre do art. 37, § 6º, da CF/1988, dispositivo autoaplicável. Assim, ocorrendo o dano e estabelecido o nexo causal com a atuação da Administração ou dos seus agentes, nasce a responsabilidade civil do Estado e, nesses casos, o dever de ressarcir. Lembra que, recentemente, a Turma assentou o entendimento de que o dever de proteção do Estado em relação aos detentos abrange, inclusive, protegê-los contra si mesmos e impedir que causem danos uns aos outros. Para o Min. Relator (vencido), seria indevida a indenização na hipótese, uma vez que o problema carcerário não decorre da má administração da coisa pública, mas de várias conjunturas sociais, bem como da indisponibilidade orçamentária, aspectos que devem ser sopesados com os direitos envolvidos no caso. Pelo exposto, a Turma, por maioria, negou provimento ao recurso. **Precedentes citados: AgRg no Ag 986.208-MT, DJ 12/5/2008; REsp 847.687-GO, DJ 25/6/2007; REsp 713.682-RJ, DJ 11/4/2005, e REsp 944.884-RS, DJ 17/4/2008. REsp 1.051.023-RJ, Rel. originário Min. Francisco Falcão, Rel. para acordão Min. Teori Albino Zavascki, julgado em 11/11/2008.** (Inform. STJ 376) (g.n.)

INDENIZAÇÃO. DANOS MORAIS. MORTE. DETENTO.

Trata-se de ação de indenização por danos morais ajuizada pela mãe em razão da morte de seu filho, ocorrida dentro de uma cela de unidade prisional e provocada por outros detentos. O pedido foi julgado procedente nas instâncias ordinárias, condenando a Administração Pública estadual ao pagamento de indenização de dez mil reais e pensão na proporção de dois terços do salário mínimo até a idade presumida de 65 anos. Ressalta o Min. Relator que no caso, não se cuida de prova (Súm. n. 7-STJ), uma vez que não há discussão acerca das circunstâncias que levaram à morte o detento, sendo claro que foi ocasionada por outros presos dentro de uma cela. Manteve, assim, o posicionamento no sentido de que, na hipótese dos autos, não há qualquer envolvimento direto do agente do ente público a ensejar a respectiva indenização e de que não ficou demonstrada a culpa ou dolo da Administração, porque a morte do detento foi causada por outros presos. **Para a tese vencedora, há culpa *in vigilando* da Administração (Estado-membro) que deve responder pelo evento danoso.** Assim, a Turma, por maioria, negou provimento ao recurso do Estado-membro. **REsp 936.342-ES, Rel. originário Min. Francisco Falcão, Rel. para acórdão Min. Luiz Fux, julgado em 11/11/2008.** (Inform. STJ 376) (g.n.)

RESPONSABILIDADE CIVIL. LEGITIMIDADE *AD CAUSAM*.

Companhia concessionária de energia elétrica contratou empresa terceirizada para efetuar o corte de luz na residência do inadimplente e o funcionário da empresa terceirizada teria ofendido e agredido a filha do morador. Daí a ação de dano moral em que a companhia de eletricidade alegou ilegitimidade passiva *ad causam* por não ser seu funcionário o acusado das agressões, mas prestador de serviços terceirizado da empresa contratada. O Tribunal *a quo* afastou a ilegitimidade, dando-lhe somente direito de regresso contra a prestadora de serviço, ao reconhecer que a concessionária de serviço público responde pelos danos que seus agentes causarem a terceiros (art. 37, § 6º, da CF/1988). **Observa a Min. Relatora que o fato de o corréu acusado pela agressão à autora não ser funcionário da companhia de energia elétrica, ora recorrente, não a exime da responsabilidade pelos supostos atos ilícitos cometidos pelo funcionário terceirizado, que atua em seu nome.** Destaca que o art. 1.521 do CC/1916 já previa que, em caso de reparação civil por ato ilícito, o patrão, amo, comitente é responsável por seus empregados, serviçais e prepostos no exercício do trabalho que lhes competir ou por ocasião dele. Tal regra também encontra equivalência no art. 932, III, do CC/2002. Destacou que uma decisão em sentido contrário – afastando a legitimidade passiva da tomadora de serviço – seria um estímulo à terceirização numa época em que essa forma de contratação está perdendo espaço nas empresas com vistas a reduzir queixas no atendimento e na própria prestação de serviço, aumentando o controle sobre sua qualidade. Por essas razões, a Turma não conheceu o recurso. **Precedentes citados: REsp 304.673-SP, DJ 11/3/2002; REsp 325.176-SP, DJ 25/3/2002, e REsp 284.586-RJ, DJ 28/4/2003. REsp 904.127-RS, Rel. Min. Nancy Andrighi, julgado em 18/9/2008.** (Inform. STJ 368) (g.n.)

RESPONSABILIDADE. ESTADO. "BALA PERDIDA".

Trata-se de ação indenizatória em que se busca do Estado a reparação de danos materiais e morais decorrentes da morte de menor que foi atingido por "bala perdida" disparada por outro menor que se encontrava foragido de estabelecimento destinado ao cumprimento de medida socioeducativa de semiliberdade. Assim, no caso, não há como afirmar que a deficiência do serviço do Estado, de permitir que o

menor que vinha cumprindo medida socioeducativa em regime de semiliberdade permanecesse foragido, tenha sido causa direta e imediata do tiroteio durante o qual a "bala perdida" resultou na morte de outro menor, nem que esse tiroteio seja efeito necessário da referida deficiência. Logo, ausente o nexo causal, afasta-se a responsabilidade do Estado. Com esse entendimento, a Turma, ao prosseguir o julgamento, por maioria, negou provimento ao recurso. **REsp 858.511-DF, Rel. originário Min. Luiz Fux, Rel. para acórdão Min. Teori Albino Zavascki, julgado em 19/8/2008.** (Inform. STJ 364) (g.n.)

DANOS MORAIS. REVISTA ÍNTIMA. EXCESSO.

A recorrente foi submetida à revista íntima numa penitenciária, ao visitar seu namorado, recluso naquele estabelecimento prisional. Consta que o procedimento para tal revista ocorreu de forma excessiva, visto que, após permanecer por mais de uma hora despida para realização de exames íntimos por agentes penitenciários, não sendo encontrado nenhum vestígio de entorpecente com a recorrente, encaminharam-na até a emergência de um hospital público, onde não foi atendida; levaram-na, então, na mesma viatura policial, até uma maternidade. Ali, mediante exame ginecológico e outros por demais constrangedores, confirmou-se a ausência de qualquer substância entorpecente no seu corpo. Diante disso, a Turma deu provimento ao recurso ao entendimento de que **há obrigação de reparar o dano moral, pois se encontram presentes todos os elementos aptos a ensejar o abalo psicológico, não sendo mero dissabor o constrangimento causado à recorrente. Efetivamente, constata-se um abuso de direito, afinal não se discute a necessidade de impor-se como rotina a revista íntima nos estabelecimentos; a prática, por si só, não constitui tal abuso e não enseja reparação por danos morais.** Questiona-se a forma como foi exercido o direito estatal, por métodos vexatórios, em desrespeito à dignidade da pessoa humana, princípio constitucional erigido como um dos fundamentos da República Federativa do Brasil. Desse modo, não há que se falar em inexistência de dano moral, conforme aduz o Estado, já que o exercício regular do direito atinente à segurança não pode ser utilizado como instrumento para cometer atos que atinjam, de forma desproporcional e desarrazoada, o direito de outrem. Outrossim, esse argumento não pode sobrepor-se à dignidade da pessoa humana. **REsp 856.360-AC, Rel. Min. Eliana Calmon, julgado em 19/8/2008.** (Inform. STJ 364) (g.n.)

DANOS MORAIS. DEMISSÃO. HIV.

Discute-se o valor da indenização por dano moral que deverá ser paga à portadora do vírus HIV que, pouco depois de descobrir, em exame pré-natal, que o contraíra (nessa ocasião, o marido descobriu que também era portador da doença e o filho, posteriormente, nasceu contaminado), foi demitida pela autarquia estadual, sua empregadora. Ficou comprovado, nas instâncias ordinárias, que a demissão foi motivada pelo HIV; note-se que a autarquia só ficou sabendo da contaminação porque, nessa condição, a recorrente pôde levantar o FGTS, mas, constatadas diferenças nos valores depositados, notificou-se a autarquia. Houve uma reclamação trabalhista, extinta porque a autarquia decidiu readmiti-la. A ação foi proposta com objetivo de obter dano material por força da perda de oportunidade de compra de imóvel surgida justamente no período em que a autora estava afastada da autarquia e dano moral pelo abalo psicológico devido a toda essa situação, mas só houve o reconhecimento do dano moral. Para a Min. Relatora, o fato de a recorrente ter sido readmitida poucos meses depois não elimina o dano moral causado diante de um drama peculiar e que tornou sua agonia muito maior. **Assim, afirma que cabe a elevação da indenização para R$ 50.000,00, com juros e correção monetária a partir da publicação deste julgamento (Súm. n. 54-STJ), pois dez vezes sua remuneração que é de R$ 350,00 para reparar tamanha lesão seria irrisório, entendimento que a Turma acatou. REsp 1.049.189-SP, Rel. Min. Nancy Andrighi, julgado em 21/8/2008.** (Inform. STJ 364) (g.n.)

DANO MORAL. ESTUPRO. POLICIAIS MILITARES.

Na espécie, o Tribunal *a quo* reconheceu a responsabilidade civil de estado-membro, que responde nos casos em que o causador do dano age na qualidade de agente público, e o condenou ao pagamento de indenização por danos morais decorrentes de estupro praticado por policiais militares. Note-se que o recurso especial só discute os valores fixados a título de indenização. Para o Min. Relator, que retificou seu voto ao acolher sugestões do colegiado, excepcionalmente diante das circunstâncias do fato, o juiz poderá estabelecer outros valores de indenização desde que não extrapolem ou exorbitem patamares fixados neste Superior Tribunal. Com esse entendimento, a Turma negou provimento ao recurso. **REsp 910.256-CE, Rel. Min. Castro Meira, julgado em 5/8/2008.** (Inform. STJ 362)

DANOS MATERIAIS. ESTADO. CONCURSO PÚBLICO.

Os candidatos foram excluídos do exame psicotécnico, mas, posteriormente, mediante decisão judicial transitada em julgado, obtiveram o direito à nomeação. Assim, o Estado deve indenizar o dano material, pois os candidatos tiveram as nomeações diferidas para o trânsito em julgado do processo, o que ocasionou um longo período sem receber os vencimentos a que fariam *jus* caso tivessem sido empossados oportunamente. O *quantum* indenizatório seriam os valores que deveriam receber no exercício do cargo público e demais vantagens inerentes a ele desde a data da nomeação dos candidatos classificados imediatamente antes dos recorrentes, pois só aí é que nasce a ilegalidade. Assim, a Turma, ao prosseguir o julgamento, deu parcial provimento ao recurso. **Precedentes citados: REsp 892.958-RS, DJ 11/6/2008; REsp 506.808-MG, DJ 3/8/2006, e REsp 763.835-RN, DJ 26/2/2007. REsp 942.361-AP, Rel. Min. Castro Meira, julgado em 13/5/2008.** (Inform. STJ 355)

DANOS MORAIS. DOENÇA MENTAL. MILITAR.

A Turma reiterou o entendimento de que o militar incapacitado, total e permanentemente, para o serviço, em decorrência de alienação mental, faz jus à reforma com a remuneração calculada com base no soldo correspondente ao grau hierárquico imediato ao que possuir na ativa, independentemente da existência de relação de causa e efeito entre a doença e a atividade desenvolvida. Quanto aos danos morais, assentou-se que o fato de a doença que acomete o recorrido ter surgido enquanto ele prestava serviço militar no Exército Brasileiro, por si só, não gera o direito à respectiva indenização. Para tanto, é necessário demonstrar o nexo causal entre o surgimento da doença manifestada, após seu ingresso nas Forças Armadas, e a atuação dos agentes militares que, de alguma forma, o tenham submetido a condições desumanas, aviltantes ou ultrajantes capazes de afetar sua sanidade mental, e que, por sua vez, refujam àquelas consideradas normais no contexto militar ao qual esteve inserido. Com esses argumentos, deu-se parcial provimento ao recurso da União. **Precedentes citados: REsp 834.200-RS, DJ 25/9/2006; AR 795-MG, DJ 28/10/2002, e REsp 496.350-RS, DJ 14/5/2007. REsp 849.594-RS, Rel Min. Arnaldo Esteves Lima, julgado em 24/4/2008.** (Inform. STJ 353)

INDENIZAÇÃO. UNIÃO. PREÇO. CANA-DE-AÇÚCAR.

A Turma, por maioria, reiterou o entendimento de que a União tem que indenizar as usinas do setor sucroalcooleiro pelos prejuízos causados pela fixação dos preços dos derivados da cana-de-açúcar pelo Instituto do Açúcar e do Álcool (IAA) em níveis inferiores aos custos de produção fixados pela Fundação Getúlio Vargas (FGV), custos apurados em conformidade com a Lei n. 4.870/1965. O Min. Humberto Martins, em seu voto-vista, aduziu que há nexo causal entre o fato imputado (a violação da referida lei) e o dano ocorrido (efetivo prejuízo econômico constatado em perícia judicial) a determinar o dever de indenizar da União, que responde pelos atos realizados pelo IAA em razão do Dec. n. 99.288/1990. Anotou, também, que a indenização pleiteada não decorre do período de congelamento de preços ditado pelos Planos Collor I e II, apesar de abrangê-lo, mas, sim, da desobediência à retrocitada lei. **REsp 771.787-DF, Rel. Min. João Otávio de Noronha, julgado em 15/4/2008.** (Inform. STJ 352)

COMPETÊNCIA. CORTE. ENERGIA ELÉTRICA.

A Turma, em questão de ordem, por maioria, declinou da competência para uma das Turmas que compõem a Segunda Seção. A hipótese referia-se à responsabilidade civil (danos materiais e morais) da concessionária de serviço público pela suspensão (reputada indevida) do fornecimento de energia elétrica ao consumidor. O Min. Teori Albino Zavascki aduziu não se tratar de responsabilidade civil do Estado a ponto de determinar a aplicação do art. 9º, § 1º, VIII, do RISTJ; já o voto vencido do Relator, Min. José Delgado, fundamentava-se no art. 37, § 6º, da CF/1988 para defender tratar-se daquela responsabilidade. **QO no AgRg no AG 945.255-MS, Rel. Min. José Delgado, em 1º/4/2008.** (Inform. STJ 350)

ILEGITIMIDADE. UNIÃO. ERRO MÉDICO.

A União não possui legitimidade para figurar no polo passivo de ação em que se objetiva a indenização por danos morais decorrentes de erro médico ocorrido em hospital da rede privada, durante atendimento custeado pelo SUS. A Lei n. 8.080/1990, no art. 18, I, II, V e XI, dispõe que compete aos municípios gerir e executar serviços públicos de saúde, celebrar contratos e convênios com entidades prestadoras de serviços privados de saúde, bem como controlar e avaliar sua execução e controlar e fiscalizar os procedimentos dos serviços privados de saúde. Assim, no caso, a Turma extinguiu a ação sem resolução do mérito por ilegitimidade passiva da União. **Precedentes citados: REsp 513.660-RS, DJ 19/12/2003, e REsp 873.126-RS, DJ 20/10/2006. REsp 717.800-RS, Rel. Min. Denise Arruda, julgado em 25/3/2008.** (Inform. STJ 349)

INDENIZAÇÃO. DANO MORAL. PRISÃO. EXCESSO. PRAZO. IMPRONÚNCIA.

Trata-se de pedido de indenização por danos morais decorrente da responsabilidade do Estado por haver mantido o recorrente em prisão preventiva por 741 dias e, posteriormente, tê-lo impronunciado, porquanto insuficientes os indícios de sua participação no conhecido caso denominado de "Chacina de Vigário Geral" por ter trazido aos autos razoável prova de registro de sua presença em outro local. Para o Min. Relator originário, o acórdão recorrido reconheceu a legalidade da prisão preventiva do recorrente naquele momento processual. Destacou, ainda, as ponderações do *Parquet* no sentido de que a prisão foi fundamentada dentro dos parâmetros legais, assim, para que se legitime a ação estatal, exige-se a probabilidade da condenação e não a certeza dessa, uma vez que essa só poderá ser apurada no momento da decisão final. E, por fim, concluiu que a tese do recurso especial de ilegalidade da prisão para justificar a indenização implica reexame fático-probatório da matéria (Súm n. 7-STJ). **Entretanto, o voto-vista condutor do acórdão, do Min. Luiz Fux, considerou que a prisão preventiva, mercê de sua legalidade desde que preen-**

chidos os requisitos legais, revela aspectos da tutela antecipatória no campo penal, por isso que, na sua gênese, deve conjurar a ideia de arbitrariedade. Ressalta que houve prisão cautelar com excesso de prazo, ultrapassando-se o lapso legal, ficando o réu impronunciado por inexistência de autoria, o que revela o direito à percepção do dano moral, por violação do cânone constitucional específico, além de afrontar o princípio fundamental da dignidade humana. Logo, há responsabilidade estatal à luz da legislação infraconstitucional (art. 159 do CC/1916) e da Constituição Federal (art. 37, § 6º). Com esses fundamentos do voto-vista, a Turma, ao prosseguir o julgamento, por maioria, restabeleceu a indenização fixada na sentença, corrigida monetariamente. **REsp 872.630-RJ, Rel. originário Min. Francisco Falcão, Rel. para acórdão Min. Luiz Fux, julgado em 13/11/2007.** (Inform. STJ 339) (g.n.)

RESPONSABILIDADE. ESTADO. NOMEAÇÃO TARDIA.

O pleito dos autores cinge-se ao fato de não terem sido nomeados na data devida, por erro da Administração, posteriormente reconhecido pela via judicial, motivo pelo qual requerem indenização do Estado, com fulcro na teoria da responsabilidade objetiva. O Min. Relator entendeu assistir razão aos recorrentes. Consta dos autos que a tardia nomeação dos autores resultou de ato ilícito da Administração, a saber, ilegalidade na correção das provas do certame, razão pela qual os candidatos, ora recorrentes, deixaram de exercer o cargo para o qual restaram aprovados em concurso público, por terem sido preteridos por outros candidatos, razão pela qual incide o artigo 37, § 6º, da CF/1988, que responsabiliza objetivamente o Estado por danos causados aos seus administrados. Indubitável a manifesta violação dos direitos dos autores no que tange à observância da ordem classificatória do certame, vez que a posterior deliberação da comissão de concurso no sentido de nomear candidatos antes mesmo da análise do pedido judicial de anulação de certas questões, pleito, diga-se de passagem, que logrou êxito perante este Superior Tribunal, afronta os princípios da legalidade e isonomia. É cediço que o candidato preterido tem direito à nomeação na hipótese de inobservância da ordem dos concursos e da classificatória, dentro do prazo de validade, havendo, fora desses casos, tão somente, expectativa de direito à nomeação. **É cabível, *in casu*, a condenação do Estado ao pagamento de indenização aos candidatos que foram preteridos na ordem classificatória do concurso, por erro da Administração. Não há qualquer óbice jurídico para que o valor da indenização corresponda aos vencimentos e demais vantagens inerentes ao cargo, porquanto seria o valor que teriam percebido à época, caso observada a ordem classificatória do certame.** Diante disso, a Turma deu provimento ao recurso, para determinar seja restaurado o acórdão, reformado em sede de embargos infringentes pela instância *a quo*, fixando-se a indenização consoante seu dispositivo. **REsp 825.037-DF, Rel. Min. Luiz Fux, julgado em 23/10/2007.** (Inform. STJ 337) (g.n.)

INDENIZAÇÃO. PRESO. REGIME MILITAR. TORTURA. IMPRESCRITIBILIDADE.

Trata-se de ação ordinária proposta com objetivo de reconhecimento dos efeitos previdenciários e trabalhistas, acrescidos de danos materiais e morais, em face do Estado, pela prática de atos ilegítimos decorrentes de perseguições políticas perpetradas por ocasião do golpe militar de 1964, que culminaram na prisão do autor, bem como em sua tortura, cujas consequências alega irreparáveis. Há prova inequívoca da perseguição política à vítima e de imposição, por via oblíqua, de sobrevivência clandestina, atentando contra a dignidade da pessoa humana, acrescida do fato de ter sido atingida sua capacidade laboral quando na prisão fora torturado, impedindo atualmente seu auto sustento. A indenização pretendida tem amparo constitucional no art. 8º, § 3º, do ADCT. Deveras, a tortura e morte são os mais expressivos atentados à dignidade da pessoa humana, valor erigido como um dos fundamentos da República Federativa do Brasil. À luz das cláusulas pétreas constitucionais, é juridicamente sustentável assentar que a proteção da dignidade da pessoa humana perdura enquanto subsiste a República Federativa, posto seu fundamento. Consectariamente, não há falar em prescrição da ação que visa implementar um dos pilares da República, máxime porque a Constituição não estipulou lapso prescricional ao direito de agir, correspondente ao direito inalienável à dignidade. Outrossim, a Lei n. 9.140/1995, que criou as ações correspondentes às violações à dignidade humana perpetradas em período de supressão das liberdades públicas, previu a ação condenatória no art. 14, sem lhe estipular prazo prescricional, por isso que a *lex specialis* convive com a *lex generalis*, sendo incabível qualquer aplicação analógica do Código Civil no afã de superar a reparação de atentados aos direitos fundamentais da pessoa humana, como sói ser a dignidade retratada no respeito à integridade física do ser humano. Adjuntem-se à lei interna as inúmeras convenções internacionais firmadas pelo Brasil, a começar pela Declaração Universal da ONU, e demais convenções específicas sobre a tortura, tais como a convenção contra a tortura adotada pela Assembleia Geral da ONU, a Convenção Interamericana contra a Tortura, concluída em Cartagena, e a Convenção Americana sobre Direitos Humanos (Pacto de São José da Costa Rica). **A dignidade humana violentada, *in casu*, decorreu do fato de ter sido o autor torturado, revelando flagrante atentado ao mais elementar dos direitos humanos, os quais, segundo os tratadistas, são inatos, universais, absolutos, inalienáveis e imprescritíveis. Inequí-**

voco que foi produzida importante prova indiciária representada pelos comprovantes de tratamento e pelas declarações médicas que instruem os autos. Diante disso, a Turma, ao prosseguir o julgamento e por maioria, deu provimento ao recurso para afastar, *in casu*, a aplicação da norma inserta no art. 1º do Decreto n. 20.910/1932, determinando o retorno dos autos à instância de origem para que dê prosseguimento ao feito. Precedentes citados do STF: HC 70.389-SP, DJ 10/8/2001; do STJ: REsp 449.000-PE, DJ 30/6/2003. **REsp 845.228-RJ, Rel. Min. Luiz Fux, julgado em 23/10/2007 (ver Informativo n. 316).** (Inform. STJ 337) (g.n.)

PRESCRIÇÃO. AÇÃO. INDENIZAÇÃO. DANO. VENDA. ESTADO-MEMBRO. RESERVA INDÍGENA.
Cuida-se de área rural comprada de Estado-membro, sendo que uma parte foi transmitida por sucessão hereditária e a outra, adquirida por contrato de compra e venda também diretamente do Estado-membro. Posteriormente, os autores tomaram conhecimento de que a área era ocupada por índios. Motivo pelo qual ingressaram com ação de desapropriação indireta, julgada improcedente com base em prova pericial de que a área era ocupada por índios antes da alienação efetiva pelo Estado-membro e, como se trata de terra indígena, o domínio é da União. Diante dessa decisão, os autores propuseram ação de indenização por perdas e danos contra o Estado, mas a ação foi extinta com julgamento de mérito, entendendo-se ter sido atingida pelo prazo prescricional de cinco anos para propositura da ação. Isso posto, a Turma considerou que os autores adquiriram regularmente a área rural, e o marco para a contagem da prescrição é o da sentença de desapropriação que definiu, com base em laudo antropológico, que os índios já ocupavam a área quando foi titulada. **REsp 661.520-MT, Rel. Min. João Otávio de Noronha, julgado em 23/10/2007.** (Inform. STJ 337)

DANOS MORAIS. OFENSAS. PROMOTOR. MAGISTRADO.
Trata-se de pedido de indenização por danos morais contra Estado-Membro porque o promotor estadual, em sede de agravo de instrumento contra decisão que indeferiu pedido de liminar em ação civil pública, utilizou expressões e palavras ofensivas à honra do magistrado. Nas instâncias ordinárias, o juiz julgou procedente o pedido, mas o Tribunal *a quo* julgou improcedente a pretensão condenatória, entendendo que as expressões usadas referem-se à decisão agravada e não à pessoa do magistrado. Sendo assim, reconheceu o exagero verbal, entretanto, sem o *animus iniuriandi* e inverteu os ônus sucumbenciais. Considerou, também, que o Estado não pode responsabilizar-se por questões pessoais de seus agentes públicos. Foram opostos embargos declaratórios pelo magistrado, os quais foram rejeitados, e o pedido de assistência judiciária gratuita requerida naquela etapa foi parcialmente concedido. Isso posto, a Min. Relatora afirmou que a tese recursal não procede e considerou a decisão do acórdão recorrido adequada, porquanto não caracterizados o ato ilícito e o dano à honra subjetiva do juiz. Quanto ao pedido tardio da gratuidade judiciária, ressalta que, embora seja possível requerê-lo a qualquer momento, quando existe a possibilidade de sua postulação ter o nítido propósito de se esquivar da sucumbência, este Superior Tribunal tem afastado sua concessão. Entretanto, por força do princípio que veda a *reformatio in pejus*, a gratuidade parcial restou mantida pela Min. Relatora. Diante do exposto, a Turma, por maioria, ao prosseguir o julgamento, conheceu parcialmente do recurso e, nessa parte, negou-lhe provimento. Precedente citado: REsp 762.878-MG, DJ 6/11/2006. **REsp 790.807-MG, Rel. Min. Denise Arruda, julgado em 9/10/2007.** (Inform. STJ 335)

RESPONSABILIDADE CIVIL. ESTADO. OMISSÃO.
Discutia-se a responsabilidade civil do Estado decorrente do fato de não ter removido entulho acumulado à beira de uma estrada, para evitar que ele atingisse uma casa próxima e causasse o dano, em hipótese de responsabilidade por omissão. Diante disso, a Min. Relatora traçou completo panorama da evolução da doutrina, legislação e jurisprudência a respeito do tortuoso tema, ao perfilar o entendimento de vários escritores e julgados. **Por fim, filiou-se à vertente da responsabilidade civil subjetiva do Estado diante de condutas omissivas, no que foi acompanhada pela Turma. Assim, consignado pelo acórdão do Tribunal *a quo* que a autora não se desincumbiu de provar a culpa do Estado, não há que se falar em indenização no caso**. Precedentes citados do STF: RE 179.147-SP, DJ 27/2/1998; RE 170.014-SP, DJ 13/2/1998; RE 215.981-RJ, DJ 31/5/2002; do STJ: REsp 418.713-SP, DJ 8/9/2003, e REsp 148.641-DF, DJ 22/10/2001. **REsp 721.439-RJ, Rel. Min. Eliana Calmon, julgado em 21/8/2007.** (Inform. STJ 328) (g.n.)

RESPONSABILIDADE. PRESTADORA. SERVIÇO PÚBLICO.
Um automóvel pertencente à companhia prestadora de serviços públicos que então explorava o metrô estadual acabou por atropelar a ora recorrida. Proposta a respectiva ação indenizatória, essa foi julgada procedente, transitando em julgado. Não paga a indenização nem nomeados bens à penhora, a recorrida requereu a penhora do numerário da própria bilheteria da estação do metrô, sem atentar que era outra sociedade que agora prestava aquele serviço público, apesar de a primeva companhia, em liquidação, ainda existir e possuir patrimônio próprio. Daí os embargos de terceiro, rechaçados pelas instâncias ordinárias. Diante disso, a Turma, ao prosseguir o julgamento, entendeu, por maioria, dar provimento ao recurso especial ao fundamento de que **o dano em questão**

foi estranho ao serviço de transporte prestado, o que descaracteriza a responsabilidade por fato do serviço, assentando-se na teoria do risco administrativo, pela qual o Estado responde pelos danos que seus agentes, nessa qualidade, causem a terceiros. Frisou que, se não há responsabilidade por risco do serviço, a tese da sucessão de sociedades na qualidade de exploradoras do serviço público não serve ao fim de sustentar o entendimento de que a sucessora arcaria com o cumprimento das obrigações contraídas pela sucedida. Asseverou que não se trata de sucessão empresarial, pois a ora recorrente foi investida na categoria de concessionária pública mediante licitação, em investidura originária, não por uma cessão, daí que, salvo previsão contratual, não cabe a ela responder por aqueles danos. **REsp 738.026-RJ, Rel. originária Min. Eliana Calmon, Rel. para acórdão Min. João Otávio de Noronha, julgado em 26/6/2007.** (Inform. STJ 325) (g.n.)

RESPONSABILIDADE CIVIL OBJETIVA. ACIDENTE. RODOVIA. REGISTRO. PROPRIEDADE.

Trata-se da legitimidade ativa para o ajuizamento de ação de indenização por prejuízos de acidente em rodovia federal com veículo cuja transferência de propriedade não fora registrada no Detran antes da ocorrência do dano. O Tribunal *a quo* manteve a sentença de extinção do processo sem resolução do mérito, por ilegitimidade ativa *ad causam*. Isso posto, a Turma, por unanimidade, deu provimento ao recurso reconhecendo que o adquirente de veículo cuja transferência ainda não foi registrada no órgão competente está legitimado a demandar em busca de indenização decorrente de acidente de trânsito. **REsp 936.547-RJ, Rel. Min. Teori Albino Zavascki, julgado em 26/6/2007.** (Inform. STJ 325)

RESPONSABILIDADE CIVIL. CARTÓRIO. NOTÁRIO.

A questão consiste em saber se a responsabilidade civil por ato ilícito praticado por oficial de Registro de Títulos, Documentos e Pessoa Jurídica é pessoal; não podendo seu sucessor, ou seja, o atual oficial da serventia, que não praticou o ato ilícito, responder pelo dano em razão de ser delegatário do serviço público. Isso posto, a Turma deu parcial provimento ao recurso para reconhecer a ilegitimidade do recorrente para figurar no polo passivo da demanda e extinguir o feito sem resolução do mérito, ao argumento de que só poderia responder como titular do cartório aquele que efetivamente ocupava o cargo à época do fato reputado como ilícito e danoso, razão pela qual não poderia a responsabilidade ser transferida ao agente que o sucedeu, pois a responsabilidade, *in casu*, há de ser pessoal. Precedentes citados: REsp 443.467-PR, DJ 1º/7/2005; EDcl no REsp 443.467-PR, DJ 21/11/2005, e REsp 696.989-PE, DJ 27/11/2006. **REsp 852.770-SP, Rel. Min. Humberto Martins, julgado em 3/5/2007.** (Inform. STJ 319)

AÇÃO INDENIZATÓRIA. REGIME MILITAR. PRESCRIÇÃO.

A Turma decidiu que o direito de reclamar indenização assegurada em virtude da morte de pessoas desaparecidas durante o período da ditadura militar, *ex vi* da Lei n. 9.140/1995, **não pode ser afetado por quaisquer prazos prescricionais.** Precedentes citados: REsp 379.414-PR, DJ 17/2/2003; REsp 449.000-PE, DJ 30/6/2003, e REsp 529.804-PR, DJ 24/5/2004. **REsp 651.512-GO, Rel. Min. João Otávio de Noronha, julgado em 10/4/2007.** (Inform. STJ 316) (g.n.)

INDENIZAÇÃO. ATO. AGENTE PÚBLICO. ABUSO. AUTORIDADE. DIREITO. REGRESSO. ESTADO.

O Tribunal *a quo* concluiu que o ora recorrente, delegado de Polícia, passou à frente do ora interessado, que se encontrava na fila de um banco. Começaram então a discutir e, no ápice do desentendimento, o delegado deu voz de prisão ao interessado por desacato à autoridade, recolheu-o à delegacia onde se lavrou o auto de prisão em flagrante e, para ser posto em liberdade, foi preciso pagar fiança. Concluiu-se que a conduta não se enquadra no tipo do art. 331 do Código Penal, pois o desentendimento não se deu em razão da função de delegado, mas porque alguém passou à frente de todos na fila. **Entendeu-se, ainda, após reconhecer a responsabilidade do Estado pela prisão ilegal, julgar procedente a denunciação à lide, pois a conduta não se enquadra na função de delegado no momento do evento, consistindo em verdadeiro abuso de autoridade. O litisdenunciado, ora recorrente, agiu como agente público ao mobilizar o aparato estatal e efetuar a prisão ilegal. Logo há responsabilidade civil do Estado e, em razão do abuso, cabe ressarcir o Estado pelos valores despendidos com a reparação dos danos morais. A Turma não conheceu do recurso. REsp 782.834-MA, Rel. Min. Eliana Calmon, julgado em 20/3/2007.** (Inform. STJ 314) (g.n.)

RESPONSABILIDADE CIVIL. ESTADO. ACIDENTE DE TRÂNSITO.

Trata-se de ação indenizatória na qual se busca a responsabilidade civil do Estado em razão do dano causado por pessoa que, no momento do acidente de trânsito, deveria estar reclusa, sob custódia do Estado. No caso, um apenado dirigia na contramão quando atingiu uma motocicleta, ferindo, gravemente, o motociclista e seu carona. O condutor do veículo deveria estar recluso naquele momento, pois cumpria pena em prisão albergue, em progressão de pena privativa de liberdade e só não estava recolhido em razão de os agentes estatais possibilitarem que dormisse fora. A Turma, por maioria, **entendeu que o Estado não pode ser responsabilizado, pois, na espécie, o ato estatal que permitiu ao albergado sair de sua custódia, por si só, não é causa adequada para a ocorrência do dano, inexistindo, então, nexo de causalidade entre a omis-**

são dos agentes públicos e o dano causado ao ora recorrente. Logo, por maioria, conheceu parcialmente do recurso e, nessa parte, negou-lhe provimento. **REsp 669.258-RJ, Rel. Min. Humberto Martins, julgado em 27/2/2007.** (Inform. STJ 311) (g.n.)

INDENIZAÇÃO. DANOS MORAIS. EXECUÇÃO FISCAL. DÉBITO PAGO.

A Turma decidiu que a execução fiscal de débito pago anteriormente poderá ensejar ressarcimento a título de danos morais quando há o abalo moral. Essa decisão baseou-se em julgados em que a inscrição indevida em cadastro de proteção ao crédito ou protestos indevidos de títulos resultaram em ressarcimento por danos morais. Precedentes citados: REsp 640.196-PR, DJ 1º/8/2005, e REsp 662.111-RN, DJ 6/12/2004. **REsp 773.470-PR, Rel. Min. Eliana Calmon, julgado em 15/2/2007.** (Inform. STJ 310)

RESPONSABILIDADE CIVIL. ESTADO. ATUAÇÃO. MAGISTRADO. REPARAÇÃO. DANOS.

O Tribunal *a quo*, lastreado na prova dos autos, concluiu que a ora recorrente, injustamente, acusou o ora recorrido de crime gravíssimo, porque, por ofício, informou à autoridade policial que ele seria autor de um delito, quando jamais poderia fazê-lo ante as provas existentes. A Turma, ao prosseguir o julgamento, por maioria, entendeu que a magistrada responde pelos danos causados quando, por meio de ofício, afirma o cometimento de crime por outra pessoa sem qualquer resquício de prova, respaldo fático ou jurídico. Na espécie, não são admitidos os danos materiais, pois não comprovados, efetivamente, os prejuízos patrimoniais. Quanto aos danos morais, a Turma, fixou-os em 50 mil reais. Assim, por maioria, conheceu em parte do recurso e, nessa parte, deu-lhe parcial provimento. **REsp 299.833-RJ, Rel. Min. Castro Meira, julgado em 14/11/2006.** (Inform. STJ 304) (g.n.)

INDENIZAÇÃO. DEMORA. APOSENTADORIA.

O deferimento tardio da aposentadoria não gera para o servidor direito à indenização, uma vez que o procedimento da aposentação deve obedecer ao devido processo legal. **REsp 811.815-MS, Rel. originário Min. José Delgado, Rel. para acórdão Min. Luiz Fux, julgado em 24/10/2006.** (Inform. STJ 302)

INDENIZAÇÃO. RESPONSABILIDADE OBJETIVA. ESTADO. SUICÍDIO. PRESO.

Trata-se de ação de reparação de danos ajuizada pelo MP, pleiteando indenização por danos morais e materiais, bem como pensão aos dependentes de preso que se suicidou no presídio, fato devidamente comprovado pela perícia. A Turma, por maioria, deu parcial provimento ao recurso, **reconhecendo a responsabilidade objetiva do Estado, fixando em 65 anos o limite temporal para o pagamento da pensão mensal estabelecida no Tribunal *a quo***. Outrossim, destacou o Min. Relator já estar pacificado, neste Superior Tribunal, o entendimento de que o MP tem legitimidade extraordinária para propor ação civil *ex delicto* em prol de vítima carente, enquanto não instalada a Defensoria Pública do Estado, permanecendo em vigor o art. 68 do CPP. Para o Min. Teori Albino Zavascki, o nexo causal que se deve estabelecer é entre o fato de estar o preso sob a custódia do Estado e não ter sido protegido, e não o fato de ele ter sido preso, pois é dever do Estado proteger seus detentos, inclusive contra si mesmo. **REsp 847.687-GO, Rel. Min. José Delgado, julgado em 17/10/2006.** (Inform. STJ 301) (g.n.)

RESPONSABILIDADE CIVIL. ATO LEGISLATIVO.

A responsabilidade civil em razão do ato legislativo só é admitida quando declarada pelo STF a inconstitucionalidade da lei causadora do dano a ser ressarcido, isso em sede de controle concentrado. Assim, não se retirando do ordenamento jurídico a Lei n. 8.024/1990, não há como se falar em obrigação de indenizar pelo dano moral causado pelo Bacen no cumprimento daquela lei. Precedente citado: REsp 124.864-PR, DJ 28/9/1998. **REsp 571.645-RS, Rel. Min. João Otávio de Noronha, julgado em 21/9/2006.** (Inform. STJ 297)

RESPONSABILIDADE. UNIÃO. ACIDENTE. AERONAVE. AEROCLUBE.

A União não responde pelos danos resultantes de acidente aéreo em razão de uso indevido de aeronave de sua propriedade, mas cedida, gratuitamente, para treinamento de pilotos, a aeroclube privado, que assumiu a responsabilidade pelos riscos criados e danos originados pelo uso do bem, conforme disposto no termo de responsabilidade e cessão de uso a título gratuito de aeronave. Na espécie, não se aplica a responsabilidade subjetiva do Estado por ato omissivo, pois ausente o dever de vigilância e não caracterizada a culpa *in vigilando*. Conforme o art. 98 da Lei n. 7.565/1986, a autorização para funcionamento de aeroclube dada pela União decorre de seu poder de polícia, o que isenta sua responsabilidade por eventuais danos decorrentes de uso inadequado da aeronave. Assim, a Turma conheceu em parte do recurso e, nessa parte, negou-lhe provimento. **REsp 449.407-PR, Rel. Min. João Otávio de Noronha, julgado em 16/5/2006.** (Inform. STJ 285)

AR. FIXAÇÃO. PREÇOS. DANO. RESPONSABILIDADE CIVIL OBJETIVA. ESTADO. INDENIZAÇÃO. DANOS PATRIMONIAIS.

Cuida-se de ação rescisória (AR) para desconstituir julgado que reconheceu a responsabilidade da União (art. 37, § 6º, CF/1988) em indenizar por danos patrimoniais, porque, contrariando as disposições da Lei n. 4.870/1965, fixou os preços, por intermédio do extinto Instituto do Açúcar e o Álcool – IAA, do setor sucro-alcooleiro em níveis inferiores aos custos de produção. Conforme o apurado pela Fundação Getúlio Vargas, que era conveniada para essa finalidade, a obrigação de indenizar abrangeu, também, o período de congelamento. O Min. Relator, em preliminar, reconheceu que o Tribunal *a quo* julgou improcedente a AR com base em matéria infraconstitucional e, ao contrário do sustentado pela recorrida, como a ação foi ajuizada com base no art. 485, V e IX, §§ 1º e 2º, do CPC, é cabível a interposição do recurso especial com base em violação nessa norma. Ressaltou, ainda, que a análise da aplicação de uma lei federal não é incompatível com o exame de questões constitucionais subjacentes ou adjacentes. Ademais, o cabimento ou não de indenização do setor sucro-alcooleiro envolve exame de matéria aplicável à espécie. Outrossim, é cediço que os preços de combustíveis estão sujeitos a uma disciplina própria tanto que acarretou a edição da Lei n. 4.870/1965 e a criação do extinto IAA, entretanto o Poder Público não poderia impor ônus demasiado ao fornecedor conforme o apurado em perícia. Daí se impõe a necessidade da reparação do dano. Quanto aos períodos de congelamento, manteve o entendimento de que o governante deveria ter obedecido aos critérios estabelecidos na Lei n. 4.870/1965, conforme reconhecido no acórdão rescindendo (que também esclareceu o cabimento de eventual ação de regresso contra os agentes públicos responsáveis pelo ato). Com esse entendimento, a Turma, ao prosseguir o julgamento, por maioria, rejeitou as preliminares e, no mérito, negou provimento na parte conhecida do recurso nos termos do voto do Min. Relator. Precedentes citados do STF: RE 422.941-DF, DJ 24/3/2006; do STJ: REsp 476.665-SP, DJ 20/6/2005. **REsp 746.301-DF, Rel. Min. Franciulli Netto, julgado em 21/3/2006.** (Inform. STJ 278)

11.17. QUADRO SINÓTICO

1. Evolução histórica

1.1. Fase da Irresponsabilidade: Estado não responde por danos causados aos particulares, já que o poder soberano dos reis era divino – "The King can do no wrong"

1.2. Fase Civilista: Estado só responde se dano for causado por culpa ou dolo de um funcionário estatal; ex: um motorista da Prefeitura bebe muito e atropela alguém

1.3. Fase Publicista:

a) culpa administrativa: Estado só responde se o dano tiver origem num serviço defeituoso; ex: um buraco na rua, não recapeado pelo Estado, propicia acidente

– Foco não é a culpa do *funcionário*, mas a falha do *serviço*

b) risco administrativo: Estado responde objetivamente pelos danos que causar, para que haja igualdade nos ônus e encargos sociais; ex: bala perdida da PM fere alguém

2. Modalidades de responsabilidade

2.1. Objetiva:

a) atos **comissivos** das pessoas de **direito público** (art. 37, § 6º, da CF)

b) atos **comissivos** das pessoas de **direito privado prestadoras de serviço público** (art. 37, § 6º, da CF)

c) condutas que, pela sua natureza, **são de risco** (art. 927, parágrafo único, do CC)

2.2. Subjetiva:

a) condutas **omissivas** das pessoas de direito público e das pessoas de direito privado prestadoras de serviço público

– a responsabilidade dependerá da demonstração de que o serviço é **defeituoso** ("falta do serviço"): i) não funcionou, ii) funcionou atrasado ou iii) funcionou mal; exs: buraco na pista, falta de limpeza de bueiros

b) condutas **comissivas** ou **omissivas** das pessoas de direito privado não prestadoras de serviço público (art. 186 do CC) – verifica culpa/dolo do agente

c) responsabilidade pessoal dos **agentes públicos** (art. 37, § 6º, da CF) – verifica culpa/dolo do agente

3. Requisitos da responsabilidade objetiva

3.1. Conduta: *ato de agente de pessoa de direito público ou de direito privado prestadora de serviço público;* não discute culpa/dolo, nem se o serviço é defeituoso

3.2. Dano indenizável

a) dano certo: *é o existente, e não apenas o eventual*

b) dano especial: *é o que atinge pessoas em particular*

c) dano anormal: *é o que ultrapassa as dificuldades comuns da vida em sociedade*

3.3. Nexo de causalidade

– Admitem-se excludentes de responsabilidade: caso fortuito, força maior, culpa exclusiva da vítima ou de terceiro

– Teoria adotada: Risco Administrativo; e não Risco Integral

4. Responsabilidade das Concessionárias de Serviço Público

a) modalidade: objetiva

b) beneficiários: usuários do serviço + terceiros não usuários (STF se pacificou nesse sentido)

c) responsabilidade do Estado: é subsidiária em relação à prestadora de serviço público

5. Responsabilidade do Tabelião e do Registrador

a) modalidade: objetiva (art. 37, § 6º, da CF)

b) beneficiários: usuários do serviço + terceiros não usuários

c) responsabilidade do Estado: é subsidiária em relação ao delegatário do serviço público

6. Responsabilidade por Ato Legislativo

a) regra: não responde

b) exceções: lei inconstitucional; lei de efeitos concretos

7. Responsabilidade por Ato Judicial

a) regra: não responde

b) exceções:

– juiz agir com dolo, fraude ou prevaricar (art. 133 do CPC)

– prisão além do tempo (art. 5º, LXXV, da CF)

– erro judiciário: i) reconhecido em revisão criminal; ii) erro grave (prisão sem qualquer envolvimento no crime)

8. Responsabilidade do agente público

a) regra: responde por culpa ou dolo

b) responsabilidade direta: não é cabível acionar diretamente o agente público, ou seja, não cabe responsabilidade "per saltum" deste; prejudicado deve ingressar com ação diretamente contra o Estado e este pode denunciar da lide

c) Denunciação da lide do Estado face ao agente: não é obrigatória; o Estado deve imputar fato culposo ou doloso

9. Prescrição: a prescrição em geral contra a Fazenda Pública: 5 anos (Decreto 20.910/1932)

11.18. QUESTÕES OBJETIVAS COMENTADAS

11.18.1. Evolução histórica e Teorias

(Delegado de Polícia/GO – 2013 – UEG) Em relação ao tema da Responsabilidade Civil do Estado no ordenamento pátrio, tem-se que

(A) aquele que sofreu o dano fica dispensado de provar a relação de causalidade entre a atividade da Administração e a lesão decorrente.

(B) o lesado deverá provar a imprudência, a negligência ou imperícia do agente público na conduta administrativa.

(C) a teoria do risco integral fundamenta a responsabilidade objetiva do Estado, pela qual há assunção de todas as consequências relativas à sua atuação.

(D) a regra constitucional prevê a responsabilidade subjetiva quanto ao exercício do direito de regresso contra o agente público causador do dano.

A e **B:** incorretas, pois é necessário que se comprove conduta estatal, dano e nexo de causalidade entre a primeira e o segundo; só não é necessário comprovar culpa ou dolo, mas o nexo de causalidade é indispensável; **C:** incorreta, pois o Brasil adotou a Teoria do Risco Administrativo, em que a responsabilidade civil é objetiva, mas admite excludentes de responsabilidade, diferentemente da Teoria do Risco Integral, em que a responsabilidade civil é objetiva e não se admite qualquer tipo de excludente de responsabilidade; **D:** correta, pois o agente público só pode ser acionado em caso de culpa ou dolo da sua parte (art. 37, § 6º, da CF).

Gabarito "D"

11.18.2. Modalidades de responsabilidade (objetiva e subjetiva). Requisitos da responsabilidade objetiva

(Magistratura/SP – 2013 – VUNESP) A atuação do Estado, no exercício do poder de polícia, provocando danos na coisa, com objetivo de remover perigo iminente, sem que o dono da coisa seja culpado do perigo,

(A) constitui ato lícito. Portanto, não enseja a responsabilidade civil do Estado.

(B) constitui ato lícito. Portanto, o dono da coisa deverá suportar o prejuízo.

(C) constitui ato lícito. Entretanto, o ato enseja a responsabilidade civil do Estado para reparar o dano causado.

(D) constitui estado de necessidade, não susceptível de indenização pelo Estado.

Apesar de ser um ato lícito o praticado pelo Estado no caso, já que este está acobertado pelo estado de necessidade, o dono da coisa não tem culpa alguma pelo perigo, não podendo, assim, ficar indene, seja pelo disposto no art. 37, § 6º, da CF (responsabilidade objetiva do Estado), seja pelo disposto no art. 188, II, c/c o art. 929, ambos do CC. Assim, a alternativa "c", única que assevera que o Estado deverá indenizar, é a alternativa correta.

Gabarito "C"

(Magistratura/PE – 2013 – FCC) Considere este dispositivo constitucional:

Art. 37, § 6º: *As pessoas jurídicas de direito público e as de direito privado prestadoras de serviços públicos responderão pelos danos que seus agentes, nessa qualidade, causarem a terceiros, assegurado o direito de regresso contra o responsável nos casos de dolo ou culpa.*

Analise a seguinte sentença que contém duas asserções:

Caso um agente público, nessa qualidade, cause dolosamente dano a terceiro, o Estado responderá, mas o fundamento da responsabilidade civil do Estado não será o art. 37, § 6º, da Constituição Federal, PORQUE o art. 37, § 6º, da Constituição Federal, trata da responsabilidade objetiva do Estado.

É correto afirmar que

(A) as duas asserções estão corretas e a segunda justifica a primeira.

(B) as duas asserções estão corretas e a segunda não justifica a primeira.

(C) a primeira asserção está correta e a segunda está incorreta.

(D) a primeira asserção está incorreta e a segunda está correta.

(E) as duas asserções estão incorretas.

A primeira asserção está incorreta, pois o fundamento da responsabilidade civil do Estado é, sim, o art. 37, § 6º, da CF. Quanto à segunda asserção, está correta, pois o dispositivo constitucional mencionado de fato estabelece a responsabilidade civil objetiva do Estado.

Gabarito "D"

(Magistratura/CE – 2012 – CESPE) Acerca da responsabilidade civil do Estado, assinale a opção correta.

(A) A doutrina e a jurisprudência têm reconhecido a obrigatoriedade de o Estado indenizar tanto os danos materiais quanto os danos morais, mas não os danos emergentes e os lucros cessantes.

(B) Diferentemente das entidades estatais de direito privado que desempenham serviços públicos, as empresas privadas que prestam serviços públicos por delegação não se submetem ao regime da responsabilidade civil objetiva prevista no texto constitucional.

(C) Para que o Estado responda por danos causados por agente seu a particular, é necessário que a pessoa lesada faça prova da culpabilidade direta ou indireta da administração, tanto no caso de ação quanto no de omissão.

(D) Em matéria de responsabilidade civil do Estado, é possível a cumulação de indenizações por dano material e dano moral que decorram de um só fato.

(E) Como a responsabilidade do poder público só se configura em face de atos lícitos, os atos contrários à lei, à moral ou ao direito podem gerar a responsabilidade penal e civil do agente público, mas não a responsabilidade civil do Estado.

A: incorreta, pois a indenização tem de ser cabal, completa; outro problema da alternativa é que trouxe um erro conceitual, já que os danos emergentes e os lucros cessantes são justamente os danos materiais; **B:** incorreta, pois o art. 37, § 6º, é expresso no sentido de que as pessoas de direito privado prestadoras de serviço público respondem objetivamente; **C:** incorreta, pois a responsabilidade estatal é objetiva, ou seja, independe de demonstração de culpa ou dolo do agente público; **D:** correta; de fato a jurisprudência reconhece essa possibilidade; aliás, a jurisprudência reconhece a possibilidade de cumular três indenizações, quais sejam, por *dano material*(danos emergentes e lucros cessantes), por *dano moral* e por *dano estético*, quando houver; **E:** incorreta, pois a responsabilidade estatal é objetiva, ou seja, pode se configurar em caso de atos lícitos ou ilícitos, não perquirindo acerca da questão da ilicitude; verifica-se apenas se há conduta estatal, dano e nexo de causalidade.

Gabarito "D"

(Magistratura/ES – 2011 – CESPE) Assinale a opção correta no que se refere à responsabilidade civil do Estado e dos prestadores de serviços públicos.

(A) A condenação do Estado ao pagamento de indenização em face da ocorrência de erro judiciário implica, segundo a doutrina, automática mudança da decisão judicial.

(B) De acordo com o STF, o Estado tem o dever de indenizar o dano moral sofrido pelo servidor público em decorrência da inércia do chefe do Poder Executivo em iniciar o processo legislativo destinado à revisão geral anual dos vencimentos.

(C) Segundo a jurisprudência, as concessionárias e permissionárias de serviço público respondem objetivamente pelos danos causados a terceiros, ainda que estes não sejam decorrentes da prestação do serviço.

(D) A edição de lei, ainda que de efeitos concretos, não enseja a responsabilização do Estado por prejuízos que venham a ser causados ao administrado.

(E) O STF reconhece a responsabilidade do Estado por danos causados em razão da falta de policiamento ostensivo em locais de alta periculosidade.

A: incorreta, pois é justamente o contrário; uma vez reconhecido o erro judiciário, em ação de revisão criminal ou em outra decisão no processo penal (aqui, só em caso de erros gravíssimos; ex: prisão de alguém sem qualquer envolvimento com o fato criminoso – *vide* o caso do "Bar Bodega" no Informativo 570 do STF), aí sim é que se busca a indenização; **B:** incorreta, pois, no caso citado o STF decidiu que "o deferimento de pedido de indenização representaria a própria concessão do reajuste de vencimentos sem amparo legal, o que contraria a jurisprudência desta Corte" (RE 559.417); **C:** incorreta, pois a responsabilidade objetiva se dá em atos praticados no exercício da atuação no serviço público; agora, uma vez causando dano no exercício da prestação do serviço público, a responsabilidade será objetiva seja em relação a danos causados a terceiros usuários, seja em relação a terceiros não usuários do serviço; **D:** incorreta, pois a edição de lei de efeitos concretos enseja responsabilização quando causar dano a uma pessoa em particular (ex: criação de Parque Florestal em área privada); **E:** correta (STF, STA 223-AgR, rel. Min. Celso de Mello).

Gabarito "E"

(Magistratura/PA – 2012 – CESPE) Com relação à responsabilidade civil do Estado, assinale a opção correta.

(A) Em caso de assalto praticado por policial fardado que empunhe arma da corporação militar, o Estado responde subjetivamente pelos danos causados pelo agente, ainda que o crime seja cometido fora do horário de expediente, dada a função pública exercida pelo policial.

(B) Segundo entendimento do STF, a qualificação do tipo de responsabilidade imputável ao Estado – objetiva ou subjetiva – constitui circunstância de menor relevo caso as instâncias ordinárias demonstrem, com base no acervo probatório, que a inoperância estatal injustificada tenha sido condição decisiva para a produção do dano.

(C) Segundo a jurisprudência do STF e a doutrina majoritária, para a caracterização da responsabilidade objetiva do poder público, é imprescindível a comprovação, com base na teoria do risco administrativo, da ilicitude da ação administrativa causadora do dano.

(D) Na hipótese de um raio matar presidiário em prisão estadual, o Estado responderá objetivamente pelos danos causados ao preso, dada a aplicação, no caso concreto, da teoria da responsabilidade objetiva por danos causados a pessoas sob a guarda estatal.

(E) A comprovação do dano e a existência de ação administrativa, independentemente de haver nexo causal entre eles, são os requisitos necessários para a caracterização da responsabilidade objetiva do Estado.

A: incorreta, pois o caso não é de responsabilidade subjetiva, mas de responsabilidade objetiva do Estado (STF, RE 418.023); **B:** correta (STF, AI 600.652 AgR); **C:** incorreta, pois, na responsabilidade objetiva, basta demonstrar conduta comissiva, dano e nexo de causalidade, não sendo necessário comprovar a ilicitude da ação administrativa; **D:** incorreta, pois, nesse caso, tem-se caso fortuito ou de força maior, que exclui a responsabilidade estatal, já que, no Brasil, não se adotou a Teoria do Risco Integral, que não admite excludentes de responsabilidade, mas a Teoria do Risco Administrativo, que admite excludentes de responsabilidade estatal; **E:** incorreta, pois o nexo de causalidade é elemento essencial na caracterização da responsabilidade objetiva do Estado.

Gabarito "B"

(Magistratura/SP – 2011 – VUNESP) Nas ações de indenização por danos morais ajuizadas contra a Fazenda do Estado, é correto afirmar que

(A) a correção monetária deve ser calculada a partir da data do arbitramento, e os juros de mora, a partir do evento danoso.

(B) a correção monetária deve ser calculada a partir do evento danoso, e os juros de mora, a partir da data do arbitramento.

(C) a correção monetária e os juros de mora devem ser calculados a partir da data do evento danoso.

(D) a correção monetária deve ser calculada a partir da data do evento danoso, e os juros de mora, a partir da citação.

(E) a correção monetária e os juros de mora devem ser calculados a partir da citação.

Segundo a Súmula 362 do STJ, a correção monetária do valor da indenização do dano moral incide desde a data do arbitramento. Já a Súmula 54 do STJ dispõe que os juros moratórios fluem a partir do evento danoso, em caso de responsabilidade extracontratual.

Gabarito "A"

(Ministério Público/SP – 2013 – PGMP) O ingresso da Polícia Militar em um presídio, em face de motim de presos ali existente, faz com que os detentos se desarmem e a retornem para suas celas. A posterior subida de policiais até as celas onde os presos já se encontravam pacificados para executá-los por meio de rajadas aleatórias de metralhadora provoca a

(A) responsabilização objetiva do Estado, desde que o abuso de cada agente público seja comprovado.

(B) não responsabilização do Estado porque houve concorrência de culpa das vítimas e os atos dos agentes decorreram do denominado poder extroverso da Administração.

(C) responsabilização objetiva do Estado em face da chamada teoria do risco.

(D) responsabilização subjetiva do Estado com necessidade de comprovação da culpa do comando da Polícia Militar e responsabilidade subjetiva de cada policial envolvido.

(E) responsabilização subjetiva do Estado, caso haja norma específica do Regimento Interno Padrão das Unidades Prisionais de São Paulo que tenha sido desrespeitada.

A: incorreta, pois a responsabilidade objetiva do Estado independe de demonstração de conduta abusiva (culposa ou dolosa) dos agentes públicos, bastando que haja conduta estatal, dano (certo, anormal e especial) e nexo de causalidade entre a conduta e o dano; **B:** incorreta; como o enunciado da questão deixa claro que os detentos se desarmaram e retornaram para suas celas, não há que se falar em concorrência de culpa das vítimas, muito menos em não responsabilização da Administração; aliás, ainda que houvesse concorrência de culpas, esta não afasta a responsabilidade da Administração, tendo o efeito apenas de diminuir o *quantum* indenizatório; **C:** correta, nos termos do art. 37, § 6º, da CF; vale lembrar que o caso contém os requisitos da responsabilidade objetiva estatal (conduta, dano e nexo de causalidade) e que adotamos no Brasil a Teoria do Risco Administrativo, pelo qual o Poder Público responde objetivamente, mas com excludentes de responsabilidade, que, no caso, não se configuram, de modo que a responsabilização estatal é de rigor; **D:** incorreta, pois a responsabilidade estatal no caso é objetiva (art. 37, § 6º, da CF) e não subjetiva, sendo desnecessário comprovar a culpa dos agentes públicos; quanto à responsabilidade civil de cada policial envolvido, de fato é subjetiva (sendo necessário comprovar culpa ou dolo de cada um), porém, tais agentes não podem sofrer ação por parte da vítima (que deve ingressar com ação única e exclusivamente em face da pessoa jurídica estatal), ficando sujeito apenas à ação regressiva, para o caso de condenação estatal na ação movida pela vítima; **E:** incorreta, pois a responsabilização estatal no caso (que inclusive envolve conduta comissiva do Estado) é objetiva, e não subjetiva, não sendo necessário averiguar o conteúdo das normas do regimento interno mencionado.

Gabarito "C"

(Ministério Público/GO – 2012) Em tema de responsabilidade civil do Estado é correto afirmar que:

(A) a morte de detento por colegas de carceragem deve ser reparada pelo Estado em razão do dever constitucional de guarda, exonerando-se a Administração da obrigação de indenizar na hipótese de restar inequivocamente demonstrada a ausência de culpa dos agentes carcerários.

(B) A responsabilidade civil do Estado funda-se no risco administrativo, decorrendo, daí a responsabilidade objetiva, que não pode ser invocada em caso de licitude da ação administrativa.

(C) Fundada na teoria do risco integral ou do risco social, a Constituição da República, art. 37, § 6º, averbou que as pessoas jurídicas de direito público e as de direito privado prestadoras de serviços públicos responderão pelos danos que seus agentes, nessa qualidade, causarem a terceiros.

(D) Tratando-se de ato omissivo do poder público, a responsabilidade civil por tal ato converte-se em subjetiva, pelo que exige dolo ou culpa, esta numa de suas três vertentes, a negligência, a imperícia ou a imprudência, não sendo, entretanto, necessário individualizá-la, dado que pode ser atribuída ao serviço público, de forma genérica, a falta do serviço.

A: incorreta; nesse caso, o STF tem reconhecido a responsabilidade objetiva do Estado, que tem por missão zelar pela integridade física do preso(ARE 662.563 AgR/GO, *DJ* 02.04.2012); assim, não há que se falar em necessidade de demonstração do elemento subjetivo para que haja obrigação de indenizar; **B:** incorreta, pois, na responsabilidade objetiva não se discute a licitude ou não do ato, mas apenas se houve conduta estatal comissiva, dano certo e anormal e nexo de causalidade entre a primeira e o segundo; **C:** incorreta, pois a Constituição adotou a teoria do risco administrativo (responsabilidade objetiva + admissão de excludentes de responsabilidade) e não a teoria do risco integral (responsabilidade objetiva + não admissão de excludentes de responsabilidade); **D:** correta, pois, em caso de conduta omissiva estatal, o STF continua entendendo que a responsabilidade é subjetiva (*vide*, por exemplo, RE 721.996 AgR/PB, *DJ* 18.02.2013), responsabilidade essa que, para se configurar, depende da demonstração da chamada "falta do serviço" ou "culpa genérica do serviço" ou "culpa anônima do serviço", caracterizada quando o serviço não funciona, funciona tarde ou funciona mal; vale ressaltar que o STF tem decisão no sentido de que a responsabilidade estatal por *atos omissivos* ***específicos*** é objetiva; um exemplo de caso de omissão específica do Estado é a agressão física a aluno por colega, em escola estadual, hipótese em que a responsabilidade estatal será objetiva, com base na Teoria do Risco Administrativo (STF, ARE 697.326 AgR/RS, DJ 26/04/13); não se pode confundir uma *conduta omissiva genérica* (ex: o Estado não conseguir evitar todos os furtos de carros), com uma *conduta omissiva específica* (ex: o Estado ter o dever de vigilância sobre alguém e não evitar o dano); no primeiro caso, o Estado responde *subjetivamente*, só cabendo indenização se ficar provado que o serviço foi defeituoso (ex: um policial presencia um furto e nada faz); no segundo caso, o Estado responde *objetivamente*, não sendo necessário perquirir sobre se o serviço estatal foi ou não defeituoso

Gabarito "D"

(Ministério Público/SP – 2011) O motorista de uma ambulância de um hospital público, transportando um paciente em situação de emergência médica, envolve-se em acidente de trânsito, causando danos materiais e pessoais a terceiros. Nesse caso, é correto afirmar que:

(A) é indevida a indenização pela Administração Pública por haver o seu agente agido em estado de necessidade.

(B) a Administração Pública responde objetivamente pelos danos que o seu agente, nessa qualidade, causar a terceiros.

(C) a indenização pelos danos ocorridos será devida pela Administração Pública em caso de culpa de seu agente pelo sinistro.

(D) havendo culpa concorrente, de ambos os motoristas, a indenização é devida integralmente pela Administração Pública.

(E) a inexistência de culpa do condutor do veículo oficial pelo evento danoso exclui o dever de indenizar da Administração Pública.

A: incorreta, pois a responsabilidade do estado é objetiva (art. 37, § 6º, da CF); **B:** correta (art. 37, § 6º, da CF); **C:** incorreta, pois a responsabilidade do estado é objetiva, ou seja, independe da existência de culpa ou dolo; **D:** incorreta, pois, em caso de culpa concorrente, a indenização será proporcional à culpa de cada um; **E:** incorreta, pois não se discute a culpa ou dolo na análise da existência de responsabilidade do estado por condutas comissivas (art. 37, § 6º, da CF).

Gabarito "B"

(Defensor Público/TO – 2013 – CESPE) Em relação à responsabilidade civil do Estado pelo exercício da função administrativa e a improbidade administrativa, assinale a opção correta.

(A) O Estado, no exercício da função administrativa, responde objetivamente por danos morais causados a terceiros por seus agentes.

(B) A responsabilidade do Estado pelo exercício da função administrativa é subjetiva, de acordo com a teoria do risco administrativo.

(C) As sociedades de economia mista que se dedicam à exploração de atividade econômica são responsáveis objetivamente pelos danos que seus agentes causem a terceiro.

(D) O servidor público que utiliza, em proveito próprio, carro de propriedade da União pratica infração disciplinar, mas não ato de improbidade administrativa.

(E) Não há previsão da penalidade de suspensão dos direitos políticos para o responsável por ato de improbidade administrativa que atente contra os princípios da administração pública.

A: correta, nos termos do art. 37, § 6º, da CF; **B:** incorreta, pois a responsabilização do Estado independe de culpa ou dolo, de modo que é objetiva (art. 37, § 6º, da CF); **C:** incorreta, pois a responsabilidade objetiva do Estado, prevista no art. 37, § 6º, da CF, abrange apenas as pessoas jurídicas de direito público e as pessoas de direito privado prestadoras de serviço público (art. 37, § 6º, da CF), o que não é caso da sociedade de economia mista mencionada, que explora atividade econômica; **D:** incorreta, pois essa conduta também é um ato de improbidade (art. 10, XIII, da Lei 8.429/1992); **E:** incorreta, pois há sim tal previsão (art. 12, III, da Lei 8.429/1992).

Gabarito "A"

(Defensor Público/AM – 2013 – FCC) Paciente internada em UTI de hospital público municipal falece em razão da ocorrência de interrupção do fornecimento de energia elétrica, decorrente de uma tempestade na região, sendo que o referido hospital não possuía geradores de emergência. Em sua defesa, o Município alega que se trata de situação de força maior, o que afasta a responsabilidade estatal. Tal argumento não se sustenta, pois

(A) a responsabilidade estatal na prestação de serviços públicos é baseada na teoria do risco administrativo, afastando as causas excludentes de responsabilidade.

(B) a responsabilidade estatal na prestação de serviços públicos é baseada na teoria do risco integral, afastando as causas excludentes de responsabilidade.

(C) não se trata de situação de força maior, mas sim de fato de terceiro, que não enseja o afastamento da responsabilidade estatal.

(D) por se tratar de morte natural, decorrente de moléstia contraída antes da internação, o nexo causal não se encontra configurado, sendo desnecessário recorrer à excludente de força maior.

(E) a situação ocorrida está no horizonte de previsibilidade da atividade, ensejando a responsabilidade subjetiva da entidade municipal, que tinha o dever de evitar o evento danoso.

A: incorreta, pois, no caso, houve omissão estatal, que enseja responsabilidade subjetiva, com base na falta do serviço; e, de fato, o serviço foi defeituoso (faltoso), pois é absolutamente previsível que um hospital com UTI pode sofrer uma queda de energia com graves consequências, o que recomendava a existência de um gerador no local; **B:** incorreta, pois, no Brasil, é adotada a teoria do risco administrativo, que admite cláusulas excludentes de responsabilidade; **C:** incorreta, pois, conforme visto no comentário à alternativa "a", o caso é de responsabilidade subjetiva estatal; **D:** incorreta, pois a causa determinante da morte foi a falta de energia elétrica; **E:** correta, nos termos do comentário dado à alternativa "a".

Gabarito "E"

(Defensor Público/ES – 2012 – CESPE) Julgue os itens subsecutivos, relativos a responsabilidade civil do Estado.

(1) De acordo com a jurisprudência consolidada do STF, a responsabilidade objetiva do Estado aplica-se a todos os atos do Poder Judiciário.

(2) A responsabilidade civil da administração pública por atos comissivos e objetiva, embasada na teoria do risco administrativo, isto e, independe da comprovação da culpa ou dolo.

1: incorreta, pois o STF é pacífico no sentido de que "salvo nos casos expressamente previstos em lei, a responsabilidade do Estado não se aplica aos atos de juízes" (RE 553.637, DJ 25.09.09); são exemplos de caso expressamente previstos na lei o erro judiciário (art. 5º, LXXV, da CF) e a fraude ou dolo do juiz (art. 133 do CPC); **2:** correta, nos termos do art. 37, § 6º, da CF.

Gabarito 1E, 2C

(Defensor Público/AC – 2012 – CESPE) Um paciente internado em hospital público de determinado estado da Federação cometeu suicídio, atirando-se de uma janela próxima a seu leito, localizado no quinto andar do hospital.

Com base nessa situação hipotética, assinale a opção correta acerca da responsabilidade civil do Estado.

(A) A responsabilidade incidirá apenas sobre os enfermeiros que cuidavam do paciente.

(B) Exclui-se a responsabilidade do Estado, por ter sido a culpa exclusiva da vítima, sem possibilidade de interferência do referido ente público.

(C) A responsabilidade é objetiva, dada a omissão do ente público.

(D) A responsabilidade é subjetiva, dependente de prova de culpa.

(E) Não é cabível a responsabilização do Estado, pela inexistência de dano a ser reparado.

A jurisprudência ainda é no sentido de que, nas condutas omissivas estatais, a responsabilidade do Estado é subjetiva, devendo-se avaliar se há ou não falta do serviço. Em caso de suicídio de paciente com deficiência mental em hospital psiquiátrico a jurisprudência entende que o serviço estatal é defeituoso, por falta de vigilância. Porém, no caso em tela, por não haver referência a essa situação específica, tem-se a chamada culpa exclusiva da vítima, que exclui a responsabilidade estatal. Vale ressaltar que o STF tem decisão no sentido de que a responsabilidade estatal por *atos omissivos* ***específicos*** é objetiva; um exemplo de caso de omissão específica do Estado é a agressão física a aluno por colega, em escola estadual, hipótese em que a responsabilidade estatal será objetiva, com base na Teoria do Risco Administrativo (STF, ARE 697.326 AgR/RS, DJ 26/04/13); não se pode confundir uma *conduta omissiva genérica* (ex: o Estado não conseguir evitar todos os furtos de carros), com uma *conduta omissiva específica* (ex: o Estado ter o dever de vigilância sobre alguém e não evitar o dano); no primeiro caso, o Estado responde *subjetivamente*, só cabendo indenização se ficar provado que o serviço foi defeituoso (ex: um policial presencia um furto e nada faz); no segundo caso, o Estado responde *objetivamente*, não sendo necessário perquirir sobre se o serviço estatal foi ou não defeituoso. Vale ressaltar, outrossim, que há decisão do STJ no seguinte sentido de que, no caso de suicídio de **detento**, o Estado responde objetivamente "face aos riscos inerentes ao meio no qual foram inseridos pelo próprio Estado", com fundamento nos arts. 927, parágrafo único, e 948, II, do CC (STJ, REsp 1.305.259-SC, j. em 02/04/13).

Gabarito "B"

(Defensor Público/AM – 2010 – I. Cidades) Sobre responsabilidade extracontratual do Estado, é possível afirmar:

(A) a culpa exclusiva da vítima afasta, para a doutrina majoritária, o nexo de causalidade e, consequentemente, o dever de indenizar.

(B) para sua configuração dependerá de prova de dolo ou culpa do agente.

(C) o caso fortuito e a força maior não podem ser utilizados para afastar o dever de indenizar, pois a Administração Pública deve se esforçar para prevê-los.

(D) culpa parcial da vítima não influencia na dimensão da responsabilidade

(E) a Administração Pública, segundo a teoria do órgão, não pode ajuizar ação regressiva em face do agente público que deu causa ao dano suportado pela vítima.

A: correta, pois adotamos a Teoria do Risco Administrativo, que admite essa e outras excludentes de responsabilidade estatal; **B:** incorreta, pois o Estado responde objetivamente por condutas comissivas (art. 37, § 6º, da CF); **C:** incorreta, pois esses também são excludentes de responsabilidade estatal; **D:** incorreta, pois a culpa parcial da vítima tem o condão de diminuir o *quantum* indenizatório; **E:** incorreta, pois a ação regressiva está prevista no próprio art. 37, § 6º, da CF.

Gabarito "A"

(Delegado/MG – 2012) Sobre a Responsabilidade Civil do Estado é **correto** afirmar, **exceto**:

(A) As pessoas jurídicas de direito público respondem pelos danos que seus agentes, no exercício de suas funções, causarem a terceiros.

(B) Cabível ao Estado ajuizar ação de regresso em face do agente causador do dano, desde que tenha agido dolosamente, mostrando-se inviável à pretensão se a conduta foi meramente culposa.

(C) O princípio da repartição dos encargos também constitui fundamento da responsabilidade objetiva do Estado.

(D) As pessoas jurídicas de direito privado que prestam serviços delegados serão responsáveis pelos atos seus ou de seus prepostos, desde que haja vínculo jurídico de direito público entre o Estado e o delegatário.

A: correta (art. 37, § 6º, da CF); **B:** incorreta (devendo ser assinalada), pois não é correto afirmar que só se pode acionar regressivamente o agente público em caso de *dolo* por parte deste; o art. 37, § 6º, da CF também admite que o Estado acione o agente público em caso de *mera conduta culposa em sentido estrito*; **C:** correta, pois, com efeito, o Estado ao administrar age em favor de todos nós, sendo justo que, em caso de dano causado a alguém por parte daquele, a responsabilidade seja praticamente automática, de modo que existe uma repartição de encargos para cada um de nós, que, como contribuintes, financiamos os gastos estatais, inclusive os gastos com indenizações; **D:** correta, pois as pessoas de direito privado prestadoras de serviço público (delegatárias de serviço público) respondem dessa forma por conta do disposto no art. 37, § 6º, da CF.

Gabarito "B"

(Procurador do Estado/AC – FMP – 2012) No tocante à responsabilidade do Estado, considere a seguinte situação. Num jogo decisivo do campeonato, digladiaram-se, com grande rivalidade, os times do Rio Branco e do Juventus. Os dirigentes advertiram as autoridades militares de que a Arena da Floresta poderia ser palco de consideráveis tumultos. Na ocasião, com o estádio lotado pelas torcidas estrelada e tetracolor, foi montado um sistema especial de segurança no estádio e arredores. Na Rua Baguary, a um quilômetro da entrada, dois grupos de torcedores que haviam trocado ameaças numa rede social confrontaram-se violentamente. Na ocasião, o PM Y, que não estava em serviço, sacou uma faca e feriu X que julgava ter furtado o seu rádio. Marque alternativa **CORRETA.**

(A) Há curso causal hipotético (nexo causal), pois, mesmo fora do serviço, o policial sempre age em nome do Estado.

(B) Não há curso causal hipotético (nexo causal), pois o policial agia por razões pessoais e não como agente.

(C) Era hipótese de legítima defesa do patrimônio, que exclui a ilicitude, não sendo imputável a responsabilidade nem ao Estado, nem ao PM Y.

(D) Houve omissão e funcionamento anormal do serviço, pois em casos de movimentos multitudinários a responsabilidade é do Estado.

A responsabilidade do Estado é objetiva quando agentes deste, nessa qualidade, causarem danos a terceiros. No caso, o PM Y, por não estar em serviço e por não ter usado arma da corporação, não agiu na qualidade de agente público, de modo que não há responsabilidade do Estado. Assim, a alternativa "b" é a correta.

Gabarito "B"

(Procurador do Estado/MG – FUMARC – 2012) De acordo com a teoria da responsabilidade extracontratual do Estado, assinale a alternativa INCORRETA:

(A) Há precedentes na jurisprudência do STJ entendendo que a partir da vigência da Lei 10.406, de 2002 – Novo Código Civil, o prazo prescricional das ações de reparação de danos contra o Estado é também de 3 (três) anos, restando afastada, neste caso, a prescrição quinquenal prevista no Decreto 20.910, de 1932.

(B) Por força do princípio da hierarquia das normas jurídicas, diante da redação constitucional e do Novo Código Civil pode-se afirmar que o Direito Administrativo Brasileiro adota a teoria da responsabilidade objetiva do Estado, aplicável também às pessoas jurídicas de direito privado prestadoras de serviço público, apesar da omissão do Novo Código Civil quanto a estas.

(C) Em face da redação constitucional sobre a matéria, a responsabilidade civil é tratada de forma dúplice, sendo objetiva quanto à pessoa estatal e subjetiva quanto ao agente causador do dano.

(D) Em razão do princípio da incomunicabilidade de instâncias cabe à autoridade administrativa decidir, de forma fundamentada, sobre o exercício do direito de regresso contra o agente público causador do dano.

(E) A ação de regresso contra o agente causador do dano, quando cabível, é imprescritível, segundo a ordem jurídica vigente.

A: assertiva correta ao tempo da realização da questão; agora o entendimento é diverso, tendo prevalecido no STJ a tese de que o prazo prescricional no caso é quinquenal, na forma do Decreto 20.910/32, o que se deu em decisão proferida em julgamento submetido ao rito dos recursos repetitivos (REsp 1.251.993), valendo citar ainda as decisões proferidas no AgRg no REsp 1.375.450, *DJ* 12.09.2013, e no AgRg no REsp 1.355.467, *DJ* 28.06.2013; **B:** assertiva correta (art. 37, § 6º, da CF c/c art. 43 do CC); **C:** assertiva correta (art. 37, § 6º, da CF); **D:** assertiva incorreta, devendo ser assinalada; a Administração, caso verifique que seu agente atuou com culpa ou dolo, tem o dever de exercer o direito de regresso em face do agente público causador do dano; **E:** assertiva correta, pois, o STF entende que são imprescritíveis as pretensões de ressarcimento ao erário toda vez que este é causado por ato ilícito do ofensor, seja este um ato de improbidade ou não, seja um ato praticado por agente público ou não (MS 26.210, *DJ* 10.10.2008).

Gabarito "D"

(Procurador do Estado/SC – 2010 – FEPESE) No que se refere à responsabilidade civil do Estado, assinale a alternativa **incorreta**.

(A) A responsabilidade civil por danos nucleares independe da existência de culpa.

(B) A jurisprudência tem reconhecido que o prazo prescricional de três anos relativo à pretensão de reparação civil disposto no Código Civil prevalece sobre o quinquênio previsto no Decreto n. 20.910, de 1932.

(C) A responsabilidade civil do Estado adotada pela Constituição Federal de 1988 está fundada na teoria do risco administrativo e não na teoria do risco integral. Daí por que sua classificação de objetiva absoluta.

(D) O Supremo Tribunal Federal tem entendido que a configuração do nexo de causalidade entre o ato administrativo e o dano causado a terceiro não usuário do serviço público é condição suficiente para estabelecer a responsabilidade objetiva da pessoa jurídica de direito privado, nos termos do art. 37, § 6º, da Constituição Federal.

(E) O Supremo Tribunal Federal tem entendido que, tratando-se de ato omissivo do poder público, a responsabilidade civil por tal ato é subjetiva, pelo que exige dolo ou culpa, esta numa de suas três vertentes, a negligência, a imperícia ou a imprudência, não sendo, entretanto, necessário individualizá-la, dado que pode ser atribuída ao serviço público, de forma genérica, a falta do serviço.

A: correta, pois é caso de responsabilidade objetiva; não bastasse, é um caso de responsabilidade objetiva com risco integral, não se admitindo qualquer excludente de responsabilidade; **B:** assertiva correta ao tempo da elaboração da questão; em se tratando de concursos de procuradorias, como a questão ainda não estava pacificada no STJ ao tempo da prova, essa questão era recorrente e a resposta era a da alternativa; hoje não existe mais esse entendimento e a resposta seria incorreta; para se entender o histórico da questão, é bom lembrar que há 10 anos atrás não havia controvérsia alguma sobre qual era o prazo prescricional para o exercício da pretensão indenizatória em face do Estado; doutrina e jurisprudência eram uníssonas no sentido de que esse prazo era de 5 anos, nos termos do art. 1º do Decreto 20.910/1932, que regula a prescrição contra a fazenda pública; porém, com a entrada em vigor do atual Código Civil, que estabelece que o prazo prescricional para ações indenizatórias é de 3 anos (art. 206, § 3º, V), uma corrente passou a considerar que esse prazo também deveria ser aplicado às ações indenizatórias em face da Fazenda Pública. Isso porque o art. 10 do Decreto 20.910/1932 dispõe que o prazo de 5 anos nele previsto "não altera as prescrições de menor prazo, constantes das leis e regulamentos, as quais ficam subordinadas às mesmas regras". Dessa forma, como o prazo previsto no Código Civil é, atualmente, um prazo "menor" do que o de 5 anos previsto no Decreto mencionado, dever-se-ia aplicar o prazo previsto no Código Civil, fazendo com que a prescrição de ações de reparação civil, em geral, tivesse prazo de 3 anos contra a Fazenda Pública; a questão hoje já está pacificada em outro sentido, tendo prevalecido no STJ a tese de que o prazo prescricional no caso é quinquenal, na forma do Decreto 20.910/32, o que se deu em decisão proferida em julgamento submetido ao rito dos recursos repetitivos (REsp 1.251.993), valendo citar ainda as decisões proferidas no AgRg no REsp 1.375.450, *DJ* 12.09.2013, e no AgRg no REsp 1.355.467, *DJ* 28.06.2013; **C:** incorreta, devendo ser assinalada, pois a classificação é de objetiva relativa, justamente porque admite excludentes de responsabilidade; **D:** correta, pois o STF enfim se pacificou no sentido de que tanto o usuário de serviço público, como o não usuário de serviço público se beneficiam da responsabilidade objetiva das concessionárias de serviço público; **E:** correta, pois a responsabilidade do Estado por omissão é subjetiva, verificando-se a culpa anônima do serviço, ou seja, se este funcionou mal, funcionou tarde ou não funcionou; vale ressaltar que o STF tem decisão no sentido de que a responsabilidade estatal por *atos omissivos* ***específicos*** é objetiva; um exemplo de caso de omissão específica do Estado é a agressão física a aluno por colega, em escola estadual, hipótese em que a responsabilidade estatal será objetiva, com base na Teoria do Risco Administrativo (STF, ARE 697.326 AgR/RS, DJ 26/04/13); não se pode confundir uma *conduta omissiva genérica* (ex: o Estado não conseguir evitar todos os furtos de carros), com uma *conduta omissiva específica* (ex: o Estado ter o dever de vigilância sobre alguém e não evitar o dano); no primeiro caso, o Estado responde *subjetivamente*, só cabendo indenização se ficar provado que o serviço foi defeituoso (ex: um policial presencia um furto e nada faz); no segundo caso, o Estado responde *objetivamente*, não sendo necessário perquirir sobre se o serviço estatal foi ou não defeituoso

Gabarito "C"

(Procurador do Município/Florianópolis-SC – 2010 – FEPESE) Assinale a alternativa **incorreta**, em relação à responsabilidade civil do Estado:

(A) A responsabilidade civil do Estado, por atos omissivos ou comissivos, é sempre objetiva.

(B) Pela teoria do risco integral, o Estado é obrigado a indenizar todo e qualquer dano suportado por terceiro.

(C) A culpa exclusiva da vítima é causa de exclusão da responsabilidade civil objetiva do Estado.

(D) As pessoas jurídicas de direito público e as de direito privado prestadoras de serviços públicos responderão pelos danos que seus agentes, nessa qualidade, causarem a terceiros, assegurado o direito de regresso contra o responsável nos casos de dolo ou culpa.

(E) A ação de regresso pode ser ajuizada contra o agente causador do dano, e, na sua falta, contra seus herdeiros ou sucessores, até o limite do valor da herança.

A: incorreta, devendo ser assinalada; isso porque a responsabilidade do Estado por condutas omissivas é subjetiva, e não objetiva; vale ressaltar que o STF tem decisão no sentido de que a responsabilidade estatal por *atos omissivos* ***específicos*** é objetiva; um exemplo de caso de omissão específica do Estado é a agressão física a aluno por colega, em escola estadual, hipótese em que a responsabilidade estatal será objetiva, com base na Teoria do Risco Administrativo (STF, ARE 697.326 AgR/RS, DJ 26/04/13); não se pode confundir uma *conduta omissiva genérica* (ex: o Estado não conseguir evitar todos os furtos de carros), com uma *conduta omissiva específica* (ex: o Estado ter o dever de vigilância sobre alguém e não evitar o dano); no primeiro caso, o Estado responde *subjetivamente*, só cabendo indenização se ficar provado que o serviço foi defeituoso (ex: um policial presencia um furto e nada faz); no segundo caso, o Estado responde *objetivamente*, não sendo necessário perquirir sobre se o serviço estatal foi ou não defeituoso; **B:** correta; porém, essa não foi a teoria adotada, já que adotamos a teoria do risco administrativo, que admite excludentes de responsabilidade do Estado; **C:** correta, assim como é causa excludente de responsabilidade do Estado a força maior e a culpa exclusiva de terceiro; **D:** correta (art. 37, § 6º, da CF); **E:** correta, pois os sucessores respondem no limite do valor da herança, sendo necessário, todavia, comprovar que o agente causador do dano agiu com culpa ou dolo (art. 37, § 6º da CF e art. 122, § 3º da Lei 8.112/1990).

Gabarito "A"

(Procurador do Município/São José dos Campos-SP – 2012 – VUNESP) No tocante à Responsabilidade Civil do Estado, é correto afirmar sobre a Ação Regressiva que

(A) pode ser instaurada em face do servidor culpado, mesmo após a cessação do exercício no cargo ou na função.

(B) a responsabilidade do servidor culpado não se transmite aos seus herdeiros e sucessores.

(C) não pode ser ajuizada após a aposentadoria do servidor culpado.

(D) exonerado o servidor culpado, a Administração fica desonerada da propositura da ação civil.

(E) ocorre a extinção do processo sem julgamento de mérito se o servidor culpado for demitido pela Administração.

A: correta, pois o direito de ação regressiva, previsto no art. 37, § 6º, da CF, não está limitado ao momento em que o servidor culpado ainda é agente público; **B:** incorreta, pois a responsabilidade do servidor culpado fica transmitida aos seus herdeiros e sucessores até o limite do valor da herança recebida (art. 122, § 3º, da Lei 8.112/1990); C a **E:** incorretas, pois o direito de ação regressiva, previsto no art. 37, § 6º, da CF, não está limitado ao momento em que o servidor culpado ainda é agente público.

Gabarito "A"

(Procurador do Município/Sorocaba-SP – 2012 – VUNESP) No que diz respeito à responsabilidade civil do Estado por omissão, pode-se afirmar que

(A) a doutrina é pacífica no sentido de que a responsabilidade, no caso, é subjetiva.

(B) a doutrina é pacífica por entender que a responsabilidade é sempre objetiva.

(C) há correntes da doutrina entendendo que a responsabilidade é subjetiva.

(D) a responsabilidade será objetiva caso o agente público venha a agir com dolo.

(E) a responsabilidade será objetiva se não puder se apurar o nexo de causalidade.

Prevalece o entendimento, tanto na doutrina, como na jurisprudência de que a responsabilidade do Estado por atos comissivos é objetiva, ao passo que a responsabilidade por atos omissivos é subjetiva. Na doutrina há maior dissenso em relação a esse tema. Enquanto Celso Antônio Bandeira de Mello capitaneia a ideia de que a responsabilidade por conduta omissiva é subjetiva, Hely Lopes Meirelles sempre defendeu que a responsabilidade é objetiva no caso. Assim, somente a alternativa "c" está correta, ao passo que as alternativas "a" e "b" estão incorretas. Quanto à alternativa "d", não faz sentido algum, pois, em sendo a responsabilidade objetiva, não se discute a questão do dolo. E quanto à alternativa "e", também está incorreta, pois em caso de omissão não se pode falar em "nexo de causalidade", já que o nada (a omissão) não é capaz de *causar* materialmente coisa alguma. Assim, se levarmos em conta a afirmativa feita, a responsabilidade por atos omissivos seria sempre objetiva, conclusão a que não se pode chegar, conforme entendimentos doutrinários e jurisprudenciais citados. Vale ressaltar que o STF tem decisão no sentido de que a responsabilidade estatal por *atos omissivos* ***específicos*** é objetiva; um exemplo de caso de omissão específica do Estado é a agressão física a aluno por colega, em escola estadual, hipótese em que a responsabilidade estatal será objetiva, com base na Teoria do Risco Administrativo (STF, ARE 697.326 AgR/RS, DJ 26/04/13); não se pode confundir uma *conduta omissiva genérica* (ex: o Estado não conseguir evitar todos os furtos de carros), com uma *conduta omissiva específica* (ex: o Estado ter o dever de vigilância sobre alguém e não evitar o dano); no primeiro caso, o Estado responde *subjetivamente*, só cabendo indenização se ficar provado que o serviço foi defeituoso (ex: um policial presencia um furto e nada faz); no segundo caso, o Estado responde *objetivamente*, não sendo necessário perquirir sobre se o serviço estatal foi ou não defeituoso

Gabarito "C"

(Procurador Federal – 2010 – CESPE) Julgue o seguinte item.

(1) Pedro foi preso preventivamente, por meio de decisão judicial devidamente fundamentada, mas depois absolvido por se entender que ele não tivera nem poderia ter nenhuma participação no evento. No entanto, por causa da prisão cautelar, Pedro sofreu prejuízo econômico e moral. Nessa situação, conforme entendimento recente do STF, poderão ser indenizáveis os danos moral e material sofridos.

1: Correta, tratando-se da seguinte decisão do STF: " Responsabilidade civil objetiva do estado (CF, art. 37, § 6º) - Configuração - "Bar Bodega" - Decretação de prisão cautelar, que se reconheceu indevida, contra pessoa que foi submetida a investigação penal pelo poder público - Adoção dessa medida de privação da liberdade contra quem não teve qualquer participação ou envolvimento com o fato criminoso - Inadmissibilidade desse comportamento imputável ao aparelho de estado - Perda do emprego como direta consequência da indevida prisão preventiva - Reconhecimento, pelo Tribunal de Justiça local, de que se acham presentes todos os elementos identificadores do dever estatal de reparar o dano - Não comprovação, pelo estado de São Paulo, da alegada inexistência do nexo causal - Caráter soberano da decisão local, que, proferida em sede recursal ordinária, reconheceu, com apoio no exame dos fatos e provas, a inexistência de causa excludente da responsabilidade civil do poder público." (RE 385943 AgR, Relator(a): Min. Celso de Mello, 2.ª Turma, julgado em 15.12.2009, *DJe*-030 DIVULG 18.02.2010, public. 19.02.2010, *RT* v. 99, n. 895, 2010, p. 163-168 *LEXSTF* v. 32, n. 375, 2010, p. 152-161)

Gabarito 1C

(Procurador Federal – 2010 – CESPE) Julgue o item seguinte.

(1) A despesa realizada pela administração sem cobertura contratual não pode ser objeto de reconhecimento da obrigação de indenizar do Estado. O servidor responsável pela não prorrogação tempestiva do contrato ou pela não abertura de procedimento licitatório é quem deve pagar o fornecedor.

1: Incorreta; a despesa é devida pelo Estado, pois este não pode se enriquecer sem causa, além de responder objetivamente pelos prejuízos que causar; o Estado deve, em seguida, ingressar com ação de regresso contra o servidor responsável que tiver agido com culpa ou dolo; de qualquer forma, é bom lembrar que se o contratado estiver de má-fé, nada será devido, nos termos do art. 59 da Lei 8.666/1993.

Gabarito 1E

(Advogado – CEF – 2010 – CESPE) Com relação às teorias acerca da responsabilidade civil do Estado, assinale a opção correta.

(A) No caso de danos causados por rebelião em presídio, que resulte na morte de detento, o STJ possui entendimento pacificado de que a responsabilidade do Estado somente ocorrerá na hipótese de restar demonstrada a culpa (ou dolo) do agente público responsável pela guarda.

(B) A teoria do risco integral somente é prevista pelo ordenamento constitucional brasileiro na hipótese de dano nuclear, caso em que o poder público será obrigado a ressarcir os danos causados, ainda que o culpado seja o próprio particular.

(C) Segundo a jurisprudência atual do STF, o art. 37, § 6º, da Constituição Federal de 1988 (CF) deve ser interpretado no sentido de definir que a responsabilidade civil das pessoas jurídicas de direito privado prestadoras de serviço público é objetiva somente em relação aos usuários do serviço, não se estendendo tal entendimento para os não usuários.

(D) Segundo a jurisprudência majoritária do STJ, nas ações de indenização fundadas na responsabilidade civil objetiva do Estado, é obrigatória a denunciação à lide do agente supostamente responsável pelo ato lesivo, até mesmo para que o poder público possa exercer o direito de regresso.

(E) Na hipótese de falha do serviço público prestado pelo Estado, é desnecessária a comprovação do nexo de causalidade entre a ação omissiva atribuída ao poder público e o dano causado a terceiro.

A: incorreta, pois a responsabilidade, no caso, é objetiva, já que decorrente da guarda de pessoas perigosas (art. 927, parágrafo único, do CC); **B:** correta, pois a regra é a teoria do risco administrativo, que admite excludente de responsabilidade, mas, em caso de dano nuclear, é adotada a teoria do risco integral, que não admite excludentes de responsabilidade; **C:** incorreta, pois o STF passou a entender que a responsabilidade objetiva pode ser invocada em favor do terceiro não usuário do serviço público (STF, RE 591874); **D:** incorreta, pois o STJ entende que denunciação da lide não é obrigatória, podendo o Estado, depois, ingressar com ação de regresso em face do servidor; **E:** incorreta, pois tem que haver nexo entre a conduta omissiva caracterizadora de serviço defeituoso e o dano causado.

Gabarito "B"

(Cartório/SC – 2012) Assinale a alternativa **correta**:

(A) O caso fortuito ou a força maior, quando ocorrente sua comprovação em uma ação reparatória contra o Estado, exclui a condenação deste, uma vez que a ocorrência de natureza imprevisível e inevitável, absolutamente independente da vontade do agente público, rompe com o nexo de causalidade entre o evento danoso e o resultado dele.

(B) Tratando-se de responsabilidade civil do Estado, nos termos adotados pela Constituição Federal brasileira, a absolvição do servidor público em juízo criminal por possível ato praticado no exercício da atividade funcional, por falta de provas, impede a condenação do Estado em uma ação de reparação civil de danos materiais e morais em razão do mesmo fato apurado no juízo criminal no qual o servidor restou absolvido.

(C) O Estado, uma vez condenado em ação em que se apura sua responsabilidade civil, não detém contra o servidor ação regressiva para recuperar aquilo que pagou à vítima lesada por ato de ofício praticado pelo servidor público.

(D) Na Teoria do Risco Integral, é indispensável a existência do evento danoso e do nexo causal para que surja a obrigação de indenizar para a administração pública, mesmo que o dano seja resultante de culpa exclusiva da vítima.

(E) A responsabilidade civil das pessoas jurídicas de direito privado prestadoras de serviço público é subjetiva relativamente a terceiros usuários e não usuários do serviço, segundo se apura no preconizado pela Constituição Federal a respeito da responsabilização civil do Estado.

A: correta, pois adotamos, no Brasil, quanto à responsabilidade objetiva do Estado, a Teoria do Risco Administrativo, que admite excludentes de responsabilidade, e não a Teoria do Risco Integral, que não admite tais excludentes; **B:** incorreta, pois, de acordo com a Constituição (art. 37, § 6º), o Estado responde objetivamente, pouco importando se o agente público agiu com culpa ou dolo, ou se foi ou não absolvido na esfera criminal; aliás, a absolvição criminal por falta de provas sequer exime o agente público de vir a responder administrativa e civilmente pelos fatos praticados, sendo que a primeira se dá no âmbito de um processo disciplinar, ao passo que a segunda se dá quando a Administração Pública promove ação de regresso em seu desfavor; **C:** incorreta, pois o Estado tem sim essa ação em face do agente público, desde que este tenha agido com culpa ou dolo (art. 37, § 6º, da CF); **D:** incorreta; na Teoria do Risco Integral a exigência de nexo de causalidade é relativizada; mesmo que não se possa imputar o dano a uma conduta direta do Estado, este responderá; por exemplo, se um terremoto atingir uma usina nuclear (em caso de dano nuclear a Teoria do Risco Administrativo, que é a regra, cede para a Teoria do Risco Integral), causando danos a pessoas, mesmo que não se possa dizer que foi uma conduta do Estado a causadora do dano (ou seja, mesmo que não se possa dizer que houve nexo de causalidade entre o dano e uma conduta estatal), o Estado responderá; **E:** incorreta, pois a responsabilidade dessas pessoas é objetiva (art. 37, § 6º, da CF), e não subjetiva; vale acrescentar que o STF é pacífico, hoje, no sentido de que essa responsabilidade objetiva se dá tanto em relação a terceiros usuários, como em relação a terceiros não usuários do serviço.

Gabarito "A"

(Magistratura Federal-4ª Região – 2010) Dadas as assertivas abaixo sobre responsabilidade civil do Estado, assinale a alternativa correta.

I. Em matéria de responsabilidade civil do Estado, a Constituição Federal brasileira consagrou em seu artigo 37, § 6º, a adoção, como fundamento básico, da teoria francesa da *faute du service* (falta de serviço), ligada à máxima *le roi ne peut mal faire* (o rei não pode errar), da qual decorre a responsabilização objetiva tanto das pessoas jurídicas de direito público como das de direito privado prestadoras de serviços públicos.

II. Por força do disposto no artigo 37, § 6º, da Constituição Federal, as pessoas jurídicas de direito público e de direito privado prestadoras de serviços públicos respondem objetivamente pelos danos que seus agentes, nessa qualidade, causarem a terceiros, condicionado o direito de regresso contra o responsável à comprovação de dolo.

III. Consoante o entendimento predominante no Supremo Tribunal Federal, a adequada interpretação do art. 37, § 6º, da Constituição Federal conduz à conclusão de que a responsabilidade civil das pessoas jurídicas de direito privado prestadoras de serviço público é objetiva tanto relativamente a terceiros usuários como aos não usuários do serviço.

IV. Não reconhecida categoricamente na sentença criminal a inexistência material do fato, a absolvição de agente público acusado de causar lesões corporais não obsta a que o prejudicado busque a reparação de eventuais danos materiais e morais junto à pessoa jurídica à qual vinculado aquele.

V. De acordo com o entendimento atual do Supremo Tribunal Federal, quando um preso que está sob a custódia do Estado foge e vem a praticar crime, causando prejuízo a terceiro, a responsabilidade do ente estatal respectivo exsurge como consequência automática, pois presumido o nexo de causalidade entre a omissão da autoridade pública e o delito praticado, haja vista o que dispõe o artigo 37, § 6º, da Constituição Federal.

(A) Está correta apenas a assertiva II.

(B) Estão corretas apenas as assertivas II e V.

(C) Estão corretas apenas as assertivas III e IV.

(D) Estão corretas apenas as assertivas I, II e V.

(E) Nenhuma das assertivas está correta.

I: incorreta, pois o art. 37, § 6º, da CF adotou a Teoria do Risco Administrativo, ao regulamentar a responsabilidade objetiva do Estado; a Teoria da Falta do Serviço foi adotada apenas para a responsabilidade do Estado por condutas omissivas (quando havia o dever legal de agir e não houve atuação do poder público); e a Teoria da Irresponsabilidade do Estado não é adotada há mais de um século; **II:** incorreta, pois o direito de regresso se dará em caso de dolo ou CULPA (art. 37, § 6º, da CF); **III:** correta, pois o STF se pacificou nesse sentido, depois de ter entendido, por um tempo, que o terceiro não usuário não se beneficiava da responsabilidade objetiva das concessionárias de serviço público; **IV:** correta (art. 126 da Lei 8.112/1990); **V:** incorreta, pois, nesse caso, o nexo de causalidade se rompe, segundo o STF, salvo em casos em que os crimes são cometidos na fuga do preso ou quando o Estado tenha agido com culpa gravíssima, como quando deixa alguém fugir várias vezes da prisão, sem que haja regressão do regime prisional.

Gabarito "C"

(Magistratura do Trabalho – 15ª Região – 2011) A respeito da responsabilidade civil da Administração Pública, assinale a alternativa correta:

(A) a teoria do risco administrativo não admite as causas excludentes da responsabilidade do Estado, tais como a culpa exclusiva da vítima ou a força maior;

(B) a norma constitucional vigente consagra a responsabilidade objetiva do estado e a responsabilidade subjetiva do agente público;

(C) a responsabilidade objetiva da administração pública prescinde da comprovação do dano e do nexo causal;

(D) apenas as pessoas jurídicas de direito público respondem, objetivamente, pelos danos decorrentes da atuação de seus agentes;

(E) todas as pessoas jurídicas integrantes da administração pública indireta respondem, objetivamente, pelos danos que seus agentes, nesta qualidade, causarem a terceiros.

A: incorreta, pois a teoria do risco administrativo, diferentemente da teoria do risco integral, admite, sim, causas excludentes da responsabilidade do Estado; **B:** correta (art. 37, § 6º, da CF); **C:** incorreta, pois é necessário, sim, que se comprove, além da conduta estatal, o dano e o nexo de causalidade; **D:** incorreta, pois as *pessoas jurídicas de direito privado prestadoras de serviço público* também respondem objetivamente (art. 37, § 6º, da CF); **E:** incorreta, pois, quanto à Administração Indireta, respondem objetivamente somente as pessoas jurídicas de direito público (autarquias, fundações públicas, agências reguladoras e associações públicas) e as pessoas jurídicas de direito privado prestadoras de serviço público (art. 37, § 6º, da CF).

Gabarito "B"

(Analista – STM – 2011 – CESPE) Julgue o item abaixo, referente à responsabilidade civil do Estado.

(1) A reparação do dano causado a terceiros pode ser feita tanto no âmbito judicial quanto no administrativo, mas, neste último caso, a administração é obrigada a pagar o montante indenizatório de uma só vez, em dinheiro, de maneira a recompor plenamente o bem ou o interesse lesado.

1: incorreta, pois nada impede que a Administração faça um acordo extrajudicial com a vítima, de modo a pagar em valores e condições diversos do enunciado na afirmativa.

Gabarito 1E

(Analista – TRT/6ª – 2012 – FCC) De acordo com o ordenamento jurídico brasileiro, a responsabilidade civil do Estado depende necessariamente

(A) da comprovação de conduta comissiva dolosa ou omissiva culposa do agente público.

(B) do nexo de causalidade entre a ação ou omissão de seus agentes e o dano causado a terceiros.

(C) da prévia condenação do agente público em procedimento disciplinar.

(D) da comprovação da falha na prestação do serviço ou conduta dolosa do agente público.

(E) da omissão de agente público, consubstanciada na negligência na prestação do serviço.

A: incorreta, pois a responsabilidade do Estado, como regra, é objetiva, dependendo apenas de "conduta + dano + nexo de causalidade", não sendo necessário comprovar culpa ou dolo do agente (art. 37, § 6º, da CF); vale salientar que a responsabilidade do Estado por condutas omissivas é subjetiva, o que faz com que se tenha de demonstrar, além dos elementos citados, o elemento "serviço defeituoso", também chamado de "falta do serviço"; **B:** correta, pois, de fato, esses elementos são necessários; **C:** incorreta, pois a responsabilidade civil é totalmente independente da responsabilidade administrativa; **D:** incorreta, pois a comprovação da falha no serviço só é necessária no caso de omissões estatais, em que a responsabilidade é subjetiva; como regra, tem-se responsabilidade objetiva, pela qual não é necessário comprovar nem a falha no serviço, nem conduta culposa ou dolosa do agente público; **E:** incorreta, pois a omissão culposa do agente público só é pertinente quando se está analisando a responsabilidade subjetiva do Estado, que é exceção; como regra, tem-se a responsabilidade objetiva, que só requer "conduta + dano + nexo de causalidade".

Gabarito "B"

(Analista – TRT/8ª – 2010 – FCC) Um motorista dirigindo em uma estrada estadual cai com o veículo em um buraco próximo a uma obra de recapeamento do asfalto, do que resulta danos de grande monta no veículo e lesões graves no motorista. O acidente ocorreu por deficiência de sinalização, que era de responsabilidade de funcionário do Estado, responsável pela obra. Nesse caso,

(A) o Estado responde pelos danos causados ao veículo, mas não pelas lesões corporais suportadas pela vítima.

(B) a vítima pode acionar judicialmente o Estado para reparação dos danos porque ele responde, objetivamente, pelos atos dos seus agentes.

(C) a vítima não pode acionar o Estado porque está evidente a culpa do agente, que é quem deve ser acionado.

(D) se o Estado for acionado e pagar os danos, ele não pode processar o agente que deu causa ao acidente porque este estava no cumprimento do seu dever.

(E) não cabe ação para reparação dos danos porque a estrada estava sendo recapeada e o motorista deveria tomar cuidado, mesmo sem existência de sinalização adequada.

A situação narrada na questão demonstra ter havido falta do serviço (o serviço público não funcionou adequadamente), ensejando responsabilização estatal.

Gabarito "B"

(Analista – TRE/AL – 2010 – FCC) A responsabilidade objetiva do Estado

(A) existe em qualquer hipótese de dano, inclusive decorrente de força maior e caso fortuito.

(B) implica reparação do dano mesmo que a lesão decorra de culpa exclusiva da vítima.

(C) resta caracterizada desde que presentes o fato administrativo, o dano e o nexo causal.

(D) somente se caracteriza se o agente público agiu com dolo ou culpa.

(E) não impede a ação regressiva contra o agente responsável pelo dano, qualquer que tenha sido a conduta deste.

A: incorreta, pois adotamos a Teoria do Risco Administrativo, que admite excludentes de responsabilidade, e não a Teoria do Risco Integral, que não admite excludentes; **B:** incorreta, pois a culpa exclusiva da vítima é uma das hipóteses de exclusão de responsabilidade; **C:** correta, pois esses são os três requisitos para a configuração da responsabilidade; **D:** incorreta, pois a responsabilidade objetiva do Estado independe de demonstração de conduta culposa ou dolosa de quem quer que seja; **E:** incorreta, pois a ação regressiva do Estado contra o agente responsável pelo dano depende do agente público ter praticado conduta dolosa ou culposa (art. 37, § 6º, da CF).

Gabarito "C"

(Analista – TRE/AM – 2010 – FCC) Sobre a reparação do dano decorrente da responsabilidade civil do Estado, é correto afirmar que

(A) a ação deve, necessariamente, ser proposta contra o Estado e o agente causador do dano, a fim de ser apurada a responsabilidade deste.

(B) não pode ser feita no âmbito administrativo em razão do direito de regresso que o Estado tem contra o seu agente.

(C) o prazo de prescrição do direito de obter indenização dos danos causados por agentes de pessoas jurídicas de direito privado prestadoras de serviços públicos é de dez anos.

(D) prescreve em cinco anos o direito de obter indenização dos danos causados por agentes de pessoas jurídicas de direito público.

(E) a Constituição Federal determina que seja formado litisconsórcio necessário entre o Estado e o seu agente causador do dano.

A: incorreta, pois a ação só pode ser direcionada contra o Estado; **B:** incorreta, pois o Estado pode, administrativamente, fazer acordo e efetuar pagamento em favor do lesado por conduta sua; **C:** incorreta, pois o prazo prescricional, no caso, é de 3 anos, prazo geral previsto no Código Civil para as pretensões de reparação do dano; **D:** correta, pois o prazo geral para ingressar com ação contra o Poder Público é de 5 anos (art. 1º do Decreto 20.910/32); de qualquer maneira, é bom mencionar que o Poder Público defende a tese de que, em caso de reparação civil, deve-se aplicar o prazo menor previsto no Código Civil, que é de 3 anos, já que o art. 10 do Decreto mencionado estabelece que prazos menores do que 5 anos previstos em outras leis devem ser aplicados; **E:** incorreta, pois a ação só pode ser direcionada contra o Estado.

Gabarito "D"

(Analista – TRE/PR – 2012 – FCC) Durante uma perseguição a suspeitos, uma viatura policial estadual avançou o sinal vermelho e colidiu com outro veículo, particular, causando danos de grande monta e também lesões corporais nos integrantes do veículo. Nessa hipótese, com base na Constituição Federal e com as informações constantes deste preâmbulo, o Estado

(A) responde apenas subjetivamente, desde que haja culpa do agente público, uma vez que este estava no regular desempenho de sua função.

(B) responde subjetivamente pelos danos sofridos pelos particulares, desde que reste comprovada negligência do condutor da viatura.

(C) responde objetivamente pelos danos sofridos pelos particulares, cabendo direito de regresso contra o condutor da viatura na hipótese de ser comprovada culpa ou dolo.

(D) responde subjetivamente, caso seja demonstrado o nexo de causalidade, e o servidor responde objetivamente pelos danos causados.

(E) e o servidor respondem objetivamente, uma vez que avançar sinal vermelho significa negligência de natureza gravíssima.

A: incorreta, pois o caso revela ato comissivo estatal, que impõe responsabilização *objetiva* do Estado (e não subjetiva), ou seja, independentemente da existência de culpa ou dolo ou de demonstração de falta do serviço; nem mesmo a alegação de exercício regular da função afasta a responsabilidade estatal, se demonstrados os requisitos da responsabilidade objetiva (conduta comissiva, dano e nexo de causalidade); B e **D:** incorretas, pois, como seu viu, a responsabilidade é objetiva e não subjetiva; **C:** correta, pois reflete o disposto no art. 37, § 6º, da CF; **E:** incorreta, pois, em sendo a responsabilidade objetiva, não há que se discutir se há conduta culposa, de maneira que é totalmente impertinente dizer que a responsabilidade existe porque houve negligência (espécie de culpa).

Gabarito "C"

(Analista – TRE/SP – 2012 – FCC) De acordo com a Constituição Federal brasileira, as pessoas jurídicas de direito público e as de direito privado prestadoras de serviço público respondem pelos danos que seus agentes, nessa qualidade, causarem a terceiros. Isso significa que a responsabilidade extracontratual do Estado

(A) independe da comprovação de dolo ou culpa do agente, bastando a comprovação do nexo de causalidade entre a ação do agente público e o dano e a ausência de condições excludentes.

(B) depende da comprovação do dolo ou culpa do agente público, caracterizadora da falha na prestação do serviço público.

(C) independe da comprovação de dolo ou culpa do agente, o qual responde pelos danos causados perante os terceiros, podendo exercer direito de regresso em face da Administração na hipótese de causas excludentes da ilicitude da sua conduta.

(D) é de natureza objetiva, sendo afastada quando comprovada a culpa ou dolo exclusivo do agente que, em tal hipótese, responde diretamente perante o particular.

(E) é de natureza subjetiva, condicionada à comprovação de culpa exclusiva do agente público.

A: correta, pois reflete o disposto no art. 37, § 6º, da CF, que estabelece a responsabilidade objetiva do Estado, ou seja, a responsabilidade independentemente de comprovação de culpa ou dolo do agente; **B:** incorreta, pois a responsabilidade objetiva independente da comprovação de culpa ou dolo do agente público ou qualquer outro tipo de prova que visa a caracterizar a falha no serviço público, comprovação esta típica do caso em que o Estado responde subjetivamente, ou seja, dos casos de condutas omissivas estatais; **C:** incorreta, pois o agente público não poderá ser acionado diretamente pela vítima; esta só pode ingressar com ação em face do Estado e este, em caso de culpa ou dolo do agente, poderá agir regressivamente; **D:** incorreta, pois, como seu viu, o agente público não pode ser acionado diretamente pela vítima; **E:** incorreta, pois a responsabilidade do Estado por condutas comissivas é objetiva.

Gabarito "A"

(Analista – TRE/BA – 2010 – CESPE) Julgue o item subsequente, relativo à responsabilidade civil do Estado e aos serviços públicos.

(1) As entidades da administração indireta que executem atividade econômica de natureza privada não estão sujeitas à incidência da regra da responsabilidade objetiva do Estado.

1: correta, pois a responsabilidade objetiva prevista no art. 37, § 6º, da CF só existe quando o causador do dano é pessoa de direito público ou pessoa de direito privado *prestadora de serviço público* (e não executora de *atividade econômica*).

Gabarito 1C

(Analista – TRE/MT – 2010 – CESPE) Segundo a Constituição Federal de 1988 (CF), as pessoas jurídicas de direito público e as de direito privado prestadoras de serviços públicos responderão pelos danos que seus agentes, nessa qualidade, causarem a terceiros, assegurado o direito de regresso contra o responsável nos casos de dolo ou culpa. Considerando o entendimento da jurisprudência e doutrina dominantes acerca da responsabilidade civil do Estado, assinale a opção correta.

(A) Segundo a teoria objetiva da responsabilidade civil do Estado no Brasil, não é necessária a comprovação de culpa ou nexo causal entre ação e resultado para se imputar o dever de indenizar ao Estado.

(B) No que se refere à responsabilidade civil por atos judiciais, segundo jurisprudência majoritária, a regra é a irresponsabilidade civil do Estado.

(C) Um dos requisitos para que seja caracterizada a responsabilidade objetiva do Estado é a demonstração da culpa *in eligendo* da administração na escolha do servidor que praticou o ato.

(D) No caso de dano causado por leis de efeito concreto, não se admite a responsabilização civil do Estado.

(E) O dano causado por sociedade de economia mista prescreve em cinco anos.

A: incorreta, pois é necessário comprovar conduta, dano e *nexo causal*; **B:** correta, só havendo responsabilidade por ato judicial em caso de erro judiciário, prisão além do tempo previsto em decisão judicial ou fraude ou dolo do juiz; **C:** incorreta, pois não se discute culpa na responsabilidade objetiva, mas apenas a existência de conduta, dano e nexo causal; **D:** incorreta, pois nesses casos há sim responsabilidade do Estado; um exemplo disso é uma lei que cria tamanhas restrições ao uso de uma propriedade privada que acabe se configurando em verdadeira desapropriação indireta, ensejando responsabilidade estatal; **E:** incorreta, pois o prazo para ingressar com ação contra uma sociedade de economia mista, no caso, é de 3 anos.

Gabarito "B"

(Analista – TRF/4ª – 2010 – FCC) Tendo ocorrido uma enchente causada por chuvas, com danos a moradores locais, foi comprovado que os serviços prestados pela Administração municipal foram ineficientes, além do que os bueiros de escoamento das águas estavam entupidos e sujos, principalmente pelo depósito acumulado de terra e argila. Nesse caso, a Administração

(A) não será responsável porque o fato não ocorreu pela conduta de seus agentes.

(B) deverá indenizar os moradores por força da responsabilidade objetiva.

(C) responderá pelos danos causados em face da responsabilidade subjetiva.

(D) não será responsável em face da culpa exclusiva dos moradores por eventual depósito de lixo no local.

(E) responderá pelos danos causados por culpa objetiva concorrente.

O caso trata da existência da chamada "falta do serviço". As condutas omissivas do Estado ensejam responsabilidade subjetiva, analisando-se se o serviço estatal foi ou não defeituoso. No caso, como o serviço público foi mal prestado, o Estado responderá, eis que está caracterizada a culpa anônima do serviço.

Gabarito "C"

Para responder à questão seguinte, considere a situação abaixo descrita: Um servidor público de determinado Estado da federação, responsável pela solução de consultas tributárias, recebeu consulta formal de uma empresa sobre a interpretação de determinado dispositivo da legislação estadual sobre o Imposto sobre Circulação de Mercadorias e Serviços – ICMS. O servidor público, competente para a tarefa, respondeu a consulta e submeteu-a a seu superior hierárquico, que a ratificou. Posteriormente, verificou-se que a resposta dada pelo servidor público estava equivocada, porque ignorava a existência de dispositivo legal expressamente contrário ao entendimento ali defendido. Assim, a solução da consulta foi invalidada e a empresa foi autuada pelo recolhimento a menor do tributo, arcando com as penalidades previstas na legislação.

(Auditor Fiscal do Trabalho – 2010 – ESAF) No que concerne à responsabilidade civil do Estado, pode-se afirmar que respondem objetivamente pelos danos que seus agentes causarem a terceiros, na modalidade de risco administrativo, as seguintes pessoas jurídicas, exceto:

(A) Petrobras.

(B) Instituto Nacional da Seguridade Social.

(C) União.

(D) Banco Central do Brasil.

(E) Banco Nacional do Desenvolvimento Econômico e Social.

Todas as pessoas jurídicas mencionadas nas alternativas são pessoas jurídicas de direito público, que respondem objetivamente (art. 37, § 6º, da CF), salvo a Petrobras, que é uma pessoa jurídica de direito privado exploradora de atividade econômica.

Gabarito "A"

(OAB/Exame Unificado – 2011.3.A) Ambulância do Corpo de Bombeiros envolveu-se em acidente de trânsito com automóvel dirigido por particular, que trafegava na mão contrária de direção. No acidente, o motorista do automóvel sofreu grave lesão, comprometendo a mobilidade de um dos membros superiores. Nesse caso, é correto afirmar que

(A) existe responsabilidade objetiva do Estado em decorrência da prática de ato ilícito, pois há nexo causal entre o dano sofrido pelo particular e a conduta do agente público.

(B) não haverá o dever de indenizar se ficar configurada a culpa exclusiva da vítima, que dirigia na contramão, excluindo a responsabilidade do Estado.

(C) não se cogita de responsabilidade objetiva do Estado porque não houve a chamada culpa ou falha do serviço. E, de todo modo, a indenização do particular, se cabível, ficaria restrita aos danos materiais, pois o Estado não responde por danos morais.

(D) está plenamente caracterizada a responsabilidade civil do Estado, que se fundamenta na teoria do risco integral.

O caso em tela revela "culpa exclusiva" do particular. Esse tipo de situação afasta a responsabilidade objetiva do estado, já que se trata de uma excludente de responsabilidade estatal. Assim, ficam afastadas as alternativas "a" e "d". A alternativa "c" também está incorreta, pois, em matéria de responsabilidade objetiva do estado (condutas comissivas), não se verifica a "culpa ou a falha do serviço". Ademais, o Estado responde não só por danos materiais, respondendo também por danos morais e estéticos. Quanto à alternativa "b", é a única correta, por reconhecer a excludente da responsabilidade estatal.

Gabarito "B"

(OAB/Exame Unificado – 2011.1) Antônio, vítima em acidente automobilístico, foi atendido em hospital da rede pública do Município de Mar Azul e, por imperícia do médico que o assistiu, teve amputado um terço de sua perna direita. Nessa situação hipotética, respondem pelo dano causado a Antônio

(A) o Município de Mar Azul e o médico, solidária e objetivamente.

(B) o Município de Mar Azul, objetivamente, e o médico, regressivamente, em caso de dolo ou culpa.

(C) o Município de Mar Azul, objetivamente, e o médico, solidária e subjetivamente.

(D) o Município de Mar Azul, objetivamente, e o médico, subsidiariamente.

Como é de conhecimento geral, a responsabilidade estatal é objetiva, de modo que o Município responde objetivamente. Já a responsabilidade do agente público depende de culpa ou dolo de sua parte, devendo o Estado ingressar com ação de regresso contra o agente público que assim agir (art. 37, § 6º, da CF).

Gabarito "B"

(OAB/Exame Unificado – 2010.3) Um policial militar, de nome Norberto, no dia de folga, quando estava na frente da sua casa, de bermuda e sem camisa, discute com um transeunte e acaba desferindo tiros de uma arma antiga, que seu avô lhe dera. Com base no relatado acima, é correto afirmar que o Estado

(A) será responsabilizado, com base na teoria do risco integral.

(B) será responsabilizado, pois Norberto é agente público pertencente a seus quadros.

(C) não será responsabilizado, pois Norberto, apesar de ser agente público, não atuou nessa qualidade; sua conduta não pode, pois, ser imputada ao Ente Público.

(D) somente será responsabilizado de forma subsidiária, ou seja, caso Norberto não tenha condições financeiras.

De acordo com o art. 37, § 6º, da CF, as pessoas jurídicas de direito público só respondem por atos de seus agentes públicos quando estes causam dano a alguém enquanto atuam na qualidade de agente público. Um exemplo é o caso de um policial em serviço, que, ao perseguir um suspeito, mesmo sem necessidade, resolver atirar para matá-lo. Nossos tribunais, em alguns casos, também entendem que poderá haver responsabilidade estatal quando um policial, mesmo em horário de folga, usa arma da corporação para cometer um ato ilícito. No entanto, caso um policial, em horário de folga, tratando de questão não afeta ao seu serviço e utilizando arma que não é da corporação, acaba vindo a matar alguém, não se vem reconhecendo a responsabilidade do Estado, sob o argumento de que o agente público não estava atuando na qualidade de agente público quando empreendeu o ato lesivo. Dessa forma, somente a alternativa "C" está correta.

Gabarito "C"

11.18.3. Responsabilidade do agente público, ação de regresso e denunciação da lide

(Magistratura/RJ – 2011 – VUNESP) Leia as afirmações e assinale a alternativa correta.

(A) A reparação do dano causado pela Administração a terceiros obtém-se amigavelmente ou por meio da ação de indenização, e, uma vez indenizada a lesão da vítima, fica a entidade pública com o direito de voltar-se contra o servidor culpado para haver dele o despendido, por meio da Ação Regressiva.

(B) A condenação criminal não produz efeitos no processo civil e administrativo, na medida em que não faz coisa julgada relativamente à culpa do agente público.

(C) A Ação Regressiva destinada à reparação patrimonial transmite-se aos herdeiros e sucessores do servidor culpado, entretanto, não poderá ser instaurada após a cessão do exercício no cargo ou na função, por disponibilidade, aposentadoria, exoneração ou demissão.

(D) Mesmo que evidenciada a culpabilidade da vítima, subsiste a responsabilidade objetiva da Administração.

A: correta; apesar de raramente a Administração fazer esse tipo de acordo com a vítima antes de ela entrar com ação indenizatória, o fato é que isso é possível e deveria acontecer mais; em seguida ao pagamento de indenização à vítima, a Administração deve atuar regressivamente em face do servidor público que tiver agido com culpa ou dolo (art. 37, § 6º, da CF); **B:** incorreta, pois a condenação criminal põe fim à dúvida quando a prática do ato julgado na ação penal; já a absolvição penal só repercutirá nas esferas administrativa e civil se negar a existência do fato ou a sua autoria; **C:** incorreta, pois não há impedimento legal à instauração da ação regressiva após a cessão do exercício no cargo ou na função pelos motivos citados; **D:** incorreta, pois se a culpa for exclusivamente da vítima, o Estado não responderá.

Gabarito "A"

(Defensor Público/PR – 2012 – FCC) Tiburcius é servidor público estadual que, no exercício de sua função de motorista, dirigia uma camionete do Estado do Paraná, quando se envolveu em grave acidente. Houve perda total tanto da camionete do Estado quanto da motocicleta de propriedade particular, também envolvida no acidente. O passageiro da motocicleta morreu na hora. São diversas as possibilidades de consequências jurídicas desse acidente. Dentre as mencionadas abaixo, a única INCORRETA ou INCABÍVEL ao caso é:

(A) Demonstrados o envolvimento do servidor público; o nexo de causalidade e os prejuízos sofridos pelo particular este, para receber indenização do Estado, fica dispensado de comprovar a culpa da administração pública.

(B) Para excluir ou atenuar a indenização ao particular, o Estado deverá demonstrar a culpa total ou parcial do condutor da motocicleta.

(C) Se comprovado que o acidente foi causado por um instantâneo, arrebatador e fortíssimo vendaval, que impediu a visibilidade dos motoristas e ocasionou a perda de controle dos veículos, há exclusão ou atenuação da responsabilidade de indenizar o particular.

(D) A comprovação da culpa de Tiburcius pelo acidente é um dos requisitos para a propositura de ação regressiva do Estado contra esse servidor.

(E) A absolvição definitiva de Tiburcius, por negativa de autoria, na ação penal pela morte do passageiro da motocicleta, não tem repercussão na apuração e punição de falha disciplinar por ele cometida.

A: assertiva correta, pois a responsabilidade do Estado é objetiva (art. 37, § 6º, da CF); **B:** assertiva correta, sendo que, demonstrada a culpa exclusive (total) do particular, haverá exclusão da responsabilidade estatal, ao passo que demonstrada a culpa parcial do particular, haverá apenas a atenuação dessa mesma responsabilidade; **C:** assertiva correta, pois, quanto à responsabilidade objetiva do Estado, adotamos no Brasil a Teoria do Risco Administrativo, que admite excludentes da responsabilidade estatal, como a força maior e o caso fortuito; **D:** assertiva correta, pois a responsabilidade do agente público em relação ao Estado é subjetiva, ou seja, depende de culpa ou dolo do agente (art. 37, § 6º, da CF); assim, caso o Poder Público tenha de pagar uma indenização ao particular, em seguida poderá voltar-se em ação regressiva em face do agente público responsável (ou promover a denunciação da lide na ação promovida pelo particular), tendo que comprovar culpa ou dolo do agente para que esta responda civilmente; **E:** assertiva incorreta, devendo a alternativa ser assinalada; pois a absolvição penal por negativa de autoria (assim como a absolvição por inexistência material do fato) tem repercussão sim nas esferas civil e administrativa, diferentemente da simples absolvição por falta de provas (art. 126 da Lei 8.112/1990).

Gabarito "E"

(Procurador do Estado/MT – FCC – 2011) Determinado cidadão foi atropelado por viatura policial, conduzida por agente público, que se encontrava em atendimento de ocorrência. Nessa situação, poderá responsabilizar

(A) a Administração, desde que comprovado dolo ou culpa grave do agente.

(B) a Administração pelos danos sofridos, podendo esta exercer o direito de regresso em face do agente, caso comprovado dolo ou culpa deste.

(C) a Administração ou diretamente o agente público, bastando a comprovação do nexo de causalidade entre o dano e a conduta do agente.

(D) a Administração, desde que comprovada falha na prestação do serviço, consistente na omissão do dever de zelar pela atuação do agente público.

(E) o agente, caso comprovado dolo ou culpa, podendo este, se condenado, exercer o direito de regresso em face da Administração.

A: incorreta, pois a responsabilidade da Administração é objetiva (art. 37, § 6º, CF); **B:** correta, cabendo ação apenas em face da Administração (conforme posição do STF), que poderá exercer o direito de regresso em face do agente, em caso de culpa ou dolo deste (art. 37, § 6º, da CF); **C:** incorreta, pois o STF entende que não é possível acionar diretamente o agente público (RE 327.904); **D:** incorreta, pois essa comprovação só é necessária quando o dano tem origem em conduta omissiva estatal, caso em que a responsabilidade é subjetiva; porém, no caso trazido no enunciado, há conduta comissiva do Estado, de maneira que a responsabilidade é objetiva, não se verificando se há ou não conduta culposa ou dolosa; **E:** incorreta, pois, como se viu, não é possível acionar diretamente o agente público.

Gabarito "B"

(Analista – TRE/AC – 2010 – FCC) Com relação à responsabilidade civil do Estado, a ação regressiva é uma

(A) medida de natureza administrativa de que dispõe a Administração para obrigar o agente, *manu militari*, a ressarcir o valor da indenização que pagou a terceiros em decorrência de conduta daquele.

(B) medida administrativa que o lesado tem contra o agente público causador do dano.

(C) ação judicial que o agente público tem contra a vítima de dano se não agiu com culpa.

(D) ação judicial que o lesado tem contra o agente público causador do dano para buscar indenização.

(E) ação judicial de natureza civil que a Administração tem contra o agente público ou o particular prestador de serviços públicos causador do dano a terceiros.

A: incorreta, pois, na esfera administrativa, a Administração só pode fazer descontos na remuneração do servidor, com vistas à reparação do dano por este causado, se o agente público concordar com tal medida; **B:** incorreta, pois, em hipótese alguma, o lesado pode fazer cobrança de valores junto ao agente público; cabe ao lesado ingressar com ação contra o Estado, e não contra o servidor; **C:** incorreta, pois o direito de regresso se dá pelo Estado, que tiver sido acionado por danos causados por um agente público seu, em relação ao agente público; **D:** incorreta, pois, como se viu, o lesado não pode acionar o agente público diretamente; **E:** correta, nos termos do que admite o art. 37, § 6º, da CF.

Gabarito "E"

(Auditor Fiscal do Trabalho – 2010 – ESAF) Um funcionário público federal, titular do cargo de motorista, estava dirigindo um veículo oficial, em serviço, quando, por imprudência, colidiu-o contra uma árvore, danificando-o. Neste caso:

I. deverá ressarcir o dano causado ao patrimônio público.

II. deverá ser responsabilizado por ato de improbidade administrativa porque causou lesão ao erário.

III. não poderá valer-se da faculdade prevista no art. 46 da Lei n. 8.112/90 (pagamento parcelado, mediante desconto em folha de pagamento) porque agiu com imprudência.

IV. somente estará obrigado a ressarcir o dano causado ao patrimônio público se for condenado judicialmente a fazê-lo.

V. o dever de indenizar poderá ser apurado na via administrativa.

Estão corretas:

(A) apenas as afirmativas I, II, III e IV.

(B) apenas as afirmativas I, II, III e V.

(C) apenas as afirmativas I e V.

(D) apenas as afirmativas I, III e IV.

(E) apenas as afirmativas I, III e V.

I: correta (art. 122 da Lei 8.112/90); II: incorreta, pois, apesar de a improbidade administrativa por prejuízo ao erário se configurar por ato culposo ou doloso (art. 10 da Lei 8.429/92), o fato narrado não afeta o bem jurídico protegido pela Lei de Improbidade; III: incorreta, pois o art. 46 não traz limitação nesse sentido, até porque o servidor só é obrigado a ressarcir o erário quando agir com culpa ou dolo; IV: incorreta, pois o dever de ressarcir decorre da própria lei (arts. 121 e 122 da Lei 8.112/90); no entanto, caso o agente público não aceite o desconto em folha, o Poder Público deverá acioná-lo, ingressando com ação de cobrança; V: correta, pois o dever de indenizar pode e deve ser apurado administrativamente, mas a cobrança deve ser judicial, caso o agente público não aceite o desconto em folha de pagamento.

Gabarito "C"

(OAB/Exame Unificado – 2012.2) Sílvio, servidor público, durante uma diligência com carro oficial do Estado X para o qual trabalha, se envolve em acidente de trânsito, por sua culpa, atingindo o carro de João. Considerando a situação acima e a **evolução do entendimento sobre o tema**, assinale a afirmativa correta.

(A) João deverá demandar Sílvio ou o Estado X, à sua escolha, porém, caso opte por demandar Sílvio, terá que comprovar a sua culpa, ao passo que o Estado responde independentemente dela.

(B) João poderá demandar Sílvio ou o Estado X, à sua escolha, porém, caso opte por demandar Sílvio, presumir-se-á sua culpa, ao passo que o Estado responde independentemente dela.

(C) João poderá demandar apenas o Estado X, já que Sílvio estava em serviço quando da colisão e, por isso, a responsabilidade objetiva é do Estado, que terá direito de regresso contra Sílvio, em caso de culpa.

(D) João terá que demandar Sílvio e o Estado X, já que este último só responde caso comprovada a culpa de Sílvio, que, no entanto, será presumida por ser ele servidor do Estado (responsabilidade objetiva).

A, B e **D:** incorretas, pois a jurisprudência atual do STF é no sentido de que não se pode acionar diretamente o agente público (RE 327.904, rel. Min. Carlos Brito, j. em 15.08.2006 – Informativo 436); a vítima deve acionar única e exclusivamente o Estado X e este, provando a culpa ou o dolo do agente público, poderá atuar regressivamente contra este; **C:** correta, conforme entendimento jurisprudencial trazido no comentário às demais alternativas da questão; o STF entende que a norma prevista no art. 37, § 6º, da CF, que trata da responsabilidade objetiva do Estado, com direito de regresso em face do agente público que agir com culpa ou dolo, é norma que protege o agente público de ações promovidas diretamente pelo particular; assim, este deve acionar apenas o Estado, podendo o segundo, quando for o caso, atuar regressivamente em face do agente público causador do dano.

Gabarito "C"

(OAB/Exame Unificado – 2011.2) Tendo o agente público atuado nesta qualidade e dado causa a dano a terceiro, por dolo ou culpa, vindo a administração a ser condenada, terá esta o direito de regresso. A respeito da ação regressiva, é correto afirmar que

(A) em regra deve ser exercida, sob pena de afronta ao princípio da indisponibilidade.

(B) o prazo prescricional será o mesmo constante da esfera penal para o tipo criminal correspondente.

(C) a prescrição será decenal, com base na regra geral da legislação civil.

(D) o prazo prescricional tem início a contar do fato que gerou a ação indenizatória contra a Administração.

A: correta, pois, se o agente público atuou com culpa ou dolo, e a Administração foi condenada a ressarcir o particular, é imperativo que esta acione aquele em ação regressiva, sob pena de violação ao princípio da indisponibilidade do interesse público. Vale salientar que, para ser mais precisa, a alternativa nem deveria ter se iniciado com a expressão "em regra", já que a Administração é obrigada ingressar com ação de regresso no caso. **B** e **C:** incorretas, pois o prazo prescricional é o previsto para a Administração acionar particulares para ressarcimento, no caso, de 3 anos (art. 206, § 3º, V, do CC); **D:** incorreta, pois o prazo prescricional se inicia do momento em que a Administração tiver desembolsado a indenização em favor da vítima, ou seja, o termo *a quo* é a data "do concreto e efetivo pagamento, pelo Estado, do valor a que foi condenado" (STJ, REsp. 328.391/DF).

Gabarito "A".

11.18.4. Responsabilidade das concessionárias de serviço público

(Ministério Público/SC – 2010) Em atenção à teoria da responsabilidade civil da Administração, analise as seguintes assertivas:

I. A responsabilidade civil das pessoas jurídicas de direito privado prestadoras de serviço público é objetiva relativamente a terceiros usuários, e não usuários do serviço.

II. O servidor público causador do dano apenas responderá perante a Fazenda Pública, por dano causado a terceiro, em ação regressiva, desde que tenha ocorrido a sua denunciação à lide no processo principal.

III. Quando demandado regressivamente, o agente causador do prejuízo responderá de forma objetiva perante a Administração Pública.

IV. As ações de ressarcimento propostas pela Fazenda Pública em face do agente causador do dano são imprescritíveis.

V. Em face dos prejuízos causados a particulares, as empresas privadas prestadoras de serviços públicos submetem-se às mesmas regras de responsabilidade civil aplicáveis aos entes públicos.

De acordo com a Constituição da República:

(A) Apenas as assertivas II, III e IV estão corretas.

(B) Apenas as assertivas I, III, IV e V estão corretas.

(C) Todas as assertivas estão corretas.

(D) Apenas as assertivas I, IV e V estão corretas.

(E) Apenas as assertivas II, III e V estão corretas.

I: correta, estando a questão pacificada hoje no STF; **II:** incorreta, pois o Estado poderá exercer seu direito de regresso em ação autônoma, pois se trata de um direito constitucional previsto no art. 37, § 6º, da CF, não sendo possível qualquer restrição a esse direito; **III:** incorreta, pois o agente público só responde regressivamente se tiver agido com culpa ou dolo, conforme o texto do próprio art. 37, § 6º, da CF; **IV:** correta, conforme interpretação que o STF tem feito do art. 37, § 5º, da CF; **V:** correta, pois tantos as pessoas jurídicas de direito público, como as pessoas jurídicas de direito privado prestadoras de serviço público respondem objetivamente, nos termos do art. 37, § 6º, da CF.

Gabarito "D".

(Defensor Público/GO – 2010 – I. Cidades) Em um serviço público de transporte de passageiros, veio um passageiro a ser jogado para fora do ônibus em uma curva, e, além de se machucar gravemente, veio a atingir uma outra pessoa, transeunte, que também sofreu graves lesões. Na ação a ser movida pelo passageiro contra o Estado

(A) o usuário é quem deve acionar o Estado, não tendo direito a isto o terceiro que foi lesado em decorrência do evento originário.

(B) a responsabilidade do Estado será subjetiva para o terceiro, e objetiva para o usuário do serviço público.

(C) o Estado responderá civilmente, mas subjetivamente, por causa da presença do terceiro que está fora da relação tática original.

(D) o terceiro somente tem direito a indenização do usuário, e este do Estado.

(E) a responsabilidade do Estado será objetiva para os dois casos.

O STF vinha entendendo que a responsabilidade objetiva dos concessionários (prevista no art. 37, § 6º, da CF) só existe em relação ao usuário do serviço, e não em relação a terceiro não usuário do serviço, que sofre dano no contexto da prestação de um serviço público. O terceiro deveria buscar responsabilização da concessionária com fundamento em outras regras jurídicas. No entanto, houve mudança na orientação jurisprudencial, para admitir a responsabilidade objetiva também em favor do não usuário do serviço público. Confira: "A responsabilidade civil das pessoas jurídicas de direito privado prestadoras de serviço público é objetiva relativamente a terceiros usuários e não usuários do serviço, segundo decorre do art. 37, § 6º, da Constituição Federal. II - A inequívoca presença do nexo de causalidade entre o ato administrativo e o dano causado ao terceiro não usuário do serviço público, é condição suficiente para estabelecer a responsabilidade objetiva da pessoa jurídica de direito privado." (STF, RE 591874). O STF passou a entender que a expressão "terceiros", contida no dispositivo constitucional citado, inclui os terceiros não usuários do serviço público. Primeiro porque não há restrição redacional nesse sentido, não se podendo fazer interpretação restritiva do dispositivo constitucional. Segundo porque a Constituição, interpretada à luz do princípio da isonomia, não permite que se faça qualquer distinção entre os chamados "terceiros", usuários e não usuários do serviço público, uma vez que todos podem sofrer dano em razão da ação administrativa estatal. Terceiro porque os serviços públicos devem ser prestados de forma adequada e em caráter geral, estendendo-se, indistintamente, a todos os cidadãos, beneficiários diretos ou indiretos da ação estatal. Assim, a alternativa "E" está correta.

Gabarito "E".

(Procurador do Estado/PR – UEL-COPS – 2011) Em uma curva próxima ao Km 76 de uma rodovia estadual, o motorista de um ônibus da Viação X, empresa permissionária do serviço de transporte coletivo rodoviário intermunicipal de passageiros, perdeu o controle do veículo, causando um acidente de grandes proporções, que atingiu também dois outros veículos privados que trafegavam na mesma via. Além dos danos materiais nos veículos envolvidos, o motorista e todos os vinte passageiros do ônibus saíram feridos.

Nesse caso:

I. a responsabilidade da Viação X é subjetiva em relação aos danos causados aos passageiros e objetiva em relação danos provocados aos dois outros veículos.

II. não há possibilidade de responsabilização do Estado pelos danos suportados pelos passageiros.

III. a falha na fiscalização do contrato de permissão pelo Estado atenua a responsabilidade da Viação X.

São **falsas**:

(A) somente I e II;

(B) somente I e III;

(C) somente II e III;

(D) todas;

(E) nenhuma.

I: falsa, pois a responsabilidade da concessionária é objetiva em relação aos dois casos; **II:** falsa, pois o Estado poderá responder caso a concessionária não tenha recursos financeiros para fazê-lo, de modo que se tem a chamada responsabilidade subsidiária do Estado; **III:** falsa, pois essa falha não tem repercussão alguma na responsabilidade da Viação X, que continua sendo objetiva e integral.

Gabarito "D"

(Procurador do Estado/RO – 2011 – FCC) Desgovernado, o ônibus de uma concessionária de transporte intermunicipal de passageiros, acabou por atropelar um pedestre, sendo que ambos – ônibus e pedestre – trafegavam por estrada federal. Nessa situação, constata-se a responsabilidade

(A) subjetiva direta da concessionária, sendo que a ação de reparação de danos deve ser proposta no prazo de cinco anos a partir do evento danoso.

(B) objetiva direta do Estado-concedente, sendo que a ação de reparação de danos deve ser proposta no prazo de cinco anos a partir do evento danoso.

(C) objetiva direta da concessionária, sendo que a ação de reparação de danos deve ser proposta no prazo de três anos a partir do evento danoso.

(D) objetiva subsidiária da União, titular da estrada federal em que ocorreu o acidente, sendo que a ação de reparação de danos deve ser proposta no prazo de três anos a partir do evento danoso.

(E) objetiva direta da concessionária, sendo que a ação de reparação de danos deve ser proposta no prazo de cinco anos a partir do evento danoso.

Trata-se de responsabilidade objetiva, pois a empresa de ônibus é uma pessoa jurídica de direito privado prestadora de serviço público (art. 37, § 6º, da CF). A ação deve ser promovida no prazo de 5 anos, por ser a vítima consumidor equiparado (arts. 17 e 27 do CDC). Além disso, há outra lei específica que reafirma esse prazo de cinco anos, que é a Lei 9.494/1997, que estabelece que "Prescreverá em cinco anos o direito de obter indenização dos danos causados por agentes de pessoas jurídicas de direito público e de pessoas jurídicas de direito privado prestadoras de serviços públicos" (art. 1º-C).

Gabarito "E"

Determinada empresa privada, concessionária de serviço público, por falha técnica em sua prestação. faz faltar o serviço a certos usuários. Estes, considerando-se prejudicados em seu direito de receberem o serviço, procuram partido político, que ajuíza mandado de segurança coletivo, com o objetivo de obter indenização, por parte da empresa concessionária, aos usuários lesados, garantindo-se, por ordem judicial, que não haja futuras interrupções no serviço em questão.

(Procurador Federal – 2010 – CESPE) Julgue os seguintes itens, que versam sobre responsabilidade civil do Estado.

(1) As ações de reparação de dano ajuizadas contra o Estado em decorrência de perseguição, tortura e prisão, por motivos políticos, durante o Regime Militar não se sujeitam a qualquer prazo prescricional.

(2) A responsabilidade civil objetiva da concessionária de serviço público alcança também não usuários do serviço por ela prestado.

1: correta, nos termos da jurisprudência do STJ: "Processual civil – Administrativo – Indenização – Reparação de danos morais – Regime militar – Perseguição e prisão por motivos políticos – Imprescritibilidade – Dignidade da pessoa humana – Inaplicabilidade do art. 1º do Decreto n. 20.910/1932 – Responsabilidade civil do Estado – Danos morais – Indenização." (REsp 1085358/PR, rel. Min. Luiz Fux, 1.ª Turma, julgado em 23.04.2009, *DJe* 09.10.2009); **2:** correta, tendo o STF mudado seu entendimento a respeito do assunto; assim, hoje, o STF entende que são beneficiários da responsabilidade objetiva das concessionárias de serviço público não só os usuários do serviço (ex.: passageiro de um ônibus que se acidenta), como também os não usuários do serviço (ex.: alguém que não é passageiro do ônibus, mas que estava caminhando ou andando de bicicleta quando do acidente no primeiro, vindo a sofrer danos por conta do evento); *vide*, a respeito, o RE 591.874/MS, j. 26.08.2009).

Gabarito 1C, 2C

(Advogado – CEF – 2012 – CESGRANRIO) As empresas públicas prestadoras de serviços públicos e seus agentes respondem, solidária e objetivamente, por danos causados a terceiros.

PORQUE

As empresas públicas prestadoras de serviços públicos são pessoas jurídicas de direito privado submetidas a regime jurídico híbrido, sendo o regime de responsabilidade civil a elas aplicável fundamentado na teoria do risco administrativo.

Analisando-se as afirmações acima, conclui-se que

(A) as duas afirmações são verdadeiras, e a segunda justifica a primeira.

(B) as duas afirmações são verdadeiras, e a segunda não justifica a primeira.

(C) a primeira afirmação é verdadeira, e a segunda é falsa.

(D) a primeira afirmação é falsa, e a segunda é verdadeira.

(E) as duas afirmações são falsas.

Os agentes das concessionárias não respondem diretamente pelos danos (portanto, não se pode falar em responsabilidade solidária). Além disso, a responsabilidade dos agentes depende de demonstração de culpa ou dolo destes (art. 37, § 6º, da CF), de modo que a primeira afirmação é falsa. Quanto à segunda, é verdadeira, pois as empresas públicas são pessoas de direito privado especial, aplicando-se a responsabilidade objetiva com base no risco administrativo a essas empresas, quando prestadoras de serviço público (art. 37, § 6º, da CF).

Gabarito "D"

(Advogado – BNDES – 2010 – CESGRANRIO) Um agente público, pertencente aos quadros de uma empresa pública federal prestadora de serviço público, no exercício de suas atribuições, veio a causar dano a terceiro usuário do serviço em decorrência de conduta culposa comissiva. Nesse caso, responderá(ão) pelo dano causado ao terceiro a

(A) empresa pública federal, sendo a responsabilidade civil de natureza subjetiva por tratar-se de entidade dotada de personalidade jurídica de direito privado.

(B) empresa pública federal, sendo a responsabilidade civil de natureza subjetiva por ter sido o dano causado a terceiro usuário do serviço público.

(C) empresa pública federal, sendo a responsabilidade civil de natureza objetiva por tratar-se de pessoa jurídica de direito privado prestadora de serviço público, assegurado o direito de regresso contra o responsável.

(D) União Federal e a empresa pública federal, solidariamente, sendo a responsabilidade civil de natureza objetiva por ter sido o dano causado a terceiro usuário do serviço público.

(E) União Federal, sendo a responsabilidade civil de natureza objetiva, fundada na teoria do risco administrativo, inexistindo direito de regresso contra o agente público, uma vez que não houve conduta dolosa.

A e **B:** incorretas, pois a responsabilidade da empresa é objetiva, nos termos do art. 37, § 6º, da CF; **C:** correta, nos termos do art. 37, § 6º, da CF; D e **E:** incorretas, pois a empresa é quem responde; a União só responde subsidiariamente, ou seja, caso a concessionária não tenha recursos para responder perante a vítima.

Gabarito "C"

(Magistratura do Trabalho – 4ª Região – 2012) A União foi condenada, em ação judicial transitada em julgado, a reparar prejuízo causado a terceiro por servidor público federal. De acordo com a legislação que rege a matéria,

(A) deverá ser ajuizada ação regressiva contra o servidor declarado culpado, podendo a liquidação da condenação ser efetuada mediante desconto em folha de pagamento observado o limite legal.

(B) a ação regressiva em face do servidor causador do prejuízo somente será obrigatória em caso de conduta dolosa, podendo ser dispensada em caso de conduta culposa da qual decorra dano de pequena monta.

(C) deverá ser ajuizada ação regressiva em face do servidor declarado culpado, excluída a responsabilidade do funcionário na hipótese de exoneração ou demissão.

(D) caberá ao representante legal da União avaliar o benefício do ajuizamento da ação regressiva em face do servidor declarado culpado, em face da capacidade financeira para reparação do dano.

(E) deverá ser ajuizada ação regressiva contra o servidor declarado culpado, salvo no caso de dano de pequena monta, nos limites fixados pela lei.

A: correta (art. 122, § 1º, c/c art. 46, ambos da Lei 8.112/1990); **B:** incorreta, pois caberá em caso de conduta dolosa ou culposa (art. 122, *caput*, da Lei 8.112/1990); **C:** incorreta, pois nesse caso o servidor terá 60 dias para quitar o débito, sob pena de inscrição deste em dívida ativa, com a consequente execução fiscal (art. 47 da Lei 8.112/1990); **D:** incorreta, pois o interesse público, por ser indisponível, impõe a ação regressiva, ainda que não se consiga repor todo o patrimônio público lesado; **E:** incorreta, pois não existe na lei exceção para ações regressivas em caso de danos de pequena monta.

Gabarito "A"

(Magistratura do Trabalho – 16ª Região – 2011) Sobre os direitos, deveres e responsabilidade dos servidores públicos civis da União, analise as seguintes afirmações e marque a alternativa CORRETA:

I. O servidor responde civil, penal e administrativamente pelo exercício irregular de suas atribuições. A responsabilidade civil e administrativa do servidor independe de qualquer resultado da ação criminal.

II. A responsabilidade civil do servidor público decorre de ato omissivo ou comissivo, doloso ou culposo, que resulte em prejuízo ao erário ou a terceiros.

III. Tratando-se de dano causado a terceiros, responderá o servidor perante a Fazenda Pública, em ação regressiva. Porém, em regra, a obrigação de reparar o dano não se estende aos sucessores, salvo quando evidente a do agente, quando então incidirá até o limite do prejuízo causado ao patrimônio público.

IV. Um dos deveres do servidor é cumprir as ordens superiores, exceto quando manifestamente ilegais. Também é dever do servidor levar ao conhecimento da autoridade superior as irregularidades de que tiver ciência em razão do cargo, zelar pela economia do material e a conservação do patrimônio público, bem como guardar sigilo sobre assunto da repartição.

V. É assegurado ao servidor o direito de requerer aos Poderes Públicos, em defesa de direito ou de interesse legítimo. Tal requerimento será dirigido à autoridade competente para decidi-lo e encaminhado por intermédio daquela a que estiver imediatamente subordinado o requerente. Também cabe pedido de reconsideração à autoridade que houver expedido o ato ou proferido a primeira decisão, não podendo ser renovado.

(A) Somente as afirmativas II, IV e V estão corretas.

(B) Somente as afirmativas II e V estão corretas.

(C) Somente as afirmativas II, III, IV e V estão corretas.

(D) Somente as afirmativas I e III estão corretas.

(E) Somente as afirmativas H e IV estão corretas.

I: incorreta, pois há certos resultados na esfera criminal que se comunicam para a esfera administrativa; o art. 126 da Lei 8.112/1990 estabelece que a absolvição na esfera penal que negar a autoria ou a existência do fato irradia efeitos para a esfera administrativa; **II:** correta (art. 122, *caput*, da Lei 8.112/1990); **III:** incorreta, pois os sucessores do agente público responsável pelo dano respondem por este, mas no limite do valor da herança recebida (art. 122, § 3º, da Lei 8.112/1990); **IV:** correta (art. 116, IV, VI, VII e VIII, da Lei 8.112/1990); **V:** correta (arts. 104 a 106 da Lei 8.112/1990).

Gabarito "A"

(Magistratura do Trabalho – 21ª Região – 2012) A respeito da responsabilidade civil da administração pública, é correto afirmar:

(A) a administração tem o dever de reparar os danos ocasionados a terceiros, ainda que no exercício regular da atividade administrativa, devendo, todavia, esperar a citação em ação de indenização por danos, promovida pelo ofendido, para promover à reparação integral ou obter conciliação judicial, sendo-lhe defeso, por seus próprios meios, reparar o dano no âmbito administrativo;

(B) a necessidade de determinação judicial para a reparação do dano causado a terceiros justifica-se pela necessidade de certeza, liquidez e arbitramento judicial do valor da indenização, com vistas a possibilitar que a administração pública ingresse com ação regressiva contra o servidor ou agente público causador do dano;

(C) proposta a ação de indenização por danos contra o agente público, não é o caso de sua extinção por ilegitimidade passiva, mas de chamamento à lide da pessoa jurídica de direito público;

(D) o Supremo Tribunal Federal firmou sua jurisprudência no sentido de que a ação de indenização por danos deve ser proposta contra a pessoa jurídica e não contra o agente público, não sendo admitido o litisconsórcio;

(E) o parágrafo 6º do art. 37 da Constituição Federal estabelece a responsabilidade objetiva, por danos causados a terceiros, das pessoas jurídicas de direito público e das pessoas jurídicas de direito privado prestadoras de serviços e que exercem atividades delegadas do Estado de intervenção no domínio econômico.

A: incorreta, pois nada impede (ao contrário, é altamente recomendável, por conta do princípio da moralidade) que a Administração repare o dano no âmbito administrativo; **B:** incorreta, pois a Administração tem elementos para apurar a responsabilidade pelo dano, bem como o *quantum* indenizatório, não se tratando de algo que depende necessariamente de decisão judicial; **C:** incorreta, pois, segundo o STF, a vítima não pode acionar diretamente o agente público, sob pena de ilegitimidade de parte (STF, RE 327.904, devendo acionar o Poder Público e esse, sim, em caso de culpa ou dolo do agente, podendo atuar regressivamente em face do agente público; **D:** correta, nos termos da decisão tomada no RE 327.904; **E:** incorreta, pois a responsabilidade objetiva é das pessoas de direito público e das pessoas de direito privado prestadoras de serviço público e não de pessoas privadas de intervém na ordem econômica (art. 37, § 6º, da CF).

Gabarito "D"

(OAB/Exame Unificado – 2010.1) Manoel estava no interior de um ônibus da concessionária de serviço público municipal, empresa não integrante da administração pública, quando o veículo derrapou em uma curva e capotou. Em razão desse acidente, Manoel sofreu dano material e moral. Nessa situação hipotética, a responsabilidade será

(A) objetiva e da concessionária, com prazo de prescrição de 5 (cinco) anos, conforme previsto em lei especial.

(B) subjetiva e da concessionária, com prazo de prescrição de 5 (cinco) anos, conforme previsto no Código Civil.

(C) objetiva e do Município, com prazo prescricional de 3 (três) anos, conforme previsto em lei especial.

(D) subjetiva e do Município, com prazo prescricional de 3 (três) anos, conforme previsto no Código Civil.

A: correta. A responsabilidade será objetiva e da concessionária, conforme prevê o § 6º do art. 37 da CF: "As pessoas jurídicas de direito público e as de direito privado prestadoras de serviços públicos responderão pelos danos que seus agentes, nessa qualidade, causarem a terceiros, assegurado o direito de regresso contra o responsável nos casos de dolo ou culpa." Na hipótese, prevê o Código Civil o prazo de 3 (três) anos de prescrição: "Art. 206. Prescreve: (...) § 3º Em 3 (três) anos: V – a pretensão de reparação civil"; prevê, por outro lado, a Lei 9.494/1997: "Art. 1º- C. Prescreverá em 5 (cinco) anos o direito de obter indenização dos danos causados por agentes de pessoas jurídicas de direito público e de pessoas jurídicas de direito privado prestadoras de serviços públicos. (Incluído pela Medida Provisória nº 2.180-35, de 2001)"; **B:** incorreta. *Vide* justificativa à opção A; **C:** incorreta. *Vide* justificativa à opção A; **D:** incorreta. *Vide* justificativa à opção A.

Gabarito "A"

11.18.5. Responsabilidade por atos legislativos e judiciais

(Defensor Público/GO – 2010 – I. Cidades) Considerando a jurisprudência do Supremo Tribunal Federal, acerca da responsabilidade objetiva do Estado, está correta a seguinte proposição:

(A) A responsabilidade objetiva do Estado não se aplica aos atos de juízes, salvo os casos expressamente previstos em lei.

(B) A legitimidade passiva concorrente do agente público é admitida, na ação movida com fundamento na responsabilidade civil objetiva estatal.

(C) A Constituição da República dispõe expressamente que os serviços notariais e de registro são exercidos em caráter privado, daí não se admitir responsabilidade do Estado por atos de tabelionato.

(D) A jurisprudência exige, para a configuração da responsabilidade objetiva do Estado, que o ato praticado seja ilícito.

(E) A natureza da conduta administrativa - comissiva ou omissiva -, não importa para a configuração da responsabilidade objetiva do Estado.

A: correta, valendo salientar que, em casos como de erro judiciário, dolo, fraude, recusa, omissão ou retardamento injustificado do juiz (art. 133 do CPC), caberá responsabilidade estatal por ato do juiz; **B:** incorreta, pois o STF entende que a vítima só pode entrar com ação contra o Estado, não podendo ingressar diretamente contra o agente público; assim, não cabe a responsabilidade *"per saltum"* da pessoa natural do agente público (STF, RE 327.904, rel. Min. Carlos Brito, j. em 15/08/2006 – Informativo 436), devendo o juiz julgar extinta, por ilegitimidade de parte, eventual ação promovida pelo terceiro lesado em face do agente público; **C:** incorreta, pois o tabelião responde objetivamente e o Estado também responde objetivamente, ainda que haja decisões do STJ que entendem que se deve acionar primeiro o registrador ou notário, acionando-se o Estado subsidiariamente (STJ, REsp 1163652/PE, DJ 01/07/2010); **D:** incorreta, pois não se discute, na responsabilidade objetiva do Estado, culpa ou dolo, ou seja, se houve ou não prática de ato ilícito; **E:** incorreta, pois, nas condutas omissivas, a responsabilidade do Estado é subjetiva, ao passo que nas condutas comissivas, é objetiva; vale ressaltar que o STF tem decisão no sentido de que a responsabilidade estatal por *atos omissivos* ***específicos*** é objetiva; um exemplo de caso de omissão específica do Estado é a agressão física a aluno por colega, em escola estadual, hipótese em que a responsabilidade estatal será objetiva, com base na Teoria do Risco Administrativo (STF, ARE 697.326 AgR/RS, DJ 26/04/13); não se pode confundir uma *conduta omissiva genérica* (ex: o Estado não conseguir evitar todos os furtos de carros), com uma *conduta omissiva específica* (ex: o Estado ter o dever de vigilância sobre alguém e não evitar o dano); no primeiro caso, o Estado responde *subjetivamente*, só cabendo indenização se ficar provado que o serviço foi defeituoso (ex: um policial presencia um furto e nada faz); no segundo caso, o Estado responde *objetivamente*, não sendo necessário perquirir sobre se o serviço estatal foi ou não defeituoso

Gabarito "A"

(Analista – TRF/4ª – 2010 – FCC) Em matéria de responsabilidade civil da Administração Pública, é correto afirmar:

(A) A responsabilidade civil prevista constitucionalmente, seja por ação ou por omissão, está fundada na Teoria do Risco Integral.

(B) Os atos jurisdicionais são absolutamente isentos de responsabilidade civil.

(C) A responsabilidade civil da Administração é do tipo subjetiva se o dano causado decorre só pelo fato ou por má execução da obra.

(D) Os atos legislativos, em regra, não acarretam responsabilidade extracontratual do Estado.

(E) A reparação do dano causado pela Administração ao particular deve ser sempre por meio judicial, vedada a forma amigável.

A: incorreta, pois adotamos a Teoria do Risco Administrativo, que admite excludentes de responsabilidade, e não a Teoria do Risco Integral, que não admite excludentes; **B:** incorreta, pois é possível a responsabilização estatal por ato judicial em caso de erro judiciário, prisão além do tempo fixado em decisão judicial e fraude ou dolo do juiz; **C:** incorreta, pois, no caso de conduta comissiva, como é o mencionado na alternativa, a responsabilidade do Estado é objetiva; **D:** correta, só havendo responsabilização por ato legislativo em caso de lei de efeito concreto ou declarada inconstitucional; **E:** incorreta, pois nada impede que haja composição extrajudicial entre o lesado e a Administração.

Gabarito "D"

11.19. QUESTÕES SUBJETIVAS COMENTADAS

(OAB/Exame Unificado – 2ª fase – CESPE) Leandro fugiu da cadeia pública de um estado da Federação. Cinco meses depois da fuga, em concurso com mais dois agentes, praticou o sequestro relâmpago de duas pessoas, as quais restaram brutalmente assassinadas. Nessa hipótese, haverá responsabilidade objetiva do Estado pelos danos decorrentes da morte causada por fugitivo? Fundamente sua resposta.

RESOLUÇÃO DA QUESTÃO

O Supremo Tribunal Federal assentou posicionamento no sentido de que a responsabilidade do Estado, seja ela objetiva, seja ela subjetiva, depende, para a sua configuração de nexo de causalidade entre a conduta estatal e o dano.

Nesse sentido, o Excelso Pretório vem entendendo que nos casos de fuga de presos seguidas de crimes praticados por estes o Estado não responde quando a fuga tenha se dado já há bom tempo ou quando o crime tenha sido praticado em concurso com outros comparsas. Essas duas situações, segundo o tribunal, afastam o nexo de causalidade.

Todavia, quando a fuga tenha se dado pouco tempo antes do crime e seja decorrente de séria negligência estatal (por exemplo, por repetidas fugas), o Supremo Tribunal Federal entende que o nexo de causalidade existe e a responsabilidade do Estado fica configurada.

No caso em tela, o fato de a fuga ter se dado cinco meses antes do crime, somado ao fato de outras pessoas também terem participado do crime faz com que remanesça o entendimento jurisprudencial no sentido de que não há nexo de causalidade entre a conduta estatal e o crime, e, portanto, o estado não responde civilmente.

Comentário adicional

Confira jurisprudência no sentido de que o Estado não responde por crimes causados por fugitivo de prisão, pela ausência do nexo de causalidade:

CONSTITUCIONAL. ADMINISTRATIVO. CIVIL. RESPONSABILIDADE CIVIL DAS PESSOAS PÚBLICAS. ATO OMISSIVO DO PODER PÚBLICO: LATROCÍNIO PRATICADO POR APENADO FUGITIVO. RESPONSABILIDADE SUBJETIVA: CULPA PUBLICIZADA: FALTA DO SERVIÇO. C.F., art. 37, § 6º. I. - Tratando-se de ato omissivo do poder público, a responsabilidade civil por tal ato é subjetiva, pelo que exige dolo ou culpa, esta numa de suas três vertentes, a negligência, a imperícia ou a imprudência, não sendo, entretanto, necessário individualizá-la, dado que pode ser atribuída ao serviço público, de forma genérica, a falta do serviço. II. - A falta do serviço - *faute du service* dos franceses - não dispensa o requisito da causalidade, vale dizer, do nexo de causalidade entre a ação omissiva atribuída ao poder público e o dano causado a terceiro. III. - Latrocínio praticado por quadrilha da qual participava um apenado que fugira da prisão tempos antes: neste caso, não há falar em nexo de causalidade entre a fuga do apenado e o latrocínio. Precedentes do STF: RE 172.025/RJ, Ministro Ilmar Galvão, "D.J." de 19.12.96; RE 130.764/PR, Relator Ministro Moreira Alves, RTJ 143/270. IV. - RE conhecido e provido.

(STF, RE 369820, Relator(a): Min. CARLOS VELLOSO, Segunda Turma, julgado em 04/11/2003, DJ 27-02-2004 PP-00038 EMENT VOL-02141-06 PP-01295)

Confira decisões no sentido de que o Estado responde por crimes causados por fugitivo de prisão em determinadas situações:

EMENTA: AGRAVO REGIMENTAL NO RECURSO EXTRAORDINÁRIO. RESPONSABILIDADE CIVIL DO ESTADO. ARTIGO 37, § 6º, DA CONSTITUIÇÃO DO BRASIL. LATROCÍNIO COMETIDO POR FORAGIDO. NEXO DE CAUSALIDADE CONFIGURADO. PRECEDENTE. 1. A negligência estatal na vigilância do criminoso, a inércia das autoridades policiais diante da terceira fuga e o curto espaço de tempo que se seguiu antes do crime são suficientes para caracterizar o nexo de causalidade. 2. Ato omissivo do Estado que enseja a responsabilidade objetiva nos termos do disposto no artigo 37, § 6º, da Constituição do Brasil. Agravo regimental a que se nega provimento.

(STf, RE 573595 AgR, Relator(a): Min. EROS GRAU, Segunda Turma, julgado em 24/06/2008, DJe-152 DIVULG 14-08-2008 PUBLIC 15-08-2008 EMENT VOL-02328-07 PP-01418)

EMENTA: RESPONSABILIDADE CIVIL DO ESTADO. ART. 37, § 6º DA CONSTITUIÇÃO FEDERAL. *FAUTE DU SERVICE PUBLIC* CARACTERIZADA. ESTUPRO COMETIDO POR PRESIDIÁRIO, FUGITIVO CONTUMAZ, NÃO SUBMETIDO À REGRESSÃO DE REGIME PRISIONAL COMO MANDA A LEI. CONFIGURAÇÃO DO NEXO DE CAUSALIDADE. RECURSO EXTRAORDINÁRIO DESPROVIDO. Impõe-se a responsabilização do Estado quando um condenado submetido a regime prisional aberto pratica, em sete ocasiões, falta grave de evasão, sem que as autoridades responsáveis pela execução da pena lhe apliquem a medida de regressão do regime prisional aplicável à espécie. Tal omissão do Estado constituiu, na espécie, o fator determinante que propiciou ao infrator a oportunidade para praticar o crime de estupro contra menor de 12 anos de idade, justamente no período em que deveria estar recolhido à prisão. Está configurado o nexo de causalidade, uma vez que se a lei de execução penal tivesse sido corretamente aplicada, o condenado dificilmente teria continuado a cumprir a pena nas mesmas condições (regime aberto), e, por conseguinte, não teria tido a oportunidade de evadir-se pela oitava vez e cometer o bárbaro crime de estupro. Recurso extraordinário desprovido.

(STF, RE 409203, Relator(a): Min. CARLOS VELLOSO, Relator(a) p/ Acórdão: Min. JOAQUIM BARBOSA, Segunda Turma, julgado em 07/03/2006, DJ 20-04-2007 PP-00102 EMENT VOL-02272-03 PP-00480 RTJ VOL-00200-02 PP-00982 LEXSTF v. 29, n. 342, 2007, p. 268-298)

(OAB/Exame Unificado – 2ª fase – CESPE) Antônio se encontrava dormindo no chão de uma parada de ônibus, quando dois adolescentes atearam fogo em seu corpo, o qual foi atingido em cerca de 40%. Socorrido, foi encaminhado ao hospital mais próximo e submetido a uma cirurgia de aproximadamente 5 horas, vindo logo depois a falecer. Não foi apurada culpa ou dolo da equipe médica. A família pretende processar o Estado. Considerando a situação hipotética descrita acima, responda, de forma fundamentada, a seguinte pergunta: há, nesse caso, responsabilidade objetiva do Estado?

RESOLUÇÃO DA QUESTÃO

O caso requer a análise das modalidades de responsabilidade do Estado.

O Supremo Tribunal Federal e o Superior Tribunal de Justiça vêm entendendo que o Estado responde objetivamente por atos comissivos e subjetivamente por condutas omissivas.

No caso em tela não há ato comissivo praticado pelo Estado, de modo que se deve averiguar se se configura a responsabilidade subjetiva.

A responsabilidade do Estado por condutas omissivas, para se configurar, não reclama a presença de conduta culposa ou dolosa de agentes públicos. Esse tipo de responsabilidade, que analisa a culpa ou dolo de agentes, é típico do Direito Civil, ou seja, da teoria civilista da responsabilidade.

No Direito Administrativo verifica-se a culpa anônima do serviço público. Ou seja, verifica-se se o serviço prestado pelo estado foi ou não defeituoso. A ideia aqui é analisar se há ou não falta do serviço, levando-se em conta o que legitimamente se pode esperar dele.

Parece-nos que no caso não há que se falar em serviço defeituoso. Isso porque é impossível que o Estado esteja em todos os lugares possíveis, prevenindo todo e qualquer tipo de lesão e de dano.

Se a agressão tivesse sido praticada em frente a policiais, que se mostrassem inertes, aí sim teríamos a falta do serviço. Se policiais tivessem sido chamados e chegassem ao local tarde demais, também nesse caso a responsabilidade poderia se configurar.

Mas nada disso aconteceu, de modo que não há, no caso, nem serviço defeituoso, nem nexo de causalidade entre a conduta estatal e os danos ocorridos.

A questão não faz menção a se o hospital para o qual Antônio foi levado era público ou não. De qualquer forma, mesmo que fosse público, também não haveria responsabilidade do Estado, por não haver nexo de causalidade entre a morte de Antônio e a conduta estatal, que não foi a causa determinante do óbito.

Ante o exposto, não há, no caso presente, responsabilidade estatal, seja ela objetiva ou subjetiva.

(OAB/Exame Unificado – 2ª fase – CESPE) Um indivíduo ingressou com ação de responsabilidade civil contra uma empresa pública que se dedica à exploração de atividade econômica, visando o ressarcimento de danos que lhe foram causados em virtude da má atuação da empresa. O autor alega que essa empresa, apesar de se constituir em pessoa jurídica de direito privado, é entidade integrante da administração pública, razão pela qual sua responsabilidade é objetiva, devendo a reparação ocorrer independentemente de ela ter agido com culpa ou dolo. Na situação apresentada, é procedente a pretensão do autor da ação? Justifique a sua resposta.

RESOLUÇÃO DA QUESTÃO

O § 6º do art. 37 da Constituição Federal estabelece ser objetiva a responsabilidade das pessoas jurídicas de direito público e das pessoas jurídicas de direito privado prestadoras de serviço público.

Nesse sentido, uma empresa pública exploradora de atividade econômica não se enquadra na regra matriz da responsabilidade objetiva do Estado.

Ao contrário, tais entidades estão submetidas, como regra, ao regime jurídico próprio das empresas privadas, inclusive quanto às obrigações civis, o que inclui a responsabilidade civil (art.173, § 1º, II, da CF), que, no Direito Privado, como regra, ainda é de natureza subjetiva.

Todavia, é bom ressaltar que o regime jurídico de direito privado, no que tange à responsabilidade civil, sofreu muitas transformações, deixando de ser calcado quase sempre na responsabilidade subjetiva e passando a trazer regras bastante abrangentes de responsabilidade objetiva.

Dessa forma, dependendo do tipo de relação jurídica existente entre as partes e dos contornos fáticos que envolveram a atuação da empresa pública, pode-se caracterizar situação que enseja responsabilidade objetiva também. E isso, não por conta do art. 37, § 6º, da Constituição, que não se aplica ao caso, mas por conta das próprias regras de Direito Privado.

Por exemplo, caso se configure, no caso concreto, relação de consumo ou hipótese de vítima equiparada a consumidor, a responsabilidade da empresa será objetiva. Outra possibilidade é de, apesar de a relação jurídica entre vítima e empresa ser regulada pelo Código Civil, configurar-se dano causado por atividade de risco (art. 927, parágrafo único, do CC) ou por circulação de produtos (art. 931 do CC), situações essas para as quais o atual Código Civil estabelece responsabilidade objetiva.

Ante o exposto, a pretensão do autor da ação improcede, não sendo correto afirmar que a responsabilidade objetiva do Estado se estende a todos os entes da Administração Indireta. Porém, é possível, no caso concreto, que, em razão da incidência de normas próprias do Direito Privado, configure-se hipótese de responsabilidade objetiva.

(OAB/Exame Unificado – 2ª fase – CESPE) Determinada prefeitura assinou, com um empreiteiro, contrato administrativo que visava à execução de uma obra de implantação de rede de saneamento em bairros da cidade. No curso da obra, ocorreram problemas que provocaram danos a diversas residências, por culpa exclusiva do empreiteiro, em razão da não adoção de providências e medidas previstas no contrato. Nessa situação, a responsabilidade pelo ressarcimento dos danos é apenas do contratado, ou o município também tem responsabilidade primária e solidária? Fundamente sua resposta.

RESOLUÇÃO DA QUESTÃO

A questão trata da responsabilidade do Estado pelos atos praticados por particular na execução de contrato administrativo celebrado com a Administração Pública.

A Lei 8.666/1993 é clara ao dispor que o contratado é responsável pelos danos causados a terceiros, decorrentes de sua culpa ou dolo na execução do contrato (art. 70). O dispositivo também esclarece que tal responsabilidade não fica excluída ou reduzida pela fiscalização ou acompanhamento pelo órgão interessado.

Assim sendo, não há responsabilidade primária e solidária da Prefeitura pelos danos causados pelas obras de implantação de rede de saneamento em bairros da cidade, devendo os prejudicados acionarem diretamente o empreiteiro.

Mas há duas situações em que o Estado poderá responder, por conta de uma obra pública que tiver encomendado a um empreiteiro.

O primeiro caso diz respeito às situações em que os danos causados a terceiros são produzidos por motivo inerente à obra encomendada pelo Estado. A hipótese diz respeito àquelas situações em que o contratado não age com culpa ou dolo, mas, em virtude de características próprias da obra, danos serão inevitáveis. Por exemplo, em caso de nivelamento de ruas, é praticamente inexorável a causação de danos, vez que casas à margem da via ficarão em nível mais baixo ou mais elevado que esta.

O segundo caso diz respeito à hipótese em que o contratado pela Administração, culpado pelos danos decorrentes da obra, não tem recursos para arcar com os ônus decorrentes da responsabilidade civil que carrega. Nesse caso, o Estado, por ser o patrocinador da obra, e por agir em favor de toda a coletividade, deve indenizar os danos causados, socializando a reparação dos danos em favor daquele que sofreria sozinho caso não fosse indenizado.

Ante o exposto, e considerando que no caso presente houve culpa exclusiva do empreiteiro, o Estado não responde primária e solidariamente pelos danos causados, podendo responder subsidiariamente, diante da impotência econômica ou financeira daquele.

(OAB/Exame Unificado – 2ª fase – CESPE) Em 30.08.2009, Jairo trafegava de bicicleta por uma rua de Goiânia – GO, no sentido da via, na pista da direita, quando foi atropelado por um ônibus de uma concessionária do serviço público de transporte urbano de passageiros, em razão de uma manobra brusca feita pelo motorista do coletivo. Jairo morreu na hora. A mãe do ciclista procurou escritório de advocacia, pretendendo responsabilizar o Estado pelo acidente que resultou na morte de seu filho.

Em face dessa situação hipotética, discorra sobre a pretensão da mãe de Jairo, estabelecendo, com a devida fundamentação, as diferenças e(ou) semelhanças entre a responsabilidade civil do Estado nos casos de dano causado a usuários e a não usuários do serviço público.

RESOLUÇÃO DA QUESTÃO

A responsabilidade das concessionárias de serviço público é objetiva, segundo o art. 37, § 6º, da CF. Assim, as concessionárias de serviço público nas áreas de transporte coletivo, como é o caso, e também nas áreas de abastecimento de água e esgotamento sanitário, energia elétrica, telefonia, dentre outras, respondem pelos danos que seus agentes causarem a terceiros, independentemente de culpa.

No entanto, o STF vinha entendendo que a responsabilidade dos concessionários prevista no art. 37, § 6º, da CF só era objetiva em relação aos usuários do serviço, e não em relação a terceiros não usuários do serviço. Nesse sentido, o terceiro deveria buscar a responsabilização da concessionária com fundamento em outras regras jurídicas.

No caso em tela, isso significaria que o ciclista atropelado pelo ônibus não poderia se valer do disposto no art. 37, § 6º, da CF.

Todavia, o STF, no ano de 2009, modificou seu entendimento a respeito do assunto. O Pretório Excelso passou a entender que a expressão "terceiros", contida no dispositivo constitucional citado, inclui os terceiros não usuários do serviço público. Primeiro porque não há restrição redacional nesse sentido, não se podendo fazer interpretação restritiva do dispositivo constitucional. Segundo porque a Constituição, interpretada à luz do princípio da isonomia, não permite que se faça qualquer distinção entre os chamados "terceiros", usuários e não usuários do serviço público, vez que todos podem sofrer dano em razão da ação administrativa estatal. Terceiro porque os serviços públicos devem ser prestados de forma adequada e em caráter geral, estendendo-se, indistintamente, a todos os cidadãos, beneficiários diretos ou indiretos da ação estatal.

Dessa forma, e considerando que ficaram demonstrados conduta comissiva de agente da concessionária, dano e nexo de causalidade, a mãe de Jairo, com fundamento na responsabilidade objetiva prevista no art. 37, § 6º, da CF poderá ingressar com ação indenizatória por danos materiais e morais decorrentes do falecimento de seu filho, em face da empresa concessionária de serviço público.

Gabarito comentado – Examinadora

A responsabilidade civil do Estado por danos causados a usuários do serviço público é objetiva, nos termos do art. 37, § 6º, da CF. Quanto à responsabilidade com relação ao terceiro não usuário do serviço, como é o caso do ciclista, não se pode interpretar restritivamente o alcance do art. 37, § 6º, sobretudo porque a Constituição, interpretada à luz do princípio da isonomia, não permite que se faça qualquer distinção entre os chamados "terceiros", ou seja, entre usuários e não usuários do serviço público, haja vista que todos eles, de igual modo, podem sofrer dano em razão da ação administrativa do Estado, seja ela realizada diretamente, seja por meio de pessoa jurídica de direito privado. Os serviços públicos devem ser prestados de forma adequada e em caráter geral, estendendo-se, indistintamente, a todos os cidadãos, beneficiários diretos ou indiretos da ação estatal. Nesse sentido: "EMENTA: CONSTITUCIONAL. RESPONSABILIDADE DO ESTADO. ART. 37, § 6º, DA CONSTITUIÇÃO. PESSOAS JURÍDICAS DE DIREITO PRIVADO PRESTADORAS DE SERVIÇO PÚBLICO. CONCESSIONÁRIO OU PERMISSIONÁRIO DO SERVIÇO DE TRANSPORTE COLETIVO. RESPONSABILIDADE OBJETIVA EM RELAÇÃO A TERCEIROS NÃO USUÁRIOS DO SERVIÇO. RECURSO DESPROVIDO. I – A responsabilidade civil das pessoas jurídicas de direito privado prestadoras de serviço público é objetiva relativamente a terceiros usuários e não usuários do serviço, segundo decorre do art. 37, § 6º, da Constituição Federal. II – A inequívoca presença do nexo de causalidade entre o ato administrativo e o dano causado ao terceiro não usuário do serviço público é condição suficiente para estabelecer a responsabilidade objetiva da pessoa jurídica de direito privado. III – Recurso extraordinário desprovido. (RE 591874, Relator(a): Min. Ricardo Lewandowski, Tribunal Pleno, julgado em 26.08.2009, DJe-237 DIVULG 17-12-2009 PUBLIC 18-12-2009 EMENT VOL-02387-10 PP-01820) – Processo com repercussão geral reconhecida.

Observação para a correção: atribuir pontuação integral às respostas em que esteja expresso o conteúdo do dispositivo legal, ainda que não seja citado, expressamente, o número do artigo; na correção do item 2.2: se, na resposta, o examinando mencionar que a responsabilidade é objetiva com relação ao não usuário e não fundamentar, atribuir zero. Se disser que a responsabilidade é objetiva e apontar um dos três argumentos, atribuir 1, se apontar, pelo menos, dois dos argumentos, atribuir a totalidade dos pontos.

(OAB/Exame Unificado – 2ª fase – FGV) É realizado, junto a determinado Ofício de Notas, procuração falsa para a venda de certo imóvel. Participa do ato fraudulento o "escrevente" do referido Ofício de Notas, que era e é amigo de um dos fraudadores. Realizada a venda com a utilização da procuração falsa, e após dois anos, desta, o verdadeiro titular do imóvel regressa ao país, e descobre a venda fraudulenta.

Assim, tenso com a situação, toma várias medidas, sendo uma delas o ajuizamento de ação indenizatória. Diante do enunciado, responda: contra quem será proposta essa ação e qual a natureza da responsabilidade?

RESOLUÇÃO DA QUESTÃO

O Ofício de Notas não é uma pessoa jurídica, mas sim uma estrutura organizada para a prestação de serviços notariais. Tal estrutura é organizada técnica e administrativamente pelo notário, que é uma pessoa física a quem é delegado o exercício da atividade notarial, mediante concurso público.

O notário exerce, então, função pública, sendo tratado pela doutrina como um particular em colaboração com o Poder Público. Trata-se, na verdade, de um agente público delegado, ou seja, de um agente público que recebe a delegação de um serviço público, que será prestado em nome próprio e por conta e risco do notário.

Assim sendo, a pessoa física titular da serventia extrajudicial é quem responde, com seu patrimônio pessoal, por eventuais danos causados a terceiros por atos praticados por si ou por seus prepostos. Nesse sentido, é o disposto no art. 22 da Lei 8.935/1994. O notário, responsabilizado, poderá exercer o direito de regresso no caso de culpa ou dolo de seus prepostos.

Porém, não se pode olvidar de que a atividade prestada pelo notário é uma atividade administrativa e, portanto, de interesse estatal. Nesse sentido, o Estado também responde pelos atos praticados pelos notários e seus prepostos.

Como tais serviços são organizados pelos Estados-membros, estes serão os responsáveis civilmente pelos prejuízos causados a terceiros, nos termos do art. 37, § 6º, da CF.

Segundo o STF, a responsabilidade civil do notário e a responsabilidade do Estado são objetivas, no caso.

Ante o exposto, a ação poderá ser proposta contra o notário, contra o Estado ou contra ambos, sendo que é objetiva tanto a responsabilidade da pessoa física do notário, como a responsabilidade da pessoa jurídica do Estado-membro respectivo.

Gabarito comentado – Examinadora

O examinando deverá identificar a responsabilidade do titular da serventia extrajudicial, sua caracterização como agente público e sentido amplo e a responsabilidade objetiva do Estado pelos seus atos.

(OAB/Exame Unificado – 2ª fase – FGV) Um determinado fiscal de vigilância sanitária do Estado, ao executar uma operação de fiscalização em alguns restaurantes situados no centro da cidade do Rio de Janeiro, acabou por destruir todo o estoque de gêneros alimentícios perecíveis que se encontravam na câmara frigorífica de um dos estabelecimentos fiscalizados. A destruição do estoque, alegou o fiscal posteriormente, deveu-se à impossibilidade de separar os produtos que já estavam com o prazo de validade vencido, daqueles que, ainda, se encontravam dentro da validade.

O dono do estabelecimento fiscalizado, um restaurante, procura um advogado com o objetivo de se consultar acerca de possíveis medidas judiciais em face do Estado, em virtude dos prejuízos de ordem material sofrido.

Na qualidade de advogado do dono do estabelecimento comercial, indique qual seria a medida judicial adequada e se ele possui o direito a receber uma indenização em face do Estado, em razão da destruição dos produtos que se encontravam dentro do prazo de validade.

RESOLUÇÃO DA QUESTÃO

O instituto jurídico que envolve inicialmente a questão é o poder de polícia. Esse poder consiste em o Estado condicionar e restringir a liberdade e a propriedade das pessoas, ajustando-as aos interesses da coletividade.

No exercício do poder de polícia a Administração pode se valer dos seguintes atributos do ato administrativo: presunção de legitimidade, imperatividade, exigibilidade e autoexecutoriedade.

Vale salientar que, boa parte das vezes, o exercício do poder de polícia se exerce mediante competência discricionária, como se dá no caso em análise, em que a lei, normalmente, não estabelece os detalhes de como a atuação administrativa de avaliação de gêneros alimentícios perecíveis deve se dar no caso concreto.

No entanto, a discricionariedade não é sinônimo de arbitrariedade, ou seja, o poder de polícia discricionário não pode ser exercido sem obediência aos princípios administrativos, principalmente os princípios da proporcionalidade e da razoabilidade, violados no caso, vez que não é necessário danificar produtos em validade para verificar os produtos fora do prazo de validade.

Assim, o exercício abusivo do poder de polícia enseja responsabilidade estatal, que, por envolver conduta comissiva do Estado, exercida por agente público atuando nesta qualidade, é do tipo objetiva (art. 37, § 6º, da CF), ou seja, independe da demonstração de conduta culposa ou dolosa.

O advogado do estabelecimento comercial deve ingressar com ação indenizatória, a fim de condenar o Estado no pagamento dos prejuízos materiais sofridos, consistentes no valor de todos os produtos destruídos e que se encontravam dentro do prazo de validade.

Gabarito comentado – Examinadora

A questão trabalha com o conceito de poder de polícia atribuído à Administração Pública. O candidato deve explicitar, inicialmente, o conceito de poder de polícia a fim de enquadrar juridicamente a hipótese de fato trazida na questão.

Deve o candidato expor que se trata de um poder discricionário, porém não arbitrário. E deve indicar todas as características do poder de polícia, tais como: autoexecutoriedade, legitimidade e presunção de legalidade.

Logo, como não se trata de um poder arbitrário, deve o candidato expor que a conduta do fiscal em destruir os produtos que, ainda, estavam dentro do prazo de validade, extrapolou os limites da razoabilidade e da proporcionalidade que devem informar a Administração Pública e seus agentes ao praticar atos que constituam poder de polícia.

E, desta forma, deve indicar que o dono do estabelecimento comercial deverá ajuizar uma ação judicial com o objetivo de postular o pagamento pelos prejuízos materiais, consistente no valor de todos os produtos destruídos e que se encontravam dentro do prazo de validade.

(OAB/Exame Unificado – 2ª fase – FGV) José, enquanto caminhava pela rua, sofre graves sequelas físicas ao ser atingido por um choque elétrico oriundo de uma rede de transmissão de uma empresa privada que presta serviço de distribuição de energia elétrica. Na ação judicial movida por José, não ficou constatada nenhuma falha no sistema que teria causado o choque, tampouco se verificou a culpa por parte do funcionário responsável pela manutenção dessa rede elétrica local. No entanto, restou comprovado que o choque, realmente, foi produzido pela rede elétrica da empresa de distribuição de energia, conforme relatado no processo.

Diante do caso em questão, discorra sobre a possível responsabilização da empresa privada que presta serviço de distribuição de energia elétrica, bem como um possível direito de regresso contra o funcionário responsável pela manutenção da rede elétrica.

Gabarito comentado – Examinadora

O examinando deve identificar o enquadramento da empresa de distribuição de energia elétrica como uma empresa privada prestadora de serviço público, sujeita, portanto, a responsabilização objetiva (independente de dolo ou culpa) pelos danos advindos de suas atividades, conforme artigo 37, § 6º, da Constituição da República. Em razão de tal fato, deve a empresa responder pelos danos causados pelo choque oriundo de sua rede de distribuição, uma vez que restou constatado o nexo causal.

Em relação ao possível direito de regresso, deve o examinando negar essa possibilidade, já que tal recurso somente se torna viável em casos de dolo ou culpa do agente causador do dano.

(OAB/Exame Unificado – 2ª fase – FGV) Liviana, moradora do Município de Trás dos Montes, andava com sua bicicleta em uma via que não possui acostamento, próxima ao centro da cidade, quando, de forma repentina, foi atingida por um ônibus de uma empresa concessionária de serviços públicos de transportes municipais. Após o acidente, Liviana teve as duas pernas quebradas e ficou em casa, sem trabalhar, em gozo de auxílio-doença, por cerca de dois meses. Então, resolveu procurar um advogado para ajuizar ação de responsabilidade civil em face da empresa concessionária de serviços públicos.

Qual é o fundamento jurídico e o embasamento legal da responsabilidade civil da empresa concessionária, considerando o fato de que Liviana se enquadrava na qualidade de terceiro em relação ao contrato de transporte municipal, no momento do acidente?

Gabarito comentado – Examinadora

A questão trata acerca da responsabilidade civil objetiva de terceiro não usuário dos serviços públicos de transportes municipais.

Na hipótese, tem-se que a responsabilidade civil será objetiva, comprovado o nexo de causalidade entre o ato administrativo e o dano causado ao terceiro não usuário do serviço público, sendo tal condição suficiente para estabelecer a responsabilidade objetiva da pessoa jurídica de direito privado, nos termos do art. 37, § 6º, da CRFB. De acordo com a jurisprudência atual e consolidada do STF, não se pode interpretar restritivamente o alcance do art. 37, § 6º, da CRFB, sobretudo porque a Constituição, interpretada à luz do princípio da isonomia, não permite que se faça qualquer distinção entre os chamados "terceiros", ou seja, entre usuários e não usuários do serviço público, haja vista que todos eles, de igual modo, podem sofrer dano em razão da ação administrativa do Estado, seja ela realizada diretamente, seja por meio de pessoa jurídica de direito privado. Observa-se, ainda, que o entendimento de que apenas os terceiros usuários do serviço gozariam de proteção constitucional decorrente da responsabilidade objetiva do Estado, por terem o direito subjetivo de receber um serviço adequado, contrapor-se-ia à própria natureza do serviço público, que, por definição, tem caráter geral, estendendo-se, indistintamente, a todos os cidadãos, beneficiários diretos ou indiretos da ação estatal.

(OAB/Exame Unificado – 2ª fase – FGV) Tício, motorista de uma empresa concessionária de serviço público de transporte de passageiros, comete uma infração de trânsito e causa danos a passageiros que estavam no coletivo e também a um pedestre que atravessava a rua. Considerando a situação hipotética narrada, responda aos itens a seguir, empregando os argumentos jurídicos apropriados e a fundamentação legal pertinente ao caso.

a) Qual(is) a(s) teoria(s) que rege(m) a responsabilidade civil da empresa frente aos passageiros usuários do serviço e frente ao pedestre, à luz da atual jurisprudência do Supremo Tribunal Federal?

b) Poderiam as vítimas responsabilizar direta e exclusivamente o Estado (Poder Concedente) pelos danos sofridos?

RESOLUÇÃO DA QUESTÃO

O examinando deve afirmar que a responsabilidade civil das empresas concessionárias de serviços públicos é regulada pela norma do artigo 37, § 6º, da CRFB, que adota a teoria do risco administrativo. Não pode o examinando fundamentar o dever de indenizar da concessionária exclusivamente no Código de Defesa do Consumidor.

Posteriormente, deve o examinando mencionar que a orientação recente do STF, ao interpretar o artigo 37, § 6º, da CRFB não faz distinção entre usuários e não usuários do serviço público para fins de aplicação da teoria da responsabilidade civil objetiva (teoria do risco administrativo) nessa hipótese (RE 591.874).

Quanto ao item b, não pode o Estado (Poder Concedente) ser direta e primariamente responsabilizado por ato de concessionários de serviços públicos, tendo em vista: (i) a interpretação da norma do artigo 37, § 6º, da CRFB, que nitidamente separa e individualiza a responsabilidade civil das pessoas jurídicas de direito público e das pessoas jurídicas de direito privado prestadoras de serviços públicos; e (ii) a norma do artigo 25 da Lei 8.987/1995, que expressamente atribui a responsabilidade à concessionária.

CAPÍTULO 12

Licitação Pública

12.1. FINALIDADES OU OBJETIVOS

A Administração Pública, para cumprir suas tarefas, precisa realizar muitos contratos. A maior parte deles envolve aquisição de bens, serviços e obras. Mas há também situações em que a Administração aliena bens ou faz permissões e concessões.

No entanto, é fundamental que a Administração Pública, previamente à contratação, siga um procedimento destinado a preservar certos princípios. Esse procedimento tem o nome de licitação.

A Lei 8.666/1993, em sua redação original, dispunha que a licitação tinha por finalidade atender aos seguintes objetivos (art. 3º, *caput*): a) garantir a observância do princípio da isonomia; b) garantir a seleção da proposta mais vantajosa para a administração.

A simples existência de um processo de licitação já evita que interessados em contratar com a Administração Pública sejam excluídos dessa possibilidade, o que preserva o princípio da igualdade. Além disso, a existência de concorrência entre interessados, por si só, já é capaz de obrigá-los a formular a mais vantajosa proposta possível, o que atende ao princípio da indisponibilidade do interesse público.

Mas como tais finalidades da licitação devem ser buscadas da maneira mais efetiva possível, não basta que a licitação seja procedimento obrigatório para contratações da Administração Pública. É necessário, também, que todas as regras do procedimento sejam direcionadas ao máximo atendimento desses objetivos.

Um exemplo de regra que visa a garantir o princípio da isonomia é a que veda a criação de requisitos de habilitação que não estejam dispostos no art. 27 e seguintes da Lei 8.666/1993.

Um exemplo de regra que visa a garantir a proposta mais vantajosa para a Administração é a que estabelece, na modalidade pregão, que os licitantes, depois de apresentadas suas propostas, terão oportunidade de fazer lances verbais com vistas a se chegar a melhor proposta possível (art. 4º, VIII, da Lei 10.520/2002).

A Lei 12.349/2010 alterou o art. 3º, *caput*, da Lei 8.666/1993, criando uma terceira finalidade para a licitação, qual seja: promover o **desenvolvimento nacional sustentável**.

Exemplo de regra que visa a promover o desenvolvimento nacional sustentável é a que estabelece que, em caso de empate, terão preferência as propostas relativas a bens e serviços produzidos no País (art. 3º, § 2º, II, da Lei 8.666/93).

Em resumo, a licitação tem três finalidades: a) garantir a isonomia; b) garantir a proposta mais vantajosa para a administração; c) promover o desenvolvimento nacional sustentável.

12.2. LEGISLAÇÃO

A **regra-matriz** da licitação encontra-se no art. 37, XXI, da Constituição Federal, *in verbis*: "ressalvados os casos especificados na legislação, as obras, serviços, compras e alienações serão contratados mediante processo de licitação pública que assegure igualdade de condições a todos os concorrentes, com cláusulas que estabeleçam obrigações de pagamento, mantidas as condições efetivas da proposta, nos termos da lei, o qual somente permitirá as exigências de qualificação técnica e econômica indispensáveis à garantia do cumprimento das obrigações"

Repare que a regra-matriz traz, pelo menos, os seguintes princípios licitatórios:

a) princípio da obrigatoriedade da licitação, pelo qual qualquer contrato deve ser por ela precedido, ressalvados os casos especificados na lei;

b) princípio da isonomia, pelo qual se deve assegurar "igualdade de condições a todos os concorrentes", bem como só se permitirá exigências de qualificação "indispensáveis à garantia do cumprimento das obrigações", de modo a garantir que interessados na licitação não sejam excluídos sem justa causa;

c) princípio da indisponibilidade, pelo qual só se permitirá exigências de qualificação "indispensáveis à garantia do cumprimento das obrigações", o que garante o maior número possível de licitantes, medida que tende a fazer com que haja maior concorrência e, consequentemente, melhores propostas;

d) princípio da proporcionalidade, também decorrente da ideia de que só se permitirá exigências de qualificação "indispensáveis à garantia do cumprimento das obrigações", o que faz com a Administração não faça exigências que não sejam estritamente necessárias para cumprir as finalidades do processo de licitação;

e) princípio do devido procedimento administrativo, pelo qual as contratações da Administração devem ser feitas mediante *processo* de licitação pública, o que faz com que fique reduzida a discricionariedade da Administração, que deve seguir ritos e regras previstos em lei.

Uma vez estabelecida a regra-matriz da licitação, a Constituição Federal tratou de dispor sobre quem tem **competência para legislar** nessa matéria. Nesse sentido, o art. 22, XXVII, da CF estabelece que compete privativamente à União legislar sobre "normas gerais de licitação e contratação, em todas as modalidades, para as administrações públicas diretas, autárquicas e fundacionais da União, Estados, Distrito Federal e Municípios, obedecido o disposto no art. 37, XXI, e para as empresas públicas e sociedades de economia mista, nos termos do art. 173, § 1º, III".

Assim, a CF elegeu a **União** como responsável, privativamente, pela edição de **normas gerais** sobre licitação.

Normas gerais sobre licitação *são aquelas que tratam de questões que reclamam tratamento homogêneo em todo o País*. Já as **normas especiais** sobre licitação *são aquelas que tratam de questões que requerem tratamento peculiar no âmbito do ente local ou aquelas que envolvam a operacionalização da aplicação da lei geral no ente local*.

Argumentando ofensa à competência da União, o STF entendeu inconstitucional uma lei do Distrito Federal que criava, no âmbito da licitação, restrições a empresas que discriminarem na contratação de mão de obra (ADI 3.670, DJ 18.05.2007). O Pretório Excelso também entendeu inconstitucional lei do estado do Rio Grande do Sul que criava, também no âmbito da licitação, preferência a licitantes que usassem softwares livres ou sem restrições proprietárias (ADI 3.059, DJ 20.08.2004).

Por outro lado, na ADI 927, o STF entendeu que as disposições da Lei 8.666/1993 que tratam da doação de bem imóvel e da permuta de bem móvel têm aplicação apenas à União, já que as questões relativas ao destino de bens públicos estão ligadas ao autogoverno dos demais entes políticos quanto ao seu patrimônio público, envolvendo questão de interesse local a justificar certas normas especiais por parte destes.

Outra decisão do STF a favor de lei local considerada constitucional em face da competência da União para editar normas gerais sobre licitação foi a que aprovou legislação municipal que proibia agentes políticos e seus parentes de contratar com o município. Asseverou-se que, diante das leis gerais da União, estados e municípios podem legislar para complementar tais normas e adaptá-las às suas realidades. O STF também assentou que a referida norma municipal foi editada com base no art. 30, II, da CF, e em homenagem aos princípios da impessoalidade e moralidade administrativa, bem como com prevenção a eventuais ao interesse público e ao patrimônio do município, sem restringir a competição entre os licitantes (RE 423560/M, j. 29.05.2012).

Outro ponto importante sobre o disposto no art. 22, XXVII, da CF é o fato de ter sido feita uma ressalva para as empresas públicas e sociedades de economia mista, que deveriam obedecer ao art. 173, § 1º, III, da CF, introduzida pela EC 19/1998.

Esse dispositivo tem o seguinte teor: "§ 1º A lei estabelecerá o estatuto jurídico da empresa pública, da sociedade de economia mista e de suas subsidiárias que explorem atividade econômica de produção ou comercialização de bens ou de prestação de serviços, dispondo sobre: (...) III – licitação e contratação de obras, serviços, compras e alienações, observados os princípios da administração pública."

Repare que a Constituição admitiu que pudesse haver uma lei paralela tratando da licitação e contratação por parte de empresas públicas exploradoras de atividade econômica (produção, comércio e prestação de serviços). Essa lei, que deverá ser ordinária e federal, tem uma única condicionante: deve estabelecer as regras do certame observando os princípios da administração pública.

No entanto, enquanto essa lei não vem, entende-se que tais pessoas jurídicas têm que realizar licitação nos termos da Lei 8.666/1993, ressalvadas as hipóteses em que ela não atenda ao *pressuposto jurídico* – de ser conveniente ao interesse público – como no caso em que tais entidades, em sua atuação no mercado, desejem fazer contratos ligados à sua atividade-fim e a realização da licitação possa comprometer as atividades da estatal, impedindo que ela atue no mercado em condições paritárias com as demais empresas.

A própria Lei 8.666/1993, em seu art. 17, II, "e", estabelece que é dispensada a licitação na venda de bens móveis produzidos ou comercializados por órgãos ou entidades da Administração, em virtude de suas finalidades.

De qualquer forma, fica a notícia de que, enquanto não editada a lei referida, as empresas estatais exploradoras de atividade econômica em sentido estrito devem fazer licitação com base na Lei 8.666/1993, com a ressalva sobre os contratos relativos à sua atividade-fim e sobre o caso da Petrobras, que ainda não têm posição definitiva no STF.

O caso da Petrobras diz respeito ao art. 67 da Lei 9.478/1997, que estabelece que "os contratos celebrados pela PETROBRAS, para aquisição de bens e serviços, serão precedidos de procedimento licitatório simplificado, a ser definido em decreto do Presidente da República". Esse decreto foi editado (Decreto 2.745/1998). Todavia, entendemos que se trata de decreto inconstitucional, pois o art. 173, § 1º, III, da CF é claro ao dispor que somente uma lei poderá estabelecer regras sobre a licitação de empresas estatais exploradoras de atividade econômica.

Todavia, o STF, nas poucas decisões dadas a respeito, demonstra que tende a fixar entendimento no sentido da validade do referido decreto. *Vide* os seguintes casos: AC 1.193, RE 441.280, MS 25.888 e MS 27.837.

O art. 175 da CF também trata do instituto da licitação quando dispõe que a concessão e a permissão de serviços públicos devem se dar "sempre através de licitação".

Resta, agora, tecer umas palavras sobre a licitação na legislação infraconstitucional.

Nesse sentido, confira as principais leis que fazem referência ao instituto:

a) Lei 8.666/1993, a mais importante delas, traz normas gerais sobre licitações e contratos da Administração Pública;

b) Lei 10.520/2002, que trata da licitação na modalidade pregão; o Decreto 3.555/2000 regulamenta o procedimento do pregão na esfera federal; o Decreto 5.450/05 define o procedimento a ser adotado no pregão eletrônico;

c) Lei Complementar 123/2006, que, em seus arts. 42 a 49, contém normas sobre licitação, favorecendo as microempresas e empresa de pequeno porte;

d) Lei 12.642/2011, que institui o Regime Diferenciado de Contratações Públicas – RDC;

e) Lei 11.488/2007, que, em seu art. 34, determina a aplicação da Lei Complementar 123/2006 às sociedades cooperativas;

f) Lei 8.987/1995, que trata da permissão e concessão de serviço público, inclusive quanto à licitação cabível à espécie;

g) Lei 11.079/2004, que trata das parcerias público-privadas, inclusive quanto à licitação cabível à espécie;

h) Lei 12.232/2010, que trata da licitação quanto aos contratos de serviços de publicidade;

i) Lei 9.472/1997, que estabelece novas modalidades licitatórias para a ANATEL, o pregão e a consulta (arts. 54 a 57);

j) Lei 9.648/1998, que dispensa a licitação para a celebração de contratos de prestação de serviços com as organizações sociais;

k) Lei 11.107/2005 que, regulamentando os consórcios públicos, dobra o limite de valor para a contratação direta por essas entidades.

12.3. PRINCÍPIOS DA LICITAÇÃO

O art. 3º da Lei 8.666/193 estabelece os seguintes princípios da licitação: a) legalidade; b) impessoalidade; c) moralidade; d) igualdade; e) publicidade; f) probidade administrativa; g) vinculação ao instrumento convocatório; h) do julgamento objetivo; e e) os princípios correlatos.

Para guardar, lembre-se de que há quatro princípios da Administração (legalidade, impessoalidade, moralidade e publicidade) mais os seguintes: igualdade (que já está no conceito de impessoalidade), probidade (que já está no conceito de moralidade), vinculação ao instrumento convocatório e julgamento objetivo. O princípio da eficiência não está expresso no art. 3º da Lei 8.666/1993, mas, naturalmente, aplica-se à licitação, já que está expresso na Constituição Federal (art. 37, *caput*).

O princípio da **legalidade** impõe que a Administração só faça, numa licitação, o que a lei determina ou autoriza. Assim, não pode a Administração desconsiderar o disposto na Lei 8.666/1993, criando, por exemplo, novas regras sobre dispensa de licitação, modalidades de licitação novas, tipos de licitação novos, dentre outras.

O princípio da **impessoalidade** impõe que a Administração trate os licitantes de modo igualitário, não promovendo perseguições ou favorecimentos indevidos. Esse princípio também impõe que seja respeitado o princípio da finalidade, o que faz com que a licitação não possa ser utilizada para outras finalidades que não as três que o instituto tem, quais sejam, garantir a isonomia, garantir a proposta mais vantajosa para a Administração e promover o desenvolvimento nacional sustentável.

O princípio da **igualdade**, contido no princípio da impessoalidade, tem efeito relevante no que diz respeito às restrições que a Administração faz a que certas pessoas contratem com ela. Ademais, o princípio também incide quando a Administração quer ter direitos adicionais aos que já estão estipulados como cláusulas exorbitantes. Por conta disso, a Administração não pode inventar novas cláusulas exorbitantes que não estejam expressamente permitidas em lei, sob pena de ferir não só o princípio da legalidade como também o da igualdade. Há casos, todavia, em que é possível restringir a participação de certas pessoas em procedimentos licitatórios, das cooperativas na licitação para a contratação de prestação de serviços com locação de mão de obra, quando o trabalho, por sua natureza, demandar necessidade de subordinação, ante os prejuízos que podem advir para a Administração Pública caso o ente cooperativo se consagre vencedor no certame e não cumpra suas obrigações (REsp 1.204.186, DJ 29.10.2012).

Os princípios da **moralidade** e da **probidade** impõem que a Administração Pública aja sempre de forma honesta, proba, leal e de boa-fé. O princípio impede, por exemplo, que haja favorecimento indevido a algum licitante, o que também é vedado pela aplicação do princípio da impessoalidade. Impede, também, que a Administração se valha de sua condição privilegiada para fazer exigências indevidas do licitante ou contratante. Certa vez tomei conhecimento de uma situação em que um órgão público, que deixou em aberto vários pagamentos a uma empresa fornecedora, condicionou a emissão de um atestado de cumprimento da obrigação por parte desta para apresentar declaração dando por quitados todos os débitos dos órgãos públicos. No caso, a fornecedora acabou aceitando essa situação surreal, pois precisava desse atestado para participar de outro certame licitatório. A conduta da Administração Pública, no caso, foi lastimável e merece total reprovação, pois viola o princípio da boa-fé objetiva, corolário do princípio da moralidade.

O princípio da **publicidade** impõe uma série de providências em matéria de licitação. Uma delas é a exigência de que seja publicado em diário oficial e em jornal de grande circulação aviso contendo o resumo dos editais, inclusive com indicação de onde os interessados poderão ler seu texto integral (art. 21 da Lei 8.666/1993). Outra exigência é a de que todas as compras feitas pela Administração sejam objeto de publicidade em órgãos de divulgação ou em quadro de avisos de amplo acesso público (art. 16 da Lei 8.666/1993). As contratações sem licitação (licitação dispensada, dispensabilidade e inexigibilidade) também serão objeto de publicação na imprensa oficial, no prazo de 5 dias, como condição de eficácia dos atos (art. 26 da Lei 8.666/1993). Será obrigatória audiência pública nas licitações cujo valor estimado for superior a R$ 150 milhões (art. 39 da Lei 8.666/1993). Além disso, a publicação resumida do instrumento de contrato ou de seus aditamentos na imprensa oficial, que é condição indispensável para sua eficácia, será providenciada pela Administração até o quinto dia útil do mês seguinte ao de sua assinatura, para ocorrer no prazo de vinte dias daquela data, qualquer que seja seu valor, ainda que sem ônus (art. 61, parágrafo único, da Lei 8.666/1993). Atos que afetem direitos dos licitantes serão publicados na imprensa oficial, caso os prepostos destes não estiverem presentes nos atos respectivos (art. 109, § 1º, da Lei 8.666/1993). Os Tribunais de Contas e os órgãos integrantes do sistema de controle interno poderão solicitar para exame, até o dia imediatamente anterior à data do recebimento das propostas, cópia do edital de licitação já publicado (art. 113, § 2º, da Lei 8.666/1993). Os órgãos da Administração poderão expedir normas relativas aos procedimentos operacionais a serem observados na execução das licitações, no âmbito de sua competência, observadas as disposições da Lei

8.666/1993, sendo que tais normas, após aprovação da autoridade competente, deverão ser publicadas na imprensa oficial (art. 115 da Lei 8.666/1993). As sociedades de economia mista, empresas e fundações públicas e demais entidades controladas direta ou indiretamente pela União editarão regulamentos próprios devidamente publicados, ficando sujeitas às disposições da Lei 8.666/1993. Os regulamentos mencionados, no âmbito da Administração Pública, após aprovados pela autoridade de nível superior a que estiverem vinculados os respectivos órgãos, sociedades e entidades, deverão ser publicados na imprensa oficial (art. 119 da Lei 8.666/1993).

Em que pese todo esse dever de publicidade, na modalidade de licitação convite não será necessária a publicação de aviso do edital na imprensa e em jornal de grande circulação. Aliás, nessa modalidade de licitação sequer há edital. O que existe é a elaboração de uma carta-convite, que será enviada a pelo menos três fornecedores, convidando-os a participar de licitação e oferecer proposta para a Administração. A publicidade à qual se reduz esse convite é a publicação desse instrumento convocatório em local apropriado da Administração (art. 22, § 3º, da Lei 8.666/1993).

O princípio da vinculação ao instrumento convocatório determina que, além das disposições legais, a Administração deve seguir, rigorosamente, os termos do edital ou do convite. Assim, todas as disposições do instrumento convocatório têm de ser seguidas, sejam as que tratam dos requisitos de habilitação e dos critérios de julgamento da licitação, sejam as que tratam dos termos em que serão celebrados o futuro contrato administrativo. No mesmo sentido do princípio da vinculação ao instrumento convocatório estão também as regras da "vinculação ao termo que dispensou ou declarou inexigível a licitação" e da "vinculação à proposta do licitante vencedor", nos termos do art. 55, XI, da Lei 8.666/1993 ("a vinculação ao edital de licitação ou ao termo que a dispensou ou a inexigiu, ao convite e à proposta do licitante vencedor"). Um exemplo de aplicação desse princípio foi a decisão do STJ que manteve decisão administrativa de excluir licitante de certame licitatório em virtude de atraso de dez minutos após o horário previsto no edital para o início da sessão (REsp 421.946-DF).

O princípio do julgamento objetivo se dirige a dois momentos da licitação. Primeiro quanto à estipulação dos critérios de julgamento. Nesse sentido, o art. 40, VII, da Lei 8.666/1993 impõe que o edital indique, obrigatoriamente, critério de julgamento, com disposições claras e parâmetros objetivos. Segundo, quanto ao julgamento em si, que será feito em momento posterior. Nesse sentido, "no julgamento das propostas, a Comissão levará em consideração os critérios objetivos definidos no edital ou convite", sendo "vedada a utilização de qualquer elemento, critério ou fator sigiloso, subjetivo ou reservado que possa ainda que indiretamente elidir o princípio da igualdade entre os licitantes" (art. 44, § 1º, da Lei 8.666/1993). Ademais, "o julgamento das propostas será objetivo, devendo a Comissão de licitação ou o responsável pelo convite realizá-lo em conformidade com os tipos de licitação, os critérios previamente estabelecidos no ato convocatório e de acordo com os fatores exclusivamente nele referidos, de maneira a possibilitar sua aferição pelos licitantes e pelos órgãos de controle" (art. 45 da Lei 8.666/1993). A lei está tão preocupada com o dever de julgamento objetivo que há vários outros dispositivos reforçando a sua necessidade: arts. 30, § 8º, 31, §§ 2º e 5º, 42, § 5º, 46, § 1º, I, § 2º, I, e § 3º, todos da Lei 8.666/1993.

12.4. QUEM DEVE LICITAR?

O art. 1º, parágrafo único, da Lei 8.666/1993 responde à pergunta formulada neste item. Confira: "subordinam-se ao regime desta Lei, além dos órgãos da administração direta, os fundos especiais, as autarquias, as fundações públicas, as empresas públicas, as sociedades de economia mista e demais entidades controladas direta ou indiretamente pela União, Estados, Distrito Federal e Municípios".

Em resumo, pode-se dizer que estão sujeitos à Lei 8.666/1993 os seguintes entes:

a) os entes políticos (União, Estados, Distrito Federal e Municípios);

b) as pessoas jurídicas de direito público (autarquias, fundações públicas, agências reguladoras e associações públicas);

c) as pessoas jurídicas de direito privado estatais (empresas públicas, sociedades de economia mista, fundações privadas criadas pelo Estado e consórcios públicos de direito privado);

d) as entidades controladas direta ou indiretamente pelos entes políticos;

e) os fundos especiais.

Repare que as entidades paraestatais, ou seja, entidades não criadas pelos Estados, mas que atuam em atividades de utilidade pública, não têm o dever de licitar.

Assim, não são obrigadas a licitar as entidades do Sistema "S", as Organizações Sociais (OS) e as Organizações da Sociedade Civil de Interesse Público (OSCIPs). Nesse sentido, confira a seguinte decisão do Tribunal de Contas da União (TCU): "é assente que as entidades do Sistema 'S' não estão obrigadas a seguir rigorosamente os ditames da Lei 8.666/1993, todavia têm que observar os princípios constitucionais gerais da Administração Pública" (TCU, Acórdão 88/08, DOU 01.02.2008).

Assim, tais entidades não precisam fazer a licitação segundo a Lei 8.666/1993, mas devem fazer seus gastos observando, dentre outros, os princípios da impessoalidade, da moralidade e da eficiência.

A OAB também não tem o dever de licitar. Na ADI 3.026-4, o STF decidiu que a OAB não é uma autarquia especial e não integra a Administração Indireta como outro tipo de pessoa jurídica, de modo que não se sujeita ao controle estatal. Por outro lado, o STF reconhece que a OAB presta, sim, um serviço público. Na prática isso significa que a OAB, de um lado, não é obrigada a fazer concursos públicos, licitações e a se submeter à fiscalização do TCU e ao regime estatutário dos agentes públicos, podendo contratar pelo regime celetista. De outro, por ser um serviço público, a OAB pode fiscalizar os advogados e também tem direito a vantagens tributárias. Na ementa do acórdão, o STF deixa claro que a OAB não é integrante da Administração Indireta, tratando-se de uma figura ímpar no País, no caso, um Serviço Público Independente. O acórdão também conclui que a OAB não pode ser comparada às demais entidades de fiscalização profissional, pois não está voltada exclusivamente a finalidades corporativas, possuindo finalidade institucional.

12.5. CONTRATAÇÃO DIRETA

12.5.1. Pressupostos da licitação

A Constituição Federal estabelece que a Administração deve, como regra, contratar apenas mediante licitação (art. 37, XXI, da CF). Todavia, o próprio dispositivo citado admite que a lei preveja situações em que a contratação poderá ser direta, ou seja, sem licitação.

Nesse sentido, a doutrina aponta os pressupostos para que a licitação se dê. Confira:

a) pressuposto lógico: para que seja possível a realização da licitação, deve existir pluralidade de objetos e de ofertantes; caso o objeto seja singular ou o fornecedor seja exclusivo, estará inviabilizada a licitação;

b) pressuposto jurídico: também será necessário que a realização da licitação seja conveniente ao interesse público. Ex.: não é de interesse público que o Estado que tenha uma empresa de Imprensa Oficial faça licitação para que seja escolhida outra empresa para publicar seu Diário Oficial, devendo contratar diretamente com aquela;

c) pressuposto fático: não fará sentido fazer-se a licitação acaso não compareça nenhum interessado.

12.5.2. Grupos de contratação direta

Há três grupos de contratação direta. Confira:

a) licitação dispensada (art. 17): relativa à alienação de bens públicos; a lei traz um rol taxativo desses casos; não há discricionariedade para a Administração, que, nos casos indicados, não deve fazer licitação;

b) dispensa de licitação (art. 24): o art. 24 traz os casos em que daria para fazer a licitação, mas a lei autoriza sua não realização; trata-se de rol taxativo de casos de dispensa; há discricionariedade para a Administração decidir se vai ou não realizar a licitação no caso concreto; a lei faculta a dispensa, sem obrigar que a Administração não realize a licitação;

c) inexigibilidade de licitação (art. 25): o art. 25 estabelece que, quando a licitação é inviável ("não tem como ser feita"), é hipótese de sua inexigibilidade; tal dispositivo traz um rol de casos de inviabilidade, mas se trata de um rol exemplificativo; aqui não há discricionariedade para a Administração, que, nos casos de inviabilidade, não deve fazer licitação.

12.5.3. Licitação dispensada

O art. 17 da Lei 8.666/1993 prevê diversos casos de licitação dispensada, tema visto na matéria "bens públicos". De qualquer forma, vale fazer a lembrança de alguns casos.

Quanto aos imóveis, a alienação depende de interesse público, *autorização legislativa*, avaliação e licitação, dispensada esta na:

a) dação em pagamento;

b) doação para Administração ou para programas sociais;

c) investidura (alienação a proprietário lindeiro de área remanescente ou resultante de obra pública inaproveitável isoladamente).

Quanto aos móveis, a alienação depende de interesse público, avaliação e licitação, dispensada esta na doação social, na permuta entre órgãos da Administração e outros casos.

12.5.4. Dispensa de licitação

O art. 24 estabelece mais de 30 hipóteses de dispensa de licitação. Para facilitar a compreensão, classificaremos essas hipóteses em cinco grupos.

12.5.4.1. Em razão do valor (I e II)

a) contratos de até 10% do valor limite para o convite, ou seja:

R$ 15 mil para obras e serviços de engenharia;

R$ 8 mil para compras e serviços;

b) contratos de até 20% do valor limite para o convite, se feitos por consórcios públicos, empresas estatais e agências executivas (§ 1º do art. 24).

Obs.: não é possível o fracionamento de contratações que possam ser feitas de uma só vez, para que não haja violação reflexa da lei.

12.5.4.2. Em razão de situações excepcionais

a) em caso de guerra ou grave perturbação da ordem (III) – ex.: greve;

b) em caso de calamidade pública ou emergência (IV):

ex.: desmoronamento de uma ponte;

somente para os bens/serviços relacionados à urgência;

por, no máximo, 180 dias, vedada prorrogação do contrato;

c) em caso de licitação deserta (V):

caso não haja interessados à licitação e esta não possa ser repetida sem prejuízo, mantidas as condições do edital.

Obs.: não se deve confundir licitação deserta com licitação fracassada; na última, aparecem interessados, mas esses ou são inabilitados ou são desclassificados, não cabendo dispensa, mas concessão de prazo para os licitantes apresentarem nova documentação;

d) quando a União tiver que intervir no domínio econômico para regular preços ou normalizar o abastecimento (VI);

e) em caso de rescisão contratual, para conclusão do remanescente de obra; contrata-se o 2º melhor classificado nas condições oferecidas pelo vencedor do certame (XI).

12.5.4.3. Em razão do objeto

a) Para *compra* ou *locação* de **imóvel** pela Administração (X):

ex.: aluguel de imóvel para instalar um creche municipal;

imóvel destinado a finalidade precípua da Administração;

imóvel com instalação/localização ideais para Administração;

imóvel com valor compatível com o de mercado;

b) Para *aquisição* ou *restauração* de **obras de arte** e **objetos históricos** (XV):

desde que de autenticidade certificada;

desde que compatível com finalidade do órgão.

12.5.4.4. Em razão da pessoa

a) na contratação de **instituição brasileira** de pesquisa, ensino, desenvolvimento institucional ou recuperação de preso, **com** inquestionável reputação ético-profissional e **sem** fins lucrativos (XIII):

ex: contratação da FGV para uma consultoria;

b) na contratação de serviços de **organizações sociais** para atividades contempladas no contrato de gestão (XXIV).

12.5.4.5. Outros casos

VII. quando as propostas apresentadas consignarem preços manifestamente superiores aos praticados no mercado nacional, ou forem incompatíveis com os fixados pelos órgãos oficiais competentes, casos em que, observado o parágrafo único do art. 48 da Lei 8.666/1993 e, persistindo a situação, será admitida a adjudicação direta dos bens ou serviços por valor não superior ao constante do registro de preços, ou dos serviços;

VIII. para a aquisição, por pessoa jurídica de direito público interno, de bens produzidos ou serviços prestados por órgão ou entidade que integre a Administração Pública e que tenha sido criado para esse fim específico em data anterior à vigência da Lei 8.666/1993, desde que o preço contratado seja compatível com o praticado no mercado;

IX. quando houver possibilidade de comprometimento da segurança nacional, nos casos estabelecidos em decreto do Presidente da República, ouvido o Conselho de Defesa Nacional;

XII. nas compras de hortifrutigranjeiros, pão e outros gêneros perecíveis, no tempo necessário para a realização dos processos licitatórios correspondentes, realizadas diretamente com base no preço do dia;

XVI. para a impressão dos diários oficiais, de formulários padronizados de uso da administração, e de edições técnicas oficiais, bem como para prestação de serviços de informática a pessoa jurídica de direito público interno, por órgãos ou entidades que integrem a Administração Pública, criados para esse fim específico;

XVII. para a aquisição de componentes ou peças de origem nacional ou estrangeira, necessários à manutenção de equipamentos durante o período de garantia técnica, junto ao fornecedor original desses equipamentos, quando tal condição de exclusividade for indispensável para a vigência da garantia;

XVIII. nas compras ou contratações de serviços para o abastecimento de navios, embarcações, unidades aéreas ou tropas e seus meios de deslocamento quando em estada eventual de curta duração em portos, aeroportos ou localidades diferentes de suas sedes, por motivo de movimentação operacional ou de adestramento, quando a exiguidade dos prazos legais puder comprometer a normalidade e os propósitos das operações e desde que seu valor não exceda ao limite previsto na alínea "a" do inciso II do art. 23 da Lei 8.666/1993;

XIX. para as compras de material de uso pelas Forças Armadas, com exceção de materiais de uso pessoal e administrativo, quando houver necessidade de manter a padronização requerida pela estrutura de apoio logístico dos meios navais, aéreos e terrestres, mediante parecer de comissão instituída por decreto;

XX. na contratação de associação de portadores de deficiência física, sem fins lucrativos e de comprovada idoneidade, por órgãos ou entidades da Administração Pública, para a prestação de serviços ou fornecimento de mão de obra, desde que o preço contratado seja compatível com o praticado no mercado;

XXI. para a aquisição de bens e insumos destinados exclusivamente à pesquisa científica e tecnológica com recursos concedidos pela CAPES, pela FINEP, pelo CNPq ou por outras instituições de fomento a pesquisa credenciadas pelo CNPq para esse fim específico;

XXII. na contratação de fornecimento ou suprimento de energia elétrica e gás natural com concessionário, permissionário ou autorizado, segundo as normas da legislação específica;

XXIII. na contratação realizada por empresa pública ou sociedade de economia mista com suas subsidiárias e controladas, para a aquisição ou alienação de bens, prestação ou obtenção de serviços, desde que o preço contratado seja compatível com o praticado no mercado;

XXV. na contratação realizada por Instituição Científica e Tecnológica – ICT ou por agência de fomento para a transferência de tecnologia e para o licenciamento de direito de uso ou de exploração de criação protegida;

XXVI. na celebração de contrato de programa com ente da Federação ou com entidade de sua administração indireta para a prestação de serviços públicos de forma associada nos termos do autorizado em contrato de consórcio público ou em convênio de cooperação;

XXVII. na contratação da coleta, processamento e comercialização de resíduos sólidos urbanos recicláveis ou reutilizáveis, em áreas com sistema de coleta seletiva de lixo, efetuados por associações ou cooperativas formadas exclusivamente por pessoas físicas de baixa renda reconhecidas pelo poder público como catadores de materiais recicláveis, com o uso de equipamentos compatíveis com as normas técnicas, ambientais e de saúde pública;

XXVIII. para o fornecimento de bens e serviços, produzidos ou prestados no País, que envolvam, cumulativamente, alta complexidade tecnológica e defesa nacional, mediante parecer de comissão especialmente designada pela autoridade máxima do órgão;

XXIX. na aquisição de bens e contratação de serviços para atender aos contingentes militares das Forças Singulares brasileiras empregadas em operações de paz no exterior, necessariamente justificadas quanto ao preço e à escolha do fornecedor ou executante e ratificadas pelo Comandante da Força;

XXX. na contratação de instituição ou organização, pública ou privada, com ou sem fins lucrativos, para a prestação de serviços de assistência técnica e extensão rural no âmbito do Programa Nacional de Assistência Técnica e Extensão Rural na Agricultura Familiar e na Reforma Agrária, instituído por lei federal;

XXXI. nas contratações visando ao cumprimento do disposto nos arts. 3º, 4º, 5º e 20 da Lei nº 10.973, de 2 de dezembro de 2004, observados os princípios gerais de contratação dela constantes.

12.5.5. Inexigibilidade de licitação

O art. 25 da Lei 8.666/1993 dispõe que a licitação é inexigível quando houver inviabilidade de competição. O mesmo dispositivo apresenta um rol exemplificativo (três hipóteses) de casos em que existe tal situação.

12.5.5.1. Em caso de fornecedor exclusivo (I)

Por exemplo, quando há um único fornecedor de um medicamento. Outro exemplo é a contratação de serviço postal, que só pode ser feito pelos Correios, que tem o monopólio desse serviço.

A lei traz a seguinte disposição sobre esse caso de inexigibilidade: "para aquisição de materiais, equipamentos ou gêneros que só possam ser fornecidos por produtor, empresa ou representante comercial exclusivo, vedada a preferência de marca, devendo a comprovação de exclusividade ser feita através de atestado fornecido pelo órgão de registro do comércio do local em que se realizaria a licitação ou a obra ou serviço, pelo Sindicato, Federação ou Confederação Patronal, ou, ainda, pelas entidades equivalentes".

Trata-se de situação em que seria inútil licitar, dada a impossibilidade de competição.

Não se deve, todavia, confundir a exclusividade de produtor-vendedor com a exclusividade comercial. A primeira sempre gera a inexigibilidade. Já a segunda depende de se aferir a exclusividade do vendedor na praça de comércio em que se esteja realizando a licitação. Em caso positivo, estar-se-á em caso de inexigibilidade; se negativo, não.

No convite, considera-se como praça de comércio a localidade. Na tomada de preços, observando-se o registro cadastral. E na concorrência, o País.

Não se deve confundir, outrossim, fornecedor exclusivo com *preferência de marca*. Essa não é permitida pela Lei de Licitações, que só abre exceção quando se trata da dispensa de certame para aquisição de certos equipamentos pelas Forças Armadas, preenchidos os requisitos legais, a fim de manter a *padronização*.

12.5.5.2. Caso seja necessário contratar serviço singular (II)

Serviço singular é aquele serviço técnico *diferenciado*, não podendo se tratar de um serviço *comum*. Um exemplo é a necessidade de contratar uma consultoria para a modelagem de uma parceria público-privada, serviço que, efetivamente, é singular. Já a contratação de um escritório de advocacia para o ingresso com uma ação simples, como uma ação de revisão contratual, não envolve serviço singular, mas serviço comum, corrente.

Uma vez havendo necessidade de contratar um serviço singular, deve-se contratar *profissional com notória especialização*.

A lei traz a seguinte disposição sobre esse caso de inexigibilidade: "*para a contratação de serviços técnicos enumerados no art. 13 desta Lei, de natureza singular, com profissionais ou empresas de notória especialização, vedada a inexigibilidade para serviços de publicidade e divulgação*".

Repare que a lei dispõe que <u>não há</u> possibilidade de contratar por inexigibilidade serviços de publicidade ou divulgação.

12.5.5.3. Na contratação de artista (III)

A lei traz a seguinte disposição sobre esse caso de inexigibilidade: "para contratação de profissional de qualquer setor artístico, diretamente ou através de empresário exclusivo, desde que consagrado pela crítica especializada ou pela opinião pública".

12.5.6. Formalidades para a contratação direta

As dispensas, as inexigibilidades e o retardamento previsto no art. 8º, parágrafo único, da Lei 8.666/1993 deverão ser feitos mediante os seguintes requisitos, conforme o caso (art. 26 da Lei 8.666/1993):

a) existência de um processo administrativo;

b) justificativa da não realização da licitação;

c) justificativa de preço – pesquisa de preço;

d) razão da escolha do fornecedor;

e) comunicação, em 3 dias úteis, à autoridade superior, para ratificação;

f) publicação da contratação, em 5 dias, para eficácia do ato.

12.5.7. Responsabilidade em caso de superfaturamento

O art. 25, § 2º, da Lei 8.666/1993 estabelece nos casos de inexigibilidade e em qualquer dos casos de dispensa, se comprovado superfaturamento, que respondem *solidariamente* pelo dano causado à Fazenda Pública o *fornecedor ou o prestador de serviços* e o *agente público* responsável, sem prejuízo de outras sanções legais cabíveis.

12.6. FASES DA LICITAÇÃO

12.6.1. Fase interna

O procedimento licitatório importa numa sucessão de atos com vistas à escolha do vencedor do certame.

Essa sucessão de atos pode ser dividida, num primeiro momento, em duas grandes etapas, quais sejam: a fase interna e a fase externa da licitação.

A fase interna consiste no conjunto de preparativos feitos no interior da Administração, prévios à publicação do edital ou ao envio da carta-convite.

Dentre os principais atos da fase interna, destacam-se os seguintes:

a) *abertura de processo administrativo, devidamente autuado, protocolado e numerado*;

b) *solicitação de contratação com indicação sucinta do objeto*, ou seja, o órgão interessado indicará a necessidade de se fazer a compra, da contratação de serviço, da contratação de obra etc.;

c) *verificação acerca da existência de dotação orçamentária para a despesa*, ou seja, verifica-se se há previsão orçamentária para a contratação solicitada pelo órgão interessado;

d) *verificação do impacto orçamentário-financeiro*, ou seja, verifica-se se, no momento, há recursos financeiros disponíveis;

e) *autorização para abertura de licitação e designação de comissão especial de licitação, de leiloeiro ou de responsável pelo convite, de acordo com o caso*;

f) *realização de audiência pública, quando for o caso*; essa audiência é necessária quando o valor estimado para uma licitação ou conjunto de licitações com objetos similares (simultâneas ou sucessivas) for superior a R$ 150 milhões (são simultâneas aquelas que têm objetos similares e com realização prevista em intervalo de até 30 dias; são sucessivas aquelas com objetos similares, cujo edital da mais recente tenha data anterior a 120 dias do término do contrato resultante da licitação antecedente);

g) *elaboração ou finalização do texto da minuta do edital*;

h) *exame e aprovação da minuta do edital pela assessoria jurídica da Administração*; vale lembrar que o STF entende que o parecer da assessoria jurídica tem natureza jurídica de decisão (*parecer vinculante*), o que faz com que o assessor jurídico responda por qualquer irregularidade no edital que tiver aprovado;

i) *aprovação do edital*; ou seja, autoridade competente deverá apreciar a minuta e aprovar o edital.

Antes de passarmos para a fase externa da licitação, vale tratar um pouco sobre as pessoas que dirigirão os trabalhos numa licitação.

Nesse sentido, o art. 51 da Lei 8.666/1993 estabelece que a licitação será processada e julgada por comissão permanente ou especial de, *no mínimo, 3 (três) membros*, sendo pelo menos 2 *(dois) deles* servidores qualificados pertencentes aos quadros *permanentes* dos órgãos da Administração responsáveis pela licitação. Ou seja, só um membro pode ser daqueles que têm cargo em comissão.

No caso de convite, a Comissão de licitação, excepcionalmente, nas pequenas unidades administrativas e em face da exiguidade de pessoal disponível, poderá ser substituída por servidor formalmente designado pela autoridade competente.

A Comissão para julgamento dos pedidos de inscrição em registro cadastral, sua alteração ou cancelamento será integrada por profissionais legalmente habilitados no caso de obras, serviços ou aquisição de equipamentos.

Os membros das Comissões de licitação responderão *solidariamente* por todos os atos praticados pela Comissão, salvo se posição individual divergente estiver devidamente fundamentada e registrada em *ata lavrada* na reunião em que tiver sido tomada a decisão.

A investidura dos membros das Comissões permanentes *não excederá a 1 (um) ano*, vedada a recondução da totalidade de seus membros para a mesma comissão no período subsequente.

No caso da modalidade *concurso*, o julgamento será feito por uma comissão especial integrada por pessoas de reputação ilibada e reconhecido conhecimento da matéria em exame, servidores públicos ou não.

12.6.2. Fase externa

Uma vez que a minuta do edital estiver aprovada, passa-se à fase externa da licitação, fase essa que tem os seguintes momentos:

12.6.2.1. Publicação do instrumento convocatório

Nessa etapa, temos duas possibilidades.

Se se tratar de licitação na modalidade convite, não há edital. O instrumento convocatório é a carta-convite, que deverá ser remetida a pelo menos 3 interessados, cadastrados ou não na Administração.

Repare que devem ser feitos, no mínimo, 3 convites. O ideal é fazer o maior número possível. Ademais, há de se convidar tanto pessoas cadastradas como pessoas não cadastradas na Administração.

Por fim, faz-se necessário afixar cópia da carta-convite em quadro de aviso da Administração.

Nas demais modalidades de licitação, o instrumento convocatório tem o nome de edital.

O edital é o *ato pelo qual são convocados os interessados e estabelecidas as condições que regerão o certame*, devendo tratar, obrigatoriamente, do seguinte (art. 40 da Lei 8.666/1993):

a) regras procedimentais: *modalidade* de licitação (*caput*); *objeto* do certame (I); onde estão as *informações* relevantes (IV, V e VIII); quais são as *datas* para recebimento dos envelopes com a documentação e a proposta e para início da abertura dos envelopes (*caput*); *forma de apresentação* das propostas (VI);

b) **condições de participação:** qualificação para participação na licitação (VI), em conformidade com os artigos 27 a 31; disciplina sobre a participação de consórcios no certame;

c) **critérios de julgamento:** *tipo* de licitação, tais como menor preço, melhor técnica etc. (*caput*); *critérios de avaliação* das propostas (VII); *padrão mínimo de qualidade*;

d) **futuro contrato:** *direitos* e *obrigações* de cada parte (pagamento, entrega e prazos); *prerrogativas extraordinárias* da Administração Pública; modos de *recomposição* da equação econômico-financeira (reajustes e revisões); hipóteses de *rescisão contratual*; *sanções* cabíveis e sua quantificação;

e) **anexo:** o edital deve trazer em anexo as especificações complementares e a minuta do futuro contrato a ser celebrado.

Qualquer modificação no edital exige divulgação pela mesma forma que se deu no texto original, reabrindo-se o prazo inicialmente estabelecido, exceto quando, inquestionavelmente, a alteração não afetar a formulação das propostas (art. 21, § 4º, da Lei 8.666/1993).

Os prazos estabelecidos para a apresentação da proposta pelo licitante serão contados a partir da última publicação do edital resumido ou da expedição do convite, ou ainda da efetiva disponibilidade do edital ou do convite e respectivos anexos, prevalecendo a data que ocorrer mais tarde (art. 21, § 3º, da Lei 8.666/1993).

O edital poderá ser impugnado. Essa **impugnação** obedece às seguintes regras (art. 41):

a) pode ser feita por um *interessado* e também por qualquer *cidadão*;

b) o prazo para o *cidadão* impugnar é até de *5 dias úteis* da data da abertura dos envelopes de habilitação, devendo a Administração julgar e responder à impugnação em até *3 dias úteis*;

c) o prazo para o *licitante* impugnar é até o 2º dia útil da data da abertura dos envelopes de habilitação ou da data da sessão de leilão.

A impugnação feita tempestivamente pelo licitante não o impedirá de participar do processo licitatório até o trânsito em julgado da decisão a ela pertinente.

A inabilitação do licitante importa preclusão do seu direito de participar das fases subsequentes.

Independentemente dos prazos para impugnação, nada impede que qualquer licitante, contratado ou pessoa jurídica ou física, represente para o Ministério Público, para o órgão de controle interno da Administração ou para o Tribunal de Contas acerca de irregularidades que encontrar (art. 113, § 1º).

12.6.2.2. Habilitação

12.6.2.2.1. Conceito

A expressão "habilitação" ora é utilizada para designar um *procedimento* (uma série de atos, portanto), ora é utilizada para designar um *ato administrativo* só.

Na sua acepção procedimental, a habilitação *é o conjunto de atos destinados a apurar a idoneidade e a capacitação de um sujeito para contratar com a Administração Pública.*

Já na acepção de ato administrativo, a habilitação *é o ato pelo qual a Administração Pública decide se um sujeito é dotado da idoneidade necessária para a participação na licitação.*

Em termos práticos, essa fase licitatória tem por fim verificar se o interessado tem *idoneidade* e *capacitação* para vir a contratar com a Administração Pública. O foco aqui não é verificar qual interessado tem a melhor proposta comercial (isso é visto na fase de julgamento e classificação), mas se o interessado tem aptidão para vir a ser contratado pela Administração Pública.

A Constituição Federal, em seu art. 37, XXI, acaba por trazer duas disposições sobre a habilitação, que são as seguintes: a) "processo de licitação pública que assegure igualdade de condições a todos os concorrentes"; e b) processo de licitação em que só se permite "exigências de qualificação técnica e econômica indispensáveis à garantia do cumprimento das obrigações".

O princípio da igualdade admite certas restrições à participação de interessados na licitação. Um exemplo é uma licitação para fornecimento de combustível para uma Prefeitura, em que o edital estabelece que só poderão participar do certame postos de gasolina que estejam situados até 15 km do pátio de carros da Prefeitura. Trata-se de limitação lícita, pois, se um posto de gasolina muito distante ganhar o certame, a Prefeitura gastará muita gasolina para ir ao posto abastecer os carros.

No caso relatado, a restrição à participação tem pertinência. Porém, há várias situações em administrações públicas no País que criam restrições impertinentes e, portanto, violadoras do princípio da igualdade. Confira, a respeito, a seguinte decisão do STF: "LICITAÇÃO PÚBLICA. Concorrência. Aquisição de bens. Veículos para uso oficial. Exigência de que sejam produzidos no Estado-membro. Condição compulsória de acesso. Art. 1º da Lei nº 12.204/1998, do Estado do Paraná, com a redação da Lei nº 13.571/2002. Discriminação arbitrária. Violação ao princípio da isonomia ou da igualdade. Ofensa ao art. 19, II, da vigente Constituição da República. Inconstitucionalidade declarada. Ação direta julgada, em parte, procedente. Precedentes do Supremo. É inconstitucional a lei estadual que estabeleça como condição de acesso a licitação pública, para aquisição de bens ou serviços, que a empresa licitante tenha a fábrica ou sede no Estado-membro" (STF, ADI 3583, DJ 13.03.2008).

As exigências, além de atender à isonomia, devem estar previstas em lei (princípio da legalidade) e ser indispensáveis à garantia do cumprimento das obrigações pelo interessado. Confira decisão do Tribunal de Contas da União (TCU), que se deparou com exigência em edital não prevista em lei:

"Além disso, para a habilitação de interessado em participar de licitação só pode ser exigida a documentação exaustivamente enumerada nos arts. 27 a 31 da Lei de Licitações e Contratos, onde não há menção à necessidade de comprovação de que a empresa não tenha entre seus sócios participante de outra entidade que esteja em situação de inadimplência em contratação anterior com a Administração Pública." (TCU, Acórdão 991/06, DOU 26.06.2006).

12.6.2.2.2. Momento

Após a publicação do edital, segue-se um prazo para os interessados na licitação apresentarem dois envelopes para a Administração. O primeiro envelope é composto dos documentos que comprovam a *idoneidade* e a *capacitação* do licitante (documentos de habilitação) e o segundo traz documento com a proposta comercial do licitante (documentos de proposta).

A fase de habilitação consiste justamente em abrir o envelope contendo os documentos de habilitação e em verificar se o interessado atende às qualificações necessárias à participação no certame.

Resta saber em que momento isso deve ser feito, ou seja, quando é que ocorre a fase de habilitação.

Como **regra**, a habilitação ocorre logo após o recebimento dos dois envelopes mencionados e antes da abertura dos envelopes com a proposta (art. 43 da Lei 8.666/1993). Em outras palavras, a habilitação normalmente ocorre após a publicação do edital e antes da fase de julgamento e classificação.

O procedimento de habilitação envolve os seguintes atos:

a) os documentos poderão ser apresentados em *original*, por qualquer processo de *cópia autenticada* por cartório competente ou por *servidor da administração ou publicação em órgão da imprensa oficial* (art. 32);

b) os envelopes serão abertos e os documentos apreciados (art. 43, I);

c) os licitantes presentes e a comissão rubricarão todos os documentos (art. 43, § 2º);

d) os licitantes que demonstrarem os requisitos de qualificação serão habilitados;

e) os licitantes que não demonstrarem os requisitos de qualificação serão inabilitados;

f) caso não haja recurso por parte dos inabilitados, serão devolvidos a estes os envelopes fechados contendo as respectivas propostas; havendo recurso, os envelopes fechados só serão devolvidos quando e se o recurso for denegado (art. 43, II);

g) a inabilitação posterior de um licitante só poderá acontecer se houver fatos supervenientes ou se fatos que já ensejavam a inabilitação só forem conhecidos após o julgamento;

h) após a fase de habilitação, não cabe desistência de proposta, salvo por motivo justo decorrente de fato superveniente e aceito pela comissão (art. 43, § 6º);

i) se todos os licitantes forem inabilitados, a Administração poderá fixar aos licitantes o prazo de 8 dias úteis para a apresentação de nova documentação escoimada das causas referidas que levaram à inabilitação, facultada, no caso de convite, a redução deste prazo para três dias úteis (art. 48, § 3º).

Na **tomada de preços**, o momento da habilitação é um pouco diferente. Isso porque, nessa modalidade, só poderá participar da licitação aquele que já esteja previamente cadastrado ou que apresente os documentos para o devido cadastro até o 3º dia anterior à data do recebimento das propostas.

Assim, na tomada de preços temos a chamada *habilitação prévia* e não a *habilitação preliminar*, que é aquela que ocorre após o edital (e que é a regra, como vimos).

Num primeiro momento, só pode participar da tomada de preços quem já esteja previamente *cadastrado*, ou seja, que já tenha a documentação de habilitação já apresentada à Administração.

Os arts. 34 a 37 da Lei 8.666/1993 tratam dos registros cadastrais, que são muito comuns nos órgãos e entidades da Administração Pública que realizam frequentemente licitações. O registro cadastral deve estar permanentemente aberto aos interessados, devendo a unidade responsável proceder, no mínimo anualmente, ao chamamento público para a atualização dos registros existentes e ingresso de novos interessados, sendo autorizado que unidades administrativas utilizem registros cadastrais de outros órgãos ou entidades da Administração Pública.

O interessado que já tem registro cadastral receberá um documento cujo nome é "certificado de registro cadastral" (art. 32, § 2º, da Lei 8.666/1993), o qual será apresentado quando for participar de uma tomada de preços.

Já o interessado em participar de uma tomada de preços que não estiver previamente cadastrado tem a possibilidade de participar da licitação desde que atenda às condições exigidas para cadastramento até o 3º dia anterior à data do recebimento das propostas. Ou seja, publicado o edital de uma tomada de preços, o interessado deverá correr para conseguir seu cadastramento, nos termos dos arts. 34 a 37 da Lei 8.666/1993 e das demais regras locais, até o momento acima referido.

Caso a *comissão do certame* ou a *comissão de cadastramento*, no momento do recebimento dos envelopes com a proposta, não tenha tido tempo ainda de analisar se os documentos apresentados para cadastro são suficientes, deverá a comissão de licitação receber a proposta sob condição, vale dizer, condicionada à regularidade do cadastro solicitado, que será verificada em seguida. Nesse caso, procede-se de modo semelhante à concorrência, pois a comissão vai ter que parar e verificar a qualificação antes de abrir os envelopes das propostas, podendo marcar outra data para tanto, se for o caso.

Já quanto ao **convite**, ao **concurso**, ao **leilão** e ao **fornecimento de bens para pronta entrega**, pode-se dispensar, no todo ou em parte, a documentação dos arts. 28 a 31. Ou seja, na prática, seguem o critério de habilitação preliminar, mas, em alguns casos, pode a Administração dispensar todas ou algumas das exigências de qualificação. No entanto, a regularidade do interessado com a Seguridade Social é exigência de qualificação que não pode ser dispensada em hipótese alguma, nos termos do art. 195, § 3º, da CF.

Por fim, no **pregão** temos uma inversão de fases. Primeiro é aberto o envelope com as propostas comerciais, passando à existência de lances verbais e a uma negociação com o melhor classificado e depois é aberto o envelope com os documentos de habilitação do melhor classificado no certame (art. 4º, XII, da Lei 10.520/2002). Ou seja, primeiro vem a fase de julgamento e classificação e depois a de habilitação. Aqui, fala-se em **habilitação posterior**.

Em resumo, o momento da habilitação, em regra, é logo após a publicação do edital (*habilitação preliminar*), mas se dará antes do edital na tomada de preços (*habilitação prévia*) e após o julgamento e classificação no pregão (*habilitação posterior*).

12.6.2.2.3. Documentação a ser apresentada (qualificação)

O art. 27 da Lei 8.666/1993 dispõe que, nas licitações, exigir-se-á dos interessados, exclusivamente, documentação relativa a:

a) habilitação jurídica;

b) qualificação técnica;

c) qualificação econômico-financeira;

d) regularidades fiscais;

e) regularidade quanto ao trabalho de menores.

A **habilitação jurídica** consiste na *comprovação da existência de capacidade de fato e da titularidade de condições para contratar com a Administração Pública.* São exigidos, conforme o caso, os seguintes documentos (art. 28 da Lei 8.666/1993):

a) cédula de identidade;

b) registro comercial, no caso de empresa individual;

c) ato constitutivo, estatuto ou contrato social em vigor, devidamente registrado, em se tratando de sociedades comerciais, e, no caso de sociedades por ações, acompanhado de documentos de eleição de seus administradores;

d) inscrição do ato constitutivo, no caso de sociedades civis, acompanhada de prova de diretoria em exercício;

e) decreto de autorização, em se tratando de empresa ou sociedade estrangeira em funcionamento no País, e ato de registro ou autorização para funcionamento expedido pelo órgão competente, quando a atividade assim o exigir.

A **regularidade fiscal** *consiste na existência de inscrição nos cadastros públicos de contribuinte e na inexistência de débitos fiscais exigíveis*. São exigidos, conforme o caso, os seguintes documentos (art. 29 da Lei 8.666/1993):

a) prova de inscrição no Cadastro de Pessoas Físicas (CPF) ou no Cadastro Geral de Contribuintes (CGC);

b) prova de inscrição no cadastro de contribuintes estadual ou municipal, se houver, relativo ao domicílio ou sede do licitante, pertinente ao seu ramo de atividade e compatível com o objeto contratual;

c) prova de regularidade para com a Fazenda Federal, Estadual e Municipal do domicílio ou sede do licitante, ou outra equivalente, na forma da lei;

d) prova de regularidade relativa à Seguridade Social e ao Fundo de Garantia por Tempo de Serviço (FGTS), demonstrando situação regular no cumprimento dos encargos sociais instituídos por lei.

Há de se ressaltar que só se pode exigir do licitante a apresentação de inscrições e certidões pertinentes. Assim, uma empresa prestadora de serviço não é obrigada a apresentar demonstração de inscrição no Fisco estadual, nem certidão negativa de tributo estadual.

Da mesma forma, não se pode exigir certidões com requisitos formais que podem não ser uniformes nas mais variadas esferas administrativas brasileiras. Nesse sentido, confira a seguinte decisão do STJ: "A despeito da vinculação ao edital a que se sujeita a Administração Pública (art. 41 da Lei 8.666/1993), afigura-se ilegítima a exigência da apresentação de certidões comprobatórias de regularidade fiscal quando não são fornecidas, do modo como requerido pelo edital, pelo município de domicílio do licitante" (STJ, REsp 974854/MA, DJ 16.05.2008)

A qualificação técnica *consiste na idoneidade técnica para a execução do objeto licitado, mediante a demonstração de experiência anterior na execução de contrato similar e da disponibilidade de pessoal e de equipamentos indispensáveis.* Podem ser exigidos, conforme o caso, os seguintes documentos (art. 30 da Lei 8.666/1993):

a) registro ou inscrição na entidade profissional competente (capacidade genérica);

b) comprovação de aptidão para desempenho de atividade pertinente e compatível em características, quantidades e prazos com o objeto da licitação (capacidade específica);

c) indicação das instalações e do aparelhamento e do pessoal técnico adequados e disponíveis para a realização do objeto da licitação, bem como da qualificação de cada um dos membros da equipe técnica que se responsabilizará pelos trabalhos (capacidade operacional);

d) comprovação, fornecida pelo órgão licitante, de que recebeu os documentos e, quando exigido, de que tomou conhecimento de todas as informações e das condições locais para o cumprimento das obrigações objeto da licitação;

e) prova de atendimento de requisitos previstos em lei especial, quando for o caso.

As qualificações previstas nos itens "b" e "c" serão feitas por atestados fornecidos por pessoas jurídicas de direito público ou privado. Caso se trate de serviços ou obras, será necessário que os atestados sejam registrados nas entidades profissionais competentes.

A respeito da exigência de atestados, um exemplo é uma licitação para construir uma rodovia. Certamente, o edital exigirá, como qualificação técnica, dentre outros requisitos, que os licitantes apresentem atestado de que já fizeram obra semelhante, requisito indispensável para se aferir sua aptidão para executar a obra caso venha a ganhar a licitação. Por se tratar de obra, tal atestado deverá ser registrado na entidade profissional competente.

Quanto à capacitação técnico-profissional (pessoal técnico especializado), a exigência deve se limitar à comprovação do licitante de possuir em seu quadro permanente, na data prevista para entrega da proposta, profissional detentor de atestado de responsabilidade técnica por execução de obra ou serviço de características semelhantes, limitadas estas exclusivamente às parcelas de maior relevância e valor significativo do objeto da licitação, vedadas as exigências de quantidades mínimas ou prazos máximos. Tais profissionais deverão participar da obra ou serviço objeto da licitação, admitindo-se a substituição por profissionais de experiência equivalente ou superior, desde que aprovada pela administração.

Será sempre admitida a comprovação de aptidão por meio de certidões ou atestados de obras ou serviços similares de complexidade tecnológica e operacional equivalente ou superior.

É vedada a exigência de comprovação de atividade ou de aptidão com limitações de tempo ou de época ou ainda em locais específicos, ou quaisquer outras não previstas na Lei 8.666/1993 que inibam a participação na licitação.

As exigências mínimas relativas a instalações de canteiros, máquinas, equipamentos e pessoal técnico especializado, considerados essenciais para o cumprimento do objeto da licitação, serão atendidas mediante a apresentação de relação explícita e da declaração formal da sua disponibilidade, sob as penas cabíveis, vedadas as exigências de propriedade e de localização prévia.

Segundo o art. 30, § 8º, da Lei 8.666/1993, no caso de obras, serviços e compras de grande vulto, de alta complexidade técnica, poderá a Administração exigir dos licitantes a metodologia de execução, cuja avaliação, para efeito de sua aceitação ou não, antecederá sempre à análise dos preços e será efetuada exclusivamente por critérios objetivos.

Entende-se por licitação de alta complexidade técnica aquela que envolva alta especialização como fator de extrema relevância para garantir a execução do objeto a ser contratado, ou que possa comprometer a continuidade da prestação de serviços públicos essenciais.

O Tribunal de Contas da União (TCU), chamado a interpretar várias das disposições acima em caso concreto, exarou interessante decisão, que determinou à Administração Pública que:

> "9.3.4. Abstenha-se de exigir comprovação de vínculo empregatício do responsável técnico de nível superior com a empresa licitante, uma vez que extrapola as exigências de qualificação técnico-profissional, definidas no art. 30, inciso II e § 1º, da Lei 8.666/1993.
>
> 9.3.5. Abstenha-se de exigir, para a comprovação de qualificação técnico-operacional dos licitantes, o requisitos de propriedade e de localização prévia dos equipamentos a serem utilizados na obra, conforme o disposto no § 6º do art. 30 da Lei 8.666/1993.
>
> 9.3.6. Não exija, como requisito para habilitação dos licitantes, a apresentação de certificados de qualidade e outros documentos que não integrem o rol da documentação exigida por lei, para comprovação de capacidade técnica, nos termos do inciso II c/c o § 1º, ambos do art. 30 da Lei 8.666/1993, abstendo-se especialmente de exigir certificado do Programa Brasileiro de Qualidade e Produtividade de Habitat (PBQPH) – Nível A, aceitando-o, se for o caso, apenas como critério de pontuação técnica.
>
> 9.3.7. Abstenha-se de efetuar exigência de quantitativos mínimos de serviços nos atestados técnico-profissionais, para fins de qualificação técnico-profissional, ante a expressa vedação do art. 30, § 1º, I, da Lei 8.666/1993" (TCU Acórdão 608/08, Plenário, DOU 14.05.2008).

A qualificação econômico-financeira *consiste em o licitante ter recursos financeiros e situação econômica adequados à satisfatória execução do objeto da contratação.* Podem ser exigidos, conforme o caso, os seguintes documentos (art. 31 da Lei 8.666/1993):

a) balanço patrimonial e demonstrações contábeis do último exercício social, já exigíveis e apresentados na forma da lei, que comprovem a boa situação financeira da empresa, vedada a sua substituição por balancetes ou balanços provisórios, podendo ser atualizados por índices oficiais quando encerrado há mais de 3 (três) meses da data de apresentação da proposta;

b) certidão negativa de falência, concordata ou recuperação judicial expedida pelo distribuidor da sede da pessoa jurídica, ou de execução patrimonial, expedida no domicílio da pessoa física;

c) garantia, nas mesmas modalidades e critérios previstos no "caput" e § 1º do art. 56 da Lei 8.666/1993, limitada a 1% (um por cento) do valor estimado do objeto da contratação.

A exigência de *índices* limitar-se-á à demonstração da capacidade financeira do licitante para assumir compromissos caso seja contratado, vedada a exigência de valores mínimos de faturamento anterior, índices de rentabilidade ou lucratividade.

A Administração, nas *compras para entrega futura* e na *execução de obras e serviços*, poderá exigir capital mínimo ou patrimônio líquido mínimo, ou ainda as garantias previstas no § 1º do art. 56 da Lei 8.666/1993, como dado objetivo de comprovação da qualificação econômico-financeira dos licitantes e para efeito de garantia ao adimplemento do contrato a ser ulteriormente celebrado.

O capital mínimo ou o valor do patrimônio líquido a que nos referimos não poderá exceder a 10% (dez por cento) do valor estimado da contratação, devendo a comprovação ser feita relativamente à data da apresentação da proposta, na forma da lei, admitida a atualização para esta data por meio de índices oficiais.

Poderá ser exigida, ainda, a relação dos compromissos assumidos pelo licitante que importem diminuição da capacidade operativa ou absorção de disponibilidade financeira (dívidas do licitante!), calculada esta em função do patrimônio líquido atualizado e sua capacidade de rotação.

A comprovação de boa situação financeira da empresa será feita de forma objetiva, pelo cálculo de índices contábeis previstos no edital e devidamente justificados no processo administrativo da licitação que tenha dado início ao certame, vedada a exigência de índices e valores não usualmente adotados para correta avaliação de situação financeira suficiente ao cumprimento das obrigações decorrentes da licitação.

O Tribunal de Constas da União (TCU), chamado a interpretar questão atinente à qualificação econômico-financeira em caso concreto, exarou interessante decisão: "Os índices e seus valores devem ser fixados de modo a avaliar a capacidade financeira da empresa em cumprir com suas obrigações contratuais. Não é fazendo comparações com a capacidade econômico-financeira das maiores empresas do ramo (índices de liquidez geral e de liquidez corrente iguais ou superiores a 3,00) que se aferirá a capacidade econômico-financeira para a execução de determinado contrato. A obra em questão, devido a seu porte, não necessita da capacidade técnica, operacional e econômico-financeira de grandes construtoras, de grandes empresas de capital aberto, mas, antes, se destina a empresas locais e regionais de médio porte (TCU, Acórdão 1.899/06, Plenário, DOU 16.10.2006).

A **regularidade quanto ao trabalho de menores** *consiste em o licitante cumprir o disposto no inciso XXXIII do art. 7º da CF, que proíbe o trabalho noturno, perigoso e insalubre a menor de 18 anos, bem como qualquer trabalho a menores de 16 anos, salvo na condição de aprendiz, a partir de 14 anos.*

O licitante deve demonstrar essa qualificação por meio da apresentação de uma declaração de regularidade.

O descumprimento dessa regra, caso descoberto no futuro, ensejará a rescisão do contrato administrativo (art. 78, parágrafo único, XVIII, da Lei 8.666/1993).

Resta saber como fica o atendimento aos requisitos de habilitação quando um **consórcio** de empresas participa como licitante.

Em primeiro lugar, é importante dizer que o edital deve prever se é possível ou não a participação de um consórcio de empresas.

Caso o edital preveja essa possibilidade, há de determinar o seguinte aos consorciados:

a) que comprovem o *compromisso* público ou particular, subscrito pelos consorciados, de constituir formalmente o consórcio, caso venham a ser contratados; a constituição e o registro do consórcio serão feitos antes da celebração do contrato;

b) que indiquem a *empresa líder* do consórcio, que será responsável por este e deverá atender às condições de liderança previstas no edital, valendo salientar que somente empresa brasileira pode ser líder de consórcio;

c) que fica *proibida a participação* de empresa consorciada, na mesma licitação, por meio de mais de um consórcio ou isoladamente;

d) que ficam responsáveis *solidariamente* pelos atos praticados em consórcio, tanto na fase de licitação, quanto na de execução do contrato.

Resta saber, agora, quais regras regerão o cumprimento dos requisitos para a habilitação quando se tem um consórcio de empresas disputando a licitação. Confira:

a) cada consorciado deve apresentar os documentos de habilitação (arts. 28 a 31 da Lei 8.666/1993);

b) para efeito de qualificação técnica, admite-se o somatório dos quantitativos de cada consorciado, na proporção de sua respectiva participação;

c) para efeito de qualificação econômico-financeira, admite-se o somatório dos valores de cada consorciado, na proporção de sua respectiva participação;

d) pode a administração estabelecer, para o consórcio, um acréscimo de até 30% dos valores exigidos para licitante individual, inexigível este acréscimo para os consórcios compostos, em sua totalidade, por micro e pequenas empresas assim definidas em lei.

A **regularidade trabalhista** *consiste na inexistência de débitos inadimplidos perante a Justiça do Trabalho (Lei 12.440/2011).*

A prova dessa regularidade se dá pela CNDT (Certidão Negativa de Débitos Trabalhistas), expedida eletrônica e gratuitamente.

O interessado não obterá CNDT se em seu nome constar inadimplemento de obrigações estabelecidas em sentença transitada em julgado, acordos judiciais e acordos firmados perante o Ministério Público do Trabalho ou Comissão de Conciliação Prévia

Todavia, verificada a existência de débitos garantidos por penhora suficiente ou com exigibilidade suspensa, será expedida Certidão Positiva de Débitos Trabalhistas em nome do interessado com os mesmos efeitos da CNDT.

A CNDT certificará a empresa em relação a todos os seus estabelecimentos, agências e filiais e o seu prazo de validade é de 180 dias contados de sua emissão.

12.6.2.3. Julgamento e classificação

Essa fase consiste na *verificação objetiva da conformidade das propostas com os critérios previamente estabelecidos, bem como na ordenação da melhor para a pior para a Administração.*

Nessa fase, deve a Administração abrir os envelopes que contêm as *propostas comerciais* dos licitantes.

Vale lembrar que, aqui, as propostas também devem ser rubricadas pelos licitantes presentes e pela comissão (art. 43, § 2º, da Lei 8.666/1993).

As propostas devem ser analisadas, em primeiro lugar, quanto à sua aptidão. Havendo vícios na proposta, o licitante será desclassificado.

Confira os vícios que ensejam desclassificação:

a) vício formal: *consiste no descompasso da proposta com as regras e padrões estipulados no edital ou na lei.* Dentre os vícios formais está a existência de proposta que faz referência à proposta de outro (ex.: "a proposta da empresa é R$ 0,01 centavo mais barata que a proposta mais barata dos demais licitantes");

b) vício material: *consiste no descompasso da proposta com o objeto licitado.* Um exemplo é uma licitação para adquirir papel A4, mas que recebe uma proposta para papel A3;

c) vício quanto à exequibilidade: *consiste na existência de proposta de valor insuficiente para cobrir os custos do fornecedor.* Imagine uma licitação para comprar combustível, em que o fornecedor vencedor oferece o preço de R$ 1,39 para fornecer gasolina, tendo a Administração feito pesquisa de preço e encontrado como valor de mercado a quantia de R$ 2,90; ora, com um preço desses, ou a gasolina é roubada ou é "batizada"; esse preço é manifestamente inexequível. A lei exige que a proposta seja *manifestamente inexequível* para que seja desclassificada, devendo-se levar em conta os parâmetros estabelecidos no § 1º do art. 41 da Lei 8.666/1993;

d) outros vícios: não se admitirá proposta que apresente preços global ou unitários simbólicos, irrisórios ou de valor zero, incompatíveis com os preços dos insumos e salários de mercado, acrescidos dos respectivos encargos, ainda que o ato convocatório da licitação não tenha estabelecido limites mínimos, exceto quando se referirem a materiais e instalações de propriedade do próprio licitante, para os quais ele renuncie a parcela ou à totalidade da remuneração (art. 44, § 3º, da Lei 8.666/1993).

Quando todos os licitantes são inabilitados, quando todas as propostas forem desclassificadas, a Administração poderá fixar aos licitantes o prazo de 8 dias úteis para a apresentação de outras propostas escoimadas de vícios, facultada, no caso de convite, a redução deste prazo para 3 dias úteis.

Em seguida à verificação de vícios nas propostas, deve a Administração julgar aquelas consideradas aptas, procedendo-se, depois, à classificação das que forem aceitas.

Não se considerará qualquer oferta de vantagem não prevista no edital ou no convite, inclusive financiamentos subsidiados ou a fundo perdido, nem preço ou vantagem baseada nas ofertas dos demais licitantes.

O julgamento e a classificação variarão de acordo com o tipo de licitação (menor preço, maior lance, melhor técnica etc.), tema que será visto em item adiante.

12.6.2.4. Homologação

A homologação *é o ato pelo qual se examina a regularidade do procedimento licitatório.*

A autoridade competente (por exemplo, o Secretário Municipal de Administração) deve verificar a regularidade do procedimento e, estando este em ordem, deve homologar o certame licitatório.

12.6.2.5. Adjudicação

A adjudicação *é o ato pelo qual se atribui o objeto do certame ao vencedor da licitação.*

Como regra, a adjudicação é feita após a homologação (art. 43, VI, da Lei 8.666/1993).

Porém, na modalidade de licitação pregão, primeiro é feita a adjudicação e, depois, a homologação (art. 4º, XXI e XXII, da Lei 10.520/2002).

São efeitos da adjudicação os seguintes:

a) o direito de o adjudicatório não ser preterido, caso a Administração faça a contratação;

b) a vinculação do adjudicatário à proposta por ele feita;

c) a liberação dos demais licitantes para retirar documentos e levantar garantias.

Apesar da vinculação do adjudicatário, decorridos 60 (sessenta) dias da data da entrega das propostas, sem a convocação para a contratação, esse ficará liberado dos compromissos assumidos (art. 64, § 3º, da Lei 8.666/1993).

A recusa injustificada do adjudicatário em assinar o contrato, aceitar ou retirar o instrumento equivalente, dentro do prazo estabelecido pela Administração, caracteriza o descumprimento total da obrigação assumida, sujeitando-o às penalidades legalmente estabelecidas (art. 81 da Lei 8.666/93).

12.7. MODALIDADES DE LICITAÇÃO

12.7.1. Concorrência

A expressão "modalidades" significa "procedimento", "rito". Não se deve confundir *modalidade* de licitação (concorrência, tomada de preços, convite etc.) com *tipo* de licitação (menor preço, melhor técnica etc.). A primeira, como se viu, diz respeito ao *procedimento* a ser seguido pela Administração. O segundo diz respeito ao *critério de julgamento* a ser seguido pela Administração.

A concorrência pode ser **conceituada** como *a modalidade destinada a transações de grande vulto e a casos especiais elencados na lei, que permite a participação de qualquer interessado que, na fase inicial de habilitação, comprove possuir os requisitos mínimos de qualificação exigidos no edital.*

Essa modalidade tem **destinação obrigatória** para os contratos de:

a) **grande vulto**, ou seja, para *obras e serviços de engenharia* de valor superior a R$ 1,5 milhão, e, quanto às *compras e demais serviços*, de valor superior a R$ 650 mil;

b) **compra de imóveis**, de qualquer valor;

c) **alienações de imóveis**, de qualquer valor; vale salientar que também se admite o leilão para alienação de imóveis adquiridos em processos judiciais e por dação em pagamento (art. 19 da Lei 8.666/1993);

d) **alienação de móveis**, quando estes forem avaliados em valor superior a R$ 650 mil; se o valor for inferior a essa quantia, pode-se usar a modalidade tomada de preços ou leilão (art. 17, § 6º, da Lei 8.666/1993);

e) **concessões de direito real de uso** (art. 23, § 3º, da Lei 8.666/1993);

f) **concessões de serviço público** (art. 2º, II, da Lei 8.987/1995);

g) **licitações internacionais**, de qualquer valor; vale salientar que, nas licitações internacionais, é cabível também a tomada de preços, quando o órgão ou entidade dispuser de cadastro internacional de fornecedores, bem como convite, se não houver fornecedor do bem ou serviço no País (art. 23, § 3º, da Lei 8.666/1993);

h) **aquisição de bens por sistema de registro de preços** (art. 15, § 3º, I, da Lei 8.666/1993): vale salientar que o registro de preços também pode ser feito por meio da modalidade pregão (art. 11 da Lei 10.520/2002); o Sistema de Registro de Preços é um procedimento que a Administração pode adotar perante compras rotineiras de bens padronizados (ex.: material de escritório, medicamentos): presumindo que adquirirá tais bens múltiplas vezes, a Administração abre licitação, e aquele que oferecer a cotação mais baixa terá seus preços registrados para quando a Administração precisar; não se trata de modalidade de licitação, já que inclusive é precedida de uma (concorrência ou pregão), mas de procedimento a ser feito para situações de fornecimento contínuo.[1]

1. Cada registro valerá por um ano. O § 3º do art. 15 da Lei dispõe que o sistema de registro de preços será regulamentado por decreto, atendidas as peculiaridades regionais, observado o seguinte: I – seleção feita mediante concorrência; II – estipulação prévia do sistema de controle e atualização dos preços registrados;

Essa modalidade tem **destinação facultativa** para os casos em que couber modalidade licitatória de menor expressão, tais como tomada de preços e convite (art. 23, § 4º, da Lei 8.666/1993).

A concorrência tem como **principais características** as seguintes:

a) **prazos maiores:** o prazo mínimo entre a publicação do aviso do edital e o recebimento das propostas é de 30 dias, como regra, e de 45 dias se o contrato a ser celebrado contemplar o regime de empreitada integral ou quando a licitação for do tipo "melhor técnica" ou "técnica e preço" (art. 21, § 2º, I, "b", e II, "a", da Lei 8.666/1993); há de se lembrar que o prazo é contado da última publicação do aviso do edital; além disso, na contagem do prazo, deve-se excluir o dia do início e incluir o dia do vencimento (art. 110 da Lei 8.666/1993);

b) **universalidade:** a concorrência admite a participação de qualquer interessado que atenda, na fase inicial de habilitação preliminar, os requisitos de qualificação previstos no edital (art. 22, § 1º, da Lei 8.666/1993), ou seja, não é necessário que o interessado esteja previamente cadastrado para participar da concorrência, daí porque se fala em acesso universal ao certame; todavia, na fase de habilitação, aquele licitante que não cumprir os requisitos de qualificação será inabilitado;

c) **habilitação preliminar:** conforme já mencionado, a habilitação, na concorrência, é feita logo após a publicação do edital e antes do julgamento das propostas, daí porque se fala em *habilitação preliminar*, diferente da tomada de preços (*habilitação prévia*) e do pregão (*habilitação posterior*).

12.7.2. Tomada de preços

A tomada de preços pode ser **conceituada** como *a modalidade destinada a transações de médio vulto, que só permite a participação de interessados devidamente cadastrados ou que atendam às condições do cadastro até o 3º dia anterior à data do recebimento das propostas, observada a necessária qualificação* (art. 22, § 2º, da Lei 8.666/1993).

Essa modalidade tem **destinação prevista** para os contratos de:

a) **médio vulto**, ou seja, para *obras e serviços de engenharia* de valor até R$ 1,5 milhões, e, quanto às *compras e demais serviços*, de valor até R$ 650 mil;

b) **licitações internacionais**, quando o órgão ou a entidade dispuser de cadastro internacional de fornecedores, bem como convite, se não houver fornecedor do bem ou serviço no País (art. 23, § 3º, da Lei 8.666/1993).

Essa modalidade tem **destinação facultativa** para os casos em que couber o convite, modalidade licitatória de menor expressão (art. 23, § 4º, da Lei 8.666/1993).

Existe uma **proibição** muito séria, que tem em mira evitar fraudes na utilização das modalidades licitatórias.

III – validade do registro não superior a 1 ano. O § 4º, por sua vez, assevera que a existência de preços registrados não obriga a Administração a firmar as contratações que deles poderão advir, ficando-lhe facultada a utilização de outros meios, respeitada a legislação relativa às licitações, sendo assegurado ao beneficiário do registro preferência em igualdade de condições.

É vedada a utilização da modalidade "tomada de preços" para parcelas de uma mesma obra ou serviço, ou ainda para obras e serviços da mesma natureza e no mesmo local que possam ser realizadas conjunta e concomitantemente, sempre que o somatório de seus valores caracterizar o caso de concorrência, exceto para as parcelas de natureza específica que possam ser executadas por pessoas ou empresas de especialidade diversa daquela do executor da obra ou serviço (art. 23, § 5º, da Lei 8.666/1993).

A ideia da lei é evitar fracionamentos de contratos para que se utilize tomada de preços quando caberia concorrência.

A tomada de preços tem como principais características as seguintes:

a) prazos intermediários: o prazo mínimo entre a publicação do aviso edital e o recebimento das propostas é de 15 dias, como regra, e de 30 dias quando a licitação for do tipo "melhor técnica" ou "técnica e preço" (art. 21, § 2º, II, "b", e III, da Lei 8.666/1993); há de se lembrar que o prazo é contado da última publicação do aviso do edital; além disso, na contagem do prazo, deve-se excluir o dia do início e incluir o dia do vencimento;

b) prévio cadastro: o interessado em participar da licitação deve já ter um registro cadastral, ou seja, deve ter um documento cujo nome é *certificado de registro cadastral* (art. 32, § 2º, da Lei 8.666/1993), documento esse que será apresentado por ele quando for participar da tomada de preços; caso o interessado não tenha cadastro prévio, poderá participar da licitação desde que atenda às condições exigidas para cadastramento até o 3º dia anterior à data do recebimento das propostas; ou seja, publicado o edital, o interessado deverá correr para conseguir seu cadastramento, nos termos dos arts. 34 a 37 da Lei 8.666/1993 e das demais regras locais, até o momento acima referido.

12.7.3. Convite

O convite pode ser conceituado como *a modalidade destinada a transações de menor vulto, na qual se deve convidar ao menos três interessados, cadastrados ou não, permitida a participação de outros interessados cadastrados que manifestarem interesse com antecedência de até 24 horas da data da apresentação das propostas* (art. 22, § 3º, da Lei 8.666/1993).

Essa modalidade tem destinação para os contratos de menor vulto, ou seja, para *obras e serviços de engenharia* de valor até R$ 150 mil, e, quanto às *compras e demais serviços*, de valor até R$ 80 mil.

Aqui também existe aquela séria proibição, que tem em mira evitar fraudes na utilização das modalidades licitatórias.

É vedada a utilização da modalidade "convite" para parcelas de uma mesma obra ou serviço, ou ainda para obras e serviços da mesma natureza e no mesmo local que possam ser realizadas conjunta e concomitantemente sempre que o somatório de seus valores caracterizar o caso de tomada de preços ou concorrência, exceto para as parcelas de natureza específica que possam ser executadas por pessoas ou empresas de especialidade diversa daquela do executor da obra ou serviço (art. 23, § 5º, da Lei 8.666/1993).

A ideia da lei é evitar fracionamentos de contratos para que se utilize convite, quando caberia tomada de preços ou concorrência.

O convite tem como principais características as seguintes:

a) prazo menor: o prazo mínimo entre a publicação do aviso edital e o recebimento das propostas é de 5 dias *úteis*, contados da expedição do convite (art. 21, § 2º, IV, e § 3º, da Lei 8.666/1993); há de se lembrar que o prazo é contado da última publicação do aviso do edital; além disso, na contagem do prazo, deve-se excluir o dia do início e incluir o dia do vencimento;

b) publicidade reduzida: no convite, a publicidade se reduz à expedição de carta-convite a pelo menos três interessados e à afixação de cópia do convite no quadro de avisos da Administração Pública;

c) participação restrita a convidados ou cadastrados: confira as regras (art. 22, §§ 3º, 6º e 7º, da Lei 8.666/93):

c1) devem ser convidados pelo menos três interessados, cadastrados ou não;

c2) se existir na praça mais de três interessados, a cada novo convite, deve-se chamar, no mínimo, um cadastrado que não tenha sido ainda convidado, até que todos os cadastrados sejam convidados;

c3) quando, por limitações do mercado ou manifesto desinteresse dos convidados, for impossível a obtenção do número mínimo de licitantes, pode-se convidar número menor, desde que haja a devida motivação, sob pena de repetição do convite;

c4) interessados em participar da licitação podem fazê-lo mesmo que não tenham sido convidados, desde que sejam cadastrados na repartição e que manifestem interesse até 24 horas da data da apresentação das propostas; é necessário, então, que o interessado faça um requerimento nesse prazo; a doutrina entende que só se pode exigir prévio cadastro desse interessado não convidado se a Administração tiver exigido habilitação no convite feito no caso concreto;

d) habilitação facultativa: a fase de habilitação não é obrigatória no convite, podendo ser dispensada no todo ou em parte (art. 32, § 1º, da Lei 8.666/1993); porém, a regularidade com a Seguridade Social deve sempre ser exigida, por força de determinação prevista na Constituição Federal (art. 195, § 3º, da CF);

e) direção dos trabalhos: a regra é que a licitação pelo convite seja dirigida por uma comissão de licitação, como nas modalidades concorrência e tomada de preços; porém, em pequenas unidades, pode substituí-la por servidor formalmente designado (art. 51, § 1º, da Lei 8.666/1993).

12.7.4. Concursos

O concurso pode ser conceituado como *a modalidade destinada à escolha de trabalho técnico, científico ou artístico, mediante prêmios ou remuneração ao vencedor* (art. 22, § 4º, da Lei 8.666/9193).

Essa modalidade tem destinação para a *premiação de trabalhos* técnicos (ex.: concurso para a escolha do melhor projeto arquitetônico), científicos (ex.: concurso para a escolha da melhor monografia jurídica) e artísticos (exs.: concursos para escolha de melhores hino, brasão da cidade, fotografia, poema etc.).

O concurso tem como principais características as seguintes:

a) prazo: o prazo mínimo entre a publicação do aviso do edital e o recebimento do trabalho pronto é de 45 dias; há de se lembrar que o prazo é contado da última publicação do aviso do edital; além disso, na contagem do prazo, deve-se excluir o dia do início e incluir o dia do vencimento; o prazo é grande, pois o interessado não vai entregar uma mera proposta, mas já entregará o trabalho pronto;

b) regulamento: o edital deve, no mínimo, fazer referência ao local onde está o regulamento do concurso; deve também indicar a qualificação exigida dos participantes (ex.: dizer que o concurso é só para os estagiários de uma Prefeitura); deve, ainda, traçar as diretrizes e a forma de apresentação do trabalho, bem como as condições de realização e os prêmios a serem dados ao(s) vencedor(es); se o objeto do concurso for um projeto (ex.: projeto arquitetônico), o vencedor deverá autorizar sua execução a qualquer tempo, segundo a conveniência da Administração;

c) habilitação facultativa: a fase de habilitação não é obrigatória no concurso, podendo ser dispensada no todo ou em parte (art. 32, § 1º, da Lei 8.666/1993);

d) julgamento: o julgamento será feito por uma comissão especial integrada por pessoas de reputação ilibada e reconhecido conhecimento da matéria em exame, servidores públicos ou não (art. 51, § 5º, da Lei 8.666/1993).

12.7.5. Leilão

O leilão pode ser conceituado como *a modalidade destinada à venda de bens móveis inservíveis, de produtos apreendidos ou penhorados, de imóveis adquiridos em processo judicial ou por dação em pagamento e de ativos, ações e outros direitos relacionados ao Programa Nacional de Desestatização.*

Essa modalidade tem destinação indicada no conceito, valendo salientar, quanto à desestatização, que essa é regulamentada na Lei 9.491/1997.

O leilão tem como principais características as seguintes:

a) prazo: o prazo mínimo entre a publicação do aviso do edital e a sessão de leilão é de 45 dias; há de se lembrar que o prazo é contado da última publicação do aviso do edital; além disso, na contagem do prazo, deve-se excluir o dia do início e incluir o dia do vencimento;

b) tipo de licitação: como o leilão visa à alienação de bens, o tipo licitatório cabível (critério de julgamento) é o de maior lance; esse deve ser igual ou superior ao valor da avaliação; os lances são verbais ou mediante procedimentos tecnológicos;

c) habilitação facultativa: a fase de habilitação não é obrigatória no leilão, podendo ser dispensada no todo ou em parte (art. 32, § 1º, da Lei 8.666/1993);

d) direção dos trabalhos: pode ser cometida a leiloeiro oficial ou a servidor designado pela Administração (art. 53 da Lei 8.666/1993).

12.7.6. Pregão

Essa modalidade de licitação não está prevista na Lei 8.666/1993, mas na Lei 10.520/2002. Trata-se de modalidade aplicável à Administração Pública Direta e Indireta de todos os entes políticos (União, Estados, DF e Municípios).

O pregão pode ser **conceituado** como *a modalidade destinada à aquisição de bens e serviços comuns, caracterizada pela inversão de fases, aumento dos momentos de competição, celeridade, oralidade e redução de exigências para a participação*.

Essa modalidade é **destinada** à aquisição de *bens e serviços comuns*.

Bens e serviços comuns são "aqueles cujos padrões de desempenho e qualidade possam ser objetivamente definidos no edital, por meio de especificações usuais no mercado" (art. 1º, parágrafo único, da Lei 10.520/2002).

Enfim, bens e serviços comuns são aqueles que têm especificações usuais no mercado.

São exemplos de *bens comuns* os seguintes: água mineral, combustível, material hospitalar, medicamentos, material de limpeza, móveis, veículos, computadores, dentre outros.

São exemplos de *serviços comuns* os seguintes: de digitação, de manutenção, de assinatura (de TV, revista e telefonia móvel), de copa, de garçom, de ascensorista, de lavanderia, de limpeza, de reprografia, de vigilância, dentre outros.

O fato é que, nos dias de hoje, quase tudo tem especificação usual no mercado e, portanto, quase tudo pode ser adquirido pela Administração mediante a modalidade pregão.

Aliás, é bom ressaltar que não há limitação de valor para aquisição mediante o pregão. Assim, até mesmo uma compra de milhões de reais, que ensejaria concorrência, pode ser feita pelo pregão.

A única exigência é que se trate de bens e serviços comuns.

Nada obstante, há situações que não ensejam o uso de pregão. Um exemplo é a contratação de uma obra. A *obra* não está no conceito nem de *serviço*, nem de *compra de bens*, para fins de licitação (art. 6º, I, II e III, da Lei 8.666/1993). Como regra, também não é possível a utilização de pregão para alienação de bens e para as locações imobiliárias.

Serviços de engenharia, ao contrário, desde que sejam serviços com especificações usuais no mercado, como o serviço de terraplenagem, podem ser contratados mediante pregão.

O pregão tem como **principais características** as seguintes (Lei 10.520/2002):

a) **prazo:** o prazo mínimo entre a publicação do aviso do edital e a data para a apresentação das propostas (data da sessão de pregão) é de *8 dias úteis* (art. 4º, V);

b) **tipo de licitação**: menor preço (art. 4º, X);

c) **direção dos trabalhos:** haverá um pregoeiro e a respectiva equipe de apoio, sendo que esta será integrada em sua maioria por servidores ocupantes de cargo efetivo ou emprego na Administração Pública (art. 3º, IV);

d) **inversão de fases:** primeiro vem a fase de *julgamento* e depois a de *habilitação*; primeiro vem a *adjudicação* e depois a *homologação* (art. 4º, VII, XII, XXI e XXII);

e) **lances verbais:** faz-se uma classificação provisória e depois selecionam-se as melhores propostas (1ª classificada mais propostas até 10% superiores, garantidas três propostas diferentes) para uma fase de lances verbais, com vistas a alcançar a proposta mais vantajosa para a Administração (art. 4º, VIII);

f) **negociação do preço:** o licitante que chegar à melhor proposta estará sujeito, ainda, a uma negociação de preço que o pregoeiro fará caso o proposto não atinja um valor aceitável (art. 4º, XI, XVI e XVII);

g) **exigências vedadas:** é vedada a exigência de *garantia da proposta*, de *aquisição de edital* por interessado e de pagamento de *taxas* (salvo de reprografia) (art. 5º);

h) **redução das exigências de habilitação** (art. 4º, XIII);

i) **concentração dos atos do certame na sessão de pregão:** faz-se tudo na sessão, inclusive a adjudicação do objeto do certame, se não houver recurso;

j) **recurso único e oral** (art. 4º, XVIII).

Quanto ao **procedimento** da fase externa do pregão, confira o passo a passo:

a) publicação do edital;

b) antes de iniciar a sessão pública, faz-se o credenciamento do licitante ou de seus representantes, que devem identificar-se e, conforme o caso, comprovar a existência de poderes para a formulação de propostas e para a prática de todos os demais atos inerentes ao certame;

c) aberta a sessão, os interessados apresentarão uma *declaração de habilitação* (declaração dando ciência de que cumprem os requisitos de habilitação) e entregarão os *envelopes contendo a proposta comercial*;

d) *abertura dos envelopes com a proposta comercial*;

e) *desclassificação* de eventuais propostas com vícios;

f) elaboração de *classificação provisória*;

g) *seleção das propostas* que passarão aos lances verbais; deve-se selecionar o 1º classificado (autor da oferta de valor mais baixo) e os autores das ofertas com preços até 10% superiores àquela; há de se garantir, no mínimo, três propostas diferentes; repare que não são três licitantes diferentes, mas três propostas de valor diferente, o que faz com que, muitas vezes, haja bem mais do que três licitantes nessa fase, bastando que haja licitantes com propostas de valor igual;

h) *início de nova disputa*, com *lances verbais* e sucessivos, até se chegar ao melhor lance possível;

i) *classificação definitiva*, levando em conta também os que não foram selecionados para os lances verbais, mas excluindo os que já foram desclassificados;

j) *negociação* com o autor da oferta de menor valor;

k) *exame da aceitabilidade* da proposta de menor valor;

l) *declaração da aceitabilidade da proposta* ou nova negociação com outro classificado;

m) *abertura do envelope de habilitação* da oferta com preço aceitável;

n) *saneamento de eventuais falhas* nos documentos de habilitação;

o) *declaração de habilitação* do licitante que tem preço aceitável ou exame sucessivo das ofertas subsequentes até apuração de uma aceitável e que atenda aos requisitos de habilitação;

p) *declaração do licitante vencedor*;

q) consulta aos licitantes sobre o interesse em apresentar *recurso*;

r) *adjudicação do objeto do certame ao vencedor na própria sessão de pregão*, caso não haja recurso; o recurso deve ser interposto na própria sessão de pregão (por meio do pregoeiro), apresentando-se o motivo; em seguida, a sessão ficará suspensa e o recorrente terá 3 dias para apresentar suas razões, seguindo-se o prazo de 3 dias para os demais licitantes se manifestarem;

s) *elaboração e subscrição da ata da sessão*;

t) *homologação do certame pela autoridade competente* (não é o pregoeiro, mas a autoridade superior) e publicação da decisão homologatória;

u) *empenho de despesa*;

v) *convocação do vencedor* para celebração do contrato; vale salientar que o prazo de validade das propostas é de 60 dias, se outro não estiver fixado no edital;

x) havendo recusa do adjudicatário, negociação com os próximos classificados, até que haja preço aceitável com condições de habilitação;

z) *celebração do contrato*.

Vale salientar que a Lei 10.520/2002 admite o pregão por meio eletrônico, cuja regulamentação se encontra no Decreto 5.450/2005 para o âmbito da União.

Esse decreto dispõe que o pregão eletrônico deve ser utilizado preferencialmente em relação ao pregão presencial.

Uma diferença básica do pregão eletrônico para o pregão presencial é o fato de que, no primeiro, o interessado deve estar previamente credenciado no SICAF – Sistema de Cadastramento Unificado de Fornecedores.

12.7.7. Vedação

Por fim, vale citar que é vedada a criação de outras modalidades de licitação ou a combinação das previstas em lei (art. 22, § 8º, da Lei 8.666/1993).

Assim, não é possível que qualquer dos entes da Administração Pública venha a criar uma nova modalidade de licitação, ou mesmo combinar modalidades para o fim de criar uma inédita modalidade licitatória.

Somente por meio de lei – e deve se tratar de uma lei federal, pois somente a União poderá legislar sobre normas gerais em matéria de licitação – é que é possível criar uma nova modalidade licitatória.

Um exemplo é o pregão, que foi criado pela Lei 10.520/2002.

Outro exemplo é a modalidade de licitação denominada consulta, que é exclusiva da Agência Nacional de Telecomunicações – ANATEL. O art. 54 da Lei

9.472/1997 estabelece que essa agência pode utilizar o procedimento da consulta mediante procedimentos próprios determinados por atos normativos expedidos pela agência, desde que não seja para a contratação de obras e serviços de engenharia.

12.8. TIPOS DE LICITAÇÃO

Não se deve confundir as *modalidades* de licitação (ou procedimentos licitatórios – concorrência, convite etc.) com *tipos* de licitação (ou critérios de julgamento – menor preço, melhor técnica etc.).

Feita tal observação, vejamos os tipos de licitação.

12.8.1. Menor preço

Esse tipo é o mais comum em matéria de licitação. Isso porque a Administração adquire muitos bens, e esse tipo é o adequado para as compras e aquisições estatais.

Esse tipo de licitação é compatível com as modalidades concorrência, tomada de preços, convite e pregão.

Devem ser desclassificadas as propostas com preço simbólico, irrisório, de valor zero ou impraticável, tanto para mais como para menos.

A lei diz que serão desclassificadas as propostas com preços manifestamente inexequíveis ou que não venham a ter demonstrada sua viabilidade por meio de documentação da coerência com os custos dos insumos e a produtividade.

Em caso de empate, têm preferência, sucessivamente, os bens e serviços:

a) produzidos no País;

b) produzidos ou prestados por empresas brasileiras;

c) produzidos ou prestados por empresas que invistam em pesquisa e desenvolvimento de tecnologia no País.

Permanecendo o empate, far-se-á um sorteio, em ato público, para o qual todos os licitantes serão convocados, vedado qualquer outro processo.

12.8.2. Maior lance ou oferta

Esse tipo de licitação é próprio para a alienação de bens móveis e imóveis e concessão de direito real de uso de bens públicos.

Esse tipo de licitação é compatível com as modalidades concorrência e leilão.

12.8.3. Melhor técnica e técnica e preço

Esses tipos de licitação são utilizados exclusivamente para *serviços de natureza predominantemente intelectual*, em especial na elaboração de projetos, cálculos, fiscalização, supervisão e gerenciamento, de engenharia consultiva em geral e, em particular, para elaboração de estudos técnicos preliminares e projetos básicos e executivos, bem como para contratação de bens e serviços de informática.

Quanto aos bens e serviços de informática cabe também o pregão (e não a concorrência, própria dos casos em que se usa o tipo melhor técnica), ressalvadas as aquisições em que a técnica é realmente importante e que os produtos não possam ser definidos por especificações usuais de mercado. Nesse sentido, o TCU tem o seguinte entendimento: "alerta ao DNIT no sentido de que as contratações para aquisição de bens e serviços de informática não precisam ser realizadas, necessariamente, sob a forma de licitação do tipo 'técnica e preço', podendo também ocorrer sob a forma de pregão, conforme já tratado pelo TCU em diversos julgados precedentes, a exemplo dos Acórdãos de nº 237/2009-P, 144/2008-P, 2.658/2007-P, 1.782/2007-P, 1.114/2006-P, 2.138/2005-P, 2.094/2004-P, 1.182/2004-P, 740/2004-P (com redação alterada pelo Acórdão nº 1.299/2006- P) e 313/2004-P (item 1.6.2, TC-019.930/2008-9, Acórdão nº 819/2009-Plenário)".

Excepcionalmente, utilizar-se-á esse tipo de licitação para fornecimento de bens, execução de obras ou prestação de serviços de grande vulto, quando dependentes de tecnologia sofisticada, desde que haja autorização expressa da autoridade de maior nível hierárquico da Administração promotora da licitação.

No tipo "melhor técnica", o ato convocatório fixará preço máximo a ser pago. Há três tipos de documentos: com a qualificação, com a proposta técnica e com a proposta de preço. Deve-se seguir o seguinte procedimento:

a) abertura de *envelope com a documentação de habilitação*;

b) quanto aos habilitados, abertura do *envelope com a proposta técnica*; tal proposta seguirá os termos do edital e poderá tratar da capacitação e experiência; da metodologia e organização; da tecnologia e dos recursos materiais; da qualificação das equipes técnicas;

c) *avaliação e classificação das propostas técnicas*;

d) *valorização mínima* das propostas técnicas;

e) abertura dos envelopes com as *propostas de preço* daqueles que têm a valorização mínima;

f) negociação entre os licitantes, considerando a melhor proposta técnica e o menor preço com valorização mínima, até se chegar ao vencedor.

No tipo "melhor técnica e preço" far-se-á a classificação das propostas segundo critério de média nas notas respectivas. Deve-se seguir o seguinte procedimento:

a) abertura de *envelope com a documentação de habilitação*;

b) quanto aos habilitados, abertura do *envelope com a proposta técnica*; tal proposta seguirá os termos do edital e poderá tratar da capacitação e experiência; da metodologia e organização; da tecnologia e dos recursos materiais; da qualificação das equipes técnicas;

c) avaliação e classificação das *propostas técnicas*;

d) será feita a avaliação e a valorização das *propostas de preços*, de acordo com critérios objetivos preestabelecidos no instrumento convocatório;

e) a classificação dos proponentes far-se-á de acordo com a *média ponderada das valorizações das propostas técnicas e de preço*, de acordo com os pesos preestabelecidos no instrumento convocatório.

12.9. LICITAÇÃO COM PARTICIPAÇÃO DE MICROEMPRESA (ME) E EMPRESA DE PEQUENO PORTE (EPP)

Em primeiro lugar, vale trazer a definição dessas empresas (art. 3º da Lei Complementar 123/2006, alterado pela Lei Complementar 139/2011):

a) microempresa: empresário ou pessoa jurídica que aufira, em cada ano-calendário, receita bruta igual ou inferior a R$ 360 mil;

b) empresa de pequeno porte: empresário ou pessoa jurídica que aufira, em cada ano-calendário, receita bruta superior a R$ 360 mil e igual ou inferior a R$ 3,6 milhões.

Considera-se receita bruta o produto da venda de bens e serviços nas operações de conta própria, o preço dos serviços prestados e o resultado nas operações em conta alheia, não incluídas as vendas canceladas e os descontos incondicionais concedidos.

Não poderá se beneficiar do tratamento jurídico diferenciado previsto na Lei Complementar 123/2006 a pessoa jurídica:

a) de cujo capital participe outra pessoa jurídica;

b) que seja filial, sucursal, agência ou representação, no País, de pessoa jurídica com sede no exterior;

c) de cujo capital participe pessoa física que seja inscrita como empresário ou seja sócia de outra empresa que receba tratamento jurídico diferenciado nos termos da Lei Complementar, desde que a receita bruta global ultrapasse o limite de R$ 3,6 milhões;

d) cujo titular ou sócio participe com mais de 10% (dez por cento) do capital de outra empresa não beneficiada pela Lei Complementar, desde que a receita bruta global ultrapasse o limite de R$ 3,6 milhões;

e) cujo sócio ou titular seja administrador ou equiparado de outra pessoa jurídica com fins lucrativos, desde que a receita bruta global ultrapasse o limite de R$ 3,6 milhões;

f) constituída sob a forma de cooperativas, salvo as de consumo;

g) que participe do capital de outra pessoa jurídica;

h) que exerça atividade de banco comercial, de investimentos e de desenvolvimento, de caixa econômica, de sociedade de crédito, financiamento e investimento ou de crédito imobiliário, de corretora ou de distribuidora de títulos, valores mobiliários e câmbio, de empresa de arrendamento mercantil, de seguros privados e de capitalização ou de previdência complementar;

i) resultante ou remanescente de cisão ou qualquer outra forma de desmembramento de pessoa jurídica que tenha ocorrido em um dos 5 (cinco) anos-calendário anteriores;

j) constituída sob a forma de sociedade por ações.

Para fins dos benefícios tributários previstos na lei complementar há outras pessoas jurídicas excluídas (art. 17). Mas para fins das vantagens decorrentes do acesso aos mercados, basta verificar os requisitos de faturamento já citados, bem como as pessoas jurídicas que estão excluídas do benefício.

Confira agora os direitos conferidos a uma ME ou EPP na licitação:

a) comprovação diferida da regularidade fiscal: nas licitações públicas, a comprovação de regularidade fiscal das MEs e EPPs somente será exigida para efeito de assinatura do contrato (art. 42 da LC 123/2006); as MEs e EPPs, por ocasião da participação em certames licitatórios, deverão apresentar toda a documentação exigida para efeito de comprovação de regularidade fiscal, mesmo que esta apresente alguma restrição, hipótese em que será assegurado o prazo de 2 (dois) dias úteis, cujo termo inicial corresponderá ao momento em que o proponente for declarado o vencedor do certame, prorrogáveis por igual período, a critério da Administração Pública, para a regularização da documentação, pagamento ou parcelamento do débito e emissão de eventuais certidões negativas ou positivas com efeito de certidão negativa; a não regularização da documentação nesse prazo implicará decadência do direito à contratação, sem prejuízo das sanções previstas no art. 81 da Lei n. 8.666/1993, sendo facultado à Administração convocar os licitantes remanescentes, na ordem de classificação, para a assinatura do contrato, ou revogar a licitação (art. 43 da LC 123/2006);

b) empate ficto: nas licitações será assegurada, como critério de desempate, preferência de contratação para as MEs e EPPs; entende-se por empate aquelas situações em que as propostas apresentadas pelas microempresas e empresas de pequeno porte sejam iguais ou até 10% (dez por cento) superiores à proposta melhor classificada (na modalidade de pregão, o intervalo percentual será de até 5% (cinco por cento) superior ao melhor preço). Ocorrendo o empate, a ME ou EPP melhor classificada poderá apresentar proposta de preço inferior àquela considerada vencedora do certame, situação em que será adjudicado em seu favor o objeto licitado; não ocorrendo a contratação da ME ou EPP, serão convocadas as remanescentes que porventura se enquadrem nessa condição, na ordem classificatória, para o exercício do mesmo direito; no caso de equivalência dos valores apresentados pelas MEs e EPPs que se encontrem nos intervalos estabelecidos, será realizado sorteio entre elas para que se identifique aquela que primeiro poderá apresentar melhor oferta. Na hipótese da não contratação de uma ME ou EPP, o objeto licitado será adjudicado em favor da proposta originalmente vencedora do certame; o empate ficto somente se aplicará quando a melhor oferta inicial não tiver sido apresentada por microempresa ou empresa de pequeno porte; no caso de pregão, a ME ou EPP melhor classificada será convocada para apresentar nova proposta no prazo máximo de 5 (cinco) minutos após o encerramento dos lances, sob pena de preclusão (arts. 44 e 45 da LC 123/2006);

c) cédula de crédito microempresarial: a ME e a EPP titulares de direitos creditórios decorrentes de empenhos liquidados por órgãos e entidades da União, Estados, Distrito Federal e Município não pagos em até 30 (trinta) dias contados da data de liquidação poderão emitir cédula de crédito microempresarial; essa cédula é título de crédito regido, subsidiariamente, pela legislação prevista para as cédulas de crédito comercial, tendo como lastro o empenho do poder público, cabendo ao Poder Executivo sua regulamentação no prazo de 180 (cento e oitenta) dias a contar da publicação da LC 123/2006 (art. 46 da LC 123/2006);

d) **tratamento diferenciado:** nas contratações públicas da União, dos Estados e dos Municípios, poderá ser concedido tratamento diferenciado e simplificado para as microempresas e empresas de pequeno porte objetivando a promoção do desenvolvimento econômico e social no âmbito municipal e regional, a ampliação da eficiência das políticas públicas e o incentivo à inovação tecnológica, desde que previsto e regulamentado na legislação do respectivo ente (art. 47 da LC 123/2006), tudo conforme as possibilidades a serem verificadas nos três itens abaixo;

e) **licitação exclusiva para ME e EPP:** a administração pública poderá realizar processo licitatório destinado exclusivamente à participação de microempresas e empresas de pequeno porte nas contratações cujo valor seja de até R$ 80.000,00 (oitenta mil reais);

f) **subcontratação obrigatória para ME e EPP:** a administração pública poderá realizar processo licitatório em que seja exigida dos licitantes a subcontratação de microempresa ou de empresa de pequeno porte, desde que o percentual máximo do objeto a ser subcontratado não exceda a 30% (trinta por cento) do total licitado;

g) **cota obrigatória para ME e EPP:** a administração pública poderá realizar processo licitatório em que se estabeleça cota de até 25% (vinte e cinco por cento) do objeto para a contratação de microempresas e empresas de pequeno porte, em certames para a aquisição de bens e serviços de natureza divisível.

Em relação aos três últimos itens, o valor licitado nessas condições não poderá exceder a 25% (vinte e cinco por cento) do total licitado em cada ano civil.

Na hipótese da subcontratação obrigatória, os empenhos e pagamentos do órgão ou entidade da administração pública poderão ser destinados diretamente às microempresas e empresas de pequeno porte subcontratadas.

Não se aplicam os três últimos itens nos seguintes casos:

a) os critérios de tratamento diferenciado e simplificado para as microempresas e empresas de pequeno porte não forem expressamente previstos no instrumento convocatório;

b) não houver um mínimo de 3 (três) fornecedores competitivos enquadrados como microempresas ou empresas de pequeno porte sediados local ou regionalmente e capazes de cumprir as exigências estabelecidas no instrumento convocatório;

c) o tratamento diferenciado e simplificado para as microempresas e empresas de pequeno porte não for vantajoso para a administração pública ou representar prejuízo ao conjunto ou complexo do objeto a ser contratado;

d) a licitação for dispensável ou inexigível, nos termos dos arts. 24 e 25 da Lei 8.666, de 21 de junho de 1993.

12.10. LICITAÇÃO E PROMOÇÃO DO DESENVOLVIMENTO NACIONAL

A Lei 12.349/2010 alterou o art. 3º da Lei 8.666/1993 para o fim de estabelecer um novo objetivo para a licitação, qual seja, a *promoção do desenvolvimento nacional sustentável*.

Para tanto, essa lei trouxe as seguintes ferramentas, previstas nos §§ 5º a 13 do art. 3º da Lei 8.666/1993:

a) **margem de preferência ordinária:** nos processos de licitação, poderá ser estabelecida margem de preferência para *produtos manufaturados e para serviços nacionais que atendam a normas técnicas brasileiras*; essa margem de preferência será estabelecida com base em estudos revistos periodicamente, em prazo não superior a 5 (cinco) anos, que levem em consideração: geração de emprego e renda; efeito na arrecadação de tributos federais, estaduais e municipais; desenvolvimento e inovação tecnológica realizados no País; custo adicional dos produtos e serviços; e em suas revisões, análise retrospectiva de resultados;

b) **margem de preferência adicional:** para *os produtos manufaturados e serviços nacionais resultantes de desenvolvimento e inovação tecnológica realizados no País*, poderá ser estabelecida margem de preferência adicional àquela prevista no item anterior.

As margens de preferência por produto, serviço, grupo de produtos ou grupo de serviços referidas acima serão definidas pelo Poder Executivo federal, não podendo a soma delas ultrapassar o montante de 25% (vinte e cinco por cento) sobre o preço dos produtos manufaturados e serviços estrangeiros.

As margens de preferências mencionadas não se aplicam aos bens e aos serviços cuja capacidade de produção ou prestação no País seja inferior:

a) à quantidade a ser adquirida ou contratada;

b) ao quantitativo fixado com fundamento no § 7º do art. 23 da Lei 8.666/1993, quando for o caso.

A margem de preferência ordinária poderá ser estendida, total ou parcialmente, aos bens e serviços originários dos Estados Partes do Mercado Comum do Sul – Mercosul.

A título de exemplo do item ora estudado, o Decreto n. 7.709/2012 dá margem de preferência de 18% e 10%, respectivamente, para aquisições de motoniveladora e retroescavadeira nacionais.

Os editais de licitação para a contratação de bens, serviços e obras poderão, mediante prévia justificativa da autoridade competente, exigir que o contratado promova, em favor de órgão ou entidade integrante da administração pública ou daqueles por ela indicados a partir de processo isonômico, medidas de compensação comercial, industrial, tecnológica ou acesso a condições vantajosas de financiamento, cumulativamente ou não, na forma estabelecida pelo Poder Executivo federal.

Nas contratações destinadas à implantação, manutenção e ao aperfeiçoamento dos sistemas de tecnologia de informação e comunicação, considerados estratégicos em ato do Poder Executivo federal, a licitação poderá ser restrita a bens e serviços com tecnologia desenvolvida no País e produzidos de acordo com o processo produtivo básico de que trata a Lei 10.176, de 11 de janeiro de 2001.

Será divulgada na internet, a cada exercício financeiro, a relação de empresas favorecidas em decorrência das margens de preferência, com indicação do volume de recursos destinados a cada uma delas.

12.11. RDC – REGIME DIFERENCIADO DE CONTRATAÇÕES PÚBLICAS

A Lei 12.462/2011 estabelece o RDC – Regime Diferenciado de Contratações Públicas, aplicável exclusivamente às contratações necessárias à realização (art. 1º):

a) das Olimpíadas/2016 e Paraolimpíadas/2016;

b) da Copa das Confederações/2013 e Copa do Mundo/2014;

c) das obras de infraestruturas e serviços para os aeroportos das capitais do Estados distantes até 350 km das cidades sedes dos mundiais referidos acima;

d) das ações do Programa de Aceleração do Crescimento – PAC.

A opção pelo RDC afasta a aplicação da Lei 8.666/1993 (art. 1º, § 2º).

A Lei de RDC acrescenta os princípios da "economicidade" e da "eficiência", que não estavam expressos na Lei 8.666/1993 (art. 3º).

Essa lei também admite a chamada contratação integrada, ou seja, contratar uma empresa para fazer tudo, do projeto básico e executivo, à execução, testes e pré-operação (art. 9º).

Essa também inovou ao admitir remuneração variável do contratado, vinculada ao desempenho, com base em metas, qualidade, sustentabilidade e prazos (art. 10).

A licitação se desenrola nas seguintes fases, nesta ordem: preparatória, publicação do instrumento convocatório (com prazos menores[2]), apresentação de propostas ou lances, julgamento, habilitação, recursal e encerramento (adjudicar e homologar – art. 12).

Quanto aos tipos de licitação, a lei prevê os seguintes: menor preço ou maior desconto, técnica e preço, melhor técnica e conteúdo artístico, maior oferta de preço ou maior retorno econômico (art. 18).

Outra inovação interessante é a vedação do nepotismo nas contratações diretas, ou seja, nas contratações sem licitação (art. 37).

---

2. Art. 15. Será dada ampla publicidade aos procedimentos licitatórios e de pré-qualificação disciplinados por esta Lei, ressalvadas as hipóteses de informações cujo sigilo seja imprescindível à segurança da sociedade e do Estado, devendo ser adotados os seguintes prazos mínimos para apresentação de propostas, contados a partir da data de publicação do instrumento convocatório:

I – para aquisição de bens:

a) 5 (cinco) dias úteis, quando adotados os critérios de julgamento pelo menor preço ou pelo maior desconto; e

b) 10 (dez) dias úteis, nas hipóteses não abrangidas pela alínea a deste inciso;

II – para a contratação de serviços e obras:

a) 15 (quinze) dias úteis, quando adotados os critérios de julgamento pelo menor preço ou pelo maior desconto; e

b) 30 (trinta) dias úteis, nas hipóteses não abrangidas pela alínea a deste inciso;

III – para licitações em que se adote o critério de julgamento pela maior oferta: 10 (dez) dias úteis; e

IV – para licitações em que se adote o critério de julgamento pela melhor combinação de técnica e preço, pela melhor técnica ou em razão do conteúdo artístico: 30 (trinta) dias úteis.

12.12. LICITAÇÃO E SISTEMAS DE DEFESA

A Lei 12.598/2012 estabelece normas especiais para compras, contratações e desenvolvimento de produtos e sistemas de defesa.

Exemplo de norma especial e a promoção de licitação exclusiva para as chamadas EED – Empresas Estratégicas de Defesa, pessoa jurídica credenciada pelo Ministério da Defesa, com sede, operação, pesquisa e desenvolvimento de tecnologia no Brasil.

12.13. REVOGAÇÃO DA LICITAÇÃO

A revogação da licitação é possível, desde que fundada em situação ulterior aferida pela autoridade competente que a justifique, ou seja, que torne conveniente ou oportuna a extinção do certame, sempre respeitando a ampla defesa e o contraditório e mediante motivação.

A revogação da licitação tem efeitos *ex nunc*, já que, até a sua ocorrência, não havia nenhuma ilegalidade, daí porque, se já há vencedor e a licitação for revogada licitamente, deve-se indenizá-lo das eventuais despesas que já teve.

Caso a licitação seja revogada ilicitamente, indeniza-se o prejudicado completamente.

12.14. ANULAÇÃO DA LICITAÇÃO

A anulação da licitação deve ser de ofício ou provocada, assegurada a ampla defesa e o contraditório, e tem por motivo ilegalidade ocorrida no certame (art. 59 da Lei 8.666/1993).

Anulada a licitação, o contrato também fica anulado automaticamente, se já celebrado.

A anulação tem efeitos *ex tunc*, não gerando indenização, ressalvado o que o contratado já realizou e desde que ele não tenha sido o culpado pela anulação.

Ou seja, indenizar-se-á só o que está de boa-fé e apenas quanto ao que já foi executado, valendo lembrar que a boa-fé é presumida.

A revogação só poderá ser feita pela autoridade competente e não pelo órgão julgador do certame, diferente do que ocorre na anulação, que pode ser feita pela comissão ou pelas demais autoridades competentes, bem como pelo Poder Judiciário.

12.15. JURISPRUDÊNCIA SELECIONADA

Processo licitatório: punição e proporcionalidade

A 1ª Turma, por maioria, **deu provimento a recurso ordinário em mandado de segurança para afastar sanção prevista no art. 7º da Lei 10.520/2002** [*"Art. 7º. Quem, convocado dentro do prazo de validade da sua proposta, não celebrar o contrato, deixar de entregar ou apresentar documentação falsa exigida para o certame, ensejar o retardamento da execução de seu objeto, não mantiver a proposta, falhar ou fraudar na execução do contrato, comportar-se de modo inidôneo ou cometer fraude fiscal, ficará impedido de licitar e contratar com a União, Estados, Distrito Federal ou Municípios e, será descredenciado no Sicaf, ou nos sistemas de cadastramento de fornecedores a que se refere o inciso XIV do art. 4º desta Lei, pelo prazo de até 5 (cinco) anos, sem prejuízo das multas previstas em edital e no contrato e das demais cominações legais"*]. Na espécie, a empresa, ao concorrer em certame licitatório, após apuração de irregularidade em atestado de capacidade técnica, fora penalizada com suspensão, pelo prazo de um ano, de participar de licitações, bem como impedida de contratar com a Administração Pública com fundamento no aludido preceito. De início, a Turma ressaltou que o certame fora posteriormente revogado pela Administração Pública ante a ausência de conveniência e oportunidade na contratação dos serviços pela alteração do quadro fático subjacente à abertura do pregão. Em seguida, **reputou ausentes o prejuízo para a Administração Pública e a demonstração de dolo ou má-fé por parte do licitante**. Assim, incabível a subsunção do fato descrito ao art. 7º da Lei 10.520/2002. Vencida, em parte, a Ministra Rosa Weber, que propunha a redução do prazo de inabilitação. RMS 31972/DF, rel. Min. Dias Toffoli, 3.12.2013. (RMS-31972) (Inform. STF 731) (g.n.)

Convênios de prestação de serviços de assistência à saúde: Geap e licitação (conclusão)

Em conclusão de julgamento, o Plenário, por maioria, denegou mandados de segurança coletivos, impetrados contra acórdão do TCU, em que se discutia a validade de convênios de prestação de serviços de assistência à saúde entre a Geap - Fundação de Seguridade Social e vários órgãos e entidades da Administração Pública. Na espécie, a Corte de Contas reputara regulares apenas os convênios firmados com os entes patrocinadores da entidade (os Ministérios da Saúde e da Previdência Social, a Empresa de Tecnologia e Informação da Previdência Social - Dataprev e o Instituto Nacional do Seguro Social - INSS). Entendera obrigatória a licitação para a celebração de quaisquer outras avenças com os demais entes da Administração Pública que não os órgãos legítimos detentores da condição de patrocinadores, observado, assim, o disposto no art. 1º, I e II, do Decreto 4.978/2004, alterado pelo Decreto 5.010/2004, e no art. 37, XXI, da CF — v. Informativos 563, 573 e 649. Considerou-se não atendidas as exigências legais a permitir convênios com aqueloutros órgãos e entidades. Registrou-se a legitimidade do ato do TCU. Além disso, assentou-se a ausência de ilegalidade, de ameaça ou violação a direitos no acórdão impugnado. O Min. Ricardo Lewandowski salientou que a Geap não se enquadraria nos requisitos que excepcionariam a obrigatoriedade da realização de procedimento licitatório para a consecução de convênios de adesão com a Administração Pública. O Min. Marco Aurélio enfatizou que a Corte de Contas teria atuado a partir do arcabouço normativo, principalmente o constitucional. O Min. Teori Zavascki complementou que o reconhecimento do direito imporia condição a envolver e modificar a esfera jurídica da Geap, o que não seria possível no caso. Vencidos os Ministros Ayres Britto, relator, Eros Grau e Dias Toffoli, que deferiam parcialmente as ordens. MS 25855/DF, rel. orig. Min. Ayres Britto, red. p/ o acórdão Min. Cármen Lúcia, 20.3.2013. (MS-25855). MS 25866/DF, rel. orig. Min. Ayres Britto, red. p/ o acórdão Min. Cármen Lúcia, 20.3.2013. (MS-25866). MS 25891/DF, rel. orig. Min. Ayres Britto, red. p/ o acórdão Min. Cármen Lúcia, 20.3.2013. (MS-25891). MS 25901/DF; rel. orig. Min. Ayres Britto, red. p/ o acórdão Min. Cármen Lúcia, 20.3.2013. (MS-25901). MS 25919/DF, rel. orig. Min. Ayres Britto, red. p/ o acórdão Min. Cármen Lúcia, 20.3.2013. (MS-25919). MS 25922/DF, rel. orig. Min. Ayres Britto, red. p/ o acórdão Min. Cármen Lúcia, 20.3.2013. (MS-25922). MS 25928/DF; rel. orig. Min. Ayres Britto, red. p/ o acórdão Min. Cármen Lúcia, 20.3.2013. (MS-25928). MS 25934/DF, rel. orig. Min. Ayres Britto, red. p/ o acórdão Min. Cármen Lúcia, 20.3.2013. (MS-25934). MS 25942/DF, rel. orig. Min. Ayres Britto, red. p/ o acórdão Min. Cármen Lúcia, 20.3.2013. (MS-25942) (Inform. STF 699) (g.n.)

Licitação: lei orgânica e restrição - 1

A 2ª Turma **deu provimento a recurso extraordinário para declarar a constitucionalidade do art. 36 da Lei Orgânica do Município de Brumadinho/MG, que proibiria agentes políticos e seus parentes de contratar com o município** (*" O Prefeito, o Vice-Prefeito, os Vereadores, os ocupantes de cargo em comissão ou função de confiança, as pessoas ligadas a qualquer deles por matrimônio ou parentesco, afim ou consanguíneo, até o 2º grau, ou por adoção e os servidores e empregados públicos municipais, não poderão contratar com o Município, subsistindo a proibição até seis meses após findas as respectivas funções"*). **Asseverou-se que a Constituição outorgaria à União a competência para editar normas gerais sobre licitação (CF, art. 22, XXVII) e permitiria que estados-membros e municípios legislassem para complementar as normas gerais e adaptá-las às suas realidades**.

Afirmou-se que essa discricionariedade existiria para preservar interesse público fundamental, de modo a possibilitar efetiva, real e isonômica competição. Assim, as leis locais deveriam observar o art. 37, XXI, da CF, para assegurar *"a igualdade de condições de todos os concorrentes"*. **RE 423560/MG, rel. Min. Joaquim Barbosa, 29.5.2012. (RE-423560)**

Licitação: lei orgânica e restrição - 2

Registrou-se que o art. 9º da Lei 8.666/93 estabeleceria uma série de impedimentos à participação nas licitações, porém não vedaria expressamente a contratação com parentes dos administradores, razão por que haveria doutrinadores que sustentariam, com fulcro no princípio da legalidade, que não se poderia impedir a participação de parentes nos procedimentos licitatórios, se estivessem presentes os demais pressupostos legais, em particular, a existência de vários interessados em disputar o certame. Não obstante, entendeu-se que, **ante a ausência de regra geral para o assunto — a significar que não haveria proibição ou permissão acerca do impedimento à participação em licitações em decorrência de parentesco —, abrir-se-ia campo para a liberdade de atuação dos demais entes federados, a fim de que legislassem de acordo com suas particularidades locais, até que sobreviesse norma geral sobre o tema. Por fim, consignou-se que a referida norma municipal, editada com base no art. 30, II, da CF, homenagearia os princípios da impessoalidade e da moralidade administrativa, bem como preveniria eventuais lesões ao interesse público e ao patrimônio do município, sem restringir a competição entre os licitantes.RE 423560/MG, rel. Min. Joaquim Barbosa, 29.5.2012. (RE-423560) (Inform. STF 668)**

Art. 1º, Parágrafo Único, da Lei 8.666/93 e Petrobrás - 1

A Turma iniciou julgamento de recurso extraordinário, interposto com fundamento no art. 102, III, **a** e **b**, da CF, em que se discute a aplicação, ou não, à Petrobrás, do disposto no art. 1º, parágrafo único, da Lei 8.666/93 (*"Art. 1º Esta Lei estabelece normas gerais sobre licitações e contratos administrativos pertinentes a obras, serviços, inclusive de publicidade, compras, alienações e locações no âmbito dos Poderes da União, dos Estados, do Distrito* Federal e dos Municípios. *Parágrafo único. Subordinam-se ao regime desta Lei, além dos órgãos da administração direta, os fundos especiais, as autarquias, as fundações públicas, as empresas públicas, as sociedades de economia mista e demais entidades controladas direta ou indiretamente pela União, Estados, Distrito Federal e Municípios."*). Na espécie, o tribunal local reformara sentença concessiva de indenização em favor das empresas recorrentes e assentara, por seu Órgão Especial, a não incidência do aludido dispositivo legal à Petrobrás, ao fundamento de que, por se tratar de sociedade de economia mista, seu regime jurídico seria de natureza privada. As recorrentes sustentam violação ao art. 37, XXI, da CF, ao argumento de que seria nulo o ato da Petrobrás que cancelara contrato com elas firmado e submetera a outra empresa os serviços de afretamento de navios, sem observância à regra constitucional que exige licitação. Inicialmente, a Turma, por maioria, rejeitou questão de ordem suscitada pelo Min. Marco Aurélio no sentido de se submeter ao Plenário a apreciação do presente recurso. Entendeu-se que, não obstante tenha sido arguido, na origem, incidente de inconstitucionalidade, aquela Corte limitara-se a assentar o não cabimento do art. 1º, parágrafo único, da Lei de Licitações, às sociedades de economia mista. Assim, concluiu-se que não haveria, no caso, matéria a envolver declaração de constitucionalidade, ou não, do mencionado dispositivo, o que permitiria o julgamento no âmbito da própria Turma. Vencidos os Ministros Marco Aurélio e Carlos Britto que, ressaltando estar-se diante de extraordinário apresentado também com base na alínea **b** (*"III - julgar, mediante recurso extraordinário, as causas decididas em única ou última instância, quando a decisão recorrida: ... b) declarar a inconstitucionalidade de tratado ou lei federal;"*), asseveravam competir ao Plenário o exame da causa, uma vez que o afastamento, pelo Órgão Especial, do artigo questionado pressuporia a pecha de inconstitucionalidade. **RE 441280/RS, rel. Min. Menezes Direito, 30.9.2008.** (RE-441280)

Art. 1º, Parágrafo Único, da Lei 8.666/93 e Petrobrás - 2

No mérito, o Min. Menezes Direito, relator, negou provimento ao recurso, no que foi acompanhado pelo Min. Ricardo Lewandowski. Salientou que, ao tempo dos fatos, vigorava o art. 173 da CF, na sua redação original, o qual estabelecia que empresa pública, sociedade de economia mista e outras entidades que explorassem atividade econômica, sujeitar-se-iam ao regime jurídico próprio das empresas privadas. Contudo, com o advento da EC 19/98, esse preceito ganhou nova redação para determinar que a lei estabeleceria o estatuto jurídico da empresa pública, da sociedade de economia mista e de suas subsidiárias que explorassem atividade econômica de produção ou comercialização de bens ou de prestação de serviços, elencando a disciplina que deveria constar desse estatuto jurídico. Dessa forma, esclareceu que o constituinte visou, nesses dois momentos, proteger a atividade dessas sociedades exploradoras de atividade econômica, pondo-as sob o regime das empresas privadas, para garantir que mantivessem o mesmo desempenho das demais empresas que atuam no mercado, de modo a afastar qualquer mecanismo de proteção ou de privilégios. Nesse sentido, aduziu que a submissão legal da Petrobrás a um regime diferenciado de licitação estaria justificado pelo fato de que, com a relativização do monopólio do petróleo trazida pela EC 9/95, a empresa passou a exercer a atividade econômica de exploração do petróleo em regime de livre competição com as empresas privadas concessionárias da atividade, as quais, frise-se, não estão submetidas às regras rígidas de licitação e contratação da Lei 8.666/93. Em consequência, reputou não ser possível conciliar o regime previsto nessa lei com a agilidade própria do mercado de afretamento. Daí observar que a interpretação que afasta a aplicação do art. 1º, parágrafo único, do aludido diploma ser uma consequência direta da própria natureza constitucional da sociedade de economia mista, tal como declarado pelo constituinte originário e reiterado pelo constituinte derivado. **RE 441280/RS, rel. Min. Menezes Direito, 30.9.2008.** (RE-441280)

Art. 1º, Parágrafo Único, da Lei 8.666/93 e Petrobrás - 3

A Min. Cármen Lúcia abriu divergência e proveu o recurso extraordinário por considerar que os princípios constantes do art. 3º da Lei 8.666/93 e as regras, genéricas, que estruturam o instituto da licitação, aplicam-se indistintamente a todos os entes integrantes da Administração Pública, seja direta ou indireta. Não vislumbrou, em consequência, obstáculo para que a recorrida adotasse o processo licitatório. No ponto, realçou que o processo seria um meio, enquanto o procedimento, um modo e que este diferenciar-se-ia para empresas prestadoras de serviço público e para empresas que intervêm na atividade econômica. Não conheceu do extraordinário, todavia, no que se refere à indenização, porquanto implicaria o revolvimento de matéria probatória. Em adição, o Min. Carlos Britto enfatizou que a Lei 9.478/97 — que dispõe sobre as atividades relativas ao monopólio do petróleo entre outras providências — remeteu ao Decreto 2.745/98 o tema relativo aos contratos celebrados pela Petrobrás (art. 67), sem observar a imposição de reserva legal para tratamento do tema. Em decorrência disso, registrou que, enquanto prevalecer essa anomia, incidiria, *in totum,* a Lei 8.666/93. Verificado o empate na votação, pediu vista dos autos o Min. Marco Aurélio. **RE 441280/RS, rel. Min. Menezes Direito, 30.9.2008.** (RE-441280)

Art. 1º, Parágrafo Único, da Lei 8.666/93 e Petrobrás - 4

Em continuidade de julgamento, a Turma, em nova questão de ordem suscitada pelo Min. Marco Aurélio, decidiu afetar ao Plenário julgamento de recurso extraordinário interposto com fundamento no art. 102, III, a e b, da CF, em que se questiona a aplicação, ou não, à Petrobrás, do disposto no art. 1º, parágrafo único, da Lei 8.666/93 ("Art. 1º Esta Lei estabelece normas gerais sobre licitações e contratos administrativos pertinentes a obras, serviços, inclusive de publicidade, compras, alienações e locações no âmbito dos Poderes da União, dos Estados, do Distrito Federal e dos Municípios. Parágrafo único. Subordinam-se ao regime desta Lei, além dos órgãos da administração direta, os fundos especiais, as autarquias, as fundações públicas, as empresas públicas, as sociedades de economia mista e demais entidades controladas direta ou indiretamente pela União, Estados, Distrito Federal e Municípios.") — v. Informativo 522. No caso, em voto-vista, o Min. Marco Aurélio, tendo em conta disposição constitucional expressa atinente à reserva de Plenário (CF, art. 97), ponderara, novamente, sobre a conveniência de remeter ao Pleno a matéria debatida. Entendeu-se ser possível a reabertura de tal discussão, conforme reiterados pronunciamentos desta Corte, haja vista que não ocorrera a conclusão do julgamento. O Min. Menezes Direito, relator, e os demais Ministros não se opuseram ao deslocamento do feito. **RE 441280/RS, rel. Min. Menezes Direito, 12.5.2009.** (RE-441280)

Art. 1º, parágrafo único, da Lei 8.666/93 e Petrobrás - 5

O Plenário iniciou julgamento de recurso extraordinário em que se discute a aplicação, ou não, à Petrobrás, do disposto no art. 1º, parágrafo único, da Lei 8.666/93 ("Art. 1º Esta Lei estabelece normas gerais sobre licitações e contratos administrativos pertinentes a obras, serviços, inclusive de publicidade, compras, alienações e locações no âmbito dos Poderes da União, dos Estados, do Distrito Federal e dos Municípios. Parágrafo único. Subordinam-se ao regime desta Lei, além dos órgãos da administração direta, os fundos especiais, as autarquias, as fundações públicas, as empresas públicas, as sociedades de economia mista e demais entidades controladas direta ou indiretamente pela União, Estados, Distrito Federal e Municípios."). Na espécie, o tribunal local reformara sentença concessiva de indenização em favor das empresas recorrentes e assentara, por seu Órgão Especial, a não incidência do aludido dispositivo legal à Petrobrás, ao fundamento de que, por se tratar de sociedade de economia mista, seu regime jurídico seria de natureza privada. As recorrentes sustentam violação ao art. 37, XXI, da CF, ao argumento de que seria nulo o ato da Petrobrás que cancelara contrato com elas firmado e submetera a outra empresa os serviços de afretamento de navios, sem observância à regra constitucional que exige licitação. O recurso fora deslocado ao Pleno, pela 1ª Turma, após o acolhimento de questão de ordem suscitada pelo Min. Marco Aurélio, que reputara estar-se diante de extraordinário apresentado também com base na alínea b do art. 102, III, da CF ("III - julgar, mediante recurso extraordinário, as causas decididas em única ou última instância, quando a decisão recorrida: ... b) declarar a inconstitucionalidade de tratado ou lei federal;"). Por essa razão, asseverara que o afastamento, pelo Órgão Especial, do artigo questionado pressuporia a pecha de inconstitucionalidade — v. Informativos 522 e 546. RE 441280/RS, rel. Min. Dias Toffoli, 3.8.2011. (RE-441280)

Art. 1º, parágrafo único, da Lei 8.666/93 e Petrobrás - 6

O Min. Dias Toffoli, relator, desproveu o recurso, para afastar a aplicabilidade do art. 1º, parágrafo único, da Lei 8.666/93, à recorrida. Inicialmente, destacou que, à época dos fatos em discussão, vigorava o art. 173, § 1º, da CF, em sua redação original. Considerou que se preconizava, então, que a sociedade de economia mista, a empresa pública e outras entidades que viessem a explorar atividade econômica deveriam sujeitar-se a regime jurídico próprio de empresas privadas, inclusive quanto a obrigações trabalhistas e tributárias. Afirmou que a EC 19/98, ao alterar o referido dispositivo, determinara que o estatuto jurídico da sociedade de economia mista e da empresa pública, de produção ou comercialização de bens ou de prestação de serviços, deveria ser estabelecido por lei. Aduziu, entretanto, que, em ambos os momentos em que redigidas essas normas constitucionais, desejara-se proteger a atividade dessas sociedades, impondo-lhes, sempre, o regime de empresas privadas. Asseverou que esse aspecto revelaria a preocupação de assegurar que o desempenho das sociedades de economia mista pudesse se equivaler ao das demais empresas no mercado, de maneira a afastar qualquer mecanismo de proteção ou de privilégios. Assinalou que, em observância à disciplina constitucional trazida pela EC 9/95, que relativizara o monopólio do petróleo, outrora exclusivo da União, a empresa recorrida passara a se submeter a regime diferenciado de licitação — nos termos da Lei 9.748/97 e do Decreto 2.745/98 —, uma vez que sua atividade econômica vinculara-se a um regime de livre competição. Consignou não se poder exigir que a recorrida se subordinasse aos rígidos limites da licitação destinada aos serviços públicos — prevista na Lei 8.666/93 —, sob pena de se criar grave obstáculo ao normal desempenho de suas atividades comerciais. Destacou que a interpretação no sentido de que empresas como essa se sujeitam a regime jurídico de direito privado seria até mesmo anterior às referidas emendas constitucionais e que as exigências mercadológicas em contratos de afretamento, como no caso, seriam incompatíveis com a Lei 8.666/93, tendo em vista se tratar de modelos contratuais padronizados internacionalmente. Reputou, ademais, que a globalização da economia exigiria que se descentralizasse a produção de bens e serviços, considerados os preços e as condições de fornecimento, razão pela qual o Estado moderno deveria se adequar a essas exigências competitivas, sob o risco de derrocada econômica. Concluiu que empresas de economia mista que disputam livremente o mercado, sob o regime de empresas privadas, conforme a Constituição, deveriam estar submetidas a regramento próprio e diferenciado, de acordo com o que o constituinte derivado pretendera aperfeiçoar desde a edição da EC 9/95. RE 441280/RS, rel. Min. Dias Toffoli, 3.8.2011. (RE-441280)

Art. 1º, parágrafo único, da Lei 8.666/93 e Petrobrás - 7

Em divergência, o Min. Marco Aurélio proveu o recurso, para assentar a constitucionalidade do dispositivo questionado. Afirmou que as sociedades de economia mista estariam obrigadas a contratar mediante licitação, considerada a eficácia do ordenamento jurídico constitucional e o cuidado quanto à coisa pública. Aduziu que o art. 37, XXI, da CF teria por escopo evitar que interesses maiores fossem norteados por certa política vigente, com o fim de se beneficiar algum cidadão em detrimento de outros. Ressaltou a necessidade de tratamento igualitário de tantos quantos se disponham a contratar com a Administração Pública, em que pese a existência de normas especiais de regência. Consignou que a leitura da alteração legislativa promovida pela EC 19/98 levaria a duas conclusões: a de que o instituto da licitação teria sido inicialmente previsto de forma a abranger as sociedades de economia mista; e a de que a lei própria ao estatuto da sociedade de economia mista e subsidiárias, bem como da empresa pública — ambas exploradoras de atividade econômica de produção ou comercialização de bens ou de prestação de serviços — deveria tratar de licitação, observados os princípios da Administração Pública. Afirmou que o art. 173, § 1º, da CF originalmente dispunha que empresas públicas e sociedades de economia mista seriam pessoas jurídicas de direito privado, submetidas, portanto, a regime jurídico pertinente às empresas privadas propriamente ditas. Frisou, entretanto, que o aludido dispositivo não excluía obrigação própria da Administração Pública geral, mas apenas afastava tratamento preferencial, a implicar desequilíbrio de mercado. Enfatizou que, sob o ângulo da licitação, com a EC 19/98 viera à baila dispositivo a especificá-la, e não a afastá-la. Desse modo, concluiu não haver conflito entre o art. 173, § 1º, da CF e o art. 1º, parágrafo único, da Lei 8.666/93. Após, pediu vista dos autos o Min. Luiz Fux. RE 441280/RS, rel. Min. Dias Toffoli, 3.8.2011. (RE-441280) (Inform. STF 634)

Licitação e transmissão de evento esportivo - 4

Em conclusão, a 1ª Turma proveu recursos extraordinários interpostos de acórdão de tribunal de justiça **para declarar válido contrato firmado entre prefeitura e emissora de TV para a realização de evento esportivo**. Ademais, julgou prejudicado recurso extraordinário de acórdão do STJ. No caso, o juízo monocrático, em julgamento de ação popular, anulara o mencionado contrato e condenara os ora recorrentes, o Município e seu Secretário de Esportes, de forma solidária, a restituir aos cofres públicos a quantia desembolsada pela entidade federativa. Os sucumbentes apelaram desta decisão e a sentença fora mantida pelo tribunal de origem, uma vez que a emissora não demonstrara deter exclusividade na realização do evento, para fins de dispensa do procedimento licitatório. Rejeitados os embargos de declaração opostos, o Município, a rede de TV e o ex-Prefeito interpuseram recursos perante o STF e o STJ. Este último desprovera os recursos especiais ao fundamento de que a aferição do objeto do contrato — para se concluir acerca da inexigibilidade de licitação ou de inviabilidade de competição (Lei 8.666/93, art. 25) — demandaria reexame de matéria fático-probatória, inviável a teor do Enunciado 7 da Súmula daquela Corte — v. Informativo 593. No tocante ao recurso interposto de acórdão do STJ, reputou-se improcedente o alegado quanto à ausência de fundamentação (CF, art. 93, IX), bem como a tese de indevida ampliação do alcance do art. 37, XXI, da CF, uma vez que aquele órgão apenas declinara de sua competência para apreciar os fatos, limitando-se a aplicar o Verbete 7 de sua Súmula. Em análise do extraordinário interposto de acórdão do tribunal de justiça, **entendeu-se prosperar a assertiva no que concerne à ofensa aos referidos artigos 37, XXI e 93, IX, porque se trataria de patrocínio e não de contrato para prestação de serviços, questão relevante para o deslinde da causa, a qual não fora analisada e tampouco apresentada justificativa para seu não exame**. RE 574636/SP, rel. Min. Cármen Lúcia, 16.8.2011. (RE-574636) (Inform. STF 636) (g.n.)

ADI e Exigência em Licitação

O Tribunal deferiu medida cautelar em ação direta de inconstitucionalidade **para suspender a eficácia do § 3º do art. 5º da Portaria 2.814/98, do Ministério da Saúde, que exige que, nas compras e licitações públicas de medicamentos, realizadas pelos serviços próprios, e conveniados pelo SUS, as empresas distribuidoras apresentem declaração do seu credenciamento como distribuidora junto à empresa detentora do registro dos produtos, bem como termo de responsabilidade emitido pela distribuidora, garantindo a entrega dos mesmos em prazo e quantidade estabelecidos na licitação**. Preliminarmente, consignou-se que, em resposta à diligência determinada pela Corte, fora informado que o preceito impugnado continuaria em vigor. Em seguida, entendeu-se que as exigências constantes do dispositivo analisado, **em princípio, limitariam a concorrência no certame**, configurando verdadeiro aditamento da Lei de Licitações (Lei 8.666/93), em dissonância com o previsto no art. 37, XXI, da CF. **ADI 4105 MC/DF, rel. Min. Marco Aurélio, 17.3.2010.** (ADI-4105) (Inform. STF 579) (g.n.)

Mandado de Segurança: Anulação de Homologação de Licitação e Condições da Ação - 1

A Turma iniciou julgamento de recurso ordinário em mandado de segurança no qual se impugna ato do Ministro de Estado das Comunicações, que declarara nula a homologação de licitação, excluíra a impetrante do certame e convocara a segunda interessada para assumir o objeto da concorrência. No caso, concluíra a autoridade apontada como coatora que o ingresso de novos sócios no quadro social da impetrante, após a habilitação, ocasionara transferência direta ou indireta da permissão, com ofensa ao Decreto 52.795/73. Sustenta a recorrente que os sócios não possuíam mais de 50% do capital, o que, em tese, descaracterizaria a transferência da permissão, bem como, à época da habilitação, seria impossível a apresentação da documentação dos sócios, visto que ingressaram na sociedade posteriormente, pelo que não se poderia alterar a pontuação da proposta apresentada. **RMS 28256/DF, rel. Min. Marco Aurélio, 2.2.2010.** (RMS-28256)

Mandado de Segurança: Anulação de Homologação de Licitação e Condições da Ação - 2

O Min. Marco Aurélio, relator, inicialmente, suscitou preliminar referente à apreciação das condições da ação, consignando a possibilidade de seu exame até mesmo de ofício. Observou a circunstância de o ato do Ministro de Estado das Comunicações ter transbordado o campo dos interesses da impetrante, beneficiando outrem. Asseverou, destarte, a necessidade de serem citados como réus na ação proposta todos aqueles que, na via direta, possam ter alcançado interesse integrado ao respectivo patrimônio. Na espécie, frisou que deveriam participar da relação processual — como litisconsortes passivos necessários — as demais empresas envolvidas no certame. Aduziu que, se o recurso ordinário interposto vier a frutificar, a situação resultante do ato impugnado estaria afastada, deixando-se quem não fez parte da relação jurídica deter o benefício dele decorrente — daí a necessidade de se proceder à citação dos interessados. Concluiu ser hora de sanear o processo e isso se mostraria viável, porque se trataria de matéria passível de ser examinada de ofício no grau recursal ordinário, na medida em que o caso concreto versaria sobre as condições da ação, sobre o devido processo legal. Assim, proveu o recurso para declarar insubsistente o julgamento do mandado de segurança na origem, determinando que as empresas classificadas na licitação sejam citadas como litisconsortes passivas, prosseguindo-se na forma legal. Após, pediu vista dos autos o Min. Dias Toffoli. **RMS 28256/DF, rel. Min. Marco Aurélio, 2.2.2010.** (RMS-28256) (Inform. STF 573) (g.n.)

ADI e Licitação

O Tribunal julgou procedente pedido formulado em ação direta ajuizada pelo Procurador-Geral da República **para declarar a inconstitucionalidade do § 4º do art. 111 da Constituição do Estado do Rio Grande do Norte, que dispõe que, na análise de licitações, para averiguação da proposta mais vantajosa, são considerados, entre outros itens, os valores relativos aos impostos pagos à Fazenda Pública estadual**. Entendeu-se que o dispositivo impugnado faz distinção entre brasileiros, o que **afronta o disposto no art. 19, III, da CF**, que veda à União, aos Estados, ao DF e aos

Municípios criar distinções entre brasileiros ou preferências entre si. Considerou-se, também, na linha do julgamento acima relatado, que o preceito **viola o princípio do isonomia**, haja vista que assegura injustificada vantagem sobre os licitantes que não sejam contribuintes no Estado ou os que, sendo-o, recolham menos impostos do que o licitante que pague mais, salientando que a ponderação ou consideração dos valores atinentes aos impostos pagos pelo licitante também não surge da natureza das coisas, nem é concretamente compreensível. ADI 3070/RN, rel. Min. Eros Grau, 29.11.2007. (ADI-3070) (Inform. STF 490) (g.n.)

Efeito Suspensivo em RE: Petrobrás e Licitação Simplificada

A Turma, resolvendo questão de ordem, deferiu medida cautelar para emprestar efeito suspensivo a recurso extraordinário interposto pela Petróleo Brasileiro S/A - Petrobrás contra acórdão do STJ que, também em medida cautelar, restabelecera a eficácia de tutela antecipada que suspendera as suas licitações, as quais utilizavam procedimento licitatório simplificado, previsto na Lei 9.478/97 e regulamentado pelo Decreto 2.745/98. Consideraram-se presentes os requisitos necessários à pleiteada concessão. Quanto à plausibilidade jurídica do pedido, asseverou-se que a submissão da Petrobrás a regime diferenciado de licitação estaria, à primeira vista, justificado, tendo em conta que, com o advento da EC 9/95, que flexibilizara a execução do monopólio da atividade do petróleo, a ora requerente passara a competir livremente com empresas privadas, não sujeitas à Lei 8.666/93. Nesse sentido, ressaltaram-se as consequências de ordem econômica e política que adviriam com o cumprimento da decisão impugnada, caso a Petrobrás tivesse que aguardar o julgamento definitivo do recurso extraordinário, já admitido, mas ainda não distribuído no STF, a caracterizar perigo de dano irreparável. Entendeu-se, no ponto, que a suspensão das licitações realizadas com base no Regulamento do Procedimento Licitatório Simplificado (Decreto 2.745/98 e Lei 9.478/97) poderia tornar inviável a atividade da Petrobrás e comprometer o processo de exploração e distribuição do petróleo em todo país, com reflexos imediatos para a indústria, comércio e, enfim, para toda a população.

AC 1193 QO-MC/RJ, rel. Min. Gilmar Mendes, 9.5.2006. (AC-1193) (Inform. STF 426)

DIREITO ADMINISTRATIVO. DESCLASSIFICAÇÃO DE LICITANTE DECORRENTE DA FALTA DE APRESENTAÇÃO DE DECLARAÇÃO DE CONCORDÂNCIA DO RESPONSÁVEL TÉCNICO NA FASE DE HABILITAÇÃO.

A sociedade empresária que, em concorrência realizada para ampliação de prédio público, deixe de apresentar, no envelope de habilitação, declaração de concordância do responsável técnico, descumprindo exigência prevista no edital, não tem direito líquido e certo a realizar o referido ato em momento posterior e por meio diverso do estabelecido no instrumento convocatório, tampouco a ser considerada habilitada no procedimento licitatório, ainda que tenha apresentado documentos assinados por seu represente legal que comprovem ser este um engenheiro civil. Deve-se registrar, de início, que a exigência de apresentação de atestado de concordância do responsável técnico encontra respaldo no art. 30, II e § 1º, I, da Lei 8.666/1993. Isso posto, deve-se ressaltar que atos assinados pelo sócio administrador da sociedade empresária, ainda que seja profissional da engenharia civil, não suprem a exigência de concordância deste com o encargo de responsável técnico da obra, munus cujas responsabilidades civil, administrativa e penal diferem das próprias de sócio. Desse modo, a Administração Pública, por conta própria, não pode atribuir a responsabilidade técnica por presunção, uma vez que é necessária expressa concordância do profissional. Assim, não se pode falar que a referida declaração seria pura formalidade que poderia ser relevada pela administração. Ademais, prevendo o edital que a declaração de concordância de responsável técnico deve constar do envelope referente aos documentos de habilitação, **configuraria violação dos princípios da legalidade e da impessoalidade dar oportunidade a algum dos licitantes de comprovar o cumprimento da referida exigência por meio diverso do previsto no instrumento convocatório ou em momento posterior do estabelecido no edital, conferindo-lhe prazo superior ao dos demais licitantes. RMS 38.359-SE, Rel. Min. Benedito Gonçalves, julgado em 11/4/2013.** (Inform. STJ 520) (g.n.)

DIREITO ADMINISTRATIVO. LIMITE DE DISPENSA DE LICITAÇÃO PREVISTO NO ART. 24, II, DA LEI N. 8.666/1993.

Não se amolda à hipótese de dispensa de licitação prevista no art. 24, II, da Lei n. 8.666/1993 a situação em que, contratada organizadora para a realização de concurso público por valor inferior ao limite previsto no referido dispositivo, tenha-se verificado que a soma do valor do contrato com o total arrecado a título de taxa de inscrição supere o limite de dispensa previsto no aludido inciso. A Constituição da República estabelece como regra a obrigatoriedade da realização de licitação, que é desnecessária nas excepcionais hipóteses previstas em lei, como na dispensa para a contratação de serviços de valor inferior ao limite estabelecido no art. 24, II, da Lei n. 8.666/1993. Não cabe ao intérprete criar novos casos de dispensa, sobretudo porquanto a licitação é destinada a garantir a observância do princípio constitucional da isonomia e a seleção da proposta mais vantajosa para a administração (art. 3º da Lei n. 8.666/93). Nesse contexto, ainda que os valores recolhidos como taxa de inscrição não sejam públicos, a adequada destinação deles é de interesse público primário. Mesmo que a contratação direta de banca realizadora de concurso sem licitação não afete o interesse público secundário (direitos patrimoniais da Administração Pública), é contrária ao interesse público primário, pois a destinação de elevado montante de recursos a empresa privada ocorrerá sem o processo competitivo, violando, dessa maneira, o princípio da isonomia. **REsp 1.356.260-SC, Rel. Min. Humberto Martins, julgado em 7/2/2013**. (Inform. STJ 516). (g.n.)

LICITAÇÃO. PREVISÃO DE RECURSOS ORÇAMENTÁRIOS.

A Lei de Licitações exige, para a realização de licitação, a existência de previsão de recursos orçamentários que assegurem o pagamento das obrigações decorrentes de obras ou serviços a serem executados no exercício financeiro em curso, de acordo com o respectivo cronograma, ou seja, **a lei não exige a disponibilidade financeira (fato de a Administração ter o recurso antes do início da licitação), mas, tão somente, que haja previsão desses recursos na lei orçamentária**. **REsp 1.141.021-SP, Rel. Min. Mauro Campbell Marques, julgado em 21/8/2012.** (Inform. STJ 502) **(g.n.)**

ADI e Restrição a Contrato com a Administração Pública

O Tribunal **julgou procedente pedido formulado em ação direta** proposta pelo Governador do Distrito Federal **para declarar a inconstitucionalidade da Lei distrital 3.705/2005, que proíbe que firmem contrato com a Administração Pública Direta e Indireta do Distrito Federal as pessoas jurídicas de direito privado que discriminarem, na contratação de mão de obra, pessoas que estejam com o nome incluído nos serviços de proteção ao crédito** (art. 1º), e estabelece providências a serem tomadas pela Delegacia Regional do Trabalho e por órgãos da Administração distrital a fim de apurar e reprimir essa **discriminação** (artigos 2º, 3º e 4º). Entendeu-se que o art. 1º da lei impugnada **viola a competência privativa da União para legislar sobre normas gerais de licitação e contratação**, em todas as modalidades, para as administrações públicas diretas, autárquicas e fundacionais de todos os entes da Federação (CF, art. 22, XXVII), bem como **afronta o art. 37, XXI, da CF**, de observância obrigatória pelos Estados-membros, que estabelece que a disciplina legal das licitações deve assegurar igualdade de condições de todos os concorrentes, o que é incompatível com a proibição de licitar em função de um critério — o da discriminação de pessoas que estejam inscritas em cadastros restritivos de crédito —, que não tem pertinência com a exigência de garantia do cumprimento do contrato objeto do concurso. Considerou-se, também, que os artigos 2º, 3º e 4º da referida lei dispõem sobre matéria referente a direito do trabalho e inspeção do trabalho, ambos da competência legislativa da União (CF, art. 21, XXIV e art. 22, I). ADI 3670/DF, rel. Min. Sepúlveda Pertence, 2.4.2007. (ADI-3670) (Inform. STF 462) (g.n.)

LICITAÇÃO. REGISTRO. CRN. RESP. PRECLUSÃO. Diante do disposto no art. 3º, § 1º, I, da Lei n. 8.666/1993, torna-se demasia exigir que a sociedade empresária participante da licitação para fornecimento de merenda escolar obtenha visto do conselho regional de nutrição (CRN) do local do certame na certidão comprobatória de seu registro expedida pelo conselho do local onde situada sua sede (confirmação de registro). Essa exigência restringe a competitividade do certame e acaba por estabelecer preferências ou distinções em função da localização da sede ou domicílio dos licitantes, o que é vedado pelo referido artigo. Anote-se que exigência desse quilate somente pode dar-se quando da contratação, e não da qualificação técnica do licitante, como no caso. Vê-se, por último, que não há preclusão consumativa (Súm. n. 418-STJ) quando o recurso especial interposto na pendência dos embargos de declaração, em vez de ratificado após o julgamento dos aclaratórios, cede lugar a novo especial por força de desistência. Precedentes citados do STJ: MS 5.779-DF, DJ 26/10/1998; do TCU: Decisão 1.224/2002, DOU 27/9/2002; do TRF da 2º Região: MS 94.02.07699-9-RJ, DJ 6/12/1994. **REsp 1.155.781-ES, Rel. Min. Eliana Calmon, julgado em 1º/6/2010.** (Inform. STJ 437) (g.n.)

LICITAÇÃO. SERVIÇOS GERAIS. COOPERATIVAS.

Trata-se de mandado de segurança impetrado por cooperativa objetivando o reconhecimento da ilegalidade de cláusula de edital proibitiva de participação das cooperativas em licitação promovida pela recorrente, a CEF, para contratação de empresa de prestação de serviços gerais. Segundo a então autora, tal restrição era ilegal e abusiva por romper com a autonomia do cooperativismo e com a livre concorrência. Mas a Min. Relatora entendeu assistir razão à recorrente, destacando ser notório que tanto a legislação previdenciária quanto a trabalhista são implacáveis com os tomadores de serviços, atribuindo-lhes o caráter de responsáveis solidários pelo pagamento de salários e de tributos não recolhidos pela empresa prestadora dos serviços. A exigência do edital é razoável, pois preserva o interesse público tanto sob o aspecto primário quanto secundário. Também há acordos celebrados perante a Justiça do Trabalho pelos quais tanto a CEF quanto a União comprometeram-se a não contratar cooperativas para a prestação de serviços que impliquem existência de subordinação, como é o caso dos serviços gerais objeto da licitação, sob pena de multa diária. Há também orientação firmada pelo TCU, com caráter vinculante para a Administração Pública, vedando a participação de cooperativas em licitações que tenham por objeto a prestação de serviços em que se fazem presentes os elementos da relação de emprego. **Concluiu a Min. Relatora que não há qualquer ilegalidade na vedação a que as cooperativas participem de licitação cujo objeto é a prestação de serviços gerais, visto que evidente a razoabilidade da medida como forma de garantir à Administração selecionar a melhor proposta sob todos os aspectos, notadamente o da prevenção à futura responsabilização pelo pagamento de débitos trabalhistas e fiscais**. Diante disso, a Turma conheceu em parte do recurso e, nessa parte, deu-lhe provimento. **Precedentes citados: AgRg no REsp 947.300-RS, DJe 16/12/2008, e AgRg na SS 1.516-RS, DJ 10/4/2006. REsp 1.141.763-RS, Rel. Min. Eliana Calmon, julgado em 23/2/2010.** (Inform. STJ 424)

DECLARAÇÃO. INIDONEIDADE. LICITAÇÃO.
Cuida-se da repercussão, nas diversas esferas de governo, da declaração de inidoneidade para contratar com a Administração Pública, prevista na Lei de Licitações, como sanção por descumprimento do contrato administrativo. Não se trata da sanção por ato de improbidade de agente público (art. 12 da Lei n. 8.429/1992), cujos efeitos a jurisprudência do STJ limita à esfera municipal. A definição do que seja Administração Pública para esse específico fim consta do art. 6º, XI, da Lei n. 8.666/1993. Vê-se, então, que o legislador conferiu-lhe grande abrangência, e a consequência lógica da amplitude do termo utilizado é que a inidoneidade vale perante qualquer órgão público do país. **Assim, se uma sociedade empresária forneceu remédios adulterados a um município, declarada sua inidoneidade, não poderá fornecer medicamentos à União. Desponta o caráter genérico da referida sanção cujos efeitos irradiam por todas as esferas de governo**. **Precedentes citados: EDcl no REsp 1.021.851-SP, DJe 6/8/2009; REsp 174.274-SP, DJ 22/11/2004, e REsp 151.567-RJ, DJ 14/4/2003. REsp 520.553-RJ, Rel. Min. Herman Benjamin, julgado em 3/11/2009.** (Inform. STJ 414) (g.n.)

NORMAS INCONSTITUCIONAIS INTERNAS. TCE.
A discussão é sobre a possibilidade e as consequências de descumprimento por chefe da polícia civil de normas internas do Tribunal de Contas estadual (TCE); no caso, deixou de enviar edital de determinada licitação para controle dele. O recorrente sustenta que as normas internas do TCE que determinavam o dever genérico de envio de editais de licitação à Corte de Contas foram consideradas inconstitucionais pelo governador do Estado, motivo pelo qual, na hipótese, não houve descumprimento do art. 113, § 2º, da Lei n. 8.666/1993, mas o cumprimento de determinação constante de parecer normativo apto a vincular toda a Administração Pública estadual. Aduz, ainda, que o mencionado artigo da lei estabelece a necessidade de que o TCE, caso pretenda controlar certa licitação, requeira especificamente ao órgão ou à entidade competentes o envio do edital respectivo. **Para o Min. Relator, tratando-se de norma geral sobre licitações, tem-se competência privativa da União, razão pela qual as normas internas do TCE seriam inconstitucionais. Os chefes dos Poderes Executivos federal, estaduais, distrital e municipais, ao tomarem posse com o compromisso de guardar especial observância à Constituição (arts. 78 da CF/1988 e 139 da Constituição estadual), podem deixar de cumprir lei que entendam por inconstitucional, ainda que sem manifestação do Judiciário a respeito, decisão essa que vincula toda a Administração Pública a eles subordinada e importa na assunção dos riscos decorrentes de suas escolhas político-jurídicas. Dessa forma, mesmo sem adentrar a discussão da inconstitucionalidade das normas internas do TCE, em face dos arts. 113, § 2º, da Lei n. 8.666/1993 e 22, XXVII, da CF/1988, é de fácil visualização que a simples existência de orientação emanada do governador do Estado é suficiente para afastar a ilegalidade da conduta do recorrente. RMS 24.675-RJ, Rel. Min. Mauro Campbell Marques, julgado em 13/10/2009.** (Inform. STJ 411)

LICITAÇÃO. ADMINISTRAÇÃO PENITENCIÁRIA. AUTORIZAÇÃO. PF.
Para que a licitante atenda ao objeto da licitação de serviços de administração penitenciária, envolvendo atividades de vigilância, é necessário que possua autorização da Polícia Federal. Mesmo que no edital do certame não conste a necessidade de comprovação de que a licitante possua autorização da Polícia Federal, tal fato não afasta a exigência, pois está prevista legalmente. Assim, pode a Administração oficiar à Superintendência da Polícia Federal para verificar a regularidade da empresa e, constatada a ausência da referida autorização, inabilitar a licitante por ausência de qualificação técnica. Logo, a Turma negou provimento ao recurso da licitante, ora recorrente. **RMS 27.922-BA, Rel. Min. Teori Albino Zavascki, julgado em 4/8/2009.** (Inform. STJ 401)

LICITAÇÃO. SUSPENSÃO. CONCORRÊNCIA.
A Corte Especial, após voto de desempate do Min. Nilson Naves, por maioria, negou provimento ao agravo regimental na suspensão de segurança. Trata-se de licitação para instalar cabos ópticos devido a projeto governamental estadual, em que o resultado da concorrência pública foi impugnado via mandado de segurança com liminar deferida pelo Tribunal *a quo*, ao entendimento de que a empresa vencedora não atendeu a exigência do edital de que deveria já ter prestado o mesmo serviço. De outro lado, havia o posicionamento que prevaleceu na comissão de licitação de que a documentação apresentada chegava a superar as exigências. O Min. Nilson Naves, por presidir o julgamento, desempatou a votação e acom-

panhou o Min. Relator no **entendimento de que tudo ainda estava no âmbito das alegações e os prejuízos seriam maiores se não ficasse definido o prosseguimento da licitação**. Ainda destacou, tal como o fez o Min. João Otávio de Noronha, que os contratos de empréstimos internacionais podem ser prorrogados. **AgRg na SS 1.940-CE, Rel. Min. Ari Pargendler, julgado em 20/5/2009.** (Inform. STJ 395)

LICITAÇÃO. ADMINISTRAÇÃO PÚBLICA. INIDONEIDADE.

Na espécie, duas são as questões essenciais a serem decididas (pela ordem de prejudicialidade): a legitimidade da aplicação da pena de inidoneidade contestada em face de ausência de justa causa e de vícios formais do processo administrativo e os efeitos decorrentes da aplicação dessa sanção, que não podem atingir os contratos em curso. Para o Min. Relator, ainda que reconhecida a ilegitimidade da utilização, em processo administrativo, de conversações telefônicas interceptadas para fins de instrução criminal (única finalidade autorizada pelo art. 5º, XII, da CF/1988), não há nulidade na sanção administrativa aplicada, já que fundada em outros elementos de prova colhidos em processo administrativo regular, com a participação da empresa interessada. **Segundo precedentes da Seção, a declaração de inidoneidade só produz efeito para o futuro (efeito *ex nunc*), sem interferir nos contratos já existentes e em andamento**. Com isso, afirma-se que o efeito da sanção inibe a empresa de licitar ou contratar com a Administração Pública (art. 87 da Lei n. 8.666/1993), sem, no entanto, acarretar, automaticamente, a rescisão de contratos administrativos já aperfeiçoados juridicamente e em curso de execução, notadamente os celebrados perante outros órgãos administrativos não vinculados à autoridade impetrada ou integrantes de outros entes da Federação (estados, Distrito Federal e municípios). **Todavia, a ausência do efeito rescisório automático não compromete nem restringe a faculdade que têm as entidades da Administração Pública de, no âmbito da sua esfera autônoma de atuação, promover medidas administrativas específicas para rescindir os contratos nos casos autorizados, observadas as formalidades estabelecidas nos arts. 77 a 80 da mencionada lei.** No caso, está reconhecido que o ato atacado não operou automaticamente a rescisão dos contratos em curso firmados pela impetrante. Diante disso, a Seção denegou o mandado de segurança. **MS 13.964-DF, Rel. Min. Teori Albino Zavascki, julgado em 13/5/2009.** (Inform. STJ 394)

CONTRATAÇÃO. ESCRITÓRIO ESPECIALIZADO. DISPENSA. LICITAÇÃO.

O Ministério Público estadual ajuizou ação civil pública contra escritório de advogados e prefeita de município, por meio da qual pretende apurar a prática de ato de improbidade administrativa consubstanciado na contratação irregular daquele estabelecimento para acompanhamento de feitos nos tribunais, sem a observância do procedimento licitatório. Porém, o Min. Relator esclareceu que, na hipótese, o Tribunal *a quo* deliberou sobre se tratar de escritório com notória especialização, o que levou à conclusão da possibilidade da dispensa de licitação e, quanto ao tema, para analisar a questão acerca da alegada inviabilidade de competição reconhecida pelo Tribunal *a quo*, faz-se necessário o reexame do conjunto probatório, vedado pela Súm. n. 7-STJ. Observou ainda o Min. Relator que o valor da contratação, cinco mil reais mensais durante doze meses, por si só, denota a boa-fé empregada na contratação, além de comprovar a inexistência de enriquecimento ilícito. Diante disso, a Turma negou provimento ao recurso. **REsp 1.103.280-MG, Rel. Min. Francisco Falcão, julgado em 16/4/2009.** (Inform. STJ 390)

CERTIDÕES. LICITAÇÃO. REGULARIDADE FISCAL.

É cediço que a Lei n. 8.666/1993, nos arts. 27, IV, e 29, III, exige a **regularidade fiscal** para a habilitação das empresas para participar de licitações. Mas, no caso dos autos, o impetrante demonstrou que, no município do seu domicílio, as certidões têm validade de noventa dias, podendo ser revalidadas uma única vez antes da expiração do prazo, que o alvará de licença para estabelecimento e o comprovante de pagamento da taxa relativa ao ano de 1999 são os únicos documentos hábeis fornecidos para comprovar a regularidade fiscal, já que o tributo exigido pelo edital de licitação foi suprimido por meio de leis estaduais. Desse modo, **é ilegítima a exigência de certidões comprobatórias de regularidade fiscal, quando elas não podem ser fornecidas pelo município de domicílio do licitante como determinado pelo edital. REsp 974.854-MA, Rel. Min. Castro Meira, julgado em 6/5/2008.** (Inform. STJ 354) (g.n.)

PREGÃO. COMPETITIVIDADE.

Não há regra que determine o número mínimo de participantes ou o valor mínimo da proposta na licitação mediante pregão. Porém, na espécie, o fato de apenas duas sociedades terem participado do pregão ao apresentarem ofertas quase iguais ao valor máximo estimado como possível pela Administração pode indicar a falta de competitividade, a justificar a revogação do certame em respeito ao interesse público. Note-se que só há a necessidade de contraditório antes da revogação quando há disputa de direito subjetivo, não mera expectativa, como na hipótese. RMS 23.402-PR, Rel. Min. Eliana Calmon, julgado em 18/3/2008. (Inform. STJ 349) (g.n.)

CONCORRÊNCIA PÚBLICA. EDITAL. LICITAÇÃO. CONSULTA. CLÁUSULA.

Prosseguindo o julgamento, a Seção, por maioria, concedeu o *writ* a fim de que as impetrantes possam habilitar-se à fase subsequente de procedimento licitatório, reconhecendo o direito líquido e certo das demandantes na participação do mesmo. Mormente por ter sido considerado nulo o despacho de ministro de Estado, publicado no diário oficial, homologando pareceres, em sede de recurso administrativo, contrariamente às regras contidas nos esclarecimentos prestados em complemento ao edital, o qual é de natureza vinculante, após comunicado a todos os interessados. Precedente citado: REsp 198.665-RJ, DJ 3/5/1999. **MS 13.005-DF, Rel. Min. Denise Arruda, julgado em 10/10/2007.** (Inform. STJ 335)

LICITAÇÃO. CONSÓRCIO. QUALIFICAÇÃO TÉCNICA.

Ao se debruçar no teor da Lei n. 8.666/1993, é possível entrever o escopo de favorecer a participação de pequenas sociedades no processo licitatório, isso para incentivar uma maior competitividade no certame. Desse modo, **o art. 33, III, da referida lei, deve ser entendido no sentido de que o requisito da qualificação técnica seja aferido pelo somatório do consórcio e não pela qualificação de cada uma das sociedades que o compõem**. O consórcio vem, justamente, favorecer as pequenas sociedades e suprir suas incapacidades. Note-se que, no caso, o edital é nítido ao permitir o referido somatório. Ao final, esse entendimento exposto pelo Min. Relator, acolhido pela Turma, foi reforçado pela assertiva do Min. Herman Benjamin de que é possível o somatório, não apenas no aspecto técnico, como também no financeiro. **REsp 710.534-RS, Rel. Min. Humberto Martins, julgado em 17/10/2006.** (Inform. STJ 301)

LICITAÇÃO. ANULAÇÃO. CONVITE.

A Turma desproveu o recurso, entendendo que a Administração pode anular processo de licitação por insuficiência de participantes mesmo na modalidade convite (art. 22, § 3º, da Lei de Licitações), não obstante o juízo *a quo* ter considerado válido o certame com apenas dois concorrentes, situação convalidada quando se procedeu à fase de classificação, com a abertura de envelopes e publicação das propostas das duas únicas concorrentes. **REsp 640.679-RS, Rel. Min. Eliana Calmon, julgado em 11/4/2006.** (Inform. STJ 281)

LICITAÇÃO. ATRASO. ENTREGA. HABILITAÇÃO.

Na entrega da documentação relativa à habilitação do licitante, **constitui motivo de exclusão do certame licitatório o atraso de dez minutos após o horário previsto no edital marcado para o início da sessão.** Ponderou, ainda, o Min. Relator que, na lei não existem palavras inúteis ou destituídas de significação deontológica, verifica-se, assim, que o legislador, no art. 41 da Lei n. 8.666/1993, impôs, com apoio no princípio da legalidade, a interpretação restritiva do preceito, de modo a resguardar a atuação do administrador público, visto que esse atua como gestor da *res publica*. Daí a necessidade do vocábulo "estritamente" no artigo citado. Com esse entendimento, a Turma proveu o recurso da União, reformando a decisão do Tribunal *a quo* que aplicou o princípio da razoabilidade para afastar o rigor do horário previsto no edital licitatório. **REsp 421.946-DF, Rel. Min. Francisco Falcão, julgado em 7/2/2006.** (Inform. STJ 273)

12.16. QUADRO SINÓTICO

1. Legislação

1.1. Constituição Federal

– Art. 22, XXVII: União legisla sobre normas gerais

– Art. 173, § 1º, III: lei criará normas para estatais

– Art. 37, XXI: ressalvados os casos especificados na legislação, as obras, serviços, compras e alienações serão contratados mediante processo de licitação pública que assegure igualdade de condições a todos os concorrentes, com cláusulas que estabeleçam obrigações de pagamento, mantidas as condições efetivas da proposta, nos termos da lei, o qual somente permitirá as exigências de qualificação técnica e econômica indispensáveis à garantia do cumprimento das obrigações

1.2. Lei 8.666/1993: Lei Geral de Licitações e Contratos

1.3. Lei 10.520/2002: Lei do Pregão

2. Objetivos do procedimento licitatório (art. 3º da Lei 8.666/1993)

2.1. Garantir o princípio da **isonomia**

2.2. Garantir a **seleção mais vantajosa** para a Administração

2.3. Garantir a **promoção do desenvolvimento nacional sustentável**

3. Princípios do procedimento licitatório (art. 3º)

3.1. Legalidade

3.2. Impessoalidade

3.3. Moralidade e Probidade

3.4. Publicidade: exceção: sigilo do conteúdo da proposta (art. 3º, § 3º)

3.5. Igualdade

3.6. Vinculação ao instrumento convocatório

3.7. Julgamento objetivo

Aplicação prática da isonomia:

– **ME/EPP têm vantagens** (LC 123/2006):

i) prova ulterior de regularidade fiscal (art. 42);

ii) preferência em caso de empate;

iii) empate ficto com autorização para nova proposta (art. 44);

iv) licitação exclusiva, com cota do objeto ou com subcontratação obrigatória, para ME/EPP (art. 48)

Aplicação prática do desenvolvimento nacional sustentável:

I) Em caso de Empate, haverá preferência, sucessiva, aos bens e serviços

i) produzidos **no País**

ii) produzidos por **empresa brasileira**

iii) produzidos por **empresa que invista** em pesquisa e tecnologia no País

II) *Produto manufaturado* e serviço nacionais

– poderão ter **margem de preferência** de até 25% do preço do estrangeiro, conforme definição do Executivo Federal (ex: Decreto n. 7.709/2012, que dá margem de preferência de 18% e de 10% para motoniveladora e retroescavadeira nacionais)

– margem pode se estender a produtos/serviços do Mercosul

III) Sistemas de Defesa

– A Lei 12.598/2012 estabelece normas especiais para compras, contratações e desenvolvimento de produtos e sistemas de defesa – ex: licitação exclusiva para EED

– Empresa Estratégica de Defesa: pessoa jurídica credenciada no M. da Defesa, com sede, operação, pesquisa e desenvolvimento de tecnologia no Brasil

IV) RDC

– A Lei 12.462/2011 estabelece o RDC – Regime Diferenciado de Contratações Públicas, aplicável exclusivamente às **contratações** necessárias à realização:

a) das Olimpíadas/2016 e Paraolimpíadas/2016

b) da Copa das Confederações/2013 e Copa do Mundo/2014

c) das obras de infraestruturas e serviços para os aeroportos das capitais dos Estados distantes até 350 km das cidades sedes dos mundiais referidos acima

d) das ações do Programa de Aceleração do Crescimento – PAC

– **Opção** pelo RDC afasta Lei 8.666/1993

– Acrescenta **princípios** da "economicidade" e "eficiência"

– Impõe respeito especial a série de interesses **difusos**

– Admite **contratação integrada**: do projeto básico e executivo, à execução, testes e pré-operação

– Admite **remuneração variável** vinculada ao desempenho, com base em metas, qualidade, sustentabilidade e prazos de entrega

– **Fases da licitação**: preparatória, publicação do instrumento convocatório (com prazos menores), apresentação de propostas ou lances, julgamento, habilitação, recursal e encerramento (adjudicação e homologação)

– **Tipos de licitação**: menor preço ou maior desconto, técnica e preço, melhor técnica e conteúdo artístico, maior oferta de preço; ou maior retorno econômico

– Vedação de **nepotismo** nas contratações diretas

4. Quem deve licitar? (art. 1º, parágrafo único)

4.1. Órgãos da Administração Direta

4.2. Pessoas da Administração Indireta

4.3. Entidades controladas direta ou indiretamente pelos entes políticos

4.4. Fundos públicos

– Entidades do Sistema "S", Organizações Sociais e OSCIPs não estão submetidas ao dever de licitar

5. O que deve ser licitado? (art. 2º)

5.1. Contratos: *obras* (ex: construção, reforma), *serviços* (ex: demolição, seguro), *compras*, *alienações* e *locações*

5.2. Concessões: de uso de bem público e de serviço público

5.3. Permissões: de uso de bem público e de serviço público

6. Tipos de licitação

6.1. Menor preço: em caso de aquisições

– Não pode ser zero

– Não pode ser inexequível

– Não pode estar vinculado ao preço de outro licitante

– Em caso de empate, faz-se sorteio, salvo preferências

6.2. Maior lance:

– Em caso de alienações, concessões de direito real de uso e privatizações

– É típico da modalidade "leilão"

6.3. Melhor técnica e melhor técnica e preço

– Serviços de natureza predominantemente intelectual

– Ex: contratação de agência de publicidade

7. Contratação direta ("contratação sem licitação")

7.1. Licitação dispensada (art. 17)

– Relativa à alienação de bens públicos

– Rol taxativo

– Não há discricionariedade para a Administração

7.2. Dispensa de licitação (art. 24)

– Rol taxativo

– Há discricionariedade para realizar ou não a licitação – "a lei faculta a dispensa"

7.3. Inexigibilidade de licitação (art. 25)

– Rol exemplificativo

– A licitação é inviável, ou seja, "não tem como ser feita"

– Não há discricionariedade para a Administração

8. Licitação dispensada

8.1. Imóveis

– Alienação depende de interesse público, *autorização legislativa*, avaliação e licitação, dispensada esta na:

a) dação em pagamento

b) doação para Administração ou para programas sociais

d) investidura (alienação a proprietário lindeiro, de área remanescente ou resultante de obra pública, inaproveitável isoladamente)

8.2. Móveis

– A alienação depende de interesse público, avaliação e licitação, dispensada esta na doação social, na permuta entre órgãos da Administração, dentre outros casos

9. Dispensa de licitação (art. 24)

9.1. Em razão do valor (I e II)

a) contratos de até 10% do valor limite para o convite

– R$ 15 mil para obras e serviços de engenharia

– R$ 8 mil para compras e serviços

b) contratos de até 20% do valor limite para o convite, se feitos por consórcios públicos, empresas estatais e agências executivas (§ 1º)

Obs: não é possível o **fracionamento** de contratações que possam ser feitas de uma só vez, para que não haja violação reflexa da lei

9.2. Em razão de situações excepcionais

a) em caso de **guerra** ou **grave perturbação da ordem** (III) – ex: greve

b) em caso de **calamidade pública** ou **emergência** (IV)

– ex: desmoronamento de uma ponte

– Somente para os bens/serviços relacionados à emergência

– Por, no máximo, 180 dias, vedada prorrogação do contrato

c) em caso de **licitação deserta** (V)

– Caso não haja interessados na licitação e esta não possa ser repetida sem prejuízo, mantidas as condições do edital

Obs: não se deve confundir **licitação deserta**, com **licitação fracassada**; na última, aparecem interessados, mas estes ou são inabilitados ou são desclassificados, não cabendo dispensa, mas concessão de prazo para licitantes apresentarem nova documentação

d) quando a União tiver que intervir no **domínio econômico** para regular preços ou normalizar o abastecimento (VI)

e) em caso de **rescisão contratual**, para conclusão do remanescente de obra; contrata-se o 2º melhor classificado, nas condições oferecidas pelo vencedor do certame (XI)

9.3. Em razão do objeto

a) para *compra* ou *locação* de **imóvel** pela Administração (X)

– ex: aluguel de imóvel para instalar uma creche municipal

– Imóvel destinado a finalidade precípua da Administração

– Imóvel com instalação/localização ideais para Administração

– Imóvel com valor compatível com o de mercado

b) para *aquisição* ou *restauração* de **obras de arte** e **objetos históricos** (XV)

– Desde que de autenticidade certificada

– Desde que compatível com finalidade do órgão

9.4. Em razão da pessoa

a) na contratação de **instituição brasileira** de pesquisa, ensino, desenvolvimento institucional ou recuperação de preso, **com** inquestionável reputação ético-profissional e **sem** fins lucrativos (XIII)

– ex: contratação da FGV para uma consultoria

b) na contratação de serviços de **organizações sociais**, para atividades contempladas no contrato de gestão (XXIV)

– Verificar os demais incisos do art. 24 da Lei 8.666/1993!

10. Inexigibilidade de licitação (art. 25)

– Quando houver **inviabilidade de competição**, em especial:

a) em caso de **fornecedor exclusivo** (I)

– Exs: quando há único fornecedor de um medicamento; para contratação de serviço postal (só há os Correios, que têm monopólio)

– É vedada a preferência de marca, salvo para padronização

b) caso seja necessário contratar **serviço singular** (II)

– Trata-se de serviço técnico *diferenciado*, não podendo se tratar de um serviço *comum*

– Havendo tal necessidade, deve-se contratar *profissional com notória especialização*

– Não há inexigibilidade no serviço de publicidade/divulgação

c) Na contratação de **artista**, desde que consagrado pela crítica especializada ou pela opinião pública

11. Formalidades para a contratação direta

a) existência de um processo administrativo

b) justificativa da não realização da licitação

c) justificativa de preço – pesquisa de preço

d) razão da escolha do fornecedor

e) comunicação, em 3 dias úteis, à autoridade superior, para ratificação

f) publicação da contratação, em 5 dias, para eficácia do ato

12. Responsabilidade em caso de superfaturamento

a) é *solidária*

b) são responsáveis o *fornecedor* e o *agente público*

13. Fases da licitação (na modalidade concorrência)

13.1. Fase interna:

a) solicitação da compra ou aquisição, com motivação

b) verificação da existência de dotação e de recursos financeiros ($)

c) *autorização da licitação* e designação de *comissão de licitação* (3 membros, pelo menos 2 efetivos)

d) audiência pública, a depender do valor

e) minuta de edital

f) aprovação pelo jurídico

g) aprovação final pela autoridade competente

13.2. Fase externa

13.2.1. Edital: contém procedimento, condições de participação, critérios de julgamento, elementos do futuro contrato; em anexo, contém minuta do contrato

– Cabe impugnação do edital por:

i) qualquer cidadão, até 5 dias úteis da data da abertura dos envelopes de habilitação

ii) licitante, até 2º dia útil da abertura dos envelopes

13.2.2. Habilitação: *verificação da idoneidade, por meio da entrega de documentos*. Qualificações verificadas:

a) jurídica: *documentos da pessoa*

b) fiscal: *inscrição e regularidade com as Fazendas, com a Seguridade Social e com o FGTS;* inscrição fiscal e certidões negativas

c) técnica: *experiência e disponibilidade de pessoal e equipamentos*; inscrição nos órgãos e atestados

d) econômico-financeira: *existência de aptidão econômica para a satisfação do objeto contratual*; exige-se balanços, certidão negativa de falência e garantia de até 1% (caução, seguro-garantia ou fiança bancária)

e) regularidade quanto ao trabalho de menores

f) trabalhista: *inexistência de débitos inadimplidos perante a Justiça do Trabalho* (Lei 12.440/2011)

– Prova se dá pela CNDT, expedida eletrônica e gratuitamente

- O interessado não obterá CNDT se em seu nome constar inadimplemento de obrigações estabelecidas em sentença transitada em julgado, acordos judiciais e acordos firmados perante o MPT ou Comissão de Conciliação Prévia

– Verificada a existência de débitos garantidos por penhora suficiente ou com exigibilidade suspensa, será expedida Certidão Positiva de Débitos Trabalhistas em nome do interessado com os mesmos efeitos da CNDT

– A CNDT certificará a empresa em relação a todos os seus estabelecimentos, agências e filiais

– O prazo de validade da CNDT é de 180 dias da emissão

13.2.3. Julgamento e classificação

– Havendo problema nessa fase, promove-se a *desclassificação* do licitante, e não a *inabilitação* deste

13.2.4. Homologação: verificação da regularidade formal do procedimento

13.2.5. Adjudicação: atribuição do objeto ao vencedor

14. Modalidades de licitação (ritos)

14.1. Concorrência

a) destinação:

– Grande vulto: **acima** de 1,5 mi (obras e serviços de engenharia) e de R$ 650 mil (compras e serviços)

– Compra e alienação de imóveis

– Concessões

– Licitações internacionais

– Registros de preços: para compras rotineiras de bens padronizados

b) características marcantes:

– Universalidade, com *habilitação preliminar*

– Prazos para apresentação da proposta: no mínimo 45 dias, se envolver técnica, e no mínimo 30 dias, nos demais casos; prazos contados da última publicação

14.2. Tomada de preços

a) destinação:

– Médio vulto: **até** 1,5 mi (obras e serviços de engenharia) e **até** R$ 650 mil (compras e serviços)

– Licitação internacional, se houver cadastro internacional

b) características marcantes:

– *Habilitação prévia*: interessado deve estar cadastrado e apresentar "certificado de registro cadastral" - SICAF

– Não cadastrado pode participar se atender condições de cadastro até o 3º dia anterior à data do recebimento das propostas

– Prazos para apresentação da proposta: no mínimo 30 dias, se envolver técnica, e no mínimo 15 dias, nos demais casos; prazos contados da última publicação

14.3. Convite

a) destinação:

– Pequeno vulto: até 150 mil (obras e serviços de engenharia) e até R$ 80 mil (compras e serviços)

b) características marcantes:

– Publicidade reduzida: não há edital, mas carta-convite e afixação desta no quadro de avisos

– Chamam-se no mínimo 3 pessoas, cadastradas ou não

– Se existir mais de três cadastrados, a cada novo convite há de se chamar cadastrado ainda não convidado

– Não cadastrado pode participar se manifestar interesse até 24 hs da data da apresentação da proposta

– Prazo: 5 dias úteis, contados da expedição do convite

– Habilitação pode ser dispensada, salvo regularidade com a Seguridade Social

14.4. Concurso

a) destinação:

– Para a *escolha de trabalhos técnico, científico ou artístico, mediante prêmios ou remuneração aos vencedores*

– Ex: concurso de fotografia, concurso de monografia jurídica, concurso de projeto arquitetônico

b) características marcantes:

– Entrega-se trabalho pronto, e não uma proposta

– Prazo para a entrega do trabalho pronto: no mínimo 45 dias após a última publicação

– Habilitação pode ser dispensada, mas o edital deve indicar eventual qualificação exigida dos participantes

14.5. Leilão

a) destinação:

– Para a *alienação de bens móveis inservíveis, produtos apreendidos ou penhorados, imóveis adquiridos em processo judicial ou por dação em pagamento e ativos, ações e outros direitos relacionados à desestatização*

– Ex: leilão de produtos apreendidos pela Receita Federal

b) características marcantes:

– Prazo para realização do evento: no mínimo 15 dias após publicação

– Tipo: maior lance, igual ou superior ao da avaliação

– Habilitação pode ser dispensada, salvo regularidade junto à Seguridade Social

– Direção do evento: leiloeiro oficial ou servidor designado

14.6. Pregão (Lei 10.520/2002)

a) destinação:

– *Aquisição de bens e serviços comuns*

– Aqueles que têm especificações usuais no mercado

– Ex: móveis, material de escritório, serviço de limpeza

b) características marcantes: – Prazo para a realização da sessão de pregão: no mínimo 8 dias úteis, contados da última publicação – Tipo: menor preço – Dupla inversão de fases – Classificação provisória + lances verbais + negociação – Oralidade: recurso e adjudicação na própria sessão – Direção por pregoeiro e equipe de apoio (maioria com cargos efetivos) – Vedado: garantia da proposta e pagamento de taxas **c) procedimento** 1º) Abertura dos envelopes com as propostas (inversão)	2º) Classificação provisória 3º) Lances verbais entre o 1º colocado e os com ofertas até 10% maiores – garantido ao menos 3 preços diferentes 4º) Classificação definitiva, negociação com 1º classificado e exame da aceitabilidade da melhor proposta 5º) Abertura do envelope com os documentos de habilitação do licitante que apresentar melhor proposta 6º) Declaração do licitante vencedor 7º) Oportunidade para recurso oral e motivado, concedendo-se, após, 3 dias para razões e 3 dias para resposta 8º) Adjudicação e, depois, homologação (inversão)

12.17. QUESTÕES OBJETIVAS COMENTADAS

12.17.1. Conceito, objetivos e princípios

(Ministério Público/MS – 2013 – FADEMS) "O ajuste administrativo pelo qual a Administração adquire coisas móveis, necessárias à realização das suas obras ou à manutenção dos seus serviços", denomina-se:

(A) Contrato de serviço.

(B) Contrato de obra pública.

(C) Contrato de fornecimento.

(D) Contrato de concessão.

(E) Contrato de servidão.

A: incorreta, pois o serviço é uma atividade e não uma coisa móvel (art. 6º, II, da Lei 8.666/1993); **B:** incorreta, pois a obra é toda construção, reforma, fabricação, recuperação ou ampliação, realizada por execução direta ou indireta (art. 6º, I, da Lei 8.666/1993); **C:** correta, pois o fornecimento se dá em relação a coisas móveis e não a atividades, serviços ou obras; **D:** incorreta, pois na concessão há outorga de um direito de exploração de bem público ou de serviço público, em favor do particular; **E:** incorreta, pois a servidão consiste em um ônus real numa coisa alheia.

Gabarito "C"

(Procurador do Estado/AC – FMP – 2012) Com relação aos princípios básicos da licitação, previstos na Lei n. 8.666, de 21 de junho de 1993, com posteriores alterações, é **INCORRETO** afirmar que a lei contempla o seguinte princípio:

(A) vinculação ao instrumento convocatório.

(B) promoção do desenvolvimento sustentável.

(C) julgamento objetivo.

(D) sigilo da licitação, dos seus atos e decisões.

O art. 3º da Lei 8.666/1993 estabelece os seguintes objetivos e princípios da licitação: a) isonomia; b) seleção da proposta mais vantajosa para a Administração; c) promoção do desenvolvimento nacional sustentável; d) legalidade; e) impessoalidade; f) moralidade; g) igualdade; h) publicidade; i) probidade administrativa; j) vinculação ao instrumento convocatório; k) julgamento objetivo. Assim, as alternativas "a", "b" e "c" estão corretas, não devendo ser assinaladas. Já a alternativa "d" está incorreta, devendo ser assinalada. Isso porque o princípio previsto na lei é o contrário, ou seja, é o que impõe a publicidade, e não o sigilo da licitação. Este só existe num determinado ponto, que é quanto ao conteúdo das propostas até a abertura dos respectivos envelopes.

Gabarito "D"

(Procurador do Estado/MG – FUMARC – 2012) Acerca do regime jurídico das licitações e contratos administrativos, analise as seguintes afirmativas e assinale a alternativa correta:

I. No Direito Brasileiro são finalidades da licitação a obtenção da proposta mais vantajosa para a administração; a concretização do princípio da isonomia; e a promoção do desenvolvimento nacional sustentável.

II. A ordem jurídica vigente admite que, em igualdade de condições, como critério de desempate, seja assegurada preferência, sucessivamente, aos bens e serviços: produzidos ou prestados por empresas brasileiras de capital nacional; produzidos no País; produzidos ou prestados por empresas que invistam em pesquisa e no desenvolvimento de tecnologia no País.

III. Entre os documentos hoje exigidos dos licitantes, para comprovação de regularidade fiscal e trabalhista, conforme o caso, poderá ser requerida, pela Administração, prova de inexistência de débitos inadimplidos perante a Justiça do Trabalho, mediante certidão negativa emitida na forma da legislação celetista.

IV. Não comparecendo licitantes à licitação anterior regularmente convocada poderá a Administração automaticamente realizar contratação direta, desde que mantidas todas as condições preestabelecidas no instrumento de convocação.

ALTERNATIVAS

(A) Apenas I e II são corretas;

(B) Apenas I e III são corretas;

(C) Apenas II e III são corretas;

(D) Apenas II e IV são corretas;

(E) Apenas III e IV são corretas.

I: correta (art. 3º, *caput*, da Lei 8.666/1993); **II:** incorreta, pois a nova ordem assegura preferência, sucessivamente, aos bens e serviços produzidos no País, produzidos ou prestados por empresas brasileiras e produzidos ou prestados por empresas que invistam em pesquisa e no desenvolvimento de tecnologia no País (art. 3º, § 2º, da Lei 8.666/1993); **III:** correta (art. 29, V, da Lei 8.666/1993); **IV:** incorreta, pois, nesse caso, a Administração deverá verificar se não é possível fazer novo certame licitatório; caso a Administração, justificadamente, não possa repetir o certamente sem prejuízo, aí sim é que poderá ser feita a contratação direta (art. 24, V, da Lei 8.666/1993).

Gabarito "B"

(Magistratura do Trabalho – 2ª Região – 2010) Em matéria de licitação:

I. Somente a Administração Pública direta dos poderes da União, dos Estados e dos Municípios devem fazer o procedimento licitatório.

II. Devem ser observados os princípios da legalidade, da impessoalidade, da moralidade e da eficiência no procedimento licitatório.

III. Os fundos especiais e as sociedades de economia mista não estão subordinados ao regime licitatório.

IV. São dispensadas do procedimento licitatório obras e serviços de engenharia de pequeno valor, desde que não se refiram a parcelas de uma mesma obra do serviço.

V. É inexigível a licitação quando houver inviabilidade de competição, em especial para a aquisição de materiais, equipamentos, ou gêneros que só possam ser fornecidos por produtor, empresa ou representante comercial exclusivo.

Assinale a alternativa correta:

(A) As afirmativas II, III, IV e V estão corretas.

(B) A afirmativa I é a única correta.

(C) As afirmativas II, III e V estão corretas.

(D) As afirmativas II, IV e V estão corretas.

(E) As afirmativas I, III e V estão corretas.

I: incorreta, pois toda a Administração Indireta também está sujeita à licitação pública (art. 1º, parágrafo único, da Lei 8.666/1993); **II:** correta (art. 3º da Lei 8.666/1993); **III:** incorreta, pois são obrigados a licitar sim (art. 1º, parágrafo único, da Lei 8.666/1993); **IV:** correta (art. 24, I, da Lei 8.666/1993); **V:** correta (art. 25, I, da Lei 8.666/1993).

Gabarito "D"

(Ministério Público do Trabalho – 16º) Considerada a Lei de Licitações e contratos da Administração Pública, assinale a alternativa INCORRETA:

(A) As empresas públicas e as sociedades de economia mista estão subordinadas ao regime das licitações e contratos administrativos;

(B) A Lei assegura preferência, em primeiro lugar, aos bens e serviços produzidos ou prestados por empresas brasileiras, como critério de desempate em havendo igualdade de condições;

(C) Como regra geral, qualquer cidadão pode acompanhar o desenvolvimento do processo licitatório;

(D) A licitação, salvo quanto ao conteúdo das propostas e até a respectiva abertura, não será sigilosa;

(E) Não respondida.

A: correta (art. 1º, parágrafo único, da Lei 8.666/1993); **B:** assertiva incorreta, devendo ser assinalada. A preferência, em primeiro lugar, aos bens e serviços produzidos no Brasil; prestados por empresas brasileiras está em segundo lugar (art. 3º, § 2º, da Lei 8.666/1993); **C:** correta (art. 4º da Lei 8.666/1993); **D:** correta (art. 3º, § 3º, da Lei 8.666/1993).

Gabarito "B"

(Analista – TRE/AL – 2010 – FCC) São princípios da licitação expressamente citados na Lei nº 8.666/1993, dentre outros,

(A) julgamento objetivo, competitividade e sigilo das propostas.

(B) vinculação ao instrumento convocatório, competitividade e sigilo das propostas.

(C) adjudicação compulsória, competitividade e igualdade.

(D) probidade administrativa, julgamento objetivo e igualdade.

(E) probidade administrativa, sigilo das propostas e adjudicação compulsória.

De acordo com o art. 3º, *caput*, da Lei 8.666/1993, são princípios básicos da licitação a legalidade, impessoalidade, moralidade, igualdade, publicidade, probidade administrativa, vinculação ao instrumento convocatório e julgamento objetivo.

Gabarito "D"

(Analista – TRE/TO – 2011 – FCC) No que concerne aos princípios das licitações, é correto afirmar:

(A) O desrespeito ao princípio da vinculação ao instrumento convocatório não torna inválido o procedimento licitatório.

(B) Apenas o licitante lesado tem direito público subjetivo de impugnar judicialmente procedimento licitatório que não observou ditames legais.

(C) A licitação não será sigilosa, sendo públicos todos os atos de seu procedimento, como por exemplo, o conteúdo das propostas, inclusive quando ainda não abertas.

(D) É possível a abertura de novo procedimento licitatório, ainda que válida a adjudicação anterior.

(E) A Administração não poderá celebrar o contrato com preterição da ordem de classificação das propostas, sob pena de nulidade.

A: incorreta, pois o desrespeito é causa de nulidade do procedimento, eis que infringe princípio previsto no art. 3º da Lei 8.666/1993; **B:** incorreta (art. 41, § 1º, da Lei 8.666/1993); **C:** incorreta (art. 3º, § 3º, da Lei 8.666/1993); **D:** incorreta, pois a compulsoriedade veda também que se abra nova licitação enquanto válida a adjudicação anterior. Além disso, o direito do vencedor limita-se à adjudicação, ou seja, a atribuição à ele do objeto da licitação, e não ao contrato imediato; **E:** correta (art. 50 da Lei 8.666/1993).

Gabarito "E"

(OAB/Exame Unificado – 2011.3.B) A licitação tem como um de seus princípios específicos o do julgamento objetivo, que significa

(A) a vedação de cláusulas ou condições que comprometam a ideia de proposta mais vantajosa à Administração.

(B) a vedação ao sigilo das propostas, de forma a permitir a todos, antes do início da licitação, o conhecimento objetivo das ofertas dos licitantes.

(C) ser vedada a utilização, no julgamento das propostas, de elemento, critério ou fator sigiloso, secreto, subjetivo ou reservado.

(D) ser impositivo o julgamento célere e oral das propostas, a acarretar a imediata contratação do licitante vencedor.

A: incorreta, pois essa vedação decorre do princípio da indisponibilidade do interesse público, sendo certo que um dos objetivos da licitação é justamente "a seleção da proposta mais vantajosa para a administração" (art. 3º da Lei 8.666/1993); **B:** incorreta, pois essa questão tem a ver com o princípio da publicidade, que, nesse ponto específico, sofre exceção, para o fim de impor o sigilo do conteúdo das propostas, até a respectiva abertura (art. 3º, § 3º, da Lei 8.666/1993); **C:** correta (art. 44 da Lei 8.666/1993); **D:** incorreta, pois essa questão tem a ver com o princípio da eficiência, e não com o princípio do julgamento objetivo; de qualquer forma, é bom ressaltar que a imposição de julgamento célere e oral das propostas não está prevista na Lei 8.666/1993.

Gabarito "C"

12.17.2. Contratação direta (licitação dispensada, dispensa de licitação e inexigibilidade de licitação)

(Magistratura/DF – 2011) A Lei n. 8.666/1993 prevê que a licitação é dispensável:

(A) quando não acudirem interessados à licitação anterior e esta, justificadamente, não puder ser repetida sem prejuízo para a Administração, não sendo necessário manter todas as condições preestabelecidas, já que ninguém conseguiu cumpri-las;

(B) na celebração de contrato de programa com ente da Federação ou com entidade de sua administração indireta, para a prestação de serviços públicos de forma associada nos termos do autorizado em contrato de consórcio público ou em convênio de cooperação;

(C) na contratação de fornecimento ou suprimento de energia elétrica e gás natural com qualquer tipo de empresa;

(D) nas compras de hortifrutigranjeiros, pão e outros gêneros perecíveis, pois não é possível realizar licitação para compras dessa natureza.

A: incorreta, pois é necessário manter todas as condições preestabelecidas (art. 24, V, da Lei 8.666/1993); **B:** correta (art. 24, XXVI, da Lei 8.666/1993); **C:** incorreta, pois deve ser uma contratação com concessionário, permissionário ou autorizado (art. 24, XXII, da Lei 8.666/1993); **D:** incorreta, pois é possível sim fazer licitação no caso; há dispensa apenas no tempo necessário para a realização dos processos licitatórios correspondentes (art. 24, XII, da Lei 8.666/1993).

Gabarito "B"

(Magistratura/ES – 2011 – CESPE) Com relação ao instituto da licitação, assinale a opção correta.

(A) No concurso, modalidade de licitação, o julgamento deve ser feito por comissão especial, composta necessariamente por servidores qualificados, pertencentes ao quadro permanente do órgão responsável pela licitação, de reputação ilibada e notório conhecimento da matéria.

(B) É inexigível licitação na celebração de contrato de programa com ente da Federação para a prestação de serviços públicos de forma associada, nos termos do que for autorizado em contrato de consórcio público.

(C) Mesmo após a adjudicação válida, a administração pública pode revogar ou anular o procedimento licitatório, ou, mesmo, contratar com outrem.

(D) Segundo a jurisprudência majoritária, a dispensa ou inexigibilidade de licitação fora das hipóteses legais configura delito de mera conduta, para cuja consumação não se exige a demonstração de efetivo prejuízo para a administração pública.

(E) Se a administração pública realizar contratação direta com determinada empresa com base em inexigibilidade de licitação e, posteriormente, constatar a ocorrência de vício no procedimento, o vínculo contratual não poderá ser desconstituído, pois, segundo a jurisprudência, o vício de procedimento não autoriza o desfazimento do ato administrativo.

A: incorreta, pois, na modalidade de licitação concurso, o julgamento será feito por uma comissão especial integrada por pessoas de reputação ilibada e de reconhecido conhecimento da matéria em exame, podendo ser servidores públicos ou não (art. 51, § 5º, da Lei 8.666/1993); **B:** incorreta, pois esse caso é de dispensa de licitação (art. 24, XXVI, da Lei 8.666/1993) e não de inexigibilidade; **C:** incorreta, pois contratar com outrem não será possível, devendo-se respeitar a posição do adjudicatário; **D:** correta; porém, há decisões em sentido contrário (*vide* STF, Inq 2.482/MG, rel. Min. Luiz Fux, j. em 15.09.2011), devendo-se atentar para a evolução jurisprudencial do tema, que pode tornar incorreta a afirmação contida na alternativa; **E:** incorreta, pois o vício de procedimento acarreta sim o desfazimento do ato administrativo (v., por exemplo: STF, MS 26.000, *DJ* 14.11.2012).

Gabarito "D"

(Magistratura/SP – 2011 – VUNESP) A Presidente da República, objetivando troca de turbina do "Aerolula", compra a peça de reposição sem licitação. É correto afirmar que a Presidente

(A) o faz baseado na singularidade relevante em matéria de licitação, na presunção de que o serviço de uma determinada empresa é mais indicado que outro, porquanto, no caso, existe uma significação particular excepcional.

(B) leva a efeito concorrência pública em homenagem ao princípio da moralidade.

(C) faz concorrência na modalidade convite tendo em vista o negócio de vulto a ser realizado.

(D) realiza tomada de preço organizada em função do ramo de negócio.

(E) realiza leilão com base no princípio da moralidade, impessoalidade, legalidade, publicidade e isonomia.

Dada a singularidade do serviço objetivado, está-se diante de hipótese de inexigibilidade de licitação (art. 25 da Lei 8.666/1993), admitindo a contratação direta, ou seja, a não realização de licitação.

Gabarito "A"

(Ministério Público/SP – 2013 – PGMP) Em quais hipóteses NÃO há dispensa e inexigibilidade de licitação?

(A) Inviabilidade de competição para a contratação de serviços técnicos de natureza singular, desde que comprovada a notória especialização do contratado, e compra de materiais fornecidos exclusivamente por uma única empresa.

(B) Contratação de empresa diversa da vencedora do certame original em consequência de rescisão contratual, atendida a ordem e condições aceitas da licitação anterior, e contratação de escritório de arquitetura reconhecido internacionalmente por sua excelência nos projetos de estádios de futebol.

(C) Dação em pagamento de bem imóvel com prévia avaliação e autorização legislativa e contratação de professor universitário, ex-ministro da Suprema Corte, para elaboração de parecer jurídico na sua área específica do Direito.

(D) Contratação de serviços de publicidade e concessão da coleta do lixo escolar.

(E) Concessão de direito real de uso de imóvel para outro órgão da administração pública e contratação de profissional do setor artístico consagrado pela opinião pública.

A: incorreta, pois esses casos são de inexigibilidade de licitação, nos termos do art. 25, II e I, respectivamente, da Lei 8.666/1993; **B:** incorreta, pois esses casos são de dispensa de licitação (art. 24, XI, da Lei 8.666/1993) e de inexigibilidade de licitação (art. 25, II, da Lei 8.666/1993), respectivamente; **C:** incorreta, pois esses casos são de licitação dispensada (art. 17, I, "a", da Lei 8.666/1993) e de inexigibilidade (art. 25, II, da Lei 8.666/1993), respectivamente; **D:** correta, pois a lei é expressa ao impedir a contratação sem licitação de serviços de publicidade e propaganda (art. 25, II, da Lei 8.666/1993); no mais, quanto ao segundo caso (coleta de lixo escolar), também não há autorização geral de não fazer licitação na espécie; **E:** incorreta, pois esses casos são de licitação dispensada (art. 17, § 2º, I, da Lei 8.666/1993) e de inexigibilidade de licitação (art. 25, III, da Lei 8.666/1993), respectivamente.

Gabarito "D"

(Ministério Público/MS – 2013 – FADEMS) No caso de contratação pela Administração Pública de serviço de coleta, processamento e comercialização de resíduos sólidos urbanos recicláveis, em áreas com sistema de coleta seletiva de lixo, efetuados por associações ou cooperativas formadas exclusivamente por pessoas físicas de baixa renda reconhecidas pelo poder público como catadores de materiais recicláveis, com o uso de equipamentos compatíveis com as normas técnicas, ambientais e de saúde, **é correto** afirmar que se trata de hipótese de:

(A) Inexigibilidade de licitação.

(B) Exigibilidade de licitação.

(C) Vedação de licitação.

(D) Dispensa de licitação.

(E) Licitação deserta.

Trata-se de caso de dispensa de licitação (art. 24, XXVII, da Lei 8.666/1993).

Gabarito "D"

(Ministério Público/MS – 2011 – FADEMS) Dentre as modalidades de licitação, aquela utilizada para a venda de bens móveis inservíveis ou de produtos legalmente apreendidos e aquela utilizada entre interessados devidamente cadastrados ou que atenderem a todas as condições exigidas para cadastramento até o terceiro dia anterior à data do recebimento das propostas, observada a necessária qualificação são, respectivamente, definidas pela Lei n. 8.666/1993 como:

(A) pregão e tomada de preços;

(B) leilão e convite;

(C) concorrência e leilão;

(D) leilão e tomada de preços;

(E) leilão e pregão.

Art. 22, §§ 5º e 2º, respectivamente, da Lei 8.666/1993.

Gabarito "D"

(Ministério Público/SC – 2010) Em atenção à licitação, considere as seguintes assertivas:

I. O autor do projeto, básico ou executivo, não poderá participar, direta ou indiretamente, da licitação ou da execução de obra ou serviço e do fornecimento de bens a eles necessários.

II. É inexigível a licitação para contratação de serviços de publicidade.

III. A licitação é dispensável na contratação de instituição ou organização, pública ou privada, com ou sem fins lucrativos, para a prestação de serviços de assistência técnica e extensão rural no âmbito do Programa Nacional de Assistência Técnica e Extensão Rural na Agricultura Familiar e na Reforma Agrária, instituído por Lei Federal.

IV. Os tipos de licitação "melhor técnica" ou "técnica e preço" serão utilizados exclusivamente para serviços de natureza predominantemente intelectual.

V. A autoridade competente somente poderá revogar a licitação por razões de interesse público decorrente de fato superveniente devidamente comprovado, pertinente e suficiente para justificar tal conduta e através de processo administrativo, assegurando, assim, o contraditório e a ampla defesa dos licitantes.

De acordo com a Lei Federal n. 8.666/1993, em sua redação atual:

(A) Apenas as assertivas IV e V estão corretas.

(B) Todas as assertivas estão corretas.

(C) Apenas as assertivas II, IV e V estão corretas.

(D) Apenas as assertivas II, III e V estão corretas.

(E) Apenas as assertivas I, III, IV e V estão corretas.

I: correta (art. 9º, I, da Lei 8.666/1993); **II:** incorreta, pois há expressa determinação legal em sentido contrário (art. 25, II, da Lei 8.666/1993); **III:** correta (art. 24, XXX, da Lei 8.666/1993); **IV:** correta (art. 46 da Lei 8.666/1993); **V:** correta (art. 49, *caput* e § 3º, da Lei 8.666/1993).

Gabarito "E"

(Defensoria Pública/SP – 2010 – FCC) A formalização da concessão de serviço público, disciplinada em sua forma comum pela Lei nº 8.987/1995, dar-se-á por contratação

(A) com licitação dispensável, devido à prestação ser por conta e risco do concessionário.

(B) em condições legais excepcionais, sem exigência de modalidade licitatória específica.

(C) com licitação dispensada, se demonstrada a melhor capacidade do concessionário.

(D) direta e sem prazo determinado, em decorrência de ser inexigível a licitação.

(E) com licitação prévia e obrigatória, na modalidade de concorrência.

A contratação de concessão de serviço público depende de licitação pública, na modalidade concorrência, nos termos do art. 2º, II, da Lei 8.987/1995 e do art. 175 da CF.

Gabarito "E"

(Defensor Público/AM – 2010 – I. Cidades) A respeito do credenciamento em matéria de licitação, assinale a alternativa correta:

(A) É inexigível a licitação nas hipóteses em que o credenciamento é aberto para outorga a todos os interessados habilitados, já que inexistente a possibilidade teórica de competição.

(B) O credenciamento, como ato administrativo ampliativo de direitos do cidadão, sempre implica na obrigatoriedade de licitação, em respeito ao princípio da isonomia.

(C) Todos os atos administrativos restritivos também se submetem a um processo administrativo próprio de licitação.

(D) O credenciamento é aberto, mas sempre deve ser licitado em respeito ao princípio da isonomia.

(E) O credenciamento é o ato através do qual, após prévio processo licitatório, se permite que uma empresa represente a Administração Pública em uma ocasião específica.

O credenciamento é o ato ou contrato formal pelo qual a administração pública confere a um particular (pessoa física ou jurídica), normalmente sem prévia licitação, a prerrogativa de exercer certas atividades materiais ou técnicas, em caráter instrumental ou de colaboração com o Poder Público, a título oneroso, remuneradas, na maioria das vezes, diretamente pelos interessados. Um exemplo de credenciamento é o ato que ocorre com as empresas de autoescola, que recebem credenciamento do Poder Público para a prática de certas atividades em colaboração com este (aulas, exames etc.), sem licitação e com cobrança dos interessados. Inexistindo viabilidade técnica de competição, está-se diante de hipótese de inexigibilidade (art. 25, *caput*, da Lei 8.666/1993).

Gabarito "A"

(Defensor Público/BA – 2010 – CESPE) Julgue o seguinte item.

(1) Os casos de dispensa de licitação previstos em lei somente podem ser ampliados, pela autoridade competente, devido a interesse público decorrente de fato devidamente comprovado, pertinente e suficiente para justificar tal conduta.

1: incorreto, pois somente por lei é possível criar novos casos de dispensa de licitação (art. 37, XXI, da CF).

Gabarito 1E

(Defensor Público/GO – 2010 – I. Cidades) Na hipótese de contratação direta em casos singulares, em contratos abaixo de R$ 8.000,00

(A) há uma contratação direta por dispensa da licitação, sendo necessária a verificação do menor preço.

(B) há uma fase discricionária, para a verificação dos requisitos da singularidade e da notória especialização, com posterior escolha do profissional.

(C) a contratação implica em menor preço, após pesquisa de mercado.

(D) o serviço singular implica em serviços que são incomparáveis uns com os outros.

(E) a primeira fase é discricionária, na averiguação dos preços e depois há uma fase vinculada, para escolha do melhor profissional.

A: incorreta, pois, havendo dispensa de licitação, é necessário pesquisa de preço e justificativa da contratação; **B:** incorreta, pois, primeiro, vê-se a singularidade do serviço, sendo que, somente uma vez constatada essa singularidade, é que se passará à escolha do profissional, que deverá ter notória especialização (art. 25, II, da Lei 8.666/1993); **C:** incorreta, pois, na contratação direta, a lei não exige o menor preço, mas a "justificativa do preço" (art. 26, parágrafo único, III, da Lei 8.666/1993); **D:** correta, pois implica em serviços diferenciados, que não podem ser objeto de comparação entre si; **E:** incorreta, pois há certa discricionariedade nessas duas fases.

Gabarito "D"

(Delegado/AP – 2010) É dispensável a licitação:

(A) nos casos de emergência ou de calamidade pública para parcelas de obras e serviços que possam ser concluídas no prazo máximo de 180 (cento e oitenta) dias consecutivos e ininterruptos, contados da ocorrência da emergência ou calamidade, podendo ser prorrogado uma única vez.

(B) para o fornecimento de bens e serviços, produzidos ou prestados no País, que envolvam, cumulativamente, alta complexidade tecnológica e defesa nacional, mediante parecer de comissão especialmente designada pela autoridade máxima do órgão.

(C) para locação ou permissão de uso de bens imóveis de uso comercial de âmbito local com área de até 350 m² (trezentos e cinquenta metros quadrados) e inseridos no âmbito de programas de regularização fundiária de interesse social desenvolvidos por órgãos ou entidades da administração pública.

(D) para a contratação de serviços técnicos relativos a treinamento e aperfeiçoamento de pessoal, com profissionais ou empresas de notória especialização.

(E) para contratação de obra complementar, desde que atendida a ordem de classificação da licitação anterior e aceitas as mesmas condições oferecidas pelo licitante vencedor, inclusive quanto ao preço, devidamente corrigido.

A: incorreta, pois é vedada a prorrogação do contrato no caso (art. 24, IV, da Lei 8.666/1993); **B:** correta (art. 24, XXVIII, da Lei 8.666/1993); **C:** incorreta, pois o caso é de licitação dispensada (art. 17, I, *h*, da Lei 8.666/1993) e o limite de metragem é de 250 m², e não de 350 m²; **D:** incorreta, pois não existe previsão de dispensa de licitação para a hipótese; **E:** incorreta, pois a hipótese é de dispensa para a contratação de *remanescente de obra*, e não para *obra complementar*.

Gabarito "B"

(Procurador do Estado/MT – FCC – 2011) Determinada sociedade de economia mista pretende contratar serviços técnicos especializados para estruturação de operação de abertura de seu capital social e emissão de debêntures no mercado internacional, para tanto,

(A) está dispensada de prévio procedimento licitatório, por se tratar de operação regulada pela legislação do mercado de capitais, devendo comprovar a compatibilidade do preço com os praticados no mercado.

(B) pode declarar a inexigibilidade de licitação, por ato fundamentado de seus administradores, quando a licitação possa comprometer o sigilo da operação.

(C) deve instaurar prévio procedimento licitatório, sendo este inexigível se comprovada a inviabilidade de competição, em função da singularidade do objeto, bem como a notória especialização do contratado.

(D) pode dispensar a licitação, por ato fundamentado de seus administradores, caso a contratada seja empresa estrangeira, de notória especialização e desde que haja compatibilidade do preço com os praticados no mercado.

(E) pode dispensar a licitação, por ato fundamentado de seus administradores, se a contratada for fundação ou empresa pública especializada e desde que haja compatibilidade do preço com o mercado.

As alternativas "a", "d" e "e" estão descartadas, pois o caso trazido no enunciado não se enquadra em qualquer dos casos de dispensa previstos no art. 24 da Lei 8.666/1993. A alternativa "b" está incorreta, pois a necessidade de sigilo da operação não justifica a contratação direta. A alternativa "c" está correta, pois há de se tentar viabilizar a licitação no caso. Porém, caso se verifique que a competição é inviável em função da singularidade do objeto, incidirá o disposto no art. 25, II, da Lei 8.666/1993, configurando-se caso de inexigibilidade de licitação.

Gabarito "C"

(Procurador do Estado/RO – 2011 – FCC) NÃO é hipótese legal de dispensa de licitação:

(A) A alienação gratuita ou onerosa, aforamento, concessão de direito real de uso, locação ou permissão de uso de bens imóveis residenciais construídos, destinados ou efetivamente utilizados no âmbito de programas habitacionais ou de regularização fundiária de interesse social desenvolvidos por órgãos ou entidades da administração pública.

(B) A contratação de remanescente de obra, serviço ou fornecimento, em consequência de rescisão contratual, desde que atendida a ordem de classificação da licitação anterior e aceitas as mesmas condições oferecidas pelo licitante vencedor, inclusive quanto ao preço, devidamente corrigido.

(C) A contratação da coleta, processamento e comercialização de resíduos sólidos urbanos recicláveis ou reutilizáveis, em áreas com sistema de coleta seletiva de lixo, efetuados por associações ou cooperativas formadas exclusivamente por pessoas físicas de baixa renda reconhecidas pelo poder público como catadores de materiais recicláveis, com o uso de equipamentos compatíveis com as normas técnicas, ambientais e de saúde pública.

(D) A contratação de associação de portadores de deficiência física, sem fins lucrativos e de comprovada idoneidade, por órgãos ou entidades da Administração Pública, para a prestação de serviços ou fornecimento de mão de obra, desde que o preço contratado seja compatível com o praticado no mercado.

(E) O credenciamento de número indeterminado de profissionais de saúde para atendimento de saúde complementar aos servidores públicos, garantindo-se a publicidade do procedimento, a objetividade dos requisitos, a regulamentação da prestação dos serviços e a fixação criteriosa da tabela de remuneração dos serviços prestados.

A: correta – é hipótese de licitação dispensada (art. 17, I, "f", da Lei 8.666/1993); **B:** correta – é hipótese de dispensa (art. 24, XI, da Lei 8.666/1993); **C:** correta – é hipótese de dispensa (art. 24, XXVII, da Lei 8.666/1993); **D:** correta – é hipótese de dispensa (art. 24, XX, da Lei 8.666/1993); **E:** incorreta – *não* é hipótese, devendo ser assinalada; isso porque não existe essa previsão no rol taxativo da dispensa de licitação.

Gabarito "E"

(Procurador do Estado/RS – 2010 – FUNDATEC) Relativamente ao processo licitatório disciplinado pela Lei Federal n. 8.666/1993, é correto afirmar que:

(A) Quando há inviabilidade da competição, a licitação é dispensável e deve sempre ser justificada.

(B) Quando da intervenção da União no domínio econômico para regular preços ou normalizar o abastecimento, a licitação é dispensável.

(C) O leilão é a modalidade licitatória utilizável para a venda de bens móveis e imóveis inservíveis à Administração ou legalmente apreendidos ou adquiridos por força de execução judicial ou de dação em pagamento. Seu vencedor será aquele que oferecer o maior lance, igual ou superior ao valor da avaliação.

(D) Podem participar as empresas nacionais e as empresas estrangeiras em funcionamento no país, desde que devidamente autorizadas por decreto do Governo Federal, dispensada a exigência quando a empresa estrangeira estiver consorciada com empresa brasileira.

(E) Pode ser revogado por razões de interesse público decorrente de fato anterior à abertura, pertinente e suficiente, devidamente comprovado, mediante parecer escrito e fundamentado.

A: incorreta, pois, nesse caso, a licitação é inexigível (art. 25, *caput*, da Lei 8.666/1993), e não dispensável; **B:** correta (art. 24, VI, da Lei 8.666/1993); **C:** incorreta, pois o texto da lei fala em "móveis inservíveis" e não em "móveis ou *imóveis* inservíveis" (art. 22, § 5º, da Lei 8.666/1993); **D:** incorreta, pois não há previsão legal isentando a empresa estrangeira de estar devidamente autorizada por decreto federal quando estiver consorciada com empresa brasileira (art. 28, V, da Lei 8.666/1993); **E:** incorreta, pois a revogação depende de fato novo, ou seja, de fato superveniente à abertura do certame (art. 49 da Lei 8.666/1993).

Gabarito "B"

(Procurador do Município/Florianópolis-SC – 2010 – FEPESE) Analise as afirmativas abaixo:

É dispensável a licitação para:

1. o fornecimento de bens e serviços, produzidos ou prestados no País, que envolvam, cumulativamente, alta complexidade tecnológica e defesa nacional, mediante parecer de comissão especialmente designada pela autoridade máxima do órgão.
2. a celebração de contratos de prestação de serviços com as organizações sociais, qualificadas no âmbito das respectivas esferas de governo, para atividades contempladas no contrato de gestão.
3. a aquisição ou restauração de obras de arte e objetos históricos, de autenticidade certificada, desde que compatíveis ou inerentes às finalidades do órgão ou entidade.

Assinale a alternativa que indica todas as afirmativas **corretas**.

(A) É correta apenas a afirmativa 2.

(B) É correta apenas a afirmativa 3.

(C) São corretas apenas as afirmativas 1 e 2.

(D) São corretas apenas as afirmativas 2 e 3.

(E) São corretas as afirmativas 1, 2 e 3.

1: correta (art. 24, XXVIII, da Lei 8.666/1993); **2:** correta (art. 24, XXIV, da Lei 8.666/1993); **3:** correta (art. 24, XV, da Lei 8.666/1993).

Gabarito "E"

(Procurador do Município/Sorocaba-SP – 2012 – VUNESP) Indique a alternativa que contém caso de inexigibilidade de licitação.

(A) Em caso de guerra ou de perturbação da ordem, desde que reconhecido pelo Congresso Nacional.

(B) Quando o município tiver que intervir no domínio econômico, com autorização expressa da União.

(C) Na contratação de serviços com organizações sociais, desde que instituídas sem fins lucrativos.

(D) Para o fornecimento de insumos para pesquisa científica, desde que vinculados a universidades públicas.

(E) Para contratação de profissional de qualquer setor artístico, desde que consagrado pela crítica especializada ou pela opinião pública.

A: incorreta, pois esse caso é de dispensa de licitação (art. 24, III da Lei 8.666/1993) e não de inexigibilidade; ademais, o dispositivo mencionado não exige o reconhecimento do Congresso Nacional; **B:** incorreta, pois esse caso é de dispensa de licitação (art. 24, VI da Lei 8.666/1993) e não de inexigibilidade; ademais, o dispositivo mencionado exige que se trate de intervenção no domínio econômico feita pela União e não por Município; **C:** incorreta, pois esse caso é de dispensa de licitação (art. 24, XXIV da Lei 8.666/1993) e não de inexigibilidade; **D:** incorreta, pois esse caso é de dispensa de licitação (art. 24, XXI da Lei 8.666/1993) e não de inexigibilidade; ademais, o dispositivo mencionado não exige que se trate de fornecimento vinculado a universidades públicas; **E:** correta, pois esse é um dos casos expressos de inexigibilidade de licitação (art. 25, III, da Lei 8.666/1993).

Gabarito "E"

(Procurador Federal – 2010 – CESPE) Julgue o item seguinte.

(1) Considere que o administrador de determinada autarquia tenha promovido a abertura de licitação, na modalidade convite, para a ampliação da sede regional desse ente e que não tenha havido interessados no primeiro certame e, por isso, a licitação tenha sido considerada deserta. Considere, ainda, que o administrador, então, tenha encaminhado o processo administrativo à Procuradoria Federal para análise acerca da possibilidade de se dispensar a licitação para a contratação da empresa de engenharia. Nessa situação, conforme entendimento firmado pela AGU, não pode ser dispensada a licitação.

1: Correta, pois, apesar do disposto no art. 24, V, da Lei 8.666/1993, como a licitação deserta foi um *convite*, em que a publicidade é limitada, deve-se tentar novamente um certame, em modalidade com maior chance de aparecerem interessados.

Gabarito 1C

(Advogado – Petrobrás Distrib. – 2010 – CESGRANRIO) A respeito das hipóteses de dispensa e inexigibilidade de licitação previstas na Lei Federal n. 8.666/1993, analise as assertivas abaixo.

I. Nos casos de dispensa e de inexigibilidade de licitação, se comprovado superfaturamento, respondem solidariamente pelo dano causado à Fazenda Pública o fornecedor ou o prestador de serviços e o agente público responsável, sem prejuízo de outras sanções legais cabíveis.

II. O procedimento licitatório é dispensável, a critério da autoridade administrativa, para a aquisição de bens e serviços comuns, assim considerados aqueles cujos padrões de desempenho e qualidade possam ser objetivamente definidos pela Administração, por meio de especificações usuais no mercado.

III. As hipóteses de inexigibilidade de licitação encontram-se taxativamente previstas na Lei de Licitações e Contratos Administrativos.

É correto APENAS o que se afirma em

(A) I.

(B) II.

(C) III.

(D) I e II.

(E) I e III.

I: correta (art. 25, § 2º, da Lei 8.666/1993); **II:** incorreta, pois, nesse caso, há de se fazer licitação, sendo cabível a modalidade pregão (art. 1º da Lei 10.520/2002); **III:** incorreta, pois os três casos de inexigibilidade previstos nos incisos I a III do art. 25 da Lei 8.666/1993 são exemplificativos, de maneira que qualquer outra situação que caracterize *inviabilidade de competição* (art. 25, *caput*, da Lei 8.666/1993) também enseja inexigibilidade de licitação.

Gabarito "A"

(Magistratura Federal-4ª Região – 2010) Dadas as assertivas abaixo, assinale a alternativa correta:

I. As empresas públicas e as sociedades de economia mista não estão sujeitas às normas para as licitações e contratos da Administração Pública.

II. A dispensa de licitação ocorre nas hipóteses em que a competição se torna inviável.

III. É inexigível a licitação para a contratação de serviços técnicos com profissionais ou empresas de notória especialização.

IV. Na licitação do tipo *"menor preço"*, em caso de empate, a escolha se dará sempre por sorteio.

V. Após a homologação da licitação, não pode mais a Administração anulá-la, por ilegalidade, ou revogá-la, por razões de interesse público superveniente.

(A) Está correta apenas a assertiva III.

(B) Estão corretas apenas as assertivas IV e V.

(C) Estão corretas apenas as assertivas I, II e III.

(D) Estão corretas apenas as assertivas I, III e V.

(E) Estão corretas todas as assertivas.

I: incorreta, pois estão sujeitas, nos termos do art. 173, § 1º, III, da CF; **II:** incorreta, pois a inviabilidade de licitação é hipótese de inexigibilidade de licitação (art. 25 da Lei 8.666/1993), e não de dispensa de licitação (art. 24 da Lei 8.666/1993); **III:** correta (art. 25, II, da Lei 8.666/1993); **IV:** incorreta, pois há de se observar, previamente, os critérios estabelecidos no art. 3º, § 2º, da Lei 8.666/1993; **V:** incorreta, pois a própria lei regulamenta a hipótese de anulação da licitação quando já se estiver celebrado o próprio contrato (art. 49, § 2º, da Lei 8.666/1993).

Gabarito "A"

(Magistratura Federal-5ª Região – 2011) Conforme o disposto no art. 3º da Lei nº 8.666/1993, a licitação destina-se a garantir a observância do princípio constitucional da isonomia e a selecionar a proposta mais vantajosa para a administração. Com relação ao dever constitucional de licitar e à possibilidade excepcional de não fazê-lo, assinale a opção correta.

(A) É dispensável a licitação para a aquisição de bem fornecido por uma única empresa.

(B) É necessária a licitação no caso de dação em pagamento.

(C) É inexigível a licitação para a contratação de obra de pequeno valor.

(D) Dispensa-se a licitação quando o prazo necessário à realização do procedimento licitatório for incompatível com a urgência na execução do contrato.

(E) Nos casos de inexigibilidade de licitação, há possibilidade de competição entre particulares.

A: incorreta, pois esse caso é de inexigibilidade de licitação (art. 25, I, da Lei 8.666/1993); **B:** incorreta, pois essa hipótese é de licitação dispensada (art. 17, I, "a", da Lei 8.666/1993); **C:** incorreta, pois esse caso é de dispensa de licitação (art. 24, I e II, da Lei 8.666/1993); **D:** correta, tratando-se de dispensa nos casos de emergência (art. 24, IV, da Lei 8.666/1993); **E:** incorreta, pois a inexigibilidade caracteriza-se justamente pela inviabilidade de competição (art. 25, *caput*, da Lei 8.666/1993).

Gabarito "D"

(Analista – TRT/24ª – 2011 – FCC) Para a contratação de serviço técnico de treinamento e aperfeiçoamento de pessoal, de natureza singular, com empresa de notória especialização,

(A) exige-se, obrigatoriamente, licitação na modalidade tomada de preços.

(B) é inexigível a licitação.

(C) é dispensável a licitação.

(D) exige-se, obrigatoriamente, licitação na modalidade convite.

(E) exige-se, obrigatoriamente, licitação na modalidade concurso.

Art. 25, I, da Lei 8.666/1993.

Gabarito "B"

(Analista – TRE/AP – 2011 – FCC) NÃO constitui hipótese de inexigibilidade de licitação a

(A) aquisição de materiais que só possam ser fornecidos por empresa exclusiva.

(B) contratação de serviço técnico de restauração de obras de arte e bens de valor histórico, de natureza singular, com empresa de notória especialização.

(C) contratação de profissional do setor artístico, consagrado pela opinião pública.

(D) contratação de instituição dedicada à recuperação social do preso, de inquestionável reputação éticoprofissional e sem fins lucrativos.

(E) contratação de parecer, de natureza singular, com profissional de notória especialização.

A: incorreta, pois se trata de hipótese de inexigibilidade (art. 25, I, da Lei 8.666/1993); **B:** incorreta, pois se trata de hipótese de inexigibilidade (art. 25, II, da Lei 8.666/1993); **C:** incorreta, pois se trata de hipótese de inexigibilidade (art. 25, III, da Lei 8.666/1993); **D:** correta, pois se trata de hipótese de dispensa (art. 24, XIII, da Lei 8.666/1993); **E:** incorreta, pois se trata de hipótese de inexigibilidade (art. 25, II, da Lei 8.666/1993).

Gabarito "D"

(Analista – TRE/PR – 2012 – FCC) Determinada Secretaria de Estado autuou processo administrativo para formalizar a aquisição de equipamentos fornecidos por produtor exclusivo, hipótese que se enquadrava em inexigibilidade de licitação. Efetuada a compra, por ocasião de regular fiscalização do contrato, verificou-se que não foi providenciada a ratificação da inexigibilidade de licitação e a respectiva publicação no Diário Oficial. De acordo com a Lei nº 8.666/1993, o ato é

(A) regular, uma vez que a ratificação e a publicação da inexigibilidade no Diário Oficial visam apenas a atender o princípio da publicidade.

(B) ineficaz, na medida em que o ato de ratificação da inexigibilidade e sua respectiva publicação no Diário Oficial constituem condição para a eficácia do ato.

(C) eficaz, na medida em que a exigência de ratificação e respectiva publicação do ato no Diário Oficial são necessários apenas em caso de dispensa de licitação.

(D) irregular, tendo em vista que a inexigibilidade de licitação deve ser declarada ao final do certame que deve ser realizado.

(E) regularizável, caso a autoridade fiscalizadora ratifique a inexigibilidade, suprindo a ausência do ato.

Conforme disposto no art. 26, *caput*, da Lei 8.666/1993, a ratificação e publicação no Diário Oficial são condições para eficácia do ato.

Gabarito "B"

(Analista – TRE/BA – 2010 – CESPE) Julgue o item a seguir.

(1) A legislação de regência admite a dispensa de licitação na hipótese de contratação realizada por sociedade de economia mista, com suas subsidiárias ou controladas, para a aquisição de bens, com a exigência de que seja observada a compatibilidade do preço contratado com o praticado no mercado.

1: Certa (art. 24, XIII, da Lei 8.666/1993).

Gabarito 1C

(Analista – TRE/MT – 2010 – CESPE) Assinale a opção correta acerca da Lei de Licitações.

(A) Com exceção dos casos de obras executadas e exploradas sob o regime de concessão, é vedado incluir no objeto da licitação a obtenção de recursos financeiros para sua execução, qualquer que seja a sua origem.

(B) Convite é o tipo de licitação direcionada para interessados pré-cadastrados ou que manifestem o seu interesse até 72 horas antes da apresentação das propostas, desde que comprovem atender as demais exigências do certame.

(C) É admitida a inclusão no objeto da licitação de fornecimento de materiais e serviços sem previsão de quantidades ou cujos quantitativos não correspondam às previsões reais do projeto básico ou executivo.

(D) É inexigível a licitação quando a União tiver de intervir no domínio econômico para regular preços ou normalizar o abastecimento.

(E) É facultada à administração, nas concorrências de âmbito internacional, estabelecer apenas em favor dos licitantes estrangeiros a possibilidade de promover cotação de preços em moeda estrangeira.

A: correta (art. 7º, § 3º, da Lei 8.666/1993); **B:** incorreta, pois convite é a modalidade de licitação entre interessados do ramo pertinente ao seu objeto, cadastrados ou não, escolhidos e convidados em número mínimo de 3 (três) pela unidade administrativa, a qual afixará, em local apropriado, cópia do instrumento convocatório e o estenderá aos demais cadastrados na correspondente especialidade que manifestarem seu interesse com antecedência de até 24 (vinte e quatro) horas da apresentação das propostas (art. 22, § 3º, da Lei 8.666/1993); **C:** incorreta (art. 7º, § 4º, da Lei 8.666/1993); **D:** incorreta, pois se trata de hipótese de dispensa de licitação (art. 24, VI, da Lei 8.666/1993); **E:** incorreta (art. 42, § 1º, da Lei 8.666/1993).

Gabarito "A"

(Analista – TRF/4ª – 2010 – FCC) É dispensável a licitação

I. na contratação de instituição brasileira incumbida, regimental ou estatutariamente, de pesquisa, do ensino ou do desenvolvimento institucional, ou de instituição dedicada à recuperação social do preso, desde que a contratada detenha inquestionável reputação ético-profissional e não tenha fins lucrativos.

II. na contratação de associação de portadores de deficiência física, sem fins lucrativos e de comprovada idoneidade, por órgãos ou entidades da Administração Pública, para prestação de serviços ou fornecimento de mão de obra, desde que o preço contratado seja compatível com o praticado no mercado.

III. para as organizações industriais da Administração Federal direta, em face de suas peculiaridades e cujos materiais sejam aplicados exclusivamente na manutenção, reparo ou fabricação de meios operacionais de infraestrutura.

IV. na contratação realizada por empresa pública ou sociedade de economia mista com suas subsidiárias e controladas, para a aquisição ou alienação de bens, prestação ou obtenção de serviços, desde que o preço contratado seja compatível com o praticado no mercado.

V. na compra de bens de natureza divisível e desde que não haja prejuízo para o conjunto ou complexo, com vistas à ampliação da competitividade, podendo o edital fixar quantitativo mínimo para preservar a economia de escala.

Conforme a Lei, é correto o que consta APENAS em

(A) III, IV e V.

(B) II e III.

(C) I e V.

(D) I, II e IV.

(E) II, III e V.

I: correta (art. 24, XIII, da Lei 8.666/1993); **II:** correta (art. 24, XX, da Lei 8.666/1993), **III:** incorreta, pois as organizações industriais da Administração Federal direta terão limites diferenciados para as compras e serviços em geral, de acordo com o disposto no art. 23, § 6º, da Lei 8.666/1993; **IV:** correta (art. 24, XXIII, da Lei 8.666/1993); **V:** incorreta, pois na compra de bens de natureza divisível, e desde que não haja prejuízo para o conjunto ou complexo, é permitida a cotação de quantidade inferior à demandada na licitação, com vistas à ampliação da competitividade, podendo o edital fixar quantitativo mínimo para preservar a economia de escala (art. 23, § 7º, da Lei 8.666/1993).

Gabarito "D"

(OAB/Exame Unificado – 2013.1) Nenhuma proposta foi apresentada na licitação promovida por uma autarquia federal para a aquisição de softwares de processamento de dados. Com relação a esse caso, assinale a afirmativa correta.

(A) Um novo procedimento licitatório deve ser realizado no prazo de até 180 dias do término do procedimento anterior.

(B) A hipótese é de licitação dispensada, ainda que ela possa ser repetida sem prejuízo para a Administração.

(C) A hipótese é de inexigibilidade de licitação, desde que a contratação se faça no prazo de até 180 dias do término do procedimento anterior.

(D) A contratação direta é admitida, se a licitação não puder ser repetida sem prejuízo para a Administração.

A e **C:** incorretas, pois não há, na Lei 8.666/1993, quaisquer disposições nos sentidos mencionados; **B:** incorreta, pois o caso é de dispensa de licitação, que depende de esta não poder ser repetida sem prejuízo para a Administração (art. 24, V, da Lei 8.666/1993), além de serem mantidas todas as condições preestabelecidas; **D:** correta (art. 24, V, da Lei 8.666/1993).

Gabarito "D"

12.17.3. Modalidades de licitação e registro de preços

(Magistratura/CE – 2012 – CESPE) No que se refere às disposições das Leis n. 10.520/2002 e n. 8.666/1993, que dispõem sobre licitação, sistema de registro de preços e contratos administrativos, assinale a opção correta.

(A) Quando a administração procede à alteração unilateral do contrato administrativo com o propósito de adequá-lo às finalidades de interesse público, não se faz necessária a revisão das suas cláusulas econômico-financeiras.

(B) Os contratos para os quais a lei exige licitação são firmados *intuitu personae*, ou seja, em razão de condições pessoais do contratado, apuradas no procedimento da licitação, razão pela qual é vedada a cessão ou transferência, total ou parcial, de seu objeto para outrem.

(C) Para a licitação na modalidade pregão, consideram-se bens e serviços comuns aqueles cujos padrões de desempenho e qualidade possam ser objetivamente definidos pelo edital, por meio de especificações usuais no mercado.

(D) Organizado o sistema de registro de preços para a prestação de serviços e aquisição de bens, a administração fica obrigada a firmar as contratações que dele possam advir, vedada a utilização de outros meios licitatórios que tenham idêntico objeto e finalidade.

(E) Conforme previsão legal, a concorrência, a tomada de preços, o convite, o concurso e o leilão devem adotar, obrigatoriamente, um dos seguintes tipos de licitação: menor preço, melhor técnica, técnica e preço e maior lance ou oferta.

A: incorreta, pois sempre que tal alteração afetar o equilíbrio econômico-financeiro do contrato será necessário revisar as cláusulas respectivas; **B:** incorreta, pois a Lei 8.666/1993 admite a subcontratação de partes do contrato, até o limite admitido, em cada caso, pela Administração (art. 72); **C:** correta (art. 1º, parágrafo único, da Lei 10.520/2002); **D:** incorreta, pois a existência de registro de preços não obriga a Administração a firmar as contratações que dele poderão advir, ficando facultada à Administração a utilização de outros meios, respeitada a legislação relativa às licitações, sendo assegurado ao beneficiário do registro preferência em igualdade de condições (art. 15, § 4º, da Lei 8.666/1993); **E:** incorreta, pois obrigatoriedade não existe para a modalidade concurso (art. 45, § 1º, da Lei 8.666/1993).

Gabarito "C"

(Magistratura/DF – 2011) Acerca do Pregão, é correto afirmar:

(A) É necessária a exigência de garantia da proposta;

(B) O prazo de validade das propostas será de 30 (trinta) dias, se outro não estiver fixado no edital;

(C) As compras e contratações de bens e serviços comuns, no âmbito da União, dos Estados, do Distrito Federal e dos Municípios, quando efetuadas pelo sistema de registro de preços previsto no art. 15 da Lei 8.666, de 21 de junho de 1993, poderão adotar a modalidade de pregão, conforme regulamento específico;

(D) a definição do objeto deverá ser precisa, suficiente e clara, permitidas especificações minuciosas e excessivas, ainda que isso restrinja a competitividade.

A: incorreta, pois é vedada tal exigência (art. 5º, I, da Lei 10.520/2002); **B:** incorreta, pois o prazo de validade da proposta é de 60 dias, se outro não estiver fixado no edital (art. 6º da Lei 10.520/2002); **C:** correta (art. 11 da Lei 10.520/2002); **D:** incorreta, pois deve-se fazer especificações usuais no mercado, evitando-se ao máximo a restrição da competitividade.

Gabarito "C"

(Magistratura/MG – 2012 – VUNESP) Com relação ao Sistema de Registro de Preços, assinale a alternativa correta.

(A) É uma modalidade de licitação que a Administração pode adotar para compras rotineiras de bens padronizados.

(B) Admite-se o chamado "efeito carona", segundo o qual a Ata de Registro de Preços, durante sua vigência, pode ser utilizada por qualquer órgão ou entidade da Administração que não tenha participado do certame licitatório.

(C) Os preços registrados serão sempre selecionados por meio da modalidade concorrência, não se admitindo a modalidade pregão nessa hipótese.

(D) A existência de preços registrados obriga a Administração a contratar, sob pena de o beneficiário do preço fazer jus à indenização.

A: incorreta, pois não é uma modalidade de licitação, mas apenas um procedimento diferenciado de registro de propostas comerciais para as compras rotineiras de bens padronizados; tanto isso é verdade que, para se fazer o registro, a Administração deve se valer de uma modalidade licitatória, podendo ser por concorrência (art. 15, § 3º, I, da Lei 8.666/1993) ou por pregão (art. 11 da Lei 10.520/2002); **B:** correta (art. 8º do Decreto Federal 3.931/2001); **C:** incorreta, pois cabe o pregão (art. 11 da Lei 10.520/2002); **D:** incorreta (art. 15, § 4º, da Lei 8.666/1993).

Gabarito "B"

(Magistratura/PE – 2011 – FCC) É regra estranha ao tratamento legal da modalidade de licitação dita pregão, em termos de normas gerais, a que determina que

(A) no curso da sessão, o autor da oferta de valor mais baixo e os das ofertas com preços até 20% superiores àquela poderão fazer novos lances verbais e sucessivos, até a proclamação do vencedor.

(B) o prazo fixado para a apresentação das propostas, contado a partir da publicação do aviso, não será inferior a 8 dias úteis.

(C) para julgamento e classificação das propostas, será adotado o critério de menor preço, observados os prazos máximos para fornecimento, as especificações técnicas e parâmetros mínimos de desempenho e qualidade definidos no edital.

(D) examinada a proposta classificada em primeiro lugar, quanto ao objeto e valor, caberá ao pregoeiro decidir motivadamente a respeito da sua aceitabilidade.

(E) encerrada a etapa competitiva e ordenadas as ofertas, o pregoeiro procederá à abertura do invólucro contendo os documentos de habilitação do licitante que apresentou a melhor proposta, para verificação do atendimento das condições fixadas no edital.

A: correta, pois é regra estranha ao pregão, já que são chamados para lances verbais os licitantes com ofertas de preço até 10% (*dez por cento*) superiores à melhor oferta, garantidas pelo menos três propostas diferentes (art. 4º, VIII e IX, da Lei 10.520/2002); **B:** incorreta, pois essa regra é própria do pregão (art. 4º, V, da Lei 10.520/2002); **C:** incorreta, pois essa regra é própria do pregão (art. 4º, X, da Lei 10.520/2002); **D:** incorreta, pois essa regra é própria do pregão (art. 4º, XI, da Lei 10.520/2002); **E:** incorreta, pois essa regra é própria do pregão (art. 4º, XII, da Lei 10.520/2002).

Gabarito "A"

(Ministério Público/SP – 2013 – PGMP) É CORRETO afirmar que, na administração centralizada, são admitidas as seguintes modalidades de licitação:

(A) concorrência, tomada de preços, convite, concurso, leilão, pregão e consulta.

(B) concorrência, convite, tomada de preços, certame, leilão e pregão.

(C) concorrência, tomada de preços, convite, certame, concurso e leilão.

(D) concorrência, tomada de preços, convite, concurso, leilão e pregão.

(E) concorrência, tomada de preços, convite, concurso, consulta, certame, leilão e pregão.

A: incorreta, pois a consulta não está prevista como modalidade admitida na administração centralizada, existindo, todavia, na ANTAL (Administração Indireta), nos termos dos arts. 54 a 57 da Lei 9.472/1997; B, C e **E:** incorretas, pois o certame não é uma modalidade de licitação, mas apenas um sinônimo de licitação e a consulta não está prevista como modalidade admitida na administração centralizada; **D:** correta, pois a cinco primeiras são modalidades previstas no art. 22 da Lei 8.666/1990 e a última, na Lei 10.520/2002.

Gabarito "D"

(Ministério Público/GO – 2012) Considerando as normas que disciplinam as licitações e os contratos da Administração Pública, marque a alternativa incorreta:

(A) Leilão é a modalidade de licitação entre quaisquer interessados para a venda de bens móveis inservíveis para a administração ou de produtos legalmente apreendidos ou penhorados, a quem oferecer o maior lance, igual ou superior ao valor da avaliação.

(B) Será adotada a modalidade de licitação convite para obras e serviços de engenharia de até R$ 150.000,00 (centro e cinquenta mil reais).

(C) É dispensável a licitação para a aquisição, por pessoa jurídica de direito público interno, de bens produzidos ou serviços prestados por órgão ou entidade que integre a Administração Pública e que tenha sido criado para esse fim específico em data anterior à vigência desta Lei, desde que o preço contratado seja compatível com o praticado no mercado.

(D) É inexigível a licitação quando houver inviabilidade de competição, em especial para a contratação de serviços técnicos profissionais especializados, de natureza singular, com profissionais ou empresas de notória especialização, inclusive para serviços de publicidade e divulgação.

A: assertiva correta (art. 22, § 5º, da Lei 8.666/1993); **B:** assertiva correta (art. 23, I, "a", da Lei 8.666/1993); **C:** assertiva correta (art. 24, VIII, da Lei 8.666/1993); **D:** assertiva incorreta (devendo ser assinalada), pois, em relação a "serviços de publicidade e divulgação", há vedação expressa à contratação sem licitação (art. 25, II, da Lei 8.666/1993).

Gabarito "D"

(Ministério Público/SE – 2010 – CESPE) No que se refere às modalidades de licitação e aos contratos administrativos, assinale a opção correta.

(A) Leilão é a modalidade de licitação entre quaisquer interessados, na qual a administração tem por objetivo único a venda de bens móveis inservíveis.

(B) Na tomada de preços, os participantes interessados devem ser previamente cadastrados nos registros dos órgãos públicos, ou devem atender a todas as exigências para cadastramento até o terceiro dia anterior à data do recebimento das propostas.

(C) Em razão do formalismo que inspira as atividades da administração, a Lei n. 8.666/1993 determina que os contratos administrativos sejam formalizados sempre por meio de instrumento escrito, sendo nulo e de nenhum efeito o contrato verbal.

(D) O instrumento de contrato é obrigatório em todas as modalidades de licitação; não pode a administração substituí-lo por outros instrumentos, sob pena de nulidade.

(E) A duração dos contratos fica adstrita à vigência dos respectivos créditos orçamentários, razão pela qual a lei não lhes admite a prorrogação.

A: incorreta, pois o leilão se destina a outras alienações também, como a alienação de produtos legalmente apreendidos ou penhorados (art. 22, § 5º, da Lei 8.666/1993); **B:** correta (art. 22, § 2º, da Lei 8.666/1993); **C:** incorreta, pois há exceção em que se admite o contrato verbal (art. 60, parágrafo único, da Lei 8.666/1993); **D:** incorreta, pois há exceções no art. 62 da Lei 8.666/1993; **E:** incorreta, pois nos contratos de prestação de serviços contínuos admite-se prorrogação por iguais e sucessivos períodos (art. 57, II, da Lei 8.666/1993).

Gabarito "B"

(Ministério Público/SP – 2011) Para a escolha de trabalho técnico, científico ou artístico, mediante a instituição de prêmios ou remuneração aos vencedores, condicionada à obtenção dos direitos patrimoniais sobre a obra:

(A) é dispensável o processo licitatório.

(B) deverá ser realizada a licitação, na modalidade convite.

(C) é inexigível a licitação.

(D) deverá ser realizado o processo licitatório, na modalidade concorrência.

(E) é exigível a licitação, na modalidade concurso.

Deve-se utilizar a modalidade de licitação concurso, nos termos do art. 22, § 4º, da Lei 8.666/1993.

Gabarito "E"

(Defensor Público/AC – 2012 – CESPE) Nos casos de concessão de direito real de uso, é cabível a modalidade de licitação denominada

(A) pregão.

(B) concorrência.

(C) tomada de preços.

(D) convite.

(E) leilão.

O art. 23, § 3º, da Lei 8.666/1993 dispõe que a concorrência é a modalidade de licitação cabível nas concessões de direito real de uso.

Gabarito "B"

(Defensor Público/PR – 2012 – FCC) Sobre licitação é correto afirmar:

(A) A concorrência é a modalidade de licitação possível para a compra e venda de bens móveis e imóveis, independentemente do valor.

(B) O rol de modalidades de licitações constante da lei é taxativo não podendo, o ente federado, conceber outras figuras ou combinar regras procedimentais.

(C) A lei não permite que o edital da licitação contenha qualquer preferência para serviços ou produtos manufaturados de origem nacional.

(D) É garantida por lei a participação de microempresas e empresas de pequeno porte em processos licitatórios, as quais, pelo princípio da isonomia, concorrem sem qualquer preferência, em igualdade de condições com os demais participantes.

(E) Na modalidade convite, além do edital que rege o certame, deve ser expedida carta-convite aos proponentes cadastrados, respeitada a antecedência mínima de cinco dias, contados da publicação do edital.

A: incorreta, pois a concorrência é a modalidade de licitação utilizada para a compra ou alienação de bens imóveis (art. 23, § 3º, da Lei 8.666/1993); ou seja, quanto aos bens móveis, não há obrigação de que a alienação ou a aquisição se dê por concorrência caso não se atinja o valor mínimo para que esta se aplique; **B:** correta (art. 22, § 8º, da Lei 8.666/1993); **C:** incorreta, pois poderá ser estabelecido margem de preferência para produtos manufaturados e serviços nacionais que atendam a normas técnicas brasileiras (art. 3º, § 5º, da Lei 8.666/1993); se tais produtos manufaturados e serviços nacionais forem, ainda, realizados no Brasil, poderá ser estabelecida uma margem de preferência ainda maior (art. 3º, § 7º, da Lei 8.666/1993); **D:** incorreta, pois a LC n. 123/2006 estabelece vantagens em favor dessas empresas, como a que assegura, como critério de desempate, preferência de contratação para as microempresas e empresas de pequeno porte (art. 44, *caput*); **E:** incorreta, pois não há edital na modalidade convite (art. 38, I, da Lei 8.666/1993), mas apenas a expedição de cartas-convite; quanto ao prazo, é de cinco dias úteis (e não cinco dias corridos), contados da expedição da carta-convite (art. 21, § 3º, da Lei 8.666/1993).

Gabarito "B"

(Delegado/AP – 2010) Após a devida publicação do aviso contendo o resumo do edital de uma licitação na modalidade concorrência, do tipo técnica e preço, o administrador público estadual poderá realizar o certame, de acordo com a Lei Federal 8.666/1993, no prazo de:

(A) 8 (oito) dias úteis.

(B) 10 (dez) dias.

(C) 15 (quinze) dias.

(D) 30 (trinta) dias.

(E) 60 (sessenta) dias.

Segundo o art. 21, § 2º, I, *b*, da Lei 8.666/1993, o *prazo mínimo* entre a publicação do aviso e o recebimento da proposta é de 45 dias. Sendo assim, apenas o prazo previsto na alternativa "E" atende ao mínimo de 45 dias estabelecido na lei.

Gabarito "E"

(Delegado/SP – 2011) Ampla publicidade e universalidade são características ínsitas à seguinte modalidade de licitação:

(A) Convite

(B) Concorrência

(C) Tomada de Preços

(D) Leilão

(E) Concurso

Trata-se da concorrência, pois, nesta, por envolver contratações relevantes (exemplo: concessões) e de valor alto, reclama maior publicidade, bem como acesso ao maior número de interessados, sendo que o princípio da universalidade quer dizer que não é necessário o interessado estar previamente cadastrado para participar de uma concorrência, diferentemente do que acontece com a tomada de preços. Nesta, a habilitação é prévia, restringindo a participação de quem não está previamente cadastrado. Naquela, a habilitação é preliminar, permitindo que qualquer pessoa participe do certame (universalidade), com análise, no início deste, das condições de habilitação.

Gabarito "B"

(Procurador do Estado/AC – FMP – 2012) Nos termos da Lei n. 10.520, de 17 de julho de 2002, avalie se as assertivas abaixo estão de acordo com o *caput* do art. 4º, com o seguinte teor: "A fase externa do pregão será iniciada com a convocação dos interessados e observará as seguintes regras:"

I. No curso da sessão do pregão, o autor da oferta de valor mais baixo e os das ofertas com preços até cinco por cento superiores àquela poderão fazer novos lances verbais e sucessivos, até a proclamação do vencedor.

II. Para julgamento e classificação das propostas, será adotado o critério de menor preço, observados os prazos máximos para fornecimento, as especificações técnicas e parâmetros mínimos de desempenho e qualidade definidos no edital.

III. Os licitantes poderão deixar de apresentar os documentos de habilitação que já constem do Sistema de Cadastramento Unificado de Fornecedores – Sicaf e sistemas semelhantes mantidos por Estados, Distrito Federal ou Municípios, assegurado aos demais licitantes o direito de acesso aos dados nele constantes.

Assinale a alternativa **CORRETA**.

(A) Apenas I e II são verdadeiras.

(B) Apenas I e III são verdadeiras.

(C) Apenas II e III são verdadeiras.

(D) I, II e III são verdadeiras.

I: incorreta, pois poderão fazer novos lances os autores de oferta até *10% superiores* à do autor da melhor oferta (art. 4º, VIII, da Lei 10.520/2002); **II:** correta (art. 4º, X, da Lei 10.520/2002); **III:** correta (art. 4º, XIV, da Lei 10.520/2002).

Gabarito "C"

(Procurador do Estado/MT – FCC – 2011) São modalidades licitatórias adequadas para as situações descritas:

(A) pregão para aquisição e alienação de bens e serviços comuns e concorrência para alienação de imóveis de qualquer valor.

(B) leilão para alienação de bens móveis e imóveis de pequeno valor e pregão para aquisição de bens e serviços comuns.

(C) concorrência para alienação de imóveis acima de R$ 1.500.000,00 (um milhão e meio de reais) e leilão para alienação de imóveis avaliados abaixo desse valor e móveis de qualquer valor.

(D) concurso para contratação de quaisquer serviços técnicos especializados e leilão para alienação de bens móveis inservíveis ou de produtos legalmente apreendidos ou penhorados.

(E) convite para obras e serviços de engenharia, com valor da contratação estimado em até R$ 150.000,00 (cento e cinquenta mil reais) e concorrência para concessão de serviços públicos de qualquer valor.

A: incorreta, pois o pregão é para a *aquisição* de bens e serviços e não para a *alienação* destes (art. 1º da Lei 10.520/2002); **B:** incorreta, pois não há limitação de valor para utilização do leilão (art. 22, § 5º, da Lei 8.666/1993); **C:** incorreta, pois, para a alienação de imóveis de qualquer valor, a regra é o uso da concorrência (arts. 17, I, e 23, § 3º, da Lei 8.666/1993), ressalvada a possibilidade prevista no art. 19 da Lei 8.666/1993, de se utilizar leilão para alienação de imóveis cuja aquisição haja derivado de procedimentos judiciais ou de dação em pagamento; **D:** incorreta, pois o concurso se destina à escolha, e não à contratação de trabalhos; ademais, a destinação é para a escolha de trabalhos técnicos, científicos ou artísticos, ou seja, não inclui apenas os serviços técnicos especializados de que trata o art. 13, § 1º, da Lei 8.666/1993; **E:** correta (art. 23, I, "a", da Lei 8.666/1993 e art. 2º, II, da Lei 8.987/1995).

Gabarito "E"

(Procurador do Estado/SC – 2010 – FEPESE) Assinale a alternativa que se refere à modalidade de licitação entre interessados devidamente cadastrados ou que atenderem a todas as condições exigidas para cadastramento até o terceiro dia anterior à data do recebimento das propostas.

(A) pregão

(B) tomada de preços

(C) concorrência

(D) consulta

(E) convite

Trata-se da modalidade de licitação tomada de preços (art. 22, § 2º, da Lei 8.666/1993).

Gabarito "B"

(Procurador do Estado/SC – 2010 – FEPESE) Sobre licitações e contratos, assinale a alternativa **incorreta**.

(A) Após a fase de habilitação, não cabe desistência de proposta, salvo por motivo justo decorrente de fato superveniente e aceito pela Comissão.

(B) Para fins de pregão, consideram-se bens e serviços comuns, aqueles cujos padrões de desempenho e qualidade possam ser objetivamente definidos pelo edital, por meio de especificações usuais no mercado.

(C) Os contratos decorrentes de dispensa ou de inexigibilidade de licitação devem atender aos termos do ato que os autorizou e da respectiva proposta.

(D) No pregão, o autor da oferta de valor mais baixo e os das ofertas com preços até 20% (vinte por cento) superiores àquela poderão fazer novos lances verbais e sucessivos, até a proclamação do vencedor.

(E) A declaração de nulidade do contrato administrativo opera retroativamente impedindo os efeitos jurídicos que ele, ordinariamente, deveria produzir, além de desconstituir os já produzidos.

A: correta (art. 43, § 6º, da Lei 8.666/1993); **B:** correta (art. 1º, parágrafo único, da Lei 10.520/2002); **C:** correta (art. 54, § 2º, da Lei 8.666/1993); **D:** incorreta, pois são as ofertas com preços até 10% superiores (art. 4º, VIII, da Lei 10.520/2002); **E:** correta (art. 59 da Lei 8.666/1993).

Gabarito "D"

(Advogado da União/AGU – CESPE – 2012) Julgue o item seguinte.

(1) Se um órgão da administração pública federal, ao divulgar pregão eletrônico para o sistema de registro de preços, no valor total estimado de R$ 50.000,00, publicar aviso de edital no seu próprio sítio na Internet e no Diário Oficial da União, estará caracterizado o uso de todos os meios de divulgação exigidos pela legislação para convocar os eventuais interessados em participar do pregão.

1: incorreta, pois no caso de pregão eletrônico para o sistema de *registro de preços* é necessário também publicação do aviso de edital em jornal de grande circulação regional e nacional (art. 17, § 6º, do Decreto 5.450/2005).

Gabarito 1E

(Advogado – Petrobrás – 2012 – CESGRANRIO) De acordo com a Lei n. 8.666, de 21.06.1993, qual a modalidade licitatória a ser observada nas concessões de direito real de uso?

(A) Concorrência

(B) Tomada de preços

(C) Convite

(D) Leilão

(E) Concurso

Trata-se da concorrência, nos termos do art. 23, § 3º, da Lei 8.666/1993.

Gabarito "A"

(Advogado – Petrobrás Bio. – 2010 – CESGRANRIO) A modalidade de licitação prevista na Lei n. 8.666/1993, que se instaura entre quaisquer interessados para escolha de trabalho técnico, científico ou artístico, mediante a instituição de prêmios ou remuneração aos vencedores, conforme critérios constantes de edital publicado na imprensa oficial, com antecedência mínima de 45 (quarenta e cinco) dias, é

(A) convite.

(B) concurso.

(C) leilão.

(D) concorrência.

(E) consulta.

Trata-se do concurso, nos termos do art. 22, § 4º, da Lei 8.666/1993.

Gabarito "B"

(Cartório/RN – 2012 – IESIS) O pregão é modalidade de licitação que se destina à aquisição de bens e serviços comuns, sem limite de valor, em que as propostas e os lances são realizados em sessão pública. Sobre o tema, assinale a alternativa **INCORRETA**:

(A) Aquele que não celebrar o contrato no prazo de validade ou não mantiver sua proposta, ficará impedido de licitar e contratar com a União, Estados, Distrito Federal e Municípios pelo prazo de até cinco anos, sem prejuízo de outras sanções.

(B) Caso o interessado não possa comparecer à sessão pública, poderá mandar representante, desde que comprove os poderes para prática dos atos.

(C) O critério de julgamento é o de menor preço.

(D) A publicação da convocação dos interessados deve ocorrer com antecedência mínima de 15 dias úteis em relação à data da apresentação das propostas.

A: correta (art. 7º da Lei 10.520/2002); **B:** correta (art. 4º, VI, da Lei 10.520/2002); **C:** correta (art. 4º, X, da Lei 10.520/2002); **D:** incorreta, devendo ser assinalada; a publicação da convocação deve ocorrer com antecedência mínima de 8 dias úteis e não de 15 dias úteis (art. 4º, V, da Lei 10.520/2002).

Gabarito "D"

(Cartório/SC – 2012) Assinale a alternativa **correta**:

(A) A modalidade de licitação através de pregão já estava prevista na Lei das Licitações (Lei 8.666/1993), a qual, todavia, por ter se tornado anacrônica e possuir regras mais dificultosas em razão de sua formalidade, foi novamente regulada pela Lei 10.520/2002, que consubstancia regras mais claras, precisas, modernas e menos burocratas que a legislação que se encontrava em vigor. Contudo, a Lei das Licitações, em casos específicos e desde que não contrarie a Lei do Pregão, pode ser aplicada subsidiariamente a essa modalidade.

(B) O pregão é a modalidade de licitação utilizada para aquisição de bens em que os padrões de desempenho e qualidade possam ser objetivamente definidos pelo edital através de especificações editadas pela Associação Brasileira de Normas Técnicas – ABNT.

(C) Segundo a Lei 10.520/2002, o pregão é composto de três fases distintas, a saber: fase preparatória, fase de habilitação e a fase dita externa.

(D) O pregão é uma modalidade de licitação que pode ser utilizada para compras e contratação de bens e serviços comuns efetuadas pelo sistema de registro de preços nos termos da Lei das Licitações (Lei 8.666/1993).

(E) No pregão, segundo sua lei (Lei 10.520/2002), quem, convocado dentro do prazo de validade da sua proposta, não celebrar o contrato, deixar de entregar ou apresentar documentação falsa exigida para o certame, ensejar o retardamento da execução de seu objeto, não mantiver a proposta, falhar ou fraudar na execução do contrato, comportar-se de modo inidôneo ou cometer fraude fiscal ficará impedido de licitar e contratar com a pessoa jurídica licitante pelo prazo de cinco anos, sem prejuízo das multas previstas em edital e no contrato e das demais cominações legais.

A: incorreta, pois a modalidade de licitação pregão nunca esteve prevista na Lei 8.666/1993; **B:** incorreta, pois as especificações previstas no edital não são as editadas pela ABNT, mas as usuais no mercado (art. 1º, parágrafo único, da Lei 10.520/2002); **C:** incorreta, pois são duas fases, quais sejam, a preparatória e a externa, sendo que a habilitação está contida na última (arts. 3º e 4º, XII, da Lei 10.520/2002); **D:** correta (art. 7º da Lei 10.520/2002).

Gabarito "D"

(Analista – TRE/AP – 2011 – FCC) Nos termos da Lei de Licitações (Lei nº 8.666/1993), constituem, dentre outras, hipóteses em que será possível a licitação na modalidade tomada de preços:

(A) licitações internacionais, mesmo que o órgão ou entidade não disponha de cadastro internacional de fornecedores.

(B) compras e serviços, com exceção dos serviços de engenharia, cujo valor seja de setecentos mil reais.

(C) casos em que couber convite.

(D) obras e serviços de engenharia cujo valor seja de um milhão e seiscentos mil reais.

(E) concessões de direito real de uso.

A: incorreta, pois na hipótese caberá apenas a modalidade concorrência (art. 23, § 3º, da Lei 8.666/1993); **B:** incorreta, pois para compras e serviços acima de R$ 650.000,00 será adotada a modalidade concorrência (art. 23, II, da Lei 8.666/1993); **C:** correta (art. 23, § 4º, da Lei 8.666/1993); **D:** incorreta, pois para obras e serviços de engenharia que ultrapassem R$ 1.500.000,00 será adotada a modalidade concorrência (art. 23, I, da Lei 8.666/1993); **E:** incorreta, pois para a concessão de direito real de uso será adotada a modalidade concorrência (art. 23, § 3º, da Lei 8.666/1993).

Gabarito "C"

(Analista – TRE/CE – 2012 – FCC) O Estado do Ceará pretende realizar procedimento licitatório para a realização de obra de engenharia no valor de R$ 1.550.000,00 (um milhão, quinhentos e cinquenta mil reais). A modalidade de licitação para tal hipótese é

(A) concorrência ou tomada de preços.

(B) tomada de preços, apenas.

(C) concorrência, apenas.

(D) tomada de preços ou convite.

(E) convite, apenas.

De acordo com o disposto no art. 23, I, c, da Lei 8.666/1993, no caso de obras e serviços de engenharia com valor estimado da contratação acima de R$ 1.500.000,00 (um milhão e quinhentos mil reais), a modalidade de licitação será de concorrência.

Gabarito "C"

(Analista – TRE/RS – 2010 – FCC) Dentre as modalidades de licitação previstas na Lei nº 8.666/1993, NÃO se inclui:

(A) leilão.

(B) concorrência.

(C) convite.

(D) concurso.

(E) técnica e preço.

A, B, C e **D:** corretas – são modalidades de licitação (art. 22 da Lei 8.666/1993); **E:** incorreta, devendo ser assinalada – técnica e preço é um tipo de licitação (art. 45, § 1º, III, da Lei 8.666/1993).

Gabarito "E"

(Analista – TRT/9ª – 2010 – FCC) Tendo em vista expressa previsão da Lei nº 10.520/2002, é incorreto afirmar que ficará impedido de licitar e contratar com a União, Estados, Distrito Federal ou Municípios e será descredenciado no SICAF, ou nos sistemas semelhantes mantidos por Estados, Distrito Federal ou Municípios, pelo prazo de até 5 (cinco) anos, quem

(A) deixar de entregar documentação exigida para o certame.

(B) não celebrar o contrato, ainda que convocado dentro do prazo de validade da sua proposta.

(C) não apresentar garantia da proposta.

(D) não mantiver a proposta.

(E) ensejar o retardamento da execução do objeto do contrato.

O art. 7º da Lei 10.520/2002 não traz previsão de que quem não apresentar garantia da proposta ficará impedido de licitar e contratar com a União, Estados, Distrito Federal ou Municípios e será descredenciado no SICAF, razão pela qual a alternativa C está incorreta.

Gabarito "C"

(Analista – TRT/23ª – 2011 – FCC) No que concerne ao pregão, é INCORRETO afirmar:

(A) Admite, como uma de suas modalidades, o pregão eletrônico, que se processa, em ambiente virtual, por meio da internet.

(B) Destina-se à aquisição de bens e serviços comuns.

(C) Os lances ocorrem em sessão pública no pregão denominado presencial.

(D) Poderá dar-se no âmbito da União, Estados, Distrito Federal e Municípios.

(E) Existe, em regra, limitação de valor para a contratação.

A: correta (art. 2º, § 1º, da Lei 10.520/2002 e art. 2º, *caput*, do Decreto 5.450/05); **B:** correta (art. 1º da Lei 10.520/2002); **C:** correta (art. 4º, VI e VIII, da Lei 10.520/2002); **D:** correta (art. 11 da Lei 10.520/2002); **E:** incorreta, pois não há previsão de limite de valor na Lei 10.520/2002.

Gabarito "E"

(Analista – TRF/4ª – 2010 – FCC) A respeito da modalidade pregão, o prazo fixado para a apresentação das propostas, contado a partir da publicação do aviso, **não** será inferior a

(A) 15 dias úteis.

(B) 10 dias úteis.

(C) 8 dias úteis.

(D) 20 dias úteis.

(E) 30 dias úteis.

Art. 4º, V, da Lei 10.520/2002.

Gabarito "C"

(Analista – TRF/4ª – 2010 – FCC) A fase preparatória do pregão observará o seguinte:

I. A autoridade competente justificará a necessidade de contratação e definirá o objeto do certame, as exigências de habilitação, os critérios de aceitação das propostas, as sanções por inadimplemento e as cláusulas do contrato, inclusive com fixação dos prazos para fornecimento.

II. A definição do objeto deverá ser precisa, suficiente e clara, não sendo vedadas especificações que, por excessivas, irrelevantes ou desnecessárias, limitem a competição.

III. Dos autos do procedimento constarão a justificativa das definições referidas e os indispensáveis elementos técnicos sobre os quais estiverem apoiados, bem como o orçamento, elaborado pelo órgão ou entidade promotora da licitação dos bens ou serviços a serem licitados.

IV. A autoridade competente designará, dentre os servidores do órgão ou entidade promotora da licitação, apenas o pregoeiro.

V. A equipe de apoio não deverá ser integrada por servidores ocupantes de cargo efetivo ou emprego da administração.

De acordo com a Lei, é correto o que consta APENAS em

(A) III e V.

(B) II, III e IV.

(C) IV e V.

(D) I, II e V.

(E) I e III.

I: correta (art. 3º, I, da Lei 10.520/2002); **II:** incorreta, pois são vedadas especificações que, por excessivas, irrelevantes ou desnecessárias, limitem a competição (art. 3º, II, da Lei 10.520/2002); **III:** correta (art. 3º, III, da Lei 10.520/2002); **IV:** incorreta, pois a autoridade competente designará, dentre os servidores do órgão ou entidade promotora da licitação, além do pregoeiro e respectiva equipe de apoio, cuja atribuição inclui, dentre outras, o recebimento das propostas e lances, a análise de sua aceitabilidade e sua classificação, bem como a habilitação e a adjudicação do objeto do certame ao licitante vencedor (art. 3º, IV, da Lei 10.520/2002); **V:** incorreta, pois a equipe de apoio deverá ser integrada em sua maioria por servidores ocupantes de cargo efetivo ou emprego da administração, preferencialmente pertencentes ao quadro permanente do órgão ou entidade promotora do evento (art. 3º, § 1º, da Lei 10.520/2002).

Gabarito "E"

(Analista – TRE/SP – 2012 – FCC) Diferentes órgãos públicos necessitam adquirir, periodicamente, material hospitalar para o desempenho de suas atividades, não sendo possível, contudo, estabelecer, a priori, a quantidade exata de cada aquisição e sendo conveniente, em razão dos prazos de validade, a compra parcelada para entregas futuras. De acordo com a legislação que rege as licitações e contratos públicos, referidos órgãos

(A) poderão valer-se do Sistema de Registro de Preços, realizando, cada um deles, obrigatoriamente, licitação na modalidade pregão.

(B) poderão valer-se do Sistema de Registro de Preços, ainda que não tenham participado do certame licitatório, mediante consulta ao órgão gerenciador, desde que devidamente comprovada a vantagem.

(C) poderão valer-se do Sistema de Registro de Preços, mediante a realização, por apenas um dos órgãos, de licitação exclusivamente na modalidade pregão.

(D) não poderão valer-se do Sistema de Registro de Preços, que apenas se aplica a compras para entrega imediata, devendo adotar, cada um deles, a licitação na modalidade pregão.

(E) somente poderão valer-se do Sistema de Registro de Preços se realizarem licitação conjunta, na modalidade concorrência, indicando os quantitativos pretendidos e o preço unitário máximo admitido por cada órgão.

A: incorreta, pois, segundo o art. 8º, *caput*, do Decreto 3.931/2001, "a Ata de Registro de Preços, durante sua vigência, poderá ser utilizada por qualquer órgão ou entidade da Administração que não tenha participado do certame licitatório, mediante prévia consulta ao órgão gerenciador, desde que devidamente comprovada a vantagem"; **B:** correta (art. 8º, *caput*, do Decreto 3.931/2001); **C:** incorreta, pois cabe pregão ou concorrência (art. 3º, *caput*, do Decreto 3.931/2001); **D:** incorreta, pois o sistema de registro de preços se aplica a entregas frequentes e parceladas, portanto, diferentes do caso mencionado, que menciona entrega imediata (art. 2º, I e II, do Decreto 3.931/2001); **E:** incorreta, pois, conforme a previsão do art. 8º do Decreto 3.931/2001, basta que um órgão promova a licitação.

Gabarito "B"

(Auditor Fiscal/RO – 2010 – FCC) Conforme estabelece a Lei nº 8.666/93, o prazo mínimo até o recebimento das propostas ou a realização do evento será de

(A) cinco dias úteis para a licitação na modalidade convite.

(B) trinta dias para a licitação na modalidade concurso.

(C) quarenta e cinco dias para tomada de preços, quando a licitação for do tipo "melhor técnica" ou "técnica e preço".

(D) trinta dias para concorrência, quando o contrato a ser celebrado contemplar o regime de empreitada integral.

(E) trinta dias para a concorrência, quando a licitação for do tipo "melhor técnica" ou "técnica e preço".

A: art. 21, §2, IV, da Lei 8666/93. (resposta correta); B: art.21, § 2, I, "a", da Lei 8666/93; C: art.21, § 2, II, "b", da Lei 8666/93; D e E: art.21, §2, I, "b", da Lei 8666/93.

Gabarito "A"

(OAB/Exame Unificado – 2013.2) Em um pregão presencial promovido pela União, foram abertas as propostas de preço, constatando-se que o licitante "M" ofereceu preço de R$ 10.000,00; "N", o preço de R$ 10.001,00; "O" ofertou R$ 10.150,00; "P", o preço de R$ 10.500,00; "Q" apresentou proposta de R$ 10.999,99 e "R", por fim, ofereceu R$ 12.000,00.

Diante da hipótese sugerida, assinale a afirmativa correta.

(A) Devem ser classificados para a fase de lances verbais os licitantes "M", "N", "O", "P" e "Q", uma vez que ofereceram a proposta mais baixa e as propostas com preço até dez por cento superiores àquela.

(B) Para a fase de lances verbais, somente devem ser classificados os licitantes "M", "N", "O" e "P", uma vez que ofereceram a proposta mais baixa e as três outras melhores propostas.

(C) Todos os licitantes devem ser classificados para a próxima fase, uma vez que restringir a participação de algum deles significaria ofensa ao caráter competitivo da licitação.

(D) A Administração deve realizar média de todos os preços ofertados e poderão participar da fase seguinte os licitantes com propostas inferiores a esta média e aqueles que aceitarem reduzir seu preço para este limite.

A: correta; o art. 4º, VIII, da Lei 10.520/2002 estabelece que o autor da oferta de valor mais baixo (no caso, "M"), mais os autores de ofertas com preços até 10% superiores à oferta mais baixa (no caso, "N", "O", "P" e "Q") poderão fazer novos lances verbais e sucessivos, até a proclamação do vencedor; **B:** incorreta, nos termos do comentário à alternativa "a"; vale lembrar que essa questão de chamar ao menos 3 propostas para a fase de lances verbais só se coloca quando não houver ao menos 3 ofertas distintas nas condições mencionadas no art. 4º, VIII, da Lei 10.520/2002; um exemplo seria a situação em que "M" oferece proposta de R$ 10 mil e todas as demais oferecem proposta superior a R$ 11 mil, hipótese em que, para termos ao menos três propostas diferentes na fase de lances verbais, seriam convocadas para essa fase as empresas detentoras das duas melhores ofertas após o primeiro colocado (art. 4º, IX, da Lei 10.520/2002); **C** e **D:** incorretas, nos termos dos comentários as alternativas anteriores e nos termos do art. 4º, VIII, da Lei 10.520/2002.

Gabarito "A"

(OAB/Exame Unificado – 2012.3.B) O Estado Y resolve realizar licitação, com fundamento na Lei Federal n. 8.666/1993, para a contratação de obra de engenharia para a construção de um hospital. Consultada a procuradoria, ela indica que a modalidade que deverá ser adotada é a de tomada de preços.

Com base no caso acima, assinale a afirmativa correta.

(A) Se a modalidade deve ser tomada de preços, pode-se presumir que a obra foi orçada em até um milhão e quinhentos mil reais, porém nada obsta que se opte por utilizar as modalidades concorrência ou convite, pois ambas são modalidades mais amplas de licitação que a tomada de preços.

(B) É possível desmembrar a referida obra em duas ou mais e realizar as licitações na modalidade de convite, mesmo que, com isso, viesse a perder a economia de escala decorrente da sua realização integrada.

(C) Na tomada de preços qualquer interessado que, na fase inicial de habilitação preliminar, comprovar possuir os requisitos mínimos de qualificação exigidos no edital para execução de seu objeto, poderá dela participar.

(D) Na modalidade tomada de preços, o Estado somente receberá propostas dos licitantes que estejam devidamente cadastrados, permitindo-se, porém, o cadastramento até o terceiro dia anterior à data do recebimento das propostas, observada a necessária qualificação.

A: incorreta, pois a concorrência é modalidade de licitação mais abrangente que a tomada de preços, já que se aplica a contratações de obras e serviços de engenharia de valor superior a R$ 1.500.000,00 (art. 23, I, *c*, da Lei 8.666/1993), ao passo que o convite para essas contratações tem por limite R$ 150.000,00 (art. 23, I, *a*, da Lei 8.666/1993); assim, uma interpretação teleológica da norma já permitiria dizer que quando couber convite, a Administração poderá utilizar tomada de preços e, em qualquer caso, a concorrência; porém, para que não houvesse dúvida disso o art. 23, § 4º, da Lei 8.666/1993 é expresso nesse sentido; **B:** incorreta, pois isso seria fraude à lei (com o objetivo de fazer licitação mais simples para casos mais relevantes), havendo vedação expressa na lei (art. 23, § 5º, da Lei 8.666/1993); **C:** incorreta, pois na tomada de preços o interessado deve estar previamente cadastrado antes do que corresponderia à fase de habilitação preliminar (art. 22, § 2º, da Lei 8.666/1993); **D:** correta (art. 22, § 2º, da Lei 8.666/1993).

Gabarito "D"

(OAB/Exame Unificado – 2010.1) Mauro, chefe do setor de compras de um órgão do Instituto Nacional do Seguro Social, recebeu pedido de abertura de procedimento licitatório para a aquisição de grande quantidade dos seguintes itens: impressoras, cartuchos para impressoras, monitores LCD e licença para uso de sistema operacional a ser utilizado nos computadores da autarquia. A solicitação estava de acordo com todas as normas aplicáveis, incluindo-se a justificativa do quantitativo e da necessidade dos referidos itens. Antes de promover a abertura de qualquer procedimento de compra, Mauro procedeu a análise técnico-econômica e concluiu que a compra dos cartuchos para impressoras, se realizada separadamente da dos demais itens, implicaria uma ampliação da concorrência, sem perda da economia de escala.

Constatou, também, que era a terceira vez no ano que a administração encaminhava pedido para a compra de cartuchos para impressora. Por fim, verificou que a estimativa do valor total que seria gasto na contratação era de R$ 700.000,00. De acordo com os dados apresentados nessa situação hipotética, Mauro deve promover a abertura de

(A) concorrência, pois o valor a ser gasto é substancioso e os produtos e serviços de informática não podem ser caracterizados como serviços comuns.

(B) pregão, sendo preferencial a sua utilização na forma presencial.

(C) convite para a elaboração de ata de registro de preços para a aquisição de cartuchos de impressoras e de concorrência para a compra dos demais itens solicitados.

(D) dois pregões eletrônicos, um para a elaboração de ata de registro de preços para a aquisição de cartuchos de impressoras e outro para a compra dos demais itens solicitados.

A: incorreta. O pregão independe do valor, e bens e serviços de informática podem ser caracterizados como comuns e devem ser adquiridos por meio de pregão (ressalvadas as aquisições em que a técnica é realmente importante e que os produtos não possam ser definidos por especificações usuais de mercado). Nesse sentido, o TCU: "Assunto: INFORMÁTICA. DOU de 04.05.2009, S. 1, p. 120. Ementa: alerta ao DNIT no sentido de que as contratações para aquisição de bens e serviços de informática não precisam ser realizadas, necessariamente, sob a forma de licitação do tipo 'técnica e preço', podendo também ocorrer sob a forma de pregão, conforme já tratado pelo TCU em diversos julgados precedentes, a exemplo dos Acórdãos de nº 237/2009-P, 144/2008-P, 2.658/2007-P, 1.782/2007-P, 1.114/2006-P, 2.138/2005-P, 2.094/2004-P, 1.182/2004-P, 740/2004-P (com redação alterada pelo Acórdão nº 1.299/2006- P) e 313/2004-P (item 1.6.2, TC-019.930/2008-9, Acórdão nº 819/2009-Plenário); **B:** incorreta. No âmbito da União deve-se adotar a forma eletrônica. A forma presencial só é adotada se comprovada a inviabilidade de se fazer eletronicamente (Dec. 5.450/2005, art. 4º); **C:** incorreta. O SRP não admite o convite como modalidade para registrar os preços da Ata (Dec. nº 7.892/2013, art. 7º); **D:** correta. A análise técnica e econômica para o fracionamento da contratação foi feita, conforme determina o art. 23, § 1º, da Lei 8666/1993; foi observado o art. 15, II e IV, da mesma lei, e atendeu-se ao que dispõem os arts. 3º, I, e 7º, do Decreto nº 7.892/2013, sendo aplicável o sistema de registro de preços para necessidades frequentes e adotada a licitação para registro de preço por meio de pregão se o item for comum.

Gabarito "D"

12.17.4. Fases da licitação

(Magistratura/PI – 2011 – CESPE) À luz do disposto na Lei n. 8.666/1993, assinale a opção correta com relação a licitação.

(A) Os casos de inexigibilidade de licitação, por representarem inviabilidade de competição e exceção ao princípio da licitação, estão exaustivamente arrolados na legislação federal, não podendo, portanto, ser ampliados pela administração pública.

(B) Em qualquer caso, os membros das comissões de licitação devem responder solidariamente pelos atos que praticarem.

(C) Sob pena de nulidade, a licitação de obras e serviços somente será possível quando, entre outras exigências, houver orçamento que detalhe a composição de seus custos unitários e projeto básico aprovado pela autoridade competente, disponível para exame dos interessados em participar do processo licitatório.

(D) É vedada a licitação ou contratação de obra ou serviço que inclua a elaboração de projeto executivo como encargo do licitante ou do contratado.

(E) Para o resguardo da lisura e da isonomia entre os concorrentes, todos os atos do procedimento licitatório devem permanecer sigilosos até a fase de abertura das propostas.

A: incorreta, pois os casos de inexigibilidade de licitação tem rol exemplificativo no art. 25 da Lei 8.666/1993; os casos de dispensa de licitação é que tem rol exaustivo (art. 24 da Lei 8.666/1993); **B:** incorreta, pois a responsabilidade solidária de um membro da comissão fica afastada caso a posição individual divergente deste esteja devidamente fundamentada e registrada em ata lavrada na reunião em que tiver sido tomada a decisão; **C:** correta (art. 7º, § 2º, I e II, e § 6º, da Lei 8.666/1993); **D:** incorreta, pois é possível que haja esse tipo de encargo (art. 9º, § 2º, da Lei 8.666/1993); **E:** incorreta, pois só devem ficar em sigilo, até a abertura das propostas, o conteúdo destas (art. 3º, § 3º, da Lei 8.666/1993).

Gabarito "C"

(Ministério Público/CE – 2011 – FCC) É admissível, em editais de licitação, a fixação de cláusula que estabeleça

(A) isenção tributária aos produtos e serviços produzidos no território do ente licitante.

(B) margem de preferência para produtos manufaturados e para serviços nacionais que atendam a normas técnicas brasileiras.

(C) como critério de desempate a preferência por bens e serviços produzidos por empresa de capital nacional.

(D) exigência, nos contratos de compra para entrega futura e na execução de obras e serviços, de que os licitantes ostentem capital mínimo de 20% do valor estimado da contratação.

(E) preferência em favor da produção de bens em âmbito local, de maneira a favorecer a criação de empregos na região do órgão contratante e diminuir o custo ambiental da produção dos bens contratados.

A: incorreta, pois tal cláusula fere o princípio da igualdade entre os licitantes; **B:** correta (art. 3º, § 5º, da Lei 8.666/1993); **C:** incorreta, pois no art. 3º, § 2º, III, da Lei 8.666/1993, não há referência a "capital nacional", mas a "empresa brasileira" (constituída no Brasil, sob as leis brasileiras), pouco importando se o capital para a sua criação veio do exterior; **D:** incorreta, pois capital mínimo exigido não poderá exceder a 10% do valor estimado da contratação (art. 31, § 3º, da Lei 8.666/1993); **E:** incorreta, pois tal cláusula também fere o princípio da igualdade entre os licitantes.

Gabarito "B"

(Procurador do Estado/RO – 2011 – FCC) A Lei de Licitações e Contratos – Lei Federal n. 8.666/1993 – exige que seja feita audiência pública com antecedência mínima de 15 (quinze) dias úteis da data prevista para a publicação do edital quando

(A) se tratar de obra ou prestação de serviço decorrente de contrato de programa celebrado com ente da Federação ou com entidade de sua administração indireta, para a prestação de serviços públicos de forma associada, em virtude de contrato de consórcio público ou em convênio de cooperação.

(B) o valor estimado para uma licitação ou para um conjunto de licitações simultâneas ou sucessivas for superior a 100 (cem) vezes o valor referente à dispensa de licitação, em contratação de obras ou serviços de engenharia.

(C) a obra ou a prestação de serviços forem realizados no envoltório de 100 (cem) quilômetros do perímetro de unidade de conservação de proteção integral.

(D) o valor estimado para uma licitação ou para um conjunto de licitações simultâneas ou sucessivas for superior a 100 (cem) vezes o valor estipulado como limite para a adoção da modalidade concorrência, em contratação de obras e serviços de engenharia.

(E) se tratar da alienação ou concessão de direito real de uso de terras públicas rurais da União na Amazônia Legal superiores ao limite de 15 (quinze) módulos fiscais ou 1.500 ha (mil e quinhentos hectares).

A alternativa "D" corresponde a exigência descrita na questão, conforme disposto no art. 39 da Lei 8.666/1993.

Gabarito "D"

(Procurador do Município/Cubatão-SP – 2012 – VUNESP) Sobre a licitação no direito brasileiro, é correto afirmar que

(A) é vedado, em qualquer hipótese, no procedimento licitatório, estabelecer tratamento diferenciado entre empresas brasileiras e estrangeiras.

(B) para os fins da Lei n. 8.666/1993, o conjunto dos elementos necessários e suficientes à execução completa da obra, de acordo com as normas pertinentes da Associação Brasileira de Normas Técnicas – ABNT, denomina-se orçamento técnico.

(C) é vedado incluir no objeto da licitação a obtenção de recursos financeiros para sua execução, qualquer que seja a sua origem, exceto nos casos de empreendimentos executados e explorados sob o regime de concessão, nos termos da legislação específica.

(D) poderá ser computado como valor da obra ou serviço, para fins de julgamento das propostas de preços, a atualização monetária das obrigações de pagamento, desde a data final de cada período de aferição até a do respectivo pagamento.

(E) as obras e serviços não poderão ser executados nas formas de execução indireta, sob pena de responsabilidade civil e administrativa do administrador, sem prejuízo de eventual responsabilização penal.

A: incorreta, pois há casos em que empresas brasileiras têm preferência na licitação; por exemplo, em caso de empate na proposta de duas empresas que produzam no País, a empresa brasileira tem preferência em relação à empresa estrangeira (art. 3º, § 2º, III, da Lei 8.666/1993); **B:** incorreta, pois esse documento é o *projeto executivo* e não o *orçamento técnico* (art. 6º, X, da Lei 8.666/1993); **C:** correta (art. 7º, § 3º, da Lei 8.666/1993); **D:** incorreta, pois *não* será computado tal valor (art. 7º, § 7º, da Lei 8.666/1993); **E:** incorreta, pois as obras e serviços poderão ser executadas nas formas de execução indireta (art. 10, II, da Lei 8.666/1993).

Gabarito "C"

(Cartório/MG – 2012 – FUMARC) Para habilitação nas licitações, serão exigidos os seguintes documentos, dentre outros, **EXCETO:**

(A) qualificação técnica.

(B) qualificação legal e societária.

(C) regularidade fiscal e trabalhista.

(D) qualificação econômico-financeira.

As qualificações exigidas são a habilitação jurídica, a qualificação técnica, a qualificação econômico-financeira, a regularidade fiscal, a regularidade trabalhista e a não existência de trabalho infantil (art. 27 da Lei 8.666/1993). Não há previsão de "qualificação legal e societária", de modo que a alternativa "B" deve ser assinalada.

Gabarito "B"

(Analista – TRE/CE – 2012 – FCC) A empresa "Y" sagrou-se vencedora de determinado procedimento licitatório. Em razão disso, a Administração Pública convocou-a regularmente para assinar o termo de contrato, dentro do prazo e condições estabelecidos. No entanto, a empresa "Y", injustificadamente, não compareceu para a assinatura do termo de contrato.

Diante do fato narrado e nos termos da Lei de Licitações (Lei nº 8.666/1993),

(A) é facultado à Administração convocar os licitantes remanescentes, na ordem de classificação, para fazê-lo em igual prazo e nas mesmas condições propostas pelo primeiro classificado.

(B) a Administração está obrigada a revogar a licitação.

(C) o prazo de convocação poderá ser prorrogado uma vez.

(D) a Administração deverá anular a licitação.

(E) o fato narrado caracteriza descumprimento parcial da obrigação assumida, ficando a empresa "Y" proibida de participar de novo certame pelo prazo de dois anos.

Art. 64, § 2º, da Lei 8.666/1993.

Gabarito "A"

(Analista – TRE/TO – 2011 – FCC) De acordo com a Lei nº 8.666/1993 (Lei de Licitações), os interessados em participar de licitação, na modalidade convite:

(A) São convocados obrigatoriamente por meio da publicação do edital na Imprensa Oficial.

(B) Como regra, são convidados em número mínimo de três pela unidade administrativa.

(C) Não precisam ser necessariamente do ramo pertinente ao objeto do convite.

(D) Devem ser previamente cadastrados.

(E) Não poderão participar, os cadastrados na correspondente especialidade, ainda que manifestem interesse até vinte e quatro horas antes da apresentação das propostas.

Art. 22, § 3º, da Lei 8.666/1993.

Gabarito "B"

(Analista – MPU – 2010 – CESPE) A respeito da Lei nº 8.666/1993, julgue os itens que se seguem.

(1) Os órgãos da administração direta, os fundos especiais, as autarquias, as fundações públicas, as empresas públicas, as sociedades de economia mista e as demais entidades controladas direta ou indiretamente pela União, pelos estados, pelo Distrito Federal e pelos municípios estão subordinados ao regime dessa lei.

(2) Todos os valores, preços e custos utilizados nas licitações têm como expressão monetária a moeda corrente nacional, ressalvadas as concorrências de âmbito internacional, para as quais o edital deve ajustar-se às diretrizes da política monetária e do comércio exterior e atender às exigências dos órgãos competentes.

1: Certa (art. 1º, parágrafo único, da Lei 8.666/1993); **2:** Certa (art. 5º, *caput*, da Lei 8.666/1993).

Gabarito 1C, 2C

12.17.5. Tipos de licitação (menor preço, melhor técnica e técnica/preço e maior lance)

(Procurador do Estado/SC – 2010 – FEPESE) Para contratação de bens e serviços de informática, a Administração Pública adotará, obrigatoriamente, o tipo de licitação:

(A) convite.

(B) pregão.

(C) maior lance.

(D) menor preço.

(E) técnica e preço.

O tipo de licitação para contratação de bens e serviços de informática é a de técnica e preço (art. 45, § 4º, da Lei 8.666/1993).

Gabarito "E"

(Analista – TRE/AL – 2010 – FCC) De acordo com a Lei nº 8.666/1993, constituem tipos de licitação, EXCETO na modalidade concurso, dentre outros,

(A) empreitada por preço global e empreitada integral.

(B) menor preço e técnica e preço.

(C) convite e tomada de preços.

(D) execução direta e execução indireta.

(E) menor preço e tarefa.

Art. 45, § 1º, I e III, da Lei 8.666/1993.

Gabarito "B"

12.17.6. Revogação e anulação da licitação

(Magistratura/SP – 2013 – VUNESP) A anulação *ex officio* da licitação, fundada na ilegalidade do procedimento licitatório, gera efeitos *ex tunc*;

(A) ainda assim sujeita a Administração a pagar indenização às partes.

(B) são idênticos os efeitos produzidos na anulação da licitação e na anulação do contrato.

(C) como a Administração tem o dever de velar pela legalidade de seus atos, o decreto de anulação da licitação, fundada na ilegalidade do procedimento, prescinde, na esfera administrativa, do exercício do direito de defesa.

(D) o terceiro de boa-fé atingido pela invalidação da licitação será indenizado pelos prejuízos decorrentes da anulação.

A: incorreta, pois a anulação da licitação por motivo de ilegalidade não gera, como regra, o dever de indenizar (art. 49, § 1º, da Lei 8.666/1993), ressalvado o disposto no art. 59, parágrafo único, da Lei 8.666/1993; **B:** incorreta, pois a anulação da licitação, regulamentada no art. 49 da Lei 8.6666/1993, como regra não impõe o dever de indenizar, ao passo que a anulação do contrato, regulamentada no art. 59 da Lei 8.666/1993, impõe indenização ao contrato pelo que este houver executado até a data em que ela for declarada e por outros motivos regularmente comprovados, salvo comprovada má-fé do contratado (art. 59, parágrafo único, da Lei 8.666/1993); **C:** incorreta, pois a anulação do certame deve ser precedida de contraditório e ampla defesa (art. 49, § 3º, da Lei 8.666/1993); **D:** correta, pois, considerando a responsabilidade objetiva da Administração por atos que prejudicam terceiros (art. 37, § 6º, da CF), estes devem ser indenizados.

Gabarito "D"

(OAB/Exame Unificado – 2010.3) Sendo o contrato administrativo nulo, é correto afirmar que

(A) seu reconhecimento não exonera a Administração do dever de indenizar o contratado de boa-fé, por tudo o que este houver executado e por outros prejuízos comprovados.

(B) a declaração de nulidade não opera retroativamente, obrigando o contratado a indenizar a Administração pelos danos por esta sofridos.

(C) a declaração não opera retroativamente, respeitando o direito adquirido ao término do contrato, caso tenha o contratado iniciado sua execução.

(D) que essa nulidade só produzirá efeitos se o contrato for de valor superior a 100 (cem) salários-mínimos, caso o contratado tenha iniciado a sua execução.

A: correta, pois reproduz o texto do art. 59, parágrafo único, da Lei 8.666/1993; **B** e **C:** incorretas, pois a declaração de nulidade opera retroativamente sim (art. 59, *caput*, da Lei 8.666/1993); ademais, quem tem que indenizar alguém é a Administração (pelos serviços que foram prestados e outros prejuízos comprovados), e não o contratado de boa-fé; **D:** incorreta, pois o art. 59 da Lei 8.666/1993, que regulamenta a questão, não faz essa distinção.

Gabarito "A"

(OAB/Exame Unificado – 2010.3) A revogação da licitação pressupõe

(A) mero juízo de conveniência e oportunidade da Administração, podendo se dar a qualquer tempo.

(B) razões de interesse público decorrentes de fato superveniente, devidamente comprovado, pertinente e suficiente para justificar essa conduta.

(C) mero juízo de conveniência e oportunidade da Administração, podendo ocorrer até antes da assinatura do contrato.

(D) prévia, integral e justa indenização, podendo, por isso, se dar por qualquer motivo e a qualquer tempo.

A e **C:** incorretas, pois a revogação de um ato só pode ocorrer se, após a expedição deste, ocorrer um *fato novo* que justifique, diante de *razões de interesse público*, a sua retirada do mundo jurídico; assim, não basta "mero juízo de conveniência"; ademais, não é possível revogar um ato a qualquer tempo, pois, caso o ato já tenha sido extinto por outro motivo (ex.: por cumprimento dos seus efeitos), não há mais que se falar em retirada do ato do mundo jurídico; **B:** correta, nos termos do comentário anterior; **D:** incorreta, pois a Administração, apesar de ter de respeitar os requisitos previstos no art. 49 da Lei 8.666/1993, não tem o dever de providenciar prévia, integral e justa indenização.

Gabarito "B"

12.17.7. Procedimento licitatório simplificado da Petrobras

(Advogado – Petrobrás – 2012 – CESGRANRIO) Nos termos do Decreto n. 2.745, de 24.08.1998, que aprova o Regulamento do Procedimento Licitatório Simplificado da Petrobras, a contratação integrada é

(A) vedada

(B) admitida para a aquisição de bens e serviços comuns

(C) admitida apenas quando economicamente recomendável

(D) compulsória para os contratos de compras

(E) compulsória para os contratos de obras de engenharia

Segundo o Item 1.9 do Regulamento, a contratação integrada será admitida se economicamente recomendável.

Gabarito "C"

(Advogado – Petrobrás – 2012 – CESGRANRIO) O Regulamento do Procedimento Licitatório Simplificado da Petrobras, aprovado pelo Decreto n. 2.745, de 24.08.1998, estabelece, a respeito do julgamento das licitações, que

(A) a desistência de proposta é absolutamente vedada após a fase de habilitação.

(B) o julgamento das propostas será feito em duas etapas, nas licitações do tipo melhor preço e melhor técnica.

(C) as propostas serão classificadas por ordem crescente dos valores ofertados.

(D) as vantagens não previstas no instrumento convocatório e as ofertas de redução sobre a proposta mais barata não serão levadas em conta.

(E) apenas os licitantes inabilitados têm direito à interposição de recurso no procedimento licitatório.

A: incorreta, pois cabe desistência por motivo justo decorrente de fato superveniente e aceito pela Comissão (Item 6.8 do Regulamento); **B:** incorreta, pois o julgamento das propostas será feito em duas etapas nas licitações de *melhor técnica e preço* e de melhor técnica (Item 6.20 do Regulamento); **C:** incorreta, pois serão classificadas por ordem decrescente dos valores ofertados, a partir da mais vantajosa (Item 6.16 do Regulamento); **D:** correta (Item 6.12 do Regulamento); **E:** incorreta, pois qualquer interessado prejudicado por ato de habilitação, classificação ou julgamento pode recorrer (Item 9.1 do Regulamento).

Gabarito "D"

(Advogado – Petrobrás – 2012 – CESGRANRIO) A empresa X & YZ participou de procedimento licitatório instaurado pela Petrobras e regido pelo Decreto n. 2.745, de 24.08.1998. Foi inabilitada em sessão pública ocorrida em 12 de janeiro de 2012 (quinta-feira), oportunidade em que teve ciência da inabilitação.

Qual o termo final do prazo para interposição do Recurso Hierárquico contra a decisão de inabilitação?

(A) 16 de janeiro de 2012

(B) 17 de janeiro de 2012

(C) 18 de janeiro de 2012

(D) 19 de janeiro de 2012

(E) 22 de janeiro de 2012

O prazo para a interposição de recurso hierárquico é de 5 dias corridos da data de comunicação do ato impugnado (Item 9.2), excluindo-se o dia do início e incluindo-se o do vencimento (Item 9.2.4). Assim, o termo final para a interposição do recurso, no caso, é 17 de janeiro de 2012.

Gabarito "B"

12.17.8. Microempresa e empresa de pequeno porte

(Defensor Público/RS – 2011 – FCC) Com relação aos benefícios das microempresas e das empresas de pequeno porte nas licitações, que independem de regulamentação pelo órgão licitante, de acordo com a Lei Complementar Federal nº 123/2006, é correto afirmar:

(A) A microempresa e a empresa de pequeno porte têm preferência, como critério de desempate, para a contratação em licitações.

(B) A regularidade jurídica da microempresa e da empresa de pequeno porte será exigida apenas na assinatura do contrato.

(C) A microempresa será automaticamente declarada vencedora se a sua proposta for superior ao melhor preço em até dez por cento.

(D) A microempresa e a empresa de pequeno porte estão dispensadas de apresentar a documentação fiscal para participar em licitações.

(E) A microempresa terá preferência na contratação quando sua proposta for equivalente à apresentada por empresa de pequeno porte.

A: correta (art. 44 da Lei Complementar 123/2006); **B:** incorreta, pois é a regularidade *fiscal* que será exigida apenas *para efeito da* assinatura do contrato (art. 42 da Lei Complementar 123/2006); **C:** incorreta, pois, nesse caso, dar-se-á oportunidade à microempresa de apresentar proposta inferior àquela considerada vencedora no certame (art. 45, I, da Lei Complementar 123/2006); **D:** incorreta, pois o que a lei faz é autorizar a sua apresentação no início do certame mesmo que apresente alguma restrição, conferindo-se prazo para a empresa apresentar documentação em ordem no prazo de dois dias úteis contados do momento em que o proponente for declarado vencedor do certame, prazo esse que é prorrogável por igual período, a critério da Administração (art. 43, *caput* e § 1º, da Lei Complementar 123/2006); **E:** incorreta, pois a preferência existe da microempresa e da empresa de pequeno porte, de um lado, em face das empresas em geral, de outro, e não entre as duas primeiras (art. 44, *caput*, da Lei Complementar 123/2006).

Gabarito "A"

12.17.9. Regime diferenciado de contratações públicas – RDC

(Procurador do Estado/PR – UEL-COPS – 2011) Quanto ao Regime Diferenciado de Contratações Públicas – RDC, é correto dizer que:

(A) o RDC aplica-se a toda e qualquer contratação pública, desde que abrangida no período de tempo pertinente à Copa das Confederações, Copa do Mundo da FIFA, Jogos Paraolímpicos e Olimpíadas (critério cronológico);

(B) no que respeita ao seu relacionamento com a Lei Geral de Licitações e Contratações Públicas (8.666/1993), o RDC acolhe os tipos e modalidades de licitação segundo o critério de definição conforme o valor da futura contratação;

(C) o procedimento licitatório do RDC define como regra a avaliação dos preços antes da habilitação dos licitantes, sendo o modelo da concorrência (habilitação antes da avaliação dos preços) apenas adotado na condição de inversão de fases, desde que fundamentadamente justificada a exceção;

(D) o RDC envolve a aplicação integrada da Lei 8.666/1993, na condição de norma geral de licitações e contratações públicas, sempre subsidiária a todos os dispositivos do RDC;

(E) todas as alternativas estão incorretas.

A: incorreta, pois o RDC se aplica exclusivamente às licitações e contratos necessários à realização dos eventos mencionados (art. 1º da Lei 12.462/2011), bem como ações do PAC, obras e serviços do SUS e obras e serviços de engenharia no âmbito dos sistemas público de ensino (art. 1º, inciso IV e V, e § 3º, do dispositivo citado, incluídos pela Lei 12.722/2012); as demais contratações que não se refiram a esses eventos devem obedecer à Lei 8.666/1993; **B:** incorreta, pois a Lei 12.462/2011 dispõe que os tipos licitatórios são os previstos na Lei 8.666/1993 (menor preço, melhor técnica e técnica e preço), acrescentando-se os tipos maior desconto, melhor conteúdo artístico e maior retorno econômico (art. 18 da Lei 12.462/2011); **C:** correta, pois o art. 12, *caput* e incisos IV e V, estabelece essa ordem (primeiro julgamento das propostas e depois habilitação), sendo que o parágrafo único do mesmo dispositivo permite a inversão de fases, para o fim de a habilitação acontecer primeiro; **D:** incorreta, pois a opção pelo RCD resultará no afastamento das normas da Lei 8.666/1993 (art. 1º, § 2º, da Lei 12.462/2011), ressalvadas as hipóteses em que a própria Lei 12.462/2011 estabelecer que se aplica a Lei 8.666/1993); **E:** incorreta, pois, como se viu, a alternativa "c" está correta.

Gabarito "C"

12.17.10. Temas combinados e outros temas

(Ministério Público/GO – 2010) Quanto aos recursos administrativos nas licitações é incorreto afirmar exceto:

(A) No que se refere à licitação, cabe recurso hierárquico, no prazo de três dias úteis, a contar da intimação do ato.

(B) A representação é prevista como recurso contra decisão relacionada com o objeto da licitação, da qual não caiba recurso hierárquico, no prazo de três dias úteis, contados da intimação.

(C) O pedido de reconsideração deve ser interposto, no prazo de cinco dias, quando o administrado for punido com penalidade de declaração de inidoneidade para licitar ou contratar com a administração pública.

(D) Apenas os recursos contra habilitação ou inabilitação e contra julgamento das propostas têm efeito suspensivo.

A: assertiva incorreta, pois o prazo recursal é de *5 dias* úteis, sendo contato da intimação do ato *ou da lavratura da ata* (art. 109, I, da Lei 8.666/1993); **B:** assertiva incorreta, pois a representação deve se dar no prazo de *5 dias* úteis, contados da decisão relacionada com o objeto da licitação ou do contrato, de que não caiba recurso hierárquico (art. 109, II, da Lei 8.666/1993); **C:** assertiva incorreta, pois o pedido de reconsideração deve ser feito no prazo de *10 dias* úteis da intimação do ato (art. 109, III, da Lei 8.666/1993); **D:** assertiva correta (devendo ser assinalada), nos termos do art. 109, § 2º, da Lei 8.666/1993.

Gabarito "D"

(Ministério Público/MG – 2012 – CONSULPLAN) Em relação à licitação, à luz da legislação de regência, é **INCORRETO** dizer que:

(A) A alienação de bens da Administração Pública deve ser precedida de avaliação, sendo dispensada a licitação quando se tratar de permuta de bens móveis entre órgãos ou entidades integrantes do próprio Poder Público.

(B) Nos casos em que couber a tomada de preços, a Administração poderá utilizar convite e, em qualquer caso, a concorrência.

(C) A licitação não será sigilosa, sendo públicos e acessíveis ao público os atos de seu procedimento, salvo quanto ao conteúdo das propostas, até a respectiva abertura.

(D) É dispensável a licitação na contratação de associação de portadores de deficiência física, sem fins lucrativos e de comprovada idoneidade, por órgãos ou entidades da Administração Pública, para a prestação de serviços ou fornecimento de mão de obra, desde que o preço contratado seja compatível com o praticado no mercado.

A: assertiva correta (art. 17, II, "b", da Lei 8.666/1993); **B:** assertiva incorreta (devendo ser assinalada), pois, não caberá convite em caso de tomada de preços; neste caso, além da tomada de preços, cabe apenas concorrência, já que esta é mais abrangente, valendo a máxima "quem pode o mais, pode o menos"; **C:** assertiva correta (art. 3º, § 3º, da Lei 8.666/1993); **D:** assertiva correta (art. 24, XX, da Lei 8.666/1993).

Gabarito "B"

(Ministério Público/PR – 2011) Relativamente às Licitações, é correto afirmar:

(A) A autoridade competente para a aprovação do procedimento licitatório poderá revogar a licitação por razões de interesse público decorrente de fato superveniente devidamente comprovado, pertinente e suficiente para justificar tal conduta.

(B) Na contratação de serviços de publicidade, poderá ser dispensada a licitação em se tratando de hipóteses que exijam a contratação de profissionais ou empresas de notória especialização, conforme previsto no artigo 25 da Lei 8.666/1993.

(C) O concurso para ingresso em carreira no serviço público é uma modalidade de licitação.

(D) Havendo empate em procedimento licitatório, impõe a legislação vigente que sempre se resolva pelo critério do sorteio, como forma de garantir a isonomia e lisura no procedimento.

(E) Todas as alternativas anteriores são corretas.

A: correta (art. 49 da Lei 8.666/1993); **B:** incorreta, pois não cabe nem dispensa, nem inexigibilidade (art. 25, II, da Lei 8.666/1993); **C:** incorreta, pois o concurso de que trata a Lei de Licitações é destinado à premiação de trabalho técnico, científico ou artístico (art. 22, § 4º, da Lei 8.666/1993), e não para contratar servidores públicos; **D:** incorreta, pois, em primeiro lugar, deve-se observar os critérios previstos no art. 3º, § 2º, da Lei 8.666/1993; **E:** incorreta, pois apenas a alternativa "A" está correta.

Gabarito "A"

(Ministério Público/RR – 2012 – CESPE) Assinale a opção correta relativamente ao instituto da licitação.

(A) Em regra, o procedimento licitatório fica a cargo de comissão cujos membros terão mandato de até um ano, admitida a recondução de todos os membros para a mesma comissão no período subsequente.

(B) No pregão, a fase da habilitação deve preceder a de classificação.

(C) Contra o ato de anulação ou revogação do procedimento licitatório cabe, por força de lei, recurso dotado de efeito suspensivo.

(D) A alienação de bens imóveis em se tratando de dação em pagamento configura situação de dispensa de licitação determinada por lei, razão pela qual não há discricionariedade administrativa quanto ao ato de dispensa.

(E) A legislação de regência admite a dispensa de licitação para a contratação de coleta, processamento e comercialização de resíduos sólidos urbanos recicláveis ou reutilizáveis, em áreas com sistema de coleta seletiva de lixo, efetuados por cooperativas formadas por pessoas físicas de baixa renda ou por empresas de pequeno porte.

A: incorreta, pois a investidura dos membros de comissão permanente é de até 1 ano, **mas** é vedada a recondução da totalidade de seus membros para a mesma comissão no período subsequente (art. 51, § 4º, da Lei 8.666/1993); **B:** incorreta, pois, no pregão, há uma inversão de fases, de modo que a fase de julgamento das propostas e classificação ocorre primeiro que a fase de habilitação (art. 4º, VII e XII, da Lei 10.520/2002); **C:** incorreta, pois o recurso, nesses casos, não está dentre as hipóteses em que lei impõe automaticamente o efeito suspensivo (art. 109, § 2º, da Lei 8.666/1993); **D:** correta (art. 17, I, "a", da Lei 8.666/1993); **E:** incorreta, pois a parte final da alternativa, que faz referência a "empresas de pequeno porte" não se encontra prevista na lei (art. 24, XXVII, da Lei 8.666/1993).

Gabarito "D"

(Ministério Público/SC – 2012) Analise as seguintes assertivas:

I. Ao Poder Judiciário compete revogar atos administrativos por razões de mérito, no atendimento do interesse público.

II. É vedada a inclusão no objeto da licitação a obtenção de recursos financeiros para sua execução, qualquer que seja sua origem.

III. O princípio da vinculação ao instrumento convocatório estabelece que o edital e a carta-convite contêm as regras a serem observadas no processo licitatório. Em caso de modificação do edital que afete as propostas, as novas regras valerão apenas para os concorrentes já habilitados.

IV. É dispensável a licitação quando houver inviabilidade de competição, sendo inexigível em algumas situações legalmente previstas em que há competição, mas sua realização é facultada.

V. As autarquias submetem-se ao controle administrativo realizado pelos órgãos da cúpula da Administração direta, denominada de "tutela".

(A) Apenas as assertivas I, III e IV estão corretas.
(B) Apenas a assertiva IV está correta.
(C) Apenas as assertivas II e V estão corretas.
(D) Apenas a assertiva V está correta.
(E) Todas as assertivas estão corretas.

I: incorreta, pois a revogação é da exclusiva alçada da Administração Pública que tiver expedido o ato, não podendo o Judiciário fazê-la em seu lugar; **II:** incorreta, pois tal medida é possível "nos casos de empreendimentos executados e explorados sob o regime de concessão, nos termos da legislação específica" (art. 7º, § 3º, da Lei 8.666/1993); **III:** incorreta, pois a modificação do edital, que afete as propostas, impõe a reabertura do prazo para apresentação destas (art. 21, § 4º, da Lei 8.666/1993), valendo, assim, para todos os concorrentes; **IV:** incorreta, pois a inviabilidade de competição leva à inexigibilidade de licitação (art. 25, *caput*, da Lei 8.666/1993) e não à dispensa desta; no mais, é bom que fique claro que, havendo caso de inexigibilidade, não há possibilidade de se fazer licitação, de modo que esta não é facultada; **V:** correta, pois a autarquia (pessoa jurídica) está, de fato, sujeita a "tutela", também chamada de "controle" ou "supervisão ministerial", diferentemente de um mero órgão estatal, que está sujeito à "hierarquia".

Gabarito "D"

(Ministério Público/SP – 2011) A pena de suspensão temporária de participação em licitação e impedimento de contratar com a Administração, por prazo não superior a 2 (dois) anos, pela inexecução total ou parcial do contrato:

(A) é restrita ao órgão licitante, que impôs a penalidade.
(B) estende-se à pessoa jurídica de direito público a que pertence o órgão licitante.
(C) abrange toda a Administração, em qualquer unidade da Federação.
(D) pode ser aumentada, para prazo superior a 2 (dois) anos, dependendo da extensão do dano causado pelo particular.
(E) só pode ser aplicada em ação judicial, de rito ordinário.

A e **B:** incorretas, a pena abrange toda a Administração (art. 87, III, da Lei 8.666/1993); **C:** correta, conforme art. 87, III, da Lei 8.666/1993; **D:** incorreta, pois o prazo é de até 2 anos (art. 87, III, da Lei 8.666/1993); **E:** incorreta, pois é aplicada pela própria Administração.

Gabarito "C"

(Defensor Público/GO – 2010 – I. Cidades) A declaração de inidoneidade para licitar

(A) pode retroagir, atingindo contratos e licitações em andamento do particular atingido pela penalidade.
(B) é uma espécie de sanção administrativa.
(C) atinge somente os órgãos e entes da Administração com os quais esteja ligado o particular atingido no contrato e ou na licitação.
(D) está disposta em regulamento federal.
(E) é ato administrativo ampliativo da situação jurídica do particular.

A: incorreta, pois nem a lei pode retroagir para atingir atos jurídicos perfeitos; **B:** correta, já que se trata de uma punição ao contratado, que ficará impedido de contratar com a Administração Pública enquanto perdurarem os motivos da punição ou até que seja reabilitado (art. 87, IV, da Lei 8.666/1993); **C:** incorreta, pois, segundo o art. 87, IV, da Lei 8.666/1993, a sanção atinge a "Administração Pública", que, segundo o disposto no art. 6º, XI, inclui a administração direta e indireta de todos os entes políticos; **D:** incorreta, pois está prevista na própria Lei 8.666/1993 (art. 87, IV e §§ 2º e 3º); **E:** incorreta, pois é ato administrativo que diminui os direitos do particular.

Gabarito "B"

(Procurador do Município/Florianópolis-SC – 2010 – FEPESE) Em relação aos recursos administrativos previsto na Lei n. 8.666/1993, assinale a alternativa **incorreta**.

(A) Os recursos têm efeito devolutivo e suspensivo.
(B) Interposto, o recurso será comunicado aos demais licitantes, que poderão impugná-lo no prazo legal.
(C) Cabe representação, da decisão relacionada com o objeto da licitação ou do contrato, de que não caiba recurso hierárquico.

(D) Nenhum prazo de recurso, representação ou pedido de reconsideração se inicia ou corre sem que os autos do processo estejam com vista franqueada ao interessado.

(E) Em se tratando de licitações efetuadas na modalidade de carta-convite, os prazos recursais são reduzidos para dois dias úteis.

A: incorreta, devendo ser assinalada, pois, como regra, os recursos têm efeito apenas devolutivo; terão efeito suspensivo apenas se forem contra decisões relativas à habilitação e ao julgamento das propostas, e também quando a autoridade atribuir esse efeito, motivadamente e presentes razões de interesse público (art. 109, § 2º, da Lei 8.666/1993); **B:** correta (art. 109, § 3º, da Lei 8.666/1993); **C:** correta (art. 109, II, da Lei 8.666/1993); **D:** correta (art. 109, § 5º, da Lei 8.666/1993); **E:** correta (art. 109, § 6º, da Lei 8.666/1993).

Gabarito "A"

(Procurador do Município/Teresina-PI – 2010 – FCC) No que diz respeito às licitações, é correto afirmar:

(A) Nos casos em que couber convite, a Administração poderá utilizar a tomada de preços e, em qualquer caso, a concorrência.

(B) A Lei n. 8.666/1993, que dispõe sobre normas para licitações, admite a possibilidade de criação de outras modalidades de licitação ou a combinação das referidas na mencionada lei.

(C) É inexigível licitação na contratação de instituição brasileira incumbida regimental ou estatutariamente da pesquisa, do ensino ou do desenvolvimento institucional, desde que detenha inquestionável reputação ético-profissional e não tenha fins lucrativos.

(D) Serão efetuadas no local onde for realizada a obra, objeto do certame, salvo motivo de interesse público, devidamente justificado.

(E) O prazo mínimo até o recebimento das propostas ou da realização do evento será 30 dias para concorrência, quando o contrato a ser celebrado contemplar regime de empreitada integral.

A: correta (art. 23, § 4º, da Lei 8.666/1993); **B:** incorreta, pois é justamente o contrário (art. 22, § 8º, da Lei 8.666/1993); **C:** incorreta, pois esse caso não é de inexigibilidade, mas de dispensa de licitação (art. 24, XIII, da Lei 8.666/1993); **D:** incorreta, pois as licitações serão efetuadas no local onde se situar a repartição interessada (art. 20 da Lei 8.666/1993); **E:** incorreta, pois, nesse caso, assim como quando se tenha licitação cujo tipo envolva técnica ou técnica e preço, o prazo é de, no mínimo, 45 dias (art. 21, § 2º, I, "b", da Lei 8.666/1993).

Gabarito "A"

(Procurador do Município/Boa Vista-RR – 2010 – CESPE) Acerca de licitação, julgue o próximo item.

(1) O convite é uma modalidade de licitação em que a convocação se faz por carta-convite. Ele dispensa a publicação em edital, mas a lei exige que a unidade administrativa afixe, em lugar adequado, uma cópia do instrumento convocatório.

1: correta (art. 22, § 3º, da Lei 8.666/1993).

Gabarito 1C

(Advogado da União/AGU – CESPE – 2012) Julgue o item seguinte.

(1) Caso uma empresa participante de concorrência pública apresente recurso em decorrência da publicação de ato que a declare inabilitada para o certame, tal recurso terá, necessariamente, efeito suspensivo.

1: correta (art. 109, § 2º, da Lei 8.666/1993).

Gabarito 1C

(Advogado – Correios – 2011 – CESPE) Relativamente ao instituto da licitação, julgue os itens que se seguem.

(1) A administração pública agirá corretamente se, mesmo após a homologação de certame licitatório e a consequente adjudicação do seu objeto à empresa vencedora, anular o procedimento ante a constatação de vício no edital de abertura da licitação.

(2) É facultada à empresa pública a contratação com suas subsidiárias ou controladas, desde que o preço seja compatível com o praticado no mercado, para aquisição de bens e prestação de serviços, mediante inexigibilidade de licitação.

1: correta, pois a anulação da licitação, diferentemente da revogação, pode ser feita após o término da licitação, já que se trata de medida que tem efeito retroativo; **2:** incorreta, pois esse caso é de dispensa de licitação (art. 24, XXIII, da Lei 8.666/1993) e não de inexigibilidade.

Gabarito 1C, 2E

(Advogado – Petrobrás Bio. – 2010 – CESGRANRIO) O Tribunal de Contas da União (TCU) teve ciência da instauração de procedimento licitatório por empresa pública federal e, uma semana antes da data de recebimento das propostas, solicitou à entidade cópia do edital já publicado, motivando a solicitação com base em representação oferecida por cidadão, contendo indícios de violação à competitividade. Nesse caso, a medida adotada pelo TCU

(A) afigura-se inconstitucional, pois as entidades dotadas de personalidade jurídica de direito privado federais não se submetem ao controle externo realizado pelo TCU.

(B) encontra respaldo na Lei n. 8.666/1993, que prevê a possibilidade de o TCU solicitar para exame, até o dia útil imediatamente anterior à data de recebimento das propostas, cópia do edital de licitação já publicado.

(C) é juridicamente correta, desde que se trate de licitação na modalidade concorrência, estando a empresa pública enquadrada entre as estatais dependentes, que recebem recursos da União Federal para as despesas de custeio em geral.

(D) é inconstitucional, pois não lhe é lícito exercer o controle prévio da execução da despesa pública.

(E) é inconstitucional, pois apenas os licitantes detêm legitimidade para oferecer representação ao TCU contra irregularidades verificadas em procedimento licitatório.

Segundo o art. 113, § 2º, da Lei 8.666/1993, "os Tribunais de Contas e os órgãos integrantes do sistema de controle interno poderão solicitar para exame, até o dia útil imediatamente anterior à data de recebimento das propostas, cópia de edital de licitação já publicado, obrigando-se os órgãos ou entidades da Administração interessada à adoção de medidas corretivas pertinentes que, em função desse exame, lhes forem determinadas". Vale salientar que as empresas estatais se submetem ao disposto na Lei 8.666/1993 (art. 1º, parágrafo único). Assim, a alternativa "b" está correta.

Gabarito "B"

(Magistratura Federal/3ª Região – 2010) A Lei 8.666, de 21 de junho de 1993, prevê mecanismos de fiscalização popular, sendo, no entanto, incorreto afirmar que:

(A) Qualquer cidadão é parte legítima para impugnar preço constante no quadro geral de preços em razão de incompatibilidade com o preço vigente no mercado, bem como para impugnar o edital de licitação;

(B) Qualquer cidadão poderá requerer à Administração Pública os quantitativos das obras e preços unitários de determinada obra executada;

(C) É obrigatória a realização de audiência pública, como fase inicial do processo de licitação, sempre que o valor estimado para uma licitação ou conjunto de licitações previstos simultâneas ou sucessivas for superior a 100 (cem) vezes o limite previsto no art. 23, inciso I, alínea "c" da Lei 8.666/1993, assegurando-se aos interessados o acesso a todas as informações pertinentes e o direito a manifestação;

(D) É obrigatória a realização de audiência pública, nos casos de dispensa de licitação em que as propostas apresentadas consignarem preços manifestamente superiores aos praticados no mercado nacional, ou forem incompatíveis com os fixados pelos órgãos fixados pelos órgãos oficiais competentes, hipóteses que legitimam a adjudicação direta de bens ou serviços pelo administrador.

A: correto (arts. 15, § 6º, e 41, § 1º, da Lei 8.666/1993); **B:** correto (art. 7º, § 8º, da Lei 8.666/1993); **C:** correto (art. 39 da Lei 8.666/1993); **D:** incorreta (devendo ser assinalada), pois, nessas situações, não há razão para se fazer audiência pública, tratando-se de caso em que a contratação direta não poderá ser feita.

Gabarito "D"

(Fiscal de Rendas/RJ – 2010 – FGV) Com relação às *licitações*, assinale a alternativa correta.

(A) Como lei geral, a Lei 8.666/93 aplica-se integralmente a todas as contratações públicas, sem admitir qualquer forma de derrogação.

(B) Segundo a jurisprudência do Supremo Tribunal Federal, é constitucional o regulamento de licitações simplificado aprovado mediante decreto fundamentado em autorização legal específica para disciplinar os procedimentos licitatórios de empresas estatais em regime de livre concorrência.

(C) Admite-se a inversão de fases nos procedimentos licitatórios regidos pela Lei nº 8.666/93.

(D) São modalidades de licitação, exclusivamente: concorrência, tomada de preços, convite, concurso e leilão.

(E) Configura hipótese de dispensa de licitação compras de valor máximo correspondente a 10% (dez por cento) do valor máximo estimado para adoção da modalidade concorrência (R$ 650.000,00).

A: incorreta, pois há contratações públicas reguladas por outras leis, como as concessões de serviço público e as parcerias público-privadas; B: correta, nos termos da seguinte decisão do STF – "Ação Cautelar. 2. Efeito suspensivo a recurso extraordinário admitido no Superior Tribunal de Justiça. 3. Plausibilidade jurídica do pedido. Licitações realizadas pela Petrobrás com base no Regulamento do Procedimento Licitatório Simplificado (Decreto nº 2.745/98 e Lei n. 9.478/97). 4. Perigo de dano irreparável. A suspensão das licitações pode inviabilizar a própria atividade da Petrobrás e comprometer o processo de exploração e distribuição de petróleo em todo o país, com reflexos imediatos para a indústria, comércio e, enfim, para toda a população. 5. Medida cautelar deferida para conceder efeito suspensivo ao recurso extraordinário." (AC 1193 MC-QO, DJ 30-06-2006); recentemente, o TCU tomou decisões no sentido de impedir o uso, pela Petrobrás, do regulamento mencionado; porém a empresa ingressou com mandado de segurança junto ao STF (MS 29.123) e conseguiu medida liminar em que o Min. Gilmar Mendes suspendeu os efeitos das decisões proferidas pelo Tribunal de Contas da União (STF, j. em 02/09/10); C: incorreta, pois não há essa previsão na Lei 8.666/93, apesar de existir tal possibilidade no pregão e nas licitações para a concessão de serviços públicos e para a celebração de parceiras público-privadas; D: incorreta, pois o pregão também é uma modalidade de licitação; E: incorreta, pois a dispensa, no caso, dirige-se às licitações para compras de até 10% do limite para adoção da modalidade convite (art. 24, I, da Lei 8.666/93).

Gabarito "B"

12.18. QUESTÕES SUBJETIVAS COMENTADAS

(OAB/Exame Unificado – 2ª fase – CESPE) *As obras, serviços, compras, alienações, concessões, permissões e locações da Administração Pública, quando contratadas com terceiros, serão necessariamente precedidas de licitação, ressalvadas algumas situações previstas em lei.* Suponha que a administração de um município do estado da Paraíba tenha resolvido contratar, para apresentações durante as festas juninas, a cantora Elba Ramalho. Diante dessa situação e considerando o tema do texto acima, redija um texto, de maneira fundamentada, acerca da necessidade de licitação nesse caso específico. extensão máxima: 60 linhas

RESOLUÇÃO DA QUESTÃO

O art. 37, XXI, da Constituição Federal traz a regra matriz do dever de licitar. De acordo com essa regra, quando a administração queira contratar obras, serviços, compras e alienações, a licitação é regra, que somente pode ser excepcionada nos casos especificados na lei.

A regra é repetida no art. 2º da Lei 8.666/1993, que acrescenta que as concessões, permissões e locações da Administração Pública também devem ser precedidas de licitação.

O princípio da obrigatoriedade da licitação tem em mira preservar os princípios da isonomia e da indisponibilidade do interesse público (art. 3º da Lei 8.666/1993).

Todavia, há situações em que há razões de interesse público que justificam a não realização do certame (art. 24 da Lei 8.666/1993). E há situações em que a competição é inviável (art. 25 da Lei 8.666/1993).

Dentre os casos em que a licitação é inviável, caracterizando inexigibilidade de licitação, está a situação em que se deseja contratar profissional de qualquer setor artístico (art. 25, III, da Lei 8.666/1993).

Todavia, para que se viabilize essa hipótese de contratação direta, a pessoa contratada deve se tratar de artista consagrado pela crítica especializada ou pela opinião pública, requisito que a cantora Elba Ramalho, por certo, preenche.

Ademais, há de se abrir um processo administrativo de inexigibilidade, justificando a escolha da cantora, bem como o preço (art. 26, parágrafo único, II e III, da Lei 8.666/1993).

A conclusão pela inexigibilidade deve ser comunicada, dentro de três dias, à autoridade superior, para ratificação e publicação na imprensa oficial, no prazo de cinco dias, como condição para a eficácia dos atos (art. 26, *caput*, da Lei 8.666/1993).

Ante o exposto, é possível a contratação da cantora sem necessidade de licitação, cumpridos os requisitos previstos nos arts. 25, III, e 26, *caput* e parágrafo único, II e III, da Lei 8.666/1993.

(OAB/Exame Unificado – 2ª fase – CESPE) *As obras, serviços, compras, alienações, concessões, permissões e locações da Administração Pública, quando contratadas com terceiros, serão necessariamente precedidas de licitação, ressalvadas algumas situações previstas em lei.* Em um município no Nordeste do Brasil, houve um grande incêndio no almoxarifado do hospital municipal. A direção do hospital necessita repor o mais rápido possível o estoque de medicamentos, sob pena de pôr em risco a saúde da população. Diante da situação hipotética descrita e considerando o tema do texto acima, redija um texto, em que avalie, de maneira justificada, se a administração do hospital precisa fazer procedimento licitatório para adquirir os medicamentos. Extensão máxima: 60 linhas

RESOLUÇÃO DA QUESTÃO

O art. 37, XXI, da Constituição Federal traz a regra matriz do dever de licitar. De acordo com essa regra, quando a administração queira contratar obras, serviços, compras e alienações, a licitação é regra, que somente pode ser excepcionada nos casos especificados na lei.

A regra é repetida no art. 2º da Lei 8.666/1993, que acrescenta que as concessões, permissões e locações da Administração Pública também devem ser precedidas de licitação.

O princípio da obrigatoriedade da licitação tem em mira preservar os princípios da isonomia e da indisponibilidade do interesse público (art. 3º da Lei 8.666/1993).

Todavia, há situações em que existem razões de interesse público que justificam a não realização do certame (art. 24 da Lei 8.666/1993). E há situações em que a competição é inviável (art. 25 da Lei 8.666/1993).

Dentre os casos em que há razões de interesse público para a contratação direta, caracterizando dispensa de licitação, está a situação de *emergência* (art. 24, IV, da Lei 8.666/1993).

Todavia, para que se viabilize essa hipótese de contratação direta, há de se estar diante de "urgência de atendimento de situação que possa ocasionar prejuízo ou comprometer a segurança de pessoas, obras, serviços, equipamentos e outros bens, públicos ou particulares", requisito presente na situação narrada, uma vez que a ausência de medicamentos no hospital municipal pode ocasionar prejuízo à segurança de pessoas destinatárias do serviço público de saúde.

Ante o exposto, é possível a compra de medicamentos sem necessidade de licitação, cumpridas as formalidades do art. 26, parágrafo único, I a III, da Lei 8.666/1993, pelo período necessário à realização de novo certame licitatório para a aquisição dos medicamentos.

(OAB/Exame Unificado – 2ª fase – CESPE) A Administração Pública Federal publicou edital de licitação, na modalidade de concorrência, para a compra de ambulâncias para um de seus hospitais. No dia seguinte à publicação do edital, a própria Administração e uma das empresas interessadas na licitação detectaram que havia uma irregularidade no instrumento convocatório, pois o edital previa a marca dos veículos a serem adquiridos. Diante da situação hipotética descrita acima, redija um texto, de forma fundamentada, acerca dos procedimentos a serem adotados pela Administração Federal e por empresa eventualmente prejudicada pela referida irregularidade do edital. Extensão máxima: 30 linhas

RESOLUÇÃO DA QUESTÃO

A Lei 8.666/1993, de fato, proíbe a indicação de marcas nas compras feitas pela Administração Pública (art. 15, § 7º, I). Aliás, a Lei de Licitações traz outros dispositivos nesse sentido, insistindo nessa proibição (arts. 7º, § 5º, e 25, I).

A situação descrita no enunciado da questão caracteriza, então, ilegalidade do edital nesse aspecto.

Diante de situações de ilegalidade a Administração tem o dever de corrigir o ato praticado, em razão dos princípios da legalidade e da autotutela. No caso, isso implica corrigir o edital para retirar a preferência de marca e republicá-lo, reabrindo-se o prazo inicialmente estabelecido (art. 21, § 4º), já que a alteração afeta a formulação de proposta, pois abre um leque de opções de veículos e de fornecedores aptos a fazerem parte do certame.

Já a empresa eventualmente prejudicada pela irregularidade do edital, caso a Administração não reveja seu ato, poderá impugnar os termos do edital, até o segundo dia útil que anteceder a abertura dos envelopes de habilitação da concorrência (art. 41, § 2º, da Lei 8.666/1993). Caso a empresa não tenha interesse em participar do certame, cabe a qualquer cidadão fazer a impugnação, no prazo previsto no § 1º do art. 41 da Lei 8.666/1993.

Caso a impugnação seja rejeitada, é cabível novo questionamento, mesmo não havendo previsão expressa no art. 109, I, da Lei 8.666/1993. Trata-se de representação, prevista na parte final do inciso II do art. 109 da lei e decorrente da parte final do disposto no art. 5º, LV, da Constituição, por ser o recurso inerente à ampla defesa e ao contraditório.

Não obstante a Lei 8.666/1993 permitir que o impugnante participe do processo licitatório até o trânsito em julgado da decisão relativa à impugnação (art. 41, § 3º), qualquer impedimento que o impugnante sofrer dará ensejo à busca da via judicial para que o certame fique suspenso ou lhe seja facultado que apresente sua proposta independentemente de cumprir o requisito concernente à indicação de marca.

Ademais, o impugnante também está autorizado a buscar a via jurisdicional contra a decisão que rejeitar sua impugnação, logo que proferida, por não ter a obrigação de esgotar a via administrativa, ou depois de confirmada após recurso hierárquico.

Por fim, vale ressaltar que além da impugnação e da via judicial, a empresa interessada pode também representar ao Tribunal de Contas (art. 113, § 1º, da Lei 8.666/1993), para que este tome as providências de sua alçada (art. 113, § 2º, da Lei 8.666/1993 e art. 71 da CF).

Comentários adicionais.

Confira jurisprudência sobre tema citado na resolução da questão:

ADMINISTRATIVO. MANDADO DE SEGURANÇA. LICITAÇÃO. PRESTAÇÃO DE SERVIÇOS DE MANUTENÇÃO DE VEÍCULOS AUTOMOTORES. INABILITAÇÃO DE LICITANTE. DIREITO DE IMPUGNAR AS NORMAS EDITALÍCIAS. MANDADO DE SEGURANÇA. POSSIBILIDADE. REGISTRO EM ENTIDADES PROFISSIONAIS. SERVIÇOS COMUNS. DESNECESSIDADE. I. O prazo de decadência do direito de impugnar os termos do edital de uma licitação, prevista no art. 41, § 2º da Lei nº 8.666/1993, aplica-se somente ao procedimento administrativo, não impedindo a apreciação judicial da matéria. Assim, embora exista previsão legal quanto ao cabimento de recurso administrativo do ato que julga a inabilitação do licitante (art. 109, inciso I, letra "a", da Lei n. 8.666/1993), não está o mandado de segurança sujeito ao esgotamento da via administrativa, desde que respeitado o prazo decadencial. II. Desse modo, a caducidade do direito à impugnação (ou do pedido de esclarecimentos) de qualquer norma do Edital opera, apenas, perante a Administração, eis que, o sistema de jurisdição única consignado na Constituição da República impede que se subtraia da apreciação do Judiciário qualquer lesão ou ameaça a direito (art. 5º, inc. XXXV, da CF). Precedentes do STJ. III. A exigência de registro em entidades de fiscalização só é legítima nas hipóteses das profissões regulamentadas em lei. Assim, na hipótese, por tratar-se de serviço de natureza comum, à referida atividade não se exige habilitação própria, mormente a entidade de classe. IV. Apelação e remessa oficial desprovidas. (TRF 1ª Região, AMS 200335000001407. DJ 12.06.2006)

(OAB/Exame Unificado – 2ª fase – CESPE) O chefe do almoxarifado da Câmara Legislativa de determinado município comunicou, mediante memorando interno, ao diretor de administração municipal, a conclusão do inventário dos bens do município, no qual ficou constatada a existência de três automóveis inservíveis à Administração. Considerando essa situação hipotética, redija um texto, de forma fundamentada que descreva os procedimentos que a Administração poderá utilizar para se desfazer desses automóveis. Em seu texto, aborde, ainda, a necessidade ou não de se fazer licitação na situação descrita. Extensão máxima: 30 linhas

---

RESOLUÇÃO DA QUESTÃO

Os bens públicos, como regra, são inalienáveis. Tal regra decorre do princípio da indisponibilidade do interesse público e também da regra prevista no art. 100 do Código Civil.

Todavia, os bens públicos que deixarem a categoria de bens de uso comum do povo ou de bens de uso especial são considerados alienáveis, nos termos do art. 101 do Código Civil, observadas as exigências legais.

O caso em tela diz respeito a automóveis da Administração. Estes, por estarem normalmente destinados a serviço público, são considerados bens de uso especial. No entanto, uma vez considerados inservíveis, passam para a categoria dos bens dominiais, e, como tais, podem ser alienados, como se viu.

Resta saber os meios pelos quais tais bens móveis podem ser alienados.

A regra geral é a de que as alienações de bens públicos devam ser precedidas de licitação (arts. 37, XXI, da CF e 2º da Lei 8.666/1993).

No caso de alienação de bens móveis inservíveis há necessidade de motivação, avaliação prévia e licitação na modalidade leilão (arts. 17, *caput* e inciso II, e art. 22, § 5º, da Lei 8.666/1993).

A lei também estabelece hipóteses de licitação dispensada para a alienação de bens móveis da Administração. Tais hipóteses estão previstas no inciso II do art. 17 da Lei 8.666/1993, sendo pertinentes ao caso em tela as previstas nas alíneas "a", "b" e "f" do dispositivo citado. Nesse caso, a Administração, apesar de não estar dispensada de apresentar motivação e avaliação prévia, está diante de hipótese de licitação dispensada.

Ante o exposto, a Administração poderá alienar os automóveis considerados inservíveis, sendo certo que tal alienação deverá ser precedida de motivação, avaliação prévia e licitação na modalidade leilão, ressalvados os casos de licitação dispensada, previstos no art. 17, II, da Lei 8.666/1993.

(OAB/Exame Unificado – 2ª fase – CESPE) Determinado município lançou o projeto Casa Própria, que visa diminuir a demanda das classes média e baixa por moradia. Para isso, destacou uma grande área do município para esse assentamento, o qual foi devidamente parcelado em lotes de 500 metros quadrados. Foi aprovada a lei municipal autorizando a venda ou a concessão de direito real de uso para esses moradores e já houve a avaliação desses imóveis. No entanto, o prefeito não sabe se utilizará ou não o procedimento de licitação. Considerando a situação hipotética exposta acima, redija, de forma fundamentada, uma resposta para a seguinte pergunta: haverá necessidade de licitação?

RESOLUÇÃO DA QUESTÃO

De acordo com o art. 17, I, "f", da Lei 8.666/1993, é caso de licitação dispensada a alienação gratuita ou onerosa e a concessão de direito real de uso, dentre outros negócios jurídicos, de "bens imóveis residenciais construídos, destinados ou efetivamente utilizados no âmbito de programas habitacionais" que forem "desenvolvidos por órgãos ou entidades da administração pública".

É importante ressaltar que tal hipótese de licitação dispensada só se aplica a imóveis residenciais construídos, de modo que a contratação direta só será possível se o caso concreto dado no problema envolver imóveis já construídos.

É de se ressaltar, ainda, que causa certa estranheza o programa em tela alcançar lotes de 500 m², não sendo comum que se destine terrenos tão grandes para programas de habitação popular, o mesmo podendo se dizer do fato de que o programa também se destina à classe média, uma vez que esses programas não costumam conseguir atender a todas as pessoas de classe baixa, o que faz presumir que não deve se destinar também à classe média.

De qualquer forma, a situação caracterizada na questão, em tese, autoriza que a venda ou a concessão de direito real de uso se faça sem necessidade de licitação, sendo importante que a legislação local traga critérios objetivos para escolher as pessoas que terão direito ao imóvel, tais como critérios de renda e sorteio.

(OAB/Exame Unificado – 2ª fase – CESPE) Ao realizar uma concorrência pública, a autarquia federal AJP exigiu que fossem comprovadas, com documentos, a regular constituição, a capacidade financeira e, também, a capacidade técnica das empresas interessadas na execução do objeto da licitação. Uma das empresas licitantes foi desclassificada pela comissão de licitação por não haver, satisfatoriamente, comprovado possuir capacidade financeira. Considerando essa situação hipotética, avalie, com base na legislação pertinente à matéria, se agiu corretamente a comissão de licitação. Justifique sua resposta.

RESOLUÇÃO DA QUESTÃO

O art. 37, XXI, da Constituição Federal, ao determinar que os contratos celebrados pela Administração Pública sejam precedidos de licitação pública, estabelece que é possível fazer exigências dos interessados em contratar com a Administração de "qualificação técnica e econômica indispensáveis à garantia do cumprimento das obrigações", nos termos do que dispuser a lei.

Essa regra constitucional revela que, em alguns casos, não é suficiente que alguém tenha a melhor proposta comercial para a Administração. Há necessidade de que o interessado em contratar com a Administração revele aptidão e idoneidade para tanto.

Todavia, a Constituição esclarece que a exigência de aptidão e idoneidade tem que ser indispensável no caso concreto e prevista em lei.

Assim, qualquer exigência feita em edital para a participação de alguém em licitação, e que não esteja prevista em lei, ofende a Constituição. O mesmo se pode dizer de exigências previstas em lei, mas não necessárias para o tipo de contratação que se faz.

A Lei 8.666/1993, em seus arts. 27 e seguintes, estabelece cinco tipos de exigências para a participação de alguém em licitação pública. Tais exigências são analisadas na fase de habilitação.

As exigências de habilitação jurídica, regularidade fiscal e não violação à norma constitucional que traz a regra matriz acerca do trabalho infantil (art. 27, I, IV e V, da Lei 8.666/1993), apesar de não estarem relacionadas na Constituição Federal, são admitidas doutrinária e jurisprudencialmente por dizerem respeito a requisitos básicos e mínimos para quem quer contratar com o Poder Público. Com efeito, como pode a Administração contratar com uma pessoa jurídica que não está regulamente constituída (ausência de habilitação jurídica), que não pague suas dívidas com a Fazenda Pública (ausência de regularidade fiscal) e que utilize trabalho infantil?

Já as exigências de qualificação técnica e econômico-financeira (art. 27, II e III, da Lei 8.666/1993), previstas na Constituição, estão regulamentadas nos arts. 30 e 31 da Lei 8.666/1993. No entanto, o fato de estarem regulamentadas na lei não significam que devem ser sempre exigidas, pois, como se viu, há de se verificar no caso concreto se existe ou não necessidade.

A própria lei estabelece que em compra e venda de pronta entrega, por exemplo, não é necessário fazer certas exigências (art. 32, § 1º).

Diante do exposto, chega-se à conclusão de que as exigências de que trata o enunciado da questão devem ser adequadas, mormente porque o caso trazido para apreciação envolve uma concorrência, que envolve aquisições de grande vulto e responsabilidade, a torna indispensáveis as exigências formuladas.

O único reparo que se deve fazer à situação trazida no enunciado diz respeito à incorreção da expressão "desclassificação", pois problemas com a documentação de habilitação levam à "inabilitação" (art. 43, II). E problemas relacionados à proposta comercial geram a "desclassificação" (art. 43, IV).

(OAB/Exame Unificado – 2ª fase – CESPE) O município X, que possui órgão de procuradoria instituído, pretende contratar um escritório de advocacia para promover a defesa judicial, perante o Supremo Tribunal Federal, de determinada causa em que figurou como parte o município. Considerando os critérios de notória especialização, experiência na área, localização, entre outros, contratou, sob o fundamento de inexigibilidade de licitação, o conceituado e bem estruturado escritório de advocacia Y, em Brasília, cuja área de atuação é exatamente na matéria tratada na referida ação. O Ministério Público, em razão de denúncia recebida, promoveu ação civil pública com o propósito de impedir a celebração desse contrato, sob o fundamento de que deveria haver licitação. Nessa situação hipotética, como deveria proceder o escritório de advocacia? Que argumentos de mérito poderiam ser utilizados em favor da contratação? Fundamente sua resposta.

RESOLUÇÃO DA QUESTÃO

De acordo com o art. 37, XXI, da Constituição Federal, as contratações da Administração Pública devem ser precedidas de licitação pública. Apenas quando a lei autorizar é que se poderá fazer contratações diretas.

O caso em tela está entre aqueles em que a lei permite a contratação direta. Isso porque, segundo o art. 25 da Lei 8.666/1993, é inviável a licitação para a contratação de serviço singular.

Serviço singular, segundo a lei, é aquele tipo de serviço técnico especializado que não é comum, que não é corriqueiro. Deve-se observar o tipo de serviço que a Administração precisar e, concluindo-se que o serviço de que se precisa é do tipo singular, está-se diante de hipótese de inexigibilidade de licitação. Assim, num primeiro momento não se olha para eventuais pretendentes à contratação. Deve-se verificar, sim, se o serviço de que se precisa é diferenciado, é singular, é daqueles que a Administração não tem condições de prestar e não é comum, corriqueiro no mercado, ou melhor, depende de um profissional diferenciado.

No caso em tela, a defesa do Município perante o Supremo Tribunal Federal em causa específica pode não ser um serviço corriqueiro. Isso porque esse tipo defesa, em face das peculiaridades do Tribunal, a importância e dificuldade da causa e o fato de que a procuradoria municipal está distante e focada nos trabalhos do dia a dia de seu mister, permitem considerar-se que, no caso concreto, a Administração Municipal esteja necessitando de um serviço técnico especializado de natureza singular.

Uma vez preenchido esse requisito, o art. 25, II, da Lei 8.666/1993 determina que se contrate profissional de notória especialização, requisito detalhado no § 1° do mesmo dispositivo. O enunciado da questão, nesse particular, também revela que o escritório de advocacia contratado preenche esse requisito, uma vez que é conceituado, bem estruturado e sua área de atuação é exatamente na matéria tratada na referida ação.

Há de se lembrar, outrossim, que o Supremo Tribunal Federal admite a contratação direta por inexigibilidade de licitação, quando se trata da escolha de escritório de advocacia ou advogado com as características citadas no enunciado da questão.

Por fim, da ação civil pública promovida pelo Ministério Público deve constar tanto o escritório de advocacia contratado, como a Municipalidade, por haver litisconsórcio passivo necessário na espécie.

Comentários adicionais.

Confira o seguinte acórdão:

EMENTA: I. *Habeas corpus*: prescrição: ocorrência, no caso, tão somente quanto ao primeiro dos aditamentos à denúncia (L. 8.666/1993, art. 92), ocorrido em 28.09.1993. II. Alegação de nulidade da decisão que recebeu a denúncia no Tribunal de Justiça do Paraná: questão que não cabe ser analisada originariamente no Supremo Tribunal Federal e em relação à qual, de resto, a instrução do pedido é deficiente. III. *Habeas corpus*: crimes previstos nos artigos 89 e 92 da L. 8.666/1993: falta de justa causa para a ação penal, dada a inexigibilidade, no caso, de licitação para a contratação de serviços de advocacia. 1. A presença dos requisitos de notória especialização e confiança, ao lado do relevo do trabalho a ser contratado, que encontram respaldo da inequívoca prova documental trazida, permite concluir, no caso, pela inexigibilidade da licitação para a contratação dos serviços de advocacia. 2. Extrema dificuldade, de outro lado, da licitação de serviços de advocacia, dada a incompatibilidade com as limitações éticas e legais que da profissão (L. 8.906/1994, art. 34, IV; e Código de Ética e Disciplina da OAB/1995, art. 7°). (STF, HC 86198, Relator(a): Min. SEPÚLVEDA PERTENCE, Primeira Turma, julgado em 17/04/2007, DJe-047 DIVULG 28-06-2007 PUBLIC 29-06-2007 DJ 29-06-2007 PP-00058 EMENT VOL-02282-05 PP-01033)

(OAB/Exame Unificado – 2ª fase – CESPE) O estado-membro S desencadeou procedimento licitatório para a construção de uma escola pública, tendo saído vencedora a empresa R. Homologado o procedimento e adjudicado o objeto em favor da referida empresa, a administração pública anulou o certame em razão da constatação de ocorrência de irregularidade, por fato não imputável à administração. Inconformada com a medida, a empresa impetrou mandado de segurança sob o fundamento de que, após a adjudicação, teria o direito líquido e certo de contratar com o poder público. Postulou, desse modo, a concessão da segurança para impor à administração pública o dever de celebrar o contrato ou, alternativamente, para que fosse reconhecido seu direito à indenização pelos prejuízos suportados em decorrência da anulação.

Considerando essa situação hipotética, apresente, com a devida fundamentação, os argumentos indispensáveis à impugnação do pedido formulado pela empresa impetrante.

RESOLUÇÃO DA QUESTÃO

Considerando que o padrão de resposta apresentado pela examinadora simulou uma resposta que o candidato poderia dar, usaremos o próprio padrão de resposta como resolução da questão. Confira:

"Deve-se destacar que a licitação, como qualquer outro procedimento administrativo, é passível de anulação (na hipótese de ilegalidade) ou de revogação (por razões de conveniência e oportunidade).

A administração pública, de acordo com o art. 49 da Lei 8.666/1993, tem o dever de anular o procedimento licitatório quando constatada a ocorrência de ilegalidade. O STF também já firmou entendimento no sentido da possibilidade de a administração pública anular seus atos quando eivados do vício da ilegalidade (Súmulas 346 e 473).

O ato de homologação bem como o de adjudicação não conferem à empresa vencedora do certame o direito líquido e certo de contratar com o poder público, visto que a adjudicação constitui, apenas, o ato pelo qual a administração pública atribui ao vencedor o objeto da licitação.

Também não há fundamento para o pedido de indenização. Isso porque, uma vez constatada a ocorrência de ilegalidade, não imputada à própria Administração, não há que se falar em direito do licitante à indenização. O § 1° do art. 49 da Lei 8.666/1993 é expresso ao consignar que a anulação do procedimento licitatório, por motivo de ilegalidade, não gera obrigação de indenizar."

(OAB/Exame Unificado – 2ª fase – CESPE) Em uma licitação pública, na modalidade pregão, para a aquisição de bens de acordo com o edital de determinado órgão público federal, a empresa de pequeno porte Cristal apresentou proposta que superou em 5% o valor da proposta vencedora, apresentada por Ônix Ltda., que não é uma empresa de pequeno porte. No primeiro minuto após o encerramento dos lances, observando que sua proposta estaria em segundo lugar, o representante legal da empresa Cristal requereu a convocação de sua empresa, oferecendo nova proposta, de valor inferior à apresentada por Ônix Ltda., para, assim, tornar-se vencedora do certame, procedimento que não foi acatado pelo pregoeiro.

A empresa Ônix Ltda. foi considerada vencedora do certame pela administração pública, tendo sido a empresa Cristal classificada em segundo lugar, apesar de seu representante legal ter manifestado, em tempo hábil, sua intenção de recurso.

Em face dessa situação hipotética e na qualidade de advogado(a) constituído(a) pelo representante legal da empresa Cristal, responda, com fundamento na legislação pertinente, se há embasamento legal que ampare recurso administrativo a ser interposto por essa empresa para invocar o procedimento demonstrado por seu representante legal.

RESOLUÇÃO DA QUESTÃO

Considerando que o padrão de resposta apresentado pela examinadora simulou uma resposta que o candidato poderia dar, usaremos o próprio padrão de resposta como resolução da questão. Confira:

"Há embasamento legal que ampara o recurso administrativo da empresa de pequeno porte, haja vista que a administração pública não observou o que dispõe a Lei Complementar 123/2006, que, instituindo o Estatuto Nacional da Microempresa e da Empresa de Pequeno Porte, prescreve regras que preveem tratamento privilegiado nas licitações para as EPPs, de acordo com o *caput* do art. 44 da citada lei, segundo o qual 'nas licitações será assegurada, como critério de desempate, preferência de contratação para as microempresas e empresas de pequeno porte'.

O § 2º do referido art. 44 indica a regra aplicável especificamente ao pregão: 'na modalidade pregão, o intervalo percentual estabelecido no § 1º será de até 5% (cinco por cento) superior ao melhor preço". A regra especificada no § 1º do citado artigo dita o seguinte: "entende-se por empate aquelas situações em que as propostas apresentadas pelas microempresas e as empresas de pequeno porte sejam iguais ou até 10% (dez por cento) superiores à proposta mais bem classificada'.

Assim, no caso em tela, haveria empate, comumente chamado pela doutrina de 'empate ficto ou ficção de empate', uma vez que se afiguram não apenas propostas com valores idênticos, mas também o empate em situações em que a diferença entre as propostas se enquadre em determinado limite percentual, sendo este, no pregão, de 5%, e, nas demais modalidades licitatórias, de 10%.

Definido e caracterizado pela administração pública o empate, deveria ela aplicar a regra estabelecida no art. 45, inciso I, da LC 123/2006:

Para efeito do disposto no art. 44 desta Lei Complementar, ocorrendo empate, proceder-se-á da seguinte forma:

I – a microempresa ou empresa de pequeno porte mais bem classificada poderá apresentar propostas de preço inferior àquela considerada vencedora do certame, situação em que será adjudicado em seu favor o objeto licitado;

(...)"

Deve-se mencionar, finalmente, o § 3º do art. 45 da citada lei complementar:

No caso de pregão, a microempresa ou empresa de pequeno porte mais bem classificada será convocada para apresentar nova proposta no prazo máximo de 5 (cinco) minutos após o encerramento dos lances, sob pena de preclusão."

Observação para a correção: atribuir pontuação integral às respostas em que esteja expresso o conteúdo do dispositivo legal, ainda que não seja citado, expressamente, o número do artigo.

(OAB/Exame Unificado – 2ª fase – FGV) O presidente de uma sociedade de economia mista estadual prestadora de serviço público, preocupado com o significativo aumento de demandas judiciais trabalhistas ajuizadas em face da entidade (duas mil), todas envolvendo idêntica tese jurídica e com argumentação de defesa já elaborada, decide contratar, por inexigibilidade de licitação, renomado escritório de advocacia para realizar o patrocínio judicial das causas.

Nesse cenário, responda aos itens a seguir, empregando os argumentos jurídicos apropriados e a fundamentação legal pertinente ao caso.

a) Na qualidade de assessor jurídico da presidência da estatal, analise a viabilidade jurídica da contratação direta.

b) Nas hipóteses de contratação direta, em sendo comprovado superfaturamento durante a execução contratual, é juridicamente possível responsabilizar solidariamente o agente público e o prestador do serviço pelo dano causado ao erário?

Gabarito comentado – Examinadora

A inexigibilidade de licitação, em tal hipótese, encontraria fundamento na norma do artigo 25, inciso II, que prevê a inviabilidade de competição para a contratação de serviços técnicos enumerados no artigo 13, dentre os quais o patrocínio de causas judiciais (artigo 13, inciso V) da Lei n. 8.666/1993. Entretanto, para configurar tal hipótese de inexigibilidade de licitação, exige-se a natureza singular dos serviços, o que não ocorre na situação proposta, em que se pretende a contratação direta de escritório de advocacia para o patrocínio de causas de massa (contencioso trabalhista de massa).

Quanto ao item b, a responsabilidade solidária do agente público e do prestador do serviço nos casos de superfaturamento em contratos decorrentes de inexigibilidade ou dispensa de licitação encontra previsão expressa na norma do artigo 25, § 2º, da Lei n. 8.666/1993.

(OAB/Exame Unificado – 2ª fase – FGV) O Estado XPTO realizou procedimento licitatório, na modalidade concorrência, visando à aquisição de 500 (quinhentas) motocicletas para equipar a estrutura da Polícia Militar. Logo após a abertura das propostas de preço, o Secretário de Segurança Pública do referido Estado, responsável pela licitação, resolve revogá-la, por ter tomado conhecimento de que uma grande empresa do ramo não teria tido tempo de reunir a documentação hábil para participar da concorrência e que, em futura licitação, assumiria o compromisso de participar e propor preços inferiores aos já apresentados no certame em andamento. Considerando a narrativa fática acima, responda aos itens a seguir, empregando os argumentos jurídicos apropriados e a fundamentação legal pertinente ao caso.

a) À luz dos princípios que regem a atividade administrativa, é juridicamente correta a decisão do Secretário de Segurança de revogar a licitação?

b) Quais são os requisitos para revogação de uma licitação?

c) Em se materializando a revogação, caberia indenização aos licitantes que participaram do procedimento revogado?

RESOLUÇÃO DA QUESTÃO

Em relação ao item a, o examinando deve expor que a decisão de revogação é juridicamente incorreta por violação aos princípios da impessoalidade e moralidade administrativa, previstos no *caput* do artigo 37 da CRFB. Quanto ao item b, o examinando deve indicar, de início, que a revogação do procedimento licitatório encontra-se disciplinada no artigo 49 da Lei n. 8.666/1993 e que se trata de revogação condicionada. Os requisitos são: razões de interesse público decorrentes de fato superveniente devidamente comprovado, pertinente e suficiente para justificar a conduta. Por fim, quanto ao item c, o examinando deve expor que, por se tratar de revogação ilícita de procedimento licitatório, os licitantes devem ser indenizados pelos prejuízos efetivamente comprovados, na forma do artigo 37, § 6º, da CRFB.

(OAB/Exame Unificado – **2ª fase** – **FGV**) O prefeito do município "A", buscando aumentar o turismo na festa de Ano Novo de sua cidade, decidiu contratar músicos renomados e uma agência de publicidade para realizar a propaganda do evento, procedendo de referidas contratações diretamente, sem proceder à realização de licitação.

Com base no caso acima, responda fundamentadamente, aos itens a seguir.

A) Pode o prefeito realizar as referidas contratações sem licitação? Sob qual fundamento legal?

B) Pode o administrador realizar contratação direta em casos que não estejam taxativamente arrolados na lei de licitações?

A simples menção ou transcrição do dispositivo legal não pontua.

Gabarito comentado – Examinadora:

A. O examinando deverá responder que o prefeito poderia realizar a contratação direta de músicos, uma vez que se trata de uma das hipóteses de inexigibilidade de licitação, à luz do Art. 25, inciso III, da Lei n. 8.666/93. Todavia, em relação à contratação de agência de publicidade, deveria o examinando indicar não ser possível a contratação, diante da vedação legal constante do Art. 25, inciso II, da referida Lei n. 8.666/1993.

B. O examinando deverá analisar cada meio de contratação. No caso da licitação dispensada e da licitação dispensável, as hipóteses legais são taxativas, ou seja, não pode o administrador extrapolar o legalmente previsto.

Por sua vez no caso de licitação inexigível, é possível ao administrador aventar outras hipóteses, uma vez que o rol é meramente exemplificativo.

CAPÍTULO 13

Contratos Administrativos

13.1. CONCEITO DE CONTRATO ADMINISTRATIVO

O contrato administrativo pode ser conceituado *como o acordo de vontades entre a Administração e terceiros pertinente a obras, serviços, compras, alienações ou locações, em que existem cláusulas exorbitantes em favor da primeira, preservado o equilíbrio econômico-financeiro entre as partes.*

Repare que um contrato só será do tipo "contrato administrativo" se o acordo de vontades cumprir os seguintes requisitos: a) presença da *Administração Pública*; b) existência de cláusulas que coloquem a Administração em *posição de supremacia* em relação à outra parte contratante; c) *reciprocidade nas obrigações*, que devem ser pertinentes a obras, serviços, compras, alienações ou locações.

Quanto ao terceiro requisito, vale destacar que o contrato administrativo não se confunde com o convênio administrativo, pois, no primeiro, há obrigações recíprocas (um quer uma coisa ou serviço e o outro quer uma remuneração em dinheiro), ao passo que no segundo há interesses comuns (os convenentes querem desenvolver um projeto comum, dividindo tarefas), estabelecendo-se uma parceria para unir esforços no cumprimento desse interesse comum.

Preenchidos tais requisitos, estar-se-á diante de um contrato administrativo, cujo regime jurídico, naturalmente, é diferenciado em relação ao dos contratos privados.

13.2. CARACTERÍSTICAS PRINCIPAIS DO CONTRATO ADMINISTRATIVO

O contrato administrativo tem duas características marcantes. A primeira delas é a existência de **cláusulas exorbitantes** em favor do Poder Público, que tem mais direitos que o particular em relação às *cláusulas regulamentares* do contrato. A segunda é o direito ao **equilíbrio econômico-financeiro**, o que faz com que ambas as partes tenham direito a que as *cláusulas econômicas* do contrato mantenham o equilíbrio que detinham quando de sua celebração.

Vamos a um exemplo. A Administração, em virtude de ter cláusulas exorbitantes em seu favor, pode, unilateralmente, modificar uma cláusula contratual para o fim de determinar que o contratado forneça mais produtos do que o previsto no contrato. Esse direito da Administração existe justamente porque há cláusulas exorbitantes em seu favor, cláusulas essas que existem apenas quanto às *cláusulas regulamentares* do contrato (ex.: prazos, quantidade, especificações etc.). O contratado será obrigado a cumprir essa ordem da Administração, mas terá, de outra parte, direito a que seja mantido o equilíbrio econômico-financeiro, ou seja, a que seja mantido o equilíbrio das *cláusulas econômicas* do contrato. Isso se dará mediante o aumento da quantia a ser paga para o contratado, que, tendo de trazer mais produtos, deverá receber mais por isso.

As cláusulas exorbitantes se justificam pois a Administração, diferentemente do particular, age em nome de toda a coletividade, de forma que tais poderes são indispensáveis à preservação do interesse público buscado na contratação.

O art. 58 da Lei 8.666/1993 exemplifica esse tipo de cláusula ao dispor que a Administração tem a prerrogativa de interferir nos contratos para:

a) modificá-los, unilateralmente, para melhor adequação às finalidades de interesse público, respeitados os direitos do contratado;

b) rescindi-los, unilateralmente, nos casos especificados no inc. I do art. 79 da Lei 8666/1993;

c) fiscalizar-lhes a execução;

d) aplicar-lhes sanções motivadas pela inexecução total ou parcial do ajuste;

e) nos casos de serviços essenciais, ocupar, provisoriamente, bens móveis, imóveis, pessoal e serviços vinculados ao objeto do contrato, na hipótese de necessidade de acautelar apuração administrativa de faltas contratuais pelo contratado, bem como na hipótese de rescisão do contrato administrativo (essa cláusula era muito utilizada nas concessões de serviço público; porém, com a edição da Lei 8.987/1995, passou-se a aplicar as regras específicas desta lei).

Quanto à característica da manutenção do equilíbrio econômico-financeiro, vale salientar que essa ela tem raiz constitucional, estando prevista no art. 37, XXI, do Texto Maior, no ponto em que o dispositivo assevera que o processo de licitação pública deve assegurar *"igualdade de condições a todos os concorrentes, com cláusulas que estabeleçam obrigações de pagamento, <u>mantidas as condições efetivas da proposta</u>* (...)". Além disso, também está prevista na Lei 8.666/1993, que estabelece que as cláusulas econômicas de contrato administrativo não podem ser alteradas sem a concordância do contratado, devendo ser revistas se houver alteração contratual que desequilibre a equação econômico-financeira original (art. 58, § 1°, da Lei 8.666/1993).

13.3. REGIME JURÍDICO DO CONTRATO ADMINISTRATIVO

Como se sabe, os contratos administrativos têm seu regime jurídico delineado na Lei 8.666/1993. Porém, além dessa lei, a Constituição e outros diplomas legislativos também participam da formação do precitado regime jurídico.

Sobre o tema, confira o art. 54 da Lei 8.666/1993: "os contratos administrativos de que trata esta Lei regulam-se pelas suas cláusulas e pelos preceitos de direito público, aplicando-se-lhes, supletivamente, os princípios da teoria geral dos contratos e as disposições de direito privado".

Assim, pode-se sistematizar a questão, concluindo-se que se aplicam aos contratos administrativos as seguintes normas jurídicas, sucessivamente:

1º) CF: ex.: princípio da eficiência;

2º) Lei 8.666/1993 e Preceitos de Direito Público: ex.: casos de rescisão;

3º) Cláusulas editalícias e contratuais;

4º) Princípios da Teoria Geral dos Contratos: ex.: princípio da função social dos contratos;

5º) Disposições de Direito Privado: ex.: regras sobre vícios redibitórios (Código Civil e CDC), desconsideração da personalidade jurídica (art. 50 do Código Civil), cláusula penal máxima (art. 412 do Código Civil), juiz pode reduzir valor de multa, se excessiva, como no caso de uma multa de 88% reduzida para 10% (*vide* REsp 330.677).

13.4. FORMALIZAÇÃO DO CONTRATO ADMINISTRATIVO

Para um contrato administrativo ser celebrado são necessários os seguintes requisitos:

a) ato administrativo motivado especificando a necessidade de contratação;

b) solicitação com indicação do objeto a ser contratado e de sua quantidade;

c) constatação da existência de recurso próprio para a despesa;

d) verificação do impacto orçamentário-financeiro; não basta haver previsão orçamentária. No curso de cada exercício financeiro há de se verificar se existem recursos em caixa, respeitando-se as cotas trimestrais de despesas fixadas (art. 47 da Lei 4.320/1964) e há de se obedecer também a outros requisitos legais (ex.: art. 42 da Lei de Responsabilidade Fiscal – LC 101/2000);

e) autorização para abertura de licitação;

f) elaboração e aprovação de edital;

g) reserva de recursos;

h) *licitação*, salvo dispensa ou inexigibilidade desta;

i) *convocação do adjudicatário*: estipula-se prazo para o adjudicatário (vencedor da licitação) comparecer para assinar o contrato (art. 64, *caput*, da Lei 8.666/1993), o qual pode ser prorrogado uma vez, com justificativa do contratado (art. 64, § 1º, da Lei 8.666/1993). Decorridos 60 dias da data de entrega das propostas, sem convocação, o adjudicatário fica liberado do dever de assinar o contrato, ou seja, fica liberado dos compromissos assumidos (art. 64, § 3º, da Lei 8.666/1993). Se o convocado não assinar contrato, a Administração tem duas opções (art. 64, § 2º, da Lei 8.666/1993): i) convocar o licitante remanescente, nas mesmas condições do vencedor; ou ii) revogar o certame;

j) os contratos devem conter determinadas cláusulas *escritas* acerca do *regime de execução, reajustes, condições de pagamento e atualização, prazos de início, execução, conclusão, multas e rescisão; garantias (caução, seguro, fiança);*

k) *devem ser escritos*, sendo nulo o contrato verbal com a Administração, salvo o de pequenas compras de pronto pagamento, assim entendidas aquelas de valor não superior a 5% do limite para aquisições por convite. A lei admite em alguns casos o regime de adiantamento (art. 68 da Lei 4.320/1964), em que se entrega numerário ao servidor para gasto futuro. Isso deve acontecer apenas nos casos definitivos em lei, como, por exemplo, no pagamento de diárias;

l) o *instrumento* do contrato é obrigatório nos casos de concorrência e de tomada de preços, bem como nas dispensas e inexigibilidades compreendidas naquelas modalidades, e facultativo nas compras de entrega imediata e sem obrigações futuras, bem como nos demais casos escritos não compreendidos nas duas modalidades acima, nos quais pode ser substituído por carta-contrato, nota de empenho de despesa, autorização de compra ou ordem de execução de serviço. A minuta do futuro contrato integrará sempre o edital;

m) o *contrato* tem como condição de *eficácia* a publicação de seu resumo na Imprensa Oficial, a qual deve se dar até o 5º dia útil do mês seguinte à sua assinatura e até 20 dias após esta, seja de que valor for;

n) faculta-se à Administração a exigência de *garantias* a fim de assegurar a execução do contrato, devendo estar prevista no edital. O particular deve escolher entre caução, em dinheiro ou títulos da dívida pública, seguro-garantia ou fiança bancária. A garantia não pode exceder a 5% do valor do contrato, salvo quanto a obras, serviços e fornecimentos de grande vulto envolvendo alta complexidade técnica e riscos financeiros consideráveis, quando o limite poderá ser elevado até a 10% do valor do contrato. A garantia será liberada ou restituída após a execução, e, quando em dinheiro, será atualizada monetariamente.

13.5. ALTERAÇÕES DOS CONTRATOS (ART. 65 DA LEI 8.666/1993)

13.5.1. Unilaterais

São as alterações feitas por imposição da Administração. As modificações aqui permitidas, que serão a seguir expostas, são feitas unilateralmente pela Administração, mas não podem implicar alteração do objeto contratual, sob pena de se caracterizar burla ou fraude à licitação feita. Permitem-se apenas alterações no projeto ou meramente quantitativas. Vejamos as alterações permitidas (art. 65, I):

a) qualitativa: *quando houver modificação do projeto ou das especificações para melhor adequação técnica aos seus objetivos;*

b) quantitativa: *quando necessária a modificação do valor contratual em decorrência de acréscimo ou diminuição quantitativa de seu objeto, nos limites permitidos na lei.*

No caso de alteração do projeto ou especificações (alteração qualitativa), temos duas situações típicas:

a) situações novas: por exemplo, decisão judicial impondo que dada obra atenda a preceitos técnicos em matéria de acústica;

b) situações existentes, mas desconhecidas: o solo se revela diferente do imaginado (ex.: tem muita pedra; tem falha geológica), impondo fundação diferenciada.

Um bom projeto básico evita isso, o que faz com que os tribunais de contas tenham cada vez mais recomendado a feitura de bons projetos antes que um edital de licitação seja elaborado.

A alteração qualitativa não admite que seja alterado o próprio objeto contratual. Assim, não é possível alterar o objeto contratual de cimento para tijolo, por exemplo.

Já quando é necessária a modificação do valor contratual em decorrência de acréscimo ou diminuição nas obras, serviços e compras, temos os seguintes limites:

a) acréscimo: até 25% do valor inicial; tratando-se de reforma, é possível acréscimo de até 50% do valor inicial;

b) diminuição: até 25% do valor inicial.

Não são computados nos limites os *reajustes* e *revisões*.

As alterações de valor devem levar em conta os ganhos e as perdas de escala.

13.5.2. Bilaterais

São as autorizadas pela lei, sendo feitas de comum acordo entre as partes, ou por processo judicial promovido pelo interessado, para restabelecer o equilíbrio inicial quando houver prejuízo significativo causado por um dos seguintes fatos:

a) **força maior ou caso fortuito:** alteração que requer i) desequilíbrio contratual, ii) evento lesivo consistente em força maior ou caso fortuito e iii) configuração de álea econômica extraordinária e extracontratual (prejuízo significativo). Ex.: uma grande chuva destrói uma obra pública em andamento, executada por uma construtora contratada pela Administração;

b) **sujeições ou interferências imprevistas:** *descoberta de um óbice natural ao cumprimento do contrato na forma prevista*. Ex.: descoberta de que o terreno em que o particular deverá construir a obra contratada é rochoso, aumentando em demasia os custos para a realização da fundação. Preenchidos os requisitos de desequilíbrio e configuração de álea extraordinária, também se enseja a alteração bilateral;

c) **fato da administração**: *toda ação ou omissão da Administração que se dirige e incide direta e especificamente sobre o contrato, retardando ou impedindo sua execução*. Ex.: atraso do Poder Público na entrega do imóvel para feitura de uma obra contratada com o particular. Esta alteração unilateral também gera, por óbvio, direito ao reequilíbrio econômico-financeiro[3]. Para alteração do contrato motivada pelo fato da administração é necessário: i) desequilíbrio contratual, ii) fato da administração e iii) configuração de álea econômica extraordinária e extracontratual (prejuízo significativo);

3. Art. 65: (...) "§ 6º Em havendo alteração unilateral do contrato que aumente os encargos do contratado, a Administração deverá restabelecer, por aditamento, o equilíbrio econômico-financeiro inicial."

d) fato do príncipe: *fato geral do Poder Público que afeta substancialmente o contrato, apesar de não se dirigir especificamente a ele.* Ex.: mudança de política cambial por parte do Banco Central (STJ, ROMS 15.154);

e) modificação tributária: *criação, alteração ou extinção de tributo ou encargo legal que interfira diretamente nos preços (custos) para mais ou para menos* (art. 65, § 5º). Assim, aumentos significativos em tributos como ISS, ICMS, IPI, dentre outros, geram o direito à revisão contratual. Note que o aumento no imposto sobre a renda não interfere nos custos de uma empresa, mas apenas na renda desta, não ensejando a revisão contratual; da mesma forma, a criação da CPMF não enseja a revisão, por não gerar um prejuízo significativo, segundo o Tribunal de Contas da União (TCU);

f) aplicação da Teoria da Imprevisão: caso não se configure nenhuma das hipóteses acima, é possível invocar-se cláusula genérica para alteração contratual, que requer *desequilíbrio contratual causado pela sobrevinda de fatos imprevisíveis ou previsíveis, porém de consequências incalculáveis, retardadores ou impeditivos da execução do contrato.* Vale dizer, são necessários: i) desequilíbrio contratual ulterior, ii) imprevisibilidade ou previsibilidade de consequência incalculável e iii) retardamento ou impedimento da execução do ajustado (prejuízo significativo). Ex.: advento de guerra causando aumento demasiado no preço do petróleo, atingindo contratos em curso; crise mundial aumentando muito o dólar.

Não caberá revisão contratual nos seguintes casos: a) de culpa do contratado; b) de evento existente antes das propostas; c) de ausência de prejuízo significativo.

A jurisprudência entende que não dá ensejo à revisão contratual dois fatos: a) dissídio coletivo, por se tratar de algo previsível (STJ, REsp 668.376); b) inflação, por também se tratar de fato previsível e que é compensado pelo instituto do *reajuste* e não da *revisão.*

O reajuste *é a atualização monetária em contratos de trato sucessivo, feita a cada 12 meses.* Ele difere da revisão, pois esta decorre de evento *extraordinário*, ao passo que o reajuste decorre de evento *ordinário.*

O reajuste tem como termo inicial a data prevista para a apresentação da proposta do licitante (art. 40, XI, da Lei 8.666/1993 e art. 3º, § 1º, da Lei 10.192/2001), nos termos do que decide o STJ (REsp 846.367/RS).

Em caso de atraso no pagamento, incide correção monetária mensal (art. 15 da Lei do Plano Real).

Por fim, e voltando à questão da *revisão* contratual, caso qualquer das situações ocorridas anteriormente leve a uma consequência tal que a revisão contratual não consiga trazer novamente o equilíbrio originário, o contrato deverá ser extinto.

13.6. EXECUÇÃO DO CONTRATO

Dispõe o artigo 66 da Lei 8.666/1993 que o contrato deverá ser executado fielmente: *Art. 66. O contrato deverá ser executado fielmente pelas partes, de acordo com as cláusulas avençadas e as normas desta lei, respondendo cada uma delas pelas consequências de sua inexecução total ou parcial.*

O contrato administrativo, portanto, faz lei entre as partes, que devem cumpri-lo integralmente.

Nada obstante, como se viu, tal regra sofre as seguintes exceções:

a) a Administração pode modificar unilateralmente condições contratuais;

b) nestes casos, e naqueles outros em que se configurarem hipóteses de desequilíbrio econômico-financeiro, deve-se promover sua modificação.

Outra questão importante nesta matéria é o fato de que a Administração deverá manter um representante para fiscalizar a execução dos contratos, enquanto o contratado deve indicar um preposto, aceito pela primeira, para acompanhar a execução do ajuste.

Deve-se destacar, ainda, que o contratado, na execução do ajuste, não pode deixar de cumprir suas obrigações por suspensão do contrato de até 120 dias, bem como por atraso no seu pagamento por até 90 dias. Vale dizer: a exceção de contrato não cumprido não pode ser alegada pelo particular em tais condições, em que pese poder ser alegada pelo Poder Público, se a culpa é do particular.

O contratado tem como prestação principal adimplir o objeto contratual, devendo também: observar as normas técnicas adequadas, empregar o material apropriado, sujeitar-se aos acréscimos e supressões legais, executar pessoalmente o objeto do contrato (a execução é pessoal, mas não personalíssima, daí a possibilidade de contratar terceiros para colaborar ou até para executar partes, desde que nos limites admitidos pela Administração na execução do contrato – *vide* art. 72, por exemplo, que trata da subcontratação), atender aos encargos trabalhistas, previdenciários, fiscais e comerciais decorrentes da execução, bem como manter o preposto acima indicado.

Vale ressaltar que, na execução do contrato, o particular é responsável pelas obrigações que contrair, as quais não poderão ser imputadas ao Poder Público: "*Art. 71. O contratado é responsável pelos encargos trabalhistas, previdenciários, fiscais e comerciais resultantes da execução do contrato.*"

Assim sendo, a Administração não poderá ser acionada por terceiros, em virtude de atos do contratado.

A Lei 9.032/1995, todavia, dispõe que a Administração Pública responde solidariamente com o contratado pelos *encargos previdenciários* resultantes da inexecução do contrato, nos termos do art. 31 da Lei 8.212/1991.

O TST também admite que a Administração responda por encargos trabalhistas no caso de terceirização de serviços, como nos contratos em que a Administração faz com empresas de vigilância, limpeza, dentre outros. Porém, a responsabilidade da Administração é subsidiária e depende de que esta tenha agido com culpa ou dolo na aplicação da Lei 8.666/1993 (conforme nova redação da Súmula 331 do TST, após as decisões do STF proferidas na Rcl 8150 e na ADC 16).

Executado o contrato, esse será recebido provisoriamente pela Administração, em até 15 dias da comunicação escrita do contratado, pelo responsável pelo acompanhamento e definitivamente por servidor ou comissão designada pela autoridade, após decurso do prazo de observação ou vistoria que ateste a adequação do objeto ao contrato, tudo sem prejuízo da responsabilidade civil pela solidez e segurança da obra ou do serviço (art. 73).

A inexecução total ou parcial do contrato enseja sua rescisão, com as consequências contratuais e as previstas em lei ou regulamento (art. 77). O art. 78 da Lei 8.666/1993 enumera os motivos para rescisão do contrato, dentre eles os seguintes:

a) o não cumprimento ou o cumprimento irregular de cláusulas contratuais;

b) a lentidão no seu cumprimento, o atraso injustificado no início, a paralisação sem justa causa e sem prévia comunicação;

c) a subcontratação não admitida no contrato;

d) o desatendimento das determinações regulares da autoridade designada para acompanhamento de sua execução;

e) razões de interesse público (revogação do contrato);

f) *suspensão* da execução por mais de 120 dias ou *atraso* por mais de 90 dias; em ambos os casos a extinção será opção do contratado, não cabendo rescisão, todavia, se houver calamidade pública, grave perturbação da ordem interna ou guerra;

g) caso fortuito ou força maior impeditivos da execução.

Os casos de rescisão serão formalmente motivados nos autos do processo administrativo, assegurados o contraditório e a ampla defesa. Quando a rescisão não se der por culpa do contratado (incisos XII a XVII do art. 78), esse será ressarcido dos prejuízos que houver sofrido, tendo ainda direito à devolução da garantia, pagamento pela execução até a rescisão e pagamento do custo da desmobilização. A rescisão pelo não cumprimento das cláusulas contratuais acarretará, sem prejuízo das sanções legais, na assunção imediata do objeto pela Administração, com a ocupação e utilização do local, instalações, equipamentos, material e pessoal empregados na execução do contrato necessários à sua continuidade e retenção dos créditos decorrentes do contrato até o limite dos prejuízos causados à Administração.

Os artigos 86 e seguintes tratam das sanções administrativas cabíveis em caso de inexecução parcial ou total do contrato, garantida prévia defesa, servindo como exemplo: advertência, multa, suspensão temporária de participação em licitação e impedimento de contratar por prazo não superior a 2 anos, declaração de inidoneidade para licitar ou contratar com a Administração enquanto durarem os motivos da punição ou até que seja promovida a reabilitação perante a autoridade, que depende de cumprimento de sanções e ressarcimento ao erário, podendo-se aplicar as duas últimas sanções também aos profissionais que tiverem dado causa ao ilícito.

Quanto a sanção de inidoneidade para licitar ou contratar com a Administração, ela se irradia para todas as esferas de governo. Assim, na esteira de um exemplo tirado da jurisprudência do STJ, uma empresa que tenha recebido essa sanção de um município, por ter fornecido medicamento adulterado a este, ficará impedida de contratar com todos os outros municípios, Estados, DF e União (Resp 520.553). Porém, essa sanção tem efeitos futuros, ou seja, não alcança os contratos em curso quando de sua aplicação, sem prejuízo de que, dentro de cada contrato em curso possa haver sua rescisão por específicas inexecuções em cada contrato (STJ, MS 13.964/DF).

13.7. EXTINÇÃO DO CONTRATO

O contrato administrativo se extingue pelas seguintes causas:

a) **conclusão do objeto ou decurso do tempo:** quanto à questão da duração do contrato, é importante que fique claro que todo contrato administrativo deve ter prazo determinado e respeitar os créditos orçamentários; quanto aos serviços contínuos (ex.: limpeza, vigilância merenda etc.), cabem sucessivas prorrogações, limitando-se a contratação total a até 60 meses, sendo que, em casos excepcionais, devidamente justificados e mediante autorização da autoridade superior, cabe outra prorrogação, por mais 12 meses, totalizando 72 meses; já quanto a serviços relativos à segurança nacional, o prazo máximo do contrato é de 120 meses;

b) **acordo entre as partes (rescisão amigável ou bilateral):** ocorre por acordo entre as partes, desde que haja interesse público. A extinção bilateral também é chamada de distrato;

c) **culpa da Administração (rescisão judicial):** a chamada *rescisão judicial* ocorre por ação judicial promovida pelo particular, que não pode promover a extinção do ajuste unilateralmente. O particular deverá trazer como fundamento o descumprimento, por parte do Poder Público, de obrigações contratuais. Conforme já escrito, o particular não pode alegar a exceção de contrato não cumprido até 120 dias de suspensão do contrato e 90 dias de atraso no pagamento; a suspensão do contrato consiste em a Administração dizer para o contratado que é para ele suspender o cumprimento de suas obrigações, período em que também não receberá quantia alguma; o atraso no pagamento é pior, pois o particular deve continuar cumprindo com suas obrigações, mas nada poderá fazer para rescindir o contrato se o atraso não superar 90 dias. Naturalmente, o contratado prejudicado pela suspensão ou atraso no contrato poderá, posteriormente, requerer compensação financeira pelos danos que suportar com essas condutas da Administração;

d) **por vontade da Administração (rescisão unilateral ou administrativa):** essa forma de extinção é promovida pela Administração, respeitando o contraditório e a ampla defesa, nos seguintes casos:

d1) anulação: por motivo de *ilegalidade* na licitação ou no contrato;

d2) revogação: por inconveniência ou inoportunidade; nesse caso, o STJ entende o seguinte: "esta Corte Superior já se pronunciou no sentido de que a rescisão do contrato administrativo por ato unilateral da Administração Pública, sob justificativa de interesse público, impõe ao contratante a obrigação de indenizar o contratado pelos prejuízos daí decorrentes, como tais considerados não apenas os danos emergentes, mas também os lucros cessantes. Precedentes. É que, sob a perspectiva do Direito Administrativo Consensual, os particulares que travam contratos com a Administração Pública devem ser vistos como parceiros, devendo o princípio da boa-fé objetiva (e seus corolários relativos à tutela da legítima expectativa) reger as relações entre os contratantes público e privado" (REsp 1240057/AC, *DJe* 21.09.2011);

d3) inexecução do contrato pelo contratado.

13.8. OUTRAS QUESTÕES REFERENTES A CONTRATOS ADMINISTRATIVOS

Uma questão que aparece com certa frequência é saber se é possível a aplicação do instituto da arbitragem para regular contratos administrativos.

A jurisprudência vem entendendo que essa possibilidade existe, caso se trate de empresas estatais, dada a natureza dos interesses de que cuidam tais empresas.

Não há norma na Lei 8.666/1993 estabelecendo a possibilidade de aplicação da mediação e da arbitragem quanto às pessoas jurídicas de direito público.

Porém, em matéria de concessão de serviço público e de parceria público-privada, a lei admite que o edital preveja a utilização de arbitragem para a resolução de disputas decorrentes ou relacionadas ao contrato (art. 23-A da Lei 8.987/1995 e art. 11, III, da Lei 11.079/2004).

Naturalmente, a arbitragem não poderá discutir cláusulas regulamentares desses contratos, podendo incidir apenas sobre questões de outra natureza.

Outra questão bastante polêmica é quanto à possibilidade de retenção de pagamento da contratada pela não manutenção da regularidade fiscal. O STJ entende que não é possível *retenção* por esse motivo, já que não há previsão legal nesse sentido, lembrando que o objetivo da retenção é cobrir prejuízos causados pelo contratado e multas aplicadas pela Administração (arts. 80, IV, e 87, § 2º). Porém, é possível *rescindir* o contrato no caso por descumprimento de cláusula essencial desse.

13.9. CONTRATOS ADMINISTRATIVOS *VERSUS* CONVÊNIOS

No Direito Administrativo há diversas espécies de negócios bilaterais. São exemplos desses negócios o contrato administrativo, o contrato regido pelo direito privado, a concessão de serviço público, a concessão de uso de bem público, o convênio, o consórcio, o contrato de gestão e o termo de parceria.

Mas há duas categorias que podem ser tomadas como gênero. A primeira delas é o contrato em sentido amplo, que abrange o contrato administrativo, o contrato regido pelo direito privado e as concessões. E a segunda delas são os convênios em sentido amplo, que abrange os convênios em sentido estrito, o consórcio, o contrato de gestão e o termo de parceria.

Contratos e convênios têm em comum o fato de serem negócios jurídicos bilaterais. E têm como diferenças as seguintes: a) no primeiro há interesses contrapostos, ao passo que no segundo há interesses e objetivos comuns; b) no primeiro existe relação de crédito e débito, podendo o contratado aplicar o dinheiro que receber como remuneração como bem lhe convier, ao passo que no segundo os recursos recebidos por um dos convenentes devem ser aplicados para alcançar os objetivos comuns de ambas as partes; c) no primeiro, os contratantes são considerados "partes" e não têm o dever de prestar contas sobre o uso dos recursos relativos à remuneração de cada qual, ao passo que no segundo os convenentes são considerados "partícipes" e têm o dever de prestar contas sobre a aplicação dos recursos recebidos.

Um convênio deverá observar os preceitos do art. 116 da Lei 8.666/1993, bem como, nos celebrados com a União, às disposições da Instrução Normativa nº 1/1997, da Secretaria do Tesouro Nacional.

Por fim, vale ressaltar que há na legislação, hoje, previsão de outras formas de vínculo para a gestão associadas de certos serviços públicos, por meio da celebração de convênios de cooperação e até pela criação conjunta, pelos entes políticos, de pessoas jurídicas, denominadas consórcios públicos (vide, a respeito, o art. 241 da CF e a Lei 11.107/2005).

Segundo jurisprudência do Supremo Tribunal Federal (STF), é inconstitucional a exigência de autorização legislativa para a celebração de convênio ou consórcio: "A jurisprudência do Supremo Tribunal Federal é firme no sentido de que a regra que subordina a celebração de acordos ou convênios firmados por órgãos do Poder Executivo à autorização prévia ou ratificação da Assembleia Legislativa, fere o princípio da independência e harmonia dos poderes (art. 2º da CF)." (ADI 342/PR, DJ 11.04.2003)

Por outro lado, sempre que possível, deve-se promover certame concorrencial com vistas a se preservar os princípios da impessoalidade, da moralidade e da eficiência.

Isso porque não há lei geral federal determinado que, previamente à celebração de convênios, há de se fazer licitação pública, porém, em homenagem aos princípios citados, de rigor, sempre que possível, entabular o acordo após disputa entre interessados que leve em conta critérios isonômicos e protetores do interesse público. Por meio de edital de chamamento, por exemplo, pode-se buscar uma boa disputa entre interessados, quando a Administração quiser celebrar convênio com alguma entidade privada.

Já quanto ao consórcio público, a sua constituição, que se dá entre entes políticos, por óbvio não requer licitação. Porém, quando o consórcio público estiver constituído enquanto pessoa jurídica, a sua contratação pelos entes políticos consorciados não requer licitação, mas as contratações feitas pelo próprio consórcio (ex: compras de materiais e equipamentos), aí sim requerem este certame.

13.10. JURISPRUDÊNCIA SELECIONADA

Responsabilidade subsidiária da Administração Pública por débitos trabalhistas

O Plenário iniciou julgamento conjunto de três reclamações nas quais se alega que decisões do TST e dos TRT's da 3ª e da 9ª Região teriam afastado a aplicação do art. 71, § 1º, da Lei 8.666/1993 ("[a] *inadimplência do contratado, com referência aos encargos trabalhistas, fiscais e comerciais não transfere à Administração Pública a responsabilidade por seu pagamento, nem poderá onerar o objeto do contrato ou restringir a regularização e o uso das obras e edificações, inclusive perante o Registro de Imóveis*"). Referida norma teria sido declarada constitucional no julgamento da ADC 16/DF (DJe de 9.9.2011). Os reclamantes sustentam que as decisões questionadas teriam ainda descumprido o Enunciado 10 da Súmula Vinculante do STF. No caso, a Administração Pública (tomadora de serviços) fora condenada a responder, de forma subsidiária, pelo cumprimento das obrigações trabalhistas de empresas contratadas. Os acórdãos reclamados foram fundamentados no Enunciado 331, IV e V, do TST ("*IV - O inadimplemento das obrigações trabalhistas, por parte do empregador, implica a responsabilidade subsidiária do tomador dos serviços quanto àquelas obrigações, desde que haja participado da relação processual e conste também do título executivo judicial. V - Os entes integrantes da Administração Pública direta e indireta respondem subsidiariamente, nas mesmas condições do item IV, caso evidenciada a sua conduta culposa no cumprimento das obrigações da Lei nº 8.666, de 21.06.1993, especialmente na fiscalização do cumprimento das obrigações contratuais e legais da prestadora de serviço como empregadora. A aludida responsabilidade não decorre de mero inadimplemento das obrigações trabalhistas assumidas pela empresa regularmente contratada*"). As decisões reclamadas concluíram haver presunção da culpa *in eligendo* ou culpa *in vigilando* por parte do ente estatal. A Ministra Cármen Lúcia, relatora, julgou procedentes os pedidos formulados nas reclamações. Destacou que os atos da Administração Pública presumir-se-iam válidos, legítimos e legais. Apontou que a escolha do contratado privado não seria livre, tampouco discricionária, mas segundo processo licitatório em que seriam observadas todas as fases. **Asseverou que, para se comprovar que a Administração Pública teria sido relapsa ou omissa, necessária a prova de que teria assinado contrato e não mais o fiscalizara, o que não ocorrera. Ponderou que, ao contrário do que decidido nas decisões impugnadas, competiria às partes reclamadas o ônus de comprovar, nos autos, que a Administração Pública agira com culpa *in eligendo* ou culpa *in vigilando***. Após, pediu vista dos autos a Ministra Rosa Weber. Rcl 14996/MG, rel. Min. Cármen Lúcia, 7.11.2013. (Rcl-14996) Rcl 15106/MG, rel. Min. Cármen Lúcia, 7.11.2013. (Rcl-15106) Rcl 15342/PR, rel. Min. Cármen Lúcia, 7.11.2013. (Rcl-15342) (Inform. STF 727) (g.n.)

Nota: julgamento não concluído ainda

AG. REG. NA Rcl N. 12.758-DF
RELATOR: MIN. LUIZ FUX
EMENTA: AGRAVO REGIMENTAL NA RECLAMAÇÃO. RESPONSABILIDADE SUBSIDIÁRIA. ARTIGO 71, § 1º, DA LEI 8.666/93. CONSTITUCIONALIDADE. ADC Nº 16. ADMINISTRAÇÃO PÚBLICA. DEVER DE FISCALIZAÇÃO. RESPONSABILIZAÇÃO DO ENTE PÚBLICO NOS CASOS DE CULPA "IN ELIGENDO" E DE CULPA "IN VIGILANDO". REEXAME DE MATÉRIA FÁTICO-PROBATÓRIA. IMPOSSIBILIDADE. AGRAVO REGIMENTAL A QUE SE NEGA PROVIMENTO.

1. A aplicação do artigo 71, § 1º, da Lei n. 8.666/93, declarado constitucional pelo Supremo Tribunal Federal no julgamento da ADC nº 16, não exime a entidade da Administração Pública do dever de observar os princípios constitucionais a ela referentes, entre os quais os da legalidade e da moralidade administrativa.

2. As entidades públicas contratantes devem fiscalizar o cumprimento, por parte das empresas contratadas, das obrigações trabalhistas referentes aos empregados vinculados ao contrato celebrado. Precedente: Rcl 11985-AgR, Rel. Min. CELSO DE MELLO, Tribunal Pleno, julgado em 21/02/2013, PROCESSO ELETRÔNICO DJe-050 DIVULG 14-03-2013 PUBLIC 15-03-2013.

3. A comprovação de culpa efetiva da Administração Pública não se revela cognoscível na estreita via da Reclamação Constitucional, que não se presta ao reexame de matéria fático-probatória. Precedentes: Rcl 3.342/AP, Rel. Min. Sepúlveda Pertence; Rcl 4.272/RS, Rel. Min. Celso de Mello; Rcl. 4.733/MT, Rel. Min. Cezar Peluso; Rcl. 3.375-AgR/PI, Rel. Min. Gilmar Mendes.

4. Agravo regimental a que se nega provimento. (Inform. STF 722)

Reclamação: Inconstitucionalidade do Art. 71, § 1º, da Lei 8.666/93 e Ofensa à Súmula Vinculante 10 – 1

O Tribunal iniciou julgamento de **agravo regimental interposto contra decisão que negara seguimento a reclamação, ajuizada contra acórdão da 8ª Turma do Tribunal Superior do Trabalho - TST, ao fundamento de ausência de identidade ou similitude de objeto entre o ato impugnado e a Súmula Vinculante 10 ["*Viola a cláusula de reserva de plenário (CF, artigo 97) a decisão de órgão fracionário de tribunal que, embora não declare expressamente a inconstitucionalidade de lei ou ato normativo do poder público, afasta sua incidência, no todo ou em parte.*"]. Aponta o reclamante desrespeito ao citado verbete, na medida em que o Tribunal *a quo* teria afastado a aplicabilidade do § 1º do art. 71 da Lei 8.666/93, invocando o Enun-**

ciado 331, IV, do TST, para reconhecer a responsabilidade subsidiária da sociedade de economia mista por débitos trabalhistas. O Min. Eros Grau, relator, negou provimento ao recurso na linha do voto proferido pelo Min. Ricardo Lewandowski na Rcl 7517 AgR/DF (v. Informativo 563), no qual se afirmara que a Súmula 331, IV, do TST, utilizada como fundamento da decisão reclamada, teria resultado do julgamento, por votação unânime do pleno daquele tribunal, do Incidente de Uniformização de Jurisprudência TST-IUJ-RR-297751/96, em sessão de 11.9.2000, e que seria possível verificar da leitura do acórdão desse incidente, que a questão da constitucionalidade do art. 71, § 1º, da Lei das Licitações teria sido enfrentada por aquela Corte ["*TST Enunciado nº 331 ... IV - O inadimplemento das obrigações trabalhistas, por parte do empregador, implica a responsabilidade subsidiária do tomador dos serviços, quanto àquelas obrigações, inclusive quanto aos órgãos da administração direta, das autarquias, das fundações públicas, das empresas públicas e das sociedades de economia mista, desde que hajam participado da relação processual e constem também do título executivo judicial (art. 71 da Lei nº 8.666, de 21.06.1993).*"]. Após, pediu vista dos autos a Min. Ellen Gracie. **Rcl 8150 AgR/SP, rel. Min. Eros Grau, 6.5.2010.** (RCL-8150)

Reclamação: inconstitucionalidade do art. 71, § 1º, da Lei 8.666/93 e ofensa à Súmula Vinculante 10 - 2

O Plenário retomou julgamento de dois agravos regimentais interpostos contra decisões que negaram seguimento a reclamações, ajuizadas contra acórdãos do Tribunal Superior do Trabalho - TST, nas quais se aponta ofensa à Súmula Vinculante 10 ["*Viola a cláusula de reserva de plenário (CF, artigo 97) a decisão de órgão fracionário de tribunal que,* embora não declare *expressamente a inconstitucionalidade de lei ou ato normativo do poder público, afasta sua incidência, no todo ou em parte.*"]. Sustenta-se que o Tribunal *a quo*, ao invocar o Enunciado 331, IV, do TST, teria afastado a aplicação do art. 71, § 1º, da Lei 8.666/93, sem a devida pronúncia de inconstitucionalidade declarada pelo voto da maioria absoluta dos membros da Corte ["*TST Enunciado nº 331 ... IV - O inadimplemento das obrigações trabalhistas, por parte do empregador, implica a responsabilidade subsidiária do tomador dos serviços, quanto àquelas obrigações, inclusive quanto aos órgãos da administração direta, das autarquias, das fundações públicas, das empresas públicas e das sociedades de economia mista, desde que hajam participado da relação processual e constem também do título executivo judicial (art. 71 da Lei nº 8.666, de 21.06.1993).*"] — v. Informativos 563 e 585. A Min. Ellen Gracie, em voto-vista, abriu divergência, deu provimento aos recursos e julgou procedentes as reclamações para determinar o retorno dos autos ao TST, a fim de que proceda a novo julgamento, nos temos do art. 97 da CF, manifestando-se, incidentalmente, quanto à eventual inconstitucionalidade do art. 71, § 1º, da Lei 8.666/93. **Rcl 7517 AgR/DF, rel. Min. Ricardo Lewandowski, 11.11.2010. (Rcl-7517) Rcl 8150 AgR/SP, rel. Min. Eros Grau, 11.11.2010.** (Rcl-8150)

Reclamação: inconstitucionalidade do art. 71, § 1º, da Lei 8.666/93 e ofensa à Súmula Vinculante 10 - 3

Salientou não ter havido no julgamento do Incidente de Uniformização de Jurisprudência que dera origem ao Enunciado 331, IV, do TST a declaração da inconstitucionalidade do art. 71, § 1º, da Lei 8.666/93, mas apenas a atribuição de certa interpretação ao citado dispositivo legal. Explicou que o Plenário do TST, ao julgar um incidente de uniformização, visa dirimir uma divergência jurisprudencial existente entre seus órgãos fracionários ou consolidar o entendimento por eles adotado, e não declarar a inconstitucionalidade de lei ou ato do Poder Público, finalidade esta de uma arguição de inconstitucionalidade, conforme disposto nos artigos 244 a 249 do Regimento Interno daquela Corte. Asseverou ser necessário, para que a cláusula da reserva de plenário seja devidamente observada, a reunião dos membros do tribunal com a finalidade específica de julgar a inconstitucionalidade de um determinado ato normativo, decisão que, por sua gravidade, não poderia ocorrer em um mero incidente de uniformização de jurisprudência. Ressaltou que, no caso, nem *mesmo ter-se-ia declarado incidentalmente a inconstitucionalidade do art. 71, § 1º, da Lei 8.666/93. Observou que as disposições constantes do art. 71, § 1º, da Lei 8.666/93 e do inciso IV do Verbete 331 do TST seriam diametralmente opostas e que o TST aplicara sua interpretação consagrada neste enunciado, o que esvaziara, desse modo, a força normativa daquele dispositivo legal. Concluiu que o TST, ao entender que a decisão recorrida estaria em consonância com a Súmula 331 do TST, negara implicitamente vigência ao art. 71, § 1º, da Lei 8.666/93, sem que seu Plenário houvesse declarado a sua inconstitucionalidade. Após o voto do Min. Marco Aurélio, que acompanhava a divergência, pediu vista dos autos o Min.* **Dias Toffoli. Rcl 7517 AgR/DF, rel. Min. Ricardo Lewandowski, 11.11.2010. (Rcl-7517) Rcl 8150 AgR/SP, rel. Min. Eros Grau, 11.11.2010.** *(Rcl-8150)*

Reclamação: inconstitucionalidade do art. 71, § 1º, da Lei 8.666/93 e ofensa à Súmula Vinculante 10 - 4

Ao se reportar ao julgamento acima relatado, o Plenário, em conclusão, proveu dois agravos regimentais interpostos contra decisões que negaram seguimento a reclamações, ajuizadas contra acórdãos do TST, nas quais se apontava ofensa à Súmula Vinculante 10 ["*Viola a cláusula de reserva de plenário (CF, artigo 97) a decisão de órgão fracionário de tribunal que, embora não declare expressamente a inconstitucionalidade de lei ou ato normativo do poder público, afasta sua incidência, no todo ou em parte.*"]. Sustentava-se que o Tribunal *a quo*, ao invocar o Enunciado 331, IV, do TST, teria afastado a aplicação do art. 71, § 1º, da Lei 8.666/93, sem a devida pronúncia de inconstitucionalidade declarada pelo voto da maioria absoluta dos membros da Corte [*"TST Enunciado nº 331 ... IV - O inadimplemento das obrigações trabalhistas, por parte do empregador, implica a responsabilidade subsidiária do tomador dos serviços, quanto àquelas obrigações, inclusive quanto aos órgãos da administração direta, das autarquias, das fundações públicas, das empresas públicas e das sociedades de economia mista, desde que hajam participado da relação processual e constem também do título executivo judicial (art. 71 da Lei nº 8.666, de 21.06.1993)."*] — v. Informativos 563, 585 e 608. Julgaram-se procedentes as reclamações para determinar o retorno dos autos ao TST, a fim de que proceda a novo julgamento, manifestando-se, nos termos do art. 97 da CF, à luz da constitucionalidade do art. 71, § 1º, da Lei 8.666/93, ora declarada. **Concluiu-se que o TST, ao entender que a decisão recorrida estaria em consonância com a citada Súmula 331, negara implicitamente vigência ao art. 71, § 1º, da Lei 8.666/93, sem que o seu Plenário houvesse declarado a inconstitucionalidade**. O Min. Ricardo Lewandowski, relator da Rcl 7517/DF reajustou o voto proferido anteriormente. Vencido o Min. Eros Grau, relator da Rcl 8150/SP, que negava provimento ao recurso. **Rcl 7517 AgR/DF, rel. Min. Ricardo Lewandowski, 24.11.2010. (Rcl-7517) Rcl 8150 AgR/SP, rel. orig. Min. Eros Grau, red. p/ o acórdão Min. Ellen Gracie, 24.11.2010.** (Rcl-8150) (Inform. STF 610) (g.n.)

ADC e Art. 71, § 1º, da Lei 8.666/93 - 1

O Tribunal iniciou julgamento de ação declaratória de constitucionalidade movida pelo Governador do Distrito Federal, em que se objetiva a declaração de que o art. 71, § 1º, da Lei 8.666/93 é válido segundo a CF/88 (Lei 8.666/93: *"Art. 71. O contratado é responsável pelos encargos trabalhistas, previdenciários, fiscais e comerciais resultantes da execução do contrato. § 1º A inadimplência do contratado, com referência aos encargos trabalhistas, fiscais e comerciais não transfere à Administração Pública a responsabilidade por seu pagamento, nem poderá onerar o objeto do contrato ou restringir a regularização e o uso das obras e edificações, inclusive perante o Registro de Imóveis."*). O Min. Cezar Peluso, relator, julgou o autor carecedor da ação, por falta de interesse objetivo de agir, e indeferiu a petição inicial, levando em conta não ter sido demonstrada a existência de controvérsia judicial relevante sobre a legitimidade constitucional da norma, nos termos do art. 14, III, da Lei 9.868/99. No ponto, ressaltou que o autor limitou-se a juntar cópias de 3 decisões de Tribunais Regionais do Trabalho que não versaram questão de inconstitucionalidade do art. 71, § 1º, da Lei 8.666/93, em se tendo adstrito a afastar a orientação do TST, firmada no item IV do seu Enunciado 331 [*"O inadimplemento das obrigações trabalhistas, por parte do empregador, implica a responsabilidade subsidiária do tomador dos serviços, quanto àquelas obrigações, inclusive quanto aos órgãos da administração direta, das autarquias, das fundações públicas, das empresas públicas e das sociedades de economia mista, desde que hajam participado da relação processual e constem também do título executivo judicial (art. 71 da Lei nº 8.666, de 21.06.1993)."*]. **ADC 16/DF, rel. Min. Cezar Peluso, 10.9.2008.** (ADC-16)

ADC e Art. 71, § 1º, da Lei 8.666/93 - 2

Em divergência, o Min. Marco Aurélio admitiu a ação, por reputar demonstrado o aludido requisito. Ressaltou, de início, 3 aspectos, no sentido de: 1) dever-se encarar de forma relativa o que contido na Lei 9.868/99, no que exige a demonstração inequívoca de controvérsia judicial, pois a ADC é "irmã gêmea" da ADI; 2) atentar-se para a multiplicação de conflitos de interesses envolvendo a matéria, os quais, tendo em conta em si a interpretação da CLT, não chegam, na maioria das vezes, ao STF; 3) ter-se, na espécie, uma declaração branca de inconstitucionalidade da Lei 8.666/93. Realçou o afastamento de preceito legal por verbete de súmula do TST, a mercê de uma interpretação toda própria, ampliativa, da solidariedade prevista no § 2º do art. 2º da CLT. Em seguida, após registrar que várias entidades da federação articularam como terceiros no processo, considerou não ser possível ser tão ortodoxo nessa matéria, sob pena de se perpetuar, haja vista a inadmissibilidade da ADI contra o verbete do TST, essa extravagante situação, em que se tem, pelo menos, um conflito aparente entre a CLT e a Lei de Licitações. Aduziu, por fim, que se a jurisprudência fosse pacífica no sentido da responsabilidade, não teria o TST editado o verbete, e asseverou que, quando da edição deste, implicitamente se projetou, para o campo da inconstitucionalidade, o que disposto no art. 71, § 1º, da Lei 8.666/93. Após, pediu vista dos autos o Min. Menezes Direito. **ADC 16/DF, rel. Min. Cezar Peluso, 10.9.2008.** (ADC-16)

ADC e art. 71, § 1º, da Lei 8.666/93 - 3

Em conclusão, o Plenário, por maioria, julgou procedente pedido formulado em ação declaratória de constitucionalidade movida pelo Governador do Distrito Federal, para declarar a constitucionalidade do art. 71, § 1º, da Lei 8.666/93 (*"Art. 71. O contratado é responsável pelos encargos trabalhistas, previdenciários, fiscais e comerciais resultantes da execução do contrato. § 1º A inadimplência do contratado, com referência aos encargos trabalhistas, fiscais e comerciais não transfere à Administração Pública a responsabilidade por seu pagamento, nem poderá onerar o objeto do contrato ou restringir a regularização e o uso das obras e edificações, inclusive perante o Registro de Imóveis.")* — v. Informativo 519. Preliminarmente, conheceu-se da ação por se reputar devidamente demonstrado o requisito de existência de controvérsia jurisprudencial acerca da constitucionalidade, ou não, do citado dispositivo, razão pela qual seria necessário o pronunciamento do Supremo acerca do assunto. A Min. Cármen Lúcia, em seu voto, salientou que, em princípio, na petição inicial, as referências aos julgados poderiam até ter sido feitas de forma muito breve, precária. Entretanto, considerou que o Enunciado 331 do TST ensejara não apenas nos Tribunais Regionais do Trabalho, mas também no Supremo, enorme controvérsia exatamente tendo-se como base a eventual inconstitucionalidade do referido preceito. Registrou que os Tribunais Regionais do Trabalho, com o advento daquele verbete, passaram a considerar que haveria a inconstitucionalidade do § 1° do art. 71 da Lei 8.666/93. Referiu-se, também, a diversas reclamações ajuizadas no STF, e disse, que apesar de elas tratarem desse Enunciado, o ponto nuclear seria a questão da constitucionalidade dessa norma. O Min. Cezar Peluso superou a preliminar, ressalvando seu ponto de vista quanto ao não conhecimento. **ADC 16/DF, rel. Min. Cezar Peluso, 24.11.2010.** (ADC-16)

ADC e art. 71, § 1°, da Lei 8.666/93 - 4

Quanto ao mérito, **entendeu-se que a mera inadimplência do contratado não poderia transferir à Administração Pública a responsabilidade pelo pagamento dos encargos, mas reconheceu-se que isso não significaria que eventual omissão da Administração Pública, na obrigação de fiscalizar as obrigações do contratado, não viesse a gerar essa responsabilidade**. Registrou-se que, entretanto, a tendência da Justiça do Trabalho não seria de analisar a omissão, mas aplicar, irrestritamente, o Enunciado 331 do TST. O Min. Marco Aurélio, ao mencionar os precedentes do TST, observou que eles estariam fundamentados tanto no § 6° do art. 37 da CF quanto no § 2° do art. 2° da CLT ("*§ 2° - Sempre que uma ou mais empresas, tendo, embora, cada uma delas, personalidade jurídica própria, estiverem sob a direção, controle ou administração de outra, constituindo grupo industrial, comercial ou de qualquer outra atividade econômica, serão, para os efeitos da relação de emprego, solidariamente responsáveis a empresa principal e cada uma das subordinadas.*"). Afirmou que o primeiro não encerraria a obrigação solidária do Poder Público quando recruta mão de obra, mediante prestadores de serviços, considerado o inadimplemento da prestadora de serviços. Enfatizou que se teria partido, considerado o verbete 331, para a responsabilidade objetiva do Poder Público, presente esse preceito que não versaria essa responsabilidade, porque não haveria ato do agente público causando prejuízo a terceiros que seriam os prestadores do serviço. No que tange ao segundo dispositivo, observou que a premissa da solidariedade nele prevista seria a direção, o controle, ou a administração da empresa, o que não se daria no caso, haja vista que o Poder Público não teria a direção, a administração, ou o controle da empresa prestadora de serviços. Concluiu que restaria, então, o parágrafo único do art. 71 da Lei 8.666/93, que, ao excluir a responsabilidade do Poder Público pela inadimplência do contratado, não estaria em confronto com a Constituição Federal. **ADC 16/DF, rel. Min. Cezar Peluso, 24.11.2010.** (ADC-16)

ADC e art. 71, § 1°, da Lei 8.666/93 - 5

Por sua vez, a Min. Cármen Lúcia consignou que o art. 37, § 6°, da CF trataria de responsabilidade objetiva extracontratual, não se aplicando o dispositivo à espécie. Explicou que uma coisa seria a responsabilidade contratual da Administração Pública e outra, a extracontratual ou patrimonial. Aduziu que o Estado responderia por atos lícitos, aqueles do contrato, ou por ilícitos, os danos praticados. Vencido, parcialmente, o Min. Ayres Britto, que dava pela inconstitucionalidade apenas no que respeita à terceirização de mão de obra. Ressaltava que a Constituição teria esgotado as formas de recrutamento de mão de obra permanente para a Administração Pública (concurso público, nomeação para cargo em comissão e contratação por prazo determinado para atender a necessidade temporária de excepcional interesse público), não tendo falado em terceirização. Salientou que esta significaria um recrutamento de mão de obra que serviria ao tomador do serviço, Administração Pública, e não à empresa contratada, terceirizada. Assentava que, em virtude de se aceitar a validade jurídica da terceirização, dever-se-ia, pelo menos, admitir a responsabilidade subsidiária da Administração Pública, beneficiária do serviço, ou seja, da mão de obra recrutada por interposta pessoa. **ADC 16/DF, rel. Min. Cezar Peluso, 24.11.2010.** (ADC-16) (Inform. STF 610)

DIREITO ADMINISTRATIVO. INDENIZAÇÃO POR SERVIÇOS PRESTADOS NO CASO DE CONTRATO ADMINISTRATIVO NULO.

Reconhecida a nulidade de contrato administrativo por ausência de prévia licitação, a Administração Pública não tem o dever de indenizar os serviços prestados pelo contratado na hipótese em que este tenha agido de má-fé ou concorrido para a nulidade do contrato. Realmente, o fato de um contrato administrativo ter sido considerado nulo por ausência de prévia licitação não exime, em princípio, a Administração do dever de indenizar o contratado pelos serviços por ele prestados. Todavia, em consideração ao disposto no art. 59 da Lei 8.666/1993, devem ser ressalvadas as hipóteses de má-fé ou de ter o contratado concorrido para a nulidade do contrato. **AgRg no REsp 1.394.161-SC, Rel. Min. Herman Benjamin, julgado em 8/10/2013.** (Inform. STJ 529)

DIREITO ADMINISTRATIVO. CONTRATO ADMINISTRATIVO. RETENÇÃO DE PAGAMENTO. FORNECEDOR EM SITUAÇÃO IRREGULAR PERANTE O FISCO.

É ilegal reter o pagamento devido a fornecedor em situação de irregularidade perante o Fisco. A exigência de regularidade fiscal para a participação no procedimento licitatório funda-se no art. 195, § 3º, da CF e deve ser mantida durante toda a execução do contrato, consoante o art. 55 da Lei n. 8.666/1993. No entanto, o ato administrativo, no Estado democrático de direito, está subordinado ao princípio da legalidade (CF, arts. 5º, II, 37, *caput*, e 84, IV), o que equivale assentar que a Administração poderá atuar tão somente de acordo com o que a lei determina. Não constando do rol do art. 87 da Lei n. 8.666/1993, não pode ser aplicada a retenção do pagamento pelos serviços prestados. O descumprimento de cláusula contratual pode até ensejar, eventualmente, a rescisão do contrato (art. 78 da Lei de Licitações), mas não autoriza, ao mesmo tempo, suspender o pagamento das faturas e exigir a prestação dos serviços pela empresa contratada. Precedentes citados: REsp 633.432-MG, DJ 20/6/2005; AgRg no REsp 1.048.984-DF, DJe 10/9/2009; RMS 24.953-CE, DJe 17/3/2008. **AgRg no REsp 1.313.659-RR, Min. Mauro Campbell Marques, julgado em 23/10/2012. (Inform. STJ 507)**

CONTRATO ADMINISTRATIVO. RESCISÃO. PROCEDIMENTO PRÉVIO.

Trata-se originariamente de mandado de segurança (MS) impetrado pelo banco ora recorrido em que se manifesta contrariamente à rescisão do contrato estabelecido com o município ora recorrente sem a ocorrência de procedimento administrativo prévio. Tanto a sentença quanto o acórdão entenderam ser procedente o MS, imputando ilegal o ato de rescisão contratual realizado sem o referido procedimento. A discussão, portanto, diz respeito à obrigatoriedade de a rescisão contratual ser precedida de procedimento administrativo, o que, de fato, não ocorreu. A Turma, ao prosseguir o julgamento, por maioria, **entendeu que a exigência de prévio procedimento administrativo, assegurado o amplo direito de defesa, é incompatível com a hipótese específica do inciso XII do art. 78 da Lei n. 8.666/1993, que admite a rescisão unilateral do contrato administrativo com base em razões de interesse público, de alta relevância e amplo conhecimento, justificadas e determinadas pela máxima autoridade da esfera administrativa a que está subordinado o contratante e exaradas no processo administrativo a que se refere o contrato.** Assim, consignou-se que, no caso, o benefício financeiro apontado pela municipalidade poderia deixar de existir se a instituição financeira recorrente, por razão da demora na contratação, retirasse a sua proposta contratual. Portanto, coube ao administrador rapidamente avaliar as circunstâncias, o contrato anterior com o banco recorrido e a proposta da recorrente para decidir a respeito da nova contratação e da rescisão da anterior. Frisou-se não se tratar, na espécie, de ato meramente discricionário, mas de ato rescisório vinculado à sua motivação, indissociável do efetivo interesse público. Com isso, a revisão da decisão tomada pelo administrador, mesmo em relação à possível intervenção do Poder Judiciário, é muito restrita, atendo-se, a rigor, à existência de motivação e da presença dos respectivos fatos. **Desse modo, a concessão de amplo direito de defesa ao contratado é inócua, já que também não pode impedir a rescisão diante do interesse público revelado pelo administrador.** Por fim, observou-se ser o interesse do contratante protegido mediante a garantia legal de que fará jus à indenização dos danos decorrentes da rescisão contratual, conforme estabelece o art. 79, § 2º, da Lei n. 8.666/1993, não podendo a ausência de procedimento administrativo ou de prévia notificação acarretar o restabelecimento da relação contratual contrariamente ao interesse público. Dessarte, deu-se provimento aos recursos especiais para denegar a segurança, ressalvando-se a possibilidade de ser questionada a indenização dos danos decorrentes da rescisão contratual pelos meios próprios. **REsp 1.223.306-PR, Rel. originário Min. Mauro Campbell Marques, Rel. para o acórdão Min. Cesar Asfor Rocha, julgado em 8/11/2011.** (Inform. STJ 487) (g.n.)

PRESCRIÇÃO. CONTRATO ADMINISTRATIVO.

Nos contratos administrativos, a prescrição em favor do Estado deve ser contada a partir da data em que ele se torna inadimplente ao deixar de efetuar o pagamento no tempo pactuado, ocasionando a lesão do direito subjetivo da parte (teoria da *actio nata*). Na hipótese, execução de obras referentes à canalização de um arroio, essa prescrição deve ser contada da certidão de serviço expedida após a suspensão das obras por opção do município, pela qual ele reconheceu quantitativos e preços dos serviços realizados. Também não é caso de aplicação do art. 4º, parágrafo único, do Dec. n. 20.910/1932, só incidente na hipótese de o município manter-se inerte após o protocolo do requerimento de pagamento, o que não se verificou no caso dos autos. Precedentes citados: REsp 819.562-SP, DJe 10/9/2010, e REsp 444.825-PR, DJ 27/9/2004. **REsp 1.174.731-RS, Rel. Min. Mauro Campbell Marques, julgado em 12/4/2011.** (Inform. STJ 469) (g.n.)

CONTRATO ADMINISTRATIVO. RESCISÃO.

Na espécie, houve a rescisão de contrato por parte da Administração Pública de não prosseguir na construção de uma nova casa de detenção, em razão das rebeliões sangrentas que tomaram lugar no complexo prisional, sobretudo em função de sua localização em perímetro urbano. O contrato foi firmado na vigência do DL n. 2.300/1986 e sua rescisão ocorreu já na vigência da Lei n. 8.666/1993. Para o Min. Relator, como sustentado pela recorrente, embora as rebeliões sejam uma constante no sistema carcerário brasileiro, a extensão e os impactos daquelas ocorridas no presídio Carandiru extrapolaram qualquer perspectiva de previsão governamental, o que acarreta, sem dúvida, a caracterização da força maior ou caso fortuito. A imprevisibilidade, importante aos contratos administrativos, diz não apenas com a ocorrência de certo fato, mas também com os efeitos de certo fato (casos em que a ocorrência era previsível, mas a amplitude das consequências não). Destacou o Min. Relator que, tendo ocorrido os motivos que ensejaram a rescisão, bem como a própria rescisão, depois de 1993, aplica-se a Lei n. 8.666/1993. É que **a rescisão legal dos contratos administrativos será sempre regida pela lei em vigor na data do acontecimento que a ensejou, e não na data em que o contrato foi firmado**. Por se tratar de contratos administrativos, é evidente que o regime jurídico de suas vicissitudes (aditivos e rescisões, e. g.) será o da lei em vigor, e não o da lei anterior. É essa, pois, a extensão do art. 121 da Lei de Licitações e Contratos vigente: os requisitos de exigência, validade e eficácia serão os da lei anterior. Mas o regime das vicissitudes contratuais, como ocorre com a sistemática da rescisão, será o da lei nova, se os fatos remontarem à sua época. Mesmo que assim não fosse, o art. 69, § 2º, do DL n. 2.300/1986, quando trata das parcelas devidas ao particular na rescisão ocorrida por razões de interesse público, tem previsão idêntica ao art. 79, § 2º, da Lei n. 8.666/1993. Dessa forma, considerando os fatos que subjazem à hipótese, entende o Min. Relator que a não construção de uma nova casa de detenção deveu-se exclusivamente a fortes razões de interesse público, o que enseja a incidência do art. 69, § 2º, do DL n. 2.300/1986. Embora voltado inicialmente à Administração Pública Federal, centralizada e autárquica, esse decreto (art. 1º) incide nos contratos firmados por sociedade de economia mista estadual (como na espécie), na medida do que dispõem seus arts. 85 e 86. Diante disso, a Turma deu parcial provimento ao recurso para fazer incidir, no caso concreto, apenas o art. 79, § 2º, da Lei n. 8.666/1993 ou o art. 69, § 2º, do DL n. 2.300/1986, conforme se entender aplicável à espécie a Lei n. 8.666/1993 ou o DL n. 2.300/1986. **Precedentes citados: REsp 1.112.895-SP, DJ 2/12/2009, e REsp 202.430-SP, DJ 18/10/1999. REsp 710.078-SP, Rel. Min. Mauro Campbell Marques, julgado em 23/3/2010**. (Inform. STJ 428)

DECLARAÇÃO. INIDONEIDADE. EFEITO *EX NUNC*. A declaração de inidoneidade só produz efeitos para o futuro (*ex nunc*). Ela não interfere nos contratos preexistentes e em andamento. Dessa forma, esse efeito da sanção inibe a sociedade empresarial de licitar ou contratar com a Administração Pública (art. 87 da Lei n. 8.666/1993), sem, contudo, acarretar, automaticamente, a rescisão de contratos administrativos já aperfeiçoados juridicamente e em curso de execução, notadamente os celebrados diante de órgãos administrativos não vinculados à autoridade coatora ou de outros entes da Federação. **Contudo, a falta de efeito rescisório automático não inibe a Administração de promover medidas administrativas específicas tendentes a rescindir os contratos nos casos autorizados, observadas as formalidades contidas nos arts. de 77 a 80 da referida lei. Precedente citado: MS 13.101-DF, DJe 9/12/2008. MS 14.002-DF, Rel. Min. Teori Albino Zavascki, julgado em 28/10/2009.** (Inform. STJ 413) (g.n.)

CONTRATO ADMINISTRATIVO. QUITAÇÃO.
Trata-se de ação de cobrança indenizatória por custos financeiros referentes a serviços prestados de 1975 a 1991 pela consultoria de grupo da construção civil ao setor elétrico público estatal, relativa a projetos de engenharia consultiva nas áreas de hidroeletricidade, com aproveitamento de recursos hídricos. Em 1993, as partes firmaram um contrato de reconhecimento, consolidação e pagamento de débitos e outras avenças, em que fixavam os valores devidos pela estatal no período anterior a 30/4/1990. Por sua vez, a consultoria deu quitação de todas as parcelas. Mas, em 1994, ela propôs a ação indenizatória, alegando que os pagamentos efetuados não contemplavam a real inflação e os índices de juros adequados, ou seja, teria havido pagamento a menor pela estatal. Anota-se que o juiz reconheceu que o contrato firmado em 1993 representou a transação e quitação irretratável dos débitos existentes à época e, com base nesses argumentos, julgou improcedente o pedido com análise de mérito, mas sem apreciar as demais questões. O Tribunal *a quo* reverteu a sentença e acabou por adentrar o fundo da questão para reconhecer o prejuízo da consultoria recorrida. Nesta sede, para a tese vencedora expressa no voto vista do Min. Herman Benjamin, toda a demanda gira em torno da existência da transação e quitação dos débitos. Dessa forma, embora o Tribunal *a quo* tenha determinado ao juiz outro pronunciamento porque superada a transação; ao retirar da demanda esse argumento da transação, por considerar que efetivamente houve o prejuízo da consultoria, na realidade, julgou o *an debeatur*, ou seja, ratificou indiretamente a condenação da estatal no que se refere ao dever de indenizar. Aponta ser impossível compreender qual teria sido o fundamento do acórdão recorrido diante da contradição e obscuridade apresentados pelo TJ. Pois, como primeiro fundamento, com base em cláusula contratual, expressamente admite a cobrança de outros débitos, mas, como segundo fundamento, admite que essa mesma cláusula contrariamente impede a cobrança por não haver débitos, para, depois, argumentar que deve ser desconsiderada pelo Judiciário essa cláusula devido à alegada hipossuficiência da contratada consultoria.

Quanto à hipossuficiência da empresa, o julgado, no dizer do Min. Herman Benjamin, também peca pela obscuridade, e essas observações devem ser sanadas pelo TJ para possibilitar a impugnação pela parte sucumbente. Quanto à omissão, afirma que, qualquer que seja o fundamento adotado pelo TJ, os dispositivos legais suscitados nos embargos de declaração não apreciados na origem são essenciais para o deslinde da demanda, o que configura a violação do art. 535 do CPC. Diante do exposto, após o voto de desempate do Min. Luiz Fux (art. 162, §§ 2º e 3º, do RISTJ), acompanhando a divergência, a Turma deu provimento ao recurso e determinou o retorno dos autos ao TJ para solucionar a contradição, a obscuridade e as omissões. **REsp 556.382-DF, Rel. originário Min. Mauro Campbell Marques, Rel. para acórdão Min. Herman Benjamin, julgado em 20/10/2009.** (Inform. STJ 412)

CONTRATO ADMINISTRATIVO. ACORDO. PRESCRIÇÃO.

O departamento de estradas de rodagem estadual, ora recorrente, após licitação, firmou, com a sociedade empresária recorrida, contrato administrativo de obra pública. Porém, diante da deficiência apurada no projeto, a recorrida viu-se obrigada a adquirir materiais de melhor qualidade e em maiores quantidades do que a estabelecida, medida que resultou aumento dos custos, que foram repassados ao recorrente. Isso levou a fiscalização a deduzir que houve irregularidades a ponto de impugnar os valores. Em razão disso, o recorrente apresentou acordo que propunha a retenção de certos valores referentes a serviços já executados até o esclarecimento das irregularidades, o que foi aceito pela recorrida. Posteriormente, a mesma recorrida impetrou *mandamus* e conseguiu a liberação dos valores diante do fato de que, após apuração, nenhuma irregularidade foi efetivamente encontrada. Alegou, então, que essa situação obrigou-a a recorrer às instituições financeiras em busca de empréstimos e, nesta ação, pediu indenização consistente na diferença entre os juros cobrados pelos bancos e os deferidos no acordo. Desse contexto, exsurge o fato de a recorrente propor o acordo especificando determinados juros e a ele aderir a recorrida sem ressalvas. Isso demonstra claramente que ela concordou com seus termos. Assim, mostra-se sem importância a alegação de que o acordo nada teria de consensual, pois imposto à recorrida sob pena de rescisão contratual. Apesar da anuência ao acordo, a recorrida poderia discuti-lo a tempo no Judiciário ou mesmo contestar a eventual rescisão contratual se a tivesse como indevida, pois se trata de garantia assegurada a todos pelo art. 5º, XXXV, da CF/1988. Contudo, o acordo entabulado em 1992 é a alegada causa dos empréstimos e do pedido de indenização (*actio nata*), o que leva à irremediável consumação da prescrição (art. 1º do Dec. n. 20.910/1932), visto que a ação foi proposta apenas em 2000. Releva-se, também, a alegação de que a incidência dos juros sobre os empréstimos caracterizar-se-ia como relação de trato sucessivo, pois a indenização pleiteada baseia-se na responsabilidade civil originada, como já dito, do acordo, mostrando-se a periodicidade dos juros apenas como simples efeitos danosos do ato que se prolongam no tempo. **REsp 1.057.539-RS, Rel. Min. Mauro Campbell Marques, julgado em 1º/9/2009.** (Inform. STJ 405)

CONTRATO ADMINISTRATIVO. TÍTULO EXECUTIVO.

Trata-se de execução fundada no inadimplemento de contrato administrativo firmado entre as empresas recorrentes e a companhia do metropolitano (metrô), celebrado para o fornecimento de bens, serviços, documentação técnica e bilhetes, visando à implantação do sistema de controle de arrecadação e de passageiros. Aquela empresa pública pretende o cumprimento das pendências existentes no contrato entre os litigantes, assim como a conclusão dos serviços não executados pelas contratadas. Foi com o objetivo de atender ao interesse público que ela optou pela manutenção do contrato, afastando a hipótese de rescisão, preferindo, assim, executá-lo judicialmente. Destarte, o título executivo a que se visa atribuir caráter extrajudicial é o próprio contrato administrativo. Para a Min. Relatora, somente constituem títulos executivos extrajudiciais aqueles definidos em lei, por força do princípio da tipicidade legal (*nullus titulus sine legis*). O inciso II do art. 585 do CPC, com redação dada pela Lei n. 8.953/1994, incluiu, entre os títulos executivos extrajudiciais, as escrituras públicas ou outros documentos públicos, os documentos particulares e os instrumentos de transação, passando, assim, a contemplar as obrigações de fazer, não fazer e entregar coisa, além das já conhecidas obrigações de pagar coisa certa e de entregar coisa fungível previstas na redação anterior do referido dispositivo legal. Para o deslinde da questão, dois pontos são fundamentais: definir se o contrato administrativo firmado entre os consórcios e a empresa pública enquadra-se em alguma das hipóteses do referido inciso e verificar se o contrato em exame está revestido dos requisitos de certeza, liquidez e exigibilidade previstos no art. 586 do CPC. Quanto ao primeiro ponto, este Superior Tribunal, em algumas ocasiões, ao interpretar o mencionado artigo, tem reconhecido a natureza de documento público dos contratos administrativos, tendo em vista emanar de ato do Poder Público. Quanto ao segundo ponto, o Tribunal de origem, soberano no exame dos aspectos fáticos e probatórios da lide, das cláusulas contratuais e do edital de licitação, concluiu que o título executivo extrajudicial está revestido de certeza, liquidez e exigibilidade, na medida em que as obrigações estipuladas ao contratado estão devidamente especificadas no contrato administrativo e no ato convocatório do certame e que os documentos dos autos demonstram a liquidez e a exigibilidade do contrato administrativo. Portanto, não há como entender em sentido diverso no caso, sob pena de incorrer nas vedações das Súmulas ns. 5 e 7/STJ. Destacou a Min. Relatora que as questões relativas ao efetivo cumprimento pelas empresas das obrigações estipuladas no contrato e a satisfação pela empresa pública de suas contraprestações podem ser analisadas na via dos embargos à execução, porquanto a cognição, nesse caso, é ampla. Este Superior Tribunal consagra que a regra de não aplicação da *exceptio non adimpleti contractus*, em sede de contrato administrativo, não é absoluta, tendo em vista que, após a Lei n. 8.666/1993, passou-se a permitir sua incidência em certas circunstâncias, mormente na hipótese de atraso no pagamento, pela Administração Pública, por mais de noventa dias (art. 78, XV). **Precedentes citados: REsp 700.114-MT, DJ 14/5/2007, e REsp 882.747-MA, DJ 26/11/2007. REsp 879.046-DF, Rel. Min. Denise Arruda, julgado em 19/5/2009.** (Inform. STJ 395)

LICITAÇÃO. CONTRATO. PREJUÍZOS SOFRIDOS. TEORIA DA IMPREVISÃO.

Trata-se de recurso em que se discute a aplicação da teoria da imprevisão de modo a propiciar o reequilíbrio econômico-financeiro do contrato. Primeiramente, o Min. Relator asseverou ser irrelevante o fato de o contrato ter sido firmado antes da vigência do novo Código Civil para a análise da mencionada teoria. Para o Min. Relator, **não se mostra razoável o entendimento de que a inflação possa ser tomada, no Brasil, como álea extraordinária, de modo a possibilitar algum desequilíbrio na equação econômica do contrato, como há muito afirma a jurisprudência deste Superior Tribunal. Não há como imputar as aludidas perdas a fatores imprevisíveis, já que decorrentes de má previsão das autoras, o que constitui álea ordinária, não suportável pela Administração e não autorizadora da teoria da imprevisão. Caso fosse permitida a revisão pretendida, estar-se-ia beneficiando as apeladas em detrimento das demais licitantes que, agindo com cautela, apresentaram proposta coerente com os ditames do mercado e, talvez por terem incluído essa margem de segurança em suas propostas, não apresentaram valor mais atra**ente. **REsp 744.446-DF, Rel. Min. Herman Benjamin, julgado em 17/4/2008.** (Inform. STJ 352) (g.n.)

CONTRATO ADMINISTRATIVO. REGULARIDADE FISCAL. ÁLCOOL. EMPRESAS PRODUTORAS.

A Turma reiterou que, **para contratação com o Poder Público, as empresas produtoras de álcool carburante, na venda de sua produção à Petrobrás, devem comprovar a quitação dos tributos devidos, ou seja, a regularidade fiscal (Lei n. 8.212/1991, art. 47). Isso porque a Petrobrás integra a administração indireta, subordinada às normas de contratação com o Poder Público.** Precedentes citados: REsp 478.071-PB, DJ 18/8/2006, e REsp 720.359-PE, DJ 13/2/2006. **REsp 839.510-DF, Rel. Min. Luiz Fux, julgado em 4/10/2007.** (Inform. STJ 334) (g.n.)

CONTRATO ADMINISTRATIVO. MULTA RESCISÓRIA. EXECUÇÃO.

A sociedade de economia mista (ente da administração pública federal indireta) ajuizou ação monitória na busca da cobrança da multa rescisória aplicada pelo descumprimento da sociedade recorrida a contrato administrativo de prestação de serviços e fornecimento de mão de obra especializada. A sentença foi de procedência, porém o Tribunal de Justiça a anulou e extinguiu o processo sem julgamento de mérito, ao fundamento da falta de interesse de agir da ora recorrida, pois ela já possuiria título executivo extrajudicial (contrato administrativo). **Diante disso, a Turma entendeu que a multa rescisória advinda desse contexto não pode ser objeto de execução direta, porquanto nem o contrato nem o ato administrativo que implicou a rescisão e a cominação da multa possuem força de título executivo extrajudicial.** Explicitou que, quando o art. 80, III, da Lei n. 8.666/1993 prevê a execução da garantia contratual, multas e indenizações devidas pela rescisão por descumprimento de cláusula contratual (arts. 78, I, e 79, I, do mesmo diploma), não está a conferir caráter executivo imediato. Se o contratante for pessoa jurídica de direito público integrante da administração pública direta (União, estados, DF e municípios) ou indireta (autarquia e fundações públicas), poderá inscrever o crédito na dívida ativa e proceder à execução fiscal (art. 1º da Lei n. 6.830/1980), mas o título executivo não será, propriamente, o contrato, mas sim a CDA regularmente inscrita (art. 585, VI, do CPC). No trato de integrante da administração pública indireta (sociedade de economia mista e empresa pública), é inaplicável o rito executório próprio dos créditos fazendários, pois seguem, em matéria de direitos e obrigações, o regime jurídico privado (art. 173, § 1º, II, da CF/1988); não integram o conceito de Fazenda Pública, razão pela qual não detêm legitimidade ativa para promover execução fiscal. Resta, então, que a rescisão administrativa, por si só, não confere certeza e exigibilidade ao crédito discutido, atributos indispensáveis ao título executivo extrajudicial. Note-se não se aplicar ao caso o precedente do REsp 487.913-MG, DJ 9/6/2003, pois lá se tratava de município, ente da administração pública direta. Precedente citado: REsp 476.450-RJ, DJ 19/12/2003. **REsp 813.662-RJ, Rel. Min. Denise Arruda, julgado em 24/10/2006.** (Inform. STJ 302) (g.n.)

13.11. QUADRO SINÓTICO

1. Conceito: *acordo de vontades entre a Administração e terceiros, pertinente a obras, serviços, compras, alienações ou locações, em que existem cláusulas exorbitantes em favor da primeira, preservado o equilíbrio econômico-financeiro das partes*

2. Características marcantes

2.1. Cláusulas exorbitantes

a) modificação e rescisão unilaterais

b) fiscalização da execução e aplicação unilateral de sanções

c) ocupação provisória de instalações – para acautelar a apuração de faltas ou no caso de rescisão

2.2. Manutenção do equilíbrio econômico-financeiro

– Equilíbrio das "cláusulas econômicas" deve ser mantido

– Administração aumenta tarefas, mas compensa economicamente

3. Regime jurídico geral

– Aplicam-se aos contratos administrativos as seguintes normas jurídicas, sucessivamente

1º) CF

– ex: princípio da eficiência

2º) Lei 8.666/1993 e Preceitos de Direito Público

– ex: casos de rescisão

3º) Cláusulas editalícias e contratuais

4º) Princípios da Teoria Geral dos Contratos

– ex: princípio da função social dos contratos

5º) Disposições de Direito Privado

– ex.: regras sobre vícios redibitórios

4. Formalidades para a contratação

4.1. Processo de licitação ou de contratação direta

4.2. Convocação do adjudicatário

– estipula-se prazo para adjudicatário (vencedor da licitação) comparecer para assinar o contrato

– adjudicatário fica liberado do dever de assinar contrato decorridos 60 dias da data de entrega das propostas

– se convocado não assinar contrato, administração pode:

a) convocar licitante remanescente, na mesma condição

b) revogar o certame

4.3. Instrumento escrito

– Verbal: só compra à vista, com valor até 5% do convite

– Concorrência e tomada de preços: usa-se contrato

– Demais casos: carta-contrato, nota de empenho, autorização de compra, ordem de execução de serviços

5. Alterações contratuais

5.1. Unilaterais: *feitas por imposição da Administração*

5.1.1. Qualitativas: em caso de alteração do projeto ou especificações, para adequação técnica aos seus objetivos

a) situações novas: decisão judicial impondo que dada obra atenda preceitos técnicos em matéria de acústica

b) situações existentes, mas desconhecidas: solo se revela diferente do imaginado, impondo fundação diferenciada

Obs. 1: bom projeto básico evita isso

Obs. 2: não pode alterar o próprio objeto do contrato

5.1.2. Quantitativas: quando necessária modificação do valor contratual em decorrência de aumento ou diminuição nas obras, serviços ou compras, com os seguintes limites

a) acréscimo: até 25% do valor inicial; 50%, se for reforma

b) diminuição: até 25% do valor inicial

Obs: não são computados nos limites os *reajustes* e *revisões*

5.2. Bilaterais (revisão): *feitas por acordo ou decisão judicial* para restabelecer o equilíbrio econômico--financeiro do contrato, por *prejuízo significativo* causado por:

a) caso fortuito ou força maior: p. ex., um tornado destrói uma obra pública construída por um particular

b) fato da administração: *conduta específica da Administração sobre um contrato, retardando ou impedindo sua execução*; ex.: suspensão do contrato

c) fato do príncipe: *conduta geral do P. Público que acaba afetando um contrato*; ex.: mudança da *política cambial* ou em *tributos*, interferindo nos *custos* do contratado

d) outro fato imprevisível ou previsível de consequências incalculáveis (Teoria da Imprevisão): p. ex., uma guerra ou uma crise mundial, interferindo no equilíbrio

– **Não gera revisão:** dissídio coletivo, inflação, CPMF, IR

5.3. Reajuste: *é a atualização monetária em contratos de trato sucessivo feita a cada 12 meses*

– Difere da revisão, pois esta decorre de evento *extraordinário* e o reajuste decorre de evento *ordinário*

– Reajuste tem como termo inicial a data prevista para a apresentação da proposta (art. 40, XI, da Lei 8.666/1993 e art. 3º, § 1º, da Lei 10.192/2001)

– Em caso de atraso no pagamento, incide correção monetária mensal (art. 15 da Lei do Plano Real)

6. Extinção do contrato

6.1. Decurso do tempo

– Duração deve respeitar autorização orçamentária

– Serviços contínuos: cabem sucessivas prorrogações, limitando contratação total em até **60 meses**, sendo que, em casos excepcionais, devidamente justificados e mediante autorização da autoridade superior, cabe outra prorrogação, por **mais 12 meses**

– Até **120 meses**: serviços relativos à segurança nacional

6.2. Bilateral

– Em caso de acordo entre as partes (distrato)

6.3. Judicial

– Havendo *culpa* da Administração, particular entra em Juízo

– Particular não pode alegar exceção de contrato não cumprido, salvo após

i) 90 dias de atraso no pagamento

ii) 120 dias de suspensão do contrato

– desde que, em qualquer caso, não haja calamidade pública, guerra etc

6.4. Unilateral

– Promovida pela Administração, respeitando o contraditório e a ampla defesa, nos seguintes casos:

6.4.1. Anulação

– Por motivo de *ilegalidade* na licitação ou no contrato

– Retroage, impedindo e desconstituindo efeitos

– Mas a Administração deve indenizar contratado pelo já executado e por prejuízos, salvo se houver culpa deste

– Boa-fé do particular é presumida

– Comprovada a má-fé do particular, não se indenizará

6.4.2. Revogação: por inconveniência ou inoportunidade

– Particular será indenizado por lucros cessantes

6.4.3. Inexecução do contrato pelo contratado

7. Outras questões

7.1. Aplicação da arbitragem para regular contratos de empresas estatais

– É possível

7.2. Retenção de pagamento pela não manutenção da regularidade fiscal

– Não é possível *retenção* por esse motivo

– Mas é possível *rescindir* o contrato no caso

– Retenção é cabível para cobrir multa (art. 87, § 1º)

7.3. Responsabilidade do contratado

– O contratado tem responsabilidade exclusiva pelos encargos trabalhistas, fiscais e comerciais que tiver, salvo quanto à responsabilidade por dívida *previdenciária*

– Terceirização: Administração responde subsidiariamente se agir com culpa na aplicação da Lei 8.666/1993 – Súmula TST 331

13.12. QUESTÕES OBJETIVAS COMENTADAS

13.12.1. Conceito, características principais, formalização e cláusulas contratuais necessárias

(Magistratura/SP – 2013 – VUNESP) Ante a recusa do adjudicatário para assinar o contrato, a Administração poderá

(A) convocar qualquer dos licitantes, observados os critérios da conveniência e oportunidade, para assinar o contrato.

(B) convocar qualquer dos licitantes, desde que prestada garantia adicional consistente em caução em dinheiro ou em títulos da dívida pública, para assinar o contrato.

(C) convocar os licitantes remanescentes, na ordem de classificação, para fazê-lo nas mesmas condições do primeiro classificado, inclusive quanto aos preços atualizados de conformidade com o ato convocatório, ou revogar a licitação.

(D) convocar os licitantes remanescentes, na ordem de classificação, para fazê-lo nos termos de suas propostas, inclusive quanto aos preços.

Segundo o art. 64, § 2º, da Lei 8.666/1993, a Administração, nesse caso, poderá "convocar os licitantes remanescentes, na ordem de classificação, para fazê-lo em igual prazo e nas mesmas condições propostas pelo primeiro classificado, inclusive quanto aos preços atualizados de conformidade com o ato convocatório, ou revogar a licitação", de modo que a alternativa "c" é a correta.

Gabarito "C"

(Magistratura/PR – 2010 – PUC/PR) Em relação aos contratos administrativos, assinale a alternativa CORRETA:

(A) O instrumento de contrato é obrigatório nos casos de concorrência, tomada de preços, leilão e pregão, sendo facultativo na dispensa e na inexigibilidade.

(B) A inadimplência do contratado com referência aos encargos trabalhistas, fiscais e comerciais transfere à Administração Pública a responsabilidade por seu pagamento, pela obrigação de fiscalização.

(C) É motivo de rescisão contratual a suspensão da execução pelo contratado após o prazo da exceção do contrato não cumprido.

(D) O contratado poderá optar pela garantia da caução em dinheiro ou em títulos da dívida pública, devendo estes terem sido emitidos sob a forma escritural, mediante registro em sistema centralizado de liquidação e de custódia autorizado pelo Banco Central do Brasil e avaliados pelos seus valores econômicos.

A: incorreta, pois o "instrumento de contrato é obrigatório nos casos de concorrência e de tomada de preços, bem como nas dispensas e inexigibilidades cujos preços estejam compreendidos nos limites destas duas modalidades de licitação" (art. 62, *caput*, da Lei 8.666/1993); **B:** incorreta, pois a inadimplência dessas obrigações não transfere à Administração responsabilidade pelo pagamento, nos termos do art. 71, § 1º, da Lei 8.666/1993; **C:** incorreta, pois, após o prazo de 90 dias de atraso nos pagamentos, o contratado poderá deixar de executar a sua parte no contrato e, se quiser, poderá pedir a rescisão contratual (art. 78, XV, da Lei 8.666/1993); **D:** correta (art. 56, § 1º, I, da Lei 8.666/1993).

Gabarito "D"

(Ministério Público/PB – 2010) Considere as proposições imediatamente abaixo e, em seguida, assinale a alternativa que contenha o julgamento devido sobre elas:

I. Pode a Administração Pública contratar sob normas predominantes do direito privado, atuando em posição ordinária de igualdade com o particular contratado.

II. Ainda que ausente no contrato administrativo cláusula expressa a respeito, a atualização monetária é devida a partir do vencimento da respectiva obrigação.

III. O atraso superior a noventa dias nos pagamentos devidos pelo Poder Público contratante por obrigações já adimplidas pelo particular contratado autoriza este a suspender unilateralmente o cumprimento de suas obrigações sucessivas, até que se normalize a situação, sendo desnecessário trilhar-se a via jurisdicional.

(A) Apenas II e III são erradas.

(B) Apenas I e III são corretas.

(C) Apenas II é correta.

(D) Apenas I é errada.

(E) I, II e III são corretas.

I: correta (art. 62, § 3º, I, da Lei 8.666/1993); **II:** correta (art. 55, III, da Lei 8.666/1993); **III:** correta (art. 78, XV, da Lei 8.666/1993).

Gabarito "E"

(Defensor Público/AM – 2013 – FCC) Ao contrário dos contratos administrativos, os convênios administrativos

(A) não dependem de exame e aprovação prévia por assessoria jurídica da Administração.

(B) não estão sujeitos à aplicação de normas da Lei Federal nº 8.666/1993.

(C) permitem a retirada voluntária de qualquer um dos partícipes, sem que se caracterize inadimplência.

(D) dependem de prévia licitação, quando houver mais de uma entidade habilitada a celebrar o ajuste.

(E) não permitem o repasse de recursos financeiros entre os partícipes, visto que cada qual deve arcar com as respectivas tarefas que foram objeto do ajuste.

A: incorreta, pois dependem sim de exame e aprovação prévia por assessoria jurídica da Administração (art. 38, parágrafo único, da Lei 8.666/1993); **B:** incorreta, pois estão sujeitos sim (art. 116 da Lei 8.666/1993); **C:** correta, pois, no convênio, não há sinalagma (obrigações recíprocas), de maneira que a qualquer momento um dos partícipes (não há "partes" e sim "partícipes") pode denunciar o convênio sem qualquer tipo de sanção; **D:** incorreta, pois a Lei 8.666/1993 não faz tal exigência quanto aos convênios (v. art. 116, § 1º, e art. 1º, *caput*); de qualquer forma, como há dinheiro público envolvido, quando o convênio se der com particulares, de rigor que se utilize mecanismos de respeito aos princípios da moralidade, impessoalidade e economicidade; **E:** incorreta, pois há possibilidade, sim, desse tipo de repasse (art. 116,§ 1º, IV, § 2º e § 3º, III, da Lei 8.666/1993).

Gabarito "C"

(Defensor Público/SP – 2012 – FCC) Em relação às licitações, contratos e demais ajustes da Administração Pública é correto afirmar que

(A) constitui cláusula desnecessária do contrato administrativo a especificação de seu conteúdo, desde que estipulado com clareza o preço e as condições de pagamento.

(B) as minutas de convênios devem ser previamente examinadas por assessoria jurídica dos órgãos públicos, à qual não compete aprová-las.

(C) inexistindo interessado selecionado, em decorrência da inabilitação ou da desclassificação, a licitação deverá ser declarada deserta.

(D) a subcontratação parcial pode ser realizada, desde que haja anterior previsão explicitada no edital da licitação e ratificada no contrato.

(E) as sanções para o caso de inadimplemento não precisam ser indicadas no edital de licitação, mas sim no contrato a ser firmado.

A: incorreta, pois o conteúdo (objeto e seus elementos característicos) é cláusula necessária em todo contrato (art. 55, I, da Lei 8.666/1993); **B:** incorreta, pois a assessoria jurídica precisa aprová-las (art. 38, parágrafo único, da Lei 8.666/1993); **C:** incorreta, pois o caso é de licitação fracassada (apareceram licitantes, mas todos foram inabilitados ou desclassificados); a licitação é considerada deserta quando nenhum licitante aparece para fazer proposta; **D:** correta (art. 72 da Lei 8.666/1993); **E:** incorreta, pois as sanções pelo inadimplemento devem estar previstas no edital (art. 40, III, da Lei 8.666/1993).

Gabarito "D"

(Defensor Público/AC – 2012 – CESPE) A respeito dos contratos administrativos, assinale a opção correta.

(A) A administração pública goza da prerrogativa de, unilateralmente e sem motivação, rescindir contratos administrativos.

(B) Se a inexecução do contrato decorrer de culpa da administração, poderá o contratado rescindi-lo, recebendo apenas as parcelas devidas até a data da rescisão.

(C) Não se admite a celebração de contrato verbal com a administração pública, e, em face do princípio constitucional da publicidade, a lei não comporta excepcionalidade a essa vedação.

(D) O instrumento de contrato é obrigatório em todas as modalidades de licitação.

(E) A publicação resumida do instrumento de contrato é condição indispensável para sua eficácia.

A: incorreta, pois a motivação é necessária, tratando-se de princípio administrativo (art. 2º *caput* da Lei 9.784/1999); **B:** incorreta, pois quando cabível a rescisão judicial do contrato por culpa da administração (o particular deve pedir em juízo a rescisão, fundando seu pedido no art. 78, XIII a XVI, da Lei 8.666/1993), o contratado terá também direito de ser ressarcido dos prejuízos regularmente comprovados que houver sofrido (art. 79, § 2º, da Lei 8.666/1993); **C:** incorreta, pois há caso excepcional em que se admite o contrato verbal, que é na compra de pronto pagamento de valor até 5% do limite para o convite (art. 60, parágrafo único, da Lei 8.666/1993); **D:** incorreta, pois o instrumento de contrato somente é obrigatório na concorrência e na tomada de preços e nas contratações sem licitação respectivas, sendo facultativo nos demais casos, em que é possível usar carta-contrato, nota de empenho de despesa, autorização de compra ou ordem de execução de serviço (art. 62, *caput*, da Lei 8.666/1993); **E:** correta (art. 61, parágrafo único, da Lei 8.666/1993).

Gabarito "E"

(Procurador/DF – 2013 – CESPE) Julgue o seguinte item.

(1) No contrato administrativo, é vedada a existência de cláusula compromissória que institua o juízo arbitral para dirimir conflitos relativos a direitos patrimoniais disponíveis pertencentes a sociedade de economia mista.

1: errada, pois, dado o regime de direito privado dessas entidades, o STJ admite a arbitragem na situação mencionada (MS 11.308/DF, DJ 19/05/2008).

Gabarito 1E

(Procurador do Estado/MT – FCC – 2011) De acordo com a Lei n. 8.666/1993, podem ser exigidas dos licitantes garantias de

(A) proposta, apenas para licitação na modalidade concorrência, limitada a 5% do valor estimado para a contratação e de execução contratual, limitada a 10% do valor do contrato.

(B) proposta, limitada a 1% do valor estimado da contratação, e de execução contratual, limitada a 5% do valor do contrato, podendo esta última alcançar até 10% do valor do contrato para obras, serviços e fornecimentos de grande vulto, alta complexidade e riscos financeiros consideráveis, demonstrados em parecer aprovado pela autoridade competente.

(C) proposta e de execução contratual, esta última apenas para contratos de obras na modalidade empreitada integral, ambas limitadas a 5% do valor do contrato, podendo ser prestadas mediante caução em dinheiro, seguro-garantia ou fiança bancária.

(D) proposta e de execução contratual, ambas apenas para contratos de obras, serviços e fornecimentos de grande vulto e alta complexidade, limitadas a 5% do valor do objeto.

(E) execução contratual, limitada a 5% do objeto, podendo alcançar até 10% do valor do contrato para obras, serviços e fornecimentos de grande vulto e alta complexidade, vedada a garantia de proposta, exceto na licitação para alienação de imóveis.

A garantia da proposta é limitada a 1% do valor estimado da contratação (art. 31, III, da Lei 8.666/1993). A garantia de execução contratual é limitada a 5% do valor do contrato (art. 56, § 2º, da Lei 8.666/1993), podendo alcançar até 10% do valor para obras, serviços e fornecimentos de grade vulto, alta complexidade e riscos financeiros consideráveis, demonstrados em parecer aprovado pela autoridade competente (art. 56, § 3º, da Lei 8.666/1993). Dessa forma, a alternativa "b" é a correta.

Gabarito "B"

(Procurador do Município/Sorocaba-SP – 2012 – VUNESP) Leia as assertivas a seguir:

I. Os contratos celebrados pela Administração Pública compreendem, quanto ao regime jurídico, duas modalidades: os contratos de direito privado e os contratos de direito administrativo.

II. A finalidade de um contrato administrativo, quando sujeita ao direito privado, não necessita ser pública.

III. Quando se cuida do tema contratual, verifica-se que, no que se refere às sujeições impostas à Administração, não diferem os contratos de direito privado e os administrativos; todos eles obedecem a exigências de forma, de procedimento, de competência, de finalidade.

IV. Quando a Administração celebra contratos administrativos, as cláusulas exorbitantes ou de privilégio devem ser explicitadas, sob pena de não valerem.

Está correto apenas o que se afirma em

(A) I e II.

(B) I e III.

(C) II e IV.

(D) I, II e III.

(E) II, III e IV.

I: correta. Quando a Administração celebra contratos em situação de supremacia com o particular, tem-se contrato administrativo (ex: contratação de uma empreiteira para fazer uma obra pública). Já quando a Administração celebra contratos em situação de pé de igualdade com o particular, tem-se contrato regido pelo Direito Privado (ex: contratos de financiamento, seguro e locação em que o Poder Público seja locatário); **II:** incorreta, pois a Administração deve sempre agir em função do interesse público; **III:** correta. De fato, no que tange às *sujeições* da Administração, não há diferença entre os contratos administrativos e os regidos pelo direito privado. A diferença está no que tange às *prerrogativas* na Administração, já que esta tem posição de supremacia em relação ao particular nos contratos administrativos, mas não está nessa mesma posição nos contratos regidos pelo direito privado; **IV:** incorreta, pois tais cláusulas decorrem da lei (art. 58 da Lei 8.666/1993), de maneira que, mesmo não estando nos contratos, elas poderão ser invocadas pela Administração.

Gabarito "B"

(Advogado – BNDES – 2010 – CESGRANRIO) A assessoria jurídica de uma autarquia federal foi questionada a respeito do regime jurídico aplicável aos contratos administrativos celebrados por aquela entidade. A equipe apontou, como característica de tais contratos, a presença de cláusulas que conferem à Administração Pública a prerrogativa de

(A) celebrá-los com prazo de vigência indeterminado.

(B) rescindi-los unilateralmente nos casos de inexecução total ou parcial do ajuste, independente de garantia de prévia defesa ao contratado.

(C) fiscalizar-lhes a execução e aplicar sanções motivadas pela inexecução total ou parcial do ajuste.

(D) prorrogá-los por iguais e sucessivos períodos, com vistas à obtenção de preços e condições mais vantajosas para a Administração, limitando-se a 36 (trinta e seis) meses.

(E) modificá-los unilateralmente para melhor adequação às finalidades de interesse público, ficando o contratado obrigado a aceitar, nas mesmas condições contratuais, os acréscimos ou supressões a serem feitos nas obras, serviços ou compras, até o limite de 30% (trinta por cento) do valor inicial atualizado do contrato.

A: incorreta, pois a duração dos contratos ficará adstrita à vigência dos respectivos créditos orçamentários (art. 57, *caput*, da Lei 8.666/1993), sendo que, mesmo nas exceções previstas em lei, o maior prazo existente na Lei 8.666/1993 é de 120 meses (art. 57, V, da Lei 8.666/1993); **B:** incorreta, pois os casos de rescisão contratual serão formalmente motivados nos autos do processo, assegurado o contraditório e a ampla defesa (art. 78, parágrafo único, da Lei 8.666/1993); **C:** correta (art. 58, III e IV, da Lei 8.666/1993); **D:** incorreta, pois, nesses casos, a limitação é de 60 meses (art. 57, II, da Lei 8.666/1993) e não de 36 meses; **E:** incorreta, pois o limite em questão é de 25% e não de 30% (art. 65, § 1º, da Lei 8.666/1993).

Gabarito "C"

(Cartório/MG – 2012 – FUMARC) A Lei Federal 8.666/1993, nas contratações de obras, serviços e compras, prevê as seguintes modalidades de garantia, **EXCETO:**

(A) fiança bancária.

(B) seguro-garantia.

(C) penhora do ativo imobilizado.

(D) caução em dinheiro ou títulos da dívida pública.

O art. 56, § 1º, da Lei 8.666/1993 traz as modalidades de garantia e, dentre as modalidades mencionadas nas alternativas da questão, a única não prevista na lei é a "penhora de ativo imobilizado".

Gabarito "C"

(Magistratura Federal/3ª Região – 2010) Assinale a alternativa correta:

(A) Nos contratos administrativos personalíssimos a cessão e a subcontratação são admitidos excepcionalmente e somente nos casos expressamente previstos em lei;

(B) Aos contratos administrativos são aplicados supletivamente os princípios próprios da teoria geral dos contratos, excluindo-se, porém os princípios da função social do contrato e da autonomia privada;

(C) No contrato de seguro celebrado pela administração o objeto segurado ou os riscos incidentes não podem ser ampliados unilateralmente pela administração, mas pode exercer a prerrogativa e extinguir unilateralmente o contrato;

(D) Os princípios da probidade e da boa-fé objetiva, previstos no art. 422 do Código Civil, não são aplicáveis aos contratos administrativos.

A: incorreta, pois, se o contrato é personalíssimo, não é possível a cessão e a subcontratação; **B:** incorreta, pois o art. 54 da Lei 8.666/1993 determina que se aplique aos contratos administrativos primeiro as suas cláusulas, depois os preceitos de direito público, e, depois, supletivamente, os princípios da teoria geral dos contratos e as disposições de direito privado; dessa forma, os princípios citados, por serem princípios da teoria geral dos contratos, são aplicáveis; **C:** correta, pois tais contratos são regidos pelo direito privado (art. 62, § 3º, I, da Lei 8.666/1993), de modo que não são possíveis modificações unilaterais; porém a extinção unilateral é possível, pois a Administração não é obrigada a manter o contrato se este não mais convém ao interesse público, preservados os direitos do contratado; **D:** incorreta, pois tais princípios, por serem da teoria geral dos contratos, aplicam-se supletivamente a estes.

Gabarito "C"

(Analista – STM – 2011 – CESPE) Considerando as disposições da Lei nº 8.666/1993 sobre licitação e contratos, julgue os itens a seguir.

(1) Os contratos administrativos têm, como uma de suas características essenciais, o fato de a administração dispor de uma posição de supremacia em relação ao contratado. Isso ocorre mesmo quando a contratação é efetivada por pessoas administrativas de direito privado, como empresas públicas e sociedades de economia mista.

(2) Como os contratos administrativos são comutativos, ou seja, pressupõem equivalência entre as obrigações previamente ajustadas e conhecidas, a nulidade do procedimento licitatório não necessariamente induz à anulação do contrato, se este já tiver sido celebrado.

1: certa, pois em respeito ao princípio da supremacia do interesse público sobre o privado, a Administração goza de certas prerrogativas na relação contratual. Tais preceitos dispostos na Lei 8.666/1993 aplicam-se também às empresas públicas e sociedades de economia mista (art. 1º, parágrafo único, da Lei 8.666/1993); **2:** errada (art. 49, § 2º, da Lei 8.666/1993).

Gabarito 1C, 2E

(Analista – TRE/AP – 2011 – FCC) Uma das características dos contratos administrativos denomina- se *comutatividade*, que consiste em

(A) presença de cláusulas exorbitantes.

(B) equivalência entre as obrigações ajustadas pelas partes.

(C) sinônimo de bilateralidade, isto é, o contrato sempre há de traduzir obrigações para ambas as partes.

(D) obrigação *intuitu personae*, ou seja, que deve ser executada pelo próprio contratado.

(E) sinônimo de consensualidade, pois o contrato administrativo consubstancia um acordo de vontades e não um ato impositivo da Administração.

De fato, o conceito de comutatividade é a equivalência entre as obrigações assumidas pelas partes e é, ao lado de outras, uma das características do contrato administrativo.

Gabarito "B"

(Analista – TRE/TO – 2011 – FCC) Nos contratos administrativos,

(A) nenhum contrato com a Administração Pública pode ser de forma verbal.

(B) o instrumento de contrato é obrigatório nos casos de concorrência e tomada de preços, sendo dispensável em algumas hipóteses de inexigibilidade e dispensa de licitação.

(C) é permitida a qualquer interessado a obtenção gratuita de cópia autenticada de contrato administrativo.

(D) a minuta do futuro contrato integrará sempre o edital ou ato convocatório da licitação.

(E) decorridos cinquenta dias da data da entrega das propostas, sem convocação para a contratação, ficam os licitantes liberados dos compromissos assumidos.

A: incorreta, pois os contratos de pequenas compras de pronto pagamento, assim entendidas aquelas de valor não superior a 5% (cinco por cento) do limite estabelecido no art. 23, inciso II, alínea "a" da Lei 8.666/1993, feitas em regime de adiantamento (art. 60, parágrafo único, da Lei 8.666/1993); **B:** incorreta, pois o instrumento de contrato é obrigatório nos casos de concorrência e de tomada de preços, bem como nas dispensas e inexigibilidades cujos preços estejam compreendidos nos limites destas duas modalidades de licitação, e facultativo nos demais em que a Administração puder substituí-lo por outros instrumentos hábeis, tais como carta-contrato, nota de empenho de despesa, autorização de compra ou ordem de execução de serviço (art. 62, *caput*, da Lei 8.666/1993); **C:** incorreta, pois é permitido, a qualquer interessado, a obtenção de cópia autenticada, mediante o pagamento dos emolumentos devidos (art. 63 da Lei 8.666/1993); **D:** correta (art. 62, § 1º, da Lei 8.666/1993); **E:** incorreta, pois o prazo é de 60 (sessenta) dias (art. 64, § 3º, da Lei 8.666/1993).

Gabarito "D"

(Analista – TRF/1ª – 2011 – FCC) É nulo o contrato verbal com a Administração, salvo, no caso de pequenas compras de pronto pagamento, com valor não superior a

(A) 2.000 reais.

(B) 4.000 reais.

(C) 5.000 reais.

(D) 6.000 reais.

(E) 8.000 reais.

Art. 60, parágrafo único, da Lei 8.666/1993 (5% de R$ 80.000,00 = R$ 4.000,00).

Gabarito "B"

(Analista – TRF/1ª – 2011 – FCC) O contrato administrativo, na administração pública brasileira

(A) não pode ser alterado em razão de acréscimos e supressões nas obras, serviços ou compras contratadas.

(B) pode ser estabelecido por prazo indeterminado.

(C) não pode ser prorrogado por meio de aditivos.

(D) pode ser alterado unilateralmente sem a anuência do contratante.

(E) não pode findar sem anuência do particular.

A: incorreta (art. 65, I, *b*, da Lei 8.666/1993); **B:** incorreta (art. 57, § 3º, da Lei 8.666/1993); **C:** incorreta (art. 57, § 2º, da Lei 8.666/1993); **D:** correta (art. 58, I, da Lei 8.666/1993); **E:** incorreta (art. 58, II, da Lei 8.666/1993).

Gabarito "D"

(Analista – TRF/4ª – 2010 – FCC) De acordo com a Lei 8.666/1993, analise:

I. O instrumento de contrato não é obrigatório nos casos de concorrência e de tomada de preços, bem como nas dispensas e inexigibilidades cujos preços estejam compreendidos nos limites dessas duas modalidades de licitação.

II. O instrumento de contrato é facultativo nos casos em que a Administração puder substituí-lo por outros instrumentos hábeis, tais como carta-contrato, nota de empenho de despesa, autorização de compra ou ordem de execução de serviço.

III. O instrumento de contrato deve estabelecer com clareza e precisão as condições para sua execução, expressas em cláusulas que definam os direitos, obrigações e responsabilidade das partes, com conformidade com os termos da licitação e da proposta a que se vinculam.

IV. A duração dos contratos ficará adstrita à vigência dos respectivos créditos orçamentários, exceto quanto aos relativos aos projetos contemplados nas metas do Plano Plurianual; à prestação de serviço de forma contínua; ao aluguel de equipamentos e à utilização de programas de informática.

V. Os contratos decorrentes de dispensa ou de inexigibilidade de licitação não precisam atender aos termos do ato que os autorizou e da respectiva proposta.

É correto o que consta APENAS em

(A) I e IV.

(B) I, II e III.

(C) III, IV e V.

(D) II, III e IV.

(E) II e V.

I: incorreta (art. 62, *caput*, da Lei 8.666/1993); **II:** correta (art. 62, *caput*, da Lei 8.666/1993); **III:** correta (art. 54, § 1º, da Lei 8.666/1993); **IV:** correta (art. 57, I, II e IV, da Lei 8.666/1993); **V:** incorreta (art. 54, § 2º, da Lei 8.666/1993).

Gabarito "D"

(OAB/Exame Unificado – 2010.2) Uma das características dos contratos administrativos é a "instabilidade" quanto ao seu objeto que decorre.

(A) do poder conferido à Administração Pública de alterar, unilateralmente, algumas cláusulas do contrato, no curso de sua execução, na forma do artigo 58, inciso I da Lei n. 8.666/93, a fim de adequar o objeto do contrato às finalidades de interesse público, respeitados os direitos do contratado.

(B) da possibilidade do contratado (particular) alterar, unilateralmente, a qualquer tempo, algumas cláusulas do contrato, no curso de sua execução, de forma a atender aos seus próprios interesses em face das prerrogativas da Administração Pública.

(C) do poder conferido à Administração Pública de alterar, unilateralmente, algumas cláusulas do contrato, no curso de sua execução, na forma do art. 58, inciso I da Lei n. 8.666/1993, a fim de adequar o objeto do contrato aos interesses do contratado (particular) em face das prerrogativas da Administração Pública.

(D) de não haver qualquer possibilidade de alteração do objeto do contrato administrativo, quer pela Administração Pública, quer pelo contratado (particular), tendo em vista o princípio da vinculação ao edital licitatório, do qual o contrato e seu objeto fazem parte integrante; e o princípio da juridicidade, do qual aquele primeiro decorre.

A alternativa "a" está correta, pois os arts. 58, I, e 65, I, da Lei 8.666/1993 autorizam que a Administração, unilateralmente, "para melhor adequação às finalidades de interesse público", modifique o contrato, "respeitados os direitos do contratado". Assim, caso a Administração contrate a compra de 1.000 carteiras escolares e, logo em seguida à assinatura do contrato, verifique que será necessária a entrega de mais 200 carteiras, o contratado, de um lado, terá o dever de aceitar essa alteração contratual, para atender ao interesse público, e, de outro lado, terá direito ao reequilíbrio econômico-financeiro, recebendo quantia adicional referentes às carteiras a mais que terá de entregar. Assim, ficam descartadas as seguintes alternativas: "B", pois não é o *contratado* que tem o direito de alterar unilateralmente o contrato, e sim a *contratante* (a Administração); "C", pois o poder da Administração não tem por finalidade atender ao interesse do *particular*, mas atender ao *interesse público;* e "D", pois, como se viu dos dispositivos citados, a própria Lei 8.666/93 traz uma exceção ao princípio da vinculação ao edital, permitindo a alteração contratual referida na alternativa "a".

Gabarito "A"

(OAB/Exame Unificado – 2011.3.B) Quanto às garantias dos contratos administrativos, é correto afirmar que

(A) a escolha do tipo de garantia se fará, sempre, com base na indisponibilidade do interesse público, pela Administração.

(B) para serem exigidas do contratado, devem ser previstas no instrumento convocatório.

(C) é admissível todo e qualquer tipo de garantia admitida pelo direito privado, à escolha da Administração.

(D) é admissível todo e qualquer tipo de garantia admitida em direito, sendo irrelevante a previsão no instrumento convocatório.

A: incorreta, pois a escolha da garantia, quando esta for exigida, compete ao contratado, e não à Administração; o contratado poderá escolher a garantia dentro das opções previstas no art. 56, § 1º, da Lei 8.666/1993; **B:** correta, pois a garantia só pode ser exigida se prevista no instrumento convocatório (art. 56, *caput*, da Lei 8.666/1993); **C:** incorreta, pois o particular deve escolher a garantia dentro das opções previstas no art. 56, § 1º, da Lei 8.666/1993); **D:** incorreta, pois a exigência de garantia deve estar no instrumento convocatório e não se admite qualquer garantia, mas apenas as previstas no art. 56, § 1º, da Lei 8.666/1993.

Gabarito "B"

13.12.2. Alteração dos contratos

(Magistratura/RJ – 2011 – VUNESP) Uma das características jurídicas reputadas inerentes aos contratos com a Administração Pública reside na competência estatal de modificação unilateral de algumas condições pactuadas. Mas o exercício das competências anômalas da Administração não pode alterar a equação econômico-financeira original. Nesse sentido, com relação ao equilíbrio econômico-financeiro, é correto afirmar que

(A) se caracteriza quebra da equação econômico-financeira quando o obstáculo podia ser suprimido por meio de conduta do particular.

(B) não são considerados relevantes os prazos de início, execução, recebimento provisório e definitivo previstos no edital que deu origem à contratação.

(C) se caracteriza rompimento do equilíbrio econômico-financeiro quando a proposta do particular era inexequível.

(D) uma vez verificado o rompimento do equilíbrio econômico-financeiro, o particular deve provocar a Administração para adoção das providências adequadas.

A: incorreta, pois se foi o particular que deu causa ao desequilíbrio, a Administração não se responsabiliza por isso, não havendo direito de revisão contratual em favor do contratado; **B:** incorreta, pois há de se respeitar o princípio da vinculação ao instrumento convocatório; **C:** incorreta, pois o que vale é o equilíbrio estabelecido quando da celebração do contrato; se, nesse momento, o contrato já era inexequível, não há que se falar em fato novo a ensejar a revisão contratual; **D:** correta, devendo a Administração verificar a ocorrência ou não de desequilíbrio passível de revisão contratual; se a Administração indeferir o pedido de revisão, o particular deverá ingressar com ação judicial requerendo a revisão do contrato.

Gabarito "D"

(Ministério Público/RJ – 2011) Em contrato administrativo de obra pública, para reforma de edifício, o Estado pode ampliar o objeto e rever o preço, elevando-o até 50 % (cinquenta por cento) do valor inicial atualizado do contrato, obrigando-se, contudo, a ter a anuência do contratado. Em tal cenário, pode afirmar-se que a proposição está:

(A) incorreta, porque o limite de alteração, nessa hipótese, não pode ultrapassar a 25%(vinte e cinco por cento);

(B) correta, não sendo admitida, entretanto, nova ampliação do objeto e revisão do valor inicial;

(C) incorreta, porque a reforma de edifício se caracteriza como serviço, cujo limite de revisão do preço é inferior;

(D) incorreta, porque esse tipo de alteração é prerrogativa da Administração, sendo dispensável a anuência do contratado;

(E) correta, admitindo-se nova elevação do preço inicial se a alteração resultar de acordo entre os pactuantes.

A: incorreta, pois, de fato o limite de alteração para mais é de 50% em caso de reforma (art. 65, § 1º, da Lei 8.666/1993); **B:** incorreta, pois a lei admite a alteração no valor inicial para fazer frente à alteração contratual (art. 65, § 1º, da Lei 8.666/1993); **C:** incorreta, pois o art. 65, § 1º, da Lei 8.666/1993 permite expressamente essa revisão; **D:** correta, pois, de fato, a lei deixa claro que, no caso, "o contratado fica obrigado a aceitar" tal alteração (art. 65, § 1º, da Lei 8.666/1993), ou seja, não é necessária a anuência; **E:** incorreta, pois não é necessária a anuência do contratado (art.65, § 1º, da Lei 8.666/1993).

Gabarito "D"

(Procurador do Estado/AC – FMP – 2012) A Lei n. 8.666, de 21 de junho de 1993, contempla o tratamento dos contratos administrativos, examinando a matéria assinale a alternativa **INCORRETA**.

(A) É possível a alteração bilateral para contemplar acréscimos ou supressões que não excedam trinta por cento do valor inicial atualizado do contrato.

(B) A Administração pode modificar, unilateralmente, o contrato para melhor adequação às finalidades de interesse público, respeitados os interesses do contratado.

(C) A Administração pode rescindir unilateralmente o contrato na hipótese de dissolução da sociedade ou falecimento do contratado.

(D) O caso fortuito ou força maior, com a devida comprovação, se impeditivos da execução, podem dar motivo à rescisão contratual.

A: assertiva incorreta, devendo ser assinalada; pois o limite é de 25% e não de 30% (art. 65, § 1º, da Lei 8.666/1993); **B:** assertiva correta (art. 58, I, da Lei 8.666/1993); **C:** assertiva correta (art. 78, X, da Lei 8.666/1993); **D:** assertiva correta (art. 78, XVII, da Lei 8.666/1993).

Gabarito "A"

(Analista – TRE/PR – 2012 – FCC) Determinado ente público locou um imóvel para instalar suas atividades. Contratou, regularmente, obras de reforma para adequação do prédio ao fluxo das pessoas atendidas. Durante a execução das referidas obras identificou-se que seria necessário aditar o contrato em 35% (trinta e cinco por cento) do valor inicial. Nesse caso,

(A) o contratado fica desobrigado de aceitar o acréscimo, tendo em vista que excedeu o limite de 25% legalmente previsto para majoração do contrato.

(B) a administração pública deverá realizar nova licitação para contratar o acréscimo de serviços identificado, visto não ser legal a majoração do contrato original em montante superior a 25%.

(C) a administração deverá aditar o contrato original para alterar seu objeto, na medida em que o montante do acréscimo excede o percentual legal de majoração.

(D) o contratado deverá aceitar a majoração, tendo em vista que o percentual de aumento está dentro do limite legalmente previsto para majoração de contrato de obras de reforma.

(E) o contratado terá preferência para participar do novo certame que obrigatoriamente deverá ser realizado, tendo em vista a necessidade de alteração do objeto original do contrato.

De acordo com o disposto no art. 65, § 1º, da Lei 8.666/1993, o contratado é obrigado a aceitar, nas mesmas condições contratuais, os acréscimos que se fizerem nas obras, serviços ou compras, no caso particular de reforma de edifício ou de equipamento, até o limite de 50% (cinquenta por cento) para os seus acréscimos.

Gabarito "D"

(Analista – TRE/SP – 2012 – FCC) O Estado contratou, mediante prévio procedimento licitatório, a construção de um conjunto de unidades escolares em diferentes localidades. No curso da execução do contrato, identificou decréscimo na demanda escolar em Município no qual seria construída uma das unidades. Diante dessa situação, decidiu reduzir, unilateralmente, o objeto inicialmente contratado, não contando, contudo, com a concordância da empresa contratada. De acordo com a Lei nº 8.666/1993, a contratada

(A) está obrigada a aceitar a supressão quantitativa determinada pela Administração, desde que não ultrapasse 25% do valor inicial atualizado do contrato.

(B) não está obrigada a aceitar a supressão, em face do princípio da vinculação ao edital, exceto quando decorrente de contingenciamento de recursos orçamentários.

(C) está obrigada a aceitar a supressão quantitativa determinada pela Administração, desde que não ultrapasse 50% do valor do contrato, assegurado o direito ao recebimento por materiais já adquiridos e eventuais prejuízos devidamente comprovados.

(D) não está obrigada, em nenhuma hipótese, a aceitar a supressão do objeto do contrato, que somente poderá ser implementada por acordo entre as partes e observado o limite de 50% do valor inicial atualizado do contrato.

(E) poderá rescindir o contrato, unilateralmente, desde que comprove que a sua execução tornou-se economicamente desequilibrada, fazendo jus à indenização por prejuízos comprovados e lucros cessantes.

De acordo com o art. 65, § 1º, da Lei 8.666/1993, o contratado fica obrigado a aceitar, nas mesmas condições contratuais, os acréscimos ou supressões que se fizerem nas obras, serviços ou compras, até 25% (vinte e cinco por cento) do valor inicial atualizado do contrato.

Gabarito "A"

(Analista – TRF/1ª – 2011 – FCC) Os contratos regidos pela Lei nº 8.666/1993 poderão ser alterados, entre outros motivos,

(A) para adequar a remuneração do contratante à taxa de juros média do mercado.

(B) sempre que a inflação superar os índices anuais superiores a 12 pontos percentuais.

(C) quando necessária a modificação do valor contratual – e por acordo das partes – em decorrência de acréscimo ou diminuição quantitativa de seu objeto, nos limites permitidos por esta Lei.

(D) unilateralmente pela Administração, quando conveniente a substituição da garantia de execução.

(E) para restabelecer o equilíbrio econômico-financeiro inicial do contrato.

Art. 65, II, *d*, da Lei 8.666/1993.

Gabarito "E"

(Analista – TRF/4ª – 2010 – FCC) Os contratos regidos pela Lei 8.666/1993 poderão ser alterados, unilateralmente pela administração, com as devidas justificativas, quando

I. houver modificação do projeto ou das especificações, para melhor adequação técnica aos seus objetivos.

II. for necessária a modificação de valor contratual em decorrência de acréscimos ou diminuição quantitativa de seu objeto, nos limites permitidos pela Lei.

III. for conveniente a substituição da garantia de execução.

IV. for necessária a modificação da forma de pagamento, por imposição de circunstâncias supervenientes, mantido o valor inicial atualizado, vedada a antecipação do pagamento, com relação ao cronograma financeiro fixado, sem a correspondente contraprestação de fornecimento de bens ou execução de obra ou serviço.

V. for necessária a modificação do regime de execução da obra ou serviço, bem como do modo de fornecimento, em face de verificação técnica da inaplicabilidade dos termos contratuais originários.

É correto o que consta APENAS em

(A) I e II.

(B) III e IV.

(C) II, IV e V.

(D) I e V.

(E) III, IV e V.

I: correta (art. 65, I, a, da Lei 8.666/1993); **II:** correta (art. 65, I, *b*, da Lei 8.666/1993); **III:** incorreta, pois se trata de modificação por acordo das partes (art. 65, II, a, da Lei 8.666/1993); **IV:** incorreta, pois se trata de modificação por acordo das partes (art. 65, II, *c*, da Lei 8.666/1993); **V:** incorreta, pois se trata de modificação por acordo das partes (art. 65, II, *b*, da Lei 8.666/1993).

Gabarito "A"

(Fiscal de Rendas/RJ – 2010 – FGV) Com relação à *contratação pública* regida pela Lei nº 8.666/93, analise as afirmativas a seguir.

I. É conferida à Administração contratante a ampla prerrogativa de alteração unilateral das cláusulas contratuais.

II. Nos casos de subcontratação administrativa, é indispensável a participação da empresa subcontratada do procedimento licitatório para celebração do contrato administrativo.

III. Desde que não haja alteração do objeto pactuado, o contratado deve aceitar acréscimos e supressões em obras, serviços ou compras de até 25% (vinte e cinco por cento) do valor inicial pactuado.

Assinale:

(A) se somente a afirmativa I estiver correta.

(B) se somente a afirmativa II estiver correta.

(C) se somente a afirmativa III estiver correta.

(D) se somente as afirmativas I e II estiverem corretas.

(E) se somente as afirmativas II e III estiverem corretas.

I: incorreta, pois a alteração unilateral de cláusulas contratuais tem limites qualitativos e quantitativos (art. 65, I e § 1º, da Lei 8.666/93); II: incorreta, pois não há essa exigência no art. 72 da Lei 8.666/93; III: correta (art. 65, § 1º, da Lei 8.666/93).

Gabarito "C"

(Auditor Fiscal/ES – 2009 – CESPE) Julgue o item que se segue.

(1) Nos contratos administrativos, a administração pública dispõe da faculdade de promover a alteração unilateral do contrato.

1: art. 65, I, da Lei 8.666/93.

Gabarito "C"

(OAB/Exame Unificado – 2013.2) Determinada construtora sagra-se vencedora numa licitação para a reforma do hall de acesso de uma autarquia estadual. O contrato foi assinado no dia 30 de abril, com duração até 30 de outubro daquele mesmo ano.

Iniciada a execução do contrato, a Administração constata a necessidade de alteração no projeto original, a fim de incluir uma rampa de acesso para deficientes físicos.

Com base na hipótese sugerida, assinale a afirmativa correta.

(A) A alteração do projeto, pela Administração, autoriza a recomposição do equilíbrio econômico-financeiro, mas não a prorrogação do prazo de entrega da obra.

(B) A alteração do projeto, pela Administração, autoriza a recomposição do equilíbrio econômico-financeiro e também a prorrogação do prazo de entrega da obra.

(C) Os concorrentes que perderam a licitação podem questionar a validade da alteração, exigindo a realização de novo procedimento licitatório para a totalidade da obra.

(D) Os concorrentes que perderam a licitação podem questionar a validade da alteração, exigindo a realização de novo procedimento licitatório para a construção da rampa de acesso para deficientes físicos.

A Administração Pública pode alterar qualitativa e quantitativamente os contratos administrativos, nos termos do art. 65, I, da Lei 8.666/1993, respeitando as disposições legais a respeito. A medida tomada (inclusão de rampa de acesso para deficientes) pode se enquadrar, de acordo com as características do contrato no caso concreto, tanto na alínea *a* como na alínea *b* do inciso I do art. 65 da Lei 8.666/1993. Assim, ficam afastadas as alternativas "c" e "d". Outro ponto é que, havendo alteração unilateral do contrato que aumente os encargos do contratado (o que aconteceu no caso narrado no enunciado), a Administração deverá restabelecer, por aditamento, o equilíbrio econômico-financeiro inicial (art. 65, § 6º, da Lei 8.666/1993). Por fim, de rigor lembrar que a lei admite prorrogação do prazo de entrega quando há alteração do projeto ou especificações, pela Administração (art. 57, § 1º, I, da Lei 8.666/93), o que afasta a alternativa "a" e impõe seja assinalada a alternativa "b".

Gabarito "B"

(OAB/Exame Unificado – 2010.1) Acerca do contrato administrativo, assinale a opção correta.

(A) Mediante acordo entre as partes, pode a supressão de um objeto contratado ser superior a 25% do valor atualizado do contrato.

(B) O contratado fica obrigado a aceitar, nas mesmas condições contratuais, os acréscimos que se fizerem nas obras, serviços, compras ou reforma de edifício, até o limite de 25% do valor inicial atualizado do contrato.

(C) Em atenção ao princípio da supremacia do interesse público, a majoração dos encargos do contratado advinda de alteração unilateral do contrato não implica o restabelecimento do equilíbrio econômico-financeiro inicial.

(D) A responsabilidade do contratado pela reparação ou correção dos vícios encontrados no objeto contratado somente ocorrerá se houver previsão expressa nesse sentido no contrato firmado entre a administração pública e o fornecedor.

A: correta. A assertiva corresponde à redação do art. 65, § 2º, II, da Lei 8.666/1993: "Art. 65. (...) § 2º Nenhum acréscimo ou supressão poderá exceder os limites estabelecidos no parágrafo anterior, salvo: I – (*Vetado*) II – as supressões resultantes de acordo celebrado entre os contratantes"; **B:** incorreta. Para reforma de edifício, o limite é de até 50% (Lei 8.666/1993, art. 65, § 1º):"Art. 65. (...) § 1º O contratado fica obrigado a aceitar, nas mesmas condições contratuais, os acréscimos ou supressões que se fizerem nas obras, serviços ou compras, até 25% (vinte e cinco por cento) do valor inicial atualizado do contrato e, no caso particular de reforma de edifício ou de equipamento, até o limite de 50% (cinquenta por cento) para os seus acréscimos"; **C:** incorreta. A assertiva contraria o comando expresso do art. 65, § 6º, da Lei 8.666/1993: "Art. 65. (...) (...) § 6º Em havendo alteração unilateral do contrato que aumente os encargos do contratado, a Administração deverá restabelecer, por aditamento, o equilíbrio econômico-financeiro inicial"; **D:** incorreta. Tal responsabilidade está prevista no art. 69 da Lei 8.666/1993: "Art. 69. O contratado é obrigado a reparar, corrigir, remover, reconstruir ou substituir, às suas expensas, no total ou em parte, o objeto do contrato em que se verificarem vícios, defeitos ou incorreções resultantes da execução ou de materiais empregados."

Gabarito "A"

13.12.3. Execução do contrato

(Ministério Público/RO – 2010 – CESPE) Assinale a opção correta acerca dos contratos administrativos.

(A) A administração pública pode obrigar determinado contratado a aceitar, nas mesmas condições contratuais, os acréscimos ou supressões que se fizerem nas obras, serviços ou compras, em valor correspondente a até 50% do valor inicial atualizado do contrato.

(B) A criação e a alteração de quaisquer tributos ou encargos legais, quando ocorridas após a data da apresentação da proposta, não implicarão a revisão dos preços para mais, ainda que comprovada a repercussão nos preços contratados originariamente, por se tratar de risco previsível para a atividade econômica.

(C) De acordo com a Lei n. 8.666/1993, o atraso igual ou superior a sessenta dias dos pagamentos devidos pela administração decorrentes de obras, serviços ou fornecimento de bens assegura ao contratado o direito de optar pela suspensão do cumprimento de suas obrigações até que seja normalizada a situação.

(D) A responsabilidade pelos encargos previdenciários resultante da execução do contrato é da empresa contratada, de forma que a administração pública não possui qualquer responsabilidade solidária em caso de inadimplência.

(E) Segundo dispõe a Lei n. 8.666/1993, a inadimplência do contratado, referente aos encargos trabalhistas, fiscais e comerciais, não transfere à administração pública a responsabilidade por seu pagamento.

A: incorreta, pois esse limite é de 25%, salvo para reformas, em que o acréscimo (só o acréscimo) pode chegar a 50% (art. 65, § 1º, da Lei 8.666/1993); **B:** incorreta (art. 65, § 2º, da Lei 8.666/1993); **C:** incorreta, pois o atraso deve ser superior a 90 dias (art. 78, XV, da Lei 8.666/1993); **D:** incorreta, pois a Administração responde solidariamente em caso de débitos previdenciários (art. 71, § 2º, da Lei 8.666/1993); **E:** correta (art. 71, § 1º, da Lei 8.666/1993).

Gabarito "E"

(Analista – TRE/BA – 2010 – CESPE) Julgue o item a seguir.

(1) Entre as peculiaridades dos contratos administrativos, destaca-se a faculdade da administração pública de exigir a prestação de garantia nos contratos de obras, serviços e compras, cabendo ao contratado a escolha da modalidade de garantia.

1: Certa (art. 56, § 1º, da Lei 8.666/1993).

Gabarito 1C

(Analista – TRE/RJ – 2012 – CESPE) Julgue os itens que se seguem, referentes aos contratos administrativos.

(1) Contratos de compra de pequeno valor e com pagamento imediato podem ser celebrados verbalmente pela administração pública.

(2) Os contratos administrativos, ressalvadas as espécies de contratos previstas em lei, devem, necessariamente, conter cláusula que identifique o crédito orçamentário que responderá pela despesa. Portanto, considerando-se as normas vigentes no país, a duração e a execução dos contratos administrativos não podem, via de regra, ultrapassar o prazo de um ano.

(3) Os contratos relativos à constituição, modificação e extinção de direitos reais sobre imóveis, como os demais contratos administrativos, devem ser lavrados e arquivados em ordem cronológica na repartição interessada.

1: correta, nos termos do art. 60, parágrafo único, da Lei 8.666/1993; **2:** errada, pois em todos os contratos administrativos deverá conter cláusula que estabeleça o crédito pelo qual correrá a despesa (art. 55, V, da Lei 8.666/1993). A lei de licitações, ressalva, porém, que a duração do contrato poderá ser superior à vigência do respectivo crédito orçamentário nos casos descritos em seu art. 57; **3:** correta, nos termos do art. 60, *caput*, da Lei 8.666/1993.

Gabarito 1C, 2E, 3C

(Analista – TRF/4ª – 2010 – FCC) A critério da autoridade competente, em cada caso, e desde que prevista no instrumento convocatório, poderá ser exigida prestação de garantia nas contratações de obras, serviços e compras.

Analise:

I. Caberá ao contratado optar por uma das seguintes modalidades de garantia: caução em dinheiro ou títulos da dívida pública; seguro-garantia; fiança bancária.

II. A garantia prestada pelo contratado não será liberada ou restituída após a execução do contrato, e, quando em dinheiro, não será atualizada monetariamente.

III. Nos casos de contratos que importem entrega de bens pela Administração, dos quais o contratado ficará depositário, ao valor da garantia não será necessário acrescer o valor desses bens.

IV. A garantia não excederá a cinco por cento do valor do contrato e terá seu valor atualizado nas mesmas condições daquele, ressalvado o previsto no parágrafo 3º do art.56 da Lei.

V. Para obras, serviços e fornecimentos de grande vulto envolvendo alta complexidade técnica e riscos financeiros consideráveis, demonstrados através de parecer tecnicamente aprovado pela autoridade competente, o limite de garantia previsto poderá ser elevado para até dez por cento do valor do contrato.

De acordo com a Lei, é correto o que consta APENAS em

(A) II, III.

(B) I, IV e V.

(C) III, IV e V.

(D) I, III e V.

(E) I e II.

I: correta (art. 56, § 1º, I, II e III, da Lei 8.666/1993); **II:** incorreta, pois a garantia será liberada ou restituída após a execução do contrato (art. 56, § 4º, da Lei 8.666/1993); **III:** incorreta (art. 56, § 5º, da Lei 8.666/1993); **IV:** correta (art. 56, § 2º, da Lei 8.666/1993); **V:** correta (art. 56, § 3º, da Lei 8.666/1993).

Gabarito "B"

(Analista – MPU – 2010 – CESPE) A respeito da Lei nº 8.666/1993, julgue o item que se segue.

(1) Toda prorrogação de contrato deve ser previamente justificada pela autoridade detentora da atribuição legal específica; portanto, é nula toda cláusula contratual que disser ser a avença automaticamente prorrogável.

1: Certa (art. 57, § 2º, da Lei 8.666/1993).

Gabarito 1C

(Auditor Fiscal/RO – 2010 – FCC) A respeito da execução dos contratos administrativos, considere:

I. A execução do contrato deverá ser acompanhada e fiscalizada por um representante da Administração especialmente designado, vedada a contratação de terceiros para assisti-lo.

II. O contratado deverá manter preposto, aceito pela Administração, no local da obra ou serviço, para representá-lo na execução do contrato.

III. O contratado é obrigado a reparar, corrigir, remover, reconstruir ou substituir, às suas expensas, no total ou em parte, o objeto do contrato em que se verificarem vícios, defeitos ou incorreções resultantes da execução ou de materiais empregados.

IV. O contratado, na execução do contrato, não poderá, em nenhuma hipótese, subcontratar partes da obra, serviço ou fornecimento, havendo expressa vedação legal neste sentido.

Está correto o que se afirma APENAS em

(A) I, II e III.

(B) I e III.

(C) II e III.

(D) II, III e IV.

(E) II e IV.

I: incorreto, pois admite-se a contratação de terceiros (art. 67 da Lei 8.666/93); II: correto (art. 68 da Lei 8.666/93); III: correto (art. 69 da Lei 8.666/93); IV: incorreto (art. 72 da Lei 8.666/93).

Gabarito "C"

13.12.4. Extinção do contrato

(Magistratura/PE – 2013 – FCC) Nos termos da Lei nº 8.666/1993, quando a rescisão do contrato administrativo se der por ocorrência de caso fortuito ou de força maior, regularmente comprovada, impeditiva da execução do contrato e sem que haja culpa do contratado, terá o contratado alguns direitos de cunho patrimonial. Entre eles NÃO figura o de

(A) recebimento de multa compensatória, calculada em razão do escoamento do prazo contratual.

(B) devolução de garantia.

(C) ser ressarcido dos prejuízos regularmente comprovados que houver sofrido.

(D) pagamentos devidos pela execução do contrato até a data da rescisão.

(E) pagamento do custo da desmobilização.

O art. 79, § 2º, da Lei 8.666/1993 prevê todos os direitos mencionados nas alternativas, salvo o "recebimento de multa compensatória, calculada em razão do escoamento do prazo contratual", daí porque a alternativa "A" é a correta.

Gabarito "A"

(Magistratura/BA – 2012 – CESPE) Assinale a opção correta com relação aos contratos administrativos.

(A) Caso a administração constate, no cumprimento do contrato, lentidão que impossibilite a conclusão da obra ou prestação nos prazos estipulados, o contrato poderá ser rescindido unilateralmente.

(B) Caso haja rescisão unilateral do contrato pela administração, em razão de cumprimento irregular de prazos, especificações ou projetos, a administração deverá devolver a garantia prestada pelo contratado, arcando com os custos de desmobilização.

(C) A instauração de insolvência civil do contratado não serve de motivo para a administração rescindir o contrato.

(D) A subcontratação total ou parcial do objeto contratado não admitida no edital ou no contrato não autoriza a rescisão unilateral do contrato, desde que este seja cumprido de acordo com o prazo estipulado.

(E) É nulo e sem nenhum efeito, em qualquer caso, qualquer contrato verbal com a administração pública.

A: correta (art. 78, III, da Lei 8.666/1993); **B:** incorreta, pois a rescisão por esse motivo não está dentre as exceções previstas no art. 79, § 2º, da Lei 8.666/1993 (v. art. 78, II, da Lei 8.666/1993); **C:** incorreta, pois é caso sim de rescisão (art. 78, IX, da Lei 8.666/1993); **D:** incorreta, pois admite a rescisão sim (art. 78, VI, da Lei 8.666/1993); **E:** incorreta, pois há exceção em que é possível contrato verbal, quando se tratar de valor bem pequeno (até 5% do limite para o convite), nos termos do art. 60, parágrafo único, da Lei 8.666/1993.

Gabarito "A"

(Ministério Público/MG – 2011) Em relação à rescisão do contrato administrativo, é **CORRETO** dizer que:

(A) no caso do contrato derivar de regular processo licitatório, a rescisão não pode ser feita amigável ou administrativamente, mas somente pela via judicial.

(B) pode ser determinada por ato unilateral e escrito da Administração, no caso de atraso injustificado no início da obra, serviço ou fornecimento por parte da empresa contratada.

(C) pode ser determinada por ato unilateral e escrito da empresa contratada no caso da não liberação, por parte da Administração, de área, local ou objeto para execução de obra, serviço ou fornecimento, nos prazos contratuais.

(D) a inexecução apenas parcial do contrato por parte da empresa contratada não enseja a sua rescisão.

A: incorreta, pois essas duas possibilidades (rescisão amigável e administrativa) estão previstas expressamente no art. 79, I e II, da Lei 8.666/1993; **B:** correta (art. 78, IV, da Lei 8.666/1993); **C:** incorreta, pois em caso de culpa da Administração, o contratado precisa ingressar em juízo para que se proceda à rescisão do contrato (art. 79, III, da Lei 8.666/1993); **D:** incorreta, pois enseja, sim, nos termos do art. 77 da Lei 8.666/1993.

Gabarito "B"

(Ministério Público/RR – 2012 – CESPE) Assinale a opção correta acerca dos contratos administrativos, conforme a lei, a doutrina e a jurisprudência.

(A) Conforme a legislação de regência, admite-se a exigência de prestação de garantia em diversas modalidades nas contratações de obras, serviços e compras, cabendo ao contratante a escolha da modalidade de garantia.

(B) Segundo a doutrina, a natureza *intuito personae* não se insere, em regra, entre as peculiaridades do contrato administrativo.

(C) De acordo com o STJ, a rescisão de contrato administrativo por ato unilateral da administração, com fundamento no interesse público, impõe ao contratante a obrigação de indenizar o contratado pelos prejuízos decorrentes do ato, entre os quais se incluem os danos emergentes, mas não os lucros cessantes.

(D) A rescisão amigável ou administrativa mediante acordo entre as partes não é cabível nas hipóteses configuradoras dos chamados fatos da administração.

(E) Os contratos administrativos em sentido próprio e restrito são lavrados nas repartições interessadas, com exceção dos contratos relativos a direitos reais sobre imóveis, os quais devem ser formalizados por instrumento lavrado em cartório de notas.

A: incorreta, pois cabe ao contratado essa escolha (art. 56, § 1º, da Lei 8.666/1993); **B:** incorreta, pois o contrato administrativo é considerado *intuito personae*, já que não pode ser cumprido por terceiros que não o contratado, ressalvadas as exceções legais (ex: art. 72 da Lei 8.666/1993); **C:** incorreta, pois, segundo o STJ, "esta Corte Superior já se pronunciou no sentido de que a rescisão do contrato administrativo por ato unilateral da Administração Pública, sob justificativa de interesse público, impõe ao contratante a obrigação de indenizar o contratado pelos prejuízos daí decorrentes, como tais considerados não apenas os danos emergentes, mas também os lucros cessantes. Precedentes. É que, sob a perspectiva do Direito Administrativo Consensual, os particulares que travam contratos com a Administração Pública devem ser vistos como parceiros, devendo o princípio da boa-fé objetiva (e seus corolários relativos à tutela da legítima expectativa) reger as relações entre os contratantes público e privado" (REsp 1240057/AC, *DJe* 21.09.2011); **D:** incorreta, pois a única condicionante legal a que se faça a rescisão amigável é que "haja conveniência para a Administração" (art. 79, II, da Lei 8.666/1993), situação que não é incompatível com a ocorrência de um fato da administração a justificar resilição bilateral do contrato; **E:** correta (art. 60, *caput*, da Lei 8.666/1993).

Gabarito "E"

(Delegado de Polícia/GO – 2013 – UEG) De acordo com a Lei nº 8.666/1993, que prevê sanções administrativas pela inexecução total ou parcial do contrato,

(A) a suspensão temporária de participação em licitação e impedimento para contratar com a Administração poderão durar até 3 (três) anos.

(B) as sanções de advertência, impedimento de contratar e a sanção de declaração de inidoneidade poderão ser aplicadas juntamente com a multa.

(C) a sanção da multa poderá ser instituída pela Administração, e o valor será livremente estipulado pelo administrador tão logo ocorra a prática lesiva ao ajuste.

(D) a aplicação da sanção de advertência poderá ser realizada independentemente da abertura de oportunidade para apresentação de defesa prévia.

A: incorreta, pois a suspensão temporária de participação em licitação e o impedimento para contratar com a Administração não podem superar o prazo de 2 anos (art. 87, III, da Lei 8.666/1993); **B:** correta (art. 87, I, III e IV, respectivamente, c/c com art. 87, § 2º, da Lei 8.666/1993); **C:** incorreta, pois a multa será aplicada de acordo com os critérios previstos no instrumento convocatório ou no contrato, não sendo possível que esses critérios sejam criados depois pela Administração; **D:** incorreta, pois é garantida a defesa prévia (art. 87, § 2º, da Lei 8.666/1993) na aplicação das sanções previstas no art. 87 da Lei 8.666/1993, que inclui a sanção de advertência (art. 87, *caput* e I, da Lei 8.666/1993).

Gabarito "B"

(Delegado/AP – 2010) A Administração Pública, diante de uma rescisão de contrato administrativo, por culpa do contratado, retém os créditos decorrentes do contrato até os limites dos prejuízos causados. Nessa situação, a retenção dos créditos é de natureza:

(A) satisfativa.

(B) coercitiva.

(C) acautelatória.

(D) restituitória.

(E) judicial.

Art. 80, IV, da Lei 8.666/1993. Trata-se, pois, de providência acautelatória, uma vez que a ideia é garantir recursos para o ressarcimento dos prejuízos causados.

Gabarito "C"

(Procurador do Estado/AC – FMP – 2012) Conforme a Lei 8.666, de 21 de junho de 1993, no tocante à nulidade do contrato administrativo, assinale a alternativa **CORRETA**.

(A) A declaração de nulidade do contrato administrativo admite indenização por serviços executados e prejuízos não imputáveis ao contratado.

(B) A declaração de nulidade do contrato administrativo opera efeitos *ex nunc*, prevalecendo os atos já praticados.

(C) A declaração de nulidade exonera a Administração de indenizar o contratado, ainda que já tenha executado parcialmente o contrato.

(D) A declaração de nulidade do contrato administrativo opera efeitos *ex tunc*, facultando a responsabilização.

A: correta (art. 59, parágrafo único, da Lei 8.666/1993); **B:** incorreta, pois os efeitos são retroativos (*ex tunc*), nos termos do art. 59, *caput*, da Lei 8.666/1993; **C:** incorreta, pois o dever de indenização existe pelo que o contratado houver executado até a data da anulação e por outros prejuízos comprovados, salvo demonstração de má-fé deste (art. 59, parágrafo único, da Lei 8.666/1993); **D:** incorreta, pois a frase "facultando a responsabilização" é falsa, pois o art. 59, parágrafo único, da Lei 8.666/1993 DETERMINA a promoção da responsabilidade de quem deu causa à nulidade.

Gabarito "A"

(Analista – TRE/AL – 2010 – FCC) De acordo com a Lei nº 8.666/1993, NÃO é causa justificadora da inexecução do contrato administrativo por parte do contratado:

(A) Fato do príncipe.

(B) Força maior.

(C) Os acréscimos que se fizerem nas obras até vinte e cinco por cento do valor inicial atualizado do contrato.

(D) Fato da Administração.

(E) Caso fortuito.

De acordo com o disposto no art. 65, § 1º, da Lei 8.666/1993, o contratado fica obrigado a aceitar os acréscimos ou supressões que se fizerem nas obras, serviços ou compras, até 25% do valor inicial atualizado do contrato. As demais alternativas trazem causas justificadoras da inexecução do contrato.

Gabarito "C"

(Analista – TRE/PR – 2012 – FCC) A Lei nº 8.666/1993 prevê a possibilidade de rescisão unilateral do contrato administrativo pela administração pública. Segundo essa Lei, ao particular é assegurado

(A) a faculdade de rescindir o contrato unilateralmente no caso de inadimplemento da administração pública, ainda que se trate de serviço público essencial.

(B) o poder de paralisar a execução do contrato sem qualquer penalidade, independentemente de provocação administrativa ou judicial, ainda que se trate de serviço público essencial, no caso de infringência, por parte da administração, de cláusula contratual.

(C) a suspensão de suas obrigações contratuais no caso de atraso superior a 90 (noventa) dias dos pagamentos devidos pela administração pública em decorrência de serviços já executados.

(D) o desfazimento dos serviços já executados, caso seja materialmente possível, e a rescisão unilateral da avença.

(E) poder de requerer administrativamente a rescisão unilateral e o pagamento de indenização pelos serviços já executados, caso não seja **possível** o desfazimento material dos mesmos e o retorno ao *status quo ante*.

Art. 78, XV, da Lei 8.666/1993.

Gabarito "C"

13.12.5. Figuras assemelhadas (contrato de gestão, termo de parceria, convênio, contrato de programa etc.)

(Defensor Público/AM – 2010 – I. Cidades) O convênio no campo do Direito Administrativo é:

(A) Espécie de negócio jurídico-administrativo, unilateral, com partícipes, visando à consecução de interesses contrapostos harmonicamente.

(B) Uma espécie de negócio jurídico-administrativo que pode ser realizado tanto entre a Administração e os particulares, quanto entre entes administrativos, tendo como finalidade a consecução de objetivos comuns.

(C) Uma espécie de contrato administrativo que para sua efetivação prescinde de licitação.

(D) Um dos atos administrativos que podem ser editados pela Administração.

(E) O resultado de um negócio jurídico-administrativo com interesses divergentes entre as partes.

A: incorreta, pois o convênio é ato *bilateral*, com partícipes, visando à consecução de interesses *comuns*; **B:** correta, pois traz informações corretas sobre o convênio; **C:** incorreta, pois o convênio não se confunde com o contrato administrativo; ademais, quando couber, o convênio será precedido de licitação, em virtude do disposto no art. 116 da Lei 8.666/1993; **D:** incorreta, pois o convênio é ato bilateral, e pressupõe a presença de outro partícipe; **E:** incorreta, pois, no convênio, há interesses comuns, e não interesses contrapostos ou divergentes.

Gabarito "B"

(Procurador do Estado/PR – UEL-COPS – 2011) De acordo com a legislação paranaense, o convênio constitui uma forma de ajuste entre o Poder Público e entidades públicas ou privadas, buscando a consecução de objetivos de interesse comum, por colaboração recíproca, distinguindo-se dos contratos pelos seguintes traços característicos, exceto:

(A) desigualdade jurídica dos partícipes;

(B) não persecução da lucratividade;

(C) possibilidade de denúncia unilateral por qualquer dos partícipes, na forma prevista no ajuste;

(D) diversificação da cooperação oferecida por cada partícipe;

(E) responsabilidade dos partícipes limitada, exclusivamente, às obrigações contraídas durante o ajuste.

Não se deve confundir convênio com contrato administrativo. Neste há obrigações recíprocas (um quer uma coisa ou serviço e o outro quer uma remuneração em dinheiro), ao passo que naquele há interesses comuns (os convenentes querem desenvolver um projeto comum, dividindo tarefas), estabelecendo-se uma parceria para unir esforços no cumprimento desse interesse comum. No primeiro, não há fim lucrativo, ao passo que no segundo há. No convênio, como não há reciprocidade de obrigações, cabe denúncia unilateral por qualquer dos partícipes, na forma prevista no ajuste. A única alternativa que está em desacordo com o espírito do convênio é a "a" (desigualdade jurídica dos partícipes), pois, no convênio há interesses comuns de interesse público, não havendo pertinência em se falar em desigualdade entre os partícipes.

Gabarito "A"

13.12.6. Temas combinados e outros temas de contratos administrativos

(Analista – TRT/9ª – 2010 – FCC) Sobre as sanções administrativas previstas na Lei nº 8.666/1993, considere:

I. Pela inexecução total ou parcial do contrato, a Administração poderá aplicar ao contratado, dentre outras penalidades, suspensão temporária de participação em licitação e impedimento de contratar com a Administração, por prazo não superior a dois anos.

II. A aplicação de multa de mora por atraso injustificado na execução do contrato impede a Administração de rescindir unilateralmente o contrato.

III. A multa de mora por atraso injustificado na execução do contrato, aplicada após regular processo administrativo, não pode ser descontada da garantia contratual.

IV. As sanções de advertência, suspensão temporária de participação de licitação e declaração de inidoneidade para licitar ou contratar com a Administração Pública impostas pela inexecução total ou parcial do contrato, podem ser aplicadas juntamente com a multa prevista no instrumento convocatório ou no contrato.

V. A sanção de declaração de inidoneidade para licitar ou contratar com a Administração Pública é de competência do gestor do contrato.

Está correto o que consta APENAS em

(A) III, IV e V.

(B) I, II e V.

(C) II e III.

(D) I e IV.

(E) IV e V.

I: correta (art. 87, III, da Lei 8.666/1993); **II:** incorreta (art. 86, § 1º, da Lei 8.666/1993); **III:** incorreta (art. 86, § 2º, da Lei 8.666/1993); **IV:** correta (art. 87, § 2º, da Lei 8.666/1993); **V:** incorreta (a competência, nesse caso, será exclusiva do Ministro de Estado, Secretário Estadual ou Municipal - art. 87, § 3º, da Lei 8.666/1993).

Gabarito "D"

(Analista – TRT/23ª – 2011 – FCC) Segundo a Lei nº 8.666/1993, pela inexecução total ou parcial do contrato a Administração poderá, garantida a prévia defesa, aplicar ao contratado, dentre outras sanções administrativas, a pena de suspensão temporária de participação em licitação e impedimento de contratar com a Administração, por prazo de até

(A) quatro anos.

(B) cinco anos.

(C) dois anos.

(D) dez anos.

(E) três anos.

Art. 87, III, da Lei 8.666/1993.

Gabarito "C"

13.13. QUESTÕES SUBJETIVAS COMENTADAS

(OAB/Exame Unificado – 2ª fase – CESPE) A administração pública decidiu alterar unilateralmente o contrato firmado com uma empreiteira para a construção de um hospital público, com vistas a incluir, na obra, a construção de uma unidade de terapia intensiva infantil. As alterações propostas representavam um acréscimo de 15% do valor inicial atualizado do contrato, tendo a administração assumido o compromisso de restabelecer, por aditamento, o equilíbrio econômico-financeiro inicial pactuado. Entretanto, a empreiteira contratada recusou-se a aceitar as alterações propostas, demonstrando desinteresse em permanecer desenvolvendo a obra. Em face dessa situação hipotética, pode-se dizer que a administração tem o direito de exigir que a empreiteira se submeta às alterações impostas? Diante da recusa da empresa, que tipo de providência pode a administração adotar? Justifique as respostas.

RESOLUÇÃO DA QUESTÃO

O contrato administrativo difere do contrato típico do direito privado, dentre outros fatores, pela existência de cláusulas exorbitantes (art. 58 da Lei 8.666/1993). Uma dessas cláusulas, prevista no inciso I do dispositivo citado, permite que a Administração Pública modifique unilateralmente o contrato, para a melhor adequação do interesse público, respeitados os direitos do contratado.

O art. 65, I, "b", da Lei 8.666/1993 repete a norma e acrescenta que a modificação contratual em razão de acréscimos quantitativos deve respeitar os limites previstos na lei. E o § 1º do art. 65 citado estabelece que o acréscimo quantitativo do objeto deve respeitar o limite de 25% do valor inicial atualizado do contrato.

Diante desse quadro, e considerando que a modificação pretendida aparentemente é de interesse público, o acréscimo representa apenas 15% do valor original do contrato e a Administração se compromete a respeitar os direitos econômicos do contratado, a alteração contratual está conforme a lei, o que faz com que a empreiteira tenha que se submeter às alterações impostas.

Diante de recusa da empresa em cumprir o determinado, caracterizando a inexecução total ou parcial do contrato, a Administração poderá aplicar a sanção de multa, na forma prevista no edital ou no contrato, multa essa que poderá ser cumulada com as demais sanções previstas no art. 87 da Lei 8.666/1993 (v. art. 87, § 2º da Lei).

Não bastasse isso, cabe também rescisão do contrato (art. 78, I, da Lei 8.666/1993).

Para a tomada das medidas acima mencionadas é necessário que a Administração apresente motivação formal nos autos do processo, bem como assegure o contraditório e a ampla defesa (arts. 78, parágrafo único, e 87, ambos da Lei 8.666/1993).

(OAB/Exame Unificado – 2ª fase – CESPE) Determinada pessoa jurídica, prestadora de serviços de limpeza em diversos órgãos públicos da União, foi declarada inidônea para licitar e contratar com a administração pública pelo ministro de estado competente, com fundamento no art. 88 da Lei n. 8.666/1993, após o trâmite de regular processo administrativo, no qual lhe foram assegurados a ampla defesa e o contraditório. Em razão de tal decisão, a União rescindiu unilateralmente alguns dos contratos vigentes celebrados com tal pessoa jurídica, também com fundamento nas normas da Lei de Licitações. Contra tal ato, a empresa impetrou o mandado de segurança cabível, sustentando, em suma, que a declaração de inidoneidade depende de decisão judicial, não podendo ser imposta pelo ministro. Consigna, além disso, a impossibilidade de rescisão dos contratos em curso, sob o argumento de que, ainda que se admita a validade da decisão que declarou sua inidoneidade para contratar com o poder público, tal decisão não tem eficácia *ex nunc*, devendo ser aplicada apenas para contratos futuros.

Em face dessa situação hipotética, esclareça, com base na Lei n. 8.666/1993, se a declaração de inidoneidade para contratar com a administração somente pode ser imposta por meio de demanda judicial e se existe alguma possibilidade de rescisão, pela União, dos contratos vigentes.

RESOLUÇÃO DA QUESTÃO

O princípio da supremacia do interesse público sobre o interesse privado possibilita que a administração pública tenha poderes diferenciados em relação aos poderes que têm o particular. Exemplo disso são as cláusulas exorbitantes previstas nos contratos administrativos, que possibilitam, por exemplo, que a Administração Pública, unilateralmente, aplique sanções sobre os contratados (art. 58, IV, da Lei 8.666/1993).

Dessa forma, a Administração Pública pode aplicar sanções em matéria de licitações e contratos administrativos independentemente de apreciação jurisdicional, o que, no caso em tela, está previsto no art. 87, IV, da Lei 8.666/1993.

Quanto à autoridade competente para a declaração de inidoneidade, de fato, trata-se, no âmbito da União, do ministro de estado competente, nos termos do disposto no § 3º do art. 87 da Lei 8.666/1993.

Por fim, quanto à possibilidade de rescisão, pela União, dos contratos vigentes, independentemente da aplicação da sanção retroagir ou não, o fato é que a lei confere à Administração Pública um amplo leque de possibilidades em que o contrato administrativo pode ser objeto de rescisão (art. 78 da Lei 8.666/1993). Nesse sentido, vale lembrar que uma das hipóteses, a prevista no inciso XII do dispositivo citado, permite que a Administração Pública proceda à rescisão do contrato em caso de relevante interesse público, circunstância que certamente está presente no caso em tela, pois não é conveniente ao interesse público que contratos administrativos continuem a ser executados por empresas que receberam a declaração de inidoneidade.

Diante do exposto, e respondendo às perguntas formuladas, a declaração de inidoneidade pode ser imposta pela própria Administração Pública, não havendo sequer interesse processual em ingressar com demanda judicial para tal fim, existindo possibilidade de rescisão, pela União, dos contratos administrativos vigentes, nos termos do art. 78, XII, da Lei 8.666/1993.

Gabarito comentado – Examinadora

Deve-se, primeiramente, apontar a norma inserta no art. 87, § 3º, da Lei de Licitações, que atribui a ministro de Estado ou secretário estadual ou municipal competência para a declaração de inidoneidade para licitar ou contratar com a administração pública.

A seguir, deve-se identificar que, independentemente de a decisão retroagir ou não, as causas que ensejam a rescisão unilateral do contrato administrativo podem ser aplicadas a qualquer tempo, havendo, sim, possibilidade de rescisão dos contratos em curso, com fundamento em uma das causas previstas no art. 78 da referida lei, mormente em seu inciso XII. Assim, conforme a gravidade dos motivos que levaram o ministro a declarar a inidoneidade da empresa, poderia a administração invocar, por exemplo, relevante interesse público para rescindir os contratos vigentes, com fundamento no art. 78, XII, da Lei 8.666/1993.

(OAB/Exame Unificado – 2ª fase – CESPE) A empresa Alfa, após o devido procedimento licitatório, celebrou contrato com o poder público municipal para a prestação de serviço público de transporte de estudantes. Devido a posterior aumento da carga tributária, provocado pela elevação, em 10%, dos percentuais a serem recolhidos a título de contribuição previdenciária, a empresa, para tentar suprir a despesa decorrente do aludido recolhimento, postulou à prefeitura a revisão dos valores do contrato. A autoridade administrativa encaminhou o pedido a sua assessoria jurídica para parecer acerca da viabilidade da pretensão.

Em face da situação hipotética apresentada, responda, de forma fundamentada, se a pretensão da empresa encontra amparo no ordenamento jurídico nacional.

RESOLUÇÃO DA QUESTÃO

Considerando que o padrão de resposta apresentado pela examinadora simulou uma resposta que o candidato poderia dar, usaremos o próprio padrão de resposta como resolução da questão. Confira:

"Tratando-se de contrato administrativo, o contratado tem o direito de ver mantido o denominado equilíbrio econômico-financeiro do ajuste, assim considerada a relação que se estabelece, no momento da celebração, entre o encargo assumido pelo contratado e a prestação pecuniária assumida pela administração.

Desse modo, quando da apresentação de sua proposta no procedimento licitatório, a empresa pautou-se pelo contexto fático então presente. A alteração do cenário, decorrente de medida geral (aumento da contribuição) não relacionada diretamente ao contrato, mas que nele repercute, provoca o desequilíbrio econômico-financeiro em prejuízo do contratado, o que merece a proteção da lei. É o que a doutrina denomina de fato do príncipe.

Nesse sentido, o art. 65, II, *d*, da Lei 8.666/1993 admite que os contratos sejam alterados, com as devidas justificativas, no caso de acordo das partes, para o restabelecimento da relação pactuada inicialmente entre os encargos do contratado e a retribuição da administração para a justa remuneração do serviço, "objetivando a manutenção do equilíbrio econômico-financeiro inicial do contrato, na hipótese de superveniência de fatos imprevisíveis ou previsíveis, porém, de consequências incalculáveis, retardadores ou impeditivos da execução do ajustado, ou ainda, em caso de força maior, caso fortuito ou fato do príncipe, que configura álea econômica extraordinária e extracontratual.

Ademais, o § 5º do art. 65 da Lei 8.666/1993 é expresso ao consignar que quaisquer tributos ou encargos legais criados, alterados ou extintos, bem como a superveniência de disposições legais, quando ocorridas após a data da apresentação da proposta, de comprovada repercussão nos preços contratados, implicarão a revisão destes para mais ou para menos, conforme o caso.

O município pode, portanto, com fundamento no referido preceito legal, reajustar o contrato para recompor o equilíbrio econômico-financeiro, de modo a garantir a execução do contrato originário."

(OAB/Exame Unificado – 2ª fase – FGV) A empresa W.Z.Z. Construções Ltda. vem a se sagrar vencedora de licitação, na modalidade tomada de preço. Passado um mês, a referida empresa vem a celebrar o contrato de obra, a que visava à licitação. Iniciada a execução, que se faria em quatro etapas, e quando já se estava na terceira etapa da obra, a Administração constata erro na escolha da modalidade licitatória, pois, diante do valor, esta deveria seguir o tipo concorrência.

Assim, com base no art. 49 da Lei 8666/1993, e no art. 53 da Lei 9.784/1999, declara a nulidade da licitação e do contrato, notificando a empresa contratada para restituir os valores recebidos, ciente de que a decisão invalidatória produz efeitos *ex tunc*. Agiu corretamente a Administração? Teria a empresa algum direito?

RESOLUÇÃO DA QUESTÃO

A Administração Pública tem a autotutela de seus atos. Nesse sentido, quando estiver diante de um ato ilegal, é seu dever proceder à anulação desses atos, independentemente de apreciação judicial.

O princípio da aututotela, previsto, de modo geral no art. 53 da Lei 9.784/1999 e na Súmula 473 do STF, tem por escopo preservar os princípios da indisponibilidade do interesse público e da legalidade, e atua com supedâneo no princípio da supremacia do interesse público sobre o interesse privado.

No plano específico das licitações e contratos administrativos, a autotutela está prevista no art. 49 da Lei 8.666/1993, impondo, em caso de ilegalidade, a anulação de ofício do certame, mediante parecer escrito e devidamente fundamentado.

No entanto, o próprio artigo 49 da Lei 8.669/1993, ao dispor, em seu § 1º, que anulação por motivo de ilegalidade não gera o dever de indenizar, ressalva o disposto no art. 59, parágrafo único, da mesma lei. Esse dispositivo estabelece que "a nulidade não exonera a Administração do dever de indenizar o contratado pelo que este houver executado até a data em que ela for declarada e por outros prejuízos comprovados, contanto que não lhe seja imputado (...)".

Em outras palavras, apesar da anulação, em regra, ter efeito retroativo (*ex tunc*), para efeito de indenização ao contratado pelas obrigações por este praticadas, a anulação terá efeito *ex nunc*.

A doutrina aponta que tal regra decorre dos princípios da boa-fé, da segurança jurídica e do não enriquecimento sem causa.

Assim, desde que não se demonstre a má-fé do contratado, já que a boa-fé é presumida, a Administração deverá indenizar o contratado pelo que este houver executado do contrato, bem como pelos demais prejuízos comprovados.

Gabarito comentado – Examinadora

O examinando deve identificar o poder de anular os contratos administrativos e o dever da Administração de pagar pelo que a empresa executou até a anulação, bem como o dever de indenizar também outros eventuais prejuízos regularmente comprovados (art. 59, parágrafo único, da Lei 8.666/1993).

A questão envolve a aplicação do parágrafo único do artigo 59, da Lei 8666/1993, pois é inegável a boa-fé da empresa e ter ela prestado sua obrigação. Não caberia a restituição dos valores pagos, que seriam integrados, como indenização, ao patrimônio da contratada, que, inclusive, poderia postular perdas e danos.

(OAB/Exame Unificado – 2ª fase – FGV) A Secretaria estadual de Esportes do Estado ABC realiza certame licitatório para a seleção de prestadora de serviço de limpeza predial na sua sede. A vencedora do processo licitatório foi a empresa XYZ. Decorridos 10 (dez) meses, diante do que a Secretaria reputou como infrações por parte da empresa, foi instaurada comissão de instrução e julgamento composta por três servidores de carreira e, após processo administrativo, em que foram garantidos o contraditório e a ampla defesa, a empresa XYZ foi punida pela Comissão com a declaração de inidoneidade para contratar com a Administração Pública.

A empresa, então, ajuizou ação ordinária por meio da qual pretende anular o ato administrativo que aplicou aquela sanção, arguindo a ausência de tipificação da conduta como ato infracional, a não observância da aplicação de uma penalidade mais leve antes de uma mais grave e a não observância de todas as formalidades legais para a incidência da punição.

Considerando o fato apresentado acima, responda, de forma justificada, aos itens a seguir.

a) É possível a anulação do ato administrativo que aplicou a penalidade, tendo em vista a não observância da aplicação de uma penalidade mais leve antes de uma mais grave?

b) É possível ao Judiciário anular o ato administrativo por algum dos fundamentos apontados pela empresa? Em caso afirmativo, indique-o.

RESOLUÇÃO DA QUESTÃO

A) Não, tendo em vista que, como não há uma gradação/ordem legal de penalidades, elas podem ser aplicadas discricionariamente pela Administração Pública, sem a necessidade de aplicação de uma penalidade mais leve antes da mais grave, porém, a sanção administrativa deve ser sempre correlacionada/adequada à gravidade da infração cometida no caso concreto.

B) Sim, em razão da não observância no caso concreto de todas as formalidades legais para a incidência da punição, uma vez que a penalidade aplicada (declaração de inidoneidade) é de competência exclusiva do secretário estadual de esportes (art. 87, § 3º, da Lei n. 8.666/1993).

É importante ressaltar que, por se tratar de prova discursiva, será exigido do examinando o desenvolvimento do tema apresentado. Desse modo, além de resposta conclusiva acerca do arguido, a mera menção a artigo não é pontuada, nem a mera resposta negativa desacompanhada do fundamento correto.

CAPÍTULO 14

Serviço Público

14.1. CONCEITO DE SERVIÇO PÚBLICO

O serviço público pode ser conceituado como *toda atividade oferecida aos administrados, prestada pelo Estado ou por concessionário, sob regime de Direito Público.*

São exemplos de serviço público os serviços de fornecimento de energia, água, telefone, transporte coletivo, coleta de lixo, dentre outros.

14.2. INSTITUIÇÃO DE SERVIÇOS PÚBLICOS

A Constituição Federal e as leis federais, estaduais ou municipais são os instrumentos aptos a instituir os serviços públicos.

Assim, não é possível que o Chefe do Executivo, por exemplo, por meio de decreto determine que um dado serviço, antes privado, passe a ser público. Ou seja, caso determinado Município queira estabelecer que o serviço funerário é um serviço público, será necessário que uma lei local traga essa disposição.

São exemplos de serviços públicos criados pela Constituição Federal os seguintes: serviço postal, telecomunicações, radiodifusão sonora e de sons e imagens, energia elétrica, navegação aérea, aeroespacial, infraestrutura aeroportuária, transporte ferroviário, portos, transporte rodoviário, transporte coletivo urbano, seguridade social, saúde, educação, dentre outros.

14.3. CARACTERÍSTICAS DOS SERVIÇOS PÚBLICOS

Quando a CF ou a lei elegem um dado serviço como público, o Poder Público passa a ser o *titular* de serviço, ou seja, passa a ter o direito e o dever de **regulamentar**, **fiscalizar** e **executar** o serviço.

Com relação à execução, ou seja, à sua mera prestação aos usuários, o Poder Público pode passar seu exercício ao particular, por meio de concessão ou permissão de serviço público, precedidas de licitação.

O Estado continuará a ser titular, dono do serviço, ditando as regras e fiscalizando sua prestação, e o particular ficará com seu exercício, em troca do qual receberá uma remuneração.

Há serviços, todavia, inerentes à própria ideia de Estado (como o de polícia judiciária, polícia administrativa, jurisdição, dentre outros), que não podem ser concedidos, eis que são *serviços próprios do Estado*, ou seja, *de execução privativa deste*.

Há, de outra parte, serviços, como educação e saúde, em que o particular não precisa receber concessão ou permissão do Poder Público para prestá-lo, ficando, todavia, sujeito à fiscalização estatal (arts. 199 e 209 da CF, respectivamente).

A Lei 8.987/1995 dispõe sobre o regime de concessão e permissão da prestação de serviços previsto no art. 175 da Constituição Federal.

14.4. SERVIÇO ADEQUADO

O art. 6º da Lei 8.987/1995 impõe a que o serviço público seja adequado, estabelecendo que serviço adequado é o que satisfaz as seguintes condições:

a) generalidade: *todos devem ter acesso ao serviço, garantido o tratamento equânime aos usuários que estiverem na mesma situação*;

b) eficiência: os serviços públicos devem ser atuais e atender satisfatoriamente aos interesses dos usuários;

c) segurança: os serviços devem ser seguros, não causando danos ao particular;

d) cortesia: os usuários devem ser tratados com urbanidade, respeito, educação e atenção;

e) atualidade: compreende a modernidade das técnicas, do equipamento e das instalações e a sua conservação, bem como a melhoria e a expansão do serviço;

f) modicidade das tarifas: ou seja, as tarifas devem ter preços acessíveis. A modicidade impõe uma tarifa acessível, o que não significa que o poder concedente tenha que subsidiar o serviço. Se uma tarifa, para ser módica, leva o serviço a se tornar deficitário, há de ser bem prudente em termos de responsabilidade fiscal, podendo ser que o modelo escolhido tenha sido inadequado (já que se deve usar a parceria público-privada quando as tarifas são insuficientes) ou que a concessionária esteja gerindo mal o serviço. Problemas de déficit devem ser resolvidos, num primeiro momento, pelo aumento de tarifa (sem que esta deixa de ser acessível), bem como verificar se o edital da concessão permite que se institua outras fontes de renda, como a publicidade. O uso de dinheiro do orçamento para cobrir tarifas deficitários de ser avaliado com calma. Há casos em que isso pode se revelar injusto socialmente, pois pessoas que não usam dado serviço podem estar tendo que contribuir com ele (pois o dinheiro do orçamento público é de todos nós) e pessoas com renda considerável podem estar tendo a ajuda do dinheiro do povo para cobrir serviços públicos não usadas pelas camadas mais pobres. Um exemplo seria um aporte de dinheiro público para marinas públicas usadas por iates privados. Se acontecesse haveria uma grande injustiça social. Nesses caso, a tarifa cobrada dos donos dos iates têm que cobrir o custo e lucro da respectiva concessão.

g) regularidade e continuidade: *impõe que o serviço esteja sempre à disposição para utilização coletiva.* O serviço público não pode ser interrompido, mesmo em caso de greve, quando será mantido para garantir o mínimo à população, salvo em situação de emergência ou após aviso prévio por: a) razões de ordem técnica ou segurança; b) inadimplemento do usuário, considerado o interesse da coletividade. O STJ admite o corte do serviço por inadimplemento, desde que haja comunicação prévia (REsp 783.575/RS), corte esse que pode atingir tanto os particulares, como a Administração. Não cabe o corte, porém, em quatro casos:

i) em relação a *serviços essenciais*, como de um hospital ou uma creche (STJ, AgRg no Edcl na Susp. de Liminar 606/CE);

ii) em relação a *débitos antigos* (STJ AgRg no Ag 88.502); apenas o débito presente enseja o corte; débitos antigos devem ser cobrados pelas vias ordinárias;

iii) em caso de *cobrança por aferição unilateral por fraude no medidor* (STJ, REsp 975.314); nesse caso, como é a concessionária que estipula o valor a ser pago, não seria correto que ela pudesse cortar o serviço;

iv) em caso de *cobrança feita junto ao atual usuário do serviço por débito pretérito de usuário anterior*; aliás, o atual usuário sequer pode ser cobrado pela dívida do usuário anterior (STJ, AgRg no REsp 1.327.162, DJ 28/09/2012).

14.5. CLASSIFICAÇÃO DOS SERVIÇOS PÚBLICOS

14.5.1. Quanto à obrigatoriedade

a) compulsórios: *são os de utilização obrigatória;* por conta disso, são remunerados por taxa (regime tributário), como o serviço de coleta de lixo;

b) facultativos: *são os de utilização não obrigatória*; portanto, são remunerados por tarifa ou preço público (regime não tributário), como o de transporte coletivo.

14.5.2. Quanto à essencialidade

a) serviços públicos: *são os que a Administração presta diretamente à comunidade por serem essenciais à sobrevivência do grupo social* (exs.: defesa, polícia); tais serviços também são chamados de *pró-comunidade* ou *próprios do Estado;*

b) serviços de utilidade pública: *são os prestados pela Administração ou concessionários, por ser conveniente que haja regulamentação e controle* (exs.: luz, gás, telefone); tais serviços são chamados de *pró-cidadão* ou *impróprios do Estado.*

14.5.3. Quanto aos destinatários

a) *uti singuli*: *são os que têm usuários determinados* (ex.: água, luz);

b) *uti universi*: *são os que têm usuários indeterminados* (ex.: segurança).

14.5.4. Quanto à finalidade

a) administrativos: *são os executados para atender às necessidades da Administração ou preparar outros serviços que serão prestados ao público;*

b) industriais/comerciais: *são os que produzem renda para quem os presta, por meio de tarifa ou preço público* (ex.: correios); os serviços públicos econômicos, por sua possibilidade de lucro, representam atividades de caráter mais industrial e comercial, tais como o de energia elétrica, e normalmente são prestados pelos particulares;

c) sociais: *são os definidos pela Constituição como serviços sociais*, como o de educação, saúde etc.; os serviços públicos sociais são aqueles destinados a atender às necessidades básicas da população, tais como assistência médica e educacional. São serviços normalmente deficitários, que podem ser prestados pelo Estado ou por particulares.

14.6. JURISPRUDÊNCIA SELECIONADA

Súmula Vinculante STF 19

A taxa cobrada exclusivamente em razão dos serviços públicos de coleta, remoção e tratamento ou destinação de lixo ou resíduos provenientes de imóveis, não viola o artigo 145, II, da Constituição Federal.

Súmula STJ nº 407

É legítima a cobrança da tarifa de água fixada de acordo com as categorias de usuários e as faixas de consumo.

Concessionárias de serviço público e medidores de consumo - 1

Por reputar caracterizada afronta aos artigos 21, XI, XII, b, e 22, IV, da CF (*"Art. 21. Compete à União: ... XI - explorar, diretamente ou mediante autorização, concessão ou permissão, os serviços de telecomunicações, nos termos da lei, que disporá sobre a organização dos serviços, a criação de um órgão regulador e outros aspectos institucionais; XII - explorar, diretamente ou mediante autorização, concessão ou permissão: ... b) os serviços e instalações de energia elétrica e o aproveitamento energético dos cursos de água, em articulação com os Estados onde se situam os potenciais hidroenergéticos; ... Art. 22. Compete privativamente à União legislar sobre: ... IV - águas, energia, informática, telecomunicações e radiodifusão"*), o Plenário julgou procedente pedido formulado em ação direta ajuizada pelo Procurador-Geral da República para declarar, com eficácia *ex nunc*, a inconstitucionalidade das Leis 3.915/2002 e 4.561/2005, do Estado do Rio de Janeiro. As leis questionadas determinam a instalação de medidores individuais de consumo e a cobrança individualizada dos serviços de consumo coletivo por parte das concessionárias de serviços públicos fornecedoras de luz, água, telefonia fixa e gás naquela unidade federativa. Preliminarmente, rejeitou-se a alegação de se estar diante de ofensa reflexa à Constituição. Aduziu-se que as citadas leis fluminenses seriam atos normativos autônomos, cujo conteúdo não se prestaria a regulamentar outra norma infraconstitucional. No mérito, asseverou-se que as normas adversadas interviriam na relação contratual de concessão firmada entre a União e suas concessionárias. Alguns precedentes citados: ADI 2337 MC/SC (DJU de 21.6.2002); ADI 2615 MC/SC (DJU de 6.12.2002); ADI 855/PR (DJe de 27.3.2009) e ADI 3322 MC/DF (DJe de 4.3.2011). ADI 3558/RJ, rel. Min. Cármen Lúcia, 17.3.2011. (ADI-3558)

Concessionárias de serviço público e medidores de consumo - 2

Ao aplicar o entendimento acima exposto, o Plenário, por maioria, julgou procedente pedido formulado em ação direta proposta pela Associação Brasileira de Distribuidores de Energia Elétrica – Abradee para declarar a inconstitucionalidade da expressão *"eletricidade"* contida no art. 1º da Lei fluminense 4.901/2006 (*"Art. 1º - Os medidores de consumo de água, eletricidade, telefonia e gás deverão ser ou estar instalados em local visível e de fácil acesso aos consumidores. Parágrafo único – O local previsto no 'caput' é a parte interna da propriedade onde se realiza o consumo."*). Consignou-se que, na espécie, a pertinência temática estaria limitada ao campo elétrico, tendo em conta a composição da requerente, a qual seria constituída por empresas concessionárias de distribuição de energia elétrica, cuja finalidade institucional abrangeria a representação, judicial ou extrajudicial, para a defesa dos interesses de seus associados. Vencido o Min. Marco Aurélio que, ao ressaltar a competência dos Estados-membros para legislar sobre consumo, julgava o pleito improcedente ao fundamento de que não teria havido usurpação, sob ao ângulo formal, da competência da União. ADI 3905/RJ, rel. Min. Cármen Lúcia, 17.3.2011. (ADI-3905) (Inform. STF 619)

Concessionárias de serviço público e corte de fornecimento

Com base nessa mesma orientação, o Plenário, por maioria, julgou procedente pedido formulado em ação direta proposta pelo Procurador-Geral da República **para declarar a inconstitucionalidade da Lei 1.618/2004, do Estado do Acre, que proíbe o corte residencial do fornecimento de água e energia elétrica pelas concessionárias por falta de pagamento, nos dias que especifica**. Vencido o Min. Marco Aurélio que declarava a improcedência do pleito por entender que a lei questionada buscaria proteger o consumidor e que, no caso, a legitimação seria concorrente. ADI 3661/AC, rel. Min. Cármen Lúcia, 17.3.2011. (ADI-3661) (Inform. STF 619) (g.n.)

Fornecimento de Água e Obrigatoriedade

Em conclusão, o Plenário, por maioria, **julgou procedente pedido formulado em ação direta, ajuizada pelo Governador do Estado de Santa Catarina, para declarar a inconstitucionalidade da Lei estadual 11.560/2000, que torna obrigatório o fornecimento de água potável pela Companhia Catarinense de Águas e Saneamento – Casan, com caminhão-pipa, sempre que houver interrupção no fornecimento normal.** A norma adversada prevê, também, o cancelamento automático da cobrança da conta referente ao mês em que ocorrido o não fornecimento, ainda que eventual — v. Informativos 489 e 588. Na espécie, salientou-se que haveria duas questões essenciais a serem enfrentadas: a) se a distribuição de água constituiria ou não serviço de natureza local, de competência dos municípios; e b) se no regime de concessão, o estabelecimento de normas quanto ao serviço concedido constituiria atribuição privativa do poder concedente ou se a matéria poderia ser disciplinada por lei estadual, uma vez que o Estado de Santa Catarina deteria o controle do capital social da prestadora do serviço. Asseverou-se que a competência para legislar sobre assuntos locais que a Constituição atribuiria aos municípios (art. 30, I) incluiria a distribuição de água potável. Destacou-se que, em face da ideia da preponderância do interesse, a realização de determinada tarefa haveria de ser atribuída ao ente federativo capaz de atender, de modo mais efetivo, ao interesse comum, consentâneo com o princípio da subsidiariedade, a reger as relações entre os entes da Federação. Aduziu-se que o Estado de Santa Catarina não poderia substituir-se aos municípios que contrataram com a Casan. Sequer poderia determinar àquela companhia, ainda que mediante lei estadual, o fornecimento de água em caminhões-pipa. Afirmou-se que o ente federativo tampouco poderia instituir isenção tarifária a favor dos usuários. O modo e a forma de prestação dos serviços configurariam normas de caráter regulamentar, cuja elaboração seria de competência exclusiva do poder concedente, ao passo que a remuneração destes estaria condicionada ao equilíbrio econômico-financeiro das concessões. ADI 2340/SC, rel. Min. Ricardo Lewandowski, 6.3.2013. (ADI-2340)

Gratuidade em Serviço Público e Fonte de Custeio

O Tribunal, por maioria, **julgou improcedente pedido formulado em ação direta de inconstitucionalidade proposta pela Governadora do Estado do Rio de Janeiro contra o § 2º do art. 112 da Constituição estadual, que estabelece que não será objeto de deliberação proposta que vise conceder gratuidade em serviço público prestado de forma indireta, sem a correspondente indicação da fonte de custeio**. Entendeu-se não estarem configuradas as alegadas ofensas ao princípio federativo (CF, artigos 1º, 18 e 25), ao princípio da separação dos poderes (CF, artigos 2º; 61, § 1º, II, b) ou ao princípio da dignidade da pessoa humana e seus corolários (CF, artigos 1º, III; 170, III e VII; 203, I, II e IV; 206, I; 208, VII; 227, § 1º, II; 230, § 2º). Quanto ao princípio federativo, considerou-se que a exigência constante do dispositivo impugnado constituiria mera restrição material à atividade do legislador estadual, que ficaria impedido de conceder gratuidade sem proceder à necessária indicação da fonte de custeio, sendo, ademais, assente a jurisprudência da Corte no sentido de que as regras do processo legislativo federal que devem ser reproduzidas no âmbito estadual são apenas as de cunho substantivo, o que não seria o caso do referido preceito. No que se refere ao princípio da separação dos poderes, asseverou-se que o art. 61, § 1º, II, b, da CF estaria dirigido exclusivamente aos Territórios, não havendo se falar, ainda, em afronta à prerrogativa do Poder Executivo de celebrar contratos administrativos, haja vista que a norma não lhe vedaria tal poder, sendo seu exercício submisso integralmente ao princípio da legalidade. Por fim, aduziu-se, no que tange ao princípio da dignidade da pessoa humana, que a exigência de indicação da fonte de custeio para permitir a gratuidade dos serviços não seria óbice à concessão desse benefício, e que tal medida revestir-se-ia de providencial austeridade, uma vez que se preordenaria a garantir a gestão responsável da coisa pública, o equilíbrio na equação econômico-financeira informadora dos contratos administrativos e a própria viabilidade e a continuidade dos serviços públicos e das gratuidades concedidas. Vencidos os Ministros Carlos Britto e Marco Aurélio que julgavam o pedido procedente, ao fundamento de que o dispositivo em questão estaria a obstaculizar a atuação do poder legislativo estadual, sem que houvesse norma similar na CF (art. 60, § 4º). ADI 3225/RJ, rel. Min. Cezar Peluso, 17.9.2007. (ADI-3225) (Inform. STF 480) (g.n.)

Serviços de Telecomunicações e Desestatização

O Tribunal julgou improcedente pedido formulado em ação direta de inconstitucionalidade ajuizada pelo Partido Democrático Trabalhista - PDT contra o parágrafo único do art. 191 da Lei federal 9.472/97, que dispõe sobre a organização dos serviços de telecomunicações (*"Art. 191. ... parágrafo único. A desestatização não afetará as concessões, permissões e autorizações detidas pela empresa."*). Entendeu-se não haver ofensa aos artigos 37, XXI e 175 da CF, tendo em conta que o processo de desestatização teria sido implementado mediante a realização de leilão, modalidade de licitação prevista no art. 22 da Lei 8.666/93. Reportando-se ao que decidido pela Corte no julgamento da ADI 1582 MC/DF (DJU de 27.6.97), asseverou-se, ademais, que o leilão de ações ou quotas poderia, sim, resultar na transferência da concessão ou permissão de serviço público à empresa privada. Por fim, esclareceu-se que a circunstância de as empresas privatizadas não terem, eventualmente, celebrado contratos de concessão com a União, por serem delegadas e não concessionárias de serviço público, seria questão a ser discutida em outra via. ADI 1863/DF, rel. Min. Eros Grau, 6.9.2007. (ADI-1863) (Inform. STF 478)

DIREITO ADMINISTRATIVO. REMUNERAÇÃO POR USO DE VIAS PÚBLICAS POR CONCESSIONÁRIA DE SERVIÇO PÚBLICO.

A utilização das vias públicas para prestação de serviços públicos por concessionária – como a instalação de postes, dutos ou linhas de transmissão – não pode ser objeto de cobrança pela Administração Pública. A cobrança é ilegal, pois a exação não se enquadra no conceito de taxa – não há exercício do poder de polícia nem prestação de algum serviço público –, tampouco no de preço público – derivado de um serviço de natureza comercial ou industrial prestado pela Administração. Precedentes citados: REsp 1.246.070-SP, DJe 18/6/2012, e REsp 897.296-RS, DJe 31/8/2009. **AgRg no REsp 1.193.583-MG, Rel. Min. Humberto Martins, julgado em 18/10/2012. (Inform. STJ 508)**

DIREITO ADMINISTRATIVO. CORTE NO FORNECIMENTO DE SERVIÇOS PÚBLICOS ESSENCIAIS.

Não é legítimo o corte no fornecimento de serviços públicos essenciais quando a inadimplência do consumidor decorrer de débitos pretéritos, o débito originar-se de suposta fraude no medidor de consumo de energia apurada unilateralmente pela concessionária e inexistir aviso prévio ao consumidor inadimplente. Precedente citado: REsp 1.285.426-SP, DJe 13/12/2011. **AgRg no AREsp 211.514-SP, Rel. Min. Herman Benjamin, julgado em 18/10/2012. (Inform. STJ 508)**

DIREITO ADMINISTRATIVO. FORNECIMENTO DE ÁGUA E SERVIÇO DE ESGOTO. DÉBITOS DE CONSUMO. RESPONSABILIDADE DO EFETIVO CONSUMIDOR.

A responsabilidade por débito relativo ao consumo de água e serviço de esgoto é de quem efetivamente obteve a prestação do serviço. Trata-se de obrigação de natureza pessoal, não se caracterizando como obrigação *propter rem*. Assim, o inadimplemento é do usuário que obteve a prestação do serviço, razão por que não cabe responsabilizar o atual usuário por débito pretérito relativo ao consumo de água de usuário anterior. Precedentes citados: REsp 1.267.302-SP, DJe 17/11/2011 e AgRg no REsp 1.256.305-SP, DJe 19/9/2011. **AgRg no REsp 1.327.162-SP, Rel. Min. Napoleão Nunes Maia Filho, julgado em 20/9/2012. (Inform. STJ 505)**

CONCESSIONÁRIA. USO. SOLO. SUBSOLO. ESPAÇO AÉREO.

A Turma reafirmou o entendimento de que é ilegal cobrar da concessionária de serviço público o uso do solo, subsolo ou espaço aéreo (instalação de postes, dutos, linhas de transmissão etc.), visto que a utilização, nesses casos, reverte em favor da sociedade (daí não se poder falar em preço público) e que não há serviço público prestado ou poder de polícia, (o que afasta a natureza de taxa). **REsp 863.577-RS, Rel. Min. Mauro Campbell Marques, julgado em 10/8/2010.** (Inform. STJ 442)

RÁDIO COMUNITÁRIA. FUNCIONAMENTO.

Nenhuma emissora de rádio pode funcionar sem autorização do Poder Público. Cabe ao Executivo autorizar, conceder e fiscalizar o serviço de radiodifusão (art. 223 da CF/1988), não podendo o Judiciário imiscuir-se nessa seara eminentemente técnica e complexa. Mas essa competência exclusiva impõe à Administração o dever de prestar os serviços que lhe estão afetos ao mesmo tempo em que outorga aos destinatários deles o direito de exigi-los. É certo, também, que as rádios comunitárias são de grande importância e alcance social, especialmente em comunidades carentes. Por isso, a lei assinala prazo para a análise do procedimento de outorga de rádio comunitária. Quanto a isso, a jurisprudência do STJ, apesar de antes permitir o funcionamento excepcional da rádio até que se ultimasse o processo administrativo de sua autorização, hoje preconiza que, se há pedido da parte interessada, o Judiciário, diante da constatada omissão administrativa, deve fixar prazo para que o órgão competente resolva o requerimento de autorização de funcionamento da emissora. Não se trata, assim, de imiscuir-se na atividade precípua do órgão público competente, mas de intervir em nome do princípio da eficiência e da moralidade, corolários da legalidade, tão cara ao Estado de direito. Porém, no caso, não houve sequer pedido nesse sentido, fato que inviabiliza a adoção dessa providência, daí ser correto dar provimento aos EREsp para julgar improcedente a ação ordinária ajuizada pela embargada. **Precedentes citados: REsp 584.392-PE, DJ 25/4/2007; REsp 440.674-RN, DJ 23/8/2004; REsp 363.281-RN, DJ 10/3/2003; REsp 983.077-SC, DJe 27/11/2008; MS 11.563-DF, DJ 7/8/2006; MS 7.765-DF, DJ 14/10/2002; REsp 1.006.191-PI, DJe 18/12/2008, e REsp 579.020-AL, DJe 5/11/2008. EREsp 1.100.057-RS, Rel. Min. Eliana Calmon, julgados em 28/10/2009.** (Inform. STJ 413)

INDENIZAÇÃO. DESCONTINUIDADE. FORNECIMENTO. ENERGIA ELÉTRICA.

Trata-se de REsp em que a recorrente busca desconstituir acórdão que a condenou, entre outras coisas, ao pagamento de indenização à recorrida em decorrência de reiteradas e não comunicadas interrupções de fornecimento de energia elétrica, fato que teria causado a essa última graves danos à sua produção. A Turma entendeu que a interrupção do serviço em situação de emergência e quando motivada por razões de ordem técnica ou de segurança das instalações não caracteriza a descontinuidade, por expressa previsão legal. Ademais, sobressai nítido do art. 6º, § 3º, I, da Lei n. 8.987/1995 que o fornecimento de energia elétrica é passível de interrupção, direito assegurado à concessionária em benefício da própria coletividade. Assim, obedecidos os limites toleráveis de interrupção, segundo os critérios estabelecidos pelo poder concedente, não há ato ilícito e, por consequência, o dever de reparar os danos à luz do Código Civil. Portanto, em princípio, assiste razão à recorrente, estando o direito à indenização condicionado à inobservância dos limites estabelecidos pela Portaria n. 46/1978 do DNAEE. Deve a questão, entretanto, ser resolvida na instância de origem, uma vez que não apreciada, por ser prejudicial diante da fundamentação adotada no acórdão recorrido. Diante disso, deu-se parcial provimento ao recurso. **REsp 935.468-AL, Rel. Min. Eliana Calmon, julgado em 24/3/2009. (Inform. STJ 388)**

INTERRUPÇÃO. ÁGUA. MUNICÍPIO. INADIMPLÊNCIA.

Por dívida de quatorze milhões de reais com a companhia concessionária de água e esgoto, o município teve interrompido o fornecimento desses serviços em órgãos administrativos, inclusive a própria prefeitura. O município impetrou mandado de segurança com pedido de concessão de liminar e o juiz a deferiu, determinando o imediato restabelecimento dos serviços. A companhia, então, formulou pedido de suspensão de liminar perante a presidência do TJ, que a deferiu. Daí a presente suspensão de segurança formulada pelo município nos termos do art. 4º da Lei n. 8.437/1992, art. 25 da Lei n. 8.038/1990 e art. 271 do RISTJ, a qual foi concedida, tendo a companhia agravado dessa decisão. A Corte Especial, por maioria, deu provimento ao agravo regimental para restabelecer os efeitos da decisão proferida pelo Presidente do TJ. Destacou-se que, no caso, o corte desses serviços deverá atingir os responsáveis pelo inadimplemento com a concessionária de serviço público e, ainda, que não faria sentido admitir-se o fornecimento gratuito mesmo a um órgão público, porque ele também tem de cumprir suas obrigações. Ressalvou-se que se abre exceção apenas para a interrupção de fornecimento de água nos casos dos hospitais e das escolas públicas (atividades essenciais), a qual necessita de procedimentos como prévia notificação. **AgRg na SS 1.764-PB, Rel. originário Min. Barros Monteiro, Rel. para acórdão Min. Ari Pargendler, julgado em 27/11/2008.** (Inform. STJ 378)

ENERGIA ELÉTRICA. SUSPENSÃO. POSTO. SAÚDE.

A Turma reiterou o entendimento de que é ilegítima a interrupção de fornecimento de energia elétrica de município inadimplente, quando atingir unidades públicas provedoras de necessidades inadiáveis, i. e., referentes à sobrevivência, saúde ou segurança da coletividade, aplicando-se por analogia à Lei de Greve (art. 11, parágrafo único, da Lei n. 7.783/1989). **Precedentes citados: EREsp 721.119-RS, DJ 10/9/2007; REsp 302.620-SP, DJ 16/2/2004, e REsp 460.271-SP, DJ 21/2/2005. REsp 831.010-RS, Rel. Min. Castro Meira, julgado em 26/8/2008.** (Inform. STJ 365)

CORTE. ENERGIA ELÉTRICA. INADIMPLEMENTO. AGÊNCIAS. INSS.

A Turma entendeu que o corte no fornecimento de energia elétrica, quando se trata de pessoa jurídica de direito público, é indevido apenas nas unidades cujo funcionamento não pode ser interrompido, como hospitais, prontos-socorros, centros de saúde, escolas e creches. No caso, trata-se de agências do INSS localizadas no Estado do Rio de Janeiro, que estão com atraso no pagamento das contas de energia elétrica. Assim, a Turma deu provimento ao recurso para que a recorrente tenha possibilidade de cortar o fornecimento de energia elétrica em caso de inadimplemento do usuário. **REsp 848.784-RJ, Rel. Min. Eliana Calmon, julgado em 9/2/2008.** (Inform. STJ 345)

COMPETÊNCIA. REVISÃO. CRITÉRIO. TARIFAÇÃO. CONSUMO. ÁGUA.

Trata-se de recurso contra acórdão que reconheceu ser legal o critério de tarifação de consumo de água instituído pelo Dec. estadual n. 41.446/1996. O inconformismo deve-se ao fato de que o sistema de cálculo e de preço aplicado aos prédios comerciais, caso da recorrente, resulta em valores superiores aos decorrentes do consumo doméstico. Assim, o principal argumento de direito empregado é no sentido da inconstitucionalidade da referida legislação estadual, que teria também infringido textos de lei federal, quais sejam, o Dec. n. 82.587/1978 e a Lei n. 6.528/1978. Todavia o apelo não merece acolhida, uma vez que o acórdão recorrido, ao decidir o litígio, apoiou-se integralmente no exame da norma local. Mas a Turma não conheceu do recurso por óbice da Súm. n. 280-STF e, por outro lado, pela manifesta incompetência deste Superior Tribunal (art. 102, III, d, CF/1988). **REsp 968.480-SP, Rel. Min. José Delgado, julgado em 12/2/2008.** (Inform. STJ 344)

SERVIÇOS. FORNECIMENTO. ÁGUA E ESGOTO. NATUREZA JURÍDICA. JURISPRUDÊNCIA. STJ. STF.

A jurisprudência deste Superior Tribunal é no sentido de que a natureza jurídica do valor cobrado pelas concessionárias de serviço público de água e esgoto é tributária, motivo pelo qual a sua instituição está adstrita ao princípio da estrita legalidade, por isso que, somente por meio de "lei em sentido estrito", pode exsurgir a exação e seus consectários. Entretanto a jurisprudência do STF uniformizou-se no sentido de considerar a remuneração paga pelos serviços de água e esgoto como tarifa, afastando, portanto, seu caráter tributário, ainda quando vigente a constituição anterior (RE 54.491-PE, DJ 15/10/1963). Isso posto, a Turma, reiterando a jurisprudência mais recente sobre o tema, ao prosseguir o julgamento, conheceu parcialmente do recurso e, nessa parte deu-lhe provimento, entendendo tratar-se de tarifa pública. **REsp 802.559-MS, Rel. Min. Luiz Fux, julgado em 14/8/2007.** (Inform. STJ 327)

ÁGUA. ESGOTO. NATUREZA JURÍDICA NÃO TRIBUTÁRIA. SERVIÇO. ESGOTAMENTO SANITÁRIO.

A Turma, ao prosseguir o julgamento, negou provimento ao agravo. A Min. Relatora esclareceu que, se o Tribunal de Justiça reconheceu a não prestação do serviço de esgotamento sanitário, é impossível, nesta via, admiti-lo para se autorizar a cobrança da tarifa. Por outro lado, consolidada a jurisprudência no sentido de que a contraprestação pelo serviço público de fornecimento de água não tem natureza tributária, revela-se inadmissível o dissídio pretoriano suscitado pela agravante. Precedentes citados: REsp 149.654-

SP, DJ 17/10/2002, e REsp 740.967-RS, DJ 28/4/2006. **AgRg no Ag 819.677-RJ, Rel. Min. Denise Arruda, julgado em 15/5/2007.** (Inform. STJ 320)

SUSPENSÃO. ENERGIA ELÉTRICA. FRAUDE. MEDIDOR.

A controvérsia, nos autos, consiste em saber se é possível ou não a interrupção de fornecimento de energia elétrica em razão de inadimplemento de débitos antigos apurados pela concessionária de energia elétrica, que constatou fraude no medidor de consumo de energia. Os valores cobrados referem-se à diferença do consumo médio de energia, considerando os eletrodomésticos da residência do consumidor e os valores pagos durante o período. Destacou-se que a presente hipótese não trata de simples inadimplemento de contas antigas deixadas ao esquecimento da companhia elétrica, mas de lançamento de débito por fraude no medidor da residência da consumidora. A companhia, logo constatada a fraude, buscou cobrar o débito, tendo, inclusive, chegado a efetivar acordo com a usuária, que só pagou duas prestações. Sendo assim, é lícito, na hipótese, a concessionária interromper o fornecimento de energia elétrica, após aviso prévio, se a consumidora não solver a dívida. Porquanto, diante da fraude, não há dúvida quanto à existência de energia consumida que não foi quitada. Isso posto, a Turma, ao prosseguir o julgamento, por maioria, deu provimento ao recurso da companhia. **REsp 806.985-RS, Rel. originário Min. Herman Benjamin, Rel. para acórdão Min. João Otávio de Noronha, julgado em 15/3/2007.** (Inform. STJ 313)

ENERGIA ELÉTRICA. MEDIDOR. QUESTIONAMENTO. CONSUMIDOR. DESCABIMENTO. CORTE.

A Turma, prosseguindo o julgamento, decidiu que, na falta de pagamento de valores referentes a diferenças apuradas e contestadas pelo usuário alegando irregularidades no medidor, descabe o corte no fornecimento da energia elétrica, uma vez que o débito contestado refere-se a valores cobrados em fatura mensal do que foi utilizado efetivamente e do que ficou constando do medidor irregular. Outrossim, configura constrangimento o corte do fornecimento de energia elétrica enquanto pendente a discussão da apuração irregular contestada pelo usuário. Precedentes citados: REsp 793.422-RS, DJ 17/8/2006, e REsp 834.954-MG, DJ 7/8/2006. **REsp 633.722-RJ, Rel. Min. Herman Benjamin, julgado em 13/2/2007.** (Inform. STJ 310)

CORTE. FORNECIMENTO. ÁGUA. INADIMPLÊNCIA.

Cuidava-se de ação civil pública impetrada pelo Ministério Público com o desiderato de impedir que a companhia de saneamento suspendesse o fornecimento de água a usuários inadimplentes no âmbito de município. Diante disso e de precedentes deste Superior Tribunal, a Turma reafirmou que, nos termos da Lei n. 8.987/1995, não se considera quebra da continuidade do serviço público sua interrupção em situação emergencial ou, após prévio aviso, quando motivada pela inadimplência do usuário, cortes de fornecimento que não afrontam o preceituado no CDC. Precedentes citados: EREsp 337.965-MG, DJ 8/11/2004, e REsp 363.943-MG, DJ 1º/3/2004. **REsp 596.320-PR, Rel. Min. João Otávio de Noronha, julgado em 12/12/2006.** (Inform. STJ 308)

CONCESSÃO. TELECOMUNICAÇÕES. TRANSFERÊNCIA. QUOTAS. AUTORIZAÇÃO TÁCITA.

O recurso interposto pelo assistente litisconsorcial tem como fundamento a negativa de vigência ao art. 38, **c**, da Lei n. 4.117/1962. Porém o Min. Relator entendeu que, no caso, não tem aplicação o dispositivo invocado, uma vez que não implica mera transferência de quotas, mas compra de metade da concessionária de serviços de telecomunicações, inclusive com alteração de gerência. A tese segundo a qual a indicação de gerente não passa de mera consequência da alteração das quotas não prevalece *in casu*, em que se trata de concessão de serviços de telecomunicações. Esclareceu o Min. Relator que se torna evidente, até pela composição societária apresentada à autorização estatal, a mudança no controle da empresa, pois somente o sócio admitido deteria 50% do capital social, enquanto os demais, quatro ao total, dividiriam as quotas restantes. Ademais, o Regulamento dos Serviços de Telecomunicações (Dec. n. 52.795/1963) trazia, em seus arts. 14, 99 e 100, uma série de exigências a serem cumpridas pelos gerentes e administradores das empresas de radiodifusão que visavam aferir as condições pessoais dos novos dirigentes. Trata-se de mais uma evidência de que o controle estatal não poderia ser suprido pelo mero decurso do prazo, sob pena de se atribuir a particulares uma espécie de "autocontrole" ou "autofiscalização". Constatada, portanto, a alteração substancial nos atos constitutivos da concessionária em face da nova composição societária, que denota mudança nos seus controles econômico e administrativo, necessária a expressa autorização do poder concedente. Com esse entendimento, a Turma negou provimento ao recurso. **REsp 636.302-DF, Rel. Min. Herman Benjamin, julgado em 26/9/21006.** (Inform. STJ 298)

CORTE. ENERGIA ELÉTRICA. INADIMPLENTE.

A Turma, ao prosseguir o julgamento, reafirmou que, diante do interesse da coletividade, o princípio da continuidade do serviço público (art. 22 do CDC) deve ser ponderado frente à possibilidade de interrupção do serviço quando, após aviso, haja a perpetuação da inadimplência do usuário. Asseverou que a jurisprudência deste Superior Tribunal proclama que, se diante da inadimplência de pessoa jurídica de direito público, deve-se preservar o fornecimento de eletricidade às unidades públicas provedoras de necessidades inadiáveis da comunidade (hospitais, prontos-socorros, centros de saúde, escolas e creches). Aduziu, também, em homenagem às ponderações feitas pelo Min. Herman Benjamin no seu voto-vista, que o entendimento, em excepcionais casos, deve ser abrandado se o corte puder causar lesões irreversíveis à integridade física do usuário, isso em razão da supremacia da cláusula de solidariedade prevista no art. 3º, I, da CF/1988. Precedentes citados: REsp 460.271-SP, DJ 21/2/2005; REsp 591.692-RJ, DJ 14/3/2005; REsp 615.705-PR, DJ 13/12/2004, e AgRg na SLS 216-RN, DJ 10/4/2006. **REsp 853.392-RS, Rel. Min. Castro Meira, julgado em 21/9/2006.** (Inform. STJ 297)

SUSPENSÃO. ENERGIA ELÉTRICA. ESCOLA PÚBLICA. A Turma negou provimento ao recurso ao argumento de que a interrupção de fornecimento de energia elétrica de ente público inadimplente somente é considerada ilegítima quando atinge necessidades inadiáveis da comunidade, entidades essas – por analogia à Lei de Greve – como "aquelas que, não atendidas, coloquem em perigo iminente a sobrevivência, a saúde ou a segurança da população" (hospitais, prontos-socorros, centros de saúde, escolas e creches). **REsp 845.982-RJ, Rel. Min. Castro Meira, julgado em 22/8/2006.** (Inform. STJ 294)

SUSPENSÃO. ENERGIA ELÉTRICA. ESCOLA PÚBLICA. A Turma negou provimento ao recurso ao argumento de que a interrupção de fornecimento de energia elétrica de ente público inadimplente somente é considerada ilegítima quando atinge necessidades inadiáveis da comunidade, entidades essas – por analogia à Lei de Greve – como "aquelas que, não atendidas, coloquem em perigo iminente a sobrevivência, a saúde ou a segurança da população" (hospitais, prontos-socorros, centros de saúde, escolas e creches). **REsp 845.982-RJ, Rel. Min. Castro Meira, julgado em 22/8/2006.** (Inform. STJ 294)

14.7. QUADRO SINÓTICO

1. Conceito: *atividade oferecida aos administrados, prestada pelo Estado ou por concessionário, sob regime de Direito Público*

– Ex: energia, água, telefone, transporte coletivo, lixo

– Constituição Federal ou lei local estabelecem os serviços que são ou serão públicos

2. Deveres do Estado quanto ao serviço público

– **Regulamentar:** dispor como o serviço deverá ser prestado

– **Fiscalizar:** verificar se o particular está cumprindo o regulamento do serviço

– **Executar:** por si ou por terceiro, mediante concessão ou permissão

3. Princípios do serviço adequado

3.1. Generalidade: *todos devem ter acesso ao serviço, garantido o tratamento equânime aos usuários que estiverem na mesma situação*

3.2. Eficiência

3.3. Segurança

3.4. Cortesia

3.5. Atualidade: compreende a modernidade das técnicas, do equipamento e das instalações e a sua conservação, bem como a melhoria e expansão do serviço

3.6. Modicidade das tarifas: ou seja, as tarifas devem ter preços acessíveis

3.7. Regularidade e Continuidade: *impõe que o serviço esteja sempre à disposição para utilização coletiva*

– O serviço público não pode ser interrompido, mesmo em caso de greve, quando será mantido para garantir o mínimo à população

– Exceções: o serviço pode ser interrompido em situação de emergência ou após aviso prévio, por: a) razões de ordem técnica ou segurança; b) inadimplemento do usuário, considerado o interesse da coletividade

–O STJ admite o corte do serviço por inadimplemento

– Não cabe o corte em 3 casos: a) serviços essenciais; b) débitos antigos; c) cobrança por aferição unilateral

4. Classificação do serviço público

4.1. Quanto à essencialidade:

a) ***serviços públicos:*** *são os que a Administração presta diretamente à comunidade, por serem essenciais à sobrevivência do grupo social* (exs: defesa, polícia)

– Outros nomes: *pró-comunidade* ou *próprios do Estado*

b) ***serviços de utilidade pública:*** *são os prestados pela Administração ou concessionários, por ser conveniente que haja regulamentação e controle* (exs: luz, gás, telefone)

– Outros nomes: *pró-cidadão* ou *impróprios do Estado*

4.2. Quanto aos destinatários:

a) ***uti singuli:*** tem *usuários determinados* (ex: água, luz)

b) ***uti universi:*** tem *usuários indeterminados* (ex: segurança)

4.3. Quanto à finalidade:

a) administrativos: *executados para atender as necessidades da Administração ou preparar outros serviços que serão prestados ao público*

b) industriais/comerciais: *são os que produzem renda para quem os presta, por meio de tarifa ou preço* (ex: correios)

c) sociais: educação, saúde etc.

14.8. QUESTÕES COMENTADAS

14.8.1. Conceito, características principais, classificação e princípios

(Magistratura/SP – 2013 – VUNESP) A celebração de um contrato administrativo, tendo por objeto a construção de uma usina eólica, para ter validade jurídica,

(A) prescinde de qualquer autorização de outro Poder, por falta de previsão constitucional.

(B) está condicionada à aprovação popular.

(C) reclama prévia autorização do Poder Judiciário.

(D) está condicionada à prévia autorização do Poder Legislativo.

Os potenciais de energia eólica, diferentemente dos de energia hidráulica (art. 21, XII, "b", da CF), por exemplo, não estão elencados na Constituição como potenciais que exigem autorização, permissão ou concessão estatais. Assim, não há necessidade de aprovação de qualquer outro Poder ou de aprovação popular, ficando afastadas as alternativas "b", "c" e "d", estando correta a alternativa "a".

Gabarito "A"

(Magistratura/MG – 2012 – VUNESP) Com relação ao entendimento do Supremo Tribunal Federal acerca dos serviços postais, assinale a alternativa correta.

(A) O serviço postal é serviço público exclusivo da União, prestado pela Empresa Brasileira de Correios e Telégrafos (ECT) em situação de privilégio.

(B) Os veículos utilizados pela ECT para prestação dos serviços postais podem ser penhorados, desde que em decorrência de execução fiscal pelo não pagamento do IPVA.

(C) A ECT é empresa pública submetida ao regime privado, razão pela qual suas dívidas judiciais não se submetem ao regime de precatório.

(D) O Estado de Minas Gerais pode cobrar o ICMS incidente sobre o serviço de transporte de encomendas realizado pela ECT, tendo em vista que a imunidade tributária do artigo 150, VI, 'a', CF, não se aplica às empresas privadas.

A: correta (art. 21, X, da CF); **B** a **D:** incorretas, pois, pelo fato de os Correios terem monopólio, não concorrendo com outras entidades privadas, o STF entende que são titulares da imunidade de impostos atribuída à Fazenda Pública, bem como a impenhorabilidade de bens.

Gabarito "A"

(Ministério Público/SP – 2011) Os serviços notariais e de registro

(A) são exercidos em caráter privado, por delegação do Poder Público.

(B) são exercidos em caráter privado, sujeitos à fiscalização do Poder Legislativo.

(C) são de natureza pública, sujeitos ao regime de concessão de serviço público.

(C) são exercidos em caráter público, dependendo de concurso público de provas e títulos o ingresso em sua atividade.

(E) são exercidos em caráter privado, sujeitos à fiscalização do Poder Executivo.

Segundo o art. 236 da Constituição, os serviços notariais e de registro são exercidos em caráter privado, por delegação do Poder Público.

Gabarito "A"

(Defensor Público/BA – 2010 – CESPE) Acerca de serviços públicos, julgue o item a seguir.

(1) Entre os serviços públicos de prestação obrigatória e exclusiva do Estado, que não podem ser prestados por concessão, permissão ou autorização, inclui-se a navegação aérea e a infraestrutura aeroportuária, os serviços de transporte ferroviário e aquaviário entre portos brasileiros e fronteiras nacionais.

1: incorreta, pois tais serviços podem, sim, ser objetos de delegação (art. 21, XII, da CF).

Gabarito 1E

(Defensor Público/GO – 2010 – I. Cidades) De acordo com a ordem jurídica constitucional e sua interpretação pelo Supremo Tribunal Federal, são livres à iniciativa privada, independentemente de concessão ou permissão, os serviços públicos prestados nas áreas

(A) de saúde e educação.

(B) de educação e transporte coletivo.

(C) postal e de educação.

(D) postal e de saúde.

(E) de saúde e transporte coletivo.

De fato, os serviços de saúde e educação têm essa característica, não sendo necessário que alguém obtenha uma concessão ou permissão para prestá-los. Todavia, tais serviços estão sujeitos a certos credenciamentos e a uma fiscalização intensiva pelo Estado, considerando sua importância para a sociedade.

Gabarito "A"

(Procurador do Município/São José dos Campos-SP – 2012 – VUNESP) Em relação à classificação dos serviços públicos, é correto afirmar que Serviços

(A) de Utilidade Pública são os que a Administração, reconhecendo sua necessidade para os membros da coletividade, presta-os diretamente.

(B) próprios do Estado são aqueles que se relacionam diretamente com as atribuições do Poder Público e, para a execução dos quais, a Administração usa de sua supremacia com os administrados.

(C) industriais são os que produzem renda para quem os presta, porém essa remuneração é denominada contribuição de melhoria.

(D) gerais, como o de iluminação pública, são os que a Administração presta quando tem usuários determinados.

(E) públicos individuais são os que têm usuários determinados, porém uma vez implantados não geram direitos à sua obtenção por todos os administrados.

A: incorreta. Serviços de utilidade pública (ou *serviços impróprios do Estado*) são aqueles que podem ser executados não só diretamente pela Administração, como também por concessionário; **B:** correta, pois os *serviços próprios do Estado* são aqueles que só a Administração pode prestar, exatamente por se relacionarem com as próprias atribuições do Poder Público; naturalmente, em tais serviços a Administração tem o poder de usar a sua supremacia; **C:** incorreta, pois, apesar de ser correto dizer que tais serviços são os que produzem renda para quem os presta, a remuneração desses serviços não se dá por meio de tributos, mas sim por meio de preço ou tarifa; **D:** incorreta, pois os serviços gerais, por definição, têm usuários gerais ou indeterminados; **E:** incorreta, pois todos os serviços públicos devem respeitar o dever de generalidade, de modo que todos os administrados têm direito à sua obtenção.

Gabarito "B"

(Magistratura do Trabalho – 1ª Região – 2010 – CESPE) Assinale a opção correta acerca das características e da classificação dos serviços públicos.

(A) Os serviços públicos prestados diretamente pelo Estado submetem-se à disciplina do direito público, mas os serviços prestados por particulares em colaboração com o poder público são regidos integralmente por normas de direito privado.

(B) Os serviços de utilidade pública, ao contrário do que acontece com os serviços administrativos, são indelegáveis e, por isso, somente podem ser prestados por órgãos e agentes do próprio Estado.

(C) Os denominados serviços públicos próprios, destinados a atender necessidades coletivas, só podem ser executados por órgãos da administração direta.

(D) Os serviços que têm por finalidade a satisfação individual e direta das necessidades dos cidadãos, como os de energia elétrica, gás e transportes, são exemplos de serviços públicos *uti universi*.

(E) Considera-se serviço público toda atividade exercida pelo Estado ou por seus delegados, sob regime total ou parcial de direito público, com vistas à satisfação de necessidades essenciais e secundárias da coletividade.

A: incorreta, pois os particulares em colaboração com o Poder Público (exs.: jurados, mesários, tabeliães, registradores etc.) também atuam em serviços regidos por normas de direito público; **B:** incorreta, pois os *serviços de utilidade pública* ou *serviços impróprios do Estado* são delegáveis, sim; **C:** incorreta, pois podem ser prestados tanto pelo Estado (administração direta e indireta) quanto por particulares; **D:** incorreta, pois a possibilidade de individualizar (singularizar) os destinatários desses serviços os torna *uti singuli*; **E:** correta, pois traz definição adequada de serviço público.

Gabarito "E"

(Magistratura do Trabalho – 15ª Região – 2010) Não é princípio, ou requisito que se amolde ao regime jurídico do serviço público:

(A) a continuidade;

(B) a cortesia na sua prestação;

(C) a imutabilidade do regime jurídico;

(D) a generalidade;

(E) a modicidade das tarifas.

O art. 6º, § 1º, da Lei 8.987/1995 estabelece a necessidade de o serviço público observar a continuidade, a cortesia na sua prestação, a generalidade, a modicidade das tarifas e outras diretrizes, mas não determina que se deve observar a "imutabilidade do regime jurídico". Aliás, em relação às cláusulas regulamentares de um serviço público, estas devem variar de acordo com as exigências do interesse público, de modo que são mutáveis. Se se tratar de uma concessão de serviço público, o concessionário se sujeita a essas mudanças nas cláusulas regulamentares, tendo direito apenas à manutenção do equilíbrio das cláusulas meramente econômicas dos contratos de concessão.

Gabarito "C"

(Magistratura do Trabalho – 23ª Região – 2012) Assinale a alternativa que contém proposição incorreta.

(A) São consequências da aplicação do princípio da continuidade do serviço público, nos contratos administrativos, os privilégios para a Administração de encampação e de uso compulsório de recursos humanos e materiais da contratada, quando necessário para garantir a continuidade da execução do serviço.

(B) O princípio da flexibilidade dos meios ao fim autoriza mudanças no regime de execução do serviço público para adaptá-lo ao interesse público.

(C) serviço público adequado é definido por lei como o que satisfaz as condições de regularidade, continuidade, eficiência, segurança, atualidade, generalidade, cortesia na sua prestação e modicidade das tarifas.

(D) nos termos da lei, caracteriza-se como descontinuidade do serviço público, também, a sua interrupção em situação de emergência ou após prévio aviso, quando motivada por razões de ordem técnica ou de segurança das instalações, nem por inadimplemento do usuário, considerado o interesse da coletividade.

(E) pelo princípio da igualdade dos usuários perante o serviço público, desde que a pessoa satisfaça às condições legais, faz jus à prestação do serviço público, sem qualquer distinção de caráter pessoal.

A: assertiva correta, pois, nos dois casos (encampação e uso compulsório de recursos), há de se cuidar para que o serviço não seja interrompido, preservando-se o princípio da continuidade do serviço público; **B:** assertiva correta, pois, desde que não haja mudança no objeto da concessão, mas apenas no regulamento do serviço, o poder concedente tem, de fato, flexibilidade para alterar cláusulas regulamentares do serviço, de modo a atender as mudanças do interesse público; **C:** assertiva correta (art. 6º, § 1º, da Lei 8.987/1995); **D:** assertiva incorreta, devendo ser assinalada; pois não se caracteriza como descontinuidade do serviço a sua interrupção nos casos citados (art. 6º, § 3º, da Lei 8.987/1995); **E:** assertiva correta, para que se atenda ao princípio da isonomia, da impessoalidade e da generalidade, sendo que este se encontra no art. 6º, § 1º, da Lei 8.987/1995.

Gabarito "D"

(Analista – TRT/6ª – 2012 – FCC) A respeito dos princípios e regime jurídico aplicável ao serviço público é correto afirmar que

(A) o princípio da universalidade veda a exploração por regime de concessão de serviços de natureza essencial.

(B) a modicidade tarifária impõe a obrigação do poder concedente de subsidiar a prestação de serviço público por concessionários ou permissionários quando o mesmo se mostrar deficitário.

(C) o princípio da universalidade e da igualdade dos usuários veda a suspensão da prestação de serviço público por inadimplemento do usuário.

(D) o princípio da continuidade do serviço público impede a Administração de encampar o serviço enquanto não selecionar, por procedimento licitatório, nova concessionária ou permissionária.

(E) o princípio da continuidade do serviço público impede o concessionário de rescindir unilateralmente o contrato no caso de descumprimento das normas contratuais pelo poder concedente, devendo intentar ação judicial para esse fim.

A: incorreta, pois esse princípio tem outro sentido, qual seja, o de impor que os serviços públicos estejam à disposição de todos; ademais, a lei não impede que um serviço essencial seja objeto de concessão; **B:** incorreta, pois a modicidade impõe uma tarifa acessível, o que não significa que o poder concedente tenha que subsidiar o serviço; o fato de um serviço se mostrar deficitário tem que ser analisado com calma, podendo ser que o modelo escolhido tenha sido inadequado (já que se deve usar a parceria público-privada quando as tarifas são insuficientes) ou que a concessionária esteja gerindo mal o serviço; problemas de déficit devem ser resolvidos, num primeiro momento, pelo aumento de tarifa (sem que esta deixa de ser acessível); outra possibilidade é verificar se o edital permite que se institua outras fontes de renda, como a publicidade; **C:** incorreta, pois, em caso de não pagamento, a Lei 8.987/1995 admite a interrupção no fornecimento do serviço (art. 6º,§ 3º, II, da Lei 8.987/1995); **D:** incorreta, pois o art. 37 da Lei 8.987/1995 não estabelece esse requisito prévio à encampação; **E:** correta (art. 39 da Lei 8.987/1995).

Gabarito "E"

(Analista – TRT/21ª – 2010 – CESPE) Em relação aos princípios administrativos e aos serviços públicos, julgue os itens que se seguem.

(1) O princípio da imutabilidade do regime jurídico é inerente ao regime jurídico dos serviços públicos, razão pela qual os usuários do serviço público e os contratados pela administração têm direito adquirido à manutenção de determinado regime jurídico.

1: incorreta, pois em hipótese alguma há direito adquirido a um dado regime jurídico, uma vez que tais regimes são modificados de acordo com o interesse público, que tem primazia em relação ao interesse particular; de qualquer forma, é bom lembrar que, caso isso importe em prejuízo econômico ao particular que tiver celebrado contrato com a Administração, esta, para preservar o equilíbrio econômico inicial, deve indenizar o primeiro.

Gabarito 1E

(Analista – TRT/23ª – 2011 – FCC) O Jurista José dos Santos Carvalho Filho apresenta o seguinte conceito para um dos princípios dos serviços públicos: Significa de um lado, que os serviços públicos devem ser prestados com a maior amplitude possível, vale dizer, deve beneficiar o maior número de indivíduos. Mas é preciso dar relevo também ao outro sentido, que é o de serem eles prestados, sem discriminação entre os beneficiários, quando tenham estes as mesmas condições técnicas e jurídicas para a fruição. Trata-se do princípio da

(A) modicidade.

(B) continuidade.

(C) eficiência.

(D) generalidade.

(E) atualidade.

A: incorreta, pois o princípio da modicidade impõe tarifas acessíveis, não guardando relação com o enunciado; **B:** incorreta, pois o princípio da modicidade impõe que os serviços públicos não sejam interrompidos, salvo as exceções legais, também não guardando relação com o enunciado; **C:** incorreta, pois o princípio da eficiência impõe que o serviço público seja eficaz, atendendo às legítimas expectativas dos usuários, também não guardando relação com o enunciado; **D:** correta, pois o princípio da generalidade tem os dois sentidos trazidos no enunciado, quais sejam, de que os serviços devem atender ao maior número de pessoas e que os serviços não podem discriminar usuários que estejam na mesma situação; **E:** incorreta, pois o princípio da atualidade impõe a modernidade das técnicas, dos equipamentos e das instalações dos serviços públicos, bem como a sua conservação, melhoria e expansão, não guardando relação com o enunciado da questão.

Gabarito "D"

(Analista – TJ/ES – 2011 – CESPE) No que se refere aos serviços públicos, julgue os itens a seguir.

(1) Os serviços públicos devem ser prestados ao usuário com a observância do requisito da generalidade, o que significa dizer que, satisfeitas as condições para sua obtenção, eles devem ser oferecidos sem qualquer discriminação a quem os solicite.

(2) Consideram-se serviços públicos *uti universi* os que são prestados à coletividade, mas usufruídos indiretamente pelos indivíduos, como são os serviços de defesa do país contra inimigo externo e os serviços diplomáticos.

1: correta, pois um dos sentidos do princípio da generalidade é justamente a impossibilidade de se proceder à discriminação entre os usuários; **2:** correta; os serviços *uti universi* têm usuários indeterminados (ex: *vide* os exemplos citados na afirmativa), diferenciando-se dos serviços *uti singuli*, que têm usuários determinados (exs: serviços de água e energia elétrica).

Gabarito 1C, 2C

(Auditor Fiscal/ES – 2009 – CESPE) Julgue o item que se segue.

(1) Os serviços de defesa nacional, segurança interna e fiscalização de atividades são exemplos de serviços públicos indelegáveis.

1: correta. De fato, todos os exemplos citados são de serviços públicos indelegáveis, não cabendo falar-se em concessão, permissão ou autorização aos particulares.

Gabarito "C"

(OAB/Exame Unificado – 2012.3.A) Acerca dos serviços considerados como serviços públicos *uti singuli*, assinale a afirmativa correta.

(A) Serviços em que não é possível identificar os usuários e, da mesma forma, não é possível a identificação da parcela do serviço utilizada por cada beneficiário.

(B) Serviços singulares e essenciais prestados pela Administração Pública direta e indireta.

(C) Serviços em que é possível a identificação do usuário e da parcela do serviço utilizada por cada beneficiário.

(D) Serviços que somente são prestados pela Administração Pública direta do Estado.

A: incorreta, pois essa definição é de serviços *uti universi*; serviços *uti singuli* são aqueles em que é possível identificar o usuário e a parcela do serviço utilizada por cada beneficiário; **B:** incorreta, pois serviços *uti singuli* são aqueles em que é possível identificar o usuário e a parcela do serviço utilizada por cada beneficiário, seja o serviço essencial ou não; **C:** correta, pois traz a exata definição de serviços *uti singuli*; um exemplo são os serviços de telefonia e energia elétrica; **D:** incorreta, pois tais serviços (*uti singuli*) podem ser prestados também pela Administração Pública indireta e até por particulares concessionários de serviço público, como é o caso do serviço de telefonia.

Gabarito "C"

(OAB/Exame Unificado – 2011.3.B) São princípios próprios ou específicos dos serviços públicos, previstos na Lei 8.987/1995,

(A) moralidade, publicidade e legalidade.

(B) especificidade, publicidade e moralidade.

(C) continuidade, atualidade e cortesia.

(D) atratividade, mutualismo e comutatividade.

Os princípio próprios dos serviços públicos, previstos no art. 6º, § 1º, da Lei 8.987/1995, são os seguintes: regularidade, continuidade, eficiência, segurança, atualidade, generalidade, cortesia e modicidade das tarifas. Assim, apenas a alternativa "c" está correta.

Gabarito "C"

CAPÍTULO 15

Concessões de Serviço Público

15.1. CONCEITO DE CONCESSÃO DE SERVIÇO PÚBLICO

A concessão de serviço público pode ser conceituada como a *atribuição pelo Estado, mediante licitação, do exercício de um serviço público de que é titular, a alguém que aceita prestá-lo em nome próprio, por sua conta e risco, nas condições fixadas e alteráveis unilateralmente pelo Poder Público, ressalvada a manutenção do equilíbrio econômico-financeiro do contrato*[1].

A matéria vem regulamentada na Lei 8.987/1995, nos termos das diretrizes apontadas no art. 175 da Constituição Federal[2].

15.2. NOÇÕES GERAIS ACERCA DA CONCESSÃO DE SERVIÇO PÚBLICO

O concessionário de serviço público recebe o exercício (e não a titularidade) dos serviços públicos. Assim, só se concede o exercício do serviço público e não sua titularidade, que continua com o Estado, o qual, por ser dele titular, ditará as regras e fiscalizará o exercício concedido ao particular. A saúde e a educação, apesar de serem serviços públicos, não dependem de concessão para que os particulares as prestem, bastando autorizações, em alguns casos. O objetivo da concessão é o de obter o melhor serviço possível.

1. *Vide* a obra de Celso Antônio Bandeira de Mello.
2. "Art. 175. Incumbe ao Poder Público, na forma da lei, diretamente ou sob regime de concessão ou permissão, sempre através de licitação, a prestação de serviços públicos.

   Parágrafo único. A lei disporá sobre:

   I – o regime das empresas concessionárias e permissionárias de serviços públicos, o caráter especial de seu contrato e de sua prorrogação, bem como as condições de caducidade, fiscalização e rescisão da concessão ou permissão;

   II – os direitos dos usuários;

   III – a política tarifária;

   IV – a obrigação de manter serviço adequado."

Quanto à remuneração do concessionário, esta se dará por tarifa, subsídio e outros meios alternativos, como a publicidade, a qual é muito comum e pode ser verificada nos anúncios publicitários afixados nos ônibus de transporte coletivo.

A natureza da concessão não é simplesmente contratual, mas complexa. Trata-se de relação jurídica com três partes:

a) ato regulamentar: ato unilateral do Poder Público que fixa as condições de funcionamento, organização e modo da prestação dos serviços, podendo ser alterado unilateralmente também, de acordo com as necessidades públicas;

b) ato condição: concordância do concessionário, que aceita submissão ao ato regulamentar e às demais condições;

c) contrato: instrumento no qual estará prevista a questão financeira, garantindo-se, para o presente e para o futuro, o equilíbrio econômico-financeiro dos contratantes; caso haja alteração regulamentar ou outra alteração extracontratual que cause desequilíbrio, deve o Poder Público reequilibrar o contrato, mantendo a proporção, a igualdade inicial.

O Estado muda, unilateralmente, a regulamentação (as cláusulas regulamentares, que trazem as especificações de como e em que condições os serviços devem ser prestados), só respeitando a natureza do objeto do contrato e a equação econômico-financeira (cláusulas regulamentares que trazem as especificações sobre a parte econômica do contrato).

15.3. FORMALIDADES PARA A REALIZAÇÃO DA CONCESSÃO

Uma vez que um serviço é considerado público e se trate de um daqueles que o Estado pode fazer concessão, esta dependerá dos seguintes requisitos para que aconteça:

a) lei: esta deverá autorizar a concessão ou permissão do serviço público;

b) licitação na modalidade concorrência: além de ser necessária a realização de licitação, ela deve se dar, em matéria de concessão de serviço público, naquela modalidade mais abrangente, qual seja, a concorrência.

Quanto à licitação para a outorga de concessão, o julgamento será feito segundo um dos seguintes critérios: a) menor valor da tarifa; b) maior oferta pela concessão; c) melhor proposta técnica com preço fixado no edital; d) combinação de proposta técnica com valor da tarifa; e) combinação de proposta técnica com o preço da concessão; f) melhor preço da concessão, após aprovação da proposta técnica; g) menor tarifa, após aprovação da proposta técnica.

A Lei 9.491/1997, que regula o Programa Nacional de Desestatização, traz a modalidade leilão como adequada à respectiva licitação.

15.4. PODERES DO CONCEDENTE

A Lei 8.987/1995 estabelece que o titular do serviço público (concedente) tem os seguintes poderes numa concessão de serviço públicos:

a) de inspeção e fiscalização: vê-se desempenho, cumprimento de deveres e de metas;

b) de alteração unilateral das cláusulas regulamentares: respeitados equilíbrio financeiro e os limites legais (p. ex., não pode alterar a natureza do objeto da concessão);

c) de intervenção: em casos de comprometimento do serviço público, a Administração pode intervir na concessionária para regularizar a situação; ex.: intervenção em empresa de ônibus que não está desempenhando corretamente seu papel, mesmo após notificações e aplicação de multa;

d) extinção da concessão antes do prazo: a extinção pode se dar, dentre outros motivos, por conveniência e oportunidade do concedente para melhorar o serviço público (encampação ou resgate), ou por falta cometida pelo concessionário (caducidade);

e) aplicação de sanções ao concessionário inadimplente: multas, por exemplo.

15.5. PRAZO

A Lei 8.987/1995 não estabelece prazo máximo ou mínimo para a concessão de serviço público.

Portanto, faz-se necessário que o edital de concorrência pública para a outorga da concessão estabeleça qual será o prazo do contrato celebrado com o vencedor do certame.

Admite-se prorrogação da concessão, desde que haja previsão editalícia.

15.6. TRANSFERÊNCIA DA CONCESSÃO E DO CONTROLE ACIONÁRIO DA CONCESSIONÁRIA

A lei autoriza a transferência da concessão se a Administração previamente anuir, o que parece burlar a ideia de licitação, a nosso ver.

Por maior razão, a lei também autoriza a transferência do controle acionário da pessoa jurídica vencedora da licitação, também desde que haja anuência do Poder Concedente.

O art. 27 da Lei 8.987/1995 dispõe ser causa de caducidade da concessão (extinção por culpa do particular) a transferência da concessão ou do controle acionário sem tal anuência do Poder Concedente.

15.7. DIREITOS DO CONCESSIONÁRIO

O concessionário tem dois direitos básicos:

a) manutenção do equilíbrio econômico-financeiro do contrato no decorrer de sua execução;

b) não sofrer exigência de prestação estranha ao objeto da concessão.

Uma vez garantidos esses direitos, o concessionário é obrigado a cumprir as determinações regulamentares do Poder Concedente, que, de acordo com as exigências do interesse público, modificará as cláusulas regulamentares do serviço, estabelecendo os detalhes de como este deverá ser prestado.

15.8. FORMAS DE EXTINÇÃO

a) **Advento do termo contratual:** forma usual, em que termina o prazo da concessão e ela fica extinta. Os bens aplicados no exercício do serviço são revertidos para o Poder Concedente, nos termos previstos no edital. Hely Lopes Meirelles denomina tal forma de extinção como reversão, porque há retorno do serviço ao Poder Concedente. Preferimos não tratar da hipótese por este nome, uma vez que o instituto da reversão, que será visto a seguir, é a *consequência* da extinção da concessão e não uma *forma* de sua extinção.

b) **Rescisão judicial:** forma de extinção feita a pedido de qualquer um dos "contratantes". Como o Poder Público pode extinguir de ofício a concessão, geralmente a rescisão judicial será pedida pelo concessionário, por culpa do Poder Concedente. Na ação pode-se pleitear indenização por não ter havido, ainda, amortização do investimento feito pelo concessionário. Os serviços prestados pela concessionária não poderão ser interrompidos ou paralisados até a decisão judicial transitar em julgado. Extinta a concessão, os bens também são revertidos para o poder público, para garantia da continuidade do serviço público, na forma prevista no edital.

c) **Rescisão consensual:** mútuo acordo, com reversão dos bens da mesma forma.

d) **Rescisão por ato unilateral do Poder Concedente:**

d1) encampação ou resgate: é o encerramento da concessão por ato do Poder Concedente, durante o transcurso do prazo inicialmente fixado, *por motivo de conveniência e oportunidade administrativa* (espécie de revogação) sem que o concessionário haja dado causa ao ato extintivo. Depende de lei específica que o autorize, como forma de proteção ao concessionário e também porque geralmente enseja grandes custos. É necessária prévia indenização, que compense o investimento ainda não amortizado, bem como que faça frente aos lucros cessantes pela extinção prematura do contrato de concessão, já que não há culpa do concessionário. Bens revertem ao Poder Concedente. Ex.: fim dos bondes.

d2) caducidade ou decadência: encerramento da concessão antes do prazo, *por inadimplência do concessionário*[3]. Depende de prévio processo administrativo,

3. "Art. 38. A inexecução total ou parcial do contrato acarretará, a critério do poder concedente, a declaração de caducidade da concessão ou a aplicação das sanções contratuais, respeitadas as disposições deste artigo, do art. 27, e as normas convencionadas entre as partes.

§ 1º A **caducidade da concessão poderá ser declarada pelo poder concedente quando**:

I – o serviço estiver sendo prestado de forma inadequada ou deficiente, tendo por base normas, critérios, indicadores e parâmetros definidores de qualidade do serviço;

II – a concessionária descumprir cláusulas contratuais ou disposições legais ou regulamentares concernentes à concessão;

com direito a ampla defesa, para apuração da falta grave do concessionário, processo que só poderá ser acionado após comunicação detalhada à concessionária dos descumprimentos contratuais referidos no § 1º do art. 38 da Lei, dando-lhe prazo para regularização. Além das hipóteses previstas em tal dispositivo, é também causa da caducidade a transferência da concessão ou do controle acionário sem prévia anuência do Poder Concedente (art. 27). A declaração de caducidade será feita por decreto do Poder Concedente. Só se indeniza a parcela não amortizada, uma vez que houve culpa daquele que exercia o serviço público. Da eventual indenização devida serão descontados os valores relativos a multas contratuais e danos causados pela concessionária.

d3) anulação da concessão: é o encerramento da concessão quando esta for outorgada com vício jurídico. Se não houve má-fé por parte do concessionário, este terá direito à indenização pelas despesas que teve e para a amortização do investimento.

d4) falência da concessionária: faz com que se extinga a concessão feita.

d5) extinção da empresa ou morte do concessionário: também faz extinguir a concessão.

15.9. REVERSÃO DOS BENS

Consiste na *passagem ao Poder Concedente dos bens do concessionário aplicados no serviço público como consequência da extinção da concessão, cuja finalidade é manter a continuidade do serviço público.*

A reversão se dará nos limites definidos no edital de convocação para a licitação, assegurando-se ao concessionário a amortização do investimento que fez. Ex.: frota de ônibus de empresa que teve sua concessão extinta passa para o Poder Público.

15.10. RESPONSABILIDADE DO CONCESSIONÁRIO

Cabe lembrar aqui que o § 6º do artigo 37 da CF, que prevê a responsabilidade objetiva do Estado, dispõe que *as pessoas jurídicas de direito privado prestadoras de serviço público* respondem pelos danos que seus agentes, nessa qualidade, causarem a terceiros.

III – a concessionária paralisar o serviço ou concorrer para tanto, ressalvadas as hipóteses decorrentes de caso fortuito ou força maior;

IV – a concessionária perder as condições econômicas, técnicas ou operacionais para manter a adequada prestação do serviço concedido;

V – a concessionária não cumprir as penalidades impostas por infrações, nos devidos prazos;

VI – a concessionária não atender a intimação do poder concedente no sentido de regularizar a prestação do serviço;

VII – a concessionária for condenada por sentença transitada em julgado por sonegação de tributos, inclusive contribuições sociais."

Daí se conclui não somente que a responsabilidade dos concessionários é objetiva, como também que o Estado não responderá pelos danos causados por tais pessoas jurídicas a terceiros, mas sim o próprio concessionário.

O Poder Público responderá apenas subsidiariamente (ou seja, após o esgotamento do patrimônio da concessionária), desde que o dano tenha sido causado na prestação do serviço público.

15.11. PERMISSÕES DE SERVIÇO PÚBLICO

O conceito tradicional de permissão de serviço público é o seguinte: *ato unilateral e precário, "intuito personae", por meio do qual o Poder Público transfere a alguém o exercício de um serviço público, mediante licitação.*

Apesar da confusão na doutrina e na jurisprudência, principalmente após a Constituição de 1988 (que parece dar natureza contratual à permissão) e a Lei 8.987/1995 (que também utiliza a palavra "contrato de adesão" para designá-la), deve-se encarar a permissão como *ato unilateral, precário e sem direito à indenização por extinção unilateral,* adotando-se seu conceito tradicional, já que o art. 2º, IV, da Lei 8.987/1995 é claro ao dispor que a permissão é precária, característica essa incompatível com a ideia de contrato, que é vínculo firme, que faz lei entre as partes, e não vínculo precário.

Assim, a Administração deve ser muito responsável quando analisa se um caso concreto é hipótese de concessão ou de permissão de serviço público. Se este requisitar grandes investimentos (ex.: serviço de transporte coletivo de massa), a Administração deverá outorgar concessão. Senão, poderá ser outorgada permissão (ex.: serviço de transporte individual por táxi).

Isso não foi respeitado no passado, principalmente na concessão do serviço de transporte coletivo, em que se outorgava permissão, quando deveria ser concessão.

Dessa forma, tendo em vista o princípio da boa-fé, da presunção de legitimidade dos atos da Administração e da relevância desses fatos, em casos em que caberia concessão e fora dada permissão, caso haja revogação dessa antes do tempo, deve-se usar o regime jurídico da concessão para reger as consequências decorrentes de tal intenção do Poder Público.

Nesse sentido, Maria Sylvia Zanella Di Pietro traz a diferenciação entre a permissão tradicional e a permissão condicionada ou qualificada, ensinando o seguinte: "A rigor, a autorização de uso e a permissão de uso são precárias, enquanto a concessão é estável. Na prática administrativa, tem-se admitido autorização e permissão com prazo (sendo chamadas de condicionadas ou qualificadas), o que confere ao beneficiário a mesma estabilidade que decorre da concessão e, portanto, o mesmo direito à indenização, em caso de revogação do ato antes do prazo estabelecido. Confundem-se, nessas hipóteses, os institutos da autorização e permissão, de um lado, e a concessão, de outro."

Com o fim de fecharmos o raciocínio, podemos conferir as disposições da Lei 8.987/1995 acerca da concessão e da permissão de serviço público:

a) concessão de serviço público: *a delegação de sua prestação, feita pelo Poder Concedente, mediante licitação, na modalidade concorrência, à pessoa jurídica ou consórcio de empresas que demonstre capacidade para o seu desempenho, por sua conta e risco e por prazo determinado* (art. 2º, II);

b) permissão de serviço público: *a delegação, a título precário, mediante licitação, da prestação de serviços públicos, feita pelo Poder Concedente à pessoa física ou jurídica que demonstre capacidade para o seu desempenho, por sua conta e risco* (art. 2º, IV).

Por outro lado, o art. 40 da Lei 8.987/1995 estabelece que "a permissão de serviço público será formalizada mediante contrato de adesão que observará os termos desta lei, das demais normas pertinentes e do edital de licitação, inclusive quanto à precariedade e à revogabilidade unilateral do contrato pelo poder concedente. Parágrafo único. Aplica-se às permissões o disposto nesta lei." (g.n.)

Diante de todo o exposto, confiram-se as principais diferenças entre os institutos da concessão e da permissão:

a) enquanto a concessão tem efetiva natureza contratual, a permissão é precária, não dando ensejo a indenização pela sua extinção (a lei diz que se formalizará a permissão mediante um *contrato* de adesão, mas deixa claro, mais de uma vez, sua precariedade), salvo em caso de permissão condicionada ou qualificada;

b) a concessão só pode ser atribuída a pessoa jurídica ou consórcios de empresas, enquanto que a permissão pode ser atribuída tanto a pessoa jurídica quanto física;

c) a concessão requer licitação na modalidade concorrência, ao passo que permissão apenas requer licitação, não havendo necessidade de que se utilize a modalidade em questão.

15.12. CONCESSÃO DE SERVIÇO PÚBLICO PRECEDIDA DA EXECUÇÃO DE OBRA PÚBLICA

O art. 2º, inciso III, da Lei 8.987/1995 define tal concessão como "a construção total ou parcial, conservação, reforma, ampliação ou melhoramento de quaisquer obras de interesse público, delegada pelo poder concedente, mediante licitação, na modalidade concorrência, à pessoa jurídica ou consórcio de empresas que demonstre capacidade para a sua realização, por sua conta e risco, de forma que o investimento da concessionária seja remunerado e amortizado mediante a exploração do serviço ou da obra por prazo determinado."

15.13. PARCERIAS PÚBLICO-PRIVADAS

15.13.1. Introdução

A tão esperada Lei da Parceria Público-Privada é mais uma etapa da chamada Reforma do Estado, que se iniciou em meados da década de 1990, e que tinha e tem por finalidade reduzir a participação do Estado na execução de tarefas econômicas, próprias do particular.

São marcos dessa reforma: a) o Programa de Privatização do Governo Federal, caracterizado pela venda de ações e de outros ativos de empresas estatais; b) a criação das agências reguladoras, com consequente incremento das concessões de serviços públicos aos particulares; c) e as parcerias público-privadas.

Tais parcerias foram criadas sob os seguintes argumentos: a) necessidade de investimentos na área da infraestrutura; b) carência de recursos públicos atuais para esses investimentos; c) desinteresse do setor privado na sua realização, principalmente em setores incapazes de gerar remuneração direta compatível com o custo do empreendimento.

A ideia central da parceria, portanto, é unir duas forças, a pública e a privada, com garantias especiais e reforçadas de que o parceiro privado será efetiva e adequadamente remunerado.

Mesmo antes da lei federal que hoje regula a matéria, diversos Estados-membros já haviam legislado sobre o tema, como Minas Gerais (Lei n. 14.868/2003), Goiás (Lei n. 14.910/2004), Santa Catarina (Lei n. 12.930/2004) e São Paulo (Lei 11.688/2004).

Diante desse quadro, qual lei deverá prevalecer, a local ou a federal? A lei federal é expressa ao dispor que se aplica à administração direta e indireta da União, dos Estados, do Distrito Federal e dos Municípios. Assim, e considerando que compete à lei federal traçar normas gerais de licitação e contratação (art. 22, XXVII, da CF), as leis locais serão aplicadas no que não contrariar as normas gerais previstas na Lei 11.079/2004.

15.13.2. Conceito de PPP

A partir das disposições da lei, elaboramos um conceito de parceria público-privada: *é o contrato de prestação de serviços ou de concessão de serviços públicos e de obras públicas, de grande vulto e de período não inferior a 5 anos, caracterizado pela busca da eficiência na realização de seu escopo e pela existência de garantias especiais e reforçadas para o cumprimento da necessária contraprestação pecuniária do parceiro público ao parceiro privado, financiado pelo mercado financeiro.*

Confira o conceito, agora, esquematizado:

- contrato de prestação de serviços ou de concessão de serviços públicos ou de obras públicas:
- de grande vulto (igual ou superior a R$ 20 milhões);
- de período não inferior a 5 anos;
- caracterizado pela busca da eficiência na realização de seu escopo
- e pela existência de garantias especiais e reforçadas
- para o cumprimento da necessária contraprestação pecuniária do parceiro público ao parceiro privado;
- financiado pelo mercado financeiro.

15.13.3. Espécies

A lei usa a expressão "modalidades" de parceria para fazer referência ao tema. Por ser uma expressão que indica o "procedimento licitatório" (concorrência, tomada de preços etc.), preferimos reservar a palavra "modalidade" para tratar do *procedimento* do certame para a contratação da parceria, e a palavra "espécie" para tratar das duas *formas* de parceira.

A **concessão patrocinada** *é a concessão de serviços públicos ou de obras públicas em que, além das tarifas cobradas dos usuários, faz-se necessária uma contraprestação pecuniária do parceiro público ao parceiro privado* (art. 2º, § 1º, da Lei 11.079/2004).

São exemplos de concessão patrocinada as relativas a concessões para o saneamento básico, para construção e reforma de rodovias e para a consecução de outros serviços públicos delegáveis em que as tarifas a serem cobradas não sejam suficientes para cobrir os custos do concessionário.

A *concessão patrocinada* é muito parecida com a *concessão de serviço público* prevista na Lei 8.987/1995. A diferença é que, na primeira, as tarifas cobradas dos usuários do serviço (por exemplo, o pedágio de uma rodovia) não são suficientes para cobrir os custos do serviço e a remuneração da concessionária, o que faz com que seja necessário um "patrocínio" por parte do parceiro público (o Poder Público), que pagará uma contraprestação ao parceiro privado (ao concessionário do serviço).

Já a **concessão administrativa** *é contrato de prestação de serviços (qualificados) de que a Administração seja usuária direta ou indireta* (art. 2º, § 2º, da Lei 11.079/2004).

Quando a Administração contrata a prestação de um serviço do particular, essa contratação é regulada pela Lei 8.666/1993, tratando-se de um *contrato administrativo* simples.

Porém, quando a Administração contrata serviços de que seja usuária direta ou indireta, serviços esses que não têm como objetivo único o fornecimento de mão de obra, o fornecimento e instalação de equipamentos ou a execução de obra pública, aí sim teremos o instituto da concessão administrativa, uma das duas espécies de parceria público-privada.

São exemplos de concessão administrativa a construção de centros administrativos para as instalações do Poder Público, de hospitais, de escolas, de presídios etc. Perceba-se que, em qualquer dos casos, não há tarifa a ser paga pelos usuários, mas só contraprestação a ser paga pelo Poder Público.

Assim, na concessão administrativa temos as seguintes características:

a) não há cobrança de tarifa de usuários;

b) não cabe se tiver como objeto único o fornecimento de mão de obra, o fornecimento e instalação de equipamentos ou a execução de obra pública;

c) são exemplos a construção de escolas, hospitais e presídios, desde que o concessionário não se limite a fazer as construções, tendo também como tarefa a administração desses equipamentos públicos.

A criação das duas concessões especiais mencionadas fez com que a lei se referisse às demais concessões, regidas pela Lei 8.987/1995, como **concessões comuns** (art. 2º, § 3º, da Lei 11.079/2004). Estas continuarão a ser utilizadas para os casos em que as tarifas dos usuários forem suficientes para cobrir os custos do contratado, o prazo contratual for inferior a 5 anos ou o valor do contrato, inferior a R$ 20 milhões.

15.13.4. Diretrizes

O art. 4º da Lei 11.079/2004 elenca as diretrizes que deverão ser observadas na contratação de parceria público-privada. Vejamos:

a) **Busca da eficiência no cumprimento das missões estatais e no emprego dos recursos públicos.** Decorrem desta diretriz as regras que estabelecem:

a1) o dever de criação de critérios objetivos de avaliação de desempenho do parceiro privado (art. 5º, VII);

a2) a realização de vistoria dos bens reversíveis (art. 5º, X);

a3) a necessidade de compartilhamento com a Administração de ganhos efetivos do parceiro decorrentes da redução do risco de crédito dos financiamentos utilizados pelo parceiro privado (art. 5º, IX);

b) **Responsabilidade fiscal na celebração e na execução das parcerias.** Decorrem desta diretriz as regras que estabelecem:

b1) a elaboração de estimativa de impacto-financeiro nos exercícios em que deva vigorar a parceria (art. 10, II);

b2) a necessidade de compatibilidade entre o contrato e as leis de diretrizes orçamentárias e do plano plurianual (art. 10, III e V);

b3) a necessidade de autorização legislativa específica para as concessões patrocinadas em que mais de 70% da remuneração do parceiro for paga pela Administração (art. 10, § 3º);

c) **Respeito ao interesse dos destinatários dos serviços.** Decorrem desta diretriz as regras que estabelecem a necessidade de que haja previsão contratual de mecanismos para:

c1) a preservação da atualidade da prestação dos serviços;

c2) a avaliação do desempenho do parceiro privado, segundo critérios objetivos (art. 5º,V e VII);

d) **Transparência dos procedimentos e das decisões.** Decorrem desta diretriz as regras que estabelecem:

d1) a submissão da minuta de edital a consulta pública, com prazo mínimo de 30 dias para o oferecimento de sugestões (art. 10, VI);

d2) a necessidade de fixação no contrato das penalidades aplicáveis à Administração e aos parceiros privados (art. 5º II), providência rara nos contratos administrativos;

e) **Repartição objetiva dos riscos entre as partes.** Decorre desta diretriz a regra que estabelece a repartição de riscos, inclusive os referentes a caso fortuito, força maior, fato do príncipe e álea econômica extraordinária (art. 5º III);

f) **Respeito aos interesses do parceiro privado.** Decorrem desta diretriz as regras que estabelecem:

f1) a vigência do contrato compatível com a amortização dos investimentos, não inferior a 5, nem superior a 35 anos, incluindo eventual prorrogação (art. 5º, I);

f2) a aplicação automática das cláusulas de atualização monetária (art. 5º, § 1º);

f3) a possibilidade de as obrigações pecuniárias da Administração terem garantias especiais, tais como vinculação de receitas, instituição de fundos especiais, contratação de seguro-garantia, oferecimento de garantias prestadas por instituições financeiras, organismos internacionais, e fundo garantidor e empresa estatal criados para esta finalidade (art. 8º);

g) **Diferimento dos valores a serem pagos pelo Poder Público.** Decorre dessa diretriz a regra que estabelece que a contraprestação da Administração será obrigatoriamente *precedida* da entrega do serviço (art. 7º). Ou seja, primeiro o parceiro privado faz sua parte e apenas após a Administração faz o pagamento. Não mais se fará pagamentos mensais mediante medições dos serviços prestados. O pagamento se dará apenas após a conclusão da obra. A lei permite que a Administração, nos termos do contrato, efetue pagamento da contraprestação relativa a parcela fruível de serviço objeto do contrato de parceira.

15.13.5. Características marcantes

Das sete diretrizes apontadas, as três primeiras ("a", "b" e "c") já estavam adequadamente definidas em lei (*vide* as Leis 8.987/1995 e 8.666/1993, e a Lei de Responsabilidade Fiscal). A quarta e a quinta ("d" e "e") geravam uma série de dúvidas. E a sexta e a sétima ("f" e "g") são bem inovadoras.

A sétima diretriz é bem interessante, pois cria um modelo novo. Para fazer frente à escassez de recursos para o presente, a Administração se reserva o direito de **só pagar** sua contraprestação ao parceiro privado **quando** este disponibilizar o serviço objeto do contrato. Assim, somente após a construção da escola, do hospital, do presídio, da rodovia, é que a Administração pagará sua contraprestação. Além de não gastar agora, a Administração se livra de uma série de transtornos decorrentes das medições mensais para pagamento, das revisões contratuais e dos problemas na condução e na fiscalização do contratado. Este, por sua vez, ganha em eficiência, pois se compromete a entregar um projeto pronto.

E como o modelo resolve o problema do financiamento do particular? Afinal de contas, como o parceiro privado conseguirá fazer tão grandes investimentos sem o aporte de recursos pela Administração mês a mês? A solução encontrada pela lei é o financiamento no mercado financeiro.

A lei dispõe que, antes da celebração do contrato, deverá ser criada uma Sociedade de Propósito Específico (SPE), cuja incumbência é implantar e gerir o objeto da parceria. Tal sociedade poderá assumir a forma de companhia aberta, com valores mobiliários admitidos a negociação no mercado. Deve obedecer a padrões de governança corporativa e adotar contabilidade e demonstrações financeiras padronizadas. A Administração não poderá ser titular da maioria de seu capital votante (art. 9º).

Trata-se de uma sociedade criada pelo *próprio* parceiro privado, ou seja, pelo vencedor do certame licitatório para a consecução de suas atividades. Há pelo menos três vantagens na criação da SPE: a) evita a figura do consórcio na execução do contrato, focando a cobrança da execução do serviço numa pessoa apenas; b) permite que valores mobiliários dessas empresas sejam vendidos, atraindo investimento; c) possibilita que a empresa consiga empréstimos em bancos de fomento, também para atrair investimentos.

Eis o novo modelo. O parceiro privado tomará empréstimos no mercado financeiro para realizar investimentos para o parceiro público, que somente começará a pagar sua contraprestação após a disponibilização do serviço.

E como o modelo resolve o problema do risco em se emprestar dinheiro para parceiros da Administração? Afinal de contas, no Brasil o Poder Público é useiro e vezeiro em não pagar os particulares. A solução encontrada pela lei foi dar garantias especiais e reforçadas de que o parceiro irá receber sua contraprestação e, consequentemente, terá como pagar o mercado financeiro pelos investimentos feitos.

A questão está colocada na sexta diretriz do item anterior, que estabelece dois princípios: a) o da *garantia da amortização do investimento*; e b) o da *garantia da satisfação efetiva e imediata do crédito*. O primeiro se revela com a fixação de prazos mínimos de vigência da parceria. Já o segundo, com a criação de garantias especiais e reforçadas em favor do parceiro privado.

As garantias passam por fianças bancárias e seguros e preveem até a instituição de um "fundo garantidor ou uma empresa estatal criada para essa finalidade" (art. 8º, V).

Para o âmbito da União, a lei autorizou que as pessoas de direito público correspondentes (União, autarquias, fundações públicas), seus fundos especiais e suas empresas públicas dependentes (as duas últimas só apareceram com a Lei 12.409/2011) participem, no limite global de R$ 6 bilhões do que chamou de Fundo Garantidor de Parcerias Público-Privadas (FGP), de natureza privada e patrimônio próprio separado do patrimônio pessoal de seus participantes. Tal fundo está sendo formado por aporte de bens (dinheiro, imóveis dominicais, móveis) e direitos (ações excedentes ao necessário para o controle de sociedades de economia mista, e títulos da dívida pública) dos participantes, também chamados de cotistas. Empresa especializada será incumbida de avaliar os bens e direitos transferidos (art. 16).

O FGP será criado, administrado, gerido e representado, judicial e extrajudicialmente, por instituição financeira controlada, direta ou indiretamente, pela União, que zelará pela manutenção de sua rentabilidade e liquidez (art. 17).

O estatuto e o regulamento do FGP devem deliberar sobre a política de concessão de garantias, inclusive no que se refere à relação entre ativos e passivos do Fundo (art. 18, *caput*). A garantia será prestada nas seguintes modalidades: fiança, sem benefício de ordem para o fiador; penhor de bens móveis e hipoteca de bens imóveis, ambos do Fundo; alienação fiduciária; garantia, real ou pessoal, vinculada ao patrimônio de afetação do Fundo (art. 18, § 1º).

A garantia poderá ser acionada a partir do 45º dia do vencimento de título exigível aceito pelo parceiro público. No caso de emissão de fatura não aceita, mas também não rejeitada expressa e motivadamente, a garantia poderá ser acionada transcorridos 90 dias de seu vencimento (art. 18, §§ 4º e 5º). A quitação do débito pelo Fundo importará sua sub-rogação nos direitos do parceiro privado.

Se necessário, os bens e direitos do fundo poderão ser objeto de constrição judicial e alienação para satisfazer as obrigações garantidas (art. 18, § 7º).

O FGP poderá usar parcela da cota da União para prestar garantia aos seus fundos especiais, às suas autarquias, às suas fundações públicas e às suas empresas estatais dependentes (art. 18, § 7º, incluído pela Lei 12.409/2011).

Toda essa sistemática de garantias especiais tem uma razão: conforme visto, o Poder Público não costuma pagar em dia seus fornecedores, gerando grande insegurança por parte destes, principalmente quanto à realização de grandes investimentos. O não pagamento pela Administração ensejava a propositura de ação judicial, com recebimento do crédito, ao final, após a expedição de precatórios.

Se de um lado, resolve o problema, de outro, a solução sofre críticas de alguns, no sentido de que é inconstitucional, porque trata de modo diferente os credores do Poder Público. Não satisfeitos seus créditos, uma parte dos credores (aqueles que têm outros contratos com a Administração) deve recorrer ao Judiciário, e só receberá após a expedição de um precatório. A outra parte (a dos que têm uma parceria público-privada) receberá sem ter que esperar por um precatório judicial.

Críticas à parte, é bom destacar que os demais entes da federação também poderão criar, por meio de lei, fundo com características semelhantes ou mesmo uma empresa estatal (como foi o caso de São Paulo, que criou a Companhia Paulista de Parcerias), uma vez que essa garantia é prevista de modo genérico (para todos os entes políticos) no art. 8º, V, da Lei 11.079/2004.

Por fim, vale destacar um ponto bastante polêmico, que é o da possibilidade de o edital (e o respectivo contrato) prever que se possa usar a arbitragem para a solução dos conflitos entre os parceiros. Dispõe o inciso III do art. 11 da Lei 11.079/2004 que tais instrumentos poderão prever "o emprego dos mecanismos privados de resolução de disputas, inclusive a arbitragem, a ser realizada no Brasil e em língua portuguesa, nos termos da Lei n. 9.037, de 23 de setembro de 1996, para dirimir conflitos decorrentes ou relacionados ao contrato". De nossa parte, entendemos que esse mecanismo de solução de conflitos só poderá incidir quanto a questões de ordem estritamente técnica não jurídica, tais como questões econômicas, contábeis e de engenharia. O princípio da indisponibilidade do interesse público impede que decisões de ordem administrativa sejam revistas por órgão que não seja a própria Administração ou o Poder Judiciário.

15.13.6. Procedimento e tipo licitatório

O *procedimento* ou *modalidade* de licitação para contratação da parceria é o da concorrência. O rito, todavia, sofre duas alterações marcantes. De um lado, traz a previsão de regras semelhantes às do pregão. De outro, permite o saneamento de falhas cometidas pelos licitantes. Quanto ao tipo licitatório, também temos novidade.

Vejamos as novidades:

a) **Inversão de fases.** O art. 13 dispõe que o edital *poderá* prever a inversão das fases de habilitação e julgamento. Quanto a este, há previsão de que possa ser precedido de uma etapa chamada de "qualificação de propostas técnicas", desclassificando-se os licitantes que não alcançarem a pontuação mínima (art. 12, I). Repare que não se trata de "qualificação habilitatória", mas de valoração de propostas técnicas;

b) **Lances verbais.** Com relação às propostas econômicas, o edital definirá se haverá apenas "propostas escritas em envelopes lacrados" ou se haverá "propostas escritas, seguidas de lance em viva voz" (art. 12, III);

c) **Tipo de "menor valor da contraprestação a ser paga pela Administração".** Na verdade, trata-se do famoso tipo "menor preço" adaptado às características das parcerias. A lei também admite o tipo "melhor proposta em razão da combinação do menor valor da contraprestação a ser paga pela Administração com o critério de melhor técnica, de acordo com os pesos estabelecidos no edital" (*vide* art. 12, II);

d) **Saneamento de falhas.** O edital poderá prever a possibilidade de saneamento de falhas, de complementação de insuficiências ou ainda de correções de caráter formal no curso do procedimento, desde que o licitante possa satisfazer as exigências dentro do prazo fixado no instrumento convocatório (art. 12, IV).

15.14. JURISPRUDÊNCIA SELECIONADA

RE N. 422.591-RJ
RELATOR: MIN. DIAS TOFFOLI

EMENTA: Recurso extraordinário – Ação direta de inconstitucionalidade de artigos de lei municipal – **Normas que determinam prorrogação automática de permissões e autorizações em vigor, pelos períodos que especifica** – Comandos que, por serem dotados de abstração e não de efeitos concretos, permitem o questionamento por meio de uma demanda como a presente – **Prorrogações que efetivamente vulneram os princípios da legalidade e da moralidade, por dispensarem certames licitatórios previamente à outorga do direito de exploração de serviços públicos – Ação corretamente julgada procedente** – Recurso não provido. (Inform. STF 619) (g.n.)

ADI e Administração de Quadras Residenciais

O Tribunal julgou procedente pedido formulado em ação direta ajuizada pelo Governador do Distrito Federal para declarar a inconstitucionalidade da Lei distrital 1.713/97, que faculta a administração das quadras residenciais do Plano Piloto, em Brasília, por prefeituras comunitárias ou associações de moradores. Entendeu-se que a lei hostilizada afronta o art. 32 da CF, que veda a divisão do Distrito Federal em Municípios, por promover uma subdivisão do território do Distrito Federal em entidades relativamente autônomas. Ressaltou-se que o art. 2º desse diploma legal viola o art. 37, XXI, da CF, já que possibilita a transferência, sem licitação, de serviços públicos, como o de limpeza e jardinagem das vias internas, áreas comuns, de coleta seletiva de lixo, de segurança complementar patrimonial e dos moradores, e de representação coletiva dos moradores perante órgãos e entidades públicas para a responsabilidade das prefeituras comunitárias, pessoas jurídicas de direito privado. Asseverou-se, também, que o art. 4º dessa lei permite a fixação de obstáculos que dificultem a entrada e saída de veículos nos limites externos das quadras ou conjuntos, o que estaria em desarmonia com a própria noção do domínio público. Frisou-se, ainda, que o tombamento é constituído por ato do Poder Executivo que, observada a legislação pertinente, estabelece o alcance da limitação ao direito de propriedade, ato emanado do Poder Legislativo não podendo alterar essas restrições. Dessa forma, afirmou-se que o ato do Poder Legislativo que efetiva o tombamento e, de igual modo, o que pretende alterar as condições de tombamento regularmente instituído pelo Poder Executivo, é inconstitucional, por agredir o princípio da harmonia entre os Poderes. Por fim, reputou-se inconstitucional o art. 6º da norma impugnada, que possibilita a criação e cobrança de taxas de manutenção e conservação pelas prefeituras comunitárias, já que a lei não poderia nem delegar a execução de determinados serviços públicos às prefeituras das quadras, nem permitir a instituição de taxas remuneratórias, em razão de essas prefeituras não possuírem capacidade tributária. **ADI 1706/DF, rel. Min. Eros Grau, 9.4.2008.** (ADI-1706) (Inform. STF 501)

ADI e Conversão de Linhas Municipais de Transporte Coletivo em Permissão Intermunicipal

O Tribunal julgou procedente pedido formulado em ação direta ajuizada pelo Governador do Estado de Rondônia para declarar a inconstitucionalidade dos artigos 16 e 19, e seu parágrafo único, da Lei rondoniense 260/90. O art. 16 da mencionada lei estabelece que, no caso de criação de novos Municípios ou desmembramento de áreas dos atualmente existentes, as linhas municipais de transporte coletivo de passageiros "legalmente executadas" há 2 anos ou mais serão convertidas automaticamente pelo DER daquele Estado-membro em permissão intermunicipal, desde que preenchidos os requisitos previstos na lei e o interessado requeira a conversão no prazo de 90 dias contados da data da emancipação do Município. O seu art. 19 estabelece pontuação que deverá ser considerada no julgamento da licitação destinada à escolha dos permissionários. Entendeu-se que o art. 16 da lei impugnada **afronta a igualdade**, bem como o art. 175, da CF, que estabelece que as concessões e as permissões de serviços públicos serão sempre precedidas de licitação. Considerou-se, por sua vez, que os preceitos veiculados pelos incisos I a IV do mencionado art. 19 **conferem inegável vantagem às empresas que já sejam permissionárias** dos serviços de transporte coletivo intermunicipal no Estado de Rondônia, discriminando-as, para beneficiá-las, indevidamente, em afronta ao princípio da isonomia. Asseverou-se que o art. 37, XXI, da CF, que conforma a licitação a que respeita o art. 175, exclui quaisquer exigências de qualificação técnica e econômica que não sejam indispensáveis à garantia do cumprimento das obrigações, e concluiu-se que os critérios estabelecidos naqueles incisos não surgem da natureza das coisas, nem são concretamente compreensíveis. ADI 2716/RO, rel. Min. Eros Grau, 29.11.2007. (ADI-2716) (Inform. STF 490) (g.n.)

Prorrogação de Contratos e Licitação

O Tribunal, por maioria, julgou procedente, em parte, pedido formulado em ação direta ajuizada pelo Governador do Estado do Paraná na qual se questionava a constitucionalidade dos artigos 42 e 43 da Lei Complementar 94/2002, daquela unidade federativa, que cria uma agência estadual de serviços públicos delegados de infraestrutura, e prevê a possibilidade de manutenção de permissões e autorizações concedidas pelo governo paranaense em período anterior à instalação dessa agência. Por unanimidade, declarou-se a inconstitucionalidade do art. 43 da LC 94/2002, incluída a menção nele contida aos contratos por tempo indeterminado, o qual autoriza a manutenção de outorgas vencidas, com caráter precário ou que estiverem em vigor com prazo indeterminado (até 2008, nos termos do art. 98 do Decreto federal 2.521/98). Entendeu-se que o preceito em questão viola o art. 175 da CF — que exige licitação prévia, na forma da lei, para a prestação de serviços públicos —, pois permite que o vínculo que relaciona as empresas que atualmente prestam serviços públicos com a Administração estadual seja mantido, ainda que essa prestação se dê em condições irregulares. Considerou-se, por outro lado, que o art. 42 da LC 94/2002 estabelece apenas a continuidade, quando da instituição da referida agência, das delegações de prestação de serviços públicos em vigor na data da publicação da lei, enfatizando a competência da agência para regulá-las e fiscalizá-las, preservando, destarte, os atos jurídicos perfeitos. Vencido, no ponto, o Min. Marco Aurélio, que julgava procedente o pedido em relação ao referido art. 42 para emprestar-lhe interpretação conforme a Constituição, expungindo interpretação que albergue a projeção das outorgas formalizadas com vigência determinada.

ADI 3521/PR, rel. Min. Eros Grau, 28.9.2006. (ADI-3521) (Inform. STF 442)

Suspensão de Tutela Antecipada e Transferência de Serviços Públicos - 3

Em conclusão de julgamento, o Tribunal, por maioria, deu provimento a agravo regimental interposto pelo Município de Petrolina/PE contra decisão do Min. Nelson Jobim, presidente, que suspendera a tutela antecipada deferida pelo Tribunal de Justiça de Pernambuco, o qual determinara a imediata transferência dos serviços públicos de água e esgoto ao Município, em razão do descumprimento do "Termo de Rescisão Amigável do Contrato de Concessão" formalizado entre este, o Estado de Pernambuco e a COMPESA - Companhia Pernambucana de Saneamento — v. Informativos 390 e 404. Entendeu-se que a antecipação da tutela em análise não causa grave lesão à ordem e à saúde públicas. Afastando o argumento de que o Município é incapaz de cumprir com o pagamento das parcelas indenizatórias, asseverou-se que há, nos autos, provas de que o serviço público em questão é superavitário e de que o Município possui sanidade econômico-financeira e está apto à prestação do serviço. Ressaltou-se, ademais, que não se aplica, ao caso, o § 3º do art. 1º da Lei 8.437/92 nem o art. 1º da Lei 9.494/97, já que, na ação proposta pelo Município, pretende-se o cumprimento de obrigação de fazer e o acerto de contas, sendo a agravada pessoa jurídica de direito privado, posto que controlada por Estado-membro, que não atua, na hipótese, como expressão de Poder Público, mas como agente econômico privado interessado em manter o privilégio econômico até então explorado. Vencido o Min. Nelson Jobim que negava provimento ao recurso.

STA 26 AgR/PE, rel. orig. Min. Nelson Jobim, rel. p/ o acórdão Min. Eros Grau, 15.3.2006. (STA-26) (Inform. STF 419)

DIREITO ADMINISTRATIVO. TARIFA DE ESGOTAMENTO SANITÁRIO. RECURSO REPETITIVO (ART. 543-C DO CPC E RES. 8/2008-STJ).

É legal a cobrança de tarifa de esgoto na hipótese em que a concessionária realize apenas uma – e não todas – das quatro etapas em que se desdobra o serviço de esgotamento sanitário (a coleta, o transporte, o tratamento e a disposição final de dejetos). De fato, o art. 3º, I, "b", da Lei 11.445/2007, ao especificar as atividades contempladas no conceito de serviço público de esgotamento sanitário, referiu-se à coleta, ao transporte, ao tratamento e à disposição final de dejetos. Deve-se ressaltar, contudo, que a legislação em vigor não estabelece que o serviço público de esgotamento sanitário somente existirá quando todas as etapas forem efetivadas, tampouco proíbe a cobrança da tarifa pela prestação de uma só ou de algumas dessas atividades. Além do mais, o art. 9º do Decreto 7.217/2010, que regulamenta a referida legislação, confirma a ideia de que o serviço de esgotamento sanitário é formado por um complexo de atividades, explicitando que qualquer uma delas é suficiente para, autonomamente, permitir a cobrança da respectiva tarifa: "Consideram-se serviços públicos de esgotamento sanitário os serviços constituídos por uma ou mais das seguintes atividades: I - coleta, inclusive ligação predial, dos esgotos sanitários; II - transporte dos esgotos sanitários; III - tratamento dos esgotos sanitários; e IV - disposição final dos esgotos sanitários e dos lodos originários da operação de unidades de tratamento coletivas ou individuais, inclusive fossas sépticas". Além disso, a efetivação de alguma das etapas em que se desdobra o serviço de esgotamento sanitário representa dispêndio que deve ser devidamente ressarcido, pois, na prática, entender de forma diferente inviabilizaria a prestação do serviço pela concessionária, prejudicando toda a população que se beneficia com a coleta e escoamento dos dejetos, já que a finalidade da cobrança da tarifa é manter o equilíbrio financeiro do contrato, possibilitando a prestação contínua do serviço público. Precedentes citados: REsp 1.330.195-RJ, Segunda Turma, DJe 4/2/2013; e REsp 1.313.680-RJ, Primeira Turma, DJe 29/6/2012. **REsp 1.339.313-RJ, Rel. Min. Benedito Gonçalves, julgado em 12/6/2013.** (Inform. STJ 530)

DIREITO ADMINISTRATIVO. POSSIBILIDADE DE ENTREGA DE CARNÊS DE IPTU E ISS POR AGENTES ADMINISTRATIVOS DO MUNICÍPIO.

A entrega de carnês de IPTU e ISS pelos municípios sem a intermediação de terceiros no seu âmbito territorial não constitui violação do privilégio da União na manutenção do serviço público postal. Isso porque a notificação, por fazer parte do processo de constituição do crédito tributário, é ato próprio do sujeito ativo da obrigação, que pode ou não delegar tal ato ao serviço público postal. Precedente citado: REsp 1.141.300-MG, Primeira Seção, DJe 5/10/2010 (REPETITIVO). **AgRg no AREsp 228.049-MG, Rel. Min. Mauro Campbell Marques, julgado em 21/3/2013.** (Inform. STJ 519)

PERMISSÃO. SERVIÇO PÚBLICO. INDENIZAÇÃO.
Cuida-se de REsp em que se busca desconstituir acórdão que condenou a ora recorrente ao pagamento de danos materiais à **ora recorrida em decorrência da rescisão não motivada do contrato de permissão de serviços lotéricos. Nesta instância especial, entendeu-se que, embora a permissão de serviços lotéricos seja caracterizada pela discricionariedade, unilateralidade e precariedade, o que autorizaria a rescisão unilateral pelo poder permissionário, em hipóteses específicas, em que se <u>realiza investimento de vulto</u> para a exploração do serviço delegado, é possível o reconhecimento do <u>direito à indenização</u> pelos referidos gastos.** Na espécie, o permissionário realizou significativo investimento para a instalação do próprio empreendimento destinado à execução do serviço público delegado, inclusive mediante atesto de padronização do poder concedente. Todavia, após poucos meses do início da atividade delegada, a concedente rescindiu unilateralmente a permissão, sem qualquer justificativa ou indicação de descumprimento contratual pelo permissionário. Assim, *in casu*, concluiu-se que a rescisão por ato unilateral da Administração Pública impõe à concedente a obrigação de indenizar o permissionário pelos danos materiais relacionados à instalação da casa lotérica. Diante disso, a Turma conheceu parcialmente do recurso e nessa parte, negou-lhe provimento. Precedentes citados: EREsp 737.741-RJ, DJe 21/8/2009, e AgRg no REsp 929.310-RS, DJe 12/11/2009. **REsp 1.021.113-RJ, Rel. Min. Mauro Campbell Marques, julgado em 11/10/2011.** (Inform. STJ 485)

LICITAÇÃO. EXIGÊNCIA. EDITAL. SANEAMENTO POSTERIOR.
Trata-se, na origem, de ação civil pública (ACP) ajuizada pelo *Parquet* que objetivava, entre outros temas, a decretação de nulidade de contrato de concessão de serviços públicos precedido de obra pública para a administração de cemitérios, tendo em vista a inobservância do capital social mínimo exigido no edital de licitação, que posteriormente foi sanada. A Turma negou provimento ao recurso, por entender que, entre anular o contrato firmado para a prestação de obras e serviços – como a recuperação e modernização das instalações físicas, construção de ossuários, cinzários, crematório e adoção de medidas administrativas e operacionais – para a ampliação da vida útil de seis cemitérios, ou admitir o saneamento de uma irregularidade contratual para possibilitar a continuidade dos referidos serviços, no caso em tela, essenciais à população, deve prevalecer a última opção, pois ela é a que mais se harmoniza com o interesse público. Ressalte-se que a eventual paralisação na execução do referido contrato e a consequente descontinuidade dos serviços prestados pela empresa licitante constituiriam afronta ao princípio da continuidade dos serviços públicos essenciais, tendo em vista a impossibilidade de o ente público assumir, de forma direta, a prestação das mencionadas atividades em razão da desmobilização da infraestrutura estatal, após a conclusão do procedimento licitatório. Assim, reiterou-se o entendimento perfilhado pelo tribunal *a quo* de que é possível a correção posterior de uma exigência prevista no edital de licitação (capital social mínimo de empresa) para preservar o bem comum dos administrados. **REsp 950.489-DF, Rel. Min. Luiz Fux, julgado em 3/2/2011.** (Inform. STJ 461)

PASSE LIVRE. CARTEIROS. TRANSPORTE URBANO.
Ao contrário do que sustenta a recorrente (empresa de transporte e turismo), a jurisprudência deste Superior Tribunal está consolidada no sentido de que as disposições assentadas nas Leis ns. 8.666/1993 (institui normas para licitações e contratos da Administração Pública) e 8.987/1995 (dispõe sobre o regime de concessão e permissão da prestação de serviços públicos) não revogaram os DLs ns. 3.326/1941 e 5.405/1943, que estabelecem a concessão de passe livre no transporte urbano, inclusive intermunicipal, para os distribuidores de correspondência postal e telegráfica (carteiros), em virtude de as citadas leis não tratarem da concessão de passe livre e também não apresentarem incompatibilidade com as normas constantes nos supraditos DLs. Logo, as empresas concessionárias de transporte coletivo urbano são obrigadas a conceder passe livre aos distribuidores de correspondência postal e telegráfica, quando eles estiverem em serviço (Súm. n. 237-TFR). Com essas explicitações, a Turma negou provimento ao recurso. **Precedentes citados: REsp 1.025.574-RS, DJe 14/9/2009; REsp 1.074.493-RJ, DJe 4/8/2009, e REsp 209.950-RJ, DJ 25/3/2002. REsp 1.025.409-SC, Rel. Min. Luiz Fux, julgado em 2/9/2010.** (Inform. STJ 445)

OPERAÇÃO. TV A CABO. LICITAÇÃO.
In casu, a recorrida exerce atividade em município acidentado topograficamente, retransmitindo sinais de TV aberta em áreas acidentadas, consideradas "zonas de sombra", porque mal cobertas pela frequência das redes abertas. Busca, nos autos, o reconhecimento de seu exercício regular na atividade de antenista, de acordo com a Port. n. 250/1989 do Ministério das Comunicações e, assim, assegurar a operação em TV a cabo regulamentada pela Lei n. 8.977/1995. Nas instâncias ordinárias, o juiz julgou improcedente o pedido da recorrente, por entender que sua atividade é clandestina, mas o TRF proveu em parte sua apela-

ção, para lhe garantir o direito de continuar executando o serviço de DISTV em comunidade fechada (condomínios verticais e horizontais, centro de comércio, hotéis, restaurantes, prédios, hospitais, escolas ou assemelhados), nos limites da portaria citada, mas asseverou a impossibilidade de operar sinais para comunidades abertas (conjunto de usuários em áreas de irrestrito acesso público). A pretendida transformação da DISTV em serviço de TV a cabo foi afastada, pois essa prerrogativa é das empresas autorizadas que prestam serviço em comunidade aberta. No REsp, a discussão consiste no enquadramento da atividade exercida pela recorrida que, para a agência reguladora recorrente, é clandestina. Para o Min. Relator, a recorrente tem razão quando afirma que, de acordo com o art. 5º, V, da Lei n. 8.977/1995, considera-se a recorrida como operadora de TV a cabo, mas a execução de TV a cabo depende de concessão do Poder Público (arts. 11, 12 e 13 da citada lei). Assim, concluiu-se ser necessário procedimento licitatório para garantia da concessão do Poder Público. O próprio tribunal *a quo* reconheceu que a recorrida não preenche os requisitos para operar o serviço de TV a cabo sem a devida sujeição a esse procedimento de licitação e, ainda, há a demonstração de que a recorrida não participou de certame promovido pela agência reguladora. Dessa forma, a Turma deu provimento ao recurso. **REsp 1.014.252-RJ, Rel. Min. Herman Benjamin, julgado em 13/4/2010.** (Inform. STJ 430)

FISCALIZAÇÃO. RESERVA DO POSSÍVEL.

Há lei a impor ao recorrido (órgão regulador) a obrigação de fiscalizar os serviços públicos concedidos, bem como reprimir infrações aos direitos dos usuários (art. 19 da Lei n. 9.472/1997). Assim, não há discricionariedade quanto à fiscalização. A discricionariedade porventura existente circunscrever-se-ia à escolha do meio pelo qual a fiscalização será exercida; mesmo assim, o administrador está de tal modo vinculado à finalidade legal que o meio deverá, necessariamente, ser o mais eficiente. Isso se deve ao fato de que a discricionariedade administrativa, antes de tudo, é um dever posto à Administração para que, diante do caso concreto, encontre, entre as diversas soluções possíveis, a que melhor atenda à finalidade legal. Quanto à invocação da reserva do possível para justificar a ausência da fiscalização, ela não pode ser apresentada de forma genérica, sem provas da falta de recursos financeiros. Ademais, exige considerações sobre a situação orçamentária do ente público, a esbarrar na proibição constante da Súm. n. 7-STJ. **Precedente citado: AgRg no Ag 1.014.339-MS, DJe 24/9/2008. REsp 764.085-PR, Rel. Min. Humberto Martins, julgado em 1º/12/2009.** (Inform. STJ 418)

PADO. DENUNCIANTE. EQUIPARAÇÃO. PARTE.

In casu, a sociedade que representa os prestadores de serviços de teleinformações protocolou, como denunciante junto à Agência Nacional de Telecomunicações (Anatel), representação contra operadora concessionária de telefonia por ela ter bloqueado os serviços prestados por suas associadas. Em consequência, foi instaurado processo de apuração de descumprimento de obrigação (Pado). Então, houve a imposição de advertência, que foi reformada após recurso da operadora, sem notificação da denunciante, que também foi impedida de atuar ou ter vista do processo administrativo, ao argumento de que os arts. 19 e 174 da Lei n. 9.472/1997, complementados pelo art. 79 do RI da Anatel, preveem sigilo do Pado até seu encerramento, salvo para as partes e seus procuradores, não incluindo a denunciante. Nesse momento, a denunciante impetrou mandado de segurança e o TJ manteve a sentença que reconheceu o direito da denunciante a ter vista do processo administrativo. Para o Min. Relator, o acórdão recorrido interpretou bem a matéria, confrontando as normas internas da Anatel no que ultrapassa o permitido na lei de regência, pois, no processo administrativo, o termo "parte" abrange a Administração e o administrado, ficando o último com o conceito mais largo do que a parte do processo civil. Nesse caso, a denunciante é requerente do processo administrativo e detém interesse coletivo sobre a decisão a ser tomada pela Anatel dentro do conceito de administrado como definido na Lei n. 9.784/1999, portanto é legitimada processual tanto quanto a empresa investigada. Dessa forma, afirma que não se pode interpretar restritivamente o art. 79 do RI da Anatel, pois não se coaduna com o proposto no art. 9º da Lei do Processo Administrativo (Lei n. 9.784/1999), que legitima quem deu início ao processo administrativo e todos aqueles que têm interesse individual, coletivo ou difuso afetado pela decisão a ser tomada. Com esse entendimento, a Turma conheceu em parte o recurso e, nessa parte, negou-lhe provimento. **REsp 1.073.083-DF, Rel. Min. Castro Meira, julgado em 17/9/2009.** (Inform. STJ 407)

CONCESSÃO. LOTERIA. PRORROGAÇÃO. LICITAÇÃO.

A recorrente sustenta, no pertinente à alegada violação do disposto no art. 1º da Lei n. 8.987/1995, que, pelo fato de não estarem sujeitos à lei de licitação (Lei n. 8.666/1993), os contratos de concessão não estão submetidos à limitação de 60 meses imposta nessa legislação, já que esse prazo é para os contratos comuns. O TJ entendeu, com razão, que o termo aditivo firmado contraria dispositivos legais e constitucionais relativos à concessão de serviços públicos, na medida em que se realizou prorrogação do contrato pelo prazo de dez anos, sem realizar licitação. A prestação de serviços públicos pelo Estado pode ser exercida de maneira direta ou indireta, de modo que, nessa hipótese, haverá delegação da atividade por meio de concessão ou permissão, as quais estarão condicionadas à prévia licitação. Fixado determinado prazo de duração para o contrato e também disposto, no mesmo edital e contrato, que esse prazo só poderá ser prorrogado por igual período, não pode a Administração alterar essa regra e elastecer o pacto para além do inicialmente fixado, sem prévia abertura de novo procedimento licitatório, sob pena de violação não apenas das disposições contratuais estabelecidas, mas, sobretudo, de determinações impostas pela CF/1988 e por toda a legislação federal que rege a exploração dos serviços de loterias. Não há ofensa ao equilíbrio contratual econômico financeiro em razão dos investimentos realizados pela empresa recorrente, porquanto o ajuste de tal equilíbrio faz-se em caráter excepcional por meio dos preços pactuados e não pela ampliação do prazo contratual. A prorrogação indefinida do contrato é forma de subversão às determinações legais e constitucionais que versam sobre o regime de concessão e permissão para exploração de serviços públicos, o que não pode ser ratificado por este Superior Tribunal. Diante disso, a Turma negou provimento ao recurso. **REsp 912.402-GO, Rel. Min. Mauro Campbell Marques, julgado em 6/8/2009.** (Inform. STJ 401)

FIXAÇÃO. TARIFA. PEDÁGIO.

A Turma não conheceu do recurso da Agência Nacional de Transportes Terrestre (ANTT) e deu provimento aos recursos da União e da empresa concessionária de rodovias. Quanto ao recurso da concessionária, sobre a alegação de violação do art. 4º do DL n. 791/1965, o Min. Relator entendeu que, nesse ponto, deve ser dado provimento, uma vez que não existe, na dicção da legislação que rege o tema, a permissão ou obrigatoriedade de que o número de eixos de um veículo seja levado em conta por oportunidade da fixação da tarifa de pedágio. Quanto ao recurso da União, o Min. Relator destacou que este Superior Tribunal tem entendimento sedimentado de que a União é parte legítima em demandas objetivando a revisão de tarifas de pedágio cobradas em rodovias federais, sendo que, por analogia, tal entendimento pode ser aqui aplicado. No que tange à violação do referido artigo, o Min. Relator adotou as mesmas razões de decidir conforme acima expostas com referência ao recurso da concessionária. **Precedentes citados: AgRg no REsp 851.421-PR, DJ 14/12/2007; REsp 417.804-PR, DJ 10/3/2003, e REsp 848.849-PR, DJ 26/10/2006. REsp 1.103.168-RS, Rel. Min. Francisco Falcão, julgado em 16/4/2009.** (Inform. STJ 390)

CONTRATO. PRORROGAÇÃO. DECADÊNCIA.

A Turma decidiu que, no caso *sub judice*, não há que se falar em interrupção ou suspensão do prazo decadencial, visto que a ilegalidade perpetuou-se no tempo, com a prorrogação do contrato de concessão de serviço público de transporte rodoviário interestadual sem prévia licitação, motivo pelo qual o **prazo decadencial é contado após cessados seus efeitos, descabendo a alegada discussão quanto à decadência**. Outrossim, ressaltou o Min. Luiz Fux o entendimento pacificado deste Superior Tribunal de que, na hipótese, tais prorrogações equiparam-se a obrigações de trato sucessivo e, por isso, o prazo decadencial é contado a partir de cada uma. Se houve uma prorrogação enquanto prevalece a ilegalidade, o *parquet* tem legitimidade e está dentro do prazo para o exercício da ação civil, baseada ademais na legislação local. Por outro lado, não cabe a declaração de nulidade se a decisão pode ser proferida no mérito a favor da parte a quem se aproveita. Com esse entendimento, o recurso foi parcialmente provido. **Precedentes citados: REsp 764.278-SP, DJe 28/5/2008, e REsp 912.612-DF, DJe 15/9/2008. REsp 1.095.323-RS, Rel. Min. Francisco Falcão, julgado em 17/3/2009.** (Inform. STJ 387)

PERMISSÃO. TRANSPORTE. PASSAGEIROS. LICITAÇÃO.

A Turma entendeu que, com base no art. 94 do Decreto n. 952/1993, não se pode convolar a autorização concedida para a prestação do serviço de fretamento em permissão para exploração de linha regular. Para o transporte rodoviário interestadual ou internacional de passageiros, a delegação dos serviços se dá mediante permissão, que deve ater-se à lei de licitações. **REsp 886.763-RS, Rel. Min. Eliana Calmon, julgado em 8/4/2008**. (Inform. STJ 351)

SERVIÇO PÚBLICO. ÁGUA. ESGOTO.

Este Superior Tribunal, encampando entendimento sedimentado no Pretório Excelso, firmou posição no sentido de que **a contraprestação cobrada por concessionárias de serviço público de água e esgoto detém natureza jurídica de tarifa ou preço público**. Definida a natureza jurídica da contraprestação, também se definiu pela aplicação das normas do Código Civil. A prescrição é vintenária, porque regida pelas normas do Direito Civil. **EREsp 690.609-RS, Rel. Min. Eliana Calmon, julgados em 26/3/2008**. (Inform. STJ 349)

COBRANÇA. PEDÁGIO. RODOVIA FEDERAL. DESNECESSIDADE. ALTERNATIVA. SERVIÇO GRATUITO.

O Tribunal *a quo* entendeu que, para a cobrança de pedágio por parte de empresa concessionária que administra rodovia federal, torna-se necessário que haja uma via pública alternativa que seja gratuita para seus usuários e concluiu indevida a cobrança de pedágio uma vez que não há essa alternativa. Contudo a Turma deu provimento aos recursos da concessionária, do Estado e da União, pois entendeu que a necessidade de colocar uma via alternativa gratuita para seus usuários, em caráter obrigatório, não deve ser imposta para a cobrança do pedágio, pois para tal haveria de existir previsão expressa na lei, o que não ocorre na espécie. Precedentes citados: REsp 417.804-PR, DJ 16/5/2005, e REsp 927.810-RS, DJ 11/6/2007. **REsp 617.002-PR, Rel. Min. José Delgado, julgado em 5/6/2007.** (Inform. STJ 322)

TRANSPORTE COLETIVO. DELEGAÇÃO. CONCORRÊNCIA PÚBLICA.

A Turma decidiu que é nulo o contrato de concessão de transporte municipal de passageiros firmado sem concorrência pública (art. 4º, III, a, da Lei n. 4.717/1965), o que não dá direito líquido e certo diante de sua inexistência para ser defendido em mandado de segurança. **RMS 23.079-TO, Rel. Min. Eliana Calmon, julgado em 15/5/2007.** (Inform. STJ 320)

TRANSPORTE COLETIVO RODOVIÁRIO. AUTORIZAÇÃO. TÍTULO PRECÁRIO.

A recorrente, empresa de transporte coletivo rodoviário intermunicipal de passageiros, impetrou mandado de segurança contra ato do secretário da Infraestrutura estadual, pleiteando a concessão da segurança para declarar a nulidade de termo de permissão condicionada por meio do qual foi concedido o direito de explorar, conjuntamente, o serviço de transporte coletivo urbano de passageiros na linha entre cidades daquele estado. A Turma, ao prosseguir o julgamento, negou provimento ao recurso sob o argumento de que a impetrante, ao ignorar o preceito da necessidade do procedimento licitatório para a concessão/permissão de serviços públicos, pleiteia, pelo remédio heroico, a proteção de um direito líquido e certo inexistente (exclusividade de linha de transporte de passageiros fundamentada em uma permissão precária). Entendeu pela ausência de direito líquido e certo a ser resguardado por mandado de segurança e correta a manutenção do aresto que extinguiu o feito sem o julgamento de mérito. Precedentes citados: REsp 403.905-MG, DJ 6/5/2002; RMS 19.107-MG, DJ 10/10/2005; RMS 19.790-RJ, DJ 16/10/2006, e RMS 12.439-DF, DJ 17/3/2003. **RMS 22.981-TO, Rel. Min. José Delgado, julgado em 17/4/2007.** (Inform. STJ 317)

INDENIZAÇÃO. CONGELAMENTO. TARIFAS. CONCESSIONÁRIA. TRANSPORTE AÉREO.

Em ação de indenização por quebra de equilíbrio econômico-financeiro de contrato de serviço público de concessão de transporte aéreo regular, em razão de congelamento tarifário a partir de 1988, decorrente de política economia governamental, a União foi condenada a pagar a indenização da defasagem à TAM e outra. Antes mesmo do julgamento da apelação interposta, a União peticionou, sendo-lhe reconhecido o interesse público relevante, determinando-se a vista dos autos ao MP. Depois do julgamento da apelação, por maioria, foi reconhecida a anulação do feito a partir da contestação, para prosseguir o processo. Todavia foram interpostos embargos infringentes que restaram rejeitados, bem como os declaratórios. Neste Tribunal, em sede de REsp, a Min. Relatora aduziu que a ausência de intervenção do MP em primeiro grau de jurisdição não autoriza o reconhecimento da nulidade do processo. Isso porque a intervenção do MP como *custos legis* na ação indenizatória somente foi apontada pela União após o recurso de apelação; na ocasião, o MP pronunciou-se, mas, em nenhum momento, alegou a nulidade do processo. Ademais, ressalta a Min. Relatora, de acordo com o art. 245 do CPC, na primeira oportunidade nos autos, deveria a União ter alegado a nulidade sob pena de preclusão. Destacou, ainda, que a defesa da União foi regularmente representada por seus advogados na ação indenizatória e eventual deficiência na defesa não poderia ser suprida pelo MP, o qual participou do processo tão somente como *custos legis*. Outrossim, a simples presença de pessoa jurídica de direito público não determina a intervenção obrigatória do MP. E o interesse patrimonial do Estado não pode ser confundido com o interesse público. Para que se tenha como imprescindível a manifestação do MP, tal como contida no art. 82, III, do CPC, é preciso caso concreto e hipóteses previstas em lei. Nas demandas indenizatórias, não é obrigatória a intervenção do MP. Com esse entendimento, a Turma deu provimento ao recurso para determinar o retorno dos autos ao Tribunal *a quo* para o julgamento de mérito da apelação. Precedente citado: REsp 628.806-DF, DJ 21/2/2005. **REsp 801.028-DF, Rel. Min. Denise Arruda, julgado em 12/12/2006.** (Inform. STJ 308)

UNIÃO. PARTE LEGÍTIMA. REAJUSTE. CONTRATO.

A União é parte legítima passiva para integrar a lide que busca reajuste contratual a fim de obter a cobrança de tarifa integral de pedágio, tarifa a ser praticada em rodovia federal delegada ao estado-membro. São manifestos os interesses jurídicos e econômicos da União, a qual figurou no contrato de delegação da administração da rodovia como interveniente. Precedente citado: REsp 417.804-PR, DJ 16/5/2005. **REsp 848.849-RS, Rel. Min. José Delgado, julgado em 3/10/2006.** (Inform. STJ 299)

CORTE. ENERGIA ELÉTRICA. INADIMPLENTE.

A Turma, ao prosseguir o julgamento, reafirmou que, diante do interesse da coletividade, o **princípio da continuidade do serviço público** (art. 22 do CDC) deve ser ponderado frente à possibilidade de interrupção do serviço quando, após aviso, haja a perpetuação da inadimplência do usuário. Asseverou que a jurisprudência deste Superior Tribunal proclama que, se diante da inadimplência de pessoa jurídica de direito público, deve-se preservar o fornecimento de eletricidade às unidades públicas provedoras de necessidades inadiáveis da comunidade (hospitais, prontos-socorros, centros de saúde, escolas e creches). Aduziu, também, em homenagem às ponderações feitas pelo Min. Herman Benjamin no seu voto-vista, que o entendimento, em excepcionais casos, deve ser abrandado se o corte puder causar lesões irreversíveis à integridade física do usuário, isso em razão da supremacia da cláusula de solidariedade prevista no art. 3º,

I, da CF/1988. Precedentes citados: REsp 460.271-SP, DJ 21/2/2005; REsp 591.692-RJ, DJ 14/3/2005; REsp 615.705-PR, DJ 13/12/2004, e AgRg na SLS 216-RN, DJ 10/4/2006. **REsp 853.392-RS, Rel. Min. Castro Meira, julgado em 21/9/2006.** (Inform. STJ 297)

TRANSPORTE COLETIVO INTERMUNICIPAL. EXPLORAÇÃO. SEÇÕES. LINHAS. LICITAÇÃO.

Trata-se de ação com objetivo de ver declarado o direito da autora, ora recorrida, de explorar seções de linhas (prolongamento do trecho concedido) nas quais a empresa é permissionária de transporte rodoviário interestadual de passageiros e ainda de ver condenada a ré (União) a expedir os documentos para sua habilitação. A Turma deu provimento ao recurso da União, conhecendo parcialmente do recurso das outras empresas (litisconsortes passivas), dando-lhe provimento para reconhecer a necessidade de licitação para qualquer alteração referente à linha. Outrossim, a demora na apreciação do pedido de autorização para exploração das referidas seções não pode superar a obrigatoriedade da licitação. Ademais, no caso, há ação civil pública impondo essa obrigação. Precedente citado: REsp 617.147-PR, DJ 25/4/2005. **REsp 529.102-PR, Rel. Min. Luiz Fux, julgado em 9/3/2006.** (Inform. STJ 276)

15.15. QUADRO SINÓTICO

1. Conceito: *atribuição do exercício de serviço público a alguém, que o prestará em nome próprio e por conta e risco, segundo condições fixadas pelo Poder Público*

2. Noções Gerais

– Regulamentada na Lei 8.987/1995

– É concedido o *exercício*, e não a *titularidade* do serviço

– A remuneração se dá por *tarifas, subsídios* e outras formas, como a publicidade

3. Natureza contratual complexa

a) ato regulamentar: ato unilateral do Poder Público, que fixa as condições da prestação do serviço

b) contrato: trata da questão econômico-financeira

4. Poderes do concedente

a) fiscalização: vê-se desempenho, cumprimento de deveres e de metas

b) alteração unilateral das cláusulas regulamentares: respeitados o equilíbrio financeiro e os limites legais (p. ex., não pode alterar a natureza do objeto da concessão)

c) intervenção: em casos de comprometimento do serviço público, a Administração pode intervir na concessionária para regularizar a situação. Ex.: intervenção em empresa de ônibus que não está desempenhando corretamente seu papel, mesmo após notificações e aplicação de multa

d) extinção da concessão antes do prazo: pode se dar por motivos de conveniência e oportunidade para melhorar o serviço público ou por falta cometida pelo concessionário

e) aplicação de sanções ao concessionário inadimplente: multas, por exemplo

5. Prazo

– Não existe na lei, devendo ser fixado no contrato

– Admite-se prorrogação do prazo, desde que haja previsão no contrato; ex.: para amortizar investimentos

6. Transferência da concessão e do controle acionário da concessionária

– São autorizadas, mediante anuência da Administração

7. Direitos do concessionário

a) manutenção do equilíbrio econômico-financeiro

b) não sofrer exigência estranha ao objeto da concessão

8. Formas de extinção

8.1. Pelo advento do termo contratual: forma usual

8.2. Por rescisão judicial

– Feita a pedido do concessionário, por culpa do poder concedente

– A ação pode pleitear indenização por não ter havido, ainda, amortização do investimento feito pelo concessionário

8.3. Por rescisão consensual: por mútuo acordo

8.4. Pela falência da concessionária

8.5. Pela morte do permissionário ou pela extinção da pessoa jurídica

8.6. Por rescisão unilateral do Poder Concedente

a) encampação ou resgate: *extinção pela Administração durante o prazo da concessão, por motivo de conveniência e oportunidade administrativa*

– Depende de lei específica e de prévia indenização

– Ex.: fim dos bondes.

b) caducidade: *extinção antes do prazo, por inadimplência do concessionário*

– Requer prévio processo administrativo, com ampla defesa, para apuração da falta grave do concessionário

– Só se indeniza o investimento não amortizado, uma vez que houve culpa do concessionário.

c) anulação: extinção por ilegalidade; indeniza-se concessionário por despesas, salvo má-fé

9. Reversão dos bens

9.1. Conceito: *é a passagem ao poder concedente dos bens do concessionário aplicados no serviço público, como consequência da extinção da concessão*

– A finalidade é manter a continuidade do serviço

9.2. Extensão: a reversão se dará nos limites definidos no edital de convocação para a licitação, assegurando-se ao concessionário a amortização do investimento que fez

10. Parceria Público-Privada (Lei 11.079/2004)

10.1. Conceito

– contrato de *prestação de serviços* ou de *concessão de serviços públicos ou de obras públicas*

i) de grande vulto (igual ou superior a R$ 20 milhões)

ii) de período não inferior a 5 anos

iii) caracterizado pela busca da eficiência na realização de seu escopo

iv) e pela existência de garantias especiais e reforçadas

v) para o cumprimento da necessária contraprestação pecuniária do parceiro público ao parceiro privado,

vi) financiado pelo mercado financeiro

10.2. Espécies

a) concessão patrocinada: *é a concessão de serviços ou de obras públicas em que, além das tarifas cobradas dos usuários, há contraprestação pecuniária do parceiro público ao parceiro privado* (art. 2º, § 1º, da Lei 11.079/2004). Ex.: saneamento básico, construção e reforma de rodovias

b) concessão administrativa: *é o contrato de prestação de serviços qualificados de que a Administração seja usuária direta ou indireta* (art. 2º, § 2º, da Lei 11.079/2004).

– Não há cobrança de tarifa de usuários

– Não cabe se tiver como objeto único fornecimento de mão de obra, instalação de equipamentos ou obra pública

– Ex.: construção de escolas, hospitais e presídios

c) concessão comum: é a que não se encaixa numa PPP; ex.: quando as tarifas dos usuários são suficientes para cobrir os custos do contratado. Usa-se a Lei 8.987/1995.

10.3. Modelo

– O vencedor da licitação fará o investimento com recursos próprios e financiamento do mercado financeiro

– O vencedor entregará a obra pronta para o parceiro público

– Somente neste momento é que o parceiro público começará a pagar sua contraprestação, que tem garantias especiais, como seguro-pagamento, fiança bancária e fundo ou empresa estatais dotados de bens passíveis de penhora

10.4. Características da licitação na PPP

a) inversão de fases: o edital poderá prever a inversão das fases de habilitação e julgamento

b) lances verbais: o edital poderá prever que, após a entrega dos envelopes, serão feitos lances em viva-voz

c) tipo de licitação: é o de "menor valor da contraprestação a ser paga pela Administração". Pode-se combinar com melhor técnica

d) saneamento de falhas: o edital poderá prever a possibilidade de saneamento de falhas, de complementação de insuficiências ou ainda de correções de caráter formal no curso do procedimento, desde que o licitante possa satisfazer as exigências dentro do prazo fixado no instrumento convocatório (art. 12, IV)

15.16. QUESTÕES OBJETIVAS COMENTADAS

15.16.1. Autorização e Permissão de serviço público

(Ministério Público/GO – 2012) Concessão e permissão são instrumentos através dos quais se descentraliza a prestação de serviços públicos para particulares. Considerando o disposto na Lei 8.987/1995, que dispõe sobre o regime de concessão e permissão da prestação de serviços públicos, é incorreto afirmar:

(A) Considera-se concessão de serviço público a delegação de sua prestação, feita pelo poder concedente, mediante licitação, na modalidade de concorrência, à pessoa jurídica ou consórcio de empresas que demonstre capacidade para seu desempenho, por sua conta e risco e por prazo determinado.

(B) Toda concessão ou permissão pressupõe a prestação de serviço adequado ao pleno atendimento dos usuários, tomando-se como serviço adequado o que satisfaz as condições de regularidade, continuidade, eficiência, segurança, atualidade, generalidade, cortesia na sua prestação e modicidade das tarifas.

(C) Incumbe à concessionária a execução do serviço concedido, cabendo-lhe responder por todos os prejuízos causados ao poder concedente, aos usuários ou a terceiros, sendo que a fiscalização exercida pelo órgão competente pode atenuar essa responsabilidade.

(D) Toda concessão de serviço público, precedida ou não da execução de obra pública, será objeto de prévia licitação, nos termos da legislação própria e com observância dos princípios da legalidade, moralidade, publicidade, igualdade, do julgamento por critérios objetivos e da vinculação ao instrumento convocatório.

A: assertiva correta (art. 2º, II, da Lei 8.987/1995); **B:** assertiva correta (art. 6º, *caput* e § 1º, da Lei 8.987/1995); **C:** assertiva incorreta (devendo ser assinalada); a fiscalização exercida pelo órgão competente não atenua essa responsabilidade (art. 25, *caput*, da Lei 8.987/1995); **D:** assertiva correta (art. 14 da Lei 8.987/1995).

Gabarito "C"

(Procurador do Município/Sorocaba-SP – 2012 – VUNESP) Constitui característica da permissão de serviço público, entre outras:

(A) o serviço pode ser cedido pelo permissionário.

(B) independe de licitação, se assim atender o interesse público.

(C) deve ser concedida com fixação de prazo.

(D) tem a titularidade de seu objeto transferida ao particular.

(E) pode ser revogada a qualquer momento, em razão de interesse público.

A: incorreta, pois a permissão se dá *intuitu personae*; **B:** incorreta, pois depende sim de licitação (art. 2º, IV, da Lei 8.987/1995); **C:** incorreta, pois a lei não exige a fixação de prazo, até porque a permissão é precária (art. 2º, IV, da Lei 8.987/1995), ou seja, pode ser revogada a qualquer tempo, sendo desnecessária, assim, a fixação de prazo; **D:** incorreta, pois, seja na permissão, seja na concessão o particular não recebe a titularidade do serviço público, que continua sendo do Poder Público, mas apenas a possibilidade de executar o serviço público; **E:** correta, pois a permissão, como se viu, é precária, ou seja, pode ser revogada a qualquer tempo, de modo a atender ao interesse público (art. 2º, IV, da Lei 8.987/1995).

Gabarito "E"

(Advogado – Petrobrás – 2012 – CESGRANRIO) De acordo com a norma do artigo 175 da Constituição da República, incumbe ao poder público, diretamente ou sob regime de concessão ou permissão, sempre através de licitação, a prestação de serviços públicos.

A esse respeito, qual a natureza jurídica da permissão de serviço público?

(A) Contrato de programa

(B) Contrato de adesão

(C) Ato administrativo qualificado

(D) Ato administrativo complexo

(E) Ato administrativo composto

A permissão de serviço público é "a delegação, a título precário, mediante licitação, da prestação de serviços públicos, feita pelo poder concedente à pessoa física ou jurídica que demonstre capacidade para seu desempenho, por sua conta e risco" (art. 2º, IV, da Lei 8.987/1995). Repare que a natureza material é de ato unilateral e precário. Porém, a mesma Lei 8.987/1995 estabelece que a permissão será formalizada por meio de contrato de adesão. Assim, em sentido formal, a permissão tem natureza de contrato de adesão (art. 40 da Lei 8.987/1995).

Gabarito "B"

(Analista – TRT/14ª – 2011 – FCC) Entende-se por permissão de serviço público a

(A) contratação mediante ato administrativo discricionário e precário, sem necessidade de realização do certame licitatório, de pessoa jurídica que comprove plena capacidade para a execução do serviço.

(B) delegação a título precário, mediante contrato de adesão e prévia licitação, objetivando a prestação de serviço público, formalizado entre o poder público e a pessoa física ou jurídica que tenha demonstrado, no procedimento licitatório, capacidade para a sua prestação.

(C) expedição de ato unilateral, discricionário e precário, em favor de pessoa jurídica ou física que comprove formalmente perante o poder concedente, a sua plena capacidade para a prestação do serviço.

(D) transferência através de contrato por prazo determinado e prévia licitação, na modalidade concorrência, celebrado pelo poder concedente com a pessoa jurídica ou consórcio de empresas, que tenha demonstrado capacidade para a sua prestação, por sua conta e risco.

(E) outorga mediante ato unilateral e precário, expedido pelo poder público à pessoa física ou jurídica que tenha demonstrado no decorrer do procedimento licitatório, capacidade para a prestação do serviço, por sua conta e risco.

A: incorreta, pois a permissão depende de licitação e pode ser conferida tanto a pessoa jurídica, como a pessoa física (art. 2º, IV, da Lei 8.987/1995); **B:** correta, pois está de acordo com a definição estabelecida no art. 2º, IV, c/c art. 40, ambos da Lei 8.987/1995; **C:** incorreta, pois faltou dizer que é necessário licitação (art. 2º, IV, da Lei 8.987/1995); **D:** incorreta, pois a definição dada na alternativa é de concessão (art. 2º, II, da Lei 8.987/1995), e não de permissão (art. 2º, IV, da Lei 8.987/1995); **E:** incorreta, pois as expressões "outorga" e "ato unilateral" estão substituídas, nos arts. 2º, IV, e 40, *caput*, da Lei 8.987/1995, pelas expressões "delegação" e "contrato de adesão". A expressão "contrato de adesão" parece meio contraditória com a ideia de "precariedade" (já que os contratos, por definição, fazem lei entre as partes, não sendo "precários"), no entanto essa expressão consta da Lei 8.987/1995 (art. 40, *caput*), devendo-se assinalar a alternativa que se apresenta mais próxima do texto legal.

Gabarito "B"

(Analista – TRT/14ª – 2011 – FCC) A permissão de serviço público

(A) não pode ser alterada a qualquer momento pela Administração.

(B) independe de licitação, ao contrário do que ocorre na concessão de serviço público.

(C) tem por objeto a execução de serviço público, razão pela qual a titularidade do serviço fica com o permissionário.

(D) é formalizada mediante contrato de adesão, precário e revogável unilateralmente pelo poder concedente.

(E) pressupõe que o serviço seja executado pelo permissionário, todavia, a responsabilidade por sua execução pertence a ele e ao poder concedente.

A: incorreta, pois as *cláusulas regulamentares* de uma permissão (e de uma concessão) podem ser modificadas unilateralmente pela Administração (art. 9º, § 4º, da Lei 8.987/1995), de acordo as exigências do interesse público, e no exercício do poder de regulamentar do serviço concedido (art. 29, I, da Lei 8.987/1995); já as *cláusulas econômicas* das permissões e concessões são intangíveis, no sentido de não ser possível à Administração alterar o equilíbrio econômico-financeiro do contrato, que deve ser sempre mantido (art. 9º, § 4º, parte final, da Lei 8.987/1995); **B:** incorreta, pois a permissão também requer licitação (art. 2º, IV, da Lei 8.987/1995); **C:** incorreta, pois os permissionários têm a atribuição de meramente *executar* o serviço público; a titularidade deste pertence ao Poder Concedente; **D:** correta, nos termos dos arts. 2º, IV, e 40, *caput*, da Lei 8.987/1995; **E:** incorreta, pois a responsabilidade pela *execução* do serviço é da concessionária (art. 25 da Lei 8.987/1995).

Gabarito "D"

(Analista – TRT/22ª – 2010 – FCC) Dentre as assertivas abaixo, assinale a que corretamente aponta uma característica da permissão de serviço público, que a distingue da concessão de serviço público.

(A) Seu objeto é a execução de serviço público, continuando a titularidade do serviço com o Poder Público.

(B) Remuneração tarifária.

(C) É formalizada por contrato administrativo.

(D) Pode ser feita à pessoa física.

(E) Depende de licitação.

A única diferença existente nas hipóteses trazidas nas alternativas da presente questão é o fato de a permissão poder ser outorgada a uma pessoa física (e jurídica também), ao passo que a concessão só pode ser outorgada a uma pessoa jurídica (art. 2º, II e IV, da Lei 8.987/1995).

Gabarito "D"

(Analista – TRT/23ª – 2011 – FCC) No que se refere à autorização de serviço público, é correto afirmar:

(A) Trata-se de ato precário, podendo, portanto, ser revogado a qualquer momento, por motivo de interesse público.

(B) Trata-se de ato unilateral, sempre vinculado, pelo qual o Poder Público delega a execução de um serviço público de sua titularidade, para que o particular o execute predominantemente em seu próprio benefício.

(C) O serviço é executado em nome do autorizatário, por sua conta e risco, sem fiscalização do Poder Público.

(D) Trata-se de ato unilateral, discricionário, porém não precário, pelo qual o Poder Público delega a execução de um serviço público, para que o particular o execute predominantemente em benefício do Poder Público.

(E) Trata-se de ato que depende de licitação, pois há viabilidade de competição.

A: correta, pois traz elementos característicos da autorização de serviço público, que é o ato administrativo unilateral, discricionário e precário pelo qual a Administração faculta ao particular, em proveito deste, o exercício de um serviço público; **B:** incorreta, pois a autorização é ato discricionário, e não vinculado; **C:** incorreta, pois o Poder Público fiscaliza, sim, o particular, já que se trata de um serviço público; **D:** incorreta, pois é ato precário; ademais, é ato que beneficia preponderantemente o particular, e não o Poder Público; **E:** incorreta, pois a autorização independe de licitação.

Gabarito "A"

(Auditor Fiscal da Receita Federal – 2010 – ESAF) "Incumbe ao Poder Público, na forma da lei, diretamente ou sob regime de concessão ou permissão, sempre através de licitação, a prestação de serviços públicos". Esta é a previsão do *caput* do art. 175 da Constituição Federal. Sobre os serviços públicos, no ordenamento jurídico brasileiro, analise as assertivas abaixo e assinale a opção correspondente.

I. Sob o critério formal, serviço público é aquele disciplinado por regime de direito público.

II. Segundo o critério material, serviço público é aquele que tem por objeto a satisfação de necessidades coletivas.

III. O critério orgânico ou subjetivo classifica o serviço como público pela pessoa responsável por sua prestação, qual seja, o Estado.

IV. A concessão e a permissão transferem a titularidade de um serviço público a quem aceitar prestá-lo, mediante licitação.

V. Enquanto a permissão de serviço público, diante de sua precariedade, ocorre necessariamente por prazo determinado, a concessão pode ocorrer por prazo indeterminado.

(A) V, F, V, F, F

(B) F, V, F, F, V

(C) F, F, V, V, F

(D) V, V, V, F, V

(E) V, V, V, F, F

I a III: verdadeiros, pois trazem afirmativas adequadas à noção de serviço público; **IV:** falso, pois a concessão e a permissão transferem a *execução* do serviço público, e não a *titularidade* deste; **V:** falso, pois é justamente o contrário, ou seja, a concessão se dá por prazo determinado (art. 2º, II, da Lei 8.987/95), ao passo que a permissão, por ser precária, dá-se, normalmente, por prazo indeterminado.

Gabarito "E"

15.16.2. Concessão de serviço público

(Magistratura/PE – 2013 – FCC) Conforme o art. 28-A, da Lei nº 8.987/1995, para garantir contratos de mútuo de longo prazo, destinados a investimentos relacionados a contratos de concessão, em qualquer de suas modalidades, as concessionárias poderão ceder ao mutuante, em caráter fiduciário, parcela de seus créditos operacionais futuros, observadas certas condições, dentre as quais,

(A) com o registro do contrato de cessão dos créditos em cartório de títulos e documentos, terá ele eficácia perante terceiros e perante o Poder Público concedente.

(B) os créditos futuros cedidos nos termos deste artigo serão constituídos sob a titularidade do mutuante, mediante decisão do Poder Público concedente em cada situação concreta em que se dê tal constituição.

(C) o mutuante poderá indicar instituição financeira para efetuar a cobrança e receber os pagamentos dos créditos cedidos ou permitir que a concessionária o faça, na qualidade de representante e depositária.

(D) o contrato de cessão disporá sobre a devolução à concessionária dos recursos excedentes, salvo acordo das partes que indique possibilidade de retenção do saldo após o adimplemento integral do contrato.

(E) serão considerados contratos de longo prazo somente aqueles cujas obrigações tenham prazo médio de vencimento superior a 15 (quinze) anos.

A: incorreta, pois essa cessão do crédito só terá eficácia em relação ao Poder Público quando for este formalmente notificado (art. 28-A, II, da Lei 8.987/1995); **B:** incorreta, pois não é necessária decisão do Poder Público, já que a lei não impõe qualquer formalidade adicional para essa constituição (art. 28-A, III, da Lei 8.987/1995); **C:** correta, nos exatos termos do art. 28-A, IV, da Lei 8.987/1995; **D:** incorreta, pois é vedada a retenção do saldo após o adimplemento integral do contrato; **E:** incorreta, pois serão considerados contratos de longo prazo os que tenham obrigações com prazo médio de vencimento superior a 5 anos e não a 15 anos (art. 28-A, parágrafo único, da Lei 8.987/1995).

Gabarito "C"

(Magistratura/DF – 2011) Considerando o disposto na Lei n. 8.987/1995, assinale a afirmativa falsa:

(A) É admitida a subconcessão, nos termos previsto no contrato de concessão, desde que expressamente autorizada pelo poder concedente;

(B) A transferência de concessão ou do controle societário da concessionária sem prévia anuência do poder concedente implicará a caducidade da concessão;

(C) No exercício da fiscalização, o poder concedente terá acesso somente aos dados relativos à administração, contabilidade e recursos técnicos e econômicos da concessionária;

(D) Extinta a concessão, retornam ao poder concedente todos os bens reversíveis, direitos e privilégios transferidos ao concessionário conforme previsto no edital e estabelecido no contrato.

A: assertiva correta (art. 26 da Lei 8.987/1995); **B:** assertiva correta (art. 27 da Lei 8.987/1995); **C:** assertiva falsa, devendo ser assinalada; haverá acesso também, aos dados relativos aos recursos financeiros da concessionária (art. 30 da Lei 8.987/1995); **D:** assertiva correta (art. 35, § 1º, da Lei 8.987/1995).

Gabarito "C"

(Magistratura/PE – 2011 – FCC) Nos termos da Lei federal que dispõe sobre normas gerais de concessão de serviços públicos, a encampação, entendida como

(A) intervenção do poder concedente na concessão, ocupando provisoriamente as instalações da empresa concessionária, é cabível para garantir a continuidade da prestação do serviço.

(B) o modo de encerramento do contrato, por motivo de inexecução por parte da empresa concessionária, depende de apuração das faltas mediante devido processo legal.

(C) a retomada do serviço pelo poder concedente durante o prazo da concessão, por motivo de interesse público, depende de lei autorizativa específica e prévio pagamento da indenização.

(D) o modo de encerramento do contrato, por motivo de caso fortuito ou de força maior, depende de autorização judicial.

(E) o desfazimento do contrato devido a ilegalidade não imputável à intenção das partes, enseja o pagamento de indenização correspondente aos investimentos não amortizados realizados pela empresa concessionária.

A: incorreta, pois esse é o instituto da intervenção na concessão; **B:** incorreta, pois esse é o instituto da caducidade da concessão; **C:** correta (art. 37 da Lei 8.987/1995); **D:** incorreta, pois a encampação se dá por interesse público (art. 37 da Lei 8.987/1995), e não pelos motivos mencionados; **E:** incorreta, pois a encampação é a extinção da concessão por motivo de interesse público, e não por problema relacionado à legalidade.

Gabarito "C"

(Ministério Público/SP – 2013 – PGMP) Qual alternativa NÃO está de acordo com a Lei Federal n. 8.987, de fevereiro de 1995, que dispõe sobre o regime de concessão e permissão de prestação de serviços públicos?

(A) Serviço público adequado é o que satisfaz as condições de regularidade, continuidade, eficiência, segurança, atualidade, generalidade e cortesia na sua prestação.

(B) Atualidade é um elemento da adequação do serviço público e compreende a modernidade das técnicas, do equipamento, das instalações e também a melhoria e a expansão do serviço.

(C) Não descaracteriza o princípio da continuidade do serviço público a sua interrupção em situação de emergência nem, desde que com prévio aviso, nos casos de interrupção por razões de ordem técnica ou de segurança das instalações.

(D) No atendimento às peculiaridades do serviço, poderá a Administração possibilitar outras fontes de receitas complementares ou acessórias, com vistas a favorecer a modicidade das tarifas.

(E) As tarifas devem ser igualitárias mesmo em face de características técnicas diferenciadas e de custos específicos do atendimento aos distintos grupos de usuários.

A: incorreta, pois tal disposição está na Lei 8.987/1995 (art. 6º, § 1º); **B:** incorreta, pois tal disposição está na Lei 8.987/1995 (art. 6º, § 2º); **C:** incorreta, pois tal disposição está na Lei 8.987/1995 (art. 6º, § 3º); **D:** incorreta, pois tal disposição está na Lei 8.987/1995 (art. 11); **E:** correta, pois as tarifas podem ser diferenciadas (e não igualitárias) em função dessas características e custos (art. 13 da Lei 8.987/1995).

Gabarito "E"

(Ministério Público/MS – 2013 – FADEMS) O serviço público pode ser coativamente retomado pelo poder concedente por motivo de interesse público, tratando-se de direito de:

(A) retrocessão.

(B) rescisão.

(C) reversão.

(D) encampação.

(E) reintegração.

Trata-se de encampação ou resgate, nos termos do art. 37 da Lei 8.987/1995, consistindo na retomada do serviço pelo poder concedente durante o prazo da concessão, por motivo de interesse público, mediante lei autorizativa específica e após prévio pagamento da indenização.

Gabarito "D"

(Ministério Público/CE – 2011 – FCC) No que tange ao regime das concessões de serviços públicos estabelecido na Lei n. 8.987/1995, é correto afirmar:

(A) É admitida a delegação da prestação dos serviços por prazo indeterminado.

(B) A rescisão unilateral do contrato, em razão do inadimplemento do concessionário, é condicionada à prévia edição de lei autorizativa específica.

(C) O contrato deve prever a repartição objetiva de riscos entre as partes.

(D) O aumento da carga tributária referente ao imposto sobre a renda não autoriza a revisão da tarifa contratada.

(E) A celebração do contrato de concessão depende de prévia licitação, na modalidade pregão.

A: incorreta, pois a lei exige que a concessão de serviço público tenha prazo determinado (arts. 2º, II, 18, I, e 23, I, da Lei 8.987/1995); **B:** incorreta, pois somente em caso de encampação ou resgate é que é necessária lei autorizativa específica (art. 37 da Lei 8.987/1995), não sendo necessário tal lei em caso de caducidade (extinção da concessão por inadimplemento do concessionário), conforme se vê da leitura do art. 38 da Lei 8.987/1995; **C:** incorreta, pois tal previsão não existe na Lei 8.987/1995, que trata da concessão comum de serviço público, apesar de existir a possibilidade de repartição de riscos na Lei de Parceria Público-Privada (art. 4º, VI, da Lei 11.079/2004); **D:** correta (art. 9º, § 3º, da Lei 8.987/1995); **E:** incorreta, pois a prévia licitação deve se dar na modalidade concorrência (art. 2º, II, da Lei 8.987/1995).

Gabarito "D"

(Ministério Público/MG – 2012 – CONSULPLAN) Nos termos da legislação em vigor, assinale a alternativa **CORRETA**:

(A) Bens reversíveis são aqueles que foram objeto de desapropriação pela União, Estados, Distrito Federal ou Municípios e que anteriormente integravam o patrimônio de outro órgão ou entidade estatal ou paraestatal da administração direta, indireta ou fundacional.

(B) Encampação consiste na estatização da empresa concessionária, após expirado o prazo da concessão, mediante prévia declaração de utilidade ou interesse público, através de decreto específico do poder concedente.

(C) Não se caracteriza como descontinuidade do serviço a sua interrupção em situação de emergência ou após prévio aviso, quando motivada por razões de ordem técnica ou de segurança das instalações; ou, ainda, por inadimplemento do usuário, considerado o interesse da coletividade.

(D) A tarifa do serviço público concedido será fixada pela proposta de menor preço apresentada no processo de licitação, sendo vedada sua diferenciação em função das características técnicas e dos custos específicos provenientes do atendimento aos distintos segmentos de usuários.

A: incorreta, pois são os bens aplicados na execução do serviço público concedido e que o contrato de concessão determina que sua utilização passará a se dar pelo poder concedente (art. 35, § 1º, da Lei 8.987/1995); **B:** incorreta, pois consiste tão somente na extinção da concessão outorgada a concessionária, por motivo de interesse público, não passando a empresa concessionária a ser estatal; **C:** correta (art. 6º, § 3º, da Lei 8.987/1995); **D:** incorreta, pois as tarifas poderão ser diferenciadas em função dos elementos citados na alternativa (art. 13 da Lei 8.987/1995).

Gabarito "C"

(Defensor Público/AC – 2012 – CESPE) Assinale a opção correta acerca da concessão de serviços públicos.

(A) Se houver interesse público superveniente à concessão, poderá o poder público, por intermédio da encampação, retomar a prestação do serviço.

(B) A outorga consiste na transferência para o particular da incumbência de prestação, mediante remuneração, de determinado serviço público.

(C) Admitem-se concessões de serviços públicos por prazo indeterminado.

(D) É proibida a subconcessão de serviços públicos.

(E) A intervenção do poder concedente no serviço resulta na extinção da concessão.

A: correta (art. 37 da Lei 8.987/1995); **B:** incorreta, pois a transferência da incumbência de prestação de serviço público tem o nome de concessão ou de permissão de serviço público (art. 2º, II e IV, da Lei 8.987/1995); **C:** incorreta, pois a concessão de serviço público é sempre por prazo determinado (arts. 2º, II; 18, I e 23, I, da Lei 8.987/1995); **D:** incorreta, pois a subconcessão é admitida, desde que autorizada pelo Poder Concedente e precedida de concorrência; **E:** incorreta, pois nem sempre isso ocorre, conforme se depreende do art. 34 da Lei 8.987/1995.

Gabarito "A"

(Defensor Público/RS – 2011 – FCC) Considere as seguintes afirmações com relação ao regime de concessão e permissão da prestação dos serviços públicos, tendo em vista a Lei nº 8.987/1995:

I. O poder concedente publicará, simultaneamente ao edital de licitação, ato justificando a conveniência da outorga de concessão ou permissão do serviço público, caracterizando seu objeto, área e prazo.

II. O serviço adequado é aquele que satisfaz as condições de regularidade, continuidade, eficiência, segurança, atualidade, generalidade, cortesia na sua prestação e modicidade das tarifas.

III. A permissão de serviço público é a delegação, a título precário, feita pelo poder concedente apenas à pessoa jurídica que demonstre capacidade para seu desempenho, precedida ou não de licitação, formalizada mediante contrato de adesão.

Está correto o que se afirma APENAS em

(A) I.

(B) II.

(C) III.

(D) I e III.

(E) II e III.

I: incorreto, pois essa providência deve ser prévia, e não simultânea à publicação do edital de licitação (art. 5º da Lei 8.987/1995); **II:** correto (art. 6º, § 1º, da Lei 8.987/1995); **III:** incorreto, pois a permissão pode ser feita em favor de pessoa jurídica ou de pessoa física; ademais, depende de licitação (art. 2º, IV, da Lei 8.987/1995).

Gabarito "B"

(Defensor Público/AM – 2010 – I. Cidades) A respeito da concessão de serviços públicos, assinale a alternativa correta:

(A) A concessão de serviços públicos deve sempre ser precedida de licitação, nas modalidades concorrência ou tomada de preços.

(B) O edital de licitação para concessão de serviços públicos poderá prever a inversão da ordem das fases de habilitação e julgamento.

(C) É uma permissão de uso, sempre condicionada à previa licitação.

(D) É, em sentido estrito, o contrato administrativo onde pode haver execução direta pela Administração ou pelos particulares contratados.

(E) Não pode ser realizada em benefício de particulares, mas somente em benefício dos entes da Administração Indireta de cada ente federativo ou de um ente diferente do ente outorgante da concessão.

A: incorreta, pois deve ser utilizada a modalidade concorrência (art. 2º, II, da Lei 8.987/1995); **B:** correta (art. 18-A da Lei 8.987/1995); **C:** incorreta, pois a *concessão de serviço público* (art. 2º, II, da Lei

8.987/1995) não se confunde com a *permissão de serviço público* (art. 2º, IV, da Lei 8.987/1995), muito menos com a *permissão de uso de bem público*; **D:** incorreta, pois, havendo a concessão, a execução direta passa a ser de responsabilidade do particular contratado, e não mais da Administração; **E:** incorreta, pois qualquer pessoa jurídica privada pode, em tese, ser concessionária de serviço público.

Gabarito "B"

(Delegado/AP – 2010) Com relação aos contratos de concessão de serviços públicos, analise as afirmativas a seguir:

I. Em havendo alteração unilateral do contrato que afete o seu inicial equilíbrio econômico-financeiro, o poder concedente deverá restabelecê-lo, concomitantemente à alteração.

II. A tarifa não será subordinada à legislação específica anterior e, somente nos casos expressamente previstos em lei, sua cobrança poderá ser condicionada à existência de serviço público alternativo e gratuito para o usuário.

III. A criação, alteração ou extinção de quaisquer tributos ou encargos legais, inclusive os impostos sobre a renda, após a data da assinatura do contrato, implicará a revisão da tarifa, para mais ou para menos, conforme o caso.

IV. O poder concedente não poderá prever, em favor da concessionária, no edital de licitação, a possibilidade de outras fontes provenientes de receitas alternativas, complementares, acessórias ou de projetos associados, a fim de favorecer a modicidade das tarifas para os usuários.

Assinale:

(A) se somente as afirmativas I e IV estiverem corretas.

(B) se somente as afirmativas I e II estiverem corretas.

(C) se somente as afirmativas II e IV estiverem corretas.

(D) se somente as afirmativas II e III estiverem corretas.

(E) se somente as afirmativas III e IV estiverem corretas.

I: correta (art. 9º, § 4º, da Lei 8.987/1995); **II:** correta (art. 9º, § 1º, da Lei 8.987/1995); **III:** incorreta, pois essa regra não vale para alterações no imposto sobre a renda (art. 9º, § 3º, da Lei 8.987/1995); **IV:** incorreta, pois é possível, sim, essa previsão (art. 11 da Lei 8.987/1995).

Gabarito "B"

(Procurador do Estado/PR – UEL-COPS – 2011) Assinale a alternativa correta:

(A) as concessões de serviço público brasileiras não podem ter caráter de exclusividade;

(B) nas concessões de serviço público brasileiras a única fonte de recursos do concessionário é a receita tarifária, sendo vedada a possibilidade de fontes alternativas de receita;

(C) desde que consignado no contrato de concessão, é válida a previsão de mecanismos privados para a resolução de disputas relacionadas ao contrato, inclusive a arbitragem;

(D) a concessão comum de serviço público tem como modos de extinção: (i) o termo contratual, (ii) a encampação, (iii) a caducidade, (iv) a rescisão por iniciativa do concedente, v) a anulação bilateral e (vi) a falência ou extinção da empresa concessionária e falecimento ou incapacidade do titular, no caso de empresa individual;

(E) todas as alternativas são incorretas.

A: incorreta, pois existe exceção em que há exclusividade, que é o caso em que há inviabilidade técnica ou econômica devidamente justificada (art. 16 da Lei 8.987/1995); **B:** incorreta, pois o art. 11 da Lei 8.987/1995 permite, para o atendimento às peculiaridades de cada serviço público, a previsão em edital de outras fontes provenientes de receitas alternativas, complementares, acessórias ou de projetos associados, com ou sem exclusividade, com vistas a favorecer a modicidade das tarifas; **C:** correta (art. 23-A da Lei 8.987/1995); **D:** incorreta, pois não há que se falar em anulação bilateral, já que esta é ato exclusivo do Poder Concedente; ademais, a hipótese de rescisão mencionada na lei (art. 39 da Lei 8.987/1995) é a cargo da concessionária (e não do Poder Concedente, já que este tem outros fundamentos e meios para a extinção da concessão, conforme demais itens do art. 35 da Lei 8.987/1995), valendo lembrar que a concessionária não tem poder para a promover a rescisão unilateral da concessão, dependendo do ingresso de ação judicial especial para esse fim, sendo que os serviços não poderão ser interrompidos ou paralisados até o trânsito em julgado da decisão; **E:** incorreta, pois a alternativa "c" está correta.

Gabarito "C"

(Procurador do Estado/RS – 2010 – FUNDATEC) No tocante ao regime de concessão da prestação de serviços públicos previsto no art. 175 da Constituição Federal, é correta a seguinte alternativa:

(A) O concessionário executa o serviço em seu próprio nome e corre os riscos normais e anormais do empreendimento, podendo ser alterado o objeto da concessão para assegurar a modicidade tarifária.

(B) O poder concedente transfere ao concessionário privado a execução do serviço e deixa de ser o titular do mesmo.

(C) A responsabilidade civil da empresa concessionária é subjetiva quanto aos danos causados por seus agentes a terceiros, incluídos os usuários.

(D) A concessão pactuada com indeterminação de prazo é ilegal.

(E) A exclusividade na concessão de serviço público é totalmente vedada em face do direito assegurado ao usuário de obter e utilizar o serviço público com liberdade de escolha entre vários prestadores.

A: incorreta, pois o objeto da licitação deverá estar devidamente caracterizado no edital licitação (art. 5º da Lei 8.987/1995) e, qualquer alteração do objeto na execução do contrato de concessão importará em fraude à licitação; **B:** incorreta, pois o poder concedente só transfere a mera execução do serviço público, mantendo a titularidade deste, ou seja, mantendo o poder de regulamentar e fiscalizar o serviço; **C:** incorreta, pois a responsabilidade dela é objetiva, nos termos do art. 37, § 6º, da CF, tanto em relação a usuários, como em relação aos não usuários, conforme posição pacífica do STF; **D:** correta, pois a lei exige prazo determinado (arts. 2º, II, 5º, 18, 23, I, da Lei 8.987/1995); **E:** incorreta, pois existe exceção em que há exclusividade, que é o caso em que há inviabilidade técnica ou econômica devidamente justificada (art. 16 da Lei 8.987/1995).

Gabarito "D"

(Procurador do Município/Florianópolis-SC – 2010 – FEPESE) Na execução do serviço público, quando a concessionária não atender a intimação do poder concedente no sentido de regularizar a prestação do serviço, haverá a extinção da concessão sob a modalidade:

(A) reversão.
(B) intervenção.
(C) encampação.
(D) caducidade.
(E) denúncia.

A alternativa corresponde à caducidade (art. 38 da Lei 8.987/1995).

Gabarito "D"

(Advogado da União/AGU – CESPE – 2012) A respeito de concessões e permissões de serviço público, julgue os itens subsequentes.

(1) À concessionária cabe a execução do serviço concedido, incumbindo-lhe a responsabilidade por todos os prejuízos causados ao poder concedente, aos usuários ou a terceiros, não admitindo a lei que a fiscalização exercida pelo órgão competente exclua ou atenue tal responsabilidade.
(2) A contratação de parceria público-privada deve ser precedida de licitação na modalidade convite, estando a abertura do processo licitatório condicionada a autorização, fundamentada em estudo técnico, da autoridade competente.
(3) Reversão consiste na transferência, em virtude de extinção contratual, dos bens do concessionário para o patrimônio do concedente.

1: correta (art. 25, *caput*, da Lei 8.987/1995); **2:** incorreta, pois a licitação é na modalidade concorrência (art. 10, *caput*, da Lei 11.079/2004); **3:** correta (art. 35, § 1º, da Lei 8.987/1995).

Gabarito 1C, 2E, 3C

(Advogado – CEF – 2012 – CESGRANRIO) Com o objetivo de assegurar a adequação na prestação do serviço, bem como o fiel cumprimento das normas contratuais, regulamentares e legais pertinentes, o poder concedente pode intervir na concessão por prazo determinado. Para sua formalização, a intervenção pressupõe

(A) lei autorizativa
(B) lei complementar
(C) autorização judicial
(D) decreto do poder concedente
(E) resolução da agência reguladora competente

O art. 32, parágrafo único, da Lei 8.987/1995 exige decreto do poder concedente para a formalização da intervenção na concessão.

Gabarito "D"

(Advogado – BNDES – 2010 – CESGRANRIO) A modalidade de extinção da concessão de serviço público que decorre da inexecução total ou parcial do contrato e que deve ser precedida da verificação da inadimplência da concessionária em processo administrativo, assegurado o direito de ampla defesa, denomina-se

(A) caducidade.
(B) encampação.
(C) adjudicação.
(D) reversão.
(E) intervenção.

Trata-se da caducidade, nos termos do art. 38 da Lei 8.987/1995.

Gabarito "A"

(Cartório/RN – 2012 – IESIS) Examinando-se as proposições a respeito da concessão de serviços públicos, assinale a alternativa correta:

I. A concessão de serviço público consiste na delegação de sua prestação, feita pelo poder concedente, mediante licitação, na modalidade de concorrência, à pessoa jurídica ou consórcio de empresas que demonstre capacidade para seu desempenho, por sua conta e risco e por prazo determinado. Diferencia-se da permissão de serviço público pois nesta a delegação ocorre a título precário e independe de licitação.
II. As concessionárias de serviços públicos, de direito público e privado, nos Estados e no Distrito Federal, são obrigadas a oferecer ao consumidor e ao usuário, dentro do mês de vencimento, o mínimo de seis datas opcionais para escolherem os dias de vencimento de seus débitos.
III. Considera-se encampação a retomada do serviço pelo poder concedente após o término do prazo da concessão, por motivo de interesse público, mediante lei autorizativa específica e depois de prévio pagamento da indenização.
IV. O contrato de concessão poderá prever o emprego de mecanismos privados para resolução de disputas decorrentes ou relacionadas ao contrato, inclusive a arbitragem.

(A) Somente as proposições II e IV estão corretas.
(B) Somente as proposições I e II estão corretas.

(C) Somente as proposições I, II e III estão corretas.

(D) Somente as proposições I e III estão corretas.

I: incorreta, pois a permissão de serviço público também depende de licitação (*vide* art. 2º, II e IV, da Lei 8.987/1995); **II:** correta (art. 7º-A da Lei 8.987/1995); **III:** incorreta, pois a encampação se dá *durante* o prazo da concessão (art. 37 da Lei 8.987/1995); **IV:** correta (art. 23-A da Lei 8.987/1995).

Gabarito "A"

(Analista – TRT/20ª – 2011 – FCC) Considere as seguintes assertivas:

I. Autoriza mudanças no regime de execução do serviço para adaptá-lo ao interesse público, que é sempre variável no tempo.

II. Garante o direito adquirido dos usuários à manutenção de determinado regime jurídico.

III. Os contatos administrativos podem ser alterados ou rescindidos unilateralmente para atender ao interesse público.

Constitui característica do princípio da mutabilidade do regime jurídico, inerente aos serviços públicos, o que consta APENAS em

(A) I.

(B) I e III.

(C) II.

(D) II e III.

(E) III.

I: correta, pois a mutabilidade do regime jurídico administrativo tem a ver com a mutabilidade do interesse público; toda vez que o interesse público se modifica, os regimes jurídicos correspondentes têm que se modificar também; é por isso que as *cláusulas regulamentares* da concessão de serviço público podem ser modificadas pelo Poder Concedente e os concessionários terão de cumprir as novas diretrizes decorrentes dessas mudanças, ressalvada a manutenção do equilíbrio econômico-financeiro do contrato; **II:** incorreta, pois o interesse público tem supremacia em relação aos interesses privados, de modo que um particular não poderá invocar direitos adquiridos quando necessária a modificação do regime jurídico de um serviço público; por exemplo, caso um ponto de ônibus tenha sua localização alterada por motivo de interesse público, um usuário não poderá querer impedir essa modificação alegando ter direito adquirido; aliás, há uma máxima em Direito Administrativo que diz que ninguém pode alegar direito adquirido a um regime jurídico; **III:** correta (art. 58, I e II, da Lei 8.666/1993).

Gabarito "B"

(Analista – TRT/20ª – 2011 – FCC) NÃO constitui característica da concessão de serviço público:

(A) delegação contratual da execução do serviço.

(B) necessidade de licitação.

(C) responsabilidade subjetiva do concessionário.

(D) permanecer o Poder Público sempre com a titularidade do serviço.

(E) contratação *intuitu personae*.

A responsabilidade do concessionário de serviço público é objetiva, nos termos do art. 37, § 6º, da CF, de modo que a responsabilidade subjetiva do concessionário NÃO é característica da concessão de serviço público, devendo ser assinalada a alternativa "c". Quanto às demais alternativas, todas trazem características da concessão de serviço público (art. 2º, II, da Lei 8.987/1995).

Gabarito "C"

(Analista – TRT/22ª – 2010 – FCC) Sobre a concessão de serviços públicos:

(A) Incumbe à concessionária a execução do serviço concedido, cabendo-lhe responder pelos prejuízos causados ao poder concedente, aos usuários ou a terceiros, mas a fiscalização exercida pelo órgão competente exclui essa responsabilidade.

(B) É possível concessão de serviço público, ainda que se trate de serviço cuja titularidade não pertença ao Estado.

(C) Poderá o poder concedente prever, em favor da concessionária, no edital de licitação, a possibilidade de outras fontes provenientes de receitas alternativas, complementares, acessórias ou de projetos associados, com vistas a favorecer a modicidade das tarifas.

(D) O poder concedente, no exercício da fiscalização, não poderá acessar dados relativos à administração, contabilidade e recursos financeiros da concessionária.

(E) A responsabilidade da concessionária – por se tratar de pessoa jurídica de direito privado –, pelos prejuízos causados aos usuários do serviço público é subjetiva.

A: incorreta (art. 25 da Lei 8.987/1995); **B:** incorreta, pois, se o serviço não é da titularidade do Estado, não há que se falar em serviço público; **C:** correta (art. 11 da Lei 8.987/1995); **D:** incorreta (art. 30 da Lei 8.987/1995); **E:** incorreta, pois a responsabilidade é objetiva (art. 37, § 6º, da CF).

Gabarito "C"

(Analista – TRT/24ª – 2011 – FCC) No que concerne às concessões de serviço público, é correto afirmar:

(A) A concessionária poderá contratar com terceiro o desenvolvimento de atividades inerentes, acessórias ou complementares ao serviço concedido, sendo tal contrato regido pelo direito público.

(B) É admitida a subconcessão, nos termos previstos no contrato de concessão, sendo tal outorga sempre precedida de concorrência, não se exigindo, todavia, autorização expressa do poder concedente.

(C) O contrato de concessão não poderá prever o emprego de mecanismos privados de solução de conflitos, como a arbitragem, por se tratar de contrato de direito público, o qual deve ser dirimido somente pelo Judiciário, na hipótese de litígio.

(D) A concessão é feita mediante licitação, na modalidade concorrência, havendo algumas peculiaridades em tal procedimento licitatório, como a possibilidade da inversão das fases de habilitação e julgamento.

(E) A transferência da concessão ou do controle societário da concessionária sem prévia anuência do poder concedente implicará na encampação da concessão do serviço público.

A: incorreta, pois esse tipo de contrato será regido pelo direito privado (art. 25, §§ 1º e 2º, da Lei 8.987/1995); **B:** incorreta, pois a subconcessão depende de autorização expressa do Poder Concedente; **C:** incorreta, pois o contrato de concessão poderá prever sim a arbitragem (art. 23-A da Lei 8.987/1995); **D:** correta (art. 18-A da Lei 8.987/1995); **E:** incorreta, pois implicará na caducidade da concessão (art. 27 da Lei 8.987/1995); é bom lembrar que a caducidade é a extinção da concessão por culpa do particular (que é o caso), ao passo que a encampação é a extinção da concessão por motivo de interesse público.

Gabarito "D"

(Analista – TRE/CE – 2012 – FCC) Na concessão de serviço público, a rescisão unilateral por motivo de inadimplemento contratual denomina-se

(A) retrocessão.
(B) encampação.
(C) reversão.
(D) caducidade.
(E) adjudicação.

De acordo com o art. 38, *caput*, da Lei 8.987/1995, em caso inexecução total ou parcial do contrato (inadimplemento absoluto o relativo), o poder concedente poderá declarar a caducidade da concessão, de forma que a alternativa "d" é a correta.

Gabarito "D"

(Analista – TRE/TO – 2011 – FCC) Na concessão de serviço público:

(A) A inexecução total ou parcial do contrato acarretará, a critério do poder concedente, a declaração de caducidade da concessão ou a aplicação das sanções contratuais, respeitadas as disposições legais e as normas convencionadas entre as partes.

(B) Extinta a concessão, retornam ao poder concedente todos os bens reversíveis, com exceção dos direitos e privilégios transferidos ao concessionário conforme previsto no edital e estabelecido no contrato.

(C) A retomada do serviço pelo poder concedente durante o prazo da concessão, por motivo de interesse público, mediante lei autorizativa específica e após prévio pagamento da indenização denomina-se reversão.

(D) O contrato de concessão poderá ser rescindido por iniciativa da concessionária, no caso de descumprimento das normas contratuais pelo poder concedente, através de requerimento administrativo promovido para esse fim.

(E) A extinção do contrato de concessão pode ocorrer por diversas formas e razões, sendo uma delas a anulação, que pode provir de decisão administrativa ou judicial e os efeitos que produz são *ex nunc*.

A: correta (art. 38 da Lei 8.987/1995); **B:** incorreta, pois não é "com exceção dos direitos...", mas "inclusive" com os direitos e privilégios transferidos ao concessionário (art. 35, § 1º, da Lei 8.987/1995); **C:** incorreta, pois tal retomada da concessão tem o nome de encampação (art. 37 da Lei 8.987/1995); **D:** incorreta, pois o concessionário só pode pedir a rescisão de uma concessão mediante ação judicial especialmente intentada para esse fim (art. 39 da Lei 8.987/1995); **E:** incorreta, pois a anulação tem efeitos *ex tunc*.

Gabarito "A"

(Auditor Fiscal do Trabalho – 2010 – ESAF) Naquilo que diz respeito à extinção do contrato de concessão de serviço público, correlacione as colunas abaixo e assinale a opção que contemple a correlação correta.

(1) Retomada do serviço, por motivo de interesse público.

(2) Retomada do serviço, por inexecução total ou parcial do contrato por parte da concessionária.

(3) Extinção do contrato, por descumprimento de normas contratuais pelo concedente.

( ) caducidade;
( ) encampação;
( ) rescisão.

(A) 3 / 1 / 2
(B) 2 / 3 / 1
(C) 1 / 2 / 3
(D) 2 / 1 / 3
(E) 3 / 2 / 1

A retomada por interesse público tem o nome de *encampação ou resgate* (art. 37 da Lei 8.987/95). A retomada por inexecução contratual tem o nome de *caducidade* (art. 38 da Lei 8.987/95). E a retomada por descumprimento de normas contratuais pelo Poder Concedente tem o nome de *rescisão* (art. 39 da Lei 8.987/95).

Gabarito "D"

(OAB/Exame Unificado – 2012.2) Uma concessionária de serviço público, em virtude de sua completa inadequação na prestação do serviço, não consegue executar o contrato. Nesse caso, segundo a Lei n. 8.987/1995, poderá ser declarada, a critério do poder concedente, a extinção do contrato por

(A) caducidade.
(B) encampação.
(C) anulação.
(D) revogação.

A: correta, pois a extinção da concessão por motivo de culpa do concessionário tem o nome de caducidade; as hipóteses de caducidade estão previstas no art. 38, § 1º, da Lei 8.987/1995, sendo que o inciso I trata da configuração da caducidade por "inadequação da prestação do serviço"; **B:** incorreta, pois a encampação (ou resgate) é a extinção da concessão por motivo de interesse público (art. 37 da Lei 8.987/1995), e não por culpa do concessionário; **C:** incorreta, pois a anulação é a extinção da concessão por motivo de ilegalidade, e não por culpa do concessionário; **D:** incorreta, pois a revogação é a extinção de ATOS administrativos (e não de CONCESSÕES de serviço público) por motivo de interesse público.

Gabarito "A"

(OAB/Exame Unificado – 2011.1) Ao tomar conhecimento de que o serviço público de transporte aquaviário concedido estava sendo prestado de forma inadequada, causando gravíssimos transtornos aos usuários, o ente público, na qualidade de poder concedente, instaurou regular processo administrativo de verificação da inadimplência da concessionária, assegurando-lhe o contraditório e a ampla defesa. Ao final do processo administrativo, restou efetivamente comprovada a inadimplência, e o poder concedente deseja extinguir a concessão por inexecução contratual. Qual é a modalidade de extinção da concessão a ser observada no caso narrado?

(A) Anulação.

(B) Caducidade.

(C) Rescisão.

(D) Encampação.

O instituto que se aplica ao caso concreto é o da *caducidade*, que é a extinção da concessão por inadimplência do concessionário (art. 38 da Lei 8.987/1995), justamente o que fez a concessionária no caso concreto. A anulação não se aplica, pois é a extinção da concessão por *ilegalidade*. A rescisão é terminologia empregada, na concessão de serviço público, para a extinção desta por culpa do poder concedente, a pedido da concessionária. E a encampação também não se aplica ao caso narrado, pois é a extinção da concessão por motivo de interesse público. Porém, é bom que fique claro que a questão está mal formulada. Isso porque o enunciado narra conduta do poder concedente insuficiente para decretar a caducidade. Segundo a Lei 8.987/95, o poder concedente, quando tomar conhecimento de que o serviço público está sendo prestado de forma inadequada, deve, em primeiro lugar (antes de instaurar processo administrativo de inadimplência!), comunicar à concessionária detalhadamente os descumprimentos contratuais, dando-lhe prazo para corrigir as falhas e transgressões apontadas e para o enquadramento, nos termos contratuais (art. 38, § 3º, da Lei 8.987/1995). Assim, a situação narrada no enunciado não permitia, ainda, a o decreto de caducidade.

Gabarito "B"

(OAB/Exame Unificado – 2010.2) Uma determinada empresa concessionária transfere o seu controle acionário para uma outra empresa privada, sem notificar, previamente, o Poder concedente, parte no contrato de concessão. Assinale a alternativa que indique a medida que o Poder concedente poderá tomar, se não restarem atendidas as mesmas exigências técnicas, de idoneidade financeira e regularidade jurídica por esta nova empresa.

(A) Poderá o Poder concedente declarar a caducidade da concessão, tendo em vista o caráter *intuitu personae* do contrato de concessão.

(B) Poderá retomar o serviço, por motivo de interesse público, através da encampação, autorizada por lei específica, após prévio pagamento da indenização.

(C) Poderá o Poder concedente anular o contrato de concessão, através de decisão administrativa, uma vez que a transferência acionária da empresa concessionária sem a notificação prévia ao Poder concedente gera irregularidade, insusceptível de convalidação.

(D) Nada poderá fazer o Poder concedente, uma vez que a empresa concessionária, apesar da alteração societária, não desnatura o caráter *intuitu personae* do contrato de concessão.

A: correta, pois, segundo o art. 27 da Lei 8.987/1995, "a transferência de concessão ou do controle societário da concessionária sem prévia anuência do poder concedente implicará a **caducidade** da concessão"; de fato, a extinção da concessão por *inexecução de obrigações* por parte do concessionário tem o nome de *caducidade*, conforme se verifica do art. 38 da Lei 8.987/1995, e, no caso narrado na alternativa, há inexecução de obrigação ("solicitar prévia anuência do poder concedente"), de modo que a extinção da concessão no caso só poderia ter o nome de caducidade, daí o porquê da redação do art. 27 citado; **B:** incorreta, pois a encampação, que é a extinção da concessão por motivo de interesse público (art. 37 da Lei 8.987/1995), só se aplica quando não for o caso de extinção da concessão por outro motivo; assim, se há ilegalidade na concessão, deve-se anulá-la; se há inexecução de obrigações pelo concessionário, deve-se extinguir a concessão por caducidade; e se a concessão estiver livre de ilegalidades e o concessionário estiver cumprindo seus deveres, mas não mais existir interesse público na manutenção da concessão, esta deve ser extinta pela encampação; no caso, como havia descumprimento de obrigações pela concessionária, de rigor a extinção da concessão pela caducidade, como se viu; **C:** incorreta, pois a anulação de uma concessão só deve ser promovida quando esta já tiver sido iniciada com ilegalidade (por ex., sem licitação prévia), o que não ocorre no caso; **D:** incorreta, pois o art. 27 da Lei 8.987/1995 deixa claro que mesmo a simples transferência do controle acionário da concessionária sem a anuência do poder concedente implicará a caducidade da concessão.

Gabarito "A"

(OAB/Exame Unificado – 2010.1) Júlia, que está desempregada, não conseguiu pagar a tarifa de energia elétrica de sua residência, referente ao mês de janeiro de 2010. Por esse motivo, o fornecimento de energia foi suspenso por ordem da diretoria da concessionária de energia elétrica, sociedade de economia mista. Considerando essa situação hipotética, assinale a opção correta.

(A) O fornecimento de energia elétrica à residência de Júlia não poderia ter sido suspenso em razão do inadimplemento, visto que, conforme entendimento do STJ, constitui serviço público essencial.

(B) A lei de regência autoriza a suspensão do serviço desde que haja prévia notificação do usuário.

(C) Lei estadual poderia, de forma constitucional, criar isenção dessa tarifa, nos casos de impossibilidade material de seu pagamento, como no caso do desemprego do usuário.

(D) Não caberia mandado de segurança contra o ato da diretoria da concessionária, porque ela não é autoridade pública.

A: incorreta. "Processual civil e administrativo. CPC, art. 535. Violação não caracterizada. Suspensão do fornecimento de energia elétrica. Diferença de consumo apurada em razão de fraude no medidor. 1. Não ocorre negativa ou deficiência na prestação jurisdicional se o Tribunal de origem decide, fundamentadamente, as questões essenciais ao julgamento da lide. 2. A Primeira Seção e a Corte Especial do STJ entendem legal a suspensão do serviço de fornecimento de energia elétrica pelo inadimplemento do consumidor, após aviso prévio, exceto quanto aos débitos antigos, passíveis de cobrança pelas vias ordinárias. 3. Entendimento que se aplica no caso de diferença de consumo apurada em decorrência de fraude no medidor, consoante têm decidido reiteradamente ambas as Turmas que compõem a Primeira Seção desta Corte. Precedentes. 4. Reformulação do entendimento da relatora, em homenagem à função constitucional uniformizadora atribuída ao STJ. 5. Recurso especial provido" (REsp 1071837/MG, Rel. Ministra Eliana Calmon, Segunda Turma, julgado em 19.02.2009, DJe 27.03.2009); **B:** correta. Lei 8.987/1995, art. 6º, § 3º: "Não se caracteriza como descontinuidade do serviço a sua interrupção em situação de emergência ou após prévio aviso, quando: I – motivada por razões de ordem técnica ou de segurança das instalações; e, II – por inadimplemento do usuário, considerado o interesse da coletividade"; **C:** incorreta. "EMENTA: Ação direta de inconstitucionalidade. Arguição de inconstitucionalidade da Lei 11.462, de 17.04.2000, do Estado do Rio Grande do Sul. Pedido de liminar. Plausibilidade jurídica da arguição de inconstitucionalidade com base na alegação de afronta aos artigos 175, *caput*, e parágrafo único, I, III e V, e 37, XXI, todos da Constituição Federal, porquanto Lei estadual, máxime quando diz respeito à concessão de serviço público federal e municipal, como ocorre no caso, não pode alterar as condições da relação contratual entre o poder concedente e os concessionários sem causar descompasso entre a tarifa e a obrigação de manter serviço adequado em favor dos usuários. Caracterização, por outro lado, do *periculum in mora*. Liminar deferida, para suspender, *ex nunc*, a eficácia da Lei nº 11.462, de 17.04.2000, do Estado do Rio Grande do Sul" (ADI 2.299 MC, Relator(a): min. Moreira Alves, Tribunal Pleno, julgado em 28.03.2001, DJ 29.08.2003, pp-00017, Ement Vol-02121-03, pp-00420); **D:** incorreta. "Recurso especial. Processual civil. Mandado de Segurança. Ato praticado por dirigente de sociedade de economia mista. Corte de energia elétrica. Possibilidade de impugnação pela via mandamental. Recurso provido. 1. É impugnável, por Mandado de Segurança, o ato de autoridade dirigente de Sociedade de Economia Mista, quando praticado com abuso e de forma ilegal. *In casu*, trata-se de ato do Superintendente de Distribuição Norte das Centrais Elétricas de Goiás (CELG) e seu representante local, que visando a compelir o recorrente ao pagamento de contas em atraso, determinou a supressão do fornecimento de energia elétrica em outras unidades ao mesmo pertencentes, que estavam com o seu pagamento em dia, constituindo tal prática, medida passível de impugnação pela via mandamental. 2. Tem-se, atualmente, procurado emprestar ao vocábulo autoridade o conceito mais amplo possível para justificar a impetração de Mandado de Segurança, tendo a lei adicionado-lhe o expletivo 'seja de que natureza for' (REsp 84.082/RS, Rel. Min. Democrito Reinaldo). 3. Recurso Especial a que se dá provimento" (REsp 174.085/GO, Rel. Ministro José Delgado, Primeira Turma, julgado em 18.08.1998, DJ 21.09.1998, p. 96).

Gabarito "B"

15.16.3. Parcerias Público-Privadas (PPP)

(Ministério Público/MS – 2013 – FADEMS) É **correto** afirmar que a parceria público-privada (PPP), é um contrato de concessão firmado entre empresa privada e o governo federal, por valor não inferior a:

(A) R$ 5 milhões.

(B) R$ 10 milhões.

(C) R$ 20 milhões.

(D) R$ 30 milhões.

(E) R$ 40 milhões.

Para ser uma parceria público-privada – PPP, o contrato não pode ter valor inferior a R$ 20 milhões (art. 2º, § 4º, I, da Lei 11.079/2004). Vale lembrar que o contrato não pode, também, ter prazo inferior a 5 anos e ter como único objeto o fornecimento de mão de obra, o fornecimento e instalação de equipamentos ou a execução de obra pública.

Gabarito "C"

(Ministério Público/MG – 2011) Nos termos da legislação específica (Lei n. 11.079/2004), na contratação de parceria público-privada (PPP) devem ser observadas algumas diretrizes. Assinale a opção **INCORRETA**, ou seja, aquela que não traduz uma dessas diretrizes legais.

(A) Indelegabilidade das funções de regulação, jurisdicional, do exercício do poder de polícia e de outras atividades exclusivas do Estado.

(B) Sustentabilidade financeira e vantagens socioeconômicas dos projetos de parceria.

(C) Respeito aos interesses e direitos dos destinatários dos serviços e dos entes privados incumbidos da sua execução.

(D) Eliminação de riscos e securitização de eventuais prejuízos em relação ao contratante público.

A: assertiva correta; de fato tais funções são típicas de Estado e não podem ser delegadas ao particular (art. 4º, III, da Lei 11.079/2004); **B:** assertiva correta (art. 4º, VII, da Lei 11.079/2004); **C:** assertiva correta (art. 4º, II, da Lei 11.079/2004); **D:** assertiva incorreta (devendo ser assinalada), pois a diretriz correta a respeito é de "repartição objetiva de risco entre as partes" (art. 4º, VI, da Lei 8.987/1995).

Gabarito "D"

(Ministério Público/PB – 2010) Sobre o regime legal das parcerias público-privadas, é correto afirmar, exceto:

(A) Admite-se, excepcionalmente, delegação do exercício do poder de polícia ao parceiro privado, quando se tratar da concessão administrativa.

(B) Para a contratação de parcerias público-privadas, exige-se licitação na modalidade de concorrência.

(C) A exigência de autorização legislativa específica não se aplica à concessão administrativa.

(D) Estende-se a todos os âmbitos: federal, estadual, distrital e municipal.

(E) A concessão patrocinada admite, como parceiro privado, consórcio de empresas.

A: incorreta, devendo ser assinalada, pois o poder de polícia é privativo da autoridade pública; **B:** correta (art. 10, *caput*, da Lei 11.079/2004); **C:** correta, valendo lembrar que, quanto à *concessão patrocinada*, aquelas "em que mais de 70% (setenta por cento) da remuneração do parceiro privado for paga pela Administração Pública dependerão de autorização legislativa específica" (art. 10, § 3º, da Lei 11.079/2004); **D:** correta (art. 1º da Lei 11.079/2004); **E:** correta, pois são aplicadas a essas concessões o disposto na Lei de Concessões Comuns (art. 3º, § 1º, da Lei 11.079/2004), lei essa que admite que a concessão seja conferida a um consórcio (art. 2º, II, da Lei 8.987/1995).

Gabarito "A"

(Defensor Público/SP – 2012 – FCC) Nos termos da legislação em vigor sobre as parcerias público-privadas, a modalidade de concessão de serviços públicos ou obras públicas, que envolver, adicionalmente à tarifa cobrada dos usuários, contraprestação pecuniária do parceiro público ao parceiro privado, é denominada concessão

(A) comum.

(B) administrativa.

(C) ordinária.

(D) tradicional.

(E) patrocinada.

Como o próprio nome diz, a modalidade de PPP em que o Poder Público, adicionalmente às tarifas dos usuários, paga uma contraprestação ao parceiro privado (patrocínio) tem o nome de concessão patrocinada (art. 2º § 1º da Lei 11.079/2004).

Gabarito "E"

(Delegado de Polícia/GO – 2013 – UEG) Sobre as parcerias público-privadas, dispõe a Lei nº 11.079/2004:

(A) é vedada celebração de contrato de parceria cujo período de prestação de serviço seja inferior a 3 (três) anos.

(B) a tomada de preço é a modalidade de licitação que deve preceder o contrato de parceria.

(C) na concessão patrocinada, a remuneração do parceiro é feita exclusivamente pelos usuários.

(D) os parceiros compartilham os riscos, de modo que há solidariedade ainda que diante de fatos imprevisíveis.

A: incorreta, pois a vedação é para períodos inferiores a 5 anos (art. 2º, § 4º, II, da Lei 11.079/2004); **B:** incorreta, pois a concorrência é a modalidade necessária (art. 10, "*caput*", da Lei 11.079/2004); **C:** incorreta, pois é na *concessão comum* em que isso ocorre, ou seja, em que o pagamento é realizado com base nas tarifas cobradas dos usuários dos serviços concedidos (art. 9º da Lei 8.987/1995); na *concessão patrocinada* o parceiro é remunerado com tarifas e também com contraprestação do Poder Público; na *concessão administrativa* só há contraprestação do Poder Público (art. 2º, §§ 1º e 2º, da Lei 11.079/2004); **D:** correta (art. 5º, III, da Lei 11.079/2004).

Gabarito "D"

(Procurador do Estado/AC – FMP – 2012) Nos termos da Lei n. 11.079, de 30 de dezembro de 2004, que institui normas gerais para licitação e contratação de relação à parceria público-privada no âmbito da Administração, marque a alternativa **INCORRETA**.

(A) A parceria público-privada é um contrato administrativo de concessão, podendo assumir as modalidades patrocinada ou administrativa.

(B) Mediante previsão legal, a remuneração da parceria público-privada poderá ser variável vinculada ao seu desempenho, conforme metas e padrões de qualidade e disponibilidade definidos no contrato.

(C) Fica vedada no âmbito da parceria público-privada a instituição de mecanismos privados de resolução de disputas, sendo vedada a cláusula compromissória.

(D) Não poderá ser aberto processo licitatório para contratação de parceria público-privada se o seu objeto não estiver previsto no plano plurianual em vigor no âmbito onde o contrato será celebrado.

A: assertiva correta (art. 2º, *caput*, da 11.079/2004); **B:** assertiva correta (art. 6º, § 1º, da 11.079/2004); **C:** assertiva incorreta, devendo ser assinalada; esses mecanismos são admitidos (art. 11, III, da 11.079/2004); **D:** assertiva correta (art. 10, V, da 11.079/2004).

Gabarito "C"

(Procurador do Estado/MG – FUMARC – 2012) Analise as seguintes afirmativas e assinale a alternativa correta:

I. Ocorre delegação legal sempre que determinado serviço público é descentralizado a pessoas jurídicas distintas do Estado, mas integrantes da própria Administração; e delegação negocial quando a descentralização for para pessoas da iniciativa privada, mediante atos ou contratos administrativos.

II. Em razão do regime jurídico diferenciado dos contratos de parcerias público-privadas, neles poderão ser adotados mecanismos privados de solução de conflitos, entre os quais a arbitragem.

III. Por ficção jurídica, o consórcio público com personalidade jurídica de direito público considera-se integrante da Administração Indireta de todos os entes federativos consorciados.

ALTERNATIVAS

(A) apenas a afirmativa I é correta

(B) as afirmativas II e III são corretas

(C) apenas a afirmativa II é correta
(D) todas as afirmativas são corretas
(E) todas as afirmativas são incorretas

I: correta, valendo salientar que a doutrina também denomina a primeiro caso de desconcentração por outorga e o segundo, de descentralização por colaboração; **II:** correta (art. 11, III, da 11.079/2004); **III:** correta (art. 6º, § 1º, da 11.107/2005).

Gabarito "D"

(Procurador do Estado/MT – FCC – 2011) A parceria público-privada é a modalidade de contrato administrativo, que

(A) tem por objeto, exclusivamente, a execução de obra pública ou a prestação de serviço público.
(B) aplica-se apenas a contratos de valor igual ou superior a R$ 20.000.000,00 (vinte milhões de reais) com período de prestação do serviço igual ou superior a 5 (cinco) anos.
(C) prescinde de prévio procedimento licitatório, quando a Administração Pública figurar como usuária direta.
(D) aplica-se apenas a contratos que não envolvam serviços públicos, mas sim atividades econômicas de interesse público.
(E) aplica-se apenas a serviços públicos não passíveis de cobrança de tarifa e que necessitam de contraprestação pública.

A: incorreta, pois tem por objeto a *concessão* de serviços públicos ou de obras públicas (concessão patrocinada) ou a prestação de serviços qualificados (concessão administrativa, que é prestação de serviços qualificados, pois não pode envolver simplesmente um fornecimento de mão de obra, o fornecimento e instalação de equipamentos ou a execução de obra pública), tudo nos termos do art. 2º, §§ 1º, 2º e 4º, III, da 11.079/2004); **B:** correta (art. 2º, § 4º, I, da 11.079/2004); **C:** incorreta, pois é necessário licitação na modalidade concorrência (art. 10 da 11.079/2004); **D:** incorreta, pois se aplicam justamente a contratos de concessão de serviços públicos ou obras públicas ou prestação de serviços qualificados de que a Administração seja usuária direta ou indireta (art. 2º, §§ 1º e 2º, da 11.079/2004); **E:** incorreta, pois se aplicam também a situações em que há tarifas, mas em que estas sejam insuficientes (art. 2º, § 1º, da 11.079/2004).

Gabarito "B"

(Procurador do Estado/RO – 2011 – FCC) O Governo do Estado de Rondônia pretende construir um sistema de transmissão de dados por rádio, de maneira a garantir o acesso à *Internet* de todas as escolas públicas estaduais. Para tanto, pretende celebrar contrato com particular, que se disponha a realizar as obras civis necessárias, o fornecimento dos equipamentos e se responsabilize pela manutenção física e lógica da rede, com suporte aos usuários, durante o prazo de dez anos, a partir de seu funcionamento. O investimento inicial deve ser suportado por esse particular, cuja remuneração ocorrerá apenas a partir da disponibilização dos serviços de transmissão de dados. Estima-se que o valor do contrato será de R$ 50 milhões. Diante dessas características, é correto afirmar que o Estado pretende, neste caso, celebrar contrato de

(A) concessão de serviços públicos comum, precedido da execução de obra pública.
(B) parceria público-privada, na modalidade de concessão patrocinada.
(C) parceria público-privada, na modalidade de concessão administrativa.
(D) gestão, com organização social.
(E) fornecimento de equipamentos, com cláusula de assistência técnica estendida.

Considerando o valor envolvido (acima de R$ 20 milhões), a duração do contrato (superior a 5 anos), o fato de que se trata de um serviço qualificado (prestação de serviço de instalação + serviço de manutenção) e o fato de que o particular fará o investimento inicial, ficando a Administração responsável pelo pagamento apenas após a disponibilização dos serviços, tem-se caracterizado o instituto da parceria público-privada, na modalidade concessão administrativa. *Vide*, a respeito, os arts. 2º, §§ 2º e 4º, e 7º, da Lei 11.079/2004.

Gabarito "C"

(Procurador do Município/Teresina-PI – 2010 – FCC) Parcerias público-privadas.

I. Na contratação de parceria público-privada, deve haver repartição objetiva de riscos entre as partes.
II. Concessão patrocinada é contrato de prestação de serviços de que a Administração seja usuária direta ou indireta, ainda que envolva execução de obra ou fornecimento e instalação de bens.
III. É vedada a celebração de contrato de parceria público-privada cujo valor do contrato seja inferior a vinte milhões de reais.
IV. É possível a celebração de contrato de parceria público-privada que tenha como objeto único o fornecimento e instalação de equipamentos.

SOMENTE estão corretas as assertivas

(A) II e IV.
(B) I e II.
(C) I e III.
(D) I e IV.
(E) II e III.

I: correta (art. 4º, VI, da Lei 11.079/2004); **II:** incorreta, pois essa é a concessão administrativa (art. 2º, § 2º, da Lei 11.079/2004); **III:** correta (art. 2º, § 4º, I, da Lei 11.079/2004); **IV:** incorreta, pois não é possível a celebração do contrato descrita no item (art. 2º, § 4º, III, da Lei 11.079/2004).

Gabarito "C"

(Advogado – BNDES – 2010 – CESGRANRIO) A respeito do regime jurídico aplicável às parcerias público-privadas, analise as afirmações abaixo.

I. Parceria público-privada é o contrato de concessão, na modalidade patrocinada ou administrativa.

II. Uma diretriz a ser observada na contratação de parceria público-privada é a repartição objetiva de riscos entre as partes.

III. A contratação de parceria público-privada deve ser precedida de licitação na modalidade concorrência ou tomada de preços, invertendo-se a ordem das fases de habilitação e julgamento.

Está correto APENAS o que se afirma em

(A) I.

(B) II.

(C) III.

(D) I e II.

(E) I e III.

I: correta (art. 2º, *caput*, da Lei 11.079/2004); **II:** correta (art. 4º, VI, da Lei 11.079/2004); **III:** incorreta, pois há de ser licitação na modalidade concorrência (art. 10, *caput*, da Lei 11.079/2004).

Gabarito "D"

(Magistratura Federal-5ª Região – 2011) Considere as situações hipotéticas I e II, a seguir.

I. O Estado brasileiro deseja transferir para o setor privado o serviço de conservação e manutenção de estradas com a instituição da cobrança de pedágio, cuja arrecadação será suficiente para a remuneração de serviços e obras necessários ao atendimento adequado dos usuários.

II. O Estado brasileiro deseja transferir para o setor privado a conservação e a manutenção de presídios, serviço que, por não ser autossustentável financeiramente, demandará o aporte de recursos públicos.

Com base nessas situações e na Lei nº 11.079/2004, que dispõe sobre PPPs, assinale a opção correta.

(A) É admissível a celebração de contrato de PPP na situação I, de acordo com a discricionariedade do administrador.

(B) É vedada a celebração de contrato de PPP em ambas as situações.

(C) Cabe a celebração de contrato de PPP tanto na situação I quanto na situação II, independentemente de o empreendimento ser autossustentável financeiramente ou não.

(D) Permite-se a celebração de contrato de PPP apenas na situação I, que trata de empreendimento autossustentável financeiramente.

(E) Apenas na situação II, que trata de empreendimento não autossustentável financeiramente, admite-se a celebração de contrato de PPP.

A, B, C, D e **E:** Segundo art. 2º, § 3º, da Lei 11.079/2004, usa-se a concessão comum, e não a parceria público-privada (PPP), quando não houver contraprestação pecuniária do parceiro público ao parceiro privado. No caso I, como o pedágio dará conta da remuneração, não caberá PPP. Já no caso II, como não há cobrança dos usuários (presidiários), haverá, necessariamente, contraprestação do Estado ao parceiro privado, admitindo-se a celebração de contrato de PPP.

Gabarito "E"

(Fiscal de Rendas/RJ – 2010 – FGV) Com relação às *parcerias público-privadas*, disciplinadas pela Lei nº 11.079/04, analise as afirmativas a seguir.

I. Caso haja expressa previsão no edital de licitação de parceria público-privada, as propostas econômicas podem ser apresentadas de forma escrita com lances posteriores em viva voz.

II. Não se admite a contratação de seguro-garantia de seguradoras não controladas pelo Poder Público como forma de garantia das obrigações contraídas pelo parceiro público.

III. É obrigatória a constituição de sociedade de propósito específico previamente à celebração do contrato de parceria público-privada, na modalidade administrativa ou patrocinada, podendo esta assumir forma de companhia aberta e negociar ações no mercado de valores mobiliários.

Assinale:

(A) se somente a afirmativa I estiver correta.

(B) se somente a afirmativa II estiver correta.

(C) se somente a afirmativa III estiver correta.

(D) se somente as afirmativas I e III estiverem corretas.

(E) se somente as afirmativas II e III estiverem corretas.

I: correta (art. 12, III, "b", da Lei 11.079/2004); **II:** incorreta, pois é justamente o contrário, ou seja, deve-se tratar de seguro-garantia com companhias seguradoras que não sejam controladas pelo Poder Público (art. 8º, III, da Lei 11.079/2004); **III:** correta (art. 9º, § 2º, da Lei 11.079/2004).

Gabarito "D"

(OAB/Exame Unificado – 2012.3.A) Um estado da Federação, em processo de recuperação econômica, pretende restaurar o seu antigo Parque de Esportes, uma enorme área que concentra estádio de futebol, ginásio de esportes coletivos e parque aquático. Não dispondo de recursos para custear a totalidade da obra e nem tendo expertise para promover uma boa gestão do espaço, o Estado pretende firmar um contrato de parceria público-privada, nos moldes da Lei 11.079/2004.

Sobre o instituto da Parceria Público-Privada, assinale a afirmativa correta.

(A) As parcerias público-privadas têm natureza de convênio, e não de contrato, uma vez que o ente público e o ente particular conjugam esforços na realização de uma atividade de interesse público.

(B) As parcerias público-privadas preveem que o ente público executará uma parcela do serviço ou obra, nunca inferior a 50%, e o particular o restante do serviço ou obra.

(C) As parcerias público-privadas não podem ter por objeto, exclusivamente, a execução de obra pública de restauração do Parque de Esportes.

(D) As parcerias público-privadas remuneram o ente particular integralmente com o valor das tarifas cobradas dos usuários do serviço, sendo vedado ao ente público o custeio direto das atividades desenvolvidas pelo particular.

A: incorreta, pois a natureza é de contrato; num convênio os interesses são comuns, não havendo obrigações recíprocas, podendo qualquer dos partícipes denunciar o ajuste a qualquer tempo; no contrato, as obrigações são recíprocas e o vínculo firme, não podendo qualquer das partes se evadir do contrato e de suas obrigações antes de cumprir com seus deveres ou sem que haja fundamento contratual ou legal para tanto; **B:** incorreta; a divisão de tarefas é outra; o parceiro privado entra com obrigações de fazer (construir, administrar etc.) e o parceiro público entra com dinheiro (art. 2º, § 3º, da Lei 11.079/2004), ainda que este seja desembolsado só ao final ou quando o empreendimento estiver em operação; **C:** correta (art. 2º, § 4º, III, da Lei 11.079/2004); **D:** incorreta, pois é justamente o contrário, ou seja, quando houver cobrança de tarifas só se tem parceria público-privada quando houver, adicionalmente à tarifa cobrada dos usuários, contraprestação pecuniária do parceiro público ao parceiro privado (art. 2º, § 3º, da Lei 11.079/2004).

Gabarito "C"

(OAB/Exame Unificado – 2011.3.B) Em determinado contrato de concessão de serviços públicos patrocinada, foi acordado entre as partes que o poder concedente assumiria os riscos decorrentes de fato do príncipe e o concessionário aqueles que decorressem de caso fortuito ou força maior. De acordo com a legislação acerca da matéria, é possível afirmar que tal estipulação contratual é

(A) nula, pois o contrato não pode atribuir ao concessionário a responsabilidade por fatos imprevisíveis, cujos efeitos não era possível evitar ou prever. Assim, não havendo culpa, não é possível a atribuição, por contrato, de tal responsabilidade.

(B) nula, pois em toda e qualquer concessão de serviço público, todos os riscos inerentes ao negócio são de responsabilidade do concessionário. Assim, a atribuição de responsabilidade ao concedente pelos riscos decorrentes de fato do príncipe viola a legislação acerca da matéria.

(C) válida, pois a lei de parcerias público-privadas atribui ao contrato autonomia para definir a repartição de riscos entre as partes, inclusive os referentes a caso fortuito, força maior, fato do príncipe e álea econômica extraordinária.

(D) válida, pois inerente ao princípio da autonomia contratual, que apenas veicula hipótese de repartição objetiva de riscos entre o Poder Público e o concessionário e que se encontra previsto na legislação pátria desde o advento da Lei 8.666/93.

Uma das diretrizes da parceria público-privada é justamente a "repartição objetiva dos riscos entre as partes" (art. 4º, VI, da Lei 11.079/2004). As cláusulas contratuais dessa parceria, devem, assim, prever "a repartição de riscos entre as partes, inclusive os referentes a caso fortuito, fato do príncipe e álea econômica extraordinária" (art. 5º, III, da Lei 11.079/2004). Tal novidade, que veio com a edição da Lei de PPP, não estava prevista na Lei 8.666/1993. Assim, a estipulação mencionada no enunciado é válida, afastando-se as alternativas "a" e "b". A alternativa "d" está incorreta, pois essa repartição de riscos não estava prevista na Lei 8.666/93. E a alternativa "c" está correta por descrever adequadamente a validade dessa estipulação contratual.

Gabarito "C"

(OAB/Exame Unificado – 2011.1) O contrato de prestação de serviços de que a Administração Pública seja a usuária direta ou indireta, ainda que envolva a execução de obra ou fornecimento e instalação de bens, denomina-se concessão

(A) patrocinada.

(B) de uso de bem público.

(C) administrativa.

(D) comum.

De acordo com o art. 2º, § 2º, da Lei 11.079/2004, é concessão administrativa "o contrato de prestação de serviços de que a Administração Pública seja usuária direta ou indireta, ainda que envolva a execução de obra ou o fornecimento e instalação de bens". A alternativa "c" é, portanto, a "mais correta". No entanto, para que tal contrato seja mesmo uma parceria público-privada do tipo concessão administrativo, fazia-se necessário que o conceito deixasse claro que tal prestação de serviço não tenha valor inferior a R$ 20 milhões, não tenha período inferior a 5 anos e não tenha como objeto único o fornecimento de mão de obra, o fornecimento e instalação de equipamentos ou a execução de obra pública (art. 2º, § 4º, da Lei 11.079/2004).

Gabarito "C"

15.17. QUESTÕES SUBJETIVAS COMENTADAS

(OAB/Exame Unificado – 2ª fase – CESPE) O município de Vitória – ES celebrou contrato com a Sanitas S.A., estabelecendo concessão do serviço de recolhimento de lixo. Posteriormente, a administração municipal alterou unilateralmente o contrato, nele incluindo várias exigências referentes ao recolhimento de lixo hospitalar, entre elas, inclusive, a aquisição, pela concessionária, de equipamentos específicos para lidar com esse tipo de resíduo. De acordo com os técnicos da prefeitura, essas novas obrigações implicariam aumento de apenas 3% no custo global do serviço prestado, impacto que poderia ser absorvido pela empresa, sem afetar significativamente suas margens de lucro. Em face da situação hipotética acima descrita, redija uma dissertação em que se avalie a conveniência das atitudes relacionadas a seguir e indique se alguma delas seria adequada para a empresa.

- impugnação da alteração unilateral do contrato, com vistas a obter a sua anulação;
- exigência de modificação das cláusulas contratuais que mantenha o equilíbrio econômico-financeiro do contrato.

Organização de ideias.

Repare que a questão **pede** ao candidato o seguinte: a) texto dissertativo; b) texto com a avaliação da *conveniência* das atitudes relacionadas e com indicação sobre se alguma delas seria *adequada* para a empresa; c) análise da impugnação mencionada; d) análise da modificação contratual mencionada.

Repare, também, que a Prefeitura trouxe o seguinte **argumento:** que a modificação contratual implicaria aumento de apenas 3% no custo global do serviço prestado, impacto que não afetaria significativamente suas margens de lucro.

Repare, por último, que a modificação implica prestação de um serviço conexo, mas diferente (no caso, sabe-se que o recolhimento de lixo hospitalar tem peculiaridades em relação ao recolhimento simples de lixo), além do que a modificação exige compra de equipamentos.

O caminho para responder à questão não depende de elementos doutrinários e jurisprudenciais. A própria lei é suficiente para resolver o caso em tela. No caso, repare que não se trata de mero contrato administrativo (regido pela Lei 8.666/1993), mas sim de concessão administrativa (regida pela Lei 8.987/1995), de modo que esta lei deverá ser aplicada. Por outro lado, o candidato deverá saber que a Lei 8.666/1993 se aplica subsidiariamente em matéria de concessão e permissão de serviço público (art. 124 da Lei 8.666/1993).

RESOLUÇÃO DA QUESTÃO

Quando a administração pública modifica unilateralmente disposições quantitativas ou qualitativas relacionadas ao objeto contratual, duas questões se colocam para análise do concessionário. A primeira, se é legal a modificação. Caso não seja, pode-se pedir anulação da alteração. A segunda se, apesar de legal, a modificação causa desequilíbrio econômico-financeiro. Caso gere, pode-se pedir revisão contratual.

Uma hipótese é excludente da outra. Assim, o primeiro exercício para analisar a conveniência e a adequação das medidas que podem ser tomadas pela empresa concessionária diante de uma tal situação é verificar se a modificação contratual é válida. Se não for, pode-se pedir a anulação do ato. Se for, passa-se à análise se cabe ou não pedido de modificação contratual.

No caso em tela, a modificação contratual parece-nos conforme à lei. Isso porque a Lei 8.987/1995 aplicada diretamente ao caso em tela, admite a alteração unilateral do contrato por parte da administração pública (art. 9º, § 4º). E a Lei 8.666/1993, aplicável subsidiariamente (art. 124), admite modificações contratuais, desde que não alterem o objeto contratual e não ultrapassem os limites quantitativos nela previstos. *Vide*, a respeito, o art. 65, I, da Lei 8.666/1993.

A alteração feita, a nosso ver, não importa em desnaturação do objeto contratual original. Isso porque a coleta de lixo hospitalar é espécie do gênero coleta de lixo e, assim, está contida no conceito desta. A alteração também não ultrapassa os limites quantitativos previstos na lei. Isso porque o art. 65, § 1º, da Lei 8.666/1993, aplicável subsidiariamente, estabelece como limite de acréscimo quantitativo 25% do valor inicial atualizado do contrato. No caso, a administração sequer propõe aumento no valor do contrato e, ainda que esse aumento fosse necessário, a repercussão prevista de apenas 3% no custo da operação dificilmente implicaria aumento superior a 25% no valor do contrato.

Assim, diante do fato de que não há ilegalidade, resta saber se o concessionário poderá pleitear reequilíbrio econômico-financeiro.

Nesse ponto, cumpre ressaltar que o evento que se deu (modificação unilateral do contrato, aumentando os custos do concessionário) não está na categoria de atos de revisão que ensejam álea econômica extraordinária e extracontratual ou mesmo prejuízo significativo.

O evento ocorrido importa em maior prestação de serviço e, portanto, em maior custo, o que impõe necessariamente a revisão contratual para que o equilíbrio originário do contrato seja mantido. O art. 9º, § 4º, da Lei 8.987/1995 é, inclusive, peremptório ao dispor que a modificação unilateral do contrato que cause desequilíbrio impõe o restabelecimento da equação econômico-financeira originária.

Diante do exposto, a medida adequada para se tomar no caso em tela é o concessionário requerer e recorrer administrativamente para que haja a modificação das cláusulas contratuais que mantenham o equilíbrio econômico-financeiro do contrato, providência que, a depender das características do contrato de concessão, pode ser substituída por modificações tarifárias (art. 9º, § 2º, da Lei 8.987/1995). Em não havendo êxito na esfera administrativa, deve o concessionário requerer em juízo a revisão contratual.

(OAB/Exame Unificado – 2ª fase – CESPE) Mário, proprietário de determinado imóvel comercial, recebeu duas faturas, uma no valor de R$ 1.100,00, para pagamento do consumo de água relativo ao mês de junho de 2009, e outra, no valor de R$ 1.250,00, referente ao consumo do mês de julho do mesmo ano. Desde a aquisição do imóvel, em janeiro de 2008, Mário sempre o manteve fechado, razão pela qual as contas de água correspondiam às tarifas mínimas, em valor aproximado de R$ 70,00. Inconformado com os valores das faturas recebidas, Mário ingressou com requerimento administrativo, no qual postulava o reconhecimento da inexistência do aludido débito, tendo anexado documentação comprobatória do fato de o imóvel ter permanecido fechado durante os meses de junho e julho. A companhia de água local realizou vistoria no hidrômetro, tendo constatado seu bom estado de funcionamento, o que fundamentou o indeferimento do pedido administrativo formulado, com a consequente manutenção do débito. Com o propósito de obter o reconhecimento da inexistência de débito relativo aos meses de junho e julho, Mário procurou auxílio de profissional da advocacia. Em face dessa situação hipotética, na qualidade de advogado(a) contratado(a) por Mário, indique, com a devida fundamentação, a medida judicial cabível ao caso.

RESOLUÇÃO DA QUESTÃO

O caso em tela, para ser resolvido, depende de dilação probatória consistente, de um lado, em valorar a prova de que o imóvel permaneceu fechado, possivelmente até com a oitiva de testemunhas, e, de outro, em apurar a veracidade das informações da companhia de água, que tem presunção *juris tantum*, o que poderá importar até em realização de perícia técnica para verificação do estado do hidrômetro.

Nesse sentido, por não existir direito líquido e certo, ou seja, fatos que possam ser comprovados de plano, a medida adequada, diante do valor da causa, é uma ação de conhecimento, que poderá ser promovida junto ao Juizado Especial Civil (Lei 9.099/1995) ou na Vara Cível, sob o rito ordinário, ação essa cujo pedido é de declaração de inexigibilidade dos débitos. É possível requerer-se, ainda, tutela de urgência para o fim de impedir que se corte o fornecimento de água para o local, bem como para que se proíba a inserção do nome do autor em qualquer cadastro de proteção ao crédito.

(OAB/Exame Unificado – 2ª fase – FGV) Transvia, empresa de grande porte concessionária da exploração de uma das mais importantes rodovias federais, foi surpreendida com a edição de decreto do Presidente da República excluindo as motocicletas da relação de veículos sujeitos ao pagamento de pedágio nas rodovias federais, medida que reduz substancialmente as vantagens legitimamente esperadas pela concessionária.

Considerando a situação hipotética narrada, responda aos itens a seguir, empregando os argumentos jurídicos apropriados e a fundamentação legal pertinente ao caso.

a) É juridicamente possível que o Poder Concedente estabeleça unilateralmente benefícios tarifários não contemplados originariamente no contrato de concessão?

b) A empresa concessionária tem direito a alguma forma de compensação em decorrência do impacto que o decreto produz na remuneração contratual?

Gabarito comentado – Examinadora

Em relação ao item 1, a possibilidade de o Poder Concedente estabelecer benefícios tarifários não contemplados no contrato de concessão decorre da própria titularidade do serviço público. Com o contrato de concessão, é tão somente a execução do serviço público que se transfere para o concessionário, cabendo ao Poder Concedente regulamentar o serviço concedido (artigo 2º, inciso II, e artigo 29, inciso I, ambos da Lei 8.987/1995). Para fundamentar tal resposta, o examinando poderia mencionar o artigo 175 da CRFB, os artigos 2º, inciso II, e 29, inciso I, da Lei n. 8.987/1995 e o artigo 58, inciso I, da Lei 8.666/1993. Além disso, também foram consideradas as referências feitas pelos examinandos aos fenômenos do fato do príncipe ou do fato da administração pública. Por fim, foram igualmente consideradas apropriadas as respostas que invocaram a norma do artigo 35 da Lei 9.074/1995.

Sempre que o estabelecimento de benefícios tarifários não contemplados originariamente no contrato de concessão causarem impacto na equação econômico-financeira do contrato, haverá a necessidade de serem revistas as cláusulas econômicas, de modo a que o equilíbrio seja recomposto. Nesse sentido, ao estabelecer benefícios tarifários que afetem o equilíbrio econômico-financeiro do contrato, o Poder Concedente deverá, concomitantemente, recompor a equação financeira.

Como resultado, em atenção ao item 2, a resposta é positiva, fazendo jus a concessionária a uma compensação para que o equilíbrio econômico-financeiro do contrato de concessão seja mantido, nos termos do artigo 9º, § 4º, da Lei n. 8.987/1995 ou do artigo 35 da Lei n. 9.074/1995.

(OAB/Exame Unificado – 2ª fase – FGV) O Estado X lançou edital de concorrência para concessão, pelo prazo de 10 (dez) anos, do serviço de manutenção de importante rodovia estadual. O edital estabelece que o critério de julgamento das propostas será o menor valor da tarifa e prevê, como forma de favorecer a modicidade tarifária, a possibilidade de o concessionário explorar os painéis publicitários localizados ao longo da rodovia. Além disso, o edital também estabelece que os envelopes contendo os documentos de habilitação dos licitantes apenas serão abertos após a fase de julgamento das propostas e com a observância da ordem de classificação, de forma que, habilitado o licitante mais bem classificado, será ele declarado vencedor. Considerando as previsões editalícias acima referidas, responda aos questionamentos a seguir formulados, empregando os argumentos jurídicos apropriados e a fundamentação legal pertinente ao caso.

a) É juridicamente possível que o edital de concorrência estabeleça, em favor do concessionário, a exploração dos painéis publicitários localizados ao longo da rodovia?

b) É juridicamente possível que a fase de habilitação somente ocorra em momento posterior à fase de classificação das propostas?

RESOLUÇÃO DA QUESTÃO

Em relação ao item 1, a resposta deve ser afirmativa. Trata-se da previsão de fontes provenientes de receitas alternativas, complementares, acessórias ou de projetos associados, que podem ser estabelecidas no edital em favor da concessionária precisamente com o objetivo de favorecer a modicidade tarifária. Essa possibilidade encontra-se prevista no artigo 11 da Lei n. 8.987/1995. A resposta ao item 2 deve ser igualmente afirmativa. A possibilidade da inversão da ordem das fases de habilitação e julgamento nas concorrências para concessão de serviços públicos encontra-se prevista no artigo 18-A da Lei n. 8.987/1995.

(OAB/Exame Unificado – 2ª fase – FGV) Determinado estado da Federação celebra contrato de concessão de serviço metroviário pelo prazo de 20 anos com a empresa Vá de Trem S.A. Nos termos do referido contrato, a empresa tem a obrigação de adquirir 2 (dois) novos vagões, além de modernizar os já existentes, e que tais bens serão, imediatamente, transferidos para o Poder Público ao fim do termo contratual.

Sobre o caso acima narrado, responda, fundamentadamente, os itens a seguir.

A) Qual o princípio setorial que fundamenta a reversão de tais bens? Justifique.

B) O concessionário pode exigir do Poder Concedente indenização pela transferência de tais bens ao Poder Público ao final do contrato? Justifique.

"A simples menção ou transcrição do dispositivo legal não pontua."

Gabarito comentado – Examinadora:

A reversão é a transferência ao poder concedente dos bens do concessionário, afetados ao serviço público e necessários à sua continuidade, quando do término do contrato de concessão e que se encontra prevista nos artigos 35 e 36 da Lei n. 8.987/1995.

A) O examinando deve destacar que o fundamento da reversão é o princípio da continuidade dos serviços públicos, já que os bens, necessários à prestação do serviço, deverão ser utilizados pelo Poder Concedente, após o fim do término do prazo de concessão, sob pena de interrupção da prestação do serviço.

B) É necessário ressaltar que, caso a fixação da tarifa não tenha sido suficiente para ressarcir o concessionário pelos recursos que empregou na aquisição e modernização de tais bens, é devida indenização, nos termos do Art. 36 da Lei n. 8.987/1995.

(OAB/Exame Unificado – 2ª fase – FGV) Maria, jovem integrante da alta sociedade paulistana, apesar de não trabalhar, reside há dois anos em um dos bairros nobres da capital paulista, visto que recebe do Estado de São Paulo pensionamento mensal decorrente da morte de seu pai, ex-servidor público. Ocorre que, após voltar de viagem ao exterior, foi surpreendida com a suspensão do pagamento da referida pensão, em razão de determinação judicial. Em razão disso, deixou de pagar a conta de luz de sua casa por dois meses consecutivos o que acarretou, após a prévia notificação pela concessionária prestadora do serviço público, o corte do fornecimento de luz em sua residência.

Considerando a narrativa fática acima, responda aos itens a seguir, empregando os argumentos jurídicos apropriados e a fundamentação legal pertinente ao caso.

A) À luz dos princípios da continuidade e do equilíbrio econômico-financeiro do contrato de concessão de serviço público, é lícito o corte de luz realizado pela concessionária?

B) O Código de Defesa do Consumidor pode ser aplicado irrestritamente à relação entre usuários e prestadores de serviços públicos?

A simples menção ou transcrição do dispositivo legal não pontua.

Gabarito comentado – Examinadora:

A) O princípio da continuidade do serviço público (Art. 6º, § 1º, da Lei n. 8.987/1995) consiste na exigência de que o serviço seja prestado de forma permanente, sem qualquer interrupção, visando assegurar estabilidade para os usuários por meio de sua manutenção de forma ininterrupta.

O Art. 22 do CDC também exige que o serviço seja prestado de forma contínua.

Contudo, não se pode esquecer que a remuneração do serviço público, prestado pela concessionária, advém como regra geral, da tarifa paga pelo usuário, tarifa esta que é parte essencial da manutenção do equilíbrio econômico-financeiro, garantido constitucionalmente pelo Art. 37, XXI, da CRFB/1988.

Nesse sentido, o Art. 6º, § 3º, II, da Lei n. 8.987/1995 expressamente previu que a interrupção do serviço, após prévio aviso, quando houver inadimplemento do usuário, não caracteriza descontinuidade do serviço. Isto porque, a continuidade da prestação do serviço facultativo pressupõe o cumprimento de deveres por parte do usuário, notadamente o pagamento da tarifa.

Ora, a falta de remuneração adequada, ante a aceitação do inadimplemento pelo usuário, poderia levar ao próprio colapso do serviço, o que afetaria a própria sociedade como um todo. Do mesmo modo, o equilíbrio econômico-financeiro do contrato restaria abalado caso a concessionária fosse obrigada a prestar o serviço ao consumidor inadimplente.

B) Neste caso, estamos diante de um conflito aparente entre o CDC e a Lei n. 8.987/1995. Contudo, tal conflito já se encontra pacificado na doutrina e jurisprudência, pela aplicação do critério da especialidade, haja vista que a Lei 8.987/1995 busca disciplinar relação especial de consumo (usuário de serviço público). Sendo assim, o CDC não se aplica irrestritamente aos serviços públicos, mas apenas de forma subsidiária.

(OAB/Exame Unificado – 2ª fase – FGV) O governador de determinado Estado da Federação, comprometido com a recuperação do sistema penitenciário estadual, decide lançar edital de licitação para a contratação de uma parceria público-privada tendo por objeto a construção e a gestão de complexo penal, abrangendo a execução de serviços assistenciais (recreação, educação e assistência social e religiosa), de hospedaria e de fornecimento de bens aos presos (alimentação e produtos de higiene). O edital de licitação estima o valor do contrato em R$ 28.000.000,00 (vinte e oito milhões de reais) e estabelece o prazo de quinze anos para a concessão.

Com base nesse cenário, responda aos itens a seguir, empregando os argumentos jurídicos apropriados e a fundamentação legal pertinente ao caso.

a) Analise a juridicidade do projeto à luz do valor estimado do contrato e do prazo de concessão.

b) É juridicamente possível que o contrato de parceria público-privada contemple, além dos serviços descritos no enunciado, a delegação das funções de direção e coerção na esfera prisional?

Gabarito comentado – Examinadora

À luz do valor estimado do contrato e do prazo de concessão, o projeto é juridicamente correto, atendendo aos requisitos estabelecidos no artigo 2º, § 4º, incisos I e II, ou art. 5º, I, da Lei 11.079/2004.

Quanto ao item b, não seria possível a delegação das funções de direção e coerção na esfera prisional ao parceiro privado, uma vez que essas são atividades típicas de Estado e, nesse sentido, indelegáveis. A esse respeito, a própria legislação de regência das PPPs prevê expressamente a indelegabilidade do exercício do poder de polícia e de outras atividades exclusivas de Estado (conforme artigo 4º, inciso III, da Lei 11.079/2004).

(OAB/Exame Unificado – 2ª fase – FGV) Para a concessão da prestação de um determinado serviço público através de parceria público-privada na modalidade patrocinada, o Estado X, após realizar tomada de preços, celebrou contrato com um particular no valor de R$ 25.000.000,00 (vinte e cinco milhões de reais), com prazo de vigência de 40 (quarenta) anos, a fim de permitir que o particular amortizasse os investimentos realizados.

Diante das circunstâncias apresentadas, é válida a contratação realizada?

Responda justificadamente, empregando os argumentos jurídicos apropriados e a fundamentação legal pertinente ao caso.

A simples menção ou transcrição do dispositivo legal não pontua.

Gabarito comentado – Examinadora:

A resposta deve ser negativa.

Em primeiro lugar, nos termos do Art. 10 da Lei n. 11.079/2004, a contratação de parceria público-privada deve ser precedida de licitação na modalidade de concorrência, cuja realização é sujeita a diversos condicionamentos previstos no citado dispositivo. A tomada de preços, portanto, não é a modalidade de licitação adequada à contratação de parceria público-privada.

Em segundo lugar, conforme o inciso I do Art. 5º da Lei n. 11.079/2004, o prazo de vigência do contrato de parceria público-privada não pode ser inferior a 5 (cinco), nem superior a 35 (trinta e cinco) anos, incluindo eventual prorrogação.

(OAB/Exame Unificado – 2ª fase – FGV) Determinado Estado da Federação celebra contrato de parceria público-privada (PPP) patrocinada para a reforma e administração de área portuária. Estipulou-se no contrato que o parceiro privado será responsável pela construção de galpões de armazenamento de bens, com conclusão prevista para cinco anos após a celebração do contrato, e posterior prestação do serviço público. Também se estabeleceu que a sua remuneração dar-se-á de forma imediata pelo Poder Público e após o término das obras pelos usuários do serviço público, previsão admitida pela lei estadual sobre as PPP's.

Sobre a hipótese, responda aos itens a seguir.

A) Tendo em vista que a Lei n. 11.079/2004 é aplicável a todos os entes da Federação (Art. 1º, parágrafo único), é válida a lei estadual que trate de parcerias público-privadas?

B) É possível a remuneração do parceiro privado nos moldes acima descritos?

A simples menção ou transcrição do dispositivo legal não pontua.

Gabarito comentado – Examinadora:

Em relação ao item A, o candidato deve destacar que, conforme determina o Art. 22, XXVII, da Constituição Federal, compete privativamente à União legislar sobre normas gerais de licitação e contratação, em todas as modalidades, para as administrações públicas diretas, autárquicas e fundacionais da União, Estados, Distrito Federal e Municípios. Sendo assim, a lei estadual pode disciplinar sobre PPP's de forma supletiva, no que não colidir com as normas gerais editadas pela União.

Já em relação ao item B, era necessário ressaltar que, na forma do Art. 7º da Lei n. 11.079/2004, a remuneração pela Administração Pública, nos contratos de parceria público-privada, deve ser precedida da disponibilização do serviço objeto, disposição esta que tem caráter de norma geral. Portanto, a previsão de contraprestação imediata, sem a disponibilização do serviço, não será possível, pois fere a norma citada.

CAPÍTULO 16

Processo Administrativo

16.1. ASPECTOS GERAIS

No contexto do controle interno da Administração, o processo administrativo é tema de bastante importância.

É por meio do processo administrativo que os requerimentos do particular serão analisados, que punições serão constituídas, que a Administração desenvolverá suas competências.

O controle interno se dará, então, por meio de processos administrativos.

Como **modalidades** de processo administrativo tem-se:

a) processo de expediente: é aquele destinado a registrar situações administrativas, não incidindo sobre direitos, daí a impropriedade do nome;

b) processo de outorga: é aquele em que se pleiteia um direito ou situação individual perante a Administração;

c) processo de controle: é aquele em que se controla o mérito de atos praticados (aprovação) ou o respeito às formalidades legais (homologação);

d) processo punitivo: é aquele destinado à imposição de penalidades em geral;

e) processo administrativo disciplinar: é aquele destinado à apuração de faltas disciplinares de servidores;

f) processo administrativo tributário, dentre outros.

O processo administrativo pode ser **conceituado** como *o conjunto de atos coordenados para obtenção de uma decisão final no âmbito administrativo.* São exemplos de processo administrativo o processo disciplinar, o processo licitatório, o processo para aplicação de sanções decorrentes da polícia administrativa, dentre outros.

O *processo administrativo* não se confunde com o *procedimento administrativo.* Este consiste no rito, no procedimento aplicável a um processo administrativo. No processo judicial há diversos ritos, como o ordinário, o sumário, dentre outros.

Como princípios específicos do processo administrativo, pode-se apontar:

a) legalidade objetiva (art. 2º, *caput*, da Lei 9.784/1999): o processo é para fazer valer a lei;

b) oficialidade ou impulsão (art. 29 da Lei 9.784/1999): a Administração instaura e movimenta o processo de ofício;

c) informalismo (art. 2º, parágrafo único, IX, da Lei 9.784/1999): respeita-se a forma legal tendo em conta a instrumentalidade das formas;

d) verdade material: impõe a busca da verdade real;

e) publicidade (art. 2º, parágrafo único, V, da Lei 9.784/1999): impõe a divulgação dos atos do processo;

f) contraditório e ampla defesa (art. 5º, LV, da CF);

g) devido processo legal (art. 5º, LIV, da CF): devido *processo legal substancial* (ou *material*) é a exigência de proporcionalidade (razoabilidade) das decisões, ao passo que o *devido processo legal formal* é o conjunto de garantias mínimas para que um processo seja constitucionalmente devido;

h) razoável duração do processo (art. 5º, LXXVIII, da CF): além dos meios que garantam a celeridade da tramitação.

As fases do processo administrativo são, em regra, as seguintes: instauração, instrução, defesa, relatório (peça informativa e opinativa) e julgamento pela autoridade competente.

No plano federal, há uma Lei de Processo Administrativo Federal, que é a Lei 9.784/1999.

A Lei 9.784/1999 é a Lei Geral de Processo Administrativo Federal. Assim, havendo uma lei específica tratando de alguma espécie de processo administrativo (exs.: Lei 8.666/1993, que trata do processo licitatório; Lei 8.112/1990, que trata do processo disciplinar), a Lei 9.784/1999 só poderá ser aplicada subsidiariamente (art. 69).

No mais, a Lei 9.784/1999 poderá também ser aplicada em relação a processos administrativos de Estados-membros e Municípios. A Lei Federal se aplicará por inteiro quando não houver lei de processo administrativo num dado Estado-membro ou município e se aplicará de modo subsidiário quando já houver lei de processo em algum ente federativo.

A aplicação subsidiária consiste em a Lei Geral de Processo Administrativo incidir quanto a aspectos que não foram regulados pela lei específica ou pela lei local.

16.2. Processo Administrativo Federal (Lei 9.784/1999)

Conforme mencionado, no plano federal, há uma lei geral de Processo Administrativo, que é a Lei 9.784/1999. Essa lei traz as regras do processo administrativo nesse plano (federal), para as três esferas da administração (do Legislativo, do Executivo e do Judiciário), inclusive para o Ministério Público e para Tribunal de Contas, sempre no que diz respeito à atividade administrativa, não podendo essa lei incidir sobre atividades legislativa e jurisdicionais.

Essa lei traz princípios administrativos (art. 2º), bem como regras sobre direitos e deveres dos administrados (arts. 3º e 4º), formação do processo (arts. 5º a 8º), legitimação dos interessados (arts. 9º e 10), competência (arts. 11 a 17), impedimentos e suspeições (arts. 18 a 21), forma, comunicações, instrução, julgamento e motivação (arts. 22 a 50), desistência, casos de extinção, anulação, revogação, convalidação, recurso administrativo e revisão (arts. 51 a 65), dentre outros aspectos, sendo diploma de importante leitura.

Para os fins de sua aplicação, a Lei 9.784/1999 traz os seguintes conceitos:

a) órgão: a unidade de atuação integrante da estrutura da Administração direta e da estrutura da Administração indireta;

b) entidade: a unidade de atuação dotada de personalidade jurídica;

c) autoridade: o servidor ou agente público dotado de poder de decisão.

O art. 2º da Lei 9.784/1999, além de trazer princípios específicos dos processos administrativos, traz também outros princípios e critérios a serem observadas nestes.

Quanto aos princípios, são enumerados os seguintes (art. 2º, *caput*): a) legalidade; b) finalidade; c) motivação; d) razoabilidade; e) proporcionalidade; f) moralidade; g) ampla defesa; h) contraditório; i) segurança jurídica; j) interesse público; e k) eficiência.

Todos os princípios mencionados já foram conceituados e explicados no capítulo que trata dos princípios administrativos. Porém, vale fazer algumas observações a respeito dos princípios enumerados.

A primeira delas é quanto ao princípio da finalidade, pelo qual o agente público deve sempre aplicar a lei buscando a finalidade desta (tanto a finalidade mediata, que é atender ao interesse público, como a finalidade imediata, que é atender ao específico objetivo buscado em determinada competência fixada em lei), bem como evitando subjetividades e favorecimentos ou perseguições indevidos. Vale lembrar que, pelo princípio da finalidade, um agente público, diante de uma regra de competência, deve atuar nesta buscando apenas a finalidade para a qual esta regra foi criada, não podendo buscar por meio de uma determinada regra de competência nem mesmo uma finalidade patentemente de interesse público, caso a competência manejada tenha sido criada para finalidade diversa. Assim, apesar de o princípio da finalidade decorrer logicamente dos princípios da legalidade e da impessoalidade, é sempre bom pontuar que a Administração deve atender à finalidade para a qual seus atos são previstos, como forma de evitar o desvio de poder ou de finalidade.

A segunda observação diz respeito ao fato de que os princípios da razoabilidade e da proporcionalidade estão trazidos individualmente no dispositivo, dando a entender que não se confundem um com o outro. Para alguns, que entendem que os dois princípios são coincidentes, sendo a proporcionalidade apenas a dimensão da razoabilidade, o objetivo legal de citar os dois princípios individualmente é apenas de reforçar a importância destes e garantir que as ideias nele contidas serão devidamente obedecidas. Para outros, a existência de diferenças entre os princípios é a razão de os dois terem sido citados. A questão foi trabalhada no capítulo de princípios administrativos, no item 2.2.7.

Quanto aos critérios a serem seguidos pela Administração Pública nos processos administrativos, a lei determina a observação do seguinte (art. 2º, parágrafo único):

I – atuação conforme a lei e o Direito; aqui podemos perceber a influência dos princípios da legalidade e da legitimidade;

II – atendimento a fins de interesse geral, vedada a renúncia total ou parcial de poderes ou competências, salvo autorização em lei; aqui podemos perceber a influência dos princípios da finalidade e da indisponibilidade do interesse público;

III – objetividade no atendimento do interesse público, vedada a promoção pessoal de agentes ou autoridades; aqui podemos perceber a influência dos princípios da impessoalidade, da finalidade e da moralidade;

IV – atuação segundo padrões éticos de probidade, decoro e boa-fé; aqui podemos perceber a influência do princípio da moralidade;

V – divulgação oficial dos atos administrativos, ressalvadas as hipóteses de sigilo previstas na Constituição; aqui podemos perceber a influência dos princípios da publicidade e da transparência;

VI - adequação entre meios e fins, vedada a imposição de obrigações, restrições e sanções em medida superior àquelas estritamente necessárias ao atendimento do interesse público; aqui podemos perceber a influência do princípio da proporcionalidade e, para quem entende serem sinônimos, do princípio da razoabilidade;

VII – indicação dos pressupostos de fato e de direito que determinarem a decisão; aqui podemos perceber a influência do princípio da motivação;

VIII – observância das formalidades essenciais à garantia dos direitos dos administrados; aqui podemos perceber a influência dos princípios da formalidade moderada, da instrumentalidade das formas e da segurança jurídica;

IX – adoção de formas simples, suficientes para propiciar adequado grau de certeza, segurança e respeito aos direitos dos administrados; aqui podemos perceber a influência dos princípios da formalidade moderada, da instrumentalidade das formas e da eficiência;

X – garantia dos direitos à comunicação, à apresentação de alegações finais, à produção de provas e à interposição de recursos, nos processos de que possam resultar sanções e nas situações de litígio; aqui podemos perceber a influência dos princípios do contraditório, da ampla defesa e do devido processo legal;

XI – proibição de cobrança de despesas processuais, ressalvadas as previstas em lei; aqui podemos perceber a influência do princípio do acesso à justiça administrativa;

XII – impulsão, de ofício, do processo administrativo, sem prejuízo da atuação dos interessados; aqui podemos perceber a influência dos princípios do impulso oficial e da legalidade;

XIII – interpretação da norma administrativa da forma que melhor garanta o atendimento do fim público a que se dirige, vedada aplicação retroativa de nova interpretação; aqui podemos perceber a influência dos princípios da legalidade, da finalidade e da segurança jurídica.

A Lei 9.784/1999 também arrola, em rol exemplificativo, os direitos dos administrados (art. 3º):

a) ser tratado com respeito pelas autoridades e servidores, que deverão facilitar o exercício de seus direitos e o cumprimento de suas obrigações; também é direito dos administrados ser tratados com cortesia, que é algo que vai além do mero respeito, direito esse que decorre da interpretação sistemática, que leva em conta o disposto no art. 6º, p. 1º, da Lei 8.987/1995;

b) ter ciência da tramitação dos processos administrativos em que tenha a condição de interessado, ter vista dos autos, obter cópias de documentos neles contidos e conhecer as decisões proferidas; esse direito decorre do princípio da publicidade e também é essencial para a garantida do contraditório e da ampla defesa; qualquer tentativa de obstar isso deve ser reprimida exemplarmente, pois viola de modo afrontoso dos direitos decorrentes dos princípios da ampla defesa e do contraditório;

c) formular alegações e apresentar documentos antes da decisão, os quais serão objeto de consideração pelo órgão competente; a garantia da ampla defesa impõe que os administrados sempre falem por último, logo antes da decisão, sem prejuízo de que após a formulação das alegações, e já no âmbito do processo decisório final, seja dado um parecer pelo setores técnicos e jurídicos previamente à decisão em si da autoridade;

d) fazer-se assistir, facultativamente, por advogado, salvo quando obrigatória a representação, por força de lei; a assistência do advogado é direito do administrado, mas não é obrigatória, o que significa que não haverá nulidade do processo administrativo se não houver a presença de advogado; aliás, mesmo no processo disciplinar, que pode até resultar na demissão de um agente público, a indispensável a presença de advogado, nos termos da Súmula Vinculante STF n. 5, para a qual a falta de defesa técnica por advogado no processo disciplinar não ofende a Constituição.

A Lei 9.784/1999 arrola, ainda, os deveres dos administrados (art. 4º), em rol exemplificativo (pois outros deveres podem estar em outras leis ou atos normativos):

a) expor os fatos conforme a verdade; apesar de haver esse dever, a lei não traz sanção específica para o administrado que falta com a verdade no processo administrativo;

b) proceder com lealdade, urbanidade e boa-fé;

c) não agir de modo temerário; apesar de haver esse dever, a lei não traz sanção específica para o administrado que falta com a verdade no processo administrativo;

d) prestar as informações que lhe forem solicitadas e colaborar para o esclarecimento dos fatos; aqui também não há sanção específica pelo descumprimento, mas, a depender do caso, é possível que se configure o crime de desobediência à ordem legal de funcionário público (art. 330 do CP);

Quanto ao início do processo, há de observar as seguintes regras (arts. 5º a 8º):

a) o processo administrativo pode iniciar-se de ofício ou a pedido de interessado; a autoridade, quando tiver motivo para instaurar um processo de ofício, pode fazê-lo por meio de uma portaria que narre fatos que ensejam a abertura do processo (por exemplo, a descoberta de uma possível ilegalidade) e que determina a instauração do processo e a autuação do procedimento; já quando um interessado faz um requerimento a autoridade simplesmente determina a atuação deste para início do processo a pedido do interessado.

b) o requerimento inicial do interessado, salvo casos em que for admitida solicitação oral, deve ser formulado por escrito *e conter os seguintes dados: i) órgão ou autoridade administrativa a que se dirige; ii) identificação do interessado ou de quem o represente; iii) domicílio do requerente ou local para recebimento de comunicações; iv) formulação do pedido, com exposição dos fatos e de seus fundamentos; v) data e assinatura do requerente ou de seu representante*; destaque-se na regra que o processo deve ser iniciado por **escrito**, não podendo tal se dar de forma oral, salvo se alguma lei autorizar que isso aconteça; além de escrito, é necessário que o documento tenha um **destinatário**, **identifique interessado** com nome, endereço e demais dados de qualificação (o que impede que um documento apócrifo se inicie a partir de pedido de interessado), contenha **pedido**, com exposição de fatos e fundamentos, e seja **datado** e **assinado**.

c) é vedada à Administração a recusa imotivada de recebimento de documentos, devendo o servidor orientar o interessado quanto ao suprimento de eventuais falhas;

d) os órgãos e entidades administrativas deverão elaborar modelos ou formulários padronizados para assuntos que importem pretensões equivalentes; essa regra é a consagração do princípio do acesso à justiça administrativa (decorrentes da ideia de República, do princípio da legalidade, do princípio da moralidade, e do devido processo administrativo, com respeito ao contraditório e à ampla defesa), cujos passos iniciais depende de se facilitar a elaboração de pedidos administrativos, o que efetivamente ocorre quando se tem modelos ou formulários padronizados para requerimentos, dada a ignorância da população em geral acerca da forma como se deve buscar direitos administrativamente;

e) quando os pedidos de uma pluralidade de interessados tiverem conteúdo e fundamentos idênticos, poderão ser formulados em um único requerimento, salvo preceito legal em contrário; essa regra está a admitir o litisconsórcio ativo nos processos administrativos, como de resto é algo consagrado nos processos judiciais.

Quanto aos **legitimados** para o processo administrativo, são os seguintes (art. 9º):

a) pessoas físicas ou jurídicas que o iniciem como titulares de direitos ou interesses individuais ou no exercício do direito de representação; aqui, solta aos olhos a ausência de legitimidade para sujeitos de direitos despersonalizados, como é o caso dos condomínios edilícios e da massa falida; porém, por analogia ao disposto no art. 12 do CPC (incisos III, IV, V, VII e IX), há de se considerar que esses sujeitos têm não só a legitimidade (que decorre do direito material), como a capacidade para estar num processo administrativo requerendo a defesa de seus interesses;

b) aqueles que, sem terem iniciado o processo, têm direitos ou interesses que possam ser afetados pela decisão a ser adotada; por conta dessa regra, admite-se o chamado litisconsórcio ativo ulterior, em que um terceiro que não iniciou o processo (também chamado de assistente litisconsorcial) pode requerer o seu ingresso na demanda para atuar junto com aquele que tiver feito o pedido inicial;

c) as organizações e associações representativas, no tocante a direitos e interesses coletivos; aqui, por analogia, deve-se concluir que todos os legitimados para a ação civil pública (art. 5º da Lei 7.347/1985) também são legitimados para iniciar um processo administrativo, até porque, quem pode o mais (ajuizar uma ação judicial), tem que poder o menos (iniciar um processo administrativo sobre os mesmos fatos); assim, em tese, até mesmo o Ministério Público poderá iniciar um processo administrativo para defender interesse próprio (nos termos do item "a" acima), o que pode acontecer, por exemplo, quando tiver alguma questão administrativa que deseje regularizar (por exemplo, um pedido de licença para a União); já na defesa de direitos e interesses coletivos (de um grupo ou categoria de pessoas, como de um plano de saúde, por exemplo), tal pleito administrativo até faz sentido, como num pleito em favor de um grupo, formulado junto à ANS ou à ANVISA, por exemplo; todavia, normalmente o Ministério Público procede de um jeito diferente, preferindo instaurar inquéritos civis, tentar um termo de ajustamento de conduta e já ingressar com uma ação judicial se não tiver sucesso;

d) as pessoas ou as associações legalmente constituídas quanto a direitos ou interesses difusos; aqui, como se tem interesses difusos requeridos em face da Administração, a tendência é que envolva uma das matérias que admite a ação popular, de modo que faz sentido que se tenha atribuído legitimidade a uma pessoa só (que nem precisa ser um cidadão, como na ação popular), para fazer um pedido administrativo que venha a beneficiar pessoas indetermináveis (titulares de interesses difusos); aqui, da mesma forma como comentado acima, há de se admitir que os demais legitimados para a ação civil pública também são legitimados para iniciar um processo administrativo para defender os mesmos representados que podem defender num processo judicial;

Quanto à capacidade processual, o art. 10 da Lei 9.784/1999 dispõe que são capazes, para fins de processo administrativo, os maiores de 18 anos, ressalvada previsão especial em ato normativo próprio.

Outro tema muito caro quando se pretender iniciar um processo administrativo é o da competência, que tem as seguintes regras:

a) a competência é irrenunciável e se exerce pelos órgãos administrativos a que foi atribuída como própria, salvo os casos de delegação e avocação legalmente admitidos (art. 11); por conta desse dispositivo uma autoridade não pode se eximir de decidir, nem pode renunciar sua competência em favor de outro órgão, já que a renúncia é definitiva; o que se pode fazer é delegar a competência, já que a delegação é temporária e regulamentada nos arts. 12 a 14;

b) um órgão administrativo e seu titular poderão, se não houver impedimento legal, delegar parte da sua competência a outros órgãos ou titulares, ainda que estes não lhe sejam hierarquicamente subordinados, quando for conveniente, em razão de circunstâncias de índole técnica, social, econômica, jurídica ou territorial; essa regra se aplica à delegação de competência dos órgãos colegiados aos respectivos presidentes (art. 12); repare que a delegação não poderá se dar se houver alguma lei a impedindo-a para determinado caso, se for de toda a competência (só cabe delegação de parte da competência) e se não houver conveniência pública na delegação;

c) não podem ser objeto de delegação: i) a edição de atos de caráter normativo; ii) a decisão de recursos administrativos; iii) as matérias de competência exclusiva do órgão ou autoridade (art. 13); assim, o Presidente da República não pode delegar a competência que tem para editar regulamentos de lei (ato de caráter normativo), uma autoridade competente para julgar um recurso não pode delegar essa competência para outra autoridade e as matérias de competência exclusiva de um órgão ou autoridade, assim entendidas quando a lei expressamente dispuser que se trata de competência exclusiva (o que, como regra, não é o que acontecer) não podem ser objetos de delegação;

d) o ato de delegação e sua revogação deverão ser publicados no meio oficial, sendo que o ato de delegação atenderá às seguintes regras: i) especificará as matérias e poderes transferidos, os limites da atuação do delegado, a duração e os objetivos da delegação e o recurso cabível, podendo conter ressalva de exercício da atribuição delegada; ii) é revogável a qualquer tempo pela autoridade delegante; iii) as decisões adotadas por delegação devem mencionar explicitamente esta qualidade e considerar-se-ão editadas pelo delegado (art. 14); como requisito formal para uma delegação de competência válida, é necessário publicar o ato delegatório, ato esse que deve especificar não só as matérias e poderes transferidos, como os limites da delegação, a duração, os objetivos e o recurso cabível; se o ato delegatório não for publicado ou não especificar a matéria objeto de delegação o ato praticado pela autoridade delegatária é nulo; quanto à ausência de prazo de duração da delegação no ato de delegação, parece-nos que não causa a nulidade absoluta dos atos produzidos pelo delegatário, pois, enquanto não revogado o ato de delegação, presume-se mantida a vontade de mantê-la (até porque a revogação pode se dar a qualquer tempo), tratando-se de uma mera irregularidade;

e) será permitida, em caráter excepcional e por motivos relevantes devidamente justificados, a avocação temporária de competência atribuída a órgão hierarquicamente inferior (art. 15); a avocação consiste no movimento contrário à delegação; enquanto nesta alguém que tem competência a delega para terceiro, naquela alguém que não detém uma competência retira, temporariamente, a competência de quem a tem; todavia, por ter caráter excepcional, a autoridade que avocar (sempre uma autoridade hierarquicamente superior ao do detentor da competência) terá de justificar com muito rigor essa necessidade; um exemplo é um Ministro de Estado avocar a competência para a apuração de uma irregularidade no ministério de grande repercussão nacional;

f) os órgãos e entidades administrativas divulgarão publicamente os locais das respectivas sedes e, quando conveniente, a unidade fundacional competente em matéria de interesse especial (art. 16); sem essa divulgação fica difícil, muitas vezes, saber onde apresentar requerimentos administrativos, bem como quem é a autoridade competente para o respectivo endereçamento;

g) inexistindo competência legal específica, o processo administrativo deverá ser iniciado perante a autoridade de menor grau hierárquico para decidir (art. 17); essa regra é muito útil para saber em relação a qual autoridade se dever endereçar um pedido administrativo; a lei foi muito sábia ao indicar que se deve endereçar o pedido à autoridade de menor grau, pois, assim, garante-se que alguém mais próximo à controvérsia possa apreciar o pedido formulado, bem como se garante que, decidida a questão pela menor autoridade, o interessado tenha mais instâncias para apresentar recursos, quando a decisão se dá de modo desfavorável a ele;

Assim como no processo judicial, o processo administrativo deve se resguardar de situações em que o julgador possa ter interesse pessoal no caso por parentesco ou outro tipo de relação com os interessados no processo. Aqui temos os temas do impedimento e da suspeição.

Quanto ao **impedimento**, são impedidos de atuar em processo administrativo o servidor ou autoridade que (art. 18):

a) tenha interesse direto ou indireto na matéria; por exemplo, uma autoridade do INSS não pode apreciar um pedido de aposentadoria feito por ele mesmo;

b) tenha participado ou venha a participar como perito, testemunha ou representante, ou se tais situações ocorrem quanto ao cônjuge, companheiro ou parente e afins até o terceiro grau; por exemplo, um médico do INSS que tenha feito uma perícia num caso e, depois, devido a uma promoção sua para um setor que julga recursos em face de decisões no órgão, depara-se com o mesmo caso onde funcionou como perito é considerado impedido, pois perdeu a imparcialidade por ter apreciado o mesmo caso anteriormente; da mesma forma, também haverá impedimento da autoridade que tenha de decidir algum caso no INSS que tenha sido objeto de perícia por sua esposa num momento anterior;

c) esteja litigando judicial ou administrativamente com o interessado ou respectivo cônjuge ou companheiro.

O impedimento, segue, ainda, a duas regras (art. 19): a) autoridade ou servidor que incorrer em impedimento deve comunicar o fato à autoridade competente, abstendo-se de atuar; b) a omissão do dever de comunicar o impedimento constitui falta grave, para efeitos disciplinares.

As duas regras acima se complementam. De um lado, o agente público impedido tem o dever de, por iniciativa própria, considerar-se impedido. De outro, se não o fizer responderá por falta grave e será punido disciplinarmente. Caso o agente público não se declare impedido, o interessado poderá requerer administrativamente a declaração de impedimento do servidor, que, se não for feita, enseja recurso administrativo à autoridade superior.

Já quanto à **suspeição**, *pode ser arguida a suspeição de autoridade ou servidor que tenha amizade íntima ou inimizade notória com algum dos interessados ou com os respectivos cônjuges, companheiros, parentes e afins até o 3º grau* (art. 20). Vale ressaltar que *o indeferimento de alegação de suspeição poderá ser objeto de recurso, sem efeito suspensivo* (art. 21).

Um processo, para se desenvolver precisa de uma forma, de um lugar e do cumprimento de certos prazos, possibilitando, assim, o seu andamento.

Quanto à **forma**, o processo administrativo obedece às seguintes regras (art. 22):

a) os atos do processo administrativo não dependem de forma determinada senão quando a lei expressamente a exigir; ou seja, a regra é a liberdade da forma, porém, quando a lei estipular alguma forma (como no caso em que se determina que o requerimento administrativo inicial seja feito por escrito – art. 6º, *caput*, da Lei 9.784/1999), esta deve ser obedecida, sob pena de nulidade;

b) os atos do processo devem ser produzidos por escrito, em vernáculo, com a data e o local de sua realização e a assinatura da autoridade responsável; repare que não só o requerimento inicial, como também os demais atos do processo (tanto do interessado, como da Administração) devem se dar por escrito;

c) salvo imposição legal, o reconhecimento de firma somente será exigido quando houver dúvida de autenticidade; há repartições que não aceitam a juntada de documentos sem que haja reconhecimento firma (quando se tratar de declarações ou contratos) e sem que sejam documentos autenticados; tal determinação é abusiva e não pode ser feita; todavia, em seguida à juntada dos documentos, o valor probatório de certos documentos será cotejado em funções de outras provas;

d) a autenticação de documentos exigidos em cópia poderá ser feita pelo órgão administrativo; às vezes a autoridade pede para que se traga algum documento ao processo, ocasião em que o interessado pode pedir para um servidor da repartição que reconheça a autenticidade da cópia, apresentando-lhe, no ato, o documento original;

e) o processo deverá ter suas páginas numeradas sequencialmente e rubricadas; é fundamental que a portaria de instauração do processo ou o requerimento inicial seja devidamente autuado e que a numeração de páginas com rubrica também se dê no processo.

Quanto ao tempo, o processo administrativo obedece às seguintes regras (arts. 23 e 24):

a) os atos do processo devem realizar-se em dias úteis, no horário normal de funcionamento da repartição na qual tramitar o processo;

b) serão concluídos depois do horário normal os atos já iniciados, cujo adiamento prejudique o curso regular do procedimento ou cause dano ao interessado ou à Administração; muitas vezes, uma perícia acaba tendo de se realizar fora de um horário normal de trabalho, como em situações de urgência ligadas a questões de vigilância sanitária, por exemplo;

c) inexistindo disposição específica, os atos do órgão ou autoridade responsável pelo processo e dos administrados que dele participem devem ser praticados no prazo de cinco dias, salvo motivo de força maior; o prazo de 5 dias para a prática de atos pela autoridade ou pelo interessado (administrado) é a regra geral em matéria de processo administrativo, regra essa que só cede quando há disposição específica fixando prazo em números diferentes de dias, como é o caso do prazo para interpor recurso administrativo, que, segundo o art. 59, *caput*, da Lei 9.784/1999, é de 10 dias;

d) esse prazo de 5 dias pode ser dilatado até o dobro, mediante comprovada justificação;

Quanto ao lugar, os atos do processo devem realizar-se preferencialmente na sede do órgão, cientificando-se o interessado se outro for o local de realização (art. 25).

O desenvolvimento do processo, depende, ainda, de uma efetiva comunicação de atos, que obedece às seguintes regras (arts. 26 a 28):

a) o órgão competente perante o qual tramita o processo administrativo determinará a intimação do interessado para ciência de decisão ou a efetivação de diligências; a ausência de intimação fere o princípio do contraditório e da ampla defesa;

b) a intimação deverá conter: i) identificação do intimado e nome do órgão ou entidade administrativa; ii) finalidade da intimação; iii) data, hora e local em que deve comparecer; iv) se o intimado deve comparecer pessoalmente, ou fazer-se representar; v) informação da continuidade do processo independentemente do seu comparecimento; vi) indicação dos fatos e fundamentos legais pertinentes; intimações que não tragam tais elementos podem tornar o ato processo respectivo nulo, caso haja prejuízo ao requerente;

c) a intimação observará a antecedência mínima de 3 dias úteis quanto à data de comparecimento; repare que não são 3 dias corridos, mas 3 dias úteis; não respeitado esse prazo, o interessado não será obrigado a comparecer ao ato processual marcado;

d) a intimação pode ser efetuada por ciência no processo, por via postal com aviso de recebimento, por telegrama ou outro meio que assegure a certeza da ciência do interessado; a intimação por vista no processo se dá quando o interessado vai à repartição ver o processo ou participar de algum ato processual, ocasião em que se aproveita e se faz a intimação dele na hora;

e) no caso de interessados indeterminados, desconhecidos ou com domicílio indefinido, a intimação deve ser efetuada por meio de publicação oficial; repare que não é necessário publicar edital em jornal de grande circulação, bastando a publicação em diário oficial; conjugando-se essa regra com a imediatamente superior, verifica-se que a regra não é intimar o interessado por diário oficial, mas sim por ciência no processo, carta com aviso de recebimento, telegrama ou outro meio afim; assim, se um interessado for intimado por diário oficial, tendo seu endereço devidamente indicado no processo administrativo, poderá invocar nulidade da intimação;

f) as intimações serão nulas quando feitas sem observância das prescrições legais, mas o comparecimento do administrado supre sua falta ou irregularidade; aqui temos a aplicação prática do princípio da instrumentalidade das formas, já que, com o comparecimento do interessado, o desrespeito à forma não gerará prejuízo algum;

g) o desatendimento da intimação não importa o reconhecimento da verdade dos fatos, nem a renúncia a direito pelo administrado; portanto, a revelia em atender uma intimação não gera o efeito típico do processo civil de se considerar verdadeiro eventual fato imputado pela Administração ou administrado, nem se considera que este está renunciado a algum direito;

h) no prosseguimento do processo, será garantido direito de ampla defesa ao interessado;

i) devem ser objeto de intimação os atos do processo que resultem para o interessado em imposição de deveres, ônus, sanções ou restrição ao exercício de direitos e atividades e os atos de outra natureza, de seu interesse;

O processo administrativo se desenrola nas seguintes fases: instauração, instrução, defesa, relatório (peça informativa e opinativa) e julgamento pela autoridade competente.

Tratamos até agora da instauração e de questões necessárias ao desenvolvimento regular do processo como legitimados, suspeição e impedido, forma, lugar e tempo. Agora é ora de tratar da instrução.

A Lei 9.784/1999 traz as seguintes regras acerca da **instrução processual**:

a) *as atividades de instrução destinadas a averiguar e comprovar os dados necessários à tomada de decisão realizam-se de ofício ou mediante impulsão do órgão responsável pelo processo, sem prejuízo do direito dos interessados de propor atuações probatórias; o órgão competente para a instrução fará constar dos autos os dados necessários à decisão do processo e os atos de instrução que exijam a atuação dos interessados devem realizar-se do modo menos oneroso para estes* (art. 29); aqui vê-se a aplicação prática dos princípios do impulso oficial, do contraditório e ampla defesa e da menor onerosidade na produção de provas;

b) *são inadmissíveis no processo administrativo as provas obtidas por meios ilícitos* (art. 30); trata-se de mera repetição da consagrada regras constitucional (art. 5º, LVI, da CF);

c) *quando a matéria do processo envolver assunto de interesse geral, o órgão competente poderá, mediante despacho motivado, abrir período de consulta pública para manifestação de terceiros, antes da decisão do pedido, se não houver prejuízo para a parte interessada; a abertura da consulta pública será objeto de divulgação pelos meios oficiais, a fim de que pessoas físicas ou jurídicas possam examinar os autos, fixando-se prazo para oferecimento de alegações escritas; o comparecimento à consulta pública não confere, por si, a condição de interessado do processo, mas confere o direito de obter da Administração resposta fundamentada, que poderá ser comum a todas as alegações substancialmente iguais* (art. 31); trata-se de importante regra nos dias atuais, que reclamam maior possibilidade de participação das pessoas das decisões públicas, tratando-se de importante tendência do Direito Administrativo, que, espera-se, deve sair do papel, pois ainda se vê muito pouco abertura de consulta pública mesmo nos casos em que é obrigatória, como nos assuntos de interesse geral; imagine um caso em que um interessado legitimado pela lei faz um requerimento à ANVISA para que proíba a comercialização de certos tipos de medicamentos para emagrecimento; nesse caso, certamente há interesse geral que justifica a abertura de uma consulta pública;

d) *antes da tomada de decisão, a juízo da autoridade, diante da relevância da questão, poderá ser realizada audiência pública para debates sobre a matéria do processo* (art. 32);

e) *os órgãos e entidades administrativas, em matéria relevante, poderão estabelecer outros meios de participação de administrados, diretamente ou por meio de organizações e associações legalmente reconhecidas* (art. 33);

f) *os resultados da consulta e audiência pública e de outros meios de participação de administrados deverão ser apresentados com a indicação do procedimento adotado* (art. 34);

g) *quando necessária à instrução do processo, a audiência de outros órgãos ou entidades administrativas poderá ser realizada em reunião conjunta, com a participação de titulares ou representantes dos órgãos competentes, lavrando-se a respectiva ata, a ser juntada aos autos* (art. 35);

h) *cabe ao interessado a prova dos fatos que tenha alegado, sem prejuízo do dever atribuído ao órgão competente para a instrução e do disposto no art. 37 da lei* (art. 36); como no processo civil, o ônus da prova compete a quem faz o requerimento inicial, sem prejuízo de que a Administração também busque o maior número de provas possível; porém, no final das apurações, não havendo prova dos fatos que ensejariam o direito reclamado, a Administração terá de julgar em desfavor ao requerente, pois o ônus probatório é deste;

i) *quando o interessado declarar que fatos e dados estão registrados em documentos existentes na própria Administração responsável pelo processo ou em outro órgão administrativo, o órgão competente para a instrução proverá, de ofício, à obtenção dos documentos ou das respectivas cópias* (art. 37); infelizmente, isso é muito comum; o interessado muitas vezes está sendo prejudicado por conduta de agentes públicos e estes, para piorar a situação, ainda dificultam o acesso em favor do interessado de documentos de interesse deste; a regra em questão visa a evitar esse tipo de abuso de poder; não há sanção se a Administração continuar inerte nesse sentido, daí porque, em não logrando êxito, o requerente deve acionar o Judiciário para conseguir os documentos, sem prejuízo de representar o agente público por abuso de poder, falta disciplinar e cometimento de ato de improbidade na modalidade violação a princípios da administração;

j) *o interessado poderá, na fase instrutória e antes da tomada da decisão, juntar documentos e pareceres, requerer diligências e perícias, bem como aduzir alegações referentes à matéria objeto do processo; os elementos probatórios deverão ser considerados na motivação do relatório e da decisão; somente poderão ser recusadas, mediante decisão fundamentada, as provas propostas pelos interessados quando sejam ilícitas, impertinentes, desnecessárias ou protelatórias* (art. 38); aqui está-se a consagrar a ampla defesa e o contraditório; destaque para o ponto em que se permite ao interessado requerer perícias (isso não é muito comum na prática de processos administrativos, mas o direito existe) e de apresentar alegações referente ao que se tratou no processo;

k) *quando for necessária a prestação de informações ou a apresentação de provas pelos interessados ou terceiros, serão expedidas intimações para esse fim, mencionando-se data, prazo, forma e condições de atendimento; não sendo atendida a intimação, poderá o órgão competente, se entender relevante a matéria, suprir de ofício a omissão, não se eximindo de proferir a decisão* (art. 39);

l) *quando dados, atuações ou documentos solicitados ao interessado forem necessários à apreciação de pedido formulado, o não atendimento no prazo fixado pela Administração para a respectiva apresentação implicará arquivamento do processo* (art. 40); aqui tem-se uma sanção pesada contra o interessado que não está colaborando; o arquivamento do processo não se confunde com a extinção dele, nem com a formação de coisa julgada administrativa contra a pretensão do interessado; a lei não se refere a "indeferir" o pedido, mas a "arquivar" o pedido; a lei proíbe que o interessado venha a se arrepender e a apresentar os documentos e dados que deveria ter apresentado;

nesse caso, de rigor a continuidade do processo, até por economia processual, já que se pode, com isso, evitar uma ação judicial a ser promovida pelo interessado;

m) *os interessados serão intimados de prova ou diligência ordenada, com antecedência mínima de três dias úteis, mencionando-se data, hora e local de realização* (art. 41); aqui mais uma vez a regra que exige intimação com antecedência mínima de 3 dias úteis para diligências que reclamarem a presença do interessado;

n) *quando deva ser obrigatoriamente ouvido um órgão consultivo, o parecer deverá ser emitido no prazo máximo de 15 dias, salvo norma especial ou comprovada necessidade de maior prazo; se um parecer obrigatório e vinculante deixar de ser emitido no prazo fixado, o processo não terá seguimento até a respectiva apresentação, responsabilizando-se quem der causa ao atraso; se um parecer obrigatório e não vinculante deixar de ser emitido no prazo fixado, o processo poderá ter prosseguimento e ser decidido com sua dispensa, sem prejuízo da responsabilidade de quem se omitiu no atendimento* (art. 42).

o) *quando por disposição de ato normativo devam ser previamente obtidos laudos técnicos de órgãos administrativos e estes não cumprirem o encargo no prazo assinalado, o órgão responsável pela instrução deverá solicitar laudo técnico de outro órgão dotado de qualificação e capacidade técnica equivalentes* (art. 43);

p) *encerrada a instrução, o interessado terá o direito de manifestar-se no prazo máximo de 10 dias, salvo se outro prazo for legalmente fixado* (art. 44); aqui, duas observações; a primeira, de que aquele prazo de 5 dias, que é a regra, cede para 10 dias quando se tratar das alegações finais após a instrução; a segunda, de que o princípio do contraditório e da ampla defesa reclama que o interessado fale por último antes das medidas preparatórias para que se dê a decisão, que envolvem relatório e parecer, estes sim podendo se dar após as alegações finais, já fazem parte da decisão como um todo;

q) *em caso de risco iminente, a Administração Pública poderá motivadamente adotar providências acauteladoras sem a prévia manifestação do interessado* (art. 45); aqui tem-se a expressão do poder geral de cautela administrativa, equivalente ao poder geral de cautela do juiz, poder exercitado para que se proteja o bem jurídico a ser apreciado no processo administrativo enquanto o processo não se encerra; por exemplo, é possível que a Administração venha a suspender provisoriamente a venda de um produto que deva ter autorização dele, enquanto o processo não seja julgado;

r) *os interessados têm direito à vista do processo e a obter certidões ou cópias reprográficas dos dados e documentos que o integram, ressalvados os dados e documentos de terceiros protegidos por sigilo ou pelo direito à privacidade, à honra e à imagem* (art. 46);

s) *o órgão de instrução que não for competente para emitir a decisão final elaborará relatório indicando o pedido inicial, o conteúdo das fases do procedimento e formulará proposta de decisão, objetivamente justificada, encaminhando o processo à autoridade competente* (art. 47).

Uma vez que houve a instauração do processo, a instrução desse e a oportunidade de alegações pelo administrativo, chega-se ao momento da decisão.

Sobre o dever de decidir e à motivação das decisões, há de se obedecer às seguintes regras:

a) a Administração tem o dever de explicitamente emitir decisão nos processos administrativos e sobre solicitações ou reclamações, em matéria de sua competência (art. 48); assim como o juiz, a autoridade não pode se eximir de julgar, nem pode fazê-lo sem a devida motivação quanto aos aspectos de fato e de direito envolvidos na questão;

b) concluída a instrução de processo administrativo, a Administração tem o prazo de até 30 dias para decidir, salvo prorrogação por igual período expressamente motivada (art. 49); aqui, também um prazo diferente dos prazos de 5 dias; repare que os 30 dias são contados do fim da instrução do processo, e não da data em que é iniciado o processo; e repare também que Administração pode, desde que motive adequadamente, prorrogar esse prazo por mais 30 dias; a disposição do art. 49 é tão importante que pode ser utilizada por analogia em administrações de todo País, para o fim de exigir que sempre que um requerimento for feito à Administração, havendo elementos para decidir, a decisão nunca poderá passar dos 30 dias (ou dos 30 dias mais a prorrogação motivada), salvo disposição em sentido contrário em lei local; não havendo decisão nesse prazo, cabe ação judicial para que o juiz determine a decisão imediata (em atos discricionários) ou substitua imediatamente a vontade da Administração (em atos vinculados), face à ilegal omissão desta;

c) os atos administrativos deverão ser motivados, com indicação dos fatos e dos fundamentos jurídicos, quando (art. 50): *i) neguem, limitem ou afetem direitos ou interesses; ii) imponham ou agravem deveres, encargos ou sanções; iii) decidam processos administrativos de concurso ou seleção pública; iv) dispensem ou declarem a inexigibilidade de processo licitatório; v) decidam recursos administrativos; vi) decorram de reexame de ofício; vii) deixem de aplicar jurisprudência firmada sobre a questão ou discrepem de pareceres, laudos, propostas e relatórios oficiais;* viii) *importem anulação, revogação, suspensão ou convalidação de ato administrativo*; repare que os casos em que a motivação é obrigatória são tão amplos, que se pode dizer que a regra é a motivação, não havendo o dever de motivar apenas quando a lei expressamente dispensar tal ato, como no caso da livre nomeação e exoneração de quem tem cargo em comissão (art. 37, II, da CF);

d) a motivação deve ser explícita, clara e congruente, podendo consistir em declaração de concordância com fundamentos de anteriores pareceres, informações, decisões ou propostas, que, neste caso, serão parte integrante do ato; aqui se explica que a motivação tem que ser explícita e o mais clara e transparente possível, bem como que é legal a motivação *aliunde*, ou seja, a que concorda com os fundamentos de anterior pareceres ou decisões;

e) *na solução de vários assuntos da mesma natureza, pode ser utilizado meio mecânico que reproduza os fundamentos das decisões, desde que não prejudique direito ou garantia dos interessados*;

f) a motivação das decisões de órgãos colegiados e comissões ou de decisões orais constará da respectiva ata ou de termo escrito; aqui fica um alerta para integrantes de comissões, que, não concordando com alguma decisão tomada pelo órgão, deve pedir para colocar em ata sua discordância, sob pena de estar sujeito às consequências da decisão com a qual não concordou, mas também não ressalvou em ata.

Por ocasião da decisão no processo administrativo ou mesmo antes disso podem ocorrer algumas intercorrências. Nesse ponto, há de se trazer as regras sobre desistência e outros casos de extinção do processo:

a) o interessado poderá, mediante manifestação escrita, desistir total ou parcialmente do pedido formulado ou, ainda, renunciar a direitos disponíveis; havendo vários interessados, a desistência ou renúncia atinge somente quem a tenha formulado; a desistência ou renúncia do interessado, conforme o caso, não prejudica o prosseguimento do processo, se a Administração considerar que o interesse público assim o exige (art. 51); repare que a renúncia ou desistência pode se dar a qualquer tempo; porém, muitas vezes um requerimento denuncia alguma ilegalidade na Administração e esta, mesmo diante da desistência do processo pelo denunciante, tem o direito de prosseguir no processo, pois, no final, pode ser que seja comprovada mesmo uma ilegalidade e a Administração não pode conviver com isso, em razão do princípio da legalidade;

b) o órgão competente poderá declarar extinto o processo quando exaurida sua finalidade ou o objeto da decisão se tornar impossível, inútil ou prejudicado por fato superveniente (art. 52).

Sobre a anulação, a revogação e a convalidação, confira-se as regras:

a) a Administração deve anular seus próprios atos, quando eivados de vício de legalidade, e pode revogá-los por motivo de conveniência ou oportunidade, respeitados os direitos adquiridos (art. 53); aqui temos o princípio da autotutela, que também está previsto na Súmula n. 473 do STF; repare que atos inconvenientes ou inoportunos são revogados, ao passo que atos ilegais, anulados; importante ressaltar que o STF tem insistido na necessidade de instauração de processo administrativo prévio, dotado de contraditório e de ampla defesa, toda vez que eventual decisão da Administração que anule ou revogue um ato pude influir negativamente no direito de alguém; interessante notar que a Min. Carmén Lúcia, inclusive, sugeriu que a Súmula 473 do STF (que tem teor semelhante ao art. 53 da Lei 9.784/1999) fosse objeto de súmula vinculante para acrescer o trecho ""garantidos, em todos os casos, o devido processo legal administrativo e a apreciação judicial" (RE 594.296), sugestão que se aguarda seja aprovada, já que de acordo com o mandamento constitucional e a própria Lei 9.784/1999;

b) o direito da Administração de anular os atos administrativos de que decorram efeitos favoráveis para os destinatários decai em cinco anos, contados da data em que foram praticados, salvo comprovada má-fé; no caso de efeitos patrimoniais contínuos, o prazo de decadência contar-se-á da percepção do primeiro pagamento; considera-se exercício do direito de anular qualquer medida de autoridade administrativa que importe impugnação à validade do ato (art. 54); aqui se tem o prazo decadencial para anular atos que beneficiam pessoas de boa-fé, que é de 5 anos; se o ato ilegal beneficia alguém de má-fé (e o ônus de provar a má-fé é da Administração), não há prazo para a anulação, ressalvada a posição daqueles que, invocando o princípio da segurança jurídica, entendem que o prazo nesse segundo caso é de 15 anos, maior prazo prescricional previsto no Código Civil (art. 1.238); repare que os 5 anos são contados não da data da publicação ou do conhecimento do ato, mas da data em que o ato foi praticado; no caso de atos com efeitos contínuos (por exemplo, uma aposentadoria), o prazo de 5 anos é contado da percepção do primeiro pagamento;

c) em decisão na qual se evidencie não acarretarem lesão ao interesse público nem prejuízo a terceiros, os atos que apresentarem defeitos sanáveis poderão ser convalidados pela própria Administração (art. 55); aqui temos o instituto da convalidação, que aproveita atos com vícios sanáveis na própria categoria de atos do ato original, com efeito retroativo para sanar a ilegalidade como um todo.

Acerca do **recurso administrativo**, a lei traz as seguintes regras:

a) das decisões administrativas cabe recurso, em face de razões de legalidade e de mérito (art. 56); repare que se pode recorrer contra pressupostos processuais e condições para o processo (temas preliminares) e contra o mérito da decisão;

b) o recurso será dirigido à autoridade que proferiu a decisão, a qual, se não a reconsiderar no prazo de 5 dias, o encaminhará à autoridade superior (art. 56, § 1º); repare que a autoridade para a qual é dirigido o concurso é a mesma autoridade que apreciou a questão; essa autoridade, ao receber o recurso, recebe o chamado poder regressivo, que permite que ela mude de ideia no prazo de 5 dias, como se tivesse sido feito um pedido de reconsideração pra ela; não entendendo ser o caso de reconsiderar, a autoridade deverá encaminhar o recurso para a autoridade superior, que julgará esse recurso;

c) salvo exigência legal, a interposição de recurso administrativo independe de caução (art. 56, § 2º); em reforço a essa regra a Súmula Vinculante STF n. 21 estabelece que "é inconstitucional a exigência de depósito ou arrolamento prévios de dinheiro ou bens para admissibilidade de recurso administrativo; da mesma forma, a Súmula STJ 373 é no sentido de que "É ilegítima a exigência de depósito prévio para admissibilidade de recurso administrativo".

d) se o recorrente alegar que a decisão administrativa contraria enunciado da súmula vinculante, caberá à autoridade prolatora da decisão impugnada, se não a reconsiderar, explicitar, antes de encaminhar o recurso à autoridade superior, as razões da aplicabilidade ou inaplicabilidade da súmula, conforme o caso (art. 56, § 3º); temos aqui um dever jurídico à autoridade prolatora da decisão que vai causar um constrangimento interessante a ela; é muito comum que autoridades, ao apreciarem pedidos de reconsideração, simplesmente escrevam que mantêm a decisão por seus próprios fundamentos; mas agora isso não mais será possível se houver alegação de violação a enunciado de súmula vinculante, pois a autoridade será obrigada a explicar as razões da aplicabilidade ou não da súmula, o que pode até levar a autoridade a reformar totalmente sua decisão, quando for o caso;

e) o recurso administrativo tramitará no máximo por 3 instâncias administrativas, salvo disposição legal diversa (art. 57); o texto em questão gera uma dúvida interessante; afinal, tem-se a instância inicial que toma a decisão original e mais 3 instâncias após a primeira decisão tomada sobre o caso, ou, somando todas as instância pelas quais um processo administrativo temos um total de 3 instâncias? Ao nosso ver, uma leitura atenta do dispositivo faz concluir que temos, na verdade, além da instância original, mais até 3 instâncias recursais; isso porque a instância original não é uma "instância recursal", mas simplesmente a primeira e original instância de um processo administrativo, ao passo que o dispositivo é claro ao dispor que "o recurso (...) tramitará no máximo por 3 instâncias""; ora, a lei é clara que só a fase de recursos tem 3 instâncias, não incluindo a primeira fase do processo, que não é recursal, mas simplesmente a instância original do processo; vale lembrar que, em matéria de direitos fundamentais (no caso, à ampla defesa) não é dado ao intérprete restringir onde não haja restrição; no mais, o dispositivo encerra sua prescrição esclarecendo que se houver outra disposição em lei especial, esta prevalecerá, valendo lembrar também que, se o processo já se inicia em autoridades muito graduadas, como Ministros e Presidente da República, por um imperativo lógico não se conseguirá alcançar 3 instâncias administrativas;

f) *têm legitimidade para interpor recurso administrativo* (art. 58): *i) os titulares de direitos e interesses que forem parte no processo; ii) aqueles cujos direitos ou interesses forem indiretamente afetados pela decisão recorrida; iii) as organizações e associações representativas, no tocante a direitos e interesses coletivos; iv) os cidadãos ou associações, quanto a direitos ou interesses difusos*; as disposições aqui repetem as diretrizes estampadas na lei quando trata dos legitimados para o processo administrativo (art. 9º);

g) *salvo disposição legal específica, é de 10 dias o prazo para interposição de recurso administrativo, contado a partir da ciência ou divulgação oficial da decisão recorrida* (art. 59, *caput*); essa é uma regra extremamente importante, pois traz o prazo de todos os recursos administrativos que não tenham, em outra lei, prazo diverso; assim, para cada recurso que se interpor no processo administrativo (para cada uma das 3 instâncias recursais) ter-se-á o mesmo prazo de 10 dias; outro ponto que deve ser destacado é que esse prazo deve ser contado a partir da ciência ou divulgação oficial da decisão recorrida, lembrando-se que há regras específicas a serem obedecidas nas intimações dos interessados, nos arts. 26 e seguintes da Lei 9.784/1999;

h) *quando a lei não fixar prazo diferente, o recurso administrativo deverá ser decidido no prazo máximo de 30 dias, a partir do recebimento dos autos pelo órgão competente* (art. 59, § 1º); *esse prazo poderá ser prorrogado por igual período, ante justificativa explícita* (art. 59, § 2º); repare que o mesmo prazo que a Administração tem para decidir inicialmente (em primeira instância) um processo administrativo (art. 49) é também o prazo para decidir os recursos administrativos, prazo esse de 30 dias; não bastasse, da mesma forma que, quanto à decisão inicial, admite-se prorrogação motivada do prazo para decidir, por mais 30 dias, também no julgamento de recursos cabe tal prorrogação, desde que também diante de uma justificativa explícita; vale ressaltar que a não apreciação de recurso no prazo também enseja a tomada de medidas judiciais em face da negligência administrativa, sem prejuízo de se buscar a responsabilização administrativa do servidor desidioso;

i) *o recurso interpõe-se por meio de requerimento no qual o recorrente deverá expor os fundamentos do pedido de reexame, podendo juntar os documentos que jul-*

gar convenientes (art. 60); assim como nos pedidos iniciais, em recursos também é comum separar a parte "dos fatos", da parte "do direito" e depois fazer o "pedido", no caso, de reforma da decisão, tudo sem prejuízo da juntada de documentos, mesmo nessa fase do processo; quanto à separação indicada (fatos, direito e pedido) não é algo absoluto e que, se não feito, enseja não conhecimento do recurso; estamos numa época em que se deve buscar ao máximo o "acesso à justiça administrativa", de modo que se no recurso (ou mesmo no pedido inicial) a autoridade puder entender qual pedido foi feito e qual é a mínima justificativa apresentada, tal é suficiente, havendo provas dos fatos alegados, para apreciação e quem sabe julgamento a favor do requerente; aliás, quanto à produção de provas, de rigor lembrar que a Administração também deve buscar produzi-las (pelo princípio da impulsão oficial), ainda que o ônus probatório não seja dele, e que busca pela verdade é tão importante em matéria pública, que mesmo na fase recursal se admite a juntada de documentos, o que não é permitido no processo civil, salvo se se tratar de fato novo;

j) salvo disposição legal em contrário, o recurso não tem efeito suspensivo; havendo justo receio de prejuízo de difícil ou incerta reparação decorrente da execução, a autoridade recorrida ou a imediatamente superior poderá, de ofício ou a pedido, dar efeito suspensivo ao recurso (art. 61); quando um administrado tem uma decisão administrativa a seu favor e um terceiro vem a recorrer dessa decisão, como o recurso como regra não tem efeito suspensivo, o administrado que iniciou aquele processo pode já pedir para a Administração executar imediatamente a decisão que tiver sido tomada em seu favor; todavia, se o administrado tiver feito um requerimento inicial e este tiver sido negado, o recurso interposto, como não tem efeito suspensivo, não ajuda em nada ao recorrente para executar imediatamente a decisão, pois nada lhe é dado ainda neste momento; o administrador deve aguardar o julgamento do recurso e, se este for provido, aí sim poderá pedir a execução imediata da decisão, já que eventual outro recurso a ser interposto por um terceiro não terá efeito suspensivo; de qualquer forma, em qualquer dos casos mencionados, nada impede que alguém interponha recurso e peça para a Administração suspender a decisão recorrida (ou seja, atribuir, além do efeito devolutivo natural de todo recurso, o efeito suspensivo também); um exemplo é a situação em que se toma a decisão de demolir um imóvel do administrado; nesse caso, em havendo recurso por parte do administrado, este pode pedir que se atribua efeito suspensivo ao recurso, o que terá por consequência a suspensão temporária da decisão de demolir o imóvel;

k) interposto o recurso, o órgão competente para dele conhecer deverá intimar os demais interessados para que, no prazo de 5 dias úteis, apresentem alegações (art. 62); aqui tem-se o chamado prazo para resposta ao recurso; tal prazo só será concedido a alguém quando houver um terceiro interessado, ou seja, quando houver, além do requerente e da Administração, uma terceira pessoa com interesse direto no processo; repare que o prazo aqui não é de 10 dias, como é o prazo para recorrer, mas também não é de 5 dias corridos, mas, sim, de 5 dias úteis, o que faz diferença;

l) o recurso não será conhecido quando interposto (art. 63): i) fora do prazo; ii) perante órgão incompetente, caso em que será indicada ao recorrente a autoridade competente, sendo-lhe devolvido o prazo para recurso; iii) por quem não seja legiti-

mado; iv) após exaurida a esfera administrativa; se o recurso estiver fora de prazo, é óbvio que não deva ser conhecido, o mesmo se podendo dizer de recurso interposto por aquele que não seja legitimado recursal ou interposto em casos quando já exaurida a esfera administrativa, ou seja, quando já não caiba mais recurso no caso, como quando já se tenha percorrido três instâncias recursais; o que se tem de interessante na regra em tela é que, caso o recurso seja interposto junto a órgão incompetente, a autoridade para a qual for dirigido o recurso, em vez de não conhecer e arquivar o caso, deve não conhecer do recurso e indicar qual é a autoridade correta para dirigir recurso, dando o prazo de 10 dias (da intimação de sua decisão) para o recorrente interponha novo recurso, agora junto à autoridade correta;

m) o não conhecimento do recurso não impede a Administração de rever de ofício o ato ilegal, desde que não ocorrida preclusão administrativa (art. 63, § 2º); essa regra demonstra o quão é importante o princípio da legalidade no Direito Administrativo; isso porque a regra está a admitir que mesmo um recurso não conhecido (por exemplo, por ter sido interposto fora de prazo) pode levar à Administração a, ciente de algum fato que revele que há uma ilegalidade a ser sanada, rever de ofício o ato que o requerente queria que fosse revisto pelo recurso interposto, tudo porque a Administração não fecha os olhos para a ilegalidade, sob pena de violar não só o princípio da autotutela e o princípio da legalidade, como o princípio basilar que está por trás destes, que é o princípio da indisponibilidade do interesse público; a título de exemplo, vale citar um caso em que uma pessoa ingresse com um pedido administrativo para ver declarado a nulidade de um auto de infração, ao argumento de que fora expedido por autoridade absolutamente incompetente; imagine, agora, que os autos com esse requerimento acabem por ir para a tal autoridade absolutamente incompetente, que resolve, ela mesma, apreciar o pedido e indeferi-lo; em seguida, imagine que o administrado ingresse, fora do prazo, com um recurso contra essa decisão, alegando ter havido incompetência para o julgamento do pedido administrativo, impedimento para o julgamento e, no mérito, patente ilegalidade do auto de infração, por incompetência absoluta da autoridade; numa situação dessas, a autoridade que receber esse recurso deve não conhecer o recurso do requerente, mas, diante de tantas ilegalidades que poderá verificar facilmente da leitura do recurso, poderá, com fulcro no princípio da legalidade e no art. 63, § 2º, da Lei 9.784/1999, anular qualquer um dos atos de ofício, seja o auto de infração (ficando prejudicado os requerimentos posteriores), seja, no caso de não ter elementos ainda para decidir sobre o auto de infração, a decisão que apreciou o requerimento inicial, a fim de que o processo seja apreciado nos termos da lei pela autoridade incompetente; resta saber o que significa a ressalva no dispositivo citado, de que essa providência de autotutela só pode se dar "desde que não ocorrida preclusão administrativa"; a preclusão, em matéria processual é a perda de uma oportunidade processual, seja por perda do prazo, seja por comportamento anterior contraditório com o objetivo recursal; no caso em questão, como o princípio da autotutela para anular atos ilegais deve respeitar apenas o prazo de 5 anos para anular atos que beneficiam terceiros de boa-fé, só se pode concluir que a expressão "preclusão administrativa" foi usada contra a Administração e não contra o administrado (aliás, a palavra "administrativa", que vem em seguida à palavra "preclusão" leva a essa conclusão também), com o fito de dizer que a administração pode anular os seus atos a qualquer tempo, desde que não tenha havido ainda decadência do direito de anular;

n) *o órgão competente para decidir o recurso poderá confirmar, modificar, anular ou revogar, total ou parcialmente, a decisão recorrida, se a matéria for de sua competência; sendo que, se da aplicação do disposto neste artigo puder decorrer gravame à situação do recorrente, este deverá ser cientificado para que formule suas alegações antes da decisão* (art. 64); quando um administrado reconhecer, ao final do recurso, deve pedir o seu provimento para modificar a decisão em seu favor ou anular a decisão em seu favor; porém, a autoridade que apreciar o recurso pode, também, confirmar a decisão (nesse caso o recurso não é provido), modificar a decisão em desfavor do administrado, anular a decisão em desfavor do administrado ou mesmo revogar a decisão (em favor ou em desfavor do administrado), pois, em se tratando de decisão discricionária, esta pode ser revogada a qualquer tempo, de acordo com a conveniência e a oportunidade administrativas; quando o autoridade aprecia o recurso a favor do administrado, não há problema algum; o problema é quando o administrado recorre de uma decisão que não lhe agradou totalmente e, no bojo do recurso dele, a Administração resolve piorar ainda mais a situação do administrador (modificando, anulando ou revogando decisões em seu desfavor); nesse caso, se estivéssemos diante de um processo penal, não caberia agravar a decisão em desfavor do recorrente, pois lá vige o princípio da impossibilidade da *reformatio in pejus*; todavia, em direito administrativo é diferente; a Lei 9.784/1999 admite a *reformatio in pejus* em matéria recursal; a única ressalva é que, em homenagem à ampla defesa e ao contraditório devidos ao administrado, a Administração em suspeitando que irá agravar a situação do recorrente deve, antes de fazê-lo, intimar o recorrente, deixando claro que está tendente a reformar a decisão em seu desfavor em certo e determinado ponto, e dando oportunidade para que o administrado formule suas alegações antes da decisão;

o) *se o recorrente alegar violação de enunciado da súmula vinculante, o órgão competente para decidir o recurso explicitará as razões da aplicabilidade ou inaplicabilidade da súmula, conforme o caso* (art. 64-A);

p) *acolhida pelo Supremo Tribunal Federal a reclamação fundada em violação de enunciado da súmula vinculante, dar-se-á ciência à autoridade prolatora e ao órgão competente para o julgamento do recurso, que deverão adequar as futuras decisões administrativas em casos semelhantes, sob pena de responsabilização pessoal nas esferas cível, administrativa e penal* (art. 64-B); quando o STF expede uma súmula vinculante, esta, como o próprio nome diz, "terá efeito vinculante em relação aos demais órgãos do Poder Judiciário e à administração pública direta e indireta, nas esferas federal, estadual e municipal" (art. 2º, *caput*, da Lei 11.417/2006); nesse sentido, as autoridades e órgãos públicos são obrigados a obedecer rigorosamente as súmulas e, caso não o façam, o prejudicado poderá, após esgotar as vias administrativas alegando a violação à súmula vinculante (art. 7º, § 1º, da Lei 11.417/2006), ingressar com Reclamação Constitucional junto ao STF (art. 7º, *caput*, da Lei 11.417/2006), a fim de que este anule o ato administrativo e determine que o órgão adeque as futuras decisões administrativas em casos semelhantes, sob pena de responsabilização pessoal nas esferas cível, administrativa e penal;

q) *os processos administrativos de que resultem sanções poderão ser revistos, a qualquer tempo, a pedido ou de ofício, quando surgirem fatos novos ou circunstâncias relevantes suscetíveis de justificar a inadequação da sanção aplicada* (art. 65); *da revisão do processo não poderá resultar agravamento da sanção* (art. 65, parágrafo único); aqui se está a tratar da chamada "revisão administrativa", que, à moda do que se dá com a "revisão criminal", permite, mas desde que a favor do requerente, que sanções aplicadas a este sejam revistas, caso surjam fatos novos ou circunstâncias relevantes suscetíveis de justificar a inadequação da sanção aplicada; aqui, como se viu, não cabe *reformatio in pejus*, como cabe em caso de recurso administrativo, conforme visto acima.

Quanto à **contagem de prazos**, as regras são as seguintes (arts. 66 e 67):

a) *os prazos começam a correr a partir da data da cientificação oficial, excluindo-se da contagem o dia do começo e incluindo-se o do vencimento*; aqui temos uma regra comum no Direito, igual ao regime do Código de Processo Civil;

b) *considera-se prorrogado o prazo até o primeiro dia útil seguinte se o vencimento cair em dia em que não houver expediente ou este for encerrado antes da hora normal*;

c) *os prazos expressos em dias contam-se de modo contínuo*;

d) *os prazos fixados em meses ou anos contam-se de data a data. Se no mês do vencimento não houver o dia equivalente àquele do início do prazo, tem-se como termo o último dia do mês*;

e) *salvo motivo de força maior devidamente comprovado, os prazos processuais não se suspendem*; um exemplo de força maior é uma greve no transporte coletivo, que impeça que alguém compareça a alguma audiência ou que protocole no prazo algum requerimento o recurso.

Quanto às **sanções**, a Lei 9.784/1999 estabelece que "as sanções, a serem aplicadas por autoridade competente, terão natureza pecuniária ou consistirão em obrigação de fazer ou de não fazer, assegurado sempre o direito de defesa" (art. 68).

A título de **disposições finais**, as regras são as seguintes:

a) *os processos administrativos específicos continuarão a reger-se por lei própria, aplicando-se-lhes apenas subsidiariamente os preceitos desta Lei* (art. 69); isso já foi visto no início da análise da Lei 9.784/1999, tratando-se de consequência direta do fato desta lei ser uma lei geral de processos administrativos, que, assim, cede em face da existência de regras em sentido contrários em alguma lei específica que trate de um específico processo administrativo, como a Lei 8.666/1993 (Licitações e Contratos) ou a Lei 8.112/1990 (Estatuto dos Servidores Federais), tudo sem prejuízo de que a lei em tela (9.784/1999) seja aplicada subsidiariamente aos processos administrativos regidos pelas leis citadas, quando não houver, na lei específica, regra sobre questão determinada;

b) *terão prioridade na tramitação, em qualquer órgão ou instância, os procedimentos administrativos em que figure como parte ou interessado (art. 69-A): i) pessoa com idade igual ou superior a 60 (sessenta) anos; ii) pessoa portadora de deficiência, física ou mental; iii) pessoa portadora de tuberculose ativa, esclerose múltipla, neoplasia maligna, hanseníase, paralisia irreversível e incapacitante, cardiopatia grave, doença de Parkin-*

son, espondiloartrose anquilosante, nefropatia grave, hepatopatia grave, estados avançados da doença de Paget (osteíte deformante), contaminação por radiação, síndrome de imunodeficiência adquirida, ou outra doença grave, com base em conclusão da medicina especializada, mesmo que a doença tenha sido contraída após o início do processo;

c) *a pessoa interessada na obtenção do benefício, juntando prova de sua condição, deverá requerê-lo à autoridade administrativa competente, que determinará as providências a serem cumpridas* (art. 69-A, § 1º);

d) *deferida a prioridade, os autos receberão identificação própria que evidencie o regime de tramitação prioritária* (art. 69-A, § 2º);

e) *a lei entrou em vigor na data de sua publicação* (art. 70).

16.3. JURISPRUDÊNCIA SELECIONADA

Súmula Vinculante STF 21

É inconstitucional a exigência de depósito ou arrolamento prévios de dinheiro ou bens para admissibilidade de recurso administrativo.

Súmula STJ nº 373

É ilegítima a exigência de depósito prévio para admissibilidade de recurso administrativo.

Súmula STJ nº 312

No processo administrativo para imposição de multa de trânsito, são necessárias as notificações da autuação e da aplicação da pena decorrente da infração.

Processo administrativo: contraditório e ampla defesa

Por ofensa aos princípios do contraditório e da ampla defesa, a 2ª Turma deu provimento a recurso ordinário em mandado de segurança para declarar nulo ato administrativo e seus consectários, a fim de garantir à impetrante manifestação prévia em processo administrativo destinado a verificar a regularidade da concessão de benefício fiscal. Asseverou-se que a prerrogativa de a Administração Pública controlar seus próprios atos não dispensaria a observância dos postulados supramencionados em âmbito administrativo. Ademais, ressaltou-se que a manifestação em recurso administrativo não supriria a ausência de intimação da recorrente. Pontuou-se que caberia à Administração dar oportunidade ao interessado em momento próprio e que a impugnação, mediante recurso, de ato que anulara benefício anteriormente concedido, mesmo diante de exame exaustivo das razões de defesa apresentadas, não satisfaria o direito de defesa da impetrante. RMS 31661/DF, rel. Min. Gilmar Mendes, 10.12.2013. (RMS-31661) (Inform. STF 732)

EMENTA: **RECURSO ORDINÁRIO EM MANDADO DE SEGURANÇA. DECLARAÇÃO DE INIDONEIDADE** PARA CONTRATAR COM A ADMINISTRAÇÃO PÚBLICA (**INCISOS** II E III **DO ART**. 88 DA LEI Nº 8.666/1993). **ATO DO MINISTRO DE ESTADO** DO CONTROLE E DA TRANSPARÊNCIA. **PROCEDIMENTO DE CARÁTER ADMINISTRATIVO** INSTAURADO PERANTE A CONTROLADORIA-GERAL DA UNIÃO. **SITUAÇÃO DE CONFLITUOSIDADE** EXISTENTE **ENTRE** OS INTERESSES DO ESTADO **E** OS DO PARTICULAR. **NECESSÁRIA OBSERVÂNCIA**, *PELO PODER PÚBLICO*, **DA FÓRMULA CONSTITUCIONAL** DO *"DUE PROCESS OF LAW"*. **PRERROGATIVAS QUE COMPÕEM** *A GARANTIA CONSTITUCIONAL* DO DEVIDO PROCESSO. **O DIREITO À PROVA** COMO UMA DAS PROJEÇÕES CONCRETIZADORAS DESSA GARANTIA CONSTITUCIONAL. **PRECEDENTES**. RECURSO ORDINÁRIO **PROVIDO**.

- **A jurisprudência** do Supremo Tribunal Federal **tem reafirmado** a essencialidade do princípio **que consagra** o *"due process of law"*, **nele reconhecendo** uma insuprimível **garantia**, que, instituída **em favor de qualquer** pessoa ou entidade, **rege e condiciona** o exercício, **pelo Poder Público**, de sua atividade, **ainda** que em sede materialmente administrativa, **sob pena de nulidade** do próprio ato punitivo **ou** da medida restritiva de direitos. **Precedentes. Doutrina**.

- **Assiste**, *ao interessado*, **mesmo** em procedimentos de índole administrativa, **como direta emanação** da própria garantia constitucional do *"due process of law"* (**CF**, art. 5º, LIV) - **independentemente**, *portanto*, de haver previsão normativa nos estatutos que regem a atuação dos órgãos do Estado -, **a prerrogativa indisponível** do contraditório **e** da plenitude de defesa, **com** os meios e recursos a ela inerentes (**CF**, art. 5º, LV).

- **Abrangência da cláusula constitucional** do *"due process of law"*, **que compreende**, *dentre as diversas prerrogativas* de ordem jurídica que a compõem, *o direito à prova*.

- **O fato** de o Poder Público **considerar suficientes** os elementos de informação **produzidos** no procedimento administrativo **não** legitima **nem** autoriza a adoção, pelo órgão estatal competente, **de medidas** que, *tomadas em detrimento* daquele **que sofre** a persecução administrativa, **culminem por frustrar** a possibilidade **de o próprio** interessado **produzir** as provas **que repute indispensáveis** à demonstração de suas alegações **e que entenda essenciais** à condução de sua defesa.

- **Mostra-se** *claramente lesiva* à cláusula constitucional do *"due process"* **a supressão**, por exclusiva deliberação administrativa, *do direito à prova*, que, **por compor** o próprio *estatuto constitucional do direito de defesa*, **deve ter** o seu exercício *plenamente respeitado* pelas autoridades **e** agentes administrativos, **que não podem impedir** que o administrado produza os elementos de informação *por ele considerados imprescindíveis* **e que sejam** eventualmente capazes, *até mesmo*, **de infirmar** a pretensão punitiva *da Pública Administração*. **Doutrina. Jurisprudência**. (RMS 28.517/DF, rel. Min. Celso de Mello, DJ 4.8.2011) (Inform. STF 642)

Recurso administrativo e depósito prévio

A exigência de depósito prévio como condição de admissibilidade de recursos administrativos afigura-se contrária à presente ordem constitucional, inclusive na esfera trabalhista. Com base nessa orientação, o Plenário julgou procedente pedido formulado em arguição de descumprimento de preceito fundamental para declarar não recebido o art. 636, § 1º, da CLT [*"Art. 636. Os recursos devem ser interpostos no prazo de 10 (dez) dias, contados do recebimento da no-*

tificação, perante a autoridade que houver imposto a multa, a qual, depois de os informar encaminhá-los-á à autoridade de instância superior. § 1º – O recurso só terá seguimento se o interessado o instruir com a prova do depósito da multa"]. Em preliminar, assentou-se a legitimidade ativa da Confederação Nacional do Comércio de Bens, Serviços e Turismo - CNC. No mérito, destacou-se a evolução jurisprudencial do Supremo Tribunal Federal, que, em um primeiro momento, entendia constitucional a exigência de depósito prévio como condição de admissibilidade de recurso administrativo, mas que, posteriormente, passou a reconhecer sua ilegitimidade. Por fim, aduziu-se que a reiteração desse entendimento cominara na edição do Verbete de Súmula Vinculante 21 ("*É inconstitucional a exigência de depósito ou arrolamento prévios de dinheiro ou bens para admissibilidade de recurso administrativo*"). ADPF 156/DF, rel. Min. Cármen Lúcia, 18.8.2011. (ADPF-156) (Inform. STF 636)

Ato administrativo: contraditório e ampla defesa - 1

O Plenário iniciou julgamento de recurso extraordinário em que questionada a legalidade de decisão administrativa por meio da qual foram cancelados 4 quinquênios anteriormente concedidos a servidora pública e determinada a devolução dos valores percebidos indevidamente. Na espécie, a servidora recorrida postulara, junto à Administração, averbação de tempo de serviço preteritamente prestado, o que lhe fora deferido. Cerca de 3 anos mais tarde, recebera um comunicado da recorrente com a informação de que os quinquênios teriam sido concedidos irregularmente e que o montante a eles vinculado seria debitado de seus vencimentos mensais. O ente federativo sustenta que atuara com fundamento no poder de autotutela da Administração Pública e alude à desnecessidade, na hipótese, de abertura de qualquer procedimento, ou mesmo de concessão de prazo de defesa ao interessado, de modo que, após a consumação do ato administrativo, a este incumbiria recorrer ao Poder Judiciário. O Min. Dias Toffoli, relator, desproveu o recurso. Afirmou que, a partir da CF/88, foi erigido à condição de garantia constitucional do cidadão, quer se encontre na posição de litigante, em processo judicial, quer seja mero interessado, o direito ao contraditório e à ampla defesa. Asseverou que, a partir de então, qualquer ato da Administração Pública capaz de repercutir sobre a esfera de interesses do cidadão deveria ser precedido de procedimento em que se assegurasse, ao interessado, o efetivo exercício dessas garantias. Após discorrer sobre apanhado teórico e jurisprudencial a respaldar essa assertiva, reputou que, no caso, o cancelamento de averbação de tempo de serviço e a ordem de restituição dos valores imposta teriam influído inegavelmente na esfera de interesses da servidora. Dessa maneira, a aludida intervenção estatal deveria ter sido antecedida de regular processo administrativo, o que não ocorrera, conforme reconhecido pela própria Administração. Ressaltou que seria facultado à recorrente renovar o ato ora anulado, desde que respeitados os princípios constitucionais que lhe são inerentes. O Min. Luiz Fux acompanhou o relator e ressaltou que a servidora teria percebido os citados valores de boa-fé, pois o adicional fora deferido administrativamente. Acrescentou que a devolução do que recebido, nessas condições, seria repudiada pelo Tribunal de Contas da União, no Verbete 249 de sua Súmula. Após, pediu vista dos autos a Min. Cármen Lúcia. RE 594296/MG, rel. Min. Dias Toffoli, 31.8.2011. (RE-594296)

Ato administrativo: contraditório e ampla defesa - 2

Em conclusão de julgamento, o Plenário desproveu recurso extraordinário em que questionada a legalidade de decisão administrativa por meio da qual foram cancelados 4 quinquênios anteriormente concedidos a servidora pública e determinada a devolução dos valores percebidos indevidamente. O ente federativo sustentava que atuara com fundamento no poder de autotutela da Administração Pública e aludia à desnecessidade, na hipótese, de abertura de qualquer procedimento, ou mesmo de concessão de prazo de defesa à interessada, de modo que, após a consumação do ato administrativo, a esta incumbiria recorrer ao Poder Judiciário — v. Informativo 638. Afirmou-se que, a partir da CF/88, foi erigido à condição de garantia constitucional do cidadão, quer se encontre na posição de litigante, em processo judicial, quer seja mero interessado, o direito ao contraditório e à ampla defesa. Asseverou-se que, a partir de então, qualquer ato da Administração Pública capaz de repercutir sobre a esfera de interesses do cidadão deveria ser precedido de procedimento em que se assegurasse, ao interessado, o efetivo exercício dessas garantias. RE 594296/MG, rel. Min. Dias Toffoli, 21.9.2011. (RE-594296)

Ato administrativo: contraditório e ampla defesa - 3

Reputou-se que, no caso, **o cancelamento de averbação de tempo de serviço e a ordem de restituição dos valores imposta teriam influído inegavelmente na esfera de interesses da servidora. Dessa maneira, a referida intervenção estatal deveria ter sido antecedida de regular processo administrativo, o que não ocorrera, conforme reconhecido pela própria Administração. Ressaltou-se que seria facultado à recorrente renovar o ato ora anulado, desde que respeitados os princípios constitucionais**. Destacou-se, ademais, que a servidora teria percebido os citados valores de boa-fé, pois o adicional fora deferido administrativamente. A Min. Cármen Lúcia propôs a revisão do Verbete 473 da Súmula do STF ("*A Administração pode anular seus próprios atos, quando eivados de vícios que os tornam ilegais, porque deles não se originam direitos; ou revogá-los, por motivo de conveniência ou oportunidade, respeitados os direitos adquiridos, e* *ressalvada, em todos os casos, a apreciação judicial"*), com eventual alteração do seu enunciado ou com a concessão de força vinculante, para que seja acrescentada a seguinte expressão *"garantidos, em todos os casos, o devido processo legal administrativo e a apreciação judicial"*. Advertiu que, assim, evitar-se-ia que essa súmula fosse invocada em decisões administrativas eivadas de vícios. RE 594296/MG, rel. Min. Dias Toffoli, 21.9.2011. (RE-594296) (Inform. STF 641) (g.n.)

Lei 9.784/99 e demarcação de terras indígenas

A 1ª Turma desproveu recurso ordinário em mandado de segurança interposto de acórdão do STJ, que entendera legal o procedimento administrativo de demarcação de terras do grupo indígena Guarani Ñandéva. Ao rechaçar a primeira alegação, aludiu-se à jurisprudência pacífica do Supremo no sentido de que o prazo de 5 anos para a conclusão de demarcação de terras indígenas não é decadencial, sendo a norma constante do art. 67 do ADCT meramente programática, a indicar ao órgão administrativo que proceda às demarcações dentro de um prazo razoável. No tocante à aplicação subsidiária da Lei 9.784/99, asseverou-se que o Estatuto do Índio (Lei 6.001/73) seria legislação específica a regulamentar o mencionado procedimento administrativo. No ponto, salientou-se que esta afastaria a incidência de qualquer outra norma de natureza geral. Na sequência, ressaltou-se inexistir ofensa ao princípio do contraditório e da ampla defesa, porquanto a recorrente manifestara-se nos autos administrativos e apresentara suas razões, devidamente refutadas pela FUNAI. Assentou-se, por fim, não haver que se falar em duplo grau de jurisdição em matéria administrativa. RMS 26212/DF, rel. Min. Ricardo Lewandowski, 3.5.2011. (RMS-26212) (Inform. STF 625)

Registro de aposentadoria: garantias constitucionais e anistia

O Plenário, por maioria, **concedeu parcialmente mandado de segurança para anular acórdão do Tribunal de Contas da União - TCU e restabelecer a percepção dos proventos de aposentadoria da impetrante, até que nova decisão seja proferida, em processo no qual lhe sejam garantidos a ampla defesa e o contraditório**. Tratava-se, na espécie, de *writ* impetrado contra decisão da Corte de Contas que negara registro à aposentadoria da impetrante ao fundamento de que ela não teria comprovado vínculo com a Administração Pública antes de ser beneficiada por anistia (26.5.89), outorgada com amparo na EC 26/85, em que determinada a sua reintegração ao serviço público. Por conseguinte, o TCU desconstituíra o ato concessivo de anistia e cassara seus efeitos. Salientou-se que a apreciação, para fins de registro, do ato de concessão inicial de aposentadoria da impetrante fora realizada pelo TCU passados mais de 10 anos de sua efetivação. Nesse sentido, rememorou-se a orientação firmada pelo STF no julgamento do MS 26116/DF (j. em 8.9.2010, v. Informativo 599) em que assentada a necessidade de se assegurar aos interessados as garantias do contraditório e da ampla defesa caso decorridos mais de 5 anos da apreciação da legalidade do ato de concessão inicial de aposentadoria, reforma e pensão. Aduziu-se, ainda, que a negativa de registro da aposentadoria invalidara a própria anistia concedida à impetrante 15 anos antes e sem que observados os princípios do contraditório e da ampla defesa. Consignou-se que, se a Administração Pública tivesse, por meio de procedimento administrativo autônomo, procedido à revisão da anistia, teria que proporcionar à impetrante o contraditório e a ampla defesa. Assim, não faria sentido que — no bojo do procedimento de apreciação, para fins de registro, do ato de aposentadoria — pudesse fazê-lo sem considerar essas mesmas garantias. Vencidos os Ministros Marco Aurélio e Joaquim Barbosa que concediam a ordem em maior extensão por não reconhecerem ao TCU a atribuição de examinar a licitude, ou não, da anistia. **MS 26053/DF, rel. Min. Ricardo Lewandowski, 18.11.2010.** (MS-26053) (Inform. STF 609)

Supressão de Gratificação e Contraditório

O Tribunal iniciou julgamento de mandado de segurança impetrado contra ato do Tribunal de Contas da União - TCU que suprimira, sem observância do contraditório, vantagem pessoal incorporada aos vencimentos do impetrante. No caso, após ocupar o cargo de analista de finanças do Ministério da Fazenda, o impetrante integrara-se ao quadro funcional do TCU, sendo-lhe deferida a averbação do tempo de serviço prestado em função comissionada no citado Ministério, para fins de vantagem pessoal ("quintos"). Requer o servidor a nulidade do ato administrativo que implicara a revogação dessa vantagem. Inicialmente, rejeitou-se a preliminar suscitada pelo Min. Marco Aurélio, relator, sobre a ausência de quórum para julgamento de matéria constitucional. Em seguida, o relator afastou as preliminares de incompetência do STF para julgar o *writ*, dado que a autoridade apontada como coatora seria o Presidente do TCU, e de decadência, porquanto impetrado dentro do prazo legal. No mérito, concedeu a segurança para assentar a nulidade do processo. Aduziu que o impetrante alcançara situação remuneratória posteriormente retirada do cenário jurídico sem que se lhe desse oportunidade para manifestar-se. Enfatizou que a Corte já proclamara que a anulação de ato administrativo cuja formalização haja repercutido no campo de interesses individuais não prescinde da observância da instauração de processo administrativo que viabilize a audição daquele que teria a situação jurídica modificada. Salientou que cumpriria dar ciência ao servidor, não vingando a óptica segundo a qual a autotutela administrativa poderia afastar o próprio direito de defesa, pouco importando a observância dos cinco anos previstos na Lei 9.784/99. Consignou, ainda, que o vício não teria sido convalidado com o fato de o impetrante ter interposto, depois de já estar decidido o processo que implicara a glosa do direito, recurso para a autoridade maior. Após, o julgamento foi suspenso com o pedido de vista do Min. Dias Toffoli. **MS 25399/DF, rel. Min. Marco Aurélio, 17.2.2010.** (MS-25399) (Inform. STF 575)

Redução de Proventos: Devolução de Parcelas e Contraditório - 1

O Tribunal iniciou julgamento de mandado de segurança coletivo impetrado pela Associação Nacional de Delegados de Polícia Federal - ADPF e outra no qual se questiona ato do Tribunal de Contas da União - TCU que suspendera o pagamento da Gratificação de Atividade pelo Desempenho de Função - GADF — recebida cumulativamente com parcela relativa a décimos e quintos — a aposentados e pensionistas filiados daquela entidade e determinara a devolução do montante recebido a tal título nos últimos cinco anos. A impetrante afirma a boa-fé dos favorecidos e sustenta que a Administração teria decaído do direito de anular os atos administrativos praticados, ante a passagem de mais de cinco anos (Lei 9.784/99, art. 54). Alega que seus filiados seriam beneficiários porque obtiveram o direito antes da derrogação do art. 193 da Lei 8.112/90 ["*O servidor que tiver exercido função de direção, chefia, assessoramento, assistência ou cargo em comissão, por período de 5 (cinco) anos consecutivos, ou 10 (dez) anos interpolados, poderá aposentar-se com a gratificação da função ou remuneração do cargo em comissão, de maior valor, desde que exercido por um período mínimo de 2 (dois) anos.*"] e que teria havido lesão ao devido processo legal. Inicialmente, rejeitou-se a preliminar suscitada pelo Min. Marco Aurélio, relator, sobre a ausência de quórum para julgamento da matéria constitucional. **MS 25561/DF, rel. Min. Marco Aurélio, 17.2.2010.** (MS-25561)

Redução de Proventos: Devolução de Parcelas e Contraditório - 2

Em seguida, o relator, após rejeitar a preliminar de decadência, reputou parcialmente procedente a de ilegitimidade das impetrantes relativamente às pensionistas, pois, diferentemente do que ocorreria com os inativos — que não perdem a qualidade de associados —, quanto a elas, não existiria previsão no estatuto da ADPF, sendo certa tal perda pelo associado falecido. No mérito, indeferiu o *writ*. Consignou a reiteração de pronunciamentos do Supremo no sentido de não se exigir, quanto à tramitação do processo de aposentadoria, a bilateralidade, o contraditório, a audição do servidor envolvido, citando o Verbete Vinculante 3 ("*Nos processos perante o Tribunal de Contas da União asseguram-se o contraditório e a ampla defesa quando da decisão puder resultar anulação ou revogação de ato administrativo que beneficie o interessado, excetuada a apreciação da legalidade do ato de concessão inicial de aposentadoria, reforma e pensão.*"). No tocante à acumulação das parcelas, asseverou que a Lei 8.538/92 fora explícita ao afastá-la ("*Art. 6º A Gratificação de Atividade pelo Desempenho de Função - GADF não poderá ser paga cumulativamente com a parcela incorporada nos termos do § 1º do art. 14 da Lei Delegada nº 13/92, com a redação dada pelo art. 5º desta lei, ressalvado o direito de opção cujos efeitos vigoram a partir de 1/11/92.*"), evitando-se que parcelas integrantes da remuneração tivessem o mesmo móvel e incidências recíprocas. Mencionou, a propósito, haver o reconhecimento de que a GADF serviria de base ao cálculo de parcelas denominadas "quintos". Enfatizou, ademais, que o conflito retratado na espécie não envolveria incorporação, mas sim ausência do direito à cumulatividade, o que tornaria irrelevante a incorporação anteriormente versada no art. 193 da Lei 8.112/90. Quanto à devolução das parcelas recebidas, assinalou que a Administração Pública faz-se regida pelo princípio da legalidade estrita e que somente podem ser satisfeitos valores quando previstos em lei. Na situação dos autos, aduziu que o próprio diploma que instituíra o direito à GADF excluíra a percepção cumulativa e que o TCU assentara no acórdão impugnado que o tema deveria ser apreciado em cada caso concreto. Após, pediu vista dos autos o Min. Dias Toffoli. **MS 25561/DF, rel. Min. Marco Aurélio, 17.2.2010.** (MS-25561) (Inform. STF 575)

Alteração de Aposentadoria: Aditamento e Desnecessidade de Contraditório

O Tribunal indeferiu mandado de segurança impetrado contra ato do Tribunal de Contas da União - TCU que, sem prévia manifestação do impetrante, excluíra dos seus proventos de aposentadoria o pagamento de "quintos". Na espécie, a Corte de Contas reputara legal a aposentação originária do impetrante, ocorrida em 1995. Entretanto, em 1997, a fundação que concedera a aposentadoria ao impetrante incluíra, de maneira superveniente, o pagamento de "quintos", parcela remuneratória esta não examinada naquela oportunidade, por não constar do processo. Ocorre que, submetida tal inclusão ao TCU, este a considerara ilegal ante a insuficiência de tempo de serviço do impetrante para auferi-la. Inicialmente, rejeitou-se a preliminar suscitada pelo Min. Marco Aurélio, relator, sobre a ausência de quórum para julgamento da matéria constitucional. Em seguida, afastou-se a preliminar de decadência ao fundamento de que o prazo de cinco anos previsto no art. 54 da Lei 9.784/99 teria sido observado. No ponto, ressaltando que o ato de aposentadoria seria complexo, aduziu-se que o termo *a quo* para a contagem do referido prazo seria a data em que aperfeiçoada aquela. No mérito, consignou-se que, na situação dos autos, fora encaminhada ao TCU alteração introduzida posteriormente nos proventos de aposentadoria do impetrante e que o órgão competente glosara o que praticado na origem, modificando os parâmetros da aposentadoria então registrada. Mencionou-se, ademais, que o procedimento referente à alteração estaria ligado ao registro. Asseverou-se que, uma vez procedido o registro da aposentadoria pelo TCU, fixando-se certos parâmetros a nortearem os proventos, alteração realizada pelo órgão de origem em benefício do aposentado implicaria aditamento e, então, não haveria necessidade de estabelecer-se contraditório. **MS 25525/DF, rel. Min. Marco Aurélio, 17.2.2010.** (MS-25525) (Inform. STF 575)

DIREITO ADMINISTRATIVO. ATOS COMISSIVOS, ÚNICOS E DE EFEITOS PERMANENTES PRATICADOS ANTES DA LEI N. 9.784/1999. DECADÊNCIA. TERMO INICIAL.

Os atos administrativos praticados anteriormente ao advento da Lei n. 9.784/1999 estão sujeitos ao prazo decadencial quinquenal, contado, entretanto, da sua entrada em vigor, qual seja 1º/2/1999, e não da prática do ato. Precedente citado: AgRg no REsp 1.270.252-RN, DJe 5/9/2012. **REsp 1.270.474-RN, Rel. Min. Herman Benjamin, julgado em 18/10/2012. (Inform. STJ 508)**

REPETITIVO. DECADÊNCIA. REVISÃO. INSS.

Conforme precedentes, os atos administrativos praticados antes da Lei n. 9.784/1999 podem ser revistos pela Administração a qualquer tempo, pois antes inexistia norma legal quanto a haver prazo para tal iniciativa, entendimento aceito pelo Min. Relator com ressalvas. Dessa forma, o prazo decadencial de cinco anos somente incide após o advento da referida lei que o previu e seu termo inicial é a data de sua vigência (1º/2/1999). Contudo, antes de transcorridos esses cinco anos, a matéria foi disciplinada, no âmbito previdenciário, pela MP n. 138/2003, convertida na Lei n. 10.839/2004, que acrescentou o art. 103-A à Lei n. 8.213/1991 e fixou em 10 anos o prazo decadencial para o INSS rever seus atos que produzam efeitos favoráveis a seus beneficiários. No caso, o benefício foi concedido em 30/7/1997 e a revisão administrativa foi iniciada em janeiro de 2006. Assim, o prazo decadencial de 10 anos não se consumou. Diante disso, a Seção entendeu afastar a decadência e remeter os autos ao TRF para que analise a alegação de falta de contraditório e ampla defesa no procedimento que resultou na suspensão do benefício previdenciário do autor. **Precedente citado: MS 9.112-DF, DJ 14/11/2005. REsp 1.114.938-AL, Rel. Min. Napoleão Nunes Maia Filho, julgado em 14/4/2010.** (Inform. STJ 430)

CTB. MULTA. APRESENTAÇÃO. RESPONSÁVEL. JUÍZO.

Em juízo, o proprietário de veículo tem direito de demonstrar que não o conduzia por ocasião do cometimento da infração, mesmo que tenha perdido o prazo administrativo de 15 dias para apresentar o responsável, conforme disposto no art. 257, § 7º, do CTB. Explicou o Min. Relator que o prazo do citado artigo é medida meramente administrativa, instituída para frear a busca incessante da verdade material e compatibilizá-la com a necessidade da Administração Pública que, no caso, é a aplicação de sanções de trânsito. Mas, se, em sede judicial, o proprietário não pudesse demonstrar que não era o condutor do veículo, isso seria desconsiderar o art. 5º, XXXV, da CF/1988. Observou que, na espécie, o acórdão recorrido reconheceu, de forma inequívoca, que o condutor que cometeu a infração, inclusive, requereu a transferência de pontuação à sua carteira nacional de habilitação (CNH). Destacou, ainda, que a ilegitimidade passiva alegada não foi submetida ao crivo das instâncias ordinárias, o que seria caso de reconhecer a ausência de prequestionamento; porém, por se tratar de matéria de ordem pública e o STJ ter que debater a violação do art. 257, § 7º, do CTB, manifestou-se sobre o tema para dele não conhecer, incidindo ao caso, por analogia, as súmulas ns. 280 e 284, ambas do STF. **REsp 765.970-RS, Rel. Min. Mauro Campbell, julgado em 17/9/2009.** (Inform. STJ 407)

VEÍCULO. PERDIMENTO. PROPORCIONALIDADE.

O valor das mercadorias apreendidas em razão da irregular importação era cerca de seis vezes menor do que o valor do veículo apreendido que as transportava. Assim, por inobservância dos princípios da proporcionalidade e razoabilidade, há que ser afastada a pena de perdimento do veículo. Precedentes citados: REsp 1.022.319-SC, DJe 3/6/2009; REsp 550.552-PR, DJ 31/5/2004; REsp 508.322-PR, DJ 19/12/2003, e REsp 319.813-RS, DJ 17/3/2003. **REsp 1.072.040-PR, Rel. Min. Benedito Gonçalves, julgado em 8/9/2009.** (Inform. STJ 406)

MS. DECADÊNCIA. RECURSO ADMINISTRATIVO.

A sociedade anônima impetrante insurge-se contra suposto ato ilegal e abusivo de ministro de Estado que julgou prejudicado seu recurso administrativo hierárquico, isso ao reconhecer a decadência de seu direito de desconstituir o alvará que concedeu à diversa empresa de mineração a autorização de pesquisa na área sobre a qual a impetrante, anteriormente, havia também requerido autorização. Pede a cassação da decisão combatida, o afastamento da decadência e o provimento de seu recurso hierárquico, com a anulação do alvará concedido. Porém, desses pedidos, somente o afastamento da decadência e a consequente anulação da decisão podem ser examinados via *mandamus*. Quanto a isso, o ato tido por coator embasou-se na desídia do impetrante em deixar paralisado o processo por um longo tempo e no decurso de mais de cinco anos entre a expedição do alvará e a interposição do recurso hierárquico (art. 54 da Lei

n. 9.784/1999). Sucede que, pelos fatos narrados nas informações pela própria autoridade impetrada, vê-se que os autos do processo administrativo ficaram desaparecidos por tanto tempo em razão da própria desorganização interna do departamento por eles responsável, o que, decerto, não pode ser atribuído à impetrante, e que nem sequer três anos transcorreram da data da publicação do alvará e sua impugnação pela impetrante. Daí se conceder, em parte, a segurança, tão somente para anular o julgamento do recurso administrativo e determinar que outro seja proferido com exame das questões de mérito nele contidas. **MS 14.037-DF, Rel. Min. Castro Meira, julgado em 12/8/2009.** (Inform. STJ 402)

REPETITIVO. MULTA. APREENSÃO. VEÍCULO.

A Seção, ao julgar recurso repetitivo de controvérsia (art. 543-c do CPC e REs. n. 8/2008-STJ), reafirmou que a autoridade administrativa não pode exigir o pagamento de multas das quais o condutor não tenha sido notificado, uma vez que a exigibilidade pressupõe a notificação do interessado, que poderá impugnar a penalidade ou dela recorrer, resguardando-se o devido processo legal e a ampla defesa. Se a multa está vencida, pode exigir o pagamento para a liberação do veículo apreendido, quer por ter-se esgotado o prazo de defesa sem impugnação, quer por já ter sido julgada a impugnação ou o recurso administrativo. Caso não vencida, seja porque o condutor ainda não foi notificado, seja porque a defesa administrativa ainda está em curso, não pode a administração condicionar a liberação do veículo ao pagamento de multa. Quanto ao prazo de permanência no depósito, não há qualquer limitação temporal (art. 271 do CTB), contudo as taxas de estada só poderão ser cobradas até os primeiros 30 dias da permanência no depósito. **REsp 1.104.775-RS, Rel. Min. Castro Meira, julgado em 24/6/2009.** (Inform. STJ 400)

RESP. AÇÃO ANULATÓRIA. ATO ADMINISTRATIVO.

In casu, trata-se originariamente de ação anulatória ajuizada pelo estado membro contra decisão administrativa do TJ proferida pelo seu Pleno, que, ao julgar recurso administrativo de uma servidora, reconheceu o direito dela de continuar a receber a gratificação de nível universitário prevista em lei estadual. A ação foi julgada procedente, contudo o tribunal *a quo*, em apelação, assentou que a decisão exarada no mencionado recurso administrativo não era impugnável por meio de ação, mas sim de recurso, por entender que o ato administrativo emanado do tribunal tinha natureza judicial. Diante disso, a Turma entendeu mostrar-se evidente que o ato impugnado na referida ação anulatória não possui natureza judicial, mas sim administrativa, caso em que se aplica, por analogia, a Súm. n. 733-STF, que impede a interposição dos recursos especiais e extraordinários contra decisões de cunho administrativo emanadas dos tribunais. Assim, o fundamento do acórdão recorrido de carência de ação não merece prevalecer, pois não se está diante da ação anulatória de ato judicial, prevista no art. 486 do CPC, a despeito da identidade do *nomen juris* utilizado, mas sim anulação de ato administrativo. Nesse contexto, deu-se provimento ao recurso especial, determinando o retorno dos autos ao tribunal de origem para que examine a apelação interposta contra a sentença que julgou procedente a ação anulatória. Precedente citado: REsp 697.225-RN, DJ 13/2/2006. **REsp 730.947-AC, Rel. Min. Laurita Vaz, julgado em 16/6/2009.** (Inform. STJ 399)

AGRG. PROCESSO ADMINISTRATIVO. AVISO. RECEBIMENTO.

O impetrante requereu que o seu cargo fosse transposto para o quadro da Advocacia-Geral da União sendo instaurado o processo. Seu pedido foi indeferido e determinada a devolução dos autos para que fosse dada ciência a ele. No caso, houve a expedição de ofício, mas não constou dos autos documento demonstrando a data do recebimento daquele. A Min. Relatora entendia que o ato impugnado pelo *mandamus* fora editado em 3/5/2006. Em 17/5/2006, foi expedido o ofício e, no dia 19 subsequente, o impetrante requereu vista dos autos "para as providências legais cabíveis", infere-se que tinha ciência da negativa de seu pleito. Assim, decidiu que a impetração teria ocorrido depois de escoado o prazo de cento e vinte dias a que alude o art. 18 da Lei n. 1.533/1951. Para o Min. Nilson Naves, não há nos autos nenhum elemento que comprove que o ofício foi efetivamente expedido e nenhum que indique a data em que tal documento foi recebido pelo servidor. **A teor do § 3º do art. 26 da Lei n. 9.784/1999, pouco importa o meio escolhido pela Administração para intimação do interessado, <u>desde que se assegure a certeza da ciência</u>. Não se pode decidir apenas na suposição de que o interessado teria sido cientificado antes de formular o pedido de vista do processo. A própria lei diz que, se a opção da Administração foi a de cientificar o servidor por via postal, deve fazê-lo mediante aviso de recebimento, o que não há, *in casu*, nos autos e isso inviabiliza a definição sobre a data em que se deu a ciência. Isso posto, a Seção, por maioria, deu provimento ao agravo para que se julgue o mérito do mandado de segurança, afastando a alegada decadência. AgRg no MS 12.266-DF, Rel. originária Min. Jane Silva (Desembargadora convocada do TJ-MG), Rel. para acórdão Min. Nilson Naves, julgado em 10/9/2008.** (Inform. STJ 367)

HD. LEGITIMIDADE. VIÚVA. DEMORA. ADMINISTRAÇÃO.

O cônjuge supérstite tem legitimidade para impetrar *habeas data* em defesa do interesse do falecido. A utilização desse instrumento relaciona-se diretamente a uma pretensão resistida consubstanciada na recusa de a autoridade responder, implícita ou explicitamente, a seu pedido, daí a razão da Súm. n. 2-STJ. Dessa forma, a demora de atender o pedido formulado administrativamente (mais de um ano) não é razoável, quanto mais ao considerar-se a idade avançada da impetrante, tudo a impor a concessão da ordem. Precedente citado do STF: RHD 22-DF, DJ 1º/9/1995. **HD 147-DF, Rel. Min. Arnaldo Esteves Lima, julgado em 12/12/2007.** (Inform. STJ 342)

MS. COMISSÃO. ANISTIA. PRESIDENTE. PARTICIPAÇÃO.
Em preliminar, ao prosseguir o julgamento, a Seção reconheceu a legitimidade da autoridade apontada como coatora, o ministro de Justiça, que, ao negar provimento a recurso administrativo do ora impetrante, atraiu para si a responsabilidade pelo ato praticado pela Comissão de Anistia. Quanto ao mérito, considerou que o presidente da Comissão poderia participar dos debates sem que esse ato consistisse coação ou excesso de poder, como alegado no mandado de segurança, uma vez que pode até ser chamado a votar em caso de empate, como previsto na norma regimental, e porque é o presidente, também integrante daquele órgão julgador. **MS 12.534-DF, Rel. Min. Herman Benjamin, julgado em 14/11/2007.** (Inform. STJ 339)

AUTO DE INFRAÇÃO. COMISSÃO PARLAMENTAR. CARÁTER DECLARATÓRIO.
Trata-se de mandado de segurança em que o impetrante contesta o ato de presidente de comissão parlamentar de Assembleia Legislativa estadual que lavrou autos de infração por violação da Lei n. 3.162/1999 do Estado do Rio de Janeiro. Segundo essa lei, é obrigatória a instalação de equipamentos para monitoração e gravação eletrônica de imagem, por meio de circuito fechado de televisão, nas agências bancárias daquele estado. Os autos de infração lavrados por autoridade do Legislativo apenas verificam a existência de violação da lei estadual referida, não cominando ao recorrente qualquer sanção, nem mesmo advertência. O valor dos autos de infração é meramente declaratório de uma situação fática e a consequência penal administrativa deve ser tomada pela Administração. Não ficou comprovado nos autos qualquer abuso ou desvio de poder por parte da autoridade tida como coatora, que apenas atuou nos limites estritos de suas atribuições. Assim, a Turma acolheu os embargos sem efeitos modificativos. **EDcl no RMS 12.920-RJ, Rel. Min. Humberto Martins, julgados em 6/11/2007.** (Inform. STJ 338)

ANISTIA. EMPREGADOS. EBTU.
Os recorrentes ex-empregados da empresa brasileira de transportes urbanos – EBTU devem ser reintegrados, pois, para que a Portaria n. 69/1999, que anulou o ato administrativo anterior (Portaria n. 689/1994) produza efeitos, é necessário que se instaure o devido processo administrativo, garantindo o contraditório e a ampla defesa dos servidores. Tratando de anulação de ato administrativo ampliativo de direitos (Portaria n. 69/1999) tal como é o reconhecimento de anistiar os servidores (Portaria n. 689/1994), sua invalidação por ilegalidade no conteúdo ou objeto far-se-á por outro ato administrativo restritivo de direito, contudo deve-se observar o prévio processo administrativo, em que sejam observados o contraditório e a ampla defesa. Assim, prosseguindo o julgamento, a Turma, preliminarmente, por maioria, conheceu do recurso e, por unanimidade, deu parcial provimento ao recurso. Precedentes citados: REsp 737.815-DF, DJ 17/10/2005, e MS 6.482-DF, DJ 23/10/2000. **REsp 756.683-DF, Rel. Min. Nilson Naves, julgado em 15/5/2007.** (Inform. STJ 320)

16.4. QUADRO SINÓTICO

1. Processo administrativo

1.1. Importância: é por meio dele que os requerimentos do particular são analisados, as punições são constituídas e a administração desenvolve suas competências

1.2. Conceito: *é o conjunto de atos coordenados para obtenção de uma decisão final no âmbito administrativo*

– São exemplos de processo administrativo o processo disciplinar, o processo licitatório, o processo para aplicação de sanções decorrentes da polícia administrativa, dentre outros

1.3. Distinção: processo não se confunde com procedimento; este é o rito

1.4. Regulamentação: na esfera federal está prevista na Lei 9.784/1999

– Trata-se de Lei Geral do Processo Administrativo Federal

- Havendo lei específica federal, esta tem primazia, aplicando-se a Lei 9.784/1999 apenas subsidiariamente (art. 69)

– Ex.1: Lei 8.112/1990 (processo disciplinar)

– Ex.2: Lei 8.666/1993 (processo licitatório)

– Lei 9.784/1999 também se aplica às demais Administrações dos outros entes políticos, por inteiro, não havendo lei local, ou subsidiariamente, quanto a aspectos não regulados no local

1.5. Incidência: sobre a esfera administrativa direta e indireta dos três poderes, inclusive MP e T. de Contas

1.6. Modalidades de processo administrativo

a) processo de expediente: destinado a registrar situações administrativas, não incidindo sobre direitos; ex: prontuário

b) processo de outorga: destinado ao pleito de um direito ou situação individual perante a Administração; Ex: licença

c) processo de controle: destinado ao controle de mérito de ato (aprovação) ou de formalidade legal (homologação)

d) processo punitivo: destinado à imposição de penalidades em geral; ex: multa administrativa

e) processo disciplinar: destinado à apuração de faltas disciplinares de servidores; ex: demissão

f) processo tributário, dentre outros

1.7. Princípios do processo administrativo

a) legalidade objetiva (art. 2º): processo é p/ fazer valer lei

b) oficialidade ou impulsão (art. 29): a Administração instaura e movimenta o processo de ofício

c) informalismo (art. 2º, parágrafo único, IX): respeita-se a forma legal tendo em conta a instrumentalidade das formas

d) verdade material: busca-se a verdade real

e) publicidade (art. 2º, parágrafo único, V): divulga-se atos oficiais

f) contraditório e ampla defesa (art. 5º, LV, da CF)

g) devido processo legal (art. 5º, LIV, da CF): devido *processo legal substancial* (ou *material*) é a exigência de proporcionalidade (razoabilidade) das decisões, ao passo que o *devido processo legal formal* é o conjunto de garantias mínimas para que um processo seja constitucionalmente devido;

h) razoável duração do processo (art. 5º, LXXVIII, da CF): além dos meios que garantam a celeridade da tramitação.

1.8. Fases do processo

a) instauração

b) instrução

c) defesa

d) relatório (peça informativa e opinativa)

e) julgamento pela autoridade competente

1.9. Questões regulamentadas na Lei 9.784/1999:

a) princípios administrativos (art. 2º)

b) direitos e deveres dos administrados (arts. 3º e 4º)

c) formação do processo (arts. 5º a 8º)

d) legitimação dos interessados (arts. 9º e 10)

e) competência (arts. 11 a 17)

f) impedimentos e suspeições (arts. 18 a 21)

g) forma, tempo, lugar, comunicações, instrução, julgamento e motivação (arts. 22 a 50)

h) desistência, casos de extinção, anulação, revogação e convalidação (arts. 51 a 55)

2. Recurso hierárquico

2.1. Efeitos: Como regra, o recurso hierárquico tem somente efeito **devolutivo**, tendo também efeito suspensivo nas hipóteses em que a lei assim dispuser ou quando o administrador aplicá-lo motivadamente, não se presumindo sua existência

– Recebido no efeito suspensivo, sem exigência de caução do particular, este não terá interesse processual em ingressar com demanda no Poder Judiciário, salvo se o recurso pleitear que a administração deixe de se omitir diante de um caso concreto

– Disso decorre o impedimento da fluência do prazo prescricional

2.2. Legitimidade: tem legitimidade para interpor recurso as seguintes pessoas:

a) os titulares dos direitos discutidos no processo;

b) os terceiros afetados pela decisão;

c) as organizações e associações representativas, em caso de interesses coletivos;

d) os cidadãos ou associações, quanto aos interesses difusos

2.3. Endereçamento: os recursos serão dirigidos à **autoridade que proferiu a decisão**, a qual, se não a reconsiderar no prazo de 5 dias, o encaminhará à autoridade superior (art. 56)

2.4. Prazo: como regra, é de 10 dias, contado da ciência ou divulgação oficial da decisão (art. 59)

– Na contagem dos prazos, exclui-se o dia do início e inclui-se o do vencimento (art. 66)

2.5. Instâncias: o recurso administrativo **tramitará no máximo por três instâncias**, salvo disposição legal diversa (art. 57)

2.6. Autotutela: o **não conhecimento** do recurso não impede a Administração de rever de ofício o ato ilegal, desde que não ocorrida a preclusão administrativa (art. 63)

2.7. Decisões possíveis:

a) **não conhecimento** do recurso

b) **confirmação**, **modificação**, **anulação** ou **revogação**, total ou parcial, da decisão recorrida, se a matéria for da competência de quem conhece o recurso

2.8. *Reformatio in pejus*: cabe quanto aos recursos hierárquicos, mas o recorrente deve ser cientificado previamente para que formule suas alegações antes da decisão (art. 64)

16.5. QUESTÕES OBJETIVAS COMENTADAS

(Magistratura/BA – 2012 – CESPE) Com base no que dispõe a lei que regula os procedimentos administrativos (Lei n. 9.784/1999), assinale a opção correta.

(A) Um órgão administrativo e seu titular podem delegar parte da sua competência a outros órgãos ou titulares, incluindo-se a edição de atos normativos.

(B) O não atendimento da intimação feita pelo órgão competente perante o qual tramita processo administrativo implicará reconhecimento da verdade dos fatos por parte do administrado.

(C) Cabe ao interessado a prova dos fatos que tenha alegado, ainda que dependam de dados registrados em documentos existentes na própria administração.

(D) Acolhida pelo STF a reclamação fundada em violação de enunciado da súmula vinculante, deve-se dar ciência à autoridade prolatora e ao órgão competente para o julgamento do recurso, que deverão adequar as futuras decisões administrativas em casos semelhantes, sob pena de responsabilização pessoal nas esferas civil, administrativa e penal.

(E) O direito da administração de anular os atos administrativos de que decorram efeitos favoráveis para os destinatários decai em cinco anos, contados da data em que foram praticados, ainda que comprovada má-fé.

A: incorreta, pois não é possível delegar a competência para a edição de atos normativos (art. 13, I, da Lei 9.784/1999); **B:** incorreta, pois o desatendimento da intimação não importa o reconhecimento da verdade dos fatos, nem a renúncia a direito pelo administrado (art. 27, *caput*, da Lei 9.784/1999); **C:** incorreta, pois nesse caso cabe à Administração prover, de ofício, à obtenção dos documentos ou das respectivas cópias (arts. 36 e 37 da Lei 9.784/1999); **D:** correta (art. 64-B da Lei 9.784/1999); **E:** incorreta, pois, em caso de má-fé esse direito não decai (art. 54, *caput*, da Lei 9.784/1999).

Gabarito "D"

(Magistratura/DF – 2011) No contexto da Lei n. 9.784/1999, é correto afirmar:

(A) A competência é irrenunciável e se exerce pelos órgãos administrativos a que foi atribuída como própria, salvos os casos de delegação e avocação legalmente admitidos, dentre os quais a edição de atos de caráter normativo;

(B) É direito do administrado, perante a Administração, sem prejuízo de outros, fazer-se assistir, facultativamente, por advogado, salvo quando obrigatória a representação, por força de lei;

(C) Quanto a direitos e interesses difusos, têm legitimidade para interpor recursos administrativos as organizações e associações representativas;

(D) Acolhida pelo Supremo Tribunal Federal a reclamação fundada em violação de enunciado da súmula vinculante, dar-se-á ciência à autoridade prolatora e ao órgão competente para o julgamento do recurso para imediata revogação do ato.

A: incorreta, pois não cabe delegação para a edição de atos normativos (art. 13, I, da Lei 9.784/1999); **B:** correta (art. 3°, IV, da Lei 9.784/1999); **C:** incorreta, pois as organizações e associações representativas têm legitimidade para recorrer no tocante a direitos e interesses *coletivos*, sendo que, quanto a interesses *difusos*, são legitimados os cidadãos ou associações (art. 58, III e IV, da Lei 9.784/1999); **D:** incorreta, pois a autoridade prolatora ou o órgão competente deverão adequar suas futuras decisões administrativas em casos semelhantes (art. 64-B da Lei 9.784/1999).

Gabarito "B"

(Magistratura/PR – 2010 – PUC/PR) Em relação ao Processo Administrativo e à Lei n. 9.784/1999, assinale a alternativa CORRETA:

(A) Em caso de revisão administrativa, o órgão competente para decidir poderá confirmar, modificar, anular ou revogar a decisão a ser revista, se a matéria for de sua competência.

(B) O dever legal de decidir está condicionado à presença do interesse público e somente é estabelecido na Lei n. 9.784/1999, após 60 dias prorrogáveis por igual período depois de concluída a instrução do processo administrativo.

(C) O direito da Administração de anular os atos administrativos de que decorram efeitos favoráveis para os destinatários decai em 05 (cinco) anos contados da data em que foram praticados, salvo comprovada má-fé.

(D) A verdade sabida é admitida em processos administrativos sumários, especialmente quando já está estabelecida a autoria e a materialidade do ilícito administrativo.

A: incorreta, pois a revisão não pode resultar agravamento da sanção (art. 65, parágrafo único, da Lei 9.784/1999), de modo que não é qualquer *modificação* de decisão que poderá acontecer; a alternativa em análise, na verdade, trouxe o texto do que pode ser feito pelo órgão competente em caso de *recurso administrativo* (art. 64, *caput*, da Lei 9.784/1999), e não em caso de *revisão administrativa*; **B:** incorreta, pois a Administração, concluída a instrução, tem o prazo de até 30 dias, prorrogável por igual período, mediante expressa motivação (art. 49 da Lei 9.784/1999); **C:** correta (art. 54 da Lei 9.784/1999); **D:** incorreta, pois a verdade sabida, que é aquela testemunhada ou conhecida inequivocamente pelo superior hierárquico, não é suficiente para a apenação de um servidor, sendo necessário dar a este direito de defesa, com respeito ao devido processo disciplinar.

Gabarito "C"

(Ministério Público/SP – 2013 – PGMP) Assinale a alternativa INCORRETA a respeito dos processos e recursos administrativos.

(A) Considerado o princípio da impessoalidade, não podem ser alegados o impedimento ou a suspeição do servidor ou autoridade para atuar no processo administrativo, podendo ele próprio, se assim o entender, afastar-se de ofício.

(B) A Administração tem o dever de resolver os processos administrativos de forma célere e motivada.

(C) Havendo justo receio de prejuízo de difícil reparação, a autoridade recorrida ou a imediatamente superior poderá, de ofício ou a pedido, conceder efeito suspensivo ao recurso.

(D) Salvo disposição legal em contrário, o recurso administrativo não tem efeito suspensivo.

(E) São inadmissíveis no processo administrativo as provas obtidas por meios ilícitos e, quando a matéria envolver assunto de interesse geral, pode ser efetuada consulta pública com a manifestação de terceiros, se não houver prejuízo para a parte interessada.

A: assertiva incorreta, devendo a alternativa ser assinalada; as leis de processo administrativo costumam prever os institutos do impedimento e da suspeição, com regramento também acerca da possibilidade de o interessado que não seja a própria autoridade, possa arguir esse tipo de vício, como se percebe, por exemplo, do art. 20 da Lei 9.784/1999; **B:** assertiva correta, já que os princípios da eficiência e da motivação, que impõem a celeridade e a decisão motivada, são próprios do Direito Administrativo, valendo citar como exemplo, em matéria de processo administrativo, o disposto no art. 2º, *caput*, da Lei 9.784/1999; **C:** assertiva correta; no plano federal essa regra está no art. 61, *caput*, da Lei 9.784/1999; **D:** assertiva correta (arts. 30 e 31 da Lei 9.784/1999).

Gabarito "A"

(Ministério Público/CE – 2011 – FCC) No que tange aos processos administrativos, a Lei n. 9.784/1999

(A) não admite a recusa motivada do recebimento de documentos pela Administração.

(B) dispõe que, caso o requerente da instauração do processo venha dele desistir ou renunciar ao direito ou interesse nele veiculado, fica a Administração impedida de dar prosseguimento ao processo.

(C) impede a delegação de poderes de um órgão a outro que não lhe seja subordinado hierarquicamente.

(D) considera suspeito, para fins de atuação em processo administrativo, o agente público que tenha participado ou venha a participar como perito, testemunha ou representante nesse mesmo processo.

(E) considera legítima a participação de agentes públicos nos processos administrativos, na qualidade de interessados.

A: incorreta, pois o que é vedada a recusa imotivada (art. 6º, parágrafo único, da Lei 9.784/1999); **B:** incorreta, pois "a desistência ou renúncia do interessado, conforme o caso, não prejudica o prosseguimento do processo, se a Administração considerar que o interesse público assim exige" (art. 51, § 2º, da Lei 9.784/1999); **C:** incorreta, pois a delegação pode se dar em favor de órgão ou titular de cargo, ainda que estes não sejam hierarquicamente subordinados àquele que delega (art. 12, *caput*, da Lei 9.784/1999); **D:** incorreta, pois esse caso é de impedimento (art. 18, II, da Lei 9.784/1999) e não de suspeição; **E:** correta; desde que se trate de interessado (art. 9º da Lei 9.784/1999), o fato de se tratar de agente público (conceito, aliás, extremamente amplo, que engloba até concessionários de serviço público) não torna ilegítima a participação dessa pessoa num processo administrativo; naturalmente que se o agente público for o próprio responsável por apreciar o processo administrativo por ele mesmo iniciado para tratar de assunto particular seu, haverá impedimento do agente público para apreciar o processo administrativo em questão, mas nada impede que o processo administrativo mencionado tramite e receba decisão final.

Gabarito "E"

(Defensor Público/GO – 2010 – I. Cidades) O princípio da verdade material no processo administrativo implica que

(A) a Administração só pode atuar de acordo com as provas produzidas nos autos pelas partes.

(B) a Administração deve agir de ofício nos processos de contratos administrativos e semiprivados, mas somente mediante provocação na concessão de serviço público.

(C) a Administração deve agir de ofício na condução do processo buscando todas as provas na busca da verdade.

(D) o particular tem direito a produzir provas no processo administrativo.

(E) o processo administrativo se rege pelos princípios do devido processo legal administrativo, contraditório e da ampla defesa.

Art. 29 da Lei 9.784/1999.

Gabarito "C"

(Defensoria Pública da União – 2010 – CESPE) Com a publicação da Lei nº 9.784/1999, que regula o processo administrativo no âmbito da Administração Pública federal, houve significativa melhoria na proteção dos direitos dos administrados e na execução dos fins da Administração Pública. Com relação aos agentes administrativos, aos direitos e deveres dos servidores públicos e ao processo administrativo, julgue os próximos itens.

(1) A lei mencionada estabelece normas básicas acerca do processo administrativo somente na administração federal e estadual direta.

(2) O STF não pode acolher reclamação fundada em violação de enunciado da súmula vinculante contra decisão em processo administrativo do poder público federal.

1: incorreta, pois a lei traz normas de processo administrativo para a administração *federal* direta e *indireta* (art. 1º da Lei 9.784/1999); **2:** incorreta (art. 64-B da Lei 9.784/1999).

Gabarito 1E, 2E

(Defensoria Pública da União – 2010 – CESPE) Em cada um dos itens a seguir, é apresentada uma situação hipotética, seguida de uma assertiva a ser julgada, a respeito de agentes administrativos, regimes jurídicos e processo administrativo.

(1) Carlos, servidor da Justiça Federal, responde a processo administrativo nesse órgão e requereu a aplicação da Lei nº 9.784/1999 no âmbito desse processo. Nessa situação, é correto afirmar que tal aplicação é cabível.

(2) Antônio José moveu, na justiça comum, ação para responsabilização civil contra o cônjuge de Sebastião. Nesse mesmo período, no órgão federal da administração direta em que trabalha, surgiu a necessidade de Antônio José presidir processo administrativo contra Sebastião. Nessa situação, Antônio José está impedido de atuar nesse processo administrativo.

(3) Pedro Luís, servidor público federal, verificou, no ambiente de trabalho, ilegalidade de ato administrativo e decidiu revogá-lo para não prejudicar administrados que sofreriam efeitos danosos em consequência da aplicação desse ato. Nessa situação, a conduta de Pedro Luís está de acordo com o previsto na Lei nº 9.784/1999.

1: correta, aplicando-se a Lei 9.784/1999 de modo subsidiário (art. 69 da Lei 9.784/1999); **2:** correta (art. 18, III, da Lei 9.784/1999); **3:** incorreta, pois, diante de *ilegalidade*, deve-se *anular*, e não *revogar* o ato administrativo (art. 53 da Lei 9.784/1999).

Gabarito 1C, 2C, 3E

(Procurador do Estado/PA – 2011) Diante do que dispõe a Lei Federal n. 9.784/1999, que regula o processo administrativo no âmbito da Administração Federal, analise as seguintes proposições e assinale a alternativa CORRETA:

I. O processo administrativo é regido, dentre outros, pelo princípio do formalismo moderado, que nega a formalidade como um fim em si mesma, reservando-lhe o papel de instrumento para o alcance da verdade e para a conformação da atividade administrativa à legalidade.

II. A competência administrativa, atribuída pelo ordenamento jurídico às autoridades e agentes públicos para a consecução de finalidade e utilidade igualmente públicas, é passível de renúncia pelo titular, mediante ato formal motivado, desde que objetive resguardar o interesse público.

III. A Administração dispõe do prazo prescricional de cinco anos para anular os próprios atos, desde que deles não decorram efeitos favoráveis para os destinatários. Do contrário, deverá comprovar a má-fé do beneficiário e submeter-se aos prazos da lei civil.

IV. O desatendimento da intimação pelo processado implica o reconhecimento dos fatos alegados pela Administração, carreando ao processo administrativo os mesmos efeitos da revelia no processo civil.

V. É dever da Administração motivar os seus atos, especialmente quando interfiram negativa ou restritivamente nos direitos dos particulares, imponham ou agravem deveres, encargos ou sanções.

(A) Apenas as proposições II e III estão incorretas.

(B) apenas as proposições I e V estão corretas.

(C) Apenas as proposições I e IV estão corretas.

(D) Apenas as proposições I, II e V estão corretas.

(E) Apenas a proposição IV está incorreta.

I: correta (art. 2º, parágrafo único, VIII e IX, da Lei 9.784/1999); **II:** incorreta, pois a competência é irrenunciável (art. 11 da Lei 9.784/1999); **III:** incorreta, pois o prazo de 5 anos é justamente para os casos em que há efeitos favoráveis aos destinatários (art. 54 da Lei 9.784/1999); quando não há efeitos favoráveis aos destinatários (ou seja, não prejudica terceiros), não há prazo para anular, assim como não há prazo para anular quando se comprovar que o destinatário está de má-fé; **IV:** incorreta, pois não há esse efeito (art. 27 da Lei 9.784/1999); **V:** correta (art. 50, I e II, da Lei 9.784/1999).

Gabarito "B"

(Procurador do Estado/PR – UEL-COPS – 2011) De acordo com a Lei federal de Processo Administrativo:

I. o prazo para a anulação *ex officio* de um ato ilegal do qual decorram efeitos patrimoniais sucessivos a terceiro de boa-fé conta-se da realização do último pagamento.

II. a competência administrativa é prevista em lei, sendo que a avocação definitiva da competência é admitida quando realizada por órgão hierarquicamente superior e por motivos relevantes devidamente justificados.

III. a delegação é revogável a qualquer tempo e o ato administrativo realizado por órgão delegado considera-se realizado pelo delegante, exceto se realizado com excesso de poder.

São verdadeiras:

(A) I e II;

(B) I e III;

(C) II e III;

(D) nenhuma;

(E) todas.

I: incorreta, pois é contado a percepção do primeiro pagamento (art. 54, § 1º, da Lei 9.784/1999); **II:** incorreta, pois a avocação é sempre temporária e não definitiva (art. 15 da Lei 9.784/1999); **III:** incorreta, pois o ato administrativo realizado por delegação considera-se editado pelo delegado e não pelo delegante (art. 13, § 3º, da Lei 9.784/1999).

Gabarito "D"

(Procurador do Município/São José dos Campos-SP – 2012 – VUNESP) O controle administrativo é aquele em que o Executivo e os órgãos de administração dos demais Poderes exercem sobre suas próprias atividades, visando mantê-las dentro da lei, segundo as necessidades do serviço e as exigências técnicas e econômicas de sua realização. Sob esses aspectos, é correto afirmar que

(A) a Administração só deve anular seus próprios atos quando houver provocação de terceiros.

(B) a revogação, quando provocada por ato do Poder Legislativo, gera para o particular direito à indenização.

(C) o controle administrativo pode e deve operar para que a atividade pública em geral se realize com legitimidade e eficiência, atingindo sua finalidade plena, que é a satisfação das necessidades coletivas e atendimento dos direitos individuais dos administrados.

(D) a Administração só anula o ato ilegal e revoga ou altera o ato legal, quando inconveniente ou inoportuno, se houver apreciação judicial e após o trânsito em julgado da sentença.

(E) os meios de controle administrativos, de um modo geral, não se bipartem em fiscalização hierárquica e recursos administrativos.

A: incorreta, pois a Administração pode agir de ofício, diferentemente do Judiciário, que age mediante provocação; **B:** incorreta, pois a revogação por ordem do Poder Legislativo não costuma gerar indenização, tendo em vista que a lei tem justamente o papel de dizer o limite dos direitos das pessoas, limites esses que se modificam de acordo com o interesse público expressado na lei; quando uma lei nova não mais admite uma situação que antes admitia (ex: lei nova que não mais admite permissão de uso de bem público em praças de um Município), essa lei acaba por "revogar" as permissões antes existentes, configurando-se o instituto da *caducidade*; como a lei é genérica e abstrata, não há que se falar em direito de indenização no caso; **C:** correta, pois o controle administrativo verifica a legitimidade (incluindo a legalidade) e a eficiência também, tudo com vistas a satisfazer o interesse público e as demandas legítimas dos administrados; **D:** incorreta, pois a Administração, pelo princípio da autotutela, pode anular e revogar seus atos independentemente de prévia apreciação jurisdicional; **E:** incorreta, pois, internamente, o controle administrativo se dá pela fiscalização hierárquica (que atua de ofício) e pelos recursos administrativos.

Gabarito "C"

(Procurador do Município/Teresina-PI – 2010 – FCC) Processo administrativo.

I. São legitimados como interessados aqueles que, sem terem iniciado o processo, têm direitos ou interesses que possam ser afetados pela decisão ser adotada.

II. Inexistindo competência legal específica, o processo administrativo deverá ser iniciado perante a autoridade de maior grau hierárquico para decidir.

III. O recurso administrativo tramitará no máximo por duas instâncias administrativas, salvo disposição legal diversa.

IV. Um dos critérios a serem observados no processo administrativo é a proibição de cobrança de despesas processuais, ressalvadas as previstas em lei.

SOMENTE estão corretas as assertivas

(A) II e IV.

(B) I e II.

(C) I e III.

(D) I e IV.

(E) II e III.

I: correta (art. 9º, II, da Lei 9.784/1999); **II:** incorreta, pois será iniciado perante a autoridade de MENOR grau hierárquico para decidir (art. 17 da Lei 9.784/1999); **III:** incorreta, pois tramitará por no máximo três instâncias (art. 57 da Lei 9.784/1999); **IV:** correta (art. 2º, parágrafo único, XI, da Lei 9.784/1999).

Gabarito "D"

(Procurador Federal – 2010 – CESPE) Tendo em vista a disciplina legal que rege o processo administrativo brasileiro e o entendimento do STF acerca do tema, julgue os itens que se seguem.

(1) No processo administrativo, eventual recurso deve ser dirigido à própria autoridade que proferiu a decisão, podendo essa mesma autoridade exercer o juízo de retratação e reconsiderar a sua decisão.

(2) Os atos do processo administrativo dependem de forma determinada apenas quando a lei expressamente a exigir.

(3) Se um parecer obrigatório e vinculante deixar de ser emitido no prazo fixado, o processo pode ter prosseguimento e ser decidido com sua dispensa, sem prejuízo da responsabilidade de quem se omitiu no atendimento.

1: correta (art. 56, § 1º, da Lei 9.784/1999); **2:** incorreta, pois os atos administrativos *não* dependem de forma determinada, senão quando a lei expressamente a exigir (art. 22, *caput*, da Lei 9.784/1999); **3:** incorreta, pois, nesse caso, o processo *não* terá seguimento até a respectiva apresentação (art. 42, § 1º, da Lei 9.784/1999).

Gabarito 1C, 2E, 3E

(Cartório/MG – 2012 – FUMARC) A legislação que trata do processo administrativo estadual arrola os legitimados a interpor recurso, que são os seguintes, **EXCETO:**

(A) o ente estatal que restou vencido.

(B) o terceiro cujos direitos e interesses foram afetados pela decisão.

(C) o titular do direito atingido pela decisão, que for parte no processo.

(D) o cidadão, a organização e a associação, no que se refere a direitos e interesses coletivos e difusos.

Normalmente, as legislações sobre processo administrativo arrolam como legitimados a interpor recursos os mencionados nas alternativas "B", "C" e "D". *Vide*, por exemplo, o art. 58 da Lei Federal

9.784/1999. Quanto à alternativa "A", não tem lógica, pois o ente estatal é quem julga o processo administrativo, não fazendo sentido que o próprio ente público interessado recorra contra a sua própria decisão.

Gabarito "A"

(Cartório/RN – 2012 – IESIS) Sobre os atos da administração, assinale a proposição correta:

(A) São elementos do ato administrativo: competência do agente, objeto, forma, motivo e presunção de legitimidade.

(B) Os contratos de compra e venda e de locação são considerados atos privados da administração.

(C) Para caracterização do ato administrativo são necessários pelo menos três aspectos, a saber: (i) vontade do agente público ou de alguém dotado de prerrogativa deste; (ii) seu conteúdo deve produzir efeitos jurídicos com fins públicos ou privados; e (iii) sua categoria deve ser regida basicamente pelo direito público.

(D) Os agentes da administração são aqueles que, embora não integrem a estrutura funcional da Administração Pública, recebem a incumbência de exercê-lo. Por sua vez, os agentes delegatários são aqueles que integram os órgãos administrativos, bem como os que pertencem aos quadros da Administração Pública Indireta.

A: incorreta, pois a *presunção de legitimidade* é um atributo e não um requisito do ato administrativo; faltou mencionar o *objeto*, como requisito do ato administrativo; **B:** correta, conforme apontado pela doutrina; vale citar, ainda, o disposto no art. 62, § 3º, I, da Lei 8.666/1993; **C:** incorreta, pois (i) a vontade é do *Estado* ou de quem lhe faça às vezes, (ii) os fins do ato devem ser públicos e (iii) o regime aplicável é o de direito público; **D:** incorreta, pois houve inversão dos conceitos de *agentes da administração* e *agentes delegatários*.

Gabarito "B"

(Analista – TRT/8ª – 2010 – FCC) Em relação à Lei nº 9.784/1999 que regula o processo administrativo, considere:

I. Para os fins da referida lei, considera-se órgão a unidade de atuação integrante da estrutura da Administração direta e da estrutura da Administração indireta.

II. São deveres do administrado, perante a administração, sem prejuízo de outros previstos em ato normativo, não agir de modo temerário.

III. O Administrado deve fazer-se assistir, obrigatoriamente e em qualquer hipótese, por advogado, nos procedimentos nela previstos.

IV. Nos processos administrativos serão observados, entre outros, os critérios de indicação dos pressupostos de fato e de direito que determinarem a decisão.

V. Os atos administrativos deverão ser motivados, com indicação dos fatos e dos fundamentos jurídicos, salvo quando decidam imotivadamente processos administrativos de concurso ou seleção pública.

Está correto o que se afirma APENAS em

(A) I, II e IV.

(B) I e III.

(C) II, III e V.

(D) III e IV.

(E) III, IV e V.

I: correta (art. 1º, § 2º, I, da Lei 9.784/1999); **II:** correta (art. 4º, III, da Lei 9.784/1999); **III:** incorreta, pois a assistência de advogado é facultativa (art. 3º, IV, da Lei 9.784/1999); **IV:** correta (art. 2º, parágrafo único, VII, da Lei 9.784/1999); **V:** incorreta (art. 50, III, da Lei 9.784/1999).

Gabarito "A"

(Analista – TRT/9ª – 2010 – FCC) Dentre os critérios a serem observados nos processos administrativos, expressamente previstos na Lei nº 9.784/1999, NÃO se inclui a

(A) divulgação oficial dos atos administrativos, ressalvadas as hipóteses de sigilo previstas na Constituição.

(B) vedação ao impulso, de ofício, do processo administrativo.

(C) indicação dos pressupostos de fato e de direito que determinarem a decisão.

(D) proibição de cobrança de despesas processuais, ressalvadas as previstas em lei.

(E) observância das formalidades essenciais à garantia dos direitos dos administrados.

A: correta, pois está previsto na lei (art. 2º, parágrafo único, V, da Lei 9.784/1999); **B:** incorreta, devendo ser assinalada, pois está previsto o contrário no art. 2º, parágrafo único, XII, da Lei 9.784/1999, de modo que esta alternativa deve ser assinalada; **C:** correta, pois está previsto na lei (art. 2º, parágrafo único, VII, da Lei 9.784/1999); **D:** correta, pois está previsto na lei (art. 2º, parágrafo único, XI, da Lei 9.784/1999); **E:** correta, pois está previsto na lei (art. 2º, parágrafo único, VIII, da Lei 9.784/1999).

Gabarito "B"

(Analista – TRT/9ª – 2010 – FCC) Conforme expressamente previsto na Lei nº 9.784/1999, que estabelece normas sobre o processo administrativo, os seus preceitos aplicam-se

(A) apenas aos órgãos da Administração Pública Federal direta.

(B) à Administração Pública da União, dos Estados, do Distrito Federal e dos Municípios e aos órgãos dos Poderes Legislativo e Judiciário da União e dos Estados.

(C) apenas aos Poderes Executivo, Legislativo e Judiciário da União e dos Estados.

(D) aos órgãos do Poder Judiciário da União, quando no desempenho de função administrativa e jurisdicional.

(E) à Administração Pública Federal e aos órgãos dos Poderes Legislativo e Judiciário da União, quando no desempenho de função administrativa.

A: incorreta, pois também se aplica à Administração Indireta (art. 1º da Lei 9.784/1999); **B** e **C:** incorretas, pois a lei só aplica aos órgãos mencionados da esfera da União (art. 1º da Lei 9.784/1999); de qualquer forma, há entendimentos jurisprudenciais no sentido de que a lei também se aplicará a Estados e Municípios que não tiverem lei de processo administrativo; **D:** incorreta, pois não se aplica quanto aos atos de natureza jurisdicional, mas tão somente quanto aos atos de natureza administrativa (art. 1º, § 1º, da Lei 9.784/1999); **E:** correta (art. 1º, § 1º, da Lei 9.784/1999).

Gabarito "E"

(Analista – TRT/11ª – 2012 – FCC) A Administração Pública Federal, ao conduzir determinado processo administrativo, aplica retroativamente nova interpretação acerca de norma administrativa, sob o fundamento de ser mais vantajosa ao interesse público. Nos termos da Lei nº 9.784/1999,

(A) a postura da Administração Pública é ilegal, por violar um dos critérios que devem ser observados nos processos administrativos.

(B) é possível, em qualquer hipótese, a aplicação retroativa de nova interpretação de norma administrativa.

(C) é vedada a aplicação retroativa de nova interpretação da norma administrativa, salvo para o melhor atendimento do fim público a que se dirige.

(D) o fundamento da Administração Pública para justificar sua postura não está previsto em lei, sendo necessário o preenchimento de outro requisito legal para que possa aplicar retroativamente nova interpretação de norma administrativa.

(E) independentemente da retroatividade de nova interpretação, é vedada a interpretação da norma administrativa da forma que melhor garanta o atendimento do fim público.

A: correta, pois, de fato, viola o princípio da segurança jurídica, bem como o critério previsto no art. 2º, parágrafo único, XIII, da Lei 9.784/1999; **B:** incorreta, pois "é vedada a aplicação retroativa de nova interpretação" (art. 2º, parágrafo único, XIII, da Lei 9.784/1999); **C** e **D:** incorretas, pois mesmo na situação mencionada é vedada nova interpretação retroativa por conta da vedação expressa no art. 2º, parágrafo único, XIII, da Lei 9.784/1999; **E:** incorreta, pois é dever da administração interpretar a "norma administrativa da forma que melhor garanta o atendimento do fim público a que se dirige" (art. 2º, parágrafo único, XIII, da Lei 9.784/1999).

Gabarito "A"

(Analista – TRT/12ª – 2010 – FCC) De acordo com a Lei nº 9.784/1999, nos processos administrativos serão observados, dentre outros, os critérios de

(A) proibição de cobrança de despesas processuais, ressalvadas as previstas em lei.

(B) atendimento a fins de interesse geral, vedada, em qualquer hipótese, a renúncia total ou parcial de poderes ou competências.

(C) proibição de impulsão de ofício do processo administrativo.

(D) aplicação retroativa de nova interpretação.

(E) desnecessidade de indicação dos pressupostos fáticos que determinarem a decisão, bastando a indicação dos pressupostos de direito.

A: correta (art. 2º, parágrafo único, XI, da Lei 9.784/1999); **B:** incorreta (art. 2º, parágrafo único, II, da Lei 9.784/1999); **C:** incorreta (art. 2º, parágrafo único, XII, da Lei 9.784/1999); **D:** incorreta (art. 2º, parágrafo único, XIII, da Lei 9.784/1999); **E:** incorreta (art. 2º, parágrafo único, VII, da Lei 9.784/1999).

Gabarito "A"

(Analista – TRT/20ª – 2011 – FCC) Considere:

I. Cobrança de despesas processuais.

II. Divulgação oficial dos atos administrativos.

III. Fazer-se assistir obrigatoriamente por advogado.

No processo administrativo no âmbito da Administração Pública Federal (Lei nº 9.784/1999), vigora como regra, o que consta APENAS em

(A) I.

(B) II.

(C) III.

(D) I e II.

(E) II e III.

I: incorreta, pois não cabe cobrança de despesas processuais (art. 2º, parágrafo único, XI, da Lei 9.784/1999), ressalvados os casos previstos em lei; **II:** correta (2º, parágrafo único, V, da Lei 9.784/1999); **III:** incorreta, pois não há essa obrigatoriedade (art. 3º, IV, da Lei 9.784/1999), ressalvados os casos previstos em lei.

Gabarito "B"

(Analista – TRT/22ª – 2010 – FCC) Nos termos da Lei nº 9.784/1999, que regula o processo administrativo no âmbito da Administração Pública Federal, é INCORRETO que

(A) para os fins desta Lei, consideram-se entidade a unidade de atuação dotada de personalidade jurídica e autoridade o servidor ou agente público dotado de poder de decisão.

(B) nos processos administrativos será observado, em qualquer caso e de forma absoluta, entre outros, o critério de proibição de cobrança de despesas processuais.

(C) a Administração Pública obedecerá, dentre outros, aos princípios da legalidade, finalidade, motivação, razoabilidade, proporcionalidade, moralidade, ampla defesa, contraditório, segurança jurídica, interesse público e eficiência.

(D) dentre os direitos do administrado perante a Administração Pública, está o de ter ciência da tramitação dos processos administrativos em que tenha a condição de interessado, ter vista dos autos, obter cópias de documentos neles contidos e conhecer as decisões proferidas.

(E) os preceitos desta Lei também se aplicam aos órgãos dos Poderes Legislativo e Judiciário da União, quando no desempenho de função administrativa.

A: correta (art. 1º, § 2º, II e III, da Lei 9.784/1999); **B:** incorreta, devendo ser assinalada, pois é possível a cobrança se houver lei nesse sentido (art. 2º, parágrafo único, XI, da Lei 9.784/1999); **C:** correta (art. 2º, *caput*, da Lei 9.784/1999); **D:** correta (art. 3º, II, da Lei 9.784/1999); **E:** correta (art. 1º, § 1º, da Lei 9.784/1999).

Gabarito "B"

(Analista – TRT/24ª – 2011 – FCC) De acordo com Lei n. 9.784/1999, no processo administrativo será observado, dentre outros, o critério de

(A) garantia dos direitos à comunicação, à apresentação de alegações finais, à produção de provas e à interposição de recursos, nos processos de que possam resultar sanções e nas situações de litígio.

(B) impulsão do processo administrativo mediante atuação dos interessados, vedada a impulsão, de ofício, pela Administração Pública.

(C) cobrança de despesas processuais, não havendo tal cobrança apenas em hipóteses excepcionais previstas em lei.

(D) interpretação da norma administrativa da forma que melhor garanta o atendimento do fim público a que se dirige, permitida a aplicação retroativa de nova interpretação.

(E) atendimento a fins de interesse geral, permitida, em regra, a renúncia total ou parcial de poderes ou competências.

A: correta (art. 2º, parágrafo único, X, da Lei 9.784/1999); **B:** incorreta, pois a impulsão de ofício é dever da Administração (art. 2º, parágrafo único, XII, da Lei 9.784/1999); **C:** incorreta, pois é o contrário, ou seja, não cabe cobrança de despesas processuais, salvo os casos previstos em lei (art. 2º, parágrafo único, XI, da Lei 9.784/1999); **D:** incorreta, pois é vedada a interpretação retroativa (art. 2º, parágrafo único, XIII, da Lei 9.784/1999); **E:** incorreta, pois é vedada a renúncia total ou parcial de poderes ou competências (art. 2º, parágrafo único, II, da Lei 9.784/1999).

Gabarito "A"

(Analista – MPU – 2010 – CESPE) Tendo em vista as disposições gerais da lei que regula o processo administrativo no âmbito da administração pública federal (Lei nº 9.784/1999), julgue os itens a seguir.

(1) O processo administrativo pauta-se por uma série de princípios que devem ser observados pelas autoridades, entre os quais se inclui o impulso de ofício, que lhes permite adotar as medidas necessárias à adequada instrução do processo.

(2) A referida lei estabelece normas básicas sobre o processo administrativo no âmbito da administração pública direta e indireta, e seus preceitos também se aplicam aos órgãos dos Poderes Legislativo e Judiciário, quando no desempenho de função administrativa.

1: correta (art. 2º, parágrafo único, XII, da Lei 9.784/1999); **2:** correta (art. 1º, § 1º, da Lei 9.784/1999).

Gabarito 1C, 2C

(Analista – TRT/14ª – 2011 – FCC) Nos termos da Lei n. 9.784/99, que regula o Processo Administrativo no âmbito da Administração Pública Federal, é correto afirmar:

(A) É possível a impulsão, de ofício, do processo pela Administração e, assim ocorrendo, dar-se-á com prejuízo da atuação de interessados, por prevalecer o interesse público.

(B) Autoridades e servidores deverão facilitar o exercício dos direitos dos administrados.

(C) Não é dever do administrado prestar informações solicitadas pela Administração, pois caracterizaria afronta a princípios constitucionais, como a liberdade e a democracia.

(D) É possível, como regra, a renúncia de competências.

(E) Considera-se entidade a unidade de atuação sem personalidade jurídica.

A: incorreta, pois a impulsão de ofício não prejudica a atuação dos interessados (art. 2º, parágrafo único, XII, da Lei 9.784/1999); **B:** correta (art. 3º, I, da Lei 9.784/1999); **C:** incorreta, pois é dever do administrado sim (art. 4º, IV, da Lei 9.784/1999); **D:** incorreta, pois a competência é irrenunciável (art. 11 da Lei 9.784/1999); **E:** incorreta, pois entidade é a unidade de atuação dotada de personalidade jurídica.

Gabarito "B"

(Analista – TRT/21ª – 2010 – CESPE) De acordo com o que estabelece a lei que regulamenta o processo administrativo no âmbito da administração pública federal, julgue o próximo item.

(1) O administrado tem o direito de ter ciência da tramitação dos processos administrativos nos quais figure na condição de interessado, bem como o direito de ter vista dos autos e o de obter cópias de documentos neles contidos, mediante autorização prévia da autoridade hierarquicamente superior.

1: incorreta, pois não é necessário autorização prévia de autoridade hierarquicamente superior (art. 3º, II, da Lei 9.784/1999).

Gabarito 1E

(Analista – TRE/AL – 2010 – FCC) Maurício apresentou, no órgão competente do Tribunal Regional Eleitoral, um requerimento para início de um processo administrativo. Ricardo, analista judiciário, encarregado de examinar o expediente, deve saber que

(A) a Administração poderá, imotivadamente, recusar o recebimento de documentos, tendo em vista o atributo da supremacia do Estado e seu poder discricionário.

(B) é vedada à Administração recusar imotivadamente o recebimento de documentos, no entanto, esta não tem obrigação de comunicar o interessado para suprir eventuais falhas.

(C) a Administração poderá recusar, ainda que imotivadamente o recebimento de documentos, sem comunicar o interessado para o suprimento de eventuais falhas.

(D) a Administração poderá recusar imotivadamente o recebimento de documentos, mas tem a obrigação de orientar o interessado quanto ao suprimento de eventuais falhas.

(E) é vedada à Administração a recusa imotivada de recebimento de documentos, devendo o servidor orientar o interessado quanto ao suprimento de eventuais falhas.

Art. 6º, parágrafo único, da Lei 9.784/1999.

Gabarito "E"

(Analista – STM – 2011 – CESPE) Julgue o seguinte item.

(1) No âmbito do processo administrativo, um órgão e seu titular podem, se não houver impedimento legal, delegar parte da sua competência a outros órgãos ou titulares, devendo, tanto o ato de delegação quanto sua eventual revogação, ser objeto de publicação em meio oficial.

1: correta (arts. 12, *caput*, e 14, *caput*, da Lei 9.784/1999).

Gabarito 1C

(Analista – TRT/4ª – 2006 – FCC) Nos termos do disposto na Lei nº 9.784/99, observe as seguintes assertivas:

I. Não podem ser objeto de delegação, dentre outros, a edição de atos de caráter normativo.

II. O ato de delegação é revogável a qualquer tempo pela autoridade delegante.

III. O ato de delegação não poderá conter ressalva de exercício da atribuição delegada.

IV. As decisões adotadas por delegação considerar-se-ão editadas pela autoridade delegante.

É correto APENAS o que consta em

(A) I e II.

(B) I e IV.

(C) III e IV.

(D) I, II e III.

(E) II, III e IV.

I: correto (art. 13, I, da Lei 9.784/1999); **II:** correto (art. 14, § 2º, da Lei 9.784/1999); **III:** incorreto (art. 14, § 1º, da Lei 9.784/1999); **IV:** incorreto (art. 14, § 3º, da Lei 9.784/1999).

Gabarito "A"

(Analista – TRT/8ª – 2010 – FCC) De acordo com a Lei nº 9.784/1999, pode ser objeto de delegação de competência, dentre outros,

(A) a edição de atos de caráter normativo.

(B) a decisão de recursos administrativos.

(C) as matérias de competência exclusiva do órgão.

(D) a prática de atos de caráter instrutório.

(E) as matérias de competência exclusiva da autoridade.

Art. 13 da Lei 9.784/1999.

Gabarito "D"

(Analista – TRT/8ª – 2010 – FCC) Quanto à competência no Processo Administrativo, de acordo com a Lei nº 9.784/1999, é INCORRETO que

(A) o ato de delegação é revogável a qualquer tempo pela autoridade delegante.

(B) a competência é irrenunciável e se exerce pelos órgãos administrativos a que foi atribuída como própria, salvo os casos de delegação e avocação legalmente admitidos.

(C) não será permitida, em qualquer caso, a avocação de competência atribuída a órgão hierarquicamente inferior, salvo por delegação desta, nas matérias exclusivamente normativas.

(D) o ato de delegação e sua revogação deverão ser publicados no meio oficial.

(E) não podem ser objeto de delegação, além de outros, a edição de atos de caráter normativo.

A: assertiva correta (art. 14, § 2º, da Lei 9.784/1999); **B:** assertiva correta (art. 11 da Lei 9.784/1999); **C:** assertiva incorreta, devendo ser assinalada, pois a avocação é possível, cumpridos os requisitos do art. 15 da Lei 9.784/1999; **D:** assertiva correta (art. 14, *caput*, da Lei 9.784/1999); **E:** assertiva correta (art. 13, I, da Lei 9.784/1999).

Gabarito "C"

(Analista – TRT/14ª – 2011 – FCC) No que diz respeito à delegação de competência no processo administrativo próprio da Administração Pública Federal, é certo que

(A) as decisões adotadas por delegação devem mencionar explicitamente esta qualidade e considerar-se-ão editadas pelo delegado.

(B) inexistindo competência legal específica, o processo administrativo deve iniciar-se perante a autoridade de maior grau hierárquico para decidir.

(C) será permitida, em qualquer hipótese, a avocação temporária de competência atribuída a órgão hierarquicamente inferior.

(D) poderá ser objeto de delegação, entre outras, a edição de atos de caráter normativo ou matérias de competência privativa do órgão administrativo.

(E) o ato de delegação não pode ser anulado ou revogado pela Administração, sendo necessária a providência cabível ao Poder Judiciário.

A: correta (art. 14, § 3º, da Lei 9.784/1999); **B:** incorreta, pois, nesse caso, deve iniciar-se perante a autoridade de *menor* grau hierárquico para decidir (art. 17 da Lei 9.784/1999); **C:** incorreta, pois a avocação não é permitida em qualquer hipótese, mas apenas em situações excepcionais (art. 15 da Lei 9.784/1999); **D:** incorreta, pois não pode ser objeto de delegação a edição de atos de caráter normativo (art. 13, I, da Lei 9.784/1999); vale salientar que também não cabe delegação quanto a matérias de competência *exclusiva* do órgão ou entidade (art. 13, III, da Lei 9.784/1999); **E:** incorreto, pois o ato de delegação pode ser revogado a qualquer tempo pela Administração (art. 14, § 2º, da Lei 9.784/1999), valendo salientar que tal ato também pode ser anulado pela Administração, quando for ilegal, em razão do princípio da autotutela.

Gabarito "A"

(Analista – TRE/AM – 2010 – FCC) São critérios para a distribuição da competência, como requisito ou elemento do ato administrativo, dentre outros:

(A) grau hierárquico e conteúdo.

(B) delegação e avocação.

(C) conteúdo e objeto.

(D) matéria, forma e sujeito.

(E) tempo, território e matéria.

O tempo é um elemento, pois o ato de delegação de competência deve indicar a duração dessa delegação (art. 14, § 1º, da Lei 9.784/1999). O território também é um elemento, pois a delegação de competência deve indicar os limites de atuação do delegado, inclusive os limites territoriais (art. 14, § 1º, da Lei 9.784/1999). A matéria também é um elemento, pois a delegação de competência deve indicar as matérias e poderes transferidos (art. 14, § 1º, da Lei 9.784/1999).

Gabarito "E"

(Analista – TRE/AP – 2011 – FCC) Com relação ao Processo Administrativo, considere as seguintes assertivas a respeito da competência:

I. Inexistindo competência legal específica, o processo administrativo deverá ser iniciado obrigatoriamente perante a Corregedoria-Geral do órgão a que o servidor está diretamente subordinado.

II. Não podem ser objeto de delegação a edição de atos de caráter normativo e a decisão de recursos administrativos.

III. Será permitida, em caráter excepcional e por motivos relevantes devidamente justificados, a avocação temporária de competência atribuída a órgão hierarquicamente inferior.

IV. A delegação de competência é irrevogável, tendo em vista que o órgão delegado assumirá todas as obrigações pertinentes.

De acordo com a Lei nº 9.784/1999 está correto o que se afirma SOMENTE em

(A) II e III.

(B) I, II e III.

(C) II, III e IV.

(D) II e IV.

(E) I e IV.

I: incorreta, pois o processo deverá ser iniciado junto à autoridade de menor grau hierárquico para decidir (art. 17 da Lei 9.784/1999); **II:** correta (art. 13, I e II, da Lei 9.784/1999); **III:** correta (art. 15 da Lei 9.784/1999); **IV:** incorreta, pois a delegação de competência é revogável a qualquer tempo (art. 14, § 2º, da Lei 9.784/1999).

Gabarito "A"

(Analista – TRE/TO – 2011 – FCC) Quanto a competência prevista na Lei nº 9.784/99, que estabelece o processo administrativo no âmbito da Administração Pública Federal, é INCORRETO afirmar que

(A) inexistindo competência legal específica, o processo administrativo deverá ser iniciado perante a autoridade de menor grau hierárquico para decidir.

(B) o ato de delegação é revogável a qualquer tempo pela autoridade delegante.

(C) o ato de delegação e sua revogação deverão ser publicados no meio oficial.

(D) as decisões adotadas por delegação devem mencionar explicitamente esta qualidade e considerar-se-ão editadas pelo delegado.

(E) a competência é renunciável e se exerce pelos órgãos administrativos a que foi atribuída como própria, salvo os casos de delegação e avocação legalmente admitidos.

A: assertiva correta (art. 17 da Lei 9.784/1999); **B:** assertiva correta (art. 14, § 2º, da Lei 9.784/1999); **C:** assertiva correta (art. 14, *caput*, da Lei 9.784/1999); **D:** assertiva correta (art. 14, § 3º, da Lei 9.784/1999); **E:** assertiva incorreta (devendo ser assinalada), pois a competência é irrenunciável (art. 11 da Lei 9.784/1999).

Gabarito "E"

(Analista – TRF/1ª – 2011 – FCC) No processo administrativo, previsto na Lei nº 9.784/1999,

(A) não pode ser objeto de delegação a decisão de recursos administrativos.

(B) o ato de delegação não pode conter ressalva de exercício da atribuição delegada.

(C) o ato de delegação e sua revogação não necessitam ser publicadas no meio oficial.

(D) o ato de delegação não poderá ser revogado a qualquer tempo, tendo em vista a ocorrência do instituto da preclusão.

(E) a avocação temporária de competência atribuída a órgão hierarquicamente inferior é admitida como regra, entretanto, deve ser devidamente justificada.

A: correta (art.13, II, da Lei 9.784/1999); **B:** incorreta, pois essa ressalva é indispensável (art. 14, § 3º, da Lei 9.784/1999); **C:** incorreta, pois precisam ser publicados no meio oficial (art. 14, *caput*, da Lei 9.784/1999); **D:** incorreta, pois pode ser revogado a qualquer tempo (art. 14, § 2º, da Lei 9.784/1999); **E:** incorreta, pois a avocação é medida excepcional (art. 15 da Lei 9.784/1999).

Gabarito "A"

(Analista – TRF/4ª – 2010 – FCC) Quanto ao Processo Administrativo (Lei nº 9.784/1999), é correto afirmar:

(A) São legitimados, além de outros, como interessados no processo administrativo, as pessoas e as associações legalmente constituídas quanto a direitos ou interesses difusos.

(B) Da decisão que indeferir a alegação de suspeição da autoridade administrativa processante não caberá recurso, ainda que se funde nas mesmas razões reservadas ao impedimento.

(C) Não pode ser objeto de delegação, além de outros, a decisão de recursos administrativos, salvo as matérias de competência exclusiva do órgão ou autoridade.

(D) Inexistindo competência legal específica, o processo administrativo deverá ser iniciado perante a autoridade de maior grau hierárquico para decidir.

(E) O desatendimento da intimação para o processo importa o reconhecimento da verdade dos fatos, bem como a renúncia a direito pelo administrado.

A: correta (art. 9º, IV, da Lei 9.784/1999); **B:** incorreta, pois cabe recurso (art. 21 da Lei 9.784/1999); **C:** incorreta, pois as matérias de competência exclusiva do órgão ou entidade não podem ser delegadas (art. 13, III, da Lei 9.784/1999); **D:** incorreta, pois deve ser iniciado perante a autoridade de *menor* grau hierárquico para decidir (art. 17 da Lei 9.784/1999); **E:** incorreta, pois o desatendimento da intimação não importa nas consequências mencionadas (art. 27 da Lei 9.784/1999).

Gabarito "A"

(Analista – TRE/AL – 2010 – FCC) Ana Lúcia, servidora pública federal, atuando em processo administrativo, incorreu em impedimento. Nesse caso, quanto ao processo administrativo em curso, Ana Lúcia

(A) deve comunicar o fato à autoridade competente para que seja substituído, mas deve abster-se de atuar, pelos menos durante dez dias, sendo que a omissão não implica em falta grave.

(B) deve providenciar sua substituição dentro do prazo de dez dias, mas poderá manter a atuação tendo em vista o princípio da continuidade do serviço público.

(C) poderá solicitar sua substituição, sendo que a omissão não constitui qualquer falta disciplinar, visto que pode continuar atuando, ainda que com ressalvas, por força do princípio da continuidade do serviço público.

(D) não precisará comunicar o fato à autoridade competente, porém deverá abster-se de atuar, sendo que a omissão da comunicação não implica em falta disciplinar.

(E) deve comunicar o fato à autoridade competente, abstendo-se de atuar, sendo que a omissão deve constituir falta grave, para efeitos disciplinares.

Art. 19 da Lei 9.784/1999.

Gabarito "E"

(Analista – TRE/AP – 2011 – FCC) No processo administrativo disciplinado pela Lei nº 9.784/99 pode ser arguida a suspeição de autoridade ou servidor que

(A) tenha interesse direto na matéria.

(B) tenha participado ou venha a participar como perito, testemunha ou representante.

(C) esteja litigando judicial ou administrativamente com o interessado.

(D) esteja litigando judicial ou administrativamente com cônjuge ou companheiro do interessado.

(E) tenha amizade íntima com parente de terceiro grau de algum dos interessados.

A: incorreta, pois esse caso é de impedimento (art. 18, I, da Lei 9.784/1999), e não de suspeição; **B:** incorreta, pois esse caso é de impedimento (art. 18, II, da Lei 9.784/1999), e não de suspeição; **C:** incorreta, pois esse caso é de impedimento (art. 18, III, da Lei 9.784/1999), e não de suspeição; **D:** incorreta, pois esse caso é de impedimento (art. 18, III, da Lei 9.784/1999), e não de suspeição; **E:** correta, pois esse caso é de suspeição (art. 20 da Lei 9.784/1999).

Gabarito "E"

(Analista – TRE/AP – 2011 – FCC) Inexistindo disposição específica, em regra, os atos do órgão ou autoridade responsável pelo processo e dos administrados que dele participem devem ser praticados no prazo de

(A) cinco dias, improrrogáveis.

(B) dez dias prorrogado por mais dez, mediante comprovada justificação.

(C) vinte dias, improrrogáveis.

(D) cinco dias prorrogado pelo dobro, mediante comprovada justificação.

(E) quarenta e oito horas, improrrogáveis.

Art. 24 da Lei 9.784/1999.

Gabarito "D"

(Analista – TRF/4ª – 2010 – FCC) De acordo com a Lei, os atos do processo administrativo não dependem de forma determinada senão quando a lei expressamente assim exigir.

Analise:

I. Os atos do processo devem ser produzidos por escrito, em vernáculo, com a data e o local de sua realização e a assinatura da autoridade responsável.

II. Salvo imposição legal, o reconhecimento de firma somente será exigido quando houver dúvida de autenticidade.

III. A autenticação de documentos exigidos em cópia não poderá ser feita pelo órgão administrativo.

IV. O processo não necessita ter suas páginas numeradas sequencialmente ou rubricadas.

V. Serão concluídos depois do horário normal os atos já iniciados, cujo adiamento prejudique o curso regular do procedimento ou cause dano ao interessado ou à Administração.

É correto o que consta APENAS em

(A) I, III e V.

(B) II e III.

(C) I, II e V.

(D) I e IV.

(E) III e IV.

I: correta (art. 22, § 1º, da Lei 9.784/1999); **II:** correta (art. 22, § 2º, da Lei 9.784/1999); **III:** incorreta, pois pode ser feita pelo órgão administrativo (art. 22, § 3º, da Lei 9.784/1999); **IV:** incorreta, pois tais providências são necessárias (art. 22, § 4º, da Lei 9.784/1999); **V:** correta (art. 23, parágrafo único, da Lei 9.784/1999).

Gabarito "C"

(Analista – TRE/AL – 2010 – FCC) O órgão administrativo competente do Tribunal Regional Eleitoral, perante o qual tramita um processo administrativo, determinou a intimação de Cláudio Silva, interessado, com domicílio definido e responsável legal pela empresa "Dados Ltda.", para que tenha ciência da efetivação de diligências. Nesse caso, dentre outros, NÃO é requisito da intimação:

(A) a indicação dos fatos e fundamentos legais pertinentes.

(B) que o intimado deve comparecer, pessoalmente ou fazer-se representar.

(C) a informação da continuidade do processo independentemente do seu comparecimento.

(D) o fato de que ocorrerá a intimação por edital se ele não comparecer.

(E) a observância da antecedência mínima de três dias úteis quanto à data de comparecimento.

Art. 26 da Lei 9.784/1999.

Gabarito "D"

(Analista – TRF/1ª – 2011 – FCC) No que concerne à comunicação dos atos, prevista na Lei nº 9.784/1999, é correto afirmar que

(A) os atos do processo que resultem para o interessado em imposição de deveres, ônus, sanções ou outras restrições devem ser objeto de intimação, o mesmo não ocorrendo para os atos de outra natureza, ainda que de interesse do administrado.

(B) a intimação pode ser efetuada por ciência no processo, por via postal com aviso de recebimento, ou ainda, por telegrama, não sendo cabível por outro meio, ainda que assegure a certeza da ciência do interessado.

(C) no caso de interessados indeterminados, desconhecidos ou com domicílio indefinido, a intimação deve ser efetuada por meio de publicação oficial.

(D) as intimações serão nulas quando feitas sem observância das prescrições legais, e o comparecimento do administrado não supre sua falta ou irregularidade.

(E) a intimação observará a antecedência mínima de cinco dias úteis quanto à data de comparecimento.

A: incorreta, pois deve ser objeto de intimação do interessado a ciência de qualquer decisão ou a efetivação de diligências (art. 26 da Lei 9.784/1999), bem como os atos de outra natureza, de interesse do primeiro (art. 28 da Lei 9.784/1999); **B:** incorreta, pois a intimação também cabe por outros meios que assegurem a certeza da ciência do interessado (art. 26, § 3º, da Lei 9.784/1999); **C:** correta (art. 26, § 4º, da Lei 9.784/1999); **D:** incorreta, pois o comparecimento do administrado supre a falta ou a irregularidade da intimação (art. 26, § 5º, da Lei 9.784/1999); **E:** incorreta, pois observará a antecedência mínima de 3 dias úteis (art. 26, § 2º, da Lei 9.784/1999).

Gabarito "C"

(Analista – TRT/8ª – 2010 – FCC) De acordo com a Lei nº 9.784/1999, os atos administrativos deverão ser motivados, com indicação dos fatos e dos fundamentos jurídicos, salvo quando, dentre outras hipóteses,

(A) imponham ou agravem deveres, encargos ou sanções.

(B) aplicarem jurisprudência firmada sobre a questão ou não discreparem de pareceres, laudos, propostas e relatórios oficiais.

(C) dispensem ou declarem a inexigibilidade de processo licitatório.

(D) importem anulação, revogação, suspensão ou convalidação de ato administrativo.

(E) neguem, limitem ou afetem direitos ou interesses.

A: incorreta – art. 50, II, da Lei 9.784/1999; **B:** correta – art. 50, VII, da Lei 9.784/1999, aplicando-o *a contrario sensu*; **C:** incorreta – art. 50, IV, da Lei 9.784/1999; **D:** incorreta – art. 50, VIII, da Lei 9.784/1999; **E:** incorreta – art. 50, I, da Lei 9.784/1999.

Gabarito "B"

(Analista – TRT/14ª – 2011 – FCC) As atividades de instrução destinadas a averiguar e comprovar os dados necessários a tomada de decisão devem atender a certos requisitos. E, no que se refere à consulta e audiência pública, é correto afirmar que,

(A) a consulta pública é cabível em todas as matérias do processo, ainda que envolvam assuntos de matéria individual, salvo os de natureza difusa em razão das peculiaridades da consulta e da audiência pública.

(B) os órgãos e entidades administrativas, em matéria relevante, poderão estabelecer outros meios de participação de administrados, diretamente ou por meio de associações legalmente reconhecidas.

(C) é vedada aos órgãos e entidades administrativas, em qualquer hipótese, o estabelecimento de outros meios de participação de administrados.

(D) os resultados da audiência pública devem ser apresentados com a indicação do procedimento adotado, condição desnecessária quando tratar-se de consulta pública.

(E) tendo em vista a natureza informal da consulta pública, são admitidas no processo administrativo quaisquer espécies de provas, inclusive as obtidas por meio ilícitos.

A: incorreta, pois a consulta pública poderá ser aberta em caso de matéria que envolva assunto de interesse geral, e não em caso de assunto de interesse individual (art. 31, *caput*, da Lei 9.784/1999); **B:** correta (art. 33 da Lei 9.784/1999); **C:** incorreta, pois, como se viu, o art. 33 da Lei 9.784/1999 admite, em matéria relevante, o estabelecimento de meios de participação de administrados; **D:** incorreta, pois tanto o resultado da audiência pública, como o de outros meios de participação de administrados (como a consulta pública) deverão ser apresentados com a indicação do procedimento adotado (art. 34 da Lei 9.784/1999); **E:** incorreta, pois são inadmissíveis no processo as provas obtidas por meios ilícitos (art. 30 da Lei 9.784/1999).

Gabarito "B"

(Analista – TRE/RS – 2010 – FCC) Quanto à extinção do processo administrativo previsto na Lei nº 9.784/1999, considere as seguintes afirmações:

I. O interessado poderá desistir total ou parcialmente do pedido formulado mediante manifestação escrita, mas não pode renunciar a nenhum direito.

II. Havendo vários interessados, a desistência atinge somente quem a tenha formulado.

III. A desistência do interessado, conforme o caso, não prejudica o prosseguimento do processo, se a Administração considerar que o interesse público assim o exige.

IV. O órgão competente para movimentar o processo administrativo não poderá declarar extinto o processo mesmo quando exaurida sua finalidade.

V. O órgão competente para movimentar o processo administrativo poderá declarar extinto o processo quando o objeto da decisão se tornar impossível, inútil ou prejudicado por fato superveniente.

Está correto o que consta SOMENTE em

(A) II, III e V.

(B) I e III.

(C) I, IV e V.

(D) III e IV.

(E) IV e V.

Arts. 51 e 52 da Lei 9.784/1999.

Gabarito "A"

(Analista – TRF/4ª – 2010 – FCC) Conforme art. 49 da Lei, concluída a instrução do processo administrativo, a Administração tem, para decidir, salvo prorrogação por igual período expressamente motivada, o prazo de até

(A) 30 dias.

(B) 45 dias.

(C) 60 dias.

(D) 90 dias.

(E) 180 dias.

Art. 49 da Lei 9.784/1999.

Gabarito "A"

(Analista – TRE/AP – 2011 – FCC) De acordo com a Lei nº 9.784/1999, o recurso administrativo

(A) deverá ser interposto no prazo de quinze dias, contado a partir da ciência ou divulgação oficial da decisão recorrida, salvo disposição legal específica.

(B) será dirigido à autoridade que proferiu a decisão, a qual, se não a reconsiderar no prazo de quarenta e oito horas, o encaminhará à autoridade superior.

(C) tramitará no máximo por duas instâncias administrativas, salvo disposição legal diversa.

(D) deverá ser decidido no prazo máximo de noventa dias, a partir do recebimento dos autos pelo órgão competente, quando a lei não fixar prazo diferente.

(E) poderá ser interposto, dentre outros, por organizações e associações representativas, no tocante a direitos e interesses coletivos e por cidadãos ou associações, quanto a direitos ou interesses difusos.

A: incorreta, pois o prazo para o recurso é de 10 dias (art. 59, *caput*, da Lei 9.784/1999); **B:** incorreta, pois a autoridade tem 5 dias para reconsiderar a decisão (art. 56, § 1º, da Lei 9.784/1999); **C:** incorreta, pois tramitará por no máximo 3 instâncias (art. 57 da Lei 9.784/1999); **D:** incorreta, pois deverá ser decidido no prazo máximo de 30 dias (art. 59, § 1º, da Lei 9.784/1999); **E:** correta (art. 58, III e IV, da Lei 9.784/1999).

Gabarito "E"

(Analista – TRF/4ª – 2010 – FCC) Na sistemática do Processo Administrativo previsto na Lei nº 9.784/1999,

(A) os prazos do processo e do recurso começam a correr a partir da data da cientificação oficial, incluindo-se na contagem o dia do começo e excluindo-se o do vencimento.

(B) o não conhecimento do recurso impede a Administração de rever de ofício o ato ilegal, ainda que não ocorrida preclusão administrativa.

(C) quando a lei não fixar prazo diferente, o recurso administrativo deverá ser decidido no prazo máximo de quinze dias, a partir da sua interposição nos autos pelo interessado.

(D) salvo disposição legal específica, é de dez dias o prazo para interposição de recurso administrativo, contado a partir da ciência ou divulgação oficial da decisão recorrida.

(E) salvo disposição legal em contrário, o recurso não tem efeito devolutivo, embora sempre suspenda a decisão atacada até o seu julgamento final.

A: incorreta, pois, exclui o dia do começo e inclui-se o dia do vencimento (art. 66 da Lei 9.784/1999); **B:** incorreta, pois a administração pode rever o ato nesse caso (art. 63, § 2º, da Lei 9.784/1999); **C:** incorreta, pois o prazo para a decisão do recurso é de 30 dias, contados do recebimento dos autos pelo órgão competente (art. 59, § 1º, da Lei 9.784/1999); **D:** correta (art. 59, *caput*, da Lei 9.784/1999); **E:** incorreta, pois, como regra, o recurso tem apenas efeito devolutivo, não tendo efeito suspensivo (art. 61 da Lei 9.784/1999).

Gabarito "D"

(Analista – TRF/4ª – 2010 – FCC) Em tema de recurso no processo administrativo previsto na Lei nº 9.784/1999, é INCORRETO afirmar:

(A) O recurso será dirigido à autoridade que proferiu a decisão, a qual, se não a reconsiderar no prazo de cinco dias, o encaminhará à autoridade superior.

(B) O recurso administrativo tramitará no máximo por três instâncias administrativas, salvo disposição legal diversa.

(C) O não conhecimento do recurso impede a Administração de rever de ofício o ato ilegal, ainda que ocorrida preclusão administrativa.

(D) O recurso administrativo, quando a lei não fixar prazo diferente, deverá ser decidido no prazo máximo de trinta dias, a partir do recebimento dos autos pelo órgão competente.

(E) O órgão competente, interposto o recurso, para dele conhecer deverá intimar os demais interessados a fim de que, no prazo de cinco dias úteis, apresentem alegações.

A: correta (art. 56, § 1º, da Lei 9.784/1999); **B:** correta (art. 57 da Lei 9.784/1999); **C:** incorreta, devendo ser assinalada, pois a administração pode, sim, rever de ofício o ato ilegal se ainda não houver preclusão administrativa (art. 63, § 2º, da Lei 9.784/1999); **D:** correta (art. 59, § 1º, da Lei 9.784/1999); **E:** correta (art. 62 da Lei 9.784/1999).

Gabarito "C"

(Analista – TRE/MT – 2010 – CESPE) Considerando a Lei nº 9.784/1999, que regulamenta o processo administrativo, assinale a opção correta.

(A) Segundo previsão legal expressa, as normas básicas ali consignadas quanto ao processo administrativo aplicam-se no âmbito da União, dos estados e dos municípios, nas esferas dos distintos poderes.

(B) Enquanto o ato de delegação é revogável a qualquer tempo pela autoridade delegante, a avocação da competência é permitida mediante justificativa e de modo excepcional.

(C) Nem mesmo o comparecimento do administrado supre a falta ou irregularidade na intimação realizada para a prática de determinado ato, em razão da ofensa ao princípio da legalidade estrita.

(D) A lei não prevê expressamente a possibilidade de a administração pública adotar providências acauteladoras sem a prévia manifestação do interessado, mesmo porque seria necessário buscar a tutela do Poder Judiciário.

(E) Havendo vários interessados no processo administrativo, a desistência ou a renúncia de um deles atinge os demais, razão pela qual fica prejudicado o prosseguimento do processo.

A: incorreta, pois a Lei 9.784/1999 só dispõe que sua aplicação se dá apenas na esfera da União (art. 1º, *caput* e § 1º, da Lei 9.784/1999); **B:** correta (art. 14, § 2º, e art. 15, ambos da Lei 9.784/1999); **C:** incorreta, pois o comparecimento supre a falta mencionada (art. 26, § 5º, da Lei 9.784/1999); **D:** incorreta, pois há previsão de que a Administração pode adotar tais medidas (art. 45 da Lei 9.784/1999); **E:** incorreta, pois a desistência de um não atinge os demais (art. 51, § 1º, da Lei 9.784/1999).

Gabarito "B"

(Analista – TRT/21ª – 2010 – CESPE) Acerca de controle administrativo, julgue o item seguinte.

(1) O recurso hierárquico impróprio deve ser dirigido à autoridade de outro órgão não integrado à mesma hierarquia do órgão que proferiu o ato.

1: correta, diferentemente do recurso hierárquico próprio, que deve ser dirigido à autoridade do mesmo órgão da autoridade que proferiu o ato ou de órgão integrado à mesma hierarquia do órgão que proferiu o ato.

Gabarito 1C

(Auditor Fiscal da Receita Federal – 2010 – ESAF) João pretende fazer um requerimento, de seu interesse, junto à unidade da Secretaria da Receita Federal do Brasil em sua cidade. Conforme o que determina a Lei n. 9.784, de 29 de janeiro de 1999, assinale a opção que relata a correta conduta.

(A) Tratando-se de uma situação urgente, João protocolou seu requerimento num domingo, pela manhã, junto ao segurança do prédio em que funciona a Receita Federal do Brasil em sua cidade, conforme a exceção legal para as hipóteses de emergência.

(B) O servidor da Receita Federal do Brasil negou-se a receber o requerimento de João alegando a ausência de reconhecimento de sua firma pelo cartório competente.

(C) Tendo em mãos os documentos originais, João solicitou ao servidor da Receita Federal do Brasil que autenticasse as cópias que apresentava, tendo sido seu pedido deferido.

(D) Após o transcurso de 15 (quinze) dias do protocolo de seu pedido, João recebeu a intimação para o seu próprio comparecimento à sede do órgão naquele mesmo dia, com um prazo de 3 (três) horas para a apresentação.

(E) Tendo comparecido na data, hora e local marcados, João alegou a nulidade absoluta da intimação. A autoridade competente, assim, declarou nulo o ato e determinou que a intimação fosse realizada novamente.

A: incorreta, pois os atos do processo devem realizar-se em dias úteis (art. 23 da Lei 9.784/99); **B:** incorreta, pois, salvo imposição legal, o reconhecimento de firma somente será exigido quando houver dúvida de autenticidade (art. 22, § 2º, da Lei 9.784/99); **C:** correta (art. 22, § 3º, da Lei 9.784/99); **D:** incorreta, pois a intimação observará a antecedência mínima de *três dias úteis* quanto à data de comparecimento (art. 26, § 2º, da Lei 9.784/99); **E:** incorreta, pois o comparecimento do administrado supre sua falta ou irregularidade (art. 26, § 5º, da Lei 9.784/99).

Gabarito "C"

(OAB/Exame Unificado – 2010.2) Em determinado procedimento administrativo disciplinar, a Administração federal impôs, ao servidor, a pena de advertência, tendo em vista a comprovação de ato de improbidade. Inconformado, o servidor recorre, vindo a Administração, após lhe conferir o direito de manifestação, a lhe impor a pena de demissão, nos termos da Lei 8.112/1990 e da Lei 9.784/1998.

Com base no fragmento acima, é correto afirmar que a Administração Federal

(A) agiu em desrespeito aos princípios da eficiência e da instrumentalidade, autorizativos da reforma em prejuízo do recorrente, desde que não imponha pena grave.

(B) agiu em respeito aos princípios da legalidade e autotutela, autorizativos da reforma em prejuízo do recorrente.

(C) não observou o princípio da dignidade da pessoa humana, trazendo equivocada reforma em prejuízo do recorrente.

(D) não observou o princípio do devido processo legal, trazendo equivocada reforma em prejuízo do recorrente.

A Lei 8.112/1990 é silente quanto à possibilidade de *reformatio in pejus* (reforma em prejuízo do recorrente), de modo que se aplica a Lei 9.784/1999 (Lei de Processo Administrativo Federal), que tem aplicação subsidiária aos processos administrativos específicos, como é o caso do processo administrativo da Lei 8.112/1990 (art. 69 da Lei 9.784/1999). O art. 64 da Lei 9.784/1999 admite que, em sede de recurso, o órgão competente para conhecê-lo possa "confirmar, modificar, anular ou revogar, total ou parcialmente, a decisão recorrida, se a matéria for de sua competência". Ou seja, a lei admite que o órgão recursal *modifique* a decisão recorrida, mesmo fora dos limites do recurso. Isso se dá em função dos princípios da *legalidade* e da *autotutela*. Todavia, quando ocorre *reforma em prejuízo do recorrente*, tal reforma *depende* do cumprimento da *formalidade* prevista no parágrafo único do art. 64, qual seja, o recorrente "deverá ser cientificado para que formule suas alegações antes da decisão". Assim, considerando que o enunciado da questão deixa claro que foi conferido ao recorrente o direito de manifestação, está correta a alternativa "b", que afirmou ter a Administração agido com respeito aos princípios da legalidade e da autotutela, autorizativos da reforma em prejuízo do recorrente. Por fim, vale salientar que está correta a decisão que alterou a pena para *demissão*, pois, cometido ato de improbidade, a Lei 8.112/1990, estabelece a demissão como sanção cabível (art. 132, IV).

Gabarito "B"

(OAB/Exame Unificado – 2010.1) Com relação ao processo administrativo federal, assinale a opção correta.

(A) Não se admite a legitimidade de associação para a defesa de direitos ou interesses difusos.

(B) Não pode uma autoridade hierárquica superior delegar a uma autoridade inferior o poder de decidir, em primeira instância, os processos administrativos de sua competência não exclusiva.

(C) Não se admite a intimação fictícia.

(D) Ao processo em apreço não se aplica o princípio que veda a *reformatio in pejus*.

A: incorreta. Assim dispõe o art. 9º da Lei 9.784/1999: "São legitimados como interessados no processo administrativo: (...) IV – as pessoas ou as associações legalmente constituídas quanto a direitos ou interesses difusos"; **B:** incorreta. Assim dispõe o art. 13 da Lei 9.784/1999: "Não podem ser objeto de delegação: I - a edição de atos de caráter normativo; II – a decisão de recursos administrativos; III – as matérias de competência exclusiva do órgão ou autoridade"; **C:** incorreta. Assim dispõe o art. 26 da Lei 9.784/1999: "O órgão competente perante o qual tramita o processo administrativo determinará a intimação do interessado para ciência de decisão ou a efetivação de diligências. (...) § 4º No caso de interessados indeterminados, desconhecidos ou com domicílio indefinido, a intimação deve ser efetuada por meio de publicação oficial"; **D:** correta. Assim dispõe o art. 6º, § 2º, da Lei 9.784/1999: "O não conhecimento do recurso não impede a administração de rever de ofício o ato ilegal, desde que não ocorrida preclusão administrativa".

Gabarito "D"

CAPÍTULO 17

CONTROLE DA ADMINISTRAÇÃO

17.1. CONTROLE INTERNO

17.1.1. Introdução

O controle interno pode ser conceituado como o *controle exercido no interior da própria Administração, tendo fundamento no princípio da autotutela.*

Quanto à iniciativa, o controle interno deve se dar *de ofício*, podendo iniciar-se, também, por *provocação do interessado.*

Quanto à extensão, o controle abrange a fiscalização *contábil, financeira, orçamentária, operacional* e *patrimonial* (art. 70 da CF).

Quanto aos meios, o controle interno se dá pela *fiscalização hierárquica* (já vista no item Poder Hierárquico), pela *supervisão ministerial* (vista no capítulo da Organização da Administração) e também pelos *recursos administrativos*, que serão analisados no próximo item.

17.1.2. Recursos administrativos em sentido amplo

Os recursos administrativos são *todos os meios administrativos hábeis a provocar o controle da atividade administrativa.* Aqui a expressão "recursos administrativos" é utilizada em sentido amplo, abrangendo todo e qualquer tipo de provocação administrativa do interessado, com vistas ao controle da atividade da Administração.

São modalidades dos recursos administrativos:

a) representação, consistente na denúncia de irregularidade, feita na Administração;

b) reclamação administrativa, consistente na dedução das seguintes pretensões:

b1) pedido de reconsideração: feito para a mesma autoridade que decidiu;

b2) revisão: destinada ao reexame de matéria já definitivamente apreciada pela Administração quando surgirem fatos ou circunstâncias que possam modificar a decisão anterior, não podendo haver reforma em prejuízo de quem a pede (art. 65 da Lei 9.784/1999), ou seja, em matéria de revisão não cabe *reformatio in pejus*. Um exemplo é o pedido de revisão da demissão de um agente público, mas que acabou sendo absolvido na esfera criminal por negativa de autoria ou inexistência do fato;

b3) recurso hierárquico: feito para o superior hierárquico de quem decidiu. Será hierárquico *próprio* se dirigido à autoridade superior do mesmo órgão da inferior (ex.: para secretário da educação contra ato de um diretor da secretaria); será hierárquico *impróprio*, se dirigido para autoridade superior fora do órgão da inferior (ex.: para o Prefeito contra ato do secretário da saúde).

17.1.3. Recurso hierárquico

Como regra, o recurso hierárquico tem somente efeito devolutivo, tendo também efeito suspensivo nas hipóteses em que a lei assim dispuser ou quando o administrador aplicá-lo motivadamente, não se presumindo sua existência. Recebido no efeito suspensivo, sem exigência de caução do particular, este não terá interesse processual em ingressar com demanda no Poder Judiciário (salvo se o recurso pleitear que a administração deixe de se omitir diante de um caso concreto). Disso decorre o impedimento da fluência do prazo prescricional.

Tem legitimidade para interpor recurso as seguintes pessoas: a) os titulares dos direitos discutidos no processo; b) os terceiros afetados pela decisão; c) as organizações e associações representativas, em caso de interesses coletivos; d) os cidadãos ou associações, quanto aos interesses difusos.

Quanto ao recurso hierárquico, a Lei 9.784/1999 dispõe, em seu art. 56, que os recursos serão dirigidos à autoridade que proferiu a decisão, a qual, se não a reconsiderar no prazo de 5 dias, o encaminhará à autoridade superior.

O prazo para recurso é, como regra, de 10 dias, contado da ciência ou divulgação oficial da decisão (art. 59), sendo que, na contagem dos prazos, exclui-se o dia do início e inclui-se o do vencimento (art. 66).

O recurso administrativo tramitará no máximo por três instâncias, salvo disposição legal diversa (art. 57).

O não conhecimento do recurso não impede a Administração de rever de ofício o ato ilegal, desde que não ocorrida a preclusão administrativa (art. 63).

O órgão competente para decidir o recurso pode tomar as seguintes decisões: não conhecer do recurso, ou confirmar, modificar, anular ou revogar, total ou parcialmente, a decisão recorrida, se a matéria for de sua competência.

Cabe *reformatio in pejus*, mas o recorrente deve ser cientificado para a defesa, se, da aplicação de tal regra, puder decorrer gravame à situação do recorrente (art. 64).

17.1.4. Coisa julgada e prescrição administrativas

Toda decisão administrativa é passível de ser reapreciada pelo Poder Judiciário nos aspectos de legalidade, moralidade e razoabilidade.

Assim, uma decisão administrativa, mesmo confirmada por um recurso administrativo, não faz aquela coisa julgada prevista na lei processual civil ou penal, coisa julgada que faz com que a decisão fique, definitivamente, imutável no mundo jurídico.

Porém, na esfera administrativa existe a chamada **coisa julgada administrativa**, que consiste na *impossibilidade de retratação por parte da Administração Pública, quando decida favoravelmente ao administrado, desde que, é claro, não se trate de decisão ilegal.*

Em outras palavras, a coisa julgada administrativa consiste no não cabimento mais de recursos na esfera administrativa. De qualquer forma, nada impede que a decisão seja revista no âmbito do Poder Judiciário ou, caso seja ilegal, seja revista pela Administração no prazo de 5 anos (art. 54 da Lei 9.784/1999), sob pena de decadência, salvo comprovada má-fé, hipótese em que não há prazo para anulá-la.

O outro conceito importante é o de **prescrição administrativa,** que *consiste na perda do prazo para recorrer de decisão administrativa (prazo previsto na lei local) ou na perda do prazo para que a Administração reveja seus atos (5 anos) ou, ainda, na perda do prazo para punir (previsto também na lei local).*

Prescrição das pretensões contra o particular: o prazo prescricional para a Administração ingressar com demanda contra o particular é o da lei civil (10 anos, como regra; 3 anos para reparação civil; 5 anos para responsabilidade contratual).

Prescrição das pretensões contra a Fazenda Pública: o prazo é de 5 anos, permitida uma única interrupção, quando então o prazo recomeça a contar, agora, por mais 2 anos e meio, desde que, na somatória do prazo que já decorreu com esse novo prazo não fique reduzido a prazo inferior aos 5 anos originariamente previstos. A Súmula 383 do STF assim dispõe: *a prescrição em favor da Fazenda Pública recomeça a correr, por dois anos e meio, a partir do ato interruptivo, mas não fica reduzida aquém de cinco anos, embora o titular do direito a interrompa durante a primeira metade do prazo.* Vale salientar que o art. 10 do Decreto 20.910/1932, que trata da prescrição quinquenal contra a Fazenda, dispõe que o prazo de cinco anos *"não altera as prescrições de menor prazo, constantes das leis e regulamentos, as quais ficam subordinadas às mesmas regras"*.

17.2. CONTROLE EXTERNO

17.2.1. Introdução

O controle externo pode ser **conceituado** como *aquele exercido por órgão ou pessoa que está fora da Administração.*

Quanto ao órgão controlador, o controle externo pode ser de duas espécies, quais sejam, **parlamentar** e **judicial**.

17.2.2. Controle parlamentar

O art. 49, X, da CF, diz ser **competência exclusiva** do Congresso Nacional *fiscalizar e controlar, diretamente, ou por qualquer de suas Casas, os atos do Poder Executivo, incluídos os da administração indireta.*

Tal controle, no plano financeiro-econômico, é exercido com o auxílio dos tribunais de contas, que são órgãos independentes, mas que atuam como auxiliares do Poder Legislativo no controle parlamentar.

Os tribunais de contas fiscalizam toda a administração direta e indireta, bem como qualquer pessoa física ou jurídica, desde que tenha recebido recurso de origem estatal.

O controle externo da Câmara Municipal será exercido com o auxílio dos Tribunais de Contas dos Estados ou dos Conselhos ou Tribunais de Contas dos Municípios, onde houver, sendo vedada a criação de Tribunais, Conselhos ou órgãos de Contas Municipais (art. 31 da CF), ressalvados os já existentes, no Município de São Paulo e no Município do Rio de Janeiro.

O parecer prévio, emitido pelo órgão competente sobre as contas que o Prefeito deve anualmente prestar, só deixará de prevalecer por decisão de dois terços dos membros da Câmara Municipal (art. 31 da CF).

Quanto ao controle legislativo, vale lembrar que o artigo 49, V, diz que é competência exclusiva do Congresso *"sustar os atos normativos do Poder Executivo que exorbitem do poder de regulamentar ou dos limites de delegação legislativa"*.

O artigo 49, IX, por sua vez, confere a competência para *"julgar anualmente as contas prestadas pelo Presidente da República e apreciar os relatórios sobre a execução dos planos de governo"*.

Vale salientar que a Constituição Federal traz uma série de situações em que o Poder Legislativo controlará atos do Poder Executivo, como na aprovação de tratados e convenções internacionais, autorização para declarar guerra e fazer a paz, aprovação ou suspensão de intervenção federal ou estado de sítio, todas previstas no artigo 49. Há também controle, previsto no artigo 52, a ser feito pelo Senado Federal, quanto à aprovação da escolha de ocupantes de certos cargos, autorização de operações externas financeiras e endividamentos. Tudo sem contar o fato de que se pode constituir CPI por prazo certo e para apurar fato determinado (art. 58, § 3º, da CF).

O artigo 71 da Constituição traz, ainda, dentre outras, as seguintes disposições a respeito da competência do Tribunal de Contas:

a) *aplicar aos responsáveis, em caso de ilegalidade de despesa ou irregularidades de contas, as sanções previstas em lei, que estabelecerá, entre outras cominações, multa proporcional ao dano causado ao erário;*

b) *assinar prazo para que o órgão ou entidade adote as providências necessárias ao exato cumprimento da lei, se verificada ilegalidade;*

c) *sustar, se não atendida, a execução do ato impugnado, comunicando a decisão à Câmara dos Deputados e ao Senado Federal;*

d) *no caso de contrato, o ato de sustação será adotado diretamente pelo Congresso Nacional, que solicitará, de imediato, ao Poder Executivo as medidas cabíveis;*

e) *se o Congresso Nacional ou o Poder Executivo, no prazo de noventa dias, não efetivar as medidas previstas no item anterior, o Tribunal decidirá a respeito;*

f) *as decisões do Tribunal de que resulte imputação de débito ou multa terão eficácia de título executivo.*

g) *apreciar, para fins de registro, a legalidade dos atos de admissão de pessoal, a qualquer título, na administração direta e indireta, incluídas as fundações instituídas e mantidas pelo Poder Público, excetuadas as nomeações para cargo de provimento em comissão, bem como a das concessões de aposentadorias, reformas e pensões, ressalvadas as melhorias posteriores que não alterem o fundamento legal do ato concessório;* quanto a essa competência, vale trazer à colação a Súmula Vinculante nº 3 do STF: "Nos processos perante o Tribunal de Contas da União asseguram-se o contraditório e a ampla defesa quando da decisão puder resultar anulação ou revogação de ato administrativo que beneficie o interessado, excetuada a apreciação da legalidade do ato de concessão inicial de aposentadoria, reforma e pensão".

17.2.3. Controle judicial

O controle judicial dos atos da administração pública pode se dar por qualquer tipo de demanda judicial.

Porém, há ações especiais contra atos do Poder Público, como o mandado de segurança, o *habeas data*, a ação popular e a ação civil pública, por exemplo.

Não há ato administrativo imune ao controle judicial. Até o ato discricionário está sujeito ao controle jurisdicional, desde que tal controle se atenha aos aspectos de legalidade, razoabilidade e moralidade, não sendo possível invadir-se o puro mérito administrativo, ou seja, a conveniência e a oportunidade que remanesce ao agente público diante dos chamados atos discricionários.

Neste ponto, vale destacar que determinados atos estão sujeitos a controle especial. São eles: os atos políticos (ex.: iniciativa e veto a projeto de lei, nomeação de Ministro, concessão de indulto etc.), os atos legislativos (leis) e os atos *interna corporis* (regimentos de tribunais e de corporações legislativas).

Os primeiros terão âmbito de controle muito pequeno. Os segundos serão controlados por meio de ações de constitucionalidade, salvo as leis de efeito concreto, que podem ser atacadas por meios comuns, como o mandado de segurança e a ação popular. Os últimos, por dizerem respeito aos interesses internos da corporação legislativa, não são passíveis de controle quanto ao seu conteúdo, sendo possível tão somente analisá-los quanto a aspectos formais.

Em virtude do princípio da inafastabilidade da jurisdição, o interessado não é obrigado a esgotar as vias administrativas para pleitear proteção judicial em decorrência de lesão a direito seu. Nesse sentido, confira a seguinte decisão do STJ: "o esgotamento prévio das instâncias administrativas não é condição para que a parte se socorra do Poder Judiciário e pleiteie o reconhecimento de seu direito líquido e certo" (STJ, RMS 13.893/MS, DJ 24/03/2008).

Questão importante diz respeito ao prazo de prescrição para o ingresso com ação contra a Fazenda Pública.

Como regra, esse prazo é de 5 anos, nos termos do art. 1º do Decreto 20.910/1932.

Todavia, em matéria de ação indenizatória há dúvidas sobre se o prazo é de 3 ou de 5 anos, conforme foi visto no item referente à responsabilidade civil do Estado.

Há tema bastante interessante no que diz respeito ao prazo prescricional para ingressar com ação contra a Fazenda Pública quanto a eventos que ensejam direitos de trato sucessivo.

A título de exemplo, imagine que os vencimentos de servidor público não tenham sido adequadamente reajustados há 10 anos. É possível, hoje, que esse servidor proponha ação judicial visando à condenação do ente federativo em relação ao pagamento retroativo do reajuste bem como à determinação de que esse reajuste seja aplicado aos vencimentos futuros?

O Decreto 20.910/1932, que regula a prescrição das dívidas da Fazenda Pública, dispõe que essas prescrevem em 5 anos, contados da data do ato ou fato do qual se originarem (art. 1º), conforme já vimos.

Todavia, há súmula do Superior Tribunal de Justiça que estabelece que, nas relações de trato sucessivo em que a Fazenda Pública figure como devedora, quando *não haja negativa* do direito reclamado pelo interessado, a prescrição atinge apenas as prestações vencidas antes do quinquênio anterior à propositura da ação, não ocorrendo prescrição do fundo de direito.

Assim, desde que não tenha havido negativa expressa da Administração em relação ao direito do servidor, este poderá aforar ação mesmo já tendo transcorrido o prazo de 5 anos da data em que os reajustes deveriam ter sido feitos. E isso se dá porque, nas relações de trato sucessivo, a lesão se renova mensalmente.

Apesar de a prescrição não atingir o fundo de direito, o servidor não poderá reclamar, na ação proposta, prestações vencidas antes do quinquênio anterior à propositura da ação, por ter ocorrido prescrição.

Quanto à ação adequada a ser proposta pelo servidor, em que pese não se operar a decadência para a propositura de mandado de segurança com relação a prestações de trato sucessivo, essa ação não é adequada, pois haveria problema em se formar título executivo para a cobrança dos últimos cinco anos de prestações devidas.

Como é cediço, o mandado de segurança não pode ser utilizado como ação de cobrança. O máximo que a Lei de Mandado de Segurança permite é que o pagamento de prestações pecuniárias asseguradas na sentença será efetuado relativamente às prestações que se vencerem a contar do ajuizamento da inicial.

Dessa forma, o servidor deve ingressar com ação de conhecimento pelo rito ordinário, objetivando a cobrança das prestações atrasadas e das prestações que se vencerem a contar do ajuizamento da inicial (obrigação de pagar), bem como a implantação do reajuste para as prestações futuras (obrigação de fazer), com pedido de tutela antecipada.

A respeito, confira os seguintes entendimentos jurisprudenciais:

Súmula 85 do STJ. "Nas relações jurídicas de trato sucessivo em que a fazenda pública figure como devedora, quando não tiver sido negado o próprio direito reclamado, a prescrição atinge apenas as prestações vencidas antes do quinquênio anterior à propositura da ação."

"A Administração Pública quedou-se omissa em repassar o reajuste de fevereiro de 1995 determinado pelas Leis Municipais 10.688/1988 e 10.722/1989 aos vencimentos dos servidores públicos municipais. Desse modo, verifica-se tratar de lesão que se renova mensalmente, caracterizando, por conseguinte, relação jurídica de trato sucessivo, nos termos da Súmula 85 do STJ." (STJ, AgRg no Ag 1118098/SP, DJ 29/06/2009)

"Nas demandas em que se discute o reajuste de vencimentos de servidores, e não havendo negativa expressa da Administração, a prescrição não atinge o próprio fundo de direito, mas tão somente as parcelas anteriores ao quinquênio que antecedeu à propositura da ação." (STJ, AgRg no Ag 1056855/SP, DJ 13/10/2008)

"Por se tratar de prestação de trato sucessivo, o termo inicial para a impetração da ação mandamental se renova a cada mês que a administração se omite em aplicar o reajuste pleiteado; não ocorre, portanto, a decadência do artigo 18 da Lei 1.533/1951 [art. 23 da Lei 12.016/2009]. O STJ possui jurisprudência uniforme no sentido de que, sem a negativa do próprio direito reclamado, não ocorre a prescrição do fundo de direito, mas, tão somente, das parcelas vencidas antes do quinquênio que antecedeu a propositura da ação." (STJ, RMS 24.094/RS, DJ 19/12/2008)

17.3. MANDADO DE SEGURANÇA

17.3.1. Conceito e características principais

O mandado de segurança pode ser conceituado como *a ação constitucional pela qual se pede a proteção a direito líquido e certo lesado ou ameaçado de lesão por ato de autoridade pública ou de agente de pessoa jurídica delegado do Poder Público, não amparado por* habeas corpus *ou* habeas data.

Trata-se, assim, de ação com as seguintes características:

a) é ação constitucional (art. 5º, LXIX), tratando de cláusula pétrea e garantia fundamental;

b) só pode atacar ato de autoridade pública ou de agente delegatário;

c) exige direito líquido e certo, ou seja, só pode concedida a segurança se houver prova pré-constituída dos fatos que levam ao direito invocado;

d) protege direito já lesado ou ameaçado de lesão;

e) não cabe, se no caso concreto, couber, habeas corpus ou habeas data.

17.3.2. Espécies

Há duas espécies de mandado de segurança:

a) Individual: impetrado para defender direito próprio da *pessoa natural* ou *jurídica* impetrante, com regulamentação no art. 5º, LXIX, da CF;

b) coletivo: impetrado por partido político com representação nacional, organização sindical, entidade de classe ou associação legalmente constituída em funcionamento há pelo menos um ano, para defender interesses de seus membros ou associados, regulamentado no art. 5º, LXX, da CF.

17.3.3. Mandado de segurança coletivo (Lei 12.016/2009)

Aqui temos a chamada legitimação extraordinária, uma espécie de substituição processual em que alguns legitimados atuam em favor do interesse de terceiros, no caso de membros ou associados daqueles.

De acordo com o art. 21 da Lei 12.016/2009, são legitimados para o mandado de segurança coletivo os seguintes:

a) partido político com representação no Congresso Nacional: devem atuar na defesa de seus interesses legítimos relativos a seus integrantes ou à finalidade partidária. Todavia, não se admite o mandado de segurança coletivo nesse caso, para impugnar a majoração de tributo;

b) organização sindical, entidade de classe ou associação legalmente constituída e em funcionamento há pelo menos 1 ano: devem atuar na defesa de direitos líquidos e certos da totalidade, ou de parte, dos seus membros ou associados, na forma de seus estatutos e desde que pertinentes às suas finalidades.

Acerca desses legitimados, confira-se os seguintes regras:

a) dispensa-se, para tanto, autorização especial dos membros ou associados (art. 21 + Súmula STF 629)

b) pouco importa se estatutos não tratam da representação judicial dos associados (STF, MS 25.347)

c) o sindicato não tem que mostrar 1 ano de constituição

d) o direito dos associados deve estar compreendido nas atividades exercidas por estes, não se exigindo que seja interesse próprio, peculiar, da classe (MS 22.132)

Quanto aos direitos protegidos num mandado de segurança coletivo, temos as seguintes regras (art. 21, parágrafo único, da Lei 12.016/2009):

a) interesses coletivos: são os transindividuais, de natureza indivisível, de que seja titular grupo ou categoria de pessoas ligadas entre si ou com a parte contrária por uma relação jurídica básica; um exemplo é um mandado de segurança ajuizado por um legitimado para proibir divulgação de dados pessoais de servidores na internet;

b) interesses individuais homogêneos: são os decorrentes de origem comum e da atividade ou situação específica da totalidade ou de parte dos associados ou membros do impetrante; um exemplo é um mandado de segurança ajuizado por um legitimado para proteger soldados cabos que foram impedidos de fazer curso para a formação de sargentos, por terem procedimento penal em curso contra si.

Quanto à coisa julgada num mandado de segurança coletivo, esta fica limitada aos membros do grupo ou categoria substituídos pelo impetrante (art. 22), não tendo efeito *erga omnes*.

Caso haja ações individuais tratando das mesmas questões de um mandado de segurança coletivo, este não induz litispendência para aquelas, mas os efeitos da coisa julgada dele não beneficiarão o impetrante a título individual se não requerer a desistência de seu mandado de segurança no prazo de 30 dias a contar da ciência comprovada da impetração da segurança coletiva.

Cabe pedido de liminar em mandado de segurança coletiva, porém, esta só poderá ser concedida após audiência do representante judicial da pessoa jurídica de direito público, que deverá ser pronunciar em 72 horas.

Quanto aos demais pontos do regime jurídico do mandado de segurança coletivo, aplicam-se as regras gerais do mandado de segurança. Como exemplos, tem-se a impossibilidade de ajuizar mandado de segurança coletivo contra lei em tese e a necessidade de se tratar de direito líquido e certo o defendido nessa ação, ou seja, de direito cujos fatos podem ser comprados de plano, mediante prova escrita pré-constituída. Caso não haja essa prova, o legitimado deve ingressar com outra ação que permite dilação probatória, como é o caso da ação civil pública.

17.3.4. Mandado de segurança individual (Lei 12.016/2009)

Quanto aos requisitos para o cabimento do mandado de segurança coletivo, tem-se os seguintes:

a) impugnação de ato de autoridade ou de agente de pessoa jurídica no exercício de atribuições do Poder Público; assim, não cabe MS contra atos de: i) pessoas naturais e de pessoas jurídicas privadas; ii) gestão comercial praticados p/ estatais e concessionários; e cabe MS contra atos de: i) a) pessoas jurídicas de direito público; ii) representantes ou órgão de partidos políticos; iii) dirigentes de PJs ou de pessoas naturais no exercício de atribuições do poder público, quanto a essas funções; iv) dirigente de estatal, regidos pelo dir. público (STJ S. 333);

b) existência de direito líquido e certo, que é *aquele cujos fatos que o fundamentam possam ser comprovados de plano,* ou seja, é que há prova documental ou prova pré-constituída, sendo desnecessário dilação probatória; para explicar o sentido desse requisito a doutrina também usa a expressão "fatos líquidos e certos", como sendo aqueles provados na sua existência e incontroversos na sua ocorrência; vale ressaltar que a complexidade na aplicação do Direito não impede o manejo do mandado de segurança (Súmula STF n. 625 "controvérsia sobre matéria de direito não impede concessão de MS"); assim, a necessidade de fazer interpretações e ponderações não inviabiliza o *mandamus*, mas a necessidade de fazer dilação probatória, essa sim inviabiliza.

c) ajuizamento no prazo decadencial; de acordo com o art. 23 da lei, o mandado de segurança deve ser ajuizado no prazo de 120 dias da ciência do ato impugnado, valendo salientar que o STF, na Súmula 632, considera constitucional esse prazo; por ser um prazo decadencial, não pode ser suspenso ou interrompido, mesmo nas férias, porém, há decisão do STJ entendendo que, se o fim do prazo cair em feriado forense, fica prorrogado para o 1º dia útil seguinte (AgRg Resp 681.751 e MS 10.222); no mais, seguem as seguintes informações sobre esse requisito: i) o prazo se inicia da ciência, pelo interessado, do ato impugnado; ii) nas relações de trato sucessivo, o prazo se renova a cada ato lesivo; iii) nas condutas omissivas estatais, o prazo é contado da data final que a autoridade tinha para expedir o ato; iv) não ocorre caducidade se MS for interposto a tempo, mas em juízo incompetente (art. 113, § 2º, CPC); v) pedido de reconsideração na esfera administrativa não interrompe o prazo para o mandado de segurança (Súmula STF n. 430);

d) não cabimento, no caso, de *habeas corpus* ou *habeas data*;

e) inexistência de outros impedimentos, como: i) não se concederá MS contra ato de que caiba recurso administrativo com efeito suspensivo, independentemente de caução (Súmula STF n. 429: salvo se se tratar de omissão da autoridade), contra decisão judicial da qual caiba recurso com efeito suspensivo e contra decisão judicial transitada em julgado (art. 5º da Lei 12.016/2009); ii) não cabe MS contra lei em tese (Súmula STF n. 266); iii) não cabe MS como substitutivo de ação de cobrança (Súmula STF n. 269), sendo que a concessão de MS não produz efeitos patrimoniais em relação a período pretérito, os quais devem ser reclamados administrativamente ou pela via judicial própria (Súmula STF n. 271), apesar de o art. 14, § 4º, da lei admitir que um pagamento a servidor assegurado em MS só será efetuado quanto às prestações que se vencerem a contar da data do ajuizamento da inicial, sendo que pagamentos passados devem ser cobrados na via própria, com expedição de precatório; iv) não cabe MS contra atos *interna corporis*, mas cabe contra atos em CPI, se violado direito, como a quebra de sigilo sem motivação (STF, MS 24.831).

Quanto à legitimidade para o mandado de segurança, há de se obedecer às seguintes regras:

a) ativa: pode ajuizar MS a pessoa natural (até menor), a pessoa jurídica, as universalidades legais, os órgão público de grau superior (ex: Mesa da Câmara – para defesa de prerrogativas) e o Ministério Público;

b) passiva: deve estar no polo passivo de MS a autoridade coatora, ou seja, a autoridade que tiver pra-ticado o ato impugnado ou da qual emane a ordem para a sua prática (art. 6º, § 3º); a doutrina a jurisprudência são pacíficas no sentido de que a autoridade a ser indicada é aquela que tem poder de decisão sobre o ato (ou seja, aquela que também pode desfazer o ato por vontade própria), e não o mero executor do ato; ademais, se quem praticou o ato recebeu delegação para tanto, contra este (delegatário) caberá o MS (Súmula STF n. 510).

Há também uma importante casuística, de acordo com a espécie de ato quanto às vontades necessárias para a sua formação. Vejamos: i) em atos colegiados: deve-se indicar o presidente daquele colegiado (ex: Presid. da Comissão de Licitação); ii) em atos complexos: indica-se todas as autoridades que praticaram o ato; iii) em atos compostos (composto de dois ou mais atos, como a nomeação de Ministro para STJ, em que há atos do STJ e do Presidente da República); a indicação da autoridade depende da fase, sendo que, no exemplo dado, após nomeação do ministro, só se indica a última autoridade praticante do ato (Presidente da República), independentemente do problema invocado (Súmula STF n. 627)

Quando o ato impugnado afeta juridicamente outras pessoas, em litisconsórcio necessário, todos devem ser colocados no polo passivo, extinguindo-se o MS se impetrante não promover a citação do litisconsorte passivo necessário (Súmula STF n. 631).

Na petição inicial do MS deve-se indicar o cargo da autoridade coatora. Havendo indicação errônea de autoridade coatora, a consequência é radical: extingue-se o processo, sem apreciação de mérito. Mas o autor da ação pode ajuizar outro MS, agora em face da autoridade coatora correta.

De qualquer forma, pode ser que o juiz não perceba a indicação errônea da autoridade quando recebe o mandado de segurança e que a autoridade coatora indicada acabe por apresentar a defesa (as informações). Nesse caso, preenchidos certos requisitos, é possível que o processo não seja extinto sem apreciação de mérito e seja julgado no mérito, como se tivesse sido indicada a autoridade competente. Isso se dá quando presentes os requisitos da **Teoria da Encampação** que são os seguintes (STJ, AgRg RMS 27.578)

a) a autoridade apontada como coatora é superior hierárquico da autoridade que praticou ou ato;

b) a autoridade apontada como coatora não tem foro diferenciado;

c) a autoridade apontada como coatora, não se limita a alegar sua ilegitimidade e, efetivamente, defende o ato impugnando, manifestando-se sobre o mérito da causa

Cumpridos esses requisitos o juiz deve julgar o mérito do MS, pois não há prejuízo algum com a indicação errônea da autoridade competente.

Quanto à **competência** para o mandado de segurança, tem-se as seguintes regras.

A **regra geral** é que a competência para o MS é a da *sede da autoridade coatora, observada a sua categoria funcional*.

Há de se verificar, também, a **Justiça** competente, se estadual (para autoridades municipais ou estaduais), federal (para autoridades federais; tem-se tal autoridade toda vez que consequências patrimoniais tiverem de ser suportadas pela União ou entidade por ela controlada) ou especial (para casos de competência das Justiças Eleitoral, do Trabalho e Militar).

E também se fazer necessário verificar o **Grau**. Há casos em que a competência é originária de tribunais, observando-se ao seguinte:

a) STF: é o tribunal competente para MS contra atos do Presidente da República, das Mesas da Câmara e Senado, do TCU, do CNJ, do CNMP, do Procurador-Geral da República e do próprio STF. Vide art. 102, I, "d" e "r", CF). Segundo a Súmula STF n. 624, não compete ao STF conhecer originariamente de MS contra atos de outros tribunais;

b) STJ: é o tribunal competente para MS contra atos de Ministro de Estado, Comandante das Forças Armadas e do Próprio STJ. Vide o art. 105, I, "b", da CF). Segundo a Súmula STJ n. 177, o fato de um órgão colegiado ser dirigido por um Ministro não torna o STJ competente para o MS respectivo.

c) TRF: é o tribunal competente para MS contra atos de Juiz Federal e do próprio tribunal. Vide o art. 108, I, "c", da CF.

Quanto à **Justiça Federal,** o Brasil é divido em **5 Regiões**, cada uma com um Tribunal Regional Federal, valendo salientar que se encontra suspensa, por decisão do STF, a EC 73, que cria mais quatro Tribunais Regionais Federais (6ª, 7ª, 8ª e 9ª Regiões). Cada Região é composta por duas ou mais **Seções Judiciárias** (correspondentes aos Estados e ao Distrito Federal). Cada Seção Judiciária é subdividida em **Subseções Judiciárias**. As Subseções são divididas em **Varas**. E os magistrados são os Juízes Federais e os Desembargadores Federais.

Quanto à **Justiça Estadual,** cada **Estado** e o **DF** tem seu Tribunal de Justiça. O Estado é dividido em **Comarcas.** E os magistrados são os Juízes de Direito e Desembargadores

Quanto aos **mandados de segurança nos tribunais**, vale trazer ainda as seguintes regras:

a) nos termos da Constituição Estadual de cada Estado, são comuns competências originárias dos TJs para julgamento de MS impetrados contra determinadas autoridades (governadores, prefeitos, secretários etc.);

b) em casos de mandado de segurança que tem competência originária em um tribunal (TJ, TRF), do acórdão denegatório da segurança (só do acórdão denegatório!) cabe Recurso Ordinário ao STJ;

c) nos demais casos em que se tem decisão dada por tribunal, cabe recursos extraordinário e especial.

Quanto aos requisitos da **petição inicial** num MS, tem-se os seguintes:

a) cumprimento dos requisitos dos arts. 282 e 283 do CPC – juiz ou tribunal, a que é dirigida, nomes, prenomes, estado civil, profissão, domicílio e residência das partes, fatos e fundamentos jurídicos do pedido; pedido, com suas especificações, valor da causa, requerimento de provas e honorários (em MS não cabe esses requerimentos), requerimento de notificação/citação, instrução da petição com documentos;

b) indicação da autoridade coatora, mais pedido notificação desta;

c) indicação da pessoa jurídica à qual a autoridade integra, acha-se vinculada ou exerce atribuições, mais requerimento de ciência ao órgão de representação judicial da pessoa jurídica interessada, para, querendo, ingresse no feito;

d) indicação de eventuais litisconsortes necessários, mais pedido de citação destes (eventual);

e) requerimento de oitiva de representante do MP;

f) pedido de concessão de liminar, quando for o caso;

g) apresentação da petição em mais de uma via (além da via do protocolo), com os documentos que instruírem a primeira reproduzidos na segunda, para que se utilize a outra via para cientificação da autoridade coatora;

h) caso documento necessário se ache em repartição, requerimento para juiz ordenar exibição do documento ou cópia.

O **tratamento das partes** deve ser o seguinte: a) polo ativo: impetrante; b) polo passivo: impetrado.

Quanto ao pedido de **liminar**, pede-se a suspensão do ato que deu motivo ao MS ou outro tipo de comando para acautelar o direito a ser protegido. Os **requisitos** para essa concessão são: a) demonstração de fundamento relevante (*fumus boni iuris*); b) demonstração de que do ato impugnado pode resultar ineficácia da medida, se deferida ao final (*periculum in mora*). O juiz, ao deferir a liminar, pode, se entender necessário, exigir do impetrante caução, fiança, ou depósito, para assegurar ressarcimento à pessoa jurídica em caso de revogação da medida. A lei também traz **limites à** concessão de liminar em MS (7º, § 2º), ao dispor que esta não cabe quando tenha por objeto: i) a compensação de créditos tributários; ii) a entrega de mercadorias e bens provenientes do exterior; iii) a reclassificação ou equiparação de servidores públicos; iv) a concessão de aumentos ou a extensão de vantagens ou pagamentos de qualquer natureza. A liminar durará até a sentença.

Quanto ao rito do MS, segue-se o seguinte: a) petição inicial; b) notificações e citações de praxe; c) aguardo do prazo de 10 dias para as informações da autoridade coatora e para a contestação da pessoa jurídica interessada, que geralmente são apresentadas em peça única; d) oitiva do MP, em 10 dias; e) sentença. Quanto à sentença, esta tem caráter mandamental, ou seja, a ordem judicial (o mandamento) deve ser cumprida independentemente de execução de sentença, bastando que o juiz transmita tal ordem por ofício dirigido à autoridade coatora e à pessoa jurídica, ofício esse que pode ser entregue por oficial de justiça, correio, telegrama, fax etc. Constitui crime a desobediência a decisões em MS, sem prejuízo de outras sanções (arts. 26 Lei de MS e 330 do CP).

A sentença que conceder MS pode ser executada provisoriamente, salvo em casos em que não cabia liminar. A execução provisória é possível, pois recursos contra decisões em mandado de segurança não têm efeito suspensivo.

Quanto aos pagamentos determinados a servidores, só as prestações que se vencerem a contar do ajuizamento da inicial em que podem ter determinação para que a Administração faça o pagamento. Quanto às demais, devem ser cobradas em vias próprias, com expedição de precatório.

Quanto aos recursos cabíveis em MS, tem-se os seguintes:

a) embargos de declaração, na forma da lei processual civil; b) agravo: contra decisões interlocutórias, na forma da lei processual civil; c) apelação: contra sentença, na forma da lei processual civil; d) reexame obrigatório: de decisão concessiva de MS; e) embargos infringentes: não cabe em MS; f) recursos extraordinário e especial: na forma da lei processual civil; g) recurso ordinário: a ser julgado pelo STJ, em MS julgado em única instância por TRFs e TJs, quando a decisão for denegatória (art. 102, II, CF); a ser julgado pelo STF, em MS julgado em única instância por Tribunais Superiores, quando a decisão for denegatória (art. 105, II, da CF).

A lei de mandado de segurança também prevê o chamado Pedido de Suspensão (art.15). Trata-se de um pedido *Sui Generis* (uma mistura de ação com recurso, mas não é nem uma coisa, nem outra, mas um gênero à parte). O objeto desse pedido é a suspensão da execução de liminar ou de um sentença concessiva da segurança. A legitimidade ativa: para esse pedido é da pessoa jurídica de direito público que tiver de suportar direta ou indiretamente a liminar ou a sentença, e do Ministério Público também. A competência para apreciar esse pedido é do Presidente do Tribunal ao qual competir conhecer o respectivo recurso. Por exemplo, se se trata de uma liminar dada em primeira instância na justiça estadual, caberia agravo de instrumento para o TJ. Assim, o Pedido de Suspensão deve ser endereçado ao Presidente desse específico TJ. No caso, o agravo discutirá a legalidade da decisão e o pedido de suspensão, outros fundamentos. Admite-se que o recurso e o pedido sejam feitos simultaneamente, ou que só se ingresse com um ou só se ingresse com o outro. A lei prevê que o único fundamento que pode ser discutido nesse pedido é o seguinte: se a decisão impugnada causa grave lesão à ordem, à saúde, à segurança e à economia públicas. O pedido, deve, então, tentar demonstrar se há grave lesão à ordem administrativa em geral, ao normal execução do serviço público, ao regular andamento de obras públicas, ao devido exercício de função da Administração, entre outros fundamentos no mesmo sentido, ou seja, acerca das consequências danosas à ordem pública e aos altos interesses administrativos. O presidente do Tribunal pode, antes de julgar o mérito do pedido, conferir **efeito suspensivo liminar**, em decisão contra a qual cabe agravo em 5 dias para órgão do próprio tribunal, que pode derrubar a decisão do presidente. Indeferido o efeito suspensivo liminar ou provido o agravo contra decisão que deu efeito suspensivo liminar, cabe novo pedido de suspensão ao presidente do tribunal competente para conhecer de eventual recurso especial ou extraordinário. Se indeferido, cabe também agravo pelo Poder Público, que, improvido, permite também um novo pedido de suspensão. Conforme mencionado, o pedido de Suspensão não prejudica os recursos que discutem o mérito da questão. Em casos de **liminares idênticas**, pode-se estender os efeitos da suspensão de uma liminar para os outros casos.

17.4. *HABEAS DATA*

O *habeas data* pode ser **conceituado** como *a ação constitucional concedida para: a) assegurar o conhecimento de* **informações** *relativas à pessoa do impetrante, constantes de registros ou bancos de dados de entidades governamentais ou de caráter público; b)* **retificar** *dados, quando não se prefira fazê-lo por processo sigiloso, judicial ou administrativo* (art. 5º, LXXII, da CF); *c)* **anotar** *nos assentamentos do interessado contestação ou explicação sobre dado verdadeiro mas justificável e que esteja sob pendência judicial ou amigável* (art. 7º, III, da Lei 9.507/1997).

São requisitos para o **cabimento e concessão** os seguintes:

a) informação sobre a pessoa do impetrante; o pedido para ter *informação, retificação* ou *anotação* deve ser sobre a *pessoa do impetrante*, e não qualquer informação de *interesse pessoal*; por exemplo, cabe HD para ter acesso a dados constantes do prontuário de servidor público ou a dados do impetrante constantes nos registros das Polícias Civil e Federal; **não cabe** HD para: i) pedir informações sobre terceiros; ex: sobre autores de agressões contra o interessado (STF, RMS 24.617); repare que se busca informação de interesse pessoal do impetrante, mas não sobre o próprio impetrante, mas sobre terceiro; ii) simples obtenção de vista de processo administrativo (STF, HD 90-AgR); iii) fazer valer o direito à informação, de interesse particular ou coletivo (art. 5º, XXXIII, da CF); o direito ao HD não se confunde com o direito de petição ou de certidão;

b) informação constante de banco de dados ou registro de caráter público; considera-se de caráter público todo registro ou banco de dados contendo informações que sejam ou que possam ser **transmitidas** a terceiros ou que **não sejam de uso privativo** do órgão ou entidade produtora ou depositária das informações (art. 1º, parágrafo único, Lei 9.507/1997); assim, cabe HD: i) em face de entidade governamental ou de caráter público; governamental inclui empresas estatais; ii) para assegurar informações sobre cadastro de devedores ou listagens de mala-direta; e não cabe HD quando se quer: i) ficha de pessoal do Banco do Brasil, pois não é um registro de caráter público; ii) extrato bancário requerido a banco estatal, pois também não é um banco de dados ou um registro de caráter público;

c) prova de indeferimento ou omissão no atendimento a pedido informações (art. 8º, parágrafo único, da Lei 9.507/1997 e Súmula STJ n. 2); o interessado na informação, retificação ou anotação deverá fazer requerimento ao órgão ou entidade depositária do registro, que será apreciado em 48 horas, comunicando-se a decisão ao requerente em 24 horas; deve haver prova da: i) recusa ao acesso às informações ou decurso de mais de 10 dias sem decisão; ii) recusa em fazer-se a retificação ou decurso de mais de 15 dias sem decisão; iii) recusa em fazer-se a anotação ou decurso de mais de 10 dias sem decisão; vale ressaltar que a informação incompleta equivale à recusa (STJ, HD n. 149);

d) direito líquido e certo de não ser prejudicado; os *fatos que o impetrante usa para fundamentar seu direito devem ser comprovados de plano;* ou seja, há de se levar a juízo, prova documental, pré-constituída, sem dilação probatória; o STJ determina que essa regra também se aplica ao HD, de modo que o impetrante deve demonstrar desde logo, com a propositura da ação, a incorreção de dado constan-te do registro do órgão competente (HD 210, 18/02/2011); não é cabível que se faça um pedido de informações somado já a uma eventual retificação, pois não se sabe se esta será necessária (STJ, HD n. 160); o impetrante deve, também, demonstrar que o pedido não é mero capricho, mas o problema na informação vem causando prejuízo moral ou material; não cabe HD para excluir nome de dívida ativa, pois isso demandaria dilação probatória.

Seguem outras informações sobre o HD: a) não há prazo para ingressar com essa ação; b) se couber HD, não cabe MS; c) não é possível fazer outros tipos de pedido que não um dos três mencionados; d) são gratuitos os procedimentos administrativos para o acesso a informações, retificação de dados e anotação de justificação, bem como a ação de *habeas data*; e) não se pode negar HD com fundamento na proteção do direito à intimidade e à vida privada, porém, se o inquérito for sigiloso, por motivo de segurança, o HD pode ser negado; f) o instituto foi criado para possibilitar acesso aos registros do antigo SNI – Serviço Nacional de Informações

Quanto à legitimidade, tem-se o seguinte: a) ativa: pessoa natural ou pessoa jurídica; c) passiva: é o coator, que é o próprio órgão ou entidade. Ex: gestão de dados dos examinandos do ENEM compete ao INEP (pessoa jurídica), e não ao Ministro da Educação, que é parte ilegítima para o HD. Havendo indicação errônea da autoridade coatora, cabe, preenchidos os três requisitos, a aplicação da Teoria da Encampação (STJ, HD n. 147), na forma do que acontece com o mandado de segurança.

Sobre a competência para o HD, tem-se o seguinte: é a da *sede do coator, observada a sua categoria funcional;* porém, o impetrante pode se valer da opção prevista no art. 109, § 2º, da CF, que permite, nas causas aforadas contra a União, que o autor ajuíze ação na seção judiciária em que for domiciliado

Há de se verificar, também, a Justiça competente, se estadual (para autoridades municipais ou estaduais) ou federal (para autoridades federais; tem-se tal autoridade toda vez que consequências patrimoniais tiverem de ser suportadas pela União ou entidade por ela controlada).

E também se faz necessário verificar o Grau. Há casos em que a competência é originária de tribunais, observando-se ao seguinte:

a) STF: é o tribunal competente para HD contra atos do Presidente da República, das Mesas da Câmara e Senado, do TCU, do CNJ, do CNMP, do Procurador-Geral da República e do próprio STF. Vide art. 102, I, "d" e "r", CF);

b) STJ: é o tribunal competente para HD contra atos de Ministro de Estado, Comandante das Forças Armadas e do Próprio STJ. Vide o art. 105, I, "b", da CF).

c) TRF: é o tribunal competente para MS contra atos de Juiz Federal e do próprio tribunal. Vide o art. 108, I, "c", da CF.

São requisitos da petição inicial os seguintes:

a) cumprimento dos requisitos dos arts. 282 e 283 do CPC: i) juiz ou tribunal, a que é dirigida; ii) nomes, prenomes, estado civil, profissão, domicílio e residência das partes; iii) fato e fundamentos jurídicos do pedido; iv) pedido, com suas especificações; v) valor da causa; vi) requerimento de provas (em MS não há esse requerimento); vii) requerimento de honorários (não há entendimento pacífico a respeito desse tema); viii) requerimento de citação do réu; ix) instrução da petição com documentos;

b) indicação do coator, mais notificação deste;

c) indicação de eventuais litisconsortes necessários, mais pedido de notificação destes (eventual);

d) requerimento de oitiva de representante do MP;

e) pedido de concessão de liminar (é comum);

f) apresentação em duas vias, com os documentos que instruírem a primeira reproduzidos na segunda;

O tratamento das partes deve ser o seguinte: a) polo ativo: impetrante; b) polo passivo: impetrado ou coator.

Quanto à liminar, não está na Lei de HD, mas, tendo em vista a inafastabilidade da jurisdição e o poder geral de cautela do juiz, cabe para que não pereça o direito. São requisitos para a sua concessão o fundamento relevante (*fumus boni juris*) e que do ato impugnado puder resultar ineficácia da medida, se deferida ao final (*periculum in mora*).

Quanto ao rito do HD, segue o seguinte: a) petição inicial; b) notificação do coator; c) 10 dias para informações da autoridade coatora; c) oitiva do MP, em 5 dias; d) sentença, em 5 dias.

Quanto à sentença (arts. 13 e 14 da Lei 9.507/1997), tem natureza mandamental, ou seja, consiste numa ordem judicial a ser cumprida independentemente de execução de sentença, sendo que o cumprimento se dará com o juiz determinando a transmissão da ordem, por ofício, para o coator, por meio de oficial de justiça, correio, telegrama, fax etc. O descumprimento da ordem configura crime de desobediência, sem prejuízo de outras sanções (art. 330 do CP). A sentença que conceder HD pode ser executada provisoriamente, já que tem efeito imediato e a apelação só tem efeito devolutivo. Quanto ao teor da sentença, obedece ao seguinte: se julgar procedente, o juiz marcará data e horário para que o coator: i) apresente ao impetrante as informações a seu respeito; ii) apresente em juízo a prova da retificação ou da anotação.

Quanto aos recursos cabíveis em HD, tem-se os seguintes:

a) embargos de declaração, na forma da lei processual civil; b) agravo: contra decisões interlocutórias, na forma da lei processual civil; c) apelação: contra sentença, na forma da lei processual civil; f) recursos extraordinário e especial: na forma da lei processual civil; g) recurso ordinário: a ser julgado pelo STJ, em MS julgado em única instância por TRFs, quando a decisão for denegatória; a ser julgado pelo STF, em MS julgado em única instância por Tribunais Superiores, quando a decisão for denegatória.

Quanto ao Pedido de Suspensão, segue a mesma sorte do que acontece no mandado de segurança.

17.5. AÇÃO POPULAR

A ação popular pode ser conceituada como *a ação constitucional promovida pelo cidadão com vistas a anular ato lesivo a) ao patrimônio público ou de entidade de que o Estado participe, b) à moralidade administrativa, c) ao meio ambiente ou d) ao patrimônio histórico e cultural, ficando o autor, salvo comprovada má-fé, isento de custas judiciais e do ônus da sucumbência.*

O fundamento constitucional dessa ação é o art. 5º, LXXIII, da CF, e sua regulamentação está presente na Lei 4.717/1965.

Repare que a ação popular defende interesses que, por sua natureza, são difusos. Porém, diferentemente da ação civil pública (Lei 7.347/1985), que pode ser manejada para defender qualquer interesse difuso, a ação popular só pode defender os quatro interesses acima mencionados (patrimônio público, moralidade administrativa, meio ambiente e patrimônio histórico e cultural), lembrando que, no caso da lesão à moralidade administrativa, não é necessário que haja lesão lesividade material (lesão econômica).

Quanto à legitimidade para a ação popular, tem-se o seguinte:

a) ativa: o legitimado ativo é o cidadão, ou seja, aquele que *está no gozo dos direitos políticos*; a prova da cidadania será feita com o título eleitoral (art. 1º, § 3º), não importa se o cidadão tem domicílio eleitoral em cidade diversa da qual a ação é ajuizada (STJ, Resp 1.242.800); é facultado a qualquer cidadão habilitar-se como assistente ou litisconsorte do autor da ação popular; normalmente, tem-se um assistente litisconsorcial (STJ, AgRg 916.010); as pessoas jurídicas não têm legitimidade para a ação popular (Súmula STF n. 365); o MP pode aditar a petição inicial (STJ, AgRg no Aresp 12962) e, em caso de desistência ou absolvição de instância, qualquer cidadão ou o MP poderão prosseguir na ação (art. 9º);

b) passiva (art. 6º): os legitimados passivos são, em litisconsórcio passivo necessário, os seguintes: i) autoridades, funcionários ou administradores que houverem autorizado, aprovado, ratificado ou praticado o ato impugnado ou que, por omissão, dado oportunidade à lesão; ii) beneficiários do auto, se houver; iii) pessoas jurídicas de direito público ou de direito privado, cujo ato seja objeto de impugnação. Essas últimas pessoas (item "iii") serão citadas e terão três opções: i) contestar o pedido; ii) abster-se de contestar o pedido; iii) atuar ao lado do autor, sendo que o ente público pode ir para polo ativo a qualquer tempo (STJ) e o MP atuará como fiscal da lei, não podendo assumir a defesa do ato impugnado ou de seus autores.

Quanto à **competência**, tem-se as seguintes regras:

a) é competente para conhecer da ação, processá-la e julgá-la o juiz que, de acordo com a organização judiciária de cada Estado, o for para as causas que interessem à União, ao Distrito Federal, ao Estado ou ao Município (art. 5 º);

b) a propositura da ação prevenirá a jurisdição do juízo para todas as ações que forem intentadas contra as mesmas partes e sob os mesmos fundamentos

c) não há foro por prerrogativa de função na ação popular; até mesmo uma ação contra o Presidente da República será promovida em 1ª instância (STF, AO 859)

São requisitos da **petição inicial** os seguintes:

a) cumprimento dos requisitos dos arts. 282 e 283 do CPC: i) juiz ou tribunal, a que é dirigida; ii) nomes, prenomes, estado civil, profissão, domicílio e residência das partes; iii) fato e fundamentos jurídicos do pedido; iv) pedido, com suas especificações; v) valor da causa; vi) requerimento de provas; vii) requerimento de honorários; viii) requerimento de citação do réu; ix) instrução da petição com documentos;

b) indicação de litisconsortes necessários, mais pedido de citação destes;

c) requisição de documentos negados (eventual);

d) pedido de concessão de liminar (eventual);

e) requerimento de oitiva de representante do MP;

f) requerimento de isenção de custas judiciais.

Na medida do possível, há de se tentar capitular o caso concreto na petição inicial da ação popular não só numa das quatro hipóteses constitucionais, como também nos arts. 2º a 4º da Lei de Ação Civil Pública.

Quanto ao **tratamento** das partes, temos o seguinte: a) polo ativo: autor ou autor popular; b) polo passivo: réu.

Quanto aos **objetos** ou **pedidos** que podem ser formulados, tem-se o seguinte:

a) anulação do ato lesivo (CF e art. 11 da LAP);

b) condenação ao pagamento de perdas e danos dos responsáveis e beneficiários (art. 11 da LAP);

c) restituição de bens ou valores (art. 14, § 4º, da LAP).

É cabível pedido de suspensão **liminar** do ato lesivo (art. 5º, § 4º, da LAP).

O rito da ação é ordinário (art. 7º), mas o prazo para contestação é de 20 dias, prorrogáveis por mais 20 dias, a requerimento do interessado, desde que devidamente justificado, nos termos da lei.

Quanto à instrução probatória, o STJ entende que autor popular também não tem o dever de adiantamento de honorários periciais, por aplicação analógica da Lei 7.347/1985 (STJ, Resp 1.225.103).

Em relação, à sentença (arts. 12 e ss.), confira-se as regras a serem seguidas:

a) provimento: a sentença tem conteúdo constitutivo negativo (a parte que anula o ato lesivo) e/ou condenatório (a parte que condena ao ressarcimento do erário ou a alguma obrigação de fazer decorrente da anulação do ato);

b) cumprimento: segundo o CPC; decorridos 60 dias da sua publicação, representante do MP promoverá em 30 dias a sua execução; as pessoas jurídicas protegidas podem promover a execução da sentença que lhes beneficiar, contra os demais réus, ainda que tenham defendido o ato impugnado (art. 17)

c) coisa julgada (art. 18); em caso de procedência/improcedência do pedido, o efeito é *erga omnes*; já no caso de improcedência por falta de provas, qualquer cidadão poderá intentar outra ação idêntica, valendo-se de nova prova

Quanto aos recursos, cabem recursos em geral previstos na lei processual civil, sendo que o reexame necessário se dará quando houver carência ou improcedência da ação. No mais, a apelação na ação popular tem efeito suspensivo. Porém, por se tratar de uma ação coletiva à modo que acontece com a ação civil pública há entendimentos segundo o qual a apelação só tem efeito devolutivo, por conta do disposto na Lei 7.347/1985. Em nossa opinião o tema, por ser de grande repercussão pública, precisa ficar bem equacionado, de modo que o juiz deverá, sempre que receber a apelação numa ação coletiva movida em face do Poder Público, dizer expressamente em que efeito a recebe.

Quanto à prescrição, a Lei de Ação Popular estabelece que essa ação prescreve em 5 anos, sendo que o termo *a quo* costuma ser a publicação do ato lesivo. Porém, segundo o STF, é imprescritível a pretensão de reparação do dano ao erário, em caso de ato ilícito

17.6. AÇÃO CIVIL PÚBLICA

A ação civil pública pode ser conceituada como *a ação constitucional promovida pelo MP e demais legitimados previstos na lei, com vistas a proteger interesses, bens e direitos a) difusos, b) coletivos e c) individuais homogêneos.*

Essa ação encontra previsão nos seguintes diplomas legislativos: a) art. 129, III, da CF; b) Lei 7.347/1985 (Lei de Ação Civil Pública – LACP); c) Lei 8.078/1990 (CDC) c/c art. 21 da Lei 7.347/1985; c) Lei 8.069/1990 (ECA); d) Estatuto do Idoso; entre outras.

Quanto aos interesses protegidos pela ACP, são os seguintes (art. 81, parágrafo único, CDC)

a) difusos: *os transindividuais, de natureza indivisível, de que sejam titulares pessoas indeterminadas e ligadas por circunstâncias de fato* (indisponíveis); por exemplo, temos o interesse de todos na despoluição de um rio;

b) coletivos: *os transindividuais, de natureza indivisível, de que seja titular grupo, categoria ou classe de pessoas ligadas entre si ou com a parte contrária por uma relação jurídica base* (disponíveis pelo grupo); como exemplo, temos o interesse de todos servidores em conseguir um aumento em sua remuneração;

c) individuais homogêneos: *os decorrentes de origem comum* (disponível individualmente); como exemplo, temos os interesses das vítimas de um determinado acidente aéreo.

Quanto à legitimidade ativa (arts. 5º LACP e 82 do CDC), tem-se os seguintes legitimados:

a) Ministério Público

b) União, Estados, Distrito Federal e Municípios

c) Entidades da administração pública direta e indireta

d) Defensoria Pública

e) Órgãos da administração pública direta ou indireta, especificamente destinados à defesa dos interesses e direitos protegidos pelo CDC

f) Associações legalmente constituídas há pelo menos 1 (um) ano (tempo) e que incluam entre seus fins sociais a defesa dos interesses e direitos a serem protegidos (pertinência), dispensada a autorização dos associados; o juiz pode dispensar o requisito temporal, se manifesto o interesse social

Quanto ao Ministério Público, tem os seguintes papéis: a) é legitimado ativo; b) e, não sendo autor, atua necessariamente como fiscal da lei. Ademais, o inquérito civil (que não é requisito essencial para ingressar com ACP) e a requisição são atribuições privativos do MP. Vale ressaltar que o MP não pode defender interesse individual disponível (art. 127, *caput*, da CF, *a contrario sensu*), salvo se houver interesse social envolvido (art. 127, *caput*, da CF), como em matéria de mensalidades escolares e saúde.

Quanto ao litisconsórcio ativo, pode ser original ou ulterior (em que se tem a assistência litisconsorcial), com a presença de qualquer um dos legitimados.

No que se refere à competência (art. 2º da LACP), o regime é o seguinte:

a) é a do local do dano, cuja competência é absoluta

b) se o interesse for individual homogêneo: em se tratando de dano local, a competência é do local do dano; em se tratando de dano regional, a capital do Estado; se nacional, o DF (art. 93 do CDC)

c) não há foro por prerrogativa de função

d) a propositura da ação prevenirá a jurisdição do juízo para ações que possuam mesma causa de pedir ou objeto

e) em caso de procedência, a sentença fará coisa julgada *erga omnes*, nos limites da competência territorial do órgão prolator (art. 17 da LACP); a jurisprudência está tendendo no sentido de que, como o Poder Judiciário é uno, a jurisdição produz efeitos em todo o território nacional, conforme entende, por ex., Nelson Nery Junior

São requisitos da petição inicial os seguintes:

a) cumprimento dos requisitos dos arts. 282 e 283 do CPC: i) juiz ou tribunal, a que é dirigida; ii) nomes, prenomes, estado civil, profissão, domicílio e residência das partes; iii) fato e fundamentos jurídicos do pedido; iv) pedido, com suas especificações; iv) valor da causa; v) requerimento de provas; vi) requerimento de honorários, salvo se MP autor; vii) requerimento de citação do réu; vii) instrução da petição com documentos;

b) indicação de eventuais litisconsortes necessários, mais pedido de citação destes

c) requisição de documentos negados (eventual);

d) pedido de concessão de liminar (eventual);

e) requerimento de oitiva de representante do MP;

f) requerimento de isenção de custas judiciais, despesas e de eventual ônus de sucumbência (art. 18 da LACP)

O tratamento das partes é o seguinte: a) polo ativo: autor; b) polo passivo: réu.

Quanto aos objetos ou pedidos passíveis de serem feitos, tem-se os seguintes:

a) anulação do ato lesivo;

b) condenação ao pagamento de perdas e danos, morais e materiais – cabe também qualquer tipo de provimento;

c) qualquer tipo de provimento jurisdicional que possa salvaguardar os direitos envolvidos (art. 83 do CDC).

Quanto ao pedido de liminar, é cabível (arts. 12 da LACP e 84 do CDC), mas depende de prévia audiência do representante judicial da pessoa jurídica de direito público, quando esta for ré, no prazo de 72 horas (art. 2º da Lei 8.437/1992 – liminar cautelar; também vale para a tutela antecipada, conforme a Lei 9.494/1997).

O rito é o ordinário, aplicando-se o CPC, subsidiariamente (art. 19), bem como o disposto no Título III do CDC, no que for cabível (art. 21).

Em relação, à sentença, confira-se as regras a serem seguidas:

a) provimento: a sentença tem conteúdo constitutivo negativo (a parte que anula o ato lesivo) e/ou condenatório (a parte que condena ao ressarcimento do erário ou a alguma obrigação de fazer decorrente da anulação do ato);

b) cumprimento: segundo o CPC; decorridos 60 dias do trânsito em julgado, o representante do MP promoverá a execução; as pessoas jurídicas protegidas podem promover a execução da sentença que lhes beneficiar, contra os demais réus, ainda que tenham defendido o ato impugnado.

c) coisa julgada (art. 16); em caso de procedência/improcedência do pedido, o efeito é *erga omnes*; já no caso de improcedência por falta de provas, qualquer legitimado poderá intentar outra ação idêntica, valendo-se de nova prova

Em caso de litigância de má-fé, a associação e os diretores responsáveis pela ação serão solidariamente condenados em honorários, décuplo das custas e perdas e danos

Quanto aos **recursos**, cabem recursos em geral previstos na lei processual civil. No mais, a apelação na ação civil pública tem apenas efeito devolutivo, porém, se o Poder Público é réu, há de se lembrar que existe o reexame necessário se perder a demanda, o que impediria que a sentença produzisse efeitos enquanto não fosse confirmada. Em nossa opinião o tema, por ser de grande repercussão pública, precisa ficar bem equacionado, de modo que o juiz deverá, sempre que receber a apelação numa ação coletiva movida em face do Poder Público dizer expressamente em que efeito a recebe.

Quanto à **prescrição**, opera-se de acordo com a matéria envolvida. Porém, é imprescritível a prescrição em caso de danos ao erário causado por ato ilícito e em caso de dano ambiental.

Em relação à **coisa julgada** (art. 103 do CDC), tem-se as seguintes regras:

a) difusos: i) em caso de procedência: *erga omnes*; ii) em caso de improcedência: *erga omnes*;

b) coletivos: i) em caso de procedência: *ultra partes*, limitada a grupo, categoria, classe; ii) em caso de improcedência: *ultra partes*;

c) individuais homogêneos: i) em caso de procedência: *erga omnes*, para beneficiar a todos, salvo se vítima, ciente da ação coletiva, continuou com ação individual que tiver ajuizado – art. 104 do CDC; ii) em caso de improcedência: sem eficácia *erga omnes*.

É importante ressaltar que, em caso de improcedência por falta de provas, não há efeitos *erga omnes*.

Quanto à **execução que envolve direito individual homogêneo** (art. 103 do CDC), tem-se as seguintes regras:

a) haverá condenação genérica;

b) a liquidação e execução poderão ser pedidos tanto pela vítima/sucessores, bem como pelos legitimados para a ACP (estes devem tentar particularizar situação do substituído – STJ – EResp 1.103.434);

c) no primeiro caso, competência para execução é tanto do juízo da ação condenatória, como do juízo da liquidação; no segundo, competência é do juízo da ação condenatória

Quanto à **destinação das condenações em dinheiro,** não havendo interesse individual a ser satisfeito, valores reverterão para o fundo de interesses difusos (art. 13 da LACP)

17.7. JURISPRUDÊNCIA SELECIONADA

17.7.1. Controle interno. Prescrição

Súmula STF nº 383

A prescrição em favor da fazenda pública recomeça a correr, por dois anos e meio, a partir do ato interruptivo, mas não fica reduzida aquém de cinco anos, embora o titular do direito a interrompa durante a primeira metade do prazo.

Súmula STJ nº 467

Prescreve em cinco anos, contados do término do processo administrativo, a pretensão da Administração Pública de promover a execução da multa por infração ambiental.

Anistia: art. 9º do ADCT e prescrição

Ante a ocorrência de prescrição, o Plenário, por maioria, julgou extinta ação originária especial, ajuizada em 2.4.2008, por militar cassado pelo Ato Institucional 5 (AI-5). O autor requeria a nulidade de decreto de reforma compulsória, com as consequentes correção, na inatividade, de seu posicionamento na hierarquia castrense e percepção de proventos de posto superior. Sustentava sua pretensão não estaria prescrita, porquanto somente teria sido regulamentada a partir da Lei 10.599/2002, bem como que a anistia configuraria matéria de ordem pública. Em preliminar, consignou-se que o exercício do direito colimado nascera em 5.10.88, com a promulgação da Constituição, e não a partir da Lei 10.599/2002, diploma normativo que, por sua vez, não regulamentara o fundamento do pedido em tela — art. 9º do ADCT ("Art. 9º. Os que, por motivos exclusivamente políticos, foram cassados ou tiveram seus direitos políticos suspensos no período de 15 de julho a 31 de dezembro de 1969, por ato do então Presidente da República, poderão requerer ao Supremo Tribunal Federal o reconhecimento dos direitos e vantagens interrompidos pelos atos punitivos, desde que comprovem terem sido estes eivados de vício grave") —, mas apenas o art. 8º desse mesmo ato. Entendeu-se que o reconhecimento, pelo STF, dos direitos e vantagens políticos interrompidos pelos atos de punição que se sucederam no período de 15 de julho a 31 de dezembro de 1969 deveria observar os critérios especiais fixados no Decreto 20.910/32, que regulamenta a prescrição quinquenal em face da Fazenda Pública ("Art. 1º - As dívidas passivas da União, dos Estados e dos Municípios, bem assim todo e qualquer direito ou ação contra a Fazenda Federal, Estadual ou Municipal, seja qual for a sua natureza, prescrevem em cinco anos contados da data do ato ou fato do qual se originarem"). Assim, o quinquídio prescricional para o exercício do direito já havia se esvaído quando a ação fora ajuizada. Vencidos os Ministros Luiz Fux, Ayres Britto e Celso de Mello, que consideravam os direitos decorrentes dos atos praticados no período revolucionário imprescritíveis. Precedente citado: AOE 17/RS, (DJU de 25.5.2001). AOE 27/DF, rel. Min. Cármen Lúcia, 10.8.2011. (AOE-27) (Inform. STF 635)

DIREITO ADMINISTRATIVO. PRAZO PRESCRICIONAL DA PRETENSÃO DE RECEBIMENTO DE VALORES REFERENTES À INCORPORAÇÃO DE QUINTOS PELO EXERCÍCIO DE FUNÇÃO OU CARGO EM COMISSÃO ENTRE 8/4/1998 E 5/9/2001. RECURSO REPETITIVO (ART. 543-C DO CPC E RES. 8/2008-STJ). Não está prescrita a pretensão dos servidores da justiça federal de recebimento de valores retroativos referentes à incorporação de quintos pelo exercício de função comissionada ou cargo em comissão entre 8/4/1998 a 5/9/2001 – direito surgido com a edição da MP 2.225-45/2001 –, encontrando-se o prazo prescricional suspenso até o encerramento do Processo Administrativo 2004.164940 do CJF, no qual foi interrompida a prescrição. De fato, nesse processo, foi interrompida a prescrição, tendo em vista o reconhecimento administrativo, em decisão do Ministro Presidente do CJF, do direito dos servidores, inclusive com o pagamento de duas parcelas retroativas, em dezembro de 2004 e dezembro de 2006. Para chegar a essa conclusão, cumpre expor algumas premissas. Nos termos do art. 1º do Dec. 20.910/1932, as "dívidas passivas da União, dos Estados e dos Municípios, bem assim todo e qualquer direito ou ação contra a Fazenda federal, estadual ou municipal, seja qual for a sua natureza, prescrevem em cinco anos contados da data do ato ou fato do qual se originarem". Pelo princípio da *actio nata*, o direito de ação surge com a efetiva lesão do direito tutelado, quando nasce a pretensão a ser deduzida em juízo, conforme o art. 189 do CC. Deve-se considerar, ainda, que o ato administrativo de reconhecimento do direito pelo devedor pode ter as seguintes consequências: a) interrupção do prazo prescricional, caso ainda esteja em curso (art. 202, VI, do CC); ou b) sua renúncia, quando já se tenha consumado (art. 191 do CC). Interrompido o prazo, a prescrição volta a correr pela metade (dois anos e meio) a contar da data do ato que a interrompeu ou do último ato ou termo do respectivo processo, nos termos do que dispõe o art. 9º do Dec. 20.910/1932. Assim, tendo sido a prescrição interrompida no curso de um processo administrativo, o prazo prescricional não volta a fluir de imediato, mas apenas "do último ato ou termo do processo", consoante dicção do art. 9º do Dec. 20.910/1932. O art. 4º desse diploma legal, por sua vez, estabelece que a prescrição não corre durante o tempo necessário para a Administração apurar a dívida e individualizá-la em relação a cada um dos beneficiados pelo direito. O prazo prescricional interrompido somente volta a fluir, pela metade, quando a Administração pratica algum ato incompatível com o interesse de saldar a dívida, ou seja, quando se torna inequívoca a sua mora. Nesse contexto, observa-se que o direito à incorporação dos quintos surgiu com a edição da MP 2.225-45/2001. Portanto, em 4/9/2001, quando publicada a MP, teve início o prazo prescricional quinquenal do art. 1º do Dec. 20.910/1932. A prescrição foi interrompida em 17/12/2004, com a decisão do Ministro Presidente do CJF exarada nos autos do Processo Administrativo 2004.164940, que reconheceu o direito de incorporação dos quintos aos servidores da Justiça Federal. Ocorre que esse processo administrativo ainda não foi concluído. Assim, como ainda não foi encerrado o processo no qual foi interrompida a prescrição e tendo sido pagas duas parcelas de retroativos – em dezembro de 2004 e dezembro de 2006 –, não flui o prazo prescricional, que não voltou a correr pela metade, nos termos dos art. 4º e 9º do Dec. 20.910/1932. **REsp 1.270.439-PR, Rel. Min. Castro Meira, julgado em 26/6/2013.** (Inform. STJ 527)

DIREITO ADMINISTRATIVO. IMPRESCRITIBILIDADE DA PRETENSÃO DE INDENIZAÇÃO POR DANO MORAL DECORRENTE DE ATOS DE TORTURA.
É imprescritível a pretensão de recebimento de indenização por dano moral decorrente de atos de tortura ocorridos durante o regime militar de exceção. Precedentes citados: AgRg no AG 1.428.635-BA, Segunda Turma, DJe 9/8/2012; e AgRg no AG 1.392.493-RJ, Segunda Turma, DJe 1/7/2011. **REsp 1.374.376-CE, Rel. Min. Herman Benjamin, julgado em 25/6/2013.** (Inform. STJ 523)

DIREITO ADMINISTRATIVO. PRAZO PRESCRICIONAL NA HIPÓTESE DE PRETENSÃO INDENIZATÓRIA DECORRENTE DE DESAPROPRIAÇÃO INDIRETA.
A pretensão indenizatória decorrente de desapropriação indireta prescreve em vinte anos na vigência do CC/1916 e em dez anos na vigência do CC/2002, respeitada a regra de transição prevista no art. 2.028 do CC/2002. De início, cumpre ressaltar que a ação de desapropriação indireta possui natureza real e, enquanto não transcorrido o prazo para aquisição da propriedade por usucapião, ante a impossibilidade de reivindicar a coisa, subsiste a pretensão indenizatória em relação ao preço correspondente ao bem objeto do apossamento administrativo. Com base nessa premissa e com fundamento no art. 550 do CC/1916, dispositivo legal cujo teor prevê prazo de usucapião, o STJ firmou a orientação de que "a ação de desapropriação indireta prescreve em vinte anos" (Súmula 119/STJ). O CC/2002, entretanto, reduziu o prazo da usucapião extraordinária para quinze anos (art. 1.238, *caput*) e previu a possibilidade de aplicação do prazo de dez anos nos casos em que o possuidor tenha estabelecido no imóvel sua moradia habitual ou realizado obras ou serviços de caráter produtivo. Assim, considerando que a desapropriação indireta pressupõe a realização de obras pelo poder público ou sua destinação em função da utilidade pública ou do interesse social, com fundamento no atual Código Civil, o prazo prescricional aplicável às desapropriações indiretas passou a ser de dez anos. **REsp 1.300.442-SC, Rel. Min. Herman Benjamin, julgado em 18/6/2013.** (Inform. STJ 523)

DIREITO ADMINISTRATIVO. SERVIDOR PÚBLICO. TERMO *A QUO* DO PRAZO PRESCRICIONAL. RECONHECIMENTO ADMINISTRATIVO DO DÉBITO.
O termo inicial do prazo prescricional de cinco anos, previsto no art. 1º, § 1º, do Dec.-Lei n. 20.910/1932, para que servidor público exija direito, reconhecido administrativamente, ao pagamento de valores devidos a ele pela Administração Pública é a data do reconhecimento administrativo da dívida. A jurisprudência do STJ é firme no sentido de que o reconhecimento do débito implica renúncia, pela Administração, ao prazo prescricional já transcorrido. Precedentes citados: AgRg no AREsp 50.172-DF, DJe 13/4/2012 e AgRg no Ag 1.218.014-RJ, DJe 4/10/2010. **AgRg no AgRg no AREsp 51.586-RS, Rel. Min. Benedito Gonçalves, julgado em 13/11/2012. (Inform. STJ 509)**

DIREITO ADMINISTRATIVO. VERBA ALIMENTAR. SERVIDOR PÚBLICO. PRESCRIÇÃO QUINQUENAL.
Nos casos em que se discute o direito de servidor à verba alimentar decorrente da relação de direito público, a prescrição é a quinquenal disposta no art. 1º do Dec. n. 20.910/1932, e não a bienal do art. 206, § 2º, do CC. O conceito jurídico de prestação alimentar fixado no Código Civil não se confunde com o de verbas remuneratórias de natureza alimentar, pois faz referência às prestações alimentares de natureza civil e privada, incompatíveis com as percebidas em vínculo de direito público. Precedentes citados: AgRg no AREsp 164.513-MS, DJe 27/8/2012, e AgRg no AREsp 16.494-RS, DJe 3/8/2012. **AgRg no AREsp 231.633-AP, Rel. Min. Castro Meira, julgado em 23/10/2012. (Inform. STJ 508)**

DIREITO ADMINISTRATIVO. RELAÇÃO DE TRATO SUCESSIVO. PRESCRIÇÃO. TERMO INICIAL.
Em se tratando de relação de trato sucessivo, o indeferimento do pedido pela Administração é o termo *a quo* para o cômputo do prazo prescricional quinquenal. **REsp 1.336.285-RS, Min. Mauro Campbell Marques, julgado em 23/10/2012. (Inform. STJ 508)**

DIREITO ADMINISTRATIVO. AÇÃO DE INDENIZAÇÃO CONTRA A FAZENDA PÚBLICA. PRAZO PRESCRICIONAL QUINQUENAL.
As ações de indenização contra a Fazenda Pública prescrevem em cinco anos. Por se tratar de norma especial, que prevalece sobre a geral, aplica-se o prazo do art. 1º do Dec. n. 20.910/1932, e não o de três anos previsto no CC. Precedentes cita-

dos: EREsp 1.081.885-RR, DJe 1º/2/2011 e AgRg no Ag 1.364.269-PR, DJe 24/9/2012. **AgRg no AREsp 14.062-RS, Rel. Min. Arnaldo Esteves Lima, julgado em 20/9/2012. (Inform. STJ 505)**

PRESCRIÇÃO. INDENIZAÇÃO. ABATE. ANIMAIS.
Cuida-se do prazo prescricional da ação em que se pleiteia indenização em razão do abate de animais doentes, destruição de coisas ou construções rurais por interesse da defesa sanitária animal ou salvaguarda da saúde pública. No caso, o princípio da especialidade (*lex specialis derogat legi generali*) afasta a aplicação da regra geral de prescrição quinquenal no Direito Administrativo (art. 1º do Dec. n. 20.910/1932), pois prevalece o disposto no art. 7º da Lei n. 569/1948, com a redação dada pela Lei n. 11.515/2007, que fixa o prazo prescricional em 180 dias da data em que houve o sacrifício ou destruição. **Precedente citado: RMS 21.066-PE, DJe 29/9/2008. REsp 1.184.775-PR, Rel. Min. Luiz Fux, julgado em 4/5/2010.** (Inform. STJ 433)

PRESCRIÇÃO. PRAZO QUINQUENAL.
A possibilidade de a administração valer-se do prazo vintenário previsto no CC/2002 para impor sanções e de o administrado só ter o quinquenal do Dec. n. 20.910/1932 para veicular suas pretensões escapa dos cânones da razoabilidade e isonomia, princípios norteadores da atuação do administrador, máxime no campo sancionatório. Assim, as prescrições administrativas em geral, seja em ações judiciais tipicamente administrativas seja no processo administrativo, devem sujeitar-se ao prazo quinquenal previsto no referido decreto. Quanto ao crédito objeto de execução fiscal que não possui natureza tributária (como no caso, de multa ambiental), este Superior Tribunal já se posicionou no sentido de que o marco interruptivo da prescrição é o despacho do juiz que ordena a citação. **Precedentes citados: REsp 444.646-RJ, DJ 2/8/2006; REsp 539.187-SC, DJ 3/4/2006; REsp 751.832-SC, DJ 20/3/2006; REsp 714.756-SP, DJ 6/3/2006; REsp 436.960-SC, DJ 20/2/2006; REsp 1.148.455-SP, DJe 23/10/2009; AgRg no AgRg no REsp 981.480-SP, DJe 13/3/2009; AgRg no Ag 1.041.976-SP, DJe 7/11/2008, e REsp 652.482-PR, DJ 25/10/2004. REsp 1.057.754-SP, Rel. Min. Luiz Fux, julgado em 23/3/2010.** (Inform. STJ 428)

REPETITIVO. PRESCRIÇÃO. REGRA. TRANSIÇÃO. COBRANÇA.
A Seção, para efeitos do art. 543-C do CPC, reiterou a tese de que prescreve em 20 anos, na vigência do CC/1916, e em cinco anos, na vigência do CC/2002, a pretensão de cobrança dos valores aportados para a construção de rede de eletrificação rural posteriormente incorporada ao patrimônio da companhia estadual de energia elétrica, respeitada a regra de transição prevista no art. 2.028 do CC/2002. Por isso, foi provido o recurso a fim de afastar a prescrição decretada, determinando-se o retorno dos autos ao tribunal *a quo* para julgar as demais questões (*vide* Súm. n. 412-STJ). **Precedentes citados: REsp 1.053.007-RS, DJe 9/12/2009; AgRg no Ag 1.120.842-RS, DJe 23/11/2009; AgRg no Ag 1.158.381-RS, DJe 11/9/2009; AgRg no Ag 1.102.335-RS, DJe 17/8/2009; AgRg no Ag 949.811-RS, DJe 30/11/2009; Rcl 3.692-RS, DJe 3/11/2009, e AgRg no Ag 1.130.775-RS, DJe 2/2/2010. REsp 1.063.661-RS, Rel. Min. Luis Felipe Salomão, julgado em 24/2/2010.** (Inform. STJ 424)

MULTA ADMINISTRATIVA. PRESCRIÇÃO.
A Turma reiterou que à Administração Pública na cobrança de sanção pecuniária é cabível a aplicação do Dec. n. 20.910/1932, referente às suas dívidas passivas, mormente como corolário do princípio da igualdade e da simetria. **Também a prescrição para a cobrança de multa administrativa é de cinco anos, à semelhança das ações pessoais contra a Fazenda Pública**. **Precedentes citados: REsp 905.932-RS, DJ 28/6/2007; AgRg no Ag 842.096-MG, DJ 25/6/2007; REsp 623.023-RJ, DJ 14/11/2005, e REsp 751.832-SC, DJ 20/3/2006. AgRg no Ag 1.049.451-SP, Rel. Min. Eliana Calmon, julgado em 23/9/2008.** (Inform. STJ 369) (g.n.)

PRESCRIÇÃO. FUNDO DE DIREITO. REVISÃO. APOSENTADORIA.
A Turma, por maioria, deu provimento ao REsp ao entendimento de que, nas hipóteses em que o servidor pretende a revisão da aposentadoria, ocorre a prescrição do próprio fundo de direito após o transcurso de cinco anos entre o ato de concessão e o ajuizamento da ação. Contudo, no voto vencido, ressaltou-se que a aquisição do direito é perfeitamente compatível com seu não exercício. Ao adquirir direito, o titular não é obrigado a exercê-lo, ou seja, o direito não perece para o titular, salvo se houver, da parte do devedor, um ato formal explícito e inequívoco que denegue o próprio direito material. Como não há um ato formal da Administração para recusar o direito material, não se pode, juridicamente, afirmar que esse direito tenha sido alcançado por qualquer causa extintiva, particularmente a prescrição. **Precedentes citados: AgRg no REsp 746.253-RS, DJ 12/9/2005, e Ag 428.116-RS, DJ 31/3/2003. REsp 851.560-DF, Rel. Min. Arnaldo Esteves Lima, julgado em 8/4/2008.** (Inform. STJ 351)

AGRG. AÇÃO POPULAR. EMPRESA PÚBLICA. ALIENAÇÃO. IMÓVEL. PRESCRIÇÃO.
A Turma negou provimento ao agravo regimental, ao argumento de que a ação popular prescreve em cinco anos (art. 21 da Lei n. 4.717/1965), tendo como termo *a quo* da contagem do prazo a data da publicidade do ato lesivo ao patrimônio. É a partir desse momento que os administrados podem controlar os atos administrativos praticados. No caso, o prazo iniciou-se no momento da lavratura da escritura pública de compra e venda. Dessa forma, deve ser mantido

o entendimento firmado pela decisão agravada. Por outro lado, a empresa pública sujeita-se à obrigação legal de realizar procedimento licitatório (art. 17 da Lei de Licitações). Ainda que se trate de usucapião, salientou o Min. Relator que, muito embora a empresa pública possua natureza privada, gere bens públicos pertencentes ao DF e, como tais, não são passíveis de usucapião. Precedentes citados: REsp 337.447-SP, DJ 19/12/2003; REsp 527.137-PR, DJ 31/5/2004, e REsp 695.928-DF, DJ 21/3/2005. **AgRg no Ag 636.917-DF, Rel. Min. João Otávio de Noronha, julgado em 16/10/1007.** (Inform. STJ 336)

REAJUSTE SALARIAL. PRESCRIÇÃO. FUNDO. DIREITO.

Cuida-se de estender a servidores de fundação pública estadual gratificação concedida a servidores da administração direta e autárquica, dado o velado caráter de reajuste salarial que aquela possui. Diante disso e da constatação da existência de julgados divergentes no âmbito deste Superior Tribunal, a Turma entendeu que a discussão acerca do fundo de direito refere-se à situação jurídica fundamental, tal qual precisado pelo STF, o que não ocorre na espécie, pois não se discute a condição funcional dos recorridos, não se busca integrá-los em determinada categoria ou classe, mas apenas se almeja direito a reajuste salarial por isonomia. Firmou, assim, que prescrevem certas parcelas pleiteadas (teoria do trato sucessivo) e não o próprio direito. Entendeu, também que, mesmo que se considere de efeitos concretos a lei que criou tal gratificação, não há como ter-se por cientificados os servidores ilegalmente excluídos de suas previsões para efeito do cômputo do prazo de "prescrição" do direito. Pois é necessário se demonstrar a inequívoca ciência dos interessados, tal quando se indefere pedido administrativo seu, ou quando suprido pagamento que já havia sendo realizado. Por fim, negou provimento ao recurso do Estado e reafirmou correta a interpretação contida na Súm. n. 85-STJ. Precedentes citados do STF: RE 110.419-SP, DJ 22/9/1989; RE 108.673-SP, DJ 24/10/1986; RE 99.165-SP, DJ 14/8/1984; RE 96.340-SP, DJ 11/2/1983; do STJ: REsp 10.110-SP, DJ 22/3/1993, e REsp 31.661-SP, DJ 15/3/1993. **REsp 780.153-RJ, Rel. Min. Felix Fischer, julgado em 2/2/2006.** (Inform. STJ 272)

17.7.2. Controle Tribunal de Contas

Súmula STF nº 653

No Tribunal de Contas estadual, composto por sete conselheiros, quatro devem ser escolhidos pela assembleia legislativa e três pelo chefe do poder executivo estadual, cabendo a este indicar um dentre auditores e outro dentre membros do Ministério Público, e um terceiro a sua livre escolha.

Súmula STF nº 347

O Tribunal de Contas, no exercício de suas atribuições, pode apreciar a constitucionalidade das Leis e dos atos do poder público.

Súmula STF nº 42

É legítima a equiparação de juízes do Tribunal de Contas, em direitos e garantias, aos membros do poder judiciário.

Súmula STF nº 7

Sem prejuízo de recurso para o congresso, não é exequível contrato administrativo a que o Tribunal de Contas houver negado registro.

Súmula STF nº 6

A revogação ou anulação, pelo poder executivo, de aposentadoria, ou qualquer outro ato aprovado pelo Tribunal de Contas, não produz efeitos antes de aprovada por aquele tribunal, ressalvada a competência revisora do judiciário.

Anistia e registro de aposentadoria - 1

O Tribunal iniciou julgamento de mandado de segurança impetrado contra ato do Tribunal de Contas da União - TCU que negara registro à aposentadoria das impetrantes — beneficiadas pela anistia com fundamento no art. 8º, § 5º, do ADCT, e reintegradas no quadro funcional do Ministério da Educação —, por ausência de comprovação de vínculo empregatício com órgãos da Administração Pública Federal, antes da concessão da anistia. Sustentam as impetrantes: a) a decadência (Lei 9.784/99, art. 54: *"O direito da Administração de anular os atos administrativos de que decorram efeitos favoráveis para os destinatários decai em cinco anos, contados da data em que foram praticados, salvo comprovada má-fé."*) e b) a violação ao devido processo legal, por não terem sido ouvidas no procedimento que resultara no ato atacado. O Min. Marco Aurélio, relator, indeferiu a segurança, no que foi acompanhado pelos Ministros Cármen Lúcia, Ricardo Lewandowski, Eros Grau, Joaquim Barbosa e Carlos Britto. Ressaltou que o TCU limitou-se a examinar a concessão da aposentadoria com base no art. 71, III, da CF, não considerando a anistia em si, mas o fato de, em momento posterior, não ter sido demonstrado o ingresso no serviço público suficiente a gerar o direito à aposentadoria. Salientou, ademais, não ser aplicável, quando se trata de registro de aposentadoria, o prazo decadencial de 5 anos previsto na Lei 9.784/99. Após, o julgamento foi suspenso com o pedido de vista do Min. Cezar Peluso. MS 25916/DF, rel. Min. Marco Aurélio, 29.8.2007. (MS-25916)

Anistia e registro de aposentadoria - 2
Em conclusão de julgamento, o Plenário denegou mandado de segurança impetrado contra ato do TCU, que negara registro às aposentadorias das impetrantes – v. Informativo 477. No caso, as impetrantes teriam sido beneficiadas pela anistia, com fundamento no art. 8º, § 5º, do ADCT, e reintegradas no quadro funcional do Ministério da Educação. Ressaltou-se que o TCU limitara-se a examinar a concessão da aposentadoria com base no art. 71, III, da CF e não a anistia em si. Reputou-se que as impetrantes não teriam ocupado cargo, função ou emprego público na Administração Pública Federal, mas apenas teriam desempenhado atividade temporária sem qualquer vínculo, junto a pessoas jurídicas de direito privado para a efetivação do transitório Programa Nacional de Alfabetização.

MS 25916/DF, rel. Min. Marco Aurélio, 19.9.2013. (MS-25916) (Inform. STF 720)

SEGUNDO AG. REG. NO RE N. 450.458-DF
RELATOR: MIN. TEORI ZAVASCKI
EMENTA: ADMINISTRATIVO. AGRAVOS REGIMENTAIS NO RECURSO EXTRAORDINÁRIO. SERVIDOR PÚBLICO. APOSENTADORIA DECLARADA ILEGAL PELO TRIBUNAL DE CONTAS. DEVOLUÇÃO DOS VALORES INDEVIDAMENTE RECEBIDOS. TERMO INICIAL. DATA DA DECISÃO DO ÓRGÃO DE CONTAS. APLICAÇÃO DA SÚMULA 106 DO TCU. PRECEDENTES. SERVIDOR INDUZIDO A ERRO PELA ADMINISTRAÇÃO. AUSÊNCIA DE PREQUESTIONAMENTO. SÚMULA 282/STF.

1. **O Plenário do Supremo Tribunal Federal, em diversas oportunidades, já assentou que, havendo boa-fé do servidor público que recebe valores indevidos a título de aposentadoria, só a partir da data em que for ela julgada ilegítima pelo órgão competente deverá ser devolvida a quantia recebida a maior** (MS 26085, Relator(a): Min. CÁRMEN LÚCIA, Tribunal Pleno, DJe de 13-06-2008; e MS 24781, Relator(a): Min. ELLEN GRACIE, Relator(a) p/ Acórdão: Min. GILMAR MENDES, Tribunal Pleno, DJe de 09-06-2011).

2. Agravos regimentais a que se nega provimento. (Inform. STF 716) (g.n.)

TCU e anulação de contratos administrativos - 1
O TCU, embora não tenha poder para anular ou sustar contratos administrativos, possui competência, consoante o art. 71, IX, da CF, para determinar à autoridade administrativa que promova a anulação de contrato e, se for o caso, da licitação de que se originara. Ao ratificar essa orientação, firmada no julgamento do MS 23550/DF (DJU de 31.10.2001), a 1ª Turma denegou mandado de segurança, cuja causa de pedir era a anulação do *decisum* da Corte de Contas que ordenara ao Ministério dos Transportes a declaração de nulidade de avença de sub-rogação e rerratificação, por meio da qual se transferira à impetrante, sob o regime de concessão, a administração e exploração de parte de rodovia. A impetrante aduzia que: a) a declaração de nulidade efetuada pelo Departamento de Estradas e Rodagem (DER) estadual não seria suficiente para retirar o instrumento de concessão do ordenamento jurídico, uma vez que teria a Administração Pública poderes para rever seus atos, nos moldes dos Verbetes 346 e 473 da Súmula desta Suprema Corte; b) o Ministério dos Transportes, ao rever o ato anulatório, teria afastado as irregularidades apontadas pelo Tribunal de Contas do estado, de sorte que inexistiria qualquer desconformidade do contrato com a lei, porque que seria legal o certame; c) a Administração Federal não poderia vincular-se à decisão de Corte de Contas estadual, tendo em vista que a jurisdição desta abarcaria apenas a respectiva unidade federativa; d) essa resolução do Tribunal de Contas local deveria ser declarada nula, em razão de cerceamento do direito de defesa, uma vez que a ora impetrante não fora notificada para integrar o respectivo processo; e e) o Ministério dos Transportes também não teria sido chamado a se manifestar no procedimento perante o TCU, o que representaria violação ao princípio do devido processo legal. **MS 26000/SC, rel. Min. Dias Toffoli, 16.10.2012. (MS-26000)**

TCU e anulação de contratos administrativos - 2
De início, afirmou-se que o TCU não seria tribunal administrativo, no sentido francês, dotado de poder de solução dos conflitos em última instância. Preceituou-se que o princípio da inafastabilidade da jurisdição impediria que houvesse essa equiparação, além do que os poderes desse órgão estariam devidamente delimitados no art. 71 da CF. Outrossim, anotou-se que a participação do TCU no processo de anulação, resolução ou resilição de contratos, conforme houvesse ou não o elemento ilícito ou culposo na causa determinante da extinção anormal do ajuste, limitar-se-ia a determinar à autoridade a fixação de prazo à entidade, com a finalidade de que adotasse providências necessárias ao exato cumprimento da lei, se verificada ilegalidade. Sublinhou-se que os efeitos da inobservância do comando do Tribunal de Contas dilatar-se-iam para outra esfera (Lei 8.443/92: "*Art. 45. Verificada a ilegalidade de ato ou contrato, o Tribunal, na forma estabelecida no Regimento Interno, assinará prazo para que o responsável adote as providências necessárias ao exato cumprimento da lei, fazendo indicação expressa dos dispositivos a serem observados. § 1º No caso de ato administrativo, o Tribunal, se não atendido: I - sustará a execução do ato impugnado; II - comunicará a decisão à Câmara dos Deputados e ao Senado Federal; III - aplicará ao responsável a multa prevista no inciso II do art. 58 desta Lei. § 2º No caso de contrato, o Tribunal, se não atendido, comunicará o fato ao Congresso Nacional, a quem compete adotar o ato de sustação e solicitar, de imediato, ao Poder Executivo, as medidas cabíveis*"). **MS 26000/SC, rel. Min. Dias Toffoli, 16.10.2012. (MS-26000)**

TCU e anulação de contratos administrativos - 3

Aludiu-se que se o administrador não se curvasse ao que prescrito pelo TCU, a iniciativa retornaria à própria Corte de Contas (CF, art. 71, X). Ademais, versou-se que, na hipótese de contrato, o ato de sustação seria adotado diretamente pelo Congresso Nacional (CF, art. 71, § 1º). Contudo, a suspensão do ajuste por este último órgão seria desnecessária na espécie, pois o Ministério dos Transportes declarara nulo o termo de sub-rogação. Observou-se que a delegação firmada entre a União e o estado-membro possuiria cláusula de possibilidade de sub-rogação de eventual avença de concessão ao Governo Federal, caso houvesse denúncia daquele instrumento por parte do delegatário. Ocorre que, antes de haver a denúncia pela unidade federativa, o órgão competente para tanto — seu respectivo DER, nos termos de cláusula contratual — já teria anulado o ajuste de concessão. Frisou-se que, a princípio, o Ministério dos Transportes desconheceria a efetiva anulação da mencionada concessão. Assim, constatou-se que esse órgão entendera pela possibilidade de sub-rogação do contrato pela União, o que somente seria definitivamente concretizado após exame da legalidade pelo TCU. Ressaltou-se que, com a remessa do caso a esta Corte de Contas, ela averiguara que teriam sido apuradas irregularidades insanáveis no processo licitatório, pelo Tribunal de Contas do estado, reconhecidas pela Administração estadual, as quais teriam como consequência a invalidação do contrato de concessão. Diante disso, ressurtiu-se que a União, tendo como interveniente o Ministério dos Transportes, não poderia sub-rogar-se no papel antes exercido pelo estado-membro. Isso porque, nulo o contrato de concessão, não subsistiria a cláusula do ajuste de delegação que permitira a referida sub-rogação. **MS 26000/SC, rel. Min. Dias Toffoli, 16.10.2012. (MS-26000)**

TCU e anulação de contratos administrativos - 4

No ponto, enfatizou-se que contrato nulo, em decorrência de vícios insanáveis, não poderia conservar-se no ordenamento jurídico, nem ser convalidado por ato posterior da Administração. Por fim, repeliu-se qualquer violação constitucional, pois o próprio Ministério dos Transportes provocara o TCU para manifestação quanto à legalidade dos procedimentos licitatórios, bem como da sub-rogação do pacto de concessão. Discorreu-se que, no que concerne aos processos de desestatização, de acordo com o art. 258, do RITCU, o processo de acompanhamento seria o instrumento utilizado para exame da legalidade e legitimidade dos atos de gestão administrativa e, no presente caso, de concessão de serviço público (Instrução Normativa 27/98 do TCU), pelo que a autoridade coatora nada mais fizera senão exercer os poderes que lhe seriam inerentes, sem abusos ou ilegalidades. O Min. Luiz Fux acresceu que careceria de liquidez e certeza o que aventado pela impetrante. Explanou que, conquanto o *writ* tivesse sido manejado em face de ato do TCU, a parte objetivaria discutir decisão que fora adotada no tribunal de origem relativamente à invalidade de licitação. Sobrelevou que, quanto à matéria de fundo, o contrato administrativo sempre seria precedido de licitação; se esta fosse inválida, contaminaria os atos consectários. Esclareceu que a cláusula de sub-rogação não serviria para hipóteses de nulidade, mas para casos de impossibilidade de continuidade da concessão. O Min. Marco Aurélio registrou que a substituição do Ministério dos Transportes por pessoa jurídica de direito privado mostrar-se-ia imprópria. Prelecionou que a atuação do TCU decorrera de provocação do próprio Ministério dos Transportes. **MS 26000/SC, rel. Min. Dias Toffoli, 16.10.2012. (MS-26000) (Inform. STF 684)**

Município: Recursos Públicos Federais e Fiscalização pela CGU - 1

A Turma decidiu afetar ao Plenário julgamento de recurso ordinário em mandado de segurança interposto contra ato de Ministro de Estado do Controle e da Transparência que, mediante sorteio público, escolhera determinado Município para que se submetesse à fiscalização e auditoria, realizadas pela Controladoria-Geral da União - CGU, dos recursos públicos federais. O ora recorrente, prefeito daquela municipalidade sustenta que a CGU não poderia impor fiscalização às contas do Município, ainda que houvesse repasse de recursos pela União, tendo em vista a autonomia municipal e o que disposto no art. 71, VI, da CF ("O controle externo, a cargo do Congresso Nacional, será exercido com o auxílio do Tribunal de Contas da União, ao qual compete: ... VI - fiscalizar a aplicação de quaisquer recursos repassados pela União mediante convênio, acordo, ajuste ou outros instrumentos congêneres, a Estado, ao Distrito Federal ou a Município"). Na origem, o STJ entendera válida e legal a realização de fiscalizações pela Controladoria, no exercício do controle interno, e pelo TCU, no controle externo, com escolha de Município por sorteio. **RMS 25943/DF, rel. Min. Ricardo Lewandowski, 14.9.2010.** (RMS-25943)

Município: recursos públicos federais e fiscalização pela CGU - 2

A Controladoria-Geral da União - CGU tem atribuição para fiscalizar a aplicação dos recursos públicos federais repassados, nos termos dos convênios, aos Municípios. Com base nesse entendimento, o Plenário, por maioria, desproveu recurso ordinário em mandado de segurança, afetado pela 1ª Turma, interposto contra ato de Ministro de Estado do Controle e da Transparência que, mediante sorteio público, escolhera determinado Município para que se submetesse à fiscalização e à auditoria, realizadas pela CGU, dos recursos públicos federais àquele repassados — v. Informativo 600. Asseverou-se, de início, que o art. 70

da CF estabelece que a fiscalização dos recursos públicos federais se opera em duas esferas: a do controle externo, pelo Congresso Nacional, com o auxílio do Tribunal de Contas da União - TCU, e a do controle interno, pelo sistema de controle interno de cada Poder. **Explicou-se que, com o objetivo de disciplinar o sistema de controle interno do Poder Executivo federal, e dar cumprimento ao art. 70 da CF, fora promulgada a Lei 10.180/2001. Essa legislação teria alterado a denominação de Corregedoria-Geral da União para Controladoria-Geral da União, órgão este que auxiliaria o Presidente da República na sua missão constitucional de controle interno do patrimônio da União. Ressaltou-se que a CGU poderia fiscalizar a aplicação de dinheiro da União onde quer que ele fosse aplicado, possuindo tal fiscalização caráter interno, porque exercida exclusivamente sobre verbas oriundas do orçamento do Executivo destinadas a repasse de entes federados. Afastou-se, por conseguinte, a alegada invasão da esfera de atribuições do TCU, órgão auxiliar do Congresso Nacional no exercício do controle externo, o qual se faria sem prejuízo do interno de cada Poder. RMS 25943/DF, rel. Min. Ricardo Lewandowski, 24.11.2010.** (RMS-25943)

Município: recursos públicos federais e fiscalização pela CGU - 3

Enfatizou-se que essa fiscalização teria o escopo de verificar a correta aplicação dos recursos federais, depois de seu repasse a outros entes da federação, sob pena, inclusive, de eventual responsabilidade solidária, no caso de omissão, tendo em conta o disposto no art. 74, § 1º e no art. 18, § 3º, da Lei 10.683/2003, razão pela qual deveria a CGU ter acesso aos documentos do Município. Acrescentou-se que a fiscalização da CGU seria feita de forma aleatória, em face da impossibilidade fática de controle das verbas repassadas a todos os Municípios, mediante sorteios públicos, realizados pela Caixa Econômica Federal - CEF, procedimento em consonância com o princípio da impessoalidade, inscrito no art. 37, *caput*, da CF. Ressalvou-se, por fim, que a fiscalização apenas recairá sobre as verbas federais repassadas nos termos do convênio, excluídas as verbas estaduais ou municipais. Vencidos os Ministros Marco Aurélio e Cezar Peluso que proviam o recurso. **RMS 25943/DF, rel. Min. Ricardo Lewandowski, 24.11.2010.** (RMS-25943) (Inform. STF 610) (g.n.)

TCU - Trânsito em Julgado - Oponibilidade - Princípio da Segurança Jurídica

EMENTA: DECISÃO JUDICIAL **TRANSITADA** EM JULGADO. **INTEGRAL OPONIBILIDADE** DESSE ATO ESTATAL AO TRIBUNAL DE CONTAS DA UNIÃO. **CONSEQUENTE IMPOSSIBILIDADE** DE DESCONSTITUIÇÃO, **NA VIA ADMINISTRATIVA**, DA AUTORIDADE DA COISA JULGADA. **EXISTÊNCIA**, AINDA, NO CASO, **DE OUTRO** FUNDAMENTO CONSTITUCIONALMENTE RELEVANTE: O **PRINCÍPIO DA SEGURANÇA JURÍDICA. A BOA-FÉ E A PROTEÇÃO DA CONFIANÇA** COMO PROJEÇÕES ESPECÍFICAS DO POSTULADO DA SEGURANÇA JURÍDICA. **MAGISTÉRIO DA DOUTRINA**. SITUAÇÃO DE FATO – **JÁ CONSOLIDADA** NO PASSADO – QUE DEVE SER MANTIDA **EM RESPEITO** À BOA-FÉ **E** À CONFIANÇA DO ADMINISTRADO, **INCLUSIVE** DO SERVIDOR PÚBLICO. **NECESSIDADE DE PRESERVAÇÃO**, EM TAL CONTEXTO, DAS SITUAÇÕES CONSTITUÍDAS **NO ÂMBITO** DA ADMINISTRAÇÃO PÚBLICA. **PRECEDENTES**. **DELIBERAÇÃO** DO TRIBUNAL DE CONTAS DA UNIÃO **QUE IMPLICA SUPRESSÃO** DE PARCELA **DOS PROVENTOS** DO SERVIDOR PÚBLICO. **CARÁTER ESSENCIALMENTE ALIMENTAR** DO ESTIPÊNDIO FUNCIONAL. **PRECEDENTES**. **MEDIDA CAUTELAR DEFERIDA**.

– O Tribunal de Contas da União **não dispõe**, constitucionalmente, de poder **para rever** decisão judicial **transitada** em julgado (**RTJ** 193/556-557) **nem para determinar** a suspensão de benefícios **garantidos** por sentença **revestida** da autoridade da coisa julgada (**RTJ** 194/594), **ainda** que o direito reconhecido pelo Poder Judiciário **não tenha** o beneplácito da jurisprudência **prevalecente** no âmbito do Supremo Tribunal Federal, **pois** a *"res judicata"* em matéria civil **só** pode ser **legitimamente** desconstituída **mediante** ação rescisória. **Precedentes**.

– **Os postulados** da segurança jurídica, da boa-fé objetiva **e** da proteção da confiança, **enquanto** expressões do Estado Democrático de Direito, **mostram-se impregnados** de elevado conteúdo ético, social **e** jurídico, **projetando-se** sobre as relações jurídicas, **mesmo** as de direito público (**RTJ 191/922**, Rel. p/ o acórdão Min. GILMAR MENDES), **em ordem a viabilizar** a incidência desses **mesmos** princípios sobre comportamentos **de qualquer** dos Poderes **ou** órgãos do Estado (os Tribunais de Contas, **inclusive**), **para que se preservem**, desse modo, situações administrativas **já consolidadas** no passado.

– **A fluência** de longo período de tempo **culmina** por consolidar justas expectativas no espírito do administrado **e**, também, **por incutir**, nele, **a confiança** da plena regularidade dos atos estatais praticados, **não se justificando** – ante a aparência de direito que legitimamente resulta de tais circunstâncias – **a ruptura abrupta** da situação de estabilidade **em que se mantinham**, até então, **as relações** de direito público **entre** o agente estatal, de um lado, **e** o Poder Público, de outro. **Doutrina. Precedentes. MS 28150 - MC/DF. RELATOR: MIN. CELSO DE MELLO.** (Inform. STF 561)

Parecer Jurídico e Responsabilização

O Tribunal deferiu mandado de segurança impetrado contra ato do Tribunal de Contas da União - TCU que, aprovando auditoria realizada com o objetivo de verificar a atuação do Departamento Nacional de Estradas de Rodagem - DNER nos processos relativos a desapropriações e acordos extrajudiciais para pagamento de precatórios e ações em andamento, incluíra o impetrante, então procurador autárquico, entre os responsáveis pelas irregularidades encontradas, determinando sua audiência, para que apresentasse razões de justificativa para o pagamento de acordo extrajudicial ocorrido em processos administrativos nos quais já havia precatório emitido, sem homologação pela justiça. Salientando, inicialmente, que a obrigatoriedade ou não da consulta tem influência decisiva na fixação da natureza do parecer, fez-se a distinção entre três hipóteses de consulta: 1) a facultativa, na qual a autoridade administrativa não se vincularia à consulta emitida; 2) a obrigatória, na qual a autoridade administrativa ficaria obrigada a realizar o ato tal como submetido à consultoria, com parecer favorável ou não, podendo agir de forma diversa após emissão de novo parecer; e **3) a vinculante, na qual a lei estabeleceria a obrigação de "decidir à luz de parecer vinculante", não podendo o administrador decidir senão nos termos da conclusão do parecer ou, então, não decidir. Ressaltou-se que, nesta última hipótese, haveria efetivo compartilhamento do poder administrativo de decisão, razão pela qual, em princípio, o parecerista poderia vir a ter que responder conjuntamente com o administrador, pois seria também administrador nesse caso. Entendeu-se, entretanto, que, na espécie, a fiscalização do TCU estaria apontando irregularidades na celebração de acordo extrajudicial, questão que não fora submetida à apreciação do impetrante, não tendo havido, na decisão proferida pela Corte de Contas, nenhuma demonstração de culpa ou de seus indícios, e sim uma presunção de responsabilidade**. Os Ministros Carlos Britto e Marco Aurélio fizeram ressalva quanto ao fundamento de que o parecerista, na hipótese da consulta vinculante, pode vir a ser considerado administrador. MS 24631/DF, rel. Min. Joaquim Barbosa, 9.8.2007. (MS-24631) (Inform. STF 475) (g.n.)

EMENTA: TRIBUNAL DE CONTAS DA UNIÃO. PODER GERAL DE CAUTELA. LEGITIMIDADE. DOUTRINA DOS PODERES IMPLÍCITOS. PRECEDENTE (STF). CONSEQUENTE POSSIBILIDADE DE O TRIBUNAL DE CONTAS **EXPEDIR PROVIMENTOS CAUTELARES**, MESMO **SEM AUDIÊNCIA** DA PARTE CONTRÁRIA, **DESDE** QUE MEDIANTE DECISÃO FUNDAMENTADA. **DELIBERAÇÃO DO TCU**, QUE, **AO DEFERIR** A MEDIDA CAUTELAR, **JUSTIFICOU**, EXTENSAMENTE, **A OUTORGA** DESSE PROVIMENTO DE URGÊNCIA. **PREOCUPAÇÃO** DA CORTE DE CONTAS **EM ATENDER**, COM TAL CONDUTA, **A EXIGÊNCIA CONSTITUCIONAL** PERTINENTE À NECESSIDADE DE MOTIVAÇÃO DAS DECISÕES ESTATAIS. **PROCEDIMENTO ADMINISTRATIVO** EM CUJO ÂMBITO **TERIAM SIDO OBSERVADAS** AS GARANTIAS **INERENTES À CLÁUSULA CONSTITUCIONAL** DO *"DUE PROCESS OF LAW"*. **DELIBERAÇÃO FINAL DO TCU QUE SE LIMITOU A DETERMINAR**, AO DIRETOR-PRESIDENTE DA CODEBA (SOCIEDADE DE ECONOMIA MISTA), **A INVALIDAÇÃO** DO PROCEDIMENTO LICITATÓRIO **E** DO CONTRATO CELEBRADO COM A EMPRESA **A QUEM SE ADJUDICOU** O OBJETO DA LICITAÇÃO. **INTELIGÊNCIA** DA NORMA INSCRITA NO ART. 71, **INCISO IX**, DA CONSTITUIÇÃO. **APARENTE OBSERVÂNCIA**, PELO TRIBUNAL DE CONTAS DA UNIÃO, NO CASO EM EXAME, **DO PRECEDENTE** QUE O SUPREMO TRIBUNAL FEDERAL **FIRMOU A RESPEITO DO SENTIDO E DO ALCANCE** DESSE PRECEITO CONSTITUCIONAL (**MS 23.550/DF**, REL. P/ ACÓRDÃO O MIN. SEPÚLVEDA PERTENCE). **INVIABILIDADE DA CONCESSÃO**, NO CASO, **DA MEDIDA LIMINAR** PRETENDIDA, **EIS QUE NÃO ATENDIDOS**, CUMULATIVAMENTE, **OS PRESSUPOSTOS LEGITIMADORES** DE SEU DEFERIMENTO. **MEDIDA CAUTELAR INDEFERIDA**. (MS 26547/DF, rel. Min. CELSO DE MELLO, DJU 29.5.2007) (Inform. STF 468)

EMENTA: TRIBUNAL DE CONTAS DA UNIÃO. PROCEDIMENTO DE CARÁTER ADMINISTRATIVO. SITUAÇÃO DE CONFLITUOSIDADE EXISTENTE **ENTRE** OS INTERESSES DO ESTADO **E** OS DO PARTICULAR. **NECESSÁRIA OBSERVÂNCIA**, PELO PODER PÚBLICO, **DA FÓRMULA CONSTITUCIONAL** DO *"DUE PROCESS OF LAW"*. **PRERROGATIVAS QUE COMPÕEM** A GARANTIA CONSTITUCIONAL DO DEVIDO PROCESSO. **O DIREITO À PROVA** COMO UMA DAS PROJEÇÕES CONCRETIZADORAS DESSA GARANTIA CONSTITUCIONAL. **MEDIDA CAUTELAR DEFERIDA**.

- A **jurisprudência** do Supremo Tribunal Federal **tem reafirmado** a essencialidade do princípio **que consagra** o *"due process of law"*, **nele reconhecendo** uma insuprimível **garantia**, que, instituída **em favor de qualquer** pessoa ou entidade, **rege** e **condiciona** o exercício, **pelo Poder Público**, de sua atividade, **ainda** que em sede materialmente administrativa, **sob pena de nulidade** do próprio ato punitivo **ou** da medida restritiva de direitos. **Precedentes. Doutrina**.

- **Assiste**, ao interessado, **mesmo** em procedimentos de índole administrativa, **como direta emanação** da própria garantia constitucional do *"due process of law"* (**CF**, art. 5º, LIV) - **independentemente**, portanto, de haver previsão normativa nos estatutos que regem a atuação dos órgãos do Estado -, **a prerrogativa indisponível** do contraditório **e** da plenitude de defesa, **com** os meios e recursos a ela inerentes (**CF**, art. 5º, LV), **inclusive o direito à prova**.

- **Abrangência da cláusula constitucional** do *"due process of law"*. (MS 26358 MC/DF, rel. Min. Celso de Mello, DJ 2.3.2007) (Inform. STF 457)

LEGITIMIDADE. MP. EXECUÇÃO. DÉBITO. CERTIDÃO. TCE.

Ao prosseguir o julgamento, a Turma deu provimento ao recurso, afirmando que o Ministério Público estadual tem legitimidade para propor a execução de título extrajudicial oriundo de certidão de débito expedida pelo Tribunal de Contas estadual que apurou e constatou, em processo administrativo, irregularidades na remuneração de agentes públicos. Em razão disso, determinou que o presidente da Câmara de Vereadores restituísse os valores à municipalidade credora. Tal legitimação baseia-se na CF/1988: segundo o art. 129, III, é função institucional do MP a defesa do patrimônio público, e ainda, a legitimação ativa, todavia, pode ser justificada na Lei Orgânica do MP (Lei n. 8.625/1993), art. 25, VIII, que permite a ele ingressar em juízo, de ofício, para responsabilizar os gestores do dinheiro público condenados por tribunais e conselhos de contas. Entretanto, observa, em voto vista, o Min. Teori Albino Zavascki não ser fácil enquadrar a legitimidade do MP para esse tipo de cobrança em favor de uma entidade pública, uma vez que o art. 129, IX, da CF/1988 afirma que o MP não pode oficiar como representante da entidade pública. Dessa forma, explica que, como regra, o MP não tem legitimidade, mas a Lei Orgânica do MP permite isso. Assim, discussão normativa deve ser interpretada de acordo com a regra também constitucional de que o MP tem legitimidade para tutelar o patrimônio público. Daí ser necessário saber até que ponto o MP pode ajuizar ação como substituto processual na defesa do patrimônio público. Destaca que se tem admitido a legitimidade do MP em casos excepcionais, os quais fogem da ordinariedade da advocacia da entidade pública (que em geral defende o ente público). Aponta, no caso dos autos, que a excepcionalidade justifica-se porque se trata de uma imposição do TCE contra presidente da Câmara de Vereadores em função de uma atuação desta autoridade na condição de titular. Com essas observações, acolheu o voto do Min. Relator. **Precedentes citados: REsp 996.031-MG, DJ 28/4/2008, e REsp 678.969-PB, DJ 13/2/2006. REsp 922.702-MG, Rel. Min. Luiz Fux, julgado em 28/4/2009.** (Inform. STJ 392)

LEGITIMIDADE. MP. EXECUÇÃO. DÉBITO. TCE.

A Turma reconheceu a legitimidade do Ministério Público para propor execução de título extrajudicial originário de certidão de débito expedida pelo Tribunal de Contas estadual decorrente de processo administrativo que constatou irregularidade na compra de materiais de construção para a recuperação de moradias de pessoas carentes e que determinou a restituição dos valores aos cofres da municipalidade. **REsp 1.109.433-SE, Rel. Min. Luiz Fux, julgado em 28/4/2009.** (Inform. STJ 392)

FISCALIZAÇÃO. OBRA. TCE. CONVOLAÇÃO. INSPEÇÃO ORDINÁRIA. TOMADA. CONTAS.

Trata-se de MS em que se pretende anular processo administrativo instaurado pelo Tribunal de Contas estadual em que foi imputado débito de aproximadamente um milhão de reais ao impetrante, referente a medições irregulares durante a construção do prédio do fórum regional. O recorrente afirma que é servidor público municipal e se encontrava cedido ao TJ para exercer o cargo de chefe do serviço de obras do Tribunal. Nessa qualidade, foi notificado para apresentar defesa na inspeção ordinária realizada pelo Tribunal de Contas estadual, sem ter sido cientificado da convolação da inspeção ordinária em tomada de contas. Informa que as notificações relativas à tomada de contas foram remetidas ao TJ quando o recorrente já havia retornado ao seu órgão de origem, não tendo o TCE efetuado diligências para localizá-lo. Dessa forma, a tomada de contas teve curso sem a participação do impetrante, o que violaria as garantias do contraditório e da ampla defesa. O TCE e o próprio estado afirmam que o procedimento administrativo seguiu estritamente o disposto na lei orgânica desse Tribunal, bem como no regimento interno do mesmo órgão. Ressaltam, ainda, que, durante a inspeção ordinária, o recorrente foi notificado para declarar domicílio a fim de possibilitar a ciência dos demais atos do processo (inclusive da possível convolação da inspeção ordinária em tomada de contas, o que é previsto em lei), tendo-se quedado silente quanto ao fornecimento de seu endereço. O Tribunal de origem entendeu que o recorrente não podia valer-se da própria torpeza para anular a tomada de contas, pois deveria ter declarado seu domicílio quando instado a fazê-lo, ainda que durante a inspeção ordinária. O Min. Relator entendeu correta a ponderação do Ministério Público estadual de que a citação não se consumou de forma regular, haja vista que, após o envio de correspondência endereçada ao TJ estadual, o TCE não efetivou nenhuma diligência na tentativa de citação pessoal, partindo em seguida para a publicação dos editais. Some-se a isso o fato de que, conforme declaração do próprio TCE, embora não o saiba o recorrente, o Tribunal de Contas mantém convênio com a Secretaria da Receita Federal (atualmente Receita Federal do Brasil), a fim de obter dados a respeito do endereço e da localização das pessoas que estão sujeitas à fiscalização pela Corte de Contas. Assim, o Tribunal de Contas desrespeitou as normas legais e regimentais, tendo optado pela expedição de edital sem prévia utilização dos outros meios a seu dispor, inclusive do convênio com a Receita Federal do Brasil ou da realização de diligências no TJ. Com efeito, a citação por edital é medida excepcional que se legitima apenas nos casos em que frustradas as tentativas anteriores de citação pelos Correios ou pessoalmente. As garantias constitucionais da ampla defesa e do contraditório, refletidas na legislação própria do Tribunal de Contas estadual, impedem que a via editalícia seja utilizada de acordo com critério subjetivo do administrador. Dessa forma, não se configura, *in casu,* violação do princípio de que a ninguém é lícito beneficiar-se da própria torpeza. Ademais, é patente a ofensa aos princípios do devido processo legal, da ampla defesa e do contraditório, de observância obrigatória por todos os órgãos da Administração Pública. Diante disso, a Turma deu provimento ao recurso. **RMS 27.800-RJ, Rel. Min. Herman Benjamin, julgado em 2/4/2009.** (Inform. STJ 389)

17.7.3. Controle jurisdicional de políticas públicas e direitos sociais

EMENTA: **AMPLIAÇÃO E MELHORIA** NO ATENDIMENTO **DE GESTANTES** EM MATERNIDADES ESTADUAIS. **DEVER ESTATAL** *DE ASSISTÊNCIA MATERNO-INFANTIL* **RESULTANTE** DE NORMA CONSTITUCIONAL. **OBRIGAÇÃO JURÍDICO-CONSTITUCIONAL** *QUE SE IMPÕE* AO PODER PÚBLICO, **INCLUSIVE** AOS ESTADOS-MEMBROS. **CONFIGURAÇÃO**, *NO CASO*, **DE TÍPICA HIPÓTESE** *DE OMISSÃO INCONSTITUCIONAL* **IMPUTÁVEL** AO ESTADO-MEMBRO. **DESRESPEITO À CONSTITUIÇÃO PROVOCADO** *POR INÉRCIA ESTATAL* (**RTJ** 183/818-819). **COMPORTAMENTO** *QUE TRANSGRIDE* A AUTORIDADE DA LEI FUNDAMENTAL DA REPÚBLICA (**RTJ** 185/794-796). **A QUESTÃO** *DA RESERVA DO POSSÍVEL*: **RECONHECIMENTO** DE SUA INAPLICABILIDADE, **SEMPRE** QUE A INVOCAÇÃO DESSA CLÁUSULA **PUDER COMPROMETER** O NÚCLEO BÁSICO **QUE QUALIFICA** *O MÍNIMO EXISTENCIAL* (**RTJ** 200/191-197). **O PAPEL** DO PODER JUDICIÁRIO **NA IMPLEMENTAÇÃO** DE POLÍTICAS PÚBLICAS **INSTITUÍDAS** PELA CONSTITUIÇÃO **E** *NÃO EFETIVADAS* PELO PODER PÚBLICO. **A FÓRMULA** *DA RESERVA DO POSSÍVEL* **NA PERSPECTIVA** *DA TEORIA DOS CUSTOS DOS DIREITOS*: **IMPOSSIBILIDADE** DE SUA INVOCAÇÃO *PARA LEGITIMAR O INJUSTO INADIMPLEMENTO* **DE DEVERES ESTATAIS DE PRESTAÇÃO** *CONSTITUCIONALMENTE IMPOSTOS* AO ESTADO. **A TEORIA** DA "*RESTRIÇÃO DAS RESTRIÇÕES*" (**OU** DA "*LIMITAÇÃO DAS LIMITAÇÕES*"). **CARÁTER COGENTE E VINCULANTE** DAS NORMAS CONSTITUCIONAIS, *INCLUSIVE DAQUELAS DE CONTEÚDO PROGRAMÁTICO*, **QUE VEICULAM** DIRETRIZES DE POLÍTICAS PÚBLICAS (**CF**, ART. 227). **A COLMATAÇÃO** DE OMISSÕES INCONSTITUCIONAIS *COMO NECESSIDADE INSTITUCIONAL* FUNDADA EM COMPORTAMENTO **AFIRMATIVO** DOS JUÍZES **E** TRIBUNAIS **E DE QUE RESULTA** *UMA POSITIVA CRIAÇÃO JURISPRUDENCIAL* DO DIREITO. **CONTROLE JURISDICIONAL DE LEGITIMIDADE** DA OMISSÃO DO ESTADO: *ATIVIDADE DE FISCALIZAÇÃO JUDICIAL* **QUE SE JUSTIFICA** PELA NECESSIDADE DE OBSERVÂNCIA *DE CERTOS* PARÂMETROS CONSTITUCIONAIS (*PROIBIÇÃO* DE RETROCESSO SOCIAL, *PROTEÇÃO* AO MÍNIMO EXISTENCIAL, *VEDAÇÃO* DA PROIBIÇÃO INSUFICIENTE **E** *PROIBIÇÃO* DE EXCESSO). **DOUTRINA**. **PRECEDENTES** DO SUPREMO TRIBUNAL FEDERAL **EM TEMA** DE IMPLEMENTAÇÃO DE POLÍTICAS PÚBLICAS **DELINEADAS** NA CONSTITUIÇÃO DA REPÚBLICA (**RTJ** 174/687 – **RTJ** 175/1212-1213 – **RTJ** 199/1219-1220). **POSSIBILIDADE JURÍDICO-PROCESSUAL** DE UTILIZAÇÃO DAS "*ASTREINTES*" (**CPC**, ART. 461, § 5º) *COMO MEIO COERCITIVO INDIRETO*. **EXISTÊNCIA**, NO CASO EM EXAME, *DE RELEVANTE INTERESSE SOCIAL*. **2. AÇÃO CIVIL PÚBLICA: INSTRUMENTO PROCESSUAL ADEQUADO** À PROTEÇÃO JURISDICIONAL DE DIREITOS **REVESTIDOS** *DE METAINDIVIDUALIDADE*. **LEGITIMAÇÃO ATIVA** DO MINISTÉRIO PÚBLICO (**CF**, ART. 129, III). **A FUNÇÃO INSTITUCIONAL** DO MINISTÉRIO PÚBLICO *COMO "DEFENSOR DO POVO"* (**CF**, ART. 129, II). **DOUTRINA**. **PRECEDENTES**. **RECURSO EXTRAORDINÁRIO** DO MINISTÉRIO PÚBLICO ESTADUAL **CONHECIDO E PROVIDO**. RE 581352, rel. Min. Celso de Mello, J. em 24.09.13. (Inform. STF 726)

AG. REG. NO RE N. 628.159-MA
RELATORA: MIN. ROSA WEBER
EMENTA: DIREITO ADMINISTRATIVO. SEGURANÇA PÚBLICA. IMPLEMENTAÇÃO DE POLÍTICAS PÚBLICAS. PRINCÍPIO DA SEPARAÇÃO DE PODERES. OFENSA NÃO CONFIGURADA. ACÓRDÃO RECORRIDO PUBLICADO EM 04.11.2004.

O Poder Judiciário, em situações excepcionais, pode determinar que a Administração Pública adote medidas assecuratórias de direitos constitucionalmente reconhecidos como essenciais, sem que isso configure violação do princípio da separação de poderes. Precedentes.

Agravo regimental conhecido e não provido. (Inform. STF 715)

AG. REG. NO AI N. 810.410-GO
RELATOR: MIN. DIAS TOFFOLI
EMENTA: Agravo regimental no agravo de instrumento. Constitucional. Poder Judiciário. Determinação para implementação de políticas públicas. Segurança pública. Destacamento de policiais para garantia de segurança em estabelecimento de custódia de menores infratores. Violação do princípio da separação dos Poderes. Não ocorrência. Precedentes.

1. O Poder Judiciário, em situações excepcionais, pode determinar que a Administração pública adote medidas assecuratórias de direitos constitucionalmente reconhecidos como essenciais sem que isso configure violação do princípio da separação dos poderes.

2. Agravo regimental não provido. (Inform. STF 714)

Tratamento médico no exterior e reembolso de despesas - 3
A 1ª Turma, por maioria, negou provimento a recurso extraordinário interposto pela União contra acórdão do TRF da 1ª Região que concedera, a portadores de doença ocular progressiva (retinose pigmentária), o

direito a reembolso total das despesas efetuadas em decorrência de tratamento médico no exterior — v. Informativos 501 e 520. Prevaleceu o voto do Min. Marco Aurélio que, sem adentrar as questões relativas ao caráter experimental do tratamento e à existência, no Brasil, de profissionais habilitados a implementá-lo, desproveu o recurso. Asseverou que tais matérias não teriam sido objeto de debate e decisão prévios. Assim, entendeu que não se poderia, a partir delas, assentar transgressão a qualquer preceito constitucional, ante a natureza excepcional do recurso extraordinário, no qual deveriam ser levadas em conta apenas as premissas do acórdão impugnado. No tocante à alusão aos artigos 6º e 196, ambos da CF, aduziu que a orientação daquela Corte — no que afirmara ser a saúde direito do cidadão e dever do Estado — estaria em consonância com reiterados pronunciamentos do STF. Vencidos os Ministros Menezes Direito, relator, e Ricardo Lewandowski, que proviam o recurso, por reputar que o referido tratamento não garantiria a possibilidade certificada de cura. RE 368564/DF, rel. orig. Min. Menezes Direito, red. p/ o acórdão Min. Marco Aurélio, 13.4.2011. (RE-368564) (Inform. STF 623)

REPERCUSSÃO GERAL EM RE N. 597.064-RJ
RELATOR: MIN. GILMAR MENDES

Recurso Extraordinário. Administrativo. Ressarcimento ao Sistema Único de Saúde SUS das despesas com atendimento de pacientes beneficiários de planos privados de saúde. Art. 32 da Lei 9.656/1998. Repercussão geral reconhecida. (Inform. STF 621)

EMENTA: CRIANÇAS E ADOLESCENTES VÍTIMAS DE ABUSO **E/OU** EXPLORAÇÃO SEXUAL. **DEVER DE** *PROTEÇÃO INTEGRAL* À INFÂNCIA **E** À JUVENTUDE. **OBRIGAÇÃO CONSTITUCIONAL** QUE SE IMPÕE AO PODER PÚBLICO. *PROGRAMA SENTINELA–PROJETO ACORDE*. **INEXECUÇÃO**, PELO MUNICÍPIO DE FLORIANÓPOLIS/SC, **DE REFERIDO** PROGRAMA DE AÇÃO SOCIAL CUJO ADIMPLEMENTO **TRADUZ** EXIGÊNCIA DE ORDEM CONSTITUCIONAL. **CONFIGURAÇÃO**, NO CASO, **DE TÍPICA** HIPÓTESE DE OMISSÃO INCONSTITUCIONAL IMPUTÁVEL AO MUNICÍPIO. **DESRESPEITO** À CONSTITUIÇÃO PROVOCADO POR INÉRCIA ESTATAL (**RTJ** 183/818-819). COMPORTAMENTO **QUE TRANSGRIDE** A AUTORIDADE DA LEI FUNDAMENTAL (**RTJ** 185/794-796). **IMPOSSIBILIDADE DE INVOCAÇÃO**, PELO PODER PÚBLICO, DA CLÁUSULA DA *RESERVA DO POSSÍVEL* **SEMPRE** QUE PUDER RESULTAR, DE SUA APLICAÇÃO, COMPROMETIMENTO DO NÚCLEO BÁSICO QUE QUALIFICA *O MÍNIMO EXISTENCIAL* (**RTJ** 200/191-197). **CARÁTER COGENTE E VINCULANTE** DAS NORMAS CONSTITUCIONAIS, **INCLUSIVE** DAQUELAS DE CONTEÚDO PROGRAMÁTICO, **QUE VEICULAM** DIRETRIZES DE POLÍTICAS PÚBLICAS. **PLENA LEGITIMIDADE JURÍDICA** DO CONTROLE DAS OMISSÕES ESTATAIS PELO PODER JUDICIÁRIO. **A COLMATAÇÃO** DE OMISSÕES INCONSTITUCIONAIS COMO NECESSIDADE INSTITUCIONAL FUNDADA EM COMPORTAMENTO AFIRMATIVO DOS JUÍZES **E** TRIBUNAIS E DE QUE RESULTA UMA POSITIVA CRIAÇÃO JURISPRUDENCIAL DO DIREITO. **PRECEDENTES** DO SUPREMO TRIBUNAL FEDERAL **EM TEMA** DE IMPLEMENTAÇÃO DE POLÍTICAS PÚBLICAS DELINEADAS NA CONSTITUIÇÃO DA REPÚBLICA (**RTJ** 174/687 - **RTJ** 175/1212-1213 - **RTJ** 199/1219-1220). **RECURSO EXTRAORDINÁRIO** DO MINISTÉRIO PÚBLICO ESTADUAL **CONHECIDO E PROVIDO**. (RE 482611/SC, rel. Min. Celso de Mello) (Inform. STF 581)

ADI por Omissão e Erradicação do Analfabetismo - 1

O Tribunal, por maioria, julgou improcedente pedido formulado em ação direta de inconstitucionalidade por omissão proposta pelo Partido dos Trabalhadores - PT, pelo Partido Comunista do Brasil - PC do B e pelo Partido Democrático Trabalhista - PDT em que se apontava inércia do Presidente da República em envidar esforços no sentido de erradicar o analfabetismo no Brasil, em afronta ao disposto nos artigos 6º, 23, V, 208, I, e 214, I, todos da CF [*"Art. 6º São direitos sociais a educação, a saúde, o trabalho, a moradia, o lazer, a segurança, a previdência social, a proteção à maternidade e à infância, a assistência aos desamparados, na forma desta Constituição. ... Art. 23. É competência comum da União, dos Estados, do Distrito Federal e dos Municípios: ... V - proporcionar os meios de acesso à cultura, à educação e à ciência; ... Art. 208. O dever do Estado com a educação será efetivado mediante a garantia de: ... I - educação básica obrigatória e gratuita dos 4 (quatro) aos 17 (dezessete) anos de idade, assegurada inclusive sua oferta gratuita para todos os que a ela não tiveram acesso na idade própria; ... Art. 214. A lei estabelecerá o plano nacional de educação, de duração decenal, com o objetivo de articular o sistema nacional de educação em regime de colaboração e definir diretrizes, objetivos, metas e estratégias de implementação para assegurar a manutenção e desenvolvimento do ensino em seus diversos níveis, etapas e modalidades por meio de ações integradas dos poderes públicos das diferentes esferas federativas que conduzam a: I - erradicação do analfabetismo;"*]. **ADI 1698/DF, rel. Min. Cármen Lúcia, 25.2.2010.** (ADI-1698)

ADI por Omissão e Erradicação do Analfabetismo - 2

Entendeu-se que não haveria como se afirmar ter havido inércia do Presidente da República de modo a se lhe imputar providência administrativa que ainda não tivesse sido por ele adotada e que poderia ser suprida pela procedência desta ação. Salientou-se que o Brasil tem ainda, de fato, muito a fazer em termos de compromisso constitucionalmente imposto de erradicar o analfabetismo, até mesmo para que os direitos fundamentais, a dignidade da pessoa humana, a sua liberdade, a igualdade de oportunidades possam ser efetivados. Por outro lado, com base na análise dos dados referentes ao número de analfabetos formais no Brasil em 1995, apresentados pelo IBGE, e do que se tem hoje, principalmente a partir da Lei 9.394/96, que estabeleceu as diretrizes e bases da Educação Nacional, e, ainda, da Lei 10.172/2001, que aprovou o plano nacional de educação, observou-se a adoção de várias políticas sociais voltadas para a implementação do que legalmente determinado. Asseverou-se a existência de uma gama de ações e programas do Ministério da Educação priorizando a erradicação do analfabetismo e o acesso de todos à educação, que teriam contribuído, significativamente, com o decréscimo do número desses analfabetos formais no Brasil. Dentre os quais, citou-se o "Programa Brasil Alfabetizado", que previu a ampliação do período de alfabetização de seis para até oito meses; o aumento de 50% nos recursos para a formação dos alfabetizadores; o estabelecimento de um piso para o valor da bolsa paga ao alfabetizador; o aumento da quantidade de turmas em regiões com baixa densidade populacional e em comunidades populares de periferias urbanas; a implantação de um sistema integrado de monitoramento e avaliação do programa; e maior oportunidade de continuidade da escolarização de jovens e adultos, a partir do aumento de 42% para 68% do percentual dos recursos alocados para Estados e Municípios. Lembrou-se, também, do "Bolsa Família", um dos principais programas de cidadania e inclusão do Governo Federal, cujo objetivo é a inclusão social das famílias em situação de pobreza por meio da transferência de renda e da promoção do acesso aos direitos sociais básicos de saúde e educação. Vencido o Min. Marco Aurélio que julgava o pleito procedente, ao fundamento de que, apesar de haver esforços, eles estariam muito aquém do desejável para se erradicar o analfabetismo, não bastando dizer, ademais, que se estaria atendendo ao piso, em termos de receita que deve ser destinada à educação, previsto na Carta da República. Ressaltou haver de se fazer um pouco mais e que o Supremo deveria sinalizar nesse sentido. **ADI 1698/DF, rel. Min. Cármen Lúcia, 25.2.2010.** (ADI-1698) (Inform. STF 576)

EMENTA: CRIANÇA DE ATÉ CINCO ANOS DE IDADE. **ATENDIMENTO** EM CRECHE E EM PRÉ-ESCOLA. **EDUCAÇÃO INFANTIL.** DIREITO **ASSEGURADO** PELO PRÓPRIO TEXTO CONSTITUCIONAL (CF, ART. 208, IV, NA REDAÇÃO DADA PELA EC Nº 53/2006). **COMPREENSÃO GLOBAL** DO DIREITO CONSTITUCIONAL À EDUCAÇÃO. **DEVER JURÍDICO** CUJA EXECUÇÃO SE IMPÕE AO PODER PÚBLICO, **NOTADAMENTE AO MUNICÍPIO** (**CF**, ART. 211, § 2º). **AGRAVO IMPROVIDO.**

- **A educação infantil** representa prerrogativa constitucional indisponível, que, **deferida** às crianças, **a estas assegura**, para efeito de seu desenvolvimento integral, **e como primeira etapa** do processo de educação básica, **o atendimento** em creche **e** o acesso à pré-escola (**CF**, art. 208, IV).

- **Essa prerrogativa jurídica**, em consequência, **impõe**, ao Estado, **por efeito** da alta significação social de que se reveste a educação infantil, **a obrigação constitucional** de criar condições objetivas **que possibilitem**, de maneira concreta, **em favor** das *"crianças até 5 (cinco) anos de idade"* (**CF**, art. 208, IV), **o efetivo** acesso **e** atendimento em creches e unidades de pré-escola, **sob pena de** configurar-se inaceitável omissão governamental, **apta a frustrar**, injustamente, **por inércia**, o integral adimplemento, pelo Poder Público, de prestação estatal que lhe impôs o próprio texto da Constituição Federal.

- **A educação infantil**, por qualificar-se como direito fundamental de toda criança, não se expõe, em seu processo de concretização, a avaliações meramente discricionárias da Administração Pública, nem se subordina a razões de puro pragmatismo governamental.

- **Os Municípios** – que atuarão, **prioritariamente**, no ensino fundamental **e na educação infantil** (CF, art. 211, § 2º) – **não poderão demitir-se do mandato constitucional**, juridicamente vinculante, que lhes foi outorgado pelo art. 208, IV, da Lei Fundamental da República, e que representa fator de limitação da discricionariedade político-administrativa dos entes municipais, cujas opções, tratando-se do atendimento das crianças em creche (CF, art. 208, IV), não podem ser exercidas de modo a comprometer, com apoio em juízo de simples conveniência ou de mera oportunidade, a eficácia desse direito básico de índole social.

- Embora inquestionável que resida, primariamente, nos Poderes Legislativo e Executivo, a prerrogativa de formular e executar políticas públicas, revela-se possível, no entanto, ao Poder Judiciário, ainda que em bases excepcionais, determinar, especialmente nas hipóteses de políticas públicas definidas pela própria Constituição, sejam estas implementadas, sempre que os órgãos estatais competentes, por descumprirem os encargos político-jurídicos que sobre eles incidem em caráter mandatório, vierem a comprometer, com a sua omissão, a eficácia e a integridade de direitos sociais e culturais impregnados de estatura constitucional. **A questão pertinente à** *"reserva do possível"*. **Doutrina.** (AI 677.274/SP, rel. Min. Celso de Mello, j. 18/09/08) (Inform. STF 520)

SISTEMA. COTAS. UNIVERSIDADE.

Trata-se de REsp originário de MS em que a impetrante, ora recorrida, pleiteia a manutenção em curso de graduação da universidade, ora recorrente, nas vagas destinadas a candidatos egressos do sistema público de ensino fundamental e médio, a candidatos autodeclarados negros e a candidatos indígenas. *In casu,* a recorrida frequentou parte do ensino fundamental e do ensino médio em escola privada, porém mediante bolsa de estudo integral. Diante disso, a Turma negou provimento ao recurso por entender que a recorrida somente teve acesso à instituição particular porque contava com bolsa de estudos integral, o que denota uma situação especial que atrai a participação do Estado como garantidor desse direito social. Ressaltou-se que, se excluída a singularidade do caso e diante da percepção do ordenamento jurídico como um todo, cria-se uma situação de injustiça e perplexidade; pois, com a exclusão da impetrante, não haverá preenchimento da vaga aberta, nem será restaurada a isonomia, mas tão somente haverá a interrupção do processo de formação da graduanda, a despeito do serviço já entregue pela instituição, das horas de estudo e da dedicação dela. Tais consequências não se permite ignorar em virtude do próprio direito à educação, de grande relevo em nossa sociedade, marcado como central ao princípio da dignidade da pessoa humana. **REsp 1.254.118-RS, Rel. Min. Humberto Martins, julgado em 16/8/2011** (Inform. STJ 481)

MATRÍCULA. ESCOLA PÚBLICA. GEORREFERENCIAMENTO.

A Turma negou provimento ao recurso especial para manter a decisão do tribunal *a quo*, a qual afastou o critério de georreferenciamento e garantiu o direito de rematrícula da recorrida no estabelecimento público de ensino em que havia concluído o ano letivo. Segundo a Min. Relatora, a regra disposta no art. 53, V, do ECA, que garante à criança e ao adolescente o acesso à escola pública e gratuita próxima de sua residência, não constitui imposição, mas benefício. O referido dispositivo deve ser interpretado de acordo com as peculiaridades de cada caso, ponderando-se qual a solução mais favorável ao aluno: a proximidade da instituição ou a continuidade em escola mais distante, onde o menor, porém, já esteja ambientado. Ressalvou-se que tal concepção não tem o intuito de fazer que o estudante escolha livremente o local em que queira estudar, o que poderia inviabilizar a prestação do serviço. Pretende-se, de acordo com as circunstâncias da demanda ora em exame, buscar o entendimento que melhor se ajuste à real finalidade da lei, qual seja, facilitar o acesso à educação e, com isso, garantir o pleno desenvolvimento da criança. **REsp 1.194.905-PR, Rel. Min. Eliana Calmon, julgado em 17/8/2010.** (Inform. STJ 443)

INTERNAÇÃO. HOSPITAL PARTICULAR. ÓBITO.

Trata-se, na origem, de ação de obrigação de fazer na qual a demandante requereu ao ente federado, ora recorrente, garantia de internação em unidade de tratamento intensivo, sendo deferido o pedido para assegurar leito em hospital particular. Com o falecimento da autora, seus herdeiros requereram a habilitação no feito, o que foi deferido pelas instâncias ordinárias. No REsp, o recorrente alega, em síntese, que o *decisum* desconsiderou a natureza personalíssima da ação e que, com o óbito da autora, haveria a perda do interesse quanto ao pedido de internação, devendo ser declarada a perda do objeto do processo e sua extinção sem julgamento de mérito. A Turma conheceu parcialmente do recurso, mas lhe negou provimento por entender que, embora o óbito da autora implique a perda do interesse relativo à internação em UTI, pois se trata de pedido personalíssimo, insuscetível de transmissão, o mesmo não se pode falar do requerimento de condenação do réu para suportar os ônus financeiros dos procedimentos e tratamentos hospitalares da falecida em hospital particular. Assinalou-se não se poder admitir a tese do recorrente, de que o direito perseguido pelos recorridos seria intransmissível, o que justificaria a extinção do feito, sem julgamento de mérito. Evidentemente, há interesse dos recorridos em não arcarem com os valores do tratamento do *de cujus*, os quais pretendem sejam custeados pelo recorrente, que não ofereceu vaga em UTI em hospital público quando requerido. Assim, mostra-se legítima a pretensão dos herdeiros em habilitarem-se no feito, até porque a saúde é um direito assegurado a todos pela CF/1988, cabendo ao Estado oferecer os meios necessários para sua garantia. **REsp 1.198.486-DF, Rel. Min. Eliana Calmon, julgado em 19/8/2010.** (Inform. STJ 443)

CRECHE. RESERVA DO POSSÍVEL. TESE ABSTRATA.

A tese da reserva do possível (*Der Vorbehalt des Möglichen*) assenta-se na ideia romana de que a obrigação impossível não pode ser exigida (*impossibilium nulla obligatio est*). Por tal motivo, não se considera a insuficiência de recursos orçamentários como mera falácia. Todavia, observa-se que a reserva do possível está vinculada à escassez, que pode ser compreendida como desigualdade. Bens escassos não podem ser usufruídos por todos e, justamente por isso, sua distribuição faz-se mediante regras que pressupõem o direito igual ao bem e a impossibilidade do uso igual e simultâneo. Essa escassez, muitas vezes, é resultado de escolha, de decisão: quando não há recursos suficientes, a decisão do administrador de investir em determinada área implica escassez de outra que não foi contemplada. Por esse motivo, em um primeiro momento, a reserva do possível não pode ser oposta à efetivação dos direitos fundamentais, já que não cabe ao administrador público preteri-la, visto que não é opção do governante, não é resultado de juízo discricionário, nem pode ser encarada como tema que depende unicamente da vontade política. Nem mesmo a vontade da maioria pode tratar tais direitos como secundários. Isso porque a democracia é, além dessa vontade, a realização dos direitos fundamentais. Portanto, aqueles direitos que estão intimamente ligados à dignidade humana não podem ser limitados em razão da escassez, quando ela é fruto das escolhas do administrador. Não é por outra razão que se afirma não ser a reserva do possível oponível à realização do mínimo existencial. Seu conteúdo, que não se resume ao mínimo vital, abrange também as condições socioculturais que assegurem ao indivíduo um mínimo de inserção na vida social. Sendo assim, não fica difícil perceber que, entre os direitos considerados prioritários, encontra-se o direito à educação. No espaço público (no qual todos são, *in abstrato*, iguais e cuja diferenciação dá-se mais em razão da capacidade para a ação e discurso do que em virtude de atributos biológicos), local em que são travadas as relações comerciais, profissionais e trabalhistas, além de exercida a cidadania, a ausência de educação, de conhecimento, em regra, relega o indivíduo a posições subalternas, torna-o dependente das forças físicas para continuar a sobreviver, ainda assim, em condições precárias. Eis a razão pela qual os arts. 227 da CF/1988 e 4º da Lei n. 8.069/1990 dispõem que a educação deve ser tratada pelo Estado com absoluta prioridade. No mesmo sentido, o art. 54, IV, do ECA prescreve que é dever do Estado assegurar às crianças de zero a seis anos de idade o atendimento em creche e pré-escola. Portanto, na hipótese, o pleito do MP encontra respaldo legal e jurisprudencial. Porém é preciso ressalvar a hipótese de que, mesmo com a alocação dos recursos no atendimento do mínimo existencial, persista a carência orçamentária para atender a todas as demandas. Nesse caso, a escassez não seria fruto da escolha de atividades não prioritárias, mas sim da real insuficiência orçamentária. Em situações limítrofes como essa, não há como o Poder Judiciário imiscuir-se nos planos governamentais, pois eles, dentro do que é possível, estão de acordo com a CF/1988, não havendo omissão injustificável. Todavia, a real insuficiência de recursos deve ser demonstrada pelo Poder Público, não sendo admitido que a tese seja utilizada como uma desculpa genérica para a omissão estatal no campo da efetivação dos direitos fundamentais, principalmente os de cunho social. Dessarte, no caso dos autos, em que não há essa demonstração, impõe-se negar provimento ao especial do município. **Precedentes citados do STF: AgRg no RE 410.715-SP, DJ 3/2/2006; do STJ: REsp 1.041.197-MS, DJe 16/9/2009; REsp 764.085-PR, DJe 10/12/2009, e REsp 511.645-SP, DJe 27/8/2009. REsp 1.185.474-SC, Rel. Min. Humberto Martins, julgado em 20/4/2010.** (Inform. STJ 431)

REMATRÍCULA. POSSIBILIDADE. ESCOLA DIVERSA. RESIDÊNCIA.

O Estado não tem o direito de oferecer ensino público e gratuito próximo à residência do aluno, isso é um dever seu. Logo não pode alegar violação do art. 53, V, da Lei n. 8.069/1990 (ECA), pois a violação do direito não pode ser afirmada pela pessoa que tem o dever de implementá-lo, cabendo apenas ao titular, caso queira, ou ao MP exercer tal prerrogativa. O direito de acesso de ensino próximo à residência do estudante não prevalece sobre o direito do bom desenvolvimento físico e psicológico do menor resultante de sua manutenção na escola, uma vez que lá está acostumado com o ambiente, professores e programa escolar, bem como mantém laço de amizade e afetividade. **REsp 1.178.854-PR, Rel. Min. Humberto Martins, julgado em 9/3/2010.** (Inform. STJ 426)

MATRÍCULA. ESCOLA PÚBLICA.

Discute-se a interpretação dada ao art. 53, I e V, do ECA (Lei n. 8.069/1990), o qual assegura o direito de crianças e adolescentes estudarem em escola pública (gratuita) perto de sua residência. No caso dos autos, por conta do citado artigo, a secretaria de educação estadual impediu a matrícula dos menores na escola que já frequentavam. Ressalta a Min. Relatora que o art. 53, V, do ECA não constitui uma obrigação ou determinação, tal como entendeu o Estado-membro. Trata-se de um benefício; assim, essa regra não pode ser absoluta, o órgão público deve atentar para as peculiaridades de cada caso. Observa que a política de aproximação aluno/escola justifica-se em um país onde os menos favorecidos não têm sequer acesso a transporte satisfatório. Entretanto, às vezes, a manutenção do aluno na escola que frequentava mostra-se mais benéfica ao menor do que transferi-lo para escola pública próxima a sua residência somente em obediência à regra de aproximação disposta no ECA. Assevera que pensar de modo contrário seria não dar opções de escolha; por outro lado, também não pretende com esse entendimento deixar as escolhas por conta de cada aluno, o que poderia levar à inviabilidade da prestação do serviço pela impossibilidade de organização das escolas estaduais. Então, sempre se deve verificar o caso concreto com suas peculiaridades. Com esse entendimento, a Turma negou provimento ao recurso do Estado-membro. **REsp 1.175.445-PR, Rel. Min. Eliana Calmon, julgado em 4/3/2010.** (Inform. STJ 425)

AÇÃO CIVIL PÚBLICA. DIREITO. MENOR. CRECHE.

Trata-se de ação civil pública proposta pelo MP com objetivo de garantir a menores de família sem recursos o direito de matrícula e frequência na rede municipal de creches. O Min. Relator destacou que a CF/1988, no art. 208, o ECA (Lei n. 8.069/1990) e a Lei de Diretrizes e Base da Educação (Lei n. 9.394/1996, art. 4º, IV) asseguram o atendimento em creches e pré-escolas da rede pública às crianças de zero a seis anos. Compete à Administração Pública propiciar e assegurar esse atendimento – mas não cabe ao administrador público escolher entre prestá-lo ou não, pois constitui um dever administrativo estabelecido em lei de um lado e, do outro, o direito assegurado ao menor de ver-se assistido pelo Estado. Assim, não há que se questionar a intervenção do Judiciário porquanto se trata de aferição do cumprimento da exigência da lei. Para o Min. Relator, na espécie, não restou provada a falta de disponibilidade orçamentária alegada pela municipalidade. A divergência inaugurada pela Min. Eliana Calmon entendia que o MP autor não demonstrou as condições necessárias à obrigação de fazer postulada na inicial. Isso posto, a Turma, por maioria, ao prosseguir o julgamento, deu provimento ao recurso. Precedente citado: REsp 575.280-SP, DJ 25/10/2004. **REsp 510.598-SP, Rel. Min. João Otávio de Noronha, julgado em 17/4/2007.** (Inform. STJ 317)

FORNECIMENTO. MEDICAMENTO. BLOQUEIO. VALORES. CUMPRIMENTO. DECISÃO JUDICIAL.
A Turma deu provimento ao recurso e reiterou entendimento segundo o qual é possível a concessão de tutela específica para determinar o bloqueio de valores em contas públicas, a fim de garantir o custeio de tratamento médico indispensável, como meio de concretizar o princípio da dignidade da pessoa humana e do direito à vida e à saúde. Precedentes citados: REsp 656.838-RS, DJ 20/6/2005; AgRg no Ag 706.485-RS, DJ 6/2/2006, e AgRg no Ag 696.514-RS, DJ 6/2/2006. **REsp 801.860-RS, Rel. Min. Eliana Calmon, julgado em 6/3/2007.** (Inform. STJ 312)

17.7.4. Processo civil em geral aplicado à Fazenda Pública

Súmula STJ nº 497

Os créditos das autarquias federais preferem aos créditos da Fazenda estadual desde que coexistam penhoras sobre o mesmo bem.

Súmula STJ nº 483

O INSS não está obrigado a efetuar depósito prévio do preparo por gozar das prerrogativas e privilégios da Fazenda Pública.

Súmula STJ nº 452

A extinção das ações de pequeno valor é faculdade da Administração Federal, vedada a atuação judicial de ofício.

EMB. DECL. NO AI N. 814.490-RS
RELATOR: MIN. RICARDO LEWANDOWSKI
EMENTA: EMBARGOS DE DECLARAÇÃO OPOSTOS DE DECISÃO MONOCRÁTICA. CONVERSÃO EM AGRAVO REGIMENTAL. EXECUÇÃO CONTRA A FAZENDA PÚBLICA. JUROS DE MORA. ART. 1º-F DA LEI 9.494/1997, COM REDAÇÃO DA MP 2.180-35/2001. CONSTITUCIONALIDADE. EFICÁCIA IMEDIATA. AGRAVO IMPROVIDO.

I – **O Supremo Tribunal Federal, ao julgar o AI 842.063/RS, Rel. Min. Presidente, reconheceu a repercussão geral do tema em debate e reafirmou sua jurisprudência no sentido de que a norma do art. 1º-F da Lei 9.494/97, modificada pela Medida Provisória 2.180-35/2001, é constitucional e possui aplicabilidade imediata, ou seja, desde o início de sua vigência, independentemente da data do ajuizamento da ação. Precedentes.**

II – Embargos de declaração recebidos como agravo regimental, ao qual se nega provimento. (Inform. STF 708) (g.n.)

AG. REG. NO AG. REG. NO AI N. 765.895-RS
RELATORA: MIN. CÁRMEN LÚCIA
EMENTA: AGRAVO REGIMENTAL NO AGRAVO REGIMENTAL NO AGRAVO DE INSTRUMENTO. DECISÃO MONOCRÁTICA. ADMINISTRATIVO E CONSTITUCIONAL. **1. Execução contra a Fazenda Pública. Constitucionalidade do art. 1º-F da Lei n. 9.494/1997. Aplicabilidade imediata da limitação de juros em 6% ao ano. Precedentes**. 2. Fixação dos ônus sucumbenciais: juízo de execução. 3. Agravo regimental ao qual se nega provimento. (Inform. STF 707) (g.n.)

Princípio da Dignidade da Pessoa Humana e Antecipação de Tutela contra o Poder Público - 1
A Turma referendou, em maior extensão, decisão proferida pelo Min. Celso de Mello que concedera antecipação dos efeitos da tutela jurisdicional postulada em recurso extraordinário, do qual relator, interposto pelo Ministério Público Federal e pelo Ministério Público do Distrito Federal e Territórios. No caso, o *parquet* requerera a antecipação dos efeitos da tutela com objetivo de preservar condições mínimas de subsistência e de dignidade a menor impúbere, a quem reconhecido, pela Turma, o direito à indenização, em decorrência de ato imputável ao Distrito Federal. Em sede de recurso extraordinário, este órgão fracionário assentara a responsabilidade objetiva do ente público na contaminação da genitora do citado menor, por citomegalovírus, com o qual tivera contato durante o período gestacional em função de suas atividades laborais como servidora pública de hospital daquela unidade federativa. Em virtude dessa infecção, a criança nascera com má-formação encefálica, paralisia cerebral, cegueira, tetraplegia e epilepsia. **RE 495740 TA-referendo/DF, rel. Min. Celso de Mello, 2.6.2009.** (RE-495740)

Princípio da Dignidade da Pessoa Humana e Antecipação de Tutela contra o Poder Público - 2
Preliminarmente, **aduziu-se ser viável a concessão da antecipação dos efeitos da tutela jurisdicional contra o Poder Público**. Observou-se que, na realidade, **uma vez atendidos os pressupostos legais fixados no art. 273, I e II, do CPC e observadas as restrições estabelecidas no art. 1º da Lei 9.494/97 tornar-se-ia lícito ao magistrado deferir a tutela antecipatória requerida contra a Fazenda Pública**. Asseverou-se que o exame dos diplomas legislativos mencionados

no preceito em questão evidenciaria que o Judiciário, em tema de antecipação de tutela contra o Poder Público, somente não poderia deferi-la nas hipóteses que importassem em: a) reclassificação funcional ou equiparação de servidores públicos; b) concessão de aumento ou extensão de vantagens pecuniárias; c) outorga ou acréscimo de vencimentos; d) pagamento de vencimentos e vantagens pecuniárias a servidor público ou e) esgotamento, total ou parcial, do objeto da ação, desde que esta diga respeito, exclusivamente, a qualquer das matérias acima referidas. Registrou-se, destarte, que a pretensão deduzida não incorreria em qualquer das hipóteses taxativas da restrição legal ao deferimento da tutela antecipada. **RE 495740 TA-referendo/DF, rel. Min. Celso de Mello, 2.6.2009.** (RE-495740)

Princípio da Dignidade da Pessoa Humana e Antecipação de Tutela contra o Poder Público - 3

Quanto ao pedido formulado, enfatizou-se, inicialmente, que a antecipação dos efeitos da tutela suporia, para legitimar-se, a ocorrência de determinados requisitos, como a verossimilhança da pretensão do direito material (CPC, art. 273, *caput*) e o *periculum in mora* (CPC, art. 273, I). Assentou-se que tais premissas registraram-se na espécie, pois o direito material vindicado em favor de menor impúbere fora plenamente reconhecido pelo próprio Supremo, quando do julgamento da causa, de que resultara a sucumbência integral do Distrito Federal. Enfatizou-se que mais do que a verossimilhança do pleito jurídico, achava-se presente, na espécie, o próprio reconhecimento da postulação de direito material deduzida nos autos, a legitimar, em consequência, o atendimento da pretendida antecipação dos efeitos da tutela jurisdicional. No que tange ao requisito do *periculum in mora*, ressaltou-se que o Ministério Público justificara de maneira adequada as razões que caracterizariam a concreta ocorrência, na hipótese, da situação de fundado receio de dano irreparável ou de difícil reparação (CPC, art. 273, I). Considerou-se o gravíssimo quadro que se criara em torno do menor impúbere, que permanentemente necessita de cuidados especiais tão dispendiosos que chegam a comprometer o modesto orçamento doméstico de sua família. Decisão referendada para, além de determinar a inclusão, a partir de 1º.10.2008, na folha de pagamento da entidade pública, do valor mensal referente a 2 salários mínimos a título de pensão enquanto viver o hipossuficiente, também deferir a antecipação dos efeitos da tutela jurisdicional quanto ao pagamento dos valores atrasados da pensão mensal, desde o nascimento do menor, bem como o do valor equivalente a 80 salários-mínimos, a título de indenização por danos morais à servidora, estabelecendo o prazo de 30 dias, sob pena, em caso de descumprimento dessa determinação, de imediata incidência da multa cominatória, de R$ 20.000,00 por dia, nos termos do art. 461, § 5º, do CPC. Determinou-se, ainda, fosse observada a cominação da multa diária em caso de inexecução de qualquer das medidas objeto da presente tutela antecipatória. **RE 495740 TA-referendo/DF, rel. Min. Celso de Mello, 2.6.2009.** (RE-495740) (Inform. STF 549) (g.n.)

Reclamação: Tempestividade de Embargos à Execução e ADC 11

O Tribunal, por maioria, julgou procedente pedido formulado em duas reclamações para determinar aos juízos reclamados que recebam os embargos à execução opostos pela União e lhes dê imediato processamento. Na espécie, os juízos reclamados, sob o fundamento de intempestividade, não receberam os embargos à execução opostos pela União, dentro do prazo estabelecido no disposto no art. 1º-B da Lei 9.494/97, acrescentado pela Medida Provisória 2.180-35/2001, a qual ampliou, para 30 dias, o prazo a que se refere o *caput* dos artigos 730 do CPC e 884 da CLT. Entendeu-se haver afronta à autoridade da decisão proferida pelo Supremo na ADC 11 MC/DF (DJU de 29.6.2007), que determinara a suspensão de todos os processos em que discutida a constitucionalidade do art. 1º-B da Medida Provisória 2.180-35. Ademais, considerou-se que, em razão de uma das decisões reclamadas ter sido proferida em processo que tramita há mais de 30 anos e a outra, em processo cujo trâmite supera 13 anos, e em observância ao princípio da razoável duração do processo, insculpido no art. 5º, LXXVIII, da CF, não seria plausível, nos casos sob exame, que se determinasse a suspensão dos aludidos processos, impondo-se que as partes aguardassem o julgamento de mérito da referida ADC 11/DF. Vencido o Min. Marco Aurélio, que julgava o pleito improcedente, asseverando que os juízos reclamados apenas teriam obedecido ao disposto no parágrafo único do art. 21 da Lei 9.868/99 (*"Concedida a medida cautelar, o Supremo Tribunal Federal fará publicar em seção especial do Diário Oficial da União a parte dispositiva da decisão, no prazo de dez dias, devendo o Tribunal proceder ao julgamento da ação no prazo de cento e oitenta dias, sob pena de perda de sua eficácia."*), e, passados os 180 dias a que se refere esse preceito, o qual seria imperativo, entendido ter caducado a decisão liminar proferida naquela ADC. **Alguns precedentes citados: Rcl 6095 MC/PR (DJE de 6.6.2008); Rcl 6428 MC/SP (DJE de 29.8.2008); Rcl 5758 MC/SP (DJE de 7.2.2008); Rcl 5669 MC/RS (DJE de 1º.2.2008). Rcl 5758/SP e Rcl 6428/SP, rel. Min. Cármen Lúcia, 13.5.2009.** (Rcl-5758) (Inform. STF 546)

Medida Provisória: Ampliação de Prazo para a Fazenda Pública

O Tribunal deferiu medida cautelar em ação declaratória de constitucionalidade proposta pelo Governador do Distrito Federal para suspender os processos em que se discute a constitucionalidade do art. 1º-B da Lei 9.494/97, acrescentado pelo art. 4º da Medida Provisória 2.180-35/2001, que ampliou para 30 dias o prazo que os artigos 730 do CPC e 884 da CLT concediam à Fazenda Pública para oferecimento de embargos à execução. Salientando-se que, por força da regra da separação de poderes, o Poder Judiciário dispõe, em caráter excepcional, de competência para examinar os requisitos constitucionais legitimadores da edição de medidas provisórias (CF, art. 62), entendeu-se que, no caso, o Chefe do Poder Executivo, a princípio, não teria transposto os limites desses requisitos. Asseverou-se, no ponto, ser dotada de verossimilhança a alegação de que as notórias insuficiências da estrutura burocrática de patrocínio dos interesses do Estado e o crescente volume de execuções contra a Fazenda Pública tornavam relevante e urgente a ampliação do prazo para ajuizamento de embargos. Ressaltou-se, ademais, o longo tempo que o projeto de lei 2.689/96, apresentado com igual propósito, aguarda para ser deliberado, enquanto mais um elemento expressivo da relevância e urgência da Medida Provisória 2.180-35, que teve seu art. 1º-D, que exime a Fazenda Pública do pagamento de honorários advocatícios nas execuções não embargadas, declarado, incidentemente, constitucional no julgamento do RE 420816/PR (DJU de 10.11.2006). Considerou-se presente também o *periculum in mora*, haja vista que configurada a controvérsia jurisprudencial a respeito da constitucionalidade da norma em questão, e cuja incerteza acarreta riscos evidentes de dano ao interesse público. ADC 11 MC/DF, rel Min. Cezar Peluso, 28.3.2007. (ADC-11) (Inform. STF 461)

Débitos da Fazenda Pública e Juros de Mora - 4

Em conclusão de julgamento, o Tribunal, por maioria, deu provimento a recurso extraordinário e declarou a constitucionalidade do art. 1º-F da Lei 9.494/97, introduzido pela Medida Provisória 2.225-45/2001, que estabelece que *"os juros de mora, nas condenações impostas à Fazenda Pública para pagamento de verbas remuneratórias devidas a servidores e empregados públicos, não poderá ultrapassar o percentual de 6% ao ano"*. Na espécie, impugnava-se acórdão da Turma Recursal dos Juizados Especiais Federais da Seção Judiciária do Rio de Janeiro que, aplicando seu Enunciado 32, condenara a União ao pagamento integral do resíduo de 3,17% sobre os vencimentos dos servidores públicos federais, acrescidos de juros de 1% ao mês, ao fundamento de que o dispositivo em questão fere o princípio constitucional da isonomia — v. Informativo 436. Salientando-se que o conceito da isonomia, aplicado à hipótese do recurso, é relacional, exigindo modelos de comparação e de justificação, entendeu-se não haver discriminação entre credores da Fazenda Pública, haja vista que os débitos desta, em regra, são pagos com taxa de juros moratórios de 6% ao ano, a exemplo do que ocorre na desapropriação, nos títulos da dívida pública e na composição dos precatórios. Destacou-se exceção a essa regra, citando-se o indébito tributário, em relação ao qual aplica-se o disposto no art. 161, § 1º, do Código Tributário Nacional, c/c o art. 39, § 4º, da Lei 9.250/95. Esclareceu-se que a Fazenda Pública, no caso do indébito, remunera de modo mais vantajoso, porque, quando exige o pagamento, também o faz de forma mais elevada, tratando-se, portanto, de reciprocidade que vincula a cobrança à dívida. Vencidos os Ministros Cármen Lúcia, Carlos Britto, Marco Aurélio e Sepúlveda Pertence que negavam provimento ao recurso. RE 453740/RJ, rel. Min. Gilmar Mendes, 28.2.2007. (RE-453740) (Inform. STF 457)

DIREITO ADMINISTRATIVO E PROCESSUAL CIVIL. BLOQUEIO DE VERBAS PÚBLICAS PARA GARANTIR O FORNECIMENTO DE MEDICAMENTOS PELO ESTADO. RECURSO REPETITIVO (ART. 543-C DO CPC E RES. 8/2008-STJ).

É possível ao magistrado determinar, de ofício ou a requerimento das partes, o bloqueio ou sequestro de verbas públicas como medida coercitiva para o fornecimento de medicamentos pelo Estado na hipótese em que a demora no cumprimento da obrigação acarrete risco à saúde e à vida do demandante. De acordo com o *caput* do art. 461 do CPC, na "ação que tenha por objeto o cumprimento de obrigação de fazer ou não fazer, o juiz concederá a tutela específica da obrigação ou, se procedente o pedido, determinará providências que assegurem o resultado prático equivalente ao do adimplemento". O teor do § 5º do mesmo art. 461, por sua vez, estabelece que, para "a efetivação da tutela específica ou a obtenção do resultado prático equivalente, poderá o juiz, de ofício ou a requerimento, determinar as medidas necessárias, tais como a imposição de multa por tempo de atraso, busca e apreensão, remoção de pessoas e coisas, desfazimento de obras e impedimento de atividade nociva, se necessário com requisição de força policial". Nesse contexto, deve-se observar que não é taxativa a enumeração, no aludido § 5º do art. 461, das medidas necessárias à efetivação da tutela específica ou à obtenção do resultado prático equivalente, tendo em vista a impossibilidade de previsão legal de todas as hipóteses fáticas relacionadas à norma. Dessa forma, é lícito o magistrado adotar, com o intuito de promover a efetivação da tutela, medida judicial que não esteja explicitamente prevista no § 5º do art. 461, mormente na hipótese em que a desídia do ente estatal frente a comando judicial possa implicar grave lesão à saúde ou risco à vida da parte demandante, uma vez que, nessas hipóteses, o direito fundamental à saúde (arts. 6º e 196 da CF) prevalece sobre os interesses financeiros da Fazenda Nacional. Precedentes citados: EREsp 770.969-RS, Primeira Seção, DJ 21/8/2006; REsp. 840.912-RS, Primeira Turma, DJ 23/4/2007; e REsp. 1.058.836/RS, Segunda Turma, DJe 1º/9/2008. **REsp**

1.069.810-RS, Rel. Min. Napoleão Nunes Maia Filho, julgado em 23/10/2013. (Inform. STJ 532)

DIREITO ADMINISTRATIVO E PROCESSUAL CIVIL. CUMPRIMENTO DE PORTARIA QUE RECONHECE A CONDIÇÃO DE ANISTIADO POLÍTICO.

O procedimento de execução contra a Fazenda Pública (art. 730 do CPC) não é adequado ao cumprimento de portaria ministerial que tenha reconhecido condição de anistiado político. Isso porque não se trata apenas do recebimento de prestação pecuniária, mas sim do integral cumprimento de ato administrativo que reconhece a condição de anistiado político. Ademais, essa espécie de portaria não pode ser considerada título executivo extrajudicial nos termos do art. 585, II, do CPC, pois o referido dispositivo deve ser interpretado de forma restritiva. Ressalte-se, ainda, que não estão presentes, nesse tipo de portaria, os requisitos da certeza e da exigibilidade, que caracterizam os títulos executivos extrajudiciais, devendo o interessado, primeiramente, ingressar com processo de conhecimento para que a dívida seja reconhecida, obtendo, assim, o título executivo hábil ao manejo de uma execução contra a Fazenda Pública. Precedente citado: AgRg no REsp 1.303.419-PE, Segunda Turma, DJe 20/8/2012. **AgRg no REsp 1.362.644-PE, Rel. Min. Humberto Martins, julgado em 23/4/2013.** (Inform. STJ 523)

DIREITO ADMINISTRATIVO. POSSIBILIDADE DE EXECUÇÃO PROVISÓRIA CONTRA A FAZENDA PÚBLICA NOS CASOS DE PENSÃO POR MORTE DE SERVIDOR PÚBLICO.

É possível a execução provisória contra a Fazenda Pública nos casos de instituição de pensão por morte de servidor público. Isso porque a referida situação não está inserida nas vedações do art. 2º-B da Lei 9.494/1997, cuja interpretação deve ser restritiva. Com efeito, embora acarrete, por via reflexa, a liberação de recursos públicos, não se trata de concessão de aumento ou extensão de vantagem. Precedentes citados: AgRg no Ag 1.364.594-SP, Primeira Turma, DJe 27/5/2011, e AgRg no Ag 1.168.784-ES, Quinta Turma, DJe 9/8/2010. **AgRg no AREsp 230.482-RS, Rel. Min. Sérgio Kukina, julgado em 7/3/2013.** (Inform. STJ 519)

DIREITO ADMINISTRATIVO E PROCESSUAL CIVIL. TITULARIDADE DOS HONORÁRIOS ADVOCATÍCIOS SUCUMBENCIAIS. ENTIDADES DA ADMINISTRAÇÃO PÚBLICA.

Os honorários advocatícios de sucumbência não constituem direito autônomo do procurador judicial quando vencedora a Administração Pública direta da União, dos Estados, do Distrito Federal e dos Municípios, ou as autarquias, as fundações instituídas pelo Poder Público, as empresas públicas, ou as sociedades de economia mista, visto que integram o patrimônio público da entidade. Precedentes citados: REsp 1.213.051-RS, DJe 8/2/2011, e AgRg no AgRg no REsp 1.251.563-RS, DJe 14/10/2011. **AgRg no AREsp 233.603-RS, Rel. Min. Arnaldo Esteves Lima, julgado em 20/11/2012. (Inform. STJ 510)**

DIREITO PROCESSUAL CIVIL. PRAZOS PROCESSUAIS DIFERENCIADOS. EMPRESA PÚBLICA. INTERPRETAÇÃO RESTRITIVA.

Não é possível a concessão às empresas públicas de prazo em dobro para recorrer e em quádruplo para contestar. As normas que criam privilégios ou prerrogativas especiais devem ser interpretadas restritivamente, não se encontrando as empresas públicas inseridas no conceito de Fazenda Pública previsto no art. 188 do CPC. Precedente citado: REsp 429.087-RS, DJe 25/10/2004. **AgRg no REsp 1.266.098- RS, Rel. Min. Eliana Calmon, julgado em 23/10/2012. (Inform. STJ 507)**

HONORÁRIOS ADVOCATÍCIOS. AUTARQUIA. DEFENSORIA PÚBLICA ESTADUAL.

A Turma, em consonância com o exposto pela Corte Especial no julgamento do REsp 1.199.715-RJ, representativo de controvérsia, reafirmou o entendimento de não serem devidos honorários advocatícios à Defensoria Pública quando ela atua contra pessoa jurídica de direito público que integra a mesma Fazenda Pública. Dessa forma, deu-se parcial provimento ao recurso para reconhecer a impossibilidade de o recorrente ser condenado a pagar honorários advocatícios à Defensoria Pública estadual. **REsp 1.102.459-RJ, Rel. Min. Adilson Vieira Macabu (Desembargador convocado do TJ-RJ), julgado em 22/5/2012. (Inform. STJ 498)**

REPETITIVO. LEI N. 11.960/2009. NATUREZA PROCESSUAL. APLICAÇÃO IMEDIATA.

Trata-se de REsp sob o regime do art. 543-C do CPC e Res. n. 8/2008-STJ, em que se discute a possibilidade de aplicação imediata da Lei n. 11.960/2009 às ações em curso, em face da alteração promovida no art. 1º-F da Lei n. 9.494/1997. O referido artigo estabeleceu novos critérios de correção monetária e de juros de mora a serem observados nas condenações impostas à Fazenda Pública, independentemente de sua natureza, quais sejam, os índices oficiais de remuneração básica e juros aplicados à caderneta de poupança. A Corte Especial, ao prosseguir o julgamento, vencida, em parte, a Min. Maria Thereza de Assis Moura, conheceu do recurso e deu-lhe parcial provimento, consignando, entre outras questões, que **a Lei n. 11.960/2009 é norma de natureza eminentemente processual e deve ser aplicada de imediato aos processos pendentes. Frisou-se não se tratar de retroatividade de lei, mas sim de incidência imediata de lei processual sob a tutela do princípio *tempus regit actum*, de forma a não atingir situações jurídico-processuais consolida-**

das sob o regime de lei anterior, mas alcançando os processos pendentes que se regem pela lei nova. Daí, concluiu-se que os valores resultantes de condenações proferidas contra a Fazenda Pública, após a entrada em vigor da mencionada lei, devem observar os critérios de atualização (correção monetária e juros) nela disciplinados, enquanto vigorarem. Por outro lado, no período anterior, tais acessórios deverão seguir os parâmetros definidos pela legislação então vigente. Precedentes citados: EREsp 1.207.197-RS, DJe 2/8/2011, e EDcl no MS 15.485-DF, DJe 30/6/2011. **REsp 1.205.946-SP, Rel. Min. Benedito Gonçalves, julgado em 19/10/2011.** (Inform. STJ 485) (g.n.)

FAZENDA PÚBLICA. REMESSA NECESSÁRIA. RECURSO.

A Corte Especial reiterou seu entendimento de que a ausência de recurso da Fazenda Pública contra sentença de primeiro grau não impede que ela recorra do aresto proferido pelo tribunal de origem em razão da remessa necessária (art. 415 do CPC). **O comportamento omissivo da Fazenda Pública, ao não apelar, não configura a preclusão lógica em relação aos recursos dirigidos às instâncias extraordinárias**. Precedentes citados: AgRg no REsp 1.096.292-RJ, DJe 25/10/2010, e REsp 905.771-CE, DJe 19/8/2010. **EREsp 853.618-SP, Rel. Min. João Otávio de Noronha, julgados em 18/5/2011.** (Inform. STJ 473) (g.n.)

SLS. SOCIEDADE. ECONOMIA MISTA. LEGITIMIDADE.

Trata-se de agravo regimental em que a agravante, sociedade de economia mista, insurge-se contra o indeferimento do pedido de suspensão de liminar e de sentença (SLS) no qual alegou violação da ordem e economia públicas. A Corte Especial, ao prosseguir o julgamento, negou provimento ao agravo regimental sob o entendimento de que carece a agravante de legitimidade para o referido pedido de suspensão. Assim, consignou-se que as empresas públicas e as sociedades de economia mista apenas são legitimadas quando em discussão questões ligadas diretamente à prestação do serviço público a elas delegado, o que não é o caso. Precedente citado: SLS 771-SC, DJe 24/8/2009. **AgRg na SLS 1.320-BA, Rel. Min. Presidente Ari Pargendler, julgado em 16/3/2011.** (Inform. STJ 466)

RECURSO REPETITIVO. REMESSA NECESSÁRIA. LEI N. 10.352/2001.

A Corte Especial, ao julgar o recurso sob o regime do art. 543-C do CPC c/c a Res. n. 8/2008-STJ, afirmou que a incidência do duplo grau de jurisdição obrigatório é de rigor quando a data da sentença desfavorável à Fazenda Pública for anterior à reforma promovida pela Lei n. 10.352/2001 (que alterou dispositivos do CPC referentes a recurso e a reexame necessário). Ressaltou-se que se adota o princípio *tempus regit actum* do ordenamento jurídico, o qual implica respeito aos atos praticados na vigência da lei revogada e aos desdobramentos imediatos desses atos, não sendo possível a retroação da lei nova. Assim, a lei em vigor no momento da data da sentença regula os recursos cabíveis contra ela, bem como a sua sujeição ao duplo grau obrigatório, repelindo-se a retroatividade da lei nova. Diante desse entendimento, o recurso da Fazenda Pública foi provido, determinando-se o retorno dos autos ao tribunal *a quo* para apreciar a remessa necessária (antigo recurso *ex officio*). Precedentes citados: EREsp 600.874-SP, DJ 4/9/2006; REsp 714.665-CE, DJe 11/5/2009; REsp 756.417-SP, DJ 22/10/2007; REsp 1.092.058-SP, DJe 1º/6/2009; AgRg no REsp 930.248-PR, DJ 10/9/2007; REsp 625.224-SP, DJ 17/12/2007, e REsp 703.726-MG, DJ 17/9/2007. **REsp 1.144.079-SP, Rel. Min. Luiz Fux, julgado em 2/3/2011.** (Inform. STJ 465)

FAZENDA PÚBLICA. APELAÇÃO. RESP.

A Corte Especial reafirmou, conforme precedente, que a Fazenda Pública, ainda que não tenha apresentado apelação da sentença que lhe foi desfavorável, pode interpor recurso especial, pois não há falar em preclusão lógica. Ressalvaram seu ponto de vista os Ministros Arnaldo Esteves Lima, Laurita Vaz e a própria Relatora. **Precedente citado: REsp 905.771-CE, DJ 19/8/2010. EREsp 1.119.666-RS, Rel. Min. Eliana Calmon, julgados em 1º/9/2010.** (Inform. STJ 445) (g.n.)

SENTENÇA ILÍQUIDA. REEXAME NECESSÁRIO.

A Corte Especial reiterou que as sentenças ilíquidas proferidas contra a União, Distrito Federal, estados, municípios e suas respectivas autarquias e fundações de direito público estão sujeitas ao reexame necessário (duplo grau de jurisdição), não incidindo sobre ela a exceção prevista no § 2º do art. 475 do CPC. **Precedente citado: EREsp 934.642-PR, DJe 26/11/2009. EREsp 701.306-RS, Rel. Min. Fernando Gonçalves, julgados em 7/4/2010** (ver Informativo n. 414). (Inform. STJ 429) (g.n.)

***ASTREINTES*. GOVERNADOR.**

Em execução de obrigação de fazer resultante de mandado de segurança, o ente federado foi condenado a incorporar certo percentual aos vencimentos e proventos de seus servidores. Sucede que foram impostas *astreintes* aos representantes daquele ente público (o governador e a secretária de gestão administrativa) correspondentes a diários 50% do valor do salário mínimo, caso, após citados, não procedessem às aludidas incorporações em 30 dias. Anote-se que essa sanção pecuniária não se confunde com a de natureza punitiva derivada de ato atentatório ao exercício da jurisdição (art. 14, V, parágrafo único, do CPC). Diante disso, **a jurisprudência do STJ permite a imposição de multa diária à Fazenda Pública**

na execução imediata, porém sua extensão ao agente público, ainda que escorada na necessidade de dar efetivo cumprimento à ordem mandamental, é despida de juridicidade, pois inexiste norma que determine esse alcance da pessoa física representante da pessoa jurídica de direito público. No caso, além de sequer haver contraditório e ampla defesa, os agentes não foram partes na execução e atuaram no MS apenas como substitutos processuais. Por último, note-se que a execução da ação mandamental foi dirigida ao ente federado, pessoa jurídica de direito interno, e há norma que restringe ao réu a imposição das referidas *astreintes* (art. 461, § 4º, do CPC). **Precedentes citados: REsp 770.753-RS, DJ 15/3/2007; REsp 893.041-RS, DJ 14/12/2006, e AgRg no Ag 1.028.620-DF, DJe 3/11/2008. REsp 747.371-DF, Rel. Min. Jorge Mussi, julgado em 6/4/2010**. (Inform. STJ 429) (g.n.)

EMBARGOS. EXECUÇÃO. FAZENDA PÚBLICA.

A Turma negou provimento ao recurso e reiterou o entendimento de que a *ratio* do novel disposto no art. 739, § 5º, do CPC é aplicável aos embargos à execução opostos pela Fazenda Pública quando se fundar em excesso de execução, haja vista ser dever legal que atinge todos os executados a apresentação de memória discriminada de cálculos, sob pena de rejeição liminar deles. Ao tratar dos embargos à execução com fundamento em excesso de execução, a doutrina estabelece que, coibindo a prática antiga de o executado impugnar genericamente o crédito exequendo, a lei o obriga a apontar as "gorduras" do débito apontado pelo credor. Assim é que, quando o excesso de execução for fundamento dos embargos, o embargante deverá declarar, na petição inicial, o valor que entende correto, apresentando memória do cálculo sob pena de rejeição liminar dos embargos ou de não conhecimento desse fundamento. A regra decorre não só da experiência prática, mas também do fato de que a execução pode prosseguir somente pela parte incontroversa (art. 739-A, § 3º, do CPC). **Precedentes citados: REsp 1.085.948-RS, DJe 1º/7/2009; REsp 1.099.897-RS, DJe 20/4/2009, e REsp 1.103.965-RS, DJe 14/4/2009. REsp 1.115.217-RS, Rel. Min. Luiz Fux, julgado em 2/2/2010**. (Inform. STJ 421)

FAZENDA PÚBLICA. AÇÃO MONITÓRIA. ISENÇÃO. CUSTAS E HONORÁRIOS.

A Turma entendeu que a Fazenda Pública, quando reconhece a dívida cobrada pelo autor da ação monitória, mas deixa de apresentar embargos, que suspenderiam a eficácia do mandado inicial, não faz jus à isenção de custas e honorários advocatícios estabelecidos no art. 1.102-C, *caput* e § 1º, do CPC (com a redação dada pela Lei n. 11.232/2005), o que seria admissível caso ocorresse o oportuno adimplemento da dívida. **REsp 1.170.037-RJ, Rel. Min. Castro Meira, julgado em 4/2/2010**. (Inform. STJ 421)

EXECUÇÃO. NOTA. EMPENHO.

Em execução forçada com base em contrato de prestação de serviço acompanhado de nota de empenho administrativo considerado exequível pelo Tribunal *a quo*, no REsp, alega a fundação estadual que houve omissão e violação dos arts. 267, V, e 295, parágrafo único, III, do CPC e, por fim, que inexiste título extrajudicial. A Turma, ao prosseguir o julgamento, por maioria, conheceu em parte o recurso e, nessa parte, negou-lhe provimento, reafirmando que a nota de empenho emitida por agente público é título executivo extrajudicial por ser dotada de liquidez, certeza e exigibilidade. Ela revela obrigação de pagamento assumida pela entidade pública, por isso é passível de exigibilidade pela via executiva. Ademais, rejeitou-se a preliminar de omissão do acórdão recorrido e não foram conhecidas as outras questões. **Precedentes citados: REsp 793.969-RJ, DJ 26/6/2006; REsp 704.382-AC, DJ 19/12/2005; REsp 331.199-GO, DJ 25/3/2002, e REsp 203.962-AC, DJ 21/6/1999. REsp 894.726-RJ, Rel. Min. Castro Meira, julgado em 20/10/2009.** (Inform. STJ 412)

HONORÁRIOS. FAZENDA PÚBLICA.

A Corte Especial, prosseguindo o julgamento, por maioria, recebeu os embargos, **reafirmando que, referente à fixação de honorários advocatícios quando vencida a Fazenda Pública, aplica-se o § 4º do art. 20 do CPC segundo o critério da equidade**. **Precedentes citados: EREsp 491.055-SC, DJ 6/12/2004; EREsp 637.905-RS, DJ 21/8/2006, e EREsp 376.337-SC, DJ 12/3/2007. EREsp 624.356-RS, Rel. Min. Nilson Naves, julgados em 17/6/2009.** (Inform. STJ 399) (g.n.)

17.7.5. Mandado de Segurança

Súmula STF nº 632

É constitucional Lei que fixa o prazo de decadência para a impetração de mandado de segurança.

Súmula STF nº 631

Extingue-se o processo de mandado de segurança se o impetrante não promove, no prazo assinado, a citação do litisconsorte passivo necessário.

Súmula STF nº 630

A entidade de classe tem legitimação para o mandado de segurança ainda quando a pretensão veiculada interesse apenas a uma parte da respectiva categoria.

Súmula STF nº 629

A impetração de mandado de segurança coletivo por entidade de classe em favor dos associados independe da autorização destes.

Súmula STF nº 627

No mandado de segurança contra a nomeação de magistrado da competência do presidente da república, este é considerado autoridade coatora, ainda que o fundamento da impetração seja nulidade ocorrida em fase anterior do procedimento.

Súmula STF nº 626

A suspensão da liminar em mandado de segurança, salvo determinação em contrário da decisão que a deferir, vigorará até o trânsito em julgado da decisão definitiva de concessão da segurança ou, havendo recurso, até a sua manutenção pelo Supremo Tribunal Federal, desde que o objeto da liminar deferida coincida, total ou parcialmente, com o da impetração.

Súmula STF nº 625

Controvérsia sobre matéria de direito não impede concessão de mandado de segurança.

Súmula STF nº 624

Não compete ao Supremo Tribunal Federal conhecer originariamente de mandado de segurança contra atos de outros tribunais.

Súmula STF nº 623

Não gera por si só a competência originária do Supremo Tribunal Federal para conhecer do mandado de segurança com base no art. 102, I, "n", da Constituição, dirigir-se o pedido contra deliberação administrativa do tribunal de origem, da qual haja participado a maioria ou a totalidade de seus membros.

Súmula STF nº 622

Não cabe agravo regimental contra decisão do relator que concede ou indefere liminar em mandado de segurança.

Súmula STF nº 512

Não cabe condenação em honorários de advogado na ação de mandado de segurança.

Súmula STF nº 510

Praticado o ato por autoridade, no exercício de competência delegada, contra ela cabe o mandado de segurança ou a medida judicial.

Súmula STF nº 474

Não há direito líquido e certo, amparado pelo mandado de segurança, quando se escuda em Lei cujos efeitos foram anulados por outra, declarada constitucional pelo Supremo Tribunal Federal.

Súmula STF nº 430

Pedido de reconsideração na via administrativa não interrompe o prazo para o mandado de segurança.

Súmula STF nº 429

A existência de recurso administrativo com efeito suspensivo não impede o uso do mandado de segurança contra omissão da autoridade.

Súmula STF nº 405

Denegado o mandado de segurança pela sentença, ou no julgamento do agravo, dela interposto, fica sem efeito a liminar concedida, retroagindo os efeitos da decisão contrária.

Súmula STF nº 392

O prazo para recorrer de acórdão concessivo de segurança conta-se da publicação oficial de suas conclusões, e não da anterior ciência à autoridade para cumprimento da decisão.

Súmula STF nº 330

O Supremo Tribunal Federal não é competente para conhecer de mandado de segurança contra atos dos tribunais de justiça dos estados.

Súmula STF nº 319

O prazo do recurso ordinário para o Supremo Tribunal Federal, em "habeas corpus" ou mandado de segurança, é de cinco dias.

Súmula STF nº 304

Decisão denegatória de mandado de segurança, não fazendo coisa julgada contra o impetrante, não impede o uso da ação própria.

Súmula STF nº 272

Não se admite como ordinário recurso extraordinário de decisão denegatória de mandado de segurança.

Súmula STF nº 271

Concessão de mandado de segurança não produz efeitos patrimoniais em relação a período pretérito, os quais devem ser reclamados administrativamente ou pela via judicial própria.

Súmula STF nº 270

Não cabe mandado de segurança para impugnar enquadramento da Lei 3780, de 12/7/1960, que envolva exame de prova ou de situação funcional complexa.

Súmula STF nº 269

O mandado de segurança não é substitutivo de ação de cobrança.

Súmula STF nº 268

Não cabe mandado de segurança contra decisão judicial com trânsito em julgado.

Súmula STF nº 267

Não cabe mandado de segurança contra ato judicial passível de recurso ou correição.

Súmula STF nº 266

Não cabe mandado de segurança contra Lei em tese.

Súmula STF nº 248

É competente, originariamente, o Supremo Tribunal Federal, para mandado de segurança contra ato do Tribunal de Contas da União.

Súmula STF nº 101

O mandado de segurança não substitui a ação popular.

Súmula STJ nº 202

A impetração de segurança por terceiro, contra ato judicial, não se condiciona à interposição de recurso.

Súmula STJ nº 177

O Superior Tribunal de Justiça é incompetente para processar e julgar, originariamente, mandado de segurança contra ato de órgão colegiado presidido por ministro de estado.

Súmula STJ nº 105

Na ação de mandado de segurança não se admite condenação em honorários advocatícios.

Súmula STJ nº 41

O Superior Tribunal de Justiça não tem competência para processar e julgar, originariamente, mandado de segurança contra ato de outros tribunais ou dos respectivos órgãos.

AG. REG. EM MS N. 28.528-MA
RELATOR: MIN. DIAS TOFFOLI
EMENTA: **Agravo regimental em mandado de segurança. Conselho Nacional de Justiça. Ilegitimidade passiva *ad causam* do órgão apontado como coator. Decadência. Serventia extrajudicial. Inobservância da regra do concurso público. Agravo regimental ao qual se nega provimento.**

1. O ato questionado consiste em ato comissivo do Tribunal de Justiça do Maranhão. A decadência fica configurada quando presente ato inequívoco da administração que indefira a pretensão do impetrante.

2. O Conselho Nacional de Justiça não tem legitimidade para compor o polo passivo, pois a existência (eventual) de lesão a direito deriva de concurso público de responsabilidade do Tribunal de Justiça do Maranhão.

3. O STF possui jurisprudência pacífica no sentido da auto aplicabilidade do art. 236, § 3º, da CF/88. Portanto, após a promulgação da Constituição Federal de 1988, é inconstitucional o provimento em serviços notarial e de registro sem a prévia aprovação em concurso público. Precedentes.

4. Agravo regimental ao qual se nega provimento. (Inform. STF 729)

Mandado de segurança e autoridade competente
A 2ª Turma negou provimento a recurso ordinário em mandado de segurança em que se pretendia o pagamento de verba de representação mensal de 175% sobre os vencimentos básicos devidos aos juízes do Tribunal Marítimo. No caso, o mandado de segurança apontara como autoridade coatora o Ministro do Planejamento, Orçamento e Gestão. O STJ denegara a ordem sob o fundamento de que a autoridade competente para apreciar o pedido seria o Secretário de Recursos Humanos daquele Ministério. Além disso, a questão constituiria objeto de outro mandado de segurança impetrado na justiça federal de 1º grau. A Turma manteve a decisão recorrida, que afastara a incidência da teoria da encampação e que assentara não competir ao STJ realizar, por meio de mandado de segurança, o exame da legalidade de decisão proferida por autoridades não mencionadas no art. 105, I, b, da CF.

RMS 32004/DF, rel. Min. Cármen Lúcia, 15.10.2013. (RMS-32004) (Inform. STF 724)

Enade e ilegitimidade de Ministro de Estado
A 1ª Turma negou seguimento a recurso ordinário em mandado de segurança interposto de decisão do STJ que extinguira a ação originária sem resolução de mérito ao fundamento de que o Ministro da Educação seria parte ilegítima para figurar no polo passivo da demanda. Na espécie, o ora recorrente alegara que fora impedido de colar grau em curso superior por não ter prestado o Exame Nacional de Desempenho de Estudantes – Enade/2009, o que ocorrera em razão da ausência de notificação específica e individualizada de sua seleção para participar do exame. Reputou-se que o objetivo do ora recorrente seria afastar a obrigatoriedade de regularização, a fim de que pudesse colar grau. Desse modo, ele não poderia se insurgir contra

uma autoridade que não deteria ingerência nem atribuição para determinar o cumprimento de eventual ordem judicial, pois **o Ministro da Educação não teria legitimidade para afastar a exigência de regularização do aluno junto àquele órgão, visto que sua atuação estaria restrita à regulamentação dos procedimentos**. Por fim, destacou-se a existência de portaria que atribui a outras autoridades, como ao Instituto Nacional de Estudos e Pesquisas Educacionais Anísio Teixeira - Inep, competência para promover a cientificação pessoal sobre a seleção. Igualmente, ressaltou-se haver portarias que estabeleceriam aos estudantes, ingressantes e concluintes em situação irregular a possibilidade de participação em outro exame. Por fim, não vislumbrou ilegalidade ou abuso de poder praticado pela autoridade apontada como coatora. RMS 30536/RJ, rel. Min. Cármen Lúcia, 30.8.2011. (RMS-30536) (Inform. STF 638) (g.n.)

Mandado de segurança e direito individual de membro do Ministério Público

O Ministério Público não tem legitimidade para defender direito subjetivo, disponível e individual de seus membros. Com base nesse entendimento, a 2ª Turma desproveu agravo regimental interposto de decisão do Min. Ricardo Lewandowski que, em decisão monocrática da qual relator, extinguira o *mandamus* sem julgamento de mérito. No caso, o Ministério Público do Estado do Rio Grande do Sul impetrara mandado de segurança contra ato do Conselho Nacional do Ministério Público - CNMP, que restringira a percepção de gratificação por membros que compusessem órgãos colegiados. Reputou-se que a legitimidade do *parquet* para impetração de *writ* restringir-se-ia à defesa de sua atuação funcional e a de suas atribuições institucionais. MS 30717 AgR/DF, rel. Min. Ricardo Lewandowski, 27.9.2011. (MS-30717) (Inform. STF 642)

EMENTA: **CONTROLE JURISDICIONAL** DO PROCESSO LEGISLATIVO. **UTILIZAÇÃO**, *PARA TANTO*, DO MANDADO DE SEGURANÇA. **POSSIBILIDADE. RECONHECIMENTO**, *PARA ESSE EFEITO*, DE LEGITIMAÇÃO PARA AGIR **ATRIBUÍDA**, *COM EXCLUSIVIDADE*, **A MEMBRO** DO CONGRESSO NACIONAL. **PRECEDENTES** DO SUPREMO TRIBUNAL FEDERAL. **PERDA SUPERVENIENTE**, *PELO IMPETRANTE*, DE SUA CONDIÇÃO POLÍTICO-JURÍDICA DE PARLAMENTAR. **IMPOSSIBILIDADE DE PROSSEGUIMENTO** DA AÇÃO MANDAMENTAL. **LEGITIMAÇÃO ATIVA** *"AD CAUSAM"* **QUE DEVE ESTAR PRESENTE**, *JUNTAMENTE COM AS DEMAIS* CONDIÇÕES DA AÇÃO, **NO MOMENTO** DA RESOLUÇÃO DO LITÍGIO (**CPC**, ART. 462). **RELAÇÃO DE CONTEMPORANEIDADE** *NÃO MAIS EXISTENTE*. **EXTINÇÃO ANÔMALA** DO PROCESSO MANDAMENTAL. **DOUTRINA. PRECEDENTE ESPECÍFICO** DO SUPREMO TRIBUNAL FEDERAL. **IMPOSSIBILIDADE**, *ADEMAIS*, DE O MANDADO DE SEGURANÇA, **QUE NÃO PODE** IMPUGNAR *NORMAS EM TESE*, **CONVERTER-SE** *EM INADMISSÍVEL SUCEDÂNEO* DA AÇÃO DIRETA DE INCONSTITUCIONALIDADE. **JURISPRUDÊNCIA. PROCESSO JULGADO EXTINTO**. (MS 27.971/DF, rel. Min. Celso de Mello, 1º.8.2011). (Inform. STF 647)

Mandado de Segurança e Competência do STF - 2

Por ilegitimidade da autoridade coatora, o Tribunal não conheceu de mandado de segurança impetrado contra suposto ato omissivo da Mesa da Câmara dos Deputados, substanciado na não nomeação dos impetrantes para o cargo de Analista Legislativo - Taquígrafo Legislativo da Câmara dos Deputados, e determinou a remessa dos autos à Justiça Federal, nos termos do art. 109, VIII, da CF — v. Informativo 502. Entendeu-se que o ato omissivo impugnado não seria da Mesa, mas do Presidente da Câmara dos Deputados, o qual não estaria incluso no rol taxativo de autoridades sujeitas à competência originária da Corte (CF, art. 102, I, **d**). **MS 23977/DF, rel. Min. Cezar Peluso, 12.5.2010.** (MS-23977) (Inform. STF 586)

Juizados Especiais e Mandado de Segurança contra Decisão Interlocutória

Não cabe mandado de segurança contra decisão interlocutória proferida em Juizado Especial. Essa foi a orientação firmada pela maioria do Tribunal, ao negar provimento a recurso extraordinário interposto contra acórdão de Turma Recursal Cível e Criminal do Tribunal de Justiça do Estado da Bahia que indeferira a petição inicial do mandado de segurança da recorrente — impetrado contra decisão liminar concedida em primeiro grau, no âmbito dos Juizados Especiais —, extinguindo o feito sem julgamento do mérito. Asseverou-se que a Lei 9.099/95 está voltada à promoção de celeridade no processamento e julgamento das causas cíveis de complexidade menor, razão pela qual consagrou a regra da irrecorribilidade das decisões interlocutórias. Não caberia, por isso, nos casos por ela abrangidos, a aplicação subsidiária do Código de Processo Civil, sob a forma do agravo de instrumento ou a utilização do instituto do mandado de segurança, cujos prazos para interpor e impetrar, respectivamente, não se coadunam com os fins pretendidos pela Lei 9.099/95. Aduziu-se ser facultativa a opção pelo rito sumaríssimo, com as vantagens e limitações que a escolha acarreta. Asseverou-se, ademais, que a admissão do mandado de segurança ensejaria ampliação da competência dos Juizados Especiais, o que caberia exclusivamente ao Poder Legislativo. Por fim, afastou-se a ofensa ao princípio da ampla defesa, haja vista a possibilidade de impugnação das decisões interlocutórias quando da interposição de recurso inominado. Vencido o Min. Marco Aurélio, que provia o recurso, por considerar estar-se diante de exceção alcançada pela Lei 1.533/1951 [Lei 12.016/2009], já que, não obstante essa lei revelar como regra o não cabimento de mandado de segurança contra decisão judicial, tal previsão pressuporia a possibilidade de ter-se recurso contra essa decisão, o que, na espécie, não se teria. Concluía, assim, que o afastamento do mandado de segurança importaria o afastamento da própria jurisdição. **RE 576847/BA, rel. Min. Eros Grau, 20.5.2009.** (RE-576847) (Inform. STF 547) (g.n.)

Suspensão de Segurança e Pagamento de Diferença Remuneratória - 1
O Tribunal iniciou julgamento de dois agravos regimentais interpostos por sindicato de trabalhadores e associação de servidores aposentados de Assembleia Legislativa contra decisão da Min. Ellen Gracie, presidente, que deferira pedido de suspensão da execução de acórdão proferido pela Corte Superior do Tribunal de Justiça do Estado de Minas Gerais, nos autos de mandado de segurança coletivo, a qual determinara à autoridade impetrada o pagamento, de imediato, aos substituídos processuais — servidores que optaram por não firmar acordo extrajudicial ou judicial para recebimento da diferença remuneratória gerada pela conversão da URV (11,98%) — dos mesmos montantes pagos aos servidores que o fizeram. A Min. Ellen Gracie, relatora, negou provimento ao recurso, no que foi acompanhada pelos Ministros Ricardo Lewandowski, Joaquim Barbosa, Gilmar Mendes e Celso de Mello. Preliminarmente, afastou a alegação de que a Assembleia Legislativa, por ser órgão desprovido de personalidade jurídica, seria parte ilegítima para requerer suspensão de segurança, tendo em conta a jurisprudência do STF no sentido de reconhecer a legitimidade da Assembleia Legislativa quando a decisão impugnada constitui óbice ao exercício de seus poderes e prerrogativas. SS 2702 AgR/MG, rel. Min. Ellen Gracie, 7.2.2007. (SS-2702) SS 2724 AgR/MG, rel. Min. Ellen Gracie, 7.2.2007. (SS-2724)

Suspensão de Segurança e Pagamento de Diferença Remuneratória - 2
No mérito, entendeu demonstrada a lesão à ordem pública, haja vista que a execução do acórdão em questão, antes do trânsito em julgado, afronta o disposto no art. 5º, parágrafo único, da Lei 4.348/64. Salientou que o mandado de segurança visa ao pagamento de diferença remuneratória que implica acréscimo aos vencimentos dos substituídos, só podendo ser executada, portanto, depois do trânsito em julgado. Também considerou configurada a lesão à economia pública, pois estariam sendo antecipados valores que deveriam ser pagos apenas no final das ações ajuizadas pelos substituídos, servidores que optaram por não celebrar acordo para recebimento da diferença pleiteada. Asseverou, ademais, ser incabível a análise dos argumentos acerca da ocorrência da ofensa aos princípios da isonomia e da impessoalidade, por dizerem respeito ao mérito do processo principal. Por fim, ressaltou a possibilidade de haver o denominado "efeito multiplicador", ante a existência de inúmeros servidores em situação potencialmente idêntica a dos substituídos. SS 2702 AgR/MG, rel. Min. Ellen Gracie, 7.2.2007. (SS-2702) SS 2724 AgR/MG, rel. Min. Ellen Gracie, 7.2.2007. (SS-2724)

Suspensão de Segurança e Pagamento de Diferença Remuneratória - 3
Em divergência, o Min. Marco Aurélio, acompanhado pelos Ministros Sepúlveda Pertence, Cezar Peluso, Carlos Britto e Eros Grau, deu provimento ao recurso. Salientou, inicialmente, que o caso apresenta peculiaridades, tendo em conta tratar-se de mandado de segurança julgado pelo órgão especial do TJMG, e de ter a concessão de segurança se baseado no reconhecimento do direito à diferença de 11,98%, matéria pacificada no STF. Ressaltando a excepcionalidade da suspensão de segurança e a necessidade de esta fundar-se em dados que demonstrem risco maior para a pessoa jurídica de direito público, aduziu que não haveria esse risco, na hipótese, a partir do momento em que o direito fora reconhecido após sinalização do STF e se pretendera compelir os substituídos a aderirem ao que proposto pela Administração Pública para a satisfação da parcela, que se mostrou incontroversa. Após, o julgamento foi suspenso para colher o voto de desempate da Min. Cármen Lúcia. SS 2702 AgR/MG, rel. Min. Ellen Gracie, 7.2.2007. (SS-2702) SS 2724 AgR/MG, rel. Min. Ellen Gracie, 7.2.2007. (SS-2724) (Inform. STF 455) (g.n.)

DIREITO ADMINISTRATIVO. TERMO INICIAL DO PRAZO PARA IMPETRAÇÃO DE MANDADO DE SEGURANÇA OBJETIVANDO A NOMEAÇÃO EM CARGO PÚBLICO.
Na hipótese em que houver, em ação autônoma, o reconhecimento da nulidade de questões de concurso público, o termo inicial do prazo para que o candidato beneficiado impetre mandado de segurança objetivando sua nomeação no cargo público será a data do trânsito em julgado da decisão judicial. Isso porque o candidato favorecido pela decisão judicial somente passa a ter direito líquido e certo à nomeação a partir da referida data. **AgRg no REsp 1.284.773-AM, Rel. Min. Benedito Gonçalves, julgado em 23/4/2013.** (Inform. STJ 522)

DIREITO ADMINISTRATIVO E PROCESSUAL CIVIL. ILEGITIMIDADE DO GOVERNADOR DE ESTADO PARA FIGURAR COMO AUTORIDADE COATORA EM MANDADO DE SEGURANÇA EM QUE SE BUSQUE A ATRIBUIÇÃO DE PONTUAÇÃO EM CONCURSO PÚBLICO.
O Governador do Estado é parte ilegítima para figurar como autoridade coatora em mandado de segurança no qual o impetrante busque a atribuição da pontuação referente à questão de concurso público realizado para o provimento de cargos do quadro de

pessoal da respectiva unidade federativa. A autoridade coatora, para impetração de mandado de segurança, é aquela que pratica ou ordena, de forma concreta e específica, o ato ilegal, ou, ainda, aquela que detém competência para corrigir a suposta ilegalidade, conforme se extrai do art. 6º, § 3º, da Lei 12.016/2009. Na hipótese em análise, constatada a não atribuição de pontuação após a anulação de questão, a autoridade competente para proceder à reclassificação dos impetrantes seria a banca examinadora responsável pelo certame, que é a executora direta do ato impugnado. O Governador do Estado teria competência para nomear e dar posse aos candidatos, mas não para corrigir a ilegalidade apontada. **AgRg no RMS 37.924-GO, Rel. Min. Mauro Campbell Marques, julgado em 9/4/2013.** (Inform. STJ 519)

DIREITO ADMINISTRATIVO. TERMO INICIAL DO PRAZO DECADENCIAL DO MANDADO DE SEGURANÇA. SUPRESSÃO DE HORAS EXTRAS INCORPORADAS.

O termo inicial do prazo decadencial para impetração de mandado de segurança na hipótese de supressão de valores referentes a horas extras supostamente incorporadas por servidor público é a data em que a verba deixou de ser paga. A exclusão do pagamento de horas extras é ato comissivo que atinge o fundo de direito, portanto está sujeita ao prazo decadencial do art. 23 da Lei n. 12.016/2009, cuja contagem se inicia na data do primeiro pagamento em que houve a supressão da verba, ocasião em que toma ciência o interessado, não se renovando nos meses subsequentes. De modo diverso, no caso de redução, ficaria configurada a prestação de trato sucessivo, pois não haveria a negação do próprio fundo de direito. Precedentes citados: AgRg no Ag 1.337.066-BA, DJe 16/2/2009, e AgRg no REsp 1.110.192-CE, DJe 24/5/2010. **RMS 34.363-MT, Rel. Min. Herman Benjamin, julgado em 6/12/2012.** (Inform. STJ 513).

DIREITO ADMINISTRATIVO. MANDADO DE SEGURANÇA. CABIMENTO. CONFIGURAÇÃO DE PROVA PRÉ-CONSTITUÍDA DA LIQUIDEZ E CERTEZA DO DIREITO À OBTENÇÃO DE MEDICAMENTOS E INSUMOS. LAUDO MÉDICO PARTICULAR.

A instrução de MS somente com laudo médico particular não configura prova pré-constituída da liquidez e certeza do direito do impetrante de obter do Poder Público determinados medicamentos e insumos para o tratamento de enfermidade acometida por ele. O laudo de médico particular, embora aceito como elemento de prova, não pode ser imposto ao magistrado como se a matéria fosse, exclusivamente, de direito. Esse parecer não é espécie de prova suprema ou irrefutável, ainda mais quando a solução da controvérsia, de natureza complexa, depende de conhecimento técnico-científico, necessário para saber a respeito da possibilidade de substituição do medicamento ou sobre sua imprescindibilidade. Além do mais, o laudo médico, como elemento de prova, deve submeter-se ao contraditório, à luz do que dispõe o art. 333, II, do CPC, principalmente quando, para o tratamento da enfermidade, o Sistema Único de Saúde ofereça tratamento adequado, regular e contínuo. Nesse contexto, o laudo médico particular, não submetido ao crivo do contraditório, é apenas mais um elemento de prova, que pode ser ratificado ou infirmado por outras provas a serem produzidas no processo instrutório, dilação probatória incabível no MS. Desse modo, as vias ordinárias, e não a via do MS, representam o meio adequado ao reconhecimento do direito à obtenção de medicamentos do Poder Público, uma vez que, como foi dito, apenas o laudo médico atestado por profissional particular sem o crivo do contraditório não evidencia direito líquido e certo para impetração de MS. **RMS 30.746-MG, Rel. Min. Castro Meira, julgado em 27/11/2012.** (Inform. STJ 511).

MANDADO DE SEGURANÇA. PROVA PRÉ-CONSTITUÍDA. JUNTADA. *PARQUET*.

A Turma proveu o recurso ordinário em mandado de segurança interposto pelo Ministério Público do Distrito Federal e Territórios para determinar ao tribunal de origem que julgue o mérito do *mandamus* ali impetrado, como entender de direito, uma vez que devidamente instruído com prova pré-constituída, juntada pelo representante do *Parquet* no parecer ministerial. De início, nos termos do enunciado da Súm. n. 99-STJ, reafirmou-se a legitimidade do Ministério Público para recorrer nos processos em que oficie como fiscal da lei independentemente de recurso da parte e, ainda, que se trate de discussão a respeito de direitos individuais disponíveis. Em seguida, destacou-se a possibilidade conferida ao Ministério Público para a iniciativa ampla em matéria probatória, quando atua na condição de *custus legis*, por expressa disposição legal contida no art. 83, II, do CPC. Pode, portanto, juntar documentos e certidões, apresentar testemunhas ou requerer qualquer medida ou diligência necessárias ao descobrimento da verdade real. Dessa forma, considerando-se devidamente instruída a ação mandamental com a prova do direito alegado na peça exordial, determinou-se o retorno dos autos ao tribunal *a quo* para exame do mérito. **RMS 27.455-DF, Rel. Min. Laurita Vaz, julgado em 3/11/2011.** (Inform. STJ 486)

TERMO *A QUO*. PRAZO. DECADÊNCIA. MS.

Trata-se, na espécie, de mandado de segurança no qual se busca a decretação de nulidade do processo administrativo disciplinar que aplicou a pena de aposentadoria compulsória com proventos proporcionais a juiz de direito. A Turma, por maioria, entendeu que o prazo decadencial para a impetração deve ser contado a partir da publicação do acórdão do processo administrativo julgado pelo órgão especial do Tribunal de Justiça, e não da publicação do decreto judiciário da referida aposentadoria. Assim, a Turma, por maioria, ao prosseguir o julgamento, negou provimento ao recurso. **RMS 26.289-GO, Rel. originário Min. Celso Limongi (Desembargador convocado do TJ-SP), Rel. para acórdão Min. Haroldo Rodrigues (Desembargador convocado TJ-CE), julgado em 5/4/2011.** (Inform. STJ 468)

MS. CABIMENTO.
A impetração do mandado de segurança só é admissível quando, de plano, pode ser aferível o direito líquido e certo no ato de sua propositura, sem a necessidade de dilação probatória. Assim, a decisão judicial que, com base em certidão, conclui pela inexistência de prolação de sentença em processo falimentar não pode ser impugnada por meio daquele *writ*, porquanto não se reveste de teratologia ou flagrante ilegalidade. Precedentes citados: RMS 18.070-RJ, DJ 13/12/2004, e RMS 13.957-MG, DJ 24/3/2003. **RMS 30.081-RJ, Rel. Min. João Otávio de Noronha, julgado em 20/4/2010.** (Inform. STJ 431)

MS. MULTA CONTRATUAL.
Discute-se, no recurso, se é cabível a impetração de mandado de segurança contra ato de presidente de comissão de licitação de empresa pública bancária (CEF) que aplicou multa por atraso da obra de prestação de serviços de adequação da rede elétrica de agência bancária. **A jurisprudência deste Superior Tribunal já assentou que a imposição de multa decorrente de contrato, ainda que precedido de procedimento licitatório de cunho administrativo, não é ato de autoridade, mas ato de gestão, contra o qual não cabe mandado de segurança**. Ademais, a novel lei do mandado de segurança (Lei n. 12.016/2009) sedimentou esse entendimento jurisprudencial em seu art. 1°, § 2°. Por outro lado, é incabível apurar infração contratual em *mandamus*, porque isso requer prova. Diante do exposto, a Turma negou provimento ao recurso. **Precedentes citados: AgRg no REsp 1.107.566-PR, DJe 25/5/2009; REsp 577.396-PE, DJ 20/2/2006, e REsp 420.914-PR, DJ 25/8/2003. REsp 1.078.342-PR, Rel. Min. Luiz Fux, julgado em 9/2/2010**. (Inform. STJ 422) (g.n.)

MS. LITISPENDÊNCIA. AÇÃO ORDINÁRIA.
No mandado de segurança, alega-se o direito adquirido e a conivência da legislação local para buscar a anulação de edital elaborado pela unidade federada de alienação do imóvel funcional ocupado pelo ora recorrente e, com isso, permitir sua venda direta sem qualquer procedimento licitatório. Sucede que esse pedido já foi deduzido, de igual modo, em ação ordinária da qual justamente decorre o citado edital, visto que nela se rejeitou o pleito e se cassou a liminar, o que possibilitou ao ente federado praticar os atos relativos à licitação. Daí a razão de o Tribunal *a quo* **corretamente reconhecer a litispendência, que, conforme a jurisprudência do STJ, não é descaracterizada pela circunstância de o polo passivo do MS ser ocupado pela autoridade indicada como coatora e, na ação ordinária, figurar como réu a própria pessoa jurídica de direito público à qual pertence o impetrado no *writ*. Precedentes citados: REsp 866.841-RJ, DJe 7/11/2008; RMS 11.905-PI, DJ 23/8/2007, e AgRg no REsp 932.363-RJ, DJ 30/8/2007. RMS 29.729-DF, Rel. Min. Castro Meira, julgado em 9/2/2010**. (Inform. STJ 422) (g.n.)

AG. LIMINAR. MS.
Cabe agravo de instrumento da decisão de primeiro grau de jurisdição em liminar em mandado de segurança. **REsp 1.101.740-SP, Rel. Min. Luiz Fux, julgado em 4/11/2009.** (Inform. STJ 414)

MS. AUTORIDADE COATORA. INDICAÇÃO ERRÔNEA.
Renovando o julgamento, a Turma, por maioria, conheceu do recurso e extinguiu o processo sem resolução de mérito, com respaldo no entendimento do Pretório Excelso, que tem decidido não ser possível o tribunal ou juiz corrigirem *ex officio* equívoco, indicando ele autoridade apontada como coatora para alterar decisão, menos ainda quando é o impetrante que insiste na legitimidade da autoridade indicada, tal como ocorre na hipótese. **Precedentes citados: REsp 685.567-BA, DJ 26/9/2009; RMS 21.918-DF, DJ 7/2/2008; REsp 884.390-MG, DJe 25/8/2008; RMS 24.217-PA, DJe 10/11/2008; MS 24.523-DF, DJ 29/9/2006, e MS 24.001-DF, DJ 20/9/2002. RMS 27.666-RJ, Rel. Min. Og Fernandes, julgado em 6/8/2009.** (Inform. STJ 401)

MS. TEORIA DA ENCAMPAÇÃO. INAPLICABILIDADE.
Trata-se de mandado de segurança no qual a ora recorrida apontou como autoridade coatora o secretário de Fazenda estadual, sob o fundamento de que a Portaria n. 114/2002 (Sefaz), emitida pelo secretário, é que aponta a necessidade de certidão negativa dos sócios para a inscrição estadual. Contudo, o ato coator foi praticado pelo chefe de Fiscalização Fazendária estadual que indeferiu o pedido de inscrição estadual sob o fundamento de que a sócia da empresa requerente possuía débitos com o fisco estadual. Assim, no caso, inaplicável a teoria da encampação, pois o secretário da Fazenda não defendeu o mérito do ato, limitando-se a declarar sua ilegitimidade passiva *ad causam*. Segundo a jurisprudência da Primeira Seção, para se aplicar a teoria de encampação em mandado de segurança, é necessário que sejam preenchidos os seguintes requisitos: existência de vínculo hierárquico entre a autoridade que prestou as informações e a que ordenou a prática do ato impugnado, ausência de modificação de competência estabelecida na Constituição Federal e manifestação a respeito do mérito nas informações prestadas. Desse modo, a Turma deu

provimento ao recurso para extinguir o mandado de segurança sem resolução do mérito (art. 267, VI, do CPC). **REsp 997.623-MT, Rel. Min. Luiz Fux, julgado em 2/6/2009.** (Inform. STJ 397)

MS. DESISTÊNCIA. CONSENTIMENTO. PARTE ADVERSA.

Trata-se de REsp contra acórdão que, em resumo, declarou que o pedido de desistência de mandado de segurança pode ser formulado a qualquer tempo e independentemente de anuência da outra parte. A Turma, ao prosseguir o julgamento, por maioria, conheceu do recurso, mas lhe negou provimento, reiterando o entendimento de que o disposto no art. 267, § 4º, do CPC não se aplica ao mandado de segurança, que é regulado por regra específica. Daí, então, ser lícita a apresentação de pedido de desistência em qualquer fase processual, independentemente do consentimento da parte contrária. **Precedentes citados do STF: AgRg no RE 318.281-SP, DJ 21/9/2007; MS 22.129-DF, DJ 23/11/1994; do STJ: AgRg no EREsp 389.638-PR, DJ 25/6/2007; AgRg no Ag 821.787-CE, DJ 31/5/2007, e Pet 4.375-PR, DJ 18/9/2006. REsp 930.952-RJ, Rel. originário Min. José Delgado, Rel. para acórdão Min. Luiz Fux (art. 52, IV, b, RISTJ), julgado em 12/5/2009.** (Inform. STJ 394)

MS. SENTENÇA CONCESSIVA. INTIMAÇÃO. PESSOA JURÍDICA DE DIREITO PÚBLICO. TRÂNSITO EM JULGADO.

Apesar de não ser parte no *writ* a pessoa jurídica de direito público a que está vinculada a autoridade coatora do mandado de segurança, caberá a ela suportar os efeitos patrimoniais da condenação e, consequentemente, torna-se necessária, a partir da sentença, a intimação pessoal de seu representante judicial, legitimado para recorrer da decisão concessiva da ordem. Uma vez que não realizada regularmente a intimação, não há que se falar em trânsito em julgado. Assim, a Turma conheceu em parte do recurso e, nessa parte, deu-lhe provimento para anular o trânsito em julgado e determinar que se proceda à intimação do estado-membro recorrente da sentença concessiva de segurança. **Precedentes citados: EREsp 785.230-MG, DJ 22/10/2007; EREsp 649.029-MA, DJ 1º/10/2007; RMS 15.298-SP, DJ 26/4/2004, e REsp 615.696-DF, DJ 29/11/2004. REsp 704.713-PE, Rel. Min. Laurita Vaz, julgado em 18/9/2008.** (Inform. STJ 368)

RMS. TEORIA. ENCAMPAÇÃO. HIERARQUIA.

Trata-se de agravo regimental contra decisão monocrática que, ao reconhecer a ilegitimidade passiva da autoridade, negou provimento ao recurso em mandado de segurança. Sustenta o agravante, entre outras razões, ser aplicável ao caso a teoria da encampação porque a autoridade adentrou o mérito do *mandamus* ao prestar as informações. Explica o Min. Relator que, além da manifestação do mérito, exige-se, para fins de aplicação da teoria da encampação, que haja hierarquia imediata entre a autoridade indicada pelo impetrante e aquela que deveria ter figurado no feito. Note-se que, no caso, a impetração insurge-se contra a elaboração de questão de prova de concurso público que estaria em desacordo com o edital. Logo, afirma o Min. Relator, não há vínculo de hierarquia entre o desembargador presidente da comissão de concurso público do TJ apontado como autoridade coatora e o centro de seleção e promoção de eventos de universidade contratado para efetivação do concurso público. Ademais, foi o centro que respondeu ao recurso administrativo interposto pelo impetrante e o desembargador não praticou nenhum ato contra direito líquido e certo do candidato impetrante. Outrossim, o fato de a comissão do concurso supervisionar as atribuições do centro não afasta a competência deste contra a alegada ilegitimidade atacada no *mandamus*. Observou ainda que a delegação de atribuição por vínculo contratual àquele centro legitima a autoridade competente desse órgão para figurar no polo passivo do *mandamus* (aplicação da Súm. n. 510-STF). Com esse entendimento, a Turma negou provimento ao agravo. **Precedentes citados: MS 10.484-DF, DJ 26/9/2005, e MS 12.779-DF, DJ 3/3/2008. AgRg no RMS 24.116-AM, Rel. Min. Felix Fischer, julgado em 8/5/2008.** (Inform. STJ 354)

MS. LEGITIMIDADE ATIVA. COORDENADOR. RH.

O mandado de segurança foi impetrado contra ato do ministro da Defesa, comandante da Marinha e diretor do serviço de inativos e pensionistas da Marinha, insurgindo-se a impetrante contra o desconto efetivado nos valores por ela percebidos a título de pensão, relativos a imposto de renda. Inicialmente a jurisprudência deste Superior Tribunal firmara-se no sentido de ter legitimidade para figurar no polo passivo da demanda o ministro da Defesa e os comandantes da Marinha, do Exército e da Aeronáutica, dependendo, quanto a esses últimos, da Força a que estava vinculado o servidor militar anistiado. Entretanto a Primeira Seção deste Superior Tribunal, revendo sua orientação, entendeu pela ilegitimidade passiva *ad causam* das citadas autoridades, à consideração de que somente o coordenador de recursos humanos (RH), ou outra autoridade com função equivalente, poderia responder por descontos de imposto de renda na fonte. Diante disso, a Seção julgou extinto o mandado de segurança sem resolução do mérito. **Precedentes citados: MS 11.599-DF, DJ 6/8/2007; MS 11.552-DF, DJ 20/11/2006, e MS 12.687-DF, DJ 25/2/2008. MS 10.894-DF, Rel. Min. Humberto Martins, julgado em 23/4/2008.** (Inform. STJ 353)

MS. SENTENÇA CONCESSIVA. PRAZO. DOBRO. RECURSO. ILEGITIMIDADE. AUTORIDADE COATORA.

Trata-se de recurso especial interposto por prefeito municipal contra o acórdão que entendeu incabível o benefício do prazo em dobro quando o recurso é interposto por autoridade coatora. Para a Min. Relatora, o próprio recurso reconhece o interesse da apelação interposta em defender o ato atacado quando afirma que se trata de prefeito municipal defendendo naturalmente os interesses da municipalidade. Assim, por tais razões já se poderia obstar o recurso especial ante a flagrante ilegitimidade do recorrente, uma vez que a Corte Especial pacificou entendimento de que a autoridade coatora apenas tem legitimidade para recorrer da sentença que concede a segurança quando tal recurso objetiva defender interesse próprio da dita autoridade. Aduz, ainda, a Min. Relatora que essa ilegitimidade poderia ser declarada de ofício, contudo, em razão da falta de arguição nas contrarrazões, o que poderia obstar sua análise, somada às peculiaridades da questão trazida nos autos, cabe análise do mérito do recurso. Assim, explica que a autorização do prazo em dobro para recorrer sempre se dá por autorização legal: o CPC, no art. 188, concede o prazo em dobro somente à Fazenda Pública e ao Ministério Público, posteriormente, a Lei n. 9.469/1997 estendeu essa benesse às autarquias e às fundações públicas. Como é inadmissível a interpretação extensiva das referidas normas, o prefeito municipal não possui prazo em dobro para recorrer. Com esse entendimento, a Turma negou provimento ao recurso. Precedentes citados: EREsp 180.613-SE, DJ 17/12/2004, e AgRg no Ag 804.571-RJ, DJ 2/4/2007. **REsp 264.632-SP, Rel. Min. Maria Thereza de Assis Moura, julgado em 4/9/2007.** (Inform. STJ 330)

17.8. QUADRO SINÓTICO

1. Controle interno

1.1. Conceito: *controle exercido no interior da própria administração, tendo fundamento no princípio da autotutela*

1.2. Início: deve se dar de ofício, podendo iniciar-se, também, por provocação do interessado

1.3. Classificação

a) quanto à extensão: abrange a fiscalização contábil, financeira, orçamentária, operacional e patrimonial (art. 70 da CF)

b) quanto aos critérios: legalidade, legitimidade e economicidade (art. 70 da CF)

b) quanto aos meios: dá-se pela fiscalização hierárquica, pela supervisão ministerial e pelos recursos administrativos

1.4 Recursos administrativos em sentido amplo

– Os **recursos administrativos** são *todos os meios administrativos hábeis a provocar o controle da atividade administrativa*

– Aqui a expressão "recursos administrativos" é utilizada em sentido amplo, abrangendo todo e qualquer tipo de provocação administrativa do interessado, com vistas ao controle da atividade administrativa

1.5. São **modalidades** dos recursos administrativos:

1.5.1 Representação, consistente na denúncia de irregularidade, feita junto à Administração

1.5.2. Reclamação administrativa, consistente na dedução das seguintes pretensões:

a) pedido de reconsideração: feito para a mesma autoridade que decidiu

b) revisão: *destinada ao reexame de matéria já definitivamente apreciada pela Administração quando surgirem fatos ou circunstâncias que possam modificar a decisão anterior*

– Não pode haver reforma em prejuízo de quem a pede (art. 65 da Lei 9.784/9199), ou seja, em matéria de revisão não cabe *reformatio in pejus;*

– Um exemplo é o pedido de revisão da demissão de um agente público, mas que acabou sendo absolvido na esfera criminal por negativa de autoria ou inexistência do fato

c) recurso hierárquico: feito para o superior hierárquico do que decidiu.

– Será hierárquico *próprio* se for julgado por autoridade superior do mesmo órgão da inferior (ex.: para secretário da educação contra ato de um diretor da secretaria)

– Será hierárquico *impróprio*, se for julgado por autoridade superior fora do órgão da inferior (ex.: para o Prefeito contra ato do secretário da saúde)

2. Controle externo

2.1. Conceito: *é o controle exercido por órgão ou pessoa que está fora da administração pública controlada*

2.2. Espécies: pode ser parlamentar ou judicial

2.3. Controle parlamentar:

a) fiscalização e controle geral dos atos do Poder Executivo, incluídos os da administração indireta (art. 49, X, da CF)

b) sustação de atos normativos exorbitantes (art. 49, V, da CF)

c) julgamento anual das contas do Chefe do Executivo

d) apreciação de concessões de rádio e TV (art. 49, XII, da CF)

e) aprovação de certas concessões de uso e ações nucleares (art. 49, XII e XIV, da CF)

f) aprovação de estado de defesa e intervenção federal; autorização de estado de sítio (art. 49, IV, da CF)

g) convocação de ministro para prestar informações; pela Casa ou Comissão da Casa (art. 50 da CF)

h) aprovação de escolha para determinados cargos (Senado – art. 52 da CF)

i) autorização de operações externas financeiras e endividamento (Senado)

j) instituição de CPI por prazo certo e para apurar fato determinado (art. 58, § 3º, da CF)

k) exercício do controle contábil, financeiro, orçamentário, operacional e patrimonial da Administração Direta e Indireta e de quem administre recurso público, com o auxílio do Tribunal de Contas (arts. 70 e 71 da CF)

2.4. Tribunal de Contas

2.4.1. Município

– O controle externo da Câmara Municipal será exercido com o auxílio dos Tribunais de Contas dos Estados ou do Município ou dos Conselhos ou Tribunais de Contas dos Municípios, onde houver, sendo vedada a criação de Tribunais, Conselhos ou órgãos de Contas Municipais (art. 31 da CF) ressalvados os já existentes, nos municípios de São Paulo e Rio de Janeiro

– O parecer prévio, emitido pelo órgão competente sobre as contas que o Prefeito deve anualmente prestar, só deixará de prevalecer por decisão de dois terços dos membros da Câmara Municipal (art. 31 da CF)

2.4.2. Regras em geral

a) a fiscalização contábil, financeira, orçamentária, operacional e patrimonial da União e das entidades da administração direta e indireta, quanto à legalidade, legitimidade, economicidade, aplicação das subvenções e renúncia de receitas, será exercida pelo Congresso Nacional, mediante controle externo, e pelo sistema de controle interno de cada Poder (art. 70, *caput*, da CF)

b) prestará contas qualquer pessoa física ou jurídica, pública ou privada, que utilize, arrecade, guarde, gerencie ou administre dinheiros, bens e valores públicos ou pelos quais a União responda, ou que, em nome desta, assuma obrigações de natureza pecuniária (art. 70, parágrafo único, da CF)

Ao Tribunal de contas compete (art. 71, da CF**):**

a) aplicar aos responsáveis, em caso de ilegalidade de despesa ou irregularidades de contas, as **sanções** previstas em lei, que estabelecerá, entre outras cominações, multa proporcional ao dano causado ao erário

b) assinar **prazo** para que o órgão ou entidade adote as providências necessárias ao exato cumprimento da lei, se verificada ilegalidade

c) **sustar**, se não atendida, a execução do **ato** impugnado, comunicando a decisão à Câmara dos Deputados e Senado

d) no caso de **contrato**, o ato de sustação será adotado diretamente pelo Congresso Nacional, que solicitará, de imediato, ao Poder Executivo as medidas cabíveis

e) se o Congresso Nacional ou o Poder Executivo, no prazo de noventa dias, não efetivar as medidas previstas no parágrafo anterior, o Tribunal decidirá a respeito

f) as decisões do Tribunal de que resulte imputação de **débito** ou **multa** terão eficácia de título executivo

2.5. Controle judicial:

2.5.1. Meios: por qualquer tipo de demanda, mas há ações especiais

2.5.2. Extensão: incide sobre a legalidade em sentido amplo, que abrange a legalidade em sentido estrito, a moralidade, a razoabilidade e os outros princípios

– Alguns atos têm controle especial, como os atos políticos (ex.: iniciativa e veto a projeto de lei, nomeação de Ministro, concessão de indulto etc.), os atos legislativos (leis) e os atos *interna corporis* (regimentos de tribunais e de corporações legislativas).

– Pela inafastabilidade da jurisdição, a pessoa não é obrigada a esgotar as vias administrativas p/ buscar o Judiciário

2.5.3. Prescrição contra a Fazenda (Dec. 20.910/1932):

Dec. 20.910/1932 Como regra, esse prazo é de 5 anos (art. 1º)

Dec. 20.910/1932 Cabe 1 interrupção, ocasião em que prazo recomeça a contar por 2,5 anos (Súm/STF 383: não menos de 5 anos)

– Todavia, em matéria de ação indenizatória o prazo é de 5 anos

– Há regra própria quanto a eventos que ensejam direitos de trato sucessivo (lesão se renova periodicamente):

– Súmula 85 do STJ: nas relações jurídicas de trato sucessivo em que a fazenda pública figure como devedora, quando não tiver sido negado o próprio direito reclamado [fundo de direito], a prescrição atinge apenas as prestações vencidas antes do quinquênio anterior à propositura da ação

3. Mandado de segurança

1. Conceito: *é a ação constitucional pela qual se pede a proteção a direito líquido e certo lesado ou ameaçado de lesão por ato de autoridade pública ou de agente de pessoa jurídica delegado do Poder Público, não amparado por* habeas corpus *ou* habeas data

2. Espécies

2.1. MS Individual: impetrado para defender direito próprio da *pessoa natural* ou *jurídica* impetrante (Art. 5º, LXIX, CF)

2.2. MS Coletivo: impetrado por partido político com representação nacional, organização sindical, entidade de classe ou associação legalmente constituída em funcionamento há pelo menos um ano, para defender interesses de seus membros ou associados (Art. 5º, LXX, CF)

3. MS Coletivo (Lei 12.016/2009)

3.1. Legitimados (art. 21 da Lei 12.016/2009)

3.1.1. Partido político com representação no Congresso Nacional: na defesa de seus interesses legítimos relativos a seus integrantes ou à finalidade partidária; ex: não cabe para impugnar a majoração de tributo

3.1.2. Organização sindical, entidade de classe ou associação legalmente constituída e em funcionamento há pelo menos 1 ano: na defesa de direitos líquidos e certos da totalidade, ou de parte, dos seus membros ou associados, na forma de seus estatutos e desde que pertinentes às suas finalidades; dispensa-se, para tanto, autorização especial dos membros ou associados (art. 21 + Súmula STF 629); pouco importa se estatutos não tratam da representação judicial dos associados (STF, MS 25.347); sindicato não tem que mostrar 1 ano de constituição; direito dos associados deve estar compreendido nas atividades exercidas por estes, não se exigindo que seja interesse próprio, peculiar, da classe (MS 22.132)

3.2. Direitos protegidos (art. 21, parágrafo único, da Lei 12.016/2009): **a) Coletivos:** transindividuais, de natureza indivisível, de que seja titular grupo ou categoria de pessoas ligadas entre si ou com a parte contrária por uma relação jurídica básica; ex.: MS para proibir divulgação de dados pessoais de servidores na internet; **b) individuais homogêneos:** decorrentes de origem comum e da atividade ou situação específica da totalidade ou de parte dos associados ou membros do impetrante; Ex: MS para proteger cabos que foram impedidos de fazer curso para a formação de sargentos, por terem procedimento penal em curso contra si

3.3. Coisa julgada: limitada aos membros do grupo ou categoria substituídos pelo impetrante (art. 22)

3.4. Ações individuais: MS Coletivo não induz litispendência para as ações individuais, mas os efeitos da coisa julgada não beneficiarão o impetrante a título individual se não requerer a desistência de seu man-dado de segurança no prazo de 30 dias a contar da ciência comprovada da impetração da segurança co-letiva

3.5. Liminar: só poderá ser concedida após audiência do representante judicial da pessoa jurídica de direito público, que deverá ser pronunciar em 72 horas

3.6. Regime jurídico: quanto aos demais pontos, aplicam as regras gerais de mandado de segurança

4. MS Individual (Lei 12.016/2009)

4.1. Requisitos para o cabimento

4.1.1. Ato de autoridade ou de agente de pessoa jurídica no exercício de atribuições do Poder Público

– **Não cabe** contra atos de:

a) pessoas naturais e de pessoas jurídicas privadas

b) gestão comercial praticados p/ estatais e concessionários

– **Cabe** contra atos de:

a) pessoas jurídicas de direito público

b) representantes ou órgão de partidos políticos

c) dirigentes de PJs ou de pessoas naturais no exercício de atribuições do poder público, quanto a essas funções

d) dirigente de estatal, regidos pelo dir. público (STJ S. 333)

4.1.2. Direito líquido e certo

– *Aquele cujos fatos que o fundamentam possam ser comprovados de plano*

– Prova documental; prova pré-constituída; desnecessidade de dilação probatória

– Fatos líquidos e certos: "provados na sua existência e incontroversos na sua ocorrência"

Obs: a complexidade na aplicação do Direito não impede o manejo de MS – Súmula STF 625: "controvérsia sobre matéria de direito não impede concessão de MS"

– Assim, a necessidade de fazer interpretações e ponderações não inviabiliza MS, mas a necessidade de fazer dilação probatória inviabiliza

4.1.3. Ajuizamento no prazo decadencial (art. 23)

a) regra: 120 dias, não podendo ser suspenso ou interrompido, mesmo nas férias (STF 632: é constitucional)

b) exceção: há decisão do STJ entendendo que, se o fim do prazo cair em feriado forense, fica prorrogado para o 1º dia útil seguinte (AgRg Resp 681.751 e MS 10.222)

c) casuística:

– prazo inicia da ciência, pelo interessado, do ato impugnado

– trato sucessivo, prazo se renova a cada ato lesivo

– na omissão, prazo é contado da data final que a autoridade tinha para expedir o ato

– não ocorre caducidade se MS for interposto a tempo, mas em juízo incompetente (art. 113, § 2º, CPC)

– Ped. de reconsider. ñ interrompe prazo p/ MS (STF-Súm.430)

4.1.4. Inexistência de outros impedimentos

a) art. 5º da Lei 12.016/2009: não se concederá MS de

– ato de que caiba recurso administrativo com efeito suspensivo, independentemente de caução (STF Súm. 429: salvo se se trata de omissão da autoridade)

– decisão judicial da qual caiba recurso c/ efeito suspensivo

– decisão judicial transitada em julgado

Obs: não há mais proibição de MS contra ato disciplinar

b) Súm. STF 266: não cabe MS contra lei em tese

c) Doutrina/Jurisp.: não cabe MS contra atos *interna corporis*

– mas cabe contra atos em CPI, se violado direito, como a quebra de sigilo sem motivação (STF, MS 24.831)

d) Súmulas STF 269 e 271:

– 269: o MS não é substitutivo de ação de cobrança

– 271: concessão de MS não produz efeitos patrimoniais em relação a período pretérito, os quais devem ser reclamados administrativamente ou pela via judicial própria

– Art. 14, § 4º: pagamento a servidor assegurado em MS só será efetuado quanto às prestações que se vencerem a contar da data do ajuizamento da inicial

4.1.5. Não cabimento, no caso, de *habeas corpus* ou *habeas data*

4.3. Legitimidade

4.3.1. Ativa: pessoa natural (até menor), pessoa jurídica, universalidades legais, órgão público de grau superior (ex: Mesa da Câmara – para defesa de prerrogativas) e MP

4.3.2. Passiva: é a **autoridade coatora**: a que tiver praticado o ato impugnado ou da qual emane a ordem para a sua prática (art. 6º, § 3º)

– é a autoridade com poder de decisão, e não o mero executor do ato

– se quem praticou o ato recebeu delegação, contra este caberá MS (STF Súm. 510)

– deve-se indicar o próprio cargo da autoridade coatora

– ato colegiado: deve-se indicar o presidente daquele colegiado (ex: Presid. da Comissão de Licitação)

– ato complexo: indica-se todas as autoridades

– ato composto: composto de dois ou mais atos; ex: nomeação de Ministro para STJ; depende da fase; após nomeação, só contra o último praticante, independentemente do problema invocado (STF Súm. 627)

– ato impugnado que afete juridicamente outras pessoas, em litisconsórcio necessário: todos devem ser colocados no polo passivo; extingue-se MS se impetrante não promover citação do litisconsorte passivo necessário (STF Súm. 631)

– Indicação errônea de autoridade coatora: gera a extinção do processo, sem apreciação de mérito

Porém, preenchidos certos requisitos, aplica-se a **Teoria da Encampação**. Requisitos (STJ, AgRg RMS 27.578)

a) autoridade apontada como coatora é superior hierárquico da autoridade que praticou ou ato

b) autoridade apontada como coatora não tem foro diferenciado

c) autoridade apontada como coatora, não se limita a alegar sua ilegitimidade e, efetivamente, defende o ato impugnando, manifestando-se sobre o mérito da causa

Cumpridos os requisitos, juiz julga mérito do MS

4.5. Competência

4.5.1. Regra: é a da *sede da autoridade coatora, observada a sua categoria funcional*

– Há de se verificar a **Justiça**:

a) Estadual: autoridades municipais ou estaduais

b) Federal: autoridade federal; tem-se tal autoridade toda vez que consequências patrimoniais tiverem de ser suportadas pela União ou entidade por ela controlada

c) Especial: verificar competência das Justiças Eleitoral, do Trabalho e Militar

– Há de se verificar o **Grau**:

a) STF: é o tribunal competente para MS contra atos do Presidente da República, das Mesas da Câmara e Senado, do TCU, do CNJ, do CNMP, do Procurador-Geral da República e do próprio STF. Vide art. 102, I, "d" e "r", CF). Segundo a Súmula STF n. 624, não compete ao STF conhecer originariamente de MS contra atos de outros tribunais;

b) STJ: é o tribunal competente para MS contra atos de Ministro de Estado, Comandante das Forças Armadas e do Próprio STJ. Vide o art. 105, I, "b", da CF). Segundo a Súmula STJ n. 177, o fato de um órgão colegiado ser dirigido por um Ministro não torna o STJ competente para o MS respectivo.

c) TRF: é o tribunal competente para MS contra atos de Juiz Federal e do próprio tribunal. Vide o art. 108, I, "c", da CF.

4.5.2. Justiça federal

– O Brasil é divido em **5 Regiões**, cada uma com um Tribunal Regional Federal

– Cada Região é composta por duas ou mais **Seções Judiciárias** (correspondentes aos Estados e ao Distrito Federal)

– Cada Seção Judiciária é subdividida em **Subseções Judiciárias**

– As Subseções são divididas em **Varas**

– Há Juízes Federais e Desembargadores Federais

4.5.3. Justiça estadual

– Cada **Estado** e o **DF** tem seu Tribunal de Justiça

– O Estado é dividido em **Comarcas**

– Há Juízes de Direito e Desembargadores

4.5.4. Mandados de segurança nos tribunais

– Nos termos da Constituição Estadual de cada Estado, são comuns competências originárias dos TJs para julgamento de MS impetrados contra determinadas autoridades (governadores, prefeitos, secretários etc.)

– Do acórdão denegatório da segurança cabe Recurso Ordinário ao STJ

– Nos demais casos, cabe recursos extraordinário e especial

– Vide competência originária do STF e do STJ

4.6. Liminar

a) teor: suspensão do ato que deu motivo ao MS ou outro tipo de comando para acautelar o direito a ser protegido

b) requisitos:

– fundamento relevante (*fumus boni iuris*)

– do ato impugnado puder resultar ineficácia da medida, se deferida ao final (*periculum in mora*)

Obs: é possível exigir do impetrante caução, fiança, ou depósito, para assegurar ressarcimento à pessoa jurídica

c) limites: não cabe liminar que tenha por objeto a (7º, § 2º)

– compensação de créditos tributários

– a entrega de mercadorias e bens provenientes do exterior

– a reclassificação ou equiparação de servidores públicos

– a concessão de aumentos ou a extensão de vantagens ou pagamentos de qualquer natureza

d) duração: efeitos persistirão até sentença

e) cumprimento: autoridades remeterão cópia do mandado ao órgão competente, em 48 horas, para tanto

4.7. Rito

– **Inicial**

– **Notificações, citações**

– 10 dias para **informações** da autoridade coatora e para a **contestação** da pessoa jurídica interessada

– **Oitiva do MP,** em 10 dias

– **Sentença**

4.8. Sentença

a) mandamental: ordem judicial a ser cumprida independentemente de execução de sentença

b) cumprimento: juiz transmitirá ordem por ofício, para a autoridade coatora e a pessoa jurídica

– oficial de justiça, correio, telegrama, fax etc.

c) crime: desobediência a decisões no MS, sem prejuízo de outras sanções (arts. 26 Lei de MS e 330 do CP)

d) efeito imediato: a sentença que conceder MS pode ser executada provisoriamente, salvo em casos em que não cabia liminar

e) cobrança: pagamentos a servidores, só de prestações que se vencerem a contar do ajuizamento da inicial

4.9. Recursos

– **Embargos de declaração:**

– **Agravo:** decisões interlocutórias

– **Apelação:** da sentença

– **Reexame obrigatório:** de decisão concessiva

– **Embargos infringentes:** não cabe

– **Recursos extraordinário e especial**

– **Recurso ordinário:**

a) STJ: MS julgado em única instância por TRFs e TJs, quando a decisão for **denegatória** (art. 102, II, CF)

b) STF: MS julgado em única instância por Tribunais Superiores, quando a decisão for **denegatória** (art. 105, II, CF)

4. *Habeas Data*

1. Conceito: *é a ação constitucional concedida para:*

*a) assegurar o conhecimento de **informações** relativas à pessoa do impetrante, constantes de registros ou bancos de dados de entidades governamentais ou de caráter público*

*b) **retificar** dados, quando não se prefira fazê-lo por processo sigiloso, judicial ou administrativo*

(art. 5º, LXXII, da CF)

*c) **anotar** nos assentamentos do interessado contestação ou explicação sobre dado verdadeiro mas justificável e que esteja sob pendência judicial ou amigável*

(art. 7º, III, da Lei 9.507/1997)

2. Requisitos para o cabimento e concessão:

2.1. Informação sobre a pessoa do impetrante

– *Informação / retificação / anotação* sobre a *pessoa do impetrante*, e não qualquer informação de *interesse pessoal*

– Ex1: dados constantes do prontuário de servidor público

– Ex2: dados nos registros das Polícias Civil e Federal

– **Não cabe:**

a) para pedir informações sobre terceiros; ex.: sobre autores de agressões contra o interessado (STF, RMS 24.617)

b) para simples obtenção de vista de processo administrativo (STF, HD 90-AgR)

c) para fazer valer o direito à informação, de interesse particular ou coletivo (art. 5º, XXXIII, da CF); o direito ao HD não se confunde com o direito de petição ou de certidão

2.2. Banco de dados ou registro de caráter público

– Considera-se de caráter público todo registro ou banco de dados contendo informações que sejam ou que possam ser **transmitidas** a terceiros ou que **não sejam de uso privativo** do órgão ou entidade produtora ou depositária das informações (art. 1º, parágrafo único, Lei 9.507/1997)

Cabe:

– Em face de entidade governamental ou de caráter público; governamental inclui empresas estatais

– Para assegurar informações sobre cadastro de devedores ou listagens de mala-direta

Não cabe:

– Ficha de pessoal do BB não é registro de caráter público

– Extrato bancário requerido a banco estatal não é público

2.3. Prova de indeferimento ou omissão no atendimento a pedido informações (8º, parágrafo único, e Súm./STJ 2)

– O interessado na informação, retificação ou anotação deverá fazer requerimento ao órgão ou entidade depositária do registro, que será apreciado em 48 horas, comunicando-se a decisão ao requerente em 24 horas

Deve haver prova da:

a) recusa ao acesso às **informações** ou decurso de mais de 10 dias sem decisão

b) recusa em fazer-se a **retificação** ou decurso de mais de 15 dias sem decisão

c) recusa em fazer-se a **anotação** ou decurso de mais de 10 dias sem decisão

Obs: informação incompleta equivale à recusa (STJ, HD 149)

2.4. Direito líquido e certo de não ser prejudicado

– *Aquele cujos fatos que o fundamentam possam ser comprovados de plano*

– Prova documental, pré-constituída; sem dilação probatória

– O STJ determina que essa regra também se aplica ao HD, de modo que o impetrante deve demonstrar desde logo, com a propositura da ação, a incorreção de dado constante do registro do órgão competente (HD 210, 18/02/2011)

– Não é cabível pedido de informações + eventual retificação, pois não se sabe se esta será necessária (STJ, HD 160)

– Há de se demonstrar que pedido não é mero capricho; que problema na informação causa prejuízo moral ou material

– Não cabe para excluir nome de dívida ativa (dilação prob.)

3. Outras características do *habeas data* (HD)

3.1. Não há prazo para ingressar com o HD

3.2. Se couber HD, não cabe MS

3.3. Não é possível fazer outros tipos de pedido

3.4. São gratuitos os procedimentos administrativos para o acesso a informações, retificação de dados e anotação de justificação, bem como a ação de *habeas data*

3.5. Não se pode negar HD com fundamento na proteção do direito à intimidade e à vida privada, porém, se o inquérito for sigiloso, por motivo de segurança, o HD pode ser negado

3.6. O instituto foi criado para possibilitar acesso aos registros do antigo SNI – Serviço Nacional de Informações

4. Legitimidade

4.1. Ativa: pessoa natural ou pessoa jurídica

4.2. Passiva: é o **coator**, que é o próprio órgão ou entidade.

– Ex: gestão de dados dos examinandos do ENEM compete ao INEP (pessoa jurídica), e não ao Ministro da Educação, que é parte ilegítima para o HD

– Cabe aplicação da Teoria da Encampação (STJ, HD 147)

5. Competência

– É a da *sede do coator, observada a sua categoria funcional;*

– Porém, o impetrante pode se valer da opção prevista no art. 109, § 2º, da CF, que permite, nas causas aforadas contra a União, que o autor ajuíze ação na seção judiciária em que for domiciliado

– Há de se verificar a **Justiça**:

a) estadual: autoridades municipais ou estaduais; entidades privadas

b) federal: autoridade federal; tem-se tal autoridade toda vez que consequências patrimoniais houverem de ser suportadas pela União ou entidade por ela controlada

– Há de se verificar o **Grau**:

a) STF: é o tribunal competente para HD contra atos do Presidente da República, das Mesas da Câmara e Senado, do TCU, do CNJ, do CNMP, do Procurador-Geral da República e do próprio STF. Vide art. 102, I, "d" e "r", CF);

b) STJ: é o tribunal competente para HD contra atos de Ministro de Estado, Comandante das Forças Armadas e do Próprio STJ. Vide o art. 105, I, "b", da CF).

c) TRF: é o tribunal competente para MS contra atos de Juiz Federal e do próprio tribunal. Vide o art. 108, I, "c", da CF.

6. Liminar

a) previsão: não está na Lei de HD; mas, tendo em vista a inafastabilidade da jurisdição e o poder geral de cautela do juiz, cabe para que não pereça direito

b) requisitos:

– fundamento relevante (*fumus boni juris*)

– do ato impugnado puder resultar ineficácia da medida, se deferida ao final (*periculum in mora*)

7. Rito

– **Inicial**

– **Notificação**

– 10 dias para **informações** da autoridade coatora

– **Oitiva do MP,** em 5 dias

– **Sentença**, em 5 dias

8. Sentença (arts. 13 e 14)

a) mandamental: ordem judicial a ser cumprida independentemente de execução de sentença

b) cumprimento: juiz transmitirá ordem por ofício, para o coator

– oficial de justiça, correio, telegrama, fax etc.

c) crime: desobediência a decisões no HD, sem prejuízo de outras sanções (art. 330 do CP)

d) efeito imediato: sentença que conceder HD pode ser executada provisoriamente; apelação tem efeito devolutivo

e) teor: se julgar procedente, juiz marcará data e horário para que o coator:

– apresente ao impetrante as informações a seu respeito

– apresente em juízo a prova da retificação ou da anotação

9. Recursos

– **Embargos de declaração:**

– **Agravo:** decisões interlocutórias

– **Apelação:** da sentença

– **Recursos extraordinário e especial**

– **Recurso ordinário:**

a) STJ: HD julgado em única instância por TRFs, quando a decisão for denegatória (art.105, II, *b*, da CF)

b) STF: HD julgado em única instância por Tribunais Superiores, quando a decisão for denegatória (art. 102, II, *a*, da CF)

5. Ação Popular

1. Conceito: *é a ação constitucional promovida pelo cidadão com vistas a anular ato lesivo*

a) ao patrimônio público ou de entidade de que o Estado participe

b) à moralidade administrativa

c) ao meio ambiente

d) ao patrimônio histórico e cultural

– Ficando o autor, salvo comprovada má-fé, isento de custas judiciais e do ônus da sucumbência
(art. 5º, LXXIII, da CF)
(Lei 4.717/1965 – LAP)

Obs.1: art. 1º da LAP trata das entidades protegidas

Obs.2: lesão à moralidade não requer lesividade material

Obs.3: não defende interesse individual, nem substitui ADI

2. Legitimidade

2.1. Ativa: cidadão

– *aquele que está no gozo dos direitos políticos*

– a prova da cidadania será feita com o título eleitoral (art. 1º, § 3º)

– não importa se o cidadão tem domicílio eleitoral em outra cidade (STJ, Resp 1.242.800)

– é facultado a qualquer cidadão habilitar-se como assistente ou litisconsorte do autor da ação popular; normalmente, tem-se um assistente litisconsorcial (STJ, AgRg 916.010)

– pessoa jurídica não tem legitimidade p/ AP (Súm. STF 365)

– MP pode aditar a petição inicial (STJ, AgRg no Aresp 12962)

– em caso de desistência ou absolvição de instância, qualquer cidadão ou o MP poderão prosseguir na ação (art. 9º)

2.2. Passiva: (art. 6º) (litisconsórcio passivo necessário)

a) autoridades, funcionários ou administradores que houverem autorizado, aprovado, ratificado ou praticado o ato impugnado ou que, por omissão, dado oportunidade à lesão

b) beneficiários do auto, se houver

c) pessoas jurídicas de direito público ou de direito privado, cujo ato seja objeto de impugnação

– Tais pessoas (item "c") serão citadas e terão três opções:

i) contestar o pedido

ii) abster-se de contestar o pedido

iii) atuar ao lado do autor

– Ente público pode ir para polo ativo a qualquer tempo (STJ)

– MP atuará como fiscal da lei, não podendo assumir a defesa do ato impugnado ou de seus autores

3. Competência (art. 5º)

– é competente para conhecer da ação, processá-la e julgá-la o juiz que, de acordo com a organização judiciária de cada Estado, o for para as causas que interessem à União, ao Distrito Federal, ao Estado ou ao Município

– a propositura da ação prevenirá a jurisdição do juízo para todas as ações que forem intentadas contra as mesmas partes e sob os mesmos fundamentos

– não há foro por prerrogativa de função na ação popular; até mesmo uma ação contra o Presidente da República será promovida em 1ª instância (STF, AO 859)

4. Objetos

a) anulação do ato lesivo (CF e art. 11 da LAP)

b) condenação ao pagamento de perdas e danos dos responsáveis e beneficiários (art. 11 da LAP)

c) restituição de bens ou valores (art. 14, § 4º, da LAP)

5. Liminar

– é cabível a suspensão liminar do ato lesivo (art. 5º, § 4º, da LAP)

6. Rito (art. 7º)

– Ordinário

– Mas o prazo para contestação é de **20 dias**, prorrogáveis por mais 20 dias, a requerimento do interessado, desde que devidamente justificado, nos termos da lei

7. Instrução probatória

– STJ entende que autor popular também não tem o dever de adiantamento de honorários periciais, por aplicação analógica da Lei 7.347/1985 (STJ, Resp 1.225.103)

8. Sentença (arts. 12 e ss.)

a) provimento: constitutivo negativo e condenatório

b) cumprimento:

– segundo o CPC

– decorridos 60 dias da sua publicação, representante do MP promoverá em 30 dias a sua execução

– as pessoas jurídicas protegidas podem promover a execução da sentença que lhes beneficiar, contra os demais réus, ainda que tenham defendido o ato impugnado (art. 17)

c) coisa julgada: (art. 18)

– procedência/improcedência: efeito *erga omnes*

– improcedência por falta de provas: qualquer cidadão poderá intentar outra ação idêntica, valendo-se de nova prova

9. Recursos

– **Embargos de declaração:**

– **Agravo:** decisões interlocutórias

– **Apelação:** da sentença; tem efeito suspensivo

– **Reexame Necessário:** carência ou improcedência da ação

– **Demais recursos**

12. Prescrição

– A ação popular prescreve em 5 anos

– Termo *a quo* costuma ser a publicação do ato lesivo

– Porém, segundo o STF, é imprescritível a pretensão de reparação do dano ao erário, em caso de ato ilícito

6. Ação Civil Pública

1. Conceito: *é a ação constitucional promovida pelo MP e demais legitimados previstos na lei com vistas a proteger interesses, bens e direitos a) difusos; b) coletivos; c) individuais homogêneos*

2. Previsão: art. 129, III, da CF; Lei 7.347/1985 (Lei de Ação Civil Pública – LACP); Lei 8.078/1990 (CDC) (art. 21 da Lei 7.347/1985); Lei 8.069/1990 (ECA); Estatuto do Idoso; dentre outras

3. Interesses protegidos: (art. 81, parágrafo único, CDC)

3.1. Difusos: *os transindividuais, de natureza indivisível, de que sejam titulares pessoas indeterminadas e ligadas por circunstâncias de fato* (indisponíveis)

– ex.: interesse de todos na despoluição de um rio

3.2. Coletivos: *os transindividuais, de natureza indivisível, de que seja titular grupo, categoria ou classe de pessoas ligadas entre si ou com a parte contrária por uma relação jurídica base* (disponíveis pelo grupo)

– ex.: interesse de todos servidores em conseguir aumento

3.3. Individuais homogêneos: *os decorrentes de origem comum* (disponível individualmente)

– ex.: vítimas de acidente aéreo

4. Legitimidade Ativa (arts. 5º LACP e 82 do CDC)

– Ministério Público

– União, Estados, Distrito Federal e Municípios

– Entidades da administração pública direta e indireta

– Defensoria Pública

– Órgãos da administração pública direta ou indireta, especificamente destinados à defesa dos interesses e direitos protegidos pelo CDC

– Associações legalmente constituídas há pelo menos 1 (um) ano (tempo) e que incluam entre seus fins sociais a defesa dos interesses e direitos a serem protegidos (pertinência), dispensada a autorização dos associados; o juiz pode dispensar o requisito temporal, se manifesto o interesse social

5. Ministério Público

5.1. Papéis

a) Legitimado ativo

b) Não sendo autor, atua necessariamente como fiscal da lei

5.2. Inquérito civil e requisição: privativos do MP; inquérito civil não é requisito para ingressar com ACP

5.3. Tese contra o Ministério Público

– Não pode defender interesse individual disponível (art. 127, *caput*, da CF, *a contrario sensu*); exceção: quando há interesse social envolvido (art. 127, *caput*, da CF), como em matéria de mensalidades escolares e saúde

6. Litisconsórcio ativo:

– Pode ser original ou ulterior, com a presença de qualquer legitimado

7. Competência (art. 2º da LACP)

– é a do local do **dano**, cuja competência é absoluta

– Individual homogêneo: se dano local, local do dano; se dano regional, capital do Estado; se nacional, DF (art. 93)

– não há foro por prerrogativa de função

– a propositura da ação prevenirá a jurisdição do juízo para ações que possuam mesma causa de pedir ou objeto

– em caso de procedência, a sentença fará coisa julgada *erga omnes*, nos limites da competência territorial do órgão prolator (art. 16 da LACP); a jurisprudência está encaminhando no sentido de que, como o Poder Judiciário é uno, a jurisdição produz efeitos em todo o território nacional, conforme entende, por ex., Nelson Nery Junior

8. Objetos

a) anulação do ato lesivo

b) condenação ao pagamento de perdas e danos, morais e materiais – cabe também qualquer tipo de provimento

c) qualquer tipo de provimento jurisdicional (art. 83 do CDC)

9. Liminar

– é cabível pedido de liminar (arts. 12 da LACP e 84 da CDC)

– Depende de prévia audiência do representante judicial da PJ de D. Público, no prazo de 72 hs (art. 2º da Lei 8.437/1992 – liminar cautelar; também vale para a tutela antecipada, conforme a Lei 9.494/1997)

10. Rito

– Aplica-se o CPC, subsidiariamente (art. 19)

- Aplica-se o disposto no Título III do CDC, no que for cabível (art. 21)

11. Sentença

a) provimento: constitutivo negativo, condenatório etc.

b) cumprimento:

– segundo o CPC

– decorridos 60 dias do trânsito em julgado, representante do MP promoverá a execução (art. 15)

c) coisa julgada: (art. 16)

– procedência/improcedência: efeito *erga omnes*

– improcedência por falta de provas: qualquer legitimado poderá intentar outra ação idêntica, valendo-se de nova prova

Obs: em caso de litigância de má-fé, a associação e os diretores responsáveis pela ação serão solidariamente condenados em honorários, décuplo das custas e perdas e danos

12. Recursos

– **Embargos de declaração:**

– **Agravo:** decisões interlocutórias

– **Apelação:** da sentença; tem efeito devolutivo, como regra

– **Reexame Necessário:** conforme CPC

– **Demais recursos**

13. Prescrição

– Conforme a matéria envolvida

– Imprescritível: dano ao erário causado por ato ilícito e dano ambiental

14. Coisa julgada (art. 103 do CDC)

14.1. Difusos:

– Procedência: *erga omnes*

– Improcedência: *erga omnes*

14.2. Coletivos:

– Procedência: *ultra partes*, limitada a grupo, categoria, classe

– Improcedência: *ultra partes*

14.3. Individuais homogêneos:

– Procedência: *erga omnes,* para beneficiar, salvo se vítima, ciente da ação coletiva, continuou com ação individual

– Improcedência: sem eficácia *erga omnes*

Obs.: improcedência p/ falta de provas não gera *erga omnes*

15. Execução – individual homogêneo (art. 103 do CDC)

– Haverá condenação genérica

– Liquidação e execução poderão ser pedidos tanto pela vítima/sucessores, como pelos legitimados para a ACP (estes devem tentar particularizar situação do substituído – STJ – EResp 1.103.434)

– No primeiro caso, a competência para execução é tanto do juízo da ação condenatória, como do juízo da liquidação; no segundo, competência é do juízo da ação condenatória

18. Destinação das condenações em dinheiro

– Não havendo interesse individual a ser satisfeito, valores reverterão para o fundo de interesses difusos (art. 13 da LACP)

17.9. QUESTÕES OBJETIVAS COMENTADAS

17.9.1. Controle do legislativo e do Tribunal de Contas

(Magistratura/PE – 2011 – FCC) Consoante jurisprudência do Supremo Tribunal Federal, nos processos perante o Tribunal de Contas da União asseguram-se o contraditório e a ampla defesa

(A) desde que demanda idêntica seja levada, concomitantemente, pelo interessado, à apreciação judicial.

(B) quando da decisão puder resultar anulação de ato administrativo que beneficie o interessado, sem exceções, mas excluídas as hipóteses de revogação de ato.

(C) quando da decisão puder resultar anulação ou revogação de ato administrativo que beneficie o interessado, excetuada a apreciação da legalidade do ato de concessão inicial de aposentadoria, reforma e pensão.

(D) quando da decisão puder resultar anulação ou revogação de ato administrativo que beneficie o interessado, sem exceções.

(E) em quaisquer procedimentos.

Vide a Súmula Vinculante 3 do STF: "Nos processos perante o Tribunal de Contas da União asseguram-se o contraditório e a ampla defesa quando da decisão puder resultar anulação ou revogação de ato administrativo que beneficie o interessado, excetuada a apreciação da legalidade do ato de concessão inicial de aposentadoria, reforma e pensão".

Gabarito "C"

(Analista – TRT/8ª – 2010 – FCC) O controle legislativo dos atos do Poder Executivo, em matéria contábil, financeira e orçamentária, é exercido pelo Poder Legislativo

(A) por meio de seus auditores.

(B) com autorização do Poder Judiciário.

(C) com auxílio do Tribunal de Contas.

(D) com auxílio do Ministério Público.

(E) por meio de comissões parlamentares de inquérito.

Art. 71, *caput*, da CF.

Gabarito "C"

(Analista – TRT/9ª – 2010 – FCC) No que diz respeito ao *controle da Administração*, é CORRETO afirmar:

(A) Controle administrativo é o poder de fiscalização e correção que a Administração Pública exerce sobre sua própria atuação, assim ocorrendo apenas mediante provocação do administrado.

(B) O controle legislativo é exercido, no âmbito estadual, pela Assembleia Legislativa, vedada a instituição de Comissão Parlamentar de Inquérito.

(C) O mandado de injunção tem recebido nova interpretação constitucional, não se limitando à declaração da existência da mora legislativa para a edição da norma regulamentadora, admitindo-se ao Judiciário assegurar, concretamente, o exercício do direito individualizado pela falta da norma.

(D) A Constituição atribuiu à CPI poderes de investigação, como convocar e obrigar testemunhas a comparecerem para depor e ordenar a quebra de sigilo bancário, fiscal e telefônico, esta última (quebra do sigilo telefônico) sujeita à prévia autorização judicial.

(E) É cabível mandado de segurança contra atos de gestão comercial praticados pelos administradores de empresas públicas, de sociedades de economia mista e de concessionárias de serviço público.

A: incorreta, pois o controle administrativo interno deve se dar de modo permanente e de ofício pela própria Administração; **B:** incorreta, pois as CPIs também podem ser instaladas nas esferas estadual e municipal; **C:** correta, pois, atualmente, o STF vem adotando posição concretista; um exemplo disso foi o que aconteceu com relação à greve e à aposentadoria especial dos servidores públicos; em vez de simplesmente declarar a mora legislativa, o STF, nos mandados de injunção relativos a esses dois casos, resolveu dizer que os direitos poderiam ser aplicados imediatamente, adotando-se como regulamentação as leis que tratam desses institutos para os trabalhadores da esfera privada, até que sobrevenha uma lei específica para esses dois casos: **D:** incorreta, pois a quebra de sigilo, desde que devidamente motivada, pode ser feita por uma CPI, que tem poderes instrutórios de uma autoridade judiciária; **E:** incorreta, pois tais atos não são considerados atos de autoridade para fins de cabimento de mandado de segurança.

Gabarito "C"

(Analista – TRT/14ª – 2011 – FCC) O controle legislativo da Administração é

(A) exercido sempre mediante provocação do cidadão ou legitimado devendo ser submetido previamente ao Judiciário para fins de questões referentes à legalidade.

(B) próprio do Poder Público, visto seu caráter técnico e, subsidiariamente, político, com abrangência em todas as situações e sem limites de qualquer natureza legal.

(C) um controle externo e político, motivo pelo qual pode-se controlar os aspectos relativos à legalidade e à conveniência pública dos atos do Poder Executivo que estejam sendo controlados.

(D) sempre um controle subsequente ou corretivo, mas restrito à conveniência e oportunidade dos atos do Poder Executivo objetos desse controle e de efeitos futuros.

(E) exercido pelos órgãos legislativos superiores sobre quaisquer atos praticados pelo Poder Executivo, mas vedado o referido controle por parte das comissões parlamentares.

A: incorreta, pois o Legislativo tem independência para realizar esse controle, previsto na Constituição Federal (arts. 70 e 71); **B:** incorreta, pois, se o controle é legislativo, ele é da competência do Legislativo, que, diga-se de passagem, recebe o auxílio dos Tribunais de Contas (art. 71 da CF); **C:** correta, conforme o disposto no art. 70 da CF; **D:** incorreta, pois o controle legislativo controla a *legalidade* (além da legitimidade e da economicidade), sendo incorreto dizer que é um controle só de mérito, ou seja, de aspectos de conveniência e oportunidade; **E:** incorreta, pois não é qualquer ato do Executivo que está sujeito a controle; há questões de mérito administrativo que não podem ser controladas pelo Legislativo.

Gabarito "C"

(Analista – TRT/20ª – 2011 – FCC) Analise as seguintes assertivas acerca do Controle da Administração Pública, especificamente sobre o Controle Legislativo:

I. O controle que o Poder Legislativo exerce sobre a Administração Pública tem que se limitar às hipóteses previstas na Constituição Federal.

II. As Comissões Parlamentares de Inquérito têm poderes de investigação próprios das autoridades judiciais, além de outros, como, por exemplo, o poder sancionatório.

III. O Controle Legislativo envolve dois tipos de controle: o político e o financeiro; o controle político, como a própria nomenclatura evidencia, abrange apenas aspectos de mérito, e não de legalidade.

Está correto o que se afirma APENAS em

(A) I.

(B) I e II.

(C) II.

(D) II e III.

(E) III.

I: correta (art. 70 da CF); **II:** incorreta, pois as CPIs não tem poder de aplicar sanções, mas apenas de investigação (art. 58, § 3º, da CF); **III:** incorreta, pois o controle legislativo controla a *legalidade* (além da legitimidade e da economicidade), sendo incorreto dizer que é um controle de mérito, e não de legalidade.

Gabarito "A"

(Auditor Fiscal da Receita Federal – 2010 – ESAF) Não se inclui na competência do Tribunal de Contas da União, determinada pela Constituição Federal, enquanto órgão auxiliar do Congresso Nacional na realização do controle externo da administração pública federal:

(A) julgar as contas dos administradores e demais responsáveis por dinheiros, bens e valores públicos da administração direta e indireta.

(B) julgar as contas daqueles que derem causa a perda, extravio ou outra irregularidade de que resulte prejuízo ao erário público.

(C) fiscalizar a aplicação de quaisquer recursos repassados pela União mediante convênio, acordo, ajuste ou outros instrumentos congêneres, a Estado, ao Distrito Federal ou a Município.

(D) revogar os atos administrativos em que se constate ilegalidade de que resulte prejuízo ao erário, comunicando a decisão à Câmara dos Deputados e ao Senado Federal.

(E) aplicar aos responsáveis, em caso de ilegalidade de despesa ou irregularidade de contas, as sanções previstas em lei, que estabelecerá, entre outras cominações, multa proporcional ao dano causado ao erário.

A: assertiva correta (art. 71, II, da CF); **B:** assertiva correta (art. 71, II, parte final, da CF); **C:** assertiva correta (art. 71, VI, da CF); **D:** assertiva incorreta, pois o máximo que o TCU pode fazer é *sustar a execução* de atos impugnados (art. 71, X, da CF); **E:** assertiva correta (art. 71, VIII, da CF).

Gabarito "D"

(OAB/Exame Unificado – 2012.3.A) As contas do Prefeito do Município X não foram aprovadas pelo Tribunal de Contas do Estado. Dentre outras irregularidades, apurou-se o superfaturamento em obras públicas.

Sobre o controle exercido pelas Cortes de Contas, assinale a afirmativa correta.

(A) O parecer desfavorável emitido pelo Tribunal de Contas do Estado pode ser superado por decisão de dois terços dos membros da Câmara Municipal.

(B) A atuação do Tribunal de Contas configura exemplo de controle interno dos atos da Administração Pública.

(C) A atuação do Tribunal de Contas do estado somente será possível até que haja a criação de um Tribunal de Contas do Município, por lei complementar de iniciativa do Prefeito.

(D) As contas do Prefeito estarão sujeitas à atuação do Tribunal de Contas somente se houver previsão na Lei Orgânica do Município.

A: correta (art. 31, § 2º, da CF); **B:** incorreta, pois se trata de controle externo (art. 71, *caput*, da CF); controle interno é aquele feito no interior e sob responsabilidade do próprio Poder controlado (art. 74 da CF); **C:** incorreta, pois a CF estabelece que o controle externo dos Municípios será exercido com o auxílio dos Tribunais de Contas dos Estados, ressalvando apenas os Tribunais de Contas Municipais que já existiam quando de sua entrada em vigor (art. 31, § 1º, da CF), no caso, o de São Paulo e o do Rio de Janeiro, sendo vedada a criação de novos Tribunais, Conselhos ou Órgãos de Contas Municipais (art. 31, § 4º, da CF); **D:** incorreta, pois tais contas do Prefeito devem ser prestadas anualmente por este ao Tribunal de Contas competente (art. 31, § 2º, da CF).

Gabarito "A"

17.9.2. Controle pelo Judiciário

(Procurador/DF – 2013 – CESPE) Com referência ao controle jurisdicional, julgue o item abaixo.

(1) *O habeas corpus* é remédio cabível para o controle jurisdicional de ato da administração; contudo, salvo os pressupostos de legalidade, o referido remédio não será cabível em relação a punições disciplinares militares.

1: certa (art. 142, § 2º, da CF).

Gabarito 1C

(Procurador/DF – 2013 – CESPE) Julgue o seguinte item.

(1) Segundo o entendimento firmado no âmbito do STJ, quando se tratar de ato de demissão de servidor público, é permitido questionar o Poder Judiciário acerca da legalidade da pena a ele imposta, até porque, em tais circunstâncias, o controle jurisdicional é amplo, no sentido de verificar se há motivação para o ato de demissão.

1: certa, podendo o Judiciário verificar se o devido processo legal foi respeitado, inclusive quanto ao contraditório e à ampla defesa, bem como se a pena em si está de acordo com a lei, a moralidade e a razoabilidade.

Gabarito 1C

(Procurador do Município/Florianópolis-SC – 2010 – FEPESE) Assinale a alternativa **correta**.

(A) O prazo para a administração pública ajuizar ação rescisória é de quatro anos.

(B) Quando em juízo, a fazenda pública não precisa antecipar nenhum tipo de despesa judicial.

(C) É inconstitucional a exigência de depósito ou arrolamento prévios de dinheiro ou bens para admissibilidade de recurso administrativo.

(D) No reexame necessário, ocorre a devolução integral da matéria, podendo o Tribunal agravar a condenação imposta à fazenda pública.

(E) Não cabe ação monitória contra a fazenda pública, porquanto incompatível com o regime de precatórios.

A alternativa "C" descreve o disposto na Súmula Vinculante n. 21 do STF.

Gabarito "C"

(Procurador do Município/Teresina-PI – 2010 – FCC) No que diz respeito ao Controle Judicial da Administração, é correto afirmar:

(A) Consoante prescreve a Lei da Ação Civil Pública, sociedade de economia mista não detém legitimidade para a propositura de ação civil pública.

(B) Não é sujeito passivo de *habeas data* entidade particular que detém dados sobre determinada pessoa, destinados a uso público, como, por exemplo, a que mantém cadastro de devedores.

(C) Na ação popular, é facultado ao Ministério Público assumir a defesa do ato impugnado.

(D) Equiparam-se às autoridades coatoras, para os efeitos da Lei do Mandado de Segurança, os órgãos de partidos políticos.

(E) Os direitos protegidos pelo mandado de segurança coletivo são somente os coletivos, assim entendidos os transindividuais, de natureza indivisível, de que seja titular grupo ou categoria de pessoas ligadas entre si ou com a parte contrária por uma relação jurídica básica.

A alternativa "D" indica o previsto no art. 1º, § 1º, da Lei do Mandado de Segurança (12.016/2009).

Gabarito "D"

(Analista – TRT/6ª – 2012 – FCC) Um dos instrumentos existentes para o exercício do controle judicial da atividade administrativa é a ação popular, sendo correto afirmar que

(A) determina a integração obrigatória, no polo passivo da lide, da pessoa jurídica de direito público da qual emanou o ato impugnado.

(B) determina a integração obrigatória, no polo ativo da lide, da pessoa de direito público da qual emanou o ato impugnado.

(C) pressupõe a comprovação da lesão ao patrimônio público, não sendo suficiente a lesão à moralidade administrativa.

(D) somente pode ser intentada por cidadão no gozo dos direitos políticos.

(E) pode ser intentada por qualquer cidadão brasileiro, nato ou naturalizado, e pelo Ministério Público.

A: incorreta, pois a pessoa jurídica cujo ato seja objeto de impugnação poderá abster-se de contestar o pedido (ou seja, não se integrar ao polo passivo da lide) ou poderá atuar ao lado do autor (ou seja, integrar-se ao polo ativo da lide), nos termos do art. 6º § 3º, da Lei 4.717/1965; **B:** incorreta, pois a pessoa jurídica poderá ficar no polo passivo (polo da qual, a princípio, constará – art. 6º, *caput*, da Lei 4.717/1965), poderá se abster de integrar da lide e, como terceira opção, poderá integrar o polo ativo da lide (art. 6º, *caput*, da Lei 4.717/1965); **C:** incorreta, pois cabe ação popular em quatro casos (lesão ao patrimônio público, à moralidade administrativa, ao meio ambiente e ao patrimônio histórico e cultural), cada caso suficiente por si só para que ingresse com ação popular (art. 5º, LXXIII, da CF); **D:** correta (art. 1º, *caput* e § 3º, da Lei 4.717/1965); **E:** incorreta, pois só pode ser intentada por cidadão com gozo dos direitos políticos, não podendo ser intentada pelo Ministério Público.

Gabarito "D"

(Analista – TRT/20ª – 2011 – FCC) Sobre o Controle Judicial, especificamente no que diz respeito aos atos políticos e aos atos *interna corporis*, é correto afirmar:

(A) Os atos *interna corporis*, em regra, são apreciados pelo Poder Judiciário.

(B) Os atos políticos não são passíveis de apreciação pelo Poder Judiciário.

(C) Ambos podem ser apreciados pelo Poder Judiciário se causarem lesão a direitos individuais ou coletivos.

(D) Apenas os atos políticos podem ser apreciados pelo Poder Judiciário, desde que causem lesão a direitos individuais ou coletivos.

(E) Apenas os atos *interna corporis* podem ser apreciados pelo Poder Judiciário, desde que causem lesão a direitos individuais ou coletivos.

Como regra, os atos políticos e os atos *interna corporis*, como as decisões de Casas Legislativos relativas ao seu regimento interno, não são passíveis de controle pelo Judiciário, face à grande discricionariedade existente e também ao princípio da separação dos poderes. Todavia, quando tais decisões puderem causar lesão a direitos individuais ou coletivos, caberá controle judicial, em virtude do princípio da inafastabilidade da jurisdição (art. 5º, XXXV, da CF).

Gabarito "C"

(Analista – TRE/AC – 2010 – FCC) O mandado de segurança, como instrumento de controle judicial da Administração, tem cabimento, dentre outras hipóteses, contra

(A) coisa julgada, pois é remédio constitucional para assegurar direito líquido e certo.

(B) lei em tese, inclusive decretos, regulamentos, instruções normativas ou atos equivalentes.

(C) ato de que caiba recurso administrativo com efeito suspensivo, mesmo que o interessado o tenha interposto.

(D) atos ou condutas ilegais atribuídas ao Poder Público ou a agentes de pessoas jurídicas privadas, no exercício de função delegada.

(E) atos *interna corporis,* em qualquer hipótese, porque nenhuma lesão ou ameaça a direito pode ser subtraída da apreciação do Poder Judiciário.

A: incorreta (art. 5º, III, da Lei 12.016/2009); **B:** incorreta (Súmula 266 do STF); **C:** incorreta (art. 5º, I, da Lei 12.016/2009); **D:** correta (art. 1º, § 1º, parte final, da Lei 12.016/2009); **E:** incorreta, pois os atos *interna corporis*, que são aqueles que dizem respeito à mera regulamentação interna de certos órgãos, não são, como regra, passíveis de qualquer controle pelo Judiciário, inclusive o controle por mandado de segurança.

Gabarito "D"

(Auditor Fiscal do Trabalho – 2010 – ESAF) É sabido, nos termos do art. 5º, inciso LXIX, da Constituição da República Federativa do Brasil, que o mandado de segurança é ação constitucional por intermédio da qual se dá ensejo ao controle jurisdicional dos atos da Administração Pública. São considerados requisitos necessários ao cabimento do mandado de segurança, exceto:

(A) tratar-se de ato de autoridade pública, ou de particular, no exercício de funções públicas.

(B) tratar-se de ato que caiba recurso administrativo com efeito suspensivo, independentemente de caução.

(C) o ato importar lesão ou ameaça de lesão a direito subjetivo.

(D) o ato importar ilegalidade ou abuso de poder.

(E) o ato violar direito líquido e certo não amparado por *habeas corpus* ou *habeas data*.

Art. 5º, LXIX, da CF.

Gabarito "B"

(OAB/Exame Unificado – 2012.2) Com a finalidade de minimizar as consequências dos problemas de trânsito na cidade "X", o Prefeito estabeleceu, por meio de decreto de natureza genérica e abstrata, restrições à circulação de veículos na região central, proibindo a circulação de veículos e as operações de carga e descarga no período compreendido entre 6h e 22h, de segunda a sexta-feira, em dias úteis, na área de abrangência especificada. Face a esse fato, a Associação Empresarial do ramo de transporte de mercadorias procura um advogado para orientá-la na proteção de seus interesses. Com base na hipótese apresentada, assinale a alternativa que indica a linha de atuação mais apropriada proposta pelo advogado.

(A) Impetração de mandado de segurança contra o Decreto, ao argumento de que faltaria ao Município competência normativa para estabelecer a referida restrição.

(B) Ajuizamento de ação de conhecimento com pedido de antecipação dos efeitos da tutela jurisdicional com a finalidade de suspender os efeitos do Decreto, ao argumento de vício de razoabilidade/proporcionalidade.

(C) Impetração de mandado de segurança contra o Decreto, ao argumento de vício de razoabilidade/proporcionalidade.

(D) Ajuizamento de ação de conhecimento com pedido de antecipação dos efeitos da tutela jurisdicional com a finalidade de suspender os efeitos do Decreto, ao argumento de que faltaria ao Município competência normativa para estabelecer a referida restrição.

A e **D:** incorretas, pois, tratando-se de assunto de interesse local, o Município tem competência para estabelecer a referida restrição (art. 30, I, da CF); **B:** correta; quanto ao mérito, a restrição, de fato, é desproporcional, ferindo os princípios citados, pois não é razoável restringir a circulação de veículos por período tão extenso dos dias úteis; quanto ao pedido formulado, está correto, pois, não se tratando de ação de controle de constitucionalidade, não se poderia a ação de conhecimento comum atacar diretamente o decreto, para afastá-lo da ordem jurídica, mas é perfeitamente possível pedir a suspensão dos EFEITOS do decreto para os associados da Associação Comercial; vale salientar que esse tipo de pedido (que não ataca o Decreto em si, mas os seus efeitos) caberia tanto em ação pelo rito ordinário (trazida na alternativa), como em mandado de segurança; assim, a alternativa "b" está correta, devendo ser assinalada; **C:** incorreta, pois não cabe mandado de segurança contra um decreto de natureza genérica e abstrata; nesse caso incide a restrição prevista em súmula do STF, pela qual não cabe mandado de segurança contra lei em tese (Súmula STF nº 266).

Gabarito "B"

(OAB/Exame Unificado – 2011.3.A) Durante competição esportiva (campeonato estadual de futebol), o clube "A" foi punido com a perda de um ponto em virtude de episódios de preconceito por parte de sua torcida. Com essa decisão de primeira instância da justiça desportiva, o clube "B" foi declarado campeão naquele ano. O clube "A" apresentou recurso contra a decisão de primeira instância. Antes mesmo do julgamento desse recurso, distribuiu ação ordinária perante a Justiça Estadual com o objetivo de reaver o ponto que lhe fora retirado pela Justiça arbitral. Diante de tal situação, é correto afirmar que

(A) como o direito brasileiro adotou o sistema de jurisdição una, tendo o Poder Judiciário o monopólio da apreciação, com força de coisa julgada, de lesão ou ameaça a direito, é cabível a apreciação judicial dessa matéria a qualquer tempo.

(B) as decisões da Justiça Desportiva são inquestionáveis na via judicial, uma vez que vige, no direito brasileiro, sistema pelo qual o Poder Judiciário somente pode decidir matérias para as quais não exista tribunal administrativo específico.

(C) como regra, o ordenamento vigente adota o Princípio da Inafastabilidade da Jurisdição (art. 5º, XXXV, da CRFB); todavia, as decisões da Justiça Desportiva consubstanciam exceção a essa regra, já que são insindicáveis na via judicial.

(D) o Poder Judiciário pode rever decisões proferidas pela Justiça Desportiva; ainda assim, exige-se, anteriormente ao ajuizamento da ação cabível, o esgotamento da instância administrativa, por se tratar de exceção prevista na Constituição.

A Constituição Federal estabelece a autonomia das entidades desportivas (art. 217, *caput*). Decorrente disso, o § 1º do art. 217 da CF estabelece que o "Poder Judiciário só admitirá ações relativas à disciplina e às competições desportivas após esgotarem-se as instâncias da justiça desportiva, regulada em lei". Assim, a alternativa "a" está incorreta, pois não se pode buscar o Judiciário a qualquer tempo, sendo necessário que se esgote as instâncias da justiça desportiva antes. As alternativas "b" e "c" estão incorretas, pois, esgotadas as instâncias da justiça desportiva, é possível sim buscar o Judiciário. A alternativa "d" está correta, nos termos do já citado § 1º do art. 217 da CF.

Gabarito "D"

17.9.3. Temas combinados de controle da administração

(Ministério Público/RR – 2012 – CESPE) No que concerne à administração pública, ao servidor público e à competência administrativa, assinale a opção correta.

(A) De acordo com a legislação aplicável à matéria, a decisão de recursos administrativos pela autoridade competente não pode ser objeto de delegação.

(B) Os servidores que trabalham em serviços auxiliares da justiça ocupam função pública, não cargo público.

(C) Na classificação dos órgãos públicos segundo a posição estatal, consideram-se autônomos, sem subordinação hierárquica, os órgãos situados na cúpula da administração.

(D) A competência administrativa é derrogável e passível de delegação ou avocação.

(E) A ausência de lei que fixe a competência administrativa impede a prática do ato no âmbito da administração pública.

A: correta (art. 13, II, da Lei 9.784/1999); **B:** incorreta, pois os servidores judiciais possuem cargo público e os servidores dos serviços extrajudiciais (Cartórios) possuem emprego privado regido pela CLT; **C:** incorreta, pois os órgãos da cúpula da administração são órgãos independentes; **D:** incorreta, pois, apesar de a competência ser passível de delegação ou avocação, ela é inderrogável, ou seja, não passível de renúncia (art. 11 da Lei 9.784/1999); **E:** incorreta, pois é possível que um agente público receba parte de competência por delegação (art. 12, *caput*, da Lei 9.784/1999).

Gabarito "A"

(Ministério Público/TO – 2012 – CESPE) Assinale a opção correta a respeito de administração pública e poderes dessa administração, atos administrativos, serviços públicos, contratos administrativos e controle da administração pública, agentes públicos e servidores públicos.

(A) É denominado termo de cooperação o instrumento jurídico formal de natureza administrativa com base no qual se processa a transferência de recursos financeiros por intermédio de instituição ou agente financeiro público federal que atue como mandatário da União.

(B) A criação de novo território federal e a criação da Fundação Instituto Brasileiro de Geografia e Estatística (IBGE), responsável pela prestação de serviços de estatísticas, geologia e cartografia de âmbito nacional, representam, do ponto de vista da organização administrativa brasileira, fenômenos de desconcentração e descentralização, respectivamente.

(C) Devido à obrigatoriedade de observância da exigência constitucional de concurso público, os consórcios e convênios estabelecidos entre os entes da Federação não podem contemplar a cessão de servidor.

(D) Em conformidade com a Lei n. 8.666/1993, para atender à exigência de prestação de garantias para a contratação de obras, serviços e compras, o contratado pode optar por uma das seguintes modalidades: caução em dinheiro ou em títulos da dívida pública, seguro garantia ou fiança bancária.

(E) As informações oficiais do governo federal sobre celebração, liberação de recursos, acompanhamento da execução e prestação de contas de convênios, contratos de repasse e termos de parceria, via Internet, são prestadas na página específica denominada Transparência Brasil.

A: incorreta, pois essa definição é de contrato de repasse (art. 1º, § 1º, II, do Decreto 6.170/2007); **B:** incorreta, pois a desconcentração constitui a distribuição interna de competências (ou seja, no interior de uma mesma pessoa jurídica, atuando de órgão para órgão), o que não acontece quanto à criação de um território, que consiste na criação de uma nova pessoa jurídica; **C:** incorreta, pois, segundo o art. 4º, § 4º, da Lei 11.107/2005, "os entes da Federação consorciados, ou os com eles conveniados, poderão ceder-lhe servidores, na forma e condições da legislação de cada um"; **D:** correta (art. 56, § 1º, da Lei 8.666/1993); **E:** incorreta, pois os dados devem ser registrados no SICONV (Sistema de Gestão de Convênios e Contratos de Repasse), que será aberto ao público, via rede mundial de computadores – Internet, por meio de página específica denominada Portal dos Convênios (art. 13 do Decreto 6.170/2007).

Gabarito "D"

(Ministério Público/TO – 2012 – CESPE) Com relação à administração pública, a licitações e contratos administrativos, a agentes e servidores públicos e à responsabilidade civil do Estado, assinale a opção correta.

(A) Como medida cautelar, em processo administrativo disciplinar, a autoridade competente, instauradora do processo, poderá, no âmbito de suas atribuições, afastar de suas funções o servidor público implicado, pelo prazo de sessenta dias, sem prejuízo da remuneração, para evitar, dessa maneira, que ele possa influenciar na apuração das irregularidades.

(B) A administração fazendária e seus servidores fiscais não terão, nas suas áreas de competência e jurisdição, definidas por lei, precedência de qualquer natureza sobre os demais setores da administração.

(C) Para garantir o fiel e estrito cumprimento dos contratos de mútuo de longo prazo, particularmente aqueles destinados a investimentos relativos a contratos de concessão, em qualquer de suas modalidades, não se permite que as concessionárias transfiram ou cedam ao mutuante parcelas de seus créditos operacionais futuros em caráter fiduciário.

(D) Diferentemente das empresas públicas, das companhias seguradoras, das cooperativas e das sociedades administradoras de planos de saúde, as sociedades de economia mista subordinam-se às normas da Lei de Recuperação de Empresas.

(E) Os vencimentos dos ocupantes dos cargos do Poder Executivo e do Poder Legislativo não poderão ser superiores aos pagos a ocupantes de cargos do Poder Judiciário.

A: correta (art. 147, *caput*, da Lei 8.112/1990); **B:** incorreta, pois existe essa precedência, na forma da lei (art. 37, XVIII, da CF); **C:** incorreta, pois é permitida tal transferência ou cessão de créditos operacionais futuros em caráter fiduciário (art. 28-A da Lei 8.987/1995); **D:** incorreta, pois, segundo o art. 2º, I, da Lei 11.101/2005, a lei de recuperação judicial, extrajudicial e falência não se aplica a empresas públicas e *sociedades de economia mista*; **E:** incorreta, pois a regra prevista na constituição tem outro teor, qual seja, "os vencimentos dos cargos do poder legislativo e do poder judiciário não poderão ser superiores aos pagos pelo poder executivo" (art. 37, XII, da CF).

Gabarito "A"

(Defensor Público/TO – 2013 – CESPE) Acerca do controle da administração pública, assinale a opção correta.

(A) Por ter sido adotado na CF o princípio da inafastabilidade da jurisdição, o mérito do ato administrativo pode ser controlado pelo Poder Judiciário em qualquer circunstância.

(B) O controle interno é exercido apenas no âmbito do Poder Executivo.

(C) Dado o princípio da separação de poderes, é vedado ao Congresso Nacional fiscalizar e controlar os atos do Poder Executivo, incluídos os da administração indireta.

(D) O direito de petição aos poderes públicos em defesa de direitos ou contra ilegalidade ou abuso de poder é espécie de controle judicial.

(E) O controle judicial da administração pública, no Brasil, é realizado com base no sistema da unidade de jurisdição.

A: incorreta, pois o mérito administrativo (a margem de liberdade concedida à Administração) deve ser respeitada pelo Judiciário, sob pena de indevida interferência entre os Poderes; em relação aos atos em que há mérito administrativo, o Judiciário só pode controlar aspectos de legalidade em sentido amplo, o que inclui a legalidade em sentido estrito, a moralidade e a razoabilidade; **B:** incorreta, pois o controle interno deve se dar na Administração Pública dos três poderes (art. 70, *caput*, da CF); **C:** incorreta, pois esse controle existe e é uma das principais funções do Legislativo (art. 71 da CF); **D:** incorreta, pois esse direito se exerce diretamente junto à Administração Pública, podendo resultar ou não em posterior ação judicial; pode ser que o pleito formulado pelo direito de petição seja atendido diretamente pela Administração, sem necessidade de buscar o Judiciário; ou pode ser que o pleito administrativo não tenha resultado e o particular não queira buscar a apreciação jurisdicional; em suma, não é necessária a presença do Judiciário para o exercício do direito de petição; **E:** correta, pois no Brasil o Judiciário tem o monopólio da jurisdição, diferentemente do que ocorre na França, por exemplo, em que há dualidade de jurisdição, que é exercida pelo Judiciário, quanto às causas em geral, e pelo Conselho de Estado, quanto às causas de interesse do Poder Público.

Gabarito "E"

(Delegado/PA – 2012 – MSCONCURSOS) No tocante ao controle da Administração Pública, podemos afirmar que

(A) o controle administrativo não é exercido pelos Poderes Judiciário e Legislativo, pois deriva do poder de autotutela do Poder Executivo para analisar aspectos de legalidade e mérito de seus próprios atos administrativos.

(B) o controle legislativo ou parlamentar é interno e será realizado pelo Poder Legislativo sobre a atuação administrativa dos poderes Executivo e Judiciário.

(C) o controle administrativo poderá ser provocado pelo administrado por meio do direito de petição.

(D) o controle judicial poderá ser realizado de ofício ou por provocação dos órgãos do Poder Judiciário.

(E) o controle judicial é preventivo e busca verificar a legalidade ou legitimidade dos atos administrativos praticados pelos Poderes Executivo, Legislativo e Judiciário.

A: incorreta, pois o controle administrativo é exercido na administração pública de cada um dos poderes; **B:** incorreta, pois o controle legislativo é um controle externo; **C:** correta, pois o controle administrativo atua de ofício, bem como pelo direito de petição e pelos recursos em geral; **D:** incorreta, pois o controle judicial depende de provocação, não atuando, como regra, de ofício, em virtude do princípio da inércia jurisdicional; **E:** incorreta, pois o controle judicial pode ser preventivo ou repressivo, a depender do momento em que é exercido.

Gabarito "C"

(Procurador/DF – 2013 – CESPE) Acerca do controle da administração pública, julgue o item a seguir.

(1) Em relação ao controle externo exercido pelo Congresso Nacional, a fiscalização financeira diz respeito ao acompanhamento da execução do orçamento e da verificação dos registros adequados nas rubricas orçamentárias.

1: errada, pois a fiscalização financeira em sentido amplo também se aterá à legalidade, à legitimidade, à economicidade e aos demais elementos mencionados no art. 70, *caput*, da CF.

Gabarito 1E

(Procurador/DF – 2013 – CESPE) Acerca do controle da administração pública, julgue o item a seguir.

(1) O controle administrativo é um controle de legalidade e de mérito, exercido exclusivamente pelo Poder Executivo sobre suas próprias condutas.

1: errada, pois o Judiciário também exerce o controle de legalidade (em sentido amplo) sobre as condutas do Executivo; não bastasse, o Legislativo também fará o controle de condutas do Executivo, inclusive mediante a sustação de atos da Administração (arts. 70 a 72 da CF).

Gabarito 1E

(Procurador/DF – 2013 – CESPE) Acerca do controle da administração pública, julgue o item a seguir.

(1) O STF poderá, apenas após ação judicial, acolher reclamação administrativa, anular o ato administrativo e determinar que outro seja praticado.

1: errada, pois a cognição na reclamação não requer uma ação judicial tradicional, com amplo conhecimento da matéria, sendo necessário apenas que se faça o pedido de reclamação ao Presidente do Tribunal, autuando-se e distribuindo-se ao relator da causa principal, com requisição de informações em 10 dias, vistas ao Ministério Público e decisão (arts. 13 a 17 da Lei 8.038/1990); vale lembrar que, para evitar dano irreparável, cabe também liminar suspendendo o processo ou o ato impugnado (art. 14, II, da Lei 8.038/1990).

Gabarito 1E

17.10. QUESTÕES SUBJETIVAS COMENTADAS

(OAB/Exame Unificado – 2ª fase – CESPE) Antes do advento da Constituição Federal de 1988, vários servidores públicos federais ascenderam ao cargo hierarquicamente superior dentro da estrutura da administração pública sem o devido concurso público. Recentemente, o Ministério Público Federal ingressou, tempestivamente, com ação civil pública visando anular o ato de nomeação e a posse desses servidores, com argumento de sua inconstitucionalidade. Até o presente momento essa ação não foi julgada. Nessa situação hipotética, seria possível a mencionada anulação, passados quase vinte anos? Quais seriam os efeitos da declaração judicial de anulação dos referidos atos?

RESOLUÇÃO DA QUESTÃO

A Constituição Federal é clara ao dispor que a investidura em cargo ou emprego público depende de concurso público (art. 37, II). Assim, o servidor que já detém cargo público só poderá ingressar em outro cargo sem concurso se esse outro for integrante da carreira, ou seja, se se tratar de promoção de um cargo para outro integrante da carreira. É impossível, sem concurso público, que um servidor detentor de um cargo público passe a ocupar cargo efetivo não pertencente à sua carreira.

Todavia, esse tipo de situação acabou acontecendo por um tempo, muitas vezes até como amparo em lei, propiciando que os Tribunais de Contas e o Ministério Público tomassem medidas com vistas à anulação da nomeação e da posse desses servidores.

O problema é que essas medidas, muitas vezes, ocorreram após o transcurso de longo prazo. E isso gerou uma série de controvérsias sobre a possibilidade ou não de operar a decadência do direito de anular esses atos.

O Supremo Tribunal Federal vem entendendo que, após o transcurso do prazo de 5 anos, previsto no art. 54 da Lei 9.784/1999, não é mais possível a anulação do ato, tendo em vista a consumação da decadência administrativa. As decisões do Excelso Pretório também são fundamentadas na necessidade de preservar o princípio da segurança jurídica, que decorre, inclusive, de mandamento constitucional (art. 5º, XXXVI).

De qualquer forma, caso a anulação do ato se desse com respeito ao prazo decadencial, tal anulação teria efeitos variados. No plano funcional, implicaria o retorno do agente público ao cargo antes ocupado. No plano dos atos administrativos praticados pelo agente público no cargo que ocupou irregularmente, tais atos seriam mantidos, desde que legais quanto aos demais aspectos, por óbvio. E, no plano remuneratório, a remuneração a maior recebida pelo agente público não teria, salvo comprovada má-fé, que ser devolvida, seja, por se tratar de verba alimentar (que é irrepetível), seja porque haveria enriquecimento sem causa da Administração, já que teria pagado menos por alguém que fez um serviço que tem maior remuneração.

Comentário adicional.

Confira o seguinte acórdão:

EMENTA: SERVIDOR PÚBLICO. Funcionário (s) da Empresa Brasileira de Correios e Telégrafos – ECT. Cargo. Ascensão funcional sem concurso público. Anulação pelo Tribunal de Contas da União – TCU. Inadmissibilidade. Ato aprovado pelo TCU há mais de cinco (5) anos. Inobservância do contraditório e da ampla defesa. Consumação, ademais, da decadência administrativa após o quinquênio legal. Ofensa a direito líquido e certo. Cassação dos acórdãos. Segurança concedida para esse fim. Aplicação do art. 5º, inc. LV, da CF, e art. 54 da Lei federal nº 9.784/99. Não pode o Tribunal de Contas da União, sob fundamento ou pretexto algum, anular ascensão funcional de servidor operada e aprovada há mais de 5 (cinco) anos, sobretudo em procedimento que lhe não assegura o contraditório e a ampla defesa. (STF, MS 26.628, J. em 17/12/2007)

(OAB/Exame Unificado – 2ª fase – CESPE) Maria, servidora pública federal, recebeu uma parcela remuneratória em seu contracheque que não vinha recebendo antes. Ingressou com consulta acerca da regularidade do recebimento dessa parcela, e foi informada pelo órgão administrativo competente de que ela faria jus a essa parcela. No entanto, dois anos depois, o mesmo órgão alterou sua orientação, afirmando que Maria não fazia jus a essa parcela. Considerando a situação apresentada acima, responda, com fundamentação na Lei 9.784/1999, as perguntas a seguir: A mudança de orientação da administração pode retroagir para atingir as parcelas até então recebidas? Há algum princípio a ser utilizado em favor de Maria?

RESOLUÇÃO DA QUESTÃO

A questão proposta opõe dois princípios do Direito Administrativo. De um lado, o princípio da autotutela (art. 53 da Lei 9.784/1999), que assegura que a Administração tem o poder, ou melhor, o dever de anular os atos ilegais que praticar. De outro, o princípio da segurança jurídica (art. 2º da Lei 9.784/1999), que impõe maior estabilidade nas relações jurídicas entre a Administração e terceiros.

O fato de a Administração ter reconhecido a regularidade do recebimento de parcela remuneratória a um servidor não impede que essa mesma administração, reconhecendo o erro, desfaça o ato anterior para o fim de adequá-lo à lei.

Por outro lado, a mudança de interpretação da Administração, em relação a ato que beneficia terceiro de boa-fé, não pode retroagir para prejudicar os efeitos já decorridos do ato.

Segundo o art. 2º, parágrafo único, XIII, da Lei 9.784/1999, é "vedada aplicação retroativa de nova interpretação". Dessa forma, e compatibilizando os dois princípios citados, conclui-se que a Administração pode, sim, rever seu ato, diante da nova interpretação dada à lei, mas deve respeitar os efeitos já decorridos, isto é, não poderá cobrar de volta as quantias já recebidas pela servidora Maria.

Essa conclusão se aplica ao caso, pois a mudança de interpretação ocorreu apenas 2 anos após a prática do primeiro ato. Todavia, caso a mudança de interpretação tivesse se dado tão somente após 5 anos da percepção do primeiro pagamento, tal mudança não poderia atingir a esfera jurídica de Maria nem para o passado, nem para o futuro, por ter se operado o prazo decadencial previsto no art. 54, *caput* e § 1º, da Lei 9.784/1999.

(OAB/Exame Unificado – 2ª fase – CESPE) José Ricardo, aluno do curso de Matemática de certa universidade pública, impetrou mandado de segurança contra ato praticado pelo diretor acadêmico, consistente na negativa de sua matrícula na disciplina Cálculo IV por ausência de pré-requisito. Todavia, indicou como autoridade coatora o magnífico reitor da instituição de ensino, que prestou as informações no decêndio legal. Em preliminar, o reitor arguiu a sua ilegitimidade passiva *ad causam* e, adentrando no mérito, defendeu o ato praticado. Considerando essa situação hipotética, responda, com a devida fundamentação legal, à seguinte pergunta: o juiz terá necessariamente de extinguir o feito por ausência de uma das condições da ação ou poderá apreciar o pedido?

RESOLUÇÃO DA QUESTÃO

O mandado de segurança deve ser impetrado em face da autoridade que efetivamente realiza o ato impugnado e tem competência para revertê-lo.

No caso em tela, trata-se de questão puramente acadêmica, cuja prática diz respeito ao Direito Acadêmico do Curso de Matemática.

Na estrutura de uma universidade pública pode até ser que questão dessa natureza (direito de matrícula em dada disciplina) possa chegar à alçada de um reitor. Todavia, enquanto isso não ocorrer, a competência para desfazer o ato pertence tão somente ao Diretor do Curso, autoridade que deveria ter sido indicada como coatora.

Partindo dessa premissa, e considerando o entendimento jurisprudencial prevalecente, o caso reclamaria a extinção do processo sem apreciação de mérito, por ilegitimidade de parte.

Todavia, o Superior Tribunal de Justiça vem adotando a Teoria da Encampação, pela qual quando a autoridade indicada como coatora é hierarquicamente superior à que deveria constar como tal, e, além disso, encampa o ato impugnado, defendendo-o, e, também, tem o mesmo foro da autoridade que deveria constar como coatora, há de se reconhecer legitimidade passiva da autoridade indicada.

Assim sendo, considerando que o Reitor adentrou no mérito, defendendo o ato praticado, faz-se possível adotar a Teoria da Encampação, reconhecendo a legitimidade da autoridade indicada, e apreciando o pedido feito no *"mandamus"*.

Comentários adicionais.

Confira jurisprudência sobre a Teoria da Encampação:

PROCESSUAL CIVIL E ADMINISTRATIVO. AGRAVO REGIMENTAL EM RECURSO ESPECIAL. RAZÕES. INOVAÇÃO. NÃO CABIMENTO. MANDADO DE SEGURANÇA. AUTORIDADE COATORA. LEGITIMIDADE. TEORIA DA ENCAMPAÇÃO. 1. É incabível a inovação na argumentação lançada nas razões do Agravo Regimental. 2. A jurisprudência do Superior Tribunal de Justiça é pacífica no sentido de que, se a autoridade apontada como coatora, em suas informações, não se limita a arguir a sua ilegitimidade passiva defendendo o ato impugnado, aplica-se a Teoria da Encampação. A autoridade indicada passa a ter legitimidade para a causa e não há falar em violação do art. 267, VI, do CPC. 3. Agravo Regimental não provido. (STJ, AgRg no REsp 975.893/RJ, Rel. Ministro HERMAN BENJAMIN, SEGUNDA TURMA, julgado em 05/02/2009, DJe 19/03/2009)

PROCESSUAL CIVIL – MANDADO DE SEGURANÇA – INDICAÇÃO ERRÔNEA DA AUTORIDADE COATORA – INFORMAÇÕES PRESTADAS SEM ENCAMPAÇÃO DO ATO TIDO COMO COATOR. 1. Inexistindo encampação do ato coator pela autoridade hierarquicamente superior, não se há como aproveitar a demanda direcionada em face de autoridade ilegítima. 2. Conforme jurisprudência pacífica desta Corte Superior, a teoria da encampação é aplicável ao mandado de segurança, tão somente, quando preenchidos os seguintes requisitos: a) existência de vínculo hierárquico entre a autoridade que prestou informações e a que ordenou a prática do ato impugnado; b) ausência de modificação de competência estabelecida na Constituição Federal; e, c) manifestação a respeito do mérito nas informações prestadas. 3. *In casu*, dois dos três requisitos não foram preenchidos, a saber: I) houve modificação de competência pois impetrado em face de Governador de Estado; e, II) a manifestação da Procuradoria do Estado apenas se ateve à ilegitimidade da autoridade indicada como coatora. Não foi preenchido, portanto, os requisitos para a "encampação" do ato apontado como lesivo. Agravo regimental improvido. (STJ, AgRg no RMS 27.578/RS, Rel. Ministro HUMBERTO MARTINS, SEGUNDA TURMA, julgado em 04/08/2009, DJe 17/08/2009)

(OAB/Exame Unificado – 2ª fase – FGV) Ana Amélia, professora dos quadros da Secretaria de Educação de determinado Estado, ao completar sessenta e dois anos de idade e vinte e cinco anos de tempo de contribuição, formulou requerimento de aposentadoria especial. O pleito foi deferido, tendo sido o ato de aposentadoria publicado no Diário Oficial em abril de 2008. Em agosto de 2010, Ana Amélia recebeu notificação do órgão de recursos humanos da Secretaria de Estado de Educação, dando-lhe ciência de questionamento formulado pelo Tribunal de Contas do Estado em relação à sua aposentadoria especial. Ficou constatado que a ex-servidora exerceu, por quinze anos, o cargo em comissão de Assessora Executiva da Secretaria de Estado de Administração, tendo sido tal período computado para fins de aposentadoria especial.

Considerando a situação hipotética apresentada, responda aos itens a seguir, empregando os argumentos jurídicos apropriados e a fundamentação legal pertinente ao caso.

a) Indique o fundamento para a atuação do Tribunal de Contas do Estado, informando se o ato de aposentadoria já se encontra aperfeiçoado.
b) Analise se o questionamento formulado pelo órgão de controle se encontra correto.

Gabarito comentado – Examinadora

Nos termos do artigo 71, inciso III, da CRFB, compete ao TCU – e, por simetria, aos Tribunais de Contas dos Estados – apreciar, para fins de registro, a legalidade dos atos de concessão de aposentadoria. De acordo com os precedentes do STF, os atos de aposentadoria são considerados atos complexos, que somente se aperfeiçoam com o registro na Corte de Contas respectiva.

O questionamento formulado pelo órgão de controle encontra-se correto, pois o exercício de função administrativa, estranha ao magistério – como é o caso de cargo em comissão de assessora executiva na Secretaria de Administração –, não pode ser considerado para fins de aposentadoria especial de professores. A norma do artigo 40, § 5º, CRFB, ao disciplinar a matéria, exige efetivo exercício das funções de magistério e o tema veio a ser objeto de súmula do STF (En 726).

Obs.: É importante registrar que o art. 1º da Lei federal 11.301/2006, que acrescentou o § 2º ao art. 67 da Lei 9.394/1996 e que veio a ser declarado constitucional pelo STF, não repercute sobre a questão, pois a situação-problema envolve cômputo, para fins de aposentadoria especial de professor, de função eminentemente administrativa, e não relacionada ao magistério.

(OAB/Exame Unificado – 2ª fase – FGV) Um órgão da Administração Pública Federal lançou edital de concorrência para execução de obra pública. Logo após sua publicação, uma empresa interessada em participar do certame formulou representação ao Tribunal de Contas da União (TCU) noticiando a existência de cláusulas editalícias restritivas da competitividade. O TCU, então, solicitou para exame cópia do edital de licitação já publicado e, ao apreciá-lo, determinou a retificação do instrumento convocatório.

Cumprida a determinação e regularizado o edital, realizou-se a licitação, e o contrato foi celebrado com o licitante vencedor.

Entretanto, durante a execução da obra, o TCU recebeu denúncia de superfaturamento e deliberou pela sustação do contrato, comunicando o fato ao Congresso Nacional.

Considerando a situação hipotética narrada, responda aos itens a seguir, empregando os argumentos jurídicos apropriados e a fundamentação legal pertinente ao caso.

a) Foi juridicamente correta a atuação do TCU ao solicitar para exame o edital de licitação publicado?

b) O TCU tem competência para sustar a execução do contrato superfaturado?

Gabarito comentado – Examinadora

Em relação ao item a, foi juridicamente acertada a atuação do TCU ao solicitar o edital já publicado para exame, conforme previsto no artigo 113, § 2º, da Lei 8.666/1993. A solicitação foi motivada e casuística, conforme exige o Supremo Tribunal Federal.

Por sua vez, em relação ao item b, o TCU não tem competência para sustar contratos administrativos. De acordo com a norma do artigo 71, § 1º, da CRFB, a sustação da execução do contrato deve ser solicitada ao Congresso Nacional, que deverá deliberar em noventa dias. Somente após o prazo, sem manifestação do Congresso Nacional, é que o TCU poderá decidir a respeito.

(OAB/Exame Unificado – 2ª fase – FGV) Determinada Sociedade de Economia Mista federal, exploradora de atividade econômica, é objeto de controle pelo Tribunal de Contas da União, o qual verifica, em tomada de contas especial, que há editais de licitação da estatal que contêm critérios de julgamento inadequados.

Sobre o caso, empregando os argumentos jurídicos apropriados e a fundamentação legal pertinente, responda aos itens a seguir.

A) Uma sociedade de economia mista que explora atividade econômica pode ser submetida ao controle do Tribunal de Contas?

B) O Tribunal de Contas pode determinar a aplicação de critérios que entenda mais adequados, para o julgamento de licitações?

Obs.: a simples menção ou transcrição do dispositivo legal não pontua.

Gabarito comentado – Examinadora:

A questão busca verificar o conhecimento do examinando sobre a disciplina jurídica das sociedades de economia mista, bem como sobre as competências constitucionais do Tribunal de Contas.

A) É possível o controle das sociedades de economia mista pelo Tribunal de Contas, nos termos do Art. 71, II, da Constituição, já que se trata de uma sociedade instituída pelo Poder Público. O Supremo Tribunal Federal firmou entendimento no sentido de que as sociedades de economia mista sujeitam-se à fiscalização pelos Tribunais de Contas. (STF, MS 25092/DF, RE 356209 AgR /GO, MS 26117/DF, dentre outros).

B) A resposta deve ser pela impossibilidade de o Tribunal de Contas, em controle prévio de editais de licitação, determinar a modificação de critérios, o qual estaria substituindo a vontade do administrador em seu campo discricionário, em violação ao princípio da separação dos Poderes (Art. 2º da CR). Tal situação é excepcionada, nos termos da jurisprudência do STF (RE 547063), quando há fundado receio de irregularidade na licitação, como ocorre, por exemplo, quando há critério de julgamento manifestamente irrazoável, com suspeita de direcionamento do resultado do certame.

(OAB/Exame Unificado – 2ª fase – FGV) Durante o ano de 2010, o Município "T" concedeu subvenção social à Associação "S" para a instalação de projetos de assistência social para crianças com até seis anos de idade, totalizando o valor de R$ 300.000,00 (trezentos mil reais).

Ao final do exercício, foi encaminhada ao competente Tribunal de Contas do Estado (TCE) a prestação de contas dos recursos subvencionados. Em sua análise, o TCE detectou algumas irregularidades e, após o devido processo legal, oportunizando o contraditório e a ampla defesa aos interessados, imputou débito de R$ 150.000,00 (cento e cinquenta mil reais) ao Prefeito responsável pela concessão da subvenção e, solidariamente, à entidade subvencionada.

Considerando a situação hipotética apresentada, responda aos questionamentos a seguir, empregando os argumentos jurídicos apropriados e a fundamentação legal pertinente ao caso.

A) É juridicamente possível ao TCE, na análise da referida prestação de contas, imputar o débito à entidade privada?

B) Qual a natureza jurídica da decisão do TCE que resultou em imputação de débito por dano causado ao erário?

A simples menção ou transcrição do dispositivo legal não pontua.

Gabarito comentado – Examinadora:

Em relação ao item A, a resposta é afirmativa, devendo o examinando registrar a possibilidade de os Tribunais de Contas imputarem débito a pessoas jurídicas de direito privado que utilizem, gerenciem ou administrem bens, valores ou dinheiros públicos, na forma do Art. 70, parágrafo único, da CRFB.

Em relação ao item B, o objetivo é avaliar o conhecimento quanto à natureza jurídica da decisão dos Tribunais de Contas e respectiva eficácia (Art. 71, § 3º, da CRFB).

Anexo Único – Modelos de Peças Práticas e Exercícios Resolvidos ou Comentados

I - MODELOS DE PEÇAS PRÁTICAS

1. PETIÇÃO INICIAL

1.1. ESTRUTURA BÁSICA

REQUISITOS	Art. 282 do CPC
COMPETÊNCIA	– Verificar se a competência para conhecer da ação é originária de primeiro grau ou se deve ser aforada em Tribunal. – Quanto à primeira instância, verificar o art. 109 da Constituição, a fim de apurar se a competência é da Justiça Federal. Não sendo, será da Justiça Estadual, desde que não se trate de caso afeto à Justiça especializada (trabalhista – art. 114 da CF, e eleitoral – art. 121 da CF). – No caso de competência da Justiça Federal, verificar se a ação pode ser aforada no Juizado Especial Cível Federal (Lei 10.259/2001). – Verificar lei de organização judiciária local. – A respeito da competência originária dos Tribunais, devem ser observados os dispositivos da Constituição Estadual local e também os da Constituição Federal – arts. 102 (STF), 105 (STJ), 108 (TRFs), 113 e 114 (TRTs), 118 a 121 (TREs).
QUALIFICAÇÃO	Inserir nomes, prenomes, estado civil, profissão, domicílio e residência do autor e do réu.
TRATAMENTO DAS PARTES	a) ações em geral: "autor" e "réu"; não há problema em se repetir várias vezes as palavras "autor" e "réu"; b) ações cautelares: "requerente" e "requerido"; não use essas expressões nas ações em geral, mas apenas nas ações cautelares; c) mandado de segurança: "impetrante" e "impetrado"; este também é chamado de autoridade coatora; d) execução: "exequente" e "executado"; e) ação trabalhista: "reclamante" e "reclamado".
FUNDAMENTOS FÁTICOS E JURÍDICOS	Estes requisitos tratam do seguinte: "DOS FATOS" (fundamentos de fato) e "DO DIREITO" (fundamentos jurídicos). A indicação dos **fundamentos fáticos** consiste na narrativa de fatos que constituam lesão ou ameaça de lesão a direito. Deve-se tomar cuidado para não falar do direito, mas apenas dos fatos que violam o direito. A indicação dos **fundamentos jurídicos** consiste na exposição dos dispositivos legais em que os fatos narrados se enquadram e que servirão de fundamento para fazer os pedidos, ao final. Assim, deve-se fazer a conexão dos fatos narrados com o direito aplicável. A melhor técnica é primeiro citar os dispositivos legais, e os princípios aplicáveis, para depois trazer a doutrina e a jurisprudência, nessa ordem. A parte dos fundamentos jurídicos ("DO DIREITO") assemelha-se a uma dissertação. Começa com uma tese, passa para o desenvolvimento e termina com uma conclusão, independentemente do pedido que se fará no outro capítulo da petição.

PEDIDO	O pedido deve ser certo e determinado. Mesmo nas ações que pedem dano moral, o autor deve indicar o valor que pretende (em reais, e não em salários mínimos). O pedido deve conter todas as pretensões do autor, pois, de acordo com a lei, "os pedidos são interpretados restritivamente" (art. 293 do CPC).
VALOR DA CAUSA	A lei determina que a toda causa será atribuído um valor certo, ainda que não tenha conteúdo econômico imediato (art. 258 do CPC). O valor deve corresponder ao proveito econômico que o autor terá com a procedência da demanda. Há regras específicas sobre sua atribuição nos arts. 259 e 260 do CPC. Quando se tiver de atribuir um valor da causa apenas para fins de alçada, sem que se tenha como mensurar o proveito econômico que o autor teria com a ação, pode-se indicar o valor do salário mínimo vigente no momento como valor da causa.
PROVAS	O autor deve protestar pela produção de todos os tipos de prova admitidas no Direito, especificando desde já as provas que tem interesse em produzir, tais como testemunhal, documental, pericial etc. Se se tratar de procedimento sumário, deve o autor, já na petição inicial, apresentar o rol de testemunhas e, se requerer perícia, formular os quesitos, podendo indicar assistente técnico (art. 276 do CPC). É neste momento em que o autor, em qualquer procedimento, pode pedir a inversão do ônus da prova, cabível quando se está diante de uma relação de consumo. *Vide* art. 6.º, VIII, do CDC (inversão do ônus da prova) e art. 22 também do CDC (aplicação do CDC a órgãos públicos, quanto aos serviços públicos). De acordo com os elementos trazidos no problema ou no caso a resolver, o autor deve indicar com as expressões "DOC.1", "DOC.2" os documentos que detém para provar os fatos constitutivos do seu direito.
CITAÇÃO	O autor deve requerer a citação do réu por oficial de justiça, com os benefícios do art. 172, § 2.º, do CPC.

1.2. MODELO – PETIÇÃO INICIAL

EXCELENTÍSSIMO SENHOR DOUTOR JUIZ DE DIREITO DA ... VARA ... DA COMARCA DE ... - ....

Pular 10 linhas

_______________ *(qualificação do autor – nome, estado civil, profissão, endereço, CPF, endereço)*, vem mui respeitosamente à presença de Vossa Excelência, por meio de seu advogado e bastante procurador que esta subscreve (doc. 01 – mandato), com fundamento no art. ____ da Lei/Constituição, propor a presente

AÇÃO _____________ *(indenizatória, anulatória, declaratória de nulidade, de revisão contratual etc.)*

em face da **FAZENDA DO ESTADO DE** ________, Pessoa Jurídica de Direito Público, com sede na _________________, em virtude dos fatos elencados a seguir:

I – DOS FATOS

a) *Tentar repetir, ao máximo, os fatos descritos na questão;*

b) *Relatar os acontecimentos em ordem cronológica, especificando cada ponto;*

c) *Tentar deixar o mais claro possível;*

d) *Mostrar de forma evidente o ato/fato causador do dano.*

II – DO DIREITO

(Citar a lei, amarrada com os fatos, bem como legislação, doutrina e jurisprudência.)

1. Da violação ao princípio da legalidade

(...)

2. Da violação ao princípio da moralidade

(...)

3. Da violação ao art. ____ da Lei ____

(...)

III – DO PEDIDO

Ante o exposto, é o presente para requerer a Vossa Excelência o quanto segue:

1. A citação da ré, no endereço declinado no pórtico desta inicial, para, querendo, contestar a presente ação no prazo legal, sob as penas da lei processual civil.

2. A procedência do (s) pedido (s) para condenar ou anular ou revisar o contrato etc...

3. O protesto pela produção de prova documental e pericial, e de todos os meios probatórios em direito admitidos, ainda que não especificados no CPC, desde que moralmente legítimos (CPC, art. 332).

(*Se for o caso, deve-se pedir antecipação de tutela já no primeiro item do pedido.*)

(*Se for aplicável o CDC – art. 22 e art. 6.º, VIII, deve-se pedir a inversão do ônus da prova.*)

(*A depender da condição econômica dos autores, deve-se pedir os benefícios da justiça gratuita.*)

Dá-se à causa o valor de R$ ________ (valor por extenso).

Termos em que pede deferimento.

Local ..., data...

Advogado ...

OAB ....

2. CONTESTAÇÃO

2.1. ESTRUTURA BÁSICA

REQUISITOS	Arts. 300 a 303 do CPC.
ENDEREÇAMENTO	Juízo ou Tribunal que efetivou a citação.
IDENTIFICAÇÃO DO PROCESSO	Indicação das partes, do número do processo e do nome da ação.
TRATAMENTO DAS PARTES	a) ações em geral: "autor" e "réu"; não há problema em se repetir várias vezes as palavras "autor" e "réu"; b) ações cautelares: "requerente" e "requerido"; não use essas expressões nas ações em geral, mas apenas nas ações cautelares; c) mandado de segurança: "impetrante" e "impetrado"; este também é chamado de autoridade coatora; d) execução: "exequente" e "executado"; e) ação trabalhista: "reclamante" e "reclamado".
FUNDAMENTOS FÁTICOS E JURÍDICOS	Estes requisitos tratam do seguinte: "DOS FATOS" (fundamentos de fato) e "DO DIREITO" (fundamentos jurídicos). Quanto à parte "I – DOS FATOS", pode se fazer a seguinte subdivisão: "1) Dos fatos alegados pelo autor" (aqui se faz um breve resumo da petição inicial); "2) Da verdade dos fatos" (aqui se conta a versão do réu sobre os fatos). Essa divisão é pertinente, principalmente quando houver controvérsia sobre como os fatos ocorreram. Quanto à parte "II – DO DIREITO", pode-se fazer a seguinte divisão: 1) Das preliminares; 2) Do mérito. Segundo o art. 301 do CPC é dever do réu discutir as preliminares processuais antes do mérito. As preliminares processuais são as seguintes: I – inexistência ou nulidade da citação; II – incompetência absoluta; III – inépcia da petição inicial; IV – perempção; V – litispendência; VI – coisa julgada; VII – conexão; VIII – incapacidade da parte, defeito de representação ou falta de autorização; IX – convenção de arbitragem; X – carência de ação; XI – falta de caução ou de outra prestação que a lei exige como preliminar. Há outras preliminares processuais no art. 267 do CPC. Em seguida, discutem-se as preliminares de mérito. Nesse ponto deve-se discutir a prescrição e a decadência (elas estão dentro do item "Das preliminares"). Não está incorreto trazer o tema prescrição e decadência para dentro do capítulo "Do mérito". Por último deve o réu tratar do item "Do mérito". O réu deve manifestar-se precisamente sobre os fatos narrados na petição inicial. Cada fato apontado na petição inicial merece comentário, seja para negar o fato, seja para dizer que aquele fato não conduz ao direito que o autor alega ter. Além de se rebater os fatos e o direito alegados pelo autor, deve o réu citar legislação, doutrina e jurisprudência, nessa ordem.
PEDIDO	No caso de o réu alegar preliminares e mérito, deve, primeiro, pedir o reconhecimento da preliminar, com a extinção do processo correspondente e, subsidiariamente, pedir a improcedência da demanda, com extinção do processo com julgamento de mérito.
PROVAS	Nos termos do art. 300 do CPC compete ao réu especificar as provas que pretende produzir. Na verdade, o réu deve desde já apresentar as provas documentais que já existam. Depois da contestação, só poderá apresentar documentos novos (art. 396 do CPC). Já quanto às provas testemunhais e periciais, serão realizadas em momento oportuno. No caso de procedimento sumário, deve o réu, na própria defesa, apresentar o rol de testemunhas que pretende ouvir e, se requerer perícia, formular seus quesitos desde logo, podendo indicar assistente técnico (art. 278, *caput*).

2.2. MODELO – CONTESTAÇÃO

EXCELENTÍSSIMO SENHOR DOUTOR JUIZ DE DIREITO DA ... VARA ... DA COMARCA DE ...-... .

Pular 10 linhas

_______________*(qualificação do réu – nome, estado civil, profissão, endereço, CPF, endereço)*, vem mui respeitosamente à presença de Vossa Excelência, por meio de seu advogado e bastante procurador que esta subscreve (doc. 01 – mandato), oferecer

CONTESTAÇÃO

à ação que lhe promove a **FAZENDA DO ESTADO DE** ________, pessoa jurídica de direito público interno, com sede na ______________, nos termos dos fundamentos de fato e de direito a seguir aduzidos.

I – DOS FATOS

1. Dos fatos alegados pelo autor

(...)

2. Da verdade dos fatos

(...)

II – DO DIREITO

1. Das preliminares processuais

(*Vide* arts. 301 e 267 do CPC.)

2. Das preliminares de mérito

(Se houver prescrição ou decadência.)

3. Do mérito

(Citar a lei, amarrada com os fatos, bem como legislação, doutrina e jurisprudência.)

III – DO PEDIDO

Ante o exposto, é o presente para requerer que Vossa Excelência se digne em:

a) extinguir o processo, sem apreciação de mérito, nos termos do art. 267, ___, do CPC;

b) subsidiariamente, julgar improcedente a presente demanda, por não existir o direito alegado pelo autor;

c) em qualquer caso, condenar o autor ao pagamento das custas e despesas processuais, bem como dos honorários advocatícios.

(A depender da condição econômica do réu, deve-se pedir os benefícios da justiça gratuita.)

O réu protesta pela produção de prova documental e pericial, e de todos os meios probatórios em direito admitidos, ainda que não especificados no Código de Processo Civil, desde que moralmente legítimos (CPC, art. 332).

Dá-se à causa o valor de R$ ___________ (valor por extenso).

Termos em que pede deferimento.

Local ..., data...

Advogado ...

OAB ....

3. EXCEÇÃO DE IMPEDIMENTO

3.1. ESTRUTURA BÁSICA

REQUISITOS	Art. 312 do CPC. A exceção é processada em apenso.
ENDEREÇAMENTO	Juízo ou Tribunal que efetivou a citação.
IDENTIFICAÇÃO DO PROCESSO	Indicação das partes, do número do processo e do nome da ação.
TRATAMENTO DAS PARTES	Excipiente (quem propõe a exceção) e excepto (que no caso da exceção de impedimento é o próprio juiz)

FUNDAMENTOS FÁTICOS E JURÍDICOS	Narrar o ocorrido, mas sem debater o mérito da ação, apenas desenvolvendo os fundamentos jurídicos com base em uma das hipóteses do art. 134 do CPC.
PEDIDO	O excipiente deverá pedir o recebimento e processamento da exceção para que o juiz se declare impedido e remeta os autos ao seu substituto legal.
PROVAS	O excipiente deverá protestar pela produção de provas capazes de comprovar os fatos alegados.

3.2. MODELO – EXCEÇÃO DE IMPEDIMENTO

EXCELENTÍSSIMO SENHOR DOUTOR JUIZ DE DIREITO DA ... VARA ... DA COMARCA DE ... .

Pular 10 linhas

_______________ *(qualificação do réu – nome, estado civil, profissão, endereço, CPF, endereço)*, vem mui respeitosamente à presença de Vossa Excelência, por meio de seu advogado e bastante procurador que esta subscreve (doc. 01 – mandato), com fundamento no art. 312 do CPC, oferecer **EXCEÇÃO DE IMPEDIMENTO,** nos termos dos fundamentos de fato e de direito a seguir aduzidos:

I – DOS FATOS

Trazer um resumo dos fatos.

II – DO DIREITO

Expor as razões que fundamentam o pedido, com fundamento no art. 134 do CPC.

(Citar a lei, amarrada com os fatos, bem como legislação, doutrina e jurisprudência)

III – DO PEDIDO

Ante o exposto, é o presente para requerer que Vossa Excelência se digne em reconhecer o impedimento, determinando-se a remessa dos presentes autos ao substituto legal, ou, se assim não entender Vossa Excelência, que determine a sua remessa ao E. Tribunal de Justiça (ou Tribunal Regional Federal ou Superior Tribunal de Justiça), nos termos do art. 313 do CPC.

Protesta pela produção de prova documental e pericial, e de todos os meios probatórios em direito admitidos, ainda que não especificados no Código de Processo Civil, desde que moralmente legítimos (CPC, art. 332).

Termos em que, pede deferimento.

Local ..., data...

Advogado ...

OAB ....

4. EXCEÇÃO DE INCOMPETÊNCIA

4.1. ESTRUTURA BÁSICA

REQUISITOS	Art. 307 do CPC. A exceção é processada em apenso.
ENDEREÇAMENTO	Juízo ou Tribunal que efetivou a citação.
IDENTIFICAÇÃO DO PROCESSO	Indicação das partes, do número do processo e do nome da ação.
TRATAMENTO DAS PARTES	Excipiente (quem propõe a exceção) e excepto (o autor da ação).
FUNDAMENTOS FÁTICOS E JURÍDICOS	Narrar o ocorrido, mas sem debater o mérito da ação, apenas desenvolvendo os fundamentos jurídicos com base em uma das hipóteses do art. 112 do CPC.
PEDIDO	O excipiente deverá pedir o recebimento e processamento da exceção para que o juiz se declare suspeito e remeta os autos ao seu substituto legal.
PROVAS	O excipiente deverá protestar pela produção de provas capazes de comprovar os fatos alegados.

4.2. MODELO – EXCEÇÃO DE INCOMPETÊNCIA

EXCELENTÍSSIMO SENHOR DOUTOR JUIZ DE DIREITO DA ... VARA ... DA COMARCA DE ... .

Pular 10 linhas

_______________(*qualificação do réu – nome, estado civil, profissão, endereço, CPF, endereço*), vem mui respeitosamente à presença de Vossa Excelência, por meio de seu advogado e bastante procurador que esta subscreve (doc. 01 – mandato), com fundamento no art. 307 do CPC, oferecer **EXCEÇÃO DE INCOMPETÊNCIA,** nos termos dos fundamentos de fato e de direito a seguir aduzidos:

I – DOS FATOS

Trazer um resumo dos fatos.

II – DO DIREITO

Expor as razões que fundamentam o pedido, com fundamento no art. 112 do CPC.

(citar a lei, amarrada com os fatos, bem como legislação, doutrina e jurisprudência)

III – DO PEDIDO

Ante o exposto, é o presente para requerer que Vossa Excelência se digne em acolher a exceção de incompetência, determinando a suspensão do processo, na forma do art. 265, III, do CPC, ordenando, ainda, o regular processamento da presente exceção, determinando o seu apensamento aos autos principais e intimando-se o excepto para se manifestar no prazo legal, e, após, conforme dispõe o art. 308 do CPC, julgar procedente a presente exceção, determinando-se a remessa dos presentes autos à (ao) ... .

Protesta pela produção de prova documental e pericial, e de todos os meios probatórios em direito admitidos, ainda que não especificados no Código de Processo Civil, desde que moralmente legítimos (CPC, art. 332).

Termos em que, pede deferimento.

Local ..., data...

Advogado ...

OAB ....

5. EXCEÇÃO DE SUSPEIÇÃO

5.1. ESTRUTURA BÁSICA

REQUISITOS	Art. 312 do CPC. A exceção é processada em apenso.
ENDEREÇAMENTO	Juízo ou Tribunal que efetivou a citação.
IDENTIFICAÇÃO DO PROCESSO	Indicação das partes, do número do processo e do nome da ação.
TRATAMENTO DAS PARTES	Excipiente (quem propõe a exceção) e excepto (no caso da exceção de suspeição é o próprio juiz).
FUNDAMENTOS FÁTICOS E JURÍDICOS	Narrar o ocorrido, mas sem debater o mérito da ação, apenas desenvolvendo os fundamentos jurídicos com base em uma das hipóteses do art. 135 do CPC.
PEDIDO	O excipiente deverá pedir o recebimento e processamento da exceção para que o juiz acolha a exceção de incompetência, determinando, primeiramente, a suspensão do processo (art. 265, III, do CPC), o apensamento aos autos principais e a intimação do excepto para se manifestar em 10 dias, e, ao final, a remessa dos autos à Vara, Câmara ou Tribunal competente.
PROVAS	O excipiente deverá protestar pela produção de provas capazes de comprovar os fatos alegados.

5.2. MODELO – EXCEÇÃO DE SUSPEIÇÃO

EXCELENTÍSSIMO SENHOR DOUTOR JUIZ DE DIREITO DA ... VARA ... DA COMARCA DE ... .

Pular 10 linhas

_______________(*qualificação do réu – nome, estado civil, profissão, endereço, CPF, endereço*), vem mui respeitosamente à presença de Vossa Excelência, por meio de seu advogado e bastante procurador que esta subscreve (doc. 01 – mandato), com fundamento no art. 312 do CPC, oferecer **EXCEÇÃO DE SUSPEIÇÃO,** nos termos dos fundamentos de fato e de direito a seguir aduzidos:

I – DOS FATOS

Trazer um resumo dos fatos.

II – DO DIREITO

Expor as razões que fundamentam o pedido, com fundamento no art. 135 do CPC.

(citar a lei, amarrada com os fatos, bem como legislação, doutrina e jurisprudência)

III – DO PEDIDO

Ante o exposto, é o presente para requerer que Vossa Excelência se digne em reconhecer a suspeição, determinando-se a remessa dos presentes autos ao substituto legal, ou, se assim não entender Vossa Excelência, que determine a sua remessa ao E. Tribunal de Justiça (ou Tribunal Regional Federal ou Superior Tribunal de Justiça), nos termos do art. 313 do CPC.

Protesta pela produção de prova documental e pericial, e de todos os meios probatórios em direito admitidos, ainda que não especificados no Código de Processo Civil, desde que moralmente legítimos (CPC, art. 332).

Termos em que, pede deferimento.

Local ..., data...

Advogado ...

OAB ....

6. RECONVENÇÃO

6.1. ESTRUTURA BÁSICA

REQUISITOS	Os mesmos da petição inicial (art. 282 do CPC). Deverá ser oferecida em peça autônoma e o prazo é o mesmo da contestação (15 dias – art. 297 do CPC).
ENDEREÇAMENTO	Juízo ou Tribunal que efetivou a citação.
IDENTIFICAÇÃO DO PROCESSO	Indicação das partes, do número do processo e do nome da ação.
TRATAMENTO DAS PARTES	Reconvinte (aquele que apresenta a reconvenção) e reconvindo (o autor da ação).
FUNDAMENTOS FÁTICOS E JURÍDICOS	Estes requisitos tratam do seguinte: "DOS FATOS" (fundamentos de fato) e "DO DIREITO" (fundamentos jurídicos). Quanto à parte "I – DOS FATOS", pode se fazer a seguinte subdivisão: "1) Dos fatos alegados pelo autor" (aqui faz-se um breve resumo da petição inicial); "2) Da verdade dos fatos" (aqui conta-se a versão do réu sobre os fatos). Essa divisão é pertinente, principalmente quando houver controvérsia sobre como os fatos ocorreram.
FUNDAMENTOS FÁTICOS E JURÍDICOS	Quanto à parte "II – DO DIREITO", pode-se fazer a seguinte divisão: 1) Do cabimento da reconvenção; 2) Do mérito. Deverá o reconvinte no item "Do cabimento da reconvenção" demonstrar a conexão e justificar o cabimento da reconvenção. Por último deve o réu tratar do item "Do mérito". Deverá o reconvinte citar legislação, doutrina e jurisprudência, nessa ordem.
PEDIDO	O reconvinte deverá requerer a intimação do autor reconvindo para contestar a reconvenção no prazo legal; a procedência do (s) pedido (s); bem como os ônus da sucumbência.
PROVAS	O réu reconvinte deverá requerer a produção das provas pertinentes para comprovar as suas alegações.
VALOR DA CAUSA	Seguirá a regra dos arts. 258 a 260 do CPC.

6.2. MODELO – RECONVENÇÃO

EXCELENTÍSSIMO SENHOR DOUTOR JUIZ DE DIREITO DA ... VARA ... DA COMARCA DE ... .

Pular 10 linhas

_______________ *(qualificação do réu – nome, estado civil, profissão, endereço, CPF, endereço)*, vem mui respeitosamente à presença de Vossa Excelência, por meio de seu advogado e bastante procurador que esta subscreve (doc. 01 – mandato), oferecer **RECONVENÇÃO** à ação que lhe promove a **FAZENDA DO ESTADO DE** _______, Pessoa Jurídica de Direito Público, com sede na _______________, nos termos dos fundamentos de fato e de direito a seguir aduzidos:

I – DOS FATOS

1. Dos fatos alegados pelo autor reconvindo

(...)

2. Da verdade dos fatos

(...)

II – DO DIREITO

1. Do cabimento da reconvenção

(vide art. 315 do CPC)

2. Do mérito

(Citar a lei, amarrada com os fatos, bem como legislação, doutrina e jurisprudência)

III – DO PEDIDO

Ante o exposto, é o presente para requerer que Vossa Excelência se digne em:

a) determinar a intimação do autor reconvindo para contestar a presente reconvenção no prazo legal;

b) julgar a presente reconvenção procedente, condenando-se o autor reconvindo ao pagamento de ..., além do pagamento das custas e despesas processuais, bem como dos honorários advocatícios.

(A depender da condição econômica do réu reconvinte, deve-se pedir os benefícios da justiça gratuita)

Protesta pela produção de prova documental e pericial, e de todos os meios probatórios em direito admitidos, ainda que não especificados no Código de Processo Civil, desde que moralmente legítimos (CPC, art. 332).

Dá-se à causa o valor de R$ ... (valor por extenso).

Termos em que, pede deferimento.

Local ..., data...

Advogado ...

OAB ....

7. IMPUGNAÇÃO AO CUMPRIMENTO DE SENTENÇA

7.1. ESTRUTURA BÁSICA

REQUISITOS	O Código de Processo Civil não trouxe requisitos, trata-se de mera petição. O prazo para apresentação da impugnação é de 15 dias (art. 475-J, § 1º, do CPC).
ENDEREÇAMENTO	Juízo ou Tribunal da causa.
IDENTIFICAÇÃO DO PROCESSO	Indicação das partes, do número do processo e do nome da ação.
TRATAMENTO DAS PARTES	Autor e réu (credor e devedor).
FUNDAMENTOS FÁTICOS E JURÍDICOS	Estes requisitos tratam do seguinte: "DOS FATOS" (fundamentos de fato) e "DO DIREITO" (fundamentos jurídicos). Quanto à parte "I – DOS FATOS" far-se-á um resumo do ocorrido. Quanto à parte "II – DO DIREITO", o devedor deverá trazer os fundamentos jurídicos conforme dispõe o art. 475-L do CPC. Deverá o réu citar legislação, doutrina e jurisprudência, nessa ordem.
PEDIDO	O réu deverá requerer o recebimento da impugnação nos próprios autos com a suspensão da ação, demonstrando os requisitos legais e o pedido principal de acordo com os fundamentos jurídicos.
VALOR DA CAUSA	Não há.

7.2. MODELO – IMPUGNAÇÃO AO CUMPRIMENTO DE SENTENÇA

EXCELENTÍSSIMO SENHOR DOUTOR JUIZ DE DIREITO DA ... VARA ... DA COMARCA DE ... .

Pular 10 linhas

______________*(qualificação do réu – nome, estado civil, profissão, endereço, CPF, endereço)*, vem mui respeitosamente à presença de Vossa Excelência, por meio de seu advogado e bastante procurador que esta subscreve (doc. 01 – mandato), oferecer **IMPUGNAÇÃO AO CUMPRIMENTO DE SENTENÇA COM PEDIDO DE EFEITO,** nos termos dos fundamentos de fato e de direito a seguir aduzidos:

I – DOS FATOS

Trazer um resumo do processo.

II – DO DIREITO

Trazer os fundamentos jurídicos de acordo com o disposto no art. 475-L do CPC.

(citar a lei, amarrada com os fatos, bem como legislação, doutrina e jurisprudência)

III – DO EFEITO SUSPENSIVO

Trazer os fundamentos para justificar o pedido, nos termos do art. 475-M do CPC.

IV – DO PEDIDO

Ante o exposto, é o presente para requerer de Vossa Excelência a:

a) concessão de efeito suspensivo com o intuito de obstar o prosseguimento do cumprimento de sentença, nos termos do art. 475-M do CPC;

b) intimação do credor, na pessoa de seu advogado, para que se manifeste acerca da presente impugnação;

c) o acolhimento da presente impugnação, condenando-se o credor ao pagamento das custas e despesas processuais, bem como dos honorários advocatícios.

Termos em que, pede deferimento.

Local ..., data...

Advogado ...

OAB ....

8. PETIÇÃO INICIAL DE EXECUÇÃO CONTRA A FAZENDA PÚBLICA

8.1. ESTRUTURA BÁSICA

REQUISITOS	Os mesmos da petição inicial (art. 282 do CPC), que compatíveis com a execução (art. 598 do CPC). O procedimento será aquele previsto nos arts. 730 e 731 do CPC.
ENDEREÇAMENTO	Juiz da causa.
TRATAMENTO DAS PARTES	Exequente e executado.
FUNDAMENTOS FÁTICOS E JURÍDICOS	Demonstrar o débito da Fazenda Pública, em geral com uma sentença condenatória transitada em julgado.
PEDIDO	Citação, por oficial de justiça, da Fazenda Pública para opor embargos no prazo legal. Caso a Fazenda não apresente embargos, pedir que o juiz requisite o pagamento por intermédio do Presidente do Tribunal competente (art. 100 da CF). Vide também a Lei de Juizados Especiais Federais (art. 17, § 1º, da Lei 10.259/2001) e Lei do Juizado Especial da Fazenda Pública (Lei 12.153/2009).
VALOR DA CAUSA	Valor do título.

8.2. MODELO – PETIÇÃO INICIAL DE EXECUÇÃO CONTRA A FAZENDA PÚBLICA

EXCELENTÍSSIMO SENHOR DOUTOR JUIZ DE DIREITO DA ... VARA ... DA COMARCA DE ... .

Pular 10 linhas

________________ *(qualificação do réu – nome, estado civil, profissão, endereço, CPF, endereço)*, vem mui respeitosamente à presença de Vossa Excelência, por meio de seu advogado e bastante procurador que esta subscreve (doc. 01 – mandato), oferecer **EXECUÇÃO, com fundamento no art. 730 do CPC, em face da FAZENDA DO ESTADO DE** ________, Pessoa Jurídica de Direito Público, com sede na ______________, nos termos dos fundamentos de fato e de direito a seguir aduzidos:

I – DOS FATOS

Demonstrar a existência de título contra a Fazenda Pública.

II – DO DIREITO

Demonstrar que a hipótese se enquadra no art. 730 do CPC.

(Citar a lei, amarrada com os fatos, bem como legislação, doutrina e jurisprudência)

III – DO PEDIDO

Ante o exposto, é o presente para requerer que Vossa Excelência se digne em:

a) determinar a citação, por oficial de justiça, da Fazenda Pública... para, querendo, opor embargos no prazo legal;

b) caso não sejam opostos embargos ou estes sejam julgados improcedentes, seja expedido ofício ao Presidente do Tribunal... para expedição do respectivo precatório, de acordo com o art. 100 da CF..., para pagamento do valor aqui pleiteado, além do pagamento das custas e despesas processuais, bem como dos honorários advocatícios.

(A depender da condição econômica do réu reconvinte, deve-se pedir os benefícios da justiça gratuita)

Dá-se à causa o valor de R$ ... (valor por extenso).

Termos em que, pede deferimento.

Local ..., data...

Advogado ...

OAB ....

9. RECURSOS

9.1. AGRAVO DE INSTRUMENTO

9.1.1. ESTRUTURA BÁSICA

FUNDAMENTO LEGAL	Art. 522 e seguintes do CPC.
CABIMENTO	O recurso de agravo é aquele cabível contra decisões interlocutórias (art. 522 do CPC). Decisão interlocutória é aquela que, sem pôr fim ao processo, resolve alguma questão incidente ou provoca algum gravame à parte ou ao interessado (art. 162, § 2.º, do CPC). A regra, hoje, é a de que, uma vez existente uma decisão interlocutória, cabe recurso de **agravo retido** (art. 522 do CPC). Só caberá **agravo de instrumento** em três casos (art. 522 do CPC): a) se a decisão for suscetível de causar à parte lesão grave ou de difícil reparação; exemplo: quando for deferida ou negada tutela de urgência pelo juiz de 1.º grau (liminar cautelar ou tutela antecipada); b) se a decisão for de inadmissão da apelação; exemplo: quando não estiver no prazo ou a sentença estiver em conformidade com súmula do STF ou do STJ, nos termos do art. 518, § 1.º, do CPC); c) se a decisão disser respeito aos efeitos em que a apelação é recebida. Das decisões interlocutórias proferidas em audiência de instrução e julgamento caberá agravo retido. Já da sentença proferida na mesma audiência, caberá apelação.
PRAZO	10 dias.
TRATAMENTO DAS PARTES	Agravante e agravado.
AGRAVO RETIDO	O recurso tem os seguintes requisitos: a) não requer preparo (art. 522, parágrafo único, do CPC); b) o recurso deve ser dirigido ao juízo que proferir a decisão impugnada; c) não é necessário qualificar as partes, mas apenas indicá-las; d) o recurso deve trazer os pressupostos de fato e de direito que dão sustentação à irresignação, e também o pedido correspondente; e) deve-se requerer a intimação da parte contrária para apresentar contraminuta; f) deve-se requerer a reconsideração da decisão pelo juízo recorrido.
PETIÇÃO DE INTERPOSIÇÃO DO AGRAVO DE INSTRUMENTO	Será endereçada ao presidente do tribunal ao qual competir o conhecimento e o julgamento do recurso, identificará as partes, indicará que se trata de recurso de agravo de instrumento, fará requerimento de atribuição de efeito suspensivo ou ativo ao recurso e requererá a juntada das guias de custas de preparo, porte de remessa e retorno dos autos, se for o caso.
MINUTA DE AGRAVO DE INSTRUMENTO	A minuta de agravo de instrumento fará um breve resumo, tratará da possibilidade de interposição do agravo de instrumento no caso (e, consequentemente, da impossibilidade de sua conversão em agravo retido), trará as razões para atribuição de efeito suspensivo ou ativo ao recurso, trará as razões de mérito do recurso e conterá pedido para que o recurso seja recebido e processado, concedendo-se de imediato o efeito suspensivo ou ativo, e dando provimento ao recurso para o fim pretendido pelo agravante.

OUTROS REQUISITOS DO AGRAVO DE INSTRUMENTO	O agravante deverá, também, relacionar os documentos que instruem o recurso, bem como descrever o nome e o endereço dos procuradores das partes. Essas informações ficarão depois da assinatura do advogado e poderão constar tanto na petição de interposição do agravo como na minuta de agravo de instrumento.

9.1.2. MODELO – RECURSO – AGRAVO DE INSTRUMENTO

EXCELENTÍSSIMO SENHOR DOUTOR PRESIDENTE DO EGRÉGIO TRIBUNAL DE JUSTIÇA DO ESTADO DE ....

Pular 10 linhas

_______________ *(qualificação – nome, estado civil, profissão, endereço, CPF, endereço)*, por meio de seu advogado que este ato subscreve, com escritório na rua __________ , CEP ______, na cidade de __________, estado de __________, vem, respeitosamente, à presença de Vossa Excelência, com fulcro nos arts. 522 e seguintes do Código de Processo Civil, interpor o presente

AGRAVO DE INSTRUMENTO

contra a r. decisão de fls. ..., proferida pelo MM. Juízo da ... Vara ... da Comarca de ..., nos autos da Ação ... , autos nº ..., que lhe promove ... *(qualificação)*, nos termos das razões de fato e de direito apresentadas na minuta em anexo.

Requer, outrossim, a CONCESSÃO DE EFEITO SUSPENSIVO ao presente recurso, nos termos do art. 558 do Código de Processo Civil, e das razões em anexo.

(Pode ser que o pedido seja de CONCESSÃO DE EFEITO ATIVO.)

Requer, ainda, a juntada das guias de custas de preparo e porte de retorno dos autos, devidamente recolhidas.

Por fim, informa que, no prazo de 3 (três) dias, cumprirá o disposto no art. 526 do Código de Processo Civil.

Termos em que pede deferimento.

Local / data.

Nome / OAB

PEÇAS QUE INSTRUEM O PRESENTE RECURSO

Peças obrigatórias (art. 525, I, do CPC):

procuração do agravante;

procuração do agravado;

cópia da decisão agravada de fls.;

cópia da intimação da decisão agravada.

Peças facultativas (art. 525, II, do CPC):

cópia da petição inicial;

cópia da contestação apresentada aos autos.

Nome, número de OAB e endereço dos procuradores das partes:

1) Do agravante: ____________

2) Do agravado: ____________

(A minuta deve ser apresentada na página seguinte.)

MINUTA DE AGRAVO DE INSTRUMENTO

Agravante: ...

Agravado: ...

Autor nº:...

Vara de origem: ...

EGRÉGIO TRIBUNAL,
COLENDA CÂMARA,
NOBRES JULGADORES.

I – BREVE RESUMO

(Breve relato do ocorrido na demanda até o momento da decisão recorrida.)

II – DO CABIMENTO DE AGRAVO DE INSTRUMENTO E DA IMPOSSIBILIDADE DE SUA CONVERSÃO EM AGRAVO RETIDO

(Demonstração da existência de uma das hipóteses da parte final do art. 522 do CPC.)

III – DAS RAZÕES DE FATO E DE DIREITO

(Fundamentos de fato e de direito que dão suporte ao provimento do recurso.)

IV – DA NECESSIDADE DE CONCESSÃO DE EFEITO SUSPENSIVO AO PRESENTE RECURSO

(Enquadramento do caso a uma das hipóteses do art. 558 do CPC; se o objetivo for de conseguir uma decisão nova de urgência, pede-se a concessão de EFEITO ATIVO ao recurso, com fundamento nos arts. 527, III, e 558, ambos do CPC.)

V – DO PEDIDO

Ante o exposto, requer que Vossa Excelência se digne de conceder o efeito suspensivo pleiteado, processando-se a irresignação na forma prevista no Código de Processo Civil, para, ao final, dar provimento ao recurso, reformando-se a decisão recorrida para o fim de *(exemplo: indeferir a tutela antecipada ou deferir a tutela antecipada)*.

Termos em que pede deferimento.

Local ..., data...

Advogado ...

OAB ....

9.2. APELAÇÃO

9.2.1. ESTRUTURA BÁSICA

FUNDAMENTO LEGAL	Art. 513 e seguintes do CPC.
CABIMENTO	O recurso é cabível contra sentença (art. 513 do CPC). Para uma decisão ser considerada sentença da qual cabe apelação, ela há de extinguir a relação jurídica processual por inteiro, nos termos dos arts. 267 ou 269 do CPC (art. 162, § 1.º).
PRAZO	15 dias.
TRATAMENTO DAS PARTES	Apelante e apelado.
PETIÇÃO DE INTERPOSIÇÃO	Deve ter os seguintes elementos: - endereçamento ao juízo recorrido; - nomes e qualificação das partes; se já houver qualificação nos autos, pode-se usar a expressão "já qualificado nos autos", para os recorrentes e recorridos; indicação de que se trata de recurso de apelação; - requerimento para que o recurso seja recebido em ambos os efeitos, com a devida motivação, se for o caso (arts. 520 e 558 do CPC); - requerimento de juntada das guias de custas de preparo, porte de remessa e retorno dos autos, se for o caso.
RAZÕES DE RECURSO	Devem ter os seguintes requisitos (art. 514): - breve resumo da demanda; - reiteração do agravo retido (se houver), requerendo expressamente sua apreciação (art. 523, § 1.º, do CPC); - fundamentos de fato e de direito do recurso; - pedido de provimento do recurso para reformar ou anular a sentença para algum fim (exemplo: provimento do recurso para reformar a decisão recorrida, julgando improcedente a demanda).

9.2.2. MODELO – RECURSO DE APELAÇÃO

EXCELENTÍSSIMO SENHOR DOUTOR JUIZ DE DIREITO DA ... VARA ... DA COMARCA DE ... .

Pular 10 linhas

Autos n.º ....

..., qualificado nos autos, por meio de seu advogado que subscreve a presente, vem, respeitosamente, à presença de Vossa Excelência, com fulcro no art. 513 e seguintes do Código de Processo Civil, interpor a presente

APELAÇÃO

contra a r. sentença de fls. ..., proferida por esse D. Juízo, na ação promovida por ..., já qualificado, nos termos das razões de fato e de direito apresentadas na minuta em anexo.

Requer, outrossim, que seja o presente recurso recebido nos efeitos devolutivo e suspensivo, intimando-se a parte contrária para, querendo, apresentar suas contrarrazões, no prazo legal.

Requer, em seguida, a remessa dos autos para o E. Tribunal de Justiça para processamento, conhecimento e julgamento.

Por fim, requer a juntada das custas de preparo e porte de remessa e retorno.

Termos em que pede deferimento.

Local ..., data...

Advogado ...

OAB ....

(As razões são na página seguinte)

RAZÕES DE RECURSO DE APELAÇÃO

Apelante: ... .

Apelado: ... .

EGRÉGIO TRIBUNAL,
COLENDA CÂMARA,
NOBRES JULGADORES.

I – BREVE RESUMO

(Breve relato do ocorrido na demanda até o momento da decisão recorrida.)

II – DA REITERAÇÃO DO AGRAVO RETIDO

(Se houver agravo retido, deve ele ser reiterado, nos termos do art. 523, § 1.º, do CPC.)

III – DAS RAZÕES DE FATO E DE DIREITO

(Fundamentos de fato e de direito que dão suporte ao provimento do recurso.)

IV – DO PEDIDO

Ante o exposto, requer que Vossa Excelência se digne de processar o presente na forma prevista no Código de Processo Civil para, ao final, dar provimento ao recurso a fim de reformar a sentença proferida pelo D. Juízo *a quo*, julgando procedente o pedido inicial, com a inversão do ônus sucumbencial.

Termos em que pede deferimento.

Local ..., data...

Advogado ...

OAB ....

9.3. RECURSOS EXTRAORDINÁRIO E ESPECIAL

9.3.1. ESTRUTURA BÁSICA

FUNDAMENTO LEGAL	Recurso extraordinário: art. 102, III, da CF; Recurso especial: art. 105, III, da CF.
CABIMENTO	O **recurso extraordinário**, a ser julgado pelo STF, cabe nas causas decididas em única ou última instância, quando a decisão recorrida (art. 102, III, da CF): a) contrariar dispositivo da Constituição; b) declarar a inconstitucionalidade de tratado ou lei federal; c) julgar válida lei ou ato de governo local contestado em face da Constituição; d) julgar válida lei local contestada em face de lei federal. O **recurso especial**, a ser julgado pelo STJ, cabe nas causas decididas em única ou última instância pelos TRFs ou TJs quando a decisão recorrida (art. 105, III, da CF): a) contrariar tratado ou lei federal, ou negar-lhes vigência; b) julgar ato de governo local contestado em face de lei federal; c) der a lei federal interpretação divergente da que lhe haja atribuído outro tribunal.
PRAZO	15 dias.

TRATAMENTO DAS PARTES	Recorrente e recorrido.
PETIÇÃO DE INTERPOSIÇÃO	Deve ter os seguintes elementos: - endereçamento ao presidente do tribunal recorrido; - nomes e qualificação das partes; se já houver qualificação nos autos, pode-se usar a expressão "já qualificado nos autos" para os recorrentes e recorridos; - indicação de que se trata de recurso extraordinário ou de recurso especial; - indicação de que preenche os pressupostos de admissibilidade, conforme as razões em anexo; - requerimento para que seja o recorrido intimado para apresentar contrarrazões, no prazo legal; - requerimento para que o recurso seja devidamente processado, em virtude de preencher os pressupostos de admissibilidade, remetendo-se os autos ao E. Supremo Tribunal Federal ou ao E. Superior Tribunal de Justiça para julgamento; - reiteração de eventual recurso extremo interposto contra decisão interlocutória (e que se encontrava retido), nos termos do § 3.º do art. 542 do CPC; - requerimento de juntada das guias de custas de preparo, porte de remessa e retorno dos autos.
RAZÕES DE RECURSO	Devem ter os seguintes requisitos: - breve resumo da demanda; - demonstração do cabimento do recurso; aqui, deve-se enquadrar o recurso numa das hipóteses dos arts. 102, III, se for recurso extraordinário, e 105, III, se for recurso especial; - em se tratando de **recurso extraordinário**, demonstração da existência de repercussão geral, nos termos do art. 543-A do CPC; considera-se de repercussão geral as "questões relevantes do ponto de vista econômico, político, social ou jurídico, que ultrapassem os limites subjetivos da causa" (§ 1.º); haverá repercussão geral "sempre que o recurso impugnar decisão contrária a súmula ou jurisprudência dominante do Tribunal" (§ 3.º); - demonstração da existência de prequestionamento, ou seja, que a matéria levada à apreciação já foi debatida na esfera jurisdicional inferior; indicação do fato de que não se quer julgamento sobre questão de fato, mas sobre questão de direito; - razões fáticas e jurídicas do pedido de reforma da decisão recorrida; neste ponto, está-se diante do "Mérito"; - pedido de nova decisão (exemplo: provimento do recurso para reformar a decisão recorrida, julgando improcedente a demanda).

9.3.2. MODELO – RECURSO EXTRAORDINÁRIO

EXCELENTÍSSIMO SENHOR DOUTOR DESEMBARGADOR PRESIDENTE DO E. TRIBUNAL DE JUSTIÇA DO ESTADO DE ... .

Pular 10 linhas

Recurso n.º ... .

... , qualificado nos autos, por meio de seu advogado que subscreve a presente, vem, respeitosamente, à presença de Vossa Excelência, com fulcro no art. 102, III, alínea "___", da Constituição Federal, interpor o presente

RECURSO EXTRAORDINÁRIO

contra o v. acórdão de fls. ..., proferido por esse D. Tribunal de Justiça, no recurso em epígrafe, em que figura como <u>recorrido (ou recorrente)</u> ..., já qualificado, nos termos das razões de fato e de direito apresentadas na minuta em anexo.

Requer, outrossim, que seja o presente recurso devidamente recebido e processado, intimando-se a parte contrária para que ofereça, dentro do prazo legal, as contrarrazões.

Em seguida, requer que seja o recurso admitido, por preencher os requisitos legais e constitucionais, conforme demonstração nas razões em anexo, remetendo-se os autos ao Colendo Supremo Tribunal Federal.

Por fim, requer a juntada das custas de preparo, e porte de remessa e retorno.

Termos em que pede deferimento.

Local ..., data...

Advogado ...

OAB ....

(As razões são na página seguinte)

RAZÕES DE RECURSO EXTRAORDINÁRIO

Recorrente: ....

Recorrido: ....

SUPREMO TRIBUNAL FEDERAL
COLENDA TURMA

I – BREVE RESUMO

(Breve relato do ocorrido na demanda até o momento da decisão recorrida.)

II – DA REITERAÇÃO DO RECURSO EXTRAORDINÁRIO RETIDO

(Se houver recurso extraordinário contra decisão interlocutória retido, deve ele ser reiterado, nos termos do art. 542, § 3.º, do CPC.)

III – DO CABIMENTO DO RECURSO

(Aqui, deve-se enquadrar o recurso numa das hipóteses do art. 102, III, da CF.)

IV – DA EXISTÊNCIA DE REPERCUSSÃO GERAL

(Aqui, há de se demonstrar a existência de repercussão geral, nos termos do art. 543-A do CPC; considera-se de repercussão geral as "questões relevantes do ponto de vista econômico, político, social ou jurídico, que ultrapassem os limites subjetivos da causa (§ 1.º); haverá repercussão geral "sempre que o recurso impugnar decisão contrária a súmula ou jurisprudência dominante do Tribunal")

V – DA EXISTÊNCIA DE PREQUESTIONAMENTO

(Aqui, há de se demonstrar que a matéria levada à apreciação já foi debatida na esfera jurisdicional inferior.)

VI – DAS RAZÕES DE FATO E DE DIREITO

(fundamentos de fato e de direito que dão suporte ao provimento do recurso, deixando claro que não se quer modificar a moldura fática delineada pela instância anterior, mas apenas discutir questão de Direito)

VII – DO PEDIDO

Ante o exposto, requer que Vossa Excelência se digne de processar o presente na forma prevista no Código de Processo Civil para, ao final, dar provimento ao recurso, reformando-se (ou anulando-se) a r. decisão recorrida para o fim de julgar improcedente (ou procedente) a demanda.

Termos em que pede deferimento.

Local ..., data...

Advogado ...

OAB ....

9.3.3. MODELO – RECURSO ESPECIAL

EXCELENTÍSSIMO SENHOR DOUTOR DESEMBARGADOR PRESIDENTE DO E. TRIBUNAL DE JUSTIÇA DO ESTADO DE ... .

Pular 10 linhas

Recurso n.º ....

Nome ..., qualificado nos autos, por meio de seu advogado que subscreve a presente, vem, respeitosamente, à presença de Vossa Excelência, com fulcro no art. 105, III, alínea "___", da Constituição Federal, interpor o presente

RECURSO ESPECIAL

contra o v. acórdão de fls. ..., proferido por esse D. Tribunal de Justiça, no recurso em epígrafe, em que figura como recorrido (ou recorrente) ..., já qualificado, nos termos das razões de fato e de direito apresentadas na minuta em anexo.

Requer, outrossim, que seja o presente recurso devidamente recebido e processado, intimando-se a parte contrária para que ofereça, dentro do prazo legal, as contrarrazões.

Em seguida, requer que seja o recurso admitido, por preencher os requisitos legais e constitucionais, conforme demonstração nas razões em anexo, remetendo-se os autos ao Colendo Superior Tribunal de Justiça.

Por fim, requer a juntada das custas de preparo, e porte de remessa e retorno.

Termos em que pede deferimento.

Local ..., data...

Advogado ...

OAB ....

(As razões são na página seguinte)

RAZÕES DE RECURSO ESPECIAL

Recorrente: ...

Recorrido: ...

SUPERIOR TRIBUNAL DE JUSTIÇA
COLENDA TURMA

I – BREVE RESUMO

(Breve relato do ocorrido na demanda até o momento da decisão recorrida.)

II – DA REITERAÇÃO DO RECURSO ESPECIAL RETIDO

(Se houver recurso extraordinário contra decisão interlocutória retido, deve ele ser reiterado, nos termos do art. 542, § 3.º, do CPC.)

III – DO CABIMENTO DO RECURSO

(Aqui, deve-se enquadrar o recurso numa das hipóteses do art. 105, III, da CF.)

IV – DA EXISTÊNCIA DE PREQUESTIONAMENTO

(Aqui, há de se demonstrar que a matéria levada à apreciação já foi debatida na esfera jurisdicional inferior.)

V – DAS RAZÕES DE FATO E DE DIREITO

(Fundamentos de fato e de direito que dão suporte ao provimento do recurso, deixando claro que não se quer modificar a moldura fática delineada pela instância anterior, mas apenas discutir questão de Direito.)

VI – DO PEDIDO

Ante o exposto, requer que Vossa Excelência se digne de processar o presente na forma prevista no Código de Processo Civil, para, ao final, dar provimento ao recurso, reformando-se (ou anulando-se) a r. decisão recorrida, para o fim de julgar improcedente (ou procedente) a demanda.

Termos em que pede deferimento.

Local ..., data...

Advogado ...

OAB ....

9.4. RECURSO ORDINÁRIO CONSTITUCIONAL

9.4.1. ESTRUTURA BÁSICA

FUNDAMENTO LEGAL	arts. 102, II, e 105, II, da CF.
CABIMENTO	O recurso ordinário constitucional, **a ser julgado pelo STF** cabe nas causas que julgarem crime político e no *habeas corpus*, mandado de segurança, *habeas data* e mandado de injunção decididos em única instância pelos Tribunais Superiores, se denegatória a decisão (art. 102, II, da CF); Já o recurso ordinário constitucional, **a ser julgado pelo STJ**, cabe para este julgar (art. 105, II, da CF): a) os *habeas corpus* decididos em única ou última instância pelos TRFs ou pelos TJs quando a decisão for denegatória; b) os mandados de segurança decididos em única instância pelos TRFs ou pelos TJs quando denegatória a decisão; c) as causas em que forem partes Estado estrangeiro ou organismo internacional, de um lado, e, do outro, Município ou pessoa residente ou domiciliada no País.
PRAZO	15 dias.
TRATAMENTO DAS PARTES	Recorrente e recorrido.
PETIÇÃO DE INTERPOSIÇÃO	Devem ter os seguintes elementos: - endereçamento ao presidente do tribunal recorrido; - nomes e qualificação das partes; se já houver qualificação nos autos, pode-se usar a expressão "já qualificado nos autos" para os recorrentes e recorridos;

	- indicação de que se trata de "recurso ordinário em (....)"; pode ser "em mandado de segurança", "em *habeas corpus*", "em *habeas data*" etc. - indicação de que preenche os pressupostos de admissibilidade, conforme as razões em anexo; - requerimento para que seja o recorrido intimado para apresentar contrarrazões, no prazo legal; - requerimento para que o recurso seja devidamente processado, em virtude de preencher os pressupostos de admissibilidade, remetendo-se os autos ao E. Supremo Tribunal Federal ou ao E. Superior Tribunal de Justiça para julgamento; - requerimento de juntada das guias de custas de preparo, porte de remessa e retorno dos autos.
RAZÕES DE RECURSO	Devem ter os seguintes requisitos: - breve resumo da demanda; - demonstração do cabimento do recurso; aqui, deve-se enquadrar o recurso numa das hipóteses dos arts. 102, II, se for de competência do STF, e 105, III, se for de competência do STJ; - razões fáticas e jurídicas do pedido de reforma da decisão recorrida; neste ponto, está-se diante do "Mérito"; - pedido de nova decisão (exemplo: provimento do recurso para reformar a decisão recorrida, concedendo a segurança).

9.4.2. MODELO – RECURSO ORDINÁRIO CONSTITUCIONAL

EXCELENTÍSSIMO SENHOR DOUTOR PRESIDENTE DO E. ... *(verificar o tribunal que julgou a ação em única instância)*.

Pular 10 linhas

Ação n.º _______.

Nome ..., qualificado nos autos, por meio de seu advogado que subscreve a presente, vem, respeitosamente, à presença de Vossa Excelência, com fulcro no artigo *(102, II, "a" ou 105, II, alínea "b")* da Constituição Federal, interpor o presente

RECURSO ORDINÁRIO CONSTITUCIONAL

contra o v. acórdão de fls. ..., proferido por esse D. Tribunal, na ação em epígrafe, em que figura *no polo passivo* ..., já qualificado, nos termos das razões de fato e de direito apresentadas na minuta em anexo.

Requer, outrossim, que seja o presente recurso devidamente recebido e processado, intimando-se a parte contrária para que ofereça, dentro do prazo legal, as contrarrazões, remetendo-se, ao final, os autos ao Colendo *(STF ou STJ)*.

Por fim, requer a juntada das despesas.

Termos em que pede deferimento.

Local ..., data...

Advogado ...

OAB ....

(As razões são na página seguinte)

RAZÕES DE RECURSO ORDINÁRIO CONSTITUCIONAL

Recorrente: ... .

Recorrido: ... .

SUPREMO TRIBUNAL FEDERAL
(OU SUPERIOR TRIBUNAL DE JUSTIÇA)
COLENDA TURMA

I – BREVE RESUMO

(Breve relato do ocorrido na demanda até o momento da decisão recorrida.)

II – DO CABIMENTO DO RECURSO

(Aqui, deve-se enquadrar o recurso numa das hipóteses dos arts. 102, II, ou 105, II, da CF.)

III – DAS RAZÕES DE FATO E DE DIREITO

(Fundamentos de fato e de direito que dão suporte ao provimento do recurso, deixando claro que não se quer modificar a moldura fática delineada pela instância anterior, mas apenas discutir questão de Direito.)

IV – DO PEDIDO

Ante o exposto, requer que Vossa Excelência se digne de processar o presente na forma prevista no Código de Processo Civil para, ao final, dar provimento ao recurso, reformando-se (ou anulando-se) a r. decisão recorrida para conceder a segurança para o fim de ... .

Termos em que pede deferimento.

Local ..., data...

Advogado ...

OAB ....

10. AÇÃO RESCISÓRIA

10.1. ESTRUTURA BÁSICA

COMPETÊNCIA	a) do Tribunal competente para o julgamento da apelação contra a sentença; b) do STF e do STJ, em caráter originário, quanto às ações rescisórias de suas decisões (arts. 102, I, *j*, e 105, I, *e*, ambos da CF).
PARTES	a) tratamento: autor e réu; b) legitimidade: art. 487 do CPC.
HIPÓTESES DE CABIMENTO	São necessários os seguintes requisitos: a) sentença (ou acórdão) de mérito; b) trânsito em julgado; c) presença de uma das hipóteses do art. 485 do CPC.
PRAZO	O direito de propor ação rescisória se extingue em 2 anos, contados do trânsito em julgado da decisão (art. 495); O STF entendeu inconstitucional prazo diferenciado para a Fazenda Pública.
FUNDAMENTO LEGAL	Art. 485 do CPC.
PEDIDO	a) liminar cautelar ou tutela antecipada, quando couber (art. 489 do CPC); b) citação; c) procedência para: rescindir a sentença ou o acórdão (pedido rescindendo ou de rescisão); novo julgamento da demanda (pedido rescisório); d) juntada da guia de 5% sobre o valor da causa (art. 488, II, do CPC).
PROVAS	Protestar pela produção de provas que puderem demonstrar a veracidade dos fatos alegados.
VALOR DA CAUSA	Valor da sentença rescindenda.

10.2. MODELO – PETIÇÃO INICIAL DE AÇÃO RESCISÓRIA

EXCELENTÍSSIMO SENHOR DOUTOR DESEMBARGADOR PRESIDENTE DO E. TRIBUNAL DE JUSTIÇA DO ESTADO DE ... .

(verificar se não se trata da competência de algum TRF ou do STF ou do STJ)

Pular 10 linhas

Nome...... *(qualificação do autor – nome, estado civil, profissão, endereço, CPF, endereço)*, vem mui respeitosamente à presença de Vossa Excelência, por meio de seu advogado e bastante procurador que esta subscreve (doc. 01 – mandato), com fundamento no art. 485 e seguintes do Código de Processo Civil, propor a presente

AÇÃO RESCISÓRIA

da r. sentença de mérito transitada em julgado, prolatada no bojo da *ação indenizatória ....*, promovida pelo autor em face da FAZENDA DO ESTADO DE ________, Pessoa Jurídica de Direito Público, com sede na ____________, em virtude dos fatos elencados a seguir:

I – DOS FATOS

a) Tentar repetir, ao máximo, os fatos descritos na questão.

b) Relatar os acontecimentos em ordem cronológica, especificando cada ponto.

c) Tentar deixar o mais claro possível.

d) Mostrar de forma evidente o ato/fato que dá ensejo a uma das hipóteses do art. 485 do CPC, sem fazer a qualificação jurídica, por enquanto.

II – DA TEMPESTIVIDADE

Explicar que ação está sendo promovida no prazo previsto no art. 495 do CPC.

III – DO DIREITO

(Citar a lei, amarrada com os fatos, bem como legislação, doutrina e jurisprudência.)

1. Do pedido rescindendo

(Explicar por que a sentença ou o acórdão deve ser objeto de rescisão, enquadrando o fato narrado a uma das hipóteses do art. 485 do CPC.)

2. Do pedido de novo julgamento

(Explicar o que se quer e as razões do pedido de novo julgamento.)

IV – DO PEDIDO

Ante o exposto, é o presente para requerer a Vossa Excelência o quanto segue:

1. A citação da ré, no endereço declinado no pórtico desta inicial, para, querendo, contestar a presente ação no prazo legal sob as penas da lei processual civil;

2. A procedência da ação para rescindir a r. sentença de mérito proferida pelo ___________, promovendo-se novo julgamento para o fim de condenar ou anular ou revisar o contrato etc. ...

3. O protesto pela produção de provas admitidas em direito.

4. A juntada da guia de depósito na importância de 5% do valor da causa, nos termos do art. 488, II, do CPC.

(Se for o caso, deve-se pedir antecipação de tutela já no primeiro item do pedido.)

(Se for aplicável o CDC – art. 22 e art. 6.º, VIII, deve-se pedir a inversão do ônus da prova.)

(A depender da condição econômica dos autores, deve-se pedir os benefícios da justiça gratuita.)

Dá-se à causa o valor de R$ ... (valor por extenso).

Termos em que pede deferimento.

Local ..., data ...

Advogado ...

OAB ....

11. AÇÕES ESPECÍFICAS

11.1. DESAPROPRIAÇÃO

11.1.1. ESTRUTURA BÁSICA – PETIÇÃO INICIAL DE AÇÃO DE DESAPROPRIAÇÃO

COMPETÊNCIA	O foro competente para o julgamento de ação de desapropriação é o da situação da área desapropriada. No caso da Justiça Federal, a regra permanece, ou seja, é competente o juízo federal onde se situa o imóvel objeto da demanda (art. 95 do CPC).
TRATAMENTO DAS PARTES	Autor e réu.
FUNDAMENTOS FÁTICOS E JURÍDICOS	A petição inicial conterá: a) preenchimento dos requisitos previstos no art. 282 do CPC; b) oferta do preço; c) exemplar do contrato, ou do jornal oficial, em que foi publicado o decreto (serve cópia autenticada); d) planta ou descrição do bem e suas confrontações. Deve-se indicar o caso de utilidade pública, necessidade pública ou interesse social que fundamenta a desapropriação – *vide* art. 5.º do Dec.-lei 3.365/41, art. 2.º da Lei 4.132/62, art. 2.º da Lei 8.629/1993, art. 8.º da Lei 10.257/2001, e os dispositivos constitucionais pertinentes; arts. 5.º, XXIV, 182 e 183.
PEDIDO	Procedência da presente ação para o fim de decretar-se por sentença a desapropriação da área descrita na planta juntada aos autos, com sua consequente incorporação ao patrimônio do ente, condenando-se o réu ao pagamento das custas e despesas processuais, inclusive honorários advocatícios.
VALOR DA CAUSA	Deve ser o valor da oferta feita pelo Poder Público.
PROVAS	Deve-se protestar pela produção de prova documental e pericial, e de todos os meios probatórios em direito admitidos, ainda que não especificados no CPC, desde que moralmente legítimos (CPC, art. 332).
CITAÇÃO	O autor deve requerer a citação do réu.

11.2. MODELO – PETIÇÃO INICIAL DE AÇÃO DE DESAPROPRIAÇÃO

EXCELENTÍSSIMO SENHOR DOUTOR JUIZ DE DIREITO DA ... VARA DA FAZENDA PÚBLICA DA COMARCA DE ... - ... .

Pular 10 linhas

MUNICIPALIDADE DE ..., pessoa jurídica de direito público interno, com sede na ..., vem mui respeitosamente à presença de Vossa Excelência, por meio de seu procurador que esta subscreve (doc. 01), com fundamento no art. 5.º, XXIV, da Constituição Federal, e no art. 5.º do Decreto-lei 3.365/41 *(indicar o caso de utilidade pública, necessidade pública ou interesse social que fundamenta a desapropriação – vide art. 5.º do Dec.-lei 3.365/41, art. 2.º da Lei 4.132/62, art. 2.º da Lei 8.629/93, art. 8.º da Lei 10.257/2001, e os respectivos dispositivos constitucionais)* propor a competente

AÇÃO DE DESAPROPRIAÇÃO

em face de ________________________________, qualificação (nome, *estado civil, profissão, endereço e documentos)*, proprietário do imóvel sito na rua ________, em virtude dos fatos elencados a seguir:

I – DOS FATOS

1) *Tentar repetir, ao máximo, os fatos descritos na questão.*

2) *Relatar os acontecimentos em ordem cronológica, especificando cada ponto.*

Conforme o Decreto Municipal n.º __________, foi declarado de utilidade pública, para fins de desapropriação (doc. 2 – Diário Oficial), o imóvel urbano sito na ______________, objeto do registro na matrícula n.º ________, do ___ Registro de Imóveis desta Capital (doc. 3 – Certidão do Registro de Imóveis).

O imóvel é de propriedade dos expropriados, conforme referida documentação (doc. 3).

A área expropriada é necessária para a realização de abertura de via pública, conforme o novo Plano Viário Municipal.

Segue, em anexo, planta com descrição do bem e de suas confrontações (doc. 4).

Conforme laudo de avaliação, o preço ofertado para o imóvel em tela é de R$ ______ (doc. 5).

Tentou-se composição amigável com os réus, o que resultou infrutífero (doc. 6).

Por outro lado, a Municipalidade necessita urgente de se imitir na posse do imóvel para efetuar o melhoramento público referido.

II – DO DIREITO

1. Da desapropriação

Nos termos do art. 5.º do Decreto-lei 3.365/41, considera-se caso de utilidade pública:

"i) a abertura, conservação e melhoramento de vias ou logradouros públicos; a execução de planos de urbanização; o parcelamento do solo, com ou sem edificação, para sua melhor utilização econômica, higiênica ou estética; a construção ou ampliação de distritos industriais." (g.n.)

O Decreto Expropriatário apresentou os três requisitos da declaração de utilidade pública: a) o fundamento legal que embasa a desapropriação (art. 5.º, *i*, do Decreto-lei 3.365/41), b) a destinação específica a ser dada ao bem (abertura da rua X, nos termos do novo Plano Viário da Cidade); e c) a identificação do bem expropriado (conforme certidão e planta apresentadas).

A petição inicial está em termos. Cumpre os requisitos do art. 282 do CPC. Traz o Diário Oficial com a publicação do decreto expropriatário, a planta com a descrição do bem (e de suas confrontações) e a oferta de preço para aquisição do imóvel (docs. 3 a 5).

Também ficou demonstrado o interesse de agir, com a recusa do expropriado à proposta formulada pela autora (doc. 6).

2. Da imissão provisória na posse

Nos termos do art. 15, *caput*, do Decreto-lei 3.365/41 há dois requisitos para que seja deferido o pedido de imissão provisória na posse, em favor do expropriante. São eles: a) alegação de urgência; b) depósito da quantia arbitrada.

Quanto ao primeiro requisito, o decreto expropriatório declarou urgência para fins de imissão provisória na posse *(caso não haja declaração no decreto, pode-se alegar urgência na própria petição inicial)*.

Quanto ao segundo requisito, a Municipalidade apresenta oferta consistente no valor venal do imóvel, oferta que requer que seja acolhida por esse D. Juízo, eis que em acordo com o art. 15, § 1.º, do Decreto-lei

3.365/41 *(caso não haja especificação da oferta apresentada, deve-se dizer que "a Municipalidade apresenta oferta que requer seja acolhida por esse D. Juízo, eis que em acordo com o art. 15, § 1.º, do Decreto-lei 3.365/41")*.

Assim sendo, o pedido preenche os requisitos previstos em lei.

III – DO PEDIDO

Ante o exposto, é o presente para requerer a Vossa Excelência o quanto segue:

1) A citação da ré, no endereço declinado no pórtico desta inicial, para, querendo, contestar a presente ação no prazo legal, sob pena de confissão e revelia.

2) O deferimento do pedido de imissão provisória na posse, expedindo-se o respectivo mandado.

3) O protesto pela indicação oportuna de seu assistente técnico e os quesitos pertinentes.

4) A procedência da presente ação, para o fim de decretar-se por sentença a desapropriação da área descrita na planta juntada aos autos, com sua consequente incorporação ao patrimônio da Municipalidade de _______, condenando-se a requerida ao pagamento das custas e despesas processuais, inclusive honorários advocatícios.

5) O protesto pela produção de prova documental e pericial, e de todos os meios probatórios em direito admitidos, ainda que não especificados no CPC, desde que moralmente legítimos (CPC, art. 332).

Dá-se à causa o valor de R$ ...*(valor da oferta escrito por extenso)*.

Termos em que pede deferimento.

Local ..., data...

Advogado ...

OAB ....

11.3. ESTRUTURA BÁSICA – CONTESTAÇÃO EM AÇÃO DE DESAPROPRIAÇÃO

ENDEREÇAMENTO	Juízo que efetivou a citação.
TRATAMENTO DAS PARTES	Autor e réu.
FUNDAMENTOS FÁTICOS E JURÍDICOS	O réu na ação expropriatória só poderá apresentar os seguintes fundamentos (art. 20 do Dec.-lei 3.365/41): a) vício do processo judicial; b) indenização injusta, ou seja, insuficiente; c) direito de extensão da área a ser desapropriada, quando a área que restará da expropriação se tornar inútil ou de difícil utilização. Outras questões devem ser discutidas em ação própria, salvo situações de patente desvio de finalidade.
PEDIDO	Dependerá do fundamento da defesa. Se só houver impugnação do preço, deve-se pedir a fixação de indenização no valor que for apurado em perícia, com todos os consectários legais.
PROVAS	Deve-se protestar pela produção de prova documental e pericial, e de todos os meios probatórios em direito admitidos, ainda que não especificados no CPC, desde que moralmente legítimos (CPC, art. 332).

11.4. MODELO – CONTESTAÇÃO EM AÇÃO DE DESAPROPRIAÇÃO

EXCELENTÍSSIMO SENHOR DOUTOR JUIZ DE DIREITO DA ... VARA DA FAZENDA PÚBLICA DA COMARCA DE ... - ....

Pular 10 linhas

Processo n.º ....

Ação de Desapropriação.

Nome ... *(qualificação do autor – nome, estado civil, profissão, endereço, CPF, endereço)*, por seu advogado adiante assinado, (doc.1 – mandato), *com escritório profissional na Rua ______________, nesta cidade,* onde recebe intimações e notificações, vem, respeitosamente, à presença de V. Exa., oferecer, no tempo e modo devido, sua

CONTESTAÇÃO

à AÇÃO DE DESAPROPRIAÇÃO em epígrafe, que lhe promove a MUNICIPALIDADE DE ..., pessoa jurídica de direito público interno, já qualificada na inicial, pelos motivos de fato e de direito a seguir aduzidos.

I – DOS FATOS

A autora alega que expediu decreto expropriatório, com o cumprimento dos requisitos legais, declarando de utilidade pública o imóvel sito na _________, de propriedade do ora contestante, para fins de realização de abertura de via pública, conforme o novo Plano Viário Municipal.

A autora também aduz que ofertou, extrajudicialmente, valor suficiente para indenizar o réu pela perda da propriedade, valor esse que novamente oferece em juízo.

Todavia, há dois fatos extremamente relevantes que não foram narrados na petição inicial.

O primeiro diz respeito ao valor do metro quadrado calculado pela autora para o local. Essa quantia, como se demonstrará nesta demanda, está muito aquém do valor do metro quadrado para a região, mormente se considerarmos as condições especiais do imóvel do réu. Para se ter ideia da diferença, *vide* as cotações feitas por imobiliárias locais (doc. 2 – avaliações). *(verificar na questão que tipo de elemento se tem para contrariar o valor oferecido pelo autor)*

(Aqui, há de se verificar, também, se não há outros danos emergentes e lucros cessantes a serem inseridos na indenização; exemplo: mudança, fundo de comércio do proprietário etc.)

O segundo ponto diz respeito a fato de a declaração de utilidade pública ter abarcado apenas parte do imóvel do réu, ou seja, está-se diante de desapropriação parcial. E a parte que remanescerá ao ora contestante ficará esvaziada economicamente, pois não terá utilidade, dado seu reduzido tamanho e sua localização *(inserir essa defesa para o caso de realmente existir desapropriação parcial, com direito de extensão; o esvaziamento econômico pode decorrer do tamanho, da localização encravada, da topografia, da geometria etc.)*

(Aqui é o momento de trazer à tona eventual "vício do processo judicial", "vício no decreto expropriatório", neste caso desde que estejam patentemente comprovados.)

II – DO DIREITO

1. Da justa indenização

A Constituição Federal, em seu art. 5.º, XXIV, dispõe o seguinte:

"XXIV – a lei estabelecerá o procedimento para desapropriação por necessidade ou utilidade pública, ou por interesse social, mediante justa e prévia indenização em dinheiro, ressalvados os casos previstos nesta Constituição." (g.n.)

O art. 27 do Decreto-lei 3.365/41, por sua vez, assevera o seguinte:

"Art. 27. O juiz indicará na sentença os fatos que motivaram o seu convencimento e deverá atender, especialmente, à estimação dos bens para efeitos fiscais; ao preço de aquisição e interesse que deles aufere o proprietário; à sua situação, estado de conservação e segurança; ao valor venal dos da mesma espécie, nos últimos 5 (cinco) anos, à valorização ou depreciação de área remanescente, pertencente ao réu." (g.n.)

Ora, da leitura do texto constitucional percebe-se que a indenização não pode levar em conta somente o valor venal do imóvel. O texto constitucional exige indenização justa, ou seja, indenização que reflita o real valor de mercado do imóvel, e que contemple, também, os demais consectários previstos em lei.

No caso em tela, a oferta apresentada não está de acordo com o valor de mercado do imóvel, seja porque o valor venal não corresponde ao valor de mercado da região, seja porque não se levou em conta as características particulares do imóvel em tela, consistente na sua localização privilegiada na região e no seu estado de conservação, circunstâncias que, segundo o art. 27 do Decreto-lei citado, devem ser levadas em conta pelo juiz na fixação do *quantum* indenizatório.

Assim, não pode prevalecer o valor ofertado pela autora, que contraria tanto o texto constitucional, como o texto da Lei de Desapropriações, conforme avaliações ora apresentadas e conforme também será demonstrado por ocasião da prova pericial.

2. Do direito de extensão

Não bastasse o valor incorreto no metro quadrado do imóvel do ora contestante, a desapropriação em curso também afeta outro direito do réu, qual seja, o direito de extensão.

Isso porque, como se viu, a desapropriação é parcial e a área remanescente ficará esvaziada economicamente, em virtude de seu reduzido tamanho e do fato de ter ficado encravada, inviabilizando, assim, qualquer tipo de aproveitamento.

Para esse tipo de situação a doutrina e a jurisprudência vêm reconhecendo o direito de extensão, pelo qual a desapropriação deve abarcar todo o imóvel, com a indenização correspondente.

O fundamento jurídico desse direito também é a norma constitucional que determina a fixação da justa indenização (art. 5.º, XXIV). Isso porque, caso o expediente da desapropriação parcial com esvaziamento econômico da área remanescente não fosse impedido, a justa indenização, por vias transversas, estaria sendo prejudicada.

III – DO PEDIDO

Ante o exposto, é o presente para requerer a Vossa Excelência o quanto segue:

1. A realização de prova pericial para determinar o valor da justa indenização *prova que deverá levar em conta a totalidade do imóvel, e não só a parte prevista no decreto expropriatório (esta segunda parte só existirá se houver o direito de extensão)*.
2. O protesto pela indicação oportuna de seu assistente técnico e dos quesitos pertinentes.
3. A fixação de indenização que leve em conta os critérios legais e as avaliações ora apresentadas, que apontam para o valor de R$ _________ para a totalidade do imóvel, e, subsidiariamente, para o valor de R$ _________ para a parte do imóvel prevista no decreto expropriatário, julgando a demanda parcialmente procedente, com a fixação de:

- juros compensatórios pela imissão provisória no imóvel, juros esses devidos desde a imissão provisória na posse e que, na forma da Súmula 618 do STF, devem ser de 12% ao ano, em virtude da suspensão, pelo STF (ADI 2.332-2), da parte do art. 15-A do Decreto-lei 3.365/41, que fixava tais juros em até 6% ao ano; conforme a mesma decisão do STF, a base de cálculo dos juros compensatórios deve ser a diferença eventualmente apurada entre 80% do preço ofertado em juízo e o valor do bem fixado na sentença *(fazer esse pedido para o caso de ter sido realizada imissão provisória na posse)*;
- juros moratórios, na forma do art. 100, § 12, da Constituição Federal;
- correção monetária, contada desde a realização do laudo pericial que fixar o valor do bem expropriado;
- custas e despesas processuais, bem como honorários advocatícios, estes no valor máximo de 5% da diferença entre o valor oferecido pelo Poder Público e o valor fixado pelo Poder Judiciário, sem qualquer limitação do valor apurado;
- os juros compensatórios serão calculados sobre o valor total da indenização, corrigido monetariamente (Súmula 113 do STJ);
- os honorários advocatícios incidirão, também, sobre as parcelas relativas aos juros compensatórios e moratórios, devidamente corrigidos (Súmula 131 do STJ).

4. O protesto pela produção de prova documental e pericial, e de todos os meios probatórios em direito admitidos, ainda que não especificados no CPC, desde que moralmente legítimos (CPC, art. 332).

Termos em que pede deferimento.

Local ..., data...

Advogado ...

OAB ....

11.5. ESTRUTURA BÁSICA – PETIÇÃO INICIAL DE AÇÃO DE INDENIZAÇÃO POR DESAPROPRIAÇÃO INDIRETA

COMPETÊNCIA	O foro competente para o julgamento de ação de desapropriação é o do local do imóvel.
TRATAMENTO DAS PARTES	Autor e réu.
FUNDAMENTOS FÁTICOS E JURÍDICOS	Deve-se narrar que o autor é o legítimo proprietário e que o Poder Público se apropriou de seu imóvel, ao nele ingressar e implantar atividade de interesse público, o que gerou o direito à indenização pleiteada. O fundamento desse direito é o próprio art. 35 do Dec.-lei 3.365/41, que assegura que "os bens expropriados, uma vez incorporados à Fazenda Pública, não podem ser objeto de reivindicação, ainda que fundada em nulidade do processo de desapropriação. Qualquer ação, julgada procedente, resolver-se-á em perdas e danos". Trata-se do princípio do fato consumado. Também fundamentam o instituto o art. 5.º, XXIV, da CF, e o art. 15, § 3.º, do Dec.-lei 3.365/41.
PEDIDO	Procedência da presente ação, para o fim de condenar o Poder Público a pagar a indenização apurada em perícia.

VALOR DA CAUSA	Deve ser o valor das avaliações extrajudiciais feitas pelo autor da ação.
PROVAS	Deve-se protestar pela produção de prova documental e pericial, e de todos os meios probatórios em direito admitidos, ainda que não especificados no CPC, desde que moralmente legítimos (CPC, art. 332).
CITAÇÃO	O autor deve requerer a citação do réu.

11.6. MODELO – PETIÇÃO INICIAL DE AÇÃO DE INDENIZAÇÃO POR DESAPROPRIAÇÃO INDIRETA

EXCELENTÍSSIMO SENHOR DOUTOR JUIZ DE DIREITO DA ... VARA DA COMARCA DE ... - ....

Pular 10 linhas

NOME ... (qualificação do autor – nome, estado civil, profissão, endereço, CPF, endereço), vem mui respeitosamente à presença de Vossa Excelência, por meio de seu advogado e bastante procurador que esta subscreve (doc. 01 – mandato), com fundamento no art. 5.º, XXIV, da Constituição Federal, e nos arts. 15-A, § 3.º, e 35 do Decreto-lei 3.365/41, propor a competente

AÇÃO DE INDENIZAÇÃO POR DESAPROPRIAÇÃO INDIRETA

em face da **MUNICIPALIDADE DE** ________, Pessoa Jurídica de Direito Público, com sede na ________________em virtude dos fatos elencados a seguir:

I – DOS FATOS

a) Tentar repetir, ao máximo, os fatos descritos na questão.

b) Relatar os acontecimentos com uma ordem cronológica, especificando cada ponto.

c) Tentar deixar o mais claro possível.

d) Mostrar de forma evidente o ato/fato causador do dano.

No dia _______, o autor, ao comparecer no imóvel sito na rua ______, número ______, de sua propriedade (doc. 2 – documento comprobatório da propriedade), constatou que a Municipalidade tinha invadido o bem, nele fazendo obras de pavimentação para alargar a citada rua.

A constatação de que o Poder Público havia se apropriado do bem, ainda que de modo irregular e abusivo, fez com que o autor buscasse a Municipalidade para receber indenização cabal pelos prejuízos sofridos.

Todavia, o autor não logrou êxito nesse intento, o que o leva a propor a presente ação indenizatória.

II – DO DIREITO

1. Do fundamento jurídico da presente ação indenizatória

É pacífico na doutrina e na jurisprudência que, quando o Poder Público se apropria de bem particular, sem observância dos requisitos do processo de indenização, o lesado tem direito de buscar a devida indenização junto ao Poder Judiciário.

O fundamento maior desse direito é o art. 5.º, XXIV, que dispõe que a desapropriação requer pagamento de prévia e **justa** indenização em dinheiro.

O art. 35 do Decreto-lei 3.365/41, por sua vez, assevera que "os bens expropriados, uma vez incorporados à Fazenda Pública, não podem ser objeto de reivindicação, ainda que fundada em nulidade do processo de desapropriação". O mesmo dispositivo dispõe que eventuais problemas devem ser resolvidos por meio de indenização por perdas e danos. Esse dispositivo deixa claro que a única alternativa para um caso como o presente é intentar ação indenizatória, já que, uma vez incorporado o bem ao patrimônio público, não é possível desfazer essa situação.

Por fim, o § 3.º do art. 27 do Decreto-lei 3.365/41, parágrafo acrescentado pela Medida Provisória 2.183-56/01, dispõe que a disciplina dos juros compensatórios, em matéria de desapropriação, vale também para "as ações ordinárias de indenização por apossamento administrativo ou desapropriação indireta". Essa disposição assume expressamente o dever de indenizar quando ocorre a desapropriação indireta.

Por fim, a responsabilidade objetiva do Estado prevista no art. 37, § 6.º, da CF, também reclama indenização por prejuízos causados por conduta estatal, independentemente de culpa ou dolo.

Assim, os fundamentos jurídicos expressos acima demonstram, cabalmente, que é devida indenização no caso presente, em que o Poder Público se apropriou de imóvel do autor, sem cumprir as formalidades previstas em lei.

2. Das verbas indenizatórias devidas

A indenização devida deve contemplar diversas parcelas e não só o valor de mercado do bem expropriado. Assim, há de se fixar as seguintes verbas indenizatórias:

a) **valor de mercado do bem (arts. 5.º, XXIV, da CF, e 27 do Decreto-lei 3.365/41)**: para tanto, requer que seja fixado valor conforme as avaliações ora apresentadas (doc. 3 – avaliações do imóvel) e conforme também será demonstrado por ocasião da prova pericial;

b) **danos emergentes e lucros cessantes**: observar o mesmo item, na desapropriação indireta; *(Aqui, há de se verificar, também, se não há outros danos emergentes e lucros cessantes a serem inseridos na indenização; exemplo: mudança, fundo de comércio do proprietário etc.)*

c) **juros compensatórios**: aqui, os juros compensatórios são devidos desde a ocupação do imóvel pelo Poder Público; os juros incidirão sobre o total de indenização, uma vez que, diferente da desapropriação direta, não há diferença entre o valor fixado na sentença e o valor ofertado, pois aqui não se fala em valor ofertado; os juros, aqui, terão o mesmo percentual dos juros compensatórios na desapropriação indireta, uma vez que foi suspensa pelo STF a disposição que estabelecia juros de até 6% ao ano; (*vide* art. 15-A do Decreto-lei 3.365/41) assim, remanesce a regra estabelecida na Súmula 618 do STF, pela qual a taxa de juros compensatórios é de 12% ao ano;

d) **juros moratórios:** na forma do art. 100, § 12, da Constituição Federal;

e) **correção monetária:** contada desde a realização do laudo pericial que fixar o valor do bem expropriado;

f) **custas e despesas processuais**: deverá ser de responsabilidade do Poder Público, inclusive quanto ao adiantamento das quantias para fazer frente aos honorários periciais (STJ, REsp 788.817, j. 19/06/2007);

g) **honorários advocatícios**: o Decreto-lei 3.365/41 dispõe que, à moda do que ocorre na desapropriação direta, os honorários serão fixados entre 0,5 e 5% da diferença entre o valor oferecido pelo Poder Público e o valor fixado pelo Poder Judiciário (art. 27, §§ 1.º e 3.º, do Dec.-lei, com a redação dada pela MP 2.183-56/2001); todavia, como não há diferença entre valor fixado pelo juiz e valor ofertado pelo Poder Público, já que este se apoderou do bem sem seguir os trâmites legais, deve incidir os honorários sobre o valor total da condenação, prevalecendo os parâmetros previstos no art. 20, § 3.º, do CPC (entre 10% e 20% do valor da condenação), conforme lição de José Fernandes Carvalho Filho (*Manual de direito administrativo*, 18.ª edição, Rio de Janeiro: Lumen Juris, 2007, p. 767.).

III – DO PEDIDO

Ante o exposto, é o presente para requerer a Vossa Excelência o quanto segue:

1. A citação da ré, no endereço declinado no pórtico desta inicial, para, querendo, contestar a presente ação no prazo legal, sob as penas da lei processual civil.
2. A realização de prova pericial para determinar o valor da justa indenização *prova que deverá levar em conta a totalidade do imóvel, e não só a parte apropriada pela ré (esta segunda parte só existirá se houver o direito de extensão).*
3. O protesto pela indicação oportuna de seu assistente técnico e dos quesitos pertinentes.
4. A procedência da ação com a fixação de indenização que leve em conta os critérios legais e as avaliações ora apresentadas, que apontam para o valor de R$ _________ para a totalidade do imóvel, e, subsidiariamente, para o valor de R$ _________ para a parte do imóvel prevista no decreto expropriatório com a fixação de:

- juros compensatórios pela imissão provisória no imóvel, juros esses devidos desde a apropriação do imóvel pela ré, ocorrida em _____; os juros devem ser de 12% ao ano e incidir sobre a totalidade do valor indenizatório;
- juros moratórios, na forma do art. 100, § 12, da Constituição Federal;
- correção monetária, contada desde a realização do laudo pericial que fixar o valor do bem expropriado;
- custas e despesas processuais, bem como honorários advocatícios, estes no valor de 20% sobre o total da condenação;
- os juros compensatórios serão calculados sobre o valor total da indenização, corrigido monetariamente (Súmula 114 do STJ);
- os honorários advocatícios incidirão, também, sobre as parcelas relativas aos juros compensatórios e moratórios, devidamente corrigidos (Súmula 131 do STJ).

5. O protesto pela produção de prova documental e pericial, e de todos os meios probatórios em direito admitidos, ainda que não especificados no CPC, desde que moralmente legítimos (CPC, art. 332).

Dá-se à causa o valor de R$ _________(valor por extenso). *(Valor das avaliações feitas.)*

Termos em que, pede deferimento.

Local ..., data...

Advogado ...

OAB ....

12. AÇÃO DE COBRANÇA

12.1. ESTRUTURA BÁSICA[1]

COMPETÊNCIA	A competência para conhecer da ação de cobrança é do lugar onde a obrigação deva ser satisfeita (art. 100, IV, *d, do CPC*), que, no caso, é local onde o pagamento do credor é realizado, observadas as normas sobre competência para conhecer de ação em que figure como parte pessoa de direito público. Quando o réu for a União, entidade autárquica ou empresa pública federal, compete à Justiça Federal processar e julgar a causa (art. 109, I, da CF). Quanto à Justiça Federal, há mais duas regras que incidem quanto à competência (art. 109 da CF): "§ 1.º As causas em que a União for autora serão aforadas na seção judiciária onde tiver domicílio a outra parte. § 2.º As causas intentadas contra a União poderão ser aforadas na seção judiciária em que for domiciliado o autor, naquela onde houver ocorrido o ato ou fato que deu origem à demanda ou onde esteja situada a coisa, ou, ainda, no Distrito Federal". Repare que, de acordo com o § 2.º da CF, o autor pode aforar a demanda, também, em seu domicílio.
TRATAMENTO DAS PARTES	Autor e réu.
FUNDAMENTOS FÁTICOS E JURÍDICOS	A fundamentação legal envolverá o contrato e os dispositivos legais pertinentes (estes estarão presentes na Lei 8.666/1993, no Código Civil, no Código do Consumidor e em leis especiais que tratarem de contratos). No que concerne ao Código Civil, os contratos estão regulamentados nos arts. 421 a 853, o inadimplemento nos arts. 389 a 401 e as consequências do inadimplemento nos arts. 402 a 420. No que concerne à Lei 8.666/1993, as cláusulas essenciais dos contratos estão previstas no art. 55 da lei e a inexecução dos contratos e as consequências do inadimplemento estão reguladas nos arts. 77 a 80. E quanto ao CDC, os arts. 12 a 54 tratam da responsabilidade contratual. A revisão contratual está prevista, no CC, nos arts. 478 a 480 e no art. 317; na Lei 8.666/1993, no art. 65, II; e no CDC, no art. 6.º, V.
PEDIDO	A procedência da ação para condenar a ré no pagamento da quantia de ________, relativa ao contrato administrativo n.º _______, devendo incidir sobre as parcelas, a partir do 1.º dia útil do mês seguinte à realização dos respectivos serviços e até o devido pagamento, o índice de remuneração básica e de juros da poupança (art. 1º-F da Lei 9.494/1997), condenando-se a ré no pagamento das custas e despesas processuais e de honorários advocatícios no montante de 20% do valor total da condenação. A partir do exame de 2010.1, verificar o disposto no art. 100, § 12, da Constituição (EC 62/09).[1]
VALOR DA CAUSA	Deve ser o valor da cobrança feita.
PROVAS	Deve-se protestar pela produção de prova documental e pericial, e de todos os meios probatórios em direito admitidos, ainda que não especificados no CPC, desde que moralmente legítimos (CPC, art. 332).
CITAÇÃO	O autor deve requerer a citação do réu.

1. No início de 2013, o STF proferiu importantes decisões no âmbito das ADIs 4.357 e 4.424. Numa delas, decidiu que fere o princípio da igualdade a correção monetária do precatório pelo índice da poupança, pois esse índice na recompõe as perdas inflacionárias. Essa decisão se referiu especificamente ao regime do precatório (art. 100, § 12, da CF), não tendo sido julgada a constitucionalidade do art. 1º-F da Lei 9.494/1997. Há de se aguardar, agora, decisões acerca de como ficará a correção monetária dos precatórios.

12.2. MODELO – PETIÇÃO INICIAL DE AÇÃO DE COBRANÇA

EXCELENTÍSSIMO SENHOR DOUTOR JUIZ DE DIREITO DA ... VARA DA COMARCA DE ... - ....

Pular 10 linhas

____________________ *(qualificação do autor – nome, estado civil, profissão, endereço, CPF, endereço)*, vem mui respeitosamente à presença de Vossa Excelência, por meio de seu advogado e bastante procurador que esta subscreve (doc. 01 – mandato), com fundamento nos arts. 389, 404 e 406 do Código Civil, propor a competente

AÇÃO DE COBRANÇA

em face da **MUNICIPALIDADE DE** ________, Pessoa Jurídica de Direito Público, com sede à _______________ em virtude dos fatos elencados a seguir:

I – DOS FATOS

a) Tentar repetir, ao máximo, os fatos descritos na questão.

b) Relatar os acontecimentos em ordem cronológica, especificando cada ponto.

c) Tentar deixar o mais claro possível.

d) Mostrar de forma evidente o ato/fato causador do dano

A autora, após se sagrar vencedora da Concorrência Pública n.º _____, celebrou o Contrato Administrativo n.º _______ com a ré, com vistas à execução de obra pública (doc. 2).

Ficou acertado que o contratante receberia sua remuneração segundo as medições a serem feitas nas datas previstas no contrato. Todavia, as últimas quatro medições feitas não foram objeto de pagamento pela Municipalidade (doc. 3).

O autor tomou todas as providências possíveis para receber, extrajudicialmente, as faturas que lhes são devidas (doc. 4). Em que pese as tentativas, não logrou êxito nesse intento, o que o leva a propor a presente ação indenizatória.

II – DO DIREITO

Ao celebrar o contrato administrativo em tela a Municipalidade se comprometeu a fazer pagamentos periódicos ao autor, sempre no primeiro dia útil do mês seguinte à realização de cada etapa da obra *(verificar se a questão trata das datas de vencimento; se não tratar, utilizar o critério acima)*. Todavia, nos quatro últimos meses do contrato, o autor não recebeu as quantias objeto de medição. Essa circunstância faz incidir as disposições do art. 389 do Código Civil. Confira:

"Art. 389. Não cumprida a obrigação, responde o devedor por perdas e danos, mais juros e atualização monetária segundo índices oficiais, regularmente estabelecidos, e honorários advocatícios."

Por se tratar de obrigação de pagamento em dinheiro, outro dispositivo que serve como fundamento da presente demanda é o art. 404 do mesmo Código:

"Art. 404. As perdas e danos, nas obrigações de pagamento em dinheiro, serão pagas com atualização monetária segundo índices oficiais regularmente estabelecidos, abrangendo juros, custas e honorários de advogado, sem prejuízo da pena convencional".

Perceba que os dois dispositivos determinam, além da prestação principal devida, que o inadimplente arque com as seguintes verbas: a) correção monetária; b) juros moratórios; c) multa, se for convencionada; e d) custas judiciais e honorários advocatícios.

Os valores da prestação principal já se encontram delimitados, inclusive pela própria ré, conforme doc. 3.

A correção monetária deverá incidir desde o momento em que cada prestação era exigível, no caso, a partir do 1.º dia útil do mês seguinte à realização das parcelas da obra. Mesmo não havendo previsão contratual da correção monetária, existe previsão legal nesse sentido (arts. 389 e 404 acima citados) e a jurisprudência do STJ é pacífica quanto à sua incidência. Confira:

"A mora no pagamento do preço avençado em contrato administrativo, constitui ilícito contratual. Inteligência da Súmula 43 do STJ. A correção monetária, ainda que a lei ou o contrato não a tenham previsto, resulta da integração ao ordenamento do princípio que veda o enriquecimento sem causa e impõe o equilíbrio econômico-financeiro do contrato. O termo inicial para a incidência da correção monetária nos contratos administrativos de obra pública, na hipótese de atraso no pagamento, não constando do contrato regra que estipule a data para o efetivo pagamento do preço avençado, deverá corresponder ao 1.º (primeiro) dia útil do mês subsequente à realização da obra, apurada pela Administração Pública median-

te critério denominado medição. Precedentes do STJ (REsp 71127/SP, REsp 61817/SP). O retardamento em pagar medições de obras já efetuadas configura violação do contrato e a inadimplência de obrigação juridicamente pactuada, com consequências que se impõem ao contratante público" (REsp 679.525/SC, Rel. Min. Luiz Fux, Primeira Turma, julgado em 12.05.2005, DJ 20.06.2005, p. 157).

Os juros legais também deverão incidir desde o momento em que cada prestação era exigível, no caso, a partir do 1.º dia útil do mês seguinte à realização das parcelas da obra. Mesmo não havendo previsão contratual dos juros moratórios, existe previsão legal nesse sentido (os mesmos arts. 389 e 404 acima citados) e a jurisprudência do STJ é pacífica quanto à sua incidência. Confira:

"A jurisprudência da c. Primeira Seção desta eg. Corte de Justiça é firme no sentido de que o termo inicial para a contagem dos juros moratórios, em se tratando de relação contratual, é o do vencimento de cada obrigação. Precedentes: REsp 465.836/RJ, Rel. Min. Denise Arruda, DJ de 19/10/2006; EDcl no REsp 535.858/RJ, Rel. Min. Eliana Calmon, DJ de 15/03/2004; REsp 402.423/RO, Rel. Min. Castro Meira, DJ de 20/02/2006; REsp 419.266/SP, Rel. Min. Humberto Gomes de Barros, DJ de 08/09/2003. Em relação ao percentual de incidência, também se firmou no sentido de que os respectivos juros relativos à mora ocorrida em período anterior ao novo Código Civil são devidos nos termos do mesmo Codex de 1916, e os relativos ao período posterior regem-se por normas supervenientes. Precedentes: REsp 803.567/PE, Rel. Min. Teori Albino Zavascki, DJ de 30.11.06; AgRg no REsp 848.431/SP, Rel. Min. José Delgado, DJ de 20.11.06. III – Agravo improvido" (AgRg no REsp 917.419/MG, Rel. Min. Francisco Falcão, Primeira Turma, julgado em 15.05.2007, DJ 11.06.2007, p. 295).

Quanto ao montante de correção monetária e de juros deve-se aplicar o disposto no art. 1º-F da Lei 9.494/1997, que estabelece o índice de remuneração básica e de juros da poupança, como aplicável para fins de correção monetária, remuneração de capital e compensação pela mora.

III – DO PEDIDO

Ante o exposto, é o presente para requerer a Vossa Excelência o quanto segue:

1. A citação da ré, no endereço declinado no pórtico desta inicial, para, querendo, contestar a presente ação no prazo legal, sob as penas da lei processual civil.

2. A procedência da ação para condenar a ré no pagamento das quatro últimas parcelas de medição do contrato administrativo n.º ______, devendo incidir sobre as parcelas, a partir do 1.º dia útil do mês seguinte à realização dos respectivos serviços o índice de que trata o art. 1º-F da Lei 9.494/1997, aplicando-se o disposto no art. 100, § 12, da Constituição Federal, tudo sem prejuízo da condenação da ré no pagamento das custas e despesas processuais e de honorários advocatícios no montante de 20% do valor total da condenação.

3. O protesto pela produção de prova documental e pericial, e de todos os meios probatórios em direito admitidos, ainda que não especificados no CPC, desde que moralmente legítimos (CPC, art. 332).

Dá-se à causa o valor de R$ ________ (valor por extenso). *(Valor das faturas feitas.)*

Termos em que pede deferimento.

Local ..., data...

Advogado ...

OAB ....

13. AÇÃO DE RESPONSABILIDADE EXTRACONTRATUAL

13.1. ESTRUTURA BÁSICA

COMPETÊNCIA	A competência é do lugar do ato ou fato que causar o dano à vítima (art. 100, V, a, do CPC). Quando o réu for a União, entidade autárquica ou empresa pública federal, compete à Justiça Federal processar e julgar a causa (art. 109, I, da CF). Quanto à Justiça Federal, há mais duas regras que incidem quanto à competência (art. 109 da CF): "§ 1.º As causas em que a União for autora serão aforadas na seção judiciária onde tiver domicílio a outra parte. § 2.º As causas intentadas contra a União poderão ser aforadas na seção judiciária em que for domiciliado o autor, naquela onde houver ocorrido o ato ou fato que deu origem à demanda ou onde esteja situada a coisa, ou, ainda, no Distrito Federal". Repare que o autor, no que concerne à responsabilidade civil, tem duas opções: a) seu domicílio; b) lugar onde houver ocorrido o ato ou fato que deu origem à demanda.
TRATAMENTO DAS PARTES	Autor e réu.

PEDIDO	A procedência da ação para condenar o réu ao pagamento da quantia de ______, referentes aos danos materiais, e de ________, referente aos danos morais. Quanto ao dano material, há de se diferenciar os danos emergentes dos lucros cessantes. Os primeiros dizem respeito a danos que decorrem diretamente da ação lesiva (por exemplo, conserto do carro, despesas com medicamentos etc.), ou seja, dizem respeito ao que já se perdeu. Já os segundos dizem respeito ao que razoavelmente deixou-se de lucrar. São exemplos de lucros cessantes os dias em que a pessoa deixou de trabalhar, as quantias que o falecido deixou de levar para casa para cuidar de sua família (pedido de pensão). Já quanto aos danos morais, é importante fazer pedido de valor certo (por exemplo: pedido de R$ 150.000,00; o STJ não admite a fixação de danos morais em salários mínimos – REsp 419.059/SP, rel. Min. Eliana Calmon, DJ de 29/11/2004).
VALOR DA CAUSA	Deve ser o valor total do pedido indenizatório.
PROVAS	Deve-se protestar pela produção de prova documental e pericial, e de todos os meios probatórios em direito admitidos, ainda que não especificados no CPC, desde que moralmente legítimos (CPC, art. 332).
CITAÇÃO	O autor deve requerer a citação do réu.

13.2. MODELO – PETIÇÃO INICIAL DE AÇÃO INDENIZATÓRIA – RESPONSABILIDADE CIVIL EXTRACONTRATUAL

EXCELENTÍSSIMO SENHOR DOUTOR JUIZ DE DIREITO DA ... VARA DA FAZENDA PÚBLICA DA COMARCA DE ... - ....

Pular 10 linhas

AUTORA 1 (esposa do falecido), qualificação, domicílio, AUTOR 2 (primeiro filho do falecido), qualificação, domicílio, AUTOR 2 (segundo filho do falecido), qualificação, domicílio,(SEGUNDO EXEMPLO ADOTADO PARA O MODELO) os dois últimos autores representados pela primeira autora, vem mui respeitosamente à presença de Vossa Excelência, por meio de seu advogado e bastante procurador que esta subscreve (doc. 01 – mandato), com fundamento nos art. 37, § 6.º, da Constituição Federal, e no art. 948 do Código Civil, propor a presente

AÇÃO INDENIZATÓRIA

em face da FAZENDA ESTADUAL DE ________, Pessoa Jurídica de Direito Público, com sede na __________ em virtude dos fatos elencados a seguir:

I – DOS FATOS

a) Tentar repetir, ao máximo, os fatos descritos na questão.

b) Relatar os acontecimentos em ordem cronológica, especificando cada ponto.

c) Tentar deixar o mais claro possível.

d) Mostrar de forma evidente o ato/fato causador do dano.

(Segundo exemplo adotado para o modelo)

No dia ________, __________, marido da primeira autora e pai dos demais autores (doc. 2 – certidões de casamento e de nascimento), quando trafegava pela rua ____________, nesta Comarca, foi atingido por projétil disparado por arma de fogo de policial militar do Estado ré, que disparava diversos tiros na perseguição de bandidos que haviam roubado banco nas proximidades (doc.3 – cópia do inquérito policial).

O tiro atingiu a cabeça de ___________, que faleceu a caminho do hospital (DOC. 4 – certidão de óbito).

__________ ganhava aproximadamente R$ 1.200,00 mensais, conforme demonstra documentação juntada ao presente (doc. 5 – recibos de pagamento).

Os autores dependiam totalmente do trabalho do falecido para sobreviver. Sua esposa era dona de casa e seus filhos têm sete e cinco anos.

Além da perda da receita, a esposa do falecido teve de arcar com as despesas do funeral do *de cujus*, no montante de R$ 1.500,00 (doc. 6 – notas fiscais).

Os autores buscaram indenização junto à Fazenda Pública. Em que pesem as tentativas, não lograram êxito nesse intento, o que os levaram a propor a presente ação indenizatória.

II – DO DIREITO

1. Da responsabilidade objetiva do Estado

A Constituição Federal, em seu art. 37, § 6.º, consagra a responsabilidade objetiva do estado por danos causados a terceiros. Confira:

"§ 6.º As pessoas jurídicas de direito público e as de direito privado prestadoras de serviço público responderão pelos danos que seus agentes, nessa qualidade, causarem a terceiros, assegurado o direito de regresso contra o responsável, nos casos de dolo ou culpa."

Os fatos narrados na petição inicial enquadram-se perfeitamente na hipótese de incidência prevista no dispositivo constitucional citado, pelos seguintes motivos: a) o policial militar atuava nessa qualidade, além de usar arma da corporação; b) o policial militar é agente de pessoa jurídica de direito público (responsabilidade do Estado); c) a conduta estatal – disparo de arma de fogo – é comissiva e, portanto, enseja a responsabilidade objetiva do Estado; d) o marido e pai dos autores faleceu em virtude do tiro feito pelo policial militar; e) os autores tiveram danos materiais e morais.

Por outro lado, não ocorre no caso presente qualquer das causas excludentes da responsabilidade estatal.

A jurisprudência vem reconhecendo a responsabilidade objetiva do Estado em casos como o presente, infelizmente muito comuns nos dias de hoje. Confira:

"Processual civil e administrativo. Falecimento de menor atingido por disparo de arma de policial militar. Responsabilidade civil do Estado" (STJ, REsp 727.439/BA, rel. Min. Eliana Calmon, DJ de 14/11/2005).

Demonstrada a responsabilidade objetiva do Estado no caso presente, de rigor, agora, tratar das verbas indenizatórias devidas aos autores.

2. Das verbas indenizatórias devidas

O art. 948 do Código Civil tem o seguinte teor:

"Art. 948. No caso de homicídio, a indenização consiste, sem excluir outras reparações:

I – no pagamento das despesas com o tratamento da vítima, seu funeral e o luto da família;

II – na prestação de alimentos às pessoas a quem o morto os devia, levando-se em conta a duração provável da vida da vítima."

Por outro lado, a Constituição Federal, em seu art. 5.º, V e X, e o Código Civil, respectivamente, em seus arts. 186 (ato ilícito) e 944 ("a indenização mede-se pela extensão do dano") impõem que os danos morais também devem ser indenizados.

Considerando que houve despesas comprovadas de funeral, que os autores dependiam economicamente do falecido e que o dano moral é consequência natural e imediata do falecimento do marido e dos filhos dos autores, independendo de comprovação, segundo a jurisprudência, os autores fazem jus às seguintes verbas indenizatórias:

a) danos materiais, consistentes no ressarcimento das despesas de funeral e na fixação de pensão aos autores;

b) danos morais, devidos a cada um dos autores.

2.1. Da pensão

Nos termos da jurisprudência do STJ, a pensão devida aos filhos deve se estender até a idade de 24 anos, quando presumidamente estes encerrarão sua formação escolar, podendo ingressar no mercado de trabalho em melhores condições para prover sua subsistência. Confira:

"A pensão pela morte do pai será devida até o limite de vinte e quatro anos de idade, quando, presumivelmente, os beneficiários da pensão terão concluído sua formação, inclusive curso universitário, não mais subsistindo vínculo de dependência" (STJ, Resp. 142.526/RS, rel. Min. Cesar Asfor Rocha, DJ 17/09/01).

Já a pensão devida à esposa, deve ser paga até que esta perfaça 70 anos, tendo em vista o aumento da expectativa de vida do brasileiro que hoje é, em média, de 71,9 anos. Confira:

"Possibilidade de determinar como termo final do pagamento da pensão, a data em que a vítima completaria 70 (setenta) anos de idade, em função do caso concreto. Precedentes: REsp 164.824/RS e REsp 705.859/SP" (REsp 895.225/RN, Rel. Min. Francisco Falcão, Primeira Turma, julgado em 13.03.2007, DJ 09.04.2007, p. 242).

Já quanto ao *quantum* devido, as decisões do STJ vêm fixando a pensão em 2/3 da remuneração que recebia o *de cujus*. Confira:

"Responsabilidade civil do Estado. Acidente de trânsito com vítima fatal. Adequada a fixação do valor da pensão em 2/3 (dois terços) dos rendimentos da vítima, deduzindo que o restante seria gasto com seu sustento próprio" (STJ, REsp 603.984/MT, rel. Min. Francisco Falcão, DJ de 16/11/2004).

O mesmo Tribunal também vem entendendo ser cabível o direito de acrescer aos demais autores, na medida em que os filhos do falecido forem completando a idade que não mais permite o recebimento da pensão (STJ, REsp 625.161/RJ, rel. Min. Aldir Passarinho Junior, DJ 17/12/2007).

Por fim, é importante ressaltar que tanto a correção monetária como os juros moratórios das parcelas devidas a título de indenização por danos materiais devem incidir desde a data do evento danoso (STJ, REsp 705.859/SP, rel. Min. Jorge Scartezzini, DJ de 21/03/2005).

Como o art. 406 do Código Civil determina a aplicação da taxa Selic e esta abarca juros e correção monetária, estes incidirão com a simples aplicação da taxa referencial (STJ, REsp 897.043/RN, rel. Min. Eliana Calmon, 2ª T., j. 03-05-2007, DJU 11-05-2007, p. 392).

2.2. Dos danos morais

O STJ vem entendendo que não se pode fixar o valor do dano moral tomando como critério o salário mínimo. Deve-se fixar esta verba em valor certo, valor esse que, em caso de homicídio, vem sendo fixado na quantia de R$ 190 mil. Confira o seguinte caso:

"CIVIL E PROCESSUAL. AÇÃO DE INDENIZAÇÃO. ACIDENTE DE TRÂNSITO COM VÍTIMA FATAL, ESPOSO E PAI DOS AUTORES. DANO MORAL. FIXAÇÃO. MAJORAÇÃO. Dano moral aumentado, para amoldar-se aos parâmetros usualmente adotados pela Turma. R$ 190 mil para esposa e filhas" (STJ, REsp 625.161/RJ, rel. Min. Aldir Passarinho Júnior, DJ 17/12/07).

Em matéria de dano moral, a correção monetária é devida desde a data da fixação de seu valor, ou seja, desde a data da decisão judicial que fixar a indenização por dano moral. Já os juros moratórios são calculados tendo-se em conta a data do evento danoso (Súmula 54 do STJ: "os juros moratórios fluem a partir do evento danoso, em caso de responsabilidade extracontratual").

2.3. Dos honorários advocatícios

Segundo o STJ, os honorários devem incidir da seguinte forma: "para efeito de cálculo da verba honorária, a condenação é constituída pelo somatório de todas as prestações vencidas, além das demais verbas já definidas (dano moral, pensão, juros etc.), e doze das vincendas, inaplicável o disposto no § 5.º do art. 20 do CPC" (STJ, REsp 625.161/RJ, rel. Min. Aldir Passarinho Júnior, DJ 17/12/2007).

III – DO PEDIDO

Ante o exposto, é o presente para requerer a Vossa Excelência o quanto segue:

1. A citação da ré, no endereço declinado no pórtico desta inicial, para, querendo, contestar a presente ação no prazo legal, sob as penas da lei processual civil.

2. A procedência da ação para condenar a ré no pagamento: a) da quantia de R$ _____, relativa às despesas com funeral; b) de pensão mensal de R$ 800,00, devida aos autores desde o evento danoso, sendo que os filhos receberão até completarem 25 anos e a esposa, até completar 70 anos, com direito de extensão para a segunda, na medida em que os filhos não forem mais recebendo a pensão; c) de indenização por dano moral no valor de R$ 190 mil, para os três autores; d) de correção monetária e juros legais, que, quanto aos danos materiais (itens "a" e "b"), incidirão a partir do evento danoso, e quanto aos danos morais, incidirão a partir da data de sua fixação (a correção monetária) e a partir do evento danoso (quanto aos juros legais); e) honorários advocatícios de 20%, incidentes sobre o somatório de todas as prestações vencidas, além das demais verbas já definidas (dano moral, pensão, juros etc.) e doze das vincendas.

3. O protesto pela produção de prova documental e pericial, e de todos os meios probatórios em direito admitidos, ainda que não especificados no CPC, desde que moralmente legítimos (CPC, art. 332).

(Se o quantum dos danos não estiverem determinados, deve-se requer sua apuração em liquidação de sentença.)

(A depender da condição econômica dos autores, deve-se pedir os benefícios da justiça gratuita.)

Dá-se à causa o valor de R$ ________ (valor por extenso).

Termos em que pede deferimento.

Local ..., data...

Advogado ...

OAB ....

14. MANDADO DE SEGURANÇA

14.1. MANDADO DE SEGURANÇA – INDIVIDUAL

14.1.1. ESTRUTURA BÁSICA

COMPETÊNCIA	De acordo com a sede da autoridade coatora e a sua categoria funcional.
PARTES	Impetrante: pessoa física ou jurídica. Impetrado: autoridade pública.
HIPÓTESES DE CABIMENTO	Para proteção de direito individual, líquido e certo, não amparado por *habeas data* ou *habeas corpus*, lesado ou ameaçado de lesão, por ato de autoridade pública ou agente de pessoa jurídica no exercício de atribuições do Poder Público.
PRAZO	120 dias a contar do conhecimento oficial do ato.
FUNDAMENTO LEGAL	– Constituição Federal: art. 5.º, LXIX. – Lei 12.016/09.
FUNDAMENTAÇÃO JURÍDICA	Ilegalidade do ato da autoridade coatora violando direito líquido e certo do impetrante.
PEDIDO	a) concessão da liminar, se for o caso; b) notificação da autoridade coatora para prestar informações; c) o pedido de notificação de litisconsortes passivos, conforme o caso; d) intimação da pessoa jurídica à qual está vinculada a autoridade coatora, para contestar; e) oitiva do representante do Ministério Público; f) concessão da segurança.
PROVAS	É vedada em sede de mandado de segurança a produção de prova. Dessa forma, só cabe a ação se houver prova pré-constituída.
HONORÁRIOS	Súmula 512 do STF: "Não cabe condenação em honorários de advogado na ação de mandado de segurança".
CUSTAS	De acordo com a lei local.
VALOR DA CAUSA	Para fins de alçada.

14.1.2. MODELO – PETIÇÃO INICIAL DE MANDADO SEGURANÇA INDIVIDUAL

EXCELENTÍSSIMO SENHOR DOUTOR JUIZ FEDERAL DA ___ VARA CÍVEL DE VITÓRIA - SEÇÃO JUDICIÁRIA DO ESPÍRITO SANTO - ES.

[Deixe espaço de aproximadamente 10 cm para eventual despacho ou decisão do juiz.]

Ricardo .., estado civil, profissão, residente e domiciliado em ..., portador do RG ... e do CPF ...., por seu advogado que firma a presente (procuração anexada – doc.1), com escritório para recebimento de intimações na ... (CPC, art. 39, I) vem à presença de Vossa Excelência, respeitosamente, impetrar contra o Senhor Diretor de Gestão de Pessoal, do Departamento de Polícia Federal, o presente

MANDADO DE SEGURANÇA COM PEDIDO DE LIMINAR

nos termos do artigo 5º, inciso LXIX, da Constituição Federal e da Lei 12.016/2009, pelas razões a seguir aduzidas:

I - DOS FATOS

O impetrante fez inscrição no concurso público para provimento de cargos de delegado de polícia federal, atendendo ao edital publicado em 30/04/04 (doc. 2).

Ocorre que, consultando o edital quanto à regulação da prova de títulos, o impetrante verificou que eram atribuídos dois pontos para cada ano de trabalho em atividade policial exercida no Departamento de Polícia Federal e apenas um ponto para cada ano de trabalho em atividade policial exercida em outros órgãos públicos (doc. 3).

O impetrante, policial militar do Espírito Santo com vários anos de experiência (doc. 4), considerando inconstitucional esse tratamento desigual, resolveu insurgir-se contra a previsão do edital, ingressando com pedido administrativo de modificação da regra editalícia mencionada.

O pedido administrativo foi indeferido em 30/06/04, por decisão do diretor de gestão de pessoal do Departamento de Polícia Federal, agente público competente para elaborar e modificar editais de concurso público (doc. 5).

Dessa forma, não resta outra alternativa ao impetrante que não a de ingressar com o presente mandado de segurança.

II - DO DIREITO

1. Do cabimento do mandado de segurança

1.1. Existência de ato de autoridade

O edital ora impugnado é ato de autoridade pública, no caso ato emanado pelo diretor de gestão de pessoal do Departamento de Polícia Federal.

Dessa forma, o mandado de segurança é cabível quanto a esse aspecto (art. 5º, LXIX, da CF e art. 1º da Lei 12.016/09).

1.2. Existência de prova pré-constituída

Os fatos que dão suporte ao direito alegado pelo impetrante estão comprovados de plano, por meio da prova documental ora juntada, consistentes nos seguintes documentos: a) comprovante de inscrição no concurso público; b) edital do concurso público impugnado; c) requerimento administrativo de modificação do edital, acompanhado da respectiva decisão.

Assim, também está comprido o requisito de prova pré-constituída, essencial para o cabimento do mandado de segurança.

1.3. Respeito ao prazo decadencial de 120 dias

O prazo decadencial para ingressar com o presente *mandamus* também é requisito que está cumprido. Isso porque, segundo o Superior Tribunal de Justiça, esse prazo é contado da publicação do edital do concurso público. E o edital impugnado foi publicado no dia 30/04/04, ou seja, data que, contada até a data dessa impetração, não supera os 120 dias previstos na lei.

Assim sendo, o requisito temporal também está ordem.

1.4. Inexistência de outros impedimentos legais ou jurisprudenciais para a propositura do mandado de segurança

Por fim, não se configura no presente quaisquer outros impedimentos legais (arts. 1º e 5º da Lei 12.016/09) e jurisprudenciais ao manejo do presente remedido constitucional.

2. Da legitimidade ativa e passiva

A legitimidade ativa está em ordem, pois o impetrante defende, em nome próprio, direito próprio decorrente da violação ao princípio da isonomia no edital de concurso no qual está inscrito.

A autoridade coatora também está corretamente indicada, uma vez que o diretor de gestão de pessoal do Departamento de Polícia Federal, agente público competente para elaborar e modificar editais de concurso público, enquadra-se no requisito legal, no sentido de que é "autoridade coatora aquela que tenha praticado o ato impugnado ou da qual emane a ordem para a sua prática" (art. 6º, § 3º, da Lei 12.016/09).

3. Do direito líquido e certo violado

O impetrante tem direito de ver respeitado os princípios da isonomia (art. 5º da CF) e da razoabilidade (art. 2º, *caput*, da Lei 9.784/1999), violados no presente caso.

Com efeito, o edital não poderia dar tratamento diferenciado, para efeito de atribuição de títulos, ao exercício de cargo de policial estadual ou federal.

Isso porque as experiências em atividades policiais, sejam elas estaduais ou federais, têm a mesma relevância, uma vez que tanto a polícia federal como a polícia estadual estão voltadas à defesa da segurança pública, ao combate ao crime, à preservação da ordem pública e da incolumidade das pessoas e do patrimônio, conforme o disposto no art. 144 da Constituição Federal aplicável às duas carreiras referidas.

A discriminação é também atentatória do princípio da razoabilidade, uma vez que não faz sentido considerar a atividade de policial federal 100% mais importante, para fins de títulos, que a atividade de policial militar, também pelas razões já explicitadas. O fato de a primeira atividade ter pontuação dobrada em relação à segunda revela a desproporção na forma de atuar da autoridade coatora, desproporção essa que deverá ser desfeita, de modo a proteger direito líquido e certo do impetrante. No caso, a única forma de prestigiar os princípios citados é atribuir ao impetrante a mesma pontuação atribuída pelo edital aos candidatos que tiverem trabalho na polícia federal, ou seja, é atribuir ao impetrante dois pontos por ano de trabalho na polícia militar do Espírito Santo.

E tal medida reclama a modificação no edital, em face da indivisibilidade da cláusula impugnada.

III – DA LIMINAR

Excelência, a prova do concurso impugnado deverá ocorrer entre 30 e 60 dias contados da data presente e o resultado final do certame deve sair entre 5 e 6 meses, também contados da data presente.

Tal situação revela que a melhor medida a ser tomada é determinar que a autoridade competente modifique a cláusula editalícia impugnada desde já, a fim de que conste no novo edital a atribuição da mesma pontuação, quanto aos títulos, pelo exercício de atividades policiais federais ou estaduais.

Tal medida, que implicará a reabertura de prazo para a inscrição no exame, impedirá que, no futuro, qualquer interessado que tenha desistido do certame por não concordar com os critérios dos títulos, possa pedir a anulação do concurso.

Caso não seja deferida a liminar pleiteada, haverá grande prejuízo não só ao impetrante, como a todos os candidatos, tendo em vista que a concessão dessa medida ao final poderá implicar a anulação de todo o certame, por influir em regra do edital que pode ter afastado interessados de participar da disputa pública.

Ademais, a discriminação efetuada importa nítido desrespeito a direito líquido e certo do impetrante, nos termos do art. 5º da Constituição Federal, não podendo ser recusada a determinação para modificação imediata do edital, sob pena de dano irreversível.

O *periculum in mora* inverso não existe, pois o fato de se modificar o edital, possibilitando a participação de novos candidatos no exame, com a ciência de todos de que a questão está *sub judice*, não impede que, no futuro, se for o caso, atribua-se mais ou menos pontos a policiais estaduais que participarem do exame.

Sendo assim, o impetrante requer que seja deferida a medida liminar antes mesmo da notificação da autoridade coatora, nos termos do art. 7º, III, da Lei 12.016/2009, para que seja determinado à autoridade coatora que modifique imediatamente o edital do concurso em tela para o fim de atribuir aos policiais estaduais a mesma pontuação atribuída aos policiais federais no que se refere aos títulos pelo exercício de tempo de serviços nessas atividades, tendo em vista a relevância do fundamento (aparência do bom direito – *fumus boni iuri*) e o perigo na demora da decisão (*periculum in mora*).

IV – DO PEDIDO

Por todo o exposto, o impetrante requer que seja:

a) deferida a medida liminar para que seja determinado à autoridade coatora que modifique imediatamente o edital do concurso em tela, atribuindo-se aos policiais estaduais a mesma pontuação atribuída aos policiais federais no que se refere aos títulos pelo exercício de tempo de serviços nessas atividades (art. 7º, III, da Lei 12.016/2009);

b) determinada a notificação da autoridade coatora, enviando-lhe todas as cópias dos documentos que instruem a inicial, para que preste todas as informações necessárias no prazo de 10 dias (art. 7º, I, da Lei 12.016/2009);

c) dada ciência ao órgão de representação judicial da União Federal, enviando-lhe cópia da inicial para que, querendo, ingresse no feito (art. 7º, II, da Lei 12.016/2009);

d) ouvido o membro do Ministério Público para que opine no prazo de 10 dias (art. 12 da Lei 12.016/2009);

e) ao final, confirmada a liminar deferida, concedendo-se definitivamente a segurança pleiteada para que seja reconhecido ao impetrante, quanto aos títulos para o concurso, o direito de receber a mesma pontuação atribuída aos policiais federais pelo exercício da atividade policial.

[Obs.: toda a prova deve ser juntada à inicial, pois o direito é líquido e certo e não se admite dilação probatória. Não há condenação em honorários advocatícios em mandado de segurança: Súmulas 512/STF 105/STJ]

Dá-se à causa o valor de R$ 1.000,00.

Termos em que pede deferimento.

Local ..., data...

Advogado ...

OAB ....

14.2. MANDADO DE SEGURANÇA – COLETIVO

14.2.1. ESTRUTURA BÁSICA

COMPETÊNCIA	De acordo com a sede da autoridade coatora e sua categoria funcional.
PARTES	Impetrante: partido político com representação no Congresso Nacional, organismo sindical, entidade de classe e associação legalmente constituída e em funcionamento há pelo menos um ano, em defesa dos interesses de seus membros ou associados. Impetrado: autoridade pública. Se os associados estiverem sob a área de atuação de autoridades diferentes, a impetrada será a que estiver sobre todos, ainda que não tenha praticado o ato.
HIPÓTESES DE CABIMENTO	O mandado de segurança coletivo pode ser impetrado por partido político com representação no Congresso Nacional, na defesa de seus interesses legítimos relativos a seus integrantes ou à finalidade partidária, ou por organização sindical, entidade de classe ou associação legalmente constituída e em funcionamento há, pelo menos, 1 (um) ano, em defesa de direitos líquidos e certos da totalidade, ou de parte, dos seus membros ou associados, na forma dos seus estatutos e desde que pertinentes às suas finalidades, dispensada, para tanto, autorização especial. Os direitos protegidos pelo mandado de segurança coletivo podem ser: I - coletivos, assim entendidos, para efeito desta Lei, os transindividuais, de natureza indivisível, de que seja titular grupo ou categoria de pessoas ligadas entre si ou com a parte contrária por uma relação jurídica básica; II - individuais homogêneos, assim entendidos, para efeito desta Lei, os decorrentes de origem comum e da atividade ou situação específica da totalidade ou de parte dos associados ou membros do impetrante.
PRAZO	120 dias a contar do conhecimento oficial do ato.
FUNDAMENTO LEGAL	– Constituição Federal: art. 5.º, LXIX. – Lei 12.016/09
FUNDAMENTAÇÃO JURÍDICA	Ilegalidade do ato da autoridade coatora violando direito líquido e certo do impetrante.
PEDIDO	a) concessão da liminar, se for o caso (verificar o 22, § 2º, da Lei 12.016/09); b) notificação da autoridade coatora para prestar informações; c) intimação da pessoa jurídica à qual está vinculada a autoridade coatora, para contestar (art. 7º, II, da Lei 12.016/09); d) oitiva do representante do Ministério Público; e) concessão da segurança.
PROVAS	É vedado em sede de mandado de segurança a produção de prova. Dessa forma, só cabe a ação se houver prova pré-constituída.
HONORÁRIOS	Súmula 512 do STF: "Não cabe condenação em honorários de advogado na ação de mandado de segurança".
CUSTAS	De acordo com a lei local.
VALOR DA CAUSA	Para fins de alçada.

14.2.2. MODELO – PETIÇÃO INICIAL DE MANDADO DE SEGURANÇA COLETIVO

EXCELENTÍSSIMO SENHOR DOUTOR JUIZ DE DIREITO DA ... VARA -- ... DA COMARCA DE ... – ....

________________ *(Qualificação do impetrante – nome, endereço, CNPJ)*, vem respeitosamente à presença de Vossa Excelência, por meio de seu advogado e bastante procurador infra-assinado (doc. 01), com fundamento no art. 5.º, LXIX, da Constituição Federal e nos arts. 21 e 22 da Lei 12.016/09 impetrar o presente

MANDADO DE SEGURANÇA COLETIVO

contra ato praticado pelo Sr. .... (indicar o cargo da autoridade coatora), qualificação ...., segundo as razões de fato e de direito a seguir expostas.

I – DOS FATOS

II – DO DIREITO

1. Do cabimento do mandado de segurança coletivo

1.1. Existência de ato de autoridade

O edital ora impugnado é ato de autoridade pública, no caso ato emanado pelo diretor de gestão de pessoal do Departamento de Polícia Federal.

Dessa forma, o mandado de segurança é cabível quanto a esse aspecto (art. 5º, LXIX, da CF e art. 1º da Lei 12.016/09).

1.2. Existência de prova pré-constituída.

Os fatos que dão suporte ao direito alegado pelo impetrante estão comprovados de plano, por meio da prova documental ora juntada, consistentes em ...

Assim, também está cumprido o requisito de prova pré-constituída, essencial para o cabimento do presente mandado de segurança.

1.3. Respeito ao prazo decadencial de 120 dias

O prazo decadencial para ingressar com o presente *mandamus* também é requisito que está cumprido. Isso porque não houve superação do prazo de 120 dias previstos na lei entre a data da publicação do ato impugnado e a presente data.

Assim sendo, o requisito temporal também está ordem.

1.4. Inexistência de outros impedimentos legais ou jurisprudenciais para a propositura do mandado de segurança

Por fim, não se configura no presente quaisquer outros impedimentos legais (arts. 1º e 5º da Lei 12.016/09) e jurisprudenciais ao manejo do presente remedido constitucional.

2. Da legitimidade ativa e passiva

(...)

3. Do direito líquido e certo da impetrante

(Explicar os fundamentos jurídicos da ação.)

III – DA LIMINAR

(Tratar do *periculum in mora* e *fumus boni iuris.)*

IV – DO PEDIDO

Ante todos os fatos e o direito acima expostos, requer a Vossa Excelência:

a) após a oitiva, no prazo de 72 horas, da pessoa jurídica a qual se encontra vinculada à autoridade impetrada (art. 22, § 2º, da Lei 12.016/08), a concessão da liminar para determinar a suspensão do ato lesivo ...

b) determinada a notificação da autoridade coatora, enviando-lhe todas as cópias dos documentos que instruem a inicial para que preste todas as informações necessárias no prazo de 10 dias (art. 7º, I, da Lei 12.016/2009);

c) dada ciência ao órgão de representação judicial da União Federal, enviando-lhe cópia da inicial para que, querendo, ingresse no feito (art. 7º, II, da Lei 12.016/2009);

d) ouvido o membro do Ministério Público para que opine no prazo de 10 dias (art. 12 da Lei 12.016/2009);

e) ao final, confirmada a liminar deferida, concedendo-se definitivamente a segurança pleiteada para que seja reconhecido ao impetrante o direito de...

[Obs.: toda a prova deve ser juntada à inicial, pois o direito é líquido e certo e não se admite dilação probatória. Não há condenação em honorários advocatícios em mandado de segurança: Súmulas 512/STF 105/STJ.]

Dá-se à causa o valor de R$ 1.000,00.

Termos em que pede deferimento.

Local ..., data...

Advogado ...

OAB ...

15. AÇÃO POPULAR

15.1. ESTRUTURA BÁSICA

COMPETÊNCIA	Mesmo quando houver réu que tem, na esfera criminal, foro por prerrogativa de função, o Juízo de 1.º grau é competente para conhecer da ação popular (art. 5.º da Lei 4.717/65).

PARTES	Autor: cidadão (art. 1.º da Lei 4.717/65). Réu (art. 6.º da Lei 4.717/65): I) as pessoas cujo patrimônio se pretende proteger; II) aqueles que causaram a lesão; III) beneficiários diretos.
HIPÓTESES DE CABIMENTO	– lesão ao patrimônio público, à moralidade administrativa, ao meio ambiente ou ao patrimônio histórico e cultural - Arts. 2.º, 3.º e 4.º da Lei 4.717/65.
PRAZO	Prescreve em 5 anos (art. 21 da Lei 4.717/65).
FUNDAMENTO LEGAL	– Art 5.º, LXXIII, da CF/1988. – Lei 4.717/65.
FUNDAMENTAÇÃO JURÍDICA	– o ato viciado deve estar elencado nos arts. 2.º, 3.º ou 4.º da Lei 4.717/65. – demonstrar a ilegalidade e a lesividade.
PEDIDO	a) citação dos réus para apresentar defesa sob pena de revelia; b) intimação do membro do Ministério Público; c) concessão de liminar; d) procedência do pedido, decretando-se a nulidade dos atos impugnados; e) sucumbência.
PROVAS	Todo tipo de prova admitida em direito.
CUSTAS	O autor é isento de custas judiciais e do ônus da sucumbência, salvo comprovada má-fé.
VALOR DA CAUSA	Fins de alçada.

15.2. MODELO – PETIÇÃO INICIAL DE AÇÃO POPULAR

EXCELENTÍSSIMO SENHOR DOUTOR JUIZ DE DIREITO DA ... VARA DA FAZENDA PÚBLICA DA COMARCA DE ... - ... .

[Deixe espaço de aproximadamente 10 cm para eventual despacho ou decisão do juiz.]

João Paulo, brasileiro, maior de idade, professor de universidade pública, estado civil, profissão, residente e domiciliado em ..., portador do RG ... e do CPF ..., portador do Título Eleitoral nº ..., cidadão em pleno gozo de seus direitos (doc. 01) vem, mui respeitosa e tempestivamente, à presença de Vossa Excelência, por meio de seu advogado e bastante procurador infra-assinado (doc. 02) com endereço na ..., com fundamento no artigo 5º, LXXIII da Constituição Federal e Lei 4.717 de 29 de junho de 1965 aforar a presente

AÇÃO POPULAR

em face do Estado ..., pessoa jurídica de direito público, com sede ..., na pessoa de seu representante legal .... e de ...., Secretário Estadual dos Transportes, qualificação..., e Empresa de Transportes Coletivos ..., qualificação ..., nos termos do art. 6º, da Lei 4.717/65, com sede de suas atividades na ..., pelas razões de fato e de direito a seguir aduzidas:

1. DOS FATOS

Conforme noticiado no Jornal ..., periódico de grande circulação no ... , o Estado ..., ora réu, por meio do Secretario Estadual de Transportes, ora também réu, resolveu, no dia 04/03/2007, renovar por mais 20 anos contrato de permissão de serviço público de transporte coletivo intermunicipal em face de todos os municípios do estado, em favor da Empresa de Transportes Coletivos ..., também ré na presente ação.

Ocorre que tanto o primeiro contrato, celebrado em 05/03/1987, como o segundo contrato foram celebrados sem a prévia realização de licitação pública. Ademais, a renovação contratual se deu mediante a inclusão de algumas cláusulas contratuais, por vontade do contrato.

Diante dessa situação, e do fato de que o sistema de transporte no estado não é satisfatório, que as tarifas são muito elevadas e que os ônibus são velhos e sempre atrasam o transporte, o autor requereu pessoalmente, do órgão responsável, o acesso aos documentos necessários para a propositura da presente ação.

Todavia, esse pedido foi negado.

Os fatos noticiados acima justificam a propositura da presente ação popular, sendo certo que o autor se valerá da prerrogativa contida no art. 1º, § 7º, da Lei 4.717/65, propondo a ação desacompanhada dos documentos contidos nos processos administrativos que tratam das contratações referidas, uma vez que, como noticiado, tais documentos tiveram seu acesso negado pelo órgão responsável.

2. DO DIREITO

2.1. Da legitimidade ativa

A Constituição Federal estabelece que *"qualquer cidadão é parte legítima para propor ação popular que vise a anular ato lesivo ao patrimônio público ou de entidade de que o Estado participe ..."* (art. 5º, LXXIII).

Assim, o autor, que é cidadão brasileiro, e encontra-se quite com a Justiça Eleitoral (doc. X), está legitimado para a propositura da presente ação, que tem por fim desfazer a lesão ao patrimônio público e à moralidade administrativa.

2.2. Da lesão ao patrimônio público e ao princípio da moralidade

De acordo com o art. 175 da Constituição Federal, a concessão e a permissão de serviço público dependem de licitação para serem outorgadas.

Repetindo a regra constitucional, a Lei 8.987/1995 também exige licitação tanto para a concessão como para a permissão de serviço público (arts. 2º, II e IV, e 14).

Aliás, a Lei 8.987/1995 admite que sejam mantidas concessões outorgadas sem licitação anteriormente à Constituição de 1988, impedindo, todavia, a renovação do contrato, que, uma vez findo, deve dar lugar à prestação do serviço pela própria Administração ou por terceiro, mediante novo contrato (art. 42, § 1º), o qual, nos termos da Lei 8.987/1995, depende de licitação, como se viu.

Nesse ponto, cumpre destacar que o fato de a empresa ré ter feito investimentos e ter experiência no serviço prestado não é argumento que encontre guarida na Lei 8.987/1995 para propiciar a renovação do contrato sem licitação.

Há de se lembrar que a doutrina e a jurisprudência são uníssonas no sentido de que delegações de grande vulto, como é a de transporte coletivo, reclamam outorga de concessão, e não de mera permissão de serviço público, de natureza precária, de modo que não calha qualquer argumento no sentido de que a precariedade da permissão justifica a ausência de licitação.

O fato é que os descumprimentos escancarados da lei e da Constituição no caso presente revelam violação à moralidade administrativa e ao patrimônio público, valores protegidos pela ação popular. O primeiro valor é violado, pois não é crível que um secretário estadual de transportes e uma empresa do porte da ré não conheçam as comezinhas normas do direito das concessões e permissões de serviço público quanto à obrigatoriedade de licitação. E o segundo valor é violado na medida em que a ausência de licitação propicia que não se busque a melhor proposta para a Administração, o que, de acordo com o tipo de concessão a ser realizada, pode gerar menos ou mais recursos em favor do Poder Público.

2.3. Da nulidade do ato de renovação da permissão

O artigo 2º da Lei 4.717/65 estabelece que são nulos os atos lesivos ao patrimônio público do Estado, por vício de competência, forma, ilegalidade de objeto, inexistência de motivos e desvio de finalidade.

No caso em tela, requisitos procedimentais foram descumpridos, configurando ilegalidade não passível de ser sanada, uma vez que a obrigatoriedade de licitação, no caso, é prevista tanto na Constituição como na Lei de Concessão de Serviços Público, conforme dispositivos já mencionados no presente.

Destarte, de rigor a declaração de nulidade do contrato celebrado, com a consequente determinação para que o Estado-réu promova a realização de licitação pública para a concessão do serviço público em questão.

2.4. Da requisição de documentos

Conforme já relatado, o autor requereu pessoalmente a extração de cópia dos processos administrativos nos quais se deram a primeira contratação e sua renovação.

Todavia, o pedido foi negado, o que propiciou a propositura da presente demanda com os benefícios do art. 1º, § 7º, da Lei 4.717/65.

Dessa forma, de rigor que esse D. Juízo se digne de, ao se despachar a petição inicial, requisitar ao Estado--réu cópias dos processos administrativos de que tratam as duas permissões de serviço público outorgadas à empresa-ré, providência a ser cumprida no prazo de 15 dias, tendo em vista a facilidade na obtenção desses documentos (art. 7º, I, "b", da Lei 4.717/65).

Tão logo os documentos esteja juntados aos autos, o autor fará pedido de liminar, nos termos do art. 5º, § 4º, a fim de suspender a renovação da permissão e de determinar a realização imediata de processo licitatório para que outros interessados possam participar do certame com vistas à concessão do serviço público respectivo em condições de igualdade.

3. DO PEDIDO

Por todo o exposto, o autor requer que seja:

a) determinada a citação dos réus para responder aos termos da presente ação, sob pena de serem tidos por verdadeiros os fatos aqui narrados;

b) determinada a intimação do represente do Ministério Público para acompanhar a presente ação;

c) requisitado do Estado-réu, na pessoa do Secretário Estadual dos Transportes, também réu na presente demanda, cópia integral dos processos administrativos que tratam da outorga de permissão de serviço público e de sua renovação;

d) julgada procedente a presente ação para o fim de declarar a nulidade do ato de renovação da permissão de serviço público de transporte coletivo intermunicipal em face de todos os municípios do estado, bem como para condenar o Estado-réu a promover a devida licitação para que outras empresas ou empresários possam participar do certame com vistas à concessão do serviço público respectivo em condições de igualdade.

Requer, outrossim, a condenação dos réus nas custas e honorários advocatícios, em montante a ser arbitrado por Vossa Excelência, na forma do artigo 20 do CPC.

Protesta pela produção de todos os meios de prova em direito admitidos, sem exclusão de nenhuma delas, especialmente oitiva dos depoimentos pessoais dos representantes das entidades rés, bem como depoimentos de testemunhas, cujo rol será oferecido oportunamente.

Requer, também, a isenção de custas para o recebimento e processamento da presente ação, nos moldes do inciso LXXIII, do artigo 5º da Constituição Federal.

Dá à causa, apenas para efeito de alçada, o valor de R$ 10.000,00.

Termos em que pede deferimento.

Local ..., data...

Advogado ...

OAB ....

16. *HABEAS DATA*

16.1. ESTRUTURA BÁSICA

COMPETÊNCIA	a) STF: contra atos do Presidente da República, das Mesas da Câmara dos Deputados e do Senado Federal, do Tribunal de Contas da União, do Procurador-Geral da República e do próprio Supremo Tribunal Federal (art.102, I, *d*, da CF/1988); b) STJ: contra atos de Ministro de Estado, dos Comandantes da Marinha, Exército e Aeronáutica ou do próprio Tribunal (art.105, I, *b*, da CF/1988); c) TRF: contra atos do próprio Tribunal ou de juiz federal (art.108, I, *c*, da CF/1988); d) juízes federais: contra ato de autoridade federal, excetuados os casos de competência dos tribunais federais (art.109, VIII, da CF/1988); e) juízes do trabalho: contra ato questionado que envolva matéria sujeita à sua jurisdição (art. 114, IV, da CF/1988); f) tribunais estaduais: segundo o disposto na Constituição do Estado; g) juiz estadual, nos demais casos.
RECURSO	a) STF: quando a decisão denegatória for proferida em única instância pelos Tribunais Superiores (art. 102, II, *a*, da CF/1988); b) STJ: quando a decisão for proferida por um tribunal estadual ou por um TRF em apelação (art. 105, III, da CF/1988); c) STJ: quando a decisão for proferida em única instância pelos Tribunais Regionais Federais; d) TRF: quando a decisão for proferida por juiz federal; e) Tribunais Estaduais e o do Distrito Federal: conforme dispuserem a respectiva Constituição e a lei que organizar a Justiça do Distrito Federal; f) TSE: quando o *habeas data* for negado pelo Tribunal Regional Eleitoral (art. 121, § 4.º, V, da CF/1988).
PARTES	Impetrante: titular do direito, pessoa física ou jurídica. Impetrado: quem detém a informação que se pretende obter, retificar ou anotar.

HIPÓTESES DE CABIMENTO	a) acesso aos registros; b) retificação dos registros; c) anotação/complementação dos registros.
PRAZO	Não há prazo.
FUNDAMENTO LEGAL	Art. 5.º, LXXII, da CF/1988. Lei 9.507/1997.
FUNDAMENTAÇÃO JURÍDICA	Recusa da apresentação/retificação/complementação de informações por parte da autoridade.
PEDIDO	a) notificação do coator para, querendo, apresentar as informações no prazo de 10 dias; b) determinar a remessa dos autos para o representante do MP para emitir parecer; c) procedência do pedido, marcando dia e hora para que as informações sejam prestadas ao impetrante.
PROVAS	Não admite dilação probatória.
VALOR DA CAUSA	Fins de alçada.

16.2. MODELO – PETIÇÃO INICIAL DE *HABEAS DATA*

EXCELENTÍSSIMO SENHOR PRESIDENTE DO COLENDO SUPERIOR TRIBUNAL DE JUSTIÇA

[Deixe espaço de aproximadamente 10 cm para eventual despacho ou decisão do juiz.]

José, cidadão estrangeiro, estado civil, profissão, residente e domiciliado em ..., portador do RG ... e do CPF ..., por seu advogado que firma a presente (procuração anexada – doc.1), com escritório para recebimento de intimações na ... (CPC, art. 39, I) vem à presença de Vossa Excelência, respeitosamente, impetrar em face do Ministro do Ministério X o presente

HABEAS DATA

nos termos do artigo 5º, inciso LXXII, da Constituição Federal e da Lei nº 9.507/1997, pelas razões a seguir aduzidas.

I - DOS FATOS

O impetrante é cidadão estrangeiro. Porém, durante trinta anos, residiu no Brasil. Em seguida passou os últimos trinta anos de sua vida no exterior, sem visitar o Brasil.

Agora, decidiu retornar a este país e fixar residência no Brasil.

Certo dia, numa conversa com um de seus mais diletos amigos, este lhe informou que ouvira um rumor de que constaria dos assentamentos do Ministério X que José havia se envolvido em atividade terrorista realizada no território brasileiro, trinta e cinco anos atrás.

José decidiu averiguar a informação e apresentou uma petição ao Ministério X, requerendo cópia de todos os documentos de posse do referido ministério em que constasse seu nome.

Dentro do prazo legal, José obteve várias cópias de documentos. A cópia do processo entregue a José apresentava-o inicialmente como suspeito de participar de reuniões do grupo subversivo em questão. Porém, ao conferir a cópia que lhe foi entregue, José percebeu que, além de faltarem folhas no processo, este continha folhas não numeradas.

Suspeitando de que as folhas faltantes no processo pudessem esconder outro documento em que constasse seu nome, José formulou novo pedido ao Ministério X. Desta vez, novamente dentro do prazo legal, José recebeu comunicado de uma decisão que indeferia seu pedido, assinada pelo próprio ministro da Pasta X, em que este afirmava categoricamente que o peticionário já recebera cópias de todos os documentos pertinentes.

Irresignado, José resolveu impetrar o presente *habeas data* a fim de tomar conhecimento dos documentos que lhe foram sonegados.

II - DO DIREITO

1. Da legitimidade ativa e passiva e da competência do órgão julgador

O ato atacado – recusa de informações a respeito do impetrante, decidida pelo Ministro do Ministério X –, faz com que a competência para processar e julgar o presente seja originária do Superior Tribunal de Justiça, conforme determina expressamente o artigo 105, I, "c", da CF.

O impetrante é legitimado ativo para a presente ação, já que pede, em nome próprio, a efetivação de direito constitucional, consistente em receber informações a seu respeito.

Quanto à legitimidade passiva para o habeas data, a Lei 9.507/1997, diferentemente do que ocorre com a Lei 12.016/09 (Lei de Mandado de Segurança), não usa a expressão autoridade coatora, e sim a expressão coator, e não determina a cientificação da pessoa jurídica correspondente, mas sim a notificação do coator.

Nesse sentido, a doutrina entende que é possível que se indique como coator, não só a autoridade que praticou o ato, como também o próprio órgão ou entidade que o praticou.

No caso presente, preferiu-se indicar a própria autoridade que praticou o ato, mas poderia ter sido indicado como coator o "Ministério X" ou mesmo a "União Federal".

2. Do cabimento do habeas data e do cumprimento dos requisitos para a sua concessão

O artigo 5º, LXXII, da Constituição Federal estabelece que é cabível o habeas data quando se tem os seguintes objetivos: a) para assegurar o conhecimento de informações relativas à pessoa do impetrante, constantes de registro ou bancos de dados de entidades governamentais ou de caráter público; b) para a retificação de dados, quando não se prefira fazê-lo por processo sigiloso, judicial ou administrativo.

A garantia do habeas data está regulamentada na Lei 9.507/1997, lei essa que estabelece uma série de requisitos para o cabimento e a concessão da medida, sem prejuízo de outros requisitos de ordem doutrinária e jurisprudencial.

Em resumo, são requisitos para o cabimento do habeas data e a concessão da ordem respectiva, os seguintes: a) necessidade de acesso, retificação ou anotação de informações ou dados constantes de registro ou bancos de dados públicos; b) informações ou dados relativos à pessoa do impetrante; c) prova da recusa da autoridade em dar o acesso ou proceder à retificação ou anotação; d) violação a direito do impetrante, comprovada de plano.

O requisito "a" está cumprido, pois as informações desejadas estão constantes de registro ou banco de dados de entidade governamental, no caso o Ministério X da União.

O requisito "b" está cumprido, pois as informações solicitadas dizem respeito à própria pessoa do impetrante.

O requisito "c" também está cumprido, pois o impetrante fez pedido formal de acesso aos documentos cujas folhas foram retiradas do processo e tal pedido foi expressamente negado pela autoridade coatora.

E o requisito "d" também está cumprido, pois as provas documentais juntadas comprovam de plano os requisitos anteriores. Ademais, não é mero capricho do impetrante o desejo de conhecer as informações a seu respeito, tratando-se de legítimo interesse, já que tais informações lhe causam, no mínimo, graves prejuízos de ordem moral.

Não bastasse, não há necessidade de se manter em sigilo eventuais informações dessa natureza, por não existir procedimento investigativo sigiloso em curso.

No caso em tela, foi negado ao impetrante acesso a documentos que dizem respeito à sua pessoa. Tais documentos, como seu viu, constam de registros de entidade governamental, no caso, de ministério da União.

Assim, estão cumpridos todos os requisitos para a concessão da ordem de habeas data.

III - DO PEDIDO

Ante o exposto requer que Vossa Excelência se digne de:

a) determinar a notificação do coator para, querendo, apresentar as informações no prazo de 10 (dez) dias.

b) após, determinar a remessa dos autos para o representante do Ministério Público para emitir parecer, nos termos do art. 12 da Lei 9.507/1997.

c) em seguida, julgando procedente o pedido, marcar dia e hora para que as informações sejam prestadas ao impetrante, advertindo o coator das responsabilidades decorrentes de eventual descumprimento de tal determinação judicial.

d) condenar a União Federal ao pagamento de honorários advocatícios, segundo o prudente arbítrio desse C. Tribunal, vez que, diferentemente do que ocorre com a Lei 12.016/09 (Lei de Mandado de Segurança), não há proibição à fixação de honorários na Lei 9.507/1997.

Dá à causa o valor de R$ 1.000,00.

Local ..., data...

Advogado ...

OAB ....

17. AÇÃO CIVIL PÚBLICA

17.1. ESTRUTURA BÁSICA

COMPETÊNCIA	No foro do local onde ocorrer o dano (arts. 2.º e 4.º da Lei 7.347/1985).
PARTES	Legitimado ativo: Ministério Público, Defensoria Pública, entes da Administração Direta e Indireta, associações com pertinência temática e constituídas há pelo menos um ano (associações em sentido amplo, englobando partidos políticos e sindicatos), órgãos públicos, defensoria pública e OAB. Legitimado passivo: qualquer pessoa, física ou jurídica.
HIPÓTESES DE CABIMENTO	Ações de responsabilidade por danos morais e patrimoniais causados a interesses difusos, coletivos ou individuais homogêneos (*vide* definições no art. 81, p. único, do CDC).
PRAZO	É imprescritível em dois casos: a) reparação de danos ao meio ambiente (STJ); b) reparação do patrimônio público lesado por ato ilícito (STF). Nos demais casos, verificar o prazo previsto em lei.
FUNDAMENTO LEGAL	Lei 7.347/1985.

17.2. MODELO – PETIÇÃO INICIAL DE AÇÃO CIVIL PÚBLICA

EXCELENTÍSSIMO SENHOR DOUTOR JUIZ DE DIREITO DA ... VARA DA FAZENDA PÚBLICA DA COMARCA DE ... - ... .

[Deixe espaço de aproximadamente 10 cm para eventual despacho ou decisão do juiz.]

ASSOCIAÇÃO DE DEFESA DO CIDADÃO, pessoa jurídica de direito privado, inscrita no CNPJ sob n. ...., com sede na rua ..., nº ...., município de ..., conforme cópia de seu estatuto (doc. 1), por meio de seu advogado e bastante procurador infra-assinado (doc. 2), com endereço ..., com fundamento no artigo 1º da Lei 7.347/1985, vem respeitosamente à presença de Vossa Excelência propor a presente

AÇÃO CIVIL PÚBLICA COM PEDIDO DE LIMINAR

em face do Estado ..., pessoa jurídica de direito público interno, com sede ..., na pessoa de seu representante legal .... e da Empresa X, pessoa jurídica de direito privado, com sede de suas atividades na ..., pelas razões de fato e de direito a seguir aduzidas.

1. DOS FATOS

2. DO DIREITO

2.1. Do cabimento da ação civil pública

(Interesses difusos, coletivos ou individuais homogêneos; vide definições no art. 81, parágrafo único, da Lei 8.078/1990.)

2.2. Da legitimidade ativa

(No caso de associação, demonstrar o cumprimento do disposto no art. 5º, V, "a" e "b", da Lei 7.347/1985); verificar se não é o caso de fazer o requerimento previsto no § 4º do art. 5º da referida lei - dispensa do requisito temporal).

2.3. Da lesão ao interesse

(Explicitar o direito que foi violado; aqui, deve-se reforçar a ideia de que se trata de interesse difuso, coletivo ou individual homogêneo, mas com um *plus*, qual seja, o de explicar qual lei foi violada; exemplos: dano ao meio ambiente, dando ensejo à reparação ambiental; dano a consumidores que adquiriram dado produto, ensejando obrigação de indenizar).

3. DA ANTECIPAÇÃO DE TUTELA [ou DA LIMINAR]

(fazer referência aos arts. 12 e 21 da LACP, 84 do CDC e 461 do CPC)

4. DO PEDIDO

Por todo o exposto, o autor requer que seja:

a) concedida os efeitos da tutela antecipada, com amparo nas normas constantes do arts. 461 do CPC, 84 do CDC e 12 da Lei 7.347/1985 para determinar a suspensão .... (ou a obrigação de ...)

b) determinada a citação dos réus para responder aos termos da presente ação, sob pena de serem tidos por verdadeiros os fatos aqui narrados;

c) determinada a intimação do membro do Ministério Público para acompanhar a presente ação;

d) julgada procedente a presente ação para o fim de declarar a nulidade do ....(e/ou para o fim de que se condene os réus a ....).

Requer, outrossim, a condenação dos réus nas custas e honorários advocatícios, em montante a ser arbitrado por Vossa Excelência, na forma do artigo 20 do CPC.

Protesta pela produção de todos os meios de prova em direito admitidos, sem exclusão de nenhuma delas, especialmente oitiva dos depoimentos pessoais dos representantes das entidades rés, bem como depoimentos de testemunhas, cujo rol será oferecido oportunamente.

Requer, também, a isenção de custas e demais despesas, nos termos do art. 18 da Lei 7.347/1985.

Dá à causa o valor de R$ 10.000,00.

Termos em que pede deferimento.

Local ..., data...

Advogado ...

OAB ....

18. AÇÃO DE IMPROBIDADE

18.1. ESTRUTURA BÁSICA – PETIÇÃO INICIAL EM AÇÃO DE IMPROBIDADE

COMPETÊNCIA	Justiça Comum Estadual ou Justiça Federal caso se inclua nas hipóteses do art. 109 da CF/1988.
RECURSO	Comuns para toda ação.
PARTES	Autor: pessoa jurídica lesada ou Ministério Público. Réu: agentes públicos, servidores ou não e até mesmo particulares beneficiados.
HIPÓTESES DE CABIMENTO	Ato de imoralidade qualificada pela lei que importa em enriquecimento ilícito do agente, prejuízo ao erário e/ou violação dos princípios da Administração Pública.
PRAZO	Ato de improbidade prescreve em: a) 5 anos após o término do exercício do mandato, de cargo em comissão ou de função de confiança. b) em se tratando de exercente de cargo efetivo ou emprego, dentro do prazo prescricional previsto em lei específica para faltas puníveis com demissão a bem do serviço público.
FUNDAMENTO LEGAL	– Constituição Federal, em seu art. 37, § 4.º. – Lei 8.429/1992.
FUNDAMENTAÇÃO JURÍDICA	– uma das condutas (enriquecimento ilícito do agente, prejuízo ao Erário e/ou violação dos princípios da Administração Pública). – culpa ou dolo.
PEDIDO	a) notificação do réu para que ofereça manifestação por escrito no prazo de 15 (quinze) dias; b) que seja recebida a inicial e determinada a citação do réu para que, querendo, responda a ação; c) que seja intimado o ilustre representante do Ministério Público para que intervenha no feito, conforme determinação legal; d) que seja o pedido julgado procedente para condenar o réu pela prática de atos de improbidade administrativa previstos no art. *(9.º ou 10 ou 11)* da citada lei, aplicando-lhe as seguintes sanções: *(depende do artigo onde o ato foi enquadrado)*; e) que seja condenado o réu ao pagamento das custas, demais despesas processuais e honorários advocatícios.
PROVAS	Protestar por provas que poderão demonstrar a veracidade do alegado.
VALOR DA CAUSA	Fins de alçada.

18.2. MODELO – PETIÇÃO INICIAL DE AÇÃO DE IMPROBIDADE

EXCELENTÍSSIMO SENHOR DOUTOR JUIZ DE DIREITO DA ... VARA CÍVEL DA COMARCA DE ... – ... .

(No caso de Juiz Federal):

EXCELENTÍSSIMO SENHOR DOUTOR JUIZ FEDERAL DA ... VARA DA SEÇÃO JUDICIÁRIA DE ... – ... .

Pular 10 linhas

_______________ (qualificação do autor – nome, endereço, CNPJ), neste ato representado por _____________ (pessoa que representa a pessoa jurídica. Exemplo: Prefeito) (qualificação – nome, endereço, CPF), vem, mui respeitosamente à presença de Vossa Excelência, por meio de seu advogado e bastante procurador infra-assinado (doc. 01) com endereço na Rua ______________, com fundamento na Lei 8.429/1992, impetrar a presente

AÇÃO DE IMPROBIDADE ADMINISTRATIVA

(Deixar sempre destacado.)

em face de (nome da parte e demais dados possíveis), (endereço) pelas razões de fato e de direito a seguir aduzidas:

I – DOS FATOS

a) Tentar repetir ao máximo os fatos descritos na questão.

b) Relatar os acontecimentos em ordem cronológica, especificando cada ponto.

c) Procurar deixar o mais claro possível.

d) Mostrar de forma evidente a ocorrência de uma das condutas dos arts. 9.º, ou 10 ou 11 da Lei 8.429/1992.

II – DO DIREITO

O art. 37 da Constituição brasileira, em seu *caput* e § 4º determina que:

"Art. 37. ***A administração pública*** *direta e indireta de qualquer dos Poderes da União, dos Estados, do Distrito Federal e dos Municípios* ***obedecerá aos princípios de legalidade, impessoalidade, moralidade, publicidade e eficiência e****, também, ao seguinte:*

(...)

"§ 4.º ***Os atos de improbidade administrativa importarão a suspensão dos direitos políticos, a perda da função pública, a indisponibilidade dos bens e o ressarcimento ao erário****, na forma e gradação previstas em lei, sem prejuízo da ação penal cabível." (grifei.)*

Seria ocioso insistir em que a conduta do réu ao _______________ (dizer o que o réu fez e enquadrar a conduta de acordo com o caso: enriquecimento ilícito, prejuízo ao Erário ou violação de princípios).

ENRIQUECIMENTO ILÍCITO

A atitude do réu importou em enriquecimento ilícito por parte deste com evidente ilegalidade em sua conduta.

Ao _____________ não se importou com o exercício de sua função pública, preferindo auferir vantagem pessoal em evidente prejuízo à coletividade.

PREJUÍZO AO ERÁRIO

Ao ______________________ o réu trouxe evidente prejuízo à *res publica*, dilapidando bens que não lhe pertencem, em uma atitude reprovável e que deve ser devidamente apurada e punida.

VIOLAÇÃO DE PRINCÍPIOS

A atitude do réu contraria todos os princípios da Administração Pública, previstos expressamente no art. 37, *caput*, da Constituição brasileira, bem como a regra de conduta prevista no art. 4.º da Lei 8.492/1992:

"Art. 4.º ***Os agentes públicos de qualquer nível ou hierarquia são obrigados a velar pela observância dos princípios de legalidade, impessoalidade, moralidade*** *e publicidade no trato dos assuntos que lhes são afetos." (Grifo nosso.)*

É claro que foi violado o princípio da _________________.

Tais atos além de visivelmente ilícitos, pois ofendem a lei, constituem também atos imorais, pois ______________________.

"Art. 11. ***Constitui ato de improbidade administrativa que atenta contra os princípios da administração pública qualquer ação ou omissão que viole os deveres de honestidade, imparcialidade, legalidade e lealdade*** *às instituições, e notadamente:" (Grifo nosso.)*

Assim, uma vez mais, infringem a lei, violando o regulamento constante do art. 11 da Lei 8.429/1992 e, mais ainda, violando os misteres constitucionais de moralidade e obediência à lei no trato da coisa pública.

III – DO PEDIDO

Ante todos os fatos e o direito acima expostos, requer de Vossa Excelência que:

a) seja determinada a notificação do réu para que ofereça manifestação por escrito no prazo de 15 (quinze) dias;

b) seja recebida a inicial e determinada a citação do réu para que responda a ação;

c) seja intimado o ilustre membro do Ministério Público para que intervenha no feito, conforme determinação legal;

d) seja o pedido julgado procedente, condenando o réu na forma do art. 12, inciso *I ou II ou III*, da Lei 8.429, pela prática de atos de improbidade administrativa previstos no art. *9.º ou 10 ou 11* da citada lei, aplicando-lhe as seguintes sanções (*depende do ato*);

e) seja condenado o réu, ao pagamento das custas, demais despesas processuais e honorários advocatícios, na forma da Lei.

Protesta e requer provar o alegado por todos os meios de provas em direito permitidos, se necessário for, inclusive juntada posterior de documentos.

Dá-se à causa, apenas para efeito de alçada, o valor de R$ _______ (________).

Termos em que pede deferimento.

Local ..., data...

Advogado ...

OAB ....

18.3. MODELO – DEFESA PRÉVIA EM AÇÃO DE IMPROBIDADE

EXCELENTÍSSIMO SENHOR DOUTOR JUIZ DE DIREITO DA ... VARA DA FAZENDA PÚBLICA DE ... - ... .

Pular 10 linhas

Autos n.º ______.

Ação de Improbidade Administrativa

_______________, *(nome,* estado civil, profissão, residente e domiciliado em ..., portador do RG ... e do CPF ....*)*, por meio de seu advogado (doc. 1), vem, respeitosamente, oferecer

DEFESA PRÉVIA

na ação em epígrafe, promovida pelo **MINISTÉRIO PÚBLICO DO ESTADO DE** ___________ em face de _______________ e da **EMPRESA** _____________, já qualificada nos autos, pelos motivos de fato e de direito que a seguir passa a aduzir.

I – DOS FATOS

O Ministério Público ingressou com a ação em epígrafe e requereu a aplicação das seguintes **sanções**:

a) declaração de nulidade de todos os contratos emergenciais firmados a partir do ano de 2005 pela Secretária Municipal de Transportes;

b) condenação de _____________ e da **EMPRESA** _____________ a, solidariamente, devolverem os valores indevidamente acrescidos ao patrimônio da empresa, correspondente ao lucro obtido pelos serviços prestados a partir do segundo contrato firmado sem licitação, conforme liquidação por artigos ou por arbitramento;

c) condenação de _______________ à perda da função pública ou da respectiva aposentadoria;

d) suspensão dos direitos políticos de _____________, de 5 (cinco) a 8 (oito) anos;

e) condenação de ______________ e da **EMPRESA** _____________ao pagamento de multa civil de até 2 (duas) vezes o valor do dano;

f) proibição de _______________ e da **EMPRESA** _____________ contratarem com o Poder Público ou receberem benefícios ou incentivos fiscais ou creditícios, direta ou indiretamente, pelo prazo de 5 (cinco) anos.

Para justificar os pedidos, o Ministério Público apresentou os seguintes **fundamentos fáticos**: foram realizados três contratos emergenciais entre os réus para a execução de serviço de transporte público coletivo, sob a alegação de que a licitação promovida para a respectiva concessão estava suspensa judicialmente, o que reclamava a medida.

Em seguida, apresentou os seguintes **fundamentos jurídicos**:

a) **violação ao princípio da legalidade**, uma vez que houve **demora injustificada** para a realização de concorrência pública referente à contratação de empresa de transportes para atuar na área em questão; *termina suas considerações dizendo que houve "emergência fabricada"*;

b) **violação ao disposto no art. 24, inciso IV, da Lei 8.666/1993**, *que permite a contratação direta em caso de emergência, mas limita o prazo contratual em 180 dias, vedando a prorrogação dos respectivos contratos* **(EXEMPLO ADOTADO PARA O MODELO)**;

c) **violação ao princípio da moralidade administrativa**, uma vez que o réu __________ visou prorrogar indefinidamente os contratos em proveito da EMPRESA __________;

d) **violação ao princípio da isonomia**, uma vez que a contratação da empresa prejudicou o interesse de outras empresas interessadas em contratar com a Administração;

e) *subsunção dos fatos a dois tipos previstos na Lei de Improbidade (arts. 10 e 11 da Lei 8.429/1992), quais sejam "frustrar a licitude de processo licitatório ou dispensá-lo indevidamente" e "praticar ato visando fim proibido em lei ou regulamento ou diverso daquele previsto na regra de competência".*

O réu __________ foi notificado para apresentação de Defesa Prévia, defesa que passa a fazer a partir de agora.

II – DA DEFESA PRÉVIA

1. Da verdade dos fatos e da aplicação correta da lei

Esta defesa provará que os contratos emergenciais firmados obedeceram à lei e eram necessários para a manutenção adequada da continuidade do serviço público.

Nesse sentido, provará que o autor da ação não a instruiu "com documentos ou justificação que contenham indícios suficientes da existência do ato de improbidade", como determina o art. 17, § 6.º, da Lei 8.429/1992.

E requererá, ao final, a rejeição da ação, em face tanto da improcedência da ação, como da inexistência de ato de improbidade.

O caminho que perseguiremos a partir de agora mostrará os fatos e as respectivas motivações, que levaram a celebração de cada um dos contratos impugnados.

Nesse ponto, é importante anotar que o Ministério Público mostrou-se ciente de que havia liminar produzindo efeitos (Mandado de Segurança n.º __________) que impedia a conclusão do certame licitatório para a concessão do serviço.

É fácil perceber, portanto, que as contratações emergenciais feitas eram a única opção para manter a continuidade do serviço.

Quanto ao último contrato, firmado quando já não havia liminar suspendendo o certame original, também foi imperativo, pois, como se sabe, uma licitação não se conclui da noite para o dia. Foram necessárias modificações no Edital, realização de Audiência Pública, revisão de todos os anexos técnicos do instrumento convocatório, além do respeito aos prazos e trâmites da modalidade de licitação concorrência, tudo a justificar mais uma contratação emergencial, contratação essa que não foi feita novamente, com o término do procedimento licitatório em que, por sinal, teve êxito a própria **EMPRESA** __________.

(Obs.: caso a ação tenha sido proposta contra agente político, deve-se pedir, preliminarmente, sua extinção sem apreciação de mérito, diante do fato de a ação não caber contra essas pessoas, nos termos da decisão dada pelo STF no "Caso Sardenberg" – Reclamação 2.138.)

2. Da inexistência de ilegalidade

2.1. Da legalidade da contratação de emergência

É de conhecimento de todos que o inciso IV do art. 24 da Lei 8.666/1993 dispõe ser dispensável a licitação para a celebração de contratos em situação de emergência. De qualquer forma, vale a pena transcrever o dispositivo, para analisarmos com detalhe suas particularidades:

"Art. 24.

(...)

IV – nos casos de emergência ou de calamidade pública, quando caracterizada urgência de atendimento de situação que possa ocasionar prejuízo ou comprometer a segurança de pessoas, obras, serviços, equipamentos e outros bens, públicos ou particulares, e somente para os bens necessários ao atendimento da situação emergencial ou calamitosa e para as parcelas de obras e serviços que possam ser concluídas no prazo máximo de 180 (cento e oitenta) dias consecutivos e ininterruptos, contados da ocorrência da emergência ou calamidade, vedada a prorrogação dos respectivos contratos."

Perceba que a situação de emergência é verificada quando é caracterizada urgência de atendimento de a) situação que possa ocasionar prejuízo; b) situação que possa comprometer a segurança de pessoas; c) situação que possa comprometer a segurança de obras; d) situação que possa comprometer a segurança de equipamentos; e) situação de possa comprometer a segurança de outros bens, público ou particulares.

No caso em tela, constatada a impossibilidade de se fazer a licitação para contratação de empresa concessionária – restava patente a situação de emergência.

Imagine o **prejuízo** ao **serviço público** de transporte coletivo na cidade sem a operação do sistema. Não é necessário nem discorrer sobre o caos que isso geraria.

Imagine o comprometimento da segurança das diversas **pessoas** que se valhem do transporte coletivo por ônibus como única alternativa para se deslocarem na cidade.

O serviço público não pode parar. Em se tratando de serviço público essencial, como é o de transporte coletivo, essa afirmação é ainda mais peremptória.

Com todo o respeito ao autor da petição inicial, as situações colocadas diante do réu, Secretário Municipal dos Transportes, não lhe davam alternativa que não fazer os contratos emergenciais.

Basta ler com cuidado e bom senso as situações jurídicas e técnicas que envolveram as contratações para verificar que não havia outra solução. Em alguns casos, porque importaria em desobedecer ordem judicial. No último caso, porque importaria em fazer licitação para um objeto ainda não definido, estando pendente uma licitação em curso.

A situação em que se encontrava o réu não era de mera faculdade de contratar sem licitação, mas de verdadeira obrigatoriedade de fazê-lo.

Dessa forma, pode-se afirmar com tranquilidade que todas as contratações estavam rigorosamente em acordo com a lei.

2.2. A lei impede a prorrogação, e não a renovação

Por fim, vale uma palavra sobre um assunto que hoje é entendimento tranquilo do Direito Administrativo: a posição de que o que a lei veda é a prorrogação, e não a renovação do contrato de emergência.

Assim, a situação de emergência deve ser vista ao final de cada período contratual de 180 dias, fazendo-se juízo específico sobre sua continuidade ou não, de modo a determinar se se deve ou não fazer um novo contrato.

Essas providências foram rigorosamente tomadas pelo Secretário Municipal dos Transportes, réu ___________, como se verifica da documentação acostada e já comentada.

3. Da inexistência de ato de improbidade

3.1. Considerações gerais

Como é de conhecimento de todos, para configurar-se um ato de improbidade não basta que o ato seja ilegal. É necessário que, além da contrariedade ao Direito, o ato tenha outras características que o faça um ato ímprobo.

Para isso, o ato deve se revestir do que a doutrina chama de imoralidade qualificada, sendo necessário que preencha precisamente outros requisitos previstos nos tipos de improbidade administrativa.

A afirmação de que "não basta o ato ser ilegal" para ser ímprobo é de fundamental importância. Aliás, se assim não fosse, um juiz que prolatasse uma sentença e depois esta fosse reformada pelo Tribunal por entender que a sentença não estava de acordo com a lei, esse juiz teria cometido um ato de improbidade.

É por isso que, além de o ato ser ilegal (contrário ao Direito), o ato, para ser ato de improbidade, deve também preencher outros requisitos.

Faz-se essa observação para lembrar que os atos praticados pelo réu sequer cumpriram o primeiro requisito para estarmos diante de um ato de improbidade.

Os atos praticados pelo réu, como se viu, sequer são ilegais. Os contratos de emergência firmados, todos, o foram seguindo não só o que a lei faculta, como também o que a lei e o interesse público determinam.

A petição inicial não abalou, e nem conseguiria fazê-lo, a presunção de legitimidade dos atos administrativos questionados que, ainda por cima, envolviam competência discricionária, que requerem prova da falta de razoabilidade das condutas tomadas.

Assim sendo, o item em questão começa, de cara, lembrando que não se cometeu ato de improbidade pelo simples motivo de que os atos praticados sequer eram ilegais, contrários ao direito.

Mas por necessidade de acautelar o princípio da eventualidade, enfrentaremos agora o segundo requisito para a configuração do ato de improbidade, que é o enquadramento do fato praticado em uma das três modalidades previstas na Lei 8.429/1992.

O Ministério Público aponta violação às modalidades previstas nos arts. 10 e 11 da Lei.

3.2. O tipo do art. 10 exige perda patrimonial

O art. 10 da Lei 8.429/1992 tem o seguinte teor, na parte indicada pelo Ministério Público:

"Seção II (...)

Dos Atos de Improbidade Administrativa que Causam Prejuízo ao Erário

Art. 10. Constitui ato de improbidade administrativa que causa lesão ao erário qualquer ação ou omissão, dolosa ou culposa, que enseje perda patrimonial, desvio, apropriação, malbaratamento ou dilapidação dos bens ou haveres das entidades referidas no art. 1º desta lei, e notadamente:

(...)

VIII – frustrar a licitude de processo licitatório ou dispensá-lo indevidamente".

Analisando o tipo, percebemos que, para sua configuração, além do enquadramento do fato às disposições do inciso VIII, é necessário que se esteja diante de "prejuízo ao erário". O próprio título da Seção já traz essa disposição.

Aliás, a jurisprudência do STJ é pacífica nesse sentido:

"Nos atos de improbidade do art. 10, como está no próprio** caput**, deve estar presente na configuração do tipo a prova inequívoca do prejuízo ao erário" (REsp 842.428/ES, Rel. Min. Eliana Calmon, Segunda Turma, julgado em 24.04.2007, DJ 21.05.2007, p. 560 – Grifo nosso).

O Ministério Público foi textual ao dizer que não houve prejuízo material direto.

Ora, se não houve, a petição inicial deve ser rejeitada. Isso porque, como já escrito, nos termos do art. 17, § 6.º, da Lei 8.429/1992, o autor da ação de improbidade deve instruí-la "com documentos ou justificação que contenham indícios suficientes da existência do ato de improbidade", sob pena de rejeição da demanda.

Assim, seja porque não se configurou o inciso VIII do dispositivo (já se viu que não se cometeu ilegalidade), seja porque não se configurou o *caput* do mesmo artigo, não estamos diante de ato de improbidade, o que reclama rejeição imediata da presente demanda.

3.3. O tipo do art. 11 exige dolo

O art. 11 da Lei 8.429/1992 tem o seguinte teor, na parte indicada pelo Ministério Público:

"Art. 11. Constitui ato de improbidade administrativa que atenta contra os princípios da administração pública qualquer ação ou omissão que viole os deveres de honestidade, imparcialidade, legalidade, e lealdade às instituições, e notadamente:

I – praticar ato visando fim proibido em lei ou regulamento ou diverso daquele previsto, na regra de competência".

Perceba que não restou configurado ato que visa fim proibido em lei ou regulamento, muito menos violação à regra de competência, uma vez que o réu, à época dos fatos, era Secretário Municipal dos Transportes e tinha competência para realizar contratações diretas.

Não bastasse o fato exposto, a modalidade do art. 11 exige conduta dolosa. Veja o texto, quando dispõe praticar ato "visando" fim proibido em lei ou regulamento.

A doutrina e o próprio STJ são pacíficos, hoje, no sentido de que é necessário dolo para a configuração da modalidade prevista no art. 11 da Lei 8.429/1992. Confira:

"Tanto a doutrina quanto a jurisprudência do STJ associam a improbidade administrativa à noção de desonestidade, de má-fé do agente público. Somente em hipóteses excepcionais, por força de inequívoca disposição legal, é que se admite a configuração de improbidade por ato culposo (Lei 8.429/1992, art. 10). O enquadramento nas previsões dos arts. 9º e 11 da Lei de Improbidade, portanto, não pode prescindir do reconhecimento de conduta dolosa" (REsp 604.151/RS, Rel. Min. José Delgado, Rel. p/ Acórdão Ministro Teori Albino Zavascki, Primeira Turma, julgado em 25.04.2006, DJ 08.06.2006, p. 121).

"O tipo previsto no art. 11 da Lei 8.429/1992 é informado pela conduta e pelo elemento subjetivo consubstanciado no dolo do agente. É insuficiente a mera demonstração do vínculo causal objetivo entre a conduta do agente e o resultado lesivo, quando a lei não contempla hipótese da responsabilidade objetiva" (REsp 626.034/RS, Rel. Min. João Otávio de Noronha, Segunda Turma, julgado em 28.03.2006, DJ 05.06.2006, p. 246).

O Ministério Público não aponta conduta dolosa do réu. Não diz que este, deliberadamente, quis violar os princípios da Administração Pública. Aliás, o Ministério Público sequer aponta conduta culposa. O máximo que fez foi soltar aos ventos que a licitação demorou muito tempo...

A simples falta de descrição da conduta dolosa é suficiente, por si só, para afastar a configuração do ato de improbidade.

Mas, além disso, o réu demonstrou nessa defesa prévia, que não só não agiu com dolo, nem com culpa, como sua conduta foi no sentido do que faculta e também no que determina a lei em matéria de contratação por emergência.

III – DO PEDIDO

Ante o exposto, requer que Vossa Excelência se digne de rejeitar a petição inicial do Ministério Público, julgando, desde já, improcedente a presente demanda, como medida de JUSTIÇA.

Termos em que pede deferimento.

Local ..., data...

Advogado ...

OAB ....

18.4. ESTRUTURA BÁSICA – CONTESTAÇÃO EM AÇÃO DE IMPROBIDADE

ENDEREÇAMENTO	Juízo que efetivou a citação.
TRATAMENTO DAS PARTES	Autor e réu.
FUNDAMENTOS FÁTICOS E JURÍDICOS	Se se tratar de ação contra agente político, deve-se argumentar que não cabe a aplicação das sanções típicas de improbidade a esse tipo de agente, conforme nova posição do STF. Deve-se dizer que não se configurou quaisquer das modalidades de ato de improbidade prevista na lei. Deve-se argumentar que as sanções previstas na lei não podem ser aplicadas cumulativamente, indistintamente.
PEDIDO	Deve-se requerer ao Juízo que julgue improcedente a presente demanda. Subsidiariamente, para o caso de reconhecimento da prática de ato de improbidade administrativa, deve-se requerer que seja aplicada apenas a sanção de multa civil, no mínimo legal. No caso de o réu ser agente político, deve-se pedir a extinção da demanda sem apreciação de mérito.
PROVAS	Deve-se protestar pela produção de prova documental e pericial, e de todos os meios probatórios em direito admitidos, ainda que não especificados no CPC, desde que moralmente legítimos (CPC, art. 332).

Observação: no caso da **Defesa Prévia** em ação de improbidade, deve-se tratar apenas do fato de que não se configura qualquer das modalidades de improbidade administrativa, e não se faz pedido de produção de provas.

18.5. MODELO – CONTESTAÇÃO EM AÇÃO DE IMPROBIDADE

EXCELENTÍSSIMO SENHOR DOUTOR JUIZ DE DIREITO DA ... VARA DA FAZENDA PÚBLICA DE ... – ... .

Pular 10 linhas

Autos n.º _____________.

Ação de Improbidade Administrativa

____________, estado civil, profissão, residente e domiciliado em ..., portador do RG ... e do CPF ...., por meio de seu advogado (doc. 1), vem, respeitosamente, oferecer

CONTESTAÇÃO

na ação em epígrafe, promovida pelo **MINISTÉRIO PÚBLICO DO ESTADO DE** __________ em face de __________ e da **EMPRESA** __________, já qualificada nos autos, pelos motivos de fato e de direito que a seguir passa a aduzir.

I – DOS FATOS

1. Dos fatos alegados pelo autor

(...)

2. Da verdade dos fatos

(...)

II – DO DIREITO

(Obs.: caso a ação tenha sido proposta contra agente político, deve-se pedir, preliminarmente, sua extinção sem apreciação de mérito, diante do fato de a ação não caber contra essas pessoas, nos termos da decisão dada pelo STF no "Caso Sardenberg" – Reclamação 2.138.)

1. Da inexistência ilegalidade

1.1. Da legalidade da contratação de emergência

(...)

1.2. A lei impede a prorrogação, e não a renovação

(...)

2. Da inexistência de ato de improbidade

2.1. Considerações gerais

(...)

2.2. O tipo do art. 10 exige perda patrimonial

(...)

2.3. O tipo do art. 11 exige dolo

(...)

3. Da impossibilidade de cumulação das sanções

O Ministério Público pede a aplicação cumulativa das sanções previstas na Lei de Improbidade.

Todavia, é pacífico no Superior Tribunal de Justiça que as sanções não podem ser aplicadas indistintamente de modo cumulativo. Há de se observar o princípio da proporcionalidade. Confira:

"Consoante a jurisprudência desta Corte, as penas do art. 12 da Lei 8.429/1992 não são aplicadas necessariamente de forma cumulativa, do que decorre a necessidade de se fundamentar o porquê da escolha das penas aplicadas, bem como da sua cumulação. Para as sanções pecuniárias se faz necessária a motivação da sua aplicação além do mínimo legal" (REsp 713.146/PR, Rel. Min. Eliana Calmon, Segunda Turma, julgado em 13.03.2007, DJ 22.03.2007, p. 324).

Assim, e considerando o princípio da eventualidade, caso seja reconhecida a prática de ato de improbidade, requer que seja afastada a aplicação das sanções previstas na lei, aplicando-se apenas a sanção de multa civil no mínimo legal, mormente porque não há prova de que o réu agiu com dolo no caso presente, o que impede a aplicação das sanções tanto de modo cumulativo, como além do nível mínimo.

III – DO PEDIDO

Ante o exposto, requer que Vossa Excelência se digne de julgar **improcedente** a presente demanda. Subsidiariamente, para o caso de reconhecimento da prática de ato de improbidade administrativa, requer que seja aplicada apenas a sanção de multa civil, no mínimo legal.

Protesta pela produção de todo tipo de **prova** admitida em Direito, principalmente documental, testemunhal e pericial.

Termos em que pede deferimento.

Local ..., data...

Advogado ...

OAB ....

19. PROCESSOS ADMINISTRATIVOS

19.1. MODELO – RECURSO EM PROCESSO LICITATÓRIO

ILUSTRÍSSIMO SENHOR PRESIDENTE DA COMISSÃO DE LICITAÇÃO DA ... (inserir a modalidade de licitação; exemplo: Concorrência) nº ...

EMPRESA ..., qualificação ..., representada por seu advogado que subscreve a presente (doc. 1 – procuração), vem, com fundamento no art. 109 da Lei 8.666/1993, interpor o presente

RECURSO ADMINISTRATIVO

requerendo que, após o processamento previsto na lei, sejam as razões em anexo encaminhadas para a autoridade competente ... .

Termos em que pede deferimento.

Local ..., data...

Advogado ...

OAB ....

quebra de página

RAZÕES DE RECURSO ADMINISTRATIVO

ILUSTRÍSSIMO SENHOR .... (autoridade competente; por exemplo, Secretário Municipal de Saúde)

I – DOS FATOS

Relatar tudo o que aconteceu, até a decisão impugnada.

II – DO DIREITO

Apresentar os fundamentos jurídicos que deverão levar à anulação ou à reforma da decisão impugnada.

III – DO PEDIDO

Ante o exposto, requerer que seja o recurso conhecido, atribuindo-lhe efeito suspensivo (verificar as hipóteses do art. 109, § 2º, da Lei 8.666/1993), e provido para o fim de .....(exemplo: reformar a decisão impugnada, habilitando-se o recorrente).

Termos em que pede deferimento.

Local ..., data...

Advogado ...

OAB ....

19.2. MODELO – IMPUGNAÇÃO EM PROCESSO LICITATÓRIO

ILUSTRÍSSIMO SENHOR PRESIDENTE DA COMISSÃO DE LICITAÇÃO DA ... (inserir a modalidade de licitação; exemplo: Concorrência) nº ...

EMPRESA ..., qualificação ..., representada por seu advogado que subscreve a presente (doc. 1 – procuração), vem, com fundamento no § 2º, do art. 41, da Lei nº 8.666/1993, apresentar

IMPUGNAÇÃO

aos termos do edital referido em epígrafe, pelos motivos de fato e direito a seguir:

I – DOS FATOS

A impugnante, tendo interesse em participar da licitação mencionada, adquiriu o respectivo Edital (doc. 1).

Ocorre que, ao analisar as condições para participação no certame, deparou-se com a exigência formulada no item ..., que tem o seguinte teor ....

Essa exigência, como se verá, é absolutamente ilegal, o que ensejou a presente impugnação.

II – DO DIREITO

De acordo com art. 3º, § 1º, I, da Lei nº 8.666/1993, é vedado aos agentes públicos: "admitir, prever, incluir ou tolerar, nos atos de convocação, cláusulas ou condições que comprometam, <u>restrinjam</u> ou frustrem <u>o seu caráter competitivo</u> e estabeleçam preferências ou distinções em razão da naturalidade, da sede ou domicílio dos licitantes ou de qualquer outra circunstância impertinente ou irrelevante para o específico objeto do contrato" (g.n.).

(....)

III – DO PEDIDO

Diante do exposto, requer-se que seja a presente IMPUGNAÇÃO aceita, para os seguintes fins:

a) declarar nulo o item ... do Edital;

b) determinar nova publicação do Edital, reabrindo o prazo inicialmente previsto, conforme § 4º, do art. 21, da Lei nº 8.666/1993.

Termos em que pede deferimento.

Local ..., data...

Advogado ...

OAB ....

20. PARECER

20.1. ESTRUTURA BÁSICA

PARTES DO PARECER	a) número do parecer; b) interessado; c) assunto; d) ementa; e) relatório; f) fundamentação; g) conclusão.

20.2. MODELO – PARECER

Parecer nº ... (a numeração é típica de pareceres nas Procuradorias)

Interessado: .

Assunto: Solicitação de parecer sobre a possibilidade de sociedade de economia mista que desenvolve atividade econômica sem monopólio adquirir, sem prévia licitação, produto ligado à sua atividade fim.

Ementa: Administrativo. Licitação. Contratação direta. Sociedade de economia mista. Produto ligado diretamente à atividade fim da empresa. Não incidência de hipótese de dispensa ou inexigibilidade. *Particularidades da atividade de exploração da atividade econômica. Art. 173, § 1º, da CF. Contratação de produto ligado à atividade fim da empresa. Ausência de *pressuposto jurídico* para a licitação. Possibilidade da contratação direta. (* dessa marcação para frente é possível escrever por extenso)

1. Relatório

Trata-se de consulta formulada pelo ___, que solicita parecer sobre a possibilidade de sociedade de economia mista que desenvolve atividade econômica sem monopólio adquirir, sem prévia licitação, produto ligado à sua atividade fim, mesmo não incidindo hipótese de dispensa ou de inexigibilidade de licitação. (...)

É o relatório.

2. Fundamentação

(...)

3. Conclusão

Ante o exposto, nosso parecer é no sentido da possibilidade de sociedade de economia mista que desenvolve atividade econômica sem monopólio adquirir, sem prévia licitação, produto ligado diretamente à sua atividade fim, mesmo não incidindo hipótese de dispensa ou inexigibilidade de licitação, e desde que a realização do certame possa impedir que a empresa atue no mercado em condições paritárias com as demais empresas.

À consideração superior. (aqui pode ser "É nosso parecer, salvo melhor juízo" ou "É nosso parecer, s. m. j..")

Local e data.

Nome, cargo e OAB do procurador (verificar quando for advogado privado).

21. DEFESA DA ADMINISTRAÇÃO

21.1. MODELO – INFORMAÇÕES EM MANDADO DE SEGURANÇA

EXCELENTÍSSIMO SENHOR DOUTOR JUIZ ...

Autos nº ...

Mandado de Segurança

O **XX (AUTORIDADE COATORA)**, prestando as **INFORMAÇÕES** requisitadas por meio de ofício, e a **UNIÃO FEDERAL,** por seu procurador, requerendo o seu ingresso na condição de assistente litisconsorcial e apresentando **CONTESTAÇÃO**, nos autos do **mandado de segurança** impetrado por **XXXXXXXX**, vêm expor e requerer o quanto segue:

(Obs.: verificar se o enunciado da questão quer que se apresente somente informações ou se também quer que a pessoa jurídica assine junto, apresentando sua contestação)

I – DOS FATOS

(...)

II – DAS PRELIMINARES

1. Da ilegitimidade de parte

(Indicação da autoridade coatora errada, por exemplo, porque não tem poder de decisão.)

2. Do não cabimento pela impossibilidade de dilação probatória

(Explicar que o tipo de questão trazida pelo autor depende de dilação probatória, o que não é cabível em MS; aqui não é para dizer que a prova não conduz ao direito alegado, pois isso é questão de mérito.)

3. Da existência de impedimento legal ao manejo de mandado de segurança

(Olhar lei e súmulas do STF; por exemplo: não cabe MS como substitutivo de ação de cobrança; não cabe MS contra ato disciplinar etc.)

III – DO MÉRITO

Rebater cada fundamento jurídico utilizado pelo impetrante e trazer novos fundamentos, se for possível.

Cada fundamento deve ser tratado num item (1, 2, 3 etc.).

IV – DA CONCLUSÃO

Diante do exposto, requer que se digne Vossa Excelência **julgar extinto o feito**, sem julgamento do mérito, nos termos do artigo 267, inciso ____do Código de Processo Civil, tendo ...., ou, caso não seja este o entendimento, (b) **denegar a ordem**, uma vez demonstrada a fragilidade das alegações da inicial e, ainda a ausência de direito líquido e certo para fundamentar a concessão da segurança impetrada, impondo ao impetrante os ônus sucumbenciais cabíveis.

Termos em que pede deferimento.

Local ..., data...

____

Autoridade Coatora

____

Advogado ...

OAB ....

21.2. MODELO – PEDIDO DE SUSPENSÃO DE LIMINAR OU DE SEGURANÇA

EXCELENTÍSSIMO SENHOR DESEMBARGADOR PRESIDENTE DO EGRÉGIO TRIBUNAL REGIONAL FEDERAL DA ... REGIÃO.

A **UNIÃO FEDERAL**, por seu procurador, vem à presença de Vossa Excelência, com fundamento no art. 15 da Lei 12.016/09, promover o presente **PEDIDO DE SUSPENSÃO DE EXECUÇÃO DA LIMINAR** proferida nos autos do mandado de segurança impetrado por XXXXXXXX, contra ato do **XXXXXXXXX** (AUTORIDADE COATORA) – autos nº ____________, em trâmite perante a ____ Vara da ________ - pelos motivos de fato e direito que passa a expor.

I - DOS FATOS

Relatar o ocorrido até o momento.

II - DO DIREITO

1. Da lesão à ordem pública

(E/ou à saúde pública, à segurança pública, à economia pública.)

Explicar a repercussão da decisão no serviço público.

2. Do desacerto da decisão atacada

Embora em sede de pedido de suspensão não se possa avaliar o mérito da decisão concessiva da ordem, aferindo seu desacerto ou legalidade, a teor do que dispõe o artigo 15º da Lei 12.016/09, mister salientar que a decisão....

(Tratar da ilegalidade dela e reforçar a lesão à ordem pública...)

III – DO PEDIDO DE SUSPENSÃO

Nos elementos aqui trazidos demonstram estar presentes os requisitos para a concessão da suspensão dos efeitos da liminar.

Diante de todo o exposto resta demonstrado o risco à ordem pública que será proporcionado com a execução da decisão ora impugnada, razão pela qual requer a União Federal ______ requer que V. Exa. determine a suspensão da execução da liminar, (por exemplo: "permitindo-se o prosseguimento do processo de licitação nº ________ .....").

Termos em que pede deferimento.

Local ..., data...

Advogado ...

OAB ....

II - QUESTÕES PRÁTICAS RESOLVIDAS OU COMENTADAS

(OAB/Exame Unificado – 2ª fase – CESPE) PEÇA PROFISSIONAL. Em 30/4/2004, foi publicado edital de concurso público para provimento de cargos de delegado de polícia federal, lotados no Departamento de Polícia Federal (DPF), órgão do Ministério da Justiça (MJ). De acordo com o edital, as provas serão realizadas em novembro de 2004, mas o resultado final do concurso somente deverá ser divulgado em fevereiro de 2005. Ricardo, que tem vários anos de experiência na Polícia Militar do Espírito Santo (PM/ES), inscreveu-se nesse concurso, optando por realizar o exame na cidade de Vitória – ES, onde reside. Posteriormente, ao averiguar com cuidado a regulação da prova de títulos, verificou que eram atribuídos dois pontos para cada ano de trabalho em atividade policial exercida no DPF e apenas um ponto para cada ano de trabalho em atividade policial exercida em outros órgãos públicos. Considerando injusto esse tratamento desigual, Ricardo ingressou administrativamente com pedido de modificação dessa regra editalícia, mas sua solicitação foi indeferida em 30/6/2004, por decisão do diretor de gestão de pessoal, autoridade do DPF competente para elaborar e modificar editais de concurso público. Inconformado, Ricardo solicitou a um advogado que ingressasse com ação judicial capaz de suprimir do edital a referida disparidade de tratamento. Considerando a situação hipotética acima descrita, redija, na condição de advogado legalmente constituído, petição inicial de ação judicial que seja adequada a salvaguardar, de maneira eficaz, os interesses de Ricardo. (Data da prova: 29/08/04)

RESOLUÇÃO DA PEÇA PRÁTICO-PROFISSIONAL

1. **Peça:** Mandado de Segurança
2. **Endereçamento:** Excelentíssimo Senhor Doutor Juiz Federal da ______ Vara Cível de Vitória – Seção do Espírito Santo. (Art. 109, § 2º, da CF)
3. **Legitimidade passiva:** a autoridade coatora é o Diretor de Gestão de Pessoal
4. **Mérito** (teses):
   - Violação aos princípios da isonomia (Art. 5º, *caput*, da CF) e da razoabilidade (art. 2º, *caput*, da Lei 9.784/1999)
5. **Liminar:** é necessário pedir
6. **Pedido:** atribuição dos mesmos pontos ao impetrante.

Modelo: mandado de segurança

[O que estiver entre colchetes é apenas nota do autor – não deve constar da peça]

início da folha

EXCELENTÍSSIMO SENHOR DOUTOR JUIZ FEDERAL DA ... VARA CÍVEL DE VITÓRIA - SEÇÃO JUDICIÁRIA DO ESPÍRITO SANTO - ES.

[Deixe espaço de aproximadamente 10 cm para eventual despacho ou decisão do juiz]

Ricardo ... estado civil ..., profissão ..., com residência e domicílio ..., portador do RG ... e do CPF ..., por seu advogado que firma a presente (procuração anexada – doc.1), com escritório para recebimento de intimações na ... (CPC, art. 39, I) vem à presença de Vossa Excelência, respeitosamente, impetrar contra o Senhor Diretor de Gestão de Pessoal, do Departamento de Polícia Federal, o presente

MANDADO DE SEGURANÇA COM PEDIDO DE LIMINAR

nos termos do artigo 5º, inciso LXIX, da Constituição Federal e da Lei nº 12.016/2009, pelas razões a seguir aduzidas:

I - DOS FATOS.

O impetrante fez inscrição no concurso público para provimento de cargos de delegado de polícia federal, atendendo a edital publicado em 30/04/04 (doc. 2).

Ocorre que, consultando o edital quanto à regulação da prova de títulos, o impetrante verificou que eram atribuídos dois pontos para cada ano de trabalho em atividade policial exercida no Departamento de Polícia Federal e apenas um ponto para cada ano de trabalho em atividade policial exercida em outros órgãos públicos (doc. 3).

O impetrante, policial militar do Espírito Santo com vários anos de experiência (doc. 4), considerando inconstitucional esse tratamento desigual, resolveu insurgir-se contra a previsão do edital, ingressando com pedido administrativo de modificação da regra editalícia mencionada.

O pedido administrativo foi indeferido em 30/06/04, por decisão do diretor de gestão de pessoal do Departamento de Polícia Federal, agente público competente para elaborar e modificar editais de concurso público (doc. 5).

Dessa forma, não resta outra alternativa ao impetrante, que não a de ingressar com o presente mandado de segurança.

II - DO DIREITO.

1. Do cabimento do mandado de segurança.

1.1. Existência de ato de autoridade.

O edital ora impugnado é ato de autoridade pública, no caso ato emanado pelo diretor de gestão de pessoal do Departamento de Polícia Federal.

Dessa forma, o mandado de segurança é cabível quanto a esse aspecto (art. 5º, LXIX, da CF e art. 1º da Lei 12.016/09).

1.2. Existência de prova pré-constituída

Os fatos que dão suporte ao direito alegado pelo impetrante estão comprovados de plano, por meio da prova documental ora juntada, consistentes nos seguintes documentos: a) comprovante de inscrição no concurso público; b) edital do concurso público impugnado; c) requerimento administrativo de modificação do edital, acompanhado da respectiva decisão.

Assim, também está cumprido o requisito de prova pré-constituída, essencial para o cabimento do mandado de segurança.

1.3. Respeito ao prazo decadencial de 120 dias

O prazo decadencial para ingressar com o presente *mandamus* também é requisito que está cumprido. Isso porque, segundo o Superior Tribunal de Justiça, esse prazo é contado da publicação do edital do concurso público. E o edital impugnado foi publicado no dia 30/04/04, ou seja, data que, contada até a data dessa impetração, não supera os 120 dias previstos na lei.

Assim sendo, o requisito temporal também está em ordem.

1.4. Inexistência de outros impedimentos legais ou jurisprudenciais para a propositura do mandado de segurança

Por fim, não se configura no presente quaisquer outros impedimentos legais (arts. 1º e 5º da Lei 12.016/09) e jurisprudenciais ao manejo do presente remedido constitucional.

2. Da legitimidade ativa e passiva.

A legitimidade ativa está em ordem, pois o impetrante defende, em nome próprio, direito próprio decorrente da violação ao princípio da isonomia no edital de concurso no qual está inscrito.

A autoridade coatora também está corretamente indicada, uma vez que o diretor de gestão de pessoal do Departamento de Polícia Federal, agente público competente para elaborar e modificar editais de concurso público, enquadra-se no requisito legal, no sentido de que é "autoridade coatora aquela que tenha praticado o ato impugnado ou da qual emane a ordem para a sua prática" (art. 6º, § 3º, da Lei 12.016/09).

3. Do direito líquido e certo violado.

O impetrante tem direito de ver respeitado os princípios da isonomia (art. 5º da CF) e da razoabilidade (art. 2º, *caput*, da Lei 9.784/1999), violados no presente caso.

Com efeito, o edital não poderia dar tratamento diferenciado, para efeito de atribuição de títulos, ao exercício de cargo de policial estadual ou federal.

Isso porque as experiências em atividades policiais, sejam elas estaduais ou federais, têm a mesma relevância, uma vez que tanto a polícia federal, como a polícia estadual estão voltadas à defesa da segurança pública, ao combate ao crime, à preservação da ordem pública e da incolumidade das pessoas e do patrimônio, conforme o disposto no art. 144 da Constituição Federal, aplicável às duas carreiras referidas.

A discriminação é também atentatória do princípio da razoabilidade, uma vez que não faz sentido considerar a atividade de policial federal 100% mais importante, para fins de títulos, que a atividade de policial militar, também pelas razões já explicitadas. O fato de a primeira atividade ter pontuação dobrada em relação à segunda revela a desproporção na forma de atuar da autoridade coatora, desproporção essa que deverá ser desfeita, de modo a proteger direito líquido e certo do impetrante. No caso, a única forma de prestigiar os princípios citados é atribuir ao impetrante a mesma pontuação atribuída pelo edital aos candidatos que tiverem trabalho na polícia federal, ou seja, é atribuir ao impetrante dois pontos por ano de trabalho na polícia militar do Espírito Santo.

E tal medida reclama a modificação no edital, em face da indivisibilidade da cláusula impugnada.

III – DA LIMINAR

Excelência, a prova do concurso impugnado deverá ocorrer entre 30 e 60 dias contados da data presente e o resultado final do certame deve sair entre 5 e 6 meses, também contados da data presente.

Tal situação revela que a melhor medida a ser tomada é determinar que a autoridade competente modifique a cláusula editalícia impugnada desde já, a fim de que conste no novo edital a atribuição da mesma pontuação, quanto aos títulos, pelo exercício de atividades policiais federais ou estaduais.

Tal medida, que implicará a reabertura de prazo para a inscrição no exame, impedirá que, no futuro, qualquer interessado que tenha desistido do certame por não concordar com os critérios dos títulos possa pedir a anulação do concurso.

Caso não seja deferida a liminar pleiteada, haverá grande prejuízo não só ao impetrante, como a todos os candidatos, tendo em vista que a concessão dessa medida ao final poderá implicar na anulação de todo o certame, por influir em regra do edital que pode ter afastado interessados de participar da disputa pública.

Ademais, a discriminação efetuada importa nítido desrespeito a direito líquido e certo do impetrante, nos termos do art. 5º da Constituição Federal, não podendo ser recusada a determinação para modificação imediata do edital, sob pena de dano irreversível.

O *periculum in mora* inverso não existe, pois o fato de se modificar o edital, possibilitando a participação de novos candidatos no exame, com a ciência de todos de que a questão está "sub judice", não impede que, no futuro, se for o caso, atribua-se mais ou menos pontos a policiais estaduais que participarem do exame.

Sendo assim, o impetrante requer que seja deferida a medida liminar antes mesmo da notificação da autoridade coatora, nos termos do art. 7º, III, da Lei 12.016/2009, para que seja determinado à autoridade coatora que modifique imediatamente o edital do concurso em tela, para o fim de atribuir aos policiais estaduais a mesma pontuação atribuída aos policiais federais, no que se refere aos títulos pelo exercício de tempo de serviços nessas atividades, tendo em vista a relevância do fundamento (aparência do bom direito – *fumus boni iuri*) e o perigo na demora da decisão (*periculum in mora*).

IV – DO PEDIDO.

Por todo o exposto, o impetrante requer que seja:

a) deferida a medida liminar, para que seja determinado à autoridade coatora que modifique imediatamente o edital do concurso em tela, atribuindo-se aos policiais estaduais a mesma pontuação atribuída aos policiais federais, no que se refere aos títulos pelo exercício de tempo de serviços nessas atividades (art. 7º, III, da Lei 12.016/2009);

b) determinada a notificação da autoridade coatora, enviando-lhe todas as cópias dos documentos que instruem a inicial, para que preste todas as informações necessárias, no prazo de 10 dias (art. 7º, I, da Lei 12.016/2009);

c) dada ciência ao órgão de representação judicial da União Federal, enviando-lhe cópia da inicial para que, querendo, ingresse no feito (art. 7º, II, da Lei 12.016/2009);

d) ouvido o membro do Ministério Público, para que opine no prazo de 10 dias (art. 12 da Lei 12.016/2009)

e) ao final, confirmada a liminar deferida, concedendo-se definitivamente a segurança pleiteada para seja reconhecido ao impetrante, quanto aos títulos para o concurso, o direito de receber a mesma pontuação atribuída aos policiais federais, pelo exercício da atividade policial.

[Obs.: toda a prova deve ser juntada à inicial, pois o direito é líquido e certo e não se admite dilação probatória. Não há condenação em honorários advocatícios em mandado de segurança: Súmulas 512/STF 105/STJ]

Dá-se à causa o valor de R$ 1.000,00.

Termos em que, pede deferimento.

Vitória, 29 de agosto de 2004.

[Não assine, rubrique ou, de outra forma, identifique sua prova!]

ADVOGADO ...

OAB ...

fim da petição

Comentários adicionais.

Confira o entendimento do STJ, segundo o qual o prazo para ingressar com mandado de segurança contra critérios estabelecidos em edital de concurso público é contado da data de publicação do instrumento convocatório.

DIREITO ADMINISTRATIVO. RECURSO ORDINÁRIO EM MANDADO DE SEGURANÇA. CONCURSO PÚBLICO. REGRAS DO EDITAL. CIÊNCIA DO ATO IMPUGNADO. DATA DE PUBLICAÇÃO DO EDITAL. DECADÊNCIA CONFIGURADA. REQUISITOS EXIGIDOS PELO EDITAL PARA POSSE. NÃO COMPROVAÇÃO. RECURSO IMPROVIDO. 1. O prazo decadencial para impetração de mandado de segurança em que se objetiva impugnar critérios estabelecidos no edital de concurso público tem início com a data de publicação do instrumento convocatório. 2. O edital é a lei do concurso, de modo que a inscrição no certame implica concordância com as regras nele contidas, que não podem ser dispensadas pelas partes. 3. Recurso ordinário improvido. (RMS 26.630/CE, Rel. Ministro ARNALDO ESTEVES LIMA, QUINTA TURMA, julgado em 10/09/2009, DJe 13/10/2009)

Para casos em que o prazo de 120 dias cair em feriado forense, confira o seguinte julgado do STJ, que flexibiliza (para esse fim!) a natureza decadencial do prazo de 120 dias.

O Superior Tribunal de Justiça tem entendido que o prazo para a impetração do mandado de segurança, apesar de ser decadencial, prorroga-se quando o termo final recair em feriado forense. No caso, a impetrante teve ciência da demissão em 10/8/04, quando publicada a Portaria 445, de 9/8/04, da autoridade impetrada. Logo, impetrado o *mandamus* em 9/12/04, tem-se que foi observado o prazo decadencial de 120 (cento e vinte) dias, a que alude o art. 18 da Lei 1.533/51. (MS 10.220/DF, Rel. Ministro ARNALDO ESTEVES LIMA, TERCEIRA SEÇÃO, julgado em 27/06/2007, DJ 13/08/2007 p. 330)

(CESPE – 2005) PEÇA PROFISSIONAL. A sociedade de economia mista Alfa, que desenvolve atividade econômica sem monopólio, adquiriu, sem prévia licitação, produto ligado diretamente à atividade que desenvolve no mercado. Em que pese a aquisição não se enquadrar nas hipóteses de dispensa ou de inexigibilidade de licitação, enumeradas na Lei n.º 8.666/1993, a empresa justificou a compra direta, sem licitação, sob os fundamentos de ser ela um ente da administração indireta da União, possuir personalidade jurídica de direito privado e estar o bem adquirido intimamente vinculado à atividade fim da empresa. Em face do caso apresentado acima, em especial no que tange ao objeto da aquisição e tendo em vista os princípios constitucionais aplicáveis à Administração Pública, elabore um parecer abordando, obrigatoriamente, os seguintes aspectos: a) - conceito e objetivo da licitação e conceito e regime jurídico da sociedade de economia mista; b) - necessidade, ou não, de sociedades de economia mista, em situação como a descrita acima, submeterem-se à Lei n.º 8.666/1993.

Modelo: parecer

início da folha

Parecer nº ...

Interessado: ...

Assunto: Solicitação de parecer sobre a possibilidade de sociedade de economia mista que desenvolve atividade econômica sem monopólio adquirir, sem prévia licitação, produto ligado à sua atividade fim.

Ementa: Administrativo. Licitação. Contratação direta. Sociedade de economia mista. Produto ligado diretamente à atividade fim da empresa. Não incidência de hipótese de dispensa ou inexigibilidade. Possibilidade da contratação direta. Particularidades da atividade de exploração da atividade econômica. Art. 173, § 1º, da CF. Contratação de produto ligado à atividade fim da empresa. Ausência de *pressuposto jurídico* para a licitação.

1. Relatório.

Trata-se de consulta formulada pelo (a) ..., que solicita parecer sobre a possibilidade de sociedade de economia mista que desenvolve atividade econômica sem monopólio adquirir, sem prévia licitação, produto ligado à sua atividade fim, mesmo não incidindo hipótese de dispensa ou de inexigibilidade de licitação.

A sociedade de economia mista Alfa justifica a contratação direta sob os seguintes fundamentos: a) ter a condição de ente da administração indireta da União; b) possuir personalidade jurídica de direito privado; c) ter adquirido produto ligado à atividade fim da empresa.

É o relatório.

2. Fundamentação.

Para responder ao presente parecer, é fundamental apontar algumas premissas, que ajudarão na conclusão a ser tomada. A primeira diz respeito ao conceito e aos objetivos da licitação. A segunda, ao conceito e ao regime jurídico da sociedade de economia mista. E a terceira, aos contornos da submissão de uma sociedade de economia mista à Lei n. 8.666/1993.

Quanto à primeira premissa, a licitação pode ser conceituada como o procedimento obrigatório à administração pública direta e indireta, quando queira contratar ou outorgar permissão ou concessão (arts. 37, XXI, da CF, e 2º, da Lei 8.666/1993). Os objetivos maiores da licitação são três: promover o princípio da igualdade, permitindo que interessados possam participar do certame, evitando favorecimentos indevidos, preservar o princípio da indisponibilidade do interesse público, buscando escolher a melhor proposta para a administração pública e promover o desenvolvimento nacional. De acordo com dispositivo constitucional citado só se admite a contratação direta nos "casos especificados na legislação".

A primeira premissa, portanto, é no sentido de que o dever de licitar é a regra, tanto para a administração direta como a para indireta, só podendo ser excepcionado nos casos previstos em lei.

Quanto à segunda premissa, a sociedade de economia mista pode ser conceituada como a pessoa jurídica de direito privado estatal, cuja criação é autorizada por lei específica, nos casos autorizados pela Constituição, e que pode ter objeto a exploração de atividade econômica ou a prestação de serviço público. O regime jurídico dessa sociedade pode ser apontado como "regime de direito privado especial", isso porque a empresa está sujeita ao regime privado para fins obrigacionais, contratuais, trabalhistas, tributários e processuais, mas se encontra sujeita a certas regras de direito público, como promover concurso público para admissão de pessoal, realizar licitação para suas contratações e obedecer aos princípios da administração pública.

A segunda premissa, portanto, é também no sentido de que a sociedade de economia mista, quanto ao tema licitação, deve atender às regras de direito público, realizando certame licitatório para suas contratações.

Quanto à terceira premissa, há de se ponderar em que medida o regime jurídico dessas sociedades – que é privado, mas contém condicionantes públicos –, afeta os contornos de sua submissão à Lei 8.666/1993.

Há dois pontos a serem observados neste particular. O primeiro é um elemento fático, ligado à realidade do mercado e ao estado das coisas, quando se trata de uma empresa estatal. O segundo é o jurídico, ligado às peculiaridades normativas dessas empresas.

No plano fático, há de se ressaltar que não é possível comparar a atividade estatal, não ligada diretamente ao comércio, com a atividade das empresas estatais, ligadas, como regra, diretamente a uma atividade econômica. Essa diferença faz com que, em certas situações, a urgência e a eficiência reclamadas pelo mercado, levem à necessidade de as empresas estatais que explorem atividade econômica contratem sem licitação, como meio de conseguir atuar no mercado.

No plano jurídico, a EC 19/1998 alterou o texto dos arts. 22, XXVII, e 173, § 1º, da CF, passando a dispor que as empresas estatais exploradoras de atividade econômica terão tratamento próprio quanto ao dever de licitar, por meio de lei que estabelecerá seu estatuto jurídico.

Somando-se esses dois pontos, e lembrando que a licitação só pode ser feita quando atender ao seu *pressuposto jurídico* – de ser conveniente ao interesse público –, pode-se chegar à conclusão de que, nos casos em que as sociedades de economia mista estiverem atuando no mercado e desejando adquirir bens ou serviços ligados à sua atividade fim (o que exclui, por exemplo, aquisição de serviços de limpeza e vigilância de prédio onde funcionar a empresa), é possível que deixem de realizar licitação para a contratação respectiva, se esta puder comprometer as atividades da estatal.

A terceira premissa, portanto, especial em relação às duas primeiras, faz concluir que a regra da obrigatoriedade da licitação cede no caso em tela.

3. Conclusão.

Ante o exposto, nosso parecer é no sentido da possibilidade de sociedade de economia mista que desenvolve atividade econômica sem monopólio adquirir, sem prévia licitação, produto ligado diretamente à sua atividade fim, mesmo não incidindo hipótese de dispensa ou inexigibilidade de licitação, e desde que a realização do certame possa impedir que a empresa atue no mercado em condições paritárias com as demais empresas.

À consideração superior.

Local ... , data ....

[Não assine, rubrique ou, de outra forma, identifique sua prova!]

ADVOGADO ...

OAB ...

fim da peça

(OAB/Exame Unificado – 2ª fase – CESPE) PEÇA PROFISSIONAL. O diretor do departamento de recursos humanos de uma prefeitura municipal encaminhou ao departamento jurídico dessa entidade a seguinte consulta: "Senhor Diretor Jurídico, o servidor Raimundo Nonato da Silva, que trabalha no almoxarifado, na função de almoxarife, solicitou a este Departamento o pagamento de duas horas extraordinárias por dia, tendo em vista a sua jornada de trabalho ser das 8 h às 12 h e das 13 h às 19 h, de segunda a sexta-feira. O servidor foi nomeado, após aprovação em concurso público, para jornada de trabalho de 8 horas/dia. Assim, solicito orientação desse Departamento Jurídico sobre a obrigatoriedade do pagamento das horas extraordinárias solicitadas." Com base na situação hipotética apresentada e na condição de membro da equipe do departamento jurídico da mencionada prefeitura, redija um parecer jurídico dando a solução à consulta do diretor de recursos humanos. Extensão máxima: 90 linhas (data da prova: 07/05/06)

RESOLUÇÃO DA PEÇA PRÁTICO-PROFISSIONAL – PARECER

1. **Peça:** Parecer.
2. **Endereçamento:** Senhor Diretor do Departamento de Recursos Humanos ou Senhor Diretor do Departamento Jurídico.
3. **Fundamentação legal:**

a) Arts. 7º, XIII e XVI, e 39, § 3 º, ambos da CF/1988;

b) Arts. 19, 41, 49, 61, V, e 73, todos da Lei 8.112/1990, lei aplicável por analogia no caso de não haver estatuto dos funcionários públicos no município;

4. **Teses:**

a) É direito do servidor jornada de trabalho com duração máxima semanal de 40 horas, observados os limites mínimo e máximo de 6 e 8 horas, respectivamente.

b) O servidor foi nomeado para jornada de trabalho de 8 horas/dia.

c) O percentual mínimo constitucional para a remuneração do serviço extraordinário é de 50% superior à remuneração do serviço normal.

d) Sobre o valor a ser pago a título de horas extras deverá incidir a contribuição previdenciária (Súmula 207 do STF).

e) As horas-extras não se incorporam à remuneração do servidor.

Comentários adicionais.

Os pareceres desta questão e da questão seguinte devem ser feitos segundo o modelo apresentado na questão anterior, ou seja, com os seguintes requisitos: Parecer nº ...; Interessado ...; Assunto ...; Relatório ...; Fundamentação ...; Conclusão ... .

Um parecer sem ementa não deve ser desconsiderado pelo examinador. Porém, se o candidato a fizer, a peça certamente ganhará em termo de qualidade.

(OAB/Exame Unificado – 2ª fase – CESPE) PEÇA PROFISSIONAL. Pedro, servidor público municipal ocupante do cargo de assistente administrativo, solicitou ao serviço de recursos humanos da secretaria de administração do município licença paternidade, pois sua esposa está prestes a dar à luz. O chefe do departamento de recursos humanos, com dúvidas sobre o direito de Pedro à licença, solicitou orientação à Procuradoria Jurídica do município sobre o direito à concessão da licença paternidade, os requisitos para sua concessão e seu período de duração. Considerando essa situação hipotética, redija um parecer jurídico em resposta à consulta do chefe do departamento de recursos humanos da referida secretaria municipal. Extensão máxima: 120 linhas (data da prova: 17/09/06)

RESOLUÇÃO DA PEÇA PRÁTICO-PROFISSIONAL

1. **Peça Processual:** Parecer.
2. **Endereçamento:** Senhor Diretor do Departamento de Recursos Humanos da Secretaria de Administração.
3. **Fundamentação legal:**

a) Arts. 7º, XIX, e 39, § 3º, ambos da CF/1988.

b) Arts. 102, VIII, "a", 184, II, 185, I, "e", 208, todos da Lei n. 8.112/1990, lei aplicável por analogia no caso de não haver estatuto dos funcionários públicos no município.

c) Arts. 3º e 4º da Lei n. 8.069/1990 (Estatuto da Criança e do Adolescente).

4. **Teses:**

a) O servidor tem direito à licença remunerada, considerando-se o período como de efetivo exercício do trabalho.

b) O período é de 05 (cinco) dias consecutivos contados da data do nascimento, salvo se houver legislação municipal dispondo de forma especial conferindo período diverso.

c) O servidor terá de preencher formulário específico dirigido à chefia imediata comunicando o motivo da licença.

d) Será necessária a apresentação da certidão de nascimento do filho.

5. **Observações:**

a) A licença paternidade não poderá ser concedida em data posterior ao nascimento ou adoção de filho, constante da certidão de nascimento, nem sofrer qualquer interrupção.

b) A licença paternidade é devida seja pelo nascimento de filho, seja pela adoção, neste caso o documento necessário será o termo de adoção.

(OAB/Exame Unificado – 2ª fase – CESPE) PEÇA PROFISSIONAL. O Banco Regional Estadual, sociedade de economia mista de um estado da Federação, resolveu abrir procedimento administrativo de seleção com vistas à contratação de empresa civil para a construção da nova sede do banco. Na inexistência de lei específica que estabeleça o estatuto jurídico de que trata o art. 173, § 1.º, inciso III, da Constituição Federal, houve por bem aplicar os dispositivos da Lei n.º 8.666/1993. Na fase de habilitação, a sociedade Tijolo Construções e Engenharia Ltda. foi desclassificada do certame, sem a participação do preposto dessa sociedade, sob o argumento de que ela não possuía regularidade fiscal, pois estava em dívida com o INSS — fato que a inabilitaria ao certame, nos termos do inciso IV, do art. 29 da Lei n.º 8.666/1993. Essa decisão, com ata lavrada em 10/8/2006, quinta-feira, foi publicada em 15/8/2006, terça-feira. No recurso administrativo endereçado à Comissão de Licitação, em 22/8/2006, terça-feira, a sociedade licitante defendeu-se, alegando que, em relação ao citado débito, já havia dado em garantia à execução fiscal uma caução integral e em dinheiro. Alegou também que a penhora não foi realizada por ser um procedimento demorado, pelo qual não deu causa, sendo esse o motivo por que não teria fornecido a certidão negativa de débito, mas apresentou a certidão positiva com efeitos de negativa. Portanto, somente poderia opor os embargos do devedor quando a penhora fosse decidida, o que revelaria a intenção da licitante de discutir o débito judicialmente, ação essa que não dependeria de impetrante, pois a caução havia sido feita há mais de 1 ano, sem que tivesse havido decisão judicial a respeito. O presidente da comissão, em 27/8/2006, após ter recebido o recurso sem efeito suspensivo, não conheceu dele, sob o argumento de sua intempestividade, decisão que foi publicada no dia 29/8/2006. Na qualidade de advogado da sociedade Tijolo Construções e Engenharia Ltda., redija peça profissional que contemple a medida judicial mais apropriada para que sua constituinte possa continuar a participar do certame. (Data da prova: 14/01/07)

RESOLUÇÃO DA PEÇA PRÁTICO-PROFISSIONAL.

1. **Peça Processual**: Ação declaratória de nulidade de ato administrativo cumulada com obrigação de fazer, com pedido de tutela de urgência. Obs.: o mandado de segurança não é cabível, pois houve o transcurso do prazo decadencial de 120 dias (art. 23 da Lei 12.016/09).

2. **Endereçamento**: Excelentíssimo Senhor Doutor Juiz de Direito da ___ Vara ___ da Comarca de ___.

3. **Fundamentação legal**:

a) Arts. 5°, LV, 37, XXI, e 173, § 1.º, III, todos da CF/1988.

b) Arts. 151 e 206 do CTN.

c) Arts. 1°, parágrafo único, 29, IV, 109 e 110, todos da Lei n. 8.666/1993.

4. **Teses**:

a) O recurso administrativo foi protocolado no prazo, pois estava dentro dos 5 dias úteis previstos no art. 109, I a, da Lei 8.666/1993.

b) O recurso administrativo deveria ter sido recebido no efeito suspensivo (art. 109, § 2°, da Lei 8.666/1993).

c) Somente a autoridade competente (e não a Comissão de Licitação) poderia não conhecer do recurso, uma vez que a primeira é quem tem competência para julgá-lo (art. 109, § 4°, da Lei 8.666/1993).

d) A caução prestada em dinheiro é suficiente para suspender a exigibilidade do crédito tributário (art. 151, II, do CTN), de modo que a certidão positiva com efeitos de negativa tem o mesmo efeito da certidão negativa (art. 206 do CTN).

e) É necessário garantir a observância do princípio constitucional da isonomia, selecionando-se a proposta mais vantajosa para a Administração, visando a observância dos princípios básicos da legalidade, da impessoalidade, da moralidade, da igualdade, da publicidade, da probidade administrativa, da vinculação ao instrumento convocatório, do julgamento objetivo e dos que lhes são correlatos.

f) Existe relevante fundamento (*fumus boni iuris*) e perigo na demora caso não seja concedida a medida antes da solução definitiva do *writ* impetrado (*periculum in mora*); o primeiro porque houve nítida violação dos preceitos estabelecidos no art. 109 da Lei 8.666/1993; e o segundo porque, caso o certame prossiga, haverá abertura das propostas de preço, com quebra do sigilo da concorrência, prejudicando o certame para o caso de a segurança ser concedida apenas ao final.

Modelo: petição inicial de ação anulatória de ato administrativo cumulada com obrigação de fazer, com pedido de tutela antecipada.

[O que estiver entre colchetes é apenas nota do autor – não deve constar da peça]

início da folha

Excelentíssimo Senhor Doutor Juiz de Direito da .... Vara ... da Comarca de ...

[Deixe espaço de aproximadamente 10 cm, para eventual despacho ou decisão do juiz]

Tijolo Construções e Engenharia Ltda., inscrita no CNPJ sob o número ... e com sede na ..., no Município de ..., por seu advogado que firma a presente (procuração anexada – doc. 1), com escritório para recebimento de intimações na ... (CPC, art. 39, I), vem, respeitosamente, propor contra o Banco Regional Estadual, sociedade de economia mista estadual, inscrita no CNPJ sob o número ... e com sede na ..., no Município de ..., cujo representante legal pode ser localizado em ..., a presente

AÇÃO ANULATÓRIA DE ATO ADMINISTRATIVO CUMULADA COM OBRIGAÇÃO DE FAZER, COM PEDIDO DE ANTECIPAÇÃO DOS EFEITOS DA TUTELA

que deverá ser processada pelo rito ordinário, segundo os fundamentos de fato e de direito a seguir aduzidos.

1. DOS FATOS

A autora participou de certamente licitatório promovido pelo réu, cujo objeto é a contratação de empresa para a construção da nova sede do banco (doc. 2).

Ocorre que a autora foi inabilitada do certame (a terminologia usada pelo réu foi "desclassificada", mas o correto seria "inabilitada"), em decisão publicada no dia 15/08/06, sob o argumento de que ela não possuía regularidade fiscal, pois estava em dívida com o INSS — fato que a inabilitaria ao certame, nos termos do inciso IV, do art. 29 da Lei n.º 8.666/1993 (doc. 3).

Ocorre que, com relação ao débito citado, a autora já havia dado em garantia à execução fiscal uma caução integral e em dinheiro, o que se deu há mais de 1 ano, estando o processo no aguardo de decisão judicial (doc. 4).

Fundada nessas razões, a autora interpôs recurso administrativo contra a decisão de inabilitação, o que se deu no dia 22/08/06, recurso esse que foi recebido sem efeito suspensivo e não foi conhecido pelo presidente da comissão, ao argumento de sua intempestividade, em decisão que foi publicada no dia 29/08/06 (doc. 5).

Dessa forma, não restando outra alternativa à autora, esta ingressa com a presente ação anulatória do ato que a inabilitou, com condenação do réu na obrigação de fazer consistente na sua habilitação no certame, providência que se deve dar desde já, por meio da tutela antecipada que a seguir será requerida.

2. DO DIREITO

2.1. Da nulidade da decisão proferida no recurso administrativo

Os fatos narrados demonstram, claramente, que a decisão proferida no recurso administrativo interposto pela autora é ilegal.

Primeiro porque, de acordo com o art. 109, § 2º, da Lei 8.666/1993, o recurso deveria ter sido recebido no efeito suspensivo, mas não o foi.

Segundo porque o recurso deveria ter sido conhecido, pois estava, sim, no prazo, já que foi protocolado dentro dos 5 (cinco) dias *úteis* previstos no art. 109, I, a, da Lei 8.666/1993.

Terceiro porque compete à autoridade superior fazer a análise acerca do conhecimento ou não do recurso (art. 109, § 4º, da Lei 8.666/1993), de modo que a Comissão de Licitação não tinha competência para exarar a decisão ora impugnada.

Tais fatos, por si, só já justificam a declaração de nulidade da decisão administrativa proferida no recurso mencionado.

2.2. Da ilegalidade da inabilitação e da imperatividade da habilitação da autora

Faz-se necessário desde já esclarecer que, no mérito, a decisão de inabilitação da autora não procede. Isso porque, segundo o art. 151, II, do CTN, a caução prestada em dinheiro é suficiente, por si só, para suspender a exigibilidade do crédito tributário. Assim, incide a hipótese da certidão positiva com efeitos de negativa (art. 206 do CTN), restando patente a regularidade fiscal da autora para efeito de participação no processo licitatório.

Vale ressaltar que o art. 37, XXI, da Constituição traz princípio que determina a participação do maior número de pessoas em certame licitatório, seja para atender ao princípio da isonomia, seja para atender ao princípio da indisponibilidade do interesse público. As exigências dos licitantes devem ser feitas apenas no que for estritamente necessário para comprovar a idoneidade destes, sendo necessário que estejam previstas em lei e interpretadas estritamente.

No caso em tela, a inabilitação da autora ofende as regras de direito tributário mencionadas, bem como os princípios da isonomia e da indisponibilidade do interesse público, de modo que a habilitação era a providência adequada por parte da Comissão de Licitação.

2.3. Dos objetivos da presente demanda

Diante desse quadro, a autora poderia buscar nesta demanda duas alternativas. A primeira consiste em pedir a anulação da decisão proferida pela Comissão de Licitação e a condenação do réu na obrigação de habilitar a autora, a fim de que esta prossiga no certame, já em sua próxima fase. A segunda alternativa consiste em também pedir a anulação da decisão proferida, mas apenas para o fim de determinar o regular processamento do recurso interposto, com efeito suspensivo, com remessa deste para conhecimento e julgamento pela autoridade competente.

A primeira providência implicaria em a autora renunciar ao direito de continuar recorrendo administrativamente, até esgotar as instâncias administrativas.

De fato, é pacífico na doutrina e na jurisprudência, o entendimento de que não é necessário esgotar as vias administrativas para buscar a prestação jurisdicional, diante de ilegalidade ou abuso de poder.

Todavia, a autora prefere buscar na presente ação apenas a declaração de nulidade do ato proferido pela Comissão de Licitação, com a determinação de que o recurso seja recebido no efeito suspensivo e regularmente processado, a fim de que a autoridade competente o receba para julgamento, ressalvada a busca pela prestação jurisdicional, caso a autora não tenha êxito no mérito do recurso administrativo interposto.

3. DA TUTELA ANTECIPADA

Existe relevante fundamento (*fumus boni iuris*) e perigo na demora caso não concedida a medida antes da solução definitiva da ação ajuizada (*periculum in mora*).

O primeiro porque houve nítida violação dos preceitos estabelecidos no art. 109 da Lei 8.666/1993, sem contar que se defende, no mérito recursal, que deverão ser analisados pela autoridade competente fundamentos constitucionais relacionados à participação do maior número de concorrentes na licitação e respeito ao princípio da isonomia.

E o segundo porque, caso o certame prossiga, haverá abertura das propostas de preço, com quebra do sigilo da concorrência, prejudicando o certame para o caso de a segurança ser concedida apenas ao final.

Presentes, portanto, todas as condições para a antecipação pretendida, sem oitiva do réu, para que esse D. Juízo determine o recebimento imediato do recurso administrativo interposto pela autora, no efeito suspensivo, processando-se regularmente o referido recurso, que deverá ser julgado pela autoridade competente.

Esse requerimento, por importar em obrigação de fazer, deve ser atendido segundo o regime do art. 461 do Código de Processo Civil, impondo-se fixação de multa diária de R$ 10.000,00, para o descumprimento da decisão judicial a ser proferida.

4. DO PEDIDO

Por todo o exposto, a autora requer que:

a) seja deferida a antecipação da tutela pretendida, determinando-se que o réu promova o recebimento imediato do recurso administrativo interposto pela autora, com efeito suspensivo, processando-se regularmente o referido recurso, que deverá ser julgado pela autoridade competente;

b) seja determinada a citação do réu para, querendo, contestar a presente demanda no prazo legal (arts. 297 e 188 do CPC), sob pena de revelia (art. 285 do CPC);

c) a produção de todas as provas admitidas pelo Direito;

d) seja, ao final, confirmada a tutela antecipada requerida, com a declaração de nulidade do ato da comissão do concurso que não recebeu o recurso da autora e a confirmação da decisão que determinar que o recurso administrativo interposto pela autora seja recebido no efeito suspensivo e julgado pela autoridade competente:

e) seja o réu condenado ao pagamento das custas processuais e dos honorários de sucumbência fixados em 20% do valor da causa *(art. 20 do CPC); [repare que o pedido é estritamente declaratório e relativo a obrigação de fazer, ou seja,* ***não haverá condenação em valores monetários*** *– assim, não há como pedir honorários fixados sobre o valor da* ***condenação****, mas apenas sobre o valor da* ***causa****, ou fixados por equidade, conforme o art. 20, § 4º, do CPC]*

Dá-se à causa o valor de R$ ...

Termos em que, pede deferimento.

Local .., data ...

[Não assine, rubrique ou, de outra forma, identifique sua prova!]

____

Advogado ...

OAB ...

fim da petição

(OAB/Exame Unificado – 2ª fase – CESPE) PEÇA PROFISSIONAL. O imóvel de Antônio foi ocupado, em 19 de janeiro de 1988, pelo estado X, que o utilizou como espaço para feira de exposição permanente. Mais de 500 pontos de venda foram licitados e adquiridos pelos feirantes. A referida feira já está em funcionamento há mais de 10 anos. Em dezembro de 2006, Antônio procurou o escritório de advocacia, com a intenção de ser reintegrado no imóvel esbulhado ou ser indenizado. Como advogado responsável pela defesa dos interesses de Antônio, redija peça profissional que contemple a medida judicial mais adequada e célere ao caso. Para tanto, aborde, em seu texto, necessariamente e de forma fundamentada de acordo com os precedentes jurisprudenciais dos tribunais superiores os aspectos apresentados a seguir. Aspectos formais:

< órgão judicial competente;

< medida judicial mais apropriada;

< outros aspectos formais.

Aspectos materiais:

< prescrição;

< juros moratórios;

< juros compensatórios;

< honorários advocatícios;

< pedidos finais.

(Data da prova: 03/06/07)

RESOLUÇÃO DA PEÇA PRÁTICO-PROFISSIONAL.

1. **Peça Processual:** Ação de Indenização por Desapropriação Indireta.

2. **Endereçamento:** Excelentíssimo Senhor Doutor Juiz de Direito da ____ Vara da Fazenda Pública da Comarca de ____.

3. **Fundamentação legal e teses:**

a) Com a ocupação do local pelo Poder Público e sua utilização num serviço público, o bem foi incorporado ao patrimônio público, o que impõe a devida indenização.

b) O fundamento maior desse direito é o art. 5º, XXIV, que dispõe que a desapropriação requer pagamento de prévia e **justa** indenização em dinheiro.

c) O art. 35 do Decreto-lei 3.365/1941, por sua vez, assevera que, "os bens expropriados, uma vez incorporados à Fazenda Pública, não podem ser objeto de reinvindicação, ainda que fundada em nulidade do processo de desapropriação". O mesmo dispositivo dispõe que eventuais problemas devem ser resolvidos por meio de indenização por perdas e danos. Esse dispositivo deixa claro que a única alternativa para um caso como o presente é intentar ação indenizatória, já que, uma vez incorporado o bem ao patrimônio público, não é possível desfazer essa situação.

d) O § 3º do art. 27 do Decreto-lei 3.365/1941, parágrafo acrescentado pela Medida Provisória 2.183-56/2001, dispõe que a disciplina dos juros compensatórios, em matéria de desapropriação, vale também para "as ações ordinárias de indenização por apossamento administrativo ou desapropriação indireta". Essa disposição assume expressamente o dever de indenizar quando ocorre a desapropriação indireta.

e) Por fim, a responsabilidade objetiva do estado prevista no art. 37, § 6º, da CF, também reclama indenização por prejuízos causados por conduta estatal, independentemente de culpa ou dolo.

f) O prazo prescricional para ingressar com a ação de indenização por desapropriação indireta, nos termos da Súmula 119 do STJ, é de 20 anos. O fundamento da súmula é que esse é prazo para a usucapião extraordinária de bens imóveis, sob a égide do Código Civil de 1916 (arts. 550 e 551). Todavia, no atual CC, o prazo da usucapião extraordinária é de 15 anos, como regra, e de 10 anos, quando o possuir houver estabelecido no imóvel a sua moradia habitual, ou nele realizado obras ou serviços de caráter produtivo, conforme o art. 1.238 do CC. O atual Código Civil prevê que os prazos prescricionais reduzidos por ele não serão aplicados se o prazo originário já transcorreu mais da metade (art. 2.028). No caso em tela, como o prazo de 20 anos se iniciou em 1988, ele já transcorreu mais do que sua metade na data da prova, de modo que será o prazo a regular a prescrição no caso em tela. Assim, a ação pode ser intentada até 19 de janeiro de 2008. A MP 2.183/2001 deu nova redação ao parágrafo único do art. 10 do Dec.-lei, para dispor que o prazo para prescricional da ação de indenização por desapropriação indireta passava a ser de 5 anos. Todavia, o STF, na ADI 2.260/DF, suspendeu a eficácia do dispositivo. A ADI perdeu o objeto quanto a esse ponto, pois edição posterior da medida provisória mudou o dispositivo para o seguinte teor: "extingue-se em 5 (cinco) anos o direito de propor ação que vise a indenização por restrições decorrentes de atos do Poder Público". Tais restrições não se confundem com a extinção do direito de propriedade, própria da desapropriação indireta. Restrições dizem respeito a servidões, requisições administrativas etc.

4. **Outros pontos:**

a) deve ser feito pedido de Citação e protesto pela produção das provas admitidas em direito, requerendo-se, desde já, a realização de prova pericial para determinar o valor da justa indenização;

b) deve-se pedir a procedência da ação com a fixação de indenização que leve em conta os critérios legais e as avaliações, bem como os seguintes consectários legais:

– juros compensatórios pela imissão provisória no imóvel, juros esses devidos desde a apropriação do imóvel pela ré, e no montante de 12% ao ano, com incidência sobre a totalidade do valor indenizatório;

- juros moratórios, na forma do art. 100, § 12, da Constituição Federal;
- correção monetária, contada desde a realização do laudo pericial que fixar o valor do bem expropriado;
- custas e despesas processuais, bem como honorários advocatícios, estes no valor de 20% sobre o total da condenação; os honorários advocatícios deverão incidir também sobre as parcelas relativas aos juros compensatórios e moratórios, devidamente corrigidos (Súmula 131 do STJ)

Modelo: petição inicial de ação de desapropriação indireta.

[o que estiver entre colchetes é apenas nota do autor – não deve constar da peça]

início da folha

Excelentíssimo Senhor Doutor Juiz de Direito da .... Vara da Fazenda Pública da Comarca de ...

[Deixe espaço de aproximadamente 10 cm, para eventual despacho ou decisão do juiz]

Antonio, ..., estado civil ..., profissão ..., com residência e domicílio ..., portador do RG ... e do CPF ..., por seu advogado que firma a presente (procuração anexada – DOC. 1), com escritório para recebimento de intimações na ... (CPC, art. 39, I), vem, respeitosamente, propor contra o Estado X, pessoa jurídica de direito público interno, com sede na ..., cujo representante legal pode ser localizado em ..., a presente

AÇÃO DE INDENIZAÇÃO POR DESAPROPRIAÇÃO INDIRETA

com fundamento no art. 5º, XXIV, da Constituição Federal, e nos arts. 15-A, § 3º, e 35 do Decreto-lei 3.365/1941, bem como nas razões a seguir aduzidas.

1. DOS FATOS

Em 19 de janeiro de 1988, o imóvel do autor, sito na ..., foi ocupado pelo réu, que o utilizou como espaço para feira de exposição permanente. Mais de 500 pontos de venda foram licitados e adquiridos pelos feirantes. A referida feira já está em funcionamento há mais de 10 anos (doc. 2).

A constatação de que o Poder Público havia se apropriado do bem, ainda que de modo irregular e abusivo, fez com que o autor buscasse o réu para receber indenização cabal pelos prejuízos sofridos.

Todavia, o autor não logrou êxito nesse intento, o que o leva a propor a presente ação indenizatória.

2. DO DIREITO

2.1. Do fundamento jurídico da presente ação indenizatória.

É pacífico na doutrina e na jurisprudência, que, quando o Poder Público se apropria de bem particular, sem observância dos requisitos do processo de indenização, o lesado tem direito de buscar a devida indenização junto ao Poder Judiciário.

O fundamento maior desse direito é o art. 5º, XXIV, que dispõe que a desapropriação requer pagamento de prévia e justa indenização em dinheiro.

O art. 35 do Decreto-lei 3.365/1941, por sua vez, assevera que, "os bens expropriados, uma vez incorporados à Fazenda Pública, não podem ser objeto de reivindicação, ainda que fundada em nulidade do processo de desapropriação". O mesmo dispositivo dispõe que eventuais problemas devem ser resolvidos por meio de indenização por perdas e danos. E deixa claro que a única alternativa para um caso como o presente é intentar ação indenizatória, já que, uma vez incorporado o bem ao patrimônio público, não é possível desfazer essa situação, por meio de ação de reintegração de posse, por exemplo.

Por fim, o § 3º do art. 27 do Decreto-lei 3.365/1941, parágrafo acrescentado pela Medida Provisória 2.183-56/2001, dispõe que a disciplina dos juros compensatórios, em matéria de desapropriação, vale também para "as ações ordinárias de indenização por apossamento administrativo ou desapropriação indireta". Essa disposição assume expressamente o dever de indenizar quando ocorre a desapropriação indireta.

Por fim, a responsabilidade objetiva do estado prevista no art. 37, § 6º, da CF, também reclama indenização por prejuízos causados por conduta estatal, independentemente de culpa ou dolo.

Assim, os fundamentos jurídicos expressos acima demonstram, cabalmente, que é devida indenização no caso presente, em que o Poder Público se apropriou de imóvel do autor, sem cumprir as formalidades previstas em lei.

2.2. Da não configuração da prescrição

O prazo prescricional para ingressar com a ação de indenização por desapropriação indireta, nos termos da Súmula 119 do STJ, é de 20 anos.

O fundamento da súmula é que esse é prazo para a usucapião extraordinária de bens imóveis, sob a égide do Código Civil de 1916 (arts. 550 e 551).

Todavia, no atual CC, o prazo da usucapião extraordinária é de 15 anos, como regra, e de 10 anos, quando o possuidor houver estabelecido no imóvel sua moradia habitual, ou nele realizado obras ou serviços de caráter produtivo, conforme o art. 1.238.

De qualquer forma, o atual Código Civil prevê que os prazos prescricionais por ele reduzidos não serão aplicados se o prazo originário já transcorreu mais da metade (art. 2.028).

No caso em tela, como o prazo de 20 anos se iniciou em 1988, ele já transcorreu mais do que sua metade nesta data (03/06/2007), de modo que será o prazo a regular a prescrição no caso em tela.

Assim, a ação poderia ser intentada até 19 de janeiro de 2008.

É importante ressaltar que a MP 2.183/2001 deu nova redação ao parágrafo único do art. 10 do Dec.-lei 3.365/1941, para dispor que o prazo para prescricional da ação de indenização por desapropriação indireta passava a ser de 5 anos. Todavia, o STF, na ADI 2.260/DF, suspendeu a eficácia do dispositivo. A ADI perdeu o objeto quanto a esse ponto, pois edição posterior da medida provisória mudou o dispositivo para o seguinte teor: "extingue-se em 5 (cinco) anos o direito de propor ação que vise a indenização por restrições decorrentes de atos do Poder Público". Tais restrições, todavia, não se confundem com a extinção do direito de propriedade, própria da desapropriação indireta. Restrições dizem respeito a servidões, requisições administrativas etc.

Assim, fica mantido o raciocínio no sentido de que, no caso, está em curso o prazo prescricional de 20 anos, que somente se findará em 19 de janeiro de 2008.

2.3. Das verbas indenizatórias devidas

A indenização devida deve contemplar diversas parcelas e não só o valor de mercado do bem expropriado.

A indenização só será justa, conforme determina a Constituição, se incluir as verbas que serão a seguir descritas.

2.3.1. Valor de mercado do bem

A indenização, para ser justa, deve corresponder ao valor de mercado do bem (art. 5º, XXIV, da CF, e 27 do Decreto-lei 3.365/1941).

Nesse sentido, requer que seja fixado o valor conforme as avaliações ora apresentadas (DOC. 3 – avaliações do imóvel) e conforme também será demonstrado por ocasião da prova pericial;

[Danos emergentes e lucros cessantes: em alguns casos será necessário pedir verbas relacionadas a outros danos emergentes e lucros cessantes a serem inseridos na indenização; exemplo: mudança, fundo de comércio do proprietário etc.]

2.3.2. Juros compensatórios

Os juros compensatórios são devidos no caso presente como forma de compensar o período em que o autor deixou de ter a disponibilidade da coisa. Tais juros são devidos, então, desde a ocupação do imóvel pelo Poder Público e incidirão sobre o total de indenização, uma vez que, diferentemente do que ocorre na desapropriação direta, não há diferença entre o valor fixado na sentença e o valor ofertado, pois aqui não se fala em valor ofertado.

Os juros, aqui, terão o mesmo percentual dos juros compensatórios na desapropriação indireta, uma vez que foi suspensa pelo STF a disposição que estabelecia juros de até 6% ao ano (*vide* art. 15-A do Decreto-lei 3.365/1941). Assim, remanesce a regra estabelecida na Súmula 618 do STF, pela qual a taxa de juros compensatórios é de 12% ao ano.

2.3.3. Juros moratórios

Os juros moratórios são devidos se houver atraso, pelo Poder Público, no pagamento que deverá efetuar pela desapropriação. Como o pagamento, no caso presente, será feito mediante a expedição de precatório, esse atraso só passará a existir "a partir de 1º de janeiro do exercício seguinte àquele em que o pagamento deveria ser feito, nos termos do art. 100 da Constituição" (art. 15-B do Decreto-lei 3.365/1941).

O mesmo dispositivo estabelece que esses juros serão de 6% ao ano.

2.3.4. Correção monetária

Para que a indenização seja justa, há de se acrescer à condenação a incidência de correção monetária. Esta deve ser computada desde a data do laudo pericial que fixará valor do bem expropriado, conforme entendimento doutrinário e jurisprudencial sobre o tema.

2.3.5. Custas e despesas processuais

De acordo com o entendimento doutrinário e jurisprudencial, as custas e as despesas processuais serão de responsabilidade do Poder Público, inclusive as que se referiam ao adiantamento das quantias para fazer frente aos honorários periciais.

2.3.6. Honorários advocatícios

O Decreto-lei 3.365/1941 dispõe que, à moda do que ocorre na desapropriação direta, os honorários serão fixados entre 0,5 e 5% da diferença entre o valor oferecido pelo Poder Público e o valor fixado pelo Poder Judiciário (art. 27, §§ 1º e 3º, do Dec.-lei, com a redação dada pela MP 2.183-56/2001).

Todavia, como no presente caso não há diferença entre valor fixado pelo juiz e valor ofertado pelo Poder Público, já que este se apoderou do bem sem seguir os trâmites legais, deve incidir os honorários sobre o valor total da condenação, prevalecendo os parâmetros previstos no art. 20, § 3º, do CPC (entre 10% e 20% do valor da condenação), conforme entendimento doutrinário e jurisprudencial a respeito.

3. DO PEDIDO

Ante o exposto, é o presente para requerer a Vossa Excelência o quanto segue:

a) a Citação da ré, no endereço declinado nesta inicial, para, querendo, contestar a presente ação no prazo legal, sob as penas da lei processual civil;

b) a realização de prova pericial para determinar o valor da justa indenização;

c) o protesto pela indicação oportuna de seu assistente técnico e dos quesitos pertinentes;

d) a procedência da ação com a fixação de indenização que leve em conta os critérios legais e as avaliações ora apresentadas, que apontam para o valor de R$ ... para a totalidade do imóvel, com a fixação de:

i) juros compensatórios pela imissão provisória no imóvel, juros esses devidos desde a apropriação do imóvel pela ré, ocorrida em ... ; os juros devem ser de 12% ao ano e incidir sobre a totalidade do valor indenizatório;

ii) correção monetária, contada desde a realização do laudo pericial que fixar o valor do bem expropriado e incidente até a data do efetivo pagamento;

iii) custas e despesas processuais, bem como honorários advocatícios, estes no valor de 20% sobre o total da condenação;

iv) juros compensatórios calculados sobre o valor total da indenização, corrigidos monetariamente (Súmula 114 do STJ);

v) honorários advocatícios incidentes, também, sobre as parcelas relativas aos juros compensatórios e moratórios, devidamente corrigidos (Súmula 131 do STJ);

e) O protesto pela produção de prova documental e pericial, e de todos os meios probatórios em direito admitidos, ainda que não especificados no CPC, desde que moralmente legítimos (CPC art. 332).

Dá-se a causa o valor de R$ ... (valor por extenso). (Valor das avaliações feitas)

Termos em que pede deferimento.

Local ..., data ...

[Não assine, rubrique ou, de outra forma, identifique sua prova!]

____

Advogado ...

OAB ...

fim da petição

Comentários adicionais

Com a entrada em vigor da Lei 11.960, de 29 de junho 2009, que alterou o art. 1º-F da Lei 9.494/1997, os entes públicos, em geral, passaram a entender que, na condenação da Fazenda Pública em matéria de desapropriação, incidia o disposto na novel lei, no sentido de que a somatória dos encargos devidos (correção monetária, juros moratórios e juros compensatórios) resultaria na aplicação, uma única vez, dos índices de remuneração básica e juros da poupança, resultando na aplicação de juros de 6% ao + TR.

Todavia, os administrados (os expropriados) vêm defendendo a tese que o Dec.-lei 3.365/1941, que traz disposições especiais sobre os juros contra a Fazenda Pública, deve prevalecer, remanescendo a ideia de correção monetária pelos índices de inflação, mais juros compensatórios de 12% ao ano, mais juros moratórios de 6% ao ano.

Caso o candidato esteja defendendo o expropriado, deve, então, dizer que se aplica o Dec.-lei 3.365/1941, por se tratar de lei especial, que prevalece em relação à lei geral (atual art. 1º-F da Lei 9.494/1997).

Até o exame de 2009.3 (prova de janeiro de 2010), essa tese pode ser usada. Todavia, a partir do exame citado, há de se levar em conta o disposto no art. 100, § 12, da Constituição Federal, alterado pela EC 62/2009, que entrou em vigor após a data do edital do exame citado. Essa emenda, pelo critério da hierarquia, prevalece em relação a leis infraconstitucionais gerais ou especiais. Ela determina a aplicação de juros simples da poupança (6%) mais TR, com exclusão expressa dos juros compensatórios, mas tudo isso somente a partir da expedição do precatório. No início de 2013, o STF proferiu importantes decisões no âmbito das ADIs 4.357 e 4.424. Numa delas, decidiu que fere o princípio da igualdade a correção monetária do precatório pelo índice da poupança, pois esse índice não recompõe as perdas inflacionárias. Essa decisão se referiu especificamente ao regime do precatório (art. 100, § 12, da CF), não tendo sido julgada a constitucionalidade do art. 1º-F da Lei 9.494/1997. Há de se aguardar, agora, decisões acerca de como ficará a correção monetária dos precatórios.

(OAB/Exame Unificado – 2ª fase – FGV) PEÇA PROFISSIONAL. Francisco de Tal é proprietário de uma área de 2.000m² situada bem ao lado da sede da Prefeitura do Município de Bugalhadas. Ao se aposentar, no ano de 2003, cansado da agitada vida da cidade de São Paulo, onde reside, Francisco resolveu viajar pelo mundo por ininterruptos três anos. Ao retornar, Francisco descobre que o Município de Bugalhadas iniciou em 2004, sem sua autorização, obra em seu terreno para a construção de um prédio que servirá de apoio às atividades da Prefeitura. A obra já se encontra em fase bem adiantada, com inauguração prevista para o início do próximo mês. Francisco procura-o, na qualidade de advogado(a), para identificar e minutar a medida judicial que pode ser adotada para tutelar seus direitos. A medida judicial deve conter argumentação jurídica apropriada e desenvolvimento dos fundamentos legais do instituto jurídico contido no problema, abordando necessariamente: (i) competência do órgão julgador; (ii) a natureza da pretensão a ser deduzida por Francisco; (iii) a observância do prazo prescricional; e (iv) incidência de juros. **(Valor: 5,0)**

PADRÃO DE RESPOSTA – PEÇA PROFISSIONAL – EXAMINADORA

A peça a ser elaborada consiste em uma ação de desapropriação indireta ou em uma ação ordinária de indenização por apossamento administrativo em face do Município de Bugalhadas, em decorrência da afetação fática do bem à utilização pública, sem a observância do devido processo legal. O enunciado deixa claro que o terreno já se encontra incorporado ao patrimônio público, de forma a afastar o manejo de ações possessórias ou de ação reivindicatória, na forma do artigo 35 do Decreto-Lei 3.365/1941. Daí porque a pretensão a ser deduzida em juízo é indenizatória. Em relação ao juízo competente para processar e julgar a demanda, em que pese tratar-se de pretensão de direito pessoal (indenizatória), o entendimento consolidado da jurisprudência é no sentido de que se trata de ação real para fins de fixação de competência, donde resulta a necessidade de observância da regra de competência do foro da situação do bem imóvel (logo: juízo fazendário ou cível da Comarca de Bugalhadas). É importante que o examinando deixe claro que não se aplica à ação de desapropriação indireta o prazo prescricional de cinco anos previsto no artigo 10, parágrafo único, do Decreto-Lei n. 3.365/1941, afastando a ocorrência de prescrição no caso concreto. Por fim, quanto à incidência de juros moratórios e compensatórios, o examinando deve requerer a aplicação do artigo 15-A, § 3º, do Decreto-Lei n. 3.365/1941.

Distribuição dos Pontos

Quesito Avaliado	Valores
Endereçamento da petição inicial: Juízo Cível ou Fazendário da Comarca de Bugalhadas	0 / 0,25
Qualificação das partes: (0,25 para cada item) Francisco de Tal / Município de Bugalhadas / pessoa jurídica de direito público interno.	0 / 0,25 / 0,5 / 0,75
Fundamento da não ocorrência de prescrição: Súmula 119 do STJ interpretada à luz do art. 1.238 do Código Civil.	0 / 0,25
Fundamentação para a pretensão indenizatória (0,5 para cada item): 1. Apossamento sem a observância do devido processo legal previsto no Decreto-Lei 3.365/1941. 2. Caracterização da desapropriação indireta, com base em seus conceitos fundamentais. 3. Violação ao princípio da prévia e justa indenização em dinheiro, nos termos do art. 5º, inciso XXIV, CRFB. 4. Direito à indenização pela perda da propriedade, em razão do disposto no artigo 35 do Decreto-Lei 3.365/1941. 5. Incidência de juros compensatórios e moratórios, nos termos do artigo 15-A, § 3º, do Decreto-Lei 3.365/1941.	0 / 0,5 / 1,0 / 1,5 / 2,0 / 2,5

(OAB/Exame Unificado – 2ª fase – CESPE) PEÇA PROFISSIONAL. Foi noticiado em jornal de grande circulação que "O secretário de transportes de determinado estado, e certa empresa de transportes coletivos, pessoa jurídica de direito privado, com sede no mesmo estado, celebraram, em 05/03/1987, contrato de permissão de serviço público de transporte coletivo intermunicipal em face de todos os municípios do estado, com prazo de 20 anos, prorrogáveis por mais 20 anos. No dia 04/03/2007, depois de muita negociação entre as partes e da inclusão, por vontade do contratado, de algumas cláusulas contratuais, foi firmada a renovação do citado contrato por mais 20 anos. Ocorre que o contrato original e a sua renovação foram feitos sem licitação. Segundo o secretário de Estado, a ausência da licitação se justifica pelo fato de que a referida empresa, nesses 20 anos de serviço, promoveu vultosos investimentos, construiu uma grande estrutura administrativa em todos os municípios do estado, já acumulou a experiência necessária a esse tipo de serviço, e, além disso, a lei federal não exige licitação para contratos de permissão, mas apenas para os contratos de concessão de serviço público. Assim, devido a sua precariedade e possibilidade de rescisão unilateral, não haveria a imposição legal de licitação." Diante dessa notícia, João

Paulo, brasileiro, maior de idade, professor de direito de universidade pública e usuário do sistema de transporte público, contratou, como advogado, um ex-aluno seu. Alega que tem a pretensão de anular essa renovação e, via de consequência, determinar que o estado promova a devida licitação para que outras empresas ou empresários possam participar da licitação em condições de igualdade. Alega ainda que o sistema de transporte no estado não é satisfatório, que as tarifas são muito elevadas e que os ônibus são velhos e sempre atrasam. João Paulo requereu pessoalmente, do órgão responsável, o acesso aos documentos necessários para a propositura da presente ação; esse pedido, no entanto, foi negado. Em face da situação hipotética acima, como advogado de João Paulo, redija a medida judicial, de ordem constitucional, que entender cabível na espécie, fundamentando-a com os argumentos que entender pertinentes e observando os requisitos formais da medida. (Data da prova: 30/09/2007)

RESOLUÇÃO DA PEÇA PRÁTICO-PROFISSIONAL

1. **Peça:** Ação Popular
2. **Endereçamento:** Excelentíssimos Senhor Doutor Juiz de Direito da ... Vara da Fazenda Pública da Comarca de ... .
3. **Fundamento legal e teses:**

a) de acordo com o art. 175 da Constituição Federal de 1988, a concessão e a permissão de serviço público dependem de licitação para serem outorgadas;

b) a Lei 8.987/1995 também exige licitação tanto para a concessão, como para a permissão de serviço público (arts. 2º, II e IV, e 14);

c) a ausência de licitação lesa o patrimônio público e a moralidade administrativa, de modo que é cabível a ação popular (art. 5º, LXXIII, da CF).

4) **Pedidos:**

a) deve-se pedir para que o juiz determine a apresentação dos documentos solicitados e não apresentados pela Administração Pública, nos termos do art. 1º, § 7º, da Lei 4.717/65 (Lei de Ação Popular);

b) deve-se pedir a anulação da renovação da permissão outorgada, bem como a condenação do Estado a celebrar a devida licitação para a outorga do serviço público; deve-se fazer pedido liminar para a suspensão da execução do contrato.

Modelo: petição inicial de ação popular.

[O que estiver entre colchetes é apenas nota do autor – não deve constar da peça]

início da folha

EXCELENTÍSSIMO SENHOR DOUTOR JUIZ DE DIREITO DA ... VARA DA FAZENDA PÚBLICA DA COMARCA DE ... - ... .

[Deixe espaço de aproximadamente 10 cm para eventual despacho ou decisão do juiz]

João Paulo, brasileiro, maior de idade, professor de universidade pública, estado civil, residente e domiciliado na ..., portador do CPF nº ..., RG nº .. e do Título Eleitoral nº ..., cidadão em pleno gozo de seus direitos (doc. 01) vem, mui respeitosa e tempestivamente à presença de Vossa Excelência, por meio de seu advogado e bastante procurador infra assinado (doc. 02), com escritório para recebimento de intimações na ... (CPC, art. 39, I), com fundamento no artigo 5º, LXXIII da Constituição Federal e na Lei 4.717 de 29 de junho de 1965, propor a presente

AÇÃO POPULAR

em face do Estado ..., pessoa jurídica de direito público interno, com sede ..., na pessoa de seu representante legal .... e de ...., Secretário Estadual dos Transportes, nome ..., estado civil ..., profissão ..., com residência e domicílio ..., portador do RG ... e do CPF ..., e Empresa de Transportes Coletivos ..., **pessoa jurídica de direito privado,** com sede na ..., inscrita no CNPJ sob nº ..., nos termos do art. 6º da Lei 4.717/1965, e segundo as razões de fato e de direito a seguir aduzidas:

1. DOS FATOS

Conforme noticiado no Jornal ..., periódico de grande circulação no ... , o Estado ..., ora réu, por meio do Secretário Estadual de Transportes, ora também réu, resolveu, no dia 04/03/2007, renovar por mais 20 anos contrato de permissão de serviço público de transporte coletivo intermunicipal em face de todos os municípios do estado, em favor da Empresa de Transportes Coletivos ..., também ré na presente ação (doc. 03).

Ocorre que tanto o primeiro contrato, celebrado em 05/03/1987, como o segundo contrato foram celebrados sem a prévia realização de licitação pública. Ademais, a renovação contratual se deu mediante a inclusão de algumas cláusulas contratuais, por vontade do contratado.

Diante dessa situação, e do fato de que o sistema de transporte no estado não é satisfatório, que as tarifas são muito elevadas e que os ônibus são velhos e sempre atrasam o transporte, o autor requereu pessoalmente, do órgão responsável, o acesso aos documentos necessários para a propositura da presente ação.

Todavia, esse pedido foi negado (doc. 4).

Os fatos noticiados acima justificam a propositura da presente ação popular, sendo certo que o autor se valerá da prerrogativa contida no art. 1º, § 7º, da Lei 4.717/19965, propondo a ação desacompanhada dos documentos contidos nos processos administrativos que tratam das contratações referidas, uma vez que, como noticiado, tais documentos tiveram seu acesso negado pelo órgão responsável.

2. DO DIREITO

2.1. Da legitimidade ativa

A Constituição Federal estabelece que *"qualquer cidadão é parte legítima para propor ação popular que vise a anular ato lesivo ao patrimônio público ou de entidade de que o Estado participe ..."* (art. 5º, LXXIII).

Assim, o autor, que é cidadão brasileiro, e encontra-se quite com a Justiça Eleitoral (DOC. 1), está legitimado para a propositura da presente ação, que tem por fim desfazer a lesão ao patrimônio público e à moralidade administrativa.

2.2. Da lesão ao patrimônio público e ao princípio da moralidade

De acordo com o art. 175 da Constituição Federal, a concessão e a permissão de serviço público dependem de licitação para serem outorgadas.

Repetindo a regra constitucional, a Lei 8.987/1995 também exige licitação tanto para a concessão como para a permissão de serviço público (arts. 2º, II e IV, e 14).

Aliás, a Lei 8.987/1995 admite que sejam mantidas concessões outorgadas sem licitação anteriormente à Constituição de 1988, impedindo, todavia, a renovação do contrato, que, uma vez findo, deve dar lugar à prestação do serviço pela própria Administração ou por terceiro, mediante novo contrato (art. 42, § 1º), o qual, nos termos da Lei 8.987/1995, depende de licitação, como se viu.

Nesse ponto, cumpre destacar que o fato de a empresa ré ter feito investimentos e ter experiência no serviço prestado não é argumento que encontre guarida na Lei 8.987/1995 para propiciar a renovação do contrato sem licitação.

Há de se lembrar que a doutrina e a jurisprudência são uníssonas no sentido de que delegações de grande vulto, como é a de transporte coletivo, reclamam outorga de concessão, e não de mera permissão de serviço público, de natureza precária, de modo que não calha qualquer argumento no sentido de que a precariedade da permissão justifica a ausência de licitação.

O fato é que os descumprimentos escancarados da lei e da Constituição no caso presente revelam violação à moralidade administrativa e ao patrimônio público, valores protegidos pela ação popular. O primeiro valor é violado, pois não é crível que um secretário estadual de transportes e uma empresa do porte da ré não conheçam as comezinhas normas do direito das concessões e permissões de serviço público, quanto à obrigatoriedade de licitação. E o segundo valor é violado na medida em que a ausência de licitação propicia que não se busque a melhor proposta para a Administração, o que, de acordo com o tipo de concessão a ser realizada, pode gerar menos ou mais recursos em favor do Poder Público.

2.3. Da nulidade do ato de renovação da permissão

O artigo 2º da Lei 4.717/1965 estabelece que são nulos os atos lesivos ao patrimônio público do Estado, por vício de incompetência, forma, ilegalidade de objeto, inexistência de motivos e desvio de finalidade.

No caso em tela, requisitos procedimentais foram descumpridos, configurando ilegalidade não passível de ser sanada, uma vez que a obrigatoriedade de licitação, no caso, é prevista tanto na Constituição, como na Lei de Concessão de Serviços Público, conforme dispositivos já mencionados no presente.

Destarte, de rigor a declaração de nulidade do contrato celebrado, com a consequente determinação para que a o Estado-réu promova a realização de licitação pública para a concessão do serviço público em questão.

3. DA REQUISIÇÃO DE DOCUMENTOS

Conforme já relatado, o autor requereu pessoalmente a extração de cópia dos processos administrativos nos quais se deram a primeira contratação e sua renovação.

Todavia, o pedido foi negado, o que propiciou a propositura da presente demanda com os benefícios do art. 1º, § 7º, da Lei 4.717/1965.

Dessa forma, de rigor que esse D. Juízo se digne de, ao se despachar a petição inicial, requisitar ao Estado-réu cópias dos processos administrativos de que tratam as duas permissões de serviço público outorgadas à empresa-ré, providência a ser cumprida no prazo de 15 dias, tendo em vista a facilidade na obtenção desses documentos (art. 7º, I, "b", da Lei 4.717/1965).

Tão logo os documentos estejam juntados aos autos, o autor fará pedido de liminar, nos termos do art. 5º, § 4º, da Lei 4.717/1965, a fim de suspender a renovação da permissão e de determinar a realização imediata de processo licitatório para que outros interessados possam participar do certame com vistas à concessão do serviço público respectivo em condições de igualdade.

4. DO PEDIDO

Por todo o exposto, o autor requer que seja:

a) determinada a citação dos réus, para responder aos termos da presente ação, sob pena de serem tidos por verdadeiros os fatos aqui narrados;

b) determinada a intimação do represente do Ministério Público para acompanhar a presente ação;

c) requisitado do Estado-réu, na pessoa do Secretário Estadual dos Transportes, também réu na presente demanda, cópia integral dos processos administrativos que tratam da outorga de permissão de serviço público e de sua renovação;

d) julgada procedente a presente ação para o fim de declarar a nulidade do ato de renovação da permissão de serviço público de transporte coletivo intermunicipal em face de todos os municípios do estado, bem como para condenar o Estado-réu a promover a devida licitação para que outras empresas ou empresários possam participar do certame com vistas à concessão do serviço público respectivo em condições de igualdade.

Requer, outrossim, a condenação dos réus nas custas e honorários advocatícios, em montante a ser arbitrado por Vossa Excelência, na forma do artigo 20 do CPC.

Protesta pela produção de todos os meios de prova em direito admitidos, sem exclusão de nenhuma delas, especialmente oitiva dos depoimentos pessoais dos representantes das entidades rés, bem como depoimentos de testemunhas, cujo rol será oferecido oportunamente.

Requer, também, a isenção de custas para o recebimento e processamento da presente ação, nos moldes do inciso LXXIII, do artigo 5º da Constituição Federal.

Dá a causa, apenas para efeito de alçada, o valor de R$ 10.000,00.

Termos em que pede deferimento.

Local ..., data ...

Advogado ...

OAB ...

fim da petição

(OAB/Exame Unificado – 2ª fase – FGV) O Município Y, representado pelo Prefeito João da Silva, celebrou contrato administrativo com a empresa W – *cujo sócio majoritário vem a ser Antonio Precioso, filho da companheira do Prefeito* –, tendo por objeto o fornecimento de material escolar para toda a rede pública municipal de ensino, pelo prazo de sessenta meses. O contrato foi celebrado sem a realização de prévio procedimento licitatório e apresentou valor de cinco milhões de reais anuais.

José Rico, cidadão consciente e eleitor no Município Y, inconformado com a contratação que favorece o filho da companheira do Prefeito, o procura para, na qualidade de advogado(a), identificar e minutar a medida judicial que, em nome dele, pode ser proposta para questionar o contrato administrativo.

A medida judicial deve conter a argumentação jurídica apropriada e o desenvolvimento dos fundamentos legais da matéria versada no problema, abordando, necessariamente:

(i) competência do órgão julgador;

(ii) a natureza da pretensão deduzida por José Rico; e

(iii) os fundamentos jurídicos aplicáveis ao caso.

(valor: 5,00)

PADRÃO DE RESPOSTA – PEÇA PROFISSIONAL – EXAMINADORA

A medida judicial a ser proposta em nome de José Rico é a ação popular, com fundamento no artigo 5º, inciso LXXIII, da CRFB e regulamentação infraconstitucional na Lei n. 4.717/1965. A pretensão do autor popular será a obtenção de provimento jurisdicional que anule o contrato administrativo em questão, devendo ser deduzidos, pelo menos, quatro fundamentos jurídicos para tanto:

(i) Ausência de processo licitatório para aquisição do material escolar, caracterizando ofensa ao art. 37, XXI, da CRFB/1988 e ao art. 2º da Lei n. 8666/1993;

(ii) violação ao princípio da impessoalidade, visto que a Administração não pode atuar com vistas a beneficiar pessoas determinadas, uma vez que é sempre o interesse público que tem que nortear o seu comportamento;

(iii) violação ao princípio da moralidade ou probidade administrativa visto que a contratação direta, fora das hipóteses de dispensa, de empresa do enteado do prefeito implica violação aos padrões éticos que devem pautar a atuação do administrador;

(iv) violação à norma do artigo 57 da Lei n. 8.666/1993, que estabelece que a vigência dos contratos administrativos é adstrita à vigência dos respectivos créditos orçamentários.

Além da pretensão anulatória, também deverá o autor popular deduzir pretensão condenatória, visando ao ressarcimento dos danos causados ao erário em razão da contratação direta (artigo 11 da Lei n. 4.717/1965).

O autor popular deverá, em sua petição inicial, demonstrar a lesividade da contratação à moralidade administrativa e ao patrimônio público.

É importante ressaltar que, por se tratar de prova discursiva, se exigirá do examinando o desenvolvimento do tema apresentado. Desse modo, além de resposta conclusiva acerca do arguido, a mera menção a artigo não é pontuada, nem a mera resposta negativa desacompanhada do fundamento correto.

Distribuição dos Pontos
(não será aceita mera menção ao artigo)

Quesito Avaliado	Faixa de valores
Item 1 -- Endereçamento da petição inicial: Juízo Cível ou Fazendário da Comarca de Y.	0,00 / 0,25
Item 2 – Qualificação das partes (0,25 para cada item): [José Rico – eleitor] – [em face do Município] [da empresa W] [do Prefeito João da Silva]	0,00 / 0,25 / 0,50 / 0,75 / 1,00
Item 3 – Cabimento da Ação Popular: Nos termos do art. 5º, LXXIII, da CF/1988 e/ou art. 1º da Lei 4717/1965, qualquer cidadão é parte legítima para propor ação popular que vise a anular ato lesivo ao patrimônio público e à moralidade administrativa.	0,00 / 0,50
Item 4 -Fundamentação (0,50 para cada item): 1. Identificação fundamentada da ausência de processo licitatório para aquisição do material escolar, caracterizando ofensa ao art. 37, XXI, da CRFB/1988 e/ou ao art. 2º da Lei n. 8666/1993; 2. Identificação fundamentada da violação ao princípio da impessoalidade, visto que a Administração não pode atuar com vistas a beneficiar pessoas determinadas, uma vez que é sempre o interesse público que tem que nortear o seu comportamento; 3. Identificação fundamentada da violação ao princípio da moralidade ou probidade administrativa visto que a contratação direta de empresa do enteado do prefeito implica violação aos padrões éticos que devem pautar a atuação do administrador; 4. Identificação fundamentada da violação à norma do artigo 57 da Lei n. 8.666/1993 (prazo do contrato).	0,00 / 0,50 / 1,00 / 1,50 / 2,00
Item 5 - Pedidos / Conclusão: 0,20 para cada item 1. Citação de todos os réus para apresentação de defesa; 2. Procedência do pedido para anular o contrato administrativo; 3. Procedência do pedido para condenar os réus a ressarcir os danos causados ao erário; 4. Produção genérica de provas; 5. Condenação em honorários sucumbenciais.	0,00 / 0,20 / 0,40 / 0,60 / 0,80 / 1,00
Item 6 - Atribuição de valor à causa	0,00 / 0,25

(OAB/Exame Unificado – 2ª fase – CESPE) PEÇA PROFISSIONAL. João de Tal foi demitido do cargo de fiscal agropecuário federal por ato do ministro da Agricultura, depois de tê-lo exercido por 15 anos, sendo que essa era a sua única fonte de renda, com a qual mantinha mulher e três filhos menores. O processo administrativo disciplinar do qual resultou a aplicação da pena máxima a João não foi bem conduzido, havendo a comissão processante feito a oitiva de algumas testemunhas importantes sem que João fosse notificado do fato, não tendo podido, portanto, formular quesitos ou, mesmo, contraditá-las. A Portaria n.º 205/2007, assinada pelo ministro de Estado, foi publicada em 20/11/2007, nela constando que a demissão de João ocorrera por ele "ter procedido de forma desidiosa no desempenho de suas funções, causando dano ao Erário e lesando os cofres públicos". Consta que, por dois anos consecutivos, o servidor em questão chegou a ser premiado pela excelência no desempenho de suas atividades. Além disso, chegou ao último nível da carreira por merecimento e não constava qualquer registro desabonador em sua ficha funcional. A conduta irregular da qual foi acusado (negligência ao fiscalizar grande carga de arroz vinda do sudeste asiático e contaminada por fungo inexistente no Brasil) teria sido verificada nos dias 12 e 13 de março de 1999, conforme denúncia divulgada em reportagem de capa por grande jornal de circulação nacional. Contudo, a comissão de processo administrativo disciplinar (CPAD) só foi constituída, mediante portaria ministerial, em 15 de janeiro de 2005. Considerando a situação hipotética acima, elabore, na qualidade de advogado constituído por João de Tal, com obediência ao prazo legal, a peça judicial adequada a obter a tutela de urgência que reverta o ato demissionário. (Data da prova: 09/03/08)

RESOLUÇÃO DA PEÇA PRÁTICO-PROFISSIONAL

1) **Peça:** Mandado de Segurança; a peça encontra fundamento no art. 5º, LXIX, da CF, e nos arts. 1º e 5º, III, da Lei 12.016/2009; há ato de autoridade, descumprimento de formalidade essencial em processo administrativo e existência de prova pré-constituída.

2) **Endereçamento:** Excelentíssimo Senhor Presidente do Colendo Superior Tribunal de Justiça. (Art. 105, I, "b", da CF).

3) **Partes:**

a) **impetrante:** João de Tal;

b) **impetrado:** Ministro da Agricultura.

4) **Tese 1:** violação aos princípios constitucionais da ampla defesa e do contraditório (art. 5º, LV, da CF), em virtude do processo não ter sido bem conduzido, com ausência de intimação do acusado para oitiva de testemunhas relevantes; prova pré-constituída: cópia integral do processo administrativo.

5) **Tese 2:** prescrição da ação disciplinar (art. 142, I, da Lei 8.112/1990), pois seu prazo, no caso de sujeição à pena de demissão, é de 5 anos contados da data em que o fato se tornou conhecido; no caso, entre março de 1999 e janeiro de 2005 transcorreram mais de 5 anos, operando-se a prescrição; prova pré-constituída: cópias das notícias de jornal com a divulgação do fato e da portaria com a constituição da comissão processante.

6) **Pedidos:** de declaração de nulidade do ato demissório, com a consequente reintegração do servidor; deve-se fazer pedido de liminar, trazendo como relevante fundamento (*fumus boni iuris*) as duas teses e como *periculum in mora* o fato de que o servidor não tem outra fonte de renda e tem família – esposa e três filhos – para sustentar.

7) **Observações:**

a) **prazo para o mandado de segurança:** como a prova da 2ª fase se realizou no dia 09/03/2008, a impetração está dentro do prazo de 120 dias, pois a portaria de demissão só foi publicada em 20/11/2007;

b) **outras teses:** o problema apresentado dá margem a que se discuta o mérito do servidor, que seria exemplar; porém deve-se evitar usar essa informação como fundamento principal, pois isso não é possível na via estreita do mandado de segurança a dilação probatória; o problema também apresenta o motivo da demissão ("ter procedido de forma desidiosa no desempenho de suas funções, causando dano ao erário e lesando os cofres públicos"); todavia, também não é possível analisar esse fundamento pelos mesmo motivos.

c) **outras peças:** a peça indicada é o mandado de segurança; é claro que cabe, também, ação, pelo rito ordinário, com os mesmos pedidos; o problema é que este rito não tem todas as vantagens do mandado de segurança (exemplo: o pedido liminar, numa ação pelo rito ordinário, tem que preencher os requisitos da tutela antecipada; a apelação do Poder Público, no mesmo rito, tem duplo efeito etc.), e os elementos trazidos no problema não requerem dilação probatória, de modo que o mandado de segurança é, de fato, a melhor medida.

Modelo: mandado de segurança

[O que estiver entre colchetes é apenas nota do autor – não deve constar da peça]

início da folha

EXCELENTÍSSIMO SENHOR PRESIDENTE DO COLENDO SUPERIOR TRIBUNAL DE JUSTIÇA

[deixe espaço de aproximadamente 10 cm para eventual despacho ou decisão do juiz]

João de Tal ..., estado civil ..., profissão ..., com residência e domicílio ..., portador do RG ... e do CPF ..., por seu advogado que firma a presente (procuração anexada – doc.1), com escritório para recebimento de intimações na ... (CPC, art. 39, I) vem à presença de Vossa Excelência, respeitosamente, impetrar contra o Senhor Ministro da Agricultura, o presente

MANDADO DE SEGURANÇA COM PEDIDO DE LIMINAR

nos termos do artigo 5º, inciso LXIX, da Constituição Federal e da Lei nº 12.016/2009, pelas razões a seguir aduzidas:

I – DOS FATOS

O impetrante foi demitido do cargo de fiscal agropecuário federal por ato da autoridade coatora, consistente na Portaria nº 205/2007, publicada no dia 20/11/2007, sob o argumento de que aquele teria "procedido de forma desidiosa no desempenho de suas funções, causando dano ao Erário e lesando os cofres públicos" (doc. 2).

Ocorre que os fatos que ensejaram a demissão – negligência ao fiscalizar grande carga de arroz vinda do sudeste asiático e contaminada por fungo inexistente no Brasil – são relativos a acontecimentos datados de 12 e 13 de março de 1999 (doc. 3), tendo a comissão de processo disciplinar sido constituída apenas em 15 de janeiro de 2005 (doc. 4).

Ademais, o processo disciplinar que resultou na pena demissória não foi bem conduzido, havendo a comissão processante feito a oitiva de algumas testemunhas importantes sem que João fosse notificado do fato (doc. 5).

Há de se ressaltar que, por dois anos consecutivos, o impetrante chegou a ser premiado pela excelência no desempenho de suas atividades (doc. 6). Além disso, chegou ao último nível da carreira por merecimento, e não constava qualquer registro desabonador em sua ficha funcional (doc. 7).

II – DO DIREITO

1. Do cabimento do mandado de segurança

1.1. Existência de ato de autoridade

A portaria ora impugnado é ato de autoridade pública, no caso ato emanado pelo Ministro de Estado da Agricultura.

Dessa forma, o mandado de segurança é cabível quanto a esse aspecto (art. 5º, LXIX, da CF e art. 1º da Lei 12.016/2009).

1.2. Existência de prova pré-constituída

Os fatos que dão suporte ao direito alegado pelo impetrante estão comprovados de plano, por meio da prova documental ora juntada, consistentes nos seguintes documentos: a) cópia da reportagem de jornal que levou à abertura de processo disciplinar; b) cópia integral do processo administrativo disciplinar, do qual consta a data da constituição da comissão processante, bem como a ausência de intimação do impetrante para atos importantes do processo; c) outros documentos relativos à pessoa do impetrante.

Assim, também está cumprido o requisito de prova pré-constituída, essencial para o cabimento do mandado de segurança.

1.3. Respeito ao prazo decadencial de 120 dias

O prazo decadencial para ingressar com o presente *mandamus* também é requisito que está cumprido. Isso porque o ato impugnado (a demissão) foi publicado no dia 20/11/2007, e, considerando estarmos ainda na segunda semana do mês de março de 2008, não foi superado, ainda, o prazo de 120 dias, previsto na lei, para a impetração do mandado de segurança.

Assim sendo, o requisito temporal também está ordem.

1.4. Inexistência de outros impedimentos legais ou jurisprudenciais para a propositura do mandado de segurança

Por fim, não se configura no presente quaisquer outros impedimentos legais (arts. 1º e 5º da Lei 12.016/2009) e jurisprudenciais ao manejo do presente remédio constitucional.

É bom ressaltar que, mesmo o impedimento que existia no art. 5º, III, da antiga Lei de Mandado de Segurança, e que não foi repetido na atual lei (Lei 12.016/2009), não incidia nas situações em que havia inobservância a formalidade essencial, como se dá no caso presente, em que há violação ao princípio do contraditório e da ampla defesa.

Destarte, também não há requisito negativo a impedir o manejo da presente garantia constitucional.

2. Da legitimidade ativa e passiva

A legitimidade ativa está em ordem, pois o impetrante defende, em nome próprio, direito próprio decorrente da violação de princípios constitucionais e de regras da Lei 8.112/1990.

A autoridade coatora também está corretamente indicada, uma vez que foi o Ministro da Agricultura que promoveu o ato ora impugnado, de modo que está atendida a regra no sentido de que é "autoridade coatora aquela que tenha praticado o ato impugnado ou da qual emane a ordem para a sua prática" (art. 6º, § 3º, da Lei 12.016/2009).

Aliás, nos termos do art. 105, I, "b", da CF, a competência para conhecer de mandado de segurança contra ato de Ministro de Estado é desse C. Superior Tribunal de Justiça.

3. Do direito líquido e certo violado

3.1. Violação ao princípio do contraditório e da ampla defesa.

A Constituição Federal impõe obediência aos princípios do contraditório e da ampla defesa nos processos administrativos em geral (art. 5º, LV). A regra é repetida quanto aos processos administrativos disciplinares (art. 41, § 1º, II).

No caso em tela, tais princípios foram frontalmente violados, ferindo também o devido processo legal (art. 5º LIV, da CF). Isso porque, no decorrer do processo disciplinar, houve ausência de intimação do acusado para oitiva de testemunhas relevantes. Com isso, o impetrante não pode formular quesitos ou, mesmo, contraditar tais testemunhas, causando mácula insanável no processo disciplinar que resultou em sua demissão.

Afinal de contas, ampla defesa pressupõe conhecimento de atos processuais e oportunidade de se defender no contexto desses atos. E contraditório pressupõe oportunidade de contraditar manifestações, apresentar argumentações contrárias e participar efetivamente da produção de todo e qualquer tipo de produção de prova no processo.

A violação aos princípios mencionados justifica, por si só, a anulação do processo administrativo, com a consequente reintegração do impetrante.

3.2. Prescrição da ação disciplinar.

Não bastasse o desrespeito aos princípios mencionados, houve, também, ilegalidade gravíssima, consistente na instauração de processo disciplinar quando já havia transcorrido prazo prescricional para tal providência.

Segundo o art. 142, I, da Lei 8.112/1990, a ação disciplinar prescreverá em 5 anos, quanto às infrações punidas com demissão. Esse prazo é contado da data em que o fato se tornou conhecido e só se interrompe com a abertura de sindicância ou instauração de processo disciplinar (art. 142, § 3º, da Lei 8.112/90).

No caso em tela, entre os fatos que levaram à aplicação da pena disciplinar (ocorridos em março de 1999) e a constituição da comissão processante (realizada em janeiro de 2005) houve o transcurso de prazo superior a 5 anos, de modo que a ação disciplinar restou prescrita.

A prescrição também justifica, por si só, que seja anulado o ato demissório, com a consequente reintegração do impetrante.

3.3. Violação à regra da competência.

Por fim, ainda que superadas as alegações acima, hipótese formulada em amor ao debate e face ao princípio da eventualidade, o Ministro de Estado não é a autoridade competente para aplicar a penalidade de demissão.

Segundo o art. 141, I, da Lei 8.112/1990, o Presidente da República é o agente competente para aplicar a mencionada penalidade disciplinar, circunstância que, também por si só, justifica a anulação do ato demissório, por grave vício de competência.

III – DA LIMINAR

1. Do relevante fundamento.

Há "fumus boni juris" no caso em tela. O impetrante demonstrou pela narrativa de fatos acompanhada dos respectivos documentos, e com a subsunção desses fatos a normas de índole constitucional e também com preceitos específicos da própria Lei 8.112/1990, que houve grave violação dos direitos do impetrante, grave violação essa que justifica a reintegração imediata do servidor, restando configurado o requisito do *fumus boni juris*.

A injustiça fica ainda mais patente se se pensar que o impetrante chegou a ser premiado pela excelência no desempenho de suas atividades. Além disso, chegou ao último nível da carreira por merecimento, e não constava qualquer registro desabonador em sua ficha funcional.

2. Do "periculum in mora".

O impetrante também demonstrou que não tem outra fonte de renda e tem família – esposa e três filhos – para sustentar. Dessa forma, caso não seja deferida a liminar pleiteada, haverá grande prejuízo não só ao impetrante, como para sua família, tendo em vista que a concessão dessa medida ao final poderá implicar prejuízo à educação, à saúde e ao sustento de sua família.

Sendo assim, o impetrante requer que seja deferida a medida liminar antes mesmo da notificação da autoridade coatora, nos termos do art. 7º, III, da Lei 12.016/2009, para que seja determinado à autoridade coatora sua imediata reintegração ao cargo que anteriormente ocupava, com o ressarcimento automático de todas as vantagens (art. 28 da Lei 8.112/1990), tendo em vista a relevância do fundamento (aparência do bom direito – *fumus boni juris*) e a ineficácia da medida, se só concedida ao final (*periculum in mora*).

IV – DO PEDIDO

Por todo o exposto, o impetrante requer que seja:

a) deferida a medida liminar para que seja determinado à autoridade coatora que reintegre imediatamente o impetrante no cargo que anteriormente ocupava, com o ressarcimento automático de todas as vantagens (art. 28 da Lei 8.112/1990);

b) determinada a notificação da autoridade coatora, enviando-lhe todas as cópias dos documentos que instruem a inicial para que preste todas as informações necessárias, no prazo de 10 dias (art. 7º, I, da Lei 12.016/2009);

c) dada ciência ao órgão de representação judicial da União Federal, enviando-lhe cópia da inicial para que, querendo, ingresse no feito (art. 7º, II, da Lei 12.016/2009);

d) ouvido o representante do Ministério Público para que opine no prazo de 10 dias (art. 12 da Lei 12.016/2009);

e) ao final, confirmada a liminar deferida, concedendo-se definitivamente a segurança pleiteada para que seja determinado à autoridade coatora que reintegre imediatamente o impetrante no cargo que anteriormente ocupava, com o ressarcimento de todas as vantagens relativas ao período em que esteve injustamente desligado da função pública.

[Obs.: toda a prova deve ser juntada à inicial, pois o direito é líquido e certo e não se admite dilação probatória. Não há condenação em honorários advocatícios em mandado de segurança: Súmulas 512/STF 105/STJ]

Dá-se à causa o valor de R$ 1.000,00.

Termos em que pede deferimento.

Local, data ...

[Não assine, rubrique ou, de outra forma, identifique sua prova!]

____

ADVOGADO ...

OAB ...

fim da petição

(OAB/Exame Unificado – 2ª fase – CESPE) PEÇA PROFISSIONAL. José, cidadão estrangeiro, que residira durante trinta anos no Brasil e passara os últimos trinta anos de sua vida no exterior, sem visitar o Brasil, decidiu retornar a este país. Após fixar residência no Brasil, tomou a iniciativa de rever os conhecidos. Em uma conversa com um de seus mais diletos amigos, este lhe informou que ouvira um rumor de que constaria dos assentamentos do Ministério X que José havia se envolvido em atividade terrorista realizada no território brasileiro trinta e cinco anos atrás. José decidiu averiguar a informação e apresentou uma petição ao Ministério X, requerendo cópia de todos os documentos de posse do referido ministério em que constasse seu nome. Dentro do prazo legal, José obteve várias cópias de documentos. A cópia do processo entregue a José apresentava-o inicialmente como suspeito de participar de reuniões do grupo subversivo em questão. Porém, ao conferir a cópia que lhe foi entregue, José percebeu que, além de faltarem folhas no processo, este continha folhas não numeradas. Suspeitando de que as folhas faltantes no processo pudessem esconder outro documento em que constasse seu nome, José formulou novo pedido ao Ministério X. Dessa vez, novamente dentro do prazo legal, José recebeu comunicado de uma decisão que indeferia seu pedido, assinada pelo próprio ministro da Pasta X, em que este afirmava categoricamente que o peticionário já recebera cópias de todos os documentos pertinentes. Incrédulo e inconformado com a decisão, José procurou os serviços de um advogado para tomar a providência judicial cabível. Na qualidade de advogado(a) de José, redija a peça jurídica mais adequada ao caso relatado na situação hipotética, atentando aos seguintes aspectos:

< competência do órgão julgador;

< legitimidade ativa e passiva;

< argumentos a favor do acesso a todos os documentos em que conste o nome de José, no Ministério X;

< requisitos formais da peça judicial proposta.

(Data da prova: 29/06/2008)

RESOLUÇÃO DA PEÇA PRÁTICO-PROFISSIONAL

Peça: *Habeas data*

LXXII - conceder-se-á *habeas-data*:

a) para assegurar o conhecimento de **informações relativas à pessoa do impetrante**, constantes de registros ou bancos de dados de entidades governamentais ou de caráter público;

b) para a retificação de dados, quando não se prefira fazê-lo por processo sigiloso, judicial ou administrativo;

Competência: STJ (ato de Ministro de Estado – art. 105, I, "b", CF)

Legitimidade:

a) ativa: o impetrante é José, mesmo sendo estrangeiro;

b) passiva: o coator é o Ministério X ou o Ministro do Ministério X.

Argumentos:

a) direito constitucional decorrente do art. 5º LXXII, e art. 37, *caput* (publicidade);

b) direito previsto no art. 7º da Lei 9.507/1997;

c) direito não assegurado, pois havia folhas faltantes e folhas não enumeradas;

d) prova de que houve **requerimento** e **recusa** ao acesso às informações (segunda decisão) após feitura de pedido (art. 8º).

Requisitos:

a) endereçamento;

b) preâmbulo com impetrante, autoridade coatora, nome da peça e fundamento legal dos fatos, mostrando o requerimento e a recusa;

c) do direito;

d) do pedido:

- de notificação do coator para prestar informações em 10 dias (art. 9º) e oitiva do MP (art. 12);
- de procedência ou de concessão da ordem para o fim de "marcar data e horário para que o coator apresente ao impetrante todas as informações a seu respeito, constantes de registro";
- garantia de isenção de custas.

e) duas vias, com cópias dos documentos.

Modelo: *habeas data*

[O que estiver entre colchetes é apenas nota do autor – não deve constar da peça]

início da folha

EXCELENTÍSSIMO SENHOR PRESIDENTE DO COLENDO SUPERIOR TRIBUNAL DE JUSTIÇA

[Deixe espaço de aproximadamente 10 cm para eventual despacho ou decisão do juiz.]

José, cidadão estrangeiro, estado civil, profissão, residente e domiciliado em ..., portador do RG ... e do CPF ..., por seu advogado que firma a presente (procuração anexada – doc.1), com escritório para recebimento de intimações na ... (CPC, art. 39, I) vem à presença de Vossa Excelência, respeitosamente, impetrar em face do Ministro do Ministério X o presente

HABEAS DATA

nos termos do artigo 5º, inciso LXXII, da Constituição Federal e da Lei nº 9.507/1997, pelas razões a seguir aduzidas.

I - DOS FATOS

O impetrante é cidadão estrangeiro. Porém, durante trinta anos, residiu no Brasil. Em seguida, passou os últimos trinta anos de sua vida no exterior, sem visitar o Brasil.

Agora, decidiu retornar a este país e fixar residência no Brasil.

Certo dia, numa conversa com um de seus mais diletos amigos, este lhe informou que ouvira um rumor de que constaria dos assentamentos do Ministério X que José havia se envolvido em atividade terrorista realizada no território brasileiro, trinta e cinco anos atrás.

José decidiu averiguar a informação e apresentou uma petição ao Ministério X, requerendo cópia de todos os documentos de posse do referido ministério em que constasse seu nome.

Dentro do prazo legal, José obteve várias cópias de documentos. A cópia do processo entregue a José apresentava-o inicialmente como suspeito de participar de reuniões do grupo subversivo em questão. Porém, ao conferir a cópia que lhe foi entregue, José percebeu que, além de faltarem folhas no processo, este continha folhas não numeradas.

Suspeitando de que as folhas faltantes no processo pudessem esconder outro documento em que constasse seu nome, José formulou novo pedido ao Ministério X. Desta vez, novamente dentro do prazo legal, José recebeu comunicado de uma decisão que indeferia seu pedido, assinada pelo próprio ministro da Pasta X, em que este afirmava categoricamente que o peticionário já recebera cópias de todos os documentos pertinentes.

Irresignado, José resolveu impetrar o presente *habeas data* a fim de tomar conhecimento dos documentos que lhe foram sonegados.

II - DO DIREITO

1. Da legitimidade ativa e passiva e da competência do órgão julgador

O ato atacado – recusa de informações a respeito do impetrante, decidida pelo Ministro do Ministério X –, faz com que a competência para processar e julgar o presente seja originária do Superior Tribunal de Justiça, conforme determina expressamente o art. 105, I, "b", da CF.

O impetrante é legitimado ativo para a presente ação, já que pede, em nome próprio, a efetivação de direito constitucional, consistente em receber informações a seu respeito.

Quanto à legitimidade passiva para o habeas data, a Lei 9.507/1997, diferentemente do que ocorre com a Lei 12.016/2009 (Lei de Mandado de Segurança), não usa a expressão autoridade coatora, e sim a expressão coator, e não determina a cientificação da pessoa jurídica correspondente, mas sim a notificação do coator.

Nesse sentido, a doutrina entende que é possível que se indique como coator, não só a autoridade que praticou o ato, como também o próprio órgão ou entidade que o praticou.

No caso presente, preferiu-se indicar a própria autoridade que praticou o ato, mas poderia ter sido indicado como coator o "Ministério X" ou mesmo a "União Federal".

2. Do cabimento do *habeas data* e do cumprimento dos requisitos para a sua concessão

O art. 5º, LXXII, da Constituição Federal estabelece que é cabível o *habeas data* quando se tem os seguintes objetivos: a) para assegurar o conhecimento de informações relativas à pessoa do impetrante, constantes de registro ou bancos de dados de entidades governamentais ou de caráter público; b) para a retificação de dados, quando não se prefira fazê-lo por processo sigiloso, judicial ou administrativo.

A garantia do *habeas data* está regulamentada na Lei 9.507/1997, lei essa que estabelece uma série de requisitos para o cabimento e a concessão da medida, sem prejuízo de outros requisitos de ordem doutrinária e jurisprudencial.

Em resumo, são requisitos para o cabimento do *habeas data* e a concessão da ordem respectiva, os seguintes: a) necessidade de acesso, retificação ou anotação de informações ou dados constantes de registro ou bancos de dados públicos; b) informações ou dados relativos à pessoa do impetrante; c) prova da recusa da autoridade em dar o acesso ou proceder à retificação ou anotação; d) violação a direito do impetrante, comprovada de plano.

O requisito "a" está cumprido, pois as informações desejadas estão constantes de registro ou banco de dados de entidade governamental, no caso o Ministério X da União.

O requisito "b" está cumprido, pois as informações solicitadas dizem respeito à própria pessoa do impetrante.

O requisito "c" também está cumprido, pois o impetrante fez pedido formal de acesso aos documentos cujas folhas foram retiradas do processo e tal pedido foi expressamente negado pela autoridade coatora.

E o requisito "d" também está cumprido, pois as provas documentais juntadas comprovam de plano os requisitos anteriores. Ademais, não é mero capricho do impetrante o desejo de conhecer as informações a seu respeito, tratando-se de legítimo interesse, já que tais informações lhe causam, no mínimo, graves prejuízos de ordem moral.

Não bastasse, não há necessidade de se manter em sigilo eventuais informações dessa natureza, por não existir procedimento investigativo sigiloso em curso.

No caso em tela, foi negado ao impetrante acesso a documentos que dizem respeito à sua pessoa. Tais documentos, como seu viu, constam de registros de entidade governamental, no caso, de ministério da União.

Assim, estão cumpridos todos os requisitos para a concessão da ordem de *habeas data*.

III – DO PEDIDO

Ante o exposto requer que Vossa Excelência se digne de:

a) determinar a notificação do coator para, querendo, apresentar as informações no prazo de 10 (dez) dias.

b) após, determinar a remessa dos autos para o representante do Ministério Público para emitir parecer, nos termos do art. 12 da Lei 9.507/1997.

c) em seguida, julgando procedente o pedido, marcar dia e hora para que as informações sejam prestadas ao impetrante, advertindo o coator das responsabilidades decorrentes de eventual descumprimento de tal determinação judicial.

d) condenar a União Federal ao pagamento de honorários advocatícios, segundo o prudente arbítrio desse C. Tribunal, vez que, diferentemente do que ocorre com a Lei 12.016/2009 (Lei de Mandado de Segurança), não há proibição à fixação de honorários na Lei 9.507/1997.

Dá à causa o valor de R$ 1.000,00.

Local ..., data...

Advogado ...

OAB ....

fim da petição

(OAB/Exame Unificado – 2ª fase – CESPE) PEÇA PROFISSIONAL. João, servidor público civil da União no âmbito da administração direta, por motivo de índole pessoal que se recusa a revelar, faltou ao serviço, sem qualquer justificativa, por períodos interpolados de 25, 27 e 23 dias no período de doze meses. Sua chefia imediata, ao constatar o fato, decidiu instaurar processo administrativo disciplinar contra João, sob o argumento de que teria ele cometido a infração de inassiduidade habitual. Em 20/10/2007, foi publicado ato que constituía comissão para apreciar o caso; em 10/12/2007, a comissão, após apresentada defesa por João, elaborou relatório conclusivo, tendo constatado a responsabilidade do servidor; em 15/12/2007, a autoridade instauradora do processo julgou João responsável pela infração de inassiduidade habitual; em 20/12/2007, foi publicado ato do presidente da República demitindo João do cargo que ocupava; nesse mesmo dia, o servidor tomou ciência da demissão no próprio órgão a que estava vinculado. Em 04/06/2008, João procurou os serviços advocatícios de um(a) profissional, com o objetivo de anular o ato de demissão e, consequentemente, retornar ao cargo que anteriormente ocupava, alegando estar desempregado e precisar urgentemente de recursos para alimentar a si próprio, seus cinco filhos e sua esposa. Em face da situação hipotética acima apresentada, na qualidade de advogado(a) de João, redija a peça jurídica mais adequada ao caso, atentando, necessariamente, para os seguintes aspectos:

< competência do órgão julgador;

< legitimidade ativa e passiva;

< argumentos a favor da anulação da demissão de João;

< requisitos formais da peça judicial proposta.

(Data da prova: 19/10/2008)

RESOLUÇÃO DA PEÇA PRÁTICO-PROFISSIONAL

1) **Peça:** Ação declaratória de nulidade de ato administrativo cumulada com obrigação de fazer consistente na reintegração do agente público, com pedido de tutela antecipada. A ação deve ser processada pelo rito ordinário. Não é possível ingressar com mandado de segurança, por já ter transcorrido o prazo decadencial de 120 dias previsto no art. 23 da Lei 12.016/2009.

2) **Endereçamento:** Excelentíssimo Senhor Doutor Juiz de Direito da .... Vara Federal da .... Seção

3) **Partes:**

a) autor: João

b) réu: União

4) **Tese 1:** violação aos princípios constitucionais da ampla defesa e do contraditório (art. 5º, LV, da CF), em virtude do processo não ter dado a oportunidade de o acusado produzir provas e se manifestar sobre o relatório e da comissão processante e a manifestação da autoridade instauradora do processo disciplinar;

5) **Tese 2:** violação do art. 133, II, da Lei 8.112/1990, em virtude de não ter sido cumprida a fase que estabelece a instrução do processo disciplinar;

6) **Pedidos:** de declaração de nulidade do ato demissório, com a consequente reintegração do servidor; deve-se fazer pedido de liminar, trazendo como relevante fundamento (*fumus boni iuris*) as duas teses, e como *periculum in mora* o fato de que o servidor não tem outra fonte de renda e tem família – esposa e três filhos – para sustentar.

Modelo: ação anulatória de ato demissório cumulada com reintegração no cargo

[O que estiver entre colchetes é apenas nota do autor – não deve constar da peça]

início da folha

Excelentíssimo Senhor Doutor Juiz de Direito da .... Vara Federal da .... Seção Judiciária ...

[Deixe espaço de aproximadamente 10 cm, para eventual despacho ou decisão do juiz]

João .., estado civil ..., profissão ..., com residência e domicílio ..., portador do RG ... e do CPF ..., por seu advogado que firma a presente (procuração anexada – doc.1), com escritório para recebimento de intimações na ... (CPC, art. 39, I) vem à presença de Vossa Excelência, respeitosamente, propor contra a União Federal a presente

AÇÃO DECLARATÓRIA DE NULIDADE DE ATO ADMINISTRATIVO CUMULADA COM OBRIGAÇÃO DE FAZER CONSISTENTE NA REINTEGRAÇÃO DE SERVIDOR, COM PEDIDO DE TUTELA ANTECIPADA,

a ser processada pelo rito ordinário, nos termos dos arts. 282 e seguintes do Código de Processo Civil, pelas razões a seguir aduzidas:

I - DOS FATOS

O autor foi demitido do cargo público que ocupava junto à ré por ato do Presidente da República, publicado no dia 20/12/2007, mesma data em que tomou ciência da decisão junto ao próprio órgão a que estava vinculado (doc. 2 – cópia do processo disciplinar).

Alegou-se como motivo da demissão a prática da infração disciplinar de inassiduidade habitual.

O processo disciplinar foi instaurado pela chefia imediata do autor, que alegou ter constatado, por parte deste, falta ao serviço, sem qualquer justificativa, por períodos interpolados de 25, 27 e 23 dias, no período de 12 meses.

Em 20/10/2007, foi publicado ato que constituía a comissão para apreciar o caso. Em 10/12/2007, a comissão, após apresentada a defesa por João, elaborou relatório conclusivo, no sentido da responsabilidade do servidor.

E em 15/12/2007, a autoridade instauradora do processo julgou João responsável pela infração de inassiduidade habitual.

Sobreveio a decisão do Presidente da República, já mencionada.

Os fatos narrados revelam que houve violação aos princípios do contraditório e da ampla defesa, bem como a regras específicas da Lei 8.112/1990, circunstâncias que fazem com que não reste outra alternativa ao autor que não a de propor a presente demanda.

II – DO DIREITO

1. Da violação aos princípios do contraditório e da ampla defesa

Os fatos narrados na presente exordial demonstram ter havido, em desfavor do autor, violação aos princípios do contraditório e da ampla defesa.

Com efeito, a Constituição Federal impõe obediência aos princípios do contraditório e da ampla defesa nos processos administrativos em geral (art. 5º, LV, da CF) e ao princípio da ampla defesa nos processos administrativos disciplinares em especial (art. 41, § 1º, II, da CF).

No caso em tela, tais princípios foram frontalmente violados. Isso porque não se deu oportunidade para João produzir provas. Além disso, após o relatório da comissão processante, João não teve oportunidade de apresentar suas razões antes que o relatório fosse apreciado pela autoridade instauradora do processo e pelo Presidente da República.

Ora, o princípio da ampla defesa não pode ser resumido à singela oportunidade de apresentar defesa prévia ao relatório da comissão processante. E o princípio do contraditório reclama que se possa contraditar posicionamentos e manifestações, o que não se permitiu no caso presente.

A violação aos princípios em tela conduz, por si só, à nulidade dos atos praticados.

2. Da violação às disposições da Lei 8.112/1990

De acordo com o disposto no art. 140 da Lei 8.112/1990, na apuração da inassiduidade habitual será o observado o procedimento sumário (art. 133), bem como as disposições do art. 140 da lei.

O art. 133 estabelece que o processo disciplinar, no caso, deve obedecer às seguintes fases: a) instauração; b) instrução sumária; c) julgamento. A instrução sumária compreende, mas não se limita, à apresentação de defesa por parte do servidor.

Todavia, no caso em exame, sequer se pode falar em instrução, pois a simples abertura de prazo para apresentação de defesa escrita não pode ser considerada verdadeira instrução, mormente se lembrarmos que a defesa, aqui, deve ser ampla, por imperativo constitucional inclusive.

III – DA TUTELA ANTECIPADA

Excelência, há relevante fundamento no caso em tela. O autor demonstrou pela narrativa de fatos acompanhada dos respectivos documentos, e com a subsunção desses fatos a normas de índole constitucional e também com preceitos específicos da própria Lei 8.112/1990, que houve grave violação dos seus direitos, grave violação essa que justifica a reintegração imediata do servidor, restando configurado o requisito do *fumus boni juris*.

O autor também demonstrou que não tem outra fonte de renda e tem família – esposa e cinco filhos – para sustentar. Assim, caso não seja deferida a liminar pleiteada, haverá grande prejuízo não só ao impetrante, como para sua família, tendo em vista que a concessão dessa medida ao final poderá implicar prejuízo à educação, à saúde e ao sustento dos seus.

Sendo assim, o autor requer seja deferida a tutela antecipada antes mesmo da citação da ré, nos termos do art. 461 do Código de Processo Civil, para que seja determinado à União Federal sua imediata reintegração ao cargo que anteriormente ocupava, com o ressarcimento automático de todas as vantagens (art. 28 da Lei 8.112/1990), tendo em vista a relevância do fundamento (aparência do bom direito – *fumus boni iuri*) e o perigo na demora da decisão (*periculum in mora*).

IV – DO PEDIDO

Por todo o exposto, o autor requer que seja(m):

a) deferida a tutela antecipada para que seja determinado à ré que reintegre imediatamente o autor ao cargo que anteriormente ocupava, com o ressarcimento automático de todas as vantagens (art. 28 da Lei 8.112/1990);

b) determinada a citação da ré para que, querendo, apresente contestação à presente demanda;

c) ao final, confirmada a tutela antecipada deferida, julgando-se procedente a presente demanda para o fim de declarar a nulidade do ato de demissão ora impugnado, com a consequente condenação da ré na obrigação de reintegrar o autor, com ressarcimento automático de todas as vantagens (art. 28 da Lei 8.112/1990);

d) condenados os réus no pagamento das custas e honorários advocatícios, em montante a ser arbitrado por Vossa Excelência, na forma do artigo 20 do CPC.

Protesta pela produção de todos os meios de prova em direito admitidos, sem exclusão de nenhuma delas, especialmente oitiva dos depoimentos pessoais dos representantes das entidades rés, bem como depoimentos de testemunhas, cujo rol será oferecido oportunamente.

Dá-se à causa o valor de R$ 1.000,00.

Termos em que pede deferimento.

Local ..., data ...

[Não assine, rubrique ou, de outra forma, identifique sua prova!]

____

ADVOGADO ...

OAB ...

fim da petição

(OAB/Exame Unificado – 2ª fase – FGV) João, analista de sistemas dos quadros do Ministério da Educação, foi demitido de seu cargo público, por meio de Portaria do Ministro da Educação publicada em 19 de maio de 2010, após responder a processo administrativo em que restou apurada infração funcional relativa ao recebimento indevido de vantagem econômica. Exatamente pelo mesmo fato, João também foi processado criminalmente, vindo a ser absolvido por negativa de autoria, em decisão que transitou em julgado em 18 de janeiro de 2011.

Na data de hoje, João o procura e após narrar os fatos acima, informa que se encontra, desde a sua demissão, em profunda depressão, sem qualquer atividade laborativa, sobrevivendo por conta de ajuda financeira que tem recebido de parentes e amigos.

Na qualidade de advogado(a), identifique e minute a medida judicial que pode ser adotada para tutelar os direitos de João. (Valor: 5,0)

PADRÃO DE RESPOSTA – PEÇA PROFISSIONAL – EXAMINADORA

Inicialmente, o examinando deve identificar que a medida judicial cabível é uma ação pelo rito ordinário, com pedido de antecipação de tutela, em face da União Federal. Afasta-se, desde logo, a impetração de mandado de segurança, uma vez que ultrapassado o prazo decadencial de cento e vinte dias.

A Ação Ordinária a ser ajuizada por João deverá pleitear a nulidade da portaria demissional, por ter sido adotada por autoridade incompetente, na forma do Art. 141, inciso I, da Lei n. 8.112/1990 – usurpação de competência do Presidente da República. Além disso, também deverá ser pleiteada a invalidação da pena de demissão em razão da absolvição penal por negativa de autoria, decisão esta que vincula a esfera administrativa, na forma do Art. 126 da Lei n. 8.112/1990. Como resultado, deverá ser João reintegrado no cargo de Analista de Sistemas, com ressarcimento de todas as vantagens (Art. 28 da Lei n. 8.112/1990).

Na petição inicial, também deverá ser reservado capítulo para desenvolvimento da tutela de urgência a ser pleiteada, com vistas à imediata reintegração de João no cargo de Analista de Sistema.

Por fim, deve ser formulada também pretensão indenizatória pelos danos morais suportados por João ao longo do período em que ficou ilegalmente afastado de seu cargo.

Distribuição dos Pontos
(NÃO SERÁ ACEITA A MERA MENÇÃO AO ARTIGO)

Quesito Avaliado	**Valores**
Endereçamento da petição inicial: Juízo da Vara Federal da Seção Judiciária	0,00 / 0,30
Qualificação das partes (0,25 para cada item): João / em face da União Federal	0,00 / 0,25 / 0,50
Fundamentação 1 1. Nulidade da portaria demissional – incompetência do Ministro da Educação (Art. 141, I, da Lei n. 8.112/1990);	0,00 / 0,60
Fundamentação 2 2. Repercussão, na esfera administrativa, da decisão absolutória por negativa de autoria (Art. 126 da Lei n. 8.112/90);	0,00 / 0,60
Fundamentação 3 3. Em decorrência da invalidação da pena de demissão, o autor faz jus ao ressarcimento de todas as vantagens inerentes ao exercício do cargo (Art. 28 da Lei n. 8.112/1990 ou Art. 41, § 2º, da CRFB);	0,00 / 0,60
Fundamentação da tutela de urgência 4.a) Verossimilhança da alegação (justificada)(0,30) 4.b) Fundado receio de dano irreparável (justificado)(0,30)	0,00 / 0,30/0,60
Pedido 1. Citação da União Federal;	0,00 / 0,20
Pedido 2. Deferimento da antecipação de tutela para reintegrar o autor no cargo público;	0,00 / 0,30
Pedido 3. Procedência do pedido para invalidar a demissão/reintegração ao cargo;	0,00 / 0,30
Pedido 4. Condenação da ré a ressarcir o autor de todas as vantagens inerentes ao exercício do cargo;	0,00 / 0,30
Pedido 5. Produção genérica de provas;	0,00 / 0,20
Pedido 6. Condenação em honorários sucumbenciais.	0,00 / 0,20
Atribuição de valor à causa	0,00 / 0,30

(OAB/Exame Unificado – 2ª fase – CESPE) PEÇA PROFISSIONAL. Em 20/01/2009, foi instaurado procedimento administrativo disciplinar, por portaria publicada no DOU, com descrição suficiente dos fatos, para apurar a conduta de Humberto, servidor público estável, residente em Brasília, no Distrito Federal, que teria, de forma ilegal, favorecido várias prefeituras que, embora em desacordo com as disposições da Lei de Responsabilidade Fiscal, teriam voltado à situação de aparente legalidade para receberem verbas públicas. A comissão encarregada do processo disciplinar, designada pela autoridade competente, foi composta pelos seguintes servidores, todos de nível hierárquico superior ao do indiciado: Ana Maria, admitida, por concurso público, em 20/08/2003, Geraldo, admitido por concurso público em 14/02/2004, e Cássio, não concursado, que exerce, desde 20/06/2000, cargo em comissão declarado em lei de livre nomeação e exoneração. O feito foi regularmente conduzido, tendo sido garantidos o contraditório e a ampla defesa. O julgamento foi realizado em tempo hábil, segundo a legislação que rege a matéria, sendo acolhidas as conclusões da comissão. Ao final, em ato do ministro do Trabalho e Emprego, por meio da Portaria n.º 123, de 09/03/2009, publicada no DOU de 10/03/2009, Humberto foi demitido do cargo público de administrador. Em razão disso, impetrou, no prazo legal e no juízo competente, mandado de segurança, com pedido de liminar, aduzindo, com a devida fundamentação, que o ato de demissão seria inválido. A autoridade impetrada sustentou, nas informações, a impossibilidade de alteração do mérito administrativo pelo Poder Judiciário, sob pena de violação ao princípio republicano da separação de poderes. A liminar foi indeferida e a ordem foi denegada após regular processamento. A decisão foi publicada em 13/04/2009, uma segunda-feira. Em face dessa situação hipotética, redija, na qualidade de advogado(a) contratado(a) por Humberto, a peça processual cabível à espécie, datando-a no último dia do prazo. (Data da prova: 1º/03/2009)

RESOLUÇÃO DA QUESTÃO.

Peça: Recurso Ordinário em Mandado de Segurança

Fundamento: o recurso ordinário é a peça cabível porque o mandado de segurança só pode ter sido proposto no Superior Tribunal de Justiça, uma vez que um Ministro de Estado figurava como autoridade coatora (art. 105, I, "b"); e, segundo o art. 102, II, "a", da CF, cabe recurso ordinário junto ao STF quando um mandado de segurança for decidido em única instância (no caso, o STJ foi a primeira e a única instância), se denegatória a decisão (no caso, o STJ denegou o mandado de segurança).

Prazo: o prazo do recurso é de 15 dias, de modo que, considerando ter sido publicada a decisão no dia 13/04/2009, o último dia de prazo para o recurso é 28/04/2009.

Endereçamento

– **da petição:** ao Presidente do STJ

– **das razões:** ao STF

Mérito: vício de regularidade formal do procedimento disciplinar – defeito na composição da comissão processante – e consequente nulidade do processo administrativo disciplinar.

Pedido: de conhecimento e provimento do recurso para a reintegração de Humberto no serviço público.

Modelo: recurso ordinário em mando de segurança

início da folha

EXCELENTÍSSIMO SENHOR PRESIDENTE DO COLENDO SUPERIOR TRIBUNAL DE JUSTIÇA

[Deixe espaço de aproximadamente 10 cm para eventual despacho ou decisão do juiz.]

Ação nº ...

Humberto ..., estado civil ..., profissão ..., com residência e domicílio ..., portador do RG ... e do CPF ..., por meio de seu advogado que subscreve a presente, vem, respeitosamente, à presença de Vossa Excelência, com fulcro no artigo 102, II, "a", da Constituição Federal, interpor o presente

RECURSO ORDINÁRIO EM MANDADO DE SEGURANÇA

contra o v. acórdão de fls. _____, proferido por esse Colendo Tribunal, na ação em epígrafe, em que figura como autoridade coatora o Ministro do Trabalho e Emprego, nos termos das razões de fato e de direito apresentadas na minuta em anexo.

Requer, outrossim, que seja o presente recurso devidamente recebido e processado, intimando-se a parte contrária para que ofereça, dentro do prazo legal, as contrarrazões, remetendo-se, ao final, os autos ao Colendo Supremo Tribunal Federal.

Por fim, requer a juntada das despesas.

Termos em que pede deferimento.

Local ..., data ...

[Não assine, rubrique ou, de outra forma, identifique sua prova!]

____

ADVOGADO ...

OAB ...

quebra de página

RAZÕES DE RECURSO ORDINÁRIO EM MANDADO DE SEGURANÇA

Recorrente: Humberto ...

Recorrido: Ministro do Trabalho e Emprego

EXCELSO PRETÓRIO
COLENDA TURMA

I – BREVE RESUMO

O recorrente foi demitido do cargo público de administrador, do quadro funcional do Ministério do Trabalho e Emprego, ao argumento de que teria, de forma ilegal, favorecido várias prefeituras que, embora em desacordo com as disposições da Lei de Responsabilidade Fiscal, teriam voltado à situação de aparente legalidade para receberem verbas públicas.

A portaria de demissão foi exarada pela autoridade coatora, ora recorrida, após processo administrativo disciplinar.

Ocorre que esse procedimento está eivado de vício de regularidade formal – defeito na composição da comissão processante – e consequente nulidade do processo administrativo disciplinar.

Isso fez com que o recorrente ingressasse com mandado de segurança contra o ato demissório, o que foi feito junto ao C. Superior Tribunal de Justiça.

Esse Tribunal acabou denegando o *mandamus*, daí porque se maneja o presente recurso ordinário em mandado de segurança.

II – DO CABIMENTO DO RECURSO

O recurso ordinário é o cabível no presente caso, pois, nos termos do art. 102, II, "a" da Constituição Federal, cabe recurso ordinário junto ao Supremo Tribunal Federal quando um mandado de segurança for decidido em única instância e desde que denegatória a decisão.

No caso, o Superior Tribunal de Justiça foi a primeira e a única instância que conheceu da questão, em virtude de ter sido manejado mandado de segurança contra ato de Ministro de Estado (art. 105, I, "b", da CF) e a decisão proferida no *mandamus* foi denegatória.

Logo, o presente recurso é adequado e encontra-se dentro do prazo previsto em lei (15 dias – art. 508 do Código de Processo Civil).

III – DAS RAZÕES DE FATO E DE DIREITO

Conforme já relatado o processo administrativo disciplinar está eivado de vício de regularidade formal, no caso, defeito na composição da comissão processante.

Com efeito, o art. 149 da Lei 8.112/1990 dispõe que o processo disciplinar será conduzido por comissão composta de três servidores estáveis designados pela autoridade competente.

A comissão encarregada do processo disciplinar do recorrente foi composta por servidores nas seguintes condições: a) Ana Maria, admitida, por concurso público, em 20/08/2003; b) Geraldo, admitido por concurso público em 14/02/2004; c) Cássio, não concursado, que exerce, desde 20/06/2000, cargo em comissão declarado em lei de livre nomeação e exoneração.

Repare, na composição da comissão, que o membro Cássio, por ocupar cargo em comissão, não é, e não conseguirá ser, servidor estável, circunstância que macula irremediavelmente o processo administrativo disciplinar.

Essa ilegalidade também afronta o princípio do devido processo legal (art. 5º, LIV, da CF), pelo qual os processos administrativos devem obedecer as regras e os procedimentos previstos na lei. E viola também o princípio da legalidade, previsto no art. 37, *caput*, da Constituição, que determina a observância da lei na prática dos atos administrativos.

Assim, de rigor o reconhecimento da nulidade do processo administrativo disciplinar, com a consequente reintegração do recorrente ao cargo que ocupava.

IV – DO PEDIDO

Ante o exposto, requer que Vossa Excelência se digne de processar o presente, para, ao final, dar provimento ao recurso, reformando a decisão recorrida para, concedendo a segurança, anular o processo administrativo disciplinar e determinar a reintegração do recorrente ao cargo que ocupava na Administração Federal.

Termos em que pede deferimento.

Local ..., data ...

[Não assine, rubrique ou, de outra forma, identifique sua prova!]

____

ADVOGADO ...

OAB ...

fim da petição

(OAB/Exame Unificado – 2ª fase – CESPE) PEÇA PROFISSIONAL. Maria ingressou na Empresa Brasileira de Correios e Telégrafos (ECT) em 1985 e ocupou cargo para o qual se exigia, como grau de escolaridade, o ensino médio. Em 1993, ela e outros na mesma situação ascenderam, sem concurso público, a cargos de nível superior. Em 1999, essas ascensões funcionais foram apreciadas e aprovadas pelo Tribunal de Contas da União (TCU). Entretanto, em 2007, devido a denúncias de irregularidades em processos de ascensão funcional de cargos de nível médio a cargos de nível superior, o TCU realizou auditoria e constatou as irregularidades. Em abril de 2009, sem sequer ter sido notificada, Maria teve sua ascensão funcional anulada pelo TCU, por meio da publicação do Acórdão n.º XXX/2009. Considerando a situação hipotética acima apresentada, na qualidade de advogado(a) contratado(a) por Maria, redija a peça jurídica mais adequada ao caso, atentando, necessariamente, para os seguintes aspectos:

< competência do órgão julgador;

< legitimidade ativa e passiva;

< argumentos a favor de Maria;

< requisitos formais da peça judicial proposta.

(Data da prova: 28/06/2009)

RESOLUÇÃO DA QUESTÃO

Peça: Mandado de Segurança

Fundamento: art. 102, I, "d", da CF

Endereçamento: ao STF

Legitimidade ativa: Maria, pois houve lesão a direito dela

Legitimidade passiva: presidente do TCU ou ministro do TCU

Mérito:

- não observância do devido processo legal, do contraditório e da ampla defesa;
- decadência administrativa;
- princípios da segurança jurídica e da proteção da confiança.

Liminar: é necessário pedir

Pedido: declarar a nulidade do acórdão do TCU e cassar os efeitos da decisão.

Modelo: mandado de segurança

[O que estiver entre colchetes é apenas nota do autor – não deve constar da peça]

início da folha

EXCELENTÍSSIMO SENHOR PRESIDENTE DO COLENDO SUPREMO TRIBUNAL FEDERAL

[Deixe espaço de aproximadamente 10 cm para eventual despacho ou decisão do juiz.]

Maria .., estado civil ..., profissão ..., com residência e domicílio ..., portador do RG ... e do CPF ... por seu advogado que firma a presente (procuração anexada – doc.1), com escritório para recebimento de intimações na ... (CPC, art. 39, I) vem à presença de Vossa Excelência, respeitosamente, impetrar contra o Senhor Presidente do Tribunal de Contas da União o presente

MANDADO DE SEGURANÇA COM PEDIDO DE LIMINAR

nos termos do artigo 5º, inciso LXIX, da Constituição Federal e da Lei nº 12.016/2009, pelas razões a seguir aduzidas:

I – DOS FATOS

A impetrante ingressou na Empresa Brasileira de Correios e Telégrafos (ECT) em 1985 e ocupou cargo para o qual se exigia, como grau de escolaridade, o ensino médio (doc. 1).

Em 1993, ela e outros na mesma situação ascenderam, sem concurso público, a cargos de nível superior (doc. 2).

Em 1999, essas ascensões funcionais foram apreciadas e aprovadas pelo Tribunal de Contas da União (TCU), conforme doc. 3.

Entretanto, em 2007, devido a denúncias de irregularidades em processos de ascensão funcional de cargos de nível médio a cargos de nível superior, o TCU realizou auditoria e constatou as supostas irregularidades.

Em abril de 2009, sem sequer ter sido notificada, Maria teve sua ascensão funcional anulada pelo TCU por meio da publicação do Acórdão n.º XXX/2009 (doc. 4).

Irresignada, a impetrante vem perante esse Excelso Pretório buscar a nulidade da decisão e cassação dos efeitos desta.

II - DO DIREITO

1. Do cabimento do mandado de segurança

1.1. Existência de ato de autoridade

A decisão ora impugnada é ato de autoridade pública, no caso ato emanado pelo Tribunal de Contas da União.

Dessa forma, o mandado de segurança é cabível quanto a esse aspecto (art. 5º, LXIX, da CF e art. 1º da Lei 12.016/2009).

1.2. Existência de prova pré-constituída

Os fatos que dão suporte ao direito alegado pela impetrante estão comprovados de plano, por meio da prova documental ora juntada, com cópia do processo administrativo que correu perante o TCU, que contém a decisão que determinou a ascensão funcional, a decisão do TCU que aprovou a ascensão e última decisão do TCU, que anulou a ascensão funcional.

Assim, também está cumprido o requisito de prova pré-constituída, essencial para o cabimento do mandado de segurança.

1.3. Respeito ao prazo decadencial de 120 dias

O prazo decadencial para ingressar com o presente *mandamus* também é requisito que está cumprido. Isso porque o ato impugnado (a demissão) foi publicado em abril de 2009, e, considerando estarmos ainda em junho de 2009, não foi superado, ainda, o prazo de 120 dias, previsto na lei, para a impetração do mandado de segurança.

Assim sendo, o requisito temporal também está em ordem.

1.4. Inexistência de outros impedimentos legais ou jurisprudenciais para a propositura do mandado de segurança

Por fim, não se configura no presente quaisquer outros impedimentos legais (arts. 1º e 5º da Lei 12.016/2009) e jurisprudenciais ao manejo do presente remédio constitucional.

Destarte, também não há requisito negativo a impedir o manejo da presente garantia constitucional.

2. Da legitimidade ativa e passiva

A legitimidade ativa está em ordem, pois o impetrante defende, em nome próprio, direito próprio decorrente da violação de princípios constitucionais e de regra da Lei 9.784/1999.

A autoridade coatora também está corretamente indicada, uma vez que foi o Tribunal de Contas da União que promoveu o ato ora impugnado, de modo que está atendida a regra no sentido de que é "autoridade coatora aquela que tenha praticado o ato impugnado ou da qual emane a ordem para a sua prática" (art. 6º, § 3º, da Lei 12.016/2009).

Aliás, nos termos do art. 102, I, "d", da CF, a competência para conhecer de mandado de segurança contra ato do Tribunal de Contas da União é desse C. Supremo Tribunal Federal.

3. Do direito líquido e certo violado

3.1. Da violação aos princípios do contraditório, da ampla defesa e do devido processo legal

Os fatos narrados na presente exordial demonstram ter havido, em desfavor do impetrante, violação aos princípios do contraditório, da ampla defesa e do devido processo legal (art. 5º, LIV e LV, da CF).

Isso porque a impetrante não foi notificada para se defender no âmbito da apuração levada a efeito no Tribunal de Contas que resultou na declaração de nulidade da ascensão funcional realizada.

Essa circunstância impede o exercício do contraditório e da ampla defesa, contrariando, inclusive, Súmula Vinculante do Supremo Tribunal Federal.

3.2. Da violação à regra da decadência administrativa e dos princípios da segurança jurídica e da proteção da confiança

O art. 54 da Lei 9.784/99 dispõe que a Administração tem o prazo decadencial de 5 anos para anular atos que beneficiam terceiros.

No caso em tela, a ascensão funcional da autora se deu em 1993 e sua confirmação pelo Tribunal de Contas, em 1997. Assim, e considerando que o ato ora impugnado somente se deu em 2007, seja qual for termo inicial que se considere – 1993 ou 1997 –, o fato é que o prazo decadencial de 5 anos já havia transcorrido quando da decisão que declarou a nulidade do ato de ascensão funcional.

A regra do art. 54 da lei citada está em consonância com os princípios da proteção da confiança e da segurança jurídica, estes previstos no art. 2º da Lei 9.784/1999.

Com efeito, depois de decorrido razoável lapso temporal, faz-se necessário resguardar a estabilidade da relação, como forma de proteger a confiança entre as partes e, no que diz respeito ao caso em tela, garantir a segurança no exercício profissional e na vida pessoal e familiar da impetrante.

Dessa forma, a violação das regras citadas não só é causa de nulidade do ato administrativo atacado, como também impede que outro ato possa ser expedido com o mesmo conteúdo.

III – DA LIMINAR

Excelência, há relevante fundamento no caso em tela. A impetrante demonstrou pela narrativa de fatos acompanhada dos respectivos documentos, e com a subsunção desses fatos a normas de índole constitucional e também com preceitos específicos da Lei 9.784/1999, que houve grave violação aos seus direitos, grave violação essa que justifica a imediata suspensão dos efeitos da decisão que declarou a nulidade da ascensão funcional da impetrante, restando configurado o requisito do *fumus boni juris*.

O *periculum in mora* também é patente no caso em tela. Isso porque, com o retorno da impetrante ao cargo que antes ocupava, é natural que haja grande desajuste financeiro em sua vida. Não se deve olvidar que a impetrante é assalariada e, como tal, calcula seus gastos e despesas de acordo com os rendimentos, mormente se considerarmos que tem um emprego estável, que permite criar gastos presentes e futuros com maior segurança. Assim, caso não seja deferida a liminar pleiteada, haverá grande prejuízo não só à impetrante, como para sua família, tendo em vista que a concessão dessa medida ao final poderá implicar prejuízo à educação, à saúde e ao sustento em geral de sua família.

Sendo assim, a impetrante requer que seja deferida a medida liminar antes mesmo da notificação da autoridade coatora, nos termos do art. 7º, III, da Lei 12.016/2009, para que seja determinado à autoridade coatora que suspenda imediatamente os efeitos da decisão de declaração que declarou a nulidade da ascensão funcional da impetrante, tendo em vista a relevância do fundamento (aparência do bom direito – *fumus boni iuri*) e o perigo na demora da decisão (*periculum in mora*).

IV – DO PEDIDO

Por todo o exposto, a impetrante requer que seja:

a) deferida a medida liminar para que seja determinado à autoridade coatora que suspenda imediatamente os efeitos da decisão de declaração que declarou a nulidade da ascensão funcional da impetrante;

b) determinada a notificação da autoridade coatora, enviando-lhe todas as cópias dos documentos que instruem a inicial, para que preste todas as informações necessárias, no prazo de 10 dias (art. 7º, I, da Lei 12.016/2009);

c) dada ciência ao órgão de representação judicial do órgão, enviando-lhe cópia da inicial para que, querendo, ingresse no feito (art. 7º, II, da Lei 12.016/2009);

d) ouvido o representante do Ministério Público para que opine no prazo de 10 dias (art. 12 da Lei 12.016/2009);

e) ao final, confirmada a liminar deferida, concedendo-se definitivamente a segurança pleiteada para seja declarada a nulidade da decisão que anulou a ascensão profissional da impetrante, com a consequente cassação dos efeitos da decisão tomada.

[Obs.: toda a prova deve ser juntada à inicial, pois o direito é líquido e certo e não se admite dilação probatória. Não há condenação em honorários advocatícios em mandado de segurança: Súmulas 512/STF 105/STJ]

Dá-se à causa o valor de R$ 1.000,00.

Termos em que pede deferimento.

Local ..., data ...

[Não assine, rubrique ou, de outra forma, identifique sua prova!]

ADVOGADO ...

OAB ...

fim da petição

Comentário adicional

STF. Súmula vinculante n. 3: "Nos processos perante o Tribunal de Contas da União asseguram-se o contraditório e a ampla defesa quando da decisão puder resultar anulação ou revogação de ato administrativo que beneficie o interessado, excetuada a apreciação da legalidade do ato de concessão inicial de aposentadoria, reforma e pensão".

(OAB/Exame Unificado – 2ª fase – CESPE) PEÇA PROFISSIONAL. A administração pública local desencadeou procedimento licitatório na modalidade de tomada de preços, tendo por objeto a construção de uma ponte de 28 metros. Na fase de habilitação, a comissão de licitação considerou a empresa X inabilitada sob o fundamento de que a documentação apresentada seria insuficiente para comprovar sua capacidade técnico-operacional, dada a exigência de experiência anterior em construção de obras que, somadas, alcançassem 500 metros lineares de pontes ou viadutos. Inconformada com a incompatibilidade existente, nas normas do edital, entre o objeto da licitação e a exigência relativa à experiência, a empresa ajuizou ação cautelar, com pedido de liminar, com a finalidade de suspender a decisão que ensejou sua inabilitação e de participar das demais fases do certame, mormente por ter apresentado certidão de acervo técnico e atestado de acervo técnico, emitidos por órgãos oficiais, comprovando a experiência na construção de ponte com extensão de 100 metros. O juízo monocrático deferiu a liminar postulada, permitindo a participação da empresa nas demais fases, entendimento confirmado no julgamento de mérito da ação cautelar. No prazo legal, a empresa ajuizou a ação principal sob o rito ordinário, visando à obtenção de provimento jurisdicional que declarasse a nulidade da decisão administrativa que a inabilitara para o certame. O poder público apresentou contestação, ressaltando a necessidade de observância do princípio da vinculação ao instrumento convocatório e a afronta ao princípio da igualdade de tratamento entre os licitantes sob o argumento de que eventual provimento que declarasse a nulidade da decisão administrativa privilegiaria a empresa autora em detrimento das demais, por permitir sua participação, não obstante a ausência de comprovação de sua capacidade técnica. A autoridade julgadora julgou improcedente o pedido, destacando, para tanto, que a empresa não comprovara sua capacidade técnica para a realização da obra licitada e que, não obstante a Lei n.º 8.666/1993 tenha permitido a substituição dos certificados de registros cadastrais por documentos necessários à sua obtenção, a documentação apresentada pela autora não teria comprovado sua capacidade técnica para a obtenção do certificado relativo à experiência exigida no edital. Ao afastar a pretensão, aduziu, também, que eventual provimento jurisdicional em sentido contrário implicaria afronta ao princípio da isonomia e desrespeito ao edital. Segundo a autoridade, o acolhimento da pretensão significaria, desse modo, afronta ao princípio da vinculação ao instrumento convocatório, previsto nos arts. 3º e 41 da Lei n.º 8.666/1993, bem como ao disposto no art. 22, § 2.º, do mesmo diploma legal, já que a empresa licitante teria deixado de apresentar documentação expressamente prevista no edital que rege o certame. Considerando a situação hipotética acima apresentada, na qualidade de advogado(a) constituído(a) pela empresa inabilitada, redija a peça processual cabível, apresentando as questões de direito processual e de direito material indispensáveis à defesa dos interesses de sua cliente. (Data da prova: 25/10/2009)

RESOLUÇÃO DA PEÇA PRÁTICO PROFISSIONAL

Peça: Apelação

Fundamento: art. 513 do CPC

Endereçamento

- **da petição:** ao juiz da causa
- **das razões:** ao Tribunal

Formalidade: lembrar de fazer referência à qualificação das partes

Mérito:

- Incompatibilidade entre a exigência do edital e o objeto do certame;
- Referência ao disposto no art. 37, XXI, da CF e ao disposto no art. 22, § 9.º, da Lei n.º 8.666/1993.

Pedido: de nova decisão; o candidato deveria lembrar, também, de pedir condenação em custas e honorários.

Modelo: apelação

início da folha

Excelentíssimo Senhor Doutor Juiz de Direito da ..... Vara ... da Comarca de ...

[Deixe espaço de aproximadamente 10 cm para eventual despacho ou decisão do juiz.]

Processo nº ...

Rito Ordinário

Empresa X, já qualificada nos autos, por meio de seu advogado que subscreve a presente, vem, respeitosamente, à presença de Vossa Excelência, com fulcro nos artigos 513 e seguintes do Código de Processo Civil, interpor a presente

APELAÇÃO

contra a r. sentença de fls. ..., proferida por esse D. Juízo, na ação que promove em face do Município ...., também já qualificado nos autos, nos termos das razões de fato e de direito apresentadas na minuta em anexo.

Requer, outrossim, que seja o presente recurso recebido nos efeitos devolutivo e suspensivo, intimando-se a parte contrária para, querendo, apresentar suas contrarrazões no prazo legal.

Requer, em seguida, a remessa dos autos para o E. Tribunal de Justiça para processamento, conhecimento e julgamento.

Por fim, requer a juntada das custas de preparo e porte de remessa e retorno.

Termos em que pede deferimento.

Local ..., data ... .

[Não assine, rubrique ou, de outra forma, identifique sua prova!]

____

ADVOGADO ...

OAB ...

quebra de página

Egrégio Tribunal de Justiça do Estado ...

Razões de Apelação

Apelante: Empresa X

Apelada: Município ...

EGRÉGIO TRIBUNAL,
COLENDA CÂMARA,
NOBRES JULGADORES.

1. DOS FATOS

A apelada instaurou licitação, na modalidade de tomada de preços, tendo por objeto a construção de uma ponte de 28 metros.

Na fase de habilitação do certame, a apelante foi inabilitada, sob o fundamento de que a documentação apresentada seria insuficiente para comprovar sua capacidade técnico-operacional, dada a exigência de experiência anterior em construção de obras que, somadas, alcançassem 500 metros lineares de pontes ou viadutos.

Inconformada a empresa ajuizou ação cautelar, com pedido de liminar, com a finalidade de suspender a decisão que ensejou sua inabilitação e de participar das demais fases do certame.

Na ocasião a apelante alegou haver incompatibilidade entre o objeto da licitação e a exigência relativa à experiência. Alegou também ter apresentado certidão de acervo técnico e atestado de acervo técnico, emitidos por órgãos oficiais, comprovando a experiência na construção de ponte com extensão de 100 metros.

A liminar postulada foi deferida, permitindo a participação da empresa nas demais fases, entendimento confirmado no julgamento de mérito da ação cautelar.

No prazo legal, a apelante ajuizou ação principal sob o rito ordinário, visando à obtenção de provimento jurisdicional que declarasse a nulidade da decisão administrativa que a inabilitara para o certame.

O poder público apresentou contestação sob os seguintes fundamentos: a) necessidade de observância do princípio da vinculação ao instrumento convocatório; b) afronta ao princípio da igualdade de tratamento entre os licitantes, sob o argumento de que eventual provimento que declarasse a nulidade da decisão administrativa privilegiaria a empresa autora em detrimento das demais, por permitir sua participação, não obstante a ausência de comprovação de sua capacidade técnica.

A autoridade julgadora julgou improcedente o pedido e o fez segundo os seguintes fundamentos: a) a Empresa X não comprovara sua capacidade técnica para a realização da obra licitada, e não obstante a Lei n.º 8.666/1993 tenha permitido a substituição dos certificados de registros cadastrais por documentos necessários à sua obtenção, a documentação apresentada pela autora não teria comprovado sua capacidade técnica para a obtenção do certificado relativo à experiência exigida no edital; b) o eventual provimento jurisdicional em sentido contrário implicaria afronta ao princípio da isonomia; c) o acolhimento da pretensão significaria, desse modo, afronta ao princípio da vinculação ao instrumento convocatório, previsto nos arts. 3º e 41 da Lei n.º 8.666/1993, bem como ao disposto no art. 22, § 2.º, do mesmo diploma legal, já que a empresa licitante teria deixado de apresentar documentação expressamente prevista no edital que rege o certame.

Irresignada, a apelante interpõe o presente recurso no qual pleiteia a reforma da decisão para julgar procedente a ação anulatória proposta.

2. DO DIREITO

Os fatos narrados revelam a incompatibilidade entre a exigência contida no edital e o objeto do procedimento licitatório, especificamente quanto à extensão da ponte. Isso porque a exigência do edital consistente em experiência na construção de, no mínimo, 500 metros de pontes ou viadutos não guarda relação de compatibilidade com a extensão da ponte a ser edificada (apenas 28 metros).

A Lei n.º 8.666/1993 exige, no art. 30, II, a apresentação, pelos participantes, de documento que comprove a qualificação técnica. Todavia, os conhecimentos e as habilidades técnicas a serem exigidas para a habilitação no certame devem corresponder ao trabalho a ser desenvolvido na obra. Isso em atenção ao disposto no art. 37, XXI, da CF, segundo o qual somente são permitidas exigências de qualificação técnica ou econômica *indispensáveis* à garantia do cumprimento do contrato.

Nesse sentido dispõe o referido dispositivo: "Art. 37. A administração pública direta e indireta de qualquer dos Poderes da União, dos Estados, do Distrito Federal e dos Municípios obedecerá aos princípios de legalidade, impessoalidade, moralidade, publicidade e eficiência e, também, ao seguinte: (...) XXI – ressalvados os casos especificados na legislação, as obras e serviços, compras e alienações serão contratados mediante processo de licitação pública que assegure igualdade de condições a todos os concorrentes, com cláusulas que estabeleçam obrigações de pagamento, mantidas as condições efetivas da proposta, nos termos da lei, o qual somente permitirá as exigências de qualificação técnica e econômica indispensáveis à garantia do cumprimento das obrigações".

Assim, a capacidade técnica exigida deve guardar relação de compatibilidade com o objeto licitado. É o que também se extrai do disposto no art. 22, § 9.º, da Lei n.º 8.666/1993, segundo o qual: "São modalidades de licitação: I – concorrência; II – tomada de preços; III – convite; IV – concurso; V – leilão." (...). "§ 2.º Tomada de preços é a modalidade de licitação entre interessados devidamente cadastrados ou que atenderem a todas as condições exigidas para cadastramento até o terceiro dia anterior à data do recebimento das propostas, observada a necessária qualificação." (...) "§ 9.º Na hipótese do § 2.º deste artigo, a Administração somente poderá exigir do licitante não cadastrado os documentos previstos nos arts. 27 a 31, que comprovem habilitação compatível com o objeto da licitação, nos termos do edital."

Desse modo, considerando-se que a empresa apresentou documentação emitida por órgãos oficiais de experiência na edificação de ponte de 100 metros, resta evidenciada a comprovação da experiência em obra compatível com a licitada, inclusive em extensão maior, o que demonstraria de maneira satisfatória sua qualificação técnica para o desempenho do objeto do contrato. Portanto, ao impor exigência de comprovação de experiência em obra com dimensão de 500 m, o edital desatendeu ao disposto nos artigos 22 e 30 da Lei 8.666/1993 na medida em que não atentou para as características da obra objeto da contratação. A exigência não seria razoável por implicar comprovação de experiência em construção de obra com dimensão aproximadamente 20 vezes maior que a do futuro contrato.

Tal exigência acaba por restringir a competitividade ínsita do procedimento licitatório e apta à obtenção de escolha mais vantajosa para a Administração, de que não há que se falar em ofensa ao princípio da vinculação ao instrumento convocatório.

A jurisprudência, inclusive, firmou-se exatamente nesse sentido, ou seja, no de que a qualificação técnica do licitante deve ser limitada à aptidão para o desempenho da atividade pertinente e compatível com o objeto da licitação.

3. DO PEDIDO

Ante o exposto, requer que Vossa Excelência se digne de processar o presente na forma prevista no Código de Processo Civil para, ao final, dar provimento ao recurso para o fim de reformar a sentença proferida pelo D. Juízo *a quo*, julgando procedente o pedido inicial com a declaração de nulidade da decisão administrativa que inabilitou a autora na licitação de que trata a presente, com a inversão do ônus sucumbencial.

Termos em que pede deferimento.

Local ..., data ...

[Não assine, rubrique ou, de outra forma, identifique sua prova!]

____

ADVOGADO ...

OAB ...

fim da petição

(OAB/Exame Unificado – 2ª fase – CESPE) Foi expedido mandado de prisão preventiva contra Rubem, médico pertencente ao quadro de pessoal do Ministério da Saúde. Por considerar ilegal a referida medida, Rubem furtou-se ao seu cumprimento e deixou de comparecer ao seu local de trabalho durante mais de quarenta dias consecutivos. Após esse período, tendo sido concedido *habeas corpus* em seu favor, o médico retornou ao exercício regular de suas funções laborais.

O ministro de Estado da Saúde instaurou processo administrativo disciplinar para apurar suposta irregularidade na conduta de Rubem, relativa a abandono de cargo. Na portaria de instauração do processo, optou-se pelo rito sumário, tendo sido designados para compor a comissão disciplinar, como membro e presidente, dois servidores federais estáveis ocupantes do cargo de agente administrativo, ambos com escolaridade de nível superior.

Foram indicadas, também, a autoria e a materialidade do fato tido como irregular. Três dias após a publicação da portaria, o servidor foi indiciado por violação ao art. 138, c/c com o art. 132, inciso II, ambos da Lei n. 8.112/1990 e, posteriormente, citado para a apresentação de defesa no prazo de cinco dias.

Na peça de defesa, o advogado do servidor, em pedido administrativo, postulou a oitiva de testemunhas, aduzindo que estas comprovariam que a ausência do acusado ao local de trabalho fora motivada por seu entendimento de que a ordem de prisão seria ilegal e que, tão logo afastada a ordem, o médico retornara a suas atividades.

O presidente da comissão de processo administrativo disciplinar indeferiu o pedido de produção de prova testemunhal, considerando-o impertinente, sob o argumento de que o rito escolhido pela autoridade instauradora prevê instrução sumária, sem a possibilidade de produção de prova, nos termos do art. 133, inciso II, da Lei n. 8.112/1990.

No relatório final, sugeriu-se a demissão do servidor, com fulcro nos artigos citados na peça de indiciação, tendo sido a sugestão acolhida pelo ministro da Saúde. A portaria de demissão por abandono de cargo, assinada há cinco meses, foi publicada no Diário Oficial da União há três meses.

Considerando a situação hipotética apresentada, na qualidade de advogado(a) constituído(a) pelo servidor público demitido, redija a peça processual mais adequada ao caso, apresentando as questões de direito processual e material indispensáveis à defesa dos interesses de seu cliente. (Prova aplicada em 18/04/2010)

RESOLUÇÃO DA PEÇA PRÁTICO-PROFISSIONAL

1) **Peça:** Mandado de Segurança; a peça encontra fundamento no art. 5º, LXIX, da CF, e nos arts. 1º e 5º, III, da Lei 12.016/2009; há ato de autoridade, descumprimento de formalidade essencial em processo administrativo e existência de prova pré-constituída.

2) **Endereçamento:** Excelentíssimo Senhor Presidente do Colendo Superior Tribunal de Justiça. (Art. 105, I, "b", da CF).

3) **Partes:**

a) **impetrante:** Rubem...;

b) **impetrado:** Ministro da Saúde.

4) **Tese 1:** violação ao princípio do devido processo legal (art. 5º, LIV, da CF), uma vez que foram nomeados apenas dois servidores para compor a comissão disciplinar, que deveria ser composta de três servidores estáveis (art. 149 da Lei 8.112/1990).

5) **Tese 2:** violação aos princípios constitucionais da ampla defesa e do contraditório (art. 5º, LV, da CF), em virtude de ter sido indeferida oitiva de testemunhas-chave, que demonstrariam que não houve intenção de abandono de cargo.

6) **Tese 3:** violação ao art. 138 da Lei 8.112/1990, que exige intenção de abandono para que seja configurado o instituto do abandono de cargo.

7) **Pedidos:** de declaração de nulidade do ato demissório, com a consequente reintegração do servidor; deve-se fazer pedido de liminar, trazendo como relevante fundamento (*fumus boni iuris*) as três teses, e como *periculum in mora* o fato de que o servidor terá perdas financeiras indispensáveis ao seu sustento.

8) **Observações:**

a) **prazo para o mandado de segurança:** como a portaria foi publicada há apenas três meses, a impetração está dentro do prazo de 120 dias;

b) **outras peças:** a peça indicada é o mandado de segurança; é claro que cabe, também, ação, pelo rito ordinário, com os mesmos pedidos; o problema é que este rito não tem todas as vantagens do mandado de segurança (exemplo: o pedido liminar, numa ação pelo rito ordinário, tem que preencher os requisitos da tutela antecipada; a apelação do Poder Público, no mesmo rito, tem duplo efeito etc.), e os elementos trazidos no problema não requerem dilação probatória, de modo que o mandado de segurança é, de fato, a melhor medida.

Modelo: mandado de segurança

[O que estiver entre colchetes é apenas nota do autor – não deve constar da peça.]

início da folha

EXCELENTÍSSIMO SENHOR PRESIDENTE DO COLENDO SUPERIOR TRIBUNAL DE JUSTIÇA

[Deixe espaço de aproximadamente 10 cm para eventual despacho ou decisão do juiz.]

Rubem ..., estado civil ..., médico, com residência e domicílio ..., portador do RG ... e do CPF ..., por seu advogado que firma a presente (procuração anexada – doc.1), com escritório para recebimento de intimações na ... (art. 39, I, do CPC), vem à presença de Vossa Excelência, respeitosamente, impetrar contra o Senhor Ministro da Saúde o presente

MANDADO DE SEGURANÇA COM PEDIDO DE LIMINAR

nos termos do artigo 5º, inciso LXIX, da Constituição Federal e da Lei nº 12.016/2009, pelas razões a seguir aduzidas:

I - DOS FATOS

O impetrante foi demitido do cargo médico por ato da autoridade coatora, consistente na Portaria nº ..., publicada no dia ..., ou seja, há três meses, sob o argumento de que aquele teria abandonado o cargo, já que deixara de trabalhar por mais de quarenta dias consecutivos (doc. 2).

Ocorre que o processo administrativo disciplinar incidiu em várias falhas.

Em primeiro lugar, foram nomeados apenas dois servidores para a comissão disciplinar.

Ademais, o presidente da comissão de processo administrativo cerceou a defesa do impetrante ao indeferir pedido de oitiva de testemunhas que comprovariam que a ausência do impetrante ao trabalho fora motivada por seu não atendimento a uma ordem de prisão ilegal e que, tão logo afastada a ordem, o médico retornou às suas atividades.

Por fim, a demissão foi lastreada em dispositivo que exige a intenção do abandono do cargo, intenção essa que não ocorreu no caso em tela.

Efetivada a ilegal demissão, não restou outra alternativa ao impetrante que não a de ingressar com o presente mandado de segurança a fim de que seja determinada sua imediata reintegração.

II – DO DIREITO

1. Do cabimento do mandado de segurança

1.1. Existência de ato de autoridade

A demissão ora impugnada é ato de autoridade pública, no caso ato emanado pelo Ministro de Estado da Saúde no exercício de suas atividades administrativas.

Dessa forma, o mandado de segurança é cabível quanto a esse aspecto (art. 5º, LXIX, da CF, e art. 1º da Lei 12.016/2009).

1.2. Existência de prova pré-constituída

Os fatos que dão suporte ao direito alegado pelo impetrante estão comprovados de plano, por meio da prova documental ora juntada, consistentes nos seguintes documentos: a) cópia integral do processo administrativo disciplinar no qual consta a data da constituição da comissão processante, o indeferimento de provas pertinentes, o ato de demissão fundamentado no abandono de emprego e certidão de publicação do ato demissório; b) documentação demonstrando a ordem de prisão ocorrida no período de faltas ao serviço, bem como cópia da decisão que concedeu *habeas corpus* em favor do impetrante.

Assim também está cumprido o requisito de prova pré-constituída, essencial para o cabimento do mandado de segurança.

1.3. Respeito ao prazo decadencial de 120 dias

O prazo decadencial para ingressar com o presente *mandamus* também é requisito que está cumprido. Isso porque o ato impugnado (a demissão) foi publicado no dia ..., ou seja, há três meses, período inferior ao prazo de 120 dias, previsto na lei, para a impetração do mandado de segurança.

Assim sendo, o requisito temporal também está ordem.

1.4. Inexistência de outros impedimentos legais ou jurisprudenciais para a propositura do mandado de segurança

Por fim, não se configura no presente quaisquer outros impedimentos legais (arts. 1º e 5º da Lei 12.016/2009) e jurisprudenciais ao manejo do presente remédio constitucional.

É bom ressaltar que, mesmo o impedimento que existia no art. 5º, III, da antiga Lei de Mandado de Segurança, e que não foi repetido na atual lei (Lei 12.016/2009), não incidia nas situações em que havia inobservância a formalidade essencial, como se dá no caso presente, em que há violação ao princípio do contraditório e da ampla defesa.

Destarte, também não há requisito negativo a impedir o manejo da presente garantia constitucional.

2. Da legitimidade ativa e passiva

A legitimidade ativa está em ordem, pois o impetrante defende, em nome próprio, direito próprio decorrente da violação de princípios constitucionais e de regras da Lei 8.112/1990.

A autoridade coatora também está corretamente indicada, uma vez que foi o Ministro da Saúde que promoveu o ato ora impugnado, de modo que está atendida a regra no sentido de que é "autoridade coatora aquela que tenha praticado o ato impugnado ou da qual emane a ordem para a sua prática" (art. 6º, § 3º, da Lei 12.016/2009).

Aliás, nos termos do art. 105, I, "b", da CF, a competência para conhecer de mandado de segurança contra ato de Ministro de Estado é desse C. Superior Tribunal de Justiça.

3. Do direito líquido e certo violado

3.1. Da violação ao princípio do devido processo legal (art. 5º, LIV, da CF) e do disposto no art. 149 da Lei 8.112/1990

Conforme se verifica da documentação ora juntada, a comissão disciplinar constituída para conduzir o processo disciplinar em face do impetrante contou com apenas dois servidores nomeados.

Tal situação viola o disposto no art. 149 da Lei 8.112/1990, que exige que a comissão disciplinar seja composta por três servidores estáveis.

Essa ilegalidade fere o princípio constitucional do devido processo legal (art. 5º, LIV, da CF), que não admite que se interfira no direito das pessoas sem que se obedeça aos preceitos processuais pertinentes, como são as exigência contidas no dispositivo legal citado.

Assim, o presente fundamento é suficiente, por si só, para que seja anulado o decreto de demissão.

3.2. Da violação aos princípios da ampla defesa e do contraditório (art. 5º, LV, da CF)

Não bastasse a violação ao princípio citado, o ato ora impugnado foi praticado no bojo de um processo disciplinar que cerceou o principal ponto da defesa do impetrante.

Com efeito, o presidente da comissão de processo administrativo indeferiu pedido de oitiva de testemunhas que comprovariam que a ausência do impetrante ao trabalho fora motivada por seu não atendimento a uma ordem ilegal de prisão e que, tão logo afastada a ordem, o médico retornou a suas atividades.

O argumento da comissão processante foi de que se tratava de um procedimento sumário, que não possibilitava a produção de prova.

Nada obstante, mesmo no rito sumário, a cognição há de ser plena. Visando proteger os princípios do contraditório e da ampla defesa, o indeferimento apenas pode ocorrer caso a prova não seja pertinente, o que não foi o caso, visto que se tratava de prova que poderia afastar a materialidade do delito administrativo.

Dessa forma, o presente fundamento também é suficiente, por si só, para a anulação do ato demissório do impetrante, com sua consequente reintegração.

3.3. Da violação ao art. 138 da Lei 8.112/1990

Quanto ao mérito do ato de demissão, este também está inquinado de ilegalidade. Isso porque o instituto do abandono de cargo somente se configura quando houver intenção de abandono por parte do servidor público.

No entanto, conforme a documentação ora juntada, o impetrante, na mesma época das faltas, sofreu em seu desfavor decreto de prisão ilegal e, tão logo foi anulado por decisão proferida em *habeas corpus*, o impetrante retornou ao serviço.

Basta verificar o teor do artigo 138 da Lei 8.112/1990 e perceber que esse dispositivo exige o elemento subjetivo "ausência intencional", o que, claramente, não se deu no caso em tela.

Tudo então demonstra que a decisão demissória deve ser afastada, com a consequente reintegração do impetrante.

III – DA LIMINAR

Excelência, há relevante fundamento no caso em tela. O impetrante demonstrou pela narrativa de fatos acompanhada dos respectivos documentos, e com a subsunção desses fatos a normas de índole constitucional e também com preceitos específicos da própria Lei 8.112/1990, que houve grave violação de seus direitos, grave violação essa que justifica sua reintegração imediata, restando configurado o requisito do *fumus boni iuris*.

O impetrante também demonstrou que, caso não deferida a liminar ora pleiteada, terá perdas financeiras indispensáveis ao seu sustento.

Sendo assim, o impetrante requer que seja deferida a medida liminar antes mesmo da notificação da autoridade coatora, nos termos do art. 7º, III, da Lei 12.016/2009, para que seja determinado à autoridade coatora sua imediata reintegração ao cargo que anteriormente ocupava, com o ressarcimento automático de todas as vantagens (art. 28 da Lei 8.112/1990), tendo em vista a relevância do fundamento (aparência do bom direito – *fumus boni iuri*) e o perigo na demora da decisão (*periculum in mora*).

IV – DO PEDIDO

Por todo o exposto, o impetrante requer que seja:

a) deferida a medida liminar para que seja determinado à autoridade coatora que reintegre imediatamente o impetrante no cargo que anteriormente ocupava, com o ressarcimento automático de todas as vantagens (art. 28 da Lei 8.112/1990);

b) determinada a notificação da autoridade coatora, enviando-lhe todas as cópias dos documentos que instruem a inicial, para que preste todas as informações necessárias, no prazo de 10 dias (art. 7º, I, da Lei 12.016/2009);

c) dada ciência ao órgão de representação judicial da União Federal, enviando-lhe cópia da inicial para que, querendo, ingresse no feito (art. 7º, II, da Lei 12.016/2009);

d) ouvido o representante do Ministério Público para que opine no prazo de 10 dias (art. 12 da Lei 12.016/2009);

e) ao final, confirmada a liminar deferida, concedendo-se definitivamente a segurança pleiteada para que seja anulado o ato demissório e determinado à autoridade coatora que reintegre imediatamente o impetrante no cargo que anteriormente ocupava, com o ressarcimento de todas as vantagens.

[Obs.: toda a prova deve ser juntada à inicial, pois o direito é líquido e certo e não se admite dilação probatória. Não há condenação em honorários advocatícios em mandado de segurança: Súmulas 512/STF 105/STJ]

Dá-se à causa o valor de R$ 1.000,00.

Termos em que pede deferimento.

Local, data ...

[Não assine, rubrique ou, de outra forma, identifique sua prova!]

____

ADVOGADO ...

OAB ...

fim da petição

PADRÃO DE RESPOSTA – PEÇA PROFISSIONAL – EXAMINADORA

Superior Tribunal de Justiça, visto que a autoridade coatora é o ministro de Estado da Saúde. Além disso, a parte final do enunciado menciona que a publicação da portaria expulsória ocorreu há três meses e, portanto, dentro do prazo de cento e vinte dias previsto na Lei n.º 12.016/2009.

Com pedido de tutela antecipada perante a justiça federal. O nome *iuris* não tem relevância, devendo ser observada a pretensão descontitutiva ou anulatória. Contudo, caso o(a) examinando(a) não tenha mencionado o pedido de liminar ou tutela antecipada de forma expressa, a omissão deve ser devidamente descontada no item 3 (Domínio do raciocínio jurídico).

Identificação do impetrante (opção 1) ou do autor (opção 2).

Identificação dos impetrados (opção 1: Ministro de Saúde e União*) ou do réu (opção 2: União).

* Na condição de impetrados deve figurar tanto o ministro de Estado de Saúde como a União. O ministro de Estado da Saúde, visto que a insurgência deve ocorrer em face da portaria de demissão, e não do indeferimento irregular praticado pela comissão de processo administrativo disciplinar. Também deve ser indicada a pessoa jurídica que a autoridade coatora integra, que é a União (art. 6.º, *caput*, da Lei n.º 12.016/2009).

Mérito: não configurado o abandono de cargo por inexistir *animus abandonandi*, visto que o servidor apenas se ausentou do serviço em decorrência de mandado de prisão preventiva que fora expedido contra ele e, posteriormente, considerado ilegal. O artigo 138 da Lei n.º 8.112/1990 exige, para a configuração do abandono, que a ausência do servidor seja intencional, com ânimo de abandonar o serviço, o que não ocorreu, visto que, de fato, a vontade do servidor foi evadir-se da prisão. Tanto assim que, tão logo concedido o *habeas corpus*, o servidor retornou ao exercício do cargo. Nesse sentido:

MANDADO DE SEGURANÇA. SERVIDOR PÚBLICO. DEMISSÃO POR ABANDONO DE CARGO. *ANIMUS ABANDONANDI*. NÃO CONFIGURAÇÃO. PRISÃO PREVENTIVA DECRETADA CONTRA O IMPETRANTE. FALTAS MOTIVADAS PELA FUGA APÓS A EXPEDIÇÃO DO MANDADO DE PRISÃO. ILEGALIDADE DA CUSTÓDIA RECONHECIDA POR ESTA CORTE SUPERIOR EM SEDE DE *HABEAS CORPUS*. EFEITOS PATRIMONIAIS E CÔMPUTO DO TEMPO DE SERVIÇO, PARA TODOS OS EFEITOS LEGAIS, A PARTIR DA DATA DO ATO IMPUGNADO.

1. Esta Corte Superior de Justiça possui entendimento firmado no sentido de que, para se concluir pelo abandono de cargo e aplicar a pena de demissão, a Administração Pública deve verificar o *animus abandonandi* do servidor, elemento indispensável para a caracterização do mencionado ilícito administrativo.

2. No caso, não se constata o ânimo específico do impetrante de abandonar o cargo, tendo em vista que, por reputar ilegal sua custódia cautelar, optou por furtar-se à execução da ordem de prisão, a fim de, em liberdade, provar a ilegalidade da segregação — o que, inclusive, foi posteriormente reconhecido pela Sexta Turma deste Superior Tribunal em *habeas corpus* concedido em seu favor – ficando, por conseguinte, impossibilitado de comparecer ao seu local de trabalho.

3. Ademais, conforme já decidiu o Supremo Tribunal Federal "É legítima a fuga do réu para impedir prisão preventiva que considere ilegal, porque não lhe pesa ônus de se submeter a prisão cuja legalidade pretende contestar." (HC 87.838/RR, Rel. Min. Cezar Peluso, Primeira Turma, DJ de 04/08/2006).

4. No tocante ao pedido do impetrante para que seja determinado o pagamento dos vencimentos retidos a partir da sua apresentação espontânea ao trabalho, a qual, segundo alega, teria ocorrido antes do ato demissional, verifica-se que não há nos autos documentos hábeis a comprovar o momento em que a referida apresentação se deu.

5. Desse modo, ressalvadas as vias ordinárias, deve prevalecer o entendimento consolidado nesta Corte Superior de Justiça no sentido de que "Em se tratando de reintegração de servidor público, os efeitos patrimoniais devem ser contados da data publicação do ato impugnado. Inteligência do art. 28 da Lei 8.112/1990." (MS 12.991/DF, Rel. Ministro Arnaldo Esteves Lima, terceira seção, julgado em 27/05/2009, DJe 03/08/2009)

6. Em se tratando de reintegração de servidor público, os efeitos patrimoniais devem ser contados da data publicação do ato impugnado.

7. Concessão parcial da ordem para determinar a reintegração do impetrante no cargo que ocupava, com o reconhecimento das vantagens financeiras e cômputo do tempo de serviço, para todos os efeitos legais, a partir da data do ato impugnado.

(MS 12.424/DF, Rel. Ministro Og Fernandes, Terceira Seção, julgado em 28/10/2009, DJe 11/11/2009)

Houve ilegalidade quando a comissão disciplinar foi formada por apenas dois membros, ao passo que o correto seria sua composição com três membros, estáveis, seguindo o mandamento do art. 149 da Lei n.º 8.112/1990. Afrontou-se, dessa forma, o princípio do *due process of law*.

A previsão do rito sumário para apuração do abandono de cargo não impede a produção de provas.

O rito é sumário, mas a cognição deve ser plena. Visando proteger os princípios do contraditório e da ampla defesa, o indeferimento apenas pode ocorrer caso a prova não seja pertinente, o que não foi o caso, visto que se tratava de provas que poderiam afastar a materialidade do delito administrativo. Nesse sentido:

CONSTITUCIONAL. ADMINISTRATIVO. MANDADO DE SEGURANÇA. SERVIDOR PÚBLICO. DEMISSÃO POR INASSIDUIDADE HABITUAL AO SERVIÇO (ARTS. 132, III E 139 DA LEI Nº 8.112/1990). PROCEDIMENTO SUMÁRIO. OFENSA AOS PRINCÍPIOS DO DEVIDO PROCESSO LEGAL, CONTRADITÓRIO E AMPLA DEFESA. CARACTERIZAÇÃO. INDEFERIMENTO DE REALIZAÇÃO DE PERÍCIA MÉDICA. COMUNICAÇÃO EXTEMPORÂNEA. AVERIGUAÇÃO DO *ANIMUS* ESPECÍFICO. EFEITOS PRETÉRITOS. IMPOSSIBILIDADE. SÚMULAS 269 E 271 DO STF. REINTEGRAÇÃO CONCEDIDA.

I – A Constituição Federal de 1988, no art. 5.º, LIV e LV, consagrou os princípios do devido processo legal, do contraditório e da ampla defesa, também, no âmbito administrativo. A interpretação do princípio da ampla defesa visa a propiciar ao servidor oportunidade de produzir conjunto probatório servível para a defesa.

II – O direito à produção de provas não é absoluto, podendo o pedido ser denegado pelo Presidente da Comissão quando for considerado impertinente, meramente protelatório ou de nenhum interesse para o esclarecimento dos fatos. *In casu*, o indeferimento do pleito de produção de provas baseou-se, exclusivamente, no fato de que o processo administrativo submetido ao procedimento sumário só possibilitaria ao acusado apresentar a defesa por escrito e dentro do prazo estabelecido por lei, não lhe sendo facultado requerer outros meios de prova, em patente ofensa à ampla defesa.

III – A intenção do legislador – ao estabelecer o procedimento sumário para a apuração de abandono de cargo e de inassiduidade habitual – foi no sentido de agilizar a averiguação das referidas transgressões, com o aperfeiçoamento do serviço público. Entretanto, não se pode olvidar das garantias constitucionalmente previstas. Ademais, a Lei n.º 8.112/1990 – art. 133, § 8.º – prevê, expressamente, a possibilidade de aplicação subsidiária no procedimento sumário das normas relativas ao processo disciplinar.

IV – A comunicação do indeferimento da prova requerida deve operar-se ainda na fase probatória, exatamente para oportunizar ao servidor a interposição de eventual recurso contra a decisão do Colegiado Disciplinar, sendo defeso à Comissão indeferi-lo quando da prolação do relatório final.

V – Em se tratando de ato demissionário consistente no abandono de emprego ou na inassiduidade ao trabalho, impõe-se averiguar o *animus* específico do servidor a fim de avaliar seu grau de desídia.

VI – A teor do disposto nos verbetes sumulares 269 e 271 do Pretório Excelso, a via do mandado de segurança é distinta da ação de cobrança, pois não se presta para vindicar a concessão de efeitos patrimoniais pretéritos

VII – Segurança parcialmente concedida para anular o ato demissionário, com a consequente reintegração do impetrante no cargo que ocupava.

(MS 7.464/DF, Rel. Ministro Gilson Dipp, Terceira Seção, julgado em 12/03/2003, DJ 31/03/2003 p. 144)."

Deve-se destacar a presença dos requisitos indispensáveis à concessão da liminar ou da tutela antecipada. O *fumus boni iuris* já está expresso na demonstração de inobservância ao disposto no art. 149 da Lei n.º 8.112/1990, e não houve intenção do servidor de abandonar o trabalho. O *periculum in mora*, por sua vez, apoia-se na necessidade de o servidor ser reintegrado prontamente ao cargo, em razão de suas perdas financeiras.

Deve-se requerer que sejam prestadas as devidas informações pela autoridade apontada como coatora e a entidade da qual ele faça parte e a oitiva do Ministério Público (no mandado de segurança) / a intimação da União ou do seu representante (na ação ordinária); a concessão da liminar/tutela antecipada para declarar a nulidade do processo administrativo disciplinar e determinar a reintegração do servidor no cargo público e, no mérito, a concessão da ordem para, em caráter definitivo, reconhecer o direito do impetrante/autor ao devido processo administrativo e à consequente reintegração ao cargo pleiteado.

(OAB/Exame Unificado – 2ª fase – CESPE) O Ministério Y publicou edital para provimento de 20 vagas para determinado cargo previsto em lei própria, tendo o concurso prazo de validade de noventa dias.

Passados sessenta dias da publicação do edital e publicada a lista dos aprovados, o ministro responsável assinou portaria de homologação do resultado do concurso, convocando os 20 primeiros colocados para, no prazo de dez dias, apresentarem documentos para fins de nomeação. Mauro, candidato regularmente inscrito no certame e aprovado em 15.º lugar, apresentou a documentação requerida. Findo o prazo e passados quinze dias, foi publicada nova portaria, por meio da qual foram nomeados apenas os 10 primeiros colocados, sendo a posse marcada para quatorze dias após a publicação da nomeação.

Inconformado com o ocorrido, Mauro procurou auxílio de profissional da advocacia para a defesa de seus direitos.

Considerando a situação hipotética acima apresentada, na qualidade de advogado(a) constituído(a) por Mauro, redija a peça processual mais adequada ao caso, abordando, além das questões de direito processual e material indispensáveis à defesa dos interesses de seu cliente, os seguintes aspectos:

– foro competente;
– legitimidade passiva;
– mérito da demanda.

(Prova aplicada em 25/07/2010)

RESOLUÇÃO DA PEÇA PRÁTICO-PROFISSIONAL

1) **Peça:** Mandado de Segurança; a peça encontra fundamento no art. 5º, LXIX, da CF, e nos arts. 1º e 5º, III, da Lei 12.016/2009; há ato de autoridade, ilegalidade e existência de prova pré-constituída.

2) **Endereçamento:** Excelentíssimo Senhor Presidente do Colendo Superior Tribunal de Justiça. (Art. 105, I, "b", da CF).

3) **Partes:**

a) **impetrante:** Mauro;

b) **impetrado:** Ministro da...

4) **Tese 1:** direito à nomeação por restar vinculada a competência para nomear os vinte primeiros aprovados depois que estes receberam convocação solicitando a entrega de documentos.

5) **Tese 2:** direito à nomeação dos aprovados no limite das vagas previstas no edital, em obediência aos princípios da proteção da confiança, da boa-fé e da segurança jurídica.

6) **Pedidos:** concessão de segurança para determinar à autoridade coatora a nomeação do impetrante para o cargo em cujo concurso público foi aprovado; deve-se fazer pedido de liminar, trazendo como relevante fundamento (*fumus boni iuris*) as duas teses e como *periculum in mora* o fato de que a nomeação dos dez primeiros candidatos aprovados é iminente.

7) **Observações:**

a) **prazo para o mandado de segurança:** está dentro do prazo de 120 dias, pois a portaria que não nomeou Mauro (ato coator) foi publicada há menos de 14 dias, segundo o que se presume da leitura do enunciado da questão;

b) **outras peças:** a peça indicada é o mandado de segurança; é claro que cabe, também, ação, pelo rito ordinário, com os mesmos pedidos; o problema é que este rito não tem todas as vantagens do mandado de segurança (exemplo: o pedido liminar, numa ação pelo rito ordinário, tem que preencher os requisitos da tutela antecipada; a apelação do Poder Público, no mesmo rito, tem duplo efeito etc.), e os elementos trazidos no problema não requerem dilação probatória, de modo que o mandado de segurança é, de fato, a melhor medida.

Modelo: mandado de segurança

[O que estiver entre colchetes é apenas nota do autor – não deve constar da peça.]

início da folha

EXCELENTÍSSIMO SENHOR PRESIDENTE DO COLENDO SUPERIOR TRIBUNAL DE JUSTIÇA

[Deixe espaço de aproximadamente 10 cm para eventual despacho ou decisão do juiz.]

Mauro ..., estado civil ..., profissão ..., com residência e domicílio ..., portador do RG ... e do CPF ..., por seu advogado que firma a presente (procuração anexada – doc.1), com escritório para recebimento de intimações na ... (art. 39, I, do CPC), vem, à presença de Vossa Excelência, respeitosamente, impetrar contra o Senhor Ministro da ... o presente

MANDADO DE SEGURANÇA COM PEDIDO DE LIMINAR

nos termos do artigo 5º, inciso LXIX, da Constituição Federal e da Lei nº 12.016/2009, pelas razões a seguir aduzidas:

I – DOS FATOS

O Ministério Y publicou edital para provimento de vinte vagas para o cargo de ..., tendo o concurso prazo de validade de noventa dias (doc. 2).

Passados sessenta dias da publicação do edital e publicada a lista dos aprovados, a autoridade coatora assinou portaria de homologação do resultado do concurso, convocando os vinte primeiros colocados para, no prazo de dez dias, apresentarem documentos para fins de nomeação (doc. 3).

O impetrante, candidato regularmente inscrito no certame e aprovado em 15.º lugar, apresentou a documentação requerida (doc. 4).

Findo o prazo e passados quinze dias, foi publicada nova portaria, por meio da qual foram nomeados apenas os dez primeiros colocados, sendo a posse marcada para quatorze dias após a publicação da nomeação (doc. 5).

Inconformado com o ocorrido, o impetrante ingressa com o presente mandado de segurança com pedido de liminar para que seja determinada sua imediata nomeação.

II – DO DIREITO

1. Do cabimento do mandado de segurança

1.1. Existência de ato de autoridade

A conduta ora impugnada – nomeação de apenas dez aprovados, desconsiderando o impetrante, 15.º colocado e convocado para a apresentação de documentos com vistas à sua nomeação num concurso cujo edital previa vinte vagas – é ato de autoridade pública, no caso, ato emanado pelo Ministro da ..., indicado como autoridade coatora.

Dessa forma, o mandado de segurança é cabível quanto a esse aspecto (art. 5º, LXIX, da CF e art. 1º da Lei 12.016/2009).

1.2. Existência de prova pré-constituída

Os fatos que dão suporte ao direito alegado pelo impetrante estão comprovados de plano, por meio da prova documental ora juntada, consistente nos seguintes documentos: a) cópia integral do edital, no qual consta a existência de vinte vagas a serem providas; b) cópia do ato de homologação do concurso e da convocação dos vinte primeiros colocados para apresentação de documentos com vistas à nomeação, incluindo o impetrante; c) cópia do ato de nomeação, que contemplou apenas os dez primeiros colocados.

Assim, também está cumprido o requisito de prova pré-constituída, essencial para o cabimento do mandado de segurança.

1.3. Respeito ao prazo decadencial de 120 dias

O prazo decadencial para ingressar com o presente *mandamus* também é requisito que está cumprido. Isso porque a conduta impugnada – nomeação de apenas dez aprovados, desconsiderando o impetrante – deu-se há menos de 120 dias, prazo decadencial previsto na lei para a impetração do mandado de segurança.

Assim sendo, o requisito temporal também está ordem.

1.4. Inexistência de outros impedimentos legais ou jurisprudenciais para a propositura do mandado de segurança

Por fim, não se configura no presente caso quaisquer outros impedimentos legais (arts. 1º e 5º da Lei 12.016/2009) e jurisprudenciais ao manejo do presente remédio constitucional.

Destarte, também não há requisito negativo a impedir a proposição da presente garantia constitucional.

2. Da legitimidade ativa e passiva

A legitimidade ativa está em ordem, pois o impetrante defende, em nome próprio, direito próprio decorrente da violação de princípios da Administração Pública.

A autoridade coatora também está corretamente indicada, uma vez que foi o Ministro da ... que praticou o ato ora impugnado, de modo que está atendida a regra no sentido de que é "autoridade coatora aquela que tenha praticado o ato impugnado ou da qual emane a ordem para a sua prática" (art. 6º, § 3º, da Lei 12.016/2009).

Aliás, nos termos do art. 105, I, "b", da CF, a competência para conhecer de mandado de segurança contra ato de Ministro de Estado é desse C. Superior Tribunal de Justiça.

3. Do direito líquido e certo violado

3.1. Do direito à nomeação do impetrante em face da competência vinculada da autoridade coatora

Conforme narrativa feita na exposição dos fatos, o impetrante, aprovado na 15.ª colocação de um concurso criado para preencher vinte cargos, foi formalmente convocado pela Administração Pública para apresentar documentação com vistas à sua nomeação para o cargo respectivo.

Feita a convocação, a competência administrativa, que poderia ser considerada discricionária, passou a ser competência vinculada, eis que a Administração, ao convocar o impetrante, acabou por demonstrar a existência de necessidade premente de contratação de pessoal, bem como dos demais requisitos para tanto, tais como existência de cargos vagos e disponibilidade financeira.

Nesse sentido, era de rigor que a autoridade coatora nomeasse os vinte candidatos convocados para a apresentação de documentos, o que, naturalmente, incluía o impetrante, 15.º colocado no certame, fundamento que, por si só, impõe que seja o presente *mandamus* concedido para o fim de determinar a nomeação do impetrante.

3.2. Do direito à nomeação do impetrante em face da sua aprovação no limite das vagas previstas no edital

Não bastasse o fundamento apresentado no item anterior, o fato é que a jurisprudência de nossos tribunais superiores é pacífica, hoje, no sentido de que o candidato aprovado no limite das vagas previstas no edital tem direito à nomeação.

Esse entendimento tem como fundamento os princípios da proteção da confiança, da boa-fé e da segurança jurídica (art. 5º, XXXVI, da CF e art. 2º, *caput*, da Lei 9.784/1999).

A Administração Pública só não será obrigada a nomear os aprovados no limite das vagas previstas no edital caso surjam fatos novos pertinentes que tornem inconveniente ao interesse público a efetivação da nomeação, fatos esses que devem ser expostos em ato administrativo devidamente motivado, o que não ocorreu no presente caso.

Assim, considerando que o edital do concurso previu o preenchimento de vinte vagas e o impetrante foi aprovado na 15ª colocação, de rigor a concessão da segurança para que seja determinada sua nomeação.

III – DA LIMINAR

Excelência, há relevante fundamento no caso em tela. O impetrante demonstrou pela narrativa de fatos acompanhada dos respectivos documentos, e com a subsunção desses fatos a normas de índole constitucional, que houve grave violação de seus direitos, grave violação essa que justifica sua nomeação imediata restando configurado o requisito do *fumus boni juris*.

O impetrante também demonstrou que a posse dos candidatos aprovados está para acontecer nos próximos dias, o que revela a existência de *periculum in mora* no caso.

Sendo assim, o impetrante requer que seja deferida a medida liminar antes mesmo da notificação da autoridade coatora, nos termos do art. 7º, III, da Lei 12.016/2009, para que seja determinado à autoridade coatora sua imediata nomeação para o cargo em cujo concurso foi aprovado.

IV – DO PEDIDO

Por todo o exposto, o impetrante requer que seja:

a) deferida a medida liminar para que seja determinado à autoridade coatora que proceda à nomeação imediata do impetrante no cargo em cujo concurso foi aprovado;

b) determinada a notificação da autoridade coatora, enviando-lhe todas as cópias dos documentos que instruem a inicial para que preste todas as informações necessárias, no prazo de 10 dias (art. 7º, I, da Lei 12.016/2009);

c) dada ciência ao órgão de representação judicial da União Federal, enviando-lhe cópia da inicial, para que, querendo, ingresse no feito (art. 7º, II, da Lei 12.016/2009);

d) ouvido o representante do Ministério Público para que opine no prazo de 10 dias (art. 12 da Lei 12.016/2009);

e) ao final, confirmada a liminar deferida, concedida definitivamente a segurança pleiteada para que seja determinado à autoridade coatora a consolidação da nomeação definitiva do impetrante no cargo em cujo concurso foi aprovado.

[Obs.: toda a prova deve ser juntada à inicial, pois o direito é líquido e certo e não se admite dilação probatória. Não há condenação em honorários advocatícios em mandado de segurança: Súmulas 512/STF 105/STJ]

Dá-se à causa o valor de R$ 1.000,00.

Termos em que pede deferimento.

Local, data ...

[Não assine, rubrique ou, de outra forma, identifique sua prova!]

____

ADVOGADO ...

OAB ...

fim da petição

PADRÃO DE RESPOSTA – PEÇA PROFISSIONAL – EXAMINADORA

O ato a ser impugnado é de ministro de Estado, sendo o foro competente o Superior Tribunal de Justiça. Há prova pré-constituída e direito líquido e certo, visto que o candidato foi chamado para apresentação de documentos para a nomeação, devendo ser impetrado, portanto, mandado de segurança como medida mais adequada.

Ainda que de forma rudimentar (a título de exemplo: "qualificação, residente e domiciliado etc."), deve-se mencionar a legitimidade ativa e qualificar o impetrante corretamente, nos termos do artigo 282, inciso II, do CPC. Por outro lado, deve-se, especificamente, identificar o ministro como autoridade coatora, e não o Ministério X. Necessidade de pedir ciência da União (Lei n.º 12.016/2009, art. 6.º).

O mérito traz importante questão administrativa: a aprovação dentro do número de vagas. Em um primeiro momento, o candidato não possui direito líquido e certo à nomeação. Todavia, a publicação de ato chamando todos os aprovados para apresentação de documentos impõe à administração a nomeação desses convocados. Portanto, a partir de então, o candidato teria direito líquido e certo à sua nomeação, visto que foi aprovado dentro do número de vagas e convocado para a apresentação de documentos. Nesse mesmo sentido:

"RECURSO EM MANDADO DE SEGURANÇA. CONCURSO PÚBLICO. CONVOCAÇÃO DOS CANDIDATOS PARA APRESENTAR DOCUMENTOS PARA NOMEAÇÃO. COMPROVADA A EXISTÊNCIA DE VAGAS. ATO ADMINISTRATIVO VINCULADO. INVESTIDURA NO CARGO. DIREITO LÍQUIDO E CERTO CARACTERIZADO.

1. A publicação de edital convocando os recorrentes para: '(...) tratarem de assunto relacionado ao processo de nomeação nos respectivos cargos efetivos', determinando, inclusive, a apresentação de diversos documentos a esse propósito, faz crer que há cargos vagos, o que, aliás, restou comprovado nos autos, e que a Administração necessita supri-los. Em outras palavras, a Administração obriga-se a investir os recorrentes no serviço público a partir da publicação desse instrumento convocatório, pois vinculada ao motivo do ato.

2. Seguindo a mesma linha de raciocínio, decidiu a eg. Quinta Turma deste Superior Tribunal de Justiça que: 'A vinculação da Administração Pública aos atos que emite, combinada com a existência de vagas impõe a nomeação, posse e exercício dos recorrentes nos cargos de Inspetor de Polícia Civil de 1.ª Classe do Estado do Ceará' (RMS 30.110/CE, Relator Ministro Napoleão Nunes Maia Filho, DJe 05.04.2010).

3. Direito líquido e certo dos impetrantes à investidura nos cargos de Inspetor de Polícia Civil de 1.ª Classe do Estado do Ceará.

4. Recurso ordinário a que se dá provimento."

(RMS 30.881/CE, Rel. Ministro Og Fernandes, Sexta Turma, julgado em 20/04/2010, DJe 10/05/2010)

"RECURSO EM MANDADO DE SEGURANÇA. CONCURSO PÚBLICO. CANDIDATOS CLASSIFICADOS ALÉM DO NÚMERO DE VAGAS INICIALMENTE OFERTADAS NO CERTAME. POSTERIOR SURGIMENTO DE NOVAS VAGAS NO PRAZO DE VALIDADE DO CONCURSO. VEICULAÇÃO DE EDITAL CONVOCATÓRIO NOMINAL PARA APRESENTAÇÃO DE DOCUMENTOS DE NOMEAÇÃO. ATO ADMINISTRATIVO VINCULADO. DIREITO LÍQUIDO E CERTO. INDEMONSTRAÇÃO DE INSUPERÁVEL RAZÃO FINANCEIRA. RECURSO PROVIDO.

1. Para a impetração do Mandado de Segurança se exige tão só e apenas a demonstração, já com a petição inicial, da ameaça ou vulneração a direito individual ou coletivo líquido e certo, por ato de autoridade, bem como a comprovação prévia e documental dos fatos suscitados, de modo que se mostre despicienda qualquer dilação probatória, aliás incomportável no procedimento peculiar deste remédio constitucional.

2. A Constituição Federal prevê duas ordens de direito ao candidato devidamente aprovado em concurso público: (a) o direito de precedência, dentro do prazo de validade do certame, em relação aos candidatos aprovados em concurso superveniente e (b) o direito de convocação por ordem descendente de classificação de todos os aprovados (art. 37, IV, da CF).

3. A Secretaria do Planejamento e Gestão do Estado do Ceará, por meio do Edital 23/2008, convocou nominalmente os recorrentes a comparecerem ao Departamento de Recursos Humanos da Superintendência da Polícia Civil para entrega de documentos com o objetivo de dar início ao processo de nomeação para os respectivos cargos efetivos, revelando, dessa forma, a necessidade do provimento das vagas existentes.

4. A partir da veiculação, por meio de Edital de convocação, do interesse público da Administração em dar início ao processo de investidura dos candidatos aprovados, a nomeação e a posse, que ficariam, em princípio, à discrição administrativa, tornam-se vinculados, gerando, em contrapartida, direito subjetivo em prol dos convocados; somente diante de relevante ou insuperável razão financeira, econômica ou orçamentária, devidamente comprovada, esse direito subjetivo poderá ser postergado.

5. Neste caso, a aprovação/classificação dos recorrentes no Concurso Público para o provimento de cargos de Inspetor de Polícia Civil de 1.ª Classe do Estado do Ceará se deu além do número de vagas ofertadas no Edital de abertura, porém, documento oficial do Departamento de Recursos Humanos da Secretaria da Segurança Pública e Defesa Social, posteriormente expedido, indica a existência de 237 vagas de Inspetor de Polícia Civil do Estado do Ceará, conforme indica a Lei Estadual 14.112/2008, dessa mesma Unidade Federativa.

6. A vinculação da Administração Pública aos atos que emite, combinada com a existência de vagas impõe a nomeação, posse e exercício dos recorrentes nos cargos de Inspetor de Polícia Civil de 1ª Classe do Estado do Ceará.

7. Recurso provido para assegurar aos recorrentes a investidura nos cargos de Inspetor de Polícia Civil de 1.ª Classe do Estado do Ceará, em que pese o parecer ministerial pelo desprovimento do recurso."

(RMS 30.110/CE, Rel. Ministro Napoleão Nunes Maia Filho, Quinta Turma, julgado em 18/02/2010, DJe 05/04/2010)

Presentes o *fumus boni juris*, já que todos os candidatos aprovados e classificados dentro do número de vagas inicialmente previsto no edital (20) foram chamados para apresentarem documentos para fins de nomeação, e o *periculum in mora*, uma vez que a posse dos primeiros aprovados é iminente.

Observação para a correção: atribuir pontuação integral às respostas em que esteja expresso o conteúdo do dispositivo legal, ainda que não seja citado, expressamente, o número do artigo.

(OAB/Exame Unificado – 2ª fase – FGV) JOANA, moradora de um Município da Baixada Fluminense, Rio de Janeiro, ao sair de casa para o trabalho às 7 horas da manhã do dia 10/10/2009, caminhando pela rua em direção ao ponto de ônibus, distraiu-se e acabou por cair em um bueiro que estava aberto, sem qualquer sinalização específica de aviso de cuidado pelo Poder Público. Em razão da queda, sua perna direita ficou presa dentro do bueiro e moradores do local correram para socorrer JOANA. Logo em seguida, bombeiros militares chegaram com uma ambulância e acabaram por prestar os primeiros socorros à vítima e por levá-la ao hospital municipal mais próximo. JOANA fraturou seu joelho direito e sofreu outras lesões externas leves.

Em razão da fratura, JOANA permaneceu em casa pelo período de 2 (dois) meses, com sua perna direita imobilizada e sem trabalhar, em gozo de auxílio-doença. Entretanto, além de seu emprego formal, ela prepara bolos e doces para vender em casa, a fim de complementar sua renda mensal, uma vez que é mãe solteira de um filho de 10 (dez) anos e mora sozinha com ele. Com a venda dos bolos e doces, JOANA aufere uma renda complementar de aproximadamente R$ 100,00 (cem reais) por semana.

Em razão de sua situação, a vítima também não pôde preparar suas encomendas de bolos e doces durante o referido período de 2 (dois) meses em que esteve com sua perna imobilizada.

Diante dos fatos acima descritos, e na qualidade de advogado procurado por JOANA, elabore a peça processual cabível para defesa do direito de sua cliente.

RESOLUÇÃO DA PEÇA PRÁTICO-PROFISSIONAL

1. **Peça Processual:** Ação Indenizatória pelo Rito Ordinário
2. **Endereçamento:** Excelentíssimo Senhor Doutor Juiz de Direito da ... Vara ... da Comarca de ...., da Justiça Estadual do Rio de Janeiro.
3. **Fundamentação e teses:**

a) responsabilidade do município pela manutenção dos bueiros;

b) demonstração da omissão do município decorrente da falta de tampa e de sinalização no bueiro (nexo causal);

c) responsabilidade objetiva configurada; alternativamente, responsabilidade subjetiva também configurada, pela existência de falta do serviço;

d) caracterização dos danos materiais (tratamento e lucros cessantes) e morais sofridos por Joana;

4. Pedido:

a) indenização por danos emergentes (tratamento);

b) indenização por lucros cessantes (ausência de renda complementar por 2 meses);

c) indenização por danos morais;

d) demais requerimentos de praxe.

Modelo: petição inicial de ação indenizatória por responsabilidade extracontratual do Estado

EXCELENTÍSSIMO SENHOR DOUTOR JUIZ DE DIREITO DA ... VARA ... DA COMARCA DE ...., DA JUSTIÇA ESTADUAL DO RIO DE JANEIRO.

Pular 10 linhas

JOANA ..., estado civil ..., profissão ..., com residência e domicílio ..., portadora do RG nº ... e inscrita no CPF sob nº ..., vem, respeitosamente, à presença de Vossa Excelência, por meio de seu advogado e bastante procurador que esta subscreve (doc. 01 – mandato), com fundamento nos arts. 37, § 6.º, da Constituição Federal, e 43 e 949 do Código Civil, propor a presente

AÇÃO INDENIZATÓRIA

em face do MUNICÍPIO DE ...., pessoa jurídica de direito público interno, com sede na ...,em virtude dos fundamentos de fato e de direito a seguir expostos:

I – DOS FATOS

No dia 10/10/2009, por volta das 7 horas da manhã, a autora, ao sair de casa para o trabalho, caminhando pela rua em direção ao ponto de ônibus, acabou por cair em um bueiro que estava aberto na rua.

Vale ressaltar que o bueiro em questão estava sem qualquer sinalização específica de aviso de cuidado por parte ré, responsável pela conservação das vias públicas.

Em razão da queda, a perna direita da autora ficou presa dentro do bueiro, que teve que contar com a ajuda de moradores do local no seu socorro.

Logo em seguida, bombeiros militares chegaram com uma ambulância e acabaram por prestar os primeiros socorros à autora e por levá-la ao hospital municipal mais próximo.

No hospital, constatou-se que a autora fraturara seu joelho direito e sofrera outras lesões externas leves (doc. 2).

Em razão da fratura, a autora teve diversos gastos de tratamento (doc. 3) e permaneceu em casa pelo período de 2 (dois) meses, com sua perna direita imobilizada e sem trabalhar, em gozo de auxílio-doença (doc. 4).

Entretanto, além de seu emprego formal, a autora prepara bolos e doces para vender em casa, a fim de complementar sua renda mensal (doc. 5), uma vez que é mãe solteira de um filho de 10 (dez) anos e mora sozinha com ele (doc. 6).

Com a venda dos bolos e doces, a autora aufere uma renda complementar de aproximadamente R$ 100,00 (cem reais) por semana, tendo também ficando por dois meses sem poder preparar suas encomendas, já que estava com sua perna imobilizada (doc. 5).

Diante dessa situação e da responsabilidade da ré pelo ocorrido, conforme se demonstrará, não restou outra alternativa à autora que não ingressar com a presente ação indenizatória decorrente de responsabilidade extracontratual da Municipalidade-ré.

II – DO DIREITO

1. Da responsabilidade objetiva do Estado

A Constituição Federal, em seu art. 37, § 6.º, consagra a responsabilidade objetiva do Estado por danos causados a terceiros. Confira:

"§ 6.º As pessoas jurídicas de direito público e as de direito privado prestadoras de serviço público responderão pelos danos que seus agentes, nessa qualidade, causarem a terceiros, assegurado o direito de regresso contra o responsável, nos casos de dolo ou culpa."

No mesmo sentido é o disposto no art. 43 do Código Civil, a seguir transcrito

"Art. 43. As pessoas jurídicas de direito público interno são civilmente responsáveis por atos dos seus agentes que nessa qualidade causem danos a terceiros, ressalvado direito regressivo contra os causadores do dano, se houver, por parte destes, culpa ou dolo."

Os fatos narrados nesta petição inicial enquadram-se perfeitamente na hipótese de incidência prevista nos dispositivos acima citados.

Há conduta estatal, dano e nexo de causalidade entre a primeira e o segundo.

A conduta da pessoa jurídica de direito público está caracterizada pela omissão do Município-réu em cuidar, conservar e fazer a manutenção dos bueiros.

Há de se lembrar que as ruas e calçadas de uma cidade são bens de uso comum do povo pertencentes aos Municípios, de modo que compete a estes proceder à manutenção dos bueiros presentes em tais vias.

O dano também está caracterizado. A documentação juntada com a presente exordial demonstra que a autora efetivamente caiu no bueiro. Demonstra também que as lesões decorrentes geraram despesas com tratamento e impediram que esta continuasse auferindo renda complementar com a elaboração de bolos e doces, tudo sem contar os danos morais decorrentes dos enormes transtornos que passou por ter ficado com a perna imobilizada.

O nexo de causalidade também se encontra presente, eis que o dano somente ocorreu pela existência de bueiro sem tampa e sem sinalização por parte da ré.

Por outro lado, não ocorre no caso presente qualquer das causas excludentes da responsabilidade estatal, tudo a fazer incidir os dispositivos citados, fazendo-se de rigor o reconhecimento da responsabilidade estatal pela reparação dos danos causados à autora.

2. Alternativamente: da configuração da responsabilidade subjetiva do Estado

De qualquer forma, e considerando o princípio da eventualidade, vale lembrar que mesmo que se reconheça que o caso envolve responsabilidade subjetiva, dada a conduta omissiva estatal, o fato é que também está demonstrado o pressuposto para a configuração dessa responsabilidade.

Com efeito, resta patente, no caso, a falta do serviço, consistente na ausência do serviço estatal de conservação e manutenção dos bueiros.

Serviços dessa natureza não podem deixar de ser prestados, já que um número extraordinário de veículos e pessoas passam pelas vias públicas o tempo todo.

A ausência desse tipo de serviço caracteriza um serviço estatal defeituoso, ensejando, destarte, responsabilidade estatal, conforme vem reconhecendo a jurisprudência dos nossos tribunais superiores.

Demonstrada a responsabilidade do Estado, seja na modalidade objetiva, seja na modalidade subjetiva, de rigor, agora, tratar das verbas indenizatórias devidas à autora.

3. Das verbas indenizatórias devidas

3.1. Dos danos materiais

A autora sofreu dois tipos de danos materiais, quais sejam, danos emergentes e lucros cessantes.

Os danos emergentes consistem nas despesas de tratamento que teve que suportar, no valor de ...., conforme demonstrativos ora juntados.

Os lucros cessantes consistem em dois meses sem auferir a renda complementar de R$ 100 mensais com a elaboração de bolos e doces por encomendas, conforme demonstrativos ora juntados.

Assim, chega-se a um total de R$ ...., devidos a títulos de danos materiais, e que deverá ser corrigido da data do evento danoso.

3.2. Dos danos morais

A Constituição Federal, em seu art. 5.º, V e X, e o Código Civil, em seus arts. 186 (ato ilícito) e 944 ("a indenização mede-se pela extensão do dano") impõem que os danos morais também devem ser indenizados.

Nesse sentido, considerando que a autora ficou dois meses sem poder trabalhar e exercer suas atividades rotineiras como profissional, mãe e ser humano, tendo em vista a imobilização de sua perna, e considerando ainda que o dano moral é consequência natural e imediata desse fato, independendo de comprovação segundo a jurisprudência, a autora faz jus a uma verba de R$ ... a título de danos morais.

Vale ressaltar que, em matéria de dano moral, a correção monetária é devida desde a data da fixação de seu valor, ou seja, desde a data da decisão judicial que fixar a indenização por dano moral. Já os juros moratórios são calculados tendo-se em conta a data do evento danoso (Súmula 54 do STJ: "os juros moratórios fluem a partir do evento danoso, em caso de responsabilidade extracontratual").

III – DO PEDIDO

Ante o exposto, é o presente para requerer a Vossa Excelência o quanto segue:

a) a citação da ré, no endereço declinado no pórtico desta inicial, para, querendo, contestar a presente ação no prazo legal, sob as penas da lei processual civil.

b) A procedência da ação para condenar a ré no pagamento das seguintes quantias: i) R$ ..., relativa às despesas com tratamento, corrigida desde a data do desembolso por parte da autora; ii) R$ 400,00, relativa aos lucros cessantes; iii) R$ ..., a título de indenização por danos morais; iv) correção monetária e juros legais, na forma do art. 1º-F da Lei 9.494/1997, sobre cada condenação, sendo que os encargos incidirão a partir do evento danoso, salvo a correção monetária quanto aos danos morais, que correrá a partir de sua fixação; v) honorários advocatícios de 20%, incidentes sobre o somatório de todas as condenações, bem como custas e despesas processuais suportados pela autora.

Protesta pela produção de prova documental e testemunhal, e de todos os meios probatórios em direito admitidos, ainda que não especificados no CPC, desde que moralmente legítimos (CPC, art. 332).

Dá-se à causa o valor de R$ ... .

Termos em que pede deferimento.

Local ..., data...

Advogado ...

OAB ....

GABARITO COMENTADO – EXAMINADORA

O examinando deve elaborar uma petição inicial de Ação Ordinária de Indenização contra o município.

A ação deve ser proposta contra o município e deve conter:

- A responsabilidade do município pela manutenção dos bueiros;
- A demonstração da omissão do município decorrente da falta de tampa e de sinalização no bueiro (nexo causal);
- A caracterização dos danos materiais (tratamento e lucros cessantes) e morais sofridos por JOANA.

O pedido deve ser INDENIZAÇÃO (em valores atualizados) pelos danos sofridos por JOANA (além da condenação nas verbas decorrentes da sucumbência).

Estrutura inicial da petição Parcial Total:

- Endereçamento da petição – 0 / 0,25
- Qualificação das partes – 0 / 0,25
- Exposição dos fatos – 0 / 0,1 / 0,2 / 0,3

Fundamentação Parcial Total:

- Fundamento da responsabilidade (art. 37 § 6º, da CF c/c art. 43 CC) – 0 / 0,5 / 1,0
- Caracterização da omissão do município e nexo causal entre a omissão e o dano – 0 / 0,5 / 1,0
- Caracterização dos danos (materiais e morais) – 0 / 0,5 / 1,0

Pedidos e atribuição do valor da causa Parcial Total:

- Procedência da ação c/ a condenação da indenização pretendida – 0 / 0,2 / 0,4
- Condenação nas verbas de sucumbência – 0 / 0,2
- Citação do réu – 0 / 0,2
- Protesto por provas – 0 / 0,2
- Atribuição do valor da causa (art. 259, II, CPC) – 0 / 0,1 / 0,2

(OAB/Exame Unificado – 2ª fase – FGV) Em janeiro de 2006, o Ministério Público abre inquérito civil para checar atos de improbidade administrativa realizados pelo prefeito de Mar Azul, município situado no interior do Estado X. Esses atos de improbidade consistiriam na auferição de vantagens patrimoniais indevidas em razão do exercício do cargo e envolveriam atuações do próprio prefeito e do chefe do gabinete civil. No curso das investigações procedidas, ficou confirmado que o chefe do gabinete civil recebeu vantagem econômica, em dinheiro, de vários empreiteiros que contratavam com o poder público. Ficou apurado, também, que algumas pessoas chegaram a informar ao prefeito essa conduta de seu chefe do gabinete civil. Entretanto, o prefeito não tomou providências, sempre dizendo às pessoas que realizavam as denúncias que confiava na atuação de seu secretário. Ainda na parte da apuração, para efeitos da justa causa voltada ao ajuizamento da ação civil pública de improbidade, ficou comprovado o aumento patrimonial do chefe do gabinete civil, desproporcional aos seus ganhos, mas não o do prefeito. Com isso, já agora em janeiro de 2011, o Ministério Público ajuíza ação de improbidade em face do prefeito e de seu chefe de gabinete, fazendo menção a todos os atos de improbidade – o último teria se dado em dezembro de 2004, ano em que expirava o mandato do Prefeito –, representativos da afronta ao art. 9º, inciso I, da Lei 8.429/1992. Em sua peça, bem instruída com o inquérito civil, o Ministério Público menciona conduta comissiva do chefe de gabinete do prefeito e omissiva deste último, caracterizadora de desídia, a se enquadrar na ideia de negligência com o interesse público. Recebendo a peça inicial, o juiz da vara fazendária de Mar Azul determina a citação dos réus no dia 02/02/2011. Os mandados são efetivados no dia 04/02/2011 e juntos no dia 08/02/2011.

Transtornado com a ação proposta e ciente do pedido de suspensão dos direitos políticos por 10 anos e pagamento de multa civil de até 100 vezes de seus subsídios, o prefeito – cujo nome é Caio da Silva Nunes – procura você para apresentar a sua defesa.

Tendo sido aceito o mandado, componha a peça adequada, trazendo todos os fundamentos possíveis para a defesa e datando com o último dia do prazo.

GABARITO COMENTADO – EXAMINADORA

O examinando deverá elaborar uma peça contestatória (artigo 17, § 9º, da Lei 8.429/1992), abordando os seguintes temas:

(i) Preliminarmente, deve ser deduzida a nulidade da citação por não ter sido observada a prévia notificação a que aduz o art. 17, § 7º, da Lei 8.429/1992.

(ii) Ainda preliminarmente – ou como prejudicial de mérito –, espera-se que o examinando sustente a prescrição da pretensão formulada pelo Ministério Público (prescrição quinquenal), nos termos do art. 23, inciso I, da Lei 8.429/1992, destacando-se que não foi formulada pretensão de ressarcimento por dano ao erário, em relação a qual se poderia sustentar a imprescritibilidade, na forma do artigo 37, § 5º, da CRFB.

(iii) No mérito, deve o examinando argumentar no sentido da impossibilidade de ser o réu responsabilizado, haja vista que a sua conduta não foi maliciosa ou de má-fé, inexistindo, portanto, conduta dolosa, elemento subjetivo imprescindível para a incidência do art. 9º da Lei de Improbidade.

(iv) Em reverência ao princípio da eventualidade, o examinando deverá mencionar a desproporcionalidade da multa postulada, a qual se submete aos limites impostos no artigo 12, inciso I, da Lei de Improbidade.

(v) Em conclusão, o examinando deve postular o acolhimento das preliminares suscitadas ou, caso assim não se entenda, no mérito, a improcedência dos pedidos formulados pelo Ministério Público. Em atenção ao princípio da eventualidade, caso se entenda pela procedência do pedido, o examinando deve requerer a observância do disposto no artigo 12, inciso I, da Lei n. 8.429/1992.

São esses os temas jurídicos que deverão ser levantados na peça, exigindo-se que o examinando desenvolva a tese fática da ausência do dolo, demonstrando que o Prefeito, em sua omissão, nunca aderiu à ideia de que seu Chefe de Gabinete fosse venal, bem como não ter tido aumento patrimonial que pudesse caracterizar um conluio com este último.

Segue abaixo modelo sintético da peça:

início da folha

Excelentíssimo Senhor Juiz de Direito da Vara da Fazenda Pública da Comarca de Mar Azul – Estado X

[Deixe espaço de aproximadamente 10 cm para eventual despacho ou decisão do juiz.]

Caio da Silva Nunes, brasileiro, casado, portador da CI nº e do CPF nº , residente na rua nº do município , vem perante Vossa Excelência apresentar CONTESTAÇÃO à ação de improbidade administrativa que lhe é movida pelo Ministério Público, de acordo com os fatos e fundamentos que passa a expor:

I – DOS FATOS – SÍNTESE DA DEMANDA:

O examinando deverá expor os detalhes trazidos pelo enunciado da questão, principalmente aqueles que evidenciam a prescrição. Deve salientar, outrossim, que o réu não aderiu à ideia de que seu Chefe de Gabinete estaria se valendo do cargo para obter recurso indevido, bem como a ausência de crescimento patrimonial, desproporcional aos seus ganhos, a denotar que não teria atuado de má-fé, descaracterizando, pois, a atuação dolosa.

II – DO DIREITO:

O examinando deverá fazer alusão aos argumentos descritos nos itens (i) a (iv) supra – ausência de notificação, prescrição da ação e a ausência de dolo, a retirar a ideia de ato de improbidade, e, na eventualidade, a impossibilidade de ser condenado na multa, diante de sua total desproporcionalidade.

III – DOS PEDIDOS – CONCLUSÃO:

Em desfecho da peça contestatória, espera-se que o examinando formule os seguintes pedidos:

(i) reconhecimento da nulidade do feito, face à ausência de notificação;

(ii) acolhimento da preliminar (ou prejudicial – ambas são aceitas) de prescrição da pretensão, com a extinção do processo com resolução do mérito, na forma do artigo 269 do Estatuto Processual Civil;

(iii) caso sejam superadas as preliminares – o que se admite apenas em atenção ao princípio da eventualidade –, deve o examinando postular a improcedência do pedido;

(iv) em assim não se entendendo, ainda em reverência à eventualidade, deve o examinando postular a não imposição da multa administrativa.

(v) por fim, deve o examinando requerer a produção de provas;

N. Termos

P. Deferimento

Data (a indicação da data deve observar a existência de litisconsórcio passivo com procuradores diferentes, a importar no prazo de 30 dias para a contestação, na forma do artigo 191 do CPC, aplicável ao rito da ação de improbidade por força do artigo 17 da Lei n. 8.429/1992).

Advogado

OAB nº

fim da petição

Distribuição de pontos

DESCRIÇÃO	PONTUAÇÃO
1) Endereçamento da petição inicial	0 / 0,45
2) Qualificação das partes	0 / 0,25
3) Preliminares (0,25 cada um): – Nulidade das citações – Citar norma (Art. 17, § 7º, Lei 8.429/1992) – Anular recebimento da ação – Determinar a notificação nos termos do art. 17, § 7º, Lei 8.429/1992)	0 / 0,25 / 0,5 / 0,75 / 1,0
4) Prescrição (0,25) com fundamentação (Art. 23, I, da Lei 8.429/1992) (0,25)	0 / 0,25 / 0,5
5) Dolo – ausência de benefício (0,6) – ausência de vinculação entre as condutas do Prefeito e do Secretário (0,5) – redução da multa (0,5)	0 / 0,5 / 0,6 / 1,0 / 1,1 / 1,6

DESCRIÇÃO	PONTUAÇÃO
6) Pedidos (0,2 cada um) – protestar pela nulidade da citação – reconhecimento da prescrição – improcedência do pedido de ausência de dolo – na eventualidade, reduzir multa – protestar por provas	0 / 0,2 / 0,4 / 0,6 / 0,8 / 1,0
7) Data da contestação	0 / 0,2

Também foi aceita, como peça processual adequada para a situação exposta no enunciado, a interposição de agravo de instrumento contra a decisão que recebeu a petição inicial (recurso contra o juízo de admissibilidade positivo da petição inicial, na forma do artigo 17, §10, da Lei 8.429/1992).

Aqueles examinandos que optaram pela interposição de agravo de instrumento devem desenvolver os seguintes temas:

(i) Inicialmente, deve o examinando observar os requisitos de índole processual para a interposição do agravo de instrumento, cabendo registrar o endereçamento do agravo de instrumento ao Presidente do Tribunal de Justiça (artigo 524 do CPC), a qualificação das partes, com a indicação do nome e endereço completo dos advogados constantes do processo (artigo 524, inciso III, do CPC), bem como a indicação de que a petição de agravo de instrumento encontra-se instruída com as peças obrigatórias, na forma no artigo 525, inciso I, do CPC.

(ii) Ao desenvolver as razões do pedido de reforma da decisão agravada, deve o examinando sustentar, em primeiro lugar, a nulidade da citação, por inobservância do rito estabelecido na norma do artigo 17, § 7º, da Lei 8.429/1992 (não foi oportunizada ao agravante a apresentação de defesa prévia). Além disso, também para fundamentar a necessidade de anulação da decisão agravada, deve o examinando desenvolver a ausência de justa causa para a ação de improbidade.

(iii) O examinando deve, outrossim, formular pedido de concessão de efeito suspensivo ao recurso de agravo de instrumento, na forma do artigo 527, inciso III, a fim de suspender os efeitos da decisão que recebeu a petição inicial e determinou a citação do agravante.

(iv) Em conclusão, no capítulo da petição de agravo destinado à formulação dos pedidos, deve o examinando requerer a concessão de efeito suspensivo ao recurso, na forma do artigo 527, inciso III, do Estatuto Processual Civil e, após ultimadas as providências previstas naquela norma, o conhecimento do recurso e seu provimento, para o fim de reformar a decisão agravada e, com isso, anular a decisão que determinou a citação do agravante para responder aos termos da ação de improbidade.

Segue abaixo modelo sintético da peça:

início da folha

Excelentíssimo Senhor Desembargador Presidente do Egrégio Tribunal de Justiça

[Deixe espaço de aproximadamente 10 cm para eventual despacho ou decisão do juiz.]

Caio da Silva Nunes, brasileiro, casado, portador da CI nº e do CPF nº , residente na rua nº do município, inconformado, data venia, com a decisão proferida pelo MM. Juízo Fazendário da Comarca de Mar Azul, que recebeu a petição inicial da ação de improbidade que lhe move o Ministério Público e determinou sua citação, vem, tempestivamente, com fundamento na norma do artigo 17, § 10, da Lei n. 8.429/1992, interpor o presente

AGRAVO DE INSTRUMENTO, COM PEDIDO DE CONCESSÃO DE EFEITO SUSPENSIVO

pelos fundamentos de fato e de direito que passa a expor, requerendo, ao final, o conhecimento e o provimento do recurso, a fim de que seja reconhecida a nulidade da r. decisão agravada.

Em cumprimento ao que dispõe a norma do artigo 524, o agravante informa o nome e o endereço completo dos advogados constantes do processo e registra que a presente petição encontra-se instruída com as peças obrigatórias referidas no artigo 525, inciso I, do CPC.

Pede deferimento.

Data (a indicação da data deve observar a existência de litisconsórcio passivo com procuradores diferentes, a importar no prazo de 20 dias para o oferecimento do agravo de instrumento, na forma do artigo 191 do CPC, aplicável ao rito da ação de improbidade por força do artigo 17 da Lei n. 8.429/1992).

****

EGRÉGIO TRIBUNAL:

RAZÕES DE RECURSO

I – DA DECISÃO AGRAVADA:

O examinando deverá expor os detalhes trazidos pelo enunciado da questão, principalmente aqueles que evidenciam a nulidade da citação e a inconformidade da decisão que recebeu a petição inicial com o rito estabelecido pela Lei de Improbidade no que tange à defesa prévia.

II – RAZÕES DO PEDIDO RECURSAL: NULIDADE DA CITAÇÃO E AUSÊNCIA DE JUSTA CAUSA

O examinando deverá fazer alusão aos argumentos descritos no item (ii) supra, – ausência de notificação e de justa causa para o recebimento da petição inicial, impondo-se o reconhecimento da nulidade da citação.

III – PEDIDO DE CONCESSÃO DE EFEITO SUSPENSIVO

O examinando deve demonstrar a presença dos requisitos previstos no artigo 558 do CPC (relevância da fundamentação e a lesão grave e de difícil reparação que pode resultar da inobservância do devido processo legal), que justificam a concessão de efeito suspensivo ao recurso.

IV – CONCLUSÃO:

Em desfecho da petição de agravo de instrumento, espera-se que o examinando formule os seguintes pedidos:

(i) a concessão de efeito suspensivo ao recurso, na forma do artigo 527, III, c/c 558, ambos do CPC;

(ii) o conhecimento do recurso, eis que presentes os pressupostos de admissibilidade;

(iii) o provimento do recurso, com o reconhecimento da nulidade da decisão agravada, que recebeu a petição inicial e determinou a citação do agravante, tendo em vista a inobservância da norma do artigo 17, § 7º, da Lei n. 8.429/1992.

N. Termos

P. Deferimento

Data (a indicação da data deve observar a existência de litisconsórcio passivo com procuradores diferentes, a importar no prazo de 20 dias para a interposição do agravo, na forma do artigo 191 do CPC, aplicável ao rito da ação de improbidade por força do artigo 17 da Lei n. 8.429/1992).

Advogado

OAB nº

fim da petição

Distribuição de pontos

DESCRIÇÃO	PONTUAÇÃO
1) Endereçamento do agravo	0 / 0, 5
2) Qualificação das partes	0 / 0,25
3) Peças obrigatórias	0 / 0,5
4) Endereço dos advogados	0 / 0,25
5) Nulidade das citações – fundamentação	0 / 1,0 / 1,5
6) Justa causa ausente	0 / 0,75
7) Pedidos: – efeito suspensivo – nulidade	 0 / 0,5 0 / 0,5
8) Data do agravo	0,25

(OAB/Exame Unificado – 2ª fase – FGV) Norberto, brasileiro, desempregado e passando por sérias dificuldades econômicas, domiciliado no Estado "X", resolve participar de concurso público para o cargo de médico de hospital estadual. Aprovado na fase inicial do concurso, Norberto foi submetido a exames médicos, através dos quais se constatou a existência de tatuagem em suas costas. Norberto, então, foi eliminado do concurso, com a justificativa de que o cargo de médico não era compatível com indivíduos portadores de tatuagem.

Inconformado, Norberto ajuizou ação ordinária em face do Estado, de competência de vara comum, com pedido liminar, na qual requereu (i) a anulação do ato administrativo que o eliminou do concurso; e (ii) que lhe fosse deferida a possibilidade de realizar as demais etapas do certame, com vaga reservada.

O juízo de 1ª instância indeferiu o pedido liminar, em decisão publicada ontem, pelos seguintes motivos:

1) Os pedidos de anulação do ato de eliminação e de reserva de vaga não seriam possíveis, pois significariam atraso na conclusão do concurso;
2) A Administração Pública possui poder discricionário para decidir quais são as restrições aplicáveis àqueles que pretendem se tornar médicos no âmbito do Estado, de forma que o autor deverá provar que a decisão foi equivocada.

Diante do exposto, e supondo que você seja o advogado de Norberto, elabore a medida judicial cabível contra a decisão publicada ontem, para a defesa dos interesses de seu cliente, abordando as teses, os fundamentos legais e os princípios que poderiam ser usados em favor do autor.

PADRÃO DE RESPOSTA – PEÇA PROFISSIONAL – EXAMINADORA

A peça a ser elaborada consiste em um recurso de agravo de instrumento.

O endereçamento da peça deverá ser feito ao Presidente do Tribunal de Justiça do Estado B"X", a um dos Vice-Presidentes ou a uma das Câmaras que compõem o citado Tribunal.

No polo passivo, deverá figurar o Estado "X", eis que foi este ente federativo que organizou o concurso no qual o autor foi reprovado.

Tendo em vista que, atualmente, a regra vigente é de que o agravo interposto contra decisões interlocutórias deve ficar retido nos autos (art. 522 c/c 527, II, CPC), deve o examinando apresentar justificativa do motivo pelo qual o agravo não deve ser convertido em retido, in casu, ressaltar que a decisão agravada é suscetível de causar à parte lesão grave e de difícil reparação.

Em primeiro lugar, é necessário que o examinando identifique, no caso concreto, a violação do princípio da legalidade tendo em vista que as restrições de acesso aos cargos e empregos públicos devem estar previstas em lei. Em segundo lugar, o examinando deve alegar a violação ao princípio do livre acesso aos cargos públicos que determina que só podem ser exigidos requisitos diferenciados de acesso quando a natureza ou complexidade do cargo a ser ocupado o exigirem (Art. 37, I e II, da CF/1988).

Também se atribuirá pontuação para o examinando que identifique o fundamento 2 da decisão agravada como equivocado tendo em vista a aplicação, in casu, dos princípios da proporcionalidade/ razoabilidade, que delimitam o exercício do poder discricionário, tendo em vista que a referida restrição (tatuagem) não tem qualquer relação com o desempenho do cargo de médico, eis que não é medida adequada, necessária nem proporcional em sentido estrito, para que a Administração atinja os fins que pretende com a restrição ilegítima.

Por último, há que se refutar os argumentos de que "Os pedidos de anulação do ato de eliminação e de reserva de vaga não seriam possíveis, pois significariam atraso na conclusão do concurso", haja vista que não foi formulado qualquer pedido de suspensão ou interrupção do mesmo, mas tão somente que fosse garantido ao agravante o direito de prestar as fases seguintes do concurso.

Também é necessário que o examinando elabore pedido de efeito suspensivo ativo ao recurso (CPC, art. 527, III c/c art. 558), a fim de assegurar maior celeridade na obtenção da tutela jurisdicional buscada pelo autor, além de demonstrar, de forma correta, a presença dos requisitos para sua concessão, em sede recursal.

Distribuição dos Pontos

(não será aceita mera menção ao artigo)

Quesito Avaliado	Valores
Endereçamento da petição inicial (0,25): Tribunal de Justiça do Estado "X";	0,00 / 0,25
Qualificação das partes: (0,25 para cada item) Norberto/ Estado "X"	0,00/0,25/0,50
Indicação de cumprimento dos artigos 524 e 525 do CPC (0,25 para cada item) Menção à juntada de todas as cópias obrigatórias ao conhecimento do agravo de instrumento.(0,25) Indicação dos advogados das partes (0,25)	0,00/0,25/0,50
Justificativa do cabimento do agravo de instrumento (0,50): justificativa do motivo pelo qual o agravo não deve ser convertido em retido (CPC, art. 527, II)	0,00/0,50
Fundamentação 1. Violação ao princípio do livre acesso aos cargos públicos que determina que só podem ser exigidos requisitos diferenciados de acesso quando a natureza ou complexidade do cargo a ser ocupado o exigirem.	0,00/0,50
Fundamentação 2. Violação do princípio da legalidade tendo em vista que as restrições de acesso aos cargos e empregos públicos devem estar previstas em lei.	0,00/0,50
Fundamentação 3. Violação aos princípios da proporcionalidade/razoabilidade, que delimitam o exercício do poder discricionário, tendo em vista que a referida restrição/exigência não tem qualquer relação com o desempenho do cargo pretendido.	0,00/0,50
Fundamentação 4. Não há que se falar em prejuízo com o atraso na conclusão do concurso, pois não foi formulado qualquer pedido de suspensão ou interrupção do mesmo, mas tão somente que fosse garantido ao agravante o direito de prestar as fases seguintes do concurso.	0,00/0,50
Pedido de concessão de antecipação de tutela recursal (efeito suspensivo ativo), nos termos do art. 527, III, do CPC (0,25) Demonstração concreta da presença dos requisitos para a concessão de tutela antecipada em sede recursal. *Periculum in mora*: a demora na prestação jurisdicional irá acarretar lesão grave e de difícil reparação ao agravante, visto que o agravante não participará das demais fases do concurso. (0,25) *Fumus boni iuris*: A restrição de acesso ao cargo de médico devido à existência de tatuagem nas costas é violadora dos princípios da legalidade, do livre acesso aos cargos públicos e/ou dos princípios da proporcionalidade/razoabilidade, tendo em vista que a exigência não tem qualquer relação com o desempenho do cargo pretendido. (0,25)	0,00 / 0,25 / 0,50 / 0,75
Pedido (0,50): Seja dado provimento ao agravo, reformando-se a decisão agravada, para que o autor possa participar das demais fases do certame, com vaga garantida em caso de aprovação.	0,00/0,50

(OAB/Exame Unificado – 2ª fase – CESPE) João Augusto estava participando de uma partida de futebol quando fraturou uma costela, vindo a necessitar de intervenção cirúrgica, realizada em hospital público federal localizado no Estado X. Dois anos e meio após a realização da cirurgia, João Augusto ainda sofria com muitas dores no local, o que o impossibilitava de exercer sua profissão como taxista. Descobre, então, que a equipe médica havia esquecido um pequeno bisturi dentro do seu corpo. Realizada nova cirurgia no mesmo hospital público, o problema foi resolvido. No dia seguinte, ao sair do hospital, João Augusto procura você, na qualidade de advogado(a), para identificar e minutar a medida judicial que pode ser adotada para tutelar seus direitos. Redija a peça judicial cabível, que deve conter argumentação jurídica apropriada e desenvolvimento dos fundamentos legais da matéria versada no problema, abordando, necessariamente: (i) competência do órgão julgador; (ii) a natureza da pretensão deduzida por João Augusto; e (iii) os fundamentos jurídicos aplicáveis ao caso. (Valor: 5,0)

GABARITO COMENTADO – EXAMINADORA

A medida judicial a ser proposta é uma ação de responsabilidade civil / ação indenizatória pelo rito ordinário em face da União Federal, tendo em vista o dano sofrido por João Augusto em decorrência de atuação negligente e imperita da equipe médica do hospital público na primeira intervenção cirúrgica a que se submeteu.

O examinando deve, em primeiro lugar, identificar que o juízo competente para processar e julgar a demanda indenizatória será a primeira instância da justiça comum federal, tendo em vista ser a pretensão deduzida em face da União Federal (artigo 109, inciso I, da CRFB).

Além disso, espera-se que o examinando, após qualificar as partes e narrar os fatos, fundamente o direito de seu cliente à luz da norma do artigo 37, § 6º, da CRFB, que estabelece a responsabilidade objetiva do Estado por danos que seus agentes, nessa qualidade, causarem a terceiros. É importante destacar a desnecessidade de se comprovar a atuação culposa ou dolosa da equipe médica, uma vez que a responsabilidade sub examine é objetiva, prescindindo do elemento subjetivo.

Distribuição de pontos

DESCRIÇÃO	PONTUAÇÃO
1) Endereçamento da petição inicial: – Juízo da Vara Federal da Seção Judiciária do Estado X	0 / 0,5
2) Qualificação das partes (0,25 para cada item): – João Augusto – União Federal – pessoa jurídica de direito público interno.	0 / 0,25 / 0,5 / 0,75
3) Identificação da ação: – ação indenizatória pelo rito ordinário.	0 / 0,25
4) Narrativa dos fatos / exposição de forma coerente e lógica	0 / 0,25
5) Fundamentação para a pretensão indenizatória (0,5 para cada item): – Responsabilidade civil do Estado fundada na teoria do risco administrativo (artigo 37, § 6º, da CRFB). – Responsabilidade objetiva do Estado, que prescinde de qualquer investigação quanto ao elemento subjetivo. – Danos materiais sofridos: impossibilidade de exercer a atividade laborativa. – Danos morais.	0 / 0,5 / 1,0 / 1,5 / 2,0
6) Pedidos / Conclusão (0,2 para cada item): – citação da União Federal; – procedência do pedido para condenar a União Federal ao pagamento de indenização por danos materiais – pedido de indenização por danos morais; – produção genérica de provas; – condenação em honorários sucumbenciais.	0 / 0,2 / 0,4 / 0,6 / 0,8 / 1,0
7) Atribuição de valor à causa	0 / 0,25

(OAB/Exame Unificado – 2ª fase – FGV) A empresa Aquatrans é concessionária de transporte público aquaviário no Estado X há sete anos e foi surpreendida com a edição do Decreto 1.234, da Chefia do Poder Executivo Estadual, que, na qualidade de Poder Concedente, declarou a caducidade da concessão e fixou o prazo de trinta dias para assumir o serviço, ocupando as instalações e os bens reversíveis.

A concessionária, inconformada com a medida, especialmente porque jamais fora cientificada de qualquer inadequação na prestação do serviço, procura-o, na qualidade de advogado(a), e o contrata para ajuizar a medida judicial pertinente para discutir a juridicidade do decreto, bem como para assegurar à concessionária o direito de continuar prestando o serviço até que, se for o caso, a extinção do contrato se opere de maneira regular.

Elabore a peça processual adequada, levando em consideração que a matéria não demanda qualquer dilação probatória e que se deve optar pela medida judicial cujo rito, em tese, seja o mais célere.

(Valor: 5,0)

GABARITO COMENTADO – EXAMINADORA

A medida judicial adequada, diante dos parâmetros indicados no enunciado, é o mandado de segurança contra ato do Senhor Governador do Estado X, consubstanciado no Decreto 1.234, por meio do qual declarou a caducidade do contrato de concessão de serviço público de transporte aquaviário celebrado com a empresa Aquatrans.

No que diz respeito à fundamentação jurídica, o examinando deve, em primeiro lugar, abordar brevemente em que consiste a caducidade de uma concessão e, logo após, identificar que existe uma série de requisitos prévios à opção pela caducidade que, absolutamente, não foram observados no caso proposto. Isso porque, nos termos do artigo 38, §§ 2º e 3º, da Lei 8.987/1995, a declaração de caducidade deve precedida da verificação de inadimplência da concessionária em processo administrativo que lhe assegure ampla defesa, sendo certo que o processo administrativo não pode ser instaurado antes de cientificada a concessionária dos descumprimentos contratuais, com a fixação de prazo para que promova as correções necessárias. A inobservância do "devido processo legal" impõe, portanto, a anulação do decreto.

Com a demonstração da plausibilidade do direito alegado, a impetrante deve pleitear, liminarmente, provimento jurisdicional que determine ao impetrado que se abstenha de tomar qualquer medida para assumir o serviço com base no ato impugnado.

Distribuição dos pontos

DESCRIÇÃO	PONTUAÇÃO
1) Endereçamento da petição inicial: Tribunal de Justiça do Estado X	0 / 0,25
2) Qualificação das partes (0,25 para cada item): – Aquatrans – contra ato – do Governador do Estado X – Estado X	0 / 0,25 / 0,5 / 0,75 / 1,0
3) Identificação da ação: Mandado de Segurança	0 / 0,5
4) Narrativa dos fatos / exposição de forma coerente e lógica	0 / 0,25
5) Fundamentação (0,5 para cada item) – NÃO BASTA A MERA INDICAÇÃO DO ARTIGO: – Nulidade do Decreto 1.234 – inobservância do devido processo legal (0,25) (artigo 5º, LIV, da CRFB) (0,25) – Ausência de cientificação das irregularidades e fixação de prazo para correção (0,25) (artigo 38, § 3º, da Lei 8.987/1995) (0,25) – Não foi instaurado processo de verificação de inadimplência (0,25) (artigo 38, § 2º, da Lei 8.987/1995) (0,25) – Fundamento do pedido de liminar – abstenção de medidas para assunção do serviço OU suspensão dos efeitos do decreto.	0 / 0,25 / 0,5 0 / 0,25 / 0,5 0 / 0,25 / 0,5
6) Pedidos / Conclusão (0,2 para cada item): – Deferimento da liminar; – Notificação da autoridade impetrada para prestar informações; – Ciência do feito ao órgão de representação judicial do Estado X; – Confirmação da liminar e anulação / declaração de nulidade do decreto impugnado. – Atribuição de valor à causa	0 / 0,2 / 0,4 / 0,6 / 0,8 0 / 0,2

(OAB/Exame Unificado – 2ª fase – FGV) O Governador do Estado Y, premido da necessidade de reduzir a folha de pagamentos do funcionalismo público estadual, determinou que o teto remuneratório dos Defensores Públicos admitidos após a Emenda Constitucional n. 41/2003 fosse limitado ao valor correspondente ao subsídio mensal do Governador, ao entendimento de que aquele órgão integra a estrutura do Poder Executivo estadual.

Com a implementação da medida, os Defensores Públicos do Estado, irresignados com a redução do seu teto remuneratório, levam a questão à Associação Nacional dos Defensores Públicos Estaduais, legalmente constituída e em funcionamento há pouco mais de dois anos, e esta contrata os seus serviços advocatícios para impetrar mandado de segurança coletivo em face do ato do Governador.

A decisão proferida pelo Tribunal de Justiça local, observando a competência originária constante do seu código de organização e divisão judiciária, diante da autoridade coatora -governador do Estado- deu por extinto o processo, sem resolução do mérito, sob os argumentos de que a associação não preenche o requisito de três anos de constituição, não demonstrou a autorização dos associados em assembleia geral para a propositura da demanda e não poderia representar os associados em demanda que veicule interesse apenas de uma parte da categoria, uma vez que os Defensores atingidos pela medida, isto é, aqueles admitidos após a Emenda Constitucional n. 41/2003, os mais novos na carreira, ainda não foram promovidos e sequer recebem sua remuneração em valores próximos ao subsídio mensal do Governador.

Ciente de que este acórdão contendo a unanimidade de votos dos desembargadores que participaram do julgamento, já foi objeto de Embargos de Declaração, que foram conhecidos, mas não providos, e que a publicação dessa última decisão se deu na data de hoje, redija a peça processual adequada com seus fundamentos. **(Valor: 5,0)**

Gabarito comentado – Examinadora

A peça a ser elaborada é o recurso ordinário em mandado de segurança, nos termos do art. 105, II, "b", da CRFB/1988.

O recurso deve ser endereçado ao Desembargador Presidente do Tribunal de Justiça do Estado Y.

Na qualificação das partes, deve ser indicado como recorrente a Associação Nacional dos Defensores Públicos Estaduais e, como recorrido, o Estado Y, pessoa jurídica de direito público interno.

No intuito de demonstrar conhecimento acerca do Tribunal competente para apreciar e julgar o recurso, o examinando deve requerer após abertura de vistas ao recorrido para contrarrazões, que os autos sejam encaminhados ao colendo Superior Tribunal de Justiça.

O examinando deve demonstrar a presença de três requisitos que o Tribunal, equivocadamente, entendeu que não estariam preenchidos (razão pela qual, aliás, julgou extinto o processo sem resolução do mérito), isto é:

1) Demonstrar que o requisito constitucional para a impetração de mandado de segurança coletivo é a constituição e funcionamento há mais de um ano (e não três, como consta no acórdão recorrido);

2) indicar que não se exige, para impetração de mandado de segurança coletivo, a autorização de todos os associados da entidade, conforme entendimento cristalizado na Súmula nº 629 do Supremo Tribunal Federal;

3) afirmar que a entidade de classe tem legitimação para o mandado de segurança ainda quando a pretensão veiculada interesse apenas a uma parte da respectiva categoria, nos termos da Súmula 630 do Supremo Tribunal Federal.

Em seguida, na eventualidade do Superior Tribunal de Justiça conhecer do mérito do recurso, nada obstante a existência de entendimento acerca da inaplicabilidade do art. 515, § 3º, do Código de Processo Civil (teoria da causa madura) aos recursos ordinários em mandado de segurança, na melhor defesa dos interesses do seu cliente, o examinando deve indicar a violação ao art. 37, XI, da Constituição, que estabelece como teto remuneratório dos Defensores Públicos, o subsídio dos Desembargadores do Tribunal de Justiça e, ainda, a violação ao princípio da isonomia, uma vez que, sem qualquer critério legítimo, foi operada uma discriminação no tratamento jurídico conferido aos Defensores, aplicando-se, aos mais novos na carreira, um tratamento diferente, no aspecto remuneratório, daquele conferido aos demais Membros, demonstrando, assim, conhecimento acerca da matéria.

Nos pedidos, o examinando deve requerer a reforma do acórdão, para julgar procedente o pedido de aplicação do teto remuneratório correspondente ao subsídio mensal dos Desembargadores e, caso assim não se entenda, pela anulação do acórdão hostilizado, com o retorno dos autos à origem para processamento do *writ*.

(OAB/Exame Unificado – 2ª fase – FGV) Caio, Tício e Mévio são servidores públicos federais exemplares, concursados do Ministério dos Transportes há quase dez anos. Certo dia, eles pediram a três colegas de repartição que cobrissem suas ausências, uma vez que sairiam mais cedo do expediente para assistir a uma apresentação de balé.

No dia seguinte, eles foram severamente repreendidos pelo superior imediato, o chefe da seção em que trabalhavam. Nada obstante, nenhuma consequência adveio a Caio e Tício, ao passo que Mévio, que não mantinha boa relação com seu chefe, foi demitido do serviço público, por meio de ato administrativo que apresentou, como fundamentos, reiterada ausência injustificada do servidor, incapacidade para o regular exercício de suas funções e o episódio da ida ao balé.

Seis meses após a decisão punitiva, Mévio o procura para, como advogado, ingressar com medida judicial capaz de demonstrar que, em verdade, nunca faltou ao serviço e que o ato de demissão foi injusto. Seu cliente lhe informou, ainda, que testemunhas podem comprovar que o seu chefe o perseguia há tempos, que a obtenção da folha de frequência demonstrará que nunca faltou ao serviço e que sua avaliação funcional sempre foi excelente.

Como advogado, considerando o uso de todas as provas mencionadas pelo cliente, elabore a peça processual adequada para amparar a pretensão de seu cliente.

A simples menção ou transcrição do dispositivo legal não pontua. (Valor: 5,0)

Gabarito comentado – Examinadora

A peça a ser elaborada consiste em uma petição inicial de ação de rito ordinário. Não se admite a impetração de Mandado de Segurança, uma vez que Mévio pretende produzir provas, inclusive a testemunhal, para demonstrar o seu direito, sendo a dilação probatória vedada no Mandado de Segurança.

O endereçamento da peça deverá ser feito a um Juiz Federal da seção judiciária de algum Estado.

O polo ativo da demanda é ocupado por Mévio, e o polo passivo, pela União.

No mérito, deve ser demonstrada a possibilidade de análise do ato administrativo pelo Judiciário, para controle de legalidade, e que o motivo alegado no ato de demissão é falso, em violação à teoria dos motivos determinantes.

Ainda no mérito, o examinando deve indicar a violação do Art. 41, § 1º, da Constituição Federal, uma vez que Mévio foi demitido do Serviço Público sem a abertura de regular processo administrativo. O examinando, por fim, deve indicar que não foi assegurado a Mévio o contraditório e a ampla defesa, violando o devido processo legal. Além disso, o ato representa violação aos princípios da isonomia, uma vez que Mévio foi o único dos três servidores penalizados pela ida ao balé, e da impessoalidade, pois Mévio foi alvo de perseguição por seu chefe. Nesta parte da causa de pedir, deverá ser mencionada a lesão patrimonial, pelo não recebimento dos vencimentos no período em que se coloca arbitrariamente fora dos quadros da Administração por demissão ilegal.

O examinando deve formular pedidos de anulação do ato que aplicou a penalidade, de reintegração aos quadros da Administração, de reparação material com o pagamento retroativo de seus vencimentos, como se não tivesse sido demitido. A postulação à reparação moral não é obrigatória. Deverá haver, por fim, postulação de citação e de produção de provas testemunhal e documental, bem como indicação do valor da causa.

(OAB/Exame Unificado – 2ª fase – FGV) Francisco, servidor público que exerce o cargo de motorista do Ministério Público Federal da 3ª Região, localizada em São Paulo, há tempo vinha alertando o setor competente de que alguns carros oficiais estavam apresentando constantes problemas na pane elétrica e no sistema de frenagens, razão pela qual deveriam ser retirados temporariamente da frota oficial até que tais problemas fossem solucionados.

Contudo, nesse ínterim, durante uma diligência oficial, em razão de tais problemas, Francisco perdeu o controle do veículo que dirigia e acabou destruindo completamente a moto de Mateus, estudante do 3º período de Direito, que estava estacionada da calçada.

Mateus, por essa razão, assim que obteve sua inscrição como advogado nos quadros da Ordem dos Advogados, ingressou, em causa própria, perante o Juízo da Vara Federal da Seção Judiciária de São Paulo, com ação de responsabilidade civil, com fulcro no Art. 37, § 6º, da CF/1988 em face de Francisco e da União Federal, com o intuito de ser ressarcido pelos danos causados à sua moto.

Na referida ação, Mateus alega que (i) não há que se falar em prescrição da pretensão ressarcitória, tendo em vista não terem decorridos mais de cinco anos do evento danoso, nos termos do Dec. 20.910/1932; (ii) que, nos termos do Art. 37, § 6º, da CF/1988, as pessoas jurídicas de direito público responderão pelos danos que seus agentes, nessa qualidade, causarem a terceiros, com fulcro na teoria do risco administrativo.; (ii) que estão presentes todos os elementos necessários para configuração da responsabilidade civil.

Considerando as informações acima mencionadas e que, de fato, decorreram apenas quatro anos do evento danoso, apresente a peça pertinente para a defesa dos interesses de Francisco, sem criar dados ou fatos não informados.

Gabarito comentado – Examinadora:

Elaboração de uma contestação, espécie de Resposta do Réu, nos termos do art. 297 e ss. do CPC, com endereçamento e qualificação das partes, nos mesmos termos da ação proposta por Mateus.

PRELIMINAR DE ILEGITIMIDADE PASSIVA (art. 301 do CPC): O art. 37, § 6º, CF/1988 só permite o direcionamento da ação em face das pessoas jurídicas nele mencionadas haja vista que o referido dispositivo encerra dupla garantia: uma, em favor do particular, possibilitando-lhe ação indenizatória contra a pessoa jurídica de direito público, ou de direito privado que preste serviço público. Outra garantia, no entanto, em prol do servidor estatal, que somente responde administrativa e civilmente perante a pessoa jurídica a que se vincula.

PRESCRIÇÃO DA PRETENSÃO RESSARCITÓRIA – Na defesa dos interesses do seu cliente, o examinando deve arguir a inaplicabilidade do Dec. 20.910/1932 a Francisco e, portanto, a prescrição trienal da pretensão ressarcitória, tendo em vista decorridos mais de 3 anos do evento danoso, nos termos do Art. 206, § 3º, V, do CC.

RESPONSABILIDADE SUBJETIVA DE FRANCISCO: A responsabilidade do Estado (no caso, a União) é objetiva, que se caracteriza pela necessidade de serem comprovados, apenas, a ação do agente, o dano e o nexo causal entre ambos. No entanto, Francisco não responde de forma objetiva pelos danos causados, tendo em vista que a teoria do risco administrativo somente é aplicada às pessoas jurídicas de direito público e as de direito privado prestadoras de serviços públicos. Desse modo, a responsabilidade de Francisco é subjetiva, que é aquela segundo a qual deve ser comprovada, além da ação, dano e nexo causal, a culpa em sentido amplo, devendo ser comprovado que este agiu com negligência, imprudência, imperícia (culpa em sentido estrito) ou com intenção de causar o dano (dolo).

INEXISTÊNCIA DO ELEMENTO SUBJETIVO NO CASO CONCRETO: O acidente foi causado em razão dos problemas mecânicos que, inclusive, já tinha sido informado previamente por Francisco ao setor competente, razão pela qual não há que se falar em culpa ou dolo do mesmo.

PEDIDOS:

1. Extinção do processo sem resolução de mérito, em relação a Francisco, tendo em vista a sua ilegitimidade passiva (Art. 267, VI, CPC);

2. Improcedência dos pedidos autorais, em razão do acolhimento da preliminar de mérito da prescrição da pretensão ressarcitória em face de Francisco (Art. 269, IV, CPC);

3. Improcedência dos pedidos autorais, em razão da manifesta ausência do elemento subjetivo, necessário para configuração do dever de indenizar de Francisco.

4. Produção genérica de provas.

5. Condenação em honorários sucumbenciais.

(NÃO SERÁ ACEITA A MERA MENÇÃO AO ARTIGO)

Distribuição dos Pontos	
Quesito Avaliado	**Valores**
Endereçamento da peça: Juízo da Vara Federal da Seção Judiciária de São Paulo	0,00 / 0,15
Qualificação das partes Francisco, nos autos da ação em epígrafe movida por Mateus.	0,00 / 0,15
Fundamentos: Arguição de ilegitimidade passiva de Francisco tendo em vista que o Art. 37, § 6º, CF /1988 só permite o direcionamento da ação em face das pessoas jurídicas nele mencionadas (0,60). O dispositivo encerra dupla garantia: uma, em favor do particular, possibilitando-lhe ação indenizatória contra a pessoa jurídica de direito público, ou de direito privado que preste serviço público. Outra garantia, no entanto, em prol do servidor estatal, que somente responde administrativa e civilmente perante a pessoa jurídica a que se vincula (0,40).	0,00 / 0,40 / 0,60 / 1,00
Prescrição: Inaplicabilidade a Francisco do prazo quinquenal previsto no Dec. 20.910 /1932 (0,40) Arguição de prescrição da pretensão ressarcitória, tendo em vista decorridos mais de 3 anos do evento danoso, nos termos do Art. 206, § 3º, V do CC (0,60). Obs: Caso o examinando argua apenas a prescrição trienal receberá a pontuação integral.	0,00 / 0,40 / 1,00
A responsabilidade do Estado (no caso, a União) é objetiva, que se caracteriza pela necessidade de serem comprovados, apenas, a ação do agente, o dano e o nexo causal entre ambos. No entanto, Francisco não responde de forma objetiva pelos danos causados, tendo em vista que a teoria do risco administrativo somente é aplicada às pessoas jurídicas de direito público e as de direito privado prestadoras de serviços públicos (0,40). Desse modo, a responsabilidade de Francisco é subjetiva, que é aquela segundo a qual deve ser comprovada, além da ação, dano e nexo causal, a culpa em sentido amplo, devendo ser comprovado que este agiu com negligência, imprudência, imperícia (culpa em sentido estrito) ou com intenção de causar o dano (dolo). (0,60) Obs: Caso o examinando afirme, de forma fundamentada, que a responsabilidade de Francisco é subjetiva, explicitando os seus requisitos, receberá a pontuação integral.	0,00 / 0,40 / 1,00
Inexistência do elemento subjetivo no caso concreto, tendo em visa que no caso concreto, Francisco causou o acidente em razão dos problemas mecânicos que, inclusive, já tinha sido alertado ao setor competente.	0,00 / 0,50

Quesito Avaliado	**Valores**
Pedido 1. Requer seja extinto o processo sem resolução de mérito, em relação a Francisco, tendo em vista a sua manifesta ilegitimidade passiva (Art. 267, VI, CPC);	0,00 / 0,30
Pedido 2. Requer sejam julgados improcedentes os pedidos autorais, em razão do acolhimento da preliminar de mérito da prescrição da pretensão ressarcitória em face de Francisco (Art. 269, IV, CPC);	0,00 / 0,30

Quesito Avaliado	Valores
Pedido 3. Sejam julgados improcedentes os pedidos autorais, em razão da manifesta ausência do elemento culpa, necessário para configuração do dever de indenizar de Francisco	0,00 / 0,30
Pedido 4. Produção genérica de provas	0,00 / 0,15
Pedido 5. Condenação em honorários sucumbenciais	0,00 / 0,15

(OAB/Exame Unificado – 2ª fase – FGV) João, analista de sistemas dos quadros do Ministério da Educação, foi demitido de seu cargo público, por meio de Portaria do Ministro da Educação publicada em 19 de maio de 2010, após responder a processo administrativo em que restou apurada infração funcional relativa ao recebimento indevido de vantagem econômica. Exatamente pelo mesmo fato, João também foi processado criminalmente, vindo a ser absolvido por negativa de autoria, em decisão que transitou em julgado em 18 de janeiro de 2011.

Na data de hoje, João o procura e após narrar os fatos acima, informa que se encontra, desde a sua demissão, em profunda depressão, sem qualquer atividade laborativa, sobrevivendo por conta de ajuda financeira que tem recebido de parentes e amigos.

Na qualidade de advogado(a), identifique e minute a medida judicial que pode ser adotada para tutelar os direitos de João. (Valor: 5,0)

Gabarito comentado – Examinadora:

Inicialmente, o examinando deve identificar que a medida judicial cabível é uma ação pelo rito ordinário, com pedido de antecipação de tutela, em face da União Federal. Afasta-se, desde logo, a impetração de mandado de segurança, uma vez que ultrapassado o prazo decadencial de cento e vinte dias.

A Ação Ordinária a ser ajuizada por João deverá pleitear a nulidade da portaria demissional, por ter sido adotada por autoridade incompetente, na forma do Art. 141, inciso I, da Lei n. 8.112/1990 – usurpação de competência do Presidente da República. Além disso, também deverá ser pleiteada a invalidação da pena de demissão em razão da absolvição penal por negativa de autoria, decisão esta que vincula a esfera administrativa, na forma do Art. 126 da Lei n. 8.112/1990. Como resultado, deverá ser João reintegrado no cargo de Analista de Sistemas, com ressarcimento de todas as vantagens (Art. 28 da Lei n. 8.112/1990).

Na petição inicial, também deverá ser reservado capítulo para desenvolvimento da tutela de urgência a ser pleiteada, com vistas à imediata reintegração de João no cargo de Analista de Sistema.

Por fim, deve ser formulada também pretensão indenizatória pelos danos morais suportados por João ao longo do período em que ficou ilegalmente afastado de seu cargo.

(NÃO SERÁ ACEITA A MERA MENÇÃO AO ARTIGO)

Distribuição dos Pontos

Quesito Avaliado	Valores
Endereçamento da petição inicial: Juízo da Vara Federal da Seção Judiciária	0,00 / 0,30
Qualificação das partes (0,25 para cada item): João / em face da União Federal	0,00 / 0,25 / 0,50
Fundamentação 1 1. Nulidade da portaria demissional – incompetência do Ministro da Educação (Art. 141, I, da Lei n. 8.112 /1990);	0,00 / 0,60
Fundamentação 2 2. Repercussão, na esfera administrativa, da decisão absolutória por negativa de autoria (Art. 126 da Lei n. 8.112 /1990);	0,00 / 0,60
Fundamentação 3 3. Em decorrência da invalidação da pena de demissão, o autor faz jus ao ressarcimento de todas as vantagens inerentes ao exercício do cargo (Art. 28 da Lei n. 8.112 /1990 ou Art. 41, § 2º, da CRFB);	0,00 / 0,60

Quesito Avaliado	Valores
Fundamentação da tutela de urgência 4.a) Verossimilhança da alegação (justificada)(0,30) 4.b) Fundado receio de dano irreparável (justificado)(0,30)	0,00 / 0,30 / 0,60
Pedido 1. Citação da União Federal;	0,00 / 0,20
Pedido 2. Deferimento da antecipação de tutela para reintegrar o autor no cargo público;	0,00 / 0,30
Pedido 3. Procedência do pedido para invalidar a demissão / reintegração ao cargo;	0,00 / 0,30
Pedido 4. Condenação da ré a ressarcir o autor de todas as vantagens inerentes ao exercício do cargo;	0,00 / 0,30
Pedido 5. Produção genérica de provas;	0,00 / 0,20
Pedido 6. Condenação em honorários sucumbenciais.	0,00 / 0,20
Atribuição de valor à causa	0,00 / 0,30

Impressão e Acabamento:
Geográfica editora